中华人民共和国
民法典解读

精装珍藏版

总则编

黄 薇 主编

中国法制出版社
CHINA LEGAL PUBLISHING HOUSE

前　言

一、编纂民法典的重大意义

编纂民法典是党的十八届四中全会确定的一项重大政治任务和立法任务，是以习近平同志为核心的党中央作出的重大法治建设部署。编纂民法典，就是通过对我国现行的民事法律制度规范进行系统整合、编订纂修，形成一部适应新时代中国特色社会主义发展要求，符合我国国情和实际，体例科学、结构严谨、规范合理、内容完整并协调一致的法典。这是一项系统的、重大的立法工程。

编纂一部真正属于中国人民的民法典，是新中国几代人的夙愿。党和国家曾于1954年、1962年、1979年和2001年先后四次启动民法制定工作。第一次和第二次，由于多种原因而未能取得实际成果。1979年第三次启动，由于刚刚进入改革开放新时期，制定一部完整民法典的条件尚不具备。因此，当时领导全国人大法制委员会立法工作的彭真、习仲勋等同志深入研究后，在八十年代初决定按照“成熟一个通过一个”的工作思路，确定先制定民事单行法律。现行的继承法、民法通则、担保法、合同法就是在这种工作思路下先后制定的。2001年，九届全国人大常委会组织起草《中华人民共和国民法（草案)》，并于2002年12月进行了一次审议。经讨论和研究，仍确定继续采取分别制定单行法的办法推进我国民事法律制度建设。2003年十届全国人大以来，又陆续制定了物权法、侵权责任法、涉外民事关系法律适用法等。总的看，经过多年来努力，我国民事立法是富有成效的，逐步形成了比较完备的民事法律规范体系，民事司法实践积累了丰富经验，民事法律服务取得显著进步，民法理论研究也达到较高水平，全社会民事法治观念普遍增强，为编纂民法典奠定了较好的制度基础、实践基础、理论基础和社会基础。随着我国社会主义现代化事业不断发展和全面依法治国深入推进，人民群众和社会各方面对编纂和出台民法典寄予很大的期盼。

党的十八大以来，以习近平同志为核心的党中央把全面依法治国摆在突出位置，推动党和国家事业发生历史性变革、取得历史性成就，中国特色社会主义已经进入新时代。在坚持和完善中国特色社会主义制度、推进国家治理体系和治理能力现代化的新征程中，编纂民法典具有重大而深远的意义。

（一）编纂民法典是坚持和完善中国特色社会主义制度的现实需要

回顾人类文明史，编纂法典是具有重要标志意义的法治建设工程，是一个国家、一个民族走向繁荣强盛的象征和标志。新中国成立70多年特别是改革开放40多年来，中国共产党团结带领中国人民不懈奋斗，成功开辟了中国特色社会主义道路，取得了举世瞩目的发展成就，中国特色社会主义制度展现出强大生命力和显著优越性。我国民事法律制度正是伴随着新时期改革开放和社会主义现代化建设的历史进程而形成并不断发展完善的，是中国特色社会主义法律制度的重要组成部分。在系统总结制度建设成果和实践经验的基础上，编纂一部具有中国特色、体现时代特点、反映人民意愿的民法典，不仅能充分彰显中国特色社会主义法律制度成果和制度自信，促进和保障中国特色社会主义事业不断发展，也能为人类法治文明的发展进步贡献中国智慧和中国方案。

（二）编纂民法典是推进全面依法治国、推进国家治理体系和治理能力现代化的重大举措

民法是中国特色社会主义法律体系的重要组成部分，是民事领域的基础性、综合性法律，它规范各类民事主体的各种人身关系和财产关系，涉及社会和经济生活的方方面面，被称为“社会生活的百科全书”。建立健全完备的法律规范体系，以良法保障善治，是全面依法治国的前提和基础。民法通过确立民事主体、民事权利、民事法律行为、民事责任等民事总则制度，确立物权、合同、人格权、婚姻家庭、继承、侵权责任等民事分则制度，来调整各类民事关系。民法与国家其他领域法律规范一起，支撑着国家制度和国家治理体系，是保证国家制度和国家治理体系正常有效运行的基础性法律规范。编纂民法典，就是全面总结我国的民事立法和司法的实践经验，对现行民事单行法律进行系统编订纂修，将相关民事法律规范编纂成一部综合性法典，不断健全完善中国特色社会主义法律体系。这对于以法治方式推进国家治理体系和治理能力现代化，更好地发挥法治固根本、稳预期、利长远的保障作用，具有重要意义。

（三）编纂民法典是坚持和完善社会主义基本经济制度、推动经济高质量发展的客观要求

公有制为主体、多种所有制经济共同发展，按劳分配为主体、多种分配方式并存，社会主义市场经济体制等社会主义基本经济制度，是以法治为基础、在法治轨道上运行、受法治规则调整的经济制度，社会主义市场经济本质上是法治经济。我国民事主体制度中的法人制度，规范民事活动的民事法律行为制度、代理制度，调整各类财产关系的物权制度，调整各类交易关系的合同制度，保护和救济民事权益的侵权责任制度，都是坚持和完善社会主义基本经济制度不可或缺的法律制度规范和行为规则。同时，我国民事法律制度建设一直秉持“民商合一”的传统，把许多商事法律规范纳入民法之中。编纂民法典，进一步完善我国民商事领域基本法律制度和行为规则，为各类民商事活动提供基本遵循，有利于充分调动民事主体的积极性和创造性、维护交易安全、维护市场秩序，有利于营造各种所有制主体依法平等使用资源要素、公开公平公正参与竞争、同等受到法律保护的市场环境，推动经济高质量发展。

（四）编纂民法典是增进人民福祉、维护最广大人民根本利益的必然要求

中国特色社会主义法治建设的根本目的是保障人民权益。改革开放以来，我国民事法律制度逐步得到完善和发展，公民的民事权利也得到越来越充分的保护。中国特色社会主义进入新时代，随着我国社会主要矛盾的变化，随着经济发展和国民财富的不断积累，随着信息化和大数据时代的到来，人民群众在民主、法治、公平、正义、安全、环境等方面的要求日益增长，希望对权利的保护更加充分、更加有效。党的十九大明确提出，要保护人民人身权、财产权、人格权。而现行民事立法中的有些规范已经滞后，难以适应人民日益增长的美好生活需要。编纂民法典，健全和充实民事权利种类，形成更加完备的民事权利体系，完善权利保护和救济规则，形成规范有效的权利保护机制，对于更好地维护人民权益，不断增加人民群众获得感、幸福感和安全感，促进人的全面发展，具有十分重要的意义。

二、编纂民法典的指导思想和基本原则

民法典是新中国第一部以法典命名的基本法律，开创了我国法典编纂立法的先河，具有里程碑意义。以习近平同志为核心的党中央高度重视民法典编纂工作，将编纂民法典列入党中央重要工作议程，并对编纂民法典工作任务作出总体部署、提出明确要求。

根据党中央的指示和要求，编纂民法典的指导思想是：高举中国特色社会主义伟大旗帜，以马克思列宁主义、毛泽东思想、邓小平理论、“三个代表”重要思想、科学发展观、习近平新时代

中国特色社会主义思想为指导，增强“四个意识”，坚定“四个自信”，做到“两个维护”，全面贯彻党的十八大、十九大和有关中央全会精神，坚持党的领导、人民当家作主、依法治国有机统一，紧紧围绕统筹推进“五位一体”总体布局和协调推进“四个全面”战略布局，紧紧围绕建设中国特色社会主义法治体系、建设社会主义法治国家，总结实践经验，适应时代要求，对我国现行的、制定于不同时期的民法通则、物权法、合同法、担保法、婚姻法、收养法、继承法、侵权责任法和人格权方面的民事法律规范进行全面系统的编订纂修，连同民法典编纂第一步出台的民法总则，一并形成一部具有中国特色、体现时代特点、反映人民意愿的民法典，为新时代坚持和完善中国特色社会主义制度、实现“两个一百年”奋斗目标、实现中华民族伟大复兴中国梦提供完备的民事法治保障。

为落实好党中央的决策部署，切实做好民法典编纂工作，在编纂民法典工作过程中还始终贯彻和遵循以下基本原则：

一是坚持正确政治方向。提高政治站位和政治自觉，全面贯彻习近平总书记全面依法治国新理念新思想新战略，充分发挥民法典在坚持和完善中国特色社会主义制度、推进国家治理体系和治理能力现代化中的重要作用。民法典确立国家的民事基本制度。这些制度，有的关系到国家的基本经济制度，有的关系到改革开放的大政方针，有的关系到国计民生的顶层设计。民法典编纂工作，必须始终坚持党的领导，坚决贯彻党中央的决策部署，坚持服务党和国家工作大局，以法典化方式确认、巩固和发展改革开放取得的法治成果，充分发挥立法的引领和推动作用。

二是坚持以人民为中心。每个人的生、老、病、死，衣、食、住、行都与民法密切相关，民法关系到每个人的切身利益。编纂民法典必须坚持以人民为中心的发展理念，始终贯彻立法为民，深入了解、切实回应人民群众的法治需求，切实做到“民有所呼，立法有所应”，做好民事法律制度的顶层设计，更好地满足人民日益增长的美好生活需要，充分实现好、维护好、发展好人民群众的根本权益，努力让民法典成为新时代保护人民民事权利的权利法典。

三是坚持立足国情和实际。必须坚持问题导向，立足我国仍处于并将长期处于社会主义初级阶段这个基本国情，全面总结我国改革开放40多年来民事立法和实践经验，深入分析现阶段经济社会发展的实际情况，以实践需求指引立法方向，用实践智慧破解立法难题，积极回应、妥善解决民事法治实践中的问题，创设符合经济社会发展需要的民事法律规范，提高民事法律制度的针对性、有效性、适应性，努力发挥引领、推动、保障作用。

四是坚持依法治国与以德治国相结合。习近平总书记指出，“治理国家、治理社会必须一手抓法治、一手抓德治，既重视发挥法律的规范作用，又重视发挥道德的教化作用，实现法律和道德相辅相成、法治和德治相得益彰”。民法不仅调整规范物权等财产关系和合同等交易关系，还调整规范婚姻、家庭、继承等具有诸多道德伦理因素的民事关系。而调整规范民事关系不仅要依靠法律规则，还要依靠道德约束。很多民法原则与道德规范是一脉相承的，很多民法规范与价值观念是相辅相成的。因此，必须坚持法治与德治并重，既要注重法律制度和规则的合理安排，又要将社会主义核心价值观融入民法典编纂全过程，大力弘扬传统美德和社会公德，强化规则意识，倡导契约精神，维护公序良俗。

五是坚持科学立法、民主立法、依法立法。宪法是国家的根本法，是治国安邦的总章程。编纂民法典必须体现宪法精神、符合宪法要求，充分体现中国特色社会主义的本质属性和特征。民法典关系到我们每一个人，关系到社会生活的方方面面，我们必须坚持立法为民、问法于民，充分反映社情民意，使人民群众在民法典编纂中感受到公平正义。同时，民法制度源远流长，民法理论博大精深，我们不仅要遵循立法的一般规律，还要体现民法的基本原理和基本精神，体现民商事活动的内在规律；既保持民事法律制度的连续性、稳定性，又保持适度的前瞻性、开放性，并处理好、衔接好法典化民事法律制度下各类规范之间的关系。我们还要善于学习他国的民事立法经验，积极借鉴人类法治文明成果。

三、民法典编纂工作情况

根据党中央的工作部署，编纂民法典的起草工作由全国人大常委会法制工作委员会牵头，最高人民法院、最高人民检察院、司法部、中国社会科学院、中国法学会为参加单位。为做好民法典编纂工作，全国人大常委会法制工作委员会与五家参加单位成立了民法典编纂工作协调小组，并成立了民法典编纂工作专班。

编纂民法典不是制定全新的民事法律，也不是简单的法律汇编，而是对现行的民事法律规范进行编订纂修，对已经不适应现实情况的规定进行修改完善，对经济社会生活中出现的新情况、新问题作出有针对性的新规定。编纂民法典采取“两步走”的工作思路进行：第一步，制定民法总则，作为民法典的总则编；第二步，编纂民法典各分编，经全国人大常委会审议和修改完善后，再与民法总则合并为一部完整的民法典草案。

2015 年 3 月，全国人大常委会法制工作委员会启动民法典编纂工作，着手第一步的民法总则制定工作，以 1986 年制定的民法通则为基础，系统梳理总结有关民事法律的实践经验，提炼民事法律制度中具有普遍适用性和引领性的规则，形成民法总则草案。2016 年 6 月、10 月、12 月，全国人大常委会先后 3 次审议了民法总则草案，并且先后 3 次于会后将草案审议稿在中国人大网公布征求社会公众意见，两次将草案印送全国人大代表征求意见，还将草案印发中央有关部门、地方人大、法学教学科研机构征求意见。与此同时，全国人大常委会于 2016 年 10 月和 11 月在北京、四川、宁夏和上海召开 4 次座谈会，由张德江委员长和李建国副委员长分别主持，直接听取中央有关部门，各省、自治区、直辖市人大常委会和部分全国人大代表、基层立法联系点代表、法律实务工作者和专家学者等各方面的意见，并到基层进行实地调研。2017 年 3 月由第十二届全国人民代表大会第五次会议审议通过。制定民法总则，完成了民法典编纂工作的第一步，为民法典编纂奠定了坚实基础。

民法总则通过后，十二届、十三届全国人大常委会接续努力、抓紧开展作为民法典编纂第二步的各分编编纂工作。法制工作委员会与民法典编纂工作各参加单位全力推进民法典各分编编纂工作，系统梳理、研究历年来有关方面提出的意见，开展立法调研，广泛听取意见建议，以现行物权法、合同法、担保法、婚姻法、收养法、继承法、侵权责任法等为基础，结合我国经济社会发展对民事法律提出的新需求，形成了包括物权、合同、人格权、婚姻家庭、继承、侵权责任等 6 个分编在内的民法典各分编草案，提请 2018 年 8 月召开的第十三届全国人大常委会第五次会议审议。其后，2018 年 12 月，2019 年 4 月、6 月、8 月、10 月，第十三届全国人大常委会第七次、第十次、第十一次、第十二次、第十四次会议对民法典各分编草案进行了拆分审议，对全部 6 个分编草案进行了二审，对各方面比较关注的人格权、婚姻家庭、侵权责任 3 个分编草案进行了三审。在此基础上，将民法总则与经过常委会审议和修改完善的民法典各分编草案合并，形成《中华人民共和国民法典（草案）》，提请 2019 年 12 月召开的第十三届全国人大常委会第十五次会议审议。经审议，全国人大常委会作出决定，将民法典草案提请第十三届全国人民代表大会第三次会议审议。

民法典草案经全国人大常委会审议后，2020 年 1 月 10 日，全国人大常委会办公厅、全国人大宪法和法律委员会和法制工作委员会在京联合组织召开 31 个省（自治区、直辖市）人大常委会负责同志和法制工作部门、代表联络工作部门负责同志，以及中央军委政治工作部、全国台联、香港中联办、澳门中联办有关负责同志参加的部署组织全国人大代表研读讨论民法典草案工作会议，王晨同志出席并作部署讲话，对组织代表研读讨论、做好大会审议准备工作提出明确要求。全国人大宪法和法律委员会主任委员李飞同志作了辅导报告。2020 年 1 月中下旬及 2 月初，各省、自治区、直辖市人大常委会和有关单位先后组织代表研读讨论民法典草案工作，并反馈了代表研读讨论的意见。同时，法制工作委员会还将草案印发地方人大、基层立法联系点、中央有关部门征求意见，并在中国人大网公布征求社会公众意见。法制工作委员会还在北京召开多个座谈会，听取有关部门、专家的意见。

2020 年 4 月 20 日、21 日，全国人大宪法和法律委员会召开会议，根据全国人大常委会的审议意见、代表研读讨论中提出的意见和各方面的意见，对民法典草案作了进一步修改完善；认为经过全国人大常委会多次审议和广泛征求意见，草案充分吸收各方面的意见建议，已经比较成熟，形成了提请审议的《中华人民共和国民法典（草案）》。

2020 年 4 月 29 日，第十三届全国人大常委会第十七次会议决定，第十三届全国人民代表大会第三次会议于 2020 年 5 月 22 日在北京召开。考虑到第十三届全国人民代表大会第三次会议是在十分特殊情况下召开的一次特殊会议，为进一步做好会议审议民法典草案的准备工作，更充分听取全国人大代表的意见，法制工作委员会于4月29日将修改后的民法典草案再次发送给各省、自治区、直辖市人大常委会，请各地以适当方式组织有关全国人大代表研读讨论，并将代表所提意见及时整理反馈给法制工作委员会。

2020年5月22日，第十三届全国人民代表大会第三次会议在北京召开。5月24日下午、5月25日上午，各代表团小组会议审议了民法典草案。5月28日下午，在第三次全体会议上，表决并高票通过了《中华人民共和国民法典》（其中赞成2879票、反对2票、弃权5票）。2020年5月28日，国家主席习近平签发第四十五号主席令，公布《中华人民共和国民法典》，自2021年1月1日起施行。

目　录

第一编　总则

第一章　基本规定

第一条【立法目的和依据】…… 2
第二条【调整范围】…… 5
第三条【民事权利及其他合法权益受法律保护】…… 8
第四条【平等原则】…… 10
第五条【自愿原则】…… 13
第六条【公平原则】…… 16
第七条【诚信原则】…… 18
第八条【守法与公序良俗原则】…… 21
第九条【绿色原则】…… 24
第十条【处理民事纠纷的依据】…… 26
第十一条【特别法优先】…… 29
第十二条【民法的效力范围】…… 30

第二章　自然人

第一节　民事权利能力和民事行为能力 / 33
第十三条【自然人民事权利能力的起止时间】…… 33
第十四条【民事权利能力平等】…… 35
第十五条【出生和死亡时间的认定】…… 36
第十六条【胎儿利益保护】…… 40
第十七条【成年时间】…… 44

第十八条【完全民事行为能力人】…… 47
第十九条【限制民事行为能力的未成年人】…… 50
第二十条【无民事行为能力的未成年人】…… 55
第二十一条【无民事行为能力的成年人】…… 57
第二十二条【限制民事行为能力的成年人】…… 60
第二十三条【非完全民事行为能力人的法定代理人】…… 62
第二十四条【民事行为能力的认定及恢复】…… 62
第二十五条【自然人的住所】…… 69
第二节 监护 / 70
第二十六条【父母子女之间的法律义务】…… 70
第二十七条【未成年人的监护人】…… 75
第二十八条【非完全民事行为能力成年人的监护人】…… 78
第二十九条【遗嘱指定监护】…… 80
第三十条【协议确定监护人】…… 82
第三十一条【监护争议解决程序】…… 85
第三十二条【公职监护人】…… 89
第三十三条【意定监护】…… 92
第三十四条【监护职责及临时生活照料】…… 95
第三十五条【履行监护职责应遵循的原则】…… 99
第三十六条【监护人资格的撤销】…… 103
第三十七条【监护人资格撤销后的义务】…… 107
第三十八条【监护人资格的恢复】…… 109
第三十九条【监护关系的终止】…… 112
第三节 宣告失踪和宣告死亡 / 114
第四十条【宣告失踪】…… 114
第四十一条【下落不明的起算时间】…… 116
第四十二条【财产代管人】…… 120

第四十三条【财产代管人的职责】 ………………………… 121
第四十四条【财产代管人的变更】 ………………………… 123
第四十五条【失踪宣告的撤销】 …………………………… 125
第四十六条【宣告死亡】 …………………………………… 127
第四十七条【宣告失踪与宣告死亡申请的竞合】 ………… 130
第四十八条【死亡日期的确定】 …………………………… 132
第四十九条【被宣告死亡人实际生存时的行为效力】 …… 134
第五十条【死亡宣告的撤销】 ……………………………… 136
第五十一条【宣告死亡及其撤销后婚姻关系的效力】 …… 137
第五十二条【死亡宣告撤销后子女被收养的效力】 ……… 139
第五十三条【死亡宣告撤销后的财产返还与赔偿责任】 … 140
第四节 个体工商户和农村承包经营户 / 142
第五十四条【个体工商户】 ………………………………… 142
第五十五条【农村承包经营户】 …………………………… 147
第五十六条【“两户”的债务承担】 ……………………… 151

第三章 法人

第一节 一般规定 / 155
第五十七条【法人的定义】 ………………………………… 155
第五十八条【法人的成立】 ………………………………… 159
第五十九条【法人的民事权利能力和民事行为能力】 …… 164
第六十条【法人的民事责任承担】 ………………………… 166
第六十一条【法定代表人】 ………………………………… 168
第六十二条【法定代表人职务行为的法律责任】 ………… 171
第六十三条【法人的住所】 ………………………………… 174
第六十四条【法人的变更登记】 …………………………… 176
第六十五条【法人登记的对抗效力】 ……………………… 179

第六十六条【法人登记公示制度】 …………………………… 181
第六十七条【法人合并、分立后的权利义务承担】 ……… 185
第六十八条【法人的终止】 ………………………………… 187
第六十九条【法人的解散】 ………………………………… 191
第七十条【法人解散后的清算】 …………………………… 194
第七十一条【法人清算的法律适用】 ……………………… 198
第七十二条【清算的法律效果】 …………………………… 200
第七十三条【法人因破产而终止】 ………………………… 203
第七十四条【法人的分支机构】 …………………………… 207
第七十五条【法人设立行为的法律后果】 ………………… 210
第二节 营利法人 / 213
第七十六条【营利法人的定义和类型】 …………………… 213
第七十七条【营利法人的成立】 …………………………… 216
第七十八条【营利法人的营业执照】 ……………………… 222
第七十九条【营利法人的章程】 …………………………… 223
第八十条【营利法人的权力机构】 ………………………… 224
第八十一条【营利法人的执行机构】 ……………………… 228
第八十二条【营利法人的监督机构】 ……………………… 231
第八十三条【出资人滥用权利的责任承担】 ……………… 234
第八十四条【利用关联关系造成损失的赔偿责任】 ……… 240
第八十五条【营利法人出资人对瑕疵决议的撤销权】 …… 241
第八十六条【营利法人的社会责任】 ……………………… 248
第三节 非营利法人 / 250
第八十七条【非营利法人的定义和范围】 ………………… 250
第八十八条【事业单位法人资格的取得】 ………………… 253
第八十九条【事业单位法人的组织机构】 ………………… 257
第九十条【社会团体法人资格的取得】 …………………… 260

第九十一条【社会团体法人章程和组织机构】 …………… 263
第九十二条【捐助法人】 ………………………………… 266
第九十三条【捐助法人章程和组织机构】 ……………… 272
第九十四条【捐助人的权利】 …………………………… 276
第九十五条【公益性非营利法人剩余财产的处理】 …… 279
第四节 特别法人 / 282
第九十六条【特别法人的类型】 ………………………… 282
第九十七条【机关法人】 ………………………………… 285
第九十八条【机关法人的终止】 ………………………… 287
第九十九条【农村集体经济组织法人】 ………………… 287
第 一 百 条【合作经济组织法人】 ……………………… 290
第一百零一条【基层群众性自治组织法人】 …………… 293

第四章 非法人组织

第一百零二条【非法人组织的定义】 …………………… 298
第一百零三条【非法人组织的设立程序】 ……………… 303
第一百零四条【非法人组织的债务承担】 ……………… 307
第一百零五条【非法人组织的代表人】 ………………… 309
第一百零六条【非法人组织的解散】 …………………… 311
第一百零七条【非法人组织的清算】 …………………… 313
第一百零八条【非法人组织的参照适用规定】 ………… 315

第五章 民事权利

第一百零九条【一般人格权】 …………………………… 317
第一百一十条【民事主体的人格权】 …………………… 319
第一百一十一条【个人信息受法律保护】 ……………… 325
第一百一十二条【婚姻家庭关系等产生的人身权利】 ……… 330
第一百一十三条【财产权受法律平等保护】 …………… 332

第一百一十四条【物权的定义及类型】 …………………… 334
第一百一十五条【物权的客体】 ……………………………… 339
第一百一十六条【物权法定原则】 …………………………… 340
第一百一十七条【征收与征用】 ……………………………… 343
第一百一十八条【债权的定义】 ……………………………… 347
第一百一十九条【合同之债】 ………………………………… 351
第一百二十条【侵权之债】 …………………………………… 352
第一百二十一条【无因管理之债】 …………………………… 356
第一百二十二条【不当得利之债】 …………………………… 358
第一百二十三条【知识产权及其客体】 ……………………… 361
第一百二十四条【继承权及其客体】 ………………………… 370
第一百二十五条【投资性权利】 ……………………………… 372
第一百二十六条【其他民事权益】 …………………………… 374
第一百二十七条【对数据和网络虚拟财产的保护】 ……… 378
第一百二十八条【对弱势群体的特别保护】 ……………… 384
第一百二十九条【民事权利的取得方式】 ………………… 385
第一百三十条【权利行使的自愿原则】 …………………… 387
第一百三十一条【权利人的义务履行】 …………………… 388
第一百三十二条【禁止权利滥用】 ………………………… 389

第六章 民事法律行为

第一节 一般规定 / 396

第一百三十三条【民事法律行为的定义】 ………………… 396
第一百三十四条【民事法律行为的成立】 ………………… 402
第一百三十五条【民事法律行为的形式】 ………………… 404
第一百三十六条【民事法律行为的生效】 ………………… 408

第二节 意思表示 / 411
第一百三十七条【有相对人的意思表示的生效时间】 …… 411
第一百三十八条【无相对人的意思表示的生效时间】 …… 416
第一百三十九条【公告的意思表示的生效时间】 ………… 417
第一百四十条【意思表示的方式】 ………………………… 418
第一百四十一条【意思表示的撤回】 ……………………… 420
第一百四十二条【意思表示的解释】 ……………………… 422
第三节 民事法律行为的效力 / 427
第一百四十三条【民事法律行为的有效条件】 …………… 427
第一百四十四条【无民事行为能力人实施的民事法律行为】 ……………………………………… 432
第一百四十五条【限制民事行为能力人实施的民事法律行为】 ………………………………… 435
第一百四十六条【虚假表示与隐藏行为效力】 …………… 438
第一百四十七条【重大误解】 ……………………………… 441
第一百四十八条【欺诈】 …………………………………… 445
第一百四十九条【第三人欺诈】 …………………………… 449
第一百五十条【胁迫】 ……………………………………… 452
第一百五十一条【乘人之危导致的显失公平】 …………… 455
第一百五十二条【撤销权的消灭期间】 …………………… 459
第一百五十三条【违反强制性规定及违背公序良俗的民事法律行为的效力】 ……………… 463
第一百五十四条【恶意串通】 ……………………………… 466
第一百五十五条【无效或者被撤销民事法律行为自始无效】 ……………………………………… 469
第一百五十六条【民事法律行为部分无效】 ……………… 471

第一百五十七条【民事法律行为无效、被撤销、不生效力的法律后果】…………………… 473
第四节 民事法律行为的附条件和附期限 / 477
第一百五十八条【附条件的民事法律行为】…………… 477
第一百五十九条【条件成就或不成就的拟制】………… 480
第一百六十条【附期限的民事法律行为】……………… 482
第七章 代理
第一节 一般规定 / 487
第一百六十一条【代理的适用范围】…………………… 487
第一百六十二条【代理的效力】………………………… 489
第一百六十三条【代理的类型】………………………… 494
第一百六十四条【不当代理的民事责任】……………… 497
第二节 委托代理 / 499
第一百六十五条【授权委托书】………………………… 499
第一百六十六条【共同代理】…………………………… 501
第一百六十七条【违法代理的责任承担】……………… 503
第一百六十八条【禁止自己代理和双方代理】………… 505
第一百六十九条【复代理】……………………………… 507
第一百七十条【职务代理】……………………………… 512
第一百七十一条【无权代理】…………………………… 514
第一百七十二条【表见代理】…………………………… 522
第三节 代理终止 / 524
第一百七十三条【委托代理的终止】…………………… 524
第一百七十四条【委托代理终止的例外】……………… 526
第一百七十五条【法定代理的终止】…………………… 529

第八章 民事责任

第一百七十六条【民事责任】 …………………………… 533
第一百七十七条【按份责任】 …………………………… 535
第一百七十八条【连带责任】 …………………………… 536
第一百七十九条【民事责任的承担方式】 ……………… 540
第一百八十条【不可抗力】 ……………………………… 547
第一百八十一条【正当防卫】 …………………………… 549
第一百八十二条【紧急避险】 …………………………… 553
第一百八十三条【因保护他人民事权益而受损的责任承担】 ………………………………… 558
第一百八十四条【紧急救助的责任豁免】 ……………… 561
第一百八十五条【英雄烈士人格利益的保护】 ………… 566
第一百八十六条【违约责任与侵权责任的竞合】 ……… 570
第一百八十七条【民事责任优先】 ……………………… 572

第九章 诉讼时效

第一百八十八条【普通诉讼时效】 ……………………… 577
第一百八十九条【分期履行债务诉讼时效的起算】 …… 583
第一百九十条【对法定代理人请求权诉讼时效的起算】 … 586
第一百九十一条【未成年人遭受性侵害的损害赔偿诉讼时效的起算】 ……………………… 589
第一百九十二条【诉讼时效届满的法律效果】 ………… 592
第一百九十三条【诉讼时效援用】 ……………………… 598
第一百九十四条【诉讼时效的中止】 …………………… 601
第一百九十五条【诉讼时效的中断】 …………………… 606
第一百九十六条【不适用诉讼时效的情形】 …………… 612
第一百九十七条【诉讼时效法定】 ……………………… 615

第一百九十八条【仲裁时效】 …… 619
第一百九十九条【除斥期间】 …… 620

第十章 期间计算

第二百条【期间的计算单位】 …… 624
第二百零一条【期间的起算】 …… 625
第二百零二条【期间结束】 …… 628
第二百零三条【期间计算的特殊规定】 …… 630
第二百零四条【期间法定或约定】 …… 631

第一编　总　则

总则编规定了民事活动必须遵循的基本原则和一般性规则，统领民法典各分编。总则编基本保持2017年3月十二届全国人大五次会议通过的《民法总则》的结构和内容不变；同时，根据法典编纂体系化要求进行了适当调整，对个别条款作了文字修改，以使法典各编的表述整体统一。总则编共十章、二百零四条，规定了民法基本原则，自然人、法人和非法人组织等民事主体，民事权利，民事法律行为和代理，民事责任和诉讼时效等基本民事制度。

第一章 基本规定

第一章为总则编的基本规定，共十二条，规定了民法典的立法目的和依据、民法的调整范围、民法的基本原则、民法的渊源、民事一般法与特别法的关系，以及民法典的效力范围。

第一条 为了保护民事主体的合法权益，调整民事关系，维护社会和经济秩序，适应中国特色社会主义发展要求，弘扬社会主义核心价值观，根据宪法，制定本法。

◆ 条文主旨

本条是关于民法典的立法目的和依据的规定。

◆ 立法背景

立法目的是指制定法律的根本目标和宗旨。在法律的第一条规定立法的目的和宗旨，符合我国立法的惯例。关于民法典的立法目的包括哪些，在法律起草过程中存在不同观点。有的意见认为，民法典的立法目的只有一个，就是保障民事主体的民事权益；有的意见认为，民法典的立法目的包括调整民事关系、维护社会秩序；有的意见认为，还应包括维护人的自由和尊严、增进人民福祉等。《民法通则》第 1 条规定的立法目的包括保障公民和法人的合法的民事权益、正确调整民事关系、适应社会主义现代化建设事业发展的需要。

◆ **条文解读**

民法典的立法目的可以说是对原来各民事单行法律立法目的的归纳与概括。本条根据各方面意见，在民法通则规定的立法目的基础上，规定了五个方面的立法目的：

一是保护民事主体的合法权益。民事主体的合法权益包括人身权利、财产权利、兼具人身和财产性质的知识产权等权利，以及其他合法权益。保护公民的各项基本权利是宪法的基本原则和要求，保护民事主体的合法权益是民法典的首要目的，也是落实和体现宪法精神的表现。可以说，民法典中的很多制度设计都是围绕保护民事主体的合法权益而展开的，如总则编第五章民事权利就是从整体上规定了民事主体所享有的各项民事权利，而物权编则专门规定了物权，人格权编则针对民事主体的人格权益进行了规定，等等。

二是调整民事关系。民事权益存在于特定社会关系之中，民法典保护民事权利，是通过调整各种民事关系来实现的。调整社会关系是法律的基本功能。一个人无时无刻不与外界发生各种关系，其中最为重要的就是人与人之间的社会关系。社会关系有的涉及市场交换关系，有的涉及家庭生活关系，有的涉及友情关系，不论哪种关系，都需要通过一定的社会规则加以规范，否则将可能陷入混乱。调整社会关系的手段有道德、法律等不同类型，其中法律是现代社会最为重要的调整社会关系的方式。民法典调整的仅仅是民事关系，民事关系就是平等主体之间的权利和义务关系。民事关系根据权利义务内容性质的不同，可以分为人身关系、财产关系等，民法典通过各种具体制度、规则调整民事主体之间的相互关系，最终的目的就是促进和实现民事主体之间生活秩序的和谐。

三是维护社会和经济秩序。民法典保护单个主体的民事权利，调整民事主体之间的关系，从而确立并维护整个社会的民事生活秩序。民法典确立、维护婚姻、家庭等社会秩序，使民事主体之间的社会关系处于稳定有序的状态。同样，民法典通过调整民事主体之间的财产权关系、交易关系，实现对经济秩序的维护，使得民事主体享有合法的财产权，进而能在此基础上与他人开展交易，从而确保整个社会的经济有条不紊地运行。正是从这个意义上说，民法典是国家治理体系的有机组成部分。

四是适应中国特色社会主义发展要求。法律是上层建筑，由经济基础决定，并与经济基础相适应。中华人民共和国成立以来，特别是改革开放以来，中国特色社会主义建设取得了举世瞩目的成就，中国特色社会主义法律体系也已形成。随着改革开放的深入推进，市场经济不断发展，人民群众对于提高权利保障的法治化水平的期望越来越高。编纂民法典就是为了满足人民群众的新法治需求，适应我国社会主要矛盾的变化。社会主义市场经济本质上是法治经济，通过编纂民法典不断完善社会主义法律体系，可以健全市场秩序，维护交易安全，促进社会主义市场经济持续健康发展。

五是弘扬社会主义核心价值观。社会主义核心价值观是民族精神和时代精神的高度凝练，是中国特色社会主义法治的价值内核，是中国特色社会主义法治建设的灵魂，是坚持中国特色社会主义法治发展道路的基本遵循。社会主义核心价值观包括富强、民主、文明、和谐，自由、平等、公正、法治，爱国、敬业、诚信、友善。社会主义核心价值观要融入法治建设的全过程，要将社会主义核心价值观的基本要求融入法律，转化为法律规范性要求，将法律法规作为践行社会主义核心价值观的制度载体，使法律法规更好地体现国家的价值目标、社会的价值取向、公民的价值追求。编纂民法典，健全民事基本法律制度，可以强化全社会的契约精神。按照党中央关于把社会主义核心价值观融入法治建设的要求，应当强调在民事活动中弘扬中华优秀文化，践行社会主义核心价值观，大力弘扬自由、平等、公正、诚信等社会主义核心价值观。弘扬社会主义核心价值观，体现的是法治与德治并重的治国理念。

宪法是国家的根本法，是母法，是其他法律制定的依据。我国立法法明确规定，宪法具有最高的法律效力，一切法律、行政法规、地方性法规、自治条例和单行条例、规章都不得同宪法相抵触。“根据宪法，制定本法”的规定明确了民法典的立法依据。宪法是民法典的立法根据，民法典的规定必须体现宪法精神，落实宪法的要求，不得违背宪法。不仅民法典的实体内容应当落实宪法的原则和要求，民法典编纂的立法程序也必须符合宪法关于立法制度和程序的规定。

第二条　民法调整平等主体的自然人、法人和非法人组织之间的人身关系和财产关系。

◆ **条文主旨**

本条是关于民法典调整范围的规定。

◆ **立法背景**

法律的调整范围就是法律所规范的社会关系类型。一个国家的法律体系总是由不同的法律部门组成，不同的法律部门规制不同的社会关系。法律部门之间分工配合，从而形成有机统一的法律体系。中国特色社会主义法律体系也是如此，是由宪法及宪法相关法、民法、行政法、经济法、社会法、刑法等不同的法律部门共同组成的。

在民法典的开篇就明确规定调整范围，可以让人民群众直观地知道民法典的功能和定位。有些外国民法典也在开篇即规定其调整范围。如《俄罗斯联邦民法典》第 2 条“民事立法所调整的关系”规定的内容有：民事立法规定民事流转参加者的法律地位，所有权和其他物权、智力活动成果的专属权（知识产权）产生的根据和实现的程序，调整合同债和其他债权债务关系，以及调整基于其参加者平等、意思自治和财产自主而产生的其他财产关系和与之相联系的人身非财产关系；民事立法调整从事经营活动的人之间的关系或者有他们参加的关系，民事立法调整所依据的出发点是，经营活动是依照法定程序对其经营活动资格进行注册的人实施的，旨在通过使用财产、出售商品、完成工作和提供服务而不断取得利润，并由自己承担风险的独立自主的活动；民事立法不适用于基于一方对另一方的行政从属关系或权力从属关系而产生的财产关系，其中包括不适用于税收关系及其他财政关系和行政关系，但立法有不同规定的除外。

◆ 条文解读

民法典延续了民法通则规定民法调整范围的做法，在本条规定，民法调整平等主体的自然人、法人和非法人组织之间的人身关系和财产关系。民法调整的这种关系进行排列组合，包括自然人之间、法人之间、非法人组织之间、自然人和法人之间、自然人和非法人组织之间、法人和非法人组织之间的人身关系和财产关系。

民事主体是民事关系的参与者、民事权利的享有者、民事义务的履行者和民事责任的承担者。本条首先列举了民事主体的具体类型，包括自然人、法人和非法人组织三类。关于民事主体的类型，法律起草过程中存在不同意见。有的意见认为，民事主体只包括自然人和法人；有的意见认为，民事主体还包括其他组织、非法人团体或非法人组织。自然人作为民事主体，对此是没有争议的。自然人是最为重要的民事主体，民法通则用的是“公民

（自然人）”，总则编直接规定为“自然人”。自然人就是通常意义上的人，民法上使用这个概念，主要是与法人相区别。自然人不仅包括中国公民，还包括我国领域内的外国人和无国籍人。法人就是法律上拟制的人，法人是一种社会组织，法律基于社会现实的需要，赋予符合一定条件的组织法人资格，便于这些组织独立从事民事活动，归根到底是为了扩展自然人从事民事活动的广度。民法通则仅规定了自然人和法人两类民事主体。对于是否应当认可自然人、法人之外的第三类民事主体，认可的话，第三类民事主体的名称应当是什么，在法律起草过程中有不同的意见。有的意见认为，应当认可自然人、法人之外的第三类民事主体。有的意见认为，民事主体就包括自然的人和法律拟制的人即法人两类，不存在其他第三类主体。基于社会实践和多数意见，赋予个人独资企业、合伙企业等不具有法人资格的组织民事主体地位，有利于其开展民事活动，促进经济社会发展，也与其他法律的规定相衔接，故民法典创设了第三类民事主体。

关于第三类民事主体的名称，有的意见认为应称为非法人团体，有的意见认为应称为其他组织，有的意见认为应称为非法人组织。经研究，我国现行法律使用较多的术语是其他组织，其范围不尽一致，内涵和外延都不同。在法律起草过程中，对这些法律规定进行了全面研究，认为有关法律中使用“其他组织”是适当的，但作为民事主体，统一使用“非法人组织”为宜，这与公司、基金会、协会等名称不一样，但在民法上统一称为“法人”的道理相同。民事主体首先分为自然人和非自然人（组织），非自然人的组织体再进一步划分为法人和与法人相对应的非法人组织。

自然人、法人、非法人组织之间的社会关系多种多样，并非所有社会关系都由民法调整。民法仅调整他们之间的民事关系，即作为平等主体的自然人、法人、非法人组织之间发生的社会关系。例如，行政机关在从事行政管理活动时，会与自然人或法人形成行政法律关系，这种行政法律关系中双方的地位是不平等的，不属于民法调整范围。行政机关从事民事活动，如因购买商品而与公司签订买卖合同，民法要求其必须以机关法人的身份进行，此时机关法人与其他民事主体之间的法律地位是平等的，这种买卖合同关系则由民法调整。

民法所调整的民事关系根据权利义务所涉及的内容不同可以分为两大类，即民事主体之间的财产关系和人身关系。人身关系是指民事主体之间基于人格和身份形成的无直接物质利益因素的民事法律关系。人身关系有的与民事主体的人格利益相关，有的与民事主体的特定身份相关，如配偶之间的婚姻关系，父母子女之间的抚养和赡养关系。财产关系是指民事主体之间基于物质利益而形成的民事法律关系。财产关系包括静态的财产支配关系，如所有权关系，还包括动态的财产流转关系，如债权债务关系等。就财产关系所涉及的权利内容而言，财产关系包括物权关系、债权关系等。

民法通过规定基本原则、民事基本制度和具体的民事法律规范，对民事主体之间的人身性和财产性的权利义务关系予以确认、保护、规制，并赋予民事主体在权利受到侵害时相应的救济方式，以确保各种民事法律关系的稳定，维护民事生活的和谐有序。

第三条 民事主体的人身权利、财产权利以及其他合法权益受法律保护，任何组织或者个人不得侵犯。

◆ **条文主旨**

本条是关于民事权利及其他合法权益受法律保护的规定。

◆ 立法背景

民事权利及其他合法权益受法律保护是民法的基本精神。民事主体的民事权利及其他合法权益受法律保护的要求在我国诸多法律中都有规定。如《宪法》第13条规定，公民的合法的私有财产不受侵犯。国家依照法律规定保护公民的私有财产权和继承权。

民事权利及其他合法权益受法律保护是民法的基本精神，也是民事立法的出发点和落脚点。民法总则制定过程中，曾将本条内容规定在第9条中，在审议过程中，普遍认为，民事权利及其他合法权益受法律保护是民法的基本精神，统领整部民法典和各民商事特别法，应当进一步突出民事权利受法律保护的理念，将本条的内容规定在前面，以充分体现权利本位、权利导向的立法宗旨。经研究，最终将本条内容移至第3条，以突出强调民事权利及其他合法权益受法律保护的基本精神和重要地位。民法典总则编对该条规定仍保持不变。

◆ 条文解读

本法第109条规定，自然人的人身自由、人格尊严受法律保护。总则编还规定保护民事主体的各种人身权利、财产权利以及其他合法权益。人身权利包括生命权、健康权、姓名权、肖像权、名誉权、荣誉权、隐私权、婚姻自主权、监护权等，财产权利包括所有权、用益物权、担保物权、股权等。民法除保护人身权利和财产权利外，兼具有人身和财产性质的知识产权、继承权等也受法律保护。除列明的民事权利外，总则编还规定保护其他合法权益，原因在于，有些民事权益法律并未明确规定，但确有必要予以保护的，法律也应当予以保护。民事权利及其他合法权益受法律保护，就要求任何组织或者个人不得侵犯。不得侵犯就是任何组织或者个人不得非法侵占、限制、剥夺他人的民事权利及其他合法权益，也不得干涉他人正常行使民事权利及其他合法权益。当然，这并非意味着民事主体的民事权利可以毫无限制，是绝对自由的。相反，民事主体行使民事权利要受到法律、公序良俗的约束，民事主体不得滥用民事权利，且国家基于公共利益的需要，在法律权限范围内经法定程序，在给予公平合理补偿的前提下，可以对民事主体的财产予以征收或者征用。

民法典不仅在总则编对保护民事权利作了规定，在其他各编中也都有配套的相关规定。如物权编中规定，国家、集体、私人的物权和其他权利人的物权受法律平等保护，任何组织或者个人不得侵犯；同时在第三章专门规定了物权保护制度。合同编规定，依法成立的合同，受法律保护。人格权编规定，民事主体的人格权受法律保护，任何组织或者个人不得侵犯。继承编规定，国家保护自然人的继承权。

第四条 民事主体在民事活动中的法律地位一律平等。

◆ 条文主旨

本条是关于平等原则的规定。

◆ 立法背景

平等原则是指民事主体，不论法人、自然人还是非法人组织，不论法人规模大小、经济实力雄厚与否，不论自然人是男、女、老、少、贫、富，不论非法人组织经营什么业务，在从事民事活动时，他们相互之间在法律地位上都是平等的，他们的合法权益受到法律的平等保护。平等原则是民事法律关系区别于行政法律关系的特有原则，也是发展社会主义市场经济的客观要求。我国宪法规定，中华人民共和国公民在法律面前一律平等。宪法规定的人人平等原则，需要在民法中加以落实。

有些外国民法典也规定有平等原则。如《俄罗斯联邦民法典》第1条第1款规定，民事立法的基本原则是确认民事立法所调整的关系的参加者一律平等，财产不受侵犯，合同自由，不允许任何人随意干涉私人事务，必须无阻碍地行使民事权利，保障恢复被侵犯的权利及其司法保护。

◆ **条文解读**

总则编作为民法典各分编和民商事单行法的统率性规定，在继承民法通则规定的基础上，总结吸收各民商事单行法的立法经验，在本条中规定了平等原则。在民法总则起草过程中，有的意见提出，应在平等原则中明确规定任何一方不得将自己的意志强加给对方。有的意见提出，应在本条中增加一款，规定法律对未成年人、老年人、残疾人、妇女、消费者、劳动者等自然人有特别保护的，依照其规定。考虑到基本原则的法律条文表述应简洁，突出表明基本原则的核心要义，这一条文规定的平等原则所指就是民事主体在民事活动中法律地位平等。法律地位平等包含民事主体在从事民事活动时不能将意志强加给另一方，还包括其他方面的要求，并不否定法律对特殊民事主体的权利予以特别保护，如果作上述规定反而会限制平等原则的含义。

民事主体的法律地位一律平等首先体现为自然人的权利能力一律平等。权利能力就是自然人享有民事权利、承担民事义务的法律资格，这种法律资格，不因自然人的出身、身份、职业、性别、年龄、民族、种族等而不同，所有自然人在法律人格上而言都是平等的、没有差别的。其次，平等原则体现为所有民事主体在从事民事活动时，双方的法律地位平等。虽然国家行政机关在从事行政管理时，作为管理者与被管理的行政相对人的地位是不平等的，存在隶属关系或管理与被管理的关系。但当机关法人与其他民事主体包括自然人、法人或者非法人组织从事民事交易时，二者的法律地位则是平等的。同样，一个资产规模很大的跨国公司，在与一个资产很少的公司开展交易时，尽管二者经济实力悬殊，但在法律上二者是平等的，必须在平等协商的基础上达成交易条款，任何一方不得利用自己的优势地位向对方施加不当压力。民法为了维护和实现民事主体之间法律地位的平等性，确保民事主体之间能平等协商交易条款，还规定当事人一方利用优势地位强加给另一方的不公平的“霸王条款”无效。最后，平等原则还体现为所有民事主体的合法权益受到法律的平等保护。平等保护就是民事主体的合法权利在法律上都是一视同仁受到保护的。平等保护还意味着民事主体的权利受到侵害时，在法律适用上是平等的，能够获得同等的法律救济。正因如此，我国民事诉讼法规定，民事诉讼当事人有平等的诉讼权利，人民法院审理民事案件对当事人在适用法律上一律平等。

平等原则是民法的前提和基础，是国家立法规范民事法律关系的逻辑起点。民事主体法律地位的平等是民事主体自愿参与民事活动，自主决定民事活动的权利义务内容，实现意思自治的前提。只有民事活动的当事人之间的法律地位是平等的，当事人之间才能相互尊重对方的自由和意志，进而在平等对话、自由协商的基础上达成共识，实现公平交易。总则编规定平等原则就是要确认所有民事主体法律地位的平等性，以排除特权，防止和避免民事活动当事人一方利用某种地位上的优势威胁、限制、压制交易相对方。民事主体之间如果没有平等的法律地位，就不可能有真正的自愿，更遑论实现公平交易。当事人之间地位平等是民法区别于其他法律部门的最为重要的特征。

▶ **相关规定**

《中华人民共和国消费者权益保护法》第 4 条；《中华人民共和国合伙企业法》第 5 条

第五条　民事主体从事民事活动，应当遵循自愿原则，按照自己的意思设立、变更、终止民事法律关系。

◆ **条文主旨**

本条是关于自愿原则的规定。

◆ **立法背景**

《民法通则》第 4 条规定了自愿原则，不少民商事单行法也将自愿原则规定为基本原则。国外民法典也有合同自由、契约自由等类似规定。如《俄罗斯联邦民法典》第 1 条第 2 款规定，公民（自然人）和法人以其自己的意思并为了自己的利益取得和行使其民事权利，他们在以合同为基础确定自己的权利和义务方面以及在确定不与立法相抵触的任何合同条件方面是自由的。

在民法典起草过程中，有的意见提出，意思自治是实施民事法律行为、构建民事法律关系的核心，自愿只是意思自治的一个方面，意思自治比自愿原则的内涵更丰富，应该将自愿原则修改为意思自治原则。有的意见提出，自愿原则已经深入人心，应该继续沿用民法通则规定的自愿原则。考虑到民法通则以及其他民商事单行法规定的都是自愿原则，自愿原则已经为广大人民群众普遍认识和接受，总则编继续沿用了自愿原则的用法，自愿原则相当于意思自治原则。结合各方面意见，总则编规定，民事主体从事民事活动，应当遵循自愿原则，按照自己的意思设立、变更和终止民事法律关系，强调民事主体从事民事活动，不仅形式上要自愿，在实质内容上也要自愿。

◆ **条文解读**

自愿原则，也称意思自治原则，就是民事主体有权根据自己的意愿，自愿从事民事活动，按照自己的意思自主决定民事法律关系的内容及其设立、变更和终止，自觉承受相应的法律后果。自愿原则体现了民事活动最基本的特征，可以从以下四个方面来理解。首先，民事主体有权自愿从事民事活动。民事主体参加或不参加某一民事活动由其自己根据自身意志和利益自由决定，其他民事主体不得干预，更不能强迫其参加。其次，民事主体有权自主决定民事法律关系的内容。民事主体决定参加民事活动后，可以根据自己的利益和需要，决定与谁建立民事法律关系，并决定具体的权利、义务内容，以及民事活动的行为方式。例如，甲决定给自家买一台电视机，甲可以自主选择到哪个超市或电商选购，选购何种品牌、什么型号和价格的电视机，任何超市或电商都不能强迫甲必须购买其销售的电视机。再次，民事主体有权自主决定民事法律关系的变动。民事法律关系的产生、变更、终止应由民事主体自己根据本人意志自主决定。例如，甲乙双方签订买卖合同后，双方建立了买卖合同法律关系，之后如发生了合同解除事由，当事人即有权解除合同。最后，民事主体应当自觉承受相应法律后果。与民事主体自愿参加民事活动、自主决定民事法律关系相伴的是，民事主体需要自觉承受相应法律后果。自愿或者说意思自治的必然要求就是，每个人对自己的行为负责。自愿原则要求民事主体在行使权利的同时自觉履行约定或法定的义务，并承担相应的法律后果。

需要进一步说明的是，自愿或者意思自治不是毫无约束的绝对的自由与放任。民事主体实现自愿、自主或意思自治的前提就是民事主体之间的平等法律地位。因此，民事主体的自愿是建立在相互尊重的基础上，必须尊重其他民事主体的自主意志。民事主体的意思自治，还受到民法的公平原则、诚信原则、守法原则等基本原则的约束，这些原则要求民事主体从事民事活动，要公平合理、诚实守信，不得违反法律，不得违背公序良俗。

平等原则是民法的前提和基础，自愿原则即意思自治原则则是民法的核心。民法之所以称为“民”法，不仅是因为民法是根据人民的集体意志制定的法律，而且根据民法确立的自愿原则，民事主体在参加民事活动过程中有权根据个人意思确定民事法律关系的内容，且所决定的内容对民事活动的当事人而言具有法律约束力，是民事主体自己为自己定的“法”。可以说，不仅民法的制定要以人民的集体意志为基础，民法的实施同样也需要依赖于人民群众的个体意志才能实现。正因如此，民法上的大量规定都属于任意性规范，民事主体可以根据自己的需要而设定与法律任意性规定不同的具体权利和义务内容。民事主体根据自愿原则确定的民事权利义务关系，对当事人是具有法律效力的，当事人必须执行。民法学上的民事主体，在经济学领域被称为理性人。理性人意味着民事主体具有认知事物及其规律并为自己利益作出理性判断的能力，意味着民事主体具有在经济社会生活中与他人和平共处的理性和能力。民事主体的理性意味着民事主体作为民事活动的参与者是“三位一体”的，即民事主体是民事权利的享有者、民事义务的履行者、民事责任的承担者。

▶ **相关规定**

《中华人民共和国证券法》第 4 条；《中华人民共和国劳动合同法》第 3 条；《中华人民共和国合伙企业法》第 5 条；《中华人民共和国商业银行法》第 5 条

第六条 民事主体从事民事活动，应当遵循公平原则，合理确定各方的权利和义务。

◆ **条文主旨**

本条是关于公平原则的规定。

◆ **立法背景**

我国法律中，不少民商事单行法都规定了公平原则。如《民法通则》第4条规定民事活动应当遵循公平原则。域外立法中，有的国家和地区民法在分则相关编、章中规定了公平的要求。《德国民法典》第315条规定，由合同当事人一方确定给付的，有疑义时，必须认为该项确定是依照公平裁量作出的，且所作出的确定只有合乎公平时，才对另一方有约束力。《法国民法典》第1135条规定，合同不仅仅依明示发生义务，根据合同的性质，发生公平原则、习惯或法律施加的义务。

在民法典起草过程中，曾有意见提出，公平原则是法律的最高价值目标，是所有法律的基本原则，且公平原则由于弹性过大在实践中容易被滥用，不必在总则编中进行规定。有的意见提出，公平原则仅适用于民事主体之间的财产关系，不适用于民事主体之间的人身关系，不宜作为民法典的基本原则。公平正义是人类共同追求的基本价值，也是法律追求的基本价值，公平应当成为民法的基本原则。同时民法典的各项基本原则是相互补充、相辅相成的，如果不规定公平原则，民法典的基本原则就不周延。正因如此，民法通则将其规定为基本原则，合同法、信托法、反不正当竞争法等诸多民商事单行法也将公平原则规定为基本原则。结合各方面意见，仍将公平原则作为民法典的基本原则，规定民事主体从事民事活动，应当遵循公平原则，合理确定各方的权利和义务。

◆ **条文解读**

公平原则要求民事主体从事民事活动时要秉持公平理念，公正、平允、合理地确定各方的权利和义务，并依法承担相应的民事责任。公平原则体现了民法促进社会公平正义的基本价值，对规范民事主体的行为发挥着重要作用。公平原则首先要求民事主体在从事民事活动时，按照公平观念行使权利、履行义务，特别是对于双方民事法律行为，要求一方的权利和义务应当相适应，双方之间的权利和义务应当对等，不能一方承担义务而另一方只享有权利，也不能一方享受的权利和承担的义务相差悬殊。公平原则的这种要求在合同编中得到充分体现。如本法第 496 条第 2 款规定，采用格式条款订立合同的，提供格式条款的一方应当遵循公平原则确定当事人之间的权利和义务。第 497 条第 2 项规定，提供格式条款一方不合理地免除或者减轻其责任、加重对方责任、限制对方主要权利的格式条款无效。公平原则还要求民事主体合理承担民事责任，在通常情况下适用过错责任，要求责任与过错的程度相适应，特殊情况下，也可以根据公平原则合理分担责任。如本法第 1186 条规定，受害人和行为人对损害的发生都没有过错的，依照法律的规定由双方分担损失。

公平原则作为民法的基本原则，不仅仅是民事主体从事民事活动应当遵守的基本行为准则，也是人民法院审理民事纠纷应当遵守的基本裁判准则。如在山西省长治市某副食果品有限公司与某房地产开发有限公司合作开发房地产合同纠纷案中，由于当事人双方在合作开发房地产项目合同中未约定有关开发项目新增面积所得利润的分配方式，双方因此引发纠纷。人民法院根据公平原则，参照双方在项目合作中最初约定的面积分配比例以及在合同履行过程中实际分配面积比例变化等项目情况，确定了新增面积利润的分配比例。

▶ **相关规定**

《中华人民共和国劳动合同法》第3条；《中华人民共和国合伙企业法》第5条；《中华人民共和国商业银行法》第5条；《中华人民共和国信托法》第5条；《中华人民共和国证券投资基金法》第4条；《中华人民共和国反不正当竞争法》第2条；《中华人民共和国消费者权益保护法》第4条

第七条 民事主体从事民事活动，应当遵循诚信原则，秉持诚实，恪守承诺。

◆ **条文主旨**

本条是关于诚信原则即诚实信用原则的规定。

◆ **立法背景**

诚信原则是民法通则规定的基本原则之一。《民法通则》第4条规定，民事活动应当遵循诚实信用的原则。此后，大部分民商事单行法律都将诚信原则规定为基本原则之一。

诚信原则也是大多数国家和地区民法规定的基本原则，有的在总则中规定诚信原则，有的则在分则相关编、章中规定诚实信用的要求。《瑞士民法典》第1条第1款规定，任何人都必须以诚实、信用的方式行使其权利和履行其义务。《日本民法典》第1条第2款规定，行使权利及履行义务时，应恪守信义、诚实履行。《韩国民法典》第2条第1款规定，权利的行使及义务的履行，应恪守信义、诚实履行。《魁北克民法典》第一章第 6 条规定“任何人均应诚实信用地行使民事权利”，第 7 条规定任何人均不得以损害他人为目的或违背诚实信用的要求以过分且不合理的方式行使权利。我国台湾地区“民法”第 148 条第 2 款规定，行使权利，履行义务，应依诚实及信用方法。法国、德国等国的民法典则在分则中规定了诚实信用的要求。《法国民法典》第 1134 条第 3 款规定，契约应以善意履行之。

在民法典起草过程中，普遍赞同将诚信原则规定为民法的基本原则，仅在如何规定诚信原则的内容上，有少数不同看法。如有的意见提出，“从事民事活动”的表述过于宽泛，不太确定，建议修改为“行使权利、履行义务”。有的意见提出，权利不得滥用是诚信原则对权利行使的要求，将禁止权利滥用的内容规定在诚信原则中更为合适，建议规定为“民事主体从事民事活动，应当遵循诚实信用原则，不得滥用权利损害他人合法权益”。诚信原则的核心含义就是诚实不欺、善意、信守诺言。综合各方面意见，为更好地揭示诚信原则的内涵，本条规定，民事主体从事民事活动，应当遵循诚信原则，秉持诚实，恪守承诺。

◆ **条文解读**

诚信原则要求所有民事主体在从事任何民事活动时，包括行使民事权利、履行民事义务、承担民事责任时，都应该秉持诚实、善意，信守自己的承诺。诚实信用原则要求民事主体在行使权利、履行义务过程中，讲诚实、重诺言、守信用。这对建设诚信社会、规范经济秩序、引领社会风尚具有重要意义。

诚信原则作为民法最为重要的基本原则，被称为民法的“帝王条款”，是各国民法公认的基本原则。通常认为，诚实信用原则要求民事主体从事民事活动应当讲诚实、守信用，以善意的方式行使权利、履行义务，不诈不欺，言行一致，信守诺言。具体而言，民事主体应当从以下几个方面遵循诚信原则：民事主体在着手与他人开展民事活动时即应当讲诚实，如实告知交易相对方自己的相关信息，表里如一，不弄虚作假，如合同编规定的缔约过失责任，针对的就是缔结合同时的不诚信的行为；民事主体在与他人建立民事法律关系后，应当信守诺言、恪守信用，按照自己作出的承诺行使权利、履行义务，言而有信；民事主体应当本着善意的原则，相互配合，保护对方的合理期待与信赖利益；民事主体应当尊重他人的合法权益，尊重社会公共利益；民事主体应当善意行使权利，不得滥用权利；民事主体不得规避法律，不得故意曲解合同条款；等等。诚信原则的内涵和外延都是概括性的、抽象的，因此诚信原则有很广泛的适用性，民事主体从事任何民事活动都应当遵守该原则，不论是民事主体自己行使权利，还是在与他人建立民事法律关系之前、之中、之后都必须始终贯彻诚信原则，按照诚信原则的要求善意行事。诚信原则在其他各编中也有相应的规定。如合同编第 509 条第 2 款规定，当事人应当遵循诚信原则，根据合同的性质、目的和交易习惯履行通知、协助、保密等义务。

由于诚信原则具有高度抽象性和概括性，使得诚信原则对于民事主体从事民事活动、司法机关进行民事裁判活动都具有重要作用。诚信原则不仅对民事主体开展民事活动进行指导，是民事主体从事民事活动的行为规则，要求民事主体行使权利、履行义务都应善意不欺、恪守信用；同时，诚信原则对司法机关裁判民事纠纷也具有积极作用，在当事人没有明确约定或法律没有具体规定时，司法机关可以根据诚信原则填补合同漏洞、填补法律空白，平衡民事主体之间、民事主体与社会之间的利益，进而实现社会的公平正义。

▶ **相关规定**

《中华人民共和国消费者权益保护法》第4条；《中华人民共和国劳动合同法》第3条；《中华人民共和国个人独资企业法》第4条；《中华人民共和国合伙企业法》第5条；《中华人民共和国证券法》第4条；《中华人民共和国保险法》第5条；《中华人民共和国票据法》第10条；《中华人民共和国商业银行法》第5条；《中华人民共和国信托法》第5条；《中华人民共和国证券投资基金法》第4条；《中华人民共和国反不正当竞争法》第2条；《中华人民共和国拍卖法》第4条；《中华人民共和国招标投标法》第5条；《中华人民共和国民事诉讼法》第13条

第八条 民事主体从事民事活动，不得违反法律，不得违背公序良俗。

◆ **条文主旨**

本条是关于守法与公序良俗原则的规定。

◆ **立法背景**

守法和公序良俗原则，也是现代民法的一项重要基本原则。《民法通则》第6条规定民事活动必须遵守法律；第7条规定民事活动应当尊重社会公德，不得损害社会公共利益，扰乱社会经济秩序。此外，大多数单行民事法律也都规定有守法和公序良俗原则。

公序良俗原则在大多数国家和地区的民法中也有规定。《法国民法典》第6条规定，任何人均不得以特别约定违反涉及公共秩序和善良风俗的法律。第1133条规定，如原因为法律所禁止或原因违反善良风俗或公共秩序时，此种原因为不法的原因。《德国民法典》第 138 条第 1 款规定，违反善良风俗的行为无效。第 134 条规定，除基于法律发生其他效果外，违反法律禁止规定的法律行为无效。《日本民法典》第 90 条规定，以违反公共秩序和善良风俗的事项为标的的法律行为无效。

在民法总则起草过程中，曾有意见提出，应当继续沿用民法通则的规定，即要求民事主体从事民事活动必须遵守法律，应当尊重社会公德，不得损害社会公共利益，扰乱社会经济秩序。有的意见提出，近年来，不少地方立法在不涉及民事法律行为效力的前提下，对民事主体的部分民事活动制定了管理性规范，妥善处理了维护民事权利和保护公共利益的关系，收到了较好的实际效果，建议将“不得违反法律”修改为“不得违反法律、法规”。有的意见提出，现在思想多元、文化多元，“良俗”不好判断，社会上很多过去认为是“良俗”的好习惯，在现代社会评判起来好像都很难，在执法过程当中不好评判，很难掌握好标准，建议对公序良俗作出界定。结合各方面所提出的意见，考虑到民法中的多数规范为任意性规范，民事主体从事民事活动不是必须遵守，但民事主体从事民事活动不得违反法律的强制性规定，故不再规定“必须遵守法律”而规定“不得违反法律”。对于民法通则规定的“应当尊重社会公德，不得损害社会公共利益，扰乱社会经济秩序”这种表述，全国人大常委会的有关立法解释中已经使用过“公序良俗”这一更为简洁的表述，而且，公序良俗作为民法的基本原则，是高度抽象的法律规范，具有普遍适用性。至于善良习俗的具体内涵与外延，考虑到这一规定是一种兜底性规定，目的是弥补法律规定的不足，由司法机关在个案中结合实际情况作出具体判断更为科学合理。综合各方面的意见，民法总则规定，民事主体从事民事活动，不得违反法律，不得违背公序良俗。总则编保留了这一规定。

◆ **条文解读**

公序良俗是指公共秩序和善良习俗。守法和公序良俗原则要求自然人、法人和非法人组织在从事民事活动时，不得违反各种法律的强制性规定，不违背公共秩序和善良习俗。

守法和公序良俗原则又可以细分为两项具体要求：

一是民事主体从事民事活动不得违反法律。不得违反法律中的“法律”不仅包括民事法律，还包括其他部门法。所谓不得违反法律，就是要求不违反法律的强制性规定。民事主体在从事民事活动时，只要法律未明文禁止，又不违背公序良俗，就可以根据自己的利益和需要创设权利、义务内容。民事主体在从事民事活动时享有较大的自主空间，可实现充分的意思自治。由于民法的基本原则之一就是意思自治，民法在通常情况下不会干预民事主体的行为自由，民法的大多数规范都是任意性规范。对于任意性规范，民事主体可以结合自身的利益需要，决定是否纳入自己的意思自治范围。但是，任何人的自由并非毫无限制的，民法同样需要维护社会基本的生产、生活秩序，需要维护国家的基本价值追求，法律的强制性规范就是为了实现这一目的而制定的，民事主体在从事民事活动时，应当遵守法律的强制性规定。

二是民事主体从事民事活动不得违背公序良俗。不得违背公序良俗原则，就是不得违背公共秩序和善良习俗。公共秩序，是指政治、经济、文化等领域的基本秩序和根本理念，是与国家和社会整体利益相关的基础性原则、价值和秩序，在以往的民商事立法中被称为社会公共利益，在英美法系中也被称为公共政策。善良习俗是指基于社会主流道德观念的习俗，也被称为社会公共道德，是全体社会成员所普遍认可、遵循的道德准则。善良习俗具有一定的时代性和地域性，随着社会成员的普遍道德观念的改变而改变。公共秩序强调的是国家和社会层面的价值理念，善良习俗突出的则是民间的道德观念，二者相辅相成，互为补充。

守法和公序良俗原则的两项不同要求之间，首先要求民事主体从事民事活动不得违反法律。民事主体从事任何民事活动都需要遵守法律的强制性规定，对于民法的任意性规定，民事主体是否按照任意性规定从事民事活动，法律并不强制要求，民事主体可以根据自己的利益作出相应的选择和判断。由于民事活动复杂多样，法律不可能预见所有损害社会公共利益、公共道德秩序的行为而作出详尽的禁止性规定，因此，有必要辅之以公序良俗原则，并明确规定违背公序良俗的民事法律行为无效，以弥补法律禁止性规定的不足，实现对民事主体意思自治的必要限制，弘扬社会公共道德、维护社会公共秩序，实现民事主体的个体利益与社会公共利益的平衡。

▶ **相关规定**

《中华人民共和国保险法》第 4 条；《中华人民共和国公司法》第 5 条；《中华人民共和国合伙企业法》第 7 条；《中华人民共和国个人独资企业法》第 4 条

第九条 民事主体从事民事活动，应当有利于节约资源、保护生态环境。

◆ **条文主旨**

本条是关于绿色原则的规定。

◆ **立法背景**

节约资源、保护生态环境的要求，在我国宪法和许多法律中都有规定。如《宪法》第 9 条第 2 款规定，国家保障自然资源的合理利用，保护珍贵的动物和植物，禁止任何组织或者个人用任何手段侵占或者破坏自然资源。《民法通则》第 124 条规定，违反国家保护环境防止污染的规定，污染环境造成他人损害的，应当依法承担民事责任。

绿色原则是贯彻宪法关于保护环境规定的要求，同时也是落实党中央关于建设生态文明、实现可持续发展理念的要求，将环境资源保护上升至民法基本原则的地位，具有鲜明的时代特征，将全面开启环境资源保护的民法通道，有利于构建生态时代下人与自然的新型关系，顺应绿色立法的潮流。正如李建国同志在民法总则草案说明中所指出的，将绿色原则确立为基本原则，规定民事主体从事民事活动，应当有利于节约资源、保护生态环境，这样规定，既传承了天地人和、人与自然和谐共生的我国优秀传统文化理念，又体现了党的十八大以来的新发展理念，与我国是人口大国、需要长期处理好人与资源生态的矛盾这样一个国情相适应。

◆ **条文解读**

本条规定的绿色原则与其他原则在表述上有所不同，其他原则使用了“应当遵循”“不得违反”等表述，而本条使用的是“应当有利于”的表述。尽管有这种不同，绿色原则作为民法的基本原则，仍具有重要作用：一是确立国家立法规范民事活动的基本导向，即要以节约资源、保护生态环境作为重要的考量因素；二是要求民事主体本着有利于节约资源、保护生态环境的理念从事民事活动，树立可持续发展的观念；三是司法机关在审判民事案件、适用民事法律规定时，要加强对节约资源、保护生态环境的民事法律行为的保护。

绿色原则作为民法典的一项基本原则，在民法典各编中都得到了贯彻。如物权编第 346 条规定，设立建设用地使用权，应当符合节约资源、保护生态环境的要求，应当遵守法律、行政法规关于土地用途的规定，不得损害已经设立的用益物权。合同编第509 条第 3 款规定，当事人在履行合同过程中，应当避免浪费资源、污染环境和破坏生态；第 625 条规定，依照法律、行政法规的规定或者按照当事人的约定，标的物在有效使用年限届满后应予回收的，出卖人负有自行或者委托第三人对标的物予以回收的义务。在侵权责任编“环境污染和生态破坏责任”一章中，更是对环境污染和生态破坏的民事法律责任作了详细规定。

► **相关规定**

《中华人民共和国环境保护法》第 6 条；《中华人民共和国消费者权益保护法》第 5 条

第十条 处理民事纠纷，应当依照法律；法律没有规定的，可以适用习惯，但是不得违背公序良俗。

◆ **条文主旨**

本条是关于处理民事纠纷的依据的规定。

◆ **立法背景**

处理民事纠纷的依据就是人民法院、仲裁机构在处理民事纠纷时据以作出裁判的规则。

不少国家和地区的民法都会对处理民事纠纷的裁判依据作出规定，以便为裁判机关提供指南。如《瑞士民法典》第 1 条“法律的适用”规定：（1）凡依本法文字或释义有相应规定的任何法律问题，一律适用本法。（2）无法从本法得出相应规定时，法官应依据习惯法裁判；如无习惯法时，依据自己如作为立法者应提出的规则裁判。(3) 在前一款的情况下，法官应依据公认的学理和惯例。我国台湾地区“民法”第1条和第2条也对民法的法律渊源作了规定，即民事，法律所未规定者，依习惯；无习惯者，依法理。民事所适用之习惯，以不悖于公共秩序或善良风俗者为限。

在民法典起草过程中，关于如何规定处理民事纠纷的依据的意见比较集中，主要是围绕处理民事纠纷的依据包括哪些、应当如何规定展开讨论，其中包括：“法律”的范围，即“法律”是否包括法律解释、行政法规、地方性法规、自治条例和单行条例、规章等；是否要规定习惯作为民法的法律渊源；是否应当规定法理作为判案的依据；是否保留关于国家政策的规定等。

综合各方面意见，本条规定，处理民事纠纷，应当依照法律；法律没有规定的，可以适用习惯，但是不得违背公序良俗。

本条是法律适用规则。在条文形成过程中，曾一度将“民事纠纷”修改为“处理民事关系”，最终条文又改回“民事纠纷”。这是考虑本条规定旨在为人民法院、仲裁机构等在处理民事纠纷时提供法律适用规则。至于民事主体之间处理民事法律关系，基于意思自治原则，当事人有很大的自主权，且民法规定很多为任意性规定，法律并未强制要求当事人适用。如《合同法》第12条规定，合同的内容一般包括当事人的名称或者姓名和住所，标的，数量，质量，价款或者报酬，履行期限、地点和方式，违约责任，解决争议的方法。至于当事人是否必须在合同中全面载明这些内容，并无硬性要求，合同的内容由当事人约定。在特定交易环境下，当事人甚至可以约定交易习惯优先于法律的适用。因此，处理民事法律关系的范围比处理民事纠纷的范围广阔许多，法律适用规则也不是完全一样的。

◆ **条文解读**

本条规定，人民法院、仲裁机构等在处理民事纠纷时，首先应当依照法律。这里的法律是指广义的法律，包括全国人大及其常委会制定的法律和国务院制定的行政法规，也不排除地方性法规、自治条例和单行条例等。根据我国《立法法》第 8 条第 9 项规定，民事基本制度只能由全国人民代表大会及其常委会制定的法律规定。行政法规可以根据法律的规定或经法律的授权，针对特定领域的民事关系作出具体的细化规定。此外，有的法律授权地方性法规对某种特定的民事关系作出具体规定。如《农村土地承包法》第 68 条规定，各省、自治区、直辖市人民代表大会常务委员会可以根据本法，结合本行政区域的实际情况，制定实施办法。

本条还规定，法律没有规定的，可以适用不违背公序良俗的习惯。习惯是指在一定地域、行业范围内长期为一般人确信并普遍遵守的民间习惯或者商业惯例。适用习惯受到两个方面的限制：一是适用习惯的前提是法律没有规定。所谓法律没有规定，就是相关的法律、行政法规、地方性法规对特定民事纠纷未作出规定。二是所适用的习惯不得违背公序良俗。因此，并非所有的习惯都可以作为处理民事纠纷的依据，只有不违背公序良俗的习惯才可以适用，当然适用习惯也不得违背法律的基本原则。

本条确认了习惯作为民事法律渊源，主要考虑：一是承认习惯的法源地位与我国现行立法是一致的。合同法、物权法等法律已明确规定习惯可以作为判断当事人权利义务的根据。二是承认习惯的法源地位也符合现实需要。民事生活纷繁复杂，法律很难做到面面俱到，习惯可以在一定程度上弥补法律的不足。在商事领域和社会基层，对将习惯作为法律渊源的需求较为强烈。三是根据习惯裁判更贴近社会生活，有利于定分止争，且在司法实践中有时确有必要根据习惯处理民事纠纷。

对于在特定民事领域需要遵从和适用习惯，在其他各编中也有相应的规定。

第十一条　其他法律对民事关系有特别规定的，依照其规定。

◆ 条文主旨

本条是关于一般法与特别法的关系的规定。

◆ 立法背景

关于一般法与特别法的关系，立法法对此有专门规定。《立法法》第92条规定，同一机关制定的法律，特别规定与一般规定不一致的，适用特别规定。在民法典起草过程中，有的意见提出，立法法已经对特别法与一般法之间的关系作了规定，建议删除本条。考虑到我国制定了诸多民商事单行法，对特定领域的民事法律关系作出规范。民法典出台后，将作为一般法，各民商事单行法作为特别法，根据立法法的规定，特别法的规定将优先适用。本条明确强调特别法优先的法律适用规则，也有助于减少认识上的分歧。

◆ 条文解读

对于民法典的规范适用问题，需要注意的是：首先，民法典总则编与物权编、合同编、人格权编、婚姻家庭编、继承编、侵权责任编之间的关系，总则编也是一般性规定，其他各分编中对相同问题有特殊规定的，应当先适用其他各分编的规定。比如关于民事法律行为的效力问题，总则编第153条规定，违反法律、行政法规的强制性规定的民事法律行为无效。但是，该强制性规定不导致该民事法律行为无效的除外。违背公序良俗的民事法律行为无效。第154条规定，行为人与相对人恶意串通，损害他人合法权益的民事法律行为无效。而合同编第497条规定，有下列情形之一的，该格式条款无效：（一）具有本法第一编第六章第三节和本法第五百零六条规定的无效情形；（二）提供格式条款一方不合理地免除或者减轻其责任、加重对方责任、限制对方主要权利；（三）提供格式条款一方排除对方主要权利。由于总则编第153条、第154条属于一般规定，合同编第497条属于特别规定，对于格式合同条款的效力问题，则应当优先适用合同编第497条的规定。其次，民法典物权编、合同编、人格权编、婚姻家庭编、继承编、侵权责任编与其他民事单行法律的关系，相对于其他民事单行法律而言，民法典的各分编则属于一般性规定，在民事单行法律有特别规定时，需要优先适用民事单行法律。比如总则编第188条规定，向人民法院请求保护民事权利的诉讼时效期间为三年。法律另有规定的，依照其规定。再次，民法典中物权编、合同编、人格权编、婚姻家庭编、继承编、侵权责任编之间的相互关系，需要根据民法典的规定来确定适用的法律规范。比如合同编第464条第2款规定，婚姻、收养、监护等有关身份关系的协议，适用有关该身份关系的法律规定；没有规定的，可以根据其性质参照适用本编规定。人格权编第1001条规定，对自然人因婚姻家庭关系等产生的身份权利的保护，适用本法第一编、第五编和其他法律的相关规定；没有规定的，可以根据其性质参照适用本编人格权保护的有关规定。

第十二条 中华人民共和国领域内的民事活动，适用中华人民共和国法律。法律另有规定的，依照其规定。

◆ **条文主旨**

本条是关于民法的效力范围的规定。

◆ **条文解读**

民法的地域效力范围是指民法在什么空间领域内适用。本条规定在中华人民共和国领域内的民事活动，适用中华人民共和国法律。中华人民共和国领域包括中华人民共和国领土、领空、领海，以及根据国际法视为我国领域的我国驻外使馆，国籍为中国的船舶、航空器等。在中华人民共和国领域内的民事活动，一般来说都得适用我国法律。

本条的但书规定，法律另有规定的，依照其规定。其中最为重要的就是涉外民事关系的法律适用问题，关于涉外民事关系的法律适用，涉外民事关系法律适用法有专门的规定。除此之外，有些单行民事法律也对涉外民事关系的法律适用进行了规定。根据这些涉外民事关系法律适用的特别规定，在中华人民共和国领域内的涉外民事活动，应当根据特定的民事法律关系类型不同而具体适用相应的法律规范，并非一概必须适用中国法律。在民法典起草过程中，有的意见提出，应该规定在中华人民共和国领域外的民事活动，也可以适用中华人民共和国法律。对于中华人民共和国领域外的民事活动是否适用中华人民共和国法律，由于涉及国际私法的法律适用问题，各国国际私法均有相应的规定，且不同的民事法律关系所适用的法律亦有不同规定，法律适用情况比较复杂。故本条未对此作出规定，但这并不意味着在中华人民共和国领域外的民事活动，就不能适用中华人民共和国法律，需要根据具体情况和所在国法律的具体规定确定。

▶ **相关规定**

《中华人民共和国涉外民事关系法律适用法》第 3 条；《中华人民共和国海商法》第 269 条

第二章 自 然 人

本章规定了“自然人”这一民事主体。有关自然人的规定是世界各国或地区民法的基础和核心内容。自然人是最基本的民事主体。法律对自然人民事主体地位的确认，是自然人依法从事民事活动，享有民事权利、承担民事义务的前提。1986 年制定的民法通则根据当时的实际情况，对自然人作了较为妥善的规定，在实践中发挥了巨大作用。本章沿袭民法通则相关规定的基本结构和基本内容，同时根据实践发展的需要进行了修改完善，具体内容有较大扩充。

本章共分四节，共四十四条。第一节为民事权利能力和民事行为能力，主要规定了自然人的民事权利能力，自然人民事权利能力平等，自然人的出生时间、死亡时间，胎儿利益保护，成年人、未成年人年龄，完全民事行为能力人，限制民事行为能力人，无民事行为能力人，无民事行为能力人、限制民事行为能力人的认定及其法定代理人，自然人住所等。第二节为监护，主要规定了监护人的范围、遗嘱指定监护、协议监护、监护争议解决程序、意定监护、监护人的职责、监护人资格的撤销与恢复、监护终止等。第三节为宣告失踪和宣告死亡，主要规定了宣告失踪条件、下落不明的时间如何计算、失踪人的财产代管、失踪宣告撤销、宣告死亡条件、宣告死亡和宣告失踪的关系、被宣告死亡的人死亡时间确定、宣告死亡的法律效果、撤销死亡宣告及其法律效果等。第四节为个体工商户和农村承包经营户，主要规定了个体工商户、农村承包经营户和个体工商户、农村承包经营户的债务承担。

第一节 民事权利能力和民事行为能力

第十三条 自然人从出生时起到死亡时止，具有民事权利能力，依法享有民事权利，承担民事义务。

◆ 条文主旨

本条是关于自然人民事权利能力的规定。

◆ 立法背景

民事权利能力是指民事主体参与民事法律关系，享有民事权利、承担民事义务的法律资格。法律规定了自然人的民事权利能力，也就确认了自然人的民事主体地位，这是自然人参与民事法律关系，依法享有民事权利、承担民事义务的前提。自然人的民事权利能力既包括自然人享有民事权利的资格，也包括自然人承担民事义务的资格。

“权利能力”是近代法学创造的概念。在古代罗马法上，并无“权利能力”概念。在罗马法中，要成为完全的权利义务主体，需要具有三种资格：自由权、市民权、家族权。当时尚未使用“权利能力”来概括这三种资格，而是用人格或者人格权来总称这三种资格。一般认为，《奥地利普通民法典》第一次在立法上规定了“权利能力”的含义，《撒克逊民法典》第一次在立法上明确使用了“权利能力”的概念，但权利能力的主体都限于自然人。后德国民法将“权利能力”的概念发扬光大：一是进一步区分了权利能力和行为能力；二是将“人”抽象化、形式化，不仅将权利能力赋予自然人，还将权利能力赋予法人，改变了唯有“自然人”才是“人”的观念。这两点在《德国民法典》中都有明确体现。

通常认为，民事权利能力具有不可剥夺的特征。民事权利能力始于出生，终于死亡。自然人生存期间，其民事权利能力不会丧失、消灭。法律不会对自然人的民事权利能力进行限制或者剥夺。自然人受到刑事处罚、丧失民事行为能力，即使在监狱服刑，或者被判处剥夺政治权利，也并不导致民事权利能力的减损或者消灭，自然人的民事权利能力这一法律资格不受影响。

民事权利能力与民事权利是既有联系又有区别的两个不同概念。第一，民事权利能力是一种法律资格，是自然人取得民事权利的前提。自然人享有民事权利能力，并不等同于取得实际的民事权利。第二，民事权利能力是法律规定的，民事权利是自然人依据民事法律行为、事实行为、法律规定的事件或者法律规定的其他方式所取得的。第三，民事权利能力与自然人不可分离。自然人一旦出生，即具有民事权利能力，死亡是自然人丧失民事权利能力的唯一法定事由，并且民事权利能力不得以任何方式予以转让，也不能抛弃或者继承。根据民事权利的类型不同，自然人与民事权利之间的关系存在一定差别。对于财产方面的具体民事权利，自然人可以选择享有、转让或者放弃。生命权、健康权等人身权，自然人一旦出生，即依法律规定当然享有，但不可以转让，非依法律规定并经法定程序，不得进行限制或者剥夺。

◆ **条文解读**

依据本条规定，自然人的民事权利能力始于出生，终于死亡。出生是自然人脱离母体并生存的法律事实。一般认为，出生须具备两项要件：一是胎儿与母体分离，与母体分离之前为胎儿，分离之后即成为法律上的人。二是与母体分离之际保有生命。胎儿与母体分离之际无生命的，是死体。分离之际保有生命的，即是“出生”，而不论其出生后生命延续的时间长短。如何判断“出生”，学说上有全部露出说、断脐带说、初啼说、独立呼吸说等。关于“死亡”的判断，也存在不同的学说，有呼吸停止说、脉搏停止说、心脏跳动停止说、脑死亡说等。实践中，具体如何判断“出生”和“死亡”，涉及医学理论和医学实践发展等问题，本法对此没有规定统一的判断标准。

第十四条　自然人的民事权利能力一律平等。

◆ 条文主旨

本条是关于自然人民事权利能力平等的规定。

◆ 立法背景

自然人民事权利能力平等原则经过了漫长的历史发展演变，是人类法律文明进步的结果。在近现代之前，并不是所有的自然人都具有民事权利能力，民事权利能力往往因家族血缘、性别等身份因素的不同而存在差异，例如女性在很多情况下没有资格作为独立的民事主体，不能从事缔结合同等民事活动。现代国家普遍认可自然人的民事权利能力一律平等。

◆ 条文解读

自然人的民事权利能力一律平等，是一种法律资格的平等，指自然人的民事权利能力不因民族、种族、性别、职业、家庭出身、宗教信仰等而有差别。

第十五条 自然人的出生时间和死亡时间，以出生证明、死亡证明记载的时间为准；没有出生证明、死亡证明的，以户籍登记或者其他有效身份登记记载的时间为准。有其他证据足以推翻以上记载时间的，以该证据证明的时间为准。

◆ 条文主旨

本条是关于自然人出生时间和死亡时间的规定。

◆ 立法背景

出生和死亡均是法律事件，能够引起一定法律关系的产生、变更或者消灭。出生时间和死亡时间的确定具有重要的法律意义。例如，被继承人的死亡时间直接决定继承开始的时间，影响遗产的范围、继承人的范围等。

◆ 条文解读

本条将出生证明、死亡证明记载的时间作为确定自然人出生时间、死亡时间的最基本依据。出生证明，即出生医学证明，记载有新生儿的姓名、性别、出生时间、父母亲姓名等。出生医学证明由国家卫生与计划生育部门统一印制，以省、自治区、直辖市为单位统一编号。国家卫生与计划生育部门主管全国出生医学证明工作，委托各级卫生行政部门负责辖区内出生医学证明的具体事务管理工作。出生医学证明必须由经批准开展助产技术服务并依法取得母婴保健技术服务许可证的医疗保健机构签发，并遵循严格的程序规范。出生证明是记载出生时间的原始凭证，具有证明出生时间的准确性和规范性，因此本条将出生证明记载的时间作为确定自然人出生时间的最基本的依据。

死亡证明是指有关单位出具的证明自然人死亡的文书。主要包括以下几类：公民死于医疗单位的，由医疗单位出具死亡医学证明书；公民正常死亡但无法取得医院出具的死亡证明的，由社区、村（居）委会或者基层卫生医疗机构出具证明；公民非正常死亡或者卫生部门不能确定是否属于正常死亡的，由公安司法部门出具死亡证明；死亡公民已经火化的，由殡葬部门出具火化证明。死亡证明是记载死亡时间的原始凭证，具有证明死亡时间的准确性和规范性，因此本条将死亡证明记载的时间作为确定自然人死亡时间的最基本的依据。

依据本条规定，没有出生证明、死亡证明的，以户籍登记或者其他有效身份登记记载的时间为准。户籍登记是国家公安机关按照国家户籍管理法律法规，对公民的身份信息进行登记记载的制度。关于出生登记，我国《户口登记条例》第7条第1款规定："婴儿出生后一个月以内，由户主、亲属、抚养人或者邻居向婴儿常住地户口登记机关申报出生登记。"第2款规定："弃婴，由收养人或者育婴机关向户口登记机关申报出生登记。"在户主、亲属等持婴儿的出生医学证明向公安机关申报出生登记后，公安机关依据出生医学证明记载的婴儿的姓名、出生时间等信息，进行户籍登记。公民个人收养的婴儿未办理出生登记的，由收养人持民政部门出具的收养登记证向收养人常住户口所在地的公安派出所申报出生登记。社会福利机构抚养的查找不到生父母的弃婴、儿童，由该机构持婴儿、儿童基本情况证明等，向该机构所在地公安派出所申报出生登记。办理户籍登记应当遵循严格的法定程序，户籍登记记载的出生时间因此具有较强的法律效力。本条将户籍登记记载的出生时间，作为确定自然人出生时间的重要依据，没有出生证明的，以户籍登记记载的出生时间为准。

关于死亡登记，根据我国户籍管理制度，自然人死亡后，户主、亲属等应当在规定的时间内向公安机关申报死亡登记，注销户口。我国《户口登记条例》第 8 条规定："公民死亡，城市在葬前，农村在一个月以内，由户主、亲属、抚养人或者邻居向户口登记机关申报死亡登记，注销户口……"办理户籍登记应当遵循严格的法定程序，户籍登记记载的死亡时间因此具有较强的法律效力。本条将户籍登记记载的死亡时间，作为确定自然人死亡时间的重要依据，没有死亡证明的，以户籍登记记载的死亡时间为准。

本条规定的户籍登记以外的其他有效身份登记，包括我国公民居住证、港澳同胞回乡证、台湾居民的有效旅行证件、外国人居留证等。

1. 公民居住证。随着我国城镇化的快速推进，大量人口离开户籍地就业、就读。为了促进新型城镇化的健康发展，推进城镇基本公共服务和便利常住人口全覆盖，保障公民合法权益，国务院于 2015 年颁布了居住证暂行条例，对居住证的申领条件、登载内容作了规定。该条例第 2 条规定："公民离开常住户口所在地，到其他城市居住半年以上，符合有合法稳定就业、合法稳定住所、连续就读条件之一的，可以依照本条例的规定申领居住证。"第 4 条规定："居住证登载的内容包括：姓名、性别、民族、出生日期、公民身份号码、本人相片、常住户口所在地住址、居住地住址、证件的签发机关和签发日期。"从各地的地方性法规来看，申请居住证需要提交居民身份证和居民户口簿，居住证记载的关于个人身份的基本内容都是来源于居民身份证和居民户口簿。因此，居住证记载的居民出生日期与户籍登记、身份证记载的出生日期是一致的。为了便利群众从事民事活动，满足实践需求，本条将居住证记载的出生时间也作为判断自然人出生时间的重要依据。

2. 港澳同胞回乡证、台湾居民的有效旅行证件、外国人居留证等。这些身份证件都是我国公安机关或者国家主管机关遵循法定程序签发的，可以作为判断自然人出生时间的重要依据。以外国人居留证件的办理及登记项目为例，《出境入境管理法》第30条规定："外国人所持签证注明入境后需要办理居留证件的，应当自入境之日起三十日内，向拟居留地县级以上地方人民政府公安机关出入境管理机构申请办理外国人居留证件。申请办理外国人居留证件，应当提交本人的护照或者其他国际旅行证件，以及申请事由的相关材料，并留存指纹等人体生物识别信息。公安机关出入境管理机构应当自收到申请材料之日起十五日内进行审查并作出审查决定，根据居留事由签发相应类别和期限的外国人居留证件。外国人工作类居留证件的有效期最短为九十日，最长为五年；非工作类居留证件的有效期最短为一百八十日，最长为五年。"第33条规定："外国人居留证件的登记项目包括：持有人姓名、性别、出生日期、居留事由、居留期限，签发日期、地点，护照或者其他国际旅行证件号码等。外国人居留证件登记事项发生变更的，持证件人应当自登记事项发生变更之日起十日内向居留地县级以上地方人民政府公安机关出入境管理机构申请办理变更。"外国人居留证件是我国公安机关出入境管理机构依照法定程序签发的，其记载的外国人出生时间可以作为判断该外国人出生时间的重要依据。

出生证明、死亡证明以及户籍登记或者其他有效身份登记记载的时间由于各种原因，也有可能出现记载错误的情况。如果有其他证据足以推翻出生证明、死亡证明以及户籍登记或者其他有效身份登记记载的时间的，应以该证据证明的时间为准。

▶ **相关规定**

《中华人民共和国户口登记条例》第7条、第8条

第十六条 涉及遗产继承、接受赠与等胎儿利益保护的，胎儿视为具有民事权利能力。但是，胎儿娩出时为死体的，其民事权利能力自始不存在。

◆ 条文主旨

本条是关于胎儿利益保护的规定。

◆ 立法背景

自然人的民事权利能力始于出生，胎儿尚未与母体分离，不是独立的自然人，不能依据民事权利能力的一般规定对其进行保护。法律有必要对胎儿利益的保护作出特别规定，其他国家和地区的立法例主要有以下两类：

一是总括保护，即承认胎儿具有民事权利能力，总括地保护胎儿的利益。例如，《瑞士民法典》第31条规定，子女，只要其出生时尚生存，出生前即具有权利能力。《匈牙利民法典》规定："人，如活着出生，其权利能力应从受孕时算起，出生前300天作为受孕时间，但是允许证明受孕时间早于或者迟于300天，出生日包括在300天之内。"我国台湾地区"民法"第7条规定，胎儿以将来非死产者为限，关于其个人利益之保护，视为既已出生。

二是个别保护，即原则上不承认胎儿具有民事权利能力，只在涉及赠与、遗产继承、损害赔偿等某些事项上对胎儿的利益进行保护。法国、德国、日本等采取这种立法例。《法国民法典》第906条规定，胎儿在赠与时已存在者，即有承受生前赠与的能力。胎儿在遗嘱人死亡时已存在者，即有受遗赠的能力，但赠与或者遗赠仅对于婴儿出生时能生存者，发生效力。《法国民法典》第725条规定，必须在继承开始时生存之人，始能继承。因此，下列人不能继承：（1）尚未受胎者；（2）出生时未成活的婴儿。《德国民法典》第884条规定，在受害人被害当时，第三人尚未出生的胎儿，亦发生损害赔偿义务。《德国民法典》第1923条规定，在继承开始时尚未出生但已孕育的胎儿，视为在继承开始之前出生。《日本民法典》第721条规定，胎儿，就损害赔偿请求权，视为已出生。《日本民法典》第886条规定：（1）胎儿就继承，视为已出生。（2）前款规定，不适用于胎儿以死体出生情形。《日本民法典》第965条还规定，胎儿继承能力的规定准用于受遗赠人。

与个别保护类似，苏联民法典规定民事权利能力始于出生止于死亡，没有总括规定胎儿有权利能力，但在继承法上，将胎儿视为"尚未出生的继承人"，在分割遗产时，应当扣除属于胎儿的继承份额后才有权分配遗产，这实际上就是赋予胎儿生前就具有继承权。

在民法典制定以前，我国只在继承事项上，对胎儿利益的保护作出规定。如《继承法》第28条规定："遗产分割时，应当保留胎儿的继承份额。胎儿出生时是死体的，保留的份额按法定继承办理。"除了继承事项之外，我国法律没有对胎儿利益保护的其他规定。

◆ **条文解读**

一、胎儿利益保护与赋予民事权利能力

关于胎儿的利益保护与赋予胎儿民事权利能力的关系问题，国内学界存在不同的观点。

有的观点认为，对胎儿利益的保护并不必然以赋予胎儿民事权利能力为前提。承认胎儿民事权利能力的目的主要是解决在继承和侵权中如何保护胎儿利益的问题。在坚持自然人的民事权利能力始于出生，不承认胎儿的民事权利能力的法律框架内，也可以通过作出特别规定达到对胎儿利益进行保护的目的。第一，关于继承中的胎儿利益保护问题，有关为胎儿保留必要份额的规定可以达到保护胎儿利益的目的。第二，胎儿在未出生之前，其健康生存的利益受到侵害的，是侵权责任问题。胎儿在母体中遭受侵害，应当区分具体情况来加以考虑：如果胎儿出生后是活体的，则可以作为主体独立请求，有权就其受到的损害独立提出赔偿请求，但可以在时效方面作出特别规定，即在出生前诉讼时效中止；如果是死体，则由其母亲提出请求，把对于胎儿的侵害视为对母亲的侵害，母亲可以身体健康权受侵害为由进行主张。

有的观点认为，胎儿利益的保护力度与是否赋予胎儿民事权利能力具有直接的关系。赋予胎儿民事权利能力，胎儿就具有了享有民事权利的法律资格，就可以成为民事权利的主体，对于受到侵害的行为，就可以通过诉讼予以救济，有利于胎儿利益的保护。例如，如果胎儿在母亲怀胎期间遭受侵害，就可以行使损害赔偿请求权，向法院提起人身伤害的侵权之诉；如果在出生之前父亲死亡，胎儿就可以享有继承权，作为第一顺序继承人参与遗产分配，或者在继承权受侵害时，向法院提起侵害继承权的侵权之诉。

本条从法律上明确规定胎儿在特定情形下视为具有民事权利能力。依据本条规定，涉及遗产继承、接受赠与等胎儿利益保护的，胎儿视为具有民事权利能力。采用“视为”一词主要是与本法第 13 条的规定相对应。本法第 13 条规定：“自然人从出生时起到死亡时止，具有民事权利能力，依法享有民事权利，承担民事义务。”自然人的民事权利能力始于出生，胎儿尚未出生，本不具有民事权利能力，但又有必要在一定情形下对胎儿的利益进行保护，赋予胎儿民事权利能力，因此本条采用“视为”具有民事权利能力的表述。

二、胎儿利益的保护范围

从其他国家和地区的立法例来看，瑞士、匈牙利和我国台湾地区对胎儿利益采取总括的保护方式，没有限定具体的范围。法国、德国、日本等只在涉及赠与、遗产继承、损害赔偿等某些事项上，对胎儿的利益进行保护。

本条将胎儿利益保护的范围规定为“涉及遗产继承、接受赠与等胎儿利益保护的”。在这些情形下，胎儿视为具有民事权利能力。此处的“遗产继承”不仅包括法定继承，也包括遗嘱继承、遗赠。胎儿是法定继承人的，按照法定继承取得相应的遗产份额；有遗嘱的，胎儿按照遗嘱继承取得遗嘱确定的份额。胎儿不是法定继承人的，被继承人也可以立遗嘱将个人财产赠给胎儿，将来按遗赠办理，胎儿取得遗产继承权。“接受赠与”指赠与人可以将财产赠与给胎儿，胎儿此时视为具有民事权利能力，享有接受赠与的权利。除了遗产继承和接受赠与，实践中还有其他涉及胎儿利益保护的情况，因此本条用了一个“等”字，没有将胎儿利益保护限定在继承范围以内，原则上也包括侵权等其他需要保护胎儿利益的情形。

三、胎儿享有民事权利能力的条件

关于胎儿享有民事权利能力的条件，民法理论上存在两种不同的观点：

一种观点认为，胎儿在母亲怀胎期间，并无民事权利能力，在胎儿活着出生后，再向前追溯至怀胎期间具有民事权利能力。如《瑞士民法典》第31条规定，子女，只要其出生时尚生存，出生前即具有权利能力。

另一种观点认为，胎儿在母亲怀胎期间即具有民事权利能力，但是胎儿出生时为死体的，其民事权利能力则自始不存在。如

《日本民法典》第 886 条规定：（1）胎儿就继承，视为已出生。（2）前款规定，不适用于胎儿以死体出生情形。

本条的规定也经历了一些变化。在民法总则草案提交全国人大常委会进行初次审议之前，曾以征求意见稿的形式征求意见。征求意见稿的规定采用了上述第一种观点。征求意见稿第 15 条规定："涉及胎儿利益保护，胎儿出生时为活体的，其出生前即视为具有民事权利能力。"有些意见提出，将"胎儿出生时为活体的"作为胎儿享有民事权利能力的必要条件，就要等待胎儿活着出生之后才可以向法院起诉。为了更周延地保护胎儿利益，胎儿自母亲怀孕之时起就应当被视为具有民事权利能力，无须待到其出生之时，即可行使继承权等。建议采用上述第二种观点，规定胎儿在母亲怀胎期间即具有民事权利能力，将"胎儿将来出生时为死体"作为溯及怀胎期间消灭其民事权利能力的条件。随后提交全国人大常委会初次审议的民法总则草案在一定程度上吸收了上述建议，对征求意见稿的规定作了修改。民法总则草案一审稿第 16 条规定："涉及遗产继承、接受赠与等胎儿利益的保护，胎儿视为具有民事权利能力。但是，胎儿出生时未存活的，其民事权利能力自始不存在。"此后基本维持了这一规定，只是作了相关文字修改。民法典继续维持这一规定。

第十七条 十八周岁以上的自然人为成年人。不满十八周岁的自然人为未成年人。

◆ 条文主旨

本条是关于成年人与未成年人年龄标准的规定。

◆ **立法背景**

在民法中区分成年人与未成年人的法律意义主要有以下几个方面：一是判断民事法律行为的效力。成年人可以独立实施民事法律行为，未成年人只可以独立实施部分民事法律行为，实施其他民事法律行为要经过法定代理人的同意或者追认。二是确定婚姻家庭关系中的权利义务。民法典规定了父母、祖父母、外祖父母或者兄姐等近亲属对未成年人的抚养义务。例如，第1074条第1款规定："有负担能力的祖父母、外祖父母，对于父母已经死亡或者父母无力抚养的未成年孙子女、外孙子女，有抚养的义务。"三是设立监护。为了保护未成年人的人身、财产权利及其他合法权益，对未成年人应当设立监护人。父母是未成年人的监护人，未成年人的父母已经死亡或者没有监护能力的，依法由其他有监护能力的人担任监护人。但法律只对丧失或者部分丧失民事行为能力的成年人设立监护，依法确定监护人。

◆ **条文解读**

随着年龄的增长，成年人已经具有了一定的阅历，也积累了较丰富的社会经验和知识，识别、判断能力较强，并能够充分预见到自己的行为后果，已经可以独立生活和工作。成年不仅意味着其可以独立行使更多的权利，更意味着要独立承担更多的义务，拥有更大自主权的同时，也要对自己的行为后果独立负责。各个国家和地区根据人们的生理、智力发育情况和社会生活状况等，对成年人年龄标准的规定各不相同。大部分国家和地区将十八周岁作为成年人的标准。例如，法国、德国、瑞士、意大利等国家均规定年满十八周岁为成年人。日本、韩国、我国台湾地区规定年满二十周岁为成年人。近年来日本拟将成年人的年龄下限从二十周岁降低至十八周岁，但是也有一些反对意见认为，十八周岁和十九周岁的年轻人就可以在没有父母同意的情况下，签订贷款或者信用卡合同，将会导致受害消费者的低龄化。由此也可以看出，成年人年龄标准并不是随意确定的，既需要考虑人们的身心发育情况，也需要考虑社会的接受度等各方面因素。我国民法通则将成年人的年龄下限确定为十八周岁，民法典仍然沿袭了民法通则的规定，将成年人年龄下限确定为十八周岁。这也与我国宪法的相关规定相一致。我国宪法将选举权和被选举权这一重要的政治权利，赋予年满十八周岁的公民。《宪法》第 34 条规定："中华人民共和国年满十八周岁的公民，不分民族、种族、性别、职业、家庭出身、宗教信仰、教育程度、财产状况、居住期限，都有选举权和被选举权；但是依照法律被剥夺政治权利的人除外。"

与"成年人"概念相对的是"未成年人"，不满十八周岁的自然人为未成年人。未成年人的身体、心智发育还没有完全成熟，各个国家和地区均对未成年人从法律上予以特殊保护，促进其健康成长。我国为了保护未成年人的身心健康，保障未成年人的合法权益，促进未成年人在品德、智力、体质等方面全面发展，制定了一系列关于未成年人保护的法律法规，如未成年人保护法等。国家、社会、学校和家庭都有义务促进未成年人健康成长，保障未成年人的合法权益不受侵犯。

▶ **相关规定**

《中华人民共和国宪法》第 34 条

第十八条　成年人为完全民事行为能力人，可以独立实施民事法律行为。

十六周岁以上的未成年人，以自己的劳动收入为主要生活来源的，视为完全民事行为能力人。

◆ 条文主旨

本条是关于完全民事行为能力人的规定。

◆ 立法背景

民事行为能力是指民事主体独立参与民事活动，以自己的行为取得民事权利或者承担民事义务的法律资格。民事行为能力与民事权利能力不同，民事权利能力是民事主体从事民事活动的前提，民事行为能力是民事主体从事民事活动的条件。所有的自然人都有民事权利能力，但不一定都有民事行为能力。自然人一经出生即当然享有民事权利能力，但要独立从事民事活动，实施民事法律行为，还必须要具有相应的民事行为能力。自然人的辨识能力因年龄、智力、精神健康等因素不同而有差异。民法典的规定延续了民法通则的做法，根据自然人辨识能力的不同，将自然人的民事行为能力分为完全民事行为能力、限制民事行为能力和无民事行为能力。学理上称之为“三分法”。完全民事行为能力人具有健全的辨识能力，可以独立进行民事活动；限制民事行为能力人只能独立进行与其辨识能力相适应的民事活动；无民事行为能力人应当由其法定代理人代理实施民事活动。

在民法典起草过程中，有的建议将“三分法”改为“两分法”，取消“无民事行为能力”的分类，将民事行为能力分为完全民事行为能力和限制民事行为能力两类。理由是，虽然立法的本意是为了保护无民事行为能力人，但这种保护实际上却剥夺了他们融入社会的权利。人的生理、心理、智力等方面的成熟度存在差异，而且也时刻处在变化当中。限制民事行为能力制度极富弹性，有这样几个优点：一是既允许未成年人和成年精神障碍者独立实施一些与其年龄、智力和精神健康状况相适应的民事法律行为，又能通过限制性规定，给未成年人或成年精神障碍者提供适当的保护；二是兼顾了交易相对人的信赖保护，使得儿童从事简单的民事活动处于稳定的法律状态之中；三是避免了划定年龄界限过于僵化的弊病。

更多的意见是维持民事行为能力“三分法”的分类方式。理由是，民事行为能力的分类方式不仅是单纯的关于自然人意思能力状况的自然属性问题，更需要结合本国的文化传统、民事生活实践状况、群众接受度等社会因素予以考量。民法通则自 1987 年实施以来，“三分法”的分类方式已经深入司法实践，具备了较为坚实的司法实践基础，并且对社会形成了明确的导向，得到了普遍的认可。此外，无民事行为能力制度有利于更好地保护儿童和严重精神障碍成年人的合法权益，没有充足的依据，不宜轻易改变。

对民事行为能力划分采用“三分法”或者“两分法”，均有相关立法例。例如，德国、俄罗斯、我国台湾地区即是采用“三分法”的划分方式，日本、韩国采用“两分法”的划分方式。

经研究，本条仍然延续了民事行为能力“三分法”的分类方式，但也考虑到对未成年人自主意识的尊重，适当下调了限制民事行为能力的未成年人的年龄下限。

◆ 条文解读

依据本条第 1 款规定，成年人，即年满十八周岁的自然人，具有完全民事行为能力，为完全民事行为能力人，可以独立实施民事法律行为，并独立对民事法律行为的法律后果负责。例如，成年人可以独立签订房屋租赁合同，行使合同约定的权利，履行合同约定的义务。但是，本条规定的成年人指辨认识别能力正常的成年人，对于辨认识别能力不足的成年人则根据具体情况的不同归为限制民事行为能力人或者无民事行为能力人，不属于本条规定的范围。

依据本条第2款规定，十六周岁以上的未成年人，如果以自己的劳动收入为主要生活来源的，表明其已经具备成年人的辨识能力，可以独立实施民事法律行为，独立承担民事法律行为的后果，因此可以视为完全民事行为能力人。

在民法典起草过程中，有的意见建议，将第2款中的十六周岁下调为十五周岁。理由是，考虑到儿童六周岁开始上小学以及义务教育法关于九年义务教育制度的有关规定，绝大部分未成年人未满十六周岁即初中毕业。将第2款中的十六周岁下调为十五周岁，有利于保护这些未成年人的权益。我国1998年批准加入的《准予就业最低年龄公约》规定的最低就业年龄即为十五周岁。

有的意见不赞成将本条第2款规定的十六周岁下调为十五周岁。理由是，本条第2款规定的十六周岁是否应当下调，应当结合未成年人的最低就业年龄等问题综合考虑。我国现行劳动法规定的最低就业年龄为十六周岁。《准予就业最低年龄公约》第1条规定："凡本公约对其生效的会员国，承诺执行一项国家政策，以保证有效地废除童工并将准予就业或工作的最低年龄逐步提高到符合年轻人身心最充分发展的水平。"该公约的精神不是要降低最低就业年龄，而是要尽可能地逐步提高最低就业年龄，以有利于保护未成年人的身心健康发展。

经研究，本条第2款维持了十六周岁的规定。

▶ **相关规定**

《中华人民共和国劳动法》第15条

第十九条 八周岁以上的未成年人为限制民事行为能力人，实施民事法律行为由其法定代理人代理或者经其法定代理人同意、追认；但是，可以独立实施纯获利益的民事法律行为或者与其年龄、智力相适应的民事法律行为。

◆ **条文主旨**

本条是关于限制民事行为能力的未成年人的规定。

◆ **立法背景**

民法总则将限制民事行为能力的未成年人的年龄下限标准由民法通则规定的十周岁下调为八周岁。本条在起草过程中，引起了社会广泛关注。

提交全国人大常委会审议的民法总则草案一审稿，将限制民事行为能力的未成年人的年龄下限规定为六周岁。在有关说明中提出，将民法通则规定的限制民事行为能力人的年龄下限标准从“十周岁”降到“六周岁”，主要考虑是：随着经济社会的发展和生活教育水平的提高，未成年人生理、心理的成熟程度和认知能力都有所提高，适当降低年龄标准下限有利于其从事与其年龄、智力相适应的民事活动，更好地尊重这一部分未成年人的自主意识，保护其合法权益。这一调整也与我国义务教育法关于年满六周岁的儿童须接受义务教育的规定相呼应，实践中易于掌握、执行。

一、各方面意见

一些全国人大常委会组成人员、全国人大代表、地方以及社会公众提出不同意见，认为将限制民事行为能力人的年龄下限从十周岁调整为六周岁，要有充足的依据。建议适当上调限制民事行为能力的未成年人的年龄下限。理由包括：一是，未成年人生理、心理成熟程度和认知能力都有所提高的说法，有些片面。六周岁儿童有了一定的学习能力，开始接受义务教育，但认知能力和辨识能力仍然不足，不具备独立实施民事法律行为的基础。民法通则规定为十周岁有一定的科学依据和实践基础。十周岁的儿童一般进入小学高年级就读，受教育的程度与获取知识的能力有了提高，单独接触社会的机会相对较多，有了一定的社会阅历，能够初步了解自己行为的一般性质和相对后果。二是，未成年人生理、心理的承受程度和认知能力在城市和农村是存在差异的，特别是城市与那些社会环境相对封闭、教育水平相对低下的偏远农村牧区相比较，其差异是比较大的。三是，如果把六周岁作为限制民事行为能力的年龄下限，可能会不利于保护六周岁儿童及其家庭的合法权益，也给欺诈行为留下一定的空间。四是，降低限制民事行为能力的年龄下限标准不是单纯的儿童判断力提高问题，一方面可能将来要与刑事责任能力对应起来，另一方面调低年龄对保护未成年人的利益是有利还是不利，利多还是利少，需要评估。

有的心理学专家认为，这些年来儿童认知能力有了很大提高，六周岁以上的儿童完全可以自主进行一定的民事活动，例如购买一些小商品等，他们是具有相应的辨别能力的。同时，现在儿童的权利意识也都很强，将限制民事行为能力的年龄下限调整为六周岁，既有利于尊重他们的自主意识，又有利于促进自主能力的培养。也有的心理学家认为，十周岁的儿童与六周岁的儿童在认知能力和判断能力方面，存在一定的差距，建议对下调限制民事行为能力人的年龄标准慎重研究。

不少法学专家和有的教育学专家认为，1986 年民法通则将限制民事行为能力人的年龄下限规定为十周岁，应当是对当时儿童的身心发育情况进行了认真的研究论证，符合当时的实际情况。30 年来，随着学前教育的普及、物质文化生活的极大丰富以及信息化社会的到来，儿童的身心发育情况与当年相比已经不可同日而语，儿童的认知能力、适应能力和自我承担能力都有了很大提高。下调限制民事行为能力的年龄下限是非常必要的，赞成调整为六周岁，或者入学一年后的年龄即七周岁。

有些社会与人口学专家认为，一是六周岁的儿童已经开始上学接受义务教育，在一些时间内脱离了父母，有一定独立处理日常生活事务的机会，自身也已经具有了一定的辨识能力，例如可以用零花钱购买冰棍、一些学习用品等，应当赋予六周岁以上的儿童从事一定民事法律行为的资格。二是对六周岁的儿童从事民事法律行为应当有一定的限制，草案将其范围限制为“与其年龄、智力相适应的民事法律行为”是合适的，从社会学角度来说，也是没有问题的。

二、境外立法例

一些国家和地区规定，年满六周岁或者七周岁的未成年人可以独立作出一定的意思表示，从事与其年龄相适应的一定法律行为，例如购买日常生活用品等法律行为。《德国民法典》第 106 条规定，满七周岁的未成年人依照第 107 条至第 113 条的规定为限制行为能力人。《俄罗斯联邦民法典》第 28 条第 2 款规定，年满六周岁不满十四周岁的幼年人有权独立实施下列法律行为：（1）小额的日常生活性法律行为；（2）无须公证证明的或者无须进行任何国家登记的旨在无偿获利的法律行为；（3）为了一定的目的或者为了自由支配而处分由法定代理人提供的或者经法定代理人同意由第三人提供的资金的法律行为。《越南民法典》第22条第1款规定，年满六周岁不满十八周岁的未成年人，设立、实施民事交易必须得到其法定代理人同意，但从事与其年龄相适应的为满足日常生活需要的交易者，不在此限。我国台湾地区“民法”第13条第2款规定，满7岁以上之未成年人，有限制行为能力。第77条规定，限制行为能力人为意思表示及受意思表示，应得法定代理人之允许。但纯获法律上之利益，或依其年龄及身份、日常生活所必需者，不在此限。

此外，一些国家和地区对自然人的民事行为能力采取“两分法”，未成年人均为限制民事行为能力人，没有进一步区分年龄，未成年人可以独立从事一定的民事法律行为。《法国民法典》第388条规定，年龄未满十八周岁的男或女是未成年人。第389－3条第1款规定，在所有民事行为中，法定代理人均代理未成年人，但法律或者习惯允许未成年人实施的民事行为除外。《荷兰民法典》第233条规定，未成年人是未满十八周岁的人，不能登记结婚，也不能注册登记为合伙人。第234条第1款规定，未成年人经过法定代理人的许可，可以以自己的名义从事法律行为。第3款规定，未成年人所从事的法律行为，如果根据常理判断，被认为与其年龄相适应，视为经过法定代理人的许可。《日本民法典》第5条第3款规定，法定代理人以划定目的而允许处分的财产，在其目的范围内，未成年人可以任意处分。对于未划定目的而允许处分的财产进行处分时，亦同。《韩国民法典》第6条规定，法定代理人确定的一定范围内许可处分的财产，未成年人可任意处分。根据日本、韩国民法典的规定，如果父母给一个五周岁的儿童一定的零花钱，该儿童可以用这些零花钱独立从事购买商品等民事活动。

提交全国人大常委会审议的民法总则草案二审稿、三审稿以及最后提交全国人民代表大会审议的民法总则草案仍然维持了限制民事行为能力的未成年人的年龄下限为六周岁的规定。全国人大法律委员会在民法总则草案二审稿的修改情况汇报中提出，法律委员会、法制工作委员会就此听取了部分教育学、心理学、社会学等方面专家的意见，并进一步研究了其他国家和地区相关立法情况。在此基础上，经反复研究，建议对草案的规定暂不作修改，继续研究。主要考虑：一是随着社会的进步和教育水平的提高，儿童的认知能力、适应能力和自我承担能力也有了很大提高，法律上适当降低限制民事行为能力的未成年人年龄下限标准，符合现代未成年人心理、生理发展特点，有利于未成年人从事与其年龄、智力相适应的民事活动，更好地尊重未成年人的自主意识，保护其合法权益。二是符合国际上的发展趋势。我国参加的《联合国儿童权利公约》规定，各国要采取措施尊重和保护儿童的自我意识。一些国家和地区将限制民事行为能力人的年龄下限规定为六周岁或者七周岁，还有一些国家和地区规定未成年人均为限制民事行为能力人。三是民事行为能力不同于刑事责任能力。我国现行民法通则和刑法对民事行为能力和刑事责任能力的要求就是不同的。民事行为能力的年龄变化并不必然导致刑事责任能力的年龄变化，刑事责任能力年龄标准的调整，应当根据刑事领域的具体情况来确定。

全国人民代表大会审议民法总则草案过程中，一些代表提出，六周岁的儿童虽然有一定的学习能力，开始接受义务教育，但认知和辨识能力仍然不足，在很大程度上还不具备实施民事法律行为的能力，建议改为八周岁为宜；也有的代表建议维持现行十周岁不变；还有的代表赞成下调为六周岁。全国人大法律委员会经研究，按照既积极又稳妥的要求，建议在现阶段将限制民事行为能力人的年龄下限修改为八周岁。因此，民法总则最终将限制民事行为能力人的年龄下限修改为八周岁。民法典维持了这一规定。

◆ **条文解读**

依据本条规定，八周岁以上的未成年人为限制民事行为能力人，心智发育仍然不够成熟，实施民事法律行为一般应当由其法定代理人代理，或者经其法定代理人同意、追认。同意是指事前同意，即限制民事行为能力的未成年人实施民事法律行为要经法定代理人的事前同意；追认指事后追认，即限制民事行为能力的未成年人实施的民事法律行为要经过法定代理人的事后追认，才能对该未成年人发生效力。但是，八周岁以上的未成年人已经具有一定的辨认识别能力，法律应当允许其独立实施一定的民事法律行为。可以独立实施的民事法律行为包括两类：一类是纯获利益的民事法律行为，例如接受赠与等。限制民事行为能力的未成年人通常不会因这类行为遭受不利益，可以独立实施。另一类是与其年龄、智力相适应的民事法律行为，例如八周岁的儿童购买学习用品等。限制民事行为能力的未成年人对实施这类行为有相应的认知能力，可以独立实施。

第二十条 不满八周岁的未成年人为无民事行为能力人，由其法定代理人代理实施民事法律行为。

◆ **条文主旨**

本条是关于无民事行为能力的未成年人的规定。

◆ **立法背景**

在本条起草过程中，对八周岁以下的儿童是否可以独立实施纯获利益的民事法律行为，有的意见建议明确儿童可以独立实施纯获利益的民事法律行为，在本条增加但书规定“但纯获利益的民事法律行为除外”。理由是，六周岁以下的儿童独立实施的纯获利益的民事法律行为，例如接受赠与、奖励等行为，对儿童的利益并无损害，相反是增加儿童利益，法律应当予以支持。《最高人民法院关于贯彻执行〈中华人民共和国民法通则〉若干问题的意见（试行）》第6条规定，无民事行为能力人接受奖励、赠与、报酬，他人不得以行为人无民事行为能力为由，主张以上行为无效。

也有的意见认为，八周岁以下的儿童辨认识别能力仍然非常欠缺，即使是纯获利益的民事法律行为，例如接受赠与的行为，也是需要对该行为以及行为后果有充分认识和判断的。要区分接受赠与的民事法律行为与接受赠与物的行为。低龄儿童接受了别人给的玩具，可以看作事实行为，不等同于儿童实施了接受赠与的民事法律行为。此外，有些纯获利益的行为往往要等到事后根据具体情况才能判断出来，如果所获得的收益远大于所承受的负担，就属于纯获利益。这类民事法律行为对儿童的辨识能力要求更高。如果八周岁以下的儿童可以独立实施这些民事法律行为，容易使这些儿童的合法权益受到侵害。从我国实践情况来看，八周岁以下的儿童处于父母或者其他监护人的全面保护之下，极少有独立实施民事法律行为的机会，由法定代理人全面代理实施民事法律行为是符合我国国情的。

经反复研究讨论，从有利于保护儿童合法权益的角度，本条没有规定八周岁以下的儿童可以独立实施纯获利益的行为。

◆ 条文解读

无民事行为能力是指不具有以自己的行为取得民事权利或者承担民事义务的资格。八周岁以下的未成年人，生理、心理发育仍然很不成熟，对自己行为的辨认识别能力以及行为后果的预见能力仍然非常不够，为了避免他们的权益受到损害，法律将其规定为无民事行为能力人。

依据本条规定，八周岁以下的儿童不具有独立从事民事法律行为的资格，要由其法定代理人代理实施民事法律行为。例如，儿童购买玩具行为，都需要由父母等法定代理人代理实施。

第二十一条 不能辨认自己行为的成年人为无民事行为能力人，由其法定代理人代理实施民事法律行为。

八周岁以上的未成年人不能辨认自己行为的，适用前款规定。

◆ **条文主旨**

本条是关于无民事行为能力的成年人的规定。

◆ **立法背景**

民法通则规定的无民事行为能力或者限制民事行为能力的成年人的范围为“精神病人”。《民法通则》第 13 条第 1 款规定：“不能辨认自己行为的精神病人是无民事行为能力人，由他的法定代理人代理民事活动。”第 2 款规定：“不能完全辨认自己行为的精神病人是限制民事行为能力人，可以进行与他的精神健康状况相适应的民事活动；其他民事活动由他的法定代理人代理，或者征得他的法定代理人的同意。”《最高人民法院关于贯彻执行〈中华人民共和国民法通则〉若干问题的意见（试行）》第 5 条对此作出进一步规定：“精神病人（包括痴呆症人）如果没有判断能力和自我保护能力，不知其行为后果的，可以认定为不能辨认自己行为的人；对于比较复杂的事物或者比较重大的行为缺乏判断能力和自我保护能力，并且不能预见其行为后果的，可以认定为不能完全辨认自己行为的人。”该司法解释一方面对在司法实践中如何判断“不能辨认自己行为”“不能完全辨认自己行为”作了细化规定，另一方面对“精神病人”的范围作了扩张解释，明确将“痴呆症人”纳入“精神病人”的范围。

现实生活中，存在因一些疾病如阿尔茨海默病（老年痴呆症）等导致不能辨认或者不能完全辨认自己行为的老年人。这些老年疾病不同于精神障碍疾病。如果将无民事行为能力人或者限制民事行为能力人的范围严格限制为“精神病人”，将这些因老年疾病导致不能辨认或者不能完全辨认自己行为的老年人排除在外，容易造成两方面的不利后果：一是对这些老年人将不能依法设定监护人，不利于保护其人身、财产及其他合法权益；二是对这些老年人从事的与其辨认识别能力不符合的民事法律行为，将不能依法被撤销或者认定为无效，损害这些老年人的合法权益。

为了回应实践需求，同时适应我国逐步进入老龄化社会、保护老年人利益的需要，在吸收司法解释规定的基础上，本条对无民事行为能力人和限制民事行为能力人的范围作了进一步扩张，包括了因先天、疾病等各种原因不能辨认、不能完全辨认自己行为的成年人，既包括智力障碍患者、严重精神障碍患者，也包括阿尔茨海默病患者等。需要注意的是，大部分精神障碍患者中，焦虑症、抑郁症、强迫症等常见精神障碍患者一般是有民事行为能力的。只有患精神分裂症等严重精神障碍者，才可能丧失部分或完全丧失民事行为能力。

◆ 条文解读

有的自然人虽已年满十八周岁，达到成年人的年龄，但因先天、疾病等原因，辨认识别能力不足，也不能正常预见自己行为的法律后果。为了保护这些辨认识别能力不足的成年人的合法权益，法律有必要对其实施民事法律行为作出特别规定。本法根据认识判断能力的不同，对这些成年人作了进一步的区分，分为两类：一是不能辨认自己行为的成年人；二是不能完全辨认自己行为的成年人。不能辨认自己行为的成年人指对普通的事物和行为欠缺基本的认识判断能力，也不能正常预见自己行为的法律后果的成年人。不能完全辨认自己行为的成年人是指对比较复杂的行为不能作出正确的认识判断，也不能完全预见到自己行为的法律后果的成年人。第一类成年人即为无民事行为能力人，由本条第1款作出规定。第二类成年人为限制民事行为能力人，由第22条作出规定。

需要注意的是，本条第1款中的“不能辨认自己行为”和第22条中的“不能完全辨认自己行为”，是指辨认识别能力不足处于一种持续的状态，不能是暂行性或者短暂的状态，例如因酗酒、滥用麻醉用品或者精神药品，对自己的行为暂时没有辨认识别能力的成年人，不属于本法所称的无民事行为能力人或者限制民事行为能力人。

本条第2款规定的不能辨认自己行为的八周岁以上的未成年人，指患有智力障碍、精神障碍或者因其他疾病等原因导致心智不能正常发育，辨识能力严重不足的未成年人。这些未成年人如果按照正常的年龄以及心智发育程度，可以归入限制民事行为能力人，但因其对自己行为欠缺基本的辨认识别能力，为了防止其合法权益受到侵害，本条第2款将其归入无民事行为能力人的范畴。

本条第1款和第2款规定的无民事行为能力人因对普通的事物和行为欠缺基本的认识判断能力，也不能正常预见自己行为的法律后果，不能独立实施民事法律行为，应当由其法定代理人代理实施民事法律行为。

▶ **相关规定**

《中华人民共和国精神卫生法》第83条

第二十二条 不能完全辨认自己行为的成年人为限制民事行为能力人，实施民事法律行为由其法定代理人代理或者经其法定代理人同意、追认；但是，可以独立实施纯获利益的民事法律行为或者与其智力、精神健康状况相适应的民事法律行为。

◆ **条文主旨**

本条是关于限制民事行为能力的成年人的规定。

◆ **立法背景**

就可以独立从事的民事法律行为的范围来看，限制民事行为能力的成年人与限制民事行为能力的未成年人既有相同之处，又有不同之处。相同之处在于这两类限制民事行为能力的自然人均可以独立实施纯获利益的民事法律行为。不同之处在于，限制民事行为能力的未成年人可以独立实施与其年龄、智力相适应的民事法律行为，限制民事行为能力的成年人可以独立实施与其智力、精神健康状况相适应的民事法律行为。未成年人的年龄直接影响着其社会阅历和知识能力，其智力仍处于正常发育阶段，还没有完全发育成熟，年龄、智力是影响未成年人认知能力的两个最重要因素。与未成年人处于正常的智力发育阶段不同，限制民事行为能力的成年人实施民事法律行为需要考虑的智力因素，包括先天的智力障碍，在正常的智力发育期由于各种原因导致的智力低下，以及智力发育成熟后，由于疾病、意外事故等各种原因引起的智力损伤和老年期的智力明显衰退导致的痴呆等。限制民事行为能力的成年人实施民事法律行为需要考虑的精神健康因素主要指因精神疾病引起的认知判断能力不足的情况，其不能正常参与民事活动，从事较为复杂的民事法律行为。

◆ **条文解读**

因智力障碍、精神障碍以及其他疾病导致不能完全辨认自己行为的成年人，均为限制民事行为能力人。限制民事行为能力的成年人对普通的事物和行为有基本的认识判断能力，但对于比较复杂的事物或者比较重大的行为缺乏判断能力和自我保护能力，并且不能预见其行为后果。限制民事行为能力的成年人实施民事法律行为一般由其法定代理人代理或者经其法定代理人同意、追认，但也可以独立实施一定的民事法律行为。

关于“与其智力、精神健康状况相适应”的认定，应当结合限制民事行为能力的成年人的智力、精神健康状况、行为的性质、标的数额等因素综合判断，具体情况具体分析，没有统一的标准。如果该成年人所从事的民事法律行为与其智力、精神健康状况不相适应，需经其法定代理人事前同意或者事后追认；如果该成年人所从事的民事法律行为与其智力、精神健康状况相适应，不需经其法定代理人同意或者追认，即为有效。

▶ **相关规定**

《中华人民共和国精神卫生法》第83条

第二十三条 无民事行为能力人、限制民事行为能力人的监护人是其法定代理人。

◆ **条文主旨**

本条是关于无民事行为能力人、限制民事行为能力人的法定代理人的规定。

◆ **立法背景**

法律对具有监护资格的人、监护人的选任、监护的设立方式、监护职责等都作出了严格、明确的规定。将无民事行为能力人、限制民事行为能力人的监护人规定为法定代理人，有利于保护无民事行为能力人、限制民事行为能力人的人身、财产及其他合法权益。

◆ **条文解读**

代理无民事行为能力人、限制民事行为能力人实施民事法律行为是监护人履行监护职责的重要内容。监护人在保护被监护人的身心健康，照顾被监护人的生活，管理和保护被监护人的财产过程中，都必不可少地要代理被监护人从事一些民事法律行为，例如签订合同等。赋予监护人法定代理人资格，方便监护人更好地履行监护职责，同时也可以对这种代理行为按照本法关于代理的规定加以规范，更好地保护无民事行为能力人、限制民事行为能力人的利益。

第二十四条 不能辨认或者不能完全辨认自己行为的成年人，其利害关系人或者有关组织，可以向人民法院申请认定该成年人为无民事行为能力人或者限制民事行为能力人。

被人民法院认定为无民事行为能力人或者限制民事行为能力人的，经本人、利害关系人或者有关组织申请，人民法院可以根据其智力、精神健康恢复的状况，认定该成年人恢复为限制民事行为能力人或者完全民事行为能力人。

本条规定的有关组织包括：居民委员会、村民委员会、学校、医疗机构、妇女联合会、残疾人联合会、依法设立的老年人组织、民政部门等。

◆ 条文主旨

本条是关于认定或者恢复某种民事行为能力状态相关法定程序的规定。

◆ 立法背景

本条规定针对的是不能辨认或者不能完全辨认自己行为的成年人。未成年人虽然也有无民事行为能力人或者限制民事行为能力人，但未成年人辨认识别能力不足主要是年龄的原因，随着年龄的增长，其社会阅历和知识会不断增加，到了十八周岁自然就成为完全民事行为能力人。而无民事行为能力或者限制民事行为能力的成年人辨认识别能力不足，往往是因为先天因素或者疾病、事故原因造成的，短时期内难以恢复，有的甚至是不可逆转的。将不能辨认或者不能完全辨认自己行为的成年人，认定为无民事行为能力人或者限制民事行为能力人，一是对该成年人就可以依照法定程序选任监护人，保护其人身权益、财产权益及其他合法权益；二是法定代理人可以通过主张该成年人所实施的民事法律行为无效，或者撤销该民事法律行为，避免该成年人的权益受到损害；三是有利于保护交易安全，交易相对人可以事先决定是否与该成年人进行交易，如果在不知情的情况下进行了交易，相对人也可以通过催告法定代理人及时予以追认或者依法撤销该民事法律行为，尽快确定民事法律行为的效力。

◆ 条文解读

依据本条规定，认定成年人为无民事行为能力人或者限制民事行为能力人需要向法院提出申请，并需要由法院作出判决，主要原因是无民事行为能力或者限制民事行为能力的认定对成年人的权益影响重大。将成年人认定为无民事行为能力人或者限制民事行为能力人，既是对辨认识别能力不足的成年人的保护，也是对这些成年人自由实施民事法律行为的限制，因此必须通过法定程序进行。此外，这些成年人辨认识别能力缺失的程度也有所不同，一般人难以认定，宜由法院综合各方面情况作出判断。

需要注意的是，民法通则规定的是“宣告”为无民事行为能力人或者限制民事行为能力人，而本条采用的是“认定”为无民事行为能力人或者限制民事行为能力人。在本条起草过程中，对于是采用“认定”，还是“宣告”，存在不同意见。一种意见认为，应当继续采用“宣告”，而不是“认定”。主要理由是：第一，保护交易安全也是该制度的一个重要设立目的，应当采用“宣告”一词，便于第三人知悉。我国台湾地区曾就该问题进行过讨论，最终仍然采用的是“宣告”一词。我国台湾地区“民法”第 14 条规定，对于因精神障碍或其他心智缺陷，致不能为意思表示或受意思表示，或不能辨识其意思表示之效果者，法院得因本人、配偶、四亲等内之亲属、最近一年有同居事实之其他亲属、检察官、主管机关或社会福利机构之声请，为监护之宣告。

受监护之原因消灭时，法院应依前项声请权人之声请，撤销其宣告。第 15 条规定，受监护宣告之人，无行为能力。上述受监护宣告即相当于我国民法通则中的无民事行为能力宣告。第二，民事诉讼法“特别程序”规定认定公民无民事行为能力、限制民事行为能力案件，用的是“认定”。本法作为民事实体法，没有必要与民事诉讼法的规定相一致。“认定”无民事行为能力或者限制民事行为能力更多强调的是该制度的程序性，“宣告”无民事行为能力或者限制民事行为能力，本身是一种民事实体法律制度。

这个意见有其合理性。保护交易安全也的确是该制度的目的之一。但是，就无民事行为能力或者限制民事行为能力的认定而言，保护交易安全只是一个方面，更为重要的方面是保护无民事行为能力人或者限制民事行为能力人的正当权利和合法利益。无民事行为能力或者限制民事行为能力的确定，其三个方面的意义如前所述，由法院认定，就是因为涉及当事人权益与交易安全的复杂性、重要性，同时也是因为必须的公开性。从交易的安全着眼，无民事行为能力或者限制民事行为能力的确定，由法院判决，而判决是公开的。但是，这与房地产登记等广而告之的公开性应当是有区别的。保障残疾人生活正常化已经成为国际上对残疾人保护的新理念，对成年人的无民事行为能力或者限制民事行为能力状况通过法院进行宣告，不符合保护新理念，将会对成年人的日常生活、工作造成不必要的影响。对残疾人广而告之是没有必要的。同时，民法典在此问题上与民事诉讼法应当表述一致。虽然实体法与程序法是不同的，但毕竟说的是一件事。实体法与程序法所解决的问题不同，具体规定内容是不同的，但不是用“宣告”就是实体性，用“认定”就是程序性。1982 年民事诉讼法（试行）就用“认定”，1986 年民法通则用“宣告”，1991 年制定新的民事诉讼法及后来的三次修改至今，仍用“认定”。民法通则的“宣告”并没有改变民事诉讼法的“认定”程序。当然也不是因为一个是实体法而另一个是程序法而用词不同。实际上这只是个统一用词的问题。经过认真研究讨论，本条最终采用了“认定”一词。

关于申请主体的范围，本条规定了两类人：

一、利害关系人

利害关系人的情况比较复杂，其具体范围无法通过立法明确规定，应当具体情况具体分析。一般而言，对于第 1 款规定的“利害关系人”的范围，主要包括本人的近亲属、债权债务人等。对于第 2 款规定的“利害关系人”的范围，主要包括本人的监护人、债权债务人等。但具体案件中，这些主体是否都有资格向法院提出申请，也要在个案中根据实际情况作出判断。认定利害关系人是否是适格的申请主体，需要看本人的民事行为能力状况对其是否有重要意义或者影响。例如，本人的债务人如果不是为了确定民事法律行为的效力，也不得向法院申请认定其为无民事行为能力人、限制民事行为能力人。

二、有关组织

《民法通则》第 19 条原来规定的申请人，只有“利害关系人”，没有规定“有关组织”。在立法过程中，有的意见提出，在现实生活中，有些老人、有精神疾病的人可能没有利害关系人，这就有可能会产生因没有人提出民事行为能力认定申请而造成这部分人虽然已经处于无民事行为能力或者限制民事行为能力的状态，但不能依法设立监护、确定监护人的情况，建议在向人民法院申请认定无民事行为能力人或者限制民事行为能力人的申请主体中增加“有关组织”。向法院申请恢复为限制民事行为能力人或者完全民事行为能力人，有时也存在一些主观或者客观困难，例如本人没有利害关系人或者利害关系人不愿提出申请，但本人仍然没有能力独立提出申请、参加审理程序等，由有关群团组织或者民政部门等提出申请，有利于帮助这部分成年人实现自主意愿，保护这部分成年人的合法权益。因此建议申请恢复为限制民事行为能力人或者完全民事行为能力人的申请主体中也增加“有关组织”。

这些意见是很有道理的。在申请认定无民事行为能力人或者限制民事行为能力人和申请恢复为限制民事行为能力或者完全民事行为能力两种情形中，都可能存在没有利害关系人的情况。但申请认定为无民事行为能力人或者限制民事行为能力人和申请恢复为限制民事行为能力或者完全民事行为能力这两种情形是有差别的。认定成年人为无民事行为能力人或者限制民事行为能力人，是对成年人意思能力和行为自由的重大限制，必须严格掌握申请主体的范围。认定恢复为限制民事行为能力或者完全民事行为能力，是对成年人民事行为能力状况的提升，在不同程度上解除了对成年人意思能力和行为自由的限制，是对成年人自主意识的尊重。在立法过程中，首先在申请恢复为限制民事行为能力或者完全民事行为能力的申请主体中增加规定了“有关组织”，以进一步征求意见。民法总则草案一审稿、二审稿以及三审稿中，均只是在第2款的申请主体中规定了“有关组织”，具体包括以下几种情况：由无民事行为能力人恢复为限制民事行为能力人、由限制民事行为能力人恢复为完全民事行为能力人、由无民事行为能力人恢复为完全民事行为能力人。申请的主体不仅包括利害关系人，还有“有关组织”。第1款的申请主体没有规定“有关组织”，仍然限于利害关系人。

征求意见过程中，专家学者、社会公众对申请恢复为限制民事行为能力人和完全民事行为能力人的申请主体增加“有关组织”是赞同的。同时，也提出申请认定成年人为无民事行为能力人或者限制民事行为能力人的申请主体也应增加“有关组织”。经过反复研究，本条规定吸收了该意见，在第1款的申请主体中增加了“有关组织”。但应当注意的是，认定成年人为无民事行为能力或者限制民事行为能力，对成年人的行为自由影响重大，原则上应当由利害关系人提出，对于“有关组织”向法院提出申请宜作严格掌握，必须是基于保护该成年人合法权益的迫切需要。民法典继续维持了这一规定。

本条第3款对“有关组织”的范围作出了规定，包括居民委员会、村民委员会、学校、医疗机构、妇女联合会、残疾人联合会、依法设立的老年人组织、民政部门等。这些组织往往具有向法院申请认定成年人民事行为能力状况的意愿、能力或者条件。其中，居民委员会、村民委员会是基层群众性自治组织，负责办理本村或者本居住地区居民的公共事务和公益事业；妇女联合会、残疾人联合会是分别代表和维护妇女权益、残疾人权益的组织；一些依法设立的老年人组织也致力于维护老年人合法权益，这些组织具有保护相关辨识能力不足的成年人合法权益的意愿、能力。学校、医疗机构往往能及时发现了解学生、患者的智力、精神健康现状，具备向法院提出申请的条件，有些情况下，也具有向法院提出申请的意愿。民政部门作为政府重要职能部门，一个重要的职责就是负责社会救助和社会福利方面的工作，由民政部门提出申请符合其部门职责。

▶ 相关规定

《中华人民共和国民事诉讼法》第187－190条

第二十五条 自然人以户籍登记或者其他有效身份登记记载的居所为住所；经常居所与住所不一致的，经常居所视为住所。

◆ 条文主旨

本条是关于自然人住所的规定。

◆ 立法背景

住所是指民事主体进行民事活动的中心场所或者主要场所。自然人的住所一般指自然人长期居住、较为固定的居所。自然人的住所对婚姻登记、宣告失踪、宣告死亡、债务履行地、司法管辖、诉讼送达等具有重要的法律意义。例如，甲与乙发生民间借贷纠纷，甲一般应当向乙方住所地人民法院提起诉讼，乙方住所地直接决定案件的管辖法院。居所指自然人实际居住的一定处所，其与住所的区别是，一个自然人可以同时有两个或者多个居所，但只能有一个住所。一般的居所都是自然人临时居住，为暂时性的，住所则为长期固定的。

◆ 条文解读

依据本条规定，自然人以户籍登记或者其他有效身份登记记载的居所为住所。户籍登记是国家公安机关按照国家户籍管理法律法规，对公民的身份信息进行登记记载的制度。我国《户口登记条例》第6条规定："公民应当在经常居住的地方登记为常住人口，一个公民只能在一个地方登记为常住人口。"依据该规定，公民应当在经常居住地的公安机关进行户籍登记，户籍登记记载的居所即是其长期居住、较为固定的居所。

本条中的"其他有效身份登记"主要包括居住证和外国人的

有效居留证件等。随着城镇化的推进，大量人口离开户籍地工作、学习，这些自然人进行民事活动的中心场所发生明显变化，经常居住地与户籍登记地发生偏离。完全以户籍登记记载的居所为标准判断公民的住所，已经不符合当前实际需要。为了促进新型城镇化的健康发展，推进城镇基本公共服务和便利常住人口全覆盖，保障公民合法权益，促进社会公平正义，国务院于 2015 年颁布了《居住证暂行条例》，对居住证的申领条件、记载内容等作出了规定。该条例第 2 条规定："公民离开常住户口所在地，到其他城市居住半年以上，符合有合法稳定就业、合法稳定住所、连续就读条件之一的，可以依照本条例的规定申领居住证。"第 4 条规定："居住证登载的内容包括：姓名、性别、民族、出生日期、公民身份号码、本人相片、常住户口所在地住址、居住地住址、证件的签发机关和签发日期。"依据该规定，居住证的持有人往往都在相关城市工作、生活居住半年以上。居住证记载的居住地住址也可以作为公民住所，这有利于促进公民正常从事民事活动，在出现民事纠纷时，便利公民起诉应诉。此外，对外国人、无国籍人等在中国的住所，可以根据我国主管机关遵循法定程序签发的有效居留证件等进行判断。

第二节 监 护

第二十六条 父母对未成年子女负有抚养、教育和保护的义务。

成年子女对父母负有赡养、扶助和保护的义务。

◆ 条文主旨

本条是关于父母子女之间法律义务的规定。

◆ 立法背景

一、关于亲权与监护的关系

父母基于身份关系对未成年子女进行教养、保护等权利义务的总和称作“亲权”。这是大陆法系国家和地区普遍采用的制度。亲权是父母的权利，父母作为亲权人可以自主决定、处理有关保护教养子女的事项，同时，亲权又是父母的法定义务，父母抚养、教育和保护未成年子女的义务不得抛弃。而监护的适用前提是亲权人死亡或者亲权人丧失管理权。例如，《德国民法典》第1773条规定，未成年人不在父母照顾之下，或父母在与人身有关的事务中和与财产有关的事务中均无权代理该未成年人的，该未成年人获得一个监护人。《法国民法典》第390条规定，在父母双亲均已去世，或者被剥夺亲权时，即设置监护。《日本民法典》第838条规定，监护于下列情况下开始：（1）未成年人没有对其行使亲权的人，或者行使亲权的人没有管理权；（2）已有监护开始的裁定。

在立法过程中，关于是否将亲权与监护分离，存在一定的争议。有的意见认为，亲权是基于亲子之间的血缘关系自然产生并受到法律确认的，监护是亲权制度不能发挥作用时的有效补充和延伸，亲权与监护的内容并不完全相同，建议从狭义上使用监护的概念，明确将监护与亲权分离。

经研究认为，在民法通则施行30多年来，监护的内涵已在很多法律中得以巩固，深入社会管理和司法实践，影响到经济社会生活的方方面面，也已经获得群众的广泛接受。在这种情况下，不宜再改变监护的含义。因此，本法规定的“监护”是一个广义概念，既包括未成年人的父母担任监护人，也包括父母之外的其他人担任监护人。亲权与监护的差异，主要在于父母与子女之间的权利义务不完全等同于其他监护人与被监护人之间的权利义务，属于亲权的相关内容也规定在婚姻家庭编中。

二、监护制度在民法典中的位置

监护是保障无民事行为能力人和限制民事行为能力人的权益，弥补其民事行为能力不足的法律制度。被监护人包括两类：一类是未成年人；另一类是无民事行为能力和限制民事行为能力的成年人。据统计，全国目前智力残疾人和精神残疾人共有1000多万人。另外，有相当多的老年人意思能力衰退严重，也需要监护。

监护制度是我国基本的民事法律制度之一，在本编乃至整个民法典中都占有重要地位。监护制度与民事主体制度、婚姻家庭制度、民事法律行为制度、代理制度和民事责任制度等均有着密切的联系。本章的监护制度与本法婚姻家庭编、未成年人保护法、妇女权益保障法、老年人权益保障法等法律对监护的规定共同构建了我国的监护制度法律体系。本节贯彻落实了联合国《儿童权利公约》《残疾人权利公约》的原则和精神，借鉴了境外立法例，立足中国国情和实践，对监护制度作了较大程度的修改完善，构建了以家庭监护为基础、社会监护为补充、国家监护为兜底的监护制度。

民法通则将监护制度规定在“公民（自然人）”一章中，作为民事主体制度的重要内容。民法典总则编继承了民法通则的做法，在“自然人”一章中对监护制度作了规定。在立法过程中，就监护制度的立法体例，即监护制度应当放在民法典中的哪一部分，存在一定争议。以下是比较有代表性的三种意见：

第一种意见认为，民法通则把监护内容放在“公民（自然人）”一章，是当时立法的权宜之计。从立法科学性、体系化看，总则编对监护只宜作简略性的规定，监护的主要内容应该放在婚姻家庭编中进行规定。主要理由如下：一是符合民法典的总分体例。民法典总则编应当规定民法典中具有共性、总括性和普遍性的内容，监护作为弥补民事主体行为能力的一项制度，可以在总则编中用一个或者几个条文作出原则性规定，具体内容可在婚姻家庭编细化展开，既能保持监护制度的独立性，也能维护民法典的整体性和协同性。二是符合监护制度的双重法律属性。现代监护制度兼具私法和公法两种性质。一方面，监护的主体依然以亲属为主；另一方面，国家公权力作为监护制度的监督者和最后的责任承担者，确保未成年人和其他无民事行为能力人或者限制民事行为能力人权益的保护。三是符合大陆法系民法典的体系化传统。监护制度是亲权制度的延伸，与亲属法密切相关，很多国家和地区的民法均将监护的主要内容放在亲属编予以规定。四是有利于监护制度的完善与发展。监护制度涉及内容广泛，放在婚姻家庭编中，可以规定得更具体、更具有可操作性，克服总则编内容过于简约、原则的不足。

第二种意见认为，监护制度的核心功能在于对自然人行为能力进行补足。20 世纪中叶以后，人们把自然人放在更核心的地位，整个的规则是以对人的权利的尊重和救济为主要思路，将监护制度放在自然人一章中的行为能力之后，是合适的，具有理论基础性、体系逻辑性和制度衔接性。

第三种意见认为，无论是将监护制度放在总则编的自然人部分，还是放在婚姻家庭编，从理论上和逻辑体系上看，都可以讲得通，也是行得通的，现在立法的关键是充实监护制度的内容，进一步健全并形成完善的监护制度。

经研究认为，监护制度的本质在于弥补自然人民事行为能力的不足，但又与婚姻家庭制度存在一定交叉。无论是在本编还是在婚姻家庭编对监护制度作出规定都是可以的。将监护制度放在总则中的主要考虑是：第一，总则第二章第一节规定了民事权利能力和民事行为能力，其中将民事行为能力分为完全民事行为能力、限制民事行为能力和无民事行为能力。监护是保障无民事行为能力人和限制民事行为能力人的权益，弥补其民事行为能力不足的法律制度，紧接着自然人民事行为能力制度对监护作出规定，具有逻辑合理性。第二，我国的监护制度不仅包括家庭监护，还包括社会监护和国家监护。如果说在“自然人”一章规定监护制度存在体例问题，在婚姻家庭编中规定社会监护和国家监护也同样存在体例问题。所以，监护制度在总则中作了规定，编纂民法典，没有再将其移到婚姻家庭编之中。

◆ **条文解读**

尊老爱幼是中华民族的传统美德，本条从弘扬中华民族的传统美德出发，根据宪法，在婚姻法、未成年人保护法、老年人权益保障法等法律有关规定的基础上，将父母子女之间的法律义务进一步明确化、法定化，强调了家庭责任，有利于促进家庭关系的和睦，从法律上倡导和落实社会主义核心价值观。

在起草过程中，有的意见提出，本条是关于亲属间扶养的权利义务内容，与监护制度并不完全相同，更适宜规定在婚姻家庭编中，建议删除本条。经研究认为，家庭是社会的细胞，是社会稳定的基础，家庭监护是我国监护制度的主要形式。父母对未成年子女的抚养、教育和保护义务，成年子女对父母的赡养、扶助和保护义务，是家庭监护的基础和前提。有必要在规定监护制度内容之前设置这一原则性的前提条款。

依据本条规定，父母对未成年子女的抚养、教育和保护义务，主要包括进行生活上的照料，保障未成年人接受义务教育，以适当的方式、方法管理和教育未成年人，保护未成年人的人身、财产不受到侵害，促进未成年人的身心健康发展等。本法婚姻家庭编、未成年人保护法等对此作出了较为具体的规定。成年子女对父母的赡养、扶助和保护义务，主要包括子女对丧失劳动能力或生活困难的父母，要进行生活上的照料和经济上的供养，从精神上慰藉父母，保护父母的人身、财产权益不受侵害。本法婚姻家庭编、老年人权益保障法等对此作出了较为具体的规定。

▶ **相关规定**

《中华人民共和国宪法》第49条

第二十七条 父母是未成年子女的监护人。

未成年人的父母已经死亡或者没有监护能力的，由下列有监护能力的人按顺序担任监护人：

（一）祖父母、外祖父母；

（二）兄、姐；

（三）其他愿意担任监护人的个人或者组织，但是须经未成年人住所地的居民委员会、村民委员会或者民政部门同意。

◆ **条文主旨**

本条是关于未成年人的监护人的规定。

◆ **立法背景**

本条在起草过程中，有一个反映较多的意见，就是关于“监护能力”的界定。有的意见提出，监护一节多次提到“监护能力”一词，而且将监护能力作为是否具有担任监护人资格的重要标准，但是没有对“监护能力”作出明确的界定，在具体认定上可能会出现争议，建议明确监护能力的认定标准。

经研究认为，具有监护能力首先要具有完全民事行为能力，至于如何判断是否具有监护能力的其他条件，在实践中情况较为复杂，需要综合考虑多种因素，法律可不一一作出界定，在实践中根据具体情况进行判断。《最高人民法院关于贯彻执行〈中华人民共和国民法通则〉若干问题的意见（试行）》第 11 条对此作出了相关规定，即“认定监护人的监护能力，应当根据监护人的身体健康状况、经济条件，以及与被监护人在生活上的联系状况等因素确定”。

◆ **条文解读**

本条第 1 款规定，父母是未成年人的监护人。父母具有抚养、教育和保护未成年子女的法定义务，与未成年子女的关系最为密切，对未成年人的健康成长至关重要。基于此，父母无条件地成为未成年人的法定监护人。只有在父母死亡或者没有监护能力的情况下，才可以由其他个人或者有关组织担任监护人。

本条第 2 款对父母之外的其他个人或者组织担任监护人作出了规定。第 2 款在民法通则相关规定的基础上，主要从两个方面进行了完善：一是规定父母之外具有监护能力的人“按顺序”担任监护人；二是增加了有关“组织”担任监护人的规定。

一、关于“按顺序”担任监护人

实践中，有些情况下具有监护资格的人互相推脱，都不愿意担任监护人，导致监护无从设立，无民事行为能力人或者限制民事行为能力人的权益得不到保护。针对以上问题，本条明确具有监护资格的人按照顺序担任监护人，主要目的在于防止具有监护资格的人之间互相推卸责任。如果两个或者两个以上具有监护资格的人，都愿意担任监护人，也可以按照本条规定的顺序确定监护人，或者依照本法第30条规定进行协商；协商不成的，按照本法第31条规定的监护争议解决程序处理，由居民委员会、村民委员会、民政部门或者人民法院按照最有利于被监护人的原则指定监护人，不受本条规定的“顺序”的限制，但仍可作为依据。

依照本条规定的顺序应当担任监护人的个人认为自己不适合担任监护人，或者认为其他具有监护资格的人更适合担任监护人的，可以依照本法第30条规定进行协商；协商不成的，通过本法第31条规定的监护争议解决程序处理，由居民委员会、村民委员会、民政部门或者人民法院综合各方面情况，根据最有利于被监护人的原则在依法具有监护资格的人中指定监护人。例如，未成年人的祖父母作为第一顺位的监护人，认为自己年事已高，未成年人的姐姐各方面条件更好，由其姐姐担任监护人更有利于未成年人成长，可以先与其姐姐进行协商，协商不成的，依法通过监护争议程序解决。但在法院依法指定监护人前，未成年人的祖父母不得拒绝履行监护职责。

二、关于“愿意担任监护人的组织”担任监护人

随着我国公益事业的发展，有监护意愿和能力的社会组织不断增多，由社会组织担任监护人是家庭监护的有益补充，也可以缓解国家监护的压力。本条第2款第3项以及第28条第4项规定的“愿意担任监护人的组织”是指这类社会组织。但是，监护不同于简单的生活照顾，还要对被监护人的财产进行管理和保护，代理被监护人实施民事法律行为，对未成年被监护人的侵权行为承担责任等，自愿担任监护人的社会组织要具有良好信誉、有一定的财产和工作人员等，这些条件都需要在实践中严格掌握，由未成年人住所地的居民委员会、村民委员会或者民政部门根据实际情况作出判断。

本条第2款第3项将民法通则规定的自愿担任监护人的“关

系密切的其他亲属、朋友”修改为愿意担任监护人的“个人”，进一步扩大了监护人的范围，尽量避免无人担任监护人的情况。依据本法规定，“愿意担任监护人的个人”成为监护人，也必须经过未成年人住所地的居民委员会、村民委员会或者民政部门同意，要具有监护能力，有利于未成年人健康成长。

第二十八条 无民事行为能力或者限制民事行为能力的成年人，由下列有监护能力的人按顺序担任监护人：

（一）配偶；

（二）父母、子女；

（三）其他近亲属；

（四）其他愿意担任监护人的个人或者组织，但是须经被监护人住所地的居民委员会、村民委员会或者民政部门同意。

◆ 条文主旨

本条是关于无民事行为能力或者限制民事行为能力的成年人的监护人的规定。

◆ 立法背景

本条在民法通则规定的基础上，增加了具有监护资格的人“按顺序”担任监护人、“愿意担任监护人的组织”担任监护人的规定，并将愿意担任监护人的“关系密切的其他亲属、朋友”修改为愿意担任监护人的“个人”，扩大了监护人的范围。具体说明可以参见第27条规定的条文解读。

◆ 条文解读

本条规定的需要设立监护的成年人为无民事行为能力人或者

限制民事行为能力人，包括因智力、精神障碍以及因年老、疾病等各种原因，导致辨识能力不足的成年人。对成年人监护，要正确区分失能与失智的区别。失能是失去生活自理能力，失智即辨识能力不足。失能的成年人未必需要监护，只有失智的成年人需要监护。此外，还应当区分长期照护（护理）和监护的区别：从对象上看，照护的对象既包括失智成年人，也包括失能成年人，监护的对象为失智成年人；从内容上看，照护仅限于生活上的照料和安全上的保护，不涉及人身权益保护的安排、财产的管理等事项，监护是对失智成年人人身、财产等各方面权益的保护和安排。

本条规定的前 3 项具有监护资格的人，都是成年被监护人的近亲属。近亲属往往与被监护人具有血缘关系、密切的生活联系和良好的情感基础，更有利于被监护人的身心健康，也更有利于尽职尽责地保护被监护人的合法权益，因此适宜担任监护人。依据本条规定，具有监护资格的人有以下几类：

一是配偶。成年男女达到法定婚龄，通过结婚登记程序，缔结婚姻关系，产生法律权利义务关系。本法第 1059 条第 1 款规定："夫妻有相互扶养的义务。"夫妻共同生活，具有相互扶养的义务，对共同的财产享有支配权，具有良好的感情基础，由配偶担任监护人有利于保护被监护人的人身、财产及其他合法权益。

二是父母、子女。父母子女之间既具有天然的情感，又具有法定的抚养、赡养关系，适宜担任监护人。

三是其他近亲属。这包括祖父母、外祖父母、孙子女、外孙子女、兄弟姐妹。本条将"其他近亲属"列为具有监护资格的范围，主要是基于血缘关系、生活联系，以及情感基础等因素，有利于保护被监护人的合法权益。

四是其他愿意担任监护人的个人或者组织，但是须经被监护人住所地的居民委员会、村民委员会或者民政部门同意。"愿意担任监护人的组织”主要指公益组织，其能否担任监护人，在实践中由被监护人住所地的居民委员会、村民委员会或者民政部门根据该组织的设立宗旨、社会声誉、财产或者经费、专职工作人员等情况进行判断。

第二十九条 被监护人的父母担任监护人的，可以通过遗嘱指定监护人。

◆ 条文主旨

本条是关于遗嘱监护的规定。

◆ 立法背景

父母与子女之间血缘关系最近，情感最深厚，父母最关心子女的健康成长与权益保护，应当允许父母选择自己最信任的、对于保护子女最有利的人担任监护人。遗嘱监护制度有助于满足实践中一些父母在生前为其需要监护的子女作出监护安排的要求，体现了对父母意愿的尊重，也有利于更好地保护被监护人的利益，立法应当予以认可。

很多国家和地区都规定了遗嘱监护制度。例如，《德国民法典》第1776条（父母的指定权）规定：（1）被监护人的父母所指定为监护人的人，有做监护人的资格。（2）父亲和母亲已指定不同的人的，以最后死亡的父母一方的指定为准。《法国民法典》第403条规定：如父母二人中后去世的一方在其本人去世时仍然在行使亲权，选任监护人的个人权利，仍属于该后去世的父或者母，无论其选任的监护人是否是未成年人的亲属。（在这种情况下）指定监护人，只能以订立遗嘱或者以在公证人前作出特别声明的形式为之。由父或者母指定的监护人并无义务接受（负担）监护职责。《日本民法典》第 839 条（未成年人的指定监护人）第 1 款规定：对未成年人最后行使亲权的人，可以用遗嘱指定监护人。但没有管理权的人，不在此限。我国台湾地区“民法”第 1093 条（遗嘱指定监护人）规定：最后行使、负担对于未成年子女之权利、义务之父或母，得以遗嘱指定监护人。前项遗嘱指定之监护人，应于知悉其为监护人后 15 日内，将姓名、住所报告法院；其遗嘱未指定会同开具财产清册之人者，并应申请当地直辖市、县（市）政府指派人员会同开具财产清册。于前项期限内，监护人未向法院报告者，视为拒绝就职。我国《澳门民法典》第 1785 条（父母指定之监护人）规定：（1）父母得为假使其于将来或成为无行为能力之情况，指定未成年子女之监护人；仅由父亲或者母亲单独行使亲权时，该指定监护人之权力属行使亲权之一方。（2）为未成年子女指定监护人之父亲或者母亲死亡后，如尚存之另一方未在行使亲权中废止该指定，则视该指定产生效力。监护人之指定及其废止，须在遗嘱、公文书或经认证之文书上作出，方为有效。

◆ **条文解读**

依据本条规定，被监护人（包括未成年人、无民事行为能力或者限制民事行为能力的成年人）的父母可以通过立遗嘱的形式为被监护人指定监护人，但前提是被监护人的父母正在担任着监护人，如果父母因丧失监护能力没有担任监护人，或者因侵害被监护人合法权益被撤销监护人资格等不再担任监护人的，父母已不宜再通过立遗嘱的形式为被监护人指定监护人。

本条规定的遗嘱指定监护与其他国家和地区的规定有相同点，也有不同点。相同点是，有权以遗嘱的形式指定监护人的主体仅限于父母，其他任何人都不能以遗嘱的形式指定监护人。不同之处在于，其他国家和地区的规定仅限于为未成年子女指定监护人，但依据本条规定，父母既可以为未成年子女指定监护人，也可以为成年子女指定监护人。民法总则草案一审稿、二审稿均将遗嘱监护限定于为未成年人指定监护人。在调研中，有的意见提出，现实生活中，对无民事行为能力及限制民事行为能力的成年人，也存在由父母立遗嘱为其指定监护人的情形和立法需求，建议扩大遗嘱监护的适用范围，允许父母通过遗嘱为无民事行为能力及限制民事行为能力的成年人指定监护人。经研究，吸收了该意见。民法典继续维持这一规定。

关于遗嘱指定监护与法定监护的关系，一般来说，遗嘱指定监护具有优先地位。遗嘱指定监护是父母通过立遗嘱选择值得信任并对保护被监护人权益最为有利的人担任监护人，应当优先于本法第 27 条、第 28 条规定的法定监护。遗嘱指定监护指定的监护人，也应当不限于本法第 27 条、第 28 条规定的具有监护资格的人。但是，遗嘱指定的监护人应当具有监护能力，能够履行监护职责。如果遗嘱指定后，客观情况发生变化，遗嘱指定的监护人因患病等原因丧失监护能力，或者因出国等各种原因不能够履行监护职责，就不能执行遗嘱指定监护，应当依法另行确定监护人。

第三十条 依法具有监护资格的人之间可以协议确定监护人。协议确定监护人应当尊重被监护人的真实意愿。

◆ 条文主旨

本条是关于协议确定监护人的规定。

◆ 立法背景

协议监护是确定监护人的方式之一，具有一定的司法实践基础。《最高人民法院关于贯彻执行〈中华人民共和国民法通则〉若干问题的意见（试行）》第 15 条规定："有监护资格的人之间协议确定监护人的，应当由协议确定的监护人对被监护人承担监护责任。"本条在吸收司法实践经验的基础上，对协议监护制度作出规定。本法第 27 条、第 28 条分别对未成年人、无民事行为能力和限制民事行为能力的成年人规定了具有监护资格的人的范围。在法律已对具有监护资格的人作了严格限定的前提下，允许具有监护资格的人之间协议确定监护人，不会损害被监护人的合法权益。本法第 27 条、第 28 条规定了担任监护人的顺序，主要目的在于防止具有监护资格的监护人推卸责任，导致出现监护人缺位的情况。协议监护可以不按照第 27 条、第 28 条规定的顺序确定监护人。具有监护资格的人之间可以根据各自与被监护人的生活联系状况、经济条件、能够提供的教育条件或者生活照料措施等，在尊重被监护人意愿的基础上，经过充分协商，选择合适的监护人。这既是对具有监护资格的人共同意愿的尊重，也有利于保护被监护人的合法权益。法律对协议监护制度予以认可，既是对实践需求的回应，也有利于进一步规范协议监护制度。

◆ 条文解读

依据本条规定，协议监护具有以下几个特点：第一，协议主体必须是依法具有监护资格的人，即本法第 27 条、第 28 条规定的具有监护资格的人。未成年人的父母有监护能力的，不得与其他人签订协议，确定由其他人担任监护人，推卸自身责任。对于未成年人，协议监护只限于父母死亡或者没有监护能力的情况，协议的主体为：（1）祖父母、外祖父母；（2）兄、姐；（3）经未成年人住所地的居民委员会、村民委员会或者民政部门同意的其他愿意担任监护人的个人或者有关组织。对于父母丧失监护能力的，父母可以不作为协议监护的主体，但对协议确定监护人也可以提出自己的意见，具有监护资格的人在协议确定未成年人的监护人时，应从有利于保护被监护人的利益出发，对其意见应当尽量予以尊重。对于无民事行为能力或者限制民事行为能力的成年人，协议的主体为：（1）配偶；（2）父母、子女；（3）其他近亲属；（4）经该成年人住所地的居民委员会、村民委员会或者民政部门同意的其他愿意担任监护人的个人或者有关组织。第二，协议确定的监护人必须从具有监护资格的人之间产生，不得在法律规定的具有监护资格的人之外确定监护人。在具有监护资格的人之外确定监护人的，协议监护无效。第三，协议监护是具有监护资格的人合意的结果，合意产生后，由协议确定的监护人担任监护人，履行监护职责。监护人一旦确定，即不得擅自变更，否则要承担相应的法律责任。

协议确定监护人对被监护人的利益影响重大，应当充分尊重被监护人的真实意愿。被监护人都是无民事行为能力人或者限制民事行为能力人，“尊重被监护人的真实意愿”不是简单地征求被监护人的意见，要结合多种情况进行综合考量判断，探求其内心真实的愿望。限制民事行为能力的未成年人和成年人已经具备了一定的认知判断能力以及较强的表达能力，协议确定监护人应当直接听取其意见，并对其意见是否反映其真实意愿，结合其他一些因素，例如是否受到胁迫等进行判断。无民事行为能力的被监护人，不具有独立的认知判断能力，但这不意味着这些被监护人没有真实意愿。对于无民事行为能力的被监护人，也应当结合各种情况，例如被监护人与哪一个具有监护资格的人生活联系最为密切等因素，去发现并充分尊重被监护人的真实意愿，这对于保护被监护人的身心健康，具有重要意义。

第三十一条 对监护人的确定有争议的，由被监护人住所地的居民委员会、村民委员会或者民政部门指定监护人，有关当事人对指定不服的，可以向人民法院申请指定监护人；有关当事人也可以直接向人民法院申请指定监护人。

居民委员会、村民委员会、民政部门或者人民法院应当尊重被监护人的真实意愿，按照最有利于被监护人的原则在依法具有监护资格的人中指定监护人。

依据本条第一款规定指定监护人前，被监护人的人身权利、财产权利以及其他合法权益处于无人保护状态的，由被监护人住所地的居民委员会、村民委员会、法律规定的有关组织或者民政部门担任临时监护人。

监护人被指定后，不得擅自变更；擅自变更的，不免除被指定的监护人的责任。

◆ 条文主旨

本条是关于监护争议解决程序的规定。

◆ 立法背景

本条规定不再保留民法通则规定的诉前指定程序。民法通则规定，对担任监护人有争议的，由未成年人的父、母的所在单位（成年被监护人的所在单位）或者被监护人住所地的居民委员会、村民委员会在近亲属中指定。对指定不服提起诉讼的，由人民法院裁决。按照上述规定，对担任监护人有争议的案件，在向法院提起诉讼前，必须先经有关单位或者居民委员会、村民委员会进行指定。民法通则之所以规定由未成年人父母所在单位或者成年被监护人所在单位指定监护人，是因为当时个人与所在工作单位的关系较为稳定，所在工作单位比较了解本单位工作人员的家庭情况。但随着我国经济社会的发展，情况已经发生了很大变化。实践中，就业人员的流动越来越频繁，就业人员与单位的关系并不稳定，且这些单位与职工之间主要是劳动合同关系，单位一般也不了解职工的家庭情况、社会关系等，往往缺乏指定监护人的意愿和能力，已不适宜承担指定监护人的职责。同时，未成年人父母的所在单位（成年被监护人的所在单位）、居民委员会、村民委员会不愿指定、迟迟不指定监护人的情况较为常见，导致监护人长期不确定，诉讼程序难以启动，给妥善解决监护争议增加了难度，不利于保护被监护人的权益。鉴于此，本法不再规定监护诉讼的指定前置程序。对监护人的确定有争议的，本条规定，由被监护人住所地的居民委员会、村民委员会或者民政部门指定监护人，有关当事人对指定不服的，可以向人民法院申请指定监护人。但有关当事人也可以不经指定，直接向人民法院提出申请，由人民法院指定。

◆ **条文解读**

本条共 4 款。第 1 款规定了对监护人的确定有争议情况下的两种解决途径：一是由被监护人住所地的居民委员会、村民委员会或者民政部门指定监护人。该指定并没有终局效力。有关当事人对该指定不服的，可以向法院提出申请，由法院指定监护人。法院的指定具有终局效力，被指定的监护人应当履行监护职责，不得推卸。二是有关当事人可以不经居民委员会、村民委员会或者民政部门的指定，直接向法院提出申请，由法院指定监护人。本款规定的“对监护人的确定有争议的”既包括争当监护人的情况，也包括推卸、拒不担当监护人的情况，主要包括以下几类情形：一是具有监护资格的人均认为自己适合担任监护人，争当监护人；二是按照本法第 27 条、第 28 条规定的顺序应当担任监护人的，认为自己没有监护能力，无法履行监护职责或者认为其他具有监护资格的人更适宜担任监护人的；三是后一顺序具有监护资格的人要求前一顺序具有监护资格的人依法履行监护职责的；四是具有监护资格的人均推卸监护职责，拒不担当监护人的情况。对此，居民委员会、村民委员会或者民政部门应当介入，切实履行起指定监护的职责，依法指定监护人。本款中的两处“有关当事人”指对监护人的确定有争议的当事人。

本条相对于民法通则，增加了民政部门指定监护人的内容。开展社会救济和社会福利工作是民政部门的工作职责，有必要加强民政部门在监护中的职责和作用。民政部门在实际工作中，往往比较了解辖区内未成年人和丧失民事行为能力成年人的家庭关系、健康状况等，有能力指定合适的监护人，并且权威性较高，有利于促进监护争议的解决。

在立法过程中，也有意见提出，现在居民委员会、村民委员会承担的事务繁杂，辖区较大，难以全面掌握被监护人的家庭关系和社会关系，指定中存在较大的随意性和片面性，效果不佳，居民委员会、村民委员会工作人员也普遍缺乏专业的法律知识，建议删去由村民委员会、居民委员会指定监护人的规定。

根据调研中掌握的情况，村民委员会一般能够掌握被监护人的身体状况、家庭关系和社会关系等，居民委员会也在加强对辖区内无人监护的儿童或者精神障碍患者等的排查帮助工作，现阶段仍然不宜删除居民委员会、村民委员会指定监护人的规定。

第2款规定了居民委员会、村民委员会、民政部门或者人民法院指定监护人的原则：一是应当尊重被监护人的真实意愿；二是要按照最有利于被监护人的原则指定。“按照最有利于被监护人的原则指定”，是指居民委员会、村民委员会、民政部门或者人民法院指定监护人并不需要遵照本法第27条第2款、第28条规定的顺序，而应当结合具有监护资格的人与被监护人的生活情感联系、有无利害冲突，具有监护资格的人的品行、身体状况、经济条件以及能够为被监护人提供的教育水平或者生活照料措施等，综合进行判断，并尊重被监护人的真实意愿，选择最有利于被监护人健康成长或者健康恢复、最利于保护被监护人合法权益的人担任监护人。

第3款规定了临时监护制度。监护争议解决程序需要一定的时间，如果依照本条第1款规定指定监护人前，被监护人的人身权利、财产权利及其他合法权益处于无人保护状态，例如具有监护资格的人互相推诿，都不愿担任监护人，为了保护被监护人的合法权益，有必要设立临时监护制度。依据本条规定，临时监护人由被监护人住所地的居民委员会、村民委员会、法律规定的有关组织或者民政部门担任。本款中的“依照本条第一款规定指定监护人前”应当从宽理解，不能仅限于监护争议解决期间。从时间点上，应当包括以下两个期间：一是监护争议解决程序启动之后，即居民委员会、村民委员会、民政部门开始处理监护争议或者人民法院受理监护申请之后，至指定监护人之前的期间；二是监护争议解决程序启动之前，只要发现因无人履行监护职责，被监护人的合法权益处于无人保护状态的，就由本条规定的居民委员会、村民委员会、法律规定的有关组织或者民政部门担任临时监护人，随后再依法启动监护争议解决程序，指定监护人。

对于第3款规定的担任临时监护人的主体“法律规定的有关组织”，主要是指符合法定条件的公益组织。实践中，有监护意愿和能力的公益组织不断增多，为了吸引更多的主体参与监护事业，更好地保护被监护人的合法权益，法律有必要为实践的发展留下一定的空间。当被监护人的合法权益处于无人保护状态时，临时监护人要能及时承担起监护职责，并充分履行好监护职责，因此有资格担任临时监护人的公益组织应当相对固定，并符合较高的履职条件。至于应当符合哪些具体条件，哪些公益组织有资格担任临时监护人，可以在将来由法律根据实践发展情况作出规定。

第4款规定了指定监护的法律效力。依照监护争议解决程序，由居民委员会、村民委员会、民政部门或者人民法院指定监护人后，被指定的监护人应当履行监护职责，不得推卸，不得擅自变更。如果擅自变更为由其他人担任监护人的，不免除被指定的监护人的责任。被监护人侵害他人的合法权益，或者被监护人自身受到损害的，被指定的监护人仍应当承担责任，擅自变更后的监护人也要根据过错程度承担相应的责任。

第三十二条 没有依法具有监护资格的人的，监护人由民政部门担任，也可以由具备履行监护职责条件的被监护人住所地的居民委员会、村民委员会担任。

◆ **条文主旨**

本条是关于民政部门或者居民委员会、村民委员会担任监护人的规定。

◆ **立法背景**

在立法过程中，有的意见认为，由居民委员会、村民委员会担任监护人在实践中难以落实，应当取消居民委员会、村民委员会担任监护人的职责。主要原因有：一是缺乏物质保障。随着经济发展和社会转型，与计划经济时代相比，目前居民委员会和村民委员会履行监护职责的作用和功能明显弱化，经费不足、工作人员数量少、任务重，严重制约了其承担监护职责，尤其是担任精神障碍患者的监护人，难以承担治疗费用以及被监护人致人损害后的赔偿费用。二是缺乏可操作性。监护工作本身较为专业，居民委员会、村民委员会没有担任监护人的专业能力。未成年人的监护人要承担对未成年人的保护、教育和抚养职责，但居民委员会、村民委员会无法承担教育职责。三是居民委员会和村民委员会作出决议程序性强，不能适应及时履行监护职责的要求。四是居民委员会、村民委员会是居民或村民自我管理、自我教育、自我服务的基层群众性自治组织，不属于政府职能部门，不宜成为承担监护职责的主体。

也有意见认为，不宜取消居民委员会、村民委员会担任监护人的职责。在现阶段，居民委员会、村民委员会还应与民政部门一起作为兜底的监护人。理由有：一是居民委员会、村民委员会遍布城乡。而如果单独由民政部门担任监护人，民政部门不一定能完全承担并履行监护职责。二是居民委员会、村民委员会可以不改变被监护人已适应的生活环境，采取寄养、代养等方式，最大限度消除孤儿身份造成的心理阴影。三是实践中也有一些有能力、有条件的居民委员会、村民委员会在履行监护职责且效果良好。四是监护职责落实问题，可以通过增加与履行监护职责相适应的财政资金补助等配套措施予以解决。

经研究认为，我国宪法、城市居民委员会组织法和村民委员会组织法规定，居民委员会、村民委员会是自我管理、自我教育、自我服务的基层群众性自治组织，办理本居住地区的公共事务和公益事业。居民委员会、村民委员会对居住地区的未成年人和成年被监护人的健康状况、家庭情况等比较了解，如果具备履行监护职责条件，就可以担任监护人。这样规定也符合居民委员会、村民委员会的性质和职责。实践中，居民委员会、村民委员会担任监护人的情形比较少，但也确实有一些具备履行监护职责条件的居民委员会、村民委员会担任监护人，对此法律上不宜“一刀切”而完全否定，因此本条在保留居民委员会、村民委员会担任监护人的基础上，规定没有依法具有监护资格的人的，在主要由民政部门兜底的前提下，监护人也可以由具备履行监护职责条件的居民委员会、村民委员会担任，作为承担监护职责的补充主体。

在立法过程中，有不少意见提出，第一，大部分情况下，居民委员会、村民委员会现实中很难承担监护职责，鉴于民政部门的定位及职能，建议以民政部门为主要的兜底监护人。第二，民法通则规定，由被监护人住所地的居民委员会、村民委员会或者民政部门承担兜底性的监护责任。该规定没有区分承担兜底性的监护责任的主次顺序，非常不利于保护被监护人的合法权益。第三，多年来，民政事业有了很大进步，民政部门有能力承担起兜底性的监护职责，事实上，民政部门已经承担起未成年人的兜底性监护职责，建议进一步加强民政部门的监护职责。

实践中，没有依法具有监护资格的人的情况比较复杂，有的是父母死亡成为孤儿，有的是父母长期服刑或者一方死亡一方失踪，成为事实上的孤儿，有的精神病人的父母因年老无力监护，其他近亲属因经济条件等各种原因也无力监护，等等。随着国家经济实力的增强和治理能力的提高，国家作为社会救助和保障的最后一道防线，应当强化监护职能，在监护人缺位时由政府民政部门担任兜底监护人，保证这些人的生活得到照料，使这些人的合法权益不至于受到侵害，也避免一些没有监护人的精神障碍患者危及他人。民政部门作为负责社会救济和社会福利的主要工作部门，应承担起更多的职责。综合各方面意见，经反复研究，本条规定民政部门承担主要的兜底性监护职责。

◆ **条文解读**

本条规定的“没有依法具有监护资格的人的”，主要指没有本法第 27 条、第 28 条规定的具有监护资格的人的情况，即被监护人的父母死亡或者没有监护能力，也没有其他近亲属，或者其他近亲属都没有监护能力，而且还没有符合条件的其他愿意担任监护人的个人或者组织。如果存在具有监护资格的人，但其拒绝担任监护人的，不适用本条规定。民法通则规定，没有依法具有监护资格的人的，由未成年人的父母所在单位、成年被监护人的所在单位或者被监护人住所地的居民委员会、村民委员会或者民政部门担任监护人。本条对此作出调整：一是删去了未成年人的父母所在单位、成年被监护人所在单位担任监护人的规定；二是强化了民政部门的职责，由民政部门担任兜底性的监护人；三是规定具备履行监护职责条件的居民委员会、村民委员会也可以担任监护人。

第三十三条 具有完全民事行为能力的成年人，可以与其近亲属、其他愿意担任监护人的个人或者组织事先协商，以书面形式确定自己的监护人，在自己丧失或者部分丧失民事行为能力时，由该监护人履行监护职责。

◆ **条文主旨**

本条是关于意定监护的规定。

◆ **立法背景**

我国当前人口老龄化趋势明显，单一的法定监护制度已经难以满足形势发展的需要。基于我国实际情况，并借鉴境外立法例，本条规定了意定监护制度，有利于成年人基于自己的意愿选任监护人。我国《老年人权益保障法》第26条第1款对意定监护制度作出了规定："具备完全民事行为能力的老年人，可以在近亲属或者其他与自己关系密切、愿意承担监护责任的个人、组织中协商确定自己的监护人。监护人在老年人丧失或者部分丧失民事行为能力时，依法承担监护责任。"老年人权益保障法规定意定监护制度主要是考虑到老年人的智力有一个逐渐衰减的过程，在老年人清醒的时候，应当尊重老年人的意愿，允许其为自己选择丧失民事行为能力或者部分丧失民事行为能力时的监护人。民法典总则编在老年人权益保障法规定的基础上，进一步扩大了适用范围，将意定监护制度适用于具有完全民事行为能力的成年人。

为了适应高龄化社会和改善身心障碍者福利，境外一些立法例也对意定监护制度作出了规定。例如，日本1999年制定了《关于任意监护合同的法律》，以特别法的形式创设了意定监护制度，对意定监护制度作出了系统规定。《关于任意监护合同的法律》第2条、第4条对任意监护合同作了界定。第2条规定：任意监护合同是指委托人就自己在因精神障碍不能完全辨识自己的行为时的生活、疗养看护及财产管理方面的全部或部分事务，授予受托人代理权的委托合同。合同自第4条第1款规定的任意监护监督人被选任之时起生效。第4条第1款规定：在任意监护合同已登记的情况下，当本人因精神障碍不能完全辨识自己的行为时，家庭法院根据本人、配偶或4代血亲内的亲戚或任意监护受托人的请求，选任任意监护监督人。法国2007年全面修改成年监护制度，也创立了意定监护制度。《法国民法典》专设一节规定“将来实行保护”的委托，对该项制度的适用情形、委托的生效、委托代理人的职责、委托终止等内容作出了全面规定。《法国民法典》第 477 条规定，任何没有受到监护的成年人或者解除亲权的未成年人，均可用委托书，写明在其本人出现意思能力有欠缺而不能维护其本人利益时，委托一人或数人为其代理。英美法系国家也有类似规定。例如，《英国持续性代理权授予法》第 2 条规定，持续性代理权是在本人意思能力丧失后得继续代理事务之意，需在法院登录注册。第 4 条第 3 项规定，本人在代理权授予证书上须言明，代理权在本人意思能力丧失后仍存续。《加拿大统一代理权法》第 1 条规定，若以书面授予代理权，在授权状中约定，即使嗣后授权者变为精神薄弱，代理权仍存续时，则承认其持续性代理权，且该书面约定必须要有授予者本人及证人一人签名，代理人及代理人的配偶不得为证人。

◆ **条文解读**

意定监护是在监护领域对自愿原则的贯彻落实，是具有完全民事行为能力的成年人对自己将来的监护事务，按照自己的意愿事先所作的安排。依据本条规定，具有完全民事行为能力的成年人确定自己丧失或者部分丧失民事行为能力时的监护人，应当事先取得被选择方的认可，即经双方协商一致。意定监护对被监护人的权益影响很大，应以书面方式为宜，明确写明经双方认可的内容，对于其真实性、合法性加以保障，从根源上减少意定监护纠纷。

意定监护作为一种确定监护人的方式，是相对于法定监护来说的。意定监护是对成年人完全基于自己意愿选择监护人的尊重，自己意愿是起决定性作用的；法定监护是基于法律规定的条件和程序确定监护人，本法第 27 条至第 32 条对此作了规定。需要注意的是，意定监护不同于本法第 30 条规定的协议确定监护人，后者仍然属于法定监护方式，协议的主体是具有监护资格的人。一般而言，意定监护优先于法定监护予以适用。法律设立意定监护制度即是要尊重成年人自己的意愿，当然具有优先适用的地位。只有在意定监护协议无效或者因各种原因，例如协议确定的监护人丧失监护能力，监护协议无法履行的情况下，才适用法定监护。

本条确立了意定监护制度，但规定较为原则。在立法过程中，也有一些意见建议对意定监护监督人、如何启动监护等作出更加具体的规定。意定监护制度作为一项较新的制度，在实践中具体如何落实仍有必要进一步研究探索。

第三十四条 监护人的职责是代理被监护人实施民事法律行为，保护被监护人的人身权利、财产权利以及其他合法权益等。

监护人依法履行监护职责产生的权利，受法律保护。

监护人不履行监护职责或者侵害被监护人合法权益的，应当承担法律责任。

因发生突发事件等紧急情况，监护人暂时无法履行监护职责，被监护人的生活处于无人照料状态的，被监护人住所地的居民委员会、村民委员会或者民政部门应当为被监护人安排必要的临时生活照料措施。

◆ 条文主旨

本条是关于监护职责内容及临时生活照料的规定。

◆ 立法背景

关于监护的性质问题，学术上存在争议，主要有“权利说”“义务或者职责说”“权利义务一致说”等。本条侧重于强调监护职责，同时也要保护因履行监护职责所产生的权利。

◆ 条文解读

本条第1款规定了监护人的职责。弥补被监护人民事行为能力的不足是监护制度设立的重要目的，被监护人往往不能独立实施民事法律行为，这就需要由监护人代理实施。本款将“代理被监护人实施民事法律行为”从监护职责中单列出来作强调。监护人保护被监护人的人身权利、财产权利以及其他合法权益的职责，主要包括：保护被监护人的身心健康，促进未成年人的健康成长，对成年被监护人也要积极促进其健康状况的恢复；照顾被监护人的生活；管理和保护被监护人的财产；对被监护人进行教育和必要的管理；在被监护人合法权益受到侵害或者与人发生争议时，代理其进行诉讼等。相关单行法也对监护人的监护职责作出了较为具体的规定。例如，未成年人保护法设专章对未成年人的父母或者其他监护人的监护职责作出了具体规定。《未成年人保护法》第11条规定，父母或者其他监护人应当关注未成年人的生理、心理状况和行为习惯，以健康的思想、良好的品行和适当的方法教育和影响未成年人，引导未成年人进行有益身心健康的活动，预防和制止未成年人吸烟、酗酒、流浪、沉迷网络以及赌博、吸毒、卖淫等行为。第13条规定，父母或者其他监护人应当尊重未成年人受教育的权利，必须使适龄未成年人依法入学接受并完成义务教育，不得使接受义务教育的未成年人辍学。精神卫生法对精神障碍患者的监护人职责作出了规定。《精神卫生法》第30条、第31条规定，诊断结论、病情评估表明，就诊者为严重精神障碍患者并已经发生伤害自身的行为，或者有伤害自身的危险的，没有实施住院治疗而在家居住的，监护人应当做好看护管理。第49条规定，精神障碍患者的监护人应当妥善看护未住院治疗的患者，按照医嘱督促其按时服药、接受随访或者治疗。

第2款规定了监护人因履行监护职责所产生的权利。监护人在履行监护职责的过程中，也会因此享有一定的权利。例如，监护人为保护被监护人的人身权益，享有医疗方案的同意权；监护人为了保护被监护人的财产权益，享有财产的管理和支配权；被监护人合法权益受到侵害或者与人发生争议时，监护人享有代理被监护人参加诉讼的权利等。监护人享有这些权利，是为履行监护职责所需要，目的还是保护被监护人的人身、财产权利及其他合法权益。监护人行使这些权利时，其他人不得侵害或者剥夺。相关单行法也对监护人因履行监护职责所产生的权利作出了规定。《广告法》第33条规定，广告主或者广告经营者在广告中使用无民事行为能力人、限制民事行为能力人的名义或者形象的，应当事先取得其监护人的书面同意。《母婴保健法》第19条规定，依照本法规定施行终止妊娠或者结扎手术，本人无行为能力的，应当经其监护人同意，并签署意见。

第3款规定了监护人的责任。被监护人都是未成年人或者辨识能力不足的成年人，监护人是否能履行好监护职责，对被监护人权益影响很大。监护人如果不履行监护职责或者侵害被监护人合法权益的，应当承担相应的责任，主要包括两个方面：一是对被监护人的侵权行为承担责任。本法第1188条规定，无民事行为能力人、限制民事行为能力人造成他人损害的，由监护人承担侵权责任。监护人尽到监护职责的，可以减轻其侵权责任。有财产的无民事行为能力人、限制民事行为能力人造成他人损害的，从本人财产中支付赔偿费用；不足部分，由监护人赔偿。二是监护人不履行监护职责或者侵害被监护人合法权益，造成被监护人人身、财产损害的，应当承担民事责任。本法第179条对承担民事责任的主要方式作出了规定，包括停止侵害、赔偿损失等。

第4款规定了临时生活照料。因发生疫情等突发事件的紧急情况，监护人因被隔离、治疗或者其他原因，暂时无法履行监护职责，此时被监护人的生活如果处于无人照料状态的，为了被监护人的利益，居民委员会、村民委员会或者政府部门就应当安排对被监护人进行临时生活照料。此次编纂民法典，在本条增加第4款规定："因发生突发事件等紧急情况，监护人暂时无法履行监护职责，被监护人的生活处于无人照料状态的，被监护人住所地的居民委员会、村民委员会或者民政部门应当为被监护人安排必要的临时生活照料措施。"这里的"突发事件"，是指突发事件应对法中规定的突然发生，造成或者可能造成严重社会危害，需要采取应急处置措施予以应对的自然灾害、事故灾难、公共卫生事件和社会安全事件。

安排临时生活照料措施与民事监护中的临时监护制度不同。两者虽然都有临时生活照料的内容，但临时生活照料措施与临时监护制度适用的前提条件和内容存在很大差别。首先，在发生疫情等突发事件的紧急情况下，比如在新冠肺炎疫情期间，监护人被集中隔离、治疗的，监护人还存在，其监护人的资格并没有被剥夺，这与临时监护制度发生的条件不同。临时监护制度的设立前提是没有监护人，而安排临时生活照料措施是因为监护人被隔离、治疗，只是暂时无法照料被监护人，不能履行监护职责，需要安排对被监护人进行临时生活照料。其次，对于临时监护，临时监护人的监护职责也有保护被监护人的人身权利、财产权利以及其他合法权益等许多方面，而安排临时生活照料措施只是安排人员照料被监护人的日常生活。再次，临时监护属于监护，临时监护人涉及许多行使权利和履行义务的情况。比如，享有财产管理和支配权、代理诉讼的权利，承担因被监护人侵权引起的法律责任等。而进行临时生活照料的人员是不可能享有这些权利并承担这些义务的。

因此，临时生活照料措施主要就是对被监护人进行生活照料，而临时监护则除了照料生活之外，还有许多情况需要处理，可能包括一些涉及被监护人的权利义务的重大决定，这是临时生活照料措施解决不了的。采取临时生活照料措施，只是临时性生活照料，如果监护人因病去世，就应当及时确定新监护人。如果对确定新监护人发生异议难以确定，被监护人的人身、财产以及其他合法权益仍处于无人保护的状态，符合临时监护的适用条件，就应由被监护人住所地的居民委员会、村民委员会、法律规定的有关组织或者民政部门担任临时监护人。

第三十五条 监护人应当按照最有利于被监护人的原则履行监护职责。监护人除为维护被监护人利益外，不得处分被监护人的财产。

未成年人的监护人履行监护职责，在作出与被监护人利益有关的决定时，应当根据被监护人的年龄和智力状况，尊重被监护人的真实意愿。

成年人的监护人履行监护职责，应当最大程度地尊重被监护人的真实意愿，保障并协助被监护人实施与其智力、精神健康状况相适应的民事法律行为。对被监护人有能力独立处理的事务，监护人不得干涉。

◆ 条文主旨

本条是关于履行监护职责应当遵循的原则的规定。

◆ 立法背景

监护人履行监护职责涉及被监护人人身、财产等各个方面，法律难以对所有具体履行职责的行为作出规范。确立监护人履行监护职责的重要原则，有利于指导监护人履行监护职责的行为，保护好被监护人的人身、财产权利及其他合法权益。本条确立了监护人履行监护职责的两项基本原则：一是最有利于被监护人的原则；二是尊重被监护人意愿的原则。

◆ 条文解读

本条第1款确立了最有利于被监护人的原则。依据本款规定，对未成年人和成年被监护人的监护，均要遵循最有利于被监护人的原则，即监护人在保护被监护人的人身权利、财产权利及其他合法权益的过程中，要综合各方面因素进行权衡，选择最有利于被监护人的方案，采取最有利于被监护人的措施，使被监护人的利益最大化。例如，监护人要选择最有利于成年被监护人健康状况恢复的治疗方案、护理措施等；在将被监护人自住以外的房产出租时，选择合适的承租人，以市场价确定租金，并且租金收益归被监护人所有，监护人不得据为己有。本款还规定，除为被监护人利益外，监护人不得处分被监护人的财产。对被监护人财产的处分，必须是为维护被监护人的利益，如为了被监护人的生活、教育等，并且也要符合最有利于被监护人的原则。

第2款规定了尊重未成年人意愿的原则。联合国《儿童权利公约》规定了对儿童自主意识的尊重。《儿童权利公约》第12条第1款规定：缔约国应确保有主见能力的儿童有权对影响到其本人的一切事项自由发表自己的意见，对儿童的意见应按照其年龄和成熟程度给予适当的看待。未成年人保护法落实了《儿童权利公约》的这一原则。《未成年人保护法》第 14 条规定，父母或者其他监护人应当根据未成年人的年龄和智力发展状况，在作出与未成年人权益有关的决定时告知其本人，并听取他们的意见。本款吸收了《儿童权利公约》和未成年人保护法规定的精神，将尊重未成年人的真实意愿作为监护人履行监护职责的基本原则之一。依据本款规定，未成年人的监护人在作出与未成年人的利益有关的决定时，应当征求未成年人的意见，在未成年人提出自己的意见后，再根据未成年人的年龄、社会经验、认知能力和判断能力等，探求、尊重被监护人的真实意愿。

第 3 款规定了最大程度地尊重成年被监护人意愿的原则。本款与第 2 款的规定有所区别，对成年被监护人的意愿，要做到“最大程度地”尊重。最大程度地尊重被监护人的真实意愿是成年人的监护人履行监护职责的基本原则，贯穿于履行监护职责的方方面面。如果某项民事法律行为，根据被监护人的智力、精神健康状况，被监护人可以独立实施，监护人不得代理实施，要创造条件保障、支持被监护人独立实施。监护人不得干涉被监护人有能力独立处理的事务，应促进被监护人按照自己的意愿独立、正常生活。

第 3 款规定参考了其他国家和地区的立法例，顺应了当今国际上成年监护制度改革的趋势。从 20 世纪 60 年代开始，为了切实保护身心障碍者的利益，国际社会开始倡导“尊重自我决定权”“维持生活正常化”的保护新理念，目的是充分利用和尊重身心障碍者的认知判断能力，允许其对与自身生活密切相关的事项进行“自治”，在一定的范围内进行民事行为，以最大程度地尊重其作为一个“人”的基本权利。《残疾人权利公约》充分体现了这一保护理念。《残疾人权利公约》第 3 条规定，本公约的原则是：（一）尊重固有尊严和个人自主，包括自由作出自己的选择，以及个人的自立……（三）充分和切实地参与和融入社会……大陆法系主要国家和地区为了顺应时代发展的需要，对成年监护制度进行了改革，将“尊重自我决定权”“维持生活正常化”的保护新理念融入改革中。例如，德国于1990年颁布《成年照管法》，对包括《德国民法典》在内的几十种法律法规作出修改。修改后的《德国民法典》废除了禁治产制度，创立全新的“照管制度”，经过1998年法律的再次修正，“照管”被称为“法律上的照管”，代替原来的成年人监护和保佐制度，最大程度地保障成年被照管人“自我决定权”的实现。依据《德国民法典》第1901条、第1902条的规定，照管人要保障被照管人在其能力所及范围内按照自己的愿望和想法计划其生活的可能性，照管人必须满足被照管人的愿望，在了解重要事务之前，照管人应与被照管人进行商讨，但以这样做不违背被照管人的最佳利益为限。法国、日本民法典及我国台湾地区“民法”也都对成年监护制度进行了不同程度的改革，将“尊重自我决定权”“维持生活正常化”的保护新理念贯彻其中。

《残疾人权利公约》是中国政府从倡导到起草、签批全程参与的一个人权公约，我国于2008年批准加入了这个公约，并且未作任何保留。《残疾人权利公约》第12条指出，缔约国应当确认残疾人在生活的各方面在与其他人平等的基础上享有法律权利能力。

在民法典立法过程中，国内也有一些意见，建议参照《德国民法典》《日本民法典》的做法，从根本上对成年监护制度进行改革，贯彻国际保护新理念。

经过认真调查研究、反复讨论认为，成年监护制度的改革涉及很多方面，内容非常复杂，需要结合国情循序渐进。这次本法也在积极推进，本条第3款的规定确立了成年人的监护人履行监护职责的基本原则，下一步如何对成年监护制度进行改革，将根据中国国情，在实践探索的基础上作进一步研究。

第三十六条　监护人有下列情形之一的，人民法院根据有关个人或者组织的申请，撤销其监护人资格，安排必要的临时监护措施，并按照最有利于被监护人的原则依法指定监护人：

（一）实施严重损害被监护人身心健康的行为；

（二）怠于履行监护职责，或者无法履行监护职责且拒绝将监护职责部分或者全部委托给他人，导致被监护人处于危困状态；

（三）实施严重侵害被监护人合法权益的其他行为。

本条规定的有关个人、组织包括：其他依法具有监护资格的人，居民委员会、村民委员会、学校、医疗机构、妇女联合会、残疾人联合会、未成年人保护组织、依法设立的老年人组织、民政部门等。

前款规定的个人和民政部门以外的组织未及时向人民法院申请撤销监护人资格的，民政部门应当向人民法院申请。

◆ 条文主旨

本条是关于撤销监护人资格的规定。

◆ 立法背景

为了更好地保护被监护人的合法权益，根据司法实践情况，本条对撤销监护人资格诉讼的申请主体、适用情形等内容作出了明确规定，并强化了民政部门的职责。

实践中，监护人严重侵害被监护人合法权益的行为时有发生，引起社会广泛关注。例如，媒体披露的父母吸毒，孩子在家里被饿死等。本条规定根据实践情况，在民法通则、未成年人保护法、反家庭暴力法和有关司法解释、部门规章等规定的基础上，对撤销监护人资格诉讼作出了进一步明确的规定。《民法通则》第 18 条规定，监护人不履行监护职责或者侵害被监护人的合法权益的，人民法院可以根据有关人员或者有关单位的申请，撤销监护人的资格。《未成年人保护法》第 53 条规定，父母或者其他监护人不履行监护职责或者侵害被监护的未成年人的合法权益，经教育不改的，人民法院可以根据有关人员或者有关单位的申请，撤销其监护人的资格，依法另行指定监护人。《反家庭暴力法》第 21 条规定，监护人实施家庭暴力严重侵害被监护人合法权益的，人民法院可以根据被监护人的近亲属、居民委员会、村民委员会、县级人民政府民政部门等有关人员或者单位的申请，依法撤销其监护人资格，另行指定监护人。《最高人民法院关于贯彻执行〈中华人民共和国民法通则〉若干问题的意见（试行）》对可以申请撤销监护人资格的“有关人员或者有关单位”进行了明确，即指“民法通则规定的其他有监护资格的人或者单位”。《生活无着的流浪乞讨人员救助管理机构工作规程》第 43 条赋予了救助管理机构申请主体资格，规定流出地救助管理机构应当对受助未成年人的家庭监护情况进行调查评估，对拒不履行监护责任、经反复教育不改的，由救助管理机构向人民法院提出申请撤销其监护人资格，依法另行指定监护人。《最高人民法院、最高人民检察院、公安部、民政部关于依法处理监护人侵害未成年人权益行为若干问题的意见》对撤销监护人资格诉讼的适用情形、申请主体等内容作出了比较具体的规定。该意见第 27 条规定，有权向人民法院申请撤销监护人资格的主体主要有：未成年人的其他监护人，祖父母、外祖父母、兄、姐，关系密切的其他亲属、朋友；未成年人住所地的村（居）民委员会，未成年人父、母所在单位；民政部门及其设立的未成年人救助保护机构；共青团、妇联、机关工委、学校等团体和单位。

◆ **条文解读**

本条第 1 款规定了撤销监护人资格诉讼的适用情形。一是实施严重损害被监护人身心健康行为的，例如性侵害、出卖、遗弃、虐待、暴力伤害被监护人等。二是怠于履行监护职责，或者无法履行监护职责且拒绝将监护职责部分或者全部委托给他人，导致被监护人处于危困状态的。例如，父母有吸毒、赌博等恶习，怠于履行监护职责，导致儿童面临严重危险等；父母外出打工，也没有将监护职责委托给他人，留下年龄较小的儿童独立在家生活，处于危困状态等。三是兜底性规定，只要有严重侵害被监护人合法权益行为的，均可以撤销监护人资格。例如，教唆、利用未成年人实施违法犯罪行为等。

在民法典起草过程中，有的意见建议，在撤销监护人资格的情形中增加一项，即“实施严重损害被监护人财产的行为的”。经研究认为，本条对撤销监护人资格的情形采取了列举加兜底的形式。列举的两类情形，即监护人实施严重损害被监护人身心健康的行为，以及怠于履行监护职责，或者无法履行监护职责且拒绝将监护职责部分或者全部委托给他人，导致被监护人处于危困状态，是实践中反映较多、较突出的问题，并直接危及被监护人的健康成长与基本生存。将这两类情形单独进行列举规定，有利于积极回应司法实践的迫切需求，有针对性地解决监护实践中的突出问题。目前来看，司法实务中，关于实施严重损害被监护人财产行为的案件较少，反映的问题也不是特别突出，并且也已经包含在本条规定的兜底情形即“实施严重侵害被监护人合法权益的其他行为”中，暂不单独列举也不影响对该类型案件的处理，今后可根据司法实践的发展情况再作研究。

撤销监护人资格诉讼往往要持续一定的时间。在此期间内，如果被监护人的人身、财产等合法权益处于无人保护状态的，人民法院应当安排必要的临时监护措施。依据本法第 31 条第 3 款的规定，人民法院可以指定被监护人住所地的居民委员会、村民委员会、法律规定的有关组织或者民政部门担任临时监护人。

第 2 款对有权向法院申请撤销监护人资格的主体作出了规定，包括其他依法具有监护资格的人，居民委员会、村民委员会、学校、医疗机构、妇女联合会、残疾人联合会、未成年人保护组织、依法设立的老年人组织、民政部门等。

“其他依法具有监护资格的人”主要依据本法第 27 条、第 28 条的规定确定。例如，配偶担任监护人的，其他依法具有监护资格的人，指本法第 28 条规定的父母、子女、其他近亲属、经被监护人住所地的居民委员会、村民委员会或者民政部门同意的其他愿意担任监护人的个人或者组织。

居民委员会、村民委员会是基层群众性自治组织，负责办理本村或者本居住地区居民的公共事务和公益事业。妇女联合会、残疾人联合会是分别代表和维护妇女权益、残疾人权益的组织。未成年人保护组织的成立宗旨即保护未成年人合法权益。一些依法设立的老年人组织也致力于维护老年人合法权益。以上这些组织具有保护被监护人合法权益的意愿，也具有较强的提起诉讼的能力。学校、医疗机构往往能及时发现学生、患者受到侵害的情况，有些情况下也具有向法院提起诉讼的意愿。民政部门作为政府重要职能部门，负责社会救助和社会福利方面的工作，具有保护未成年人以及无民事行为能力人、限制民事行为能力人合法权益的职责。法律赋予这些主体提起撤销监护人资格诉讼的资格，符合这些组织的设立宗旨或者职能定位，有利于发挥好这些组织保护被监护人权益的作用。

第3款对兜底性的申请主体作出了规定。实践中，对于一些严重侵害被监护人合法权益的行为，第2款规定的个人和民政部门以外的组织因各种原因未及时向人民法院提出撤销监护人资格的申请，导致被监护人的合法权益无法得到保护。由于国家是社会救助和保障的最后一道防线，在这些情况下，民政部门应当承担起向法院申请撤销监护人资格的职责。要正确理解本款与第2款赋予民政部门申请主体资格的关系。民政部门只要是发现具有严重侵害被监护人合法权益的情形，即可依据本条第2款规定，向法院申请撤销监护人资格，不需要等到其他个人或者组织都不向法院申请之后再行申请。如果其他个人或者组织都不向法院申请撤销监护人资格，此时，民政部门应当依照本条第3款规定，主动向法院提出申请。

▶ **相关规定**

《最高人民法院、最高人民检察院、公安部、民政部关于依法处理监护人侵害未成年人权益行为若干问题的意见》第27－31条

第三十七条 依法负担被监护人抚养费、赡养费、扶养费的父母、子女、配偶等，被人民法院撤销监护人资格后，应当继续履行负担的义务。

◆ **条文主旨**

本条是关于法定扶养义务人继续负担扶养费的规定。

◆ **立法背景**

实践中，监护人往往由父母、子女、配偶等法定扶养义务人担任。监护人被撤销监护人资格后，就不能再继续履行监护职责。但法定扶养义务是基于血缘等关系确立的法律义务，该义务不因监护人资格的撤销而免除。

本编及本法婚姻家庭编确立的法定扶养义务主要有以下几类：

一是父母、子女之间的扶养、赡养义务。本法第 26 条规定："父母对未成年子女负有抚养、教育和保护的义务。成年子女对父母负有赡养、扶助和保护的义务。"第 1067 条规定："父母不履行抚养义务的，未成年子女或者不能独立生活的成年子女，有要求父母给付抚养费的权利。成年子女不履行赡养义务的，缺乏劳动能力或者生活困难的父母，有要求成年子女给付赡养费的权利。"

二是夫妻之间的扶养义务。本法第 1059 条规定："夫妻有相互扶养的义务。需要扶养的一方，在另一方不履行扶养义务时，有要求其给付扶养费的权利。"

三是祖父母、外祖父母与孙子女、外孙子女之间的抚养、赡养义务。本法第 1074 条规定："有负担能力的祖父母、外祖父母，对于父母已经死亡或者父母无力抚养的未成年孙子女、外孙子女，有抚养的义务。有负担能力的孙子女、外孙子女，对于子女已经死亡或者子女无力赡养的祖父母、外祖父母，有赡养的义务。"

四是兄、姐与弟、妹之间的扶养义务。本法第 1075 条规定："有负担能力的兄、姐，对于父母已经死亡或者父母无力抚养的未成年弟、妹，有扶养的义务。由兄、姐扶养长大的有负担能力的弟、妹，对于缺乏劳动能力又缺乏生活来源的兄、姐，有扶养的义务。"

◆ **条文解读**

依据本条规定，在具有法定扶养义务的人担任监护人的情况下，监护人资格被撤销，不再担任监护人后，具有法定扶养义务的人，例如配偶、父母、子女等，仍应继续负担抚养费、赡养费、扶养费。未成年人保护法、反家庭暴力法已经针对各自的领域作出了相同规定。《未成年人保护法》第 53 条规定："父母或者其他监护人不履行监护职责或者侵害被监护的未成年人的合法权益，经教育不改的，人民法院可以根据有关人员或者有关单位的申请，撤销其监护人的资格，依法另行指定监护人。被撤销监护资格的父母应当依法继续负担抚养费用。"《反家庭暴力法》第 21 条规定："监护人实施家庭暴力严重侵害被监护人合法权益的，人民法院可以根据被监护人的近亲属、居民委员会、村民委员会、县级人民政府民政部门等有关人员或者单位的申请，依法撤销其监护人资格，另行指定监护人。被撤销监护人资格的加害人，应当继续负担相应的赡养、扶养、抚养费用。"与未成年人保护法、反家庭暴力法的规定相比，本条属于一般性规定，适用于所有具有法定扶养义务的人被撤销监护人资格的情形。只要具有法定扶养义务的人因严重侵害被监护人合法权益被撤销监护人资格的，均应继续履行负担抚养费、赡养费、扶养费的义务。

第三十八条 被监护人的父母或者子女被人民法院撤销监护人资格后，除对被监护人实施故意犯罪的外，确有悔改表现的，经其申请，人民法院可以在尊重被监护人真实意愿的前提下，视情况恢复其监护人资格，人民法院指定的监护人与被监护人的监护关系同时终止。

◆ **条文主旨**

本条是关于恢复监护人资格的规定。

◆ 立法背景

实践中，有的监护人在资格被撤销后，确有悔改表现，且有继续担任监护人的愿望。鉴于侵害被监护人合法权益的情形较为复杂，对于是否可以恢复监护人资格，法律不宜一概否定，有必要留下一定的空间。对于未成年人的监护人资格被撤销后的恢复，司法实践已经进行了一定的探索。《最高人民法院、最高人民检察院、公安部、民政部关于依法处理监护人侵害未成年人权益行为若干问题的意见》第40条规定："人民法院经审理认为申请人确有悔改表现并且适宜担任监护人的，可以判决恢复其监护人资格，原指定监护人的监护人资格终止。申请人具有下列情形之一的，一般不得判决恢复其监护人资格：（一）性侵害、出卖未成年人的；（二）虐待、遗弃未成年人六个月以上、多次遗弃未成年人，并且造成重伤以上严重后果的；（三）因监护侵害行为被判处五年有期徒刑以上刑罚的。"本条在认真总结司法实践经验的基础上，对恢复监护人资格设定了非常严格的限制。

◆ 条文解读

依据本条规定，恢复监护人资格必须要向法院申请，由人民法院决定是否予以恢复。父母与子女是最近的直系亲属关系，本条适用的对象仅限于被监护人的父母或者子女，其他个人或者组织的监护人资格一旦被撤销，即不再恢复。被监护人的父母或者子女被撤销监护人资格后，再恢复监护人资格还需要满足以下几个条件：一是没有对被监护人实施故意犯罪的情形，如对被监护人实施性侵害、虐待、遗弃被监护人等构成刑事犯罪的，不得恢复监护人资格。但对因过失犯罪，例如因过失导致被监护人受到伤害等被撤销监护人资格的，则可以根据具体情况来判断是否恢复监护人资格。二是确有悔改表现，即被监护人的父母或者子女不但要有悔改的意愿，还要有实际的悔改表现，这需要由人民法院根据具体情形予以判断。三是要尊重被监护人的真实意愿，如果被监护人不愿意其父母或者子女继续担任监护人的，则不得恢复监护人资格。四是即使符合以上条件，法院也还需要综合考虑各方面情况，从有利于被监护人权益保护的角度，决定是否恢复监护人资格。

在立法过程中，本条规定的恢复监护人资格条件经过了一个逐步趋严的过程。民法总则草案一审稿第35条规定："原监护人被人民法院撤销监护人资格后，确有悔改情形的，经其申请，人民法院可以视情况恢复其监护人资格，人民法院指定的新监护人与被监护人的监护关系同时终止。"依据该规定，原监护人均有可能恢复监护人资格。对此，有的意见提出，本条对恢复监护人资格规定得较为原则，"确有悔改情形"在司法实践中认定是有难度的；当原监护人被撤销资格，并产生新的监护关系后，这时如果恢复原监护人的资格，并终止新监护人的资格，监护秩序就会被再次打乱，对被监护人并不一定有利，还有可能挑起矛盾冲突。建议删除本条关于恢复监护人资格的规定，或者保留恢复监护人资格的制度，但应对恢复的条件作出进一步严格的限制。

民法总则草案二审稿对恢复监护人资格增加了两个限定条件：一是仅适用于被监护人的父母、子女；二是要尊重被监护人意愿。草案二审稿第36条规定："未成年人的父母被人民法院撤销监护人资格后，确有悔改情形的，经其申请，人民法院可以在尊重被监护人意愿的前提下，视情况恢复其监护人资格，人民法院指定的新监护人与被监护人的监护关系同时终止。"对此，仍然有意见提出，被撤销监护人资格的情形，往往都是严重损害被监护人身心健康的情形，对于恢复监护人资格要非常慎重，要严格限定条件；对于实施性侵等严重伤害被监护人的情形，不得恢复监护人资格。经研究，民法总则对恢复监护人资格进一步增加了限制条件，即“除对被监护人实施故意犯罪的外”。民法典继续维持这一规定。

▶ **相关规定**

《最高人民法院、最高人民检察院、公安部、民政部关于依法处理监护人侵害未成年人权益行为若干问题的意见》第38－40条

第三十九条 有下列情形之一的，监护关系终止：

（一）被监护人取得或者恢复完全民事行为能力；

（二）监护人丧失监护能力；

（三）被监护人或者监护人死亡；

（四）人民法院认定监护关系终止的其他情形。

监护关系终止后，被监护人仍然需要监护的，应当依法另行确定监护人。

◆ **条文主旨**

本条是关于监护关系终止的情形的规定。

◆ **立法背景**

监护关系产生于监护的设立，较为明确。对未成年人或者无民事行为能力、限制民事行为能力的成年人确定了监护人，监护即设立，监护关系即产生。但监护关系终止的情形较为复杂，法律有必要予以明确。

◆ **条文解读**

本条第1款对监护关系的终止列举了四类典型情形，并作了兜底性规定：

一是被监护人取得或者恢复完全民事行为能力。未成年人年

满十八周岁，成为成年人，或者年满十六周岁，但以自己的劳动收入为主要生活来源，即取得完全民事行为能力。无民事行为能力或者限制民事行为能力的成年人的智力、精神健康状况恢复正常，即恢复完全民事行为能力。被监护人取得或者恢复完全民事行为能力，监护就没有存在的必要，监护关系即终止，监护人不再履行监护职责。

二是监护人丧失监护能力。监护人具有监护能力，是具有监护资格的必要条件，如果丧失监护能力，也就不得再担任监护人，监护关系终止。监护人丧失监护能力的情形较为复杂，需要根据具体情况具体判断，例如监护人因疾病成为无民事行为能力人，即丧失了监护能力。

三是被监护人或者监护人死亡。被监护人或者监护人一方死亡，监护关系即自动终止。

四是人民法院认定监护关系终止的其他情形。包括监护人资格被人民法院撤销，有正当理由向法院申请变更监护人并得到法院许可等。

依据本条第 2 款规定，在有些监护关系终止的情形下，例如监护人死亡、丧失监护能力或者被撤销监护人资格等，被监护人仍然需要监护的，就应当根据具体情况，依据法律的规定另行确定监护人。对于监护人死亡或者丧失监护能力等情形，可以依照本法第 27 条至第 32 条重新确定监护人。对于撤销监护人资格的，由人民法院依照本法第 36 条的规定，按照最有利于被监护人的原则依法指定监护人。

第三节 宣告失踪和宣告死亡

第四十条 自然人下落不明满二年的，利害关系人可以向人民法院申请宣告该自然人为失踪人。

◆ 条文主旨

本条是关于宣告失踪的条件的规定。

◆ 立法背景

对宣告失踪和宣告死亡问题，民法通则在第二章“公民（自然人）”第三节专节规定，共有 6 个条文。本法延续民法通则体例，在第二章第三节，也是专节规定宣告失踪和宣告死亡。本节内容以民法通则规定的 6 条为基础，基本制度没有大的修改，仅作了补充细化。主要是对司法解释多年来行之有效、为各方面普遍认可的内容加以修改完善，上升为法律，同时也反映了专家研究意见以及各方面意见和建议。

宣告失踪是指自然人下落不明达到法定的期限，经利害关系人申请，人民法院依照法定程序宣告其为失踪人的一项制度。自然人的失踪将使与其相关的法律关系处于不确定状态，法律设立宣告失踪制度，就是为了调整这种不确定状态，保护相关当事人的利益。通过设立宣告失踪制度，由人民法院宣告自然人失踪，以结束失踪人财产无人管理以及其应当履行的义务不能得到及时履行的不确定状态，保护失踪人和利害关系人的利益，维护社会经济秩序的稳定。

《民法通则》第 20 条第 1 款规定："公民下落不明满二年的，利害关系人可以向人民法院申请宣告他为失踪人。"本条基本是民法通则相关内容的延续。

◆ **条文解读**

本条规定的宣告失踪的条件包含三个层次：

第一，自然人下落不明满二年。所谓下落不明，是指自然人持续不间断地没有音讯的状态。本法第 41 条规定，自然人下落不明的时间自其失去音讯之日起计算。战争期间下落不明的，下落不明的时间自战争结束之日或者有关机关确定的下落不明之日起计算。境外的立法一般也都将自然人下落不明作为法律上认定该自然人失踪的条件，但有的国家并未在法律中规定下落不明必须要达到多长时间，而是交由法官根据实际情况掌握，来作出自然人失踪的推定。有的国家则对此作了明确规定，如《意大利民法典》也规定下落不明满二年作为宣告失踪的条件。考虑到 1986 年制定的民法通则就规定宣告失踪须具备下落不明满二年的条件，多年来司法实践适用总体上也没有出现问题，在立法过程中，各方面对这一规定基本也没有提出意见。因此，本条延续了民法通则关于宣告失踪条件的规定。

第二，利害关系人向人民法院申请。对于可以向人民法院提出申请的"利害关系人"包括哪些人，《最高人民法院关于贯彻执行〈中华人民共和国民法通则〉若干问题的意见（试行）》第 24 条规定，申请宣告失踪的利害关系人，包括被申请宣告失踪人的配偶、父母、子女、兄弟姐妹、祖父母、外祖父母、孙子女、外孙子女以及其他与被申请人有民事权利义务关系的人。在立法过程中，各方面对最高人民法院这一司法解释基本没有争议，但普遍认为，为了保持灵活性，这一规定还是继续作为司法解释的内容较好。司法解释这一规定中的“包括”一词，使用得也很妥当，民事生活纷繁复杂，这样表述既明确了利害关系人的一般范围，也为特殊情况留有余地。依照《民事诉讼法》第 183 条的规定，公民下落不明满二年，利害关系人申请宣告其失踪的，向下落不明人住所地基层人民法院提出。申请书应当写明失踪的事实、时间和请求，并附有公安机关或者其他有关机关关于该公民下落不明的书面证明。

第三，由人民法院依据法定程序进行宣告。宣告失踪在法律效果上对自然人的财产利益产生重大影响，必须由司法机关经过严格程序来进行。因此，宣告失踪只能由人民法院作出，其他任何机关和个人无权作出宣告失踪的决定。依照民事诉讼法的规定，人民法院审理宣告失踪案件，适用特别程序。依照《民事诉讼法》第 185 条规定，人民法院受理宣告失踪案件后，应当发出寻找下落不明人的公告。宣告失踪的公告期间为三个月。公告期间届满，人民法院应当根据被宣告失踪的事实是否得到确认，作出宣告失踪的判决或者驳回申请的判决。《最高人民法院关于适用〈中华人民共和国民事诉讼法〉的解释》第 347 条规定：“寻找下落不明人的公告应当记载下列内容：（一）被申请人应当在规定期间内向受理法院申报其具体地址及其联系方式。否则，被申请人将被宣告失踪、宣告死亡；（二）凡知悉被申请人生存现状的人，应当在公告期间内将其所知道情况向受理法院报告。”

第四十一条 自然人下落不明的时间自其失去音讯之日起计算。战争期间下落不明的，下落不明的时间自战争结束之日或者有关机关确定的下落不明之日起计算。

◆ **条文主旨**

本条是关于下落不明的时间计算的规定。

◆ **立法背景**

《民法通则》第 20 条第 1 款规定，公民下落不明满二年的，利害关系人可以向人民法院申请宣告他为失踪人。第 23 条第 1 款第 1 项规定，公民下落不明满四年的，利害关系人可以向人民法院申请宣告他死亡。同时在第 20 条第 1 款和第 23 条第 2 款重复规定，“战争期间下落不明的，下落不明的时间从战争结束之日起计算”。但却没有规定一般情况下自然人下落不明的时间如何计算。对此，《最高人民法院关于贯彻执行〈中华人民共和国民法通则〉若干问题的意见（试行）》作出了解释，其中第 28 条第 1 款规定：“民法通则第二十条第一款、第二十三条第一款第一项中的下落不明的起算时间，从公民音讯消失之次日起算。”考虑到下落不明的持续时间是利害关系人申请宣告自然人失踪或者死亡的重要条件，也是人民法院审理宣告失踪、宣告死亡案件的重要依据，其计算标准应当作为一般规则规定在民法典中。

◆ **条文解读**

最高人民法院关于下落不明的时间计算所作的司法解释，大体为司法实务和民法学界普遍接受。各种专家建议稿在此处与司法解释的规定大同小异，只是具体用词上，有的与司法解释类似，表述为“音讯消失之次日起计算”，有的表述为“音讯消失之日起计算”，有的表述为“次日开始计算”，等等。《民法通则》第 154 条规定，民法所称的期间按照公历年、月、日、小时计算。并规定，按照日、月、年计算期间的，开始的当天不算入，从下一天开始计算。这一规定的精神应当作为我国民法表述期间起算问题的标准和传统，本法在期间计算一章对此规定加以承继。

民法通则规定，“战争期间下落不明的，下落不明的时间从战争结束之日起计算”，也即战争结束的当日不算入，从下一日开始计算之意。司法解释规定的“音讯消失之次日起算”，其意可察，唯于民法通则确立的表述传统，易生次日亦不算入之歧义。故此，本条规定表述为“自然人下落不明的时间自其失去音讯之日起计算”，失去音讯之日作为起算日不算入，从下一日开始计算。

本条还规定，战争期间下落不明的，下落不明的时间自战争结束之日或者有关机关确定的下落不明之日起计算。战争期间下落不明的，由于战争状态不同于平时，兵荒马乱，失踪人的行踪难以确定，因此应从战争结束时开始计算下落不明的时间。

“有关机关确定的下落不明之日”是在民法总则草案三审后加的。原来草案的条文是“战争期间下落不明的，下落不明的时间自战争结束之日起计算”，有的代表建议，将“战争结束之日”修改为“军队组织确定的下落不明之日”。讨论这条意见的过程中，有的意见提出，战争期间下落不明，如果是参加军事行动的人员，上述意见有合理之处，但本条规定的范围也包括战争期间的平民。因此，经研究将这一句修改为：“战争期间下落不明的，下落不明的时间自战争结束之日或者有关机关确定的下落不明之日起计算。”民法典维持民法总则的这一规定不变。

需要说明的是，本条关于下落不明的时间如何计算的规定，虽然规定在宣告失踪条件的规定之后，但不仅适用于宣告失踪的情形，也适用于宣告死亡的情形，这是立法的本意。前文已述，民法通则在规定宣告失踪条件的第 20 条和宣告死亡条件的第 23 条都只规定了，“战争期间下落不明的，下落不明的时间从战争结束之日起计算”，没有规定一般情况下自然人下落不明的时间如何计算。于是，在民法总则草案提请常委会审议的一审稿中，第 37

条在民法通则的基础上作了补充，第 1 款规定："自然人下落不明满二年的，利害关系人可以向人民法院申请宣告其为失踪人。"第 2 款规定："自然人下落不明的时间，从失去该自然人音讯之日起计算。战争期间下落不明的，下落不明的时间自战争结束之日起计算。"同时，第 42 条第 1 款规定："自然人有下列情形之一的，利害关系人可以向人民法院申请宣告其死亡：（一）下落不明满四年的；（二）因意外事件，下落不明满二年的。"第 3 款规定："下落不明的时间计算，适用本法第三十七条第二款的规定。"一审后，有的意见认为应当删去第 42 条第 3 款，因为第 37 条第 2 款已经规定了下落不明如何计算，无须重复规定，不言自明。也有意见不赞成删去，认为第 37 条规定的是宣告失踪的问题，下落不明如何计算规定在第 37 条第 2 款，会让人以为只适用于宣告失踪的情形，在规定宣告死亡的第 42 条有必要另行交代。最后处理办法反映在草案二审稿，二审稿第 38 条规定："自然人下落不明满二年的，利害关系人可以向人民法院申请宣告该自然人为失踪人。"第 39 条规定："自然人下落不明的时间，从该自然人失去音讯之日起计算。战争期间下落不明的，下落不明的时间自战争结束之日起计算。"即将草案一审稿第 37 条第 2 款作文字修改后单列一条规定，同时二审稿第 44 条只规定宣告死亡的条件，不再规定下落不明的时间计算问题。这样既解决重复规定问题，又通过条文单列，解决只适用于宣告失踪的歧义，表明单列的这一条是民法关于下落不明的时间如何计算的一般规定。以后草案一直到通过，维持这种模式不变。民法典维持民法总则的这一规定不变。

第四十二条 失踪人的财产由其配偶、成年子女、父母或者其他愿意担任财产代管人的人代管。

代管有争议，没有前款规定的人，或者前款规定的人无代管能力的，由人民法院指定的人代管。

◆ 条文主旨

本条是关于失踪人的财产代管人的规定。

◆ 立法背景

宣告失踪与宣告死亡不同，自然人被宣告为失踪人后，其民事主体资格仍然存在，尚存在返回的可能，并不产生婚姻关系解除和继承开始等法律后果。法律设立宣告失踪制度，主要目的就是结束失踪人财产无人管理以及其应当履行的义务不能得到及时履行的不确定状态，这既是对失踪人利益的保护，同时也是对失踪人的债权人等利害关系人合法权益的保护。这首先需要明确失踪人的财产由谁来代管。

◆ 条文解读

本条规定是以《民法通则》第21条规定为基础，加以适当修改。该条第1款规定："失踪人的财产由他的配偶、父母、成年子女或者关系密切的其他亲属、朋友代管。代管有争议的，没有以上规定的人或者以上规定的人无能力代管的，由人民法院指定的人代管。"

本条规定的"其他愿意担任财产代管人的人"，既包括《民法通则》第21条规定的"其他亲属、朋友"，也包括有关组织。

《最高人民法院关于贯彻执行〈中华人民共和国民法通则〉若干问题的意见（试行）》第30条第1款规定："人民法院指定

失踪人的财产代管人，应当根据有利于保护失踪人财产的原则指定。没有民法通则第二十一条规定的代管人，或者他们无能力作代管人，或者不宜作代管人的，人民法院可以指定公民或者有关组织为失踪人的财产代管人。”第2款规定：“无民事行为能力人、限制民事行为能力人失踪的，其监护人即为财产代管人。”《最高人民法院关于适用〈中华人民共和国民事诉讼法〉的解释》第343条规定：“宣告失踪或者宣告死亡案件，人民法院可以根据申请人的请求，清理下落不明人的财产，并指定案件审理期间的财产管理人。公告期满后，人民法院判决宣告失踪的，应当同时依照民法通则第二十一条第一款的规定指定失踪人的财产代管人。”在立法过程中，有的意见提出，可以将最高人民法院这一司法解释的精神上升为法律，即在人民法院判决宣告失踪的同时就指定失踪人的财产代管人。第一，可以在不影响“配偶、成年子女、父母或者其他愿意担任财产代管人的人”自愿协商的前提下，使财产代管人具体明确。第二，在逻辑上也与本法第44条相协调。本法第44条规定，财产代管人不履行代管职责、侵害失踪人财产权益或者丧失代管能力的，失踪人的利害关系人可以向人民法院申请变更财产代管人。同时，财产代管人有正当理由的，也可以向人民法院申请变更财产代管人。如果事先未经过人民法院指定为失踪人的财产代管人，也无理由向人民法院申请变更。但这一意见最终未被采纳。

第四十二条 财产代管人应当妥善管理失踪人的财产，维护其财产权益。

失踪人所欠税款、债务和应付的其他费用，由财产

代管人从失踪人的财产中支付。

财产代管人因故意或者重大过失造成失踪人财产损失的，应当承担赔偿责任。

◆ **条文主旨**

本条是关于财产代管人职责的规定。

◆ **立法背景**

关于财产代管人的职责，《民法通则》只是在第21条第2款规定："失踪人所欠税款、债务和应付的其他费用，由代管人从失踪人的财产中支付。"本条在此基础上作了补充完善，主要参考专家建议稿的相关内容。

◆ **条文解读**

本条第1款是对财产代管人维护失踪人权益的原则规定。法律规定财产代管人制度的目的之一就是保护失踪人在下落不明状态下的财产权益，因此财产代管人应当妥善保管失踪人的财产，维护失踪人的财产利益。财产代管人应以像对待自己事务一样的注意义务，来管理失踪人的财产，既包括对失踪人财产的保管，也包括作为代理人收取失踪人的到期债权。与其他有偿的法律关系不同，财产代管人管理失踪人的财产并非合同约定的，而是直接来自法律的规定，代管财产的目的也不是从中获利，该种管理财产的行为通常是无偿的。因此，本条对此规定得也较为原则，财产代管人管理失踪人的财产，只要尽到善良管理人的义务，即能够像管理自己的事务一样管理失踪人的财产，就满足了法律规定的要求。

本条第2款是对财产代管人履行失踪人应当履行的义务的规定。财产代管人的职责不仅仅是维护失踪人的财产权益，还包括代失踪人履行义务，即依照本条规定，从失踪人的财产中支付失踪人所欠税款、债务和应付的其他费用。最高人民法院对此处的“其他费用”作过司法解释。《最高人民法院关于贯彻执行〈中华人民共和国民法通则〉若干问题的意见（试行)》第 31 条规定，这里的“其他费用”，包括赡养费、扶养费、抚育费和因代管财产所需的管理费等必要的费用。

本条第 3 款是对财产代管人造成失踪人财产损失，应当承担赔偿责任的规定。代管人应当根据有利于保护失踪人财产的原则管好失踪人的财产，不得滥用代管权对失踪人的财产挥霍浪费、挪用牟利或者将失踪人的财产据为己有，侵犯失踪人的财产权益。由于失踪人的代管人从事的是一种无偿的行为，故本条规定，只有在代管人因故意或重大过失造成失踪人的财产损失时，才应当承担赔偿责任，对于一般的过失造成的损害不承担赔偿责任。存在财产代管人因故意或重大过失造成失踪人财产损失情形的，在失踪人失踪期间，失踪人的利害关系人可以向人民法院请求财产代管人承担民事责任，并可以依照本法第 44 条的规定，向人民法院申请变更财产代管人。

第四十四条 财产代管人不履行代管职责、侵害失踪人财产权益或者丧失代管能力的，失踪人的利害关系人可以向人民法院申请变更财产代管人。

财产代管人有正当理由的，可以向人民法院申请变更财产代管人。

人民法院变更财产代管人的，变更后的财产代管人有权请求原财产代管人及时移交有关财产并报告财产代管情况。

◆ 条文主旨

本条是关于财产代管人变更的规定。

◆ 立法背景

民法通则并未对财产代管人的变更问题作出规定。对此，司法解释作了规定。本条规定是在综合司法解释和专家建议稿相关内容的基础上作出的。《最高人民法院关于贯彻执行〈中华人民共和国民法通则〉若干问题的意见（试行）》第35条第1款规定："失踪人的财产代管人以无力履行代管职责，申请变更代管人的，人民法院比照特别程序进行审理。"第2款规定："失踪人的财产代管人不履行代管职责或者侵犯失踪人财产权益的，失踪人的利害关系人可以向人民法院请求财产代管人承担民事责任。如果同时申请人民法院变更财产代管人的，变更之诉比照特别程序单独审理。"

◆ 条文解读

变更财产代管人需要有法定的事由。依照本条第1款的规定，如果出现财产代管人不履行代管职责、侵害失踪人财产权益或者丧失代管能力等事由，表明该财产代管人已经不再适格，则失踪人的利害关系人就可以向人民法院申请变更财产代管人。财产代管人不履行职责，既可以表现为不行使失踪人的权利，比如不收取失踪人的债权，也可以表现为不履行失踪人应当履行的义务，比如不履行清偿债务、缴纳税款义务等。侵害失踪人财产权益，可以表现为不当处分失踪人的财产，滥用代管权对失踪人的财产挥霍浪费，与他人恶意串通侵夺失踪人的财产等。财产代管人丧失了代管能力，可以表现为财产代管人丧失了行为能力等。出现上述情形，明显对失踪人不利，甚至会严重侵害失踪人的财产利益。因此，本条规定这些情况下失踪人的利害关系人可以向人民法院申请变更财产代管人。这里的利害关系人既包括失踪人的近亲属，也包括其他利害关系人，如失踪人的债权人。

财产代管人确定后，一般情况下不得变更，如果有本条第 1 款规定情况的，失踪人的利害关系人可以向人民法院申请变更财产代管人。但实践中还会出现一种情况，就是财产代管人有正当理由，比如由于工作、学习等原因离开财产所在地，无法再继续履行财产代管职责，此时，应当允许其向人民法院申请变更财产代管人。本条第 2 款对此作了明确规定。

《最高人民法院关于适用〈中华人民共和国民事诉讼法〉的解释》第 344 条第 1 款规定："失踪人的财产代管人经人民法院指定后，代管人申请变更代管的，比照民事诉讼法特别程序的有关规定进行审理。申请理由成立的，裁定撤销申请人的代管人身份，同时另行指定财产代管人；申请理由不成立的，裁定驳回申请。"第 2 款规定："失踪人的其他利害关系人申请变更代管的，人民法院应当告知其以原指定的代管人为被告起诉，并按普通程序进行审理。"

人民法院根据本条第 1 款、第 2 款的规定变更财产代管人后，为了方便变更后的财产代管人及时了解财产状况，更好管理失踪人的财产，本条第 3 款明确规定，变更后的财产代管人有权请求原财产代管人及时移交有关财产并报告财产代管情况。

第四十五条 失踪人重新出现，经本人或者利害关系人申请，人民法院应当撤销失踪宣告。

失踪人重新出现，有权请求财产代管人及时移交有关财产并报告财产代管情况。

◆ **条文主旨**

本条是关于失踪宣告撤销的规定。

◆ **立法背景**

《民法通则》第22条规定："被宣告失踪的人重新出现或者确知他的下落，经本人或者利害关系人申请，人民法院应当撤销对他的失踪宣告。"本条在此基础上进行了修改补充。

◆ **条文解读**

本条第1款规定的是失踪宣告撤销的条件。一是失踪人重新出现。自然人因失去音讯下落不明而被宣告失踪，失踪宣告的撤销自然就要以这种状态的消除为条件。民法通则规定的是"被宣告失踪的人重新出现或者确知他的下落"，有的意见提出，确知失踪人的下落，也可以理解为失踪人重新出现。立法机关采纳了这种意见。这里失踪人重新出现的含义，即重新得到了失踪人的音讯，从而消除了其下落不明的状态。二是经本人或者利害关系人申请。这里利害关系人的范围应当与申请宣告失踪的利害关系人范围一致，包括被申请宣告失踪人的配偶、父母、子女、兄弟姐妹、祖父母、外祖父母、孙子女、外孙子女以及其他与失踪人有民事权利义务关系的人。申请也应当向下落不明人住所地基层人民法院提出。三是撤销失踪宣告应当由人民法院作出。自然人失踪只能由人民法院依据法定程序进行宣告，因此，该宣告的撤销也应当由人民法院通过法定程序来作出。

本条第2款规定的是失踪人重新出现后的法律效果。这一规定是吸收专家建议稿的意见作出的。理由是宣告失踪一经撤销，原被宣告失踪的自然人本人就应当恢复对自己财产的控制，财产代管人的代管职责应当相应结束，应停止代管行为，移交代管的财产并向本人报告代管情况。

▶ **相关规定**

《中华人民共和国民事诉讼法》第 186 条

第四十六条　自然人有下列情形之一的，利害关系人可以向人民法院申请宣告该自然人死亡：

（一）下落不明满四年；

（二）因意外事件，下落不明满二年。

因意外事件下落不明，经有关机关证明该自然人不可能生存的，申请宣告死亡不受二年时间的限制。

◆ **条文主旨**

本条是关于宣告死亡的条件的规定。

◆ **立法背景**

《民法通则》第 23 条第 1 款规定："公民有下列情形之一的，利害关系人可以向人民法院申请宣告他死亡：（一）下落不明满四年的；（二）因意外事故下落不明，从事故发生之日起满二年的。"第 2 款规定："战争期间下落不明的，下落不明的时间从战争结束之日起计算。"本条第 1 款基本延续民法通则规定的精神，略有修改。关于《民法通则》第 23 条第 2 款的规定，前文已述，本法第 41 条单列一条，统一规定下落不明的时间如何计算，即"自然人下落不明的时间自其失去音讯之日起计算。战争期间下落不明的，下落不明的时间自战争结束之日或者有关机关确定的下落不明之日起计算"。该规定不仅适用于宣告失踪的情形，也适用于宣告死亡，因此，相应地在本条中不作规定。本条第 2 款是依据民事诉讼法的相关规定所作的补充。

◆ **条文解读**

宣告死亡是自然人下落不明达到法定期限，经利害关系人申请，人民法院经过法定程序在法律上推定失踪人死亡的一项民事制度。自然人长期下落不明会使得与其相关的财产关系和人身关系处于不稳定状态，通过宣告死亡制度，可以及时了结下落不明人与他人的财产关系和人身关系，从而维护正常的经济秩序和社会秩序。宣告自然人死亡，是对自然人死亡在法律上的推定，这种推定将产生与生理死亡基本一样的法律效果，因此，宣告死亡必须具备法律规定的条件。

依照本条规定，这些条件是：

第一，自然人下落不明的时间要达到法定的长度。一般情况下，下落不明的时间要满四年。如果是因意外事件而下落不明，下落不明的时间要满二年。

本法第 40 条规定，自然人下落不明满二年的，利害关系人可以向人民法院申请宣告该自然人为失踪人。可以看出，法律规定的宣告死亡需要满足的下落不明时间长度要求高于宣告失踪时的要求，因为在宣告失踪的情况下，只产生失踪人的财产代管以及实现债权、偿还债务等法律后果，但宣告死亡以后，还会导致继承的开始、身份关系解除等。因此宣告死亡的条件应当比宣告失踪严格，下落不明的时间应当比宣告失踪时所要求的时间长。

依照本条第 1 款第 2 项的规定，自然人因意外事件下落不明满二年的，利害关系人可以向人民法院申请宣告该自然人死亡。自然人因意外事件下落不明，其生存的可能性明显小于一般情况下的下落不明，因此这种情况下宣告死亡，法律要求的下落不明时间长度应当短于一般情况下宣告死亡。关于这一项的内容，民法通则的用语是“因意外事故下落不明，从事故发生之日起满二年的”。立法过程中有的意见提出，意外事件比意外事故涵盖面更广，如地震等天灾，一般语言习惯上不称为事故，另外，“意外事件”一词作为法律用语更加规范，且“意外”与“事故”在一定程度上存在语义重复，因此，本条应采用“意外事件”的表述。还有的意见提出，有的意外事件过程并不止一天，可能在事件发生之日，当事人尚有音讯，之后才失去音讯，民法通则中“事故发生之日”的规定并不妥当，还是适用下落不明的一般起算标准为好。因此，本条第1款第2项表述为“因意外事件，下落不明满二年”。

本条第2款是对第1款第2项的补充规定。依照这一规定，对于因意外事件下落不明的自然人，如果与该意外事件有关的机关证明该自然人不可能生存的，利害关系人就可以据此申请宣告该自然人死亡，而不必等到下落不明满二年。民法通则没有这一规定。1991年制定的《民事诉讼法》就已经对这种情形作了补充，现行《民事诉讼法》第184条第1款规定：“公民下落不明满四年，或者因意外事故下落不明满二年，或者因意外事故下落不明，经有关机关证明该公民不可能生存，利害关系人申请宣告其死亡的，向下落不明人住所地基层人民法院提出。”境外也有这种立法例，如《瑞士民法典》第34条规定，失踪的人，只要是在使他人对其死亡确信无疑的情况下失踪的，即使未发现其尸体，亦视其死亡已得证实。

第二，必须要由利害关系人提出申请。此处所说的利害关系人，可以参考宣告失踪制度中的利害关系人范围。总的来说，这里的利害关系人应当是与被宣告人是生存还是死亡的法律后果有利害关系的人。依照《民事诉讼法》第184条的规定，利害关系人申请宣告其死亡的，向下落不明人住所地基层人民法院提出。申请书应当写明下落不明的事实、时间和请求，并附有公安机关或者其他有关机关关于该公民下落不明的书面证明。

对于可以向人民法院申请宣告死亡的利害关系人，要不要有顺序上的限制，《最高人民法院关于贯彻执行〈中华人民共和国民法通则〉若干问题的意见（试行）》第25条第1款规定："申请宣告死亡的利害关系人的顺序是：（一）配偶；（二）父母、子女；（三）兄弟姐妹、祖父母、外祖父母、孙子女、外孙子女；（四）其他有民事权利义务关系的人。"对于这一规定，历来存在争议。反对意见认为，法律不应当规定申请宣告死亡的顺序，因为如果顺序在先的当事人不申请，则失踪人长期不能被宣告死亡，使得与其相关的法律关系长期不能稳定，如继承不能发生、遗产不能分割等，对利害关系人的利益损害很大，与法律规定宣告死亡制度的初衷相悖。在立法过程中，这种意见较为普遍，因此，本章没有规定利害关系人申请宣告死亡的顺序。

第三，只能由人民法院经过法定程序，宣告自然人死亡。依照民事诉讼法的规定，人民法院审理宣告死亡案件，适用民事诉讼法关于特别程序的规定。人民法院受理宣告死亡案件后，应当发出寻找下落不明人的公告，公告期间为一年。因意外事故下落不明，经有关机关证明该公民不可能生存的，宣告死亡的公告期间为三个月。公告期间届满，人民法院应当根据被宣告死亡的事实是否得到确认，作出宣告死亡的判决或者驳回申请的判决。

第四十七条 对同一自然人，有的利害关系人申请宣告死亡，有的利害关系人申请宣告失踪，符合本法规定的宣告死亡条件的，人民法院应当宣告死亡。

◆ **条文主旨**

本条是关于宣告死亡和宣告失踪的关系的规定。

◆ **立法背景**

民法通则没有关于本条内容的规定。《最高人民法院关于贯彻执行〈中华人民共和国民法通则〉若干问题的意见（试行）》第29条规定："宣告失踪不是宣告死亡的必经程序。公民下落不明，符合申请宣告死亡的条件，利害关系人可以不经申请宣告失踪而直接申请宣告死亡。但利害关系人只申请宣告失踪的，应当宣告失踪；同一顺序的利害关系人，有的申请宣告死亡，有的不同意宣告死亡，则应当宣告死亡。"

◆ **条文解读**

宣告死亡和宣告失踪都是基于自然人下落不明，为了维护社会经济关系的稳定而设立的法律制度，二者都以被宣告人下落不明达到一定法定期间为前提，都需要利害关系人提出宣告申请，并且都由人民法院作出宣告的判决。但是，宣告死亡与宣告失踪在法律后果上又存在明显差异。一般来说，宣告死亡与自然死亡的法律效力相同，不但影响被宣告人财产的处分，而且也影响与其相关的身份关系，如夫妻关系与父母子女关系，同时，其遗产继承开始，其遗嘱也发生效力；宣告失踪的法律后果是为其设定财产代管人，只发生财产方面的影响而不会影响到身份关系的变化。最高人民法院司法解释体现的精神，多年来为各方面普遍接受，即宣告死亡并不以宣告失踪为前提。境外也有同样的立法例，如《意大利民法典》第58条第3款规定，即使没有经过宣告失踪程序也可以进行死亡宣告。因此，本条为明确宣告死亡和宣告失踪的关系，将相关司法解释的规定上升为法律。

第四十八条 被宣告死亡的人，人民法院宣告死亡的判决作出之日视为其死亡的日期；因意外事件下落不明宣告死亡的，意外事件发生之日视为其死亡的日期。

◆ 条文主旨

本条是关于被宣告死亡的人死亡时间如何确定的规定。

◆ 立法背景

民法通则没有关于本条内容的规定。宣告死亡是人民法院经利害关系人的申请，按照法定程序推定下落不明的公民死亡的法律制度。这种推定的一项重要内容，就是推定被宣告死亡人死亡的时间。一般来说，宣告死亡与自然死亡的法律效力相同，如何推定被宣告死亡的自然人的死亡时间涉及继承的开始、身份关系解除等，如遗产的具体范围、继承人的具体范围、遗嘱效力之发生时间以及代位继承是否发生等遗产继承有关重大事项，具有重要的法律意义，法律应当对此作出规定。

关于宣告死亡时间的推定，其他国家和地区有不同的立法例。有的规定为申请宣告死亡所需的下落不明法定期间届满的时间，《日本民法典》、我国台湾地区“民法”属于这种情况；有的规定为死亡宣告作出的时间，如《西班牙民法典》规定，失踪者被宣告死亡则停止合法失踪的状态，但是推定失踪者存活至死亡宣告作出之时，除非有相反的调查结果。在立法过程中，学者提交的建议稿采用这两种模式的都有，反映了民法学界在此问题上的不同意见。

◆ 条文解读

《最高人民法院关于贯彻执行〈中华人民共和国民法通则〉若干问题的意见（试行）》第36条第1句规定，“被宣告死亡的人，判决宣告之日为其死亡的日期”，体现了前述第二种立法模式。有的意见提出，最高人民法院司法解释施行多年，如无重大理由，立法应当保持实务操作的延续性。而且，人民法院宣告死亡的判决具有很强的宣示性，易被接受。另外，很多情况是利害关系人多年之后才申请宣告死亡，这时如将被宣告人死亡时间推定为多年以前，物是人非，可能给相关法律关系带来不必要的扰动。因此，本条规定，被宣告死亡的人，人民法院宣告死亡的判决作出之日视为其死亡的日期。

本条分号后面内容，是在第十二届全国人民代表大会第五次会议审议《中华人民共和国民法总则（草案）》过程中，在建议表决稿上才增加的规定。民法总则草案三审稿第46条规定：“被宣告死亡的人，人民法院判决确定的日期视为其死亡的日期；判决未确定死亡日期的，判决作出之日视为其死亡的日期。”这一规定在提请第十二届全国人民代表大会第五次会议审议的《中华人民共和国民法总则（草案）》中未作改动。代表审议过程中，有的意见提出，被宣告死亡的人死亡日期的推定事关重大，法律的规定应当具体明确，不应当赋予法院过大的自由裁量权，况且被申请宣告死亡的人生不见人、死不见尸，法院行使自由裁量权本身也缺乏说服力。因此，在提交法律委员会审议的草案修改稿中曾提出过一个方案，删去前面一句，直接规定“被宣告死亡的人，人民法院宣告死亡的判决作出之日视为其死亡的日期”。又有意见提出，这样规定太过绝对，没有一点灵活性也不好。因此，正式提出的供代表再次审议的草案修改稿又恢复了原来的规定。在审议草案修改稿过程中，有的意见提出，对于因意外事件下落不明宣告死亡的情形，被申请宣告死亡的人真正死亡的概率很大，这一点大家是有共识的，有一些境外立法例也规定对于这种情形，法院可以联系意外事件的发生时间来作出死亡日期的推定。2015

年公布的《最高人民法院关于适用〈中华人民共和国保险法〉若干问题的解释（三）》第24条规定："投保人为被保险人订立以死亡为给付保险金条件的保险合同，被保险人被宣告死亡后，当事人要求保险人按照保险合同约定给付保险金的，人民法院应予支持。被保险人被宣告死亡之日在保险责任期间之外，但有证据证明下落不明之日在保险责任期间之内，当事人要求保险人按照保险合同约定给付保险金的，人民法院应予支持。"这个规定在一定程度上也体现了这种精神。因此，草案建议表决稿就作出了本条的规定。最后，对是规定意外事件发生之日，还是规定意外事件结束之日视为死亡日期曾有过讨论。有的意见提出，一些意外事件的过程并不止一日，应当规定意外事件结束之日。有的意见提出，意外事件发生之日与意外事件结束之日，被申请宣告死亡的人死亡概率差别并非悬殊，如规定意外事件结束之日，对于类似"马航事件"这种难下结论的意外事件来说，会生出何时作为意外事件结束之日的争论。因此，最终规定意外事件发生之日视为死亡的日期。民法典维持民法总则的这一规定不变。

第四十九条 自然人被宣告死亡但是并未死亡的，不影响该自然人在被宣告死亡期间实施的民事法律行为的效力。

◆ 条文主旨

本条是关于被宣告死亡但并未死亡的自然人实施的民事法律行为效力的规定。

◆ 立法背景

关于本条内容，《民法通则》第24条第2款规定："有民事行为能力人在被宣告死亡期间实施的民事法律行为有效。”《最高人民法院关于贯彻执行〈中华人民共和国民法通则〉若干问题的意见（试行）》第36条第2款规定：“被宣告死亡和自然死亡的时间不一致的，被宣告死亡所引起的法律后果仍然有效，但自然死亡前实施的民事法律行为与被宣告死亡引起的法律后果相抵触的，则以其实施的民事法律行为为准。”

◆ **条文解读**

宣告死亡是人民法院经利害关系人的申请，按照法定程序推定下落不明的公民死亡的法律制度，因此，自然人被宣告死亡从本质上讲是一种拟制的死亡，有可能本人并没有自然死亡或者说真正死亡。这个被宣告死亡但并未真正死亡的自然人，可能在被宣告死亡期间还在从事民事活动，包括吃穿住行等各种活动。如果因为他已经被宣告死亡了，就不承认他所从事的民事法律行为的效力，无疑是不合情理的，也不利于维护交易安全和社会经济秩序。因此，本条规定，自然人被宣告死亡但是并未死亡的，不影响该自然人在被宣告死亡期间实施的民事法律行为的效力。

如果并未死亡的自然人从事的民事活动与被宣告死亡的法律后果不相关联，没有冲突的情况，则一般不会产生法律问题。比如，自然人被宣告死亡，其财产被依法继承，而该自然人并未死亡，生活在别处，购买食物，租住房屋，这些法律关系互不相干，皆属有效。但也有可能发生的情况是产生了冲突，相互抵触，如在并未死亡的自然人被宣告死亡期间，其配偶和本人都将同一房屋或者其他财产出卖。对此，按照前述司法解释提出的办法，本人实施的民事法律行为与被宣告死亡引起的法律后果相抵触的，以其实施的民事法律行为为准。在立法过程中，在这个问题上存在争议，该问题涉及各种情况和因素，比较复杂。单就本人实施的民事法律行为与被宣告死亡引起的民事法律行为相抵触的情况来说，两种民事法律行为是否都应当有效，如果都属有效，哪一个优先，等等。有的意见还提出，在最高人民法院解决一般情况下一物二卖问题的有关司法解释中，涉及标的物的登记或者交付、价款的支付、合同订立的时间等多种因素，由宣告死亡引发的相关问题能否按照普通一物二卖的问题处理。鉴于对此问题争议较大，本条对此未作具体规定，留待司法实践继续总结经验。

第五十条 被宣告死亡的人重新出现，经本人或者利害关系人申请，人民法院应当撤销死亡宣告。

◆ **条文主旨**

本条是关于撤销死亡宣告的规定。

◆ **立法背景**

宣告死亡本是基于自然人生死不明的情况，经利害关系人申请，人民法院通过法定程序确定的一种拟制状态。被宣告死亡属于推定的死亡，在被宣告死亡的人确定没有死亡的情况下，宣告死亡的基础即不存在，撤销对其所作的死亡宣告，乃当然之理。

◆ **条文解读**

《民法通则》第24条第1款规定："被宣告死亡的人重新出现或者确知他没有死亡，经本人或者利害关系人申请，人民法院应当撤销对他的死亡宣告。"本条在此基础上只是作了文字修改。有的意见提出，"重新出现"已经包括了确知没有死亡的情况，从立法严谨角度无须重复规定。《民事诉讼法》第186条规定，被宣告死亡的公民重新出现，经本人或者利害关系人申请，人民法院应当作出新判决，撤销原判决。宣告死亡是人民法院经过法定程序作出的，具有宣示性和公信力，产生相应的法律后果。即使被宣告人事实上没有死亡，也不能在重新出现后当然使得与其相关的民事法律关系恢复到原来的状态，而必须经本人或者利害关系人申请，同样由人民法院通过法定程序，作出新判决，撤销原判决。

► **相关规定**

《中华人民共和国民事诉讼法》第186条

第五十一条 被宣告死亡的人的婚姻关系，自死亡宣告之日起消除。死亡宣告被撤销的，婚姻关系自撤销死亡宣告之日起自行恢复。但是，其配偶再婚或者向婚姻登记机关书面声明不愿意恢复的除外。

◆ **条文主旨**

本条是关于宣告死亡与撤销死亡宣告对婚姻关系法律效果的规定。

◆ **立法背景**

关于本条内容，民法通则未作规定。《最高人民法院关于贯彻执行〈中华人民共和国民法通则〉若干问题的意见（试行）》第37条规定："被宣告死亡的人与配偶的婚姻关系，自死亡宣告之日起消灭。死亡宣告被人民法院撤销，如果其配偶尚未再婚的，夫妻关系从撤销死亡宣告之日起自行恢复；如果其配偶再婚后又离婚或者再婚后配偶又死亡的，则不得认定夫妻关系自行恢复。"最高人民法院这一司法解释精神，与境外多数立法例一致，也符合情理。少数国家如德国，规定被宣告死亡的人与配偶的婚姻关系，并不是自死亡宣告之日起消灭，而是自配偶再婚时消灭。对于死亡宣告被撤销，而其配偶又尚未再婚的，如果不规定婚姻关系自行恢复，那么想恢复的还要再办理结婚手续，考虑到宣告死亡制度与婚姻之基础并无多大关涉，而且还有尚未再婚的情形，这样处理既不合情理，也不必要。

◆ **条文解读**

民法总则草案征求意见稿第46条基本采纳司法解释的内容，规定："被宣告死亡的人与配偶的婚姻关系，自死亡宣告之日起消灭。死亡宣告被撤销时，其配偶未再婚的，夫妻关系自撤销死亡宣告之日起自行恢复；其配偶再婚的，夫妻关系不自行恢复。"其后，有的意见提出，死亡宣告被撤销后，其配偶虽未再婚，如果日久年深，不愿意恢复婚姻关系，没有必要一定要先恢复，再去走离婚程序。因此，提请常委会审议的一审稿第47条就修改为："被宣告死亡的人与配偶的婚姻关系，自死亡宣告之日起消灭。死亡宣告被撤销，其配偶未再婚的，夫妻关系自撤销死亡宣告之日起自行恢复，任何一方不愿意自行恢复的除外；其配偶再婚的，夫妻关系不自行恢复。"二审稿略作修改，于第49条规定："被宣告死亡的人的婚姻关系，自死亡宣告之日起消灭。死亡宣告被撤销的，夫妻关系自撤销死亡宣告之日起自行恢复，但其配偶再婚或者不愿意恢复的除外。"立法过程中，各方面对二审稿这条规定提出了一些意见，其中包括如何认定配偶不愿意恢复婚姻关系，很难把握，不好操作。于是三审稿第49条又修改为："被宣告死亡的人的婚姻关系，自死亡宣告之日起消灭。死亡宣告被撤销的，夫妻关系自撤销死亡宣告之日起自行恢复，但是其配偶再婚或者向婚姻登记机关声明不愿意恢复的除外。"对此，又有意见提出，婚姻登记机关没有接受这种声明的程序，如何声明，似缺乏可操作性。为了回应这一意见，将这一条中的“声明”修改为“书面声明”。民法典维持民法总则的这一规定不变。

第五十二条 被宣告死亡的人在被宣告死亡期间，其子女被他人依法收养的，在死亡宣告被撤销后，不得以未经本人同意为由主张收养行为无效。

◆ 条文主旨

本条是关于撤销死亡宣告后如何处理宣告死亡期间的收养关系的规定。

◆ 立法背景

关于本条内容，民法通则未作规定。《最高人民法院关于贯彻执行〈中华人民共和国民法通则〉若干问题的意见（试行）》第38条规定：“被宣告死亡的人在被宣告死亡期间，其子女被他人依法收养，被宣告死亡的人在死亡宣告被撤销后，仅以未经本人同意而主张收养关系无效的，一般不应准许，但收养人和被收养人同意的除外。”本条基本上就是将该司法解释的内容上升为法律。

◆ 条文解读

本法第1111条规定，自收养关系成立之日起，养父母与养子女间的权利义务关系，适用本法关于父母子女关系的规定；养子女与养父母的近亲属间的权利义务关系，适用本法关于子女与父母的近亲属关系的规定。养子女与生父母及其他近亲属间的权利义务关系，因收养关系的成立而消除。依法产生的收养关系受法律承认和保护，没有法定事由不得主张无效或者擅自解除。关于收养有效或无效的认定，本法第1113条规定，有本法第一编关于民事法律行为无效规定情形或者违反本编规定的收养行为无效。无效的收养行为自始没有法律约束力。第 1097 条规定，生父母送养子女，应当双方共同送养。据此，父母可以未经本人同意为由主张收养关系无效。被宣告死亡的人在被宣告死亡期间，在法律上与子女的亲权关系已经消灭，已不存在经其同意的问题。因此，本条规定，被宣告死亡的人在死亡宣告被撤销后，不得以未经本人同意为由主张收养关系无效。至于司法解释规定的收养人和被收养人同意的情况，已属于另外协商的问题。

第五十三条 被撤销死亡宣告的人有权请求依照本法第六编取得其财产的民事主体返还财产；无法返还的，应当给予适当补偿。

利害关系人隐瞒真实情况，致使他人被宣告死亡而取得其财产的，除应当返还财产外，还应当对由此造成的损失承担赔偿责任。

◆ 条文主旨

本条是关于撤销死亡宣告后返还财产的规定。

◆ 立法背景

《民法通则》第 25 条规定："被撤销死亡宣告的人有权请求返还财产。依照继承法取得他的财产的公民或者组织，应当返还原物；原物不存在的，给予适当补偿。"本条第 1 款与民法通则的规定大体一致。

本条第 2 款源于《最高人民法院关于贯彻执行〈中华人民共和国民法通则〉若干问题的意见（试行）》第 39 条，该条规定：

"利害关系人隐瞒真实情况使他人被宣告死亡而取得其财产的，除应返还原物及孳息外，还应对造成的损失予以赔偿。"

◆ **条文解读**

《民法通则》第25条第一句规定，被撤销死亡宣告的人有权请求返还财产。关于在被宣告死亡的人重新出现，死亡宣告被撤销后，取得其财产的人是否应当返还财产，有的意见认为，撤销死亡宣告的法律后果当然包括财产关系应当恢复原状，不管是因为继承、受遗赠，还是其他原因取得的财产，都应当向被撤销死亡宣告的人返还。有的意见认为，因宣告死亡而取得财产的人并无过错，而是依照法律规定合法取得了被宣告死亡人的财产，原则上应当以不返还为原则。比如，继承遗产应当清偿被继承人依法应当缴纳的税款和债务，这种财产本应支付，即使死亡宣告被撤销也无返还之理。再如，第三人从继承人那里合法取得原属被宣告死亡人所有的财产的，从维护交易秩序的角度，也不应要求其返还。《最高人民法院关于贯彻执行〈中华人民共和国民法通则〉若干问题的意见（试行）》第40条就规定："被撤销死亡宣告的人请求返还财产，其原物已被第三人合法取得的，第三人可不予返还。但依继承法取得原物的公民或者组织，应当返还原物或者给予适当补偿。"该条规定依继承法取得财产的人返还财产，主要是出于情理平衡双方的利益。一方面，被宣告死亡的人重新出现，财产可以继承的推定被推翻；另一方面，继承人乃是无偿取得财产，故而规定被撤销死亡宣告的人有权请求其返还财产。但是，进一步来说，继承人取得财产毕竟是因宣告死亡而起，属于合法取得，也自然将其作为自己的财产而使用、消费，乃至损毁，以致不能返还。如规定这种情况下继承人应当按原值折价补偿，于情理不合，甚至有的意见建议规定此时只应当返还财产的尚存利益。因此，本条第 1 款规定，被撤销死亡宣告的人有权请求依照本法第六编取得其财产的民事主体返还财产。无法返还的，应当给予适当补偿。

鉴于前述本条第 1 款规定的理由，如果自然人被宣告死亡乃是利害关系人隐瞒真实情况所导致，并且该利害关系人还因之获得利益，取得被宣告死亡人的财产，则该利害关系人存在过错，其取得财产带有非法性，不但不应受到利益上的保护，而且还应当承担相应的责任。因此，本条第 2 款规定，利害关系人隐瞒真实情况，致使他人被宣告死亡而取得其财产的，除应当返还财产外，还应当对由此造成的损失承担赔偿责任。

第四节 个体工商户和农村承包经营户

第五十四条 自然人从事工商业经营，经依法登记，为个体工商户。个体工商户可以起字号。

◆ 条文主旨

本条是关于个体工商户的规定。

◆ 立法背景

在民法典起草过程中，对民法通则第二章第四节“个体工商户，农村承包经营户”的内容，在民法典总则编中是否继续作出规定，有不同意见。民法通则对“两户”的规定共有 4 条：第 26 条规定，公民在法律允许的范围内，依法经核准登记，从事工商业经营的，为个体工商户。个体工商户可以起字号。第 27 条规定，农村集体经济组织的成员，在法律允许的范围内，按照承包合同规定从事商品经营的，为农村承包经营户。第 28 条规定，个体工商户、农村承包经营户的合法权益，受法律保护。第 29 条规定，个体工商户、农村承包经营户的债务，个人经营的，以个人财产承担；家庭经营的，以家庭财产承担。

有的意见提出，个体工商户、农村承包经营户是历史的产物，是自然人以户的名义从事民事活动，将其作为单独的自然人主体类型没有必要，因此不应再规定“两户”的内容。

经研究认为，个体工商户和农村承包经营户是具有中国特色的民事主体。从改革开放的实践看，规定“两户”符合中国国情，个体工商户和农村承包经营户对解放生产力、促进我国经济社会发展及扩大就业发挥了重要作用。目前，我国登记的个体工商户数量庞大，截止到 2019 年年底已达 8261 万多户，其在经济生活中扮演着重要角色，已成为大众创业的重要主体。农村承包经营户是我国实行家庭承包经营为基础、统分结合的双层经营体制的重要载体之一，其民事主体资格问题直接涉及 2.3 亿多户农户的权益，且家庭承包经营是以家庭为生产经营单位，不同于一般的自然人主体，保留农村承包经营户这一民事主体仍具有重要的制度意义和现实意义。据此，总则编中仍专节规定了个体工商户和农村承包经营户。

还有意见建议，在非法人组织一章规定个体工商户、农村承包经营户。经研究认为，就个体工商户而言，其与法人和非法人组织的最大区别就是不具有组织性。首先，个体工商户没有“设立”过程，不存在“出资”行为，法律也不要求个体工商户一定要具有“字号”或“名称”。其次，个体工商户经登记机关登记的经营场所只能为一处，不得设立分支机构。再次，个体工商户的经营形式仅包括个人经营和家庭经营，进行工商业经营的自然人本身须参与具体经营活动；在家庭经营的情况下，“家庭”也不是作为进行经营活动的"组织"出现的。最后，个体工商户缴纳的税种是个人所得税。就农村承包经营户而言，也不具有组织性。农村承包经营户不存在设立过程，没有出资行为，无须具有名称或字号，没有企业组织形式。农民个人不能自由组织形成农户，而只能依据血缘、婚姻等因素形成家庭，进而成为农村土地承包经营户。因此，个体工商户和农村承包经营户的非组织性使得其不宜规定在"非法人组织"一章中。

◆ **条文解读**

一、个体工商户的基本情况

2019年年底，全国实有个体工商户8261万户，其中2019年新登记个体工商户1621.8万户。自2011年以来，全国个体工商户实现了户数、从业人员和资金的持续增长。

二、个体工商户的登记

有经营能力的自然人，经市场监督管理部门登记，领取个体工商户营业执照，从事工商业经营的，可以成为个体工商户。

2011年4月16日国务院公布的《个体工商户条例》和2011年9月30日国家工商行政管理总局公布的《个体工商户登记管理办法》对个体工商户的登记作了具体规定：

（一）登记机关。市场监督管理部门是个体工商户的登记管理机关。县、自治县、不设区的市、市辖区市场监督管理部门为个体工商户的登记机关，负责本辖区内的个体工商户登记。登记机关可以委托其派出机构办理个体工商户登记。

（二）申请登记。国家对个体工商户实行市场平等准入、公平待遇的原则。申请办理个体工商户登记，申请登记的经营范围不属于法律、行政法规禁止进入的行业的，登记机关应当依法予以登记。个体工商户可以个人经营，也可以家庭经营。个人经营的，以经营者本人为申请人；家庭经营的，以家庭成员中主持经营者为申请人。申请登记为个体工商户，应当向经营场所所在地登记机关申请注册登记。申请人应当提交登记申请书、身份证明和经营场所证明。

（三）登记事项。个体工商户登记事项包括经营者姓名和住所、组成形式、经营范围、经营场所。个体工商户使用名称的，名称作为登记事项。

经营者姓名和住所，是指申请登记为个体工商户的公民姓名及其户籍所在地的详细住址。

组成形式，包括个人经营和家庭经营。家庭经营的，参加经营的家庭成员姓名应当同时备案。经营范围，是指个体工商户开展经营活动所属的行业类别。登记机关根据申请人申请，参照《国民经济行业分类》中的类别标准，登记个体工商户的经营范围。经营场所，是指个体工商户营业所在地的详细地址。个体工商户经登记机关登记的经营场所只能为一处。申请注册登记或者变更登记的登记事项属于依法须取得行政许可的，应当向登记机关提交许可证明。

（四）办理登记。登记机关对申请材料依法审查后，按照下列规定办理：1. 申请材料齐全、符合法定形式的，当场予以登记；申请材料不齐全或者不符合法定形式要求的，当场告知申请人需要补正的全部内容。2. 需要对申请材料的实质性内容进行核实的，依法进行核查，并自受理申请之日起15日内作出是否予以登记的决定。3. 不符合个体工商户登记条件的，不予登记并书面告知申请人，说明理由，告知申请人有权依法申请行政复议、提起行政诉讼。予以注册登记的，登记机关应当自登记之日起10日内发给个体工商户营业执照。

（五）变更、注销登记。个体工商户登记事项变更的，应当向登记机关申请办理变更登记。个体工商户变更经营者的，应当在办理注销登记后，由新的经营者重新申请办理注册登记。家庭经营的个体工商户在家庭成员间变更经营者的，依照前述规定办理变更手续。个体工商户不再从事经营活动的，应当到登记机关办理注销登记。

三、从事工商业经营的范围

对个体工商户从事“工商业经营”的范围应当从广义上理解。只要是不属于法律、行政法规禁止进入的行业，个体工商户均可进入并开展经营活动。实践中个体工商户从事经营的领域主要有：批发和零售业，住宿和餐饮业，居民服务、修理和其他服务业，制造业，农、林、牧、渔业，交通运输、仓储和邮政业，租赁和商务服务业，信息传输、软件和信息技术服务业，文化、体育和娱乐业，科学研究和技术服务业，建筑业，卫生和社会工作，房地产业，教育，采矿业，电力、热力、燃气及水生产和供应业，水利、环境和公共设施管理业，金融业等行业。

四、个体工商户的名称与字号

个体工商户可以使用名称，也可以不使用名称。个体工商户决定使用名称的，应当向登记机关提出申请，经核准登记后方可使用。一户个体工商户只能使用一个名称。

个体工商户名称由行政区划、字号、行业、组织形式依次组成。个体工商户名称中的行政区划是指个体工商户所在县（市）和市辖区名称。行政区划之后可以缀以个体工商户经营场所所在地的乡镇、街道或者行政村、社区、市场名称。

经营者姓名可以作为个体工商户名称中的字号使用。个体工商户名称中的行业应当反映其主要经营活动内容或者经营特点。个体工商户名称组织形式可以选用“厂”“店”“馆”“部”“行”“中心”等字样，但不得使用“企业”“公司”“农民专业合作社”字样。

第五十五条　农村集体经济组织的成员，依法取得农村土地承包经营权，从事家庭承包经营的，为农村承包经营户。

◆ **条文主旨**

本条是关于农村承包经营户的规定。

◆ **立法背景**

本条规定在民法通则的基础上，根据土地承包经营权由合同性质及债权保护强化为物权性质及物权保护的演进，作了修改完善。

◆ **条文解读**

实行以家庭承包经营为基础、统分结合的双层经营体制，是我国改革开放历史新时期的重要标志性举措，是我国农村改革的重大成果，是我国宪法确立的农村基本经营制度。多年来的农村改革的实践证明，实行家庭承包经营，符合生产关系要适应生产力发展要求的规律，使农户获得了充分的经营自主权，充分调动了亿万农民的生产积极性，极大地解放和发展了农村生产力，实现了我国农业的巨大发展和农村经济的全面繁荣。

家庭承包经营是集体经济组织内部的一个经营层次，是双层经营体制的基础。实行家庭承包经营，符合农业生产的特点，可以使农户根据自然条件、市场需求和效益原则等因素，确定农业生产的品种、结构和项目，广泛采用农业新品种、新技术，进行农业结构调整，使农民成为农业生产经营的独立的市场主体。实行家庭承包经营，使农户的利益与生产发展密切相关，有效地激发了广大农民对土地长效投入的热情。改良土壤、兴建农田水利设施和购置农机具已成为农户的积极选择。有效利用土地，以科学技术发展生产已成为广大农民内在持久的动力，促进了我国农业的可持续发展。

保持农村土地承包关系稳定并长久不变，赋予农民更加充分而有保障的土地权利，关系到我国广大农民生存和发展的权利，关系到我国农业的持续发展、农村经济的繁荣和农村社会的和谐稳定。对于这样一个重大问题，无疑需要由法律制度来进行保障。

我国对土地承包经营权保护的立法有一个发展和完善的过程。改革开放后，根据改革开放和社会经济发展的实际情况，我国于1986年制定了民法通则。这部法律第一次在民事法律中作出了土地承包经营权受法律保护的规定，即规定公民、集体依法对集体所有的或者国家所有由集体使用的土地、森林、山岭、草原、荒地、滩涂、水面的承包经营权，受法律保护。承包双方的权利和义务，依照法律由承包合同规定。这一内容规定在“财产所有权和与财产所有权有关的财产权”一节中，但承包双方的权利和义务，仍由承包合同约定。此后颁布的土地管理法、农业法等其他法律对土地承包经营权所作的规定，也多局限于承包合同的角度。这些法律规定，对完善土地承包经营制度、规范承包关系双方的权利义务发挥了积极作用，但也不可避免地有着历史局限性，仍不能从根本上解决合同约束效力较低所带来的承包经营权容易受到侵害的问题。

1993年，党的十四届三中全会作出了建立社会主义市场经济体制的决定。1998年，党的十五届三中全会明确提出，“要抓紧制定确保农村土地承包关系长期稳定的法律法规，赋予农民长期而有保障的土地使用权”，为土地承包经营权保护方面的立法提供了指导方针。1999年的宪法修正案在1993年修正案的基础上进一步明确规定：“农村集体经济组织实行家庭承包经营为基础、统分结合的双层经营体制。”2002年8月，第九届全国人大常委会第二十九次会议审议通过了农村土地承包法。这部法律遵循社会主义市场经济的规律，按照党的十五届三中全会“赋予农民长期而有保障的土地使用权”的要求，以宪法为依据，从物权的角度对土地承包经营权作了规定。其内容涉及家庭承包发包方和承包方的权利和义务、承包的原则和程序、承包期限和承包合同、土地承包经营权的保护、土地承包经营权的流转，以及其他方式的承包、争议的解决和法律责任等方面。农村土地承包法的一系列规定，体现了土地承包经营权物权化的指导思想，但没有明确使用“用益物权”这个概念。

2007 年 3 月 16 日，物权法草案经过十届全国人大五次会议审议通过。物权法在用益物权编中专章规定了土地承包经营权，将其作为物权中的重要权利。物权法将土地承包经营权作为用益物权，土地承包经营权人依法对其承包经营的耕地、林地、草地等享有占有、使用和收益的权利，有权从事种植业、林业、畜牧业等农业生产。土地承包经营权人在集体所有的土地上，对承包地享有占有、使用和收益的权利，体现了用益物权的基本特征和土地承包经营权人的基本权利。

党的十八大以来，以习近平同志为核心的党中央对稳定和完善农村基本经营制度、深化农村集体土地制度改革，提出一系列方针政策。2013 年 7 月，习近平总书记在武汉农村综合产权交易所调研时指出，深化农村改革，完善农村基本经营制度，要好好研究农村土地所有权、承包权、经营权三者之间的关系；在 2013 年的中央农村工作会议上指出，顺应农民保留土地承包权、流转土地经营权的意愿，把农民土地承包经营权分为承包权和经营权，实现承包权和经营权分置并行，这是我国农村改革的又一次重大创新。随后党中央、国务院出台了一系列关于三权分置的文件。根据中央政策精神，2018 年 12 月，第十三届全国人大常委会第七次会议通过了《关于修改〈中华人民共和国土地承包法〉的决定》，在法律中体现和落实了三权分置改革的精神。

《农村土地承包法》第3条明确规定："国家实行农村土地承包经营制度。农村土地承包采取农村集体经济组织内部的家庭承包方式，不宜采取家庭承包方式的荒山、荒沟、荒丘、荒滩等农村土地，可以采取招标、拍卖、公开协商等方式承包。"第5条第1款规定："农村集体经济组织成员有权依法承包由本集体经济组织发包的农村土地。"第16条第1款规定："家庭承包的承包方是本集体经济组织的农户。"从这些规定可以看出，家庭承包方式，是指以农村集体经济组织的每一个农户家庭全体成员为一个生产经营单位，作为承包人与发包人建立承包关系，承包耕地、林地、草地等用于农业的土地。

农村土地家庭承包的承包方是本集体经济组织的农户。农户是农村中以血缘和婚姻关系为基础组成的农村最基本的社会单位。它既是独立的生活单位，又是独立的生产单位。作为生产单位的农户，一般是依靠家庭成员的劳动进行农业生产与经营活动的。对农村土地实行家庭承包的，农户成为农村集体经济中一个独立的经营层次，是农村从事生产经营活动的基本单位。以户为生产经营单位，与一般的自然人个人作为民事主体有所区别，但又不同于非法人组织这类民事主体。因此法律对其单独进行规定，即农村集体经济组织的成员，依法取得农村土地承包经营权，从事家庭承包经营的，为农村承包经营户。

承包是以"户"为单位进行。土地承包合同由"户"的代表与发包方签订，土地承包经营权证书是按户制作并颁发。在家庭承包的情况下，农户是交易活动的主体，其信用建立在家庭信用的基础上，发包方或交易相对一方也以农户家庭为对象，与其从事交易活动。农户也是以户的财产承担责任，以确保义务的履行。

从这个角度讲，以户为经营单位符合我国农村的实际情况，有利于农村经济活动的进行。

需要进一步说明的是：第一，家庭承包中，是按人人有份分配承包地，按户组成一个生产经营单位作为承包方。第二，本集体经济组织的农户作为承包方，主要是针对耕地、草地和林地等适宜家庭承包的土地的承包。第三，农户内的成员分家析产的，单独成户的成员可以对原家庭承包的土地进行分别耕作，但承包经营权仍是一个整体，不能分割。

第五十六条　个体工商户的债务，个人经营的，以个人财产承担；家庭经营的，以家庭财产承担；无法区分的，以家庭财产承担。

农村承包经营户的债务，以从事农村土地承包经营的农户财产承担；事实上由农户部分成员经营的，以该部分成员的财产承担。

◆ 条文主旨

本条是关于个体工商户、农村承包经营户债务承担的规定。

◆ 立法背景

《民法通则》第29条规定："个体工商户、农村承包经营户的债务，个人经营的，以个人财产承担；家庭经营的，以家庭财产承担。"本条在民法通则的基础上作了一定的修改和完善。

◆ 条文解读

一、个体工商户的债务承担

个体工商户可以个人经营，也可以家庭经营。个体工商户的债务，个人经营的，以个人财产承担；家庭经营的，以家庭财产承担。对于实践中无法区分是个人经营还是家庭经营的，应看是个人投资还是家庭投资，是个人享用经营收益还是家庭共同享用经营收益，进而确定债务是以个人财产承担，还是以家庭财产承担，司法实践中一般有以下认定标准：一是以公民个人名义申请登记的个体工商户，用家庭共有财产投资，或者收益的主要部分供家庭成员享用的，其债务应以家庭共有财产清偿。二是夫妻关系存续期间，一方从事个体经营，其收入为夫妻共有财产的，债务亦应以夫妻共有财产清偿。此外，个体工商户的债务，如以其家庭共有财产承担责任，应当保留家庭成员的生活必需品和必要的生产工具。

二、农村承包经营户的债务承担

在承包期内，无论承包户内人口发生什么样的变化，是增是减，只要作为承包户的家庭还存在，承包户仍然是一个生产经营单位。在承包经营活动中，无论是全体家庭成员从事生产经营劳动和经营活动，还是部分家庭成员从事生产经营劳动和经营活动，另一部分家庭成员从事其他职业或者家务劳动，农户仍然是一个对外承担责任的主体。考虑到随着我国城乡经济结构的调整和城镇化的发展，农村剩余劳动力向城镇的转移会不断增加，有的家庭成员进城务工就业，分门立户，已完全不参与家庭土地承包经营，也不分享承包家庭的收益，在这种情况下，可以不再承担原所在家庭承包经营的债务。因此本条规定，“事实上由农户部分成员经营的，以该部分成员的财产承担”。需要指出的是，在实践中，对这一规定要严格掌握，防止借本条规定逃避应承担的债务。

第三章　法　人

法人是具有民事权利能力和民事行为能力，依法独立享有民事权利和承担民事义务的组织。法人制度是世界各国规范经济秩序和整个社会秩序的一项重要法律制度。

本章共分四节，四十五条。第一节为法人制度的一般规定，主要规定了法人的概念与特点，法人的成立，法人应具备的条件，法人的民事能力，法人的机关，法人的分支机构，法人的变更、终止与清算，法人的登记等。第二节为营利法人，主要规定了营利法人的定义和登记成立，登记机关颁发营业执照，营利法人制定法人章程，设立权力机构、执行机构、监督机构，营利法人出资人的有关法定权利和义务，以及营利法人从事经营活动所应承担的道德和社会责任等。第三节为非营利法人，本节共有九条，主要规定了非营利法人的定义和范围，事业单位法人、社会团体法人、捐助法人的定义、成立程序、组织机构，以及捐助人为维护所捐财产的安全而享有的监督权，为公益目的成立的非营利法人终止时剩余财产的处理等。第四节为特别法人，主要规定了特别法人的范围，机关法人的设立和终止，农村集体经济组织、城镇农村的合作经济组织依法取得法人资格，以及居民委员会、村民委员会取得基层群众性自治组织法人资格等。

本章的规定在民法通则的基础上，对法人制度作了进一步完善，特别是在法人分类方面，将法人分为营利性法人、非营利性法人、特别法人三类，改变了民法通则将法人分为企业法人、机关法人、事业单位法人和社会团体法人四类的分类方式，是一个重大的进步，适应了当前我国法人制度不断发展，类型更加多样化的需要。

随着我国经济社会的发展，法人的类型日益多样化，出现了民办学校、民办医院等民办非企业单位（社会服务机构），基金会、农村集体经济组织、城镇农村的合作经济组织等新型组织，不能被民法通则所规定的企业法人、机关法人、事业单位法人和社会团体法人这四种类型所涵盖。这些新型组织是否具有法人资格？如果有法人资格，是属于哪一类法人？对这些问题，需要作为民事基本法的民法典作出回应。民法典在民法通则的基础上，对法人制度的分类予以进一步完善，适应了实践发展的需要。

本章对法人分类的规定，具有重要的理论价值和现实意义：

一是通过明确营利法人和非营利法人的定义和范围，有利于清晰界定这两类法人的权利和义务，使有关组织可以对号入座，明确其所属的法人类型，以利于这类组织自身的规范发展，并为国家实施对民办学校、民办医院等组织的分类管理改革提供了法律依据。以民办学校为例，为了更好地促进民办教育的健康发展，2016 年修改的民办教育促进法明确规定了对民办学校实施分类管理改革，将民办学校分为非营利性民办学校和营利性民办学校，明确民办学校的举办者可以自主选择设立非营利性或者营利性民办学校。但是，不得设立实施义务教育的营利性民办学校。非营利性民办学校的举办者不得取得办学收益，学校的办学结余全部用于办学。营利性民办学校的举办者可以取得办学收益，学校的办学结余依照公司法等有关法律、行政法规的规定处理。此外，该法还规定，非营利性民办学校终止时，在清偿债务后的剩余财产继续用于其他非营利性学校办学；营利性民办学校清偿债务后的剩余财产，依照公司法的有关规定处理。上述规定明确了两类学校各自的权利义务，特别是明确了举办者是否可以取得办学收益，以及终止时剩余财产如何处理等重要问题，这样的规定与本章关于营利法人、非营利法人的相关规定是一致的。应该说，本章关于营利法人、非营利法人的分类规定，从民事基本法的角度为民办学校、民办医院等的分类管理改革提供了基础的制度依据和保障。

二是适应我国国情和实践发展的需要，创造了特别法人这个概念，将机关、农村集体经济组织、城镇农村的合作经济组织、村委会、居委会等城乡基层群众性自治组织，都纳入其中，承认了它们的法人资格，赋予其法人地位，有利于这些组织更好地开展活动，促进其不断发展壮大。

第一节　一般规定

第五十七条　法人是具有民事权利能力和民事行为能力，依法独立享有民事权利和承担民事义务的组织。

◆ 条文主旨

本条是关于法人定义的规定。

◆ 立法背景

法人制度是世界各国规范经济秩序和整个社会秩序的一项重要法律制度。一般认为，法人制度的雏形始于罗马法。罗马法有关法人人格的理念主要体现在“团体”之类的组织中，“为了形成一个真正的团体，即具有法律人格的团体，必然有数个（至少为三人）为同一合法目标而联合并意图建立单一主体的人"。罗马法中对"团体"赋予法律人格，被认为是民法理论研究和制度设计中最富有想象力和技术性的创造。

随着资本主义的发展，17 世纪后期，对特许公司股东责任进行限定的做法开始兴起和发展。1662 年，一项英国法律确认印度公司、皇家非洲公司、英国商业公司等特许公司中的股东，在公司出现亏损时，他们仅以持有股份的票面额为限，对外承担责任。之后，股东承担有限责任的特许公司开始大量出现。到了 19 世纪中叶，随着英国《有限责任法案》的颁布，公司股东对公司债务承担有限责任的制度最终得以确立，这也是法人制度在近现代社会发展的一个重要背景。通过法人制度的确立，可以使一个组织以其自己名义实施法律行为、拥有法律利益，进行诉讼与被诉讼，并拥有法律上可以独立存在的、与其成员或任何第三人不同的人格。

我国建立法人制度相对比较晚。1986 年颁布、1987 年施行的民法通则首次引入了法人制度，对法人制度作了专章规定，明确了法人是具有民事权利能力和民事行为能力，依法独立享有民事权利和承担民事义务的组织，法人的民事权利能力和民事行为能力，从法人成立时产生，到法人终止时消灭。同时，民法通则还规定了法人应当具备的四项条件，包括依法成立，有必要的财产或者经费，有自己的名称、组织机构和场所，能够独立承担民事责任等，明确了法人的法定代表人、住所、终止清算等制度，并将法人分为企业法人、机关法人、事业单位法人和社会团体法人四类。应该说，民法通则对法人制度的规定，虽然比较简单，但却有着非常重要的里程碑意义，使我国的法人制度从无到有，开始建立起来，对于促进我国经济的发展，规范经济社会秩序起到了积极的推动作用。经过 30 多年的发展，我国的法人制度日益完善，本法正是在总结30多年来的司法实践经验和法学理论研究的基础上，从立法层面对法人制度作了进一步的发展完善。

◆ **条文解读**

根据本条的规定，法人是具有民事权利能力和民事行为能力，依法独立享有民事权利和承担民事义务的组织。这就是法人的定义。

一、法人的特点

一是法人不是自然人，属于社会组织，是一种集合体，由法律赋予该组织单独的法律人格。法人可以是人的集合体，也可以是财产的集合体。

二是具有民事权利能力和民事行为能力。法人可以以自己的名义，通过自身的行为享有和行使民事权利，设定和承担民事义务。法人的民事权利能力和民事行为能力，从法人成立时产生，到法人终止时消灭。

三是依法独立享受民事权利、承担民事义务。法人有自己独立的民事主体地位，可以自己的名义独立从事民事活动，享有民事权利，承担民事义务。

四是独立承担民事责任。法人以其全部财产独立承担民事责任，能否独立承担民事责任，是区别法人组织和非法人组织的重要标志。

二、法人的分类

根据本章的规定，法人分为营利法人、非营利法人和特别法人。以取得利益分配给股东等出资人为目的成立的法人，为营利法人，包括有限责任公司、股份有限公司和其他企业法人等。为公益目的或者其他非营利目的成立，不向出资人、设立人或者会员分配所取得利润的法人为非营利法人，包括事业单位、社会团体、基金会、社会服务机构等。机关法人、农村集体经济组织法人、城镇农村的合作经济组织法人、基层群众性自治组织法人，为特别法人。

从国际上对法人的分类情况看，大致有以下几种：一是公法人与私法人。公法人是指以社会公共利益为目的，由国家或者公共团体依公法所设立的行使或者分担国家权力、政府职能的法人，如机关法人、某些事业单位法人等；私法人是指以私人利益为目的，由私人依私法而设立的不拥有公共权力的法人，如企业法人等。二是社团法人与财团法人。社团法人是以社员为基础的人的集合体，也称人的组合，公司、行业协会等是典型的社团法人。财团法人是指为一定目的而设立的，并由专门委任的人按照规定的目的使用的各种财产，也称财产组合，基金会、宗教活动场所、慈善组织等都是典型的财团法人。三是营利法人与非营利法人。营利法人是指以营利并将利润分配给其成员为目的的法人，如公司等企业法人；非营利法人不以营利为设立的目的，同时所得利润不分配给设立人或者投资人，而是继续用于法人的发展，如事业单位法人、社会团体法人、捐助法人等。四是公益法人与非公益法人。公益法人是指以公益为其设立目的的法人，如学校、医院、慈善组织等；非公益法人，是不以公益为其设立目的的法人，如企业法人等。

三、确立法人制度的意义

确立法人制度，可以使具备法人条件的组织取得独立的民事主体资格，在法律上拥有独立的人格，像自然人一样有完全的民事权利能力和民事行为能力，从而有利于社会组织实现自己所承担的任务。如对企业来说，通过法人制度的确立，有利于维护企业的自主权，发挥企业作为市场主体的积极作用。特别是对国有企业来说，法人制度的确立，有利于促进政企分开，使企业真正成为自主经营、自负盈亏的主体，以增强企业自身的活力，促进国有经济的发展。

第五十八条　法人应当依法成立。

法人应当有自己的名称、组织机构、住所、财产或者经费。法人成立的具体条件和程序，依照法律、行政法规的规定。

设立法人，法律、行政法规规定须经有关机关批准的，依照其规定。

◆ 条文主旨

本条是关于法人成立的规定。

◆ 立法背景

法人作为重要的民事主体，必须依法成立，才能取得法律规定的民事权利能力和民事行为能力，这是法人制度的基础。法人应当依法成立，意味着法人的成立必须合法，其设立目的和宗旨要符合国家利益和社会公共利益的要求，其组织机构、设立宗旨、经营范围、经营方式等要符合法律、法规等的要求。同时，法人成立的条件和程序应当符合法律、行政法规的规定。

◆ 条文解读

一、法人应当有自己的名称、组织机构、住所、财产或者经费

（一）名称。法人应该有自己的名称，通过名称的确定使自己与其他法人相区别。有关法律、行政法规对法人的名称有明确的要求，如根据1991年国务院批准颁布的《企业名称登记管理规定》，企业的名称应依次由字号（或者商号）、行业或者经营特

点、组织形式组成，并冠以企业所在地省、自治区、直辖市，或者市（包括州）、县（包括市辖区）行政区划名称。有一些特殊企业，经国家市场监督管理总局核准，可以不冠以企业所在地行政区划名称，包括全国性公司、国务院或其授权的机关批准的大型进出口企业、国务院或其授权的机关批准的大型企业集团，历史悠久、字号驰名的企业、外商投资企业，以及国家市场监督管理总局批准的其他企业。

《企业名称登记管理规定》规定，企业名称应当使用汉字，民族自治地方的企业名称可以同时使用本民族自治地方通用的民族文字。企业使用外文名称的，其外文名称应当与中文名称相一致，并报登记主管机关登记注册。企业应当根据其组织结构或者责任形式，在企业名称中标明组织形式。所标明的组织形式必须明确易懂。全国性公司、国务院或其授权的机关批准的大型进出口企业、国务院或其授权的机关批准的大型企业集团，以及国家市场监督管理总局规定的其他企业，可以申请在企业名称中使用“中国”“中华”或者冠以“国际”字词。同时，《企业名称登记管理规定》明确企业名称不得含有下列内容和文字：一是有损于国家、社会公共利益的；二是可能对公众造成欺骗或者误解的；三是外国国家（地区）名称、国际组织名称；四是政党名称、党政军机关名称、群众组织名称、社会团体名称及部队番号；五是汉语拼音字母（外文名称中使用的除外）、数字；六是其他法律、行政法规规定禁止的内容和文字。

机关法人、事业单位法人、社会团体法人等非企业法人的名称，应与其活动范围、活动内容等相适应。这类非企业法人的名称，有的是国家直接命名，如国家机关法人名称；有的则应根据活动性质命名，并依法进行登记，如社会团体法人依法由民政部门登记。根据《社会团体登记管理条例》规定，社会团体的名称应当符合法律、法规的规定，不得违背社会道德风尚。社会团体的名称应当与其业务范围、成员分布、活动地域相一致，准确反映其特征。全国性的社会团体的名称冠以“中国”“全国”“中华”等字样的，应当按照国家有关规定经过批准，地方性的社会团体的名称不得冠以“中国”“全国”“中华”等字样。

（二）组织机构。法人是社会组织，法人的意思表示必须依法由法人组织机构来完成，每一个法人都应该有自己的组织机构，如股份有限公司法人的组织机构依法应由三部分组成：作为权力机构的股东大会，作为执行机构的董事会，作为监督机构的监事会。这三部分机构有机地构成公司法人的组织机构，代表公司进行相应的活动。如果没有组织机构，就不能成为法人。

（三）住所。法人应有自己的住所。作为法人的住所，可以是自己所有的，也可以是租赁他人的。法人有自己的住所，主要是为了交易安全，同时也便于有关机关进行监督和管理。

（四）财产或者经费。法人作为独立的民事主体，要独立进行各种民事活动，并独立承担民事活动的后果。因此，法人应有必要的财产和经费。这是其享有民事权利和承担民事义务的物质基础，也是其得以独立承担民事责任的财产保障，否则，法人无法进行各种民事活动。所谓必要的财产或者经费，是指法人的财产或者经费应与法人的性质、规模等相适应。我国一些法律法规对有关法人的财产或者经费要求作了规定。如商业银行法规定，设立全国性商业银行的注册资本最低限额为 10 亿元人民币；城市商业银行的注册资本最低限额为 1 亿元人民币；农村商业银行的注册资本最低限额为 5000 万元人民币。必要的财产或者经费是法人生存和发展的基础，也是法人独立承担民事责任的物质基础。因此，必要的财产或者经费是法人应具备的最重要的基础条件。

二、法人成立的具体条件和程序，依照法律、行政法规的规定

法人成立还需要满足法律、行政法规规定的其他条件和程序。如《公司法》规定，设立有限责任公司，应当具备下列条件：一是股东符合法定人数；二是有符合公司章程规定的全体股东认缴的出资额；三是股东共同制定公司章程；四是有公司名称，建立符合有限责任公司要求的组织机构；五是有公司住所。股东认足公司章程规定的出资后，由全体股东指定的代表或者共同委托的代理人向公司登记机关报送公司登记申请书、公司章程等文件，申请设立登记。设立公司，应当依法向公司登记机关申请设立登记。符合本法规定的设立条件的，由公司登记机关分别登记为有限责任公司或者股份有限公司；不符合本法规定的设立条件的，不得登记为有限责任公司或者股份有限公司，等等。再如《社会团体登记管理条例》规定，成立社会团体，应当具备下列条件：一是有 50 个以上的个人会员或者 30 个以上的单位会员；个人会员、单位会员混合组成的，会员总数不得少于 50 个；二是有规范的名称和相应的组织机构；三是有固定的住所；四是有与其业务活动相适应的专职工作人员；五是有合法的资产和经费来源，全国性的社会团体要有 10 万元以上的活动资金，地方性的社会团体和跨行政区域的社会团体要有 3 万元以上的活动资金；六是有独立承担民事责任的能力。申请登记社会团体，发起人应当向登记管理机关提交下列文件：一是登记申请书；二是业务主管单位的批准文件；三是验资报告、场所使用权证明；四是发起人和拟任负责人的基本情况、身份证明；五是章程草案。登记管理机关应当自收到上述全部有效文件之日起 60 日内，作出批准或者不批准登记的决定；不批准的，应当向发起人说明理由。依照法律规定，自批准成立之日起即具有法人资格的社会团体，应当自批准成立之日起 60 日内向登记管理机关提交批准文件，申领《社会团体法人登记证书》。登记管理机关自收到文件之日起30日内发给《社会团体法人登记证书》。

三、设立法人，法律、行政法规规定须经有关机关批准的，依照其规定

设立法人，如果相关法律、行政法规规定须经有关机关批准的，应当依照其规定。这里规定的“批准”是指行政许可。根据行政许可法的规定，行政许可是指行政机关根据公民、法人或者其他组织的申请，经依法审查，准予其从事特定活动的行为。直接涉及国家安全、公共安全、经济宏观调控、生态环境保护以及直接关系人身健康、生命财产安全等特定活动，需要按照法定条件予以批准的事项，有限自然资源开发利用、公共资源配置以及直接关系公共利益的特定行业的市场准入等，需要赋予特定权利的事项，提供公众服务并且直接关系公共利益的职业、行业，需要确定具备特殊信誉、特殊条件或者特殊技能等资格、资质的事项，直接关系公共安全、人身健康、生命财产安全的重要设备、设施、产品、物品，需要按照技术标准、技术规范，通过检验、检测、检疫等方式进行审定的事项，企业或者其他组织的设立等，需要确定主体资格的事项，以及法律、行政法规规定可以设定行政许可的其他事项可以设立行政许可。据此，有些法律，如民办教育促进法规定，设立民办学校，应当经教育主管部门批准；医疗机构管理条例规定，设立医疗机构应当经卫生主管部门批准等。应当指出的是，根据行政许可法的规定，地方性法规和省、自治区、直辖市人民政府规章，不得设定应当由国家统一确定的公民、法人或者其他组织的资格、资质的行政许可；不得设定企业或者其他组织的设立登记及其前置性行政许可。因此，本条规定，只有法律、行政法规可以对法人的设立设定行政许可。

▶ 相关规定

《中华人民共和国行政许可法》第2条、第12条、第15条；《中华人民共和国公司法》第6条、第23条、第76条；《中华人民共和国食品安全法》第35条；《中华人民共和国民办教育促进法》第12条；《企业名称登记管理规定》第7–15条；《医疗机构管理条例》第9条；《社会团体登记管理条例》第10条

第五十九条 法人的民事权利能力和民事行为能力，从法人成立时产生，到法人终止时消灭。

◆ 条文主旨

本条是关于法人的民事权利能力和民事行为能力的规定。

◆ 立法背景

法人的民事权利能力是法律赋予的，是法人作为一个独立的民事主体应当具备的基本资格。法人的民事行为能力是法人独立地实施民事行为，行使民事权利、承担民事义务的资格。法人通过参与社会活动来实现一定经济利益或者公益目的，为确保经济秩序和交易的安全，国家要依法通过设立登记制度赋予法人以民事权利能力和民事行为能力。例如，企业法人设立时须经过市场监管部门登记，使企业成为独立民事主体，从而赋予其从事经营活动的能力与资格；同样，事业单位和社会团体等非营利法人的成立也应分别经编制部门、民政部门注册登记而具有法人资格，享有民事权利能力和民事行为能力。

◆ 条文解读

法人民事权利能力的获取意味着法人作为一个独立民事主体

的成立，丧失这一权利能力则意味着法人的消灭。因而，法人的权利能力从成立时发生，至法人终止时消灭。

法人的民事行为能力在时间上和民事权利能力相一致，始于法人成立，终于法人消灭，在法人存续期间始终存在。法人的民事行为能力和其民事权利能力在范围上一致，法人能够以自己的行为行使权利和承担义务的范围，即民事行为能力的范围不能超出其权利能力所限定的范围。

作为法律上具有拟制人格的主体，法人的民事权利能力和民事行为能力与自然人有所不同：

一是在产生和消灭的时间上，自然人从出生之日起，即享有民事权利能力，但其民事行为能力会经历不同阶段的变化：八周岁以下为无民事行为能力人，八周岁到十八周岁之间为限制民事行为能力人，十八周岁以上为完全民事行为能力人。此外，一个完全民事行为能力的成年人，可能会因为患有精神疾病等原因而丧失或者部分丧失民事行为能力，成为无民事行为能力人或者限制民事行为能力人。与自然人不同，法人的民事行为能力与其民事权利能力一起产生、同时消灭，两者的开始与终止时间完全一致。

二是在范围方面，法人的民事权利能力与民事行为能力在范围上是一致的，不像自然人会由于年龄或者精神健康等原因而使其民事权利能力和民事行为能力在范围上有不同。自然人中的完全民事行为能力人，其民事权利能力的范围与民事行为能力范围是相一致的，但对于无民事行为能力人或者限制民事行为能力人来说，其民事行为能力范围要小于民事权利能力范围，二者是不一致的。

三是在民事行为能力的实现方面，有完全民事行为能力的自然人，可以由自身来实现其民事行为能力，无需他人代表或者代理。但法人实施民事法律行为，一般是由法定代表人来进行的。

法定代表人以法人的名义依法实施民事法律行为时，法定代表人所作的意思表示，就是法人的意思表示，应由法人承受其法定代表人意思表示的效果。

第六十条　法人以其全部财产独立承担民事责任。

◆ 条文主旨

本条是关于法人独立承担民事责任的规定。

◆ 立法背景

民事责任，是对民事法律责任的简称，是指民事主体在民事活动中，因实施了违法行为或者存在违约行为，根据民法所承担的对其不利的民事法律后果。民事责任属于法律责任的一种，是保障民事权利和民事义务实现的重要措施，主要是一种民事救济手段，旨在使受害人被侵犯的民事权益得以恢复。除了民事责任外，法律责任中还包括行政责任和刑事责任。行政责任，包括行政处罚和处分。其中，处分是针对公职人员的，处分的对象是自然人。而对于法人来说，其承担的行政责任主要是行政处罚。就刑事法律来说，法人承担的刑事责任主要是因法人犯罪而给予的刑事处罚。我国刑法规定：公司、企业、事业单位、机关、团体实施的危害社会的行为，法律规定为单位犯罪的，应当负刑事责任。

民事责任的构成要件一般来说包括四个方面：一是损害事实的客观存在。损害是指因行为人的行为，包括作为或者不作为，使民事主体的人身权利或者财产权利遭受某种不利的影响。权利主体只有在受损害的情况下才能够请求法律上的救济。二是行为人实施了违法行为或者违约行为。三是行为人有过错。行为人的过错是行为人在实施违法行为或者违约行为时所具备的心理状态，包括故意和过失，是构成民事责任的主观要件。需要说明的是，在严格责任的归责原则下，行为人即使没有过错，也要承担责任。如本法侵权责任编规定的高度危险责任，即属于严格责任，只要是从事高度危险作业造成他人损害的，即应当承担侵权责任。四是行为人的违法行为或者违约行为与损害事实之间存在因果关系。作为构成民事责任要件的因果关系，是指行为人的违法行为或者违约行为与损害事实之间所存在的因果必然联系。

承担民事责任的方式主要有：（一）停止侵害；（二）排除妨碍；（三）消除危险；（四）返还财产；（五）恢复原状；（六）修理、重作、更换；（七）继续履行；（八）赔偿损失；（九）支付违约金；（十）消除影响、恢复名誉；（十一）赔礼道歉。法律规定惩罚性赔偿的，依照其规定。上述的承担民事责任的方式，可以单独适用，也可以合并适用。

◆ **条文解读**

承担民事责任的主体既有自然人，也有法人、非法人组织，对于法人来说，是以其全部财产独立承担民事责任。这里强调两点：一是全部财产。法人作为独立的民事主体，要独立进行民事活动，独立承担民事活动的后果。因此，法人应有必要的财产和经费，这是其享有民事权利和承担民事义务的物质基础，也是其得以独立承担民事责任的财产保障。法人要以其全部财产承担民事责任，而不是只以部分财产承担民事责任。二是独立承担民事责任。“独立”的含义，即任何法人的债务只能由它自己承担，国家、投资者和法人组织内部的成员不对法人的债务负责。如有限责任公司是由股东出资设立的，而具有法人身份的公司在民事责任方面是与股东严格区分的，即便是股东出资设立这家公司，两者的责任也要严格区分，法人对外如需要承担民事责任，要以自身的财产来承担，不能由投资设立该公司的股东以自己的财产来承担。但是，对于合伙企业、个人独资企业等不具备法人资格的组织，因为其不能独立承担民事责任，当其财产不足以清偿债务时，要由出资人或者设立人承担无限责任。

第六十一条 依照法律或者法人章程的规定，代表法人从事民事活动的负责人，为法人的法定代表人。

法定代表人以法人名义从事的民事活动，其法律后果由法人承受。

法人章程或者法人权力机构对法定代表人代表权的限制，不得对抗善意相对人。

◆ 条文主旨

本条是关于法人的法定代表人的规定。

◆ 立法背景

法人的法定代表人是代表法人行使职权的负责人，是代表法人进行民事活动的自然人。法人是一个组织，需要由法定代表人代表其从事活动。法定代表人以法人名义所从事的民事活动，其法律后果如何？是否由法人承担？如果法定代表人越权从事民事活动，是否能对抗善意相对人？这些制度性的规定，涉及对法人和善意相对人权益的保护，也关系到交易安全。

◆ 条文解读

一、法定代表人的定义

依照法律或者法人章程的规定，代表法人从事民事活动的负责人，为法人的法定代表人。根据这一规定，法人的法定代表人由谁担任，是依据法律的规定或者法人章程的规定确定的。一是根据法律规定确定。有的法律，如公司法规定了公司的法定代表人由谁担任：“公司法定代表人依照公司章程的规定，由董事长、执行董事或者经理担任，并依法登记。公司法定代表人变更，应当办理变更登记。”再如，民办教育促进法规定：“民办学校的法定代表人由理事长、董事长或者校长担任。”二是如果没有法律规定，就要根据法人章程来确定法人的法定代表人。

二、法定代表人以法人名义从事的民事活动，其法律后果由法人承受

法定代表人对外以法人名义进行民事活动时，其与法人之间并非代理关系，而是代表关系，且其代表职权来自法律的明确授权，故不需要有法人的授权委托书。因此，法定代表人对外的职务行为即为法人行为，其后果由法人承担。法人对法定代表人所负的责任，也包括越权行为的责任。本法合同编规定，法人或者其他组织的法定代表人、负责人超越权限订立的合同，除相对人知道或者应当知道其超越权限的以外，该合同对法人发生效力。需要说明的是，法人除了要对其法定代表人的职务行为承担责任外，还要对其工作人员的职务行为承担责任。本法在侵权责任编规定，用人单位的工作人员因执行工作任务造成他人损害的，由用人单位承担侵权责任。

三、法人章程或者法人权力机构对法定代表人代表权的限制，不得对抗善意相对人

法人不得以法人章程等对法定代表人的内部职权限制对抗善意第三人。法人章程是指法人依法制定的，规定法人的经营活动范围、内部管理制度等重大事项的文件，是法人的自我管理规范，载明了法人组织和活动的基本准则。法人章程具有法定性、真实性、自治性和公开性的基本特征，是法人设立和运营的基础和依据。法人章程对法人来说非常重要，但作为法人内部的行为规范，在通常情况下不易被法人外部的人员所知道，所以在确定其外部效力方面，要考虑对善意相对人的权益保护。本条规定对法人章程的对外效力方面作了适当限制，以保护善意相对人的合法权益。

所谓“善意相对人”是指对法人章程或者法人权力机构对法定代表人代表权的限制，不知情或者不应当知情的权利人。法人章程或者法人权力机构对法定代表人的对外代表权限进行了限制，但该法定代表人超越了自己的权限与相对人签订了合同，或者实施了其他法律行为的，如果相对人不知道或者不应当知道该限制规定的，则法人不得以法定代表人的行为超越了其权限而主张不承担或免除其应承担的法律责任。如甲公司章程规定法定代表人在签订合同之前，应该通过董事会的授权，但该法定代表人在没有经董事会授权的情况下就与乙公司签订了合同，如果乙公司不知道或者不应当知道甲公司的章程规定的，则属于善意相对人，在此情况下，乙公司仍有权要求甲公司履行该合同。

规定法人章程或者法人权力机构对法定代表人代表权的限制，不得对抗善意相对人，旨在保护交易中无过错一方的权利，维护交易安全。这里需要指出的是，判断相对方是否为善意，不仅要考量其事实上是否知道法人章程或者法人权力机构对法定代表人代表权的限制这一情况，还要考量其是否应当知道这一情况。“知道”是一种事实状况的判定，而“应当知道”则是对当事人是否存在过错的判定。在上述例子中，如果乙公司在订立合同之前已经拿到了甲公司章程，章程中对甲公司法定代表人的权限作了明确的限制，但因乙公司疏忽大意而没有认真查看甲公司的章程，则其就属于应当知道但因过错而没能知道，因而不是善意相对人，其与甲公司法定代表人超越权限订立的合同，对甲公司就不发生效力。

第六十二条 法定代表人因执行职务造成他人损害的，由法人承担民事责任。

法人承担民事责任后，依照法律或者法人章程的规定，可以向有过错的法定代表人追偿。

◆ 条文主旨

本条是关于法定代表人职务侵权行为的责任承担的规定。

◆ 立法背景

对于法定代表人因执行职务造成他人损害的，在对外承担责任的主体上，其他国家和地区主要有两种立法例：一是规定法人原则上应对受害人承担侵权责任，但法定代表人有过错的，应与法人一起对受害人承担连带赔偿责任。如《日本民法典》规定，法人对其理事或其他代理人因执行职务致人损害承担赔偿责任。董事执行职务有恶意或重大过失时，该董事对第三人也负连带损害赔偿责任。二是法人应与代表人对受害人承担连带赔偿责任。如我国台湾地区“民法”规定，法人对于其董事或职员因执行职务所加于他人之损害，与该行为人连带负赔偿之责任。公司负责人，对于公司业务之执行，如有违反法令，致他人受有损害时，对他人应与公司负连带赔偿之责。本条对法人法定代表人职务侵权行为的归责原则的规定，不同于上述两种立法例，明确对外由法人单独承担民事责任，不论法定代表人本身是否有过错，对外不与法人承担连带责任。

◆ 条文解读

一、法定代表人因执行职务造成他人损害的，由法人承担民事责任

法定代表人因执行职务造成他人损害的，属于职务侵权。法定代表人的职务侵权行为应该同时符合以下两个要素：一是法定代表人的行为构成对第三人的侵权，包括对第三人人身权和财产权的侵害。二是该侵权行为应为法定代表人执行职务的行为。例如，甲公司的法定代表人李某驾车出差途中，发生交通事故，将行人张某撞伤，即属于李某的职务侵权行为。由于法定代表人的职务行为是代表法人实施的，因而应由法人承担民事责任。但是，法定代表人的行为如果与执行职务无关，则不构成职务侵权。在上述例子中，如果作为法定代表人的李某是在自己休假旅行过程中发生交通事故，将行人张某撞伤，则不构成职务侵权，甲公司无需承担责任，要由李某本人承担责任。

法人的法定代表人是代表法人从事民事活动的负责人，其以法人名义从事的民事活动的法律后果由法人承受，所以法定代表人的职务侵权行为亦应由法人来承担民事责任。需要指出的是，法人的法定代表人的职务侵权行为与法人一般工作人员的职务侵权行为，在归责原则上，对外都是由法人承担责任。本法侵权责任编规定，用人单位的工作人员因执行工作任务造成他人损害的，由用人单位承担侵权责任。用人单位承担侵权责任后，可以向有故意或者重大过失的工作人员追偿。

二、法人承担民事责任后，依照法律或者法人章程的规定，可以向有过错的法定代表人追偿

法人对外承担民事责任后，在对内责任方面，可以依照法律或者法人章程的规定，向有过错的法定代表人追偿。这一规定涉及法定代表人职务侵权行为的内部责任分担问题。在一般情况下，在职务侵权行为中，行为的法律后果完全由法人承担，法定代表人不需承担该行为的民事责任，但在以下两种情况下，法人可以向有过错的法定代表人追偿：

一是根据法律规定。如果有关法律法规明文规定了法定代表人对职务侵权行为应该承担相应的责任，那么在此种情形下，法人可以在对外赔偿后，依据法律法规规定，向有过错的法定代表人进行追偿。

二是根据法人章程规定。如果法人的章程中明确规定法定代表人对职务侵权行为应该承担相应的责任，那么在此种情形下，法人可以在对外赔偿后，依据法人章程的规定，向有过错的法定代表人进行追偿。

需要指出的是，在法人对外承担民事责任后，对内向责任人进行追偿方面，法定代表人与一般工作人员是不同的。本法在侵权责任编规定，用人单位的工作人员因执行工作任务造成他人损害的，由用人单位承担侵权责任。用人单位承担侵权责任后，可以向有故意或者重大过失的工作人员追偿。根据这一规定，在法人对外承担民事责任后，对内向责任人进行追偿方面，法定代表人与一般工作人员是有区别的：一是对法定代表人进行追偿，必须依据有关法律的规定或者法人章程的规定，否则是不能向法定代表人进行追偿的。而法人向其他工作人员追偿，则不需要有法律规定或者法人章程规定这一前提，只要工作人员有故意或者重大过失都可以向其追偿。二是法定代表人和其他工作人员承担内部责任的过错程度要求不同。对法定代表人来说，只要有过错，包括故意或者过失，即便是一般过失，也要对内承担责任，法人可以向其追偿。但对其他工作人员来说，其对内承担责任的过错程度要求比较高，应为故意或者重大过失，如果只是一般过失，则无需对内承担责任，法人也不能向其追偿。

► **相关规定**

《中华人民共和国公司法》第 149 条；《中华人民共和国保险法》第 83 条

第六十三条 法人以其主要办事机构所在地为住所。依法需要办理法人登记的，应当将主要办事机构所在地登记为住所。

◆ 条文主旨

本条是关于法人住所的规定。

◆ 立法背景

法人住所，是指法人主要办事机构所在地。确定法人的住所，对于确定法人主要办事机构所在地和诉讼管辖地、破产清算地等具有重要意义。此外，法人住所地的确定也可以在涉外法律关系上，决定准据法的适用。我国的《涉外民事关系法律适用法》明确规定："法人及其分支机构的民事权利能力、民事行为能力、组织机构、股东权利义务等事项，适用登记地法律。法人的主营业地与登记地不一致的，可以适用主营业地法律。法人的经常居所地，为其主营业地。"许多国家主张以法人的住所地法作为法人的属人法。因此，在这些国家处理国际民商事纠纷时，如需要适用法人的属人法，就需适用法人的住所地法。

◆ 条文解读

目前国际上确定法人的住所地主要有以下三种标准：

一是管理中心地主义，即以管理中心地为法人的住所地。法人的管理中心地，又称为法人的主事务所所在地或主要办事机构所在地，一般是法人的董事会所在地。以管理中心地作为法人住所地的考虑是，法人的主事务所是法人的首脑机构，决定法人活动的大政方针，所以应该以法人的主事务所所在地为法人的住所。例如，《日本民法典》规定，法人以其主事务所所在地为住所。

目前发达国家一般规定以法人的主事务所所在地，即法人主要办事机构所在地为住所。根据本条的规定，我国确定法人的住所即是采取这一标准。

二是营业中心地主义，即以营业中心地为法人的住所地。营业中心地是法人进行生产、经营等活动的地方。以营业中心地作为法人住所的考虑是，法人进行营业活动的地方是其实现设立目的的地方，且相对来说比较稳定。但是，适用营业中心地主义的标准也面临一些问题，一些法人的营业范围往往涉及多个国家，因而有时难以确定其营业中心地。目前，一些发展中国家规定以营业中心所在地为法人的住所。

三是以法人章程所规定的住所地为主，管理中心地为辅。即法人的章程对住所有规定的，以章程规定为准；章程没有规定的，则以其管理中心地为其住所。

多数国家规定法人只能有一个住所，但也有少数国家，如德国规定法人可以有几个住所。

本条规定，依法需要办理法人登记的，应当将主要办事机构所在地登记为住所。法人设立登记是法人依法成立，取得民事主体资格的要件。依据本法和《企业法人登记管理条例》《公司登记管理条例》《社会团体登记管理条例》《事业单位登记管理暂行条例》和《民办非企业单位登记管理暂行条例》等规定，企业法人、部分事业单位法人和绝大多数社会团体法人应当依法进行设立登记，登记的内容包括法人的住所一项。根据本条的规定，依法需要办理法人登记的，都应当将主要办事机构所在地登记为住所。

▶ **相关规定**

《中华人民共和国企业法人登记管理条例》第 9 条；《中华人民共和国公司登记管理条例》第 9 条；《社会团体登记管理条例》

第12条；《事业单位登记管理暂行条例》第8条；《民办非企业单位登记管理暂行条例》第12条；《最高人民法院关于适用〈中华人民共和国民事诉讼法〉的解释》第3条

第六十四条 法人存续期间登记事项发生变化的，应当依法向登记机关申请变更登记。

◆ 条文主旨

本条是关于法人变更登记的规定。

◆ 立法背景

法人变更登记是指法人存续期间登记事项发生变化的，应当依法将有关变化情况向登记机关报告，并申请办理变更手续。因登记而取得法人资格的法人，其登记事项的变更应进行变更登记，变更登记的机关为原登记机关。对于非因登记而取得法人资格的机关法人，以及部分社会团体法人和事业单位法人，其变更则不需要登记。

◆ 条文解读

一、企业法人变更登记

企业法人变更登记的事项通常包括：合并与分立，变更组织形式，增设或者撤销分支机构，以及法人经营范围、注册资本、住所、法定代表人、经营方式的变动等。依据《企业法人登记管理条例》及其实施细则的规定，企业法人改变名称、住所、经营场所、法定代表人、经济性质、经营范围、经营方式、注册资金、经营期限，以及增设或者撤销分支机构，应当申请办理变更登记。企业法人申请变更登记，应当在主管部门或者审批机关批准后30

日内，向登记主管机关申请办理变更登记。企业法人分立、合并、迁移，应当在主管部门或者审批机关批准后30日内，向登记主管机关申请办理变更登记、开业登记或者注销登记。

依据《企业法人登记管理条例》及其实施细则的规定，企业法人申请变更登记时，应提交下列文件、证件：（一）法定代表人签署的变更登记申请书；（二）原主管部门审查同意的文件；（三）其他有关文件、证件。企业法人实有资金比原注册资金数额增加或者减少超过20%时，应持资金信用证明或者验资证明，向原登记主管机关申请变更登记。登记主管机关在核准企业法人减少注册资金的申请时，应重新审核经营范围和经营方式。企业法人在异地（跨原登记主管机关管辖地）增设或者撤销分支机构，应向原登记主管机关申请变更登记。经核准后，向分支机构所在地的登记主管机关申请开业登记或者注销登记。因分立或者合并而保留的企业应当申请变更登记；因分立或者合并而新办的企业应当申请开业登记；因合并而终止的企业应当申请注销登记。

依据《企业法人登记管理条例》及其实施细则的规定，企业法人迁移（跨原登记主管机关管辖地），应向原登记主管机关申请办理迁移手续；原登记主管机关根据新址所在地登记主管机关同意迁入的意见，收缴《企业法人营业执照》，撤销注册号，开出迁移证明，并将企业档案移交企业新址所在地登记主管机关。企业凭迁移证明和有关部门的批准文件，向新址所在地登记主管机关申请变更登记，领取《企业法人营业执照》。企业法人因主管部门改变，涉及原主要登记事项的，应当分别情况，持有关文件申请变更、开业、注销登记。不涉及原主要登记事项变更的，企业法人应当持主管部门改变的有关文件，及时向原登记主管机关备案。

二、其他法人的变更登记

除了企业法人外，其他法人的登记事项需要变更的，也应当依法办理变更登记。依据《民办非企业单位登记管理暂行条例》的规定，民办非企业单位（即社会服务机构）的登记事项需要变更的，应当自业务主管单位审查同意之日起30日内，向登记管理机关申请变更登记。民办非企业单位修改章程，应当自业务主管单位审查同意之日起30日内，报登记管理机关核准。依据《社会团体登记管理条例》的规定，社会团体的登记事项需要变更的，应当自业务主管单位审查同意之日起30日内，向登记管理机关申请变更登记。

此外，依据《事业单位登记管理暂行条例》及其实施细则的规定，事业单位的登记事项需要变更的，应当向登记管理机关申请变更登记。变更名称、法定代表人、宗旨和业务范围、经费来源的，应当自出现依法应当申请变更登记的情况之日起30个工作日内，向登记管理机关提出申请。变更住所的，应当在迁入新住所前向登记管理机关提出申请。开办资金比原登记的开办资金数额增加或者减少超过20%的，应当申请变更登记。事业单位申请变更登记，应当向登记管理机关提交法定代表人签署的事业单位法人变更登记申请书和《事业单位法人证书》副本复印件。因变更事项的不同，还应当提交其他相应文件：（一）变更名称的，提交审批机关批准文件；（二）变更住所的，提交新住所证明文件；（三）变更宗旨和业务范围且内容涉及资质认可或者执业许可的，出示相应的资质认可证明或者执业许可证明，并提交其复印件；（四）变更法定代表人的，提交事业单位法定代表人登记申请表、现任法定代表人免职文件、拟任法定代表人任职文件和居民身份证复印件或者其他身份证明文件；（五）变更经费来源的，提交经费来源改变的证明文件；（六）变更开办资金的，提交开办资金确认证明。事业单位因合并、分立改变登记事项的，应当申请变更登记。登记管理机关对事业单位变更登记申请应当自受理之日起30个工作日内办结。准予变更登记的，向其颁发变更后的《事业单位法人证书》，收缴变更前的《事业单位法人证书》，变更名称的还应当收缴变更前的单位印章。事业单位变更名称和法定代表人的，应当自领取《事业单位法人证书》之日起60个工作日内，将变更后的单位印章的印迹和新任法定代表人的签字及印章的印迹向登记管理机关备案。事业单位变更名称、住所、法定代表人等登记事项的，由登记管理机关予以公告。

► **相关规定**

《中华人民共和国公司法》第7条；《中华人民共和国企业法人登记管理条例》第17条；《事业单位登记管理暂行条例》第10条；《社会团体登记管理条例》第18条第1款；《民办非企业单位登记管理暂行条例》第15条

第六十五条　法人的实际情况与登记的事项不一致的，不得对抗善意相对人。

◆ **条文主旨**

本条是关于法人登记事项错误不能对抗善意相对人的规定。

◆ **立法背景**

法人登记是对法人参与社会活动的一项管理制度，为保障法人的构成和运行合法，保持法人状态的相对稳定和被社会知情，国家依法设立专门机关对法人进行登记并公示管理。法人登记是法人确立民事权利能力和民事行为能力，变更民事权利能力和民事行为能力，以及消灭民事权利能力的要件。法人登记的目的在于保护相对人的利益，维护交易安全，同时也有利于国家职能部门掌握情况，实施监督管理。除依法不需要进行登记的法人以外，法人登记通常包括法人的设立登记、变更登记和注销登记。

◆ **条文解读**

依据《企业法人登记管理条例》《公司登记管理条例》《社会团体登记管理条例》《事业单位登记管理暂行条例》及《民办非企业单位登记管理暂行条例》及有关实施细则的规定，登记的事项包括：

一是企业法人登记事项。企业法人登记注册的事项包括企业法人名称、住所、经营场所、法定代表人、经济性质、经营范围、经营方式、注册资金、从业人数、经营期限、分支机构。外商投资企业登记注册的主要事项有：名称、住所、经营范围、投资总额、注册资本、企业类型、法定代表人、营业期限、有限责任公司股东或者股份有限公司发起人的姓名或者名称。外商投资企业设立的分支机构登记注册的主要事项有：名称、营业场所、负责人、经营范围、隶属企业。

二是社会团体登记事项。社会团体登记事项包括：名称、住所、宗旨、业务范围、活动地域、法定代表人、活动资金和业务主管单位。

三是事业单位法人登记事项。事业单位法人登记事项包括名称、住所、宗旨和业务范围、法定代表人、经费来源（开办资金）等。

四是民办非企业单位（即社会服务机构）登记事项。民办非企业单位登记事项包括：民办非企业单位的名称、住所、宗旨和业务范围、法定代表人或者负责人、开办资金和业务主管单位。

如果法人的实际情况与上述登记的事项不一致的，不得对抗善意相对人。例如，法定代表人登记事项与实际情况不符，导致在法人内部存在的运行体制与其在登记机关公示的内容不完全相符，在此种情况下，对善意相对人不发生法律效力。因为登记有一个基本的公示功能，登记事项系对相对人的事先告知，对法人和相对人同等发生效力，推定各方当事人共同认可登记内容。如果法人实际情形与登记不一致的，发生的法律后果由法人自行承担，对相对人不发生效力。对此，德国商法典也作了类似的规定，赋予经公告的登记事项以公信力，如果官方的公告宣布某一事项已在商业登记簿中进行了登记，那么信赖这一公告的第三人将受到保护，即使官方的公告或有关的登记事项虚假不实，只要有关的相对人对此既无责任也不知情就够了。但是，需要指出的是，如果法人在进行民事活动时主动告知相对人实际情形的，则相对人即不属于善意相对人，不适用本条的规定。

▶ **相关规定**

《中华人民共和国企业法人登记管理条例》第 9 条；《中华人民共和国公司登记管理条例》第 9 条；《社会团体登记管理条例》第 12 条；《事业单位登记管理暂行条例》第 8 条；《民办非企业单位登记管理暂行条例》第 12 条

第六十六条　登记机关应当依法及时公示法人登记的有关信息。

◆ **条文主旨**

本条是关于法人登记公示制度的规定。

◆ **立法背景**

法人登记公示制度是随着商业登记法律的产生而确立的一项

制度，是商品经济发展到一定阶段的产物。德国于1861年颁布的《德国商法典》，规定在地方法院设置商业登记簿，由地方法院办理。随后，日本及欧洲诸国，均加以仿效。日本于明治32年3月颁布的《商法》，规定商业登记由商业营业所在地的法院设置商业登记簿，办理登记。就我国的情况来说，1950年颁布了中华人民共和国成立后的第一部企业登记法规《私营企业暂行条例》，1962年颁布了《工商企业登记管理试行办法》。十一届三中全会之后，又制定了一系列的法人登记法规，包括《企业法人登记管理条例》《公司登记管理条例》《社会团体登记管理条例》《事业单位登记管理暂行条例》《民办非企业单位登记管理暂行条例》及有关实施细则等。

法人登记事项经公示之后，即可产生两种法律效力，包括对抗力和公信力。通过赋予公示的登记事项以对抗力来保护登记人的合法权益，同时，通过赋予公示的登记事项以公信力来保护善意第三人，从而维护交易安全。

◆ 条文解读

法人登记事项经公示之后，即可产生对抗力和公信力。

第一，对抗力。登记事项公示之后，具有对抗力。所谓对抗力，是指对于某种权利的内容，可以向第三人主张的法律效力。凡应登记及公示的事项，而未经登记和公示的，则其事实存在与否，第三人很难知悉，假如没有特别的理由，法律上推定第三人不知情，那么在登记公示之前，不能对抗善意第三人。在登记公示之后，登记事项对第三人发生效力，第三人应尽注意责任，否则，即使不知情，也可与之对抗。登记及公示的对抗力，在于经公示的登记事项，可以与第三人对抗。登记与公示，是对抗力的形式要件，实为向社会宣示其权利而排斥其他权利的侵害，从而保护登记人的合法权利。

第二，公信力。所谓公信力，亦称公信原则，是指对法人登记公示的内容赋予法律上的公信力，即使该内容有瑕疵，法律对信赖该内容的第三人也将加以保护。

确立对法人登记信息的公示制度，其意义在于：一是有利于保护交易安全。法人登记公示制度对交易安全的保护，集中表现在公示的效力上，即对抗力与公信力。公示的对抗力表现为已经公示，可以对抗；未经公示，不能对抗。公示的公信力表现为一旦公示，外界即可信赖该公示的内容，即使有瑕疵，对信赖该公示的善意第三人也将加以保护。二是有利于降低社会成本。公示制度的对抗力和公信力使当事人权利义务确定化、稳定化，与之交易的第三人不必花费大量的时间和金钱去辨别公示内容的真伪。因此，公示制度大大降低了市场交易成本，即信息收集、进行谈判、订立契约并检查、监督契约实施的费用。另外，公示制度明确了当事人的责任，即无论在登记过程中，还是在交易过程中均需尽注意义务，在使当事人谨慎从事的同时，也可以减少纠纷，降低整个社会的司法成本。

登记机关应当依法及时公示法人登记的有关信息。依据《企业法人登记管理条例》《公司登记管理条例》《社会团体登记管理条例》《事业单位登记管理暂行条例》《民办非企业单位登记管理暂行条例》及有关实施细则的规定，法人的相关登记机关包括：一是市场监督管理部门，即原工商行政管理部门，是企业法人的登记机关。二是编制部门，是事业单位的登记机关。三是民政部门，是社会团体和民办非企业单位，即社会服务机构的登记机关。

根据本条的规定，登记机关应当依法及时公示法人登记的有关信息。这里说的“依法”主要是指依《企业法人登记管理条例》《公司登记管理条例》《事业单位登记管理暂行条例》和《民办非企业单位登记管理暂行条例》及有关实施细则，上述这些法规、规章对登记机关公示法人登记信息作出了具体规定，包括设立登记、变更登记和注销登记信息都要对外进行公示。如《事业单位登记管理暂行条例实施细则》规定，事业单位设立登记的公告内容，应当包括名称、法定代表人、宗旨和业务范围、开办资金、住所及《事业单位法人证书》证书号等。事业单位变更名称、住所、法定代表人等登记事项的，由登记管理机关予以公告。登记管理机关核准事业单位注销登记后，应当收缴被注销事业单位的《事业单位法人证书》正、副本及单位印章，并发布注销登记公告。《民办非企业单位登记管理暂行条例》规定，民办非企业单位成立、注销以及变更名称、住所、法定代表人或者负责人，由登记管理机关予以公告。《企业法人登记管理条例实施细则》规定，登记主管机关应当将企业法人登记、备案信息通过企业信用信息公示系统向社会公示；企业法人应当于每年 1 月 1 日至 6 月 30 日，通过企业信用信息公示系统向登记主管机关报送上一年度年度报告，并向社会公示。

▶ 相关规定

《中华人民共和国企业法人登记管理条例》第 23 条、第 24 条第 1 款；《中华人民共和国企业法人登记管理条例实施细则》第 51 条、第 52 条；《中华人民共和国公司登记管理条例》第 55 条、第 57 条第 1 款；《事业单位登记管理暂行条例》第 14 条；《事业单位登记管理暂行条例实施细则》第 44 条、第 50 条、第 54 条；《民办非企业单位登记管理暂行条例》第 18 条

第六十七条　法人合并的，其权利和义务由合并后的法人享有和承担。

法人分立的，其权利和义务由分立后的法人享有连带债权，承担连带债务，但是债权人和债务人另有约定的除外。

◆ 条文主旨

本条是关于法人合并、分立后的相关权利义务的规定。

◆ 立法背景

法人合并，是指由两个以上的法人合并为一个新法人，是法人在组织上的一种变更。法人分立，是指一个法人分成两个或两个以上的法人，是法人在组织上的一种变更。法人发生合并、分立的，其权利和义务如何承担，需要法律作出明确规定，以利于交易安全，保护相关当事人的合法权益。

◆ 条文解读

一、法人合并的，其权利和义务由合并后的法人享有和承担

法人合并分为新设合并和吸收合并。所谓新设合并是指，原法人资格随即消灭，新法人资格随即确立。所谓吸收合并是指，一个或多个法人归并到一个现存的法人中，被合并的法人资格消灭，存续法人的主体资格仍然存在。法人发生合并，它的权利义务，应当由合并后的法人享有和承担。

法人合并，应经主管机关批准，依法应当向登记机关办理登记并公告的，还应向登记机关进行登记，并应及时公告。法人合并的，因合并而消灭的法人办理注销登记，因合并而成立的法人办理设立登记，因合并而继续存在的法人办理变更登记。在新设

合并中，被合并的法人都终止了，因此应当办理注销登记，而合并后的法人属于新设，应当办理设立登记。在吸收合并中，被吸收的法人终止了，因此办理注销登记，而吸收其他法人的法人仍然继续存在，但是却发生了变更，所以应当办理变更登记。

二、法人分立的，其权利和义务由分立后的法人享有连带债权，承担连带债务，但是债权人和债务人另有约定的除外

法人的分立分为新设式分立和派生式分立两种方式。所谓新设式分立，是指原法人分立为两个或者两个以上新的法人，原法人不复存在。所谓派生式分立，是指原法人仍然存在，但从原法人中分立出来一个新的法人，原法人的资格不变。

法人分立，因分立而保留的企业应申请变更登记；因分立而新开办的企业应申请开业登记。法人分立，应经主管机关批准，依法应当向登记机关办理登记并公告的，还应当向登记机关办理分立登记，并应及时公告。

法人发生分立，其权利和义务由分立后的法人享有连带债权，承担连带债务，但是债权人和债务人另有约定的除外。当事人分立后，不仅原有的一切债权债务依法由分立后的法人或者其他组织承担，而且原有的财产所有权、经营权、知识产权等也都转移给分立后的企业。因此，分立后的各法人对原债权享有连带债权，对原债务承担连带债务，但是债权人和债务人另有约定的，可以依照约定处理。

这里需要说明两点：

一是本法合同编对连带债权、连带债务作了明确的规定。债权人为二人以上，部分或者全部债权人均可以请求债务人履行债务的，为连带债权。债务人为二人以上，债权人可以请求部分或者全部债务人履行全部债务的，为连带债务。本法合同编中明确规定，连带债务人之间的份额难以确定的，视为份额相同。实际承担债务超过自己份额的连带债务人，有权就超出部分在其他连带债务人未履行的份额范围内向其追偿，并相应地享有债权人的权利，但是不得损害债权人的利益。其他连带债务人可以向该债务人主张对债权人的抗辩。被追偿的连带债务人不能履行其应分担份额的，其他连带债务人应当在相应范围内按比例分担。部分连带债务人履行、抵销债务或者提存标的物的，其他债务人对债权人的债务在相应范围内消灭；该债务人可以依法向其他债务人追偿。部分连带债务人的债务与债权人的债权同归于一人的，在扣除该债务人所应承担的份额后，债权人对其他债务人的债权继续存在。债权人对部分连带债务人的给付受领迟延的，对其他连带债务人发生效力。连带债权人之间的份额难以确定的，视为份额相同。实际受领债权的连带债权人，应当按比例向其他连带债权人返还。连带债权参照适用连带债务的有关规定。

二是关于法人合并、分立后的相关权利义务规定，公司法也作了与本条精神一致的规定：公司合并时，合并各方的债权、债务，应当由合并后存续的公司或者新设的公司承继。公司分立前的债务由分立后的公司承担连带责任。但是，公司在分立前与债权人就债务清偿达成的书面协议另有约定的除外。

▶ **相关规定**

《中华人民共和国公司法》第174条、第176条

第六十八条　有下列原因之一并依法完成清算、注销登记的，法人终止：

（一）法人解散；

（二）法人被宣告破产；

（三）法律规定的其他原因。

法人终止，法律、行政法规规定须经有关机关批准的，依照其规定。

◆ **条文主旨**

本条是关于法人终止的规定。

◆ **立法背景**

法人终止，是指法人权利能力的终止。自然人有生就有死，法人也一样，其设立是依法设立，终止也需要依法终止。法人终止需要满足哪些条件，需要法律作出明确规定。

◆ **条文解读**

一、法人终止的法定条件

本条第一款规定了法人终止的条件：

（一）具有法定事由，包括三种：一是法人解散。二是法人被宣告破产。法人不能清偿到期债务，并且资产不足以清偿全部债务或者明显缺乏清偿能力的，债权人可以向法院提出对债务人进行破产清算的申请。作为债务人的法人被法院依法宣告破产的，法人终止。从域外一些国家的立法看，也均把破产作为法人终止的法定原因，如《德国民法典》规定：社团因破产开始，丧失权利能力。三是法律规定的其他原因。除了前两项原因外，有法律规定的其他原因，法人也要终止。

（二）依法完成清算。在上述原因发生后，法人的主体资格并不立即消灭，只有经过清算，法人主体资格才归于消灭。法人清算，是指清算组织在法人终止时，依据职权清理并消灭法人的全部财产关系的程序。清算的形式有二：一是依破产程序进行清算；二是非依破产程序，而是依民法等有关规定进行清算。清算一般在法人终止时进行，但在法人负债过重时，经法人机关决定，由主管部门批准，也可以自动清算。人民法院也可以根据法人的债权人或其他利害关系人的申请责令法人清算。

清算的任务是清查法人财产，核实债权债务，编制资产负债表，依法或依章程向有关部门移交财产，依法律规定的范围和程序清偿债务等。法人清算，一般由法人的董事、理事等执行机构或者决策机构的成员作为清算义务人，成立清算组进行清算。

（三）依法进行注销登记。法人注销登记是法人依法终止，消灭其民事主体资格的要件。清算终结，应由清算组织向登记机关办理注销登记并公告。完成注销登记和公告，法人即告消灭。法人注销登记机关与设立登记机关相同，法人注销登记应提交的文件因法人种类不同而不同。

依据《企业法人登记管理条例》的规定，企业法人歇业、被撤销、宣告破产或者因其他原因终止营业，应当向登记主管机关办理注销登记。企业法人办理注销登记，应当提交法定代表人签署的申请注销登记报告、主管部门或者审批机关的批准文件、清理债务完结的证明或者清算组织负责清理债权债务的文件。经登记主管机关核准后，收缴《企业法人营业执照》、《企业法人营业执照》副本，收缴公章，并将注销登记情况告知其开户银行。

依据《事业单位登记管理暂行条例》及其实施细则的规定，事业单位被撤销、解散的，应当向登记管理机关办理注销登记或者注销备案。事业单位办理注销登记前，应当在审批机关指导下成立清算组织，完成清算工作。事业单位应当自清算结束之日起15日内，向登记管理机关办理注销登记。事业单位办理注销登记，应当提交撤销或者解散该事业单位的文件和清算报告；登记管理机关收缴《事业单位法人证书》和印章。

依据《社会团体登记管理条例》的规定，社会团体终止的，应当在业务主管单位审查同意后，向登记管理机关申请注销登记。社会团体在办理注销登记前，应当在业务主管单位及其他有关机关的指导下，成立清算组织，完成清算工作。清算期间，社会团体不得开展清算以外的活动。社会团体应当自清算结束之日起15日内向登记管理机关办理注销登记。办理注销登记，应当提交法定代表人签署的注销登记申请书、业务主管单位的审查文件和清算报告书。登记管理机关准予注销登记的，发给注销证明文件，收缴该社会团体的登记证书、印章和财务凭证。

依据《民办非企业单位登记管理暂行条例》的规定，民办非企业单位需要注销登记的，应当向登记管理机关办理注销登记。民办非企业单位在办理注销登记前，应当在业务主管单位和其他有关机关的指导下，成立清算组织，完成清算工作。清算期间，民办非企业单位不得开展清算以外的活动。民办非企业单位法定代表人或者负责人应当自完成清算之日起15日内，向登记管理机关办理注销登记。办理注销登记，须提交注销登记申请书、业务主管单位的审查文件和清算报告。登记管理机关准予注销登记的，发给注销证明文件，收缴登记证书、印章和财务凭证。

二、法人终止，法律、行政法规规定须经有关机关批准的，依照其规定

法人设立，法律、行政法规规定须经有关机关批准的，依照其规定。相应地，法人终止，法律、行政法规规定须经有关机关批准的，依照其规定。如《医疗机构管理条例》规定，医疗机构歇业，必须向原登记机关办理注销登记。经登记机关核准后，收缴《医疗机构执业许可证》。

▶ 相关规定

《中华人民共和国企业法人登记管理条例》第20条、第21

条；《中华人民共和国公司登记管理条例》第41－44条；《社会团体登记管理条例》第19－21条；《事业单位登记管理暂行条例》第13条；《民办非企业单位登记管理暂行条例》第16条、第17条；《医疗机构管理条例》第21条

第六十九条 有下列情形之一的，法人解散：

（一）法人章程规定的存续期间届满或者法人章程规定的其他解散事由出现；

（二）法人的权力机构决议解散；

（三）因法人合并或者分立需要解散；

（四）法人依法被吊销营业执照、登记证书，被责令关闭或者被撤销；

（五）法律规定的其他情形。

◆ 条文主旨

本条是关于法人解散的规定。

◆ 立法背景

法人解散是指已成立的法人基于一定的合法事由而使法人消灭的法律行为。法人解散不仅涉及其自身的权益，也涉及与其有经济往来的其他民事主体的权益，所以需要由法律对哪些情况下法人可以解散作出明确规定，以维护相关当事人的合法权益和交易安全。

◆ 条文解读

本条规定了法人解散的五种情形：

一是法人章程规定的存续期间届满或者法人章程规定的其他

解散事由出现。法人章程规定了法人的存续期间的，如自成立之日起10年，那么到了10年法人存续期满后，该法人即可以自行解散。此外，如果法人章程规定了其他解散事由，一旦该事由出现，法人也可以解散。

二是法人的权力机构决议解散。根据本法的规定，营利法人应当设权力机构。权力机构行使修改法人章程，选举或者更换执行机构、监督机构成员，以及法人章程规定的其他职权。法人的权力机构，如股东大会，可以作出决议解散法人。

三是因法人合并或者分立需要解散。法人合并，两个以上的法人合并为一个新法人，被合并的法人自然也就解散了。法人分立，一个法人分立为两个以上的新法人，原法人自然也就解散了。

四是法人依法被吊销营业执照、登记证书，被责令关闭或者被撤销。在此种情况下，由于法人被依法给予行政处罚，失去了从事原活动的资格，所以法人也就被解散了。

吊销营业执照、登记证书，责令关闭，都是行政处罚。行政处罚是指行政机关依照法定程序对公民、法人或者其他组织违反行政管理秩序的行为给予的处罚，是一种行政责任。行政处罚的种类包括警告、罚款、没收违法所得、没收非法财物、责令停产停业、暂扣或者吊销许可证、暂扣或者吊销执照、行政拘留，以及法律、行政法规规定的其他行政处罚。在上述处罚种类中，罚款和没收违法所得、没收非法财物属于财产罚。所谓财产罚，是指行政机关对违法的行政管理相对人给予的剥夺财产权的处罚种类，它是运用最广泛的一种行政处罚。警告属于申诫罚。申诫罚是指行政机关对违法的行政管理相对人给予的告诫或者通报批评。行政拘留属于人身罚，是指行政机关在一定期限内剥夺违法的行政管理相对人的人身自由的处罚，是最严厉的一种处罚。而本条规定的吊销营业执照、登记证书，责令关闭，属于行为罚。所谓行为罚，是指行政机关限制或剥夺违法的行政管理相对人从事某种活动的权利或者资格的制裁形式，它是仅次于人身罚的一种较为严厉的行政处罚措施。

吊销营业执照、登记证书是指行政机关依法剥夺违法者已经获得的从事某种活动的权利或资格。吊销营业执照、登记证书这种处罚，主要用于已经取得行政机关的许可，但其在生产经营等活动中，因为违反了法律法规的规定，被行政机关依法进行处罚，吊销其营业执照、登记证书，从而使其失去从事某种活动的合法资格的情形。而责令关闭是指行政机关责令违法者关闭其未经批准而从事违法生产经营活动的场所。责令关闭主要用于行为人违反法律法规规定，未经许可而擅自从事某种依法应当经过行政机关的许可才可以从事的活动的情形。如依据《医疗机构管理条例》的规定，开办医疗机构应当经过卫生行政部门的审批，如行为人未经审批即开办医疗机构，则由卫生行政部门依法对其进行处罚。再如，根据《食品安全法》的规定，企业从事食品生产经营活动要取得食品安全监管部门的许可，对未经许可从事食品生产经营的违法者，要由食品安全监管部门依法对其进行处罚。

法人依法被撤销，是指法人违反国家法律、法规的规定被主管部门撤销登记。《社会团体登记管理条例》规定：社会团体有下列情形之一，情节严重的，由登记管理机构予以撤销登记：（一）涂改、出租、出借《社会团体法人登记证书》，或者出租、出借社会团体印章的；（二）超出章程规定的宗旨和业务范围进行活动的；（三）拒不接受或者不按照规定接受监督检查的；（四）不按照规定办理变更登记的；（五）违反规定设立分支机构、代表机构，或者对分支机构、代表机构疏于管理，造成严重后果的；（六）从事营利性的经营活动的；（七）侵占、私分、挪用社会团体资产或者所接受的捐赠、资助的；（八）违反国家有关规定收取费用、筹集资金或者接受、使用捐赠、资助的。此外，《民办非企业单位登记管理暂行条例》也规定，民办非企业单位有下列情形之一，情节严重的，由登记机关予以撤销登记：（一）涂改、出租、出借民办非企业单位登记证书，或者出租、出借民办非企业单位印章的；（二）超出其章程规定的宗旨和业务范围进行活动的；（三）拒不接受或者不按照规定接受监督检查的；（四）不按照规定办理变更登记的；（五）设立分支机构的；（六）从事营利性的经营活动的；（七）侵占、私分、挪用民办非企业单位的资产或者所接受的捐赠、资助的；（八）违反国家有关规定收取费用、筹集资金或者接受使用捐赠、资助的。

五是法律规定的其他情形。这是一项兜底的规定，除了本条规定的上述四项情形外，如果符合其他法律规定的法人解散情形的，法人也应当解散。如公司法规定，公司经营管理发生严重困难，继续存续会使股东利益受到重大损失，通过其他途径不能解决的，持有公司全部股东表决权10%以上的股东，可以请求人民法院解散公司。

▶ **相关规定**

《中华人民共和国行政处罚法》第8条；《中华人民共和国公司法》第180条、第182条；《社会团体登记管理条例》第30条；《民办非企业单位登记管理暂行条例》第25条

第七十条 法人解散的，除合并或者分立的情形外，清算义务人应当及时组成清算组进行清算。

法人的董事、理事等执行机构或者决策机构的成员为清算义务人。法律、行政法规另有规定的，依照其规定。

清算义务人未及时履行清算义务，造成损害的，应当承担民事责任；主管机关或者利害关系人可以申请人民法院指定有关人员组成清算组进行清算。

◆ **条文主旨**

本条是关于法人解散清算的规定。

◆ **立法背景**

法人清算，是指在法人解散时，清算义务人成立清算组，依据职权清理并消灭法人的全部财产关系的程序。清算的任务是：清查法人财产，核实债权债务，编制资产负债表，依法或依章程向有关部门移交财产，依法律规定的范围和程序清偿债务等。

◆ **条文解读**

法人解散的，除合并或者分立的情形外，清算义务人应当及时组成清算组进行清算。法人清算必须由清算义务人指定清算组进行。清算终结，应由清算组向登记机关办理注销登记并公告，完成注销登记和公告，法人即告消灭。清算义务人，是指在法人解散后，负有清算责任的主体，也称清算人。清算义务人为法人的董事、理事等执行机构或者决策机构的成员。

董事，是指由法人权力机构选举产生的法人执行机构的成员，是公司内部治理的主要力量。根据公司法的规定，董事由股东大会选举产生，可以由股东或非股东担任。董事的任期，一般都是在公司内部细则中予以规定，有定期和不定期两种。定期把董事的任期限制在一定的时间内，每届任期不得超过 3 年。不定期是指从任期那天算起，满一定年限应当进行改选，但可连选连任。董事被解聘的原因有：任期届满而未能连任、违反股东大会决议、股份转让、本人辞职、丧失行为能力，或者公司破产等。公司董事为自然人。

根据公司法的规定，董事的职权为：一是出席董事会，并行使表决权；二是报酬请求权；三是签名权，在以公司名义颁发的有关文件，如募股文件、公司设立登记文件等上签名；四是公司章程规定的其他职权。相应地，董事应当履行法定义务，包括遵守法律、行政法规和公司章程，对公司负有忠实义务和勤勉义务等。

公司法对董事的任职资格作了一定的限制。依据公司法的规定，有以下情形的，不得担任股份有限公司的董事：一是无民事行为能力或限制民事行为能力；二是因贪污、贿赂、侵占财产、挪用财产或者破坏社会主义市场经济秩序，被判处刑罚，执行期满未逾 5 年，或者因犯罪被剥夺政治权利，执行期满未逾 5 年；三是担任破产清算的公司、企业的董事或厂长、经理，并对该公司、企业的破产负有个人责任的，自该公司、企业破产清算完结之日起未逾 3 年；四是担任因违法被吊销营业执照、责令关闭的公司、企业的法定代表人，并负有个人责任的，自该公司、企业被吊销执照之日起未逾 3 年；五是个人所负数额较大的债务到期未清偿。

公司法规定，董事任期从股东大会决议通过之日起计算，至本届董事会任期届满时止。董事任期届满，连选可以连任。董事的提名办法一般由公司章程或相关办法规定。董事选任程序应规范，保证董事选任公平、公正、独立。董事候选人应在股东大会召开之前作出书面承诺，同意接受提名，承诺披露的董事候选人的资料真实、完整，并保证当选后切实履行董事职责。

理事是指在非营利法人中，由选举产生的管理法人事务的人员，是法人内部治理的主要力量，对内管理法人事务，对外代表法人进行活动。例如，根据民办教育促进法及其实施条例的规定，非营利民办学校理事会或者其他形式决策机构的负责人应当品行良好，具有政治权利和完全民事行为能力。国家机关工作人员不得担任民办学校理事会或者其他形式决策机构的成员。民办学校的理事会或者其他形式决策机构，每年至少召开一次会议。经1/3以上组成人员提议，可以召开理事会或者其他形式决策机构临时会议。

除了董事、理事为清算义务人外，法律、行政法规对清算义务人另有规定的，依照其规定。如根据公司法的规定，有限责任公司的清算义务人是全体股东。根据《社会团体登记管理条例》《事业单位登记管理暂行条例》和有关实施细则的规定，社会团体的清算义务人是其业务主管单位及其他有关机关；事业单位的清算义务人是其举办单位和其他有关机关。

清算义务人未及时履行清算义务，造成损害的，应当承担民事责任；主管机关或者利害关系人可以申请人民法院指定有关人员组成清算组进行清算。法人解散后，应当由清算义务人成立清算组。公司法规定，公司应当在解散事由出现之日起15日内成立清算组，开始清算。清算义务人未及时履行清算义务，逾期不成立清算组进行清算，给债权人等造成损害的，应当承担民事责任。债权人可以申请人民法院指定有关人员组成清算组进行清算；人民法院应当受理该申请，并及时组织清算组进行清算。

▶ **相关规定**

《中华人民共和国公司法》第45条、第146条、第147条、第183条；《中华人民共和国民办教育促进法》第20－21条；《中华人民共和国民办教育促进法实施条例》第19条、第20条；《社会团体登记管理条例》第20条；《事业单位登记管理暂行条例》第13条

第七十一条 法人的清算程序和清算组职权，依照有关法律的规定；没有规定的，参照适用公司法律的有关规定。

◆ 条文主旨

本条是关于法人的清算程序和清算组职权的规定。

◆ 立法背景

关于法人的清算程序和清算组职权，本条没有作具体规定，而是明确依照有关法律的规定。这里的有关法律主要是指《公司法》和《社会团体登记管理条例》《事业单位登记管理暂行条例》《民办非企业单位登记管理暂行条例》及有关实施细则等。

◆ 条文解读

一、清算程序

公司法对公司法人的清算程序作出了明确规定：公司应当在解散事由出现之日起15日内成立清算组，开始清算。有限责任公司的清算组由股东组成，股份有限公司的清算组由董事或者股东大会确定的人员组成。逾期不成立清算组进行清算的，债权人可以申请人民法院指定有关人员组成清算组进行清算。人民法院应当受理该申请，并及时组织清算组进行清算。清算组应当自成立之日起10日内通知债权人，并于60日内在报纸上公告。债权人应当自接到通知书之日起30日内，未接到通知书的自公告之日起45日内，向清算组申报其债权。债权人申报债权，应当说明债权的有关事项，并提供证明材料。清算组应当对债权进行登记。在申报债权期间，清算组不得对债权人进行清偿。

《事业单位登记管理暂行条例实施细则》规定，清算组织应当自成立之日起10日内通知债权人，并于30日内至少发布三次拟申请注销登记的公告。债权人应当自第一次公告之日起90日内，向清算组织申报其债权。此外，《民办非企业单位登记管理暂行条例》和《社会团体登记管理条例》规定，民办非企业单位、社会团体在办理注销登记前，应当在业务主管单位和其他有关机关的指导下，成立清算组织，完成清算工作。

二、清算组职权

《公司法》规定，清算组在清算期间行使下列职权：一是清理公司财产，分别编制资产负债表和财产清单。清算组在清理公司财产、编制资产负债表和财产清单后，应当制定清算方案，并报股东会、股东大会或者人民法院确认。二是通知、公告债权人。三是处理与清算有关的公司未了结的业务。四是清缴所欠税款以及清算过程中产生的税款。五是清理债权、债务。六是处理公司清偿债务后的剩余财产。公司财产在分别支付清算费用、职工的工资、社会保险费用和法定补偿金，缴纳所欠税款，清偿公司债务后的剩余财产，有限责任公司按照股东的出资比例分配，股份有限公司按照股东持有的股份比例分配。七是代表公司参与民事诉讼活动。

法律、行政法规等对公司以外的法人解散后清算的程序和清算组职权没有规定的，可以参照适用公司法的上述规定。本条规定的“参照适用公司法律的有关规定”，即是指参照适用公司法的有关规定。需要说明的是，参照适用不是全部适用，在适用公司法相关规定的基本原则的前提下，在一些具体规定上可以根据该类组织的特点作灵活处理，与公司法的规定不完全相同。

▶ 相关规定

《中华人民共和国公司法》第183－187条、第189条

第七十二条 清算期间法人存续，但是不得从事与清算无关的活动。

法人清算后的剩余财产，按照法人章程的规定或者法人权力机构的决议处理。法律另有规定的，依照其规定。

清算结束并完成法人注销登记时，法人终止；依法不需要办理法人登记的，清算结束时，法人终止。

◆ 条文主旨

本条是关于清算期间法人活动的要求，清算后剩余财产的处理，以及法人终止的规定。

◆ 立法背景

清算期间，法人还继续存在，仍然具有民事权利能力和民事行为能力，但是其民事权利能力是受到限制的，不得从事与清算无关的活动，以保护债权人和其他人的利益。如果法人在清算期间，仍然继续从事经营活动，会产生新的债权债务关系，这势必会影响到原债权人的利益，同时在法人处于清算的状态下，再开展业务活动，对有关相对人的权益也会造成侵害。所以，清算期间法人虽然存续，但是不得从事与清算无关的活动。

◆ 条文解读

一、清算期间法人存续，但是不得从事与清算无关的活动

《公司法》《社会团体登记管理条例》《事业单位登记管理暂行条例》《民办非企业单位登记管理暂行条例》等法律、行政法规，均规定法人在清算期间不得开展与清算无关的活动。对违反这一规定的，公司法还规定了相应的法律责任：公司在清算期间开展与清算无关的经营活动的，由公司登记机关予以警告，没收违法所得。

二、法人清算后的剩余财产，按照法人章程的规定或者法人权力机构的决议处理。法律另有规定的，依照其规定

法人清算后的剩余财产，是指法人财产在分别支付清算费用、职工的工资、社会保险费用和法定补偿金，缴纳所欠税款，清偿公司债务后的剩余财产。对法人清算后的剩余财产，一般要根据法人章程的规定或者法人权力机构的决议来处理，但是法律另有规定的，依照其规定。如公司法规定，公司财产在分别支付清算费用、职工的工资、社会保险费用和法定补偿金，缴纳所欠税款，清偿公司债务后的剩余财产，有限责任公司按照股东的出资比例分配，股份有限公司按照股东持有的股份比例分配。因此，对有限责任公司和股份有限公司法人在清算后的剩余财产的处理，要适用公司法的规定。此外，本法第 95 条对为公益目的成立的非营利法人剩余财产的处理也作了专门规定：为公益目的成立的非营利法人终止时，不得向出资人、设立人或者会员分配剩余财产。剩余财产应当按照法人章程的规定或者权力机构的决议用于公益目的；无法按照法人章程的规定或者权力机构的决议处理的，由主管机关主持转给宗旨相同或者相近的法人，并向社会公告。因此，为公益目的成立的非营利法人终止时剩余财产的处理，要遵守本法第 95 条的规定。

三、清算结束并完成法人注销登记时，法人终止；依法不需要办理法人登记的，清算结束时，法人终止

在清算程序结束后，对经过登记设立的法人，还要再经过法人注销登记程序，法人才终止。注销登记是指登记主管机关依法对歇业、被撤销、宣告破产或者因其他原因终止营业的法人，取消法人资格的行为。根据《公司法》《社会团体登记管理条例》

《事业单位登记管理暂行条例》《民办非企业单位登记管理暂行条例》等法律、行政法规的规定，公司清算结束后，清算组应当制作清算报告，报股东会、股东大会或者人民法院确认，并报送公司登记机关，申请注销公司登记，公告公司终止。社会团体应当自清算结束之日起 15 日内向登记管理机关办理注销登记。办理注销登记，应当提交法定代表人签署的注销登记申请书、业务主管单位的审查文件和清算报告书。登记管理机关准予注销登记的，发给注销证明文件，收缴该社会团体的登记证书、印章和财务凭证。民办非企业单位法定代表人或者负责人应当自完成清算之日起 15 日内，向登记管理机关办理注销登记。办理注销登记，须提交注销登记申请书、业务主管单位的审查文件和清算报告。登记管理机关准予注销登记的，发给注销证明文件，收缴登记证书、印章和财务凭证。

事业单位应当自清算结束之日起 15 个工作日内，向登记管理机关申请注销登记并提交下列文件：（一）法定代表人签署的事业单位法人注销登记申请书；（二）撤销或者解散的证明文件；（三）有关机关确认的清算报告；（四）发布该单位拟申请注销登记公告的凭证；（五）《事业单位法人证书》正、副本及单位印章；（六）登记管理机关要求提交的其他相关文件。登记管理机关核准事业单位注销登记后，应当收缴被注销事业单位的《事业单位法人证书》正、副本及单位印章，并发布注销登记公告。经登记管理机关注销登记的事业单位，自核准注销登记之日起事业单位法人终止。

有些法人设立是依法不需要经过登记程序的，如根据工会法的规定，工会社团法人资格的取得是由工会法直接规定的，依法不需要办理法人登记。对这些法人在清算结束时，不需要进行注销登记，法人即终止。

► **相关规定**

《中华人民共和国公司法》第 188 条；《社会团体登记管理条例》第 21 条、第 22 条；《事业单位登记管理暂行条例》第 13 条第 3 款；《民办非企业单位登记管理暂行条例》第 17 条

第七十三条　法人被宣告破产的，依法进行破产清算并完成法人注销登记时，法人终止。

◆ **条文主旨**

本条是关于法人因破产而终止的规定。

◆ **立法背景**

破产，是指债务人因不能清偿债务或者资不抵债时，由债权人或债务人诉请法院宣告破产并依破产程序偿还债务的一种法律制度。狭义的破产制度仅指破产清算制度，广义的破产制度还包括重整与和解制度。

◆ **条文解读**

依据本条的规定，法人被人民法院宣告破产的，依法进行破产清算并完成法人注销登记时，法人终止。这里的“依法”主要是指《企业破产法》和其他规定了法人破产清算的法律，如《农民专业合作社法》《民办教育促进法》等。

本条规定明确了法人因破产而终止的两个程序性规定：

一、破产清算

破产清算制度，是对债务人宣告破产、清算还债的法律制度，即在债务人丧失清偿能力时，由法院强制执行其全部财产，公平清偿全体债权人的法律制度。根据企业破产法的规定，破产清算

分为破产宣告、变价和分配、破产程序的终结三个环节。

一是破产宣告。《企业破产法》规定，人民法院宣告债务人破产的，应当自裁定作出之日起 5 日内送达债务人和管理人，自裁定作出之日起 10 日内通知已知债权人，并予以公告。债务人被宣告破产后，债务人称为破产人，债务人财产称为破产财产，人民法院受理破产申请时对债务人享有的债权称为破产债权。

破产宣告前，第三人为债务人提供足额担保或者为债务人清偿全部到期债务，或者债务人已清偿全部到期债务的，人民法院应当裁定终结破产程序，并予以公告。对破产人的特定财产享有担保权的权利人，对该特定财产享有优先受偿的权利。享有这一权利的债权人行使优先受偿权利未能完全受偿的，其未受偿的债权作为普通债权；放弃优先受偿权利的，其债权作为普通债权。

二是变价和分配。《企业破产法》规定，管理人应当及时拟订破产财产变价方案，提交债权人会议讨论。管理人应当按照债权人会议通过的或者人民法院依法裁定的破产财产变价方案，适时变价出售破产财产。变价出售破产财产应当通过拍卖进行。但是，债权人会议另有决议的除外。破产企业可以全部或者部分变价出售。企业变价出售时，可以将其中的无形资产和其他财产单独变价出售。按照国家规定不能拍卖或者限制转让的财产，应当按照国家规定的方式处理。

破产财产在优先清偿破产费用和共益债务后，依照下列顺序清偿：（一）破产人所欠职工的工资和医疗、伤残补助、抚恤费用，所欠应划入职工个人账户的基本养老保险、基本医疗保险费用，以及法律、行政法规规定应当支付给职工的补偿金；（二）破产人欠缴的除所欠职工的工资和医疗、伤残补助、抚恤费用，所欠应划入职工个人账户的基本养老保险、基本医疗保险费用，以及法律、行政法规规定应当支付给职工的补偿金以外的社会保险费用和破产人所欠税款；（三）普通破产债权。破产财产不足以清偿同一顺序的清偿要求的，按照比例分配。破产企业的董事、监事和高级管理人员的工资按照该企业职工的平均工资计算。破产财产的分配应当以货币分配方式进行。但是，债权人会议另有决议的除外。管理人应当及时拟订破产财产分配方案，提交债权人会议讨论。

破产财产分配方案应当载明下列事项：（一）参加破产财产分配的债权人名称或者姓名、住所；（二）参加破产财产分配的债权额；（三）可供分配的破产财产数额；（四）破产财产分配的顺序、比例及数额；（五）实施破产财产分配的方法。债权人会议通过破产财产分配方案后，由管理人将该方案提请人民法院裁定认可。破产财产分配方案经人民法院裁定认可后，由管理人执行。管理人按照破产财产分配方案实施多次分配的，应当公告本次分配的财产额和债权额。管理人实施最后分配的，应当在公告中指明。对于附生效条件或者解除条件的债权，管理人应当将其分配额提存。管理人提存的分配额，在最后分配公告日，生效条件未成就或者解除条件成就的，应当分配给其他债权人；在最后分配公告日，生效条件成就或者解除条件未成就的，应当交付给债权人。债权人未受领的破产财产分配额，管理人应当提存。债权人自最后分配公告之日起满 2 个月仍不领取的，视为放弃受领分配的权利，管理人或者人民法院应当将提存的分配额分配给其他债权人。破产财产分配时，对于诉讼或者仲裁未决的债权，管理人应当将其分配额提存。自破产程序终结之日起满 2 年仍不能受领分配的，人民法院应当将提存的分配额分配给其他债权人。

三是破产程序的终结。破产人无财产可供分配的，管理人应当请求人民法院裁定终结破产程序。管理人在最后分配完结后，应当及时向人民法院提交破产财产分配报告，并提请人民法院裁定终结破产程序。人民法院应当自收到管理人终结破产程序的请求之日起15日内作出是否终结破产程序的裁定。裁定终结的，应当予以公告。自破产程序终结之日起2年内，发现有依法应当追回的财产，或者破产人有应当供分配的其他财产的，债权人可以请求人民法院按照破产财产分配方案进行追加分配，但财产数量不足以支付分配费用的，不再进行追加分配，由人民法院将其上交国库。破产人的保证人和其他连带债务人，在破产程序终结后，对债权人依照破产清算程序未受清偿的债权，依法继续承担清偿责任。

二、注销登记

《企业破产法》规定，管理人应当自破产程序终结之日起10日内，持人民法院终结破产程序的裁定，向破产人的原登记机关办理注销登记。管理人于办理注销登记完毕的次日终止执行职务。但是，存在诉讼或者仲裁未决情况的除外。

法人被人民法院宣告破产的，依据上述企业破产法的规定进行破产清算并完成法人注销登记时，法人终止。

需要说明的是，《企业破产法》规定，其他法律规定企业法人以外的组织的清算，属于破产清算的，参照适用本法规定的程序。目前，农民专业合作社法和民办教育促进法已经对农民专业合作社和民办学校的破产清算作了规定，在破产财产的清偿顺序上突出了对农民和受教育者的保护，具体是：

《农民专业合作社法》规定，农民专业合作社破产适用企业破产法的有关规定，但是破产财产在清偿破产费用和共益债务后，应当优先清偿破产前与农民成员已发生交易但尚未结清的款项。

《民办教育促进法》规定，民办学校终止时，应当依法进行财务清算。民办学校自己要求终止的，由民办学校组织清算；被审批机关依法撤销的，由审批机关组织清算；因资不抵债无法继续办学而被终止的，由人民法院组织清算。对民办学校的财产按照下列顺序清偿：（一）应退受教育者学费、杂费和其他费用；（二）应发教职工的工资及应缴纳的社会保险费用；（三）偿还其他债务。非营利性民办学校清偿上述债务后的剩余财产继续用于其他非营利性学校办学；营利性民办学校清偿上述债务后的剩余财产，依照公司法的有关规定处理。

▶ **相关规定**

《中华人民共和国企业破产法》第 107 条、第 111 条、第 120 条、第 121 条、第 135 条；《中华人民共和国农民专业合作社法》第 55 条；《中华人民共和国民办教育促进法》第 58 条

第七十四条　法人可以依法设立分支机构。法律、行政法规规定分支机构应当登记的，依照其规定。

分支机构以自己的名义从事民事活动，产生的民事责任由法人承担；也可以先以该分支机构管理的财产承担，不足以承担的，由法人承担。

◆ **条文主旨**

本条是关于法人设立分支机构的规定。

◆ **立法背景**

法人分支机构作为法人的组成部分，由法人依法设立，在法人主要活动地点以外的一定领域内，实现法人的全部或部分职能。分支机构以自己的名义所从事的民事活动，对法人直接产生权利义务，并构成整个法人权利义务的一部分。

◆ **条文解读**

法人分支机构，在性质上属于法人的组成部分，不具有独立

责任能力，其行为的后果仍由法人承担。公司法规定，公司可以设立分公司。设立分公司，应当向公司登记机关申请登记，领取营业执照。分公司不具有法人资格，其民事责任由所属法人承担。

法人的分支机构与有独立责任能力的子公司不同，具体体现在：一是设立方式不同。子公司一般由两个以上股东发起设立，是独立法人，独立承担民事责任，在其自身经营范围内独立开展各种业务活动；法人分支机构由设立公司在其住所地之外依法设立，设立时不要求注册资金，属于总公司的分支机构，虽然也可以独立开展业务活动，但应在设立公司授权范围内进行。二是名称和领取的营业执照不同。子公司在登记部门领取《企业法人营业执照》，名称中不冠以母公司的名字；而法人分支机构则领取的是《营业执照》，名称为总公司的分公司。三是法律责任能力不同。子公司由于是独立法人，其从事民事活动的法律后果由其自身承担，只能就其自身资产承担民事责任；而分支机构虽然也可以以自己的名义从事民事活动，但其不具有法人资格，自身没有承担法律责任的能力，其从事民事活动的后果要由设立它的法人承担，也可以先以该分支机构管理的财产承担，不足以承担的，由法人承担。

法人的分支机构虽然在法人授权范围内可以对外从事各种民事活动，但法人的分支机构属于法人的组成部分，其承担责任的能力有一定的限制，因此，法人的分支机构进行民事活动所应承担的责任，要由法人承担，也可以先以该分支机构管理的财产承担，不足以承担的，由法人承担。在涉及分支机构的诉讼中，可以将法人的分支机构与法人一起列为共同被告。比如，企业法人的分支机构为他人提供担保，发生法律纠纷的，人民法院在审理过程中可以将该企业法人和分支机构列为共同被告参加诉讼。

本条规定，法人可以依法设立分支机构。这里的“依法”主要是指依据《公司法》《商业银行法》《保险法》《企业法人登记管理条例》《社会团体登记管理条例》《民办非企业单位登记管理暂行条例》《基金会管理条例》等法律、行政法规的规定。例如，《公司法》规定，公司可以设立分公司。设立分公司，应当向公司登记机关申请登记，领取营业执照。又如，《商业银行法》规定，商业银行根据业务需要可以在中华人民共和国境内外设立分支机构。设立分支机构必须经国务院银行业监督管理机构审查批准。在中华人民共和国境内的分支机构，不按行政区划设立。商业银行在中华人民共和国境内设立分支机构，应当按照规定拨付与其经营规模相适应的营运资金额。拨付各分支机构营运资金额的总和，不得超过总行资本金总额的60%。再如，《保险法》规定，保险公司在中华人民共和国境内设立分支机构，应当经保险监督管理机构批准。保险公司分支机构不具有法人资格，其民事责任由保险公司承担。保险公司在中华人民共和国境外设立子公司、分支机构，应当经国务院保险监督管理机构批准等。

对于非企业法人来说，依据《社会团体登记管理条例》《民办非企业单位登记管理暂行条例》《基金会管理条例》等行政法规的规定，社会团体的分支机构是社会团体的组成部分，不具有法人资格，应当按照其所属的社会团体的章程规定的宗旨和业务范围，在该社会团体授权的范围内开展活动、发展会员。社会团体的分支机构不得再设立分支机构。社会团体不得设立地域性的分支机构。民办非企业单位不得设立分支机构。基金会可以依法设立分支机构，依据基金会的授权开展活动，不具有法人资格。

需要指出的是，关于法人设立分支机构是否需要登记，本条规定法律、行政法规规定分支机构应当登记的，依照其规定。根据这一规定，法人设立分支机构是否需要登记，要根据相关法律、行政法规的规定。根据《企业法人登记管理条例》的规定，企业法人设立不能独立承担民事责任的分支机构，由该企业法人申请登记，经登记主管机关核准，领取《营业执照》，在核准登记的经营范围内从事经营活动。此外，《基金会管理条例》规定，基金会拟设立分支机构的，应当向原登记管理机关提出登记申请，并提交拟设机构的名称、住所和负责人等情况的文件。登记管理机关应当自收到前述所列全部有效文件之日起60日内作出准予或者不予登记的决定。准予登记的，发给《基金会分支机构登记证书》；不予登记的，应当书面说明理由。基金会分支机构的设立登记的事项包括：名称、住所、公益活动的业务范围和负责人。

▶ **相关规定**

《中华人民共和国公司法》第14条第1款；《中华人民共和国商业银行法》第19条、第22条；《中华人民共和国保险法》第74条；《中华人民共和国企业法人登记管理条例》第34条；《社会团体登记管理条例》第17条；《民办非企业单位登记管理暂行条例》第13条；《基金会管理条例》第12条

第七十五条 设立人为设立法人从事的民事活动，其法律后果由法人承受；法人未成立的，其法律后果由设立人承受，设立人为二人以上的，享有连带债权，承担连带债务。

设立人为设立法人以自己的名义从事民事活动产生的民事责任，第三人有权选择请求法人或者设立人承担。

◆ **条文主旨**

本条是关于设立人为设立法人而从事的民事活动的法律后果的规定。

◆ **条文解读**

法人的设立人是指申请设立法人，并在法人的设立过程中承担相应民事责任的人。在公司法中，一般称法人设立人为发起人。他们的主要民事活动是认缴、实缴出资、对出资评估作价和设立组织机构。在法人的设立过程中，设立人依法筹办法人设立的各种事务，其在法人设立过程中的行为，直接影响到法人能不能成立以及成立以后法人的状况。所以设立人对设立法人应当承担法定的责任。

一、设立人为设立法人从事的民事活动，其法律后果由法人承受

设立人在法人的设立过程中，应当履行好作为设立人的责任，使法人能够顺利地成立。法人成立后，将依法继受设立过程中所产生的权利义务。但是如果法人没有成立，在设立活动期间产生的民事责任义务，要由法人的设立人承担，因为设立中的法人还不具有民事权利能力和民事行为能力，不能承担民事责任。本条第1款规定的“法人未成立”是指设立人未能够完成设立法人行为，法人最终没有成立。法人无论因何种原因不能成立，设立人都应当对设立行为所产生的法律后果承担法律责任。设立人为二人以上的，享有连带债权，承担连带债务。

二、设立人为设立法人以自己的名义从事民事活动产生的民事责任，第三人有权选择请求法人或者设立人承担

由于信息不对称，第三人往往不知道设立人的行为目的，不知道设立人以自己的名义所从事的民事法律行为与之后成立的法人之间的关系。所以，为保护第三人的合法权益，本条规定，设立人为设立法人以自己的名义从事民事活动产生的民事责任，第三人有权选择，或者请求法人承担，或者请求设立人承担。

除了本条的规定外，公司法也对公司发起人的法律责任作了明确规定：公司不能成立时，发起人对设立行为所产生的债务和费用负连带责任；对认股人已缴纳的股款，负返还股款并加算银行同期存款利息的连带责任。根据这一规定，公司不能成立时，全体发起人都负有偿还因设立行为所产生的债务和费用的义务，也负有偿还认股人的股款及其银行同期存款利息的义务。对此拥有权利的债权人以及认股人等，可以要求发起人中的任何一个人或者几个人予以清偿、缴付、返还，被要求的发起人不得拒绝。

设立行为所产生的债务和费用原则上应由成立后的公司承担，但当公司不能成立时，先前发生的与设立公司相关的费用及债务就失去了公司法人这一拟定的承担主体，只能改由实施设立行为的主体即发起人来承担。由于发起人之间的关系近似于合伙关系，因此各国公司立法一般都规定对此准用合伙的有关规定，即由发起人对设立行为所产生的费用和债务负连带赔偿责任。此外，公司法还规定，在公司设立过程中，由于发起人的过失致使公司利益受到损害的，应当对公司承担赔偿责任。在实践中，公司有权向发起人请求损害赔偿的情形主要有：发起人对因滥用公司所负担的设立费用而致使公司受损失的；发起人因设立公司而得到特别利益或报酬，使公司利益减少的；发起人用以抵作股款的财产估价过高而令公司受损的等。

▶ 相关规定

《中华人民共和国公司法》第94条；《最高人民法院关于适用〈中华人民共和国公司法〉若干问题的规定（三）》第2-5条

第二节 营利法人

第七十六条 以取得利润并分配给股东等出资人为目的成立的法人，为营利法人。

营利法人包括有限责任公司、股份有限公司和其他企业法人等。

◆ 条文主旨

本条是关于营利法人定义的规定。

◆ 条文解读

本条第1款规定，以取得利润并分配给股东等出资人为目的成立的法人，为营利法人。这一规定强调了营利法人的两个特征：一是成立的目的是取得利润，即以营利性为目的。二是取得利润后要分配给股东等出资人，即出资人取得利润。这两个特征同时具备是营利法人与其他法人的根本区别所在。

本条第2款规定，营利法人包括有限责任公司、股份有限公司和其他企业法人等。

有限责任公司，简称有限公司（Co.,Ltd.，全拼为Limited Liability Company）。根据《公司法》的规定，是指由50个以下的股东出资设立，每个股东以其所认缴的出资额对公司承担有限责任，公司以其全部资产对其债务承担责任的经济组织。有限责任公司包括国有独资公司以及其他有限责任公司。

根据《公司法》的规定，有限责任公司有以下特点：（一）股东仅以其出资额为限对公司承担责任。(二)有限责任公司的股东人数为 50 个以下。(三)有限责任公司不能公开募集股份,不能发行股票。(四)有限责任公司由参加者投入的资本组成固定资本份额,给予参加者参与公司管理的权利,参加者按份额得到公司的部分利润,即分得红利,在公司破产时,得到破产份额。

有限责任公司(有限公司)是我国企业实行公司制最重要的一种组织形式。其优点是设立程序比较简单,不必发布公告,也不必公布账目,尤其是公司的资产负债表一般不予公开,公司内部机构设置灵活。其缺点是由于不能公开发行股票,筹集资金范围和规模一般都比较小,难以适应大规模生产经营活动的需要。因此,有限责任公司这种形式一般适用于中小企业。

股份有限公司(Stock Corporation),是指公司资本为股份所组成的公司,股东以其认购的股份为限对公司承担责任的企业法人。股份公司产生于 18 世纪的欧洲,19 世纪后半期广泛流行于世界各国。目前,股份公司在欧美国家占据统治地位。《公司法》规定,设立股份有限公司,应当有 2 人以上 200 人以下为发起人。由于所有股份公司均须是负担有限责任的有限公司(但并非所有有限公司都是股份公司),所以一般称为“股份有限公司”。公司的资本总额平分为金额相等的股份;公司可以向社会公开发行股票筹资,股票可以依法转让;法律对公司股东人数只有最低限制,无最高人数限定性规定。股东以其所认购股份对公司承担有限责任,公司以其全部资产对公司债务承担责任;每一股有一个表决权,股东以其所认购持有的股份,享受权利,承担义务。此外,公司应当将经注册会计师审查验证过的会计报告公开。

股份有限公司有以下特征:(一)股份有限公司是独立的营利法人。(二)股份有限公司的股东人数不得少于法律规定的人数。(三)股份有限公司的股东对公司债务负有限责任,仅就其认购的股份为限承担责任，公司的债权人不得直接向公司股东提出清偿债务的要求。（四）股东具有广泛性。股份有限公司通过向社会公众广泛地发行股票筹集资本，股份有限公司的全部资本划分为等额的股份，任何投资者只要认购股票和支付股款，都可成为股份有限公司的股东，没有资格限制。（五）股份的公开、自由、可转让性。股份的发行和转让都是公开、自由的。股份有限公司通常都以发行股票的方式公开募集资本，这种募集方式使得股东人数众多，分散广泛。同时，为提高融资能力和吸引投资者，股份必须有较高程度的流通性，股票必须能够自由转让和交易。（六）公司的公开性。股份有限公司的经营状况不仅要向股东公开，还必须向社会公开。使社会公众了解公司的经营状况，这也是和有限责任公司的重要区别之一。公司账目须向社会公开，以便于投资人了解公司情况，进行选择。（七）公司设立和解散有严格的法律程序，手续复杂。股份有限公司是典型的“资合公司”。一个人能否成为公司股东决定于他是否缴纳了股款，购买了股票，而不取决于他与其他股东的人身关系，因此，股份有限公司能够迅速、广泛、大量地集中资金。证券市场上发行和流通的股票都是由股份有限公司发行的。

除了有限责任公司、股份有限公司外，营利法人还包括其他企业法人等。根据《企业法人登记管理条例》的规定，具备法人条件的下列企业，应当依照本条例的规定办理企业法人登记：（一）全民所有制企业；（二）集体所有制企业；（三）联营企业；（四）在中华人民共和国境内设立的中外合资经营企业、中外合作经营企业和外资企业（现统称为外商投资企业）；（五）私营企业；（六）依法需要办理企业法人登记的其他企业。上述这些企业法人，如果不是按照公司法成立的公司法人，没有采用公司法人的组织结构，则属于本条所规定的“其他企业法人”。

▶ **相关规定**

《中华人民共和国公司法》第2条；《企业法人登记管理条例》第2条

第七十七条　营利法人经依法登记成立。

◆ **条文主旨**

本条是关于营利法人登记成立的规定。

◆ **立法背景**

营利法人经依法登记成立，这里的“依法”是指《公司法》《公司登记管理条例》《企业法人登记管理条例》等法律、行政法规。《公司法》《公司登记管理条例》《企业法人登记管理条例》对设立有限责任公司、股份有限公司和其他企业法人等营利法人的条件和登记程序等作了明确的规定。

◆ **条文解读**

一、设立有限责任公司的条件

根据《公司法》的规定，设立有限责任公司应当具备下列条件：（一）股东符合法定人数。（二）有符合公司章程规定的全体股东认缴的出资额。股东可以用货币出资，也可以用实物、知识产权、土地使用权等可以用货币估价并可以依法转让的非货币财产作价出资；但是，法律、行政法规规定不得作为出资的财产除外。对作为出资的非货币财产应当评估作价，核实财产，不得高估或者低估作价。法律、行政法规对评估作价有规定的，从其规定。股东应当按期足额缴纳公司章程中规定的各自所认缴的出资额。股东以货币出资的，应当将货币出资足额存入有限责任公司在银行开设的账户；以非货币财产出资的，应当依法办理其财产权的转移手续。股东不按照规定缴纳出资的，除应当向公司足额缴纳外，还应当向已按期足额缴纳出资的股东承担违约责任。有限责任公司成立后，发现作为设立公司出资的非货币财产的实际价额显著低于公司章程所定价额的，应当由交付该出资的股东补足其差额；公司设立时的其他股东承担连带责任。有限责任公司成立后，应当向股东签发出资证明书。有限责任公司的注册资本为在公司登记机关登记的全体股东认缴的出资额。法律、行政法规以及国务院决定对有限责任公司注册资本实缴、注册资本最低限额另有规定的，从其规定。（三）股东共同制定公司章程。（四）有公司名称，建立符合有限责任公司要求的组织机构。（五）有公司住所。

股东认足公司章程规定的出资后，由全体股东指定的代表或者共同委托的代理人向公司登记机关报送公司登记申请书、公司章程等文件，申请设立登记。

二、设立股份有限公司的条件

根据《公司法》的规定，设立股份有限公司应当具备下列条件：

（一）发起人符合法定的资格，达到法定的人数。发起人的资格是指发起人依法取得的创立股份有限公司的资格。股份有限公司的发起人可以是自然人，也可以是法人，但发起人中须有过半数的人在中国境内有住所。设立股份有限公司，必须达到法定的人数，应有 2 人以上 200 人以下的发起人。规定发起人的最低限额，是设立股份有限公司的国际惯例。之所以要设置发起人的最低人数限制，一则为了防止发起人太少难以履行发起人的义务，二则防止少数发起人损害其他股东的合法权益。

（二）有符合公司章程规定的全体发起人认购的股本总额或

者募集的实收股本总额。股份有限公司采取发起设立方式设立的，注册资本为在公司登记机关登记的全体发起人认购的股本总额。在发起人认购的股份缴足前，不得向他人募集股份。股份有限公司采取募集方式设立的，注册资本为在公司登记机关登记的实收股本总额。法律、行政法规以及国务院决定对股份有限公司注册资本实缴、注册资本最低限额另有规定的，从其规定。

（三）股份发行、筹办事项符合法律规定。股份发行、筹办事项符合法律规定，是设立股份有限公司必须遵循的原则。股份的发行是指股份有限公司在设立时为了筹集公司资本，出售和募集股份的法律行为。这里讲的“股份发行”是指设立发行，是设立公司的过程中，为了组建股份有限公司，筹集组建公司所需资本而发行股份的行为。设立阶段的发行分为发起设立发行和募集设立发行两种。发起设立发行即所有股份均由发起人认购，不得向社会公开招募。募集设立发行即发起人只认购股份的一部分，其余部分向社会公开招募。

股份有限公司的资本划分为股份，每一股的金额相等。公司的股份采用股票的形式。股份的发行实行公开、公平、公正的原则，且必须同股同权、同股同利。同次发行的股份、每股的发行条件、发行价格应当相同。以发起设立方式设立股份有限公司的，发起人应当书面认足公司章程规定其认购的股份，并按照公司章程规定缴纳出资。以募集设立方式设立股份有限公司的，发起人认购的股份不得少于公司股份总数的35%；但是，法律、行政法规另有规定的，从其规定。发起人向社会公开募集股份，必须公告招股说明书，并制作认股书，由依法设立的证券公司承销，签订承销协议，同银行签订代收股款协议。

（四）发起人制定公司章程，并经创立大会通过。股份有限公司的章程，是股份有限公司重要的文件，其中规定了公司最重要的事项，它不仅是设立公司的基础，也是公司及其股东的行为准则。因此，公司章程虽然由发起人制订，但以募集设立方式设立股份有限公司的，必须召开由认股人组成的创立大会，并经创立大会决议通过。

（五）有公司名称，建立符合公司要求的组织机构。名称是股份有限公司作为法人必须具备的条件。公司名称必须符合企业名称登记管理的有关规定，股份有限公司的名称还应标明“股份有限公司”字样。

股份有限公司必须有一定的组织机构，对公司实行内部管理，并对外代表公司。股份有限公司的组织机构是股东大会、董事会、监事会和经理。股东大会作出决议，董事会是执行公司股东大会决议的执行机构，监事会是公司的监督机构，依法对董事、经理和公司的活动实行监督，经理是由董事会聘任，主持公司的日常生产经营管理工作，组织实施董事会决议。

（六）有公司住所。

三、设立企业法人的条件

根据《企业法人登记管理条例》的规定，申请企业法人登记的单位应当具备下列条件：一是名称、组织机构和章程；二是固定的经营场所和必要的设施；三是符合国家规定并与其生产经营和服务规模相适应的资金数额和从业人员；四是能够独立承担民事责任；五是符合国家法律、法规和政策规定的经营范围。

四、设立登记程序

第一，公司的设立登记

公司法明确规定，设立公司，应当依法向公司登记机关申请设立登记。符合本法规定的设立条件的，由公司登记机关分别登记为有限责任公司或者股份有限公司；不符合本法规定的设立条件的，不得登记为有限责任公司或者股份有限公司。法律、行政法规规定设立公司必须报经批准的，应当在公司登记前依法办理批准手续。公众可以向公司登记机关申请查询公司登记事项，公司登记机关应当提供查询服务。

有关公司的设立登记程序，《公司登记管理条例》作了具体规定：

（一）设立有限责任公司，应当由全体股东指定的代表或者共同委托的代理人向公司登记机关申请设立登记。设立国有独资公司，应当由国务院或者地方人民政府授权的本级人民政府国有资产监督管理机构作为申请人，申请设立登记。法律、行政法规或者国务院决定规定设立有限责任公司必须报经批准的，应当自批准之日起90日内向公司登记机关申请设立登记；逾期申请设立登记的，申请人应当报批准机关确认原批准文件的效力或者另行报批。

申请设立有限责任公司，应当向公司登记机关，即市场监督管理部门提交下列文件：（1）公司法定代表人签署的设立登记申请书；（2）全体股东指定代表或者共同委托代理人的证明；（3）公司章程；（4）股东的主体资格证明或者自然人身份证明；（5）载明公司董事、监事、经理的姓名、住所的文件以及有关委派、选举或者聘用的证明；（6）公司法定代表人任职文件和身份证明；（7）企业名称预先核准通知书；（8）公司住所证明；（9）国家工商行政管理总局（现为国家市场监督管理总局）要求提交的其他文件。法律、行政法规或者国务院决定规定设立有限责任公司必须报经批准的，还应当提交有关批准文件。

（二）设立股份有限公司，应当由董事会向公司登记机关申请设立登记。以募集方式设立股份有限公司的，应当于创立大会结束后30日内向公司登记机关申请设立登记。

申请设立股份有限公司，应当向公司登记机关提交下列文件：（1）公司法定代表人签署的设立登记申请书；（2）董事会指定代表或者共同委托代理人的证明；（3）公司章程；（4）发起人的主体资格证明或者自然人身份证明；（5）载明公司董事、监事、经理姓名、住所的文件以及有关委派、选举或者聘用的证明；（6）公司法定代表人任职文件和身份证明；（7）企业名称预先核准通知书；（8）公司住所证明；（9）国家工商行政管理总局（现为国家市场监督管理总局）规定要求提交的其他文件。以募集方式设立股份有限公司的，还应当提交创立大会的会议记录以及依法设立的验资机构出具的验资证明；以募集方式设立股份有限公司公开发行股票的，还应当提交国务院证券监督管理机构的核准文件。法律、行政法规或者国务院决定规定设立股份有限公司必须报经批准的，还应当提交有关批准文件。

此外，在公司设立登记程序中，还有公司名称预核准这样一个重要的环节。根据《公司登记管理条例》的规定，设立有限责任公司，应当由全体股东指定的代表或者共同委托的代理人向公司登记机关申请名称预先核准；设立股份有限公司，应当由全体发起人指定的代表或者共同委托的代理人向公司登记机关申请名称预先核准。

申请名称预先核准，应当提交下列文件：（1）有限责任公司的全体股东或者股份有限公司的全体发起人签署的公司名称预先核准申请书；（2）全体股东或者发起人指定代表或者共同委托代理人的证明；（3）国家工商行政管理总局（现为国家市场监督管理总局）规定要求提交的其他文件。

预先核准的公司名称保留期为6个月。预先核准的公司名称在保留期内，不得用于从事经营活动，不得转让。

第二，其他营利法人的设立登记

除了有限责任公司、股份有限公司外，其他企业法人的登记适用《企业法人登记管理条例》的相关规定。根据该条例的规定，企业法人办理开业登记，应当在主管部门或者审批机关批准后30日内，向登记主管机关提出申请；没有主管部门、审批机关的企业申请开业登记，由登记主管机关进行审查。登记主管机关应当在受理申请后30日内，做出核准登记或者不予核准登记的决定。

▶ **相关规定**

《中华人民共和国公司法》第6条、第23条、第76条；《企业法人登记管理条例》第7条、第14条；《公司登记管理条例》第18条

第七十八条　依法设立的营利法人，由登记机关发给营利法人营业执照。营业执照签发日期为营利法人的成立日期。

◆ **条文主旨**

本条是关于营利法人营业执照的规定。

◆ **条文解读**

营业执照是市场监督管理部门，即原工商行政管理部门发给企业等营利法人，准许其从事某项生产经营活动的凭证。营业执照的格式由国家市场监督管理总局统一规定。根据《公司法》的规定，公司营业执照应当载明公司的名称、住所、注册资本、经营范围、法定代表人姓名等事项。公司营业执照记载的事项发生变更的，公司应当依法办理变更登记，由公司登记机关换发营业执照。营业执照分为正本和副本，二者具有相同的法律效力。正本应当置于公司住所或营业场所的醒目位置。营业执照不得伪造、涂改、出租、出借、转让。

根据《公司法》和《公司登记管理条例》《企业法人登记管理条例》及相关实施细则的规定，企业等营利法人经登记主管机关核准登记注册，领取《企业法人营业执照》后，即告成立。营业执照签发日期为营利法人的成立日期。《企业法人营业执照》是企业等营利法人取得法人资格和合法经营权的凭证。企业等营利法人凭据《企业法人营业执照》可以刻制公章、开立银行账户、签订合同，进行经营活动。登记主管机关可以根据企业法人开展业务的需要，核发《企业法人营业执照》副本。

▶ **相关规定**

《中华人民共和国公司法》第7条

第七十九条　设立营利法人应当依法制定法人章程。

◆ **条文主旨**

本条是关于营利法人应当依法制定章程的规定。

◆ **条文解读**

法人章程是指根据法人性质、任务和业务活动需要制定的关于法人的活动范围、组织机构以及内部成员之间的权利义务等的重要文件，是法人从事生产经营活动的行为准则。法人章程的内容可以分为绝对必要记载的事项和任意记载的事项。前者是指法律规定在章程中必须具备的内容，包括法人名称、住所、经营范围、注册资金、投资数额、投资者的姓名、法人的组织机构、利润分配和亏损承担等。章程一经登记就具有法律效力，成为法人的行为准则。

《公司法》规定，设立公司必须依法制定公司章程。公司章程对公司、股东、董事、监事、高级管理人员具有约束力。公司的经营范围由公司章程规定，并依法登记。公司可以修改公司章程，改变经营范围，但是应当办理变更登记。

有限责任公司章程应当载明公司名称和住所，公司经营范围，公司注册资本，股东的姓名或者名称，股东的出资方式、出资额和出资时间，公司的机构及其产生办法、职权、议事规则，公司法定代表人以及股东会会议认为需要规定的其他事项。股东应当在公司章程上签名、盖章。修改有限责任公司的章程，必须由股东会决定。

对于股份有限公司的章程，《公司法》规定应当载明下列事项：公司名称和住所，公司经营范围，公司设立方式，公司股份总数、每股金额和注册资本，发起人的姓名或者名称、认购的股份数、出资方式和出资时间，董事会的组成、职权和议事规则，公司法定代表人，监事会的组成、职权和议事规则，公司利润分配办法，公司的解散事由与清算办法，公司的通知和公告办法，股东大会会议认为需要规定的其他事项。公司章程由创立大会通过。公司法规定，发行股份的股款缴足后，必须经依法设立的验资机构验资并出具证明。发起人应当自股款缴足之日起30日内主持召开公司创立大会。创立大会由发起人、认股人组成。

▶ **相关规定**

《中华人民共和国公司法》第11条、第25条、第81条

第八十条 营利法人应当设权力机构。

权力机构行使修改法人章程，选举或者更换执行机构、监督机构成员，以及法人章程规定的其他职权。

◆ **条文主旨**

本条是关于营利法人的权力机构及其职权的规定。

◆ **条文解读**

营利法人设立权力机构是公司进行内部治理的需要，也是维护股东权益的需要。股东是公司财产的所有者，虽然他们不直接参与公司的经营管理，但对公司的经营管理，每个股东都有表达其意见的权利。股东会、股东大会就是由公司全体股东所组成的，对公司一系列重大问题发表意见，做出决议的公司最高决策机构。公司通过设立权力机构，来决定公司的重大问题，包括公司的发展方向、经营规模和盈利分配等，既有利于加强对公司的内部治理，增强公司的核心竞争力，提高公司的经营业绩，实现公司的可持续发展，也有利于确保股东等投资人的合法权益。

一、营利法人应当设权力机构

根据《公司法》的规定，有限责任公司的权力机构是股东会，股份有限公司的权力机构是股东大会，由全体股东组成。国有独资公司不设股东会，由国有资产监督管理机构行使股东会职权。国有资产监督管理机构可以授权公司董事会行使股东会的部分职权，决定公司的重大事项，但公司的合并、分立、解散、增加或者减少注册资本和发行公司债券，必须由国有资产监督管理机构决定；其中，重要的国有独资公司合并、分立、解散、申请破产的，应当由国有资产监督管理机构审核后，报本级人民政府批准。

二、权力机构的职权

根据本条第 2 款的规定，营利法人权力机构的职权有：

（一）修改法人章程。一般由董事会提出修改建议。董事会是公司的执行机构，对公司经营情况以及章程的执行和变化情况较为了解，能够对公司章程的修改提出具有积极意义的建议。根据公司法的规定，董事会召集股东（大）会。但是修改公司章程事关公司发展的大局，不得以会间的临时动议提出。

如果董事会怠于提出修改公司章程的提议，股东可以提出修改提议，并且在董事会不主持和召集股东（大）会情况下，股东可以自行召集和主持临时股东（大）会。有限责任公司代表1/10以上表决权的股东可以提议召开，并召集和主持临时股东会；股份有限公司连续90日以上单独或者合计持有公司10%以上股份的股东，可以提议召开，并召集和主持临时股东大会。

公司章程修改属于股东（大）会会议审议事项。有限责任公司应当于会议召开15日前通知全体股东；股份有限公司应于会议召开20日前通知各股东，临时会应当于会议召开15日前通知各股东，发行无记名股票的，应当于会议召开30日前公告。负责通知的主体，一般是董事会。但是在监事会或者股东召集和主持股东（大）会时，则由其通知。

公司法规定了股东（大）会修改公司章程的职权。有限责任公司章程修改需经代表2/3以上表决权的股东通过，股份有限公司章程修改需经出席会议的股东所持表决权的2/3以上通过。

但是，有些情况下公司章程修改并不需要股东会决议。有限责任公司股东转让股权后，公司应当注销原股东的出资证明书，向新股东签发出资证明书，并相应修改公司章程。对公司章程的此项修改不需要再由股东会表决。

（二）选举或者更换执行机构、监督机构成员。对于有限责任公司、股份有限公司来说，其执行机构为公司董事会，监督机构为公司监事会，不设监事会的公司，监事为公司监督机构。公司法规定，股东会选举和更换非由职工代表担任的董事、监事，决定有关董事、监事的报酬事项。股东大会选举董事、监事，可以依照公司章程的规定或者股东大会的决议，实行累积投票制。累积投票制，是指股东大会选举董事或者监事时，每一股份拥有与应选董事或者监事人数相同的表决权，股东拥有的表决权可以集中使用。

根据《公司法》的规定，有限责任公司设董事会，其成员为3人至13人；两个以上的国有企业或者两个以上的其他国有投资主体投资设立的有限责任公司，其董事会成员中应当有公司职工代表；其他有限责任公司董事会成员中可以有公司职工代表。董事会中的职工代表由公司职工通过职工代表大会、职工大会或者其他形式民主选举产生。董事会设董事长一人，可以设副董事长。董事长、副董事长的产生办法由公司章程规定。董事任期由公司章程规定，但每届任期不得超过3年。董事任期届满，连选可以连任。董事任期届满未及时改选，或者董事在任期内辞职导致董事会成员低于法定人数的，在改选出的董事就任前，原董事仍应当依照法律、行政法规和公司章程的规定，履行董事职务。

股份有限公司设董事会，其成员为5人至19人。董事会成员中可以有公司职工代表。董事会中的职工代表由公司职工通过职工代表大会、职工大会或者其他形式民主选举产生。有限责任公司设监事会，其成员不得少于3人。股东人数较少或者规模较小的有限责任公司，可以设1至2名监事，不设监事会。监事会应当包括股东代表和适当比例的公司职工代表，其中职工代表的比例不得低于1/3，具体比例由公司章程规定。监事会中的职工代表由公司职工通过职工代表大会、职工大会或者其他形式民主选举产生。股份有限公司设监事会，其成员不得少于3人。监事会应当包括股东代表和适当比例的公司职工代表，其中职工代表的比例不得低于1/3，具体比例由公司章程规定。监事会中的职工代表由公司职工通过职工代表大会、职工大会或者其他形式民主选举产生。根据上述规定，股东会或者股东大会作为有限责任公司或者股份有限责任公司的权力机构，其负责选举或者更换除职工代表以外的执行机构、监督机构成员。

除了修改法人章程，选举或者更换执行机构、监督机构成员以外，权力机构还行使法人章程规定的其他职权，如决定公司的经营方针和投资计划，审议批准董事会的报告，审议批准监事会或者监事的报告，审议批准公司的年度财务预算方案、决算方案，审议批准公司的利润分配方案和弥补亏损方案，对公司增加或者减少注册资本作出决议，对发行公司债券作出决议，对公司合并、分立、解散、清算或者变更公司形式作出决议等。

▶ **相关规定**

《中华人民共和国公司法》第36条、第66条第1款、第98条

第八十一条 营利法人应当设执行机构。

执行机构行使召集权力机构会议，决定法人的经营计划和投资方案，决定法人内部管理机构的设置，以及法人章程规定的其他职权。

执行机构为董事会或者执行董事的，董事长、执行董事或者经理按照法人章程的规定担任法定代表人；未设董事会或者执行董事的，法人章程规定的主要负责人为其执行机构和法定代表人。

◆ **条文主旨**

本条是关于营利法人的执行机构和法定代表人的规定。

◆ 条文解读

营利法人设立了权力机构，就必须同时设立执行机构来执行权力机构的决定，否则权力机构的决定就会落空，法人也无法正常运转。

一、营利法人应当设执行机构

根据本条的规定，营利法人的执行机构包括两种模式：一是执行机构为董事会或者执行董事；二是未设董事会或者执行董事的，执行机构为法人章程规定的主要负责人。

根据《公司法》的规定，有限责任公司、股份有限责任公司的执行机构为董事会。董事会是股东会或股东大会这一权力机构的执行机构，对公司股东会或股东大会负责并报告工作。股东会或股东大会所作的决定，董事会必须执行。董事会设董事长一人，可以设副董事长。

二、执行机构的职权

执行机构行使召集权力机构会议，决定法人的经营计划和投资方案，决定法人内部管理机构的设置，以及法人章程规定的其他职权。

（一）召集权力机构会议。根据公司法的规定，有限责任公司设立董事会的，股东会会议由董事会召集，董事长主持；董事长不能履行职务或者不履行职务的，由副董事长主持；副董事长不能履行职务或者不履行职务的，由半数以上董事共同推举一名董事主持。有限责任公司不设董事会的，股东会会议由执行董事召集和主持。董事会或者执行董事不能履行或者不履行召集股东会会议职责的，由监事会或者不设监事会的公司的监事召集和主持；监事会或者监事不召集和主持的，代表1/10以上表决权的股东可以自行召集和主持。

公司法规定，股份有限公司的股东大会会议由董事会召集，董事长主持；董事长不能履行职务或者不履行职务的，由副董事长主持；副董事长不能履行职务或者不履行职务的，由半数以上董事共同推举一名董事主持。董事会不能履行或者不履行召集股东大会会议职责的，监事会应当及时召集和主持；监事会不召集和主持的，连续90日以上单独或者合计持有公司10%以上股份的股东可以自行召集和主持。

（二）决定法人的经营计划和投资方案。董事会等法人执行机构，有权按照股东会或者股东大会等法人权力机构确定的法人经营的重大决策，来决定法人自身的经营计划和对外投资方案，以实现法人的经营业绩，促进法人的发展。

（三）决定法人内部管理机构的设置。为加强对法人的内部管理，使法人运营更加科学、合理，董事会等执行机构有权决定法人内部管理机构的设置，如设立有关生产、销售、人事、财务、办公室、后勤部门等。

（四）法人章程规定的其他职权。除了上述三项法定职权外，执行机构还行使法人章程规定的其他职权。例如，根据公司法的规定，董事会还负责制订公司的年度财务预算方案、决算方案，制订公司的利润分配方案和弥补亏损方案，制订公司增加或者减少注册资本以及发行公司债券的方案，制订公司合并、分立、解散或者变更公司形式的方案，决定聘任或者解聘公司经理及其报酬事项，并根据经理的提名决定聘任或者解聘公司副经理、财务负责人及其报酬事项，以及制定公司的基本管理制度等。

三、法定代表人的担任

（一）营利法人的执行机构为董事会或者执行董事的，董事长、执行董事或者经理按照法人章程的规定担任法定代表人。公司法规定，公司法定代表人依照公司章程的规定，由董事长、执行董事或者经理担任，并依法登记。公司法定代表人变更，应当办理变更登记。

（二）营利法人未设董事会或者执行董事的，法人章程规定的主要负责人，既是其执行机构，也是其法定代表人。

▶ **相关规定**

《中华人民共和国公司法》第 13 条、第 44 条、第 50 条第 1 款、第 67 条第 1 款

第八十二条 营利法人设监事会或者监事等监督机构的，监督机构依法行使检查法人财务，监督执行机构成员、高级管理人员执行法人职务的行为，以及法人章程规定的其他职权。

◆ **条文主旨**

本条是关于营利法人的监督机构及其职权的规定。

◆ **立法背景**

营利法人设立监督机构旨在加强对法人执行机构的监督，防止公司董事会滥用权力，维护法人和股东的财产安全，是加强法人内部治理的重要机制。公司股东为防止董事会滥用职权，违反法律和公司章程、损害股东的利益，客观上就要求对董事会的活动及其经营管理的公司业务进行监督。但是，由于股东在管理公司方面受到知识能力和时间上的限制，需要由作为公司监督机构的监事会，代表股东监督公司业务执行，并对股东大会负责。

◆ 条文解读

一、营利法人的监督机构

营利法人的监督机构为公司监事会，不设监事会的公司，监事为公司的监督机构。

《公司法》规定，有限责任公司设监事会，其成员不得少于3人。股东人数较少或者规模较小的有限责任公司，可以设1至2名监事，不设监事会。监事会应当包括股东代表和适当比例的公司职工代表，其中职工代表的比例不得低于1/3，具体比例由公司章程规定。监事会中的职工代表由公司职工通过职工代表大会、职工大会或者其他形式民主选举产生。监事会设主席1人，由全体监事过半数选举产生。监事会主席召集和主持监事会会议；监事会主席不能履行职务或者不履行职务的，由半数以上监事共同推举一名监事召集和主持监事会会议。董事、高级管理人员不得兼任监事。监事的任期每届为3年。监事任期届满，连选可以连任。监事任期届满未及时改选，或者监事在任期内辞职导致监事会成员低于法定人数的，在改选出的监事就任前，原监事仍应当依照法律、行政法规和公司章程的规定，履行监事职务。监事会每年度至少召开一次会议，监事可以提议召开临时监事会会议。监事会的议事方式和表决程序，除公司法有规定的外，由公司章程规定。监事会决议应当经半数以上监事通过。监事会应当对所议事项的决定作成会议记录，出席会议的监事应当在会议记录上签名。监事会、不设监事会的公司的监事行使职权所必需的费用，由公司承担。

股份有限公司设监事会，其成员不得少于3人。监事会应当包括股东代表和适当比例的公司职工代表，其中职工代表的比例不得低于1/3，具体比例由公司章程规定。监事会中的职工代表由公司职工通过职工代表大会、职工大会或者其他形式民主选举产生。监事会设主席1人，可以设副主席。监事会主席和副主席由全体监事过半数选举产生。监事会主席召集和主持监事会会议；监事会主席不能履行职务或者不履行职务的，由监事会副主席召集和主持监事会会议；监事会副主席不能履行职务或者不履行职务的，由半数以上监事共同推举一名监事召集和主持监事会会议。董事、高级管理人员不得兼任监事。监事会行使职权所必需的费用，由公司承担。监事会每六个月至少召开一次会议。监事可以提议召开临时监事会会议。监事会的议事方式和表决程序，除公司法有规定的外，由公司章程规定。监事会决议应当经半数以上监事通过。监事会应当对所议事项的决定作成会议记录，出席会议的监事应当在会议记录上签名。

需要指出的是，营利法人设立权力机构和执行机构是法律的强制性的要求，但设立监督机构不是法律强制性的规定。这主要是考虑到营利法人的范围比较宽，除了有限责任公司、股份有限公司外，还有非公司的企业法人。这些企业法人没有实行公司的治理模式，没有设立监督机构，所以本条没有像前两条一样，规定营利法人应当设立监督机构，而是规定“营利法人设监事会或者监事等监督机构的”，监督机构依法履行相应的职责。

二、监督机构的职责

营利法人监督机构的职责为：检查公司财务，监督执行机构成员、高级管理人员执行法人职务的行为，以及法人章程规定的其他职责。

（一）检查公司财务。监事会、不设监事会的公司的监事发现公司经营情况异常，可以进行调查；必要时，可以聘请会计师事务所等协助其工作，费用由公司承担。

（二）对董事、高级管理人员执行公司职务的行为进行监督。

监事可以列席董事会会议，并对董事会决议事项提出质询或者建议，同时对违反法律、行政法规、公司章程或者股东会决议的董事、高级管理人员提出罢免的建议。

（三）法人章程规定的其他职权，包括：当董事、高级管理人员的行为损害公司的利益时，要求董事、高级管理人员予以纠正；提议召开临时股东会会议，在董事会不履行公司法规定的召集和主持股东会会议职责时召集和主持股东会会议；向股东会会议提出提案；依法对董事、高级管理人员提起诉讼等。

▶ **相关规定**

《中华人民共和国公司法》第51条、第70条、第117条

第八十三条 营利法人的出资人不得滥用出资人权利损害法人或者其他出资人的利益；滥用出资人权利造成法人或者其他出资人损失的，应当依法承担民事责任。

营利法人的出资人不得滥用法人独立地位和出资人有限责任损害法人债权人的利益；滥用法人独立地位和出资人有限责任，逃避债务，严重损害法人债权人的利益的，应当对法人债务承担连带责任。

◆ **条文主旨**

本条是关于营利法人的出资人不得滥用权利、法人独立地位和出资人有限责任的规定。

◆ **条文解读**

公司法的法理基础，就是利用法人独立地位和出资人有限责任充分发挥其作用，提升效率，发展生产力。如果滥用法人独立

地位和出资人有限责任，则应对法人债务承担连带责任，这一规则被称为“揭开公司的面纱”，又叫“法人人格否认”。这里的否认，并非否认法人资格，而是否认其独立地位，需出资人承担无限连带责任，保护债权人利益。

一、营利法人的出资人不得滥用出资人权利损害法人或者其他出资人的利益

营利法人的出资人，对于公司法人来说，是指有限责任公司或者股份有限公司的股东。股东作为股东会或者股东大会的组成人员，应当遵守公司法等法律、行政法规和公司章程的规定，依法合理行使作为出资人的权利。根据公司法的规定，股东权利可分为两类：财产权和参与管理权。其中，财产权是核心，是股东出资的目的所在，参与管理权则是手段，是保障股东实现其财产权的必要保障。股东权利具体包括：

（一）股东身份权。《公司法》规定，有限责任公司成立后，应当向股东签发出资证明书；有限责任公司应当置备股东名册。

（二）参与决策权。《公司法》规定，有限责任公司股东会由全体股东组成，股东会是公司的权力机构。股东会会议由股东按照出资比例行使表决权；但是，公司章程另有规定的除外。股东会会议作出修改公司章程、增加或者减少注册资本的决议，以及公司合并、分立、解散或者变更公司形式的决议，必须经代表2/3以上表决权的股东通过。股份有限公司股东大会由全体股东组成。股东大会是公司的权力机构。股东出席股东大会会议，所持每一股份有一表决权。股东大会作出决议，必须经出席会议的股东所持表决权过半数通过。但是，股东大会作出修改公司章程、增加或者减少注册资本的决议，以及公司合并、分立、解散或者变更公司形式的决议，必须经出席会议的股东所持表决权的 2/3 以上通过。

（三）选择管理者权。《公司法》规定，股东会、股东大会选举和更换非由职工代表担任的董事、监事，决定有关董事、监事的报酬事项。股东通过参加股东会、股东大会，行使表决权来参与选择管理者。股东大会选举董事、监事，可以依照公司章程的规定或者股东大会的决议，实行累积投票制。所谓累积投票制，是指股东大会选举董事或者监事时，每一股份拥有与应选董事或者监事人数相同的表决权，股东拥有的表决权可以集中使用。

（四）资产收益权。《公司法》规定，公司分配当年税后利润时，应当提取利润的10%列入公司法定公积金。公司法定公积金累计额为公司注册资本的50%以上的，可不再提取。公司的法定公积金不足以弥补以前年度亏损的，在依照规定提取法定公积金之前，应当先用当年利润弥补亏损。公司从税后利润中提取法定公积金后，经股东会或者股会大会决议，可以从税后利润中提取任意公积金。公司弥补亏损和提取公积金后所余税后利润，有限责任公司按照股东的出资比例分配，股份有限公司按照股东持有的股份比例分配，但股份有限公司章程规定不按持股比例分配的除外。

（五）退股权。《公司法》规定，有以下情形可以请求公司收购其股份：公司连续5年不向股东分配利润，而公司该5年连续盈利，并符合公司法规定的分配利润条件的；公司合并、分立、转让主要财产的；公司章程规定的营业期限届满或章程规定的其他解散事由出现，股东会会议通过决议修改章程使公司存续的。

（六）知情权。《公司法》规定，股东有权查阅公司章程、股东名册、公司债券存根、股东大会会议记录、董事会会议决议、监事会会议决议、财务会计报告，对公司的经营提出建议或者质询。股东可以要求查阅公司会计账簿。股东要求查阅公司会计账簿的，应当向公司提出书面请求，说明目的。公司有合理根据认为股东查阅会计账簿有不正当目的，可能损害公司合法利益的，可以拒绝提供查阅，并应当自股东提出书面请求之日起15日内书面答复股东并说明理由。公司拒绝提供查阅的，股东可以请求人民法院要求公司提供查阅。

（七）提议、召集、主持股东会临时会议权。《公司法》规定，董事会不能履行或者不履行召集股东大会会议职责的，监事会应当及时召集和主持；监事会不召集和主持的，连续90日以上单独或者合计持有公司10%以上股份的股东可以自行召集和主持。

（八）优先受让和认购新股权。对于有限责任公司，《公司法》规定，经股东同意转让的股权，在同等条件下，其他股东有优先购买权；公司新增资本时，股东有权优先按照实缴的出资比例认缴出资。对于股份有限公司，《公司法》规定，股东持有的股份可以依法转让。股东转让其股份，应当在依法设立的证券交易场所进行或者按照国务院规定的其他方式进行。

（九）向侵犯公司或股东利益的人提起诉讼权。《公司法》规定，董事、监事、高级管理人员执行公司职务时违反法律、行政法规或者公司章程的规定，给公司造成损失的，有限责任公司的股东、股份有限公司连续180日以上单独或者合计持有公司1%以上股份的股东，可以书面请求监事会或者不设监事会的有限责任公司的监事向人民法院提起诉讼；监事有违反法律、行政法规或者公司章程的规定，给公司造成损失的情形的，前述股东可以书面请求董事会或者不设董事会的有限责任公司的执行董事向人民法院提起诉讼。监事会、不设监事会的有限责任公司的监事，或者董事会、执行董事收到股东书面请求后拒绝提起诉讼，或者自收到请求之日起30日内未提起诉讼，或者情况紧急、不立即提起诉讼将会使公司利益受到难以弥补的损害的，股东有权为了公司的利益以自己的名义直接向人民法院提起诉讼。他人侵犯公司合法权益，给公司造成损失的，股东可以依法向人民法院提起诉讼。董事、高级管理人员违反法律、行政法规或者公司章程的规定，损害股东利益的，股东可以向人民法院提起诉讼。

（十）分配公司利润，取得公司剩余财产权。获得分红是股东出资设立公司的原动力，股东可以依法分配公司取得的相应营业利润。股东分多少、公司留多少，股东按什么分配比例，以及什么时间进行利润分配等问题公司法均不加干涉，由股东通过公司章程自行约定。当公司因各种原因决定解散或者被主管部门撤销需要解散的，公司完成清算程序后就可以注销从而终止其民事主体资格，而股东就有权在公司注销前依照出资比例，分配公司的剩余财产。

（十一）请求法院解散公司的权利。《公司法》针对公司僵局作出了股东可以请求强制解散公司的规定，公司经营管理发生严重困难，继续存续会使股东利益受到重大损失，通过其他途径不能解决的，持有公司全部股东表决权 10% 以上的股东，可以请求人民法院解散公司。

如果股东滥用上述法定权利，损害法人或者其他出资人，即其他股东的利益，给法人或者其他出资人造成损失的，应当依法承担民事责任。这里应当指出的是，股东滥用权利的构成要件包括：1. 以损害法人或其他出资人利益为目的行使权利。比如控股股东通过决议向关联公司输送利益，这一行为的目的在于损害法人或其他出资人利益。2. 法人或其他出资人遭受了实际损失。如上述控股股东通过决议向关联公司输送利益的行为给公司和其他股东的权益造成了损失。3. 因果关系。股东滥用权利的行为与法人或者其他股东权益受损之间存在因果关系。符合上述三个要素的，行为人应当承担民事责任。

二、营利法人的出资人不得滥用法人独立地位和出资人有限责任损害法人债权人的利益

法人以自己的财产独立承担民事责任。公司法规定，公司是企业法人，有独立的法人财产，享有法人财产权。公司以其全部财产对公司的债务承担责任。有限责任公司的股东以其认缴的出资额为限对公司承担责任；股份有限公司的股东以其认购的股份为限对公司承担责任。如果公司出现经济纠纷需要赔偿，或者亏损甚至因资不抵债而破产，股东的损失仅限于投资，不涉及个人和家庭的财产，这是对出资人的保护。需要指出的是，这里所说的出资不是实际的出资，而是认缴的出资，也就是股东承诺的出资，写在法人章程里，是法人登记的数额，即使股东出资没有完全到位，也要按照当初承诺认缴的数额承担责任。

营利法人的出资人不得滥用法人独立地位和出资人有限责任损害法人债权人的利益。滥用法人独立地位和出资人有限责任，逃避债务，严重损害法人债权人的利益的，应当对法人债务承担连带责任。针对股东采用转移公司财产、将公司财产与本人财产混同等手段，造成公司可以用于履行债务的财产减少，严重损害公司债权人利益的行为，“揭开公司的面纱”规则也应运而生。“揭开公司的面纱”是在英美国家的司法实践中发展起来的判例规则，意为在具体案例中忽视公司的法人人格，责令背后的股东或公司的内部人员对公司债权人直接承担责任。我国公司法引入了这一规则，规定公司股东应当遵守法律、行政法规和公司章程，依法行使股东权利，不得滥用公司法人独立地位和股东有限责任损害公司债权人的利益。适用这一规则要符合以下三个要素：1. 公司股东滥用公司法人独立地位和股东有限责任，逃避债务。2. 债权人的利益受到严重损害。3. 公司股东滥用公司法人独立地位和股东有限责任的行为与债权人的利益受到损害之间存在因果关系。符合上述三个要素的，

则可认定股东滥用法人独立地位和出资人有限责任，逃避债务，严重损害法人债权人的利益，应当对法人债务承担连带责任。

► **相关规定**

《中华人民共和国公司法》第20条

第八十四条 营利法人的控股出资人、实际控制人、董事、监事、高级管理人员不得利用其关联关系损害法人的利益；利用关联关系造成法人损失的，应当承担赔偿责任。

◆ **条文主旨**

本条是关于营利法人的控股出资人、实际控制人、董事、监事、高级管理人员不得利用其关联关系损害法人利益的规定。

◆ **条文解读**

《公司法》规定，公司的控股股东、实际控制人、董事、监事、高级管理人员不得利用其关联关系损害公司利益。违反这一规定，给公司造成损失的，应当承担赔偿责任。本条在公司法的基础上，进一步明确所有的营利法人的控股出资人、实际控制人、董事、监事、高级管理人员利用关联关系给法人造成损失的，应当承担赔偿责任，以维护法人的合法权益。

根据《公司法》的规定，控股股东，是指其出资额占有限责任公司资本总额50%以上或者其持有的股份占股份有限公司股本总额50%以上的股东，或者出资额或者持有股份的比例虽然不足50%，但依其出资额或者持有的股份所享有的表决权已足以对股东会、股东大会的决议产生重大影响的股东。实际控制人，是指虽不是公司的股东，但通过投资关系、协议或者其他安排，能够实际支配公司行为的人。高级管理人员，是指公司的经理、副经理、财务负责人，上市公司董事会秘书和公司章程规定的其他人员。上述人员和作为公司权力机构成员的股东，以及作为公司监督机构成员的监事，不得利用其关联关系损害法人的利益。

根据《公司法》的规定，关联关系是指公司控股股东、实际控制人、董事、监事、高级管理人员与其直接或者间接控制的企业之间的关系，以及可能导致公司利益转移的其他关系。但是，国家控股的企业之间不仅因为同受国家控股而具有关联关系。《公司法》规定，公司的控股股东、实际控制人、董事、监事、高级管理人员不得利用其关联关系损害公司利益。违反这一规定，给公司造成损失的，应当承担赔偿责任。上市公司董事与董事会会议决议事项所涉及的企业有关联关系的，不得对该项决议行使表决权，也不得代理其他董事行使表决权。该董事会会议由过半数的无关联关系董事出席即可举行，董事会会议所作决议须经无关联关系董事过半数通过。出席董事会的无关联关系董事人数不足三人的，应将该事项提交上市公司股东大会审议。

▶ **相关规定**

《中华人民共和国公司法》第21条

第八十五条 营利法人的权力机构、执行机构作出决议的会议召集程序、表决方式违反法律、行政法规、法人章程，或者决议内容违反法人章程的，营利法人的出资人可以请求人民法院撤销该决议。但是，营利法人依据该决议与善意相对人形成的民事法律关系不受影响。

◆ **条文主旨**

本条是关于营利法人的出资人可以请求撤销法人权力机构、执行机构违法或者违反章程作出的决议的规定。

◆ **条文解读**

本条的规定旨在保护营利法人的出资人的合法权益，明确其对营利法人的权力机构、执行机构违反法律、行政法规或者违反法人章程作出的决议，有权请求人民法院予以撤销，同时也维护相关善意相对人的合法权益，保护交易安全。

营利法人的权力机构、执行机构违反法律、行政法规或者违反法人章程作出的决议，包括两种情况：一是程序违反法律、行政法规或者法人章程；二是内容违反法人章程。就第一种情况来说，又包括两种情形：一是作出决议的会议召集程序违反法律、行政法规或者法人章程；二是作出决议的会议表决方式违反法律、行政法规或者法人章程。

一、会议召集程序违反法律、行政法规或者法人章程

《公司法》对作为有限责任公司、股份有限责任公司权力机构、执行机构的股东会、股东大会、董事会会议的召集程序作出了明确的规定。根据《公司法》的规定，有限责任公司的首次股东会会议由出资最多的股东召集和主持。有限责任公司设立董事会的，股东会会议由董事会召集，董事长主持；董事长不能履行职务或者不履行职务的，由副董事长主持；副董事长不能履行职务或者不履行职务的，由半数以上董事共同推举一名董事主持。有限责任公司不设董事会的，股东会会议由执行董事召集和主持。董事会或者执行董事不能履行或者不履行召集股东会会议职责的，由监事会或者不设监事会的公司的监事召集和主持；监事会或者监事不召集和主持的，代表1/10以上表决权的股东可以自行召集和主持。召开股东会会议，应当于会议召开 15 日前通知全体股东；但是，公司章程另有规定或者全体股东另有约定的除外。股东会应当对所议事项的决定作成会议记录，出席会议的股东应当在会议记录上签名。董事会会议由董事长召集和主持；董事长不能履行职务或者不履行职务的，由副董事长召集和主持；副董事长不能履行职务或者不履行职务的，由半数以上董事共同推举一名董事召集和主持。

对于股份有限公司来说，股东大会会议由董事会召集，董事长主持；董事长不能履行职务或者不履行职务的，由副董事长主持；副董事长不能履行职务或者不履行职务的，由半数以上董事共同推举一名董事主持。董事会不能履行或者不履行召集股东大会会议职责的，监事会应当及时召集和主持；监事会不召集和主持的，连续 90 日以上单独或者合计持有公司 10% 以上股份的股东可以自行召集和主持。公司法和公司章程规定公司转让、受让重大资产或者对外提供担保等事项必须经股东大会作出决议的，董事会应当及时召集股东大会会议，由股东大会就上述事项进行表决。董事会设董事长一人，可以设副董事长。董事长和副董事长由董事会以全体董事的过半数选举产生。董事长召集和主持董事会会议，检查董事会决议的实施情况。副董事长协助董事长工作，董事长不能履行职务或者不履行职务的，由副董事长履行职务；副董事长不能履行职务或者不履行职务的，由半数以上董事共同推举一名董事履行职务。董事会每年度至少召开两次会议，每次会议应当于会议召开 10 日前通知全体董事和监事。代表 1/10 以上表决权的股东、1/3 以上董事或者监事会，可以提议召开董事会临时会议。董事长应当自接到提议后 10 日内，召集和主持董事会会议。董事会召开临时会议，可以另定召集董事会的通知方式和通知时限。

除了公司法等法律、行政法规对股东会、股东大会、董事会的召集程序作出规定外，公司的章程也可能对本公司的股东会、股东大会、董事会在召集程序方面作出一些具体的规定。如果公司的股东会、股东大会、董事会作出决议的会议在召集程序上违反了公司法等法律、行政法规的规定，或者违反了公司章程的规定，股东作为公司的出资人可以请求人民法院撤销该会议所作出的决议。

二、会议表决方式违反法律、行政法规或者法人章程

《公司法》规定，股东会会议作出修改公司章程、增加或者减少注册资本的决议，以及公司合并、分立、解散或者变更公司形式的决议，必须经代表2/3以上表决权的股东通过。董事会应当对所议事项的决定作成会议记录，出席会议的董事应当在会议记录上签名。董事会决议的表决，实行一人一票。上市公司董事与董事会会议决议事项所涉及的企业有关联关系的，不得对该项决议行使表决权，也不得代理其他董事行使表决权。该董事会会议由过半数的无关联关系董事出席即可举行，董事会会议所作决议须经无关联关系董事过半数通过。出席董事会的无关联关系董事人数不足3人的，应将该事项提交上市公司股东大会审议。

《公司法》规定，公司向其他企业投资或者为他人提供担保，依照公司章程的规定，由董事会或者股东会、股东大会决议；公司章程对投资或者担保的总额及单项投资或者担保的数额有限额规定的，不得超过规定的限额。公司为公司股东或者实际控制人提供担保的，必须经股东会或者股东大会决议，该股东或者实际控制人支配的股东，不得参加该事项的表决。该项表决由出席会议的其他股东所持表决权的过半数通过。股东会会议由股东按照出资比例行使表决权；但是，公司章程另有规定的除外。股东会的议事方式和表决程序，除公司法有规定的外，由公司章程规定。

股东会会议作出修改公司章程、增加或者减少注册资本的决议，以及公司合并、分立、解散或者变更公司形式的决议，必须经代表2/3以上表决权的股东通过。董事会的议事方式和表决程序，除公司法有规定的外，由公司章程规定。董事会应当对所议事项的决定作成会议记录，出席会议的董事应当在会议记录上签名。董事会决议的表决，实行一人一票。股东出席股东大会会议，所持每一股份有一表决权。但是，公司持有的本公司股份没有表决权。股东大会作出决议，必须经出席会议的股东所持表决权过半数通过。但是，股东大会作出修改公司章程、增加或者减少注册资本的决议，以及公司合并、分立、解散或者变更公司形式的决议，必须经出席会议的股东所持表决权的2/3以上通过。股东可以委托代理人出席股东大会会议，代理人应当向公司提交股东授权委托书，并在授权范围内行使表决权。上市公司在一年内购买、出售重大资产或者担保金额超过公司资产总额30%的，应当由股东大会作出决议，并经出席会议的股东所持表决权的2/3以上通过。董事会会议应有过半数的董事出席方可举行。董事会作出决议，必须经全体董事的过半数通过。董事会决议的表决，实行一人一票。上市公司董事与董事会会议决议事项所涉及的企业有关联关系的，不得对该项决议行使表决权，也不得代理其他董事行使表决权。该董事会会议由过半数的无关联关系董事出席即可举行，董事会会议所作决议须经无关联关系董事过半数通过。出席董事会的无关联关系董事人数不足3人的，应将该事项提交上市公司股东大会审议。

公司法规定，股东会的议事方式和表决程序，除本法有规定的外，由公司章程规定。如果公司的股东会、股东大会、董事会作出决议的会议在表决方式上违反了公司法等法律、行政法规的规定，或者违反了公司章程的规定，股东作为公司的出资人可以请求人民法院撤销该会议所作出的决议。

三、内容违反法人章程

法人的章程是法人的行为准则，对法人的权力机构、执行机构及其成员均具有约束力。如果股东会或者股东大会、董事会作出决议的内容违反了公司章程的规定，股东可以请求人民法院撤销该决议。

对于股东会或者股东大会、董事会的会议召集程序、表决方式违反法律、行政法规或者公司章程，或者决议内容违反公司章程的，营利法人的出资人可以请求人民法院撤销。公司法对此也作出了相应的规定：公司股东会或者股东大会、董事会的决议内容违反法律、行政法规的无效。股东会或者股东大会、董事会的会议召集程序、表决方式违反法律、行政法规或者公司章程，或者决议内容违反公司章程的，股东可以自决议作出之日起60日内，请求人民法院撤销。股东向法院提起撤销股东会或者股东大会、董事会的决议之诉的，人民法院可以应公司的请求，要求股东提供相应担保。公司根据股东会或者股东大会、董事会决议已办理变更登记的，人民法院宣告该决议无效或者撤销该决议后，公司应当向公司登记机关申请撤销变更登记。

这里还需要指出两点：

第一，根据本条的规定，对于营利法人的权力机构、执行机构作出决议的会议在召集程序、表决方式方面违反法律、行政法规、法人章程，或者决议内容违反法人章程的，虽然营利法人的出资人可以请求人民法院撤销该决议，但是营利法人依据该决议与善意相对人形成的民事法律关系不受影响。这一规定旨在保护善意的、不知情的相对人。在民商事法律关系中，营利法人作为行为主体实施法律行为的过程可以分为两个方面：一是法人内部的意思形成，通常表现为法人权力机构、执行机构，即股东会、股东大会或董事会作出决议；二是法人对外作出意思表示，通常表现为法人对外作出的签订合同等民事法律行为。出于保护善意相对人和维护交易安全的考虑，在法人内部意思形成过程存在瑕疵的情况下，只要对外的意思表示行为不存在无效的情形，法人就应受其表示行为的制约。如转让股权的股东会决议因未经股权所有人同意而不成立，由此产生的股权转让属无权处分行为。如果股权受让人在受让股权时尽了合理的注意义务，且支付了合理对价，则属于善意相对人，可通过善意取得制度获得转让的股权。因此，法院虽然可以撤销法人权力机构、执行机构违反公司章程作出的决议，但并不意味着对法人与善意相对人形成的民事法律关系的必然否定。在营利法人的权力机构或者执行机构所作决议被人民法院的判决撤销后，营利法人依据该决议与相对人之间形成的法律关系是否受到影响，主要看该相对人是否为善意。如果相对人在与营利法人形成法律关系时不知道或者不应当知道作出决定的会议在召集程序、表决方式方面违反法律、行政法规或者法人章程的规定，或者决议内容违反法人章程的规定，则为善意相对人，其与营利法人依据该决议形成的民事法律关系不受影响；反之，如果相对人在与营利法人形成该法律关系时知道或者应当知道作出决定的会议在召集程序、表决方式方面违反法律、行政法规或者法人章程的规定，或者决议内容违反法人章程的规定，则不能成为善意相对人，无权根据本条规定主张相应的利益。

第二，在营利法人的权力机构、执行机构作出决议的内容方面，本条规定只针对违反法人章程规定的情况，如果所作决议的内容违反的是法律、行政法规的强制性规定，依据本法第 143 条、第 153 条的规定，除了该强制性规定不导致民事法律行为无效的外，属于无效民事法律行为，不属于本条规定的可撤销的民事法律行为。无效民事法律行为与可撤销的民事法律行为不同，体现在：一是无效的民事行为一开始就没有法律效力，而可撤销的民事行为在被撤销前已经发生法律效力，但在被撤销后则自始无效。二是无效民事行为的无效可由任何人提出，而可撤销民事行为的撤销，应由撤销权人为之，且可撤销的民事行为的撤销权人对权利的行使拥有选择权，撤销权人既可以撤销该行为，也可以放弃行使撤销权。三是无效民事法律行为自始无效，而可撤销民事行为的效力消灭，以人民法院撤销该民事行为为前提。

▶ **相关规定**

《中华人民共和国公司法》第22条

第八十六条 营利法人从事经营活动，应当遵守商业道德，维护交易安全，接受政府和社会的监督，承担社会责任。

◆ **条文主旨**

本条是关于对营利法人从事经营活动所应承担的道德和社会责任的规定。

◆ **条文解读**

营利法人从事经营活动，必须遵守法律、行政法规，遵守社会公德、商业道德，诚实守信，维持交易安全，接受政府和社会公众的监督，承担社会责任。

本条规定了营利法人从事经营活动所应承担的四项道德和社会责任：

一是应当遵守商业道德。商业道德是指道德规范在商业活动中的具体应用，是职业道德的一种，为人们提供了判断商务活动是否符合道德规范的行为准则。商业道德的基本要求包括文明经商、礼貌待客、遵纪守法、货真价实、买卖公平、诚实无欺、诚实信用、信守契约等。在商业道德中，诚实信用是市场经济活动的一项基本商业道德准则，也是现代法治社会的一项基本法律规则。诚实信用原则要求人们在民事活动中应当诚实、守信用，恪守诺言，诚实不欺，正当行使权利和履行义务，在追求自己正当利益的同时不损害他人和社会公共利益等。

二是维护交易安全。维护交易安全，保护善意的交易相对人利益是民事主体从事经营活动的基本准则。在市场经济条件下，很多交易是在陌生人的环境中进行的。当事人几乎没有可能彼此进行深入的了解，相互之间的交易主要是建立在相互信赖的基础上。对这种信赖的保护，在法律上表现为对善意相对人利益的保护。如果善意相对人的利益不能得到很好的保护，则整个交易链可能就会断裂，交易秩序就会受到损害。所以，营利法人从事经营活动，应当注重维护交易安全，不侵害与之交易的善意相对人的权利，以维护整个交易秩序。维护交易安全同时也是民事法律制度的一个重要任务，通过民事法律规范来维护交易安全，保护善意相对人的利益，形成良好的营商法治环境。

三是接受政府和社会的监督。营利法人要自觉接受政府和社会的监督。政府的监督，更多地体现在行政监管责任上，市场监督管理等有关部门要依据法定职责，对营利法人的经营行为进行监督，发现营利法人存在违法行为，侵害国家利益、社会公共利益等的，要依法进行查处。营利法人在经营活动中也要自觉接受政府的监督，对有关部门的执法活动予以积极配合。此外，营利法人还要自觉接受社会的监督，包括新闻媒体的监督、公众的监督等。

四是承担社会责任。作为营利法人，企业不仅仅是谋取自身利益最大化的经济体，同时也是国家经济发展、社会文明进步的重要推动者。企业在发展过程中，不仅要关注自身的利益，同时也要承担好应尽的社会责任。一般来说，企业的社会责任可以表现为对消费者权益负责、注重生态环境保护、热心公益宣传和慈善捐助，帮助社会中需要帮助的弱势群体等。特别是在国家发生自然灾害、传染病疫情等突发事件时，能积极响应政府号召，捐款捐物，积极参加救灾抗疫活动等。

▶ **相关规定**

《中华人民共和国公司法》第5条第1款

第三节　非营利法人

第八十七条　为公益目的或者其他非营利目的成立，不向出资人、设立人或者会员分配所取得利润的法人，为非营利法人。

非营利法人包括事业单位、社会团体、基金会、社会服务机构等。

◆ **条文主旨**

本条是关于非营利法人的定义和范围的规定。

◆ **条文解读**

非营利法人是为公益目的或者其他非营利目的成立，不向出资人、设立人或者会员分配所取得利润的法人。看一个法人是否为非营利法人，取决于两个因素：一是成立目的的非营利性；二是不分配利润。

一、非营利法人的特征

（一）成立目的的非营利性。非营利法人是为公益目的或者其他非营利目的成立的。公益目的，是指法人所从事的活动属于社会公益事业。根据《公益事业捐赠法》的规定，公益事业是指非营利的下列事项：（1）救助灾害、救济贫困、扶助残疾人等困难的社会群体和个人的活动；（2）教育、科学、文化、卫生、体育事业；（3）环境保护、社会公共设施建设；（4）促进社会发展和进步的其他社会公共和福利事业。

除了公益目的外，为其他非营利目的而成立的法人也属于非营利法人。如行业协会，是社会中介组织，它的产生和发展是社会分工和市场竞争日益加剧的结果，反映了同一行业的企业自我服务、自我协调、自我监督、自我保护的意识和要求。具体说来，行业协会的成立必须以同行业的企业为主体，建立在自愿原则的基础上。行业协会的成立以谋取和增进全体会员企业的共同利益为宗旨，不属于公益目的，但属于本条规定的其他非营利目的，也属于非营利法人。

（二）不分配利润。非营利法人可以取得利润，但是不得向出资人、设立人或者会员分配所取得的利润。这也是与这类法人设立的目的为非营利相一致的，因为出资人、设立人成立这类法人本身不是为了赚钱，而是为了公益目的或者为会员服务，所以法人取得的利益是不能向出资人、设立人或者会员分配的。

二、非营利法人的范围

非营利法人的范围包括事业单位、社会团体、基金会、社会服务机构等。

（一）事业单位。事业单位是指由政府利用国有资产设立的，从事教育、科技、文化、卫生等活动的社会服务组织，如政府举办的学校、医院、科研机构等。事业单位一般是国家设置的带有一定的公益性质的机构，但不属于行使公权力的机构，与机关法人是不同的。根据国家事业单位分类改革精神，事业单位不再分为全额拨款事业单位、差额拨款事业单位，而分为公益一类事业单位、公益二类事业单位。

（二）社会团体。社会团体是指中国公民自愿组成，为实现会员共同意愿，按照其章程开展活动的非营利性社会组织，包括行业协会，以及科技、文化、艺术、慈善事业等社会群众团体。成立社会团体，应当经其业务主管单位审查同意，并依照《社会团体登记管理条例》的规定进行登记。社会团体为非营利法人，不得从事营利性经营活动。

（三）基金会。基金会是指利用自然人、法人或者其他组织捐赠的财产，以从事公益事业为目的，依法成立的非营利性法人。基金会分为面向公众募捐的基金会和不得面向公众募捐的基金会。面向公众募捐的基金会，即公募基金会，按照募捐的地域范围，分为全国性公募基金会和地方性公募基金会。根据《基金会管理条例》的规定，基金会应当在民政部门登记，就其性质而言是一种民间非营利组织。

（四）社会服务机构。社会服务机构，也称为民办非企业单位，是指自然人、法人或者其他组织为了提供社会服务，利用非国有资产设立的非营利性法人，如民办非营利学校、民办非营利医院等。《民办教育促进法》规定，民办学校的举办者可以自主选择设立非营利性或者营利性民办学校，非营利性民办学校的举办者不得取得办学收益，学校的办学结余全部用于办学，非营利性民办学校即为非营利法人。成立社会服务机构，应当经其业务主管单位审查同意，并依法进行登记。社会服务机构不得从事营利性经营活动。例如，“社会服务机构”这一概念来自慈善法。

慈善法规定，慈善组织，是指依法成立、符合本法规定，以面向社会开展慈善活动为宗旨的非营利性组织。慈善组织可以采取基金会、社会团体、社会服务机构等组织形式。与之相衔接，本法也沿用了“社会服务机构”这一概念，作为与事业单位、社会团体、基金会并列的一种非营利法人。

▶ **相关规定**

《中华人民共和国慈善法》第8条

第八十八条　具备法人条件，为适应经济社会发展需要，提供公益服务设立的事业单位，经依法登记成立，取得事业单位法人资格；依法不需要办理法人登记的，从成立之日起，具有事业单位法人资格。

◆ **条文主旨**

本条是关于事业单位法人资格取得的规定。

◆ **立法背景**

事业单位是国家为了适应经济社会发展需要，提供公益服务而设立的法人组织，由国家机关举办或者其他组织利用国有资产举办，从事教育、科研、文化、卫生、体育、新闻出版、广播电视、社会福利、救助减灾、统计调查、技术推广与实验、公用设施管理、物资仓储、监测、勘探与勘察、测绘、检验检测与鉴定、法律服务、资源管理事务、质量技术监督事务、经济监督事务、知识产权事务、公证与认证、信息与咨询、人才交流、就业服务、机关后勤服务等活动。

事业单位具有如下两个特点：一是公益性。成立事业单位的目的在于提供教育、科学、文化、卫生等公益服务，这些服务属于政府应当向社会提供的公共产品。政府通过设立事业单位，如学校、医院、科研机构、文化机构等向社会提供这些领域的公益服务，以满足社会发展和公众的需求。二是知识密集性。事业单位中的科研和其他专业人员比较集中，主要利用科技文化知识为社会提供公益服务，属于知识密集性单位。

◆ 条文解读

根据本条的规定，成立事业单位在程序上分为两种：一是具备法人条件，依法经登记取得事业单位法人资格；二是具备法人条件，依法不需要办理法人登记的，从成立之日起，具有事业单位法人资格。

一、具备法人条件，依法经登记取得事业单位法人资格

《事业单位登记管理暂行条例》及其实施细则对事业单位的设立条件、程序作出了明确的规定。事业单位经县级以上各级人民政府及其有关主管部门批准成立后，应当依法登记或者备案。县级以上各级人民政府机构编制管理机关所属的事业单位登记管理机构负责实施事业单位的登记管理工作。

事业单位实行分级登记管理。国家事业单位登记管理局负责下列事业单位的登记管理：（一）中央直属事业单位；（二）中央国家机关各部门举办的事业单位；（三）直接或者间接使用中央财政经费的社会团体举办的事业单位；（四）中央国有资产监督管理机构履行出资人职责的企业和国有重点金融机构举办的事业单位；（五）上述事业单位举办的事业单位；（六）依照法律或者有关规定，应当由国家事业单位登记管理局登记管理的其他事业单位。

省、自治区、直辖市登记管理机关负责下列事业单位的登记管理：（一）省、自治区、直辖市直属事业单位；（二）省、自治区、直辖市国家机关各部门举办的事业单位；（三）直接或者间接使用省级财政经费的社会团体举办的事业单位；（四）省、自治区、直辖市国有资产监督管理机构履行出资人职责的企业举办的事业单位；（五）上述事业单位举办的事业单位；（六）国家事业单位登记管理局授权登记管理的事业单位；（七）依照法律或者有关规定，应当由省级登记管理机关登记管理的其他事业单位。不同层级单位联合举办的事业单位，由其中层级高的单位举办的事业单位的登记管理机关登记管理；同一层级、不同行政区域单位联合举办的事业单位，由其各自行政区域登记管理机关共同的上级登记管理机关登记管理。地方登记管理机关不得登记名称冠“中国”、“全国”、“国家”、“中华”等字样的事业单位。

申请事业单位法人登记，应当具备下列条件：（一）经审批机关批准设立。（二）有自己的名称、组织机构和场所。事业单位名称是事业单位的文字符号，是各事业单位之间相互区别并区别于其他组织的首要标志，应当由以下部分依次组成：（1）字号，表示该单位的所在地域，或者举办单位，或者单独字号的字样；（2）所属行业，表示该单位业务属性、业务范围的字样，如数学研究、教育出版、妇幼保健等；（3）机构形式，表示该单位属于某种机构形式的字样，如院、所、校、社、馆、台、站、中心等。事业单位名称应当使用符合国家规范的汉字，民族自治地方的事业单位名称可以同时使用本自治地方通用的民族文字。事业单位名称不得使用含有损于国家、社会公共利益或者可能造成欺骗或者引起误解以及其他法律、法规禁止的内容的文字。申请登记的事业单位名称不得与已登记的事业单位名称和注销登记未满三年的事业单位名称相同或者相近似。（三）有与其业务活动相适应的从业人员。（四）有与其业务活动相适应的经费来源。

事业单位的经费来源包括财政补助和非财政补助两类。事业单位的开办资金包括举办单位或者出资人授予事业单位法人自主支配的财产和事业单位法人的自有财产，不包括下列资产：代为管理的公共基础设施和资源性资产；关系国家秘密、公共安全、公共保障，不能进入流通领域的资产；借贷款、合同预收款、合同应付款；职工福利费、保险金、住房公积金等专用基金；规定了使用方向，不能用于民事赔偿的他人资助的资金，以及按照法律、法规规定不能用于民事赔偿的其他资产。（五）能够独立承担民事责任。

申请事业单位法人登记，应当向登记管理机关提交下列文件：（一）登记申请书；（二）审批机关的批准文件；（三）场所使用权证明；（四）经费来源证明；（五）其他有关证明文件。登记管理机关应当自收到登记申请书之日起30日内依照《事业单位登记管理暂行条例》的规定进行审查，作出准予登记或者不予登记的决定。准予登记的，发给《事业单位法人证书》；不予登记的，应当说明理由。事业单位法人登记事项包括：名称、住所、宗旨和业务范围、法定代表人、经费来源（开办资金）等情况。经登记的事业单位，凭《事业单位法人证书》刻制印章，申请开立银行账户。事业单位应当将印章式样报登记管理机关备案。事业单位的登记事项需要变更的，应当向登记管理机关办理变更登记。

二、具备法人条件，依法不需要办理法人登记的，从成立之日起，具有事业单位法人资格

根据《事业单位登记管理暂行条例》及其实施细则的规定，法律规定具备法人条件、自批准设立之日起即取得法人资格的事业单位，不再办理事业单位法人登记，由有关主管部门按照分级登记管理的规定向登记管理机关备案。县级以上各级人民政府设立的直属事业单位直接向登记管理机关备案。对备案的事业单位，登记管理机关应当自收到备案文件之日起30日内发给《事业单位法人证书》。

▶ **相关规定**

《事业单位登记管理暂行条例》第2条、第3条、第6-8条、第11条

第八十九条 事业单位法人设理事会的，除法律另有规定外，理事会为其决策机构。事业单位法人的法定代表人依照法律、行政法规或者法人章程的规定产生。

◆ **条文主旨**

本条是关于事业单位法人组织机构的规定。

◆ **立法背景**

事业单位设立理事会作为其决策机构，是建立和完善事业单位法人治理结构的重要举措，有利于创新事业单位体制机制，实现管办分离。本条明确了理事会作为事业单位决策机构的法律地位，有利于加强事业单位的法人治理，进一步激发事业单位的活力，促进事业单位的健康发展。

◆ **条文解读**

一、事业单位的决策机构

事业单位法人设理事会的，除法律另有规定外，理事会为其决策机构。根据国务院办公厅2011年发布的《关于建立和完善事业单位法人治理结构的意见》，理事会一般由政府有关部门、举办单位、事业单位、服务对象和其他有关方面的代表组成。直接关系人民群众切身利益的事业单位，本单位以外人员担任的理事要

占多数。根据事业单位的规模、职责任务和服务对象等方面特点，兼顾代表性和效率，合理确定理事会的构成和规模。要吸收事业单位外部人员参加决策层，扩大参与事业单位决策和监督的人员范围，进一步规范事业单位的行为，确保公益目标的实现。

《关于建立和完善事业单位法人治理结构的意见》指出，面向社会提供公益服务的事业单位要探索建立和完善法人治理结构。不宜建立法人治理结构的事业单位，要继续完善现行管理模式。根据这一精神，本条对事业单位设立理事会没有作强制性的统一要求。根据本条的规定，不是所有事业单位的决策机构都是理事会，只有设立理事会的，除法律另有规定的外，理事会才为其决策机构。

关于理事会的职责，《关于建立和完善事业单位法人治理结构的意见》规定，理事会依照法律法规、国家有关政策和本单位章程开展工作，接受政府监管和社会监督。理事会负责本单位的发展规划、财务预决算、重大业务、章程拟订和修订等决策事项，按照有关规定履行人事管理方面的职责，并监督本单位的运行。

关于理事的产生方式，《关于建立和完善事业单位法人治理结构的意见》规定，结合理事所代表的不同方面，采取相应的理事产生方式，代表政府部门或相关组织的理事一般由政府部门或相关组织委派，代表服务对象和其他利益相关方的理事原则上推选产生，事业单位行政负责人及其他有关职位的负责人可以确定为当然理事。

同时，为了加强对理事的监督，《关于建立和完善事业单位法人治理结构的意见》还规定，要明确理事的权利义务，建立理事责任追究机制，也可以探索单独设立监事会，负责监督事业单位财务和理事、管理层人员履行职责的情况。

根据本条的规定，有的法律已经明确规定了有关事业单位的决策机构的，要依据其规定。如《高等教育法》规定，国家举办的高等学校实行中国共产党高等学校基层委员会领导下的校长负责制。中国共产党高等学校基层委员会按照中国共产党章程和有关规定，统一领导学校工作，支持校长独立负责地行使职权，其领导职责主要是：执行中国共产党的路线、方针、政策，坚持社会主义办学方向，领导学校的思想政治工作和德育工作，讨论决定学校内部组织机构的设置和内部组织机构负责人的人选，讨论决定学校的改革、发展和基本管理制度等重大事项，保证以培养人才为中心的各项任务的完成。根据这一规定，国家举办的高等学校的决策机构为中国共产党高等学校基层委员会。

二、事业单位的法定代表人

事业单位法人的法定代表人依照法律、行政法规或者法人章程的规定产生。事业单位法定代表人是按照法定程序产生，代表事业单位行使民事权利、履行民事义务的责任人。事业单位法定代表人的产生，要依照有关法律、行政法规或者法人章程的规定。如高等教育法规定，高等学校的校长为高等学校的法定代表人。

此外，事业单位法定代表人的产生还应当遵守《事业单位登记管理暂行条例》及其实施细则的相关规定。根据该条例和其实施细则的规定，事业单位法定代表人应当具备下列条件：（一）具有完全民事行为能力的自然人；（二）该事业单位的主要行政负责人。违反法律、法规和政策规定产生的事业单位主要行政负责人，不得担任事业单位法定代表人。事业单位的拟任法定代表人，经登记管理机关核准登记，方取得事业单位法定代表人资格。事业单位变更法定代表人的，应当自出现依法应当申请变更登记的情况之日起30个工作日内，向登记管理机关提出申请。

► **相关规定**

《事业单位登记管理暂行条例实施细则》第31条

第九十条 具备法人条件，基于会员共同意愿，为公益目的或者会员共同利益等非营利目的设立的社会团体，经依法登记成立，取得社会团体法人资格；依法不需要办理法人登记的，从成立之日起，具有社会团体法人资格。

◆ 条文主旨

本条是关于社会团体法人资格取得的规定。

◆ 条文解读

社会团体，是指基于会员共同意愿，为公益目的或者会员共同利益等非营利目的设立的社会组织。根据这一规定，社会团体包括两种：一是为公益目的而设立的，如中国红十字会、中华慈善总会等；二是为会员共同利益设立的，如行业协会、商会等。

根据本条的规定，社会团体在设立程序上分为两种：一是经依法登记成立，取得法人资格；二是依法不需要办理法人登记，一经成立即具有法人资格。

一、经依法登记成立，取得法人资格

根据《社会团体登记管理条例》的规定，社会团体应当具备法人条件。成立社会团体，应当经其业务主管单位审查同意，并依照该条例的规定进行登记。

社会团体的登记机关为民政部门。社会团体登记实行分级管理：全国性的社会团体，由国务院的登记管理机关，即民政部负责登记管理；地方性的社会团体，由所在地人民政府的登记管理机关，即地方政府民政部门负责登记管理；跨行政区域的社会团体，由所跨行政区域的共同上一级人民政府的民政部门负责登记管理。登记管理机关、业务主管单位与其管辖的社会团体的住所不在一地的，可以委托社会团体住所地的登记管理机关、业务主管单位负责委托范围内的监督管理工作。

社会团体登记应当符合法定的条件和程序：（一）成立条件。根据《社会团体登记管理条例》的规定，成立社会团体，应当具备下列条件：（1）有50个以上的个人会员或者30个以上的单位会员；个人会员、单位会员混合组成的，会员总数不得少于50个。（2）有规范的名称和相应的组织机构。社会团体的名称应当符合法律、法规的规定，不得违背社会道德风尚。社会团体的名称应当与其业务范围、成员分布、活动地域相一致，准确反映其特征。全国性的社会团体的名称冠以“中国”、“全国”、“中华”等字样的，应当按照国家有关规定经过批准，地方性的社会团体的名称不得冠以“中国”、“全国”、“中华”等字样。（3）有固定的住所。（4）有与其业务活动相适应的专职工作人员。（5）有合法的资产和经费来源，全国性的社会团体有10万元以上活动资金，地方性的社会团体和跨行政区域的社会团体有3万元以上活动资金。（6）有独立承担民事责任的能力。

（二）成立程序。根据《社会团体登记管理条例》的规定，申请成立社会团体，应当经其业务主管单位审查同意，由发起人向登记管理机关申请登记。筹备期间不得开展筹备以外的活动。申请登记社会团体，发起人应当向登记管理机关提交下列文件：（1）登记申请书；（2）业务主管单位的批准文件；（3）验资报告、场所使用权证明；（4）发起人和拟任负责人的基本情况、身份证明；（5）章程草案。登记管理机关应当自收到上述所列全部有效文件之日起60日内，作出准予或者不予登记的决定。准予登记的，发给《社会团体法人登记证书》；不予登记的，应当向发起人说明理由。社会团体登记事项包括：名称、住所、宗旨、业务范围、活动地域、法定代表人、活动资金和业务主管单位。社会团体的法定代表人，不得同时担任其他社会团体的法定代表人。

经登记机关审查，发现申请登记的社会团体有下列情形之一的，登记管理机关不予登记：（1）有根据证明申请登记的社会团体的宗旨、业务范围不符合《社会团体登记管理条例》规定的；（2）在同一行政区域内已有业务范围相同或者相似的社会团体，没有必要成立的；（3）发起人、拟任负责人正在或者曾经受到剥夺政治权利的刑事处罚，或者不具有完全民事行为能力的；（4）在申请筹备时弄虚作假的；（5）有法律、行政法规禁止的其他情形的。

二、依法不需要办理法人登记，一经成立即具有法人资格

根据《社会团体登记管理条例》的规定，两类社会团体不需要办理法人登记，一经成立即具有法人资格：

（一）参加中国人民政治协商会议的人民团体。目前，参加中国人民政治协商会议的人民团体共有 8 个，包括：1. 中华全国总工会。2. 中国共产主义青年团。3. 中华全国妇女联合会。4. 中国科学技术协会。5. 中华全国归国华侨联合会。6. 中华全国台湾同胞联谊会。7. 中华全国青年联合会。8. 中华全国工商业联合会。

（二）由国务院机构编制管理机关核定，并经国务院批准免于登记的团体，共有 14 个，包括：1. 中国文学艺术界联合会。2. 中国作家协会。3. 中华全国新闻工作者协会。4. 中国人民对外友好协会。5. 中国人民外交学会。6. 中国国际贸易促进委员会。7. 中国残疾人联合会。8. 宋庆龄基金会。9. 中国法学会。10. 中国红十字会。11. 中国职工思想政治工作研究会。12. 欧美同学会。13. 黄埔军校同学会。14. 中华职业教育社。

根据《社会团体登记管理条例》的规定，自批准成立之日起即具有法人资格的社会团体，应当自批准成立之日起60日内向登记管理机关提交批准文件，申领《社会团体法人登记证书》。登记管理机关自收到文件之日起30日内发给《社会团体法人登记证书》。

需要说明三点：（1）社会团体凭《社会团体法人登记证书》申请刻制印章，开立银行账户。社会团体应当将印章式样和银行账号报登记管理机关备案。（2）社会团体的分支机构、代表机构是社会团体的组成部分，不具有法人资格，应当按照其所属的社会团体的章程所规定的宗旨和业务范围，在该社会团体授权的范围内开展活动、发展会员。社会团体的分支机构不得再设立分支机构。（3）社会团体不得设立地域性的分支机构。

▶ 相关规定

《社会团体登记管理条例》第2条、第3条、第9－13条

第九十一条　设立社会团体法人应当依法制定法人章程。

社会团体法人应当设会员大会或者会员代表大会等权力机构。

社会团体法人应当设理事会等执行机构。理事长或者会长等负责人按照法人章程的规定担任法定代表人。

◆ 条文主旨

本条是关于社会团体法人章程和组织机构的规定。

◆ 条文解读

章程是设立社会团体法人的法定必备文件，是调整社会团体内部关系，规范内部成员行为，明确法人活动准则的重要依据，

对于社会团体法人具有重要意义。所以，本条规定设立社会团体法人应当依法制定法人章程。同时，社会团体也应当设立权力机构和执行机构，以加强其内部治理，确保社会团体的规范发展。

一、社会团体法人应当制定章程

根据《社会团体登记管理条例》的规定，社会团体的章程应当包括下列事项：（一）名称、住所；（二）宗旨、业务范围和活动地域；（三）会员资格及其权利、义务；（四）民主的组织管理制度，执行机构的产生程序；（五）负责人的条件和产生、罢免的程序；（六）资产管理和使用的原则；（七）章程的修改程序；（八）终止程序和终止后资产的处理；（九）应当由章程规定的其他事项。

二、社会团体的权力机构

社会团体法人应当设会员大会或者会员代表大会等权力机构，一般会员人数相对较少的社会团体实行会员大会制度，由全体会员组成的会员大会作为该团体的决策机构。而会员人数相对较多的社会团体则实行会员代表大会制度，由全体会员选出代表他们的意志来行事的一部分人召开大会，行使会员赋予的权利，对会员负责，作为该社会团体的决策机构。

会员大会或者会员代表大会一般应当根据章程定期召开。例如，中国红十字会的章程明确规定：中国红十字会的最高权力机构是全国会员代表大会。全国会员代表大会每5年召开一次，2/3以上代表出席，会议有效。全国会员代表大会由中国红十字会理事会召集，如遇特殊情况可提前或延期召开。全国会员代表大会的代表由总会和地方红十字会推选的会员代表以及与有关部门协商产生的代表和特邀人士组成。

社会团体的会员大会或者会员代表大会的职责在该社会团体的章程中作出规定，一般包括选举产生该社会团体的理事会、监事会；修改该社会团体的章程；审议批准理事会、监事会的工作报告；审议批准理事会提交的工作规划；决定该社会团体的重大事项等。

三、社会团体的执行机构

社会团体法人应当设理事会等执行机构。理事长或者会长等负责人按照法人章程的规定担任法定代表人，理事会在会员大会或者代表大会闭会期间执行其决议。

理事会的任期及职责等由社会团体的章程规定。例如，中国红十字会的章程中明确规定：理事会会议每年召开一次。理事会决议由到会理事半数以上表决通过后生效。必要时可以通信方式召开理事会会议。理事会的职责是：（一）聘请名誉会长、名誉副会长；（二）选举常务理事；（三）选举会长、常务副会长、副会长；（四）根据会长提名，决定秘书长；（五）增补、更换或罢免理事、常务理事；（六）审定中国红十字会工作报告、事业发展规划和年度工作计划、财务收支等报告；（七）审议下一届理事会组成方案；（八）决定其他重大事项。

四、社会团体的法定代表人

社会团体的理事长或者会长等负责人按照法人章程的规定担任法定代表人。社会团体的法定代表人，不得同时担任其他社会团体的法定代表人。

需要指出的是，在立法过程中，有的意见建议规定社会团体还应当设立监督机构，以监督理事会等执行机构依法行使职权。经研究认为，社会团体是否设立监督机构，应属其会员自治范畴，由社会团体法人自行决定，本法不必对此作出强制性的统一规定。

▶ **相关规定**

《社会团体登记管理条例》第 14 条、第 15 条

第九十二条 具备法人条件，为公益目的以捐助财产设立的基金会、社会服务机构等，经依法登记成立，取得捐助法人资格。

依法设立的宗教活动场所，具备法人条件的，可以申请法人登记，取得捐助法人资格。法律、行政法规对宗教活动场所有规定的，依照其规定。

◆ **条文主旨**

本条是关于捐助法人的定义和范围的规定。

◆ **条文解读**

捐助法人是为公益目的，以捐助财产设立的非营利法人，其特点，一是为公益目的设立；二是法人的财产全部来自捐助。捐助法人的范围主要包括基金会、社会服务机构、宗教活动场所等。明确基金会、社会服务机构、宗教活动场所等的捐助法人资格，有利于这类组织更好地开展民事活动，同时也有利于加强其内部治理，促进该类组织的健康发展。

基金会、社会服务机构、宗教活动场所等组织具备法人条件，经依法登记，取得捐助法人资格。

一、基金会

1. 登记主管机关。根据《基金会管理条例》的规定，国务院民政部门和省、自治区、直辖市人民政府民政部门是基金会的登记管理机关。基金会登记实行分级管理：国务院民政部门负责下列基金会、基金会代表机构的登记管理工作：（1）全国性公募基金会；（2）拟由非内地居民担任法定代表人的基金会；（3）原始基金超过 2000 万元，发起人向国务院民政部门提出设立申请的非公募基金会；（4）境外基金会在中国内地设立的代表机构。省、自治区、直辖市人民政府民政部门负责本行政区域内地方性公募基金会和不属于原始基金超过2000万元，发起人向国务院民政部门提出设立申请的非公募基金会的登记管理工作。

2. 设立基金会的条件。根据《基金会管理条例》的规定，设立基金会应当具备下列条件：（1）为特定的公益目的而设立。（2）全国性公募基金会的原始基金不低于800万元人民币，地方性公募基金会的原始基金不低于400万元人民币，非公募基金会的原始基金不低于200万元人民币；原始基金必须为到账货币资金。（3）有规范的名称、章程、组织机构以及与其开展活动相适应的专职工作人员。（4）有固定的住所。（5）能够独立承担民事责任。

3. 设立登记。根据《基金会管理条例》的规定，申请设立基金会，申请人应当向登记管理机关提交下列文件：（1）申请书；（2）章程草案；（3）验资证明和住所证明；（4）理事名单、身份证明以及拟任理事长、副理事长、秘书长简历；（5）业务主管单位同意设立的文件。登记管理机关应当自收到全部有效文件之日起60日内，作出准予或者不予登记的决定。准予登记的，发给《基金会法人登记证书》；不予登记的，应当书面说明理由。基金会设立登记的事项包括：名称、住所、类型、宗旨、公益活动的业务范围、原始基金数额和法定代表人。

关于基金会的设立登记，根据《基金会管理条例》的规定，还需要指出三点：

第一，基金会拟设立分支机构、代表机构的，应当向原登记管理机关提出登记申请，并提交拟设机构的名称、住所和负责人等情况的文件。登记管理机关应当自收到上述全部有效文件之日起60日内作出准予或者不予登记的决定。准予登记的，发给《基金会分支（代表）机构登记证书》；不予登记的，应当书面说明理由。基金会分支机构、基金会代表机构设立登记的事项包括：名称、住所、公益活动的业务范围和负责人。基金会分支机构、基金会代表机构依据基金会的授权开展活动，不具有法人资格。

第二，境外基金会在中国内地设立代表机构，应当经有关业务主管单位同意后，向登记管理机关提交下列文件：（1）申请书；（2）基金会在境外依法登记成立的证明和基金会章程；（3）拟设代表机构负责人身份证明及简历；（4）住所证明；（5）业务主管单位同意在中国内地设立代表机构的文件。登记管理机关应当自收到全部有效文件之日起60日内，作出准予或者不予登记的决定。准予登记的，发给《境外基金会代表机构登记证书》；不予登记的，应当书面说明理由。境外基金会代表机构设立登记的事项包括：名称、住所、公益活动的业务范围和负责人。境外基金会代表机构应当从事符合中国公益事业性质的公益活动。境外基金会对其在中国内地代表机构的民事行为，依照中国法律承担民事责任。

第三，基金会、境外基金会代表机构依法登记后，应当依法办理税务登记。基金会、境外基金会代表机构，凭登记证书依法申请组织机构代码、刻制印章、开立银行账户。基金会、境外基金会代表机构应当将组织机构代码、印章式样、银行账号以及税务登记证件复印件报登记管理机关备案。

二、社会服务机构

社会服务机构进行法人登记，目前适用《民办非企业单位登记管理暂行条例》的规定。该条例明确规定了社会服务机构（即民办非企业单位）登记的管理机关，社会服务机构的设立条件和设立登记程序。

1. 登记管理机关。根据《民办非企业单位登记管理暂行条例》的规定，国务院民政部门和县级以上地方各级人民政府民政部门是本级人民政府的民办非企业单位登记管理机关。国务院有关部门和县级以上地方各级人民政府的有关部门、国务院或者县级以上地方各级人民政府授权的组织，是有关行业、业务范围内民办非企业单位的业务主管单位。法律、行政法规对民办非企业单位的监督管理另有规定的，依照有关法律、行政法规的规定执行。

2. 设立条件。根据《民办非企业单位登记管理暂行条例》的规定，申请登记民办非企业单位，应当具备下列条件：（1）经业务主管单位审查同意；（2）有规范的名称、必要的组织机构；（3）有与其业务活动相适应的从业人员；（4）有与其业务活动相适应的合法财产；（5）有必要的场所。民办非企业单位的名称应当符合国务院民政部门的规定，不得冠以“中国”、“全国”、“中华”等字样。

3. 设立登记。申请民办非企业单位登记，举办者应当向登记管理机关提交下列文件；（1）登记申请书；（2）业务主管单位的批准文件；（3）场所使用权证明；（4）验资报告；（5）拟任负责人的基本情况、身份证明；（6）章程草案。登记管理机关应当自收到成立登记申请的全部有效文件之日起60日内作出准予登记或者不予登记的决定。有下列情形之一的，登记管理机关不予登记，并向申请人说明理由：（1）有根据证明申请登记的民办非企业单位的宗旨、业务范围不符合《民办非企业单位登记管理暂行条例》第4条规定的；（2）在申请成立时弄虚作假的；（3）在同一行政区域内已有业务范围相同或者相似的民办非企业单位，没有必要成立的；（4）拟任负责人正在或者曾经受到剥夺政治权利的刑事处罚，或者不具有完全民事行为能力的；（5）有法律、行政法规禁止的其他情形的。

这里需要指出两点：（1）社会服务机构不得设立分支机构。

（2）社会服务机构凭登记证书申请刻制印章，开立银行账户。民办非企业单位应当将印章式样、银行账号报登记管理机关备案。

三、宗教活动场所

宗教活动场所是指开展宗教活动的寺院、宫观、清真寺、教堂及其他固定处所。本条第2款规定，依法设立的宗教活动场所，具备法人条件的，可以申请法人登记，取得捐助法人资格。目前，关于宗教场所的规定，主要是国务院的行政法规《宗教事务条例》和国家宗教事务局制定的《宗教活动场所设立审批和登记办法》。

1. 宗教活动场所设立审批。根据《宗教事务条例》的规定，设立宗教活动场所，应当具备下列条件：（1）设立宗旨不违背该条例关于宗教团体、宗教院校、宗教活动场所和信教公民应当遵守宪法、法律、法规和规章，践行社会主义核心价值观，维护国家统一、民族团结、宗教和睦与社会稳定；任何组织或者个人不得利用宗教进行危害国家安全、破坏社会秩序、损害公民身体健康、妨碍国家教育制度，以及其他损害国家利益、社会公共利益和公民合法权益等违法活动；任何组织或者个人不得在不同宗教之间、同一宗教内部以及信教公民与不信教公民之间制造矛盾与冲突，不得宣扬、支持、资助宗教极端主义，不得利用宗教破坏民族团结、分裂国家和进行恐怖活动；各宗教坚持独立自主自办的原则，宗教团体、宗教院校、宗教活动场所和宗教事务不受外国势力的支配；宗教团体、宗教院校、宗教活动场所、宗教教职人员在相互尊重、平等、友好的基础上开展对外交往；其他组织或者个人在对外经济、文化等合作、交流活动中不得接受附加的宗教条件等的规定。（2）当地信教公民有经常进行集体宗教活动的需要。（3）有拟主持宗教活动的宗教教职人员或者符合本宗教规定的其他人员。（4）有必要的资金，资金来源渠道合法。（5）布局合理，符合城乡规划要求，不妨碍周围单位和居民的正常生产、生活。

筹备设立宗教活动场所，由宗教团体向拟设立的宗教活动场所所在地的县级人民政府宗教事务部门提出申请。县级人民政府宗教事务部门应当自收到申请之日起30日内提出审核意见，报设区的市级人民政府宗教事务部门。设区的市级人民政府宗教事务部门应当自收到县级人民政府宗教事务部门报送的材料之日起30日内，对申请设立其他固定宗教活动处所的，作出批准或者不予批准的决定；对申请设立寺观教堂的，提出审核意见，报省、自治区、直辖市人民政府宗教事务部门审批。省、自治区、直辖市人民政府宗教事务部门应当自收到设区的市级人民政府宗教事务部门报送的材料之日起30日内，作出批准或者不予批准的决定。宗教活动场所的设立申请获批准后，方可办理该宗教活动场所的筹建事项。

2. 宗教活动场所设立登记。宗教活动场所经批准筹备并建设完工后，应当向所在地的县级人民政府宗教事务部门申请登记。县级人民政府宗教事务部门应当自收到申请之日起30日内对该宗教活动场所的管理组织、规章制度建设等情况进行审核，对符合条件的予以登记，发给《宗教活动场所登记证》。宗教活动场所符合法人条件的，经所在地宗教团体同意，并报县级人民政府宗教事务部门审查同意后，可以到民政部门办理法人登记。宗教活动场所终止或者变更登记内容的，应当到原登记管理机关办理相应的注销或者变更登记手续。

本法赋予宗教活动场所以法人资格，有利于其对外从事民事活动，更好地维护其合法权益，也有利于加强其内部治理，保护正常的宗教活动。

这里需要指出三点：

（1）宗教活动场所的法人登记以具备法人条件为前提。考虑到不同宗教的做法不同，依法设立的宗教活动场所是否登记为法人，由其自行申请。

（2）法律、行政法规对宗教活动场所有规定的，依照其规定。本条的规定不影响国家依法对宗教活动场所进行规范和管理。宗教活动场所从事各类活动必须符合《宗教事务条例》等法规的规定，接受宗教事务部门依法对其进行的监督检查。

（3）赋予宗教活动场所法人资格不影响其与宗教团体的关系。根据《宗教事务条例》的规定，宗教团体具有协助人民政府贯彻落实法律、法规、规章和政策，维护信教公民的合法权益，指导宗教教务，制定规章制度并督促落实，从事宗教文化研究，阐释宗教教义教规，开展宗教思想建设，开展宗教教育培训，培养宗教教职人员，认定、管理宗教教职人员，以及法律、法规、规章和宗教团体章程规定的其他职能。宗教团体具备法人条件的，可以依法登记为社会团体法人。赋予宗教活动场所法人资格不影响其与宗教团体的关系。

▶ 相关规定

《宗教事务条例》第 20 – 23 条；《民办非企业单位登记管理暂行条例》第 6 – 12 条；《基金会管理条例》第 6 – 13 条

第九十三条 设立捐助法人应当依法制定法人章程。

捐助法人应当设理事会、民主管理组织等决策机构，并设执行机构。理事长等负责人按照法人章程的规定担任法定代表人。

捐助法人应当设监事会等监督机构。

◆ 条文主旨

本条是关于捐助法人章程和组织机构的规定。

◆ 条文解读

设立捐助法人应当依法制定法人章程。根据《慈善法》《基金会管理条例》《民办非企业单位管理暂行条例》《宗教事务条例》的规定，设立基金会、社会服务机构、宗教活动场所应当制定章程。同时，为了加强对捐助法人的内部治理，本条规定捐助法人应当设理事会、民主管理组织等决策机构，并设执行机构、监督机构。理事长等负责人按照法人章程的规定担任法定代表人。

一、设立捐助法人应当依法制定法人章程

基金会的章程必须明确基金会的公益性质，不得规定使特定自然人、法人或者其他组织受益的内容。基金会章程应当载明下列事项：（一）名称及住所；（二）设立宗旨和公益活动的业务范围；（三）原始基金数额；（四）理事会的组成、职权和议事规则，理事的资格、产生程序和任期；（五）法定代表人的职责；（六）监事的职责、资格、产生程序和任期；（七）财务会计报告的编制、审定制度；（八）财产的管理、使用制度；（九）基金会的终止条件、程序和终止后财产的处理。

社会服务机构（即民办非企业单位）的章程应当包括下列事项：（一）名称、住所；（二）宗旨和业务范围；（三）组织管理制度；（四）法定代表人或者负责人的产生、罢免的程序；（五）资产管理和使用的原则；（六）章程的修改程序；（七）终止程序和终止后资产的处理；（八）需要由章程规定的其他事项。

二、捐助法人应当设理事会、民主管理组织等决策机构，并设执行机构、监事会等监督机构

（一）基金会。根据《基金会管理条例》的规定，基金会设理事会，是基金会的决策机构。理事为 5 人至 25 人，理事任期由章程规定，但每届任期不得超过 5 年。理事任期届满，连选可以连任。用私人财产设立的非公募基金会，相互间有近亲属关系的基金会理事，总数不得超过理事总人数的1/3；其他基金会，具有近亲属关系的不得同时在理事会任职。在基金会领取报酬的理事不得超过理事总人数的1/3。理事会设理事长、副理事长和秘书长，从理事中选举产生，理事长是基金会的法定代表人。

理事会依法行使章程规定的职权。理事会每年至少召开2次会议。理事会会议须有2/3以上理事出席方能召开；理事会决议须经出席理事过半数通过方为有效。下列重要事项的决议，须经出席理事表决，2/3以上通过方为有效：（1）章程的修改；（2）选举或者罢免理事长、副理事长、秘书长；（3）章程规定的重大募捐、投资活动；（4）基金会的分立、合并。理事会会议应当制作会议记录，并由出席理事审阅、签名。

基金会理事长、副理事长和秘书长不得由现职国家工作人员兼任。基金会的法定代表人，不得同时担任其他组织的法定代表人。公募基金会和原始基金来自中国内地的非公募基金会的法定代表人，应当由内地居民担任。因犯罪被判处管制、拘役或者有期徒刑，刑期执行完毕之日起未逾5年的，因犯罪被判处剥夺政治权利正在执行期间或者曾经被判处剥夺政治权利的，以及曾在因违法被撤销登记的基金会担任理事长、副理事长或者秘书长，且对该基金会的违法行为负有个人责任，自该基金会被撤销之日起未逾5年的，不得担任基金会的理事长、副理事长或者秘书长。担任基金会理事长、副理事长或者秘书长的香港居民、澳门居民、台湾居民、外国人以及境外基金会代表机构的负责人，每年在中国内地居留时间不得少于3个月。

基金会设监事。监事任期与理事任期相同。理事、理事的近亲属和基金会财会人员不得兼任监事。监事依照章程规定的程序检查基金会财务和会计资料，监督理事会遵守法律和章程的情况。监事列席理事会会议，有权向理事会提出质询和建议，并应当向登记管理机关、业务主管单位以及税务、会计主管部门反映情况。

基金会理事遇有个人利益与基金会利益关联时，不得参与相关事宜的决策；基金会理事、监事及其近亲属不得与其所在的基金会有任何交易行为。监事和未在基金会担任专职工作的理事不得从基金会获取报酬。

（二）社会服务机构。目前，对社会服务机构法人的组织机构还没有统一的法律、行政法规的规定，但有的法律、行政法规对有关社会服务机构的组织机构作出了规定，如《民办教育促进法实施条例》规定，民办学校理事会、董事会或者其他形式决策机构的负责人应当品行良好，具有政治权利和完全民事行为能力。国家机关工作人员不得担任民办学校理事会、董事会或者其他形式决策机构的成员。民办学校的理事会、董事会或者其他形式决策机构，每年至少召开一次会议。经1/3以上组成人员提议，可以召开理事会、董事会或者其他形式决策机构临时会议。民办学校的理事会、董事会或者其他形式决策机构讨论下列重大事项，应当经2/3以上组成人员同意方可通过：（1）聘任、解聘校长；（2）修改学校章程；（3）制定发展规划；（4）审核预算、决算；（5）决定学校的分立、合并、终止；（6）学校章程规定的其他重大事项。民办学校内部组织机构的设置方案由校长提出，报理事会、董事会或者其他形式决策机构批准。

（三）宗教活动场所。根据《宗教事务条例》的规定，宗教活动场所应当成立管理组织，实行民主管理。宗教活动场所管理组织的成员，经民主协商推选，并报该场所的登记管理机关备案。

▶ **相关规定**

《基金会管理条例》第20－22条；《民办教育促进法实施条例》第19条、第20条；《宗教事务条例》第25条

第九十四条 捐助人有权向捐助法人查询捐助财产的使用、管理情况，并提出意见和建议，捐助法人应当及时、如实答复。

捐助法人的决策机构、执行机构或者法定代表人作出决定的程序违反法律、行政法规、法人章程，或者决定内容违反法人章程的，捐助人等利害关系人或者主管机关可以请求人民法院撤销该决定。但是，捐助法人依据该决定与善意相对人形成的民事法律关系不受影响。

◆ 条文主旨

本条是关于捐助人权利的规定。

◆ 条文解读

捐助人出于从事慈善活动的目的，向基金会、社会服务机构、宗教活动场所等捐助法人捐赠财产，为了保护捐助人的权益和捐助财产的安全，使捐助财产真正用于慈善事业，本条明确了捐助人对所捐助财产使用、管理情况的监督权，以及捐助法人对捐助人行使这一权利的相应配合义务。

一、捐助人的监督权

捐助人有权向捐助法人查询捐助财产的使用、管理情况，并提出意见和建议。《慈善法》、《基金会管理条例》也作了类似的规定。《慈善法》规定，捐赠人有权查询、复制其捐赠财产管理使用的有关资料，慈善组织应当及时主动向捐赠人反馈有关情况。慈善组织违反捐赠协议约定的用途，滥用捐赠财产的，捐赠人有权要求其改正；拒不改正的，捐赠人可以向民政部门投诉、举报或者向人民法院提起诉讼。《基金会管理条例》规定，捐赠人有权向基金会查询捐赠财产的使用、管理情况，并提出意见和建议。对于捐赠人的查询，基金会应当及时如实答复。基金会违反捐赠协议使用捐赠财产的，捐赠人有权要求基金会遵守捐赠协议或者向人民法院申请撤销捐赠行为、解除捐赠协议。

捐赠协议属于本法合同编规定的赠与合同。赠与合同是赠与人将自己的财产无偿给予受赠人，受赠人表示接受赠与的合同。赠与可以附义务，受赠人应当按照约定履行义务。如果捐赠人在捐赠协议中对捐助财产的用途提出明确的要求，受赠的捐助法人需要严格按协议的规定使用捐助的财产。如果捐助法人违反协议的规定滥用捐赠财产，属于不履行赠与合同约定义务的行为，捐助人可以向人民法院提起诉讼，要求撤销赠与，也可以依法向有关部门投诉、举报。例如，捐助人向某一非营利民办学校捐赠了一笔财产，并通过捐助协议明确规定该笔财产只能用于学校建图书馆。根据本条的规定，捐助人有权向该学校查询这笔捐助财产的使用、管理情况，并提出意见和建议，受捐助的学校应当及时、如实答复。如果捐助人发现该学校违反了捐助协议关于捐赠财产用途的规定，没有将这笔财产用于建图书馆，在此情况下，该捐助人有权要求该学校改正；拒不改正的，捐助人可以向有关部门投诉、举报或者向人民法院提起诉讼，请求撤销捐赠行为。需要指出的是，根据本法合同编关于赠与合同的规定，捐助人行使撤销权，请求撤销赠与的，应当在知道或者应当知道撤销事由之日起 1 年内行使。

二、捐助法人对捐助人行使监督权的配合义务

对于捐助人行使对所捐财产的监督权，捐助法人应当予以积极配合：包括当捐助人查询所捐财产的使用、管理情况时，应当积极提供有关财务资料；对于捐助人提出的有关意见、建议，应当认真听取、研究，并及时作出解释、回应，对合理化建议应当及时采纳；对于捐助人的查询，应当及时、如实答复，不能拖延、敷衍，更不能弄虚作假，欺骗捐助人。

三、捐助人可以请求撤销捐助法人违法或者违反章程规定的决定

具体分为两种情况：

（一）决定程序违反法律、行政法规或者法人章程。捐助法人的决策机构、执行机构或者法定代表人作出决定的程序应当符合法律、行政法规、法人章程的规定。如根据《基金会管理条例》的规定，理事会会议须有2/3以上理事出席方能召开；理事会决议须经出席理事过半数通过方为有效。涉及章程的修改，选举或者罢免理事长、副理事长、秘书长，章程规定的重大募捐、投资活动，基金会的分立、合并等重要事项的决议，须经出席理事表决，2/3以上通过方为有效。理事会会议应当制作会议记录，并由出席理事审阅、签名。如果基金会的理事会所作决定违反了这一程序性规定，捐助人等利害关系人或者主管机关可以请求人民法院撤销该决定。

（二）决定内容违反法人章程的规定。捐助法人的决策机构、执行机构或者法定代表人作出决定的内容应当符合法人章程的规定。法人章程是设立法人的重要依据，也是法人应当遵循的基本准则，对法人的决策机构、执行机构或者法定代表人均具有拘束力。如果捐助法人的决策机构、执行机构或者法定代表人作出决定的内容违反了章程的规定，如违反了章程规定的设立该法人的宗旨，以捐助财产从事了营利性的活动，那么作为捐助人等利害关系人或者法人的主管机关有权请求人民法院撤销该决定，以维护所捐助财产的安全。

这里需要指出两点：

（一）虽然法院依法撤销了该捐助法人所作的违法或者违反

法人章程的决定，但捐助法人依据该决定与善意相对人形成的民事法律关系不受影响，这也是保护善意相对人的权益，维护交易安全的需要。如某一捐助法人的理事会，违反法律规定的程序作出一项决定，将获得捐助的一处房产卖掉。虽然该决定因违反法定程序而被人民法院撤销，但是如果买房人因为在购房时为善意，对该法人所作决定违法或者违反章程规定的事实为不知情或者不应当知情，在此情况下，该买房人为善意相对人，可以取得该房产的所有权。

（二）关于捐助法人的决策机构、执行机构、法定代表人作出决定的内容方面，本条的规定只针对违反法人章程规定的情况，如果所作决定的内容违反的是法律、行政法规的强制性规定的，依据本法第 143 条、第 153 条的规定，除该强制性规定不导致民事法律行为无效的外，属于无效民事法律行为，不属于本条规定的可撤销的民事法律行为。

▶ **相关规定**

《中华人民共和国慈善法》第 21 条、第 42 条；《基金会管理条例》第 39 条

第九十五条 为公益目的成立的非营利法人终止时，不得向出资人、设立人或者会员分配剩余财产。剩余财产应当按照法人章程的规定或者权力机构的决议用于公益目的；无法按照法人章程的规定或者权力机构的决议处理的，由主管机关主持转给宗旨相同或者相近的法人，并向社会公告。

◆ 条文主旨

本条是关于为公益目的成立的非营利法人终止时剩余财产处理的规定。

◆ 条文解读

为公益目的成立的非营利法人，包括捐助法人和事业单位法人，以及部分社会团体法人。这些法人的财产，要么来自捐助财产，要么来自国有资产，所以在这些法人终止时，其剩余财产的处理是受到限制的。

一是剩余财产不得向出资人、设立人或者会员分配。剩余财产是指法人解散清算完成后所剩余的法人财产。这些财产不能向出资人、设立人或者会员分配，这是营利法人与非营利法人的重要区别。对于营利法人来说，剩余财产是可以向出资人、设立人分配的，而非营利法人，其来源是国有资产或者捐助财产，在存续期间还享受了国家在财政、税收、土地等方面的优惠政策，所以在终止时，其财产需要继续用于公益事业，不得向出资人、设立人或者会员分配。

二是剩余财产应当按照法人章程的规定或者权力机构的决议用于公益目的。非营利法人的剩余财产应当按照法人章程的规定或者理事会等权力机构的决议继续用于公益目的。非营利法人的章程中一般会规定法人终止后剩余财产的处理，主要是转给其他宗旨相同或者相近的非营利法人，如非营利性民办学校终止后，其剩余财产转给其他的非营利性民办学校。如果法人章程中没有规定，也可以由理事会等法人权力机构作出决议，将剩余财产继续用于公益事业。需要说明的是，非营利法人终止后的剩余财产只能按照法人章程的规定或者权力机构的决议用于公益事业，不能用于营利活动。

三是剩余财产无法按照法人章程的规定或者权力机构的决议处理的，由主管机关主持转给宗旨相同或者相近的法人，并向社会公告。如果法人终止后，其剩余财产的处理，既没有法人章程的规定，理事会等权力机构也没有作出相关决议，在此情况下，要由主管机关主持转给宗旨相同或者相近的法人，并向社会公告。如一所非营利的民营医院终止后，其剩余财产，可以由主管机关主持转给另外一家非营利的民营医院，并向社会公告。

《慈善法》、《民办教育促进法》、《基金会管理条例》、《宗教事务条例》均明确规定了这几类非营利法人在终止后剩余财产的处理原则。《慈善法》规定，慈善组织清算后的剩余财产，应当按照慈善组织章程的规定转给宗旨相同或者相近的慈善组织；章程未规定的，由民政部门主持转给宗旨相同或者相近的慈善组织，并向社会公告。《民办教育促进法》规定，非营利性民办学校终止的，清偿债务后的剩余财产继续用于其他非营利性学校办学。《基金会管理条例》规定，基金会注销后的剩余财产应当按照章程的规定用于公益目的；无法按照章程规定处理的，由登记管理机关组织捐赠给与该基金会性质、宗旨相同的社会公益组织，并向社会公告。《宗教事务条例》规定，宗教团体、宗教院校、宗教活动场所注销或者终止的，应当进行财产清算，清算后的剩余财产应当用于与其宗旨相符的事业。

需要指出的是，由于非营利法人的范围比较宽，包括捐助法人和事业单位法人，以及部分社会团体法人。对各类非营利法人剩余财产的处理，如果其他法律另有规定的，要依照其规定。另外，事业单位终止后剩余财产的处理，原则上要符合国有资产管理的有关规定。

► **相关规定**

《中华人民共和国慈善法》第18条第3款；《中华人民共和国

民办教育促进法》第59条第2款；《基金会管理条例》第33条；《宗教事务条例》第37条

第四节 特别法人

第九十六条 本节规定的机关法人、农村集体经济组织法人、城镇农村的合作经济组织法人、基层群众性自治组织法人，为特别法人。

◆ 条文主旨

本条是关于特别法人范围的规定。

◆ 条文解读

通过特别法人制度将机关法人、基层群众性自治组织、农村集体经济组织、城镇农村的合作经济组织等涵盖在内，赋予这些组织以特别法人资格，有利于这些组织更方便地参与民事活动，保护其自身及其成员的合法权益，同时也保护与其从事民事活动的相对人的合法权益。

本条规定了特别法人所包括的具体范围：机关法人、农村集体经济组织法人、城镇农村的合作经济组织法人、基层群众性自治组织法人。

机关法人、农村集体经济组织法人、城镇农村的合作经济组织法人、基层群众性自治组织法人这四种法人，既不同于营利法人，也不同于非营利法人，有其自身的特殊性，所以本节将其统归于特别法人。

一、机关法人

机关法人是指依法行使国家权力，并因行使国家权力的需要而享有相应的民事权利能力和民事行为能力的国家机关。在进行民事活动时，国家机关以法人身份出现，与作为其相对人的自然人、法人或者非法人组织一样是平等的民事主体，不是行政主体。

机关法人包括政党机关、人大机关、政协机关、行政机关、监察机关、司法机关、军事机关等，具体包括各级中国共产党委员会及其所属各部门，各级人民代表大会机关，各级人民政府及其所属各工作部门，各级政治协商会议机关，各级监察机关，各级人民法院、检察院机关，各民主党派机关、军事机关等。

机关法人成立的方式为依据宪法和法律的规定，为履行法定职能而特许设立，无须经专门机构核准登记。同时，机关法人的经费纳入国家预算，由国家财政拨给。机关法人可以以法人资格与其他民事主体进行民事活动，如购置办公用品等。正是由于机关法人的上述特点，使其既不是营利法人，也不是非营利法人，属于特别法人。在国际上，一般将机关法人称为公法人。

二、农村集体经济组织法人

农村集体经济组织产生于20世纪50年代初的农业合作化运动，是为实行社会主义公有制改造，在自然乡村范围内，由农民自愿联合，将其各自所有的生产资料（土地、较大型农具、耕畜）投入集体所有，由集体组织农业生产经营，农民进行集体劳动，各尽所能，按劳分配的农业社会主义经济组织。农村集体经济组织是农村集体资产经营管理的主体，依法代表农民集体行使农村集体资产所有权。农村集体经济组织作为一类特殊的组织，既有对外的营利性，又有对内的集体利益保障性，既不同于营利法人，也不同于非营利法人，属于特别法人。

三、城镇农村的合作经济组织法人

城镇农村的合作经济组织是按照自愿互利、民主管理、协作服务原则组建的农村经济组织，主要是指供销合作社等。供销合作社地位性质特殊，既体现党和政府政策导向，又承担政府委托的公益性服务，既有事业单位和社团组织的特点，又履行管理社有企业的职责，既要办成以农民为基础的合作经济组织，又要开展市场化经营和农业社会化服务，具有不同于营利法人、非营利法人的特殊性，属于特别法人。

四、基层群众性自治组织法人

基层群众性自治组织是指在城市和农村按居民、村民的居住地区建立起来的居民委员会和村民委员会。居民委员会、村民委员会是建立在我国社会的最基层，与群众直接联系的组织，是在自愿的基础上由群众按照居住地区，自己组织起来管理自己事务的组织。基层群众性自治组织这一概念，在我国制宪史上首次见于1982年《宪法》，规定："城市和农村按居民居住地区设立的居民委员会或者村民委员会是基层群众性自治组织。"根据《宪法》的规定，我国分别于1989年、1998年制定了《城市居民委员会组织法》、《村民委员会组织法》。

居民委员会和村民委员会的特点：一是群众性。基层群众性自治组织不同于国家政权组织和其他政治、经济等社会组织，是居住于一定范围内的居民、村民基于社会生活的共同需要而建立的，目的是处理居住地范围内的公共事务、公益事业等事务，如社会治安、公共卫生等。二是自治性。基层群众性自治组织不是国家机关，也不是国家机关的下属或者下级组织，具有自身组织上的独立性。三是基层性。基层群众性自治组织只存在于居住地范围的基层杜区，所从事的工作都是居民、村民居住范围内的公共事务和公益事业。正是因为居民委员会和村民委员会具有上述不同于其他法人的特点，所以有必要赋予其单独的一类法人资格。

第九十七条　有独立经费的机关和承担行政职能的法定机构从成立之日起，具有机关法人资格，可以从事为履行职能所需要的民事活动。

◆ **条文主旨**

本条是关于机关法人的规定。

◆ **条文解读**

机关法人在对外从事民事活动时必然要面临责任承担的问题，其享有独立的经费就成为其对外承担责任的基础。机关作为预算单位享有独立经费，确保其可以对外承担民事法律责任。

根据本条的规定，机关法人包括两类：一是有独立经费的机关；二是有独立经费的承担行政职能的法定机构。

一、有独立经费的机关

机关法人的经费来自财政拨款。机关法人的设立依据是宪法和国务院组织法、地方各级人民代表大会和地方各级人民政府组织法、监察法、人民法院组织法、人民检察院组织法等法律，其设立的目的是代表国家行使公权力，履行法定的职责。因此，必须有独立的经费作为机关法人履行职责和对外承担民事责任的基础。机关法人的独立经费，来自国家的财政拨款。

二、有独立经费的承担行政职能的法定机构

行政职能是指行政管理职能，是行政主体作为国家管理的执法机关，在依法对国家政治、经济和社会公共事务进行管理时应承担的职责和所具有的功能，如行政许可、行政处罚等，但不涉及立法、司法和军事等国家职能。行政职能一般由国家的行政机关行使，包括各级人民政府及政府有关部门，均享有行政管理职能。除了行政机关以外，一些法定机构，依据法律、行政法规的授权也享有行政管理职能，这些法定机构在行使法定行政职能时，也享有与行政机关相同的行政主体地位，具有机关法人资格。本条的这一规定，相比民法通则关于机关法人的规定，在范围上作了扩大，将有独立经费的承担行政职能的法定机构也作为机关法人，适应了实践的发展需要。

承担行政职能的法定机构主要包括部分依法举办的事业单位，如中国证券监督管理委员会、中国银行保险监督管理委员会等，依据证券法、商业银行法、保险法等法律的规定，对证券期货市场、金融、保险行业实施监督管理，这样的机构虽然性质为事业单位，但其履行公共管理职能，因而具有机关法人资格。

需要指出的是，有独立经费的机关和承担行政职能的法定机构从成立之日起，即具有机关法人资格，不需要进行设立登记。

三、机关法人可以从事为履行职能所需要的民事活动

机关法人履行法定职能所从事的活动包括两种：一种是公法意义的活动，如行政管理活动，另一种则是私法意义上的活动，即民事活动，如购买办公用品等。本条规定，机关法人从其成立之日起即具有法人资格，可以从事为履行职能所需要的民事活动，换言之，如果所从事的民事活动与该机关法人的履行职能不相符，就不具有合法性，是不被允许的，如机关法人不能从事经营性的活动等。

▶ 相关规定

《中华人民共和国行政许可法》第 23 条；《中华人民共和国行政处罚法》第 17 条

第九十八条 机关法人被撤销的，法人终止，其民事权利和义务由继任的机关法人享有和承担；没有继任的机关法人的，由作出撤销决定的机关法人享有和承担。

◆ **条文主旨**

本条是关于机关法人终止的规定。

◆ **条文解读**

机关法人成立后，可能会因为机构改革等原因而被撤销，这样该机关法人就在法律上终止。法人终止后，其民事权利和民事义务由继任的机关法人享有和承担。

机关法人被撤销的，法人终止。如根据最新的党和国家机构改革方案，组建国家市场监督管理总局，不再保留国家工商行政管理总局、国家质量监督检验检疫总局、国家食品药品监督管理总局。那么，国家工商行政管理总局这一机关法人终止，其民事权利、民事义务由继任的国家市场监督管理总局享有和承担。如国家工商行政管理总局在被撤销前与另一个民事主体签订了民事合同，其根据该合同享有的权利、义务均由继任的国家市场监督管理总局享有和承担。

如果机关法人被撤销后，没有继任的机关法人的，则由作出撤销决定的机关法人享有和承担被撤销的机关法人的民事权利、义务。

第九十九条 农村集体经济组织依法取得法人资格。

法律、行政法规对农村集体经济组织有规定的，依照其规定。

◆ 条文主旨

本条是关于农村集体经济组织依法取得法人资格的规定。

◆ 立法背景

农村集体经济组织，产生于20世纪50年代初的农业合作化运动，是为实行社会主义公有制改造，在自然乡村范围内，更多是在一个生产队范围内，由农民自愿联合，将其各自所有的生产资料，土地、较大型农具、耕地，投入集体所有，由集体组织农业生产经营，农民进行集体劳动，各尽所能，按劳分配的农业社会主义经济组织。改革开放以后，农村集体经济组织也进行了改革，生产大队改成了行政村，设立村委会，生产队一般改成自然村，设置村民小组，由行政村统一管理各自然村。由于各地在农村集体经济组织改革过程中采取政策不同，有的地方以自然村为一个农村集体经济组织，有的地方则以行政村为一个集体经济组织。由于民法通则没有明确赋予农村集体经济组织的法人资格，使得其权利义务关系不明确，不利于其对外从事民事活动。长期以来，由于性质不清，登记五花八门，我国的农村集体经济组织存在底数不清、权属不明、经营不畅等多种问题。本法赋予农村集体经济组织法人资格，有利于其以自己的名义对外从事经营等民事活动，对于发展农村经济，提高农民收入，实现乡村振兴具有重要意义。

◆ 条文解读

农村集体经济组织具有自身的独特性：一是属于经济组织，具有营利性。二是具有集体利益保障性。作为农村集体组织成员的村民以承包地等资产加入农村集体经济组织，通过该组织的经营活动取得分红等收入，所以该组织具有保障成员利益的功能和责任。三是组织成员具有相对封闭性。农村集体经济组织的成员是该组织所覆盖的社区的村民，这些村民以承包地等资产加入农村集体经济组织，成为组织成员，所以集体经济组织的成员资格与村民作为土地承包经营权人的身份密不可分，具有相对封闭性，所在社区以外的人员一般不能成为农村集体经济组织的成员。

正是由于农村集体经济组织的上述特点，使得其既不同于企业法人，又不同于农民专业合作组织，也不同于社会团体。例如，集体土地的所有权虽然可以被纳入到农村集体经济组织的财产之中，但却不能够以其承担民事责任。如果将集体土地的所有权用于清偿债务，该集体经济组织成员将会失去其赖以生存的根基，难以维持其基本生计，也与我国的土地制度不符。解决农村集体经济组织的对外经营问题，只能依据农村土地承包法和本法物权编关于农村承包地“三权分置”的原则，通过土地经营权的依法流转来实现。又如，农村集体经济组织一般也不能破产，一旦破产，该组织即不再存在，这与设立农村集体经济组织的初衷相悖。因此，农村集体经济组织虽然已经在法律上具备了市场经济主体地位，但其只能属于特殊的法人类型，需要专门的立法加以规定。

2016 年，《中共中央、国务院关于稳步推进农村集体产权制度改革的意见》指出：“健全适应社会主义市场经济体制要求、以公平为核心原则的农村产权保护法律制度。抓紧研究制定农村集体经济组织方面的法律，赋予农村集体经济组织法人资格，明确权利义务关系，依法维护农村集体经济组织及其成员的权益，保证农村集体经济组织平等使用生产要素，公平参与市场竞争，同等受到法律保护。”目前，农村集体经济组织立法已经列入第十三届全国人大常委会立法规划的第三类项目，有关方面正在研究论证。本法作为民事基本法，明确了农村集体经济组织的法人地位，有关农村集体经济组织如何取得法人资格，可以通过农村集体经济组织的专项立法作出具体规定。所以，本条规定农村集体经济组织依法取得法人资格。此外，本条第 2 款还规定，法律、行政法规对农村集体经济组织有规定的，依照其规定。

这里还要指出一点，即关于农村集体经济组织成员的资格问题。在立法过程中，有的意见建议对如何认定农村集体经济组织成员资格作出具体规定，以解决实践中各地在认定农村集体经济组织成员资格方面做法不一的问题。但也有的意见提出，各地农村的情况差别很大，各农村集体经济组织的历史形成、成员构成、资产组成的情况也不相同，如果由法律统一规定成员资格的认定标准，很难适应全国各地的不同情况。经研究认为，根据中央关于农村集体产权制度改革的意见，应当按照尊重历史、兼顾现实、程序规范、群众认可的原则，统筹考虑户籍关系、农村土地承包关系、对集体积累的贡献等因素，协调平衡各方利益，确认农村集体经济组织成员身份。目前，各地正在按照这一原则和精神进行试点。可以在试点工作结束后，在总结试点经验的基础上，通过农村集体经济组织的专项立法，对农村集体经济组织成员的资格认定问题作出具体规定。

▶ **相关规定**

《中华人民共和国宪法》第 8 条第 1 款、第 17 条；《中华人民共和国农村土地承包法》第 13 条

第一百条 城镇农村的合作经济组织依法取得法人资格。

法律、行政法规对城镇农村的合作经济组织有规定的，依照其规定。

◆ **条文主旨**

本条是关于城镇农村的合作经济组织依法取得法人资格的规定。

◆ **立法背景**

城镇农村的合作经济组织是按照自愿互利、民主管理、协作服务原则组建的经济组织，主要是指供销合作社等。供销合作社是为农服务，以农民为主体的集体所有制合作经济组织，是党和政府密切联系农民群众的桥梁纽带和做好农业、农村、农民工作的重要载体。供销合作社具有特殊的法律地位，既不同于企业法人等营利法人，又不同于事业单位、社会团体等非营利法人，属于本节规定的特殊法人类型。

◆ **条文解读**

供销合作社分为基层供销合作社，县级、市级、省级供销合作社联合社，中华全国供销合作总社。在供销合作社系统中，上级社对下级社有指导、协调、监督、服务、教育培训等职责。

中华全国供销合作总社是国务院领导下的全国供销合作社的联合组织，负责领导全国供销合作事业发展。总社财产属于集体所有。总社理事会是总社集体财产的所有权代表和管理者。总社依法具有独立的法人地位，其合法权益受国家法律保护。总社实行团体社员制，对成员社负有指导、协调、监督、服务、教育培训的职责。总社实行开放办社，根据申请，可接纳承认本章程、自愿加入的社会经济组织作为成员社。

近年来，党和国家着力深化供销社改革，把这一改革作为加强党在农村基层执政基础的战略需要，是抓好精准扶贫、实现全面小康的重要保障，也是深化农业供给侧结构性改革的重要举措。2015 年 3 月《中共中央、国务院关于深化供销社综合改革的决定》明确提出："确立供销合作社的特定法律地位。在长期的为农服务实践中，供销合作社形成了独具中国特色的组织和服务体系，组织成分多元，资产构成多样，地位性质特殊，既体现党和政府政策导向，又承担政府委托的公益性服务，既有事业单位和社团组织的特点，又履行管理社有企业的职责，既要办成以农民为基础的合作经济组织，又要开展市场化经营和农业社会化服务，是党和政府以合作经济组织形式推动'三农'工作的重要载体，是新形势下推动农村经济社会发展不可替代、不可或缺的重要力量。为更好发挥供销合作社独特优势和重要作用，必须确立其特定法律地位，抓紧制定供销合作社条例，适时启动供销合作社法立法工作。"2019 年 1 月《中共中央、国务院关于坚持农业农村优先发展做好"三农"工作的若干意见》指出，继续深化供销合作社综合改革，制定供销合作社条例。

根据上述规定精神，供销合作社既不同于企业法人等营利法人，又不同于事业单位、社会团体等非营利法人，属于本节规定的特殊法人类型，具体可以通过制定《供销合作社条例》这样的专门立法，来明确供销合作社如何取得法人资格的具体规定。所以，本条第 1 款规定，城镇农村的合作经济组织依法取得法人资格。这里的"依法"即是指有关供销合作社的专门立法，可以是法律，也可以是行政法规。同时，本条第 2 款还规定，法律、行政法规对城镇农村的合作经济组织有规定的，依照其规定。

▶ **相关规定**

《中华人民共和国宪法》第 8 条第 2 款

第一百零一条 居民委员会、村民委员会具有基层群众性自治组织法人资格，可以从事为履行职能所需要的民事活动。

未设立村集体经济组织的，村民委员会可以依法代行村集体经济组织的职能。

◆ **条文主旨**

本条是关于居民委员会、村民委员会具有基层群众性自治组织法人资格的规定。

◆ **立法背景**

关于居民委员会、村民委员会的法人地位的问题，在立法过程中，有的部门、地方和一些基层干部群众代表提出，居民委员会、村民委员会是基层群众性自治组织，为履行其职能需要从事一些民事活动。现行法律没有规定其民事主体地位，致使其在一些情况下不能顺利从事民事活动，所以有必要明确赋予居民委员会、村民委员会法人资格。经研究，采纳了这一意见，在本条中明确规定：居民委员会、村民委员会具有基层群众性自治组织法人资格。

◆ **条文解读**

一、居民委员会

（一）居民委员会的定义。根据《城市居民委员会组织法》的规定，居民委员会是居民自我管理、自我教育、自我服务的基层群众性自治组织。不设区的市、市辖区的人民政府或者它的派出机关对居民委员会的工作给予指导、支持和帮助。居民委员会协助不设区的市、市辖区的人民政府或者它的派出机关开展工作。

（二）居民委员会的任务。《城市居民委员会组织法》规定了居民委员会的九项任务：（1）宣传宪法、法律、法规和国家的政策，维护居民的合法权益，教育居民履行依法应尽的义务，爱护公共财产，开展多种形式的社会主义精神文明建设活动；（2）办理本居住地区居民的公共事务和公益事业；（3）调解民间纠纷；（4）协助维护社会治安；（5）协助人民政府或者它的派出机关做好与居民利益有关的公共卫生、计划生育、优抚救济、青少年教育等项工作；（6）向人民政府或者它的派出机关反映居民的意见、要求和提出建议；（7）应当开展便民利民的社区服务活动，可以兴办有关的服务事业；（8）管理本居民委员会的财产，任何部门和单位不得侵犯居民委员会的财产所有权；（9）多民族居住地区的居民委员会，应当教育居民互相帮助，互相尊重，加强民族团结。

（三）居民委员会的设立和组成。居民委员会根据居民居住状况，按照便于居民自治的原则，一般在 100 户至 700 户的范围内设立。居民委员会的设立、撤销、规模调整，由不设区的市、市辖区的人民政府决定。

居民委员会由主任、副主任和委员共 5 至 9 人组成。多民族居住地区，居民委员会中应当有人数较少的民族的成员。居民委员会主任、副主任和委员，由本居住地区全体有选举权的居民或者由每户派代表选举产生；根据居民意见，也可以由每个居民小组选举代表 2 至 3 人选举产生。居民委员会每届任期 3 年，其成员可以连选连任。居民委员会根据需要设人民调解、治安保卫、公共卫生等委员会。居民委员会成员可以兼任下属的委员会的成员。居民较少的居民委员会可以不设下属的委员会，由居民委员会的成员分工负责有关工作。居民委员会可以分设若干居民小组，小组长由居民小组推选。

二、村民委员会

（一）村民委员会的定义。根据《村民委员会组织法》的规定，村民委员会是村民自我管理、自我教育、自我服务的基层群众性自治组织，实行民主选举、民主决策、民主管理、民主监督。村民委员会办理本村的公共事务和公益事业，调解民间纠纷，协助维护社会治安，向人民政府反映村民的意见、要求和提出建议。村民委员会向村民会议、村民代表会议负责并报告工作。

（二）村民委员会的设立和组成。根据《村民委员会组织法》的规定，根据村民居住状况、人口多少，按照便于群众自治，有利于经济发展和社会管理的原则设立村民委员会。村民委员会的设立、撤销、范围调整，由乡、民族乡、镇的人民政府提出，经村民会议讨论同意，报县级人民政府批准。村民委员会可以根据村民居住状况、集体土地所有权关系等分设若干村民小组。

村民委员会由主任、副主任和委员共 3 至 7 人组成。村民委员会成员中，应当有妇女成员，多民族村民居住的村应当有人数较少的民族的成员。对村民委员会成员，根据工作情况，给予适当补贴。

村民委员会根据需要设人民调解、治安保卫、公共卫生与计划生育等委员会。村民委员会成员可以兼任下属委员会的成员。人口少的村的村民委员会可以不设下属委员会，由村民委员会成员分工负责人民调解、治安保卫、公共卫生与计划生育等工作。

（三）村民委员会的任务。《村民委员会组织法》规定了村民委员会的七项任务：（1）村民委员会应当支持和组织村民依法发展各种形式的合作经济和其他经济，承担本村生产的服务和协调工作，促进农村生产建设和经济发展。（2）村民委员会依照法律规定，管理本村属于村农民集体所有的土地和其他财产，引导村民合理利用自然资源，保护和改善生态环境。（3）村民委员会应当尊重并支持集体经济组织依法独立进行经济活动的自主权，维护以家庭承包经营为基础、统分结合的双层经营体制，保障集体经济组织和村民、承包经营户、联户或者合伙的合法财产权和其他合法权益。(4) 村民委员会应当宣传宪法、法律、法规和国家的政策，教育和推动村民履行法律规定的义务、爱护公共财产，维护村民的合法权益，发展文化教育，普及科技知识，促进男女平等，做好计划生育工作，促进村与村之间的团结、互助，开展多种形式的社会主义精神文明建设活动。(5) 村民委员会应当支持服务性、公益性、互助性社会组织依法开展活动，推动农村社区建设。(6) 多民族村民居住的村，村民委员会应当教育和引导各民族村民增进团结、互相尊重、互相帮助。(7) 村民委员会及其成员应当遵守宪法、法律、法规和国家的政策，遵守并组织实施村民自治章程、村规民约，执行村民会议、村民代表会议的决定、决议，办事公道，廉洁奉公，热心为村民服务，接受村民监督。

(四) 村民委员会的工作原则和民主监督。《村民委员会组织法》规定，村民委员会应当实行少数服从多数的民主决策机制和公开透明的工作原则，建立健全各种工作制度。村民委员会实行村务公开制度。村民委员会应当及时公布下列事项，接受村民的监督：(1) 由村民会议、村民代表会议讨论决定的事项及其实施情况；(2) 国家计划生育政策的落实方案；(3) 政府拨付和接受社会捐赠的救灾救助、补贴补助等资金、物资的管理使用情况；(4) 村民委员会协助人民政府开展工作的情况；(5) 涉及本村村民利益，村民普遍关心的其他事项。上述规定事项中，一般事项至少每季度公布一次；集体财务往来较多的，财务收支情况应当每月公布一次；涉及村民利益的重大事项应当随时公布。村民委员会应当保证所公布事项的真实性，并接受村民的查询。村民委员会不及时公布应当公布的事项或者公布的事项不真实的，村民有权向乡、民族乡、镇的人民政府或者县级人民政府及其有关主管部门反映，有关人民政府或者主管部门应当负责调查核实，责令依法公布；经查证确有违法行为的，有关人员应当依法承担责任。

三、居民委员会、村民委员会具有基层群众性自治组织法人资格，可以从事为履行职能所需要的民事活动

明确居民委员会、村民委员会具有法人资格，有助于进一步确定居民委员会、村民委员会的权、责、利，帮助其更好地开展民事活动，也有利于保护其成员和与其进行民事活动相对人的合法权益。居民委员会、村民委员如果没有法人地位，参与民事活动将十分不便，交易秩序和安全也有很大不确定性。法律明确了居民委员会、村民委员会的法人资格，有利于让它们承担更多的责任，更好地依法办事，更好地履行职能，也有助于促进基层的社会治理和经济发展。

四、未设立村集体经济组织的，村民委员会可以依法代行村集体经济组织的职能

农村集体经济组织的职责主要是组织本集体成员参加生产活动，利用本经济组织的生产资料、生产工具等从事生产经营活动。根据本条第2款的规定，未设立村集体经济组织的，村民委员会可以依法代行村集体经济组织的职能。这是考虑到目前还有的地方并未设立农村集体经济组织，而是由村委会代行农村集体经济组织职责。

▶ **相关规定**

《中华人民共和国城市居民委员会组织法》第2条；《中华人民共和国村民委员会组织法》第2 4条

第四章 非法人组织

本章对非法人组织作了专章规定，共有七条，对非法人组织的定义、范围和非法人组织的民事责任，非法人组织代表人，非法人组织解散、清算等作了规定。对本节没规定的有关非法人组织的其他方面内容，可以参照适用本编第三章第一节有关法人组织的一般性规定。

第一百零二条 非法人组织是不具有法人资格，但是能够依法以自己的名义从事民事活动的组织。

非法人组织包括个人独资企业、合伙企业、不具有法人资格的专业服务机构等。

◆ 条文主旨

本条是关于非法人组织的定义和范围的规定。

◆ 立法背景

民事主体制度是民事法律制度的基石之一，是民法进行社会关系调整需要规范的重要内容。在民事主体的分类上，民法通则采取的是公民、法人二元民事主体结构。本法在民法通则的基础上，吸纳了我国改革开放40多年来民事立法、民事司法和民法理论研究的成果，将民事主体分为自然人、法人和非法人组织的三元民事主体结构。将非法人组织作为自然人、法人以外的第三类民事主体，是我国民事主体制度的重大创新，具有重要的理论价值和现实意义。

◆ **条文解读**

一、非法人组织的定义和特点

非法人组织是指不具有法人资格但可以以自己的名义进行民事活动的组织，亦称非法人团体。非法人组织，在日本包括非法人社团和非法人财团，在我国台湾地区称为非法人团体。该类组织的特点是：

（一）虽然不具有法人资格，但能够依法以自己的名义从事民事活动。这类组织没有法人资格，不能独立承担民事责任，是介于自然人和法人之间的一种社会组织。但该类组织具有民事权利能力和民事行为能力，能够以自己的名义从事民事活动。

（二）依法成立。非法人组织在设立程序上须履行法定的登记手续，经有关机关核准登记，这是非法人组织的合法性要件。只有依法成立，才具有民事权利能力和民事行为能力。

（三）有一定的组织机构。即拥有符合法律规定的名称、固定的从事生产经营等业务活动的场所，以及相应的组织管理机构和负责人，使之能够以该组织的名义对外从事相应的民事活动。

（四）有一定的财产或经费。虽然非法人组织不能独立承担民事责任，也不要求其有独立的财产，但由于它是经依法登记的组织，可以以自己的名义对外从事民事活动，享受民事权利、承担民事义务，因此它应该有与其经营活动和经营规模相适应的财产或者经费，作为其参与民事活动，享受民事权利、承担民事义务的物质基础和财产保证。应当指出的是，非法人组织的财产或经费，与法人的财产或者经费不同，即它不是独立的，是其所属法人或公民财产的组成部分，归该法人或公民所有。

（五）不具有独立承担民事责任的能力。由于非法人组织没有独立的财产或经费，因而它不具有独立承担民事责任的能力。该类组织与法人的最大区别，就是不能独立承担民事责任，当其因对外进行民事活动而需要承担民事责任时，如其自身所拥有的财产能够承担责任，则由其自身承担；如其自身所拥有的财产不足以承担责任时，则由其出资人或设立人承担连带责任。

二、非法人组织的范围

非法人组织的范围包括个人独资企业、合伙企业、不具有法人资格的专业服务机构等。

（一）个人独资企业。根据《个人独资企业法》的规定，个人独资企业，是指依照该法在中国境内设立，由一个自然人投资，财产为投资人个人所有，投资人以其个人财产对企业债务承担无限责任的经营实体。

设立个人独资企业应当具备下列条件：（1）投资人为一个自然人；（2）有合法的企业名称；（3）有投资人申报的出资；（4）有固定的生产经营场所和必要的生产经营条件；（5）有必要的从业人员。个人独资企业投资人可以自行管理企业事务，也可以委托或者聘用其他具有民事行为能力的人负责企业的事务管理。投资人委托或者聘用他人管理个人独资企业事务，应当与受托人或者被聘用的人签订书面合同，明确委托的具体内容和授予的权利范围。受托人或者被聘用的人员应当履行诚信、勤勉义务，按照与投资人签订的合同负责个人独资企业的事务管理。投资人对受托人或者被聘用的人员职权的限制，不得对抗善意第三人。

（二）合伙企业。根据《合伙企业法》的规定，合伙企业是指自然人、法人和其他组织依照该法在中国境内设立的普通合伙企业和有限合伙企业。合伙企业分为普通合伙企业和有限合伙企业。普通合伙企业由普通合伙人组成，合伙人对合伙企业债务承担无限连带责任。法律对普通合伙人承担责任的形式有特别规定的，从其规定。有限合伙企业由普通合伙人和有限合伙人组成，普通合伙人对合伙企业债务承担无限连带责任，有限合伙人以其认缴的出资额为限对合伙企业债务承担责任。国有独资公司、国有企业、上市公司以及公益性的事业单位、社会团体不得成为普通合伙人。合伙协议依法由全体合伙人协商一致、以书面形式订立。

设立普通合伙企业，应当具备下列条件：（1）有2个以上合伙人。合伙人为自然人的，应当具有完全民事行为能力；（2）有书面合伙协议；（3）有合伙人认缴或者实际缴付的出资；（4）有合伙企业的名称和生产经营场所；（5）法律、行政法规规定的其他条件。合伙人应当按照合伙协议约定的出资方式、数额和缴付期限，履行出资义务。以非货币财产出资的，依照法律、行政法规的规定，需要办理财产权转移手续的，应当依法办理。

以专业知识和专门技能为客户提供有偿服务的专业服务机构，可以设立为特殊的普通合伙企业。一个合伙人或者数个合伙人在执业活动中因故意或者重大过失造成合伙企业债务的，应当承担无限责任或者无限连带责任，其他合伙人以其在合伙企业中的财产份额为限承担责任。合伙人在执业活动中非因故意或者重大过失造成的合伙企业债务以及合伙企业的其他债务，由全体合伙人承担无限连带责任。合伙人执业活动中因故意或者重大过失造成的合伙企业债务，以合伙企业财产对外承担责任后，该合伙人应当按照合伙协议的约定对给合伙企业造成的损失承担赔偿责任。特殊的普通合伙企业应当建立执业风险基金、办理职业保险。执业风险基金用于偿付合伙人执业活动造成的债务。执业风险基金应当单独立户管理。

有限合伙企业由2个以上50个以下合伙人设立；但是，法律另有规定的除外。有限合伙企业至少应当有一个普通合伙人。有限合伙人可以用货币、实物、知识产权、土地使用权或者其他财产权利作价出资。有限合伙人不得以劳务出资。有限合伙人应当按照合伙协议的约定按期足额缴纳出资；未按期足额缴纳的，应当承担补缴义务，并对其他合伙人承担违约责任。

（三）不具有法人资格的专业服务机构，主要是指律师事务所、会计师事务所等。这类事业服务机构一般多采用合伙制，不具有法人资格，所从事的活动为提供律师、会计师等专业服务。

《律师法》规定，律师事务所是律师的执业机构，包括合伙律师事务所和个人律师事务所。设立律师事务所应当具备下列条件：（1）有自己的名称、住所和章程；（2）有符合本法规定的律师；（3）设立人应当是具有一定的执业经历，且3年内未受过停止执业处罚的律师；（4）有符合国务院司法行政部门规定数额的资产。设立合伙律师事务所，还应当有3名以上合伙人，设立人应当是具有3年以上执业经历的律师。合伙律师事务所可以采用普通合伙或者特殊的普通合伙形式设立。合伙律师事务所的合伙人按照合伙形式对该律师事务所的债务依法承担责任。设立个人律师事务所，设立人还应当是具有5年以上执业经历的律师。设立人对律师事务所的债务承担无限责任。

《注册会计师法》规定，会计师事务所可以由注册会计师合伙设立。合伙设立的会计师事务所的债务，由合伙人按照出资比例或者协议的约定，以各自的财产承担责任。合伙人对会计师事务所的债务承担连带责任。会计师事务所符合下列条件的，可以是负有限责任的法人：（1）不少于30万元的注册资本；（2）有一定数量的专职从业人员，其中至少有5名注册会计师；（3）国务院财政部门规定的业务范围和其他条件。负有限责任的会计师事务所以其全部资产对其债务承担责任。根据上述规定，只有合伙设立的会计师事务所才是本条规定的不具有法人资格的专业服务机构，公司制的会计师事务所具有法人资格，是营利法人。

除了律师事务所、会计师事务所外，法律规定从事专业服务机构的还有资产评估机构等。资产评估是指评估机构及其评估专业人员根据委托对不动产、动产、无形资产、企业价值、资产损失或者其他经济权益进行评定、估算，并出具评估报告的专业服务行为。《资产评估法》规定，评估机构应当依法采用合伙或者公司形式设立。合伙制的评估机构，属于不具有法人资格的专业服务机构。合伙形式的评估机构，应当有 2 名以上评估师；其合伙人 2/3 以上应当是具有 3 年以上从业经历且最近 3 年内未受停止从业处罚的评估师。评估机构的合伙人为 2 名的，两名合伙都应当是具有 3 年以上从业经历且最近 3 年内未受停止从业处罚的评估师。

▶ **相关规定**

《中华人民共和国个人独资企业法》第 2 条；《中华人民共和国合伙企业法》第 2 条；《中华人民共和国律师法》第 15 条第 2 款；《中华人民共和国注册会计师法》第 23 条

第一百零三条 非法人组织应当依照法律的规定登记。

设立非法人组织，法律、行政法规规定须经有关机关批准的，依照其规定。

◆ **条文主旨**

本条是关于非法人组织设立程序的规定。

◆ **条文解读**

设立非法人组织的程序包括两种：一是设立登记，即设立非法人组织应当依法进行登记；二是设立审批，即设立非法人组织须依法经有关机关批准。如果法律、行政法规规定应当经过批准才能设立某一非法人组织的，则依照其规定，经批准设立。如律师法、注册会计师法均规定，设立律师事务所、会计师事务所应当分别经作为主管部门的司法部门、财政部门的批准。

个人独资企业法、合伙企业法、律师法、注册会计师法、资产评估法等法律对个人独资企业、合伙企业、不具有法人资格的专业服务机构的设立程序作出了具体规定。

一、个人独资企业的设立程序

根据《个人独资企业法》的规定，设立个人独资企业，应当向负责企业登记的市场监督管理部门进行登记。申请设立个人独资企业，应当由投资人或者其委托的代理人向个人独资企业所在地的登记机关提交设立申请书、投资人身份证明、生产经营场所使用证明等文件。委托代理人申请设立登记时，应当出具投资人的委托书和代理人的合法证明。个人独资企业不得从事法律、行政法规禁止经营的业务；从事法律、行政法规规定须报经有关部门审批的业务，应当在申请设立登记时提交有关部门的批准文件。

个人独资企业设立申请书应当载明下列事项：（一）企业的名称和住所；（二）投资人的姓名和居所；（三）投资人的出资额和出资方式；（四）经营范围。个人独资企业的名称应当与其责任形式及从事的营业相符合。登记机关应当在收到设立申请文件之日起15日内，对符合法律规定条件的，予以登记，发给营业执照；对不符合法律规定条件的，不予登记，并应当给予书面答复，说明理由。个人独资企业的营业执照的签发日期，为个人独资企业成立日期。在领取个人独资企业营业执照前，投资人不得以个人独资企业名义从事经营活动。个人独资企业存续期间登记事项发生变更的，应当在作出变更决定之日起的 15 日内依法向登记机关申请办理变更登记。设立分支机构，应当由投资人或者其委托的代理人向分支机构所在地的登记机关申请登记，领取营业执照。分支机构经核准登记后，应将登记情况报该分支机构隶属的个人独资企业的登记机关备案。分支机构的民事责任由设立该分支机构的个人独资企业承担。

二、合伙企业的设立程序

根据《合伙企业法》的规定，申请设立合伙企业，应当向企业登记机关，即市场监督管理部门，提交登记申请书、合伙协议书、合伙人身份证明等文件。合伙企业的经营范围中有属于法律、行政法规规定在登记前须经批准的项目的，该项经营业务应当依法经过批准，并在登记时提交批准文件。申请人提交的登记申请材料齐全、符合法定形式，企业登记机关能够当场登记的，应予当场登记，发给营业执照。企业登记机关应当自受理申请之日起 20 日内，作出是否登记的决定。予以登记的，发给营业执照；不予登记的，应当给予书面答复，并说明理由。合伙企业的营业执照签发日期，为合伙企业成立日期。合伙企业领取营业执照前，合伙人不得以合伙企业名义从事合伙业务。

合伙企业设立分支机构，应当向分支机构所在地的企业登记机关申请登记，领取营业执照。合伙企业登记事项发生变更的，执行合伙事务的合伙人应当自作出变更决定或者发生变更事由之日起 15 日内，向企业登记机关申请办理变更登记。

三、不具有法人资格的专业服务机构的设立程序

（一）律师事务所。根据《律师法》的规定，设立律师事务所，实行行政许可，应当经过司法部门批准后才能设立。申请设立律师事务所，应当提交下列材料：（1）申请书；（2）律师事务所的名称、章程；（3）律师的名单、简历、身份证明、律师执业证书；（4）住所证明；（5）资产证明。设立合伙律师事务所，还应当提交合伙协议。设立律师事务所，应当向设区的市级或者直辖市的区人民政府司法行政部门提出申请，受理申请的部门应当自受理之日起20日内予以审查，并将审查意见和全部申请材料报送省、自治区、直辖市人民政府司法行政部门。省、自治区、直辖市人民政府司法行政部门应当自收到报送材料之日起10日内予以审核，作出是否准予设立的决定。准予设立的，向申请人颁发律师事务所执业证书；不准予设立的，向申请人书面说明理由。

（二）会计师事务所。设立会计师事务所，与设立律师事务所一样，也实行行政许可，由省、自治区、直辖市人民政府财政部门批准，才能设立。注册会计师法规定，申请设立会计师事务所，申请者应当向审批机关报送下列文件：（1）申请书；（2）会计师事务所的名称、组织机构和业务场所；（3）会计师事务所章程，有合伙协议的并应报送合伙协议；（4）注册会计师名单、简历及有关证明文件；（5）会计师事务所主要负责人、合伙人的姓名、简历及有关证明文件；（6）负有限责任的会计师事务所的出资证明；（7）审批机关要求的其他文件。审批机关应当自收到申请文件之日起30日内决定批准或不批准。省、自治区、直辖市人民政府财政部门批准的会计师事务所，应当报国务院财政部门备案。国务院财政部门发现批准不当的，应当自收到备案报告之日起30日内通知原审批机关重新审查。会计师事务所设立分支机构，须经分支机构所在地的省、自治区、直辖市人民政府部门批准。

（三）资产评估机构。设立资产评估机构应当向市场监督管理部门申请办理登记。评估机构应当自领取营业执照之日起30日内向有关评估行政管理部门备案。评估行政管理部门应当及时将评估机构备案情况向社会公告。

▶ **相关规定**

《中华人民共和国个人独资企业法》第9条；《中华人民共和国合伙企业法》第9条；《中华人民共和国律师法》第18条；《中华人民共和国注册会计师法》第25条第1款

第一百零四条　非法人组织的财产不足以清偿债务的，其出资人或者设立人承担无限责任。法律另有规定的，依照其规定。

◆ **条文主旨**

本条是关于非法人组织承担民事责任的规定。

◆ **条文解读**

非法人组织不具有法人资格，不能独立承担民事责任。所以，虽然非法人组织有自己的财产，但当其财产不足以对外清偿债务的，其出资人或者设立人应当以其个人或者家庭财产承担无限责任。

一、个人独资企业

根据《个人独资企业法》的规定，投资人以其个人财产对企业债务承担无限责任。个人独资企业财产不足以清偿债务的，投资人应当以其个人的其他财产予以清偿。个人独资企业投资人在申请企业设立登记时明确以其家庭共有财产作为个人出资的，应当依法以家庭共有财产对企业债务承担无限责任。

二、合伙企业

根据《合伙企业法》的规定，普通合伙企业的合伙人对合伙企业债务承担无限连带责任。合伙企业不能清偿到期债务的，合伙人承担无限连带责任。合伙人由于承担无限连带责任，清偿数额超过法律规定的亏损分担比例的，有权向其他合伙人追偿。所谓“亏损分担比例”，是指合伙企业的利润分配、亏损分担，按照合伙协议的约定办理；合伙协议未约定或者约定不明确的，由合伙人协商决定；协商不成的，由合伙人按照实缴出资比例分配、分担；无法确定出资比例的，由合伙人平均分配、分担。

三、不具有法人资格的专业服务机构

律师法、注册会计师法等法律对律师事务所、会计师事务所的民事责任承担作了规定。

（一）律师事务所。合伙律师事务所可以采用普通合伙或者特殊的普通合伙形式设立。合伙律师事务所的合伙人按照合伙形式对该律师事务所的债务依法承担责任。

（二）会计师事务所。合伙设立的会计师事务所的债务，由合伙人按照出资比例或者协议的约定，以各自的财产承担责任。合伙人对会计师事务所的债务承担连带责任。

需要指出的是，对非法人组织的民事责任问题，如果其他法律另有规定的，要依照其规定，而不适用本条的规定。如《合伙企业法》对特殊的普通合伙企业的民事责任问题作了特别规定：一个合伙人或者数个合伙人在执业活动中因故意或者重大过失造成合伙企业债务的，应当承担无限责任或者无限连带责任，其他合伙人以其在合伙企业中的财产份额为限承担责任。合伙人在执业活动中非因故意或者重大过失造成的合伙企业债务以及合伙企业的其他债务，由全体合伙人承担无限连带责任。合伙人执业活动中因故意或者重大过失造成的合伙企业债务，以合伙企业财产对外承担责任后，该合伙人应当按照合伙协议的约定对给合伙企业造成的损失承担赔偿责任。因此，对特殊的普通合伙企业的民事责任要依据这一规定来适用。又如，《合伙企业法》规定，有限合伙企业由普通合伙人和有限合伙人组成，普通合伙人对合伙企业债务承担无限连带责任，有限合伙人以其认缴的出资额为限对合伙企业债务承担责任。因此，对有限合伙的民事责任承担问题要适用这一特别规定。再如，《律师法》规定，国家出资设立的律师事务所，依法自主开展律师业务，以该律师事务所的全部资产对其债务承担责任。这些规定也不同于本条的规定，属于法律的特别规定，要优先适用。

▶ **相关规定**

《中华人民共和国个人独资企业法》第2条；《中华人民共和国合伙企业法》第2条、第39条、第57条；《中华人民共和国律师法》第15条第2款、第16条；《中华人民共和国注册会计师法》第23条第2款

第一百零五条 非法人组织可以确定一人或者数人代表该组织从事民事活动。

◆ **条文主旨**

本条是关于非法人组织代表人的规定。

◆ **条文解读**

非法人组织代表人是指非法人组织根据其章程、协议或者经共同决定，来确定由其代表该组织对外从事民事活动的人。非法人组织的代表人可以是一个人，也可以是多个人。

根据《合伙企业法》的规定，按照合伙协议的约定或者经全体合伙人决定，可以委托一个或者数个合伙人对外代表合伙企业，

执行合伙事务。作为合伙人的法人、其他组织执行合伙事务的，由其委派的代表执行。合伙企业委托一个或者数个合伙人执行合伙事务的，其他合伙人不再执行合伙事务。根据上述规定，代表合伙企业执行合伙事务的人，即为合伙企业的代表人。

非法人组织代表人的职责主要是对外代表非法人组织从事民事活动，并按照组织章程的规定履行报告相关情况等义务。非法人组织代表人对外从事民事活动而产生的民事权利和民事义务由非法人组织承担。

《合伙企业法》规定，由一个或者数个合伙人执行合伙事务的，执行事务合伙人应当定期向其他合伙人报告事务执行情况以及合伙企业的经营和财务状况，其执行合伙事务所产生的收益归合伙企业，所产生的费用和亏损由合伙企业承担。

合伙人为了解合伙企业的经营状况和财务状况，有权查阅合伙企业会计账簿等财务资料。不执行合伙事务的合伙人有权监督执行事务合伙人执行合伙事务的情况。受委托执行合伙事务的合伙人不按照合伙协议或者全体合伙人的决定执行事务的，其他合伙人可以决定撤销该委托。

关于非法人组织代表人对外从事民事活动而产生争议的处理，合伙企业法等法律作了规定。《合伙企业法》规定，合伙人分别执行合伙事务的，执行事务合伙人可以对其他合伙人执行的事务提出异议。提出异议时，应当暂停该项事务的执行。如果发生争议，按照合伙协议约定的表决办法办理。合伙协议未约定或者约定不明确的，实行合伙人一人一票并经全体合伙人过半数通过的表决办法。

▶ **相关规定**

《中华人民共和国合伙企业法》第 26 - 30 条

第一百零六条　有下列情形之一的，非法人组织解散：

（一）章程规定的存续期间届满或者章程规定的其他解散事由出现；

（二）出资人或者设立人决定解散；

（三）法律规定的其他情形。

◆ **条文主旨**

本条是关于非法人组织解散的规定。

◆ **条文解读**

非法人组织解散，意味着该组织民事主体资格的消灭，不再具有民事权利能力和民事行为能力。

非法人组织解散的事由有以下三种：

一、章程规定的存续期间届满或者章程规定的其他解散事由出现

如果非法人组织在其章程中明确规定了该组织的存续期间，那么该期间一旦届满，该组织没有继续存续的意愿，即可以解散。如章程规定了非法人组织的存续期间为自成立之日起 8 年，那么到了 8 年存续期满后，该组织可以解散。此外，如果非法人组织的章程规定了其他解散事由，一旦该事由出现，则该组织也可以解散。

二、出资人或者设立人决定解散

非法人组织的出资人或者设立人可以根据该组织的经营情况等，自行决定解散该组织，即使非法人组织章程规定的存续期间没有届满，出资人或者设立人也可以决定解散该组织。如章程规定了非法人组织的存续期间为自成立之日起 8 年，那么到了第 5 年，其出资人或者设立人不想继续经营了，也可以决定解散该组织。

三、法律规定的其他情形

除了上述两项情形外，如果有关法律规定了非法人组织的解散情形的，一旦这些法定情形出现，该组织也应解散。如《合伙企业法》规定了合伙企业解散的七种法定情形，包括：（一）合伙期限届满，合伙人决定不再经营；（二）合伙协议约定的解散事由出现；（三）全体合伙人决定解散；（四）合伙人已不具备法定人数满 30 天；（五）合伙协议约定的合伙目的已经实现或者无法实现；（六）依法被吊销营业执照、责令关闭或者被撤销；（七）法律、行政法规规定的其他原因。这些情形中，既有本条规定的法定解散情形，也有本条没有规定的解散情形，如全体合伙人决定解散，合伙人已不具备法定人数满 30 天，合伙协议约定的合伙目的已经实现或者无法实现，依法被吊销营业执照、责令关闭或者被撤销等，就属于本条第 3 项规定的“法律规定的其他情形”。又如，《律师法》规定，律师事务所有下列情形之一的，应当终止：（一）不能保持法定设立条件，经限期整改仍不符合条件的；（二）律师事务所执业证书被依法吊销的；（三）自行决定解散的；（四）法律、行政法规规定应当终止的其他情形。再如，《个人独资企业法》规定，个人独资企业有下列情形之一时，应当解散：（一）投资人决定解散；（二）投资人死亡或者被宣告死亡，无继承人或者继承人决定放弃继承；（三）被依法吊销营业执照；（四）法律、行政法规规定的其他情形。根据上述规定，这两部法律也规定了非法人组织解散的其他法定情形，包括律师事务所不能保持法定设立条件，经限期整改仍不符合条件以及律师事务所执业证书被依法吊销的；个人独资企业的投资人死亡或者被宣告死亡，无继承人或者继承人决定放弃继承以及被依法吊销营业执照等。

▶ **相关规定**

《中华人民共和国合伙企业法》第85条；《中华人民共和国律师法》第22条；《中华人民共和国个人独资企业法》第26条

第一百零七条 非法人组织解散的，应当依法进行清算。

◆ **条文主旨**

本条是关于非法人组织解散清算的规定。

◆ **条文解读**

非法人组织符合本法第106条规定的解散情形的，即可以解散，解散应当依法进行清算。个人独资企业法、合伙企业法等法律对个人独资企业、合伙企业的解散清算作了规定，本条规定的“应当依法进行清算”中的“依法”即是指依据上述这些法律的规定。

一、个人独资企业

《个人独资企业法》规定，个人独资企业解散，由投资人自行清算或者由债权人申请人民法院指定清算人进行清算。投资人自行清算的，应当在清算前15日内书面通知债权人，无法通知的，应当予以公告。债权人应当在接到通知之日起30日内，未接到通知的应当在公告之日起60日内，向投资人申报其债权。个人独资企业解散的，财产应当按照下列顺序清偿：（一）所欠职工工资和社会保险费用；（二）所欠税款；（三）其他债务。

清算期间，个人独资企业不得开展与清算目的无关的经营活动。在清偿债务前，投资人不得转移、隐匿财产。个人独资企业清算结束后，投资人或者人民法院指定的清算人应当编制清算报告，并于十五日内到登记机关办理注销登记。

二、合伙企业

《合伙企业法》规定，合伙企业解散，应当由清算人进行清算。清算人由全体合伙人担任；经全体合伙人过半数同意，可以自合伙企业解散事由出现后15日内指定一个或者数个合伙人，或者委托第三人，担任清算人。自合伙企业解散事由出现之日起15日内未确定清算人的，合伙人或者其他利害关系人可以申请人民法院指定清算人。

清算人在清算期间执行下列事务：（一）清理合伙企业财产，分别编制资产负债表和财产清单；（二）处理与清算有关的合伙企业未了结事务；（三）清缴所欠税款；（四）清理债权、债务；（五）处理合伙企业清偿债务后的剩余财产；（六）代表合伙企业参加诉讼或者仲裁活动。清算期间，合伙企业存续，但不得开展与清算无关的经营活动。

清算人自被确定之日起10日内将合伙企业解散事项通知债权人，并于60日内在报纸上公告。债权人应当自接到通知书之日起30日内，未接到通知书的自公告之日起45日内，向清算人申报债权。债权人申报债权，应当说明债权的有关事项，并提供证明材料。清算人应当对债权进行登记。合伙企业财产在支付清算费用和职工工资、社会保险费用、法定补偿金以及缴纳所欠税款、清偿债务后的剩余财产，依照法律规定进行分配。

清算结束，清算人应当编制清算报告，经全体合伙人签名、盖章后，在15日内向企业登记机关报送清算报告，申请办理合伙企业注销登记。

▶ **相关规定**

《中华人民共和国合伙企业法》第 86 – 88 条；《中华人民共和国个人独资企业法》第 27 条

第一百零八条　非法人组织除适用本章规定外，参照适用本编第三章第一节的有关规定。

◆ **条文主旨**

本条是关于非法人组织参照适用本编第三章有关法人规定的规定。

◆ **立法背景**

非法人组织除了适用本节关于该类组织的专门性规定，包括设立、民事责任承担、解散、清算等的规定外，对于本节未作规定的，可以参照适用本编第三章第一节有关法人的一般规定。非法人组织相比于法人组织，最主要的区别在于没有独立的财产或者经费，对外不能独立承担民事责任，其出资人或者设立人要对非法人组织的债务承担无限责任。有鉴于此，本节重点对非法人组织在设立、民事责任承担、解散、清算等方面作了专门规定，对非法人组织的其他方面，由于与法人组织没有大的区别，所以总体上可以参照适用法人组织的一般规定，这样处理在立法技术上比较简捷。

◆ **条文解读**

这里应当指出的是：“参照适用”不是完全适用，对于法人的一般性规定，非法人组织能够适用的，就适用；不能够完全适用的，可以参照相关规定的原则、精神，在适用上作灵活处理。

第五章 民事权利

保护民事权利是民法的重要任务，因此，不少学者称民法典为“权利法典”。改革开放以来，我国高度重视对民事权利的保护。民法通则设专章对民事主体的人身权利、财产权利作了规定。此后制定的合同法、物权法、侵权责任法等法律对民事权利的保护也作了相应规定。党的十八届四中全会决定提出“依法保障公民权利，加快完善体现权利公平、机会公平、规则公平的法律制度，保障公民人身权、财产权、基本政治权利等各项权利不受侵犯，保障公民经济、文化、社会等各方面权利得到落实，实现公民权利保障法治化”的要求。党的十九大报告和十九届二中全会报告更进一步提出，要加强对人民人身权、财产权、人格权的保护。民法典立足人民属性，坚持以人民为中心，全方位保障人民民事权利。为了凸显对民事权利的尊重，加强对民事权利的保护，同时也为民法典各分编和民商事特别法律具体规定民事权利提供依据，总则编继承了民法通则的做法，做好民事权利制度的顶层设计，设专章全面系统地规定了民事主体享有的民事权利的种类和内容、权利的取得和行使等。本法典的多数规定基本上都是对本章规定的具体化和落实，例如人格权编是对本章第 109 条至第 111 条所规定的人格权制度的具体化；物权编是对本章第 113 条至第 117 条所规定的物权制度的具体化；合同编是对本章第 118 条、第 119 条、第 121 条、第 122 条所规定的合同、无因管理和不当得利三种债权制度的具体化；婚姻家庭编是对本章第 112 条所规定的婚姻家庭制度的具体化；继承编是对本章第124条所规定的继承权制度的具体化；侵权责任编则是对本章第120条所规定的侵权行为制度的具体化。

本章共二十四条，主要规定了民事主体的人格权、身份权、物权、债权、知识产权、继承权、股权和其他投资性权利、其他民事权利和利益，对数据、网络虚拟财产的保护，对未成年人、老年人、残疾人、妇女、消费者等的民事权利的特别保护，民事权利的取得和行使等。

第一百零九条 自然人的人身自由、人格尊严受法律保护。

◆ 条文主旨

本条是关于自然人的人身自由、人格尊严受法律保护的规定。

◆ 立法背景

人身自由，包括身体行动的自由和自主决定的自由，是自然人自主参加社会各项活动、参与各种社会关系、行使其他人身权和财产权的基本保障，是自然人行使其他一切权利的前提和基础。人格尊严，包括静态和消极的人格尊严，以及动态和积极的人格尊严也即人格形成和人格发展，涉及姓名权、名誉权、荣誉权、肖像权、隐私权等方面。人格尊严不受侵犯，是自然人作为人的基本条件之一，也是社会文明进步的一个基本标志。由于人身自由和人格尊严的含义非常广泛，所以也能够包含通常所说的人格独立和人格平等。所有的人格权都以人身自由和人格尊严为价值基础，是这两种价值的具体表现，是以维护和实现人身自由和人格尊严为目的。人身自由和人格尊严是人格权获得法律保护的价值依据，是自然人自主参加社会各项活动、参与各种社会关系、行使其他人身权和财产权的基本保障，是自然人行使其他一切权利的前提和基础。我国宪法对于人身自由、人格尊严高度重视，专门作了规定。《宪法》第 37 条规定，中华人民共和国公民的人身自由不受侵犯。任何公民，非经人民检察院批准或者决定或者人民法院决定，并由公安机关执行，不受逮捕。禁止非法拘禁和以其他方法非法剥夺或者限制公民的人身自由，禁止非法搜查公民的身体。《宪法》第 38 条规定，中华人民共和国公民的人格尊严不受侵犯。禁止用任何方法对公民进行侮辱、诽谤和诬告陷害。

一些国家和地区的民法也对人格尊严或者人身自由作了相关规定。如《法国民法典》第 16 条规定，法律确保人的至上地位，禁止对人之尊严的任何侵犯，并且保证每一个人自生命开始即受到尊重。《日本民法典》第 2 条规定，本法须以个人的尊严及男女两性本质性平等为宗旨进行解释。我国台湾地区“民法”第 17 条第 2 款规定，自由之限制，以不悖于公共秩序和善良风俗者为限。我国《澳门民法典》第 72 条第 1 款规定，任何人均享有自由权。人身自由、人格尊严是自然人的重要权利。

基于此，本法在民事权利一章第 1 条专门对此予以规定，明确“自然人的人身自由、人格尊严受法律保护”。

◆ **条文解读**

保护自然人的人格尊严和人身自由是规定人格权制度的价值基础，理论上又将自然人享有的人格尊严权和人身自由权称为“一般人格权”，生命权、健康权、名称权、名誉权、肖像权、隐私权等所有具体人格权都是这一价值基础的具体体现，同时，其还为未来人格权的进一步具体化留下了空间。本法以本条规定为基础，专设人格权编对人格权制度作了详细规定，将宪法规定的人身自由、人格尊严在民事领域予以具体化，围绕民事主体所享有的生命权、身体权、健康权、姓名权、名称权、肖像权、名誉权、荣誉权、隐私权和个人信息受保护这些人格权益，以及所产生的民事法律关系作出了详细规定。人格权在民法典中独立成编是我国民事立法的一个制度创新，也是我国民法典的一个亮点。人格权单独成编可以更好地体现宪法精神，更好地落实中央的精神，这对于确保公民的人身自由、人格尊严不受侵犯，充分体现我国在人格权保护领域所取得的进步具有十分重要的意义。

▶ **相关规定**

《中华人民共和国宪法》第37条、第38条。

第一百一十条　自然人享有生命权、身体权、健康权、姓名权、肖像权、名誉权、荣誉权、隐私权、婚姻自主权等权利。

法人、非法人组织享有名称权、名誉权和荣誉权。

◆ **条文主旨**

本条是关于民事主体人格权的规定。

◆ **立法背景**

人格权是存在于民事主体人格上的权利，是民事主体对其特定的人格利益享有的权利，关系到每个人的人格尊严和人身自由，是民事主体最基本、最重要的权利。1986年民法通则设专节规定了人身权，其中大部分内容都是关于人格权的规定。从人格权的主体看，民法通则区分了自然人的人格权和法人的人格权。本条继承了民法通则的规定和做法，同时根据近40年的发展，进一步丰富了具体人格权的类型。

◆ 条文解读

本条分两款分别规定了自然人的人格权和法人、非法人组织的人格权。

一、自然人的人格权

本条第1款是对自然人所享有的人格权种类的规定。依据本款规定，自然人主要享有以下人格权：

（一）生命权。生命权是指自然人享有的以维护生命安全和生命尊严为内容的权利，其以自然人的生命安全利益为内容，以生命安全和生命维持为客体，以维护人的生命活动延续为基本内容。生命权是自然人享有的最基本的人格权。《民法通则》第98条规定，公民享有生命健康权。因为生命权和健康权在权利内容上存在区别，侵权责任法已经将生命权和健康权区分为两种不同的民事权利予以规定，总则编延续侵权责任法的规定，区分规定生命权和健康权。人格权编第二章对生命权的内涵和外延作了进一步细化规定，自然人享有生命权，自然人的生命安全和生命尊严受法律保护。任何组织或者个人不得侵害他人的生命权。需要注意的是，生命权是自然人享有的一种民事权利。自然人享有生命权，并不意味着自然人有以自杀等方式决定自己生命的权利，任意地决定自己的生命是违背公序良俗的，也是我国现行法律所不允许的。

（二）身体权。人格权编明确规定，身体权指自然人享有的以维护身体完整和行动自由为内容的权利，其是自然人保持其身体组织完整并支配其肢体、器官和其他身体组织的权利。作为生命的载体，自然人的身体受法律保护，任何人不得非法侵害。身体包括头颈、躯干、四肢、器官以及毛发、指甲等。民法总则首次将身体权作为民事权利予以规定。身体权与生命权、健康权密切相关，侵害自然人的身体往往导致对自然人健康的损害，甚至剥夺自然人的生命。但生命权、健康权和身体权所保护的自然人的具体人格利益有区别，生命权以保护自然人生命的延续为内容，健康权以保护身体各组织及整体功能正常为内容，身体权以保护身体组织的完整及对身体组织的支配为内容。当他人侵害自然人的身体已经达到使自然人的组织和功能不正常时，侵害的是自然人的健康权，而非身体权。当他人侵害自然人的身体，但未侵害自然人的组织和功能正常时，侵害的仅是自然人的身体权，而非健康权。如甲未经乙同意突然将乙的长头发剪断，此时乙的身体组织和功能正常并未受到侵害，但甲侵害了乙对自己身体组织完整及对身体组织的支配，侵害了乙的身体权。

（三）健康权。健康权是指自然人享有的以维护自己的身心健康为内容的权利，其是以自然人维护其机体生理机能正常运作和功能完善发挥为内容的权利。健康是维持人体正常生命活动的基础，健康权是自然人重要的人格权。人格权编规定，自然人享有健康权，自然人的身心健康受法律保护。任何组织或者个人不得侵害他人的健康权。本条规定的健康权仅仅是民事权利，而非宪法和社会性权利。例如《基本医疗卫生与健康促进法》第4条规定，国家和社会尊重、保护公民的健康权。国家实施健康中国战略，普及健康生活，优化健康服务，完善健康保障，建设健康环境，发展健康产业，提升公民全生命周期健康水平。国家建立健康教育制度，保障公民获得健康教育的权利，提高公民的健康素养。基本医疗卫生与健康促进法规定的健康权是社会性的权利，并非民法典总则编和人格权编规定的民事权利。

（四）姓名权。姓名权指自然人享有的依法决定、使用、变更或者许可他人使用自己姓名的权利。《民法通则》第 99 条第 1 款规定，公民享有姓名权，有权决定、使用和依照规定改变自己的姓名，禁止他人干涉、盗用、假冒。人格权编在民法通则和本条规定的基础上，对姓名权的内容和保护作了较为详细的规定。人格权编规定，自然人应当随父姓或者母姓，但是有下列情形之一的，可以在父姓和母姓之外选取姓氏：（1）选取其他直系长辈血亲的姓氏；（2）因由法定扶养人以外的人扶养而选取扶养人姓氏；（3）有不违背公序良俗的其他正当理由。少数民族自然人的姓氏可以遵从本民族的文化传统和风俗习惯。任何组织或者个人不得以干涉、盗用、假冒等方式侵害他人的姓名权或者名称权。自然人决定、变更自己的姓名，或者法人、非法人组织决定、变更、转让自己的名称的，应当依法向有关机关办理登记手续，但是法律另有规定的除外。民事主体变更姓名、名称的，变更前实施的民事法律行为对其具有法律约束力。此外，人格权编还规定，具有一定社会知名度，被他人使用足以造成公众混淆的笔名、艺名、网名、译名、字号、姓名和名称的简称等，参照适用姓名权和名称权保护的有关规定。

（五）肖像权。根据人格权编的规定，肖像权是指自然人享有的依法制作、使用、公开或者许可他人使用自己肖像的权利，其体现在自然人对自己的肖像上体现的精神利益和物质利益所享有的权利。肖像是通过影像、雕塑、绘画等方式在一定载体上所反映的特定自然人可被识别的外部形象。1986 年的民法通则就对肖像权的保护作了规定。《民法通则》第 100 条规定，公民享有肖像权，未经本人同意，不得以营利为目的使用公民的肖像。人格权编则对肖像权制度作了较为详细的规定。人格权编规定，任何组织或者个人不得以丑化、污损，或者利用信息技术手段伪造等方式侵害他人的肖像权。未经肖像权人同意，不得制作、使用、公开肖像权人的肖像，但是法律另有规定的除外。未经肖像权人同意，肖像作品权利人不得以发表、复制、发行、出租、展览等方式使用或者公开肖像权人的肖像。

（六）名誉权。名誉是对民事主体的品德、声望、才能、信用等的社会评价。名誉权是指自然人、法人和非法人组织就其品德、声望、才能、信用等所获得的社会评价，所享有的保有和维护的权利，也就是说其是自然人就其自身属性和价值所获得的社会评价，所享有的保有和维护的权利。《民法通则》第101条规定，公民、法人享有名誉权，公民的人格尊严受法律保护，禁止用侮辱、诽谤等方式损害公民、法人的名誉。人格权编规定，民事主体享有名誉权。任何组织或者个人不得以侮辱、诽谤等方式侵害他人的名誉权。

（七）荣誉权。荣誉是国家和社会对在社会生产生活中作出突出贡献或者有突出表现的民事主体所给予的积极的正式评价。荣誉的外在表现形式可以是物质奖励，例如奖金、奖杯、奖牌；也可以是精神奖励，如光荣称号等。授予荣誉的主体可以是政府，也可以是单位，还可以是社会组织。荣誉权就是民事主体对自己所获得的荣誉及其利益所享有的保持、支配的权利。《民法通则》第102条规定，公民、法人享有荣誉权，禁止非法剥夺公民、法人的荣誉称号。人格权编规定，民事主体享有荣誉权。任何组织或者个人不得非法剥夺他人的荣誉称号或者诋毁、贬损他人的荣誉。

（八）隐私权。隐私权指自然人享有的私人生活安宁与不愿为他人知晓的私密空间、私密活动、私密信息等依法受到保护，不受他人刺探、侵扰、泄露和公开的权利。隐私权有以下特点：一是隐私权的内容具有隐秘性，权利人不愿公开或者不希望他人非法干涉。二是隐私权的内容具有真实性，是客观存在的事实。

这就把侵犯名誉权的行为和侵犯隐私权的行为区别开来。在隐私权侵权案件中，加害人不能因其所公开的事实为真而免责。捏造歪曲事实，损害他人形象的，属于侵犯名誉权。散布当事人不愿公开的属实情况，则属于侵犯隐私权。三是隐私权与其他民事权利一样，其保护要受公共利益的限制。主张隐私权不能违反法律的强制性规定，不能违背社会的公序良俗，不得损害他人的利益。

（九）婚姻自主权。婚姻自主权是指自然人享有的结婚、离婚自由不受他人干涉的权利。《民法通则》第 103 条规定，公民享有婚姻自主权，禁止买卖、包办婚姻和其他干涉婚姻自由的行为。《婚姻法》第 3 条第 1 款规定，禁止包办、买卖婚姻和其他干涉婚姻自由的行为。禁止借婚姻索取财物。

人格权编在本条规则的基础上，对前述具体人格权的内容、权利边界和保护方式等具体内容基本上都设专章作了较为详细的规定。婚嫁家庭编则对婚姻自主权的具体内容作了较为详细的规定。

二、法人、非法人组织的人格权

本条第 2 款是对法人、非法人组织人格权的规定。依据本款规定，法人、非法人组织主要享有以下人格权：

（一）名称权。名称权是指法人和非法人组织享有的依法决定、使用、变更、转让或者许可他人使用自己名称的权利。《民法通则》第 99 条第 2 款规定，法人、个体工商户、个人合伙享有名称权。企业法人、个体工商户、个人合伙有权使用、依法转让自己的名称。

（二）名誉权。名誉权是指就其品德、声望、才能、信用等所获得的社会评价，所享有的保有和维护的权利。

（三）荣誉权。荣誉权是指法人、非法人组织对其获得的荣誉及其利益所享有的保持、支配的权利。

与自然人享有的人格权益相比，法人和非法人组织不能享有生命权、身体权、健康权等专属于自然人的权利。此外，对自然人的人格权保护具有充分的伦理价值，而法人和非法人组织享有一定范围的人格权，更多是基于现实的法律技术的需要，更多涉及财产利益，或者间接地保护组织背后的自然人，不是基于人身自由和人格尊严而产生的。因此，本法对法人、非法人组织的人格权种类是严格限制的，只限于本条所规定的三类情形；而自然人所享有的人格权的种类则具有开放性，随着实践的发展和需要，还会有新的自然人所享有的具体人格权纳入其中，所以本条第1款在对自然人的具体人格权进行列举后，还加了一个“等”字，这能够回应社会发展所产生的新型人格权益保护需求，避免具体列举人格权所产生的封闭性，有助于使得人格权益保护的体系更为完全，保护的范围也更为周延，适应社会的不断发展，发挥对人格权益进行兜底性保护的功能，保持人格权制度发展的开放性。

第一百一十一条　自然人的个人信息受法律保护。任何组织或者个人需要获取他人个人信息的，应当依法取得并确保信息安全，不得非法收集、使用、加工、传输他人个人信息，不得非法买卖、提供或者公开他人个人信息。

◆ 条文主旨

本条是关于自然人的个人信息受法律保护的规定。

◆ 立法背景

信息社会，人的存在不仅涉及生物体征方面的信息，如身高、性别等，也涉及人作为社会成员的基本社会文化信息，如姓名、职业、宗教信仰、消费倾向、生活习惯等。越来越多的人类活动都有信息形式的记录。个人信息保护成为法律关注的问题，始于20世纪60年代信息技术的广泛使用，部分西方国家于70年代陆续出台相关法律。至90年代末，随着互联网技术的进一步发展，快捷的信息处理与新的通信技术、多媒体技术相结合，个人信息呈现多元化的特点，越来越多的国际组织、国家与地区着眼于个人信息安全，相继立法。除上述以“可识别性”作为个人信息的界定标准外，还有一些国家、地区和国际组织以“隐私”作为个人信息立法的保护客体，即以“隐私”界定应受保护的个人信息，认为个人信息属于个人隐私。如1974年《美国隐私权法》规定，凡与任何私人有关的，而与其他群体并无必然实质性利害关系的所有数据资料都属于个人隐私权的对象，任何利用计算机系统收集、存储、控制及使用与私人有关的数据资料，都可能构成对私人隐私权的侵害；与之类似的规定还有《加拿大隐私法》、《加拿大个人信息和电子档案法》和《澳大利亚隐私法》，以及《亚太经合组织电子商务隐私权保护规则》（该文件同时使用“个人数据”与“隐私”两个概念）；此外，我国香港个人资料（私隐）条例，也在法名中同时使用上述两个概念。

立法机关高度重视对自然人个人信息的保护，不断完善保护个人信息的法律规定。目前，对个人信息的保护涉及多部法律。《侵权责任法》从传统民事权利的角度，明确规定了姓名权、名誉权、肖像权、隐私权属于受法律保护的民事权利，侵犯上述民事权利的，应当依法承担侵权责任。全国人大常委会通过《关于加强网络信息保护的决定》，对互联网上的公民信息保护作了较为系统和全面的规定，对网络服务提供者和其他企业事业单位收集、使用公民个人电子信息应当遵循的原则、保密义务及法律责任，有关部门依法应当履行的职责作了具体规定。《消费者权益保护法》第 14 条规定，消费者在购买、使用商品和接受服务时，享有人格尊严、民族风俗习惯得到尊重的权利，享有个人信息依法得到保护的权利。第 50 条规定，经营者侵害消费者的人格尊严、侵犯消费者人身自由或者侵害消费者个人信息依法得到保护的权利的，应当停止侵害、恢复名誉、消除影响、赔礼道歉，并赔偿损失。第 56 条对侵害消费者个人信息的经营者，除规定其须承担民事责任外，还规定了其应承担的行政责任，加大了对违法行为的惩罚力度，如警告、没收违法所得、罚款及责令停业整顿、吊销营业执照等。《网络安全法》对网络运营者对个人信息保护的义务和责任作了具体规定。此外，还有多部法律也有对自然人个人信息保护的规定，如《商业银行法》第 29 条规定的银行对存款人存款信息的保护，《执业医师法》第 22 条规定的医师对患者隐私的保护，《居民身份证法》第 19 条规定的国家机关或者有关单位不得泄露公民的个人身份信息等。这些法律及决定从不同角度对各自领域的自然人隐私权和个人信息进行保护。一方面在侵犯自然人隐私权和个人信息行为较为严重的领域，明确当事人各方的权利义务；另一方面规定了侵犯隐私权和个人信息的民事责任、行政责任及刑事责任，加大惩罚力度。

在民法典编纂过程中，有的常委委员、部门、法学教学研究机构和社会公众提出，实践中，一些组织和个人非法获取公民个人信息，出售或者非法向他人提供公民个人信息，社会危害严重，建议进一步强调对个人信息的保护。经研究认为，个人信息权利是公民在现代信息社会享有的重要权利，明确对个人信息的保护对于保护公民的人格尊严，使公民免受非法侵扰，维护正常的社会秩序具有现实意义。据此，本法总则编在民事权利一章中单列一条，对自然人的个人信息受法律保护和其他民事主体对自然人个人信息保护的义务作出明确规定。本法人格权编则在本条的基础上对个人信息保护的基本原则和基本规则作了规定，为下一步个人信息保护法的制订提供了依据，奠定了基本框架。

◆ **条文解读**

本条规定了其他民事主体对自然人个人信息保护的义务。本条规定为人格权编规定个人信息保护问题提供了基本指引。根据本条规定，其他民事主体对自然人个人信息保护有以下义务：

一是任何组织和个人需要获取他人个人信息的，有依法取得并确保信息安全的义务。民事主体在正常的生活或者经营中不可避免地会取得一些他人的个人信息，如银行业、保险业、快递业经营者从事的经营业务以客户提供个人信息为前提。民事主体取得个人信息后，有义务采取技术措施和其他必要措施，确保信息安全，防止个人信息泄露、丢失。

二是不得非法收集、使用、加工、传输他人个人信息，不得非法买卖、提供或者公开他人个人信息。此义务既针对依法取得自然人个人信息的组织和个人，也针对非依法取得个人信息的组织和个人。没有得到法律授权或者个人信息主体同意，任何组织和个人不得收集、使用、加工、传输个人信息，不得非法买卖、提供或者公开个人信息。

违反个人信息保护义务的，应当依法承担民事责任、行政责任甚至刑事责任。其他法律对其他民事主体对自然人个人信息保护的义务有具体规定。《网络安全法》第42条规定，网络运营者不得泄露、篡改、毁损其收集的个人信息；未经被收集者同意，不得向他人提供个人信息。但是，经过处理无法识别特定个人且不能复原的除外。网络运营者应当采取技术措施和其他必要措施，确保其收集的个人信息安全，防止信息泄露、毁损、丢失。在发生或者可能发生个人信息泄露、毁损、丢失的情况时，应当立即采取补救措施，按照规定及时告知用户并向有关主管部门报告。《消费者权益保护法》第29条第1款、第2款规定，经营者收集、使用消费者个人信息，应当遵循合法、正当、必要的原则，明示收集、使用信息的目的、方式和范围，并经消费者同意。经营者收集、使用消费者个人信息，应当公开其收集、使用规则，不得违反法律、法规的规定和双方的约定收集、使用信息。经营者及其工作人员对收集的消费者个人信息必须严格保密，不得泄露、出售或者非法向他人提供。经营者应当采取技术措施和其他必要措施，确保信息安全，防止消费者个人信息泄露、丢失。在发生或者可能发生信息泄露、丢失的情况时，应当立即采取补救措施。刑法还规定了侵犯公民个人信息罪。《刑法》第253条之一第1款、第2款、第3款规定："违反国家有关规定，向他人出售或者提供公民个人信息，情节严重的，处三年以下有期徒刑或者拘役，并处或者单处罚金；情节特别严重的，处三年以上七年以下有期徒刑，并处罚金。违反国家有关规定，将在履行职责或者提供服务过程中获得的公民个人信息，出售或者提供给他人的，依照前款的规定从重处罚。窃取或者以其他方法非法获取公民个人信息的，依照第一款的规定处罚。"

▶ **相关规定**

《中华人民共和国消费者权益保护法》第14条、第29条、第50条、第56条；《全国人民代表大会常务委员会关于加强网络信息保护的决定》第1－10条；《中华人民共和国网络安全法》第41－45条；《中华人民共和国商业银行法》第29条；《中华人民共和国执业医师法》第22条；《中华人民共和国居民身份证法》第19条

第一百一十二条 自然人因婚姻家庭关系等产生的人身权利受法律保护。

◆ 条文主旨

本条是关于自然人因婚姻家庭关系等产生的人身权利受法律保护的规定。

◆ 立法背景

自然人作为重要的民事主体，除了享有财产权，还享有人身权。人身权包括人格权利和身份权利。本法典第109条至第111条对人格权益作了概括性规定。身份权利是自然人因婚姻家庭关系而产生的权利，包括自然人因婚姻关系产生的身份权利和因家庭关系产生的身份权利。前者是夫妻之间的身份权利。后者是因家庭关系产生的身份权利，例如父母对子女的亲权和履行监护职责产生的权利。家庭是社会的细胞，也是社会和谐稳定的基础。自然人作为婚姻家庭中的一员，享有身份权利。保护自然人的身份权利，对于构建和睦稳定的婚姻家庭关系极为重要。基于此，本条特别强调，自然人因婚姻家庭关系等产生的人身权利受法律保护。婚姻家庭编在本条规定的基础上，对自然人享有的身份权利作了较为详细的规定。

在立法过程中，有的意见提出自然人因婚姻家庭关系等产生的财产权利也应受保护，建议在人身权利后增加规定财产权利。经研究认为，本条是对自然人因婚姻家庭关系等产生的人身权利受法律保护的规定，自然人因婚姻家庭关系等产生的财产权利按照财产权利的权利种类纳入本章其他规范财产权利的条文进行保护，因此未增加规定财产权利。同时，考虑到身份权利和人格权利虽然不同，但是两者存在密切的关系。建立和维持与他人之间的身份关系，本身就是人格发展的必要条件，婚姻家庭关系的发挥和尊严是个人发展和尊严的特别表现形式，保护身份权利往往同时就是保护个人利益。两种权利都不可转让，具有极强的道德性等相似的属性。本法第 2 条、第 3 条等条文也将这两种权利统称为“人身关系”和“人身权利”。据此，为完善身份权利的保护，体现民法典编纂的体系性，本法人格权编第 1001 条还规定，对自然人因婚姻家庭关系等产生的身份权利的保护，适用本法第一编、第五编和其他法律的相关规定；没有规定的，可以根据其性质参照适用本编人格权保护的有关规定。

◆ 条文解读

根据本条规定，自然人因婚姻家庭关系等产生的人身权利主要包括以下内容：

一、自然人因婚姻关系产生的人身权利

男女双方通过结婚形成婚姻关系，夫妻之间因为婚姻关系产生一些人身权利。如夫妻双方的扶养权利和义务。民法典婚姻家庭编第 1059 条规定，夫妻有相互扶养的义务。需要扶养的一方，在另一方不履行扶养义务时，有要求其给付扶养费的权利。同时婚姻家庭编还规定，夫妻应当互相忠实，互相尊重，互相关爱；夫妻在婚姻家庭关系中地位平等。

二、自然人因家庭关系产生的人身权利

自然人因家庭关系产生一些人身权利。如父母对子女的亲权和履行监护职责产生的权利。本法第 27 条第 1 款规定，父母是未成年子女的监护人。第 34 条第 2 款规定，监护人依法履行监护职责产生的权利，受法律保护。

三、自然人因收养关系产生的人身权利

收养是指将他人未成年子女收为自己子女的行为。收养将本无血缘关系的自然人，拟制为亲子关系，因此，收养者与被收养者之间具有拟制血亲关系。收养者为养父母，被收养者为养子女。收养制度是婚姻家庭制度的重要组成部分。民法典婚姻家庭编在我国收养法的基础上，对收养的条件和程序、收养的效力等收养制度的内容作了较为详细的规定。根据婚姻家庭编的规定，自收养关系成立之日起，养父母与养子女间的权利义务关系，适用本法关于父母子女关系的规定；养子女与养父母的近亲属间的权利义务关系，适用本法关于子女与父母的近亲属关系的规定。

第一百一十三条 民事主体的财产权利受法律平等保护。

◆ 条文主旨

本条是关于民事主体的财产权利受法律平等保护的规定。

◆ 立法背景

平等保护财产权利是民法关于财产权利保护的基本规则。该规则对于激发人们创造财富的积极性具有重要意义，正所谓有恒产者有恒心；对于构建以公平为核心的财产保护体系，促进社会主义市场经济健康有序也极为重要。民法的任务之一是保护我国宪法规定的基本经济制度下民事主体的财产权，中央一再强调，对各种民事主体所享有的财产权利应当给予平等保护。党的十八届三中全会提出，要完善产权保护制度，公有制经济财产权不可侵犯，非公有制经济财产权同样不可侵犯。国家保护各种所有制经济的产权和合法权益，保证各种所有制经济同等受法律保护。党的十八届四中全会明确提出，要实现公民权利保障的法治化。

《中共中央、国务院关于完善产权保护制度依法保护产权的意见》和中央经济工作会议明确提出，加强产权保护制度建设，平等保护各种所有制组织的财产权和自然人的财产权。我国宪法规定，公民的合法财产受法律保护。2007 年颁布的物权法明确规定，国家物权、集体物权、私人物权受法律保护。物权法从物权的角度，对物权的平等保护作了规定。但是民事主体所享有的财产权益不限于物权。根据本章的规定，民事主体还享有债权、知识产权、股权等投资性权利。对自然人所享有的这些财产权益也应当予以平等保护。为了落实中央的要求，贯彻宪法的精神，本条在物权法规定的基础上，明确规定，民事主体的财产权利受法律平等保护。本条的立法表述有一个变化的过程。民法总则草案三次审议稿第 112 条规定，自然人的私有财产权利受法律保护。第 116 条规定，民事主体的物权受法律平等保护，任何组织或者个人不得侵犯。在立法过程中，有的意见认为，第 112 条规定自然人私有财产权利受法律保护，与基本原则的相关规定重复，建议删除。有的意见认为，第 116 条只规定物权受法律平等保护不妥，其他民事权利也应当受法律平等保护。结合各方面意见，将三次审议稿第 112 条修改为“民事主体的财产权利受法律平等保护”，并删除了民法总则草案三次审议稿第 116 条。民法典维持了这一规定。

◆ **条文解读**

民事主体的财产权利受法律平等保护是由民法调整的社会关系的性质决定的。本法第 2 条规定，民法调整平等主体的自然人、法人和非法人组织之间的人身关系和财产关系。第 4 条规定，民事主体在民事活动中的法律地位一律平等。平等集中反映了民事法律关系的本质属性，是民事法律关系区别于其他法律关系的主要标志。本条在本法规定平等原则的基础上，单列一条规定民事主体的财产权利受法律平等保护。

本条的核心是“平等保护”。民事主体的财产权利受法律平等保护也是市场经济的内在要求。我国宪法规定，国家实行社会主义市场经济。公平竞争、平等保护、优胜劣汰是市场经济的基本法则。在社会主义市场经济条件下，各种所有制经济形成的市场主体都处于平等地位，享有相同权利，遵守相同规则，承担相同责任。如果不对民事主体的财产权利平等保护，解决纠纷的办法、承担的法律责任不一样，就不可能发展社会主义市场经济，也不可能坚持和完善社会主义基本经济制度。如对不同民事主体的财产权利不平等保护，势必损害民事主体依法创造、积累财产的积极性，不利于民富国强、社会和谐。

▶ **相关规定**

《中华人民共和国宪法》第 12 条、第 13 条

第一百一十四条 民事主体依法享有物权。

物权是权利人依法对特定的物享有直接支配和排他的权利，包括所有权、用益物权和担保物权。

◆ **条文主旨**

本条是关于民事主体依法享有物权的规定。

◆ **条文解读**

物权，是对物的权利。物权是一种财产权，财产权主要有物权、债权、继承权和知识产权中的财产权。财产可分为有形财产和无形财产，物权是对有形财产的权利。

物权是民事主体依法享有的一项重要的财产权利。这种权利

是权利人在法律规定的范围内对特定的物享有的直接支配和排他的权利。由于物权是直接支配物的权利，因而物权又被称为“绝对权”；物权的权利人享有物权，任何其他人都不得非法干预，物权的权利人以外的任何人都是物权的义务人，因此物权又被称为“对世权”。在权利性质上，物权与债权不同。债权的权利义务限于当事人之间，如合同的权利义务限于订立合同的各方当事人；债权是要求债务人作为或者不作为的权利，债权人也只能要求债务人作为或者不作为，不能要求与其债权债务关系无关的人作为或者不作为；债权依赖于债务人而存在，债权的行使要基于相对人的意思和行为。正因如此，债权被称为“相对权”“对人权”。

物权的权利人对物享有直接支配的权利，是物权的主要特征之一。各种物权均以直接支配物作为其基本内容。“直接”即权利人实现其权利不必借助于他人，在法律规定的范围内，完全可以按照自己的意愿行使权利。“支配”有安排、利用的意思，包括占有、使用、收益和处分的权能总和。“直接支配”指的是对于物不需要他人的协助、配合，权利人就能对物自主利用。对所有权来说，权利人可以按照自己的意愿行使占有、使用、收益和处分的权利。直接支配还有排除他人干涉的含义，其他人负有不妨碍、不干涉物权人行使权利的义务。物权的排他性是指一物之上不能有相互冲突的物权，比如所有权，一物之上只能有一个所有权，此物是我的就不是你的（区分所有权等是特例）；即使一物之上可以设定若干个抵押权，但由于是按照抵押权设定的先后顺序优先受偿，其间也不存在冲突。本法物权编在本条规定的基础上对物权中的基本规则、所有权、用益物权、担保物权和占有等各项具体制度作了较为详细的规定。物权包括所有权、用益物权和担保物权。

一、所有权

所有权是指权利人依法对自己的不动产和动产享有全面支配的权利。所有权具有四项权能，即占有、使用、收益和处分。“占有”是对于财产的实际管领或控制，拥有一个物的一般前提就是占有，这是财产所有者直接行使所有权的表现。“使用”是权利主体对财产的运用，发挥财产的使用价值。拥有物的目的一般是使用。“收益”是通过财产的占有、使用等方式取得的经济效益。使用物并获益是拥有物的目的之一。“处分”是指财产所有人对其财产在事实上和法律上的最终处置。民法典物权编对国家所有权、集体所有权和私人所有权的内容作了较为详细的规定。

二、用益物权

用益物权是权利人对他人所有的不动产或者动产，依法享有占有、使用和收益的权利。物权编在物权法的基础上规定了土地承包经营权、建设用地使用权、宅基地使用权、地役权、居住权这几种用益物权。用益物权是以对他人所有的不动产或者动产为使用、收益的目的而设立的，因而被称作“用益”物权。用益物权制度是物权法律制度中一项非常重要的制度，与所有权制度、担保物权制度一同构成了物权制度的完整体系。

用益物权人对他人所有的不动产或者动产，依照法律规定享有的权利包括以下几个方面：（1）占有的权利。用益物权作为以使用收益为目的的物权，以权利人对物的实际占有为前提。利用他人的物为使用收益，必然要对物予以实际支配。没有占有就不能实现对物的直接利用。（2）使用的权利。权利人可以根据物的自然属性、法定用途或者约定的方式，对物进行实际上的利用。比如在集体所有的宅基地上自建房屋以供居住。（3）收益的权利。权利人可以通过对物的利用而获取经济上的收入或者其他利益。比如在集体所有的土地上从事种植业、林业、畜牧业等农业生产，出售出产物而获得收益；在国家所有的土地上建造商品房用以出售以取得收益等。

用益物权作为物权体系的重要组成部分，具备物权的一般特征，同时还具有自身的特性，主要有以下几个方面：（1）用益物权是由所有权派生的物权。所有权是权利人对自己的不动产或者动产，依法享有占有、使用、收益和处分的权利，包括在自己的财产上设立用益物权或担保物权的权利。用益物权则是在他人所有的财产上设立的权利，即对他人的财产享有占有、使用和收益的权利。因此，用益物权被称作“他物权”，以相对于所有权的“自物权”。（2）用益物权是受限制的物权。相对于所有权而言，用益物权是不全面的、受一定限制的物权。因此，用益物权属于“定限物权”，以区别于所有权的“完全物权”。主要体现在三个方面：①所有权是物权种类中最完全、最充分的权利。用益物权的权利人享有的是对财产占有、使用和收益的权利。虽然权利人依法可以将其享有的用益物权予以转让、抵押等，但不具有对财产的所有权进行处分的权利。②所有权具有恒久性，只要所有物存在，所有权人对所有物便享有永久的权利。而用益物权则具有期限性。虽然设定的期限往往较长，但不是永久期限，期限届满时，用益物权人应将占有、使用的财产返还给所有权人，或者申请续期。③用益物权人必须根据法律的规定以及合同的约定正确行使权利。用益物权人应当保护和合理利用所有权人的不动产和动产，按照法定或者约定的用途和使用方法利用所有权人的财产，不得损害所有权人的权益。（3）用益物权是一项独立的物权。用益物权虽由所有权派生，以所有权为权源，但用益物权一经设立，便具有独立于所有权而存在的特性。主要体现在两个方面：①用益物权使所有权对物的支配力受到约束，对物占有、使用和收益的权能由用益物权人行使，所有权人不得干涉。所有权人不得随意收回其不动产或者动产，不得妨碍用益物权人依法行使权利。同时，用益物权的义务人包括任何第三人，用益物权可以对抗所有第三人的侵害。②在所有权人的不动产或者动产被征收、征用致使所有权消灭或者影响所有权行使的，应当依法给予所有权人补偿。与此同时，导致用益物权消灭或者影响用益物权行使的，用益物权人也有权依法获得相应的补偿。（4）用益物权一般以不动产为客体。用益物权多以不动产尤其是土地为使用收益的对象。由于不动产特别是土地的稀缺性、不可替代性且价值较高，以及土地所有权依法不可转让性，如国家所有和集体所有的土地，单位和个人不能取得所有权，这就使在土地这一不动产上设立用益物权成为经济社会发展的必然要求。而动产的特性决定了通常可以采用购买、租赁、融资租赁等方式获得其所有权和使用权。对一些价值较高、使用年限较长的动产，当事人也可以采用设立用益物权的方式，以稳定动产的利用关系。

三、担保物权

担保物权是为了确保债务履行而设立的物权，当债务人不履行债务时，债权人就担保财产依法享有优先受偿的权利。担保物权对保证债权实现、维护交易秩序、促进资金融通，具有重要作用。根据物权编的规定，我国的担保物权包括抵押权、质权和留置权。物权编第四分编对我国的担保物权制度作了详细规定。（1）抵押权。抵押权是为了确保债务履行而设立的一种担保物权，指债务人自己继续占有不动产或者动产，将该财产抵押给债权人，当债务人不履行债务时，债权人就抵押财产依法享有优先受偿的权利。比如以房产抵押设定的抵押权。（2）质权。质权包括动产质权和权利质权。动产质权是指债务人将其动产交由债权人占有，当债务人不履行债务时，债权人就该动产依法享有优先受偿的权利，如将字画古董出质设定的质权。权利质权是指债务人将其拥有的财产权利凭证交由债权人占有，或者通过登记制度将该权利出质给债权人，当债务人不履行债务时，债权人就该财产权利依法享有优先受偿的权利，比如以仓单、存款单出质设立的质权。（3）留置权。留置权是当债务人不履行债务时，债权人依法留置已经合法占有的债务人的动产，并就该动产享有优先受偿的权利。比如存货人不支付仓储费，仓储人依法有权留置仓储物，在法定期限内存货人仍不支付仓储费，仓储人有权变卖仓储物以获取仓储费。

第一百一十五条　物包括不动产和动产。法律规定权利作为物权客体的，依照其规定。

◆ 条文主旨

本条是关于物权客体的规定。

◆ 立法背景

客体是权利义务指向的对象。物权的客体是物。物是物权领域的基础性概念，物的范围直接决定物权法律制度的调整范围，明确物的范围对于构建物权法律制度极为重要。我国 2007 年颁布的物权法对物的范围作了规定。鉴于“物”这个概念的重要性，本条借鉴吸收物权法的规定，对物的范围作了规定。

◆ 条文解读

法律上所指的物，主要是不动产和动产。“不动产”是不可移动的物，如土地以及房屋、林木等土地附着物。“动产”是不动产以外的可移动的物，如机动车、电视机等。不动产和动产是物权法上对物的分类，之所以进行这样的分类，主要是便于根据不动产和动产各自的特点分别予以规范。物权法律制度上的物指有体物或者有形物，有体物或者有形物是物理上的物，包括固体、液体、气体，也包括电等没有形状的物。所谓有体物或者有形物主要是与精神产品相对而言的，著作、商标、专利等是精神产品，是无体物或者无形物，精神产品通常不是物权制度规范的对象。同时，并非所有的有体物或者有形物都是物权制度规范的对象，能够作为物权制度规范对象的还必须是人力所能控制、有利用价值的物。随着科学技术的发展，一些原来无法控制且无法利用的物也可以控制和利用了，也就纳入了物权制度的调整范围，物权制度规范的物的范围也在不断扩大。网络虚拟财产是现代网络社会的重要财产类型，对于Q币等网络虚拟财产是否属于物的范围，立法过程中争议相当大，有鉴于此，本法并没有将其纳入物的范围加以调整，但是本法第127条明确规定，法律对数据、网络虚拟财产的保护有规定的，依照其规定。这为网络虚拟财产的保护提供了明确的法律依据。

精神产品原则上不属于物权制度的调整范围，但是在有些情况下，财产权利可以作为担保物权的标的，比如可以转让的注册商标专用权、专利权、著作权等知识产权中的财产权，可以出质作为担保物权的标的，形成权利质权，由此权利也成了物权的客体。因此，本条规定，法律规定权利作为物权客体的，依照其规定。

第一百一十六条　物权的种类和内容，由法律规定。

◆ 条文主旨

本条是关于物权法定原则的规定。

◆ **立法背景**

物权是一项重要的民事权利，是一种直接支配权，被称为“绝对权”“对世权”，指的是权利人不需要他人的协助、配合，就能对物自主利用。因此，物权关系的义务人不同于债权关系的义务人，债权的实现在多数情况下需要债务人的积极配合，而物权关系的义务人最基本的义务是不妨碍、不干涉物权人行使权利。只要义务人不妨碍、不干涉，物权人就能实现其权利，达到对物的利用并享受收益的目的。物权不同于债权，债权的权利义务发生在当事人之间，遵循自愿原则，具体内容由当事人约定，比如合同是当事人之间的协议，对合同内容如何约定原则上由当事人决定。物权的权利人行使权利，对所有其他人都有约束力，物权人以外的任何人都是义务人，都有尊重物权不干涉权利人行使物权的义务。物权调整的权利人和义务人之间的关系与合同当事人之间的权利义务关系不同，其间的权利义务不能由权利人单方面决定，也难以由某个权利人和若干个义务人决定，权利人和义务人之间的权利义务必须由法律决定，对权利人和义务人之间的规范也只能由法律规定。这就是物权法定原则。物权法定是物权法律制度的基本原则之一。我国 2007 年的物权法专门规定了该原则，本法典继承了该规定。

物权法定是一项原则，这项原则是否有松动余地，即能否有灵活性，是学术界多年争论的问题，坚守原则性和赞成有灵活性的都有道理。从实务层面看，这个问题的矛盾并不突出。物权制度虽然不断完善、发展，但绝大多数是在法定框架内的完善、发展。在当年物权法起草过程中，曾有意见认为，物权法定作为一条原则是对的，但如果法律没有规定的就不具有物权效力，限制太严，随着实践的发展还会产生新的物权，应该开个口子，以适应实践发展的需要。根据这一意见，物权法草案曾规定："物权的种类和内容，由法律规定；法律未作规定的，符合物权性质的权利，视为物权。"之后，在物权法审议过程中，有的意见提出，依照这条规定，哪些权利可以视为物权，谁来认定"符合物权性质"都不够清楚，建议删去例外规定。法律委员会认为：这一规定的本意是随着实践的发展为物权的种类留下一定空间，实际上哪些权利"符合物权性质"还需要通过立法解释予以明确。考虑到依照立法法的规定，法律解释与法律具有同等效力，而且从一些国家和地区的实际情况看，新出现的物权种类并不多见。因此，物权法删去了这一规定。在民法典物权编编纂过程中，仍有人提出同样的意见，最终考虑到对这一问题争议较大，且物权法立法时对该问题已有明确的说法，目前还没有足够的理由推翻这一说法。

◆ **条文解读**

物权法定中的"法"，指法律，即全国人大及其常委会制定的法律，除法律明确规定可以由行政法规、地方性法规规定的外，一般不包括行政法规和地方性法规。需要说明的是，物权法定中的法律，既包括民法典，还包括其他法律，如土地管理法、城市房地产管理法、矿产资源法、草原法、森林法、海域使用管理法、渔业法、海商法、民用航空法等，这些法律中都有对物权的规定。

物权法定，有两层含义：一是物权由法律规定，当事人不能自由创设物权；二是违背物权法定原则，所设"物权"没有法律效力。本条规定"物权的种类和内容，由法律规定"。其一是设立的物权的种类，只能由法律规定，当事人之间不能创立。物权分所有权、用益物权和担保物权；用益物权中还可分为土地承包经营权、建设用地使用权、宅基地使用权、居住权和地役权；担保物权中还可分为抵押权、质权和留置权。其二是物权的权利内容，一般也只能由法律规定，如土地承包经营权的承包期多长，承包经营权何时设立，承包经营权的流转权限，承包地的调整、收回、被征收中的权利义务等。物权法的规定许多都是强制性规范，当事人应当严格遵守，不能由当事人约定排除，除非法律规定了“有约定的按照约定”“当事人另有约定的除外”这些例外情形。

第一百一十七条 为了公共利益的需要，依照法律规定的权限和程序征收、征用不动产或者动产的，应当给予公平、合理的补偿。

◆ **条文主旨**

本条是关于征收、征用的规定。

◆ **立法背景**

征收是国家以行政权取得集体、单位和个人的财产所有权的行为。征收的主体是国家，通常是政府以行政决定的方式从集体、单位和个人手中取得土地、房屋等财产。在物权法律制度领域，征收是物权变动的一种特殊情形，涉及所有权人的所有权丧失。征用是国家为了抢险、救灾等公共利益需要，在紧急情况下强制性地使用单位、个人的不动产或者动产。征用的目的只在获得使用权，征用不导致所有权移转，被征用的不动产或者动产使用后，应当返还被征用人。征收、征用是政府行使行政权，属于行政关系，不属于民事关系，但由于征收、征用是对所有权或者使用权的限制，同时又是国家取得所有权或者使用权的一种方式，因此民法通常都从这一民事角度对此作原则性规定。我国2007年《物权法》第44条、第45条对征收、征用制度作了规定，一些单行法也对此作了规定。本法典在这些法律规定的基础上，对征收、征用制度的基本规则作了规定。

需要说明的是，征收和征用是两个不同的法律概念。征收是指为了公共利益需要，国家将他人所有的财产强制地征归国有；征用是指为了公共利益需要而强制性地使用他人的财产。征收和征用的共同之处在于，都是为了公共利益需要，都要经过法定程序，并都要给予补偿。不同之处在于，征收主要是所有权的改变，征用只是使用权的改变。征收是国家从被征收人手中直接取得所有权，其结果是所有权发生了移转；征用则主要是在紧急情况下对他人财产的强制使用，一旦紧急情况结束，被征用的财产应返还原权利人。

◆ **条文解读**

征收和征用是国家动用公权力对民事主体的物权进行的一种限制，因此，征收、征用应当遵循严格的条件和程度。根据本条的规定，征收、征用应当遵循三个原则：

一、公共利益需要的原则

实施征收、征用，必须是出于公共利益的需要，这是征收、征用的前提条件。公共利益通常是指全体社会成员的共同利益和社会的整体利益，是不特定多数人的利益。在实践中判断是否属于社会公共利益，一要同商业利益相区别。商业利益是个人和企业获取利润的利益，商业利益直接服务于个人或者企业，不能为了商业利益的需要而强行征收、征用他人的不动产和动产。二要同部门、单位和小集体的利益相区别。部门、单位和小集体的利益，其受益人是特定的少数人，与公共利益有着本质的区别。为了谋求商业利益或者单位的利益而需要他人转让其不动产或动产的，应当通过平等协商、公平买卖的办法解决，而不是借助国家强制力来实现。

基于公共利益的需要，是征收、征用应当遵循的一项原则，对此民法典应予规定。但公共利益的界定在不同领域、不同情形下的表现是不同的，情况复杂难以划一，对公共利益作出具体界定，宜分别由单行法律作出具体规定。为了规范国有土地上房屋征收与补偿活动，维护公共利益，保障被征收房屋所有权人的合法权益，2011 年 1 月 21 日国务院颁布的《国有土地上房屋征收与补偿条例》第 8 条规定，为了保障国家安全、促进国民经济和社会发展等公共利益的需要，有下列情形之一，确需征收房屋的，由市、县级人民政府作出房屋征收决定：(1) 国防和外交的需要；(2) 由政府组织实施的能源、交通、水利等基础设施建设的需要；(3) 由政府组织实施的科技、教育、文化、卫生、体育、环境和资源保护、防灾减灾、文物保护、社会福利、市政公用等公共事业的需要；(4) 由政府组织实施的保障性安居工程建设的需要；(5) 由政府依照城乡规划法有关规定组织实施的对危房集中、基础设施落后等地段进行旧城区改建的需要；(6) 法律、行政法规规定的其他公共利益的需要。这一规定即为对公共利益的具体界定，主要适用于在城市国有土地上对单位、个人房屋的征收。

二、依照法定程序的原则

征收、征用在一定程度上限制了他人的财产权。为了防止其滥用，平衡他人财产保护和公共利益需要的关系，依法保护权利人的财产权利，征收、征用必须严格依照法律规定的程序进行。相比而言，征收是所有权的改变，并且事先有较充分的准备，因此程序上要求比较严格；征用一般都是在紧急情况下采取的措施，通常是临时性的，程序上相对比较简便。

依照《国有土地上房屋征收与补偿条例》的规定，国有土地上房屋的征收与补偿应当遵循决策民主、程序正当、结果公开的原则。按照以下程序进行：房屋征收部门拟定征收补偿方案，报市、县级人民政府。市、县级人民政府应当组织有关部门对征收补偿方案进行论证并予以公布，征求公众意见。征求意见期限不得少于30日。市、县级人民政府应当将征求意见情况和根据公众意见修改的情况及时公布。因旧城区改建需要征收房屋，多数被征收人认为征收补偿方案不符合该条例规定的，市、县级人民政府应当组织由被征收人和公众代表参加的听证会，并根据听证会情况修改方案。市、县级人民政府作出房屋征收决定后应当及时公告。公告应当载明征收补偿方案和行政复议、行政诉讼权利等事项。被征收人对市、县级人民政府作出的房屋征收决定不服的，可以依法申请行政复议，也可以依法提起行政诉讼。房屋征收部门与被征收人依照该条例的规定，就补偿方式、补偿金额和支付期限、用于产权调换房屋的地点和面积、搬迁费、临时安置费或者周转用房、停产停业损失、搬迁期限、过渡方式和过渡期限等事项，订立补偿协议。补偿协议订立后，一方当事人不履行补偿协议约定的义务的，另一方当事人可以依法提起诉讼。

三、依法给予补偿的原则

尽管征收和征用是为了公共利益需要，但都不能采取无偿剥夺的方式，必须依法给予补偿。补偿的方式应视财产的类别而加以区别对待。征收的对象一般都是不动产，并且是所有权的改变，一般都要给予金钱补偿、相应的财产补偿或者其他形式的补偿。在征用过程中，如果是非消耗品，使用结束后，原物还存在的，应当返还原物，对于物的价值减少的部分要给予补偿；如果是消耗品，通常要给予金钱补偿。补偿的原则，宪法规定的是要依照法律规定给予补偿。本法原则规定要给予公平、合理的补偿。至于按什么标准补偿，需要在有关法律中根据不同情况作出具体规定。此外，补偿应当及时，补偿延误将给被征收人、被征用人造成损失。补偿是在事前给予，还是在征收、征用过程中给予，或是在事后给予，需要根据具体情况确定。即便在紧急情况下的征用，事后给予补偿，也并不意味着可以任意拖延，而应在使用后尽快给予补偿。

国家对他人的财产可以实行征收、征用，是为了公共利益的需要；而给予补偿，又是对他人财产的一种保护，有利于平衡和协调他人财产保护和公共利益需要之间的关系。2016 年 11 月 4 日，《中共中央、国务院关于完善产权保护制度依法保护产权的意见》指出，完善土地、房屋等财产征收征用法律制度，合理界定征收征用适用的公共利益范围，不将公共利益扩大化，细化规范征收征用法定权限和程序。遵循及时合理补偿原则，完善国家补偿制度，进一步明确补偿的范围、形式和标准，给予被征收征用者公平合理补偿。本条的规定，贯彻了上述中央精神，体现了维护公共利益和对财产所有权人的保护。

▶ 相关规定

《中华人民共和国宪法》第 13 条；《国有土地上房屋征收与补偿条例》第 8 条

第一百一十八条　民事主体依法享有债权。

债权是因合同、侵权行为、无因管理、不当得利以及法律的其他规定，权利人请求特定义务人为或者不为一定行为的权利。

◆ 条文主旨

本条是关于民事主体依法享有债权的规定。

◆ 立法背景

债是民事领域的一个重要概念，债权是现代社会生活中民事主体的一项重要财产权利。绝大多数国家和地区的民法典都将债及债权作为一种重要的制度加以规定。本章规定的是民事权利，因此从权利角度对债作了规定。债是因合同、无因管理、不当得利、侵权行为以及法律的其他规定，在特定当事人之间发生的权利义务关系。首先，债是一种民事法律关系，是民事主体之间以权利义务为内容的法律关系。其次，债是特定当事人之间的法律关系。债的主体各方均为特定当事人。再次，债是特定当事人之间的请求为或者不为一定行为的法律关系。享有权利的人是债权人，负有义务的人是债务人。债是以请求权为特征的法律关系，债权人行使债权，只能通过请求债务人为或者不为一定行为得以实现。最后，债是因合同、侵权行为、无因管理、不当得利以及法律的其他规定而发生的法律关系。

本条对债和债权的内涵和外延作了原则性规定。本法合同编对合同之债作了详细规定，同时专设准合同分编对无因管理、不当得利之债作了具体规定；侵权责任编对侵权行为之债也作了较为详细的规定。还须说明的是，考虑到本法合同编通则分编已基本涵盖了关于债的一般规则，本法未再单独设立债权编，所以合同编通则分编的规定不仅适用于合同之债，多数规定还可以适用于无因管理、不当得利和侵权行为之债。基于此，本法合同编第468 条规定，非因合同产生的债权债务关系，适用有关该债权债务关系的法律规定；没有规定的，适用本编通则的有关规定，但是根据其性质不能适用的除外。

◆ **条文解读**

根据本条规定，债权是因合同、侵权行为、无因管理、不当得利以及法律的其他规定，权利人请求特定义务人为或者不为一定行为的权利。债的发生原因包括以下几种：

一是合同。合同是民事主体之间设立、变更、终止民事法律关系的协议。合同依法成立后，即在当事人之间产生债权债务关系。基于合同所产生的债为合同之债。债权人有权按照合同约定，请求合同义务人履行合同义务。合同之债是民事主体为自己利益依自己意思自行设定的，合同之债属于意定之债。本法合同编对合同之债的规则作了详细的规定。

二是侵权行为。侵权行为，是指侵害他人民事权益的行为。本法第 3 条规定，民事主体的人身权利、财产权利以及其他合法权益受法律保护，任何组织或者个人不得侵犯。在民事活动中，民事主体的合法权益受法律保护，任何人都负有不得侵害的义务。行为人侵害他人人身权利、财产权利以及其他合法权益的，应依法承担民事责任。民事权益受到侵害的，被侵权人有权请求侵权人承担侵权责任。因侵权行为，侵权人与被侵权人之间形成债权债务关系。侵权行为之债不是侵权人所愿意发生的法律后果，法律确认侵权行为之债的目的在于通过债权和民事责任使侵权行为人承担其不法行为所造成的不利后果，给被侵权人救济，从而保护民事主体的合法民事权益。本法侵权责任编对侵权行为之债作了较为详细的规定。

三是无因管理。无因管理，是指没有法定的或者约定的义务，为避免他人利益受损失而进行管理的行为。无因管理行为虽为干预他人事务，但却是以避免他人利益受损失为目的，有利于社会的互助行为。法律为鼓励这一行为赋予管理人请求受益人偿还因管理行为支出的必要费用的权利。因无因管理产生的债称为无因管理之债。无因管理之债并不是基于当事人的意愿设定的，而是根据法律的规定，为法定之债。本法合同编第三分编对无因管理之债和不当得利之债的规则作了详细的规定。

四是不当得利。不当得利，是指没有法律根据，取得不当利益，造成他人损失的情形。在社会生活中，任何民事主体不得没有法律根据，取得利益而致他人损害，因此，法律规定受损失的人有权请求取得不当得利的人返还不当利益。不当得利为债的发生原因，基于不当得利而产生的债称为不当得利之债。不当得利之债既不同于合同之债，也不同于无因管理之债。不当得利不是当事人双方间的合意，并非当事人寻求的法律目的，也不以当事人的意志为转移，而是法律为纠正不当得利，直接赋予当事人的权利义务，也是法定之债。本法合同编第三分编对无因管理之债和不当得利之债的规则作了详细的规定。

五是法律的其他规定。合同、侵权行为、无因管理、不当得利是债的发生的主要原因，除此以外，法律的其他规定也会引起债的发生，使民事主体依法享有债权。

在立法过程中，有的意见提出，应该将单方允诺规定为债权的发生原因之一。单方允诺是指，行为人向相对人作出的为自己设定某种义务，使相对人取得某种权利的意思表示。单方允诺一般向社会上不特定的人发出，如悬赏广告。民法总则草案一审稿曾将单方允诺规定为债权的发生原因之一。在征求意见过程中，有的意见提出，对单方允诺的性质，理论上有要约说和单方行为说。要约说认为单方允诺是行为人以不特定多数人为对象发出完成某种义务而取得某种权利的要约，只要某个人完成了指定义务，即构成承诺，双方成立合同。完成指定义务的人享有请求单方允诺行为人履行承诺义务的请求权，行为人应按照允诺履行义务。

单方行为说认为单方允诺是单方法律行为，行为人作出单方允诺，法律行为即生效，对完成特定行为的人负有履行允诺义务的义务。其他国家和地区对单方允诺的性质也有不同规定。如德国、意大利采用单方行为说，日本和瑞士采用要约说，我国台湾地区“民法”1999 年“债编”修正时将单方允诺性质从单方行为说改为要约说。我国最高人民法院合同法司法解释、民事案件案由规定以及最高人民法院公报案例对悬赏广告已采合同说，建议删除单方允诺。由于尚有争议，本条最终删除了单方允诺的规定。

第一百一十九条 依法成立的合同，对当事人具有法律约束力。

◆ **条文主旨**

本条是关于依法成立的合同对当事人具有法律约束力的规定。

◆ **立法背景**

合同是产生债权债务关系的一种重要原因。合同之债是当事人在平等基础上自愿设定的，是民事主体主动参与民事活动，积极开展各种经济交往的法律表现。合同是最常见的债的发生原因，合同之债在社会经济生活中占有重要的地位。

“合同是当事人之间的法律”，当事人签订合同就应当严格遵守。严格遵守合同就是契约精神的体现。之所以强调这一点，一是构建诚信社会的需要。合同是当事人经过要约承诺等一系列谈判后自愿作出的承诺，当事人动辄违反合同约定，违反诚实信用原则，不利于构建信用社会。二是促进社会主义市场经济健康有序发展的需要。市场经济是信用经济，其是由一系列交易组成的，而交易主要是借助合同进行的，若合同得不到严格遵守，会动摇社会主义市场经济的根基，影响社会主义市场经济的发展。正因如此，党的十八届三中、四中全会和党的十九大报告都明确提出，要倡导契约精神。基于此，本条规定，依法成立的合同，对当事人具有法律约束力。这是对契约精神的体现。

◆ **条文解读**

根据自愿原则，订不订立合同、与谁订立合同、合同的内容如何等，由当事人自愿约定。但是，合同依法成立以后，对当事人就具有了法律约束力。所谓法律约束力，是指当事人应当按照合同的约定履行自己的义务，非依法律规定或者取得对方同意，不得擅自变更或者解除合同。如果不履行合同义务或者履行合同义务不符合约定，应当承担违约责任。只有依法成立的合同才能产生合同之债。本法合同编第 465 条第 1 款规定，依法成立的合同，受法律保护。如果一方当事人未取得对方当事人同意，擅自变更或者解除合同，不履行合同义务或者履行合同义务不符合约定，使对方当事人的权益受到损害，受损害方向人民法院起诉要求维护自己的权益时，法院就要依法维护，擅自变更或者解除合同的一方当事人应当承担违约责任。

第一百二十条 民事权益受到侵害的，被侵权人有权请求侵权人承担侵权责任。

◆ **条文主旨**

本条是关于民事权益受到侵害的被侵权人的请求权的规定。

◆ **立法背景**

侵权责任法律制度的基本作用，一是保护被侵权人，二是减少侵权行为。保护被侵权人是建立和完善侵权责任法律制度的主要目的。本章规定了民事主体的各种人身权利、财产权利以及其他合法权益。法律规定的民事主体的民事权益受到侵害怎么办，就要通过侵权责任法律制度保护被侵权人。本法侵权责任编对侵权责任的具体规则作了详细规定。被侵权人在其民事权益被侵权人侵害构成侵权时，有权请求侵权人承担侵权责任。这种权利是一种请求权，所谓请求权，是指请求他人为一定行为或不为一定行为的权利。请求权人自己不能直接取得作为该权利内容的利益，必须通过他人的特定行为间接取得。在侵权人的行为构成侵权，侵害了被侵权人的民事权益时，被侵权人有权请求侵权人承担侵权责任。被侵权人可以直接向侵权人行使请求权，也可以向法院提起诉讼，请求法院保护自己的合法权益。

◆ **条文解读**

根据本条的规定，民事权益受到侵害的，被侵权人有权请求侵权人承担侵权责任。本条规定明确了以下几层意思：

一是关于保护的权益范围。被侵权人请求侵权人承担侵权责任的前提是民事权益受到了侵害。这里的“民事权益”范围很广。2009 年颁布的《侵权责任法》第 2 条曾列举了受侵权责任法保护的 18 种权利。但民事主体享有的民事权益很多，一一列举难免挂一漏万，所以本法侵权责任编未再作这样的列举。本条以及侵权责任编所保护的民事权益范围包括本章规定的人格权、身份权、物权、知识产权、股权等投资性权益、继承权等几乎所有的人身和财产权益。这里唯一有争议的是债权受到损害后是否可以请求对方承担侵权责任。对于这个问题，通说认为，由于债权具有相对性，原则上不适用侵权责任规则加以保护，而是用债务履行障碍的救济规则加以保护，例如因合同产生的债权受到损害的，受损害方可以请求对方承担违约责任。但有两个例外：第一，当事人的违约行为同时符合侵权的构成要件的，根据本法总则编第186条规定的违约责任与侵权责任竞合规则，另一方当事人既可以选择要求对方承担违约责任，也可以选择要求对方承担侵权责任。第二，第三方故意侵害当事人的债权的，受到损害的当事人也可以请求侵权人承担侵权责任。

二是关于请求权的主体。侵权法律关系中，在民事主体的合法权益受到侵害时，被侵权人有权请求侵权人承担侵权责任，如果进行诉讼，则为原告。这里的被侵权人指的是侵权行为损害后果的直接承受者，是因侵权行为而使民事权益受到侵害的人。被侵权人可以是所有具有民事权利能力的民事主体，只要具有实体法上的民事权利能力，又因侵权行为而使其民事权益受到侵害的人，就具有被侵权人的资格，包括自然人、法人和非法人组织。被侵权人的资格不在于其是否具有民事行为能力，但是有无民事行为能力关系到其是否可以自己行使请求侵权人承担侵权责任的权利。有完全民事行为能力的被侵权人，可以自己行使请求权，请求侵权人承担侵权责任；无民事行为能力或限制民事行为能力的被侵权人，自己不能行使请求权，应当由其法定代理人代其行使请求权。在被侵权人死亡时，其近亲属有权请求侵权人承担侵权责任。侵权责任编规定，被侵权人死亡的，其近亲属有权请求侵权人承担侵权责任。被侵权人为组织，该组织分立、合并的，承继权利的组织有权请求侵权人承担侵权责任。

被侵权人可能是单个主体也可能是多个主体。在一个侵权行为有多个被侵权人的情况下，所有的被侵权人都享有请求侵权人承担侵权责任的权利，都可以提起侵权之诉，被侵权人的权利相互独立，一些被侵权人不请求不影响其他被侵权人的请求权，被侵权人也可以提起共同诉讼。

我国一些现有司法解释对请求权的主体也有规定。《最高人民法院关于确定民事侵权精神损害赔偿责任若干问题的解释》第 7 条规定："自然人因侵权行为致死，或者自然人死亡后其人格或者遗体遭受侵害，死者的配偶、父母和子女向人民法院起诉请求赔偿精神损害的，列其配偶、父母和子女为原告；没有配偶、父母和子女的，可以由其他近亲属提起诉讼，列其他近亲属为原告。"《最高人民法院关于审理人身损害赔偿案件适用法律若干问题的解释》第 1 条第 2 款规定："本条所称'赔偿权利人'，是指因侵权行为或者其他致害原因直接遭受人身损害的受害人、依法由受害人承担扶养义务的被扶养人以及死亡受害人的近亲属。"

三是关于侵权人。在侵权法律关系中，侵权人是承担侵权责任的主体，在诉讼中为被告。《最高人民法院关于审理人身损害赔偿案件适用法律若干问题的解释》第 1 条第 3 款规定："本条所称'赔偿义务人'，是指因自己或者他人的侵权行为以及其他致害原因依法应当承担民事责任的自然人、法人或者其他组织。"侵权人一般是直接加害人，直接加害人是直接实施侵权行为，造成被侵权人损害的人。直接加害人分为单独的加害人和共同的加害人，共同加害人的侵权责任根据本法共同侵权的相关规定承担。在替代责任形式的特殊侵权责任中，直接造成损害的行为人不直接承担侵权责任，承担侵权责任的主体是替代责任的责任人。如侵权责任编规定，用人单位的工作人员因执行工作任务造成他人损害的，由用人单位承担侵权责任。

四是关于侵权责任。侵权人承担侵权责任有多种方式。根据本法第 179 条的规定，承担民事责任的方式主要有：停止侵害；排除妨碍；消除危险；返还财产；恢复原状；修理、重作、更换；继续履行；赔偿损失；支付违约金；消除影响、恢复名誉；赔礼道歉。法律规定惩罚性赔偿的，依照其规定。承担民事责任的方式，可以单独适用，也可以合并适用。

需要注意的是，本条只是从赋权的角度规定了民事权益受到侵害的当事人有权请求侵权人承担侵权责任，但是否构成侵权责任还要根据本法侵权责任编的相关规定确定。

第一百二十一条 没有法定的或者约定的义务，为避免他人利益受损失而进行管理的人，有权请求受益人偿还由此支出的必要费用。

◆ 条文主旨

本条是关于无因管理的规定。

◆ 立法背景

无因管理，是指没有法定的或者约定的义务，为避免他人利益受损失而进行管理的行为。管理他人事务的人为管理人，因管理人管理其事务而受益的人为受益人。无因管理制度作为债的发生原因之一，使管理人和受益人之间产生了债权债务关系。无因管理行为虽为干预他人事务，但却是以避免他人利益受损失为目的，有利于社会的互助行为。法律为鼓励这一行为，赋予管理人请求受益人偿还因管理行为而支出的必要费用的权利。因无因管理产生的债称为无因管理之债。不少国家和地区对无因管理也有相关规定。例如《德国民法典》在第二编第八章债务关系中专列一节规定了无因管理。第677条规定了管理人的义务，规定为他人处理事务而未受他人委托，或对他人无权以其他方式为之处理事务的人，必须在照顾本人真实或可推知的意思的情况下，以本人的利益所要求的方式管理该事务。第683条规定了费用的偿还，规定事务管理的承担符合本人的利益和本人真实或可推知的意思的，管理人可以像受托人一样，请求偿还其费用。《日本民法典》专列一章规定无因管理。第 697 条规定，没有义务而为他人开始管理事务的人，须按其事务的性质，以最适于本人利益的方法管理其事务。管理人已知本人的意思或可以推测到其意思时，须按其意思进行事务管理。第 702 条规定，管理人已支出的对本人有益的费用，可以向本人请求偿还。管理人已负担对本人有益的债务时，准用第 650 条第 2 项的规定。管理人违反本人意思进行管理时，只于本人所得现实利益的限度内，适用前两项的规定。我国台湾地区“民法”第二编第一章第一节“债的发生”中专款规定了无因管理。第 172 条规定了无因管理之要件，规定未受委任，并无义务，而为他人管理事务者，其管理应依本人明示或可得推知之意思，以有利于本人之方法为之。我国 1986 年的民法通则就对无因管理制度作了规定，本条继承了民法通则的规定，对无因管理作了原则性规定。本法合同编在此基础上，还设专章对无因管理制度的具体规则作了规定。

◆ **条文解读**

根据本条的规定，构成无因管理，有以下几个要件：

一是管理他人事务。管理他人事务，即为他人进行管理，这是成立无因管理的首要条件。如将自己的事务误认为他人事务进行管理，即使目的是避免他人利益受损失，也不能构成无因管理。

二是为避免他人利益受损失。一般来说，在既无法定义务又无约定义务的情况下，管理他人的事务，属于干预他人事务的范畴。而法律规定的无因管理，是为避免他人利益受损失而进行管理的行为。符合助人为乐、危难相助的道德准则的行为，应该得到鼓励和受到保护。

三是没有法定的或者约定的义务。无因，指没有法定的或者约定的义务。没有法定的或者约定的义务是无因管理成立的重要条件。如果行为人负有法定的或者约定的义务进行管理，则不能构成无因管理。

根据本条规定，符合以上三个要件，构成无因管理的，无因管理发生后，管理人依法享有请求受益人偿还因管理行为支出的必要费用的权利，受益人有偿还该项费用的义务。需要注意的是，符合以上三个要件的无因管理只是原则上享有费用偿还请求权，但管理人管理事务的行为不符合受益人的真实意思的，根据本法合同编第979条的规定，管理人不享有前款规定的权利，除非受益人的真实意思违反法律或者违背公序良俗。

需要说明的是，民法通则第93条对无因管理的规定为，没有法定的或者约定的义务，为避免他人利益受损失进行管理或者服务的，有权要求受益人偿付由此而支付的必要费用。在立法过程中，有的意见提出，“管理”能够包括“服务”，“服务”也可包括“管理”，不易区分。因此，本条将民法通则规定的“管理或者服务的”修改为“管理的”。

第一百二十二条 因他人没有法律根据，取得不当利益，受损失的人有权请求其返还不当利益。

◆ 条文主旨

本条是关于不当得利的规定。

◆ 立法背景

不当得利，是指没有法律根据，取得不当利益，造成他人损失的情形。不当得利制度对民事主体之间的财产流转关系有调节作用，目的在于恢复民事主体之间在特定情形下所发生的非正常的利益变动。因不当得利产生的债称为不当得利之债。本条规定，因他人没有法律根据，取得不当利益，受损失的人有权请求其返还不当利益。不当得利在民法中产生的情况主要有以下几种：一是民事法律行为不成立、无效及被撤销所产生的不当得利。二是履行不存在的债务所引起的不当得利。三是因合同解除产生的不当得利。四是基于受益人、受害人或第三人行为而产生的不当得利。五是基于事件而产生的不当得利。作为一种较为普遍的债的产生原因，不少国家和地区的民法典都对不当得利有相关规定。《德国民法典》第 812 条规定，无法律上的原因，因他人的给付或以其他方式使他人蒙受损失而自己取得利益的人，有义务向他人返还所取得的利益。即使法律上的原因后来消失，或依法律行为的内容而为的给付所欲达到的结果并未出现，该项义务也存在。《瑞士债务法》第 62 条规定，任何人以不正当的行为从他人的财产上获取收益的，应当将该利益返还。取得利益没有任何有效依据或者依据未生效或者依据已经不复存在的，应当返还。《荷兰民法典》第 203 条规定，无法律依据给予他人财产的人，有权向不当受领人请求返还该财产。无因偿付涉及一定数额金钱的，可以请求返还同等数额的金钱。无法律依据实施上述无因偿付以外的给付的，也有权请求受领人返还该给付。《日本民法典》第 703 条规定，无法律上的原因，由他人的财产或劳务而得到利益，为此致使他人遭受损失的人，在其利益存在的限度内负有返还义务。我国台湾地区“民法”第 179 条规定，无法律上之原因而受利益，致他人受损害者，应返还其利益。虽有法律上之原因，而其后已不存在者，亦同。

我国也在 1986 年于民法通则中对不当得利制度作了原则性规

定，本法继承了民法通则的规定，于总则编作了概括性规定，于合同编设专章对该制度的具体规则作了规定。

◆ **条文解读**

根据本条的规定，构成不当得利，有以下几个要件：

一是民事主体一方取得利益。取得利益，是指财产利益的增加。既包括积极的增加，即财产总额的增加；也包括消极的增加，即财产总额应减少而未减少，如本应支付的费用没有支付等。

二是民事主体他方受到损失。受到损失，是指财产利益的减少。既包括积极损失，即财产总额的减少；也包括消费损失，即应当增加的利益没有增加。

三是一方取得利益与他方受到损失之间有因果关系。一方取得利益与他方受到损失之间有因果关系是指他方的损失是因一方获得利益造成的。

四是没有法律根据。没有法律根据是构成不当得利的重要要件。如果一方取得利益和他方受到损失之间有法律根据，民事主体之间的关系就受到法律的认可和保护，不构成不当得利。

需要说明的是，《民法通则》第 92 条规定，没有合法根据，取得不当利益，造成他人损失的，应当将取得的不当利益返还受损失的人。民法总则一审稿曾延续《民法通则》第 92 条的规定。在立法过程中，有的意见提出，合法根据强调是否违法，而不当得利的适用前提是指没有“法律的规定和当事人的约定”，建议将“合法根据”改为“法律根据”。有的意见提出，本章规定的是民事权利，本条从取得不当利益的人应当有返还损失的义务的角度写，不妥，应当从受损失的人有权请求返还的权利的角度写。因此，本条最终修改为：“因他人没有法律根据，取得不当利益，受损失的人有权请求其返还不当利益”。

第一百二十三条 民事主体依法享有知识产权。

知识产权是权利人依法就下列客体享有的专有的权利：

（一）作品；

（二）发明、实用新型、外观设计；

（三）商标；

（四）地理标志；

（五）商业秘密；

（六）集成电路布图设计；

（七）植物新品种；

（八）法律规定的其他客体。

◆ 条文主旨

本条是关于民事主体依法享有知识产权的规定。

◆ 立法背景

知识产权是国际上广泛使用的一个法律概念，是民事主体对其创造性的客体依法享有的专有权利。设立知识产权的目的在于调动人们从事智力创作和科学技术研究的积极性，从而创造出更多、更好的精神财富。民法通则将知识产权作为民事主体的基本民事权利之一予以规定，适应了我国改革开放和知识产权国际保护的需要。民法通则出台后，我国制定了多部保护知识产权的法律法规。1982 年通过商标法，1984 年通过专利法，1990 年通过著作权法，国务院也颁布实施了著作权法实施条例、专利法实施细则、商标法实施条例等。知识产权有以下特征：一是知识产权是一种无形财产权。二是知识产权具有财产权和人身权的双重属性，如作者享有发表权、署名权、修改权等人身权。三是知识产权具有专有性。本条规定，知识产权是权利人依法就下列客体享有的专有权利。法律规定知识产权为权利人专有，除权利人同意或法律规定外，权利人以外的第三人不得享有或者使用该项权利，否则为侵害他人的知识产权。四是知识产权具有地域性，法律确认和保护的知识产权，除该国与他国条约或参加国际公约外，只在一国领域内发生法律效力。五是知识产权具有时间性，各国法律对知识产权的保护都有严格的时间限制。丧失效力的知识产权客体进入公有领域，成为全人类共有的财富。

在立法过程中，对以下几个问题争议较大：

一是关于知识产权的权利特征。草案三次审议稿曾将知识产权规定为“专属的和支配的权利”。有的意见提出，“专属的和支配的权利”未能提示出知识产权的本质属性。知识产权是法律人为创设的制约他人行为的权利模式，所有权是所有权人对所有权客体所享有的最为典型的专属权和支配权。知识产权最重要的特征是排他性，所有权虽也有排他性，但是在所有权人直接支配所有物基础上的排他，是基于所有物自然属性的排他，而知识产权的排他，是法律人为创设的排他。通过界定所有权的方式界定知识产权，容易让人按照理解所有权的方式理解知识产权，难以让人准确把握知识产权的本质和特征。知识创造和使用有非排他性，但知识产权人无法专属其权利客体。知识产权客体一旦公开，任何人都可以学习、研究、欣赏，使其成为自己知识体系的一部分。即使未公开的商业秘密，他人也可通过独立研发或者反向工程获得。知识产权人也无法支配其权利客体。支配是权利人依照自己的意志，通过物理力量对特定动产或者不动产予以占有、使用、收益或者处分。知识产权的客体是没有物理形态的知识，不同于具有物理形态的有形物，无法凭借物理力量占有，也无法像处分有形物那样进行处分。知识的使用也不像有形物那样，会发生消耗。知识使用的非消耗性决定了发生知识产权侵权行为时，知识本身不会受到任何损害，侵权行为仅仅表现为未经知识产权人许可，也无法定事由，利用其知识产权排他范围内的知识。最后，本条将“专属的和支配的”修改为“专有的”。

二是关于是否在本条明确规定科学发现作为知识产权的客体。科学发现是指个人或者组织在探索阐明自然现象、特性或者规律的科学研究中，取得前人未知的、对科技发展有重大意义的成果。有的意见提出，《建立世界知识产权组织公约》第2条第8项明确将科学发现规定为知识产权的客体，我国作为该公约成员国，将科学发现剔除出知识产权客体范围，与公约规定不符。将科学发现列举为知识产权客体范围，并不意味着必须给科学发现者配置财产，知识产权本身包括财产权和人身权，科学发现者享有的只是发现者身份权。科学发现的激励问题，可以通过财政支持、税收减免、奖励等方式解决。有的意见提出，科学发现的权利，实际上是解决谁是第一发现者，谁是后来的证明者等问题，与法律上讲的知识产权不是一回事，科学发现不属于知识产权保护客体。民法总则草案二审稿曾规定科学发现，经研究，三审稿删除了科学发现，相关法律对与科学发现有关的知识产权有明确规定的，可以纳入本条第8项进行调整。

三是关于知识产权的客体。草案征求意见稿曾将最后一项即兜底项规定为“法律、行政法规规定的其他智力成果”。有的意见提出，“智力成果”的范围过窄，知识产权的客体是否都是智力成果存在一定争议，无法涵盖商标、商号等工商业标记。经研究，采纳了这一意见。同时，考虑到现行行政法规涉及的知识产权的客体，民法总则都已全部纳入，如植物新品种、集成电路布图设计等，且知识产权客体以后由法律规定为宜，所以删除了

“行政法规”。最后，将本条最后一项规定为“法律规定的其他客体”。

◆ **条文解读**

根据本条规定，知识产权是权利人依法就下列客体所享有的专有权利：

一、作品

对作品的知识产权保护主要规定在著作权相关法律法规中。《著作权法》第 3 条规定，本法所称的作品，包括以下列形式创作的文学、艺术和自然科学、社会科学、工程技术等作品：（一）文字作品；（二）口述作品；（三）音乐、戏剧、曲艺、舞蹈、杂技艺术作品；（四）美术、建筑作品；（五）摄影作品；（六）电影作品和以类似摄制电影的方法创作的作品；（七）工程设计图、产品设计图、地图、示意图等图形作品和模型作品；（八）计算机软件；（九）法律、行政法规规定的其他作品。

权利人依法就作品享有的专有权利是著作权。根据著作权法的规定，著作权是指著作权人对其作品享有的人身权和财产权，包括发表权、署名权、修改权、保护作品完整权、复制权、发行权、出租权、展览权、表演权、放映权、广播权、信息网络传播权、摄制权、改编权、翻译权、汇编权和应当由著作权人享有的其他权利。

二、发明、实用新型、外观设计

对发明、实用新型、外观设计的知识产权保护主要规定在专利权相关法律法规中。《专利法》第 2 条规定，本法所称的发明创造是指发明、实用新型和外观设计。发明，是指对产品、方法或者其改进所提出的新的技术方案。实用新型，是指对产品的形状、构造或者其结合所提出的适于实用的新的技术方案。外观设计，是指对产品的形状、图案或者其结合以及色彩与形状、图案的结合所作出的富有美感并适于工业应用的新设计。

权利人依法就发明、实用新型、外观设计享有的专有权利是专利权。专利权是指专利权人依法就发明、实用新型、外观设计所享有的专有权利，任何组织或者个人未经专利权人许可，不得实施其专利。根据《专利法》第 60 条的规定，未经专利权人许可，实施其专利，即侵犯其专利权，引起纠纷的，由当事人协商解决；不愿协商或者协商不成的，专利权人或者利害关系人可以向人民法院起诉，也可以请求管理专利工作的部门处理。

三、商标

对商标的知识产权保护主要规定在商标权相关法律法规中。《商标法》第 3 条第 1 款、第 2 款、第 3 款规定，经商标局核准注册的商标为注册商标，包括商品商标、服务商标和集体商标、证明商标……本法所称集体商标，是指以团体、协会或者其他组织名义注册，供该组织成员在商事活动中使用，以表明使用者在该组织中的成员资格的标志。本法所称证明商标，是指由对某种商品或者服务具有监督能力的组织所控制，而由该组织以外的单位或者个人使用于其商品或者服务，用以证明该商品或者服务的原产地、原料、制造方法、质量或者其他特定品质的标志。

权利人依法就商标享有的专有权利是商标专用权。商标专用权是商标专用权人在核准商品上使用注册商标的专有权利。根据《商标法》第 3 条第 1 款的规定，商标注册人享有商标专用权，受法律保护。《商标法》第 57 条规定，有下列行为之一的，均属侵犯注册商标专用权：（一）未经商标注册人的许可，在同一种商品上使用与其注册商标相同的商标的；（二）未经商标注册人的许可，在同一种商品上使用与其注册商标近似的商标，或者在类似商品上使用与其注册商标相同或者近似的商标，容易导致混淆的；（三）销售侵犯注册商标专用权的商品的；（四）伪造、擅自制造他人注册商标标识或者销售伪造、擅自制造的注册商标标识的；（五）未经商标注册人同意，更换其注册商标并将该更换商标的商品又投入市场的；（六）故意为侵犯他人商标专用权行为提供便利条件，帮助他人实施侵犯商标专用权行为的；（七）给他人的注册商标专用权造成其他损害的。

四、地理标志

地理标志，是指标示某商品来源于某地区，该商品的特定质量、信誉或者其他特征，主要由该地区的自然因素或者人文因素所决定的标志。权利人依法就地理标志享有专有权。目前我国没有专门的法律法规对权利人依法就地理标志享有的专有权利作出规定，对地理标志享有的专有权利分散规定在商标法、农业法、商标法实施条例等法律法规中。《商标法实施条例》第 4 条第 1 款规定，商标法第 16 条规定的地理标志，可以依照商标法和本条例的规定，作为证明商标或者集体商标申请注册。《农业法》第 23 条第 3 款规定，符合国家规定标准的优质农产品可以依照法律或者行政法规的规定申请使用有关的标志。符合规定产地及生产规范要求的农产品可以依照有关法律或者行政法规的规定申请使用农产品地理标志。《农业法》第 49 条第 1 款规定，国家保护植物新品种、农产品地理标志等知识产权，鼓励和引导农业科研、教育单位加强农业科学技术的基础研究和应用研究，传播和普及农业科学技术知识，加速科技成果转化与产业化，促进农业科学技术进步。

就地理标志享有专有权利的权利人有其特殊性。由于地理标志是标识商品产自某地区的特定质量、信誉或者其他特征，商品符合使用该地理标志条件的自然人、法人或者非法人组织都可以使用地理标志。《商标法实施条例》第 4 条第 2 款规定，以地理标志作为证明商标注册的，其商品符合使用该地理标志条件的自然人、法人或者其他组织可以要求使用该证明商标，控制该证明商标的组织应当允许。以地理标志作为集体商标注册的，其商品符合使用该地理标志条件的自然人、法人或者其他组织，可以要求参加以该地理标志作为集体商标注册的团体、协会或者其他组织，该团体、协会或者其他组织应当依据其章程接纳为会员；不要求参加以该地理标志作为集体商标注册的团体、协会或者其他组织的，也可以正当使用该地理标志，该团体、协会或者其他组织无权禁止。《商标法》第 16 条第 1 款规定，商标中有商品的地理标志，而该商品并非来源于该标志所标示的地区，误导公众的，不予注册并禁止使用；但是，已经善意取得注册的继续有效。

在立法过程中，有的意见提出，根据《商标法》第 16 条和《商标法实施条例》第 4 条的相关规定，地理标志可以作为证明商标或者集体商标申请注册，地理标记已被包含在商标的范畴中。建议删除本项。有的意见提出，与贸易有关的知识产权协议已将地理标志单列为知识产权的一种，即地理标记标示出某商品来源于某成员地域内，或来源于该地域中的某地区或某地方，该商品的特定质量、信誉或其他特征，主要与该地理来源相关联。因此，有必要在本条中将地理标记规定为知识产权的客体之一。最后本条采纳了后一种意见。

五、商业秘密

商业秘密，是指不为公众所知悉、能为权利人带来经济利益、具有实用性并经权利人采取保密措施的技术信息和经营信息。权利人依法对商业秘密享有专有权。目前我国没有专门的法律法规对权利人依法就商业秘密享有的专有权利作出规定，对商业秘密专有权利的保护分散规定在反不正当竞争法、合同法等法律中。《反不正当竞争法》第 9 条规定，经营者不得实施下列侵犯商业秘密的行为：（一）以盗窃、贿赂、欺诈、胁迫、电子侵入或者其他不正当手段获取权利人的商业秘密；（二）披露、使用或者允许他人使用以前项手段获取的权利人的商业秘密；（三）违反保密义务或者违反权利人有关保守商业秘密的要求，披露、使用或者允许他人使用其所掌握的商业秘密；（四）教唆、引诱、帮助他人违反保密义务或者违反权利人有关保守商业秘密的要求，获取、披露、使用或者允许他人使用权利人的商业秘密。经营者以外的其他自然人、法人和非法人组织实施前款所列违法行为的，视为侵犯商业秘密。第三人明知或者应知商业秘密权利人的员工、前员工或者其他单位、个人实施本条第 1 款所列违法行为，仍获取、披露、使用或者允许他人使用该商业秘密的，视为侵犯商业秘密。民法典合同编第 501 条规定，当事人在订立合同过程中知悉的商业秘密或者其他应当保密的信息，无论合同是否成立，不得泄露或者不正当地使用；泄露、不正当地使用该商业秘密或者信息，造成对方损失的，应当承担损害赔偿责任。

六、集成电路布图设计

集成电路布图设计，是指集成电路中至少有一个是有源元件的两个以上元件和部分或者全部互联线路的三维配置，或者为制造集成电路而准备的上述三维配置。权利人依法对集成电路布图设计享有专有权。本法出台前，我国民事法律对权利人依法就集成电路布图设计享有的专有权利未作出规定，仅有《科学技术进步法》第 20 条第 1 款使用“集成电路布图设计专有权”。对集成电路布图设计专有权利的保护主要由国务院集成电路布图设计保护条例规范。《集成电路布图设计保护条例》第 7 条规定，布图设计权利人享有下列专有权：（一）对受保护的布图设计的全部或者其中任何具有独创性的部分进行复制；（二）将受保护的布图设计、含有该布图设计的集成电路或者含有该集成电路的物品投入商业利用。

七、植物新品种

植物新品种，是指经过人工培育的或者对发现的野生植物加以开发，具备新颖性、特异性、一致性和稳定性并有适当命名的植物品种。对植物新品种的知识产权保护主要规定在种子法、农业法、植物新品种保护条例等相关法律法规中。《种子法》第 25 条规定，国家实行植物新品种保护制度。对国家植物品种保护名录内经过人工选育或者发现的野生植物加以改良，具备新颖性、特异性、一致性、稳定性和适当命名的植物品种，由国务院农业、林业主管部门授予植物新品种权，保护植物新品种权所有人的合法权益。植物新品种权的内容和归属、授予条件、申请和受理、审查与批准，以及期限、终止和无效等依照本法、有关法律和行政法规规定执行。国家鼓励和支持种业科技创新、植物新品种培育及成果转化。取得植物新品种权的品种得到推广应用的，育种者依法获得相应的经济利益。《农业法》第 49 条第 1 款规定，国家保护植物新品种、农产品地理标志等知识产权，鼓励和引导农业科研、教育单位加强农业科学技术的基础研究和应用研究，传播和普及农业科学技术知识，加速科技成果转化与产业化，促进农业科学技术进步。权利人对植物新品种依法享有的专有权是植物新品种权。《种子法》第 28 条规定，完成育种的单位或者个人对其授权品种，享有排他的独占权。任何单位或者个人未经植物新品种权所有人许可，不得生产、繁殖或者销售该授权品种的繁殖材料，不得为商业目的将该授权品种的繁殖材料重复使用于生产另一品种的繁殖材料；但是本法、有关法律、行政法规另有规定的除外。

八、法律规定的其他客体

除了本条明确列举的知识产权的客体，本条第 8 项规定了

“法律规定的其他客体”。本项规定实际上为未来知识产权客体的发展留出了空间。

▶ **相关规定**

《中华人民共和国著作权法》第3条、第10条；《中华人民共和国专利法》第2条；《中华人民共和国商标法》第3条、第4条；《中华人民共和国科学技术进步法》第20条；《集成电路布图设计保护条例》第7条；《中华人民共和国反不正当竞争法》第9条；《中华人民共和国农业法》第49条；《中华人民共和国种子法》第25条、第28条

第一百二十四条 自然人依法享有继承权。

自然人合法的私有财产，可以依法继承。

◆ **条文主旨**

本条是关于自然人依法享有继承权的规定。

◆ **立法背景**

继承权是指自然人依照法律的规定或者被继承人生前立下的合法有效的遗嘱而取得被继承人遗产的权利。继承权是自然人的一项基本民事权利。《宪法》第13条第2款规定，国家依照法律规定保护公民的私有财产权和继承权。宪法作为根本大法，确立了关于保护公民私有财产权和继承权的原则。《民法通则》第76条规定，公民依法享有财产继承权。根据宪法规定，为保护公民的私有财产的继承权，1985年我国出台了继承法，调整继承法律关系。我国其他法律对自然人的继承权的保护也有所规定。《物权法》第65条第2款规定，国家依照法律规定保护私人的继承权及

其他合法权益。《未成年人保护法》第 52 条第 1 款规定，人民法院审理继承案件，应当依法保护未成年人的继承权和受遗赠权。《妇女权益保障法》第 34 条第 1 款规定，妇女享有的与男子平等的财产继承权受法律保护。在同一顺序法定继承人中，不得歧视妇女。

◆ **条文解读**

本法总则编在本章单列一条，明确规定自然人依法享有继承权。本法继承编以本条规定为依据，在继承法和其他法律的基础上对继承的具体规则作了详细规定。对自然人继承权的保护，是保护自然人个人财产所有权的必然要求。当自然人死亡时，将其生前个人所有的合法财产，依法转移给他的继承人，有利于提高自然人参加经济建设的积极性，为社会、家庭和个人积累财富，满足人们日益增长的物质生活和文化生活的需要。

依照我国法律规定，自然人享有继承权，自然人可以继承的被继承人的财产范围为被继承人合法的私有财产。本条第 2 款的规定是对自然人合法的私有财产权在继承制度上的保护。《宪法》第 13 条第 1 款、第 2 款规定，公民的合法的私有财产不受侵犯。国家依照法律规定保护公民的私有财产权和继承权。民法典物权编第 266 条规定，私人对其合法的收入、房屋、生活用品、生产工具、原材料等不动产和动产享有所有权。第 267 条规定，私人合法财产受法律保护。在自然人生存时，这主要通过对其所享有的物权、债权、知识产权、股权等一系列民事权利的保护来实现。在自然人死亡后，其合法的私有财产可以作为遗产，由继承人依法继承，实现对自然人合法私有财产保护的目的。根据《继承法》第 3 条的规定，遗产是公民死亡时遗留的个人合法财产，包括：（一）公民的收入；（二）公民的房屋、储蓄和生活用品；（三）公民的林木、牲畜和家禽；（四）公民的文物、图书资料；

（五）法律允许公民所有的生产资料；（六）公民的著作权、专利权中的财产权利；（七）公民的其他合法财产。考虑到自继承法实施以来，社会物质财富极大丰富，老百姓所享有的财产也越来越多样，对可继承财产进行一一列举已不可能，难免挂一漏万，基于此，本法继承编对可以继承的财产没有再采取列举的方法，而是用概括规定的方式，明确规定，遗产是自然人死亡时遗留的个人合法财产。

▶ **相关规定**

《中华人民共和国宪法》第13条

第一百二十五条 民事主体依法享有股权和其他投资性权利。

◆ **条文主旨**

本条是关于民事主体依法享有股权和其他投资性权利的规定。

◆ **立法背景**

在现代商业社会，股权等投资性权利是民事主体所享有的重要商事权益，明确保护这些投资性权利，对于促进民事主体进行投资性活动，繁荣经济，创造财富具有重要意义。股权等投资性权利虽然属于商事权益，但我国实行民商合一的立法体例，所以，股权等投资性权益也属于广义上的民事权益。在民法中对此作出明确规定，既可以加强对这些投资性权利的保护，也可以为公司法、证券法、合伙企业法等商事单行法作进一步规定提供依据。基于此，在制定民法总则时，民法总则一审稿第91条曾规定，民事主体依法享有股权或者其他民事权利。一审稿未规定其他投资性权利。在立法过程中，有的意见提出，民事主体购买基金和其他有价证券的权利也应受到保护，建议将“股权”修改为“投资权”。有的意见建议，将本条修改为：“民事主体依法享有的股权及其他投资性权利受法律保护。”根据各方面意见，本条最终规定：“民事主体依法享有股权和其他投资性权利。”本条继承了民法总则的规定。

◆ **条文解读**

根据本条规定，民事主体享有的投资性权利主要包括两类：

一、股权

股权是指民事主体因投资于公司成为公司股东而享有的权利。股权根据行使目的和方式的不同可分为自益权和共益权两部分。自益权是指股东基于自身利益诉求而享有的权利，可以单独行使，包括资产收益权、剩余财产分配请求权、股份转让权、新股优先认购权等；共益权是指股东基于全体股东或者公司的利益诉求而享有的权利，包括股东会表决权、股东会召集权、提案权、质询权、公司章程及账册的查阅权、股东会决议撤销请求权等。

民事主体通过投资于公司成为公司股东后依法享有股权。根据本条规定，民事主体依法享有股权。《公司法》第4条规定，公司股东依法享有资产收益、参与重大决策和选择管理者等权利。公司法还区分不同的公司形式，对民事主体投资于公司成为公司股东后的权利作了详细规定。

二、其他投资性权利

其他投资性权利是指民事主体通过投资享有的权利。如民事主体通过购买证券、基金、保险等进行投资而享有的民事权利。根据本条规定，民事主体依法享有其他投资性权利。这些投资性权利的具体权利内容根据证券法等具体法律规定依法享有。

▶ 相关规定

《中华人民共和国公司法》第 4 条；《中华人民共和国合伙企业法》第 8 条；《中华人民共和国证券投资基金法》第 2 条

第一百二十六条 民事主体享有法律规定的其他民事权利和利益。

◆ 条文主旨

本条是关于民事主体享有的民事权益的兜底性规定。

◆ 立法背景

本章专章规定了民事主体的民事权利，具体规定了民事主体的人格权、身份权、物权、债权、知识产权、继承权、股权和其他投资性权利。考虑到民事权利和利益多种多样，立法中难以穷尽，而且随着社会、经济的发展，还会不断地有新的民事权益纳入法律的保护范围，因此，本条对民事主体享有的民事权利和利益作了兜底性规定。

在立法过程中，有的意见提出，应在本章增加规定如下权利种类：

一是土地承包经营权。有的意见提出，《民法通则》第 28 条规定，个体工商户、农村承包经营户的合法权益，受法律保护。根据《民法通则》第 80 条第 2 款的规定，公民、集体依法对集体所有的或者国家所有由集体使用的土地的承包经营权，受法律保护。对以农耕为主的农民而言，土地承包经营权是重要权利，虽然物权法和民法典物权编将土地承包经营权规定为用益物权的一种，本法第 114 条也规定了民事主体依法享有物权，但土地承包经营权有其特殊性和特色，建议在民事权利一章中予以明确。有的意见认为，总则编民事权利一章仅规定大的权利种类，目前的体例结构按照人格权、身份权、物权、债权、知识产权、继承权、股权和其他投资性权利、其他民事权利的顺序排列。对于民法典各分则编规定的具体权利，总则没有展开规定。土地承包经营权是民事权利中的一项重要权利，其权利属性属于物权中用益物权的一种，物权编在第三分编用益物权中单列一章规定了土地承包经营权。如果将土地承包经营权在总则编民事权利章物权项下规定，从体例结构上看，建设用地使用权、宅基地使用权、地役权等其他用益物权，所有权和担保物权等物权权利种类下的其他民事权利也应在民事权利一章中规定，与目前总则编的体例不符。因此，土地承包经营权作为物权的一种，宜由民法典物权编作出规定。本章最终没有明确列举农村土地承包经营权。

二是环境权。有的意见认为，环境是公民作为生物个体生存的基本物质条件和空间场所，是人类生存的必要条件，环境资源已经成为重要的民事权利客体，应该规定环境权。有的意见认为，环境权是一种复合型的权利，其内容大致包括三个方面，即公众的环境知情权、环境决策参与权以及公众诉权。公众的环境知情权是公众实施其他环境权的基础和前提，只有公众获得了有关环境方面的情报资料，才有可能积极有效地行使环境决策参与权。公众诉讼与一般的侵权诉讼不同。一般的环境侵权诉讼是公民、法人等主体自身的利益受到他人侵害而提起的诉讼，而公众诉讼在性质上属于公益诉讼。公益诉讼的目的往往不是直接保护某个公民的个体利益，而是防止侵权人对不特定多数人的利益造成损害，或者督促政府积极履行某些保护公共利益的法定职责。环境权的公益性是其显著的特征，而民事主体行使民事权利的主要目的是保护自身的利益。环境权是环境法确认和保护的社会权，而非由民法确认和保护的私权。从境外的立法看，不少国家和地区并不在民法典中规定环境权，而是在宪法或者专门的环境法中规定这种权利。如《俄罗斯联邦宪法》第42条规定，每个人都有享受良好的环境和获得关于环境状况的信息的权利。美国一些州宪法中对环境权作了具体的规定，包括清洁空气权、清洁水权、免受过度噪声干扰权等。对因污染环境造成公民个人人身、财产权益损害的，各国一般是通过规定环境侵权的民事责任来实现的。如美国以环境专门立法的形式确立严厉的行政控制制度以及环境侵权民事责任。德国、日本陆续出台了多部环境保护法律，并规定因环境侵权需承担的民事责任。从我国目前的立法看，多部法律中已对环境侵权问题作了规定。因破坏环境生态损害民事主体人身财产权益的，民事主体可以依据侵权责任法主张权利。例如，侵权责任法第八章专章规定了环境污染责任。第65条规定，因污染环境造成损害的，污染者应当承担侵权责任。对污染环境等损害社会公共利益的行为，民事诉讼法规定了公益诉讼制度。民法典侵权责任编第七章在侵权责任法的基础上，专门规定了环境污染和生态破坏责任。《民事诉讼法》第55条规定，对污染环境、侵犯众多消费者合法权益等损害社会公共利益的行为，法律规定的机关和有关组织可以向人民法院提起诉讼。此外，环境保护法、大气污染防治法、水污染防治法等环境法对此也作了规定。目前理论界和实务界对环境权是否属于民事权利存在很大争议。本法最终没有明确规定环境权。

三是受教育权等权利。有的意见提出，宪法里列举了28种权利，民法总则列举的权利数量还不如宪法多。人民法院审判时不能援引宪法，宪法权利只有转化为民事权利才能更好地获得保护，建议进一步贯彻落实宪法精神，把宪法中已列举出来的权利尽可能地在民法当中体现出来，转化为民事权利，如人的表达自由、受教育权、社会权。有的意见提出，宪法规定的公民权利与民事权利有本质区别。从权利性质上看，宪法规定的基本权利反映的是国家机关与公民之间的关系，是公民针对国家所享有的权利，属于一种社会性质的权利，公民可以据此要求国家作为或者不作为；民事权利则是民事主体之间存在的私权利。从权利内容上看，宪法权利既包括生命、自由、安全等自然权利宪法化的权利，也包括选举权、被选举权、创制权、表决权与罢免权等体现民主价值的公民政治权利，还包括社会安全的权利、工作的权利、休息和闲暇的权利、受教育的权利、达到合理生活水准的权利和参与文化生活的权利等公民社会经济权利；而民事权利是平等主体之间的人身权利和财产权利。本法最终没有明确规定受教育权等权利。

◆ **条文解读**

本条规定有以下几层含义：一是民事主体所享有的民事权益不限于本法规定的人格权、身份权、物权、知识产权、股权等民事权益。本法基本上将民事主体现在所享有的民事权益作了完全列举，但是随着社会的发展，新的民事权益还会不断出现，为了适应社会的发展，并且为未来新的民事权益的保护提供法律依据，本条作了兜底性规定。二是民事主体所有的其他民事权益必须由法律作明确规定。人们在社会中所享有的利益很多，为了防止民事权益的泛化，影响民事主体的行为自由，不是所有的利益都适宜由法律加以保护。所以，本法所保护的民事权益必须是法律明确规定的民事权利和利益。

第一百二十七条 法律对数据、网络虚拟财产的保护有规定的，依照其规定。

◆ 条文主旨

本条是关于数据和网络虚拟财产的保护的规定。

◆ 立法背景

随着互联网和大数据技术的快速发展，网络虚拟财产、数据等各种新型财产出现。但在立法过程中，对于是否规定和如何规定数据和网络虚拟财产，存在较大争议。有的意见认为，数据和网络虚拟财产是民事权利的客体之一。但数据和网络虚拟财产是新兴事物，其概念范畴、保护范围、权利属性、权利和义务的内容等都较为复杂，理论和实践中对这些问题存在较大争议，其他国家和地区对数据和网络虚拟财产的保护也仍然处于探索阶段。民法典未针对民事权利的客体作专门规定，可以将数据和网络虚拟财产纳入现有的各种民事权利中予以保护。有的意见认为，为了适应信息社会和互联网快速发展的新情况，体现民法典的时代性，民法典有必要对数据和网络虚拟财产等新型民事权利客体作出规定。这有助于解决实践纠纷，对社会互联网未来发展提供保障支持。但鉴于数据和网络虚拟财产的复杂性，限于民法典的篇章结构，如何界定数据和网络虚拟财产，如何具体规定数据和网络虚拟财产的权利属性和权利内容，应由专门法律加以规定。

经研究，最后本条对数据和网络虚拟财产的保护作了原则性规定，即规定“法律对数据、网络虚拟财产的保护有规定的，依照其规定”。一方面，确立了依法保护数据和网络虚拟财产的原则；另一方面，鉴于数据和网络虚拟财产的权利性质存在争议，需要对数据和网络虚拟财产的权利属性作进一步深入研究，进一步总结理论和司法实践的经验，为以后立法提供坚实基础。

◆ 条文解读

本条主要对两类新型的特殊财产作了规定：

一、关于数据

随着信息技术和网络的快速发展与应用，各类数据信息迅猛增长，数据交易日益增多，各地大数据交易所应运而生。关于数据的一系列法律问题如数据的法律属性、保护模式等引起广泛讨论。如何界定数据的内涵和外延，数据的权利属性和权利人对数据享有哪些权利都存在较大争议。根据本条规定，法律对数据的保护有规定的，依照其规定。目前存在的与数据相关联的法律概念中，联系最密切的是汇编作品和数据库。具有独创性的数据构成汇编作品受著作权法保护。我国未专门规定对数据库的保护。欧盟《关于数据库法律保护的指令》第 1 条规定，数据库是指经系统或有序的安排，并可通过电子或其他手段单独加以访问的独立的作品、数据或其他材料的集合。世界知识产权组织 1996 年提出的《数据库知识产权条约草案》对数据库的定义与欧盟《关于数据库法律保护的指令》基本相同。

目前我国法律未对数据的保护作出专门规定，也未专门规定对数据库的保护。根据现有法律，对数据可以分情况依据著作权、商业秘密来保护。我国《著作权法》第 14 条规定了汇编作品。具有独创性是作品受著作权法保护的前提，具有独创性的数据如果构成汇编作品，受著作权法的保护。《反不正当竞争法》第 9 条规定了对商业秘密的保护。第 9 条第 4 款规定，本法所称的商业秘密，是指不为公众所知悉、具有商业价值并经权利人采取相应保密措施的技术信息、经营信息等商业信息。符合上述条件的技术信息和经营信息等数据，可以作为商业秘密保护。

有的意见提出，清晰的权利归属和权利内容是交易的前提与基础。随着数据产业发展和数据交易实践的进行，数据法律属性问题成为人们关注且必须解决的问题之一。数据法律属性关系到以数据为客体所形成的法律关系类型及法律关系调整问题。数据法律问题，不仅关系到数据开发者的利益，也关系到社会公众获取信息，影响数据产业的生存和发展。但规定对数据的保护，需要规定一系列的制度，包括构成数据保护的情形、主体和客体、权利的内容、权利的限制、享有权利的期限、法律责任等。民法总则的定位和篇章结构无法对这一系列制度作系统详细的规定，宜对数据的保护作原则性和指引性规定。此外，对数据的保护应以保护民事主体个人信息权益为前提。在数据时代，收集利用数据信息很容易侵犯民事主体的个人信息权益。属于他人个人信息权益范畴的信息，其权利主体为用户个人所有，其使用和经营，须经过用户的许可，否则为侵权。

二、关于网络虚拟财产

网络虚拟财产是计算机信息技术发展的产物，随着网络的普及发展，网络与人们生活的联系越来越紧密，围绕网络虚拟财产权利义务的各种纠纷时有发生，网络虚拟财产的法律属性等问题也引起了广泛争论。有的意见认为，广义的网络虚拟财产是指一切存在于网络虚拟空间内的虚拟财产，包括电子邮箱、网络账户、虚拟货币、网络游戏中虚拟物品及装备、经注册的域名等。狭义的网络虚拟财产是指网络游戏中存在的虚拟财产，包括游戏账号的等级、游戏货币、游戏人物等。网络游戏中，玩家投入大量时间、精力和金钱参与网络游戏，通过练级等个人劳动、购买游戏卡等真实财物付出、买卖装备等市场交易获得网络虚拟财产，从各种网络虚拟财产的得失中获得感官和精神上的享受，达到娱乐身心的目的，价值不言而喻。他们在虚拟空间从事创造的所得可以转化为现实的财富，网上、网下进行的交易充分彰显网络虚拟财产的交换价值。网络用户通过账号密码设置防止他人修改、增删自己的网络虚拟财产，通过一定的程序买卖、使用、消费网络虚拟财产，实现对网络虚拟财产的占有和处分。

随着网络与生活的联系越来越紧密，围绕网络虚拟财产的纠纷也越来越多。目前我国网络虚拟财产纠纷主要有以下几种情况：一是网络虚拟财产被盗纠纷。深圳市南山区法院审理了国内首例网络虚拟财产的盗窃案，该案中被告人窃取了大量 QQ 号码的密码保护资料并出售给他人，因此承担了刑事责任及民事赔偿责任。二是网络虚拟财产交易纠纷。网络游戏中网络虚拟财产的交易行为大量存在，有的网络虚拟财产还价值不菲，有的交易发生欺诈行为，在交易双方间产生纠纷。三是网络虚拟财产权属确认纠纷。一些网络虚拟财产几经转手后，归属关系错综复杂，致使玩家与运营商之间、玩家与玩家之间因网络虚拟财产权属确认发生纠纷。四是网络游戏服务合同纠纷。例如合同履行期尚未届满，运营商提前终止服务；运营商未履行网络监管义务导致玩家的装备或数据丢失；因客户端协议的某些霸王条款使游戏服务合同显失公平等纠纷。在北京市朝阳区法院审理的国内首例网络虚拟财产争议案中，原告在游戏中积累和购买的虚拟的生物武器被另一玩家盗走，但运营商拒绝将盗号者资料交给原告。原告以运营商未履行服务义务造成他的私人财产损失为由，将运营商告上了法庭。五是因运营商对“外挂”等行为封号引发的玩家与运营商之间的纠纷。某些运营商对“私服”（私人服务器）、“外挂”（一种模拟键盘和鼠标运动修改客户端内存数据的作弊程序）的玩家进行处理，未尽告知义务、扩大处理范围或者处理不当，错误查封正常玩家的账号或者删除游戏装备的纠纷。

关于网络游戏中存在的网络虚拟财产的法律属性，主要有以下几种观点：

1. 无形财产说。该说回避网络虚拟财产的权利属性，认为尽管网络虚拟财产的存在形式是保存在服务器上的一些字符或者数据，但和现实中的货币可以互相联系，有的职业玩家以网络游戏为生，付出劳动获取游戏装备，换取现实中的货币，其既有使用价值又有交换价值，具备商品的一般属性。由于网络虚拟财产最本质的特征是无形性，因而其应作为无形财产受到法律的保护。北京市朝阳区法院审理李某某诉北京北极冰科技公司一案，法院判决认为，关于丢失装备的价值，虽然虚拟装备是无形的，且存在于特殊的网络游戏环境中，但并不影响虚拟物品作为无形财产的一种而获得法律上的适当评价和救济。

2. 知识产权说。该说认为，网络虚拟财产应属于智力成果，列入知识产权范畴。有的意见认为，网络虚拟财产属于网络游戏软件开发者的智力成果，应为著作权范畴。玩家购买或通过游戏活动获取网络虚拟财产，实际上是获取著作权中的使用权。有的意见认为，玩家在游戏过程中耗费了大量的时间和精力，其中伴随着智力性的劳动投入，因而获取的虚拟财产是玩家的创造性智力成果，应当对其享有知识产权。

3. 新型财产权类型说。该说认为，网络虚拟财产具有虚拟性、预先设定性、一定程度的复制性、交易空间的特定性等特点，且无法以客观的形态表现出来，既不属于债权、物权，也不属于知识产权，目前的权利类型不足以规制这一新兴的权利，应当设定一个全新的权利类型即网络财产权，指民事主体通过网络活动在特定网络环境中享有的能够自由处分的具有一定经济价值的权利。

4. 物权说。该说认为，只要具有法律上的排他支配或管理的可能性及独立的价值性，就可以被认定为法律上的物。网络虚拟财产本质上是电磁记录数据，是玩家付出了精力、时间等投入或者直接通过货币购买取得的，其表现形式客观存在，且具有价值性和可支配性，具有物权客体的法律特征，应该作为物权的客体看待。物权说又分为所有权说和用益物权说两种。所有权说认为，网络虚拟财产属于网络环境中的动产，具备占有、使用、处分、收益的特征，权利人对网络虚拟财产享有所有权。用益物权说认为，网络虚拟财产是事先存在于运营商服务器上的电子数据，可以被视为动产，玩家与运营商之间是网络游戏服务合同关系，玩家是基于合同关系取得对网络虚拟财产的用益物权而不是所有权。

5. 债权说。该说从游戏运营商与玩家是服务合同关系出发，认为网络虚拟财产本质上从属于一种债权关系。主要理由：一是网络虚拟财产不是物权。物权的核心是直接支配性，是物权人可以依自己的意思，无须他人意思或行为的介入，对标的物管领、处分，实现权利内容。网络虚拟财产是虚拟环境中的财产，玩家对网络虚拟财产的管领、支配，享受其利益，必须基于运营商的介入。二是玩家与游戏运营商之间是游戏服务合同关系。在这种服务合同关系中，运营商和玩家是消费者和服务提供者的法律关系，游戏本身和游戏中的各种辅助功能都是运营商提供服务的一部分，不存在所有权交易。服务提供者提供符合约定的服务，玩家接受服务并支付对应款项。游戏提供者不是以转移游戏及游戏中的辅助功能的所有权为目的，玩家购买游戏中的装备和物品的目的也是在游戏中运用。玩家支付价格购买的是服务而不是物，网络虚拟财产是玩家对运营商的债权凭证，可以凭电磁数据记录要求运营商提供特定水平的服务。三是网络虚拟财产的转让是一种债权凭证的转让。现实社会中存在大量网络虚拟财产的网下交易，使人们觉得玩家对于网络虚拟财产如同对一件真正的物品一样行使物权的权能，这其实是一种假象。所有权是物交易的前提，也是物交易的结果，更是物交易的实质。如果人们在现实中交易一把刀，所有权人对这把刀享有的是占有、使用、收益、处分的绝对权。物权的存在和让渡无须他人的承认或协助。网络虚拟财产的转让则不同，虽然玩家可对网络虚拟财产或卖或赠，但是这种买卖或赠予是一种不完全的处分行为，其来源于运营商的允许或授权，并受到游戏服务合同的限制。网络虚拟财产的转让所体现的不是物的所有权的转让，而是债权的转让，是对运营商服务行为请求权的转让。如玩家甲向玩家乙转让一把具有十点攻击力的游戏宝刀，实际上是甲将向运营商要求增加十点攻击力的请求权让给了乙，乙拥有了这把宝刀，就拥有了请求增加攻击力的权利。

目前，关于网络虚拟财产的法律属性，多数主张物权说或者债权说，但在很多问题上还有很大争议，尚无定论。

第一百二十八条 法律对未成年人、老年人、残疾人、妇女、消费者等的民事权利保护有特别规定的，依照其规定。

◆ **条文主旨**

本条是关于弱势群体民事权利的特别保护的衔接性规定。

◆ **条文解读**

未成年人、老年人、残疾人、妇女、消费者等民事主体，由于其心理、生理或者市场交易地位原因，可能在民事活动中处于弱势地位。为保护整体上处于弱势地位的民事主体的民事合法权益，我国不少法律对未成年人、老年人、残疾人、妇女、消费者等特殊群体所享有的民事权利有特别保护规定。如消费者权益保护法通过规定消费者的权利和经营者的义务来保护消费者的合法权益，规定消费者的知情权、选择权等权利，规定经营者负有保障消费者安全、质量保证、告知和召回等义务。未成年人保护法、老年人权益保障法、残疾人保障法、妇女权益保障法对未成年人、老年人、残疾人、妇女的民事权利有特别保护规定。本条是对弱势群体民事权利的特别保护的衔接性规定。根据本条规定，法律对未成年人、老年人、残疾人、妇女、消费者等的民事权利有特别保护规定的，依照其规定。

▶ **相关规定**

《中华人民共和国未成年人保护法》第 3 条、第 39 条、第 46 条；《中华人民共和国老年人权益保障法》第 3 条；《中华人民共和国残疾人保障法》第 3 条；《中华人民共和国妇女权益保障法》第 30 – 51 条；《中华人民共和国消费者权益保护法》第 7 – 15 条

第一百二十九条　民事权利可以依据民事法律行为、事实行为、法律规定的事件或者法律规定的其他方式取得。

◆ **条文主旨**

本条是关于民事权利的取得方式的规定。

◆ **条文解读**

民事权利的取得，是指民事主体依据合法的方式获得民事权利。根据本条规定，民事权利可以依据以下方式取得：

一、民事法律行为

民事法律行为是指民事主体通过意思表示设立、变更、终止民事法律关系的行为，民法理论一般称为法律行为。如订立买卖合同的行为、订立遗嘱、放弃继承权、赠与等。本法第六章专章规定了民事法律行为，对民事法律行为的概念、成立、效力等作了规定。民事法律行为以意思表示为核心要素，没有意思表示则没有民事法律行为。意思表示是指行为人为了产生一定民法上的效果而将其内心意思通过一定方式表达于外部的行为。根据本法第 143 条规定，具备下列条件的民事法律行为有效：（一）行为人具有相应的民事行为能力；（二）意思表示真实；（三）不违反法律、行政法规的强制性规定，不违背公序良俗。民事权利可以依据民事法律行为取得。如订立合同是民事法律行为，合同一方可以通过订立合同取得合同约定的权利。

二、事实行为

事实行为是指行为人主观上没有引起民事法律关系发生、变更或者消灭的意思，而依照法律的规定产生一定民事法律后果的行为。如自建房屋、拾得遗失物、无因管理行为、劳动生产等。事实行为有合法的，也有不合法的。拾得遗失物等属于合法的事实行为，侵害他人的人身、财产的侵权行为是不合法的事实行为。民事权利可以依据事实行为取得，如民事主体因无因管理行为取得对他人的无因管理债权等。

三、法律规定的事件

法律规定的事件是指与人的意志无关而根据法律规定能引起民事法律关系变动的客观情况，如自然人的出生、死亡，自然灾害，生产事故，果实自落以及时间经过等。民事权利可以依据法律规定的事件取得，如民事主体因出生取得继承权等。

四、法律规定的其他方式

除了民事法律行为、事实行为、法律规定的事件，民事权利还可以依据法律规定的其他方式取得。如物权编规定，因人民法院、仲裁机构的法律文书或者征收决定等，导致物权设立、变更、转让或者消灭的，自法律文书或者征收决定等生效时发生效力。物权编规定，为了公共利益的需要，依照法律规定的权限和程序可以征收集体所有的土地和组织、个人的房屋以及其他不动产。

第一百三十条　民事主体按照自己的意愿依法行使民事权利，不受干涉。

◆ 条文主旨

本条是关于民事主体按照自己的意愿依法行使民事权利的规定。

◆ 条文解读

本条规定是自愿原则在民事权利行使中的体现。本法第5条规定了民法自愿原则："民事主体从事民事活动，应当遵循自愿原则，按照自己的意思设立、变更、终止民事法律关系。"自愿原则是民法的一项基本原则，贯彻于整个民法典之中。本条是自愿原则在行使民事权利中的体现，民事主体按照自己的意愿依法行使民事权利，不受干涉体现在：一是民事主体有权按照自己的意愿依法行使民事权利或者不行使民事权利。二是民事主体有权按照自己的意愿选择依法行使的民事权利内容。三是民事主体有权按照自己的意愿选择依法行使民事权利的方式。民事主体按照自己的意愿行使权利，任何组织和个人不得非法干涉。

我国其他法律对民事主体按照自己的意愿依法行使民事权利有相关规定。例如，《合同法》第 4 条规定，当事人依法享有自愿订立合同的权利，任何单位和个人不得非法干预。《婚姻法》第 5 条规定，结婚必须男女双方完全自愿，不许任何一方对他方加以强迫或任何第三者加以干涉。民法典婚姻家庭编第 1046 条继承了婚姻法的这一规定。其他国家对民事主体按照自己的意愿依法行使民事权利也有规定。例如，《俄罗斯联邦民法典》第 1 条第 2 款规定，公民（自然人）和法人以自己的意志和为自己的利益取得和行使民事权利。他们在根据合同确定自己的权利和义务方面及在规定任何不与立法相抵触的合同条件方面享有自由。

第一百三十一条 民事主体行使权利时，应当履行法律规定的和当事人约定的义务。

◆ **条文主旨**

本条是关于民事主体行使权利时应当履行义务的规定。

◆ **立法背景**

民事主体有权按照自己的意愿行使自己的民事权利，但是这种权利不是绝对的，权利和义务是对等的，行使权利的同时，也应当履行法律规定和当事人约定的义务。在民法总则制定过程中，民法总则草案一审稿曾将本条作为民事主体合法的民事权益受法律保护这一条的第 2 款，规定在第一章基本原则中，表述为“民事主体行使权利的同时，应当履行法律规定的或者当事人约定的义务，承担相应责任”。立法过程中，有的意见提出，只有违反了义务，才会带来不利的法律后果，才要承担民事责任。规定行使权利、履行义务就要承担责任，在逻辑上不通。权利与义务相对应，责任属于违反义务的后果，三者不宜并列，因为行使权利时，如果履行了义务，责任是不会发生的。建议删掉最后一句“承担相应责任”。草案三审稿删除了“承担相应责任”，规定“民事主体行使权利的同时，应当履行法律规定的或者当事人约定的义务”。又有意见提出，强调民事主体在享有权利的同时必须注重对义务的承担，教育公民正确行使权利，诚信履行义务，对建立法治社会、践行社会主义核心价值观具有重要现实意义，但放在基本原则一章不合适，应作为权利行使的规则在民事权利一章进行规定。最终，将本条放在民事权利一章中，作为民事权利行使的规则进行规定。民法典继承了民法总则的规定。

◆ **条文解读**

民事主体依法享有的民事权利和承担的民事义务是民事法律关系的内容。在民事法律关系中，民事权利和民事义务是相互对应、相互联系的。民事权利的内容要通过相应的民事义务表现，民事义务的内容由相应的民事权利限定。在很多情况下，民事主体享有权利的同时，负担法律规定的或者当事人约定的义务。如合同双方当事人一般相互约定各自的权利义务，一方当事人享有合同权利的同时，也负有约定的合同义务。民事主体行使权利时，应当履行法律规定的和当事人约定的义务。

第一百三十二条 民事主体不得滥用民事权利损害国家利益、社会公共利益或者他人合法权益。

◆ **条文主旨**

本条是关于民事主体不得滥用民事权利的规定。

◆ **立法背景**

不得滥用民事权利，指民事权利的行使不得损害国家利益、社会公共利益或者他人合法权益。每一个民事主体都有权行使自己所享有的权利，法律也鼓励民事主体行使自己的权利，但是权利的行使，有一定界限，行使民事权利损害国家利益、社会公共利益或者他人合法权益的，为滥用民事权利。民法一方面鼓励权利主体正当地行使权利，另一方面为权利的行使划定了明确的界限，即不得滥用民事权利损害国家利益、社会公共利益或者他人合法权益。滥用民事权利损害国家利益、社会公共利益或者他人合法权益可构成侵权。但滥用民事权利和侵权也存在区别：权利滥用的前提是有正当权利存在，且权利滥用是权利行使或与权利行使有关的行为，侵权行为一般事先没有正当权利存在；权利不得滥用原则是对民事主体行使民事权利的一定限制，通过限制民事主体滥用权利损害国家利益、社会公共利益或者他人合法权益达到民事权利与国家利益、社会公共利益、他人合法权益的平衡，而侵权责任制度的目的是保护民事主体的权利。

从比较法的角度看，不少国家和地区的民法典都规定了不得滥用权利原则。《德国民法典》第226条规定，权利人不能仅仅以损害他人为目的行使权利。《瑞士民法典》第2条第2款规定，显系滥用权利时，不受法律保护。《日本民法典》第1条第3款规定，禁止权利滥用。《韩国民法典》第2条第2款规定，权利不得滥用。我国台湾地区“民法”第148条第1款规定，权利之行使，不得违反公共利益，或以损害他人为主要目的。《西班牙民法典》第7条规定，权利应善意行使。法律不保护滥用权利或利用权利从事反社会的行为。任何作为或不作为的意图、企图达到的目的和结果，明显地超越权利行使的范围，对第三人造成损害的，均应对其作出相应的赔偿，并通过司法或行政管理措施制止其继续滥用权利。《荷兰民法典》第 13 条规定，权利人不得滥用其权利。滥用权利是指行使权利完全出于损害他人利益的意图或为达到非设定权利的目的，或者权利人未能合理地决定其权利的行使，致使其行使权利所生的利益和所致的损害失衡。权利性质要求不得滥用。《魁北克民法典》第 7 条规定，任何人均不得以损害他人为目的或违背诚实信用的要求以过分且不合理的方式行使权利。

我国法律对权利不得滥用原则亦有相关规定。《宪法》第 51 条规定，中华人民共和国公民在行使自由和权利的时候，不得损害国家的、社会的、集体的利益和其他公民的合法的自由和权利。权利不得滥用是宪法中的一项基本原则。《合同法》第 7 条规定，当事人订立、履行合同，应当遵守法律、行政法规，尊重社会公德，不得扰乱社会经济秩序，损害社会公共利益。本法第 7 条规定，民事主体从事民事活动，应当遵循诚信原则，秉持诚实，恪守承诺。第 8 条规定，民事主体从事民事活动，不得违反法律，不得违背公序良俗。第 9 条规定，民事主体从事民事活动，应当有利于节约资源，保护生态环境。这些规定实际上都是民事主体行使权利应当遵守的最基本原则，本条所规定的权利不得滥用原则也是这些原则的具体化。

关于不得滥用民事权利是否是民法的基本原则，在立法过程中有不同意见。有的意见认为，权利不得滥用是我国宪法中的一项基本原则，根据合宪性解释方法，权利不得滥用也当然是民法的基本原则。禁止权利滥用原则不是对个别权利的限制性规定，而是对一切民事权利的行使给予限制的一般条款，反映了人类生存及人类社会可持续发展之根本利益高于个人自由的现代民法思想，在民法的基本价值体系中具有越来越重要的地位，将其作为基本原则更符合现代法的精神。考虑到权利不得滥用原则的重要性，且考虑到实践中权利滥用的现象，规定该原则具有现实意义，从司法实践看，权利不得滥用原则也曾发挥了弥补法律漏洞的作用，需要在基本原则中规定此项原则。有的意见认为，禁止权利滥用原则仅为违反诚实信用原则的效果，是程序性、救济性原则，为权利行使的原则，是公序良俗原则的组成部分，非民法的基本原则，不宜在基本原则中规定，但可以在民事权利一章作为民事权利行使规范加以规定。立法过程中，本条根据各方意见不断进行修改完善。草案一审稿在第一章基本原则中规定，民事主体从事民事活动，应当遵守法律，不得违背公序良俗，不得损害他人合法权益。二审稿将这一条修改为，民事主体从事民事活动，不得违反法律，不得违背公序良俗，不得滥用权利损害他人合法权益。三审稿将权利不得滥用原则移至本章，规定民事主体不得滥用民事权利损害他人合法权益。最终通过的民法总则规定，民事主体不得滥用民事权利损害国家利益、社会公共利益或者他人合法权益。民法典维持这一规定不变。

◆ **条文解读**

根据本条的规定，构成权利滥用一般需要满足以下要件：一是民事主体享有权利。这是构成权利滥用的前提性要件。如果民事主体根本就不享有权利，就不构成权利滥用。二是民事主体行使权利。民事主体只有在行使权利过程中才可能构成权利滥用，如果民事主体的行为根本就不是行使权利，则其行为不属于滥用权利，而属于侵权、违约等行为。三是民事主体行使权利的行为损害了国家利益、社会公共利益或者他人合法权益。这是构成权利滥用的后果性要件。如果民事主体的权利行使行为没有对国家利益、社会公共利益或者他人合法权益造成损害，也不构成滥用权利。在立法过程中，对于滥用权利是否要以民事主体的主观故意作为要件有不同意见。主流意见认为，构成滥用权利要以民事主体主观上具有故意为要件，即民事主体行使权利是以损害国家利益、社会公共利益或者他人合法权益为目的。

▶ **相关规定**

《中华人民共和国宪法》第51条

第六章 民事法律行为

民事法律行为是对合同行为、婚姻行为、遗嘱行为等一系列能够产生具体权利义务关系的行为的抽象和概括，是民事主体在民事活动中实现自己意图的一项重要民事制度。在民法典中规定民事法律行为制度具有重要意义：

第一，民事法律行为是民事主体实现意思自治的最重要手段和工具。自愿原则即意思自治原则，是民法的核心原则之一，体现了民事活动最基本的特征，其实质是民事主体根据自己的意愿自主从事民事活动，承担相应的法律后果。本法第 5 条规定，民事主体从事民事活动，应当遵循自愿原则，按照自己的意思设立、变更和终止民事法律关系。民事法律行为就是民事主体按照自己的意愿设立、变更和终止民事法律关系的行为。首先，民事法律行为的核心要素是意思表示。在社会经济生活中，平等的民事主体之间主要通过意思表示来体现自己的意图，实现民事权利义务关系设立、变更和终止的目的。其次，民事主体对自己的行为承担法律后果，这决定了民事法律行为规则大多数是任意性规则。所谓任意性规则，是指可以由民事主体通过约定加以排除的规则，即民事主体的约定优先于法律规定的任意性规范。这在合同领域中体现得极为明显。最后，民法关于合同自由、婚姻自由、家庭自治、遗嘱自由等基本理念，需要通过民事法律行为制度加以落实。

第二，民事法律行为制度是社会主义市场经济的内在要求。

社会主义市场经济本质上是法治经济。完善社会主义市场经济法律制度，是社会主义市场经济运行规律的客观要求，也是保障经济持续健康发展的现实需要。党的十八届四中全会提出，使市场在资源配置中起决定性作用，必须以保护产权、维护契约、统一市场、平等交换、公平竞争等为基本导向。如何使市场在资源配置中起决定性作用呢？一个重要的前提就是要让民事主体在市场交易活动中依法自主决定是否交易、与谁交易、如何交易，任何单位和个人不得非法干预，即使是国家也不得随便介入民事主体之间的交易活动，除非有法律、行政法规明确的授权。而民事法律行为制度的本质就是允许民事主体通过其意思表示决定是否设立民事权利义务关系，通过意思表示决定是否变更、消灭其民事权利义务关系。这可以极大地发挥民事主体的积极性和主动性，激发市场的创造力和活力。所以，从这个角度讲，发展和完善社会主义市场经济离不开民事法律行为制度。

第三，民事法律行为制度有利于实现社会治理。在社会主义市场经济条件下，政府要到位而不越位，让社会的归社会，市场的归市场，政府的归政府。对于老百姓等民事主体在社会生产生活中的事情，只要不涉及公共利益、公共道德和他人的合法权益，原则上都应由民事主体自主决定，按自己的意愿设立、变更和终止民事法律关系，政府不加以干涉。而在总则编中规定民事法律行为制度，可以有效实现民事主体的自我管理、自我约束，为促使政府依法行政，构建服务型政府奠定了坚实的法律基础。

第四，民事法律行为制度是构建体例科学、逻辑严密的民事法律体系所必不可少的。总则编是民法典的开篇，在民法典中起统领性作用。总则编规定民事活动必须遵循的基本原则和一般性规则，统领民法典各分编。总则编是以民事主体、民事权利（包含民事客体）、民事法律行为、民事责任为主线来构建的，这展现了民法的基本逻辑关系，而民事法律行为是这一逻辑体系中的重要组成部分，不可缺少。没有民事法律行为制度，自愿原则无法体现，民事行为能力制度也失去了存在的基础，代理制度也缺乏存在的前提。可以说，正是由于民事法律行为制度的设立，使得散见在民法各个部分的意思表示行为有了共性的东西，为合同行为、婚姻行为、遗嘱行为、收养行为等制度提供了依据，从而形成了一个有机统一的整体。

本章便是关于民事法律行为的规定，共分四节，二十八条。第一节为一般规定，主要规定了民事法律行为的定义、成立、形式和生效时间等。第二节为意思表示，主要规定了意思表示的生效、方式、撤回和解释等。第三节为民事法律行为的效力，主要规定了民事法律行为的有效要件，具体类型的无效、可撤销、效力待定的民事法律行为，无效的或者被撤销的民事法律行为自始无效，部分无效的民事法律行为，民事法律行为无效、被撤销以及确定不发生效力的后果等。第四节为民事法律行为的附条件和附期限，主要规定了附条件和附期限的民事法律行为、民事法律行为条件成就和不成就的拟制等。

第一节　一般规定

第一百三十三条　民事法律行为是民事主体通过意思表示设立、变更、终止民事法律关系的行为。

◆ 条文主旨

本条是关于民事法律行为定义的规定。

◆ **立法背景**

理解民事法律行为，就必须先了解法律行为的概念。法律行为这个概念来源于德国民法典。其后，这一概念对其他国家和地区的民法立法产生了深远的影响，日本、意大利、荷兰、俄罗斯等国家民法典和我国台湾地区“民法”基本上都采用了这个概念，并作为一种重要的民事制度加以规定。传统民法理论也是采用法律行为这一概念。学理上对法律行为的含义通常表述为：民事主体作出的意图发生一定法律效果的意思表示行为。1986 年制定的民法通则没有采用法律行为这一表述，而是采用了民事法律行为和民事行为这两个概念。根据《民法通则》第四章的规定，民事法律行为是公民或者法人设立、变更、终止民事权利和民事义务的合法行为。与传统的法律行为概念相比，民法通则规定的“民事法律行为”有两个特点：一是突出了合法性，只包括合法的法律行为，不涵盖无效、可撤销和效力待定的行为。为此，民法通则还规定了一个概念——“民事行为”，以涵盖无效和可撤销行为。二是没有强调法律行为中的核心要素意思表示。在民法总则的立法过程中，对继续采用“民事法律行为”这个概念，还是借鉴境外立法例，采用“法律行为”的概念，有不同意见。有的意见提出，应当将民法通则的“民事法律行为”改为“法律行为”，主要理由有两个：一是民事法律行为和民事行为的概念不周延。民事法律行为限于合法行为，不能涵盖无效行为、可撤销行为和效力待定的法律行为。虽然民法通则还规定了一个民事行为的概念以涵盖无效和可撤销行为，但二者均不能涵盖效力待定的法律行为。二是民事法律行为和民事行为的概念无法体现当事人意思自治的核心内涵，在实践中也无法判定无效或者可撤销的民事行为能否适用意思表示的一系列规则。据此，建议参考其他国家和地区的立法，采用“法律行为”的表述。也有意见提出，民法通则规定的民事法律行为和民事行为概念虽然在理论上存在不周延的问题，但在实践中问题不大，且“民事法律行为”的用法已约定俗成，符合我国的表述习惯，建议继续沿用民法通则的相关表述。

经反复研究，民法总则仍采用了“民事法律行为”的表述，但对其内涵作了调整，使其既包括合法的法律行为，也包括无效、可撤销和效力待定的法律行为，同时强调了民事法律行为是民事主体通过意思表示设立、变更、终止民事法律关系的行为，突出了“意思表示”这一核心要素。也就是说，“民事法律行为”这个用语延续了下来，但其内涵发生了变化。作出这样调整的主要考虑：一是法律行为的核心要素是意欲达到一定法律效果的意思表示，无论是合法行为、无效行为、可撤销行为，还是效力待定行为，本质上都是基于意思表示实施的法律行为。从这个角度讲，民法通则规定的“民事法律行为”确有内涵不周延的地方，应当修改。同时，考虑到“民事法律行为”的用法已约定俗成，符合我国的表述习惯，可以在保留“民事法律行为”用语的同时，借鉴其他国家和地区的立法，重新界定其内涵，使其既包括合法有效的法律行为，也包括无效、可撤销和效力待定的法律行为。二是这样规定既表明了当事人在民事活动中可以按照自己的意愿设立、变更、终止民事权利义务关系，同时也强调了当事人在按照自己的意愿从事民事活动时，还应当承担相应的法律后果。民事法律行为无效的，应当承担无效的法律后果；民事法律行为被撤销的，应当承担被撤销的法律后果。这实际上是对当事人从事民事活动提出了要求，可以说具有更强的规范性。三是可以和其他领域的法律行为相区分。法律行为虽是传统民法领域的特有术语，但自从其被引入我国以来，已被广泛应用于其他法学领域，如刑法领域的刑事法律行为、行政法领域的行政法律行为。所以，在立法过程中，其他法律领域的学者提出，为了和其他领域的法律行为相区分，建议民事领域采用民事法律行为的表述。

◆ **条文解读**

基于前述考虑，本条规定，民事法律行为是指自然人、法人或者非法人组织通过意思表示设立、变更、终止民事法律关系的行为。根据本条的规定，民事法律行为具有以下三个特征：

一是民事法律行为是民事主体实施的行为。民事法律行为作为一种法律事实，其必须是由自然人、法人和非法人组织这些民事主体实施的行为，非民事主体实施的行为不是民事法律行为，如司法机关作出裁决、行政机关作出处罚决定等也会产生法律后果，但其不是以民事主体身份作出的行为，因而裁决和处罚决定不属于民事法律行为。这里需要说明的是，总则编第三章第四节特别法人中专门规定了机关法人。之所以要规定机关法人，是因为机关在履行公共管理职能过程中可能会进行一些民事活动，如行政机关购买办公用品、修建办公大楼等，需要赋予其在一定情况下享有民事主体资格。机关在从事这些活动时是作为机关法人的民事主体进行的，其实施的行为也属于民事法律行为。

二是民事法律行为应当是以发生一定的法律效果为目的的行为。民事主体在社会生产生活中会从事各种各样的活动，但并非任何行为都是民事法律行为。根据本条的规定，只有以设立、变更、终止民事法律关系为目的的行为才是民事法律行为，其最终结果是让民事主体具体地享受民事权利、承担民事义务。所谓设立民事法律关系，是指民事主体通过民事法律行为形成某种法律关系，例如在合同领域，双方当事人通过要约和承诺形成的买卖关系、租赁关系、委托关系等合同关系。所谓变更民事法律关系，是指民事主体在保持原有民事法律关系效力的基础上，通过民事法律行为对其内容作出一些调整。这里需要注意的是如果民事主体改变了原有民事法律关系的效力，就不属于这里的变更，而是消灭了原有民事法律关系，设立了一个新的民事法律关系。所谓消灭民事法律关系，是指民事主体通过民事法律行为消灭原民事法律关系，终止其效力。这里需要强调的是，民事法律行为虽然是民事主体以发生一定法律效果为目的的行为，但并非任何民事法律行为都能最终产生民事主体所期望的法律效果。民事主体所从事的民事法律行为既可能是合法的，也可能是非法的，这与民法通则关于民事法律行为的规定有很大的不同。根据本章第三节关于民事法律行为效力的规定，合法有效的民事法律行为能产生民事主体所期望发生的法律效果，但是非法的民事法律行为则不一定能产生民事主体所期望的法律效果，例如无效的民事法律行为就确定地不发生民事主体所希望发生的法律效果；如果当事人提出撤销的申请，可撤销的民事法律行为也不能实现民事主体所希望的法律效果。非法的民事法律行为虽然可能不能实现民事主体意欲实现的法律效果，但是都可能产生一定的法律后果，例如根据本章的规定，欺诈、胁迫等民事法律行为是非法的，可能产生民事法律行为被撤销的法律后果；又如根据本章的规定，恶意串通损害他人合法权益的民事法律行为会产生无效的法律后果。

三是民事法律行为是以意思表示为核心要素的行为。意思表示是指民事主体意欲发生一定法律效果的内心意思的外在表达，是民事法律行为最为核心的内容。民事法律行为之所以能对民事主体产生法律约束力，就是因为其是民事主体按照自己的意思作出的，这也是民事法律行为与事实行为最根本的区别。民事主体在社会生活中从事的一些行为，虽然也表达于外，但如果不符合民事法律行为中意思表示的要求，就不属于民事法律行为。

民事法律行为作为民法中的一项重要法律制度，广泛适用于民法典的各个部分：

一是适用于合同行为。合同可以说是最为典型的民事法律行为，本法合同编部分规定的各种有名合同都是民事法律行为具体规则的体现，无名合同也可以适用本章关于民事法律行为的规定。

二是适用于婚姻、遗嘱、收养等身份关系。对于婚姻、遗嘱和收养行为，根据本法第464条的规定，婚姻、收养、监护等有关身份关系的协议，适用有关该身份关系的法律规定；没有规定的，可以根据其性质参照适用合同编规定。本法婚姻家庭编也不承认婚约的效力。这样规定的主要考虑是：民事主体在设立婚姻、继承和收养身份关系时，主要体现的是行为人的感情，这一点在设立婚姻关系中极为突出，对感情很难用一定标准加以判断，因此，法律对这一领域的调整要相当慎重。但是不承认婚姻、继承、收养是合同关系，并不意味着民事法律行为的规则不能适用于这些领域。根据婚姻家庭编的规定，许多制度可以适用民事法律行为的规则：（1）夫妻对财产的约定；（2）离婚协议；（3）无效婚姻和可撤销婚姻等。根据继承编的规定，许多制度可以适用民事法律行为的规则：（1）遗嘱；（2）遗赠扶养协议等。根据婚姻家庭编关于收养的有关规定，收养协议的成立、效力和解释等都可以根据民事法律行为的规则来判断。

三是在物权领域也有一定的适用空间。物权编虽没有规定物权行为的独立性和无因性，但这不能完全排除民事法律行为的适用，例如许多用益物权和担保物权的设立都是通过订立合同来实现的，如签订抵押合同、质押合同、建设用地使用权合同，这些合同不但可以适用合同编的相关规定，也可以适用民事法律行为的相关规则。

四是适用于商事领域。我国实行民商合一的立法传统，公司法、票据法、信托法等民商事特别法也要适用总则编的规定。商事领域的大量行为应当适用民事法律行为的规则，例如在设立公司的过程中，设立协议的成立、效力和解释内容等一般都需要按照民事法律行为的规则来解决；再如票据法领域的票据行为、信托领域的信托行为也要适用民事法律行为的相关规则。

第一百三十四条 民事法律行为可以基于双方或者多方的意思表示一致成立，也可以基于单方的意思表示成立。

法人、非法人组织依照法律或者章程规定的议事方式和表决程序作出决议的，该决议行为成立。

◆ 条文主旨

本条是关于民事法律行为成立的规定。

◆ 立法背景

依据不同的标准，民事法律行为可以有不同的分类。依据民事法律行为的行为人数的不同，可以分为单方民事法律行为、双方民事法律行为和多方民事法律行为。不同的民事法律行为，其成立要件和成立时间是不同的。

◆ 条文解读

本条第1款根据不同的民事法律行为类型对其不同的成立条件和成立时间作了规定：

第一，双方民事法律行为。双方民事法律行为是指双方当事人意思表示一致才能成立的民事法律行为。双方民事法律行为是现实社会经济生活中存在最多、运用最广的民事法律行为。最为典型的双方民事法律行为是合同。双方民事法律行为与单方民事法律行为的最大区别是行为的成立需要双方的意思表示一致，仅凭一方的意思表示而没有经过对方的认可或者同意不能成立。

第二，多方民事法律行为。多方民事法律行为是指两个以上的民事主体意思表示一致而成立的行为。多方民事法律行为与双方民事法律行为的相同之处是都需要所有当事人意思表示一致才能成立；不同之处是双方民事法律行为的当事人只有两个，而多方民事法律行为的当事人有两个以上。订立公司章程的行为和签订合伙协议的行为就是较为典型的多方民事法律行为。

第三，单方民事法律行为。单方民事法律行为是指根据一方的意思表示就能够成立的行为。与双方民事法律行为不同，单方民事法律行为不存在相对方，其成立不需要其他人的配合或者同意，而是依据行为人自己一方的意志就可以产生自己所期望的法律效果。在现实生活中单方民事法律行为也不少，这些民事法律行为从内容上划分，主要可以分为两类：一是行使个人权利而实施的单方行为，如所有权人抛弃所有权的行为等，这些单方民事法律行为仅涉及个人的权利变动，不涉及他人的权利变动；二是涉及他人权利变动的单方民事法律行为，如立遗嘱，授予代理权，行使撤销权、解除权、选择权等处分形成权的行为。

除了本条第1款规定的多方民事法律行为、双方民事法律行为和单方民事法律行为外，本条第2款还规定了一种较为特殊的民事法律行为，即决议行为。决议行为是两个或者两个以上的当事人基于共同的意思表示，意图实现一定法律效果而实施的行为，其满足民事法律行为的所有条件，是一种民事法律行为。但是与多方民事法律行为、双方民事法律行为和单方民事法律行为相比，其又具有特殊性，这种特殊性体现在三个方面：一是双方民事法律行为或者多方民事法律行为需要所有当事人意思表示一致才能成立，决议行为一般并不需要所有当事人意思表示一致才能成立，而是多数人意思表示一致就可以成立。二是双方民事法律行为或者多方民事法律行为的成立一般不需要遵循特定的程序，而决议行为一般需要依一定的程序才能成立，根据本条的规定，决议行为的成立应当依照法律或者章程规定的议事方式和表决程序。三是双方民事法律行为或者多方民事法律行为适用的范围一般不受限制，而根据本条的规定，决议行为原则上仅适用于法人或者非法人组织内部的决议事项。

需要强调的是，民事法律行为的成立是其生效的前提，根据本法第 136 条的规定，民事法律行为自成立时生效，法律另有规定或者当事人另有约定的除外。也就是说，除了法律另有规定或者当事人另有约定外，民事法律行为原则上在成立时就对当事人产生法律约束力，任何一方都不得擅自变更或者解除。

第一百三十五条 民事法律行为可以采用书面形式、口头形式或者其他形式；法律、行政法规规定或者当事人约定采用特定形式的，应当采用特定形式。

◆ 条文主旨

本条是关于民事法律行为形式的规定。

◆ 立法背景

民事法律行为的形式是民事法律行为的核心要素意思表示的外在表现形式。对于民事法律行为应当采用什么形式，从理论上和境外的立法例看，主要有两种模式：一种模式是对民事法律行为的形式要求较严格。支持这种立法模式的观点认为，民事法律行为的形式直接与交易安全密切相关，因此原则上都要求采用书面形式，有的甚至要求采用公证的形式。不采用书面形式或者公证等特殊形式，原则上民事法律行为不成立或者不发生效力。这种模式固然有利于交易安全，但严重限制了当事人选择民事法律行为形式的自由，也不利于民事法律行为的成立和生效。另一种模式是不对民事法律行为的形式作强制性要求，而是给予当事人较大的选择民事法律行为形式的自由。这种模式虽然可能导致当事人在民事活动中产生争议，交易安全得不到很好的保障，但是，由于可以最大程度地尊重当事人的选择自由，也可以最大限度地实现民事活动的方便和快捷，降低交易成本，所以，现在世界上大多数国家和地区都采用了这种立法例，也是理论界的主流观点。

从我国的民事立法来看，对民事法律行为形式的规定也经历了一个发展变化的过程。我国已经废止的经济合同法、技术合同法和涉外经济合同法都对民事法律行为采取了较为严格的立法模式，如原《经济合同法》第 3 条规定，经济合同，除即时清结者外，应当采用书面形式。原《涉外经济合同法》第 7 条第 1 款规定，当事人就合同条款以书面形式达成协议并签字，即为合同成立。我国参加国际公约，也往往对公约中不限定合同形式的规定予以保留。由于当时的法律对合同要求法定形式的规定中除了规定采用书面形式外，没有对未采用书面形式的法律后果作出明确规定。因此，在司法实践中有不少未采用书面形式的合同被确定为无效，严重影响了交易效率，妨碍了交易活动的进行。基于此，民法通则改变了这一模式，对民事法律行为的形式采取了较为宽松的模式。《民法通则》第 56 条规定，民事法律行为可以采用书面形式、口头形式或者其他形式。法律规定用特定形式的，应当依照法律规定。1999 年审议通过的合同法延续了民法通则的做法，在第 10 条规定，当事人订立合同，有书面形式、口头形式和其他形式。法律、行政法规规定采用书面形式的，应当采用书面形式。当事人约定采用书面形式的，应当采用书面形式。应当说民法通则和合同法的规定既充分尊重了当事人的选择自由，适应了当事人要求交易便捷和提高交易效率的现实需要，也提倡当事人尽量采取书面形式订立民事法律行为，避免口说无凭，使订立的民事法律行为规范化。从多年的实践效果来看，这些规定是好的。基于此，本条继承了民法通则和合同法的做法，明确规定，民事法律行为可以采用书面形式、口头形式或者其他形式；法律、行政法规规定或者当事人约定采用特定形式的，应当采用特定形式。

◆ **条文解读**

根据本条的规定，民事法律行为可以采用书面形式、口头形式或者其他形式。所谓书面形式，是指文字等可以有形形式再现民事法律行为内容的形式。书面形式明确肯定，有据可查，对于防止争议和解决纠纷、保障交易安全有积极意义。在现实生活中，对于重要的民事法律行为，为了避免争议，当事人一般愿意采用书面形式。书面形式的种类很多，根据本法第469条的规定，书面形式是合同书、信件、电报、电传、传真等可以有形地表现所载内容的形式。以电子数据交换、电子邮件等方式能够有形地表现所载内容，并可以随时调取查用的数据电文，视为书面形式。随着互联网技术的发展，微信、QQ等已成为人们社会交往的重要载体，也可以成为民事法律行为的载体，有的也属于书面形式的种类。所谓口头形式，是指当事人以面对面的谈话或者以电话交流等方式形成民事法律行为的形式。口头形式的特点是直接、简便和快捷，在现实生活中数额较小或者现款交易的民事法律行为通常都采用口头形式，如在自由市场买菜、在商店买衣服等。口头形式也是老百姓在日常生活中广泛采用的一种形式。口头形式虽然也可以适用于法人、非法人组织之间，但由于口头形式没有凭证，容易发生争议，发生争议后，难以取证，不易分清责任。

除了书面形式和口头形式外，本条还规定民事法律行为也可以采用其他形式。这是一个兜底性规定，主要是考虑到现实生活很复杂，民事法律行为的形式也多种多样，在有的情况下，当事人还可能采取书面形式和口头形式之外的方式形成民事法律行为。例如在合同领域，可以根据当事人的行为或者特定情形推定合同的成立，也被称为默示合同。此类合同是指当事人未用语言或者文字明确表示合同成立，而是根据当事人的行为推定合同成立。这类合同在现实生活中很多，例如租房合同的期限届满后，出租人未提出让承租人退房，承租人也未表示退房而是继续交房租，出租人也接受了租金。根据双方的行为，可以推定租赁合同继续有效。再如，乘客乘上公共汽车并到达目的地时，尽管乘车人和承运人之间没有形成书面形式或者口头形式的合同，但可以依当事人的行为推定双方的运输合同成立。

对于民事法律行为是采用书面形式、口头形式还是其他形式，由当事人自主选择，法律原则上不干涉，但在一些特殊情况下，出于保护交易安全、避免纠纷等考虑，有的法律、行政法规会对民事法律行为提出特殊要求，或者当事人会约定民事法律行为采用特定形式，在这种情况下，应当采用特定形式。例如当事人约定民事法律行为采用公证形式的，则应当采用公证形式。对于未采用特殊形式的民事法律行为的后果问题，应当区分情况：一是如果法律、行政法规明确规定或者当事人明确约定不采用特殊形式的后果的，则民事法律行为的后果从法律、行政法规的规定或者当事人的约定，例如当事人明确约定民事法律行为不采用公证形式就不成立的，若该民事法律行为没有采有公证形式就不成立。

二是如果法律、行政法规只明确要求或者当事人约定采用特殊形式，但没有对不采用该形式的民事法律行为的后果作出明确规定的，则从鼓励交易的角度出发，原则上不宜轻易否定民事法律行为的效力。

第一百三十六条 民事法律行为自成立时生效，但是法律另有规定或者当事人另有约定的除外。

行为人非依法律规定或者未经对方同意，不得擅自变更或者解除民事法律行为。

◆ 条文主旨

本条是关于民事法律行为生效时间的规定。

◆ 立法背景

民事法律行为的生效是指民事法律行为产生法律约束力。民事法律行为生效后，其法律拘束力主要体现在以下三个方面：一是对当事人产生法律拘束力。这种效力是民事法律行为的对内效力。一旦民事法律行为生效，当事人应当依照民事法律行为的内容，按照诚信原则正确、全面地行使权利、履行义务，不得滥用权利、违反义务。在客观情况发生变化时，当事人必须依照法律规定或者取得对方同意后，才能变更或者终止民事法律行为。二是对当事人以外的第三人产生一定的法律拘束力，这种法律拘束力是民事法律行为的对外效力。民事法律行为一旦生效，任何组织和个人不得侵犯当事人的权利，不得非法阻挠当事人履行义务。三是民事法律行为生效后的法律效果还表现在，当事人违反民事法律行为所约定的义务的，应当依法承担民事责任，必要时人民法院也可以采取强制措施要求当事人继续履行民事法律行为所规定的义务。这一点在合同领域体现得尤为明显。例如本法第 577 条规定，当事人一方不履行合同义务或者履行合同义务不符合约定的，应当承担继续履行、采取补救措施或者赔偿损失等违约责任。

◆ **条文解读**

民事法律行为何时生效呢？对于这个问题，《民法通则》第 57 条规定，民事法律行为从成立时起具有法律约束力。本条继承了民法通则的规定，明确规定，民事法律行为自成立时生效。也就是说，民事法律行为的生效时间与民事法律行为的成立时间原则上是一致的。那么民事法律行为何时成立呢？根据本法第 134 条的规定，民事法律行为可以基于双方或者多方的意思表示一致成立，也可以基于单方的意思表示成立。法人、非法人组织依照法律或者章程规定的议事方式和表决程序作出决议的，该决议行为成立。需要强调两点：第一，成立时就生效的民事法律行为必须是具备一般有效要件的民事法律行为，就是说必须是依法成立的民事法律行为。根据本法第 143 条的规定，具备下列条件的民事法律行为有效：(1) 行为人具有相应的民事行为能力；(2) 意思表示真实；(3) 不违反法律、行政法规的强制性规定，不违背公序良俗。也就是说，成立时就生效的民事法律行为的行为人应当具有相应的民事行为能力，意思表示应当真实，且不违反法律、行政法规的强制性规定，也不违背公序良俗。不具备一般有效要件的民事法律行为在成立时可能会有三种后果：一是无效，例如该民事法律行为违反法律、行政法规的强制性规定的就无效；二是被撤销，例如该民事法律行为因一方当事人欺诈或者重大误解被撤销的，就发生被撤销的法律后果；三是效力待定，如限制民事行为能力人实施的超出其年龄、智力、精神健康状况的民事法律行为在被其法定代理人追认前处于效力待定状态。第二，一些特殊的民事法律行为即使具备一般有效要件，在成立时也不立即生效，只有满足特殊生效要件后才生效。例如，本章第四节规定的附生效条件和附生效期限的民事法律行为在成立时并不立即生效，只有在条件成就时或者期限届至时才生效。再如，遗嘱行为只有在遗嘱人死亡后才生效。根据本法第 502 条规定，法律、行政法规规定合同应当办理批准、登记等手续生效的，依照其规定。此外，基于自愿原则，当事人对民事法律行为何时生效也可以进行约定。基于此，本条第 1 款规定，民事法律行为自成立时生效，法律另有规定或者当事人另有约定的除外。这里的“法律另有规定或者当事人另有约定的除外”就是指前面所讲的各种情形。

本条第 2 款规定，行为人非依法律规定或者未经对方同意，不得擅自变更或者解除民事法律行为。本款规定表达了两层意思：一是已成立生效的民事法律行为对当事人具有法律拘束力，这时的法律拘束力体现为当事人必须尊重该民事法律行为，并通过自己的行为全面履行民事法律行为所设定的义务。除非当事人另有约定或者法律另有规定，不允许任何一方当事人擅自解除或者变更民事法律行为。这时的法律拘束力对当事人来说既包括应全面积极地履行民事法律行为所设定的义务，也包括履行不擅自解除或者变更民事法律行为的不作为义务。二是对于具备一般有效要件且成立，但还不具备特殊生效要件的民事法律行为，在特殊生效要件尚不具备前，除非当事人另有约定或者法律另有规定，任意一方当事人也不得擅自变更或者解除民事法律行为。例如，对于附条件的民事法律行为，在条件未成就前，其虽还没有生效，但任何一方当事人也不得擅自解除或者变更。这时的法律拘束力主要体现在当事人的这种不作为义务上。这也并不妨碍要求当事人履行一些使民事法律行为完全生效的附随义务，例如对于具备一般生效要件，但须满足登记这个特殊要件才能生效的民事法律行为，在未登记前虽暂未生效，但对当事人仍有一定的法律拘束力，当事人应当依诚信原则履行协助办理登记的义务，也不得擅自解除或者变更民事法律行为。

第二节 意思表示

第一百三十七条 以对话方式作出的意思表示，相对人知道其内容时生效。

以非对话方式作出的意思表示，到达相对人时生效。以非对话方式作出的采用数据电文形式的意思表示，相对人指定特定系统接收数据电文的，该数据电文进入该特定系统时生效；未指定特定系统的，相对人知道或者应当知道该数据电文进入其系统时生效。当事人对采用数据电文形式的意思表示的生效时间另有约定的，按照其约定。

◆ 条文主旨

本条是关于有相对人的意思表示生效时间的规定。

◆ 立法背景

意思表示是指行为人为了产生一定民法上的效果而将其内心意思通过一定方式表达于外部的行为。意思表示中的“意思”是指设立、变更、终止民事法律关系的内心意图，“表示”是指将内心意思以适当方式向适当对象表示出来的行为。意思表示具有如下特征：一是意思表示的表意人具有使民事法律关系发生变动的意图。通过这种意图，表意人可以依据自己的主观意志发生法律关系，所以从这种角度讲，意思表示是实现意思自治的工具。二是意思表示是一个将意思由内到外表示的过程。一个人内心可能有很多的主观意思，但是若不通过适当的方式表示出来，让他人知晓，其内心意思就没有任何法律意义。三是意思表示可以产生一定的法律效果。符合法定生效要件的意思表示可以发生当事人预期的法律效果。意思表示作为民事法律行为中最为核心的要素，对于确定民事法律行为的效力具有重要作用。这里需要指出的是，虽然意思表示是民事法律行为的核心要素，与民事法律行为关系密切，但二者仍有很大区别：一是意思表示只能是一方的意思表示，而民事法律行为既可能由一个意思表示构成，如单方民事法律行为，也可能由双方或者多方的意思表示构成，如双方民事法律行为和多方民事法律行为。二是意思表示与民事法律行为的生效要件不同。民事法律行为的一般生效要件包括当事人、意思表示和标的，意思表示只是民事法律行为的组成部分。三是意思表示和民事法律行为的生效时间不同。根据本条的规定，以对话方式作出的意思表示是相对人知道其内容时生效；以非对话方式作出的意思表示原则上是到达相对人时生效。本法第 138 条规定，无相对人的意思表示，表示完成时生效。法律另有规定的，依照其规定。本法第 139 条规定，以公告方式作出的意思表示，公告发布时生效。而单方民事法律行为原则上以意思表示作出时间为生效时间；双方民事法律行为或者多方民事法律行为于各方当事人意思表示一致时成立生效；决议行为则要按照法律或章程规定的程序和方式作出才能成立生效。如果法律规定或者当事人约定了特殊生效要件的，民事法律行为只有具备特殊生效要件时才能生效。基于此，有必要单独规定意思表示的类型及其生效、解释等规则。

意思表示的类型很多，依据是否向相对人作出，意思表示可区分为有相对人的意思表示和无相对人的意思表示。有相对人的意思表示，又称为需要受领的意思表示，是指向特定对象作出的意思表示。现实生活中这类意思表示是最普遍的，如订立合同的要约和承诺、行使撤销权的意思表示、行使解除权的意思表示等。有相对人的意思表示大多数是双方或者多方民事法律行为，如合同；也有一些是单方民事法律行为，如行使撤销权的意思表示，这些意思表示的生效虽不需要特定对象的同意，但需要该意思表示被特定对象所受领。所谓无相对人的意思表示，又称为无需受领的意思表示，是指无需向特定对象作出的意思表示。现实生活中这类意思表示也较多，如悬赏广告、遗嘱、抛弃权利的意思表示等。有相对人的意思表示和无相对人的意思表示的生效时间是不一样的。本条及下面两条根据意思表示有无相对人对其生效时间分别作了规定。

◆ **条文解读**

本条是对有相对人的意思表示生效时间的规定。对于此类情况，本条又根据是否采用对话方式作了不同规定：

一是以对话方式作出的意思表示。所谓以对话方式作出的意思表示，是指采取使相对方可以同步受领的方式进行的意思表示，如采取面对面交谈、电话等方式作出的意思表示。在以这种方式作出的意思表示中，表意人作出意思表示和相对人受领意思表示是同步进行的，没有时间差，因此，表意人作出意思表示并使相对人知道时即发生效力。基于此，本条第 1 款规定，以对话方式作出的意思表示，相对人知道其内容时生效。

二是以非对话方式作出的意思表示。以非对话方式作出的意思表示，表意人作出意思表示的时间与相对人受领意思表示的时间不同步，二者之间存在时间差。非对话的意思表示在现实生活中存在的形式多种多样，如传真、信函等。对于非对话的意思表示何时生效，其他国家和地区的立法有四种立法例：表示主义、发信主义、到达主义与了解主义。表示主义和发信主义对表意人有利，对相对人不利；了解主义对相对人有利，但对表意人不利；相比较而言，到达主义兼顾了表意人和相对人的利益。因此，现在大多数国家和地区的立法采用了到达主义。所谓到达主义，是指意思表示进入相对人的实际控制范围内时生效，至于相对人对意思表示是否了解不影响意思表示的生效时间。我国的民事立法对意思表示的生效时间的规定也采用了到达主义的模式。合同法规定，当事人的要约和承诺到达对方当事人时生效。本条延续了合同法的做法，规定以非对话方式作出的意思表示，到达相对人时生效。需要强调的是，这里的“到达”并不意味着相对人必须亲自收到，只要进入相对人通常的地址、住所或者其能够控制的地方（如信箱）即可视为到达，意思表示被相对人的代理人收到也可以视为“到达”。送达相对人时生效还意味着即使在意思表示送达相对人前相对人已经知道该意思表示内容的，该意思表示也不生效。

三是以非对话方式作出的采用数据电文形式的意思表示。随着科学技术的发展，人们除了可以采用信件等传统的非对话方式作出意思表示外，还可以采取数据电文的方式作出意思表示。“数据电文”系指经由电子手段、电磁手段、光学手段或类似手段生成、发送、接收或存储的信息，这些手段包括但不限于电子数据交换、电子邮件、电报、电传或传真。随着互联网技术的发展，数据电文的范围还在扩展，如现在广泛应用于社会交往的文字型微信、微博等。采用数据电文方式作出的意思表示虽然也是以非对话方式进行的，但由于其发出和到达具有自动性、实时性等特点，意思表示发出即到达，其生效规则也与一般的非对话方式作出的意思表示有所区别。那么以数据电文作出的意思表示何时生效呢？合同法参考联合国国际贸易法委员会制定的《电子商务示范法》，规定要约到达受要约人时生效。采用数据电文形式订立合同，收件人指定特定系统接收数据电文的，该数据电文进入该特定系统的时间，视为到达时间；未指定特定系统的，该数据电文进入收件人的任何系统的首次时间，视为到达时间。本条第 2 款在继承合同法规定的基础上作了一定的发展，分三个层次对以数据电文形式作出的意思表示的生效时间作了规定：

第一，对以非对话方式作出的采用数据电文形式的意思表示，相对人指定特定系统接收数据电文的，该数据电文进入该特定系统时生效。这一规定与合同法的规定是一致的，针对的是相对人指定了接收意思表示的特定信息系统的情况。在这种情况下，应当以意思表示进入该特定信息系统的时间作为意思到达的时间，也即生效的时间。这里的“特定系统”是指由某一方特别指定的接收系统。例如在合同领域，一项要约明确指定了承诺应当发回的系统。如果只是在文件中显示了电子邮件或者传真的地址，但没有特别指定，则不应视为明确指定的一个信息系统。“进入”概念用以界定数据电文的收到时间。所谓一项数据电文进入一个信息系统的时间，是指在该信息系统内可投入处理的时间。至于进入该信息系统的数据电文是否能够为收件人所识读或者使用则不影响该数据电文意思表示的生效时间。

第二，未指定特定系统的，相对人知道或者应当知道该数据电文进入其系统时生效。这一规定与合同法的规定不完全相同。在这种情况下，合同法规定，该数据电文进入收件人的任何系统的首次时间，为生效时间，而不问相对人是否知道或者应当知道该数据电文进入其系统。我国加入的《联合国国际合同使用电子通信公约》明确规定，在这种情况下，以相对人了解到该数据电文已发送到相对人的任何系统的时间为生效时间。这里的“了解”即知道或者应当知道。为了与公约的规定相一致，本条按照公约的规定对合同法的规定作了相应修改。在实践中，可能存在的问题是“知道或者应当知道”的主观性相对较大，意思表示的表意人一般很难证明相对人是否知道或者应当知道。为了平衡表意人和相对人的利益，《联合国国际合同使用电子通信公约》规定，当数据电文抵达收件人的系统时，即应推定收件人能够知道该数据电文。也就是说，数据电文一旦进入相对人的系统，就视为相对人知道或者应当知道该意思表示。若相对人否认的，必须要承担自己不知道或者不应当知道的证明责任。

第三，当事人对采用数据电文形式的意思表示的生效时间另有约定的，按照其约定。这主要是为了尊重当事人对意思表示生效时间的约定，体现意思自治。在现实生活中，当事人可以约定数据电文形式意思表示的生效时间不是该意思表示进入特定系统的时间。有这种约定的，从其约定。

第一百三十八条 无相对人的意思表示，表示完成时生效。法律另有规定的，依照其规定。

◆ 条文主旨

本条是关于无相对人的意思表示生效时间的规定。

◆ 立法背景

本条对无相对人的意思表示的生效时间作了规定。正如前文所述，无相对人的意思表示由于不涉及意思表示的受领问题，所以一般自意思表示完成时就发生法律拘束力。

◆ **条文解读**

本条规定，无相对人的意思表示在完成时生效。这是无相对人意思表示生效的一般性规则。但有时法律对无相对人的意思表示的生效时间会作出特别规定，例如根据本法继承编的规定，遗嘱这种无相对人的意思表示自遗嘱人死亡时发生效力。所以，本条还规定，法律对无相对人意思表示的生效时间另有规定的，依照其规定。

第一百三十九条 以公告方式作出的意思表示，公告发布时生效。

◆ **条文主旨**

本条是关于以公告方式作出的意思表示生效时间的规定。

◆ **立法背景**

实践中，在意思表示有相对人的情况下，可能会发生意思表示的表意人不知道相对人的具体地址、相对人下落不明的情形。此时，对表意人来说，要通过信函、邮件等方式送达相对人是困难的，其意思表示就有可能迟迟不能生效，影响其利益。例如，合同中的一方当事人根据法律规定或者当事人的约定行使解除权，但找不到另一方当事人，按照传统方式就很难将意思表示送达相对人，这就会严重影响该当事人行使撤销权。对此，必须允许表意人采取特殊方式送达其意思表示。

◆ **条文解读**

基于此，本条借鉴民事诉讼法关于公告送达司法文书的规定，明确规定了表意人在这种情况下可以公告方式作出意思表示。本条规定，对于以公告方式作出的意思表示，公告发布时生效。这里的"公告方式"既可以是在有关机构的公告栏，例如人民法院的公告栏发布公告；也可以是在报纸上刊登公告的方式。以公告方式作出的意思表示，表意人一旦发出公告使之能够为社会公众所知道，就认为意思表示已经到达，即发生效力。理解本条还需要注意：本条所规定的表意人并不是在任何情况下都可以采用公告方式作出意思表示，只有在表意人非因自己的过错而不知相对人的下落或者地址的情况下才可以采用公告方式作出意思表示，否则对相对人很不公平。在表意人知道相对人下落的情况下，表意人不得采用公告方式作出意思表示，除非相对人同意。

第一百四十条 行为人可以明示或者默示作出意思表示。

沉默只有在有法律规定、当事人约定或者符合当事人之间的交易习惯时，才可以视为意思表示。

◆ **条文主旨**

本条是关于作出意思表示的方式的规定。

◆ **条文解读**

在现实生活中，行为人作出意思表示的方式很多，归纳起来大体上可以分为两类：一是以明示的方式作出意思表示。所谓明示的意思表示，就是行为人以作为的方式使得相对人能够直接了解到意思表示的内容。以明示方式作出的意思表示具有直接、明确、不易产生纠纷等特征。所以，实践中，明示的意思表示是运用得最为广泛的一种形式。比较典型的是表意人采用口头、书面方式直接向相对人作出的意思表示。二是以默示方式作出的意思表示。这种方式又称为行为默示，是指行为人虽没有以语言或文字等明示方式作出意思表示，但以行为的方式作出了意思表示。这种方式虽不如明示方式那么直接表达出意思表示的内容，但通过表意人的行为可以推定出其作出了一定的意思表示。在现实生活中，以默示方式作出的意思表示也比较常见。例如，某人向自动售货机投入货币的行为即可推断其作出了购买物品的意思表示。又比如，某人乘坐无人售票的公交车时，其投币行为就可以视为其具有缔结运输合同的意思表示。

意思表示原则上都需要以明示或者默示的方式作出。但是在现实生活中也会出现一种特殊情形，即行为人作出意思表示时既无语言等明示方式，也无行为等默示方式，在一定条件下仍可视为意思表示。这种情形就是以沉默的方式作出的意思表示。沉默是一种既无语言表示也无行为表示的纯粹的缄默，是一种完全的不作为，从法学理论和境外的立法例来看，原则上纯粹的不作为不能视为当事人有意思表示。也就是说，与明示和默示原则上可以作为意思表示的方式不同，沉默原则上不得作为意思表示的方式。只有在有法律规定、当事人约定或者符合当事人之间的交易习惯时，才可以视为意思表示。例如，本法第638条规定，试用买卖的买受人在试用期内可以购买标的物，也可以拒绝购买。试用期间届满，买受人对是否购买标的物未作表示的，视为购买。在这条规定中，试用期间届满后，买受人对是否购买标的物未作表示就是一种沉默，这种沉默就可以视为买受人作出了购买的意思表示。再如，在买卖合同订立的过程中，双方当事人约定，方向另一方发出订立合同的要约后，只要另一方当事人在收到3

天内没有回复的，就视为作出了接受要约内容的承诺，这种约定以沉默作出意思表示也是可以的。

第一百四十一条 行为人可以撤回意思表示。撤回意思表示的通知应当在意思表示到达相对人前或者与意思表示同时到达相对人。

◆ 条文主旨

本条是关于意思表示撤回的规定。

◆ 立法背景

意思表示的撤回，是指在意思表示作出之后、发生法律效力之前，意思表示的行为人欲使该意思表示不发生效力而作出的意思表示。意思表示之所以可以撤回，是因为意思表示生效才能发生法律约束力，在其尚未生效之前，不会对意思表示的相对人产生任何影响，也不会对交易秩序产生任何影响，因此，在此阶段应当允许行为人使未发生法律效力的意思表示不产生预期的效力，这也是对行为人意思自由的充分尊重。

◆ 条文解读

基于此，本条规定，行为人可以撤回意思表示。行为人可以撤回意思表示，但不是在任何情况下都可以撤回其意思表示，而是有条件的。根据本条的规定，撤回意思表示的通知应当在意思表示到达相对人前或者与意思表示同时到达相对人。如果撤回意思表示的通知是在意思表示到达相对人之后到达的，该意思表示已经生效，是否能够使其失效，则取决于相对人是否同意。因此，行为人若要撤回意思表示，必须选择以快于意思表示作出的方式发出撤回的通知，使之能在意思表示到达之前到达相对人。如果意思表示的行为人作出意思表示以后又立即以比作出意思表示更快的方式发出撤回通知，按照通常情况，撤回的通知应当先于或者最迟会与意思表示同时到达相对人，但如果因为其他原因耽误了，撤回的通知在意思表示到达相对人后才到达相对人，在这种情况下，相对人应当根据诚信原则及时通知意思表示的行为人，告知其撤回的通知已经迟到，意思表示已经生效；如果相对人怠于通知行为人，行为人撤回意思表示的通知视为未迟到，仍发生撤回意思表示的效力。

理解本条需要注意两点：

一是意思表示的撤回原则上只有在该意思表示有相对人的情况下才有意义，若是无相对人的意思表示则不存在撤回的问题。这是因为根据本法第 137 条的规定，以对话方式作出的有相对人的意思表示，相对人知道其内容时生效。以非对话方式作出的有相对人的意思表示，到达相对人时生效。也就是说，对于以对话方式作出的有相对人的意思表示，因为相对人知道其内容时就生效，相当于即时生效，行为人很难作出撤回的通知，这种情况下适用撤回的规定的空间比较小。以非对话方式作出的有相对人的意思表示因是到达相对人时生效，则行为人发出撤回意思表示的通知，且该通知在意思表示到达之前或者与意思表示同时到达相对人的，当然视为意思表示没有到达，所以可以适用本条关于撤回的规定。而根据本法第 138 条的规定，无相对人的意思表示，表示完成时生效。也就是说，无相对人的意思表示在表示作出时就发生效力，不可能撤回，只可能撤销。

二是意思表示的撤回与意思表示的撤销是不同的。根据本条的规定，意思表示的撤回是在意思表示未生效前使其不发生效力；而意思表示的撤销是指在意思表示作出并生效之后，行为人又作出取消其意思表示的表示。由于意思表示在到达后已经生效，相对人已知悉了意思表示的内容，甚至可能已经对该意思表示产生了合理的信赖，因此，行为人能否在意思表示生效后取消其意思表示，需要考虑保护相对人合理信赖的问题。这与意思表示撤回中仅考虑保护意思表示行为人对其意思表示的自由处分权利存在较大区别。考虑到意思表示生效后，已经对行为人产生了法律约束力，能否撤销，要平衡行为人和相对人的利益，不宜泛泛规定行为人可以撤销意思表示。基于此，合同编规定，要约可以撤销，但有下列情形之一的，要约不得撤销：（1）要约人以确定承诺期限或者其他形式明示要约不可撤销；（2）受要约人有理由认为要约是不可撤销的，并已经为履行合同做了合理准备工作。所以，总则编只规定了意思表示的撤回，未规定意思表示的撤销。

第一百四十二条 有相对人的意思表示的解释，应当按照所使用的词句，结合相关条款、行为的性质和目的、习惯以及诚信原则，确定意思表示的含义。

无相对人的意思表示的解释，不能完全拘泥于所使用的词句，而应当结合相关条款、行为的性质和目的、习惯以及诚信原则，确定行为人的真实意思。

◆ 条文主旨

本条是关于意思表示解释的规定。

◆ 立法背景

任何意思表示都是通过语言、文字、行为等一定外在表现形式体现出来的，而这些外在表现形式与表意人的内心真实意思表示是否一致，常常因表意人的表达能力或者表达方式的不同而出现差异，或者出现意思表示不清楚、不明确的情形。这就导致在现实生活中，对表意人作出的意思表示，不同的人可能就会产生不同理解，甚至产生争议。为了定分止争，在对意思表示的含义产生争议时，就需要人民法院或者仲裁机构对意思表示进行解释。因此，所谓意思表示的解释，就是指因意思表示不清楚或者不明确发生争议时，由人民法院或者仲裁机构对意思表示进行的解释。解释的目的就是明确意思表示的真实含义。意思表示的解释具有以下特征：一是意思表示解释的对象是当事人已经表示出来的、确定的意思，而非深藏于当事人内心的意思。深藏于当事人内心的意思无法作为认识的对象，是无法解释的。二是这里的意思表示解释主体是人民法院或者仲裁机构，并不是任何机构或者个人都可以对意思表示作出有权解释。现实生活中其他机构或者个人对意思表示的解释不是有权解释，不会对当事人产生法律约束力，只有人民法院或者仲裁机构对意思表示作出的解释才是有权解释，才会对当事人产生法律约束力。三是人民法院或者仲裁机构对意思表示的解释不是任意的主观解释，而是必须遵循一定的规则进行解释，这些规则就是解释意思表示的方法。

在立法过程中，对意思表示的解释问题有两个争论点：第一，是规定意思表示的解释问题，还是规定民事法律行为的解释问题。有的意见认为，意思表示只是民事法律行为的一部分，在现实生活中，主要是对民事法律行为产生争议，规定民事法律行为的解释制度更有意义。经研究认为，意思表示与民事法律行为不完全相同，在有的情况下，只有意思表示，但其还不构成民事法律行为，如单纯的要约或者承诺；在有民事法律行为的情况下，意思表示虽只是民事法律行为的一部分，但其是民事法律行为的核心内容，解释民事法律行为其实也主要是解释其中的意思表示的含义。因此，规定意思表示的解释问题涵盖更广，也更能准确地体现解释的真正对象。第二，是区分有相对人的意思表示和无相对人的意思表示分别规定不同的解释规则，还是不区分，规定统一的解释规则。这实际上代表了对意思表示解释的两种观点。总则编采纳了前一种观点，区分情形分别规定了意思表示的解释，分为有相对人的意思表示解释和无相对人的意思表示解释两种形式。有相对人的意思表示解释是指对表意人向相对人发出的意思表示进行的解释。最为典型的是对订立合同的要约或者承诺进行解释，要约和承诺都是意思表示，但必须向相对人发出且到达相对人才产生效力。无相对人的意思表示解释就是对不需要相对人的意思表示进行的解释，如对遗嘱、悬赏广告等意思表示的解释。之所以作出这样的区分，主要是基于以下考虑：有相对人的意思表示中，需要有意思表示的受领人，所以意思表示必须到达受领人或者为受领人所了解才能发生效力；无相对人的意思表示不需要意思表示的受领人，则不存在意思表示需要到达某人或者为某人所了解才发生效力的问题。因此，有相对人的意思表示一旦为相对人所受领，相对人就会对此产生合理信赖。如果出现表意人的内心真实意思和外在表示出来的意思不一致的情况，就需要平衡保护相对人的信赖利益与保护表意人的内心真实意思；同时，在这种情况下还需要考虑相对人对意思表示的理解水平。而在无相对人的意思表示的情况下，因不存在受领人，就不会产生受领人信赖利益保护的问题，亦不需要考虑受领人的理解水平问题。因此，对无相对人的意思表示的解释就是主要探究表意人的内心真实意思。

◆ **条文解读**

本条第1款对有相对人的意思表示的解释规则作了规定。在实践中，有相对人的意思表示主要存在于合同领域，所以对有相对人的意思表示进行的解释大多数情况下是对合同的解释。根据本条第1款的规定，对有相对人的意思表示的解释，应当遵循以下规则：

第一，首先要按照意思表示所使用的词句进行解释。法理上，这种解释方法又被称为文义解释。意思表示是由词句构成的，所以解释意思表示必须首先从词句的含义入手。这些词句是由表意人和相对人双方形成的，对有相对人的意思表示的解释又涉及对相对人信赖利益的保护，因此绝不能抛开词句对意思表示进行完全的主观解释。对词句的解释应当按照一个合理人通常的理解来进行。也就是说，法官应当以一个合理的人在通常情况下对有争议的意思表示用语所能理解的含义作为解释词句含义的标准。对于何谓“合理人”应当结合具体情况来判断，如果是一般的民事活动，则“合理人”就是社会一般的人，例如一个人到商场买一件衣服，对买卖合同的含义发生争议，对该买卖合同就应当按照一个普通人的理解进行解释；如果是某种特殊交易，则“合理人”就是该领域内的人，例如医疗器械的买卖合同的解释，就应当按照医疗界的人士的理解来解释该买卖合同的含义。

第二，如果按通常的理解对有相对人的意思表示所使用的词句进行解释比较困难或者不合理的，则应当结合相关条款、行为的性质和目的、习惯以及诚实信用原则，确定意思表示的含义。相关条款是意思表示的构成部分，与其他条款有着密切联系，因此不仅要从词句的含义去解释，还要结合相关条款对意思表示进行分析判断，而不是孤立地去看待某个条款。这一点在解释合同的含义时极为重要，对合同含义的解释一定要整体考虑合同的上下文，根据不同条款之间的关联性来进行解释。根据行为的性质和目的进行解释，是指应当根据当事人作出该意思表示所追求的目的，来对有争议的意思表示进行解释。按照自愿原则，民事主体可以在法律规定的范围内，为追求其目的而表达其意思，进而与相对人设立、变更、终止民事法律关系。意思表示本身不过是行为人实现自己目的的手段。因此，在解释意思表示时，应当充分考虑行为人作出该意思表示的目的。如果意思表示的词句与当事人所明确表达的目的相违背，且行为人与相对人对该词句的含义发生争议的，可以按照双方当事人的目的进行解释。按照习惯进行解释是指在对意思表示发生争议以后，应当根据当事人所知悉的生活和交易习惯来对意思表示进行解释。在运用习惯进行解释时，双方当事人应当对运用的习惯是否存在以及其内容进行举证证明，在当事人未举证的情况下，人民法院也可以主动适用习惯进行解释。依据诚信原则解释是指根据诚信原则对有争议的意思表示进行解释。本法第 7 条将诚信原则作为民事基本原则，这一基本原则贯穿于民事主体行使权利和履行义务的全过程，也是法官在解释意思表示时所应遵循的主要规则。它要求法官将自己作为一个诚实守信的当事人来理解、判断意思表示的内容，平衡双方当事人的利益，合理地确定意思表示内容。这里需要注意的是，诚信原则虽然很重要，但由于该原则是一个较为抽象的概念，只有在依据意思表示的词句、相关条款、目的或者性质、习惯等较为具体的解释规则无法对意思表示进行解释时，才可以适用诚信原则进行解释。这是为了增进司法公信力，同时也防止滥用司法裁量权。

本条第 2 款对无相对人的意思表示的解释规则作了规定。根据本款规定，无相对人的意思表示的解释，不能完全拘泥于所使用的词句，而应当结合相关条款、行为的性质和目的、习惯以及诚实信用原则，确定行为人的真实意思。对有相对人的意思表示的解释，不仅需要考虑表意人的内心真实意思，即主观想法，更要考虑相对人的信赖利益，即客观情况，应将二者结合起来考虑，学理上也称为主客观相结合解释主义。与有相对人的意思表示解释规则相比，无相对人的意思表示解释规则最大的不同就是，无相对人的意思表示无相对人，因此对这种意思表示的解释就主要探究表意人的内心真实意思，对客观情况考虑较少，学理上也称为主观解释主义。因此，对有相对人的意思表示的解释，本条强调了首先要按照意思表示所使用的词句进行解释，只有在按照所使用的词句进行解释还很困难时，才可以使用其他解释规则，实际上要以客观情况为主。对无相对人的意思表示的解释，本条则强调了不能完全拘泥于所使用的词句，而是要综合运用所使用的词句、相关条款、行为的性质和目的、习惯以及诚实信用原则探究表意人的内心真实意思。这里需要强调一点，本款规定，对无相对人的意思表示的解释，不能完全拘泥于意思表示所使用的词句，但不是完全抛开意思表示所使用的词句，这主要是为了防止在解释这类意思表示时自由裁量权过大，影响当事人的利益。例如，在对遗嘱进行解释时，虽说主要是探究遗嘱人立遗嘱的真实意思，但也不能完全不考虑遗嘱本身使用的词句。

第三节　民事法律行为的效力

第一百四十三条　具备下列条件的民事法律行为有效：

（一）行为人具有相应的民事行为能力；

（二）意思表示真实；

（三）不违反法律、行政法规的强制性规定，不违背公序良俗。

◆ **条文主旨**

本条是关于民事法律行为有效要件的规定。

◆ **立法背景**

民事法律行为效力的有效发生，是当事人实现意思自治目的的关键。但是，民事法律行为并不是在任何情况下都能具备完全有效的条件。民事法律行为的效力可能因民事主体的民事行为能力是否健全、意思表示是否真实、是否违法及违背公序良俗等情形而受影响。因此，民事法律行为除有效外，还包括无效、可撤销、效力待定等其他效力形态。从其他国家和地区看，明确规定民事法律行为有效要件的立法例并不多见。例如，德国、日本和我国台湾地区等的立法，均未明确规定法律行为的有效要件，而是反向规定了影响法律行为效力状态的各种情形，法律行为如果不具备这些情形，则应当是有效的。但是，也有一些立法例从正面规定了有效要件。例如，《法国民法典》第1108条规定，下列四条件为契约有效成立的必要条件：负担债务当事人的同意；订立契约的能力；构成约束客体的确定标的；债的合法原因。《乌克兰民法典》第194条规定：（1）法律行为的合意不能违反法律、行政法规的当事人必须遵守的强制性规定以及社会的道德原则；（2）当事人应具有相应的民事能力；（3）当事人的意思表示自由，并与其内心意思一致；（4）法律行为应以符合法律规定的形式订立；（5）法律行为的当事人应追求法律行为本身的法律后果；（6）未成年人的父母或养父母订立的合同不能违背未成年人的利益。我国民法通则规定了民事法律行为应当具备的条件。《民法通则》第55条规定："民事法律行为应当具备下列条件：（一）行为人具有相应的民事行为能力；（二）意思表示真实；（三）不违反法律或者社会公共利益。"民法通则的这一规定，清楚明确地从正面规定了民事法律行为需要具备的一般要件，为当事人通过民事法律行为实现私法目的提供了指引。从民法通则颁行以来的司法实务看，法官在遇到法律对具体案件没有特别规定的情况下，也会经常援引本条作为裁判依据。

民法总则立法过程中，对于是否应当正面规定民事法律行为的有效要件这一问题，有的观点认为，从世界主要国家和地区的立法例看，正面规定法律行为有效要件的属于少数。对于体现意思自治的法律行为制度来说，只要明确规定了法律行为的各种瑕疵类型及其效力，在这些之外的法律行为都应当是有效的。因此，不需要正面规定法律行为的有效要件。同时，正面规定有效要件的做法，会让人认为不符合这些要件的法律行为都是无效的，这明显与实际不符。也有的观点认为，我国民法通则曾经规定了民事法律行为的有效要件，实践中该规定发挥了引导行为人正确实施民事法律行为、实现意思自治的作用，民法总则应该继续保留这一规定。

◆ **条文解读**

经反复研究，民法总则采纳了后一种观点，在民事法律行为的效力一节对行为的有效要件作了规定。其主要考虑是：第一，在民事法律行为的效力一节开宗明义地规定行为的有效要件，能够起到正确指引民事主体通过民事法律行为实现意思自治的目的，保障民事活动顺利开展的作用。法律作为社会治理的手段，不仅应当为司法提供裁判规范，还应当成为民事主体的行为规范。对民事法律行为的有效要件加以规定，可以引导民事主体从行为能力、意思表示、合法性等各个方面注意可能影响行为效力的要素，确保行为有效。第二，本条从主体的行为能力、意思表示、合法性三个方面对民事法律行为的有效要件作了规定，充分体现了民法在尊重当事人意思自治的同时也需要对民事法律行为施加必要的控制尤其是合法性控制，这体现了现代民法本身的要求，较好地处理了民法中意思自治与国家强制的关系。第三，民法通则规定了民事法律行为的有效要件，从30多年施行的情况来看，这一规定展现了较好的实践价值，已成为判断民事法律行为效力的重要标准，民法典总则编应当继续予以坚持。第四，从正面规定民事法律行为的有效要件，并不意味着任何一项要件不具备，就必然导致行为无效。从逻辑角度来说，正确的推论应当是：同时符合这些条件的行为有效；行为如果不是完全有效（如无效、可撤销或者效力待定），必然有一项或者几项要件没有具备。事实上，本节接下来的一系列条文正是分别从不同要件欠缺的角度规定民事法律行为的不同效力形态。民法典维持这一规定不变。

根据本条规定，民事法律行为应当具备的有效条件包括：

第一，行为人具有相应的民事行为能力。民事行为能力是行为人通过自己行为参与民事活动，享有权利和承担义务的能力。与作为法律资格的民事权利能力相比，民事行为能力是行为人实施民事法律行为的相应保证。这里的“相应”，强调行为人所实施的民事法律行为应当与其行为能力相匹配：对于完全民事行为能力人而言，可以从事一切民事法律行为，其行为能力不受限制；对于限制民事行为能力人而言，只能实施与其年龄、智力、精神健康状况等相适应的民事法律行为，实施其他行为需要经过法定代理人的同意或者追认；而无民事行为能力人由于不具备民事行为能力，其实施的民事法律行为是无效的。

第二，意思表示真实。意思表示作为法律行为的核心要素，其真实性对于保证行为人正确实现行为目的至关重要。应当注意，此处的真实应作扩大解释，实际上还包含传统民法理论意思表示自由的含义。例如，在因欺诈、胁迫实施民事法律行为的情形中，受欺诈人、受胁迫人的意思表示虽然从表面看是真实的，但实际上并非其内心自由意志的体现。在意思表示不真实的情况下，民事法律行为不能具备完全有效的效力。

第三，不违反法律、行政法规的强制性规定，不违背公序良俗。关于违法与行为效力的关系，民法通则、合同法的规定不尽一致。根据《民法通则》第58条第1款第5项的规定，违反法律或者社会公共利益的民事行为无效。根据《合同法》第52条第5项的规定，违反法律、行政法规的强制性规定的合同无效。与民法通则将一切违法行为均认定无效的规定相比，合同法将违反任意性规范的合同排除在无效范围之外，且将民法通则中的“法律”修改为“法律、行政法规”。《最高人民法院关于适用〈中华人民共和国合同法〉若干问题的解释（二）》在合同法规定的基础上，进一步对“强制性规定”作了限定，其第14条规定：“合同法第五十二条第（五）项规定的‘强制性规定’，是指效力性强制性规定。”无论从立法还是从司法的角度看，法律对于民事法律行为无效的认定都越来越趋于严格。这实际上体现了民法尊重意思自治、鼓励交易自由的精神。需要说明的是，总则编立法过程中，对于本项前半句的表述如何规定存在不同意见。有的意见认为，民法典总则编应当借鉴吸收司法解释的有益成果，将民事法律行为不违法的范围明确限定为“法律、行政法规的效力性强制性规定”。有的意见认为，自司法解释使用“效力性强制性规定”的表述以来，实践中对于如何认定“效力性强制性规定”争议不断，建议总则编不采用这一表述。经研究，总则编仍采用了民事法律行为“不违反法律、行政法规的强制性规定”这一表述，既与现行法律的规定保持一致，也可避免争议。同时，对于违反法律、行政法规的强制性规定的行为效力问题规定在本法第153条，并在该条中对违法无效的行为作出限定。关于不违背公序良俗，民事法律行为除不得违反法律、行政法规的强制性规定外，还有不得违背公序良俗的要求。前者侧重于具体的法律规范对民事法律行为效力的要求，后者则是从公共秩序和善良习俗方面对民事法律行为提出的要求。

本条作为“民事法律行为的效力”一节的首条规定，明确了一项有效的民事法律行为需要具备的基本要件。相反，如果其中某项要件不具备，则民事法律行为的效力就可能受到影响。本节其他条文即从不同方面规定了民事法律行为的不同效力形态。

第一百四十四条 无民事行为能力人实施的民事法律行为无效。

◆ 条文主旨

本条是关于无民事行为能力人实施的民事法律行为的效力的规定。

◆ 立法背景

本节是关于民事法律行为效力的规定。其中第 143 条从民事法律行为有效条件的角度作了正面规定。从本条开始的本节其他条文，则分别从不同角度规定了民事法律行为的效力瑕疵及其相应的法律后果。本条规定的是无民事行为能力人所实施的民事法律行为的效力问题，即无民事行为能力人实施的民事法律行为无效。

本法总则编第二章第一节对自然人的民事权利能力和民事行为能力作了规定。自然人的民事权利能力始于出生，终于死亡，且一律平等。但自然人的民事行为能力却因年龄、智力、精神健康状况等划分为三种不同类型。其中，第一类是完全民事行为能力人，指的是年满 18 周岁的成年人。16 周岁以上的未成年人，以自己的劳动收入为主要生活来源的，视为完全民事行为能力人。完全民事行为能力人可以独立实施民事法律行为。第二类是限制民事行为能力人，包括 8 周岁以上的未成年人以及不能完全辨认自己行为的成年人。限制民事行为能力人可以独立实施纯获利益的民事法律行为或者与其年龄、智力、精神健康状况相适应的民事法律行为；实施其他民事法律行为由其法定代理人代理，或者经其法定代理人同意、追认。第三类是无民事行为能力人，包括不满 8 周岁的未成年人以及不能辨认自己行为的成年人。无民事行为能力人由其法定代理人代理实施民事法律行为。

◆ **条文解读**

无民事行为能力人尽管在民事权利能力方面同其他民事主体一律平等，但由于其不具备自己实施民事行为的能力，因此在法律上规定由其法定代理人代理其实施民事法律行为，而将其自身实施的民事法律行为则一律规定为无效。这样规定，符合民事法律行为有效要件中“行为人具有相应的民事行为能力”的要求，也是许多国家和地区立法例的通行做法。如《德国民法典》第 105 条规定：（1）无行为能力人的意思表示无效。（2）在丧失知觉或暂时的精神错乱的状态下作出的意思表示亦无效。我国台湾地区“民法”第 75 条规定：无行为能力人之意思表示，无效；虽非无行为能力人，而其意思表示，系在无意识或精神错乱中所为者亦同。《俄罗斯联邦民法典》第一编总则第 171 条规定：（1）由于精神病而被确认为无行为能力的公民所实施的法律行为，自始无效。此类法律行为的每一方当事人均有义务将全部所得以实物返还给另一方当事人，而在不可能以实物返还所得时，有义务赔偿其全部所得的价值。此外，如果具有行为能力的一方当事人知悉或者应该知悉另一方当事人不具有行为能力，则具有行为能力的一方当事人有义务赔偿另一方当事人所遭受的实际损失。(2) 因精神病而被确认为无行为能力的公民所实施的法律行为，如果法律行为的实施对该公民有利，则为了该公民的利益，依据其监护人的请求，可以由法院确认为有效。

关于无民事行为能力人实施的民事法律行为是否一律确认为无效，在民法典总则编立法过程中曾有过争论。有的意见认为，无民事行为能力人实施的民事法律行为并非全部无效，如接受他人捐赠等纯获利益的民事法律行为应当认为是有效的。有的提出，无民事行为能力人实施的行为即使纯获利益也应无效，否则会导致概念不清晰，但可考虑通过日常行为有效的规定涵盖此类行为。经反复研究，最终本法总则编采纳了无民事行为能力人实施的民事法律行为无效的规定。主要考虑是：第一，这样规定符合自民法通则以来的立法传统。根据《民法通则》第 58 条的规定，无民事行为能力人实施的民事行为无效。本条对无民事行为能力人实施民事法律行为效力的规定沿袭了民法通则的规定。第二，将无民事行为能力人实施的民事法律行为的效力规定为无效，与自然人民事行为能力三分法的逻辑相契合，概念和体系上更加清晰。第三，纯获利益的行为在实践中类型多样，并非一望便知、简单识别，总则编规定无民事行为能力人实施此种行为无效，并不妨碍其代理人代理实施这种行为，实际上是给予无民事行为能力人的一种保护。

第一百四十五条　限制民事行为能力人实施的纯获利益的民事法律行为或者与其年龄、智力、精神健康状况相适应的民事法律行为有效；实施的其他民事法律行为经法定代理人同意或者追认后有效。

相对人可以催告法定代理人自收到通知之日起三十日内予以追认。法定代理人未作表示的，视为拒绝追认。民事法律行为被追认前，善意相对人有撤销的权利。撤销应当以通知的方式作出。

◆ 条文主旨

本条是关于限制民事行为能力人实施的民事法律行为的效力的规定。

◆ 立法背景

限制民事行为能力人由于具备一定的行为能力，因此法律上认可其从事一定民事法律行为的效力，而不像无民事行为能力人那样一概否定其行为效力。但是，限制民事行为能力人的行为能力又不像完全民事行为能力人那样完全、充分，因此法律又必须对其从事的民事法律行为的效力进行一定限制，这既是对限制民事行为能力人的保护，避免其因实施与行为能力不匹配的民事法律行为而利益受损，同时也有助于维护交易安全。

◆ 条文解读

本条第1款是关于限制民事行为能力人从事的民事法律行为效力的规定，具体包括两层含义：

第一，原则上，限制民事行为能力人所从事的民事法律行为，须经法定代理人同意或者追认才能有效。对于限制民事行为能力人而言，监护人为其法定代理人。限制民事行为能力人实施的民事法律行为要具有效力，一个重要的条件就是要经过法定代理人的同意或者追认，经过同意或者追认，民事法律行为就具有法律效力。如果没有经过同意或者追认，民事法律行为即使成立，也并不实际生效，而处于效力待定状态。这里对法定代理人补正限制民事行为能力人的行为能力规定了两种方式：一种是同意，指的是法定代理人事先对限制民事行为能力人实施某种民事法律行为予以明确认可；另一种是追认，指的是法定代理人事后明确无误地对限制民事行为能力人实施某种民事法律行为表示同意。无论是事先的同意还是事后的追认，都是法定代理人的单方意思表示，无须行为相对人的同意即可发生效力。需要说明的是，法定代理人对限制民事行为能力人行为的同意或者追认应当采用明示的方式作出，同时应当为行为相对人所知晓才能发生效力。

第二，考虑到限制民事行为能力人并非完全没有民事行为能力，因此除原则上规定其行为须经法定代理人同意或者追认有效之外，本条还规定了部分民事法律行为无须经法定代理人同意或者追认即可有效。这些行为主要包括两类：一是纯获利益的民事法律行为。所谓“纯获利益”，一般是指限制民事行为能力人在某种民事法律行为中只享有权利或者利益，不承担任何义务，如限制民事行为能力人接受赠与、奖励、报酬等。限制民事行为能力人如果实施了此类行为，他人不得以其限制民事行为能力为由主张行为不发生效力。二是与限制民事行为能力人的年龄、智力、精神健康状态相适应的民事法律行为，这些民事法律行为多与日常生活相关，如对于8周岁以上的未成年人购买价值不高的学习用品、平日出行乘坐交通工具等；对于不能完全辨认自己行为的精神病人，在其健康状况允许时，可以实施某些民事法律行为，而不经其法定代理人追认。法律之所以认可限制民事行为能力人独立实施纯获利益或者与其年龄、智力、精神健康状况相适应的民事法律行为，是因为这些行为要么属于只给限制民事行为能力人增利获益的行为，要么属于限制民事行为能力人在其能力范围内可以独立实施、不致因行为能力欠缺而权益受损的行为。除此之外的其他民事法律行为，只有经过法定代理人的同意或者追认后，才能发生效力。

本条第 2 款是对法定代理人追认的有关规定。根据本款规定，限制民事行为能力人实施民事法律行为后，与其从事民事法律行为的相对人可以催告限制民事行为能力人的法定代理人在 1 个月内予以追认。法定代理人未作表示的，视为拒绝追认。所谓催告，是指民事法律行为的相对人要求法定代理人在一定期限内就是否认可限制民事行为能力人所实施民事法律行为的效力作出表示，逾期不作表示的，视为法定代理人拒绝承认行为的效力。催告在民法理论上被称为“准法律行为”，因为尽管催告具有类似意思表示的行为外观，但其最终效力的发生却仍然来自于法律规定。限制民事行为能力人在其行为能力范围之外实施的民事法律行为属于效力待定，此种效力不确定的状态不应一直持续。立法赋予相对人以催告权，可以避免这种效力不确定的状态长期持续，从而保护相对人权益，维护交易安全。在相对人催告法定代理人对行为是否予以追认的期间内，如果法定代理人不对此作出表示，意味着法定代理人对通过追认补足行为效力的态度是消极的、放任的，此时应视为其拒绝追认，因此该行为不发生效力。需要说明的是，相对人的催告应当以明示方式作出，期间也应从法定代理人收到通知之日起算。本条确定的期间为 1 个月，法定代理人超过 1 个月未作表示的，视为拒绝追认。

本条第 2 款除规定相对人的催告权外，还规定了善意相对人的撤销权，即民事法律行为被追认前，善意相对人有撤销的权利。

这里的撤销权，是指民事法律行为的相对人在法定代理人追认限制民事行为能力人实施的民事法律行为前，撤销自己在该民事法律行为中所作的意思表示。对于限制民事行为能力人实施的此类民事法律行为来说，如果仅规定法定代理人的追认权，相当于肯定或否定行为效力的权利只交由法定代理人来行使，而在法定代理人对行为作出追认前，相对人无法根据自身利益对行为效力作出选择，只能被动地接受法定代理人的追认或者否认，这对于相对人尤其是善意相对人而言是不公平的。此处的撤销权在性质上属于形成权，即相对人可以直接通过自己的行为而无须借助他人即可行使的权利。本条撤销权的行使应注意以下几点：一是相对人撤销权的行使须在法定代理人追认之前，法定代理人一经追认，相对人不得再行使这一权利。二是仅善意相对人可行使撤销权。所谓善意，是指相对人实施民事法律行为时并不知晓对方为限制民事行为能力人，且此种不知晓不构成重大过失。三是相对人行使撤销权时，应当通过通知的方式作出，这种通知必须是明示的、明确的，不得通过默示的方式。

第一百四十六条 行为人与相对人以虚假的意思表示实施的民事法律行为无效。

以虚假的意思表示隐藏的民事法律行为的效力，依照有关法律规定处理。

◆ 条文主旨

本条是关于以虚假意思表示实施的民事法律行为的效力以及隐藏行为效力的规定。

◆ **立法背景**

虚假意思表示又称虚伪表示，其法律概念源于德国民法，后被日本、韩国、我国台湾地区等民法所采。所谓虚伪表示，是指行为人与相对人都知道自己所表示的意思并非真意，通谋作出与真意不一致的意思表示。虚伪表示的特征在于，双方当事人都知道自己所表示出的意思不是真实意思，民事法律行为本身欠缺效果意思，双方均不希望此行为能够真正发生法律上的效力。一般而言，虚伪表示在结构上包括内外两层行为：外部的表面行为是双方当事人共同作出与真实意思不一致的行为，也可称作伪装行为；内部的隐藏行为则是被隐藏于表面行为之下，体现双方真实意思的行为，也可称作非伪装行为。比如，双方名为买卖实为赠与，买卖并非双方的真实意思表示，属于表面行为或伪装行为；赠与是双方的真实意思表示，属于隐藏行为或者非伪装行为。尽管隐藏行为的存在与虚伪表示联系在一起，但虚伪表示与隐藏行为并不总是一一对应。具体而言，无虚伪表示就无所谓隐藏行为，有隐藏行为也就存在虚伪表示，但存在虚伪表示，并不一定有隐藏行为。比如，以逃避债务为目的假装财产赠与，赠与行为是虚伪表示，但并不存在隐藏行为。

◆ **条文解读**

本条第1款是对双方以虚假意思表示作出的民事法律行为效力的规定，即行为人与相对人以虚假的意思表示实施的民事法律行为无效。这一规定的含义是：双方通过虚假的意思表示实施的民事法律行为是无效的。之所以对通过虚伪表示实施的民事法律行为的效力予以否定，是因为这一“意思表示”所指向的法律效果并非双方当事人的内心真意，双方对此相互知晓，如果认定其为有效，有悖于意思自治的原则。本款虽未明确规定行为人与相对人须通谋而为虚假的意思表示，实际上双方对虚假意思表示达成一致的结果反映出二者必须有一个意思联络的过程。这也是虚伪表示区别于真意保留的重要一点，真意保留的相对人并不知晓行为人表示的是虚假意思。

大陆法系的不少国家和地区均对虚伪表示及其效力作了规定。《德国民法典》第 117 条第 1 款规定：须以他人为相对人而作出的意思表示，系与相对人通谋而只是虚伪地作出的，无效。《日本民法典》第 94 条规定：与相对人通谋而进行虚伪意思表示者，其意思表示为无效。前款意思表示的无效，不得以之对抗善意第三人。《韩国民法典》第 108 条规定：与相对人通谋而作出的虚伪意思表示无效。前项的意思表示无效，不得对抗善意第三人。我国台湾地区“民法”第 87 条第 1 款规定：表意人与相对人通谋而为虚伪意思表示者，其意思表示无效。但不得以其无效对抗善意第三人。

本条第 2 款是对隐藏行为效力的规定：行为人以虚假的意思表示隐藏的民事法律行为的效力，依照有关法律规定处理。所谓隐藏行为，又称隐匿行为，是指在虚伪表示掩盖之下行为人与相对人真心所欲达成的民事法律行为。根据虚伪表示与隐藏行为的对应关系，有虚伪表示，未必存在隐藏行为；但有隐藏行为，则一定存在虚伪表示。前者如以逃避债务为目的的假赠与，赠与行为是通过虚伪表示而实施的行为，但并不存在隐藏行为；后者如名为赠与实为买卖，赠与行为是通过虚伪表示实施的行为，而买卖则是掩盖在虚伪表示之下的隐藏行为。根据本条规定，当同时存在虚伪表示与隐藏行为时，虚伪表示无效，隐藏行为并不因此无效，其效力如何，应当依据有关法律规定处理。具体来说，如果这种隐藏行为本身符合该行为的生效要件，那么就可以生效。如在名为赠与实为买卖的行为中，赠与行为属于双方共同以虚假意思表示实施的民事法律行为，无效；而隐藏于赠与形式之后的买卖则是双方共同的真实意思表示，其效力能否成就取决于其是否符合买卖合同有关的法律规定：如果符合买卖合同生效要件的法律规定，则为有效；反之，则无效。本款对隐藏行为的效力作出上述规定，主要考虑是：第一，实践中当存在虚伪表示时，往往同时存在隐藏行为。如果仅规定虚伪表示的效力规则而不对隐藏行为的效力作出规定，将导致大量隐藏行为的处理没有依据。第二，虚伪表示背后隐藏的民事法律行为，体现了双方当事人的真实意思表示，原则上不应否定其效力。但隐藏行为的效力最终如何，仍然应当根据该行为自身的效力要件予以判断，不宜不加限制地一律承认其效力。这既体现了对双方意思自治的充分认可，同时也对隐藏行为的效力发生施加了必要的限定，根据具体类型民事法律行为的有关规定予以判断。第三，从有关国家和地区的立法例看，一些规定了虚伪表示的民事立法，也同时规定了隐藏行为及其效力规则。如《德国民法典》第 117 条第 2 款规定：另一法律行为被虚伪行为所隐藏的，适用关于被隐藏的法律行为的规定。我国台湾地区“民法”第 87 条第 2 款规定：虚伪意思表示，隐藏他项法律行为者，适用关于该项法律行为之规定。

第一百四十七条 基于重大误解实施的民事法律行为，行为人有权请求人民法院或者仲裁机构予以撤销。

◆ **条文主旨**

本条是关于基于重大误解实施的民事法律行为的效力规定。

◆ **立法背景**

重大误解，是我国民法自民法通则和合同法以来一直沿用的概念。《民法通则》第 59 条规定："下列民事行为，一方有权请求人民法院或者仲裁机关予以变更或者撤销：（一）行为人对行为内容有重大误解的；（二）显失公平的。被撤销的民事行为从行为开始起无效。"《合同法》第 54 条第 1 款规定："下列合同，当事人一方有权请求人民法院或者仲裁机构变更或者撤销：（一）因重大误解订立的；（二）在订立合同时显失公平的。"尽管民法通则和合同法均规定了重大误解制度，但对于如何界定重大误解，法律并未作出规定。《最高人民法院关于贯彻执行〈中华人民共和国民法通则〉若干问题的意见（试行）》第 71 条规定："行为人因对行为的性质、对方当事人、标的物的品种、质量、规格和数量等的错误认识，使行为的后果与自己的意思相悖，并造成较大损失的，可以认定为重大误解。"根据这一规定，认定重大误解需满足以下几个条件：一是行为人主观上存在错误认识，这种错误可以是关于行为的性质，也可以是关于行为的相对人、交易标的的质量、数量等；二是行为的结果与行为人的意思相悖；三是行为人的错误认识与行为后果之间存在因果关系，即如果没有这种错误认识，将不会产生该行为后果；四是行为人在客观上遭受了较大损失，如果没有损失或者损失较小，也不能构成重大误解。

在传统民法理论中，与重大误解相关的概念是错误。错误是指表意人非故意地使意思与表示不一致。按照意思表示本身的两个阶段，可以划分为意思形成阶段的错误和意思表达阶段的错误。其中，意思表达阶段的错误，是错误制度的主要规范对象，又可细分为表示错误与内容错误。所谓表示错误，是指表意人错误使用表示符号，该表示符号所表达的法律后果并非表意人内心的真实想法，典型的如将合同价款 10000 元写成 1000 元、误将 A 画当作 B 画取走等，可以通俗地理解为"说错""写错""拿错"等；所谓内容错误，不同于表示错误，它是指表意人使用的表示符号并没有错，但对该符号所表示的内容产生理解错误。典型的内容错误又可细分为同一性错误和行为类型错误。同一性错误如甲想和乙订立合同，却误将丙当作乙；A 想买橘子，却指着橙子说："买两斤这个。"行为类型错误如甲想把画卖给乙，对乙说："我有一幅画，你要不要?"由于没有约定价格，乙理解为赠与而予以接受。此时，买卖合同因未形成合意而不成立，赠与因符合表示主义而成立。甲可以基于行为类型错误而主张撤销赠与合同。意思形成阶段的错误，是指表意人在形成意思表示时所产生的错误，也称为动机错误。原则上，法律行为的效力与动机错误无关。比如，当事人对相对人的履约能力是否符合自己需求产生错误认识，不应作为错误主张撤销。但是，动机错误一律不得作为错误予以撤销的原则也有例外，当有关人或物的性质错误被视为对交易具有重要作用时，这种情形下的动机错误视为内容错误，同样可以适用错误规则。性质错误的典型例子，如甲以为 A 赛马赢得过竞赛冠军，故以重金买下，但实际上赢得竞赛冠军的是 B 赛马。此时甲对 A 赛马是否赢得过竞赛冠军的能力产生错误认识，属于性质错误。

大陆法系国家和地区的民法对于错误及其效力规则的规定不尽相同。《德国民法典》第 119 条规定：(1) 在作出意思表示时，就它的内容发生错误或根本无意作出这一内容的表示的人，如需认为他在知道事情的状况和合理地评价情况时就不会作出该表示，则可以撤销该表示。(2) 关于在交易上被认为重要的人的资格或物的特性的错误，也视为关于表示内容的错误。《意大利民法典》第 1428 条规定，当错误是本质性的（参阅第 1429 条）并为缔约另一方可以识别（参阅第 1431 条）时，错误是契约被撤销的原因。第 1429 条规定，下列错误是本质性的：(1) 涉及契约的本质的（参阅第 1322 条）或者标的物（参阅第 1346 条）时；(2) 涉及交付标的物的同一性（参阅第1346条）或者根据一般标准或有关情况应当由合意确认的同一标的物的质量时；(3) 涉及由缔约方确认他方缔约人的身份或基本情况时；(4) 涉及构成唯一或主要原因的法律错误时（参阅第624条、第787条、第1969条、第2732条）。《韩国民法典》第109条规定：(1) 意思表示，于法律行为内容的重要部分有错误时，可撤销。但该错误是因表意人的重大过失而引起时，不得撤销。(2) 前项的意思表示的撤销，不得对抗善意第三人。我国台湾地区“民法”第88条第1款规定，意思表示之内容有错误，或表意人若知其事情即不为意思表示者，表意人得将其意思表示撤销之。但以其错误或不知事情，非由表意人自己之过失者为限。第2款规定，当事人之资格或物之性质，若交易上认为重要者，其错误，视为意思表示内容之错误。同以上国家和地区立法将错误规定为可撤销不同，法国和日本采取了将错误规定为无效的立法例。《法国民法典》第1110条规定，错误仅于涉及契约标的物的本质时，始构成无效的原因。如错误涉及当事人一方愿与之订约的他方当事人个人时，错误不成为无效的原因，但他方当事人个人被认为契约的主要原因时，不在此限。《日本民法典》第95条规定，意思表示，于法律行为的要素有错误时，为无效。但是，表意人有重大过失时，不得自己主张其无效。

◆ **条文解读**

本条规定，基于重大误解实施的民事法律行为，行为人有权请求人民法院或者仲裁机构予以撤销。立法过程中，关于这一规定的意见及考虑主要有：第一，是否参照大陆法系国家和地区立法例采用“错误”概念。有的意见提出，总则编应当与大陆法系主要国家和地区的规定保持一致，在立法中采“错误”概念，并尽量明确“错误”内涵。经研究，重大误解的概念自民法通则创立以来，实践中一直沿用至今，已经为广大司法实务人员以及人民群众所熟知并掌握，且其内涵经司法解释进一步阐明后已与大陆法系的“错误”的内涵比较接近，在裁判实务中未显不当，可以继续维持民法通则和合同法的规定。第二，是否在条文中详细列举重大误解的情形。有的意见提出，司法解释对如何认定重大误解作了规定，针对性强，实践效果不错，应当在总则编中加以规定。我们认为，最高人民法院从法律适用的角度对民法通则中“重大误解”的认定加以规定是可行的，能够更加清晰地为裁判提供指引，防止自由裁量权的滥用，统一裁判尺度。但完全将目前司法解释的规定上升为法律是否能够涵盖重大误解的所有情形，仍存在疑问。随着民事法律行为理论以及实践类型的不断发展，重大误解制度的涵摄范围会有变化，但这本质上是一个司法问题，立法可以不对其作具体限定。第三，关于重大误解撤销权的行使。有的意见提出，重大误解行为人的撤销权属于形成权，其行使仅须行为人向相对人为之，无须采用诉讼或者仲裁的方式。经研究认为，撤销权的行使将彻底改变民事法律行为的效力，关涉当事人的重大利益，民法通则及合同法均规定撤销权须经诉讼或者仲裁，这样有利于维护正常的法律秩序，妥善保护当事人双方的合法权益。经长期实践证明，民法通则和合同法关于撤销权行使方式的规定符合中国实际，总则编予以维持。

第一百四十八条　一方以欺诈手段，使对方在违背真实意思的情况下实施的民事法律行为，受欺诈方有权请求人民法院或者仲裁机构予以撤销。

◆ **条文主旨**

本条是关于行为人以欺诈手段实施的民事法律行为的效力规定。

◆ **立法背景**

民法中的欺诈，一般是指行为人故意欺骗他人，使对方陷入错误判断，并基于此错误判断作出意思表示的行为。欺诈的构成要件一般包括四项：一是行为人须有欺诈的故意。这种故意既包括使对方陷入错误判断的故意，也包括诱使对方基于此错误判断而作出意思表示的故意。二是行为人须有欺诈的行为。这种行为既可以是故意虚构虚假事实，也可以是故意隐瞒应当告知的真实情况等。三是受欺诈人因行为人的欺诈行为陷入错误判断，即欺诈行为与错误判断之间存在因果关系。四是受欺诈人基于错误判断作出意思表示。

我国民法通则和合同法均对欺诈作了规定，但二者对欺诈的效力规范有所不同。根据《民法通则》第 58 条第 1 款第 3 项的规定，一方以欺诈、胁迫的手段或者乘人之危，使对方在违背真实意思的情况下所为的民事行为无效。合同法没有将因欺诈订立的合同一律认定无效，而是区分情况作了规定。根据《合同法》第 52 条第 1 项、第 54 条第 2 款的规定，一方以欺诈手段所订立的损害国家利益的合同无效；一方以欺诈的手段，使对方在违背真实意思的情况下订立的合同，受损害方有权请求人民法院或者仲裁机构变更或者撤销。对于欺诈的具体含义，民法通则和合同法没有作出规定。《最高人民法院关于贯彻执行〈中华人民共和国民法通则〉若干问题的意见（试行）》第 68 条规定："一方当事人故意告知对方虚假情况，或者故意隐瞒真实情况，诱使对方当事人作出错误意思表示的，可以认定为欺诈行为。"

世界主要国家和地区的民事立法均对欺诈行为及其效力作了规定。其中，德国、日本、韩国以及我国台湾地区“民法”的规定较为接近。《德国民法典》第 123 条第 1 款规定，因被恶意欺诈或被不法胁迫，致使作出意思表示的人，可以撤销该表示。《日本民法典》第 96 条第 1 款规定，因欺诈或胁迫而作出的意思表示，可以撤销。《韩国民法典》第 110 条第 1 款规定，因欺诈或胁迫而为的意思表示，可撤销。我国台湾地区“民法”第 92 条规定，因被诈欺或被胁迫而为意思表示者，表意人得撤销其意思表示。意大利民法同样将欺诈规定为可撤销的行为，其民法典第 1439 条第 1 款规定，在缔约一方实施欺骗致使另一方缔结了在未受欺骗时不会缔结的契约的情况下，诈欺是契约得被撤销的原因。第 1440 条规定，如果欺诈不是能够导致合意形成的欺诈，则尽管没有诈欺该契约会根据不同的条件缔结，且契约有效；不过，恶意缔约人要承担损害赔偿责任（参阅第 1337 条）。与其他国家和地区的立法例不同，《法国民法典》将欺诈规定为无效行为，其民法典第 1109 条规定，如同意是由于错误、胁迫或诈欺而为，不得认为同意已有效成立。第 1116 条规定，如当事人一方不实施诈欺，他方当事人决不缔结契约者，此种诈欺构成契约无效的原因。诈欺不得推定，应证明之。从这些立法例的情况看，将欺诈实施的法律行为规定为可撤销行为是比较通行的做法，能够最大程度地尊重受欺诈方的选择，保护其合法权益。

◆ **条文解读**

本条规定包括以下几点内容：第一，欺诈系由民事法律行为的一方当事人实施，而相对人因此欺诈行为陷入错误判断，并进而作出了意思表示。换言之，如果没有行为人的欺诈行为，相对人将不会作出这种意思表示，民事法律行为不会成立。第二，欺诈的构成并不需要受欺诈人客观上遭受损害后果的事实，只要受欺诈人因欺诈行为作出了实施民事法律行为的意思表示，即可成立欺诈。第三，欺诈的法律后果为可撤销，享有撤销权的是受欺诈人。关于欺诈的法律后果，民法通则规定的是无效，合同法则区分欺诈行为是否损害国家利益而分别规定，如损害国家利益，则无效；如不损害，则为可变更或者可撤销。应当说，合同法在民法通则规定的基础上，修正了凡欺诈一律无效的规定，考虑到了对受欺诈人意思自治的尊重和保护，是可取的。但其又区分合同是否损害国家利益将欺诈的法律后果分别规定为无效和可撤销，这既与传统民法理论及世界各国或地区立法例不符，在实践中也难以把握，甚至容易导致裁判者滥用自由裁量权随意判定民事法律行为无效的情形，反而损害特定情形下受欺诈人对民事法律行为效力的自主选择权，因此不宜采纳。同时，将欺诈行为的法律后果规定为可撤销，也是立法中的多数意见，因此总则编采纳这一意见，将欺诈的后果规定为可撤销。

此外，还有两个问题需要说明。一是关于撤销权的行使。立法过程中，有的意见认为，撤销权性质上属于形成权，撤销权人可以通过自己的行为行使，无须借助诉讼或者仲裁的方式。我们研究认为，撤销权人撤销权的行使与否，直接关涉民事法律行为的效力，也因此会对双方当事人的利益产生重大影响，应通过法院或者仲裁机构行使为宜。同时，通过法院或者仲裁机构行使撤销权，可以避免双方为此进一步滋生争议，也符合我国一直以来的立法传统和司法实际，应当予以坚持。二是关于是否保留变更权的规定。有的意见提出，合同法规定了欺诈相对人可以向法院或者仲裁机构申请变更或者撤销合同的权利，总则编应当维持合同法关于变更权的规定。经研究，总则编最终没有采纳这一意见。其主要理由包括：第一，从实践的情况看，合同法虽然规定了变更权，但这一制度在实践中并未得到广泛适用，真正发挥作用的空间较小。绝大多数欺诈行为的相对人仍然选择通过撤销权的行使来保护其合法权益。第二，从各国或地区立法的情况来看，也没有赋予欺诈相对人有权变更法律行为的立法例，赋予相对人变更权不符合国际上的立法趋势。第三，民事法律行为因欺诈被撤销后，如果行为人与相对人有意重新达成合意实施民事法律行为，法律并不禁止。但如果法院或者仲裁机构根据受欺诈人的申请对民事法律行为进行变更，则并不一定符合当事人包括受欺诈人的内心意思，反而容易形成公权力对私人权利领域的不当干扰，甚至导致自由裁量权的滥用。基于以上几点考虑，总则编没有延续合同法对欺诈行为可变更的规定。

第一百四十九条　第三人实施欺诈行为，使一方在违背真实意思的情况下实施的民事法律行为，对方知道或者应当知道该欺诈行为的，受欺诈方有权请求人民法院或者仲裁机构予以撤销。

◆ **条文主旨**

本条是关于第三人欺诈的民事法律行为的效力规定。

◆ **立法背景**

民法中的欺诈，一般是指行为人故意欺骗他人，使对方陷入错误判断，并基于此错误判断作出意思表示的行为。在这一过程中，受欺诈人一定是民事法律行为的一方当事人，其由于欺诈人的欺诈行为陷入错误判断，并据此作出意思表示；但实施欺诈行为的人除民事法律行为的当事人外，还有可能是第三人。这里的第三人，一般是指民事法律行为的双方当事人之外、与一方存在某种关系的特定人。当事人之外的第三人对其中一方当事人实施欺诈的目的，有可能是仅仅为了帮助对方当事人达成交易，如得知买受人欲购买朋友的二手汽车，便极力劝说，尽管知道该车性能不好、出过事故，但谎称该车性能良好，从未出过事故，买受人遂信以为真，购买了该二手汽车。第三人实施欺诈也有可能最终为实现自己的目的，如第三人为达到使 A 尽快偿还所欠其债务的目的，劝说 B 购买 A 所收藏的仿真画作，谎称该画作为真品，B 信以为真，购买了该画作，A 用所得的价款偿还了对第三人的债务。由于第三人欺诈的行为同样对受欺诈人的利益造成了损害，因此本条对此加以规制。

民法通则及合同法以民事法律行为的一方当事人实施欺诈为规范对象，并未规定第三人实施欺诈的情形。从世界各国和地区的立法例看，凡规定了欺诈行为的立法，大多同时规定了第三人欺诈。如《德国民法典》第 123 条第 2 款规定，第三人已进行欺诈的，仅在相对人知道或应当知道欺诈时，须以他人为相对人而作出的表示才是可撤销的。应向其作出表示的相对人以外的人，已因该表示而直接取得权利的，如其知道或应当知道欺诈，则该表示对他是可撤销的。《日本民法典》第 96 条第 2 款规定，在对相对人的意思表示中有第三人实施诈欺时，以相对人知道其事实之时为限，可以撤销其意思表示。《韩国民法典》第 110 条第 2 款规定，对于有相对人的意思表示，第三人进行欺诈或胁迫情形，以相对人知道或应当知道该事实的情形为限，可撤销其意思表示。《意大利民法典》第 1439 条第 2 款规定，当欺诈是第三人所为时（参阅第 1434 条），如涉及缔约人的利益，则契约被撤销。

◆ **条文解读**

本条借鉴了大陆法系多数国家和地区的立法例，针对第三人欺诈的行为作了规定，主要内容包括：第一，当事人以外的第三人对一方当事人实施了欺诈行为，并致使该当事人陷入错误判断且据此作出了意思表示。欺诈行为的具体形式，有可能是故意告知虚假信息，或者故意隐瞒真实情况，也可能存在其他不同形式，但其根本目的在于使受欺诈人陷入错误认识，作出“若了解真实情况便不会作出的”意思表示。第二，受欺诈人享有对民事法律行为的撤销权，但该撤销权行使须满足一定条件。具体来说，第三人实施欺诈行为，只有在受欺诈人的相对方非属于善意时，受欺诈人才能行使撤销权。相对方的这种非善意表现为，对于第三人的欺诈行为，其知道或者应当知道。实践中，对于第三人实施的欺诈行为，受欺诈人的相对方既可能知情，也可能不知情。例如，在欺诈买受人购买朋友二手车的例子中，二手车的出卖人既可能知道交易的达成系其朋友欺诈买受人的结果，也可能对此并不知情，单纯认为买受人愿意购买自己的二手车。法律仅赋予相对方知情时受欺诈人撤销民事法律行为的权利，体现了对善意相对人的保护。第三，撤销权的行使仍须通过人民法院或者仲裁机构行使。

还有一个问题需要说明，有的意见提出，无论是一方当事人欺诈，还是第三人欺诈，都是对受欺诈人意思表示自由的侵害，均应当赋予受欺诈人撤销权，对此法律可不作区分。我们研究认为，在一方当事人实施欺诈行为时，相对人对欺诈并不知情，由此陷入错误判断并作出意思表示。在此种情形下，相对人必然为善意，应当享有撤销权。而在第三人欺诈的情况下，仅赋予受欺诈人在相对方知道或者应当知道存在欺诈行为时的撤销权，同样体现了对善意相对人的保护，两种情况下的立法理念是一致的。此时，受欺诈人尽管不能通过行使撤销权的方式保护其自身权益，但如果其权益因此受损，并不妨碍其向实施欺诈的第三人主张赔偿。

第一百五十条 一方或者第三人以胁迫手段，使对方在违背真实意思的情况下实施的民事法律行为，受胁迫方有权请求人民法院或者仲裁机构予以撤销。

◆ 条文主旨

本条是关于以胁迫手段实施的民事法律行为的效力的规定。

◆ 立法背景

所谓胁迫，是指行为人通过威胁、恐吓等不法手段对他人思想上施加强制，由此使他人产生恐惧心理并基于恐惧心理作出意思表示的行为。在民法理论中，胁迫与欺诈一样，都属于意思表示不自由的情形。当事人因受胁迫而作出意思表示，其意思表示并没有产生错误，受胁迫人在作出符合胁迫人要求的意思表示时，清楚地意识到自己意思表示的法律后果，只是这种意思表示的作出并非基于受胁迫人的自由意志。胁迫的构成要件一般应当包括：一是胁迫人主观上有胁迫的故意，即故意实施胁迫行为使他人陷入恐惧以及基于此恐惧心理作出意思表示。二是胁迫人客观上实施了胁迫的行为，即以将要实施某种加害行为威胁受胁迫人，以此使受胁迫人产生心理恐惧。这种加害既可以是对受胁迫人自身的人身、财产权益的加害，也可以是对受胁迫人的亲友甚至与之有关的其他人的人身、财产权益的加害，客观上使受胁迫人产生了恐惧心理。三是胁迫须具有不法性，包括手段或者目的的不法性，反之则不成立胁迫。例如，出租人以向法院起诉为要挟，要求承租人按合同约定及时履行交付租金的义务，此种情形便不属于应受法律调整的胁迫行为。四是受胁迫人基于胁迫产生的恐惧心理作出意思表示。换言之，意思表示的作出与胁迫存在因果关系。此处因果关系的判断，应以受胁迫人自身而非其他人为标准。由于胁迫侵害了被胁迫人的自由意志，法律对通过胁迫手段实施的民事法律行为加以规制。

我国民法通则和合同法对胁迫及其效力作了规定，但未对胁迫的具体含义加以规定。根据《民法通则》第 58 条第 1 款第 3 项的规定，一方以胁迫的手段，使对方在违背真实意思的情况下所为的民事行为无效。合同法并没有完全沿用民法通则对胁迫行为效力无效的规定，而是区分情况加以规定：根据《合同法》第 52 条第 1 项的规定，一方以胁迫手段订立的损害国家利益的合同无效。根据《合同法》第 54 条第 2 款的规定，一方以胁迫的手段，使对方在违背真实意思的情况下订立的合同，受损害方有权请求人民法院或者仲裁机构变更或者撤销。民法通则和合同法虽然没有明确规定胁迫的具体含义，但最高人民法院的相关司法解释却从司法认定的角度对胁迫作了规定。《最高人民法院关于贯彻执行〈中华人民共和国民法通则〉若干问题的意见（试行）》第 69 条规定："以给公民及其亲友的生命健康、荣誉、名誉、财产等造成损失或者以给法人的荣誉、名誉、财产等造成损害为要挟，迫使对方作出违背真实的意思表示的，可以认定为胁迫行为。"从司法解释的这一规定看，民法理论所要求胁迫应当具备的主观的故意、客观的行为、胁迫的不法性以及因果关系等条件都已经得到了体现。

由于胁迫对意思自治原则的侵害和对当事人利益的损害，世界各国和地区均通过立法对胁迫加以规制。有的立法仅使用了"胁迫"的概念并对其效力作出规定，如《德国民法典》第 123 条第 1 款规定，因被恶意欺诈或被不法胁迫，致使作出意思表示的人，可以撤销该表示。《日本民法典》第 96 条第 1 款规定，因欺诈或胁迫而作出的意思表示，可以撤销。《韩国民法典》第 110

条规定，因欺诈或胁迫而为的意思表示，可撤销。我国台湾地区“民法”第 92 条规定，因被诈欺或被胁迫而为意思表示者，表意人得撤销其意思表示。也有的立法除规定胁迫的行为效力外，还对其含义作了界定。《意大利民法典》第 1434 条规定，胁迫是契约得撤销的原因，尽管其是由第三人实施的。第 1435 条规定，胁迫应当具有使一个明智的人感到不安并担心其人身或财产受到不法行为严重威胁的性质。其涉及年龄、性格和个人的情况。从上述立法例看，将胁迫的效力规定为可撤销是多数国家和地区的立法选择。

◆ **条文解读**

本条规定：“一方或者第三人以胁迫手段，使对方在违背真实意思的情况下实施的民事法律行为，受胁迫方有权请求人民法院或者仲裁机构予以撤销。”这一规定包括以下内容：第一，民事法律行为的一方当事人或者第三人实施了胁迫行为。这种行为的具体方式，既可以是威胁对受胁迫人或其亲友的人身权益造成损害，如以损害受胁迫人的荣誉为要挟；也可以是威胁对受胁迫人或其亲友的财产权益造成损害，如不将房子出租给胁迫人，胁迫人就烧掉房子。实施胁迫行为的主体既包括民事法律行为的一方当事人，也可以是民事法律行为之外的第三人。第二，受胁迫人基于对胁迫行为所产生的恐惧作出了意思表示。受胁迫人尽管作出的意思表示是其真实意思的外在表达，但这种意思表示的作出系受到胁迫人胁迫行为的结果。第三，受胁迫人享有对民事法律行为的撤销权。胁迫是对受胁迫人意志自由的侵害，其效力不应得到法律的承认。从民法理论上讲，胁迫行为具有不法性，且构成对受胁迫人利益的侵害，应当认定因胁迫实施的民事法律行为无效。但考虑到民事活动的复杂性以及意思自治的民事基本原则，受胁迫人在其权益受损时，有权基于自身的利益衡量对民事法律行为的效力作出选择。因此，本条规定采世界多数国家和地区立法例，将因胁迫实施的民事法律行为效力规定为可撤销，同时赋予受胁迫人以撤销权。

关于本条，还有两个问题需要进一步说明。一是，有的意见提出，本条应当比照欺诈的规定，区分一方胁迫与第三人胁迫分别作出规定。在第三人实施胁迫时，应当仅在相对人知道或者应当知道存在胁迫时，受胁迫人才享有撤销权。经研究认为，胁迫相较于欺诈而言，对当事人意思自由的侵害更为严重，法律应当赋予受胁迫人程度更为严格的保护。同时，这也与世界各国和地区多数立法例的规定一致。因此，本条规定，无论是一方胁迫还是第三人胁迫，受胁迫人均享有对民事法律行为的撤销权。二是，有的意见提出，本条应对胁迫的具体含义作出界定。我们研究认为，最高人民法院相关司法解释对实践中较为常见的胁迫情形进行列举式规定，有助于法律的具体适用，是可行的。但是，考虑到民事活动的复杂性以及民事法律行为实践的不断发展，本条不宜对胁迫作出限定性的规定，而应为实践的发展留出空间。同时，自民法通则颁行以来的30多年间，无论是理论界还是司法实务界，对于“胁迫”概念的内涵已经形成较为广泛的共识，总则编不对其含义进行规定并不影响这一制度的理解与适用。

第一百五十一条　一方利用对方处于危困状态、缺乏判断能力等情形，致使民事法律行为成立时显失公平的，受损害方有权请求人民法院或者仲裁机构予以撤销。

◆ 条文主旨

本条是关于显失公平的民事法律行为的效力的规定。

◆ 立法背景

显失公平这一概念在传统民法理论及我国的现行法中均有所体现，但二者的内涵并不完全相同。传统民法理论中的显失公平，需要同时具备客观和主观两项要件。客观上，双方的权利义务要达到显失均衡的状态；主观上，这种权利义务失衡的状态系由于一方利用对方缺乏经验和判断能力、急迫、轻率等不利的情境所最终达成的结果。这种主、客观条件须同时具备的“显失公平”又被称为暴利行为，为继受传统民法理论的部分国家和地区的立法例所采。例如，《德国民法典》第138条第2款规定，某人利用他人处于急迫情势、无经验、欠缺判断能力或意志显著薄弱，以法律行为使他人就某项给付向自己或第三人约定或给予与该项给付明显不相当的财产利益的，该法律行为无效。我国台湾地区“民法”第74条规定，法律行为，系乘他人之急迫、轻率或无经验，使其为财产上之给付或为给付之约定，依当时情形显失公平者，法院得因利害关系人之申请，撤销其法律行为或减轻其给付。前项申请，应于法律行为后一年内为之。但是，也有部分国家的立法例仅从客观要件的角度对显失公平加以界定，如《法国民法典》第1118条规定，当事人双方债务有失公平因此一方遭受损失的事实，依本章第五节第七目的规定，仅关于一定的契约和对于一定的当事人，得构成取消契约的原因。

我国民法通则和合同法均对显失公平作了规定。《民法通则》第59条第1款规定：“下列民事行为，一方有权请求人民法院或者仲裁机关予以变更或者撤销：（一）行为人对行为内容有重大误解的；（二）显失公平的。”《合同法》第54条第1款规定：

"下列合同，当事人一方有权请求人民法院或者仲裁机构变更或者撤销：（一）因重大误解订立的；（二）在订立合同时显失公平的。"民法通则和合同法的上述规定仅从行为后果的角度界定显失公平，并不强调传统理论中显失公平的主观要件或者产生显失公平后果的原因。《最高人民法院关于贯彻执行〈中华人民共和国民法通则〉若干问题的意见（试行）》第72条规定："一方当事人利用优势或者利用对方没有经验，致使双方的权利与义务明显违反公平、等价有偿原则的，可以认定为显失公平。"司法解释的这一规定强调对显失公平的认定要考虑到主观方面的原因，即"一方当事人利用优势或者利用对方没有经验"，相比民法通则和合同法的规定，界定更为清晰，也与传统民法理论及多数立法例较为接近。与各国或地区立法例不同，除显失公平外，我国民法通则和合同法还同时规定了乘人之危的民事法律行为。根据《民法通则》第58条第1款第3项的规定，一方乘人之危，使对方在违背真实意思的情况下所为的民事行为无效。根据《合同法》第54条第2款的规定，一方乘人之危，使对方在违背真实意思的情况下订立的合同，受损害方有权请求人民法院或者仲裁机构变更或者撤销。《最高人民法院关于贯彻执行〈中华人民共和国民法通则〉若干问题的意见（试行）》第70条同样对乘人之危的认定作了规定，即一方当事人乘对方处于危难之机，为牟取不正当利益，迫使对方作出不真实的意思表示，严重损害对方利益的，可以认定为乘人之危。与显失公平相比，乘人之危的概念更加强调行为人利用对方"处于危难之机"以及"牟取不正当利益"的主观要件，这一点与传统民法理论中显失公平的主观要件非常接近。因此，不少观点认为，我国法律中所规定的显失公平与乘人之危，事实上是传统民法理论中暴利行为一分为二的结果。

◆ **条文解读**

本条所规定的显失公平，采取了与传统民法理论以及德国、我国台湾地区关于暴利行为相类似的做法，须包括两项要件：一是，主观上民事法律行为的一方当事人利用了对方处于危困状态、缺乏判断能力等情形。这意味着，一方当事人主观上意识到对方当事人处于不利情境，且有利用这一不利情境之故意。所谓危困状态，一般指因陷入某种暂时性的急迫困境而对于金钱、物的需求极为迫切等。例如，一方利用对方家有重病患者、为治疗病患出卖房产之机，以远低于市场价格购买该房产；所谓缺乏判断能力，是指缺少基于理性考虑而实施民事法律行为或对民事法律行为的后果予以评估的能力，如金融机构的从业人员向文化水平较低的老年人兜售理财产品，由于缺少判断能力，这些老年人以高昂价格购买了实际收益率较低的理财产品。二是，客观上民事法律行为成立时显失公平。此处的显失公平是指双方当事人在民事法律行为中的权利义务明显失衡、显著不相称。至于“失衡”“不相称”的具体标准，则需要结合民事法律行为的具体情形，如市场风险、交易行情、通常做法等加以判断。同时，需要说明的是，对于显失公平的判断时点，应以民事法律行为成立时为限。由于民事法律行为从成立到实际履行往往有一个过程，这一过程中的许多因素都可能对双方当事人的权利义务产生影响，如果不限定判断的时点，对于显失公平的判定将会缺少客观标准，也无法将原已存在的“权利义务失衡”结果与民事法律行为成立后当事人以外因素对权利义务产生的影响相区分。因此，本条采我国台湾地区以及合同法的立法例，将显失公平结果的判定限定为民事法律行为成立时。关于显失公平民事法律行为的效力，从尊重权益受损方意思自治的角度，本条将其规定为可撤销的民事法律行为。受损害方可以基于民事法律行为的具体情况，选择是否向法院或者仲裁机构申请撤销这一行为。

在立法过程中，有的意见提出，民法通则和合同法将乘人之危与显失公平分别规定，二者有不同的适用条件，总则编应延续这一做法。经研究，我们认为，民法通则和合同法规定的显失公平与乘人之危虽各有侧重，但从相关司法实践对二者的界定来看，它们均在主观和客观两方面有相类似的要求，如显失公平中的“一方明显违反公平、等价有偿原则”，即是严重损害了对方利益；“利用优势或者利用对方没有经验”与乘人之危的手段相近，均利用了对方的不利情境。基于此，民法典总则编将二者合并规定，赋予显失公平以新的内涵，这既与通行立法例的做法一致，同时也便于司法实践从严把握，防止这一制度被滥用。

第一百五十二条　有下列情形之一的，撤销权消灭：

（一）当事人自知道或者应当知道撤销事由之日起一年内、重大误解的当事人自知道或者应当知道撤销事由之日起九十日内没有行使撤销权；

（二）当事人受胁迫，自胁迫行为终止之日起一年内没有行使撤销权；

（三）当事人知道撤销事由后明确表示或者以自己的行为表明放弃撤销权。

当事人自民事法律行为发生之日起五年内没有行使撤销权的，撤销权消灭。

◆ 条文主旨

本条是关于撤销权消灭期间的规定。

◆ 立法背景

民事法律行为因不同事由被撤销的，其撤销权应当在一定期间内行使。这一点是由撤销权的性质所决定的。在民法理论上，撤销权属于形成权，行为人可以通过自己的行为直接行使权利，实现权利目的。但是，撤销权的行使将使得可撤销的民事法律行为效力终局性地归于无效，这将对相对人的利益产生重大影响，因此，享有撤销权的权利人必须在一定期间内决定是否行使这一权利，从而保护相对人的利益，维护交易安全。这一期间被称为除斥期间，除斥期间经过，撤销权终局性地归于消灭，可撤销的民事法律行为自此成为完全有效的民事法律行为。

由于导致民事法律行为可撤销的事由多样，因此不同情况下除斥期间的起算以及期间的长短也应有所不同。我国有关法律和司法解释对撤销权的除斥期间作了规定。《最高人民法院关于贯彻执行〈中华人民共和国民法通则〉若干问题的意见（试行）》第73条第2款规定："可变更或者可撤销的民事行为，自行为成立时起超过一年当事人请求变更或者撤销的，人民法院不予保护。"《合同法》第55条规定："有下列情形之一的，撤销权消灭：（一）具有撤销权的当事人自知道或者应当知道撤销事由之日起一年内没有行使撤销权；（二）具有撤销权的当事人知道撤销事由后明确表示或者以自己的行为放弃撤销权。"从上述规定看，司法解释所规定的期间起算点为"行为成立时"，并不考虑撤销权是否具备行使条件。这一期间属于客观期间，其优点是时间确定，便于计算，有利于法律关系的尽快稳定，但缺点是对于撤销权人不利，在撤销权人不知撤销事由存在时，极易因期间经过而丧失撤销权。合同法的规定修正了司法解释的缺陷，改采主观期间，将除斥期间的起算点规定为权利人知道或者应当知道撤销事由之日。这样规定，将撤销权人不知撤销事由从而导致期间经过的风险分配给相对人，有利于保护撤销权人。但是，民法关于撤销权除斥期间的规定，应当同时兼顾撤销权人与相对人的利益，不应仅仅强调一方的利益保护而忽略另一方。因此，应当结合两种期间起算的方式，在规定主观期间的同时，辅之以客观期间补充，以此实现二者利益的平衡保护。

从各国和地区的立法例看，除了同时规定主观期间与客观期间外，有的还根据不同的撤销事由规定了不同长度的除斥期间以及不同的期间起算点。例如，《德国民法典》第 121 条第 1 款规定，在第 119 条、第 120 条（注：指错误的意思表示）的情形下，撤销必须在撤销权人知悉撤销原因后，在没有有过错的迟延的情况下（不迟延地）为之。撤销的表示已被不迟延地发送的，对不在场者而为的撤销，视为已适时地为之。第 2 款规定，自意思表示作出时起已经过 10 年的，该项撤销即被排除。第 124 条规定：（1）依第 123 条（注：指被欺诈和被胁迫的意思表示的撤销）可撤销的意思表示，只能在 1 年的期间内撤销。（2）在恶意欺诈的情形下，撤销期间自撤销权人发现欺诈时起算，在胁迫的情形下，自急迫情势停止时起算。（3）自意思表示作出时起已经过 10 年的，该项撤销被排除。我国台湾地区“民法”第 93 条规定，前条之撤销（注：指被欺诈和被胁迫的意思表示的撤销），应于发现诈欺或胁迫终止后，1 年内为之。但自意思表示后，经过 10 年，不得撤销。《日本民法典》第 126 条规定，撤销权自可以追认时起，5 年间不行使时，因时效而消灭。自行为时起，经过 20 年时，亦同。《韩国民法典》第 146 条规定，撤销权，应于可追认之日起 3 年内，自实施法律行为之日起 10 年内行使。《意大利民法典》第 1442 条规定，撤销契约的诉权 5 年届满而消灭。第 2 款规定，当撤销是基于意思瑕疵或者法律上的无能力而发生时，时效期间自被强迫中止之日、发现错误或者欺诈之日，或者禁治产或准禁治产终止之日，或者未成年人达到成年年龄之日起算。第3款规定，在其他情况下，期间自契约成立之日起算。

◆ **条文解读**

本条在民法通则和合同法规定的基础上，借鉴其他国家和地区的立法例，对撤销权的除斥期间作了以下规定：一是，撤销权原则上应在权利人知道或者应当知道撤销事由之日起1年内行使，但自民事法律行为发生之日起5年内没有行使的，撤销权消灭。将期间起算的标准规定为权利人“知道或者应当知道撤销事由之日”有利于对撤销权人利益的保护，防止其因不知撤销事由存在而错失撤销权的行使。同时，辅之以“自民事法律行为发生之日起五年”的客观期间，有助于稳定法律关系、交易秩序，维护交易安全。二是，对于因重大误解享有撤销权的，权利人应在知道或者应当知道撤销事由之日起90日内行使，否则撤销权消灭。同欺诈、胁迫、显失公平等影响意思表示自由的情形相比，重大误解权利人的撤销事由系自己造就，不应赋予其与其他撤销事由同样的除斥期间。因此，本条将重大误解的撤销权除斥期间单独确定为90日，并仍以权利人知道或者应当知道撤销事由之日起算。三是，对于因胁迫享有撤销权的，应自胁迫行为终止之日起1年内行使，否则撤销权消灭。同欺诈、重大误解等其他撤销事由相比，胁迫具有特殊性。受胁迫人在胁迫行为终止前，即使知道胁迫行为的存在，事实上仍然无法行使撤销权。考虑到这一特殊情况，本条将因胁迫享有撤销权的除斥期间起算规定为“自胁迫行为终止之日起”，期间仍为1年。四是，对于权利人知道撤销事由后明确表示或者以自己的行为表明放弃撤销权的，撤销权消灭，不受1年期间的限制。权利人无论是明确表示还是通过行为表示对撤销权的放弃，均属于对自己权利的处分，依据意思自治的原则，法律予以准许。

第一百五十三条　违反法律、行政法规的强制性规定的民事法律行为无效。但是，该强制性规定不导致该民事法律行为无效的除外。

违背公序良俗的民事法律行为无效。

◆ **条文主旨**

本条是关于违反法律、行政法规的强制性规定以及违背公序良俗的民事法律行为的效力的规定。

◆ **立法背景**

在民事法律行为有效的三项要件中，不违反法律、行政法规的强制性规定以及不违背公序良俗是能够体现对个人意思自治与行为限制的一项重要条件。民事法律行为虽然是彰显意思自治、保障权利实现的主要制度，但这种自由必须限定在不损害国家利益、社会公共利益的范围之内。民事主体的民事法律行为一旦超越法律和道德所容许的限度，构成对国家利益、社会公共利益的侵害，其效力就必须被否定。而法律、行政法规的强制性规定以及公共秩序和善良习俗，即是对民事主体意思自治施加的限制。

强制性规定和公序良俗所体现的是对国家利益、社会公共利益的维护，世界各国和地区的民事立法均将违反这些规定以及违背公序良俗的行为确定为无效。例如，《法国民法典》（2016 年新债法）第 1162 条规定，合同内容或目的不得违背公序良俗，无论全体当事人是否知情。第 1179 条第 1 款规定，违反保护公共利益的规则时，绝对无效。《德国民法典》第 134 条规定，法律不另有规定的，违反法定禁止的法律行为无效。第 138 条第 1 款规定，违反善良风俗的法律行为无效。《瑞士债务法》第 20 条规定，合同内容违法或违背公序良俗的，无效。《荷兰民法典》第 3：40 条规定：（1）法律行为的内容或目的违背公共秩序或善良风俗的，无效。（2）除从法律规定的目的中得出其他结论者以外，违反法律强制规定的法律行为无效。《魁北克民法典》第 1411 条规定，合同原因为法律禁止或违反公共秩序的，合同无效。第 1413 条规定，合同标的为法律禁止或违反公共秩序的，合同无效。2013 年《匈牙利民法典》第 6：95 条规定，违反法律或规避法律的合同无效。第 6：96 条规定，显然违背善良风俗的合同无效。除此之外，我国台湾地区“民法”第 71 条规定，法律行为违反强制或禁止之规定者，无效。但其规定并不以之为无效者，不在此限。第 72 条规定，法律行为有悖于公共秩序或善良风俗者，无效。我国《澳门民法典》第 273 条第 2 款规定，违反公共秩序或侵犯善良风俗之法律行为无效。

本法第 143 条规定了民事法律行为的有效要件。其中，根据该条第 3 项的规定，民事法律行为不得违反法律、行政法规的强制性规定，不得违背公序良俗。从立法技术和逻辑来看，应当同时从反面规定违反法律、行政法规以及违背公序良俗的民事法律行为的法律后果。本条即明确规定了违反法律、行政法规以及违背公序良俗的民事法律行为无效。比较而言，第 143 条属于对民事法律行为有效的一般性要求，而本条则属于可以直接判定行为效力的裁判性规范，即当民事法律行为具有违反法律、行政法规强制性规定或者违背公序良俗情形的，法院和仲裁机构可以依据本条规定确认该行为无效。从我国以往的民事立法来看，民法通则规定的是违反法律或者社会公共利益的民事行为无效；合同法规定的是违反法律、行政法规的强制性规定以及损害社会公共利益的合同无效。这些规定均在审判、仲裁实践中发挥了裁判性规范的作用。如果本条不对违反法律、行政法规的强制性规定以及违背公序良俗的法律后果直接作出规定，司法机关和仲裁机构就会丧失判定依据，导致裁决尺度不一，引发法律适用的混乱。

◆ 条文解读

本条第 1 款规定，违反法律、行政法规的强制性规定的民事法律行为无效。但是，该强制性规定不导致该民事法律行为无效的除外。法律规范分为任意性规范与强制性规范。任意性规范的目的是引导、规范民事主体的行为，并不具备强制性效力，民事法律行为与任意性规范不一致的，并不影响其效力。任意性规范体现的是法律对主体实施民事法律行为的一种指引，当事人可以选择适用，也可以选择不适用。与任意性规范相对的是强制性规范，后者体现的是法律基于对国家利益、社会公共利益等的考量，对私人意思自治领域所施加的一种限制。民事主体在实施民事法律行为时，必须服从这种对行为自由的限制，否则会因对国家利益、社会公共利益等的侵害而被判定无效。但是，民事法律行为违反强制性规定无效有一种例外，即当该强制性规定本身并不导致民事法律行为无效时，民事法律行为并不无效。这里实际上涉及对具体强制性规定的性质判断问题。某些强制性规定尽管要求民事主体不得违反，但其并不导致民事法律行为无效。违反该法律规定的后果应由违法一方承担，对没有违法的当事人不应承受一方违法的后果。例如，一家经营水果的商店出售种子，农户购买了该种子，该商店违法经营种子，必须承担相应违法责任，但出于保护农户的目的，不宜认定该买卖行为无效。再如，我国台湾地区“民法”第 912 条规定，典权约定期限不得逾 30 年，逾

30年者，缩短为30年。此种情形下，如果双方约定的典权超过30年，该约定并不无效，只是缩短为30年。

本条第2款规定，违背公序良俗的民事法律行为无效。公序良俗是公共秩序和善良习俗的简称，属于不确定概念。民法学说一般采取类型化研究的方式，将裁判实务中依据公序良俗裁判的典型案件，区别为若干违反公序良俗的行为类型。法院或者仲裁机构在审理案件时，如果发现待决案件事实与其中某一个类型相符，即可判定行为无效。这些类型包括但不限于：（1）危害国家政治、经济、财政、税收、金融、治安等秩序类型；（2）危害家庭关系行为类型；（3）违反性道德行为类型；（4）违反人权和人格尊重行为类型；（5）限制经济自由行为类型；（6）违反公正竞争行为类型；（7）违反消费者保护行为类型；（8）违反劳动者保护行为类型等。同强制性规定一样，公序良俗也体现了国家对民事领域意思自治的一种限制。因此，对公序良俗的违背也构成民事法律行为无效的理由。

第一百五十四条 行为人与相对人恶意串通，损害他人合法权益的民事法律行为无效。

◆ 条文主旨

本条是关于恶意串通的民事法律行为的效力的规定。

◆ 立法背景

所谓恶意串通，是指行为人与相对人互相勾结，为牟取私利而实施的损害他人合法权益的民事法律行为。恶意串通的民事法律行为，在主观上要求双方有互相串通、为满足私利而损害他人合法权益的目的，客观上表现为实施了一定形式的行为来达到这一目的。比如，甲公司生产的一批产品，质量低劣，卖不出去，甲公司找到乙公司负责采购的业务人员向其行贿，二者相互串通订立该产品的买卖合同，乙公司将其以合格产品买入。在该案例中，甲公司与乙公司的采购人员相互勾结签订合同、损害乙公司利益的行为就属于恶意串通的民事法律行为。尽管民法的基本原则中包含自愿原则，即当事人可以按照自己的意思设立、变更、终止民事法律关系，但民事主体却不得滥用民事权利损害国家利益、社会公共利益或者他人合法权益。

我国民法通则和合同法都对恶意串通作了规定。根据《民法通则》第58条第1款第4项的规定，恶意串通，损害国家、集体或者第三人利益的民事行为无效。根据《合同法》第52条第2项的规定，恶意串通，损害国家、集体或者第三人利益的合同无效。从民法通则到合同法，尽管不少情形下的民事法律行为的效力规定发生了变化，如不损害国家、集体利益的欺诈、胁迫、乘人之危等情形，民法通则规定为无效，而合同法规定为可撤销。但对于恶意串通的民事法律行为，无论是民法通则还是合同法，始终将其规定为无效。从各项制度的设立目的看，无论是欺诈、胁迫、重大误解还是显失公平，大多调整的是仅涉及双方当事人之间的利益关系，而在恶意串通的情形下，实际是双方当事人共同损害他人的合法权益。在这种情况下，双方当事人串通的直接目的就是通过损害他人合法权益来实现自己的利益，因此，法律上对这种恶意串通行为确定为无效的做法，能够最大限度地实现对第三方合法权益的保护。

◆ 条文解读

总则编立法过程中，关于是否保留恶意串通的民事法律行为无效的规定，一直存在不同意见。有的意见提出，民法通则当时所规定的恶意串通制度，主要规范的是行为人与国有企业的工作人员或者代理人等恶意串通，以低价贱卖国有资产，损公肥私的行为。但这种情况实际上可以通过代理制度中的相关规定，如本法第164条第2款（代理人和相对人恶意串通，损害被代理人合法权益的，代理人和相对人应当承担连带责任。）的规定予以解决，无须再单独规定恶意串通。同时，恶意串通并非一种具体的行为样式，其在实践中可以表现为不同的行为类型，如欺诈、无权处分等，而这些行为都已经有具体的规则可以解决。因此，不需要在总则编中继续规定恶意串通。有的意见则认为，恶意串通是自民法通则、合同法以来一直存在的制度，体现了我国民事立法的鲜明特色，能够最大化地体现对民事主体合法权益的保护，应当予以保留。

经研究，我们在总则编中继续规定了恶意串通制度，主要考虑是：第一，行为人恶意串通损害他人合法权益的行为，多数情况下权益受损的人当时并不知情，如果不对这种行为科以无效后果，无法体现对其合法权益的有力保护。第二，民法通则、合同法规定恶意串通行为无效以来，为司法实践提供了明确的裁判指引，总则编应当继续沿用这一规定。第三，虽然总则编及其他民事法律对欺诈、无权处分等具体规则作了规定，但民事生活的复杂性决定了实践中仍有可能出现现有具体规则无法解决的情形。保留恶意串通的规定可以在没有具体规则可供适用时发挥规则填补的作用。

还有一个问题需要说明一下。本法第146条第1款规定了虚假表示的民事法律行为无效。有的意见提出，虚假表示和恶意串通存在重复，建议统一规定。我们认为，在虚假表示的民事法律行为中，行为人与相对人所表示出的意思均非真意，而恶意串通的双方当事人所表达的都是内心真意，二者尽管在法律后果上相同，但不可混淆。尽管在某些情况下，双方通谋的虚假表示也表现为主观上的恶意，且同时损害了他人的合法权益，但二者的侧重点不同，不能相互替代。

第一百五十五条　无效的或者被撤销的民事法律行为自始没有法律约束力。

◆ 条文主旨

本条是关于无效的或者被撤销的民事法律行为自始无效的规定。

◆ 立法背景

民事法律行为的效力形态包括多种，如有效、无效、可撤销、效力待定等。对于无效和被撤销的民事法律行为来说，必然涉及其行为效力的问题。民事法律行为无效或者被撤销后，效力自然对将来不再发生。那么，这种状态是否可以溯及既往？本条即对此作出规定，无效的或者被撤销的民事法律行为自始没有法律约束力。

我国民法通则和合同法对于无效以及被撤销的民事法律行为效力问题都作了规定。《民法通则》第58条第2款规定："无效的民事行为，从行为开始起就没有法律约束力。"第59条第2款规定："被撤销的民事行为从行为开始起无效。"《合同法》第56条规定："无效的合同或者被撤销的合同自始没有法律约束力。合同部分无效，不影响其他部分效力的，其他部分仍然有效。"从上述规定来看，无效和被撤销的民事法律行为是自始无效的，具有溯及力。即使在身份行为当中，这一原则也在现行法律规定中得到了体现，如本法第 1054 条规定，无效的或者被撤销的婚姻自始没有法律约束力，当事人不具有夫妻的权利和义务。第 1113 条规定，无效的收养行为自始没有法律约束力。这种自始无效意味着，民事法律行为一旦无效或者被撤销后，双方的权利义务状态应当恢复到这一行为实施之前的状态，已经履行的，应当恢复原状。

对无效以及被撤销的民事法律行为的效力作出规定，也是世界不少国家和地区立法例的做法。《德国民法典》第 142 条第 1 款规定，可撤销的法律行为被撤销的，必须视为自始无效。《日本民法典》第 121 条规定，可撤销的行为，视为自始无效。但限制行为能力人，以其因行为而受利益为限度，负偿还义务。《韩国民法典》第 141 条规定，撤销的法律行为，视为自始无效。但无能力人只于因其行为而得到的现存利益限度内，负偿还责任。我国台湾地区“民法”第 114 条规定，法律行为经撤销者，视为自始无效。当事人知其得撤销或可得而知者，其法律行为撤销时，准用前条之规定。从这些立法例可以看出，对无效或被撤销的民事法律行为规定为溯及既往地无效，也是各国和各地区的普遍选择。

◆ **条文解读**

关于本条，有两点需要说明。一是，无效的民事法律行为除自始无效外，还应当是当然无效、绝对无效。所谓当然无效，是指只要民事法律行为具备无效条件，其便当然产生无效的法律后果，无须经过特定程序的确认才无效；所谓绝对无效，是指这种民事法律行为的无效是绝对而非相对的，对包括当事人在内的其他任何人而言均是无效的。二是，有的意见提出，被撤销的民事法律行为自始无效的规定过于绝对，身份行为以及具有持续性的民事法律行为被撤销后，其无效的效果应仅向将来发生，不应溯及既往。经研究，我国婚姻法、收养法等法律规定已经对无效或被撤销婚姻、无效收养等身份行为的无效溯及既往作了规定，本条应当延续这一规定，对符合无效情形以及被撤销的此类行为，仍坚持无效溯及既往的规定。对于诸如劳动关系、合伙关系等特别领域中存在的某些持续性民事法律行为无效以及被撤销的效力问题，可以考虑在具体单行法中作出特别规定。

第一百五十六条　民事法律行为部分无效，不影响其他部分效力的，其他部分仍然有效。

◆ 条文主旨

本条是关于民事法律行为部分无效的规定。

◆ 立法背景

在传统民法理论中，根据民事法律行为无效原因与整体行为内容之间的关系，可以将民事法律行为的无效分为全部无效以及部分无效。如果无效原因及于整体的民事法律行为，则民事法律行为自然全部无效，这一点没有问题。但是，当无效原因只及于民事法律行为的部分内容，此时如何处置其他部分的民事法律行为的效力问题？

本条对此作出规定，如果民事法律行为的部分无效不影响其他部分效力，其他部分仍然有效。具体来说，民事法律行为的无效事由既可以导致其全部无效，也可以导致其部分无效。在部分无效时，如果不影响其他部分的效力，其他部分仍可有效。这意味着，只有在民事法律行为的内容效力可分且相互不影响的情况下，部分无效才不会导致其他部分同时无效。反之，当部分无效的民事法律行为会影响其他部分效力的，其他部分也应无效。

我国民法通则和合同法均对民事法律行为的部分无效作了规定。《民法通则》第 60 条规定："民事行为部分无效，不影响其他部分的效力的，其他部分仍然有效。"《合同法》第 56 条规定："无效的合同或者被撤销的合同自始没有法律约束力。合同部分无效，不影响其他部分效力的，其他部分仍然有效。"对于民事法律行为的部分无效，许多国家和地区的立法也有规定。《德国民法典》第 139 条规定，法律行为的一部分无效的，如不能认为除去无效的部分，该法律行为仍会被实施，则整个法律行为无效。《意大利民法典》第 1419 条规定，在契约如没有无效部分或者无效的个别条款缔约人将无法缔结契约的情况下，契约的部分无效或者个别条款的无效将导致整个契约的无效。第 2 款规定，当无效的个别条款依法被强制性规范所取代时，个别条款的无效不导致契约的无效。《俄罗斯联邦民法典》第 180 条规定，如果可以断定，法律行为即使不包括其无效部分也可以实施，则法律行为的部分无效不会导致法律行为其他部分的无效。我国台湾地区"民法"第 111 条规定，法律行为之一部分无效者，全部皆为无效。但除去该部分亦可成立者，则其他部分，仍为有效。

◆ **条文解读**

本条所规定的"民事法律行为部分无效不影响其他部分效力"的情形，主要包括以下几种：一是民事法律行为的标的数量超过国家法律许可的范围。例如，借贷合同中，双方当事人约定的利息高于国家限定的最高标准，则超过部分无效，不受法律保护，但在国家所限定的最高标准以内的利息仍然有效。又如，遗嘱继承中，被继承人将其全部遗产均遗赠他人，并未给胎儿保留必要的遗产份额，违反了继承相关的法律规定。因此，在遗产的应继份范围内的那部分遗赠是无效的，但其他部分的遗赠仍然有效。二是民事法律行为的标的可分，其中一项或数项无效。比如，同一买卖合同的标的物有多个，其中一个或数个标的物因属于国家禁止流通物而无效，其他标的物的买卖仍为有效。三是民事法律行为的非根本性条款因违法或违背公序良俗而无效。例如，雇佣合同中有条款约定“工作期间发生的一切人身伤害，雇主概不负责”。这一条款因违反相关劳动法律以及公序良俗原则而无效，但雇佣合同的其他权利义务条款并不因此无效。

本条在民事法律行为无效部分与其他部分效力可分的情况下，规定部分无效在不影响其他部分效力的情况下，其他部分仍然有效。这实际上体现了民法尽可能尊重双方意思自治、承认民事法律行为效力的原则。当然，如果无效部分属于整体民事法律行为成立生效的必要条款，或者无效部分事实上与其他部分不可分割，那么这种部分无效当然会同时导致其他部分的无效，进而影响整体的行为效力。

第一百五十七条 民事法律行为无效、被撤销或者确定不发生效力后，行为人因该行为取得的财产，应当予以返还；不能返还或者没有必要返还的，应当折价补偿。有过错的一方应当赔偿对方由此所受到的损失；各方都有过错的，应当各自承担相应的责任。法律另有规定的，依照其规定。

◆ **条文主旨**

本条是关于民事法律行为无效、被撤销以及确定不发生效力的后果的规定。

◆ 立法背景

民事法律行为无效、被撤销以及确定不发生效力后，意味着民事法律行为的目的不能实现，应当恢复到民事法律行为成立或实施之前的状态，就如同这一行为未曾发生一样。这包括三种情况：（1）民事法律行为无效，即民事法律行为因具备无效条件而被确定为自始无效、当然无效、绝对无效。（2）民事法律行为被撤销，是指民事法律行为因具备被撤销事由，经撤销权人行使撤销权而无效。民事法律行为被撤销前属于有效行为，撤销以后则自始没有法律约束力。（3）民事法律行为确定不发生效力，是指民事法律行为虽已成立，但由于生效条件确定无法具备而不能生效的情况。典型的情形包括两种：一是法律、行政法规规定须经批准生效的民事法律行为，因未经批准而无法生效；二是附生效条件的民事法律行为，生效条件确定无法具备。这两种情况下，民事法律行为因双方合意一致已经成立，但却不能生效，属于确定不生效。

民事法律行为无效、被撤销以及确定不发生效力后，由于其法律效果相当于这一行为未曾实施，因此，需要恢复至各方当事人在民事法律行为实施前的状态。已经履行或者部分履行的，各方需要承担相应的法律后果。我国民法通则和合同法均对此作出过规定。《民法通则》第61条第1款规定："民事行为被确认为无效或者被撤销后，当事人因该行为取得的财产，应当返还给受损失的一方。有过错的一方应当赔偿对方因此所受的损失，双方都有过错的，应当各自承担相应的责任。"《合同法》第58条规定："合同无效或者被撤销后，因该合同取得的财产，应当予以返还；不能返还或者没有必要返还的，应当折价补偿。有过错的一方应当赔偿对方因此所受到的损失，双方都有过错的，应当各自承担相应的责任。"

◆ **条文解读**

本条在民法通则和合同法规定的基础上，规定了民事法律行为无效、被撤销以及确定不发生效力的如下三种法律后果：

一是返还财产。这是指民事法律行为被确认无效、被撤销或者确定不发生效力后，行为人因民事法律行为所取得的财产应当予以返还，相对人亦享有对已交付财产的返还请求权。民事法律行为无效、被撤销以及确定不发生效力后，行为人对所取得的财产已没有合法占有的根据，双方的财产状况应当恢复到民事法律行为实施前的状态。当然，返还财产主要适用于民事法律行为已经实际履行的情况，如果行为被宣告无效、被撤销以及确定不发生效力时尚未履行，或者财产并未交付，则不适用这种方式。这里需要说明的是，返还财产的目的在于使双方的财产关系恢复到民事法律行为实施前的状态，因此无论双方是否存在过错，都负有返还财产的义务。一方存在过错的，相对方可以通过主张损失的赔偿来维护其利益。返还财产包括单方返还和双方返还。单方返还适用于民事法律行为的一方当事人已经履行、另一方尚未履行的情况。此时仅接受对方交付财产的当事人负有向对方返还财产的义务。双方返还适用于民事法律行为无效、被撤销或者确定不发生效力后，双方均已实际履行的，应当互负返还财产的义务。比如，民事法律行为因重大误解被撤销的，双方当事人应当相互返还财产。对于返还财产，还有几点需要明确：首先，返还财产的范围应以对方实际交付的财产数额为标准予以确定。即使当事人返还时实际的财产已经减损甚至不存在了，仍应承担返还责任。其次，如果当事人接受交付的是实物或者货币，原则上应当返还原物或者货币，不能相互替代。最后，如果原物已经灭失，无法实际返还的，如果存在可以替代的种类物，则应返还同一种类物。

二是折价补偿。本条规定，对于不能返还财产，或者没有必要返还的，应当折价补偿。民事法律行为无效、被撤销以及确定不发生效力后，返还财产应当作为恢复原状的原则做法。但是，在有些情况下，返还财产并不具备现实条件或者没有必要，此时应当通过折价补偿的方式来达到使财产关系恢复原状的目的。所谓财产不能返还，包括法律上的不能返还和事实上的不能返还。法律上的不能返还主要是指财产返还受到善意取得制度的影响，即一方当事人将通过民事法律行为取得的财产转让给第三人，第三人取得财产时符合善意取得制度的各项要件，此时该第三人因善意取得制度成为财产的所有权人，该财产又是不可替代的。民事法律行为虽事后被确认无效、被撤销或者确定不发生效力，当事人也不能实际返还财产，只能依当时市价折价补偿给对方当事人。事实上的不能返还主要是指因标的物已经灭失，造成客观上无法返还，且原物又是不可替代物。此时，取得该财产的当事人应当依据原物的市价进行折价补偿。所谓没有必要返还财产的，主要包括以下两种情况：(1) 如果当事人接受的财产是劳务或者利益，在性质上不能恢复原状，应以国家规定的价格计算，以金钱返还；没有国家规定的，按照市价或者同类劳务的报酬标准计算返还。(2) 如果一方当事人是通过使用对方的知识产权获得的利益，因知识产权属于无形财产，此时应折价补偿对方当事人。

三是赔偿损失。根据本条规定，有过错的一方应当赔偿对方由此所受到的损失；各方都有过错的，应当各自承担相应的责任。民事法律行为无效、被撤销以及确定不发生效力后，一般而言都存在损失赔偿的问题。如果因无效、被撤销以及确定不发生效力而给对方造成损失，主观上有故意或者过失的当事人应当赔偿对方的损失；双方都有过错的，应当各自承担相应的赔偿责任。比如，一方以欺诈手段与对方订立合同，合同因欺诈被撤销后，在返还财产或者折价补偿之外，受欺诈方还可能为合同的履行实际支出了其他费用，这部分损失应当由欺诈方予以赔偿。需要指出的是，这里规定的损失赔偿是一种过错责任，行为人只有主观上对民事法律行为无效、被撤销以及确定不发生效力的情形存在过错时才予以承担。

本条除规定以上内容外，还在条文最后作了“法律另有规定的，依照其规定”的除外规定。这种情况主要是指，民事法律行为效力被否定后，并非在任何情况下都存在返还财产、折价补偿或者赔偿损失的责任问题。如在民事法律行为因违法被宣告无效后，并不存在双方当事人相互返还财产的问题，而是需要根据相关法律、行政法规的规定对其予以没收、收缴等。以毒品买卖为例，双方签订的买卖合同显然因违反法律、行政法规的强制性规定而无效。但此时，双方因毒品交易产生的非法所得则应根据禁毒法等法律的规定予以收缴，而不是返还给一方当事人。

第四节　民事法律行为的附条件和附期限

第一百五十八条　民事法律行为可以附条件，但是根据其性质不得附条件的除外。附生效条件的民事法律行为，自条件成就时生效。附解除条件的民事法律行为，自条件成就时失效。

◆ 条文主旨

本条是关于附条件的民事法律行为的规定。

◆ 立法背景

民事法律行为成立之后的效力问题，当事人可以自行约定，这也是意思自治原则的体现。民事法律行为中所附条件是指，当事人以未来客观上不确定发生的事实作为民事法律行为效力的附款。所附条件具有以下特点：第一，条件系当事人共同约定，并作为民事法律行为的一部分内容。条件体现的是双方约定一致的意思，这是与法定条件最大的不同之处，后者是指由法律规定的、不由当事人意思决定并具有普遍约束力的条件。当事人不得以法定条件作为其所附条件。第二，条件是未来可能发生的事实。这意味着，已经过去的、现在的以及将来确定不会发生的事实不能作为民事法律行为的所附条件。如果是将来必然发生的事实，应当作为附期限。应当注意，这种条件事实发生的不确定性应当是客观存在的，如果仅仅是当事人认为事实发生与否不确定，但实际上必然发生或者不发生的，也不能作为所附条件。第三，所附条件是当事人用以限定民事法律行为效力的附属意思表示。应当将所附条件与民事法律行为中的供货条件、付款条件等相互区分，后者是民事法律行为自身内容的一部分而非决定效力的附属意思表示。第四，所附条件中的事实应为合法事实，违法事实不能作为民事法律行为的附条件。如不能约定以故意伤害他人作为合同生效的条件。

以所附条件决定民事法律行为效力发生或消灭为标准，条件可以分为生效条件和解除条件。所谓生效条件，是指使民事法律行为效力发生或者不发生的条件。生效条件具备之前，民事法律行为虽已成立但未生效，其效力是否发生处于不确定状态。条件具备，民事法律行为生效；条件不具备，民事法律行为就不生效。比如，甲、乙双方签订房屋买卖合同，约定甲将所居住的房产出卖给乙，但条件是甲出国定居，不在国内居住。在条件具备时，此房屋买卖合同才生效。所谓解除条件，又称消灭条件，是指对已经生效的民事法律行为，当条件具备时，该民事法律行为失效；如果该条件确定不具备，则该民事法律行为将继续有效。

◆ **条文解读**

在附条件的民事法律行为中，所附条件的出现与否将直接决定民事法律行为的效力状态。附生效条件的民事法律行为，自条件成就时生效。附解除条件的民事法律行为，自条件成就时失效。需要特别指出的是，附条件的民事法律行为虽然在所附条件出现时才生效或失效，但在条件尚未具备时，民事法律行为对于当事人仍然具有法律约束力，当事人不得随意变更或者撤销。因此，可以将附条件的民事法律行为的效力分为条件成就前的效力和条件成就后的效力。对于附生效条件的民事法律行为来说，条件成就前的效力表现为当事人不得随意变更、撤销民事法律行为以及对于民事法律行为生效的期待权；对于附解除条件的民事法律行为来说，条件成就前的效力表现为条件具备后民事法律行为效力归于消灭的期待权。

我国民法通则和合同法均规定了附条件的民事法律行为。《民法通则》第62条规定："民事法律行为可以附条件，附条件的民事法律行为在符合所附条件时生效。"《合同法》第45条第1款规定："当事人对合同的效力可以约定附条件。附生效条件的合同，自条件成就时生效。附解除条件的合同，自条件成就时生效。"世界上其他国家和地区也都对附条件的行为作出了规定。《德国民法典》第158条规定：（1）法律行为系附停止条件而实施的，该停止条件所决定的效力在条件成就时发生。（2）法律行为系附解除条件而实施的，该法律行为的效力在条件成就时终止；原先的法律状态于此时恢复。《日本民法典》第127条规定：（1）附停止条件的法律行为，自条件成就时发生效力。（2）附解除条件的法律行为，自条件成就时丧失效力。（3）当事人已作出条件成就的效果溯及于成就之前的意思表示时，从其意思。《韩国民法典》以及我国台湾地区“民法”的规定同《日本民法典》的规定相类似。

民事法律行为以可以附条件为原则，这是意思自治原则的体现，但对于某些行为而言，依其性质则不得附条件。这主要是指，某些民事法律行为的性质要求其应当即时、确定地发生效力，不允许效力处于不确定状态，因此不得附条件。例如，票据行为，为保障其流通性，不得附条件；撤销权、解除权等形成权的行使，本身就是为了使不确定的法律关系尽快确定，如果允许其附条件，会使本不确定的法律关系更加不确定，因此不得附条件。

第一百五十九条 附条件的民事法律行为，当事人为自己的利益不正当地阻止条件成就的，视为条件已经成就；不正当地促成条件成就的，视为条件不成就。

◆ 条文主旨

本条是对民事法律行为条件成就和不成就拟制的规定。

◆ 立法背景

在附条件的民事法律行为中，条件的成就或不成就直接关系到民事法律行为的效力状况。对附生效条件的民事法律行为来说，条件成就，民事法律行为就开始生效；条件不成就，民事法律行为就确定不发生效力。对附解除条件的民事法律行为来说，条件成就，民事法律行为就失效；反之，民事法律行为继续有效。尽管民事法律行为成立时，当事人可以对于民事法律行为的效力共同约定附条件，但自此之后，当事人却有可能从自己的利益出发，不正当地促成或者阻止条件成就，以达到对自己有利的结果。比如，在附生效条件的民事法律行为中，一方当事人希望行为尽快生效，就可能采取不正当手段促使条件成就；在附解除条件的民事法律行为中，一方当事人希望行为继续其效力，就可能以不正当手段阻止条件成就。在附条件的民事法律行为中，无论是生效条件还是解除条件，条件的成就与否都具有或然性。这种或然性恰恰体现了民事法律行为当事人的意思自治，应当予以尊重。当一方当事人为了自己的利益通过不正当手段人为促成或者阻止条件成就时，不仅对意思自治原则造成了侵害，更有可能损害对方当事人的利益，因此法律应当予以规范。

我国民法通则未对条件成就或不成就的拟制作出规定。合同法在规定了附条件合同的同时，也规定了条件成就或不成就的拟制。《合同法》第45条第2款规定："当事人为自己的利益不正当地阻止条件成就的，视为条件已成就；不正当地促成条件成就的，视为条件不成就。"世界各国和地区的立法例中，有不少也对此作出了规定。《德国民法典》第162条规定：(1) 因条件的成就会受不利益的当事人违背诚实信用，阻止条件成就的，条件视为已成就。(2) 因条件的成就会受利益的当事人违背诚实信用，促成条件成就的，条件视为不成就。《日本民法典》第130条规定，因条件成就而会受不利的当事人，故意妨害其条件成就时，相对人可以视为其条件已成就。《韩国民法典》第150条规定：(1) 因条件成就而蒙受不利的当事人，违反信义诚实而妨碍条件的成就时，相对人可主张视为该条件已成就。(2) 因条件的成就而应得到利益者，违反信义诚实使条件成就时，相对人可主张视为该条件不成就。我国台湾地区“民法”第101条规定，因条件成就而受不利益之当事人，如以不正当行为阻其条件之成就者，视为条件已成就。因条件成就而受利益之当事人，如以不正当行为促其条件之成就者，视为条件不成就。

◆ 条文解读

本条参考合同法以及世界上大多数国家和地区的立法例，对条件成就或不成就的拟制作了规定。根据本条规定，当事人为自己的利益不正当地阻止条件成就的，视为条件已成就；不正当地促成条件成就的，视为条件不成就。对本条的把握应当注意以下几点：第一，当事人主观上有为自己利益人为改变条件状态的故意。换言之，当事人从自己利益的角度考虑，主观上具有使条件成就或者不成就的故意。第二，当事人为此实施了人为改变条件成就状态的行为。民事法律行为中所附条件，其成就与否本不确定。当事人为自己利益实施了促成或阻止条件成就的行为。第三，该行为具有不正当性。这主要是指当事人的此种行为违反了诚信原则，不符合事先约定。例如，甲和乙约定，当甲不在A公司工作时，就把位于A公司附近的自住房产出卖给乙。乙为了尽快得到甲的房产，暗中找到A公司的经理，让其辞退甲，从而使得买卖合同生效。

第一百六十条 民事法律行为可以附期限，但是根据其性质不得附期限的除外。附生效期限的民事法律行为，自期限届至时生效。附终止期限的民事法律行为，自期限届满时失效。

◆ 条文主旨

本条是关于附期限的民事法律行为的规定。

◆ 立法背景

当事人除可以通过附条件决定民事法律行为效力状态之外，还可通过对民事法律行为附期限的方式来决定民事法律行为的效力发生与终止，这同样体现了当事人意思自治的民事基本原则。与所附条件相比，民事法律行为所附期限具有以下特点：第一，条件的发生与否属于不确定的事实，但期限的到来则是确定发生的事实。因此，对附期限的民事法律行为来说，其生效或失效本身并不具有或然性，是将来一定能够发生的事实。第二，附期限的民事法律行为体现了当事人对民事法律行为生效或失效的期限约定，所附期限属于民事法律行为的附属意思表示，体现了双方的意思自治。第三，期限的到来是必然确定的，但到来的具体时日却未必十分确定。比如，“等到下次下雨时，我就把那批雨伞卖给你”，下次下雨是将来必定发生的事实，但具体哪一天会下雨则不能确定。

根据所附期限决定民事法律行为的生效或失效，期限可以分为生效期限和终止期限。所谓生效期限，是指决定民事法律行为效力发生的期限。期限届至，民事法律行为生效；期限届至前，民事法律行为虽已成立但并未生效。例如，甲对乙说“下次下雨时，从你那里购买 100 把雨伞”，“下次下雨”是将来必定发生的事实，且期限届至时，购买雨伞的买卖合同生效，因此这一期限属于生效期限。所谓终止期限，是指决定民事法律行为效力消灭的期限。期限届至，民事法律行为失效；期限届至前，民事法律行为始终有效。例如，甲对乙说“明年 3 月 1 日，把我租给你的房屋还给我”，“明年 3 月 1 日”是必然到来的事实，且期限届至时，房屋租赁合同失效。

我国民法通则未规定附期限的民事法律行为。《最高人民法院关于贯彻执行〈中华人民共和国民法通则〉若干问题的意见（试行）》第76条规定："附期限的民事法律行为，在所附期限到来时生效或者解除。"《合同法》第46条规定："当事人对合同的效力可以约定附期限。附生效期限的合同，自期限届至时生效。附终止期限的合同，自期限届满时失效。"一些国家和地区的民事立法规定了附期限的民事法律行为。《德国民法典》第163条规定，在法律行为实施时，已就其效力而限定始期或终期的，第158条、第160条、第161条关于停止条件的规定准用于限定始期的情形，第158条、第160条、第161条关于解除条件的规定准用于限定终期的情形。《日本民法典》第135条规定：(1）法律行为附始期时，不得于期限届至前，请求履行该法律行为。(2）法律行为附终期时，该法律行为的效力，于期限届至时消灭。《韩国民法典》第152条规定：(1）附始期的法律行为，自期限到来时起，发生其效力。(2）附终期的法律行为，自期限届满时起，始丧失其效力。我国台湾地区"民法"第102条规定，附始期之法律行为，于期限届至时，发生效力。附终期之法律行为，于期限届满时，失其效力。第100条之规定，于前二项情形准用之。

◆ **条文解读**

本条根据合同法及一些国家和地区立法例，对附期限的民事法律行为作了规定。根据本条，附生效期限的民事法律行为，自期限届至时生效。附终止期限的民事法律行为，自期限届满时失效。关于本条，还有两点需要说明：一是，附期限民事法律行为中的所附期限，不同于民事法律行为的履行期限。履行期限，是当事人对已生效民事法律行为的履行义务所施加的期限限制。这种情况下，民事法律行为已经生效，权利义务已经发生，只是由于履行期限尚未届至，当事人所负义务没有强制履行的效力。这就意味着，履行期限届至前，义务人可以不履行义务，权利人也不得强制义务人履行义务。但是，如果义务人提前履行且权利人同意，法律不作禁止。而对于附生效期限的民事法律行为而言，在期限到来前，民事法律行为并未生效，权利义务尚未生成，当事人当然不存在义务履行的问题。二是，同附条件的民事法律行为一样，原则上，民事法律行为均可附期限。但是，依民事法律行为的性质不得附期限的除外。这样的行为主要包括身份上的行为，如结婚、收养等。

第七章 代 理

代理是指代理人代被代理人实施民事法律行为，其法律效果直接归属于被代理人的行为。代理制度是调整被代理人、代理人和第三人之间关系的法律制度。19 世纪以来，民事活动中奉行意思自治，个人依自由意思处理社会生活关系。随着经济发展的速度越来越快、规模越来越大、交易范围越来越广，再加上社会分工的精细化、市场交易的信息化等需求，民事主体亲自从事民事法律行为越来越力不从心，代理制度应运而生，成为社会经济生活的重要组成部分。代理制度的产生和发展，对于意思自治的实现，具有重要意义。代理的功能主要体现在以下两个方面：一是扩张功能。有的被代理人由于时间、精力有限，很多事情难以亲自进行；有的被代理人受本身知识、经验等的限制，从事民事活动存在困难。代理制度使民事主体能够通过代理人的行为来实现自己的利益，从而更加广泛、深入地参与民事活动。从这个意义上讲，代理制度扩张了民事主体意思自治的空间。二是辅助功能。完全民事行为能力人才能独立实施民事法律行为。对于无民事行为能力人和限制民事行为能力人来说，他们要参与民事活动，实现自己的利益，必须通过代理制度，由法定代理人来弥补其行为能力的不足。从这个意义上讲，代理制度是意思自治的补充。随着经济社会的发展，代理活动越来越广泛，也越来越复杂，为了保护被代理人、第三人的合法权益，维护交易安全，法律应当对代理行为予以规范。

2017年民法总则制定前，我国法律中有关代理的规定主要集中在民法通则和合同法中。民法通则在第四章“民事法律行为和代理”中专门规定了一节“代理”，共八条。合同法在第三章“合同的效力”中有些规定涉及代理问题，第二十一章专门规定了“委托合同”。另外，还有一些法律、行政法规、部门规章和司法解释对代理也作了规定。2017年制定民法总则，在上述规定的基础上作了进一步的完善和补充，专门单独规定了“代理”一章。这次编纂民法典，内容基本保持不变。

本章分三节，共十五条。第一节为一般规定，主要规定了代理的适用范围、效力、类型，代理人不当履职的民事责任及代理人和相对人恶意串通的民事责任等。第二节为委托代理，主要规定了授权委托书、共同代理、复代理、职务代理、无权代理和表见代理等。第三节为代理终止，主要规定了委托代理和法定代理的终止情形。

第一节　一般规定

第一百六十一条　民事主体可以通过代理人实施民事法律行为。

依照法律规定、当事人约定或者民事法律行为的性质，应当由本人亲自实施的民事法律行为，不得代理。

◆ 条文主旨

本条是关于代理适用范围的规定。

◆ **立法背景**

代理作为一项独立的法律制度，有其特定的适用范围，对此，民法通则作了明确规定。《民法通则》第63条第1款规定：“公民、法人可以通过代理人实施民事法律行为。”第3款规定：“依照法律规定或者按照双方当事人约定，应当由本人实施的民事法律行为，不得代理。”本条规定在民法通则上述规定的基础上，作了进一步的完善。

◆ **条文解读**

本条第1款规定，民事主体可以通过代理人实施民事法律行为。民事法律行为是指民事主体通过意思表示设立、变更、终止民事法律关系的行为。代理的适用范围原则上限于民事法律行为。但一般认为，一些与合同密切相关的准民事法律行为、事实行为和程序行为，如要约邀请、要约撤回、订约时样品的交付和受领、办理合同公证等，也允许代理。

不是所有民事法律行为都允许代理。根据本条第2款的规定，下列三类民事法律行为不得代理：一是依照法律规定应当由本人亲自实施的民事法律行为。例如，本法第1049条规定，要求结婚的男女双方应当亲自到婚姻登记机关申请结婚登记。二是依照当事人约定应当由本人亲自实施的民事法律行为。当事人基于某种原因，约定某一民事法律行为必须由本人亲自实施的，当事人自然应当遵守这一约定，不得通过代理人实施该民事法律行为。三是依照民事法律行为的性质，应当由本人亲自实施的民事法律行为。这主要是指具有人身性质的身份行为，如结婚、离婚、收养、遗嘱、遗赠等。这些身份行为不得代理，有的法律中已作了明确规定，如本法第1049条的规定；有的法律中没有作出明确规定，但由于其人身性质不允许他人代理。因此，这次在民法通则的基础上增加规定了这一类民事法律行为不得代理。

第一百六十二条 代理人在代理权限内，以被代理人名义实施的民事法律行为，对被代理人发生效力。

◆ **条文主旨**

本条是关于代理效力的规定。

◆ **立法背景**

在 2017 年民法总则制定过程中，对是否规定代理人必须以被代理人的名义来实施民事法律行为即显名代理，进而对是否在民法总则中规定隐名代理和间接代理，争议较大。显名代理是指代理人明确地以被代理人的名义实施民事法律行为，该民事法律行为的效力直接对被代理人发生。隐名代理是指代理人以自己的名义实施民事法律行为，但其代理人身份为相对人知悉，在这种情况下，也发生代理的效果，即该民事法律行为的效力直接对被代理人发生。显名代理和隐名代理合称直接代理。间接代理是指代理人以自己的名义实施民事法律行为，该民事法律行为的效力首先对代理人发生，再由代理人移转给被代理人。

代理要显名的主张，称为“显名主义”，是大陆法系主要国家和地区的普遍要求。《德国民法典》第 164 条第 1 款规定，代理人在代理权限内以被代理人的名义作出的意思表示，直接对被代理人和对被代理人发生效力。《法国民法典》第 1984 条规定，委托或者代理是指一人授权另一人以委托人的名义，为委托人完成某种事务的行为。《意大利民法典》第 1388 条规定，由代理人以被代理人的名义并为其利益，在授权的范围内订立的契约，直接对被代理人发生效力。《俄罗斯联邦民法典》第 182 条第 1 款规定，基于委托书、法律规定或者被授权的国家机关或地方自治机关文件而产生的授权，一人（代理人）以他人（被代理人）名义所实施的法律行为，直接创设、变更和终止被代理人的民事权利和民事义务。《日本民法典》第99条第1款规定，代理人在其权限内为被代理人而为的意思表示，直接对被代理人发生效力。我国台湾地区“民法”第103条规定，代理人于代理权限内，以本人名义所为之意思表示，直接对本人发生效力。我国民法通则也是采纳了显名主义，第63条第2款规定：“代理人在代理权限内，以被代理人的名义实施民事法律行为。被代理人对代理人的代理行为，承担民事责任。”

大陆法系的显名主义，原则上要求必须公开被代理人的姓名，但在例外情况下，即使没有公开被代理人的姓名，但相对人已经知道代理人与被代理人之间的代理关系的，也能够产生代理的效果，这就是隐名代理。大陆法系国家和地区，有的在民法中对隐名代理作了规定，有的并没有作出明确规定。《德国民法典》第164条第1款规定，该意思表示无论是明示以被代理人的名义作出，还是按照情况可以断定是以被代理人的名义作出的，均无区别。《日本民法典》第100条规定，代理人没有表示为被代理人而为的意思表示，视为自己所为。但是相对人已经知道或者应当知道其为被代理人而为时，准用前条第1款的规定。前条第1款规定是指意思表示直接对被代理人发生效力。我国台湾地区“民法”对隐名代理未作规定，司法实践中通过判例予以承认，代理人虽未以本人之名义为法律行为，而实际上有代理之意思，且为相对人所明知或可得而知者，即难谓不发生代理之效果，此即所谓之“隐名代理”。我国民法通则仅规定了显名代理，没有规定隐名代理。《合同法》在“总则”部分所规定的无权代理和表见代理等也都要求“以被代理人名义”，但在第402条规定：“受托人以自己的名义，在委托人的授权范围内与第三人订立的合同，第三人在订立合同时知道受托人与委托人之间的代理关系的，该合同直接约束委托人和第三人，但有确切证据证明该合同只约束受托人和第三人的除外。”从内容来看，该条规定实际上规定了隐名代理。

大陆法系国家和地区所规定的代理一般都仅指直接代理。在间接代理中，代理人以自己的名义来实施民事法律行为，该行为的效力直接在代理人和相对人之间发生，然后再由代理人将取得的权利义务移转给被代理人，因而间接代理不会在被代理人和相对人之间直接设定任何权利义务关系。实际上，间接代理并非真正的代理，不会产生代理的三方关系。合同法所规定的行纪就是典型的间接代理。只有在某些情况下，为了交易活动的便捷，减少纠纷，法律特别规定具备一定条件的，间接代理可以发生直接代理的部分效力。但作为对代理显名主义的补充，此种情形应当是特殊的，适用范围是狭窄的。如《合同法》第 403 条规定：“受托人以自己的名义与第三人订立合同时，第三人不知道受托人与委托人之间的代理关系的，受托人因第三人的原因对委托人不履行义务，受托人应当向委托人披露第三人，委托人因此可以行使受托人对第三人的权利，但第三人与受托人订立合同时如果知道该委托人就不会订立合同的除外。受托人因委托人的原因对第三人不履行义务，受托人应当向第三人披露委托人，第三人因此可以选择受托人或者委托人作为相对人主张其权利，但第三人不得变更选定的相对人。委托人行使受托人对第三人的权利的，第三人可以向委托人主张其对受托人的抗辩。第三人选定委托人作为其相对人的，委托人可以向第三人主张其对受托人的抗辩以及受托人对第三人的抗辩。”

在民法总则制定过程中，有的意见建议，在民法总则中仅规定显名代理即可，隐名代理和间接代理应当在合同法中作规定；

有的意见建议，在民法总则中规定显名代理和隐名代理；有的意见建议，《合同法》第403条规定的特殊情形的间接代理也应当在民法总则中明确规定。在民法总则草案前面三个审议稿中，采纳了第二种意见，对显名代理和隐名代理都作了规定。主要考虑是，间接代理不是真正的代理，只有在特殊情况下基于法律的特别规定才会发生代理的部分效力，在合同法分则中作出规定即可，民法总则没有必要专门作规定。第十二届全国人民代表大会第五次会议审议民法总则时，有的意见提出，隐名代理也没有必要规定在总则中，在合同法中规定即可。因此，最后通过的民法总则删除了隐名代理的规定。这次编纂民法典，对于这一做法没有作出变动，在合同编委托合同一章对隐名代理和间接代理作了规定。

◆ **条文解读**

一般民事法律行为只涉及行为人与相对人的关系。而民事主体通过代理人实施了民事法律行为，由此形成的代理法律关系则存在三个主体，即被代理人（本人）、代理人和相对人。该民事法律行为的效力就与一般民事法律行为存在区别，需要在法律中作出明确规定。根据本条规定，代理人在代理权限内，以被代理人名义实施的民事法律行为，对被代理人发生效力。这里所说的“对被代理人发生效力”，是指民事法律行为产生的法律效果归属于被代理人，即代理人实施的民事法律行为所设立、变更、终止民事法律关系的一切结果都归属于被代理人。一方面，代理的民事法律行为有效时，形成的权利义务应当由被代理人承受；另一方面，代理的民事法律行为无效时，引起的赔偿损失等民事责任也应当由被代理人承担。但代理人实施的民事法律行为并不都能发生代理的效力，根据本条规定，代理行为发生代理效力必须符合下列两个条件：

一是代理人在代理权限内实施民事法律行为。代理人超越代理权限实施民事法律行为的，除符合本法第 172 条规定的表见代理的构成要件外，为无权代理，须经被代理人追认才能对被代理人产生效力。代理分为法定代理和指定代理，法定代理中代理人的代理权限由法律直接作出规定，比如本法第 34 条第 1 款规定："监护人的职责是代理被监护人实施民事法律行为，保护被监护人的人身权利、财产权利以及其他合法权益等。"这是对监护人作为法定代理人时代理权限的规定。本法第 43 条第 1 款规定："财产代管人应当妥善管理失踪人的财产，维护其财产权益。"这是对失踪人的财产代管人作为法定代理人时代理权限的规定。

委托代理中代理人的权限则由被代理人在授予代理人时确定，该权限的范围原则上由被代理人自由决定。委托代理权限分为两类，即特别代理权和概括代理权。特别代理权是指授权代理人为一项或者一类特定行为，如授权代理人转让或者出租某物，授权代理人在一定数额内买卖股票等。概括代理权是指授权代理人为被代理人处理一切民事法律行为。如本法第 920 条规定："委托人可以特别委托受托人处理一项或者数项事务，也可以概括委托受托人处理一切事务。"划分特别代理权和概括代理权的意义在于，使代理人能够明确自己可以从事哪些代理活动，也使第三人知道代理人的身份和权限，使之有目的、有选择地与其共同实施订立合同等民事法律行为，以防止因代理权限不明确而引起不必要的纠纷。如果发生了纠纷，也便于根据代理权限确定当事人之间的相互责任。

二是代理人必须以被代理人的名义实施民事法律行为。代理人在实施民事法律行为时，必须以被代理人的名义进行，即明确向相对人表明是替被代理人来实施该民事法律行为。

第一百六十三条 代理包括委托代理和法定代理。

委托代理人按照被代理人的委托行使代理权。法定代理人依照法律的规定行使代理权。

◆ 条文主旨

本条是关于代理类型的规定。

◆ 立法背景

根据代理权产生依据的不同，代理可以分为委托代理和法定代理。《民法通则》第 64 条规定："代理包括委托代理、法定代理和指定代理。委托代理人按照被代理人的委托行使代理权，法定代理人依照法律的规定行使代理权，指定代理人按照人民法院或者指定单位的指定行使代理权。"可见，民法通则将代理分为委托代理、法定代理和指定代理三种类型。在立法过程中，对指定代理是否为一种单独的代理类型，争议较大。我们认为，指定代理只是法定代理的一种特殊形式，没有必要单独列为一种代理的类型，据此，本法将代理分为委托代理和法定代理两类。

◆ 条文解读

一、委托代理

本条第 2 款规定，委托代理人按照被代理人的委托行使代理权。根据这一规定，委托代理是指按照被代理人的委托来行使代理权的代理，有的学者又称为"意定代理""授权代理"等。委托代理是代理的主要类型，本章设专节规定了委托代理。需要注意的是委托代理与委托合同的差异。一方面，委托合同所生的委托关系是委托代理的基础法律关系，但除委托合同外，基于劳动合同等也能产生委托代理，有的情况下甚至只有单纯的授权行为而无基础关系也能产生委托代理。另一方面，委托关系并不一定产生代理权。当事人之间可能仅存在委托合同而并无委托代理关系。

二、法定代理

本条第 2 款规定，法定代理人依照法律的规定行使代理权。根据这一规定，法定代理是指依照法律的规定来行使代理权的代理。法定代理人的代理权来自于法律的直接规定，无须被代理人的授权，也只有在符合法律规定条件的情况下才能取消代理人的代理权。

民法通则将代理分为委托代理、法定代理和指定代理。本法取消了指定代理这一类型，本条规定的法定代理，涵盖了民法通则规定的法定代理和指定代理。在立法过程中，对指定代理是否为一种单独的代理类型，争议较大。一种意见认为，指定代理与法定代理有一定的区别，主要表现为以下几个方面：一是指定代理人需要人民法院或者法律规定的有关单位等特定机关来选定，而法定代理是基于法律的规定自动产生的。二是在指定代理中，即使由特定机关选定，在许多情况下还需要获得被指定人的同意或者征求其意见。比如，本法第 31 条第 2 款规定："居民委员会、村民委员会、民政部门或者人民法院应当尊重被监护人的真实意愿，按照最有利于被监护人的原则在依法具有监护资格的人中指定监护人。"而法定代理却没有这种限制，法定代理的产生不需要被代理人的同意。三是在指定代理中，代理的事务是特别限定的，而法定代理的事务范围却比较宽泛。另一种意见认为，两者只是在确定具体的代理人时存在区别，法定代理由法律直接规定，指定代理由特定机关根据法律来指定。但无论是法定代理还是指定代理，其代理权都来源于法律的直接规定，代理人都是在法律规定的代理权限内来履行代理职责。指定代理相比法定代理，仅是多了一个指定程序，完全可以纳入法定代理的范畴。经研究认为，法定代理和指定代理的分类在学理上有一定的意义，毕竟它们在代理人的确定上存在不同。但是，两者代理权的来源都是法律规定，代理人必须根据法律的规定取得代理权并行使代理职责，在法律上和实务中区别意义不大，因此，本法取消了民法通则规定的“指定代理”这一类型，将其纳入法定代理的范围中加以规范。

对委托代理，本章设专节作了规定，法定代理则没有设专节规定，主要是考虑到法定代理的内容在本法其他章节以及其他法律中已经作了明确规定，各类法定代理其内容差异较大，难以也没有必要作出概括规定。根据本法和其他法律的规定，法定代理人的类型主要有：

1. 监护人。这包括未成年人的父母，无民事行为能力人、限制民事行为能力人在父母之外的监护人。本法第 23 条就明确规定：“无民事行为能力人、限制民事行为能力人的监护人是其法定代理人。”

2. 失踪人的财产代管人。本法第 42 条规定：“失踪人的财产由其配偶、成年子女、父母或者其他愿意担任财产代管人的人代管。代管有争议，没有前款规定的人，或者前款规定的人无代管能力的，由人民法院指定的人代管。”

3. 清算组。《公司法》第 183 条规定：“公司因本法第一百八十条第（一）项、第（二）项、第（四）项、第（五）项规定而解散的，应当在解散事由出现之日起十五日内成立清算组，开始清算。有限责任公司的清算组由股东组成，股份有限公司的清算组由董事或者股东大会确定的人员组成。逾期不成立清算组进行清算的，债权人可以申请人民法院指定有关人员组成清算组进行清算。人民法院应当受理该申请，并及时组织清算组进行清算。”

第一百六十四条 代理人不履行或者不完全履行职责，造成被代理人损害的，应当承担民事责任。

代理人和相对人恶意串通，损害被代理人合法权益的，代理人和相对人应当承担连带责任。

◆ 条文主旨

本条是关于代理人不当履职的民事责任及代理人和相对人恶意串通的民事责任的规定。

◆ 立法背景

代理是意思自治的扩张和补充，代理人行使代理权，应当基于被代理人利益的考虑，忠实履行代理职责，否则，就要承担相应的民事责任。对此，《民法通则》第 66 条第 2 款、第 3 款已有规定："代理人不履行职责而给被代理人造成损害的，应当承担民事责任。代理人和第三人串通，损害被代理人的利益的，由代理人和第三人负连带责任。"本条在民法通则规定的基础上作了进一步的完善。

◆ 条文解读

本条第 1 款是关于代理人不当履行职责的民事责任的规定。代理人行使代理权完全是为了被代理人的利益，应当在代理权限内忠实履行代理职责，如果不履行或者不完全履行代理职责，造成被代理人的损害的，自应承担民事责任。关于代理人职责的内容，以及如何履行代理职责，在委托代理和法定代理情况下各有不同，本法没有作出统一规定。

委托代理时，被代理人对于代理事项、权限和期间等一般都有明确授权，代理人首先应当根据被代理人的授权来行使代理权，在授权范围内认真维护被代理人的合法权益，想方设法完成代理事项。有时，被代理人授予代理权的范围规定得并不十分具体明确，代理人就应当根据诚信原则来从事代理行为。法律为了保护被代理人的合法权益，还对一些滥用代理权的行为作了明确规制，代理人应当根据这些法律规定来行使代理权。比如，本法第 168 条规定："代理人不得以被代理人的名义与自己实施民事法律行为，但是被代理人同意或者追认的除外。代理人不得以被代理人的名义与自己同时代理的其他人实施民事法律行为，但是被代理的双方同意或者追认的除外。"第 169 条第 1 款规定："代理人需要转委托第三人代理的，应当取得被代理人的同意或者追认。"代理人越权行使代理权或者违反相关法律规定行使代理权，都属于不履行或者不完全履行代理职责，造成被代理人损害的，应当承担民事责任。

法定代理时，法律会对代理人的权限及相关职责作明确规定，代理人必须根据法律规定来行使代理权。如监护人作为法定代理人时的职责，本法第 34 条第 1 款明确规定："监护人的职责是代理被监护人实施民事法律行为，保护被监护人的人身权利、财产权利以及其他合法权益等。"第 35 条进一步规定："监护人应当按照最有利于被监护人的原则履行监护职责。监护人除为维护被监护人利益外，不得处分被监护人的财产。未成年人的监护人履行监护职责，在作出与被监护人利益有关的决定时，应当根据被监护人的年龄和智力状况，尊重被监护人的真实意愿。成年人的监护人履行监护职责，应当最大程度地尊重被监护人的真实意愿，保障并协助被监护人实施与其智力、精神健康状况相适应的民事法律行为。对被监护人有能力独立处理的事务，监护人不得干涉。"

本条第 2 款是关于代理人和相对人恶意串通的民事责任的规定。代理人和相对人恶意串通，损害被代理人合法权益时，代理人的行为属于本条第 1 款规制的范围，自应承担民事责任，但此时相对人也应承担责任。法律严格禁止这类损害被代理人利益的行为，据此，本款规定，代理人和相对人应当承担连带责任。根据本款规定，代理人和相对人承担连带责任的前提是恶意串通。恶意是指双方都明知或者应知其实施的行为会造成被代理人合法权益的损害还故意为之。串通是指双方在主观上有共同的意思联络。此处的恶意串通就是双方串通在一起，共同实施某种行为来损害被代理人的合法权益。如果双方当事人或者一方当事人不知且不应知其行为的损害后果，就不构成恶意串通，不能适用本款规定，应当根据各自的行为来承担相应的民事责任。

第二节 委托代理

第一百六十五条 委托代理授权采用书面形式的，授权委托书应当载明代理人的姓名或者名称、代理事项、权限和期限，并由被代理人签名或者盖章。

◆ 条文主旨

本条是关于授权委托书的规定。

◆ 立法背景

委托代理是指按照被代理人的委托来行使代理权的代理。此时，代理人行使的代理权称为委托代理权，是基于被代理人的意思而产生的。被代理人授予代理人委托代理权的行为，称为授权行为。

◆ **条文解读**

关于授权行为的形式，《民法通则》第 65 条第 1 款规定："民事法律行为的委托代理，可以用书面形式，也可以用口头形式。法律规定用书面形式的，应当用书面形式。"在民法总则立法过程中，对于授予代理权的意思表示是否需要采取代理人实施民事法律行为所应采取的方式，有过不同意见。（1）有的国家和地区要求授权行为必须采取代理人实施民事法律行为所采取的方式，如《意大利民法典》第 1392 条规定，如未采用与代理人应当订立合同的形式给予授权，则代理权是无效的。《路易斯安那州民法典》第 2993 条规定，代理合同不需要以特别形式订立。但是，如果法律对某行为规定了一定的形式，对该行为的代理授权必须以该形式作出。我国台湾地区"民法"第 531 条规定，为委任事务之处理，须为法律行为，而该法律行为，依法应以文字为之者，其处理权之授予，亦应以文字为之。其授予代理权者，代理权之授予亦同。我国《澳门民法典》第 255 条第 2 款规定，授权方式须为就授权人因实施法律行为所要求的方式，但法律另有规定的除外。（2）有的国家不要求授权行为采取代理人实施民事法律行为所采取的方式，如《德国民法典》第 167 条规定，代理权的授予，应向代理人或者向其为代理行为之第三人为意思表示。前款意思表示不需要依照有关代理权的法律行为所规定的方式。经研究认为，法律不应当强行规定授予代理权的意思表示与代理人实施民事法律行为所采取的方式相同，因为两者的性质完全不同。只要法律、行政法规没有明确规定或者当事人没有专门约定，代理权的授予采取何种方式都应当是允许的。民法通则的规定是合理的，应当予以维持。之所以没有在本条体现《民法通则》第 65 条第 1 款的内容，是因为授权行为也是民事法律行为，关于民事法律行为的形式本法第 135 条已作了规定："民事法律行为可以采用书面形式、口头形式或者其他形式；法律、行政法规规定或者当事人约定采用特定形式的，应当采用特定形式。"本条没有必要再重复规定相关内容。

根据本法第 135 条的规定，在法律、行政法规没有特别规定或者当事人没有约定的情况下，委托代理授权可以采取书面形式、口头形式或者其他形式中的任何一种。其中，书面形式是最主要的一种授权形式，称为授权委托书。根据本条规定，授权委托书的内容包括代理人的姓名或者名称、代理事项、代理权限、代理期限等，被代理人还应当在授权委托书上签名或者盖章。本条规定是对授权委托书应当包括的内容作提示性规定，目的是减少实践中产生的纠纷。

第一百六十六条　数人为同一代理事项的代理人的，应当共同行使代理权，但是当事人另有约定的除外。

◆ 条文主旨

本条是关于共同代理的规定。

◆ 立法背景

共同代理是指数个代理人共同行使一项代理权的代理。共同代理有如下三个特征：一是有数个代理人。如果只有一个代理人，属于单独代理，而不是共同代理。二是只有一个代理权。如果数个代理人有数个代理权，属于集合代理，而不是共同代理。例如，被代理人授权甲为其购买一台电视机、乙为其购买一台电冰箱，即集合代理。被代理人授权甲、乙一起为其购买一台电视机和一台电冰箱，才属于共同代理。三是共同行使代理权。共同行使代理权是指只有经过全体代理人的共同同意才能行使代理权，即数人应当共同实施代理行为，享有共同的权利义务。任何一个代理人单独行使代理权，均属于无权代理。如果数个代理人对同一个代理权可以单独行使，也属于单独代理，而不是共同代理。比如，被代理人授权甲、乙一起为其购买一台电视机和一台电冰箱，但谁买都可以，此种情况属于单独代理，而不是共同代理。

◆ **条文解读**

共同代理应当由被代理人授权，但在被代理人就同一代理权指定了数个代理人，有约定的当然按约定处理，但对于没有明确约定是共同代理还是单独代理时如何处理，不同国家和地区的态度存在差别：一是推定为共同代理。例如，《奥地利民法典》第1011条规定，数个受任人如同时受任处理事务时，除委任状明白授予其中一个或者数人以全权者外，对有效处理该项事务，与对委任人成立一项义务，需要全体受任人之共同行为。《瑞士债务法》第403条第2款规定，数人接受一个委任的，数人受任人应当承担连带责任，只有他们的共同行为对委任人有约束力，但他们授权派代表对第三人行为的除外。我国台湾地区“民法”第168条规定，代理人有数人者，其代理行为应共同为之。但法律另有规定或者本人另有意思表示者，不在此限。二是推定为单独代理。例如，《意大利民法典》第1716条第2款规定，如果在委托没有表示应当由数个委托人共同为其行为的情况下，受托人得各自完成该事项。在这种情况下，被告知结果的受托人应当立即通知其他受托人。在没有立即通知的情况下，委托人要承担因疏忽或者迟延而导致的损害赔偿责任。《荷兰民法典》第二编第6:110条规定，数个代理人有代理权限为同一本人为法律行为的，得单独为代理行为。三是没有作出明确规定，如德国、日本等。我国民法通则和合同法对此都没有作出明确规定。

为更好地保护被代理人的合法权益，减少实践纠纷，本法采纳了第一种立法例。根据本条的规定，除非另有约定，被代理人就同一代理事项确定了数个代理人时，法律推定为共同代理，数个代理人应当共同行使代理权，任何一个代理人都不得擅自单独实施代理行为。

第一百六十七条 代理人知道或者应当知道代理事项违法仍然实施代理行为，或者被代理人知道或者应当知道代理人的代理行为违法未作反对表示的，被代理人和代理人应当承担连带责任。

◆ 条文主旨

本条是关于代理违法的民事责任的规定。

◆ 立法背景

被代理人、代理人利用委托代理关系从事的违法行为可分为两类：一是代理事项本身违法，如委托代理人销售假冒伪劣产品；二是代理事项不违法，但代理人实施的代理行为违法，如委托代理人销售合法产品，代理人将该产品贴上假冒商标进行销售。代理违法造成第三人损害的，自应承担民事责任，但由被代理人承担还是代理人承担应当区分不同情形加以确定。

◆ 条文解读

代理违法造成第三人损害的，是由被代理人承担还是代理人承担应当区分不同情形加以确定：

第一，代理事项违法，但代理人不知道或者不应当知道该代理事项违法，此时应由被代理人承担民事责任。例如，甲将假冒伪劣产品委托给乙代为销售，但乙不知道该产品为假冒伪劣产品，则由甲承担民事责任，乙不承担责任。

第二，代理事项违法，代理人知道或者应当知道该代理事项违法仍然实施了代理行为，此时代理人与被代理人应当承担连带责任。例如，甲将假冒伪劣产品委托给乙代为销售，乙知道该产品为假冒伪劣产品仍然对外销售，则甲和乙承担连带责任。

第三，代理事项不违法，但代理人实施了违法的代理行为，被代理人不知道或者不应当知道该行为违法，或者知道后表示反对的，此时应由代理人承担民事责任。例如，甲委托乙销售合法产品，乙将该产品贴上假冒商标进行销售，甲对此毫不知情，则乙承担民事责任，甲不承担责任。

第四，代理事项不违法，但代理人实施了违法的代理行为，被代理人知道或者应当知道该行为违法未作反对表示的，此时被代理人应与代理人承担连带责任。例如，甲委托乙销售合法产品，乙将该产品贴上假冒商标进行销售，甲知道后装作不知情，则甲和乙承担连带责任。

以上四种情形中，第一种情形和第三种情形下的责任承担，与一般的违法民事法律行为没有区别，无须再作出特别规定。第二种情形和第四种情形下的责任承担，与一般的违法民事法律行为存在区别，需要在法律中作出特别规定。《民法通则》第 67 条对此已有规定："代理人知道被委托代理的事项违法仍然进行代理活动的，或者被代理人知道代理人的代理行为违法不表示反对的，由被代理人和代理人负连带责任。"本条沿用了民法通则的这一规定，在文字表述上作了一定的修改完善。

第一百六十八条 代理人不得以被代理人的名义与自己实施民事法律行为，但是被代理人同意或者追认的除外。

代理人不得以被代理人的名义与自己同时代理的其他人实施民事法律行为，但是被代理的双方同意或者追认的除外。

◆ 条文主旨

本条是关于禁止自己代理和双方代理的规定。

◆ 条文解读

代理人行使代理权时，应当从被代理人的利益出发，忠实履行代理职责。但在某些特定情形下，可能会存在被代理人、代理人与相对人之间的利益冲突，代理人难免会厚己薄人或者厚此薄彼。此时，法律须作出规范，以保护被代理人的合法权益。最典型的情形就是自己代理和双方代理。

自己代理是指代理人以被代理人的名义与自己实施民事法律行为。实践中，自己代理主要有两种情况：一是代理人以自己的名义向被代理人发出要约且代理人以被代理人的名义予以承诺；二是代理人以被代理人的名义向自己发出要约且以自己的名义予以承诺。比如，甲授权乙销售一吨钢材，乙以甲的名义将钢材卖给自己，便构成自己代理。或者，甲授权乙购买一吨钢材，乙以甲的名义向自己购买钢材，也构成自己代理。

双方代理是指代理人同时代理被代理人和相对人实施同一民事法律行为。构成双方代理，必须符合两个条件：一是代理人必须既获得被代理人的委托代理授权，又获得相对人的委托代理授权。二是代理人同时代理的双方为同一民事法律行为的当事人。比如，甲授权乙销售一吨钢材，丙授权乙购买一吨钢材，乙作为双方的代理人以甲和丙的名义签署一份钢材买卖合同，便构成双方代理。

大陆法系诸多国家和地区大都明文限制自己代理和双方代理。《德国民法典》第181条规定，除另有许可外，代理人不得以被代理人的名义与自己为法律行为，或者以被代理人的名义和作为第三人的代理人为法律行为；但该法律行为专为履行债务的，不在此限。《意大利民法典》第1395条规定，代理人为自己的利益或者作为另一方的代理人与自己缔结的合同，可以被撤销。但经被代理人特别授权的或者契约的内容被确认排除了利益冲突可能的，不在此限。异议只有被代理人可以提出。《日本民法典》第108条规定，任何人，不得就同一法律行为，任其相对人的代理人或当事人双方的代理人。但债务之履行，不在此限。《俄罗斯联邦民法典》第182条第3款规定，代理人不得以被代理人的名义与本人实施法律行为，也不得以被代理人的名义与他同时代理的其他人实施法律行为，但法律规定的情形除外。我国台湾地区"民法"第106条规定，代理人非经本人之许诺，不得为本人与自己之法律行为，亦不得既为第三人之代理人，而为本人与第三人之法律行为。但其法律行为，系专履行债务者，不在此限。我国1981年制定现已失效的《经济合同法》第7条第1款第3项曾对自己代理和双方代理作了规定，代理人超越代理权限签订的合同或以被代理人的名义同自己或者同自己所代理的其他人签订的合同无效。但民法通则和合同法都没有对自己代理和双方代理作出规定。

在自己代理的情形，代理人自己的利益可能会与被代理人的利益发生冲突，代理人往往更注重自己的利益，从而损害被代理人的利益。在双方代理的情形，一个民事法律行为的双方当事人利益难免冲突，不免会厚此薄彼，很容易损害其中一方当事人的利益。因此，法律应当对自己代理和双方代理加以规制。根据本条的规定，代理人不得以被代理人的名义与自己实施民事法律行为，也不得以被代理人的名义与自己同时代理的其他人实施民事法律行为，即原则上禁止自己代理和双方代理。

但是，法律禁止自己代理的目的是保护被代理人的利益，如果被代理人觉得没有损害其利益或者愿意承受这种不利益，法律没有必要强行干预。故本条第 1 款同时规定，但是被代理人同意或者追认的除外。即如果被代理人事先同意的，或者被代理人虽然没有事先同意，但事后经权衡后，追认了代理人的自己代理行为，法律自然要尊重被代理人的选择，认可自己代理行为的效力。

同理，法律禁止双方代理的目的是保护被代理人和相对人的利益，如果双方都认为代理人的行为没有损害其利益或者愿意承受这种不利益，法律也没有必要强行干预。因此，本条第 2 款规定，禁止双方代理，但是被代理的双方同意或者追认的除外。

第一百六十九条 代理人需要转委托第三人代理的，应当取得被代理人的同意或者追认。

转委托代理经被代理人同意或者追认的，被代理人可以就代理事务直接指示转委托的第三人，代理人仅就第三人的选任以及对第三人的指示承担责任。

转委托代理未经被代理人同意或者追认的，代理人应当对转委托的第三人的行为承担责任；但是，在紧急情况下代理人为了维护被代理人的利益需要转委托第三人代理的除外。

◆ 条文主旨

本条是关于复代理的规定。

◆ 立法背景

复代理，又称再代理、转代理或者次代理，是指代理人为了实施其代理权限内的行为，而以自己的名义为被代理人选任代理人的代理。与复代理相对的是本代理，或者称原代理，是指被代理人直接选任代理人而成立的代理。在复代理关系中，存在原代理人和复代理人两个代理人，存在原代理人对被代理人的代理和复代理人对被代理人的代理两层代理。

◆ 条文解读

一、复代理的特征

复代理具有以下四个特征：

一是以本代理的存在为前提。必须有一个本代理，才能在其基础上产生复代理。没有本代理，复代理就无从谈起。

二是复代理人是原代理人以自己的名义选任的代理人。原代理人以自己的名义选任复代理人是复代理的重要特征。如果是被代理人自己选任，当然就是本代理。如果原代理人以被代理人的名义选任另一个代理人，则不属于复代理，而是在该代理人与被代理人之间直接产生一个新的代理关系。

三是复代理人行使的代理权是原代理人的代理权，但原代理人的代理权并不因此丧失。复代理人是由原代理人以自己名义选任的，其代理权直接来源于原代理人的代理权，而且权限范围不得大于原代理权的权限范围。同时，原代理人选任复代理人后，其代理权并不因此而消灭，仍然保有其代理人地位，其与被代理人之间的代理法律关系没有发生变化。如果代理人失去其代理权，而向被代理人推介他人接替自己担任代理人的，是向被代理人推荐新代理人的行为，而不是选任复代理人的行为。

四是复代理人是被代理人的代理人，而不是代理人的代理人。复代理人以被代理人的名义实施民事法律行为，其法律效果直接归属于被代理人。如果复代理人以代理人的名义实施民事法律行为，就不是复代理，而属于一般代理了。

二、复代理的条件

在委托代理中，代理关系一般都建立在被代理人对代理人一定的人身信任基础上，代理人是否合适，被代理人在委托授权时会充分考虑。如果代理人自己擅自另行选任复代理人，其选任的复代理人不一定能够得到被代理人的信任，因此不能强加于被代理人。同时，如果代理人认为自己不合适继续担任代理人，随时可以辞任，由被代理人另行选任其他代理人，而没有必要由代理人擅自选任复代理人。基于此，原则上应当不允许代理人选任复代理人。但在特殊情况下，允许代理人选任复代理人，有利于更好地保护被代理人的合法权益，不应一概否定复代理的存在。

大陆法系多数国家和地区对复代理也都是原则禁止、例外允许。例如，《德国民法典》第 664 条第 1 款规定，有疑义时，受委人不得将委托的执行转托给第三人。转托被许可的，受托人仅对在转托时自己所犯的过错负责任。《瑞士债务法》第 398 条第 3 款规定，受托人应当自己完成委托事务，但其被授权或者由于客观情况不得已由第三人执行的或者劳务关系依习惯可以由第三人替代履行的除外。《日本民法典》第 104 条第 1 款规定，委托代理人非经本人同意或有不得已的事由，不得选任复代理人。《俄罗斯联邦民法典》第 187 条第 1 款规定，被授予委托书的人，应亲自实施授权给他的行为。如果委托书有相关授权或者为了维护委托人的利益而迫不得已时，可以转委托他人实施这些行为。我国台湾地区“民法”第 537 条规定，受任人应自己处理委任事务。但经委任人之同意或另有习惯或有不得已之事由者，得使第三人代为处理。我国民法通则和合同法对复代理也作了规定，《民法通则》第68条规定：“委托代理人为被代理人的利益需要转托他人代理的，应当事先取得被代理人的同意。事先没有取得被代理人同意的，应当在事后及时告诉被代理人，如果被代理人不同意，由代理人对自己所转托的人的行为负民事责任，但在紧急情况下，为了保护被代理人的利益而转托他人代理的除外。”《合同法》第400条规定：“受托人应当亲自处理委托事务。经委托人同意，受托人可以转委托。转委托经同意的，委托人可以就委托事务直接指示转委托的第三人，受托人仅就第三人的选任及其对第三人的指示承担责任。转委托未经同意的，受托人应当对转委托的第三人的行为承担责任，但在紧急情况下受托人为维护委托人的利益需要转委托的除外。”本条继承了民法通则和合同法的规定，明确只有在两种情况下才允许复代理：

（一）被代理人允许。被代理人的允许，包括事先同意和事后追认。本条第1款规定：“代理人需要转委托第三人代理的，应当取得被代理人的同意或者追认。”有的情况下，被代理人考虑到代理人独任代理存在一些困难，准许代理人便宜行事，选任复代理人协助其实施民事法律行为；有的情况下，代理人选任复代理人的行为事先没有征得被代理人同意，但被代理人经考虑事后追认了复代理的行为。在这两种情况下，被代理人基于自己利益等考虑同意复代理，法律自无再加禁止的理由。

（二）出现紧急情况。根据本条第3款的规定，在紧急情况下代理人为了维护被代理人利益的需要，可以转委托第三人代理。关于“紧急情况”，《最高人民法院关于贯彻执行〈中华人民共和国民法通则〉若干问题的意见（试行）》第80条作了一定的界定：“由于急病、通讯联络中断等特殊原因，委托代理人自己不能办理代理事项，又不能与被代理人及时取得联系，如不及时转托他人代理，会给被代理人的利益造成损失或者扩大损失的，属于民法通则第六十八条中的‘紧急情况’。”出现了紧急情况，从维护被代理人利益的需要出发，法律允许复代理的存在。

三、复代理的法律效果

对于被代理人和复代理人而言，一方面，代理人经被代理人同意、追认或者紧急情况下选任了复代理人，复代理人就成了被代理人的代理人，可以被代理人的名义实施民事法律行为，该民事法律行为直接对被代理人发生效力。另一方面，复代理人是被代理人的代理人，被代理人就代理事务可以越过原代理人直接指示复代理人，复代理人应当按照被代理人的指示实施民事法律行为。

对于原代理人和复代理人而言，原代理人以自己的名义选任了复代理人，其可以基于自己的判断指示复代理人实施民事法律行为，即复代理人需要接受被代理人和原代理人的双重指示。当然，在被代理人和原代理人的指示不一致时，复代理人应当优先按照被代理人的指示来实施民事法律行为。

对于被代理人和原代理人而言，原代理人选任了复代理人后，复代理人所实施的民事法律行为的效力直接对被代理人发生，如果出现问题造成被代理人损害的，原则上原代理人不再承担任何责任。但根据本条第 2 款的规定，在两种情况下原代理人仍然需要承担责任：一是原代理人在选任复代理人时存在过错，比如明知复代理人的品德或者能力难以胜任代理工作仍然选任其担任复代理人的；二是复代理人的行为是根据原代理人的指示来实施的。这两种情况下，原代理人也需要对被代理人承担责任。

还有一个问题需要注意，根据本条第 3 款的规定，在原代理人未经被代理人同意或者追认而选任复代理人时，复代理人实施的代理行为就构成无权代理，除非符合本法第172条规定的表见代理外，其行为对被代理人不发生效力，代理人应当对复代理人的行为承担责任。

第一百七十条 执行法人或者非法人组织工作任务的人员，就其职权范围内的事项，以法人或者非法人组织的名义实施的民事法律行为，对法人或者非法人组织发生效力。

法人或者非法人组织对执行其工作任务的人员职权范围的限制，不得对抗善意相对人。

◆ 条文主旨

本条是关于职务代理的规定。

◆ 立法背景

职务代理，顾名思义，是指根据代理人所担任的职务而产生的代理，即执行法人或者非法人组织工作任务的人员，就其职权范围内的事项，以法人或者非法人组织的名义实施的民事法律行为，无须法人或者非法人组织的特别授权，对法人或者非法人组织发生效力。职务代理能够弥补商事交易中法定代表人制度的不足，满足法人对外交易的需求，也能够增强交易结果的确定性和可预见性，使交易相对人能够迅速、准确地判断代理人是否有代理权，维护正常的交易秩序、降低交易成本、提高交易效率。我国法律中以前对职务代理没有作出明确规定，《民法通则》第43条规定："企业法人对它的法定代表人和其他工作人员的经营活动，承担民事责任。"有的学者将其解释为对职务代理人代理权限的规定。《侵权责任法》第 34 条则对用人单位的责任和劳务派遣单位、劳务用工单位的责任作了规定："用人单位的工作人员因执行工作任务造成他人损害的，由用人单位承担侵权责任。劳务派遣期间，被派遣的工作人员因执行工作任务造成他人损害的，由接受劳务派遣的用工单位承担侵权责任；劳务派遣单位有过错的，承担相应的补充责任。"直至 2017 年制定民法总则时，才专门规定了职务代理。

◆ **条文解读**

对于职务代理的法律定位，学界有几种意见：一是将职务代理纳入委托代理的范畴，视为委托代理的一种具体类型；二是将职务代理纳入法定代理的范畴，因为其代理权来自法律的直接规定；三是认为应当将职务代理与委托代理、法定代理并列，作为一种独立的代理类型。经研究认为，委托代理本质上是指基于被代理人的意思而产生的代理，这种意思既可以体现于被代理人的授权行为，也可以体现于被代理人基于其与代理人之间的雇佣、劳动关系而对代理人的默示授权。在我国法律体系下，适当拓展委托代理的范围，将职务代理纳入委托代理的范畴加以规范，不仅理论上可行，也符合实践的需要。但职务代理与一般的委托代理相比有其特殊性，理解职务代理制度，应注意以下几点：

一是被代理人须是法人或者非法人组织。法人是指具有民事权利能力和民事行为能力，依法独立享有民事权利和承担民事义务的组织。非法人组织是指不具有法人资格，但是能够依法以自己的名义从事民事活动的组织。法人、非法人组织作为被代理人时才能适用职务代理制度。如果被代理人是自然人，只能采用一般的委托代理。

二是代理人须是执行法人或者非法人组织工作任务的人员。

执行法人或者非法人组织工作任务的人员，既包括基于劳动、雇佣关系而产生的法人、非法人组织的工作人员，如工厂采购员、商店售货员等；也包括其他执行法人或者非法人组织工作任务的人员，如劳务派遣单位派到用工单位的工作人员。

三是代理事项须是职权范围内的事项。法人或者非法人组织对执行其工作任务的人员，一般情况下都会确定一定的职权范围。超越职权范围实施民事法律行为的，就构成无权代理。职权范围有时由法律、行政法规或者规章规定，有时由法人或者非法人组织的内部规定来规定，有时法人或者非法人组织还会临时授予工作人员一定的职权。但应注意的是，本条第 2 款明确规定，法人或者非法人组织对执行其工作任务的人员职权范围的限制，不得对抗善意相对人。法人或者非法人组织对执行其工作的人员都赋予其一定的职权范围，有的情况下是对社会公开的，相对人可以知悉，但有的情况下相对人难以知道该职权的具体范围，只能依据公开信息或者交易习惯来判断。如果相对人是善意的，即对法人或者非法人组织对执行其工作任务的人员职权范围的限制，不知道也不应当知道，那么法律应当对这种合理信赖予以保护，以维护其合法权益。

第一百七十一条 行为人没有代理权、超越代理权或者代理权终止后，仍然实施代理行为，未经被代理人追认的，对被代理人不发生效力。

相对人可以催告被代理人自收到通知之日起三十日内予以追认。被代理人未作表示的，视为拒绝追认。行为人实施的行为被追认前，善意相对人有撤销的权利。

撤销应当以通知的方式作出。

行为人实施的行为未被追认的，善意相对人有权请求行为人履行债务或者就其受到的损害请求行为人赔偿。但是，赔偿的范围不得超过被代理人追认时相对人所能获得的利益。

相对人知道或者应当知道行为人无权代理的，相对人和行为人按照各自的过错承担责任。

◆ **条文主旨**

本条是关于无权代理的规定。

◆ **立法背景**

广义上的无权代理，是指行为人（无权代理人）没有代理权仍以被代理人名义实施民事法律行为。代理权的存在是代理法律关系成立的前提，行为人只有基于代理权才能以被代理人的名义从事代理行为。一般来说，行为人没有代理权，其实施的民事法律行为对于被代理人而言就不应当产生代理的效力。但实际情况错综复杂，无权代理发生的原因多种多样，简单地一概否定无权代理的效力，一方面，未必完全符合被代理人的利益；另一方面，也不能置善意地相信代理人有代理权的相对人的利益不顾，否则将对交易安全、便捷造成较大冲击。因此，各国和地区一般都区分情况，以有无代理权表象为标准，将无权代理分为表见代理和狭义上的无权代理两类，赋予其不同的法律效果。本条规定的就是狭义上的无权代理，即指行为人没有代理权，也不具有使相对人有理由相信其有代理权的外部表象的代理。下文提到的无权代理，如无特别指出，都仅指狭义上的无权代理。

◆ 条文解读

一、大陆法系主要国家和地区的相关规定

无权代理制度涉及被代理人、代理人和相对人利益的调和，需要进行细致的制度建构，大陆法系有关国家和地区对此都作了明确具体的规定。

《德国民法典》第177条规定，无代理权而以他人名义订立合同的，对被代理人有利或者不利的合同的效力，依被代理人追认与否而定。相对人催告被代理人作出追认的意思表示的，该意思表示只能向相对人作出；在催告前向代理人所表示的追认或者拒绝追认，均为无效。追认仅得在收到催告后两星期内予以表示；不表示追认的，视为拒绝追认。第178条规定，合同在被被代理人追认之前，相对人有撤回的权利，但相对人在合同订立时已知道代理人没有代理权的除外。合同的撤回，也可以向代理人作出。第179条规定，以代理人身份订立合同的，如不能证明其有代理权，而被代理人又拒绝追认时，相对人有权选择要求代理人履行合同或者赔偿损失。代理人不知道自己没有代理权的，仅对因信其有代理权而受损毁的相对人承担赔偿的责任。但其赔偿额不得超过相对人在合同有效时可以得到的利益。相对人知道或者应当知道代理人没有代理权的，代理人不负责任。代理人的行为能力受有限制的，亦同。但经其法定代理人同意的行为，不在此限。

《意大利民法典》第1398条规定，无权代理或者超越代理权订立合同的人，要对第三人因相信合同效力而没有过错所遭受的损害负赔偿责任。第1399条规定，在前条规定的情况中，利害关系人可以按照规定的缔约形式对合同进行追认。追认具有溯及力，但不得侵害第三人的权利。第三人和作为代理人订立合同的人可以在追认前协议解除合同。第三人可以请求利害关系人在指定期

间内追认。期间届满，利害关系人保持沉默的，视为拒绝追认。追认权可以转让给继承人。

《俄罗斯联邦民法典》第183条规定，未被授权而以他人名义实施的法律行为或者超越权限实施的法律行为，被认为是实施人以自己的名义和为自己的利益而实施的法律行为，但事后得到他人（被代理人）对该法律行为的追认的情形除外。被代理人事后对法律行为的追认，自法律行为实施之时起对该被代理人确立、变更和终止民事权利和义务。

《日本民法典》第113条规定，无代理权人作为他人代理人而订立的合同，非经被代理人追认，不对被代理人发生效力。追认或者拒绝追认，除非对相对人为之，不得以之对抗相对人。但相对人已知其事实时，不在此限。第114条规定，于前条情形，相对人可以定相当期间，催告被代理人于期间内，作出是否追认的确答。如被代理人于该期间内未作确答，则视为拒绝追认。第115条规定，无代理权人订立的合同，于被代理人未追认期间，相对人可以撤销。但是，相对人于订立合同的当时已知无代理权的事实时，不在此限。第116条规定，如无另外意思表示，追认溯及于订立合同时发生效力，但不得侵害第三人的权利。第117条规定，作为他人代理人订立合同者，如不能证明其代理权，且得不到被代理人追认时，应依相对人的选择，或履行合同，或承担损害赔偿责任。上述规定，不适用于相对人已知或因过失而不知无代理权情形或者作为代理人订立合同者无其能力情形。

我国台湾地区“民法”第110条规定，无代理权人，以他人之代理人名义所为之法律行为，对于善意之相对人，负损害赔偿之责。第170条规定，无代理权人以代理人之名义所为之法律行为，非经本人承认，对于本人不生效力。第170条之一规定，无代理权人以代理人之名义所为之法律行为，非经本人承认，对于本人不生效力。前项情形，法律行为之相对人，得定相当期限，催告本人确答是否承认。本人逾期未为确答者，视为拒绝承认。第171条规定，无代理权人所为之法律行为，其相对人于本人未承认前，得撤回之。但为法律行为时，明知其无代理权者，不在此限。

我国民法通则和合同法对无权代理都作了规定。《民法通则》第66条第1款规定："没有代理权、超越代理权或者代理权终止后的行为，只有经过被代理人的追认，被代理人才承担民事责任。未经追认的行为，由行为人承担民事责任。本人知道他人以本人名义实施民事行为而不作否认表示的，视为同意。"第4款规定："第三人知道行为人没有代理权、超越代理权或者代理权已终止还与行为人实施民事行为给他人造成损害的，由第三人和行为人负连带责任。"《合同法》第48条规定："行为人没有代理权、超越代理权或者代理权终止后以被代理人名义订立的合同，未经被代理人追认，对被代理人不发生效力，由行为人承担责任。相对人可以催告被代理人在一个月内予以追认。被代理人未作表示的，视为拒绝追认。合同被追认之前，善意相对人有撤销的权利。撤销应当以通知的方式作出。"本条在民法通则和合同法规定的基础上，作了进一步的修改完善。

二、无权代理的类型

本条将无权代理分为三种类型：

一是没有代理权的无权代理。其是指行为人根本没有得到被代理人的授权，就以被代理人的名义从事的代理。比如，行为人伪造他人的公章、合同书或者授权委托书等，假冒他人的名义实施民事法律行为，就是典型的无权代理。

二是超越代理权的无权代理。其是指行为人与被代理人之间有代理关系存在，行为人有一定的代理权，但其实施的代理行为超出了代理范围的代理。例如，甲委托乙购买300台电视机，但是乙擅自与他人签订了购买500台电视机的合同；或者甲委托乙购买电视机，但是乙购买了电冰箱，这些都是超越代理权的无权代理。

三是代理权终止后的无权代理。其是指行为人与被代理人之间原本有代理关系，由于法定情形的出现使代理权终止，但是行为人仍然从事的代理。法定情形主要是指本法第173条规定的情形，包括代理期限届满、代理事务完成或者被代理人取消委托等。

三、无权代理行为的效力

行为人没有代理权却以被代理人的名义实施民事法律行为，不符合被代理人的意愿，法律效果不能直接及于被代理人，本当无效。但是，考虑到行为人实施的民事法律行为并非都对被代理人不利，有些对被代理人可能是有利的；而且，既然代理行为已经完成，行为人有为被代理人实施民事法律行为的意思表示，相对人有意与被代理人缔约，如果被代理人愿意事后承认，从鼓励交易、维护交易秩序稳定以及更好地保护各方当事人利益的角度出发，也没有必要一概否定其效力。因此，法律规定了一定的条件，如果符合法定条件的，允许行为人实施的民事法律行为对被代理人发生效力。大陆法系各国的立法也都规定无权代理行为为效力待定的行为，即该行为是否发生效力尚未确定，有待于其他行为使之确定。我国民法通则、合同法和本法也采纳了这一做法。

根据本条的规定，对于无权代理行为，被代理人可以追认该行为，使之确定地发生法律效力，也可以拒绝追认使之确定地不发生法律效力；善意相对人可以在被代理人追认前行使撤销权使之确定地不发生效力，如果相对人希望尽早确定其效力，可以催告被代理人予以追认。

四、被代理人的追认权和拒绝权

无权代理发生后，根据本条的规定，被代理人有追认和拒绝的权利。这里所指的"追认"，是指被代理人对无权代理行为事后予以承认的一种单方意思表示。被代理人的追认应当以明示的意思表示向相对人作出，如果仅向行为人作出意思表示，也必须使相对人知道后才能产生法律效果。追认必须在相对人催告期限尚未届满前以及善意相对人未行使撤销权前行使。一旦被代理人作出追认，无权代理就变成有权代理，行为人实施的民事法律行为就从成立时起对被代理人产生法律效力。

追认权是被代理人的一项权利，被代理人既有权作出追认，也可以拒绝追认。被代理人行使拒绝权有两种方式：一是被代理人在知道无权代理行为后，明确地向相对人表示拒绝承认该无权代理行为；二是被代理人在收到相对人催告的通知之日起1个月内未作表示的，则视为拒绝追认。被代理人拒绝追认后，无权代理行为便确定无效，因无权代理而实施的民事法律行为就不能对被代理人产生法律效力，由此而产生的责任就应该由行为人自己承担。

五、相对人的催告权和善意相对人的撤销权

无权代理经被代理人追认即产生效力，拒绝追认便不产生效力，这是为了更好地保护被代理人的合法权益。但同时，相对人的合法权益也应当予以妥善保护，基于此，法律赋予了相对人催告权和善意相对人撤销权。

所谓催告权，是指相对人催促被代理人在一定期限内明确答复是否承认无权代理行为。根据本条第2款的规定，催告权的行使一般需具备以下要件：一是要求被代理人在一定的期限内作出答复，本条第2款规定的期限为30日；二是催告应当以通知的方式作出；三是催告的意思必须是向被代理人作出。

为了维护当事人之间的利益平衡，本条第2款还规定相对人享有撤销权。这里的撤销权，是指相对人在被代理人未追认无权代理行为之前，可撤回其对行为人所作的意思表示。相对人撤销权的行使必须满足以下条件：一是必须在被代理人作出追认之前作出，如果被代理人已经对无权代理行为作出了追认，该民事法律行为就对被代理人产生了效力，相对人就不能再撤销其意思表示了。二是相对人在行为人实施民事法律行为时必须是善意的，也就是说，相对人在作出意思表示时，并不知道对方是无权代理的。如果明知对方是无权代理而仍与对方共同实施民事法律行为，那么相对人就无权撤销其意思表示。三是撤销应当以通知的方式作出。

六、行为人（无权代理人）的责任

行为人实施的行为未被被代理人追认时，则其实施的民事法律行为的效力不能对被代理人发生效力。此时，行为人对相对人应当承担责任，但对于其承担何种内容的责任存在争议，从一些国家和地区的相关规定来看，主要有三种做法：一是行为人承担损害赔偿责任，如意大利和我国台湾地区；二是行为人直接承担行为后果，如俄罗斯；三是允许相对人选择行为人直接承担行为后果或者损害赔偿责任。我国民法通则和合同法对此都仅规定“由行为人承担责任”，至于行为人承担何种内容的责任没有明确，民法典专门对这一问题作了规定。

根据本条第 3 款、第 4 款的规定，行为人承担的责任基于相对人是否善意而有所区别。

（一）相对人为善意时。本条第 3 款规定：“行为人实施的行为未被追认的，善意相对人有权请求行为人履行债务或者就其受到的损害请求行为人赔偿。但是，赔偿的范围不得超过被代理人追认时相对人所能获得的利益。”根据本款的规定，行为人实施的无权代理行为未被被代理人追认时，允许相对人选择，或者让行为人直接承担行为后果，或者让行为人承担损害赔偿责任。

在立法过程中，有的意见认为，让行为人承担行为后果不太妥当，善意相对人并无与行为人发生法律关系的意思，而且行为人一般不具备履行相应民事法律义务的能力，让行为人承担行为后果，既不现实，也无必要。但是经研究认为，为了更好地保护善意相对人的合法权益，赋予其更多的选择权未尝不可，由善意相对人根据实际情况自己判断采用何种方式更符合自己的利益。

需要注意的是，如果善意相对人要求行为人承担损害赔偿责任，本条第 3 款对赔偿责任的范围作了一定的限制，即“赔偿的范围不得超过被代理人追认时相对人所能获得的利益”。也就是说，赔偿的范围不得超过履行利益。这主要是考虑到，善意相对人对因无权代理而遭受损害也有一定的过失，不能因此而多获利益，应当对行为人的赔偿责任适当加以限制。

（二）相对人为恶意时。根据本条第 4 款的规定，相对人知道或者应当知道行为人无权代理的，相对人和行为人按照各自的过错承担责任。此时，行为人和相对人对无权代理都心知肚明，法律自无对哪一方加以保护的必要，双方应当根据各自的过错来确定相应的责任。

第一百七十二条 行为人没有代理权、超越代理权或者代理权终止后，仍然实施代理行为，相对人有理由相信行为人有代理权的，代理行为有效。

◆ **条文主旨**

本条是关于表见代理的规定。

◆ **立法背景**

所谓表见代理，是指行为人虽无代理权而实施代理行为，如果相对人有理由相信其有代理权，该代理行为有效。如前所述，无权代理非经被代理人追认，不对被代理人发生效力，这是法律为了保护被代理人的合法权益，维护其意思自治，不让其承担不测之损害。但在某些情况下，相对人是善意的且无过失，如果完全尊重被代理人的意思，强令代理行为无效，置善意相对人的利益于不顾，势必影响交易安全。要求相对人在任何情况下都必须详细考察被代理人的真正意思，不仅要花费很大的成本，实际中也很难做到。因此，只要相对人对行为人有代理权形成了合理信赖，即使实际情况相反，也应保护这种信赖利益，在一定程度上牺牲被代理人的利益，而将无权代理的效果归属于被代理人，以维护交易安全。本条便是基于以上理由，规定了表见代理制度。

◆ **条文解读**

根据本条的规定，构成表见代理需要满足以下两个条件：

1. 行为人并没有获得被代理人的授权就以被代理人的名义与相对人实施民事法律行为。本条规定了没有代理权、超越代理权或者代理权终止三种情形。

2. 相对人在主观上必须是善意、无过失的。所谓善意，是指相对人不知道或者不应当知道行为人实际上是无权代理；所谓无过失，是指相对人的这种不知道不是因为其大意造成的。如果相对人明知或者应知行为人没有代理权、超越代理权或者代理权已终止，而仍与行为人实施民事法律行为，那么就不构成表见代理，而成为无权代理。

在本条的立法过程中，对于是否要求以被代理人的过错作为表见代理的构成要件，有不同意见。一种意见认为，应当以被代理人的过错作为表见代理的要件，否则对被代理人不公平。另一种意见认为，表见代理最重要的特征就是相对人有正当理由相信行为人有代理权，而不问被代理人是否有过错。本法采纳了第二种意见。一般来说，表见代理的产生与被代理人的过错有关，比如，因为被代理人管理制度的混乱，导致其公章、介绍信等被他人借用或者冒用；被代理人在知道行为人以其名义与第三人实施民事法律行为而不作否认表示等。这些都表明被代理人是有过错的。但是，设立表见代理制度的目的是保护交易的安全性，不至于使没有过失的相对人劳而无获。因此，相对人只要证明自己和行为人实施民事法律行为时没有过失，至于被代理人在行为人实施民事法律行为时是否有过失，相对人很多情况下难以证明。故在本条的规定中，对于行为人没有代理权、超越代理权或者代理权终止后，仍然以被代理人的名义实施代理行为的情况下，只要相对人有理由相信行为人有代理权的，代理行为就有效。

第三节　代理终止

第一百七十三条　有下列情形之一的，委托代理终止：

（一）代理期限届满或者代理事务完成；

（二）被代理人取消委托或者代理人辞去委托；

（三）代理人丧失民事行为能力；

（四）代理人或者被代理人死亡；

（五）作为代理人或者被代理人的法人、非法人组织终止。

◆ 条文主旨

本条是关于委托代理终止的规定。

◆ 立法背景

委托代理终止是指被代理人与代理人之间的代理关系消灭。关于哪些情况下委托代理终止，《民法通则》第 69 条作了列举式规定："有下列情形之一的，委托代理终止：（一）代理期间届满或者代理事务完成；（二）被代理人取消委托或者代理人辞去委托；（三）代理人死亡；（四）代理人丧失民事行为能力；（五）作为被代理人或者代理人的法人终止。"合同法对委托合同终止也作了相关规定。《合同法》第 410 条规定："委托人或者受托人可以随时解除委托合同。因解除合同给对方造成损失的，除不可归责于该当事人的事由以外，应当赔偿损失。"第 411 条规定："委托人或者受托人死亡、丧失民事行为能力或者破产的，委托合同终止，但当事人另有约定或者根据委托事务的性质不宜终止的除外。"第 412 条规定："因委托人死亡、丧失民事行为能力或者破产，致使委托合同终止将损害委托人利益的，在委托人的继承人、法定代理人或者清算组织承受委托事务之前，受托人应当继续处理委托事务。"第 413 条规定："因受托人死亡、丧失民事行为能力或者破产，致使委托合同终止的，受托人的继承人、法定代理人或者清算组织应当及时通知委托人。因委托合同终止将损害委托人利益的，在委托人作出善后处理之前，受托人的继承人、法定代理人或者清算组织应当采取必要措施。"本条在上述规定的基础上，明确了委托代理终止的情形。

◆ 条文解读

根据本条的规定，有下列五种情形之一的，委托代理终止：

一是代理期限届满或者代理事务完成。代理期限就是委托代理授权时确定的代理权的存续期限。如果授权时明确了具体的代理期限，期限届满，没有继续授权，委托代理就应当终止。同时，代理人完成了全部代理事务，即使代理期限没有届满，代理关系也已失去继续存在的理由，也应当终止。

二是被代理人取消委托或者代理人辞去委托。被代理人授权代理人委托代理权，该委托代理权被代理人可以依法取消，代理人也可以依法辞去，此两种情形之下，委托代理终止。当然，如果因为被代理人取消委托或者代理人辞去委托造成损失的，行为人应当依法赔偿损失。

三是代理人丧失民事行为能力。代理人要以被代理人的名义实施民事法律行为，必须具有行为能力。如果代理人丧失民事行为能力，委托代理当然终止。

四是代理人或者被代理人死亡。委托代理关系建立在被代理人与代理人之间信任的基础上，具有严格的人身属性，如果代理人或者被代理人死亡，委托代理也应终止。但应注意的是，如果被代理人突然死亡，要求代理人随即停止所有的代理活动，客观上有时难以做到，而且可能会损害被代理人的继承人的利益，因此本法第 174 条规定了一些例外情形，在这些情形下，代理人实施的代理行为仍然有效。

五是作为代理人或者被代理人的法人、非法人组织终止。如果代理人或者被代理人是法人或者非法人组织的，该法人或者非法人组织由于种种原因终止，此时，委托代理也当然终止。

第一百七十四条 被代理人死亡后，有下列情形之一的，委托代理人实施的代理行为有效：

（一）代理人不知道且不应当知道被代理人死亡；

（二）被代理人的继承人予以承认；

（三）授权中明确代理权在代理事务完成时终止；

（四）被代理人死亡前已经实施，为了被代理人的继承人的利益继续代理。

作为被代理人的法人、非法人组织终止的，参照适用前款规定。

◆ 条文主旨

本条是关于委托代理终止例外的规定。

◆ 立法背景

本法第173条规定了委托代理终止的情形，其中规定被代理人死亡和作为被代理人的法人、非法人组织终止时，委托代理终止。但实践情况较为复杂，一概规定委托代理终止不太合理。《最高人民法院关于贯彻执行〈中华人民共和国民法通则〉若干问题的意见（试行）》第82条对此已有规定："被代理人死亡后有下列情况之一的，委托代理人实施的代理行为有效：（一）代理人不知道被代理人死亡的；（二）被代理人的继承人均予承认的；（三）被代理人与代理人约定到代理事项完成时代理权终止的；（四）在被代理人死亡前已经进行、而在被代理人死亡后为了被代理人的继承人的利益继续完成的。"本条在借鉴司法解释有益经验的基础上，对一些例外情形作了规定。

◆ 条文解读

根据本条第1款的规定，在下列情形下，被代理人死亡的，委托代理人实施的代理行为仍然有效：

一是代理人不知道且不应当知道被代理人死亡。被代理人突然死亡，代理人不一定能及时知道，比如此时代理人正在外地忙于代理事务，被代理人没有继承人，被代理人的继承人不知道代理人的存在，被代理人的继承人没有及时通知代理人被代理人死亡，等等。种种原因使代理人不知道且不应当知道被代理人死亡，此时，代理人仍然在继续实施代理行为。如果令代理行为无效，对代理人和相对人不甚合理。当然，如果代理人知道或者应当知道被代理人死亡的，代理关系终止，代理人就应当立刻停止实施代理行为。

二是被代理人的继承人予以承认。被代理人死亡，其继承人知道代理人的存在后，对其代理人地位予以承认的，代理人可以继续实施代理行为。

三是授权中明确代理权在代理事务完成时终止。被代理人的委托授权中明确了代理权直到代理事务完成时才终止的，即使被代理人死亡，也应当尊重其意思，代理人可以继续从事代理活动，其实施的代理行为仍然有效。

四是被代理人死亡前已经实施，为了被代理人的继承人的利益继续代理。被代理人死亡前代理人已经实施了代理行为，被代理人死亡后，如果继续实施该代理行为有利于被代理人的继承人的利益，代理人应当完成该代理行为。

如果被代理人是法人、非法人组织，其终止类似于自然人的死亡，因此本条第 2 款规定，作为被代理人的法人、非法人组织终止的，参照适用前款规定。

第一百七十五条 有下列情形之一的，法定代理终止：

（一）被代理人取得或者恢复完全民事行为能力；

（二）代理人丧失民事行为能力；

（三）代理人或者被代理人死亡；

（四）法律规定的其他情形。

◆ **条文主旨**

本条是关于法定代理终止的规定。

◆ **立法背景**

法定代理依法律规定的情形而产生，也应依法律规定的情形而终止。《民法通则》第70条规定："有下列情形之一的，法定代理或者指定代理终止：（一）被代理人取得或者恢复民事行为能力；（二）被代理人或者代理人死亡；（三）代理人丧失民事行为能力；（四）指定代理的人民法院或者指定单位取消指定；（五）由其他原因引起的被代理人和代理人之间的监护关系消灭。"本条在民法通则规定的基础上，明确了法定代理终止情形。

◆ **条文解读**

根据本条的规定，有下列四种情形之一的，法定代理终止：

一是被代理人取得或者恢复完全民事行为能力。法定代理产生的一个重要原因，是被代理人为无民事行为能力人或者限制民事行为能力人，需要监护人作为其法定代理人，代理其实施民事法律行为。如果被代理人取得或者恢复完全民事行为能力，比如未成年人年满18周岁，或者健康障碍患者恢复健康，法定代理就没有存在的必要，自然终止。

二是代理人丧失民事行为能力。代理人代理被代理人实施民事法律行为，当然必须具有行为能力。如果代理人丧失民事行为能力，法定代理当然终止。

三是代理人或者被代理人死亡。代理人或者被代理人死亡的，法定代理当然终止。

四是法律规定的其他情形。上述三种情形之外，法律还规定了其他一些终止情形，比如本法第 44 条第 1 款规定，财产代管人不履行代管职责、侵害失踪人财产权益或者丧失代管能力的，失踪人的利害关系人可以向人民法院申请变更财产代管人。如果财产代管人变更，原来的财产代管人与失踪人之间的代理关系自然终止。

第八章 民事责任

民事责任是保障民事权利实现的重要制度，是民法的重要组成部分。我国民法通则第六章专章规定了民事责任。在民法总则制定过程中，对于是否应当专章规定民事责任有不同意见。有的意见认为，违约责任和侵权责任的规则差异较大，很难抽象出共同性规则，建议由将来的合同编和侵权责任编规定为好。此外，在传统的民法典体系中，民事责任没有独立的地位，很少有国家专章规定民事责任。多数意见认为，民法总则应当继承民法通则的做法专章规定民事责任。许多学者提出，民法总则专章规定民事责任的一般概念和原则是必要的：一是可将各类责任抽象出一般的规则，从而使其普遍适用于各类民事责任；二是总则在规定了法律关系的主体、客体以及列举了各种民事权利之后规定民事责任，顺理成章，有利于体现民法总则体系的合理性、科学性；三是单独规定民事责任是民法通则的成功创举，这一经验应继续保留下来。有的意见认为，民法通则对民事责任专章规定，创立了民事权利、民事义务、民事责任“三位一体”的立法模式，这一有中国特色的立法模式有必要继承沿用，这也有利于民法典的系统化、科学化、规范化。此外，从总则与分则的关系看，总则是对分则的统领，在分则无法穷尽规定全部民事责任的情况下，可以适用总则关于民事责任的一般性规定，对实践有指导意义。从法律的功能上看，法律具有教育、规范和引导的功能。在总则中规定民事责任，可以使民事主体更好地了解其在民事活动中可能承担的民事责任，从而强化其责任意识，自觉按照法律规定实施民事法律行为。

经研究，民法总则专设一章规定了民事责任，主要考虑是：一是民事责任是民事主体违反民事义务应承担的法律后果，是保障民事权利实现的措施，也是对不履行义务行为的一种制裁。基于总则和分则的关系，专章规定民事责任，建立民事责任这一上位概念，对分则、民事单行法中的具体民事责任制度具有统领、指引作用。二是民法通则对民事责任进行专章规定，在国际上创立了民事权利、民事义务和民事责任“三位一体”的立法模式。经过三十年的法治宣传教育和司法实践，这种立法模式已为广大人民群众和法律工作者普遍接受和熟悉。在规定了法律关系的主体、列举了各种民事权利之后规定民事责任，体系更加合理。明确法律责任，有利于引导民事主体强化自觉履行法定或者约定义务的意识，预防并制裁违反民事义务的行为，切实保护权利人的民事权益。民法总则关于民事责任的规定进一步完善了民事权利受到侵害后的救济渠道和方式。民法典维持了这种规定，专章规定民事责任。

本章共十二条，主要规定了民事责任的承担，按份责任，连带责任，承担民事责任的方式，不可抗力，正当防卫，紧急避险，因保护他人民事权益而使自己受到损害的责任承担主体，因自愿实施紧急救助行为造成受助人损害的不承担民事责任，侵害英雄烈士等的姓名、肖像、名誉、荣誉的民事责任，损害社会公共利益的民事责任，违约责任与侵权责任的竞合，财产优先承担民事责任等。

第一百七十六条　民事主体依照法律规定或者按照当事人约定，履行民事义务，承担民事责任。

◆ 条文主旨

本条是关于民事主体依法承担民事责任的规定。

◆ 立法背景

法律责任分为民事责任、行政责任和刑事责任。民事责任是指由于违反民事义务所应承担的责任。违反民事义务包括违反法律规定的民事义务和违反当事人约定的民事义务。

民事责任是民法上保护民事权利的重要措施。民事主体享有广泛的民事权利，民法典总则编的第五章以专章规定了自然人、法人、非法人组织享有哪些民事权利。民法保护民事主体的民事权利主要通过两个方面予以实现：一是赋予民事主体权利，使民事主体在权利受到损害的情况下依法采取自救措施，或者是请求有关部门、组织或者法院等给予保护；二是规定不依照法律规定或者当事人约定履行民事义务的民事主体承担一定的法律后果，以恢复被损害的权利。后者就是以不履行民事义务的主体承担民事责任的方式来保护民事权利。所以，民事责任是民事主体行使民事权利的保障，没有民事责任，享受民事权利就是一句空话。通过承担民事责任，使被侵害的民事权利得以恢复和赔偿，从而保护民事主体的民事权利，同时也能起到对违反民事义务的行为予以惩罚的作用。

◆ 条文解读

民事责任的基本特征包括两个方面：

1. 民事责任是民事主体违反民事义务所应承担的责任，是以民事义务为基础的。法律规定或者当事人约定民事主体应当做什么和不应当做什么，即要求应当为一定的行为或者不为一定的行为，这就是民事主体的义务。法律也同时规定了违反民事义务的后果，即应当承担的责任，这就是民事责任。民事责任不同于民事义务，民事责任是违反民事义务的后果，而不是民事义务本身。

本条规定民事主体依照法律规定或者当事人约定履行民事义务，根据这一规定，民事义务分为两类：

一是法律直接规定的义务。例如，本法第 8 条规定："民事主体从事民事活动，不得违反法律，不得违背公序良俗。""不得违反法律，不得违背公序良俗"，就是每个民事主体的法律义务。

二是在法律允许的范围内民事主体自行约定的义务。例如，合同当事人双方在合同中约定的义务。本法第 464 条第 1 款规定："合同是民事主体之间设立、变更、终止民事法律关系的协议。"第 465 条规定："依法成立的合同，受法律保护。依法成立的合同，仅对当事人具有法律约束力，但是法律另有规定的除外。"第 509 条第 1 款规定："当事人应当按照约定全面履行自己的义务。"民事主体无论违反哪一类义务都要依法承担民事责任。

2. 民事责任具有强制性。强制性是法律责任的重要特征。法律责任不同于道德责任，道德责任是社会对人们实施的不符合道德规范行为的谴责。这种谴责只能通过社会舆论和行为人自我良心的反省来实现，而不能通过国家强制力实现，因而不具有强制性。法律责任中的民事责任的强制性表现在对不履行民事义务的行为予以制裁，要求民事主体承担民事责任。因此，本条规定："民事主体依照法律规定或者按照当事人约定，履行民事义务，承担民事责任。"

第一百七十七条　二人以上依法承担按份责任，能够确定责任大小的，各自承担相应的责任；难以确定责任大小的，平均承担责任。

◆ **条文主旨**

本条是关于按份责任的规定。

◆ **立法背景**

按份责任是指责任人为多人时，各责任人按照一定的份额向权利人承担民事责任，各责任人之间无连带关系。也就是说，责任人各自承担不同份额的责任，不具有连带性，权利人只能请求属于按份责任人的责任份额。按份责任产生的前提，是二个以上的民事主体不依照法律规定或者当事人约定履行民事义务产生的民事责任。

◆ **条文解读**

适用本条规定应当符合下列构成要件：

1. 主体的复数性。不依照法律规定或者当事人约定履行民事义务的主体应当为二个或者二个以上的民事主体，可以是自然人，也可以是法人或者非法人组织。

2. 造成同一法律后果。二个或者二个以上的民事主体不依照法律规定或者当事人约定履行民事义务产生的民事责任是同一的，性质是相同的。

根据本条的规定，二个或者二个以上的民事主体依法承担按份责任。每个民事主体应当承担的份额，又分两种情形：

（1）能够确定责任大小的。二个或者二个以上的民事主体没有依照法律规定或者当事人的约定履行民事义务，可以根据每个民事主体对造成损害的后果的可能性来确定责任份额。判断这种可能性，可以综合每个民事主体的过错程度、未依照法律规定或者当事人约定履行义务的具体行为与法律后果之间的因果关系的紧密程度、公平原则、诚信原则等因素。有的学者将这种可能性称为“原因力”，这是指在构成不依照法律规定或者当事人约定履行民事义务产生的共同原因中，每一个原因对于结果的发生或扩大所产生的作用力。法律不可能脱离具体案件，事先抽象出各种确定责任份额的标准，只能由人民法院、仲裁机构在具体案件中综合考虑各种因素来确定。

（2）难以确定责任大小的。责任分配的尺度有时很难有一个可以量化的标准，在某些情形下，由于案情复杂，很难分清每一个不依照法律规定或者当事人约定履行民事义务的行为对损害后果的作用力究竟有多大。针对这种情形，本条规定，难以确定责任大小的，每个行为人平均承担民事责任。其他国家和地区在确定每个民事主体责任内部份额时的做法也有类似规定，如《俄罗斯联邦民法典》第108条第2款规定，当过错程度不能确定时，份额应均等。《意大利民法典》第2055条第3款规定，在有疑问的情况下，推定所有人的责任相同。

第一百七十八条 二人以上依法承担连带责任的，权利人有权请求部分或者全部连带责任人承担责任。

连带责任人的责任份额根据各自责任大小确定；难以确定责任大小的，平均承担责任。实际承担责任超过自己责任份额的连带责任人，有权向其他连带责任人追偿。

连带责任，由法律规定或者当事人约定。

◆ 条文主旨

本条是关于连带责任的规定。

◆ 立法背景

连带责任是指依照法律规定或者当事人的约定，两个或者两个以上当事人对共同产生的不履行民事义务的民事责任承担全部责任，并因此引起内部债务关系的一种民事责任。连带责任是一项重要的责任承担方式。连带责任可能基于合同产生，也可能基于侵权行为产生。司法实践中，连带责任是不履行义务的行为人承担责任的一种重要方式。连带责任的意义在于增加责任主体的数量，加强对受损害人的保护，确保受损害人获得赔偿。

◆ 条文解读

连带责任的特征主要表现在：（1）连带责任对于违反民事义务的主体而言是一种比较严厉的责任方式。连带责任对外是一个整体的责任。连带责任中的每个主体都需要对被损害者承担全部责任。被请求承担全部责任的连带责任主体，不得因自己的过错程度而只承担自己的责任。（2）连带责任对于被损害者的保护更为充分。连带责任给了被损害者更多的选择权，被损害者可以请求一个或者数个连带责任人承担全部或者部分的赔偿责任。（3）连带责任是法定责任，连带责任人之间不能约定改变责任的性质，对于内部责任份额的约定对外不发生效力。

在民法典之前，我国一些法律曾对连带责任作出了明确规定，例如《侵权责任法》第8条规定，二人以上共同实施侵权行为，造成他人损害的，应当承担连带责任。第13条规定，法律规定承担连带责任的，被侵权人有权请求部分或者全部连带责任人承担责任。第14条规定，连带责任人根据各自责任大小确定相应的赔偿数额；难以确定责任大小的，平均承担赔偿责任。支付超出自已赔偿数额的连带责任人，有权向其他连带责任人追偿。

近几十年来，随着经济的不断发展和保险制度的日益完善，一些国家对连带责任制度的适用范围进行了反思。有的学者认为，连带责任与为自己行为负责之间可能存在矛盾，会造成连带责任中有经济赔偿能力但过错程度不重的人承担较重的责任，破坏了损害者之间的利益平衡。当某一损害者没有偿还能力时，已经承担了赔偿责任的损害者就无法行使追偿权，承担了超出其过错程度的责任。而且，连带责任制度会鼓励原告在诉讼中起诉“深口袋”，即以有偿付能力的损害者作为被告，即使这些人只有微小过错，仅仅因为他们比其他损害者有偿付能力，就需要对全部损失承担责任。但是，不能否认，连带责任有利于被损害者得到充分的救济，减轻了被损害者的举证责任，使被损害者不必因为部分共同损害者的赔付能力而妨碍得到全额的赔偿。而且，对于连带责任而言，这种责任方式也并非不公平，不履行民事义务的每一个行为人都应当对结果的发生具有预见性，因此有理由让他们对结果的发生承担责任。连带责任内部的追偿制度也能导致最终责任的公平承担。在我国保险制度还不健全的情况下，连带责任所具有的担保价值，有利于充分保护被损害者的合法权益。因此，本法在现行法律和司法实践的基础上对连带责任作出规定：“二人以上依法承担连带责任的，权利人有权请求部分或者全部连带责任人承担责任。”据此，对于依法应当承担连带责任的，权利人向一个或者数个连带责任人请求的，被请求的连带责任人就应当承担全部责任。

连带责任人对外承担了责任后，通常需要在内部确定各自的责任。责任大小一般依据如下原则确定：一是根据各自的过错。大多数不履行民事义务的行为以过错为构成要件，以过错程度确定连带责任人之间的责任份额，能够体现公平，这也是我国司法实践的通常做法。确定责任份额时，应当对每个责任主体在不履行民事义务时的过错进行比较，有故意或者有重大过失等较大过错的，承担的责任份额较大；过错较小的，如只有轻微过失的，可以承担较少的责任份额。二是对原因力进行比较。原因力是指在构成不履行义务的多个原因中，每一个原因对于结果的发生或者扩大所起的作用。原因力也是确定连带责任人责任数额的一个方面，特别是在无过错责任的情况下，需要对各责任主体在不履行民事义务时所起的作用进行比较，所起的作用较大的，应当承担较大的责任份额；所起的作用较小的，应当承担较小的责任份额。三是平均分担责任份额。如果根据过错和原因力难以确定连带责任人责任大小的，可以视为各连带责任人的过错程度和原因力大小是相当的，在这种情况下应当由连带责任人平均承担责任份额。如三名连带责任人承担连带责任，那么每人分担责任份额的三分之一。需要指出的是，不能简单地、不加条件地让连带责任人平均分担责任份额，本条第 2 款“难以确定责任大小的，平均承担责任”的适用前提是，具有通过对过错、原因力等进行比较分析后，仍难以确定责任份额的情形。

在一个或者数个连带责任人清偿了全部责任后，实际承担责任的人有权向其他连带责任人追偿。连带责任中的追偿权在连带责任的内部关系中处于重要地位，能保障连带责任人内部合理分担风险。通过行使追偿权，实际承担民事责任的连带责任人也完成了角色的转化，从对外以不履行民事义务人的身份承担民事责任，转化为对内以债权人的身份请求公平分担责任。行使追偿权的前提是连带责任人实际承担了超出自己责任的份额，没有超出自己责任的份额，不得行使追偿权。对此本条第 2 款予以明确规定：“……实际承担责任超过自己责任份额的连带责任人，有权向其他连带责任人追偿。”

在第十二届全国人民代表大会第五次会议审议民法总则草案的过程中，有的代表提出，连带责任是两个或者两个以上的债务人共同向债权人承担民事责任，是一种较为严厉的责任方式，除当事人有约定外，宜由法律作出规定。经研究，最后在本条增加1款作为第3款："连带责任，由法律规定或者当事人约定。"民法典维持了这一规定。

第一百七十九条 承担民事责任的方式主要有：

（一）停止侵害；

（二）排除妨碍；

（三）消除危险；

（四）返还财产；

（五）恢复原状；

（六）修理、重作、更换；

（七）继续履行；

（八）赔偿损失；

（九）支付违约金；

（十）消除影响、恢复名誉；

（十一）赔礼道歉。

法律规定惩罚性赔偿的，依照其规定。

本条规定的承担民事责任的方式，可以单独适用，也可以合并适用。

◆ 条文主旨

本条是关于承担民事责任方式的规定。

◆ **立法背景**

民事主体应当依照法律规定或者当事人约定履行民事义务。民事主体不履行或者不完全履行民事义务的，就要承担民事责任。承担民事责任的方式是民事责任的具体体现，没有承担民事责任的方式，民事责任就难以落实。

《民法通则》第134条第1款规定，承担民事责任的方式主要有：（1）停止侵害；（2）排除妨碍；（3）消除危险；（4）返还财产；（5）恢复原状；（6）修理、重作、更换；（7）赔偿损失；（8）支付违约金；（9）消除影响、恢复名誉；（10）赔礼道歉。司法解释对承担民事责任的方式的适用也作了具体规定。从民法通则多年的实施效果看，这些责任方式对保护民事主体的民事权益发挥了积极作用。本条对承担民事责任方式的规定基本延续了民法通则的立法模式，这是对我国30多年的民事立法和司法经验的总结和继承。同时，随着社会的发展，承担民事责任的方式也要适应发展的需要。此外，现代社会不履行或者不完全履行民事义务的形态也变得多样，这也要求对承担民事责任的方式作出多样化的规定。

◆ **条文解读**

根据本条规定，承担民事责任的方式主要有：

一、停止侵害

这主要是要求行为人不实施某种侵害。这种责任方式能够及时制止侵害，防止侵害后果的扩大。例如，某人正在散布谣言诽谤他人，受害人有权请求其停止侵害。采用这种责任方式以不履行民事义务正在进行或者仍在延续为条件，对于未发生或者已经终止的不履行义务的情形不适用。人民法院根据受害人的请求，依据案件的具体情况，可以在审理案件之前发布停止侵害令，或者在审理过程中发布停止侵害令，也可以在判决中责令行为人停止侵害。

二、排除妨碍

这是指行为人实施的行为使他人无法行使或者不能正常行使人身、财产权益，受害人可以要求行为人排除妨碍权益实施的障碍。如果行为人不排除妨碍，受害人可以请求人民法院责令其排除妨碍。例如，某人在他人家门口堆放垃圾，妨碍他人通行，同时污染了他人的居住环境，受害人有权请求行为人将垃圾清除。受害人也可以自己排除妨碍，但排除妨碍的费用由行为人承担。

三、消除危险

这是指行为人的行为对他人人身、财产权益造成现实威胁，他人有权要求行为人采取有效措施消除这种现实威胁。例如，某人的房屋由于受到大雨冲刷随时有倒塌的可能，危及邻居的人身、财产安全，但房屋的所有人不采取措施。此时，邻居可以请求该房屋的所有人采取措施消除这种危险。适用这种责任方式可以有效防止现实损害的发生，充分保护他人的人身、财产安全。适用这种责任方式必须是危险确实存在，对他人人身、财产安全造成现实威胁，但尚未发生实际损害。

四、返还财产

返还财产责任是因行为人无权占有他人财产而产生。没有法律或者合同根据占有他人财产，就构成无权占有，侵害了他人的财产权益，行为人应当返还该财产。例如，某人借用他人的电脑到期不还据为己有，构成了无权占有，电脑所有人有权要求无权占有人返还电脑。本法第 235 条规定："无权占有不动产或者动产的，权利人可以请求返还原物。"有权请求返还财产的主体一般是该财产的所有人，但该财产被他人合法占有期间，被第三人非法占有的，该合法占有人也可以请求返还财产。适用返还财产责任方式的前提是该财产还存在，如果该财产已经灭失，就不可能适用该责任方式，受害人只能要求赔偿损失；该财产虽然存在，但已经损坏的，权利人可以根据自己的意愿，选择返还财产、恢复原状或者赔偿损失等责任方式。

五、恢复原状

这是指行为人通过修理等手段使受到损坏的财产恢复到损坏发生前的状况的一种责任方式。采取恢复原状责任方式要符合以下条件：一是受到损坏的财产仍然存在且有恢复原状的可能性。受到损坏的财产不存在或者恢复原状不可能的，受害人可以请求选择其他责任方式如赔偿损失。二是恢复原状有必要，即受害人认为恢复原状是必要的且具有经济上的合理性。恢复原状若没有经济上的合理性，就不宜适用该责任方式。如果修理后不能或者不能完全达到受损前状况的，义务人还应当对该财产价值贬损的部分予以赔偿。

六、修理、重作、更换

这主要是违反合同应当承担的民事责任形式，是违反合同后所采取的补救措施。修理包括对产品、工作成果等标的物质量瑕疵的修补，也包括对服务质量瑕疵的改善，这是最为普遍的补救方式。在存在严重的质量瑕疵，以致不能通过修理达到约定的或者法定的质量情形下，受损害方可以选择更换或者重作的补救方式。例如，修建的房屋不符合要求，义务人应当无偿地进行修理；加工制作的产品不符合约定，虽经修理也不能使用，义务人就应当重作。修理、重作、更换不是恢复原状，如果将损坏的财产修理复原，则是承担恢复原状的责任。

七、继续履行

这是指按照合同的约定继续履行义务。当事人订立合同都是追求一定的目的，这一目的直接体现在对合同标的的履行，义务人只有按照合同约定的标的履行，才能实现权利人订立合同的目的。所以，继续履行合同是当事人一方违反合同后应当负的一项重要的民事责任。对合同一方当事人不能自觉履行合同的，另一方当事人有权请求违约方继续履行合同或者请求人民法院、仲裁机构强制违约当事人继续履行合同。例如，没有交付商品的，应当交付合同约定的商品；没有提供劳务的，应当继续提供合同约定的劳务。

八、赔偿损失

这是指行为人向受害人支付一定额数的金钱以弥补其损失的责任方式，是运用较为广泛的一种责任方式。赔偿的目的，最基本的是补偿损害，使受到损害的权利得到救济，使受害人能恢复到未受到损害前的状态。

九、支付违约金

违约金是当事人在合同中约定的或者由法律直接规定的一方违反合同时应向对方支付一定数额的金钱，这是违反合同可以采用的承担民事责任的方式，只适用于合同当事人有违约金约定或者法律规定违反合同应支付违约金的情形。违约金的标的物通常是金钱，但是当事人也可以约定违约金标的物为金钱以外的其他财产。违约金根据产生的根据可以分为法定违约金和约定违约金。法定违约金是由法律直接规定违约的情形和应当支付违约金的数额。只要当事人一方发生法律规定的违约情况，就应当按照法律规定的数额向对方支付违约金。如果违约金是由当事人约定的，为约定违约金。约定违约金是一种合同关系，有的称为违约金合同。约定违约金又被看成为一种附条件合同，只有在违约行为发生的情况下，违约金合同才生效；违约行为不发生，违约金合同不生效。当事人约定违约金的，一方违约时，应当按照该约定支付违约金。如果约定的违约金低于造成的损失的，当事人可以请求人民法院或者仲裁机构予以增加；约定的违约金过分高于造成的损失的，当事人可以请求人民法院或者仲裁机构予以适当减少。如果当事人专门就迟延履行约定违约金的，该种违约金仅是违约方对其迟延履行所承担的违约责任，因此，违约方支付违约金后还应当继续履行义务。

十、消除影响、恢复名誉

这是指人民法院根据受害人的请求，责令行为人在一定范围内采取适当方式消除对受害人名誉的不利影响，以使其名誉得到恢复的一种责任方式。具体适用消除影响、恢复名誉，要根据侵害行为所造成的影响和受害人名誉受损的后果决定。处理的原则是，行为人应当根据造成不良影响的大小，采取程度不同的措施给受害人消除不良影响，例如在报刊上或者网络上发表文章损害他人名誉权的，就应当在该报刊或者网站上发表书面声明，对错误内容进行更正。消除影响、恢复名誉主要适用于侵害名誉权等情形，一般不适用侵犯隐私权的情形，因为消除影响、恢复名誉一般是公开进行的，如果适用于隐私权的保护，有可能进一步披露受害人的隐私，造成进一步的影响。

十一、赔礼道歉

这是指行为人通过口头、书面或者其他方式向受害人进行道歉，以取得谅解的一种责任方式。赔礼道歉主要适用于侵害名誉权、荣誉权、隐私权、姓名权、肖像权等人格权益的情形。赔礼道歉可以是公开的，也可以私下进行；可以口头方式进行，也可以书面方式进行，具体采用什么形式由法院依据案件的具体情况作出。口头道歉是由行为人直接向受害人表示，基本不公开进行；书面道歉以文字形式进行，可以登载在报刊上，或者张贴于有关场所。行为人不赔礼道歉的，人民法院可以判决按照确定的方式进行，产生的费用由行为人承担。

本条第2款规定，法律规定惩罚性赔偿的，依照其规定。惩罚性赔偿是指当侵权人（义务人）以恶意、故意、欺诈等的方式实施加害行为而致权利人受到损害的，权利人可以获得实际损害赔偿之外的增加赔偿。其目的是通过对义务人施以惩罚，阻止其重复实施恶意行为，并警示他人不要采取类似行为。为了充分保护处于弱势地位的消费者的合法权益，1993年10月发布的消费者权益保护法在我国首开先河规定了惩罚性赔偿，该法第49条规定，经营者提供商品或者服务有欺诈行为的，应当按照消费者的要求增加赔偿其受到的损失，增加赔偿的金额为消费者购买商品的价款或者接受服务的费用的1倍。2013年修改消费者权益保护法时，将这一条的内容规定在第55条并作了修改：经营者提供商品或者服务有欺诈行为的，应当按照消费者的要求增加赔偿其受到的损失，增加赔偿的金额为消费者购买商品的价款或者接受服务的费用的3倍；增加赔偿的金额不足500元的，为500元。法律另有规定的，依照其规定。经营者明知商品或者服务存在缺陷，仍然向消费者提供，造成消费者或者其他受害人死亡或者健康严重损害的，受害人有权要求经营者依照本法第49条、第51条等法律规定赔偿损失，并有权要求所受损失2倍以下的惩罚性赔偿。1993年之后我国陆续有一些法律对惩罚性赔偿作出了规定，例如《食品安全法》第148条第2款规定，生产不符合食品安全标准的食品或者经营明知是不符合食品安全标准的食品，消费者除要求赔偿损失外，还可以向生产者或者经营者要求支付价款10倍或者损失3倍的赔偿金；增加赔偿的金额不足1000元的，为1000元。但是，食品的标签、说明书存在不影响食品安全且不会对消费者造成误导的瑕疵的除外。《侵权责任法》第47条规定，明知产品存在缺陷仍然生产、销售，造成他人死亡或者健康严重损害的，被侵权人有权请求相应的惩罚性赔偿。民法通则在承担民事责任的方式中没有规定惩罚性赔偿。民法总则审议中，有些意见建议，在民事责任中规定惩罚性赔偿。民法典保留了本款规定。考虑到惩罚性赔偿是赔偿损失的一种特别赔偿，因此本款规定适用惩罚性赔偿应当在法律有特别规定的情况下，依照法律的规定予以适用。

本条规定了 11 种承担民事责任的方式，各有特点，可以单独采用一种方式，也可以同时采用多种方式。例如，对单纯的财产损失，可以单独采用赔偿损失的方式；对侵害名誉权、隐私权等人格权的，既可以单独采用消除影响、恢复名誉的责任方式，也可以并用消除影响、恢复名誉和损害赔偿的责任方式。具体适用民事责任的方式应掌握的原则是，如果一种方式不足以救济权利人的，就应当同时适用其他方式。据此，本条第 3 款规定，本条规定的承担民事责任的方式，可以单独适用，也可以合并适用。

第一百八十条　因不可抗力不能履行民事义务的，不承担民事责任。法律另有规定的，依照其规定。

不可抗力是不能预见、不能避免且不能克服的客观情况。

◆ **条文主旨**

本条是关于不可抗力的规定。

◆ **立法背景**

各国立法对不可抗力概念的规定不尽相同，理论界、实务界对不可抗力的理解也莫衷一是。概括起来有“客观说”“主观说”和“折中说”。“客观说”强调不能避免并不能抗拒的客观情况。“主观说”强调当事人虽尽最大努力仍不能预见的客观情况。“折中说”强调当事人尽最大谨慎也不能预见、不能防止的事件为不可抗力。

◆ **条文解读**

一、不可抗力的概念

本条第2款规定：“不可抗力是不能预见、不能避免且不能克服的客观情况。”

对“不可抗力”的理解，应是根据现有的技术水平，一般对某事件发生没有预知能力。人们对某事件的发生的预知能力取决于当代的科学技术水平。某些事件的发生，在过去不可预见，但随着科学技术水平的发展，现在就可以预见。例如，现在天气预报的准确率已达到了90%以上，人们对狂风暴雨的规避能力已大大提高。

如何认识“不能避免且不能克服”，应是指当事人已经尽到最大努力和采取一切可以采取的措施，仍不能避免某种事件的发生并不能克服事件所造成的后果。“不能避免且不能克服”表明某个事件的发生和事件所造成的后果具有必然性。

二、不可抗力情形下的民事责任

不可抗力是独立于人的行为之外，不受当事人意志所支配的现象，是人力所不可抗拒的力量。行为人完全因为不可抗力不能履行民事义务，表明行为人的行为与不履行民事义务之间不存在因果关系，同时也表明行为人没有过错，如果让行为人对自己无法控制的情形承担责任，对行为人来说是不公平的。因此，很多国家和地区都将不可抗力作为免除行为人承担民事责任的事由予以规定。

通常情况下，因不可抗力不能履行民事义务的，不承担民事责任。但法律规定因不可抗力不能履行民事义务也要承担民事责任的，则需要依法承担民事责任。故本条第1款规定："因不可抗力不能履行民事义务的，不承担民事责任。法律另有规定的，依照其规定。"具体什么情况下应承担民事责任、承担责任的程度等要依照法律的规定确定。例如，根据《民用航空法》第160条的规定，民用航空器造成他人损害的，民用航空器的经营人只有能够证明损害是武装冲突、骚乱造成的，或者是因受害人故意造成的，才能免除其责任。因不可抗力的自然灾害造成的，不能免除民用航空器经营人的责任。举例来说，民用飞机在空中遭雷击坠毁，造成地面人员伤亡。航空公司不能以不可抗力为由，对受害人予以抗辩。再如，根据《邮政法》第48条的规定，因不可抗力造成的给据邮件损失，邮政企业不承担赔偿责任，但因不可抗力造成的保价的给据邮件的损失除外。又如，本法第1237条规定，民用核设施或者运入运出核设施的核燃料发生核事故造成他人损害的，只有能够证明损害是因战争、武装冲突、暴乱等情形或者受害人故意造成的，才不承担责任。因不可抗力的自然灾害造成他人损害的，不免除核设施营运单位的责任。

第一百八十一条 因正当防卫造成损害的，不承担民事责任。

正当防卫超过必要的限度，造成不应有的损害的，正当防卫人应当承担适当的民事责任。

◆ **条文主旨**

本条是关于正当防卫的规定。

◆ **立法背景**

正当防卫，是指本人、他人的人身权利、财产权利遭受不法侵害时，行为人所采取的一种防卫措施。正当防卫作为行为人不承担责任和减轻责任的情形，其根据是行为的正当性、合法性，表明行为人主观上没有过错。正当防卫是法律赋予当事人自卫的权利，属于受法律鼓励的行为，目的是保护当事人本人、他人不受侵犯。故本条规定“因正当防卫造成损害的，不承担民事责任”。在世界各国或地区的法律中，正当防卫均作为不承担责任和减轻责任的情形之一。如《德国民法典》第 227 条规定，正当防卫的行为不违法。正当防卫是指为避免自己或者他人受现时的不法侵害而进行的必要的防卫。

◆ 条文解读

一、正当防卫的要件

正当防卫应当同时具备以下 6 个要件：

（一）必须是为了使本人、他人的人身、财产权利免受不法侵害而实施的。本条规定基本传承了民法通则与侵权责任法的规定，对正当防卫的内容没有明确规定，即没有明确规定是为了谁的利益而采取防卫行为。《民法通则》第 128 条规定，因正当防卫造成损害的，不承担民事责任。正当防卫超过必要的限度，造成不应有的损害的，应当承担适当的民事责任。《侵权责任法》第 30 条规定，因正当防卫造成损害的，不承担责任。正当防卫超过必要的限度，造成不应有的损害的，正当防卫人应当承担适当的责任。采取这种立法模式的还有《俄罗斯联邦民法典》和《越南民法典》。例如，《俄罗斯联邦民法典》第 1066 条规定，正当防卫所致损害，如防卫行为未逾必要限度，不应予赔偿。《越南民法典》第 617 条规定，正当防卫造成他人损害的，加害人不向受害人赔偿损害。防卫过当造成他人损害的，加害人必须向受害人赔偿损害。

有些国家或地区的民法明确规定了正当防卫的内容，即将正当防卫界定为使本人或者他人的人身权利、财产权利免受正在进行的不法侵犯。《德国民法典》是典型的代表。除此之外，《意大利民法典》《日本民法典》《埃塞俄比亚民法典》等都作了类似规定。例如，《意大利民法典》第2044条规定，为自己或他人进行正当防卫所致损害的人，不承担责任。《欧洲侵权法基本原则（草案）》仅将正当防卫的内容界定为“保护自身的利益”，该草案第7－101条规定：下列情形构成一般侵权责任的抗辩事由：（1）为保护自身利益防止非法侵犯；（2）紧急避险；（3）救济机关不能及时提供救济；（4）取得受害方的同意，或受害方同意承担受损害的风险；（5）合法授权，比如许可证。

我国刑法明确规定了正当防卫的内容。《刑法》第20条第1款规定，为了使国家、公共利益、本人或者他人的人身、财产和其他权利免受正在进行的不法侵害，而采取的制止不法侵害的行为，对不法侵害人造成损害的，属于正当防卫，不负刑事责任。

本条虽然没有对正当防卫的内容作出规定，但应与我国刑法的规定一致，正当防卫应是为了保护本人或者他人的人身、财产权利而实施的行为。

（二）必须有不法侵害行为发生。所谓“不法侵害行为”，是指对某种权利或者利益的侵害为法律所明文禁止，既包括犯罪行为，也包括其他违法的侵害行为。

（三）必须是正在进行的不法侵害。正当防卫的目的是制止不法侵害，避免危害结果的发生，因此，不法侵害必须是正在进行的，而不是尚未开始，或者已经实施完毕，或者实施者确已自动停止。否则，就是防卫不适时，应当承担民事责任。

（四）必须是本人、他人的人身权利、财产权利遭受不法侵害，在来不及请求有关国家机关救助的情况下实施的防卫行为。

（五）必须是针对不法侵害者本人实行，即正当防卫行为不能对没有实施不法侵害行为的第三者（包括不法侵害者的家属）造成损害。

（六）不能明显超过必要限度造成损害。正当防卫是有益于社会的合法行为，但应受一定限度的制约，即正当防卫应以足以制止不法侵害为限。

只有同时满足以上 6 个要件，才能构成正当防卫，防卫人才能免予承担民事责任。

二、正当防卫造成的损害

（一）遭受损害的主体。正当防卫一般仅指造成侵权人的损害。如《瑞士债务法》第 52 条第 1 项规定，实施正当防卫对侵害者造成损害的，不承担赔偿责任。我国《刑法》第 20 条规定，正当防卫是对“不法侵害人”造成的侵害。本条第一句“因正当防卫造成损害的”，这里的“造成损害”仅是指对侵害人造成的损害。

（二）遭受损害的客体。本条第一句“因正当防卫造成损害的”，这里的“造成损害”既包括对侵害人人身权利的损害，也包括对侵害人财产权利的损害。例如，甲在抢劫乙的过程中，乙抓伤了甲的脸，同时也撕坏了甲的衣服，乙对甲所造成的人身损失和财产损失都免予承担民事责任。

三、防卫过当的责任

本条规定，正当防卫超过必要的限度，造成不应有的损害的，正当防卫人应当承担适当的民事责任。

如何确定和理解正当防卫的必要限度，学术界有各种各样的学说。多数意见认为，从权衡各方利益的角度考虑，既要有利于维护防卫人的权益，也要考虑到对不法行为人的合法权益的保护，防卫行为应以足以制止不法侵害为必要限度。从防卫的时间上讲，对于侵害人已经被制伏或者侵害人已经自动停止侵害行为的，防卫人不得再进行攻击行为；从防卫手段来讲，能够用较缓和的手段进行有效防卫的情况下，不允许用激烈手段进行防卫。对于没有明显危及人身、财产等重大利益的不法侵害行为，不允许采取造成重伤等手段对侵害人进行防卫。

正当防卫超过必要限度，造成侵害人不应有的损害的，正当防卫人应当承担适当的民事责任。所谓“适当的民事责任”，是指不对侵害人的全部损失赔偿，而是根据正当防卫人过错的程度，由正当防卫人在损失范围内承担一部分责任。

第一百八十二条 因紧急避险造成损害的，由引起险情发生的人承担民事责任。

危险由自然原因引起的，紧急避险人不承担民事责任，可以给予适当补偿。

紧急避险采取措施不当或者超过必要的限度，造成不应有的损害的，紧急避险人应当承担适当的民事责任。

◆ 条文主旨

本条是关于紧急避险的规定。

◆ 立法背景

紧急避险，是指为了使本人或者他人的人身、财产权利免受正在发生的危险，不得已采取的紧急避险行为，造成损害的，不承担责任或者减轻责任的情形。危险有时来自于人的行为，有时来自于自然原因。不管危险来源于哪儿，紧急避险人避让风险、排除危险的行为都有其正当性、合法性，因此在所有国家都是作为不承担责任和减轻责任的情形之一。例如，《德国民法典》第228条规定，为使自己或者他人避免紧急危险而损坏或者损毁他人之物的人，如果其损坏或者损毁行为系防止危险所必要，而且造成的损害又未超越危险程度时，其行为不为违法。如果行为人对危险的发生负有过失，则应负损害赔偿义务。故本条规定：“因紧急避险造成损害的，由引起险情发生的人承担民事责任。危险由自然原因引起的，紧急避险人不承担民事责任，可以给予适当补偿。紧急避险采取措施不当或者超过必要的限度，造成不应有的损害的，紧急避险人应当承担适当的民事责任。”

◆ 条文解读

一、紧急避险的要件

（一）必须是为了使本人、他人的人身、财产权利免受危险的损害。本条基本沿袭了民法通则、侵权责任法的规定，对紧急避险的内容没有明确规定，即没有明确是为了谁的利益而采取紧急避险行为。《民法通则》第129条规定：“因紧急避险造成损害的，由引起险情发生的人承担民事责任。如果危险是由自然原因引起的，紧急避险人不承担民事责任或者承担适当的民事责任。因紧急避险采取措施不当或者超过必要的限度，造成不应有的损害的，紧急避险人应当承担适当的民事责任。”《侵权责任法》第31条规定：“因紧急避险造成损害的，由引起险情发生的人承担责任。如果危险是由自然原因引起的，紧急避险人不承担责任或者给予适当补偿。紧急避险采取措施不当或者超过必要的限度，造成不应有的损害的，紧急避险人应当承担适当的责任。”境外也有采取这种立法例的，例如《越南民法典》第618条规定，因紧急避险造成他人损害的，加害人不向受害人赔偿损害。超过紧急避险要求的限度造成他人损害的，加害人必须向受害人赔偿损害。

引起危险情况发生从而导致损害的人，必须向受害人赔偿损害。该规定没有明确紧急避险是为了谁的利益而实施。

很多国家或地区的民法典则明确规定了紧急避险的内容，即将紧急避险界定为使本人或者他人的人身权利、财产权利免受正在发生的危险。除了《德国民法典》有明确规定外，《俄罗斯联邦民法典》第1067条规定，紧急避险所致损害，是指为了排除对本人或者他人构成威胁的危险而造成的损害，如果该危险在当时情况下不可能以其他方法排除，紧急避险所致损害应由致害人赔偿。法院可以考虑致害情况，责成因损害人的行为而受有利益的第三人负赔偿责任，或者全部或部分免除第三人或者致害人的赔偿责任。

我国《刑法》第21条明确规定了紧急避险的内容，该条规定："为了使国家、公共利益、本人或者他人的人身、财产和其他权利免受正在发生的危险，不得已采取的紧急避险行为，造成损害的，不负刑事责任。紧急避险超过必要限度造成不应有的损害的，应当负刑事责任，但是应当减轻或者免除处罚。第1款中关于避免本人危险的规定，不适用于职务上、业务上负有特定责任的人。"

本条虽然没有对紧急避险的内容作出明确规定，但是应当与我国刑法的规定相一致，紧急避险应当是使本人或者他人的人身、财产和其他权利免受正在发生的危险，不得已采取的避险行为。

（二）必须是对正在发生的危险采取的紧急避险行为。倘若危险已经消除或者尚未发生，或者虽然已经发生但不会对合法权益造成损害，则不得采取紧急避险措施。某人基于对危险状况的误解、臆想而采取紧急避险措施，造成他人利益损害的，应向他人承担民事责任。

（三）必须是在不得已情况下采取避险措施。所谓不得已，是指当事人面对突然而遇的危险，不得不采取紧急避险措施，以保全更大的利益，且这个利益是法律所保护的。

（四）避险行为不能超过必要的限度。所谓不能超过必要的限度，是指在面临紧急危险时，避险人须采取适当的措施，以尽可能小的损害保全更大的利益，即紧急避险行为所引起的损害应轻于危险所可能带来的损害。

只有同时满足以上 4 个要件，才能构成紧急避险。行为人（避险人）免予承担民事责任。

二、紧急避险造成的损害

（一）遭受损害的主体。紧急避险行为可能造成第三人的损害。例如，甲、乙、丙是邻居，丙的房子因雷击失火，甲为了引消防车进入灭火，推倒了乙的院墙，使消防车进入后及时扑灭了丙家的大火。按照紧急避险的抗辩事由，甲对乙不承担责任，应由受益人丙对乙给予适当补偿。

本条规定的紧急避险行为也包括对避险人本人造成的损害。例如，甲、乙是邻居，乙的房子因雷击失火，甲为了引消防车进入灭火，而推倒了自己家的院墙，使消防车进入后及时扑灭了乙家的大火。按照紧急避险的抗辩事由，甲有权要求受益人乙给予补偿。

（二）遭受损害的客体。1. 有些国家规定紧急避险损害的是他人的财产权利。如《德国民法典》第 228 条规定，为使自己或者他人避免紧急危险而损坏或者损毁他人之物的人，如果其损坏或者损毁行为系防止危险所必要，而且造成的损害又未超越危险程度时，其行为不为违法。如果行为人对危险的发生负有过失，则应负损害赔偿义务。

2. 有些国家规定紧急避险也包括损害他人的人身权利。如《越南民法典》第 618 条第 1 款规定，因紧急避险造成他人损害的，加害人不向受害人赔偿损害。这里的“他人损害”，既包括他人财产权利的损害，也包括他人人身权利的损害。

本条第1款第1句“因紧急避险造成损害的”，这里的“造成损害”既包括对避险者本人、第三人财产权利的损害，也包括人身权利的损害。例如，甲为了接住从楼上坠下的小孩乙，在接住乙的瞬间将同行的丙撞伤在地。甲无须对丙的损害承担责任，而应由乙的监护人对丙给予补偿。

三、紧急避险人的法律责任

第一，按照本条规定，紧急避险人造成本人或者他人损害的，由引起险情发生的人承担责任。例如，甲因在河堤上取土致使河堤决口。乙驾驶从丙处借来的农用车正巧从此经过，迫不得已将车推进决口处，决口被成功堵塞。丙的农用车的损失，应由甲承担赔偿责任。

第二，如果危险是由自然原因引起的，紧急避险人是为了他人的利益而采取了避险行为，造成第三人利益损害的，紧急避险人免予对第三人承担责任。例如，甲、乙、丙是邻居，丙的房子因雷击失火，甲为了引消防车进入灭火，推倒了乙的院墙，使消防车进入后及时扑灭了丙家的大火。按照紧急避险的抗辩事由，甲对乙不承担责任，应由受益人丙对乙给予适当补偿。

第三，如果危险是由自然原因引起的，紧急避险人是为了本人的利益而采取了避险行为，造成第三人利益损害的，紧急避险人本人作为受益人，应当对第三人的损害给予补偿。例如，甲、乙是邻居，甲的房子因雷击失火，甲为了引消防车进入灭火，推倒了乙的院墙，使消防车进入后及时扑灭了自己家的大火。甲作为受益人对乙不承担责任，但应对乙给予适当补偿。

第四，因紧急避险采取措施不当或者超过必要的限度，造成不应有的损害的，紧急避险人应当承担适当的责任。“紧急避险采取措施不当”是指在当时的情况下能够采取可能减少或者避免损害的措施而未采取，或者采取的措施并非排除险情所必需。例如，甲的汽车自燃，因燃油泄漏，火势加大。乙在帮助灭火时，采取往燃烧的汽车上浇水的措施，由于水与燃油气体混合，导致火势越来越大，将丙的房屋烧毁。由于乙采取的避险措施不当，对丙的损失，乙应承担适当的责任。

紧急避险“超过必要的限度”，是指采取紧急避险措施没有减轻损害，或者紧急避险所造成的损害大于所保全的利益。例如，甲家因雷击失火，甲的左邻乙家人帮助用水灭火。在大火已基本被扑灭的情况下，乙家人未观察火情，而是担心火势复燃，继续往废墟上浇水，导致大量污水流入甲的右邻丙家。由于乙采取的紧急避险行为超过必要的限度，对丙的损害，乙应承担适当的责任。

第一百八十三条 因保护他人民事权益使自己受到损害的，由侵权人承担民事责任，受益人可以给予适当补偿。没有侵权人、侵权人逃逸或者无力承担民事责任，受害人请求补偿的，受益人应当给予适当补偿。

◆ 条文主旨

本条是关于因保护他人民事权益而使自己受到损害的责任承担主体的规定。

◆ 立法背景

《民法通则》第109条规定：“因防止、制止国家的、集体的财产或者他人的财产、人身遭受侵害而使自己受到损害的，由侵害人承担赔偿责任，受益人也可以给予适当的补偿。”《侵权责任法》第 23 条规定：“因防止、制止他人民事权益被侵害而使自己受到损害的，由侵权人承担责任。侵权人逃逸或者无力承担责任，被侵权人请求补偿的，受益人应当给予适当补偿。”本条规定与上述规定精神一脉相承。《最高人民法院关于审理人身损害赔偿案件适用法律若干问题的解释》第 15 条规定：“为维护国家、集体或者他人的合法权益而使自己受到人身损害，因没有侵权人、不能确定侵权人或者侵权人没有赔偿能力，赔偿权利人请求受益人在受益范围内予以适当补偿的，人民法院应予支持。”本条规定的目的，在于保护见义勇为者，鼓励见义勇为行为。在民法通则和侵权责任法规定的基础上，本条补充规定了没有侵权人时，受害人请求补偿的，受益人应当给予适当补偿的内容。

◆ **条文解读**

在日常生活中，为保护他人民事权益被侵害而使自己受到损害的情况为数不少。例如，为了防止被抢劫的人的人身、财产遭受损失，阻止抢劫者逃逸，被抢劫犯刺伤；又如，儿童不慎落水，见义勇为者在施救中受伤，等等。为了弘扬社会主义核心价值观，鼓励和支持舍己为人的高尚行为，不让见义勇为者流血又流泪，本条规定了因保护他人民事权益而受到损害者的请求权和承担民事责任的主体。

（一）因保护他人民事权益而使自己受到损害。这主要是指为了防止、制止国家、集体的财产或者他人的人身、财产权利遭受不法侵害而使自己受到损害。在此需要强调两点：一是，受到损害的人不是为了自己的民事权益，而是为了他人的民事权益不受侵害而为的行为。二是，受到的损害既包括人身受到伤害，也包括财产受到损害。

（二）由侵权人承担责任，受益者可以给予适当补偿。由于受害人是为了保护他人的民事权益，防止、制止侵权人的侵权行为，因此，受害人所受到的损害，应由侵权人承担民事责任。考虑到受益人因受害人的付出，使自己的权益免受或者少受损害，对受害人因此所受到的损害，受益人可以给予适当的补偿。

（三）受益人应当给予适当补偿的情形。一是侵权人逃逸或者无力承担民事责任的情形。受害人是为了保护他人的民事权益不受非法侵害才遭受损害的，通常情况下，应当由侵权人承担民事责任。但是，有时会发生侵权人逃逸，根本找不到侵权人；或者虽然找到了侵权人，但是侵权人根本没有承担民事责任的能力等情形。为了公平起见，本条规定在侵权人逃逸或者侵权人无力承担民事责任的情况下，由受益人给受害人适当的补偿。这里需要注意以下几点：第一，侵权人逃逸确实找不到，或者侵权人确实没有承担民事责任的能力。这是受害人请求补偿的前提条件。如果侵权人没有逃逸、能够找到或者有承担民事责任的能力，受害人则不能向受益人提出补偿要求。第二，要有明确的受益人。如果没有明确的受益人，那么受害人就没有提出请求的对象。第三，受害人明确提出了受益人给予适当补偿的请求。补偿不是赔偿，赔偿一般是填平原则，即损失多少赔偿多少，而补偿仅是其中的一部分。本条规定是“给予适当的补偿”，表明是要根据受害人的受损情况和受益人的受益情况等因素确定补偿的数额。

按照承担民事责任的一般原理，受益人不是侵权责任人，对受害人而言不存在任何过错，对受害人所受到的损害也没有因果关系，因此不应当承担民事责任，而应当完全由侵权人承担民事责任。但是，如果不是为了受益人的利益，受害人也不会遭受损害。当侵权人逃逸、找不到或者侵权人根本无力承担民事责任时，受害人如果得不到任何赔偿或者补偿是不公平的，更不利于助人为乐、见义勇为良好社会风尚的形成，不符合公平正义精神，因此，为了较好地平衡利益、分担损失，让受益人适当给予受害人补偿是合情合理的。

二是没有侵权人的情形。因保护他人民事权益使自己受到损害的，有时并无侵权人，如舍身相救落水人员使自己受伤等。在这种情况下，受害人请求受益人给予适当补偿是合乎情理的，受益人给予适当补偿也是理所当然的。因此，本条规定体现了社会公平。目前，一些地方设立了见义勇为基金，用于鼓励见义勇为行为，也能在一定程度上弥补见义勇为者所受到的损害。

第一百八十四条　因自愿实施紧急救助行为造成受助人损害的，救助人不承担民事责任。

◆ **条文主旨**

本条是关于因自愿实施紧急救助行为造成受助人损害的，救助人不承担民事责任的规定。

◆ **立法背景**

民法总则出台前，我国法律对自愿实施紧急救助行为造成受助人损害的，救助人是否承担民事责任、如何承担民事责任没有明确规定。民法总则草案一审稿和二审稿也没有本条规定。在第十二届全国人大常委会第二十四次会议对草案二审稿进行审议和二审稿征求意见过程中，一些常委委员、全国人大代表、有关部门和单位等提出，草案第178条对因保护他人民事权益使救助人自己受到损害的，由侵权人承担民事责任，受益人给予补偿的规定非常必要，但是社会生活中还有一种情况，即救助人为保护他人民事权益实施紧急救助行为造成受助人损害的，救助人是否应该承担民事责任，如何承担民事责任，建议草案对这一问题作出规定。还有的常委委员提出，为匡正社会风气，化解老人倒地无人敢扶等社会问题，需要强化对见义勇为的救助行为的鼓励和保护，建议根据公平原则和诚实信用原则，对救助行为可能对受助人造成的损害，作出相应的免责规定。有的常委委员建议，在第178条后增加1款作为第2款："为保护他人民事权益而实施的救助行为造成受助人损害的，除存在重大过失外，免予承担民事责任。"经研究，在草案三审稿第187条增加规定：实施紧急救助行为造成受助人损害的，除有重大过失外，救助人不承担民事责任。

第十二届全国人大常委会第二十五次会议对草案三审稿进行审议，并于会后向社会公开征求意见。有的常委委员和社会公众提出，为救助他人造成损害的，重大过失还要承担民事责任，与草案说明中关于弘扬社会主义核心价值观的规定相悖。有的意见提出，"重大过失"在实际生活中不好界定，也不利于弘扬正能量。有的意见提出，有的情况下救助人不一定很专业，也不一定懂得怎么去救助，不会救和有过失两者的关系很难说清楚。在紧急情况下为保护他人实施救助的时候，救助人没有时间去考虑可能会产生什么后果，也没有时间去考虑自己会不会有所谓的重大过失。有的意见提出，弘扬社会主义核心价值观，鼓励见义勇为，在法律上不要留下遗憾，建议删除"除有重大过失外"。现阶段立法还是应该更着重鼓励和保障大家做好事，倡导见义勇为。经研究，提交大会审议的民法总则草案进一步严格限制了救助人需要承担民事责任的条件，将三审稿的规定修改为："因自愿实施紧急救助行为造成受助人损害的，救助人不承担民事责任。但是救助人因重大过失造成受助人不应有的重大损害的，承担适当的民事责任。"

在第十二届全国人大第五次会议审议民法总则草案的过程中，一些代表提出，这一条规定具有很强的针对性，对鼓励见义勇为，保护救助人，有着积极意义。但草案中“但书”的规定不能完全消除救助人的后顾之忧，对救助人的保护不够彻底，建议修改。经研究，草案修改稿从举证责任、是否有重大过失等方面对救助人在特殊情况下承担民事责任予以进一步严格限定，将这一条修改为：因自愿实施紧急救助行为造成受助人损害的，救助人不承担民事责任。受助人能够证明救助人有重大过失造成自己不应有的重大损害的，救助人承担适当的民事责任。对此，一些代表提出，草案修改稿本条的后一句规定较草案规定虽作了进一步严格限定，针对的是在实践中可能出现的特殊情况，但仍难以免除见义勇为者的后顾之忧，不利于倡导培育见义勇为、乐于助人的良好社会风尚，建议删除。经研究，民法总则最终删除了本条后一句的规定。民法典维持了民法总则本条现有的规定。

◆ **条文解读**

一、自愿实施紧急救助行为的民事责任

本条规定，因自愿实施紧急救助行为造成受助人损害的，救助人不承担民事责任。本条规定包括以下几个方面：

（一）救助人自愿实施紧急救助行为。自愿实施紧急救助行为，是指一般所称的见义勇为或者乐于助人的行为，不包括专业救助行为。本条所称的救助人是指非专业人员，即一般所称的见义勇为或者乐于助人的志愿人员。专业救助人员通常掌握某一领域内的专业知识、专业技能，并根据其工作性质有义务救助并专门从事救助工作。专业救助人员经过专业学习或者训练，在实施紧急救助行为时应该有知识和能力避免因救助行为造成受助人不应有的损害。因此，为与专业救助人员实施救助行为相区别，本条明确了“自愿”的前提条件。

（二）救助人以救助为目的实施紧急救助行为。本条所称的救助行为应是在紧急情况下，救助人实施的救助他人的行为。救助人不承担民事责任的条件之一是救助人需以“救助”受助人为行为的主观目的。当受助人由于自身健康等原因处于紧急情况需要救助，救助人是以救助受助人为目的，为了受助人的利益实施的紧急救助行为。

（三）受助人的损害与救助人的行为有因果关系。实践中，虽然救助人是出于救助目的实施救助行为，但由于救助行为经常发生在受助人突发疾病等紧急状态，救助人一般未受过专业的救助训练，有的救助人不能很好地掌握专业救助技能，在某些情形下，可能发生因救助人的救助行为造成受助人损害的情形。适用本条规定，须受助人受到的损害与救助人的行为有因果关系，即在紧急救助过程中，因为救助人的救助行为造成受助人的损害。

（四）救助人对因救助行为造成受助人的损害不承担民事责任。根据本条规定，在紧急状况下，救助人自愿以救助为目的实施紧急救助行为，因该行为对受助人造成损害的，救助人对该损害不承担民事责任。

二、一些国家和地区关于紧急救助行为的相关规定及做法

不同国家和地区对非专业救助人救助他人，造成受助人损害的是否应当承担民事责任，在法律规定和实际做法上有所差异。

（一）美国。美国很多州都有“好撒玛利亚人法”，其主要目的是通过豁免见义勇为者在一些特定情况下的责任，鼓励见义勇为。“好撒玛利亚人法”保护的是采取“合适的措施”的救助者。如果因救助过程中有严重的疏忽导致被救助者伤病情况加重或死亡，救助者仍要承担民事责任。美国多数州的法律规定，虽然这种救助是自愿的、非强制的，但是一旦实施救助，就不能中途停止，必须满足 3 个目标方可离开：被救助者康复或脱离危险，有专职救护人员到达，救助者过度劳累已无法持续下去。如果不是这 3 个原因停止救助，都被视为“不合适的措施”而要承担民事责任。美国有的州的“好人法”因为实践中发生的案例而有了进展。2004 年，美国加州有一位叫亚历山德拉的年轻女子发生车祸被卡在车里动弹不得。另外一名女子丽莎将其救出，但由于丽莎没有专业的施救技能，导致亚历山德拉车祸后瘫痪。2008 年，亚历山德拉把丽莎告上法庭，称丽莎救助疏忽导致她瘫痪，所以丽莎要为她的瘫痪负责。2009 年，加州议会以 75∶0 票通过“好心人免责条款”，规定类似丽莎这种疏忽导致受助人受到伤害的情况可以免责。

（二）加拿大。加拿大很多省都有自己的“好人法”，但各省叫法不一。其中一些省的法律规定，施救行为对一般疏忽造成的伤害不担责。《魁北克人权宪章》规定，任何人必须救助处于危险中的人，通过亲自救助或联系急救机构，为危险中的人提供必要的急救，认为救助过程会给自身或第三方身体造成伤害或有其他法律认可的理由除外。《2001 年安大略省好撒玛利亚人法案》第二章规定，如果救助者不收取任何报酬或奖赏而志愿提供救助，则不对救助中的疏忽造成的伤害担责，但严重疏忽除外。

（三）我国台湾地区。我国台湾地区曾发生过关于救助行为的典型案例。2000 年 9 月，台湾某高中二年级学生，热心帮助患有先天性成骨不全症（俗称玻璃娃娃）的同学下楼上体育课，因下雨楼梯湿滑，踩滑跌倒与受助者一起滚下楼梯，受助者当场死亡。救助者被法院判决有过失，赔偿死者家属 333 万元新台币。法官判决的理由是：“如果因地震或雷劈而导致意外，那么责任不在救助者，但照顾残疾者需要专业能力，尤其是像救助本案受助者这样患有罕见疾病的人。救助者应该先衡量自己是否受过训练、有没有专业能力在雨天湿滑这种情况下抱受助者下楼。因此，救助者帮助他人没有‘量力而为’，是有过失的，应当承担责任。”

第一百八十五条 侵害英雄烈士等的姓名、肖像、名誉、荣誉，损害社会公共利益的，应当承担民事责任。

◆ 条文主旨

本条是关于侵害英雄烈士等的姓名、肖像、名誉、荣誉的民事责任的规定。

◆ 立法背景

民法总则草案一审稿、二审稿和三审稿没有对本条作出规定，在十二届全国人大五次会议审议民法总则草案时增加了这一规定。在十二届全国人大五次会议审议时，有的代表提出，现实生活中，一些人利用歪曲事实、诽谤抹黑等方式恶意诋毁侮辱英烈的名誉、荣誉等，损害了社会公共利益，社会影响很恶劣，应对此予以规范。法律委员会经研究认为，英雄和烈士是一个国家和民族精神的体现，是引领社会风尚的标杆，加强对英烈姓名、名誉、荣誉等的法律保护，对于促进社会尊崇英烈、扬善抑恶、弘扬社会主义核心价值观意义重大。建议在草案修改稿增加一条规定：“侵害英雄烈士的姓名、肖像、名誉、荣誉等，损害社会公共利益的，应当承担民事责任。”之后又有代表提出，英雄烈士的范围是否过窄。有的意见建议，在中国特色社会主义建设和保卫国家中作出巨大贡献、建立卓越功勋的杰出人士也应当包括在内。综合以上意见，最终本条规定：“侵害英雄烈士等的姓名、肖像、名誉、荣誉，损害社会公共利益的，应当承担民事责任。”本条特别规定英雄烈士等的人格权益保护，有利于弘扬社会主义核心价值观和英雄烈士精神，培养爱国主义精神，增强民族凝聚力，维护社会公共利益。民法典维持了这一规定。

◆ **条文解读**

一、本条保护的对象是英雄烈士等

本条保护的对象“英雄烈士等”包括为了人民利益英勇斗争而牺牲，堪为楷模的人，还包括在保卫国家和国家建设中作出巨大贡献、建立卓越功勋，已经故去的人。《烈士褒扬条例》第8条第1款规定，公民牺牲符合下列情形之一的，评定为烈士：(1) 在依法查处违法犯罪行为、执行国家安全工作任务、执行反恐怖任务和处置突发事件中牺牲的；(2) 抢险救灾或者其他为了抢救、保护国家财产、集体财产、公民生命财产牺牲的；(3) 在执行外交任务或者国家派遣的对外援助、维持国际和平任务中牺牲的；(4) 在执行武器装备科研试验任务中牺牲的；(5) 其他牺牲情节特别突出，堪为楷模的。《军人抚恤优待条例》第8条第1款和第2款规定，现役军人死亡，符合下列情形之一的，批准为烈士：(1) 对敌作战死亡，或者对敌作战负伤在医疗终结前因伤死亡的；(2) 因执行任务遭敌人或者犯罪分子杀害，或者被俘、被捕后不屈遭敌人杀害或者被折磨致死的；(3) 为抢救和保护国家财产、人民生命财产或者执行反恐怖任务和处置突发事件死亡的；(4) 因执行军事演习、战备航行飞行、空降和导弹发射训练、试航试飞任务以及参加武器装备科研试验死亡的；(5) 在执行外交任务或者国家派遣的对外援助、维持国际和平任务中牺牲的；(6) 其他死难情节特别突出，堪为楷模的。现役军人在执行对敌作战、边海防执勤或者抢险救灾任务中失踪，经法定程序宣告死亡的，按照烈士对待。

二、本条是对英雄烈士等的人格利益的保护

本条的保护对象是英雄烈士等相关人格利益。民法总则出台前，我国法律未对死者人格利益的保护作出明确规定。《最高人民法院关于确定民事侵权精神损害赔偿责任若干问题的解释》第3条规定，自然人死亡后，其近亲属因下列侵权行为遭受精神痛苦，向人民法院起诉请求赔偿精神损害的，人民法院应当依法予以受理：（1）以侮辱、诽谤、贬损、丑化或者违反社会公共利益、社会公德的其他方式，侵害死者姓名、肖像、名誉、荣誉；（2）非法披露、利用死者隐私，或者以违反社会公共利益、社会公德的其他方式侵害死者隐私；（3）非法利用、损害遗体、遗骨，或者以违反社会公共利益、社会公德的其他方式侵害遗体、遗骨。

三、侵害英雄烈士等的姓名、肖像、名誉、荣誉，损害社会公共利益的，应当承担民事责任

根据本条规定，侵害英雄烈士等的姓名、肖像、名誉、荣誉，损害社会公共利益的，应当承担民事责任。司法实践中有侵害英雄烈士等的人格权益，应当承担民事责任的相关案例。例如，2013年第11期《炎黄春秋》杂志刊发了洪某快撰写的《“狼牙山五壮士”的细节分歧》一文。“狼牙山五壮士”中的葛振林之子葛某生、宋学义之子宋某宝认为，《“狼牙山五壮士”的细节分歧》一文，以历史细节考据、学术研究为幌子，以细节否定英雄，企图达到抹黑“狼牙山五壮士”英雄形象和名誉的目的。葛某生、宋某宝分别起诉至北京市西城区人民法院，请求判决洪某快停止侵权、公开道歉、消除影响。北京市西城区人民法院经审理认为，葛振林、宋学义均是“狼牙山五壮士”这一系列英雄人物的代表人物，“狼牙山五壮士”这一称号在全军、全国人民中已经赢得了普遍的公众认同，既是国家及公众对他们作为中华民族的优秀儿女在反抗侵略、保家卫国中作出巨大牺牲的褒奖，也是他们应当获得的个人名誉和个人荣誉。尤其是，“狼牙山五壮士”是中国共产党领导的八路军在抵抗日本帝国主义侵略伟大斗争中涌现出来的英雄群体，是中国共产党领导的全民抗战并取得最终胜利的重要事件载体。这一系列英雄人物及其事迹，经由广泛传播，在抗日战争时期，成为激励无数中华儿女反抗侵略、英勇抗敌的精神动力之一；成为人民军队誓死捍卫国家利益、保障国家安全的军魂来源之一；在和平年代，“狼牙山五壮士”的精神，仍然是我国公众树立不畏艰辛、不怕困难、为国为民奋斗终生的精神指引。这些英雄人物及其精神，已经获得全民族的广泛认同，是中华民族共同记忆的一部分，是中华民族精神的内核之一，也是社会主义核心价值观的重要内容。而民族的共同记忆、民族精神乃至社会主义核心价值观，无论是从我国的历史来看，还是从现行法上来看，都已经是社会公共利益的一部分。文章侵害的不仅仅是葛振林、宋学义的个人名誉和荣誉，也侵害了社会公共利益。文章虽然未使用侮辱性的语言，但作者采取的行为方式却是通过强调与主要事实无关或者关联不大的细节，引导读者对“狼牙山五壮士”这一英雄人物群体及其事迹产生怀疑，从而否定主要事实的真实性，进而降低他们的英勇形象和精神价值。该文章经由互联网传播，在全国范围内产生了较大的影响，不仅损害了葛振林和宋学义的个人名誉和荣誉以及原告的个人感情，在一定范围和程度上也伤害了社会公众的民族和历史情感。由于“狼牙山五壮士”的精神价值已经内化为民族精神和社会公共利益的一部分，也损害了社会公共利益。北京市西城区人民法院判决被告构成侵权，承担相应的民事责任。

2017 年民法总则通过后，2018 年 4 月十三届全国人大常委会第二次会议全票表决通过了英雄烈士保护法。英雄烈士保护法规定，国家保护英雄烈士，对英雄烈士予以褒扬、纪念，加强对英雄烈士事迹和精神的宣传、教育，维护英雄烈士的尊严和合法权益。全社会都应当崇尚、学习、捍卫英雄烈士。禁止歪曲、丑化、亵渎、否定英雄烈士事迹和精神。英雄烈士的姓名、肖像、名誉、荣誉受法律保护。任何组织和个人不得在公共场所、互联网或者利用广播电视、电影、出版物等，以侮辱、诽谤或者其他方式侵害英雄烈士的姓名、肖像、名誉、荣誉。任何组织和个人不得将英雄烈士的姓名、肖像用于或者变相用于商标、商业广告，损害英雄烈士的名誉、荣誉。以侮辱、诽谤或者其他方式侵害英雄烈士的姓名、肖像、名誉、荣誉，损害社会公共利益的，依法承担民事责任；构成违反治安管理行为的，由公安机关依法给予治安管理处罚；构成犯罪的，依法追究刑事责任。并在此基础上明确规定：对侵害英雄烈士的姓名、肖像、名誉、荣誉的行为，英雄烈士的近亲属可以依法向人民法院提起诉讼。英雄烈士没有近亲属或者近亲属不提起诉讼的，检察机关依法对侵害英雄烈士的姓名、肖像、名誉、荣誉，损害社会公共利益的行为向人民法院提起诉讼。负责英雄烈士保护工作的部门和其他有关部门在履行职责过程中发现第 1 款规定的行为，需要检察机关提起诉讼的，应当向检察机关报告。英雄烈士近亲属依照第 1 款规定提起诉讼的，法律援助机构应当依法提供法律援助服务。

▶ **相关规定**

《中华人民共和国英雄烈士保护法》第 25 条

第一百八十六条 因当事人一方的违约行为，损害对方人身权益、财产权益的，受损害方有权选择请求其承担违约责任或者侵权责任。

◆ 条文主旨

本条是关于违约责任与侵权责任竞合的规定。

◆ 立法背景

如果一方当事人的违约行为侵害了对方的人身、财产权益，则同时构成侵权行为，即违约方的同一行为违反了两种法律义务。这时违约方既负有违约责任，也负有侵权责任，这就是违约责任与侵权责任的竞合。违约责任与侵权责任的竞合，是指义务人的违约行为既符合违约要件，又符合侵权要件，导致违约责任与侵权责任一并产生。从另一方面来说，受损害方既可以就违约责任行使请求权，也可以就侵权责任行使请求权。这就产生了两种请求权竞合的情况。在两种请求权同时存在的情况下，如果允许受损害方同时行使双重请求权，则使违约方承受双重责任，这对违约方来说显失公平；从受损害方说，受损害方获得双重补偿，又构成受损害方不当得利，也不合理。

◆ 条文解读

根据公平原则，本条规定，受损害方可以在两种请求权中选择行使一种请求权。这意味着受损害方只能行使一种请求权，如果受损害方选择行使一种请求权并得到实现，那么另一种请求权即告消灭。但是，如果受损害方行使一种请求权未果，而另一种请求权并未因时效而消灭，则受损害方仍可行使另一种请求权。由于合同纠纷与侵权纠纷在管辖法院和适用法律方面存在区别，允许受损害方选择有利于自己的一种诉由提起诉讼，对受损害方比较方便，也有利于对受损害方的保护。对违约方来说，这两种责任无论对方要求其承担哪一种，都是合理的。

第一百八十七条 民事主体因同一行为应当承担民事责任、行政责任和刑事责任的，承担行政责任或者刑事责任不影响承担民事责任；民事主体的财产不足以支付的，优先用于承担民事责任。

◆ 条文主旨

本条是关于财产优先承担民事责任的规定。

◆ 立法背景

法律责任按照不同的标准可以作不同的分类，根据法律责任的类型，法律责任可以分为民事责任、行政责任和刑事责任。民事责任是自然人、法人或者非法人组织因违反民事法律、违约或者因法律规定的其他事由而依法承担的不利后果，包括侵权责任、违约责任等。行政责任是指因违反行政法律或行政法规而应当承担的法定的不利后果。刑事责任是指因违反刑事法律而应当承担的法定的不利后果。

◆ 条文解读

一、民事责任和行政责任、刑事责任的竞合

法律责任竞合，是指行为人的同一行为符合两个或两个以上不同性质的法律责任的构成要件，依法应当承担多种不同性质的法律责任制度。民事责任、行政责任和刑事责任虽然是三种性质不同的法律责任，却可能因为同一法律行为而同时产生。一个行为既违反了民法又违反了行政法或者刑法，由此同时产生民事责任、行政责任或者刑事责任，即发生责任竞合。例如，缺陷产品的致害行为，既可能依侵权责任法承担民事责任，依产品质量法承担行政责任，构成犯罪的，还要依刑法承担刑事责任。由此，

经营者的一个违法行为导致了民事、行政、刑事责任竞合的情形。

二、民事主体的财产优先承担民事责任

通常情况下，民事责任、行政责任和刑事责任独立存在，并行不悖。但是在特定的情况下，某一责任主体的财产不足以同时满足承担民事赔偿责任和承担罚款、罚金及没收财产等行政或刑事责任时，三种责任就发生了冲突，难以同时承担，此时就产生哪一种责任优先适用的问题。民事责任优先原则就是解决这类责任竞合时的法律原则，即某一责任主体的财产不足以同时满足民事赔偿责任与行政责任或者刑事责任中的罚款、罚金时，优先承担民事赔偿责任，这也是本条规定的要旨所在。例如，一个企业生产伪劣产品，造成消费者人身、财产损害，并构成生产伪劣产品罪，其需要同时承担对消费者的民事责任以及生产伪劣产品罪的刑事责任，如果刑事责任包含罚金，其财产不足以同时支付对受害人的赔偿以及罚金时，对受害人的民事赔偿责任优先于罚金承担。

民事责任优先原则的确立有以下几个方面的原因：

（一）民事责任优先是实现法的价值的需要。民法、行政法、刑法虽然是三个不同的法律部门，有着各自的调整范围，但保护自然人、法人和非法人组织的合法权益却是共同的目标和任务，在同一责任主体的财产不足以同时承担民事赔偿责任和缴纳罚款、罚金、没收财产等行政、刑事责任时，如果先执行罚款、罚金或者没收财产，权利人的合法权益就难以得到有效的保护。国家和个体承受财产损失的能力差别很大，在不足以同时承担两种以上责任时，不缴纳罚款、罚金等行政、刑事责任，不会使国家发生经济上的困难，但如果不履行民事赔偿责任却可能使个体（如某个消费者）陷入极大的困难乃至绝境。民事责任优先原则，体现了三个法律部门在保护自然人、法人、非法人组织合法权益方面的一致性。在这些责任无法兼顾时，民事责任优先可以取得良好的社会效果，也更能体现法律的人道和正义。人道和正义是法的社会功能的体现，也是法所追求的主要价值所在。

（二）民事责任优先原则是维护市场经济秩序和交易安全的需要。民事主体在民事活动中依法取得的权利，应当具有法律保障。如果一方当事人对另一方当事人依法享有的损害赔偿请求权，因另一方当事人财产承担行政、刑事责任后丧失赔偿能力而无法实现，必然造成当事人在以后的民事活动中投入一定的注意力审查核对该当事人是否存在违法或犯罪行为，否则可能影响自己权利的实现，这样必然影响当事人之间进行交易的信心和速度，也不符合市场经济秩序和交易安全应具有法律保障性的要求。民事责任优先原则可以有效地克服这一弊端。

（三）罚款、罚金等行政责任、刑事责任体现的是国家对行为人的惩罚。民事责任主要是平等主体之间发生的一方依法向另一方承担的责任，目的在于弥补权利人因他人的民事违法行为而给其造成的经济损失，补偿性是民事责任的显著特征，这种补偿性的责任一旦不能承担，权利人的权利则难以实现。

（四）民事责任和行政责任、刑事责任的目的和功能不同。民事责任的主要目的是对受害人补偿损失、恢复其权利；行政责任和刑事责任的目的是惩罚行为人，维护社会秩序。在责任人的财产不足以承担两种以上责任时，不承担民事责任，民事责任的目的就无法实现。行政责任和刑事责任的责任形式涉及人身和财产，除了财产性的罚款、罚金外，还可以对责任主体进行人身制裁。与民事责任单一的财产性赔偿特征相比，行政责任和刑事责任具有人身性和财产性双重特征。在三者发生竞合时，即使民事责任优先适用，结果可能造成财产性的罚款、罚金等行政制裁或刑事制裁难以实现，但这并不影响责任人承担人身方面的行政责任和刑事责任。在一定程度上，行政责任、刑事责任还可以在对责任人人身制裁和财产制裁之间进行选择，以达到制裁责任人的最终目的。

因此，在民事责任与行政责任、刑事责任发生冲突时，应当优先承担民事责任。当然，民事责任优先原则的适用也是有条件的。第一，责任主体所承担的民事责任须合法有效，其发生的依据或者基于法律的规定或基于约定；第二，责任主体的财产不足以同时满足民事责任、行政责任和刑事责任，如果都能满足，则三种责任并行不悖，责任人同时承担三种责任，只有在财产不足以同时满足时，才出现民事责任优先的问题。

我国刑法、侵权责任法、食品安全法、产品质量法、消费者权益保护法、公司法、证券法、证券投资基金法等法律对民事责任优先原则都有所规定，规定了财产不足以同时支付民事责任、行政责任和刑事责任时民事责任优先适用。《刑法》第 36 条第 2 款规定："承担民事赔偿责任的犯罪分子，同时被判处罚金，其财产不足以全部支付的，或者被判处没收财产的，应当先承担对被害人的民事赔偿责任。"《侵权责任法》第 4 条规定："侵权人因同一行为应当承担行政责任或者刑事责任的，不影响依法承担侵权责任。因同一行为应当承担侵权责任和行政责任、刑事责任，侵权人的财产不足以支付的，先承担侵权责任。"《食品安全法》第 147 条规定："违反本法规定，造成人身、财产或者其他损害的，依法承担赔偿责任。生产经营者财产不足以同时承担民事赔偿责任和缴纳罚款、罚金时，先承担民事赔偿责任。"《消费者权益保护法》第 58 条规定："经营者违反本法规定，应当承担民事赔偿责任和缴纳罚款、罚金，其财产不足以同时支付的，先承担民事赔偿责任。"《产品质量法》第 64 条规定："违反本法规定，应当承担民事赔偿责任和缴纳罚款、罚金，其财产不足以同时支付时，先承担民事赔偿责任。”《公司法》第 214 条规定：“公司违反本法规定，应当承担民事赔偿责任和缴纳罚款、罚金的，其财产不足以支付时，先承担民事赔偿责任。”《证券法》第 220 条规定：“违反本法规定，应当承担民事赔偿责任和缴纳罚款、罚金、违法所得，违法行为人的财产不足以支付的，优先用于承担民事赔偿责任。”《证券投资基金法》第 150 条规定：“违反本法规定，应当承担民事赔偿责任和缴纳罚款、罚金，其财产不足以同时支付时，先承担民事赔偿责任。”

▶ **相关规定**

《中华人民共和国刑法》第 36 条第 2 款

第九章　诉讼时效

诉讼时效是指权利人在一定期间不行使权利，在该期间届满后义务人获得抗辩权，如在诉讼中提出抗辩则可以拒绝履行其义务的法律制度。诉讼时效制度的功能主要是促使权利人及时行使权利、稳定生活秩序、维护法律秩序和交易安全。同类制度，有的国家或者地区也称作“消灭时效”，如德国、日本和我国台湾地区“民法”。

本章共十二条，主要规定了普通诉讼时效期间及其起算规则、最长权利保护期间；分期履行债务诉讼时效期间的起算；无民事行为能力人或者限制民事行为能力人对其法定代理人的请求权的诉讼时效期间的起算；未成年人遭受性侵害的损害赔偿请求权的诉讼时效期间的起算；诉讼时效期间届满的法律效果；诉讼时效的援引；诉讼时效的中止及其效力；诉讼时效的中断及其效力；不适用诉讼时效的情形；诉讼时效的法定性及时效利益不得预先放弃；仲裁时效；除斥期间的一般规定等。

第一百八十八条　向人民法院请求保护民事权利的诉讼时效期间为三年。法律另有规定的，依照其规定。

诉讼时效期间自权利人知道或者应当知道权利受到损害以及义务人之日起计算。法律另有规定的，依照其规定。但是，自权利受到损害之日起超过二十年的，人民法院不予保护，有特殊情况的，人民法院可以根据权利人的申请决定延长。

◆ **条文主旨**

本条是关于普通诉讼时效期间及起算规则、最长权利保护期间的规定。

◆ **立法背景**

在2017年民法总则立法过程中，关于普通诉讼时效期间究竟规定多长比较合适，一直存在不同的观点和认识。有的认为，为了保持法律的稳定性和持续性，建议维持《民法通则》第135条普通诉讼时效期间为2年的规定不变。其主要理由有：一是现代社会中，信息技术高度发展，个人与组织的身份、资格都很明确，财产变化与流转速度加快，2年的期间已经能够保障权利人实现权利。二是民法通则实施30多年来，社会公众对民法通则规定的2年普通诉讼时效期间已经比较熟悉，实践中没有发现大的问题。三是诉讼时效制度应有利于稳定相关法律关系和社会秩序，减少法院诉累，延长普通诉讼时效期间不符合已经形成的法律观念和诉讼时效制度的价值目标，2年的普通诉讼时效期间能够督促权利人及时行使权利。有的认为，考虑到我国的实际情况，应将诉讼时效期间延长至5年。其主要理由是：民法总则草案一审稿至三审稿均规定普通诉讼时效期间为3年，这一规定具有进步性，但与实际需要相比还是较短。现在社会关系很复杂，诉讼时效期间的长短对权利人行使权利非常重要。时间太短，比较复杂的法律关系的权利人没有办法切实保护自己的合法权益，也不利于维护社会和谐稳定。有的认为，应当将普通诉讼时效期间延长到10年或者更长。其主要理由有：一是中国是熟人社会，实践中老百姓发现权利被侵害，往往不会马上到法院起诉。到决定起诉时，可能已经经过一两年，再请律师准备诉讼材料又需要一段时间，3年的普通诉讼时效期间太短了。二是诉讼时效期间过短会造成权益人的合法权利得不到充分保护，被义务人或者侵权者钻了法律的空子；也与我们提倡的“风正气顺”社会风气要求不相符，不利于人与人之间的相互信任。

经研究认为，诉讼时效是权利人在法定期间内不行使权利，该期间届满后，发生义务人可以拒绝履行其给付义务效果的法律制度。该制度有利于促使权利人及时行使权利，维护交易秩序和安全。任何一种法律制度都需要符合一国的传统，考虑社会百姓的可接受程度，都要具体地、历史地进行分析。中国社会几千年的传统是避诉的，当事人为了亲情和友情，为了社会关系的维持，往往不愿提起诉讼，在婉转表达的权利要求不能实现时，才提起诉讼，这样时间上常常比较晚。此外，近年来，社会生活发生深刻变化，交易方式与类型也不断创新，权利义务关系更趋复杂，要求权利人在2年的普通诉讼时效期间内行使权利，已不适应中国社会现状与司法实践，不利于保护债权人合法权益，不利于建立诚信社会，适当延长普通诉讼时效期间是必要的。但是，同样应当看到，督促权利人在合理期间内行使权利，公平分配权利义务关系等都是诉讼时效制度的重要功能。诉讼时效期间过长，可能使权利人主观上产生错误认识，出现“躺在权利上睡大觉”的情况。在整个社会的宏观面上降低解决纠纷的效率，使得权利义务关系较长时间地处于不稳定状态，对社会经济的健康发展是不利的。从其他国家和地区的立法例看，大多数国家和地区规定的一般诉讼时效期间往往都比较长。如法国规定诉讼时效期间一般为违法行为发生时起算 30 年；瑞士、意大利、墨西哥规定为 10 年；日本规定为 5 年；德国规定为 3 年，但允许当事人在 3 年至 30 年之间自行约定；俄罗斯规定为 3 年。我国台湾地区、澳门特别行政区规定为 15 年。应当看到的是，这些国家和地区的民法制定于十八九世纪，其时代背景是自由资本主义发展时期。当时的立法理念和对经济生活的判断是从自由主义出发的，强调当事人对自己权利的行使和行为后果的承担，不太关注对债务人的保护。此后的 100 年间，西方国家的民事立法在坚持自由主义的同时更加注重社会义务。例如，从 20 世纪 20 年代开始，德国民事立法注重在合同中保护弱势群体的利益，在劳动法中保护雇员的利益，在租赁合同法中保护承租人的利益。反映在诉讼时效制度上，就是重新分配权利义务双方的负担，缩短普通诉讼时效期间，加强了对这部分人的保护。因此，2002 年 1 月 1 日，《德国债法现代化法》将《德国民法典》规定的 30 年普通诉讼时效期间缩短为 3 年。经过反复研究和调研论证，民法总则将民法通则规定的普通诉讼时效期间从 2 年延长为 3 年，大部分全国人大代表、司法机关、法律专家学者等对此表示赞同。民法典维持民法总则的这一规定不变。

◆ 条文解读

一、普通诉讼时效期间

本条第 1 款规定了普通诉讼时效期间为 3 年，但同时明确“法律另有规定的，依照其规定”，这是允许特别法对诉讼时效作出不同于普通诉讼时效期间的规定。市场经济要求加快经济流转，通信手段和交易方式的创新使得行使权利更加便利。在商事领域可能存在需要短于普通诉讼时效期间的情形。法律另有规定时，根据特别规定优于一般规定的原则，优先适用特别规定。

二、普通诉讼时效期间的起算

本条第 2 款规定了普通诉讼时效期间的起算。普通诉讼时效期间的起算规则，主要有两种立法例。一种是客观主义起算规则，即从请求权可以行使时，诉讼时效期间开始起算。例如，《意大利民法典》第 2935 条规定，消灭时效自权利得主张时起算。我国台湾地区“民法”第 128 条规定，消灭时效，自请求权可行使时起算。以不行为为目的之请求权，自行为时起算。我国《澳门民法典》第 299 条第 1 款规定，催告后时效受益人经过一段时间才须履行义务的，则诉讼时效期间在该段时间经过后起算。另一种是主观主义起算规则，即从权利人知道或者应当知道权利受侵害时，诉讼时效期间开始起算。例如，《德国民法典》第 199 条规定，普通消灭时效自满足下列两种情形时起算：（1）请求权产生的当年结束之时起；（2）债权人知道或在不具有重大过失的情形下应当知道产生请求权的事由及债务人时起。《俄罗斯联邦民法典》第 200 条第 1 款规定，诉讼时效期间自当事人获悉或者应该获悉自己的权利被侵犯之日起算。

《民法通则》第 137 条规定，诉讼时效期间从知道或者应当知道权利被侵害时起计算。可见，民法通则采取了主观主义的起算模式。本款规定延续了民法通则的立法模式，亦采取普通诉讼时效期间的主观主义起算模式，主要有两点考虑：

一是在立法技术上，诉讼时效期间与期间起算点相互影响，二者互为牵制，突出诉讼时效制度的正当性和各价值目标的平衡。客观主义起算点可以实现诉讼时效制度追求经济效益和社会安定性的价值目标，但在权利人不知道其权利受到损害、不知道向谁主张权利时，即开始时效的进行，不能为社会公众所接受，也有悖于诉讼时效制度督促权利人及时行使权利的目的。主观主义起算点权利人考虑权利人行使权利的可能性，能更好地保护权利人，但也存在权利义务双方的关系与法律地位过多依赖权利人的担忧，可能会削弱诉讼时效制度的可预期性与安定性。因此，各国在立法上往往采取两种组合，即采用较长普通诉讼时效期间的，配合以客观主义起算点；采用较短普通诉讼时效期间的，配合以主观主义起算点。这样能够最大限度地实现诉讼时效制度的各项目标。立法过程中，有的意见认为，3 年普通诉讼时效期间仍不够长。采取主观主义的起算模式，可以在一定程度上延长这一期间。

二是“知道或者应当知道”是一种主观状态，很多情况下，当权利受到侵害时，受害人不一定能够马上知情。我国幅员广阔，人口众多，各地区社会经济生活差异较大。立法应当从中国的实际国情出发。采取主观主义起算点是较为公平的。因此，本款规定，诉讼时效期间自权利人知道或者应当知道权利受到损害以及义务人之日起计算。这里“知道或者应当知道权利受到损害”和“知道或者应当知道义务人”两个条件应当同时具备。

三、最长权利保护期间

采用较短普通诉讼时效期间并配合以主观主义起算点的诉讼时效制度立法模式中，考虑到如果权利人知悉权利受到损害较晚，以致诉讼时效过分迟延地不能完成，会影响制度的稳定性和宗旨。极端情况下，可能发生从权利被侵害的事实出现到权利人知道这一事实，超过普通诉讼时效期间的情况。因此，有必要配套规定客观主义起算点的最长权利保护期间加以限制。应当指出，这种最长权利保护期间并非一种独立的期间类型，是制度设计上的一种补足，在性质上是不变期间。第 2 款规定的“自权利受到损害之日”即为客观主义的起算标准。“20 年”的最长权利保护期间，在《民法通则》第 137 条中已经有规定。考虑到一是民法通则颁布实施 30 多年来，出现适用 20 年最长权利保护期间的情况极少；二是从民法典规定的普通诉讼时效期间长度、我国社会生活的实际及诉讼程序的客观情况，规定20年已经足够；三是第2款规定20年期间仍不够用，“人民法院可以根据权利人的申请决定延长”，第2款仍然延续了民法通则的规定，将最长权利保护期规定为20年。适用最长权利保护期间时，需要根据当事人的申请，人民法院才能决定。

第一百八十九条　当事人约定同一债务分期履行的，诉讼时效期间自最后一期履行期限届满之日起计算。

◆ 条文主旨

本条是关于分期履行债务诉讼时效期间起算规则的特殊规定。

◆ 立法背景

民法理论界和司法实务界对当事人约定同一债务分期履行时诉讼时效期间从何时起算，一直有争议。有的主张，从每一期债务履行期限届满之日起算。有的主张，从最后一期债务履行期限届满之日起算。我们认为，对于这个问题，应当首先明确何为“同一债务”，即对定期履行债务和分期履行债务作出明确区分。

对非一次性完成的债务，根据发生的时间和给付方式的不同，可以分为定期履行债务和分期履行债务。定期履行债务是当事人约定在履行过程中重复出现、按照固定的周期给付的债务，如当事人约定房租3个月支付1次、工资1个月支付1次。债务人支付的每一期租金、用人单位支付的每一个月工资，都是其在一定时期内租赁房屋、用工的对价。定期履行债务的最大特点是多个债务，各个债务都是独立的。正是因为相互独立，每一个债务的诉讼时效期间应当自每一期履行期间届满之日起分别起算。

分期履行债务是按照当事人事先约定，分批分次完成一个债务履行的情况。分期付款买卖合同是最典型的分期履行债务。例如，甲、乙签订合同买卖机床，约定：总价款50万元；甲先交20万元后乙发货；乙安装调试完成后甲再交20万元；甲用该机床生产出质量合格产品后，再交剩余10万元。在这个例子中，当事人虽然约定分3次缴付50万元的总价款，但实际上是一个合同的完整履行。分期履行债务具有整体性和唯一性，系本条规定的“同一债务”。

对分期履行债务诉讼时效期间的起算，《最高人民法院关于审理民事案件适用诉讼时效制度若干问题的规定》（法释〔2008〕11号）第5条规定，当事人约定同一债务分期履行的，诉讼时效期间从最后一期履行期限届满之日起计算。该司法解释在实践中已经执行近10年，系最高人民法院在法律没有明确规定又存在现实需要的情况下作出的解释，取得了较好的司法效果，为法律相关制度的设计提供了实践资料。本条规定吸收了该司法解释的内容。

◆ **条文解读**

本条规定：“当事人约定同一债务分期履行的，诉讼时效期间自最后一期履行期限届满之日起计算。”这样规定的主要理由是：

一是由同一债务的特性决定的。整体性和唯一性是“同一债务”的根本特性。在“同一债务”的履行过程中，当事人可以约定分期履行的期限和数额，可以约定每次履行的时间节点和履行条件，但不论如何分期，都是一个债务履行，债务的内容和范围在债务发生时就已经确定，不因分期偿还而发生变化，诉讼时效期间自该“一个债务”履行期限届满之日起计算。

二是符合诉讼时效制度的立法目的。诉讼时效制度的立法目的在于稳定交易秩序，而不是限制甚至剥夺权利人的权利。当事人约定分期履行债务的目的在于全面履行合同约定的义务。债权人之所以同意债务人分次偿还同一债务，有可能是当事人之间存在长期友好合作关系或是比较熟悉的关系，债权人为了使债务人能够全面履行债务，给予债务人一定的宽限期；或者是债权人为了促成合同的达成与交易的顺利完成，同意债务人分期履行义务。债权人没有及时主张权利是出于与债务人之间的信赖关系，这种信赖关系能够产生经济利益。因此，法律应尽量维持当事人之间的债权债务关系和信任关系，促进双方的友好合作。如果对分期履行的每笔债务分别计算诉讼时效，有可能导致债权人因为担心债权“过期”而频繁主张权利，不仅不利于维持当事人之间债权债务关系的稳定，还可能损害信赖利益。规定从最后一期履行期限届满之日起算诉讼时效期间，可以保护权利人的合理信赖利益。

三是减少诉累、实现诉讼效率。规定诉讼时效期间从最后一期履行期限届满之日起算，符合现实中老百姓的社会认知，也符合商事交易习惯。法律的这一规定可以避免当事人为频繁主张权利而激化矛盾，避免频繁起诉，有利于节约司法资源，减少诉累，实现诉讼效率。例如，当事人双方对某一合同约定分 10 期履行，履行过程中第 3 期至第 5 期违约，如果法律规定每一期债务履行期间届满之日起分别起算诉讼时效期间，权利人在第 3 期违约时起诉 1 次、第 4 期违约时起诉 1 次、第 5 期违约时又起诉 1 次，3 次起诉的事实基本相似，无疑给当事人造成诉累，也增加了法院的工作负担，浪费了有限的司法资源。因此，法律规定从最后一期履行期限届满之日起，计算同一债务分期履行的诉讼时效期间，具有明显的现实意义。

四是促进交易，增加社会财富。当事人订立分期履行合同，目的在于全面履行合同约定的义务。现代社会合同标的额越来越大，如房屋买卖合同，买受方很难一次性付清全部合同价款。此外，合同履行期也不断拉长，如房屋装修合同，因装修复杂程度的不同，有的可能需要履行数月至 1 年的时间。因此，当事人约定同一债务分期履行，能够尽可能地促成交易达成、降低交易风险和交易成本，利用分期履行的机会检验合同履行的情况；还能够加快资金回笼，投入新一轮的生产中，这有利于市场交易的健康发展和加快社会财富的积累。法律对当事人约定同一债务分期履行的情况应当进行认可和保护，对其诉讼时效期间的起算作出明确规定。

第一百九十条 无民事行为能力人或者限制民事行为能力人对其法定代理人的请求权的诉讼时效期间，自该法定代理终止之日起计算。

◆ 条文主旨

本条是关于无民事行为能力人或者限制民事行为能力人对其法定代理人的请求权的诉讼时效期间起算规则的特殊规定。

◆ 立法背景

本条规定实质上旨在保障无民事行为能力人或者限制民事行为能力人对其法定代理人行使请求权。无民事行为能力人或者限制民事行为能力人须由法定代理人代为实施法律行为及行使权利。例如，某未成年人父母死亡后，人民法院在其近亲属范围内确定了一名监护人。该近亲属成为其法定代理人，在监护过程中，侵占被监护的未成年人的父母的遗产。这时被监护人与法定代理人之间出现纠纷，根据我国法律，无民事行为能力人或者限制民事行为能力人无法自己进行诉讼，需要由其法定代理人代为进行。

法定代理人有可能会不承认自己侵占被代理人财产的事实，滥用代理权损害无民事行为能力人或者限制民事行为能力人的合法权益。实践中，法定代理人与被代理人之间一般是家庭近亲属关系，如父母、祖父母、配偶或者其他监护人。他们在生活中对无民事行为能力人或者限制民事行为能力人在照管上有一定优势，这种优势一方面有利于无民事行为能力人或者限制民事行为能力人的生活，但另一方面也会造成权利人无法主张其所享有的权利。在法定代理关系存续期间，无民事行为能力人的全部民事法律行为或者限制民事行为能力人主张权利的行为，本质上都依赖于法定代理人的意志。但是，他们自己主张权利在实际上是不可能的。此外，以诉讼方式主张请求权会妨害家庭团结及当事人之间的信赖关系，可能出现法定代理人不继续认真履行代理职责的情况，这对被代理人不利。当法定代理终止后开始计算诉讼时效期间不会危及无民事行为能力人或者限制民事行为能力人的利益。因此，立法有必要对这种特殊情形的请求权的诉讼时效期间起算作出特殊规定。

一些国家和地区的立法例规定了因法定代理关系存在而影响诉讼时效的情况。《法国民法典》第 2252 条规定，对未成年人以及受监护的成年人，时效停止进行；但第 2278 条所规定以及法律另有特别规定的，不在此限。第 2278 条规定，本节中规定的时效期间的计算，亦适用于未成年人与受监护的成年人，但他们有对其监护人求偿的权利。《德国民法典》第 207 条第 1 款规定，婚姻关系存续期间，配偶之间的请求权的消灭时效中止。此原则适用于：……（2）子女未成年期间，父母与子女之间以及继父母一方与其子女之间的请求权；（3）监护关系存续期间，监护人与被监护人之间的请求权……《日本民法典》第 158 条第 2 款规定，未成年人或成年被监护人对管理其财产的父母或监护人享有权利时，自其成为行为能力人或后任法定代理人就任时起6个月内，时效不完成。我国台湾地区“民法”第142条规定，无行为能力人或限制行为能力人，对于其法定代理人之权利，于代理关系消灭后1年内，其时效不完成。本条规定参考借鉴了其他国家与地区的立法例。

◆ **条文解读**

在其他国家和地区的立法例中，《法国民法典》的规定是诉讼时效停止进行制度。诉讼时效停止进行，是诉讼时效尚未开始起算，因障碍事由的出现而使时效不开始起算。这种诉讼时效停止，通常称为诉讼时效不开始或诉讼时效不进行。如果在法律规定的起算时间到来之前，当事人之间存在无法或不便行使请求权的情形，而在诉讼时效起算时间到来时，该情形仍然存在，开始诉讼时效的起算对权利人显然是不利的。我国台湾地区“民法”的规定，是诉讼时效不完成制度。诉讼时效不完成制度，是在诉讼时效开始进行后，在期间即将届满发生障碍事由时，时效并不停止进行，待障碍事由消除后，在一定期间内时效暂缓完成。这种诉讼时效停止，通常称为诉讼时效不完成。可见，诉讼时效不完成制度中，诉讼时效期间可能已经过去，但法律规定不发生时效期间届满的效果，诉讼时效于一定期间内暂缓完成，请求权人得于该期间内行使权利。如果不行使，则时效即告完成。

我国民法通则规定的诉讼时效中止制度，是时效进行过程中的中止，既不同于《法国民法典》中的诉讼时效开始前的中止（诉讼时效不进行），也不同于我国台湾地区的诉讼时效结束后的中止（诉讼时效不完成）。考虑到法律制度的规定是否具有迫切性、我国司法实践的发展情况以及社会公众对法律制度的接受程度等情况，民法典并未规定诉讼时效不进行、诉讼时效不完成等复杂的制度，而是继承了民法通则只规定诉讼时效进行过程中中止的制度。规定无民事行为能力人或者限制民事行为能力人对其法定代理人的请求权的诉讼时效期间，自该法定代理终止之日起计算，可以化复杂为简单，能够解决我国社会生活中存在的无民事行为能力人或者限制民事行为能力人对其法定代理人提起请求的现实问题。

本法第 175 条规定了法定代理关系终止的主要情形：被代理人取得或者恢复完全民事行为能力；代理人丧失民事行为能力；代理人或者被代理人死亡；法律规定的其他情形。认定本条规定的法定代理终止，应当依照本法第 175 条的规定。

第一百九十一条 未成年人遭受性侵害的损害赔偿请求权的诉讼时效期间，自受害人年满十八周岁之日起计算。

◆ **条文主旨**

本条是关于未成年人遭受性侵害的损害赔偿请求权的诉讼时效期间起算规则的特殊规定。

◆ **立法背景**

在 2017 年民法总则立法过程中，有的意见提出，当前社会存在一些未成年人遭受性侵害的情况。曾经出现过这样的案例：农村一名 7 周岁的未成年少女的父母长期在外打工，该未成年少女由祖父母抚养。村里一名一直没有娶媳妇的单身汉，哄骗诱拐该未成年少女与其发生性关系。在有的案例中，未成年少女被性侵害之后，由于受社会传统观念影响，不少遭受性侵害的未成年人及其监护人有所顾忌，从未成年人名誉、声誉，健康成长，成年结婚等现实角度思考，往往不愿、不敢公开寻求法律保护。受害人成年之后自己寻求法律救济，却往往已超过诉讼时效期间。这种情况虽然不多，但为了突出对未成年人的保护，给受性侵害的未成年人成年后提供寻求法律保护的机会，建议规定诉讼时效起算的特殊规则。为此，民法总则草案二次审议稿第 184 条增加规定，未成年人遭受性侵害的损害赔偿请求权的诉讼时效期间，自受害人年满 18 周岁之日起计算。

也有的意见提出，增加这一条规定，对于保护未成年人，特别是保护遭受性侵害的未成年人的权利确实很好。但是，单独把性侵害列出来既不全面，也有点突兀，范围较窄。未成年人现实中可能存在遭受其他人身损害的情况。例如，实践中有一些养父母虐待养子女的人身侵害，被收养的子女小时候并不敢讲，这种情况是否也要考虑使用本条规定的诉讼时效期间的特殊起算规则。为保护未成年人的人身权利，建议把“性侵害”修改为“人身侵害”，或者把“未成年人遭受性侵害的损害赔偿请求权”修改为“未成年人遭受监护人侵害的损害赔偿请求权”。

还有的意见提出，从立法本意来说，本条突出强调了对遭受性侵害的未成年人的保护，延长受害人主张权利的诉讼时效期间，能够有效保护性犯罪受害人的民事权益。但是，本条不宜写入民法总则，建议删除。其理由是：第一，不符合立法定位。总则是从各分编中抽出来的、具有共通性的规则。本条规定过于具体，且仅局限于特定主体的特定情形，无法指导、运用到其他各编，不符合民法典总则编应有的立法技术。第二，未能涵盖未成年人遭受其他人身侵害的情形。第三，在实践中举证困难难以运用。第四，与刑事诉讼的追诉时效不一致，提起刑事附带民事诉讼时，在程序法上无法适用。第五，我国已有未成年人保护法、侵权责任法等相关法律，建议将本条内容放在这些法律中规定。

经研究认为，一是为了保护未成年人利益，有必要对未成年人受性侵的损害赔偿请求权诉讼时效期间的起算作出特殊规定。世界上有些国家的民法典对这类请求权的诉讼时效期间的起算点明确作了特别规定。例如，《德国民法典》第208条规定，基于性的自主决定权受侵害的请求权，于受害人年满21周岁前，时效不开始进行。二是本条之所以限定较窄的适用范围，规定诉讼时效期间自未成年人年满18周岁之日起计算，其着眼点在实践中未成年人遭受性侵害后，其家庭或者法定代理人“不愿或者不敢”站出来主张权利，其成年后脱离家庭了，或者有自主决定能力了，愿意或者敢于主张权利时，诉讼时效期间却已经完成，这是理解本条规定的核心。除了遭受性侵害以外，未成年人遭受的其他人身侵害，如交通事故、动物致害等情况，不会出现“不愿或者不敢”主张权利的情形，未成年人遭受监护人虐待的问题，可以依照本法第36条的规定，撤销其监护人资格；也可以依照本法第190条的规定，诉讼时效期间自法定代理关系终止之日起计算来解决。因此，不需要特别地用诉讼时效期间特殊起算规则的方式进行保护。三是本条规定是从时效制度方面加强对未成年人保护的。未成年人保护法等法律，作为特别法在保护未成年人合法权益方面发挥着重要作用。但是，法律体系是丰满的、多层次的，可以对权利在不同层次和不同角度上进行保护，这些规定不但不冲突，相反还可以互相呼应与支持。本法第128条规定，法律对未成年人、老年人、残疾人、妇女、消费者等的民事权利保护有特别规定的，依照其规定。在时效制度中专门规定对未成年人遭受性侵害的损害赔偿请求权的诉讼时效期间的特殊起算规则，即贯彻了第128条的规定，也是符合法律逻辑的。民法典维持民法总则的这一规定不变。

◆ 条文解读

理解本条规定时应注意两点：

一是诉讼时效是权利人在法定期间内不行使权利，该期间届满后，义务人拒绝履行其给付义务的法律制度，即诉讼时效期间是权利人可以行使权利的“最晚”期间。在权利受到损害后、诉讼时效期间届满前的时间范围内，权利人都可以主张权利。因此，未成年人遭受性侵害的，在年满18周岁之前，其法定代理人当然可以代为行使请求权。此处的请求权应当认为是法定代理人代为向人民法院的请求，人民法院依法作出的生效判决具有既判力，受害人在年满18周岁之后对相关处理不满意要求再次处理的，应当符合民事诉讼法等法律的规定。如果年满18周岁之前，其法定代理人选择与侵害人“私了”的方式解决纠纷，受害人在年满18周岁之后，可以依据本条的规定请求损害赔偿。

二是未成年人遭受性侵害的损害赔偿请求权的诉讼时效期间，自受害人年满18周岁之日起计算。其具体的诉讼时效期间，适用本法第188条3年的普通诉讼时效期间的规定，即从年满18周岁之日起计算3年；符合本法第194条、第195条诉讼时效中止、中断情形的，可以相应中止、中断。

第一百九十二条 诉讼时效期间届满的，义务人可以提出不履行义务的抗辩。

诉讼时效期间届满后，义务人同意履行的，不得以诉讼时效期间届满为由抗辩；义务人已经自愿履行的，不得请求返还。

◆ 条文主旨

本条是关于诉讼时效期间届满法律效果的规定。

◆ 立法背景

诉讼时效期间届满产生何种法律后果，成文法系主要国家和地区民法主要有三种立法例：一是实体权利消灭主义，即诉讼时效期间届满实体权利义务关系消灭。例如，甲欠乙10万元，诉讼时效期间届满后，甲欠钱的事实和法律关系直接消灭，债权债务关系不再存在。境外立法例采用这种模式的有日本、瑞士。如《日本民法典》第167条规定，债权，因10年间不行使而消灭。债权或所有权以外的财产权，因20年不行使而消灭。《瑞士债务法》第127条规定，于联邦私法无特别规定时，一切债权因10年时效而消灭。二是诉权消灭主义，即诉讼时效期间届满后，实体权利义务本身仍然存在，仅诉权归于消灭，实体权利转为自然权利。例如，甲欠乙10万元，诉讼时效期间届满后，甲欠钱的事实和法律关系仍然存在，只是法院对乙的诉讼请求不再保护和支持，乙对甲的债权从受法律保护的债权转为不受法律保护的自然债权。此时，甲可以自觉履行还款义务，也可以不履行该义务，乙无法请求法院强制甲履行义务。境外立法例采用这种模式的以法国最为典型。《法国民法典》第2262条规定，一切对物或者对人的诉讼，时效期间均为30年。三是抗辩权产生主义，即诉讼时效期间届满后，义务人取得了拒绝履行义务的抗辩权，权利人的实体权利和诉权不消灭。例如，甲欠乙10万元，诉讼时效期间届满后，甲欠钱的事实和法律关系均存在，乙可以向法院请求甲还款，但因为诉讼时效期间届满，甲获得了在法庭上提出拒绝履行还款义务的抗辩的权利。采用这种模式立法例的代表有德国、俄罗斯等国家和我国台湾地区。《德国民法典》第214条规定，消灭时效完成后，债务人有权拒绝给付。为清偿时效已经消灭的请求权而履行的给付，虽然不知时效已经消灭，也不得请求返还。债务人以合同予以承认或者提供担保的，亦同。《俄罗斯联邦民法典》第199条规定，关于维护被侵犯权利的请求，不论诉讼时效是否届满，法院均应受理。法院仅根据争议一方当事人在法院作出判决之前提出的申请适用诉讼时效。争议一方当事人申请适用的诉讼时效期限届满，是法院作出驳回诉讼请求的判决的依据。第206条规定，债务人或其他义务人，如在诉讼时效期限届满之后履行了义务，无权请求返还，即使在履行时不知道诉讼时效已经届满。我国台湾地区“民法”第144条规定，时效完成后，债务人得拒绝给付。请求权已经时效消灭，债务人仍为履行之给付者，不得以不知时效为理由，请求返还；其以契约承认该债务或提出担保者亦同。

需要说明的是，采取实体权利消灭主义的日本、瑞士，实际上并不是绝对的实体权利消灭。日本、瑞士都规定法官不得主动援用时效，必须当事人主张才可适用时效规则。如《瑞士债务法》第142条规定，非经当事人主张，法院不得适用时效抗辩。也就是说，如果义务人不引用时效规则，则权利人的实体权利是存在的，法律予以保护。采取诉权消灭主义的法国，实际上也并不是绝对的诉权消灭。《法国民法典》第2223条规定，法官不得依职权援用因时效所产生的方法。也就是说，如果当事人不以时效抗辩，则法院支持原先的诉讼请求，诉权当然就没有消灭。采取实体权利消灭主义和诉权消灭主义，在执行起来，与抗辩权产生主义的差别并不大。无论是实体权利消灭主义、诉权消灭主义或抗辩权产生主义，如果超过时效期间不能保护，都认为是自然债务。超过时效期间也并不消灭起诉权。同时也都规定当事人不以时效抗辩，法院不得主动引用。所以，虽然各国的规定不同，但实际执行的效果并非相去甚远，因为各国处理的是同样的问题。所以虽然理论、立法各异，但处理同样的问题，其结果都差不太多。法律要平衡各方的利益以达到社会公平公正的效果，这是现代民主国家立法所追求的共同目标。

诉讼时效期间届满所达至法律效果的不同立法模式及其理论，是在不同历史时期、不同的社会、不同的法律文化背景下产生的。我们还是应当进行比较分析，借鉴符合我国国情和我国理论观念的模式。一般认为，诉权消灭主义立法模式比实体权利消灭主义的立法模式更具合理性。诉权消灭虽然使权利人的请求权丧失了法律上的救济力，不能获得法院的强制保护，但权利人的实体权利还存在，仍具有道德上的支持力，权利人可以运用道德力量唤醒义务人自觉履行义务的道德觉悟。在必要时，甚至可以采取一些非暴力的措施使得义务人放弃时效利益。如果实体权利消失了，自然不能主张权利保护了。实际上，实体权利消灭主义只是法律规定和理论上的说法，实际司法实践中实体权利并没有消灭，如果义务人不提出时效抗辩，权利人的权利仍然能得到保护。当然，诉权消灭主义立法模式也有其弊端。所谓诉权消灭是指在诉讼上可能没有机会获得司法的保护，可能不能胜诉。但在实际的规定和执行上，也没有消灭起诉权，如果义务人不提出时效抗辩，权利人仍然能够胜诉。既然可以起诉，也可能胜诉，所谓诉权消灭就有些名不符实了。在理论上也很难自圆其说。

相比而言，抗辩权产生主义立法模式日渐成为学界的主流观点和民事立法的主流模式，具有明显优点。一是抗辩权产生主义理论严密、逻辑严谨，以抗辩权作为诉讼时效届满的法律后果概念清晰、精准，与我国法学界总结的胜诉权消灭有异曲同工之妙，所以很容易在理论与立法上得到认同。二是诉讼时效制度的价值目标相符。诉讼时效制度本身并非为了追求限制权利人的权利或者消灭权利，而是在于实现促进效率、督促行使权利、维护社会公共利益等多种价值。诉讼时效本身不是目的，只是达到目的的手段。是否行使该手段，应由义务人决定。诉讼时效完成后，是否援引时效抗辩取决于义务人的态度。三是缓和了法律与道德的紧张关系。时效期间届满，义务人取得抗辩权，可以提出不履行义务的抗辩。但基于商业诚信或良心，有的仍然自愿履行。权利人的权利虽然失去了法律的强制保护，但在客观上仍然存在，其有权接受义务人的履行，从而使道德在法律之外有了一次调整人们行为的机会。四是体现了意思自治，平衡了权利人与义务人的利益。诉讼时效期间届满，义务人仅取得抗辩权，法院不予主动干涉，由义务人自己决定是否行使抗辩权，这符合意思自治的理念。所以，抗辩权产生主义的立法模式为大多数国家和地区所采纳。

民法通则未明确规定采取何种主义。结合民法通则和有关法律的规定以及有关的司法解释，过去我国学者认为我国采取的是胜诉权消灭主义，现在有的不少学者认为我国采取的是抗辩权产生主义。《民法通则》第138条规定，超过诉讼时效期间，当事人自愿履行的，不受诉讼时效限制。根据这一规定，《最高人民法院关于贯彻执行〈中华人民共和国民法通则〉若干问题的意见（试行）》第171条规定，过了诉讼时效期间，义务人履行义务后、又以超过诉讼时效为由翻悔的，不予支持。《最高人民法院关于审理民事案件适用诉讼时效制度若干问题的规定》（法释〔2008〕11号）就如何适用时效规则作出规定。该司法解释第3条规定，当事人未提出诉讼时效抗辩，人民法院不应对诉讼时效问题进行释明及主动适用诉讼时效的规定进行裁判。第22条规定，诉讼时效期间届满，当事人一方向对方当事人作出同意履行义务的意思表示或者自愿履行义务后，又以诉讼时效期间届满为由进行抗辩的，人民法院不予支持。《最高人民法院关于适用〈中华人民共和国民事诉讼法〉的解释》（法释〔2015〕5 号）第 219 条规定，当事人超过诉讼时效期间起诉的，人民法院应予受理。受理后对方当事人提出诉讼时效抗辩，人民法院经审理认为抗辩事由成立的，判决驳回原告的诉讼请求。有人认为，最高人民法院的一系列司法解释的规定，使得我国在诉讼时效期间届满的法律效果上，实际上已经采取了抗辩权发生主义的模式。该种立法模式意味着，如果义务人援引抗辩权，权利人的权利将转化为自然权利，法院不予保护；如果义务人不援引抗辩权，权利人仍然享有完整的权利，法院予以保护。

◆ **条文解读**

立法过程中，借鉴其他国家和地区立法的经验和考虑国内的实践情况，也吸收了司法解释的有关规定，本条第 1 款规定，诉讼时效期间届满的，义务人可以提出不履行义务的抗辩。这就意味着，权利人享有起诉权，可以向法院主张其已过诉讼时效之权利，法院应当受理。如果义务人不提出时效完成的抗辩，法院将以公权力维护权利人的利益；如果义务人行使抗辩权，法院审查后会依法保护义务人的抗辩权，不得强制义务人履行义务。但是，义务人行使时效抗辩权不得违反诚实信用原则，否则即使诉讼时效完成，义务人也不能取得时效抗辩权。例如，在诉讼时效期间届满前，义务人通过与权利人协商，营造其将履行义务的假象，及至时效完成后，立即援引时效抗辩拒绝履行义务。该种行为违反诚实信用，构成时效抗辩权的滥用，不受法律保护。

本条第 2 款规定，诉讼时效期间届满后，义务人同意履行的，不得以诉讼时效期间届满为由抗辩；义务人已自愿履行的，不得请求返还。诉讼时效期间届满后，权利人虽不能请求法律的强制性保护，但法律并不否定其权利的存在。若义务人放弃时效利益自愿履行的，权利人可以受领并保持，受领不属于不当得利，义务人不得请求返还。诉讼时效期间届满后，义务人同意履行的，不得以诉讼时效期间届满为由抗辩。这是因为诉讼时效届满后，义务人可以处分自己的时效利益。此时义务人同意履行义务，属于对时效利益的放弃。义务人放弃时效利益的行为属于单方法律行为，并且是处分行为，自义务人放弃时效利益的意思表示到达权利人时即发生时效利益放弃的法律效果，不以权利人同意为条件。放弃的意思表示既可以是承认的明示方式，也可以是不主张时效利益的默示方式。对于义务人已自愿履行的情况，自愿履行意味着义务人自愿解除了债务的自然债务属性，恢复了原本可以获得司法强制执行的可能性，使权利人因时效完成而转化为自然权利回升为法律权利。因此，自愿履行的，不能再请求返还。

还应当注意的是，法律制度需要一系列的具体规定相配合。除了本条的规定外，本法第193条规定了人民法院不得主动适用诉讼时效、第197条第2款规定了当事人对诉讼时效利益的预先放弃无效等具体规定。

第一百九十三条 人民法院不得主动适用诉讼时效的规定。

◆ 条文主旨

本条是关于诉讼时效援用的规定。

◆ 立法背景

一些主要国家和地区法律对法院主动援用诉讼时效持否定态度，规定了法院不得主动适用诉讼时效。例如，《法国民法典》

第2223条规定，法官不得依职权援用因时效所产生的方法。《日本民法典》第145条规定，时效非经当事人援用，法院不能依时效裁判。《意大利民法典》第2938条规定，法官不得依职权提起没有主张的时效。《俄罗斯联邦民法典》第199条规定，关于维护被侵犯权利的请求，不论诉讼时效是否届满，法院均应受理。法院仅根据争议一方当事人在法院作出判决之前提出的申请使用诉讼时效。争议一方当事人申请适用的诉讼时效期间届满，是法院作出驳回诉讼请求的判决的根据。

我国民法通则未对诉讼时效由谁主张作出规定。我国司法实务界曾存在法官主动援用诉讼时效的规定进行裁判的情况。诉讼时效抗辩权本质上是义务人的一项民事权利，义务人是否行使，司法不应过多干预，这是民法意思自治原则的根本要求；义务人主张抗辩，属于自由处分权利的范畴，司法也不应过多干涉，这是民事诉讼处分原则的应有之义。因此，遵循上述意思自治原则和处分原则，在义务人不提出诉讼时效抗辩的情形下，人民法院不应主动援用时效规则进行裁判，这也与法院居中裁判的地位相适应。为此，《最高人民法院关于审理民事案件适用诉讼时效制度若干问题的规定》（法释〔2008〕11号）第3条规定，当事人未提出诉讼时效抗辩，人民法院不应对诉讼时效问题进行释明及主动适用诉讼时效的规定进行裁判。

◆ **条文解读**

本法将诉讼时效产生的法律后果明确为抗辩权，诉讼时效期间届满的直接效果是义务人取得抗辩权。抗辩权属于私权的一种，可以选择行使，也可以选择不行使。义务人对时效利益的处分不违反法律的规定，也没有侵犯国家、集体及他人的合法权益，人民法院不应当主动干预。在借鉴世界有关立法例的经验和吸收最高人民法院司法解释的基础上，本法规定诉讼时效应由当事人自主选择是否行使，人民法院不得主动适用诉讼时效的规定。

还有一个问题需要说明一下，即关于诉讼时效的释明。释明权又称为阐明权，诉讼过程中，当事人一方未提出诉讼时效抗辩，人民法院能否对诉讼时效问题进行释明，法律没有明确规定。在立法过程中，有的建议对此作出明确规定。对这个问题，各方面有不同的认识。有的意见提出，应当允许法官行使释明权。一是释明权名为权，实际上是法官负有的一项义务。当事人在陈述事实、权利主张不清楚不完整，或者忽略了对其有利的法律、事实根据，或者不正确地主张了有关权利时，法官可以进行说明、解释。法官行使释明权，既有利于事实发现与查明，保护当事人的实体权利，又可以使庭审得以顺利进行。二是考虑到我国的司法实践情况，当事人法律知识比较少，大部分老百姓的诉讼经验都不足。在遇到诉讼时，有些并不聘请律师而自己出庭应诉。这种情况下，很可能不知道时效抗辩权的存在而错失主张的机会。在诉讼过程中，允许法官说明何为诉讼时效抗辩权、主张权利的方式及后果，是有必要的。三是我国坚持司法为民，在偏远地区当事人不知道诉讼时效为何物，不知道时效抗辩权为何物，根本不可能提起抗辩，这时候应该给当事人必要的释明。还有的意见提出，义务人在法院释明后一般都会主张诉讼时效抗辩权的，将会使裁判结果较之其不主张诉讼时效抗辩权的情形发生根本性变化，即将导致法院对权利人的权利不予保护。特别是在义务人无主张诉讼时效抗辩权的意思表示的情形下，如果人民法院主动对诉讼时效问题进行释明，则无异于提醒和帮助义务人逃债，有违诚实信用的基本原则，也有违法院居中裁判的中立地位。这种观点已经被最高人民法院司法解释所采纳，《最高人民法院关于审理民事案件适用诉讼时效制度若干问题的规定》（法释〔2008〕11 号）

第3条规定，当事人未提出诉讼时效抗辩，人民法院不应对诉讼时效问题进行释明及主动适用诉讼时效的规定进行裁判。

鉴于该问题在实践中仍有较大争议，经过反复研究，本法没有规定人民法院是否可以行使释明权。宜待理论界再作深入探讨、实践，进一步摸索成熟后进行规定。

第一百九十四条 在诉讼时效期间的最后六个月内，因下列障碍，不能行使请求权的，诉讼时效中止：

（一）不可抗力；

（二）无民事行为能力人或者限制民事行为能力人没有法定代理人，或者法定代理人死亡、丧失民事行为能力、丧失代理权；

（三）继承开始后未确定继承人或者遗产管理人；

（四）权利人被义务人或者其他人控制；

（五）其他导致权利人不能行使请求权的障碍。

自中止时效的原因消除之日起满六个月，诉讼时效期间届满。

◆ 条文主旨

本条是关于诉讼时效中止的规定。

◆ 立法背景

诉讼时效制度的目的之一是督促权利人及时行使权利，但当事人主观上没有行使权利的怠慢，却受制于客观因素无法行使权利时，如果法律规定诉讼时效期间继续进行，会导致权利人因时效经过而受损，产生不公平的结果，也与诉讼时效制度的目的相悖。各国民法时效上均设有时效中止的制度。例如，《俄罗斯联邦民法典》第202条第1款规定了4种情况下诉讼时效中止。第2款规定，如果本条所列情况在时效期间最后6个月内发生或者继续存在时，诉讼时效期间的计算方可中止。而如果该时效期间等于或者少于6个月，则本条所列情况在时效期间内发生或者继续存在时，诉讼时效期间的计算可以中止。从该国规定可以看出，中止事由发生或持续消除之时，诉讼时效期间已经进行到“即将届满之时”。这是因为，如果不是在时效期间行将届满之时产生上述中止事由，在事由消除之后，权利人仍有足够时间行使权利，此时规定时效期间中止缺乏法律意义。

民法通则的立法即借鉴了这种诉讼时效期间即将届满之时才能发生中止的境外立法例经验，规定了诉讼时效中止制度。《民法通则》第139条规定，在诉讼时效期间的最后6个月内，因不可抗力或者其他障碍不能行使请求权的，诉讼时效中止。从中止时效的原因消除之日起，诉讼时效期间继续计算。民法通则的规定比较原则，为了在实践中加强应用，《最高人民法院关于审理民事案件适用诉讼时效制度若干问题的规定》（法释〔2008〕11号）第20条规定，有下列情形之一的，应当认定为《民法通则》第139条规定的“其他障碍”，诉讼时效中止：（1）权利被侵害的无民事行为能力人、限制民事行为能力人没有法定代理人，或者法定代理人死亡、丧失代理权、丧失行为能力；（2）继承开始后未确定继承人或者遗产管理人；（3）权利人被义务人或者其他人控制无法主张权利；（4）其他导致权利人不能主张权利的客观情形。该司法解释总结了我国司法实践中遇到的导致诉讼时效期间中止的情况，将《民法通则》第139条“其他障碍”类型化。本条规定既延续了民法通则的精神，又吸收了司法解释的规定。

◆ **条文解读**

一、诉讼时效中止

诉讼时效中止，是因法定事由的存在使诉讼时效停止进行，待法定事由消除后继续进行的制度。在诉讼时效进行中的某一时间内，出现了权利人主张权利的客观障碍，导致权利人无法在诉讼时效期间内行使权利，可能产生不公平的结果，因此法律规定了诉讼时效中止制度。

二、中止时效的原因消除之后的诉讼时效期间补足

立法过程中，有意见提出，民法通则规定在中止时效原因消除后，诉讼时效继续计算。如果剩余时效期间过短，权利人行使权利仍然很仓促，这有碍于保护权利人的权利，建议补足一段必要长度的诉讼时效期间。

经研究认为，民法通则规定了时效中止仅在时效期间进行中的最后6个月才能发生。从中止时效的原因消除之日起，诉讼时效期间继续计算，可能面临剩余诉讼时效期间不足以充分保证权利人行使权利时，民法通则并未规定如何处理。如果妨碍权利人行使权利的障碍消除后，剩余的诉讼时效期间过短，例如，在极端情况下仅剩一天的时间，要求权利人必须在一天内依法主张权利，否则诉讼时效将届满，这对权利人未免过于苛刻。诉讼时效中止制度设立的目的是将客观因素导致权利人无法行使权利的时间刨除在时效期间以外，从而保证权利人有足够的时间行使权利。如果因为剩余时效期间过短而无法行使权利，则要么会使诉讼时效制度空置，要么使该制度的效果打折扣。考察境外立法情况，很多立法例都规定了导致诉讼时效中止的原因消除后，补足诉讼时效期间情况。例如，《日本民法典》第161条规定，于时效期间届满之际，因天灾或其他不能避免的事变，致不能中断时效时，自妨碍终止之时起两周内，时效不完成。《俄罗斯联邦民法典》第 202 条第 4 款规定，自作为中止计算诉讼时效期限的情节终止之日起，诉讼时效的期限继续计算。如果诉讼时效期限的剩余部分少于 6 个月，则将诉讼时效期限的剩余部分延长至 6 个月；而如果诉讼时效期限等于或者少于 6 个月，则将诉讼时效期限的剩余部分延长至诉讼时效期限。这些精致的制度设计我国可以借鉴。同时，考虑到我国司法实践的情况、社会公众的法律知识及行使权利的需要，在不违背时效制度目标的前提下，尽可能给予权利人救济，对诉讼时效期间给予一定时间长度的补足。经过反复研究认为，规定自中止时效的原因消除之日起满 6 个月诉讼时效期间届满，是比较合适的，既能给权利人行使权力留下必要的准备时间，又不会造成诉讼的过分拖延和给义务人造成过分的负担。

三、引起诉讼时效中止的障碍类型

根据本条第 1 款规定，引起诉讼时效中止的障碍类型主要有：

一是不可抗力。《民法通则》第 139 条即规定不可抗力为引起诉讼时效中止的法定事由。不可抗力指的是不能预见、不能避免并不能克服的客观情况，如自然灾害。适用本项规定应注意，需要发生不可抗力导致权利人在客观上不能行使权利，才能引起诉讼时效中止。虽然发生了不可抗力，但并没有足以影响到权利人行使权利的，诉讼时效不为中止。

二是无民事行为能力人或者限制民事行为能力人没有法定代理人，或者法定代理人死亡、丧失民事行为能力、丧失代理权。因为无民事行为能力人或者限制民事行为能力人不能独立实施民事法律行为，法定代理人缺位会对其行使权利造成客观障碍。许多国家和地区的立法例均规定这种情况下诉讼时效中止。例如，《德国民法典》第 210 条规定，如无行为能力人或者限制行为能力人欠缺法定代理人，则自其成为完全行为能力人或欠缺法定代理人的情况中止后6个月内，不论消灭时效对其有利或不利，消灭时效皆不完成。如消灭时效期间短于6个月，则以消灭时效的期间代替该6个月期间。《日本民法典》第158条第1款规定，在时效期间届满前6个月内，未成年人或成年被监护人无法定代理人时，自其成为行为能力人或法定代理人就任时起6个月内，时效不完成。我国台湾地区“民法”第141条规定，无行为能力人或限制行为能力人之权利，于时效期间终止前6个月内，若无法定代理人者，自其成为行为能力人或其法定代理人就职时起，6个月内，其时效不完成。《最高人民法院关于审理民事案件适用诉讼时效制度若干问题的规定》（法释〔2008〕11号）第20条第1项对此也有明确规定。为了更好地保护无民事行为能力人或者限制民事行为能力人，使其不会因时效期间届满而利益受损，本项在立法时参考了其他国家和地区的立法例和吸收了司法解释的规定。

三是继承开始后未确定继承人或者遗产管理人。未确定继承人时，继承财产的权利主体没有确定，无法有效地对被继承人的债务人行使权利，被继承人的债权人也不知道向谁主张权利，被暂时划定在继承财产中的他人的财产权利也无法主张。未确定遗产管理人的，遗产的权利不能分割。这些情况都属于非因主观原因而由于权利人、义务人不存在的客观障碍导致权利无法行使，符合诉讼时效中止制度的要求。许多国家和地区的立法例对此均有规定。例如，《法国民法典》第2258条规定，有限责任继承人就继承遗产的债权，对该继承人，时效停止进行。《日本民法典》第160条规定，关于继承财产，自继承人确定、管理人选任或者破产宣告之时起6个月内，时效不完成。《最高人民法院关于审理民事案件适用诉讼时效制度若干问题的规定》（法释〔2008〕11号）第20条第2项对此也有明确规定。本项在立法时参考了其他国家和地区的立法例和吸收了司法解释的规定。

四是权利人被义务人或者其他人控制。例如，权利人被义务人以非法拘禁等方式限制人身自由，会导致其无法主张权利，这种障碍是客观的。再如，义务人和权利人之间存在代表与被代表的关系，义务人是权利人法定代表人。权利人欲提起诉讼，需要法定代表人的签字授权或者盖取公章，但法定代表人显然不会允许对自己提起诉讼进行授权或者同意盖章。又如，权利人是义务人的控股子公司。同理，子公司无法取得控股公司的诉讼授权。这些都属于客观障碍。《最高人民法院关于审理民事案件适用诉讼时效制度若干问题的规定》（法释〔2008〕11 号）第 20 条第 3 项对此也有明确规定。本项在立法时吸收了司法解释的规定。

五是其他导致权利人不能行使请求权的障碍。法律充分考虑到，由于社会生活及司法实践的纷繁复杂，法律不可能逐一列举需要中止时效的事由。在列举规定类型化情形的同时，规定兜底条款，为实践的发展留有余地，并赋予法官以一定的自由裁量权。

第一百九十五条 有下列情形之一的，诉讼时效中断，从中断、有关程序终结时起，诉讼时效期间重新计算：

（一）权利人向义务人提出履行请求；

（二）义务人同意履行义务；

（三）权利人提起诉讼或者申请仲裁；

（四）与提起诉讼或者申请仲裁具有同等效力的其他情形。

◆ 条文主旨

本条是关于诉讼时效中断的规定。

◆ 立法背景

《民法通则》规定了诉讼时效中断制度，第 140 条规定：诉讼时效因提起诉讼、当事人一方提出要求或者同意履行义务而中断。从中断时起，诉讼时效期间重新计算。这一规定比较原则，最高人民法院在总结司法实践经验的基础上，在《最高人民法院关于审理民事案件适用诉讼时效制度若干问题的规定》（法释〔2008〕11 号）第 10 条、第 13 条至第 19 条分别对《民法通则》第 140 条的规定进行了细化。在立法过程中，对诉讼时效中断制度的设计，既继承了民法通则，又借鉴了境外立法例，还吸收了司法解释的规定。

◆ 条文解读

诉讼时效期间中断，指诉讼时效期间进行过程中，出现了权利人积极行使权利等法定事由，从而使已经经过的诉讼时效期间归于消灭，重新计算期间的制度。

一、诉讼时效中断的特征

权利人不行使权利是诉讼时效制度存在的事实基础，如果在诉讼时效期间内出现了与这一基础事实相反的事实，就必须使已经经过的时效期间归于无效，否则就背离了诉讼时效制度的设立宗旨。诉讼时效中断的特征表现为：一是发生于诉讼时效的进行中，诉讼时效尚未开始计算或者已经届满的情况下排除其适用。二是发生了一定的法定事由导致诉讼时效存在的基础被推翻。三是使已经进行的诉讼时效重新起算，以前经过的期间归于消灭。境外立法例均规定有诉讼时效中断制度。例如，《俄罗斯联邦民法典》第 203 条规定，按规定程序提起诉讼以及义务人实施证明他承认债务的行为，则诉讼时效期限中断。在诉讼时效期限中断结束之后，诉讼时效期限重新计算，在中断前的时间不计入新的诉讼时效期限。

二、引起诉讼时效中断的情形

根据本条规定，引起诉讼时效中断的情形主要有：

一是权利人向义务人提出履行请求。提出履行请求本身就意味着权利人在积极行使自己的权利，应当发生诉讼时效中断的结果。请求有诉讼请求和诉外请求两种，诉讼请求主要是起诉，诉外请求是权利人对其义务人在诉外行使权利的意思表示。这种意思表示可以表现为催促义务人履行义务，例如《最高人民法院关于审理民事案件适用诉讼时效制度若干问题的规定》（法释〔2008〕11号）第10条第1款规定，具有下列情形之一的，应当认定为《民法通则》第140条规定的当事人一方提出要求，产生诉讼时效中断的效力：（1）当事人一方直接向对方当事人送交主张权利文书，对方当事人在文书上签字、盖章或者虽未签字、盖章但能够以其他方式证明该文书到达对方当事人的；（2）当事人一方以发送信件或者数据电文方式主张权利，信件或者数据电文到达或者应当到达对方当事人的；（3）当事人一方为金融机构，依照法律规定或者当事人约定从对方当事人账户中扣收欠款本息的；（4）当事人一方下落不明，对方当事人在国家级或者下落不明的当事人一方住所地的省级有影响的媒体上刊登具有主张权利内容的公告的，但法律和司法解释另有特别规定的，适用其规定。这种意思表示也可以表现为权利人主动抵销债权、行使同时履行抗辩权等情形。规定权利人向义务人提出履行请求作为诉讼时效中止的情形，符合我国社会避讼的法律文化传统，契合我国熟人社会的社会实践，能够减轻当事人的诉累和人民法院的压力。

二是义务人同意履行义务。这是权利人在诉讼外行使权利的一种形式。义务人同意履行义务，表明义务人知道权利人权利的存在，并且主观上承认该权利，很多情况下是权利人向义务人主张权利时义务人作出一种承诺。这种承诺是权利人积极履行权利才能取得的结果，使得权利人与义务人之间的权利义务关系重新明确、稳定下来，义务人同意履行义务，引起权利人的信赖，权利人往往给义务人必要的时间开始准备履行义务。总之，是权利人没有怠于行使权利，法律才规定该情形可以引起诉讼时效的中断。不少境外立法例规定了权利人诉外行使权利可以引起诉讼时效中断。例如，《法国民法典》第2248条规定，债务人或占有人如承认时效之进行于其不利之人的权利，中断时效。《德国民法典》第212条规定，债务人以分期付款、支付利息、提供担保或以其他方式向债权人承认请求权时，消灭时效重新起算。《最高人民法院关于审理民事案件适用诉讼时效制度若干问题的规定》（法释〔2008〕11号）第16条规定，义务人作出分期履行、部分履行、提供担保、请求延期履行、制定清偿债务计划等承诺或者行为的，应当认定为《民法通则》第140条规定的当事人一方“同意履行义务”。该司法解释对实践中如何掌握认定义务人同意履行义务作了明确规定。

三是权利人提起诉讼或者申请仲裁。起诉是权利人在人民法院提起诉讼，请求法院强制义务人履行义务。民商事仲裁是平等主体的公民、法人和其他组织之间请求仲裁机构裁决合同纠纷和其他财产权益纠纷。劳动仲裁是当事人向劳动仲裁委员会请求裁决处理劳动争议纠纷。农村土地承包经营纠纷仲裁是就农村土地承包经营纠纷，向农村土地承包仲裁委员会申请裁决。提起诉讼、申请仲裁是权利人行使权利最有效、最强烈的方法，足以表明权利人积极行使权利，世界上主要国家和地区均把提起诉讼作为引起诉讼时效中断的事由进行规定。

关于在“提起诉讼”的情形下，诉讼时效期间应从何时中断，目前存在争议。经研究认为，我国《民事诉讼法》第120条规定，起诉应当向人民法院递交起诉状，并按照被告人数提出副本。书写起诉状确有困难的，可以口头起诉，由人民法院记入笔录，并告知对方当事人。权利人以提起诉讼的方式主张权利的，由于其请求保护权利的对象为人民法院，故只要提交起诉材料或者口头起诉，就应认定其向人民法院提出了权利主张，诉讼时效即时中断，而无须等待人民法院受理才中断。《最高人民法院关于审理民事案件适用诉讼时效制度若干问题的规定》（法释〔2008〕11 号）第 12 条规定，当事人一方向人民法院提交起诉状或者口头起诉的，诉讼时效从提交起诉状或者口头起诉之日起中断。这一规定符合诉讼时效中断制度的目的。

四是与提起诉讼或者申请仲裁具有同等效力的其他情形。实践是复杂的、发展的，法律无法穷尽规定所有引起诉讼时效中断的情形。除了第 3 项规定的情形外，权利人如果实施了在法律上与提起诉讼或者申请仲裁具有同样效力的其他行为，能够表明在积极行使权利而非怠于行使权利，也应当引起时效中止的效力。例如，调解是与提起诉讼或者申请仲裁具有同等效力的典型情形之一。《最高人民法院关于审理民事案件适用诉讼时效制度若干问题的规定》（法释〔2008〕11 号）第 14 条规定，权利人向人民调解委员会以及其他依法有权解决相关民事纠纷的国家机关、事业单位、社会团体等社会组织提出保护相应民事权利的请求，诉讼时效从提出请求之日起中断。该条司法解释也认可了调解可以引起诉讼时效中断的效力。再如，控告也是一种与提起诉讼或者申请仲裁具有同等效力的情形，可以引起诉讼时效中断。该司法解释第 15 条第 1 款规定，权利人向公安机关、人民检察院、人民法院报案或者控告，请求保护其民事权利的，诉讼时效从其报案或者控告之日起中断。此外，该司法解释第 10 条第 1 款、第 13 条规定的申请仲裁，申请支付令，申请破产、申报破产债权，为主张权利而申请宣告义务人失踪或死亡，申请诉前财产保全、诉前临时禁令等诉前措施，申请强制执行，申请追加当事人或者被通知参加诉讼，在诉讼中主张抵销等，都属于与提起诉讼或者申请仲裁具有同等效力的情形，可以引起诉讼时效中断。

三、诉讼时效期间如何重新起算

民法通则规定，“从中断时起”诉讼时效期间重新计算。在立法过程中，有的意见提出，对于权利人向义务人提出履行请求、义务人同意履行等情况，民法通则的规定是可以的。但是对提起诉讼或者申请仲裁引起诉讼时效中断的情形，该规定有些简单。诉讼或者仲裁需要较长的时间，有些诉讼从起诉之日至终审判决作出需要数年之久。究竟是从起诉之日起诉讼时效期间重新起算，还是终审判决发生效力之日起诉讼时效期间重新起算，建议法律明确规定，以便于实践操作。

经研究认为，在重新计算诉讼时效期间的起算点上，应根据不同情况区别处理。以本条第 1 项规定的“权利人向义务人提出履行请求”、第 2 项规定的“义务人同意履行义务”等方式中断诉讼时效的，一旦履行请求到达义务人，或者义务人同意履行的意思表示到达权利人，即可以发生时效中断的效果。因此，在这两款规定的情况下，诉讼时效期间从中断时起重新计算。以本条第 3 项规定的“权利人提起诉讼或者申请仲裁”、第 4 项规定的“与提起诉讼或者申请仲裁具有同等效力的其他情形”等方式中断诉讼时效的，权利人处于依据法律程序主张权利的状态。如果规定诉讼时效期间从起诉之日或者提起仲裁之日起重新计算，可能会因法律程序烦琐、所耗费的时日过长，出现法律程序尚未终结而诉讼时效期间已经届满的情况，这在我国的司法实践中并不算少见。这一情况有违诉讼时效中断制度的目的，为了避免制度上的缺陷，对这两项规定的情形，法律规定从有关程序终结时起，诉讼时效期间重新计算。

第一百九十六条 下列请求权不适用诉讼时效的规定：

（一）请求停止侵害、排除妨碍、消除危险；

（二）不动产物权和登记的动产物权的权利人请求返还财产；

（三）请求支付抚养费、赡养费或者扶养费；

（四）依法不适用诉讼时效的其他请求权。

◆ 条文主旨

本条是关于不适用诉讼时效的情形的规定。

◆ 立法背景

关于不适用诉讼时效的请求权，在立法过程中，意见较多，多要求在法律中作出明确规定，本条参考最高人民法院的有关司法解释和社会各方面的意见，作出了明确规定。

◆ 条文解读

根据本条规定，不适用诉讼时效的请求权包括：

一、请求停止侵害、排除妨碍、消除危险

请求停止侵害，指的是所有权人或者其他物权人请求对物权造成侵害的人停止侵害行为或者侵害状态的权利。

请求排除妨碍，指的是所有权人或者其他物权人请求妨碍人停止妨碍、去除妨碍的权利。

请求消除危险，指的是所有权人或者其他物权人请求造成危险状态的人消除该危险的权利。

停止侵害、排除妨碍和消除危险是所有权和其他物权的功能，其目的是解决对物权权能的障碍、发挥物的效用，回复权利人对权利客体的支配为目的。根据物权的理论，无论经过多长时间，法律不可能任侵害物权的行为取得合法性。如果请求停止侵害、排除妨碍、消除危险的权利适用诉讼时效，将会发生物权人必须容忍他人对其行使物权进行侵害的结果，这对权利人不公平，也违反物权法基本理论，不论是民法学界还是司法实务界，均认为这三种请求权不应适用诉讼时效。

二、不动产物权和登记的动产物权的权利人请求返还财产

物可以分为不动产和动产，相应地物权可以分为不动产物权和动产物权。不动产物权价值重大、事关国计民生和整个社会稳定，一般用登记作为不动产物权享有和变动的公示方法。不动产登记部门是国家设立的，不动产一经登记具有强大的公示公信力，也就意味着不动产物权的权利人请求返还财产适用诉讼时效已不可能。原因在于，不动产登记簿上的记载就显示了物权的归属，任何人在与他人进行交易行为时，负有注意和谨慎义务，应关注不动产的登记情况。通常只要登记簿记载的权利人与实际占有不符，这就会使他人对占有人是否为真正物权人产生疑问，而且只要登记簿记载的权利人不改变，其无论经过多长期间都不会使他人对无权占有人产生信赖，认为其是合法物权人并与之发生民事法律关系。我国不动产物权采取登记生效主义，非经登记不发生效力。本法第209条规定，不动产物权的设立、变更、转让和消灭，经依法登记，发生效力；未经登记，不发生效力，但是法律另有规定的除外。如在不动产登记制度条件下仍规定已登记的物权人请求返还财产适用诉讼时效，则必然导致时效制度与不动产登记制度的自相矛盾，动摇不动产登记制度的权威性。民法总则草案一审稿至三审稿对本项的规定没有变化，均规定为“登记的物权人请求返还财产”。在民法总则草案提请第十二届全国人民代表大会第五次会议审议时，有的代表提出，目前，不少农村地区

的房屋尚未办理不动产登记，为更好地保护农民的房屋产权，建议将不适用诉讼时效的范围扩大至所有不动产物权的返还请求权。法律委员会经研究，对这一项作出修改，明确不动产物权的权利人请求返还财产不适用诉讼时效。民法典维持民法总则的这一规定不变。

动产以占有和交付为所有权享有和变动的公示方法。理论上讲，他人无权占有动产后，动产即与所有人分离，动产物权的权利人如果长期不请求返还财产，他人基于占有公示产生的对抗力就越来越强，第三人随着时间推移越发相信无权占有人就是事实上物的所有人，进而基于这种信赖与之发生一定的法律关系。信赖利益是民法上的重要利益。法律对信赖利益进行保护，对维护新产生的民事法律关系的效力及整个社会经济秩序的稳定均有积极意义。但是，有的意见提出，如果规定动产物权的权利人请求返还财产一概不适用诉讼时效，在理论上似乎出现一个矛盾。例如，甲占有乙价值 10 元的物，又向乙借款 100 万元。如果规定所有的动产物权的权利人请求返还财产均不适用诉讼时效，乙对价值 10 元的物可以长期请求返还，但对于更大价值的 100 万元债权，却只能在普通诉讼时效期间的 3 年内主张，看似法律对价值小的法益保护更重。此外，在实践中，一律规定所有的动产物权的权利人返还财产请求权不适用诉讼时效，在操作上面临很多困难，也没有必要。一般动产价值小、流动大、易损耗，如果不适用诉讼时效的规定，多年后再提起诉讼，一是因年代久远存在举证困难，二是增加诉累，三是不利于矛盾的及时解决。综合考虑，可以规定这类普通动产适用诉讼时效。船舶、航空器和机动车等动产，价值较大，被称为“准不动产”，准用不动产管理的很多规则，这类动产多进行物权登记。本法第 225 条规定，船舶、航空器和机动车等的物权的设立、变更、转让和消灭，未经登记，不得对抗善意第三人。由此可见，法律对船舶、航空器和机动车等动产的登记采取登记对抗主义。如果进行了登记，与不动产登记一样，产生强有力的公示公信效力，登记动产物权的权利人请求返还财产不适用诉讼时效。

综上考虑，本项规定：不动产物权和登记的动产物权的权利人请求返还财产的请求权，不适用诉讼时效的规定。

三、请求支付抚养费、赡养费或者扶养费

抚养费指义务人基于抚养义务所支付的费用，支付对象一般是晚辈，如子女、孙子女、外孙子女等。赡养费指义务人基于赡养义务所支付的费用，支付对象一般是长辈，如父母、祖父母、外祖父母等。扶养费指义务人基于扶养义务所支付的费用，支付对象一般是平辈，如配偶、兄弟姐妹等。

受抚养、赡养或者扶养者一般都是年幼、年老或者缺乏劳动能力的人，抚养费、赡养费或者扶养费是这些人的生活来源，若无此等费用，将严重影响他们的生活。因此，法律规定，请求支付抚养费、赡养费或者扶养费的请求权，不适用诉讼时效的规定。

四、依法不适用诉讼时效的其他请求权

本项属于兜底性条款。因为无法穷尽列举所有不适用诉讼时效的情形，法律中明确规定不适用诉讼时效的请求权，均属于本项规定的情形。

第一百九十七条 诉讼时效的期间、计算方法以及中止、中断的事由由法律规定，当事人约定无效。

当事人对诉讼时效利益的预先放弃无效。

◆ **条文主旨**

本条是关于诉讼时效法定性及时效利益不得预先放弃的规定。

◆ **立法背景**

诉讼时效制度关系法律秩序的清晰稳定，是对民事权利的法定限制，其规范目的具有公益性，以牺牲罹于时效的权利人的利益为代价，为交易关系提供安全保障，关乎社会公共利益及法律秩序的统一，这要求诉讼时效期间及其计算方法明确且为社会知晓，诉讼时效的中止、中断的事由只能由法律作出明确规定，不能属于当事人自行处分的事宜，权利人和义务人不可以自行约定。

◆ **条文解读**

一、诉讼时效法定性

诉讼时效的法定性，首先是诉讼时效的期间和计算方法法定。该期间由法律明确规定，当事人必须按照法律规定的期间执行，不得改动。诉讼时效期间可以在一般法中规定，例如，本法规定的“向人民法院请求保护民事权利的诉讼时效期间为3年”，也可以在特别法中规定。再如，本法第594条规定：“因国际货物买卖合同和技术进出口合同争议提起诉讼或者申请仲裁的时效期间为4年。”当事人不得通过约定缩短或延长诉讼时效期间。如果允许当事人约定延长，一是对义务人不利，会危及现在和将来在当事人之间形成的财产秩序。二是第三人往往不知道当事人对诉讼时效延长的约定，基于对义务人财产状况合理的信赖而进行交易，这可能对第三人造成不可预知的潜在侵害。三是当事人约定延长诉讼时效期间，不利于督促义务人及时行使权利。因此，不应该允许当事人延长诉讼时效。如果允许当事人约定缩短，权利人可能没有必需的准备时间来行使权利，对权利人保护不利，另外与诉讼时效制度的设计也是不相吻合的。同时需要注意的是，诉讼时效法定还意味着只能由法律对诉讼时效作出规定，法规、规章都不得对此进行规定。

诉讼时效的法定性，其次是诉讼时效中止、中断的事由法定。诉讼时效可以通过中止、中断进行法定变更，但相应情形由法律明确作出规定，当事人不可以创设法律没有规定的情形，使诉讼时效擅自变更。否则，诉讼时效便失去了确定性。

诉讼时效的法定性，最后是当事人擅自约定诉讼时效的效果由法律明确规定。当事人违反本款规定，擅自对诉讼时效的期间、计算方法以及中止、中断的事由进行约定的，则约定无效。

二、诉讼时效预先放弃无效

诉讼时效放弃可以分为两种：一种是时效届满前预先放弃，另一种是诉讼时效届满后放弃。诉讼时效利益不得在时效期间届满前预先放弃。如果允许预先放弃时效利益，权利人可能会利用强势地位，损害义务人的权利。从公平保护的角度，不应该允许当事人预先约定放弃时效利益，否则等于权利人可以无期限地行使权利，违反了诉讼时效制度的法定性，与诉讼时效制度设立的目的不相吻合，因此当事人对诉讼时效利益的预先放弃无效。但是，诉讼时效期间届满后，义务人取得拒绝履行义务的抗辩权。根据私法自治原则，当事人有权在法律规定的范围内，自由处分其权利或者利益，选择是否放弃诉讼时效利益。放弃诉讼时效是单方法律行为，自成立时发生法律效力；同时又是处分行为，须依意思表示为之。可以在诉讼中也可以在诉讼外作出；可以明示也可以默示。

基于公共利益考量，法律一方面需要强调诉讼时效的法定性，部分地限制意思自治原则；另一方面，如果过于强调诉讼时效的法定性，有可能会导致公权力对私权利的过分干预，进而破坏意思自治原则的根基。因此，需要尊重意思自治原则在民法体系中的重要地位，规定当事人不得预先放弃时效利益，但对时效期间届满的时效利益，是否提出诉讼时效抗辩乃是义务人的权利，可以自由处分。这种规定是立法在诉讼时效制度的法定性价值与意思自治原则的价值之间进行平衡。世界上主要国家和地区民法对诉讼时效的法定性和预先放弃无效多有规定。例如，《法国民法典》第2220条规定，时效不得预先抛弃；但在时效期间届满后得抛弃之。第2221条规定，抛弃时效或为明示的，或为默示的；由事实能够推定抛弃既得权利的，即为默示抛弃。《意大利民法典》第2937条规定，仅在时效期间届满的情况下可以放弃消灭时效。《瑞士债务法》第114条第1款规定，一方当事人不能实施事先放弃适用诉讼时效的规定。《日本民法典》第146条规定，时效的利益，不得预先放弃。《俄罗斯联邦民法典》第198条第1款规定，诉讼时效期限及其计算办法不得由双方当事人协议变更。我国台湾地区“民法”第147条规定，时效期间，不得以法律行为加长或减短之，并不得预先抛弃时效之利益。同时，有的立法例明确规定义务人抛弃诉讼时效利益、履行义务后，不能再要求返还。例如，《德国民法典》第214条第2款规定，对时效期间届满的请求进行给付的，不能要求返还，履行时不知道时效期间已经届满的亦然。意大利、俄罗斯和我国台湾地区也有类似规定。《最高人民法院关于审理民事案件适用诉讼时效制度若干问题的规定》（法释〔2008〕11号）第2条规定，当事人违反法律规定，约定延长或者缩短诉讼时效期间、预先放弃诉讼时效利益的，人民法院不予认可。本条规定借鉴了其他国家和地区的立法例和我国最高人民法院的司法解释。

第一百九十八条　法律对仲裁时效有规定的，依照其规定；没有规定的，适用诉讼时效的规定。

◆ 条文主旨

本条是关于仲裁时效的规定。

◆ 立法背景

在我国，仲裁主要包括民商事仲裁、劳动仲裁和农村土地承包经营纠纷仲裁三种。民商事仲裁是平等主体的公民、法人和其他组织之间请求仲裁机构裁决合同纠纷和其他财产权益纠纷。劳动仲裁是当事人向劳动仲裁委员会请求裁决处理劳动争议纠纷。农村土地承包经营纠纷仲裁是就农村土地承包经营纠纷，向农村土地承包仲裁委员会申请裁决。

◆ 条文解读

《仲裁法》第 74 条规定，法律对仲裁时效有规定的，适用该规定。法律对仲裁时效没有规定的，适用诉讼时效的规定。关于仲裁时效的特别规定主要有：

一是劳动争议调解仲裁法对于劳动仲裁时效有明确规定。该法第 27 条规定，劳动争议申请仲裁的时效期间为 1 年。仲裁时效期间从当事人知道或者应当知道其权利被侵害之日起计算。前款规定的仲裁时效，因当事人一方向对方当事人主张权利，或者向有关部门请求权利救济，或者对方当事人同意履行义务而中断。从中断时起，仲裁时效期间重新计算。因不可抗力或者有其他正当理由，当事人不能在本条第 1 款规定的仲裁时效期间申请仲裁的，仲裁时效中止。从中止时效的原因消除之日起，仲裁时效期间继续计算。劳动关系存续期间因拖欠劳动报酬发生争议的，劳动者申请仲裁不受本条第1款规定的仲裁时效期间的限制；但是，劳动关系终止的，应当自劳动关系终止之日起1年内提出。

二是本法合同编对仲裁时效有明确规定。本法第594条规定，因国际货物买卖合同和技术进出口合同争议提起诉讼或者申请仲裁的时效期间为4年。

三是农村土地承包经营纠纷调解仲裁法对仲裁时效有明确规定。该法第18条规定，农村土地承包经营纠纷申请仲裁的时效期间为2年，自当事人知道或者应当知道其权利被侵害之日起计算。

除了上述规定外，没有关于仲裁时效的特别规定。因此长期以来，我国仲裁时效适用民法通则有关诉讼时效期间、中止中断等有关规定。立法过程中，有的意见提出，这一方式在实践中得到了检验，是可行的，建议继承民法通则的立法模式。我们经过反复研究，认为该种意见可以采纳，因此明确规定，法律对仲裁时效有规定的，依照其规定；没有规定的，适用诉讼时效的规定。这一规定既为特别法对仲裁时效作规定留有接口，也为仲裁时效准用诉讼时效的规定提供依据。

▶ **相关规定**

《中华人民共和国仲裁法》第74条

第一百九十九条 法律规定或者当事人约定的撤销权、解除权等权利的存续期间，除法律另有规定外，自权利人知道或者应当知道权利产生之日起计算，不适用有关诉讼时效中止、中断和延长的规定。存续期间届满，撤销权、解除权等权利消灭。

◆ **条文主旨**

本条是关于除斥期间的一般规定。

◆ **立法背景**

2017 年民法总则起草过程中，在草案一审稿、二审稿曾设专节规定了“除斥期间”，即草案一审稿、二审稿第九章第二节“除斥期间”，与第一节“诉讼时效”并列。当时，“除斥期间”一节共有 3 个条文，分别是一审稿第 177 条（二审稿第 193 条）：“法律规定或者当事人约定的撤销权、解除权等权利的存续期间，为除斥期间。除斥期间届满，当事人的撤销权、解除权等权利消灭。”一审稿第 178 条（二审稿第 194 条）：“除斥期间自权利人知道或者应当知道权利产生之日起开始计算。法律另有规定的，依照其规定。”一审稿第 179 条（二审稿第 195 条）：“除斥期间不适用本法有关诉讼时效中止、中断和延长的规定。”

对于民法总则草案一审稿、二审稿的规定，有的意见提出，社会公众对除斥期间的概念较为生疏，草案关于除斥期间一节的规定学理性也较强，不宜在民法典总则中规定。

经研究认为，除斥期间是民法典总则编中的一项重要制度，其目的在于促使法律关系早日确定，防止相对人因为消极等待而蒙受损害。民法理论通说认为，撤销权、解除权是适用除斥期间最典型的权利。撤销权是指民事法律行为成立时存在重大误解、欺诈、胁迫、显失公平等情形，一方当事人根据法律规定享有在一定期间内请求确认该民事法律行为自始无效的权利。解除权是指民事法律行为生效后，在出现法律规定或者当事人约定的特定事由时，当事人可以在一定期间内作出意思表示使该民事法律行为失去效力的权利。

除斥期间是民法中的重要制度。但考虑到“除斥期间”的表述确实理论性较强，一般老百姓不易理解。经过反复研究，民法典总则编仍保留了该制度，但在体例上进行了调整：从三审稿开始，删除“除斥期间”一节，将“除斥期间”的内容作原则性规定。经此调整后，民法总则草案一审稿、二审稿第九章“诉讼时效和除斥期间”仅剩“诉讼时效”一节内容，无分节规定之必要，因此将民法总则草案一审稿、二审稿第九章的章名从“诉讼时效和除斥期间”修改为“诉讼时效”，将调整后的有关除斥期间的内容放在诉讼时效的最后一条进行规定。民法典维持民法总则的这一做法不变。

◆ **条文解读**

除斥期间的起算点原则上应自权利行使无法律上的障碍时开始计算。但在权利人未必知道其权利存在的场合，法律通常规定自权利人知道其权利存在之时起开始计算。例如，本法第 541 条的规定，撤销权自债权人知道或者应当知道撤销事由之日起 1 年内行使。自债务人的行为发生之日起 5 年内没有行使撤销权的，该撤销权消灭。根据这一规定，债权人撤销权的行使期间自撤销权人知道或者应当知道撤销事由时起算。与诉讼时效的法定性不同，除斥期间可以由当事人进行约定，甚至在法律允许的情况下，可以由一方向对方单方提出除斥期间。例如，本法第 564 条规定，法律规定或者当事人约定解除权行使期限，期限届满当事人不行使的，该权利消灭。法律没有规定或者当事人没有约定解除权行使期限，自解除权人知道或者应当知道解除事由之日起 1 年内不行使，或者经对方催告后在合理期限内不行使的，该权利消灭。这一规定明确了合同解除可以由法律规定除斥期间，也可以由当事人直接约定除斥期间，并允许在法律没有规定或当事人未约定期限时由对方催告确定合理期间。

除斥期间是权利预设期间，以促使法律关系尽早确定为目标，为达制度目的，需要规定除斥期间经过后，权利人的权利即归于消灭，要么使原本不确定的法律关系明确固定，要么使既有的法律关系归于消灭，都会引起实体法上效果的变化。所以除斥期间没有中断的可能性，一般也不会发生中止。

除斥期间不像诉讼时效一样可以高度抽象出共同性，因此规定比较分散。关于诉讼时效，各国一般都在法律条文中使用“诉讼时效”“消灭时效”等表述，我国民事立法一贯采用“诉讼时效”的表述；而对除斥期间，虽然在法律条文中没有明确体现“除斥期间”的表述，但常常使用“撤销权消灭”“作为自愿放弃权益”“不行使而消灭”“视为放弃”“视为拒绝追认”“视为权利消灭”等表述。现列举说明本法总则编、合同编对除斥期间的主要规定：本法第 145 条第 2 款规定的相对人催告后法定代理人追认权行使的 30 日期限。第 171 条第 2 款规定的相对人催告后被代理人追认权行使的 30 日期限。第 541 条规定的债权人对损害行为行使撤销权的 1 年和 5 年期限。第 564 条规定的法律规定的期限为法定除斥期间；当事人约定的期限为约定除斥期间。第 574 条第 2 款规定的债权人领取提存物权利的 5 年期限。第 621 条第 2 款规定买受人对买卖标的物异议权行使的 2 年期限。第 663 条第 2 款规定的赠与人撤销权行使的 1 年期限。第 664 条第 2 款规定的赠与人的继承人或法定代理人撤销权行使的 6 个月期限等。

第十章 期间计算

期间是一种重要的法律事实，是民事法律关系发生、变更和终止的依据，包括期日和期间两种。期日是某特定的时间点，如8点、午时、6月、2017年。期间是某一期日至另一期日之间的时间段，如2小时、3天、5个月、3年。

本章共五条，主要规定了期间的计算单位；期间的起算与结束；期间结束日的顺延和期间可以法定或者约定等。

第二百条 民法所称的期间按照公历年、月、日、小时计算。

◆ 条文主旨

本条是关于期间的计算单位的规定。

◆ 立法背景

在立法过程中，有的意见建议法律明确规定“星期”为期间的计算单位。有的意见提出，随着时间观念的变迁，在股票、期货、外汇交易等民商活动中，一分一秒都具有重大商业价值，计量时间需要精确到分和秒。我国秉持民商合一的立法体例，建议将“小时”修改为“时”，“时”可以包含小时、分、秒等单位。我们研究认为，法律规定不可能穷尽和面面俱到，需要把社会实践中最常使用的期间计算单位加以明确规定，同时在民事活动中，尊重当事人的意思自治和交易习惯，允许当事人约定期间的计算单位、计算方法。“星期”在社会生活中频繁用到，但在签订合同、履行义务、提供劳务等法律上需要计算期间时，我国社会公众很少使用“星期”作为期间计算单位使用，绝大多数情况下还是使用小时、日、月和年。而且，本法第204条已经作出规定，期间的计算方法可以由当事人进行约定。这就为民商事交易活动中，确需用“星期”“分”“秒”等计算期间留有余地。

◆ 条文解读

根据本条的规定，我国民法中规定的期间计算单位共有4种，分别是年、月、日和小时。期日为不可分的特定时间点，不发生计算的问题，但期间为一定的时间段，存在计算的问题。期间计算一般采取历法计算法和自然计算法相结合的方式。在本法规定的4种期间计算单位中，年、月采用公历的历法规则，这样每年的时间差距相差不大，既符合我国的社会实际，又符合国际通用规则，便于生产生活和国际交往。日、小时采用自然计算法，1日为24小时。本条规定继承自民法通则第154条的规定：民法所称的期间按照公历年、月、日、小时计算。

第二百零一条 按照年、月、日计算期间的，开始的当日不计入，自下一日开始计算。

按照小时计算期间的，自法律规定或者当事人约定的时间开始计算。

◆ 条文主旨

本条是关于期间起算的规定。

◆ 立法背景

世界各国家和地区关于期间起算点的立法基本是一致的。例如，《德国民法典》第 187 条规定，如果期间的开始是以某一事件或者一天当中的某一时刻为起算标准的，在计算期间时，该事件或者时刻所处的当天不计算在内。如果期间的开始是以某一天的开始为起算标准的，在计算期间时，当天应计算在内。上述规定同样适用于在计算年龄时，对出生日的计算。《日本民法典》第 139 条规定，以时定期间者，即时起算。第 140 条规定，以日、周、月或者年定期间时，期间初日不算入，但期间从零时开始时，不在此限。《俄罗斯联邦民法典》第 191 条规定，以期间确定的期限从日历日期的次日或作为期间开始的事件发生的次日起算。我国台湾地区"民法"第 120 条规定，以时定期间者，即时起算。以日、星期、月或者年定期间者，其始日不算入。《蒙古国民法典》第 68 条规定，如果期间按历法上的时间段计算或从某一事件的发生计算，则按年、季、月、旬、周、日、时计算，或从事件发生后的次日起算。《越南民法典》第 161 条规定，当期限以小时计算时，则期限以确定的小时开始。当期限以日、周、月、年计算时，则期限开始的当日不计算在期限内，期限从确定开始日的次日开始计算。

我国民法通则第 154 条第 1 款规定，民法所称的期间按照公历年、月、日、小时计算。第 2 款规定，规定按照小时计算期间的，从规定时开始计算。规定按照日、月、年计算期间的，开始的当天不算入，从下一天开始计算。本条规定在民法通则的基础上，作了一定的补充和完善。

◆ 条文解读

一、按照年、月、日计算期间的，期间开始的当日不计入，自下一日开始计算

按日计算期间的情况。例如甲乙双方 2017 年 1 月 13 日签订

合同，约定第30日交货，则签订合同的当日即2017年1月13日不算入期间，期间从2017年1月14日开始起算，2017年2月12日为第30日，即交货日期。同样的，如果甲乙2017年2月13日签订合同，约定第30日交货，则2017年3月15日为交货日。

按月计算期间的情况。例如甲乙双方2017年1月13日签订合同，约定9个月后交货，则期间从2017年1月14日开始计算9个月，到2017年10月13日为交货日。如果甲乙双方2017年12月31日签订合同，约定9个月后交货，则期间从2018年1月1日起计算9个月，到2018年9月30日为交货日。

因为一年中各自然月的天数不一致，闰年与平年的2月份天数也不一致，所以按日计算期间的情况下，相同的期间长度在不同月份、年份可能产生不同的计算结果。

按年计算期间的情况。例如甲乙双方2016年1月13日签订合同，约定3年后交货，则期间从2017年1月14日开始计算3年，到2019年1月13日为交货日；如果约定5年后交货，则到2021年1月14日为交货日。如果甲乙双方合同从2016年8月1日生效，约定3年后交货，则期间从2016年8月2日开始计算，至2019年8月1日结束。

可见，在以年为计算单位的情况下，期间计算的结果不受一年中各自然月天数、闰年与平年的影响。

二、按照小时计算期间的，自法律规定或者当事人约定的时间开始计算

与民法通则的规定相比，本条增加了在按照小时计算期间的情况下，允许当事人约定，这是为了最大限度地尊重当事人的意思自治，尊重不同地区、不同行业的交易习惯，方便生活、促进交易。

按照小时计算期间，可以有两种起算方法：一种是自法律规定的时间开始计算，另一种是自当事人约定的时间开始计算。前一种情况下，例如，从8时开始计算3个小时，则期间应该到11时结束。又如，从8时30分开始计算26个小时，则期间应该到第2日10时30分结束。后一种情况下，可以允许当时人根据商业交易习惯或者双方都认可的方式约定期间起算方式，如整数计算法，不论期间从何时开始计算，都约定按照最近将要到达的整数时间点开始计算。8时38分达成交易合同，则从9时开始计算期间。

第二百零二条 按照年、月计算期间的，到期月的对应日为期间的最后一日；没有对应日的，月末日为期间的最后一日。

◆ 条文主旨

本条是关于期间结束的规定。

◆ 立法背景

我国民法通则没有关于期间结束日的规定，但是《票据法》第107条第2款规定，按月计算期限的，按到期月的对日计算；无对日的，月末日为到期日。许多国家和地区的立法例均有这种规定。例如，《德国民法典》第188条规定，以日来确定期间的，期间最后一日一经届满，期间即告终止。以星期、月或者包含数月的时期（年、半年、一季度）确定期间的，在第187条第1款规定0的情况下，其名称或者数目与事件或者时刻相符的、期间的最后星期或者最后月份的那一日一经届满，期间即告终止；在第187条第2款规定的情况下，其名称或者数目与期间开始之日相符的、期间的最后星期或者最后月份的那一日一经届满，期间即告终止。以月确定期间的，当最后月份没有相当之日时，该月最后一日一经届满，期间告终止。《日本民法典》第141条规定，以日、周、月或者年定期间时，以期间末日终了为期间届满。期间末日值大祭日、星期日或者其他休假日时，以习惯上不于其日交易情形为限，期间于其次日届满。我国台湾地区“民法”第121条规定，以日、星期、月或年定期间者，以期间末日之终止，为期间之终止。期间不以星期、月或年之始日起算者，以最后之星期、月或年与起算日相当日之前一日，为期间之末日。但以月或年定期间，于最后之月，无相当日者，以其月之末日，为期间之末日。本条规定借鉴了许多国家和地区立法的经验并参考了票据法的规定。

◆ **条文解读**

在以日定期间的情况下，算足该期间之日即为期间最后一日。在按照年、月计算期间的情况下，期间结束日根据是否按照整月计算，会有两种不同的结果。在不按照整月计算的情况下，例如甲、乙二人于2017年1月15日签订劳务合同，约定1个月的履行期，则期间开始日为2017年1月16日，期间结束日为2017年2月15日。甲、乙二人于2017年2月15日签订劳务合同，约定1个月的履行期，则期间开始日为2017年2月16日，期间结束日为2017年3月15日。由此可见，期间最后一日总是到期月的签订合同的对应日。在按照整月计算的情况下，如果甲、乙二人于2017年1月31日签订劳务合同，约定1个月的履行期，则期间开始日为2017年2月1日，期间结束日为2017年2月28日。如果甲、乙二人于2017年2月28日签订劳务合同，约定1个月的履行期，则期间开始日为2017年3月1日，期间结束日为2017年3月31日。由此可见，期间最后一日总是月末日。

▶ 相关规定

《中华人民共和国票据法》第107条第2款

第二百零三条 期间的最后一日是法定休假日的，以法定休假日结束的次日为期间的最后一日。

期间的最后一日的截止时间为二十四时；有业务时间的，停止业务活动的时间为截止时间。

◆ 条文主旨

本条是关于期间结束日顺延和期间末日结束点的规定。

◆ 立法背景

许多国家和地区的立法例对期间最后一日的延长、期间末日的结束点有明确规定。例如，《德国民法典》第193条规定，应在某一确定日或者某一期间内作出意思表示或者履行给付，而该确定日或者该期间的最后一日是星期日，或者在表示地或者给付地是国家承认的普通节假日，或者是星期六的，以下一个工作日代替。《俄罗斯联邦民法典》第193条规定，如果期限的最后一日适逢非工作日，则期限终止的日期为该非工作日之后的第一个工作日。第194条规定，如果期限的规定是为了实施某一行为，则该行为可以在期限最后一日24时之前完成。但是，如果这一行为应该在某一个组织中实施，则期限到该组织按规定终止相关业务的时间结束。我国台湾地区“民法”第122条规定，于一定期日或期间内，应为意思表示或给付者，其期日或其期间之末日，为星期日、纪念日或其他休息日时，以其休息日之次日代之。

我国《民法通则》第154条第3款规定，期间的最后一天是星期日或者其他法定休假日的，以休假日的次日为期间的最后一天。第4款规定，期间的最后一天的截止时间为24时。有业务时间的，到停止业务活动的时间截止。本条规定借鉴了其他国家和地区立法的经验并继承了民法通则的成熟规定。

◆ **条文解读**

按照本法第202条的规定计算出期间最后一日，如果该日是法定休假日，对民事法律行为的产生、变更或者消灭会产生重大影响，因此法律规定期间顺延到法定休假日结束后的第一日届满。例如，2017年8月15日，甲承包的鱼塘中的鱼全部死亡。9月30日，甲得知鱼死亡是村里造纸厂排放废水造成的，其诉讼时效期间开始起算，3年后的2020年10月1日诉讼时效期间届满。但是，10月1日是国庆节假期，当年国庆节放假为10月1日至7日。甲的诉讼时效期间从10月1日顺延到10月8日，即国庆节假期结束后的第1日届满。

1日共24个小时，24时为1日的结束点，因此本条第2款规定，期间的最后1日的截止时间为24时。但银行、证券交易所等均有业务时间，到达业务时间，业务停止运作，在时间联系点上业务结束时间更有意义，没有必要规定到24时结束。因此第2款规定，有业务时间的，停止业务活动的时间为截止时间。这种规定是符合社会生活实际情况的。

第二百零四条　期间的计算方法依照本法的规定，但是法律另有规定或者当事人另有约定的除外。

◆ **条文主旨**

本条是关于期间法定或者约定的规定。

◆ 立法背景

期间的计算方法依照法律规定，目的是使得当事人按照一种方法计算期间，从而避免误会、方便生活、促进交易，稳定法律秩序。许多国家和地区的立法例对此也有明确规定。例如，《日本民法典》第138条规定，期间的计算方法，除法令、裁判上命令或法律行为有特别规定外，按照本章的规定。我国台湾地区“民法”第119条规定，法令、审判或法律行为所定之期日及期间，除有特别订定外，其计算依本章之规定。本章从第204条起至第208条止，均是关于期间计算的规定。

◆ 条文解读

本法是民事领域的基本法，规定期间的计算单位、期间的起算与结束、期间结束日的顺延等基本内容。单行法对期间的计算方法如果有不同规定的，根据特殊优于一般的法理，应当适用特别法的规定。同时，民法需要充分尊重当事人的意思自治，当事人有特定交易习惯或者对期间的计算方法能够达成一致约定的，可以依照当事人的约定。例如，当事人可以约定采用周、半月等计算单位计算期间。

本条规定与本法第201条第2款的规定既有区别又有联系。第201条第2款的规定仅指在照小时计算期间的情况下，当事人可以约定期间开始的计算点。本条的规定是指当事人可以约定期间的计算方法，不仅是起算点，还有结束点。因此，在适用范围上，本条比第201条第2款更为广泛。

中华人民共和国
民法典解读

精装珍藏版

物权编

黄 薇 主编

中国法制出版社
CHINA LEGAL PUBLISHING HOUSE

目 录

第二编 物权

第一分编 通则

第一章 一般规定

第二百零五条【物权编的调整范围】…… 4
第二百零六条【我国基本经济制度与社会主义市场经济原则】…… 5
第二百零七条【平等保护原则】…… 7
第二百零八条【物权公示原则】…… 10

第二章 物权的设立、变更、转让和消灭

第一节 不动产登记 / 12

第二百零九条【不动产物权的登记生效原则及其例外】…… 12
第二百一十条【不动产登记机构和不动产统一登记】…… 17
第二百一十一条【申请不动产登记应提供的必要材料】…… 19
第二百一十二条【不动产登记机构应当履行的职责】…… 20
第二百一十三条【不动产登记机构的禁止行为】…… 22
第二百一十四条【不动产物权变动的生效时间】…… 23
第二百一十五条【合同效力和物权效力区分】…… 24
第二百一十六条【不动产登记簿效力及管理机构】…… 27
第二百一十七条【不动产登记簿与不动产权属证书的关系】…… 29
第二百一十八条【不动产登记资料的查询、复制】…… 30

第二百一十九条【利害关系人的非法利用不动产登记资料禁止义务】…… 32
第二百二十条【更正登记和异议登记】…… 33
第二百二十一条【预告登记】…… 36
第二百二十二条【不动产登记错误损害赔偿责任】…… 39
第二百二十三条【不动产登记收费标准的确定】…… 40
第二节 动产交付 / 42
第二百二十四条【动产物权变动生效时间】…… 42
第二百二十五条【船舶、航空器和机动车物权变动采取登记对抗主义】…… 44
第二百二十六条【简易交付】…… 45
第二百二十七条【指示交付】…… 47
第二百二十八条【占有改定】…… 50
第三节 其他规定 / 53
第二百二十九条【法律文书、征收决定导致物权变动效力发生时间】…… 53
第二百三十条【因继承取得物权的生效时间】…… 55
第二百三十一条【因事实行为设立或者消灭物权的生效时间】…… 57
第二百三十二条【非依民事法律行为享有的不动产物权变动】…… 59

第三章 物权的保护

第二百三十三条【物权保护争讼程序】…… 61
第二百三十四条【物权确认请求权】…… 62
第二百三十五条【返还原物请求权】…… 63
第二百三十六条【排除妨害、消除危险请求权】…… 65

第二百三十七条【修理、重作、更换或者恢复原状请求权】…… 66
第二百三十八条【物权损害赔偿请求权】…… 68
第二百三十九条【物权保护方式的单用和并用】…… 69

第二分编 所有权

第四章 一般规定

第二百四十条【所有权的定义】…… 70
第二百四十一条【所有权人设立他物权】…… 75
第二百四十二条【国家专有】…… 77
第二百四十三条【征收】…… 78
第二百四十四条【保护耕地与禁止违法征地】…… 82
第二百四十五条【征用】…… 87

第五章 国家所有权和集体所有权、私人所有权

第二百四十六条【国家所有权】…… 89
第二百四十七条【矿藏、水流和海域的国家所有权】…… 93
第二百四十八条【无居民海岛的国家所有权】…… 97
第二百四十九条【国家所有土地的范围】…… 98
第二百五十条【国家所有的自然资源】…… 101
第二百五十一条【国家所有的野生动植物资源】…… 103
第二百五十二条【无线电频谱资源的国家所有权】…… 104
第二百五十三条【国家所有的文物的范围】…… 106
第二百五十四条【国防资产、基础设施的国家所有权】…… 108
第二百五十五条【国家机关的物权】…… 110
第二百五十六条【国家举办的事业单位的物权】…… 112
第二百五十七条【国有企业出资人制度】…… 114

第二百五十八条【国有财产的保护】…………………… 118
第二百五十九条【国有财产管理法律责任】……………… 121
第二百六十条【集体财产范围】…………………………… 125
第二百六十一条【农民集体所有财产归属及重大事项集体决定】…………………………………… 128
第二百六十二条【行使集体所有权的主体】……………… 132
第二百六十三条【城镇集体财产权利】…………………… 135
第二百六十四条【集体财产状况的公布】………………… 138
第二百六十五条【集体财产的保护】……………………… 140
第二百六十六条【私人所有权】…………………………… 143
第二百六十七条【私有财产的保护】……………………… 146
第二百六十八条【企业出资人的权利】…………………… 148
第二百六十九条【法人财产权】…………………………… 151
第二百七十条【社会团体法人、捐助法人合法财产的保护】………………………………………… 157

第六章 业主的建筑物区分所有权

第二百七十一条【建筑物区分所有权】…………………… 164
第二百七十二条【业主对专有部分的专有权】…………… 168
第二百七十三条【业主对共有部分的共有权及义务】…… 173
第二百七十四条【建筑区划内的道路、绿地等场所和设施属于业主共有财产】……………………… 178
第二百七十五条【车位、车库的归属规则】……………… 181
第二百七十六条【车位、车库优先满足业主需求】……… 185
第二百七十七条【设立业主大会和选举业主委员会】…… 187
第二百七十八条【由业主共同决定的事项以及表决规则】… 193

第二百七十九条【业主将住宅转变为经营性用房应当遵循的规则】…… 210
第二百八十条【业主大会、业主委员会决定的效力】…… 213
第二百八十一条【建筑物及其附属设施维修资金的归属和处分】…… 217
第二百八十二条【业主共有部分产生收入的归属】…… 226
第二百八十三条【建筑物及其附属设施的费用分摊和收益分配确定规则】…… 229
第二百八十四条【建筑物及其附属设施的管理】…… 233
第二百八十五条【物业服务企业或其他接受业主委托的管理人的管理义务】…… 240
第二百八十六条【业主守法义务和业主大会与业主委员会职责】…… 249
第二百八十七条【业主请求权】…… 260

第七章 相邻关系

第二百八十八条【处理相邻关系的原则】…… 264
第二百八十九条【处理相邻关系的依据】…… 268
第二百九十条【相邻用水、排水、流水关系】…… 271
第二百九十一条【相邻关系中的通行权】…… 274
第二百九十二条【相邻土地的利用】…… 277
第二百九十三条【相邻建筑物通风、采光、日照】…… 279
第二百九十四条【相邻不动产之间不得排放、施放污染物】…… 280
第二百九十五条【维护相邻不动产安全】…… 285
第二百九十六条【相邻权的限度】…… 287

第八章 共有

第二百九十七条【共有及其形式】…………………… 290
第二百九十八条【按份共有】………………………… 292
第二百九十九条【共同共有】………………………… 294
第 三 百 条【共有物的管理】……………………… 298
第三百零一条【共有人对共有财产重大事项的表决权规则】………………………………………… 301
第三百零二条【共有物管理费用的分担规则】……… 306
第三百零三条【共有物的分割规则】……………… 307
第三百零四条【共有物分割的方式】……………… 310
第三百零五条【按份共有人的优先购买权】………… 312
第三百零六条【按份共有人行使优先购买权的规则】…… 316
第三百零七条【因共有产生的债权债务承担规则】……… 318
第三百零八条【共有关系不明时对共有关系性质的推定】… 320
第三百零九条【按份共有人份额不明时份额的确定】…… 321
第三百一十条【准共有】……………………………… 323

第九章 所有权取得的特别规定

第三百一十一条【善意取得】………………………… 327
第三百一十二条【遗失物的善意取得】……………… 333
第三百一十三条【善意取得的动产上原有的权利负担消灭及其例外】………………………………… 336
第三百一十四条【拾得遗失物的返还】……………… 337
第三百一十五条【有关部门收到遗失物的处理】……… 339
第三百一十六条【遗失物的妥善保管义务】………… 340
第三百一十七条【权利人领取遗失物时的费用支付义务】… 341
第三百一十八条【无人认领的遗失物的处理规则】……… 344

第三百一十九条【拾得漂流物、埋藏物或者隐藏物】…… 346
第三百二十条【从物随主物转让规则】…… 349
第三百二十一条【孳息的归属】…… 351
第三百二十二条【添附】…… 353

第三分编　用益物权

第十章　一般规定

第三百二十三条【用益物权的定义】…… 363
第三百二十四条【国家和集体所有的自然资源的使用规则】…… 368
第三百二十五条【自然资源有偿使用制度】…… 371
第三百二十六条【用益物权的行使规范】…… 375
第三百二十七条【被征收、征用时用益物权人的补偿请求权】…… 378
第三百二十八条【海域使用权】…… 381
第三百二十九条【特许物权依法保护】…… 384

第十一章　土地承包经营权

第三百三十条【农村土地承包经营】…… 390
第三百三十一条【土地承包经营权内容】…… 394
第三百三十二条【土地的承包期限】…… 399
第三百三十三条【土地承包经营权的设立与登记】…… 404
第三百三十四条【土地承包经营权的互换、转让】…… 409
第三百三十五条【土地承包经营权流转的登记对抗主义】… 413
第三百三十六条【承包地的调整】…… 415
第三百三十七条【承包地的收回】…… 420
第三百三十八条【征收承包地的补偿规则】…… 423

第三百三十九条【土地经营权的流转】 …………………… 424
第三百四十条【土地经营权人的基本权利】 ……………… 432
第三百四十一条【土地经营权的设立与登记】 …………… 436
第三百四十二条【以其他方式承包取得的土地经营权流转】 ………………………………… 441
第三百四十三条【国有农用地承包经营的法律适用】 …… 442

第十二章 建设用地使用权

第三百四十四条【建设用地使用权的概念】 ……………… 444
第三百四十五条【建设用地使用权的分层设立】 ………… 446
第三百四十六条【建设用地使用权的设立原则】 ………… 449
第三百四十七条【建设用地使用权的出让方式】 ………… 452
第三百四十八条【建设用地使用权出让合同】 …………… 457
第三百四十九条【建设用地使用权的登记】 ……………… 461
第三百五十条【土地用途限定规则】 …………………… 462
第三百五十一条【建设用地使用权人支付出让金等费用的义务】 ………………………………… 463
第三百五十二条【建设用地使用权人建造的建筑物、构筑物及其附属设施的归属】 …………… 467
第三百五十三条【建设用地使用权的流转方式】 ………… 468
第三百五十四条【建设用地使用权流转的合同形式和期限】 ………………………………… 471
第三百五十五条【建设用地使用权流转登记】 …………… 473
第三百五十六条【建设用地使用权流转之房随地走】 …… 475
第三百五十七条【建设用地使用权流转之地随房走】 …… 477
第三百五十八条【建设用地使用权的提前收回及其补偿】 … 478
第三百五十九条【建设用地使用权期限届满的处理规则】 … 480

第三百六十条【建设用地使用权注销登记】 …………… 484
第三百六十一条【集体土地作为建设用地的法律适用】 … 485

第十三章 宅基地使用权

第三百六十二条【宅基地使用权内容】 ………………… 488
第三百六十三条【宅基地使用权的法律适用】 ………… 489
第三百六十四条【宅基地灭失后的重新分配】 ………… 493
第三百六十五条【宅基地使用权的变更登记与注销登记】 … 495

第十四章 居 住 权

第三百六十六条【居住权的定义】 ……………………… 497
第三百六十七条【居住权合同】 ………………………… 505
第三百六十八条【居住权的设立】 ……………………… 508
第三百六十九条【居住权的限制性规定及例外】 ……… 510
第三百七十条【居住权的消灭】 ………………………… 512
第三百七十一条【以遗嘱设立居住权的法律适用】 …… 513

第十五章 地 役 权

第三百七十二条【地役权的定义】 ……………………… 515
第三百七十三条【地役权合同】 ………………………… 519
第三百七十四条【地役权的设立与登记】 ……………… 523
第三百七十五条【供役地权利人的义务】 ……………… 526
第三百七十六条【地役权人的义务】 …………………… 529
第三百七十七条【地役权的期限】 ……………………… 533
第三百七十八条【在享有或者负担地役权的土地上设立
用益物权的规则】 ………………… 536
第三百七十九条【土地所有权人在已设立用益物权的土
地上设立地役权的规则】 …………… 538

第三百八十条【地役权的转让规则】…………………… 540
第三百八十一条【地役权不得单独抵押】……………… 542
第三百八十二条【需役地部分转让效果】……………… 544
第三百八十三条【供役地部分转让效果】……………… 548
第三百八十四条【供役地权利人解除权】……………… 550
第三百八十五条【地役权变动后的登记】……………… 553

第四分编 担保物权

第十六章 一般规定

第三百八十六条【担保物权的定义】…………………… 557
第三百八十七条【担保物权适用范围及反担保】………… 563
第三百八十八条【担保合同及其与主合同的关系】……… 565
第三百八十九条【担保范围】…………………………… 569
第三百九十条【担保物权的物上代位性】……………… 572
第三百九十一条【债务转让对担保物权的效力】………… 575
第三百九十二条【人保和物保并存时的处理规则】……… 577
第三百九十三条【担保物权消灭的情形】……………… 580

第十七章 抵 押 权

第一节 一般抵押权 / 584
第三百九十四条【抵押权的定义】……………………… 584
第三百九十五条【可抵押财产的范围】………………… 588
第三百九十六条【浮动抵押】…………………………… 595
第三百九十七条【建筑物和相应的建设用地使用权一并抵押规则】………………………… 600
第三百九十八条【乡镇、村企业的建设用地使用权与房屋一并抵押规则】………………………… 602

第三百九十九条【禁止抵押的财产范围】 …………………… 604
第 四 百 条【抵押合同】 ………………………………… 611
第四百零一条【流押条款的效力】 ………………………… 615
第四百零二条【不动产抵押登记】 ………………………… 619
第四百零三条【动产抵押的效力】 ………………………… 621
第四百零四条【动产抵押权对抗效力的限制】 …………… 623
第四百零五条【抵押权和租赁权的关系】 ………………… 626
第四百零六条【抵押期间抵押财产转让应当遵循的规则】 … 629
第四百零七条【抵押权的从属性】 ………………………… 635
第四百零八条【抵押财产价值减少时抵押权人的保护措施】 ………………………………… 637
第四百零九条【抵押权人放弃抵押权或抵押权顺位的法律后果】 ………………………………… 640
第四百一十条【抵押权实现的方式和程序】 ……………… 643
第四百一十一条【浮动抵押财产的确定】 ………………… 649
第四百一十二条【抵押财产孳息归属】 …………………… 653
第四百一十三条【抵押财产变价款的归属原则】 ………… 654
第四百一十四条【同一财产上多个抵押权的效力顺序】 … 656
第四百一十五条【既有抵押权又有质权的财产的清偿顺序】…… 663
第四百一十六条【买卖价款抵押权】 ……………………… 666
第四百一十七条【抵押权对新增建筑物的效力】 ………… 670
第四百一十八条【集体所有土地使用权抵押权的实现效果】 ………………………………… 672
第四百一十九条【抵押权的存续期间】 …………………… 673
第二节 最高额抵押权 / 677
第四百二十条【最高额抵押规则】 ………………………… 677

第四百二十一条【最高额抵押权担保的部分债权转让效力】…… 680
第四百二十二条【最高额抵押合同条款变更】…… 682
第四百二十三条【最高额抵押所担保债权的确定事由】…… 684
第四百二十四条【最高额抵押的法律适用】…… 690

第十八章 质权

第一节 动产质权 / 693
第四百二十五条【动产质权概念】…… 693
第四百二十六条【禁止出质的动产范围】…… 696
第四百二十七条【质押合同形式及内容】…… 697
第四百二十八条【流质条款的效力】…… 700
第四百二十九条【质权的设立】…… 702
第四百三十条【质权人的孳息收取权】…… 703
第四百三十一条【质权人对质押财产处分的限制及其法律责任】…… 705
第四百三十二条【质物保管义务】…… 706
第四百三十三条【质押财产保全】…… 708
第四百三十四条【转质】…… 710
第四百三十五条【放弃质权】…… 711
第四百三十六条【质物返还与质权实现】…… 713
第四百三十七条【出质人请求质权人及时行使质权】…… 715
第四百三十八条【质押财产变价款归属原则】…… 717
第四百三十九条【最高额质权】…… 719

第二节 权利质权 / 721
第四百四十条【可出质的权利的范围】…… 721
第四百四十一条【有价证券质权】…… 730

第四百四十二条【有价证券质权人行使权利的特别规定】 … 732
第四百四十三条【基金份额质权、股权质权】 ………… 733
第四百四十四条【知识产权质权】 ………………… 736
第四百四十五条【应收账款质权】 ………………… 738
第四百四十六条【权利质权的法律适用】 …………… 740

第十九章 留 置 权

第四百四十七条【留置权的定义】 ………………… 742
第四百四十八条【留置财产与债权的关系】 ………… 748
第四百四十九条【留置权适用范围的限制性规定】 ……… 751
第四百五十条【可分留置物】 …………………… 754
第四百五十一条【留置权人保管义务】 …………… 757
第四百五十二条【留置财产的孳息收取】 ………… 760
第四百五十三条【留置权的实现】 ………………… 763
第四百五十四条【债务人请求留置权人行使留置权】 …… 767
第四百五十五条【留置权实现方式】 ……………… 768
第四百五十六条【留置权优先于其他担保物权效力】 …… 770
第四百五十七条【留置权消灭】 ………………… 773

第五分编 占有

第二十章 占有

第四百五十八条【有权占有法律适用】 …………… 776
第四百五十九条【恶意占有人的损害赔偿责任】 ……… 778
第四百六十条【权利人的返还请求权和占有人的费用求偿权】 ……………………… 780
第四百六十一条【占有物毁损或者灭失时占有人的责任】 … 783
第四百六十二条【占有保护的方法】 ……………… 786

第二编　物　权

物权是民事主体依法享有的重要财产权。物权法律制度调整因物的归属和利用产生的民事关系，是最重要的民事基本制度之一。2007 年第十届全国人民代表大会第五次会议通过了物权法。民法典第二编“物权”在物权法的基础上，按照党中央提出的完善产权保护制度，健全归属清晰、权责明确、保护严格、流转顺畅的现代产权制度的要求，结合现实需要，进一步完善了物权法律制度。物权编共 5 个分编、20 章、258 条。

法律属于上层建筑，是由经济基础决定并服务于经济基础的。我国经济制度的基础是生产资料的社会主义公有制，在社会主义初级阶段，我国坚持公有制为主体、多种所有制经济共同发展等基本经济制度。基本经济制度决定了我国物权制度的社会主义性质。物权包括所有权、用益物权和担保物权。物权的归属、范围和内容，都与我国基本经济制度密切相关，如果不反映、不体现我国的基本经济制度，就不可能制定出符合我国国情的、具有中国特色的物权制度。因此，民法典物权编必须体现我国的基本经济制度并以维护我国的基本经济制度为根本目的。民法典物权编主要从民事角度通过明确物的归属、权利人有哪些权利、他人负有哪些义务、侵害物权的法律责任等，来体现和维护我国的基本经济制度。

民法是调整平等主体之间关系的法律，是伴随市场经济的发展而逐步完备的。改革开放以来，我国实行社会主义市场经济。对于发展社会主义市场经济，中央政策很明确，就是要建立市场经济体制，利用市场的手段，发挥经济规律的作用，合理配置资源，发挥人力物力资源的最大效益，通过市场主体的公平竞争，发展生产力，促进经济繁荣，提高生活水平，增强综合国力。发展市场经济，就要建立与社会主义市场经济相适应的法律制度，而规范市场经济关系的基本法律就是民法。民法典物权编是民法的重要组成部分，通过确立物权归属和利用的基本规则，规范市场主体因物的归属和利用而产生的财产关系，保障市场主体的权利，维护市场经济秩序，为我国社会主义市场经济服务。

民法典物权编最直接的作用是明确物的归属，发挥物的效用。这主要体现在两个方面：（1）定分止争。商鞅在《商君书》中说："一兔走，百人逐之，非以兔可分以为百也，由名分之未定也，夫卖兔者满市，而盗不敢取，由名分已定也，故名分未定，尧、舜、禹、汤且皆如鹜焉而逐之，名分已定，贫盗不取。"生活中常常发生这样的事，有一位房东，把自己的房子先卖给甲，并把房子交给甲使用；后由于价格、熟人关系等多种原因又把该房子卖给乙，并和乙办理了房屋过户手续。试问，该房子究竟属于谁，乙能否要求甲腾出房子？解决一物二卖的问题，有多种办法，比如按照订立合同的先后确定房屋的归属，按照有无付款或者付款的先后确定房屋的归属，按照买方有无实际占有该房屋确定房屋的归属，还有一种办法就是按照房屋有无办理过户登记手续确定房屋的归属。上述几种解决办法都有一定道理。没有民法典物权编的规定，仁者见仁，智者见智。民法典物权编从维护经济秩序和市场交易安全出发，规定谁是该房屋的所有人，首先看该房屋有无办理过户登记手续，如果已经办理过户登记手续，不动产登记簿上登记的人就是房屋的所有人。甲虽然先买，但没有办理过户手续，乙虽然后买，但已经办理过户手续，不动产登记簿上的所有人是乙，因此，乙有权要求甲腾出房子。甲虽然没有办理过户手续，但甲和原房主之间订立的房屋买卖合同是有效的，甲受到的损失，可以按照合同要求原房主赔偿。因此，依靠民法典物权编确定的规则就能够明确归属，定分止争，稳定经济秩序。(2) 物尽其用。物可以自己用，也可以交由他人使用。民法典物权编为权利人充分利用财产留下很大空间，物权编不仅有物的所有权人占有、使用、收益权利的规定，也有他人利用物的权利的规定，如用益物权、担保物权等。同时，从合理利用资源、维护公共利益出发，民法典物权编对权利人的权利也有不少限制，如有关严格保护耕地的规定，有关相邻关系的规定，以及征收、征用的规定等。民法典物权编就是要充分发挥物权法律制度定分止争和物尽其用这两个方面的作用，为权利人充分利用财产创造一个良好的法治环境，鼓励权利人创造财富，积累财富，使“有恒产者有恒心”，保障安居乐业，促进经济发展和社会进步。

保护权利人的物权也是民法典物权编的宗旨。这主要体现在：一是通过一系列确定物权归属的规则明确物权属于谁。二是通过规定物权保护的途径与方式使物权受到侵害的权利人可以保护自己的合法权利。三是通过规定国有财产的范围、行使以及防止国有资产流失，加大对国有资产的保护力度，保护国有资产；通过规定集体财产的范围、行使等，保护农村和城镇的集体财产；通过规定私人所有权、业主的建筑物区分所有权等，保护私人所有的合法财产；通过规定土地承包经营权、宅基地使用权等用益物权和担保物权，保护权利人对物的利用的权利。总之，民法典物权编的目的之一，就是切实保护权利人的物权，维护广大人民群众切身利益，激发人们创造财富的活力，促进社会和谐。

第一分编 通 则

第一章 一般规定

本章共四条，对民法典物权编的调整范围、基本原则作了规定。

第二百零五条 本编调整因物的归属和利用产生的民事关系。

◆ 条文主旨

本条是关于民法典物权编调整范围的规定。

◆ 立法背景

物权编是民法典的一编，调整横向的社会关系。经济社会管理活动中管理者与被管理者之间的纵向关系，也涉及财产的归属和利用问题，但此类关系主要是由行政法、经济法调整，不属于物权编调整的范围。

◆ **条文解读**

本条规定了物权编规范的社会关系，也就是物权编的调整范围。物的归属是指物的所有人是谁，确定物的归属即是确定在民事上财产权属于谁，这是对物进行利用的前提。物权编调整物的归属关系，就要确定物的归属原则，这是物权编的重要内容。所有权人对其所有物无论自己使用还是交他人使用，都是对物的利用。物的利用是对物拥有所有权的目的所在。物权编调整因物的利用而产生的相互关系，确定对物进行利用的规则，这也是物权编的重要内容。因物的归属和利用而产生的民事关系都适用物权编。需要明确的是，物权编并不一般性地调整所有的物的归属和利用的关系，物权编只调整平等主体之间因物的归属和利用而产生的财产关系，也就是本条规定的“民事关系”。

第二百零六条　国家坚持和完善公有制为主体、多种所有制经济共同发展，按劳分配为主体、多种分配方式并存，社会主义市场经济体制等社会主义基本经济制度。

国家巩固和发展公有制经济，鼓励、支持和引导非公有制经济的发展。

国家实行社会主义市场经济，保障一切市场主体的平等法律地位和发展权利。

◆ **条文主旨**

本条是关于我国基本经济制度与社会主义市场经济原则的规定。

◆ **立法背景**

中国特色社会主义物权制度是由社会主义基本经济制度决定的，与资本主义物权制度有本质区别，对此必须予以明确。

◆ **条文解读**

党的十九届四中全会通过的《中共中央关于坚持和完善中国特色社会主义制度、推进国家治理体系和治理能力现代化若干重大问题的决定》提出："公有制为主体、多种所有制经济共同发展，按劳分配为主体、多种分配方式并存，社会主义市场经济体制等社会主义基本经济制度，既体现了社会主义制度优越性，又同我国社会主义初级阶段社会生产力发展水平相适应，是党和人民的伟大创造。"作为反映我国社会主义生产关系和维护社会主义经济制度的物权编，必须全面、准确地体现现阶段我国社会主义基本经济制度。因此，物权编把宪法规定的社会主义基本经济制度和党的十九届四中全会决定精神作为物权编的基本原则，这一基本原则作为物权编的核心，贯穿并体现在物权编的始终。

实行社会主义市场经济与我国基本经济制度密切相关。发展社会主义市场经济是坚持和完善社会主义基本经济制度的必然要求。要坚持公有制为主体、多种所有制经济共同发展，要巩固和发展公有制经济，鼓励、支持和引导非公有制经济的发展，就要提供一个共同发展的平台，这个平台就是社会主义市场经济。改革开放前，我国实行公有制基础上的计划经济，生产过程以及生产资料的配置主要靠计划与调拨来完成。所有制较为单一，只有全民所有制与集体所有制两种形式，虽然有小规模消费市场的存在，但形不成生产资料大市场，因此不是市场经济而是计划经济。改革开放以来，实行以公有制为主体、多种所有制经济共同发展的基本经济制度，实行社会主义市场经济。实行多种所有制经济共同发展，就要相应采取市场经济体制。多种所有制经济只有在市场经济中才能得到共同发展。市场经济是人类创造的发展经济的文明成果，能够最大限度地发挥生产者的积极性，合理配置资源，创造高效率的经济效益，促进经济繁荣。因此，宪法规定，国家实行社会主义市场经济。实行社会主义市场经济最重要的一条就是要保障市场主体的平等地位和发展权利，这是实行市场经济的前提。作为规范平等主体之间因物的归属和利用而产生的财产关系的物权编，物权关系的主体具有平等的法律地位是物权编调整的平等财产关系存在的前提，这也是物权编乃至民法存在的前提。没有平等关系就没有民法，没有平等的财产关系就没有物权编。因此，物权编将实行社会主义市场经济与保障一切市场主体的平等法律地位和发展权利作为基本原则。

▶ **相关规定**

《中华人民共和国宪法》第 6 条、第 7 条、第 11 条、第 15 条

第二百零七条　国家、集体、私人的物权和其他权利人的物权受法律平等保护，任何组织或者个人不得侵犯。

◆ **条文主旨**

本条是关于平等保护国家、集体和私人的物权原则的规定。

◆ **立法背景**

平等保护物权在传统民法中并不作为单独的一项原则作规定，因民法调整平等主体之间的财产关系与人身关系，平等保护为民法应有之义，不需单独作为一个原则作规定。我国是社会主义国

家，以公有制经济为主体，国有经济是国民经济中的主导力量，各种所有制经济在国民经济中的地位不同。保障公有制经济的主体地位、维护国有经济的主导作用，经济法、行政法、刑法都有明确规定。同时，我国实行社会主义市场经济，市场经济要求市场主体拥有平等的法律地位和发展权利，市场主体之间的关系是平等关系。物权编调整平等主体之间的财产关系，主要是市场经济关系。物权编有必要明确规定平等保护物权的原则。

◆ **条文解读**

民法是调整平等主体之间的财产关系和人身关系的法律，作为民法重要组成部分的物权编，是调整平等主体之间因物的归属和利用而产生的财产关系的法律。物权编平等保护各个民事主体的物权是民法调整的社会关系的性质决定的。对于民法的平等原则，民法典总则编已有明确规定：民法调整平等主体的自然人、法人和非法人组织之间的人身关系和财产关系；民事主体的人身权利、财产权利以及其他合法权益受法律保护，任何组织或者个人不得侵犯；民事主体在民事活动中的法律地位一律平等；民事主体从事民事活动，应当遵循自愿、公平、诚信的原则。因此，本条规定了对国家、集体和私人的物权平等保护的原则。

宪法规定：国家实行社会主义市场经济。公平竞争、平等保护、优胜劣汰是市场经济的基本法则。在社会主义市场经济条件下，各种所有制经济形成的市场主体都在统一的市场上运作并发生相互关系，各种市场主体都处于平等地位，享有相同权利，遵守相同规则，承担相同责任。马克思说，“商品是天生的平等派”。如果对各种市场主体不给予平等保护，解决纠纷的办法、承担的法律责任不一样，那就不可能发展社会主义市场经济，也不可能坚持和完善社会主义基本经济制度。为适应社会主义市场经济发展的要求，党的十六届三中全会明确要"保障所有市场主体的平等法律地位和发展权利"。党的十八届三中全会提出，要完善产权保护制度，公有制经济财产权不可侵犯，非公有制经济财产权同样不可侵犯；国家保护各种所有制经济的产权和合法权益，保证各种所有制经济同等受法律保护。《中共中央、国务院关于完善产权保护制度依法保护产权的意见》明确提出，要坚持平等保护原则，健全以公平为核心原则的产权保护制度。即使不进入市场交易的财产，宪法也明确规定："公民的合法的私有财产不受侵犯。""国家依照法律规定保护公民的私有财产权和继承权。"在财产归属依法确定的前提下，作为物权主体，不论是国家的、集体的物权，还是私人的物权，也都应当给予平等保护。否则，不同权利人的物权受到同样的侵害，国家的、集体的应当多赔，私人的可以少赔，势必损害群众依法创造、积累财富的积极性，不利于民富国强、社会和谐。需要说明的是，平等保护不是说不同所有制经济在国民经济中的地位和作用是相同的。依据宪法规定，公有制经济是主体，国有经济是主导力量，非公有制经济是社会主义市场经济的重要组成部分，它们在国民经济中的地位和作用是不同的。这主要体现在国家宏观调控、公共资源配置、市场准入等方面，对关系国家安全和国民经济命脉的重要行业和关键领域，必须确保国有经济的控制力，而这些在经济法、行政法中都有明确的规定。

另外还需要说明，本条规定了"其他权利人的物权"，这是由于本条是从所有制的角度对物权主体分类规定平等保护原则的，尚有无法完全纳入"国家""集体"和"私人"的权利人，如公益性基金会等，因此规定了"其他权利人"。

第二百零八条 不动产物权的设立、变更、转让和消灭，应当依照法律规定登记。动产物权的设立和转让，应当依照法律规定交付。

◆ **条文主旨**

本条是关于物权公示原则的规定。

◆ **立法背景**

物权公示原则是传统民法的原则，虽然具体制度的规定可能有差异，却是各国物权制度通行的原则。

◆ **条文解读**

物权公示原则说的是两个方面的问题：第一个方面，物权人享有物权、物权的内容变更或者物权消灭以什么方式确定。比如买房屋或者买电视，买主什么时候拥有该房屋或者电视的所有权，以什么方式确定？某人决定将其所有的房屋与他人共有，以什么方式确定共有权？房屋出售什么时候丧失所有权，以什么方式确定？这些都是物权的设立、变更、转让和消灭的方式问题，称为物权变动。第二个方面，由于物权是排他的“绝对权”“对世权”，成千上万的义务人负有不作为的义务。因此必须让广大的义务人清楚地知道谁是权利人，不应该妨碍谁。而且，权利人转让自己的物时，也要让买主知道他有无资格转让该物。这都要求以令公众信服的特定方式确定物权变动，让大家很容易、很明白地知道该物是谁的，以维护权利人和社会公众的合法权益。这是物权的公信问题。

物权公示的主要方法是：不动产物权的设立、变更、转让和消灭经过登记发生效力，动产物权的设立、转让通过交付发生效力。一方面，要获得不动产的所有权，就要进行登记；变更不动产所有权的内容，比如一人所有变为两人所有，也要进行登记；将不动产出售，还要进行登记。登记之后不动产所有权的设立、变动或者消灭才有效。要获得一个动产的所有权，要通过交付。比如买一台电视，就要通过交付，买主才有所有权；反之，出售一台电视，要交付给买主，卖主才失去所有权。因此，物权变动的关键点，不动产就是登记，动产就是交付。另一方面，要了解一项不动产属于谁所有，就要查不动产登记簿，要了解动产属于谁，就看谁占有它。简单地讲，确定物的归属就是不动产看登记，动产看占有。不动产不能移动，要靠不动产登记簿标明四至界限，除登记错误需要依法更正的外，不动产登记簿上记载的人就是该不动产的权利人。不动产登记簿是公开的，有关人员都能查阅、复制。因此，不动产登记簿的公示性是最强的，最能适应市场交易安全便捷的需要，能最大限度地满足保护权利人的要求。动产可能频繁移动，动产在谁的手里，除有相反证据外，谁就是该动产的权利人。物权编有关财产归属的规定是人类文明的优秀成果，各国有关财产归属的规定大同小异，方法简单，一目了然。如果不采取这种方法，而采取别的什么方法，必然使经济秩序混乱不堪，最终影响经济的发展和社会的进步。

第二章 物权的设立、变更、转让和消灭

本章共二十四条，对确认物权的规则作了规定。不动产物权的设立、变更、转让和消灭，应当依法登记；除法律另有规定外，未经登记，不发生物权效力。动产物权的设立和转让，除法律另有规定外，自交付时发生效力。此外，本章第一节对不动产登记制度的一些重要内容作了规定，包括不动产统一登记原则、登记机构的职责、不动产登记的生效时间、登记资料的查询复制、更正登记、异议登记、预告登记以及登记错误责任等；本章第二节对船舶、飞行器和机动车等物权的登记和动产物权生效时间的特殊情形作了规定；本章第三节对物权设立、变更、转让或者消灭的一些特殊情况作了规定，主要是非依法律行为而发生的物权变动问题。

第一节 不动产登记

第二百零九条 不动产物权的设立、变更、转让和消灭，经依法登记，发生效力；未经登记，不发生效力，但是法律另有规定的除外。

依法属于国家所有的自然资源，所有权可以不登记。

◆ **条文主旨**

本条是关于不动产物权登记生效以及依法属于国家所有的自然资源，所有权可以不登记的规定。

◆ **立法背景**

本编第一章规定了物权公示的基本原则，不动产物权的设立、变更、转让和消灭，应当依照法律规定登记。本条的规定，是对不动产公示原则的具体体现。

不动产，即土地以及房屋、林木等土地附着物，对整个社会都具有重大的政治意义、经济意义。不动产的物权，在各国都是物权编最重要的内容。不动产物权的重要意义和作用，又与不动产登记制度有着紧密的联系。本条规定，除法律另有规定外，不动产物权的设立、变更、转让和消灭，经依法登记，发生效力；未经登记，不发生效力。这表明，原则上不动产物权登记是不动产物权的法定公示手段，是不动产物权设立、变更、转让和消灭的生效要件，也是不动产物权依法获得承认和保护的依据。

关于不动产物权登记对不动产物权变动的效力，其他国家和地区基本有两种立法体例：一种是登记生效主义；另一种是登记对抗主义。所谓登记生效主义，即登记决定不动产物权的设立、变更、转让和消灭是否生效，亦即不动产物权的各项变动都必须登记，不登记者不生效。这种体例为德国、我国台湾地区等所采纳，如《德国民法典》规定，为转让一项土地的所有权，为在土地上设立一项物权以及转让该项物权或者在该物权上设立其他权利，如法律没有另行规定时，必须有权利人和因该权利变更而涉及的其他人的合意，以及权利变更在不动产登记簿上的登记。我国台湾地区“民法”规定，不动产物权，依法律行为而取得、设定、丧失即变更者，非经登记，不生效力。《瑞士民法典》规定，取得土地所有权，须在不动产登记簿登记。我国土地管理法等法律以及最高人民法院的司法解释也是采用这种体例。按照这种体例，不动产物权的各种变动不仅需要当事人的法律行为，也需要登记，法律行为和登记的双重法律事实决定不动产物权变动的效力。登记对抗主义，即不动产物权的设立、变更、转让和消灭的生效，仅仅以当事人的法律行为作为生效的必要充分条件，登记与否不决定物权变动的效力。但是为交易安全的考虑，法律规定，不经登记的不动产物权不得对抗第三人。这种体例，为日本法律所采纳，《日本民法典》规定，不动产物权的取得、丧失及变更，除非依登记法规定进行登记，不得以之对抗第三人。我国民法学界一般认为，这两种体例相比，不论是在法理上，还是在实践效果上，登记生效主义都更为合理。在法理上，因物权的本质特征就是排他性，如果权利人获得的物权不能排他，就不能认为其是物权，因此而发生的物权变动自然应该无效。因此，不动产物权变动不登记就能够生效，不合法理。从实践意义上讲，不经登记的不动产物权变动对权利人和相对人均具有极大的风险，对交易的安全非常不利。2007 年物权法起草过程中，立法机关对这个问题广泛征求过意见。大多数人认为应当采用不动产物权登记生效的立法体例；同时，考虑到当时我国有关不动产物权的法律法规也体现了这一原则，如城市房地产管理法规定，国家实行土地使用权和房屋所有权登记发证制度。房地产转让或者变更时，应当向县级以上地方人民政府房产管理部门申请房产变更登记，并凭变更后的房屋所有权证书向同级人民政府土地管理部门申请土地使用权变更登记，经同级人民政府土地管理部门核实，由同级人民政府更换或者更改土地使用权证书。土地管理法规定，依法改变土地权属和用途的，应当办理土地变更登记手续。土地管理法实施条例规定，土地所有权、使用权的变更，自变更登记之日起生效。社会各方面在实践中对这一原则也较为熟悉。因此，物权法作出了上述规定，这也有利于保持法律的连续性。民法典维持了物权法的这一规定。

◆ **条文解读**

不动产物权登记，最基本的效力表现为，除法律另有规定外，不动产物权的设立、变更、转让和消灭，经依法登记，发生效力；未经登记，不发生效力。例如，当事人订立了合法有效的买卖房屋合同后，只有依法办理了房屋所有权转让登记后，才发生房屋所有权变动的法律后果；不经登记，法律不认为发生了房屋所有权的变动。在不动产物权登记这个核心效力的基础上，还可以派生出不动产物权登记推定真实的效力，即除有相反证据证明外，法律认为记载于不动产登记簿的人是该不动产的权利人。这既是不动产物权交易安全性和公正性的需要，也是不动产物权公示原则的必然要求。因此，对不动产登记簿记载的权利为正确权利而取得该项权利的第三人，法律认可其权利取得有效而予以保护，但对明知不动产登记簿记载的权利有瑕疵而取得该项权利的人，法律则不予以保护。正因为不动产物权登记具有这样的效力，本章才规定异议登记的制度，在发生登记上的不动产物权和事实上的不动产物权不一致的情况下，事实上的权利人可以进行异议登记，将不动产登记可能有瑕疵的情况记入登记簿，以对抗第三人，防止自己利益受到损害。

本条规定，“未经登记，不发生效力，但是法律另有规定的除外”。这里的“法律另有规定的除外”，主要包括三方面的内容：一是本条第2款所规定的，依法属于国家所有的自然资源，所有权可以不登记。二是本章第三节规定的物权设立、变更、转让或者消灭的一些特殊情况，即主要是非依法律行为而发生的物权变动的情形：第一，因人民法院、仲裁委员会的法律文书，人民政府的征收决定等，导致物权设立、变更、转让或者消灭的，自法律文书生效或者人民政府的征收决定等行为生效时发生效力。第二，因继承取得物权的，自继承开始时发生效力。第三，因合法建造、拆除房屋等事实行为设立和消灭物权的，自事实行为成就时发生效力。三是考虑到现行法律的规定以及我国的实际情况尤其是农村的实际情况，本法并没有对不动产物权的设立、变更、转让和消灭，一概规定必须经依法登记才发生效力。例如，在土地承包经营权一章中规定，“土地承包经营权自土地承包经营权合同生效时设立”。同时还规定，“土地承包经营权互换、转让的，当事人可以向登记机构申请登记；未经登记，不得对抗善意第三人”。这里规定的是“未经登记，不得对抗善意第三人”，而不是“不发生效力”。地役权一章规定，“地役权自地役权合同生效时设立。当事人要求登记的，可以向登记机构申请地役权登记；未经登记，不得对抗善意第三人”。在宅基地使用权一章，也没有规定宅基地使用权必须登记才发生效力，只是规定，“已经登记的宅基地使用权转让或者消灭的，应当及时办理变更登记或者注销登记”。也就是说，宅基地使用权不以登记为生效要件。

本条第 2 款规定，依法属于国家所有的自然资源，所有权可以不登记。本编规定，法律规定属于国家所有的财产，属于国家所有即全民所有。同时，在现行法律相关内容的基础上规定，矿藏、水流、海域属于国家所有；城市的土地，属于国家所有；法律规定属于国家所有的农村和城市郊区的土地，属于国家所有；森林、山岭、草原、荒地、滩涂等自然资源，属于国家所有，但是法律规定属于集体所有的除外；法律规定属于国家所有的野生动植物资源，属于国家所有。本款作这样的规定，主要是出于两方面的考虑：第一，规定不动产物权登记生效，是物权公示原则的体现。法律明确规定哪些自然资源属于国家所有，比权利记载于登记机构管理的不动产登记簿有着更强的公示力，也就无须再通过不动产登记来达到生效的法律效果。第二，不动产物权登记生效，针对的主要是当事人通过法律行为进行物权变动的情况。本款所规定的国家依照法律规定对自然资源享有所有权，不属于因法律行为而产生物权变动的情况，因此也就无须进行登记来享有所有权。需要说明的是，本款只是规定依法属于国家所有的自然资源，所有权可以不登记，至于在国家所有的土地、森林、海域等自然资源上设立用益物权、担保物权，则需要依法登记生效。

关于本条第 2 款，在立法征求意见的过程中，有一种意见认为，这样规定不利于对国家所有的自然资源的管理，也不利于对自然资源的利用。建议将其修改为国家所有的自然资源也应登记，并具体规定由哪个部门登记、管理、开发和利用。应当指出，在实践中，为了加强对国有自然资源的管理和有效利用，有关管理部门对国有自然资源进行了资产性登记。一些法律法规也有这方面的规定，如草原法规定，未确定使用权的国家所有的草原，由县级以上人民政府登记造册，并负责保护管理。但这种资产性登记，与物权编规定的作为公示方法的不动产物权登记性质上是不同的，它只是管理部门为“摸清家底”而从事的一种管理行为，并不产生物权法律制度上的效力。

第二百一十条 不动产登记，由不动产所在地的登记机构办理。

国家对不动产实行统一登记制度。统一登记的范围、登记机构和登记办法，由法律、行政法规规定。

◆ **条文主旨**

本条是关于不动产登记机构和国家实行统一登记制度的规定。

◆ **立法背景**

在物权法制定之前，不动产登记主要由不动产所在地的县级以上人民政府的相关不动产管理部门负责。涉及的部门主要有土地管理部门、房产管理部门、农业主管部门、林业主管部门、海洋行政主管部门、地质矿产主管部门等。在物权法立法过程中，不少部门、专家认为，登记机构特别是不动产登记机构不统一，必然出现重复登记、登记资料分散、增加当事人负担、资源浪费等弊端，不利于健全登记制度，应当统一登记机构。立法机关经研究，赞成上述意见，同时又考虑到统一登记涉及行政管理体制改革，实行统一登记需要有一个过程。因此，物权法规定“国家对不动产实行统一登记制度”的同时，又规定“统一登记的范围、登记机构和登记办法，由法律、行政法规规定”。民法典维持了这一规定。

◆ **条文解读**

从其他国家或地区的立法情况看，很多都规定在一国之内或一个统一司法区域内实行不动产统一登记的制度，即不论是土地、房屋还是其他不动产，也不论是何种不动产物权，均由统一的机构登记。至于具体的登记机构设置，则不尽相同，如德国的不动产登记机构为属于地方法院的土地登记局，瑞士大多为各州的地方法院，日本为司法行政机关法务局、地方法务局及其派出所，我国台湾地区的登记机关是属于行政机构的“地政局”。

为整合不动产登记职责，规范登记行为，方便群众申请登记，保护权利人合法权益，国务院于 2014 年制定发布了《不动产登记暂行条例》，自 2015 年 3 月 1 日起施行。目前，不动产登记工作应当按照《不动产登记暂行条例》来执行。2018 年 9 月 7 日，第十三届全国人大常委会立法规划公布，其中不动产登记法被列为一类立法项目。不动产统一登记的范围、登记机构和登记办法将是不动产登记法的重要内容。

► **相关规定**

《不动产登记暂行条例》

第二百一十一条 当事人申请登记，应当根据不同登记事项提供权属证明和不动产界址、面积等必要材料。

◆ **条文主旨**

本条是关于当事人申请登记应当提供的必要材料的规定。

◆ **条文解读**

关于申请登记需要向登记机构提供哪些材料的问题，有些国家是由专门的不动产登记法进行规定，如日本不动产登记法规定，申请登记，应提供申请书、证明登记原因的材料、关于登记义务人权利的登记证明书、第三人许可、同意或承诺的证明、代理人权限的证明等。物权编在此只是原则性地作出一个衔接性的规定，当事人申请登记所需要提供的具体材料，还需要专门法律法规，包括将来制定的不动产登记法予以进一步明确。比如，《不动产登记暂行条例》第 16 条第 1 款就明确规定："申请人应当提交下列材料，并对申请材料的真实性负责：（一）登记申请书；（二）申请人、代理人身份证明材料、授权委托书；（三）相关的不动产权属来源证明材料、登记原因证明文件、不动产权属证书；（四）不动产界址、空间界限、面积等材料；（五）与他人利害关系的说明材料；

（六）法律、行政法规以及本条例实施细则规定的其他材料。”

▶ 相关规定

《不动产登记暂行条例》第16条

第二百一十二条 登记机构应当履行下列职责：

（一）查验申请人提供的权属证明和其他必要材料；

（二）就有关登记事项询问申请人；

（三）如实、及时登记有关事项；

（四）法律、行政法规规定的其他职责。

申请登记的不动产的有关情况需要进一步证明的，登记机构可以要求申请人补充材料，必要时可以实地查看。

◆ 条文主旨

本条是对登记机构应当履行的职责的规定。

◆ 立法背景

其他国家和地区关于不动产物权登记机构职责有不同的规定，德国法律规定不动产登记机关除有审查当事人的申请材料是否齐备的权利之外，对当事人申请登记的内容只有消极的登记义务。登记机关既没有权利也没有义务对当事人申请登记的涉及实质权利义务的内容进行调查，也无权对当事人的财产法律关系进行变更。我国台湾地区的“土地登记规则”也只规定了登记机关审查当事人的申请材料的职能。《日本不动产登记法》规定，登记官在有土地或者建筑物标示登记的申请时，或依职权进行其登记时，如有必要，可以调查土地或建筑物标示事项。

2007年物权法立法过程中，关于本条的意见主要集中在登记审查应当采用何种方式上，主要有形式审查和实质审查两种意见的争论。有的意见认为，登记机构应当对登记申请进行实质审查，以避免错误登记；有的意见认为，登记机构的审查主要是形式审查，没有能力做到实质审查。然而，对于何谓形式审查，何谓实质审查，也存在争论。有的学者从登记审查的范围对此二者进行界定，认为形式审查就是登记机构不审查登记申请是否与实体法上的权利关系一致，而仅审查登记申请在登记手续、提供材料等方面是否合法、齐备；实质审查则是不仅审查登记申请在登记手续上是否合法，还要审查其是否与实体法上的权利关系一致、实体法上的权利是否有效。有学者则从登记机构的调查权限上界定实质审查，即登记机构接受了登记申请之后，应当对登记内容进行询问和调查，以确保登记内容的真实性。还有的学者认为登记机构的审查权限及于不动产物权变动的原因关系的，就是实质审查；反之，就是形式审查。本条延续了物权法的规定，并未作修改。

◆ **条文解读**

本条的两款规定，既没有试图界定什么是实质审查，什么是形式审查，更不去回答物权编要求不动产登记机构进行实质审查还是形式审查。本条的规定，是在调研我国不动产登记实际情况并听取各方面意见的基础上作出的，目的是使登记机构在各自的职权范围内，充分履行职责，尽可能地保证如实、准确、及时地登记不动产物权有关事项，避免登记错误。本条内容只是物权编作出的一个原则性规定，随着行政管理体制改革和不动产统一登记制度的建立，法律还将在总结实践经验的基础上对登记机构履行职责问题作出更为具体的规定。例如，《不动产登记暂行条例》第18条规定："不动产登记机构受理不动产登记申请的，应当按照下列要求进行查验：（一）不动产界址、空间界限、面积等材料与申请登记的不动产状况是否一致；（二）有关证明材料、文件与申请登记的内容是否一致；（三）登记申请是否违反法律、行政法规规定。”第19条规定：“属于下列情形之一的，不动产登记机构可以对申请登记的不动产进行实地查看：（一）房屋等建筑物、构筑物所有权首次登记；（二）在建建筑物抵押权登记；（三）因不动产灭失导致的注销登记；（四）不动产登记机构认为需要实地查看的其他情形。对可能存在权属争议，或者可能涉及他人利害关系的登记申请，不动产登记机构可以向申请人、利害关系人或者有关单位进行调查。不动产登记机构进行实地查看或者调查时，申请人、被调查人应当予以配合。”

▶ 相关规定

《不动产登记暂行条例》第18条、第19条

第二百一十三条 登记机构不得有下列行为：

（一）要求对不动产进行评估；

（二）以年检等名义进行重复登记；

（三）超出登记职责范围的其他行为。

◆ 条文主旨

本条是关于登记机构禁止从事的行为的规定。

◆ 条文解读

在前条规定登记机构应当履行的职责的基础上，又作出本条规定，主要是针对在立法调研过程中发现一些的问题。一些地方的不动产登记机构，履行职责态度不端正，管理不严格，不考虑

如何准确、及时登记申请事项，如何为当事人提供便利，而是挖空心思，利用手中职权给当事人设置重重障碍，在为组织和个人谋取私利上做足功夫，炮制出评估、年检等诸多名目，收取高额费用。这些现象在抵押登记领域尤为突出，群众的意见很大。这种情况也从另一面反映出不动产登记方面的法律法规还有待更加完善。因此，本条明确规定了登记机构不得从事的行为，对这些行为予以明确禁止，在明确列举“要求对不动产进行评估”和“以年检等名义进行重复登记”这两项反映较多的问题的同时，又规定了一项兜底内容，即“超出登记职责范围的其他行为”，以防止登记机构改头换面，钻法律的空子；同时，也为当事人在权益受到侵害时提供法律武器。

第二百一十四条 不动产物权的设立、变更、转让和消灭，依照法律规定应当登记的，自记载于不动产登记簿时发生效力。

◆ **条文主旨**

本条是关于依法应当登记的不动产物权的设立、变更、转让和消灭何时发生效力的规定。

◆ **条文解读**

本章规定，除法律另有规定外，不动产物权的设立、变更、转让和消灭，经依法登记，发生效力，未经登记，不发生效力，确立了不动产物权登记生效的原则。本条则具体明确了不动产物权设立、变更、转让和消灭登记生效的时间，即“自记载于不动产登记簿时发生效力”，也就是说，不动产物权登记，自登记机构将不动产物权有关事项记载于不动产登记簿时，始告完成。

不动产登记簿是法律规定的不动产物权登记机构管理的不动产物权登记档案。一般认为，根据物权公示原则的要求，不动产登记簿应当具有这样一些特征：一是统一性，一个登记区域内的不动产登记簿只能有一个，这样该区域内的不动产物权变动的各种情况才能准确地得到反映，物权交易的秩序才能良好建立；二是权威性，不动产登记簿是国家建立的档案簿册，其公信力以国家的行为担保，并依此为不动产物权变动的可信性提供保障；三是持久性，不动产登记簿将由登记机构长期保存，以便于当事人和利害关系人的利益获得长期的保障；四是公开性，不动产登记簿不应是秘密档案，登记机构不但应当允许权利人和利害关系人查阅复制，而且还要为他们的查阅复制提供便利。正因为不动产登记簿具有这些特征，不动产物权的设立、变更、转让和消灭只有在记载于不动产登记簿之后，才具有了公示力和排他力。在这一点上，国外也有相似的规定，如《瑞士民法典》规定，物权在不动产登记簿主簿登记后，始得成立，并依次列顺序及日期。《德国民法典》规定，转让土地所有权、对土地设定权利以及转让此种权利或者对此种权利设定其他权利，需有权利人与相对人关于权利变更的协议，并应将权利变更在土地登记簿中登记注册，但法律另有其他规定的除外。

第二百一十五条 当事人之间订立有关设立、变更、转让和消灭不动产物权的合同，除法律另有规定或者当事人另有约定外，自合同成立时生效；未办理物权登记的，不影响合同效力。

◆ 条文主旨

本条是关于合同效力和物权效力区分的规定。

◆ 立法背景

本条规定的内容，在民法学中称为物权变动与其基础关系或者说原因关系的区分原则。区分合同效力和登记的效力为我国民法学界普遍赞同。有的学者提出，区分原则具有如下几个方面的实际意义：第一，有利于保护买受人依据合同所享有的占有权。在不动产买卖合同成立以后，即使没有办理不动产权利移转的登记手续，但是，因为合同已经生效，所以依据有效合同而交付之后，买受人因此享有的占有权仍然受到保护。即使买受人不享有物权，也仍可以享有合法的占有权，针对第三人侵害不动产的行为，可以提起占有之诉。第二，有利于确立违约责任。如果一方在合同成立之后没有办理登记，或者拒绝履行登记义务，由于合同已经成立并生效，此种拒不履行登记的行为构成违约，应当承担相应的违约责任。假如未办理登记可导致合同无效，非违约方将无法要求违约方承担违约责任。第三，有利于保护无过错一方当事人。当事人之间买卖房屋未经登记的情况错综复杂，如果以登记为合同生效要件，则在因出卖人的原因而未办理登记手续的情况下，在房屋价格上涨之后，出卖人有可能以未办理登记将导致合同无效为理由，要求确认合同无效并返还房屋，这有可能鼓励一些不法行为人规避法律，甚至利用房屋买卖欺诈他人，而损害的却是善意的买受人的利益。特别是在房屋已经交付使用，买受人对房屋已进行了重大修缮的情况下，如果因未登记而确认合同无效并返还房屋，这确实会破坏现有的财产秩序。如果严格地区分合同效力和登记效力，则可以防止此种现象的发生。

学者一般认为，区分两种效力不但是科学的，符合物权为排他权而债权为请求权的基本法理，而且被民法实践证明对分清物权法律制度和债权法律制度的不同作用范围，区分当事人的不同法律责任，保障原因合同当事人的合法利益也是非常必要和行之有效的。曾有一段时期，我国的司法实践以及一些立法，对这个问题有不同的认识。目前，无论是民法学界，还是法律规定和司法实践，对于区分合同效力和登记效力，在认识上已经基本达成一致。合同法规定，依法成立的合同，自成立时生效。合同法还规定了导致合同无效的各种情形，在这些情形中，并没有不动产物权未依法登记的规定。担保法曾有抵押合同自登记之日起生效的规定，但物权编在抵押权一章，改变了这一规定，即不动产抵押登记，只产生抵押权生效的效力。司法实践也明确了区分合同效力与登记效力的原则，《最高人民法院关于适用〈中华人民共和国合同法〉若干问题的解释》规定，依照合同法第44条第2款的规定，法律、行政法规规定合同应当办理批准手续，或者办理批准、登记等手续才生效，在一审法庭辩论终结前当事人仍未办理批准手续的，或者仍未办理批准、登记等手续的，人民法院应当认定该合同未生效；法律、行政法规规定合同应当办理登记手续，但未规定登记后生效的，当事人未办理登记手续不影响合同的效力，合同标的物所有权及其他物权不能转移。

◆ 条文解读

以发生物权变动为目的的基础关系，主要是合同，它属于债权法律关系的范畴，成立以及生效应该依据合同相关法律来判断。民法学将这种合同看成是物权变动的原因行为。不动产物权的变动只能在登记时生效，依法成立生效的合同也许不能发生物权变动的结果。这可能是因为物权因客观情势发生变迁，使得物权的变动成为不可能；也可能是物权的出让人“一物二卖”，其中一个买受人先行进行了不动产登记，其他的买受人便不可能取得合同约定转让的物权。有关设立、变更、转让和消灭不动产物权的合同和物权的设立、变更、转让和消灭本身是两个应当加以区分的情况。除非法律有特别规定，合同一经成立，只要不违反法律的强制性规定和社会公共利益，就可以发生效力。合同只是当事人之间的一种合意，并不必然与登记联系在一起。登记是针对民事权利的变动而设定的，它是与物权的变动联系在一起的，是一种物权变动的公示方法。登记并不是针对合同行为，而是针对物权的变动所采取的一种公示方法，如果当事人之间仅就物权的变动达成合意，而没有办理登记，合同仍然有效。例如，当事人双方订立了房屋买卖合同之后，合同就已经生效，如果没有办理登记手续，房屋所有权不能发生移转，但买受人基于有效合同而享有的占有权仍然受到保护。违约的合同当事人一方应该承担违约责任。依不同情形，买受人可以请求债务人实际履行合同，即请求出卖人办理不动产转让登记，或者请求债务人赔偿损失。

第二百一十六条 不动产登记簿是物权归属和内容的根据。

不动产登记簿由登记机构管理。

◆ **条文主旨**

本条是关于不动产登记簿效力以及管理机构的规定。

◆ **条文解读**

在确立了不动产物权登记生效的原则之后，不动产登记簿就自然应当成为不动产物权的法律根据，这是不动产物权公示原则的当然体现，也是保障物权变动安全的必要手段。本条第1款的规定，在民法学上一般称为权利正确性推定原则，即在不动产登记簿上记载某人享有某项物权时，推定该人享有该项权利，其权利的内容也以不动产登记簿上的记载为准。在建立不动产登记制度的情况下，不动产登记成为不动产物权制度的基础，不动产登记簿所记载的权利的正确性推定效力对客观、公正的不动产交易秩序的建立有着极为重要的意义。

不动产登记簿记载的权利和事实上的权利应当是一致的，法律也要求登记机构正确履行职责，如实记载登记事项，但是由于现实经济生活的复杂性，也会产生二者不符的情形。在实际生活中，由于当事人自己的过错或者由于登记机关的过错，可能会出现登记的权利和事实上的权利不一致的情况。因此，规定不动产登记簿的推定正确效力，对实现不动产物权变动中的客观公正有十分重要的意义，正因为登记簿有此效力，第三人依据登记簿取得的权利才受到法律的保护，交易的安全才有了保障。由此可见，法律规定物权的归属和内容以不动产登记簿为根据，目的就是从国家公信力的角度对物权相对人的利益进行保护，从而建立一个能以客观标准衡量的公正的经济秩序，这也是物权公示原则的价值和要求。法律在为建立公正安全的交易秩序而保护相对人利益的同时，也为可能的事实权利人提供了异议登记、更正登记等救济手段。

本条的这一规定，是建立不动产登记制度的各个国家和地区普遍承认的原则。如《德国民法典》规定，在土地登记簿中为了某人登记一项权利的，应推定此人享有该项权利。在土地登记簿中注销一项权利的，应推定该项权利不复存在。为有利于根据法律行为取得一项权利或者取得该项权利上的权利的人，土地登记簿中所记载的内容应视为是正确的，对其正确性提出的异议已进行登记的或者取得人明知其为不正确的除外。《瑞士民法典》规定，出于善意而信赖不动产登记簿的登记，因而取得所有权或其他权利的人，均受保护。我国台湾地区“土地法”规定，“依本法所为之登记，有绝对效力”。

第二百一十七条 不动产权属证书是权利人享有该不动产物权的证明。不动产权属证书记载的事项，应当与不动产登记簿一致；记载不一致的，除有证据证明不动产登记簿确有错误外，以不动产登记簿为准。

◆ **条文主旨**

本条是关于不动产登记簿与不动产权属证书关系的规定。

◆ **条文解读**

不动产权属证书，即不动产的所有权证、使用权证等，是登记机关颁发给权利人作为其享有权利的证明。根据物权公示原则，完成不动产物权公示的是不动产登记，不动产物权的归属和内容应以不动产登记簿为根据。不动产物权证书只是不动产登记簿所记载内容的外在表现形式。在社会生活和交易过程中，不动产权利人为了证明自己的权利状况，可以出示权属证书。

实践中，仍存在重视不动产权属证书而轻视不动产登记簿的现象，这样将削弱不动产物权登记的公示性，影响不动产交易的安全。因此，本条规定，不动产权属证书是权利人享有该不动产物权的证明。不动产权属证书记载的事项，应当与不动产登记簿一致；记载不一致的，除有证据证明不动产登记簿确有错误外，以不动产登记簿为准。国外也有类似的规定，如《意大利民法典》规定，在不动产登记簿、复印件或证明是不同的情况下，登记簿的效力优先。

第二百一十八条 权利人、利害关系人可以申请查询、复制不动产登记资料，登记机构应当提供。

◆ 条文主旨

本条是关于不动产登记资料查询、复制的规定。

◆ 立法背景

不动产登记制度是建立和完善物权法律制度的基础。但是，对于究竟哪些人可以查询和复制登记资料，存在不同的观点。有一种观点认为，任何人都可以查询和复制，所有的社会公众都可以进行查询。持这种观点的人主要基于以下3个理由：第一个理由是，物权公示的目的就是要公开登记资料，让社会公众都能够知道物权归属的状况。第二个理由是，如果权利人选择进行登记，登记行为本身也就表明他并不把所要登记的内容作为个人隐私，登记的资料就是准备要公开的，因此不属于隐私的范畴，也不属于商业秘密。第三个理由是，如果一部分人可以进行查询、复制，而另外一部分人不能进行查询、复制，就需要作出一些限制性的规定，在实际操作中所需的成本比较高。还有一种观点认为，对于享有不动产物权而不想进行交易的权利人来说，没有必要让社会公众都知道其不动产物权登记信息。对于想要受让不动产物权的当事人来说，也无须了解所有的不动产物权登记信息，需要了解的只是对方出让的不动产的物权信息。因此，没有必要规定不动产登记资料向所有社会公众开放。

对于这个问题，国外的规定也不一样，有的国家、地区是规定大家都可以查询，有的则作出某种限制。《瑞士民法典》规定，任何人均有权获悉在不动产登记簿上登记的不动产所有权人为何人。经初步证据证明为有利益关系者，有权请求查阅不动产登记簿或请求就此制作内容摘要。任何人不得提出其不知不动产登记簿上登记的抗辩。《日本不动产登记法》规定，任何人都可以缴纳手续费，而请求交付登记簿的誊本、节本或地图及建筑物所在图的全部或一部的副本。并且，以有利害关系部分为限，可以请求阅览登记簿及其附属文件或地图、建筑物所在图。德国法律规定，不动产权利人和相关利害关系人可以申请查询不动产登记簿。

◆ **条文解读**

物权公示本来的含义或者真正目的，并不是要求全社会的人都知道特定不动产的信息。物权公示虽然是针对不特定的人，但这个不特定的人不是全社会的人。登记资料只要能够满足合同双方当事人以外或者物权权利人以外的人中可能和这个物权发生联系的人的要求，就达到了登记的目的和物权公示的目的。如果不加区别地认为所有人都可以去查询、复制登记资料，实际上是一种误导，甚至会带来没有必要的麻烦。因此，本条规定，权利人、利害关系人可以申请查询、复制不动产登记资料，登记机构应当提供。

▶ **相关规定**

《中华人民共和国海商法》第 13 条；《中华人民共和国民用航空法》第 12 条；《中华人民共和国土地管理法实施条例》第 3 条；《不动产登记暂行条例》第 27 条

第二百一十九条 利害关系人不得公开、非法使用权利人的不动产登记资料。

◆ 条文主旨

本条是关于利害关系人应当保护权利人个人信息的规定。

◆ 立法背景

我国法律高度重视对自然人个人信息的保护，不断完善保护个人信息的法律规定。《民法典》总则编在民事权利一章明确规定："自然人的个人信息受法律保护。任何组织或者个人需要获取他人个人信息的，应当依法取得并确保信息安全，不得非法收集、使用、加工、传输他人个人信息，不得非法买卖、提供或者公开他人个人信息。"此外，对个人信息的保护还涉及多部法律，如消费者权益保护法、网络安全法、商业银行法、执业医师法、居民身份证法以及全国人大常委会关于加强网络信息保护的决定等。这些法律从不同角度对自然人个人信息进行保护，明确相关民事主体的权利义务，规定相应的民事责任以及行政责任、刑事责任。

◆ 条文解读

本条是民法典新增加的条文。明确利害关系人不得公开、非法使用权利人不动产登记资料的义务，目的是保护权利人的个人信息。依照前条的规定，在权利人之外，只有利害关系人可以申请查询、复制登记资料。如此规定已经表明法律不认为不动产物权登记信息属于可以向社会公众开放查询的公开信息。除权利人外，登记资料只要能够满足与特定物权产生利害关系的人查询、复制的需要，就达到了物权公示的目的。利害关系人虽然依法有资格查询、复制不动产登记资料，但本条明确，其仍有义务保护不动产权利人的个人信息，不得公开、非法使用权利人的不动产登记资料。

▶ **相关规定**

《中华人民共和国网络安全法》第 76 条；《中华人民共和国消费者权益保护法》第 14 条、第 50 条、第 56 条；《中华人民共和国商业银行法》第 29 条；《中华人民共和国执业医师法》第 22 条；《中华人民共和国居民身份证法》第 19 条；《不动产登记暂行条例》第 28 条

第二百二十条 权利人、利害关系人认为不动产登记簿记载的事项错误的，可以申请更正登记。不动产登记簿记载的权利人书面同意更正或者有证据证明登记确有错误的，登记机构应当予以更正。

不动产登记簿记载的权利人不同意更正的，利害关系人可以申请异议登记。登记机构予以异议登记，申请人自异议登记之日起十五日内不提起诉讼的，异议登记失效。异议登记不当，造成权利人损害的，权利人可以向申请人请求损害赔偿。

◆ **条文主旨**

本条是关于不动产更正登记和异议登记的规定。

◆ **立法背景**

建立不动产登记制度的国家和地区，一般都建立了更正登记制度。如《德国民法典》第 894 条规定，土地登记簿记载的土地

物权，在此权利上设定的物权，或者依据第892条第1款确定的处分限制，与真正的权利状态不一致时，其权利未被登记、未被正确登记或者因一个并不存在的权利负担的登记或者权利限制的登记受到损害的人，可以要求因更正登记而涉及其权利者的同意，为更正登记。《瑞士民法典》规定，物权的登记不正当，或正当的登记被不正当地涂销或者更改时，物权受到损害的人，得诉请更正登记。不动产登记簿管理人的更正登记，须得当事人同意或依法官的裁判始得完成……书写错误的更正，根据联邦委员会颁布的有关规定办理。我国台湾地区“土地登记规则”规定，登记人员或利害关系人于登记完毕后，发现登记错误或遗漏时，应申请更正登记。登记机关报经上级地政机关查明核准后更正之。

异议登记同样是其他国家和地区不动产登记制度的重要组成部分，如《德国民法典》规定，发生登记错误的情形时，对抗土地登记簿的正确性的异议，可以纳入登记。在我国台湾地区“民法”中，原来也规定有异议登记制度，但是后来作了修改，将其纳入“民事诉讼法”中的“假处分”制度。所谓假处分，属于“民事诉讼法”中一种保全性质的强制执行程序，其目的在于将争议的法律关系状态暂时保持不变，以防止权利人处分其权利后，使得将来无法恢复。但在后来制定“土地登记规则”时，考虑到这一制度的积极意义，又将其纳入限制登记之中。《日本不动产登记法》中的假处分制度意义也是如此。

◆ 条文解读

更正登记与异议登记同样是保护事实上的权利人或者真正权利人以及真正权利状态的法律措施。与异议登记不同的是，更正登记是彻底地消除登记权利与真正权利不一致的状态，避免第三人依据不动产登记簿取得不动产登记簿上记载的物权。因此，也可以认为更正登记是对原登记权利的涂销登记，同时是对真正权利的初始登记。更正登记有两种方式：一种是经权利人（包括登记上的权利人和事实上的权利人）以及利害关系人申请的登记；另一种是登记机关自己发现错误后作出的更正登记。

更正登记的目的是保护事实上的权利人的物权，许可真正的权利人或者利害关系人依据真正的权利状态对不动产登记簿记载的内容进行更正。但是，更正的程序可能较为费时，有时申请更正的权利人与登记簿上记载的权利人之间的争议一时难以解决，法律有必要建立异议登记制度，作为一种对真正权利人利益的临时性保护措施。所谓异议登记，就是将事实上的权利人以及利害关系人对不动产登记簿记载的权利所提出的异议记入登记簿。异议登记的法律效力是，登记簿上所记载的权利失去正确性推定的效力，第三人不得主张依照登记的公信力而受到保护。

由此可见，异议登记虽然可以为真正权利人提供保护，但这种保护应当是临时性的，因为它同时也给不动产物权交易造成了一种不稳定的状态。为使得不动产物权的不稳定状态早日恢复正常，法律必须对异议登记的有效期间作出限制。因此，本条规定，申请人自异议登记之日起15日内不提起诉讼的，异议登记失效。申请人自异议登记之日起15日内不提起诉讼，说明异议登记的申请人不积极行使其权利，为使登记簿上记载的权利人的利益和正常的交易秩序不致受到严重的影响，法律规定这时该异议登记失去其效力。

由于异议登记可以使登记簿上所记载的权利失去正确性推定的效力，同时，异议登记的申请人在提出异议登记的申请时也无须充分证明其权利受到了损害，如果申请人滥用异议登记制度，将可能给登记簿上记载的权利人的利益造成损害。因此，本条规定，异议登记不当，造成权利人损害的，权利人可以向申请人请求损害赔偿。

第二百二十一条 当事人签订买卖房屋的协议或者签订其他不动产物权的协议，为保障将来实现物权，按照约定可以向登记机构申请预告登记。预告登记后，未经预告登记的权利人同意，处分该不动产的，不发生物权效力。

预告登记后，债权消灭或者自能够进行不动产登记之日起九十日内未申请登记的，预告登记失效。

◆ 条文主旨

本条是关于预告登记的规定。

◆ 立法背景

预告登记，是德国中世纪民法创立的制度。根据《德国民法典》的规定，为保全目的转让或者废止一项土地上的物权的请求权，或者土地上负担的物权请求权，或者变更这些物权的内容或其顺位的请求权，可以在土地登记簿中将其纳入预告登记。预告登记可在满足两种条件之一的情况下进行：（1）不动产物权人的同意；（2）法院的临时处分命令。为预告登记而作出的临时处分，与民事诉讼法中规定的临时处分有所不同。根据《德国民事诉讼法》的规定，临时处分是在当事人认为存在着将来不能实现其权利或者难以实现其权利的危险时实施的。而预告登记的临时处分命令的作出无须当事人证明请求权处于危险状态下，只需证明存在着可为预告登记的请求权即可。预告登记的请求权纳入预告登记后，即具有排他效力，可能妨害请求权的处分视为违反预告登记的处分而无效。预告登记是与所登记的请求权紧密结合在一起的，随着请求权的移转而移转，随着请求权的消灭而消灭。此外，预告登记还因债权人的放弃、所保全的请求权指向的物权纳入本登记、不动产物权人行使涂销预告登记的请求权而消灭。《瑞士民法典》规定，因下列原因之一，可以预登记对土地的处分限制：(1) 官方为保全有争执的或有待执行的请求权所发布的命令；(2) 出质、破产或遗产延期分割；(3) 属法定预登记的，如家宅的设定及后位继承人的继承权等权利。处分的限制，经预登记后，始得对他人后取得的权利有对抗的效力。

《日本不动产登记法》将这种制度称为“假登记”，在下列各项情形下进行：(1) 未具备登记申请程序上需要的条件时；(2) 欲保全法律所载权利的设定、移转、变更或者消灭的请求权时。我国台湾地区“土地法”中该制度的名称也是预告登记，该“法”规定，申请保全下列请求权之预告登记，应由请求权人检附登记名义人之同意书为之：(1) 关于土地权利移转或使其消灭之请求权；(2) 土地权利内容或次序变更之请求权；(3) 附条件或期限之请求权。预告登记未涂销前，登记名义人就其土地所为之处分，对于所登记之请求权有妨碍者无效。本条对预告登记条件及法律效力的规定，较为接近我国台湾地区的规定。

◆ 条文解读

预告登记，是指为保全一项请求权而进行的不动产登记，该项请求权所要达到的目的，是在将来发生不动产物权变动。这种登记是不动产登记的特殊类型。其他的不动产登记都是对现实的不动产物权进行登记，而预告登记所登记的，不是不动产物权，而是目的在于将来发生不动产物权变动的请求权。预告登记的本质特征是使被登记的请求权具有物权的效力，也就是说，进行了预告登记的请求权，对后来发生的与该项请求权内容相同的不动产物权的处分行为，具有对抗的效力，这样，所登记的请求权就得到了保护。

预告登记的功能是限制房地产开发商等债务人处分其权利，即本条规定的“预告登记后，未经预告登记的权利人同意，处分该不动产的，不发生物权效力”，以保障债权人将来实现其债权。正如有的学者所说，预告登记的实践意义在于，权利人所期待的未来发生的物权变动对自己有极为重要的意义，非要发生这种变动不可；而法律也认可这种变动对权利人的意义，并以法律予以保障。比如，老百姓购买预售的住房，它涉及公民的基本生存权利，所以法律上承认买受人获得指定的房屋的权利有特殊保护的必要。但是，因为购房人在与开发商订立预售合同后，只享有合同法上的请求权，该项权利没有排他的效力，所以购房人无法防止开发商将房屋以更高的价格出卖给他人，即“一房二卖”这种情况的发生，而只能在这种情况发生时主张开发商违约要求损害赔偿，而无法获得指定的房屋。在建立了预告登记制度的情况下，购房人如果将他的这一请求权进行预告登记，因为预告登记具有物权的排他效力，所以开发商违背预告登记内容的处分行为就不能发生法律效力。这些处分行为既包括一房二卖，也包括在已出售的房屋上设定抵押权等行为。这样，购房者将来肯定能够获得约定买卖的房屋。因此，预告登记对解决类似商品房预售中一房二卖这样的社会问题有着特殊的作用。依照本条规定，预告登记不仅可以针对当事人签订买卖房屋协议的情况，还包括签订其他不动产物权协议的情况。因此，建立预告登记制度，具有广泛地保障债权实现的意义。

第二百二十二条　当事人提供虚假材料申请登记，造成他人损害的，应当承担赔偿责任。

因登记错误，造成他人损害的，登记机构应当承担赔偿责任。登记机构赔偿后，可以向造成登记错误的人追偿。

◆ 条文主旨

本条是关于登记错误赔偿责任的规定。

◆ 立法背景

实践中登记错误的发生主要有两种情况：一是登记机构工作人员疏忽、过失等原因造成错误；二是登记申请人等采取欺骗手段或者与登记机关的人员恶意串通造成错误。

◆ 条文解读

立法征求意见过程中，普遍认为，当事人提供虚假材料申请登记，给他人造成损害的，应当承担赔偿责任。对于登记错误登记机构应当如何承担责任，有不同的意见。有的提出，因登记机构的过错，致使不动产登记发生错误，因该错误登记致当事人或者利害关系人遭受损害的，登记机关应依照国家赔偿法的相应规定承担赔偿责任。这种意见认为，我国国家赔偿法规定，国家机关及其工作人员因执行公务的过错给公民、法人造成损害的，应承担国家赔偿的责任。具体承担责任的部门，包括政府、法院和检察院等。不动产物权登记是以国家的公信力为不动产的交易提供法律基础的行为，如果登记错误的原因是登记机构的过错，而当事人或者利害关系人因该登记受到损害，登记机关应当承担国家赔偿责任。同时认为，国家赔偿责任是过错责任，如登记机关没有过错，则不应承担责任。如果登记错误是登记机构和当事人、利害关系人的共同过错，则他们应当承担共同责任。有的提出，因不动产登记机构登记时漏登、误登造成他人损失的，应当由不动产登记机构赔偿，但不赞同适用国家赔偿法并由国家出资赔偿，而是建议设立不动产登记赔偿基金，在不动产登记业务中根据一定的标准收取一定的费用，纳入不动产登记赔偿基金，该基金只能用于不动产登记赔偿，不能挪作他用。

经研究认为，对于登记机构应当具有什么性质还有不同意见，有待于进一步明确，目前不宜规定登记机构的国家赔偿责任。不动产登记赔偿基金可否设立，应当如何设立，也还可以进一步研究，即使以后规定，也宜由不动产登记的专门法律作出，民法典仅作原则性规定。本条第 2 款规定，因登记错误，造成他人损害的，登记机构应当承担赔偿责任。这里造成登记错误的原因，既包括登记机构工作人员故意以及疏忽大意等过错，也包括当事人提供虚假材料欺骗登记机构等情形。登记错误的受害人处于相对弱势的地位，这样规定，是为了对受害人提供更加充分的保护。登记机构赔偿后，可以向造成登记错误的人追偿。

▶ **相关规定**

《不动产登记暂行条例》第 29 条

第二百二十三条 不动产登记费按件收取，不得按照不动产的面积、体积或者价款的比例收取。

◆ **条文主旨**

本条是关于登记收费问题的规定。

◆ **条文解读**

在2007年物权法立法过程中，有的提出，许多地方存在着不动产登记收费过高的问题，并且无论是对不动产所有权登记，还是对不动产抵押权等所谓的不动产他项权利登记，普遍地按不动产的面积作为计收登记费的标准，有的地方按照不动产转让或者抵押合同的标的额的相当比例收取登记费。一些群众对各地方的这些现象有意见，认为加重了交易负担。多数意见认为，登记机构不是营利性组织，目前我国各地的不动产登记机构，从事的登记工作一般也只是对登记申请人提供的有关材料是否符合规定的条件进行审核，在此基础上收取登记费，不宜与不动产的面积、体积或者价款的比例等因素挂钩，如把这些作为计费的标准，建议在法律中予以明确。有的部门提出，物权法不宜对登记收费问题作规定。有的专家也认为，登记收费的问题属于具体的程序性问题，可以由将来的不动产登记法去作规定，物权法作为民事基本法，对此可以不作规定。立法机关经研究认为，物权法关系人民群众的切身利益，为社会各方面普遍关注，对于社会生活中反映较多，与人民群众利益较为密切的问题，应当在物权法中作出适当的规定。据此，《物权法》第22条规定："不动产登记费按件收取，不得按照不动产的面积、体积或者价款的比例收取。具体收费标准由国务院有关部门会同价格主管部门规定。"

在编纂民法典整合物权法过程中，有的意见提出，这一条过细，又涉及行政管理问题，规定在民法典中有欠妥当。而且，目前登记机构实际工作中，早已做到了不动产登记费按件收取，不按照不动产的面积、体积或者价款的比例收取。建议删去这一规定。但也有意见认为，这条规定当初就是在存在争议的情况下，为了保护人民群众切身利益而规定在民事基本法当中的，实践证明发挥了很好的作用。登记机构实际工作的改进与国家大法的推动关系很大。如果去掉这一规定，可能引发不正确的解读，不利于巩固工作成果。编纂民法典，是要对实践证明明显有问题的规定或者社会生活急需，各方面意见又基本一致的规定进行修改补充，类似于本条规定的内容，不动为宜。立法机关采纳了这种意见。

第二节　动产交付

第二百二十四条　动产物权的设立和转让，自交付时发生效力，但是法律另有规定的除外。

◆ 条文主旨

本条是关于动产物权的设立和转让何时发生效力的规定。

◆ 立法背景

本编规定了物权公示原则，以维护交易安全，为第三人利益提供切实保障。不动产物权以登记为公示手段，与此相对应，动产物权以占有和交付为公示手段。占有主要是在静态下，即在不发生物权变动的情况下发挥动产物权的公示作用；而交付主要是在动态下，即在发生物权变动的情况下发挥动产物权的公示作用。

我国对动产物权的设立和转让何时发生效力的问题已有一些规范。民法通则规定，按照合同或者其他合法方式取得财产的，财产所有权从财产交付时起转移，法律另有规定或者当事人另有约定的除外。在民法通则颁布时，我国尚没有不动产市场，故民法通则规定的这一原则，即是为动产所有权移转确定的。合同法规定，标的物的所有权自标的物交付时起转移，但法律另有规定或者当事人另有约定的除外。国外也有相似的立法例，如《德国民法典》规定，为转让一项动产所有权，必须有物的所有权人将物交付与受让人，以及双方就所有权的移转达成合意。为设立质权，必须有物的所有权人将物交付与债权人，以及双方为债权人设立质权的合意。《瑞士民法典》规定，动产所有权的移转，应移转占有。动产经将其占有转移质权人，始为出质。《日本民法典》规定，质权的设定，因向债权人交付标的物而发生效力。质权人不得使出质人代自己占有。我国台湾地区“民法”规定，动产物权之让与，非将动产交付，不生效力。

◆ **条文解读**

本条规定也是继承了我国民法的有关规定。依照本条规定，“动产物权的设立和转让，自交付时发生效力”，指的是当事人通过合同约定转让动产所有权和设立动产质权两种情况。物权编中所说的交付，指的是物的直接占有的转移，即一方按照法律行为要求，将物的直接占有移转给另一方的事实。本条规定的“法律另有规定的除外”主要指的是：第一，本节对动产物权的设立和转让规定的一些特殊情况：“动产物权设立和转让前，权利人已经占有该动产的，物权自民事法律行为生效时发生效力。”“动产物权设立和转让前，第三人占有该动产的，负有交付义务的人可以通过转让请求第三人返还原物的权利代替交付。”“动产物权转让时，当事人又约定由出让人继续占有该动产的，物权自该约定生效时发生效力。”第二，本章第三节对主要是非依法律行为而发生的物权变动问题所作的规定。第三，本法担保物权分编对动产抵押权和留置权的相关规定。

第二百二十五条 船舶、航空器和机动车等的物权的设立、变更、转让和消灭，未经登记，不得对抗善意第三人。

◆ 条文主旨

本条是关于船舶、航空器和机动车等物权登记的规定。

◆ 立法背景

现行法律对船舶、航空器的物权登记效力问题已有规定。《海商法》规定，船舶所有权的取得、转让和消灭，应当向船舶登记机关登记；未经登记的，不得对抗第三人。设定船舶抵押权，由抵押权人和抵押人共同向船舶登记机关办理抵押权登记；未经登记的，不得对抗第三人。《民用航空法》规定，民用航空器所有权的取得、转让和消灭，应当向国务院民用航空主管部门登记；未经登记的，不得对抗第三人。设定民用航空器抵押权，由抵押权人和抵押人共同向国务院民用航空主管部门办理抵押权登记；未经登记的，不得对抗第三人。

◆ 条文解读

我国的上述法律规定，为民法学界普遍认可，实践中也没有什么问题，为了保持法律的稳定性，本条沿续了对这类动产登记对抗主义原则的规定。民法学一般认为，船舶、飞行器和汽车因价值超过动产，在法律上被视为一种准不动产，其物权变动应当以登记为公示方法。但在登记的效力上不采用登记生效主义，这是考虑到船舶、航空器和机动车等本身具有动产的属性，其物权变动并不是在登记时发生效力，其所有权转移一般在交付时发生效力，其抵押权在抵押合同生效时设立。但是，法律对船舶、航空器和汽车等动产规定有登记制度，其物权的变动如果未在登记部门进行登记，就不产生社会公信力，不能对抗善意第三人。所谓善意第三人，就是指不知道也不应当知道物权发生了变动的物权关系相对人。

▶ **相关规定**

《中华人民共和国海商法》第9条、第13条；《中华人民共和国民用航空法》第14条、第16条

第二百二十六条　动产物权设立和转让前，权利人已经占有该动产的，物权自民事法律行为生效时发生效力。

◆ **条文主旨**

本条是关于动产物权受让人先行占有问题的规定。

◆ **立法背景**

本条规定的是设立或者转让动产物权时的一种特殊的情形，即物权的受让人已经取得了动产的占有，而后又与动产的所有权人达成移转所有权或者设定质权合同的情形。例如，承租人或者借用人，依据租赁合同或者借用合同已经取得了动产的占有，而后又与动产的所有权人达成协议，购买该项动产或者在动产上设定质权。这种情况在实际生活中也经常发生，因此物权编需要加以规定。

◆ **条文解读**

本法所规定的民事法律行为是民法学上的概念。依照总则编

的规定，民事法律行为是民事主体通过意思表示设立、变更、终止民事法律关系的行为。民事法律行为可以基于双方或者多方的意思表示一致成立，也可以基于单方的意思表示成立。本条涉及的主要是前一种情况。有效的民事法律行为须具备下列条件：（1）行为人具有相应的民事行为能力；（2）意思表示真实；（3）不违反法律、行政法规的强制性规定，不违背公序良俗。民事法律行为以行为人的意思表示作为构成要素。意思表示是指行为人追求民事法律后果（民事法律关系的设立、变更或者消灭）的内心意思用一定的方式表示于外部的活动。民事法律行为是人们有目的、有意识的行为。所以，意思表示是民事法律行为的必要组成部分。每种民事法律行为都必须存在意思表示。缺少民法所确认的意思表示的行为就不是民事法律行为。意思表示是民事法律行为的构成要素，但并不等于民事法律行为。民事法律行为能够实现行为人所预期的民事法律后果，即设立、变更或者消灭民事法律关系。民事法律行为是一种目的性行为，即以设立、变更或终止民事法律关系为目的，民事法律行为的目的与实际产生的后果是相互一致的。本条规定的民事法律行为，主要指的是动产所有权人与受让人订立动产转让的协议以及与质权人订立动产出质协议。

在受让人已经取得对动产的占有又依据民事法律行为取得其物权的情况下，动产物权的公示已经在事先完成，物权受让人已经能够依物权的排他性行使物权。因此，物权的变动就在当事人之间的关于物权变动的协议生效时生效。

其他国家和地区对此也有类似的规定。如《德国民法典》规定，为转让一项动产所有权，必须有物的所有权人将物交付与受让人，以及双方就所有权的移转达成合意。如受让人已经占有该项动产的，则仅须让与所有权的合意而生效。为设立质权，必须有物的所有权人将物交付与债权人，以及双方为债权人设立质权的合意。债权人已经占有该项动产时，仅须质权成立的合意为必要。我国台湾地区“民法”规定，动产物权之让与，非将动产交付，不生效力。但受让人已占有动产者，于让与合意时，即生效力。

第二百二十七条 动产物权设立和转让前，第三人占有该动产的，负有交付义务的人可以通过转让请求第三人返还原物的权利代替交付。

◆ 条文主旨

本条是关于动产物权指示交付的规定。

◆ 立法背景

不动产物权的变动是通过登记簿的记载而被外部识别的，而动产物权的变动，则由交付这一行为完成。民法上，交付的原意仅指现实交付，即动产占有的现实转移。例如甲向乙出售蔬菜5斤，蔬菜自甲手中移转至乙的菜篮里，由乙获得对蔬菜的直接控制和支配，此时法律意义的交付行为完成。通过交付这一行为，动产上物权的变动能够被人们从外部加以识别。但实践中，动产的交付并非必须是由出让人之手直接交到受让人之手，本条所规定的指示交付即是一种例外情形，它与现实交付具有同等效力。关于指示交付作为现实交付的一种变通方式，大多为各国民法采纳，本法也不例外。

◆ 条文解读

关于现实交付的例外情形，除去本条所规定的指示交付外，本章还分别对简易交付和占有改定作了规定。在这三类例外情形中，法律关系最为复杂的当属本条所规定的指示交付，因为它不仅涉及动产物权的让与人与受让人两方主体，还牵涉一个“第三人”的问题。为了更准确地理解本条的规定，下面就指示交付的含义、适用情形以及返还请求权的性质等问题加以说明：

1. 指示交付的含义。指示交付，又称返还请求权的让与，是指让与动产物权的时候，如果让与人的动产由第三人占有，让与人可以将其享有的对第三人的返还请求权让与给受让人，以代替现实交付。举例说明，甲将自己的自行车出租给乙使用，租期1个月，租赁期未满之时，甲又将该自行车出售给丙，由于租期未满，自行车尚由乙合法使用，此时为使得丙享有对该自行车的所有权，甲应当将自己享有的针对乙的返还原物请求权转让给丙以代替现实交付。

2. 指示交付适用的情形及“第三人”的范围。关于本条所规定的指示交付，其逻辑上的前提是，动产物权的让与人对其所转让的标的不享有物理意义上直接占有和直接控制的可能，出让人无法通过现实交付的方式使得动产物权得以变动，因此才有本条指示交付适用的余地。条文中的“第三人”即指能够对转让标的（动产）进行物理意义上直接占有和直接控制的一方，例如前例中根据租赁或者借用协议而占有自行车的乙，或者根据保管合同、动产质押协议等而占有动产的保管人、质权人等，都可以成为本条所规定的“第三人”。此外需要特别说明的是，在利用提单、仓单等证券进行动产物权变动时，接受货物而签发提单或者仓单的承运人或者仓储保管人都可能成为本条中的“第三人”。

除去这一类基于合同等关系而产生的能够对动产进行直接占有和控制的“第三人”外，还有一类“第三人”也在本条的适用范围之内，即不具备法律上的正当原因而占有动产的无权占有人。例如，甲将自己收藏的古董出售给乙，买卖合同达成时甲不知该古董已被丙盗去，甲此时只能向乙转让他对于丙的返还原物请求权来代替实际交付，而丙即是本条所指的“第三人”。

3. 让与人所让与的返还请求权的性质。指示交付中让与人所让与的返还请求权，属于债权请求权，还是物权请求权，学术界的争论比较激烈。因为指示交付产生的前提是，被出让的动产不在出让人手中，而是被第三人直接占有和控制。而第三人对动产的占有又可大体分为两种：一种为基于租赁或者质权合同等关系而发生的有权占有；另一种为没有正当法律依据的无权占有。因此向第三人请求返还原物的权利，也因有权占有和无权占有性质上的差别而有所不同。

有的意见认为，指示交付中出让人让与的返还请求权仅指所有人的物上请求权，而非债权请求权。有的意见认为，在第三人基于租赁或者借用合同等而对动产进行有权占有的情况下，出让人转让给受让人的仅是债权上的请求权。如甲借钢笔于乙，同时又出卖钢笔于丙，甲转移给丙的是甲基于借用合同要求乙到期返还钢笔的请求权，性质上属于债权请求权。也有意见认为，指示交付中要求第三人返还原物的请求权，既包括物权的返还请求权，也包括债权的返还请求权。后一种意见渐为通说。

在第三人有权占有的情形下，出让人应当将其基于与第三人之间的合同关系而产生的债法上的请求权让与给受让人，此时让与人在指示交付时应当将其针对第三人享有的任何合同上的返还请求权都让与给受让人。如果让与人与第三人间的合同无效，出让人还应当将自己基于不当得利的返还请求权或者基于侵权损害赔偿的请求权让与给受让人。如果第三人对动产为无权占有，假设第三人从出让人处盗取该动产，出让人无法向受让人让与任何基于合同等关系而产生的返还原物请求权，那么出让人可以将其基于所有权的返还请求权让与给受让人。仍引前例，甲将钢笔借给乙，后又出售于丙，此时丁自乙处盗走钢笔并赠与戊，此时甲向丙转让的基于所有权的返还原物请求权足以使得丙取得该钢笔的所有权，需要说明的是此项被让与的返还请求权不仅针对现时的无权占有人戊，对于戊将来的后手（排除善意取得的情形）也有效。

4. 指示交付的公示力。指示交付中，第三人对动产的实际占有和控制关系并未发生改变，出让人与受让人之间只是发生无形的返还请求权的转移，无论该返还请求权的转移是否采取特定的形式（对于第三人基于租赁等合同关系而占有动产的情形，出让人转让的返还请求权性质上属于债权请求权范畴，而根据债权转让的规则，出让人应当履行通知第三人的义务；但当第三人为无权占有的情形下，出让人转让的为基于所有权的物上请求权，不涉及通知的义务），都无法向外界展现物权的变动，因此此种交付方法的公示作用较弱，但由于动产善意取得制度的存在，因此对交易安全并未有太大障碍。

第二百二十八条 动产物权转让时，当事人又约定由出让人继续占有该动产的，物权自该约定生效时发生效力。

◆ 条文主旨

本条是关于动产物权占有改定的规定。

◆ 立法背景

占有改定是指动产物权的让与人使受让人取得对标的物的间接占有，以代替该动产现实移转的交付。占有改定的原因在于，社会生活中，出卖人虽然将其动产出卖，但是在某一段时间内仍然可能还有使用的需要；或者买受人已经取得了该动产的所有权但是需要出卖人对该动产进行暂时的保管或者改进。在《德国民法典》中，占有改定已经成为让与担保制度的法律基础。占有改定作为现实交付的三种变通方式之一，对其效力各国民法大都作了明确规定，本法也不例外。

◆ **条文解读**

占有改定以及本章规定的指示交付作为观念交付的主要方法，其前提是民法学理上直接占有同间接占有的区分，要准确地把握和理解占有改定的概念，有必要先对学理上间接占有的概念作一点了解。学理上，占有作为一种对物进行控制和管领的事实状态，可分为直接占有和间接占有，其中直接占有即是不通过他人媒介而能够对自己所有或他人之物进行直接控制和管领的事实状态。例如，甲对手中自己所有的钢笔，商店对于店中存放待售的货物，承租人、受寄人等对于他人之物的直接控制和管领等，直接占有侧重的是物理意义上对物现实、直接地控制。除去直接占有外，还有一类为间接占有，即因他人媒介的占有而对物享有间接的控制。间接占有的前提是间接占有人同媒介占有人（直接占有人）之间存在某种法律关系。例如，承租人、受寄人或者基于其他类似的法律关系，对于他人之物为占有的称为直接占有，而该他人即出租人或者寄托人等称为间接占有。间接占有侧重在间接占有人通过与直接占有人的某种特定法律关系，而间接地对物进行控制和管领。本条所规定的占有改定即是出让人自己保留直接占有，而为受让人创设间接占有以代替现实交付的一种变通方法。

占有改定制度起源于罗马法中的占有协议，罗马法早期，对于交易形式非常严苛，例如略式物（罗马法中“物”分为要式物和略式物。要式物是通过要式买卖向他人转让的物品；而略式物多体现为债权、继承权、城市役权等无形物），只有经过让渡或者交付才能发生所有权移转，这使得交易形式极为僵化，阻碍了交易的发展，因此只好扩展让渡内容，以占有协议的方式来缓解这种矛盾。后来占有协议的观念为大陆法系国家和地区所接受，《德国民法典》《法国民法典》以及我国台湾地区“民法”均对此作了规定，即本条所规定的占有改定制度。

占有改定制度的产生及发展，在于经济实践中常常发生的一种混合交易。例如，所有权人甲将一项动产出卖给买受人乙，而乙同时又将该物出租给甲，这样做的目的是使出卖人甲既可获得卖价，又可享受使用的权利，而买受人乙既可以获得动产的所有权，又可获取租金。法律为满足双方当事人的需要，将法律关系简化，确定为占有改定制度。

占有改定必须符合下列三项要件：第一，让与人与受让人达成移转动产物权的合意，一般通过买卖或者让与担保的设定，使得受让人取得动产所有权。第二，让与人与受让人之间还需具有某种使得受让人取得动产间接占有的具体法律关系，即本条所规定的由出让人继续占有该动产的双方约定。《德国民法典》中，这种具体的法律关系也被称为占有媒介关系。所谓占有媒介关系，是为了保护间接占有人和直接占有人的利益而由法律拟制出来的一种法律关系，具体到本条规定来说，出让人可以根据租赁关系、寄托关系以及其他类似关系为占有改定。第三，让与人已经对物进行了直接占有或者间接占有，否则不能发生占有改定的适用。当让与人间接占有标的物时，让与人可以使受让人取得更上一级的间接占有，这样可能存在多层次的占有关系。举例来说，甲将其寄放在乙处的某物出售给丙，同时又与丙签订借用合同以代替交付，则乙为直接占有人，甲、丙都为间接占有人。

最后需要说明的一点是，除去现实已经存在的动产，占有改定制度还适用于将来可取得的动产。例如甲向乙购买一台尚未生产出的机器，同时双方约定该机器生产出来后由乙暂时保管。一旦该机器生产完毕，则甲取得间接占有以代替交付。

第三节　其他规定

物权的设立、变更、转让或者消灭，要发生效力就必须经由一定的方式使人们能够从外部得以察知，这即是物权公示原则的要求。物权的公示性决定了物权的效力，本章第一节及第二节分别对不动产登记以及动产交付等公示方法及其物权效力作了规定。而本节所规定的则是以上公示原则的例外，即不依物权变动的一般公示原则，而依法律的规定直接发生物权变动效力的情况。

第二百二十九条　因人民法院、仲裁机构的法律文书或者人民政府的征收决定等，导致物权设立、变更、转让或者消灭的，自法律文书或者征收决定等生效时发生效力。

◆ **条文主旨**

本条是关于因人民法院、仲裁机构的法律文书或者人民政府的征收决定等而导致物权设立、变更、转让或者消灭的规定。

◆ **立法背景**

物权的设立、变更、转让或者消灭，依其发生根据可以分为依民事法律行为而进行的物权变动，以及非依民事法律行为而发生的物权变动。依民事法律行为进行的物权变动，是指以一方当事人的单方意思表示或双方（或者多方）当事人共同的意思表示为基础进行的物权变动。此种物权变动必须遵循物权公示的一般原则才能发生效力，例如甲将自有的私宅出售于乙，要想使私宅的所有权由甲移转至乙，双方必须去不动产登记机构办理变更登记，否则物权移转不生效力；再如甲将收藏的古董出售于乙，要使乙获得古董的所有权，甲必须将古董或者现实交付到乙手中，或者采取关于简易交付、指示交付或者占有改定等观念交付的方法替代现实交付，而完成所有权的移转。但无论何种情形，物权变动的效力是同公示方法密切相关的。但在本条，物权的设立、变更、转让或者消灭，并非基于原权利人的意思表示，而是在无原权利人甚至法律有意识排除原权利人意思表示的情况下发生的物权变动，此种变动遵循的不是一般性的物权公示原则，而是法律的直接规定。

◆ 条文解读

非依民事法律行为进行的物权变动，一般有如下几种：第一，因人民法院、仲裁机构的法律文书或者人民政府的征收决定等而发生的物权变动；第二，因继承而取得物权；第三，因合法建造、拆除房屋等事实行为设立和消灭物权。而本条规定的是第一种情形，即基于公权力的行使而使物权发生变动的情形：

1. 因国家司法裁判权的行使、仲裁裁决而导致物权的设立、变更、转让或者消灭。基于国家司法裁判权的行使、仲裁裁决而产生的生效法律文书，即人民法院的判决书、调解书以及仲裁机构的裁决书、调解书等法律文书的生效时间，就是当事人的物权设立、变动的时间。这里需要说明两点：第一，导致物权变动的人民法院判决或者仲裁机构的裁决等法律文书，指直接为当事人创设或者变动物权的判决书、裁决书、调解书等。例如，离婚诉讼中确定当事人一方享有某项不动产的判决、分割不动产的判决、使原所有人恢复所有权的判决即属于本条所规定的设权、确权判决等。此类设权或者确权判决书、裁决书、调解书本身，具有与登记、交付（移转占有）等公示方法相同的效力，因而依据此类判决书、裁决书、调解书而进行的物权变动，无须再进行一般的物权公示而直接发生效力。例如，甲乙二人向法院诉请离婚，家中电脑经判决为乙所有，那么自法院判决生效时起，电脑的所有权归乙，尽管此时电脑仍处于甲的占有使用之中，未有交付（现实占有的转移）并不影响所有权的移转。第二，由于法院的判决书或者仲裁机构的裁决等，所针对的只是具体当事人而非一般人，对当事人以外的第三人来说公示力和公信力较弱，因此根据本节规定，对于依照法院判决或者仲裁裁决而享有的物权，在处分时，如果法律规定需要办理登记的，不经登记，不发生物权效力。

2. 因国家行政管理权的行使而导致物权的设立、变更、转让或者消灭。因国家行政管理权的行使而导致物权变动的情况，主要指因人民政府的征收决定等而产生的物权变动。国家征收，是国家取得财产的特殊方式，按照土地管理法的规定，国家征收土地，县级以上人民政府要进行公告，这已起到了公示作用，而且集体所有土地被征收，即成为国家所有的自然资源，依照本编前述规定，依法属于国家所有的自然资源，所有权可以不登记，因此人民政府的征收决定生效之时即产生物权变动的效力。

第二百三十条　因继承取得物权的，自继承开始时发生效力。

◆ **条文主旨**

本条是关于因继承而取得物权的规定。

◆ **立法背景**

除因国家公权力的行使而导致的物权变动，可以不依一般的公示原则直接发生效力外，还有一类情形也导致物权的变动直接发生效力，即因继承而取得物权的情形。继承是导致物权变动的一个重要方式，本条对继承导致物权变动的效力作了规定。

◆ **条文解读**

根据《民法典》第1121条，继承从被继承人死亡时开始。因此，本条所指的“继承开始”就是“被继承人死亡”之时。“死亡”既包括自然死亡，如老死、病死、意外事故致死，也包括宣告死亡。在宣告死亡的情形下，自判决所确定的死亡之时继承开始。本条所指的继承又可分为法定继承和遗嘱继承两类。法定继承是指在被继承人没有对其遗产的处理立有遗嘱的情况下，由法律直接规定继承人的范围、继承顺序、遗产分配的原则。《民法典》第1127条规定，遗产按照下列顺序继承：（1）第一顺序：配偶、子女、父母；（2）第二顺序：兄弟姐妹、祖父母、外祖父母。继承开始后，由第一顺序继承人继承，第二顺序继承人不继承；没有第一顺序继承人继承的，由第二顺序继承人继承。遗嘱是自然人生前按照自己意愿处分自己财产的一种单方民事法律行为。《民法典》第1133条规定，自然人可以依照本法规定立遗嘱处分个人财产，可以立遗嘱将个人财产指定由法定继承人的一人或者数人继承。

《民法典》第1124条第1款规定，继承开始后，继承人放弃继承的，应当在遗产处理前，以书面形式作出放弃继承的表示；没有表示的，视为接受继承。由此可见，自继承开始后，所有继承人是基于法律的直接规定而取得物权，因此取得物权的生效时间始于继承开始。与此不同，《民法典》第 1124 条第 2 款规定，受遗赠人应当在知道受遗赠后 60 日内，作出接受或者放弃受遗赠的表示；到期没有表示的，视为放弃受遗赠。这是因为遗赠本质上属于赠与关系。《民法典》第 657 条规定，赠与合同是赠与人将自己的财产无偿给予受赠人，受赠人表示接受赠与的合同。受赠人表示接受，赠与法律关系才成立。最后需要说明的是，根据本节规定，因继承而取得物权，如果涉及的遗产为不动产，依照法律规定需要办理登记，但继承人未办理登记的，对该不动产的处分行为不生效力。

第二百三十一条　因合法建造、拆除房屋等事实行为设立或者消灭物权的，自事实行为成就时发生效力。

◆ **条文主旨**

本条是关于因事实行为而设立或者消灭物权的规定。

◆ **条文解读**

首先，为了准确理解本条的规定，有必要对“事实行为”作进一步的解释。要理解“事实行为”，就要从“法律事实”说起。法律事实又可分为自然事实和人的行为，其中自然事实包括两种：一是状态，即某种客观情况的持续，如下落不明、权利继续不行使、未成年人已成年等；二是事件，即某种客观情况的发生，如人的生死、果实自落于邻地、不可抗力事由的出现等。在法律实践中，引起法律后果的自然事实是有限的，仅限于法律的明文规定。能够产生法律后果的事实主要表现为人的行为，而人的行为又可分为法律行为、准法律行为和事实行为。法律行为因以意思表示为核心要素，所以又被称为表示行为。准法律行为虽有意思表示的外观，但不同于法律行为中的意思表示，法律行为中的意思表示是产生法律效果的依据，而准法律行为中的意思表示只是一种事实构成要素，其法律效果的产生是基于法律的直接规定，只不过在某些方面可以准用法律行为的相关规定。事实行为不以意思表示为要素，属于无关乎心理状态的行为，所以又叫非表示行为。由此可见，所谓事实行为应是指不以意思表示为要素的能够产生民事法律后果的法律事实。这一定义表明：首先，事实行为是人的行为，是人的一种有意识的活动，与自然事实有别；其次，事实行为是一种法律事实，即能够在人与人之间产生、变更或终止民事法律关系；最后，事实行为不以意思表示为要素，即行为人是否表达了某种心理状态，法律不予考虑，只要有某种事实行为存在，法律便直接赋予其法律效果。

其次，具体到本条的规定来说，能够引起物权设立或者消灭的事实行为，举例来讲，如用钢筋、水泥、砖瓦、木石建造房屋或者用布料缝制衣服，用木料制作家具，将缝制好的衣物抛弃或者将制作好的家具烧毁等。本条规定的“自事实行为成就时发生效力”，就是指房屋建成之时、衣服制成之时、书柜完成之时或者衣服被抛弃之时、书柜被烧毁之时，这些物的所有权或为设立或为消灭。这些因事实行为而导致的物权的设立或者消灭，自事实行为成就时发生效力，而不需要遵循一般的物权公示方法（不动产为登记，动产为交付）即生效力。

最后，需要说明的一点是，我国存在许多因合法建造房屋等事实行为设立物权的情况，这种情形下的建房有些虽然缺少登记行为，但不能将这种行为形成的建筑物作为无主财产对待，对其所有权法律承认归建房人所有。比如农民在宅基地上建造的住房，自建成之日起就取得该住房的所有权。但根据《民法典》第232条的规定，此类合法建造的房屋，固然因建造完成而取得所有权，但如果按照法律规定应当办理登记而未登记的，所有权人其后的处分行为，不发生物权效力。

第二百三十二条 处分依照本节规定享有的不动产物权，依照法律规定需要办理登记的，未经登记，不发生物权效力。

◆ **条文主旨**

本条是关于非依民事法律行为享有的不动产物权变动的规定。

◆ **立法背景**

物权变动的公示方式，动产一般为交付，不动产各国或地区立法例多采登记。通过此种方法，物权变动可以被人们从外部察知，从而保护了交易的安全。但依照本节规定，物权的变动还可因法院判决、政府征收决定、继承以及合法建造房屋等，直接发生效力，而不必遵循依民事法律行为而进行的物权变动应当遵循的一般公示方法，这必然可能损害到交易秩序和交易安全，尤其是涉及不动产的物权变动时更甚。

因此各国或地区立法皆对此作了限制规定。《德国土地登记法》的规定，依继承、夫妻共同财产制度之权利取得等，可不依登记而发生物权取得之效力，但物权人非经登记不得处分其物权。《瑞士民法典》规定，因先占、继承、征收、强制执行或者法院判决等情况取得不动产，可以不经登记，但未经登记，不得处分。我国台湾地区“民法”规定，因继承、强制执行、公用征收、法院判决等而取得物权，以及定作人新建筑物之取得、因除斥期间完成时之典物所有权之取得、对于无主土地之国库取得以及因没收而取得等，皆可在登记之前取得物权，但非经登记不得处分。

◆ **条文解读**

考虑到对交易安全的保护，本条规定，处分依照本节规定享有的不动产物权，依照法律规定需要办理登记的，未经登记，不发生物权效力。举例说明，甲乙向法院诉请离婚，法院判决原甲的房屋归乙所有，在判决生效之时，乙已经取得该房屋的所有权，但尚未去房产登记部门办理变更登记，此时乙将房屋转卖给丙，丙信赖乙出示的法院判决而与之交易，与此同时，甲将该房屋又转卖于丁，丁信赖的是登记簿上甲为所有权人的登记记录。那么乙对丙的处分行为能否发生物权效力而由丙取得房屋的所有权呢？按照本条的规定，答案是否定的。尽管乙为真正的房屋所有权人，也有权对房屋进行处分，但未经登记，该处分行为不发生所有权转移的效力，丙只能请求乙承担返还价款等违约责任。

第三章 物权的保护

加强对物权的保护，是维护权利人合法权益的必然要求。本章共七条，针对物权受到侵害时如何保护权利人作出规定，权利人有权请求返还原物、排除妨害、消除危险，有权依法请求恢复原状、损害赔偿。

第二百三十三条 物权受到侵害的，权利人可以通过和解、调解、仲裁、诉讼等途径解决。

◆ **条文主旨**

本条是关于物权保护争讼程序的规定。

◆ **条文解读**

物权受到侵害，物权人有权选择和解、调解、仲裁、诉讼途径救济。和解是当事人之间在没有第三者参加的情况下自愿协商，达成协议。和解属于当事人处分自己民事实体权利的一种民事法律行为。和解可以发生在诉讼以前，双方当事人互相协商，达成协议，也可以发生在诉讼过程中。《民事诉讼法》第 50 条规定："双方当事人可以自行和解。"调解是通过第三人调停解决纠纷。通过调解达成的协议还可以依法申请司法确认。《人民调解法》第 33 条规定："经人民调解委员会调解达成调解协议后，双方当事人认为有必要的，可以自调解协议生效之日起 30 日内共同向人民法院申请司法确认，人民法院应当及时对调解协议进行审查，依法确认调解协议的效力。人民法院依法确认调解协议有效，一方当事人拒绝履行或者未全部履行的，对方当事人可以向人民法院申请强制执行。人民法院依法确认调解协议无效的，当事人可以通过人民调解方式变更原调解协议或者达成新的调解协议，也可以向人民法院提起诉讼。”仲裁是当事人协议选择仲裁机构，由仲裁庭裁决解决争端。我国仲裁法是规范仲裁法律关系的专门法律。诉讼包括民事、行政、刑事三大诉讼，物权保护的诉讼主要指提起民事诉讼。

第二百三十四条 因物权的归属、内容发生争议的，利害关系人可以请求确认权利。

◆ 条文主旨

本条是关于物权确认请求权的规定。

◆ 立法背景

物权确认请求权是物权保护的一项基本权利，很多国家或地区对此都有规定。《意大利民法典》第 950 条规定确定地界之诉：在相邻土地的地界未确定的情况下，每块土地的所有人都可以请求通过法律途径划定地界。允许通过任何方式进行举证。在没有其他证据的情况下，法官将根据地籍册标明的地界进行划定。第 951 条规定设置界石之诉：如果在相邻的两块土地之间没有界石或者界石无法辨认，则每块土地的所有人都有权请求设置或者重建界石，并且由双方共同承担费用。第 1079 条规定确认役权之诉和其他保护措施：对否认役权之人，役权人可以提起确认役权之诉，通过判决确认自己享有的役权并且请求停止妨碍或干扰役权行使的行为。此外，除损害赔偿以外，役权人还可以请求恢复原状。

◆ **条文解读**

物权确认请求权是物权保护请求权的一种。因物权的归属或者内容发生争议，利害关系人可以请求有关行政机关、人民法院等确认该物权的归属或者内容。

第二百三十五条 无权占有不动产或者动产的，权利人可以请求返还原物。

◆ **条文主旨**

本条是关于返还原物请求权的规定。

◆ **立法背景**

返还原物是物权请求权的一种。物权人的物被他人侵占，物权人的对物支配权受到侵害时，物权人有权请求返还原物，使物复归于物权人事实上的支配。很多国家或地区对此都有规定。《德国民法典》第985条规定返还请求权：所有权人可以要求占有人返还其物。第986条规定占有人的抗辩：（1）占有人或者作为其权利来源的间接占有人对所有权人之物为有权占有时，占有人可以拒绝将物返还。间接占有人对所有权人无权将占有让与占有人的，所有权人可以要求占有人将物返还于间接占有人，或者在间接占有人不能或者不愿重新承担占有时，所有权人可以要求将物返还于自己。（2）根据第931条的规定，因让与返还请求权而受让的物的占有人，可以其对受让的请求权享有的抗辩对抗新的所有权人。第993条规定正当占有人的责任：（1）如果不存在第986条至第992条所规定的条件，以孳息依通常经营方法不能认为是物的收益的为限，占有人应当根据关于返还不当得利的规定将收取的孳息返还；此外，占有人既不负返还收益的义务，也不负损害赔偿义务。（2）对占有人保留收益期间，适用第101条的规定。第1005条规定追诉权：占有物在物的所有权人以外的他人占有的土地上时，物的所有权人对土地的所有权人享有第867条规定的请求权。《瑞士民法典》第641条规定：（1）物的所有人，在法律规定的限制范围内，对该物得自由处分。（2）其有权请求物的扣留人返还该物并有权排除一切不当影响。第948条规定返还所有物之诉：物品的所有人可以向占有或持有物品的人要求返还所有物；在提出返还请求之后，如果由于占有或持有物品之人的行为丧失了对物品的占有或持有，则物品的所有人还可以向他们提起返还所有物之诉。在这种情况下，被告承担为原告追回所有物的责任并且承担追回所有物所需要的全部费用；在无法追回的情况下，除赔偿原告的损失以外，还要向原告支付相当于物品价值的价款。如果物品的所有人直接从现占有人或持有人处取得了物品，则应当将获得的补偿金退还前占有人或前持有人。《意大利民法典》规定返还所有物之诉不因时效而消灭，但是，基于时效取得所有权的情况不在此限。我国台湾地区“民法”第767条规定所有权人之物上请求权：所有人对于无权占有或侵夺其所有物者，得请求返还之。第820条规定共有人请求权之行使：各共有人对于第三人，得就共有物之全部，为本于所有权之请求。但回复共有物之请求，仅得为共有人全体之利益为之。

◆ **条文解读**

返还原物请求权的产生，须有他人无权占有不动产或者动产的事实。无权占有就是没有法律根据、没有合法原因的占有。一般包括两种情形：一是占有人从占有之始就没有法律根据，如占有人占有的物是盗窃物。二是占有之初本来有法律根据，但是后来该根据消灭，如租赁他人之物，租赁期限届满而不返还。享有返还原物请求权的权利人应当是物权人，包括所有权人、用益物权人等。至于占有人，无论其是否为有权占有，均应依据占有请求权行使权利，而不能依返还原物请求权行使权利。

第二百三十六条 妨害物权或者可能妨害物权的，权利人可以请求排除妨害或者消除危险。

◆ 条文主旨

本条是关于排除妨害、消除危险请求权的规定。

◆ 条文解读

排除妨害也是一种物权请求权。妨害是指以非法的、不正当的行为，包括施加无权施加的设施，影响了特定物的权利人行使物权。例如，在他人家门口堆放物品，妨碍他人通行。排除妨害请求权的目的是消除对物权的障碍或者侵害，使物权恢复圆满状态。需要注意的是，被排除的妨害需具有不法性，倘若物权人负有容忍义务，则物权人不享有排除妨害请求权。

很多国家或地区都有规定排除妨害请求权。《德国民法典》第 1004 条规定排除和停止侵害请求权：（1）所有权人受到除剥夺或者扣留占有以外的其他方式的妨害时，可以要求妨害人排除妨害。所有权有继续受妨害之虞的，可以提起停止妨害之诉。（2）所有权人负有容忍妨害义务的，不享有上述请求权。《意大利民法典》第 949 条规定否认所有权之诉：物品的所有人为宣告在自己的物品上不存在他人的权利，可以以惧怕遭受损害为由提起否认所有权之诉。我国台湾地区“民法”第 767 条规定所有权人之物上请求权：所有人对于妨害其所有权者，得请求除去之。

消除危险也是一种物权请求权。消除危险请求权是指对于某种尚未发生但确有发生可能的危险，物权人也可以请求有关的当事人采取预防措施加以防止。例如，某人的房屋由于受到大雨冲刷随时有倒塌可能，危及邻居的房屋安全，此时邻居可以请求该房屋的所有人采取措施消除这种危险。物权人行使消除危险请求权，只需有危险存在的客观事实，而不论有关的当事人是否具有故意或者过失的主观过错。

第二百三十七条 造成不动产或者动产毁损的，权利人可以依法请求修理、重作、更换或者恢复原状。

◆ 条文主旨

本条是关于物权的权利人可以依法请求修理、重作、更换或者恢复原状的规定。

◆ 条文解读

《物权法》第 36 条规定：“造成不动产或者动产毁损的，权利人可以请求修理、重作、更换或者恢复原状。”本条在物权法规定的基础上，增加了“依法”二字。在民法典编纂过程中，不少意见提出，返还原物、排除妨害、消除危险请求权属于物权请求权。而《物权法》第 36 条规定的修理、重作、更换或者恢复原状请求权，在性质上不属于物权法律制度上的物权请求权，而属于债权请求权。本条吸收这一意见，增加“依法”二字，以示区分。这里的“依法”是指依照民法典侵权责任编以及其他相关法律规范的规定。这就意味着权利人行使这种权利，需要符合这些相关法律关于请求权具体要件等方面的规定。

有的意见提出，物权编应当删除债法上的修理、重作、更换或者恢复原状请求权。但也有意见认为，考虑到本章是关于物权保护的规定，为了体现保护的全面性，可以在适当修改完善的基础上继续保留。

有的意见提出，修理指物毁损时，通过一定的办法使其恢复到毁损之前的状态；重作指当物灭失、损毁到不能使用等情形时重新作相同性质、相同用途的物，使其达到与原物相同的价值；更换指物毁损并且有与此物相同的种类物存在时，予以更换。修理、重作、更换都属于恢复原状。有的意见提出，修理可看作恢复原状的一种具体手段，将它与恢复原状并行规定，明显不合理。重作和更换这两种责任方式具有独特性，无法纳入恢复原状之中。还有意见认为，“修理、重作、更换”不是法律概念，不具备法律概念应有的特性，也无法发挥法律概念的功能。“修理、重作、更换”不是一种独立的请求权，不具有民事责任的强制性，可以被其他请求权所涵盖。也有意见认为，《民法通则》第 134 条就将恢复原状及修理、重作、更换并行规定为民事责任的方式。《民法总则》第 179 条规定了承担民事责任的方式，因循其例，其中第 5 项为恢复原状，第 6 项为修理、重作、更换。为保持法律的连续性、稳定性，对此以不作修改为宜。

第二百三十八条 侵害物权，造成权利人损害的，权利人可以依法请求损害赔偿，也可以依法请求承担其他民事责任。

◆ **条文主旨**

本条是关于物权的权利人可以依法请求侵权人承担赔偿损失等民事责任的规定。

◆ **条文解读**

《物权法》第 37 条规定：“侵害物权，造成权利人损害的，权利人可以请求损害赔偿，也可以请求承担其他民事责任。”本条在物权法规定的基础上，增加了“依法”二字。在民法典编纂过程中，不少意见提出，返还原物、排除妨害、消除危险请求权属于物权请求权。而《物权法》第 37 条规定的损害赔偿请求权，在性质上不属于物权法律制度上的物权请求权，而属于债权请求权。本条吸收这一意见，增加“依法”二字，以示区分。这里的“依法”是指依照民法典侵权责任编以及其他相关法律规范的规定。这就意味着权利人行使这种权利，需要符合这些相关法律关于请求权具体要件等方面的规定。

有的意见提出，物权编应当删除债法上的损害赔偿请求权。但也有意见认为，考虑到本章是关于物权保护的规定，为了体现保护的全面性，可以在适当修改完善的基础上继续保留。

赔偿损失是指行为人向受害人支付一定数额的金钱以弥补其损失的责任方式，是运用较为广泛的一种民事责任方式。赔偿的目的主要是补偿损害，使受到损害的权利得到救济，使受害人能恢复到未受到损害前的状态。除了赔偿损失，《民法典》第179条在民法通则的基础上，还规定了其他一些承担民事责任的方式，包括停止侵害；排除妨碍；消除危险；返还财产；恢复原状；修理、重作、更换；继续履行；支付违约金；消除影响、恢复名誉；赔礼道歉。这其中有的责任方式主要适用于违约责任领域，有的主要适用于人身权侵权领域。对于物权受到侵害而言，有的责任方式本章已作规定，有的在功能上可以被物权请求权所覆盖。赔礼道歉也是承担民事责任的一种方式，物权受到侵犯，物权人有权请求赔礼道歉。赔礼道歉是将道德规范法律化，它不仅可以用于侵犯人身权利的责任承担，也可以用于侵犯财产权利的责任承担。损坏了他人心爱的东西，侵权人赔个礼、道个歉，让物权人消消气，往往有利于化干戈为玉帛。

第二百三十九条 本章规定的物权保护方式，可以单独适用，也可以根据权利被侵害的情形合并适用。

◆ 条文主旨

本条是关于物权保护方式的单用和并用的规定。

◆ 条文解读

物权受到侵害的，当事人可以通过请求确认权利、返还原物、排除妨害、消除危险、修理、重作、更换、损害赔偿等方式保护自己的权利。上述保护方式，可以单独适用，也可以根据权利被侵害的情形合并适用。如果一种方式不足以救济权利人，就同时适用其他方式。

第二分编 所有权

第四章 一般规定

本章共六条，对于所有权的基本内容、国家专有、征收征用等作了规定。

第二百四十条 所有权人对自己的不动产或者动产，依法享有占有、使用、收益和处分的权利。

◆ 条文主旨

本条是关于所有权基本内容的规定。

◆ 立法背景

通常认为，所有权是对物的支配权，这样讲是很抽象的，但准确地给所有权下定义则非常困难。一些国家或地区民法通常以规定所有权的内容的方式来说明所有权，有以下几种情形：一是作概括性规定，强调处分权。如德国规定，在不违反法律和第三人利益的范围内，“物的所有权人可以随意处分其物”，并排除他人的任何干涉。瑞士规定，物的所有人在法律规范的限制范围内，“对该物得自由处分”。二是规定两项具体内容，强调使用权和处分权。如意大利规定，在法律规定的范围内并且在遵守法律规定的义务的前提下，“所有权人对所有物享有完全的、排他的使用和处分的权利”。法国规定，“所有权是指，以完全绝对的方式，享有与处分物的权利，但法律或条例禁止的使用除外”。三是规定三项具体内容，在规定使用权、处分权外，规定收益权或者占有权。如日本规定，“所有人于法令限制的范围内，有自由使用、收益及处分所有物的权利”。俄罗斯规定，“财产的占有权、使用权和处分权属于财产的所有人”。我国台湾地区“民法”规定，“所有人，于法令限制之范围内，得自由使用、收益、处分其所有物，并排除他人之干涉”。

《民法通则》第 71 条对所有权规定了四项内容：“财产所有权是指所有人依法对自己的财产享有占有、使用、收益和处分的权利。”本条的规定与民法通则这一规定基本一致，物权法沿用民法通则四项内容的规定。民法典维持了此内容。

◆ 条文解读

理论上通常都认为所有权具有四项基本权能：

1. 占有。占有就是对于财产的实际管领或控制。拥有一个物的一般前提就是占有，这是财产所有者直接行使所有权的表现。所有人的占有受法律保护，不得非法侵犯。对于动产，除非有相反证据证明，占有某物即是判定占有人享有该物所有权的标准。除了《俄罗斯联邦民法典》明确规定了占有权之外，其他国家或地区民法在所有权的概念中虽然并不明确规定占有，但其所有权的内容包括这一权利是不言自明的。

2. 使用。使用是权利主体对财产的运用，以便发挥财产的使用价值。如使用机器生产产品，在土地上种植农作物。拥有物的目的一般是使用。其他国家或地区民法对于使用权一般都有明确规定。如日本、意大利、俄罗斯和我国台湾地区的规定。德国、瑞士的规定虽然只有“处分”一词，但“随意处分”或者“自由处分”也当然包括使用。所有权人可以自己使用，可以授权他人使用，这些都是所有权人行使使用权的行为。

3. 收益。收益是通过财产的占有、使用等方式取得的经济效益。使用物并获益是拥有物的目的之一。对于收益权，其他国家或地区民法也有规定，如日本和我国台湾地区。有的国家只规定了使用权，没有明确规定收益权，这是因为其规定的使用权包括了收益权。收益通常与使用相联系，但是处分财产也可以带来收益。收益也包括孳息。孳息分为天然孳息和法定孳息。家畜生仔、果树结果等属于天然孳息；存款所得的利息、出租所得租金属于法定孳息。

4. 处分。处分是指财产所有人对其财产在事实上和法律上的最终处置。处分权一般由所有权人行使，但在某些情况下，非所有权人也可以有处分权，如运输的货物发生紧急情况，承运人也可以依法进行处分。其他国家或地区民法对所有权概念的规定都包括“处分”一词。同时规定使用权的，处分不包括使用，没有规定使用权的，处分也包括了使用。

除了上述各项权能，一般认为，所有权本身具有如下一些特性：

1. 完全性。或者称所有权为完全权，所有权是就标的物为一般支配的完全权。所有权作为一般的支配权，是用益物权、担保物权等他物权的源泉。与所有权不同，他物权仅在使用收益上于一定范围内有支配权。

2. 整体性。或者称为单一性。所有权不是占有、使用、收益和处分等各项权能的总和，而是对标的物有统一支配力，是整体的权利，不能在内容或者时间上加以分割。所有权人可以在其物上设定他物权，即使其物的占有、使用、收益、处分等权能分别归他人享有，但所有权人的所有权性质不受影响。

3. 恒久性。所有权有永久性，其存在没有存续期间，不因时效而消灭。

4. 弹力性。或者称为“所有权弹性”“归一力”。所有权人在其所有物上为他人设定权利，即使所有权的所有已知表征权利均被剥夺，仍潜在地保留其完整性，这种剥夺终止后，所有权当然地重新恢复其圆满状态。

对于所有权的这些特性，各国或地区民法通常都没有明确规定，但也有国家或地区对所有权的一些特性作了明确规定，如《俄罗斯联邦民法典》第209条第2款的规定体现了所有权的整体性和弹力性：财产所有人有权根据自己的意志对属于他的财产实施不与法律和其他法律文件相抵触的并且不侵犯他人权利和受法律保护的利益的任何行为，其中包括将自己的财产让与他人所有；向他人移转财产的占有权、使用权和处分权，而自己仍为财产所有人；抵押自己的财产和以其他方式为财产设定负担；以其他方式处分财产。其中“向他人移转财产的占有权、使用权和处分权，而自己仍为财产所有人”的规定，表明了所有权的整体性和弹力性。

根据所有权的权能和所有权的特性，学者通常在理论上以“支配权”来定义所有权。如我国台湾地区有的学者认为：“所有权谓以全面的物之支配权能为内容之权利。”有的学者认为：“所有权者，指于法令限制之范围内，对物为全面支配的权利。”我国有的学者认为：“所有权作为一种民事权利，是民事主体依法对其物实行占有、使用、收益和处分并独立支配的权利。”

所有权与所有制密切相关。所有权是所有制在法律上的体现，所有权的本质属性是由一定社会形态的所有制决定的。但是，人们常常对所有制产生误解，将所有制也理解为所有权，因而搞不清所有制与所有权究竟是什么关系。“所有制”与“所有权”仅一字之差，但其内涵却相去甚远。由于生产资料的占有形式是生产关系的重要内容，生产资料所有制成为生产关系的集中表现，通常以所有制表述特定的生产关系。但是，所有制不仅指生产资料的占有形式，而且指总和的生产关系，我们说所有权是所有制在法律上的体现，这里的“所有制”指的是一定的以生产资料的占有为重要内容的生产关系。

还需要说明的是，所有权不仅仅是民法的专有名词，也不仅仅是民法上的权利。“所有权”一词使用甚广，在不同的含义上使用，也在各种政治法律关系中使用。在较广的含义上，所有权指政治法律制度中的所有权制度，是调整财产所有关系的法律规范的总称。我们说所有权是所有制的法律体现，就是在这个意义上使用“所有权”这一概念的。在这个意义上，所有权与所有制是个对应的概念。在较窄的含义上，所有权指所有人对特定财产所享有的占有、使用、收益和处分的权利。所有权的基本概念通常是由民法规定的，民法的所有权是一项民事权利，属于物权的一种。但是，所有权概念的使用却不限于民法，而是广泛使用于各个法律部门。或者说，规范所有权的法律不仅有民法，各个法律部门均有涉及所有权关系的法律规范。

法律调整的是人与人之间的关系，不是人与物之间的关系。权利体现的是社会关系。民法的所有权是基于所有物而产生的所有权人与他人的财产关系。民法上讲所有权，不仅要讲所有权人对所有物的权利，而且主要是讲所有权人与他人的关系。在行政法、经济法、刑法上也讲所有权，但由于这些法律调整的社会关系与民法不同，调整的所有权关系也与民法不同。由于民法调整平等主体之间的关系，因而民法上的所有权体现了平等的民事关系。行政法、经济法调整的是行政管理的关系，因而行政法、经济法上的所有权体现的是行政管理的关系。比如，国家依行政权征收集体和私人的财产，体现了行政管理的关系。

第二百四十一条　所有权人有权在自己的不动产或者动产上设立用益物权和担保物权。用益物权人、担保物权人行使权利，不得损害所有权人的权益。

◆ **条文主旨**

本条是关于所有权人设定他物权的规定。

◆ **立法背景**

所有权人在自己的不动产或者动产上设立用益物权和担保物权，是所有权人行使其所有权的具体体现。所有权人的各项所有权权能可以与所有权相分离。因而可以为他人设定用益物权和担保物权。由于用益物权与担保物权都是对他人的物享有的权利，因此都称为“他物权”，与此相对应，所有权称为“自物权”。现代各国民法贯彻效益原则，已逐渐放弃了传统民法注重对物的实物支配、注重财产归属的做法，转而注重财产价值形态的支配和利用。大陆法系和英美法系这两大法系有关财产的现代法律，都充分体现了以“利用”为中心的物权观念。传统的以物的“所有”为中心的物权观念，已经被以物的“利用”为中心的物权观念所取代。但是，所有权是他物权的本源和基础。

◆ **条文解读**

用益物权与担保物权的设定，源于所有权人对其所有权的行使。让渡对物的占有、使用，或者以物的价值为他人设定担保，正是所有权人对其所有权中诸项权能的行使。所有权人根据法律和合同，可以将使用权转移给非所有权人行使，非所有权人取得使用权、行使使用权，必须依据法律与合同的规定进行。所以，非所有人享有的使用权，不过是从所有权中分离出来的权能。所有权人根据法律或者合同用自己的物为他人债务提供担保，是对其物所有权中处分权的行使，非所有权人取得担保物权、行使担保物权，必须依据法律与合同的约定进行。所以，他人享有的担保权利，同样也是从所有权中分离出来的权能。因此，设定他物权，是所有权人行使所有权的结果。也正因如此，用益物权人、担保物权人行使权利必须依据法律或者合同的约定进行，不得损害所有权人的权益。

土地承包经营权、宅基地使用权、建设用地使用权是以土地为他人设定的权利。我国实行土地公有制，土地属于国家或者集体所有，这与西方土地私有的情况有很大不同。对于土地承包、宅基地和建设用地，国家有大量的法律、行政法规以及地方法规和规章，要求政府部门严格依法办事，不能损害国家、集体的利益。土地承包经营权人、宅基地使用权人、建设用地使用权人也要依据法律和合同行使权利，履行义务，不得损害国家、集体的利益。

用益物权中有一项是地役权。地役权是指，在相邻关系以外，权利人按照合同约定处理两个或者两个以上不动产权利人之间在通行、通风、采光等方面产生的各种关系，以提高自己的生产或者生活水平。比如甲公司和乙公司约定，借用乙公司的道路通行，以便利甲公司员工的出入。在我国，设立地役权的情况较为特殊。在国有土地上设定地役权的，通常是拥有土地使用权的单位而不是作为所有权人的国家，在集体土地上设定地役权的通常是承包土地的农户而不是作为土地所有权人的集体经济组织。

留置权为担保物权的一种。留置权是法律规定为了确保债务履行而设立的一种担保物权，当债务人不履行债务时，债权人依法留置已经合法占有的债务人的动产，并就该动产享有优先受偿的权利，比如顾客不支付洗衣费，洗衣店依法有权留置衣物，在法定期限内顾客还不支付洗衣费，洗衣店依法有权在变卖衣物的价款中获取洗衣费。留置权是债权人留置债务人的动产，留置权的设定由债权人依法进行，而非动产的所有权人设定，但当事人约定不得留置的，债权人必须遵守约定，不得违背合同规定留置约定不得留置的债务人的动产。债权人留置债务人的动产、行使留置权必须依法进行，不得损害所有权人的权益。

▶ 相关规定

《中华人民共和国土地管理法》第 10 条、第 13 条；《中华人民共和国矿产资源法》第 3 条；《中华人民共和国水法》第 7 条；《中华人民共和国草原法》第 10 条；《中华人民共和国海域使用管理法》第 3 条、第 19 条、第 22－24 条、第 28 条；《中华人民共和国渔业法》第 11 条

第二百四十二条　法律规定专属于国家所有的不动产和动产，任何组织或者个人不能取得所有权。

◆ 条文主旨

本条是关于国家专有的规定。

◆ 条文解读

国家专有是指只能为国家所有而不能为任何其他人所拥有。国家专有的财产由于不能为他人所拥有，因此不能通过交换或者赠与等任何流通手段转移所有权，这与非专有的国家财产的性质

不同。非专有的国家财产是可以流转的，如国家用于投资的财产。国家专有的财产范围很宽，各项具体的专有财产由各个相关单行法律、行政法规规定，本条只作概括性规定。

国家专有的财产包括但不限于以下各项：1. 国有土地。依据法律、行政法规的规定，属于国家所有的土地有：城市市区的土地；农村和城市郊区已被征收的土地；依法不属于集体所有的森林、山岭、草地、荒地、滩涂及其他土地等。2. 海域。海域使用管理法规定，海域属于国家所有。3. 水流。宪法规定，水流属于国家所有。4. 矿产资源。宪法规定，矿藏属于国家所有。矿产资源法规定，矿产资源属于国家所有。有关法律、行政法规规定煤炭资源、石油资源、盐资源、水晶矿产等属于国家所有。5. 无居民海岛。海岛保护法规定，无居民海岛属于国家所有。6. 野生动物资源。野生动物保护法规定，野生动物资源属于国家所有。7. 无线电频谱资源。本编第五章规定，无线电频谱资源属于国家所有。

国外有“公用财产”的概念，国外的公用财产指社会公众共同使用的财产，如公共道路、公路、街道、桥梁、水库、图书馆、港口等。有的国家规定公用财产属于社会公有，不属于国家所有，但国家享有主权和管理权。公用财产不能转让，不适用取得时效。在这一点上，与我国的国家专有财产有类似的地方。

第二百四十三条 为了公共利益的需要，依照法律规定的权限和程序可以征收集体所有的土地和组织、个人的房屋以及其他不动产。

征收集体所有的土地，应当依法及时足额支付土地

补偿费、安置补助费以及农村村民住宅、其他地上附着物和青苗等的补偿费用，并安排被征地农民的社会保障费用，保障被征地农民的生活，维护被征地农民的合法权益。

征收组织、个人的房屋以及其他不动产，应当依法给予征收补偿，维护被征收人的合法权益；征收个人住宅的，还应当保障被征收人的居住条件。

任何组织或者个人不得贪污、挪用、私分、截留、拖欠征收补偿费等费用。

◆ **条文主旨**

本条是关于征收的规定。

◆ **立法背景**

征收是国家以行政权取得集体、组织和个人的财产所有权的行为。征收的主体是国家，通常是政府部门，政府以行政命令的方式从集体、组织和个人取得土地、房屋等财产，集体、组织和个人必须服从。在物权法律制度上，征收是物权变动的一种极为特殊的情形。征收属于政府行使行政权，属于行政关系，不属于民事关系，但由于征收是所有权丧失的一种方式，是对所有权的限制，同时又是国家取得所有权的一种方式，因此外国民法通常都从这一民事角度对征收作原则规定。

◆ **条文解读**

征收导致所有权的丧失，当然对所有权人造成损害。因此，征收虽然是被许可的行为，但通常都附有严格的法定条件的限制。征收土地是世界各国政府取得土地的常用办法，但在土地私有制国家里，征收土地的含义与我国有所不同，即表现为一种强制购买权，只有在正常收买无法取得土地时再动用征收权。其特点是：（1）只有为了公共目的，可以征收，非公共目的，不得动用征收权；（2）必须经过一定的程序，有的还需议会批准；（3）按市价予以补偿。由于征收本不属于民法规范，同时征收的情况极为复杂，因此，外国民法通常规定得较为简单，但都原则性地规定了公共利益的目的和公平补偿的内容。如法国规定，任何人不得被强制转让其所有权，但因公用并在事前受公正补偿的，不在此限。意大利规定，不得全部或部分地使任何所有权人丧失所有权，但是，为公共利益的需要，依法宣告征收并且给予合理补偿的情况不在此限。德国基本法规定，剥夺所有权只有为公共福利的目的才能被允许。剥夺所有权只有依照法律或者法律的原因进行，而且该法律对损害赔偿的方式和措施有所规定。该赔偿必须在对公共利益和当事人的利益进行公平的衡量之后确定。对损害赔偿的高低有争议时可以向地方法院提起诉讼。

在我国，由于公共建设任务繁重而征收较多，在城市是因城市规划拆迁而征收居民房屋，在农村是因公共建设、城市规划而征收集体土地。在征收集体所有土地和城乡居民房屋的过程中，侵害群众利益的问题时有发生，社会普遍关注。在民法典物权编的立法过程中，对于征收的问题意见较多，主要集中在公共利益的目的和征收补偿两个方面。

关于公共利益。有的认为，应当明确界定公共利益的范围，以限制有的地方政府滥用征收权力，侵害群众利益。在物权法的立法过程中，曾将“为了公共利益的需要”修改为“为了发展公益事业、维护国家安全等公共利益的需要”，但有关部门和专家认为这样规定仍不清楚。经各方面反复研究，一致认为：在不同领域内，在不同情形下，公共利益是不同的，情况相当复杂，物权法难以对公共利益作出统一的具体界定，还是分别由土地管理法、城市房地产管理法等单行法律规定较为切合实际。一些特别法如信托法、测绘法也已经对公共利益的范围作了一些具体界定。

关于征收补偿。有的认为，在现实生活中，存在征收土地的补偿标准过低、补偿不到位的问题，侵害群众利益，建议对补偿问题作出具体规定。有的建议规定为“相应补偿”，有的建议规定为“合理补偿”，有的建议规定为“充分补偿”，有的建议规定为“根据市场价格予以补偿”。针对群众反映较大的问题，本条第2款、第3款就补偿原则和补偿内容作了明确规定。考虑到各地的发展很不平衡，具体的补偿标准和补偿办法，由土地管理法等有关法律依照本法规定的补偿原则和补偿内容，根据不同情况作出规定。在民法典物权编的立法过程中，有的常委委员、地方和部门提出，深入推进农村集体产权制度改革，是党中央作出的重大决策，民法典应当对农村集体所有土地的征地补偿制度予以完善。考虑到土地管理法在2019年修改时，对农村集体所有土地的征收补偿问题作了修改完善，本条第2款在物权法的基础上增加规定，征收集体所有的土地，应当依法及时足额支付农村村民住宅的补偿费用等，以与《土地管理法》第48条第2款相衔接。针对现实生活中补偿不到位和侵占补偿费用的行为，本条第4款明确规定，任何组织或者个人不得贪污、挪用、私分、截留、拖欠征收补偿费等费用。

▶ 相关规定

《中华人民共和国宪法》第10条、第13条；《中华人民共和国土地管理法》第2条、第45－51条、第79－80条

第二百四十四条 国家对耕地实行特殊保护，严格限制农用地转为建设用地，控制建设用地总量。不得违反法律规定的权限和程序征收集体所有的土地。

◆ **条文主旨**

本条是关于保护耕地、禁止违法征地的规定。

◆ **立法背景**

我国地少人多，耕地是宝贵的资源，且后备资源贫乏，如何保护我国宝贵的耕地资源，并合理利用，关系中华民族的生存。国家历来重视对耕地的保护，实行最严格的耕地保护制度，严格控制农用地转为建设用地，这是保障我国长远发展、经济平稳、社会安定的必然要求。为了切实加强土地调控，制止违法违规用地行为，针对现实生活中滥用征收权力、违法征地的行为，本条作了原则规定。

◆ **条文解读**

根据土地管理法等法律、行政法规的有关规定，有关耕地保护的基本政策是：

1. 严格控制耕地转为非耕地。国家保护耕地，严格控制耕地转为非耕地。国家实行土地用途管制制度。国家编制土地利用总体规划，规定土地用途，将土地分为农用地、建设用地和未利用地。严格限制农用地转为建设用地，控制建设用地总量，对耕地实行特殊保护。

按照有关法律规定，建设占用土地，涉及农用地转为建设用地的，应当办理农用地转用审批手续。永久基本农田转为建设用地的，由国务院批准。在土地利用总体规划确定的城市和村庄、集镇建设用地规模范围内，为实施该规划而将永久基本农田以外的农用地转为建设用地的，按土地利用年度计划分批次按照国务院规定由原批准土地利用总体规划的机关或者其授权的机关批准。在已批准的农用地转用范围内，具体建设项目用地可以由市、县人民政府批准。在土地利用总体规划确定的城市和村庄、集镇建设用地规模范围外，将永久基本农田以外的农用地转为建设用地的，由国务院或者国务院授权的省、自治区、直辖市人民政府批准。

2. 实行占用耕地补偿制度。非农业建设经批准占用耕地的，按照“占多少，垦多少”的原则，由占用耕地的单位负责开垦与所占用耕地的数量和质量相当的耕地；没有条件开垦或者开垦的耕地不符合要求的，应当按照省、自治区、直辖市的规定缴纳耕地开垦费，专款用于开垦新的耕地。

根据有关法律规定，省、自治区、直辖市人民政府应当制定开垦耕地计划，监督占用耕地的单位按照计划开垦耕地或者按照计划组织开垦耕地，并进行验收。省、自治区、直辖市人民政府应当严格执行土地利用总体规划和土地利用年度计划，采取措施，确保本行政区域内耕地总量不减少、质量不降低。耕地总量减少的，由国务院责令在规定期限内组织开垦与所减少耕地的数量与质量相当的耕地；耕地质量降低的，由国务院责令在规定期限内组织整治。新开垦和整治的耕地由国务院自然资源主管部门会同农业农村主管部门验收。个别省、直辖市确因土地后备资源匮乏，新增建设用地后，新开垦耕地的数量不足以补偿所占用耕地的数量的，必须报经国务院批准减免本行政区域内开垦耕地的数量，易地开垦数量和质量相当的耕地。

3. 永久基本农田保护制度。国家实行永久基本农田保护制度，对于经国务院农业农村主管部门或者县级以上地方人民政府批准确定的粮、棉、油、糖等重要农产品生产基地内的耕地，有良好的水利与水土保持设施的耕地，正在实施改造计划以及可以改造的中、低产田和已建成的高标准农田，蔬菜生产基地，农业科研、教学试验田以及国务院规定应当划为永久基本农田的其他耕地，根据土地利用总体规划划为永久基本农田，实行严格保护。划定永久基本农田主要是为了对耕地实行特殊保护。永久基本农田经依法划定后，任何单位和个人不得擅自占用或者改变其用途。永久基本农田涉及农用地转用或者土地征收的，必须经国务院批准。

4. 其他。对保护耕地还有许多规定。例如：（1）保证耕地质量。各级人民政府应当采取措施，引导因地制宜轮作休耕，改良土壤，提高地力，维护排灌工程设施，防止土地荒漠化、盐渍化、水土流失和土壤污染。（2）非农业建设的用地原则是，必须节约使用土地，可以利用荒地的，不得占用耕地；可以利用劣地的，不得占用好地。禁止占用耕地建窑、建坟或者擅自在耕地上建房、挖砂、采石、采矿、取土等。禁止占用永久基本农田发展林果业和挖塘养鱼。（3）禁止闲置、荒芜耕地。禁止任何单位和个人闲置、荒芜耕地。已经办理审批手续的非农业建设占用耕地，一年内不用而又可以耕种并收获的，应当由原耕种该幅耕地的集体或者个人恢复耕种，也可以由用地单位组织耕种；一年以上未动工建设的，应当按照省、自治区、直辖市的规定缴纳闲置费；连续二年未使用的，经原批准机关批准，由县级以上人民政府无偿收回用地单位的土地使用权；该幅土地原为农民集体所有的，应当交由原农村集体经济组织恢复耕种。（4）开发未利用土地。国家鼓励单位和个人按照土地利用总体规划，在保护和改善生态环境、防止水土流失和土地荒漠化的前提下，开发未利用的土地；适宜开发为农用地的，应当优先开发成农用地。国家依法保护开发者的合法权益。(5)土地复垦。因挖损、塌陷、压占等造成土地破坏，用地单位和个人应当按照国家有关规定负责复垦；没有条件复垦或者复垦不符合要求的，应当缴纳土地复垦费，专项用于土地复垦。复垦的土地应当优先用于农业。

按照宪法、土地管理法等有关法律规定，征收土地的条件与程序是：

1. 征收土地必须是为了公共利益的需要。根据土地管理法的规定，有下列情形并且确需征收农民集体所有的土地的，可以依法实施征收：(1)军事和外交需要用地的；(2)由政府组织实施的能源、交通、水利、通信、邮政等基础设施建设需要用地的；(3)由政府组织实施的科技、教育、文化、卫生、体育、生态环境和资源保护、防灾减灾、文物保护、社区综合服务、社会福利、市政公用、优抚安置、英烈保护等公共事业需要用地的；(4)由政府组织实施的扶贫搬迁、保障性安居工程建设需要用地的；(5)在土地利用总体规划确定的城镇建设用地范围内，经省级以上人民政府批准由县级以上地方人民政府组织实施的成片开发建设需要用地的；(6)法律规定为公共利益需要可以征收农民集体所有的土地的其他情形。

2. 征地是一种政府行为，是政府的专有权力，其他任何单位和个人都没有征地权。同时，被征地单位必须服从，不得阻挠征地。

3. 必须依法取得批准。征收永久基本农田、永久基本农田以外的耕地超过 35 公顷的，以及其他土地超过 70 公顷的，由国务院批准。征收其他土地的，由省、自治区、直辖市人民政府批准。征收农用地的，应当依照有关规定先行办理农用地转用审批。

4. 必须予以公告并听取相关主体的意见。国家征收土地依照法定程序批准后，由县级以上地方人民政府予以公告并组织实施。

县级以上地方人民政府拟申请征收土地的，应当开展拟征收土地现状调查和社会稳定风险评估，并将征收范围、土地现状、征收目的、补偿标准、安置方式和社会保障等在拟征收土地所在的乡（镇）和村、村民小组范围内公告至少30日，听取被征地的农村集体经济组织及其成员、村民委员会和其他利害关系人的意见。多数被征地的农村集体经济组织成员认为征地补偿安置方案不符合法律、法规规定的，县级以上地方人民政府应当组织召开听证会，并根据法律、法规的规定和听证会情况修改方案。

5. 必须依法对被征地单位进行补偿。拟征收土地的所有权人、使用权人应当在公告规定期限内，持不动产权属证明材料办理补偿登记。县级以上地方人民政府应当组织有关部门测算并落实有关费用，保证足额到位，与拟征收土地的所有权人、使用权人就补偿、安置等签订协议。相关前期工作完成后，县级以上地方人民政府方可申请征收土地。征收土地应当给予公平、合理的补偿，保障被征地农民原有生活水平不降低、长远生计有保障。征收土地应当依法及时足额支付土地补偿费、安置补助费以及农村村民住宅、其他地上附着物和青苗等的补偿费用，并安排被征地农民的社会保障费用。有关法律和行政法规对征收的具体补偿标准有专门规定。

6. 征地补偿费用的情况要向集体组织成员公布，接受监督。被征地的农村集体经济组织应当将征收土地的补偿费用的收支状况向本集体经济组织的成员公布，接受监督。同时规定，禁止侵占、挪用被征收土地单位的征地补偿费用和其他有关费用。

因此，法律、行政法规对于保护耕地、征收土地都有明确的规定。征收农村土地，应当按照特殊保护耕地的原则，依照法律规定的权限和程序进行，切实保护耕地，保护农民利益，保障社会安定和经济的可持续发展。

▶ **相关规定**

《中华人民共和国土地管理法》第 3 条、第 4 条、第 30－49 条、第 78 条

第二百四十五条　因抢险救灾、疫情防控等紧急需要，依照法律规定的权限和程序可以征用组织、个人的不动产或者动产。被征用的不动产或者动产使用后，应当返还被征用人。组织、个人的不动产或者动产被征用或者征用后毁损、灭失的，应当给予补偿。

◆ **条文主旨**

本条是关于征用的规定。

◆ **条文解读**

征用是国家强制使用组织、个人的财产。强制使用就是不必得到所有权人的同意，在国家有紧急需要时即直接使用。国家需要征用组织、个人的不动产和动产的原因，是抢险、救灾、应对突发公共卫生事件等在社会整体利益遭遇危机的情况下，需要动用一切人力、物力进行紧急处理和救助。所以，法律允许在此种情况下限制单位和个人的财产所有权。

国家以行政权命令征用财产，被征用的组织、个人必须服从，这一点与征收相同。但征收是剥夺所有权，征用只是在紧急情况下强制使用组织、个人的财产，紧急情况结束后被征用的财产要返还给被征用的组织、个人，因此征用与征收有所不同。本章规定的征收限于不动产，本条规定的征用的财产既包括不动产也包括动产。

征用在国家出现紧急情况时采用，因此国外通常在紧急状态法中规定，但也有国家在民法中作了规定，如意大利民法规定，在发生公共事务、军事、民事的重大紧急需求的情况下，可以对动产或者不动产进行征调。对动产或者不动产的所有权人应当给予合理补偿。考虑到征用如征收一样也是对所有权的限制，本法对征用作了规定。由于征用是对所有权的限制。并可能给所有权人造成不利的后果，因此，征用的采用亦有严格的条件限制：（1）征用的前提条件是发生紧急情况，因此征用适用于出现紧急情况时，平时不得采用；（2）征用应符合法律规定的权限和程序；（3）使用后应当将征用财产返还被征用人，并且给予补偿，但通常不及于可得利益的损失。

征用如征收一样也是较为复杂的问题，同时征用是政府行使行政权，不是民事关系，征用的具体问题应由相关的行政法规定。因此，本条仅从民事角度作了原则性规定。

▶ 相关规定

《中华人民共和国宪法》第10条、第13条；《中华人民共和国土地管理法》第2条；《中华人民共和国防震减灾法》第61条；《中华人民共和国防洪法》第45条；《中华人民共和国传染病防治法》第45条；《中华人民共和国药品管理法》第92条；《中华人民共和国国防法》第48条；《中华人民共和国戒严法》第17条

第五章　国家所有权和集体所有权、私人所有权

本章共二十五条，规定了国家所有权和集体所有权、私人所有权。本章主要对国有财产的范围、国家所有权的行使、国有财产的保护、集体所有权的范围、集体所有权的行使、集体成员合法权益的保护、私人所有权的范围、企业法人的财产权等作了规定。

第二百四十六条　法律规定属于国家所有的财产，属于国家所有即全民所有。

国有财产由国务院代表国家行使所有权。法律另有规定的，依照其规定。

◆ 条文主旨

本条是关于国有财产范围、国家所有的性质和国家所有权行使的规定。

◆ 立法背景

在 2007 年物权法的立法征求意见过程中，对于国有财产范围的不同意见主要是，国有财产的范围很广，如何在物权法中确定国有财产的范围，哪些应该明确写，哪些不应该写，对物的种类

在文字上应该如何表述。有的认为，物权法具体列举的国有财产不够全面，应当增加规定空域、航道、频道、无居民岛屿、种质资源属于国家所有。考虑到国有财产范围很广，难以逐项列全，所提出的增加规定的有些内容是否属于物权法上的物，也有争议。因此，《物权法》第 45 条第 1 款对国有财产的范围作了概括性的规定："法律规定属于国家所有的财产，属于国家所有即全民所有。"并以现行法律的规定为依据对国家所有的财产作了列举规定。

关于国家所有权的行使，有的认为，由"国务院代表国家行使国家所有权"可操作性不强。有的提出，国有自然资源的所有权实际上有不少是由地方人民政府具体行使的，应规定地方人民政府也有权代表国家具体行使国有自然资源的所有权。有的建议，明确实践中行使所有权的地方各级政府同国务院之间的关系是委托还是授权。有的认为，应该由全国人民代表大会代表国家行使国有财产所有权。立法机关经研究认为，依据宪法规定，全国人民代表大会是最高国家权力机关，国务院是最高国家权力机关的执行机关。全国人民代表大会代表全国人民行使国家权力，体现在依法就关系国家全局的重大问题作出决定，而具体执行机关是国务院。我国的许多法律已经明确规定由国务院代表国家行使所有权。如土地管理法、矿产资源法、水法、草原法、海域使用管理法。

由国务院代表国家行使所有权也是现行的管理体制。《物权法》第 45 条第 2 款规定："国有财产由国务院代表国家行使所有权；法律另有规定的，依照其规定。"这样规定，既符合人民代表大会制度的特点，也体现了党的十六大关于国家要制定法律法规，建立中央政府和地方政府分别代表国家履行出资人职责，享有所有者权益的国有资产管理体制的要求。全国人民代表大会通过立法授权国务院代表国家行使国家所有权，正体现了全国人民代表大会的性质及其行使职权的特点。当然，政府代表国家行使所有权，应当依法对人大负责，受人大监督。

本条对《物权法》第 45 条规定予以保留，未作实质修改。

◆ **条文解读**

本条规定以下几个问题：

一、国有财产的范围

本条第 1 款是对国有财产范围的概括性规定："法律规定属于国家所有的财产，属于国家所有即全民所有。"依据宪法、法律、行政法规，本法第 247 条至第 254 条明确规定矿藏、水流、海域、无居民海岛、无线电频谱资源、国防资产、城市的土地属于国家所有。法律规定属于国家所有的野生动植物资源、铁路、公路、电力设施、电信设施和油气管道等基础设施、文物、农村和城市郊区的土地，属于国家所有。除法律规定属于集体所有的外，森林、山岭、草原、荒地、滩涂等自然资源，属于国家所有。现行法律、行政法规没有明确规定的，根据本条，可以在制定或者修改有关法律时作出具体规定。

二、我国国家所有的性质

本条第 1 款中规定"国家所有即全民所有"，明确我国国家所有的性质是全民所有。《宪法》第 9 条第 1 款规定："矿藏、水流、森林、山岭、草原、荒地、滩涂等自然资源，都属于国家所有，即全民所有；由法律规定属于集体所有的森林和山岭、草原、荒地、滩涂除外。"《土地管理法》第 2 条第 2 款规定："全民所有，即国家所有土地的所有权由国务院代表国家行使。"本条规定和宪法的规定相衔接，进一步明确国家所有的性质。

三、代表国家行使国家财产所有权的主体

本条第 2 款是对代表国家行使国家财产所有权的主体的规定。

本条规定除法律另有规定外，国有财产由国务院代表国家行使所有权。国有财产由国务院代表国家行使所有权，同时依照法律规定也可以由地方人民政府等部门行使有关权利。对此我国很多法律法规都有相应的规定，如《土地管理法》第5条规定："国务院自然资源主管部门统一负责全国土地的管理和监督工作。县级以上地方人民政府自然资源主管部门的设置及其职责，由省、自治区、直辖市人民政府根据国务院有关规定确定。"《草原法》第8条规定："国务院草原行政主管部门主管全国草原监督管理工作。县级以上地方人民政府草原行政主管部门主管本行政区域内草原监督管理工作。乡（镇）人民政府应当加强对本行政区域内草原保护、建设和利用情况的监督检查，根据需要可以设专职或者兼职人员负责具体监督检查工作。"《森林法》第9条规定："国务院林业主管部门主管全国林业工作。县级以上地方人民政府林业主管部门，主管本行政区域的林业工作。乡镇人民政府可以确定相关机构或者设置专职、兼职人员承担林业相关工作。"《水法》第12条规定："国家对水资源实行流域管理与行政区域管理相结合的管理体制。国务院水行政主管部门负责全国水资源的统一管理和监督工作。国务院水行政主管部门在国家确定的重要江河、湖泊设立的流域管理机构，在所管辖的范围内行使法律、行政法规规定的和国务院水行政主管部门授予的水资源管理和监督职责。县级以上地方人民政府水行政主管部门按照规定的权限，负责本行政区域内水资源的统一管理和监督工作。"《矿产资源法》第11条规定："国务院地质矿产主管部门主管全国矿产资源勘查、开采的监督管理工作。国务院有关主管部门协助国务院地质矿产主管部门进行矿产资源勘查、开采的监督管理工作。省、自治区、直辖市人民政府地质矿产主管部门主管本行政区域内矿产资源勘查、开采的监督管理工作。省、自治区、直辖市人民政府有关主管部门协助同级地质矿产主管部门进行矿产资源勘查、开采的监督管理工作。"《煤炭法》第12条规定："国务院煤炭管理部门依法负责全国煤炭行业的监督管理。国务院有关部门在各自的职责范围内负责煤炭行业的监督管理。县级以上地方人民政府煤炭管理部门和有关部门依法负责本行政区域内煤炭行业的监督管理。"《渔业法》第6条第1款规定："国务院渔业行政主管部门主管全国的渔业工作。县级以上地方人民政府渔业行政主管部门主管本行政区域内的渔业工作。县级以上人民政府渔业行政主管部门可以在重要渔业水域、渔港设渔政监督管理机构。"《矿产资源法实施细则》第3条第2款规定："国务院代表国家行使矿产资源的所有权。国务院授权国务院地质矿产主管部门对全国矿产资源分配实施统一管理。"

▶ **相关规定**

《中华人民共和国宪法》第9条；《中华人民共和国土地管理法》第2条、第5条；《中华人民共和国草原法》第9条；《中华人民共和国森林法》第9条；《中华人民共和国水法》第3条、第12条；《中华人民共和国矿产资源法》第3条、第11条；《中华人民共和国煤炭法》第12条；《中华人民共和国渔业法》第6条、第7条；《中华人民共和国矿产资源法实施细则》第3条

第二百四十七条　矿藏、水流、海域属于国家所有。

◆ **条文主旨**

本条是关于矿藏、水流、海域的国家所有权的规定。

◆ **立法背景**

矿产资源是国民经济和社会发展的重要物质基础，只有严格

依照宪法的规定，坚持矿藏属于国家所有，即全民所有，才能保障我国矿产资源的合理开发、利用、节约、保护和满足各方面对矿产资源日益增长的需求，适应国民经济和社会发展的需要。

水是人类生存的生命线，人类因水而生存，因水而发展。然而，21 世纪人类却面临着严重的水资源问题。水资源短缺几乎成为世界性的问题。我国是水资源贫乏的国家，人均水资源仅为世界平均水平的 1/4。同时，水资源在时间和地区分布上很不平衡，由于所处的独特的地理位置和气候条件，使我国面临水资源短缺、洪涝灾害频繁、水环境恶化三大水问题，对国民经济和社会发展具有全局影响。

我国是海洋大国，拥有近 300 万平方公里的管辖海域，相当于陆地国土面积的 1/3，拥有 18000 多公里的大陆岸线，14000 多公里的岛屿岸线，蕴藏着丰富资源，包括生物资源、矿产资源、航运资源、旅游资源等。对于丰富的资源，国家有责任实施管理，对于我国辽阔的海域，需要由国家行使管理职能。这些管理，是以海域的国家所有权为法律依据的。

◆ 条文解读

本条规定，矿藏、水流、海域属于国家所有。

一、矿藏属于国家所有

矿藏，主要指矿产资源，即存在于地壳内部或者地表的，由地质作用形成的，在特定的技术条件下能够被探明和开采利用的，呈固态、液态或气态的自然资源。本法依据宪法规定矿藏属于国家所有。矿藏属于国家所有，指国家享有对矿产资源的占有、使用、收益和处分的权利。《宪法》第 9 条第 1 款规定：“矿藏、水流、森林、山岭、草原、荒地、滩涂等自然资源，都属于国家所有，即全民所有；由法律规定属于集体所有的森林和山岭、草原、荒地、滩涂除外。”《矿产资源法》第 3 条第 1 款规定：“矿产资源属于国家所有，由国务院行使国家对矿产资源的所有权。地表或者地下的矿产资源的国家所有权，不因其所依附的土地的所有权或者使用权的不同而改变。”一些具体的矿产行政法规规定了一些矿产的所有权。如《乡镇煤矿管理条例》第 3 条第 1 款规定：“煤炭资源属于国家所有。地表或者地下的煤炭资源的国家所有权，不因其所依附的土地的所有权或者使用权的不同而改变。”《对外合作开采陆上石油资源条例》第 3 条规定：“中华人民共和国境内的石油资源属于中华人民共和国国家所有。”《对外合作开采海洋石油资源条例》第 2 条第 1 款规定：“中华人民共和国的内海、领海、大陆架以及其他属于中华人民共和国海洋资源管辖海域的石油资源，都属于中华人民共和国国家所有。”

国家对矿藏的所有权可以有多种行使方式。《矿产资源法》第 4 条第 1 款规定：“国家保障依法设立的矿山企业开采矿产资源的合法权益。”依照规定，民事主体可以依法取得开发和经营矿藏的权利，其性质为采矿权。取得该权利后，通过开发和经营矿藏取得对矿藏的所有权。民事主体取得采矿权并不影响国家的所有权。国家保护合法的采矿权。但该采矿权与对矿藏的所有权不同，前者是他物权，后者是所有权。国家保障矿产资源的合理利用。

二、水流属于国家所有

水流，指江、河等的统称。此处水流应包括地表水、地下水和其他形态的水资源。

本条规定水流属于国家所有。水流属于国家所有，指国家享有对水流的占有、使用、收益和处分的权利。《宪法》第 9 条第 1 款规定：“矿藏、水流、森林、山岭、草原、荒地、滩涂等自然资源，都属于国家所有，即全民所有……”《水法》第 3 条规定：“水资源属于国家所有。水资源的所有权由国务院代表国家行使……”水流是我国最宝贵的自然资源之一，是实现可持续发展的重要物质基础。只有严格依照宪法的规定，坚持水流属于国家所有，即全民所有，才能保障我国水资源的合理开发、利用、节约、保护和满足各方面对水资源日益增长的需求，适应国民经济和社会发展的需要。

三、海域属于国家所有

海域，是指中华人民共和国内水、领海的水面、水体、海床和底土。这是一个空间资源的概念，是对传统民法中“物”的概念的延伸与发展。内水，是指中华人民共和国领海基线向陆地一侧至海岸线的海域。领海这个概念是随公海自由原则的确立而形成的，它是指沿着国家的海岸、受国家主权支配和管辖下的一定宽度的海水带。本条明确规定海域属于国家所有。《海域使用管理法》第3条第1款规定：“海域属于国家所有，国务院代表国家行使海域所有权。任何单位或者个人不得侵占、买卖或者以其他形式非法转让海域。”长期以来，在海域权属问题上存在一些模糊认识，出现了一些不正常的现象。个别地方政府或者有关部门擅自将海域的所有权确定为本地所有或者某集体经济组织所有，用海单位在需要使用海域时直接向乡镇和农民集体经济组织购买或者租用；个别乡镇竟然公开拍卖海域或者滩涂；有的村民错误地认为，祖祖辈辈生活在海边，海就是村里的。这些错误的认识和行为，不仅导致海域使用秩序的混乱，而且严重地损害了国家的所有权权益。因此，法律明确规定海域属于国家所有。海域属于国家所有，指国家享有对海域的占有、使用、收益和处分的权利。这不仅能正本清源，纠正思想上的错误认识，而且有助于树立海域归国家所有的意识和有偿使用海域的观念，使国家的所有权权益能在经济上得到实现。

▶ **相关规定**

《中华人民共和国宪法》第9条；《中华人民共和国矿产资源法》第4条；《中华人民共和国水法》第3条；《中华人民共和国煤炭法》第3条；《中华人民共和国海域使用管理法》第3条；《中华人民共和国领海及毗连区法》第2条；《中华人民共和国矿产资源法实施细则》第3条；《乡镇煤矿管理条例》第3条；《中华人民共和国对外合作开采陆上石油资源条例》第3条；《中华人民共和国对外合作开采海洋石油资源条例》第2条

第二百四十八条　无居民海岛属于国家所有，国务院代表国家行使无居民海岛所有权。

◆ **条文主旨**

本条是关于无居民海岛的国家所有权的规定。

◆ **条文解读**

本条是编纂民法典过程中增加的条文。有的意见提出，2009年全国人大常委会通过的《海岛保护法》第2条第2款规定："本法所称海岛，是指四面环海水并在高潮时高于水面的自然形成的陆地区域，包括有居民海岛和无居民海岛。"《海岛保护法》第4条规定："无居民海岛属于国家所有，国务院代表国家行使无居民海岛所有权。"为了更好地保护国家对无居民海岛的所有权，同时也为了宣示国家对无居民海岛的主权，有必要在民法典中明确规定无居民海岛属于国家所有。也有意见认为，对于自然资源的所有权，物权编主要是从自然资源的类别角度进行规范，而非地理的自然形态。物权编已经规定了土地、矿藏、水流、森林、山岭、野生动植物等自然资源的所有权，这些自然资源也可能存在于无居民海岛上。海岛保护法规定无居民海岛属于国家所有，其角度与物权编不同，不宜将这一规定照搬到民法典物权编中。经研究，采纳了第一种意见。

本条规定无居民海岛属于国家所有，国务院代表国家行使无居民海岛所有权。有的意见提出，本法第 246 条第 2 款已经规定了“国有财产由国务院代表国家行使所有权”，因此本条不需再重复规定“国务院代表国家行使无居民海岛所有权”。也有意见认为，本法第 246 条第 2 款的规定是：“国有财产由国务院代表国家行使所有权。法律另有规定的，依照其规定。”而《海岛保护法》第 4 条规定“无居民海岛属于国家所有，国务院代表国家行使无居民海岛所有权”，并没有关于法律另有规定的表述。无居民海岛的所有权，也应当由国务院统一代表国家行使。经研究，采纳了第二种意见。

▶ **相关规定**

《中华人民共和国海岛保护法》第 2 条、第 4 条

第二百四十九条 城市的土地，属于国家所有。法律规定属于国家所有的农村和城市郊区的土地，属于国家所有。

◆ **条文主旨**

本条是关于国家所有土地范围的规定。

◆ **立法背景**

土地是人类可利用的一切自然资源中最基本、最宝贵的资源，

首先，它是人类赖以生存的基地，只有它的存在人类才能有立足之地，人类凭借着土地栖息繁衍；其次，在人类生活中，土地是最基本的生产资料，人们在土地上从事生产，直接或间接地获取大量的财富，土地成为财富之母；最后，土地是为人类提供食物和其他生活资料的重要源泉，一切动植物繁殖滋生的营养物质皆取自土地，由此产生出人类赖以生存发展的各类生活资料，土地养育着人类。在人与土地之间的关系中，由于土地作为自然过程的产物，具有面积有限、不可创造的特点，因此，人们必须十分珍惜土地，严格保护和合理利用每一寸土地，必须重视土地的自然属性，遵循土地的自然规律。

◆ **条文解读**

我国实行土地的社会主义公有制。《宪法》第 6 条第 1 款规定："中华人民共和国的社会主义经济制度的基础是生产资料的社会主义公有制，即全民所有制和劳动群众集体所有制……"土地是宝贵的自然资源，同时也是最基本的生产资料。中华人民共和国成立以后，我国土地的社会主义公有制逐步确立，形成了全民所有土地即国家所有土地和劳动群众集体所有土地即农民集体所有土地这两种基本的土地所有制形式。《土地管理法》第 2 条第 1 款规定："中华人民共和国实行土地的社会主义公有制，即全民所有制和劳动群众集体所有制。"土地所有制的法律表现形式是土地所有权，即土地所有者对其土地享有占有、使用、收益和处分的权利。

土地由国家管理，这是土地的特殊作用和特殊地位所决定的。第一，土地是人类赖以生存的最基本的物质基础，是一个国家最珍贵的资源，必须由国家进行管理；第二，土地的开发利用涉及社会的整体利益，与国民经济的发展息息相关，直接影响社会进步与稳定，因此，土地应当由国家管理，从社会整体利益出发进行必要的控制；第三，土地是自然、经济、社会历史的结合体，土地的开发利用会受制于一定的自然、社会经济条件，应当由国家综合平衡，控制调节，获取符合公共利益的最佳成效；第四，我国实行土地社会主义公有制，国家应当具有统一监督管理土地的职能，而不是由某一个社会团体或经济组织来拥有这种职能。

本条规定了国家所有土地的范围，国家所有的土地包括：（1）城市的土地；（2）法律规定属于国家所有的农村和城市郊区的土地。

1. 城市的土地属于国家所有。“城市的土地属于国家所有”即指国家对于城市的土地享有所有权，且城市的土地所有权只属于国家。《宪法》第10条第1款规定：“城市的土地属于国家所有。”《土地管理法》第9条第1款规定：“城市市区的土地属于国家所有。”

2. 法律规定属于国家所有的农村和城市郊区的土地属于国家所有。《宪法》第10条第2款规定：“农村和城市郊区的土地，除由法律规定属于国家所有的以外，属于集体所有；宅基地和自留地、自留山，也属于集体所有。”《土地管理法》第9条第2款规定：“农村和城市郊区的土地，除由法律规定属于国家所有的以外，属于农民集体所有；宅基地和自留地、自留山，属于农民集体所有。”法律规定属于国家所有的农村和城市郊区的土地属于国家所有。这里所讲的法律是全国人大及其常委会通过的具有法律约束力的规范性文件，包括宪法和其他法律。《宪法》第9条第1款就规定：“矿藏、水流、森林、山岭、草原、荒地、滩涂等自然资源，都属于国家所有，即全民所有；由法律规定属于集体所有的森林和山岭、草原、荒地、滩涂除外。”也就是说，国家法律未确定为集体所有的森林和山岭、草原、荒地、滩涂等，均属于国家所有。《土地管理法实施条例》第2条规定："下列土地属于全民所有即国家所有："（一）城市市区的土地；（二）农村和城市郊区中已经依法没收、征收、征购为国有的土地；（三）国家依法征收的土地；（四）依法不属于集体所有的林地、草地、荒地、滩涂及其他土地；（五）农村集体经济组织全部成员转为城镇居民的，原属于其成员集体所有的土地；（六）因国家组织移民、自然灾害等原因，农民成建制地集体迁移后不再使用的原属于迁移农民集体所有的土地。"

▶ **相关规定**

《中华人民共和国宪法》第10条；《中华人民共和国土地管理法》第2条、第9条；《中华人民共和国土地管理法实施条例》第2条

第二百五十条 森林、山岭、草原、荒地、滩涂等自然资源，属于国家所有，但是法律规定属于集体所有的除外。

◆ **条文主旨**

本条是关于属于国家所有的森林、草原等自然资源的规定。

◆ **立法背景**

自然资源包括土地资源、水资源、矿产资源、生物资源、气候资源、海洋资源等。自然资源是国民经济与社会发展的重要物质基础。随着工业化和人口的发展，人类对自然资源的巨大需求和大规模的开采已导致资源基础的削弱、退化。以最低的环境成本确保自然资源的可持续利用，已经成为当代国家在经济、社会

发展过程中面临的一大难题。自然资源的合理开发利用是人类生存和发展的必然要求和重要内容。

◆ **条文解读**

本条有关森林、山岭、草原、荒地、滩涂等自然资源所有权的规定是依据宪法作出的。《宪法》第6条规定："中华人民共和国社会主义经济制度的基础是生产资料的社会主义公有制……"《宪法》第9条第1款规定："矿藏、水流、森林、山岭、草原、荒地、滩涂等自然资源，都属于国家所有，即全民所有；由法律规定属于集体所有的森林和山岭、草原、荒地、滩涂除外。"《宪法》第9条第2款规定："国家保障自然资源的合理利用，保护珍贵的动物和植物。禁止任何组织或者个人用任何手段侵占或者破坏自然资源。"我国绝大多数自然资源都属于国家所有，这是我国不同于资本主义国家经济制度的基本特征之一。本法根据宪法和有关法律的规定，对自然资源的归属作出规定，对进一步保护国有自然资源，合理开发利用国有自然资源，具有重要意义。

根据宪法，我国其他法律对自然资源的国家所有权也作出了相应的规定。《森林法》第14条第1款规定："森林资源属于国家所有，由法律规定属于集体所有的除外。"《草原法》第9条规定："草原属于国家所有，由法律规定属于集体所有的除外。国家所有的草原，由国务院代表国家行使所有权。任何单位或者个人不得侵占、买卖或者以其他形式非法转让草原。"森林、山岭、草原、荒地、滩涂作为自然资源，一般属于国家所有。依照我国的法律，森林、山岭、草原、荒地、滩涂等自然资源除了国家所有外，存在另一种所有权形式，即集体所有。

▶ **相关规定**

《中华人民共和国宪法》第9条；《中华人民共和国森林法》

第14条；《中华人民共和国草原法》第9条；《中华人民共和国民族区域自治法》第27条

第二百五十一条 法律规定属于国家所有的野生动植物资源，属于国家所有。

◆ **条文主旨**

本条是关于属于国家所有的野生动植物资源的规定。

◆ **立法背景**

野生动物是我国的一项巨大自然财富。我国野生动物资源十分丰富，不仅经济动物种类繁多，还有不少闻名世界的珍贵稀有鸟兽。野生动物作为自然生态系统的重要组成部分，是人类宝贵的自然资源，为人类的生产和生活提供了丰富的资源，对人类发展有重要的促进作用。我国也是世界上野生植物资源种类最为丰富的国家之一。野生植物是自然生态系统的重要组成部分，是人类生存和社会发展的重要物质基础，是国家重要的资源。野生植物资源作为社会经济发展中一种极为重要的资源，具有生态性、多样性、遗传性和可再生性等特点。

◆ **条文解读**

依据我国《野生动物保护法》第2条第2款的规定，该法保护的野生动物，是指珍贵、濒危的陆生、水生野生动物和有重要生态、科学、社会价值的陆生野生动物。依据《野生植物保护条例》第2条第2款的规定，野生植物，是指原生地天然生长的珍贵植物和原生地天然生长并具有重要经济、科学研究、文化价值的濒危、稀有植物。

本条规定，野生动植物资源属于国家所有。这样规定，有利于保护我国的野生动植物资源，有利于更加合理地利用野生动植物资源。《野生动物保护法》第3条规定："野生动物资源属于国家所有。国家保障依法从事野生动物科学研究、人工繁育等保护及相关活动的组织和个人的合法权益。"1992年12月国务院批准发布的《陆生野生动物资源保护管理费收费办法》中规定："野生动物资源属于国家所有。"

▶ 相关规定

《中华人民共和国野生动物保护法》第2条、第3条；《中华人民共和国野生植物保护条例》第2条

第二百五十二条 无线电频谱资源属于国家所有。

◆ 条文主旨

本条是关于无线电频谱资源的国家所有权的规定。

◆ 立法背景

几千年来，从烽火报信、快马传书、驿站梨花，到发明电报、电话、互联网，人们追求时空通信自由的努力从未停止过。人们梦想有朝一日拥有在任何时间、任何地点与任何人的无束缚通信自由。要获得这种自由，利用无线电波进行通信必不可少。随着科学技术的发展，人们对无线电频谱的利用更趋频繁。

◆ 条文解读

根据国际电信联盟《无线电规则》，电信定义为利用有线电、无线电、光或其他电磁系统对于符号、信号、文字、图像、声音或任何性质的信息的传输、发射或接收。无线电通信则为使用无

线电波的电信。无线电波定义为频率在3000GHz以下，不用人工波导而在空间传播的电磁波。作为传输载体的无线电波都具有一定的频率和波长，即位于无线电频谱中的一定位置，并占据一定的宽度。无线电频谱一般指9KHz－3000GHz频率范围内发射无线电波的无线电频率的总称。

所有的无线电业务都离不开无线电频率，就像车辆必须行驶在道路上。无线电频率是自然界存在的一种电磁波，是一种物质，是一种各国可均等获得的看不见、摸不着的自然资源，它具有以下6种特性：第一，它是有限的。尽管使用无线电频谱可以根据时间、空间、频率和编码4种方式进行频率的复用，但就某一频段和频率来讲，在一定的区域、一定的时间和一定的条件下使用频率是有限的。第二，它是排他的。无线电频谱资源与其他资源具有共同的属性，即排他性，在一定的时间、地区和频域内，一旦被使用，其他设备是不能再用的。第三，它具备复用性。虽然无线电频谱具有排他性，但在一定的时间、地区、频域和编码条件下，无线电频率是可以重复使用和利用的，即不同无线电业务和设备可以频率复用和共用。第四，它是非耗竭性的。无线电频谱资源又不同于矿产、森林等资源，它可以被人类利用，但不会被消耗掉，不使用它是一种浪费，使用不当更是一种浪费，甚至会由于使用不当产生干扰而造成危害。第五，它具有固有的传播特性。无线电波是按照一定规律传播的，其不受行政地域的限制，传播既无省界也无国界。第六，它具有易污染性。如果无线电频率使用不当，就会受到其他无线电台、自然噪声和人为噪声的干扰而无法正常工作，或者干扰其他无线电台站，使其不能正常工作，使之无法准确、有效和迅速地传送信息。

无线电频谱资源是有限的自然资源。为了充分、合理、有效地利用无线电频谱，保证各种无线电业务的正常运行，防止各种无线电业务、无线电台站和系统之间的相互干扰，本条规定无线电频谱资源属于国家所有。无线电频谱资源属于国家所有，是指国家对无线电频谱资源享有占有、使用、收益和处分的权利。《无线电管理条例》第3条规定："无线电频谱资源属国家所有。国家对无线电频谱实行统一规划、合理开发、有偿使用的原则。"

▶ 相关规定

《中华人民共和国无线电管理条例》第3条

第二百五十三条 法律规定属于国家所有的文物，属于国家所有。

◆ 条文主旨

本条是关于属于国家所有文物的规定。

◆ 立法背景

我国是一个拥有悠久历史和灿烂文化的文明古国，拥有极为丰富的文化遗产。我们的祖先在改造自然、改造社会的长期斗争中，创造了灿烂辉煌的古代文化，为整个人类文明历史作出过重要的贡献。保存在地上地下极为丰富的祖国文物是文化遗产的重要组成部分，是中华民族历史发展的见证。它真实地反映了我国历史各个发展阶段的政治、经济、军事、文化、科学和社会生活的状况，蕴藏着各族人民的创造、智慧和崇高的爱国主义精神，蕴含着中华民族特有的精神价值、思维方式、想象力，体现着中华民族的生命力和创造力，对世世代代的中华儿女都有着强大的凝聚力和激励作用。在建设具有中国特色的社会主义的新时期，在全国各族人民坚持四项基本原则，坚持改革开放总方针的伟大实践中，保护和利用好文物，对于继承和发扬中华民族的优秀文化和革命传统，增进民族团结和维护国家统一，增强民族自信心和凝聚力，促进社会主义物质文明和精神文明建设，团结国内外同胞推进祖国统一大业，以及不断扩大我国人民同世界各国人民的文化交流和友好往来，都具有重要的意义。

◆ **条文解读**

本条规定，法律规定属于国家所有的文物，属于国家所有。在此需要明确的是，并不是所有的文物都归国家所有，而是法律规定属于国家所有的文物，属于国家所有。文物的所有者可以是各类民事主体，民事主体可以按照法律规定享有对文物的所有权。依照《文物保护法》第5条的规定，以下文物属于国家所有：(1) 中华人民共和国境内地下、内水和领海中遗存的一切文物，属于国家所有。(2) 古文化遗址、古墓葬、石窟寺属于国家所有。国家指定保护的纪念建筑物、古建筑、石刻、壁画、近代现代代表性建筑等不可移动文物，除国家另有规定的以外，属于国家所有。(3) 下列可移动文物，属于国家所有：①中国境内出土的文物，国家另有规定的除外；②国有文物收藏单位以及其他国家机关、部队和国有企业、事业组织等收藏、保管的文物；③国家征集、购买的文物；④公民、法人和其他组织捐赠给国家的文物；⑤法律规定属于国家所有的其他文物。《文物保护法》第5条中还规定：属于国家所有的可移动文物的所有权不因其保管、收藏单位的终止或者变更而改变。国有文物所有权受法律保护，不容侵犯。国有不可移动文物的所有权不因其所依附的土地所有权或者使用权的改变而改变，国家依法享有对法律规定属于国家所有的文物的所有权，也就是国家依法享有对其所有的文物的占有、使用、收益和处分的权利。

我国一些行政法规也对一些文物的国家所有权作出过规定。如1980年5月国务院批转国家文物事业管理局、国家基本建设委员会《关于加强古建筑和文物古迹保护管理工作的请示报告的通知》中规定："凡是由政府公布的各级文物保护单位其所有权属于国家，任何单位都不得据为已有。"《水下文物保护管理条例》第2条规定："本条例所称水下文物，是指遗存于下列水域的具有历史、艺术和科学价值的人类文化遗产：（一）遗存于中国内水、领海内的一切起源于中国的、起源国不明的和起源于外国的文物；（二）遗存于中国领海以外依照中国法律由中国管辖的其他海域内的起源于中国的和起源国不明的文物；（三）遗存于外国领海以外的其他管辖海域以及公海区域内的起源于中国的文物。前款规定内容不包括1911年以后的与重大历史事件、革命运动以及著名人物无关的水下遗存。"第3条规定："本条例第二条第（一）、（二）项所规定的水下文物属于国家所有，国家对其行使管辖权；本条例第二条第（三）项所规定的水下文物，国家享有辨认器物物主的权利。"1987年5月国务院发布的《关于打击盗掘和走私文物活动的通告》中规定："我国地下、内水和领海中遗存的一切文物，统属国家所有，非经国家文化行政管理部门批准，任何单位和个人，不得以任何借口私自掘取。"

▶ **相关规定**

《中华人民共和国文物保护法》第2条、第5条

第二百五十四条 国防资产属于国家所有。

铁路、公路、电力设施、电信设施和油气管道等基础设施，依照法律规定为国家所有的，属于国家所有。

◆ **条文主旨**

本条是关于国防资产的国家所有权以及属于国家所有的基础设施的规定。

◆ **立法背景**

国防是国家生存与发展的安全保障，是维护国家安全统一，确保实现全面建设小康社会目标的重要保障。建立强大巩固的国防是中国现代化建设的战略任务。规定国防资产的国家所有权对我国的国防建设有重大意义。《国防法》第 37 条第 2 款也规定，国防资产归国家所有。根据《国防法》第 37 条的规定，国家为武装力量建设、国防科研生产和其他国防建设直接投入的资金、划拨使用的土地等资源，以及由此形成的用于国防目的的武器装备和设备设施、物资器材、技术成果等属于国防资产。铁路、公路、电力设施、电信设施和油气管道等基础设施都是国家重要的基础设施，建设铁路、公路、电力设施、电信设施和油气管道等基础设施对方便人民生活、提高人民生活水平有重要意义，确保铁路、公路、电力设施、电信设施和油气管道等基础设施的安全对于国民经济发展和保障人民群众生命财产安全意义重大。因此，规定铁路、公路、电力设施、电信设施和油气管道等基础设施，依照法律规定为国家所有的，属于国家所有，对于提高基础设施的建设速度、使用效率和保障基础设施的安全等都有重要意义。

◆ **条文解读**

本条第 1 款规定，国防资产属于国家所有。《国防法》第 39 条第 1 款规定，国家保护国防资产不受侵害，保障国防资产的安全、完整和有效。本条第 2 款规定铁路、公路、电力设施、电信设施和油气管道等基础设施，依照法律规定为国家所有的，属于国家所有。依据本款的规定，并不是所有的铁路、公路、电力设施、电信设施和油气管道等基础设施，都属于国家所有，而是依照法律规定为国家所有的基础设施才属于国家所有。此处的基础设施也不仅仅包括铁路、公路、电力设施、电信设施和油气管道这几种，只要是依照法律规定为国家所有的基础设施都被包括在本条之内。

▶ **相关规定**

《中华人民共和国电力法》第4条、第52条；《中华人民共和国建筑法》第42条；《中华人民共和国国防法》第37条

第二百五十五条 国家机关对其直接支配的不动产和动产，享有占有、使用以及依照法律和国务院的有关规定处分的权利。

◆ **条文主旨**

本条是关于国家机关的物权的规定。

◆ **立法背景**

本条是国家机关对其直接支配的物享有的物权的规定，规定国家机关对其直接支配的不动产和动产，享有占有、使用以及依照法律和国务院的有关规定处分的权利。国家机关的财产也是国有资产的重要组成部分。明确国家机关对其直接支配的财产享有的权利，哪些权利必须依照法律和国务院的有关规定行使，这对保护国家机关的财产具有重要意义。

◆ **条文解读**

本条依照民法通则关于机关法人应当具备“必要的财产或者经费”“与其业务活动相适应的经费来源”和“能够独立承担民

事责任”等条件，从物权角度作出了上述规定。《民法通则》第37条规定：“法人应当具备下列条件：（一）依法成立；（二）有必要的财产或者经费；（三）有自己的名称、组织机构和场所；（四）能够独立承担民事责任。”《民法通则》第50条第1款规定：“有独立经费的机关从成立之日起，具有法人资格。”民法典总则编与民法通则的规定大同小异，规定法人应当依法成立。法人应当有自己的名称、组织机构、住所、财产或者经费。法人成立的具体条件和程序，依照法律、行政法规的规定。法人以其全部财产独立承担民事责任。

保护国有财产权，防止国有财产流失，是我国的一项长期任务。除了物权编，还需要制定与国有财产管理相关的法律，进一步完善国有财产的管理制度。国有财产权作为一种物权，有关这种权利的归属及其内容的基本规则已经在物权编中作出规定，但也要看到，国有财产的行使及其监管又具有特殊性，因而单纯依靠物权编的规定是不够的，还需要制定与国有财产管理相关的法律，区分经营性财产和非经营性财产，建立不同的管理制度。依据本条规定，国家机关应当依法对其直接支配的财产行使占有、使用和处分的权利。国家机关对其占用的财产的处分必须依照法律和国务院的有关规定中的限制和程序进行。不得擅自处置国有财产。本条对国家机关对其直接支配的国有财产行使占有、使用和处分的权利作出了规定，加强了对国家机关直接占有的国有财产的保护。

▶ **相关规定**

《中华人民共和国森林法》第20条；《中华人民共和国国防法》第38条、第39条；《中华人民共和国监狱法》第9条

第二百五十六条 国家举办的事业单位对其直接支配的不动产和动产，享有占有、使用以及依照法律和国务院的有关规定收益、处分的权利。

◆ **条文主旨**

本条是关于国家举办的事业单位的物权的规定。

◆ **立法背景**

国家举办的事业单位对其直接支配的不动产和动产，享有占有、使用以及依照法律和国务院的有关规定收益、处分的权利。国有事业单位的财产也是国有资产的重要组成部分。明确国有事业单位对其直接支配的财产享有的权利，哪些权利必须依照法律和国务院的有关规定行使，这对保护国有事业单位的财产具有重要意义。

◆ **条文解读**

本条依照民法典总则编和《事业单位登记管理暂行条例》关于事业单位法人应当具备“必要的财产或者经费”“与其业务活动相适应的经费来源”和“能够独立承担民事责任”等条件，从物权角度作出了上述规定。

《民法典》第58条规定，法人应当依法成立。法人应当有自己的名称、组织机构、住所、财产或者经费。法人成立的具体条件和程序，依照法律、行政法规的规定。设立法人，法律、行政法规规定须经有关机关批准的，依照其规定。第88条规定，具备法人条件，为适应经济社会发展需要，提供公益服务设立的事业单位，经依法登记成立，取得事业单位法人资格；依法不需要办理法人登记的，从成立之日起，具有事业单位法人资格。《事业单位登记管理暂行条例》第6条规定："申请事业单位法人登记，应当具备下列条件：（一）经审批机关批准设立；（二）有自己的名称、组织机构和场所；（三）有与其业务活动相适应的从业人员；（四）有与其业务活动相适应的经费来源；（五）能够独立承担民事责任。"第15条规定："事业单位开展活动，按照国家有关规定取得的合法收入，必须用于符合其宗旨和业务范围的活动。事业单位接受捐赠、资助，必须符合事业单位的宗旨和业务范围，必须根据与捐赠人、资助人约定的期限、方式和合法用途使用。"

对国家举办的事业单位占用的财产，要根据事业单位的类型、财产的特殊性对其收益和处分的权利分别处理：一是国家举办的事业单位对其占用的财产毫无处分权利，比如故宫博物院对其占用的某些财产；二是经过审批，国家举办的事业单位对其占用的财产具有部分处分权利；三是国家举办的事业单位对其占用的财产具有完全的处分权利。这就需要通过以后制定国有财产管理法对国家举办的事业单位如何有效行使、如何处分其占用的财产作出明确规定。

我国的一些法律对国家举办的事业单位的财产占有、使用、收益和处分作了规定。《森林法》第20条第1款规定："国有企业事业单位、机关、团体、部队营造的林木，由营造单位管护并按照国家规定支配林木利益。"《国防法》第39条规定："国家保护国防资产不受侵害，保障国防资产的安全、完整和有效。禁止任何组织或者个人破坏、损害和侵占国防资产。未经国务院、中央军事委员会或者国务院、中央军事委员会授权的机构批准，国防资产的占有、使用单位不得改变国防资产用于国防的目的。国防资产经批准不再用于国防目的的，依照有关法律、法规的规定管理。"《教育法》第29条中规定："学校及其他教育机构行使下列权利：……（七）管理、使用本单位的设施和经费……”《高等教育法》第 38 条规定：“高等学校对举办者提供的财产、国家财政性资助、受捐赠财产依法自主管理和使用。高等学校不得将用于教学和科学研究活动的财产挪作他用。”第 61 条规定：“高等学校的举办者应当保证稳定的办学经费来源，不得抽回其投入的办学资金。”第 64 条规定：“高等学校收取的学费应当按照国家有关规定管理和使用，其他任何组织和个人不得挪用。”

国家举办的事业单位应当依法对其直接支配的财产行使占有、使用、收益和处分的权利，不得擅自处置国有财产。本条对国家举办的事业单位对其直接支配的国有财产行使占有、使用、收益和处分的权利作出了规定，加强了对国家举办的事业单位直接占有的国有财产的保护。

▶ 相关规定

《中华人民共和国教育法》第 29 条、第 31 条；《中华人民共和国高等教育法》第 38 条、第 61 条、第 64 条；《中华人民共和国国防法》第 38 条、第 39 条；《中华人民共和国森林法》第 20 条；《事业单位登记管理暂行条例》第 6 条、第 15 条

第二百五十七条 国家出资的企业，由国务院、地方人民政府依照法律、行政法规规定分别代表国家履行出资人职责，享有出资人权益。

◆ 条文主旨

本条是关于国家出资的企业出资人制度的规定。

◆ 立法背景

国有企业是我国国民经济的支柱。改革开放以来，特别是党

的十四大提出建立社会主义市场经济体制、党的十四届三中全会提出建立现代企业制度以来，国有企业迅速发展，继续在国民经济中发挥着主导作用。但是，随着国有企业改革的不断深化，国有资产管理体制改革不断推进，国有资产管理面临的体制性障碍还未得到真正解决，政府的社会公共管理职能与国有资产出资人职能没有完全分开，一方面造成国有资产出资人不到位，国有资产监管职能分散，权利、义务和责任不统一，管资产和管人、管事相脱节；另一方面导致政府对企业进行行政干预，多头管理，影响了政企分开，制约了国有企业建立现代企业制度。为此，党的十五届四中全会的决定指出："政府对国家出资兴办和拥有股份的企业，通过出资人代表行使所有者职能，按出资额享有资产收益、重大决策和选择经营管理者等权利，对企业的债务承担有限责任，不干预企业日常经营活动。"党的十六大作出改革国有资产管理体制的重大决策，提出："继续调整国有经济的布局和结构，改革国有资产管理体制，是深化经济体制改革的重大任务。在坚持国家所有的前提下，充分发挥中央和地方两个积极性。国家要制定法律法规，建立中央政府和地方政府分别代表国家履行出资人职责，享有所有者权益，权利、义务和责任相统一，管资产和管人、管事相结合的国有资产管理体制。关系国民经济命脉和国家安全的大型国有企业、基础设施和重要自然资源等，由中央政府代表国家履行出资人职责。其他国有资产由地方政府代表国家履行出资人职责。"2008 年 10 月 28 日，企业国有资产法颁布，有助于维护国家基本经济制度，巩固和发展国有经济，加强对国有资产的保护，发挥国有经济在国民经济中的主导地位。

◆ **条文解读**

本条根据党的有关国有资产管理体制改革的政策，对国有企业出资人制度作了规定，即“国家出资的企业，由国务院、地方人民政府依照法律、行政法规规定分别代表国家履行出资人职责，享有出资人权益”。为了更好地理解本条的含义，有以下 4 个问题需要解释：

第一，什么是国家出资的企业。国家出资的企业，不仅仅包括国家出资兴办的企业，如国有独资公司，也包括国家控股、参股有限责任公司和股份有限公司等。当然，国家出资的企业不仅仅是以公司形式，也包括未进行公司制改造的其他企业。

第二，谁来代表国家履行国有企业的出资人职权。本条规定了由国务院和地方人民政府分别代表国家履行出资人职责，享有出资人权益。我国是一个大国，地域辽阔，国有企业众多，即使经过调整、改制，目前还有十几万户分布在各地。为了实现有效管理，都由中央政府直接管理是困难的。因此，适宜的做法就是通过资产的划分和权利的划分，由中央政府和地方政府分别代表国家履行出资人的职责。《企业国有资产法》第 11 条规定，国务院国有资产监督管理机构和地方人民政府按照国务院的规定设立的国有资产监督管理机构，根据本级人民政府的授权，代表本级人民政府对国家出资企业履行出资人职责。国务院和地方人民政府根据需要，可以授权其他部门、机构代表本级人民政府对国家出资企业履行出资人职责。根据企业国有资产监督管理暂行条例的规定，国务院和地方人民政府的具体分工是：国务院代表国家对关系国民经济命脉和国家安全的大型国有及国有控股、国有参股企业，重要基础设施和重要自然资源等领域的国有及国有控股、国有参股企业，履行出资人职责。国务院履行出资人职责的企业，由国务院确定、公布。省、自治区、直辖市人民政府和设区的市、自治州级人民政府分别代表国家对由国务院履行出资人职责以外的国有及国有控股、国有参股企业，履行出资人职责。其中，省、自治区、直辖市人民政府履行出资人职责的国有及国有控股、国有参股企业，由省、自治区、直辖市人民政府确定、公布，并报国务院国有资产监督管理机构备案；其他由设区的市、自治州级人民政府履行出资人职责的国有及国有控股、国有参股企业，由设区的市、自治州级人民政府确定、公布，并报省、自治区、直辖市人民政府国有资产监督管理机构备案。本条规定的目的是充分调动中央和地方两个积极性，使社会生产力得到进一步解放。同时，中央政府和地方政府合理分工分别代表国家履行出资人职责，这就界定了各级政府的管理国有资产的权利和责任，改变了过去中央统一管理，地方责、权、利不明确的弊端。这有助于强化管理上的激励和约束机制，克服“出资人主体虚位”的现象。

需要明确的是，国家实行国有企业出资人制度的前提是国家统一所有，国家是国有企业的出资人。中央政府与地方政府都只是分别代表国家履行出资人职责，享有出资人权益。不能把国家所有与政府所有等同起来，更不能把国家所有与地方政府所有等同。

第三，履行出资人职责的法律依据。虽然中央政府和地方政府分别代表国家履行出资人职责，享有所有者权益，但它们都必须在国家统一制定法律法规的前提下行事。有关的法律主要有宪法、公司法、企业国有资产法等；行政法规主要有企业国有资产监督管理暂行条例。

第四，出资人职责和权益内容是什么。简单地说，出资人职责就是股东的职能，中央政府和地方政府各自设立的国有资产管理委员会——履行出资人职责的机构，代表本级人民政府对国家出资企业国家享有履行出资人职责的机构资产收益、重大决策和选择管理者等出资人权益；对国有资产保值、防止国有资产流失负监管责任。需要注意的是，中央政府和地方政府代表国家履行出资人职责时，要尊重、维护国有及国有控股企业经营自主权。《宪法》第16条第1款规定："国有企业在法律规定的范围内有权自主经营。"《企业国有资产法》第14条第2款规定，履行出资人职责的机构应当维护企业作为市场主体依法享有的权利，除依法履行出资人职责外，不得干预企业经营活动。根据宪法等法律和国有资产管理改革所遵循的政企分开的原则，中央政府和地方政府以及其设立的国有资产管理机构不能干预国家出资的企业依法行使自主经营权。

▶ **相关规定**

《中华人民共和国公司法》第4条；《中华人民共和国企业国有资产法》第4条、第11－15条；《企业国有资产监督管理暂行条例》第4条

第二百五十八条 国家所有的财产受法律保护，禁止任何组织或者个人侵占、哄抢、私分、截留、破坏。

◆ **条文主旨**

本条是关于国有财产保护的规定。

◆ **立法背景**

国有财产属全民所有，是国家经济、政治、文化、社会发展的物质基础。加大对国有财产的保护力度，切实防止国有财产流失，是巩固和发展公有制经济的重要内容。《宪法》第12条规定："社会主义的公共财产神圣不可侵犯。国家保护社会主义的公共财产。禁止任何组织或者个人用任何手段侵占或者破坏国家的和集体的财产。"《民法通则》第73条规定："国家财产属于全民所

有。国家财产神圣不可侵犯，禁止任何组织或者个人侵占、哄抢、私分、截留、破坏。”

在2007年物权法立法过程中，有的认为，物权法既然要体现平等保护的原则，那就不宜强调对国有财产的保护。经研究，物权法应当坚持平等保护的原则；同时，从实际情况看，目前经济领域中受侵害最严重的恰恰是国有财产，物权法就加强对国有财产的保护、切实防止国有财产流失作出有针对性的规定，是必要的。因此，物权法根据宪法和民法通则的规定，针对国有财产的特点，从物权的角度作出了保护国有财产的一般原则性规定，即“国家所有的财产受法律保护，禁止任何单位和个人侵占、哄抢、私分、截留、破坏”。本次民法典编纂仅作个别文字修改，将“单位和”修改为“组织或者”。

◆ **条文解读**

“国家所有的财产”是指依法属于全民所有的财产，不仅包括国家拥有所有权的财产，如矿藏、水流、海域，无居民海岛，国有的土地以及森林、山岭、草原、荒地、滩涂等自然资源，野生动植物资源，无线电频谱资源，依法属于国家所有的文物，国有的铁路、公路、电力设施、电信设施和油气管道等基础设施，国家机关和国家举办的事业单位依法直接支配的国有财产，而且包括国家依法投入企业的动产和不动产。还有，国家的财政收入、外汇储备和其他国有资金也属于国家所有的财产。

“侵占”是指以非法占有为目的，将其经营、管理的国有财产非法占为己有。侵占的客体是国有财产。侵占的主体一般是经营、管理国有财产的单位或者个人，如国有企业、国家举办的事业单位等。构成侵占，还有一个要件是侵占主体要有主观故意，即以非法占有国有财产为目的。

"哄抢"是指以非法占有为目的，组织、参与多人一起强行抢夺国有财产的行为。哄抢的客体是国有财产。哄抢的主体可以是任何组织或者个人，并且还需具备非法占有国有财产的主观故意。

"私分"是指违反国家关于国有财产分配管理规定，以单位名义将国有财产按人头分配给单位内全部或者部分职工的行为。如违反国家关于国有资金与企业资金的分账比例管理制度，由单位领导班子集体决策或者由单位负责人决定并由直接责任人员经手实施，擅自将国有资金转为企业资金，进而以单位分红、单位发奖金、单位下发的节日慰问费等名义私分国有财产。私分的主体只是单位，一般指负有经营、管理国有财产的国家机关、国有公司、企业、事业单位、人民团体等单位。

"截留"是指违反国家关于国有资金等国有财产拨付、流转的决定，擅自将经手的有关国有财产据为己有或者挪作他用的行为。如有的政府部门将其经手的，应当向农村集体支付的土地征收补偿费不及时支付或者留下挪作他用。截留的主体一般是指经手国有财产的单位或者相关责任人员。

"破坏"是指故意毁坏国有财产，影响其发挥正常功效的行为，如采取爆破的方式毁坏国有铁路，影响国家正常交通运输的行为。破坏的主体可以是任何单位和个人，但需有主观上的毁坏国有财产的故意。

侵占、哄抢、私分、截留、破坏国有财产的，应当承担返还原物、恢复原状、赔偿损失等民事责任；触犯治安管理处罚法和刑法的，还应当承担相应的法律责任。有关组织的责任人也要依法追究行政责任甚至是刑事责任。

► **相关规定**

《中华人民共和国宪法》第 12 条

第二百五十九条　履行国有财产管理、监督职责的机构及其工作人员，应当依法加强对国有财产的管理、监督，促进国有财产保值增值，防止国有财产损失；滥用职权，玩忽职守，造成国有财产损失的，应当依法承担法律责任。

违反国有财产管理规定，在企业改制、合并分立、关联交易等过程中，低价转让、合谋私分、擅自担保或者以其他方式造成国有财产损失的，应当依法承担法律责任。

◆ **条文主旨**

本条是关于国有财产管理法律责任的规定。

◆ **立法背景**

加大对国有财产的保护力度，切实防止国有财产流失，是巩固和发展公有制经济的重要内容。从国有财产流失的主要情形看，加大对国有财产的保护力度，切实防止国有财产流失，一方面要加强对国有财产的管理、监督；另一方面要明确规定造成国有财产流失应承担的法律责任。关于国有财产的管理、监督，以及造成国有财产流失的法律责任，公司法、刑法等法律以及国有财产监管的行政法规和部门规章已经有规定。本法物权编着重从其调整范围对加大国有财产的保护力度，切实防止国有财产流失作出规定，并与有关国有财产监管的法律作出衔接性的规定。

◆ **条文解读**

本条第1款对履行国有财产管理、监督职责的机构及其工作人员切实履行职责作了规定，同时第2款针对现实中存在的国有财产流失的突出问题作了规定。

一、关于国有财产管理、监督机构及其工作人员的职责

根据党的十六大和十六届二中全会关于深化国有资产管理体制改革和设立专门国有资产管理监督机构的精神，经十届人大一次会议批准，设立了国务院国有资产监督管理委员会。地方政府也组建了相应的国有资产监督管理机构。党的十六届三中全会决定提出："国有资产管理机构对授权监管的国有资本依法履行出资人职责，维护所有者权益，维护企业作为市场主体依法享有的各项权利，督促企业实现国有资本保值增值，防止国有资产流失。"根据上述要求，国务院国有资产监督管理委员会除根据国务院授权，依照公司法等法律和行政法规履行出资人职责外，还负有以下主要职责：（1）指导推进国有企业改革和重组；对所监管企业国有资产的保值增值进行监督，加强国有资产的管理工作；推进国有企业的现代企业制度建设，完善公司治理结构；推动国有经济结构和布局的战略性调整。（2）代表国家向部分大型企业派出监事会；负责监事会的日常管理工作。（3）通过法定程序对企业负责人进行任免、考核并根据其经营业绩进行奖惩；建立符合社会主义市场经济体制和现代企业制度要求的选人、用人机制，完善经营者激励和约束制度。（4）通过统计、稽核对所监管国有资产的保值增值情况进行监管；建立和完善国有资产保值增值指标体系，拟订考核标准；维护国有资产出资人的权益。（5）起草国有资产管理的法律、行政法规，制定有关规章制度；依法对地方国有资产管理进行指导和监督。还有三点需要注意：一是，履行国有资产管理、监督职责的机构不仅仅包括中央政府和地方政府设立的国有财产监督管理委员会（局），还包括其他机构，比如财政部门、审计部门、水利部门、外汇管理部门等，及国家机关

和国家举办事业单位内部设立的国有财产管理部门等，都负有一定的国有财产管理、监督职责。二是，国有财产监督管理机构应当支持企业依法自主经营，除履行出资人职责外，不得干预企业的生产经营活动。三是，本条强调了国有财产管理、监督职责的机构的工作人员的责任。如果滥用职权、玩忽职守，造成国有财产损失的，还要依法承担行政责任、刑事责任等。如《刑法》第397条第1款中规定，国家机关工作人员滥用职权或者玩忽职守，致使公共财产遭受重大损失的，处3年以下有期徒刑或者拘役。

二、违反国有财产管理规定造成国有财产损失的法律责任

据了解，国有财产流失，主要发生在国有企业改制、合并分立、关联交易的过程中。

国有企业改制是指国有企业通过重组、联合、兼并、租赁、承包经营、合资、转让国有产权和股份制、股份合作制等多种形式，建立符合市场经济规律的以产权为核心的现代企业制度。而今，国有企业的公司化改革已经基本完成，除部分带有政府职能性质或者占据垄断资源的机构还保留全资国有的产权结构外，绝大部分国有企业均已实现投资主体的多元化，并建立起以股东会、董事会、监事会为主要标志的现代企业管理体系。国有企业改制过程中，必须依法进行清产核资、财务审计、资产评估、公开信息。涉及国有产权转让的，应当采取拍卖、招投标等竞价转让方式以及国家法律法规规定的其他方式。

国有企业的分立是指一个国有企业法人分成两个或者两个以上企业法人。因分立而保留的企业应申请变更登记；因分立而新开办的企业应申请开业登记。国有企业的合并是指两个或两个以上的国有企业法人，合并为一个企业法人或合并为一个新的企业法人。因合并而保留的企业，应申请变更登记，因合并而终止的企业，应申请注销登记；因合并而新开办的企业，应申请开业登记。企业法人分立、合并，它的权利和义务，由分立、合并后法人享有和承担。

本条中的关联交易，是指企业关联方之间的交易。财政部颁布的《企业会计准则第 36 号——关联方披露》的规定："一方控制、共同控制另一方或对另一方施加重大影响，以及两方或两方以上同受一方控制、共同控制或重大影响的，构成关联方。控制，是指有权决定一个企业的财务和经营政策，并能据以从该企业的经营活动中获取利益。共同控制，是指按照合同约定对某项经济活动所共有的控制，仅在与该项经济活动相关的重要财务和经营决策需要分享控制权的投资方一致同意时存在。重大影响，是指对一个企业的财务和经营政策有参与决策的权力，但并不能够控制或者与其他方一起共同控制这些政策的制定。"由于关联交易方可以运用行政力量撮合交易，从而有可能使交易的价格、方式等在非竞争的条件下出现不公正情况，形成对股东或部分股东权益的侵犯。

在上述国有企业改制、合并分立、关联交易中，造成国有资产损失的有以下常见情形：（1）低价转让。有的不按规定进行国有资产评估或者压低评估价格；有的不把国家划拨的土地计入国有股；有的对专利、商标等无形资产不作评估；有的将国有资产无偿转让或者低价折股、低价出售给非国有单位或者个人；有的在经营活动中高价进、低价出。（2）违反财务制度，合谋私分侵占国有资产。有的将应收账款做成呆账、坏账，有的私设"小金库"或者设立"寄生公司"，以后再提取侵占私分。（3）擅自担保。有的根本不认真调查被担保人的资信情况，未经法定程序和公司章程规定，擅自向非国有单位或者个人担保，造成国有财产损失。此外，还包括以下情形：（1）通过管理层持股非法牟利。（2）低估企业财产，虚构企业债务，以降低持股所需资金；有的实际未出资，以拟收购的企业财产作为其融资担保。（3）贪污、挪用国有财产；虚假破产，逃避债务。（4）利用分立重组方式，把债务留在原企业，使原企业变成空壳企业，侵害银行的国有财产。（5）直接负责的主管人员玩忽职守，造成企业破产或者严重亏损等。

本条第2款针对上述现实中造成国有财产流失的主要情形，规定上述违反国有财产管理的行为，应当依法承担法律责任，包括赔偿损失等民事责任，行政处分等行政责任，构成犯罪的，依法追究刑事责任。根据《企业国有资产监督管理暂行条例》第39条的规定，对企业国有资产损失负有责任受到撤职以上纪律处分的国有及国有控股企业的企业负责人，5年内不得担任任何国有及国有控股企业的企业负责人；造成企业国有资产重大损失或者被判处刑罚的，终身不得担任任何国有及国有控股企业的企业负责人。

▶ **相关规定**

《企业国有资产监督管理暂行条例》第13条、第15条、第29－39条

第二百六十条 集体所有的不动产和动产包括：

（一）法律规定属于集体所有的土地和森林、山岭、草原、荒地、滩涂；

（二）集体所有的建筑物、生产设施、农田水利设施；

（三）集体所有的教育、科学、文化、卫生、体育等设施；

（四）集体所有的其他不动产和动产。

◆ **条文主旨**

本条是关于集体财产范围的规定。

◆ **立法背景**

《宪法》第6条规定，中华人民共和国的社会主义经济制度的基础是生产资料的社会主义公有制，即全民所有制和劳动群众集体所有制。集体所有根据所有人身份不同，可以分为农村集体所有和城镇集体所有。集体财产是广大人民群众多年来辛勤劳动积累的成果，是发展集体经济和实现共同富裕的重要物质基础。确认集体财产的范围，对保护集体的财产权益，维护广大集体成员的合法财产权益都具有重要意义。宪法和民法通则等法律对集体财产的范围作了规定，如《宪法》第9条第1款规定："矿藏、水流、森林、山岭、草原、荒地、滩涂等自然资源，都属于国家所有，即全民所有；由法律规定属于集体所有的森林和山岭、草原、荒地、滩涂除外。"第10条第2款规定："农村和城市郊区的土地，除由法律规定属于国家所有的以外，属于集体所有；宅基地和自留地、自留山，也属于集体所有。"《民法通则》第74条第1款规定："劳动群众集体组织的财产属于劳动群众集体所有，包括：（一）法律规定为集体所有的土地和森林、山岭、草原、荒地、滩涂等；（二）集体经济组织的财产；（三）集体所有的建筑物、水库、农田水利设施和教育、科学、文化、卫生、体育等设施；（四）集体所有的其他财产。"本法物权编保护集体所有权，首先要确定集体所有权的客体，即集体财产的范围，这是维护我国基本经济制度的重要内容，也是物权编的重要内容。

◆ **条文解读**

本条依据宪法等有关法律的规定，以列举加概括的方式，对集体所有的不动产和动产的范围作出了规定。

一、集体是集体财产所有权的主体

在2007年物权法立法过程中，曾有意见认为，集体所有的财产可以适用物权法关于共有的规定。经研究，集体所有和共有是不同的。共有是两个以上自然人、法人对一项财产享有权利，如两人出资购买一辆汽车，子女共同继承一栋房子等。共有人对共有的财产都享有占有、使用、收益和处分的权利，都有权要求分割共有财产。集体所有是公有制的一部分，集体的成员不能独自对集体财产行使权利，离开集体时不能要求分割集体财产。集体才是集体财产所有权的主体，本法延续了物权法的规定。

二、集体所有财产主要包括的内容

1. 法律规定属于集体所有的土地和森林、山岭、草原、荒地、滩涂。土地是人类社会生产和生活的物质基础。对于广大农民来说，土地是其可以利用的一切自然资源中最基本、最宝贵的资源，是其安身立命的根本。在我国，土地公有制是我国土地制度的基础和核心，我国土地公有制的法律表现形式是国有土地所有权和集体土地所有权。《宪法》第10条第2款规定："农村和城市郊区的土地，除由法律规定属于国家所有的以外，属于集体所有；宅基地和自留地、自留山，也属于集体所有。"关于集体所有的土地，有两点需要说明：一是集体所有的土地的所有者只有农民集体，城镇集体没有土地的所有权。二是集体所有的土地主要包括耕地，也包括宅基地和自留地、自留山。除土地外，根据《宪法》第9条第1款的规定，森林、山岭、草原、荒地、滩涂等自然资源，根据法律规定，也可以属于集体所有。如《森林法》第14条第1款规定，森林资源属于国家所有，由法律规定属于集体所有的除外。《草原法》第9条第1款规定，草原属于国家所有，由法律规定属于集体所有的除外。国家所有的草原，由国务院代表国家行使所有权。

2. 集体所有的集体企业的厂房、仓库等建筑物；机器设备、交通运输工具等生产设施；水库、农田灌溉渠道等农田水利设施；以及集体所有的教育、科学、文化、卫生、体育等公益设施。需要说明的是，这里集体所有的财产主要有两个来源：一是集体自己出资兴建、购置的财产；二是国家拨给或者捐赠给集体的财产。

3. 除上述几种常见的集体财产外，集体财产还包括集体企业所有的生产原材料、半成品和成品，村建公路、农村敬老院等，本条不可能一一列举，因此规定了一个兜底条款，即集体所有的其他不动产和动产，以对上述规定作出补充。

▶ **相关规定**

《中华人民共和国宪法》第9条、第10条；《中华人民共和国森林法》第14条；《中华人民共和国草原法》第9条

第二百六十一条 农民集体所有的不动产和动产，属于本集体成员集体所有。

下列事项应当依照法定程序经本集体成员决定：

（一）土地承包方案以及将土地发包给本集体以外的组织或者个人承包；

（二）个别土地承包经营权人之间承包地的调整；

（三）土地补偿费等费用的使用、分配办法；

（四）集体出资的企业的所有权变动等事项；

（五）法律规定的其他事项。

◆ **条文主旨**

本条是关于农民集体所有财产归属以及重大事项集体决定的规定。

◆ 条文解读

本条主要有以下几个含义：

一、本集体成员集体所有

农民集体所有的特征就是集体财产集体所有、集体事务集体管理、集体利益集体分享。只有本集体的成员才能享有这些权利。农村集体成员有两个特征：一是平等性，即不分加入集体时间长短，不分出生先后，不分贡献大小，不分有无财产投入等，其成员资格都一律平等。二是地域性和身份性。一般来说农村集体成员往往就是当地的村民，他们所生子女，自出生后自动取得该集体成员资格。此外，也有成员是通过婚姻或收养关系迁入本集体取得成员资格。也有因移民迁入本集体而取得成员资格的。

因下列情形，丧失农村集体成员资格：一是死亡，包括自然死亡和宣告死亡。二是因婚姻、收养关系以及因法律或政策的规定迁出本农村集体而丧失。如出嫁城里，取得城市户籍而丧失原集体经济组织成员资格。又如因被录用为国家公务员、全家户口迁入设区的市而丧失原集体成员资格。三是因国家整体征收农民集体土地或者整体移民搬迁等原因，原集体失去继续存在的条件而终止，其成员资格亦当然丧失。需要说明的是，农民只能在一个农民集体内享有成员权利，不能同时享有两个或者多个集体成员权利。

二、农民集体所有的不动产和动产的范围

本条规定的农民集体所有的财产应当在本法第 260 条规定的集体财产范围内，最主要的就是本集体所有的土地，以及法律规定属于集体所有的森林、山岭、草原、荒地、滩涂，集体所有的建筑物、生产设施、农田水利设施以及教育、科学、文化、卫生、体育设施等不动产和动产。

三、重大事项须依法定程序经本集体成员决定

集体所有的特征就要求民主管理集体事务，涉及集体成员重大利益的事项，必须依照法定程序经本集体成员决定。现实中，往往发生少数村干部擅自决定涉及全体村民利益的大事的情况，群众对此反映十分强烈。为了维护集体成员的合法权益，促进社会的和谐和稳定，本条明确规定了须经集体成员决定的事项：

1. 土地承包方案以及将土地发包给本集体以外的组织或者个人承包。土地承包方案以及将土地发包给本集体以外的组织或者个人承包，直接关系本集体成员的切身利益，直接关系以家庭承包经营为基础的双层经营体制的长期稳定。根据农村土地承包法的规定，土地承包应当按照下列程序进行：首先，由本集体经济组织成员的村民会议选举产生承包工作小组；其次，由该承包工作小组依照法律、法规的规定拟订并公布承包方案；最后，依法召开本集体经济组织成员的村民会议，讨论承包方案。承包方案必须经本集体经济组织成员的村民会议三分之二以上成员或者三分之二以上村民代表同意。按照农村土地承包法的规定，农民集体所有的土地由本集体经济组织以外的单位或者个人承包的，必须经本集体经济组织成员的村民会议三分之二以上成员或者三分之二以上村民代表同意，并报乡（镇）人民政府批准。

2. 个别土地承包经营权人之间承包地的调整。原则上，在承包期内，发包方不得调整承包地。如果因自然灾害严重毁损承包地等特殊情形需要适当调整的，按照农村土地承包法的规定，必须经本集体经济组织成员的村民会议三分之二以上成员或者三分之二以上村民代表的同意，并报乡（镇）人民政府和县级人民政府农业农村、林业和草原等主管部门批准。

3. 土地补偿费等费用的使用、分配办法。根据本法物权编关于征收补偿的规定，为了公共利益的需要，依照法律规定的权限

和程序，可以征收农村集体所有的土地。征收集体所有的土地，应当支付土地补偿费、安置补助费以及农村村民住宅、其他地上附着物和青苗等的补偿费用。现实中，这部分费用一般支付给被征地的农村集体经济组织，其中大部分费用分配给本集体成员、补偿受影响的土地承包经营权人。因为征收集体土地直接影响被征地农民的生产生活，这部分费用的使用和分配办法必须经集体成员通过村民会议等方式决定。

4. 集体出资的企业的所有权变动等事项。实践中，很多农村集体经济组织都投资兴办企业，一方面实现共同致富，另一方面也解决了大量农业人口的就业问题。集体出资的企业收益属集体成员集体所有。如果将该企业出让或者抵押的，也要经过本集体成员讨论决定，不能由该企业负责人或者本集体管理人擅自做主。

5. 法律规定的其他事项。《村民委员会组织法》规定，本村享受误工补贴的人员及补贴标准；从村集体经济所得收益的使用；本村公益事业的兴办和筹资筹劳方案及建设承包方案；村集体经济项目的立项、承包方案；宅基地的使用方案；以借贷、租赁或者其他方式处分村集体财产；村民会议认为应当由村民会议讨论决定的涉及村民利益的其他事项，必须提请村民会议讨论决定。此外，《土地管理法》第63条第2款规定，本条第1款规定的集体经营性建设用地出让、出租等，应当经本集体经济组织成员的村民会议三分之二以上成员或者三分之二以上村民代表的同意。

▶ **相关规定**

《中华人民共和国宪法》第17条；《中华人民共和国土地管理法》第63条；《中华人民共和国村民委员会组织法》第24条；《中华人民共和国农村土地承包法》第19条、第20条、第28条、第52条

第二百六十二条 对于集体所有的土地和森林、山岭、草原、荒地、滩涂等，依照下列规定行使所有权：

（一）属于村农民集体所有的，由村集体经济组织或者村民委员会依法代表集体行使所有权；

（二）分别属于村内两个以上农民集体所有的，由村内各该集体经济组织或者村民小组依法代表集体行使所有权；

（三）属于乡镇农民集体所有的，由乡镇集体经济组织代表集体行使所有权。

◆ **条文主旨**

本条是关于由谁来代表农民集体行使所有权的规定。

◆ **立法背景**

根据我国广大农村集体所有权基本形式，本条规定相应的主体来代表集体行使所有权，这样规定与土地管理法、农村土地承包法等现行法律的相关规定保持一致，也使得党在农村的政策具有连续性和稳定性，进而保护和调动广大农民的积极性。

◆ **条文解读**

关于谁来行使集体所有权，本条的规定分为3种情况：

1. 属于村农民集体所有的，由村集体经济组织或者村民委员会代表集体行使所有权。这里的“村”是指行政村，即设立村民委员会的村，而非自然村。该行政村农民集体所有的土地等集体财产，就由该行政村集体经济组织或者村民委员会来代表集体行使所有权。“村民委员会”是指村民委员会组织法中所规定的村民委员会（村委会）。村民委员会是在人民公社进行政社分开、建立乡政权的过程中，在全国农村逐步建立起来的农村基层群众性自治组织。农村实行家庭承包经营等责任制后，对以“三级所有，队为基础”的人民公社体制进行改革。在改革过程中，在原来生产大队，有的在生产小队的基础上建立了村民委员会。1985年2月，生产大队管理体制的改革在全国全部完成，村民委员会在农村普遍建立起来。到目前，全国共有90多万个村民委员会。

还有一点需要说明，在2007年物权法立法过程中，曾有意见认为，村民委员会是农村基层群众性自治组织，不能代表集体行使所有权。经研究，在实践中，许多村没有集体经济组织或者不健全，难以履行集体所有土地的经营、管理等行使所有权任务，需要由行使自治权的村民委员会来代表行使集体所有权。因此，如果有以村为单位的农村集体经济组织，就由该村集体经济组织经营、管理；如果没有以村为单位的农村集体经济组织，则由村民委员会经营、管理。而且，土地管理法和农村土地承包法都从法律上赋予了村民委员会对村集体所有土地等财产进行经营、管理的经济职能。所以，村民委员会行使村集体所有权，不但与农村经济发展的实际情况相适应，而且也符合多年来的法律实践。民法典总则编规定，居民委员会、村民委员会具有基层群众性自治组织法人资格，可以从事为履行职能所需要的民事活动。未设立村集体经济组织的，村民委员会可以依法代行村集体经济组织的职能。

2. 分别属于村内两个以上农民集体所有的，由村内各该集体经济组织或者村民小组代表集体行使所有权。这里“分别属于村内两个以上农民集体所有”主要是指该农民集体所有的土地和其他财产在改革开放以前就分别属于两个以上的生产队，现在其土地和其他集体财产仍然分别属于相当于原生产队的村民小组的农民集体所有。这里的“村民小组”是指行政村内的由村民组成的自治组织。根据村民委员会组织法的规定，村民委员会可以根据村民居住状况、集体土地所有权关系等分设若干村民小组。目前，全国多数农村地区在原来的生产大队一级设村委会，在原来的生产队一级设村民小组。土地管理法和农村土地承包法都赋予了村民小组对集体土地等财产经营、管理的职能。本条也因此作了类似的规定。根据上述规定，如果村内有集体经济组织的，就由村内的集体经济组织行使所有权；如果没有村内的集体经济组织，则由村民小组来行使。

3. 属于乡镇农民集体所有的，由乡镇集体经济组织代表集体行使所有权。这种情况包括：一是指改革开放以前，原来以人民公社为核算单位的土地，在公社改为乡镇以后仍然属于乡镇农民集体所有；二是在人民公社时期，公社一级掌握的集体所有的土地和其他财产仍然属于乡镇农民集体所有。上述两种情况下，由乡镇集体经济组织来行使所有权。

还需要解释的是“行使所有权”。一是，行使集体所有权的客体，不但包括集体所有的土地和森林、山岭、草原、荒地、滩涂，也包括集体所有的建筑物、生产设施、农田水利设施；集体所有的教育、科学、文化、卫生、体育等设施；以及集体所有的其他不动产和动产。二是，行使所有权的内容就是对集体所有的财产享有占有、使用、收益和处分的权利，例如，对集体所有的土地进行发包，分配宅基地等。三是，农村集体经济组织、村委会和村民小组不是集体财产的所有人，只是依法代表集体行使所有权，并且向所属集体负责，接受其监督。

▶ 相关规定

《中华人民共和国土地管理法》第11条；《中华人民共和国

农村土地承包法》第13条；《中华人民共和国村民委员会组织法》第3条、第8条

第二百六十三条　城镇集体所有的不动产和动产，依照法律、行政法规的规定由本集体享有占有、使用、收益和处分的权利。

◆ 条文主旨

本条是关于城镇集体财产权利的规定。

◆ 立法背景

集体所有制经济是公有制的重要组成部分，而城镇集体经济是集体所有制经济的重要形式之一。根据《宪法》第8条第2款的规定，城镇中的手工业、工业、建筑业、运输业、商业、服务业等行业的各种形式合作经济，都是社会主义劳动群众集体所有制经济。根据《城镇集体所有制企业条例》第4条的规定，城镇集体所有制企业是财产属于劳动群众集体所有、实行共同劳动、在分配方式上以按劳分配为主体的社会主义经济组织。劳动群众集体所有，依照《城镇集体所有制企业条例》的规定，是指本集体企业的劳动群众集体所有；或者是集体企业的联合经济组织范围内的劳动群众集体所有；或者是投资主体有两个或者两个以上的集体企业，并且劳动群众集体所有的财产占主导地位。

城镇集体经济在我国社会主义经济长期发展中，发挥了举足轻重的作用。新中国成立后，国家对农业、手工业、资本主义工商业进行了改造，实行丁合作，到了1956年年底，新中国的集体经济基本形成，当时手工业合作社集体经济的总量就达到了136

亿元，为我国建立比较完整的社会主义工业体系起到了重要的支撑作用。长期以来，城镇集体经济在满足市场需求等方面做出了积极的贡献，尤其是在我国就业压力比较大的时候，解决了大批工人的就业问题，比如，20世纪60年代组织社会闲散人员上岗就业，70年代末安排回城知青和知青的子女就业，为扩大就业做出了巨大贡献。近年来，通过调整重组改制，新型的集体经济成为安置下岗职工和社会就业的重要组织。由此可见，在我国社会主义初级阶段，城镇集体经济仍然是我国经济发展的重要力量，对巩固社会主义经济基础，建设社会主义市场经济发挥至关重要的作用。物权法考虑到城镇集体经济在我国社会主义经济建设中所发挥的历史作用和现实作用，依据宪法、相关法律和法规，对城镇集体财产权利作了规定。

在2007年物权法立法过程中，有的同志提出，物权法应当明确规定，城镇集体财产属于本集体成员集体所有。经反复研究，我国的城镇集体企业是在计划经济条件下逐步形成的。在几十年的进程中，几经变化，有些集体企业是由国有企业为安排子女就业、知青回城设立的，有些集体企业是国有企业在改制中为分离辅业、安置富余人员设立的。从在北京、上海、江苏和湖南等地调研的情况看，城镇集体企业产生的历史背景和资金构成十分复杂，有些企业最初是由个人现金入股或者实物折价入股的，后来有的退还了原始股，有的未退原始股；有的企业的资金来源主要是借贷，国家和其他方面都没有投资，但国家提供了政策支持。近年来，城镇集体企业通过改制又发生了很大变化，有的改制为股份有限公司，有的改制为职工全体持股，有的实际上已经成为私人企业。目前来看，城镇集体企业改革还在继续深化。鉴于这种历史和现实的情况，而且城镇集体财产不像农村集体财产属于本集体成员所有那样清晰、稳定，城镇集体企业成员也不像农村集体经济组织成员那样相对固定，因而难以不加区别地规定为“属于本集体成员集体所有”。因此，《物权法》第 61 条从物权的角度作了原则规定，即“城镇集体所有的不动产和动产，依照法律、行政法规的规定由本集体享有占有、使用、收益和处分的权利”。民法典物权编维持这一规定不变。

◆ **条文解读**

为了更好地理解本条的含义，有几点需要说明：

第一，本条规定的集体财产权行使的主体是本集体。集体所有、集体管理、集体经营是集体所有制的应有之义，因此，行使城镇集体财产权的只能是该集体，而不能由个别集体成员独断专行。

第二，集体财产权的客体只能是属于该城镇集体所有的不动产和动产。如果城镇集体企业已经改制了，如成为有限责任公司或者股份有限公司、个人独资企业或者合伙企业的，就不适用本条，而分别适用公司法、个人独资企业法或者合伙企业法的有关规定。

第三，城镇集体财产权的内容，包括对本集体所有财产所享有的占有、使用、收益和处分的权利。作为本集体所有财产的所有人，当然享有所有权的“占有、使用、收益和处分”4 项权能，全面支配本集体所有的财产。

第四，行使财产权应当依照法律、行政法规的规定。现行法律方面主要是《宪法》和本法等有关规定。行政法规目前主要是《城镇集体所有制企业条例》。今后，随着城镇集体企业改革的不断深入，在实践经验比较成熟时，还会制定或者修改相关的法律、行政法规。

▶ **相关规定**

《中华人民共和国宪法》第 8 条；《城镇集体所有制企业条例》第 4 条

第二百六十四条 农村集体经济组织或者村民委员会、村民小组应当依照法律、行政法规以及章程、村规民约向本集体成员公布集体财产的状况。集体成员有权查阅、复制相关资料。

◆ 条文主旨

本条是关于公布集体财产状况的规定。

◆ 立法背景

集体所有的财产关系每一个集体成员的切身利益，因此，每一个集体成员有权参与对集体财产的民主管理和民主监督。尊重集体成员的民主权利，保障集体成员的财产权益，才能调动劳动群众的积极性，推动集体经济向前发展。现实中，有的集体经济组织的管理人为政不勤、不是尽职尽责地为集体办事，而是以权谋私，挥霍浪费，造成了集体财产巨大的损失，损害了广大集体成员的权益。解决这一问题的根本在于必须建立健全民主管理、监督制度，形成有效的激励、约束、监督机制，充分调动广大集体成员的劳动积极性和创造性，促进集体经济的发展走上规范化和制度化的轨道。

◆ 条文解读

本条从广大集体劳动群众普遍关心的和涉及群众切身利益的实际问题入手，规定了集体经济组织等行使集体财产所有权的组织应当向本集体成员公布集体财产的状况，这是完善集体事务民主监督和民主管理的基础。

1. 本条规范的主体是行使集体财产所有权的组织，包括农村集体经济组织、城镇集体企业，也包括代表集体行使所有权的村民委员会、村民小组。

2. 公布的内容是本集体的财产状况，包括集体所有财产总量的变化（如集体财产的收支状况、债权债务状况），所有权变动的情况（如转让、抵押），集体财产使用情况（如农村集体土地承包），集体财产分配情况（征收补偿费的分配）等涉及集体成员利益的重大事项。

3. 公布的要求。本条规定，向本集体成员公布集体财产状况，应当依照法律、行政法规、章程和村规民约。如根据《村民委员会组织法》第30条的规定，村民委员会实行村务公开制度。村民委员会应当及时公布下列事项，接受村民的监督：（1）依法由村民会议、村民代表会议讨论决定的事项及其实施情况；（2）国家计划生育政策的落实方案；（3）政府拨付和接受社会捐赠的救灾救助、补贴补助等资金、物资的管理使用情况；（4）村民委员会协助人民政府开展工作的情况；（5）涉及本村村民利益，村民普遍关心的其他事项。上述事项，一般事项至少每季度公布一次；集体财务往来较多的，财务收支情况应当每月公布一次；涉及村民利益的重大事项应当随时公布。此外，公布集体财产状况，还要做到以下几点：一是公布内容简洁明了，便于集体成员了解。公布的形式和方法可根据实际情况因地制宜、灵活多样，如采用张榜公布、召开集体成员大会或者代表大会等。二是公布要做到及时。可以采取定期的形式，也可以根据集体财产重大变动事项，还可以根据进展的不同阶段随时公布。三是公布要做到内容真实。公布的内容要真实可靠，有凭有据，不得谎报、虚报、瞒报。

根据《村民委员会组织法》第31条的规定，村民委员会不及时公布应当公布的事项或者公布的事项不真实的，村民有权向乡、民族乡、镇人民政府或者县级人民政府及其有关主管部门反映，有关人民政府或者主管部门应当负责调查核实，责令依法公布；经查证确有违法行为的，有关人员应当依法承担责任。

4. 集体成员有权查阅、复制相关资料。物权法、村民委员会组织法规定了村民委员会实行村务公开制度。《村民委员会组织法》第30条第4款规定，村民委员会应当保证所公布事项的真实性，并接受村民的查询。但是上述法律对集体成员是否有权主动查阅、是否有权对相关资料进行复制没有明确规定。为了使集体成员可以更好地监督集体财产状况，保障集体财产的安全，本条明确规定“集体成员有权查阅、复制相关资料”，切实保障集体成员的知情权。

▶ 相关规定

《中华人民共和国宪法》第17条；《中华人民共和国村民委员会组织法》第30－31条

第二百六十五条 集体所有的财产受法律保护，禁止任何组织或者个人侵占、哄抢、私分、破坏。

农村集体经济组织、村民委员会或者其负责人作出的决定侵害集体成员合法权益的，受侵害的集体成员可以请求人民法院予以撤销。

◆ 条文主旨

本条是关于集体财产权保护的规定。

◆ 立法背景

集体经济是社会主义公有制的重要组成部分。集体所有的财产是劳动群众集体多年来通过辛苦劳动创造、积累的物质财富，是发展集体经济、实现共同富裕的物质基础。近年来，集体经济发展迅速，集体资产存量迅速增长，但由于集体资产的管理还相当薄弱等原因，造成集体资产的严重流失，不仅使集体经济遭受了损失，集体生产力受到破坏，而且直接损害劳动群众的切身利益，影响了社会的和谐发展。因此，依法保护集体财产是巩固和发展公有制经济的现实需要，也是物权编应有之义。《宪法》第12条规定："社会主义的公共财产神圣不可侵犯。国家保护社会主义的公共财产。禁止任何组织或者个人用任何手段侵占或者破坏国家的和集体的财产。"

◆ **条文解读**

本条第1款根据集体财产保护的特点，依据宪法作了规定："集体所有的财产受法律保护，禁止任何组织或者个人侵占、哄抢、私分、破坏。"

本条规定的集体所有的财产，从内容上，主要是指本法所规定的集体所有的不动产和动产，包括法律规定属于集体所有的土地和森林、山岭、草原、荒地、滩涂；集体所有的建筑物、生产设施、农田水利设施；集体所有的教育、科学、文化、卫生、体育等设施；以及集体所有的其他不动产和动产。从所有者来讲，既包括农民集体所有的财产，也包括城镇集体所有的财产。

针对损害集体财产的主要行为，本条强调了禁止任何组织或者个人侵占、哄抢、私分、破坏集体财产。所谓的"侵占"是指以非常占有为目的，将其经营、管理的集体财产非法占为己有。侵占的客体是集体所有的资产。侵占的主体一般是经营、管理集体资产的单位或者个人。构成侵占，还必须是有非法占有集体资产的主观故意。"哄抢"是指以非法占有为目的，组织、参与多人一起强行抢夺集体财产的行为。哄抢的客体是集体财产。哄抢的主体可以是任何组织或者个人，并且还需具备非法占有集体财产的主观故意。“私分”是指违反集体财产分配管理规定，擅自将集体财产按人头分配给部分集体成员的行为，如有少数村委会干部将应分配给全体村民的征收补偿款擅自分掉据为己有。“破坏”是指故意毁坏集体财产，致使其不能发挥正常功效的行为。如故意毁坏集体企业的机器设备或者农村集体所有的水利设施，影响集体经济组织生产经营的行为。破坏的主体可以是任何组织或者个人，而且需有毁坏集体财产的主观故意。

侵占、哄抢、私分、破坏集体所有财产的，应当承担返还原物、恢复原状、赔偿损失等民事责任；触犯治安管理处罚法和刑法的，还应当承担相应的法律责任。有关单位的责任人也要依法承担行政甚至是刑事责任。

本条第 2 款规定了集体成员的撤销权。因为集体成员往往众多，集体所有的财产一般要由集体经济组织经营管理，在村农民集体所有的情况下，村民委员会也可以代表集体经营管理村集体所有的财产。因为“集体所有”的性质，集体所有的财产应当采取民主管理的模式，涉及集体成员重大利益的事项，应当依照法定程序或者章程规定，由本集体成员（或者其代表）来共同决定。本集体成员有权参与集体经济组织的民主管理，监督集体经济组织的各项活动和管理人员的工作。现实中，有的集体的负责人违反法定程序或者章程规定，擅自决定或者以集体名义作出决定低价处分、私分、侵占集体所有的财产，严重侵害集体成员的财产权益。针对这种情况，本条第 2 款赋予了集体成员请求人民法院撤销农村集体经济组织、村民委员会或者其负责人作出的不当决定的权利。关于集体成员的撤销权，主要有以下几个内容：一是，每个农村集体经济组织成员都可以针对集体经济组织（或者村民委员会）及其负责人作出的损害其权益决定，向人民法院请求撤销该决定。二是，提起诉讼的事由，是农村集体经济组织、村民委员会及其负责人作出的决定，侵害了该集体成员的合法财产权益。三是，行使撤销权的期间，本条没有规定。《民法典》第152条规定：“有下列情形之一的，撤销权消灭：（一）当事人自知道或者应当知道撤销事由之日起一年内、重大误解的当事人自知道或者应当知道撤销事由之日起九十日内没有行使撤销权；（二）当事人受胁迫，自胁迫行为终止之日起一年内没有行使撤销权；（三）当事人知道撤销事由后明确表示或者以自己的行为表明放弃撤销权。当事人自民事法律行为发生之日起五年内没有行使撤销权的，撤销权消灭。”

▶ **相关规定**

《中华人民共和国宪法》第12条

第二百六十六条　私人对其合法的收入、房屋、生活用品、生产工具、原材料等不动产和动产享有所有权。

◆ **条文主旨**

本条是关于私有财产范围的规定。

◆ **立法背景**

改革开放以来，随着经济发展，人民生活水平不断提高，私有财产日益增加，迫切要求切实保护他们通过辛勤劳动积累的合法财产。《宪法》第11条规定，在法律规定范围内的个体经济、私营经济等非公有制经济，是社会主义市场经济的重要组成部分。国家保护个体经济、私营经济等非公有制经济的合法的权利和利益。国家鼓励、支持和引导非公有制经济的发展，并对非公有制经济依法实行监督和管理。第 13 条第 1 款规定，公民的合法的私有财产不受侵犯。依法保护私有合法财产，既是宪法的规定和党的主张，也是人民群众的普遍愿望和迫切要求。

◆ **条文解读**

本条依据宪法的精神，规定了："私人对其合法的收入、房屋、生活用品、生产工具、原材料等不动产和动产享有所有权。"本条的内容主要有以下几点：

一、所有权的主体——私人

这里的"私人"是指与国家、集体相对应的物权主体，不但包括我国的公民，也包括在我国合法取得财产的外国人和无国籍人。不仅包括自然人，还包括个人独资企业、个人合伙等非公有制企业。

二、私有财产的范围

本条列举了收入、房屋等最常见、最重要的几类私有的不动产和动产。

1. 收入。是指人们从事各种劳动获得的货币收入或者有价物。主要包括：（1）工资，指定期支付给员工的劳动报酬，包括计时工资、计件工资、职务工资、级别工资、基础工资、工龄工资、奖金、津贴和补贴、加班工资和特殊情况下支付的报酬等；（2）从事智力创造和提供劳务所取得的物质权利，如稿费、专利转让费、讲课费、咨询费、演出费等；（3）因拥有债权、股权而取得的利息、股息、红利所得；（4）出租建筑物、土地使用权、机器设备、车船以及其他财产所得；（5）转让有价证券、股权、建筑物、土地使用权、机器设备、车船以及其他财产取得的所得；（6）得奖、中奖、中彩以及其他偶然所得；（7）从事个体经营的劳动收入、从事承包土地所获得的收益等。

2. 房屋。房屋是我国公民最主要最基本的生活资料，包括依法购买的城镇住宅，也包括在农村宅基地上依法建造的住宅，还包括商铺、厂房等建筑物。根据我国土地管理法、城市房地产管理法以及本法的规定，房屋仅指在土地上的建筑物部分，不包括其占有的土地，城镇房屋占用的土地属于国家所有，农村宅基地属于农民集体所有。私人可以对房屋享有所有权，对该房屋占用的土地只能依法享有建设用地使用权或者宅基地使用权。

3. 生活用品。是指用于生活方面的物品，包括家用电器、私人汽车、家具和其他用品。

4. 生产工具和原材料。生产工具是指人们在进行生产活动时所使用的器具，如机器设备、车辆、船舶等运输工具。原材料是指生产产品所需的物质基础材料，如矿石、木材、钢铁等。生产工具和原材料是重要的生产资料，是生产所必需的基础物质。

5. 除上述外，私人财产还包括其他的不动产和动产，如图书、个人收藏品、牲畜和家禽等。

三、合法

这里必须强调的是，私人只能对其合法获得的财产享有所有权，换句话说，物权编和其他法律只保护私人的合法财产权，对贪污、侵占、抢夺、诈骗、盗窃、走私等方式非法获取的财产，不但不能受到法律的保护，而且行为人还要依法承担返还原物、赔偿损失等法律责任，构成犯罪的，还要依法追究刑事责任。

▶ 相关规定

《中华人民共和国宪法》第 11 条、第 13 条

第二百六十七条 私人的合法财产受法律保护，禁止任何组织或者个人侵占、哄抢、破坏。

◆ 条文主旨

本条是关于私有财产保护的规定。

◆ 立法背景

改革开放以来，随着整个国民经济高速发展，私人的财富也相应日益增长，同时个体经济、私营经济等非公有制经济也迅速发展，在社会主义市场经济建设中发挥了重要的作用。广大人民群众迫切要求保护他们获得的合法财产。

在法律上明确保护私有财产，不仅可以使财产所有人产生一种制度预期，对自己的财产产生安全感，一方面可以激励人们依法创造财富的积极性；另一方面可以鼓励交易，并形成稳定有序的市场秩序，推动市场经济向前发展。我国1982年《宪法》第13条第1款就明确规定了，国家保护公民的合法的收入、储蓄、房屋和其他合法财产的所有权，2004年宪法修正案将该规定作了修改，对私有财产的保护作了进一步的规定："公民的合法的私有财产不受侵犯。国家依照法律规定保护公民的私有财产权和继承权。"《民法通则》第75条第2款也明确规定了，公民的合法财产受法律保护，禁止任何组织或者个人侵占、哄抢、破坏或者非法查封、扣押、冻结、没收。物权编依据宪法和民法通则的规定，根据平等保护的原则，在规定"国家所有的财产受法律保护，禁止任何组织或者个人侵占、哄抢、私分、截留、破坏""集体所有的财产受法律保护，禁止任何组织或者个人侵占、哄抢、私分、破坏”的同时，按照私有财产保护的特点作了本条规定：“私人的合法财产受法律保护，禁止任何组织或者个人侵占、哄抢、破坏。”

◆ 条文解读

本条内容主要包括以下几个方面：

一、私有财产的范围

这里的私有财产，是指私人拥有所有权的财产，不但包括合法的收入、房屋、生活用品、生产工具、原材料等不动产和动产，也包括私人合法的储蓄、投资及其收益，以及上述财产的继承权。

二、合法

私有财产受到法律保护的前提是这些财产是合法的财产，非法取得的财产不受法律保护。例如，通过侵占、贪污、盗窃国有、集体资产而取得的财产，法律不但不予以保护，而且还要依法追缴。行为人构成犯罪的，还要承担刑事责任。

三、保护内容

保护私有财产的重要内容是私人的合法财产所有权不受侵犯，如非经法律规定的权限和程序，不得征收个人的房屋和其他不动产，也不得非法查封、扣押、冻结、没收私人合法的财产。任何组织或者个人不得侵占、哄抢、破坏私人合法的财产。所谓的“侵占”是指以非法占有为目的，将其保管、管理的私人财产非法占为己有。侵占的客体是私人合法的财产。侵占的主体一般是保管、管理他人财产的单位或者个人，并且具有非法占有该财产的主观故意。“哄抢”是指以非法占有为目的，组织、参与多人一起强行抢夺他人财产的行为。哄抢的客体是他人财产。哄抢的主体可以是任何组织或者个人，并且还需具备非法占有他人财产的主观故意。“破坏”是指故意毁坏他人所有的合法财产，致使其不能发挥正常功效的行为。如故意毁坏他人的车辆、毁坏他人房屋等行为。破坏的主体可以是任何组织或者个人，而且需要主观上有毁坏他人财产的故意。侵占、哄抢、破坏私人合法财产的，应当承担返还原物、恢复原状、赔偿损失等民事责任；触犯治安管理处罚法和刑法的，还应当承担相应的行政责任、刑事责任。

▶ 相关规定

《中华人民共和国宪法》第13条

第二百六十八条 国家、集体和私人依法可以出资设立有限责任公司、股份有限公司或者其他企业。国家、集体和私人所有的不动产或者动产投到企业的，由出资人按照约定或者出资比例享有资产收益、重大决策以及选择经营管理者等权利并履行义务。

◆ 条文主旨

本条是关于企业出资人权利的规定。

◆ 条文解读

本条内容主要包括以下几个方面：

一、出资人与出资形式

所谓出资人，就是向企业投入资本的人。在计划经济体制下，我国的所有制结构比较单一，即只存在两种形式的公有制：一是国家所有制；二是集体所有制。在这种情况下，企业的出资主体只包括国家和集体。同时，计划经济体制下的企业，投资结构也很单一，都是由国家和集体投资的独资企业。随着计划经济体制向市场经济体制转变，社会投资结构发生了重大变化，由单一的国家、集体投资变为包括国家、集体、私人等多种所有制经济的投资；对企业的投资也由独资变为主体多元化的投资。

根据本条的规定，出资人可以是国家、集体，也可以是私人。国家作为出资人的，由国务院、地方人民政府依照法律、行政法规规定分别代表国家履行出资人的职责。企业国有资产监督管理暂行条例规定，国务院代表国家对关系国民经济命脉和国家安全的大型国有及国有控股、国有参股企业，重要基础设施和重要自然资源等领域的国有及国有控股、国有参股企业，履行出资人职责。省、自治区、直辖市人民政府和设区的市、自治州级人民政府分别代表国家对由国务院履行出资人职责以外的国有及国有控股、国有参股企业，履行出资人职责。以集体资产设立企业的，由本集体作为出资人。随着国家鼓励、支持和引导非公有制经济的发展，私有资本也大量地投资到企业中。作为出资人，私人包括中国的公民，也包括外国的自然人和法人。

国家、集体和私人出资设立企业的主要形式是公司。我国改革开放以来，特别是党的十四大提出建立社会主义市场经济体制、党的十四届三中全会提出建立现代企业制度以来，许多国有企业进行了公司制改革，由单一投资主体改组为独资公司，多个投资主体依法改组为有限责任公司或者股份有限公司。非国有企业也相当多地采用了公司制的组织形式。根据公司法的规定，公司是企业法人，包括有限责任公司和股份有限公司。有限责任公司是指公司股东对公司以其认缴的出资额承担有限责任的公司；股份有限公司是指公司的资本划分为等额股份，公司股东以其认购的股份为限承担有限责任的公司。由国家单独出资形成的国有独资公司也是一种有限责任公司。

二、出资人的权利和义务

出资人作为股东，按照公司法的规定，依法享有资产收益、参与重大决策和选择经营管理者等权利，本条也从出资人的角度作了同样的规定。

1. 享有资产收益，就是指出资人有权通过企业盈余分配从中获得红利。获得红利是出资人投资的主要目的，只要出资人按照章程或者其他约定，如期、足额地履行了出资义务，就有权向企业请求分配红利。一般而言，出资人应当按照其实缴出资比例或者股东协议、章程等约定分取红利。

2. 参与重大决策。出资人通过股东会或者股东大会等作出决议的方式决定企业的重大行为。企业的重大行为包括：企业资本的变化，如增加或者减少注册资本、利润分配和弥补亏损、公司的预算和决算事项；企业的融资行为，如发行公司债券；企业的对外投资，如向他人提供担保、购置或者转让主要资产，变更主要业务等；企业的合并、分立、变更组织形式、解散、清算等；修改企业章程等。上述权利，由出资人按照章程或者法律规定的方式行使。按照公司法的规定，有限责任公司的股东会对公司增加或者减少注册资本、分立、合并、解散或者变更公司形式，必须经代表三分之二以上表决权的股东通过。企业经营管理者必须尊重和保证出资人决定重大决策的权利，如在国家出资的企业里，国家作为出资人的，享有资产收益、重大决策以及选择经营管理者等权利，企业经营管理者无权决定依照有关法律和企业章程的规定应当由国家作为出资人决定的事项，不得擅自处分企业财产。

3. 选择经营管理者。出资人有权通过股东会或者股东大会作出决议选举或者更换公司的董事或者监事，决定董事或者监事的薪酬，通过董事会来聘任或者解聘经理等企业高级管理人员。

当然以上只是出资人享有的主要权利，除此之外，出资人还享有其他权利，如根据公司法的规定，有限责任公司的股东有权查阅本公司的章程、股东会会议记录、董事会会议决议、财务会计报告；董事、高级管理人员违反法律、行政法规或者章程的规定，损害股东利益的，股东可以向人民法院提起诉讼。

作为出资人，不但享有上述权利，还要履行相应的义务。如按照约定或者章程的规定，按期、足额地缴纳出资；不得滥用出资人的权利干涉企业正常的经营活动等。

▶ **相关规定**

《中华人民共和国公司法》第4条；《企业国有资产监督管理暂行条例》第5条

第二百六十九条　营利法人对其不动产和动产依照法律、行政法规以及章程享有占有、使用、收益和处分的权利。

营利法人以外的法人，对其不动产和动产的权利，适用有关法律、行政法规以及章程的规定。

◆ **条文主旨**

本条是关于法人财产权的规定。

◆ **条文解读**

根据《民法典》第58条、第60条的规定，法人应当依法成立。法人应当有自己的名称、组织机构、住所、财产或者经费。法人以其全部财产独立承担民事责任。

各种类型的法人中，以取得利润并分配给股东等出资人为目的成立的法人，为营利法人。营利法人包括有限责任公司、股份有限公司和其他企业法人等。营利法人区别于非营利法人的重要特征，不是“取得利润”，而是“利润分配给出资人”。是否从事经营活动并获取利润，与法人成立的目的没有直接关系，也不影响营利法人与非营利法人的分类。例如，基金会法人是非营利法人，但为了维持财产价值或者升值，也会将管理的资金用于经营活动。营利法人与非营利法人区分的关键在于利润的分配，是否归属出资人。如果利润归属于法人，用于实现法人目的，则不是营利法人；如果利润分配给出资人，则属于营利法人。

《民法典》第76条第2款规定，营利法人包括有限责任公司、股份有限公司和其他企业法人等。可见，营利法人基本上就是企业法人。公司法所称公司是指依照公司法在中国境内设立的有限责任公司和股份有限公司。公司是企业法人，有独立的法人财产，享有法人财产权。公司以其全部财产对公司的债务承担责任。有限责任公司是股东以其出资额为限对公司承担责任，公司以其全部资产对公司债务承担责任的企业法人。有限责任公司类型比较适合中小企业，股东人数有最高数量限制，股东对公司承担有限责任，设立手续和公司的机关比较简单，具有非公众和非公开的性质。股份有限公司是将其全部资本分为等额股份，股东以其所持有的股份为限对公司承担责任，公司以其全部资产对公司的债务承担责任的企业法人。股份有限公司通常是大型企业采取的一种组织形式，发起人需要达到一定人数，成立后股东人数没有上限，全部资本划分为等额股份，股东对公司承担有限责任。有限责任公司和股份有限公司都是以营利为目的的企业，存在和发展的最直接动力就是通过经营活动获得经济利益，创造利润，然后分配给出资人。因此，有限责任公司、股份有限公司是我国法律规定的最典型的营利法人类型。公司法还规定了一人有限责任公司和国有独资公司这两种特殊的有限责任公司。一人有限责任公司是指只有一个自然人股东或者一个法人股东的有限责任公司。一人有限责任公司的股东不能证明公司财产独立于股东自己的财产的，应当对公司债务承担连带责任。国有独资公司是指国家单独出资、由国务院或者地方人民政府授权本级人民政府国有资产监督管理机构履行出资人职责的有限责任公司。不管这两种形式的公司出资人如何特殊，在取得利润并分配给其股东等出资人这个根本目的上，与普通公司没有区别，也属于营利法人的类型。此外，其他法律中规定的可以取得法人资格的企业，也属于营利法人。

具备法人条件的企业成为营利法人后，取得法律上独立的民事主体资格，成为自主经营、自负盈亏的生产者和经营者。出资人将其不动产或者动产投到营利法人后，即构成了营利法人独立的财产，营利法人享有法人财产权，即依照法律、行政法规以及章程的规定对该财产享有占有、使用、收益和处分的权利。出资人个人不能直接对其投入的资产进行支配，该资产是营利法人实现自主经营、自负盈亏，独立承担民事责任的物质基础。《民法典》第83条规定，营利法人的出资人不得滥用出资人权利损害法人或者其他出资人的利益；滥用出资人权利给法人或者其他出资人造成损失的，应当依法承担民事责任。营利法人的出资人不得滥用法人独立地位和出资人有限责任损害法人的债权人利益；滥用法人独立地位和出资人有限责任，逃避债务，严重损害法人的债权人利益的，应当对法人债务承担连带责任。

本条第2款规定，营利法人以外的法人对其不动产和动产的权利，适用有关法律、行政法规以及章程的规定。

营利法人之外的法人包括非营利法人和特别法人。根据《民法典》第87条规定，为公益目的或者其他非营利目的成立，不向出资人、设立人或者会员分配所取得利润的法人，为非营利法人。非营利法人包括事业单位、社会团体、基金会、社会服务机构等。根据《民法典》第96条规定，特别法人包括机关法人、农村集体经济组织法人、城镇农村的合作经济组织法人、基层群众性自治组织法人。

关于非营利法人。《民法典》第 88 条规定，具备法人条件，为适应经济社会发展需要，提供公益服务设立的事业单位，经依法登记成立，取得事业单位法人资格；依法不需要办理法人登记的，从成立之日起，具有事业单位法人资格。《事业单位登记管理暂行条例》第 2 条规定，事业单位是指国家为了社会公益目的，由国家机关举办或者其他组织利用国有资产举办的，从事教育、科技、文化、卫生等活动的社会服务组织。事业单位依法举办的营利性经营组织，必须实行独立核算，依照国家有关公司、企业等经营组织的法律、法规登记管理。《民法典》第 256 条规定，国家举办的事业单位对其直接支配的不动产和动产，享有占有、使用以及依照法律和国务院的有关规定收益、处分的权利。第 90 条规定，具备法人条件，基于会员共同意愿，为公益目的或者会员共同利益等非营利目的设立的社会团体，经依法登记成立，取得社会团体法人资格；依法不需要办理法人登记的，从成立之日起，具有社会团体法人资格。《社会团体登记管理条例》第 2 条规定，社会团体是指中国公民自愿组成，为实现会员共同意愿，按照其章程开展活动的非营利性社会组织。国家机关以外的组织可以作为单位会员加入社会团体。设立社会团体法人应当依法制定法人章程，根据《社会团体登记管理条例》第 14 条规定，社会团体的章程应当包括下列事项：（1）名称、住所；（2）宗旨、业务范围和活动地域；（3）会员资格及其权利、义务；（4）民主的组织管理制度，执行机构的产生程序；（5）负责人的条件和产生、罢免的程序；（6）资产管理和使用的原则；（7）章程的修改程序；（8）终止程序和终止后资产的处理；（9）应当由章程规定的其他事项。除有关法律、行政法规外，章程也是社会团体法人对其不动产和动产行使权利的重要依据。《民法典》第 92 条规定，具备法人条件，为公益目的以捐助财产设立的基金会、社会服务机构等，经依法登记成立，取得捐助法人资格。依法设立的宗教活动场所，具备法人条件的，可以申请法人登记，取得捐助法人资格。法律、行政法规对宗教活动场所有规定的，依照其规定。基金会、社会服务机构和宗教活动场所在法人属性上具有同质性，我国将其命名为捐助法人，大陆法系国家和我国台湾地区一般称其为“财团法人”，是“社团法人”的对称。社团法人为人的组织体，其成立的基础在人，以成员为要件。而财团法人（捐助法人）为财产的集合体，其成立的基础在财产。捐助法人包括的范围广泛，除基金会、宗教活动场所外，还包括社会服务机构等，比如捐资设立的学校、医院、孤儿院、养老院、图书馆、文化馆、博物馆等。《民法典》第 93 条第 1 款规定，设立捐助法人，应当依法制定法人章程。捐助法人没有会员大会等权力机构，关于捐助法人的组织管理、财产的管理使用，除了法律、行政法规的规定外，是由捐助人制定的捐助章程规定的。在捐助法人成立后，章程便成为独立的文件，约束捐助法人及其决策机构、执行机构的成员等。由此可见，由于捐助法人没有权力机构，相较于其他法人类型，章程的作用尤为重要，对于实现捐助人的捐助目的不可或缺。关于捐助法人章程，慈善法和基金会管理条例均作了较为详细的规定。比如，《基金会管理条例》第 10 条专门就基金会章程应当载明的内容作了规范。基金会章程应当载明下列事项：（1）名称及住所；（2）设立宗旨和公益活动的业务范围；（3）原始基金数额；（4）理事会的组成、职权和议事规则，理事的资格、产生程序和任期；（5）法定代表人的职责；（6）监事的职责、资格、产生程序和任期；（7）财务会计报告的编制、审定制度；（8）财产的管理、使用制度；（9）基金会的终止条件、程序和终止后财产的处理。同时第 15 条规定，基金会修改章程，应当征得其业务主管单位的同意，并报登记管理机关核准。关于非营利法人终止时的剩余财产处置，《民法典》第 95 条专门规定，为公益目的成立的非营利法人终止时，不得向出资人、设立人或者会员分配剩余财产。剩余财产应当按照法人章程的规定或者权力机构的决议用于公益目的；无法按照法人章程的规定或者权力机构的决议处理的，由主管机关主持转给宗旨相同或者相近的法人，并向社会公告。

关于特别法人。《民法典》第 97 条规定，有独立经费的机关和承担行政职能的法定机构从成立之日起，具有机关法人资格，可以从事为履行职能所需要的民事活动。机关法人的财产来源于国家和地方财政拨款。机关法人虽没有自己独立经营的财产，但是有独立的经费。这些独立的经费不来源于社会投资，也不源于国家投资，而是根据其工作需要，由国家和地方财政拨款形成的。因此，其最终责任承担也来源于国家财政经费。《民法典》第 98 条规定，机关法人被撤销的，法人终止，其民事权利和义务由继任的机关法人享有和承担；没有继任的机关法人的，由作出撤销决定的机关法人享有和承担。《民法典》第 255 条规定，国家机关对其直接支配的不动产和动产，享有占有、使用以及依照法律和国务院的有关规定处分的权利。《民法典》第 99 条规定，农村集体经济组织依法取得法人资格。法律、行政法规对农村集体经济组织有规定的，依照其规定。第 100 条规定，城镇农村的合作经济组织依法取得法人资格。法律、行政法规对城镇农村的合作经济组织有规定的，依照其规定。第 101 条第 1 款规定，居民委员会、村民委员会具有基层群众性自治组织法人资格，可以从事为履行职能所需要的民事活动。

▶ **相关规定**

《中华人民共和国公司法》第 3 条

第二百七十条　社会团体法人、捐助法人依法所有的不动产和动产，受法律保护。

◆ 条文主旨

本条是关于保护社会团体法人、捐助法人依法所有的不动产和动产的规定。

◆ 条文解读

财产受法律保护。根据本章相关规定，国家所有的财产受法律保护，禁止任何组织或者个人侵占、哄抢、私分、截留、破坏。集体所有的财产受法律保护，禁止任何组织或者个人侵占、哄抢、私分、破坏。私人的合法财产受法律保护，禁止任何组织或者个人侵占、哄抢、破坏。同时规定，国家、集体和私人依法可以出资设立有限责任公司、股份有限公司或者其他企业。国家、集体和私人所有的不动产或者动产投到企业的，由出资人按照约定或者出资比例享有资产收益等权利。本条规定，社会团体法人、捐助法人依法所有的不动产和动产，受法律保护。

社会团体法人是非营利法人。《民法典》第90条规定，具备法人条件，基于会员共同意愿，为公益目的或者会员共同利益等非营利目的设立的社会团体，经依法登记成立，取得社会团体法人资格；依法不需要办理法人登记的，从成立之日起，具有社会团体法人资格。社会团体法人必须拥有会员。社会团体法人包括的范围十分广泛，既有为公益目的设立的，亦有为会员共同利益等非营利目的设立的。前者如中华慈善总会、中国红十字会等，后者如商会、行业协会等。社会团体既有依法登记成立的，也有依法不需要办理法人登记而成立的。

捐助法人也是非营利法人。捐助法人是民法总则增加的法人类型。1986 年民法通则根据当时的经济社会发展状况，规定了企业法人、机关法人、事业单位法人和社会团体法人这 4 种法人类型。随着我国经济社会各方面蓬勃发展，这 4 种法人类型已不能满足经济社会发展的需求。基金会、社会服务机构无法纳入民法通则确立的法人分类。此外，寺庙等宗教活动场所也无法人资格。《民法典》第 92 条规定，具备法人条件，为公益目的以捐助财产设立的基金会、社会服务机构等，经依法登记成立，取得捐助法人资格。依法设立的宗教活动场所，具备法人条件的，可以申请法人登记，取得捐助法人资格。法律、行政法规对宗教活动场所有规定的，依照其规定。

1. 关于基金会。改革开放以来，由海内外人士捐资设立的儿童福利、残疾人福利以及教育科研方面的基金会大量增加。国务院于 1988 年制定的基金会管理办法受限于民法通则规定的 4 种法人类型，将基金会明确作为社会团体法人进行界定。但基金会与社会团体法人存在本质上的差别，如果混淆了这两类法人的不同性质，则有可能将基金会中的管理人员误认为是法人的成员，从而导致其设立宗旨和财产用途被非法改变。2004 年国务院发布基金会管理条例，规定基金会是指利用自然人、法人或者其他组织捐赠的财产，以从事公益事业为目的，按照该条例的规定成立的非营利性法人。

2. 关于社会服务机构。社会服务机构作为法律概念，最早出现在慈善法中。《慈善法》第 8 条第 2 款规定，慈善组织可以采取基金会、社会团体、社会服务机构等组织形式。慈善法规定的组织形式，对应的是民政部门登记的 3 类社会组织，即按照基金会管理条例登记的基金会、按照社会团体登记管理条例登记的社会团体，以及按照民办非企业单位登记管理暂行条例登记的民办非企业单位。慈善法用“社会服务机构”替代了“民办非企业单位”。《民办非企业单位登记管理暂行条例》第2条将民办非企业单位定义为“企业事业单位、社会团体和其他社会力量以及公民个人利用非国有资产举办的，从事非营利性社会服务活动的社会组织”。在民政部门登记的非营利性民办学校、民办医院、民办养老院、民办博物馆、民办社会工作机构等组织，都是民办非企业单位。民办非企业单位是改革开放之后发展起来的一类新型社会组织，是社会力量参与社会事业的重要载体。1982年宪法明确国家鼓励社会力量兴办教育事业，从国家根本法层面，为民办社会事业的发展提供了法律保障。随着计划经济体制被逐步打破，体制外的社会力量开始参与提供公共服务，各地涌现了大量民办学校、民办医院、民办研究所。1996年7月，中央政治局常委会专题研究民间组织管理工作，决定将这类组织命名为“民办非企业单位”，归口民政部门统一登记。1998年10月，国务院颁布了民办非企业单位登记管理暂行条例，明确了民办非企业单位的内涵和外延。截至2016年年底，在各级民政部门登记的社会组织共有近70万个，其中民办非企业单位35.9万个。民办非企业单位发展非常迅速，已经占据我国社会组织的半壁江山。各类民办非企业单位广泛活跃在教育、科技、文化、卫生、体育、养老、社会工作、环境保护、法律援助等领域，在促进经济发展、繁荣社会事业、创新社会管理、提供公共服务、增加就业岗位、扩大对外交往等方面发挥了重要作用，已成为我国社会主义现代化建设不可或缺的重要力量。慈善法将“民办非企业单位”的名称修改为“社会服务机构”，使这一组织形式的内涵外延更加清晰。2016年8月，中共中央办公厅、国务院办公厅印发《关于改革社会组织管理制度促进社会组织健康有序发展的意见》，提出我国社会组织的主体是社会团体、基金会和社会服务机构，进一步以中央文件的形式明确了社会服务机构的性质和地位。社会服务机构是民间力量通过捐助方式举办的非营利组织，以自身的资产对社会提供公益性的社会服务。相较于企事业单位和其他社会组织，社会服务机构主要具有以下特征：一是民间性。社会服务机构举办者是除国家机关以外的组织或个人，其举办资金主要不是国有资产，而是民间资金。二是非营利性。社会服务机构的利润不分配，举办者不是股东，不享有分配权，社会服务机构终止时，剩余财产不能私分，只能用于公益事业。当然，非营利组织可以通过服务活动获得收入，这是非营利组织生存和发展的基础。三是自主性。社会服务机构自筹资金、自聘人员，没有国家财政拨款和事业编制。同时，社会服务机构一经登记，就有了独立的法律地位，可以依法依章程独立自主地开展业务活动。今后设立民办学校、民办医院等非企业法人组织，设立人可以根据设立的目的，选择登记为营利法人，或者登记为社会服务机构。选择登记为营利法人的，法人存续期间可以分配利润，法人终止时，可以分配剩余财产。选择登记为社会服务机构的，取得捐助法人资格，享受国家财政、税收等各方面扶持，但法人存续期间不得分配利润，法人终止时，不可以分配剩余财产，剩余财产将继续用于公益目的。

3. 关于宗教活动场所。我国主要有佛教、道教、伊斯兰教、天主教、基督教五大宗教。宗教活动场所分寺院、宫观、清真寺、教堂（简称寺观教堂）以及其他固定宗教活动场所。筹备设立宗教活动场所，由宗教团体向拟设立的宗教活动场所所在地的县级人民政府宗教事务部门提出申请。其中设立寺观教堂，需逐级报省级政府宗教事务部门审批；设立其他固定宗教活动场所，由设区的市级政府宗教事务部门审批。经批准后，方可开展筹备工作。筹备完成后，由宗教活动场所管理组织向县级政府宗教事务部门申请登记，符合条件的，发给宗教活动场所登记证。信教公民的集体宗教活动，一般应当在经登记的宗教活动场所内举行，由宗教活动场所或者宗教团体组织的宗教教职人员或者符合本宗教规定的其他人员主持，按照教义教规进行。在民法总则立研过程中，有关部门和大多数宗教界人士表示，法人地位的缺失，给宗教活动场所参与社会活动带来了很多问题：一是宗教活动场所开展民事活动、维护自身合法权益困难重重，尤其在门票收入分配、拆迁补偿、订立合同、开设银行账户、房地产登记、机动车登记、诉讼维权、设立公益慈善组织等方面面临不少困难。二是宗教活动场所主体地位不明，容易出现宗教财产被侵占、被处分的情形，从而导致宗教财产流失。而且因为没有法人地位，宗教活动场所难以办理房产证、土地证。三是宗教界发挥积极作用受束缚。目前无法独立开展医院、扶贫、养老院等慈善性的事业，必须由宗教团体出面。四是宗教活动场所由于缺乏法人资格，不能按照法人来运作和进行监管，自我管理水平较低。随着经济社会的发展，财务管理不规范等宗教活动场所内部问题不断暴露，政府监管不到位和社会监督缺位也逐步显现，传统的场所管理模式受到了新的挑战。经研究认为，根据现行法律、行政法规，宗教活动场所尚无法取得法人地位。从现实情况看，赋予宗教活动场所法人地位具有必要性和可行性。经与中央、国务院有关部门共同研究，在民法总则“非营利法人”一节中规定，依法设立的宗教活动场所，具备法人条件的，可以申请法人登记，取得捐助法人资格。法律、行政法规对宗教活动场所有规定的，依照其规定。民法典延续了民法总则这一规定。按照这一规定：一是宗教活动场所法人资格登记以具备法人条件为前提。考虑到不同宗教的做法不同，依法设立的宗教活动场所是否登记为法人，由其自行申请。二是不影响国家对宗教活动场所的规范和管理。宗教活动场所从事各类活动必须遵守国家法律法规，必须接受国家相关部门依据宗教事务条例等行政法规对其进行的规范和管理。三是赋予宗教活动场所法人地位不影响其与宗教团体的关系。宗教团体不同于宗教活动场所，宗教团体在性质上属于社会团体，在民政部门登记。《宗教事务条例》第7条第1款规定："宗教团体的成立、变更和注销，应当依照国家社会团体管理的有关规定办理登记。"全国性宗教团体主要包括中国佛教协会、中国道教协会、中国伊斯兰教协会、中国天主教一会一团（天主教爱国会和天主教主教团）、中国基督教三自爱国运动委员会等。宗教团体与宗教活动场所无隶属关系，是相互独立的。但是宗教事务条例赋予了宗教团体部分管理宗教活动场所的职责，如筹备设立宗教活动场所应当由宗教团体提出申请；宗教活动场所符合法人条件的，应当经所在地宗教团体同意并报主管部门审查同意后，可以申请办理法人登记；宗教团体、寺观教堂拟在宗教活动场所内修建大型露天宗教造像，应当由宗教团体提出申请；宗教教职人员担任或者离任宗教活动场所主要教职，应当经宗教团体同意后，报县级以上人民政府宗教事务部门备案。此外，宗教团体与宗教活动场所之间也有教务指导关系，宗教活动场所应当遵守宗教团体制定的规章制度。

第六章　业主的建筑物区分所有权

关于建筑物区分所有权一词的表述，各国立法不尽相同，主要有如下几种，住宅分层所有权、住宅所有权、公寓单元所有权、公寓所有权、单位所有权、水平财产权、楼层所有权、建筑物区分所有权等，我国采用的表述是建筑物区分所有权。在我国，随着住房制度的改革和高层建筑物的大量出现，住宅小区越来越多，业主的建筑物区分所有权已经成为私人不动产物权中的重要权利。对此，2007 年通过的物权法专章对业主的建筑物区分所有权作了规定。民法典编纂沿用物权法规定，继续设专章对业主的建筑物区分所有权作出规定，并在物权法规定的基础上，针对实践中出现的新情况、新问题，对相关规定作了修改完善。

本章对业主的建筑物区分所有权作了规定，共十七条，主要对业主的建筑物区分所有权的内容，业主对专有部分行使所有权，对专有部分以外的共有部分的共有和共同管理的权利的享有与行使，建筑区划内道路、绿地、公用设施、物业服务用房的归属，车位、车库等的归属，车位、车库应当首先满足业主需要，设立业主大会和选举业主委员会，业主共同决定的重大事项及表决程序，将住宅改变为经营性用房，业主大会、业主委员会决定的效力，建筑物及其附属设施的维修基金的归属、筹集与使用，建筑物共有部分及其附属设施的费用分摊、收益分配，对建筑物及其附属设施的管理，利用业主的共有部分产生的收入的归属，业主、业主大会、业主委员会、物业服务企业之间的关系，业主的有关义务以及对建筑区划内损害他人合法权益行为的管理，业主对侵害自己合法权益的行为有权请求民事责任等内容作出了规定。

第二百七十一条 业主对建筑物内的住宅、经营性用房等专有部分享有所有权，对专有部分以外的共有部分享有共有和共同管理的权利。

◆ **条文主旨**

本条是对建筑物区分所有权基本内容的规定。

◆ **立法背景**

为解决居住问题，包括我国在内的世界各国纷纷兴建高层或者多层建筑物，由此产生一栋建筑物存在多个所有权人的情形。对此，其他国家和地区相继制定建筑物区分所有权的法律或者修改民法典以调整不同所有权人之间的关系。对于建筑物区分所有权，有些国家和地区的民法典作了规定，有些国家和地区有专门立法。如法国的《建筑物区分所有权法》、日本的《建筑物区分所有法》、奥地利的《区分所有权法》、德国的《住宅所有权长期居住权的法律》（简称《住宅所有权法》）、美国的《联邦公寓所有权法》、英国的《住宅法》，意大利、瑞士在民法典中规定了建筑物共有的内容。我国香港地区制定了《多层大厦（业主立案法团）条例》，我国台湾地区“民法”第799条、第800条及“公寓大厦管理条例”“土地登记规则”等对建筑物区分所有权的问题分别作了规定。

在我国，随着住房制度的改革和高层建筑物的大量出现，住宅小区越来越多，业主的建筑物区分所有权已经成为私人不动产物权中的重要权利。对此，物权法对业主的建筑物区分所有权作了规定。本条是2007年通过的《物权法》第70条的规定，本次民法典编纂对本条未作修改。

◆ **条文解读**

业主的建筑物区分所有权是物权上一项重要的不动产权利，是高层或者多层建筑物产生，并在一栋建筑物存在多个所有权人后出现的物权种类。建筑物区分所有权一般是指数人区分一建筑物而各有其专有部分，并就共有部分按其专有部分享有共有的权利。业主是指享有建筑物专有部分所有权的人。《物业管理条例》第6条第1款规定，房屋的所有权人为业主。《最高人民法院关于审理建筑物区分所有权纠纷案件具体应用法律若干问题的解释》第1条规定，依法登记取得或者根据物权法第二章第三节规定取得建筑物专有部分所有权的人，应当认定为物权法第六章所称的业主。基于与建设单位之间的商品房买卖民事法律行为，已经合法占有建筑物专有部分，但尚未依法办理所有权登记的人，可以认定为物权法第六章所称的业主。

一、其他国家和地区对业主的建筑物区分所有权基本内容的规定

很多国家和地区对业主的建筑物区分所有权作了规定。如《德国住宅所有权法》第1条第2项规定，住宅所有权，指住宅的特别所有权与其所属的共同所有权的共有物应有部分相结合的权利。《法国建筑物区分所有权法》第一章中规定，建筑物区分所有权，指区分所有权人于“享益部分”（专有部分和共用部分）上享有的权利。《瑞士民法典》第712条之一规定，建筑物区分所有权，是不动产的共有的份额。我国台湾地区“民法”第799条规定，数人区分一建筑物，而各有其一部者，该建筑物及其附属物之共同部分，推定为各所有人之共有，其修缮费及其他负担，由各所有人，按其所有部分之价值分担之。我国台湾地区“公寓大厦管理条例”第3条第3项规定，区分所有，指数人区分一建筑物而各有其专有部分，并就其共用部分按其应有部分有所有权。

二、我国业主的建筑物区分所有权的基本内容

根据本条的规定，业主的建筑物区分所有权包括对其专有部分的所有权、对建筑区划内的共有部分享有的共有和共同管理的权利。

一是业主对专有部分的所有权。即本条规定的，业主对建筑物内的住宅、经营性用房等专有部分享有所有权，有权对专有部分占有、使用、收益和处分。

二是业主对建筑区划内的共有部分的共有的权利。即本条规定的，业主对专有部分以外的共有部分如电梯、过道、楼梯、水箱、外墙面、水电气的主管线等享有共有的权利。《民法典》第274条规定，建筑区划内的道路，属于业主共有，但属于城镇公共道路的除外。建筑区划内的绿地，属于业主共有，但属于城镇公共绿地或者明示属于个人的除外。建筑区划内的其他公共场所、公用设施和物业服务用房，属于业主共有。第275条第2款占用业主共有的道路或者其他场地用于停放汽车的车位，属于业主共有。

对于建筑物的共有部分的共有方式，本法未作明确规定。从其他国家和地区的规定看，有的国家和地区没有特别指出是何种共有方式，有的国家和地区明确规定为按份共有。如日本《建筑物区分所有法》第14条第1款规定，各共有人的应有份，依其专有部分的使用面积比例而定。《意大利民法典》第1118条中规定，在权利证书未作相反规定的情况下，每个共有人对本法第1117条规定的共有物，根据楼层或者楼台层各单位的价值，按比例享有

权利。《俄罗斯联邦民法典》第289条规定，在多套住宅房屋中，住宅所有人除拥有属于他的住宅占用的房舍外，房屋中共有财产所有权的份额也属于他所有。第290条中规定，多套住宅房屋中，承受房屋结构的公共房舍，在一套住宅中内外为多套住宅服务的机械、电力、卫生设备和其他设备，属于各住宅所有人按份共有。我国台湾地区“公寓大厦管理条例”第3条第3项规定，区分所有，指数人区分一建筑物而各有其专有部分，并就其共用部分按其应有部分有所有权。

三是业主对建筑区划内的共有部分的共同管理的权利。本法规定，业主可以自行管理建筑物及其附属设施，也可以委托物业服务企业或者其他管理人管理。业主可以设立业主大会，选举业主委员会，共同决定制定和修改业主大会议事规则，制定和修改管理规约，选举业主委员会或者更换业主委员会成员，选聘和解聘物业服务企业或者其他管理人，使用建筑物及其附属设施的维修资金，筹集建筑物及其附属设施的维修资金，改建、重建建筑物及其附属设施，改变共有部分的用途或者利用共有部分从事经营活动等。业主大会和业主委员会，对任意弃置垃圾、排放大气污染物或者噪声、违反规定饲养动物、违章搭建、侵占通道、拒付物业费等损害他人合法权益的行为，有权依照法律、法规以及管理规约，要求行为人停止侵害、消除危险、排除妨害、赔偿损失。

▶ **相关规定**

《物业管理条例》第6条；《最高人民法院关于审理建筑物区分所有权纠纷案件具体应用法律若干问题的解释》第1条

第二百七十二条 业主对其建筑物专有部分享有占有、使用、收益和处分的权利。业主行使权利不得危及建筑物的安全，不得损害其他业主的合法权益。

◆ 条文主旨

本条是关于业主对专有部分行使所有权的规定。

◆ 立法背景

业主对专有部分的享有的占有、使用、收益和处分的权利是业主的建筑物区分所有权的重要内容。本条是2007年通过的《物权法》第71条的规定，本次民法典编纂对本条未作修改。

◆ 条文解读

一、关于专有部分

《民法典》第271条中规定，业主对建筑物内的住宅、经营性用房等专有部分享有所有权。根据本法规定，专有部分是指建筑物内的住宅、经营性用房等业主专有的部分。关于专有部分的界定，《最高人民法院关于审理建筑物区分所有权纠纷案件具体应用法律若干问题的解释》第2条规定，建筑区划内符合下列条件的房屋，以及车位、摊位等特定空间，应当认定为物权法第六章所称的专有部分：（1）具有构造上的独立性，能够明确区分；（2）具有利用上的独立性，可以排他使用；（3）能够登记成为特定业主所有权的客体。规划上专属于特定房屋，且建设单位销售时已经根据规划列入该特定房屋买卖合同中的露台等，应当认定为物权法第六章所称专有部分的组成部分。

其他国家一般规定，单独的楼层、住宅、办公室等独立单元，可以成为专有部分。如《日本建筑物区分所有法》第 1 条规定，一栋建筑物构造上区分为数部分，供作独立的住宅、店铺、办公室、仓库或其他用途使用时，其各部分得依本法规定，各自成为所有权的标的。再如《瑞士民法典》第 712 条之二第 1 款规定，特别权利标的物，可为单独的楼层，亦可为楼层内隔开的具有出入口的用于居住、办公或其他目的的单元；单元可包括隔开的房间。

美国的规定与其他国家的一般规定有所不同，专有部分指特定的“空间”。如《美国联邦公寓所有权法》第 2 条规定，所谓公寓，指一栋建筑物可供任何形式独立使用的部分，具有一个或一个以上的房间或封闭空间，且坐落在建筑物之一层或数层或部分楼板上，并有与公共街道相通或与某些街道相通的共用部分的直接出口。公寓所有权，即以公寓为标的的所有权。

二、业主对建筑物专有部分的权利

业主对建筑物专有部分的权利是所有权的一种。《民法典》第 240 条规定，所有权人对自己的不动产或者动产，依法享有占有、使用、收益和处分的权利。本条是对业主对建筑物专有部分享有所有权的具体权能的规定，即业主对其建筑物专有部分享有占有、使用、收益和处分的权利。按照这一规定，业主对建筑物内属于自己所有的住宅、经营性用房等专有部分可以直接占有、使用，实现居住或者营业的目的；也可以依法出租，获取收益；还可以出借，解决亲朋好友居住之难；或者在自己的专有部分上依法设定负担，例如，为保证债务的履行将属于自己所有的住宅或者经营性用房抵押给债权人，或者抵押给金融机构以取得贷款等；还可以将住宅、经营性用房等专有部分出售给他人，对专有部分予以处分。

其他国家和地区对专有部分权利的规定有两种情况：

一是规定对专有部分享有所有权。一些国家和地区规定，区分所有权人对专有部分享有所有权。如《德国住宅所有权法》将对专有部分的权利称为“特别所有权”，第13条中规定，各住宅所有权人于不违反法律或第三人权利的范围内，得自由处理特别所有权内的建筑物部分，如予以居住、使用、租赁或以其他方式予以利用，并排除他人之干涉。《法国建筑物区分所有权法》第9条中规定，区分所有权人对于享益部分中的专有部分享有自由使用的权利。《奥地利区分所有权法》第1条中规定，不动产的共有人于一特定住宅和店铺设定的单独使用和独立处分的权利，为住宅所有权。《俄罗斯联邦民法典》第288条中规定，住房所有人对属于他的住房依照其用途实现占有、使用和处分的权利。我国台湾地区“公寓大厦管理条例”第3条中规定，区分所有，指数人区分一建筑物而各有其专有部分。第4条中规定，除法律另有限制外，区分所有权人对其专有部分，得自由使用、收益、处分，并排除他人的干涉。

二是规定对特定部分享有独占使用权。瑞士的规定与德国、日本等国和我国台湾地区不同，瑞士民法典规定的建筑物区分所有权，没有专有部分，只有独占使用的部分。《瑞士民法典》第712条中规定，建筑物区分所有权，是不动产的共有的份额。区分所有人对建筑物的特定部分享有独占使用和内部改造的特别权利。区分所有人有自由管理、利用并装饰自己房间的权利。

三、对专有部分行使权利的限制

业主的专有部分是建筑物的重要组成部分，但与共有部分又不可分离，例如没有电梯、楼道、走廊，业主就不可能出入自己的居室、经营性用房等专有部分；没有水箱、水、电等管线，业主就无法使用自己的居室、经营性用房等专有部分。因此，建筑物的专有部分与共有部分具有一体性、不可分离性，故业主对专有部分行使专有所有权应受到一定限制，这与建筑物区分所有权的特殊性是分不开的。对此，本条规定，业主行使专有部分所有权时，不得危及建筑物的安全，不得损害其他业主的合法权益。

一是业主行使专有部分所有权时，不得危及建筑物的安全。例如，业主在对专有部分装修时，不得拆除房屋内的承重墙，不得在专有部分内储藏、存放易燃易爆等危险物品，危及整个建筑物的安全。

二是业主行使专有部分所有权时，不得损害其他业主的合法权益。《民法典》第286条规定，业主应当遵守法律、法规以及管理规约。业主大会或者业主委员会，对任意弃置垃圾、排放污染物或者噪声、违反规定饲养动物、违章搭建、侵占通道、拒付物业费等损害他人合法权益的行为，有权依照法律、法规以及管理规约，请求行为人停止侵害、排除妨碍、消除危险、恢复原状、赔偿损失。第287条规定，业主对建设单位、物业服务企业或者其他管理人以及其他业主侵害自己合法权益的行为，有权请求其承担民事责任。

从其他国家和地区的规定看，对专有部分行使权利有以下一些限制，规定对专有部分行使权利不得妨碍他人和公共利益。有的国家和地区规定，区分所有权人对专有部分行使权利，不得妨害他人及公共利益。如《意大利民法典》第1122条规定，共有人在属于自己所有的楼层或者楼层部分不得进行损害共有部分的施工。《德国住宅所有权法》第14条中规定，在保存及修缮共有物的必要范围内，住宅所有权人应允许对特别所有权内的建筑物部分的进入及利用，但应赔偿因此所生的损害。《日本建筑物区分所有法》第6条中规定，区分所有人不得为对建筑物之保存有害的行为，或其他有关建筑物之管理或使用违反区分所有人共同利益的行为。区分所有人于保存、改良其专有部分或共用部分所必要的范围内，可以请求使用其他区分所有人的专有部分或不属自己所有的共用部分。于此情形，其他共有人受损害时，应向其支付偿金。《德国住宅所有权法》第13条第1项规定，各住宅所有权人于不违反法律或第三人权利的范围内，得自由处理特别所有权内的建筑物部分，如予以居住、使用、租赁或以其他方式予以利用，并排除他人之干涉。专有所有权的行使须受以下限制：（1）保护建筑物的使用目的；（2）保护建筑物的基础、结构、牢固及安全；（3）保护建筑物美学上的外观；（4）保护其他住宅所有权人的安全、安静及住宅环境秩序；（5）维护善良风俗、习惯及住宅居民的作息和名誉。《瑞士民法典》第712条中规定，区分所有人有自由管理、利用并装饰自己房间的权利，但不得妨碍其他区分所有人行使相同的权利，并不得以任何方式破坏建筑物的公用设施，或影响其使用及外观。我国台湾地区“公寓大厦管理条例”第5条规定，区分所有权人对专有部分的利用，不得有妨碍建筑物的正常使用及违反区分所有权人共同利益的行为。第6条中规定，住户应遵守下列事项：1. 于维护、修缮专有部分、约定专有部分或行使其权利时，不得妨碍其他住户之安宁、安全及卫生。2. 其他住户因维护、修缮专有部分、约定专有部分或设置管线，必须进入其专有部分或约定部分时，不得拒绝。3. 管理负责人或管理委员会因维护、修缮共用部分或设置管线，必须进入其专有部分或约定部分时，不得拒绝。

▶ **相关规定**

《最高人民法院关于审理建筑物区分所有权纠纷案件具体应用法律若干问题的解释》第2条

第二百七十三条　业主对建筑物专有部分以外的共有部分，享有权利，承担义务；不得以放弃权利为由不履行义务。

业主转让建筑物内的住宅、经营性用房，其对共有部分享有的共有和共同管理的权利一并转让。

◆ **条文主旨**

本条是关于业主对专有部分以外的共有部分权利义务的规定。

◆ **立法背景**

现实中，关于业主对建筑物专有部分以外的共有部分，是否仅享有权利，不承担义务；业主是否可以以放弃对共有部分的权利为由，不履行义务；业主转让建筑物内的住宅、经营性用房，其对建筑物共有部分享有的共有和共同管理的权利是否一并转让等问题，看法不一。本条是2007年通过的《物权法》第72条的规定，本次民法典编纂对本条仅作个别文字修改。

◆ **条文解读**

一、关于共有部分

业主专有部分以外的共有部分通常是指，除建筑物内的住宅、经营性用房等专有部分以外的部分，既包括建筑物内的走廊、楼梯、过道、电梯、外墙面、水箱、水电气管线等部分，也包括建筑区划内，由业主共同使用的物业管理用房、绿地、道路、公用设施以及其他公共场所等，但法律另有规定的除外。根据本法规定，建筑区划内的道路，属于业主共有，但属于城镇公共道路的除外。建筑区划内的绿地，属于业主共有，但属于城镇公共绿地或者明示属于个人的除外。建筑区划内的其他公共场所、公用设施和物业服务用房，属于业主共有。占用业主共有的道路或者其他场地用于停放汽车的车位，属于业主共有。目前我国城镇居民住房情况复杂，仅所有权就有不同的情形。有的是在住房制度改革后，将原租住的公有住房，依照房改价购买为自己所有；有的是按照市场价格购买的商品房；有的是享受国家优惠政策购买的经济适用房；还有集资建房的。而农民因征地迁入高层或者多层建筑物居住的情况就更为复杂，因此，建筑区划内哪些部分为业主共有，还须根据具体情况具体确定。

关于共有部分的界定，《最高人民法院关于审理建筑物区分所有权纠纷案件具体应用法律若干问题的解释》第 3 条规定，除法律、行政法规规定的共有部分外，建筑区划内的以下部分，也应当认定为物权法第六章所称的共有部分：（1）建筑物的基础、承重结构、外墙、屋顶等基本结构部分，通道、楼梯、大堂等公共通行部分，消防、公共照明等附属设施、设备，避难层、设备层或者设备间等结构部分；（2）其他不属于业主专有部分，也不属于市政公用部分或者其他权利人所有的场所及设施等。

其他国家和地区关于建筑物区分所有权的共有部分的规定，有的国家和地区规定共有部分中一些属于全体业主共有，另一些属于部分业主共有。有的国家和地区还规定了哪些只能作为共有部分，哪些依约定才可以成为专有部分。如《日本建筑物区分所有法》第 4 条规定，通过数个专有部分的走廊、楼梯及其他构造上供区分所有人全体或部分共用的建筑物部分，不成为区分所有权的标的。第 11 条中规定，共用部分属全体区分所有人共有，但一部分共用部分属共用该部分的区分所有人共有。《瑞士民法典》第 712 条中规定，下列物不得为特别权利的标的物：1. 建筑物的场地及建造楼房的建筑权；2. 对于楼房或其他区分所有人的房屋的存在、结构及坚固极为重要的或对楼房的外观及造型起决定性作用的装饰物；3. 其他区分所有人亦使用的设备。建筑物的其他组成部分，经区分所有人在设定建筑物区分所有权时或事后合意后，可宣布为共同所有；未作此宣布的，推定该部分有特别权利。《意大利民法典》第1117条规定，在权利证书未作相反规定的情况下，建筑物的下列部分属于不同楼层或者同一楼层不同单位的所有人所有：1. 建筑物占用的土地、地基、主墙、屋顶、屋顶平台、楼梯、大门、门廊、前庭、拱廊、天井以及其他所有必须共用的部分；2. 门房和看门人的住所，洗衣、晾衣的场所、中心供暖处以及安置其他类似公共服务设施的场所；3. 任何种类的供全体共有人使用和享用的工作物、设施、建筑物，例如：电梯、水井、蓄水池、水管、下水道、排水沟以及直到通向专属每个共有的支路起点以前的供水、供气、供电、供暖系统。我国台湾地区“民法”第799条中规定，数人区分一建筑物，而各有其一部者，该建筑物及其附属物之共同部分，推定为各所有人之共有。

二、业主对共有部分，享有权利，承担义务；不得以放弃权利为由不履行义务

首先，业主对专有部分以外的共有部分享有权利，承担义务。

业主对专有部分以外的共有部分的权利包括两部分内容，即共有和共同管理的权利。一是业主对专有部分以外的共有部分享有共有的权利，即每个业主在法律对所有权未作特殊规定的情形下，对专有部分以外的走廊、楼梯、过道、电梯、外墙面、水箱、水电气管线等共有部分，对物业管理用房、绿地、道路、公用设施以及其他公共场所等共有部分享有占有、使用、收益或者处分的权利。但是，如何行使占有、使用、收益或者处分的权利，还要依据本法及相关法律、法规和建筑区划管理规约的规定。例如，《民法典》第283条规定，建筑物及其附属设施的费用分摊、收益分配等事项，有约定的，按照约定；没有约定或者约定不明确的，按照业主专有部分面积所占比例确定。业主对专有部分以外的共有部分的共有，还包括对共有部分共负义务。同样，业主对共有部分如何承担义务，也要依据本法及相关法律、法规和建筑区划管理规约的规定。例如，依据《民法典》第286条的规定，业主对共有部分承担的义务有，不得在共有部分任意弃置垃圾、违章搭建，不得随意侵占通道等。二是业主对专有部分以外的共有部分不仅享有共有的权利，还享有共同管理的权利，有权对共用部位与公用设备设施的使用、收益、维护等事项行使管理的权利，同时对共有部分的管理也负有相应的义务。

《物业管理条例》对业主的权利和义务作了详细规定。其第6条第2款规定，业主在物业管理活动中，享有下列权利：按照物业服务合同的约定，接受物业服务企业提供的服务；提议召开业主大会会议，并就物业管理的有关事项提出建议；提出制定和修改管理规约、业主大会议事规则的建议；参加业主大会会议，行使投票权；选举业主委员会成员，并享有被选举权；监督业主委员会的工作；监督物业服务企业履行物业服务合同；对物业共用部位、共用设施设备和相关场地使用情况享有知情权和监督权；监督物业共用部位、共用设施设备专项维修资金（以下简称专项维修资金）的管理和使用；法律、法规规定的其他权利。第7条规定，业主在物业管理活动中，履行下列义务：遵守管理规约、业主大会议事规则；遵守物业管理区域内物业共用部位和共用设施设备的使用、公共秩序和环境卫生的维护等方面的规章制度；执行业主大会的决定和业主大会授权业主委员会作出的决定；按照国家有关规定交纳专项维修资金；按时交纳物业服务费用；法律、法规规定的其他义务。

其次，业主不得以放弃权利为由不履行义务。

由于业主对专有部分以外的共有部分既享有权利，又负有义务，有的业主就可能以放弃权利为由，不履行义务。对此，本条明确规定，业主不得以放弃权利为由不履行义务。例如，除另有约定的外，业主不得以不使用电梯为由，不交纳电梯维修费用。

三、业主转让建筑物内的住宅、经营性用房，其对共有部分享有的共有和共同管理的权利一并转让

业主的建筑物区分所有权是一个集合权，包括对专有部分享有的所有权、对建筑区划内的共有部分享有的共有和共同管理的权利，这些权利具有不可分离性。在这些权利中，业主对专有部分的所有权占主导地位，是业主对专有部分以外的共有部分享有共有和共同管理的权利的前提与基础。没有业主对专有部分的所有权，就无法产生业主对专有部分以外共有部分的共有和共同管理的权利。如果业主丧失了对专有部分的所有权，也就丧失了对共有部分的共有和共同管理的权利。因此本条规定，业主转让建筑物内的住宅、经营性用房，其对共有部分享有的共有和共同管理的权利一并转让。

有的国家和地区也有类似规定，在专有部分转让或者设定负担时，不得与共有部分相分离。如《德国住宅所有权法》第 6 条中规定，特别所有权，不得与其所属于的共有物应有部分相分离而为让与或设定负担。《日本建筑物区分所有法》第 15 条规定，共有人的应有份随其专有部分处分。除本法另有所定情形外，共有人不得与其专有部分相分离而处理其应有份。第 22 条中规定，占地利用权为数人的所有权或其他权利时，区分所有人不得将其专有部分与其专有部分相关的占地利用权相分离而处分之。但是，规约另有规定时，不在此限。《奥地利区分所有权法》第 7 条中规定，住宅所有权人的住宅所有权的共有物的应有部分，不能与住宅所有权分割而为移转。《俄罗斯联邦民法典》第 290 条中规定，住宅所有人无权转让其住房中共有财产的所有权份额，也无权实施导致该份额脱离住宅所有权而单独移转的其他行为。我国台湾地区“公寓大厦管理条例”第4条中规定，专有部分不得与其所属建筑物共用部分之应有部分及其基地所有权或地上权应有部分分离而为移转或设定负担。

▶ **相关规定**

《最高人民法院关于审理建筑物区分所有权纠纷案件具体应用法律若干问题的解释》第3条；《物业管理条例》第6条第2款

第二百七十四条 建筑区划内的道路，属于业主共有，但是属于城镇公共道路的除外。建筑区划内的绿地，属于业主共有，但是属于城镇公共绿地或者明示属于个人的除外。建筑区划内的其他公共场所、公用设施和物业服务用房，属于业主共有。

◆ **条文主旨**

本条是关于建筑区划内的道路、绿地、其他公共场所、公用设施和物业服务用房归属的规定。

◆ **立法背景**

在2007年物权法起草、审议和征求意见中，多数意见反映，目前建筑区划内的道路、绿地、公用设施、物业服务用房和其他公共场所的所有权归属不明，导致业主与开发商、业主与物业公司纠纷多，矛盾大，物权法应当对建筑区划内的道路、绿地、公用设施、物业服务用房和其他公共场所的归属作出明确规定。但在物权法中如何规定，存在着不同意见。有的认为，道路是市政设施，应当属于国家所有，业主享有使用权。有的认为，绿地是土地的一种使用功能，其实质就是土地，城市土地属于国家所有，业主只有使用权，没有所有权。有的认为，城市的土地是国有的，无论是道路还是绿地，所有权只能归国家。有的认为，现实中，业主购房通常不支付物业管理用房的价款，对物业管理用房没有权利。有的认为，业主购房后对所购房屋拥有的所有权包括两部分，一部分是对建筑物内住宅、经营性用房等专有部分享有的专有的、独立的所有权，另一部分是对专有部分以外的道路、绿地、公用设施、物业服务用房和其他公共场所等共有部分以及建筑物的附属设施享有的共有权。有的认为，建筑区划内的道路、绿地、公用设施、物业服务用房和其他公共场所所有权的归属，应当本着谁投资归谁所有的原则确定。

物权法对道路、绿地、其他公共场所、公用设施和物业服务用房的归属作了规定。本条是 2007 年通过的《物权法》第 73 条的规定，本次民法典编纂对本条仅作了个别文字修改。

◆ **条文解读**

根据本条规定：一是建筑区划内的道路，属于业主共有，但是属于城镇公共道路的除外。

二是建筑区划内的绿地，属于业主共有，但是属于城镇公共绿地或者明示属于个人的除外。2007 年物权法制定过程中，对如何规定建筑区划内绿地的归属，存在着不同意见。经调查研究认为，建筑区划内的绿地作为建筑物的附属设施原则上归业主共有，但是属于城镇公共绿地或者明示属于个人的除外。需要说明的是，本条规定的绿地、道路归业主所有，不是说绿地、道路的土地所有权归业主所有，而是说绿地、道路作为土地上的附着物归业主所有。《最高人民法院关于审理建筑物区分所有权纠纷案件具体应用法律若干问题的解释》第3条第2款规定，建筑区划内的土地，依法由业主共同享有建设用地使用权，但属于业主专有的整栋建筑物的规划占地或者城镇公共道路、绿地占地除外。

三是建筑区划内的其他公共场所、公用设施和物业服务用房，属于业主共有。经调查研究认为，建筑区划内的其他公共场所、公用设施和物业服务用房，属于业主共有。《物业管理条例》第37条规定，物业管理用房的所有权依法属于业主。未经业主大会同意，物业服务企业不得改变物业管理用房的用途。《上海市住宅物业管理规定》第43条规定，物业管理区域内的下列配套设施设备归业主共有：（1）物业管理用房；（2）门卫房、电话间、监控室、垃圾箱房、共用地面架空层、共用走廊；（3）物业管理区域内按规划配建的非机动车车库；（4）单独选址、集中建设的共有产权保障住房、征收安置住房小区的停车位；（5）物业管理区域内的共有绿化、道路、场地；（6）建设单位以房屋销售合同或者其他书面形式承诺归全体业主所有的物业；（7）其他依法归业主共有的设施设备。建设单位申请房屋所有权首次登记时，应当提出前款规定的配套设施设备登记申请，由不动产登记机构在不动产登记簿上予以记载，但不颁发不动产权属证书。建设单位应当在物业管理区域内显著位置公开业主共有配套设施设备的位置、面积等信息。

▶ 相关规定

《最高人民法院关于审理建筑物区分所有权纠纷案件具体应用法律若干问题的解释》第3条第2款；《物业管理条例》第37条；《上海市住宅物业管理规定》第43条

第二百七十五条 建筑区划内，规划用于停放汽车的车位、车库的归属，由当事人通过出售、附赠或者出租等方式约定。

占用业主共有的道路或者其他场地用于停放汽车的车位，属于业主共有。

◆ 条文主旨

本条是关于车位、车库归属的规定。

◆ 立法背景

随着经济社会的快速发展和人民生活水平的不断提高，我国机动车保有量持续快速增长，其中私人轿车拥有量增速明显。随着机动车保有量的迅猛增加，住宅小区机动车乱停乱放等现象日益严重，停车难、停车乱问题不断突出。车位、车库作为车辆的存放点，已成为私家车主的生活必需品。关于住宅小区车位、车库的归属和停车收费的纠纷日渐增多。

在2007年物权法起草过程中，业主的建筑物区分所有权中，如何规定车位、车库的所有权归属问题涉及广大业主的切身利益，社会普遍关注，争议较大。在征求意见过程中，主要有两种意见。一种意见认为，车位、车库应当归业主共有。主要理由：一是车位、车库已经摊入建筑成本，开发商将其再次买卖或者出租，侵害了业主的利益。二是在房屋销售过程中，开发商处于强势，如果车位、车库的所有权以有约定的按照约定的原则确定归属，对业主不利。另一种意见认为，车位、车库的归属，业主与开发商有约定的，按照约定；没有约定或者约定不明确的，属于业主共有。主要理由：一是从我国目前多数地方商品房销售的实际做法看，对车位、车库的归属，在商品房买卖合同中都有约定；从其他国家和地区看，车位、车库一般也归业主个人所有。二是车位、车库不像电梯、走廊、水箱、道路、绿地等应当共用，规定业主共有很难操作。三是开发商是否把车位、车库摊入成本，和商品房销售价格的高低没有必然联系，而且，也很难证明车库、车位的价值是否包括在建筑成本之中；目前对价格管理部门是否应当公开开发商的建筑成本仍有不同意见。四是对车位、车库的建造比例和车位、车库首先满足小区业主需要，应当作出行政管理的强制性规定，但地下车库和地面上的停车场，作为独立设施，如果不允许开发商销售或者出租，可能影响开发商建造车位、车库的积极性，对业主不利。

本条是 2007 年通过的《物权法》第 74 条第 2 款、第 3 款的规定，本次民法典编纂对这两款未作修改，但将这两款单独规定为一条，对车位、车库的归属作出规定。

◆ 条文解读

一、关于车位、车库的类型

一般来说，车位是指住宅小区内设置的以停放机动车为目的的开放式的场所。车库是指住宅小区内设置的以停放机动车为目的具有一定封闭性的场所。实践中，按照不同的分类标准，我国住宅小区的车位、车库分为不同的类型。

按照建造地点和形态不同，车位、车库可以分为：1. 地下、半地下车库。地下、半地下车库是指在住宅小区地下、半地下空间建造的用于停放汽车的车库，一般内部设有若干个划线编号且与房屋本体结构相连。2. 地面车位。地面车位是指在住宅小区地面上直接设置的停车设施，一般以划线分割方式标明。地面车位一般是开放性的，地面上无构筑物。3. 首层架空车库。首层架空车库，是指将建筑物地面上的第一层架空而形成的车库，一般内部设有若干个划线编号且与房屋本体结构相连。4. 独立车库。独立车库有单独的四至，一般与单个业主的专有部分连为一体。

按照是否在建筑规划内，车位、车库可以分为：1. 规划内的车位、车库。规划内的车位、车库是指开发商在开发住宅小区项目前，经政府核发的建设工程规划许可证批准同意，规划用于停放汽车的车位、车库。规划内的车位、车库可以是各种形态，如地下车库、半地下车库、地面车位、首层架空车库、独立车库、人防车库等。2. 规划外的车位、车库。规划外的车位、车库是指开发商在开发住宅小区项目时，未纳入建设工程规划许可证规划，占用业主共有的道路或者其他场地用于停放汽车的车位、车库。规划外的车位、车库以地面车位居多，也有以车库形式出现的。规划外的车位、车库在建设年代较早的住宅小区较为多见。

二、我国车位、车库的归属

经对我国房地产市场的实际做法和存在的问题进行调查研究，并借鉴国外的通常做法，属于业主共有的财产，应是那些不可分割、不宜也不可能归任何业主专有的财产，如电梯等公用设施、绿地等公用场所。从房地产市场的情况看，一般来说，专门用来停放汽车的车库、车位的归属，是由当事人通过出售、附赠或者出租等方式约定归业主专有或者专用的。这样，既容易操作，也可以避免纠纷。如果规定车库、车位归业主共有，由于车库、车位和住宅的配套比例不同、业主之间享有的住宅面积不同、商品房销售的状况不同等原因，归业主共有很难操作，因此，2007 年制定的物权法区分不同的情况对车位、车库的归属作了规定：

一是建筑区划内，规划用于停放汽车的车位、车库的归属，由当事人通过出售、附赠或者出租等方式约定。建筑区划内，规划用于停放汽车的车位、车库，即开发商在开发项目前，经政府核发的建设工程规划许可证批准同意，规划用于停放汽车的车位、车库。此类车位、车库，在开发商开发后，通过出售、附赠或者出租等方式，与当事人约定车位、车库的归属和使用。

二是占用业主共有的道路或者其他场地用于停放汽车的车位，属于业主共有。规划外的占用业主共有的道路或者其他场地用于停放汽车的车位、车库，由于属于规划外，且是占用业主共有的道路或者其他场地建设的，较易形成属于业主共有的共识，属于业主共有。

关于车位、车库的归属，一些地方性法规根据实践的发展，在物权法的基础上作出进一步的规范。如《上海市住宅物业管理规定》第 61 条第 1 款规定，物业管理区域内，建设单位所有的机动车停车位数量少于或者等于物业管理区域内房屋套数的，一户业主只能购买或者附赠一个停车位；超出物业管理区域内房屋套数的停车位，一户业主可以多购买或者附赠一个。第 2 款规定，占用业主共有的道路或者其他场地用于停放机动车的车位，属于业主共有。第 3 款规定，建设单位所有的机动车停车位向业主、使用人出租的，其收费标准应当在前期物业合同中予以约定。业主大会成立前，收费标准不得擅自调整；业主大会成立后，需要调整的，建设单位应当与业主大会按照公平、合理的原则协商后，向区房屋行政管理部门备案。《福建省物业管理条例》第 64 条第 1 款规定，占用物业管理区域内业主共有的道路或者其他共有场地用于车辆停放收取的场地使用费属于全体业主所有，可以用于消防、电梯、人民防空等设施维护管理的必要支出。车位划定、车辆停放、管理和收费等事项，由业主大会决定，但不得占用消防车通道、消防登高面或者影响其他车辆和行人的正常通行。第 2 款规定，业主大会决定对共有车位车辆停放收取场地使用费的，可以将共有车位委托物业服务企业进行经营管理，取得的场地使用费按照本条例第 63 条第 3 款的规定执行。

▶ **相关规定**

《上海市住宅物业管理规定》第 61 条第 1 款；《福建省物业管理条例》第 64 条第 1 款

第二百七十六条　建筑区划内，规划用于停放汽车的车位、车库应当首先满足业主的需要。

◆ **条文主旨**

本条是关于车位、车库应当首先满足业主需要的规定。

◆ **立法背景**

本条是 2007 年通过的《物权法》第 74 条第 1 款的规定，本次民法典编纂对本款内容未作修改，但将本款单独规定为一条。在民法典编纂过程中，有的意见提出，《物权法》第 74 条同时规定了车位、车库应当首先满足业主的需要和车位、车库的归属，建议分为 2 条规定。2018 年 8 月审议的民法典各分编草案将《物权法》第 74 条的规定拆分为两条进行规定，草案第 71 条规定，车位、车库应当首先满足业主的需要。民法典各分编草案征求意见过程中，有的意见提出，应明确车位、车库是建筑区划内规划用于停放汽车的车位、车库。2019 年 4 月审议的民法典物权草案将本条修改为，建筑区划内，规划用于停放汽车的车位、车库应当首先满足业主的需要。

现实生活中，不少小区没有车位、车库或者车位、车库严重不足，有的开发商将车位、车库高价出售给小区外的人停放，有的小区开发商公示车位、车库只售不租。为规范建筑区划内，规划用于停放汽车的车位、车库的使用，最大限度保障业主对车位、车库的需要，本条规定，建筑区划内，规划用于停放汽车的车位、车库应当首先满足业主的需要。

◆ **条文解读**

关于“首先满足业主的需要”的含义，2007 年物权法和民法典物权编未作明确规定，其含义可以根据总结实践经验不断完善。实践中司法解释和地方性法规根据实际情况的发展作出了一些规范和解释。如《最高人民法院关于审理建筑物区分所有权纠纷案件具体应用法律若干问题的解释》第 5 条第 1 款规定，建设单位按照配置比例将车位、车库，以出售、附赠或者出租等方式处分给业主的，应当认定其行为符合《物权法》第 74 条第 1 款有关“应当首先满足业主的需要”的规定。第 2 款规定，前款所称配置比例是指规划确定的建筑区划内规划用于停放汽车的车位、车库与房屋套数的比例。《上海市住宅物业管理规定》第 62 条第 1 款规定，物业管理区域内的机动车停车位，应当提供给本物业管理区域内的业主、使用人使用。建设单位尚未出售的停车位，应当出租给业主、使用人停放车辆，不得以只售不租为由拒绝出租。停车位不得转让给物业管理区域外的单位、个人；停车位满足业主需要后仍有空余的，可以临时按月出租给物业管理区域外的单位、个人。《福建省物业管理条例》第 64 条第 3 款规定，物业管理区域规划设置的机动车车位（库）应当首先满足业主需要。建设单位不得将物业管理区域内规划的车位（库）出售给本区域以外的单位或者个人。业主要求承租尚未处置的规划车位（库）的，建设单位不得以只售不租为由拒绝出租。《广州市房地产开发项目车位和车库租售管理办法》第 4 条第 2 款规定，住宅建筑区划内，规划用于机动车停放的车位、车库尚未出售的，建设单位应当予以出租；第3款规定，建设单位出租建筑区划内规划用于停放汽车的车位、车库前，须依法完成规划验收，不得以“只售不租”等名义拒绝提供停车服务。《珠海经济特区物业管理条例》第74条第1款规定，物业管理区域内，规划用于停放汽车的车位、车库，应当首先满足本区域业主的需要；第2款规定，建设单位对物业管理区域内规划用于停放汽车的车位、车库出租的，应当优先出租给本区域业主、物业使用人。在满足本区域业主、物业使用人需要后，建设单位可以将车位、车库出租给本区域业主、物业使用人以外的其他人，但租赁合同期限不得超过6个月。《珠海经济特区物业管理条例实施细则》第83条第1款规定，建设单位未出售的车位、车库，业主、物业使用人要求承租车位、车库的，建设单位不得以只售不租为由拒绝。

► **相关规定**

《最高人民法院关于审理建筑物区分所有权纠纷案件具体应用法律若干问题的解释》第5条；《上海市住宅物业管理规定》第62条第1款；《福建省物业管理条例》第64条第3款；《广州市房地产开发项目车位和车库租售管理办法》第4条第2款；《珠海经济特区物业管理条例》第74条第1款；《珠海经济特区物业管理条例实施细则》第83条第1款

第二百七十七条　业主可以设立业主大会，选举业主委员会。业主大会、业主委员会成立的具体条件和程序，依照法律、法规的规定。

地方人民政府有关部门、居民委员会应当对设立业主大会和选举业主委员会给予指导和协助。

◆ 条文主旨

本条是关于设立业主大会和选举业主委员会的规定。

◆ 立法背景

随着我国住房制度改革的不断深入，许多居民纷纷迁入新建的高层或者多层建筑物居住，形成不同的居住小区。小区的居民如何对建筑物及其附属设施进行管理，如何行使建筑物区分所有权意见不一，希望法律作出规定。在民法典物权编草案编纂过程中，有的意见提出，实践中，业主大会和业主委员会的成立比例不高，存在业主委员会成立难的问题，建议对业主大会、业主委员会成立的具体条件和程序作出规定。

本条在2007年通过的《物权法》第75条基础上作了修改完善：一是第1款增加规定，业主大会、业主委员会成立的具体条件和程序，依照法律、法规的规定。二是第2款增加规定“居民委员会”。

◆ 条文解读

一、业主可以设立业主大会，选举业主委员会

房屋的所有权人为业主，业主是建筑区划内的主人。业主大会是业主的自治组织，是基于业主的建筑物区分所有权的行使产生的，由全体业主组成，是建筑区划内建筑物及其附属设施的管理机构。因此，只要是建筑区划内的业主，就有权参加业主大会，行使专有部分以外共有部分的共有以及共同管理的权利，并对小区内的业主行使专有部分的所有权作出限制性规定，以维护建筑区划内全体业主的合法权益。故本条第1款首先规定，业主可以设立业主大会。《物业管理条例》第8条第1款规定，物业管理区域内全体业主组成业主大会；第2款规定，业主大会应当代表和维护物业管理区域内全体业主在物业管理活动中的合法权益。此外，一个物业管理区域成立一个业主大会。《物业管理条例》第 9 条第 1 款规定，一个物业管理区域成立一个业主大会。第 2 款规定，物业管理区域的划分应当考虑物业的共用设施设备、建筑物规模、社区建设等因素。具体办法由省、自治区、直辖市制定。住房城乡建设部《业主大会和业主委员会指导规则》第 2 条规定，业主大会由物业管理区域内的全体业主组成，代表和维护物业管理区域内全体业主在物业管理活动中的合法权利，履行相应的义务。第 3 条规定，业主委员会由业主大会依法选举产生，履行业主大会赋予的职责，执行业主大会决定的事项，接受业主的监督。

如果建筑区划内业主人数众多的，可以设立本建筑物或者建筑区划内所有建筑物的业主委员会，故本条第 1 款规定，业主可以选举业主委员会。业主委员会是本建筑物或者建筑区划内所有建筑物的业主大会的执行机构，按照业主大会的决定履行管理的职责。《业主大会和业主委员会指导规则》第 31 条规定，业主委员会由业主大会会议选举产生，由 5 至 11 人单数组成。业主委员会委员应当是物业管理区域内的业主，并符合下列条件：（一）具有完全民事行为能力；（二）遵守国家有关法律、法规；（三）遵守业主大会议事规则、管理规约，模范履行业主义务；（四）热心公益事业，责任心强，公正廉洁；（五）具有一定的组织能力；（六）具备必要的工作时间。第 32 条规定，业主委员会委员实行任期制，每届任期不超过 5 年，可连选连任，业主委员会委员具有同等表决权。业主委员会应当自选举之日起 7 日内召开首次会议，推选业主委员会主任和副主任。第 35 条规定，业主委员会履行以下职责：（一）执行业主大会的决定和决议；（二）召集业主大会会议，报告物业管理实施情况；（三）与业主大会选聘的物业服务企业签订物业服务合同；（四）及时了解业主、物业使用人的意见和建议，监督和协助物业服务企业履行物业服务合同；

（五）监督管理规约的实施；（六）督促业主交纳物业服务费及其他相关费用；（七）组织和监督专项维修资金的筹集和使用；（八）调解业主之间因物业使用、维护和管理产生的纠纷；（九）业主大会赋予的其他职责。《物业管理条例》第15条规定，业主委员会执行业主大会的决定事项，履行下列职责：（一）召集业主大会会议，报告物业管理的实施情况；（二）代表业主与业主大会选聘的物业服务企业签订物业服务合同；（三）及时了解业主、物业使用人的意见和建议，监督和协助物业服务企业履行物业服务合同；（四）监督管理规约的实施；（五）业主大会赋予的其他职责。第16条规定，业主委员会应当自选举产生之日起30日内，向物业所在地的区、县人民政府房地产行政主管部门和街道办事处、乡镇人民政府备案。业主委员会委员应当由热心公益事业、责任心强、具有一定组织能力的业主担任。业主委员会主任、副主任在业主委员会成员中推选产生。

二、业主大会、业主委员会成立的具体条件和程序，依照法律、法规的规定

经研究，业主大会、业主委员会成立的具体条件和程序，可以根据各地的实际情况作出规定，不宜由法律统一规定，因此，民法典物权编对业主大会、业主委员会成立的具体条件和程序作出原则性的指引规定，规定业主大会、业主委员会成立的具体条件和程序，依照法律、法规的规定。此处法规包括行政法规和地方性法规，各地可以根据实际情况作出规定。2018年8月审议的民法典各分编草案根据各方意见，增加了此规定。

《物业管理条例》和一些地方性法规对业主大会、业主委员会成立的具体条件和程序作了规定。《物业管理条例》第9条第1款规定，一个物业管理区域成立一个业主大会。第2款规定，物业管理区域的划分应当考虑物业的共用设施设备、建筑物规模、社区建设等因素。具体办法由省、自治区、直辖市制定。《上海市住宅物业管理规定》第 13 条第 1 款规定，业主大会由一个物业管理区域内的全体业主组成。第 2 款规定，一个物业管理区域内，房屋出售并交付使用的建筑面积达到 50% 以上，或者首套房屋出售并交付使用已满 2 年的，应当召开首次业主大会会议，成立业主大会。但只有一个业主的，或者业主人数较少且经全体业主一致同意，决定不成立业主大会的，由业主共同履行业主大会、业主委员会职责。

三、地方人民政府有关部门、居民委员会应当对设立业主大会和选举业主委员会给予指导和协助

由于业主大会是业主的自治组织，其成立应由业主自行筹备，自主组建。但是，一个建筑区划内，业主从不同的地方入住，互不相识，入住的时间又有先有后，有的相差几年，因此，成立业主大会和选举业主委员会对于业主来说有一定的难度。业主大会的设立和业主委员会的选举关系着业主如何行使自己的权利，维护自身的合法权益，关系到广大业主的切身利益，关系到建筑区划内的安定团结，甚至关系到社会的稳定，对此，本条第 2 款规定，地方人民政府有关部门、居民委员会应当对设立业主大会和选举业主委员会，给予指导和协助。地方人民政府有关部门、居民委员会应当向准备成立业主大会的业主予以指导，提供相关的法律、法规及规章，提供已成立业主大会的成立经验，帮助成立筹备组织，提供政府部门制定的业主大会议事规则、业主管理公约等示范文本，协调业主之间的不同意见，为业主大会成立前的相关活动提供必要的活动场所，积极主动参加业主大会的成立大会等。住房城乡建设部《业主大会和业主委员会指导规则》第 6 条规定，物业所在地的区、县房地产行政主管部门和街道办事处、乡镇人民政府负责对设立业主大会和选举业主委员会给予指导和协助，负责对业主大会和业主委员会的日常活动进行指导和监督。

2018 年 8 月民法典物权编一次审议后，有的常委委员、地方、部门、法学教学研究机构和社会公众提出，近年来，群众普遍反映业主大会、业主委员会成立难，建议草案对此作出有针对性的规定。2019 年 4 月审议的民法典物权编二次审议稿，在物权法的基础上增加规定：居民委员会应当对设立业主大会和选举业主委员会给予指导和协助。

四、其他国家和地区对区分所有权人大会及其管理机构的相关规定

一些国家和地区规定，区分所有权人要成立区分所有权人会议，作为决策机构。如《日本建筑物区分所有法》第 3 条规定，区分所有人可以以其全体，就其建筑物、建筑物占地及附属设施的管理组成一个团体，依本法规定召开集会、制定规约、设置管理人。显系只供部分区分所有人共用的共用部分，由区分所有人管理时，亦同。《德国住宅所有权法》第 23 条规定：1. 住宅所有权人依本法或住宅所有权人的约定，得以决议决定的事项，应由住宅所有权人会议决议之；2. 召集会议时，必须载明会议事项，所作决议始生效力；3. 全体住宅所有权人以书面表示同意该决议时，虽未经会议，该决议也为有效。第 24 条规定：1. 住宅所有权人会议，每年至少由管理人召集一次；2. 有住宅所有权人约定的情况或 1/4 以上住宅所有权人以书面陈明目的及原因而请求时，管理人须召集住宅所有权人会议；3. 无管理人或管理人违反召开住宅所有权人会议的义务的，如设有管理委员会时，由该会主席或其代理人召集住宅所有权人会议；4. 召集以书面为之。无特别紧急的情事，召集会议的期间至少为一星期；5. 除另有决议外，管理人为住宅所有权人会议的主席；6. 会议作成的决议应当予以记录。记录应由主席及一位住宅所有权人签署，其设有管理委员会者亦应由该会主席或其代理人签署。各住宅所有权人均有阅览记录之权。《意大利民法典》第 1136 条中规定，共有人大会由建筑物 2/3 价值的共有权和 2/3 的共有人组成。《俄罗斯联邦民法典》第 291 条规定，为了保障多套住宅房屋的利用、住宅及其共有财产的使用，住宅所有人可以成立住房所有人协会。住房所有人协会是依照住房所有人协会法成立和进行活动的非商业组织。我国台湾地区“公寓大厦管理条例”第 25 条中规定，区分所有权人会议，由全体区分所有权人组成，每年至少应召开定期会议一次。有下列情形之一者，应召开临时会议：1. 发生重大事情有及时处理之必要，经管理负责人或管理委员会请求者；2. 经区分所有权人 1/5 以上及其区分所有权比例合计 1/5 以上，以书面载明召集之目的及理由请求召集者。区分所有权人会议由区分所有权人互推 1 人为召集人；召集人任期 1 年，连选得连任。召集人无法依前项规定互推产生时，区分所有权人得申请地方主管机关指定临时召集人，或依规约相互轮流担任，其任期至新召集人选出为止。

▶ **相关规定**

《物业管理条例》第 8 条、第 9 条、第 15 条、第 16 条；《业主大会和业主委员会指导规则》第 2 条、第 6 条、第 31 条、第 35 条；《上海市住宅物业管理规定》第 13 条

第二百七十八条　下列事项由业主共同决定：

（一）制定和修改业主大会议事规则；

（二）制定和修改管理规约；

（三）选举业主委员会或者更换业主委员会成员；

（四）选聘和解聘物业服务企业或者其他管理人；

（五）使用建筑物及其附属设施的维修资金；

（六）筹集建筑物及其附属设施的维修资金；

（七）改建、重建建筑物及其附属设施；

（八）改变共有部分的用途或者利用共有部分从事经营活动；

（九）有关共有和共同管理权利的其他重大事项。

业主共同决定事项，应当由专有部分面积占比三分之二以上的业主且人数占比三分之二以上的业主参与表决。决定前款第六项至第八项规定的事项，应当经参与表决专有部分面积四分之三以上的业主且参与表决人数四分之三以上的业主同意。决定前款其他事项，应当经参与表决专有部分面积过半数的业主且参与表决人数过半数的业主同意。

◆ 条文主旨

本条是关于业主共同决定的重大事项及表决程序的规定。

◆ 立法背景

建筑区划内哪些共有和共同管理的事项需要由业主协商确定，业主如何协商确定，目前各地做法不一，在 2007 年物权法征求意见时，许多人提出这一问题涉及业主如何行使建筑物区分所有权，物权法应当作出规定。本条在 2007 年通过的《物权法》第 76 条基础上作了修改完善：一是将使用建筑物及其附属设施的维修资金单列一项，并降低通过这一事项的表决要求。二是增加规定“改变共有部分的用途或者利用共有部分从事经营活动”为业主共同决定的重大事项。三是适当降低业主作出决议的门槛。

◆ 条文解读

一、关于业主共同决定的重大事项

本条规定，下列事项由业主共同决定：

（一）制定和修改业主大会议事规则

业主可以共同决定制定和修改业主大会议事规则。业主大会议事规则是业主大会组织、运作的规程，是对业主大会宗旨、组织体制、活动方式、成员的权利义务等内容进行记载的业主自律性文件。业主大会通过业主大会议事规则建立大会的正常秩序，保证大会内业主集体意志和行为的统一。制定和修改业主大会议事规则属于有关共有和共同管理权利的重大事项，需要由业主共同决定。《物业管理条例》第18条规定，业主大会议事规则应当就业主大会的议事方式、表决程序、业主委员会的组成和成员任期等事项作出约定。住房城乡建设部《业主大会和业主委员会指导规则》第19条规定，业主大会议事规则应当对下列主要事项作出规定：（一）业主大会名称及相应的物业管理区域；（二）业主委员会的职责；（三）业主委员会议事规则；（四）业主大会会议召开的形式、时间和议事方式；（五）业主投票权数的确定方法；（六）业主代表的产生方式；（七）业主大会会议的表决程序；（八）业主委员会委员的资格、人数和任期等；（九）业主委员会换届程序、补选办法等；（十）业主大会、业主委员会工作经费的筹集、使用和管理；（十一）业主大会、业主委员会印章的使用和管理。

（二）制定和修改管理规约

业主可以共同决定制定和修改管理规约。管理规约是业主自我管理、自我约束、自我规范的规则约定，规定建筑区划内有关建筑物及其附属设施的使用、维护、管理等事项，是业主对建筑物及其附属设施的一些重大事务的共同约定，涉及每个业主的切身利益，对全体业主具有约束力，属于有关共有和共同管理权利的重大事项，应当由业主共同制定和修改。《物业管理条例》第17条规定，管理规约应当对有关物业的使用、维护、管理，业主的共同利益，业主应当履行的义务，违反管理规约应当承担的责任等事项依法作出约定。管理规约应当尊重社会公德，不得违反法律、法规或者损害社会公共利益。管理规约对全体业主具有约束力。住房城乡建设部《业主大会和业主委员会指导规则》第18条规定，管理规约应当对下列主要事项作出规定：（一）物业的使用、维护、管理；（二）专项维修资金的筹集、管理和使用；（三）物业共用部分的经营与收益分配；（四）业主共同利益的维护；（五）业主共同管理权的行使；（六）业主应尽的义务；（七）违反管理规约应当承担的责任。

其他国家和地区一般都规定区分所有权人可以制定规约，决定有关事项。如《德国住宅所有权法》第15条中规定，住宅所有权人得以约定特别所有权及共有物之使用规则。《日本建筑物区分所有法》第30条规定，区分所有人间关于管理或使用建筑物、其占地或附属设施的事项，除本法规定者外，可以以规约规定之。有关一部共用部分与全体区分所有人利害无关的事项，除全体区分所有人之以规约所定者外，可由共用的部分区分所有人以规约规定。《意大利民法典》第1138条第1款规定，当共有人为10人以上时，应当制定管理规则，这一规则应当包括按照每个共有人享有的权利和义务使用共有财产的规则和分摊费用的规定，保护建筑物装饰的规定以及有关管理的规定。我国台湾地区“公寓大厦管理条例”第23条规定，有关公寓大厦、基地或附属设施之管理使用及其他住户间相互关系，除法令另有规定外，得以规约定之。

（三）选举业主委员会或者更换业主委员会成员

业主可以共同决定选举业主委员会或者更换业主委员会成员。业主委员会是业主大会的执行机构，具体执行业主大会决定的事项，并就建筑区划内的一般性日常事务作出决定。业主通过业主大会选举能够代表和维护自己利益的业主委员会委员，成立业主委员会。对不遵守管理规约，责任心不强，不依法履行职责的委员予以更换。选举业主委员会或者更换业主委员会成员，属于有关共有和共同管理权利的重大事项，应当由业主共同决定。

（四）选聘和解聘物业服务企业或者其他管理人

业主可以共同决定选聘和解聘物业服务企业或者其他管理人。《民法典》第 284 条规定，业主可以自行管理建筑物及其附属设施，也可以委托物业服务企业或者其他管理人管理。对建设单位聘请的物业服务企业或者其他管理人，业主有权依法更换。物业服务涉及建筑物及其附属设施的使用、维护、修理、更换，公共秩序、环境卫生、小区治安等诸多方面，物业服务企业或者其他管理人的物业管理水平如何，与业主利益有直接关系。选聘和解聘物业服务企业或者其他管理人，属于有关共有和共同管理权利的重大事项，应当由业主共同决定。本法合同编对业主与物业服务企业或者其他管理人合同解除的具体操作作了规定。《民法典》第 946 条规定，业主依照法定程序共同决定解聘物业服务人的，可以解除物业服务合同。决定解聘的，应当提前 60 日书面通知物业服务人，但是合同对通知期限另有约定的除外。依据前款规定解除合同造成物业服务人损失的，除不可归责于业主的事由外，业主应当赔偿损失。

（五）使用建筑物及其附属设施的维修资金

业主可以共同决定使用建筑物及其附属设施的维修资金。《住宅专项维修资金管理办法》第2条规定，本办法所称住宅专项维修资金，是指专项用于住宅共用部位、共用设施设备保修期满后的维修和更新、改造的资金。建筑物及其附属设施的维修资金主要用于业主专有部分以外的共有部分的共用部位、共用设施设备保修期满后的维修、更新、改造、维护等，涉及业主的切身利益。《住宅专项维修资金管理办法》第9条规定，业主交存的住宅专项维修资金属于业主所有。因此，使用建筑物及其附属设施的维修资金，属于有关共有和共同管理权利的重大事项，应当由业主共同决定。

2007年通过的《物权法》第76条第1款第5项规定了筹集和使用建筑物及其附属设施的维修资金，第2款规定，决定前款第5项和第6项规定的事项，应当经专有部分占建筑物总面积2/3以上的业主且占总人数2/3以上的业主同意。决定前款其他事项，应当经专有部分占建筑物总面积过半数的业主且占总人数过半数的业主同意。根据《物权法》第76条的规定，决定筹集和使用建筑物及其附属设施的维修资金的表决要求比其他事项要高。在民法典物权编编纂过程中，有的意见提出，实践中有的住宅共用部位、共用设施设备保修期满后的维修和更新、改造需要使用维修资金，但因物权法规定的使用维修资金的表决要求过高，导致无法或者很难通过使用维修资金的决定，建议降低使用维修资金的表决要求。2019年4月，第十三届全国人大常委会第十次会议《全国人民代表大会宪法和法律委员会关于〈民法典物权编（草案）〉修改情况的汇报》中提到，完善公共维修资金使用的表决程序，降低通过这一事项的表决要求，将草案第73条规定的应当经参与表决的业主专有部分面积和人数占比“双过四分之三”同意，修改为“双过半数”同意。同时，将使用建筑物及其附属设施的维修资金单列一项，并降低了表决要求。

（六）筹集建筑物及其附属设施的维修资金

业主可以共同决定筹集建筑物及其附属设施的维修资金。《住宅专项维修资金管理办法》对首次筹集维修资金作了规定，第7条规定，商品住宅的业主、非住宅的业主按照所拥有物业的建筑面积交存住宅专项维修资金，每平方米建筑面积交存首期住宅专项维修资金的数额为当地住宅建筑安装工程每平方米造价的5%至8%。直辖市、市、县人民政府建设（房地产）主管部门应当根据本地区情况，合理确定、公布每平方米建筑面积交存首期住宅专项维修资金的数额，并适时调整。购买了商品住宅和非住宅的业主需要按照相关规定交存专项维修资金。在专项维修资金使用部分或者全部后，为保障住宅共用部位、共用设施设备保修期满后的维修和更新、改造，就面临着再次筹集建筑物及其附属设施的维修资金的问题。筹集维修资金关系到业主的切身利益，是否筹集以及如何筹集，属于有关共有和共同管理权利的重大事项，应当由业主共同决定。

（七）改建、重建建筑物及其附属设施

业主可以共同决定改建、重建建筑物及其附属设施。建筑物及其附属设施的改建、重建，涉及业主建筑物区分所有权的行使，费用的负担，事情重大，属于有关共有和共同管理权利的重大事项，应当由业主共同决定。

（八）改变共有部分的用途或者利用共有部分从事经营活动

业主可以共同决定改变共有部分的用途或者利用共有部分从事经营活动，本项是民法典物权编编纂过程中增加规定的。在民法典物权编编纂过程中，有的意见提出，《最高人民法院关于审理建筑物区分所有权纠纷案件具体应用法律若干问题的解释》第7条规定，改变共有部分的用途、利用共有部分从事经营性活动、处分共有部分，以及业主大会依法决定或者管理规约依法确定应由业主共同决定的事项，应当认定为《物权法》第 76 条第 1 款第 7 项规定的有关共有和共同管理权利的“其他重大事项”。住房和城乡建设部《业主大会和业主委员会指导规则》第 17 条规定，业主大会决定以下事项：……（八）改变共有部分的用途；（九）利用共有部分进行经营以及所得收益的分配与使用。这些规定扩展了常见的业主共同决定事项范围，鉴于改变共有部分的用途或者利用共有部分从事经营活动，关系到业主的切身利益，属于有关共有和共同管理权利的重大事项，应当由业主共同决定，建议民法典物权编在总结实践经验的基础上，将其增加规定为应该由业主共同决定的重大事项。2018 年 8 月审议的民法典各分编草案在总结实践经验的基础上，增加规定了本项。

2018 年 8 月，第十三届全国人大常委会第五次会议《关于〈民法典各分编（草案）〉的说明》中提到，加强对建筑物业主权利的保护。强化业主对共有部分共同管理的权利。实践中，一些物业服务企业未征求业主意见擅自改变共有部分的用途或者利用外墙、电梯张贴广告等营利。对此，草案增加规定，改变共有部分的用途或者利用共有部分从事经营活动应当由业主共同决定。

（九）有关共有和共同管理权利的其他重大事项

除上述所列事项外，对建筑区划内有关共有和共同管理权利的其他重大事项，也需要由业主共同决定。例如，如何对物业服务企业的工作予以监督，如何与居民委员会协作，维护好建筑区划内的社会治安等。

一些国家和地区对区分所有权人大会的权利作了规定。如《瑞士民法典》第 712 条规定，除上述各条已规定的以外，区分所有人大会仍有下列特别权利：1. 有对不属管理人管辖事务的决定权；2. 有委任管理人并对其工作行使监督的权利；3. 有选举管理委员会或管理人，委托其负责管理事务，特别是诸如辅助管理人、审查业务活动的事务以及向大会报告工作、提出建议等权利；4. 有批准年度预算、结算及在区分所有人中分配费用的方案的权利；5. 有决定建立楼房更新基金，以进行维修及更新工作的权利；6. 有为楼房火灾及其他灾害保险以及缔结其他义务保险契约的权利。《意大利民法典》第 1135 条中规定，除了有关条文规定的权利外，共有人大会享有的权利是：1. 确认管理人的权限和应当支付报酬情况下的报酬数额；2. 通过年度必要费用预算以及应当由各共有人分摊的数额；3. 通过管理人的年度财务报告，决定节余的管理费的用途；4. 决定特殊管理费用，必要时，可以为特殊管理行为设立专项基金。第 1128 条中规定，在建筑物全部或者其价值的 3/4 的部分灭失的情况下，每个共有人都可以提出请求拍卖土地和材料，另有约定的除外。在小部分灭失的情况下，共有人大会可以通过决议重建共用部分，每个共有人根据各自的权利按比例享有重建的共用部分。《德国住宅所有权法》规定，以下事项以一致决方式进行决议：1. 住宅所有权的再区分；2. 住宅所有权的合并，新增添建筑物的结构；3. 改变共有权的持分（增加或减少）；4. 改变专有所有权部分；5. 改变专有使用权部分；6. 改变共同关系的公约；7. 建筑计划的修正或改善；8. 改变共用部分与附属设施；9. 改变使用目的。《法国建筑物区分所有权法》第 38 条规定，建筑物之全体或一部遭受损坏时，区分所有权人应当举行集会，决定是否重建建筑物。我国台湾地区“公寓大厦管理条例”第 11 条中规定，共用部分及其相关设施之拆除、重大修缮或改良，应依区分所有权人会议决议为之。

二、关于业主共同决定的重大事项的表决程序

（一）本款的修改过程

民法典编纂在物权法的基础上对业主共同决定的重大事项的表决程序作了修改。《物权法》第 76 条第 2 款规定，决定前款第

5 项和第 6 项规定的事项，应当经专有部分占建筑物总面积 2/3 以上的业主且占总人数 2/3 以上的业主同意。决定前款其他事项，应当经专有部分占建筑物总面积过半数的业主且占总人数过半数的业主同意。根据《物权法》第 76 条第 2 款的规定，一般的重大事项经专有部分占建筑物总面积过半数的业主且占总人数过半数的业主同意，决定筹集、使用建筑物及其附属设施的维修资金，改建、重建建筑物及其附属设施，应当经专有部分占建筑物总面积 2/3 以上的业主且占总人数 2/3 以上的业主同意。

在民法典编纂过程中，有的意见提出，《物权法》第 76 条第 2 款规定的业主共同决定的重大事项的表决程序要求较高，实践中很难达到法律规定的比例，导致业主共同作出决议较难，建议适当降低决议门槛。2018 年 8 月审议的民法典各分编草案对本款作了修改。第十三届全国人大常委会第五次会议《关于〈民法典各分编（草案）〉的说明》中提到，加强对建筑物业主权利的保护，为了解决物业管理活动中业主作出决议难的问题，适当降低业主作出决议的门槛。民法典各分编草案第 73 条第 2 款规定，业主共同决定事项，应当由专有部分占比 2/3 以上的业主且人数占比 2/3 以上的业主参加表决。决定前款第 5 项至第 7 项规定的事项，应当经参加表决专有部分面积 3/4 以上的业主且参加表决人数 3/4 以上的业主同意。决定前款其他事项，应当经参加表决专有部分面积过半数的业主且参加表决人数过半数的业主同意。民法典各分编草案在物权法规定的基础上作了如下修改：一是增加规定参加表决的标准，即应当由专有部分占比 2/3 以上的业主且人数占比 2/3 以上的业主参加表决。二是以参加表决的业主为基数计算，一般的重大事项经参加表决专有部分面积过半数的业主且参加表决人数过半数的业主同意，决定筹集和使用建筑物及其附属设施的维修资金，改建、重建建筑物及其附属设施，改变共有部分的用途或者利用共有部分从事经营活动，应当经参加表决专有部分面积3/4以上的业主且参加表决人数3/4以上的业主同意。

民法典各分编草案征求意见过程中，有的意见提出，“参加表决”比较正式，实践中，业主可以通过多种形式参与表决，如问卷等，不一定通过出席会议参加表决的形式，建议将“参加表决”修改为“参与表决”。2019年4月审议的民法典物权编草案二次审议稿第73条第2款规定，业主共同决定事项，应当由专有部分面积占比2/3以上的业主且人数占比2/3以上的业主参与表决。决定前款第6项至第8项规定的事项，应当经参与表决专有部分面积3/4以上的业主且参与表决人数3/4以上的业主同意。决定前款其他事项，应当经参与表决专有部分面积过半数的业主且参与表决人数过半数的业主同意。

此外，《物权法》第76条第2款规定，决定前款第5项和第6项规定的事项，应当经专有部分占建筑物总面积2/3以上的业主且占总人数2/3以上的业主同意。决定前款其他事项，应当经专有部分占建筑物总面积过半数的业主且占总人数过半数的业主同意。此处使用的是“专有部分占建筑物总面积”的表述。物权法实施后，《最高人民法院关于审理建筑物区分所有权纠纷案件具体应用法律若干问题的解释》第8条规定，物权法第76条第2款和第80条规定的专有部分面积和建筑物总面积，可以按照下列方法认定：（一）专有部分面积，按照不动产登记簿记载的面积计算；尚未进行物权登记的，暂按测绘机构的实测面积计算；尚未进行实测的，暂按房屋买卖合同记载的面积计算；（二）建筑物总面积，按照前项的统计总和计算。该规定将作为表决基数的建筑物总面积限缩为建筑物专有部分的总面积，以更简便易算，不违立法本意。如果总面积包括了专有部分和共有部分，而共有部分的公摊面积很大，业主的专有部分面积较少，则业主投票时就难以达到物权法所要求的“三分之二”表决权的要求，所以，司法解释实际上采取了限缩解释的方法，将总面积认定为专有部分总面积的总和，其规范目的在于判断业主表决权的表决能力，这有利于业主充分行使其共同管理权。住房城乡建设部《业主大会和业主委员会指导规则》第23条规定，业主大会确定业主投票权数，可以按照下列方法认定专有部分面积和建筑物总面积：（一）专有部分面积按照不动产登记簿记载的面积计算；尚未进行登记的，暂按测绘机构的实测面积计算；尚未进行实测的，暂按房屋买卖合同记载的面积计算；（二）建筑物总面积，按照前项的统计总和计算。本次民法典编纂过程中，将“专有部分占建筑物总面积”修改为“专有部分面积占比”，“占比”的对象即为“专有部分面积的总和”。

（二）业主共同决定的重大事项的表决程序

本条第二款规定，业主共同决定事项，应当由专有部分面积占比2/3以上的业主且人数占比2/3以上的业主参与表决。决定前款第6项至第8项规定的事项，应当经参与表决专有部分面积3/4以上的业主且参与表决人数3/4以上的业主同意。决定前款其他事项，应当经参与表决专有部分面积过半数的业主且参与表决人数过半数的业主同意。

根据本条第2款的规定，业主共同决定重大事项的表决程序如下：

一是表决程序首先要有专有部分面积占比2/3以上的业主且人数占比2/3以上的业主参与表决。

关于专有部分面积占比和业主人数占比的计算。《最高人民法院关于审理建筑物区分所有权纠纷案件具体应用法律若干问题的解释》第8条规定，《物权法》第76条第2款和第80条规定的专有部分面积和建筑物总面积，可以按照下列方法认定：（一）专有部分面积，按照不动产登记簿记载的面积计算；尚未进行物权登记的，暂按测绘机构的实测面积计算；尚未进行实测的，暂按房屋买卖合同记载的面积计算；（二）建筑物总面积，按照前项的统计总和计算。第9条规定，《物权法》第76条第2款规定的业主人数和总人数，可以按照下列方法认定：（一）业主人数，按照专有部分的数量计算，一个专有部分按1人计算。但建设单位尚未出售和虽已出售但尚未交付的部分，以及同一买受人拥有一个以上专有部分的，按1人计算；（二）总人数，按照前项的统计总和计算。第8条、第9条2条属于表决基数的技术规则，该规则也妥当协调了建设单位、普通业主与大业主的利益关系，有助于明晰《物权法》第76条所规定的专有部分面积和业主人数2个表决基数规则。住房城乡建设部《业主大会和业主委员会指导规则》第23条规定，业主大会确定业主投票权数，可以按照下列方法认定专有部分面积和建筑物总面积：（一）专有部分面积按照不动产登记簿记载的面积计算；尚未进行登记的，暂按测绘机构的实测面积计算；尚未进行实测的，暂按房屋买卖合同记载的面积计算；（二）建筑物总面积，按照前项的统计总和计算。第24条规定，业主大会确定业主投票权数，可以按照下列方法认定业主人数和总人数：（一）业主人数，按照专有部分的数量计算，一个专有部分按1人计算。但建设单位尚未出售和虽已出售但尚未交付的部分，以及同一买受人拥有1个以上专有部分的，按1人计算；（二）总人数，按照前项的统计总和计算。第25条规定，业主大会应当在业主大会议事规则中约定车位、摊位等特定空间是否计入用于确定业主投票权数的专有部分面积。一个专有部分有2个以上所有权人的，应当推选1人行使表决权，但共有人所代表的业主人数为1人。业主为无民事行为能力人或者限制民事行为能力人的，由其法定监护人行使投票权。

因此，参与表决的业主需同时满足两个条件：一是参与表决的业主的专有部分面积占比 2/3 以上，二是参与表决的业主人数占比 2/3 以上。例如，一个建筑区划内专有部分总面积为 9 万平方米，业主总人数为 600 人，那么业主共同决定重大事项，参与表决的业主首先需达到专有部分面积 6 万平方米以上且人数 400 人以上的条件。

二是决定前款第 6 项至第 8 项规定的事项，应当经参与表决专有部分面积 3/4 以上的业主且参与表决人数 3/4 以上的业主同意。

即决定筹集建筑物及其附属设施的维修资金，改建、重建建筑物及其附属设施，改变共有部分的用途或者利用共有部分从事经营活动这些事项时，应当经参与表决专有部分面积 3/4 以上的业主且参与表决人数 3/4 以上的业主同意。筹集建筑物及其附属设施的维修资金，改建、重建建筑物及其附属设施，改变共有部分的用途或者利用共有部分从事经营活动是建筑区划内较为重大的事情，关系到每个业主的切身利益。为了保证对这三类事项决策的慎重，保证决策能够获得绝大多数业主的支持，本条第 2 款规定，决定这 3 类事项，应当经参与表决专有部分面积 3/4 以上的业主且参与表决人数 3/4 以上的业主同意。

根据本条规定，这 3 类事项决定的作出，必须同时具备 2 个条件，才为有效的决定：一是经参与表决专有部分面积 3/4 以上的业主同意，二是经参与表决人数 3/4 以上的业主同意。例如，一个建筑区划内专有部分总面积为 9 万平方米，业主总人数为 600 人，那么业主共同决定重大事项，参与表决的业主首先需达到专有部分面积 6 万平方米以上且人数 400 人以上的条件。假设参与表决的业主专有部分面积正好为 6 万平方米，人数正好为 400 人，那此时业主共同决定筹集建筑物及其附属设施的维修资金，改建、重建建筑物及其附属设施，改变共有部分的用途或者利用共有部分从事经营活动这些事项时，需达到专有部分面积4.5万平方米以上的业主且300名以上的业主同意。

三是筹集建筑物及其附属设施的维修资金，改建、重建建筑物及其附属设施，改变共有部分的用途或者利用共有部分从事经营活动外的有关共有和共同管理权利的其他重大事项，属于建筑区划内的一般性、常规性事务，其决定的作出，应当经参与表决专有部分面积过半数的业主且参与表决人数过半数的业主同意。

根据这一规定，建筑区划内的一般性、常规性事务，必须同时符合如下2个条件：一是经参与表决专有部分面积过半数的业主同意；二是经参与表决人数过半数的业主同意。例如，一个建筑区划内专有部分总面积为9万平方米，业主总人数为600人，那么业主共同决定重大事项，参与表决的业主首先需达到专有部分面积6万平方米以上且人数400人以上的条件。假设参与表决的业主专有部分面积正好为6万平方米，人数正好为400人，那此时业主共同决定除本条第1款第6至8项之外的重大事项的，需达到专有部分面积3万平方米以上的业主且200名以上的业主同意。

（三）其他国家和地区关于业主共同决定的重大事项的表决程序的规定

其他国家和地区规定的区分所有权人会议对于建筑物的事项管理决策的规则，一般为多数原则。依情形的不同规定不同的多数：

1. 一般多数

《日本建筑物区分所有法》第39条规定，集会之议事，只要本法或规约无特别规定时，以区分所有人及表决权各半数决定之。

表决权得以书面或由代理人行使。具体言之，以下事项属于普通决议事项：共用部分的管理事项；属于区分所有人共有之基地或附属设施之管理事项；管理人之选任和解任；对管理人的诉讼权之授予；无管理人时，有关规约、集会之议事录、书面决议等保管人之选任；集会主席之选任；管理组合法人之理事及监事之选任及解任；理事有数人时，代表理事之选任或共同代表之决定；管理组合法人之事务；请求停止违反共同利益行为之诉讼的提起；小规模灭失之修复。

《意大利民法典》第 1136 条第 2 款规定，由至少代表建筑物半数价值的共有权和半数以上共有人通过的决议有效；第 4 款规定，涉及聘任管理人或解聘管理人职务的决议、超出管理人权限的起诉或应诉的决议、重建建筑物的决议、明显超出正常费用范围的非常修缮的决议都应当由本条第 2 款规定的多数票通过。

我国台湾地区“公寓大厦管理条例”第 29 条中规定，区分所有权人会议之决议，除本条例或规约另有规定外，应有区分所有权人过半数及其区分所有权比例合计过半数之出席，以出席人数过半数及其区分所有权比例占出席人数区分所有权合计过半数之同意行之。各专有部分之区分所有权人有一表决权。数人共有一专有部分者，该表决权应推由 1 人行使。

2. 2/3 以上多数

《日本建筑物区分所有法》第 17 条中规定，共用部分之变更（以改良为目的且无须多额费用者除外），依全体区分所有人的决议或获表决权 2/3 以上多数的集会决议而实行。但是，区分所有人的定数可依规约减少至过半数。第 31 条中规定，规约的设定、变更或废止，依区分所有人表决权 3/4 以上多数通过的决议为之。第 47 条中规定，区分所有人组成的团体且区分所有人在 30 人以上的，“以区分所有人及表决权 3/4 以上多数”决定成为法人。第

55 条中规定，管理组合法人可以“由区分所有人及表决权 3/4 以上的多数通过”的集会决议解散。第 61 条规定，除另有规定外，“建筑物的一部灭失时，集会可以以区分所有人及表决权各 3/4 以上多数，作出复原灭失部分的决议”。第 62 条第 1 款规定，因破旧、损坏、一部灭失或其他事由，参酌建筑物的价额或其他事项，致维持或回复建筑物的效用需费过巨时，得透过集会，以区分所有人及表决权各4/5以上多数决，为拆毁建筑物且在建筑物基地上重新建筑同一使用目的的建筑物意旨的决议。

根据《意大利民法典》第 1120 条、第 1136 条的规定，“改进共有财产或者为更方便地使用共有财产作出的改造决议须以”“由代表建筑物 2/3 价值的共有权和半数以上的共有人通过”。

根据《法国建筑物区分所有权法》有关条文的规定，以下事项须以区分所有权人的过半数及全体议决权的 2/3 的同意后方可为之：1. 规约的订定、修正；2. 一部共用部分的出卖、共用部分的改良；3. 共同设施的变更；4. 建筑物的增建。

我国台湾地区“公寓大厦管理条例”第 13 条规定，公寓大厦因严重毁损、倾颓或朽坏，有危害公共安全之虞，或因地震、水灾、风灾、火灾或其他重大事变，肇致危害公共安全时，经区分所有权人会议决议，并应有区分所有权人 2/3 以上及其区分所有权比例合计 2/3 以上出席，以出席人数 3/4 以上及其区分所有权比例占出席人数区分所有权 3/4 以上的同意后，可以重建区分所有建筑物。第 31 条规定，区分所有权人会议之决议，关于下列各款事项，应有区分所有权人 2/3 以上及其区分所有权比例合计 2/3 以上出席，以出席人数 3/4 以上及其区分所有权比例占出席人数区分所有权之 3/4 以上之同意行之：1. 规约之订定或变更；2. 公寓大厦之重大修缮或改良；3. 区分所有建筑物有第 13 条第 2 款或第 3 款情形之一须重建者；4. 住户之强制迁离或区分所有权之强制出让；5. 约定专用或共用事项。前项区分所有权比例之计算，准用第29条第3项、第4项之规定。

三、多数原则的例外

其他国家大多数规定了区分所有权人决策的多数原则，但有的国家明确规定，有的事项即使多数人决策亦为法律所禁止。如《意大利民法典》第1120条中规定，即使只涉及某一个共有人，亦不得进行任何可能损害建筑物的坚固性或者安全性、毁坏建筑装潢或者导致建筑物的某些共有部分无法使用或获益的改造。

▶ **相关规定**

《物业管理条例》第17条、第18条；《最高人民法院关于审理建筑物区分所有权纠纷案件具体应用法律若干问题的解释》第7条、第8条；《业主大会和业主委员会指导规则》第17条、第18条、第19条、第23条、第25条；《住宅专项维修资金管理办法》第2条、第7条、第9条

第二百七十九条 业主不得违反法律、法规以及管理规约，将住宅改变为经营性用房。业主将住宅改变为经营性用房的，除遵守法律、法规以及管理规约外，应当经有利害关系的业主一致同意。

◆ **条文主旨**

本条是关于将住宅改变为经营性用房的规定。

◆ **立法背景**

在2007年物权法起草征求意见时，许多业主和常委委员反映，目前许多新建小区的业主擅自将原本用于居住的住宅改变为

商业用房，开歌厅、餐厅等，造成小区秩序乱，影响其他业主的正常生活，对这一问题，国家没有法律、法规等规范性文件的规定，造成业主之间矛盾大，物业公司也缺乏管理的法律依据，建议物权法作出规定。本条在2007年通过的《物权法》第77条基础上作了修改完善，将“应当经有利害关系的业主同意”修改为“应当经有利害关系的业主一致同意”。

◆ **条文解读**

一、业主不得违反法律、法规以及管理规约，将住宅改变为经营性用房

将住宅改变为经营性用房，使原本用于居住的房屋改为用于经营的房屋，住宅的性质、用途由居住变为商用。这一改变带来许多弊端，危害性大，主要表现有：一是干扰业主的正常生活，造成邻里不和，引发社会矛盾，这是当前物业小区主要矛盾之一。二是造成小区车位、电梯、水、电等公共设施使用的紧张。三是容易产生安全隐患，例如，来往小区人员过多，造成楼板的承重力过大，外来人员流动快且杂，增加了小区不安全、不安定的因素，防火防盗压力大，隐患多。四是使城市规划目标难以实现。本来某个地区的住宅原规划是用来居住的，但由于将住宅大量改为经营性用房，用于商业目的，结果造成该地区交通拥堵、人满为患。五是造成国家税费的大量流失。因此，《物业管理条例》第49条规定，物业管理区域内按照规划建设的公共建筑和共用设施，不得改变用途。业主依法确需改变公共建筑和共用设施用途的，应当在依法办理有关手续后告知物业服务企业；物业服务企业确需改变公共建筑和共用设施用途的，应当提请业主大会讨论决定同意后，由业主依法办理有关手续。随着这方面实践经验的不断积累和完善，国家有关部门还将对这一问题作出具体的规定。

另外，作为业主自我管理、自我约束、自我规范的建筑区划内有关建筑物及其附属设施的管理规约也可以依法对此问题作出规定。

2007年通过的物权法，作为规范业主建筑物区分所有权的基本法律，明确规定，业主不得违反法律、法规以及管理规约，将住宅改变为经营性用房。据此，业主不得随意改变住宅的居住用途，是业主应当遵守的最基本的准则，也是业主必须承担的一项基本义务。

二、业主将住宅改变为经营性用房的，除遵守法律、法规以及管理规约外，应当经有利害关系的业主一致同意

2007年通过的物权法规定，业主将住宅改变为经营性用房的，除遵守法律、法规以及管理规约外，应当经有利害关系的业主同意。即如果业主确实因生活需要，如因下岗无收入来源，生活困难，将住宅改变为经营性用房，一是必须遵守法律、法规以及管理规约的规定。如要办理相应的审批手续，要符合国家卫生、环境保护要求等。二是在遵守法律、法规以及管理规约的前提下，还必须征得有利害关系的业主同意。这两个条件必须同时具备，才可以将住宅改变为经营性用房，二者缺一不可。

在民法典编纂过程中，有的意见提出，《最高人民法院关于审理建筑物区分所有权纠纷案件具体应用法律若干问题的解释》第10条规定，业主将住宅改变为经营性用房，未按照《物权法》第77条的规定经有利害关系的业主同意，有利害关系的业主请求排除妨害、消除危险、恢复原状或者赔偿损失的，人民法院应予支持。将住宅改变为经营性用房的业主以多数有利害关系的业主同意其行为进行抗辩的，人民法院不予支持。可见，将住宅改变为经营性用房须经有利害关系业主全体一致同意，而非有利害关系业主多数同意，建议把业主将住宅改变为经营性用房时应当经有利害关系的业主同意，进一步明晰为有利害关系业主“全体一致”同意。经研究，2018 年 8 月审议的民法典各分编草案将“应当经有利害关系的业主同意”进一步明确为“应当经有利害关系的业主一致同意”。

如何确定业主为有利害关系的业主，因改变住宅为经营性用房的用途不同，影响的范围、程度不同，要具体情况具体分析。总之，不论是相邻还是不相邻的业主，凡是因住宅改变为经营性用房受到影响的业主，均是本条所说的有利害关系的业主。《最高人民法院关于审理建筑物区分所有权纠纷案件具体应用法律若干问题的解释》第 11 条规定，业主将住宅改变为经营性用房，本栋建筑物内的其他业主，应当认定为《物权法》第 77 条所称“有利害关系的业主”。建筑区划内，本栋建筑物之外的业主，主张与自己有利害关系的，应证明其房屋价值、生活质量受到或者可能受到不利影响。

▶ 相关规定

《物业管理条例》第 49 条；《最高人民法院关于审理建筑物区分所有权纠纷案件具体应用法律若干问题的解释》第 10 条、第 11 条

第二百八十条　业主大会或者业主委员会的决定，对业主具有法律约束力。

业主大会或者业主委员会作出的决定侵害业主合法权益的，受侵害的业主可以请求人民法院予以撤销。

◆ 条文主旨

本条是关于业主大会、业主委员会决定效力的规定。

◆ 立法背景

在2007年物权法起草征求意见时，许多业主反映，业主大会是业主的自治组织，业主委员会是业主大会的执行机构，那么业主大会、业主委员会作出的决定，业主是否必须遵守执行。如果业主大会、业主委员会作出的决定损害业主的合法权益该怎么办，建议物权法作出规定。本条在2007年通过的《物权法》第78条基础上作了修改完善，将“约束力”修改为“法律约束力”。

◆ 条文解读

一、业主大会或者业主委员会的决定，对业主具有法律约束力

根据《民法典》第277条的规定，业主可以设立业主大会，选举业主委员会。业主大会是业主的自治组织，是基于业主的建筑物区分所有权的行使产生的，由全体业主组成，是建筑区划内建筑物及其附属设施的管理机构。业主大会依据法定程序作出的决定，反映了建筑区划内绝大多数业主的意志与心声。业主委员会是由业主大会从热心公益事业、责任心强、具有一定组织能力的业主中选举出来的，作为业主的代表履行对建筑物及其附属设施的具体管理职责，为全体业主服务的组织。业主委员会作为业主大会的执行机构，具体实施业主大会作出的决定。业主大会或者业主委员会作为自我管理的权力机关和执行机关，其作出的决定，对业主应当具有法律约束力。因此，本条第1款规定，业主大会或者业主委员会的决定，对业主具有法律约束力。

《物业管理条例》第8条第1款规定，物业管理区域内全体业主组成业主大会；第2款规定，业主大会应当代表和维护物业管理区域内全体业主在物业管理活动中的合法权益。第9条第1款规定，一个物业管理区域成立一个业主大会；第2款规定，物业

管理区域的划分应当考虑物业的共用设施设备、建筑物规模、社区建设等因素。具体办法由省、自治区、直辖市制定。第 19 条第 1 款规定，业主大会、业主委员会应当依法履行职责，不得作出与物业管理无关的决定，不得从事与物业管理无关的活动。住房城乡建设部《业主大会和业主委员会指导规则》第 2 条规定，业主大会由物业管理区域内的全体业主组成，代表和维护物业管理区域内全体业主在物业管理活动中的合法权利，履行相应的义务。第 3 条规定，业主委员会由业主大会依法选举产生，履行业主大会赋予的职责，执行业主大会决定的事项，接受业主的监督。第 4 条规定，业主大会或者业主委员会的决定，对业主具有约束力。业主大会和业主委员会应当依法履行职责，不得作出与物业管理无关的决定，不得从事与物业管理无关的活动。

2007 年制定的《物权法》第 78 条第 1 款规定，业主大会或者业主委员会的决定，对业主具有约束力。在民法典编纂过程中，有的意见提出，民法总则在表述约束力时都采用的“法律约束力”的表述，如《民法总则》第 119 条规定，依法成立的合同，对当事人具有法律约束力。第 155 条规定，无效的或者被撤销的民事法律行为自始没有法律约束力。建议将本条中的“约束力”修改为“法律约束力”，与民法总则的相关表述相统一。因此，民法典物权编作了相应修改。

对业主具有约束力的业主大会或者业主委员会的决定，必须是依法设立的业主大会、业主委员会作出的，必须是业主大会、业主委员会依据法定程序作出的，必须是符合法律、法规及规章，不违背公序良俗，不损害国家、公共和他人利益的决定。《物业管理条例》第 12 条第 4 款规定，业主大会或者业主委员会的决定，对业主具有约束力。第 19 条第 2 款规定，业主大会、业主委员会作出的决定违反法律、法规的，物业所在地的区、县人民政府房地产行政主管部门或者街道办事处、乡镇人民政府，应当责令限期改正或者撤销其决定，并通告全体业主。业主大会、业主委员会主要对建筑区划内，业主的建筑物区分所有权如何行使，业主的合法权益如何维护等事项作出决定，涉及许多方面，例如，可以对制定和修改业主大会议事规则作出决定，可以对制定和修改管理规约作出决定，可以对选举业主委员会或者更换业主委员会成员作出决定，可以对选聘和解聘物业服务企业或者其他管理人作出决定，可以对使用建筑物及其附属设施的维修资金作出决定，可以对筹集建筑物及其附属设施的维修资金作出决定，可以对改建、重建建筑物及其附属设施作出决定，可以对改变共有部分的用途或者利用共有部分从事经营活动作出决定。业主大会或者业主委员会的决定，对业主具有法律约束力。

二、业主大会或者业主委员会作出的决定侵害业主合法权益的，受侵害的业主可以请求人民法院予以撤销

住房城乡建设部《业主大会和业主委员会指导规则》第36条规定，业主委员会应当向业主公布下列情况和资料：（一）管理规约、业主大会议事规则；（二）业主大会和业主委员会的决定；（三）物业服务合同；（四）专项维修资金的筹集、使用情况；（五）物业共有部分的使用和收益情况；（六）占用业主共有的道路或者其他场地用于停放汽车车位的处分情况；（七）业主大会和业主委员会工作经费的收支情况；（八）其他应当向业主公开的情况和资料。现实中，有可能有的业主大会或者业主委员会不遵守法律、法规、管理规约，或者不依据法定程序作出某些决定，侵害业主的合法权益，针对这一情形，为了切实保护业主的合法权益，本条第2款规定，业主大会或者业主委员会作出的决定侵害业主合法权益的，受侵害的业主可以请求人民法院予以撤销。这一规定，赋予了业主请求人民法院撤销业主大会或者业主委员会作出的不当决定的权利。业主在具体行使这一权利时，还要依据本法总则编、民事诉讼法等法律的规定。例如，撤销的请求，要向有管辖权的人民法院提出，要有明确的诉讼请求和事实、理由等。《物业管理条例》第 12 条第 5 款规定，业主大会或者业主委员会作出的决定侵害业主合法权益的，受侵害的业主可以请求人民法院予以撤销。《最高人民法院关于审理建筑物区分所有权纠纷案件具体应用法律若干问题的解释》第 12 条规定，业主以业主大会或者业主委员会作出的决定侵害其合法权益或者违反了法律规定的程序为由，依据《物权法》第 78 条第 2 款的规定请求人民法院撤销该决定的，应当在知道或者应当知道业主大会或者业主委员会作出决定之日起 1 年内行使。

▶ **相关规定**

《最高人民法院关于审理建筑物区分所有权纠纷案件具体应用法律若干问题的解释》第 12 条；《物业管理条例》第 8 条、第 9 条、第 12 条第 4 款、第 5 款、第 19 条；《业主大会和业主委员会指导规则》第 2 条、第 3 条、第 36 条

第二百八十一条 建筑物及其附属设施的维修资金，属于业主共有。经业主共同决定，可以用于电梯、屋顶、外墙、无障碍设施等共有部分的维修、更新和改造。建筑物及其附属设施的维修资金的筹集、使用情况应当定期公布。

紧急情况下需要维修建筑物及其附属设施的，业主大会或者业主委员会可以依法申请使用建筑物及其附属设施的维修资金。

◆ 条文主旨

本条是关于建筑物及其附属设施的维修基金的归属、用途以及筹集与使用的规定。

◆ 立法背景

随着我国住房制度改革的不断深入，人民群众的生活水平不断提高，居民个人拥有住宅的比例越来越高，住宅房屋的维修管理责任也相应地由过去的国家、单位承担转移到居民个人承担；而我国的住宅多为高层或者多层的群体建筑，又往往以住宅小区的形式开发建设，这样，建筑物及其附属设施的维修问题就日益彰显出来。建筑物及其附属设施能否正常、及时、顺利地维修，关系到建筑物及其附属设施能否正常使用及业主的安全，关系到全体业主的切身利益，关系到社会的和谐与稳定。因此，有必要对建筑物及其附属设施的维修资金作出规定。

本条在2007年通过的《物权法》第79条基础上作了修改完善：一是将“可以用于电梯、水箱等共有部分的维修”修改为“可以用于电梯、屋顶、外墙、无障碍设施等共有部分的维修、更新和改造”。二是增加规定第2款，紧急情况下需要维修建筑物及其附属设施的，业主大会或者业主委员会可以依法申请使用建筑物及其附属设施的维修资金。

◆ 条文解读

《住宅专项维修资金管理办法》第2条第2款规定，本办法所称住宅专项维修资金，是指专项用于住宅共用部位、共用设施设备保修期满后的维修和更新、改造的资金。

1998年下发的《国务院关于进一步深化城镇住房制度改革加快住房建设的通知》明确提出，要建立住房专项维修资金制度。1998年12月，建设部和财政部联合印发的《住宅共用部位共用设施设备维修基金管理办法》规定，商品住房和公有住房出售后都应当建立维修基金。同时，对维修资金如何交纳作出了具体的规定。例如，商品住房在销售时，购房者与售房单位应当签订有关维修基金缴交约定。购房者应当按购房款2%-3%的比例向售房单位缴交维修基金。售房单位代为收取的维修基金属全体业主共同所有，不计入住宅销售收入。2000年建设部发布的《关于进一步深化国有企业住房制度改革加快解决职工住房问题的通知》指出，出售公有住房，应当按照有关规定建立住宅共用部位共用设施设备维修基金，并健全维修基金使用与管理制度，实施有效监督。

一、建筑物及其附属设施的维修资金的归属

针对实践中，业主疑问较多的有关建筑物及其附属设施的维修资金所有权归属问题，本条规定，建筑物及其附属设施的维修资金属于业主共有。《物业管理条例》第53条规定，住宅物业、住宅小区内的非住宅物业或者与单幢住宅楼结构相连的非住宅物业的业主，应当按照国家有关规定交纳专项维修资金。专项维修资金属于业主所有，专项用于物业保修期满后物业共用部位、共用设施设备的维修和更新、改造，不得挪作他用。专项维修资金收取、使用、管理的办法由国务院建设行政主管部门会同国务院财政部门制定。2007年，为加强对住宅专项维修资金的管理和保障住宅共用部位、共用设施设备的维修和正常使用，维护住宅专项维修资金所有者的合法权益，建设部和财政部联合发布《住宅专项维修资金管理办法》，其中第7条规定，商品住宅的业主、非住宅的业主按照所拥有物业的建筑面积交存住宅专项维修资金，每平方米建筑面积交存首期住宅专项维修资金的数额为当地住宅建筑安装工程每平方米造价的5%至8%。直辖市、市、县人民政府建设（房地产）主管部门应当根据本地区情况，合理确定、公布每平方米建筑面积交存首期住宅专项维修资金的数额，并适时调整。第 9 条规定，业主交存的住宅专项维修资金属于业主所有。从公有住房售房款中提取的住宅专项维修资金属于公有住房售房单位所有。

二、建筑物及其附属设施的维修资金的使用

住房建成后，随着时间的推移，必然面临着共有部分的维修、更新和改造问题，此时就需要使用建筑物及其附属设施的维修资金。关于建筑物及其附属设施的维修资金的用途以及如何使用等问题，本条规定，经业主共同决定，可以用于电梯、屋顶、外墙、无障碍设施等共有部分的维修、更新和改造。建筑物及其附属设施的维修资金的筹集、使用情况应当定期公布。

一是建筑物及其附属设施的维修资金的使用需经业主共同决定。建筑物及其附属设施的维修资金的使用涉及共有部分、共用设施设备的维修、更新、改造等，涉及业主能否正常使用建筑物及其附属设施，关系着每个业主的切身利益，因此，本条规定建筑物及其附属设施的维修资金的使用应当经业主共同决定。至于业主如何决定建筑物及其附属设施的维修资金的使用，要依据《民法典》第 278 条作出决定。

二是关于建筑物及其附属设施的维修资金的用途，本条规定维修资金可以用于电梯、屋顶、外墙、无障碍设施等共有部分的维修、更新和改造。至于业主专有部分以外的哪些部分为共有部分，哪些设施为建筑物的附属设施，要根据每一栋建筑物、每一个建筑区划的不同情况具体分析。建设部和财政部联合发布的《住宅专项维修资金管理办法》第 3 条规定，本办法所称住宅共用部位，是指根据法律、法规和房屋买卖合同，由单幢住宅内业主或者单幢住宅内业主及与之结构相连的非住宅业主共有的部位，一般包括：住宅的基础、承重墙体、柱、梁、楼板、屋顶以及户外的墙面、门厅、楼梯间、走廊通道等。本办法所称共用设施设备，是指根据法律、法规和房屋买卖合同，由住宅业主或者住宅业主及有关非住宅业主共有的附属设施设备，一般包括电梯、天线、照明、消防设施、绿地、道路、路灯、沟渠、池、井、非经营性车场车库、公益性文体设施和共用设施设备使用的房屋等。第18条规定，住宅专项维修资金应当专项用于住宅共用部位、共用设施设备保修期满后的维修和更新、改造，不得挪作他用。

《物权法》第79条规定，建筑物及其附属设施的维修资金，经业主共同决定，可以用于电梯、水箱等共有部分的维修。在民法典编纂过程中，有的意见提出，根据相关行政法规，供水设施的维修费用应由供水企业承担，按照《住宅专项维修资金管理办法》的规定，维修资金不只限于维修，还包括更新、改造，建议将“电梯、水箱等共有部分的维修”修改为“电梯、屋顶、外墙、无障碍设施等共有部分的维修、更新和改造”。经研究，2018年8月审议的民法典物权编草案作了相应修改。

三是为便于业主及时了解建筑物及其附属设施维修资金的筹集情况，依法监督维修资金的使用，本条还规定，建筑物及其附属设施的维修资金的筹集、使用情况应当予以公布。建设部和财政部联合发布的《住宅专项维修资金管理办法》第19条规定，住宅专项维修资金的使用，应当遵循方便快捷、公开透明、受益人和负担人相一致的原则。第30条规定，直辖市、市、县人民政府建设（房地产）主管部门，负责管理公有住房住宅专项维修资金的部门及业主委员会，应当每年至少1次与专户管理银行核对住宅专项维修资金账目，并向业主、公有住房售房单位公布下列情况：（一）住宅专项维修资金交存、使用、增值收益和结存的总额；（二）发生列支的项目、费用和分摊情况；（三）业主、公有住房售房单位分户账中住宅专项维修资金交存、使用、增值收益和结存的金额；（四）其他有关住宅专项维修资金使用和管理的情况。业主、公有住房售房单位对公布的情况有异议的，可以要求复核。

三、紧急情况下建筑物及其附属设施的维修资金的使用

在民法典编纂过程中，有的意见提出，建筑物及其附属设施的维修资金目前主要由住建部门的专门机构管理，在实践中存在的突出问题有：一是收取难，特别是老旧小区存在拖欠维修资金的问题。二是签字表决难，特别是大型小区和业主实际入住不多的小区难以形成多数意见，更难以达到经专有部分占建筑物总面积2/3以上的业主且占总人数2/3以上的业主签字同意。三是维修资金的使用范围难以界定，新建电梯、维修屋顶等只和部分业主直接相关的维修可否动用全体业主的维修资金，目前有争议。四是提取使用程序烦琐，需要提出申请，提供符合“双过2/3”的业主签字同意证明，由管理机构抽查核对等，周期太长。五是使用监管难，存在物业或者业委会成员浪费、挪用、侵吞维修资金的情况。六是保值增值难。实践中，目前紧急动用维修资金的一般做法是，紧急申请，紧急公示，尽快使用维修，事后再找业主补签同意。建议增加规定紧急情况下维修申请使用建筑物及其附属设施的维修资金的相关规定。

经了解，目前一些地方性法规已经对紧急情况下维修资金的使用作了特别规定。如《上海市住宅物业管理规定》第73条规定，发生危及房屋安全等紧急情况时，物业服务企业或者自行管理执行机构应当立即采取应急防范措施。发生下列情况，需要对住宅共用部位、共用设施设备进行维修、更新的，物业服务企业或者自行管理执行机构应当及时制定维修、更新方案：（一）水泵、水箱（池）故障，影响正常使用的；（二）电梯故障，电梯专业检测机构出具整改通知书要求停运的；（三）火灾自动报警系统、自动喷淋系统、消火栓系统损坏，消防部门出具整改通知书的；（四）外墙墙面、建筑附属构件有脱落危险，经有资质的鉴定机构出具证明的；（五）屋顶或外墙渗漏等情况，严重影响房屋使用，经有资质的鉴定机构出具证明的。前款规定的维修、更新事项不属于工程质量保证范围，需要使用专项维修资金的，按照下列规定办理：（一）业主大会成立前，物业服务企业应当持有关材料，报房管机构审核同意后组织实施。维修、更新费用经具有相应资质的中介机构审价后，报区房屋行政管理部门在专项维修资金中直接列支；（二）业主大会成立后，物业服务企业或者自行管理执行机构应当持有关材料向业主委员会和物业所在地房管机构报告，并向业主委员会提出列支专项维修资金的申请，经业主委员会审核同意后组织实施。维修、更新费用经具有相应资质的中介机构审价后，在专项维修资金中列支。业主委员会对维修、更新方案未在七日内审核同意，且已出现影响房屋正常使用或者居民人身财产安全情形的，区房屋行政管理部门可以组织代为维修。维修费用经具有相应资质的中介机构审价后，凭审价报告和区房屋行政管理部门出具的支取通知，在专项维修资金中列支。《江西省物业管理条例》第 74 条作了类似规定。《江苏省物业管理条例》第 76 条规定，发生下列危及房屋安全情形之一，需要立即对住宅物业共用部分、共用设施设备进行应急维修、更新和改造，相关的业主不能形成法定多数意见的，物业服务企业、业主委员会或者相关业主可以提出应急处置方案，经住宅专项维修资金代管部门复核后进行应急处置：（一）屋面防水损坏造成渗漏的；（二）电梯故障危及人身安全的；（三）公共护（围）栏破损严重，危及人身安全的；（四）楼体单侧外立面有脱落危险的；（五）专用排水设施因坍塌、堵塞、爆裂等造成功能障碍，危及人身、财产安全的；（六）危及房屋安全的其他情形。应急维修费用应当经过审计并向业主公示后，从相关业主的住宅专项维修资金分户账中按照专有面积分摊列支；其中涉及已售公有住房的，从公有住房住宅专项维修资金中列支。《安徽省物业管理条例》第89条规定，发生下列危及安全情形之一，需要使用专项维修资金的，由业主委员会、相关业主提出应急处置方案，或者物业服务企业提出建议，经业主委员会、相关业主同意，并报专项维修资金代管或者监管部门审核后，直接申请使用：（一）屋面、外墙体防水损坏造成渗漏的；（二）电梯故障危及人身安全的；（三）消防设施损坏的；（四）公共护（围）栏破损严重，危及人身、财产安全的；（五）楼体外立面有脱落危险的；（六）专用排水设施因坍塌、堵塞、爆裂等造成功能障碍，危及人身、财产安全的；（七）二次供水设施损坏的；（八）其他危及房屋安全的情形。应急维修费用应当向业主公示，并从相关业主的专项维修资金分户账中按照专有面积分摊列支。《河南省物业管理条例》第70规定，物业管理区域内共用部位、共用设施设备出现下列紧急情况的，物业服务企业应当立即组织应急维修：（一）电梯、消防等共用设施设备故障损坏，无法正常使用的；（二）屋面、外墙渗漏的；（三）楼体外墙墙面有脱落危险的；（四）专用排水设施因坍塌、堵塞、爆裂等造成功能障碍的；（五）公共护栏（围）破损严重的；（六）其他紧急情况。出现前款情形之一的，物业管理行政主管部门接到申请后，应当即时核准并拨付专项维修资金。应急维修费用应当向业主公示。业主大会自行管理物业专项维修资金的，按照前款规定执行。《海南经济特区物业管理条例》第55条、《青海省物业管理条例》第83条、《新疆维吾尔自治区物业管理条例》第74条、《重庆市物业专项维修资金管理办法》第28条都对紧急情况下维修资金的使用作了相关规定。

也有的地方，规定以专项维修资金的增值资金建立房屋应急解危专项资金，平衡紧急情况需要使用资金与业主决定使用较难的矛盾。如《天津市物业管理条例》第55条规定，专项维修资金的管理费用由市财政部门核定，在专项维修资金的增值资金中列支。专项维修资金增值资金除核定管理费用外，应当建立房屋应急解危专项资金，专项用于房屋应急解危支出。专项维修资金的具体管理办法，由市人民政府规定。

在征求意见过程中，针对一些地方对紧急情况下维修资金的使用作的特别规定，也有意见提出，维修资金毕竟是业主的，应当经过大多数业主的知晓并同意，坚决反对任何组织未经业主共同决定就申请使用维修资金，如果业主们真的意识到情况紧急，就应该团结起来，在短时间内完成法定的投票数量要求，绝对不能不经过业主投票，一旦开了这个紧急的口子，将会后患无穷。

经研究，2019年4月第十三届全国人大常委会第十次会议《全国人民代表大会宪法和法律委员会关于〈民法典物权编（草案）〉修改情况的汇报》中提到，有的常委委员、地方、部门、法学教学研究机构和社会公众提出，近年来，群众普遍反映业主大会、业主委员会成立难，公共维修资金使用难，以及物业管理不规范、业主维权难等问题，建议草案对此作出有针对性的规定。据此，宪法和法律委员会建议对该章草案作出如下修改：……三是根据一些地方的实践，在草案第76条中增加一款规定：紧急情况下需要维修建筑物及其附属设施的，业主大会或者业主委员会可以依法申请使用维修资金。据此，民法典物权编草案二次审议稿增加一款规定。根据本款规定，紧急情况下需要维修建筑物及其附属设施的，业主大会或者业主委员会可以依法申请使用维修资金。此处对紧急情况下需要维修建筑物及其附属设施使用维修资金作了指引性规定，即需“依法申请”，此处的“依法”，既包括法律，也包括行政法规、部门规章和地方性法规等。

▶ **相关规定**

《物业管理条例》第 53 条；《住宅专项维修资金管理办法》第 2 条第 2 款、第 3 条、第 19 条；《上海市住宅物业管理规定》第 66 条；《江西省物业管理条例》第 74 条；《江苏省物业管理条例》第 76 条；《安徽省物业管理条例》第 89 条；《河南省物业管理条例》第 70 条；《海南经济特区物业管理条例》第 55 条；《青海省物业管理条例》第 83 条；《新疆维吾尔自治区物业管理条例》第 74 条；《重庆市物业专项维修资金管理办法》第 28 条；《天津市物业管理条例》第 55 条

第二百八十二条 建设单位、物业服务企业或者其他管理人等利用业主的共有部分产生的收入，在扣除合理成本之后，属于业主共有。

◆ **条文主旨**

本条是关于共有部分产生收益的归属的规定。

◆ **立法背景**

本条是本次民法典编纂新增加的条文。在民法典编纂过程中，有的意见建议，吸收司法解释的相关规定，增加规定："建设单位、物业服务企业或者其他管理人利用共有部分进行经营性活动的，业主可以请求行为人将扣除合理成本之后的收益用于补充专项维修资金或者业主共同决定的其他用途。"《最高人民法院关于审理建筑物区分所有权纠纷案件具体应用法律若干问题的解释》第 14 条规定，建设单位或者其他行为人擅自占用、处分业主共有部分、改变其使用功能或者进行经营性活动，权利人请求排除妨

害、恢复原状、确认处分行为无效或者赔偿损失的，人民法院应予支持。属于前款所称擅自进行经营性活动的情形，权利人请求行为人将扣除合理成本之后的收益用于补充专项维修资金或者业主共同决定的其他用途的，人民法院应予支持。行为人对成本的支出及其合理性承担举证责任。

2018 年 8 月，第十三届全国人大常委会第五次会议《关于〈民法典各分编（草案）〉的说明》中提到，加强对建筑物业主权利的保护。……第三，明确共有部分产生的收益属于业主共有（草案第 77 条）。民法典各分编草案第 77 条规定，建设单位、物业服务企业或者其他管理人等利用业主的共有部分产生的收益，在扣除合理成本之后，属于业主共有。

民法典各分编草案在征求意见过程中，有的意见提出，收益的含义本身就包含收入扣除成本的意思，为更加准确，避免实践操作中的歧义，建议将本条中的“收益”修改为“收入”。2019 年 4 月审议的民法典物权编草案吸收了这一意见。

◆ 条文解读

根据本条规定，建设单位、物业服务企业或者其他管理人等利用业主的共有部分产生的收入，在扣除合理成本之后，属于业主共有。例如，很多小区会在业主的共有部分设置广告，这些广告收入，在扣除合理成本之后，应该属于业主共有。再如，占有业主共有的道路或者其他场地设置的车位，出租车位的租金收入，在扣除合理的成本之后，也应该属于业主共有。《最高人民法院关于审理建筑物区分所有权纠纷案件具体应用法律若干问题的解释》第 17 条规定，本解释所称建设单位，包括包销期满，按照包销合同约定的包销价格购买尚未销售的物业后，以自己名义对外销售的包销人。《物业管理条例》第 54 条规定，利用物业共用部位、共用设施设备进行经营的，应当在征得相关业主、业主大会、物业服务企业的同意后，按照规定办理有关手续。业主所得收益应当主要用于补充专项维修资金，也可以按照业主大会的决定使用。此外，《民法典》第943条规定，物业服务人应当定期将服务的事项、负责人员、质量要求、收费项目、收费标准、履行情况，以及维修资金使用情况、业主共有部分的经营与收益情况等以合理方式向业主公开并向业主大会、业主委员会报告。

一些国家和地区对业主共有部分的收益作了规定，一般规定按份取得收益。如《日本建筑物区分所有法》第13条规定，各共有人可以按共用部分用途使用共用部分。第19条中规定了在规约无另外规定时，“各共有人按其应有份比例”“收取共用部分产生的利益”。《德国住宅所有权法》第13条中规定，各住宅所有权人得依第14条、第15条之规定，共同使用共有物，各住宅所有权人，就共有物之其他收益，享有依第16条所规定的应有部分。第16条中规定，各住宅所有权人享有与其应有部分相当的共有物的孳息。《奥地利区分所有权法》第8条中规定，与住宅所有权不相结合的非住宅所有权所存在的住宅和店铺的利用，依所有权人的应有部分予以使用。不动产（共用部分）的收益，由全体共有人依其应有部分的比例予以收取。我国台湾地区“公寓大厦管理条例”第9条中规定，各区分所有人按其共有的应有部分比例，对建筑物之共用部分及其基地有使用收益之权。但另有约定者，从其约定。住户对共用部分之使用应依其设置目的及通常使用方法为之。但另有约定者，从其约定。

▶ 相关规定

《最高人民法院关于审理建筑物区分所有权纠纷案件具体应用法律若干问题的解释》第17条；《物业管理条例》第54条

第二百八十三条　建筑物及其附属设施的费用分摊、收益分配等事项，有约定的，按照约定；没有约定或者约定不明确的，按照业主专有部分面积所占比例确定。

◆ 条文主旨

本条是关于建筑物及其附属设施费用分摊、收益分配的规定。

◆ 立法背景

为保障业主的居住安全，保证建筑物及其附属设施能够正常运转和使用，保证业主的正常生活，有必要及时对建筑物共有部分及其附属设施进行养护和维修，那么由此产生的费用如何负担已成为广大业主特别关注的一个热点问题。

本条在2007年通过的《物权法》第80条基础上作了修改完善，将“按照业主专有部分占建筑物总面积的比例确定”修改为“按照业主专有部分面积所占比例确定”。

在民法典编纂过程中，有的意见提出，《物权法》第80条中规定，没有约定或者约定不明确的，按照业主专有部分占建筑物总面积的比例确定。其中关于建筑物总面积的计算，《最高人民法院关于审理建筑物区分所有权纠纷案件具体应用法律若干问题的解释》第8条规定，《物权法》第76条第2款和第80条规定的专有部分面积和建筑物总面积，可以按照下列方法认定：（一）专有部分面积，按照不动产登记簿记载的面积计算；尚未进行物权登记的，暂按测绘机构的实测面积计算；尚未进行实测的，暂按房屋买卖合同记载的面积计算；（二）建筑物总面积，按照前项的统计总和计算。此处“建筑物总面积”应该是“建筑物专有部分总面积”，建议修改。2018 年 8 月审议的民法典各分编草案吸收了这一意见，将“按照业主专有部分占建筑物总面积的比例确定”修改为“按照业主专有部分所占比例确定”。2019 年 4 月审议的民法典物权编草案，进一步修改为“按照业主专有部分面积所占比例确定”。

◆ 条文解读

一、关于建筑物及其附属设施费用分摊、收益分配等

《民法典》第 271 条中规定，业主对专有部分以外的共有部分享有共有和共同管理的权利。第 273 条第 1 款规定，业主对建筑物专有部分以外的共有部分，享有权利，承担义务；不得以放弃权利为由不履行义务。第 282 条规定，建设单位、物业服务企业或者其他管理人等利用业主的共有部分产生的收入，在扣除合理成本之后，属于业主共有。根据这些规定，在日常生活中，业主对共有部分共有并且共同管理。为保障业主的居住安全，保证建筑物及其附属设施能够正常运转和使用，保证业主的正常生活，业主对共有部分的管理，涉及很多具体问题，如对建筑物及其附属设施进行养护和维修就涉及养护和维修的费用共同管理时如何分摊问题，如根据《民法典》第 282 条规定，利用业主的共有部分产生的收入，在扣除合理成本之后，属于业主共有，此时所得的收益如何分配等问题，都涉及共有及共同管理具体的操作。

本条规定，建筑物及其附属设施的费用分摊、收益分配等事项，有约定的，按照约定；没有约定或者约定不明确的，按照业主专有部分面积所占比例确定。

一是建筑物及其附属设施的费用分摊，有约定的，按照约定；没有约定或者约定不明确的，按照业主专有部分面积所占比例确定。如果管理规约对建筑物及其附属设施的费用如何分摊有约定

的，首先按照约定进行分摊。如果没有约定或者约定不明确的，则可以按照业主专有部分面积所占比例确定费用。例如，对业主共有的建筑物及其附属设施如公用设施和物业服务用房等进行维修，其费用问题，如果管理规约等有约定的，先按照约定，如果没有约定或者约定不明确的，按照业主专有部分面积所占比例确定。

二是建筑物及其附属设施的收益分配，有约定的，按照约定；没有约定或者约定不明确的，按照业主专有部分面积所占比例确定。建筑物及其附属设施不仅存在着养护、维修的问题，还存在着经营收益如何分配的问题。例如，业主大会决定，将建筑物楼顶出租给企业做广告，广告收入如何分配，是居住顶层的业主多拿一些，还是业主平均分配；是作为业主大会、业主委员会的活动经费，还是作为维修资金用于建筑物及其附属设施的维修。按照本条规定，建筑物及其附属设施的收益分配，有约定的，按照约定；没有约定或者约定不明确的，按照业主专有部分面积所占比例确定。《物业管理条例》第 54 条规定，利用物业共用部位、共用设施设备进行经营的，应当在征得相关业主、业主大会、物业服务企业的同意后，按照规定办理有关手续。业主所得收益应当主要用于补充专项维修资金，也可以按照业主大会的决定使用。

如何规定业主对建筑物及其附属设施的费用负担、收益分配的问题，在 2007 年物权法立法过程中有不同的看法。有的认为，应当按照业主所有的专有部分的面积占建筑物总面积的比例确定。有的认为，应当按照业主专有部分占建筑物的价值比例确定。还有的提出，这一比例应当考虑业主专有部分的面积、楼层、朝向、购买时的价钱等综合因素。鉴于现实中情况复杂，各地及每个建筑区划的具体情况不同。业主如何负担建筑物及其附属设施的费用，如何分配建筑物及其附属设施的收益，是业主行使建筑物区分所有权的问题，业主可以依法处分，故本条规定，建筑物及其附属设施的费用分摊、收益分配等事项，有约定的，按照约定。对建筑物及其附属设施的费用分摊、收益分配等事项，没有约定或者约定不明确的，本条作了原则性、指导性规定，即按照业主专有部分面积所占比例确定。

二、其他国家和地区关于建筑物及其附属设施费用分摊、收益分配等的规定

建筑物及其附属设施要进行维护、修缮等，费用如何分摊，其他国家和地区一般都规定了费用支出按比例承担的原则。如《德国住宅所有权法》第 16 条中规定，各住宅所有权人应按其应有部分的比例，对共有物予以保存、修缮等，并就因此而需要的费用负承担义务。《日本建筑物区分所有法》第 19 条中规定，规约无另外规定时，各共有人按其应有份比例承担共用部分负担。《瑞士民法典》第 712 条中规定，共同负担及共同费用，由楼层所有人按比例分担。下列负担及费用，应共同承担：1. 日常维修及更新土地或楼房的共同部分以及公用设备的费用；2. 管理事务的费用，包括管理人的酬金；3. 由区分所有人共同负担的公法规定的捐税；4. 不动产或区分所有人连带负责的担保债权人的利息及分期偿还的债务。个别的区分所有人对某些共同部分、公用设备物受益或受益甚微时，在分摊上述费用时应给予适当的照顾。《意大利民法典》第 1123 条规定，为养护、享用建筑物的共用部分支出的费用、为共同利益支出的劳务费、实施多数共有人通过的改造决议的费用由全体共有人根据各自享有的所有权的价值按比例承担，另有约定的除外。对于按照不同比例供共有人使用的物品，每个共有人按照实际使用的比例承担费用。在建筑物中有供内部某一特定部分共有人使用的楼梯、天井、屋顶平台、工作物或者设施的情况下，其养护费用由享有利益的那部分共有人承担。《奥地利区分所有权法》第 8 条中规定，共用部分的费用，应由全体共有人依其应有部分的比例分担之。

我国台湾地区“民法”第 799 条规定，共同部分，“其修缮费及其他负担，由各所有人，按其所有部分之价值分担之”。“公寓大厦管理条例”第 10 条中规定，共用部分、约定共用部分之修缮、管理、维护，由管理负责人或管理委员会为之。其费用由公共基金支付或由区分所有权人按其共有之应有部分比例负担之。但修缮费系因可归责于区分所有权人之事由所致者，由该区分所有权人负担。前项共用部分、约定共用部分的管理、维护费用，区分所有权人会议或规约另有规定者，从其规定。第 11 条规定，共用部分及其相关设施之拆除、重大修缮或改良等费用，“由公共基金支付或由区分所有权人按其共有之应有部分比例分担”。第 12 条规定，专有部分之共同壁及楼地板或其内的管线，其维修费用由该共同壁双方或楼地板上下双方之区分所有权人共同负担。但修缮费系因可归责于区分所有权人之事由所致者，由该区分所有权人负担。

▶ **相关规定**

《物业管理条例》第 54 条

第二百八十四条　业主可以自行管理建筑物及其附属设施，也可以委托物业服务企业或者其他管理人管理。

对建设单位聘请的物业服务企业或者其他管理人，业主有权依法更换。

◆ **条文主旨**

本条是对建筑物及其附属设施管理的规定。

◆ 立法背景

业主是否可以自行管理建筑物及其附属设施，是否可以更换建设单位聘请的物业服务企业，实践中矛盾大，纠纷多。本条是2007年通过的《物权法》第81条的规定，本次民法典编纂对本条未作修改。

◆ 条文解读

一、业主可以自行管理建筑物及其附属设施，也可以委托物业服务企业或者其他管理人管理

实践中，对建筑物及其附属设施进行管理主要有2种形式：一是业主委托物业服务企业或者其他管理人管理；二是业主自行管理。故本条第1款规定，业主可以自行管理建筑物及其附属设施，也可以委托物业服务企业或者其他管理人管理。

（一）业主可以委托物业服务企业或者其他管理人管理建筑物及其附属设施

物业服务企业通常是指符合法律规定，依法向业主提供物业服务的民事主体（市场主体），包括物业公司以及向业主提供服务的其他组织。物业公司，是指依法设立、具有独立法人资格，从事物业服务活动的企业。《物业管理条例》第32条规定，从事物业管理活动的企业应当具有独立的法人资格。国务院建设行政主管部门应当会同有关部门建立守信联合激励和失信联合惩戒机制，加强行业诚信管理。

我国曾对物业管理企业实施资质管理，有关部门对符合不同条件的企业授予不同的资质等级，但随着国家简政放权步伐不断加快，住房城乡建设部依法取消部分行政审批事项、职业资格事项，优化审批流程，在加强事中事后监管方面作出相关规定，物业管理行业的门槛正在逐步取消。2004年建设部出台《物业管理企业资质管理办法》(2007年修改为《物业服务企业资质管理办法》)(已失效),不同资质等级的物业管理企业只能依据自己的资质水平承接不同的物业管理项目,《物业管理企业资质管理办法》第8条规定,一级资质物业管理企业可以承接各种物业管理项目。二级资质物业管理企业可以承接30万平方米以下的住宅项目和8万平方米以下的非住宅项目的物业管理业务。三级资质物业管理企业可以承接20万平方米以下住宅项目和5万平方米以下的非住宅项目的物业管理业务。同时,国家有关主管部门还制定了一系列的规章制度,规范物业公司的行为,如国务院颁布的《物业管理条例》、建设部颁布的《物业管理企业资质管理办法》《前期物业管理招标投标管理暂行办法》等。2015年《物业服务企业资质管理办法》修订,取消物业公司注册资本限制;物业管理师等67项职业资格被取消,人社部和住建部取消物业管理师资格考试,各地先后停止物业管理人员岗位证书(职业资格)考试和颁证。2016年,删除原《物业管理条例》第33条和第61条2条与企业资质管理相关的条款,同时修改《物业管理条例》,取消了物业管理人员从业资格限制。2017年,国务院发布《关于第三批取消中央指定地方实施行政许可事项的决定》,取消了物业服务企业二级及以下资质认定,全国各地停止审批物业服务企业二级及以下资质审批。同年9月,国务院常务会议召开,会议决定,再取消物业一级资质核定。在前期已取消物业服务企业二级及以下资质认定的基础上,再取消物业服务企业一级资质核定。2018年,废止了《物业服务企业资质管理办法》,按照业主自我管理与社会化服务相结合的原则,积极推动将物业管理纳入社区治理体系。

根据本条规定,业主委托物业服务企业或者其他管理人管理建筑物及其附属设施。《物业管理条例》对物业服务企业作了相关规定，如第 3 条规定，国家提倡业主通过公开、公平、公正的市场竞争机制选择物业服务企业。第 39 条规定，物业服务企业可以将物业管理区域内的专项服务业务委托给专业性服务企业，但不得将该区域内的全部物业管理一并委托给他人。

（二）业主可以自行管理建筑物及其附属设施

对建筑物及其附属设施进行管理，并非必须委托物业服务企业或者其他管理人，除委托物业服务企业或者其他管理人外，也有业主自行管理的。根据本条规定，业主可以自行管理建筑物及其附属设施。大多发生在只有一个业主或者业主人数较少的建筑区划。随着经济的发展、科技的进步，建筑领域不断出现新技术、新产品，建筑物及其附属设施的科技含量也越来越高，管理更为复杂，业主自行管理有一定难度，所以还是提倡选择专业化、市场化、社会化的物业管理公司对建筑物及其附属设施进行管理为好。《物业管理条例》第 4 条规定，国家鼓励物业管理采用新技术、新方法，依靠科技进步提高管理和服务水平。

二、对建设单位聘请的物业服务企业或者其他管理人，业主有权依法更换

通常情况下，一栋楼或者一个住宅小区建好后，就要对建筑物及其附属设施进行管理，但业主们是陆陆续续迁入居住的，业主大会尚未成立，不能及时委托物业管理公司。在这种情况下，只能由建设单位选聘物业管理公司对建筑物及其附属设施进行管理。《民法典》第 939 条规定，建设单位依法与物业服务人订立的前期物业服务合同，以及业主委员会与业主大会依法选聘的物业服务人订立的物业服务合同，对业主具有法律约束力。《物业管理条例》第三章专章规定了前期物业管理，对前期物业服务企业的选聘等制定了一些规定。如第 24 条规定，国家提倡建设单位按照房地产开发与物业管理相分离的原则，通过招投标的方式选聘物业服务企业。住宅物业的建设单位，应当通过招投标的方式选聘物业服务企业；投标人少于三个或者住宅规模较小的，经物业所在地的区、县人民政府房地产行政主管部门批准，可以采用协议方式选聘物业服务企业。第 26 条规定，前期物业服务合同可以约定期限；但是，期限未满、业主委员会与物业服务企业签订的物业服务合同生效的，前期物业服务合同终止。对于建设单位前期选聘的物业服务企业或者管理人，业主可能满意，也可能不满意，如果不满意，业主都入住后，有权对建设单位选聘的物业服务企业或者其他管理人进行更换。《民法典》第 940 条规定，建设单位依法与物业服务人订立的前期物业服务合同约定的服务期限届满前，业主委员会或者业主与新物业服务人订立的物业服务合同生效的，前期物业服务合同终止。故本条第 2 款规定，对建设单位聘请的物业服务企业或者其他管理人，业主有权依法更换。

三、其他国家和地区对管理人的相关规定

（一）管理人的选任与解任

一些国家和地区一般都规定了管理人的选任与解任问题，有些国家规定了在管理人选任与解任上法院的作用。如《日本建筑物区分所有法》第 25 条规定，以规约无另外规定情形为限，区分所有人可以依集会决议，选任或解任管理人。管理人有不正当行为或其他不适任的情事时，各区分所有人可以请求法院将其解任。第 34 条中规定，集会由管理人召集，管理人每年召集一次集会。五分之一以上且持有表决权五分之一以上的区分所有人，可以对管理人开示会议目的事项，请求召开集会。但是，此定数可以依规约减少。

《德国住宅所有权法》第 26 条中规定，住宅所有权人以多数方式决议管理人的选任和解任。无管理人者，于紧急情况下，在住宅所有权人选任管理人之前，法院得依就管理人之选任有合法

利益的住宅所有权人或第三人的申请，而选任管理人。第29条规定：1. 住宅所有权人得以多数决议议决设立管理委员会；2. 管理委员会由1位住宅所有权人任主席及2位住宅所有权人任助理委员组成；3. 管理委员会辅助管理人执行其职务；4. 管理委员会于住宅所有权人会议决议经营计划及其结算，报告账目费用前，应予以审查并表示意见；5. 管理委员会会议由主席视需要而召集之。

《瑞士民法典》第712条中规定，大会上无法委任管理人时，每个建筑物区分所有人均可请求法官任命管理人。建筑物区分所有人大会通过决议，可随时罢免管理人。由法官制定的管理人，在任职届满前，未经法官同意不得罢免。

《意大利民法典》第1129条规定：1. 当共有人为4人以上时，应当由共有人大会聘任1名管理人。如果共有人大会未聘任管理人，则根据1名或数名共有人的请求，由司法机关作出任命；2. 管理人的任职期限为1年，共有人大会可以随时解除管理人的职务；3. 此外，除本法第1131条最后一款规定的情况外，在管理人连续2年未报告管理账目或者在管理人有严重违章嫌疑的情况下，司法机关可以根据共有人的请求解除管理人的职务；4. 聘任管理人以及因一定事由终止管理人职务的决定都应当记载于特别登记簿上。

我国台湾地区“公寓大厦管理条例”第27条规定，公寓大厦应成立管理委员会或推选管理负责人。公寓大厦成立管理委员会者，应由管理委员互推一人为主任委员，主任委员对外代表管理委员会。管理委员会之组织及选任应于规约中定之。管理委员、主任委员及管理负责人任期一年，连选得连任。

（二）管理委员会的职责

一些国家和地区对于管理委员会的职责专门作了规定。如

《意大利民法典》第1130条中规定了管理人的职责：1. 执行共有人大会通过的决议，监督共有规则的遵守情况；2. 制定共有财产的使用规则，为公共利益提供服务从而使共有人能够更好地享用共有财产；3. 征收各种费用，分摊为建筑物共有部分的正常维修和公共服务支出的必要费用；4. 完成保全建筑物共有部分固有权利的行为。第1131条中规定，在权限范围内，“管理人享有代理共有人的权利，可以对共有人或第三人提起诉讼”“可以作为被告参加任一涉及建筑物共有部分的诉讼”。

《日本建筑物区分所有法》第57条中规定：“管理人或于集会被指定的区分所有人，得依集会决议为其他区分所有人提起诉讼。”

《德国住宅所有权法》第27条中规定，管理人的权利义务如下：1. 执行住宅所有权人会议的决议并监督住宅规则的执行；2. 采取必要措施保存及修缮共有物；3. 在紧急情况下，采取其他保存共有物的措施；4. 管理共有基金。管理人得以全体住宅所有权人的名义为下列行为：1. 于住宅所有权人共同事务内，请求、受领及清偿负担与应支付的费用等；2. 履行或受领与共有物之长期管理有关的支付或给付；3. 以全体住宅所有权人的名义为接受及送达的意思表示；4. 采取其他法律上对住宅所有权人不利益的措施；5. 基于住宅所有权人决议的授权，于诉讼上或诉讼外为权利主张。该条中还规定，该条规定的管理人的职务与权限“不得以住宅所有权人的约定加以限制”。第28条还规定了管理人制作经营计划、结算及账目报告等事项。

我国台湾地区“公寓大厦管理条例”第34条规定，管理委员会之职责如下：1. 共有及共用部分之清洁、维护、修缮及一般改良；2. 住户违反第6条第1项之协调；3. 住户共同事务应兴革事项之建议；4. 住户违规情事之制止；5. 公寓大厦及周围之安全及环境维护事项；6. 收益、公用基金及其他经费之收支、保管及运用；7. 区分所有权人会议决议事项之执行；8. 规约、会议记录、使用执照誊本竣工图说及有关文件之保管；9. 管理服务之委任、雇佣及监督；10. 会计报告、结算报告及其他管理事项之提出及公告；11. 其他规约所定事项。第35条规定，管理委员会有当事人能力。管理委员会为原告或被告时应将诉讼事件要旨速告区分所有权人。

▶ **相关规定**

《物业管理条例》第3条、第4条、第24条、第26条、第32条、第39条

第二百八十五条 物业服务企业或者其他管理人根据业主的委托，依照本法第三编有关物业服务合同的规定管理建筑区划内的建筑物及其附属设施，接受业主的监督，并及时答复业主对物业服务情况提出的询问。

物业服务企业或者其他管理人应当执行政府依法实施的应急处置措施和其他管理措施，积极配合开展相关工作。

◆ **条文主旨**

本条是关于物业服务企业或者其他管理人与业主关系以及物业服务企业或者其他管理人执行政府依法实施的管理措施的义务的规定。

◆ **立法背景**

目前个别小区的物业公司以业主不交纳物业费、供暖费等为由，擅自停电、停水、停暖，还有极个别小区的保安人员对业主大打出手，侵犯业主的合法权益。对此，有的业主和常委委员提

出，法律应当明确业主与物业服务企业之间的关系。

本条在2007年通过的《物权法》第82条基础上作了修改完善：一是在“管理建筑区划内的建筑物及其附属设施”前增加“依照本法第三编有关物业服务合同的规定”。二是增加了“并及时答复业主对物业服务情况提出的询问”的规定。三是增加了第2款“物业服务企业或者其他管理人应当执行政府依法实施的应急处置措施和其他管理措施，积极配合开展相关工作。”

◆ **条文解读**

一、物业服务企业或者其他管理人与业主关系

本条第1款规定，物业服务企业或者其他管理人根据业主的委托，依照本法第三编有关物业服务合同的规定管理建筑区划内的建筑物及其附属设施，接受业主的监督，并及时答复业主对物业服务情况提出的询问。

第一，业主与物业服务企业或者其他管理人之间是一种合同关系。

根据《民法典》第284条的规定，业主可以选择物业服务企业或者其他管理人对建筑区划内的建筑物及其附属设施进行管理。选聘物业服务企业或者其他管理人的办法、程序等，应当依据第278条的规定由业主共同决定。业主选好物业服务企业或者其他管理人后，应当签订物业管理合同，将自己对建筑物及其附属设施的管理权利委托给选聘的物业服务企业或者其他管理人。《物业管理条例》第34条第1款规定，业主委员会应当与业主大会选聘的物业服务企业订立书面的物业服务合同。因此，业主与物业服务企业或者其他管理人之间是一种合同关系。本次民法典编纂过程中，根据合同实践的发展，在民法典合同编典型合同中，专章增加规定了物业服务合同，对物业服务合同的内涵、权利义务关系等作了规定。《民法典》第937条规定，物业服务合同是物业服务人在物业服务区域内，为业主提供建筑物及其附属设施的维修养护、环境卫生和相关秩序的管理维护等物业服务，业主支付物业费的合同。物业服务人包括物业服务企业和其他管理人。

在物业服务合同中，业主应当对自己委托物业服务企业或者其他管理人的权限范围、双方的权利义务、合同期限、违约责任等作出规定。《民法典》第938条规定，物业服务合同的内容一般包括服务事项、服务质量、服务费用的标准和收取办法、维修资金的使用、服务用房的管理和使用、服务期限、服务交接等条款。物业服务人公开作出的有利于业主的服务承诺，为物业服务合同的组成部分。物业服务合同应当采用书面形式。《物业管理条例》第34条第2款规定，物业服务合同应当对物业管理事项、服务质量、服务费用、双方的权利义务、专项维修资金的管理与使用、物业管理用房、合同期限、违约责任等内容进行约定。

第二，物业服务企业或者其他管理人根据业主的委托，依照《民法典》第三编有关物业服务合同的规定管理建筑区划内的建筑物及其附属设施。

物业服务企业或者其他管理人与业主签订委托合同后，应当根据业主的委托，依照本法合同编有关物业服务合同的规定和合同的约定向业主提供相应的服务。本次民法典编纂在合同编增加规定了物业服务合同一章，对物业服务合同的内容、权利义务等作出了明确规定，因此，民法典编纂过程中，在本条“管理建筑区划内的建筑物及其附属设施”前增加“依照本法第三编有关物业服务合同的规定”，对合同内容以及权利义务作出进一步的指引性规定。

本法以及行政法规总结实践经验，对物业服务企业或者其他管理人的管理行为作了一些规范性的规定。如本法合同编规定，物业服务人将物业服务区域内的部分专项服务事项委托给专业性服务组织或者其他第三人的，应当就该部分专项服务事项向业主负责。物业服务人不得将其应当提供的全部物业服务转委托给第三人，或者将全部物业服务支解后分别转委托给第三人。物业服务人应当按照约定和物业的使用性质，妥善维修、养护、清洁、绿化和经营管理物业服务区域内的业主共有部分，维护物业服务区域内的基本秩序，采取合理措施保护业主的人身、财产安全。对物业服务区域内违反有关治安、环保等法律法规的行为，物业服务人应当及时采取合理措施制止、向有关行政主管部门报告并协助处理。《物业管理条例》规定，物业服务企业应当按照物业服务合同的约定，提供相应的服务。物业服务企业未能履行物业服务合同的约定，导致业主人身、财产安全受到损害的，应当依法承担相应的法律责任。物业服务企业可以将物业管理区域内的专项服务业务委托给专业性服务企业，但不得将该区域内的全部物业管理一并委托给他人。物业使用人在物业管理活动中的权利义务由业主和物业使用人约定，但不得违反法律、法规和管理规约的有关规定。物业服务企业可以根据业主的委托提供物业服务合同约定以外的服务项目，服务报酬由双方约定。物业管理区域内，供水、供电、供气、供热、通信、有线电视等单位应当向最终用户收取有关费用。物业服务企业接受委托代收钱款费用的，不得向业主收取手续费等额外费用。对物业管理区域内违反有关治安、环保、物业装饰装修和使用等方面法律、法规规定的行为，物业服务企业应当制止，并及时向有关行政管理部门报告。有关行政管理部门在接到物业服务企业的报告后，应当依法对违法行为予以制止或者依法处理。物业服务企业应当协助做好物业管理区域内的安全防范工作。发生安全事故时，物业服务企业在采取应急措施的同时，应当及时向有关行政管理部门报告，协助做好救助工作。物业服务企业雇请保安人员的，应当遵守国家有关规定。保安人员在维护物业管理区域内的公共秩序时，应当履行职责，不得侵害公民的合法权益。

此外，本法合同编还对合同期限届满前后及合同终止如何处理作了规定。物业服务期限届满前，业主依法共同决定续聘的，应当与原物业服务人在合同期限届满前续订物业服务合同。物业服务期限届满前，物业服务人不同意续聘的，应当在合同期限届满前90日书面通知业主或者业主委员会，但是合同对通知期限另有约定的除外。物业服务期限届满后，业主没有依法作出续聘或者另聘物业服务人的决定，物业服务人继续提供物业服务的，原物业服务合同继续有效，但是服务期限为不定期。当事人可以随时解除不定期物业服务合同，但是应当提前60日书面通知对方。物业服务合同终止的，原物业服务人应当在约定期限或者合理期限内退出物业服务区域，将物业服务用房、相关设施、物业服务所必需的相关资料等交还给业主委员会、决定自行管理的业主或者其指定的人，配合新物业服务人做好交接工作，并如实告知物业的使用和管理状况。原物业服务人违反前款规定的，不得请求业主支付物业服务合同终止后的物业费；造成业主损失的，应当赔偿损失。物业服务合同终止后，在业主或者业主大会选聘的新物业服务人或者决定自行管理的业主接管之前，原物业服务人应当继续处理物业服务事项，并可以请求业主支付该期间的物业费。

第三，物业服务企业或者其他管理人管理建筑区划内的建筑物及其附属设施，接受业主的监督。

物业管理是否符合合同约定，涉及建筑区划内的建筑物及其附属设施能否正常有效地运转，建筑区划内的治安、环保、卫生、消防等许多方面，涉及每个业主的切身利益，关系着社会的和谐与安定，因此，在履行物业服务合同的过程中，物业服务企业或者其他管理人应当接受业主的监督。《物业管理条例》规定，业主可以监督物业服务企业履行物业服务合同，对物业共用部位、共用设施设备和相关场地使用情况享有知情权和监督权。业主委员会应当及时了解业主、物业使用人的意见和建议，监督和协助物业服务企业履行物业服务合同。业主对物业服务企业或者其他管理人的监督具体可以采取如下不同形式，如对物业服务企业履行合同的情况提出批评、建议，查询物业服务企业在履行合同中形成的有关物业管理的各种档案材料。查询物业服务企业的收费情况等。业主对物业服务企业的监督有利于其更好地向业主提供服务，履行好合同规定的义务。此外，《民法典》第 943 条规定，物业服务人应当定期将服务的事项、负责人员、质量要求、收费项目、收费标准、履行情况，以及维修资金使用情况、业主共有部分的经营与收益情况等以合理方式向业主公开并向业主大会、业主委员会报告。

第四，物业服务企业或者其他管理人应当及时答复业主对物业服务情况提出的询问。

在民法典编纂过程中，有的意见提出，《最高人民法院关于审理建筑物区分所有权纠纷案件具体应用法律若干问题的解释》第 13 条规定，业主请求公布、查阅下列应当向业主公开的情况和资料的，人民法院应予支持：（一）建筑物及其附属设施的维修资金的筹集、使用情况；（二）管理规约、业主大会议事规则，以及业主大会或者业主委员会的决定及会议记录；（三）物业服务合同、共有部分的使用和收益情况；（四）建筑区划内规划用于停放汽车的车位、车库的处分情况；（五）其他应当向业主公开的情况和资料。建议增加业主知情权的相关规定。经研究，2018 年 8 月审议的民法典各分编草案第 82 条规定，物业服务企业或者其他管理人根据业主的委托管理建筑区划内的建筑物及其附属设施，并接受业主的监督。物业服务企业或者其他管理人应当及时答复业主对物业服务情况提出的质询。在征求意见过程中，有的意见建议，将业主知情权的内容单列一款，且将“质询”修改为“询问”更为柔和。2019年4月审议的民法典物权编草案二次审议稿吸收了这一意见。2020年5月提交大会审议的民法典草案对本条作了进一步修改，将两款合并为一款规定，物业服务企业或者其他管理人根据业主的委托，依照本法第三编有关物业服务合同的规定管理建筑区划内的建筑物及其附属设施，接受业主的监督，并及时答复业主对物业服务情况提出的询问。

根据本条第1款的规定，业主有权对物业服务企业或者其他管理人询问物业服务情况，业主对物业服务情况提出询问的，物业服务企业或者其他管理人应当及时答复。此外，《民法典》第943条还规定，物业服务人应当定期将服务的事项、负责人员、质量要求、收费项目、收费标准、履行情况，以及维修资金使用情况、业主共有部分的经营与收益情况等以合理方式向业主公开并向业主大会、业主委员会报告。

二、物业服务企业或者其他管理人执行政府依法实施的管理措施的义务

本条第2款规定，物业服务企业或者其他管理人应当执行政府依法实施的应急处置措施和其他管理措施，积极配合开展相关工作。

本款是2020年5月提交大会审议的民法典草案增加的内容。在新冠肺炎疫情防控中，广大物业服务企业执行政府依法实施的防控措施，承担了大量具体工作，得到了社会普遍认可，还在近期的有关地方立法中引发关注。在民法典编纂过程中，有的意见提出，应该在民法典草案中增加相关规定。2020年5月《关于〈中华人民共和国民法典（草案）〉的说明》中提到，结合疫情防控工作，明确物业服务企业和业主的相关责任和义务，增加规定物业服务企业或者其他管理人应当执行政府依法实施的应急处置措施和其他管理措施，积极配合开展相关工作，业主应当依法予以配合。

（一）有关法律、法规对物业服务企业相关责任和义务的规定

《特种设备安全法》《消防法》《物业管理条例》和有关地方立法对物业服务企业执行政府依法实施的管理措施职责作了规定，主要是执行政府依法实施的应急处置措施和其他日常管理措施，具体是：

一是日常管理。《消防法》规定，住宅区的物业服务企业应当对管理区域内的共用消防设施进行维护管理，提供消防安全防范服务。《物业管理条例》规定，对物业管理区域内违反有关治安、环保、物业装饰装修和使用等方面法律、法规规定的行为，物业服务企业应当制止，并及时向有关行政管理部门报告。此外，一些部门规章和地方立法对物业服务企业应当承担的日常管理职责，包括小区内的环境保护、制止违章建设和不文明行为，协助政府有关部门做好小区内的治安秩序维护、消防安全宣传、人口与计划生育、户籍管理、爱国卫生运动等作出了规定。归纳上述法律、法规等的规定，物业服务企业依据法律、法规等的规定，在小区日常管理中承担了比较多的责任，其职责定位主要是协助、配合政府有关部门维护小区内的环境卫生、消防安全和相关秩序等。

二是应急处置措施。目前还没有法律对物业服务企业在应急处置方面的职责作出规定，但行政法规、地方立法在此方面已经有所规定。例如，《物业管理条例》规定，物业服务企业应当协助做好物业管理区域内的安全防范工作。发生安全事故时，物业服务企业在采取应急措施的同时，应当及时向有关行政管理部门报告，协助做好救助工作。《上海市实施〈中华人民共和国突发事件应对法〉办法》规定，居民委员会、村民委员会以及物业服务企业应当加强值班工作。《天津市物业管理条例》规定，在物

业管理区域内发生治安案件或者各类灾害事故时，应当及时向公安和有关部门报告，并积极协助做好调查和救助工作。此外，在传染病疫情防控方面，地方政府的规范性文件中也有规定。例如，2009 年《北京市人民政府关于进一步明确责任突出重点加强甲型 H1V1 流感预防控制工作的通知》中就明确提出，物业服务企业应当根据有关卫生管理的规定配合做好防控工作。

（二）物业服务企业或者其他管理人执行政府依法实施的应急处置措施和其他管理措施，积极配合开展相关工作的相关实践

实践中，已经开展物业服务企业或者其他管理人执行政府依法实施的应急处置措施和其他管理措施，积极配合开展相关工作的实践和立法探索。如新冠肺炎疫情的防控工作，由政府统一安排，依法组织实施防控措施。物业服务企业在疫情防控宣传、制定防控方案、信息收集和报告，小区出入管控、重点消杀、卫生管理、配合业主隔离等方面都发挥了重要作用。如 2020 年 1 月，《民政部、国家卫生健康委关于进一步动员城乡社区组织开展新型冠状病毒感染的肺炎疫情防控工作的紧急通知》中明确规定，有条件的城乡社区可在社区、小区出入路口对外来车辆、人员进行登记。动员居（村）民小组长、楼门栋长等自治组织成员、物业服务企业和志愿者，对居民院落（楼、门、栋）、小区、驻区单位、商业企业等进行细致摸排。在地方层面，各地出台的有关疫情防控的文件中，不少对物业服务企业应承担的职责作出了规定。

在立法层面，北京市正在进行有益的实践。2020 年 2 月，北京市十五届人大常委会第十九次会议对北京市物业管理条例草案进行了二次审议。草案中专门增加了应对突发事件时，物业管理各方应承担的责任。具体表述为，发生突发事件，街道办事处、乡镇人民政府负责落实市人民政府确定的各项紧急措施，指导物业服务人开展各项应对工作。物业服务人应按照要求服从政府统一指挥，积极

配合相关单位开展工作，落实应急预案以及各项应急措施。

因此，本条增加一款规定，物业服务企业或者其他管理人的责任和义务，物业服务企业或者其他管理人应当执行政府依法实施的应急处置措施和其他管理措施，积极配合开展相关工作。

▶ **相关规定**

《最高人民法院关于审理建筑物区分所有权纠纷案件具体应用法律若干问题的解释》第13条；《物业管理条例》第34条

第二百八十六条 业主应当遵守法律、法规以及管理规约，相关行为应当符合节约资源、保护生态环境的要求。对于物业服务企业或者其他管理人执行政府依法实施的应急处置措施和其他管理措施，业主应当依法予以配合。

业主大会或者业主委员会，对任意弃置垃圾、排放污染物或者噪声、违反规定饲养动物、违章搭建、侵占通道、拒付物业费等损害他人合法权益的行为，有权依照法律、法规以及管理规约，请求行为人停止侵害、排除妨碍、消除危险、恢复原状、赔偿损失。

业主或者其他行为人拒不履行相关义务的，有关当事人可以向有关行政主管部门报告或者投诉，有关行政主管部门应当依法处理。

◆ **条文主旨**

本条是关于业主有关义务、制止损害他人合法权益行为并追究其法律责任以及向有关行政主管部门报告或者投诉的规定。

◆ 立法背景

2007年物权法起草征求意见过程中，许多业主、物业公司及有关部门提出，任意弃置垃圾、排放污染物、施放噪声、违反规定饲养动物、违章搭建、侵占通道、拒付物业费等是当前引发邻里纠纷的一个重要因素，是居民反映最强烈的问题。对这些问题目前缺乏法律规定，导致矛盾久拖不决，群众意见大，建议物权法对此问题作出规定。

本条在2007年通过的《物权法》第83条的基础上作了修改完善：一是增加规定“相关行为应当符合节约资源、保护生态环境的要求”。二是增加规定“对于物业服务企业或者其他管理人执行政府依法实施的应急处置措施和其他管理措施，业主应当依法予以配合。”三是将“业主大会和业主委员会”修改为“业主大会或者业主委员会”。四是将“要求行为人停止侵害、消除危险、排除妨害、赔偿损失”修改为“请求行为人停止侵害、排除妨碍、消除危险、恢复原状、赔偿损失”。五是增加规定第3款。

◆ 条文解读

一、业主应当遵守法律、法规和管理规约以及业主的配合义务

（一）业主应当遵守法律、法规以及管理规约，相关行为应当符合节约资源、保护生态环境的要求

遵守法律、法规以及管理规约是居住于建筑区划内的业主应当履行的最基本的义务。本条第1款规定，业主应当遵守法律、法规以及管理规约，相关行为应当符合节约资源、保护生态环境的要求。

业主首先应当遵守法律、法规，法律、法规对业主的义务作了一些规定，如《民法典》第944条规定，业主应当按照约定向

物业服务人支付物业费。物业服务人已经按照约定和有关规定提供服务的，业主不得以未接受或者无需接受相关物业服务为由拒绝支付物业费。业主违反约定逾期不支付物业费的，物业服务人可以催告其在合理期限内支付；合理期限届满仍不支付的，物业服务人可以提起诉讼或者申请仲裁。第 945 条规定，业主装饰装修房屋的，应当事先告知物业服务人，遵守物业服务人提示的合理注意事项，并配合其进行必要的现场检查。业主转让、出租物业专有部分、设立居住权或者依法改变共有部分用途的，应当及时将相关情况告知物业服务人。第 272 条中规定，业主行使权利不得危及建筑物的安全，不得损害其他业主的合法权益。《物业管理条例》第 7 条规定，业主在物业管理活动中，履行下列义务：（一）遵守管理规约、业主大会议事规则；（二）遵守物业管理区域内物业共用部位和共用设施设备的使用、公共秩序和环境卫生的维护等方面的规章制度；（三）执行业主大会的决定和业主大会授权业主委员会作出的决定；（四）按照国家有关规定交纳专项维修资金；（五）按时交纳物业服务费用；（六）法律、法规规定的其他义务。

此外，业主还应当遵守管理规约。根据《民法典》第 278 条规定，业主共同决定制定和修改管理规约。《物业管理条例》第 17 条规定，管理规约应当对有关物业的使用、维护、管理，业主的共同利益，业主应当履行的义务，违反管理规约应当承担的责任等事项依法作出约定。管理规约应当尊重社会公德，不得违反法律、法规或者损害社会公共利益。管理规约对全体业主具有约束力。此外，建设单位在销售物业之前，可以制定临时管理规约，业主也应该遵守，如果建设单位制定的临时管理规约侵害业主的合法权益或者业主认为不合适，可以依法修改。《物业管理条例》第 22 条规定，建设单位应当在销售物业之前，制定临时管理规约，对有关物业的使用、维护、管理，业主的共同利益，业主应当履行的义务，违反临时管理规约应当承担的责任等事项依法作出约定。建设单位制定的临时管理规约，不得侵害物业买受人的合法权益。第23条规定，建设单位应当在物业销售前将临时管理规约向物业买受人明示，并予以说明。物业买受人在与建设单位签订物业买卖合同时，应当对遵守临时管理规约予以书面承诺。

业主应当遵守法律、法规以及管理规约，不仅本法在此作了规定，物业管理条例等行政法规、规章也对此作了规定。例如，《物业管理条例》第7条规定，业主在物业管理活动中，履行下列义务：（一）遵守管理规约、业主大会议事规则；（二）遵守物业管理区域内物业共用部位和共用设施设备的使用、公共秩序和环境卫生的维护等方面的规章制度；（三）执行业主大会的决定和业主大会授权业主委员会作出的决定；（四）按照国家有关规定交纳专项维修资金；（五）按时交纳物业服务费用；（六）法律、法规规定的其他义务。第47条规定，物业使用人在物业管理活动中的权利义务由业主和物业使用人约定，但不得违反法律、法规和管理规约的有关规定。物业使用人违反本条例和管理规约的规定，有关业主应当承担连带责任。

（二）业主对物业服务企业或者其他管理人依法实施的应急处理措施和其他管理措施的配合义务

本条第1款中规定，对于物业服务企业或者其他管理人执行政府依法实施的应急处置措施和其他管理措施，业主应当依法予以配合。此规定是2020年5月提交大会审议的民法典草案增加的内容。在新冠肺炎疫情防控中，广大物业服务企业执行政府依法实施的防控措施，承担了大量具体工作，得到了社会普遍认可，还在近期的有关地方立法中引发关注。在民法典编纂过程中，有的意见提出，应该在民法典草案中增加相关规定。2020年5月

《关于〈中华人民共和国民法典（草案）〉的说明》中提到，结合疫情防控工作，明确物业服务企业和业主的相关责任和义务，增加规定物业服务企业或者其他管理人应当执行政府依法实施的应急处置措施和其他管理措施，积极配合开展相关工作，业主应当依法予以配合。

二、业主大会或者业主委员会制止损害他人合法权益行为并追究其法律责任

有的建筑区划内的个别业主，不遵守法律、法规以及管理规约的规定，任意弃置垃圾、排放污染物或者噪声、违反规定饲养动物、违章搭建、侵占通道、拒付物业费，损害了部分业主甚至是全体业主的合法权益，对这些侵权行为，由谁予以制止，是否可以追究其侵权的民事责任。业主大会、业主委员会是否可以提起诉讼，在哪些方面享有诉讼资格，可以成为诉讼主体。对这些问题，在2007年物权法研究起草过程中有着不同的看法。有的提出，对建筑区划内个别业主实施的侵权行为，业主大会、业主委员会有责任也有义务予以劝阻、制止，业主大会、业主委员会还可以提起诉讼，物权法应当赋予业主大会、业主委员会诉讼主体资格。有的提出，业主大会、业主委员会提起诉讼后，如果败诉，诉讼后果应由全体业主承担，这在理论上说得通，但在实践中行不通。有的提出，业主大会、业主委员会是由业主组成的。业主大会、业主委员会对侵权行为予以处置，影响邻里关系，容易产生矛盾，宜由物业公司或者国家有关部门予以制止。物业公司提出，物业公司根据业主的要求，对建筑区划内的违法行为予以劝阻、制止，但当事人根本不听，物业公司也没有办法。物业公司是受业主委托，向业主提供服务的企业。没有政府的授权，对这些违法行为无权管，管了也没用。

在物权法起草过程中，立法部门经调查研究认为，为了维护业主的共同权益，应当对业主大会、业主委员会的起诉和应诉资格作出规定，对此物权法草案三次审议稿第 87 条曾规定：“对侵害业主共同权益等行为，业主会议经 2/3 以上业主同意，可以以业主会议的名义提起诉讼、申请仲裁。”对此，有的提出，这一条的规定对于切实维护业主权益是必要的，但需经2/3以上业主同意规定的比例过高，建议降低比例。有的提出，现实生活中维护业主共同权益的许多工作是由业主委员会承担的，经业主授权，业主委员会也可以提起诉讼、申请仲裁。对此，立法部门将这一条修改为：“对侵害业主共同权益的行为，对物业服务机构等违反合同发生的争议，经专有部分占建筑物总面积过半数的业主或者占总人数过半数的业主同意，可以以业主大会或者业主委员会的名义提起诉讼、申请仲裁；业主也可以以自己的名义提起诉讼、申请仲裁”。（草案四次审议稿第 86 条）对这一修改，有的常委会委员和业主委员会提出，业主大会或者业主委员会没有独立的财产，难以承担败诉后的民事责任，建议删去这一规定。立法部门经调查研究认为，业主大会是业主的自治性组织，业主委员会是业主大会的执行机构，业主大会或者业主委员会享有的权利、承担的义务都要落在业主身上，目前许多小区没有成立业主大会或者业主委员会，对业主大会或者业主委员会提起诉讼、申请仲裁的权利以暂不作规定为妥；对侵害业主共同权益的纠纷，可以通过民事诉讼法规定，推选代表人进行诉讼。

对任意弃置垃圾、排放污染物或者噪声、违反规定饲养动物、违章搭建、侵占通道、拒付物业费等损害他人合法权益的行为如何处置，本条规定了以下几种办法：一是业主大会、业主委员会依照法律、法规以及管理规约的规定，要求其停止侵害、消除危险、排除妨碍、赔偿损失。二是受到侵害的业主个人依据民事诉讼法等法律的规定，向人民法院提起诉讼。三是共同受到侵害的业主，推选代表人，依据民事诉讼法等法律的规定，向人民法院提起诉讼。本次民法典编纂过程中，对此未作修改。

关于“损害他人合法权益的行为”的界定，《最高人民法院关于审理建筑物区分所有权纠纷案件具体应用法律若干问题的解释》第15条规定，业主或者其他行为人违反法律、法规、国家相关强制性标准、管理规约，或者违反业主大会、业主委员会依法作出的决定，实施下列行为的，可以认定为《物权法》第83条第2款所称的其他“损害他人合法权益的行为”：（一）损害房屋承重结构，损害或者违章使用电力、燃气、消防设施，在建筑物内放置危险、放射性物品等危及建筑物安全或者妨碍建筑物正常使用；（二）违反规定破坏、改变建筑物外墙面的形状、颜色等损害建筑物外观；（三）违反规定进行房屋装饰装修；（四）违章加建、改建，侵占、挖掘公共通道、道路、场地或者其他共有部分。第14条第1款规定，建设单位或者其他行为人擅自占用、处分业主共有部分、改变其使用功能或者进行经营性活动，权利人请求排除妨害、恢复原状、确认处分行为无效或者赔偿损失的，人民法院应予支持。第4条规定，业主基于对住宅、经营性用房等专有部分特定使用功能的合理需要，无偿利用屋顶以及与其专有部分相对应的外墙面等共有部分的，不应认定为侵权。但违反法律、法规、管理规约，损害他人合法权益的除外。

除以法律的形式规定建筑物区分所有权人行使所有权要受到限制外，有的国家在实务中也规定建筑物区分所有权人不得为之的违反共同利益的行为，如《日本公寓大厦管理规约》一般都规定建筑物区分所有权人不得有下列行为：（1）将专有部分供作居住或所定用途以外之使用；（2）搬入重量物、肮脏恶臭物、危险物等妨害他人之物品；（3）带有噪音、振动或其他令人厌恶之使用行为；（4）变更建筑物专有部分之基本结构或外观；（5）饲养有危害或困扰他人之虞的动物；（6）体育用品或较重物品之任意投掷；（7）共用部分之不法占有或任意堆放物品；（8）新设、附加或变更电气、瓦斯、给水排水等设施，致影响其容许量；（9）私自设置专用庭院、阳台或停车场等构造物；（10）违反公序良俗之行为。

我国台湾地区“公寓大厦管理条例”第5条规定，区分所有权人对专有部分的利用，不得有妨碍建筑物的正常使用及违反区分所有权人共同利益的行为。第6条中规定，住户应遵守下列事项：1. 于维护、修缮专有部分、约定专有部分或行使其权利时，不得妨碍其他住户之安宁、安全及卫生。2. 他住户因维护、修缮专有部分、约定专有部分或设置管线，必须进入其专有部分或约定部分时，不得拒绝。3. 管理负责人或管理委员会因维护、修缮共用部分或设置管线，必须进入其专有部分或约定部分时，不得拒绝。第8条中规定，公寓大厦周围上下、外墙面、楼顶平台及防空避难室，非依法令规定并经区分所有权人会议之决议，不得有变更构造、颜色、使用目的、设置广告物或其他类似之行为。第16条中规定，住户不得任意弃置垃圾、排放各种污染物、恶臭物质或发生喧嚣、振动及其他与此相类似的行为。住户不得于防火间隔、防火巷弄、楼梯间、共同走廊、防空避难设备等处所堆置杂物、设置栓栏、门扇或营业使用，或违规设置广告物或私设路障及停车位，侵占巷道妨碍出入。住户饲养动物，不得妨碍公共卫生、公共安宁及公共安全。但法令或规约另有禁止饲养之规定时，从其规定。

关于损害他人合法权益行为的民事责任。2007年《物权法》第83条中规定，“要求行为人停止侵害、消除危险、排除妨害、赔偿损失”。在民法典编纂过程中，有的意见建议，本条民事责任的表述应该与《民法总则》第179条对民事责任的表述相统一。

经研究，本条民事责任的表述修改为“请求行为人停止侵害、排除妨碍、消除危险、恢复原状、赔偿损失”。

三、业主或者其他行为人拒不履行相关义务，有关当事人可以向有关行政主管部门报告或者投诉，有关行政主管部门应当依法处理

在民法典编纂过程中，有的意见提出，除要求行为人承担民事责任外，有关当事人还可以向有关行政主管部门投诉，建议增加相关内容。经研究，2019 年 4 月，第十三届全国人大常委会第十次会议《全国人民代表大会宪法和法律委员会关于〈民法典物权编（草案)〉修改情况的汇报》中提到，加强对业主维权的保障，在草案第 81 条中增加 1 款规定：在建筑区划内违反规定饲养动物、违章搭建、侵占通道等的行为人拒不履行相关义务的，有关当事人可以向有关行政主管部门投诉，有关行政主管部门应当依法处理。例如，行为人违章搭建的，有关当事人可以依法向住建部门投诉，相关部门应当依法处理。2020 年 5 月提交大会审议的民法典草案进一步将“投诉”修改为“报告或者投诉”，并将“行为人”修改为“业主或者行为人”。

四、其他国家和地区对区分所有权人行使权利损害他人及公共利益责任的规定

对于区分所有权人行使权利损害他人及公共利益的情况，有些国家规定了一定的措施和应当承担的责任，也有的国家规定了强制让与其专有部分等较为严厉的措施：

（一）一般责任

《日本建筑物区分所有法》第 57 条中规定，区分所有人违反第 6 条中“区分所有人不得为对建筑物之保存有害的行为，或其他有关建筑物之管理或使用违反区分所有人共同利益的行为”的规定，实施该行为或有实施该行为之虞时，“其他区分所有权人全体或管理组合法人可以为区分所有人的共同利益，请求其停止该行为、消除行为后果，或采取防止该行为发生的必要措施”。第58条规定，依第57条的规定“不能除去其障害，不能确保共用部分的利用，致其他区分所有人维持共同生活为困难时，其他区分所有人的全体或管理组合法人，可以根据集会决议，依诉讼请求禁止实施该行为的区分所有人在相当期间禁止使用其专有部分”。

《俄罗斯联邦民法典》第293条中规定，如果住房所有人不按其用途使用住房，多次侵犯邻居权利和利益，或者对住房管理不善而任其毁坏，地方自治机关可以警告住房所有人必须消除违法行为，而如果这些行为导致房屋毁坏，则可以指定住房所有人限期对房屋进行修缮。

我国台湾地区“公寓大厦管理条例”第6条规定，违反本条中“于维护、修缮专有部分、约定专有部分或行使其权利时，不得妨碍其他住户之安宁、安全及卫生”的规定，“经请求仍不停止时，管理人或管理委员会得诉请法院为必要的处置”。第8条规定，公寓大厦周围上下、外墙面、楼顶平台及防空避难室，非依法令规定并经区分所有权人会议之决议，不得有变更构造、颜色、使用目的、设置广告物或其他类似之行为。住户违反前项规定，管理负责人或管理委员会应予制止，并报请各该主管机关依第39条第1项第2款处以罚金后，该住户应于一个月内回复原状。未回复原状者，由主管机关回复原状，其费用由该住户负担。

（二）强制搬迁

《德国住宅所有权法》第18条规定，住宅所有权人违反法律规定的义务或禁止性规定使他住宅所有权人遭受重大损害，致不能期待他住宅所有权人与其继续维持共同关系的，他住宅所有权人得请求让与该住宅所有权人的住宅所有权。下列情形，得剥夺住宅所有权人的住宅所有权：1. 住宅所有权人虽经警告，仍屡次重大违反第14条规定的义务的；2. 住宅所有权人迟延履行费用义务，其数额超过其住宅所有权总价值的3%，且迟延期间逾3个月的。

《奥地利区分所有权法》第10条规定，当住宅所有权人有下列情事时，得由其他共有人多数以诉讼的方式将其从共同关系中驱逐：1. 未履行共同关系中应承担的义务，并且未于法院第一次直接先行审理的裁判终结前履行义务；2. 利用单独所有权部分与共用部分时，致他住宅所有权人重大损害的；3. 因疏忽大意、粗野，或其他不正当的行为致他住宅所有权人产生厌恶，或于自己的单独所有权内为应受处罚的行为，或为不合于伦理的行为，情节重大的。

《日本建筑物区分所有法》第59条中规定，于第57条第1款规定的情形，因第6条第1款规定的行为显著造成区分所有人共同生活之障害，而依第56条第1款的请求不能除去其障害，不能确保共同部分的利用，致其他区分所有人维持共同生活为困难时，其他区分所有人之全体或管理组合法人，得基于区分所有人会议决议，以诉讼请求拍卖与该行为有关的区分所有人的区分所有权及基地利用权。

《俄罗斯联邦民法典》第293条规定，如果住房所有人不按其用途使用住房，多次侵犯邻居权利和利益，或者对住房管理不善而任其毁坏，地方自治机关可以警告住房所有人必须消除违法行为，而如果这些行为导致房屋毁坏，则可以指定住房所有人限期对房屋进行修缮。如果在警告之后住房所有人仍然继续侵犯邻居的权利和利益，或者仍不按其用途使用房屋，或者无正当理由而不对房屋进行必要修缮，则法院可以根据地方自治机关的起诉作出判决，对房屋进行公开拍卖，而将拍卖所得款项在扣除执行法院判决所需费用之后付给房屋所有人。

我国台湾地区“公寓大厦管理条例”第22条规定，住户有下列情形之一者，由管理负责人或管理委员会促请其改善，于3个月内仍未改善者，管理人或管理委员会得依区分所有权人会议之决议，诉请法院强制其迁离：1. 积欠依本条例应分担之费用，经强制执行后再度积欠金额达其区分所有权总价的1%者；2. 违反本条例规定经依第39条第1项第1款至第4款处以罚金后，仍不改善或续犯者；3. 其他违反法令或规约情节重大者。

▶ 相关规定

《最高人民法院关于审理建筑物区分所有权纠纷案件具体应用法律若干问题的解释》第4条、第15条；《物业管理条例》第7条、第17条、第22条、第23条、第47条

第二百八十七条 业主对建设单位、物业服务企业或者其他管理人以及其他业主侵害自己合法权益的行为，有权请求其承担民事责任。

◆ 条文主旨

本条是关于业主对侵害自己合法权益的行为，有权请求承担民事责任的规定。

◆ 立法背景

本条是在2007年通过的《物权法》第83条第2款中“业主对侵害自己合法权益的行为，可以依法向人民法院提起诉讼”的规定基础上的修改完善，将业主对侵害自己合法权益行为有权请求承担民事责任的规定单列一条作了规定。在民法典编纂过程中，有的意见提出，《物权法》第83条规定的是业主的有关义务、业

主大会和业主委员会制止损害他人合法权益行为，建议对业主对侵害自己合法权益的行为作单独规定。2018 年 8 月审议的民法典各分编草案吸收了这一意见，单列一条并作了修改完善。

◆ **条文解读**

法律及行政法规等规定了一些业主的权利，如《民法典》第 274 条规定，建筑区划内的道路，属于业主共有，但是属于城镇公共道路的除外。建筑区划内的绿地，属于业主共有，但是属于城镇公共绿地或者明示属于个人的除外。建筑区划内的其他公共场所、公用设施和物业服务用房，属于业主共有。第 275 条第 2 款规定，占用业主共有的道路或者其他场地用于停放汽车的车位，属于业主共有。第 280 条第 2 款规定，业主大会或者业主委员会作出的决定侵害业主合法权益的，受侵害的业主可以请求人民法院予以撤销。第 281 条规定，建筑物及其附属设施的维修资金，属于业主共有。第 282 条规定，建设单位、物业服务企业或者其他管理人等利用业主的共有部分产生的收入，在扣除合理成本之后，属于业主共有。《物业管理条例》第6 条中规定，业主在物业管理活动中，享有下列权利：（一）按照物业服务合同的约定，接受物业服务企业提供的服务；（二）提议召开业主大会会议，并就物业管理的有关事项提出建议；（三）提出制定和修改管理规约、业主大会议事规则的建议；（四）参加业主大会会议，行使投票权；（五）选举业主委员会成员，并享有被选举权；（六）监督业主委员会的工作；（七）监督物业服务企业履行物业服务合同；（八）对物业共用部位、共用设施设备和相关场地使用情况享有知情权和监督权；（九）监督物业共用部位、共用设施设备专项维修资金（以下简称专项维修资金）的管理和使用；（十）法律、法规规定的其他权利。同时也规定了一些建设单位、物业服务企业或者其他管理人以及其他业主的义务。根据本条规定，业主对建设单位、物业服务企业或者其他管理人以及其他业主侵害自己合法权益的行为，有权请求其承担民事责任。具体的民事责任，可以依据《民法典》第179条的相关规定。

▶ 相关规定

《物业管理条例》第6条

第七章 相邻关系

本章共九条。对处理相邻关系的原则、用水与排水、通行、通风、采光和日照等相邻关系作了规定。

相邻关系是指不动产的相邻各方因行使所有权或者用益物权而发生的权利义务关系。

相邻关系与地役权的重要区别之一是相邻关系的“必需”性，即不动产权利人必须借助相邻不动产，才能对自己的不动产正常使用，因此，他有权要求相邻的不动产一方提供必要的便利。很多教科书把这种权利称为“相邻权”。例如，甲承包的土地不能直接通到公路，甲要到自己的土地上进行耕作或运输种子、化肥、农作物等，必须要经过乙的承包地才能到达公路。按照相邻关系的规定，甲有权通行于乙的土地，乙无权阻拦。地役权则是不动产的权利人之间，就一方使用另一方的不动产签订许可使用的合同。

按照相邻关系的规定，不动产权利人在对自己的不动产行使权利时，要克制自己对权利的任意使用，以避免给相邻不动产造成损害。例如，在建造建筑物时，要注意避免损害相邻建筑物的通风、采光和日照。再如，在使用自己的不动产时，要控制废水、废气、噪声等给相邻不动产造成损害。又如，在自己的土地上开掘地基时，要避免邻地及建筑物发生动摇。

相邻关系与地役权是互相联系而又有区别的两个概念。相邻关系是指两个以上相互毗邻的不动产所有人，在行使所有权时，因相邻各方给予便利或者接受限制而发生的权利义务关系。相邻关系不是一种单独的物权，而是所有权的延伸和扩展，是所有权权能的体现。但也有学者认为，相邻关系从权利角度来讲可以称为相邻权，它是为调节在行使不动产所有权中的权益冲突而产生的权利。地役权是指土地所有权人使用别人土地的权利。地役权发生在两个不同归属的土地之间。为他人利用而提供便利的土地叫供役地，接受便利而得以使用或者经营的土地叫需役地。所以，地役权是存在于他人土地之上的物权，属于他物权。

相邻关系和地役权区别主要体现在：（1）两者的设立方式不同。相邻关系是法定的，而地役权通常是由当事人各方通过合同设立的。（2）两者受到损害后的救济请求权不同。相邻关系受到侵害后，一般提起所有权的行使受到妨害之诉。地役权受到损害之后，受害人可以直接提起地役权受损害的请求之诉。（3）两者提供便利的内容不同。地役权的设立是为了使所有权人的权利得到更好的行使，是一个比较高的标准。而相邻关系的规定是为了维持生产、生活的必备条件，对他们的各自权利给予一定限制，这是为了达到权利正常使用的最低标准。

第二百八十八条 不动产的相邻权利人应当按照有利生产、方便生活、团结互助、公平合理的原则，正确处理相邻关系。

◆ 条文主旨

本条是关于处理相邻关系原则的规定。

◆ 立法背景

我国早在1986年通过的民法通则就规定了处理不动产相邻关系的原则。《民法通则》第83条规定："不动产的相邻各方，应当按照有利生产、方便生活、团结互助、公平合理的精神，正确处理截水、排水、通行、通风、采光等方面的相邻关系。给相邻方造成妨碍或者损失的，应当停止侵害，排除妨碍，赔偿损失。"20年来，人民法院就是主要依据这一条法律规定，审理了大量基于相邻关系而引起的纠纷案件。民法通则对相邻关系的规定太过简单，虽然我国《最高人民法院关于贯彻执行〈中华人民共和国民法通则〉若干问题的意见（试行）》，从审判的角度对相邻关系作了一些规定，但仍不能全面为人们处理相邻关系提供指南，也不能适应审判实践的需要。但是20年的审判实践证明，民法通则规定的处理相邻关系的原则是正确的，虽然是20年前制定的法律，但仍全面体现了我国在新世纪建立和谐社会的崇高追求。因此，在2007年制定物权法时，有必要把民法通则规定的处理相邻关系的原则在物权法中予以重申。另外，相邻关系的种类繁多，不可能在物权法中一一予以体现，明确规定按照有利生产、方便生活、团结互助、公平合理的精神，正确处理相邻关系的原则，仍然为人们处理所有相邻关系提出原则要求，同时为人民法院审理缺乏法律规定的新型相邻关系纠纷案件提供原则指导。

本条是2007年通过的《物权法》第84条的规定，本次民法典编纂对本条未作修改。

◆ 条文解读

本条首先要回答的是"不动产的相邻权利人"的范围。这里有以下几个问题：

第一，相邻的不动产不仅指土地，也包括附着于土地的建筑物。相邻土地权利人之间的相邻关系的内容是非常丰富的，例如通行、引水、排水，以及临时占用邻人土地修建建筑物等。但相邻的建筑物权利人之间的相邻关系也是同样内容丰富的，无论是在农村还是在城市，建筑物之间的通风、采光等相邻关系直接关系到人们的生活。特别是随着城市化的进一步发展，建筑物区分所有人之间的相邻关系迫切需要法律作出调整。

第二，不动产的相邻关系一般指相互毗邻的不动产权利人之间的关系，但也并不尽然。例如，河流上游的权利人排水需要流经下游的土地，当事人之间尽管土地并不相互毗邻，但行使权利是相互邻接的。

第三，相邻的不动产权利人，不仅包括不动产的所有人，而且包括不动产的用益物权人和占有人。

法律设立不动产相邻关系的目的是尽可能确保相邻的不动产权利人之间的和睦关系，解决相邻的两个或者多个不动产所有人或使用人因行使权利而发生的冲突，维护不动产相邻各方利益的平衡。在现代社会，世界各国的立法取向更加注重不动产所有权的"社会性义务"，给不动产所有权提出了更多的限制性要求。人们逐渐认识到对不动产所有权的行使不能是绝对的，为避免所有权人绝对行使权利而妨碍社会的进步和公共利益的需要，有必要对所有权的行使，特别是不动产物权的行使加以必要的限制。基于相邻关系的规定，如果我是一个不动产权利人，这种限制来自两个方面：一是，我不能在我的一亩三分地内胡作非为，从而影响邻人对其不动产的正常使用及安宁。很多国家、地区对此均有规定，例如，《瑞士民法典》第 684 条第 1 项规定："任何人在行使其所有权时，特别是在其土地上经营工业时，对邻人的所有权有不造成过度侵害的注意义务。"我国台湾地区"民法"第 747 条规定："土地所有人经营工业及行使其他权利，应注意防免邻地之损害。”二是，我对我的一亩三分地行使所有权时，要为邻人对其不动产的使用提供一定的便利，即容忍邻人在合理范围内使用自己的不动产。邻人对我的一亩三分地的使用前提是：邻人如果不使用我的土地，就不能对其土地进行正常的经营和管理。例如，邻人的土地属于“袋地”，非通行于我的土地就不能到达其地。此种情况下，按照相邻关系的规定，我必须为邻人通行于我的土地，或者从我的土地上引水、排水提供必要的便利。

我国早在1986年通过的民法通则就规定了处理不动产相邻关系的原则。《民法通则》第83条规定：“不动产的相邻各方，应当按照有利生产、方便生活、团结互助、公平合理的精神，正确处理截水、排水、通行、通风、采光等方面的相邻关系。给相邻方造成妨碍或者损失的，应当停止侵害，排除妨碍，赔偿损失。”虽然民法通则对相邻关系的规定仅此一条，但却揭示了相邻关系的本质特征。首先，相邻关系是法定的，一是体现在不动产权利人对相邻不动产权利人的避免妨害之注意义务；二是体现在不动产权利人在非使用邻地就不能对自己的不动产进行正常使用时，有权在对邻地损害最小的范围内使用邻地，邻地权利人不能阻拦。这就是“团结互助、公平合理”的原则要求。

处理相邻关系的原则，不仅是人们在生产、生活中处理相邻关系应遵从的原则，也是法官审理相邻关系纠纷案件应遵从的原则。特别是在法律对相邻关系的某些类型缺乏明确规定的情况下，需要法官以处理相邻关系的一般原则评判是非。例如，我国民法典物权编对树木根枝越界的相邻关系问题没有作出规定。在我国农村此类纠纷还是常见的。例如，甲家树木的枝蔓越界到乙家，乙家认为该越界枝蔓影响了其家采光，从而起诉到法院，要求甲家砍断越界的枝蔓。法官在审理此案时，首先要看当地的习惯对此类纠纷如何处理。如果当地也没有相应的习惯，法官要依我国法律规定的处理相邻关系的一般原则审理此案。法官要查证越界枝蔓是否对乙家的生活造成了严重影响，也要查明砍断越界枝蔓对甲家的生产会产生多少影响，因为该树可能是经济价值较高的果树。如果法官认定越界枝蔓严重妨害了乙家的采光，同时砍断越界枝蔓对甲家的生产损失不大，则判决甲家砍断越界枝蔓；反之，如果法官认定越界枝蔓对乙家的生活影响不大，但砍断越界枝蔓可能对甲家的生产造成较大损失，可以判决保留越界枝蔓，而由甲家给乙家一定补偿。总之，判决要体现公平合理的原则，保持邻里团结友爱的和睦关系。

第二百八十九条 法律、法规对处理相邻关系有规定的，依照其规定；法律、法规没有规定的，可以按照当地习惯。

◆ 条文主旨

本条是关于处理相邻关系依据的规定。

◆ 立法背景

平等主体之间的财产关系和人身关系的种类和内容极其广泛和复杂，调整这些关系的民法是难以涵盖全部的。因此，有的民事关系在没有相应法律进行调整时，适用当地风俗习惯或者交易惯例是一种必然要求。在法制社会里，民事主体之间发生了某种纠纷，不能说由于没有相应法律作为依据，法院就拒绝审理，这不利于社会的和谐与稳定。

需要用法律调整的相邻关系的种类很多，随着社会经济的发展，其范围还在不断扩大。因此，物权法不可能对需要调整的相邻关系一一列举，只能择其主要，作出原则性规定。世界各国对相邻关系种类的规定也是有繁有简。但是在现实生活中，基于相邻关系发生的纠纷的种类很多，人民法院或者其他有权调解、处理的机关在处理纠纷时，又必须依据一定的规范，所以 2007 年《物权法》第 85 条规定：法律、法规对处理相邻关系有规定的，依照其规定；法律、法规没有规定的，可以按照当地习惯。

本条是 2007 年通过的《物权法》第 85 条的规定，本次民法典编纂对本条未作修改。

◆ 条文解读

我国有些法律、法规对处理相邻关系作出了规定。例如，我国建筑法对施工现场相邻建筑物的安全、地下管线的安全，以及周围环境的安全都提出了要求。该法第 39 条第 2 款规定：“施工现场对毗邻的建筑物、构筑物和特殊作业环境可能造成损害的，建筑施工企业应当采取安全防护措施。”第 40 条规定：“建设单位应当向建筑施工企业提供与施工现场相关的地下管线资料，建筑施工企业应当采取措施加以保护。”第 41 条规定：“建筑施工企业应当遵守有关环境保护和安全生产的法律、法规的规定，采取控制和处理施工现场的各种粉尘、废气、废水、固体废物以及噪声、振动对环境的污染和危害的措施。”

处理民事关系，首先应当依照民事法律的规定。在民事法律未作规定的情况下，法官在处理民事纠纷时，依习惯作出判断。《民法典》第 10 条规定，处理民事纠纷，应当依照法律；法律没有规定的，可以适用习惯，但是不得违背公序良俗。很多大陆法系国家或地区都有类似的规定。例如，《瑞士民法典》第 1 条第 2 款规定：“如本法无相应规定时，法官应依据惯例；如无惯例时，依据自己作为立法人所提出的规则裁判。”再如，我国台湾地区

“民法”第1条规定：“民事，法律所未规定者，依习惯；无习惯者，依法理。”

作为审案依据的“习惯”必须是当地多年实施且为当地多数人所遵从和认可的习惯，这种习惯已经具有“习惯法”的作用，在当地具有类似于法律一样的约束力。同时，这种习惯以不违背公序良俗为限。因此，当邻里因为不动产的使用而发生纠纷时，如果没有相应的民事法律进行调整，在是否适用习惯作为审案的依据，以及适用何种习惯作为审案的依据问题上，法官具有自由裁量权。

在整个民法体系中，处理相邻关系需要以习惯作为依据所占的比例是比较大的。理由就是相邻关系的种类繁多且内容丰富。由于本法对相邻关系的规定比较原则和抽象，因此，更是大量需要以习惯作为标准来判决基于相邻关系而产生的纠纷的是与非。例如，本章没有规定果实自落于邻地的归属问题。果树的枝蔓越界在邻里之间是常有的事，但越界枝蔓上的果实自落于邻地上，该果实的所有权到底归谁所有，本法没有作出明确规定。很多国家或地区的民法规定了“邻地人的果实（孳息）取得权”，例如德国、法国、意大利和我国台湾地区“民法”规定，“果实（孳息）自落于邻地的，视为属于邻地的权利人所有。但邻地为公用地的除外”。在我国民间，因果实自落于邻地后的归属问题，可能会产生大量纠纷。鉴于我国民法典和其他法律对此没有明确作出规定，法官在审理此类案件时，只能以当地习惯作为判断的标准。如果当地习惯允许果树的所有人取回果实，则法院应当支持果树所有人的主张；反之，从世界各国的通例来看，果实自落于邻地的，应当属于邻地人所有。这应当是绝大多数地方的习惯，因为成文法也多是从习惯法演变而来。

▶ **相关规定**

《中华人民共和国建筑法》第39条、第40条、第41条

第二百九十条 不动产权利人应当为相邻权利人用水、排水提供必要的便利。

对自然流水的利用，应当在不动产的相邻权利人之间合理分配。对自然流水的排放，应当尊重自然流向。

◆ **条文主旨**

本条是关于用水、排水相邻关系的规定。

◆ **立法背景**

相邻的不动产权利人基于用水、排水而发生的相邻关系非常之多，需要法律对用水、排水相邻关系专门作出规定。因此，2007年制定物权法，在民法通则的基础上，对用水、排水相邻关系作了一定细化。本条是2007年通过的《物权法》第86条的规定，本次民法典编纂对本条未作修改。

◆ **条文解读**

相邻的不动产权利人基于用水、排水而发生的相邻关系的内容非常丰富，我国《水法》第28条规定："任何单位和个人引水、截（蓄）水、排水，不得损害公共利益和他人的合法权益。"根据水法并参考国外或地区立法例，关于水的相邻关系的内容大概有以下几项：

一、对自然流水的规定

（一）尊重自然流水的流向及低地权利人的承水、过水义务。例如，法国、意大利、瑞士、日本和我国台湾地区"民法"规

定，从高地自然流至之水，低地权利人不得妨阻。

（二）水流地权利人变更水流或者宽度的限制。例如，日本和我国台湾地区“民法”规定，水流地权利人，如对岸的土地属于他人时，不得变更水流或者宽度。两岸的土地均属于一个权利人时，该权利人可以变更水流或者宽度，但应给下游留出自然水路。当地对此有不同习惯的，从其习惯。

（三）对自然流水使用上的合理分配。我国对跨行政区域的河流实行水资源配置制度。我国《水法》第45条第1款规定：“调蓄径流和分配水量，应当依据流域规划和水中长期供求规划，以流域为单元制定水量分配方案。”法国、意大利、瑞士和我国台湾地区“民法”规定，自然流水为低地所必需的，高地权利人纵因其需要，也不得妨堵其全部。

二、蓄水、引水、排水设施损坏而致邻地损害时的修缮义务

例如，日本和我国台湾地区“民法”规定，土地因蓄水、引水、排水所设置的工作物破溃、阻塞，致损及他人的土地，或者有损害发生的危险时，土地权利人应以自己的费用进行必要的修缮、疏通和预防。但对费用的承担另有习惯的，从其习惯。

三、排水权

日本和我国台湾地区“民法”规定，高地权利人为使其浸水之地干涸，或者排泄家用、农工业用水至公共排水通道时，可以使其水通过低地。但应选择于低地损害最小的处所和方法为之。在对低地仍有损害的情况下，应给予补偿。

日本和我国台湾地区“民法”规定，水流因事变在低地阻塞时，高地权利人为保障自己的排水，有权以自己的费用在低地建造疏通流水的必要工事。但对费用的承担另有习惯的，从其习惯。

四、土地权利人为引水或排水而使用邻地水利设施的权利

日本和我国台湾地区“民法”规定，土地权利人为引水或排水，可以使用邻地的水利设施。但应按其受益的程度，负担该设施的设置及保存费用。

五、用水权

由于我国法律规定水资源属于国家所有，所以我国《水法》第 48 条第 1 款规定："直接从江河、湖泊或者地下取用水资源的单位和个人，应当按照国家取水许可制度和水资源有偿使用制度的规定，向水行政主管部门或者流域管理机构申请领取取水许可证，并缴纳水资源费，取得取水权。但是，家庭生活和零星散养、圈养畜禽饮用等少量取水的除外。"

法国和我国台湾地区"民法"规定，河流两岸、水井所在地等水源地的权利人有自由用水权，但公法对水资源的利用有特别规定的除外。

我国台湾地区"民法"规定，土地权利人因家用或者土地利用所必须，自己取水则费用、劳力过于巨大，可以通过支付偿金的方式使用邻地权利人的有余之水。

六、水源地权利人的物上请求权

例如，瑞士和我国台湾地区"民法"规定，他人因建筑等行为而使水源地的水资源造成损害，如使水资源减少或受到污染，无论其出于故意还是过失，水源地权利人都可以请求损害赔偿。如果该水资源属于饮用水或者利用土地所必须的，并可以请求恢复原状。

七、堰的设置与利用

日本和我国台湾地区"民法"规定，水流地权利人有设堰的必要时，如对岸土地属于他人的，可以使其堰附着于对岸。但对于因此而发生的损害，应支付偿金。对岸土地的权利人，可以使用此堰，但是应当按其受益程度，负担该堰的设置及保存费用。关于设堰，如法律另有规定或者当地另有习惯的，从其规定或习惯。

我国《最高人民法院关于贯彻执行〈中华人民共和国民法通则〉若干问题的意见（试行）》从审判的角度对水的相邻关系作了一些规定，主要是：

一是关于自然流水的分配与使用。一方擅自堵截或者独占自然流水，影响他方正常生产、生活的，他方有权请求排除妨碍；造成他方损失的，受益人应负赔偿责任。

二是关于自然流水以及生产、生活用水的排放。相邻一方必须使用另一方的土地排水的，应当予以准许；但应在必要限度内使用并采取适当的保护措施排水，如仍造成损失的，由受益人合理补偿。相邻一方可以采取其他合理的措施排水而未采取，向他方土地排水毁损或者可能毁损他方财产，他方要求致害人停止侵害、消除危险、恢复原状、赔偿损失的，应当予以支持。

三是关于房屋滴水。处理相邻房屋滴水纠纷时，对有过错的一方造成他方损害的，应当责令其排除妨碍、赔偿损失。

▶ 相关规定

《中华人民共和国水法》第 28 条、第 45 条、第 48 条第 1 款

第二百九十一条 不动产权利人对相邻权利人因通行等必须利用其土地的，应当提供必要的便利。

◆ 条文主旨

本条是关于相邻关系中通行权的规定。

◆ 立法背景

不动产权利人原则上有权禁止他人进入其土地，但他人因通

行等必须利用或进入其土地的，不动产权利人不能阻挠，而应当提供必要的便利。“袋地”的权利人在相邻土地上的通行权是相邻关系的重要内容，物权法有必要对此作出规定。本条是2007年通过的《物权法》第87条的规定，本次民法典编纂对本条未作修改。

◆ **条文解读**

不动产权利人原则上有权禁止他人进入其土地，但他人因通行等必须利用或进入其土地的，不动产权利人应当提供必要的便利。这些情形是：

第一，他人有通行权的。不动产权利人必须为相邻袋地的权利人提供通行便利。从国外某些规定来看，土地被他人土地包围，与公路没有适宜的联络，致使不能正常使用的，土地权利人可以通行周围的土地以到达公路。但应选择损害最小的处所及方法通行，仍有损害的，应支付偿金。例如，《法国民法典》第682条规定：“土地被他人土地包围，且在为工业、农业或商业利用其土地或为进行建筑或小块土地上的建筑作业而无任何出路或出路不足通至公共道路时，其所有人得要求在其邻人土地上取得足够的通道，以保证其土地的完全通达，但应负担与通道所造成的损害相当的赔偿。”

袋地的形成如是因土地的分割或者一部的让与而致不通公路时，袋地的权利人只能通行受让人或者让与人的土地，而且无须支付偿金。例如，《法国民法典》第684条规定：“如因出卖、交换、分割或其他任何契约所产生的土地划分而造成被他人土地的包围，其通道仅得在作为此类行为的客体的土地上要求取得。但在划分的土地上不能建立足够的通道时，适用第682条的规定。”

日本和我国台湾地区“民法”还规定，袋地的权利人于必要时，还可以在周围的土地上开设道路。但对于周围土地所造成的损害，应支付偿金。

《最高人民法院关于贯彻执行〈中华人民共和国民法通则〉若干问题的意见（试行）》，从审判的角度对相邻关系中的通行权作了一些规定，主要是：

一是一方必须在相邻一方使用的土地上通行的，应当予以准许；因此造成损失的，应当给予适当补偿。

二是对于一方所有的或者使用的建筑物范围内历史形成的必经通道，所有权人或者使用权人不得堵塞。因堵塞影响他人生产、生活，他人要求排除妨碍或者恢复原状的，应当予以支持。但有条件另开通道的，可以另开通道。

第二，依当地习惯，许可他人进入其未设围障的土地刈取杂草，采集枯枝、枯干，采集野生植物，或放牧牲畜等。例如，《瑞士民法典》第699条规定："任何人得于地方习惯容许的范围内，进入森林及牧场，并取得野生浆果、香菇（草）及其他出产物；但主管官署为耕作的利益，个别限定范围禁止之者，不在此限。关于为狩猎及捕鱼之必要而进入他人所有地，州法得为详细的规定。"

第三，他人物品或者动物偶然失落于其土地时，应允许他人进入其土地取回。例如，《瑞士民法典》第700条规定："物因水、风、雪崩或其他自然力或偶然事件而被移至他人地内，或大小牛仔、蜂群、鸟类及鱼类等偶至他人地内者，土地所有人应许权利人入其地内巡查取回。"《德国民法典》第962条规定："蜂群的所有人，在追踪之际，得进入他人之土地。蜂群移住他人的空虚蜂房时，蜂群所有人，为捕获蜂群，得开启蜂房，取出蜂窝或破坏而消除之。在此情形，所有人应赔偿所生的损害。"

第二百九十二条 不动产权利人因建造、修缮建筑物以及铺设电线、电缆、水管、暖气和燃气管线等必须利用相邻土地、建筑物的，该土地、建筑物的权利人应当提供必要的便利。

◆ **条文主旨**

本条是关于利用相邻土地的规定。

◆ **立法背景**

相邻不动产权利人难免需要临时或长期利用邻地，调节这种因利用邻地而产生的权利义务关系，是相邻关系的重要内容。如果没有法律去规范邻里之间这种行为，极易在邻里之间产生纠纷。本条是2007年通过的《物权法》第88条的规定，本次民法典编纂对本条未作修改。

◆ **条文解读**

本条规定的使用邻地包括两种情形，一是因建造、修缮建筑物而临时使用邻地；二是在邻地上安设管线。

一、因建造、修缮建筑物而临时使用邻地

土地权利人因建造、修缮建筑物暂时而且有必要使用相邻的土地、建筑物的，相邻的土地、建筑物的权利人应当提供必要的便利。例如，甲要在自己的建设用地使用权范围内建筑自己的房屋，有必要将脚手架临时搭在相邻的乙的土地范围内，乙不能阻拦，而应提供必要的便利。很多国家对这种基于建筑而临时使用相邻土地的相邻关系作了规定，例如，《日本民法典》第209条规定："（一）土地所有人，于疆界或疆界附近建造、修缮墙壁或建筑物时，于必要范围内，可以使用邻地。但是，未经邻人允许，不得进入其住宅；（二）于前款情形，邻人受损害时，可以请求偿金。”

为了解决因施工而临时占用邻人土地而产生的纠纷，《最高人民法院关于贯彻执行〈中华人民共和国民法通则〉若干问题的意见（试行）》规定，相邻一方因施工临时占用他方使用的土地，占用的一方如未按照双方约定的范围、用途和期限使用的，应当责令其及时清理现场，排除妨碍，恢复原状，赔偿损失。

二、在邻地上安设管线

从建筑工程学角度上讲，土地权利人，非经过邻人的土地而不能安设电线、水管、煤气管等管线，而此等管线又为土地权利人所必需，该土地权利人有权通过邻人土地的上下安设，但应选择损害最小的处所及方法安设，仍有损害的，应支付偿金。

很多国家或地区对在相邻土地上安设管线的问题作出了规定。例如，《瑞士民法典》第691条第1款规定：“土地所有人已取得全部损害赔偿时，有许可水道、疏水管、煤气管等类似管道及地上、地下电缆在其土地安设的义务。但以非经其土地不能安设，或需大费用始能安设的为限。”我国台湾地区“民法”专设“管线安设权”一条，其第786条规定：“土地所有人，非通过他人之土地，不能安设电线、水管、煤气管或其他筒管，或虽能安设而需费过巨者，得通过他人土地之上下而安设。但应择其损害最少之处所及方法为之，并应支付偿金。依前项规定，安设电线、水管、煤气管或其他筒管后，如情事有变更时，他土地所有人得请求变更其安设。前项变更安设之费用，由土地所有人负担，但另有习惯者，从其习惯。”

第二百九十三条 建造建筑物，不得违反国家有关工程建设标准，不得妨碍相邻建筑物的通风、采光和日照。

◆ **条文主旨**

本条是关于通风、采光和日照的规定。

◆ **立法背景**

通风、采光和日照是衡量一个人居住质量的重要标准之一。随着城市化的发展，在现代都市，建筑物的通风、采光和日照问题日益成为社会关注的问题之一。由于城市土地价值的提升，导致建筑物之间的距离比过去缩小，高层建筑进一步普及，这些变化使得建筑物之间通风、采光和日照的矛盾越来越多，因此，有必要对通风、采光和日照的问题作进一步规定。本条是2007年通过的《物权法》第89条的规定，本次民法典编纂对本条仅作个别文字修改。

◆ **条文解读**

有些国家在民法中规定建造建筑物的一些具体标准，例如，意大利、瑞士和日本民法典规定，不动产权利人建造建筑物时，应与相邻建筑物保持适当的距离，并且限制其适当的高度，不得妨碍相邻建筑物的通风和采光。《意大利民法典》第873条规定，相邻土地上的建筑物不是一体的，应保持不少于3米的距离。

由于我国地域辽阔，各地经济发展很不平衡，所以在民法典物权编中很难规定具体的标准。又由于以某个社会发展阶段，对建设工程标准的要求也有所不同，因此不宜在民法典物权编中规定具体的标准。所以本条只是原则规定，“建造建筑物，不得违反国家有关工程建设标准，妨碍相邻建筑物的通风、采光和日照”。2012 年住房和城乡建设部发布《建筑采光设计标准》，2018 年住房和城乡建设部发布《城市居住区规划设计标准》。按照该规范规定，旧区改造住宅日照标准按照大寒日的日照不低于 1 小时执行。

第二百九十四条 不动产权利人不得违反国家规定弃置固体废物，排放大气污染物、水污染物、土壤污染物、噪声、光辐射、电磁辐射等有害物质。

◆ 条文主旨

本条是关于相邻不动产之间排放、施放污染物的规定。

◆ 立法背景

在现代社会，人们生活环境的质量日益受到社会的重视，各国政府都在加大环境保护的力度，其中重要的举措就是加强有关环境保护方面的立法。但是保护环境不能只靠环境保护法，在与环境有关的相邻关系，以及侵害环境的民事责任等方面，则是民法的重要任务之一。本条是 2007 年通过的《物权法》第 90 条的规定，本次民法典编纂增加规定“土壤污染物”，并将“光、电磁波辐射”修改为“光辐射、电磁辐射”。

◆ 条文解读

大陆法系多数国家和地区都把“不可称量物质侵入”的禁止性规定作为相邻关系一章的重要内容。所谓“不可称量物质侵入”是指煤气、蒸汽、热气、臭气、烟气、灰屑、喧嚣、振动，以及其他类似物质侵入相邻不动产。大陆法系多数国家或地区的民法中都规定了不可称量物质侵入相邻不动产时，如何调整、处理双方的相邻关系，只不过论述的角度有所不同。《德国民法典》第906条规定，在不损害或仅轻微损害的前提下，土地权利人不得禁止相邻不动产的煤气、蒸汽、臭气、烟气、煤烟、热气、噪声、振动或其他类似物质侵入自己的土地，但是如果此种妨害超出预期的程度时，可以向造成损害的相邻土地权利人请求相当数额的金钱作为赔偿。我国台湾地区“民法”第793条规定：“土地所有人，于他人之土地有煤气、蒸汽、热气、臭气、烟气、灰屑、喧嚣、振动及其他相类者侵入时，得禁止之。但其侵入轻微，或按土地形状、地方习惯，认为相当者，不在此限。”

通过《德国民法典》和我国台湾地区“民法”的规定来看，明确规定了相邻关系中的容忍义务，即遭受来自于相邻不动产的污染物侵害时，此种侵害如果是轻微的，或者按地方习惯认为不构成损害的，则应当容忍，不能阻止相邻不动产排放或施放污染物。只有此种侵害超过必要的限度或者可容忍的限度时，就可以通过法律途径要求相邻不动产权利人停止侵害、消除危险、排除妨害，以及赔偿损失。这样规定的目的是维持相邻不动产之间的和睦关系，因为一个人不可能生活在真空里，来自于相邻不动产的污染物的侵入是不可避免的，但这种侵害不能超过一个合理的度。例如，一群人共同居住在一栋建筑物，甲在装修时释放的噪音势必对其邻居造成一定的侵害，但其上下左右的邻居为维持和睦的邻里关系，应当负容忍义务，因为谁家都可能需要装修，并且装修总是能在一段时间之内完成的，此种噪音侵害并不是永久的，所以应当是可以容忍的。但是甲也应当遵守建筑物的管理规约，不得在邻居晚上休息时释放施工噪音。

本条虽然没有明确规定相邻不动产权利人之间排放污染物的

容忍义务，但按照《民法典》第288条规定的处理相邻关系的“有利生产、方便生活、团结互助、公平合理”的原则，已经包含了相邻不动产权利人之间应当互负容忍义务。但互负容忍义务是有限度的，在国家规定的标准以内应当容忍，如果超过国家规定的标准，受害的不动产权利人有权要求侵害人停止侵害、消除危险、排除妨害，以及赔偿损失。

本条规定的大气污染物，主要包括燃煤的煤烟污染；废气、粉尘和恶臭污染；机动车船的尾气污染等。我国《大气污染防治法》第8条规定，国务院生态环境主管部门或者省、自治区、直辖市人民政府制定大气环境质量标准，应当以保障公众健康和保护生态环境为宗旨，与经济社会发展相适应，做到科学合理。第9条规定，国务院生态环境主管部门或者省、自治区、直辖市人民政府制定大气污染物排放标准，应当以大气环境质量标准和国家经济、技术条件为依据。第12条规定，大气环境质量标准、大气污染物排放标准的执行情况应当定期进行评估，根据评估结果对标准适时进行修订。例如，目前我国北方城市大气总悬浮颗粒物的50%来自扬尘，其中建筑施工是扬尘的重要来源。如果某一居民区的旁边是一个施工现场，该居民区的居民认为该施工现场的粉尘超过国家规定的标准的，可以要求其停止侵害、消除危险、排除妨害，以及赔偿损失。

水是一种基本的环境因素，也是重要的资源。它的开发、利用和保护的情况如何，不仅直接关系到农业生产和工业生产的发展，而且直接关系到人民生活和整个国民经济的发展。水污染是我国环境保护中的一个突出问题。随着工业生产的增长和城市的发展，排向江河、湖泊的污水量不断增加，特别是未经处理的工业废水带入大量的有毒、有害污染物质，排放到自然水体，造成了水体污染，破坏了生态平衡。我国《水污染防治法》第12条规定，国务院环境保护主管部门制定国家水环境质量标准。省、自治区、直辖市人民政府可以对国家水环境质量标准中未作规定的项目，制定地方标准，并报国务院环境保护主管部门备案。第13条规定，国务院环境保护主管部门会同国务院水行政主管部门和有关省、自治区、直辖市人民政府，可以根据国家确定的重要江河、湖泊流域水体的使用功能以及有关地区的经济、技术条件，确定该重要江河、湖泊流域的省界水体适用的水环境质量标准，报国务院批准后施行。第14条规定，国务院环境保护主管部门根据国家水环境质量标准和国家经济、技术条件，制定国家水污染物排放标准。省、自治区、直辖市人民政府对国家水污染物排放标准中未作规定的项目，可以制定地方水污染物排放标准；对国家水污染物排放标准中已作规定的项目，可以制定严于国家水污染物排放标准的地方水污染物排放标准。地方水污染物排放标准须报国务院环境保护主管部门备案。向已有地方水污染物排放标准的水体排放污染物的，应当执行地方水污染物排放标准。第15条规定，国务院环境保护主管部门和省、自治区、直辖市人民政府，应当根据水污染防治的要求和国家或者地方的经济、技术条件，适时修订水环境质量标准和水污染物排放标准。在相邻关系中，我国的一个突出的纠纷是上游向下游排污，导致下游污染，影响下游人民的生活和工农业生产。按照本条和水污染防治法的规定，上游企业向河道排放污水，必须符合国家规定的排污标准。

随着我国工业化、城市化的发展以及人民生活水平的提高，固体废物污染防治工作面临着许多新的情况和问题，主要表现在以下几个方面：一是固体废物产生量持续增长，工业固体废物每年增长7%，城市生活垃圾每年增长4%；二是固体废物处置能力明显不足，导致工业固体废物（很多是危险废物）长年堆积，垃圾围城的状况十分严重；三是固体废物处置标准不高，管理不严，不少工业固体废物仅仅做到简单堆放，城市生活垃圾无害化处置率仅达到20%左右；四是农村固体废物污染问题日益突出，畜禽养殖业污染严重，大多数农村生活垃圾没有得到妥善处置；五是废弃电器产品等新型废物不断增长，造成新的污染。我国《固体废物污染环境防治法》第14条规定，国务院生态环境主管部门应当会同国务院有关部门根据国家环境质量标准和国家经济、技术条件，制定固体废物鉴别标准、鉴别程序和国家固体废物污染环境防治技术标准。在相邻关系中，不动产权利人不得违反国家规定的标准，向相邻不动产倾倒、堆放、丢弃、遗撒固体废物。

我国《环境保护法》第42条规定，排放污染物的企业事业单位和其他生产经营者，应当采取措施，防治在生产建设或者其他活动中产生的废气、废水、废渣、医疗废物、粉尘、恶臭气体、放射性物质以及噪声、振动、光辐射、电磁辐射等对环境的污染和危害。

在相邻关系中，不动产向相邻不动产施放噪声是难免的，但是要控制施放噪声的分贝以及施放噪声的时间，不得影响相邻不动产正常的生产、生活；随着城市化的发展，高层建筑的玻璃幕墙造成的光污染，以及霓虹灯等造成的光污染越来越多。解决此类纠纷，一是要求建筑单位在建筑物设计上，要考虑相邻不动产可能遭受的损害，二是要给受损害的相邻不动产充分、合理的补偿。随着近代无线电技术的发展，电磁波污染日益受到社会的重视。我国《广播电视设施保护条例》第11条规定："广播电视信号发射设施的建设，应当符合国家有关电磁波防护和卫生标准；在已有发射设施的场强区内，兴建机关、工厂、学校、商店、居民住宅等设施的，除应当遵守本条例有关规定外，还应当符合国家有关电磁波防护和卫生标准。"

▶ **相关规定**

《中华人民共和国水污染防治法》第12条、第13条、第14条、第15条；《中华人民共和国固体废物污染环境防治法》第11条；《中华人民共和国环境保护法》第42条；《广播电视设施保护条例》第11条

第二百九十五条 不动产权利人挖掘土地、建造建筑物、铺设管线以及安装设备等，不得危及相邻不动产的安全。

◆ **条文主旨**

本条是关于维护相邻不动产安全的规定。

◆ **立法背景**

不动产权利人有权在自己具有使用权的土地范围内进行工程建设，但是要注意相邻不动产的安全，避免使相邻不动产造成不应有的损害。本条是2007年通过的《物权法》第91条的规定，本次民法典编纂对本条未作修改。

◆ **条文解读**

所谓"不得危及相邻不动产的安全"主要包括以下几个方面：

第一，在自己的土地上开挖地基时，要注意避免使相邻土地的地基发生动摇或有动摇之危险，致使相邻土地上的建筑物受到损害。很多国家或地区对此有规定，例如《瑞士民法典》第685条第1款规定："所有人在挖掘或建筑时，不得使邻人的土地发生动摇，或有动摇的危险，或使其土地上的设施受到危害。"我国台湾地区"民法"第794条规定："土地所有人开掘土地或为建筑

时，不得因此使邻地之地基动摇或发生危险，或使邻地之工作物受其损害。”

第二，在与相邻不动产的疆界线附近处埋设水管时，要预防土沙崩溃、水或污水渗漏到相邻不动产。《日本民法典》第238条对此有规定。

第三，不动产权利人在自己的土地范围内种植的竹木根枝伸延，危及另一方建筑物的安全和正常使用时，应当消除危险，恢复原状。我国《最高人民法院关于贯彻执行〈中华人民共和国民法通则〉若干问题的意见（试行）》规定：“相邻一方在自己使用的土地上挖水沟、水池、地窖等或者种植的竹木根枝伸延，危及另一方建筑物的安全和正常使用的，应当分别情况，责令其消除危险，恢复原状，赔偿损失。”

第四，不动产权利人在相邻土地上的建筑物有倒塌的危险从而危及自己土地及建筑物安全时，有权要求相邻不动产权利人消除危险。例如，《德国民法典》第908条规定，因与邻地相关的建筑物或其他工作物有倒塌的危险，或因建筑物或工作物的一部分有崩离的危险，致土地有受损害之虞时，所有人对发生的损害可能应负责的人，得请求采取为防止危险发生所必要的措施。我国台湾地区“民法”第795条规定：“建筑物或其他工作物之全部，或一部有倾倒之危险，致邻地有受损害之虞者，邻地所有人，得请求为必要之预防。”

我国建筑法对施工现场相邻建筑物的安全、地下管线的安全提出了明确要求。该法第39条第2款规定：“施工现场对毗邻的建筑物、构筑物和特殊作业环境可能造成损害的，建筑施工企业应当采取安全防护措施。”第40条规定：“建设单位应当向建筑施工企业提供与施工现场相关的地下管线资料，建筑施工企业应当采取措施加以保护。”

▶ **相关规定**

《中华人民共和国建筑法》第 39 条第 2 款、第 40 条

第二百九十六条 不动产权利人因用水、排水、通行、铺设管线等利用相邻不动产的，应当尽量避免对相邻的不动产权利人造成损害。

◆ **条文主旨**

本条是关于在使用相邻不动产时避免造成损害的规定。

◆ **立法背景**

《民法典》第 290 条第 1 款规定：“不动产权利人应当为相邻权利人用水、排水提供必要的便利。”第 291 条规定：“不动产权利人对相邻权利人因通行等必须利用其土地的，应当提供必要的便利。”第 292 条规定：“不动产权利人因建造、修缮建筑物以及铺设电线、电缆、水管、暖气和煤气管线等必须利用相邻土地、建筑物的，该土地、建筑物的权利人应当提供必要的便利。”这 3 条都是从义务的角度写的，即不动产权利人应当按照有利生产、方便生活、团结互助、公平合理的原则，为相邻不动产权利人因用水、排水、通行、铺设管线等而使用自己的不动产负容忍义务，即提供必要的便利。但从使用一方来讲，在行使相邻权的同时，也要负尽量避免对被使用的相邻不动产的权利人造成损害的义务。本条在 2007 年通过的《物权法》第 92 条的基础上作了修改完善，删除了“造成损害的，应当予以赔偿”的规定。

◆ **条文解读**

利用相邻土地引水、排水可能无法避免给相邻土地的权利人

造成损失，但应选择损害最小的处所或方法进行引水或者排水，仍有损害的情况下，要给予相邻土地的权利人以补偿。参照我国台湾地区“民法”的规定，关于用水、排水的补偿有以下几项：

一是高地所有人，因使浸水之地干涸，或排泄家用、农工业用之水，以致河渠或沟道，得使其水通过低地。但应择于低地损害最少之处所及方法为之。前项情形，高地所有人，对于低地所受之损害，应支付偿金（我国台湾地区“民法”第779条）。

二是土地所有人，因使其土地之水通过，得使用高地或低地所有人所设之工作物。但应按其受益之程度，负担该工作物设置及保存之费用（我国台湾地区“民法”第780条）。

三是水源地或井之所有人，对于他人因工事杜绝、减少或污秽其水者，得请求损害赔偿。如其水为饮用，或利用土地所必要者，并得请求回复原状；但不能回复原状者，不在此限（我国台湾地区“民法”第782条）。

四是土地所有人因其家用或利用土地所必要，非以过巨之费用及劳力不能得水者，得支付偿金，对邻地所有人，请求给予有余之水（我国台湾地区“民法”第783条）。

利用相邻土地通行，一般都会对相邻土地的权利人造成损害，特别是在相邻土地上开路的情况下，损害是避免不了的，享有通行权的人必须给予补偿。《最高人民法院关于贯彻执行〈中华人民共和国民法通则〉若干问题的意见（试行）》规定：“一方必须在相邻一方使用的土地上通行的，应当予以准许；因此造成损失的，应当给予适当补偿。”参照我国台湾地区“民法”关于通行补偿的规定：一是，土地因与公路无适宜之联络，致不能为通常之使用者，土地所有人得通行周围地以至公路，但对于通行地因此所受之损害，应支付偿金（我国台湾地区“民法”第787条）。二是，有通行权人，于必要时，得开设道路。但对于通行地因此所受之损害，应支付偿金（我国台湾地区“民法”第788条）。

关于必须利用相邻不动产铺设管线的，应选择相邻不动产损害最小之处所或方法进行，并按照损害的大小，给予补偿。我国台湾地区“民法”第786条规定：“土地所有人，非通过他人之土地，不能安设电线、水管、煤气管或其他筒管，或虽能安设而需费过巨者，得通过他人土地之上下而安设。但应择其损害最少之处所及方法为之，并应支付偿金。”

关于在自己的土地上进行建筑活动，而有必要临时使用相邻土地、建筑物，如有损害，应当对相邻土地、建筑物的权利人给予补偿。我国台湾地区“民法”第792条规定：“土地所有人，因邻地所有人在其疆界或近旁，营造或修缮建筑物或其他工作物有使用其土地之必要，应许邻地所有人使用其土地，但因而受损害者，得请求偿金。”

民法典编纂过程中，有的意见提出，造成损害的，应当给予赔偿，可以由侵权责任法调整，无需在本条作出特别规定。经研究，2018年8月审议的民法典各分编草案删除了“造成损害的，应当给予赔偿”的规定，删除此规定，并非是造成损害无需赔偿，而是如果造成损害，可以依据侵权责任法的规定请求损害赔偿。

第八章 共 有

本章是关于共有的规定，共十四条。区分按份共有和共同共有，对共有物的管理及费用负担、共有物的处分及重大修缮、共有物的分割、共有的内部关系和外部关系等内容作了规定。

第二百九十七条 不动产或者动产可以由两个以上组织、个人共有。共有包括按份共有和共同共有。

◆ 条文主旨

本条是关于共有概念和共有形式的规定。

◆ 立法背景

共有属于传统民法的内容，我国1986年民法通则对共有仅有1条规定，即第78条第1款、第2款规定："财产可以由两个以上的公民、法人共有。共有分为按份共有和共同共有。按份共有人按照各自的份额，对共有财产分享权利，分担义务。共同共有人对共有财产享有权利，承担义务。"因此有必要对共有问题作进一步规定，首先就需要明确共有的概念和共有的形式。本条是2007年通过的《物权法》第93条的规定，本次民法典编纂对本条仅作了个别文字修改。

◆ 条文解读

一、关于共有的概念

共有是指多个权利主体对一物共同享有所有权。共有的主体称为共有人，客体称为共有财产或共有物。各共有人之间因财产共有形成的权利义务关系，称为共有关系。

财产的所有形式可分为单独所有和共有两种形式。单独所有是指财产所有权的主体是单一的，即一个人单独享有对某项财产的所有权。所谓共有，是指某项财产由两个或两个以上的权利主体共同享有所有权，换言之，是指多个权利主体对一物共同享有所有权。例如，两个人共同所有一艘船舶。我国《海商法》第10条规定："船舶由两个以上的法人或者个人共有的，应当向船舶登记机关登记；未经登记的，不得对抗第三人。"

在共有的概念中要区分共有与公有的关系问题。共有和公有不同。"公有"是指社会经济制度，即公有制。就公有财产权来说，它和共有在法律性质上的不同，主要表现在：第一，共有财产的主体是多个共有人，而公有财产的主体是单一的，在我国为国家或集体组织。全民所有的财产属于国家所有，集体所有的财产则属于某集体组织成员集体所有。第二，公有财产已经脱离个人而存在，它既不能实际分割为个人所有，也不能由个人按照一定的份额享有财产权利。在法律上，任何个人都不能成为公有财产的权利主体。所以，有人认为集体所有是一种共同共有的观点是不对的，集体所有是一种抽象的概念，集体所有的财产不能量化到集体经济组织的成员。而在共有的情况下，特别是在公民个人的共有关系中，财产并没有脱离共有人而存在。共有财产在归属上为共有人所有，是共有人的财产。所以，单个公民退出或加入公有组织并不影响公有财产的完整性，但是，公民退出或加入共有组织（如合伙），就会对共有财产发生影响。

二、关于共有的形式

在德国民法中，共有指“按份共有”，没有提出“共同共有”的概念，但事实上规定了共同共有的法律关系。如《德国民法典》第718条规定的合伙，《德国商法典》第105条、第106条规定的合伙公司、夫妻共同财产和尚未分割的共同继承财产的所有权等。这种共有关系并没有规定在德国民法典物权编中的“共有”一节中，而是在它的第二编即债务关系编的第十四节“团体”和第十五节“共同关系”之内。而我国台湾地区“民法”，共有事实上包括按份共有、“公同共有”（共同共有）及“准共有”。根据本条规定，共有包括按份共有和共同共有。按份共有和共同共有的区别在于，按份共有人对共有的不动产或者动产按照其份额享有所有权，共同共有人对共有的不动产或者动产共同享有所有权。

▶ **相关规定**

《中华人民共和国海商法》第10条

第二百九十八条 按份共有人对共有的不动产或者动产按照其份额享有所有权。

◆ **条文主旨**

本条是关于按份共有的规定。

◆ **立法背景**

大陆法系各国民法都对按份共有作了详细规定，因为按份共有基本是按约定设立，在现代经济生活、社会生活中出现的频率越来越多，法律有必要对其作出较全面的规定。本条是2007年通过的《物权法》第94条的规定，本次民法典编纂对本条未作修改。

◆ **条文解读**

按份共有，又称分别共有，是与共同共有相对应的一项制度。指数人按应有份额对共有物共同享有权利和分担义务的共有。

在按份共有中，各共有人对共有物享有不同的份额。各共有人的份额，又称应有份，其具体数额一般是由共有人约定明确的。例如，甲、乙合购一辆汽车，甲出资3万元，乙出资2万元，甲、乙各按出资的份额对汽车享有权利、分担义务。在按份共有中，各共有人的应有份必须是明确的，如果按份共有人对共有的不动产或者动产享有的份额，没有约定或者约定不明确的，依照《民法典》第309条规定，按照出资额确定；不能确定出资额的，视为等额享有。

在按份共有中，每个共有人对共有财产享有的权利和承担的义务，是依据其不同的份额确定的。共有人的份额决定了其权利义务的范围。共有人对共有物持有多大的份额，就对共有物享有多大权利和承担多大义务，份额不同，共有人对共有财产的权利义务也不同。例如，甲乙2人共同出资购买一处房屋，甲出资6万元，乙出资4万元。甲乙2人共同决定将该房屋出租获取收益。在租金的分配上，甲有权获得租金总额的60%，乙则获得租金总额的40%。反之，在对该房屋维修费用的负担上，甲应负担60%，而乙则承担40%。

按份共有与分别所有是不同的。在按份共有中，各个共有人的权利不是局限在共有财产的某一部分上，或就某一具体部分单独享有所有权，而是各共有人的权利均及于共有财产的全部。当然，在许多情况下，按份共有人的份额可以产生和单个所有权一样的效力，如共有人有权要求转让其份额，但是各个份额并不是一个完整的所有权，如果各共有人分别单独享有所有权，则共有也就不复存在了。

第二百九十九条 共同共有人对共有的不动产或者动产共同享有所有权。

◆ **条文主旨**

本条是关于共同共有的规定。

◆ **立法背景**

经查大陆法系国家或地区的民法中，规定共同共有的不多，瑞士和我国台湾地区“民法”明确规定了共同共有，只是我国台湾地区“民法”称其为“公同共有”。我国1986年制定的《民法通则》第78条把共有区分为两种形式，即按份共有和共同共有。因此，从我国民事立法的传统上早就规定了共同共有。我国民法学界普遍认为我国婚姻法规定的夫妻共有是典型的共同共有，所以有必要在物权法中对共同共有作出规定。本条是2007年通过的《物权法》第95条的规定，本次民法典编纂对本条未作修改。

◆ **条文解读**

共同共有是指两个或两个以上的民事主体，根据某种共同关系而对某项财产不分份额地共同享有权利并承担义务。共同共有的特征是：第一，共同共有根据共同关系而产生，以共同关系的存在为前提，例如夫妻关系、家庭关系。第二，在共同共有关系存续期间内，共有财产不分份额。这是共同共有与按份共有的主要区别。第三，在共同共有中，各共有人平等地对共有物享受权利和承担义务。

关于共同共有的形式，我国学界普遍认为共同共有包括“夫妻共有”“家庭共有”和“遗产分割前的共有”。

一、夫妻共有

共同共有最典型的形式就是夫妻共有。《民法典》第1062条规定，夫妻在婚姻关系存续期间所得的下列财产，为夫妻的共同财产，归夫妻共同所有：（一）工资、奖金、劳务报酬；（二）生产、经营、投资的收益；（三）知识产权的收益；（四）继承或者受赠的财产，但是本法第1063条第3项规定的除外；（五）其他应当归共同所有的财产。夫妻对共同财产，有平等的处理权。例如，夫妻双方出卖、赠与属于夫妻共有的财产，应取得一致的意见。夫妻一方明知另一方处分财产而未作否定表示的，视为同意。夫妻财产制是婚姻制度的组成部分，夫妻共有财产的范围、夫妻共有财产权的行使、夫妻共有财产的分割等问题，均应遵守本法婚姻家庭编的相关规定。如《民法典》第1066条规定，婚姻关系存续期间，有下列情形之一的，夫妻一方可以向人民法院请求分割共同财产：（一）一方有隐藏、转移、变卖、毁损、挥霍夫妻共同财产或者伪造夫妻共同债务等严重损害夫妻共同财产利益的行为；（二）一方负有法定扶养义务的人患重大疾病需要医治，另一方不同意支付相关医疗费用。

二、家庭共有

家庭共有财产是指家庭成员在家庭共同生活关系存续期间，共同创造、共同所得的财产。例如，家庭成员交给家庭的财产，家庭成员共同受赠的财产，以及在此基础上购置和积累起来的财产等。概言之，家庭共有财产是家庭成员的共同劳动收入和所得。家庭共有财产和家庭财产的概念是不同的。家庭财产是指家庭成员共同所有和各自所有的财产的总和，包括家庭成员共同所有的财产、夫妻共有财产和夫妻个人财产、成年子女个人所有的财产、其他家庭成员各自所有的财产等。家庭共有财产则不包括家庭成员各自所有的财产。

区分家庭共有财产与家庭成员个人财产的主要意义在于：1.《民法典》第1153条第2款规定，遗产在家庭共有财产之中的，遗产分割时，应当先分出他人的财产。家庭共有财产的某一共有人死亡，财产继承开始时，必须把死者在家庭共有财产中的应有部分分出，作为遗产继承，而不能把家庭共有财产都作为遗产继承。2. 我国《个人独资企业法》第18条规定，个人独资企业投资人在申请企业设立登记时明确以其家庭共有财产作为个人出资的，应当依法以家庭共有财产对企业债务承担无限责任。《个人独资企业登记管理办法》第10条规定，个人独资企业投资人以个人财产出资或者以其家庭共有财产作为个人出资的，应当在设立申请书中予以明确。3.《最高人民法院关于贯彻执行〈中华人民共和国民法通则〉若干问题的意见（试行）》规定，民法通则第35条第1款中关于“以各自的财产承担清偿责任”，是指合伙人以个人财产出资的，以合伙人的个人财产承担；合伙人以其家庭共有财产出资，以其家庭共有财产承担；合伙人以个人财产出资，合伙的盈余分配所得用于其家庭成员生活的，应先以合伙人的个人财产承担，不足部分以合伙人的家庭共有财产承担。

三、遗产分割前的共有

《民法典》第1121条第1款规定，继承从被继承人死亡时开始。被继承人死亡的，其遗产无论在谁的占有之下，在法律上皆作为遗产由继承人所有，但有数个继承人且在遗产未分割前，理论上由其继承人共有。因遗产分割前，不能确定各继承人对遗产的份额，理论上认为该共有为共同共有。第1151条规定，存有遗产的人，应当妥善保管遗产，任何组织或者个人不得侵吞或者争抢。我国台湾地区“民法”第 1151 条规定：“继承人有数人时，在分割遗产前，各继承人对于遗产全部为公同共有。”所谓“公同共有”即我们所说的“共同共有”。

四、关于合伙的共有性质

我国内地很多学者把我国台湾地区“民法”中归入共同共有的“合伙”认为是按份共有。经查我国台湾地区“民法”第 668 条规定：各合伙人之出资，及其他合伙财产，为合伙人全体之公同共有。第 682 条第 1 款规定：合伙人于合伙清算前，不得请求合伙财产之分析。第 683 条规定：合伙人非经他合伙人全体同意，不得将自己之股份转让于第三人。从我国台湾地区“民法”的规定看，其对合伙财产的规定符合共同共有的某些特征，首先是共同管理，个人不得处分，其次是在共有关系解除前，不得分割共有财产。我国多数学者认为合伙财产属于按份共有的理由是：首先，共同共有是不能划分份额的，而在合伙财产中，实际是按投资比例划分份额。其次，按份共有是按照自己的份额享有共有财产的收益，而合伙人对收益的分配主要也是以投资比例确定。我国台湾地区“民法”第 677 条第 1 款规定：分配损益之成数，未经约定者，按照各合伙人出资额之比例定之。反观，共同共有人对共有财产的收益则是不分份额的共同享有。因此，“合伙财产”是归入按份共有，还是归入共同共有，是一个值得研究的问题。《民法典》第 969 条规定，合伙人的出资、因合伙事务依法取得的收益和其他财产，属于合伙财产。合伙合同终止前，合伙人不得请求分割合伙财产。

▶ **相关规定**

《中华人民共和国个人独资企业法》第 18 条

第三百条 共有人按照约定管理共有的不动产或者动产；没有约定或者约定不明确的，各共有人都有管理的权利和义务。

◆ **条文主旨**

本条是关于共有物管理的规定。

◆ **立法背景**

多人共有一物的，对共有物的管理是事关各共有人的大事，所以也是关于共有的法律规范中的重要内容。只有明确了各共有人之间在管理共有物方面的权利和义务关系，才能减少共有人之间发生纠纷的可能性，使共有物更大地发挥其作用和价值，为全体共有人服务。本条是2007年通过的《物权法》第96条的规定，本次民法典编纂对本条未作修改。

◆ **条文解读**

本条规定的对共有物的“管理”是一个外延宽泛的大概念。包括共有人对共有物的保存、使用方法和简易修缮。对共有物的处分和重大修缮则不属于对共有物管理的内容，在本章中另条规定。另外，本条没有区分按份共有、共同共有而对共有物的管理分别作出规定，应当说按份共有人与共同共有人对共有物的管理的权利、义务上还是略有区别的。

一、按份共有人对共有物的管理

（一）按份共有人对共有物的保存

对共有物的保存是指以维持共有物的现状为目的，保持共有物的完好状态，通过相应的管理措施，避免共有物的毁损、灭失。

例如，甲乙2人共购一辆出租汽车并获得运营权。甲乙2人在共同经营这辆出租汽车时，可以就如何维护、保养这辆汽车进行约定，如该车每跑5000公里必须做保养；每晚停止营运后要置放于某安全地点以避免被盗等内容。甲乙2人应当遵守双方关于保存该车的规定。如果甲乙2人没有就该车如何保存作出约定，那么甲和乙各自应尽自己妥善保存的义务。

（二）按份共有人对共有物的使用方法

按份共有人对共有物的使用与按份共有人决定对共有物的使用方法是两个性质不同的问题。按份共有人对共有物的使用及收益分配是《民法典》第298条调整的内容，即各共有人按照其份额对共有物享有所有权。例如，甲乙2人共同出资购买一处房屋，甲出资6万元，乙出资4万元。甲乙2人共同决定将该房屋出租获取收益。在租金的分配上，甲有权获得租金总额的60%，乙则获得租金总额的40%。而按份共有人商定对共有物的使用方法则属于对共有物管理的内容。因为对共有物的使用方法决定着共有物的状态及使用寿命。例如，全体共有人可以约定以下几种对共有物的使用方法：一是各共有人对共有物分部分或者分时间使用；二是将共有物交个别共有人使用，由使用的共有人对不使用的共有人给予补偿；三是将共有物出租，租金在共有人中按各自的份额分配。

（三）按份共有人对共有物的简易修缮

对共有物的简易修缮与对共有物的重大修缮不同。对共有物的简易修缮是出于对共有物的保存目的，即保持共有物现有的状态。例如，给共有的房屋破损的玻璃换上好的玻璃等。而对共有物作重大修缮，目的往往是增加共有物的效用或价值。例如，将共有居住房屋改造成商业用房出租。对共有物的重大修缮，往往需费过巨，依照《民法典》第301条的规定，需要在按份共有人中间实行多数决定通过。而对共有物的简易修缮，往往需费甚少，按本条规定，只需共有人按约定办理。如果没有约定或者约定不明确的，各共有人都有义务对共有物作简易修缮。例如，我国台湾地区“民法”第820条规定：“共有物，除契约另有订定外，由共有人共同管理之。共有物之简易修缮，及其他保存行为，得由各共有人单独为之。”

二、共同共有人对共有物的管理

共同共有人对共有物享有共同的权利，承担共同的义务。在对共有物的管理上，也主要体现在以下3个方面：

第一，在对共有物的保存上，有约定的按约定办理。没有约定或者约定不明确的，各共有人都有妥善保存的权利和义务。所谓对共有物保存的约定，主要是对共有物保存方式的约定，使共有物处于良好状态，以至于共有物对全体共有人发挥更大的功效。例如，夫妻可以对共有的汽车商定如何保养、存放，以避免汽车毁损、灭失。有约定的依约定，没有约定的，夫妻当中主要使用汽车的一方要妥善保存。

第二，在对共有物的使用方法上，也要遵循有约定的依约定，没有约定的，共有人在各自使用时，要尽合理的注意义务，以避免共有物毁损。

第三，在对共有物简易修缮问题上，共有人要商量确定。商量不通的，各共有人都有权利和义务进行修缮。因为共有物的有些小毛病如不及时修理，可能导致损失进一步扩大，对全体共有人都是不利的。

第三百零一条　处分共有的不动产或者动产以及对共有的不动产或者动产作重大修缮、变更性质或者用途的，应当经占份额三分之二以上的按份共有人或者全体共同共有人同意，但是共有人之间另有约定的除外。

◆ **条文主旨**

本条是关于共有物处分或者重大修缮、变更性质或者用途的规定。

◆ **立法背景**

对共有物的处分涉及共有关系能否继续存在，对共有物的处分及重大修缮又涉及各共有人的利益，所以对共有物的处分及重大修缮是共有关系中的重要内容。在按份共有中，大陆法系多数国家或地区对共有物的处分规定了严格的条件，即实行“一致决”的原则。而我国在21世纪对这个传统民法规定“一致决”的原则自有新的考量，有必要予以明确规定。本条在2007年通过的《物权法》第97条的规定上作了修改完善，将“重大修缮”修改为“重大修缮、变更性质或者用途”。

在民法典编纂过程中，有的意见提出，考虑到对共有物实施转让、抵押等处分或者变更共有物的性质或用途，对按份共有人的利益影响巨大，建议增加相关规定。经研究，2018年8月审议的民法典各分编草案将本条中的“重大修缮”修改为“重大修缮、变更性质或者用途”。

◆ **条文解读**

本条区分按份共有和共同共有，对共有物的处分或者重大修缮、变更性质或者用途问题作出了不同的规定。

一、对按份共有物的处分或者重大修缮、变更性质或者用途

根据本条规定，处分按份共有的不动产或者动产以及对共有的不动产或者动产重大修缮、变更性质或者用途的，应当经占份额2/3以上的按份共有人同意，但是共有人之间另有约定的除外。

（一）对按份共有物的处分

本法在对按份共有物的处分问题上兼顾效益原则和公平原则，实行“多数决”原则。即占份额2/3以上的按份共有人同意，即可处分共有物。传统民法从公平原则出发，规定只有在全体按份共有人同意的前提下，才能对共有物进行处分。例如，《德国民法典》第747条第2款规定：“整个共有物仅得由全体共有人共同处分。”我国台湾地区“民法”第820条第2款规定：“共有物之处分、变更及设定负担，应得共有人全体之同意。”在2007年物权法起草过程中，经过对此问题深入细致地研究，认为传统民法的规定存在一定弊端，并不能适应新时代对物尽其用的要求。全体同意原则不仅使按份共有人间易滋生矛盾，丧失合作信心，也阻碍物之及时有效的利用。当今社会，机会稍纵即逝，很多情况下，等到每个共有人都首肯，机会早已丧失，使物不能尽其用。因此，物权法在对按份共有的共有物处分问题上采用“多数决”的原则。但如果按份共有人约定对共有物的处分应经全体共有人一致同意，则应当依照约定行事。本次民法典编纂沿用了物权法的规定，未作修改。

为了提高共有物的使用效率，按份共有人可以转让其在共有物上的财产份额，当然可以用自己在共有物上的份额设定负担。例如，甲乙丙兄弟3人各出资30万元购置一套房屋。甲乙2人因生意缺钱，可以以2人在该房屋上的份额向银行质押并获得贷款60万元。如果甲乙2人到期不能归还银行借款，丙对甲乙2人在

该房屋上的份额有优先购买权，丙可以向甲乙 2 人各支付 30 万元，甲乙 2 人在向银行还贷的同时，也消灭了与丙的按份共有关系。

（二）对按份共有物的重大修缮、变更性质或者用途

按份共有人对共有物的重大修缮，在我国台湾地区被称为对共有物的改良。对共有物的重大修缮或称改良行为，是在不改变共有物性质的前提下，提高共有物的效用或者增加共有物的价值。例如，甲乙丙兄弟 3 人决定将共有的房屋重建。由于对共有物的重大修缮较对共有物的保存而言需费较大，需要各共有人按照自己所占共有物份额的比例支付重大修缮费用，因此为维护多数共有人的利益，本法对共有物作重大修缮的行为规定实行“绝对多数决”的原则，即占共有物 2/3 以上份额的共有人同意，才能对共有物作重大修缮。对按份共有物的变更性质或者用途对共有人的利益影响重大，也应经占共有物 2/3 以上份额的共有人同意。

经查大陆法系有些国家或地区的立法，对共有物的改良实行“相对多数决”原则。例如我国台湾地区“民法”第 820 条第 3 款规定：“共有物之改良，非经共有人过半数，并其应有部分合计已过半数者之同意不得为之。”由此可以看出，我国台湾地区立法对共有物的改良实行“相对多数决”原则，但是其强调不但份额要过半数，共有人的人数也要过半数的前提下，才能对共有物进行改良。本条只是规定占份额 2/3 以上共有人同意，即可对共有物进行重大修缮、变更性质或者用途。应当说这样规定是有其合理性的。因为既能体现物尽其用的原则，又能兼顾多数共有人的利益，可以说是兼顾了效率原则与公平原则。

二、对共同共有物的处分或者重大修缮、变更性质或者用途

根据本条规定，处分共同共有的不动产或者动产以及对共有的不动产或者动产重大修缮、变更性质或者用途的，应当经全体共同共有人同意，但是共有人之间另有约定的除外。

（一）对共同共有物的处分

共同共有根据共同关系而产生，以共同关系的存在为前提。共同共有最重要的特征之一就是各共有人平等地对共有物享受权利和承担义务。因此，处分共有物必须经全体共同共有人同意。例如，甲乙 2 人为夫妻关系，甲乙 2 人共同共有 1 辆汽车。在对这辆汽车的转让问题上，必须在甲乙 2 人一致同意转让的前提下，才能将该车转让。

对共同共有物的处分须经全体共有人“一致决”的原则是传统民法的通例，例如，《瑞士民法典》第 653 条第 2 款规定：“行使所有权，特别是对物的处分，除有特别约定外，须经全体共同共有人一致同意。”我国台湾地区“民法”第 828 条规定：“公同共有人之权利义务，依其公同关系所由规定之法律或契约另有规定外，公同共有物之处分及其他之权利行使，应得公同共有人全体之同意。”

我国在司法实践中也坚持对共有物的处分须经全体共同共有人一致决的原则。《最高人民法院关于贯彻执行〈中华人民共和国民法通则〉若干问题的意见（试行）》规定，共同共有人对共有财产享有共同的权利，承担共同的义务。在共同共有关系存续期间，部分共有人擅自处分共有财产的，一般认定无效。其他共有人明知而未提出异议的，可以认定有效。

法律规定对共有物的处分须经全体共同共有人同意，但共有人另有约定的除外。例如，甲乙 2 人为夫妻关系，甲乙 2 人可以对共有财产约定一个各自可以处分的财产范围，如对价值 100 元以下的共有财产的处分，可以不经过另一共有人的同意。如果双方有此约定，则依约定行事。

（二）对共同共有物的重大修缮、变更性质或者用途

无论是夫妻共有财产，还是家庭共有财产，对共有财产作重

大修缮、变更性质或者用途，特别是对价值较大的共有财产作重大修缮、变更性质或者用途，往往事关各共有人的利益，一般需要从共有财产中支付费用，还可能基于修缮而使共有人在一段时间内不能使用，或者影响共有物所创造的价值。所以本条规定，在对共有物作重大修缮、变更性质或者用途的，须经全体共同共有人一致同意，但共有人另有约定的除外。

（三）关于对共同共有物规定“一致决”的理论基础

共同共有以法律规定的或者合同约定的共同关系为前提，而这种共有关系的当事人之间在多数情况下具有一定的人身关系，如婚姻关系或者亲属关系。家庭是社会的细胞，家庭成员之间除具有人身关系之外，还具有一定的财产关系，而共同共有则属于家庭财产的一个常态。法律为了维护家庭关系的稳定，有必要对夫妻共有、家庭共有等共有形式的共有人之间的权利义务作出明确规定，在保护各共有人利益的同时，也维护共有人之间的和睦。

共同共有最重要的特征之一就是各共有人平等地对共有物享受权利和承担义务。《民法典》第1062条第2款规定：“夫妻对共同财产，有平等的处理权。”平等地对共有物行使所有权是共同共有的本质特征。我国是一个具有2000多年封建历史的国家，封建的父权主义、夫权主义在一些家庭中还有所表现。在对共同共有物的处分及行使其他权利的问题上，侵害妇女或其他共有人利益的情况仍然很多。男女平等是我国婚姻法的基本原则，在对夫妻共同财产或者家庭共同财产的处分等权利方面，也必须贯彻平等的原则。

第三百零二条 共有人对共有物的管理费用以及其他负担，有约定的，按照其约定；没有约定或者约定不明确的，按份共有人按照其份额负担，共同共有人共同负担。

◆ 条文主旨

本条是关于共有物管理费用负担的规定。

◆ 立法背景

《民法典》第 300 条规定了对共有物的管理，无论是对共有物的保存或者简易修缮等方面，都需要各共有人负担费用；第 301 条规定了对共有物的重大修缮，对重大修缮所带来的费用，更是需要在共有人之间合理负担。因此，本条位列第 300 条和第 301 条之后，明确规定共有物的管理及重大修缮所引起的费用负担问题。本条是 2007 年通过的《物权法》第 98 条的规定，本次民法典编纂对本条仅作了个别文字修改。

◆ 条文解读

对共有物的管理费用主要包括以下几项：

第一，对共有物的保存费用，即为保持共有物免于毁损、灭失，处于良好安全状态或使用状态而支付的费用。例如，对共有的汽车在 1 年中支付的保险费、养路费、车船使用税、保养费、存放费等。

第二，对共有物作简易修缮或者重大修缮所支出的费用，如修理共有的电视机所支付的修理费；装修共有的房屋所支付的费用。

对共有物的其他负担，例如，因为共有物对共有人以外的人造成损害，而向受害人支付的偿金。如共有的房屋倒塌造成他人损害，而向受害人赔偿的医疗费、误工损失费等。

在按份共有中，对共有物的管理费用以及其他负担，有约定的，按照约定；没有约定或者约定不明确的，按份共有人按照其份额负担。

在共同共有中，对共有物的管理费用以及其他负担，原则上由共同共有人共同负担，即由其他的共有财产，如共有的积蓄支付。但是共同共有人另有约定的，依照其约定。我国婚姻法允许夫妻约定财产制，夫妻可以把家庭财产，部分约定为共同所有，部分约定为各自所有。例如，甲乙2人为夫妻，双方在结婚之时约定婚后各自的工资收入为各自所有，奖金收入为共同共有。同时约定对家庭生活所必需的生活用品的购买实行AA制。婚后甲乙2人商定共买一辆汽车，约定双方各出资10万元，同时约定所购汽车为夫妻共同财产。在购买汽车后，在对汽车的费用支出问题上，如果甲乙2人有约定，则依约定行事。如甲乙2人约定对该车的所有管理费用支出也实行AA制，则依此约定。如果甲乙2人没有对该车的管理费用支出作出约定，则由2人共同负担，即从2人共有的奖金中支付该车的管理费用。

第三百零三条 共有人约定不得分割共有的不动产或者动产，以维持共有关系的，应当按照约定，但是共有人有重大理由需要分割的，可以请求分割；没有约定或者约定不明确的，按份共有人可以随时请求分割，共同共有人在共有的基础丧失或者有重大理由需要分割时可以请求分割。因分割造成其他共有人损害的，应当给予赔偿。

◆ **条文主旨**

本条是关于共有财产分割原则的规定。

◆ **立法背景**

在2007年物权法起草征求意见时，有的部门和同志反映，在共有人对共有财产的分割问题没有约定或者约定不明确的情况下，如何分割共有的财产，实践中认识不一；如果共有人约定不得分割共有的财产，那么遇有某些特殊情况，共有人是否可以分割共有财产，建议物权法作出规定。本条是2007年通过的《物权法》第99条的规定，本次民法典编纂对本条仅作个别文字修改。

◆ **条文解读**

分割共有财产的基本原则本条规定有三：

一、依据共有人约定分割的原则

无论是按份共有，还是共同共有，共有人对共有财产的分割有约定的依其约定。共有人约定不得分割共有的不动产或者动产，以维持共有关系的，应当按照约定，但共有人有重大理由需要分割的，可以请求分割。例如，没有经济收入的某个共有人的父亲病重，需要分割共有财产，获得给父亲看病的钱。在这种情形下，虽然共有人有不能分割共有财产的约定，但共有人的父亲患病属于本条规定的有重大理由需要分割共有财产的情形。

二、依法分割的原则

共有人对共有财产是否可以分割，在什么情况下可以分割没有约定，或者约定不明确的，应当依据本法的规定予以分割。即本条规定的，按份共有人可以随时请求分割，共同共有人在共有的基础丧失或者有重大理由需要分割时可以请求分割。

1. 按份共有人可以随时请求分割。按份共有是各共有人按照确定的份额对共有财产享有权利承担义务的共有。按份共有人对其应有份额享有相当于分别所有的权利。因此，按份共有关系存续期间，按份共有人有权请求从共有财产中分割出属于自己的份额。这种请求不需要征得其他共有人的同意，只要共有人提出请求，就会产生分割的后果。

2. 共同共有人在共有的基础丧失或者有重大理由需要分割时可以请求分割。共同共有是共有人对全部共有财产不分份额地享有权利承担义务的共有。在共有关系存续期间，各共有人对共有财产没有确定的份额，无论在权利的享有上还是在义务的负担上都无份额比例之分。那么，在共有人对共有财产的分割没有约定的情况下，通常共有人只有在共同共有关系消灭时才能协商确定各自的财产份额，对共有财产予以分割。因此，本条规定共同共有人在共有的基础丧失或者有重大理由需要分割时可以请求分割共有财产。共同共有人共有的基础丧失，如夫妻财产的共同共有，因婚姻关系的解除而失去了共有的基础，在这种情况下，夫或者妻一方可以请求分割共有的财产。有重大理由需要分割，如在婚姻关系存续期间，夫妻 2 人约定由原来的夫妻共同财产制，改变为夫妻分别财产制，在这种情况下，夫或者妻一方也可以请求分割共有的财产。本次民法典编纂还增加规定了婚姻关系存续期间，夫妻一方可以向人民法院请求分割共同财产的情形。《民法典》第 1066 条规定，婚姻关系存续期间，有下列情形之一的，夫妻一方可以向人民法院请求分割共同财产：（一）一方有隐藏、转移、变卖、毁损、挥霍夫妻共同财产或者伪造夫妻共同债务等严重损害夫妻共同财产利益的行为；（二）一方负有法定扶养义务的人患重大疾病需要医治，另一方不同意支付相关医疗费用。在这些情形发生时，夫妻一方可以依法向人民法院请求分割共同财产。

三、损害赔偿的原则

共有财产关系的客体为一项特定的统一的财产，如图书馆，其功能、作用、价值是确定的。因某些法定的特殊原因，共有人分割共有财产，会使共有财产的功能丧失或者削弱，降低它的价值，有可能给其他共有人造成损害，因此本条规定，因分割对其他共有人造成损害的，应当给予赔偿。

第三百零四条 共有人可以协商确定分割方式。达不成协议，共有的不动产或者动产可以分割且不会因分割减损价值的，应当对实物予以分割；难以分割或者因分割会减损价值的，应当对折价或者拍卖、变卖取得的价款予以分割。

共有人分割所得的不动产或者动产有瑕疵的，其他共有人应当分担损失。

◆ **条文主旨**

本条是关于共有物分割方式的规定。

◆ **立法背景**

关于共有物的分割方式，瑞士、日本和我国台湾地区“民法”都作了详细规定。共有物的分割首先应当尊重各方共有人的意思自治，同时本着发挥物的最大效用，尽可能避免减损其价值的原则进行。本条是2007年通过的《物权法》第100条的规定，本次民法典编纂对本条仅作个别文字修改。

◆ **条文解读**

一、关于共有物的分割方式

分割共有的不动产或者动产，可以采取各共有人间协商确定的方式。协商的内容，由共有人自由决定，当然须得共有人全体的同意。当无法达成协议时，共有人可提请法院进行裁判分割。裁判分割应遵循本条关于实物分割、变价分割或者折价赔偿的原则规定：1. 实物分割。在不影响共有物的使用价值和特定用途时，可以对共有物进行实物分割。例如，甲乙2人共有房屋两间，或甲乙共有粮食若干吨，即可采取实物分割的方式，每人分得一间房屋或数吨粮食。2. 变价分割。如果共有物无法进行实物分割，例如，甲乙共有1头牛或者1辆汽车，实物分割将减损物的使用价值或者改变物的特定用途时，应当将共有物进行拍卖或者变卖，对所得价款进行分割。还有一种情形，也适用变价分割的方式，即各共有人都不愿接受共有物，这时也可采取将共有物出卖，分割价金的方式。例如，甲乙2人共有奶牛50头，实物分割是可行的，但甲乙2人都不愿接受，因此只能先将50头奶牛变卖，对所得价金进行分割。3. 折价赔偿。折价赔偿的分割方式主要存在于以下情形，即对于不可分割的共有物或者分割将减损其价值的，如果共有人中的一人愿意取得共有物，可以由该共有人取得共有物，并由该共有人向其他共有人作价赔偿。

二、共有人分割所得的不动产或者动产有瑕疵的，其他共有人应当分担损失

本条第2款规定，共有人分割所得的不动产或者动产有瑕疵的，其他共有人应当分担损失，即所谓瑕疵担保责任，包括权利的瑕疵担保责任和物的瑕疵担保责任。前者指共有人应担保第三人就其他共有人分得之物不得主张任何权利；后者指共有人对其他共有人应担保其分得部分于分割前未隐含瑕疵。本款的规定是为了防止共有物分割后，共有人发现权利或者利益受到侵害而得不到赔偿的情况发生。此种瑕疵担保责任，应同于合同法中出卖人对买受人所负的瑕疵担保责任。关于共有人瑕疵担保责任，外国立法如德国民法典、日本民法典及我国台湾地区“民法”均有明确规定，即解除共有关系时，各共有人对于其他共有人分割而得的物，按其份额负与出卖人同一的担保责任。

第三百零五条 按份共有人可以转让其享有的共有的不动产或者动产份额。其他共有人在同等条件下享有优先购买的权利。

◆ **条文主旨**

本条是关于按份共有人的优先购买权的规定。

◆ **立法背景**

关于按份共有人可以转让其享有的共有份额，其他国家和地区有类似的立法例。如《德国民法典》第747条规定："1. 各共有人得自由处分其份额。2. 整个共有物仅得由全体共有人共同处分。"《意大利民法典》第1103条规定："每个共有人都可以在自己享有的财产份额范围内处分自己的权利、允许他人享用自己的财产。"《瑞士民法典》第646条规定："各共有人对其应有份额享有所有人的全部权利及义务。对其应有份额可转让、质押或供债权人扣押。"我国台湾地区"民法"第819条规定："各共有人，得自由处分其应有部分。共有物之处分、变更及设定负担，应得共有人全体之同意。"

关于共有人转让其份额时其他共有人享有优先购买权，其他国家和地区有类似的立法例。《俄罗斯联邦民法典》第250条中规定："在向他人出售共有财产份额时，按份共有财产的其他共有人有按出售价格和其他同等条件优先购买所售份额的权利，但公开拍卖的情况除外。"我国台湾地区"土地法"第34条规定："共有人出卖其应有部分时，其他共有人得以同一价格共同或单独优先承买。”

本条是2007年通过的《物权法》第101条的规定，本次民法典编纂对本条未作修改。

◆ **条文解读**

在按份共有关系中，因同一物之上同时存在着两个以上共有人，为了减少共有人的人数，简化或消除共有关系，提高共有物的利用效率，大陆法系的民事立法大都规定，在按份共有人将共有份额转让给第三人时，其他按份共有人有权行使优先购买权。

一、按份共有人可以转让其享有的共有份额

本条第1句规定了在共有关系存续期间，按份共有人有权转让其享有的共有的不动产或者动产份额。已经废止的民法通则第78条第3款中规定，按份共有财产的每个共有人有权要求将自己的份额分出或者转让。

规定各共有人有权处分其份额有如下原因：一是按份共有中各共有人的所有权可划分为份额，各共有人拥有其份额，自然有权将其份额进行处分，这是买卖自由原则的体现，也是所有权的本质所决定的。二是我国现行法的规定也未限制共有人处分其份额的权利。三是其他国家和地区有同样的立法例。

共有人转让共有份额后，受让人可能继续与其他原共有人共有，或者分割共有份额。共有人请求分割共有物的行为是一种单方法律行为，一经作出即生效力。分割共有物的方法依据当事人约定，如果当事人没有约定或约定不明时，则按照以下方法加以分割：1. 如果共有物能够分割，则将共有物按照共有人各自的份额加以分配；2. 如果共有物不适合分割，如分割会减少共有物的价值，则可以将共有物拍卖或变卖而分割其价金，或者共有人之一取得共有物，向其他共有人按照各自的份额支付相应的对价。

在一般情况下，按份共有人转让其享有的共有份额，无须得到其他共有人同意。但各共有人不得侵害其他共有人的利益，并受法律的限制。法律有特别规定的，共有人处分其份额应遵守法律的规定。如《海商法》第16条第1款规定："船舶共有人就共有船舶设定抵押权，应当取得持有三分之二以上份额的共有人的同意，共有人之间另有约定的除外。"《城市房地产管理法》第38条规定，共有房地产，未经其他共有人书面同意的，不得转让。此外，在共有关系中有禁止共有人出让其份额的约定的，对共有人应当具有约束力。共有人之一不按照约定处分自己应有份额的，应当无效。但是这种约定是对所有关系的特别限制，不能对抗善意第三人，如果第三人受让其份额为善意无过失，发生共有份额所有权转移的后果。

二、共有人转让其份额时其他共有人享有优先购买权

本条第2句规定了共有人转让其份额时其他共有人在同等条件下享有优先购买权。法律规定其他共有人优先购买权，是为了简化共有关系，防止因外人的介入而使共有人内部关系趋于复杂。此处优先购买权是共有人相对于非共有人而言的，在共有人之间并无优先的问题。此种优先购买权仅具有债的效力，不得对抗善意第三人。而且共有人有相反的约定的，依其约定。关于共有人的优先购买权，《民法典》第860条第1款规定，合作开发完成的发明创造，申请专利的权利属于合作开发的当事人共有；当事人一方转让其共有的专利申请权的，其他各方享有以同等条件优先受让的权利。但是，当事人另有约定的除外。

根据本条规定，按份共有人行使优先购买权有以下条件：

首先，行使优先购买权应是在"同等条件"下。其次，行使优先购买权需做出购买的民事法律行为。此处"同等条件下"是指其他共有人就购买该份额所给出的价格等条件与欲购买该份额的非共有人相同。即当其他共有人与此外的其他人出价相同时，其他共有人有优先购买的权利。物权法出台后，《最高人民法院关于适用〈中华人民共和国物权法〉若干问题的解释（一）》对如何判断“同等条件”作了规定。第10条规定，《物权法》第101条所称的“同等条件”，应当综合共有份额的转让价格、价款履行方式及期限等因素确定。第12条第1款规定，按份共有人向共有人之外的人转让其份额，其他按份共有人根据法律、司法解释规定，请求按照同等条件购买该共有份额的，应予支持。第2款规定，其他按份共有人的请求具有下列情形之一的，不予支持：（一）未在本解释第11条规定的期间内主张优先购买，或者虽主张优先购买，但提出减少转让价款、增加转让人负担等实质性变更要求；（二）以其优先购买权受到侵害为由，仅请求撤销共有份额转让合同或者认定该合同无效。

此外，本条仅规定按份共有人将其享有的共有的不动产或者动产份额转让给按份共有人之外的人时，其他共有人在同等条件下享有优先购买的权利，未规定按份共有人之间转让其享有的共有份额的，其他共有人是否也在同等条件下享有优先购买的权利。物权法实施后，相关司法解释对此作了规定。《最高人民法院关于适用〈中华人民共和国物权法〉若干问题的解释（一）》第13条规定，按份共有人之间转让共有份额，其他按份共有人主张根据《物权法》第101条规定优先购买的，不予支持，但按份共有人之间另有约定的除外。

▶ **相关规定**

《中华人民共和国海商法》第16条；《中华人民共和国城市房地产管理法》第38条

第三百零六条 按份共有人转让其享有的共有的不动产或者动产份额的，应当将转让条件及时通知其他共有人。其他共有人应当在合理期限内行使优先购买权。

两个以上其他共有人主张行使优先购买权的，协商确定各自的购买比例；协商不成的，按照转让时各自的共有份额比例行使优先购买权。

◆ 条文主旨

本条是关于按份共有人行使优先购买权的规定。

◆ 立法背景

本条规定是编纂民法典新增加的条文，物权法未规定本条内容。在民法典编纂过程中，有的意见提出，《物权法》第 101 条规定了按份共有人的优先购买权，但对按份共有人如何行使共有权，以及如果有两个以上共有人都主张行使优先购买权的，如何行使优先购买权问题没有明确规定，实践中有需求，建议增加相关规定予以明确。

虽然物权法未规定上述问题，物权法实施后，相关司法解释对此问题作了具体规定。《最高人民法院关于适用〈中华人民共和国物权法〉若干问题的解释（一）》第 10 条至第 14 条对按份共有人的优先购买权的实现作了明确规定。在总结司法实践经验的基础上，民法典物权编增加了本条规定。

◆ 条文解读

一、按份共有人优先购买权的行使

首先，按份共有人转让其享有的共有的不动产或者动产份额的，应当将转让条件及时通知其他共有人。按份共有人欲转让其享有的共有的不动产或者动产份额的，其他共有人决定是否行使同等条件下的优先购买权，前提是其知道欲转让份额的按份共有人的转让条件，这是按份共有人可以行使优先购买权的前提条件，因此，根据本条规定，按份共有人首先应当将转让条件及时通知其他共有人。

其次，其他共有人应当在合理期限内行使优先购买权。根据本条规定，其他共有人知道了转让条件后，应当在合理期限内行使优先购买权。因具体的行使期限情况比较复杂，本条未规定具体的期限，只规定了其他共有人应当在"合理期限"内行使优先购买权，实践中如何确定"合理期限"，可以参考司法解释的相关规定。《最高人民法院关于适用〈中华人民共和国物权法〉若干问题的解释（一）》第 11 条规定，优先购买权的行使期间，按份共有人之间有约定的，按照约定处理；没有约定或者约定不明的，按照下列情形确定：（一）转让人向其他按份共有人发出的包含同等条件内容的通知中载明行使期间的，以该期间为准；（二）通知中未载明行使期间，或者载明的期间短于通知送达之日起 15 日的，为 15 日；（三）转让人未通知的，为其他按份共有人知道或者应当知道最终确定的同等条件之日起 15 日；（四）转让人未通知，且无法确定其他按份共有人知道或者应当知道最终确定的同等条件的，为共有份额权属转移之日起六个月。

二、两个以上共有人主张行使优先购买权

如果 3 人以上按份共有，其中一个按份共有人欲转让其享有的共有的不动产或者动产份额，其他两个以上共有人都主张行使优先购买权的，如何处理。根据本条第 2 款的规定，首先两个以上其他共有人主张行使优先购买权的，协商确定各自的购买比例。如果协商不成的，按照转让时各自的共有份额比例行使优先购买权。例如，甲乙丙3人按份共有一房屋，甲占50%，乙占20%，丙占30%。如果甲欲转让其享有的共有房屋份额，乙丙都想购买，都主张行使优先购买权的，按照本条规定，先协商确定各自的购买比例，如果协商不成，就按照转让时各自的共有份额比例行使优先购买权，即乙可以优先购买甲的份额的40%，丙可以优先购买甲的份额的60%。《最高人民法院关于适用〈中华人民共和国物权法〉若干问题的解释（一）》第14条规定，两个以上按份共有人主张优先购买且协商不成时，请求按照转让时各自份额比例行使优先购买权的，应予支持。

第三百零七条 因共有的不动产或者动产产生的债权债务，在对外关系上，共有人享有连带债权、承担连带债务，但是法律另有规定或者第三人知道共有人不具有连带债权债务关系的除外；在共有人内部关系上，除共有人另有约定外，按份共有人按照份额享有债权、承担债务，共同共有人共同享有债权、承担债务。偿还债务超过自己应当承担份额的按份共有人，有权向其他共有人追偿。

◆ **条文主旨**

本条是关于因共有财产产生的债权债务关系的对外以及对内效力的规定。

◆ **立法背景**

因共有财产产生的债权债务关系的对外效力，我国法律对此有类似规定，如《合伙企业法》第39条。关于共有人内部的追偿权，其他国家有类似的立法例。《意大利民法典》第1115条第3

款规定：“清偿了连带债务又没有得到补偿的共有人，在共有财产的分割中，除取得自己的份额以外，还应当取得与本应获得的补偿相适应的份额作为补偿。”本条是2007年通过的《物权法》第102条的规定，本次民法典编纂对本条仅作个别修改。

◆ **条文解读**

一、因共有财产产生的债权债务关系的对外效力

本条第1句中规定了因共有财产产生的债权债务关系的对外效力。按照本条规定，不论是按份共有还是共同共有，只要是因共有的不动产或者动产产生的债权债务，在对外关系上，共有人对债权债务享有连带债权、承担连带债务，但法律另有规定或者第三人知道共有人不具有连带债权债务关系的除外。连带的方法，是共有人享有连带债权时，任一共有人都可向第三人主张债权，共有人承担连带债务时，第三人可向任一共有人主张债权。《合伙企业法》第38条规定，合伙企业对其债务，应先以其全部财产进行清偿。第39条规定，合伙企业不能清偿到期债务的，合伙人承担无限连带责任。

本条对因共有财产产生的债权债务关系的对外效力不区分按份共有和共同共有，是为了保护善意第三人的权益，对于第三人来说，很难获知共有人的共有关系的性质，此种情形下若不使各共有人承担连带义务，很容易发生共有人推托履行义务的可能，对债权人不利。在第三人不知道共有人内部关系的情况下，法律规定共有人对其享有连带债权、承担连带债务，第三人即可向共有人中的任何一共有人主张其债权，保护了善意第三人的权利。

但是，当法律另有规定或者第三人知道共有人不具有连带债权债务关系时，共有人不用承担连带责任而是按照约定或者共有人享有的份额各自享有债权、承担债务。

二、因共有财产产生的债权债务关系的对内效力

本条第1句还规定了因共有财产产生的债权债务关系的对内效力。按照本条规定，因共有财产产生的债权债务关系，在共有人内部关系上，除共有人另有约定外，按份共有人按照份额享有债权、承担债务，共同共有人共同享有债权、承担债务。

按份共有人按照其份额对共有的物享有所有权，在内部关系上，除共有人另有约定外，按份共有人按照其份额享有权利，承担义务。共同共有人共同对共有的物享有所有权。在内部关系上，共同共有人共同享有权利、承担义务。

三、共有人的追偿权

偿还债务超过自己应当承担份额的按份共有人，有权向其他共有人追偿。这样规定的理论基础是按份共有人在内部关系上是按照其份额承担义务的。《合伙企业法》第40条规定："合伙人由于承担无限连带责任，清偿数额超过本法第三十三条第一款规定的其亏损分担比例的，有权向其他合伙人追偿。"其他国家也有类似的立法例。《意大利民法典》第1115条第3款规定："清偿了连带债务又没有得到补偿的共有人，在共有财产的分割中，除取得自己的份额以外，还应当取得与本应获得的补偿相适应的份额作为补偿。"

► **相关规定**

《中华人民共和国合伙企业法》第38条、第39条、第40条

第三百零八条 共有人对共有的不动产或者动产没有约定为按份共有或者共同共有，或者约定不明确的，除共有人具有家庭关系等外，视为按份共有。

◆ **条文主旨**

本条是关于共有关系不明时对共有关系性质推定的规定。

◆ **立法背景**

在2007年物权法征求意见过程中，有的认为，按照传统民法共有人对共有的不动产或动产没有约定为按份共有或者共同共有，或者约定不明确的，应视为共同共有。有的建议，删除本法“除共有人具有家庭关系等外”中的“等”字，不宜将推定的共同共有范围扩大到家庭关系之外的其他社会关系。本条是2007年通过的《物权法》第103条的规定，本次民法典编纂对本条未作修改。

◆ **条文解读**

共同共有是指共有人对全部共有财产不分份额地享受权利和承担义务的共有。共同共有的共有人只有在共有关系消灭时才能协商确定各自的份额。当共有人对共有的不动产或动产没有约定为按份共有或者共同共有，或者约定不明确的，如果推定为共同共有，共有人对共有财产的份额还是不明确。因此，本法规定，共有人对共有的不动产或者动产没有约定为按份共有或者共同共有，或者约定不明确的，除共有人具有家庭关系等外，视为按份共有。这样规定，在共有人对共有的不动产或者动产没有约定为按份共有或者共同共有，或者约定不明确时，就能很明确地确定各共有人享有的份额。

第三百零九条 按份共有人对共有的不动产或者动产享有的份额，没有约定或者约定不明确的，按照出资额确定；不能确定出资额的，视为等额享有。

◆ **条文主旨**

本条是关于按份共有人份额不明时份额的确定原则的规定。

◆ **立法背景**

关于按份共有人份额不明时份额的确定原则，很多国家和地区都有类似的立法例。《德国民法典》第742条规定："在发生疑问时，应认为各共有人享有均等的份额。"《意大利民法典》第1101条规定："推定共有人按均等份额享有共有财产。共有人根据各自享有的财产份额按比例享有利益，承担负担。"《瑞士民法典》第646条规定："（1）一物按份额为数人所有，且该物外部又不能分割的，该所有人为共有人。（2）除另有约定外，共有人对该物的应有份额为均等。"《日本民法典》第250条规定："各共有人的应有部分不明时，推定为均等。"我国台湾地区"民法"第817条规定："数人按其应有部分，对于一物有所有权者，为共有人。各共有人之应有部分不明者，推定其为均等。"《俄罗斯联邦民法典》第245条中规定："如果按份共有人的份额不能依照法律确定，而且共有人的协议也未作出规定，则所有份额均等。"

本条是2007年通过的《物权法》第104条的规定，本次民法典编纂对本条未作修改。

◆ **条文解读**

按份共有，是指数人按照各自的份额，对共有财产分享权利，分担义务。按份共有的主体须为2人以上，称为共有人；客体须为物，称为共有物；共有人所享有的权利，为所有权。但此处的所有权不是数个，而是一个。即数个所有权人对一个物共同享有一个所有权。

所谓份额，在我国台湾地区"民法"中称作应有部分，在日本称作持分，即各共有人对其所有权在分量上应享有的比例。这个份额是抽象的，并不是指共有物具体的或实体的部分，它既不是对共有物在量上的划分，也不是就共有物划分使用部分。份额是对共有物的所有权在观念上的划分，只是确定各共有人行使权利的比例或者范围而已。各按份共有人有权依其应有份额，对共有物的全部行使权利。如 2 人共同出资购买了 1 套房屋，每人的应有份额为 1/2，并非每人对这套房屋享有所有权，而是在这套房屋上只有一个所有权，每人对这套房屋都享有 1/2 的所有权。又如 A、B 2 人共有 1 头羊，二者的份额相等，不能说羊头和腿属于 A，羊的其他部分属于 B，只能是在对羊的利用上，二者享有同等权利，或平均分配卖羊所得的价金。

按份共有人对共有的不动产或者动产享有的份额，有约定时，按照其约定确定份额，没有约定或者约定不明确时，首先按照出资额确定按份共有人享有的份额，在不能确定出资额的情况下，推定为等额享有。按份共有依共有人意思而成立，共有人应有份额依共有人的约定而定；没有特别约定，但共有关系基于有偿行为而发生的，按其出资比例而确定。既然共有关系的成立是当事人意思自治的结果，那么各共有人应有份额也应贯彻同样原则，即由当事人约定，当事人没有约定应有份额时则依出资比例确定共有份额，在不能确定出资额的情况下，推定为等额享有，不仅易于操作，且能简化当事人之间的法律关系，符合社会生活中最基本的公平正义。

第三百一十条 两个以上组织、个人共同享有用益物权、担保物权的，参照适用本章的有关规定。

◆ **条文主旨**

本条是关于用益物权和担保物权的准共有的规定。

◆ **立法背景**

民法典物权编中的共有制度是专为所有权的共有而规定的，但实际生活中，并非只有所有权才能共有，其他财产权，如他物权、知识产权等财产权均可共有。比如 2 人以上共同享有一块土地的建设用地使用权。此种情况就是两个以上的主体共同享有用益物权。如甲、乙、丙 3 人分别借款给债务人丁，3 人同时就丁所有的房屋设定一个抵押权，份额为均等，并办理一个抵押权登记时，就发生抵押权的准共有。此种情况就是两个以上的主体共同享有担保物权。本条对用益物权和担保物权的准共有作出了规定。两个以上的主体共同享有用益物权和担保物权的按份共有或共同共有，在性质上与对所有权的共有没有差别，为了条文的简约以及对实践中这种情况的处理，本条规定两个以上单位、个人共同享有用益物权、担保物权的，参照本章规定。

本条是 2007 年通过的《物权法》第 105 条的规定，本法对此作了个别文字修改。

◆ **条文解读**

所谓准共有是指数人按份共有或者共同共有数人共同共有所有权以外的财产权。准共有有以下特征：1. 准共有的标的物是所有权之外的财产权，包括用益物权、担保物权等。2. 准共有即准用共有的有关规定，各人就所有权之外的财产究竟是准用共同共有还是按份共有，应当视其共有关系而定。3. 准共有准用按份共有或共同共有的前提，是规范该财产权的法律没有特别规定。如果有，则应首先适用该特别规定。

关于准共有，很多国家和地区都有类似立法例。《德国民法典》第741条规定:“数人共同享有一权利者,除法律另有其他规定外,准用第742—758条规定。”《日本民法典》第264条规定:“本节规定,准用于数人有所有权以外财产权的情形。但法令另有规定时,不在此限。”我国台湾地区“民法”第831条规定:“本节规定,于所有权以外之财产权,由数人共有或公同共有者准用之。”

第九章 所有权取得的特别规定

所有权取得可分为一般取得和特别取得，善意取得、拾得遗失物等财产取得方式是所有权的特别取得。本章规定善意取得、拾得遗失物等所有权取得的特别方式。

讲所有权的特别取得需先讲物权的取得。物权的取得又作物权的发生，物权的取得可分为原始取得和继受取得，原始取得指非基于他人的权利和意志取得物权，继受取得指基于他人的权利和意志取得物权。继受取得又分为移转取得和创设取得，移转取得指按原状取得他人物权，创设取得指于他人所有权上设定用益物权。

物权的取得可细分为不动产物权的取得、动产物权的取得、用益物权的取得。某些法律事实能够引起这三种物权的发生，某些法律行为仅能引起其中一种或两种物权的发生。

能够取得不动产物权、动产物权、用益物权的法律事实主要有以下行为和事实：1. 合同。通过买卖、互易、赠与取得物权。2. 善意取得。受让人基于对不动产登记、动产占有的信赖，以对价善意受让不动产、动产的物权，纵使出让人无转让的权利，受让人依然能够取得该不动产、动产的物权。3. 继承、遗赠。自然人死亡后，继承人、受遗赠人取得遗产的物权。自然人死亡的时间，是继承人、受遗赠人取得遗产物权的时间。4. 赔偿、补偿。通过获得赔偿、补偿取得物权。5. 判决、裁决。通过人民法院判决、仲裁庭裁决取得物权。判决、裁决生效的时间是当事人取得物权的时间。6. 划拨。通过划拨取得物权。7. 时效。通过取得时效取得物权。

能够取得一种或两种物权的法律事实主要有以下行为和事实：1. 生产。通过生产劳动取得物的所有权。产品成就的时间是当事人取得产品所有权的时间。2. 先占。通过先占取得动产所有权。3. 添附。通过添附取得动产所有权。4. 收归。将无主物、无人认领的遗失物等、无人继承又无人受遗赠的遗产收归国有，将无人继承又无人受遗赠的遗产收归集体所有。5. 征收。通过征收税费和政府有偿征收，取得物的所有权。6. 没收。通过没收从事违法活动的财产，取得物的所有权。7. 罚款。通过罚款取得金钱所有权。

财产权的取得还可分为合法取得和违法取得。财产权的合法取得，指财产权的取得符合法律规定。《民法典》第8条规定，民事主体从事民事活动，不得违反法律，不得违背公序良俗。所有权的取得，应当符合法律规定。财产权的违法取得，指财产权的取得违反法律规定。对于违法取得的偷盗物、抢劫物、抢夺物、贪污物，偷盗人、抢劫人、抢夺人、贪污人不能取得物的所有权，这些物品的所有人不变。

第三百一十一条　无处分权人将不动产或者动产转让给受让人的，所有权人有权追回；除法律另有规定外，符合下列情形的，受让人取得该不动产或者动产的所有权：

（一）受让人受让该不动产或者动产时是善意；

（二）以合理的价格转让；

（三）转让的不动产或者动产依照法律规定应当登记的已经登记，不需要登记的已经交付给受让人。

受让人依据前款规定取得不动产或者动产的所有权的，原所有权人有权向无处分权人请求损害赔偿。

当事人善意取得其他物权的，参照适用前两款规定。

◆ 条文主旨

本条是关于善意取得的规定。

◆ 立法背景

善意取得是所有权特别取得的重要方式，许多立法例对此都有规定。例如，《德国民法典》第 932 条规定，物虽不属于让与人，受让人也得因第 929 条规定的让与成为所有人，但在其依此规定取得所有权的当时为非善意者，不在此限。在第十二章第 29 条第 3 款规定的情况下，仅在受让人从让与人取得占有时，始适用本条规定。《法国民法典》规定，受让人明知或因重大过失而不知物不属于让与人者，视为非善意者。第 2279 条对于动产，占有即等于所有权证书。《瑞士民法典》第 714 条规定，以所有权移转为目的善意取得动产的，依照占有的规定，其占有受保护的，即使该动产的让与人无此转让权，该善意占有人仍取得该动产的所有权。第 933 条规定，凡以善意受让动产所有权或有限物权的人，即使转让人未被授予让与权，亦应保护受让人取得该动产的事实。第 1153 条规定，从非所有权人处取得物品转让的人可以通过占有取得所有权，但是，以实行占有之时具有善意并且持有适当的所有权转移证书为限。在权利证书未表明所有权上附有其他人的权利并且取得方具有善意的情况下，占有人无任何负担地取得所有权。可以以同样的方式取得用益权、使用权和质权。第1154条规定，误信出让人为所有权人或者误信前占有人已经取得了物品的所有权的理由不适用于知晓原因不法仍然取得物品的人。《日本民法典》第192条规定，平稳而公然地开始占有动产者，如系善意且无过失，则即时取得行使于该动产上的权利。我国台湾地区“民法”第801条规定，动产之受让人占有动产，而受关于占有规定之保护者，纵让与人无移转所有权之权利，受让人仍取得其所有权。第886条规定，质权人占有动产，而受关于占有规定之保护者，纵出质人无处分其质物之权利，质权人仍取得质权。第948条规定，以动产所有权，或其他物权之移转或设定为目的，而善意受让该动产之占有者，纵其让与人无让与之权利，其占有仍受法律之保护。

本条是2007年通过的《物权法》第106条的规定，本次民法典编纂对本条仅作了个别文字修改。

◆ 条文解读

善意取得，指受让人以财产所有权转移为目的，善意、对价受让且占有该财产，即使出让人无转移所有权的权利，受让人仍取得其所有权。善意取得既适用于动产，又可适用于不动产。

一、善意取得制度的适用条件

根据本条第1款的规定，无处分权人将不动产或者动产转让给受让人的，所有权人有权追回；除法律另有规定外，符合本法规定的条件的，受让人取得该不动产或者动产的所有权。即根据本条善意取得制度的规定，即使处分物的处分人为无处分权人，其将不动产或者动产转让的，所有权人有权追回该不动产或者动产，但是如果符合本条规定的条件，此时，除法律另有规定的外，由受让人取得该不动产或者动产的所有权。例如，甲将实际所有权是乙的房屋以合理的价格出卖给丙并办理了过户登记，丙如果对甲并非房屋所有人，没有房屋处分权的事不知情，此时，虽然甲无权处分该房屋，但是根据本条规定，丙可以善意取得本房屋的所有权。

有的意见认为，善意取得对所有权人保护不利。善意取得对所有权人是有一定限制，但善意取得基于占有的公信力，旨在维护交易安全，这项制度的存在是必要的。根据本条规定，产生善意取得的法律后果，需同时符合以下条件，三项条件必须同时具备，否则不构成善意取得：

（一）受让人受让该不动产或者动产时是善意

适用善意取得制度，首先受让人受让该不动产或者动产时须是善意的，即受让人受让该不动产或者动产时不知道出让人是无处分权人，否则不构成善意取得。在上文所举的例子中，丙在受让该房屋时必须是不知道甲是无权处分人的。关于如何认定“善意”，《最高人民法院关于适用〈中华人民共和国物权法〉若干问题的解释（一）》第 15 条（善意取得中受让人善意的认定）规定，受让人受让不动产或者动产时，不知道转让人无处分权，且无重大过失的，应当认定受让人为善意。真实权利人主张受让人不构成善意的，应当承担举证证明责任。第 16 条（不动产善意取得中受让人非善意的认定）规定，具有下列情形之一的，应当认定不动产受让人知道转让人无处分权：（一）登记簿上存在有效的异议登记；（二）预告登记有效期内，未经预告登记的权利人同意；（三）登记簿上已经记载司法机关或者行政机关依法裁定、决定查封或者以其他形式限制不动产权利的有关事项；（四）受让人知道登记簿上记载的权利主体错误；（五）受让人知道他人已经依法享有不动产物权。真实权利人有证据证明不动产受让人应当知道转让人无处分权的，应当认定受让人具有重大过失。第

17 条（动产善意取得中受让人重大过失的认定）规定，受让人受让动产时，交易的对象、场所或者时机等不符合交易习惯的，应当认定受让人具有重大过失。关于如何认定“受让该不动产或者动产时”，《最高人民法院关于适用〈中华人民共和国物权法〉若干问题的解释（一）》第 18 条（善意取得中善意的判断时间）规定，《物权法》第 106 条第 1 款第 1 项所称的“受让人受让该不动产或者动产时”，是指依法完成不动产物权转移登记或者动产交付之时。当事人以物权法第 25 条规定的方式交付动产的，转让动产法律行为生效时为动产交付之时；当事人以物权法第 26 条规定的方式交付动产的，转让人与受让人之间有关转让返还原物请求权的协议生效时为动产交付之时。法律对不动产、动产物权的设立另有规定的，应当按照法律规定的时间认定权利人是否为善意。

（二）以合理的价格转让

适用善意取得制度，第二个条件是以合理的价格转让，即受让人是以合理的价格，以符合一般人认知的正常的市场价格受让该不动产或者动产。在上文所举的例子中，丙必须以合理的价格受让该房屋。因为建立善意取得制度的意义之一是保障正常的市场秩序，降低交易成本，善意取得制度可以通过制度保证受让人在善意、对价受让时取得交易物。关于如何认定“以合理的价格”，《最高人民法院关于适用〈中华人民共和国物权法〉若干问题的解释（一）》第 19 条（善意取得中合理价格的认定）规定，《物权法》第 106 条第 1 款第 2 项所称“合理的价格”，应当根据转让标的物的性质、数量以及付款方式等具体情况，参考转让时交易地市场价格以及交易习惯等因素综合认定。

（三）转让的不动产或者动产依照法律规定应当登记的已经登记，不需要登记的已经交付给受让人

适用善意取得制度，第三个条件是转让的不动产或者动产依

照法律规定应当登记的已经登记，不需要登记的已经交付给受让人，即交易的不动产或者动产已经依法发生了物权变动的效力。《民法典》第209条规定，不动产物权的设立、变更、转让和消灭，经依法登记，发生效力；未经登记，不发生效力，但是法律另有规定的除外。第224条规定，动产物权的设立和转让，自交付时发生效力，但是法律另有规定的除外。《最高人民法院关于适用〈中华人民共和国物权法〉若干问题的解释（一）》对特殊动产如何适用善意取得作了规定，第20条规定，转让人将物权法第24条规定的船舶、航空器和机动车等交付给受让人的，应当认定符合物权法第106条第1款第3项规定的善意取得的条件。

此外，《最高人民法院关于适用〈中华人民共和国物权法〉若干问题的解释（一）》对善意取得制度适用的排除作了规定，第21条规定，具有下列情形之一，受让人主张根据物权法第106条规定取得所有权的，不予支持：（一）转让合同因违反合同法第52条规定被认定无效；（二）转让合同因受让人存在欺诈、胁迫或者乘人之危等法定事由被撤销。

善意取得既适用于动产，又可适用于不动产。当事人出于善意，从无处分权人手中购买了房屋并登记过户，善意人取得房屋所有权。善意取得制度常被认为仅适用于动产，其实不然，不动产也适用善意取得制度。瑞士就有不动产的善意取得，《瑞士民法典》第973条中规定，出于善意而信赖不动产登记簿的登记，因而取得所有权或其他权利的人，均受保护。

善意取得与可追认的无处分权人处分财产行为有别。善意取得制度中的出让人与可追认的无处分权人处分财产行为中的出让人均是无处分权人，故善意取得是无处分权人处分财产行为的特别规定。善意取得中的受让人是善意第三人，善意取得行为自始有效，无须权利人追认。可追认的无处分权人处分财产行为中的受让人非善意第三人，其知出让人无处分权仍受让财产，故该行为是可追认的行为。权利人追认的，让与行为自始有效；权利人不追认的，让与行为自始无效。

二、受让人依据善意取得规定取得不动产或者动产的所有权的，原所有权人有权向无处分权人请求损害赔偿

受让人依照善意取得制度的规定取得不动产或者动产的所有权的，原所有权人会因为无权处分人的处分行为丧失不动产或者动产的所有权，那么此时，如何处理原所有权人与无权处分人之间的关系，如何保护原所有权人的权利。本条第2款规定，受让人依据善意取得规定取得不动产或者动产的所有权的，原所有权人有权向无处分权人请求损害赔偿。例如，甲将实际所有权是乙的房屋以合理的价格出卖给丙并办理了过户登记，丙为善意受让人，此时，虽然甲无权处分该房屋，但是丙根据善意取得的规定取得了本房屋的所有权，此时乙因此受到的损失，有权向甲请求损害赔偿。

三、当事人善意取得其他物权的，参照适用前两款规定

本条第3款规定，当事人善意取得其他物权的，参照适用前两款规定。根据本条规定，当事人可以参照适用本条第1款、第2款的规定，善意取得其他物权。

第三百一十二条　所有权人或者其他权利人有权追回遗失物。该遗失物通过转让被他人占有的，权利人有权向无处分权人请求损害赔偿，或者自知道或者应当知道受让人之日起二年内向受让人请求返还原物；但是，受让人通过拍卖或者向具有经营资格的经营者购得该遗

失物的，权利人请求返还原物时应当支付受让人所付的费用。权利人向受让人支付所付费用后，有权向无处分权人追偿。

◆ **条文主旨**

本条是关于遗失物的善意取得的规定。

◆ **立法背景**

遗失物的善意取得是善意取得的特殊问题，有此立法例。例如，《德国民法典》第935条规定对丢失的物无善意取得：1. 从所有权人处盗窃的物、由所有权人遗失或者因其他原因丢失的物，不发生根据第932条到第934条的规定取得的所有权。所有权人公为间接占有人的，物为占有人所丢失时，亦同。2. 对于金钱或者无记名证券以及以公开拍卖方式出让的物，不适用上述规定。《法国民法典》第2279条规定，占有物如系遗失物或盗窃物时，其遗失人或被害人自遗失或被盗之日起3年内，得向占有人请求回复其物；但占有人得向其所由取得该物之人行使求偿的权利。第2280条规定，现实占有人如其占有的盗窃物或遗失物系由市场、公卖或贩卖同类物品的商人处买得者，其原所有人仅在偿还占有人所支付的价金时，始得请求回复其物。《瑞士民法典》第934条规定，因动产被窃、丢失或因其他违反本意而丧失占有的，得在丧失的5年内请求返还。但前款的动产被拍卖或经市场或经专营商人转卖的，对第一位及其后的善意取得人，非经赔偿已支付的价格，不得请求返还。前款以外的返还给付，亦适用有关善意占有人请求权的规定。第935条规定：货币及不记名证券，即使系未经所有人同意而丧失占有的，所有人亦不得向善意取得人请求返还。《日本民法典》第193条规定，盗赃、遗失物的特则：于前条情形，占有物系盗赃或遗失物时，受害人或遗失人自被盗或遗失之时起2年间，可以向占有人请求回复其物。第194条规定：盗赃及遗失物，如系占有人由拍卖处、公共市场或出卖同种类物的商人处善意买受者时，受害人或遗失人除非向占有人清偿其支付的代价，不得回复其物。《俄罗斯联邦民法典》第152条规定，如果财产是有偿取得，而取得人不知道或者不可能知道向他出让财产的人没有转让该财产的权利，所有人只有在财产由他或他交给占有的人所遗失，或者从他们二者那里被盗窃，或者由于不依赖他们意志的其他原因而丧失占有的情况下，才有权要求返还该财产。如果财产是无偿地从没有出让该财产权利的人那里取得的，则所有人在任何情况下都有权要求返还该财产。第154条规定，对于货币和不记名有价证券，不能向善意取得人要求返还。我国台湾地区“民法”第949条规定，占有物如系盗赃或遗失物，其被害人或遗失人，自被盗或遗失之时起2年以内，得向占有人请求回复其物。第950条规定，盗赃或遗失物，如占有人由拍卖或公共市场，或由贩卖与其物同种之物之商人，以善意买得者，非偿还其支出之价金，不得回复其物。第951条规定，盗赃或遗失物，如系金钱或无记名证券，不得向其善意占有人请求回复。

本条是2007年通过的《物权法》第107条的规定，本次民法典编纂对本条仅作了个别文字修改。

◆ 条文解读

动产的善意取得亦受限制。出让人让与的动产若是货币或者无记名有价证券之外的遗失物，遗失人有权向善意取得人请求返还原物。善意取得人应当返还，善意取得人返还后可以向让与人追偿。倘若该遗失物是由善意取得人在拍卖市场、公共市场或者在贩卖与其物同类之物的商人处购得的，遗失人须偿还其购买之价金，方能取回其物。遗失物若是货币或者无记名有价证券，遗失人无权向善意取得人请求返还原物，只能向出让人请求返还同种类物或者请求其他赔偿。

对善意取得的另一意见，是认为应当规定盗赃物的善意取得。本法不规定盗赃物的善意取得，立法考虑是，对被盗、被抢的财物，所有权人主要通过司法机关依照刑法、刑事诉讼法、治安管理处罚法等有关法律的规定追缴后退回。在追赃过程中，如何保护善意受让人的权益，维护交易安全和社会经济秩序，可以通过进一步完善有关法律规定解决，2007 年的物权法对此未作规定。本次民法典编纂对此未作修改。

第三百一十三条 善意受让人取得动产后，该动产上的原有权利消灭。但是，善意受让人在受让时知道或者应当知道该权利的除外。

◆ 条文主旨

本条是关于善意受让人取得动产后，该动产上的原有权利消灭的规定。

◆ 立法背景

善意受让人取得动产后，该动产上的原有权利消灭，也有此立法例，例如，《德国民法典》第 936 条规定第三人权利的消灭：1. 在出让物上设定第三人权利的，该项权利因取得所有权而消灭。但在第 929 条第 2 句规定的情况下，上述规定仅在受让人从出让人处取得占有时，始得适用之。根据第 919 条 a 或者第 930

条的规定进行出让时，或者根据第931条的规定出让的物是由出让人间接占有时，第三人的权利仅在受让人基于出让而取得物的占有时，始行消灭。2. 如果受让人于本条第1款规定的时间内，对该项权利非出于善意时，第三人的权利不消灭。3. 在第931条规定的情形下，权利属于第三占有人的，该项权利即使对善意受让人也不消灭。

本条是2007年通过的《物权法》第108条的规定，本次民法典编纂对本条仅作了个别文字修改。

◆ **条文解读**

善意受让人取得动产后，该动产上的原有权利消灭。例如，该动产上有抵押的权利，抵押权消灭。但是，善意受让人取得动产时，知道该动产已被抵押，抵押权不消灭。

第三百一十四条　拾得遗失物，应当返还权利人。拾得人应当及时通知权利人领取，或者送交公安等有关部门。

◆ **条文主旨**

本条是关于拾得遗失物返还的规定。

◆ **立法背景**

拾得遗失物应当返还，有许多此立法例。例如，《德国民法典》第965条规定了拾得人的通知义务：1. 拾得并占有遗失物者，应立即通知遗失人或所有人或其他有权受领的人。2. 拾得人不认识有权受领的人或不知其所在者，应立即将遗失物及有可能对查明有权受领人有关的重要的情事报告主管官署。遗失物的价值不超过10马克者，不需要报告。第967条规定了交付义务：拾得人有权，并依主管官署的命令有义务将遗失物或其拍卖所得价金交付于主管官署。《瑞士民法典》第720条规定了遗失物的招领及上交：1. 拾得遗失物的人应通知失主，如失主不明，应将遗失物交付警署或自行采取适宜的招领方法。2. 遗失物的价值明显超过10法郎的，拾得人有将遗失物交付警署的义务。《日本遗失物法》第1条规定了拾得物的处置：拾得他人物品的人，应急速将其物品向遗失人、所有人或其他有物品回复请求权的人返还，或者将其物交给警察署长。但依法令的规定禁止私人所有或持有的物品，不在返还的范围。我国台湾地区“民法”第803条规定，拾得遗失物者应通知其所有人。不知所有人或所有人所在不明者，应为招领之揭示，或报告警署或自治机关，报告时，应将其物一并交存。第804条规定，遗失物经揭示后，所有人不于相当期间认领者，拾得人应报告警署或自治机关，并将其物交存。

本条是2007年通过的《物权法》第109条的规定，本次民法典编纂对本条未作修改。

◆ 条文解读

《铁路旅客运输规程》第55条规定：对旅客的遗失物品应设法归还原主。如旅客已经下车，应编制客运记录，注明品名、件数等移交下车站。不能判明时，移交列车终点站。

遗失物是非故意抛弃而丢失的物品。遗失物与废弃物不同，废弃物是故意抛弃之物。丢失遗失物的人，称遗失物丢失人。拾得遗失物，是发现并占有遗失物。拾得遗失物的人，称拾得人。

拾得人拾得遗失物，知道遗失物所有人的，应当在及时通知其领取，或者送交遗失物。

拾得人拾得遗失物，不知道遗失物丢失人的，可以张贴招领告示，寻找遗失物丢失人。也可以将遗失物上缴公安机关或者有关单位。例如，学生将捡到的手套交给学校。

第三百一十五条 有关部门收到遗失物，知道权利人的，应当及时通知其领取；不知道的，应当及时发布招领公告。

◆ **条文主旨**

本条是关于有关部门收到遗失物的处理的规定。

◆ **立法背景**

有关部门收到遗失物的处理，也有此立法例。例如，《日本遗失物法》第1条第2项规定了拾得物的处置：将物件提交给警察署长后，警察署长应将其返还给应接受返还者。如应受返还者的姓名或居所不明，应依命令所定进行公告。

本条是2007年通过的《物权法》第110条的规定，本次民法典编纂对本条未作修改。

◆ **条文解读**

有关单位收到遗失物，应当查找遗失物丢失人，请其认领。无人认领的，上缴公安机关。

公安机关收到遗失物，应当查找遗失物丢失人，请其认领。或者存放遗失物品招领处，待人认领。自公安机关收到遗失物发布招领公告之日起1年内无人认领的，遗失物归国家所有。公安机关可以拍卖、变卖遗失物，所得价金上缴国库。

第三百一十六条 拾得人在遗失物送交有关部门前，有关部门在遗失物被领取前，应当妥善保管遗失物。因故意或者重大过失致使遗失物毁损、灭失的，应当承担民事责任。

◆ **条文主旨**

本条是关于遗失物保管的规定。

◆ **立法背景**

对遗失物的保管，有许多此立法例。例如，《德国民法典》第966条规定了保管义务：拾得人有保管遗失物的义务。《瑞士民法典》第721条规定，对遗失物应妥善保管。我国《铁路旅客运输规程》第56条规定，客流量较大的车站应设失物招领处。失物招领处对旅客遗失物品应妥善保管，正确交付。遗失物品需通过铁路向失主所在站转送时，物品在5kg以内的免费转送，超过5kg时，到站按品类补收运费；但对第52条中所列物品及食品不办理转送。《最高人民法院关于贯彻执行〈中华人民共和国民法通则〉若干问题的意见（试行）》第98条规定：拾得物灭失、毁损，非因拾得人故意造成的，不承担民事责任。拾得人将拾得物据为己有的，应当责令其返还或者承担赔偿责任。

本条是2007年通过的《物权法》第111条的规定，本次民法典编纂对本条未作修改。

◆ **条文解读**

拾得人拾得遗失物，在返还失主或者送交有关部门前，应当妥善保管遗失物。有关部门收到遗失物后在遗失物被领取前，也应当妥善保管遗失物。拾得人或者有关部门因故意或者重大过失致使遗失物损坏灭失的，应当承担民事责任。

遗失物不易保管或者保管费用过高的，公安机关可以及时拍卖、变卖，保存价金。拾得人和有关单位不能自行拍卖、变卖遗失物。

▶ **相关规定**

《铁路旅客运输规程》第 56 条

第三百一十七条 权利人领取遗失物时，应当向拾得人或者有关部门支付保管遗失物等支出的必要费用。

权利人悬赏寻找遗失物的，领取遗失物时应当按照承诺履行义务。

拾得人侵占遗失物的，无权请求保管遗失物等支出的费用，也无权请求权利人按照承诺履行义务。

◆ **条文主旨**

本条是关于拾金不昧的规定。

◆ **立法背景**

对返还遗失物是拾金不昧还是获取报酬，有不同立法例。例如，《德国民法典》第 970 条规定了偿还费用：拾得人出于保管或保存遗失物的目的，或出于查明有权受领人的目的而支出拾得人依当时情况认为必要支付的费用者，得向有权受领人请求偿还之。第 971 条规定了拾得人的报酬：1. 拾得人得向有权受领人请求拾得人的报酬。遗失物价值在 500 欧元以下者，其报酬为 5%，超过此数部分，依价值的 3%，关于动物，依价值的 3%。如果遗失物仅对受领人有价值的，拾得人的报酬应按公平原则衡量确定之。2. 拾得人违反报告义务，或在询问时隐瞒遗失物的，上述请求权即告消灭。第 972 条规定了拾得人的留置权：拾得人可基于费用偿还请求权与报酬请求权对遗失物实施留置。第 978 条规定在公共行政机关或者交通机构中拾得：拾得人为该机关或该交通机构的公务员，或拾得人违反交存义务时，无此请求权。《瑞士民法典》第 722 条规定，1. 遗失物交与失主的，拾得人有请求赔偿全部费用及适当拾得报酬的权利。2. 住户人、承租人或公共场所管理机关在其住宅内或在其管理的公共场所拾得遗失物，无拾得报酬请求权。《日本遗失物法》第 3 条规定了费用负担：遗失物的保管费、公告费及其他必要费用，由受物品返还的人或取得物品的所有权而将其领取的人负担。第 4 条规定了酬劳金：受物品返还的人，应向拾得者给付不少于物品价格 5%、不多于物品价格 20% 的酬劳金。但国库或其他公法人不得请求酬劳金。第 9 条规定了拾得人的权利丧失：因侵占遗失物或其他准用本法规定的物品而受处罚的人，及自拾得之日起 7 日内不办理第 1 条第 1 项、第 11 条第 1 项手续的人，丧失首领第 3 条费用及第 4 条酬劳金的权利及取得遗失物所有权的权利。我国台湾地区“民法”第 805 条规定，遗失物拾得后 6 个月内，所有人认领者，拾得人或警署或自治机关，于揭示及保管费受偿还后，应将其物返还之。拾得人对于所有人，得请求其物 3/10 之报酬。我国《刑法》规定，将代为保管的他人财物非法占为己有，数额较大，拒不退还的，处 2 年以下有期徒刑、拘役或者罚金；数额巨大或者有其他严重情节的，处 2 年以上 5 年以下有期徒刑，并处罚金。将他人的遗忘物或者埋藏物非法占为已有，数额较大，拒不交出的，依照前款的规定处罚。本条罪，告诉的才处理。

拾金不昧是中华美德，遗失物立法要对此规定。本条是 2007

年通过的《物权法》第 112 条的规定，本次民法典编纂对本条未作修改。

◆ **条文解读**

一、权利人领取遗失物时，应当向拾得人或者有关部门支付保管遗失物等支出的必要费用

拾得人拾得遗失物，有人主张拾得人应获得报酬，遗失物所有人不支付酬金的，拾得人享有留置权。2007 年制定的物权法未采纳这种意见。路不拾遗、拾金不昧是崇高的道德风尚，立法要有价值取向，弘扬中华传统美德。拾得人因拾得遗失物、寻找遗失物丢失人、保管遗失物而实际支付的费用，可以按无因管理请求遗失物所有人偿还。无人认领的，由公安机关在上缴国库前支付。因此，本条第 1 款规定，权利人领取遗失物时，应当向拾得人或者有关部门支付保管遗失物等支出的必要费用。

二、权利人悬赏寻找遗失物的，领取遗失物时应当按照承诺履行义务

本条第 2 款规定，权利人悬赏寻找遗失物的，领取遗失物时应当按照承诺履行义务。例如，甲丢失一贵重物品，登报承诺如果有人拾得该物并归还，愿意支付人民币 5000 元作为报酬，此时，如有人拾得该物并归还，其应当按照承诺履行支付人民币 5000 元的义务。《民法典》第 499 条规定，悬赏人以公开方式声明对完成特定行为的人支付报酬的，完成该行为的人可以请求其支付。

三、拾得人侵占遗失物的，无权请求保管遗失物等支出的费用，也无权请求权利人按照承诺履行义务

本条第 3 款规定，拾得人侵占遗失物的，无权请求保管遗失物等支出的费用，也无权请求权利人按照承诺履行义务。拾得人隐匿遗失物据为己有的，构成侵犯所有权。遗失物所有人可以请拾得人偿还，公安机关可以责令拾得人缴出。拾得人丧失报酬和费用请求权。拾得人将数额较大的遗失物占为己有，拒不交出的，构成犯罪，依刑法惩处。

第三百一十八条 遗失物自发布招领公告之日起一年内无人认领的，归国家所有。

◆ 条文主旨

本条是关于无人认领的遗失物归国家所有的规定。

◆ 立法背景

无人认领的遗失物归国家所有，有许多立法例。例如，《法国民法典》第 713 条规定，无主财产属于国家。第 714 条规定：不属于任何人之物，得为公众共同使用。我国《民事诉讼法》第 192 条规定，人民法院受理申请后，经审查核实，应当发出财产认领公告。公告满 1 年无人认领的，判决认定财产无主，收归国家或者集体所有。《海关法》第 51 条规定，进出境物品所有人声明放弃的物品、在海关规定期限内未办理海关手续或者无人认领的物品，以及无法投递又无法退回的进境邮递物品，由海关依照本法第 30 条的规定处理。第 30 条规定，进口货物的收货人自运输工具申报进境之日起超过 3 个月未向海关申报的，其进口货物由海关提取依法变卖处理，所得价款在扣除运输、装卸、储存等费用和税款后，尚有余款的，自货物依法变卖之日起 1 年内，经收货人申请，予以发还；其中属于国家对进口有限制性规定，应当提交许可证件而不能提供的，不予发还。逾期无人申请或者不予发还的，上缴国库。确属误卸或者溢卸的进境货物，经海关审定，由原运输工具负责人或者货物的收发货人自该运输工具卸货之日起3个月内，办理退运或者进口手续；必要时，经海关批准，可以延期3个月。逾期未办手续的，由海关按前款规定处理。前两款所列货物不宜长期保存的，海关可以根据实际情况提前处理。收货人或者货物所有人声明放弃的进口货物，由海关提取依法变卖处理；所得价款在扣除运输、装卸、储存等费用后，上缴国库。《邮政法》第33条规定，邮政企业对无法投递的邮件，应当退回寄件人。无法投递又无法退回的信件，自邮政企业确认无法退回之日起超过6个月无人认领的，由邮政企业在邮政管理部门的监督下销毁。无法投递又无法退回的其他邮件，按照国务院邮政管理部门的规定处理；其中无法投递又无法退回的进境国际邮递物品，由海关依照《中华人民共和国海关法》的规定处理。《仓库盘盈物资及无主货管理暂行办法》第4条规定了无主货的确认：盘点检查中发现的不明货主物资，自发现之日起3个月内，仓库应采取必要措施寻找货主。3个月期满后确实找不到货主时方可确认为无主货。记入无主货账。第6条规定：盘盈物资和无主货要单独存放，单独及时建账、建卡，专人保管和保养。第7条规定：盘盈物资入账后即可处理；无主货从确认之日起，半年内要继续寻找货主，半年内未找到货主，又无人认领时，可作变卖处理。

本条在2007年通过的《物权法》第113条的基础上作了修改完善，将《物权法》第113条中规定的“6个月”修改为“1年”。

◆ **条文解读**

公安机关收到遗失物，应当查找遗失物丢失人，请其认领，或者存放遗失物品招领处，待人认领。自公安机关收到遗失物发布招领公告之日起1年内无人认领的，遗失物归国家所有。公安机关可以拍卖、变卖遗失物，所得价金缴国库。

《物权法》第113条规定，遗失物自发布招领公告之日起6个月无人认领的，归国家所有。在民法典编纂过程中，有的意见提出，6个月的时间过短，不利于物归原主，建议延长。2018年8月，提交审议的民法典各分编草案将本条中的“6个月”修改为“1年”。

▶ 相关规定

《中华人民共和国海关法》第30条、第51条；《中华人民共和国邮政法》第33条；《仓库盘盈物资及无主货管理暂行办法》第4条、第7条

第三百一十九条 拾得漂流物、发现埋藏物或者隐藏物的，参照适用拾得遗失物的有关规定。法律另有规定的，依照其规定。

◆ 条文主旨

本条是关于拾得漂流物、发现埋藏物或者隐藏物的规定。

◆ 立法背景

漂流物、埋藏物和隐藏物的现实问题非常复杂，考虑到同现行法律的衔接和统一，同时参考外国立法例，本法规定拾得漂流物、发现埋藏物或者隐藏物的，参照拾得遗失物的有关规定，对这一原则立法过程中不存在太大争议。但是由于漂流物、埋藏物和隐藏物的概念在外延上同“文物”的概念存在交叉，在如何处

理涉及文物的埋藏物和隐藏物上，有的意见认为，埋藏物和隐藏物的问题复杂，近期的埋藏物、隐藏物可视为遗失物处理，但历史上的埋藏物，属于文物。根据《文物保护法》的规定，中华人民共和国境内地下、内水和领海中遗存的一切文物，属于国家所有，任何单位或者个人非经报批都不得私自发掘，非以发掘为目的的基本建设工程或者农业生产活动中，任何单位或者个人发现文物，应立即报告当地文化行政管理部门。

考虑到文物保护法中对构成文物的物（包括漂流物、埋藏物和隐藏物）的权属及处理程序作了详细规定，因此对于文物的处理不宜笼统参照拾得遗失物的有关规定，所以本条规定但书“文物保护法等法律另有规定的，依照其规定”。

本条是2007年通过的《物权法》第114条的规定，本次民法典编纂对本条仅作了个别文字修改。

◆ **条文解读**

首先，关于拾得漂流物、发现埋藏物或者隐藏物的处理，其他国家和地区立法例及我国法律法规均有不少规定：

1. 其他国家和地区立法例。《日本遗失物法》第12条规定，准遗失物，关于因错误而占有的物品，他人遗忘的物品，或者逃逸的家畜，准用本法及民法第240条的规定；但关于因错误而占有的物品，不得请求第3条的费用及第4条的酬劳金。同法第241条规定了埋藏物的发现：关于埋藏物，依特别法规定进行公告后6个月内，其所有人不明时，拾得人取得其所有权。我国台湾地区“民法”第810条规定，拾得漂流物或沉没品者，适用关于拾得遗失物之规定。

2. 我国法律的相关规定。《最高人民法院关于贯彻执行〈中华人民共和国民法通则〉若干问题的意见（试行）》第97条规定，公民、法人对于挖掘、发现的埋藏物、隐藏物，如果能够证明属其所有，而且根据现行的法律、政策又可以归其所有的，应当予以保护。《河道管理条例》第33条规定，在河道中流放竹木，不得影响行洪、航运和水工程安全，并服从当地河道主管机关的安全管理。在汛期，河道主管机关有权对河道上的竹木和其他漂流物进行紧急处置。《城镇国有土地使用权出让和转让暂行条例》第2条规定，国家按照所有权与使用权分离的原则，实行城镇国有土地使用权出让、转让制度，但地下资源、埋藏物和市政公用设施除外。《刑法》第270条规定：将代为保管的他人财物非法占为己有，数额较大，拒不退还的，处2年以下有期徒刑、拘役或者罚金；数额巨大或者有其他严重情节的，处2年以上5年以下有期徒刑，并处罚金。将他人的遗忘物或者埋藏物非法占为己有，数额较大，拒不交出的，依照前款的规定处罚。本条罪，告诉的才处理。

漂流物、埋藏物和隐藏物的现实问题非常复杂，应当区别情况分别处理：

1. 拾得漂流物或者失散的饲养动物，应当归还失主，因此而支出的费用由失主偿还。拾得漂流物、失散的饲养动物，可参照拾得遗失物的相关规定。漂流物是指漂流在水上的遗失物。失散的饲养动物是指走失的他人饲养的动物。

2. 发现埋藏物。埋藏物是指埋藏于地下的物品。埋藏物品的人，称埋藏人。发现埋藏物的人，称发现人。发现人发现埋藏物，可视情况分别处理：一是能够判定埋藏人，且埋藏物不易为他人发现，发现人可以不挖取埋藏物，并将埋藏物继续掩埋好，且将发现情况告知埋藏人。二是能够判定埋藏人，且埋藏物易为他人发现，发现人可依前种情形处理，也可以将埋藏物挖出，交还埋藏人。三是不能判定埋藏人，且埋藏物不易为他人发现，发现人可以不挖取埋藏物，并将埋藏物继续掩埋好。发现人可以将发现情况告知有关单位或者公安机关。四是不能判定埋藏人，且埋藏物易为他人发现，发现人可依前种情形处理，也可以挖取埋藏物，按拾得不知遗失物丢失人的遗失物的办法处理。发现人发现的埋藏物倘若是文物，应依文物保护法处理。

3. 发现隐藏物。隐藏物是隐藏于它物之中的物品，如隐藏于夹墙中的物品。隐藏物品的人，称隐藏人，发现隐藏物的人，称发现人。发现隐藏物适用发现埋藏物的相关规定。

4、漂流物、埋藏物、隐藏物同文物保护法的适用。由于遗失物、漂流物、埋藏物和隐藏物的概念在外延上同“文物”的概念存在交叉，无论是遗失物、漂流物、埋藏物或者隐藏物，只要构成“文物”，文物保护法的规定将优先适用。

▶ **相关规定**

《中华人民共和国河道管理条例》第33条；《中华人民共和国城镇国有土地使用权出让和转让暂行条例》第2条；《中华人民共和国刑法》第270条；《中华人民共和国文物保护法》第32条

第三百二十条　主物转让的，从物随主物转让，但是当事人另有约定的除外。

◆ **条文主旨**

本条是关于从物随主物转让的规定。

◆ **立法背景**

主物与从物的划分规则，是指在两个以上的物发生互相附着或者聚合而且在经济上发生密切的关联之后，当物上的权利发生变动时，为确定物的归属所适用的规则。物的主从关系的划分并非人为拟制，而是经济实践的反映。现实中的物常常是由许多单一物结合在一起组成的物。当物上的权利发生变动时，必须考虑各部分是否也随之发生权利的变动，因此制定主物与从物之间的关系规则非常必要。

本条是2007年通过的《物权法》第115条的规定，本次民法典编纂对本条仅作了个别文字修改。

◆ **条文解读**

要准确把握本条关于主物转让的，从物随主物转让的一般规则，需要首先对主物和从物的概念进行理解。首先，主物、从物的概念不同于物的整体与其重要成分之间的关系。物的重要成分是物的组成部分，而主物和从物在聚合之前分别为独立的物，例如，自行车与车锁，在聚合之前为独立的物。在聚合之后，根据它们的作用可以决定主从关系，并决定权利的变动。但物的重要成分与物的整体本身就是一个物，例如，汽车与其发动机，如果没有发动机的作用，汽车就不成之为汽车，也就无法发挥物的整体的效用。因此法律上的规则是，不许可在物的整体上和该物的重要成分上分设两个独立的权利；而主物从物之间的关系却不同，在从物随主物转让的一般规则下，均承认当事人例外约定的效力。例如，甲将自行车出售给乙，完全可以约定自行车车锁不售仍由甲所有。

正是基于对主物、从物仍为两物的认识，各国立法例均作出规定，许可原权利人依特别的约定对从物进行处分。这一考虑的基本原因在于：主物和从物毕竟是两个物，从物附着于主物一般也有其可分性，从物与主物的分离并不妨碍主物的经济效用的发挥。

最后一点需要说明的是，在主物和从物的关系中，必须有从物附着于主物的事实，即主物和从物必须发生空间上的联系，并且从物对主物需发挥辅助性的作用。我国台湾地区“民法”还特别强调，主从物除发生附着关系外，还必须具有同属一人的事实。此外，德国民法典和瑞士民法典中还强调，从物必须为动产。

第三百二十一条 天然孳息，由所有权人取得；既有所有权人又有用益物权人的，由用益物权人取得。当事人另有约定的，按照其约定。

法定孳息，当事人有约定的，按照约定取得；没有约定或者约定不明确的，按照交易习惯取得。

◆ 条文主旨

本条是关于天然孳息及法定孳息归属的规定。

◆ 立法背景

天然孳息是原物的出产物，一方面，人们占有使用原物并对其进行生产劳动，其目的就是获得出产物、收获物，因此法律规定天然孳息的归属，实际上就是对劳动的保护；另一方面，日常生活中也常发生原物在脱离所有权人的情况下而产生孳息的情形，因此确定孳息的归属尤显必要。法定孳息是指依一定的法律关系由原物所生的物，是原物的所有权人进行租赁、投资等特定的民事法律活动而应当获得的合法收益。如房屋出租所得的租金，依股本金所得的股息等。在德国民法典中，法定孳息被称为权利的孳息，确定法定孳息的归属，是对产生法定孳息的民事法律关系的承认和保护。因此，本法对天然孳息及法定孳息的归属作了明确规定。

本条是2007年通过的《物权法》第116条的规定，本次民法典编纂对本条仅作了个别文字修改。

◆ **条文解读**

孳息是与原物相对而言的，指由原物而产生的物，包括天然孳息与法定孳息：

1. 天然孳息的概念和归属。天然孳息是指依物的自然属性所产生的物。天然孳息的范围非常广，主要来源于种植业和养殖业，如耕作土地获得粮食和其他出产物，种植果树产生果实，包括竹木的枝根，养殖牲畜获得各种子畜和奶产品等。天然孳息，自从与原物脱离后，会立即产生归属的问题，但是天然孳息的处理原则，民法中甚为复杂。对天然孳息，罗马法的处理原则是“生根的植物从属于土地”，即原物的所有权人取得孳息的权利，但是法律允许其他人提出可以对抗原物所有权人的抗辩。考察德国、日本及我国台湾地区立法例，关于天然孳息归属的基本规则，是在承认原物的所有权人有取得权利的大前提下，同时许可他人享有排斥原物所有权人的取得权利。他人的这一权利可以基于物权产生，例如，基于用益物权；也可因债权产生，再如，因当事人约定而取得孳息。因此，本法明确规定，天然孳息，由所有权人取得；既有所有权人又有用益物权人的，由用益物权人取得；当事人另有约定的，按照约定。

2. 法定孳息的概念和归属。法定孳息（利息、租金等），按照一般的交易规则，利息应由债权人取得，租金应由出租人取得，但也不排除其他情形的存在。如在德国民法典中还有为第三人设定的专以取得孳息为目的的物权类型，即动产（特指有价证券）的用益权。因此关于法定孳息的归属，原则更为变通。本法规定，当事人有约定的，按照约定取得；没有约定或者约定不明确的，按照交易习惯取得。

第三百二十二条 因加工、附合、混合而产生的物的归属，有约定的，按照约定；没有约定或者约定不明确的，依照法律规定；法律没有规定的，按照充分发挥物的效用以及保护无过错当事人的原则确定。因一方当事人的过错或者确定物的归属造成另一方当事人损害的，应当给予赔偿或者补偿。

◆ **条文主旨**

本条是关于添附的规定。

◆ **立法背景**

民法典出台前，我国法律没有关于添附制度的规定。《最高人民法院关于贯彻执行〈中华人民共和国民法通则〉若干问题的意见（试行）》第86条规定，非产权人在使用他人的财产上增添附属物，财产所有人同意添附，并就财产返还时附属物如何处理有约定的，按约定处理；没有约定或协商不成，能够拆除的，可以责令拆除，不能拆除的，也可以折价归财产所有人；造成财产所有人的损失的，应当负责赔偿。

物权法立法过程中，添附制度虽几经修改，但最终未规定添附制度：

一是，2002年12月，九届全国人大常委会第三十一次会议审议的《中华人民共和国民法（草案）》未对添附制度作出规定。

二是，2004年10月，十届全国人大常委会第十二次会议审议的物权法草案二次审议稿，在所有权取得的特别规定中增加 2 条，规定了添附制度。草案第 119 条规定，加工他人的动产的，加工物的所有权属于材料的所有权人。但是，因加工致使其价值显著大于原材料价值的，加工人取得该加工物的所有权。法律另有规定或者当事人另有约定的除外。草案第 120 条第 1 款规定，动产因附合而为不动产的重要成分，不动产所有权人取得该动产的所有权。法律另有规定或者当事人另有约定的除外。第 2 款规定，动产附合而为一合成物，各动产均为合成物重要成分的，各原所有权人为该合成物的共同所有权人，其份额可以按照原动产价值的比例确定，但各物中的一物为主物的，原主物所有权人取得该合成物的所有权。法律另有规定或者当事人另有约定的除外。第 3 款规定，数动产混合而不可分离的，参照适用前款规定。草案第 121 条规定，依照本法第 119 条、第 120 条规定丧失权利而受损失的，可以请求赔偿损失。草案第 122 条规定，本法第 119 条、第 120 条第 2 款、第 3 款的规定，不适用于恶意的加工、附合、混合。恶意加工、附合、混合情形下的动产，一般不应归属于恶意加工人、附合人、混合人；恶意加工人、附合人、混合人给权利人造成损害的，应当承担民事责任。

三是，2005 年 6 月，十届全国人大常委会第十六次会议审议的物权法草案三次审议稿，将二次审议稿规定的 4 个条文合并为 1 条。草案第 121 条规定，因加工、附合、混合而产生的物的归属，有约定的，按照约定；没有约定或者约定不明确的，依照法律规定；法律没有规定的，按照充分发挥物的效用以及保护无过错的当事人的原则确定。因一方当事人的过错或者确定物的归属给另一方当事人造成损失的，应当给予赔偿。《全国人大法律委员会关于〈中华人民共和国物权法（草案）〉修改情况的汇报》中提到，根据有些常委委员的意见，按照简明扼要、通俗易懂的要求，法律委员会经研究，对草案二次审议稿一些条文作了简化，如将加工、附合、混合的规定由4条合并为1条。

四是，2005年10月，十届全国人大常委会第十八次会议审议的物权法草案四次审议稿维持了三次审议稿的规定。

五是，2006年8月，十届全国人大常委会第二十三次会议审议的物权法草案，删除了关于添附制度的规定。

民法典物权编草案编纂过程中，有的意见提出，添附是非常重要的所有权取得方式，物权编应该对添附制度作出规定。2018年8月，十三届全国人大常委会五次会议审议的民法典各分编草案第117条在物权法的基础上增加了添附制度的规定，即本条规定的内容。本条内容在物权法草案三次审议稿的基础上将“赔偿”修改为“赔偿或者补偿”。这个修改主要是在物权编草案征求意见稿征求意见的过程中，有的意见提出，在双方都无过错的情况下，不应当进行赔偿，而应当由获得物的一方补偿另一方当事人，建议将“赔偿”修改为“赔偿或者补偿”。

◆ **条文解读**

本条是本次民法典编纂新增加的规定。

一、添附的含义

加工、附合、混合统称添附，是指不同所有人的物被结合、混合在一起成为一个新物，或者利用别人之物加工成为新物的事实状态。其中附合、混合为物与物相结合，加工为劳力与他人之物相结合。添附的发生有的基于人的行为，也有的基于自然的偶然因素。添附包括三种情况：

一是加工。加工是指将他人的物加工制造成新物。加工是一种事实行为，是劳动与动产的结合，包括劳力、知识技术与时间的投入。比如在他人的纸张上作画成为艺术品，或将他人的树根进行雕刻成为根雕艺术品等。值得注意的是，本条中的加工是一种事实行为，加工他人材料制造成新物，不包括存在加工承揽合同的情况。

关于加工物的归属问题，有材料主义与加工主义两种观点。材料主义认为，有材料才能加工，加工后虽形式发生改变，但材料的本质并未变化，因此应由材料所有人取得加工物的所有权。加工主义认为，加工物的形成是加工人劳动的成果，应由加工人取得所有权。其他国家和地区有两种立法例，一种是以材料主义为原则，以加工主义为例外，如法国、日本和我国台湾地区。另一种是以加工主义为原则，以材料主义为例外，如德国和瑞士。

二是附合。附合是指不同所有人的物密切结合在一起而成为一种新物。比如误将他人的漆刷了自己的墙。

三是混合。混合是指不同所有人的物掺合、融合在一起而成为新物。比如误将两人的米混合在一起、误将两人的油混合在一起等。无法识别，或者虽有办法识别分离，但识别分离经济上不合理。混合和附合不同在于，混合后各所有人的原物已达不能凭视觉识别的程度。

二、其他国家和地区关于添附的规定

（一）德国

关于加工物，德国民法典采“加工主义”为原则，“材料主义”为例外。《德国民法典》第950条中规定：“因对一项或数项材料进行加工或改造而制成一个新的动产的人，取得此新物的所有权，加工或改造的价值显著低于材料的价值的除外。书写、素描、绘画、印刷、雕刻或类似的表面处理，也视为加工。”关于对因上述规定而丧失权利的人的赔偿，德国民法典规定主要依据不当得利的原则，并且，德国民法典并未将加工人是否有恶意这一因素作为影响添附物归属的要件加以规定，恶意只产生侵权责任损害赔偿的问题，并不影响添附物的归属。其第951条规定："因第946条至第950条的规定丧失权利的人，可以向因发生权利变更而受利益的人请求返还不当得利的规定给予金钱补偿。不得请求恢复原状。关于因侵权行为发生的损害赔偿义务的规定，以及关于费用偿还和关于设备取回权的规定，不因此而受影响。"

关于附合，《德国民法典》第947条规定："数动产互相结合，致使其成为一合成物的重要成分的，各原所有人成为此物的共有人；各应有部分按各物在附合时具有的价值比例确定。各物中的一物应视为主物的，其所有人取得单独所有权。"对于混合物，《德国民法典》规定准用第947条关于附合的规定。

（二）法国

关于加工，法国民法典采取了不同于德国民法典的做法，采"材料主义"为原则，"加工主义"为例外。《法国民法典》第570条规定："如某一手工业者或其他任何人使用不属于其本人的材料做成一种新的物品，无论被使用的材料是否能恢复原来的形态，此种材料的所有人均有权请求已做成的物品，并偿还加工的手工费用。"第571条规定："但是，如果加工费用极高，远远超过所使用的材料的价金，技艺在此时应视为主要部分；与此情形，加工人有权留置其加工的物品，并向材料所有人偿还材料的价金。"

关于添附，法国民法典规定得非常详尽，首先它分专节规定了与不动产之物有关的添附权和有关动产的添附权。关于不动产之物的添附，《法国民法典》第555条规定："第三人使用属于自己的材料在他人土地上进行的建筑、栽种或工程，土地所有权人有权：或者保留此种建筑、栽种或工程的所有权，或者强制第三人拆除之。如土地所有权人要求拆除建筑、工程或者铲除栽种物，费用由第三人负担，并且该第三人不得请求任何补偿；与此同时，该第三人还得就土地所有人可能受到的损失负担损害赔偿之责。如土地所有人宁愿保留已经进行的建筑、栽种或工程的所有权，应由其选择，向第三人偿还：或者相当于其土地所增价值的款项，或者按支付之日计算的材料的成本费用与劳力费用。在计算时，应该考虑到建筑、栽种与工程的现状。如地上的建筑、栽种物或工程是由第三人善意而为，因而不会受到返还孳息之处罚时，虽然该第三人被追夺了所有权，但土地所有人仍不得要求其拆除此种建筑与工程或者铲除已进行的栽种，不过他可以选择向该第三人偿还前款所指的这一或那一种费用。”

关于动产的添附，第565条至第577条作了详细规定。第565条规定：“分别属于两个不同所有人的两件动产物品的添附权，应完全按自然平衡的原则处理。”第566条规定：“在分别属于不同主人的两件物品虽然汇合在一起形成一个整体，但两者尚能分开，一物虽然脱离一物仍可存在，整个添附权属于占有该物之主要部分的主人。但该人应向另一人支付其已被汇合之物的价金。”

（三）意大利

《意大利民法典》第934条至第940条规定了添附、加工、附合与混合制度。关于加工物，意大利民法典采取德国民法典的做法，以“加工主义”为原则，“材料主义”为例外。第940条规定：“某人为制作新的物品使用了不属于他的材料，无论能否使材料恢复原有的形态，加工人取得加工物的所有权并且承担向材料的所有人支付材料费的责任，材料的价值明显超过加工费的情况除外。在后一种情况下，材料的所有人取得加工物的所有权并且承担支付加工费的责任。”

关于不动产添附，意大利民法典与法国民法典极为相似，详见其第934条至第937条。关于动产的添附，《意大利民法典》第939条规定：“当为制成一件物品将分别属于不同所有人的数件物品组合或混合在一起时，如果能够不造成显著损害的进行分离，则每个所有权人保留对自己物品享有的所有权并且有权请求分离。在无法分离的情况下，各物品的所有人按其物品于合成时的价值比例共有合成物。”

（四）瑞士

瑞士民法典规定的添附制度基本上承袭了德国民法典的做法，唯一的不同是在加工物的问题上，瑞士民法典规定了恶意这一因素对加工物归属的影响。《瑞士民法典》第726条规定：“加工或改造他人的物，加工费高于原料本身的价值时，加工人取得物的所有权。反之，所有权归属于原料的所有人。但是，前款情形，加工人为恶意人时，即使加工费高于原料本身的价值，仍应将加工物判与原料所有人。上述情形，不妨碍请求损害赔偿及返还不当得利的权利。”关于混合或者附合，第727条规定：“不同所有人的动产相互混合或附合，以至非有重大损失或劳力不能分离，或虽能分离但耗资过大时，各动产所有人以其动产附合时的价值，共有合成物。一动产与他人另一同类动产混合或附合，并为他人动产的附属部分时，该全物归属于主要部分的所有人。前款规定，不妨碍请求损害赔偿及返还不当得利的权利。”

（五）日本

关于加工，日本民法典采“材料主义”为原则，“加工主义”为例外，同法国民法典类似。《日本民法典》第246条规定：“为他人动产加工时，加工物的所有权属于材料所有人。但是，因加工致使其价格显著超过材料价格时，加工人取得该物的所有权。”关于添附，日本民法典因循了法国民法典的设计，详见第242条至第248条。关于不动产的附合，第242条规定：“不动产的所有人，取得作为其不动产之从的附合物的所有权。但是，不妨碍他人因权原而使其物附属的权利。”关于动产的附合，第243条规定："分属于数个所有人的数个动产，因附合至非毁损不能分离时，其合成物的所有权，属于主动产的所有人。"第244条规定："附合的动产，不能区别主从时，各动产的所有人，按其动产于附合当时的价格比例，共有合成物。"

（六）我国台湾地区"民法"

关于加工，我国台湾地区"民法"第814条规定："加工于他人之动产者，其加工物之所有权，属于材料所有人。但因加工所增之价值显逾材料之价值者，其加工物之所有权属于加工人。"关于附合和混合，我国台湾地区"民法"第811条规定："动产因附合而为不动产之重要成分者，不动产所有人，取得动产所有权。"第812条规定："动产与他人之动产附合，非毁损不能分离，或分离需费过巨者，各动产所有人，按其动产附合时之价值，共有合成物。前项附合之动产，有可视为主物者，该主物所有人，取得合成物之所有权。"第813条规定："动产与他人之动产混合，不能识别，或识别费过巨者，准用前条之规定。"关于添附的效果，第815条规定："依前4条之规定，动产之所有权消灭者，该动产上之其他权利，亦同消灭。"第816条规定："因前5条之规定，丧失权利而受损害者，得依关于不当得利之规定，请求偿金。"

三、因添附产生的物的归属

添附是所有权取得的一种方式，在多数国家立法例中，法律通常规定由一人取得添附物的所有权，或共有合成物，目的在于防止对物进行不经济的分离。

（一）因添附产生的物的归属的确定

根据本条规定，因加工、附合、混合而产生的物的归属，按照以下原则确定：

首先，有约定的，按照约定。当事人之间如果就因添附产生的物的归属有约定的，确定因添附产生的物的归属时，先按照当事人的约定。

其次，没有约定或者约定不明确的，依照法律规定。如果当事人未就因添附产生的物的归属事先作约定，或者事先约定了，但约定不明确的，依照法律规定确定物的归属。

最后，法律没有规定的，按照充分发挥物的效用以及保护无过错当事人的原则确定。如果当事人未就因添附产生的物的归属事先作出约定，也没有相应的法律规定的，按照两个原则确定物的归属：

一是充分发挥物的效用原则。法律把添附作为取得所有权的一种根据，其原因就在于添附发生后，要回复各物之原状事实上已不可能，或者虽有可能但经济上很不合理，因此有必要使添附物归一方所有或各方共有。确定添附物的归属时，应以充分发挥物的效用为原则。一般情况下，加工他人的动产的，加工物的所有权属于材料的所有权人。但是，因加工致使其价值显著大于原材料价值的，可以由加工人取得该加工物的所有权。动产因附合而为不动产的重要成分，可以由不动产所有权人取得该动产的所有权。

二是保护无过错当事人原则。在考虑充分发挥物的效用确定添附物的同时，还需考虑当事人是否有过错。如一般情况下，加工他人的动产的，加工物的所有权属于材料的所有权人。但是，因加工致使其价值显著大于原材料价值的，可以由加工人取得该加工物的所有权。如果加工人明知被加工的物是他人之物，故意对原材料进行加工，即使加工价值显著大于原材料价值，也可以综合考虑充分发挥物的效用和保护无过错当事人原则，将添附物判决由材料的所有权人所有。

（二）当事人之间的赔偿或者补偿

将添附物确定归一方所有，会造成另一方的损害。根据本条规定，因一方当事人的过错或者确定物的归属造成另一方当事人损害的，应当给予赔偿或者补偿。例如，加工的情况下，确定添附物归加工人所有的，所有人应支付材料的原所有者相当的价款，确定添附物归材料所有人所有的，所有人应支付给加工人其加工的劳动报酬。再如，误将他人的漆刷了房屋的墙，此种情况下，漆的所有权只能归房屋所有人，但应支付他人漆的价款。一方当事人有过错，造成另一方当事人损害的，应当给予赔偿；一方当事人无过错，因确定物的归属造成另一方当事人损害的，应当给予补偿。

第三分编　用益物权

第十章　一般规定

第三百二十三条　用益物权人对他人所有的不动产或者动产，依法享有占有、使用和收益的权利。

◆ 条文主旨

本条是关于用益物权人享有的基本权利的规定。

◆ 立法背景

用益物权是权利人对他人所有的不动产，依法享有占有、使用和收益的权利。用益物权是以对他人所有的物为使用、收益的目的而设立的，因而被称作“用益”物权。用益物权制度是物权法律制度中一项非常重要的制度，与所有权制度、担保物权制度等一同构成了物权制度的完整体系。

用益物权制度的建立，对社会、经济发展有着重要意义。归结起来，一是促进资源的有效利用，二是维护资源的有序利用。

一、促进资源的有效利用

随着社会、经济的发展，人们对物质尤其是对土地等资源的需求不断扩大，而土地等资源相对稀缺、不可替代。为了社会和经济的持续发展，必然要提高对土地等资源的有效利用，充分发挥其效用。在对资源的利用过程中，通过建立对物的利用予以保障的机制，以实现资源有效、充分利用的目的，便成为物权尤其是用益物权法律制度的任务之一。用益物权法律制度，可以在不能取得土地等资源的所有权或不必取得他人之物的所有权时，使得用益物权人可以通过对他人所有之物的占有、使用而获得收益，同时为社会提供财富。而对于所有人，也可以通过设定用益物权，将其所有的土地等资源交由他人使用收益，由此所有人可以不必直接使用其所有物也能获得收益。所有权人和用益物权人都可取得相应利益，表明资源的使用价值得到了更为有效、充分的实现。对整个社会而言，社会的资源得到有效利用，社会的整体利益也就得到了最大程度的实现和满足。

二、维护资源的有序利用

维护资源的有序利用，有以下四层含义：

首先，通过用益物权制度，确定所有权人与用益物权人之间的权利义务，以达到权利人之间的利益平衡。用益物权制度并非是单纯为维护用益物权人的利益而建立的制度，而是在维护用益物权人权利的同时，兼顾所有权人利益的制度。所以说，用益物权制度是平衡用益物权人和所有权人之间利益保障的法律制度。

其次，用益物权制度所规定的所有权人与用益物权人之间的权利义务，是法定的权利义务，当事人不得随意变更。这样就避免了一方利用其社会或者经济上的优势地位，迫使对方放弃权利，或者无端地增加本不应由对方履行的义务。以此来保障双方权利义务关系的长久与稳定。

再次，用益物权，一般需要通过登记的公示方法将土地等资源上的权利状态昭示社会。通过公示来保障用益物权人的权利不为他人所侵害，并保障交易的安全。同时，通过对用益物权的设立目的、土地等资源的用途等进行登记，防止用益物权人任意改变土地等资源的原有用途。

最后，用益物权制度赋予了权利人对土地等资源的占有、使用和收益的权利。同时，还要求权利人在行使权利时，应当承担保护和合理开发利用资源的义务。这对保护和合理开发利用土地等资源，促进社会经济的可持续发展有重要意义。

本条是2007年通过的《物权法》第117条的规定，本次民法典编纂对本条未作修改。

◆ **条文解读**

一、用益物权人的基本权利

依照本条规定，用益物权人对他人所有的不动产或者动产，依照法律规定享有占有、使用和收益的权利。

1. 占有的权利

“占有”是对物的实际控制。用益物权作为以使用、收益为目的的物权，自当以权利人对物的实际占有为必要。利用他人之物为使用、收益，必然要对物予以实际支配。没有占有就不可能实现对物的直接利用。

2. 使用、收益的权利

“使用”是依物的自然属性、法定用途或者约定的方式，对物进行实际上的利用。“收益”是通过对物的利用而获取经济上的收入或者其他利益。用益物权的设立目的是对物的使用和收益。比如在他人的土地上自建房屋以供居住；在他人的土地上耕种、畜牧以供自用或出售而获得收益；在他人土地上建造楼宇用以出售、出租以取得收益等。

二、用益物权的特征

作为物权体系的重要组成部分，用益物权具备物权的一般特征，同时还具有自身的特性，除了以对物的实际占有为前提、以使用、收益为目的以外，还有以下几个方面的特征：

1. 用益物权是由所有权派生的物权

所有权是权利人对自己的不动产或者动产，依法享有占有、使用、收益和处分的权利，包括在自己的财产上设立用益物权或担保物权的权利。用益物权则是在他人所有的财产上设立的权利，即对他人的财产享有占有、使用和收益的权利。因此，用益物权被作为“他物权”，以相对于所有权的“自物权”。

2. 用益物权是受限制的物权

相对于所有权而言，用益物权是不全面的、受一定限制的物权。因此，用益物权属于“定限物权”，以区别于所有权的“完全物权”。其一，所有权是物权权利种类中最完全、也是最充分的权利。所有权的权利人对自己的财产，依法享有完全的直接支配力，包括占有、使用、收益和处分。而用益物权只具有所有权权能的一部分权能，其权利人享有的是对财产占有、使用和收益的权利。虽然权利人依法可以将其享有的用益物权予以转让、抵押等，但不具有对财产的所有权进行处分的权利。其二，所有权具有恒久性，只要所有物存在，所有权人对所有物便享有永久的权利。而用益物权则具有期限性。虽然设定的期限往往较长，但不是永久期限，期限届满时，用益物权人应将占有、使用之物返还于所有权人。其三，用益物权人必须根据法律的规定及合同的约定正确行使权利。用益物权人应当保护和合理利用所有权人的不动产或者动产，按照设定权利时约定的用途和使用方法利用所有权人的财产，不得损害所有权人的权益。

3. 用益物权是一项独立的物权

用益物权是对所有权有所限制的物权。用益物权虽由所有权派生，以所有权为权源，并属于“他物权”“定限物权”，但用益物权一经设立，便具有独立于所有权而存在的特性。所有权对物的支配力受到约束，对物占有、使用和收益的权能由用益物权人行使，所有权人不得干涉。所有权人不得随意收回其财产，不得妨碍用益物权人依法行使权利。用益物权具有对物的直接支配性和排他性，可以对抗所有权人的干涉。同时，用益物权的义务人包括任何第三人，用益物权可以对抗所有第三人的侵害，包括干预、占有和使用客体物等。因此，用益物权是一项独立的物权。

4. 用益物权一般以不动产为客体

用益物权多以不动产尤其是土地为使用收益的对象。由于不动产特别是土地的稀缺性、不可替代性且价值较高，以及土地所有权依法不可移转性，使在土地等不动产上设立用益物权成为经济、社会发展的必然要求。而动产的特性决定了通常可以采用购买、租用等方式获得其所有权和使用权。

三、用益物权的权利类型

用益物权的权利类型，在不同的国家有不同的制度安排，这主要是根据一国的政治、经济、历史和文化的不同背景而决定的。通常来说以传统民法上的地上权、地役权和永佃权最具代表性。我国的用益物权制度，是根据我国的社会主义基本经济制度决定的。民法典物权编专章规定的用益物权种类有土地承包经营权、建设用地使用权、宅基地使用权、居住权和地役权。

第三百二十四条 国家所有或者国家所有由集体使用以及法律规定属于集体所有的自然资源，组织、个人依法可以占有、使用和收益。

◆ 条文主旨

本条是关于国有和集体所有的自然资源，组织和个人可以取得用益物权的规定。

◆ 立法背景

在我国，国家对土地等资源实行公有制，它是我国生产资料社会主义公有制的重要组成部分。我国《宪法》第10条第1款、第2款规定："城市的土地属于国家所有。""农村和城市郊区的土地，除由法律规定属于国家所有的以外，属于集体所有；宅基地和自留地、自留山，也属于集体所有。"根据宪法的规定，土地公有制有两种形式，一是国家所有，二是集体所有。土地等自然资源的公有制，决定了组织、个人利用土地等资源，必然要在国家所有或者集体所有的土地等资源上取得用益物权。

本条是2007年通过的《物权法》第118条的规定，本法对此作了个别文字修改。

◆ 条文解读

城市市区的土地属于国家所有即全民所有。随着社会主义建设事业的不断发展，城市作为政治、经济和文化的中心，在国家和社会生活中具有突出作用。城市中各种形式的用地十分重要和宝贵。因此，城市的土地属于国家所有。在农村和城市郊区，土地是从事农业生产的主要生产资料，是农村劳动群众集体所有制的重要物质基础。为了促进农村各项事业的发展，保障农村和城市郊区劳动者的合法权益，农村和城市郊区的土地除法律规定属于国家所有的以外，一律属于集体所有。宅基地和自留地、自留山，虽然由农民个人使用，但也属于农民集体所有。

土地等自然资源的公有制，决定了组织、个人利用土地等资源，必然要在国家所有或者集体所有的土地等资源上取得用益物权。

物权制度具有较强的本土性，与一国的基本经济制度密切相关。用益物权制度也概莫能外。从国外的法律规定看，凡实行计划经济体制的国家，其民法典上没有物权法编，没有用益物权制度，仅规定所有权制度且非常简单。这是因为，实行计划经济体制的国家，一般运用行政手段组织经济运行。国有土地的使用关系采取无偿的划拨方式，作为国有土地所有者的国家将国有土地划拨给国有企业无偿使用。农村土地则由作为所有者的集体自己使用，农户在集体所有的土地上进行生产劳动，按劳取酬，不发生所有权与使用权的分离。无论是国有土地还是集体所有的土地的使用，都不采取设立用益物权的方式，因而不需要用益物权制度。实行市场经济体制的国家，其民法典上都有物权法编，都规定了完备的所有权制度和用益物权制度。建立较为完备的所有权、用益物权等物权制度，也是实行社会主义市场经济的基本法律保障。

民法典物权编上的用益物权，是不动产所有权与不动产使用权分离的法律形式。凡实行市场经济体制的国家，均有用益物权制度。但用益物权制度所发挥的作用及其意义，又因实行土地公有制或者土地私有制，而在一定程度上有所差别。在资本主义的市场经济国家，土地归私人所有，土地所有者自己使用土地，是土地使用关系的主要形式；土地所有者自己不使用而交给他人使用，是土地使用关系的次要形式。我国是在土地公有制基础上实行社会主义市场经济，城市土地归国家所有，农村土地归集体所有。作为土地所有者的国家自己不使用土地而交给各类企业等使用，是国有土地使用关系的主要形式；作为土地所有者的农民集体自己不使用土地而交给农户使用，是农村土地使用关系的主要形式。因此，用益物权制度，对于实行社会主义市场经济的我国所具有的意义和所发挥的作用，要远远超过对于实行资本主义市场经济的国家所具有的意义和所发挥的作用。

民法典物权编根据我国的基本经济制度，以及建立和完善社会主义市场经济体制的要求，在用益物权分编中设专章分别规定了土地承包经营权、建设用地使用权、宅基地使用权等用益物权。

土地承包经营权是指权利人依法对农民集体所有和国家所有由农民集体使用的耕地、林地、草地等享有占有、使用和收益的权利，有权从事种植业、林业、畜牧业等农业生产。民法典物权编明确将农村土地承包经营权规定为用益物权，赋予了农民长期而有保障的土地使用权。本法对承包经营权人的基本权利、承包经营权的期限和期满后的继续承包、承包经营权的流转、承包地的调整和收回、承包地被征收的补偿等作了规定。

建设用地使用权是指权利人依法对国家所有的土地享有占有、使用和收益的权利，有权利用该土地建造建筑物、构筑物及其附属设施。建设用地使用权是用益物权中的一项重要权利。建设用地使用权人通过出让或者划拨的方式取得对国家所有的土地使用和收益的权利，有权利用该土地建造建筑物、构筑物及其附属设施。本法对建设用地使用权的取得方式、分层设立建设用地使用权、建设用地使用权的转让和出资或者抵押、建设用地使用权期满后的续期等作了规定。

宅基地使用权是指权利人依法对集体所有的土地享有占有和

使用的权利，有权依法利用该土地建造住宅及其附属设施。本法对宅基地使用权的取得、行使和转让等作了原则性的规定。

第三百二十五条　国家实行自然资源有偿使用制度，但是法律另有规定的除外。

◆ **条文主旨**

本条是关于我国自然资源使用制度的规定。

◆ **立法背景**

对于土地资源、矿产资源、水资源等主要自然资源，我国已经建立起以有偿使用为原则，无偿利用为例外的自然资源使用制度。土地管理法、矿产资源法、水法等相关法律以及国务院有关行政法规中对此都已经有了明确规定。本条是2007年通过的《物权法》第119条的规定，本法对此作了个别文字修改。

◆ **条文解读**

对他人所有的土地等不动产的使用和收益一直是世界各国用益物权制度的主要内容。随着社会经济的发展，土地资源、矿产资源、水资源等自然资源的使用和收益问题日益成为用益物权制度的重要课题。

土地等自然资源一方面是整个社会赖以存续的共同物质基础，具有社会性；另一方面又只能在具体的使用中实现价值，使用权属必须确定。在资本主义制度下，通过用益物权制度，所有权人之外的权利人也可以就土地等自然资源进行使用和分享收益，这在一定程度上克服了私有制的狭隘局限，有利于物尽其用。我国是社会主义公有制国家，自然资源主要归国家所有即全民所有。

国家通过自然资源的有偿使用制度，适应社会主义市场经济发展的客观要求，为合理利用资源打下了基础。

一、我国的自然资源使用制度

我国的自然资源使用制度是建立在社会主义公有制基础上，适应社会主义市场经济发展的，按照土地管理法、矿产资源法、水法等法律以及国务院的有关规定，对自然资源实行有偿使用为原则、无偿利用为例外的制度。

（一）自然资源的有偿使用制度

自然资源有偿使用制度，是指国家以自然资源所有者和管理者的双重身份，为实现所有者权益，保障自然资源的可持续利用，向使用自然资源的组织和个人收取自然资源使用费的制度。目前，法律规定了土地资源、矿产资源、水资源等自然资源的有偿使用制度，例如，《土地管理法》第 2 条第 5 款规定："国家依法实行国有土地有偿使用制度。但是，国家在法律规定的范围内划拨国有土地使用权的除外。"《矿产资源法》第 5 条规定："国家实行探矿权、采矿权有偿取得的制度；但是，国家对探矿权、采矿权有偿取得的费用，可以根据不同情况规定予以减缴、免缴。具体办法和实施步骤由国务院规定。开采矿产资源，必须按照国家有关规定缴纳资源税和资源补偿费。"《水法》第 7 条规定："国家对水资源依法实行取水许可制度和有偿使用制度。但是，农村集体经济组织及其成员使用本集体经济组织的水塘、水库中的水的除外。国务院水行政主管部门负责全国取水许可制度和水资源有偿使用制度的组织实施。"

之所以对于土地资源、矿产资源、水资源等自然资源实行有偿使用制度，是因为：1. 在社会主义公有制条件下，只有实行自然资源有偿使用制度，才能使自然资源所有权在经济上更充分地得到实现，从而真正保障社会主义公有制的主体地位。自然资源是巨大的社会财富，随着经济和社会的发展，其价值日益上升。只有收益归公有，才能充分体现自然资源的社会主义公有制。在自然资源使用制度改革前，国家曾长期以行政手段无偿提供土地资源、水资源等自然资源给企业、事业单位使用。本应归公有的大量资源收益留在使用者手中，国家缺乏调剂余缺的力量，难以实现自然资源在社会化生产中的优化配置，自然资源的公有制在很大程度上被虚化。通过改革，推行自然资源的有偿使用制度，国家代表全体人民掌握了自然资源的收益，就有了足够的财力进行宏观调控，组织社会生产。2. 在社会主义市场经济条件下，只有实行自然资源有偿使用制度，才能充分发挥市场对经济发展的积极作用。社会主义市场经济是一个包括了生产资料市场、消费品市场以及资金、劳动力、自然资源等生产要素使用权市场的完整体系。重要自然资源作为基本的生产要素，其使用权不进入市场流通，社会主义市场体系就不完善，难以充分发挥市场优化配置、公平竞争的作用。在过去的使用制度下，自然资源使用者既没有压力，也没有动力，多占少用，早占晚用，占优用劣、占而不用甚至乱占滥用，严重浪费了宝贵的自然资源。同时，占有资源较多且质量优越的企业，与占有较少、质量较差的企业实际上处于不平等竞争的地位。通过有偿、能流动的自然资源使用制度，将自然资源的使用权作为生产要素交市场调节，才能合理配置自然资源，实现最大的资源利用效益。

（二）自然资源的无偿使用

土地管理法、水法等法律同时规定了自然资源的无偿使用作为有偿使用基本原则的例外。例如《土地管理法》第 2 条，《水法》第 7 条的例外条款。

之所以在自然资源使用制度改革后仍然保留无偿使用自然资源的例外情况，主要是因为：1. 通过划拨等方式无偿取得土地等自然资源的使用权的情况仍然有存在的必要性。一些公益事业、公共建设仍然需要有相应的扶持。2. 农村集体经济组织和农民已有的使用水资源等自然资源的权益应当得到维护，以避免增加农民负担。这也是促进农业和农村持续、稳定、健康发展，实现全面建设小康社会的目标以及构建和谐社会所必需的。

无偿使用作为自然资源使用制度中的例外和补充，其适用范围和条件是受到严格限制的。以划拨取得土地使用权为例：《土地管理法》第54条，对划拨土地明确规定为四种情形。《城市房地产管理法》第40条，对划拨取得土地使用权的房地产的转让规定了限制条件。对自然资源的无偿使用必须严格遵守法律规定的范围和条件，发挥对自然资源有偿使用制度的有益补充作用。

二、自然资源使用制度和用益物权制度的关系

以有偿使用为基本原则，以无偿使用为例外和补充的自然资源使用制度是物权法用益物权制度的重要基础。用益物权编中，对建设用地使用权、探矿权、采矿权、取水权等用益物权的规定与已经颁布实施多年的土地管理法、矿产资源法、水法等法律中有关自然资源使用制度的规定是一致的。要准确把握自然资源使用制度和用益物权制度的关系还应当注意以下几点：

1. 自然资源使用制度与用益物权制度的基础是一致的。它们都建立在社会主义公有制基础上，并且服务于社会主义市场经济的发展。

2. 尽管自然资源使用制度和用益物权制度是相通的，但是他们各自属于不同的法律部门，有各自独特的领域。自然资源使用制度属于经济法的范畴，用益物权制度中除了与自然资源使用制度相关的权利，还有地役权这样独有的权利类型。自然资源使用制度和用益物权制度在各自的领域内，按照各自的内在规律发挥作用并且互相协调，才能全面调整相应的社会关系。

▶ **相关规定**

《中华人民共和国土地管理法》第2条、第54条；《中华人民共和国矿产资源法》第5条；《中华人民共和国水法》第7条；《中华人民共和国城市房地产管理法》第40条

第三百二十六条　用益物权人行使权利，应当遵守法律有关保护和合理开发利用资源、保护生态环境的规定。所有权人不得干涉用益物权人行使权利。

◆ **条文主旨**

本条是关于用益物权人应当保护和合理开发利用资源、保护生态环境，以及所有权人不得干涉用益物权人行使权利的规定。

◆ **立法背景**

土地、矿产、水资源等自然资源，具有不可再生性或者稀缺匮乏性。拿土地资源来说，土地是人类可利用的一切自然资源中最基本、最宝贵的资源，是人类最基本的生产资料。我国人多地少，特别是耕地少，是我国的基本国情。我国国土总面积约960万平方公里，居世界第三位。但人均占有国土面积不到世界人均占有量的1/3。而在我国国土总面积中，不能或者难以利用的沙漠、戈壁等又占去相当大一部分。我国目前的可耕地为18.4亿亩，人均1.4亩。耕地资源还存在着几个突出的问题：一是人均占有耕地的数量少；二是耕地总体质量差，生产水平低，抗自然灾害的能力差；三是耕地退化严重；四是耕地后备资源匮乏。我国每年因各项建设占用以及自然灾害毁损等还在造成耕地不断减少，而我国的人口却还在不断增长。人增地减的趋势已经成为我

国经济社会发展中的一个重大问题和严峻挑战。因此，十分珍惜、合理利用土地和切实保护土地特别是耕地，是我国的基本国策。合理开发土地，保护土地资源是促进社会经济可持续发展的基本要求。强化土地等资源的保护，保证对土地等资源的永续利用，是资源利用中一个特别重要的问题。因此，本条明确要求：用益物权人行使权利，应当遵守法律有关保护和合理开发利用资源的规定。

本条是2007年通过的《物权法》第120条的规定，本次民法典编纂增加规定“保护生态环境”。

◆ 条文解读

本条分别从用益物权人和所有权人的角度，规定了两个方面的内容。一是用益物权人行使权利，应当遵守法律有关保护和合理开发利用资源的规定；二是所有权人不得干涉用益物权人行使权利。

一、用益物权人行使权利，应当遵守法律有关保护和合理开发利用资源、保护生态环境的规定

用益物权是在他人所有的不动产或者动产上享有的占有、使用和收益的权利。在我国，多为在国家所有或者集体所有的土地上设立建设用地使用权、农村土地承包经营权和宅基地使用权，以及行使对国家所有的矿产资源、水资源等自然资源开发利用的权利。用益物权人在行使权利的同时，应当履行遵守法律有关保护和合理开发利用土地等资源的规定的义务。

对保护和合理开发利用资源、保护生态环境，我国相关法律都作出了明确规定。比如《土地管理法》规定，十分珍惜、合理利用土地和切实保护耕地是我国的基本国策。各级人民政府应当采取措施，全面规划，严格管理，保护、开发土地资源，制止非

法占用土地的行为。使用土地的单位和个人必须严格按照土地利用总体规划确定的用途使用土地。国家保护耕地，严格控制耕地转为非耕地。非农业建设必须节约使用土地，可以利用荒地的，不得占用耕地；可以利用劣地的，不得占用好地。禁止占用耕地建窑、建坟或者擅自在耕地上建房、挖砂、采石、采矿、取土等。禁止占用永久基本农田发展林果业和挖塘养鱼。

又如《农村土地承包法》规定，农村土地承包经营应当遵守法律、法规，保护土地资源的合理开发和可持续利用。未经依法批准不得将承包地用于非农建设。国家鼓励增加对土地的投入，培肥地力，提高农业生产能力。承包人承担维持土地的农业用途，不得用于非农建设；依法保护和合理利用土地，不得给土地造成永久性损害的义务。

再如《矿产资源法》规定，国家保障矿产资源的合理开发利用。禁止任何组织或者个人用任何手段侵占或者破坏矿产资源。各级人民政府必须加强矿产资源的保护工作。开采矿产资源，必须采取合理的开采顺序、开采方法和选矿工艺。矿山企业的开采回采率、采矿贫化率和选矿回收率应当达到设计要求。在开采主要矿产的同时，对具有工业价值的共生和伴生矿产应当统一规划，综合开采，综合利用，防止浪费；对暂时不能综合开采或者必须同时采出而暂时还不能综合利用的矿产以及含有有用成分的尾矿，应当采取有效的保护措施，防止损失破坏。开采矿产资源，应当节约用地。耕地、草原、林地因采矿受到破坏的，矿山企业应当因地制宜地采取复垦利用、植树种草或者其他利用措施。

作为相关的用益物权人，在享有权利的同时，应当严格遵守有关法律，积极保护和合理开发利用自然资源。

二、所有权人不得干涉用益物权人行使权利

所有权人不得干涉用益物权人行使权利，是由所有权与用益物权、所有权人与用益物权人之间的关系决定的。用益物权虽由所有权派生，但它是一项独立的物权，当事人依法取得用益物权后对所有人的不动产或动产享有占有、使用、收益和依法转让该用益物权的权利。用益物权具有直接支配性和排他性，可以依法直接行使权利，不受第三人的侵害和所有权人的干涉。比如农村土地承包经营权人依法享有承包地使用、收益和土地承包经营权流转的权利，有权自主组织生产经营和处置产品。发包人应当尊重承包人的生产经营自主权，不得干涉承包人依法进行正常的生产经营活动。土地承包经营权流转的主体是承包人，承包人有权依法自主决定土地承包经营权是否流转和流转的方式。承包期内发包人不得调整承包地。因自然灾害严重毁损承包地等特殊情形，需要适当调整承包的耕地和草地的，应当依照农村土地承包法等法律规定办理。承包期内发包人不得收回承包地。农村土地承包法等法律另有规定的依照其规定。

所有权人不得干涉用益物权人行使权利，是用益物权人正常行使权利的基本保障。当然，如果用益物权人在行使权利时存在违背法律规定、未合理利用和保护资源等损害所有权人权益的行为，所有权人有权依法制止，并要求其赔偿损失。

第三百二十七条 因不动产或者动产被征收、征用致使用益物权消灭或者影响用益物权行使的，用益物权人有权依据本法第二百四十三条、第二百四十五条的规定获得相应补偿。

◆ 条文主旨

本条是关于用益物权人因征收、征用有权获得补偿的规定。

◆ **立法背景**

用益物权是当事人依照法律规定，对他人所有的不动产享有占有、使用和收益的权利。用益物权虽由所有权派生出来，但它是一项独立的物权。用益物权人是对他人所有的物享有占有、使用和收益的权利人，虽然不是物的所有权人，但也是具有独立物权地位的权利人。在他人的不动产被征收、征用，致使所有权消灭或者影响所有权行使的，应当依法给予所有权人补偿。同时，因他人的不动产被征收、征用致使用益物权消灭或者影响用益物权行使的，用益物权人也有权依法获得相应的补偿。

本条是2007年通过的《物权法》第121条的规定，本次民法典编纂对本条未作修改。

◆ **条文解读**

我国《宪法》第10条第3款规定："国家为了公共利益的需要，可以依照法律规定对土地实行征收或者征用并给予补偿。"这一规定表明征收和征用，应当遵循三个原则：

一是公共利益需要的原则。实施征收、征用，必须是出于公共利益的需要，这是征收、征用的前提条件。公共利益通常是指全体社会成员的共同利益和社会的整体利益。

二是依照法定程序的原则。征收、征用在一定程度上限制了他人的财产权。为了防止这种手段的滥用，平衡他人财产保护和公共利益需要的关系，征收、征用必须严格依照法律规定的程序进行。

三是依法给予补偿的原则。尽管征收和征用是为了公共利益需要，但都不能采取无偿剥夺的方式，必须依法给予补偿。补偿的方式应视财产的类别而加以区别对待。在征收过程中，征收的对象一般都是不动产，并且是所有权的改变，一般都要给予金钱补偿、相应的财产补偿或者其他形式的补偿。在征用过程中，如果是非消耗品，使用结束后，原物还存在的，应当返还原物，对于物的价值减少的部分要给予补偿；如果是消耗品，通常要给予金钱补偿。

征收主要是针对不动产，而不动产中又以征收集体所有的土地最具代表性，因此，对征收集体土地，如何对所有权人即农民集体和用益物权人即承包经营权人给予补偿，就显得尤为重要。

《民法典》第243条第2款规定，征收集体所有的土地，应当依法及时足额支付土地补偿费、安置补助费以及农村村民住宅、其他地上附着物和青苗等的补偿费用，并安排被征地农民的社会保障费用，保障被征地农民的生活，维护被征地农民的合法权益。该款明确规定了要给予集体所有土地的用益物权人补偿。而具体补偿范围和标准，则要根据土地管理法的规定办理。在适用《土地管理法》第48条的规定时，应当把握以下几点：

一是征地补偿和安置补助的原则是征收土地应当给予公平、合理的补偿，保障被征地农民原有生活水平不降低、长远生计有保障。征收土地后通过补偿和采取各项安置措施，要使被征地农民的生活水平达到征地前的生活水平。如果达不到，应当采取相应的措施，包括提高补偿标准。

二是征收土地应当依法及时足额支付土地补偿费、安置补助费以及农村村民住宅、其他地上附着物和青苗等的补偿费用，并安排被征地农民的社会保障费用。

三是征收农用地的土地补偿费、安置补助费标准由省、自治区、直辖市通过制定公布区片综合地价确定。制定区片综合地价应当综合考虑土地原用途、土地资源条件、土地产值、土地区位、土地供求关系、人口以及经济社会发展水平等因素，并至少每3年调整或者重新公布一次。

四是征收农用地以外的其他土地、地上附着物和青苗等的补偿标准，由省、自治区、直辖市制定。对其中的农村村民住宅，应当按照先补偿后搬迁、居住条件有改善的原则，尊重农村村民意愿，采取重新安排宅基地建房、提供安置房或者货币补偿等方式给予公平、合理的补偿，并对因征收造成的搬迁、临时安置等费用予以补偿，保障农村村民居住的权利和合法的住房财产权益。

五是县级以上地方人民政府应当将被征地农民纳入相应的养老等社会保障体系。被征地农民的社会保障费用主要用于符合条件的被征地农民的养老保险等社会保险缴费补贴。被征地农民社会保障费用的筹集、管理和使用办法，由省、自治区、直辖市制定。

《民法典》第245条规定，因抢险救灾、疫情防控等紧急需要，依照法律规定的权限和程序可以征用组织、个人的不动产或者动产。被征用的不动产或者动产使用后，应当返还被征用人。组织、个人的不动产或者动产被征用或者征用后毁损、灭失的，应当给予补偿。根据这一规定，组织、个人的不动产或者动产被征用或者征用后毁损、灭失，致使用益物权消灭，或者影响用益物权行使的，应当对用益物权人给予补偿。

▶ **相关规定**

《中华人民共和国宪法》第10条

第三百二十八条 依法取得的海域使用权受法律保护。

◆ **条文主旨**

本条是关于海域使用权的规定。

◆ **立法背景**

海洋被称为“蓝色国土”，在人类文明的发展史上起着重要的作用。根据《民法典》第247条的规定，海域属于国家所有。国家是海域所有权的唯一主体。海域与土地具有相同的属性，随着海洋科学技术的发展，海域可以通过技术手段加以区分并进行排他性的使用，海域越来越成为被人类利用的重要资源。1993年财政部和国家海洋局颁布的《国家海域使用管理暂行规定》第一次规定了海域使用权制度。此后，一些沿海省市也先后出台了有关海域使用权方面的地方性政府规章。2001年我国颁布了海域使用管理法，从法律上确立了海域使用权制度。该法规定的海域是指我国内水、领海的水面、水体、海床和底土，范围从海岸线开始到领海外部界线为止。我国海域的面积达38万平方公里。

本条是2007年通过的《物权法》第122条的规定，本次民法典编纂对本条未作修改。

◆ **条文解读**

海域使用权是指组织或者个人依法取得对国家所有的特定海域排他性使用权。组织和个人使用海域，必须依法取得海域使用权。海域使用权取得的方式主要有三种：一是组织和个人向海洋行政主管部门申请；二是招标；三是拍卖。有关组织和个人使用海域的申请被批准或者通过招标、拍卖方式取得海域使用权后，海域使用权人应当办理登记手续。依照法律规定属于国务院批准用海的，由国务院海洋行政主管部门登记造册，向海域使用权人颁发海域使用权证书；属于地方人民政府批准用海的，由地方人民政府登记造册，向海域使用权人颁发海域使用权证书。根据使用海域不同的用途，海域使用权最高期限分别为：养殖用海15年；拆船用海20年；旅游、娱乐用海25年；盐业、矿业用海30

年；公益事业用海40年；港口、修造船厂等建设工程用海50年。海域作为国家重要的自然资源实行有偿使用制度。组织和个人使用海域，应当按照国务院的规定缴纳海域使用金。为了切实保护养殖用海渔民的利益，目前海域主管部门在实际工作中对有争议的海域、海洋自然保护区、渔业资源保护区、传统赶海区等涉及公共利益的海域不进行招标和拍卖。同时，对于专业渔民使用海域从事养殖生产的，可以在规定的面积内减缴或者免缴海域使用金。海域使用权作为一项重要的财产权利，可以依法转让、继承。

海域使用管理法颁布后，海域使用权制度日趋完善。截至2006年年底，全国累计发放海域使用权证书39395本，确权海域面积113万公顷。海域使用权制度在维护海域使用权人的合法权益，规范海洋开发利用秩序，促进海域的合理开发和海洋产业的健康发展等方面取得了良好的效果。海域使用权已成为与建设用地使用权等性质相同的用益物权。

在2007年物权法起草过程中，有人提出，海域使用权应与建设用地使用权等并列为用益物权，建议专章规定海域使用权，强化海域使用权的物权特点，增加海域使用权抵押以及设立海域使用权时优先考虑渔民利益等内容。物权法没有对海域使用权专章规定，主要是考虑到海域使用权是一个综合性的权利，包括利用海域从事建设工程、海水养殖、海底探矿采矿、旅游等多种活动。物权法有关用益物权的规定，是根据土地的不同用途产生的不同法律关系分别规定为土地承包经营权、建设用地使用权和宅基地使用权，没有综合规定为土地使用权。因此，如果将海域使用权专章规定，会造成物权法用益物权编体系的不平衡。所以，强化海域使用权的物权特点，弥补现行海域使用管理法不足的问题，还是应当留待修改海域使用管理法时一并解决。因此，本条只是对海域使用权作了原则性的规定，确立了海域使用权用益物权的属性，任何组织和个人使用海域必须依法取得海域使用权，依法取得的海域使用权受法律保护。根据特别法优先于普通法的原则，海域使用权首先应当适用海域使用管理法的规定；海域使用管理法没有规定的，适用物权法的有关规定。

▶ **相关规定**

《中华人民共和国海域使用管理法》第 3 条、第 6 条

第三百二十九条 依法取得的探矿权、采矿权、取水权和使用水域、滩涂从事养殖、捕捞的权利受法律保护。

◆ **条文主旨**

本条是关于探矿权、采矿权，取水权、使用水域和滩涂从事养殖、捕捞权利的规定。

◆ **立法背景**

我国对自然资源实行有偿使用制度。矿产资源法、水法、渔业法分别对组织和个人利用自然资源的权利作出了规定。探矿权、采矿权、取水权和从事养殖、捕捞的权利具有自身的特点，与一般的用益物权有所不同。用益物权一般是通过合同设立，探矿权、采矿权、取水权和从事养殖、捕捞的权利是经行政主管部门许可设立。考虑到探矿权、采矿权、取水权和从事养殖、捕捞的权利主要是对国家自然资源的利用，权利人取得这些权利后，即享有占有、使用和收益的权利，其权能与用益物权是一致的，同时也需要办理登记并进行公示，符合物权的公示的原则。因此，2007年制定的物权法对这些权利作了原则性、衔接性的规定。

本条是2007年通过的《物权法》第123条的规定，本次民法典编纂对本条未作修改。

◆ 条文解读

一、探矿权、采矿权

1986年颁布的《矿产资源法》规定，“勘查矿产资源，必须依法登记。开采矿产资源，必须依法申请取得采矿权”，但是在当时计划经济体制下，探矿权人、采矿权人是无偿取得探矿权和采矿权的。之后修改的《矿产资源法》规定国家实行探矿权、采矿权有偿使用的制度。根据《矿产资源法》的规定，勘查、开采矿产资源，必须依法分别申请、经批准取得探矿权、采矿权，并办理登记。《矿产资源法》第5条规定，国家实行探矿权、采矿权有偿取得的制度；但是，国家对探矿权、采矿权有偿取得的费用，可以根据不同情况规定予以减缴、免缴。具体办法和实施步骤由国务院规定。开采矿产资源，必须按照国家有关规定缴纳资源税和资源补偿费。

关于探矿权、采矿权的转让问题，1986年颁布的《矿产资源法》曾明确规定，采矿权不得买卖、出租，不得用作抵押。买卖、出租采矿权或者将采矿权用作抵押的，没收违法所得，处以罚款，吊销采矿许可证。修改后的矿产资源法虽然仍规定禁止将探矿权、采矿权倒卖牟利，但是已经允许探矿权、采矿权进行有条件的转让，探矿权、采矿权财产权的特征得到了进一步的明确。根据《矿产资源法》的规定，探矿权、采矿权的转让应当符合以下条件：1. 探矿权人有权在划定的勘查作业区内进行规定的勘查作业，有权优先取得勘查作业区内矿产资源的采矿权。探矿权人在完成规定的最低勘查投入后，经依法批准，可以将探矿权转让他人。2. 已取得采矿权的矿山企业，因企业合并、分立，与他人合资、合作经营，或者因企业资产出售以及有其他变更企业资产产权的情形而需要变更采矿权主体的，经依法批准可以将采矿权转让他人采矿。

二、取水权

1988 年颁布的水法对取水权作出了规定。当时主要是从资源配置和行政管理的角度规范取水权制度的。修改后的水法，进一步明确了国家对水资源实行有偿使用制度，并完善了取水许可制度。对水利用的方式主要有三种：一是直接从江河、湖泊或者地下取用水资源的组织和个人，应当按照国家取水许可制度和水资源有偿使用制度的规定，向水行政主管部门或者流域管理机构申请领取取水许可证，并缴纳水资源费，取得取水权。但是，家庭生活和零星散养、圈养畜禽饮用等少量取水的除外。二是农村集体经济组织及其成员使用本集体经济组织的水塘、水库中的水的，不需要申请取水许可。三是家庭生活和零星散养、圈养畜禽饮用等少量取水，不需要申请取水许可。国务院水行政主管部门负责全国取水许可制度和水资源有偿使用制度的组织实施。

申请取水权应当按照以下程序：在建设项目立项前，应当先提出取水许可预申请，经审批后才能立项。在建设项目经批准后，再提出取水许可申请。提取地下水的，在打水前应当提出取水许可预申请，然后根据抽水试验，批准取水权。取水权有优先顺序的规定。首先应当满足城乡居民生活用水，并兼顾农业、工业、生态环境用水以及航运等需要。在干旱和半干旱地区开发、利用水资源，应当充分考虑生态环境用水需要。取水许可证有效期限一般为 5 年，最长不超过 10 年。有效期届满，需要延续的，取水组织或者个人应当在有效期届满 45 日前向原审批机关提出申请，原审批机关应当在有效期届满前，作出是否延续的决定。

目前我国法律对取水权能否转让未作规定。实践中正对取水权转让的问题进行研究和探索。

三、从事养殖、捕捞的权利

我国渔业法对从事养殖和捕捞的权利作出了规定。根据《渔业法》的规定，国家对水域利用进行统一规划，确定可以用于养殖业的水域和滩涂。组织和个人使用国家规划确定用于养殖业的全民所有的水域、滩涂的，使用者应当向县级以上地方人民政府渔业行政主管部门提出申请，由本级人民政府核发养殖证，许可其使用该水域、滩涂从事养殖生产。核发养殖证的具体办法由国务院规定。

我国对于捕捞业实行捕捞许可证制度。渔业捕捞许可证是国家批准从事捕捞生产的证书。从事捕捞生产的组织和个人，必须向县级以上主管部门提出申请，取得渔业捕捞许可证后，方准进行作业。县级以上渔业行政主管部门，按不同作业水域、作业类型、捕捞品种和渔船马力大小，实行分级审批发放。捕捞许可证也有一定的期限，比如，内陆水域捕捞许可证的有效期限为5年。需要指出的是，本法规定的捕捞活动应当是发生在国家享有所有权的水域进行的，对于在公海、经济毗连区等我国不享有国家所有权的水域从事的捕捞行为，渔业法可以对此进行调整，但不属于本法调整的范畴。

从以上规定可以看到，矿产资源法、水法、渔业法等单行法律对相关的权利都作了较为全面的规定。但是，由于这些法律多是从行政管理的角度对权利进行规范的，这些权利的物权属性并不明确，财产权利的内容并不完善，更缺少对这些权利相应的民事救济措施。因此实践中也出现了一些侵犯权利人合法权益的行为，比如内水的传统捕捞区被改变用途后，从事捕捞的渔民无法得到相应的补偿和安置。所以，民法典物权编有必要作出衔接性的规定，明确这些权利受物权以及相关法律的保护。至于进一步完善这些权利的问题，可以通过修改相关法律加以解决。根据特别法优于普通法适用的原则，探矿权、采矿权，取水权，利用水域、滩涂从事养殖、捕捞的权利，应当首先适用矿产资源法、水法和渔业法等法律的规定；矿产资源法、水法和渔业法等法律没有规定的，适用本法的有关规定。

▶ **相关规定**

《中华人民共和国矿产资源法》第 3 条、第 5 条、第 6 条；《中华人民共和国水法》第 3 条、第 7 条、第 48 条；《中华人民共和国渔业法》第 11 条、第 12 条

第十一章　土地承包经营权

本章共十四条，规定了农村土地承包经营权这种用益物权。物权法对土地承包经营权就作了规定，在物权编起草过程中，主要是为了落实中央有关农村土地制度改革的要求，对物权法的相关规定作了修改。

实行以家庭承包经营为基础、统分结合的双层经营体制，是我国改革开放历史新时期的重要标志性举措，是我国农村改革的重大成果，是我国宪法确立的农村基本经营制度。2002 年，农村土地承包法制定施行，特别是 2007 年物权法制定以来，对稳定农村基本经营制度，赋予农民长期而有保障的土地承包经营权，增加农民收入，促进农业、农村经济健康发展和农村社会和谐稳定，发挥了重大作用。

党的十八大以来，以习近平同志为核心的党中央陆续对稳定和完善农村基本经营制度、深化农村集体土地制度改革提出一系列方针政策，提出了“三权分置”改革等政策措施。为落实党中央的这一系列改革要求，全国人大常委会开始着手修改农村土地承包法和相关法律。2015 年，修改农村土地承包法列入第十二届全国人大常委会立法规划。2015 年全国人大常委会通过授权决定，授权开展“两权”抵押试点。与此同时，全国人大常委会启动了农村土地承包法的修改工作，并于 2017 年 11 月进行了初次审议。2017 年 10 月，全国人大农业农村委提请十二届全国人大常委会第三十次会议审议农村土地承包法修正案草案。2018 年 10

月，十三届全国人大常委会第六次会议进行了再次审议。2018 年 12 月，十三届全国人大常委会第七次会议最终高票通过了《关于修改〈中华人民共和国农村土地承包法〉的决定》。新修改的农村土地承包法，将“三权分置”、承包期届满后再延长 30 年、维护进城农户的土地承包经营权益、保护农村妇女土地承包权益等农村土地制度改革要求转变为法律规范。

民法典作为民事基本法，物权编是关于物权的基本规则，对于涉及 5 亿多农村人口根本利益的农村土地承包经营权这一重要的用益物权，必须根据农村的新情况、农业的新发展、农民的新需求作出相应的修改，以满足实施乡村振兴战略的需要。在起草民法典物权编的过程中，主要是围绕落实党中央的改革要求，结合农村土地承包法的修改，对物权法有关农村土地承包经营权的规定作了相应的修改。

第三百三十条 农村集体经济组织实行家庭承包经营为基础、统分结合的双层经营体制。

农民集体所有和国家所有由农民集体使用的耕地、林地、草地以及其他用于农业的土地，依法实行土地承包经营制度。

◆ **条文主旨**

本条是对农村集体经济组织实行家庭承包经营为基础、统分结合的双层经营体制的规定。

◆ **条文解读**

长期稳定和不断完善以家庭承包经营为基础、统分结合的双层经营体制，是党在农村的基本政策。农村集体经济组织实行家庭承包经营为基础、统分结合的双层经营体制，是我国宪法确立的农村集体经济组织的经营体制。1986 年通过的《民法通则》规定了农村承包经营户，《民法通则》第 27 条规定，农村集体经济组织的成员，在法律允许的范围内，按照承包合同规定从事商品经营的，为农村承包经营户；第 81 条第 3 款规定，公民、集体依法对集体所有或者国家所有由集体使用的森林、山岭、草原、荒地、滩涂、水面的承包经营权，受法律保护。承包双方的权利和义务，依照法律由承包合同规定。

一、家庭承包经营为基础、统分结合的双层经营体制

“双层经营”包含了两个经营层次：一是家庭分散经营层次。家庭分散经营是指农村集体经济组织的每一个农户家庭全体成员为一个生产经营单位，承包集体农村土地后，以家庭为单位进行的农业生产经营。二是集体统一经营层次。集体统一经营就是农村集体经济组织以村或者村民小组（或者乡镇）为生产经营单位，对集体所有的土地、房屋等集体资产享有、行使集体所有权，并组织本集体经济组织成员开展统一的生产经营。需要注意的是，双层经营的基础是家庭承包，但必须统分结合，不能因为家庭经营而忽略集体经营，特别是必须强调对农村土地的集体所有权，承包方享有的仅仅是对农村土地的用益物权。

40 多年来的农村改革的实践证明，实行家庭承包经营，符合生产关系要适应生产力发展要求的规律，使农户获得了充分的经营自主权，充分调动了亿万农民的生产积极性，极大地解放和发展农村生产力。正因如此，本条第 1 款规定，农村集体经济组织实行家庭承包经营为基础、统分结合的双层经营体制。

二、农村土地承包的方式

本条第 2 款规定，农民集体所有和国家所有由农民集体使用的耕地、林地、草地以及其他用于农业的土地，依法实行土地承包经营制度。

土地承包经营权作为一种用益物权，属于他物权，这种他物权是针对特定对象而设定的，即是农民集体所有和国家所有由农民集体使用的农村土地。农村土地是指农民集体所有和国家所有依法由农民集体使用的耕地、林地、草地，以及其他依法用于农业的土地。因此，能够设立土地承包经营权的土地仅仅是农村土地，排除了城市的国有建设用地。还需要说明是，这里的农村土地与我们通常所说农民集体所有的土地不是一个概念，二者的范围有所不同。一般所说的农民集体所有的土地是指所有权归集体的全部土地，其中主要有农业用地、农村建设用地等。而根据《农村土地承包法》的规定，能够设定土地承包经营权的土地只能是农业用地，主要包括以下几种类型：一是农民集体所有的耕地、林地、草地。农民集体所有的耕地、林地、草地是指所有权归集体的耕地、林地、草地。用于农业的土地中数量最多，涉及面最广，与每一个农民利益最密切的是耕地、林地和草地。这些农村土地，多采用人人有份的家庭承包方式，集体经济组织成员都有承包的权利。二是国家所有依法由农民集体使用的耕地、林地、草地。国家所有依法由农民集体使用的耕地、林地、草地与农民集体所有的耕地、林地、草地的区别在于所有权属于国家，但依法由农民集体使用。三是其他依法用于农业的土地。用于农业的土地，主要有耕地、林地和草地，还有一些其他依法用于农业的土地，如养殖水面、菜地等。养殖水面主要是指用于养殖水产品的水面，养殖水面属于农村土地不可分割的一部分，也是用于农业生产的，所以也包括在本条所称的农村土地的范围之中。此外，还有荒山、荒丘、荒沟、荒滩等“四荒地”，“四荒地”依法是要用于农业的，也属于本条所称的农村土地。

根据《农村土地承包法》的规定，对于不同的农村土地，应采取的承包方式是不同的。农村土地承包经营制度，包括两种承包方式，即家庭经营方式的承包和以招标、拍卖、公开协商等方式的承包。第一种就是农村集体经济组织内部的家庭承包方式。所谓家庭承包方式是指，以农村集体经济组织的每一个农户家庭为一个生产经营单位，作为承包人承包农民集体的耕地、林地、草地等农业用地，对于承包地按照本集体经济组织成员是人人平等地享有一份的方式进行承包。其主要特点：一是集体经济组织的每个人，不论男女老少，都平均享有承包本农民集体的农村土地的权利，除非他自己放弃这个权利。也就是说，这些农村土地对本集体经济组织的成员来说，是人人有份的，任何组织和个人都无权剥夺他们的承包权。二是以户为生产经营单位承包，也就是以一个农户家庭的全体成员作为承包方，与本集体经济组织或者村委会订立一个承包合同，享有合同中约定的权利，承担合同中约定的义务。承包户家庭中的成员死亡，只要这个承包户还有其他人在，承包关系仍不变，由这个承包户中的其他成员继续承包。三是承包的农村土地对每一个集体经济组织的成员是人人有份的，这主要是指耕地、林地和草地，但不限于耕地、林地、草地，凡是本集体经济组织的成员应当人人有份的农村土地，都应当实行家庭承包的方式。第二种就是其他方式的承包。由于有些农业用地并不是本集体经济组织成员都能均分，如菜地、养殖水面等由于数量少，在本集体经济组织内做不到人人有份，只能由少数农户来承包；有的“四荒地”虽多，但本集体经济组织成员有的不愿承包，有的根据自己的能力承包的数量不同。这些不宜采取家庭承包方式的农村土地，可以采取招标、拍卖、公开协商等方式承包。不论是采取哪种方式承包，都必须按照农村土地承包法规定的原则、程序和方式进行。

▶ **相关规定**

《中华人民共和国宪法》第 8 条第 1 款；《中华人民共和国农村土地承包法》第 1 条

第三百三十一条 土地承包经营权人依法对其承包经营的耕地、林地、草地等享有占有、使用和收益的权利，有权从事种植业、林业、畜牧业等农业生产。

◆ **条文主旨**

本条是土地承包经营权人享有的基本权利的规定。

◆ **条文解读**

物权编将农村土地承包经营权规定为用益物权，体现了党中央加强产权保护的理念。在农村土地承包法颁布之前，人们对土地承包经营权大多是从债权的角度即承包合同的角度来认识的。2002 年颁布的农村土地承包法将土地承包经营权作为用益物权，但未明确使用“用益物权”的概念。物权法制定时，即根据物权的特征和土地承包经营权的实际状况，将土地承包经营权确立为用益物权，这样更有利于保护土地承包经营权人的利益。

本条进一步明确了土地承包经营权的物权性质，明确规定了土地承包经营权人依法对其承包经营的耕地、林地、草地等享有占有、使用和收益的权利，有权从事种植业、林业、畜牧业等农业生产。

本条规定了承包人对承包地享有的占有、使用和收益这几项最基本、最重要的权利。这些权利都是法定权利，即使在承包合同中没有约定，承包人也依法享有这些权利，任何组织和个人不得剥夺和侵害。

1. 依法享有对承包地占有的权利。占有的权利是土地承包经营权人对本集体所有的土地直接支配和排他的权利。土地承包经营权是在集体或国家所有由集体使用的土地上使用、收益的权利，为实现其使用、收益的目的，必然以对土地占有为前提。

2. 依法享有对承包地使用的权利。农村土地承包经营权设立的目的，就在于让承包人在集体的土地上进行耕作、养殖或者畜牧等农业生产。因此，承包人在不改变土地的农业用途的前提下，有权对其承包的土地进行合理且有效的使用。至于从事农业生产的方式、种类等均由承包人自行决定，其他任何第三人都无权进行干涉。对承包土地的使用不仅仅表现为进行传统意义上的耕作、种植等，对于因进行农业生产而修建的必要的附属设施，如建造沟渠、修建水井等构筑物，也应是对承包土地的一种使用。所修建的附属设施的所有权应当归承包人享有。实行土地承包经营制度以来，农民获得了生产经营自主权，但在有的地方农户选择种植作物的权利仍然受到各种限制。一些地方的领导人为了突出"政绩"，不讲科学，不考察市场需求，强令农户大面积种植单一作物，即强行推广所谓"一乡一品""一村一品"等项目。这是对承包方享有的使用土地的权利的侵害，严重损害了土地利用的效率，不利于充分实现承包方对承包地依法使用的权利。

3. 依法获取承包地收益的权利。收益权是承包人获取承包地上产生的收益的权利，这种收益主要是从承包地上种植的农林作物以及畜牧中所获得的利益。例如，粮田里产出的粮食，果树产生的果实等。承包人还有权自由处置产品，可以自由决定农林牧产品是否卖、如何卖、卖给谁等。无论是从土地利用效率的角度，还是从生存保障的角度，承包方对承包地享有的收益权都是农村集体土地家庭承包制度的重要内容。对承包人的收益权应当依法保护，使其得到充分的实现。

需要注意是，土地承包经营权人作为用益物权的主体，其所享有的占有、使用和收益的权能，很重要的一个表现就是自主组织生产经营和处置产品的权利。自主组织生产经营是指农户可以在法律规定的范围内决定如何在土地上进行生产经营，如选择种植的时间、品种等；产品处置权是指农户可以自由决定农产品是否卖，如何卖，卖给谁等。发包方和相关的行政管理部门可以对农户的生产提供指导性的建议或者提供各种生产、技术、信息等方面的服务，但应当尊重承包方的生产经营自主权，不得干涉承包方依法进行正常的生产经营活动，不得违背农民意愿强制农户种植某种作物。

承包经营权人的上述权利，体现了作为用益物权的承包经营权的最基本的权利，还有一些权利内容也体现了承包经营权的物权性质。这些权利有的是由民法典物权编规定，有些则在农村土地承包法中有进一步的明确规定。主要包括以下内容：

1. 承包期及承包期届满后的延期。根据农村土地承包法和物权编的相关规定，耕地的承包期为 30 年，草地的承包期为 30—50 年，林地的承包期为 30—70 年。并进一步明确，耕地的承包期届满后可以再延长 30 年，林地、草地的承包期相应延长。

2. 依法互换、转让土地承包经营权。承包方承包土地后，可以行使承包经营权自己经营；也可以将承包地依法互换、转让。农村集体经济组织根据本地的特点，将承包地划分发包。各地地形地势不同，历史使用原因不同，与农户居住的远近等生活便利条件不同。农户承包土地后，可以依法进行互换。农户依法互换、转让土地承包权的，任何组织和个人不得强迫或限制，依法互换、转让土地承包经营权的收益归农户所有。

3. 依法流转土地经营权。在农村土地承包法修改过程中，重要任务之一就是贯彻“三权分置”改革要求。所谓“三权分置”就是要坚持农村土地集体所有权，稳定农户承包权，放活土地经营权。“三权分置”改革的核心问题是家庭承包的承包户在经营方式上发生转变，即由农户自己经营，转变为保留土地承包权，允许承包方将承包地流转给他人经营，实现土地承包经营权和土地经营权的分离。关于“三权分置”改革的具体要求和土地经营权流转，《民法典》第339条作了进一步的规定。

4. 承包期内，发包人不得收回承包地。《农村土地承包法》进一步明确规定，国家保护进城农户的土地承包经营权。不得以退出土地承包经营权作为农户进城落户的条件；承包期内，承包农户进城落户的，引导支持其按照自愿有偿原则依法在本集体经济组织内转让土地承包经营权或者将承包地交回发包方，也可以鼓励其流转土地经营权；承包期内，承包方交回承包地或者发包方依法收回承包地时，承包方对其在承包地上投入而提高土地生产能力的，有权获得相应的补偿。

5. 承包地被依法征收、征用、占用的，有权依法获得相应的补偿。土地承包经营权作为一种用益物权，这种他物权是受到法律保护的。但是根据宪法和民法典物权编及其他法律的有关规定，国家为了公共利益的需要，可以依照法律规定对土地实行征收或者征用并给予补偿。征收土地是国家为了社会公共利益的需要，将集体所有的土地转变为国有土地的一项制度。征用是国家强制使用单位、个人的财产。不论是征收还是征用，都必须基于公共利益的需要，按照法定程序进行，给予补偿。《民法典》物权编第243条规定，为了公共利益的需要，依照法律规定的权限和程序可以征收集体所有的土地和组织、个人的房屋以及其他不动产。征收集体所有的土地，应当依法及时足额支付土地补偿费、安置补助费以及农村村民住宅、其他地上附着物和青苗等的补偿费用，并安排被征地农民的社会保障费用，保障被征地农民的生活，维护被征地农民的合法权益。征收组织、个人的房屋以及其他不动产，应当依法给予征收补偿，维护被征收人的合法权益；征收个人住宅的，还应当保障被征收人的居住条件。任何组织或者个人不得贪污、挪用、私分、截留、拖欠征收补偿费等费用。第245条规定，因抢险救灾、疫情防控等紧急需要，依照法律规定的权限和程序可以征用组织、个人的不动产或者动产。被征用的不动产或者动产使用后，应当返还被征用人。组织、个人的不动产或者动产被征用或者征用后毁损、灭失的，应当给予补偿。占用是指兴办乡镇企业和村民建设住宅经依法批准使用本集体经济组织农民集体所有的土地或者乡（镇）村公共设施和公益事业建设经依法批准使用农民集体所有土地的行为。根据《土地管理法》的有关规定，为乡（镇）村公共设施和公益事业建设，需要使用土地而收回农民集体所有的土地的，对土地使用权人应当给予适当补偿。因此，土地被征收、征用、占用的，承包方有权获得征收、征用、占用土地的补偿费。具体补偿标准应当根据土地管理法等相关法律、法规确定。任何组织和个人不得非法截流、占用、滥用承包方应得的补偿费。必须使承包方合法利益得到切实保护，使失去承包地的农民的生活得到切实保障。

6. 法律、行政法规规定的其他权利。其他法律、行政法规对土地承包经营权人所享有的权利作了规定的，土地承包经营权人即享有这些权利。例如《农村土地承包法》第32条规定，承包人应得的承包收益，依照继承法的规定继承。林地承包的承包人死亡，其继承人可以在承包期内继续承包。此外，农业法、渔业法、草原法、森林法等法律也对土地承包经营权人所享有的权利作了规定。

▶ **相关规定**

《中华人民共和国农村土地承包法》第17条、第18条

第三百三十二条 耕地的承包期为三十年。草地的承包期为三十年至五十年。林地的承包期为三十年至七十年。

前款规定的承包期限届满，由土地承包经营权人依照农村土地承包的法律规定继续承包。

◆ **条文主旨**

本条是关于土地承包期限的规定。

◆ **立法背景**

承包期限对于农户的土地承包经营权而言至关重要，因此，我国历来不少法律和国家有关政策都对土地承包期有明确规定，也经历了一个发展变化的过程。1986年通过并于1998年修改的土地管理法也明确规定，农民集体所有的土地由本集体经济组织的成员承包经营，从事种植业、林业、畜牧业、渔业生产。土地承包经营期限为30年。从实际情况看，截至2000年，全国已有98%左右的村组开展了延包工作。据统计，在开展延包工作的地方，承包期达到30年的耕地面积占92%，如果扣除沿海发达地区、城镇郊区实行招标承包的责任田以及各地预留的机动地，实行家庭承包的耕地承包期达到30年的占95%以上。承包期不足30年的，大多数在已经或者列入城镇建设规划范围内的城镇郊区。土地承包期限的长短，应考虑到我国农村的实际情况，根据农业生产经营的特点，农业经济的发展趋势以及当前的农业承包

经营政策等因素确定。2002 年制定农村土地承包法时，将耕地的承包期规定为 30 年，符合当时有关法律的规定和农村的实际做法，同当时国家政策的规定也是一致的。

党的十八大以来，党中央在诸多文件中，一再强调要“稳定承包权”，并强调“保持土地承包关系稳定并长久不变”。党的十九大提出，保持土地承包关系稳定并长久不变，第二轮土地承包到期后再延长 30 年。2019 年 11 月，《中共中央、国务院关于保持土地承包关系稳定并长久不变的意见》，进一步明确规定：第二轮土地承包到期后再延长 30 年；现有承包地在第二轮土地承包到期后由农户继续承包，承包期再延长 30 年，以各地第二轮土地承包到期为起点计算。保持土地承包关系稳定并长久不变，有利于坚持和完善农村基本经营制度，坚持农村土地集体所有，坚持家庭经营基础性地位。耕地承包期届满后再延长 30 年，是保持土地承包关系稳定并长久不变的重大举措，彰显了党中央坚定保护农民土地权益的决心，给农民又一个“定心丸”，稳定了农民预期，符合广大农民的意愿。为了贯彻落实党的十九大精神，保持土地承包关系稳定并长久不变，修改后的《农村土地承包法》增加规定“前款规定的耕地承包期届满后再延长 30 年”，即第二轮土地承包到期后再延长 30 年。土地承包期再延长 30 年，就使我国农村土地承包关系从第一轮承包开始保持稳定长达 75 年。根据该规定，第二轮土地承包到期后，不得将承包地打乱重分，应当由农户继续承包，将耕地承包期再延长 30 年。再延长的 30 年期限，以各地第二轮土地承包到期为起点计算。在农村土地承包法修改过程中，有些意见提出，现行农村土地承包法对耕地、林地、草地的承包期都作了规定，保持农村土地承包关系长期稳定应当包括草地和林地的承包关系，这次修改不能只对耕地承包期届满后延长 30 年作出规定，建议对草地、林地承包期届满后延期的问题也作出规定。为了保持草地、林地承包关系的稳定，修改后的农村土地承包法吸收了这些意见，增加规定："草地、林地承包期届满后依照前款规定相应延长。"根据这一规定，草地、林地的承包期届满后，比照耕地承包期届满后再延长 30 年的规定，作相应延长。例如，如果草地、林地的现承包期为 40 年，该承包期届满后再延长 40 年；如果草地、林地的现承包期为 50 年，该承包期届满后再延长 50 年。

土地承包经营权是一种他物权，他物权与所有权相比的一个差别就是，他物权一般都是有期限的物权，本条规定的就是土地承包经营权的期限，即承包期限。承包期限是指农村土地承包经营权存续的期间，在这个期间内，承包方享有土地承包经营权，依照法律的规定和合同的约定，行使权利，承担义务。承包期限是土地承包制度的一项重要内容，它关系到农民是否可以得到更加充分而有保障的土地权利，关系到以家庭承包经营为基础、统分结合的双层经营体制的稳定和完善，关系到农业、农村经济发展和农村社会稳定。

本条规定与修改后的农村土地承包法的规定保持了一致，与物权法的规定相比，主要是删除了第 1 款中"特殊林木的林地承包期，经国务院林业行政主管部门批准可以延长"的规定，并对第 2 款作了衔接性修改。

◆ **条文解读**

一、耕地、草地、林地的承包期

我国对土地实行用途管理制度。土地管理法按照土地的用途，将土地划分为农用地、建设用地和未利用地，其中的农用地又包括耕地、林地、草地、农田水利用地和养殖水面等。本条第 1 款根据我国农村土地家庭承包的实际情况，对不同用途的土地的承包期限作出规定。

（一）耕地的承包期

耕地是指种植农作物的土地，包括灌溉水田、望天田（又称天水田）、水浇地、旱地和菜地。1982 年年底全国农村 67% 的基本核算单位实行了包干到户，1984 年以后一直稳定在 99% 以上，实行家庭承包经营的耕地一直占耕地总面积的 97% 左右。因此，我国农村实行土地承包经营制度的土地主要是耕地。

（二）草地、林地的承包期

草地是指生长草本植物为主，用于畜牧业的土地，包括天然草地、改良草地和人工草地。草原是草地的主体。我国是草原资源大国，天然草原近 60 亿亩，占国土总面积的 41.7%。草原总面积仅次于澳大利亚，居世界第二位。

林地是指生长乔木、竹类、灌木、沿海红树林的土地，包括有林地、灌木林地、疏林地、未成林造林地以及迹地和苗圃等。林地承包经营政策是我国农村林业的基本政策。

同耕地相比，草地和林地有其特殊性。以林地为例：

第一，林地上一般生长着多年生的乔木、竹类、灌木等，而耕地主要是用于种植农作物，一般是一年一季或者两季，有的是三季，很少种植多年生植物。

第二，从事林业开发投资大，林木生长期、收益期长，风险也比较大。如榉木、水青冈、红豆杉、柚木的采伐或经营期限至少在 50 年至 60 年。再如我国特有的银杏树，其木材、果实、叶子等均有较高的经济价值，但生长极为缓慢，所以又称“公孙树”，形容祖辈种树到孙子辈才结实。目前我国的很多寺庙中都生长着千年以上的银杏树。浙江东阳地区种植的香榧树，15 年开始结果，100 年才进入丰产期，并可延续四五百年，有的可达上千年。

第三，我国对森林实行限额采伐制度，林地上种植的林木不能任意采伐。采伐必须申请采伐许可证并按照要求完成更新造林任务。因此，承包方的生产经营和处置产品的权利受到较多限制。

对于草地、林地的承包期限，在2002年制定农村土地承包法之前，其他法律没有明确规定。《土地管理法》曾规定，农民集体所有的土地由本集体经济组织的成员承包经营，从事种植业、林业、畜牧业、渔业生产。土地承包经营期限为30年。《草原法》也只是规定，全民所有的草原、集体所有的草原和集体长期固定使用的全民所有的草原，可以由集体或者个人承包从事畜牧业生产。国家政策也曾原则规定，土地承包期再延长30年不变，营造林地和“四荒地”等开发性生产的承包期可以更长。2002年制定农村土地承包法时，根据国家关于“营造林地和‘四荒地’等开发性生产的承包期可以更长”的政策精神和我国农村土地承包的实际做法，在第20条对草地和林地的承包期作出了规定，即草地的承包期为30年至50年。林地的承包期为30年至70年；特殊林木的林地承包期，经国务院林业行政主管部门批准可以延长。物权法也作了同样的规定。修改后的农村土地承包法，对这一条规定没有作出大的改动，只是删除了“特殊林木的林地承包期，经国务院林业行政主管部门批准可以延长”这一句话，主要是由于农村土地承包法施行十多年来，实践中基本没有出现国务院主管部门批准延长的情况，这一规定实际上从未真正落地过。民法典物权编根据农村土地承包法修改情况，对物权法的规定也作了相应的修改。因此，本条第1款规定“耕地的承包期为30年。草地的承包期为30年至50年。林地的承包期为30年至70年”。

二、土地承包期届满后的延长

第2款规定，前款规定的承包期限届满，由土地承包经营权人依照农村土地承包的法律规定继续承包。本款规定，主要是为了与修改后的农村土地承包法相衔接。

物权编本款的规定，承包期限届满后，由土地承包经营权人依照农村土地承包的法律规定继续承包。所谓“依照农村承包的法律规定”所指的就是农村土地承包法的有关规定，继续承包就是承包期限的延长。根据《中共中央、国务院关于保持土地承包关系稳定并长久不变的意见》的规定，现有承包地在第二轮土地承包到期后由农户继续承包，承包期再延长30年，以各地第二轮土地承包到期为起点计算；以承包地确权登记颁证为基础，已颁发的土地承包权利证书，在新的承包期继续有效且不变不换，证书记载的承包期限届时作统一变更。对个别调地的，在合同、登记簿和证书上作相应变更处理。

▶ **相关规定**

《中华人民共和国农村土地承包法》第21条

第三百三十三条 土地承包经营权自土地承包经营权合同生效时设立。

登记机构应当向土地承包经营权人发放土地承包经营权证、林权证等证书，并登记造册，确认土地承包经营权。

◆ **条文主旨**

本条是关于土地承包经营权设立和登记的规定。

◆ **立法背景**

在民法典物权编起草过程中，关于土地承包经营权设立的时间有不同的意见。一些地方、单位和学者提出，土地承包经营权的设立应采取登记生效要件主义，当事人必须登记，承包经营权自登记之日起成立，在程序上也应当是先登记后发证。也有的意见认为，我国目前的土地承包经营权一般都是在订立合同后就取得的，土地承包经营权证和林权证等证书也是由人民政府有关机构事后向承包方颁发的，是为了对承包人的土地承包经营权予以确认，要求对所有承包人的承包经营权都进行登记发证不符合现实，同时还可能进一步加重农民的负担。对此，经研究认为，一方面，从民法理论上而言，关于物权登记的效力，一般有两种做法：一是登记生效主义，即登记是不动产物权变动的必要条件，未经登记，不生效力；二是登记对抗主义，即是当事人在物权变动后未经登记，在当事人之间也可有效成立，但是不能对抗善意第三人。因此，不论是选择哪种立法模式，在理论上都没有障碍。《民法典》第 209 条规定，不动产物权的设立、变更、转让和消灭，经依法登记，发生效力；未经登记，不发生效力，但是法律另有规定的除外。另一方面，从实践看，需要考虑我国农村的实际情况，特别是在农村土地承包法制定之前的农村现实：一是承包方案经村民会议或村民代表会议讨论同意，集体经济组织成员相互熟悉，承包的地块人所共知，能够起到相应的公示作用；二是农村土地承包经营权的确权发证工作直到前几年才全面完成，实际上往往滞后于土地承包合同的签订，不能因此而否定农户的承包经营权。在农村土地承包实践中，土地承包经营权都是在土地承包合同生效时就设立，登记造册是对土地承包经营权的确认程序而已。

◆ **条文解读**

本条第 1 款规定，土地承包经营权自土地承包经营权合同生效时设立。根据本款规定，土地承包经营权的设立，不以登记为生效的要件，土地经营权的设立以土地承包合同生效为准。

因此，要确定取得土地承包经营权的时间，就必须根据承包合同的生效时间判断。根据合同法的基本原则，合同的生效必须以合同的成立为基础。合同的成立是指订约当事人就合同的主要内容形成合意。对于合同的成立时间，合同法及民法典合同编都有规定，一般而言，承诺生效时合同成立。合同编还对书面形式合同的成立作出了规定，即当事人采用合同书形式订立合同的，自双方当事人签名、盖章或者按印时成立。《农村土地承包法》明确规定土地承包合同应当采用书面形式。因此，承包合同成立的时间应当是当事人签名、盖章或者按印之时。

合同生效是指合同产生法律约束力。合同生效后，当事人依法受到合同的约束，必须遵循合同的规定，依照诚信原则，正确行使权利，履行义务，而不得滥用权利，违反义务。对于合同的生效时间，总则编规定，民事法律行为自成立时生效，但是法律另有规定或者当事人另有约定的除外。合同编规定，依法成立的合同，自成立时生效。合同的生效，除了附条件、附期限的合同以外，在通常情况下，与合同的成立是一致的。《农村土地承包法》第 23 条规定，承包合同自成立之日起生效。因此，农村土地承包法的规定与总则编关于民事法律行为的生效时间、合同编关于合同生效时间的规定是一致的，即承包合同自成立之日起生效。

物权法上的登记制度，是土地等不动产物权公示的方法。其功能是对物权的设立、变更、转让或者消灭产生公示作用。登记不仅可以表彰物权的设立，明确归属而且有助于解决物权的冲突。《物权法》第 127 条第 2 款规定："县级以上地方人民政府应当向土地承包经营权人发放土地承包经营权证、林权证、草原使用权证，并登记造册，确认土地承包经营权。"物权编起草过程中，有的意见提出，应当根据农村土地承包法的修改情况，对物权法的规定加以修改。因此，将物权法前款规定修改为“登记机构应当向土地承包经营权人发放土地承包经营权证、林权证等证书，并登记造册，确认土地承包经营权。”该款规定就是与《农村土地承包法》第24条第1款规定相衔接。

土地承包经营权登记制度通过国家登记机构对土地承包经营权予以确认，有利于明确权利归属，稳定土地承包关系，也有利于维护农村土地承包经营权互换、转让和土地经营权流转的安全。《物权法》第127条第2款、2009年修改的《农村土地承包法》第23条都规定，土地承包经营权由县级以上人民政府负责登记。实践中对耕地、林地、草地等承包权的登记机构并不统一，实行分散登记。在农村土地承包法修改中对登记问题专门进行了研究。考虑到，对耕地、林地、草地等进行统一登记，相对于分散登记：一是有利于明确土地承包经营权的权利归属，避免登记重复、登记矛盾等现象的存在，对保护土地承包经营权依法互换、转让和土地经营权流转、促进交易安全具有重要作用，为提高农村土地的利用效率打下了良好基础；二是有利于提高社会管理效率，避免了多个登记部门之间的扯皮、推卸等现象；三是有利于提高群众办事效率，群众需要查明土地承包经营权的权利归属、办理土地承包经营权互换、转让登记等，只需要到统一的登记机构即可，不需要跑多个登记部门，节省了金钱和时间上的成本。基于此，修改后的农村土地承包法确立了土地承包经营权统一登记制度。《农村土地承包法》第24条第1款规定，国家实行土地承包经营权统一登记制度，由统一的登记机构对耕地、林地、草地等进行登记。

物权编根据修改后农村土地承包法的规定，再次明确登记机构应当向承包方颁发土地承包经营权证或者林权证等证书，并登记造册，对土地承包经营权予以确认。土地承包经营权证书、林权证等证书，是承包方享有土地承包经营权的法律凭证。承包方签订承包合同，取得土地承包经营权后，登记机构应当颁发土地承包经营权证或者林权证等证书，并登记造册，将土地的使用权属、用途、面积等情况登记在专门的簿册上，以确认土地承包经营权。颁发土地承包经营权证书、林权证等证书，并登记造册，是登记机构的职责，不得推卸。长期以来，一些地方存在承包地块面积不准、四至不清、空间位置不明、登记簿不健全等问题，导致农民土地权益依法保障程度低。为把农户承包地搞准、搞清、搞实，党的十八大以后，中央对确权登记颁证工作作出了一系列决策部署。2013 年习近平总书记指出，建立土地承包经营权登记制度，是实现土地承包关系稳定的保证，要把这项工作抓紧抓实，真正让农民吃上“定心丸”。2014 年中央明确提出用 5 年左右时间基本完成土地承包经营权确权登记颁证工作。截至 2018 年 6 月底，31 个省（区、市）均开展了承包地确权工作，确权面积 13.9 亿亩，超过二轮家庭承包地（账面）面积。这次农村土地承包经营权确权登记颁证工作使土地承包经营权的权属等情况更加清晰，使土地承包经营权的登记更加完整、真实、准确。

在物权编起草、审议过程中，有的常委委员、部门提出，如何保障农村妇女的土地承包权益是一个比较突出的问题。前几年农业农村部进行土地确权登记试点，总结推广试点经验，明确提出“在土地承包经营权确权登记簿和权证上写上妇女名字”，实现农村妇女“证上有名、名下有权”，实践效果很好，建议增加一句，规定“土地承包经营权属证书应当将具有土地承包经营权的全部家庭成员列入”。《农村土地承包法》第 24 条第 2 款明确规定，土地承包经营权证或者林权证等证书应当将具有土地承包经营权的全部家庭成员列入。根据农村土地承包法的相关规定，土地承包合同由承包方代表签署。实践中土地承包合同一般都是由农户的男性长辈签署土地承包合同，土地承包合同也仅体现该承包方代表的姓名、住所等情况，不列明农户内其他家庭成员情况。虽然土地承包合同由农户代表实际签订，但土地承包经营权的权利主体是农户，而不是该农户代表。为了平等保护农户内每位家庭成员，尤其是农户内妇女的土地承包权益，这次修改农村土地承包法增加规定，进一步明确土地承包经营权证或者林权证等证书应当将具有土地承包经营权的全部家庭成员列入。因此，登记机构在制作、颁发土地承包经营权证或者林权证等证书，并登记造册时，应当将农户内具有土地承包经营权的全部家庭成员查清并列入，对农户内每位家庭成员的土地承包经营权益予以确认。考虑到农村土地承包法关于土地承包经营权登记已经有了明确的具体规定，物权编不再作重复规定。

此外，需要注意的是，根据《民法典》第223条规定，不动产登记费按件收取，不得按照不动产的面积、体积或者价款的比例收取。《农村土地承包法》第24条第3款规定，登记机构除按规定收取证书工本费外，不得收取其他费用。因此，登记机关颁发土地承包经营权证或者林权证等证书，除按规定收取证书工本费外，不得收取其他费用。这样，有利于防止登记机构借登记之机乱收费，以减轻农民负担，有利于维护农民的合法权益和农村社会的稳定。

▶ 相关规定

《中华人民共和国农村土地承包法》第24条

第三百三十四条　土地承包经营权人依照法律规定，有权将土地承包经营权互换、转让。未经依法批准，不得将承包地用于非农建设。

◆ **条文主旨**

本条是关于土地承包经营权互换、转让的规定。

◆ **立法背景**

属于同一集体经济组织所有的土地有好有次，有远有近，有朝阳有背阴，有种粮有种菜。面对以户为单位、人人有份的承包，发包方应当本着公开、公平、公正的原则，以好坏搭配、兼顾远近、考虑用途的精神，合理分配承包地。这样一来，各承包户得到的承包地通常是东一块、西一块，成片的土地往往分别由不同的农户承包。分块承包农村土地，带来了一些耕作上的不便，比如相邻两块地，一农户种植低矮的庄稼，但相邻的他人的承包地却种植高秆作物，为此，双方可能会因为农作物的采光、通风问题发生纠纷。又如，农业现代化的发展，要求越来越多的农业机具用于耕种、收割，但土地分属不同的承包经营权人，太小的地块常常使农机具不能施展拳脚。再如，有的农户擅长种小麦，有的农户精于种棉花，但农户承包的几块土地，可能分别适于种植不同的作物，由一个农户承包，其技术专长就得不到尽情发挥。为此，在一些地方，农民为了耕作方便或者出于其他考虑，通过互换土地承包经营权的方式，达到资源的最佳配置。2014 年《中共中央办公厅、国务院办公厅关于引导农村土地经营权有序流转发展农业适度规模经营的意见》中也明确提出："鼓励农民在自愿前提下采取互换并地方式解决承包地细碎化问题。"

◆ **条文解读**

根据本条规定，土地承包经营权人有权将土地承包经营权互换、转让，但是必须依照法律规定，且不得将承包地用于非农建设。这里的依照法律规定，主要就是依照农村土地承包法的相关规定。《农村土地承包法》第 33 条、第 34 条对土地承包经营权的互换、转让作了明确规定。因此，理解物权编本条的规定，需要结合农村土地承包法的相关规定。

一、土地承包经营权的互换

《农村土地承包法》第 33 条规定，承包方之间为方便耕种或者各自需要，可以对属于同一集体经济组织的土地的土地承包经营权进行互换，并向发包方备案。

土地承包经营权互换，是土地承包经营权人将自己的土地承包经营权交换给他人行使，自己行使从他人处换来的土地承包经营权。互换从表面上看是地块的交换，但从性质上看，是由交换承包的土地引起的权利本身的交换。权利交换后，原有的发包方与承包方的关系，变为发包方与互换后的承包方的关系，双方的权利义务同时做出相应的调整。互换土地承包经营权，是农户在自愿的基础上，在同一集体经济组织内部，对人人有份的承包经营权进行的交换。该种交换改变了原有的权利分配，涉及承包义务的履行，因此，应当报发包方备案。由于土地承包经营权互换通常都是对等的，也未剥夺互换双方的土地承包经营权，因此，只要不违反法律，侵害他人的合法权益，发包方就不应干涉。

需要注意的是：第一，土地承包经营权互换只是土地承包经营权人改变，不是土地用途及承包义务的改变，互换后的土地承包经营权人仍然要按照发包时确定的该土地的用途使用土地，履行该地块原来负担的义务，比如，发包时确定某地块用于种植粮食作物，承包经营权互换后不能用于开挖鱼塘。第二，家庭承包的土地，不仅涉及不同集体经济组织的土地权属，也关系农户的生存保障。因此，承包方只能与属于同一集体经济组织的农户互换土地承包经营权，不能与其他集体经济组织的农户互换土地承包经营权。

二、土地承包经营权的转让

土地承包经营权转让，指土地承包经营权人将其拥有的未到期的土地承包经营权以一定的方式和条件移转给他人的行为。《农村土地承包法》第 34 条规定，经发包方同意，承包方可以将全部或者部分的土地承包经营权转让给本集体经济组织的其他农户，由该农户同发包方确立新的承包关系，原承包方与发包方在该土地上的承包关系即行终止。土地承包经营权转让不同于土地承包经营权互换。互换土地承包经营权，承包方与发包方的关系虽有变化，但互换土地承包经营权的双方只不过是对土地承包经营权进行了置换，并未丧失该权利。而转让土地承包经营权，承包方与发包方的土地承包关系即行终止，转让方也不再享有土地承包经营权。根据《农村土地承包法》第 34 条的规定，转让土地承包经营权的条件是：

第一，程序上，转让土地承包经营权需要征得发包方的同意。征得发包方同意，是完全有必要的。首先，从合同原理而言，承包方转让土地承包经营权，意味着其与发包方所签订的承包合同的权利义务要一并转移给他人，也是需要征得相对方同意的。其次，从土地所有权的角度而言，发包方作为集体土地所有权的代表方，代表集体行使土地所有权，用益物权人发生变动，征得其同意也是合理的。最后，从管理的角度看，为了避免转让方与受让方日后因为转让发生争议，经过发包方同意确认双方转让了土地承包经营权，也有助于避免纠纷。

第二，主体上，转让方为承包方，受让方必须是本集体经济组织的其他农户。需要注意的是，与原农村土地承包法的规定有所不同。原农村土地承包法对转让方有一定限制，要求转让方必须是“有稳定的非农职业或者有稳定的收入来源”，即不是任何承包方都可以转让，必须有了稳定的非农收入的承包方才可以。

转让方根据自己的情况自主决定是否转让土地承包经营权，只要依法、自愿，法律不再限制。原农村土地承包法规定，受让方只要是从事农业生产经营的农户即可。修改后的农村土地承包法规定，受让方必须是本集体经济组织的农户。因此，不允许再将土地承包经营权转让给本集体经济组织以外的人。

第三，后果上，受让方与发包方成立新的承包关系，转让方与发包方的原承包关系终止。土地承包经营权转让后，意味着承包方将土地承包合同的所有权利义务转移给受让方，承包方与发包方之间的权利义务关系也就终止了。土地承包经营权转让后，出让方的全部权利义务转移给受让方，在受让方和发包方之间形成新的承包关系。需要注意的是，承包人转让的土地承包经营权，可以是全部也可以是部分，对于已经转让的，不论是全部转让还是部分转让，受让方都应与发包人确立新的承包关系。对于未转让的部分，原承包人与发包人应重新确立承包关系，变更原有的承包合同。

三、未经依法批准，不得将承包地用于非农建设

土地承包经营权转让，应当按照土地的原有用途使用土地，不得改变承包地的原有用途。承包地应当用于种植业等农业生产，不得改变农用土地的用途，将其用于非农业建设。比如不得在承包地上建窑、建坟或者擅自在承包地上建房、挖砂、采石、取土等。

▶ **相关规定**

《中华人民共和国农村土地承包法》第 33 条、第 34 条

第三百三十五条　土地承包经营权互换、转让的，当事人可以向登记机构申请登记；未经登记，不得对抗善意第三人。

◆ 条文主旨

本条是关于互换、转让土地承包经营权时登记的规定。

◆ 立法背景

登记制度是不动产物权制度的基石，具有极其重要的意义，但各国立法对于不动产登记有不同的态度：一是采登记生效主义，即不动产物权的设立、变动不登记不生效；二是采登记对抗主义，即不登记不得对抗善意第三人。本条对于土地承包经营权的互换、转让采用登记对抗主义，也就是说，当事人签订土地承包经营权的互换、转让合同，并经发包方备案或者同意后，该合同即发生法律效力，不强制当事人登记。这样规定，一方面是从中国农村的实际出发，农民承包的是本集体经济组织所有的土地，承包方案又是经村民会议通过的，聚集而居的农户对于自己和本集体经济组织的其他农户的承包地的情况应当是清楚的，实际上已经起到公示作用。另一方面，考虑到在某些情况下，土地承包经营权互换、转让后，如果并未将变动的事实通过登记的方式予以公示，他人比较难以了解到土地承包经营权发生了变动，会由此受到损害。因此，本法将登记的决定权交给农民，当事人要求登记的，可以登记。未经登记，不能对抗善意第三人。也就是说，不登记将产生不利于土地承包经营权受让人的法律后果。比如承包户 A 将某块土地的土地承包经营权转让给 B，但没有办理变更登记。之后，A 又将同一块地的土地承包经营权转让给 C，同时办理了变更登记。如果 B 与 C 就该块土地的承包经营权发生纠纷，由于 C 取得土地承包经营权进行了登记，他的权利将受到保护。B 将不能取得该地块的土地承包经营权。因此，土地承包经营权的受让人为更好地维护自己的权益，要求办理登记更为可靠。

◆ **条文解读**

对土地承包经营权的互换、转让进行登记，指互换、转让土地承包经营权的当事人，申请国家有关登记部门将土地承包经营权互换、转让的事项记载于不动产登记簿上。登记的主要目的在于将土地承包经营权变动的事实予以公示，使他人明确土地承包经营权的权利人。

根据本条规定，土地承包经营权互换、转让的，当事人要求登记的，应当向登记机构申请办理登记。申请登记时，应当提交土地变更登记申请书及相关资料，内容包括：转让人与受让人的姓名、住所，土地坐落、面积、用途，土地承包合同、土地承包经营权转让或者互换合同、土地承包经营权证书，以及登记部门要求提供的其他文件。登记部门收到变更登记的申请及上述文件后，经调查、审核，符合变更登记规定的，变更注册登记，更换或者更改土地承包经营权证书。

▶ **相关规定**

《中华人民共和国农村土地承包法》第 35 条

第三百三十六条　承包期内发包人不得调整承包地。

因自然灾害严重毁损承包地等特殊情形，需要适当调整承包的耕地和草地的，应当依照农村土地承包的法律规定办理。

◆ **条文主旨**

本条是关于承包地能否调整的规定。

◆ **立法背景**

我国农村人多地少，大部分地区经济比较落后，在相当长的时期内，土地不仅是农民的基本生产资料，而且是农民最主要的生活保障。以家庭联产承包为主的责任制和统分结合的双层经营体制，是我国农村经济的一项基本制度。保持土地承包关系稳定并长久不变，是党和国家农村政策的核心内容，多年来，中央在这个问题上的政策没有变化。

赋予农民长期而有保障的土地使用权，保持农村土地承包关系的长期稳定，是将土地承包经营权物权化的立法宗旨和指导思想。对承包土地的频繁调整：一是不利于土地承包关系的稳定，不符合承包经营权物权化的要求；二是不利于农民对土地的长期投入，容易造成短期效应，导致对土地生产力的破坏。因此，不论是物权法，还是农村土地承包法都明确规定，承包期内发包方不得调整承包地。2019 年 11 月，《中共中央、国务院关于保持土地承包关系稳定并长久不变的意见》再次明确要求，农户承包地要保持稳定，发包方及其他经济组织和个人不得违法调整。同时明确，第二轮土地承包到期后应坚持延包原则，不得将承包地打乱重分，确保绝大多数农户原有承包地继续保持稳定；对少数存在承包地因自然灾害毁损等特殊情形且群众普遍要求调地的村组，届时可按照大稳定、小调整的原则，由农民集体民主协商，经本集体经济组织成员的村民会议三分之二以上成员或者三分之二以上村民代表同意，并报乡（镇）政府和县级政府农业等行政主管部门批准，可在个别农户间作适当调整，但要依法依规从严掌握。

◆ **条文解读**

物权编保留了农村土地承包法和物权法的规定，再次明确承包期内发包方不得调整承包地。在民法典中明确发包人在承包期内不得随意调整承包地，维护了土地承包关系的长期稳定，再次给农民吃了定心丸。发包方在承包期内不得调整承包地：一是发包方不得单方要求调整承包地。发包方一般不得以任何理由要求承包方调整承包地。当然，如果承包方自己有合理理由，请求发包方适当调整，只要符合有关规定，发包方是可以调整的。二是在承包期内，发包方不得调整承包地。这里的承包期就包括二轮承包期，也包括根据法律规定延长后的承包期。三是发包方只有在符合法律规定的情形下，根据本条第 2 款的规定才可以适当调整承包地。

但是，考虑到在几十年的承包期内，农村的情况会发生很大的变化，完全不允许调整承包地也难以做到。如果出现个别农户因自然灾害严重毁损承包地等特殊情形，仍然不允许对承包地进行小调整，将使一部分农民失去土地。在农村的社会保障制度尚不健全、实现非农就业尚有困难的情况下，使这部分农民失去最基本的生活来源，既有悖于社会公平，也不利于社会稳定。因此，在特殊情形下，应当允许按照法律规定的程序对个别农户之间的承包地进行必要的小调整。

本条第 2 款规定，因自然灾害严重毁损承包地等特殊情形，需要适当调整承包的耕地和草地的，应当依照农村土地承包的相关法律规定办理。《农村土地承包法》第28 条第2 款规定："承包期内，因自然灾害严重毁损承包地等特殊情形对个别农户之间承包的耕地和草地需要适当调整的，必须经本集体经济组织成员的村民会议三分之二以上成员或者三分之二以上村民代表的同意，并报乡（镇）人民政府和县级人民政府农业农村、林业和草原等主管部门批准。承包合同中约定不得调整的，按照其约定。"

一是调整的事由。关于在哪些情况下可以调整承包地，本条第 2 款规定是"因自然灾害严重毁损承包地等特殊情形"，即只有在特殊情形下，才可以适当调整承包地。在一般情形下，不应当采取调整承包地的方法，而应当主要通过土地流转、发展第二、三产业等途径，用市场的办法解决。这里的“特殊情形”，主要是指部分农户因自然灾害严重毁损承包地的。当然，在承包方发生了因自然灾害严重毁损承包地等特殊情形需要调整土地时，并不是必然发生对个别农户之间承包的耕地和草地进行调整，如果集体经济组织依法预留了机动地，或者有通过依法开垦等方式增加的土地，或者发包方依法收回和承包方依法、自愿交回的土地，应当先用这些土地解决无地农民的承包地问题，只有在没有上述土地的情况下，才可以对个别农户之间承包的耕地和草地进行适当调整。需要指出的是，人地矛盾突出并不是调整承包地的事由。根据《中共中央、国务院关于保持土地承包关系稳定并长久不变的意见》的规定，稳定承包关系必须继续提倡“增人不增地、减人不减地”原则：为避免承包地的频繁变动，防止耕地经营规模不断细分，进入新的承包期后，因承包方家庭人口增加、缺地少地导致生活困难的，要帮助其提高就业技能，提供就业服务，做好社会保障工作；因家庭成员全部死亡而导致承包方消亡的，发包方应当依法收回承包地，另行发包。

二是调整的范围。调整是指对个别农户之间承包的土地进行小范围适当调整，调整只限于个别农户，不能对所有农户进行普遍调整。

三是调整的对象。允许进行必要的调整的土地仅限于耕地和草地，对于林地，即使在上述特殊情形下，也不允许调整。因为林地的承包经营与耕地、草地的承包经营相比有其特殊性。林业生产经营周期长，收益慢，风险大，承包期也较长。稳定林地承包经营权，有利于调动承包人植树造林的积极性，鼓励对林地的长期投入，防止乱砍滥伐，保护生态环境。林地一般作为农民增收的手段，不像耕地那样，属于农民基本的生活保障。因此，对林地承包经营权不适用耕地和草地有关调整的规定，应当确保林地承包经营权的长期稳定，否则会导致林权不稳，出现林地纠纷，引发乱砍滥伐，破坏森林资源。因此，林地不能调整。

四是调整的程序。调整还应当经过法定程序，未经法定程序不得进行调整。《农村土地承包法》第 28 条第 2 款规定的法定程序是，经本集体经济组织成员的村民会议三分之二以上成员或者三分之二以上村民代表的同意，并报乡（镇）人民政府和县级人民政府农业农村、林业和草原等主管部门批准。这样规定是为了体现多数农民的意愿，防止随意调整承包地。根据土地所有者及发包主体的不同，如果土地是由村集体经济组织或者村民委员会发包的，这里的“村民会议”应当指村集体范围内的村民会议，即由村集体经济组织成员组成的村民会议；如果土地是由村内各集体经济组织或者村民小组发包的，这里的“村民会议”应当指村民小组范围内的村民会议，即由村民小组成员组成的村民会议。村民会议三分之二以上成员，应当指组成村民会议的全体成员的三分之二以上成员；三分之二以上村民代表，应当指由村民代表组成的村民会议的全体代表的三分之二以上代表。

五是合同约定优先。因特殊情形需要对个别农户之间的承包地进行调整，而承包合同中又约定不得调整的怎么办？对此，农村土地承包法规定，承包合同中约定不得调整的，按照其约定。即如果承包合同中约定不得调整的，也不得调整。这样规定既符合承包人的意愿，也有利于维护承包关系的长期稳定。当然，如果发包人和承包人尤其是承包人自愿协商变更的，可以按照变更后的承包合同办理。

► **相关规定**

《中华人民共和国农村土地承包法》第 28 条

第三百三十七条 承包期内发包人不得收回承包地。法律另有规定的，依照其规定。

◆ 条文主旨

本条是关于承包地能否收回的规定。

◆ 立法背景

党的十八大以来，中央提出到2020年实现约一亿农民转移人口落户城镇的目标，出台了推进户籍制度改革、实施居住证等举措，确保到2020年我国户籍人口城镇化率提高到45%左右。近年来，农村劳动力大量转移进城。据统计，2017年，进城务工的农村人口达2.87亿人，我国常住人口城镇化率达到58.52%，户籍人口城镇化率也达到了42.35%。预计到2035年，我国常住人口城镇化率将达到70%。大量农民离土离乡、进城就业，农村土地流转、人地分离的现象将十分普遍，这对保护农民的土地权益提出了更高要求。在加快户籍制度改革，促进农业转移人口市民化的过程中，要充分尊重农民意愿，让他们自己选择，切实维护好广大农民群众的合法权益。特别是要注意保障进城落户农户的土地承包经营权，不得以退出土地承包经营权作为农民进城落户的条件，支持引导其自愿有偿地转让相关权益，使他们能安心在城镇工作生活，提高城镇化发展质量，促进社会和谐稳定。因此，《中共中央、国务院关于保持土地承包关系稳定并长久不变的意见》明确，维护进城农户土地承包权益，现阶段不得以退出土地承包权作为农户进城落户的条件；对承包农户进城落户的，引导支持其按照自愿有偿原则依法在本集体经济组织内转让土地承包权或将承包地退还集体经济组织，也可鼓励其多种形式流转承包地经营权；对长期弃耕抛荒承包地的，发包方可以依法采取措施防止和纠正弃耕抛荒行为。《农村土地承包法》第 27 条第 2 款、第 3 款、第 4 款分别规定：国家保护进城农户的土地承包经营权。不得以退出土地承包经营权作为农户进城落户的条件。承包期内，承包农户进城落户的，引导支持其按照自愿有偿原则依法在本集体经济组织内转让土地承包经营权或者将承包地交回发包方，也可以鼓励其流转土地经营权。承包期内，承包方交回承包地或者发包方依法收回承包地时，承包方对其在承包地上投入而提高土地生产能力的，有权获得相应的补偿。

◆ **条文解读**

本条规定，承包期内，发包方不得收回承包地。这一规定对保持土地承包关系稳定并长久不变具有重要意义。赋予农民长期而有保障的土地使用权，维护农村土地承包关系的长期稳定，是土地承包经营权立法的重要指导思想。其原因在于我国农村人多地少，大部分地区经济还比较落后，第二、三产业不够发达，大多数农民难以实现非农就业，仍然从事农业生产，农民对土地的依赖性较强，在相当长的时期内，土地仍是农民的基本生产资料和最主要的生活来源。因此，必须保持土地承包关系的长期稳定，不得随意收回和调整承包地。在中国特色社会主义进入新时代的关键时期，全面贯彻党的十九大和十九大二中、三中全会精神，应保持土地承包关系稳定并长久不变，赋予农民更加充分而有保障的土地权利。继续明确发包方不得随意收回承包地对于推动实施乡村振兴战略、保持农村社会和谐稳定具有重大意义。根据本条的规定，除法律对承包地的收回有特别规定外，在承包期内，无论承包方发生什么样的变化，只要作为承包方的家庭还存在，发包方都不得收回承包地。例如，承包方家庭中的一人或者数人死亡的；子女升学、参军或者在城市就业的；妇女结婚，在新居住地未取得承包地的；承包方在农村从事各种非农产业的等，只要作为承包方的农户家庭没有消亡，发包方都不得收回其承包地。但因家庭成员全部死亡而导致承包方消亡的，发包方应当收回承包地，另行发包。

当然，承包地并非一律不得收回，根据有关规定，在符合法律规定的情形下，也是可以收回的。根据农村土地承包法的规定，承包农户即使全家都进城落户，不管是否纳入城镇住房和社会保障体系，也不管是否丧失农村集体经济组织成员身份，其进城落户前所取得的农村土地承包经营权仍然受国家保护。在农户进城落户的问题上，强调自愿原则，充分尊重农民意愿，不得以退出土地承包经营权作为农户进城落户的条件。农民不管是进城落户前还是落户后，是否保留土地承包经营权，应由农民选择。

农户进城落户后，其所取得的土地承包经营权不受任何影响。农户既可以根据自己的意愿，并按照农业生产季节回来耕作；也可以按照自愿有偿原则依法在本集体经济组织内转让土地承包经营权；还可以依法向他人流转土地经营权；当然，如果农户自愿将承包地交回发包方，也是允许的。以上种种进城农户对自身土地承包权益的处分，都是允许的，由农户自主选择。有关部门或者各地方可以根据实际情况在一定程度上支持、引导或者鼓励，但须建立在自愿原则的基础上。

承包方在交回承包地或者发包方依法收回承包地时，承包方对其在承包地上投入而提高土地生产能力的，有权获得相应的补偿。例如，承包方对盐碱度较高的土地或者荒漠化的土地进行治理，使其成为较为肥沃的土地，在交回承包地时，发包方应当对承包方因治理土地而付出的投入给予相应的经济补偿。

► **相关规定**

《中华人民共和国农村土地承包法》第27条第1款、第30条

第三百三十八条 承包地被征收的，土地承包经营权人有权依据本法第二百四十三条的规定获得相应补偿。

◆ **条文主旨**

本条是关于承包地被征收，土地承包经营权人有权获得补偿的规定。

◆ **立法背景**

随着我国城镇化进程的推进，越来越多的农村集体土地被征收为国有土地。在征收过程中，如何处理集体所有权和承包人的农村土地承包经营权，征收补偿的范围是否包括土地承包经营权？这些都是立法需要解决的问题。本条即对此作出规定。

◆ **条文解读**

土地承包经营权是在集体所有的土地上派生出来的用益物权，土地承包经营权人是享有用益物权的权利人。农村土地承包法规定，承包方的权利之一就是，承包地被依法征收、征用、占用的，有权依法获得相应的补偿。因此，承包人对承包的土地依法享有在承包期内占有、使用、收益等权利，承包地被依法征收的，承包人有权依法获得相应的补偿。

我国宪法规定，国家为了公共利益的需要，可以依照法律规定对土地实行征收或者征用并给予补偿。本条明确规定，承包地被征收的，土地承包经营权人有权依据本法第243条的规定获得相应补偿。相应的补偿内容需要结合本法第243条及土地管理法

的相关规定判断。本法第 243 条第 1 款规定，为了公共利益的需要，依照法律规定的权限和程序可以征收集体所有的土地和组织、个人的房屋以及其他不动产。第 2 款规定，征收集体所有的土地，应当依法及时足额支付土地补偿费、安置补助费以及农村村民住宅、其他地上附着物和青苗等的补偿费用，并安排被征地农民的社会保障费用，保障被征地农民的生活，维护被征地农民的合法权益。关于补偿的标准，土地管理法有相应的规定。《土地管理法》第 48 条第 1 款规定，征收土地应当给予公平、合理的补偿，保障被征地农民原有生活水平不降低、长远生计有保障。第 2 款规定，征收土地应当依法及时足额支付土地补偿费、安置补助费以及农村村民住宅、其他地上附着物和青苗等的补偿费用，并安排被征地农民的社会保障费用。第 3 款规定，征收农用地的土地补偿费、安置补助费标准由省、自治区、直辖市通过制定公布区片综合地价确定。制定区片综合地价应当综合考虑土地原用途、土地资源条件、土地产值、土地区位、土地供求关系、人口以及经济社会发展水平等因素，并至少每三年调整或者重新公布一次。因此，征地补偿的具体标准，由各省、自治区、直辖市根据当地的具体情况制定。

▶ **相关规定**

《中华人民共和国农村土地承包法》第 17 条

第三百三十九条 土地承包经营权人可以自主决定依法采取出租、入股或者其他方式向他人流转土地经营权。

◆ **条文主旨**

本条是关于土地经营权流转的规定。

◆ **立法背景**

随着我国工业化、信息化、城镇化和农业现代化进程，农村劳动力大量转移，农业物质技术装备水平不断提高，农户承包地流转明显加快。一方面，不少农户不愿、不能直接经营承包地。另一方面，大量不同的投资主体想发展现代农业，参与农业生产经营，需要大规模获得农村土地。承包户通过各种方式将承包地流转给他人经营，出现农村土地的承包主体与经营主体相分离的现象。与此同时，涌现出众多家庭农场、农民专业合作社、农业经营企业等新型经营主体。土地流转和适度规模经营成为发展现代农业的必由之路。但在实践中，流转双方都有不少顾虑：承包方担心长期流转给他人经营，可能使其丧失土地承包经营权，以致有的承包方宁愿让土地抛荒也不愿流转；而由于农业生产经营具有投入大、周期长、见效慢的特征，实际经营方则担心承包方会解除合同而不敢进行长期投资，这也制约了农业的规模化经营。

正是在这种背景下，党中央提出探索“三权分置”改革。2013 年 7 月，习近平总书记在武汉农村综合产权交易所调研时指出，深化农村改革，完善农村基本经营制度，要好好研究农村土地所有权、承包权、经营权三者之间的关系。在 2013 年的中央农村工作会议上，习近平总书记指出，顺应农民保留土地承包权、流转土地经营权的意愿，把农民土地承包经营权分为承包权和经营权，实现承包权和经营权分置并行，这是我国农村改革的又一次重大创新。2014 年中央一号文件《中共中央、国务院关于全面深化农村改革加快推进农业现代化的若干意见》提出，要在落实农村土地集体所有权的基础上，稳定农户承包权、放活土地经营权。2014 年 11 月，《中共中央办公厅、国务院办公厅关于引导农村土地经营权有序流转发展农业适度规模经营的意见》提出，要坚持农村土地集体所有权，稳定农户承包权，放活土地经营权，以家庭承包经营为基础，推进家庭经营、集体经营、合作经营、企业经营等多种经营方式共同发展；鼓励承包农户依法采取转包、出租、互换、转让及入股等方式流转承包地；抓紧研究探索集体所有权、农户承包权、土地经营权在土地流转中的相互权利关系和具体实现形式。2015 年 11 月，中共中央办公厅、国务院办公厅印发的《深化农村改革综合性实施方案》提出，深化农村土地制度改革的基本方向是：落实集体所有权，稳定农户承包权，放活土地经营权。落实集体所有权，就是落实“农民集体所有的不动产和动产，属于本集体成员集体所有”的法律规定，明确界定农民的集体成员权，明晰集体土地产权归属，实现集体产权主体清晰。稳定农户承包权，就是要依法公正地将集体土地的承包经营权落实到本集体组织的每个农户。放活土地经营权，就是允许承包农户将土地经营权依法自愿配置给有经营意愿和经营能力的主体，发展多种形式的适度规模经营。2016 年 10 月，《中共中央办公厅、国务院办公厅关于完善农村土地所有权承包权经营权分置办法的意见》指出，改革开放之初，在农村实行家庭联产承包责任制，将土地所有权和承包经营权分设，所有权归集体，承包经营权归农户，极大地调动了亿万农民积极性，有效解决了温饱问题，农村改革取得重大成果。现阶段深化农村土地制度改革，顺应农民保留土地承包权、流转土地经营权的意愿，将土地承包经营权分为承包权和经营权，实行所有权、承包权、经营权“三权”分置并行，着力推进农业现代化，是继家庭联产承包责任制后农村改革又一重大制度创新。

根据党中央、国务院出台的一系列关于“三权分置”的文件精神，“三权”分别是指集体所有权、农户承包权和土地经营权，“三权分置”就是要落实集体所有权，稳定农户承包权，放活土地经营权，充分发挥“三权”的各自功能和整体效用，形成层次分明、结构合理、平等保护的格局。“三权”中，农村土地集体所有权是土地承包经营权的前提，是农村基本经营制度的根本，必须得到充分体现和保障。农户享有土地承包权是农村基本经营制度的基础，是集体所有的具体实现形式，要稳定现有土地承包关系并保持长久不变。在土地流转中，从承包方的土地承包经营权中派生出土地经营权。赋予流转受让方更有保障的土地经营权，是完善农村基本经营制度的关键。

“三权分置”是农村基本经营制度的自我完善，符合生产关系适应生产力发展的客观规律，展现了农村基本经营制度的持久活力，有利于明晰土地产权关系，更好地维护农民集体、承包农户、经营主体的权益；有利于促进土地资源合理利用，构建新型农业经营体系，发展多种形式适度规模经营，提高土地产出率、劳动生产率和资源利用率，推动现代农业发展。集体土地所有权、土地承包经营权已经有较为完备的法律制度保障。宪法明确规定，农村和城市郊区的土地除由法律规定属于国家所有的以外属于集体所有。土地管理法、物权法对集体土地所有权、土地承包经营权有更为明确详细的规定，建立了比较完整的权利保护体系。2018 年中央一号文件《中共中央、国务院关于实施乡村振兴战略的意见》提出，完善农村承包地“三权分置”制度，在依法保护集体土地所有权和农户承包权前提下，平等保护土地经营权。立法的重要任务之一就是，要从法律制度上落实和确认“三权分置”改革要求，将三权分置的改革成果法治化，从法律上确认土地经营权的法律地位，进一步巩固和完善农村的基本经营制度，为实施乡村振兴战略提供法治保障。

◆ **条文解读**

“三权分置”改革的核心问题是家庭承包的承包户在经营方式上发生转变，即由农户自己经营，转变为将承包地流转给他人经营，实现土地承包经营权和土地经营权的分离。“三权分置”是农村土地经营方式在改革过程中两次“两权”分离的结果：第一次“两权”分离，农户通过家庭承包的方式，从集体土地所有权中分离出土地承包经营权，实现了集体统一经营向承包方家庭经营的转变；第二次“两权”分离，承包方通过出租（转包）、入股等方式，将承包地流转给他人经营，从土地承包经营权中分离出土地经营权，实现了从承包方直接经营到交由他人经营的转变。

1. 承包方享有土地承包经营权。第一次“两权”分离后，承包方从集体土地所有权中分离获得土地承包经营权。土地承包经营权是一种用益物权。承包方享有的土地承包经营权的具体权利包括：依法享有直接支配和排他占有承包地的权利；依法享有承包地使用、收益的权利，有权自主组织生产经营和处置产品；依法互换、转让土地承包经营权；依法流转土地经营权；等等。

2. 承包方自己经营。承包方取得土地承包经营权这种用益物权后，最直接的目的就是占有并使用承包地，开展农业生产经营，这是最直接的经营方式，也是法律赋予其土地承包经营权这一用益物权的根本价值和目的所在。自己经营就是承包户以家庭成员为主要劳动力，在自己所承包的农村土地上直接从事农业生产经营。这是农村土地最主要的经营方式。

3. 承包方保留土地承包权，流转土地经营权。承包方除自己经营外，还可以通过与他人签订合同，将土地经营权流转给他人，由他人经营。土地经营权是从土地承包经营权中派生出来的新的权利。从法律性质上而言，土地承包经营权人流转土地经营权后，其所享有的土地承包经营权并未发生改变，正如在集体土地所有权上设定土地承包经营权后，集体土地所有权的性质并未发生改变一样。因此，在经营方通过流转取得土地经营权后，承包方享有的土地承包经营权的法律性质并未改变，只是承包方行使土地承包经营权的方式发生了改变而已，从直接行使转变为间接行使。需要特别说明的是，物权法规定的流转对象为土地承包经营权，流转的方式包括转包、出租、互换、转让和其他方式。在物权编起草过程中，根据农村土地承包法的修改，相应地对“流转”的法律性质进行了修改，流转的对象仅限于土地经营权，不再包括土地承包经营权；流转的方式限于转包（出租)、入股或者其他方式，而不再包括互换和转让。土地承包经营权仍可以在本集体经济组织内部互换或者转让。

4. 受让方享有土地经营权。承包方采取出租（转包)、入股或者其他方式流转土地经营权后，受让方即获得土地经营权。土地经营权人有权在合同约定的期限内占有农村土地，自主开展农业生产经营并取得收益。

土地经营权作为一种新的权利类型，不是凭空产生的，需要特定主体通过一定民事法律行为，依照法律规定的原则和方式，按照法律程序设立。

1. 土地经营权设立的主体。土地经营权流转有双方当事人，一方是作为出让方的土地承包经营权人，另一方是作为受让方的土地经营权人，就是通过流转获得土地经营权的个人或者组织。设立土地经营权的主体就是承包方和受让方，双方经过协商一致以合同方式设立土地经营权。由于家庭承包是以户为单位的，绝大多数承包户的家庭成员都是有数人的。因此，土地经营权设立的出让方就是承包方，而不是承包农户的个别家庭成员。在具体设立过程中，代表出让方的可能是承包家庭成员代表。土地经营权流转的受让方范围很广，既可以是本集体经济组织的成员，也可以是非本集体经济组织的成员；既可以是个人，也可以是合作社、公司等组织；既可以是法人，也可以是非法人组织。当然，土地经营权流转的受让方并非毫无限制。根据法律的规定，受让方必须具有农业经营能力或者资质，特别是工商企业作为土地经营权的受让方，还需要通过相应的资格审查。因此，承包方不是可以随意选择受让方的，也需要对受让方经营能力进行必要的审查。

2. 土地经营权设立的客体。土地经营权的客体就是农村土地。根据《农村土地承包法》第 2 条的规定，农村土地是指农民集体所有和国家所有依法由农民集体使用的耕地、林地、草地，以及其他依法用于农业的土地。土地经营权的客体包括耕地、林地、草地，以及其他依法用于农业的土地，比如养殖水面、荒山、荒丘荒沟、荒滩等。农村的建设用地，比如宅基地则不能成为土地经营权的客体。

3. 土地经营权设立的原则。土地承包经营权是设立土地经营权的前提和基础，设立土地经营权的原则就是应当由承包方自主决定、依法设立。所谓自主决定，是指承包方是否设立土地经营权应当由其自己决定，自愿参与土地经营权的流转。土地经营权设立的时间、对价及其给付方式、设立方式、期限长短等，都应当由承包方自主决定。集体经济组织、基层群众自治组织以及有关政府部门不得干预。所谓依法设立，是指承包方设立土地经营权应当根据农村土地承包法和相关法律规定的程序、实体要求设立，不能违反法律的强制性要求。比如，土地经营权的设立应当确保土地的农业用途，未经依法批准不得用于非农建设；土地经营权的设立应当向发包方备案等。

4. 土地经营权流转的方式。根据本条的规定，承包方可以采取出租、入股或者其他方式向他人流转土地经营权。具体而言，土地经营权流转的方式主要有三种：

第一种是出租。出租就是承包方以与非本集体经济组织成员的受让方签订租赁合同的方式设立土地经营权，由受让方在合同期限内占有、使用承包地，并按照约定向承包方支付租金。

第二种是入股。入股就是承包方将土地经营权作为出资方式，投入农民专业合作社、农业公司等，并按照出资协议约定取得分红。承包方以土地经营权入股后，即成为农民专业合作社的成员或者公司的股东，享有法律规定的合作社成员或公司股东的权利，可以参与合作社、公司的经营管理，与其他成员、股东一道共担风险、共享收益。为了促进和规范土地经营权入股行为，农业农村部、国家发展改革委、财政部等部门于 2018 年 12 月出台了《关于开展土地经营权入股发展农业产业化经营试点的指导意见》，对土地经营权入股的基本原则、入股的实现形式、运行机制、风险防范等作了详细规定。

第三种为其他方式。其他方式就是出租、入股之外的方式，比如根据《农村土地承包法》第 47 条第 1 款的规定，承包方可以用承包地的土地经营权向金融机构融资担保。这也是一种设立土地经营权的方式。在当事人以土地经营权设定担保物权时，一旦债务人未能偿还到期债务，担保物权人就有权就土地经营权优先受偿。

▶ **相关规定**

《中华人民共和国农村土地承包法》第 36 条

第三百四十条 土地经营权人有权在合同约定的期限内占有农村土地，自主开展农业生产经营并取得收益。

◆ **条文主旨**

本条是关于土地经营权人享有的基本权利的规定。

◆ **条文解读**

土地经营权是受让方根据流转合同的约定对承包方承包的农村土地依法占有，利用其开展农业生产经营并取得收益的权利。

1. 权利的主体。土地经营权的权利主体就是根据土地经营权流转合同取得土地经营权的自然人或者组织。在承包方设立土地经营权后，受让方即成为土地经营权人。土地经营权人可以是自然人，也可以是法人；可以是本集体经济组织的自然人，也可以是非本集体经济组织的自然人；可以是农民专业合作社，也可以是从事农业生产经营的公司。要成为土地经营权人，还必须具备一定的条件，即具有农业经营能力或者资质。土地经营权人如果没有农业经营能力，获得土地经营权后，难以充分有效利用农业用地，无疑会造成农业用地的资料浪费，不利于维护承包方的利益，也不利于农业的发展。

2. 权利的客体。土地经营权的客体就是农村土地。农村土地是指农民集体所有和国家所有依法由农民集体使用的耕地、林地、草地，以及其他依法用于农业的土地。土地经营权的客体包括耕地、林地、草地，以及其他依法用于农业的土地，比如养殖水面、荒山、荒丘、荒沟、荒滩等。

3. 权利的取得。土地经营权是由承包方通过一定的民事法律行为设立的，这种民事法律行为就是与受让方签订土地经营权流转合同。根据合同法的规定，合同的订立需要经过要约、承诺等阶段，双方意思表示达成一致方能成立。因此，土地经营权的取得也需要经过此过程。订立过程可能是先由承包方发出要约，向有租赁承包地意向的经营主体作出欲出租承包地的意思表示；也可能是由经营主体向承包方发出想承租土地的意思表示；还可能是由承包方委托集体经济组织统一发出出租承包地的意思表示。接受要约的一方可能认同要约人的意思表示，直接作出承诺，双方意思表示达成一致，订立合同；受要约人也可能对要约的内容进行修改后，作出反要约，此时需要双方进一步协商，达成一致才能构成承诺。因此，要取得土地经营权，必须经过双方协商一致，并签订书面的流转合同。实践中，这个协商过程可能是承包方与受让方一对一私下进行，也可能是通过政府建立的交易平台公开进行。

4. 权利的期限。土地承包经营权是一种用益物权，而且是有期限物权。所谓有期限物权，是指权利的存续是有一定的期限的。根据法律的规定，耕地的承包期为30年，草地的承包期为30年至50年，林地的承包期为30年至70年。因此，土地承包经营权是有期限的。土地经营权作为土地承包经营权所派生的权利，也是有期限的。根据农村土地承包法的规定，土地经营权流转的期限不得超过承包期的剩余期限。这里的不得超过就是最长期限，当事人可以在合同中约定设定土地经营权的期限，可以是1年、2年、3年、5年或者10年等，只要不超过承包期的剩余期限即可。

5. 权利的消灭。土地经营权是有期限的权利，因此一旦双方约定的流转期限届满，土地经营权人的权利自然因到期而消灭。土地经营权也可能因为土地经营权流转合同的解除、被撤销或者宣告无效等事由而解除。根据本法总则编的规定，民事法律行为可能因重大误解、受欺诈或者胁迫、显失公平等事由而被撤销，因违反法律、行政法规的强制性规定、违背公序良俗等被宣告无效。因此，如果土地经营权流转合同存在被撤销或者无效事由，经人民法院或者仲裁机构宣告撤销或者无效后，所取得的土地经营权当然随之消灭。此外，双方当事人还可以协商一致解除土地经营权流转合同，一方可以基于约定或者法定事由行使单方解除权而解除土地经营权流转合同，流转合同一旦解除，基于合同取得的土地经营权也归于消灭。土地经营权消灭后，受让方则需返还对承包地的占有。

根据本条的规定，土地经营权人有权在合同约定的期限内占有农村土地，自主开展农业生产经营并取得收益。根据本法物权编及农村土地承包法等相关法律规定，土地经营权人的权利具体包括以下七个方面的内容：

1. 占有权。土地经营权人取得土地经营权后，即有权占有承包方的承包地。所谓占有，就是对承包地享有支配权并排除他人非法干涉。土地经营权人对承包地的占有是直接占有，是对承包地的实际控制。土地经营权人占有承包地是合法占有，这项权利受到侵害时，土地经营权人有权要求侵权人承担排除妨碍、停止侵权、赔偿损失等民事责任。占有的对象就是承包地，包括耕地、林地、草地。

2. 使用权。使用权是指按照物的属性和功能，不损毁或改变物的性质，对物加以生产或生活上的利用。土地经营权人对承包地享有使用权，就是利用承包地开展农业生产经营的权利。土地经营权人不得将农业用地转为非农用地，不得用来建设房屋、工场等。此外，需要注意的是，土地经营权人还必须严格按照农业用地种类性质使用承包地。土地经营权人流转受让的是耕地，就必须从事种植业，不得变更为林业或者牧业用途；同样，如果流转受让的是林地或者草地，也不得开垦成为耕地。特别是，如果受让的是基本农田，还必须遵守国务院有关基本农田保护的行政法规和部门规章的相关规定。对于土地经营权人的使用权，双方当事人应当在流转合同中依法约定土地的性质、种类和用途，确保土地经营权人依法按照合同约定使用承包地。

3. 收益权。土地经营权人占有、使用流转取得的承包地，最终目的就是取得农业生产经营的收益。比如，利用耕地种植粮食作物、经济作物，产出粮食等农产品；利用林地种植林木后，依法砍伐林木；利用草地放牧牛羊等。这些收益权都属于土地经营权人，任何人不得侵害。此外，土地经营权人也有权利用农业生产设施，开展附随性的经济活动，比如开农家乐、果蔬采摘等商业经营获取收益，这些收益权同样也受法律保护。

4. 改良土壤、建设附属设施的权利。《农村土地承包法》第43条规定，经承包方同意，受让方可以依法投资改良土壤，建设农业生产附属、配套设施，并按照合同约定对其投资部分获得合理补偿。因此，土地经营权人经承包方同意，可以对承包地进行改良。比如，通过平整土地、培肥地力、修缮沟渠等，建设高标准农田，提升改良耕地的品质。土地经营权人还可以建设农业生产附属、配套设施，比如安装建设农业生产所需的大棚、自动喷灌系统等。土地经营权人进行改良土壤、建设设施的，在土地经营权到期后，还可以根据合同约定获得合理补偿，承包方应当根据约定向其支付相应的补偿费。

5. 再流转的权利。《农村土地承包法》第46条规定，经承包方书面同意，并向本集体经济组织备案，受让方可以再流转土地经营权。根据此规定，土地经营权人可以再次流转其土地经营权。这种再流转受到几个方面的限制：一是在程序上，既要征得承包方的书面同意，还必须向发包方备案；二是再次流转的权利义务应当与承包方所签流转合同约定保持一致，不能超出原合同约定的权利范围；三是在流转期限上，再次流转的期限不得超过原流转期限的剩余期限。

6. 以土地经营权融资担保的权利。《农村土地承包法》第 47 条第 1 款规定，受让方通过流转取得的土地经营权，经承包方书面同意并向发包方备案，可以向金融机构融资担保。根据此规定，土地经营权人可以以土地经营权为担保向金融机构融资。需要注意的是，土地经营权人以土地经营权设定担保同样要征得承包方的书面同意，并且向发包方备案。

7. 其他权利。土地经营权人还可以根据法律规定或者合同约定享有其他权利。比如，在流转合同有约定的情况下，承包地被依法征收或者征用时，土地经营权人可以获得相应补偿等。

当然，土地经营权人依法享有权利的同时，也应当遵守法律规定和合同约定的义务，比如按照合同约定支付流转价款、按照法律规定利用承包地等。

▶ 相关规定

《中华人民共和国农村土地承包法》第 37 条

第三百四十一条 流转期限为五年以上的土地经营权，自流转合同生效时设立。当事人可以向登记机构申请土地经营权登记；未经登记，不得对抗善意第三人。

◆ 条文主旨

本条是关于土地经营权设立与登记的规定。

◆ 立法背景

土地经营权设立需要双方就流转事项达成一致，这种一致的意思需要通过一定的载体予以体现，即土地经营权流转合同。土地经营权流转合同涉及在农村土地上设定权利义务，事关重大，且大多土地经营权流转期限较长。采用书面形式签订土地承包经营权流转合同，有利于明确记载双方的权利义务，便于事后留存证据备查，能够有效避免因合同内容而引发的纠纷。根据农村土地承包法的有关规定，土地经营权流转还需要报发包方备案，因此双方当事人签订土地经营权流转合同后，还应当报送作为发包方的本集体经济组织或者村民委员会备案。

根据农村土地承包法的相关规定，土地经营权流转合同的主要条款包括：

1. 双方当事人的姓名、住所。这是合同必须具备的条款，当事人就是合同订立的主体，是权利义务的承受人。合同中如果不写明当事人，谁与谁做交易都搞不清楚，就无法确定权利的享受和义务的承担，发生纠纷也难以解决。土地经营权流转合同也必须写明双方当事人，而且必须写得准确、清楚。

2. 流转土地的名称、坐落、面积、质量等级。标的是合同当事人的权利义务指向的对象，是合同成立的必要条件，是所有合同的必备条款。土地经营权流转合同的标的自然是承包方所承包的农村土地。在签订土地经营权流转合同时，首先应准确填写所流转地块的名称、四至，明确合同标的物所指。在标明地块的名称、四至的同时，还应记载地块的面积大小。土地的质量等级是指土地管理部门依法评定的土地等级，是反映土地生产能力的重要指标之一。在流转土地经营权时，当事人可以根据国家标准对承包地的质量等级进行测定，将测定出的土地质量等级写入合同。

3. 流转期限和起止日期。土地经营权与土地承包经营权一样，都属于有期限的权利。当事人仅在合同约定的期限内享有权利，期限届满，权利即告消灭。因此，在土地经营权流转合同中，当事人双方首先应当写明土地经营权流转的期限，即写清楚土地经营权流转的起止日期，从何年何月何日起到何年何月何日止。

4. 流转土地的用途。土地经营权流转的承包地只能用于从事种植业、林业、畜牧业和渔业生产。因此，双方在土地经营权流转合同中应当注明，所流转的承包地的具体用途是用于种植业、林业、畜牧业还是渔业。土地经营权人使用流转的承包地时，必须按照合同约定的用途使用，不得改变土地用途，包括不能将用于种植业的土地改为从事林业、畜牧业或者渔业，更不能将农用地改作非农用地。

5. 双方当事人的权利和义务。合同应当载明当事人双方的权利义务，这样才能知道当事人各自享有什么权利，需要履行什么义务。对于土地经营权流转合同而言，双方首先应当明确土地经营权的流转方式，只有明确了流转方式，才能对双方的权利义务作出基本的规定。不同的流转方式，当事人之间的权利义务是不同的。比如，采取出租方式流转，必须规定出租方的权利、义务，承租方的权利和义务。

6. 流转价款及支付方式。双方应当在流转合同中约定流转价款，价款应当根据流转方式不同而分别确定。在流转合同中，还应当约定流转价款的支付方式等。

7. 土地被依法征收、征用、占用时有关补偿费的归属。

8. 违约责任。为了保证土地经营权流转合同的义务严格得到履行，更加及时地解决流转纠纷，当事人应当在流转合同中约定违约责任，比如违约金、赔偿金额以及赔偿金的计算方法等。当然，当事人除约定上述内容外，还可以在合同中约定其他条款，比如争议解决办法、不可抗力条款等内容。

对于土地经营权的法律性质，理论界一直存在不同意见。有的意见认为，土地经营权应该是承租权，是根据租赁合同享有的权利，本质是债权。有的意见认为，土地经营权是设立在土地承包经营权之上的用益物权，属于物权。有的意见认为，土地经营权是派生于土地承包经营权的债权，是债权性利用关系的法律表达，同时为了赋予其更强的效力，使其具有一定的物权效力。还有的意见认为，土地经营权究竟是债权或者物权，是一个政策选择问题，有稳定需要的就建构为物权，租赁、转包等利用关系可维系其债权性质。土地经营权的登记问题与土地经营权的性质问题密切相关，对此，也有不同的意见。有的意见提出，应当一律要求登记，赋予土地经营权人更强的保护，也可以避免因为土地流转引发各种纠纷。有的意见提出，土地经营权的价款支付模式不同，有的是年付，不应当赋予物权效力，只有受让方付清全部或者一定比例的流转价款后，土地经营权人才有权申请登记。有的意见提出，不应当强制要求登记，应当允许当事人自愿申请。

◆ **条文解读**

根据本条的规定，流转期限为五年以上的土地经营权，自流转合同生效时设立。一般而言，合同成立之时即生效，因此一旦双方当事人签订的土地经营权流转合同成立并生效，土地经营权即设立。

在“三权分置”改革实践中，不同类型的土地经营权人对于土地经营权的需求存在差异：从事经济作物、大棚蔬菜种植的经营者，开展观光农业、休闲农业的经营者等，由于前期基础投入较大，获得收益的期限较长，因此希望能长期稳定获得土地经营权；由于水稻等粮食农作物都是一年一收，且粮食价格波动较大，从事粮食种植的经营者觉得短期获得土地经营权是可以的。法律不宜简单规定土地经营权的性质，应当赋予当事人选择权：当事人希望获得长期稳定保障的，可以就土地经营权申请登记，登记后即可以对抗善意第三人；当事人不希望获得长期的土地经营权的，双方根据双方合同约定行使权利义务即可。在“两权”抵押改革试点中，金融机构希望政府部门能建立土地经营权登记制度，这样能够更好地保护债权人利益。因此，本条规定，土地经营权流转期限为五年以上的，当事人可以向登记机构申请土地经营权登记。

本条规定，土地经营权未经登记不得对抗善意第三人。根据本条的规定，土地经营权登记后，可以对抗任何人，包括善意第三人。所谓善意第三人，是指不知道也不应当知道承包地上设有土地经营权的人。物权具有排他效力、优先效力。所谓排他效力，是指在同一标的物上不得同时成立两个以上不相容的物权。物权的优先效力就是物权优先于债权的效力，以及物权相互之间也有的优先效力。对于土地经营权而言，受让方一旦在流转的承包地上申请土地经营权登记，其他人就不得再在同一地块上申请土地经营权登记，包括土地承包经营权人本人。登记后的土地经营权相对于债权而言同样具有优先效力。比如，甲将自己的承包地流转给乙后，乙未申请土地经营权登记。事后，甲又与丙签订土地经营权流转合同，丙对于甲已经与乙签订流转合同并不知情，丙申请土地经营权登记。之后，当事人之间因为土地使用发生纠纷。此时，丙的土地经营权因申请登记具有对抗效力，因此可以对抗乙的债权。从权利保护的角度而言，申请土地经营权登记对于土地经营权人具有更强的保护力。当然，由于土地经营权登记必然会对承包方的土地承包经营权形成更大的限制，受让方登记土地经营权后，由于物权排他性，这就意味着承包方自己将不能在承包地设定其他的土地经营权，承包方也就无法以该承包地的土地经营权向金融机构融资担保。

流转期限五年以上的未登记的土地经营权能够对抗恶意第三

人，即可以对抗知情第三人。比如，甲与乙签订土地经营权流转合同，后甲又与丙串通签订土地经营权流转合同并申请土地经营权登记。由于丙明知乙已经取得土地经营权，则其属于恶意第三人。此时，乙的土地经营权仍可以对抗丙。未申请登记的土地经营权受侵权责任法的保护。根据《农村土地承包法》第56条的规定，任何组织和个人侵害土地经营权的，应当承担民事责任。因此，一旦有人侵害土地经营权人的权利，土地经营权人有权要求侵权人承担停止侵害、排除妨碍、消除危险、恢复原状、赔偿损失等民事责任。

▶ **相关规定**

《中华人民共和国农村土地承包法》第41条

第三百四十二条　通过招标、拍卖、公开协商等方式承包农村土地，经依法登记取得权属证书的，可以依法采取出租、入股、抵押或者其他方式流转土地经营权。

◆ **条文主旨**

本条是关于以其他方式承包取得的土地经营权流转的规定。

◆ **立法背景**

根据农村土地承包法的规定，我国的农村土地承包制度包括“农村集体经济组织内部的家庭承包方式”和“其他方式的承包”：以家庭承包方式取得的承包地的承包方，可以自主决定依法采取出租、入股或者其他方式向他人流转土地经营权；以其他方式承包农村土地的，承包方取得土地经营权。这两种土地经营权存在诸多区别，法律在其流转的规定方面也有较大不同。

◆ **条文解读**

根据农村土地承包法的规定，通过家庭方式承包土地取得土地承包经营权后，登记机构应当向承包方颁发土地承包经营权证或者林权证等证书，并登记造册，确认土地承包经营权。承包方在此基础上，可以直接向他人流转土地经营权。但是，以招标、拍卖、公开协商等方式取得的土地经营权，承包方有的与发包人是债权关系，比如承包菜地，约定承包期为三年，其间是一种合同关系；而承包“四荒地”，由于期限较长，投入又大，双方需要建立一种物权关系，以便更好地保护，其权利因此应当依法登记，取得权属证书。在此前提下，土地经营权才具备流转的基础，承包方才可以依法向他人流转土地经营权。需要注意的是，通过其他方式承包土地所取得的土地经营权是通过市场化的行为并支付一定的对价获得的，其流转无需向发包人备案或经发包人同意。对受让方也没有特别限制，接受流转的一方可以是本集体经济组织以外的个人、农业公司等。

► **相关规定**

《中华人民共和国农村土地承包法》第53条

第三百四十三条 国家所有的农用地实行承包经营的，参照适用本编的有关规定。

◆ **条文主旨**

本条是关于国有农用地实行承包经营的法律适用的规定。

◆ **立法背景**

我国宪法和相关法律规定，森林、山岭、草原、荒地、滩涂等自然资源，属于国家所有，但法律规定属于集体所有的除外。法律规定属于国家所有的农村和城市郊区的土地，属于国家所有。土地管理法规定，国家所有依法用于农业的土地可以由单位或者个人承包经营，从事种植业、林业、畜牧业、渔业生产。

◆ **条文解读**

本条规定，国家所有的农用地实行承包经营的，参照本法的有关规定。

对于国家所有用于农业的土地，有的由农民集体长期使用，实行农村土地承包经营制度；有的由单位（包括集体）或者个人承包经营；有的通过组建国有农场、林场等进行生产经营；有的还没有完全开发利用。对交由农民集体使用以外的国有农用地实行承包经营的，可以根据实际情况，在承包方式、承包期限、承包的权利义务等方面参照本法的有关规定执行，以促进国有农用地资源的合理开发利用，维护承包人的合法权益。

► **相关规定**

《中华人民共和国宪法》第 10 条；《中华人民共和国土地管理法》第 8 条

第十二章　建设用地使用权

本章共十八条，主要规定了建设用地使用权设立的方式，建设用地使用权出让合同的内容，建设用地使用权的登记，建设用地使用权转让、互换、出资或者赠与时当事人的权利和义务，建设用地使用权期限届满前收回建设用地的补偿原则，建设用地使用权期限届满后续期以及集体土地作为建设用地的原则等内容。

第三百四十四条　建设用地使用权人依法对国家所有的土地享有占有、使用和收益的权利，有权利用该土地建造建筑物、构筑物及其附属设施。

◆ 条文主旨

本条是关于建设用地使用权概念的规定。

◆ 立法背景

在2007年物权法的起草过程中，有人建议，用“土地使用权”代替“建设用地使用权”的概念。本章没有采用“土地使用权”的概念，是因为根据土地管理法的规定，我国的土地分为农用地、建设用地和未利用地。“土地使用权”是一个广义的概念，包括农用地使用权、建设用地使用权等权利。如果采取“土地使用权”的概念，就需要把土地承包经营权、建设用地使用权和宅基地使用权放入一章规定，而土地承包经营权、建设用地使用权和宅基地使用权在权利的设立、利用等方面有着较大的区别，当事人的权利和义务也不尽相同。比如，建设用地使用权一般是有偿取得，宅基地使用权是无偿取得；建设用地使用权可以依法转让和抵押，宅基地使用权的转让和抵押有严格的限制。因此，物权法根据土地的用途，将土地使用权分解为土地承包经营权、建设用地使用权和宅基地使用权，并分章对这些权利作出规定。本法编纂沿用了物权法的规定。本章主要规定了当事人如何通过出让和划拨方式取得建设用地使用权，以及取得建设用地使用权后的权利和义务，同时也对集体土地作为建设用地的问题作出了原则性规定。

本条内容是2007年通过的《物权法》第135条的规定，本法对本条未作修改。

◆ **条文解读**

建设用地使用权是用益物权中的一项重要权利。出让人通过设立建设用地使用权，使建设用地使用权人对国家所有的土地享有了占有、使用和收益的权利，建设用地使用权人可以利用该土地建造建筑物、构筑物及其附属设施。建设用地包括住宅用地、公共设施用地、工矿用地、交通水利设施用地、旅游用地、军事设施用地等。本条中的建筑物，主要是指住宅、写字楼、厂房等。构筑物，主要是指不具有居住或者生产经营功能的人工建造物，比如道路、桥梁、隧道、水池、水塔、纪念碑等；附属设施主要是指附属于建筑物、构筑物的一些设施。

建设用地使用权类似于大陆法系国家和地区民法中的地上权制度，但也有所区别。地上权，主要是指在他人土地上建造建筑物而取得使用该土地的权利。一些国家和地区的地上权还包括在他人土地上种植竹木的权利。我国的建设用地使用权仅包括在国家所有的土地上建造建筑物、筑构物和其他附属物的权利。另外，在土地私有的国家，土地所有权可以进行流转，设立地上权主要是以地上权人使用为目的。而我国的土地所有权不允许流转，建设用地使用权可以流转。

▶ 相关规定

《中华人民共和国土地管理法》第4条、第16条

第三百四十五条 建设用地使用权可以在土地的地表、地上或者地下分别设立。

◆ 条文主旨

本条是关于建设用地使用权分层设立的规定。

◆ 立法背景

土地资源具有稀缺性和不可再生性，如何充分发掘土地的价值，是各国共同面临的课题。随着人类社会的进步和发展，特别是现代化专业技术的进步，分层次开发土地成了土地利用的新趋势。我国一些地区也出现利用地下空间建造地下商场、车库等设施，利用地上空间建造空中走廊、天桥等情况。对于空间利用的问题，我国有的地方在出让土地时也进行过探索：将建设用地使用权人对空间享有的权利通过出让土地的四至、建筑物的高度和深度加以确定，其中建筑物的高度根据规划确定；深度根据技术指标确定的建筑物的基底位置确定。确定范围之外的土地使用权仍属于国家，国家可以再次出让。由于我国现行法律、行政法规未对土地分层出让的问题作出规定，实践中，对于专门利用地下

或者地上空间的权利性质仍不明确，造成一些土地登记机构无法办理登记手续，相关设施权利人的权利得不到确认和法律上的保护。因此，2007年制定物权法时，对土地分层次利用的权利进行规范就势在必行。

如何在物权法中规定空间利用的权利，在2007年物权法起草过程中有不同的意见。有人建议，在用益物权一编对“空间利用权”设专章，对空间利用权的设定、期限、转让、抵押等问题作出规定。有人建议，空间权可分为空间基地使用权、空间农地使用权、空间邻地利用权等，因此应当把这些权利放入物权法相应的章节里分别规定。

本条内容是2007年通过的《物权法》第136条第一句的规定，本法对此未作修改。

◆ **条文解读**

罗马法中存在“谁拥有土地谁拥有土地之无限上空”的主张，但是该观点在现代社会中已经被抛弃，即使在土地私有的国家也不存在因拥有土地而当然享有该土地上下空间权利的问题。随着经济与社会的发展，人们对土地的需求量越来越大，土地分层次利用的问题也日益突出。为了适应土地利用由平面趋向立体化发展的趋势，增加土地分层利用的效用，有的大陆法系国家和地区在民法地上权中规定空间利用的问题，有的国家和地区单行法中也涉及空间利用权的内容。1966年，日本对民法典进行编纂时，增加了空间地上权的内容。我国台湾地区“民法”制定时，仅就普通地上权作了规定，未规定空间地上权。1988年，我国台湾地区制定的“大众捷运法”确立了空间地上权的内容，规定大众捷运系统主管机关因路线工程上之必要，可以穿越公有、私有土地之上空或者地下，其土地所有人、占有人或者使用人不得拒绝，必要时可以就其需用之空间范围协议取得地上权，协议不成时，通过征收来取得，并给予相应的补偿。据了解，我国台湾地区正在对“民法”进行修订，其中对于“地上权”的一项重要修正，就是明确规定“空间地上权”，即地上权得在他人土地上下之一定空间范围内设定。

英美法系国家对于空间利用权也有相应的规定。19 世纪 20 年代，在美国，城市开始进入土地的立体开发时期，将土地上下空间的利用从土地地表分离出来，在一定高度予以分割，在此基础上以一定空间为客体允许让渡、租赁。1927 年，美国伊利诺伊州制定的关于铁道上空让渡、租赁的空间权立法，是美国历史上第一部关于空间权的成文法。1973 年，俄克拉荷马州也出台了空间法，使已获得承认的空间权以成文法的形式加以确认。根据该法的规定，空间权是一种不动产，可以成为所有、让渡、租赁、担保及继承的标的，并且在征税及征收上适用不动产的有关规定。

我国城市的土地属于国家所有，农村的土地属于集体所有。土地的性质决定了土地上下空间的所有权属于国家和集体，当事人只能通过设定建设用地使用权等用益物权的方式取得对土地以及上下空间的使用。目前，集体土地需要征收为国家所有后才能出让，国家在出让建设用地使用权时，只要对建筑物的四至、高度、建筑面积和深度作出明确的规定，那么该建筑物占用的空间范围是可以确定的。根据本法第 348 条第 2 款第 3 项的规定，建设用地使用权出让时，应当在合同中明确规定建筑物、构筑物以及附属设施占用的空间。这样建设用地使用权人对其取得的建设用地的范围就能界定清楚。比如，同一块土地地下 10 米至地上 70 米的建设用地使用权出让给甲公司建写字楼；地下 20—40 米的建设用地使用权出让给乙公司建地下商场。在分层出让建设用地使用权时，不同层次的权利人是按照同样的规定取得土地使用权的，在法律上他们的权利和义务是相同的，只不过其使用权所占用的空间范围有所区别。所以，建设用地使用权的概念完全可以解决对不同空间土地的利用问题，物权法没有引入空间利用权的概念。本法沿用了物权法的规定。因此，本条规定，建设用地使用权可以在土地的地表、地上或者地下分别设立。

第三百四十六条　设立建设用地使用权，应当符合节约资源、保护生态环境的要求，遵守法律、行政法规关于土地用途的规定，不得损害已经设立的用益物权。

◆ **条文主旨**

本条是关于设立建设用地使用权的规定。

◆ **立法背景**

本条在2007年通过的《物权法》第136条第2句的基础上作了修改完善，在“新设立的建设用地使用权，不得损害已设立的用益物权”的基础上，增加规定“设立建设用地使用权应当符合节约资源、保护生态环境的要求，应当遵守法律、行政法规关于土地用途的规定”。

在民法典编纂过程中，有的意见提出，《民法总则》第9条对绿色原则作了规定，民事主体从事民事活动，应当有利于节约资源、保护生态环境。为进一步体现绿色原则，设立建设用地使用权也应当符合节约资源、保护生态环境，建议增加相关规定。经研究，2018年8月审议的民法典各分编草案将《物权法》第136条第2句单列一条，并增加了相关规定。

◆ **条文解读**

一、设立建设用地使用权应当符合节约资源、保护生态环境的要求

节约资源、保护生态环境的要求，在我国宪法和许多法律中都有规定。例如，《宪法》第9条第2款规定，国家保障自然资源的合理利用，保护珍贵的动物和植物，禁止任何组织或者个人用任何手段侵占或者破坏自然资源。已废止的民法通则第124条规定，违反国家保护环境防止污染的规定，污染环境造成他人损害的，应当依法承担民事责任。本法侵权责任编第七章专门规定了环境污染和生态破坏的民事法律责任，对举证责任分配、第三人过错等内容进行了明确规定。《环境保护法》第6条规定，一切单位和个人都有保护环境的义务。地方各级人民政府应当对本行政区域的环境质量负责。企业事业单位和其他生产经营者应当防止、减少环境污染和生态破坏，对所造成的损害依法承担责任。公民应当增强环境保护意识，采取低碳、节俭的生活方式，自觉履行环境保护义务。《消费者权益保护法》第5条规定，国家保护消费者的合法权益不受侵害；国家采取措施，保障消费者依法行使权利，维护消费者的合法权益；国家倡导文明、健康、节约资源和保护环境的消费方式，反对浪费。

绿色原则是贯彻宪法关于保护环境的要求，同时也是落实党中央关于建设生态文明、实现可持续发展理念的要求。在本条中增加规定设立建设用地使用权应当符合节约资源、保护生态环境的要求也是本法总则编绿色原则的具体体现。

二、设立建设用地使用权应当遵守法律、行政法规关于土地用途的规定

我国法律、行政法规有很多关于土地用途的规定，如《土地管理法》第 4 条规定："国家实行土地用途管制制度。国家编制土地利用总体规划，规定土地用途，将土地分为农用地、建设用地和未利用地。严格限制农用地转为建设用地，控制建设用地总量，对耕地实行特殊保护。前款所称农用地是指直接用于农业生产的土地，包括耕地、林地、草地、农田水利用地、养殖水面等；建设用地是指建造建筑物、构筑物的土地，包括城乡住宅和公共设施用地、工矿用地、交通水利设施用地、旅游用地、军事设施用地等；未利用地是指农用地和建设用地以外的土地。使用土地的组织和个人必须严格按照土地利用总体规划确定的用途使用土地。"第 21 条第 1 款规定，城市建设用地规模应当符合国家规定的标准，充分利用现有建设用地，不占或者尽量少占农用地。因此，本条规定，设立建设用地使用权应当遵守法律、行政法规关于土地用途的规定。

三、设立建设用地使用权，不得损害已设立的用益物权

如果在同一土地上已经设立了用益物权，又要在这块土地上设立建设用地使用权，如何调整同一块土地不同用益物权人之间的关系呢？本法第 345 条规定，建设用地使用权可以在土地的地表、地上或者地下分别设立。根据本法的规定，不动产的权利人根据相邻关系的规定，应当为相邻各权利人提供必要的便利，并在其权利受到损害时，可以请求相邻权利人补偿。不动产的权利人想提高自己土地的便利和效益，可以通过设定地役权取得对他人土地的利用。以上规定完全适用于分层设立的建设用地使用权。在土地分层出让的情况下，不同层次的建设用地使用权人之间应当适用相邻关系的规定。如果建设用地使用权人一方需要利用另一方的建设用地，同样可以通过设定地役权来解决。本法第 378 条规定，土地所有权人享有地役权或者负担地役权的，设立土地承包经营权、宅基地使用权等用益物权时，该用益物权人继续享有或者负担已经设立的地役权。总之，本法所有适用于“横向”不动产之间的相邻关系和地役权等规定都适用于“纵向”不动产之间。新设立的建设用地使用权，不得损害已设立的用益物权。

▶ **相关规定**

《中华人民共和国宪法》第9条；《中华人民共和国环境保护法》第6条；《中华人民共和国土地管理法》第4条、第21条

第三百四十七条 设立建设用地使用权，可以采取出让或者划拨等方式。

工业、商业、旅游、娱乐和商品住宅等经营性用地以及同一土地有两个以上意向用地者的，应当采取招标、拍卖等公开竞价的方式出让。

严格限制以划拨方式设立建设用地使用权。

◆ **条文主旨**

本条是关于建设用地使用权出让方式的规定。

◆ **立法背景**

土地作为宝贵的自然资源，是人类赖以生存的基本生活资料。我国在计划经济时期，土地出让主要是采取单一的无偿划拨的方式。1988年修改的土地管理法规定，“国家依法实行国有土地有偿使用制度”。1990年颁布的《城镇国有土地使用权出让和转让暂行条例》规定，国有土地使用权实行有偿出让和转让制度。1994年颁布的城市房地产管理法和1998年修订的土地管理法基本确立了国有土地的使用采取有偿出让和无偿划拨两种方式。随着我国经济的发展和人口的增加，土地的存量和需求量之间的矛盾

越来越突出。实行最严格的土地管理制度，不仅是由我国人多地少的国情决定的，也是贯彻落实科学发展观，保证经济社会可持续发展的必然要求。规范建设用地出让方式，是物权法解决的重点问题之一。

本条内容是2007年通过的《物权法》第137条的规定，本法将《物权法》第137条第3款中“采取划拨形式的，应当遵守法律、行政法规关于土地用途的规定”的内容整合到本法第346条作出规定。

◆ **条文解读**

一、设立建设用地使用权，可以采取出让或者划拨等方式

建设用地使用权出让的方式主要有两种：有偿出让和无偿划拨。有偿出让是建设用地使用权出让的主要方式，是指出让人将一定期限的建设用地使用权出让给建设用地使用权人使用，建设用地使用权人向出让人支付一定的出让金。有偿出让的方式主要包括拍卖、招标和协议等。划拨是无偿取得建设用地使用权的一种方式，是指县级以上人民政府依法批准，在建设用地使用权人缴纳补偿、安置等费用后将该幅土地交付其使用，或者将建设用地使用权无偿交付给建设用地使用权人使用的行为。划拨土地没有期限的规定。

在物权法起草过程中，有人提出，为了保护国家的土地资源，应当取消以划拨方式出让建设用地，不论什么用途，都应当采取有偿出让的方式。那么，2007年制定的物权法为什么仍然将划拨作为建设用地出让的方式呢？因为我国土地管理法和城市房地产管理法对于采用划拨方式设立建设用地使用权的范围有严格的限制。根据《土地管理法》第54条的规定，下列建设用地，经县级以上人民政府依法批准，可以以划拨方式取得：（1）国家机关用地和军事用地；（2）城市基础设施用地和公益事业用地；（3）国家重点扶持的能源、交通、水利等基础设施用地；（4）法律、行政法规规定的其他用地。由于国家机关用地和军事用地等情况会长期存在，完全取消以划拨方式设立建设用地使用权不现实，划拨方式还会在相当长的时期内存在。但是，这并不表明属于以上划拨范围的用地，就当然可以采取划拨的方式。划拨方式应当是“确属必需的”才能采取。通过划拨方式取得的建设用地使用权，没有期限的规定，但是该权利仍是一项独立的财产权利，其性质属于用益物权，应当适用“建设用地使用权”一章的规定。考虑到划拨建设用地的特殊性，有关法律对划拨建设用地的用途、转让条件和抵押等方面都有一些限制性规定。比如，城市房地产管理法规定，设定房地产抵押权的土地使用权是以划拨方式取得的，依法拍卖该房地产后，应当从拍卖所得的价款中缴纳相当于应缴纳的土地使用权出让金的款额后，抵押权人方可优先受偿。随着我国土地管理制度的改革和深化，划拨建设用地的范围和程序更趋严格和规范。近年来，国务院就划拨土地的问题多次作出规定，明确要严格控制划拨用地范围，经营性基础设施用地要逐步实行有偿使用。运用价格机制抑制多占、滥占和浪费土地。经依法批准利用原有划拨土地进行经营性开发建设的，应当按照市场价补缴土地出让金。经依法批准转让原划拨土地使用权的，应当在土地有形市场公开交易，按照市场价补缴土地出让金；低于市场价交易的，政府应当行使优先购买权。为了切实加强土地调控，制止违法违规用地行为，作为民事基本法律的物权编也对划拨建设用地的问题作出了明确规定：“严格限制以划拨方式设立建设用地使用权”。

二、采取招标、拍卖等公开竞价的方式出让

本条第 2 款规定，工业、商业、旅游、娱乐和商品住宅等经营性用地以及同一土地有两个以上意向用地者的，应当采取招标、拍卖等公开竞价的方式出让。

招标、拍卖等公开竞价的方式，具有公开、公平和公正的特点，能够充分体现标的物的市场价格，是市场经济中较为活跃的交易方式。我国土地资源的稀缺性，决定了采取公开竞价的方式能够最大限度体现土地的市场价值。从保护土地资源和国家土地收益的大局看，采取公开竞价的方式不仅是必要的，而且其适用范围应当不断扩大。《城市房地产管理法》第 13 条规定，土地使用权出让，可以采取拍卖、招标或者双方协议的方式。商业、旅游、娱乐和豪华住宅用地，有条件的，必须采取拍卖、招标方式；没有条件，不能采取拍卖、招标方式的，可以采取双方协议的方式。采取双方协议方式出让土地使用权的出让金不得低于按国家规定所确定的最低价。

近年来，由于建设用地总量增长过快，工业用地出现的问题日益突出，低成本工业用地过度扩张，违法违规用地、滥占耕地的现象屡禁不止。2004 年，《国务院关于深化改革严格土地管理的决定》中提出，工业用地要创造条件逐步实行招标、拍卖、挂牌出让。2006 年 8 月，《国务院关于加强土地调控有关问题的通知》规定，国家根据土地等级、区域土地利用政策等，统一制订并公布各地工业用地出让最低价标准。工业用地出让最低价标准不得低于土地取得成本、土地前期开发成本和按规定收取的相关费用之和。工业用地必须采用招标、拍卖、挂牌方式出让，其出让价格不得低于公布的最低价标准。低于最低价标准出让土地，或以各种形式给予补贴或返还的，属非法低价出让国有土地使用权的行为，要依法追究有关人员的法律责任。

本条根据现行法律的规定，并结合现实中土地出让的新情况，进一步扩大了采取公开竞价出让建设用地的范围，从“豪华住宅”扩大到“商品住宅”，并把“工业用地”纳入公开竞价出让方式的范围，同时明确对于同一土地有两个以上意向用地者的，一律采取公开竞价的方式。该规定已发展了现行城市房地产管理的规定，符合国家利用土地的政策。

建设用地使用权有偿出让的方式中招标和拍卖都属于公开竞价的方式。协议是出让人和建设用地使用权人通过协商方式有偿出让土地使用权。协议的方式由于没有引入竞争机制，相对缺乏公开性，现实中，一些地区和部门为了招商引资，将本来应当采取的公开竞价方式改为协议方式，或者压低协议出让的价格，随意减免土地出让金，造成土地资源收益的流失，严重损害国家的利益。因此，有人提出，应当取消协议方式出让土地。但是，一些需要扶持的行业和大型设施用地，仍较适宜采取协议的方式出让，协议的出让方式还是有存在的必要。为了防止协议出让土地时可能滋生的腐败行为，严格土地出让秩序，城市房地产管理法规定，采取双方协议方式出让土地使用权的出让金不得低于按国家规定所确定的最低价。国务院、国土资源部也曾多次颁布相关文件，要求各级人民政府要依照基准地价制订并公布协议出让土地最低价标准。协议出让土地除必须严格执行规定程序外，出让价格不得低于最低价标准。违反规定出让土地造成国有土地资产流失的，要依法追究责任；情节严重的，依照刑法的规定，以非法低价出让国有土地使用权罪追究刑事责任。2007 年的物权法虽然保留了协议出让方式，但是由于扩大了公开竞价出让方式的范围，因此协议出让的适用范围已经越来越窄，程序则更趋严格。本法对此未作修改。

有人提出，现实中除招标、拍卖的方式外，还有挂牌等公开竞价出让建设用地的方式，建议增加相关内容。挂牌出让方式是指市、县国土资源管理部门发布挂牌公告，按公告规定的期限将拟出让宗地的交易条件在指定的土地交易场所挂牌公布，接受竞买人的报价申请并更新挂牌价格，根据挂牌期限截止时的出价结果或现场竞价结果确定土地使用者的行为。挂牌方式可以说是土地主管部门将拍卖和招标的特点相结合创设的一项土地出让制度。由于现行法律还没有对挂牌出让方式作出规定，该方式在法律上如何定性和规范，还需要根据实践经验不断完善。我国土地制度正在改革阶段，今后可能还会出现一些新的公开竞价的出让方式，因此本法仅列举了现行法律中已作规定的拍卖和招标两种出让方式，没有对现实中存在的公开竞价方式一一列举，但这并不表明出让土地时不能采取挂牌或者其他公开竞价方式。

▶ **相关规定**

《中华人民共和国城市房地产管理法》第 13 条

第三百四十八条　通过招标、拍卖、协议等出让方式设立建设用地使用权的，当事人应当采用书面形式订立建设用地使用权出让合同。

建设用地使用权出让合同一般包括下列条款：

（一）当事人的名称和住所；

（二）土地界址、面积等；

（三）建筑物、构筑物及其附属设施占用的空间；

（四）土地用途、规划条件；

（五）建设用地使用权期限；

（六）出让金等费用及其支付方式；

（七）解决争议的方法。

◆ 条文主旨

本条是对建设用地使用权出让合同内容的规定。

◆ 立法背景

以出让方式设立建设用地使用权的，不论是采取拍卖、招标等公开竞价方式，还是采取协议的方式，双方当事人应当签订建设用地使用权出让合同，以明确双方当事人的权利和义务。建设用地使用权合同属于民事合同，虽然各级人民政府代表国家，以土地所有人的身份与建设用地使用权人签订出让合同，但是该合同属于国家以民事主体的身份与其他主体从事的交易行为。

本条对2007年通过的《物权法》第138条作了修改完善，将第4项“土地用途”修改为“土地用途、规划条件”，将第5项“使用期限”修改为“建设用地使用权期限”。

◆ 条文解读

建设用地使用权出让合同的内容主要包括：

（1）当事人的名称和住所。当事人的名称和住所是合同最基本的要件。如果不写明当事人，合同由谁履行就不明确，当事人的权利和义务更无从谈起。虽然出让的土地属于国家所有，但是在出让合同中，国家并不列为出让人。目前，一般是由市、县人民政府土地行政主管部门代表国家作为出让人。实践中，曾出现过经济开发区管理委员会作为出让人的情况。根据2005年《最高人民法院关于审理涉及国有土地使用权合同纠纷案件适用法律问题的解释》的规定，开发区管理委员会作为出让人与受让方签订的出让合同在该司法解释实施后是无效的。

（2）土地界址、面积等。建设用地出让合同中应当明确标明出让建设用地的具体界址、面积等基本的用地状况。为了准确界定建设用地的基本数据，建设用地使用权合同一般会附“出让宗地界址图”，标明建设用地的位置、四至范围等，该附件须经双方当事人确认。

（3）建筑物、构筑物及其附属设施占用的空间。根据本法第345条的规定，建设用地使用权可以在土地的地表、地上或者地下分别设立。因此，在分层设立建设用地使用权的情况下，必须界定每一建设用地使用权具体占用的空间，即标明建设用地占用的面积和四至，建筑物、构筑物以及附属设施的高度和深度，使建设用地使用权人行使权利的范围得以确定。

（4）土地用途、规划条件。土地用途是建设用地使用权合同的重要内容。土地用途可以分为工业、商业、娱乐、住宅等用途。我国对建设用地实行用途管制，不同用途的建设用地的使用期限是不同的。为了保证建设用地使用权人按照约定的用途使用建设用地，在合同期限内，建设用地使用权人不得擅自改变建设用地的用途；需要改变建设用地使用权用途的，应当征得出让人的同意并经土地行政主管部门和城市规划行政主管部门批准，重新签订或者更改原有的建设用地使用权出让合同，调整土地出让金，并办理相应的登记。2007年物权法仅规定了“土地用途”，在民法典编纂过程中，有的意见提出，实践中，还应在合同中注明规划条件，建议增加相关内容。2018年8月，提请审议的民法典各分编草案增加规定了“规划条件”。

（5）建设用地使用权期限。以出让方式设立的建设用地使用权都有期限的规定。比如，居住用地70年；工业用地50年；教育、科技、文化、卫生、体育用地50年；商业、旅游、娱乐用地40年；综合或者其他用地50年。建设用地使用权出让的期限自出让人向建设用地使用权人实际交付土地之日起算，原划拨土地使用权补办出让手续的，出让年限自合同签订之日起算。

（6）出让金等费用及其支付方式。以出让方式取得建设用地使用权是有偿的，建设用地使用权人应当按照约定支付出让金等费用。出让金等费用及其支付方式，土地管理法和城市房地产管理法对此都作了规定，明确规定应当按照国务院规定的标准和办法，缴纳土地使用权出让金等土地有偿使用费和其他费用后，方可使用土地。同时，也明确了合同双方当事人的违约责任。建设用地使用权人未按照出让合同约定支付出让金等费用的，出让人有权解除合同，并可以请求违约赔偿。建设用地使用权人按照出让合同约定支付出让金的，市、县人民政府土地行政主管部门必须按照出让合同约定，提供出让的土地；未按照出让合同约定提供出让的土地的，土地使用者有权解除合同，由土地行政主管部门返还出让金，土地使用者并可以请求违约赔偿。根据最高人民法院相关司法解释的规定，经市、县人民政府批准同意以协议方式出让的土地使用权，土地使用权出让金低于订立合同时当地政府按照国家规定确定的最低价的，应当认定土地使用权出让合同约定的价格条款无效。关于出让金的支付方式，根据《城镇国有土地使用权出让和转让暂行条例》的规定，土地使用者应当在签订出让合同后60日内，支付全部土地使用权出让金。不过，目前对于采取拍卖、招标等公开竞价方式设立的建设用地使用权，其出让金的支付方式可以采取一次性支付或者分期支付的办法。逾期未全部支付的，出让人有权解除合同，并可请求违约赔偿。

（7）解决争议的方法。因履行建设用地使用权合同发生争议的，出让人和建设用地使用权人可以双方协商解决，协商不成的，提交双方当事人指定的仲裁委员会仲裁，或者依法向人民法院起诉。

▶ **相关规定**

《中华人民共和国城市房地产管理法》第15条

第三百四十九条 设立建设用地使用权的，应当向登记机构申请建设用地使用权登记。建设用地使用权自登记时设立。登记机构应当向建设用地使用权人发放权属证书。

◆ **条文主旨**

本条是关于建设用地使用权登记的规定。

◆ **立法背景**

建设用地使用权适用登记生效的原则。建设用地使用权从办理建设用地使用权登记时设立。

本条对 2007 年通过的《物权法》第 139 条作了修改完善，将“建设用地使用权证书”修改为“权属证书”。

◆ **条文解读**

建设用地使用权登记是指县级以上人民政府将土地的权属、用途、面积等基本情况登记在登记簿上，并向建设用地使用权人颁发使用权证书。设立建设用地使用权，建设用地使用权人应当向登记机构申请建设用地使用权登记。登记机构应当向建设用地使用权人发放权属证书。建设用地使用权适用登记生效的原则，经登记生效。根据土地管理法的规定，我国目前的建设用地使用权是由县级以上人民政府登记造册，核发证书。

以划拨方式设立建设用地使用权的，根据目前的规定当事人不需要签订合同，而是通过“国有土地划拨决定书”的形式，将建设用地使用权交给建设用地使用权人使用。划拨土地应当按照以下规定办理登记手续：新开工的大中型建设项目使用划拨国有土地的，建设用地使用权人应当在接到县级以上人民政府发给的建设用地批准书之日起30日内，持建设用地批准书申请土地预告登记，建设项目竣工验收后，建设单位应当在该建设项目竣工验收之日起30日内，持建设项目竣工验收报告和其他有关文件申请建设用地使用权登记；其他项目使用划拨国有土地的，建设用地使用权人应当在接到县级以上人民政府批准用地文件之日起30日内，持批准用地文件申请建设用地使用权登记。

目前，我国的土地登记是以宗地为基本单元。使用两宗以上建设用地的建设用地使用权人应当分宗申请登记。两个以上建设用地使用权人共同使用一宗建设用地的，应当分别申请登记。跨县级行政区使用土地的，应当分别向建设用地所在地县级以上地方人民政府土地管理部门申请登记。

第三百五十条 建设用地使用权人应当合理利用土地，不得改变土地用途；需要改变土地用途的，应当依法经有关行政主管部门批准。

◆ 条文主旨

本条是关于土地用途的规定。

◆ 立法背景

土地资源的重要性和稀缺性要求建设用地使用权人必须合理地利用土地。加强对土地用途的管制，是我国土地管理的重要内容。土地用途的相关规定包含在现行有关土地管理的法律、法规以及规范性文件中。加强对土地用途的管制，也一直是我国土地行政主管部门对土地市场进行整治的内容之一。

本条内容是2007年通过的《物权法》第140条的规定，本法对此未作修改。

◆ **条文解读**

建设用地使用权人应当严格依照土地用途使用土地。以出让方式设立的建设用地使用权，不同的土地用途其出让金是不同的。建设用地使用权出让合同中对土地用途需要作出明确的规定，擅自改变约定的土地用途不仅是一种违约行为，而且也是一种违法行为。

建设用地使用权人以无偿或者有偿方式取得建设用地使用权后，确需改变土地用途的，应当向土地行政主管部门提出申请。土地行政主管部门经过审查后，认为改变的土地用途仍符合规划，同意对土地用途作出调整的，根据目前的规定，还需要报市、县人民政府批准，然后出让人和建设用地使用权人应当重新签订建设用地使用权出让合同或者变更合同相应的条款，并按照规定补交不同用途和容积率的土地差价。如果是将以划拨方式取得的建设用地使用权改为有偿使用方式的，在改变土地用途后，建设用地使用权人还应当补缴出让金。以变更合同条款的形式改变土地用途的，要依法到登记机构办理变更登记；签订新的建设用地使用权合同的，应办理登记手续。

第三百五十一条　建设用地使用权人应当依照法律规定以及合同约定支付出让金等费用。

◆ **条文主旨**

本条是关于建设用地使用权人支付出让金等费用的义务的

规定。

◆ **立法背景**

我国实行土地公有制，土地使用以有偿使用制度为原则，由具体的使用权人使用国家所有的土地，国家收取相应的土地出让金。我国土地制度既体现了社会主义公有制，又包含改革的成果，并且已经被土地管理法和城市房地产管理法确定下来，成为我国社会主义法制体系中的重要制度。本条关于土地出让金的规定是我国土地制度在民事领域的体现，与土地管理法、城市房地产管理法的规定是统一的。

本条内容是2007年通过的《物权法》第141条的规定，本法对此未作修改。

◆ **条文解读**

一、应当支付土地出让金等费用的情形

1. 在取得建设用地使用权时，采用出让等有偿使用方式的，应当支付出让金等费用。《土地管理法》第2条第5款规定："国家依法实行国有土地有偿使用制度。但是，国家在法律规定的范围内划拨国有土地使用权的除外。"第55条第1款规定："以出让等有偿使用方式取得国有土地使用权的建设单位，按照国务院规定的标准和办法，缴纳土地使用权出让金等土地有偿使用费和其他费用后，方可使用土地。"《城市房地产管理法》第3条、第15条也有同样的规定。根据有关规定，划拨取得建设用地使用权的，在取得使用权时国家不收取出让金。

2. 在建设用地使用权转让时，通过划拨取得的建设用地使用权应当补缴出让金。《城市房地产管理法》第40条规定："以划拨方式取得土地使用权的，转让房地产时，应当按照国务院规定，报有批准权的人民政府审批。有批准权的人民政府准予转让的，应当由受让方办理土地使用权出让手续，并依照国家有关规定缴纳土地使用权出让金。以划拨方式取得土地使用权的，转让房地产报批时，有批准权的人民政府按照国务院规定决定可以不办理土地使用权出让手续的，转让方应当按照国务院规定将转让房地产所获收益中的土地收益上缴国家或者作其他处理。”此外，《城市房地产管理法》第51条规定：“设定房地产抵押权的土地使用权是以划拨方式取得的，依法拍卖该房地产后，应当从拍卖所得的价款中缴纳相当于应缴纳的土地使用权出让金的款额后，抵押权人方可优先受偿。”

二、支付土地出让金等费用的意义

出让金等费用的本质是应当归国家所有的土地收益。这一本质是由我国的土地有偿使用制度决定的。在过去很长一段时期内，国有土地是由国家以行政手段无偿交给用地单位使用的。这种土地使用制度有很多弊端：（1）土地资源配置效益差，利用效率低，土地资源浪费严重，国家却缺乏调节余缺的机制。（2）国有土地收益大量流失，土地收益留在了用地者的手中，国家的土地所有权虚置。（3）市场机制缺失，土地作为生产力要素其价值得不到正常体现，导致市场主体实际上的不平等地位。由于不同企业都从政府无偿得到不同位置和数量的土地，拥有较多土地且位置优越的企业，与缺乏土地或位置较差的企业，实际上处于不平等的竞争地位。

旧体制严重的弊端，使实行国有土地有偿使用制度，收取出让金等费用具有了重要意义。（1）土地公有制是社会主义公有制的重要组成部分，在市场经济条件下，实行国有土地有偿使用制度，通过收取出让金等费用取得土地收益，才能使国家对土地的所有权在经济上得到实现，才能真正保障社会主义公有制的主体地位。（2）土地是巨大的社会财富，而且会随着经济和社会的发展不断增值。国家掌握了国有土地的收益，就有足够的财力组织社会化大生产，更好地实现社会主义国家的经济职能。（3）土地是基本的生产要素，通过收取或者补交出让金使土地使用权进入市场，有助于形成包括消费品市场、生产资料市场和资金、劳动力、土地等生产要素市场的完整的社会主义市场体系。通过充分发挥市场调节的作用，合理配置土地资源，可以实现土地最大的利用效益，进而推进社会主义市场经济的健康发展。

三、不交纳出让金等费用的法律责任

正是因为交纳出让金等费用对国家和社会意义重大，法律、行政法规对不交纳出让金等费用的行为规定了相应的法律责任。例如，《城市房地产管理法》第 67 条规定：“违反本法第四十条第一款的规定转让房地产的，由县级以上人民政府土地管理部门责令缴纳土地使用权出让金，没收违法所得，可以并处罚款。”在有出让合同的情况下，不支付出让金的行为同时还是一种违约行为。因此，除行政法上的责任外，法律、行政法规还规定了相应的违约责任。例如，第 16 条规定：“土地使用者必须按照出让合同约定，支付土地使用权出让金；未按照出让合同约定支付土地使用权出让金的，土地管理部门有权解除合同，并可以请求违约赔偿。”《城镇国有土地使用权出让和转让暂行条例》第 14 条规定：“土地使用者应当在签订土地使用权出让合同后六十日内，支付全部土地使用权出让金。逾期未全部支付的，出让方有权解除合同，并可请求违约赔偿。”

总之，通过支付出让金等费用，向国家上缴土地收益，是国家土地有偿使用制度的重要内容，也是土地管理法、城市房地产管理法等有关法律、行政法规中规定的法定义务。本法第 348 条已经将出让金等费用及其支付方式列为建设用地使用权出让合同的条款之一，按时、足额支付出让金，更是建设用地使用权人的合同义务，应当一秉诚实信用，认真履行。

▶ **相关规定**

《中华人民共和国土地管理法》第2条、第55条；《中华人民共和国城市房地产管理法》第3条、第15条、第16条、第39条、第51条、第67条；《中华人民共和国城镇国有土地使用权出让和转让暂行条例》第14条

第三百五十二条 建设用地使用权人建造的建筑物、构筑物及其附属设施的所有权属于建设用地使用权人，但是有相反证据证明的除外。

◆ **条文主旨**

本条是关于建设用地使用权人建造的建筑物、构筑物及其附属设施权属的规定。

◆ **立法背景**

地上物往往具有独立于土地的性质，如何协调地上物归属与土地权利的关系，是物权制度中的一个比较重要的问题。奉行土地私有制的国家一般以土地权利吸收地上物权利，例如在德国，建筑物、构筑物及其附属设施归地上权人所有，在地上权消灭时，通过法定程序，建筑物、构筑物及其附属设施作为土地的添附，其所有权可以转归土地所有权人。我国是社会主义公有制国家，建筑物、构筑物及其附属设施的所有权具有相对独立性。建设用地使用权人依法取得国有土地的使用权后，就有权利用该土地建造建筑物、构筑物及其附属设施。在多数情况下，建设用地使用权人建造的建筑物、构筑物及其附属设施的所有权是属于建设用

地使用权人的。

本条内容是2007年通过的《物权法》第142条的规定，本法对此作了个别文字修改。

◆ **条文解读**

根据本法第231条的规定，合法建造房屋的，自事实行为成就时取得建筑物的所有权。在多数情况下，建设用地使用权人建造的建筑物、构筑物及其附属设施的所有权属于建设用地使用权人。

建设用地使用权人建造的建筑物、构筑物及其附属设施由建设用地使用权人所有作为通常情况，但仍然存在以下例外：目前，一部分市政公共设施，是开发商和有关部门约定，由开发商在房地产项目开发中配套建设的，但是所有权归国家。这部分设施，其性质属于市政公用，其归属就应当按照有充分的证据证明的事先约定来确定，而不是当然地归建设用地使用权人。后续通过房地产交易成为建设用地使用权人的权利人也应当尊重这种权属划分。

掌握本条规定还应当注意，这里规定的建筑物、构筑物及其附属设施必须是合法建造产生的。对于非法占地、违规搭建，《土地管理法》第74条、第77条、第83条以及其他法律法规的有关规定都明确规定了制裁措施，这种违章建筑会被没收和强制拆除，更不会产生合法的所有权，因此并不在本条的调整范围内。

▸ **相关规定**

《中华人民共和国土地管理法》第74条、第77条、第83条

第三百五十三条 建设用地使用权人有权将建设用地使用权转让、互换、出资、赠与或者抵押，但是法律另有规定的除外。

◆ **条文主旨**

本条是关于建设用地使用权流转方式的规定。

◆ **立法背景**

建设用地使用权的流转及其限制，在有关法律、行政法规中已经有了比较完备的规定，本条规定与相关法律规定是统一的，这是对已有立法成果的巩固和发展。本条内容是2007年通过的《物权法》第143条的规定，本法对此作了个别文字修改。

◆ **条文解读**

一、关于建设用地使用权流转的法律依据

同支付出让金等费用一样，建设用地使用权的依法流转，也是我国土地有偿使用制度的重要内容。有关法律、行政法规对此已经有了明确的规定，例如，《土地管理法》第2条第3款规定："任何单位和个人不得侵占、买卖或者以其他形式非法转让土地。土地的使用权可以依法转让。"《城市房地产管理法》第37条规定："房地产转让，是指房地产权利人通过买卖、赠与或者其他合法方式将其房地产转移给他人的行为。"第48条规定："依法取得的房屋所有权连同该房屋占用范围内的土地使用权，可以设定抵押权。以出让方式取得的土地使用权，可以设定抵押权。"《城镇国有土地使用权出让和转让暂行条例》第4条规定："依照本条例的规定取得土地使用权的土地使用者，其使用权在使用年限内可以转让、出租、抵押或者用于其他经济活动。合法权益受国家法律保护。"第19条第1款规定："土地使用权转让是指土地使用者将土地使用权再转移的行为，包括出售、交换和赠与。"

根据这些法律、行政法规的规定，建设用地使用权可以依法转让、互换、出资、赠与或者抵押。

二、关于对建设用地使用权流转的限制

法律、行政法规还规定了对建设用地使用权流转的限制。对于划拨取得的建设用地使用权，其流转受到一定限制。本条规定的除外条款所指的就是这些限制性规定。

1. 关于划拨取得的建设用地的流转

根据法律、行政法规的规定，对于划拨取得的建设用地，其流转要通过行政审批，并交纳相应土地出让金或者土地收益。例如，《城市房地产管理法》第40条规定："以划拨方式取得土地使用权的，转让房地产时，应当按照国务院规定，报有批准权的人民政府审批。有批准权的人民政府准予转让的，应当由受让方办理土地使用权出让手续，并依照国家有关规定缴纳土地使用权出让金。以划拨方式取得土地使用权的，转让房地产报批时，有批准权的人民政府按照国务院规定决定可以不办理土地使用权出让手续的，转让方应当按照国务院规定将转让房地产所获收益中的土地收益上缴国家或者作其他处理。"第51条规定："设定房地产抵押权的土地使用权是以划拨方式取得的，依法拍卖该房地产后，应当从拍卖所得的价款中缴纳相当于应缴纳的土地使用权出让金的款额后，抵押权人方可优先受偿。"此外，《城镇国有土地使用权出让和转让暂行条例》中也有相应的规定。

2. 关于以出让方式取得的建设用地使用权流转的限制

根据法律和行政法规的规定，即便是以出让方式取得的建设用地使用权，在有些情况下也是不能直接进入流转的。例如，《城市房地产管理法》第38条规定："下列房地产，不得转让：（一）以出让方式取得土地使用权的，不符合本法第三十九条规定的条件的；（二）司法机关和行政机关依法裁定、决定查封或者以其他形式限制房地产权利的；（三）依法收回土地使用权的；（四）共有房地产，未经其他共有人书面同意的；（五）权属有争议的；

（六）未依法登记领取权属证书的；（七）法律、行政法规规定禁止转让的其他情形。”第39条规定：“以出让方式取得土地使用权的，转让房地产时，应当符合下列条件：（一）按照出让合同约定已经支付全部土地使用权出让金，并取得土地使用权证书；（二）按照出让合同约定进行投资开发，属于房屋建设工程的，完成开发投资总额的百分之二十五以上，属于成片开发土地的，形成工业用地或者其他建设用地条件。转让房地产时房屋已经建成的，还应当持有房屋所有权证书。”《城镇国有土地使用权出让和转让暂行条例》第19条第2款规定：“未按土地使用权出让合同规定的期限和条件投资开发、利用土地的，土地使用权不得转让。”总之，建设用地使用权的流转及其限制，在有关法律、行政法规中已经有了比较完备的规定。在本条的贯彻和执行中要注意吸取已有规定在贯彻实施中的成果和经验，使建设用地使用权的流转更为有序，实现地尽其利。

▶ **相关规定**

《中华人民共和国土地管理法》第2条；《中华人民共和国城市房地产管理法》第37条、第38条、第39条、第40条、第48条、第51条；《中华人民共和国城镇国有土地使用权出让和转让暂行条例》第4条、第19条

第三百五十四条　建设用地使用权转让、互换、出资、赠与或者抵押的，当事人应当采用书面形式订立相应的合同。使用期限由当事人约定，但是不得超过建设用地使用权的剩余期限。

◆ 条文主旨

本条是关于建设用地使用权人处分建设用地使用权的合同形式和期限的规定。

本条规定与相关法律中的已有规定一致，也符合国际通行做法。

关于合同形式，在合同法理论上，必须采取书面形式的合同属于一种要式合同。要式合同一般适用于交易复杂，涉及利益巨大的情形。建设用地使用权涉及对土地这种重要自然资源的利用，关系到国家、社会和用地个人的重大利益，采用书面形式可以有效地明确权利、义务，避免潜在争议。不仅我国现有法律作了这样的规定，其他国家和地区关于土地等不动产的交易也都要求采用书面形式。

关于使用期限，建设用地使用权本身就是一种有时限的权利，从理论上说，建设用地使用权人不能超过自己权利范围来流转权利。现实中也不允许用益物权人这样扩张权利，侵害作为所有人的国家的利益。所以在建设用地使用权期限确定的情况下，建设用地使用权的流转必须受到该时限的限制。

本条内容是2007年通过的《物权法》第144条的规定，本法对此作了个别文字修改。

◆ 条文解读

一、建设用地使用权的流转应当采用书面形式

《城市房地产管理法》第15条第1款规定，土地使用权出让，应当签订书面出让合同。根据《城市房地产管理法》第15条以及有关法律法规的规定，土地使用权出让应当采用书面合同。本条规定，建设用地使用权转让、互换、出资、赠与或者抵押的，当事人应当采用书面形式订立相应的合同。

二、建设用地使用权流转的使用期限不得超过建设用地使用权的剩余期限

这也是符合现有法律规定的。《城市房地产管理法》第 43 条规定："以出让方式取得土地使用权的，转让房地产后，其土地使用权的使用年限为原土地使用权出让合同约定的使用年限减去原土地使用者已经使用年限后的剩余年限。"

▶ **相关规定**

《中华人民共和国城市房地产管理法》第 15 条、第 43 条

第三百五十五条　建设用地使用权转让、互换、出资或者赠与的，应当向登记机构申请变更登记。

◆ **条文主旨**

本条是关于建设用地使用权流转后变更登记的规定。

◆ **立法背景**

本法第 214 条规定："不动产物权的设立、变更、转让和消灭，依照法律规定应当登记的，自记载于不动产登记簿时发生效力。"建设用地使用权作为重要的用益物权，不但其取得需要登记，其流转也需要及时变更登记。否则该流转行为就无法发生法律效力，权利人的利益就得不到充分保障。

本条内容是 2007 年通过的《物权法》第 145 条的规定，本次民法典编纂对本条未作修改。

◆ **条文解读**

《土地登记规则》第 34 条至第 47 条针对国有土地使用权变更的不同情况对变更登记作了规定，主要包括以下内容：

1. 国有土地使用权的转让。有下列情形之一的，土地使用权转让双方当事人应当在转让合同或者协议签订后30日内，涉及房产变更的，在房产变更登记发证后15日内，申请变更登记：（1）依法转让土地使用权的；（2）因买卖、转让地上建筑物、附着物等一并转移土地使用权的；（3）房屋所有权变更而使土地使用权变更的，在申请变更登记时，应当提交变更后的房屋所有权证书。

2. 划拨改出让。划拨土地使用权依法办理土地使用权出让手续的，土地使用者应当在缴纳土地使用权出让金后30日内，申请变更登记。

3. 企业入股。企业将通过出让或者国家入股等形式取得的国有土地使用权，再以入股方式转让的，转让双方当事人应当在入股合同签订之日起30日内，申请变更登记。

4. 单位合并、分立。因单位合并、分立、企业兼并等原因引起土地使用权变更的，有关各方应当在合同签订后30日内或者在接到上级主管部门的批准文件后30日内，申请变更登记。

5. 交换、调整。因交换、调整土地而发生土地使用权、所有权变更的，交换、调整土地的各方应当在接到交换、调整协议批准文件后30日内，申请变更登记。

6. 因抵押而取得土地使用权。因处分抵押财产而取得土地使用权的，取得土地使用权的权利人和原抵押人应当在抵押财产处分后30日内，申请变更登记。

7. 因购买房改房而获得国有土地使用权。出售公有住房，售房单位与购房职工应当在县级以上地方人民政府房产管理部门登记房屋所有权之日起30日内，申请变更登记。

8. 抵押合同变更，主要是合同主体变更，而使抵押的土地使用权发生变化。土地使用权抵押期间，抵押合同发生变更的，抵押当事人应当在抵押合同发生变更后15日内，申请变更登记。

9. 土地使用权出租合同的变更。土地使用权出租期间，租赁合同发生变更的，出租人和承租人应当在租赁合同发生变更后15日内，申请变更登记。

10. 因继承而获得土地使用权或者土地他项权利。依法继承土地使用权和土地他项权利的，继承人应当在办理继承手续后30日内，申请变更登记。

11. 其他。其他形式的土地使用权和土地他项权利变更，当事人应当在发生变更之日起30日内，申请变更登记。

2014年，国务院颁布《不动产登记暂行条例》，根据2019年3月24日《国务院关于修改部分行政法规的决定》修订。该条例对不动产登记作出具体规定，进一步完善建设用地使用权流转后变更登记的规定。

▶ **相关规定**

《土地登记规则》第34－47条

第三百五十六条　建设用地使用权转让、互换、出资或者赠与的，附着于该土地上的建筑物、构筑物及其附属设施一并处分。

◆ **条文主旨**

本条是关于建筑物、构筑物及其附属设施随建设用地使用权的流转而一并处分的规定。

◆ **立法背景**

在我国，建筑物、其他附着物的归属虽然具有相对独立性，但在转让中必须实行“房地一致”原则，以避免出现“空中楼阁”的尴尬局面。实行“房随地走”，作为实现房地一致的方式之一，已经在法律实践和社会生活中得到普遍接受。本条规定与已有法律制度是一致的，也符合社会生活实际。

本条内容是2007年通过的《物权法》第146条的规定，本次民法典编纂对本条未作修改。

◆ 条文解读

根据法律、行政法规的规定，建设用地使用权流转时，其地上建筑物和其他附着物同时流转。《城市房地产管理法》第32条规定：“房地产转让、抵押时，房屋的所有权和该房屋占用范围内的土地使用权同时转让、抵押。”《城镇国有土地使用权出让和转让暂行条例》第23条规定：“土地使用权转让时，其地上建筑物、其他附着物所有权随之转让。”第33条第1款规定：“土地使用权抵押时，其地上建筑物、其他附着物随之抵押。”

本条规定主要包括两个层次：1. 建设用地使用权按照第353条的规定发生转让；2. 依附于该建设用地使用权的建筑物、构筑物及其附属设施随之转让。在存在本法第345条规定的同一土地的地表、地上或者地下分别设立不同建设用地使用权的情况下，建筑物、构筑物及其附属设施只依附于其所在空间的建设用地使用权。这就是人们通常所说的“房随地走”。这一规定与已有法律制度是一致的，也符合社会生活常识。

▶ 相关规定

《中华人民共和国城市房地产管理法》第32条；《中华人民共和国城镇国有土地使用权出让和转让暂行条例》第23条、第33条第1款

第三百五十七条　建筑物、构筑物及其附属设施转让、互换、出资或者赠与的，该建筑物、构筑物及其附属设施占用范围内的建设用地使用权一并处分。

◆ **条文主旨**

本条是关于建设用地使用权随建筑物、构筑物及其附属设施的流转而一并处分的规定。

◆ **立法背景**

实现“房地一致”有两种方式：一种是“房随地走”，另一种是“地随房走”。两种方式都已经被法律实践和社会生活普遍接受。第356条对“房随地走”作了规定，第357条相应地对“地随房走”作出规定。

本条内容是2007年通过的《物权法》第147条的规定，本次民法典编纂对本条未作修改。

◆ **条文解读**

根据法律和行政法规的规定，地上建筑物和其他附着物所有权流转时，其使用范围内的建设用地使用权随之流转。本法第397条第1款规定：“以建筑物抵押的，该建筑物占用范围内的建设用地使用权一并抵押。以建设用地使用权抵押的，该土地上的建筑物一并抵押。”第398条规定：“乡镇、村企业的建设用地使用权不得单独抵押。以乡镇、村企业的厂房等建筑物抵押的，其占用范围内的建设用地使用权一并抵押。”《城镇国有土地使用权出让转让暂行条例》第24条规定：“地上建筑物、其他附着物的所有人或者共有人，享有该建筑物、附着物使用范围内的土地使用权。

土地使用者转让地上建筑物、其他附着物所有权时，其使用范围内的土地使用权随之转让，但地上建筑物、其他附着物作为动产转让的除外。”第33条第2款规定：“地上建筑物、其他附着物抵押时，其使用范围内的土地使用权随之抵押。”

在理解和适用本条规定时，要特别注意和第356条的衔接，这两条实际上作为一个整体，只要建设用地使用权和地上房屋有一个发生了转让，另外一个就要相应转让。从法律后果上说，不可能也不允许，把“房”和“地”分别转让给不同的主体。此外，本条中所讲的附属设施占用范围内的建设用地使用权可能是一宗单独的建设用地使用权，也有可能是共同享有的建设用地使用权中的份额，特别是在建筑物区分所有的情况下。转让占用范围内的建设用地使用权不可能也不应该导致对业主共同享有的建设用地使用权的分割。在这种情况下，除本条外，还要依据业主的建筑物区分所有权的有关规定，才能全面确定当事人的权利义务。

▶ 相关规定

《中华人民共和国城镇国有土地使用权出让转让暂行条例》第34条、第33条第2款

第三百五十八条 建设用地使用权期限届满前，因公共利益需要提前收回该土地的，应当依据本法第二百四十三条的规定对该土地上的房屋以及其他不动产给予补偿，并退还相应的出让金。

◆ 条文主旨

本条是关于建设用地使用权提前收回及其补偿的规定。

◆ **立法背景**

以出让方式设立的建设用地使用权都有期限。建设用地使用权期限届满前，出让人是否能收回建设用地使用权，是建设用地使用权人非常关注的一个问题。虽然现行法律对提前收回建设用地使用权的问题作出了规定，但是本条从物权的角度，区分了在提前收回建设用地使用权时，土地和土地上的房屋等不动产不同的性质：因公共利益提前收回土地上的房屋以及其他不动产的，适用征收的有关规定；对于建设用地而言，其性质不是征收，属于提前收回建设用地使用权。

本条内容是 2007 年通过的《物权法》第 148 条的规定，本法对此作了个别文字修改。

◆ **条文解读**

根据《土地管理法》第 58 条的规定，为了公共利益需要使用土地的，有关人民政府自然资源主管部门报经原批准用地的人民政府或者有批准权的人民政府批准，可以收回国有土地使用权，并应当对土地使用权人给予适当补偿。实践中，当事人一般也在建设用地使用权出让合同中对提前收回的情况作出约定。原国土资源部和国家工商局制定的出让合同示范文本（已失效）有提前收回建设用地的内容："根据社会公共利益需要提前收回土地使用权的，出让人应当依照法定程序报批，并根据收回时地上建筑物、其他附着物的价值和剩余年期土地使用权价格给予受让人相应的补偿。"本条对提前收回的补偿标准作了更细致的规定。第一，对于建设用地上的房屋及其他不动产，应当依据征收的规定给予补偿。本法第 243 条第 1 款规定："为了公共利益的需要，依照法律规定的权限和程序可以征收集体所有的土地和组织、个人的房屋以及其他不动产。"第 3 款规定："征收组织、个人的房屋以及其他不动产，应当依法给予征收补偿，维护被征收人的合法权益；征收个人住宅的，还应当保障被征收人的居住条件。”因此，有关征收的规定是补偿的依据。第二，对于房屋所占用的建设用地，不适用征收的规定。征收是国家把集体所有的土地和单位、个人的不动产变为国有的财产，是一种改变所有权的法律行为。我国城市的土地属于国家所有，建设用地使用权人取得的是对土地使用的权利，国家收回本来就属于自己的建设用地，不适用有关征收的规定。但是，为了公共利益的需要，国家可以提前收回建设用地使用权。由于建设用地使用权人是按照建设用地的使用期限交纳出让金的，因此，提前收回建设用地使用权的，出让人还应当向建设用地使用权人退还相应的出让金。比如，某商场的建设用地使用权期限是 40 年，该商场 30 年后被征收，那么对于该商场需要根据征收的规定给予补偿，同时，还应当退还该商场所有权人 10 年的出让金。

▶ **相关规定**

《中华人民共和国土地管理法》第 58 条

第三百五十九条 住宅建设用地使用权期限届满的，自动续期。续期费用的缴纳或者减免，依照法律、行政法规的规定办理。

非住宅建设用地使用权期限届满后的续期，依照法律规定办理。该土地上的房屋以及其他不动产的归属，有约定的，按照约定；没有约定或者约定不明确的，依照法律、行政法规的规定办理。

◆ **条文主旨**

本条是建设用地使用权续期及土地上的房屋及其他不动产归属的规定。

◆ **立法背景**

国家通过出让的方式，使建设用地使用权人获得一定期限内利用土地的权利。根据《城镇国有土地使用权出让和转让暂行条例》的规定，土地使用权出让的最高年限为：居住用地 70 年；工业用地 50 年；教育、科技、文化、卫生、体育用地 50 年；商业、旅游、娱乐用地 40 年、综合或者其他用地 50 年。因此，建设用地使用权期限届满后，面临建设用地使用权如何续期的问题。

2016 年 11 月，《中共中央、国务院关于完善产权保护制度依法保护产权的意见》提出，要研究住宅建设用地等土地使用权到期后续期的法律安排，推动形成全社会对公民财产长久受保护的良好和稳定预期。

本条内容在 2007 年通过的《物权法》第 149 条作了修改完善，第 1 款增加规定“续期费用的缴纳或者减免，依照法律、行政法规的规定办理”。

◆ **条文解读**

《城市房地产管理法》第 22 条第 1 款规定：“土地使用权出让合同约定的使用年限届满，土地使用者需要继续使用土地的，应当至迟于届满前一年申请续期，除根据社会公共利益需要收回该幅土地的，应当予以批准。经批准准予续期的，应当重新签订土地使用权出让合同，依照规定支付土地使用权出让金。”2007 年制定物权法草案时，曾经根据现行法律的规定，对建设用地使用权的续期作出了规定。但是，物权法草案向全社会征求意见后，一些部门和群众对建设用地使用权续期的规定提出了不同的意见。

有人提出，一幢公寓多户居住，建设用地使用权期间届满，是由住户个人申请续期还是业主委员会统一申请续期，意见不一致时怎么办，需要明确。建设用地使用权续期的问题，确实和老百姓的利益息息相关，应当保障老百姓安居乐业，使有恒产者有恒心。如果规定住宅建设用地需要申请续期，要求成千上万的住户办理续期手续，不仅难以操作，加重了老百姓的负担，也增加了行政管理的成本，不利于社会的安定。在听取各方面的意见后，物权法草案对住宅建设用地使用权和非住宅建设用地使用权的续期分别作出了规定，明确规定住宅建设用地使用权期间届满的，自动续期。续期的期限、土地使用费支付的标准和办法，由国务院规定。“住宅建设用地使用权自动续期”的规定得到了普遍的赞成。同时，有人提出，住户买房时已经支付了土地出让金，续期后不应再交费。有人认为，续期的应交少量的土地使用费。考虑到住宅建设用地使用权续期后是否支付土地使用费，关系到广大群众切身利益，绝大多数住宅建设用地使用权的期限为 70 年，如何科学地规定建设用地使用权人届时应当承担的义务，目前还缺少足够的科学依据，应当对此慎重研究，物权法以不作规定为宜。而且，物权法不作规定，也不影响国务院根据实际情况作出相关规定。因此，2007 年制定的物权法对建设用地使用权期间届满后是否支付土地使用费的问题未作规定。

有人担心，住宅建设用地使用权自动续期会影响城市规划和建设。《物权法》第 148 条规定，建设用地使用期间届满前，因公共利益需要提前收回该土地的，应当依照有关征收的规定对该土地上的房屋及其他不动产给予补偿。在建设用地使用权续期后，因为公共利益需要收回的，也可以适用同样的原则。

2018 年 8 月，第十三届全国人大常委会第五次会议《关于〈民法典各分编（草案）〉的说明》中提到了关于住宅建设用地使用权期间届满续期问题。2016 年 11 月，《中共中央、国务院关于完善产权保护制度依法保护产权的意见》提出，要研究住宅建设用地等土地使用权到期后续期的法律安排，推动形成全社会对公民财产长久受保护的良好和稳定预期。根据党中央批准的有关工作安排，该项工作由国务院有关部门研究，提出方案后，国务院提出法律修改议案，修改城市房地产管理法或者物权法。目前，国务院有关部门尚未正式提出方案和修法议案。物权编草案根据《物权法》第 149 条、《城市房地产管理法》第 22 条的规定，对此先作出一个原则性规定，即住宅建设用地使用权期间届满的，自动续期。续期费用的缴纳或者减免，依照法律、行政法规的规定。国务院正式提出修改有关法律的议案后，再进一步做好衔接。之后，对本款作了个别文字修改。

为什么非住宅建设用地使用权没有采取自动续期的规定？这是因为非住宅建设用地和住宅建设用地有较大的区别。非住宅建设用地的使用期限相对比较短，使用用途也各不相同。有的建设用地使用权人仅需要在特定的期限内使用建设用地，过了该期限，就没有使用该土地的必要。因此，不宜将自动续期作为非住宅建设用地使用权适用的一般原则，是否续期应当由建设用地使用权人自己决定。根据本条的规定，非住宅建设用地使用权的续期，按照法律规定办理，即建设用地使用权可以在建设用地使用权期限届满前一年申请续期。只要建设用地使用权人提出续期的要求，出让人就应当同意，只有在公共利益需要使用该建设用地的情况下，出让人才有权拒绝建设用地使用权人续期的要求，收回该土地。

▶ **相关规定**

《中华人民共和国城市房地产管理法》第 22 条

第三百六十条 建设用地使用权消灭的，出让人应当及时办理注销登记。登记机构应当收回权属证书。

◆ 条文主旨

本条是对建设用地使用权注销登记的规定。

◆ 立法背景

建设用地使用权消灭的情况主要包括：建设用地使用权期间届满、建设用地使用权提前收回以及因自然灾害等原因造成建设用地使用权灭失等情形。建设用地使用权消灭后，出让人应当及时办理注销登记。

本条对2007年通过的《物权法》第150条作了修改完善，将“建设用地使用权证书”修改为“权属证书”。

◆ 条文解读

《土地登记规则》第54条规定：“县级以上人民政府依法收回国有土地使用权的，土地管理部门在收回土地使用权的同时，办理国有土地使用权注销登记，注销土地证书。”第55条规定：“国有土地使用权出让或者租赁期满，未申请续期或者续期申请未获批准的，原土地使用者应当在期满之日前十五日内，持原土地证书申请国有土地使用权注销登记。”第56条规定：“因自然灾害等造成土地权利灭失的，原土地使用者或者土地所有者应当持原土地证书及有关证明材料，申请土地使用权或者土地所有权注销登记。”

考虑到出让人全面掌握建设用地使用权消灭的情形，所以，本条规定，注销登记由出让人及时办理。建设用地使用权注销后，登记机构应当收回权属证书。

第三百六十一条　集体所有的土地作为建设用地的，应当依照土地管理的法律规定办理。

◆ **条文主旨**

本条是对集体所有的土地作为建设用地如何适用法律的规定。

◆ **立法背景**

我国2004年修正的土地管理法规定，农民集体所有的土地的使用权不得出让、转让或者出租用于非农业建设。除耕地外，农民集体所有的土地只能用于乡镇村企业、乡镇村公共设施和公益事业以及农民住宅建设。因此，2019年修改土地管理法前，农民集体还不能直接出让自己的土地使用权，使集体所有的土地使用权直接进入土地一级市场。农民集体所有的土地必须经过征收才能变为建设用地。随着我国土地制度改革不断深化，国务院先后出台了一系列涉及农村集体建设用地的规定。《国务院关于2005年深化经济体制改革的意见》中明确指出，进一步研究探索农村集体建设用地使用权进入市场。土地行政主管部门一直将加快集体建设用地使用制度改革作为工作的重点，在对集体建设用地进行严格管理的同时，也允许一些地区可以开展集体建设用地流转方面的试点。2019年土地管理法修改，增加了集体经营性建设用地的相关规定。

本条内容是2007年通过的《物权法》第151条的规定，本法对此作了个别文字修改。

◆ **条文解读**

2007年制定物权法时，考虑到我国土地制度改革正在深化，各地的情况差异较大，土地行政主管部门正在进行土地制度试点和研究，尚待总结实践经验，并在此基础上规范和完善。而且，集体建设用地制度如何改革，还需要通过修改土地管理法等法律从根本上解决这个问题，物权法对此作出规定的时机还不成熟。但是，作为民事基本法律的物权法，还是有必要作出原则且灵活的规定。因此，本条对建设用地使用集体所有的土地的情况仅作了原则性规定，明确集体所有的土地作为建设用地的，应当按照土地管理的法律规定办理。

2019 年土地管理法修改，增加了集体经营性建设用地的相关规定。该法第 23 条规定："各级人民政府应当加强土地利用计划管理，实行建设用地总量控制。土地利用年度计划，根据国民经济和社会发展计划、国家产业政策、土地利用总体规划以及建设用地和土地利用的实际状况编制。土地利用年度计划应当对本法第六十三条规定的集体经营性建设用地作出合理安排。土地利用年度计划的编制审批程序与土地利用总体规划的编制审批程序相同，一经审批下达，必须严格执行。"第 63 条规定："土地利用总体规划、城乡规划确定为工业、商业等经营性用途，并经依法登记的集体经营性建设用地，土地所有权人可以通过出让、出租等方式交由单位或者个人使用，并应当签订书面合同，载明土地界址、面积、动工期限、使用期限、土地用途、规划条件和双方其他权利义务。前款规定的集体经营性建设用地出让、出租等，应当经本集体经济组织成员的村民会议 2/3 以上成员或者 2/3 以上村民代表的同意。通过出让等方式取得的集体经营性建设用地使用权可以转让、互换、出资、赠与或者抵押，但法律、行政法规另有规定或者土地所有权人、土地使用权人签订的书面合同另有约定的除外。集体经营性建设用地的出租，集体建设用地使用权的出让及其最高年限、转让、互换、出资、赠与、抵押等，参照同类用途的国有建设用地执行。具体办法由国务院制定。”第 66 条规定：“有下列情形之一的，农村集体经济组织报经原批准用地的人民政府批准，可以收回土地使用权：（一）为乡（镇）村公共设施和公益事业建设，需要使用土地的；（二）不按照批准的用途使用土地的；（三）因撤销、迁移等原因而停止使用土地的。依照前款第（一）项规定收回农民集体所有的土地的，对土地使用权人应当给予适当补偿。收回集体经营性建设用地使用权，依照双方签订的书面合同办理，法律、行政法规另有规定的除外。”第 82 条规定：“擅自将农民集体所有的土地通过出让、转让使用权或者出租等方式用于非农业建设，或者违反本法规定，将集体经营性建设用地通过出让、出租等方式交由单位或者个人使用的，由县级以上人民政府自然资源主管部门责令限期改正，没收违法所得，并处罚款。”根据本条的规定，集体所有的土地作为建设用地的，应当依照土地管理的法律规定办理。

▶ **相关规定**

《中华人民共和国土地管理法》第 23 条、第 63 条、第 66 条、第 82 条

第十三章 宅基地使用权

本章共四条，规定了宅基地使用权的权利内容，宅基地使用权的取得、行使和转让以及宅基地灭失后的重新分配等事项。

第三百六十二条 宅基地使用权人依法对集体所有的土地享有占有和使用的权利，有权依法利用该土地建造住宅及其附属设施。

◆ 条文主旨

本条是关于宅基地使用权的权利内容的规定。

◆ 立法背景

宅基地使用权是一种带有社会福利性质的权利，是农民的安身之本。它和土地承包经营权一样，由作为集体成员的农民无偿取得，无偿使用。宅基地使用权是农民基于集体成员身份而享有的福利保障。在我国社会保障体系尚无法覆盖广大农村的现实下，土地承包经营权解决了农民的基本衣食来源，宅基地使用权解决了农民的基本居住问题。这两项制度以其鲜明的福利色彩成了维护农业、农村稳定的重要制度。正是因为保障功能依然是宅基地使用权制度的首要功能，关于宅基地使用权取得、行使和转让的规定，必须尊重这一现实，以利于保护农民利益，构建和谐社会。

本条内容是2007年通过的《物权法》第152条的规定，本次民法典编纂对本条未作修改。

◆ 条文解读

一、宅基地归集体所有

这是宅基地使用权能够成为用益物权的前提。根据《宪法》第10条第2款的规定，宅基地和自留地、自留山一样，属于集体所有。《土地管理法》第9条规定，城市市区的土地属于国家所有。农村和城市郊区的土地，除由法律规定属于国家所有的以外，属于农民集体所有；宅基地和自留地、自留山，属于农民集体所有。因此，农民使用宅基地是对集体所有的土地的使用。

二、宅基地的用途是建造住宅及其附属设施

根据土地管理法和国家的有关规定，土地的利用必须符合国家对土地的用途管制。我国人多地少，只有严格地管制土地用途，控制建设用地总量，保护耕地，才能有效地保护资源，实现优化配置。因此，农民取得宅基地，必须依法办理有关手续，不得超量多占，也不得违反有关规划，改变土地用途。对于有些地方存在的多占宅基地，造成土地浪费的情况应当予以纠正。

► 相关规定

《中华人民共和国土地管理法》第9条、第48条、第62条

第三百六十三条　宅基地使用权的取得、行使和转让，适用土地管理的法律和国家有关规定。

◆ 条文主旨

本条是关于宅基地使用权的取得、行使和转让适用法律的衔

接性规定。

◆ 立法背景

在2007年物权法的起草过程中，关于宅基地使用权的取得、行使和转让，曾经引发了热烈的讨论，主要有以下几个方面的争议：

一、关于宅基地使用权取得的争议

（一）宅基地使用权是否应当有偿取得。第一种意见认为，宅基地使用权是村民最基本的居住保障，集体经济组织成员应当无偿取得。第二种意见则认为，目前，农村已存在宅基地分配不均、批少占多等问题，无偿取得宅基地，既无法满足农民群众改善居住条件的需要，也影响了集体经济组织的收益，宅基地应当有偿使用。第三种意见认为，完全实施有偿使用制度，多数农民难以承受，建议对保障基本居住的宅基地部分，继续采用无偿取得制度，而对超过基本居住范围的部分实行有偿使用制度。对超标多占的宅基地，可以采取累进制计算使用费。

（二）宅基地的取得是否坚持“一户一宅”原则。一种意见认为，农村因继承等原因拥有两处以上宅基地的情况很普遍，“一户一宅”过于绝对，难以执行。另一种意见认为，作为分配制度，应当坚持“一户一宅”的原则。

（三）还有的意见认为，现实中农村面临的土地问题很复杂，需要通过专门的法律法规来规定，物权法不能完全解决。

二、关于宅基地使用权转让和抵押的争议。

（一）关于宅基地使用权的转让。对宅基地使用权可否放开转让，一直存在不同意见。一种意见认为，宅基地使用权和地上房屋是农民的基本生活条件，如果允许放开转让，可能导致农村土地都被转让出去，导致农民流离失所，也不利于保护土地资源。

另一种意见认为，随着城市化的发展，很多农民进入城市，也有不少城镇居民下乡购房，已经出现宅基地使用权向外流转的情况，特别是在城市附近或者比较发达的地区。宅基地上的房屋属于农民个人所有，应允许转让，或者对转让作出一定的限制。

（二）关于宅基地使用权可否抵押。第一种意见认为，宅基地使用权是农民安身立命的基本生活保障，规定宅基地使用权可以抵押，在实现抵押权时，就面临要么使农民居无定所，要么让抵押权落空的两难境地。第二种意见认为，农民可抵押的财产有限，在保障农民基本居住的前提下，应当允许宅基地使用权抵押，以缓解农民贷款难的问题。为了防范因此而出现的风险，可以有条件地适当放开。第三种意见认为，宅基地使用权转让和抵押的问题比较复杂，不宜一概而论。物权法对这个问题可以暂不作具体规定，待各方面的认识进一步统一，获得一些经验时，再根据实际情况，通过土地管理法等其他法律解决。

本条内容是 2007 年通过的《物权法》第 153 条的规定，本法对此作了个别文字修改。

◆ 条文解读

一、有关宅基地使用权取得、行使和转让的规定

土地管理法对宅基地使用权作了规定。根据《土地管理法》第 62 条第 1 款的规定，农村村民一户只能拥有一处宅基地，其宅基地的面积不得超过省、自治区、直辖市规定的标准。人均土地少、不能保障一户拥有一处宅基地的地区，县级人民政府在充分尊重农村村民意愿的基础上，可以采取措施，按照省、自治区、直辖市规定的标准保障农村村民实现户有所居。农村村民建住宅，应当符合乡（镇）土地利用总体规划、村庄规划，不得占用永久基本农田，并尽量使用原有的宅基地和村内空闲地。编制乡

（镇）土地利用总体规划、村庄规划应当统筹并合理安排宅基地用地，改善农村村民居住环境和条件。农村村民住宅用地，由乡（镇）人民政府审核批准；其中，涉及占用农用地的，依照本法第44条的规定办理审批手续。农村村民出卖、出租、赠与住宅后，再申请宅基地的，不予批准。国家允许进城落户的农村村民依法自愿有偿退出宅基地，鼓励农村集体经济组织及其成员盘活利用闲置宅基地和闲置住宅。国务院农业农村主管部门负责全国农村宅基地改革和管理有关工作。

此外，中共中央、国务院通过有关文件，多次强调农村居民建住宅要严格按照所在的省、自治区、直辖市规定的标准，依法取得宅基地。农村居民每户只能有一处不超过标准的宅基地，多出的宅基地，要依法收归集体所有。同时，禁止城镇居民在农村购置宅基地。

二、2007年物权法本条规定的主要考虑

为准确体现国家土地管理制度的有关内容，2007年的物权法关于宅基地使用权的取得和行使的规定经过了反复研究，多次修改，立法考虑主要是：

（一）关于宅基地使用权的取得

宅基地使用权的取得主要涉及国家土地管理制度。土地管理法以及有关法规中已经对宅基地使用权的取得及其必要限制作出了明确规定。实际中遇到的问题应当依照这些规定处理。有关法律法规实施中出现的问题，可以通过国家土地管理制度的进一步发展完善，逐步解决。物权法作为调整平等主体间财产关系的民事法律，对国家土地管理制度的具体内容可以不作重复规定，只作出必要的衔接性规定即可。

（二）关于宅基地使用权的转让和抵押

我国地少人多，必须实行最严格的土地管理制度。目前，我国农村社会保障体系尚未全面建立，宅基地使用权是农民基本生活保障和安身立命之本。从全国范围看，放开宅基地使用权转让和抵押的条件尚不成熟。特别是农民一户只有一处宅基地，这一点与城市居民是不同的。农民一旦失去住房及其宅基地，将丧失基本生存条件，影响社会稳定。为了维护现行法律和现阶段国家有关农村土地政策，也为今后修改有关法律或者调整有关政策留有余地，本法的规定应当与土地管理的法律规定保持一致。

我国的土地管理制度正在改革，有关法律法规也正在完善。对于宅基地使用权的转让和抵押问题，为适应未来发展的需要，给进一步深化改革留有空间，2007 年物权法对宅基地使用权的转让和抵押问题作出衔接性的规定是必要的。

▶ **相关规定**

《中华人民共和国土地管理法》第 62 条

第三百六十四条　宅基地因自然灾害等原因灭失的，宅基地使用权消灭。对失去宅基地的村民，应当依法重新分配宅基地。

◆ **条文主旨**

本条是关于宅基地灭失后重新分配问题的规定。

◆ **立法背景**

宅基地使用权是农民基于集体成员身份享有的一种保障性的权利。作为基本保障，宅基地使用权制度不但要考虑到一般情况下农民的生活需要，还要保证自然灾害等特殊情况下农民的基本居住。在发生自然灾害导致农民原有的宅基地被毁的情况下，应当按照国家有关规定，对丧失基本居住条件的农民重新分配宅基地。

根据《土地管理法》第62条和国家的有关规定，宅基地应当符合乡（镇）土地利用总体规划，尽可能利用原有的宅基地和村内空闲地。尽量珍惜每一寸土地，特别是要严格限制对耕地的占用。在重新分配宅基地的情况下，也要按照国家规定的原则，统筹安排，力行节约，尽可能保证将适宜耕作的土地用于农业生产，严格遵守国家关于土地用途管制和耕地保护的有关规定。

本条内容是2007年通过的《物权法》第154条的规定，本次民法典编纂对本条未作修改。

◆ **条文解读**

一、重新分配宅基地的客观原因是自然灾害导致宅基地的灭失

虽然从物理属性上讲，土地是不可能消灭的，但是从用途角度上说，自然灾害等原因可能使土地不再适用某种用途。例如，由于河流改道，原来的住宅和宅基地有可能完全被淹没；又如，由于山体滑坡，原来住宅所在的土地不能再建房居住。在发生这类自然灾害，原有宅基地不可能再用于建设住宅的情况下，就必须对丧失居住条件的集体的成员提供新的宅基地以维持生计。

二、可以享受重新分配宅基地的权利人应当是因此而丧失宅基地的集体的成员

宅基地使用权是基于集体成员身份享有的一种保障性的权利。作为基本保障，宅基地使用权不应当流转到集体之外，也不应当无限扩大，变相侵占集体土地，特别是耕地。因此，因自然灾害等原因重新分配宅基地时，应当按照规定的标准分配给仍然属于本集体且丧失基本居住条件的村民。对于多占的宅基地的情况，要予以纠正，不应当把失去多占的宅基地的村民也纳入需要重新分配宅基地的村民中。

▶ **相关规定**

《中华人民共和国土地管理法》第62条

第三百六十五条　已经登记的宅基地使用权转让或者消灭的，应当及时办理变更登记或者注销登记。

◆ **条文主旨**

本条是关于宅基地使用权的变更登记和注销登记的规定。

◆ **立法背景**

宅基地使用权涉及国家对土地资源的管理，更是一种重要的用益物权。从长远发展上看，对宅基地使用权的设立、变更和消灭进行登记，既有利于加强土地管理，又有利于表彰物权的状态，从而减少争端。目前，有些地方的宅基地使用权的登记制度不够完善，有些地方的宅基地使用权还没有登记。尽管这一现状尚没有引发大的矛盾和纠纷，然而在宅基地使用权发生变动时风险可能爆发。本条考虑到我国广大农村的实际情况以及登记制度的现状，虽然没有明确要求所有宅基地使用权一旦发生变更一律登记，但是对于已经登记的宅基地使用权转让或者消灭的，则明确规定了应当及时办理变更或者注销登记。本条规定既切合了我国物权制度发展的大方向，也有利于从实际出发，未雨绸缪，防患于未然。

本条内容是2007年通过的《物权法》第155条的规定，本次民法典编纂对本条未作修改。

◆ 条文解读

目前，关于宅基地使用权变更登记与注销登记的规定，主要见于《土地登记规则》中。《土地登记规则》第37条规定，有下列情形之一的，土地使用权转让双方当事人应当在转让合同或者协议签订后30日内，涉及房产变更的，在房产变更登记发证后15日内，持转让合同或者协议、土地税费缴纳证明文件和原土地证书等申请变更登记：（1）依法转让土地使用权的；（2）因买卖、转让地上建筑物、附着物等一并转移土地使用权的。房屋所有权变更而使土地使用权变更的，在申请变更登记时，应当提交变更后的房屋所有权证书。第39条规定："因交换、调整土地而发生土地使用权、所有权变更的，交换、调整土地的各方应当在接到交换、调整协议批准文件后三十日内，持协议、批准文件和原土地证书共同申请变更登记。"第56条规定："因自然灾害等造成土地权利灭失的，原土地使用者或者土地所有者应当持原土地证书及有关证明材料，申请土地使用权或者土地所有权注销登记。"第58条规定："土地使用者、所有者和土地他项权利者未按照本规则规定申请注销登记的，土地管理部门可以依照规定直接办理注销土地登记，注销土地证书。"

本条对宅基地使用权的取得、行使和转让作了与其他法律和国家有关规定的衔接性规定，已经为未来宅基地使用权制度的发展完善留下了空间。本条对宅基地使用权变更登记和注销登记的规定，将随着我国的土地使用制度和宅基地使用权制度的发展完善，逐渐发挥其应有的作用。

▶ 相关规定

《土地登记规则》第37条、第39条、第56条、第58条

第十四章 居 住 权

本章规定了居住权制度，共六条。居住权是指居住权人对他人所有住宅的全部或者部分及其附属设施，享有占有、使用的权利。本章主要对居住权概念、居住权合同内容、居住权的设立、居住权的限制、居住权的消灭和以遗嘱方式设立居住权等作了规定。

第三百六十六条 居住权人有权按照合同约定，对他人的住宅享有占有、使用的用益物权，以满足生活居住的需要。

◆ 条文主旨

本条是关于居住权概念的规定。

◆ 立法背景

一、居住权制度的起源

居住权制度起源于罗马法，最早产生于古罗马的婚姻家庭关系中，作为人役权的一种形式，其产生与当时罗马社会家庭状况及概括继承制度有密切联系，是社会发展到一定阶段的产物。罗马家庭法本质上是家父或家长的法，罗马家庭则是以家长权利为核心的人的集合体。在这一集合体中由家长代替其他家族成员行使权利以维护家庭秩序，进而实现稳定整个社会秩序和防卫国家的目的。在财产继承方面，罗马共和国实行概括继承制，即遗嘱是家长意志最后付诸实践，将其权利概括转移给另一个家族男性成员的体现。正是基于这种特殊的家庭继承关系，随着罗马共和国疆域的不断扩展，非罗马公民大量增加，妻子人身从属于原家长，与丈夫地位互不隶属且不享有夫家继承权的万民法婚姻大量出现。特别是到了共和国末期，奴隶解放日益增多，每遇家长亡故，那些没有继承权又缺乏劳动能力的妻子和奴隶的生存和生活就成了问题。因此，丈夫和家主就把一部分家产的收益权、使用权、居住权等遗赠给妻子和被解放的奴隶，使他们生有所靠，老有所养。该制度的设立初衷，是解决家庭成员的居住和供养。

罗马法的居住权制度主要有以下特点：一是伦理性。居住权制度的产生与罗马社会现实密不可分，是为了调整基于无夫权婚姻和概括继承制之下的婚姻家庭关系而产生，是为了家庭生活中的弱者而确立，体现罗马法对家庭生活中弱者的人文关怀。二是人身性。居住权具有较强的人身专属性，主要由权利人通过遗嘱设立。居住权只能由特定权利人针对特定房屋享有，权利人不得将居住权转让，原则上也不得出租，不得作为权利人遗产被继承。三是长期性。居住权的伦理性和人身性决定了它的期限性，一旦该权利人死亡，居住权便因为失去了存在的必要而归于消灭。居住权的具体期限主要由权利人通过遗嘱的方式加以规定，最长期限为权利人终生。四是无偿性。因为居住权具有强烈的家庭伦理性，其产生主要是为了解决没有继承权的妻子和奴隶的住房问题，具有扶危济困的道义色彩和救助性质，故罗马法上设定的居住权都是无偿的。五是排他性。作为物权的一种，居住权拥有一般物权所共有的排他性特征，即法律将特定房屋的居住权利归属于某个权利主体，由其直接支配享受其利益，并排除他人对其居住的侵害或干预。

二、一些国家和地区关于居住权制度的规定和研究

目前，一些国家，主要是欧洲国家的民法典大多继受和发展了居住权制度，如《法国民法典》《德国民法典》《意大利民法典》《瑞士民法典》《奥地利民法典》等。此外，我国《澳门民法典》也规定了居住权制度。一些东亚国家和地区虽然普遍继受了西方物权制度，却大多未规定居住权等人役权制度，如韩国、我国台湾地区等都没有规定居住权制度。还有的国家，如日本，最初未继受居住权制度，随着理论和实践的发展，根据实际需要，在最近的民法修改中在相关章节增加了关于居住权制度的规定。

（一）法国

《法国民法典》在第二卷“财产以及所有权的各类变更”的第三编“用益权、居住权与使用权”中规定了居住权制度。该法典规定：一是居住权依法律或者依人的意思设立。二是居住权限于居住权人及其家庭成员所用，且以其家庭居住所需为限。三是居住权不得让与，也不得出租。四是居住权人以善良管理人之注意为其享有权益的附加义务。

（二）德国

《德国民法典》在第三编“物权法”的第四章“役权”中规定了居住权制度。该法典规定：一是居住权是指在排除所有人的情况下，将建筑物或者建筑物的一部分作为住宅加以使用的权利。二是居住权人有权将其家庭以及对符合身份的服侍和对于护理来说为必要的人员接纳入住宅中。三是居住权被限制于建筑物的一部分的，权利人可以合用指定供居住者共同使用的工作物和设备。

（三）意大利

《意大利民法典》在第三编“所有权”的第五章“用益权、使用权和居住权”中规定了居住权制度。该法典规定：一是对房

屋享有居住权的人可以在自己和家庭需要的限度内享用房屋。二是规定了家庭的范围。在居住权设立时居住权人尚未结婚的情况下，家庭的范围应当包括居住权发生以后出生的子女。即使收养、认领以及领养是在居住权发生以后完成的，家庭的范围同样应当包括养子女、认领的私生子女和领养的子女。家庭的范围还应当包括由于为权利人本人或者权利人的家庭提供服务而与权利人一起生活的人员。三是居住权不得转让或租赁。四是对房屋享有居住权并且占用全部房屋的人，承担正常修缮费和其他房屋的税费，如果仅占用一部分房屋，则按照享用的比例承担支付上述费用的义务。

（四）瑞士

《瑞士民法典》在第四编“物权法”的第二部分“限制物权”的第二十一章“役权及土地负担”中规定了居住权制度。该法典规定：一是居住权系指居住建筑物的全部或一部分的权利。二是居住权不得转让或继承。三是居住权通常以权利人的个人必需为标准。四是如居住权未明文限定某权利人本人时，得收留其家属或家人同住。五是居住权仅以建筑物的某部分为限时，权利人得使用公共设施。六是权利人有专属居住权的，得负担通常保养费用。权利人仅享有共用权的，保养费用由所有人负担。

（五）日本

日本虽然继受了西方物权制度，最初却一直未规定居住权制度，直至2018年日本修改民法。在第五编继承中增加一章规定配偶之居住权利，该章规定了配偶居住权和配偶短期居住权。配偶居住权是指被继承人的配偶于继承开始时居住在属于被继承人财产的建筑物，符合一定条件时，就其居住的建筑物的全部，取得无偿使用及收益的权利。并在配偶居住权一节中，对配偶居住权的取得、存续期间、使用收益、建筑物的修缮以及返还等作了规定。

（六）我国澳门地区

我国《澳门民法典》在第三卷“物权”的第三编“用益权、使用权及居住权”的第二章中规定了“使用权和居住权”。该法典规定：一是使用权系指权利人及其亲属得在本身需要之限度内使用他人特定物及收取有关孳息之权能，涉及住房之使用权，称为居住权。二是居住权不得在其受益人死后继续维持。三是居住权人之亲属，仅包括配偶、受权利人抚养之子女以及其他应由权利人抚养之血亲。四是居住权人不得将其权利转予他人或出租予他人，亦不得以任何方式在其权利上设定负担。五是居住权人需按比例负责一般修补、承担管理开支、税捐及按年支付之负担。

（七）我国台湾地区

我国台湾地区未规定居住权制度。对于未规定居住权的原因，我国台湾地区“民法”物权编的“立法理由书”称：“欧洲诸国民法于地役权及人役权皆设有规定。惟东西习惯不同，人之役权为东亚各国所无，日本民法仅规定地役权，而于人之役权无明文，台湾地区习惯与日本相同，故本法亦只设地役权也。”

◆ **条文解读**

居住权是大陆法系传统的物权形态，是指居住权人对他人住宅的全部或者部分及其附属设施，享有占有、使用的权利。

一、规定居住权制度的意义

在物权法以及民法典物权编制定过程中，关于是否规定居住权制度一直争议较大。物权法制定过程中，经过反复研究讨论，考虑到居住权制度的适用面很窄，最终未规定居住权制度。在民法典编纂过程中，经过反复研究讨论，增加规定居住权制度，主要考虑到以下几个方面：

一是增加规定居住权制度是加快建立多主体供给、多渠道保障、租购并举的住房制度的需要。党的十九大报告提出，要加快建立多主体供给、多渠道保障、租购并举的住房制度，让全体人民住有所居。为落实党中央的要求，认可和保护民事主体对住房保障的灵活安排，满足特定人群的居住需求，民法典物权编增加规定居住权制度。居住权是一种用益物权，其与租赁不同，租赁必须支付租金，居住权一般具有无偿性，而且一般情况下还有长期的期限保障，这些特性是租赁合同无法完全取代的。居住权制度，在一定程度上为人民住有所居提供更多的制度选择和制度保障。

二是增加规定居住权制度是住房商品化和市场化发展的反映。随着住房商品化和市场化的发展，从过去住房由行政分配并几乎是无偿使用的状况发展到住房成为商品，主要由市场调节住房价格。居住是人民基本的需求，土地资源的有限性及房屋价格的上升，使有些群体相比住房价格低的时候出现难以解决居住问题的可能性就相应增加。增加规定居住权制度让所有权人根据自身需要，意思自治，在自己所有的住房上为他人设立居住权，解决他人居住困难，满足他人生活居住的需要。通过居住权制度，居住权人取得占有、使用住宅的用益物权，以其物权的特有方法为非所有人提供了通过法律行为比较稳定地使用他人财产的可能性，保障居住权人对房屋的独立支配权。

三是增加规定居住权制度是房屋在居民财产体系中地位提高的体现。房屋是最主要的建筑物，房屋所有权是自然人最主要的财产权之一，房屋财产价值在居民个人财产体系中地位越来越高，个人所有的住宅在社会整个房屋中所占的比例也大幅度上升。房屋权利的财产权化，必然形成对住宅所有权的实现方式的多元化的需求。居住权制度为有效利用房屋提供了一个重要的法律手段，有利于发挥房屋的效用。增加规定居住权制度为住宅所有权人实现多元化需求提供必要的法律手段。设立居住权，是住宅所有权人行使所有权的手段和途径之一。

四是增加规定居住权制度是更好地满足住宅所有权人意思自由的需求。居住权制度以物权效力确认了对住宅的使用权，为住宅所有权人提供了更多的实现其对住宅自由支配意志的途径和选择。例如，住宅所有权人在其年老时，可以将其住宅出卖，同时约定住宅的受让人在该房屋上为其设定居住权，并一次性或分期向其支付价款，以作为其养老金。遗嘱人也可以用遗嘱的方式为其生存的配偶设定一个居住权，而指定其住宅的所有权由其子女继承，这既可以解决其生存配偶的居住问题，也可以满足遗嘱人将其遗产由其子女继承的愿望。住宅所有权人可以通过选择适用居住权制度对其所有的住宅作出符合其意思的安排，住宅所有权人、居住权人以及第三人的利益都得到了最大的实现，有利于发挥物的效用。

二、居住权的含义和法律特征

本条规定，居住权人有权按照合同约定，对他人的住宅享有占有、使用的用益物权，以满足生活居住的需要。根据本条的规定，居住权有以下法律特征。

（一）居住权是在他人住宅上设立的物权

居住权是在他人所有的住宅上设立的物权。设立居住权是住宅所有权人处分自己财产的一种方式，住宅所有权人根据自己的意思自由在自己所有的住宅的全部或者部分为他人设立居住权。此外，根据本条的规定，居住权只能在他人所有的住宅上设立，其他类型的房屋上不能设立居住权。

（二）居住权是一种用益物权

用益物权是以支配标的物的使用价值为内容的物权。我国的用益物权主要包括土地承包经营权、建设用地使用权、宅基地使用权、居住权和地役权等。根据本法的规定，居住权是一种用益物权，是指居住权人对他人所有的住宅的全部或者部分及其附属设施享有占有、使用的权利，以满足生活居住的需要。特别应注意的是，并非所有居住他人住宅的权利均是本条规定的居住权。如果当事人之间存在抚养、扶养、赡养、租赁、借用等关系，也同样可能享有居住他人住宅的权利。但由此而享有的权利不具有物权的排他效力，不是本条所规定的居住权，不能适用本章的规定。

此外，2018 年 8 月，第十三届全国人大常委会第五次会议审议的民法典各分编草案第 159 条第 1 款规定，居住权人有权按照合同约定，对他人的住宅享有占有、使用的权利，以满足生活居住的需要。在立法过程中，有的意见提出，居住权是一种新的用益物权，虽然作为用益物权的一种规定在用益物权部分，但大多数人对居住权不熟悉，居住权与其他居住的权利的区别不明显。为强调居住权是一种用益物权，2019 年 4 月，第十三届全国人大常委会第十次会议审议的民法典物权编草案二次审议稿第 159 条将“对他人的住宅享有占有、使用的权利”修改为“对他人的住宅享有占有、使用的用益物权”。

（三）居住权是为特定自然人设定的

居住权是住宅所有人为特定自然人的利益在自己所有的住宅上设定的权利，法人或其他组织不能享有居住权。享有居住权的主体范围具有有限性，居住权人以外的人一般不能享有居住权，但有的国家允许居住权人的家庭成员居住，并详细规定了可以居住的自然人的范围。

（四）居住权是为特定自然人生活居住的需要而设定的权利

居住权人只能将享有居住权的住宅用于满足其生活居住的需

要，一般情况下，居住权人不能将其享有居住权的住宅出租，但是当事人另有约定的除外。根据本法第 369 条的规定，居住权不得转让、继承。

（五）居住权人按照合同约定对他人的住宅享有占有、使用的权利

一般情况下，当事人通过订立居住权合同并对居住权进行登记后设立居住权。居住权人对他人的住宅享有的占有、使用的具体权利义务，根据所有权人和居住权人之间订立的居住权合同确定。居住权人为充分地使用其居住的住宅，对住宅的各种附属设施亦有使用权。

第三百六十七条 设立居住权，当事人应当采用书面形式订立居住权合同。

居住权合同一般包括下列条款：

（一）当事人的姓名或者名称和住所；

（二）住宅的位置；

（三）居住的条件和要求；

（四）居住权期限；

（五）解决争议的方法。

◆ **条文主旨**

本条是对居住权合同形式和内容的规定。

◆ **条文解读**

住宅所有权人为满足他人生活居住的需要想在自己所有的住宅上为他人设立居住权的，途径之一就是与他人订立居住权合同，

再按照订立的居住权合同向登记机构申请居住权登记。

一、居住权合同的形式

根据本法的规定，居住权既可以基于当事人的约定设立，也可以基于被继承人的遗嘱设立。本条是对通过居住权合同设立居住权的合同形式和内容的规定。根据本条第1款的规定，设立居住权，当事人应当采用书面形式订立居住权合同。因设立居住权需明确一些具体的权利义务，本条规定，设立居住权的，当事人应当采用书面形式订立居住权合同。

二、居住权合同的内容

本条第2款规定是2019年4月民法典物权编草案二次审议稿增加规定的内容。2019年12月民法典草案在二次审议稿的基础上又作了修改完善。根据本条第二款的规定，居住权合同一般包括下列条款：

1. 当事人的姓名或者名称和住所。当事人的姓名或者名称和住所，是合同中最基本的要件。如果不写明当事人，合同由谁履行就不明确，当事人的权利和义务更无从谈起。居住权合同的当事人一般为住宅的所有权人和居住权人。2019年4月审议的民法典物权编草案二次审议稿本项规定的是“当事人的姓名和住所”，有的意见提出，存在有的老年人以房养老，可能将住宅出售给法人或者非法人组织，购买住宅的法人或者非法人组织在住宅上给老年人设立居住权的情况，建议增加当事人的名称的规定，2019年12月审议的民法典草案将本项修改为“当事人的姓名或者名称和住所”。

2. 住宅的位置。居住权合同中应当明确住宅的具体位置，以确定当事人设立居住权的住宅。一般情况下，合同中明确的住宅的位置应与住宅房屋产权证上的位置一致。

3. 居住的条件和要求。居住权合同中可以约定居住的条件和要求，主要包括当事人的权利义务。设立居住权的合同应当尽可能清晰地确定当事人之间的权利义务关系，避免纠纷的发生，或者在发生纠纷时有明确的规则可供遵循。在权利方面，当事人可以协商约定居住权人占有使用的具体权利，如是否可以与其家属共同居住，是否可以让其所雇佣的保姆等为其生活所需的服务、护理人员居住。在义务方面，当事人可以协商约定双方的义务，如不得改变房屋的结构、用途，保管房屋的义务，承担房屋的日常负担及返还房屋等。有的国家在法律上直接对居住的权利和义务作了规定。例如，《法国民法典》第 627 条规定，使用权人以及享有居住权的人，应以善良管理人的态度享用其权利。

4. 居住权期限。民法典物权编草案二次审议稿未规定本项，这是 2019 年 12 月审议的民法典草案增加规定的内容。有的意见提出，为扩大居住权的适用范围，应该允许当事人对居住权期限进行约定。居住权制度创设初始，为达到保护居住权人的目的，赋予居住权长期性的特点，一般持续至居住权人终生。为保障当事人设立居住权的意思自由，扩大居住权制度的适用性，根据本法的规定，当事人可以就居住权的存续期限作出约定。当事人可以根据不同情况、不同需求在居住权合同中约定居住权的期限。例如，给未成年人设立居住权的，可以约定居住权期限存续至未成年人成年之时。如果当事人未对居住权期限作出约定，根据本法的规定，居住权人死亡的，居住权消灭。

5. 解决争议的方法。居住权合同可以就合同履行发生争议的解决方法作出约定。因履行居住权合同发生争议的，所有权人和居住权人可以双方协商解决，协商不成的，提交双方当事人指定的仲裁委员会仲裁，或者依法向人民法院起诉。

需要注意的是，本条第 2 款所规定的内容并非全部都是居住权合同必须约定的内容。当事人应当对第 1 项“当事人的姓名或者名称和住所”、第 2 项“住宅的位置”作出明确约定，如果欠缺这两项内容将导致居住权的主体和客体不明，不可能设立居住权。其他各项均非合同必须约定的内容，如果当事人未作确定，不影响居住权的设立。

第三百六十八条 居住权无偿设立，但是当事人另有约定的除外。设立居住权的，应当向登记机构申请居住权登记。居住权自登记时设立。

◆ **条文主旨**

本条是关于居住权设立的规定。

◆ **立法背景**

居住权制度产生初始，是房屋所有权人为与其有特定人身关系的人设立。无偿性是居住权制度的特征之一。设立居住权一般情况下带有扶助、友善、帮助的性质。按照本条的规定，居住权无偿设立，即居住权人无需向房屋的所有人支付对价。

居住权人是否需要承担居住房屋产生的日常维护费用由当事人约定。有的国家在法律中明确规定，居住权人应当承担居住房屋产生的日常维护费用。例如，《瑞士民法典》第 778 条规定，如居住权人对住宅或套房享有独立的居住权，则日常养护费用应当由其承担。如居住权人和所有权人共同居住，则日常养护费用应当由所有权人承担。《意大利民法典》第 1025 条规定，对土地享有使用权并且取得全部孳息的人承担耕作的全部费用；对房屋享有居住权并且占用全部房屋的人，与用益权人一样，承担正常修缮费和其他房屋的税费。如果仅收取一部分孳息或者占用一部分房屋，则按照享用的比例承担支付上述费用的义务。

本条是关于居住权设立的规定，本条规定在立法过程中不断修改完善。2018 年 8 月审议的民法典各分编草案仅规定了一款，即“设立居住权的，应当向登记机构申请居住权登记。居住权自登记时设立”。在征求意见过程中，有的地方、法学教学研究机构和社会公众建议进一步完善居住权制度的相关规定，明确居住权是无偿设立的用益物权，并对居住权合同的内容进行规范。2019 年 4 月审议的民法典物权编草案二次审议稿将该款单列一条，并在下一条中增加规定“居住权无偿设立”。有的意见提出，居住权应以无偿设立为原则，但应允许当事人作例外约定。2019 年 12 月审议的民法典草案将“居住权无偿设立”移至本条并修改为“居住权无偿设立，但是当事人另有约定的除外”。

◆ 条文解读

一、居住权一般情况下无偿设立

居住权是用益物权的一种，一般情况下具有无偿性，其与房屋租赁存在本质区别。主要表现在：一是保护方式存在区别。居住权是一种支配权，租赁权是一种请求权。居住权为一种独立的用益物权，具有物权的所有特征：对世性、绝对性、直接支配性等。租赁法律关系属于债权，具有相对性，租赁权人只能对抗特定的债务人。尽管房屋租赁权的效力强化后，租赁权人也具有对抗第三人的效力，但与作为物权的居住权对抗效力和对抗范围存在区别。二是设立方式存在区别。居住权需要经过登记才发生物权的效力，租赁权只需要双方的合意就发生法律效力，其设立不以登记为条件。三是期限存在区别。租赁权的租期由合同双方当事人约定，但不得超过 20 年，超过 20 年的部分无效，如果双方未约定租期，为不定期租赁，对于不定期租赁，任何一方当事人都可以随时解除合同。居住权的期限具有长期性的特点，除当事人另有约定外，通常至居住权人死亡时居住权消灭。四是取得权利支付的对价存在区别。取得居住权一般是无偿的，带有扶助、友善、帮助的性质。居住权人即便在特殊情况下需要向房屋的所有人支付费用，费用也是很少的。而租赁合同则是一种双务、有偿合同，取得租赁权，以支付租金为条件。

但是，本条规定，居住权无偿设立，但是当事人另有约定的除外。根据本条的规定，居住权以无偿设立为原则，当事人可以就是否无偿设立作出约定。

二、设立居住权的，应当向登记机构申请居住权登记

我国物权制度有“登记生效”与“登记对抗”两种物权变动模式。对于居住权的设立，采用登记生效的物权变动模式。不动产登记簿是确定居住权的根本依据。居住权的设立登记是指将设立居住权的事实依法记载于不动产登记簿的行为。本条规定，设立居住权的，应当向登记机构申请居住权登记。居住权自登记时设立。根据本条的规定，当事人签订居住权合同后，居住权并未设立，当事人需持居住权合同到不动产登记机构申请居住权登记。不动产登记机构将设立居住权的情况登记在不动产登记簿上，居住权自登记时设立。如果仅就住宅的部分设立居住权，应当对此在居住权合同中予以明确，并在不动产登记簿上予以明确。

第三百六十九条 居住权不得转让、继承。设立居住权的住宅不得出租，但是当事人另有约定的除外。

◆ **条文主旨**

本条是关于居住权限制的规定。

◆ 立法背景

居住权一般为满足特定自然人生活居住的需要设立，通常只具有占有、使用的权能，一般情况下居住权人不得利用房屋进行收益。居住权不得转让、继承，设立居住权的住宅不能出租是居住权的权利特征之一。因此，本条规定，居住权不得转让、继承。设立居住权的住宅不得出租，但是当事人另有约定的除外。

其他国家和地区也对居住权的限制，如不得转让、继承、出租等作了明确规定。例如，《法国民法典》第 634 条规定，居住权既不得转让，也不得出租。《意大利民法典》第 1024 条规定，使用权和居住权不得转让或租赁。《瑞士民法典》第 776 条第 2 款规定，居住权不得转让，也不得继承。《葡萄牙民法典》第 1488 条规定，使用权人及居住权人均不得将其权利转予他人或出租予他人，亦不得以任何方式在其权利上设定负担。《西班牙民法典》第 525 条规定，不得以任何形式将使用权和居住权出租、出让给他人。我国《澳门民法典》第 1412 条第 2 款规定，使用权及居住权，不得在其受益人死后继续维持。

◆ 条文解读

一是居住权不得转让。居住权人对他人的住宅享有占有、使用的权利，但只能由居住权人本人享有，居住权人不得将其享有的居住权转让。

二是居住权不得继承。居住权人死亡的，居住权消灭，居住权人的继承人不能继承居住权人对住宅享有的居住权。

三是设立居住权的住宅不得出租。居住权是占有、使用他人住宅的权利，其目的是满足权利人生活居住的需要。因此，一般情况下，居住权人对设立居住权的住宅不享有收益权。本条规定，设立居住权的住宅不得出租，但是当事人另有约定的除外。一般情形下，居住权人不能将住宅出租给他人以收取租金，但如果当事人根据需要达成协议，也可以将设立居住权的住宅出租。

第三百七十条 居住权期限届满或者居住权人死亡的，居住权消灭。居住权消灭的，应当及时办理注销登记。

◆ 条文主旨

本条是关于居住权消灭的规定。

◆ 立法背景

由于居住权制度设计的目的是保障居住权人的生活居住的需要，其期限一般具有长期性、终生性。本条规定，居住权期限届满或者居住权人死亡的，居住权消灭。其他国家和地区对居住权期限也有类似规定。例如，我国《澳门民法典》第1412条第2款规定，使用权及居住权，不得在其受益人死后继续维持。

◆ 条文解读

根据本条的规定，居住权消灭主要包括两种情形：

一是居住权期限届满。当事人可以根据自己的意思自由在居住权合同中约定居住权期限，居住权期限届满的，居住权消灭。例如，住宅所有权人给未成年人设立居住权的，可以约定居住权至居住权人成年时消灭，作出如此约定的，居住权人成年时，居住权即消灭。再如，当事人可以约定自合同签订之日起20年，居住权消灭，作出如此约定的，约定期限届满的，居住权消灭。居住权因期限届满消灭的，居住权人有返还房屋的义务。

2018年8月的民法典各分编草案和2019年4月审议的民法典

物权编草案二次审议稿未规定“居住权期限届满”。物权编草案二次审议后征求意见过程中，有的常委委员、社会公众建议对居住权合同的内容、居住权的设立和期间等规定予以进一步完善，以使这一制度在实践中发挥更大的作用。2019 年 12 月审议的民法典草案在居住权合同条款中增加规定“居住权期间”，同时在本条中增加规定“居住权期间届满的，居住权消灭”，当事人可以根据意思自由约定居住权期间。后又文字统一为“居住权期限”。

二是居住权人死亡。当事人可以根据意思自由约定居住权期限，如果没有约定，居住权一般至居住权人死亡时消灭。

本条的规定，居住权消灭的，应当及时办理注销登记。根据本条规定，居住权消灭的，当事人应当及时到不动产登记机构办理注销登记，将登记于不动产登记簿的居住权信息注销。

第三百七十一条 以遗嘱方式设立居住权的，参照适用本章的有关规定。

◆ 条文主旨

本条是关于以遗嘱方式设立居住权的规定。

◆ 立法背景

本法第 366 条规定了以合同方式设立居住权。

◆ 条文解读

一、关于居住权的设立方式

根据本法的规定，设立居住权，有以下几种方式，不同的设立方式，居住权设立的时间不同。

一是合同。当事人订立居住权合同是设立居住权最主要的形式。通过订立居住权合同设立居住权的，必须到登记机构申请居住权登记，居住权自登记时设立。

二是遗嘱。住宅所有权人可以以遗嘱的方式为他人设立居住权，即住宅所有权人在自己的遗嘱里明确为他人设立居住权。

三是法院判决。除本章规定的以合同和遗嘱方式设立居住权外，居住权还可以通过法院判决的形式设立。本法第 229 条规定，因人民法院、仲裁机构的法律文书或者人民政府的征收决定等，导致物权设立、变更、转让或者消灭的，自法律文书或者征收决定等生效时发生效力。《最高人民法院关于适用〈中华人民共和国婚姻法〉若干问题的解释（一）》第 27 条第 3 款规定，离婚时，一方以个人财产中的住房对生活困难者进行帮助的形式，可以是房屋的居住权或者房屋的所有权。司法实践中，如离婚判决时，法官可以依法将居住权判给一些有特殊需要的人，这也是依法律规定设定居住权的一种方式。

二、以遗嘱方式设立居住权的，参照适用本章的有关规定

本章第 366 条至第 370 条对居住权概念、居住权合同内容、居住权的设立、居住权的限制、居住权的消灭作了规定。当事人以遗嘱方式设立居住权的，本章的相关规定如居住权的限制和消灭等都参照适用。

第十五章 地 役 权

本章共十四条。对地役权的概念、设立地役权的形式及内容、地役权人和供役地权利人的权利义务、地役权的消灭等作出了规定。

地役权概念源于罗马法，是最早的他物权制度。时至今日，法国、意大利、德国、瑞士、日本等国民法典均规定了地役权，我国台湾地区“民法”原来也称之为“地役权”，2010 年将其修改为“不动产役权”。

第三百七十二条 地役权人有权按照合同约定，利用他人的不动产，以提高自己的不动产的效益。

前款所称他人的不动产为供役地，自己的不动产为需役地。

◆ 条文主旨

本条是关于地役权的规定。

◆ 立法背景

关于地役权的含义，在不少国家或地区的相关规定中均有类似规定。《日本民法典》第 280 条规定，地役权人，按设定行为所确定的目的，享有用他人土地为自己土地提供便益的权利，但不得违反第三章第一节关于公共秩序的规定。《德国民法典》第1018条规定，对一块土地可以为另一块土地的现时所有人的利益，以这样的方式设定负担，使另一块土地的现时所有权有权在个别关系中使用该土地，或者一定的行为不得在该土地上实施，或者某项权利的行使被排除，而该项权利系基于被设定负担的土地的所有权而对另一块土地发生的（地役权）。《瑞士民法典》第730条规定，甲地所有人，为乙地的利益，得允许乙地所有人进行某些特定方式的侵害，或为乙地所有人的利益，在特定范围内，不行使自己的所有权，以使自己的土地承受负担。我国台湾地区“民法”第851条规定，称不动产役权者，谓以他人不动产供自己不动产通行、汲水、采光、眺望、电信或其他以特定便宜之用为目的之权。

在立法过程中，对是否要规定地役权以及对于“地役权”的称谓，有不同意见：（1）是否要规定地役权。一种意见认为，不应当规定地役权，地役权可以被相邻关系所包括。多年来，我国没有地役权制度，有关地役权纠纷大多是按相邻关系处理的，这已表明地役权没有独立存在的必要。另一种意见认为，相邻关系不能替代地役权，物权法应当规定地役权。相邻关系是对不动产的利用作最低限度的调节；而地役权则必须通过双方当事人约定，对他人不动产的利用来提高自己不动产的价值。地役权与相邻关系，作为彼此独立的法律制度，各具其内涵，二者的主要区别在于：第一，产生的原则不同。相邻关系是基于法律直接规定而产生的，法律要求的一方必须为另一方提供便利，是维护正常生活和生产的最低需要。地役权是根据需役地权利人与供役地权利人自愿达成协议而产生的，是地役权人通过利用他人的不动产而使自己的不动产获得更大的效益。第二，性质不同。相邻关系是法律上对土地间利用关系的一种最小限度的调节。它不是一项独立的民事权利，更不是独立的他物权，属于所有权的内容。而地役权的主要功能在于弥补相邻权的不足，在相邻权得不到调节时，可以通过约定加以弥补。地役权不仅是一项独立的民事权利，而且还是一种独立的物权形式，为用益物权的一种。考虑到相邻关系是法定的对相邻不动产权利人权利的限制，是维护正常生活和生产的最低需要；而地役权则是扩大对他人不动产的利用来提高自己不动产的价值，不能由法律强制，而应采用协商方式由当事人约定，这一制度有存在的必要性。因此，本法设专章规定了地役权。（2）对于“地役权”的称谓。有的意见认为，“地役权”的概念晦涩难懂，不够通俗，不宜为一般民众所接受，建议采用“邻地利用权”或者其他老百姓易懂的名称。也有的意见提出，应当借鉴我国台湾地区的经验，将“地役权”修改为“不动产役权”。考虑到自罗马法以来，大陆法系国家及地区的民法中都把地役权作为一项重要的物权加以规定，如德国、法国、瑞士、韩国、日本等国家；且物权法制定实施以来，地役权已经为人民群众所熟知和运用，不宜更换为另一个全新的名称。因此，本法采用了传统民法“地役权”的概念。

◆ **条文解读**

地役权是传统民法用益物权中的一项重要权利，是按照合同约定利用他人的不动产，以提高自己不动产效益的权利。例如，甲乙两个工厂相邻，甲工厂原有一个东门，甲为了解决本厂职工上下班通行方便，想开一个西门，但必须借用乙工厂的道路通行。于是，甲乙两个工厂约定，甲向乙支付使用费，乙工厂允许甲工厂的员工通行，为此双方达成书面协议，在乙工厂的土地上设立了通行地役权。此时，乙地称为供役地，甲地称为需役地。

地役权具有以下特点：

1. 地役权的主体为不动产的权利人。地役权人是为了提高自己不动产的效益而设立地役权。供役地人就是在自己的不动产上设置地役权而便利他人行使不动产权利。因此，二者都是不动产的权利人，既可以是不动产的所有权人，如集体土地所有权人、建筑物的所有权人，也可以是不动产的使用权人，如土地承包经营权人、建设用地使用权人、宅基地使用权人。

2. 地役权是按照合同设立的。地役权合同是地役权人和供役地权利人之间达成的以设立地役权为目的和内容的合同。设立地役权，当事人应当采取书面形式订立地役权合同。根据法律规定，地役权合同一般包括下列条款：（1）当事人的姓名或者名称和住所。（2）供役地和需役地的位置。（3）利用目的和方法。（4）地役权期限。（5）费用及其支付方式。（6）解决争议的方法。

3. 地役权是利用他人的不动产。在地役权关系中，需役地和供役地属于不同的土地所有权人或者土地使用权人。利用他人的不动产来提高自己不动产的效益，是地役权设立的主要目的。所谓利用他人的不动产并不以实际占有他人不动产为要件，而是对他人的不动产设置一定的负担。这种负担主要表现在：一是容忍义务。例如，允许他人通行于自己的土地，以使自己行使土地的权利受到某种限制。二是不妨害地役权人行使权利的义务。在某些情况下，地役权人为了使用供役地便利，需要在供役地上修建必要的附属设施，如为实现排水地役权，而要在供役地建筑一个水泵。这时，供役地权利人就不得妨害地役权人行使其权利。

4. 地役权是为了提高自己不动产的效益。地役权的设立，必须是以增加需役地的利用价值和提高其效益为前提。此种“效益”既包括生活上得到的便利，也包括经营上获得的效益，如为需役地的便利而在供役地上设立的排水、通行、铺设管线等，也包括非财产的利益，即具有精神上或者感情上的效益，如为需役地上的视野宽广而设定的眺望地役权等。

5. 地役权具有从属性。地役权虽然是独立的一种用益物权，但是与其他用益物权相比，地役权从属于需役地，其目的是提高需役地的效益，必须与需役地相结合而存在。这种从属性主要体现在地役权的存续以需役地的存在为前提，与需役地的所有权或者其他物权相伴相随。本章中的许多相关规定都充分体现了地役权的从属性，比如一般而言，地役权不得单独转让，土地承包经营权、建设用地使用权等转让的，地役权一并转让。

第三百七十三条 设立地役权，当事人应当采用书面形式订立地役权合同。

地役权合同一般包括下列条款：

（一）当事人的姓名或者名称和住所；

（二）供役地和需役地的位置；

（三）利用目的和方法；

（四）地役权期限；

（五）费用及其支付方式；

（六）解决争议的方法。

◆ **条文主旨**

本条是关于地役权合同的规定。

◆ **立法背景**

本法总则编第135条规定，民事法律行为可以采用书面形式、口头形式或者其他形式；法律、行政法规规定或者当事人约定采用特定形式的，应当采用特定形式。一般而言，法律对民事法律行为的形式没有严格的要求，但在特殊情形下，会专门作出要求。例如，《瑞士民法典》第 732 条规定，关于设定地役权的契约，须用书面形式，始发生效力。

◆ **条文解读**

本条第 1 款作了同样的规定，明确设立地役权，当事人应当采用书面形式订立地役权合同。因此，根据本款规定，设立地役权的民事法律行为属于要式法律行为，必须采用书面方式这一特定形式。本法第 469 条规定："当事人订立合同，可以采用书面形式、口头形式或者其他形式。书面形式是合同书、信件、电报、电传、传真等可以有形地表现所载内容的形式。以电子数据交换、电子邮件等方式能够有形地表现所载内容，并可以随时调取查用的数据电文，视为书面形式。"根据该规定，设立地役权可以采用合同书或者数据电文等形式。考虑到设立地役权事关不动产权利的行使，关系重大，为避免因权利义务内容不明确而发生纠纷，法律规定地役权设立应当以合同书的形式。

本条第 2 款对于地役权合同的主要条款作了详细规定。根据第 2 款的规定，地役权合同一般包括以下条款：

1. 当事人的姓名或者名称和住所。当事人是合同的主体，如果不写明当事人，就无法确定权利的享有者和义务的承担者，发生纠纷也难以解决。按照我国的土地制度，地役权合同的双方当事人可以是土地所有人、建设用地使用权人、宅基地使用权人和土地承包经营权人等权利人。在订立地役权合同时，要尽量写清楚双方当事人的有关信息。自然人应当写明自然人的姓名、住址、身份证号码，法人应当写明法人的名称和住所，以及法定代表人的姓名等。当然，关于合同主体，还可以补充更为详尽的信息，比如双方的联系方式，法人的联络人等。

2. 供役地和需役地的位置。标的是合同当事人的权利义务指向的对象，标的是合同成立的必要条件，是所有合同的必备条款。没有标的，合同不能成立，合同关系无法建立。合同标的物应当明确，地役权合同所指向的标的物都是不动产，即供役地和需役地。签订地役权合同，应当标明供役地和需役地的具体位置，包括地块名称、地块编码、面积、四至等内容。地块位置可以按照不动产权属证书所记载的内容写明，在条件具备的情况下，也可以用现代定位技术明确所涉地块的精确位置，并附上测绘图纸，这样就能更准确地表明地役权合同标的物所在。

3. 利用目的和方法。地役权的内容表现为对供役地设定一定的负担。这种负担可以是积极的，即地役权人可以在供役地上为一定的行为，如通行、取水、排水、铺设管线等。这种负担也可以是消极的，即供役人在供役地上不得为一定的行为，如不得在自己的地块上盖建高楼影响需役地的采光、眺望等。地役权合同当事人应当在合同中约定所设立地役权的目的。如果需役地一方是为了通行目的，则应在合同中明确地役权为通行而设；如果需役地是为了排水而需借用领地铺设管道，则应在合同中明确为排水所设。除在合同中明确设立地役权的目的外，实现此目的的具体方法也应当明确，因为不同的方法对供役地的影响是不同的。比如，为了通行目的而设立的地役权，实现的方法是铺设行人通道，还是铺设汽车公路；为了铺设管线设立的地役权，是将管线架立在供役地的空中，还是铺设在供役地的地下，铺设在地表还是地下深层。

4. 地役权期限。地役权作为一种他物权，属于有期限物权。因此，有必要明确地役权的存续期限，即利用供役地的具体起止时间。地役权的期限是地役权存续的依据，应有明确的约定。在地役权合同中，应当将地役权期限尽量明确，如从某年某月某日至某年某月某日。当然这种期限也可以是不确定的，比如为通行目的设立的地役权，双方约定地役权期限至需役地上所建大厦竣工之日；为铺设管线设立的地役权，可以约定地役权期限至管线报废之日。地役权合同如果没有约定或者约定不明确的，地役权人可以随时终止合同。

5. 费用及其支付方式。地役权设立可以是有偿的，也可以是无偿的，均由双方当事人约定。对于有偿设立的地役权，地役权人与供役地权利人在合同中，应当明确约定费用及其支付方式。具体而言，应当约定地役权的费用金额、币种，是分期支付还是一次性支付；分期支付的话，应当明确各期费用金额，支付的具体时间或者期限。支付方式是以现金支付，还是通过银行转账支付，是通过支票或者其他方式支付。通过转账支付的，应当明确收款方的账户名称、账号。代收费用的，应当明确代收人的名称或者姓名、账户等内容。

6. 解决争议的方法。解决争议的方法指合同争议的解决途径和方式。双方当事人可以通过和解、调解、仲裁、诉讼等途径解决争议。在签订地役权合同时，当事人双方应当选择一种双方都接受的争议解决方法。需要注意的是，根据我国相关法律规定，仲裁和诉讼只能选择其中的一种方式，不能同时选择两种。如果当事人选择仲裁方式，应当明确所选择的仲裁机构，并按照仲裁机构的要求拟定仲裁条款。如果选择诉讼方式，应当明确管辖法院。

当事人签订合同的目的，是以在特定需役地和供役地上设立具体内容的地役权。因此，合同的条款是否齐备、准确，决定了合同能否顺利地履行、实现订立合同的目的。这里规定的地役权内容，只是一般地役权合同应当包括的条款，但不限于这些内容，并不是说合同中缺了其中任何一项就会导致合同不成立或者无效。有关合同主要条款的规定只起到提示性与示范性的作用。

地役权是由双方当事人通过约定设立的。对于地役权的内容法律不作严格限制，只要双方约定的内容不违反法律的强制性规定，就尊重当事人的约定。但地役权也是受限制的，如果地役权人滥用自己的权利，那么，供役地权利人有权解除地役权。对此，本法还规定，地役权人违反法律规定或者合同约定，滥用地役权的，以及有偿利用供役地，约定的付款期限届满后在合理期限内经两次催告未支付费用的，供役地权利人都有权解除地役权合同，地役权消灭。

第三百七十四条　地役权自地役权合同生效时设立。当事人要求登记的，可以向登记机构申请地役权登记；未经登记，不得对抗善意第三人。

◆ **条文主旨**

本条是关于地役权的设立与登记的规定。

◆ **立法背景**

本法总则编第 136 条第 1 款规定，民事法律行为自成立时生效，但是法律另有规定或者当事人另有约定的除外。本法合同编第 490 条第 1 款规定，当事人采用合同书形式订立合同的，自当事人均签名、盖章或者按指印时合同成立。在签名、盖章或者按指印之前，当事人一方已经履行主要义务，对方接受时，该合同成立。第 502 条第 1 款规定，依法成立的合同，自成立时生效，但是法律另有规定或者当事人另有约定的除外。

关于地役权登记的效力，立法过程中对于是否必须登记，有不同意见。一种意见认为，地役权应当登记，如果该权利不通过登记予以公示，必然会损害第三人的利益。例如，地役权人和供役地权利人达成协议设立了地役权，这实际上是在供役地上设立了负担，供役地的价值将因此而减少。如果供役地权利人将其土地的使用权转让给第三人，第三人在受让该土地时，不知道该土地上已设立了地役权，仍然以没有负担的土地的价值购买，必然会蒙受损失。另一种意见认为，应将地役权登记生效作为基本原则，登记对抗作为例外。一般而言，不动产物权以登记为要件。例如，《瑞士民法典》第 731 条第 1 款规定，地役权的设立，应在土地登记簿登记。考虑到我国的实际情况，随着我国人口的增长和工业化的发展，土地资源越来越缺乏，为了解决土地资源的有限性与人类日益增长的需要之间的矛盾，需要通过确认土地之上的各种物权实现土地的高效率利用。在农村，地役权 80%—90% 都是不登记的。为了方便群众，减少成本，物权法对地役权实行登记对抗主义。

◆ **条文解读**

根据第 373 条的规定，设立地役权必须签订书面地役权合同。根据本条的规定，地役权自地役权合同生效时设立。要判断地役权何时设立，必须知道地役权合同何时生效。

根据上述规定，一般而言，地役权合同的成立以双方当事人均签名、盖章或者按指印之时为准，如果一方先签名另一方后签名的，应以后签名的时间为成立之时。通常而言，合同成立之时即为生效之时。但是合同成立后要生效，还得具备合同生效的要件，且应排除合同无效事由的存在。因此，一般而言，地役权合同成立之时就生效，地役权即告设立。当然，当事人可以在地役权合同中附生效条件或者附生效期限。比如，双方约定，地役权合同自需役地一方当事人支付价款后方生效。在当事人有约定生效时间或者生效条件时，只有到了约定的时间或者满足了生效的条件时，地役权合同方能生效。这就是本条规定的当事人另有约定的情形。

地役权实行登记对抗主义。所谓登记对抗主义，主要是指不登记不得对抗不知道也不应知道土地设有地役权，而受让了该土地使用权的第三人。例如，甲房地产开发公司从他人手中取得位于市中心广场附近一块土地使用权，以“观景”为理念设计并建造了高层观景商品住宅楼。该地前面有一所学校乙。为了防止乙今后建造高楼挡住自己的观景视野，甲以每年向乙支付 10 万元补偿费为对价，与乙约定：乙在 30 年内不得在校址兴建高层建筑。合同签订后，双方没有办理地役权登记。一年后学校乙迁址，将房屋全部转让给房地产商丙，但乙未向丙提及自己与甲之间的约定。丙购得该学校后就建起了高层住宅。甲要求丙立即停止兴建，遭到丙的拒绝后，甲便向法院提起诉讼。按照本条的规定，法院不能支持甲的主张，因为本案中甲乙双方虽然订立了地役权合同，但没有登记，乙转让土地又没有告知丙该土地上设有地役权。因此，丙的合法权益应受保护，甲房地产开发公司只能基于合同，要求学校乙承担违约责任，而无权要求丙房地产商停止兴建高楼和承担责任。因此，为了更好地维护自己的地役权，地役权最好进行登记。

需要注意的是，地役权不登记，并非意味着地役权就不能对抗第三人，未登记的地役权，仅仅是不得对抗善意第三人。地役权属于用益物权，与债权不同（债权为相对权，不具有排他性），物权为绝对权。因此，地役权一经设立即具有对世效力。虽然地役权未经登记，但作为物权，仍可以对抗侵权行为人，如果他人非法侵害当事人的地役权，未登记的地役权人仍可以请求排除妨碍、赔偿损失。此外，未登记的地役权还可以对抗恶意第三人，所谓恶意第三人包括以不公正手段获得地役权登记的人，或者明知该地役权已经存在的第三人。

▶ **相关规定**

《不动产登记暂行条例》第5条

第三百七十五条 供役地权利人应当按照合同约定，允许地役权人利用其不动产，不得妨害地役权人行使权利。

◆ **条文主旨**

本条是关于供役地权利人义务的规定。

◆ **立法背景**

地役权作为一种用益物权，是地役权人对他人物权所享有的一种权利。要实现地役权的用益目的，提高需役地的效用，就会对供役地形成某种限制。这也就是供役地权利人的核心义务。地役权并非法定物权，法律并没有强制规定其权利的具体内容。因此，地役权的具体内容需要借助当事人之间所签订的地役权合同确定。本法第373条第2款第3项规定，地役权合同应当包括利用目的和方法的条款。此项内容为地役权合同的核心条款，双方当事人应该按照合同约定各自的义务，行使各自的权利。

◆ **条文解读**

本条规定了供役地权利人两个方面的主要义务。

一、允许地役权人利用其土地

供役地权利人承担的首要义务就是允许地役权人利用其土地。在地役权人利用供役地时，多多少少会给供役地权利人带来不便。

对于供役地权利人来说，必须按照合同的约定，向地役权人提供所涉土地，并要容忍供役地上的负担。在供役地上设定的负担可能有不同的类型：（1）允许他人利用自己的土地。比如，允许地役权人在自己的土地上挖沟排水，或者铺设管线，或者铺路等。（2）对自己行使土地的权利进行某种限制。比如，甲乙双方设立地役权，需役地权利人乙需在甲所有的土地上架设高压电线，双方约定甲不得在供役地上种植树木，仅能种植水稻等低矮粮食作物。地役权设立后，甲必须按照合同约定，限制自己所有权的行使方式，不能随意种植作物。（3）放弃部分使用自己土地的权利。比如，设定通行的地役权，地役权人在供役地上铺设道路通行，供役地权利人就需要放弃利用该部分土地的权利。（4）容忍对供役地造成某种程度上的损害。只要地役权人按照合同约定的目的和方法行使地役权，即便在一定程度上对供役地造成损害，供役地权利人也得允许。

二、不得妨害地役权人行使权利

供役地权利人一方面得容忍地役权人使用其土地，另一方面，在地役权人利用其土地时，也不得妨害。妨害地役权人行使地役权有不同的表现形式。可能是妨害地役权人行使主要权利，如供役地权利人甲与需役地权利人乙为了排水目的设立地役权，双方签订地役权合同后，为了实现此目的，乙必须在甲的土地上铺设水管，而甲却阻止乙铺设水管，此时甲就侵害了乙的地役权。妨碍地役权也可能是妨碍附属性的权利。地役权人为利用供役地，实现地役权的内容，在权利行使的必要范围内，有权在供役地上修建必要的附属设施或者从事某项必要的附属行为。这时，供役地权利人就不得妨害地役权人行使这些权利。这种妨碍可能是以积极作为的方式进行，也可能是以消极不作为的方式进行。比如，供役地权利人甲与需役地权利人乙就采光便利设定地役权，如果甲放任供役地上的林木自由生长，势必将影响地役权人的采光权。为了实现地役权，甲有义务对林木生长予以控制。

本法合同编第509条第1款规定，当事人应当按照约定全面履行自己的义务。因此，除上述义务外，供役地权利人还应当按照约定全面履行自己的其他合同义务。比如，甲乙双方设定地役权，约定需役地权利人乙可以在甲所有的土地上架设输电线路，同时约定甲应当每半年定期修葺供役地上的林木杂草，确保输电线路安全。此时，甲就应当按照合同约定履行保障输电线路安全的义务。此外，该条第2款规定，当事人应当遵循诚信原则，根据合同的性质、目的和交易习惯履行通知、协助、保密等义务。故当事人之间除应约定合同的主要义务之外，还应当履行相关的附随义务。

对于合同特别是有偿合同的当事人而言，一方的权利往往是另一方的义务，一方的义务也就是另一方的权利，权利义务都是对等的。因此，对供役地权利人的诸多约束行为，都是事先在合同中作了约定的。供役地权利人在负有容忍或者不作为义务的同时，也获得了一定的补偿。供役地权利人之所以允许地役权人利用自己的土地，在很大程度上也是为了获取一定的费用。

另外需要说明的是，如果供役地权利人未按照合同约定履行自己的义务，妨害地役权人行使地役权。此时，地役权人应当如何主张自己的权利呢？本法总则编第186条规定，因当事人一方的违约行为，损害对方人身权益、财产权益的，受害方有权选择请求其承担违约责任或者侵权责任。因此，在供役地权利人违反合同约定，阻挠、妨害地役权人行使地役权时，其行为形成违约责任与侵权责任的竞合，地役权人既可以选择根据合同请求供役地权利人承担违约责任，作为用益物权人也可以选择要求对方为侵害地役权承担侵权责任。

第三百七十六条　地役权人应当按照合同约定的利用目的和方法利用供役地，尽量减少对供役地权利人物权的限制。

◆ 条文主旨

本条是关于地役权人权利义务的规定。

◆ 条文解读

地役权这一用益物权，与其他用益物权有很大的不同，其他用益物权的权利内容大多由法律明确规定，物权权利人能做什么，其他人不能做什么，都很明确具体。而地役权则不同，地役权的核心内容都是由地役权合同设定，地役权的具体内容、地役权的行使目的和方法都是由双方当事人约定。地役权人作为用益物权的权利人，同时又是地役权合同的当事人，其行使地役权既要按照法律规定行使，同时也须要按照合同约定行使权利，履行约定的义务。

本条概括规定了地役权人行使地役权的权利和义务。

一、按照合同约定的利用目的和方法利用供役地

地役权人的主要权利就是利用供役地，以提高自己土地的效益。地役权人利用供役地的目的和方法都必须按照合同约定。一般而言，地役权的利用目的和方法有以下几类：

1. 通行目的。需役地交通不便，需要借助供役地提供交通便利，方能实现需役地的经济价值。当事人双方就通行目的设立地役权。至于通行的具体方法，则需要由合同具体约定：可以是行人通行，即开设便道由人员通过；或者车辆通行，可以是铺设简易马路由小客车通行，也可以是铺设硬化道路由大货车通行。或者是火车通行，即需要铺设轨道供火车通过。当事人在订立地役权合同时要约定明确。地役权人在行使地役权时，就应当根据合同所约定的方法通行。

2. 通过目的。需役地因利用之需，必须从远处输入电力、燃气等能源或者有线电视信号、网络数据等，需要利用供役地实现铺设管线的目的。比如，乙开设工厂，需要以天然气为动力能源，因而需要从天然气公司输入，需要借助甲的土地埋设输气管道，双方即可就天然气通过的目的设立地役权。通过的方法也是由双方合同约定，可以是从空中地表安置管道，可以是从地下铺设管线，也可以是在空中架设管网。地役权人必须严格按照合同约定行使地役权，双方约定的实现方法为在空中架设管网，地役权人则不能在地表安置管线；双方约定的实现方法为在地下铺设涵管，地役权人就不能在空中架设管线。

3. 排水目的。需役地因生产或者生活排水的目的，得借助供役地挖设沟渠或者铺设管道，确保所排出的水流安全通过。实现排水目的的方法也有多种多样，比如可以埋设排水管道，可以开挖排水沟，可以加设水泵管道，可以修建涵洞等。设立以排水为目的的地役权，与相邻关系的排水便利需要加以区别。本法物权编第 290 条第 1 款规定，不动产权利人应当为相邻权利人用水、排水提供必要的便利。通常而言，相邻不动产之间基于法定的相邻关系，可以依法排水，不需要专门设立地役权。但在特殊情形下，则有必要设立地役权。比如，甲乙两个旱地相邻，后乙地所有权人利用该地开设工厂，工厂产生大量废水需要排放，此时乙地必须借助利用甲地排水，双方就有必要设立以排水为目的的地役权。又比如，自然水流通过甲乙相邻的两地，处于上游的乙地基于相邻关系，流水是可以通过处于下游的甲地的，两地权利人之间并不需要设立以排水为目的的地役权。但是如果乙地所有权人将乙地改造成水塘，蓄水养鱼。因清理水塘需要临时大量排水，此时，双方就需要设立以排水为目的的地役权，乙地作为需役地，甲地作为供役地，在甲地铺设管道或者开挖鸿沟，确保乙地临时排放的大量水流能顺利通过。

4. 通风目的。需役地权利人要求供役地权利人在一定范围，不得修建建筑物或其他障碍物，以实现需役地权利人的土地或建筑物顺畅通风的目的。实现通风的目的，当事人可以约定不同的方法，比如约定供役地不盖高楼，供役地不种植超高树木，或者供役地必须保持现状等。

5. 采光目的。需役地权利人为了确保自己土地光照充足，要求供役地人限制供役地的利用。实现采光的目的，可以有不同的方法，比如要求供役地权利人在一定范围内不得修建建筑物或其他障碍物；供役地上修建建筑物应当使用透明材料；供役地上不得修建超过一定高度的建筑物等。

6. 取水目的。需役地权利人为了生活或者生产之需，必须在供役地上的水源取水。取水的方法，可以是地役权人在需要时，每次到供役地的水源汲取；也可以是地役权人通过渠道、水管引水。双方当事人还应当在合同中明确约定取水的时间和取水量、取水顺序等事项。地役权人在实现取水目的时，必须按照合同约定的方法、数量和顺序取水。

7. 眺望目的。需役地权利人为了保持自己所有土地的开阔视野，要求供役地权利人不得在一定范围内修建建筑物或其他障碍物。实现此目的，当事人也可以在合同中约定不同的方法，比如维持现状，不种植高大乔木等。

地役权人在行使地役权的时候，必须按照合同约定的目的和方法行使，不得超越合同约定的范围。比如，双方约定的地役权为通过目的，仅约定需役地权利人可以在供役地上铺设管线，并未约定通行目的。此时，地役权人则不得通行。当然，地役权人除行使合同约定的主要权利外，还可以实施必要的附随行为。比如，对于通过目的的地役权，供役地权利人应当允许地役权人为了铺设管线需要，临时占用供役地通行、架设管线。

二、尽量减少对供役地权利人物权的限制

地役权的实现，是供役地权利人为了需役地的便利而承受的负担。因此，地役权人按照合同约定的利用目的和方法利用供役地时，应当采取对供役地损害最小的方法为之，在利用供役地的同时，不要过分损害其利益。在某些情况下，为了实现地役权设定的目的，地役权人在供役地上需要修筑一些必要的附属设施，比如为了取水权的实现，在供役地上修建水泵；或者为了通行权的实现，为在供役地上设置路灯而修筑电线杆等。地役权人从事这些行为必须是必要的、不得已的，不修建附属设施，地役权就不能有效实现。尽管必要，但也要求地役权人要采取适当的方法，尽量选择对供役地损害最小的方法行之，尽可能减少对供役地权利人物权的限制。

地役权人在行使地役权的同时，还应当履行合同约定的其他义务，比如交纳使用费用等。此外，地役权人还应当履行其他相关义务，比如架设燃气管道、高压电线等设施后，地役权人应当确保所架设管道、电线安全，并履行维护、维修义务，确保不危及供役地权利人和第三人的安全。

第三百七十七条　地役权期限由当事人约定；但是，不得超过土地承包经营权、建设用地使用权等用益物权的剩余期限。

◆ **条文主旨**

本条是关于地役权期限的规定。

◆ **条文解读**

地役权作为用益物权，属于他物权的一种。他物权与所有权的一个区别就是，所有权属于永久物权，他物权一般而言都属于有期限物权。地役权也是如此，地役权属于有期限的他物权。

本条首先规定，地役权期限由当事人约定。因此，双方当事人应当在签订地役权合同时协商确定地役权的期限。本法物权编第373条第2款第4项也明确规定，地役权合同一般包括地役权期限条款。当事人协商确定的地役权期限，应当写入书面合同中。根据本条的规定，当事人只要协商一致，即可以设定地役权的期限。例如，甲乙两村相邻，乙村为在本村集体土地上开办企业，需要借用甲村集体所有之土地架设高压电线，双方就高压线通过目的设立地役权，并在地役权合同中约定，地役权自某年某月某日开始，至乙村企业停办之日止。此约定并不违反法律的相关规定，应为有效。

在地役权合同中，当事人应当尽量将地役权期限条款写得明确具体。当事人因结合地役权设立的具体需要，视情况作出规定：(1) 对于为一次性、临时性目的设立的地役权，当事人应当尽量明确地役权行使的具体日期、时间点或者时间段。比如，甲乙双方为了临时通行目的设立的地役权，应明确需役地权利人乙于何年何月何日几时将从甲的供役地上通过。(2) 对于长期性的地役权，当事人则应当写明地役权行使的期限，从何时开始到何时终止。(3) 对于附解除条件的地役权，所附条件不仅要合法有效，还须具体明确。(4) 对于附终止期限的地役权，也应明确约定所附期限，否则将徒增纠纷。当然，当事人在合同中对地役权的期限没有约定或者约定不明确的，可以事后作出补充协议。

本条同时规定，地役权期限不得超过土地承包经营权、建设用地使用权等用益物权的剩余期限。这是对涉及特殊类型用益物权的地役权期限作出的特别规定。用益物权属于他物权，属于有期限物权。地役权具有从属性，地役权必须依附于所涉不动产权利。比如，供役地属于用益物权，所设定的地役权不能脱离该用益物权，供役地的用益物权消灭的，在其上所设的地役权自然消灭。同样，如果需役地权利人对土地不享有所有权，那么需役地权利人所享有的权利到期终止后，为该权利所设立的地役权也就失去意义，固然应当终止。

根据我国宪法的规定，我国的土地要么属于国家所有，要么属于集体所有。对于一般民事主体而言，只能获得土地使用权。集体经济组织的农户可以通过承包集体土地获得土地承包经营权；对于城镇居民而言，可以通过出让获得国有土地使用权，而这两种用益物权都是有期限的。因此，在有期限的用益物权上设定的地役权期限都是受到限制的。

农村土地承包法对土地承包经营权的期限有明确规定。《农村土地承包法》第 21 条规定："耕地的承包期为三十年。草地的承包期为三十年至五十年。林地的承包期为三十年至七十年。前款规定的耕地承包期届满后再延长三十年，草地、林地承包期届满后依照前款规定相应延长。"根据本条的规定，地役权的期限不能超过土地承包经营权的剩余期限。这里的剩余期限，包括根据《农村土地承包法》第 21 条第 2 款延长后的期限。比如，甲所承包集体的耕地二轮承包期还剩 10 年，根据法律规定，可以再延长 30 年，因此甲的土地承包经营权的剩余期限为 40 年。甲在该地上设立的地役权只能短于 40 年。土地承包经营权剩余期限长短，制约了地役权期限。如果当事人违反法律规定，设立了更长的地役权期限，由于地役权的从属性，超过部分应属无效。

对于国有土地使用权，我国相关法律、行政法规也有明确规定。《城镇国有土地使用权出让和转让暂行条例》第 12 条规定："土地使用权出让最高年限按下列用途确定：（一）居住用地七十年；（二）工业用地五十年；（三）教育、科技、文化、卫生、体育用地五十年；（四）商业、旅游、娱乐用地四十年；（五）综合或者其他用地五十年。"因此，在国有土地使用权上设定地役权，也不能超过出让合同约定的期限。比如，甲公司取得某工业用地的国有土地使用权，剩余期限为 30 年，则甲公司以该地作为供役地设立的地役权期限就不能超过 30 年。

实践中，可能发生需役地的土地使用权与供役地的土地使用权期限不一致的情况，比如供役地的土地使用权的剩余年限为 20 年，而需役地的土地使用权为 30 年，此种情况下地役权的期限最长为 20 年。又比如，甲公司通过出让方式获得了某住宅用地地块的国有土地使用权，根据规定，其所享有的国有土地使用权为 70 年。该地块与郊区乙村集体土地相邻。甲公司基于开发房地产所需，需要通过乙村集体所有土地埋设燃气管道。此时，甲公司与乙村签订地役权合同，由乙村为甲公司铺设燃气管道提供供役地。因乙村的集体土地所有权属于无期限物权，而甲公司享有的国有土地使用权为有期限物权，此时，地役权的期限不得超过甲公司对该国有土地使用权的剩余期限。

▶ **相关规定**

《中华人民共和国农村土地承包法》第 21 条；《中华人民共和国城镇国有土地使用权出让和转让暂行条例》第 12 条

第三百七十八条 土地所有权人享有地役权或者负担地役权的，设立土地承包经营权、宅基地使用权等用益物权时，该用益物权人继续享有或者负担已经设立的地役权。

◆ **条文主旨**

本条是关于在享有或者负担地役权的土地上设立承包经营权、宅基地使用权的规定。

◆ **立法背景**

根据我国宪法和有关法律的规定，我国农村的土地属于农民集体所有。在农村，由于实行农村土地承包经营制度和宅基地制度，从集体所有的农业用地上可以派生出土地承包经营权这一用益物权，从集体所有的建设用地上可以派生出宅基地使用权这一用益物权。因此，由于集体所有的土地可能会依法提供给集体成员使用，此时，对涉及集体所有土地的地役权如何处理，需要立法予以明确。

◆ **条文解读**

本条针对这种情况专门作出了规定，土地所有权人享有地役权或者负担地役权的，设立土地承包经营权、宅基地使用权等用益物权时，该用益物权人继续享有或者负担已设立的地役权。

一、集体所有土地为需役地

土地所有人享有地役权，就是该土地作为需役地，在他人土地上设立了地役权。例如，A 地块和 B 地块分别属于甲乙两村集体所有，且两地相邻，均为农业用地，因地理位置的不同，A 地缺水干涸，B 地上有一片湖泽。甲村为了给本村 A 地进行浇灌，与乙村在 B 地上设立期限为 20 年的取水地役权，两村签订书面合同并进行了登记，约定在 B 地上挖较宽的河道引水，并每年支付一定的费用。10 年后甲村将 A 地块承包给了村民丙，丙获得 A 地块的土地承包经营权。根据本条的规定，设立土地承包经营权等用益物权时，该用益物权人可以继续享有地役权。丙作为 A 地块的用益物权人，可以继续享有地役权，丙仍可以从 B 地块取水。如果丙的土地承包经营权期限为 30 年，根据甲村与乙村所签订的地役权合同，地役权期限为 20 年。丙承包 A 地块时已过 10 年，因此丙只能再继续享有剩余 10 年的地役权。再过 10 年，如果丙想继续设立地役权，则需与乙村再行签订地役权合同。

集体所有的建设用地可以设立宅基地使用权。根据本条的规定，集体所有的土地享有地役权。如果在该集体土地上设立宅基地使用权，宅基地使用权人作为用益物权人，也可以继续享有该地役权。例如，甲村所有的 A 地块，交通不便，为通行目的，与乙村签订地役权合同，在乙村所有的 B 地块铺路通行，期限为 60 年。后甲村村民丙依法取得 A 地块的宅基地使用权，丙欲在 A 地块上盖房。丙是否可以经过 B 地块往 A 宅基地上运输建筑材料呢？根据本条的规定，是可以的，因为丙作为宅基地使用权人，可以继续享有在集体土地上享有的地役权。

二、集体所有土地为供役地

集体所有土地为供役地，就是在集体所有土地上添加了地役权负担。土地所有人负担地役权的，设立用益物权时，用益物权人需要继续负担已设立的地役权。

集体所有的农业用地在设立土地承包经营权时，已设立的地役权需要由土地承保经营人继续负担。集体所有的建设用地在设立宅基地使用权时，已设立的地役权需要由宅基地使用权人继续负担。例如，甲村所有的A地块农业用地和乙村所有的B地块建设用地相邻，因A地块缺水，需要从B地块铺设水管，故甲村与乙村签订地役权合同，约定在B地块上设立地役权，供甲村取水之用。同时，因信息化建设需要，乙村需要在A地块上架设光缆，故乙村与甲村签订了地役权合同，约定乙村享有地役权，可以在A地块上架设通讯光缆。后甲村村民丙承包了A地块，取得了土地承包经营权。乙村村民丁经审批获得了B地块上的宅基地使用权。根据本条的规定，丙和丁需要继续负担已经设立的地役权，即丙仍应允许乙村在其所承包的农业用地上架设光缆，而丁则仍应继续允许甲村在B地块上铺设取水管道。

第三百七十九条 土地上已经设立土地承包经营权、建设用地使用权、宅基地使用权等用益物权的，未经用益物权人同意，土地所有权人不得设立地役权。

◆ **条文主旨**

本条是关于在已设立用益物权的土地上，土地所有权人设立地役权的规定。

◆ **条文解读**

用益物权是一种他物权，用益物权人对他人所有的不动产或者动产，依照法律享有占有、使用和收益的权利。用益物权是一种独立的物权，用益物权一旦设立，用益物权人便独立地对标的物享有占有、使用和收益的权利。用益物权人不仅对所用益的标的物享有支配的权利，而且可以排除包括土地所有权人在内的一切人的干涉，这是用益物权的本质特征之一。根据本法物权编的规定，用益物权包括土地承包经营权、建设用地使用权、宅基地使用权等。

本条规定，土地上已设立土地承包经营权、建设用地使用权、宅基地使用权等用益物权的，未经用益物权人同意，土地所有权人不得设立地役权。根据本条的规定，用益物权具有一定的优先效力，这种效力还可以对抗所有权人的所有权。第一，用益物权设立在先。土地所有人此前已经为他人设立了用益物权。比如，国有建设用地已经出让给他人，或者集体所有的农业用地已经发包给村民，或者集体所有的建设用地已经划定给村民作为宅基地使用。此时，他人在先取得用益物权。用益物权人对所涉土地即享有占有、使用、收益的权利。这种占有是排他性的占有，包括排除所有权人。第二，未经在先用益物权人同意，所有权人不得设立地役权。根据本条的规定，如果用益物权在先设立，土地所有权人应当尊重用益物权人的权利。如果所有权人想以所涉地块为供役地为他人设立地役权，必须征得用益物权人的同意。不论所有人想设立哪种地役权，这种地役权对在先用益物权影响或大或小，都必须取得用益物权人的同意。所有权人不能因为所设立的用益物权影响不大，而不征得用益物权人的同意。比如，在农田上架设通信光缆的通过权，虽然对承包者的农业生产不会造成太大的影响，仍应获得该承包地的土地承包经营权人的同意方可设立。

第三百八十条 地役权不得单独转让。土地承包经营权、建设用地使用权等转让的，地役权一并转让，但是合同另有约定的除外。

◆ **条文主旨**

本条是关于地役权不得与需役地分离而单独转让的规定。

◆ **立法背景**

用益物权为独立物权。用益物权一旦设立，用益物权人便独立地享有对标的物的使用权、收益权，亦即该权利是独立存在的，依当事人之间设立用益物权的行为或者法律的直接规定而发生。用益物权是一种主权利，而不是从属于其他物权的权利。因此，作为用益物权的土地承包经营权、建设用地使用权都是一种独立的权利，不从属于其他权利。而地役权作为一种为了需役地的便利而产生的用益物权，与需役地的关系又极为密切，由此发生了主从权利的关系，即地役权从属于需役地的使用权。地役权不能与需役地分离而单独转让，它必须随着需役地的使用权转移而一同转移。当需役地的使用权发生转让时，地役权也应当随之发生转让。

一些国家或地区的相关规定也对此作了规定：《日本民法典》第 281 条规定，地役权作为需役地所有权的从权利，随其所有权移转，或者作为需役地上存在的他项权利的标的。但以设定行为作出特别约定时，不在此限。地役权不能与需役地分离而让与，或者成为其他权利的标的。我国台湾地区“民法”第 853 条（不动产地役权之从属性）规定，不动产役权不得由需役不动产分离而为让与，或为其他权利之标的物。

◆ **条文解读**

由于地役权的成立必须有需役地与供役地同时存在，因此在法律属性上地役权与其他物权不同。地役权虽然是一种独立的用益物权，但它仍然应当与需役地的所有权或者使用权共命运，必须与需役地所有权或者使用权一同移转，不得与需役地分离而单独让与，这就是地役权的从属性，主要表现在以下三种情形：

第一，地役权人不得自己保留需役地的所有权或者用益物权，单独将地役权转让。例如，需役地权利人甲与供役地权利人乙为通行目的签订地役权合同，约定甲可以经乙所有土地的通行。丙系甲邻居，丙也想借乙所有的地块通行，遂与甲商量，由甲将甲对乙享有的地役权转让给丙。乙是否可以拒绝丙通行？根据本条的规定，地役权不得单独转让。因此，乙有权拒绝丙的通行。

第二，地役权人不得自己保留地役权，而单独将需役地的使用权转让。甲享有 A、B 两个地块的土地承包经营权。由于 B 地块为旱地，遂与乙签订地役权合同，约定甲可以从乙的 C 地块上取水灌溉供 B 地块使用。后甲将 B 地块的土地承包经营权转让给同村村民丙。甲的 A 地块因地理环境发生变化也需取水灌溉，此时甲是否可以从 B 地块取水呢？由于地役权从属性，甲不能单独转让 B 地块的土地承包经营权，保留对 C 地块的地役权。故甲不得基于此前因 B 地块享有的地役权而从 C 地块取水。

第三，地役权人也不得将需役地的使用权与地役权分别让与不同的人。这也是地役权从属性的表现之一。例如，同村村民甲、乙、丙分别享有 A、B、C 三个地块的土地承包经营权。由于 B 地块交通不便，故乙与甲协商，在 A 地块上设立以通行为目的的地役权，乙可以从 A 地块通过。后乙将 B 地块的土地承包经营权转让给甲。因C地块交通亦变得不便，故丙与乙商量，将乙对A地块享有的地役权转让给自己，因乙不再承包经营B地块，乙遂同意，双方签订地役权转让合同。此时，丙是否可以经A地通行呢？根据本条的规定，因乙将其土地承包经营权及所设地役权分别转让给不同的主体，这种转让是不允许的。因此，并不能取得该地役权。

本条规定，土地承包经营权、建设用地使用权等转让的，地役权一并转让，但是合同另有约定的除外。第一，当设立了地役权的土地承包经营权、建设用地使用权转让时，以该等土地承包经营权、建设用地使用权的土地为需役地的地役权须一并转让。比如，甲对A地块享有土地承包经营权，甲与乙签订地役权合同，约定甲可以在乙的B地块上架设水管。后甲将A地块的土地承包经营权转让给丙，此时甲对B地块享有的地役权一并转让给丙，故丙也可以继续在B地块上架设水管。

第二，当事人在合同中有不同约定的，地役权并不必然一并转让。如果当事人在设立地役权合同时，明确约定地役权仅为特定权利主体设立，如果需役地的所有权或者使用权转移时，地役权消灭。法律尊重当事人的意思自治。此时，如果需役地的所有权或者使用权转移，并不会导致地役权的转移。

第三百八十一条 地役权不得单独抵押。土地经营权、建设用地使用权等抵押的，在实现抵押权时，地役权一并转让。

◆ 条文主旨

本条是关于地役权不得单独抵押的规定。

◆ **条文解读**

地役权是一种财产权利，但与其他财产权不同的是，地役权不得与土地承包经营权、建设用地使用权等用益物权分离单独存在。地役权是为了提高土地利用的便利设立的，脱离建设用地使用权、土地承包经营权等用益物权，地役权也就失去了存在的意义。对于受让地役权的主体来说，没有取得土地承包经营权和建设用地使用权，地役权也就无从发挥作用。地役权作为土地使用权的物上权利或者物上负担，与土地使用权紧紧联系在一起，因此应一并转让，否则受让的土地价值就会降低或者丧失。

地役权具有从属性，是为了提升需役地的使用价值而设定的，脱离需役地，地役权一般情况下无独立价值，地役权单独抵押没有现实意义。本条规定，地役权不得单独抵押。在特殊情形下，有些地役权对于特定当事人而言有一定的经济价值。比如，甲、乙、丙三个公司分别享有国有土地使用权的 A、B、C 三个地块毗邻。B 地块交通方便，A、C 两个地块的交通受限。甲公司与乙公司商量，就经 B 地块通行设立地役权。此地役权对于交通不便的丙公司即具经济效用。如果甲公司以该地役权向丙公司融资，丙公司愿意接受地役权抵押作为担保，甲公司是否可以将该地役权抵押给丙公司呢？根据本条规定，是不允许的。

需要注意的是，本条与物权法相比，仅将物权法中“土地承包经营权”修改为“土地经营权”。作此修改主要是与农村土地承包法的规定相衔接。《农村土地承包法》第 47 条第 1 款规定，承包方可以用承包地的土地经营权向金融机构融资担保，并向发包方备案。受让方通过流转取得的土地经营权，经承包方书面同意并向发包方备案，可以向金融机构融资担保。根据此规定，能够提供担保的仅限于土地经营权，土地承包经营权不再能够用于担保。土地经营权融资担保包括两种情况：一种是承包方利用其所承包的承包地的土地经营权向金融机构融资担保。另一种是承包方将承包地的土地经营权流转后，土地经营权人利用土地经营权向金融机构融资担保。

本条还规定，土地经营权、建设用地使用权等抵押的，在实现抵押权时，地役权一并转让。可以从两个方面来理解此规定：第一，需役地的相关权利抵押时，不需单独再就地役权设定抵押权。例如，对A地块享有国有土地使用权的甲公司与乙公司签订了地役权合同，约定甲公司可以在乙公司享有国有土地使用权的B地块上铺设燃气管道。甲公司因为融资需要将A地块的国有土地使用权抵押给丙银行，故甲公司与丙银行签订国有土地使用权抵押合同。双方在抵押合同中无需就甲公司对B地块享有的地役权作出特别约定。第二，抵押权实现时，地役权一并转让。上述案例中，如果甲公司到期未能偿还丙银行的债务，需要处置其抵押的A地块的国有土地使用权。丙银行遂申请法院拍卖A地块的国有土地使用权，丁公司取得了该地块的国有土地使用权。此时，根据本条的规定，甲公司对B地块享有的地役权应当一并转让给丁公司。

第三百八十二条 需役地以及需役地上的土地承包经营权、建设用地使用权等部分转让时，转让部分涉及地役权的，受让人同时享有地役权。

◆ 条文主旨

本条是关于需役地及其用益物权等部分转让的规定。

◆ 立法背景

地役权具有不可分性，地役权的享有和存在都及于需役地和供役地的全部，不能分割为数个不同部分或者仅仅以一部分而存在。即使供役地或者需役地被分割，地役权在被实际分割后的需役地和供役地的各个部分上仍然存在。地役权的不可分性体现在两个方面：需役地部分转让时，地役权的权利不变；供役地部分转让时，地役权约束也不受影响。

本条规定的是第一种情况，即需役地以及需役地上的土地承包经营权、建设用地使用权等部分转让时，转让部分涉及地役权的，受让人同时享有地役权。需役地以及需役地上的土地承包经营权、建设用地使用权部分转让，产生了分属不同权利人的两个或者多个用益物权时，地役权在部分转让后的需役地的各个部分上依然存续。这是因为地役权是为整个需役地提供便利，如果土地的用益物权已经部分转让为各个部分，这种为需役地的便利而使用供役地的需要与权利，也应当继续存在于已经被部分转让的需役地上。所以，地役权也应当在需役地被部分转让后的各个部分继续存在。

一些国家或地区的相关规定中民法典也都有相似规定。例如，《德国民法典》第1025条规定，（需役地的分割）需役地被分割的，就各部分而言，地役权仍存续；但有疑义时，仅在地役权的行使未对供役地所有权人造成困难时，始得准许。该项役权只对被分割的需役地中的一部分有利的，对其余的部分归于消灭。《法国民法典》第700条规定，如享有役权的土地分割时，役权仍为各该部分继续存在，但负担役权的土地的负担，不得因而加重。例如，关于通行权，一切共有人应就同一路线行使其通行役权。《瑞士民法典》第743条规定：（1）需役地被分割时，其地役权的通常利益部分仍然存续。（2）但在前款情形中，地役权的行使因某些情况仅限于其中一部分时，供役地所有权人可请求涂销其他部分的地役权。《日本民法典》第282条规定，（地役权的不可分性）土地共有人中的一人，不能就其所持份额，将因其土地或就其土地存在的地役权消灭。在土地分割或其中一部分转让时，地役权为其各部分或给予其各部分而存在。但地役权因其性质仅与土地的一部分相关时，不在此限。我国台湾地区“民法”第856条规定，（地役权之不可分性（一）需役地分割之效力）需役不动产经分割者，其不动产役权为各部分之利益仍为存续。但不动产役权之行使，依其性质只关于需役不动产之一部分者，仅就该部分仍为存续。

◆ 条文解读

理解本条规定，需要注意以下几个方面：

一是部分转让的标的。本条规定的部分转让包括两种情况：

第一种是需役地部分转让。所谓需役地部分转让，就是需役地的所有权部分转让。由于我国的土地所有权属于国家或者集体，因此土地所有权的转让应该包括集体所有的土地变为国家所有（也就是国家通过征收方式取得土地所有权），或者不同集体之间土地所有权的转让。例如，甲村与乙村相邻，因甲村部分土地耕种不便，遂与乙村协商，在乙村所有的A地块上设立以通行为目的的地役权，期限为50年。10年后，甲村的部分土地B地块被依法征收，该部分土地出让给了开发商丙公司。丙公司在开发建设过程中，欲继续从A地块通行。乙村认为开发商丙公司并未与其签订有效地役权合同，也未支付费用，遂拒绝丙公司通行。丙公司是否有权通行呢？根据本条的规定，甲村的B地块所有权由甲村转让给当地政府所代表的国家，当地政府作为受让人，可以继续享有甲村与乙村在 A 地块上所设立的地役权。在 B 地块出让后，根据本法第 382 条的规定，丙公司作为土地用益物权人，有权继续享有该地块上已设立的地役权。因此，丙公司仍可以从 A 地块通行。

第二种是需役地上的土地承包经营权、建设用地使用权等的部分转让。这种情况主要是在国有土地上设定了建设用地使用权，或者在集体土地上设定了土地承包经营权、宅基地使用权、土地经营权等用益物权。这些需役地上的用益物权部分转让时也涉及地役权的效力问题。例如，土地承包经营权人甲为取水方便，在乙的承包地上设定了以取水为目的的地役权，后甲将自己的承包地一分为二，将土地承包经营权分别转让给了丙、丁，并办理了登记。丙、丁到乙的承包地取水，遭到阻拦。根据本条的规定，甲的土地承包经营权部分转让了，因地役权的不可分性，作为受让人的丙、丁仍然可以在乙的承包地上行使取水地役权；乙不得阻止丙、丁行使取水地役权。

二是转让部分需涉及地役权。不论是土地所有权的转让，还是用益物权的转让，只有在转让部分涉及地役权时，才涉及地役权的效力问题。如果所转让的部分不涉及地役权，则不享有地役权。例如，甲公司所有的 A、B 两座办公楼，其中 A 座与乙村所有的 C 地块相邻，甲公司为了观海便利，即与乙村签订了以眺望为目的的地役权，要求乙村不得在 C 地块上修建高层建筑。后来，甲公司将 A 座办公楼转让给了丙公司，B 座办公楼转让给了丁公司。由于甲公司与乙村所设立的眺望权只与 A 座有关，而与 B 座无关，此时，根据本条的规定，应由受让人丙公司继续享有 C 地块上的地役权。

三是受让人的权利。根据本条的规定，受让人同时享有地役权。所谓同时，即只要受让人所受让的土地使用权、用益物权与地役权有关，即可以享有该地役权。受让人享有地役权是基于法律的规定享有的，并不需要当事人就此另行签订协议。如甲公司对A地块享有国有土地使用权，为了开发建设该地块，与相邻B地块的国有土地使用权人乙公司签订地役权合同，甲公司可以经B地通过，并办理了地役权登记。后甲公司将A地块中的一部分转让给了丙公司。根据本条的规定，丙公司能够与甲公司同时享有B地块上所设的地役权，而无需与乙公司另行签订协议。

第三百八十三条 供役地以及供役地上的土地承包经营权、建设用地使用权等部分转让时，转让部分涉及地役权的，地役权对受让人具有法律约束力。

◆ 条文主旨

本条是关于供役地及其用益物权等部分转让的规定。

◆ 立法背景

地役权的不可分性的第二个方面就体现在供役地及其权利部分变动时，地役权约束也不受影响。本条规定，供役地以及供役地上的土地承包经营权、建设用地使用权等部分转让时，转让部分涉及地役权的，地役权对受让人具有法律约束力。与需役地部分转让时，地役权可以由受让方享有一样，供役地部分转让的，地役权的约束力对受让方也有约束力。原因在于，地役权为整个供役地的负担，而不仅仅只是部分供役地的负担。也就是说，应有部分的变化不应影响地役权的存在。

类似规定在一些国家或地区的相关规定中也有。例如，《德国民法典》第1026条规定，供役地被分割，且地役权的行使被限制于供役地的特定部分的，在行使范围以外的部分免除该项役权。《瑞士民法典》第 744 条规定，（供役地的分割）供役地被分割时，其地役权通常仍在各部分存续。但在前款情形中，其地役权在某些部分上已不存续或因某些情况未能存续时，上述未供役部分的所有人，得请求注销其地役权。我国台湾地区“民法”第 857 条规定，（地役权之不可分性（二）供役地分割之效力）供役不动产经分割者，不动产役权就其各部分仍为存续。但不动产役权之行使，依其性质祇关于供役不动产之一部分者，仅对于该部分仍为存续。

◆ 条文解读

供役地的所有权部分转让时，转让部分涉及地役权的，地役权对受让人具有法律约束力。例如，甲所有的某地块与乙村的 A 地块相邻，因灌溉需要，遂与乙村签订以取水为目的的地役权合同，约定甲村可以在 A 地块埋设供水管道，期限为 50 年。20 年后，乙村将其所有的 A 地块部分转让给了丙村，丙村欲在该地块上建筑厂房，故要求甲村拆除该地块上的供水管道。根据本条的规定，虽然乙村将供役地 A 地块的部分所有权转让了，此时，受让方仍需要受地役权的约束，故丙村不得要求甲村拆除供水管道。

供役地上的土地承包经营权、国有土地使用权等部分转让时，地役权对受让人有约束力。供役地上的国有土地使用权等用益物权部分转让时，如果所转让部分涉及地役权的，因地役权的不可分性，受让人仍需要负担地役权的义务。例如，甲乙两个公司享有国有土地使用权的两个地块相邻，甲公司为供电需要，在乙公司的地块上设立了地役权，乙公司允许甲公司架设高压电线，并办理了地役权登记。后乙公司将设立了地役权的部分地块的国有土地使用权转让给了丙公司。根据本条的规定，丙公司仍应允许甲公司的高压线在该地块上通过。

供役地以及供役地上的用益物权部分转让时，转让部分不涉及地役权的，地役权对受让人不再具有约束力。例如，甲承包了村里100亩的农业用地，其中包括20亩养殖水塘。乙也是该村承包户，因乙所承包的土地缺水，遂与甲约定，乙可以定期到甲的水塘取水灌溉，并向甲支付费用，双方签订了地役权合同并办理了登记。后甲将养殖水塘之外的80亩承包地的土地承包经营权转让给丙。因丙受让的承包地与甲乙双方就取水设定的地役权并无关系，故丙不受此地役权约束。

第三百八十四条 地役权人有下列情形之一的，供役地权利人有权解除地役权合同，地役权消灭：

（一）违反法律规定或者合同约定，滥用地役权；

（二）有偿利用供役地，约定的付款期限届满后在合理期限内经两次催告未支付费用。

◆ 条文主旨

本条是关于地役权消灭的规定。

◆ 条文解读

地役权消灭就是地役权因法定事由而归灭失。地役权与其他物权相比的一个重要区别就是地役权的权利内容是由双方当事人通过合同约定的。地役权合同是地役权的基础，双方当事人可以在合同中就地役权的设立、存续、消灭等作出约定。本条针对地役权合同中供役地权利人单方解除权作了特别规定，在出现法定事由时，供役地权利人有权依法行使单方解除权，使地役权归于消灭。

根据本条的规定，供役地权利人行使单方解除权的法定事由包括：

第一，地役权人违反法律规定或者合同约定，滥用地役权。认定地役权人是否滥用地役权，可以从两个方面进行判断。其一是根据合同约定判断。一般而言，地役权合同会就供役地和需役地的位置、地役权的利用目的和方法等作出约定。如果地役权人违反合同约定的目的、方法等行使地役权，即可以认定为构成滥用地役权，此时供役地权利人可以单方解除地役权合同。比如，甲对一个水塘享有土地承包经营权，乙承包了一片菜地。乙由于需取水浇菜，故与甲协商，双方就从甲承包的水塘取水设立地役权，合同明确约定乙每天最多只能取水 20 吨，以确保甲方的水塘所养之鱼有足够的水源。双方在签订地役权合同后，依法办理了地役权登记。后乙因扩大种植面积，需要更多的灌溉用水，故每日偷偷从甲的水塘中取用超过合同约定最大取水量数倍的水，导致甲的水塘面临枯水，鱼塘中所养之鱼大量死亡。乙的行为明显违反合同约定的方法取水，故可以认定为滥用地役权。此时，根据本条的规定，甲有权行使单方解除权，使地役权归于消灭。其二是根据法律规定进行判断。根据法律判断地役权人是否滥用地役权，所依据的法律既包括根据民法典的规定，也包括根据其他与行使地役权相关的法律。比如，甲公司与乙村所有的集体土地相邻，甲公司因生产需要排放废水，故与乙村协商，欲通过乙村的土地排放废水，双方签订了以排水为目的的地役权合同，并办理了地役权登记。后甲公司违反水污染防治法的规定，大量排放超过地方规定的水污染物排放标准的水污染物，造成乙村土地被严重污染。在此情况下，由于甲公司违反了水污染防治法排放污水，构成滥用地役权。故乙村可以依法单方解除地役权合同。

第二，有偿利用供役地的，地役权人在约定的付款期限届满后在合理期限内经两次催告仍未支付费用。地役权合同是否有偿，由地役权人和供役地权利人约定。如果地役权为有偿，那么，地役权人必须按照合同的约定履行付款义务。如果地役权人无正当理由，在合同约定的履行期限届满后，仍没有按照合同约定支付供役地权利人费用的，而且在一个合理期限内经两次催告，地役权人仍不履行付款义务的，表明地役权人没有履行合同的诚意，或者根本不可能再履行合同，供役地权利人可以解除地役权合同。否则，不仅对供役地权利人不公平，而且还会给其造成更大的损失。供役地权利人解除地役权合同的，地役权消灭。

本条规定的地役权消灭的两项法定事由，是专门为供役地权利人设立的权利。当然，供役地权利人除可以根据本条规定的法定解除事由解除地役权合同外，还可以基于当事人的约定行使解除权。本法合同编第 562 条规定，当事人协商一致，可以解除合同。当事人可以约定一方解除合同的事由。解除合同的事由发生时，解除权人可以解除合同。根据此规定，地役权合同同样可以因发生约定解除事由而解除。约定解除事由既可以是在订立合同时双方约定的解除事由，也可以在地役权履行过程中，双方协商一致解除。比如，需役地权利人与供役地权利人约定，供役地权利人在特定情形下，可以行使单方解除权，解除地役权合同。如果在地役权合同履行过程中，发生了约定的特定情形，此时，供役地权利人就可以根据约定行使单方解除权。

地役权除因当事人行使法定解除权或者约定解除权，解除地役权合同导致消灭外，还存在其他消灭事由：第一，地役权合同消灭。比如，地役权合同存在无效、可撤销事由的，地役权合同被撤销或者宣告无效后，地役权即应消灭。第二，地役权期限届满。地役权合同的一般条款中包括地役权期限。当事人双方在地役权合同中约定的地役权期限届满时，地役权存在的基础没有了，当然应归于消灭。第三，地役权合同中所附地役权终止期限到来。当事人可以在地役权合同中附终止期限，约定的终止期限到来时，地役权亦告消灭。第四，地役权合同中所附终止条件成就。如果地役权合同中约定为附条件终止，则所附条件成就时，根据合同约定，此时地役权合同终止，地役权亦应告消灭。第五，混同。如果供役地的权利人与需役地权利人同为一人时，地役权会因混同而消灭。比如，甲乙分别承包了 A、B 两个不同地块，甲为了灌溉之需，双方协商后约定甲可以从乙承包的 B 地块取水，双方签订了地役权合同并进行了登记。后乙将 B 地块的土地承包经营权转让给了甲，此时需役地 A 地块的土地承包经营权人与供役地 B 地块的土地承包经营权人同为甲，地役权因混同而无存在必要，即应消灭。

第三百八十五条　已经登记的地役权变更、转让或者消灭的，应当及时办理变更登记或者注销登记。

◆ 条文主旨

本条是关于地役权变动后登记的规定。

◆ 条文解读

不动产物权由于某种原因发生变动时，应当将其变更、转让或者消灭的情形记载于不动产登记簿上，以防止纠纷的发生。公示对于市场经济秩序的建立和维护具有十分重要的意义。登记制度是市场经济社会国家维护秩序，保障交易安全的重要法律手段。地役权变更、转让或者消灭都是物权变动的内容。如果地役权虽然已经发生了变动，但没有办理变更登记或者注销登记，则在法律上并没有真正完成物权的变动。从法律效果上来看，只要作为公示内容的物权现状没有变动，便可以视为物权变动没有发生过。例如，当地役权人取得供役地的用益物权，因混同而导致地役权消灭时，就应当及时办理地役权的注销登记，使供役地负担的变化情况及时向公众公示。之所以要求当事人及时办理变更登记或者注销登记，是因为该供役地的用益物权很可能会转让给第三人，有负担的不动产和没有负担的不动产在价值上是完全不同的。对于受让人而言，受让了具有负担的不动产之后，将使受让人的权利行使受到一定的限制，这样对受让人是不公平的。因此，为了维护登记簿的公示力、公信力，必须在地役权人办理变更、转让或者注销该地役权登记后，地役权变动才能生效，否则地役权仍然存在。同时，向公众公开不动产负担的情况，对保护受让人的利益、防止纠纷都具有十分重要的作用。

本条规定，已经登记的地役权变更、转让或者消灭的，应当及时办理变更登记或者注销登记。可以从以下几个方面理解本条：

第一，需要办理变动登记的地役权范围。本法物权编第 374 条规定，地役权自地役权合同生效时设立。当事人要求登记的，可以向登记机构申请地役权登记；未经登记，不得对抗善意第三人。因此，并非所有的地役权都会办理登记。没有办理登记的地役权，即使变更、消灭之后，也不可能再去办理变更、注销登记。只有当事人自己申请办理了登记的地役权，为了确保地役权的公示公信力，便于第三人知晓物权状态，才有必要办理变更、注销登记。

第二，变动登记的类型。本条规定，两种情况需要办理地役权变动登记：其一是变更登记。地役权变更、转让的，应当办理变更登记。地役权的内容变更，比如地役权的地役权期限、利用目的、利用方法发生了变更，应当办理变更登记。地役权的主体变更，也就是地役权发生了转让，也需要办理变更登记。其二是注销登记。地役权消灭的，应当办理注销登记。地役权消灭可能因为地役权合同约定的期限届满，可能是因为供役地权利人行使单方解除权消灭，也可能是因为当事人双方达成解除地役权合同的协议，还可能是因混同而消灭，等等。只要地役权消灭的，都应当依法办理地役权注销登记。

第三，办理地役权变动登记的主体。办理地役权变动登记，应当由地役权合同的双方当事人共同办理。办理地役权登记的机构负责地役权变更和注销登记的机关。

第四，办理地役权变动登记的程序。当事人应按照有关法律、行政法规规定的程序办理。

第五，地役权变动登记的法律效果。根据本法第 374 条的规定，地役权登记具有对抗善意第三人的效力。因此，如果地役权变更、转让未办理变更登记，地役权消灭时办理注销登记的，当事人不得对抗善意第三人。

第四分编 担保物权

第十六章 一般规定

担保物权对保证债权实现、维护交易秩序、促进资金融通，具有重要作用。担保法对抵押权、质权和留置权三种担保物权作了较为全面的规定。物权法在担保法的基础上，对担保物权制度作了完善。民法典是规范财产关系的基本民事法律，物权编调整因物的归属和利用而产生的民事关系，而担保物权是物权编的重要组成部分，民法典物权编根据实践中出现的一些新情况、新问题，充分吸收国外担保物权立法的先进经验，在物权法的基础上对我国的担保物权制度作了进一步的补充、修改和完善。

本章共八条，对担保物权的含义、担保物权的适用范围及反担保、主债权债务合同与担保物权合同的关系、担保物权的担保范围、担保物权的物上代位性、担保物权与保证的关系、担保物权的消灭原因等共同规则作了规定。

第三百八十六条　担保物权人在债务人不履行到期债务或者发生当事人约定的实现担保物权的情形，依法享有就担保财产优先受偿的权利，但是法律另有规定的除外。

◆ 条文主旨

本条是关于担保物权含义的规定。

◆ 立法背景

担保物权是以直接支配特定财产的交换价值为内容，以确保债权实现为目的而设定的物权。担保物权制度是现代民法的一项重要制度，现代各国的民法典多规定了此制度，有的国家甚至对其进行单独立法。联合国国际贸易法委员会、欧盟委员会等国际性组织也一直致力于将担保立法国际化、区域化。担保物权之所以受到各国及国际社会的普遍重视，是因为其在社会经济生活中发挥着以下重要作用：

第一，确保债权的实现。债权是债权人请求债务人履行一定给付行为的请求权，而债务人是否履行给付行为，完全取决于债务人的信用。如果债务人的信用较差，债权人实现债权就会面临较大的风险；如果债权人没有足够的手段规避这种风险，债权人就只有放弃某种民事活动，放弃民事活动的后果是整个社会经济生活的萧条和停滞。因此，如何规避交易风险，强化债权效力，确保债权实现是现代民商事立法的重要任务。现代立法为此设计了两种制度：一种是债的担保方式（如保证）；另一种是物的担保方式（担保物权）。这两种担保方式各有优点。担保物权制度的出现极大地强化了债权效力，减少了交易风险，可以有效确保债权实现。

第二，有利于促进社会的融资。在现代商业社会，由于商业风险的存在，往往使贷款者由于担心贷款不能得到偿还而拒绝贷款或者少贷款，这有可能导致融资活动的减少，反过来也会降低经营者发展生产的能力。对于贷款者来说，担保物权制度可以减少其担心，放心贷款；对于借款者来说，在其信用建立之前，通过提供担保物权可以补充其信用状况，增强融资的能力。所以，担保物权制度有利于社会融资活动的进行。我国商业银行法规定，商业银行贷款，借款人应当提供担保。商业银行应当对保证人的偿还能力，抵押财产、质押财产的权属和价值以及实现抵押权、质权的可行性进行严格审查。这里的“抵押权和质权”就属于担保物权。

这里需要对两个问题作特别说明：

一是关于是否建立统一的动产（包括权利）担保法律制度。在民法典物权编的编纂过程中对此有不同意见。有的意见提出，可以参照一些国家的立法模式确立统一的动产担保法律制度，不再将动产担保区分为动产抵押权、动产质权、权利质权和动产留置权，只要是在动产上设立的具有担保功能的交易形式，都纳入统一的动产担保概念体系，并统一规定动产担保的设立、公示、效力、优先权顺位、实现、消灭等，形成一整套统一的动产担保概念术语体系和动产担保法律制度。还有的意见认为，在物权编中建立统一的动产担保法律制度，存在一些问题：第一，动产担保中既有普通动产担保，也有权利担保；既有法定担保，也有意定担保，既有转移占有型担保也有非转移占有型担保；不同类型的动产担保在担保物的范围、设立方式、公示方式及效力等方面存在特殊性，统一的动产担保立法模式容易忽视各类动产担保的个性，难以涵盖担保制度的复杂性。第二，建立统一的动产担保制度还存在如何在民法典中与不动产担保制度协调的问题。第三，将动产上设立的所有具有担保功能的交易形式纳入统一的动产担保法律框架内并规定在民法典物权编中，会对我国民法的体系构造造成冲击，如在动产上设立的所有权保留、融资租赁等交易形式，虽然也具有担保功能，但是与我国物权法以所有权为中心，再推及用益物权、担保物权的体例以及担保物权人对担保物只享有担保物权的概念体系不相符。民法典在财产法方面采用了物权债权的二元结构，分别规定了物权编和合同编。物权编将动产担保物权的相关规则分章规定在抵押权、质权和留置权中，对于应收账款转让、所有权保留、融资租赁等具有担保功能但不属于担保物权的交易形式，还是规定在合同编中并对其公示效力作了相关规定。

二是关于是否规定动产和权利担保统一登记制度。在民法典物权编的编纂过程中对此有不同意见。有的意见认为，目前我国动产和权利担保登记机构高度分散，登记规则、登记形式各不相同，增加了当事人的交易风险和交易成本，也导致金融机构怠于接受动产和权利担保融资，造成小微、民营企业融资难融资贵的问题，为了改善营商环境，建议在民法典物权编中规定动产和权利担保统一登记制度。还有的意见认为，在决定是否统一动产和权利担保登记制度时，立法机关应考虑中国的国情。当前我国的现状是不同种类的动产和权利由不同的行政管理部门管理，如机动车由交通管理部门管、飞机由航空主管部门管、知识产权由知识产权部门管等。动产和权利担保统一登记制度不利于行政主管部门对这些动产和权利进行管理。而且，一些动产和权利具有基础权属登记，已经形成了注册登记、变更登记、转移登记、担保登记和注销登记等完整的登记制度和登记体系，一些动产和权利在进行担保物权登记时需要对基础权利的法律状态进行审查，如果将这类动产和权利的担保登记由另一个统一的登记机构进行登记，会使公众难以获得该动产和权利的完整信息，降低市场效率，增加交易成本，严重影响市场透明度，不利于控制以及化解风险。考虑到动产和权利担保涉及的财产种类众多、情况复杂，且涉及国务院各部门的工作职能，具体规则宜由国务院规定，民法典物权编未对动产和权利担保统一登记制度作出规定。但是为了回应相关意见，民法典物权编删除了物权法中动产抵押、权利质押有关具体登记机构的规定，为以后建立统一的动产和权利担保登记制度留下空间。2019 年 10 月，国务院颁布的《优化营商环境条例》对推动建立统一的动产和权利担保登记公示系统作了规定。该条例规定，国家推动建立统一的动产和权利担保登记公示系统，逐步实现市场主体在一个平台上办理动产和权利担保登记。纳入统一登记公示系统的动产和权利范围另行规定。

◆ 条文解读

本条对担保物权的含义作了规定。担保物权具有以下特征：

第一，担保物权以确保债权人的债权得到完全清偿为目的。这是担保物权与其他物权的最大区别。本法所规定的物权包括所有权、用益物权和担保物权。在法理上，所有权又叫自物权，强调的是权利人对特定财产的全面支配，即对该特定财产享有占有、使用、收益和处分的权利。但是担保物权的权利人对特定财产一般没有直接的使用、收益和处分的权利，而是对特定财产交换价值的支配权。担保物权与用益物权都为他物权，但用益物权和担保物权在内容、功能上不完全相同，用益物权强调的是对特定财产的直接使用和收益，权利人所享有的是对特定财产使用价值的支配权；而担保物权不强调对特定财产的使用和收益，而是强调对特定财产交换价值的支配权。之所以有这些不同，最根本原因是担保物权旨在确保债务的清偿，是为确保债务的清偿而设立的。因此，在担保物权设立时，要有被担保债权事先存在，这是担保物权的一个重要属性：从属性，从属于所担保的债权。担保物权的从属性不但体现在担保物权的设立上，还体现在担保物权的转让、消灭等方面，本分编的多个条文体现了担保物权的从属性，例如本法第 388 条第 1 款规定，设立担保物权，应当依照本法和其他法律的规定订立担保合同。担保合同包括抵押合同、质押合同和其他具有担保功能的合同。担保合同是主债权债务合同的从合同。主债权债务合同无效的，担保合同无效，但是法律另有规定的除外。第 407 条规定，抵押权不得与债权分离而单独转让或者作为其他债权的担保。债权转让的，担保该债权的抵押权一并转让，但是法律另有规定或者当事人另有约定的除外。第 393 条第 1 项规定，主债权消灭的，担保物权消灭。债权人在其债权无法获得清偿时，便可以要求实现担保物权。根据担保法的规定，只有债务人不履行到期债务时，担保物权人可以实现担保物权。为保护担保物权人的利益，同时也充分尊重当事人对实现担保物权的条件的安排，物权法增加了担保物权的实现条件。民法典物权编延续了物权法的规定，担保物权人在两种情况下可以实现担保物权：一是债务履行期届满时，债务人不履行债务的；二是发生当事人约定的可以实现担保物权的情形的。

第二，担保物权具有优先受偿的效力。优先受偿性是担保物权的最主要效力。优先受偿是指在债务人到期不清偿债务或者出现当事人约定的实现担保物权的情形时，债权人可以对担保财产进行折价或者拍卖、变卖担保财产，以所得的价款优先实现自己的债权。担保物权的优先受偿性主要体现在两个方面：一是优先于其他不享有担保物权的普通债权；二是有可能优先于其他物权，如后顺位的担保物权。但需要注意的是，担保物权的优先受偿性并不是绝对的，如果本法或者其他法律有特别的规定，担保物权的优先受偿效力会受到影响。实际上，我国相关立法已经为限制担保物权的绝对优先性预留了空间，允许在一定程度和范围内通过其他法律的规定适当降低担保物权的绝对优先性。例如，我国海商法明确规定，船舶优先权人优先于担保物权人受偿；破产法明确规定，破产法公布之前所欠的职工工资等未受清偿的部分优先于担保物权受偿。基于此，本法规定，担保物权人在债务人不履行到期债务或者发生当事人约定的实现担保物权的情形，依法享有就担保财产优先受偿的权利，但是法律另有规定的除外。这里的“但是法律另有规定的除外”就是指这些特殊情形。

第三，担保物权是在债务人或者第三人的财产成立的权利。债务人既可以以自己的财产，也可以以第三人的财产为债权设立担保物权。根据本法的规定，可以用于担保的财产范围比较广，既包括现在的财产，也包括将来的财产；既包括不动产，也包括动产，在特定情形下还可以用权利进行担保，如本法规定的权利质权。

第四，担保物权具有物上代位性。债权人设立担保物权并不以使用担保财产为目的，而是以取得该财产的交换价值为目的，因此担保财产即使灭失、毁损，但代替该财产的交换价值还存在，担保物权的效力仍存在，但此时担保物权的效力转移到了该代替物上。这就是担保物权的物上代位性。对此，本法第 390 条明确规定，担保期间，担保财产毁损、灭失或者被征收等，担保物权人可以就获得的保险金、赔偿金或者补偿金等优先受偿。被担保债权的履行期限未届满的，也可以提存该保险金、赔偿金或者补偿金等。

▶ **相关规定**

《中华人民共和国商业银行法》第36条；《中华人民共和国海商法》第25条；《中华人民共和国企业破产法》第132条；《优化营商环境条例》第10条

第三百八十七条　债权人在借贷、买卖等民事活动中，为保障实现其债权，需要担保的，可以依照本法和其他法律的规定设立担保物权。

第三人为债务人向债权人提供担保的，可以要求债务人提供反担保。反担保适用本法和其他法律的规定。

◆ **条文主旨**

本条是关于担保物权适用范围及反担保的规定。

◆ **立法背景**

担保物权的适用范围是指担保物权可以适用的领域。反担保是指替债务人提供担保的第三人，无论该第三人是提供人的担保还是物的担保，为了保证自己的追偿权得到实现，可以要求债务人为自己追偿权的实现提供担保。本条继承了《物权法》第171条的规定未作修改。

◆ **条文解读**

本条第1款明确了担保物权的适用范围。本款将担保物权的适用范围限定在借贷、买卖等民事活动中发生的债权债务关系。《担保法》第2条第1款规定，在借款、买卖、货物运输、加工承揽等经济活动中，可以设定担保。与担保法的规定相比，物权法对担保物权适用范围的规定要宽一些，不仅可以适用于经济活动，还可以扩展到产生债权债务关系的其他民事活动中。民法典物权编沿用了物权法的规定。

正确理解本条第1款对适用范围的规定，应当注意以下几点：第一，担保物权适用于民事活动，不适用因国家行政行为（如税款）、司法行为（如扣押产生的费用）等不平等主体之间产生的关系。这是由担保物权本身的性质所决定的，担保物权是平等民事主体之间为确保债权的实现而设定的。第二，为了引导当事人设定担保物权，本法列举了借贷、买卖两种典型的可以设定担保物权的民事活动，但可以设定担保物权的民事活动很广泛，并不仅限于这两种民事活动。在其他民事活动中，如货物运输、加工承揽、无因管理、补偿贸易等都可以设定担保物权。第三，在立法中，对于是否允许为因侵权行为产生的债权设定担保物权有不同意见。我们认为，因侵权行为产生的债权不能用事先设定担保物权的方式加以保障，但是因侵权行为已经产生的债权，属于普通债权的范围，可以用设定担保物权的方式确保该债权的实现。第四，本条第1款规定，可以依照本法和其他法律的规定设立担保物权。这里的“其他法律”主要指海商法、民用航空法、农村土地承包法等对船舶抵押、航空器抵押、土地经营权抵押等作规定的法律，“其他法律”的表述也为今后相关特别法规定设立担保物权留下接口。因此，设立担保物权还应当依据这些特别法。

本条第2款对反担保作了规定。反担保是维护担保人的合法权益、保障将来可能发生的追偿权实现的措施，是担保活动中普遍使用的方法。在由第三人提供担保物权的债权债务关系中，在债务人未清偿到期债务或者出现当事人约定的可以实现担保物权的情形时，提供担保财产的第三人应当承担担保责任，债权人可以就第三人提供的担保财产实现自己的债权。第三人基于担保合同以及替代债务人清偿债务这一法律事实，成为债务人的新债权人，其有权向债务人追偿。第三人为保障自己追偿权的实现，可以要求债务人向自己提供担保，这里的担保可以是债务人或者其他人提供的担保物权，也可以是其他人提供的保证。比如，甲为债务人乙向债权人丙提供担保物权，同时要求乙提供反担保，反担保既可以是在乙自己的财产上设立担保物权，也可以是为乙担保的丁提供保证或者在丁的财产上设立担保物权。需要强调一点，第三人替债务人为债权人设定的担保物权是为了实现债权而设立，反担保也是为了实现债权而设立，只不过在同一法律关系中，第三人承担担保责任后，成为债务人的新债权人而已。反担保的法律性质、具体规则适用等方面与设立担保物权一样，因此本款规定，反担保适用本法和其他法律的规定。

▶ **相关规定**

《中华人民共和国海商法》第 12 - 20 条；《中华人民共和国民用航空法》第 14 - 17 条；《中华人民共和国农村土地承包法》第 47 条、第 53 条

第三百八十八条　设立担保物权，应当依照本法和其他法律的规定订立担保合同。担保合同包括抵押合同、质押合同和其他具有担保功能的合同。担保合同是主债权债务合同的从合同。主债权债务合同无效的，担保合同无效，但是法律另有规定的除外。

担保合同被确认无效后，债务人、担保人、债权人有过错的，应当根据其过错各自承担相应的民事责任。

◆ **条文主旨**

本条是关于担保合同从属性以及担保合同无效后法律责任的

规定。

◆ 立法背景

担保物权的一个重要特点就是其附随于主债权债务关系，没有主债权债务关系的存在，担保关系也就没有了存在以及实现的可能和价值。体现主债权债务关系的主要是主债权债务合同，体现担保关系的主要是担保合同。担保合同关系必须以主债权债务合同关系的存在为前提。从这个意义上讲，担保合同是主债权债务合同的从合同。对于担保物权的附随性，物权法规定，担保合同是主债权债务合同的从合同。民法典物权编继承了物权法的规定。

◆ 条文解读

我国现行立法和司法实务，对于抵押权和质权这两类意定担保物权的设立均要求采用书面形式订立合同。例如，本法第 400 条第 1 款规定，设立抵押权，当事人应当采用书面形式订立抵押合同。本法第 427 条第 1 款规定，设立质权，当事人应当采用书面形式订立质押合同。因此，本条规定，设立担保物权，应当依照本法和其他法律的规定订立担保合同。

担保合同属于民事合同的一种。担保合同除包括本法规定的抵押合同、质押合同外，还包括其他具有担保功能的合同，如融资租赁、所有权保留等非典型担保合同。担保合同的成立和生效等问题应当依照本法合同编的有关规定。

根据总则编第 155 条的规定，无效的民事法律行为自始没有法律约束力，当事人在合同中约定的权利义务关系自然就归于无效。同理，在担保物权中，主债权债务关系无效后，其约定的权利义务关系就不存在了。根据担保关系的附随性，作为从合同的担保合同自然也归于无效。本条第 1 款规定，设立担保物权，应当依照本法和其他法律的规定订立担保合同。担保合同是主债权债务合同的从合同。主债权债务合同无效，担保合同无效，但是法律另有规定的除外。需要指出的是，担保合同随主债权债务合同无效而无效只是一般规则，并不是绝对的，在法律另有规定的情况下，担保合同可以作为独立合同存在，不受主债权债务合同效力的影响。例如，在本法规定的最高额抵押权中，最高额抵押合同就具有相对的独立性。在连续的交易关系中，其中一笔债权债务无效，并不影响整个最高额抵押合同的效力。主债权债务合同无效后，担保人仍应对无效后债务人所应承担的法律后果承担担保责任。基于此，本条第 1 款专门规定“但法律另有规定的除外”。这样规定既是为了适应现实的需要，也为以后担保物权制度的发展留下一定的空间。

在立法过程中，对于是否允许当事人约定主债权债务合同无效，担保合同仍有效的问题，有不同意见。有的认为，应当允许。主要理由是：一是尊重当事人意思自治，尊重合同自由的需要；二是实践有需求，在信贷资产证券化交易中，进入资产池的担保物权不应当以主合同的无效而无效，否则，投资者无法评估信贷资产的价值并进而作出投资决策；三是《担保法》第 5 条第 1 款规定，担保合同是主合同的从合同，主合同无效，担保合同无效。担保合同另有约定的，按照约定。有的认为，应当禁止当事人作这样的约定，主要理由是：一是担保合同严格附随于主债权债务合同，允许当事人作这样的约定破坏了担保物权的从属性特征，存在制度风险。二是基于当前金融形势，须在金融安全与金融创新之间寻求妥适的解决方案，仅规定“法律另有规定的除外”具有正当性。三是物权法已经删除了担保法的上述规定，在没有特别理由的情况下，本法物权编应当尽量与物权法的规定一致。我们认为，担保物权依附于主债权债务而存在，没有主债权债务，就没有担保物权。法律如果允许当事人作出主债权债务合同无效，担保合同仍有效的约定，那么，即使不存在主债权债务，担保人也要承担担保责任。这不但对担保人不公平，而且可能导致欺诈和权利的滥用，还可能损害其他债权人的利益。我国担保法调整的范围除包括抵押权等物权性的担保方式外，还包括保证、定金等非物权性的担保方式，担保法允许约定的情形是针对国际贸易中通行的见索即付、见单即付的保证合同。本法物权编调整抵押权等物权性的担保，不在物权编中作这样的规定是合适的。

在主债权债务合同无效导致担保合同无效的情形下，虽然不存在履行担保义务的问题，但债务人、担保人或者债权人并非不承担任何法律后果。根据本法总则编第157条的规定，民事法律行为无效后，行为人因该行为取得的财产，应当予以返还；不能返还或者没有必要返还的，应当折价补偿。有过错的一方应当赔偿对方由此所受到的损失；各方都有过错的，应当各自承担相应的责任。法律另有规定的，依照其规定。同理，在主债权债务合同无效，担保合同被确认无效的情况下，如果债务人、担保人或者债权人对合同的无效有过错的，应当根据其过错各自承担相应的民事责任。这里的“相应的民事责任”指当事人只承担与其过错程度相当的民事责任。例如，担保合同无效完全是由于主债权债务合同因违背公序良俗导致无效的，则过错完全在债务人与债权人，责任应完全由债务人和债权人自己承担。

需要特别强调的是，导致担保合同无效的原因很多，主债权债务合同无效导致担保合同无效只是原因之一。在主债权债务合同有效的情况下，担保合同也有可能无效。例如，担保合同因违反法律、行政法规的强制性规定而无效，担保合同因担保人为无民事行为能力人而无效，等等。也就是说，判断担保合同是否有效，不能仅以主债权债务合同是否有效为标准，还要看担保合同本身是否有本法总则编第六章民事法律行为以及合同编规定的合同无效情形。在主债权债务合同有效，担保合同无效的情形下，债务人、担保人或者债权人对担保合同无效有过错的，也应当各自承担相应的民事责任。在这种情况下，如果债务人为担保人的，主债权债务合同仍然有效、只是主债权失去担保，其对担保合同无效有过错的，应当对债权人承担过错责任；如果第三人为担保人的，担保人不再承担责任，但是担保人对担保合同无效有过错的，其对债务未能履行的部分，承担相应的过错责任。

第三百八十九条　担保物权的担保范围包括主债权及其利息、违约金、损害赔偿金、保管担保财产和实现担保物权的费用。当事人另有约定的，按照其约定。

◆ **条文主旨**

本条是关于担保物权的担保范围的规定。

◆ **立法背景**

担保物权的担保范围是指担保人所承担的担保责任范围。担保法分别在第 46 条、第 67 条、第 83 条对抵押权、质权和留置权的担保范围作了规定。物权法在这 3 条规定的基础上对担保物权的担保范围作了统一规定，使条文的内容更全面，文字更简洁，概括性更强。本法物权编沿袭了物权法的规定。

◆ **条文解读**

根据本条的规定，担保物权的担保范围包括：

一、土债权

主债权是指债权人与债务人之间因债的法律关系所发生的原

本债权，例如金钱债权、交付货物的债权或者提供劳务的债权。主债权是相对于利息和其他附随债权而言的，不包括利息以及其他因主债权而产生的附随债权。

二、利息

利息是指实现担保物权时主债权所应产生的一切收益。一般来说，金钱债权都有利息，因此其当然也在担保范围内。利息可以按照法律规定确定，也可以由当事人自己约定，但当事人不能违反法律规定约定过高的利息，否则超过部分的利息无效。

三、违约金

违约金是指按照当事人的约定，一方当事人违约时，应当根据违约情况向另一方支付的一定数额的金钱。在担保行为中，只有因债务人的违约行为导致产生支付违约金的义务时，违约金才可以纳入担保物权的担保范围。此外，当事人约定了违约金，一方违约时，应当按照该约定支付违约金。如果约定的违约金低于造成的损失时，当事人可以请求人民法院或者仲裁机构予以增加；约定的违约金过分高于造成的损失的，当事人可以请求人民法院或者仲裁机构予以适当减少。所以在计算担保范围时，如果请求人民法院或者仲裁机构调整违约金的，违约金应当以人民法院或者仲裁机构最终确定的数额为准。

四、损害赔偿金

损害赔偿金是指一方当事人因违反合同或者因其他行为给债权人造成的财产、人身损失而给付的赔偿额。损害赔偿金的范围可以由法律直接规定，或由双方当事人约定，在法律没有特别规定或者当事人没有约定的情况下，应按照完全赔偿原则确定具体赔偿数额。赔偿全部损失，既包括赔偿直接损失，也包括赔偿可得利益损失，直接损失是指财产上的现实减少，可得利益损失是指失去的可以预期取得的利益。可得利益范围的确定需要坚持客观的原则，根据本法合同编第584条的规定，当事人一方不履行合同义务或者履行合同义务不符合约定，造成对方损失的，损失赔偿额应当相当于因违约所造成的损失，包括合同履行后可以获得的利益；但是，不得超过违约一方订立合同时预见到或者应当预见到的因违约可能造成的损失。在确定担保范围中“损害赔偿金”的数额时，也应当遵守这个原则。违约金与损害赔偿金都具有代替给付的性质。如果不将它们纳入担保物权的担保范围，就有可能纵容债务人不履行债务，对债权人的保护是不够的。

五、保管担保财产的费用

保管担保财产的费用是指债权人在占有担保财产期间因履行善良保管义务而支付的各种费用。根据本法第432条、第451条的规定，在担保期间，质权人和留置权人有妥善保管担保财产的义务。但是这并不意味着保管的费用由质权人或者留置权负担，相反，债务人或者第三人将担保财产交由债权人占有的目的是向债权人担保履行债务，保管费用应当由债务人或者提供担保的第三人承担，否则不利于担保活动的进行，也不利于确保债权的实现。需要特别指出的是，只有在质押和留置中，“保管担保财产的费用”才被纳入担保物权的担保范围；在抵押中，抵押财产由抵押人自己保管，所以保管抵押财产的费用已由抵押人自己承担，自然也就不应纳入担保范围。

六、实现担保物权的费用

实现担保物权的费用是指担保物权人在实现担保物权过程中所花费的各种实际费用，如对担保财产的评估费用、拍卖或者变卖担保财产的费用、向人民法院申请强制变卖或者拍卖的费用等。之所以将实现担保物权的费用纳入法定担保债权的范围，主要基于以下考虑：实现担保物权的费用是由于债务人不及时履行债务导致的，这些费用理应由债务人承担，否则不利于保护担保物权人的利益。当然，担保物权人应本着诚实信用的原则实现担保物权，所花的费用也应当合理，不合理的费用不应当纳入担保的范围。

对于担保物权所担保的债权范围，当事人可以依照自己的意思进行约定。本条规定的“担保物权的担保范围包括主债权及其利息、违约金、损害赔偿金、保管担保财产和实现担保物权的费用”属于担保物权的法定担保范围，当事人约定的效力优先于本条关于担保物权的法定担保范围的规定。也就是说，当事人约定的担保物权的担保范围可以与本条规定的范围不同，例如当事人可以约定抵押权的担保范围只限于主债权、损害赔偿金、实现担保物权的费用，不包括利息。这是民法的意思自治原则在担保物权中的一定体现。所以，本条还规定“当事人另有约定的，按照其约定”。

第三百九十条 担保期间，担保财产毁损、灭失或者被征收等，担保物权人可以就获得的保险金、赔偿金或者补偿金等优先受偿。被担保债权的履行期限未届满的，也可以提存该保险金、赔偿金或者补偿金等。

◆ 条文主旨

本条是关于担保物权物上代位性的规定。

◆ 立法背景

担保物权的物上代位性是指担保物权的效力及于担保财产因毁损、灭失所得的赔偿金等代位物上，是担保物权的重要特征。由于担保物权人设立担保物权并不以占有和使用担保财产为目的，而是以支配担保财产的交换价值为目的，所以，即使担保财产本身已经毁损、灭失，只要该担保财产交换价值的替代物还存在，该担保物权的效力就自动转移到了该替代物上。这种效力不但在抵押权上存在，在质权、留置权上也存在。担保法对担保物权的物上代位性作了明确规定，例如《担保法》第58条规定，抵押权因抵押物灭失而消灭。因灭失所得的赔偿金，应当作为抵押财产。第73条规定，质权因质押物灭失而消灭。因灭失所得的赔偿金，应当作为出质财产。

许多国家的民法典或者担保交易法也作了类似规定。物权法在担保法和相关司法解释的基础上，借鉴国外的立法经验，对此作了更明确、更全面的规定。与担保法的规定相比，《物权法》第174条增加规定了三个方面的内容：一是扩大了代位物的范围。担保法只规定了赔偿金，《物权法》第174条不但规定了"赔偿金"，还规定了"保险金或者补偿金等"。二是担保法未规定留置财产灭失时，所得的赔偿金能否作为留置财产。《物权法》第174条为担保物权的一般规定，也可以适用于留置权的情形。三是《物权法》第174条规定了"被担保债权的履行期未届满的，也可以提存该保险金、赔偿金或者补偿金等"，担保法对此未作规定。民法典物权编保留了《物权法》第174条的规定。

◆ **条文解读**

根据本条的规定，担保财产的代位物包括：第一，赔偿金。担保财产因第三人的侵权行为或者其他原因毁损、灭失时，担保人所获得的损害赔偿金可以作为担保财产的代位物。但是，如果担保财产是由于债权人的原因导致担保财产毁损、灭失的，根据本法第432条、第451条的规定，质权人、留置权人负有妥善保管质押财产、留置财产的义务；因保管不善致使质押或者留置财产毁损、灭失的，应当承担赔偿责任，质权人、留置权人向出质人或者债务人支付的损害赔偿金不能作为担保财产的代位物。第二，保险金。担保人为担保财产投保的，因保险事故发生而致使担保财产毁损、灭失时，担保人可以请求保险人支付保险金。该保险金可以作为代位物。第三，补偿金。这里的补偿金主要是指担保财产被国家征收时，担保人从国家得到的补偿金。本法第117条规定，为了公共利益的需要，依照法律规定的权限和程序征收、征用不动产或者动产的，应当给予公平、合理的补偿。本法第243条第3款也规定，征收组织、个人的房屋以及其他不动产，应当依法给予征收补偿，维护被征收人的合法权益；征收个人住宅的，还应当保障被征收人的居住条件。例如，城市居民将自己的房屋向银行作了抵押贷款，如果房屋被国家征收的，其所得的补偿金应当作为抵押财产的代位物。

担保期间内，担保财产毁损、灭失或者被征收等产生的法律后果就是担保物权人可以就担保人所得的损害赔偿金、保险金或者补偿金等优先受偿，并且担保物权的受偿顺位不受影响，各担保物权人依照其对担保财产的受偿顺位对代位物行使权利。在因担保财产毁损、灭失或者被征收产生代位物时，可能会出现两种情况：一种情况是担保物权人的债权已经到期或者出现当事人约定的可以实现担保物权的情形。在这种情况下，担保物权人当然可以立即在代位物上实现自己的优先受偿权。另一种情况是担保物权人的债权还没有到期。在这种情况下，代位物虽然说是特定的，但是毕竟已经货币化，担保物权人对其进行控制的可能性降低，其到期实现债权的可能性也会降低，为保障担保物权人的债权得以实现，担保物权人可以提前在代位物上实现自己的债权；如果担保物权人还希望保留自己的期限利益，也可以不立即在代位物上实现担保物权，而等到债权履行期限届满或者出现当事人约定的可以实现担保物权的情形，债务人不履行债务时再在代位物上优先受偿。担保人可以自己或者应担保物权人的要求向提存机构提存该保险金、赔偿金或者补偿金等。

担保物权的效力虽然及于担保财产的代位物，但在某些情况下，代位物的给付牵涉第三人，例如对担保财产造成损害的侵权行为人等。担保物权人是否可以直接向第三人请求支付损害赔偿金、保险金或者补偿金？有一种意见认为，为确保担保物权人的债权得以实现，如果债务确已经到期，担保物权人可以直接向第三人请求该代位物，但是不得损害其他债权人的利益；如果债务没有到期，担保物权人可以请求第三人向提存机关提存该损害赔偿金、保险金或者补偿金。当然，如果担保物权人不能及时请求第三人提存的，担保物权人可以要求担保人提存；担保人拒绝提存的，担保物权人可以请求人民法院对损害赔偿金、保险金或者补偿金等采取保全措施。

第三百九十一条　第三人提供担保，未经其书面同意，债权人允许债务人转移全部或者部分债务的，担保人不再承担相应的担保责任。

◆ **条文主旨**

本条是关于债权人未经担保人同意允许债务人转移债务的法律后果的规定。

◆ **条文解读**

本法合同编第551条第1款规定，债务人将债务的全部或者部分转移给第三人的，应当经债权人同意。在有第三人提供担保的债权债务关系中，涉及的主体有债权人、债务人和担保人，债务人转移债务的，还应当经担保人书面同意。第三人提供担保一般是基于其与债务人之间的特殊信任关系或者对债务人的资产、信誉有所了解。所以，在担保关系中，一旦未经担保人同意，债务人擅自转移债务的，将给担保人带来较大风险，因为提供担保的第三人对新的债务人可能一无所知。设立担保物权虽然主要是保障债权的实现，但是也要照顾到担保人的利益，特别是当担保人是债务人以外的第三人时，如何平衡担保人、担保权人和债务人三者的利益就很重要。本条对债权人的权利行使进行了限制，明确规定：第三人提供担保，未经其书面同意，债权人允许债务人转移全部或者部分债务的，担保人不再承担相应的担保责任。这种限制不仅是对担保人利益的保护，同时也是对债权人利益的保护。本规定较好地平衡了担保人、债务人和债权人的利益。

正确理解本条应当注意以下几点：一是本条只适用于第三人提供担保财产的情况，如果担保财产是由债务人自己提供的，除非债权人明确放弃担保物权或者债务的受让人明确表示愿意代为提供新的担保，否则债权人同意债务人转移债务的行为并不意味着债务人担保责任的免除。二是债权人允许债务人转移债务必须要经提供担保的第三人的书面同意。担保合同为要式合同，设立担保需要书面形式，担保人如果继续为新的债务人担保，这种变更也应当秉承要式合同的规则。如果不是书面形式，而是其他形式，视为不存在担保人的同意。根据本法合同编第469条的规定，书面形式是合同书、信件、电报、电传、传真等可以有形地表现所载内容的形式，以电子数据交换、电子邮件等方式能够有形地表现所载内容，并可以随时调取查用的数据电文，也视为书面形式。三是本条规定的债务转移不仅包括债务人将债务全部转移给他人，也包括将部分债务转移给他人。债权人许可债务人部分转移的，原债务人并不退出债务关系，只是其所应承担的债务额发生减少，新债务人与原债务人共同向债权人承担债务。部分转移债务的也必须经担保人同意，否则担保人对转移出去的部分债务不承担担保责任。四是未经担保人书面同意，债权人许可债务人转移全部债务的，可以免除担保人全部担保责任；债权人许可债务人转移部分债务的，可以免除担保人部分的担保责任，担保人不得要求免除全部担保责任，其还是要对债务人未转移的债务承担担保责任。这就是本条中“不承担相应担保责任”的内涵。

第三百九十二条　被担保的债权既有物的担保又有人的担保的，债务人不履行到期债务或者发生当事人约定的实现担保物权的情形，债权人应当按照约定实现债权；没有约定或者约定不明确，债务人自己提供物的担保的，债权人应当先就该物的担保实现债权；第三人提供物的担保的，债权人可以就物的担保实现债权，也可以请求保证人承担保证责任。提供担保的第三人承担担保责任后，有权向债务人追偿。

◆ 条文主旨

本条是关于物的担保与人的担保的关系的规定。

◆ 立法背景

物的担保是以物担保债务的履行，包括本编规定的抵押权、质权和留置权；人的担保是以人的信誉担保债务的履行，是指本法合同编规定的保证。对于在被担保的债权上既有物的担保又有人的担保的情况下，应如何处理物的担保与人的担保的关系问题，有不同意见。有的认为，根据“物的担保优于人的担保”的理论，担保权人应当先行使担保物权，保证人只有在物的担保不足以清偿债务时，才承担补充责任。担保法体现了这一观点，《担保法》第28条规定，同一债权既有保证又有物的担保的，保证人对物的担保以外的债权承担保证责任。债权人放弃物的担保的，保证人在债权人放弃权利的范围内免除保证责任。也就是说，担保权人没有权利选择优先行使物的担保或者人的担保，而必须先行使物的担保，否则就被认为是权利的放弃。还有的认为，物的担保与人的担保没有先后之分，在债务人不履行债务时，是先行使物的担保还是人的担保应当由担保权人自己决定，法律不应当限制。这既有利于保护债权的实现，也尊重了债权人的意愿。《物权法》第176条区分三种情况对物的担保与人的担保的关系作了规定，本法沿用了物权法的规定。

◆ **条文解读**

应当从以下几个方面理解本条：

1. 在当事人对物的担保和人的担保的关系有约定的情况下，应当尊重当事人的意思，按约定实现，这充分尊重了当事人的意思自治。

2. 在没有约定或者约定不明确，债务人自己提供物的担保的情况下，应当先就物的担保实现担保物权。因为，如果债权人先行使保证人提供的人的担保，保证人在履行保证责任后，还需要向最终的义务人——债务人进行追索。如果担保权人先行使债务人提供的物的担保，就可以免去保证人日后再向债务人行使追索权的烦琐，减少债权实现的成本和费用。而且，在债务人自己提供物的担保的情况下，请求保证人先承担担保责任，对保证人也是不公平的。

3. 在没有约定或者约定不明确，第三人提供物的担保，又有人的担保的情况下，应当允许当事人进行选择。这样规定主要是基于以下考虑：在没有约定或者约定不明确，第三人提供物的担保，又有人的担保的情况下，提供物保的第三人与保证人处于担保人的平等地位，都不是偿还债务的最终义务人，债务人才是最终义务人。因此，债权人无论是先实现物的担保还是先实现人的担保，物的担保人或者保证人都存在向债务人追索的问题。为保障债权人的债权得以充分实现，法律应当尊重债权人的意愿，允许担保权人在这种情况下享有选择权。

与本条相关的还有一个问题：即存在多个担保人的情况下，其中一个担保人承担担保责任后，该担保人除可以向债务人追偿外，是否可以向其他担保人追偿？对于这个问题争论很大。有的认为，为了平衡各担保人的利益关系，应当允许各担保人之间相互追偿，这也符合民法上的公平原则与诚实信用原则。本法对此没有明确作出规定，但我们研究认为，在当事人没有明确约定承担连带担保责任的情况下，规定各担保人之间相互追偿是不妥的，主要理由是：第一，理论上讲不通。除非当事人之间另有约定，各担保人提供的担保具有独立性，担保人之间互相没有意思联络，因此没有法律关系的存在，要求各担保人之间相互追偿，实质是法律强行在各担保人之间设定相互担保，要求各担保人承担连带责任。这意味着，没有履行担保义务的担保人除为债务人提供担保外，还必须为其他担保人提供担保，这既违背担保人的初衷，也不合法理。第二，从程序上讲，费时费力、烦琐。在存在多个担保人时，债务人是最终责任人，担保人在承担担保责任后，应当直接向债务人追偿，如果可以向其他担保人追偿，意味着其他担保人承担责任后，还必须向最终责任人——债务人追偿，从程序上讲，这是不经济的。第三，履行了担保责任的担保人不能向其他担保人追偿恰恰是公平原则的体现。除非当事人之间另有规定，每个担保人在设定担保时，都明白自己面临的风险：即在承担担保责任后，只能向债务人追偿。如果债务人没有能力偿还，自己就会受到损失。这种风险就是担保人设定担保时最为正常的风险且可以预见到的风险，必须由自己承担。担保人希望避免这种风险，就应当在设定担保时进行特别约定。第四，向其他担保人追偿可操作性很差。向其他担保人追偿，首先面临的一个问题就是如何确定追偿的份额。在保证与担保物权并存的情况下确定份额是很难的，例如 A、B、C 三人分别对债权人的债权 1000 万元提供担保，A 提供的是价值 600 万元的房屋抵押，B 提供的是价值 200 万元的机器设备抵押，C 提供保证。现债权人要求 C 履行保证责任，C 在履行了 1000 万元的保证责任后，他应当向 A 和 B 追偿多少？这是一个复杂的计算题。为此，本条没有规定担保人之间可以互相追偿，只规定了提供担保的第三人承担担保责任后，有权向债务人追偿。

第三百九十三条 有下列情形之一的，担保物权消灭：

（一）主债权消灭；

（二）担保物权实现；

（三）债权人放弃担保物权；

（四）法律规定担保物权消灭的其他情形。

◆ 条文主旨

本条是关于担保物权消灭原因的规定。

◆ 立法背景

担保物权的消灭原因因担保物权种类的不同而有所区别，担保法对抵押权、质权和留置权的消灭原因分别作了规定。《担保法》第52条规定，抵押权与其担保的债权同时存在，债权消灭的，抵押权也消灭。第58条规定，抵押权因抵押物灭失而消灭。因灭失所得的赔偿金，应当作为抵押财产。第73条规定，质权因质押物灭失而消灭。因灭失所得的赔偿金，应当作为出质财产。第74条规定，质权与其担保的债权同时存在，债权消灭的，质权也消灭。第88条规定，留置权因下列原因消灭：（一）债权消灭的；（二）债务人另行提供担保并被债权人接受的。《物权法》第177条在担保法规定的基础上，对担保物权消灭的共同原因作了归纳，本条沿袭了物权法的规定。

◆ 条文解读

根据本条的规定，在下列情形下担保物权消灭：

第一，因主债权的消灭而消灭。担保物权是从属于主债权的权利，主债权消灭的，担保物权也随之消灭。这里的“主债权消灭”，是指主债权的全部消灭，根据担保物权的不可分性，主债权部分消灭，担保物权仍然存在，担保财产仍然担保剩余的债权，直到债务人履行全部债务时止。此外，这里的“主债权消灭”指客观效果，与因谁的清偿而导致“主债权消灭”无关。也就是说，债务人自己清偿债务的，担保物权消灭；第三人代债务人清偿债务导致主债权消灭的，担保物权也消灭。

第二，担保物权实现导致担保物权消灭。“担保物权实现”是指债务人到期不履行债务时，债权人与担保人约定以担保财产折价实现自己的债权或者拍卖、变卖担保财产，以拍卖、变卖担保财产所得的价款优先受偿。担保物权是为担保债权而设定的，担保物权实现就意味着担保物权人权利的实现，担保物权自然就归于消灭。但是需要强调的是，担保物权一旦实现，无论其所担保的债权是否全部清偿，担保物权都消灭。根据本法第413条、第438条、第455条的规定，担保物权实现后，未受清偿的债权部分可以要求债务人清偿，但是这部分债权已无担保物权的保障，变为普通债权。

第三，债权人放弃担保物权导致担保物权消灭。这里的“放弃”，是指债权人的明示放弃，明示放弃主要包括两种情形：一是债权人用书面的形式明确表示放弃担保物权。例如，债权人与债务人或者提供担保的第三人以签订协议的方式同意放弃担保物权。二是债权人以行为放弃。例如，因债权人自己的行为导致担保财产毁损、灭失的，视为债权人放弃了担保物权。在立法中，对于是否规定债权人放弃担保物权导致担保物权消灭曾有不同意见。从国外的立法例看，对这一问题的处理确实有两种不同的做法。有的国家承认所有人抵押权，即所有人在自己的物上享有抵押权，如《德国民法典》第1168条第1款规定，债权人抛弃抵押权的，所有人即取得抵押权。此时，债权人放弃抵押权不会导致抵押权消灭，而是由抵押财产的所有人取得抵押权，由于该抵押权仍然存在，那么后顺位的抵押权不能递升其顺位。也有的国家规定，放弃担保物权的会导致担保物权消灭，如《法国民法典》第2488条规定了优先权及抵押权消灭的情形，其中第2项为享有抵押权的债权人放弃抵押权。我们认为，承认所有人抵押权实际上承认了抵押权的独立性，这与本法规定的担保物权的从属性相悖，所以本法采纳了债权人放弃担保物权将导致担保物权消灭的做法。

第四，法律规定的其他导致担保物权消灭的情形。这是一个兜底性条款，主要是指本法的其他条款或者其他法律规定的担保物权消灭的特殊情形或者专属于某一类担保物权的消灭原因，例如，本法第457条规定，留置权人对留置财产丧失占有或者留置权人接受债务人另行提供担保的，留置权消灭。这就是留置权消灭的特殊原因。

第十七章 抵 押 权

本章分两节，共三十一条，规定了一般抵押权和最高额抵押权。第一节对抵押权基本概念、可以抵押的财产以及禁止抵押的财产、抵押合同、流押条款的效力、抵押权的设立、抵押权与其他权利的关系、抵押权的实现、抵押财产的转让及保全、抵押权人放弃抵押权、抵押权顺位以及变更抵押权、抵押权存续期间等作了规定。第二节对最高额抵押权的概念、最高额抵押权的转让、最高额抵押权有关内容的变更、最高额抵押权所担保债权的确定事由、最高额抵押权的适用条款等作了规定。

第一节 一般抵押权

第三百九十四条 为担保债务的履行，债务人或者第三人不转移财产的占有，将该财产抵押给债权人的，债务人不履行到期债务或者发生当事人约定的实现抵押权的情形，债权人有权就该财产优先受偿。

前款规定的债务人或者第三人为抵押人，债权人为抵押权人，提供担保的财产为抵押财产。

◆ **条文主旨**

本条是关于抵押权基本概念的规定。

◆ **立法背景**

抵押担保制度是随着改革开放的发展而建立和完善的。在计划经济体制下，担保制度没有生存的土壤。随着计划经济向市场经济的过渡，担保的作用日益突显。为适应改革发展要求，《民法通则》第 89 条第 2 项对抵押担保作了基本规定："债务人或者第三人可以提供一定的财产作为抵押物。债务人不履行债务的，债权人有权依照法律的规定以抵押物折价或者以变卖抵押物的价款优先得到偿还。"担保法在民法通则规定的基础上，明确规定了抵押的概念。该法第 33 条规定："本法所称抵押，是指债务人或者第三人不转移本法第三十四条所列财产的占有，将该财产作为债权的担保，债务人不履行债务时，债权人有权依照本法规定以该财产折价或者以拍卖、变卖该财产的价款优先受偿。前款规定的债务人或者第三人为抵押人，债权人为抵押权人，提供担保的财产为抵押物。"担保法采用的是对"抵押"下定义的方法，强调的是设定抵押权的行为，而物权法规范的是主体的权利，因此从"抵押权"的角度作规定更为合理。此外，实现担保物权的情形主要是债务人到期不履行债务，但实践中还有一些当事人约定的实现抵押权的情形。结合上述意见，物权法进一步完善了担保法，在第 179 条规定了抵押权的基本概念。本法保留了物权法关于抵押权基本概念的规定。

◆ **条文解读**

抵押权是指为担保债务的履行，债务人或者第三人不转移财产的占有，将该财产抵押给债权人，债务人不履行到期债务或者发生当事人约定的实现抵押权的情形，债权人有权就该财产优先受偿。

抵押法律关系的当事人为抵押人和抵押权人，客体为抵押财产。抵押人是指为担保债务的履行而提供抵押财产的债务人或者第三人。抵押权人是指接受抵押担保的债权人。抵押财产是指抵押人提供的用于担保债务履行的特定的物。比如，甲向乙借款200万元人民币，为保证按时偿还借款，将自己的房屋抵押给乙。在这个法律关系中，甲既是债务人，又是抵押人；乙既是债权人，又是抵押权人；房屋是抵押财产。有时，提供抵押财产的人并非债务人，而是主债权债务合同的当事人以外的第三人，该第三人就是抵押人。比如甲向乙借款，丙将自己的汽车抵押给乙，作为甲向乙履行债务的担保。这种情况下，丙为抵押人，乙为抵押权人，丙的汽车是抵押财产。

抵押权具有以下几个特征：

一、抵押权是担保物权

抵押权以抵押财产作为债权的担保，抵押权人对抵押财产享有的权利，可以对抗物的所有人以及第三人。这主要体现在抵押权人对抵押财产有追及、支配的权利。所谓追及权，表现在抵押权设定后，抵押财产转让的，抵押权不受影响，抵押权仍存在于该抵押财产之上。所谓支配权，表现在抵押权人在抵押财产担保的债权已届清偿期而未受清偿，或者发生当事人约定的实现抵押权的情形时，有权依照法律规定，以抵押财产折价或者以拍卖、变卖抵押财产的价款优先受偿。

二、抵押权是债务人或者第三人以其所有的或者有权处分的特定的财产设定的物权

作为抵押权客体的财产，必须是债务人或者第三人所有的或者依法有权处分的财产，对自己无所有权或者无处分权的财产不得设定抵押权。此外，债权人自己所有的财产也不得作为抵押权的客体。用于抵押的财产还应当是特定的。所谓特定的财产，可以是不动产，也可以是动产，不动产是指不能移动或者移动后就会改变性质或者降低价值的物，如房屋、土地、林木。动产是指不动产以外的物，如飞机、车辆、机器设备。抵押的财产不论是不动产还是动产，都必须是确定的或者是有具体指向的，比如，某栋房屋、某宗土地、某企业现有的及将有的产品等。传统的民法学理论认为，作为抵押权客体的物只能是不动产，而动产只能作为质权的客体。但是，随着经济的发展，人们越来越深刻地感到，作为担保物权客体的一些动产，不转移占有比转移占有更有利于经济活动的进行。因此，一些国家和地区的相关规定，规定了动产的抵押担保。比如，我国台湾地区制定了“动产担保交易法”。该法规定：动产担保交易，谓依“本法”就动产设定抵押，或为附条件买卖，或依信托收据占有其标的之交易。机器、设备、工具、原料、半制品、成品、车辆、农林渔牧产品、牲畜及总吨位未满 20 吨之动力船舶或未满 50 吨之非动力船舶，均得为动产担保交易之标的物。物权法规定的用于抵押的财产既可以是不动产，也可以是动产，本法物权编沿用了这些规定。

三、抵押权是不转移标的物占有的物权

抵押权设定后，抵押人不必将抵押财产转移于抵押权人占有，抵押人仍享有对抵押财产的占有、使用、收益和处分的权利，这是抵押权区别于质权、留置权的特征。比如，债务人甲将自己所有的房屋作为担保财产抵押给乙，在抵押期间，甲仍可在该房屋内居住或者将该房屋出租给他人收取租金。抵押权无需转移抵押财产的占有有下列优势：一是设定抵押权后，抵押人仍能占有抵押财产而进行使用、收益和处分，这有利于抵押人；二是抵押权人无需承担保管抵押财产的义务，但是能够获得完全的抵押财产权，这有利于抵押权人；三是由于抵押财产仍然保存在抵押人处，抵押人可以对其抵押财产进行保值增值，资源可以得到有效利用，充分发挥物的使用价值。

四、抵押权人有权就抵押财产优先受偿

优先受偿，是指当债务人有多个债权人，其财产不足以清偿全部债权时，有抵押权的债权人，可以优先于其他无抵押权的债权人而受到清偿。比如，甲各欠乙、丙、丁100万元贷款，但向乙借款时将自己的房屋抵押给乙，作为还款的担保。当甲破产，破产财产不足以清偿所欠的乙、丙、丁的债务时，乙可以要求就拍卖、变卖抵押房屋所得的价款优先受偿，而丙、丁只能在乙受偿后，就所剩余的价款按比例受偿。

实现抵押权必须符合法律规定的条件。实现抵押权应当具备以下条件之一：一是债务清偿期限届满，债务人不履行义务。清偿期限未届满，抵押权人无权就抵押财产优先受偿。二是发生当事人约定的实现抵押权的情形。比如，债权人与债务人约定，贷款只能用于教学大楼的建设，改变贷款用途的，双方的借贷法律关系终止，债务人须即刻归还已贷出款项，不能归还的，债权人可以拍卖债务人的抵押财产，就拍卖取得的价款优先受偿。当双方约定的实现抵押权的条件成就，即使债务清偿期限没有届满，抵押权人也有权就拍卖、变卖抵押财产的价款优先受偿。

第三百九十五条 债务人或者第三人有权处分的下列财产可以抵押：

（一）建筑物和其他土地附着物；

（二）建设用地使用权；

（三）海域使用权；

（四）生产设备、原材料、半成品、产品；

（五）正在建造的建筑物、船舶、航空器；

（六）交通运输工具；

（七）法律、行政法规未禁止抵押的其他财产。

抵押人可以将前款所列财产一并抵押。

◆ **条文主旨**

本条是关于抵押财产范围的规定。

◆ **立法背景**

《民法通则》第89条对抵押作了规定，但对哪些财产可以抵押没有具体规定，实践中出现了以无权处分的财产或者以权属有争议的财产抵押的情况，从而导致抵押权难以实现。担保法总结实践经验，依照有关法律，明确规定了可以抵押的财产。物权法从解决生产者，特别是农业生产者贷款难的问题以及保障债权安全的需要出发：一是明确规定“生产设备、原材料、半成品、产品”可以抵押。二是规定法律、行政法规未禁止抵押的财产可以抵押。同时，按照不动产、动产的逻辑顺序，对担保法关于可以抵押的财产的规定，作了一些调整。本条基本保留了《物权法》第180条关于抵押财产范围的规定，由于农村土地承包法等对土地经营权的抵押作了特别规定，删去了《物权法》第180条第1款第3项“以招标、拍卖、公开协商等方式取得的荒地等土地承包经营权”，并结合实际需要，增加了海域使用权可以抵押。

◆ **条文解读**

根据本条的规定，财产抵押必须符合两个条件：第一，债务人或者第三人对抵押财产有处分权；第二，是本条规定的可以抵押的财产。

债务人或者第三人对抵押财产有处分权包括：(1) 债务人或者第三人是抵押财产的所有权人。(2) 债务人或者第三人对抵押财产享有用益物权，法律规定该用益物权可以抵押。比如《城市房地产管理法》第32条规定，房地产转让、抵押时，房屋的所有权和该房屋占用范围内的土地使用权同时转让、抵押。第48条规定，依法取得的房屋所有权连同该房屋占用范围内的土地使用权，可以设定抵押权。以出让方式取得的土地使用权，可以设定抵押权。(3) 债务人或者第三人根据法律、行政法规的规定，或者经过政府主管部门批准，可以将其占有、使用的财产抵押。比如《全民所有制工业企业转换经营机制条例》第15条第2款规定，企业根据生产经营的需要，对一般固定资产，可以自主决定出租、抵押或者有偿转让。对关键设备、成套设备或者重要建筑物，经政府主管部门批准，也可以抵押、有偿转让。

本条规定的可以抵押的财产包括：

一、建筑物和其他土地附着物

建筑物包括住宅、体育馆等，但并非所有的建筑物都可以抵押，只有抵押人有权处分的建筑物才可以抵押。《城市房地产管理法》第48条第1款规定，依法取得的房屋所有权可以设定抵押权。按照这一规定，私人建造或者购买的住宅、商业用房；集体所有的乡镇企业厂房；企事业单位自建和购买的工商业用房、职工住房等，只要取得了所有权，就可以抵押。对于产权属于全民所有的房屋，包括国家确定给国家机关、全民所有制企事业单位、军队等使用的全民所有的房屋，未经依法批准，使用单位不得抵押。

其他土地附着物，是指附着于土地之上的除房屋以外的不动产。包括桥梁、隧道、大坝、道路等构筑物，以及林木、庄稼等，比如房前屋后属于公民个人所有的树木，公民个人在自留山、自留地和荒山、荒地、荒坡上种植的林木、农作物，集体所有的用材林、经济林、防护林、炭薪林，机关、部队、学校、厂矿、农场、牧场等单位种植的林木等。

二、建设用地使用权

《宪法》第10条第1款规定："城市的土地属于国家所有。"这一规定表明，我国城市土地的所有者是国家，其他任何组织或者个人对其所占用的城市的土地没有所有权，只有使用的权利。我国1982年《宪法》第10条第4款规定："任何组织或者个人不得侵占、买卖、出租或者以其他形式非法转让土地。"随着改革开放发展，为了开发土地资源，合理利用土地，1988年的宪法修正案第2条删除了1982年宪法关于不得出租土地的规定，并补充规定："土地的使用权可以依照法律的规定转让"。依据宪法，土地管理法对建设用地使用权作了规定。建设用地使用权是权利主体依法对国家所有的土地享有的占有、使用和收益的权利。按照现行法律规定，取得建设用地使用权主要有以下几种方式：（1）通过无偿划拨取得。即国家将国有土地依法确定给全民所有制单位、集体所有制单位或者个人使用。（2）通过出让取得。即国家将国有土地使用权在一定年限内出让给土地使用者，由土地使用者向国家支付土地使用权出让金。目前，出让国有土地使用权主要采取协议、招标、拍卖方式。（3）通过有偿转让取得。即土地使用者，将以出让方式获得的国有土地使用权，依法办理有关手续后，转移给他人使用。建设用地使用权取得的方式不同，权利人享有的处分权也不同，建设用地使用权可否抵押，取决于法律是否赋予权利人处分的权利。对此，我国的一些法律作了规定，比如，《城市房地产管理法》第48条规定，依法取得的房屋占用范围内的土地使用权，以及以出让方式取得的土地使用权，可以设定抵押权。对于法律不允许抵押的建设用地使用权，不可以作为抵押标的物。

三、海域使用权

海域属于国家所有，国家是海域所有权的唯一主体。2001年，我国颁布了海域使用管理法，从法律上确立了海域使用权制度。单位和个人使用海域，必须依法取得海域使用权。海域使用权是一种用益物权，本法第328条规定，依法取得的海域使用权受法律保护。根据海域使用管理法的规定，海域使用权取得的方式主要有三种：一是单位和个人向海洋行政主管部门申请；二是招标；三是拍卖。海域作为国家重要的自然资源实行有偿使用制度。单位和个人使用海域，应当按照国务院的规定缴纳海域使用金。海域使用权作为一项重要的财产权利，可以依法转让、继承。对于海域使用权能否抵押，海域使用管理法没有作出规定，《物权法》第180条关于可以抵押的财产范围中也没有明确列出海域使用权。

我国海域辽阔，海域资源丰富，开发潜力巨大，充分发挥海域使用权的使用价值及交换价值有利于大力发展海洋经济，进一步提高海洋经济的质量和效益。2012年发布的《国务院关于印发全国海洋经济发展“十二五”规划的通知》中提出“探索海域使用权抵押贷款等创新模式，发展和培育海域使用权二级交易市场”；2016年发布的《国务院关于全民所有自然资源资产有偿使用制度改革的指导意见》中提出“完善海域有偿使用分级、分类管理制度，适应经济社会发展多元化需求，完善海域使用权出让、转让、抵押、出租、作价出资（入股）等权能”。目前，《海域使用权管理规定》《不动产登记暂行条例》及其实施细则也就海域使用权的抵押登记作了具体规定。本法物权编在吸收相关意见的基础上在抵押财产的范围中增加规定了海域使用权。

四、生产设备、原材料、半成品、产品

生产设备包括工业企业的各种机床、计算机、化学实验设备、仪器仪表设备、通信设备，海港、码头、车站的装卸机械，拖拉机、收割机、脱粒机等农用机械等。

原材料是指用于制造产品的原料和材料，比如用于炼钢的铁矿石，用于造纸的纸浆，用于生产家具的木料，用于制作面粉的小麦，用于建设工程的砖、瓦、沙、石等。

半成品是指尚未全部生产完成的产品，比如尚未组装完成的汽车，尚未缝制纽扣的服装，尚未成熟的农作物等。

产品是指生产出来的物，比如汽车、轮船等交通工具，仪表、仪器、机床等生产设备，电视机、电冰箱、大米、白面等生活用品。

担保法规定的可以抵押的财产主要是不动产，没有明确规定原材料、半成品、产品可以抵押。

物权法的立法过程中对于是否限定动产抵押的范围曾有不同意见：一种意见认为，动产抵押的范围不宜过宽，理由是：（1）从国外的立法看，大多数国家和地区的动产抵押的范围限于大型机器设备、交通运输工具等经济价值比较大的动产。实践中，设立抵押的动产也主要是机器设备、交通运输工具等价值较大的物，以其他动产抵押的比较少。（2）动产种类繁多，便于移动，公示问题难以解决，不对动产抵押作限制，会增加市场风险，不利于保护抵押权人和买受人的利益。另一种意见认为，对动产抵押的范围不宜作限制，理由是：（1）扩大动产抵押的范围，有利于当事人融资，特别是对于一些中小企业和农民来说，用于融资担保的只有动产，限制动产抵押的范围，不利于中小企业以及农村经济的发展。（2）扩大动产担保范围是现代担保法的发展趋势。目前，无论是英美法系国家的立法，还是联合国国际贸易法委员会和世界银行的担保交易示范法，都对动产抵押持开放态度，即使在法律中没有规定动产抵押或者动产抵押范围相当窄的大陆法系国家，在司法实践中也通过让与担保制度予以弥补。（3）当事人在进行交易时，无论接受何种类型的动产作为抵押财产，只要不是法律禁止抵押的财产，都应当尊重当事人对交易以及可能承担的风险所作的安排。至于动产抵押的公示问题，可以通过制度设计解决。经对上述意见反复研究，物权法从解决生产者，特别是农业生产者贷款难的实践需要出发，规定生产设备、原材料、半成品、产品可以抵押。本法物权编也保留了物权法的规定，但是在动产抵押的具体制度设计上，对于动产浮动抵押的客体作了限制，即只能为“现有的以及将有的生产设备、原材料、半成品、产品”，而对于一般的动产抵押，没有对其客体作出限制，即只要不是法律禁止抵押的动产，都可以作为抵押财产。

五、正在建造的建筑物、船舶、航空器

担保法没有明确规定在建的建筑物、船舶、航空器可以抵押。实践中，建设工程往往周期长、资金缺口大，以正在建造的建筑物、船舶、航空器作为贷款的担保，对于解决建设者融资难，保证在建工程顺利完工具有重要作用。为此，物权法规定了在建的建筑物、船舶、航空器可以抵押，民法典物权编也保留了该规定。

六、交通运输工具

交通运输工具包括飞机、船舶、火车、各种机动车辆等。

七、法律、行政法规未禁止抵押的其他财产

这是一项兜底性规定，以适应不断变化的经济生活需要。这项规定表明，以前 6 项规定以外的财产抵押，必须同时具备两个条件：（1）不是法律、行政法规规定禁止抵押的财产；（2）债务人或者第三人对该财产有处分权。

本条第 2 款规定：“抵押人可以将前款所列财产一并抵押。”

这是关于企业财产集合抵押的规定。根据该款的规定，企业可以将企业的动产、不动产及其某些权利作为一个整体进行担保，比如将厂房、机器设备、库存产成品、工业产权等财产作为总资产向银行抵押贷款。但是，企业将财产一并抵押时，各项财产的名称、数量等情况应当是明确的。

▶ **相关规定**

《中华人民共和国城市房地产管理法》第 32 条、第 48 条；《中华人民共和国海域使用管理法》第 19 条、第 20 条、第 27 条；《全民所有制工业企业转换经营机制条例》第 15 条；《海域使用权管理规定》第 41－43 条；《不动产登记暂行条例》第 5 条；《不动产登记暂行条例实施细则》第 54－59 条、第 65 条

第三百九十六条 企业、个体工商户、农业生产经营者可以将现有的以及将有的生产设备、原材料、半成品、产品抵押，债务人不履行到期债务或者发生当事人约定的实现抵押权的情形，债权人有权就抵押财产确定时的动产优先受偿。

◆ **条文主旨**

本条是关于浮动抵押的规定。

◆ **立法背景**

浮动抵押指权利人以现有的和将有的全部财产或者部分财产为其债务提供抵押担保。债务人不履行到期债务或者发生当事人约定的实现抵押权的情形，债权人有权就抵押财产确定时的动产优先受偿。比如企业以现有的以及未来可能买进的机器设备、库

存产成品、生产原材料等动产担保债务的履行。抵押权设定后，抵押人可以将抵押的原材料投入产品生产，可以买入新的机器设备，也可以卖出产品，抵押财产处于一种浮动的状态。然而，抵押权人实现抵押权时，抵押财产应当是确定的，抵押财产需要从之前浮动的状态变为固定的状态。根据本法第411条的规定，当发生债务履行期限届满债权未实现、抵押人被宣告破产或者解散、当事人约定的实现抵押权的情形成就或者出现严重影响债权实现的其他情形时，抵押财产确定，也就是说此时抵押人有什么财产，这些财产就是抵押财产。抵押财产确定前，抵押权人对于抵押人处分的财产不能追及，抵押人新增的财产要作为抵押财产；抵押财产确定后，对于抵押人转出的抵押财产，抵押权不受影响，仍对这些财产具有追及效力，而对于抵押人新增的财产，抵押权人不享有担保物权。抵押人以其全部财产设定浮动抵押的，只需要在登记时注明以全部财产抵押，即对抵押财产作概括性描述，不必详列抵押财产清单。以部分财产抵押的，则需要列明抵押的财产类别。浮动抵押具有不同于固定抵押的两个特征：第一，浮动抵押设定后，抵押的财产不断发生变化，直到约定或者法定的事由发生，抵押财产才确定。第二，浮动抵押期间，抵押人处分抵押财产的，抵押权人对抵押财产无追及的权利，只能就约定或者法定事由发生后确定的财产优先受偿。

在物权法的立法过程中，对于应否规定浮动抵押制度，有不同意见。有的反对规定浮动抵押，理由是：（1）浮动抵押期间，抵押人可以自由处分抵押财产，由于抵押财产处于不确定状态，实现债权的风险很大。（2）浮动抵押制度有赖于良好的市场环境和社会信誉，而在当时我国的市场环境整体还不够完善，变动较大，在这样的背景下规定浮动抵押不利于保护债权人的利益。

有的认为应当规定浮动抵押，理由是：（1）有利于企业融资，促进经济发展。企业可以用现有的和将有的财产抵押，大大拓展了企业的融资能力，特别是对于一些发展前景较好的中小企业，用作融资担保的不动产有限，浮动抵押制度可以为他们创造有利的发展条件。（2）有利于简化抵押手续，降低抵押成本。设定浮动抵押时，不需要对抵押财产的名称、数量、质量、状况、所在地制作详细目录表，只需要对抵押的财产进行概括性描述；抵押期间，企业可以在经营过程中处分抵押财产，新增财产不需要办理任何手续即成为抵押财产。（3）有利于企业正常经营。浮动抵押设定后，如果没有约定或者法定事由，抵押人可以对抵押财产行使占有、使用、收益和处分的权利，抵押权人不得对企业正常的经营活动进行干涉。（4）可以补充传统抵押的不足。传统抵押强调担保财产的特定性、担保财产的价值可预测性和保全性，但灵活性和融资性功能不足，而浮动抵押解决了这一问题。（5）符合国际通行做法。现在有相当多的国家实行了浮动抵押，经济全球化的大趋势，要求在法律制度上与国际做法相一致。（6）实践的需要。近些年一些公司已经开始运用浮动抵押制度融资，特别在国际项目融资中，浮动抵押制度得到了广泛应用，许多商业银行也强烈呼吁尽早建立浮动抵押制度。经对上述意见和国内外做法反复研究，物权法规定了浮动抵押制度。目前，浮动抵押已经成为我国担保制度中的重要组成部分，在实践中运用较多也较为成熟，民法典物权编对物权法的规定予以了保留。

◆ **条文解读**

按照本条以及相关规定，设立浮动抵押应当符合下列条件：

第一，设立浮动抵押的主体限于企业、个休工商户、农业生产经营者。立法过程中，有的人认为，设立浮动抵押的主体应当限定为股份有限公司，理由是，浮动抵押最大的风险是抵押人恶意处分抵押财产，而抵押权人无法进行有效监控。股份有限公司的规模比较大，信誉比较好，而且有强制信息披露制度，将浮动抵押的主体限于股份有限公司可以减少风险，保护交易安全。有的人认为，在市场经济条件下，哪些主体能够设立浮动抵押，应当由当事人自己选择，不宜由法律做出限制。考虑到我国设立浮动抵押，主要是解决中小企业和农民贷款难的问题，促进中小企业以及农村经济发展，因此，本法将设立浮动抵押的主体规定为企业、个体工商户和农业生产经营者。企业可以是国有独资企业、合伙企业、个人独资企业、公司制企业等，只要注册登记为企业的组织都可以设立浮动抵押。个体工商户是以个人或者家庭经营为主的经济单位，注册登记为个体工商户的，也都可以设立浮动抵押。农业生产经营者，主要指农村承包经营户，也可以是其他从事农业生产的人。除了上述三项主体，非营利的法人和非法人组织、特别法人以及非从事生产经营的自然人等不可以设立浮动抵押。

第二，设立浮动抵押的财产限于生产设备、原材料、半成品、产品。对除此以外的动产不得设立浮动抵押，对不动产也不得设立浮动抵押。

第三，实现抵押权的条件是不履行到期债务或者发生当事人约定的实现抵押权的事由。不履行到期债务，比如，债权人与债务人约定，债务人于 2020 年 12 月 31 日前归还债权人的贷款，但 2020 年 12 月 31 日 24 点前，债务人没有偿还债权人的贷款。发生当事人约定的实现抵押权的条件，比如债权人在贷款时与债务人约定，该贷款用于污水治理工程，不得挪作他用，挪作他用的，债权人有权收回贷款，不能收回的拍卖抵押的财产。如果发生了债务人改变贷款用途，又不能偿还贷款的情形，就可以实现抵押权。

第四，浮动抵押优先受偿的效力范围为抵押财产确定时的动产。《物权法》第181条规定，当实现浮动抵押权的条件成就时，“债权人有权就实现抵押权时的动产优先受偿”。有的意见提出，“实现抵押权时”可能会被理解为本法第410条规定的当事人协议以折价、拍卖、变卖的方式实现抵押权或者请求法院拍卖、变卖抵押财产，但是浮动抵押优先受偿的效力范围应当为浮动抵押转化为固定抵押时所及的财产范围，即浮动抵押确定时的财产范围，抵押财产确定时的财产范围与实现抵押权时的财产范围很有可能不一致。为了避免产生歧义，本法将物权法中的“实现抵押权时”修改为“抵押财产确定时”。这一规定表达了三层意思：其一，抵押期间，抵押财产处于不确定状态。抵押人可以自由处分抵押财产，只有约定或者法定的实现抵押权的条件成就时，抵押财产才确定，债权人只能就该确定的抵押财产享有优先受偿的权利。其二，实现抵押权时确定的抵押财产与设立抵押权时的财产不必相同，通常也不会相同。其三，抵押财产如何确定，本法第411条作了明确规定，即在债务履行期限届满债权未实现、抵押人被宣告破产或者解散、出现当事人约定的实现抵押权的情形以及出现严重影响债权实现的其他情形时，抵押财产确定，抵押权人以该财产优先受偿。

需要注意的是，与《物权法》第181条相比，本条删除了“经当事人书面协议”的规定，这主要是因为本法第400条已明确规定，设立抵押权，当事人应当采用书面形式订立抵押合同。为了避免重复，本条删去了要求书面协议的规定。但是设立浮动抵押仍要用书面形式订立抵押合同，该合同一般包括担保债权的种类和数额、债务履行期间、抵押财产的范围、实现抵押权的条件等。这里所说的抵押财产的范围并不要求详细列明，比如以全部财产抵押的，可以写“以现有的或者将有的全部动产抵押”；以部分财产抵押的，可以写“以现有的和将有的鱼产品、蔬菜、水果抵押”。本法不承认以口头形式订立的浮动抵押合同。

动产浮动抵押是特殊的动产抵押，尽管与一般的动产抵押相比具有抵押财产在确定前具有浮动性、浮动抵押期间处分的财产不受追及等特征，但是在其他方面也适用动产抵押的一般规则。如在抵押财产的范围、抵押合同、抵押权的设立与对抗效力、抵押权的优先受偿顺位等方面都适用动产抵押的一般规则。

第三百九十七条 以建筑物抵押的，该建筑物占用范围内的建设用地使用权一并抵押。以建设用地使用权抵押的，该土地上的建筑物一并抵押。

抵押人未依据前款规定一并抵押的，未抵押的财产视为一并抵押。

◆ 条文主旨

本条是关于建筑物与其占用范围内的建设用地使用权抵押关系的规定。

◆ 立法背景

建筑物所有权和建筑物占用范围内的建设用地使用权各为独立的不动产权利。由于房屋具有依附土地存在的天然特性，房屋所有权依法转让，必然产生建设用地使用权是否一并转让的问题；同样，建设用地使用权依法转让，也会产生该土地上的建筑物所有权是否一并转让的问题。由于房地产的不可分性，我国在处理房地产关系时的一个重要原则就是“地随房走或者房随地走”的房地一体原则。所谓“地随房走”就是转让房屋的所有权时，建设用地使用权同时转让。所谓“房随地走”，就是转让建设用地使用权时，该土地上的房屋所有权也应一并转让。这一原则也同样适用于抵押。

◆ **条文解读**

实现抵押权，必然带来抵押财产的转让，因此在设定抵押权时，房屋的所有权和建设用地使用权应当一并抵押，只有这样，才能保证实现抵押权时，房屋所有权和建设用地使用权同时转让。比如，某甲将自己购买的商品房抵押给某乙，与此同时，其房屋占用范围内的建设用地使用权也应一并抵押。又比如，某单位以出让方式取得了对某片土地的建设用地使用权，在建设用地的使用年限内，如果将该建设用地使用权抵押，在设定抵押权时，该土地上的房屋也应一并抵押。

尽管《担保法》第 36 条就规定“以依法取得的国有土地上的房屋抵押的，该房屋占用范围内的国有土地使用权同时抵押。以出让方式取得的国有土地使用权抵押的，应当将抵押时该国有土地上的房屋同时抵押。”但实践中，还是出现了一些将房屋抵押，但不抵押建设用地使用权，或者抵押建设用地使用权，但不抵押房屋所有权的情况。针对这一问题，本条第 2 款规定：“抵押人未依据前款规定一并抵押的，未抵押的财产视为一并抵押。”也就是说，即使抵押人只办理了房屋所有权抵押登记，没有办理建设用地使用权抵押登记，实现房屋抵押权时，建设用地使用权也一并作为抵押财产。同样，只办理了建设用地使用权抵押登记，没有办理房屋所有权抵押登记的，实现建设用地使用权的抵押权时，房屋所有权也一并作为抵押财产。如果将房屋所有权和建设用地使用权分别抵押给不同的债权人，根据本条规定，前者的抵押效力将及于建设用地使用权，后者的抵押效力将及于房屋所有权，债权人在实现抵押权时，要以抵押登记的先后顺序确定优先受偿顺序。

▶ **相关规定**

《中华人民共和国城市房地产管理法》第32条

第三百九十八条 乡镇、村企业的建设用地使用权不得单独抵押。以乡镇、村企业的厂房等建筑物抵押的，其占用范围内的建设用地使用权一并抵押。

◆ **条文主旨**

本条是关于乡镇、村企业的建筑物和建设用地使用权抵押的规定。

◆ **立法背景**

乡镇、村企业的建设用地使用权为集体所有的土地上设立的土地使用权，本法第361条规定，集体所有的土地作为建设用地的，应当依照土地管理的法律规定办理。我国对耕地实行特殊保护，严格限制农用地转化为建设用地。在2019年8月26日第十三届全国人民代表大会常务委员会第十二次会议通过关于修改《中华人民共和国土地管理法》《中华人民共和国城市房地产管理法》的决定之前，除兴办乡镇、村企业和村民建设住宅经依法批准使用本农民集体所有的土地，或者乡镇、村公共设施和公益事业建设经依法批准使用农民集体所有的土地以外，任何组织和个人进行建设，需要使用土地的，必须依法申请使用国有土地。2013年11月15日，《中共中央关于全面深化改革若干重大问题的决定》中提出，建立城乡统一的建设用地市场，在符合规划和用途管制前提下，允许农村集体经营性建设用地出让、租赁、入股，实行与国有土地同等入市、同权同价。2019 年土地管理法修改时，在集体经营性建设用地方面，创新性地改变了过去农村的土地必须征为国有土地才能进入市场的问题，允许土地利用总体规划、城乡规划确定为工业、商业等经营性用途并经依法登记的集体经营性建设用地，通过出让、出租等方式交由单位或者个人使用、建设。集体经营性建设用地出让、出租等，应当经本集体经济组织成员的村民会议三分之二以上成员或者三分之二以上村民代表的同意。除法律另有规定或者当事人另有约定外，通过出让等方式取得的集体经营性建设用地使用权可以转让、互换、出资、赠与或者抵押，集体经营性建设用地使用权的出租、出让及其转让、互换、出资、赠与、抵押的，参照同类用途的国有建设用地执行。集体建设用地的使用者应当严格按照土地利用总体规划、城乡规划确定的用途使用土地。

◆ 条文解读

乡镇、村企业的建设用地与入市的集体经营性建设用地在使用主体、审批程序等方面有不同。将乡镇、村企业的建设用地使用权抵押的，抵押权的实现可能会带来建设用地使用权出让的效果，即入市的效果。由于集体经营性建设用地入市有严格的要求，如必须符合规划、符合用途管制、经依法登记确权、通过集体的决议程序等，如果对乡镇、村企业的建设用地使用权抵押不作任何限制，可能出现规避法律，以抵押为名，使不符合入市要求的集体所有的土地流入市场。为此本条规定："乡镇、村企业的建设用地使用权不得单独抵押。以乡镇、村企业的厂房等建筑物抵押的，其占用范围内的建设用地使用权一并抵押。"也就是说，乡镇、村企业不能仅以集体所有的建设用地使用权抵押，但可以将乡镇、村企业的厂房等建筑物抵押，以厂房等建筑物抵押的，根据本法第 397 条“地随房走”的原则，其占用范围内的建设用地使用权一并抵押。法律虽然允许乡镇、村企业的建设用地使用权随厂房等建筑物一并抵押，但对实现抵押权后土地的性质和用途作了限制性规定。本法第 418 条规定，以集体所有土地的使用权依法抵押的，实现抵押权后，未经法定程序，不得改变土地所有权的性质和土地用途。也就是说，即使乡镇、村企业的建设用地使用权随其厂房等建筑物被拍卖、变卖了，受让的土地仍然属于农村集体所有，如果该土地原为工业用途，买受人应当严格按照该用途使用土地，未经有关部门批准，买受人不能将该土地用于商业、旅游和住宅建设。

▶ **相关规定**

《中华人民共和国土地管理法》第 63 条

第三百九十九条 下列财产不得抵押：

（一）土地所有权；

（二）宅基地、自留地、自留山等集体所有土地的使用权，但是法律规定可以抵押的除外；

（三）学校、幼儿园、医疗机构等为公益目的成立的非营利法人的教育设施、医疗卫生设施和其他公益设施；

（四）所有权、使用权不明或者有争议的财产；

（五）依法被查封、扣押、监管的财产；

（六）法律、行政法规规定不得抵押的其他财产。

◆ **条文主旨**

本条是关于禁止抵押的财产的规定。

◆ **立法背景**

《担保法》第37条、《物权法》第184条对禁止抵押的财产作了规定。本法根据承包地“三权分置”的改革要求，删除了担保法、物权法中关于耕地使用权不得抵押的规定。同时，考虑到民办学校、民办医院等已经进行了分类管理改革，结合本法总则编中关于法人分类的规定，将物权法中“学校、幼儿园、医院等以公益为目的的事业单位、社会团体的教育设施、医疗卫生设施和其他社会公益设施”修改为“学校、幼儿园、医疗机构等为公益目的成立的非营利法人的教育设施、医疗卫生设施和其他公益设施”。

◆ **条文解读**

根据本条规定，下列财产不得抵押：

一、土地所有权

土地所有权包括国有土地的所有权，也包括集体所有土地的所有权。目前，我国法律没有规定国有和集体所有的土地所有权可以抵押。如果允许土地所有权抵押，实现抵押权后，必然带来土地所有权归属的改变，从而违反宪法和法律关于我国土地只能归国家或者集体所有的规定，因此，土地所有权不得抵押。

二、宅基地、自留地、自留山等集体所有土地的使用权

近些年来，我国农村土地制度改革不断深化，对于集体所有土地的使用权能否抵押的问题，法律和国家有关农村土地的政策经历了一系列变化。

《担保法》规定：耕地、宅基地、自留地、自留山等集体所有的土地使用权不得抵押；乡（镇）、村企业的土地使用权不得单独抵押，乡（镇）、村企业的厂房等建筑物抵押的，其占用范围内的土地使用权同时抵押；依法承包并经发包方同意抵押的荒山、荒沟、荒丘、荒滩等荒地的土地使用权可以抵押。《物权法》规定：耕地、宅基地、自留地、自留山等集体所有的土地使用权不得抵押，但法律规定可以抵押的除外；乡镇、村企业的建设用地使用权不得单独抵押，以乡镇、村企业的厂房等建筑物抵押的，其占用范围内的建设用地使用权一并抵押；以招标、拍卖、公开协商等方式取得的荒地等土地承包经营权可以抵押。

根据上述法律，集体所有土地的使用权中以招标、拍卖、公开协商等方式取得的荒地等土地承包经营权以及乡镇、村企业的建设用地使用权可以抵押。其他类型的集体所有土地的使用权有的与农民的人身属性联系密切、有的具有基本生活保障的功能，有的属于耕地涉及农业生产安全，为了避免集体土地的公有制性质被改变、耕地红线被突破、农民利益受到损害，基于当时的社会发展状况，上述法律对耕地、宅基地、自留地、自留山等集体所有的土地使用权的抵押作了禁止性的规定。

由于社会实践的发展，特别是由于我国当前处于由传统农业向现代农业转变的关键时期，禁止集体所有的土地使用权的抵押不利于盘活农民土地财产、不利于破解农村金融缺血和农民贷款难等问题。然而，集体所有的土地使用权又是农民最重要的土地财产权利，事关农民衣食所依和家人所居，对相关权利进行抵押可能会面临农民陷入失地困境的风险，因此相关改革必须慎重稳妥。

为了落实农村土地的用益物权，赋予农民更多财产权利，深化农村金融改革创新，有效盘活农村资源、资金、资产，为稳步推进农村土地制度改革提供经验和模式，2015 年 12 月 27 日，第十二届全国人民代表大会常务委员会第十八次会议表决通过《关于授权国务院在北京市大兴区等 232 个试点县（市、区）、天津市蓟县等 59 个试点县（市、区）行政区域分别暂时调整实施有关法律规定的决定》，在试点地区分别暂时调整实施物权法、担保法关于集体所有的耕地使用权、集体所有的宅基地使用权不得抵押的规定，该决定授权于2017年12月31日到期。2017年12月27日，为了进一步深化农村金融改革创新，稳妥有序推进农村承包土地的经营权和农民住房财产权抵押贷款试点，更好地总结试点经验，为深化农村土地制度改革打好基础，第十二届全国人民代表大会常务委员会第三十一次会议表决通过《关于延长授权国务院在北京市大兴区等二百三十二个试点县（市、区）、天津市蓟州区等五十九个试点县（市、区）行政区域分布暂时调整实施有关法律规定期限的决定》，将上述授权决定的期限延长一年至2018年12月31日。2018年12月23日，国务院在第十三届全国人民代表大会常务委员会第七次会议上就暂时调整实施有关法律规定的情况向全国人民代表大会常务委员会作了报告。

对于集体所有的耕地使用权的抵押，上述报告指出，农村土地所有权、承包权、经营权“三权分置”改革的推进使农地抵押贷款前置条件已经具备，农地抵押贷款业务形成了包括确权颁证、交易流转、抵押财产价值评估和处置等在内的完整闭环，农地抵押贷款全面推开条件已经成熟。经过三年试点，农村承包土地的经营权抵押已经取得显著成效，适时修改农村土地承包法，将承包土地的经营权抵押通过立法加以确认，已经时机成熟。在2018年12月29日，第十三届全国人民代表大会常务委员会第七次会议表决通过了关于修改《中华人民共和国农村土地承包法》的决定，落实了中央关于承包地“三权分置”的改革要求，对于以家庭承包方式取得的承包地，修改后的《农村土地承包法》第9条规定：“承包方承包土地后，享有土地承包经营权，可以自己经营，也可以保留土地承包权，流转其承包地的土地经营权，由他人经营。”“三权分置”之后，要在落实农村土地集体所有权的基础上，稳定农户承包权、放活土地经营权，允许承包土地的经营权向金融机构抵押融资，为此修改后的《农村土地承包法》第47条第1款规定：“承包方可以用承包地的土地经营权向金融机构融资担保，并向发包方备案。受让方通过流转取得的土地经营权，经承包方书面同意并向发包方备案，可以向金融机构融资担保。”与此相衔接，担保法、物权法中有关耕地使用权不得抵押的规定在此次民法典编纂过程中作出了相应修改，民法典物权编删除了物权法中关于耕地使用权不得抵押的规定。

对于集体所有的宅基地使用权的抵押，上述报告指出，农房抵押贷款在各地发展极不平衡，且宅基地制度改革尚未完成、缺乏司法处置的法律依据，农房流转和处置仍面临较大障碍，农房抵押贷款未形成有效闭环。目前宅基地“三权分置”整体改革方案仍在研究中，农房抵押贷款业务拟纳入宅基地“三权分置”改革的大盘子统筹考虑。2018年12月31日后，《物权法》第184条和《担保法》第37条相关规定恢复施行。在宅基地“三权分置”改革取得实质性进展基础上，再视情考虑物权法、担保法修改问题。从试点情况可看出，目前我国宅基地使用权的抵押条件尚不成熟，宅基地是农民生活的必需和赖以生存的所在，特别是农民一户只有一处宅基地，农村居民出卖、出租住房后再申请宅基地的不予批准，这一点与城市居民是不同的。农民一旦失去住房及其宅基地，将会丧失基本生存条件，影响社会稳定。为了维护现行法律和现阶段国家有关农村土地政策，民法典物权编沿袭了担保法、物权法的相关规定，禁止以宅基地使用权抵押。

自留地、自留山是农民作为生活保障的基本生产资料，带有社会保障性质，从保护广大农民根本利益出发，民法典物权编沿袭了担保法、物权法的相关规定，禁止以自留地、自留山的使用权抵押。

虽然宅基地、自留地、自留山等集体所有土地的使用权不得抵押，但是也有一些集体所有的土地的使用权依法可以抵押，如本法以及农村土地承包法规定的以家庭承包方式取得的承包地的土地经营权、以招标、拍卖、公开协商等方式承包农村土地的土地经营权，土地管理法规定的通过出让等方式取得的集体经营性建设用地使用权等，为此本条第 2 项规定“但是法律规定可以抵押的除外”。

三、学校、幼儿园、医疗机构等为公益目的成立的非营利法人的教育设施、医疗卫生设施和其他公益设施

《担保法》第 37 条、《物权法》第 184 条均规定，学校、幼儿园、医院等以公益为目的的事业单位、社会团体的教育设施、医疗卫生设施和其他社会公益设施不得抵押。民法典物权编的立法过程中，对这一规定曾有不同意见。有的认为，随着教育体制和医疗体制的改革，出现了越来越多的民办学校和医疗机构。民办学校、幼儿园、医疗机构等国家投资少、融资需求大，又没有教育设施、医疗卫生设施以外的其他财产作为融资的担保，仅靠捐助或者投资人的继续投入等方式筹资，难以满足要求。因此，应当将学校、幼儿园、医疗机构分为公办或者民办，允许民办学校、医疗机构的教育设施、医疗卫生设施和其他公益设施抵押。有的建议规定，学校、幼儿园、医疗机构的教育设施、医疗卫生设施和其他公益设施可以抵押，但实现抵押权时，不得改变学校、医疗机构等的性质和用途。

经对上述意见反复研究，在民法典物权编的立法过程中，考虑到民办学校、民办医院等已经进行了分类管理改革，结合本法总则编中关于法人分类的规定，本法对物权法的上述规定作了相应修改。即对于属于非营利法人的学校、幼儿园、医疗机构等的教育设施、医疗卫生设施和其他公益设施不得抵押，主要理由为：属于非营利法人的学校、幼儿园、医疗机构等不论是公办的，还是民办的，都是为社会公益目的而设立的。学校、幼儿园的教育设施是用来教书育人的，如果允许以学校的教育设施抵押，一旦实现抵押权，不仅办学目的难以达到，严重的可能造成学生失学，影响社会安定。从国家、民族的未来考虑，从维护社会安定出发，从教育的目的着眼，应当禁止以教育设施抵押。医疗机构是为了保证公众健康而设立的，也是一种公益事业，医疗机构在设置的区域布局、服务人口的数量、等级配置等方面都有统筹安排和考虑，尤其是农村，一个区域甚至只有一所医院，如果允许以医疗卫生设施抵押，一旦医疗机构无法偿还贷款，抵押权人要求拍卖医疗卫生设施用以清偿债务，就会影响公众看病就医，不利于保障人民的健康。需要说明的是，本条禁止抵押的，只是学校等非营利法人的教育设施和医疗卫生设施，比如教学楼、实验室、教学用计算机、实验设备，医疗机构的门诊大楼、住院部、X 光机、CT 机、化验仪器等。而对于属于营利法人的民办学校、民办医疗机构等，其教育设施、医疗卫生设施等可以依法抵押。

除学校、幼儿园、医疗机构以外，其他以公益为目的成立的非营利法人的社会公益设施也不得抵押，比如，不得将公共图书馆、科学技术馆、博物馆、国家美术馆、少年宫、工人文化宫、敬老院、残疾人福利基金会等用于社会公益目的的设施抵押。

四、所有权、使用权不明或者有争议的财产

财产所有权是权利主体依法对自己的财产占有、使用、收益和处分的权利。财产使用权是依法对财产占有、使用、收益的权利。如果一项财产的所有权或者使用权不明确，甚至是有争议的，将其抵押不仅可能侵犯所有权人或者使用权人的合法权利，而且可能引起矛盾和争议，使得社会关系更加紊乱，危害交易安全。因此，所有权、使用权不明或者有争议的财产不得抵押。

五、依法被查封、扣押、监管的财产

依法查封、扣押财产，指人民法院或者行政机关采取强制措施将财产就地贴上封条或者运到另外的处所，不准任何人占有、使用或者处分。依法监管的财产，指行政机关依照法律规定监督、管理的财产。比如海关依照有关法律、法规，监管进出境的运输工具、货物、行李物品、邮递物品和其他物品，对违反海关法和其他有关法律、法规规定的进出境货物、物品予以扣留。依法被查封、扣押、监管的财产，其合法性处于不确定状态，国家法律不能予以确认和保护。因此禁止以依法被查封、扣押、监管的财产抵押。

六、法律、行政法规规定不得抵押的其他财产

这是一项兜底性规定。除本条前五项所列不得抵押的财产外，在设定抵押权时，还要看其他法律、行政法规有无禁止抵押的规定。

▶ **相关规定**

《中华人民共和国农村土地承包法》第 9 条、第 47 条、第 53 条；《中华人民共和国土地管理法》第 63 条；《中华人民共和国民办教育促进法》第 19 条

第四百条 设立抵押权，当事人应当采用书面形式订立抵押合同。

抵押合同一般包括下列条款：

（一）被担保债权的种类和数额；

（二）债务人履行债务的期限；

（三）抵押财产的名称、数量等情况；

（四）担保的范围。

◆ **条文主旨**

本条是关于订立抵押合同的规定。

◆ **立法背景**

担保物权可以作多种分类，根据发生的原因不同，可分为法

定担保物权和约定担保物权。前者是指依据法律规定的构成要件而产生的担保物权，如留置权；后者是指依据当事人的意思表示而产生的担保物权，如抵押权、质权。设立抵押权，当事人要将其意思通过某种外在的形式表现出来，这种形式就是合同。订立合同是抵押权设立的必备要件，担保法、物权法根据实践需要，对订立抵押合同作了规定。本法基本保留了物权法的相关规定，但是出于简化规定抵押合同一般条款的考虑，将物权法规定的抵押合同包括“抵押财产的名称、数量、质量、状况、所在地、所有权归属或者使用权归属”修改为“抵押财产的名称、数量等情况”，允许当事人对担保财产进行一般性或者概况性描述。

◆ **条文解读**

设立抵押权是抵押人与抵押权人之间的民事法律行为，该种行为不仅要求当事人双方意思表示一致，还要求通过一定的法律形式表现出来，该种法律形式就是合同。合同有口头和书面之分，口头合同一般适用于数额不大或者即时结清的民事法律行为，对于比较重大、容易发生纠纷或者需经一段时间才能终结的民事法律行为，则应当采用比较严格的书面形式。抵押涉及的财产数额较大，法律关系比较复杂，而且要在一段时间内为债权担保，因此，本条要求采用书面形式订立抵押合同。

在订立抵押合同时，当事人应当对彼此的权利义务尽可能约定清楚、明确。本条关于抵押合同内容的规定，是提示性、指导性的。根据本条规定，抵押合同一般包括以下内容：

一、被担保债权的种类和数额

被担保债权的种类，主要指主债权是财物之债，还是劳务之债。财物之债，指以给付一定财物为内容的债。这里的财物可以是特定物，比如是某种文物；也可以是金钱或者其他替代物，比如一定数量的金钱、钢材、大米等。劳务之债，指债务人提供一定的劳务为义务内容的债。这里的劳务，可以有一定的物化结果，比如承揽人提供的劳务；也可以没有一定的物化结果，比如承运人提供的劳务。被担保债权的数额，指主债权的财物金额，或者对劳动者支付的工资、劳务费的金额。

二、债务人履行债务的期限

履行债务的期限，指债务人履行债务的最终日期。超过债务履行期限债务人未履行债务的，就产生以抵押财产折价或者拍卖、变卖抵押财产偿还债务的法律后果。比如债权人与债务人约定债务在2020年4月30日前履行，4月30日就是债务人履行债务的期限，过了4月30日24点，债务人没履行债务的，债权人有权就抵押财产实现抵押权。由于履行债务的期限是抵押权人可以实现抵押权的起算点，因此，抵押合同对此应有明确规定。

三、抵押财产的名称、数量等情况

抵押财产的名称，指抵押的是何种标的物，比如是房屋、建设用地使用权还是机器设备。数量，指抵押财产有多少，比如房屋几间，土地多大，机器设备有几台。《物权法》第185条规定了抵押合同一般包括的条款，其中有一项为抵押财产的名称、数量、质量、状况、所在地、所有权归属或者使用权归属。在民法典物权编的审议过程中，有的常委委员、地方和部门提出，为进一步改善营商环境，赋予当事人更大的自主权，建议允许担保合同对担保财产只作概括性的描述。据此，民法典物权编简化规定了抵押合同的一般条款，将物权法规定的抵押合同包括“抵押财产的名称、数量、质量、状况、所在地、所有权归属或者使用权归属”修改为“抵押财产的名称、数量等情况”，允许当事人对担保财产进行一般性或者概况性描述。

四、担保的范围

抵押财产担保的范围包括主债权及其利息、违约金、损害赔偿金和实现抵押权的费用。主债权，指债权人与债务人之间因债的法律关系所发生的原本债权，比如金钱债权、交付货物的债权、提供劳务的债权。利息，指货币在一定时期内的使用费。利息可以按照法律规定确定，也可以由当事人自己约定，但当事人不能违反法律规定约定过高的利息，否则超过部分的利息无效。违约金，指合同一方在不履行或不适当履行合同时，为违约行为支付的带有惩罚性或者补偿性的金钱。比如债务履行期限届满债务人没有偿还所借金钱，为了补偿债权人因此而受到的损失，或者为了惩罚债务人的违约行为，要求债务人支付主债权标的额3%的违约金。损害赔偿金，指债务人因不履行合同或者不适当履行合同给债权人造成损害而支付的赔偿费用。比如，合同约定甲应向乙交付钢材，但甲交付的钢材的质量不符合合同要求，为此乙要求甲赔偿。实现抵押权的费用，指抵押权人因行使抵押权而支出的费用，比如拍卖、变卖抵押财产所产生的费用。

当事人可以在合同中约定抵押担保的范围只包括上述一项或者几项，也可以约定对上述各项都承担担保责任。担保的范围依当事人的约定而确定；当事人对担保的范围没有约定的，抵押人应当对主债权及其利息、违约金、损害赔偿金和实现担保物权的费用承担担保责任。

设立抵押权是双方民事法律行为，抵押合同除包括上述四项内容以外，当事人之间可能还有其他认为需要约定的事项，比如抵押财产的保险责任由谁承担，抵押人如果提前偿还债权向谁提存，发生纠纷后是否申请仲裁等，这些内容也可以在协商一致的情况下在抵押合同中进行约定。

抵押合同应当具备上述规定的内容，这对于确定抵押合同双方当事人的权利义务，明确各方责任是极其必要的。实际上，合同订立得越细致，对各方权利义务的保护就越充分。但在实践中，由于一些当事人的疏忽或者法律意识淡薄，一些法律要求在合同中订立的条款，当事人并没有订立。如果认为合同缺少某一项条款就归于无效，不利于经济活动的稳定和顺利进行，而且事实上，一些缺少法律形式要件的合同已被无争议地履行了。因此，本条对于合同内容的要求是指导性的，而不是强制性的。如果合同中缺少了法律要求的某项内容，当事人可以在订立合同后补正，一般说来，补正的时间越早越好。补正合同，当事人双方应当协商一致。

第四百零一条　抵押权人在债务履行期限届满前，与抵押人约定债务人不履行到期债务时抵押财产归债权人所有的，只能依法就抵押财产优先受偿。

◆ **条文主旨**

本条是关于流押条款效力的规定。

◆ **立法背景**

担保法、物权法均禁止当事人约定流押条款。《担保法》第40条规定："订立抵押合同时，抵押权人和抵押人在合同中不得约定在债务履行期届满抵押权人未受清偿时，抵押物的所有权转移为债权人所有。"

对于禁止流押条款的规定，一些人有不同的意见，他们认为：第一，禁止流押的规定违背当事人意思自治的原则。流押条款仅涉及抵押人与抵押权人，如果抵押人与抵押权人在没有欺诈、胁迫或者其他违法事由的情形下，自愿达成流押条款没有什么不可以。第二，流押条款的订立并非都对抵押人不公平。抵押财产的价值并非一成不变，有可能出现设立抵押时抵押财产的价值远远大于所担保的债权，而实现抵押权时抵押财产的价值却一落千丈，反而远远小于所担保的债权。如果抵押权人就这些抵押财产与抵押人做了流押的约定，那么当抵押权实现时抵押财产价值跌落，债权人反而深受其害。第三，订立流押条款，可以使实现抵押权成本最小化。

在物权法的立法过程中，没有接受上述意见。理由是：第一，抵押权人与抵押人签订流押条款，从形式上看好像是自愿，但实质上是否自愿，是否没有胁迫是很难判断的。真正公平的意思自治必须通过制度保障。第二，禁止流押的规定不仅追求对抵押人的公平，也要保证对抵押权人公平，如果流押条款订立后，因抵押财产价值缩减导致债权无法满足，对债权人也是不公平的。抵押权的设立不是风险投资，需要公平地保障债权人和抵押人的合法权益。第三，流押条款还可能损害抵押人的其他债权人的利益。第四，流押条款订立后，当事人双方是否依照约定履行了合同，不履行的原因是什么，可能相当复杂，如果因抵押权人的原因造成债务不履行，抵押权人又可以将抵押财产直接转为自己所有，可能会引发更大的麻烦，带来当事人双方特别是债务人更高的成本。

流押条款看起来实现成本比较低，但是如果低成本不能带来公平的、高质量的经济社会效益，也会产生很多负面影响。为此，在制度设计上需要做出改进，以使抵押权的实现程序更简便、高效、低成本。事实上，《物权法》第 195 条规定，债务人不履行到期债务或者发生当事人约定的实现抵押权的情形时，抵押权人可以与抵押人协议以抵押财产折价或者以拍卖、变卖抵押财产的价款优先受偿。抵押权人与抵押人未就抵押权实现方式达成协议的，抵押权人可以请求人民法院拍卖、变卖抵押财产。按照这一规定：(1) 抵押权的实现可以是低成本的。当债务不履行或者发生当事人约定的实现抵押权的情形时，抵押人与抵押权人可以就实现抵押权的方式协议。当事人就抵押权的实现方式进行协议时，可以采用折价的方式，折价实际上就是将抵押财产的所有权转让给抵押权人。在实现抵押权时进行协议，抵押财产的价格可以参照当时的市场价格确定，比流押条款依订立时的抵押财产价格确定更公平合理，因而也更容易为双方当事人接受。(2) 简化了担保物权的实现程序。担保法规定抵押权人与抵押人就实现抵押权的方式达不成协议的，要向人民法院提起诉讼，而物权法规定，达不成协议的，可以直接请求人民法院拍卖、变卖抵押财产，适用特别程序。

在民法典物权编的编纂过程中，一些意见提出，物权法规定当事人在债务履行期限届满前，不得约定债务人不履行到期债务时抵押财产归债权人所有，但是没有明确规定如果进行了这样的约定该约定的效力如何。一些意见认为，应当明确规定流押条款无效，这才符合禁止流押的宗旨。另一些意见认为，如果当事人约定了流押条款，那么当事人之间抵押担保的法律关系的效力如何须进一步明确。可以在允许抵押权人取得抵押财产所有权的前提下，强制性地对抵押权人科以清算义务，即对于抵押财产价值超过债权部分应当返还抵押人，不足清偿担保债权的部分，仍由债务人清偿。

我们研究认为，抵押权性质上属于担保物权，抵押权人设立抵押权的目的在于支配抵押财产的交换价值而使债权获得清偿，而不是取得抵押财产的所有权。如果承认流押条款的效力，债务人届期不履行债务时，债权人不经过任何清算程序即可获得抵押财产所有权，有违抵押权的担保物权本质，应当否认抵押权人可以取得抵押财产所有权的事先约定的效力。然而，当事人之间订立流押条款时，存在为债权进行担保的意思表示，如果否认该抵押权的效力会使债权人的债权变成完全无担保的普通债权，这既不符合债权人与抵押人之间的意思自治，也会造成债权人的利益失衡。在对民法典物权编草案进行二次审议以及向社会各界征求意见时，有的专家学者、单位提出，为进一步优化营商环境，建议完善草案中有关流押条款、流质条款的效力，明确当事人事先作出此类约定的，仍享有担保权益，但是只能依法就抵押财产或者质押财产优先受偿。宪法和法律委员会经研究，建议采纳这一意见。为此，民法典物权编对物权法的规定进行了修改，明确了流押条款的效力，规定：抵押权人在债务履行期限届满前，与抵押人约定债务人不履行到期债务时抵押财产归债权人所有的，只能依法就抵押财产优先受偿。

◆ **条文解读**

流押条款，指债权人在订立抵押合同时与抵押人约定，债务人不履行债务时抵押财产归债权人所有。担保法、物权法规定禁止流押，主要考虑在设立抵押权时，抵押人处于资金需求者的地位，一些抵押人出于紧急需要，可能不惜以自己价值很高的抵押财产去为价值远低于该抵押财产的债权担保，比如，甲向乙借款10万元人民币，以自己价值100万元人民币的房屋抵押担保。如果允许抵押权人和抵押人在订立抵押合同时约定在债务履行期限届满抵押权人未受清偿时，抵押财产归债权人所有，那么，一些抵押人为了眼前的急迫需要，就可能做出不利于自己的选择。这样的结果，不仅不利于保护抵押人的合法权益，也与民法规定的平等、公平的原则相悖。

本条修改了担保法、物权法的规定，规定抵押权人在债务履行期限届满前，与抵押人约定债务人不履行到期债务时抵押财产归债权人所有的，只能依法就抵押财产优先受偿。这表明，当事人订立流押条款的，发生实现抵押权的情形时，抵押财产不能直接归债权人所有，而是应当根据本法第410条、第413条规定的实现抵押权的方式就抵押财产优先受偿。需要注意的是，当事人之间订有流押条款的，债权人依法就抵押财产优先受偿，需要满足抵押权设立的前提条件，即不动产抵押权经登记设立；动产抵押权经抵押合同生效设立，未登记的不得对抗善意第三人。

第四百零二条 以本法第三百九十五条第一款第一项至第三项规定的财产或者第五项规定的正在建造的建筑物抵押的，应当办理抵押登记。抵押权自登记时设立。

◆ **条文主旨**

本条是关于不动产抵押登记的规定。

◆ **立法背景**

物权法定是物权法的一项重要原则。不动产抵押是在不动产上设定负担，直接关系交易第三人和后位抵押权人的利益，为了便于第三人与抵押人进行交易时作出合理预期，避免遭受损害；也为了方便债权人查看抵押财产的权属关系以及抵押权的优先顺位，以决定是否接受该物抵押担保，设定不动产抵押应当办理登记。

对于抵押登记的效力，《担保法》第41条规定："当事人以本法第四十二条规定的财产抵押的，应当办理抵押物登记，抵押合同自登记之日起生效。”《物权法》第187条将担保法上述条文中的“抵押合同自登记之日起生效”修改为“抵押权自登记时设立”，主要考虑到抵押合同的订立是发生物权变动的原因行为，属于债权关系范畴，其成立、生效应当依据合同法确定。抵押权的效力，除了要求抵押合同合法有效这一要件以外，还必须符合物权法的公示原则。将抵押合同的效力和抵押权的效力混为一谈，不利于保护抵押合同当事人的合法权益。比如某甲与某乙订立了房屋抵押合同，但是某甲拖着不为某乙办理抵押登记，随后某甲又将该房屋抵押给了某丙，与某丙办理了抵押登记。根据《物权法》第187条的规定，当某甲不履行债务时，由于某丙办理了抵押登记享有抵押权，可以优先受偿，而某乙没有办理抵押登记，不享有抵押权。如果认为不办理抵押登记则抵押合同不发生效力，那么，某乙不仅不能享有抵押权，连追究某甲合同违约责任的权利都丧失了，这不仅对某乙不公平，也会助长恶意损害他人权益的行为，不利于社会经济秩序的维护。因此，物权法区分了抵押合同效力和物权变动效力。民法典物权编沿袭了《物权法》第187条的规定，对于以本条规定的不动产设立抵押的，应当办理抵押登记，抵押权自登记时设立。

◆ **条文解读**

财产抵押是重要的民事法律行为，法律除要求设立抵押权要订立书面合同以外，还要求对某些财产办理抵押登记，不经抵押登记，抵押权不发生法律效力。这类财产主要是不动产，本法第209条规定，不动产物权的设立、变更、转让和消灭，经依法登记，发生效力；未经登记，不发生效力，但是法律另有规定的除外。根据本条规定，需要进行抵押登记的财产为：（1）建筑物和其他土地附着物；（2）建设用地使用权；（3）海域使用权；（4）正在建造的建筑物。抵押登记，便于债权人查看抵押财产的权属关系以及是否负担其他的用益物权、担保物权等权利，以决定是否接受该财产抵押担保；可以使得实现抵押权的顺序清楚、明确，防止纠纷的发生；可以产生对抗第三人的效果，有利于保护债权人的合法权益，有利于经济活动的正常进行。

抵押权的效力，除了要求抵押合同合法有效这一要件以外，还必须符合物权法的公示原则。对于以本条规定的不动产设立抵押的，应当办理抵押登记，抵押权自登记时设立。

第四百零三条　以动产抵押的，抵押权自抵押合同生效时设立；未经登记，不得对抗善意第三人。

◆ 条文主旨

本条是关于动产抵押效力的规定。

◆ 立法背景

抵押登记，可以使抵押财产的潜在买受人明晰财产的物上负担，以避免交易风险，可以使债权人查看抵押财产的权属关系以及曾否抵押过，以决定是否接受该财产抵押担保，也可使得实现抵押权的顺序清楚明确，预防纠纷发生，对于保护债权人和善意第三人的合法权益和经济活动的正常进行具有重要意义。对于不动产抵押，应当办理抵押登记，不办理登记的，抵押权不发生效力，而对于动产抵押，抵押权不以登记为生效要件，登记仅具有对抗效力，主要原因在于：第一，对于某些交通运输工具的抵押，我国有关法律都采用了登记对抗制度。比如《民用航空法》第16条规定："设定民用航空器抵押权，由抵押权人和抵押人共同向国务院民用航空主管部门办理抵押权登记；未经登记的，不得对抗第三人。”《海商法》第13条第1款规定：“设定船舶抵押权，由抵押权人和抵押人共同向船舶登记机关办理抵押权登记；未经登记的，不得对抗第三人。”对于其他价值相对较小的动产设定抵押权，更没有必要实行登记生效主义。第二，当事人采用对动产不转移占有的抵押方式担保债权的实现往往是基于双方的信任，如果对这些动产抵押也要求抵押登记才能生效，可能会对当事人造成不方便，也会增加抵押人的交易成本，特别是浮动抵押主要是解决中小企业、个体工商户、农业生产经营者贷款难，他们本身缺乏资金，而我国幅员辽阔，一些人又处于比较偏远的地区，办理抵押登记会有一定困难。此外，由于动产便于移动，具有流动性强的特点，即使办理了抵押登记，也不能保证所有权人不将已抵押的动产转让给他人。因此，本条对以动产抵押的没有采用登记生效制度。

◆ **条文解读**

根据本法第395条的规定，生产设备、原材料、半成品、产品，正在建造的船舶、航空器，交通运输工具等动产都可以成为抵押的客体。根据本法第396条的规定，企业、个体工商户、农业生产经营者还可以以现有的以及将有的生产设备、原材料、半成品、产品抵押。对于动产抵押的效力，本条规定，以动产抵押的，抵押权自抵押合同生效时设立；未经登记，不得对抗善意第三人。需要说明的是，本条既适用于一般的动产抵押，也适用于浮动抵押。

当事人以这些动产抵押的，可以办理抵押登记，也可以不办理抵押登记，抵押权不以登记为生效条件，而是自抵押合同生效时设立。合同生效后，即使当事人没有办理登记，债务人不履行债务时，抵押权人仍然可以就实现抵押权的价款优先受偿。但是，办理与不办理抵押登记的法律后果是不同的，未办理抵押登记的，不得对抗善意第三人。善意第三人，指不知道也不应当知道该财产已经被抵押的事实的人。所谓不得对抗善意第三人，包括两方面含义：一是合同签订后，如果抵押人将抵押财产转让，对于善意取得该财产的第三人，抵押权人无权追偿，抵押权人将失去在该财产上的抵押权，只能要求抵押人重新提供新的担保，或者要求债务人及时偿还债务。二是抵押合同签订后，如果抵押人以该财产再次设定抵押或者质押，而后位抵押权人进行了抵押登记或者后位质权人因交付取得了对该动产的实际占有，那么，实现抵押权时，后位抵押权人以及后位质权人可以优先于前位未进行抵押登记的抵押权人受偿。办理抵押登记的，抵押权具有对抗第三人的法律效力，也就是说，抵押财产登记后，不论抵押财产转移到谁手中，只要债务履行期限届满债务人没有履行债务，抵押权就具有追及效力，抵押权人可以就该抵押财产实现抵押权。同时在受偿顺序上，已登记的抵押权优先于未登记的抵押权、后设立的抵押权以及质权受偿。由此可见，为了切实保障自己债权的实现，抵押权人最好进行抵押登记。

▶ **相关规定**

《中华人民共和国海商法》第 13 条；《中华人民共和国民用航空法》第 16 条

第四百零四条 以动产抵押的，不得对抗正常经营活动中已经支付合理价款并取得抵押财产的买受人。

◆ 条文主旨

本条是关于动产抵押不得对抗正常经营活动中的买受人的规定。

◆ 立法背景

对于正常经营活动中的买受人的保护，《物权法》第189条规定，企业、个体工商户、农业生产经营者以现有的以及将有的生产设备、原材料、半成品、产品抵押的，不得对抗正常经营活动中已支付合理价款并取得抵押财产的买受人。因此，物权法规定的正常经营活动中的买受人的保护只限于在浮动抵押的情形，之所以这样规定，主要因为：浮动抵押是在现有的和将有的财产上设定担保，抵押期间抵押人可以占有、使用、处分抵押财产，如果以全部或者部分动产抵押，又不让抵押人处分该财产，抵押人的经营活动就无法进行了。特别是浮动抵押的标的物通常是原材料、库存产成品，这些动产经常处于流动过程中，既然法律允许浮动抵押人在抵押期间处分抵押财产，且不必通知抵押权人，那么对于浮动抵押财产的买受人就应当给予一定的保护。否则，所有动产的买受人为避免买受的货物被在先设立的抵押权所追及，在每次交易前都必须查阅登记资料来看该货物上是否设有浮动抵押，这样将使动产交易活动变得极其滞重，也让动产以占有作为权利外观的一般规则受到冲击，不能适应现代商业的需要。为此，物权法在浮动抵押的情形中对正常经营活动中的买受人确立了特别保护规则，即无论浮动抵押是否登记，只要抵押财产的买受人为正常经营活动中已支付合理价款并取得抵押财产的买受人，其买受的财产不受抵押权的追及。

在民法典物权编的编纂过程中，有些意见提出，物权法中正常经营活动中的买受人的保护规则仅适用于浮动抵押的情形，一般的动产抵押中没有类似的规定。但是依据《物权法》第180条第1款第4项的规定，在原材料、半成品、产品上也可以设定一般的动产抵押权，而这些财产在性质上属于存货，常常在正常经营活动中被卖出，如果正常经营活动中的买受人的保护规则不适用于一般的动产抵押的情形，那么一般的动产抵押权人可以对抗正常经营活动中该抵押财产的买受人，这意味着以后所有正常经营活动中的买受人在交易之前都需要查阅所要购买的物品上是否存在抵押以及该抵押是一般的动产抵押还是浮动抵押，这既不合交易习惯，也会降低交易效率。例如，一个大卖场将其现有的以及将有的所有商品为银行设定了浮动抵押并登记，顾客可以在付款后取得商品的所有权并且不受浮动抵押权的追及。但是，假如该大卖场只是就某一批商品为银行设定了一般的动产抵押权并登记，由于正常经营活动中的买受人的保护规则仅适用于浮动抵押的情形，顾客付款后取得的商品上仍负担着一般的动产抵押权，抵押权人可以追及该商品并就该商品优先受偿。顾客只是去大卖场购买商品却有不同的遭遇，这不尽合理。此外，在国外立法例中，如《美国统一商法典》第9编、《联合国贸易法委员会担保交易示范法》等，无论是一般的动产抵押还是浮动抵押，都不得对抗正常经营活动中的买受人，着眼点在于是否为正常经营活动，而不在于担保的形式。因此，建议将正常经营活动中的买受人的保护规则的适用范围扩大至一般的动产抵押。在民法典物权编的立法过程中，吸收了上述意见，规定："以动产抵押的，不得对抗正常经营活动中已支付合理价款并取得抵押财产的买受人。"将物权法中适用于动产浮动抵押的正常交易活动中的买受人的保护规则上升为动产抵押权的一般规则，适用于一般的动产抵押以及浮动抵押情形。

◆ 条文解读

对于动产买受人的保护不能漫无边际，否则设立抵押权就会失去意义。按照本条规定，受到保护的买受人必须符合以下条件：第一，买受人是在正常经营活动中买受了抵押财产，即出卖人出卖抵押财产是其正常的经营活动，而买受人既可以是在存货融资中，买受出卖人在正常经营过程中出售的已设定担保的存货的人，也可以是市场交易中的消费者。买受人取得的标的物应当是出卖人通常销售的动产，而出卖人也一般以销售该类动产为业，例如：同样是生产设备，甲公司为制造销售生产设备的厂商，其出卖生产设备构成正常经营活动；乙公司不是制造销售生产设备的厂商，其生产设备主要用于生产活动，其出卖生产设备的行为不属于正常经营活动。第二，买受人必须已经支付合理价款。在判断买受人支付价款是否合理时，应当根据转让标的物的性质、数量以及付款方式等具体情况，参考转让时交易地市场价格以及交易习惯等因素综合认定。第三，买受人已取得抵押财产，即抵押财产的所有权已通过交付转让给买受人。具备这三个条件，无论该动产抵押是否登记，抵押财产的买受人可以对抗抵押权人，即买受人可以取得买受的抵押财产的所有权并且不受抵押权人的追及。

第四百零五条 抵押权设立前，抵押财产已经出租并转移占有的，原租赁关系不受该抵押权的影响。

◆ 条文主旨

本条是关于抵押权和租赁权关系的规定。

◆ 立法背景

以房屋等财产抵押的，在设定抵押权之前，有时该财产上已存在租赁法律关系，比如甲将房屋抵押给乙之前，已经将该房屋出租给丙使用，这种在抵押权设立之前事先存在的租赁关系是否继续有效呢？从理论上讲，财产租赁属于债权的范畴，根据物权优先于债权的原则，财产所有权人将已出租的财产转让给第三人的，第三人取得财产的所有权的同时，承租人的租赁关系即归于消灭。承租人可以要求出租人承担债务不履行的违约责任，但是不能向租赁物的买受人要求继续履行租赁合同，因为承租人与买受人不存在租赁合同关系。但是，随着社会经济的发展，为了保护承租人尤其是不动产承租人的利益，维护社会稳定，现代各国民法都逐渐采取了增强租赁权效力的做法，将“买卖击破租赁”规则转为“买卖不破租赁”规则，即租赁关系成立后，即使出租人将租赁物转卖给第三人，该原已存在的租赁关系仍然对买受人有效，承租人仍然可以向受让人主张租赁权，受让人取得的是一项有租赁关系负担的财产所有权。1999 年颁布的合同法也采取了“买卖不破租赁”的规则，其中第 229 条规定：“租赁物在租赁期间发生所有权变动的，不影响租赁合同的效力。”本法第 725 条也规定：“租赁物在承租人按照租赁合同占有期限内发生所有权变动的，不影响租赁合同的效力。”买卖等处分行为可以使租赁物的所有权发生变动，设定抵押也属于处分行为，在实现抵押权时会导致租赁物所有权的变动，可能影响到事先存在的租赁关系，为了保障承租人的权利，切实落实“买卖不破租赁”原则的精神，《担保法》第 48 条明确规定：“抵押人将已出租的财产抵押的，应当书面告知承租人，原租赁合同继续有效。”《物权法》第 190 条也规定，订立抵押合同前抵押财产已出租的，原租赁关系不受该抵押权的影响。也就是说，因实现抵押权而将抵押财产转让时，抵押人与承租人之间原有的租赁关系不当然终止，承租人可以在租赁合同的有效期内继续享有承租的权利。

在民法典物权编的编纂过程中，有些意见提出，仅凭订立抵押合同的时间与订立租赁合同的时间来认定抵押权和租赁关系的先后，容易滋生道德风险。在实践中存在一些当事人恶意串通，通过虚构租赁关系或者倒签租赁合同的方式，侵害抵押权人的利益，为抵押权人实现抵押权制造障碍。同样，当事人之间也有可能虚构抵押关系或者倒签抵押合同，侵害承租人的利益。建议在认定抵押权和租赁关系的先后顺序时规定较为严格的条件。民法典物权编吸收了以上意见，将物权法中的“订立抵押合同前”修改为“抵押权设立前”，将“抵押财产已出租的”修改为“抵押财产已出租并转移占有的”。

《物权法》第190条还规定，抵押权设立后抵押财产出租的，该租赁关系不得对抗已登记的抵押权。也就是说，第一，如果将办理了抵押登记的财产出租，实现抵押权后，原租赁合同解除，承租人不能要求继续承租抵押财产。这样规定的理由主要是，抵押财产办理了登记的，承租人可以从抵押财产的登记信息中查询到租赁财产的物上负担情况，既然明知承租的财产上设有抵押权，就应当承担因实现抵押权而带来的风险。否则，抵押权的效力就会打折扣，确定性降低，也会因此失去设立的意义。第二，如果将没有办理登记的抵押财产出租，承租人不知道也不应当知道财产已抵押的情况，抵押权就不能对抗租赁关系。在民法典物权编的编纂过程中，一些意见提出，在抵押权成立在先时，出于物权的公示效力，抵押权经登记当然优先于后设立的租赁关系，该租赁关系不能对抗抵押权，抵押权实现时租赁关系应当终止。对于未登记的动产抵押权，可以适用动产抵押权未经登记不得对抗善意第三人的规则。物权法中“抵押权设立后抵押财产出租的，该租赁关系不得对抗已登记的抵押权”的规定，对于已登记的抵押权来说本来就是应有之义，但是对于未登记的动产抵押权人与知道或者应当知道租赁物已经被抵押但仍承租的承租人之间的关系可能会带来法律适用上的困惑。为此，民法典物权编删除了物权法的该规定。对于抵押权设立后抵押财产出租的，已登记的可以对抗其后设立的租赁关系，未登记的按照不得对抗善意第三人的规则来判断抵押权与租赁权的效力。

◆ **条文解读**

在判断租赁关系受不受抵押权的影响时，要看在抵押权设立前抵押财产是否已出租并转移占有。不动产抵押权在登记时设立，动产抵押权在订立抵押合同时设立，认定抵押权设立的时间分别以登记和订立合同的时间为准。要求已出租的抵押财产须在抵押权设立前转移占有，主要是考虑到保护承租人的权利要以承租人对租赁物有一定的支配利益为前提，如果承租人尚未取得对租赁物的占有，在设定抵押时债权人没有理由知道该租赁关系的存在，此时如果主张在先订立的租赁关系不受抵押权的影响则对抵押权人不公平。

第四百零六条 抵押期间，抵押人可以转让抵押财产。当事人另有约定的，按照其约定。抵押财产转让的，抵押权不受影响。

抵押人转让抵押财产的，应当及时通知抵押权人。抵押权人能够证明抵押财产转让可能损害抵押权的，可以请求抵押人将转让所得的价款向抵押权人提前清偿债务或者提存。转让的价款超过债权数额的部分归抵押人所有，不足部分由债务人清偿。

◆ 条文主旨

本条是关于抵押期间转让抵押财产的规定。

◆ 立法背景

抵押权是不转移财产占有的物权。传统理论认为，抵押期间，抵押人不丧失对物的占有、使用、收益和处分的权利。抵押人转让抵押财产的，抵押权人对转让的抵押财产具有物上追及的法律效力。比如，甲向乙借款时，为担保借款的偿还将房屋抵押给了乙，之后又将该房屋卖给了丙，如果债务履行期限届满甲没有向乙归还借款，乙有权拍卖或者变卖丙所购买的房屋，并就拍卖或者变卖所得的价款优先受偿。上述理论和做法有利于加速经济流转，更好地发挥物的效用，但也使抵押权人和抵押财产的买受人承担了一定的风险。比如，抵押人转让已抵押但没有办理抵押登记的汽车，买受人根据善意取得的规定取得该汽车所有权的同时，抵押权消灭，抵押权就无法实现了。又比如，转让负有抵押权的财产，抵押权人有权就受让人买受的抵押财产实现抵押权，就可能出现买受人因抵押权的实现而丧失买受的抵押财产，又无法从抵押人处取回已支付的转让价款的情况。因此，在设计抵押期间抵押财产的转让规则时，既需要考虑发挥物的效用，又要维护抵押权人和抵押财产的买受人的合法权益，作出符合我国实践情况的规定。我国民事法律中关于抵押期间抵押财产的转让规则经历了以下变化：

一、担保法、物权法中的有关规定

我国制定担保法时，对抵押财产的转让附加了一些条件。《担保法》第49条规定："抵押期间，抵押人转让已办理登记的抵押物的，应当通知抵押权人并告知受让人转让物已经抵押的情况；抵押人未通知抵押权人或者未告知受让人的，转让行为无效。转让抵押物的价款明显低于其价值的，抵押权人可以要求抵押人提供相应的担保；抵押人不提供的，不得转让抵押物。抵押人转让抵押物所得的价款，应当向抵押权人提前清偿所担保的债权或者向与抵押权人约定的第三人提存。超过债权数额的部分，归抵押人所有，不足部分由债务人清偿。”

《物权法》第191条规定：“抵押期间，抵押人经抵押权人同意转让抵押财产的，应当将转让所得的价款向抵押权人提前清偿债务或者提存。转让的价款超过债权数额的部分归抵押人所有，不足部分由债务人清偿。抵押期间，抵押人未经抵押权人同意，不得转让抵押财产，但受让人代为清偿债务消灭抵押权的除外。”

物权法在以下两方面修改了担保法的规定：一是，抵押期间，抵押人转让抵押财产的，应当经抵押权人同意，而不是仅仅通知抵押权人并告知受让人；同时，要将转让所得的价款向抵押权人提前清偿债权或者提存。二是，抵押期间，未经抵押权人同意，不得转让抵押财产。除非受让人替抵押人向抵押权人偿还了债务消灭了抵押权。按照该条的制度设计，转让抵押财产，必须消除该财产上的抵押权。既然买受人取得的是没有物上负担的财产，也就不再有物上追及的问题。物权法这样规定的主要理由是：第一，财产抵押实际是以物的交换价值担保，抵押财产转让，交换价值已经实现。以交换所得的价款偿还债务，消灭抵押权，可以减少抵押财产流转过程中的风险，避免抵押人利用制度设计的漏洞取得不当利益，更好地保护抵押权人和买受人的合法权益。第二，担保法规定转让抵押财产应当通知抵押权人并告知受让人，也就是说，只要是通知了抵押权人并告知了受让人，抵押权人就不能阻止抵押人的转让行为，而只能在转让抵押财产的价款明显低于债权的价值时，要求抵押人提供相应的担保。但抵押财产的价值是随着市场价格波动的，抵押财产的价值是否明显低于债权难以做出准确判断，与其为抵押权的实现留下不确定因素，不如在转让抵押财产时，就将转让所得的价款向抵押权人提前清偿或者提存。第三，转让抵押财产前就取得抵押权同意，可以防止以后出现的一系列麻烦，节省经济运行的成本，减少纠纷。

二、民法典物权编对抵押期间抵押财产转让规则的修改

担保法、物权法均没有规定抵押财产转让时抵押权的物上追及效力，而是要求将转让价款向抵押权人提前清偿债务或者提存。在民法典物权编的立法过程中，有的人大代表提出，物权法的规定存在以下问题：一是抵押权是存在于抵押财产上的权利，是属于权利人的绝对权，抵押权对抵押财产具有追及效力是其物权属性的体现，应当予以明确规定；二是要求抵押人将转让抵押财产的价款提前清偿债务，违背了抵押权作为担保物权具有的或然性特征，设定抵押不是债务承担或者债务替代，提前清偿债务损害抵押人的期限利益，在第三人作为抵押人的情形中尤其不公正，立法只需考虑抵押人处分抵押财产时是否会损害抵押权，再赋予抵押权人相应的救济手段；三是转让抵押财产，必须消除该财产上的抵押权，影响了交易实践的发展，尤其是在房屋按揭买卖中，需要先由买受人支付部分款项，以供出卖人提前清偿按揭贷款从而涂销抵押权，再由买受人与银行签订抵押贷款合同，重新办理抵押登记，增加了交易成本。建议规定抵押期间抵押人转让抵押财产的，抵押权不受影响，只有在转让行为有可能损害抵押权时，抵押权人可以要求抵押人提前清偿债务或者将转让价款提存。

对于上述立法建议，有的部门和单位认为，允许抵押财产不经抵押权人同意而转让可能有以下不利影响：一是增加了债务人的道德风险，在不清偿债务或提存的情况下，允许抵押人转让抵押财产，转让后的财产所有人与债务人无直接关联，将削弱因财产担保对债务人产生的约束，进而影响到债务的偿还。二是影响抵押权的实现，虽然该建议明确了抵押权的追及效力，但是抵押权人对因抵押财产转让给第三人而导致的抵押财产处置困难的情况缺乏控制力，可能增加抵押权人的权利行使成本。

我们研究认为，如果当事人设立抵押权时进行了登记，受让人可以知悉财产上是否负担抵押权，受让人知道或者应当知道该财产上设有抵押权仍受让的，应当承受相应的风险；如果当事人设立抵押权时没有进行登记，则不能对抗善意的受让人，受让人将获得没有抵押负担的财产所有权。随着我国不动产统一登记制度的建立以及动产抵押登记制度的完善，抵押人转让抵押财产时抵押权人和抵押财产的买受人可能承担的风险大大降低，为了充分发挥物的效用，促进交易便捷，应当允许抵押人在抵押期间转让抵押财产并承认抵押权的追及效力。同时，应当允许当事人对抵押期间能否转让抵押财产另行约定，以平衡抵押人与抵押权人之间的利益，保护抵押权人为行使抵押权而作的预先安排，尊重当事人之间的意思自治。为此，民法典各分编草案一审稿第 197 条曾规定："抵押期间，抵押人转让抵押财产的，应当通知抵押权人。当事人另有约定的，按照其约定。""抵押财产转让的，抵押权不受影响。抵押权人能够证明抵押财产转让可能损害抵押权的，可以请求抵押人将转让所得的价款向抵押权人提前清偿债务或者提存。转让的价款超过债权数额的部分归抵押人所有，不足部分由债务人清偿。"

在民法典物权编草案经第十三届全国人大常委会第五次会议、第十次会议初次、二次审议以及公开征求意见的过程中，一些意见提出，草案修改了物权法中抵押期间抵押财产转让的相关规则，承认了抵押权的追及效力，删除了未经抵押权人同意不得转让抵押财产的规定，值得肯定。但是该条文第 1 款规定的"抵押人转让抵押财产的，应当通知抵押权人"，通知抵押权人到底有何实际作用，是否影响抵押财产转让的效力，值得考虑。依追及效力规则，不管通知与否，抵押权的效力均不受影响，那么通知便没有太大意义。第1款还规定“当事人另有约定的，按照约定”，该约定是指可以不通知，还是约定抵押财产不得转让，也存在疑问。经研究，提交第十三届全国人大常委会第十五次会议审议的民法典草案为避免产生歧义，将抵押期间抵押财产的转让规则作了修改完善，在草案第406条规定：“抵押期间，抵押人可以转让抵押财产。当事人另有约定的，按照其约定。抵押财产转让的，抵押权不受影响。”“抵押人转让抵押财产的，应当及时通知抵押权人。抵押权人能够证明抵押财产转让可能损害抵押权的，可以请求抵押人将转让所得的价款向抵押权人提前清偿债务或者提存。转让的价款超过债权数额的部分归抵押人所有，不足部分由债务人清偿。”该条文最终成为民法典物权编的条文。

◆ **条文解读**

根据本条规定，抵押人对其所有的抵押财产享有占有、使用、收益、处分的权利，抵押期间抵押人可以转让抵押财产，而不需要经过其他人的同意。如果抵押权人与抵押人在设立抵押权时约定抵押人在抵押期间不得转让抵押财产，那么抵押人不能转让抵押财产，但是该约定不得对抗善意受让人。抵押财产转让的，抵押权不受影响，即无论抵押财产转让到哪里，也无论抵押财产的受让人是谁，抵押权人对该抵押财产享有抵押权，在实现抵押权的条件成就时，可以追及该抵押财产并就抵押财产进行变价和优先受偿。“抵押财产转让的，抵押权不受影响”的规定存在一些例外，例如：抵押权的设立是登记对抗主义模式的，如果抵押权未进行登记，则不能对抗抵押财产的善意买受人；在动产抵押的情形中，即使抵押权进行了登记，也不得对抗正常经营活动中已支付合理价款并取得抵押财产的买受人。在上述情况下，买受人取得没有权利负担的财产，抵押权人不能追及该抵押财产。

由于抵押权人并不占有、控制抵押财产，因此对于抵押财产的状态和权属状况不可能随时知悉，因此本条对抵押人规定了在转让抵押财产时及时通知抵押权人的义务。抵押人如果在转让抵押财产时未及时通知抵押权人，虽然不影响抵押权的效力，但是如果因未及时通知造成抵押权人损害的，应当承担赔偿责任。抵押人转让抵押财产的，抵押权人虽然对该财产具有追及效力，但是在一些情况下抵押财产的转让有可能损害抵押权人的利益，例如某甲将其日常生活所用的汽车抵押给某乙并进行了登记，后来又将该汽车转让给某丙用于营业用途，由于汽车用途的改变会加大汽车的损耗，汽车的价值也会相应降低，尽管汽车转让后某乙对该汽车仍享有抵押权，但是在其实现抵押权时，汽车的价值可能已经贬损到不能完全清偿其债权。在这种情况下本条规定，抵押权人能够证明抵押财产转让可能损害抵押权的，可以请求抵押人将转让所得价款提前清偿债务或者提存。一般说来，抵押人转让抵押财产的所得的价款不可能完全与其担保的债权数额一致，当抵押财产价款超过债权数额时，超过的部分，应当归抵押人所有；不足的部分由债务人清偿。也就是说，如果抵押人为债务人以外的第三人时，抵押人不再承担责任，剩余未清偿的债权由债务人偿还。

第四百零七条　抵押权不得与债权分离而单独转让或者作为其他债权的担保。债权转让的，担保该债权的抵押权一并转让，但是法律另有规定或者当事人另有约定的除外。

◆ 条文主旨

本条是关于抵押权转让或者作为其他债权担保的规定。

◆ 立法背景

担保物权的一个重要特点就是其附随于主债权债务关系，没有主债权债务关系的存在，担保关系也就没有了存在以及实现的可能性和价值。作为担保物权的一种，抵押权以其所担保的债权存在为前提，没有债权，就不可能有抵押权，抵押权失去了债权，也就失去了存在的意义。由于抵押权不具有独立存在的特性，因此本条中规定："抵押权不得与债权分离而单独转让或者作为其他债权的担保。"这一规定延续了我国担保法、物权法的规定。

◆ 条文解读

根据这一规定，抵押权的转让或者以抵押权为其他债权设定担保，应当与抵押权所担保的债权一同进行。抵押权人转让抵押权的，抵押权应当与其所担保的债权一同转让；抵押权人以抵押权向他人提供担保的，抵押权应当与其所担保的债权一同向他人提供担保。单独转让抵押权或者单独以抵押权作为其他债权的担保的行为无效。

这里所讲的抵押权不得与债权分离而单独转让，是指抵押权人不得将抵押权单独让与他人而自己保留债权。例如，甲向乙借款100万元，并将价值120万元的房屋抵押以担保债务的履行，乙不能仅将该房屋的抵押权转让给丙而不转让债权，由于抵押权就其担保的债权而言所具有的附随性，没有债权，丙得到的抵押权是没有价值的。同样的道理，抵押权人也不得单独将抵押权作为其他债权的担保而自己保留债权，抵押权只有在与其所担保的债权一同作为其他债权的担保时才有意义。

由于抵押权具有附随性，被担保的债权转让的，抵押权应当随被担保债权的转让而移转于受让人，因此本条规定：“债权转让的，担保该债权的抵押权一并转让。”需要注意的是，关于这一规定，本条还有一项但书规定：“但是法律另有规定或者当事人另有约定的除外。”“法律另有规定”，是指法律规定在一些情况下，债权转让的，抵押权不一并转让，例如本法第421条规定，最高额抵押担保的债权确定前，部分债权转让的，最高额抵押权不得转让。“当事人另有约定”，既可以是抵押权人在转让债权时，与受让人约定，只转让债权而不转让担保该债权的抵押权，这种情形大多发生在债权的部分转让时；也可以是第三人专为特定的债权人设定抵押的，该第三人与债权人约定，被担保债权的转让未经其同意的，抵押权因债权的转让而消灭。在上述情形下，债权转让的，担保该债权的抵押权不一并转让。

第四百零八条 抵押人的行为足以使抵押财产价值减少的，抵押权人有权请求抵押人停止其行为；抵押财产价值减少的，抵押权人有权请求恢复抵押财产的价值，或者提供与减少的价值相应的担保。抵押人不恢复抵押财产的价值，也不提供担保的，抵押权人有权请求债务人提前清偿债务。

◆ 条文主旨

本条是关于抵押财产价值减少时如何处理的规定。

◆ 立法背景

抵押权设立后，抵押权人并不实际占有抵押财产，抵押财产仍由抵押人占有、使用、收益和处分，在抵押期间，有可能由于抵押人的行为致使抵押财产价值减少，损害抵押权人的利益。抵押人使抵押财产价值减少的行为主要包括两个方面：一是抵押人采取积极的行为致使抵押财产价值减少，如砍伐抵押的林木、拆除抵押的房屋、因不当驾驶造成抵押的车辆损坏等；二是抵押人消极的不作为致使抵押财产价值减少，如对抵押的危旧房屋不做修缮、对抵押的机动车不进行定期的维修保养、有库房却任由抵押的机器设备在室外风吹雨淋等。抵押权是为抵押权人的利益设定的，抵押权人的目的在于支配抵押财产的交换价值而使债权获得清偿，当抵押人的行为使抵押财产价值减少从而侵害抵押权人的利益时，应当给予抵押权人保全抵押财产价值、维护抵押担保效力的权利。

◆ **条文解读**

本条规定：抵押人的行为足以使抵押财产价值减少的，抵押权人有权请求抵押人停止其行为。在上述例子中，抵押权人可以请求抵押人停止砍伐林木或者拆除房屋，加紧房屋修缮或者对车辆定期保养等。如果抵押人对抵押权人的请求不予理睬、不停止其行为的，抵押权人可以请求人民法院强制抵押人停止其侵害行为。

实践中，很多时候即使抵押人停止其行为，也已经造成抵押财产价值减少，使抵押权人的利益受到损害，对此，抵押权人有权请求抵押人恢复抵押财产的价值，如将破旧的房屋修缮好，将损坏的车辆修理好。抵押财产的价值难以恢复或者恢复的成本过高的，抵押权人也可以请求抵押人提供与减少的价值相应的担保，如抵押人砍伐的林木价值约为10万元，抵押权人有权请求抵押人提供价值相当于10万元的新的抵押财产或者质押财产，或者由第三人对这10万元的债务提供保证担保。经抵押权人请求，抵押人既不恢复抵押财产的价值也不提供担保的，抵押权人为保护自己的利益，防止抵押财产的价值进一步减少，有权请求债务人提前清偿债务。

需要注意的是，本条规定的抵押财产价值减少，均是由于抵押人的行为造成的，即只有在抵押人对抵押财产价值减少有过错的，才按照本条的规定处理。对于抵押人对抵押财产价值减少无过错时如何处理的问题，本条没有作出规定。那么，在抵押人无过错的情况下，如因地震、水灾等自然灾害，因失火、被窃等第三人的原因致使抵押财产价值减少的，如何保护抵押权人的利益呢？对于非可归责于抵押人的原因致使抵押财产价值减少的，如果请求抵押人恢复抵押财产的原价值或者提供与减少的价值相当的担保，对抵押人有失公正。对此，《担保法》第 51 条第 2 款规定："抵押人对抵押物价值减少无过错的，抵押权人只能在抵押人因损害而得到的赔偿范围内要求提供担保。抵押物价值未减少的部分，仍作为债权的担保。"这样规定有一定的道理，但请求抵押人在因损害而得到的赔偿范围内再向抵押权人设定一个担保，比较麻烦，如果抵押人没有其他的财产可供担保，还需要考虑如何以抵押人获得的赔偿金等设定担保物权的问题。物权法没有延续这一规定，本法也承袭了物权法的做法，对于这一问题在担保物权分编的"一般规定"一章中作了规定，即根据本法第 390 条的规定，抵押期间，抵押财产毁损灭失的，抵押权人可以就获得的保险金、赔偿金等优先受偿。被担保债权的履行期限未届满的，也可以提存该保险金、赔偿金等。赋予抵押权人对因担保财产毁损灭失而获得的保险金、赔偿金等享有直接优先受偿或者提存的权利，简化了处理程序，能够更有效地保护抵押权人的利益。当然，此时原抵押财产仍应当作为债权的担保。对于非因抵押人的过错致使抵押财产价值减少，抵押人又不能获得保险金、赔偿金的情形，例如因市场的变化使得抵押的房地产价值减少的，抵押权人不能请求抵押人恢复抵押财产的价值或者提供与减少的价值相应的担保，更不能请求债务人提前清偿债务，还是应当以原抵押财产作为债权的担保。债权人在实现抵押权时抵押财产的价值不足以偿还全部债务的，可以请求债务人清偿不足部分，如果该部分债权没有其他的担保，则变为普通债权。

第四百零九条 抵押权人可以放弃抵押权或者抵押权的顺位。抵押权人与抵押人可以协议变更抵押权顺位以及被担保的债权数额等内容。但是，抵押权的变更未经其他抵押权人书面同意的，不得对其他抵押权人产生不利影响。

债务人以自己的财产设定抵押，抵押权人放弃该抵押权、抵押权顺位或者变更抵押权的，其他担保人在抵押权人丧失优先受偿权益的范围内免除担保责任，但是其他担保人承诺仍然提供担保的除外。

◆ 条文主旨

本条是关于抵押权人放弃抵押权、抵押权的顺位以及变更抵押权的规定。

◆ 立法背景

抵押权人能否放弃抵押权或者抵押权的顺位；抵押权变更时，如何保护同一抵押财产上其他抵押权人的合法利益；被担保的债权既有以债务人自己的财产作抵押担保又有其他担保的，抵押权人放弃抵押权、抵押权的顺位或者变更抵押权时，其他担保人如何承担担保责任？本条针对这些问题作出了明确规定。

◆ 条文解读

抵押权作为抵押权人享有的一项权利，抵押权人可以放弃抵押权从而放弃其债权就抵押财产优先受偿的权利。抵押权人不行使抵押权或者怠于行使抵押权的，不得推定抵押权人放弃抵押权。抵押权人放弃抵押权，不必经过抵押人的同意。抵押权人放弃抵押权的，抵押权消灭。

抵押权的顺位是抵押权人优先受偿的顺序，本法第 414 条对确定抵押权优先受偿顺序的原则作了规定。抵押权的顺位作为抵押权人享有的一项利益，抵押权人可以放弃其顺位，即放弃优先受偿的次序利益。抵押权人放弃抵押权顺位的，该抵押权人将处于最后顺位，所有后顺位抵押权人的顺位依次递进。但是在抵押权人放弃抵押权顺位之后新设定的抵押权不受该放弃的影响，其顺位仍应在该抵押权人的抵押权顺位之后。

本条规定，抵押权人与抵押人可以协议变更抵押权的顺位以及被担保的债权数额等内容。所谓抵押权顺位的变更，是指将同一抵押财产上的数个抵押权的清偿顺序调换。抵押权的顺位变更后，各抵押权人只能在其变更后的顺位上行使优先受偿权。对抵押权顺位以及被担保的债权数额等内容的变更，如果在同一抵押财产上还有其他抵押权人的，可能对这些抵押权人产生不利的影响。例如，当事人协议将第三顺位的抵押权变更为第一顺位，那么就会影响原第一顺位与第二顺位抵押权的实现，甚至使他们完全得不到清偿；又如，抵押权人与抵押人协议增加被担保的债权数额的，这就会影响到后顺位的抵押权人以抵押财产的交换价值获得清偿的数额。为了保护同一财产上其他抵押权人的合法利益，本条特别规定：“抵押权的变更未经其他抵押权人书面同意的，不得对其他抵押权人产生不利影响。”未经其他抵押权人书面同意变更抵押权，对其他抵押权人产生不利影响的，变更无效。如果抵押权的变更，对其他抵押权人不会产生不利影响，例如第一顺位的抵押权人与第二顺位的抵押权人经与抵押人协商互换了清偿顺位，或者第一顺位的抵押权人与抵押人协议减少被担保的债权数额，不会对后顺位的抵押权人造成不利影响的，那么即使未经后顺位的抵押权人的书面同意，该变更有效。

本条第 2 款规定，债务人以自己的财产设定抵押，抵押权人放弃该抵押权、抵押权顺位或者变更抵押权的，其他担保人在抵押权人丧失优先受偿权益的范围内免除担保责任，但是其他担保人承诺仍然提供担保的除外。这一规定是针对被担保的债权既有以债务人自己的财产作抵押的抵押担保又有其他担保的情形而作出的特别规定。这里的“其他担保人”既包括为债务人担保的保证人，也包括提供抵押、质押担保的第三人。

现以同一债权既有以债务人自己的财产作抵押的抵押担保又有第三人提供保证担保的情形为例，对本款的规定作一说明：本法第 392 条规定，被担保的债权既有物的担保又有人的担保的，债务人不履行到期债务或者发生当事人约定的实现担保物权的情形，债务人自己提供物的担保的，如果没有特别的约定，债权人应当先就债务人的物实现债权。根据这一规定，只要是债务人以自己的财产设定抵押的，无论该抵押是担保主债权的全部还是部分，如果当事人之间没有特别的约定，都要首先就该财产行使抵押权来实现债权。如果因行使抵押权而实现了全部债权，那么保证人就不用承担保证责任了；如果行使了抵押权却只实现了部分债权，那么保证人就只对未实现的那部分债权承担保证责任。也就是说，在这种情形下，保证人是就债权人行使抵押权优先受偿而仍不能受偿的债权余额承担保证责任。如果抵押权人放弃该抵押权、抵押权的顺位或者变更抵押权而使自己失去优先受偿的权利或者减少优先受偿的范围，那么因债权人丧失优先受偿的权益而未能受偿的债权，就要由保证人来承担保证责任，这就会加大保证人的保证责任。这种因抵押权人的行为加重保证人保证责任的现象，是不合理的。举一个例子，甲以自己的房地产向乙抵押贷款100万元，同时又由丙作为该项贷款的保证人，此后，甲又将该房产抵押给丁。在此例中，乙的抵押权处于第一顺位，如果乙不放弃抵押权的顺位，甲的房产拍卖或者变卖后，乙的贷款全部可以得到优先受偿，丙就无须再承担保证责任。但是乙为了丁的利益放弃了抵押权的顺位，自愿将其顺位处于丁之后，结果该房产拍卖或者变卖所得的价款在优先清偿给丁后，乙只有60万元的贷款得到了清偿，于是乙要求丙对剩下的40万元贷款承担保证责任。由于乙放弃抵押权顺位的行为而加重丙的保证责任，对丙而言是不公平、不合理的。为了避免发生这种现象，保护保证人等其他担保人的合法利益，因此，本法特别规定，其他担保人在抵押权人丧失优先受偿权益的范围内免除担保责任。根据这一规定，在上面的例子中，丙对乙剩余的40万元贷款的保证责任应予免除。但是如果丙承诺仍然提供保证的，应当尊重当事人自愿的意思表示，为此本条规定“但是其他担保人承诺仍然提供担保的除外”，在这种情况下，丙的保证责任不予免除。

第四百一十条 债务人不履行到期债务或者发生当事人约定的实现抵押权的情形，抵押权人可以与抵押人协议以抵押财产折价或者以拍卖、变卖该抵押财产所得的价款优先受偿。协议损害其他债权人利益的，其他债权人可以请求人民法院撤销该协议。

抵押权人与抵押人未就抵押权实现方式达成协议的，抵押权人可以请求人民法院拍卖、变卖抵押财产。

抵押财产折价或者变卖的，应当参照市场价格。

◆ 条文主旨

本条是关于抵押权实现的条件、方式和程序的规定。

◆ 立法背景

在设立抵押权并且达到实现抵押权的条件时，最主要的问题在于如何实现抵押权，使债权获得清偿。对于抵押权的实现问题，如果当事人能够以协议的方式对抵押权的实现方式达成一致，在不损害其他债权人利益的前提下，法律应当尊重当事人之间的意思自治。如果双方未达成协议，那么应当如何实现抵押权呢？对此，《担保法》规定："协议不成的，抵押权人可以向人民法院提起诉讼。"在物权法的起草过程中，不少人提出，要求抵押权人向人民法院提起诉讼以实现抵押权的规定使得抵押权的实现程序变得复杂而且漫长，有时抵押权需要一两年才能实现。实践中，一些抵押权人为了尽快实现抵押权，事先与抵押人签署一份具有强制执行力的公证文书，约定债务人到期不履行债务的，抵押权人不必向人民法院提起诉讼，直接向人民法院申请强制执行，进行执行程序。因此，建议为使抵押权的实现程序更加简便，应当允许抵押权人在协议不成的情况下，直接向人民法院申请拍卖、变卖抵押财产。经研究，抵押权人与抵押人未就实现抵押权达成协议，主要有两种情形：一是双方就债务履行期限届满债权未受清偿的事实没有异议，只是就采用何种方式来处理抵押财产的问题达不成一致意见；二是双方在债务是否已经履行以及抵押权本身的问题上存在争议，如双方对抵押合同的有关条款或者抵押权的效力问题存在争议，这些问题实际上是实现抵押权的前提条件，双方对此发生争议的，也就根本谈不上协议以何种方式实现抵押权了。对于第一种情形，即抵押权人与抵押人仅就抵押权实现方式未达成协议的，为了简便抵押权的实现程序，物权法规定，抵押权人可以直接请求人民法院拍卖、变卖抵押财产。对于第二种情形，抵押权人仍应当采取向人民法院提起诉讼的方式解决。本法保留了物权法的规定，在本条规定，抵押权人与抵押人未就抵押权实现方式达成协议的，抵押权人可以请求人民法院拍卖、变卖抵押财产。

这里还有一个问题需要予以说明，既然本法规定了浮动抵押制度，那么是否应当单独规定浮动抵押权的实现程序呢？对这一问题，在物权法立法过程中有不同意见。一种意见认为，应当单独规定浮动抵押权的实现程序，因为浮动抵押权的实现与一般抵押权的实现有很大的不同。一般抵押权是以抵押财产折价受偿或者以拍卖、变卖抵押财产的价款优先受偿。而浮动抵押权的标的物多是整个公司的财产或者是公司的大部分财产，以整个公司的财产或者大部分财产实现债权，会涉及公司的接管、清算、强制管理措施等问题；如果公司资不抵债的，还会涉及公司的破产问题。因此，浮动抵押权的实现是一个比较复杂的问题；如果不明确规定其实现程序，浮动抵押制度将很难操作。国外的一些立法也对浮动抵押权的实现程序作出了特别规定。另一种意见认为，没有必要单独规定浮动抵押权的实现程序，浮动抵押权可以准用一般抵押权的实现方式，由浮动抵押权人拍卖、变卖企业等的财产优先受偿或者以企业财产折价受偿。物权法没有区分一般抵押权与浮动抵押权，无论哪种抵押权，均适用物权法规定的一般抵押权实现的方式和程序。这样规定的主要考虑是，物权法规定的浮动抵押财产的范围仅限于动产，即只有在企业、个体工商户和农业生产经营者的生产设备、原材料、半成品和产品这些动产上才能设定浮动抵押权，并不包括企业的不动产以及知识产权、商业秘密等财产权利。这就意味着企业一般不会以其全部财产设定浮动抵押。而就企业的动产浮动抵押而言，其抵押权的实现与一般抵押权实现的方式和程序并没有什么区别。此外，如果规定特别的浮动抵押权的实现程序，一旦涉及整个企业的接管、清算、强制管理等问题，还有可能产生因实现抵押权而干涉企业生产经营管理活动的问题。本法保留了物权法的做法，没有规定单独的浮动抵押权的实现程序。

◆ **条文解读**

本条第 1 款对抵押权人实现抵押权的条件作出了规定：一是债务履行期限届满，债务人不履行债务；二是发生了当事人约定的实现抵押权的情形。满足上述任一条件，抵押权人就可以依照本条规定的方式和程序处理抵押财产以实现其债权。对于“发生当事人约定的实现抵押权的情形”，现以浮动抵押为例加以说明：根据本法规定，浮动抵押是以抵押人现有的以及将有的动产作抵押，抵押期间，抵押人在正常经营范围内可以自由处分其动产，债务人到期不履行债务的，抵押权人是以抵押财产确定时的动产优先受偿。如果只允许抵押权人在债务人到期不履行债务时才能实现抵押权，可能会由于抵押人在经营过程中的非正常经营行为或者恶意的行为，甚至是正常经营行为，造成抵押权实现时抵押财产大量减少，无法对抵押权人的债权起到担保作用，从而损害抵押权人的利益。允许抵押权人与抵押人约定提前实现抵押权的条件，抵押权人就可以在抵押合同中对抵押人的某些行为进行约束，一旦抵押人违反约定从事了这些行为，满足了约定的实现抵押权的条件，抵押权人就可以提前实现抵押权，以保障自己的债权得到清偿。例如，A 企业以其仓库中现有及将有的所有产品设定浮动抵押向 B 银行贷款，B 银行为保全抵押财产在实现抵押权时能够达到一定的数量，以起到担保其债权的作用，可以与 A 企业在抵押合同中约定，A 企业不得以其库存的产品从事关联交易或者低价交易，如不得以低于市场价格一定比例的价格出售库存的产品，一旦出售价格低于约定的比例，B 银行即可提前实现抵押权；也可以在抵押合同中约定，即使在正常经营情况下，A 企业库存的产品数量也不得低于其整个库存量的一定比例，一旦低于该比例，B 银行即可提前实现抵押权。国外的一些立法，如英国、美国、加拿大等，也允许当事人约定实现抵押权的条件。

债务人不履行到期债务或者发生当事人约定的实现抵押权的情形的，抵押权人可以与抵押人就如何处理抵押财产进行协商，如果双方达成协议，就可以按照协议的方式实现抵押权。本条提供了三种抵押财产的处理方式供抵押权人与抵押人协议时选择：

一、折价方式

在实现抵押权的条件成就时，抵押权人可以与抵押人协议，以折价的方式实现抵押权。折价的方式也就是抵押权人与抵押人协议，参照市场价格确定一定的价款将抵押财产的所有权转移给抵押权人，以实现债权。本法第 401 条规定："抵押权人在债务履行期限届满前，与抵押人约定债务人不履行到期债务时抵押财产归债权人所有的，只能依法就抵押财产优先受偿。"这样规定是为了避免债务履行期限届满前，抵押权人利用其优势地位与抵押人约定，在债务人到期不能履行债务时，将价值高于被担保债权的抵押财产直接转归抵押权人所有，以充抵债权，从而对抵押人造成不公平，因此规定即使是在债务履行期限届满前，当事人约定不履行债务时抵押财产归债权人所有的，也只能按照法律规定的实现抵押权的方式和程序获得优先清偿。法律所限制的只是在债务履行期限届满前作出这种将来转移所有权的协议，在需要实现抵押权的时候，已不存在可能给抵押人造成不利的情势了，这时双方可以协议以折价的方式来清偿抵押权人的债权。而且，如果双方确定的抵押财产的价款高于被担保的债权时，依照本法规定，超出的部分要归抵押人所有，这样抵押权人与抵押人双方的权益就都得到了保护。

二、拍卖方式

拍卖是抵押权实现的最为普通的一种方式。拍卖也称为竞卖，是指以公开竞争的方法将标的物卖给出价最高的买者。拍卖又分为自愿拍卖和强制拍卖两种，自愿拍卖是出卖人与拍卖机构订立委托合同，委托拍卖机构拍卖，拍卖机构一般为拍卖行；强制拍卖是债务人的财产基于某些法定的原因由司法机关如人民法院强制性拍卖。抵押权人与抵押人协议以抵押财产拍卖来实现债权的方式属于第一种方式，双方达成一致意见，即可选择拍卖机构进行拍卖。以拍卖的方式实现抵押权有很大的优点，因为拍卖是以公开竞价的方式出卖标的物，拍卖的价款能够最大限度地体现拍卖财产的价值，从而充分发挥抵押财产对债权的担保作用。

三、变卖方式

除前述两种方式外，本条规定双方还可以协议以变卖的方式实现抵押权。采用变卖的方式就是以拍卖以外的生活中一般的买卖形式出让抵押财产，以变卖抵押财产的价款来实现债权的方式。为了保障变卖的价格公允，变卖抵押财产应当参照市场价格。

抵押权人与抵押人协议处理抵押财产时，可能涉及抵押人的其他债权人的利益，如果抵押财产折价过低或者拍卖、变卖的价格远低于市场价格，如一套抵押住房的市场价格为 100 万元，抵押权人与抵押人却仅以 70 万元的价格协议变卖，在该抵押权人就变卖所得价款优先受偿后，可供后顺位的抵押权人以及其他债权人实现其债权的数额就会大大减少，从而损害他们的利益。为保障其他债权人的利益，本条规定，协议损害其他债权人利益的，其他债权人可以请求人民法院撤销该协议。根据本法第 152 条的规定，当事人自知道或者应当知道撤销事由之日起一年内没有行使撤销权的，撤销权消灭；当事人自民事法律行为发生之日起五年内没有行使撤销权的，撤销权消灭。这里规定的“一年”“五年”是一个固定期间，不得中止、中断。因此，抵押人与抵押权人协议实现抵押权的方式损害其他债权人利益的，其他债权人应在知道或者应当知道撤销事由之日起一年内请求人民法院撤销该协议，否则撤销权消灭。在抵押人与抵押权人达成协议起五年内其他债权人没有行使撤销权的，撤销权也归于消灭。

第四百一十一条 依据本法第三百九十六条规定设定抵押的，抵押财产自下列情形之一发生时确定：

（一）债务履行期限届满，债权未实现；

（二）抵押人被宣告破产或者解散；

（三）当事人约定的实现抵押权的情形；

（四）严重影响债权实现的其他情形。

◆ **条文主旨**

本条是关于在浮动抵押中抵押财产确定的情形的规定。

◆ **立法背景**

本条是专门针对浮动抵押的规定。根据本法第 396 条的规定，当事人除可以在特定的财产上设定抵押即固定抵押外，企业、个体工商户、农业生产经营者还可以将现有的以及将有的生产设备、原材料、半成品和产品抵押，即在上述动产上设定浮动抵押，当债务人不履行到期债务或者发生当事人约定的实现抵押权的情形时，债权人有权就抵押财产确定时的动产优先受偿。浮动抵押区别于固定抵押的一个重要特征就是抵押财产的范围不确定，浮动抵押设定后，抵押人仍然有权继续占有、经营管理并自由处分其财产，这样就使抵押财产不固定，在抵押期间不断发生变化。但是，当抵押权人需要行使抵押权时，抵押财产应当是确定的；只有抵押财产被确定，抵押权人才能将抵押财产折价或者拍卖、变卖以实现抵押权。因此，抵押财产的确定是抵押权实现的前提条件。当然，一般情况下也只有在需要实现抵押权时，才有必要确定抵押财产。抵押财产的确定是实现浮动抵押权中的一个重要问题，本条规定了抵押财产在哪些情形确定。

◆ **条文解读**

依照本条的规定，抵押财产确定的情形有以下四种：

第一，债务履行期限届满，债权未实现的，抵押财产确定。这种情况下，无论抵押权人是否向抵押人提出实现抵押权的要求，抵押财产均应确定，自债务履行期限届满之日起，抵押人不得再处分抵押财产。

第二，抵押人被宣告破产或者解散的，抵押财产确定。这一规定主要适用于抵押人为法人或者非法人组织的情形。《物权法》第 196 条规定了浮动抵押中抵押财产确定的情形，其中第 2 项为“抵押人被宣告破产或者被撤销”。抵押人被宣告破产或者被撤销，即意味着抵押人停止营业，进入清算程序，由于抵押人的财产将不再发生变动，抵押财产随之确定，抵押权人对确定下来的抵押财产享有优先受偿的权利。然而，根据本法总则编的规定，法人和非法人组织终止的原因并不仅限于被宣告破产或者被撤销。根据总则编的规定，因法人解散或者法人被宣告破产并依法完成清算、注销登记的，法人终止。而法人解散的原因有多种，本法第 69 条规定："有下列情形之一的，法人解散：（一）法人章程规定的存续期间届满或者法人章程规定的其他解散事由出现；（二）法人的权力机构决议解散；（三）因法人合并或者分立需要解散；（四）法人依法被吊销营业执照、登记证书，被责令关闭或者被撤销；（五）法律规定的其他情形。"对于非法人组织来说，本法第 106 条规定："有下列情形之一的，非法人组织解散：（一）章程规定的存续期间届满或者章程规定的其他解散事由出现；（二）出资人或者设立人决定解散；（三）法律规定的其他情形。"根据本法第 107 条的规定，非法人组织解散的，应当依法进行清算。可见，抵押人被撤销仅是抵押人解散的一种情形，在抵押人依照章程解散、决议解散、因合并分立解散、被吊销营业执照、被责令关闭等情形中，抵押人也需要依法进行清算，最终终止。抵押人在终止之前，相关的权利义务关系应当确定下来并予以处理，此时应当将设定浮动抵押的抵押财产确定下来。为此，民法典物权编将《物权法》第 196 条第 2 项"抵押人被宣告破产或者被撤销"修改为"抵押人被宣告破产或者解散"，以涵盖更多的情形。

第三，发生当事人约定的实现抵押权的情形的，抵押财产确定。抵押权人为保障自己的债权得到清偿，可以与抵押人约定提前实现抵押权的情形，如约定抵押人从事关联交易或者低价交易为提前实现抵押权的情形，又如约定抵押人用于抵押的库存产品数量低于库存总量的一定比例为提前实现抵押权的情形。当事人约定了实现抵押权的情形的，一旦发生了该情形，抵押财产即被确定，抵押权人可以要求实现抵押权。

第四，发生严重影响债权实现的其他情形的，抵押财产确定。严重影响债权实现的情形，范围比较广泛，既可以是因经营不善导致抵押人经营状况恶化或者严重亏损；也可以是因抵押人放弃其债权、无偿转让财产、以明显不合理的低价转让财产或者以明显不合理的高价受让他人财产等，致使其设立浮动抵押的财产价值明显减少；还可以是抵押人为逃避债务而隐匿、转移财产。抵押人有上述行为，严重影响债权实现的，抵押权人为保全抵押财产达到一定的数额，以起到担保其债权优先受偿的作用，可以向抵押人要求确定抵押财产，以实现抵押权。抵押人对抵押权人的要求有异议的，抵押权人可以向人民法院请求确定抵押财产。需要说明的是，如果抵押人有放弃其债权、无偿转让财产、以明显不合理的低价转让财产或者以明显不合理的高价受让他人财产等行为，严重影响抵押权人债权实现的，抵押权人除可以依照本条规定要求确定抵押财产外，还可以依据本法第 408 条的规定，有权请求抵押人停止其行为，请求恢复抵押财产的价值，或者提供与减少的价值相应的担保。如果债务人自己为抵押人的，抵押权人还可以依照合同编的有关规定向人民法院请求撤销债务人的行为。因抵押权人行使撤销权而追回的财产，如果原本就属于浮动抵押财产的范围，抵押财产确定后，仍属于抵押财产。

本条规定的四种情形为抵押财产确定的法定情形，发生其中任一情形的，自该情形发生时浮动抵押即转化为固定抵押，抵押财产确定，抵押人不得再处分抵押财产，抵押权人可以依照本法第 410 条、第 413 条的规定实现抵押权。

第四百一十二条 债务人不履行到期债务或者发生当事人约定的实现抵押权的情形，致使抵押财产被人民法院依法扣押的，自扣押之日起，抵押权人有权收取该抵押财产的天然孳息或者法定孳息，但是抵押权人未通知应当清偿法定孳息义务人的除外。

前款规定的孳息应当先充抵收取孳息的费用。

◆ 条文主旨

本条是关于抵押财产孳息的规定。

◆ 立法背景

抵押财产的孳息，是指由抵押财产而产生的收益。孳息分为天然孳息和法定孳息，天然孳息指物依照自然属性产生的收益，如土地上生长的庄稼、树木结的果实、牲畜产的幼畜；法定孳息指依照法律关系产生的收益，如出租人依合同收取的租金、贷款人依法所得的利息。抵押权设立后，抵押财产的占有权、使用权、收益权和处分权仍由抵押人行使，因抵押财产的使用而产生的孳息应当归抵押人所有，抵押权的效力不及于该孳息。

但是，债务人不履行到期债务或者发生当事人约定的实现抵押权的情形，因抵押权人行使抵押权致使抵押财产被人民法院依法扣押的，如果抵押财产的孳息仍为抵押人收取，则会使抵押人为收取孳息而拖延处理抵押财产，不利于保护抵押权人的利益。此时剥夺抵押人对抵押财产孳息的收取权，有利于抵押权人顺利实现抵押权，也能够充分发挥抵押财产担保债权受偿的功能。因此，针对这种情况，本条对抵押财产孳息的收取作出了特别规定。

◆ **条文解读**

本条规定，抵押财产被人民法院扣押的，抵押权的效力及于抵押财产的孳息，自扣押之日起抵押权人有权收取该抵押财产的天然孳息和法定孳息。例如，甲将已出租的房屋作为贷款担保抵押给乙，债务履行期间，甲仍有权收取该房屋的租金，但是债务履行期限届满，甲没有履行债务，乙为行使抵押权请求人民法院将该房屋扣押的，此时，收取房租的权利就不再由抵押人甲行使，而应由抵押权人乙行使。又如，A将果树抵押给B，抵押期间，A仍可摘取树上的果实，但是债务履行期限届满A没有履行债务，致使果树被人民法院依法扣押的，摘取果实的权利就应由抵押权人B行使。需要说明的是，抵押权的效力及于抵押财产的孳息必须具备两个条件：（1）必须是抵押财产被扣押后，抵押权人才能收取其孳息；（2）抵押财产被扣押后，抵押权人已经通知应当给付法定孳息的义务人。因为法定孳息如租金的取得，取决于义务人的给付行为，通常情况下义务人负有向抵押人给付孳息的义务，如果抵押权人未将扣押事实通知义务人，义务人就无法将孳息交付给抵押权人，抵押权的效力也就无法及于该孳息，因此本条规定“但是抵押权人未通知应当清偿法定孳息义务人的除外”。

由于收取孳息可能要付出一些费用，如收取果实的劳务费等，这些费用应当首先得到满足，也就是说，孳息应当先充抵收取孳息的费用，再用于清偿抵押权人的债权。

第四百一十三条 抵押财产折价或者拍卖、变卖后，其价款超过债权数额的部分归抵押人所有，不足部分由债务人清偿。

◆ **条文主旨**

本条是关于抵押财产变价款归属原则的规定。

◆ **立法背景**

抵押财产按照本法第410条规定的方式和程序折价或者拍卖、变卖后，所变现的价款可能超出其所担保的债权数额或者不足清偿债权，超过的部分归谁所有，不足部分由谁来清偿，本条对这些问题作了规定。

◆ **条文解读**

抵押权设定的目的在于确保债权获得清偿。当抵押所担保的债权在履行期限届满或者发生当事人约定的实现抵押权的情形而未受清偿时，抵押权人可以就抵押财产的变价款优先受偿。抵押权的实现是抵押权的根本效力所在，也是抵押权人最重要的权利。

抵押权的实现就是将抵押财产的交换价值兑现，抵押权人以变价款优先受偿。抵押财产价值的最初估算与最终的变价款可能并不一致，这与当事人在设定抵押权时对抵押财产价值的估值是否准确以及市场价格不断变化有关。因此，抵押财产按照本法第410条规定的方式和程序折价或者拍卖、变卖后，其价款可能超出其所担保的债权数额或者不足清偿债权。但是，无论抵押财产的变价款如何，设定抵押权时的主债权是清楚的，实现抵押权应当以清偿抵押担保范围的债权为界。抵押财产作为债权的担保，仅以最终实现债权为目的，抵押财产折价或者拍卖、变卖所得的价款如果超过债权数额，由于债权已经得到清偿，超过部分应当归抵押财产的原所有人即抵押人所有。如果抵押财产的变价款不足以清偿债权，抵押权人也只能以该变价款优先受偿，不能要求抵押人恢复抵押财产的价值或者提供与减少的价值相应的担保，除非抵押财产的价值减少是由抵押人的行为造成的。在抵押权人实现抵押权后，抵押人已就其抵押财产承担了担保责任，抵押权因实现而消灭，但是未清偿的部分债权，仍然在债权人与债务人之间存在，只是不再是抵押权担保的债权，债务人仍然负有清偿债务的义务，如果债务人与抵押人不是同一人时，抵押财产的变价款不足清偿的债务由债务人承担，抵押人不再承担责任。例如，甲向乙贷款100万元，丙用自己的一套住房为甲做抵押担保，甲到期无力偿还债务时，乙与丙协议将该套住房变卖，如果变卖所得为120万元，清偿乙的债权后，剩余的20万元归丙所有；如果变卖所得为80万元，偿还给乙后，不足的20万元应当由甲清偿。

第四百一十四条 同一财产向两个以上债权人抵押的，拍卖、变卖抵押财产所得的价款依照下列规定清偿：

（一）抵押权已经登记的，按照登记的时间先后确定清偿顺序；

（二）抵押权已经登记的先于未登记的受偿；

（三）抵押权未登记的，按照债权比例清偿。

其他可以登记的担保物权，清偿顺序参照适用前款规定。

◆ **条文主旨**

本条是关于同一财产上的多个抵押权及其他可以登记的担保物权的清偿顺序的规定。

◆ **立法背景**

担保物权的设定以确保债权的实现为目的，其注重的是对担保财产交换价值的支配，而不是对担保财产的使用和收益，因此这使得同一担保财产上可能存在为多个债权设定的不同的担保物权。抵押权作为担保物权的一种，同一个抵押财产上可以同时设定多个抵押权，但是我国民事法律对于多个抵押权存在形式的认可经历了一个演变的过程。

《担保法》第35条规定："抵押人所担保的债权不得超出其抵押物的价值。财产抵押后，该财产的价值大于所担保债权的余额部分，可以再次抵押，但不得超出其余额部分。"根据这一规定，只有在抵押财产的价值大于所担保的债权时，抵押人才可以就同一抵押财产向其他的债权人再次抵押，而且向数个债权人抵押担保的债权总额不得超出该抵押财产的价值。例如，如果抵押人以价值100万元的房屋向甲抵押贷款了50万元，那么抵押人还可以向乙抵押贷款20万元，向丙抵押贷款30万元；如果抵押人以该房屋向甲抵押贷款的数额恰好是100万元，那么他就不能以该房屋再向乙和丙抵押贷款了。

担保法制定时，我国市场经济正处于起步阶段，各种制度和规范还不完善，"三角债"的现象比较严重，社会信用程度比较低。在这种情况下，严格抵押制度，对重复抵押行为即以同一财产向同一债权人或者不同债权人多次抵押的行为，作出上述限制性规定，是非常必要的。但随着我国社会主义市场经济的不断发展和完善，该规定也显示出了一些局限性，主要有：（1）限制了抵押财产的充分利用，没有充分发挥抵押财产的融资作用和担保效益，不利于市场经济条件下债务人对融资的需求。（2）要求被担保债权不超出抵押财产的价值，限制了当事人设定抵押的意愿。债权人是否接受抵押担保，并不完全取决于抵押财产的价值是否大于或者与被担保债权数额相当，债权人还要综合考虑债务人的偿还能力、信用状况以及是否还存在其他担保形式等诸多因素。在某些条件下，即使抵押财产的价值小于被担保债权的数额，债权人仍然愿意接受该抵押担保。例如，甲以价值100万元的房屋向乙抵押贷款50万元后，还希望以该房屋再向丙抵押贷款60万元，丙经调查发现甲的收入状况和以往的信用记录都比较好，贷款的风险比较小，因此愿意接受该抵押担保，向甲提供贷款。担保法的规定限制了债权人的这种意愿。（3）在当时的实践中，登记部门往往以担保法规定的“抵押人所担保的债权不得超出其抵押财产的价值”为由，在办理抵押登记时，强制要求对抵押财产进行评估，有的甚至要求一年评估一次，借评估高收费。强制评估致使很多当事人不去办理抵押登记。

在物权法的起草过程中，多数意见认为应当将担保法的这一规定删去。鉴于上述情况，物权法没有保留该规定，也就是说，物权法不再限制同一财产的重复抵押行为。以同一财产向同一债权人或者不同债权人多次抵押的，抵押人所担保的债权可以超出其抵押财产的价值，数个抵押权依照法律规定的顺序清偿。是否在同一财产上设定数个抵押，由当事人根据实际情况判断和决定。民法典物权编沿袭了物权法的做法，没有对重复抵押作出限制。

法律允许对同一财产设定多个抵押权，就需要厘清各个抵押权之间的清偿顺序，以维护交易秩序，起到定分止争的作用。我国民事法律中关于同一财产上设定多个抵押权的清偿顺序的规定在不同时期的法律中有所不同。《担保法》第54条规定：“同一财产向两个以上债权人抵押的，拍卖、变卖抵押物所得的价款按照以下规定清偿：（一）抵押合同以登记生效的，按照抵押物登记的先后顺序清偿；顺序相同的，按照债权比例清偿；（二）抵押合同自签订之日起生效的，该抵押物已登记的，按照本条第（一）项规定清偿；未登记的，按照合同生效时间的先后顺序清偿，顺序相同的，按照债权比例清偿。抵押物已登记的先于未登记的受偿。”《物权法》第199条规定：“同一财产向两个以上债权人抵押的，拍卖、变卖抵押财产所得的价款依照下列规定清偿：（一）抵押权已登记的，按照登记的先后顺序清偿；顺序相同的，按照债权比例清偿；（二）抵押权已登记的先于未登记的受偿；（三）抵押权未登记的，按照债权比例清偿。”相较于担保法，物权法作了以下几个方面的修改：一是对担保法中“抵押合同以登记生效的”不区分物权变动的原因和结果的表述作了纠正，抵押合同的生效和抵押登记是两个层面的问题，抵押合同的生效不以登记为要件。二是将担保法中的“抵押财产登记”修改为“抵押权登记”。三是将担保法中未登记的抵押权“按照合同生效时间的先后顺序清偿”修改为“按照债权比例清偿”，这主要是考虑到没有登记的抵押权未经过公示，他人无从知晓该抵押财产上还有权利负担，当抵押财产价值不足以清偿全部债务时，如果按照合同生效时间的先后确定清偿顺序，后设立抵押权的人在不知情的情况下可能会得不到清偿或者得不到充分的清偿，这对后设立抵押权的人不利，并且依据抵押合同生效时间来决定抵押权的清偿顺序容易造成抵押人与某一抵押权人恶意串通，擅自变动合同签订日期以获得优先清偿，从而损害其他抵押权人的合法权利。为此，物权法将担保法中未登记的抵押权按照“设立先后”清偿修改为按照“债权比例”清偿。四是担保法按照抵押权的设立是登记生效还是合同订立生效分别规定了清偿顺序，物权法没有作出区分，统一作了规定。

民法典物权编在规定同一财产上多个抵押权的清偿顺序时在《物权法》第199条规定的基础上作了一些修改，主要有以下两个方面：

一是将《物权法》第199条第1项“抵押权已登记的，按照登记的先后顺序清偿；顺序相同的，按照债权比例清偿”修改为“抵押权已经登记的，按照登记的时间先后确定清偿顺序”，删去了抵押权登记顺序相同的按照债权比例清偿的规定。在物权法的制定过程中，不动产登记还处于分散登记的状态，因此有可能产生当事人同一天在不同的法定登记部门办理抵押财产登记的情形，例如债务人甲将其房屋抵押给乙并在房产管理部门办理了抵押登记，同一天又将该房屋占用范围内的土地使用权抵押给丙并在土地管理部门办理了抵押登记，由于房地一体抵押原则，乙和丙在同一天取得了债务人甲的房屋及房屋占用范围内的土地使用权上的抵押权，同一天在不同的登记部门进行抵押登记很难判断登记的先后顺序，因此实践中认为这属于抵押权的登记顺序相同的情形。随着不动产统一登记制度的全面实行，不动产权利都经由不动产登记机构在统一的不动产登记簿上办理登记，同一个不动产上设立的多个抵押权都登记在一个登记簿上，可以对各个抵押权登记的先后顺序作出判断。对于动产而言，当前我国的现状是不同种类的动产抵押由不同的行政管理部门登记，如机动车在公安部门办理抵押登记、航空器在航空主管部门办理抵押登记、企业财产在工商行政管理部门办理抵押登记，在同一动产上设定多个抵押时要根据动产类别在同一个登记部门办理抵押登记，也可以区分各个抵押权之间的先后顺序。此外，2019 年 10 月国务院颁布的《优化营商环境条例》规定，国家推动建立统一的动产和权利担保登记公示系统，逐步实现市场主体在一个平台上办理动产和权利担保登记。根据该规定，今后如果实现了统一的动产和权利担保登记公示系统，同一个动产上的多个抵押权不大可能出现登记顺序相同的情形。为此，本法删除了物权法中多个抵押权登记的顺序相同时按照债权比例清偿的规定。

二是增加了一款规定“其他可以登记的担保物权，清偿顺序参照适用前款规定”。在民法典物权编的立法过程中，一些意见提出，明确竞存的各个担保物权的清偿顺序，有利于增加担保交易的确定性，保护市场交易主体的预期，维护市场交易的秩序，物权法仅规定了多个抵押权之间以及抵押权或者质权与留置权之间的清偿顺序，应当补充规定其他担保物权的清偿顺序。我们研究认为，权利质权有的在交付权利凭证时设立，有的在办理出质登记时设立，以登记为公示方法的权利质权，就同一权利上多个质权之间的清偿顺序，可以参照适用同一财产上多个抵押权之间清偿顺序的规则。为此，本条增加了一款准用条款，为以登记为公示方法的担保物权之间的清偿顺序提供了法律依据。

◆ 条文解读

在判断同一财产上的多个担保物权的清偿顺序时，应当适用本法第414条、第415条、第416条以及第456条。本条是关于同一财产上的多个抵押权的清偿顺序的一般规定。根据本条规定，同一财产向两个以上债权人抵押的，拍卖、变卖抵押财产所得的价款按照以下原则清偿：

首先，抵押权已登记的，按照登记的时间先后确定清偿顺序。关于抵押权生效的原则，本法区分不动产和动产抵押，作了不同规定。根据本法的规定，以建筑物和其他土地附着物、建设用地使用权、海域使用权和正在建造的建筑物这些不动产抵押的，应当办理抵押登记，抵押权自登记时发生效力。根据本法的规定，以动产抵押的，抵押权自抵押合同生效时发生效力；未经登记，不得对抗善意第三人。本条规定的按照抵押权登记的时间先后确定清偿顺序的原则，既适用于以登记为抵押权生效要件的不动产抵押，也适用于以登记为抵押权对抗要件的动产抵押，即无论是不动产抵押还是动产抵押，数个抵押权都已登记的，都按照登记的先后顺序清偿。以抵押权登记的先后顺序为标准清偿抵押担保的债权是世界各国抵押担保制度中的一般规则。确定抵押权登记的先后，以登记部门的登记材料中记载的登记时间为准。作为第一顺序抵押登记的被担保债权，就拍卖、变卖抵押财产的价款优先受偿，处于第二顺序的抵押权只能就变价款的剩余部分受偿，以此类推。

其次，抵押权已登记的先于未登记的受偿。这一原则是针对动产抵押而言的。因为在不动产抵押中，未办理抵押登记的，不发生抵押权的效力，也就不会发生未登记的抵押权与已登记的抵押权之间清偿顺序的问题。根据本法的规定，当事人以动产抵押的，可以自愿办理抵押登记，而不要求必须办理登记。动产抵押权无论是否办理抵押登记都自抵押合同生效时发生效力。但是，当事人是否办理抵押登记，在法律效力上还是有差别的，办理抵押登记的，抵押权人可以对抗第三人。这样规定主要是因为办理抵押登记的，其他债权人就可以通过查阅登记资料知道该财产已经设定抵押的情况，公示性较强；而没有办理抵押登记的，其他债权人一般很难知道该财产是否已经设定了抵押，所以法律给予已登记的抵押权以特别的保护。在清偿顺序的问题上，本法作出抵押权已登记的先于未登记的受偿的规定。

最后，抵押权未登记的，按照债权比例清偿。这一原则也是针对动产抵押而言的。动产所有人有权在同一动产上多次设定抵押，其每次设定均为有权处分，在同一抵押财产上设定数个抵押权时，各抵押权人互为第三人，为保障其清偿顺位应当及时进行登记。如果每一个抵押权都没有办理登记，那么无论各抵押权设立先后，其相互间均不得对抗。因此，各抵押权人对抵押财产拍卖、变卖所得的价款应当享有同等的权利，按照各自的债权比例受清偿。

第四百一十五条　同一财产既设立抵押权又设立质权的，拍卖、变卖该财产所得的价款按照登记、交付的时间先后确定清偿顺序。

◆ **条文主旨**

本条是关于同一财产上既有抵押权又有质权时清偿顺序的规定。

◆ **立法背景**

抵押权可以在不动产和动产上设立，质权可以在动产和权利上设立，动产既可以成为抵押权的标的也可以成为质权的标的。关于动产抵押权，本法第 403 条规定，以动产抵押的，抵押权自抵押合同生效时设立，未经登记，不得对抗善意第三人。关于动产质权，本法第 429 条规定，质权自出质人交付质押财产时设立。由于动产抵押权不需要转移标的物的占有，且在抵押合同生效时设立，与动产质权的设立要件不同，因此同一动产上可能既设有抵押权又设有质权。

同一财产上存在数个不同类型的担保物权，可以使市场交易主体通过担保的方式获得生产经营所需要的资金，充分发挥财产的交换价值，实现物尽其用，但是在另一方面，同一财产上设立了两个以上不同类型的担保物权时，就需要确立担保物权优先次序所应遵循的原则，理顺担保物权竞合时的清偿顺序，以明确法律关系、维护交易秩序以及保护善意第三人的合法权益，这既是定分止争的需要，也是法律追求秩序价值的体现。担保法以及物权法对于同一财产上抵押权与质权竞合时如何确定清偿顺序没有作出规定。《最高人民法院关于适用〈中华人民共和国担保法〉若干问题的解释》第79条第1款规定:“同一财产法定登记的抵押权与质权并存时,抵押权人优先于质权人受偿。”在担保法中,一些动产抵押权的设立为登记生效主义,即属于司法解释中“法定登记的抵押权”,然而物权法将所有动产抵押权的设立修改为登记对抗主义,因此该条司法解释也就失去了适用的基础。民法典物权编对于同一财产上抵押权与质权并存时的清偿顺序作了补充完善,规定对于同一财产既设立抵押权又设立质权的,拍卖、变卖该财产所得的价款按照登记、交付的时间先后确定清偿顺序,即以权利公示的时间先后决定清偿顺序。

◆ 条文解读

本条在具体适用时,主要有以下几种情况:

一、先质押后抵押的情形

在动产上先设立质权后设立抵押权的,例如甲将其所有的汽车出质给质权人乙,后来甲又将该汽车抵押给抵押权人丙,由于质权以动产的交付作为生效要件,并且交付具有公示效力,因此先设立的乙的质权应当优先受偿。后设立的丙的抵押权无论是否登记都不影响在先设立的乙的质权的优先受偿顺序。在动产质权和动产抵押权中,交付和登记都是公示方式,本身并不存在效力的强弱之分,都具有对抗后面产生的权利的效力。动产抵押权虽然进行了登记,但是其登记对抗效力仅能向后发生,不能影响成立在先的质权。在本案例中,乙的质权因交付行为设立并取得对抗效力,丙的抵押权因抵押合同生效设立,如果进行登记则取得对抗效力,由于质权的公示时间即动产交付的时间早于丙的抵押权的设立时间,根据本条规定乙的质权优先于丙的抵押权受偿。

二、先抵押后质押的情形

在动产上先设立抵押权后设立质权的，例如甲将其所有的汽车抵押给乙，签订了抵押合同，由于动产抵押权不需要转移抵押财产的占有，甲又将该汽车继续出质给丙，在这种情况下，乙的抵押权和丙的质权的清偿顺序会因先设立的抵押权是否登记而有所不同。

（一）已登记的动产抵押权与动产质权

在上例中，如果乙在签订了抵押合同后进行了抵押登记，该抵押权便具有了对抗第三人的效力，并且为设立在先的权利，而丙的质权是设立在后的权利，虽然动产的交付也具有公示效力，但该质权不能对抗设立在先的具有对抗效力的抵押权人。乙的抵押权的登记时间在前，丙的质权的交付时间在后，根据本条规定，乙的抵押权优先于丙的质权受偿。

（二）未登记的动产抵押权与动产质权

在上例中，如果乙在签订了抵押合同后没有进行抵押登记，之后丙在该汽车上取得质权，由于同一个财产上并存的抵押权和质权的清偿顺序取决于权利公示的时间先后，乙的抵押权没有登记即没有公示，丙的质权因交付行为而设立并取得公示效力，丙的质权优先于乙的抵押权受偿。抵押权人在取得动产抵押权后应当及时进行登记，否则可能会失去优先清偿的顺位。

▶ 相关规定

《最高人民法院关于适用〈中华人民共和国担保法〉若干问题的解释》第 79 条

第四百一十六条 动产抵押担保的主债权是抵押物的价款，标的物交付后十日内办理抵押登记的，该抵押权人优先于抵押物买受人的其他担保物权人受偿，但是留置权人除外。

◆ **条文主旨**

本条是关于买卖价款抵押权的规定。

◆ **立法背景**

现代商业社会中，以赊购或者贷款方式购买生产设备、原材料、半成品、产品等动产的商业活动非常普遍，这种方式对于增加生产、促进资金融通和经济发展有巨大作用。为了保障在上述买卖活动中提供融资的出卖人或者贷款人的债权，特别是平衡该类债权人与债务人的其他担保物权人之间的优先受偿顺位，本法参考借鉴国外的相关制度，规定了买卖价款抵押权制度。

◆ **条文解读**

买卖价款抵押权，是指为了担保债务人买入动产时对出卖人或者贷款人支付价款的债务的履行，在买入的该动产上为出卖人或者贷款人设定的，经依法登记取得法律规定的优先受偿权的抵押权。由于买卖价款抵押权人可以优先于债务人在该动产上的除留置权人以外的其他担保物权人受偿，因此在国外的相关制度以及学术理论中被称为“超级优先权”。

一、买卖价款抵押权的设立

根据本条规定，买卖价款抵押权的设立需要符合下列条件：

一是买卖价款抵押权所担保的主债权是抵押财产的价款。担保物权的设立，需要有一个主债权债务关系和担保关系，在买卖价款抵押权的设立过程中，主债权为债务人买入动产时需要支付的价款，即本条规定的“主债权是抵押财产的价款”。根据债权人主体的不同，主债权可以分为两类：一类是动产出卖人请求动产买受人支付价款的债权；另一类是贷款人请求动产买受人返还其发放的用于支付动产价款的贷款债权，在这一类债权关系中涉及三方当事人，即动产买受人、动产出卖人和贷款人，买受人与贷款人协商，约定以贷款人发放的贷款向出卖人支付部分或者全部价款，买受人为担保贷款人的债权，在买受的动产上为该债权设定抵押。可见，买卖价款抵押权所担保的债权有其特殊性，必须是债务人应当支付的买受动产的价款。

二是买卖价款抵押权的客体是买受的动产。在买卖价款抵押权的设立过程中，必须以债务人买受的动产作为抵押财产，以担保买受该动产所应支付的价款，作为抵押财产的动产要与所担保的价款债权具有对应关系。例如，甲向乙购买了一批机器设备，约定甲享有该批机器的所有权，为了确保甲能够偿还购买机器的价款，甲为乙设定了抵押权，如果乙想拥有本条规定的买卖价款抵押权，必须在该批机器上设定抵押权，而不是在甲或他人的其他财产上。在债权人为贷款人的情形下，买卖价款抵押权也必须在用该笔贷款购买的动产上设立。如果债务人以其固有的老设备等为贷款人设定抵押权来取得融资，并用该笔贷款购买新设备等，那么贷款人所享有的抵押权只是一般抵押权，并不是本条规定的买卖价款抵押权。

三是买卖价款抵押权的标的物所有权须转移给买受人。抵押权是在债务人或者第三人的财产上设立的担保物权，在买卖价款抵押权的设立过程中，只有买受的标的物的所有权转移于买受人即债务人时，抵押权才能有效设立。根据本法第 224 条的规定，动产物权的设立和转让，自交付时发生效力，但是法律另有规定的除外，因此，本条规定了买受的标的物须经交付的要求。需要提出的是，在国外的相关制度中，商事主体以购置的财产作为未付价款的担保，包含的交易类型包括动产抵押、所有权保留及融资租赁交易等。本条规定的买卖价款抵押权仅限于动产抵押这种交易类型，不包涵所有权保留和融资租赁交易。所有权保留交易中的出卖人和融资租赁交易中的出租人对标的物的权利为所有权，而不是担保物权，因此不适用本条规定。

四是买卖价款抵押权须办理抵押登记。由于买卖价款抵押权人对抵押财产具有优先于债务人在该动产上的除留置权人以外的其他担保物权人受偿的效力，为了向相关交易主体公示存在这样一种超级优先权，保障交易的安全性与稳定性，本条明确了其在规定的期限内进行抵押登记的要求，如果当事人未在动产交付后十日内办理抵押登记，该抵押权仅构成一般的动产抵押权，不具有本条规定的优先受偿的效力，其优先受偿顺序将按照本法第414条、第415条确定。本条规定，买卖价款抵押权的登记必须在标的物交付后十日内办理，对抵押权的登记设置了十日的宽限期。宽限期的设置主要是尊重商业实践的需要，实践中融资交易频繁，在买卖价款抵押权的设立过程中，要求债务人和债权人签订抵押合同之后立即进行登记不现实，也不符合交易习惯。为了促进交易的便捷和效率，尽量缩短交易处于不确定状态的时间，本条规定了相对较短的宽限期，即“标的物交付后十日内”。

二、买卖价款抵押权的优先受偿效力

对于买卖价款抵押权的优先受偿效力，本条规定“该抵押权人优先于抵押财产买受人的其他担保物权人受偿”。根据本法第414条、第415条的规定，买卖价款抵押权优先于在其登记之后设立的担保物权。而根据本条规定，买卖价款抵押权具有的特殊优先受偿效力还体现在其优先于在先设立的担保物权。在债务人买受的动产上存在比买卖价款抵押权设立在先的担保物权，主要指债务人先前为他人设定了浮动抵押的情形。本法第 396 条规定了浮动抵押制度，设定浮动抵押以后，浮动抵押权人对于抵押人现有的及将有的动产享有抵押权，抵押人嗣后取得的动产，将自动成为抵押财产的一部分。这时就产生了在先设立的浮动抵押权与在后设立的买卖价款抵押权竞存的情形。例如，甲是一名机器销售商，乙是一名机器生产商，丙是银行，2020 年 1 月 1 日甲为取得融资以现有的及将有的机器为丙设定浮动抵押，并于当日办理抵押登记。同年 3 月 1 日，甲向乙购买机器，但是甲没有资金支付机器的价款，甲乙签订协议约定，甲拥有机器的所有权，甲在该批机器上为乙设立抵押权用以担保购买机器的价款，该批机器于当日交付并于 3 月 7 日办理了抵押登记。根据本条规定，3 月 7 日登记的乙的买卖价款抵押权优先于 1 月 1 日设立的丙的动产浮动抵押权，而不适用本法第 414 条规定的按照登记的时间先后确定清偿顺序。

赋予买卖价款抵押权特殊的优先受偿效力，主要是基于以下考虑：从抵押人（债务人）的角度来说，在先设立并登记的浮动抵押可能会减弱其他贷款人的贷款意愿，如果买卖价款抵押权能够优先受偿，便能解决浮动抵押的存在给抵押人后续经营带来的融资困境，从而为债务人扩展再融资渠道，保障其生产经营的正常进行。从买卖价款抵押权人的角度来说，买卖价款抵押权优先受偿，有力地保护了买卖价款抵押权人的利益，出卖人、贷款人不需要事先调查债务人的财产上是否存在浮动抵押，降低了交易成本，促进了货物的销售及资金的融通。从浮动抵押权人的角度来说，浮动抵押制度的特征在于赋予抵押人在正常经营活动中自由处分财产的权利，从而以抵押人在经营过程中取得的收益偿还债权。抵押人出于生产经营的需要，以买卖价款抵押权的形式获得融资，有利于生产经营的顺利进行，为浮动抵押权人实现债权提供有力保障，并且买卖价款抵押权的优先受偿效力仅及于买受的新动产，并不会妨碍浮动抵押权人在抵押人的其他财产上设立的浮动抵押权的优先顺位。出于对交易公平和效率的综合考量，本条赋予了买卖价款抵押权人优先于债务人在该动产上的除留置权人以外的其他担保物权人受偿的效力。

三、买卖价款抵押权优先受偿效力的限制

买卖价款抵押权虽然被称为“超级优先权”，但是并不代表其在任何情况下都具有最优先受偿的效力，本条规定买卖价款抵押权人优先于抵押财产买受人的其他担保物权人受偿，但是留置权人除外。留置权是指当债务人不履行到期债务，债权人可以留置已经合法占有的债务人的动产，并有权就该动产优先受偿的一种法定担保物权。本法第456条也规定，同一动产上已经设立抵押权或者质权，该动产又被留置的，留置权人优先受偿。从理论上讲，留置权属于法定担保物权，其直接依据法律规定而产生，而抵押权与质权均为意定担保物权，法定担保物权优先于意定担保物权为公认的物权法原则。因此，在同一个动产上同时存在买卖价款抵押权和留置权时，留置权优先受偿。

第四百一十七条 建设用地使用权抵押后，该土地上新增的建筑物不属于抵押财产。该建设用地使用权实现抵押权时，应当将该土地上新增的建筑物与建设用地使用权一并处分。但是，新增建筑物所得的价款，抵押权人无权优先受偿。

◆ **条文主旨**

本条是关于建设用地使用权抵押后新增建筑物的规定。

◆ **立法背景**

依照本法第 395 条和第 397 条的规定，债务人或者第三人有权处分的建设用地使用权可以抵押。以建设用地使用权抵押的，该土地上现有的建筑物一并抵押，抵押人未一并抵押的，未抵押的建筑物视为一并抵押。建设用地使用权抵押后，抵押人仍然有权依法对该土地进行开发，建造建筑物。那么，该土地上新增的建筑物是否属于抵押财产？需要拍卖建设用地使用权时，应当如何处理这些新增的建筑物？本条为解决这些问题作出了特别规定。

◆ **条文解读**

对于在抵押的建设用地使用权上新增的建筑物，由于其不在抵押合同约定的抵押财产的范围内，因此不属于抵押财产。

为了实现抵押权，需要处分抵押的建设用地使用权时，如果该土地上已存在建筑物，一般来讲，只有将建筑物与建设用地使用权一并处分，才能实现建设用地使用权的使用价值和交换价值，这就是为什么我们在实践中要遵循“房随地走”的原则。因此，本条规定，处分抵押的建设用地使用权实现抵押权时，虽然新增的建筑物不属于抵押财产，仍可以将其与建设用地使用权一并处分。但处分后，由于新增的建筑物不属于抵押财产，处分新增建筑物所得的价款，抵押权人没有优先受偿的权利，只能作为普通债权人行使权利，但是可以对处分建设用地使用权所得的价款优先受偿。

第四百一十八条 以集体所有土地的使用权依法抵押的，实现抵押权后，未经法定程序，不得改变土地所有权的性质和土地用途。

◆ 条文主旨

本条是关于以集体所有土地的使用权抵押的，其抵押权实现的特别规定。

◆ 立法背景

根据我国法律的规定，可以依法抵押的集体所有土地的使用权有农村土地的土地经营权，乡镇、村企业的建设用地使用权，集体经营性建设用地使用权。对于以家庭承包方式取得的承包地的土地经营权，《农村土地承包法》第47条第1款规定，承包方可以用承包地的土地经营权向金融机构融资担保，并向发包方备案。受让方通过流转取得的土地经营权，经承包方书面同意并向发包方备案，可以向金融机构融资担保。对于不宜采取家庭承包方式的荒山、荒沟、荒丘、荒滩等农村土地，通过招标、拍卖、公开协商等方式承包而取得的土地经营权，《农村土地承包法》第53条规定，通过招标、拍卖、公开协商等方式承包农村土地，经依法登记取得权属证书的，可以依法采取出租、入股、抵押或者其他方式流转土地经营权。对于乡镇、村企业的建设用地使用权，本法第398条规定，乡镇、村企业的建设用地使用权不得单独抵押。以乡镇、村企业的厂房等建筑物抵押的，其占用范围内的建设用地使用权一并抵押。对于集体经营性建设用地使用权，《土地管理法》第63条第3款规定，通过出让等方式取得的集体经营性建设用地使用权可以转让、互换、出资、赠与或者抵押，但法律、行政法规另有规定或者土地所有权人、土地使用权人签订的书面合同另有约定的除外。对于以上述集体所有土地的使用权抵押的，实现抵押权后，能否改变土地所有权的性质和土地用途？本条针对这一问题作出了规定。

◆ **条文解读**

以家庭承包或者其他方式承包的农村土地，属于农民集体所有或者国家所有依法由农民集体使用，乡镇、村企业的建设用地、集体经营性建设用地属于农民集体所有。为了保护我国农村集体土地，防止农业用地的流失，促进农村经济的发展，集体所有土地的使用权的流转应当坚持土地所有权的性质和土地用途不变的原则。以集体所有土地的使用权抵押的，实现抵押权后，未经法定程序，土地的所有权不得转移，仍归国家所有或者集体所有，也不得擅自改变土地的原有用途，即对农村土地的土地经营权实现抵押权时，未经依法批准不得将承包地用于非农建设；对依照法律可以抵押的集体建设用地使用权实现抵押权时，不得改变土地利用总体规划、城乡规划确定的土地用途。

▶ **相关规定**

《中华人民共和国农村土地承包法》第 47 条、第 53 条；《中华人民共和国土地管理法》第 63 条

第四百一十九条 抵押权人应当在主债权诉讼时效期间行使抵押权；未行使的，人民法院不予保护。

◆ **条文主旨**

本条是关于抵押权存续期间的规定。

◆ 立法背景

根据本法第 393 条的规定，在主债权消灭、抵押权实现、债权人放弃抵押权以及法律规定抵押权消灭的其他情形下，抵押权消灭。那么，在上述任何一种情形都没有发生的情况下，抵押权应当一直存续下去还是应当有一定的存续期间呢？这是本条规定要解决的问题。

在民法典颁布之前，对于这一问题，担保法没有作出规定。《最高人民法院关于适用〈中华人民共和国担保法〉若干问题的解释》第 12 条第 2 款规定，担保物权所担保的债权的诉讼时效结束后，担保权人在诉讼时效结束后的二年内行使担保物权的，人民法院应当予以支持。《物权法》第 202 条规定，抵押权人应当在主债权诉讼时效期间行使抵押权；未行使的，人民法院不予保护。民法典物权编对抵押权存续期间的问题，保留了此条规定，没有作出修改。

尽管本法沿用了物权法的规定，但在民法典物权编的立法过程中，对如何规定抵押权存续期间的问题，存在不同意见。

第一种意见认为，抵押权所担保的债权的诉讼时效期间届满后，抵押权人在两年内不行使抵押权的，抵押权应当消灭。其理由是：主债权的诉讼时效期间届满后，主债权并没有消灭，而只是债权人失去了胜诉权，由于主债权的存在，其抵押权也附随存在。但如果抵押权一直存在，可能会由于抵押权人长期怠于行使抵押权，而不利于发挥抵押财产的经济效用，阻碍经济的发展。因此再给抵押权人两年的行使期间，两年内不行使的，抵押权消灭，是比较合理的。最高人民法院就担保法有关问题制定的司法解释也是这样规定的。有的认为两年期间较短，不利于保护抵押权人的利益，建议改为五年。我国台湾地区“民法”第 880 条规定，以抵押权担保之债权，其请求权已因时效而消灭，如抵押权人于消灭时效完成后，五年间不实行其抵押权者，其抵押权消灭。

第二种意见认为，抵押权人未在主债权诉讼时效期间行使抵押权的，抵押权应当消灭。主要理由是：抵押权所担保的债权因诉讼时效期间届满而成为自然之债，债务人享有抗辩权，法院不能强制债务人履行，然而对于未在主债务诉讼时效期间行使的抵押权来说，因法律未明确规定抵押权消灭，已登记的抵押权仍处于登记状态，会对抵押财产的流转产生障碍，不利于物的充分利用，这在抵押人为第三人时对抵押人不公平。建议明确规定抵押权未在主债权诉讼时效期间行使的，会导致抵押权的消灭，为主债权超过诉讼时效期间的抵押权的涂销登记提供法律依据。

第三种意见认为，应当在担保物权一般规定一章中规定，主债权诉讼时效期间届满未行使担保物权的，担保物权消灭。这样规定可以将抵押权、质权和留置权的存续期间都包含进去。

对于以上三种意见，经研究，都各有一些不妥之处，分析如下：

第一种意见提出的主债权的诉讼时效期间届满后，抵押权还有两年的存续期间，是否妥当，值得研究。在抵押人为第三人的情况下，抵押人在这两年期间内承担了担保责任后，应当有权向债务人追偿。但由于主债权已过诉讼时效，债务人对抵押权人清偿债务的请求享有抗辩权，这种抗辩权能否对抗抵押人的追偿权？如果不能对抗，诉讼时效对债务人来说就失去了意义，债务人实际上还要履行债务；如果能够对抗，抵押人的追偿权就无法得到保障。

第二种意见为主债权的诉讼时效期间届满后，抵押权消灭。该意见有以下几个方面的问题：一是主债权在诉讼时效期间届满后，尽管债务人取得了拒绝履行义务的抗辩权，但是债权人的债权并不消灭。担保物权具有从属于所担保的债权的特征，本法第393条第1项规定，主债权消灭的，担保物权消灭。如果主债权的诉讼时效期间届满后，主债权没有消灭而抵押权消灭的，与抵押权的从属性特征不符。二是在主债权的诉讼时效期间届满后，抵押人承担了担保责任，能否反悔请求债权人返还？如果规定主债权的诉讼时效期间届满则抵押权消灭，抵押人可以主张抵押权已消灭要求债权人返还，但是这种做法不符合诚实信用原则。第二种意见的出发点主要在于如果不规定抵押权消灭，则会对抵押财产的流转产生障碍，但是本法对抵押财产的转让规则已经从物权法中的未经抵押权人同意不得转让抵押财产、未消除抵押权不得转让抵押财产转变为抵押财产原则上可以转让、抵押权对抵押财产有追及效力，尽管抵押权未消灭，但是不影响抵押财产的转让。

第三种意见为质权和留置权也设定了存续期间。根据这一意见，主债权诉讼时效期间届满质权人、留置权人未行使质权、留置权的，质权、留置权消灭，质权人、留置权人应当向出质人、债务人返还质押财产、留置财产，这对已经实际占有质押财产、留置财产的质权人、留置权人是不公平的。关于质权、留置权的问题，本法根据各自权利的特点单独作了规定。本法第437条规定，出质人可以请求质权人在债务履行期限届满后及时行使质权；质权人不行使的，出质人可以请求人民法院拍卖、变卖质押财产。本法第454条规定，债务人可以请求留置权人在债务履行期限届满后行使留置权；留置权人不行使的，债务人可以请求人民法院拍卖、变卖留置财产。

◆ 条文解读

本法规定抵押权人未在主债权诉讼时效期间行使抵押权的，人民法院不予保护。这样规定的主要考虑是，随着市场经济的快速运转，如果允许抵押权一直存续，可能会使抵押权人怠于行使抵押权，不利于发挥抵押财产的经济效用，制约经济的发展。因此，规定抵押权的存续期间，能够促使抵押权人积极行使权利，促进经济的发展。由于抵押权是主债权的从权利，因此一些国家民法和我国台湾地区“民法”将抵押权的存续期间与主债权的消灭时效或者诉讼时效挂钩的做法，值得借鉴。需要注意的是，本条规定的是抵押权人在主债权诉讼时效期间内未行使抵押权的，人民法院不予保护。也就是说，过了主债权诉讼时效期间后，抵押权人丧失的是抵押权受人民法院保护的权利即获得司法强制执行的权利，而抵押权本身并没有消灭，如果抵押人自愿履行担保义务的，抵押权人仍可以行使抵押权。

▶ **相关规定**

《最高人民法院关于适用〈中华人民共和国担保法〉若干问题的解释》第12条

第二节 最高额抵押权

第四百二十条 为担保债务的履行，债务人或者第三人对一定期间内将要连续发生的债权提供担保财产的，债务人不履行到期债务或者发生当事人约定的实现抵押权的情形，抵押权人有权在最高债权额限度内就该担保财产优先受偿。

最高额抵押权设立前已经存在的债权，经当事人同意，可以转入最高额抵押担保的债权范围。

◆ 条文主旨

本条是关于最高额抵押权的概念的规定。

◆ 立法背景

最高额抵押是随着商品经济发展而产生的一项重要的抵押担保制度，一些国家民法和我国台湾地区“民法”对此都作了规定。我国担保法、物权法适应社会主义市场经济发展的需要，也确立了这一制度，民法典物权编在担保法、物权法的基础上对最高额抵押制度作了完善。最高额抵押与一般抵押相比具有一定的优越性。例如，甲向乙连续多次借款，如果采用一般财产抵押的办法，那么每次借款都要设定一个抵押担保，签订一次抵押合同，进行一次抵押登记，手续十分烦琐；而在借款之前设定一个最高额抵押，无论将来债权发生几次，只要签订一个抵押合同、做一次抵押登记就可以了，这样做既省时、省力、省钱，还可以加速资金的融通，促进经济发展。

关于最高额抵押的适用范围，《担保法》第60条规定，借款合同可以附最高额抵押合同；债权人与债务人就某项商品在一定期间内连续发生交易而签订的合同，可以附最高额抵押合同。随着市场经济的不断发展，经济往来日益频繁，经济交往形式日益多样，在现实经济生活中，不仅当事人之间的借贷关系、商品交易关系可以利用最高额抵押的形式，其他交易关系也可能需要以最高额抵押做担保，如票据关系、商业服务关系。因此，物权法没有保留担保法的上述规定，不再对最高额抵押的适用范围进行限制，为实践发展留出空间，民法典物权编沿袭了物权法的规定，未对最高额抵押的适用范围作出限制。

◆ 条文解读

根据本条规定，最高额抵押权是指为担保债务的履行，债务人或者第三人对一定期间内将要连续发生的债权提供抵押担保，债务人不履行到期债务或者发生当事人约定的实现抵押权的情形的，抵押权人有权在最高债权额限度内就该担保财产优先受偿。

最高额抵押权具有以下特征：

首先，最高额抵押权是限额抵押权。设定抵押时，抵押人与抵押权人协议约定抵押财产担保的最高债权限额，无论将来实际发生的债权如何增减变动，抵押权人只能在最高债权额范围内对抵押财产享有优先受偿权。实际发生的债权超过最高限额的，以抵押权设定时约定的最高债权额为限优先受偿；不及最高限额的，以实际发生的债权额为限优先受偿。

其次，最高额抵押权是为将来发生的债权提供担保。最高额抵押权设定时，不以主债权的存在为前提，是典型的担保将来债权的抵押权。这里的“将来债权”，是指设定抵押时尚未发生，在抵押期间将要发生的债权。

再次，最高额抵押权所担保的最高债权额是确定的，但实际发生额不确定。设定最高额抵押权时，债权尚未发生，为担保将来债权的履行，抵押人和抵押权人协议确定担保的最高数额，在此额度内对债权担保。如甲以自己的一栋房产为抵押财产，与银行乙签订一份担保最高300万元债权的最高额抵押合同，以担保将来可能发生的债权的履行。

最后，最高额抵押权是对一定期间内连续发生的债权做担保。这里讲的一定期间，不仅指债权发生的期间，更是指抵押权担保的期间，如对2020年1月1日至12月31日间发生的债权提供担保。连续发生的债权，是指所发生的债权次数不确定，且接连发生，如债务人在一年期间内向银行第一次借款100万元，第二次借款50万元，在该期间内将来还可能发生第三次、第四次甚至更多次借款。这里讲的对一定期间内连续发生的债权做担保，是指在担保的最高债权额限度内，对某一确定期间内连续多次发生的债权做担保，如最高债权额为300万元，担保期间为一年，那么，在一年之内，无论发生多少次债权，只要债权总额不超过300万元，这些债权都可以就抵押财产优先受偿。

根据本条的规定，最高额抵押是对将要发生的债权提供担保，那么，最高额抵押权设立前已经存在的债权，能否被转入最高额抵押担保的债权范围内呢？对这一问题，多数意见认为，最高额抵押权的本质特征不在于其所担保的债权为将来的债权，而在于所担保的债权为不特定债权，且具有最高限额。因此，只要最终实际发生的债权总额不超过双方约定的最高债权额，即使该债权发生在最高额抵押权设立前，也应当被允许增补到最高额抵押所担保的债权范围内。而且是否将已经存在的债权转入最高额抵押担保的债权范围，是当事人自己的权利，只要双方协商同意，法律应当允许。为此，本条第2款规定，最高额抵押权设立前已经存在的债权，经当事人同意，可以转入最高额抵押担保的债权范围。

第四百二十一条 最高额抵押担保的债权确定前，部分债权转让的，最高额抵押权不得转让，但是当事人另有约定的除外。

◆ 条文主旨

本条是关于最高额抵押所担保的债权以及最高额抵押权转让的规定。

◆ 立法背景

关于最高额抵押所担保的债权能否转让的问题，《担保法》

第 61 条规定："最高额抵押的主合同债权不得转让。"担保法这样规定的主要考虑是，最高额抵押是对一定期间内连续发生的债权做担保，而不是单独对其中的某一项债权做担保；最高额抵押所担保的债权在担保期间内经常变更，处于不稳定状态。如果允许主合同债权转让，就要考虑最高额抵押权是否转让、如何转让，以及如果几个债权分别转让给不同的第三人时，最高额抵押权由谁行使、如何行使等问题。在当时我国市场机制尚未完善的情况下，为了防止经济生活出现混乱局面，保障信贷和交易安全，担保法作出最高额抵押的主合同债权不得转让的特别规定，是必要的。但是随着我国市场经济的不断发展和市场机制的不断完善，最高额抵押担保的债权的转让与否，应当按照当事人意思自治的原则，由债权人自己决定。德国、日本等一些国家的民法也规定，最高额抵押所担保的债权可以依照债权转让的一般规定进行转让。因此，物权法不再保留担保法的上述规定，最高额抵押所担保的债权是可以转让的。本法沿袭了物权法的精神，没有对最高额抵押所担保的债权的转让作出限制。

◆ **条文解读**

关于最高额抵押权是否随其所担保的债权的转让而转让的问题，应当区别不同情况分别对待。最高额抵押所担保的债权确定后，债权在约定的最高限额内就抵押财产优先受偿，此时最高额抵押与一般抵押没有什么区别。因此，根据一般抵押权随债权的转让而转让的原则，债权转让的，最高额抵押权一并转让。那么，最高额抵押担保的债权确定前，最高额抵押权是否随部分债权的转让而转让呢？对此，本条主要考虑的是因为最高额抵押是对一定期间内连续发生的所有债权做担保，而不是单独对其中的某一个债权做担保。因此，最高额抵押权并不从属于特定债权，而是从属于主合同关系。部分债权转让的，只是使这部分债权脱离了最高额抵押权的担保范围，对最高额抵押权并不发生影响，最高额抵押权还要在最高债权额限度内，对已经发生的债权和尚未发生而将来可能发生的债权做担保。因此，最高额抵押担保的债权确定前，部分债权转让的，最高额抵押权并不随之转让，除非当事人另有约定。其他一些国家，如日本对这一问题也作了类似的规定，《日本民法典》第 398 条之 7 规定，本金确定前，自最高额抵押权人处取得债权者，不得就其债权行使最高额抵押权。

根据本条但书的规定，当事人可以约定在最高额抵押担保的债权确定前，最高额抵押权随部分债权的转让而转让。当事人的约定主要有以下两种情形：（1）部分债权转让的，抵押权也部分转让，原最高额抵押所担保的债权额随之相应减少。在这种情况下，转让的抵押权需要重新做抵押登记，原最高额抵押权需要做变更登记。（2）部分债权转让的，全部抵押权随之转让，未转让的部分债权成为无担保债权。

第四百二十二条 最高额抵押担保的债权确定前，抵押权人与抵押人可以通过协议变更债权确定的期间、债权范围以及最高债权额。但是，变更的内容不得对其他抵押权人产生不利影响。

◆ 条文主旨

本条是关于抵押权人与抵押人协议变更最高额抵押有关内容的规定。

◆ 立法背景

最高额抵押担保的债权确定前，抵押权人与抵押人能否协议变更最高额抵押的有关内容，变更的内容包括哪些，有什么注意事项，本条对此作了规定。

◆ **条文解读**

最高额抵押担保的债权确定前，抵押权人与抵押人可以通过协议变更最高额抵押的有关内容。当事人可以协议变更的内容主要包括：

一是债权确定的期间。抵押权人与抵押人一般会在最高额抵押合同中约定债权确定的期间。例如，如果当事人订立最高额抵押合同对2020年1月1日至12月31日发生的债权做担保，那么该期间即为债权确定的期间，2020年12月31日为债权确定的最后日期。最高额抵押担保的债权确定前，当事人可以协议延长最高额抵押合同中约定的确定债权的期间，如将该期间延长至2021年6月30日；也可以协议缩短该期间，如缩短至2020年10月31日。

二是债权范围。当事人可以协议变更最高额抵押权担保的债权范围。例如，某家电经销商与某家电制造商签订一份最高额抵押合同，对一定期间内连续购进该家电制造商生产的电视机所要支付的货款提供担保。抵押期间，双方可以约定在最高额抵押担保范围内，同时为家电制造商的电冰箱的货款提供担保。

三是最高债权额。当事人可以协议提高或者降低抵押财产担保的最高债权额，如将约定的最高债权额300万元提高至500万元或者降低至200万元。

是否变更债权确定的期间、债权范围以及最高债权额，取决于当事人的协商一致；但是在同一抵押财产上还有其他抵押权人特别是后顺位的抵押权人时，变更的内容可能对他们产生一定的影响，甚至损害他们的合法权益。例如，最高额抵押合同中约定的债权确定的最后日期在后顺位抵押权的债务履行期限届满之前，如果最高额抵押权人与抵押人协议延长债权确定的期间，将债权确定的最后日期延长至该后顺位抵押权的债务履行期限届满之后，就会对后顺位抵押权人实现其抵押权产生不利的影响。又如，最高额抵押权人与抵押人协议提高最高债权额，而实际发生的债权数额也高于原最高债权额，那么抵押财产的变价款用于优先清偿该最高额抵押权所担保的债权数额就会相应增加，这样也会对后顺位抵押权人实现其抵押权产生不利影响。为防止抵押权人与抵押人的变更损害其他抵押权人的利益，本条以但书的形式特别规定：变更的内容不得对其他抵押权人产生不利影响。根据这一规定，抵押权人与抵押人的变更对其他抵押权人产生不利影响的，该变更无效。

第四百二十三条 有下列情形之一的，抵押权人的债权确定：

（一）约定的债权确定期间届满；

（二）没有约定债权确定期间或者约定不明确，抵押权人或者抵押人自最高额抵押权设立之日起满二年后请求确定债权；

（三）新的债权不可能发生；

（四）抵押权人知道或者应当知道抵押财产被查封、扣押；

（五）债务人、抵押人被宣告破产或者解散；

（六）法律规定债权确定的其他情形。

◆ **条文主旨**

本条是关于最高额抵押权所担保的债权的确定事由的规定。

◆ **立法背景**

最高额抵押权所担保的债权的确定是指最高额抵押权所担保的债权因一定事由而归于固定。最高额抵押权的实现除了需要债务人不履行到期债务或者发生当事人约定的实现抵押权的情形外，还须具备其担保债权额的确定。最高额抵押权担保的债权额之所以需要确定：一是根据本法第 420 条的规定，最高额抵押权是对一定期间内将要连续发生的债权提供抵押担保。也就是说，最高额抵押权所担保的最高债权额是确定的，但实际发生的债权额在抵押期间具有不确定性和变动性。但债权终需要清偿，在清偿的条件出现时，债务人具体应清偿多少债权，应有一个确定的数额。二是最高额抵押权仍属于抵押权的一种，抵押权人在实现优先受偿权时，具体优先受偿的范围为多大，应当有一个定额。担保法对最高额抵押权所担保债权的确定事由没有作具体规定，这限制了最高额抵押权在实践中的应用。物权法对最高额抵押权所担保债权的确定事由作了详细规定。本法在吸收法院审判实践经验及借鉴国外立法例的基础上，在物权法规定的基础上作了一些完善。

◆ **条文解读**

本条规定，具有下列情形之一的，最高额抵押权所担保的债权确定：

一、约定的债权确定期间届满

债权确定的期间是指确定最高额抵押权所担保的债权实际数额的时间。实践中，最高额抵押权人为了防止抵押人任意行使确定债权额的请求权而使自己处于不利地位，抵押人为了防止自己的抵押财产所担保的债权长期处于不稳定的状态，一般都愿意在最高额抵押合同中对债权确定的期间进行约定。所以，对债权确定的期间进行约定是最高额抵押合同的重要内容。当事人约定的债权确定期间届满，最高额抵押权所担保的债权额即自行确定。这里需要区分两组概念：一是当事人约定的债权确定期间与最高额抵押权的存续期间。前者是指最高额抵押权人与抵押人之间约定的，用以确定最高额抵押权所担保债权额的时间；后者是指最高额抵押权担保债权的期间。根据本法第419条的规定，抵押权人应当在主债权诉讼时效期间行使抵押权；未行使的，人民法院不予保护。所以说，最高额抵押权的存续期间一般长于当事人约定的债权的确定期间。二是当事人约定的债权确定期间与最高额抵押中的债务清偿期。最高额抵押中的债务清偿期指债务人履行债务的期间。当事人约定的债权确定期间届至，债务的清偿期未必届至。当事人可以在最高额抵押合同中约定以债务的清偿期为债权确定的期间，也可以在债务清偿期外另行约定债权确定的期间。

二、没有约定债权确定期间或者约定不明确，抵押权人或者抵押人自最高额抵押权设立之日起满二年后请求确定债权

实践中，当事人可能没有约定债权确定的期间，或者即使有约定，但约定的期间不明确。在这种情况下，如何决定最高额抵押所担保债权的确定时间？对这个问题，国外的做法主要有两种：一是规定抵押权人或者抵押人可以随时要求确定最高额抵押权所担保的债权额；二是规定一个确定债权额的法定期间，如《日本民法典》第398条之19规定，最高额抵押人自最高额抵押权设定时起经过三年，可以请求确定担保的本金。本法采纳了第二种做法，明确规定，没有约定债权确定期间或者约定不明确，抵押权人或者抵押人自最高额抵押权设立之日起满二年后请求确定债权。这样规定主要基于两点考虑：一是设立最高额抵押权的目的主要是对连续性的交易提供担保，连续性交易一般会持续一段时间，如果允许当事人随时要求确定最高额抵押权所担保的债权额，就意味着一方当事人特别是抵押人有可能在很短时间内就要求确定债权额，这无疑与设立最高额抵押权的目的不相符合；二是在当事人对确定债权额的期间没有约定或者约定不清楚的情况下，规定一个法定的确定债权额的期间，可以使最高额抵押权的地位因法定期间的存在而较为安稳，抵押权人不必时时顾虑抵押人行使债权确定请求权。这对于稳定最高额抵押关系是有好处的。本条规定的“二年”是一个固定期间，不存在中止、中断的问题，其起算点是最高额抵押权设立之日。根据本法第402条、第403条的规定，如果以建筑物、建设用地使用权等不动产做最高额抵押的，最高额抵押权设立之日为最高额抵押权登记之日；如果以交通运输工具等动产做最高额抵押的，最高额抵押权设立之日即最高额抵押合同生效之日。

三、新的债权不可能发生

在新的债权不可能发生的情况下，最高额抵押权所担保的债权额也是确定的。这里的“新的债权不可能发生”主要包括两种情形：一是连续交易的终止。如果最高额抵押是对连续交易提供担保，则连续交易的结束日期就是债权额的确定时间，即使当事人约定的债权确定期间或者本条第2项规定的法定确定期间还没有届至，最高额抵押权所担保的债权额也是确定的。二是最高额抵押关系的基础法律关系消灭而导致新的债权不可能发生。比如在连续的借款交易中，借款人的严重违约致使借款合同依照合同约定或者法律规定被解除，新的借款行为自然不再发生。这种关系终止时，最高额抵押权所担保的债权额自然也确定。在这种情况下，债权额的确定时间也不受当事人约定的或者法定确定期间的影响。

四、抵押权人知道或者应当知道抵押财产被查封、扣押

在最高额抵押权存续期间，抵押财产被法院查封、扣押的，其有可能被拍卖或者变卖。抵押财产被拍卖、变卖的价格直接影响到最高额抵押权人债权利益的实现。为确保自己的利益，在抵押财产被查封、扣押时，最高额抵押权人一般都希望被担保的债权额尽早确定。此外，查封、扣押抵押财产实际上隔断了抵押财产与担保债权的关系，也脱离了最高额抵押人和最高额抵押权人对抵押财产的影响和控制。因此，无论是从保护最高额抵押权人、其他债权人利益的角度，还是从稳定担保关系的角度，都应当确定最高额抵押所担保的债权额。为此，《物权法》第 206 条对最高额抵押权所担保债权的确定事由作了规定，其中第 4 项为：“抵押财产被查封、扣押。”在民法典物权编的立法过程中，司法实务界反映对此项的理解存在两种观点：一是主观说，认为只有在抵押权人收到查封通知或者知道查封事实时，债权才能确定；二是客观说，认为人民法院一旦完成查封手续，债权即确定。经研究，主观说更为合理，理由如下：一是采纳主观说有利于保护当事人利益，由于查封、扣押财产完全取决于执行申请人及法院单方面的行为，若以法院完成查封手续作为最高额抵押权所担保债权的确定时点，将导致最高额抵押权人因对查封事实不知情而使放的款得不到抵押权的保护。二是采纳主观说有利于合理分配义务，就抵押财产被查封、扣押信息的获取而言，法院、抵押人的通知比起抵押权人的查询成本更低、效率更高，施与法院、抵押人通知义务比施与抵押权人审查义务更加合理。三是采纳主观说有利于节约交易成本，抵押权人不必在每次放款前都查询抵押财产的状态，便利了当事人的连续交易，简化了手续。然而，《物权法》第 206 条第 4 项“抵押财产被查封、扣押”，对抵押权人债权的确定，并没有附加抵押权人收到通知或者知情等条件。为此，民法典物权编对物权法的规定进行了修改完善，在本法第 4 项规定最高额抵押所担保的债权的确定事由为“抵押权人知道或者应当知道抵押财产被查封、扣押”。需要注意的是，被担保的债权额因抵押财产被查封、扣押而确定的，除了其他法律另有规定，最高额抵押权人仍可以就确定的担保债权额对抵押财产行使优先受偿权。这种优先受偿权优先于一般债权，也优先于排在其后的其他担保物权。

五、债务人、抵押人被宣告破产或者解散

在最高额抵押权存续期间，债务人、抵押人有可能被宣告破产或者解散。债务人、抵押人被宣告破产或者解散所产生的直接法律后果就是债务人、抵押人依法进行清算程序、完成注销登记后终止。由于债务人或者抵押人的主体将要终止，有必要在主体终止前将最高额抵押所担保的债权额确定下来，从而依法进入相关的清算程序，通过清偿了结权利义务关系。因此，本条规定抵押人、债务人被宣告破产或者解散也是最高额抵押权所担保的债权的确定事由。需要提出的是，《物权法》第 206 条第 5 项规定债务人、抵押人被宣告破产或者被撤销为最高额抵押所担保的债权的确定事由，本条第 5 项根据本法第 68 条、第 39 条以及第 106 条的规定，将最高额抵押权所担保的债权的确定事由修改为债务人、抵押人被宣告破产或者解散，扩大了债权确定事由的范围，将导致债务人、抵押人主体终止的原因作为最高额抵押权所担保的债权的确定事由。

六、法律规定债权确定的其他情形

本项为保底性条款。除了本条第 1 项至第 5 项所规定的可以确定债权额的法定事由外，在本法其他条款或者其他法律中也有可能规定确定债权的其他情形。如根据本法第 420 条的规定，发生当事人约定的实现最高额抵押权的事由时，最高额抵押权人有权在最高债权额限度内就该担保财产优先受偿，而最高额抵押权人行使最高额抵押权的基础就是担保债权额的确定，所以出现当事人约定的实现最高额抵押权的事由就意味着担保债权额的确定。

最高额抵押权所担保债权额的确定将产生以下法律效力：一是最高额抵押权转变为普通抵押权。在债务人到期不履行债务或者出现当事人约定的实现抵押权的情形时，抵押权人可以依照普通抵押权的规定行使其抵押权。二是确定被担保债权的范围。被担保债权额确定时存在的主债权，不论其是否已到清偿期或者是否附有条件，均属于最高额抵押权担保的范围。被担保债权确定时存在的被担保主债权的利息、违约金、赔偿金等，不论在确定时是否已经发生，也属于被担保债权的范围。但是在最高额抵押权担保的债权确定后才发生的主债权不属于被担保债权的范围。三是最高额抵押权所担保的债权确定后，一旦债权到期或者出现当事人约定的可以实现抵押权的情形，抵押权人可以就抵押财产优先受偿，但优先受偿的额度不得超过双方当事人约定的最高担保额。抵押权人实现最高额抵押权时，如果实际发生的债权额高于最高限额的，以最高额为限，超过部分不具有优先受偿的效力；如果实际发生的债权额低于最高限额的，以实际发生的债权额为限对抵押财产优先受偿。

第四百二十四条 最高额抵押权除适用本节规定外，适用本章第一节的有关规定。

◆ 条文主旨

本条是关于最高额抵押权适用一般抵押权有关条款的规定。

◆ 立法背景

与一般抵押权相比，最高额抵押权具有特殊性：一是最高额抵押权具有一定的独立性。在一般抵押权中，抵押权完全从属于主债权，随主债权的设立、转让和消灭而设立、转让和消灭。但是最高额抵押权的设立、转让和消灭在一定程度上独立于主债权。在设立上，没有债权存在，不能设立一般抵押权；但最高额抵押权却往往为将来的债权而设，不需要依附于现成的债权。在转让上，一般抵押权要求债权转让的，抵押权也随之转让；但在最高额抵押权中，根据本法第 421 条的规定，除当事人另有约定外，最高额抵押权担保的债权确定前，部分债权转让的，最高额抵押权不得转让。在消灭上，一般抵押权要求主债权消灭的，抵押权也消灭；但是在最高额抵押权中，只要产生最高额抵押权的基础关系还存在，部分债权的消灭不影响最高额抵押权的存在。二是最高额抵押权所担保的债权在设立时具有不确定性。在一般抵押权设立时，其所担保的债权在设立时就是特定的，所担保的债权额是明确的；但是最高额抵押权设立时，其所担保的债权额是不确定的，一直到本法第 423 条所规定的确定债权额的事由出现时，其所担保的债权额才确定。三是在最高额抵押权中，当事人必须约定抵押权人得以优先受偿的最高债权数额。当事人约定的享有担保的最高债权数额并非最高额抵押权所担保的实际债权额，因为实际债权额到底是多少，只有根据本法第 423 条的规定进行确定后才清楚。当实际发生的债权额超过最高限额时，以最高限额为准实现抵押权，超过的部分不具有优先受偿的效力；实际发生的债权额低于最高限额的，以实际发生的数额为准实现抵押权。在一般抵押权中，当事人并不需要约定优先受偿的最高债权数额。以上三点是一般抵押权与最高额抵押权的主要区别。但是从性质上讲，最高额抵押权仍属于抵押权的一种，与一般抵押权具有许多共性。除本节规定的条文外，本法关于一般抵押权的许多规定都可以适用于最高额抵押权。为了避免内容重复，本条规定，最高额抵押权除适用本节规定外，适用本法第二编第十七章第一节一般抵押权的有关规定。

◆ **条文解读**

最高额抵押权可以适用物权编第十七章第一节一般抵押权的规定主要有：一是关于抵押权设立的规定。关于最高额抵押权设立的当事人、设立的程序、可用于抵押的财产等内容与一般抵押权基本相同。本法第395条、第397条、第398条、第399条的规定均可适用于最高额抵押权。二是关于抵押权登记与生效时间的规定。最高额抵押权的登记和生效时间适用本法第402条、第403条的规定。根据本法第402条、第403条的规定，以不动产抵押的，应当办理抵押登记，抵押权自登记时设立。以动产抵押的，抵押权自抵押合同生效时设立；未经登记，不得对抗善意第三人。三是关于抵押权与其他权利的关系的规定。本法第405条对抵押权与租赁权的关系、第414条对同一财产上多个抵押权的清偿顺序、第415条对同一财产上抵押权与质权的清偿顺序作了规定。这些规定也可用于处理最高额抵押权与租赁权或者其他担保物权的关系。四是关于最高额抵押权的实现。最高额抵押权的实现程序和方式均可适用一般抵押权的实现程序和方式。本法第410条、第412条、第413条、第417条等条文对此作了规定。五是关于抵押财产保全的规定。本法第406条、第408条关于抵押财产保全的规定可以适用于最高额抵押权。此外第409条关于抵押权人放弃抵押权或者抵押权顺位的规定、第419条关于抵押权存续期间的规定也可适用于最高额抵押权。

第十八章　质　权

本章分二节，共二十二条，规定了动产质权和权利质权。

第一节对动产质权基本权利、禁止出质的动产、质押合同、流质条款效力、动产质权设立、孳息收取权、对质押财产处分使用的限制、质押财产的保管、质押财产保全、转质、质权的放弃、质押财产返还及质权实现、行使质权的请求权、质押财产变价款归属原则及最高额质权等作了规定。第二节对可以出质的权利范围、不同客体的权利质权的设立、出质人处分权利质权客体的限制、权利质权的适用条款等作了规定。

第一节　动产质权

第四百二十五条　为担保债务的履行，债务人或者第三人将其动产出质给债权人占有的，债务人不履行到期债务或者发生当事人约定的实现质权的情形，债权人有权就该动产优先受偿。

前款规定的债务人或者第三人为出质人，债权人为质权人，交付的动产为质押财产。

◆ 条文主旨

本条是关于动产质权基本概念的规定。

◆ 立法背景

本条是对动产质权基本概念的规定，详细规定了动产质权的成立要件以及设立动产质权的主体、客体以及权利义务关系。

◆ 条文解读

债务人或者第三人将其动产移转给债权人占有作为债权的担保，当债务人不履行到期债务或者当事人约定的实现质权的情形出现时，债权人享有以该动产折价或者就拍卖、变卖该动产的价款优先受偿的权利。

质押法律关系的当事人为质押人和出质人，客体为质押财产。出质人指为担保债务的履行而提供质押财产的债务人或者第三人。质权人指接受质押担保的债权人。质押财产指出质人提供的用于担保债务履行的特定的动产。比如，甲向乙借款 10 万元人民币，为保证按时偿还借款，将自己的珍贵字画出质给乙。在这个法律关系中，甲既是债务人，又是出质人；乙既是债权人，又是质权人；字画是质押财产。有时，提供质押财产的人并非债务人，而是主债权债务合同的当事人以外的第三人，该第三人就是出质人。比如甲向乙借款，丙将自己的汽车质押给乙，作为甲向乙履行债务的担保。该种情况，丙为出质人，乙为质权人，丙的汽车是质押财产。

一、动产质权与质押

债务人或者第三人将其动产交给债权人占有并实际控制的行为被称为质押，质权人因质押而取得的权利为质权，质权是担保物权的一种。质权与质押是两个不同的概念。质押是指设定质权的民事法律行为，质权是指质权人的权利；质押是质权产生的原因，质权是质押引起的法律后果。

二、质权的法律特征

1. 动产质权是担保物权。债务人或者第三人将质押财产交由债权人占有，是为了担保债权的实现。质权人占有质押财产实际上是取得了质押财产上的交换价值。在一般情况下，其只能占有质押财产，而不能使用、收益。因此，质权人的标的不是物的使用价值，而是物的交换价值，是为了保证特定债权的实现而设定，质权附随于债权而存在。

2. 动产质权是在他人的财产上设立的物权。动产质权是在债务人或者第三人的动产上设定的担保物权，因此属于他物权。质权的标的可以是债务人自己的财产，也可以是第三人的财产，债权人没有必要在自己所有的财产上为担保自己的债权设定质权。

3. 动产质权由债权人占有质押财产为生效条件。质权是以质权人占有质押财产为条件的，质权人只有占有质押财产才享有质权，移转质押财产的占有是质权与抵押权的根本区别。因此，出质人须将质押财产交付质权人占有，质权人才能取得质权。

4. 动产质权是就质押财产价值优先受偿的权利。由于动产质权的设定是以担保特定债权的实现为目的，因此，当债务履行期限届满而债务人不履行债务或者出现债务人与债权人约定的实现质权的情形时，质权人有权就质押财产折价或者以拍卖、变卖该质押财产的价款优先受偿。

“当事人约定的实现质权的情形”是指当事人双方在订立的合同中约定的实现质权的一些事由，例如当事人一般会在担保合同中约定债务人履行债务的义务方式等，如果债务人不按合同约定的方式等履行债务，则可能构成实现质权的情形。

第四百二十六条 法律、行政法规禁止转让的动产不得出质。

◆ 条文主旨

本条是关于禁止出质的动产的规定。

◆ 立法背景

本条保留了物权法的规定。对于可以出质的动产的范围，本法没有作出逐一规定，但是这并不意味着任何动产均可以出质。可以出质的动产除了需要符合一般的物的特征外，还必须是依法可以流通和让与的动产，如果以法律、行政法规禁止转让的动产出质的，则该设立质权的民事法律行为无效。

◆ 条文解读

根据本条规定，需要注意以下几点：

一、依法可以转让的动产均可以设定动产质权

哪些财产可以作为质权标的物，各国规定不尽相同。有的国家规定，各种财产上均可以设立质权；有的国家规定，质权的标的限于动产；对于哪些动产可以设定质权，则大多不做列举。根据民法的法理，法律不禁止的，都应当是允许的；而法律未明确规定禁止转让的动产，都可以作为设定质权的标的物。

合法拥有的并且依法可以转让的动产可以设定质权。因此，可以设定质权的动产应当是十分宽泛的，如车辆、古董字画、珠宝首饰。但是，法律、行政法规规定禁止流通的动产不得设定质权，如毒品、管制枪支。

二、规定禁止转让的动产的依据应当是法律、行政法规

设定动产质权是一种民事权利，对于禁止性的限定应当是十分严格的。规定禁止转让的动产的依据只能是全国人大及其常委会制定的法律、国务院制定的行政法规。其他规范性文件，不能作为规定禁止转让动产的依据。

第四百二十七条　设立质权，当事人应当采用书面形式订立质押合同。

质押合同一般包括下列条款：

（一）被担保债权的种类和数额；

（二）债务人履行债务的期限；

（三）质押财产的名称、数量等情况；

（四）担保的范围；

（五）质押财产交付的时间、方式。

◆ 条文主旨

本条是关于质押合同的规定。

◆ 立法背景

质权是依照当事人的真实意思而创设的权利。当事人设定质权的行为是一种双方的民事法律行为，应当通过订立质押合同来进行。关于动产质权的合同形式，学者们一直有不同观点。有的认为，以口头形式订立质押合同也应当允许。考虑到口头合同虽然简单、易行，但一旦发生争议，不易证明其存在及具体内容，不利于事实的查明和纠纷的解决，为了便于确定当事人的权利义务、民事责任等法律关系，促使当事人谨慎行使担保物权，减少

纠纷的发生，规范设定质权的行为，法律规定应当采用书面形式订立质押合同。订立合同是质权设立的必备要件，担保法、物权法根据实践需要，对订立质押合同作了规定。本法基本保留了物权法的相关规定，但是出于简化规定质押合同一般条款的考虑，将物权法规定的质押合同包括“质押财产的名称、数量、质量、状况”修改为“质押财产的名称、数量等情况”，允许当事人对担保财产进行一般性或者概况性描述。同时，增加规定了质押财产交付的方式。

◆ 条文解读

一、订立质押合同应当采用书面形式

设定质权的行为为要式行为，应当采用书面的形式进行。要式行为即法律、行政法规规定的要求当事人在民事法律行为中应当采用的形式或者方式。

对于设立动产质押合同未采用书面形式的，依据本法第 490 条第 2 款的规定，法律、行政法规规定或者当事人约定合同应当采用书面形式订立，当事人未采用书面形式但是一方已经履行主要义务，对方接受时，该合同成立。

二、质押合同的一般内容

动产质押合同是明确质权人与出质人权利义务的协议，也是将来处理当事人之间纠纷的重要依据。因此，当事人在订立质押合同时，对当事人之间的权利义务应尽可能约定清楚、明确。本条关于合同内容的规定，是提示性、指导性的、非要式的。合同的内容是当事人双方真实意思的表示，应当由当事人自己确定，如果双方签订的质押合同包括的条款与本条规定不一致，不会必然导致该质押合同无效。根据本条规定，动产质押合同一般包括的内容主要有：

1. 被担保债权的种类和数额。被担保债权，通常被称为主债权。担保合同是为主债权的实现而订立的。主债权的种类，有金钱债权、特定物给付债权、种类物给付债权以及以作为或不作为为标的的债权等。数额是指主债权是以金钱来衡量的数量；不属于金钱债权的，可以明确债权标的额的数量、价款等。被担保债权的种类和数额，是确定质权发生的依据，也是质权人实现质权时优先受偿的范围的确定基础。

2. 债务人履行债务的期限。债务人履行债务的期限是指债务人偿付债务的时间。质押合同订立后，在主债权清偿期限届满前，质权人享有的只是占有质押财产的权利。其优先受清偿的权利虽然已经成立，但此间质权人实际享有的只是与主债权价值相当的优先受偿的期待权。质权人对质押财产的变价受偿必须要等到债务履行期限届满且债务人没有履行债务，或者出现了当事人在合同中约定的实现质权的情形实际发生，才能进行。质押合同规定债务人履行债务的期限，可以准确确定债务人清偿债务的时间，明确质权人实现质权的时间，保证债权人及时实现质权。

3. 质押财产的名称、数量等情况。质押财产是设立动产质权的关键所在。没有质押财产，则不可能产生质权。动产质押合同，是为担保质权人的债权而在债务人自己的或者第三人的财产上设定质权的担保合同，质权最终要以质押财产的变价来实现。所以在动产质押合同中要对质押财产的相关情况有所描述，包括质押财产的名称、数量等情况，以确定质押财产为何种物以及价值量。需要提出的是，在民法典物权编的立法过程中，有的常委委员、地方和部门提出，为进一步改善营商环境，赋予当事人更大的自主权，建议允许担保合同对担保财产只作概括性的描述。为此，出于简化质押合同的一般条款，减少对质押财产具体描述的要求，本法将《物权法》第210条规定的质押合同包括“质押财产的名称、数量、质量、状况”修改为“质押财产的名称、数量等情况”。

4. 担保的范围。动产质权担保的范围，是指质权人实现质权时可以优先受偿的范围。质权担保的范围应当由当事人协商确定。但是当事人对担保范围未作约定或者约定不明确时，可以参考本法第389条的规定确定，即担保物权的担保范围包括主债权及其利息、违约金、损害赔偿金、保管担保财产和实现担保物权的费用。

5. 质押财产交付的时间、方式。质押财产交付的时间是质押合同中的重要内容，质押财产的交付直接关系到质权的生效。根据本法的规定，质权自质押财产实际交付至质权人时设立。当事人在质押合同中约定质押财产的交付时间，就可以明确出质人应当在何时将质押财产移转给质权人，质权人在何时接受质押财产，以确定质权的效力。质押财产交付的方式除了现实交付以外，还有简易交付、指示交付等方式，约定质押财产的交付方式可以明确质押合同的履行方式，有利于保障质权人债权的实现，维护交易安全，减少纠纷。

第四百二十八条 质权人在债务履行期限届满前，与出质人约定债务人不履行到期债务时质押财产归债权人所有的，只能依法就质押财产优先受偿。

◆ 条文主旨

本条是关于流质条款的效力的规定。

◆ 立法背景

流质条款，指债权人在订立质押合同时与出质人约定，债务人到期不履行债务时质押财产归债权人所有。担保法以及物权法均禁止当事人约定流质条款。《物权法》第 211 条规定：“质权人在债务履行期届满前，不得与出质人约定债务人不履行到期债务时质押财产归债权人所有。”物权法这样规定，主要考虑是债务人举债时往往处于急窘之境，债权人可以利用债务人的这种不利境地和自己的强势地位，迫使债务人与其签订流质条款，以价值高的质押财产担保较小的债权额，在债务人到期不能清偿债务时，取得质押财产的所有权，从而谋取不当利益。为了保障出质人的合法利益，法律规定禁止流质条款。当然，从现实生活与经济发展看，债务人借债，并非都是处于弱势地位，借债并进行质权担保的发生原因是多样化的。但从总体上说，为了保证担保活动的平等、自愿、公平和诚实信用，规定禁止流质条款还是十分有必要的。大多数国家和地区的立法例也一般均禁止出质人与质权人以流质条款处分质押标的物，以保证质押合同当事人之间的公平。

在民法典物权编的编纂过程中，一些意见提出，物权法规定当事人在债务履行期届满前，不得约定债务人不履行到期债务时质押财产归债权人所有，但是没有明确规定如果进行了这样的约定该约定的效力如何。一些意见认为，应当明确规定流质条款无效，这才符合禁止流质的宗旨。另一些意见认为，如果规定流质条款完全无效，那么当事人之间质押担保的法律关系的效力如何须进一步明确。我们研究认为，质权性质上属于担保物权，质权人设立质权的目的在于支配质押财产的交换价值而使债权获得清偿，而不是取得质押财产的所有权。如果承认流质条款的效力，债务人届期不履行债务时，债权人不经过任何清算程序即可获得质押财产的所有权，有违质权的担保物权本质，应当否认质权人可以取得质押财产所有权的事先约定的效力。然而，当事人之间订立流质条款时，存在为债权进行担保的意思表示，如果否认该质权的效力会使债权人的债权变成完全无担保的普通债权，这既不符合债权人与出质人之间的意思自治，也会造成债权人的利益失衡。为此，民法典物权编对物权法的规定进行了修改，明确了流质条款的效力，规定：质权人在债务履行期限届满前，与出质人约定债务人不履行到期债务时质押财产归债权人所有的，只能依法就质押财产优先受偿。

◆ **条文解读**

根据本条规定，当事人订立流质条款的，当债务履行期限届满时，不发生质押财产所有权转移的效力，而是应当根据本法第436条、第438条规定的实现质权的方式就质押财产优先受偿。需要注意的是，当事人之间订有流质条款的，债权人依法就质押财产优先受偿，需要满足质权设立的前提条件，即存在合法有效的质押合同，并且通过交付或者登记设立了质权。如果质权没有有效设立，质权人不能对质押财产享有优先受偿权。

第四百二十九条 质权自出质人交付质押财产时设立。

◆ **条文主旨**

本条是关于动产质权设立的规定。

◆ **立法背景**

本条明确规定动产质权自动产交付时发生法律效力，即出质人将质押财产交到质权人时质权生效。质权合同订立而不交付质物的，质权不发生效力。

◆ **条文解读**

一、交付质押财产是质权的生效要件

动产质权的标的是动产。动产具有易于转移、难以控制的特点。为了保障动产质权的实现，也为了保护善意第三人的合法权益，本条规定动产质权的设立以交付质押财产为生效要件。

二、质权自出质人交付质押财产时设立

出质人与质权人订立动产质押合同，该合同自成立时生效。但是在移转质押财产的占有之前，并不发生担保物权的效力；出质人只有将质押财产通过交付的形式实际移转给质权人占有时，质权才发生效力。根据本条的规定，质押财产是否移转是质权是否生效的判断标准：当事人没有移转质押财产，质权无效。其质押合同是否有效要根据本法合同编的有关规定判断，质权无效并不当然导致合同无效，不应将质权有效与否与质押合同的效力合二为一混同判断。

第四百三十条　质权人有权收取质押财产的孳息，但是合同另有约定的除外。

前款规定的孳息应当先充抵收取孳息的费用。

◆ **条文主旨**

本条是关于质权人孳息收取权的规定。

◆ **立法背景**

关于质权的效力是否当然及于孳息，各国立法并不相同。质权有占有质权与收益质权之分：占有质权是指质权人仅占有质押财产而没有使用收益的权利的质权；收益质权是指质权人对质押财产占有并有使用收益的权利的质权。本法对质权并未作如此的划分。较有共识的意见是，由于质权人占有质押财产，因此由其收取质押财产所产生的孳息最为简便可行；同时，收取的孳息用于清偿债务，对于出质人也无损害。为此，本条规定了质权人的孳息收取权。

◆ **条文解读**

根据本条的规定，除合同另有约定外，质权人有权收取质押财产所产生的孳息，质权的效力及于孳息。

一、质权人孳息收取权的依据

根据本条的规定，质权人能否收取孳息有两种情况：一是，如果当事人在合同中明确约定质权人无权收取质押财产所产生的孳息，则质权人不能收取质押财产的孳息作为债权的担保；二是，如果当事人对质权人能否收取孳息没有约定或者约定不明的，质权人有权依照本条的规定收取质押财产所产生的孳息。

二、孳息的种类

质押财产所产生的孳息包括自然孳息和法定孳息。质押财产所产生的自然孳息是指质押财产因自然原因由自身分离出来的利益，如从羊身上剪下的羊毛、母畜生的幼畜；法定孳息指依照法律规定由质押财产所产生的利益，如根据合同产生的租金、利息。

质权人依法收取孳息时，并不当然取得所有权，而是取得对孳息的质权，孳息成为质权的标的。如果孳息是金钱，质权人可以直接用于清偿；如果孳息是物，可以由质权人与出质人协议以该孳息折价或者拍卖、变卖，以所得价款优先受偿。

三、孳息的充抵顺序

依法收取的孳息首先应当充抵收取孳息的费用，然后充抵主债权的利息和主债权。例如，以母牛作为质押财产的，如果母牛产幼畜，债务清偿期限届满，债务人没有清偿债务，那么质权人可以将幼畜折价或者拍卖、变卖，所得价款先充抵幼畜的接生费用等。

第四百三十一条 质权人在质权存续期间，未经出质人同意，擅自使用、处分质押财产，造成出质人损害的，应当承担赔偿责任。

◆ **条文主旨**

本条是关于质权人对质押财产使用处分的限制及法律责任的规定。

◆ **立法背景**

质权人不得擅自使用、处分质押财产的理由主要有：首先，当事人设定动产质权的目的在于担保质权人的债权能够得到清偿，质权人占有质押财产，使质押财产脱离出质人而为质权人所掌控，使质权人的担保物权得以保障。其次，质权从其性质上看是担保物权而非用益物权。动产质权与抵押权相比，其根本区别在于担保物的移转与否：设定抵押不移转抵押财产，仍由抵押人占有、使用；而动产质权移转质押财产的占有，将属于出质人占有的质押财产转至质权人的控制之下。这是由于用于抵押的物大多是不动产，而用于质押的是容易移转的动产。质权人占有质押财产的作用在于控制质押财产，保证债权实现。最后，无论是抵押还是质押，物的担保在于其交换价值而非使用价值。从这个意义上说，质权人取得质押财产、控制质押财产是为了质押财产不被出质人随意处分而使担保落空，质权人使用、处分质押财产显然不是设定质权的目的。因此，质权人非经出质人同意不得擅自使用、处分质押财产。

◆ **条文解读**

非经出质人同意，质权人在质权存续期间不得擅自使用、处分质押财产；质权人违反本条规定，擅自使用或者处分质押财产的，应当承担赔偿责任。禁止质权人擅自使用、处分质押财产的规定体现了动产质权的设定目的及其特征。

质权人未经出质人同意，擅自使用质押财产、处分质押财产，一旦造成质押财产毁损、灭失给出质人造成损害的，质权人要根据法律规定承担民事责任。

第四百三十二条 质权人负有妥善保管质押财产的义务；因保管不善致使质押财产毁损、灭失的，应当承担赔偿责任。

质权人的行为可能使质押财产毁损、灭失的，出质人可以请求质权人将质押财产提存，或者请求提前清偿债务并返还质押财产。

◆ **条文主旨**

本条是关于质权人妥善保管质押财产义务的规定。

◆ **立法背景**

质权人在占有质押财产的同时即产生妥善保管质押财产的义务。质权人该项义务的承担，一是因为质押财产虽然依动产质押合同移归质权人占有，但是其所有权仍是出质人的，在质权人占有质押财产期间，因质权人未尽妥善保管义务致使质押财产灭失或者毁损，是对出质人的质押财产所有权的侵害；二是因为质权人占有质押财产是为了自己债权的实现，如果质押财产毁损、灭失，不仅侵害出质人的利益，同时影响了自己的权益。

◆ **条文解读**

质权人对质押财产负有妥善保管的义务，所谓妥善保管，即以善良管理人的注意义务加以保管。善良管理人的注意义务，是指依照一般交易上的观念，认为有相当的知识经验及诚意的人所应负的注意义务，即以一种善良的心和应当具备的知识来保管质押财产。例如，对于字画的保管应当注意防潮、防虫蛀、防灰尘等，对于贵重珠宝的保管应当注意防盗窃、防碎裂等。如果达不到应当注意的保管标准的，就不是妥善保管。

质权人违反保管义务造成质押财产毁损、灭失的，应当承担赔偿责任，该项赔偿责任是基于出质人的所有权而产生的请求权。对质权人的民事责任承担应当采用过错推定原则，即出质人只要证明质押财产遭受毁损、灭失的事实即可。质权人应当举证证明自己已经尽了妥善保管的义务，否则就应当承担赔偿责任。

如果出质人认为质权人的行为可能使质押财产毁损、灭失的，出质人可以请求质权人将质押财产提存，或者请求提前清偿债务并返还质押财产。本条第 2 款的这一规定，是为了更好地保护质押财产，以保护出质人与质权人双方的利益不受损失。“可能”即也许、或许，而不是已经发生。这种可能性是否产生，不能仅凭出质人的想象，要有一定的事实发生。如字画出质后，出质人发现质权人存放字画的房屋漏雨，可能危及字画。“提存”就是将质押财产放到出质人与质权人约定的第三人处存放。国外一般设有法定提存机构，有的设在法院，有的单独成立。目前，我国主要是公证机构在做此类业务。出质人与质权人约定的第三人可以是任何一个自然人、法人或非法人组织。提存费用应当由质权人承担。出质人提前清偿债权的，质权人应当返还质押财产。

第四百三十三条 因不可归责于质权人的事由可能使质押财产毁损或者价值明显减少，足以危害质权人权利的，质权人有权请求出质人提供相应的担保；出质人不提供的，质权人可以拍卖、变卖质押财产，并与出质人协议将拍卖、变卖所得的价款提前清偿债务或者提存。

◆ 条文主旨

本条是关于质押财产保全的规定。

◆ 立法背景

由于质权人的优先受偿权体现在质物的价值上，质押财产出现损毁或者价值明显减少时，直接损害质权人的担保权益。为了保护质权人的权益不受损害，当质押财产有损坏或者价值明显减少的情况出现时，质权人请求出质人提供相应的担保，出质人不提供的，质权人可以拍卖或者变卖质押财产，并与出质人通过协议将拍卖或者变卖所得的价款提前清偿债权，也可以将处分质押财产的价款提存。质押财产保全的方式可以是替代担保，也可以是提前清偿或者提存。

◆ 条文解读

一、质押财产毁损或者价值减少的事由

因不能归责于质权人的事由可能使质押财产毁损或者价值明显减少，是指质押财产可能毁损或者价值明显减少产生的原因不是由于质权人的保管不善所导致的，而是由于自然原因等导致的。

这种可能使质押财产毁损和价值明显减少的事由应当是已经发生的事实；价值减少的状态应当是明显的，因为一般的物都存在价值减少的可能性，尤其是随着市场变化及其他原因导致价值减少都是很正常的事情，正常的价值减少，应当在质权人的预想之内。

二、替代担保

当质押财产可能存在损坏或者价值明显减少的事实足以危害质权人的利益时，质权人为保全其质权不受损害，可以要求出质人提供相应的担保，此为质权人的替代担保请求权，也有称质权人的物上代位请求权。规定质押财产的替代担保，主要是由于质押担保是以质押财产所具有的交换价值确保债权的实现。如果质押财产的价值可能明显减少或者质押财产毁损，将直接危害质权人的质权，法律应当赋予质权人维护其担保利益的救济手段，允许质权人要求出质人提供相应的担保。“相应的担保”是指与可能毁损或者价值明显减少的数额相当的担保。

三、提前清偿债务或者提存

当质押财产有可能损坏或者价值明显减少的情况出现时，质权人请求出质人提供相应的担保，但出质人不提供的，质权人可以拍卖或者变卖质押财产，并与出质人通过协议将拍卖或者变卖所得的价款提前清偿债权，也可以将处分质押财产的价款提存。此时质权人拍卖、变卖质押财产无需经过出质人同意。拍卖、变卖所得的价款，性质上属于质押财产的替代物，质权人不当然取得价款的所有权，出质人可以用该价款提前向质权人清偿债务；如果以该价款提存的，则要等债务履行期限届满，以提存的价款清偿债务。无论是提前清偿债权，还是提存后届时清偿，其价款超出所担保债权的部分，应当直接归还出质人。

第四百三十四条 质权人在质权存续期间，未经出质人同意转质，造成质押财产毁损、灭失的，应当承担赔偿责任。

◆ 条文主旨

本条是关于转质权的规定。

◆ 立法背景

在立法过程中对是否允许转质有不同意见。有的认为，应当允许转质。转质具有融通资金和保全债权的双重功能，质权人因质权的设定而投入的融资，有通过转质再度流动的可能性，转质具有促进金融流通的经济机能。动产质权在现代社会中本身就存在着不利于发挥物的使用价值的缺陷，如果承认转质，就可以使物再次发挥交换价值和使用价值，有助于促使物的价值实现最大化。就转质本身而言，对债务人、质权人和转质权人并无任何不利。有的认为，转质引起的权利义务关系较为复杂，容易产生纠纷，允许转质则可能损害出质人的利益。物权法既没有提倡转质，也没有禁止转质，本法保留了物权法的规定。

◆ 条文解读

质权人为担保自己或者他人的债务，在占有的质押财产上再次设定质权的行为称为转质，所成立的质权为转质权。因转质而取得质权的人为转质权人。转质既可以适用于动产质权，也可以适用于权利质权。转质依其是否经出质人同意，分为“承诺转质”和“责任转质”。“承诺转质”，指经出质人同意，质权人在占有的质押财产上为第三人设定质权的行为。承诺转质事前已经取得出质人的同意，质权人对因转质权人的过错而造成的损失承担责任，并不因转质而加重法律责任。“责任转质”，指质权人不经出质人同意，将质押财产转质于第三人的行为。责任转质因未经出质人同意就将质押财产转质，不仅要承担质押财产因转质权人的过错而毁损、灭失的责任，还要承担转质期间发生的因不可抗力产生的质押财产毁损、灭失的风险责任，其责任要比未转质的情况沉重得多。各个国家和地区对于转质及转质的类型有不同的规定：有的未对转质作出规定，如德国、法国；有的规定“承诺转质”，如瑞士；有的规定“责任转质”，如我国台湾地区；有的同时规定“承诺转质”和“责任转质”，如日本。

本法物权编不提倡转质，也没有禁止转质。为了保护出质人的利益，本条规定的原则是，未经出质人同意不允许转质，质权人擅自转质造成质押财产毁损、灭失的要承担赔偿责任。

第四百三十五条 质权人可以放弃质权。债务人以自己的财产出质，质权人放弃该质权的，其他担保人在质权人丧失优先受偿权益的范围内免除担保责任，但是其他担保人承诺仍然提供担保的除外。

◆ 条文主旨

本条是关于质权放弃及其他担保人责任承担原则的规定。

◆ 立法背景

放弃质权是质权人对自己的权利进行处分的一种形态，其有权放弃质权。质权人放弃质权的，会对其他担保人的权益造成影响，因此本条对质权人放弃质权情形下其他担保人担保责任的承担作了规定。

◆ 条文解读

一、质权的放弃

质权人放弃质权，是指质权人放弃其因享有质权而就质押财产优先于普通债权人受清偿的权利的行为。质权人有权处分自己的质权。当质权人以放弃质权的方式处分质权时，应当符合法律的规定。质权人放弃质权应当明示作出意思表示。质权人不行使质权或者怠于行使质权的，不能推定为质权人放弃质权。质权人放弃质权，原因可能是多方面的。如果是质权人单方的意思表示，无须取得出质人的同意。质权因质权人的放弃而消灭。

二、其他担保人责任承担原则

质权人放弃质权，不得有损于其他利害关系人的利益。有时，在同一债权上既有质权担保又有其他担保。在这种情况下，质权人放弃质权时，则直接影响其他担保人的利益。为了确保其他担保人的利益不因质权人放弃质权的行为而受到影响，本条规定，在质权人放弃质权时，如果是债务人以自己的财产出质的，其他担保人在质权优先受偿的范围内，不再承担担保责任；但是其他担保人承诺仍然承担担保责任的，法律并不干涉。例如，某项债权既有以债务人自己的财产质押担保，又有第三人保证的，质权人放弃质权，必然会对保证人造成影响。根据本法第 392 条的规定，被担保的债权既有物的担保又有人的担保的，在没有约定或者约定不明确的情况下，债务人自己提供物的担保的，债权人应当先就该物的担保实现债权，再请求保证人承担保证责任。在债务人不履行债务的情形下，如果质权人放弃了在债务人的财产上设定的质权，担保责任则将由保证人全部承担，加重了保证人的负担。本着公平的原则，在质权担保主债权的全部时，质权人放弃质权的，保证人免除全部保证责任；在质权担保的是主债权的部分责任时，质权人放弃质权的，保证人在质权所担保的债权范围内免除担保责任。在质权人放弃在债务人的财产上设定的质权的情形下，如果其他担保人承诺仍然提供保证的，应当尊重当事人自愿的意思表示，其他担保人的担保责任不予免除。

第四百三十六条　债务人履行债务或者出质人提前清偿所担保的债权的，质权人应当返还质押财产。

债务人不履行到期债务或者发生当事人约定的实现质权的情形，质权人可以与出质人协议以质押财产折价，也可以就拍卖、变卖质押财产所得的价款优先受偿。

质押财产折价或者变卖的，应当参照市场价格。

◆ **条文主旨**

本条是关于质押财产返还及质权实现的规定。

◆ **立法背景**

债务履行期限届满，将产生两种情况，一是质权因其所担保的债权受清偿或者其他原因的发生而消灭；二是债务未受清偿。根据这两种不同情况本条规定了两种不同的法律后果，即质物返还或者实现质权。质押担保的目的在于确保债权的清偿，当债务人不履行债务或者违约时，质权人有权将占有的质物以折价、拍卖、变卖等方式变价后优先受偿。

◆ **条文解读**

一、质押财产返还

债务人于债务履行期限届满时履行了债务或者出质人提前清

偿了所担保的债权，质权消灭，质权人对其占有的质押财产负有返还给出质人的义务。质权人依质押合同有权占有质押财产，但是在质权消灭时，质权人就丧失了继续占有质押财产的依据，应当将质押财产返还出质人。出质人因清偿债务，将质押财产上存在的担保物权负担消灭，出质人可以依法请求质权人返还质押财产；质权人拒不返还的，应当承担民事责任。

质权人返还质押财产的对象为出质人，因为出质人可以是债务人，也可以是第三人。当出质人不是债务人而是第三人时，债务人虽然清偿了债务，但是由于用于担保的质押财产的所有权是第三人的，所以应当返还给第三人而非债务人。

二、质权的实现

质权人实现质权，是指质权人在债权已届清偿期而债务人不履行债务或者发生当事人约定的实现质权的情形时，处分占有的质押财产并优先受偿的行为。质权人实现质权的前提条件是债务履行期限届满债务未受清偿或者发生当事人约定的实现质权的情形。

质押担保的目的在于确保债权的清偿。当债务人不履行债务或者违约时，质权人有权将占有的质押财产以折价、拍卖、变卖等方式变价后优先受偿。

折价是指债务人在履行期限届满未履行其债务时，经出质人与质权人协议，按照质押财产的品质，参考市场价格等因素，把质押财产的所有权由出质人转移给质权人，从而实现质权的一种方式。折价必须由出质人与质权人协商一致，否则只能拍卖或变卖。折价与流质不同：折价是发生在债务履行期限届满，债务人不履行债务，质权人实现质权时；流质是债权人在债务履行期间届满前与出质人约定，债务人届期不履行债务时，质押财产归债权人所有以抵销债务。

拍卖是指按照拍卖程序，以公开竞价的方式将质押财产卖给出价最高者的买卖。变卖是指直接将质押财产变价卖出的行为，变卖没有公开竞价等形式与程序上的限制，方便、快捷、变价成本小。质押财产的拍卖、变卖规则与抵押财产的拍卖、变卖规则有所不同。对于抵押权的实现，本法第410条第1款规定："……抵押权人可以与抵押人协议以抵押财产折价或者以拍卖、变卖该抵押财产所得的价款优先受偿……"第2款规定协议不成的，"……抵押权人可以请求人民法院拍卖、变卖抵押财产"，要求拍卖、变卖抵押财产需要协议，未达成协议的可以请求人民法院拍卖、变卖抵押财产。本条规定实现质权时，"质权人可以与出质人协议以质押财产折价，也可以就拍卖、变卖质押财产所得的价款优先受偿"，仅要求质押财产折价时双方当事人达成协议，没有要求拍卖、变卖质押财产需要协议，也没有对拍卖、变卖质押财产的主体作出限定。在债务人不履行到期债务或者发生当事人约定的实现质权的情形时，质权人可以自行拍卖、变卖其占有的质押财产。

与拍卖财产相比，对财产进行折价或者变卖由于没有公开的竞价模式，很可能会与财产的实际价值偏离较大。为了保护出质人的利益，避免出质人的财产以较低价格折价或者变卖，本法规定对质押财产折价或者变卖的，应当参照市场价格。

第四百三十七条 出质人可以请求质权人在债务履行期限届满后及时行使质权；质权人不行使的，出质人可以请求人民法院拍卖、变卖质押财产。

出质人请求质权人及时行使质权，因质权人怠于行使权利造成出质人损害的，由质权人承担赔偿责任。

◆ 条文主旨

本条是关于及时行使质权请求权及怠于行使质权的责任的规定。

◆ 立法背景

为了督促担保物权人及时行使权利，稳定交易秩序，本法对抵押权规定了存续期间，即抵押权人应当在主债权诉讼时效期间行使抵押权；未行使的，人民法院不予保护。质权同样存在主债权到期而及时行使质权的问题。但质权与抵押权不同：一是抵押权并不移转抵押财产，抵押财产始终在抵押人手里控制和使用；质权移转质押财产，质权设立后，质押财产由质权人占有。二是主债权期限届满债务人不履行债务的情况出现后，抵押权人由于不占有抵押财产，往往积极行使抵押权，以保证债权的实现；而质权人由于手中控制着质押财产，往往并不急于行使质权。对于是否与抵押权一样规定动产质权的存续期间，有专家提出，规定抵押权未在主债权诉讼时效期间行使则法院不予保护并无不妥；而如果规定质权超过主债权诉讼时效期间未行使则法院不予保护则有失公允，因为质押财产在质权人处占有，债务人不还债，过了主债权的诉讼时效期间依仗法律的规定，强行把质押财产从质权人手中要回，对质权人不公。

根据抵押权与质权的不同，本法未规定质权的存续期间，但是为了避免质权人滥用权利、怠于行使权利，本条赋予了出质人针对质权人的质权行使请求权以及质权人怠于行使质权的责任。

◆ 条文解读

一、质权行使请求权

出质人在债务履行期限届满，债务人不能偿还债务时，有权请求质权人及时行使质权；如果质权人经出质人请求后仍不行使的，出质人有权径行到人民法院要求拍卖、变卖质押财产，以清偿债务。

二、质权人怠于行使质权的责任

质押财产存在着意外毁损、灭失以及随着市场风险的变化价值下跌的风险。因此，一旦债务履行期限届满，而债务人未清偿债务的，质权人应当及时行使质权，以免给出质人造成损失，出质人也有权请求质权人行使权利。质权人怠于行使权利可能会致使质押财产价格下跌，或者发生其他毁损、灭失等情形，质押财产无法获得与原有价值相当的变价款。比如，原本质押财产的变价款清偿债务后仍有余额的，余额没有了；原本变价款足以偿还债务的，不够了；原本可偿还债务大部分的，只够偿还小部分了。在此情形下，质权人对于出质人的损失要承担赔偿责任。需要注意的是，根据本款的规定，出质人首先要有请求质权人及时行使质权的行为；其次要有证据证明造成损害是由于质权人怠于行使质权造成的，损害的事实应当与质权人怠于行使质权有直接的因果关系。

第四百三十八条 质押财产折价或者拍卖、变卖后，其价款超过债权数额的部分归出质人所有，不足部分由债务人清偿。

◆ **条文主旨**

本条是关于质押财产变价款归属原则的规定。

◆ **立法背景**

质权设定的目的在于确保债务的清偿。当质押所担保的债权于履行期限届满而未受清偿时，质权人可以就质押财产的变价款优先受偿。质权的实现是质权的根本效力所在，也是质权人最重要的权利。质权实现就是将质押财产的交换价值兑现，质权人以变价款优先受偿。质押财产价值的最初估算值与最终的变价值可能并不一致，这与当事人在设定质权时对质押财产的估算是否准确以及市场价格不断变化有关。但是，无论质押财产的变价款如何，设定质权时的主债权是清楚的。因此，实现质权应当以清偿质押担保范围的债权为界，质押财产折价、拍卖、变卖后，超过所担保的债权数额的，变价款超出部分归出质人所有；不足的部分由债务人清偿。

◆ **条文解读**

根据本条规定的质押财产变价款归属原则，质权人在实现质权时，应当注意以下几种情况：

首先，如果数个可分的质押财产为同一债权担保的，各个质押财产都担保债权的全部，但在实现质权时，如果质权人折价、拍卖或者变卖部分质押财产的价款足以清偿质押担保范围的债权，则应停止折价、拍卖或者变卖其余的质押财产。因为质押财产的所有权归出质人，出质人只是以质押财产担保质权人的债权，一旦债权受清偿，质权也就消灭了，剩余的质押财产应当归还出质人。

其次，如果以一个质押财产作为债权担保的，质押财产的变价款超出所担保的债权的，应当将剩余价款还给出质人，因为出质人是质押财产的所有权人。

最后，如果质押财产的变价款不足以清偿所担保的债权的，出质人以全部变价款交给质权人后，质权消灭，因为质权的标的是质押财产，质押财产因用于清偿担保债权而消灭，质权也随之消灭。担保债权未清偿的部分，仍然在债权人与债务人之间存在，只是不再是质权担保的债权，而是无质权担保的普通债权，债务人仍然负有清偿债务的义务。如果债务人和出质人不是同一人时，未偿还的债务由债务人承担，出质人不再承担责任。

第四百三十九条　出质人与质权人可以协议设立最高额质权。

最高额质权除适用本节有关规定外，参照适用本编第十七章第二节的有关规定。

◆ **条文主旨**

本条是关于最高额质权的规定。

◆ **立法背景**

最高额质权是指为担保债务的履行，债务人或者第三人对一定期间内将要连续发生的债权提供质押财产担保的，债务人不履行到期债务或者发生当事人约定的实现质权的情形，质权人有权在最高债权额限度内就该质押财产优先受偿。最高额质权制度对于配合继续性交易的发展，扩大担保融资，促进社会经济的繁荣，发挥了重要的作用。担保法没有规定最高额质权。物权法为了简化设立担保的手续，方便当事人，促进资金融通，更好地发挥质押担保的功能，规定了最高额质权。本法沿袭了物权法的规定。

◆ **条文解读**

与动产质权相比，最高额质权有自己的特征；但就根本属性而言，其仍属于质权，本节关于动产质权的许多规定可以适用于最高额质权。比如最高额质权的设立、最高额质权的实现、质押财产的保全等内容都可以适用本节关于动产质权的相关规定。

最高额质权与最高额抵押权具有许多相同之处，主要体现在：一是两者在设立、转移和消灭上均在一定程度独立于主债权；二是两者担保的债权都是不特定债权；三是两者均有最高担保额的限制；四是在实现担保物权时，均需要对担保的债权进行确定。基于以上相同点，本条规定，最高额质权可以参照适用本编第十七章第二节的有关规定，即最高额抵押权的有关规定。最高额质权所担保债权的转让、最高额质权的变更以及最高额质权所担保债权的确定可以参照本法第421条、第422条和第423条的规定。此外，根据本法第420条第2款的规定，最高额抵押权设立前已经存在的债权，经当事人同意，可以转入最高额抵押担保的债权范围。同理，最高额质权设立前已经存在的债权，经当事人同意，可以转入最高额质押担保的债权范围。基于此，本条第2款规定，最高额质权除适用本节有关规定外，参照适用本编第十七章第二节的有关规定。这里之所以强调最高额质权“参照”本法关于最高额抵押权的规定，主要是考虑到最高额质权与最高额抵押权性质不同：最高额质权需要质权人占有担保财产，其本质属于质权的一种；最高额抵押权不需要抵押权人占有担保财产，其本质属于抵押权的一种。因此，只宜“参照”，不宜直接适用。

第二节　权利质权

第四百四十条　债务人或者第三人有权处分的下列权利可以出质：

（一）汇票、本票、支票；

（二）债券、存款单；

（三）仓单、提单；

（四）可以转让的基金份额、股权；

（五）可以转让的注册商标专用权、专利权、著作权等知识产权中的财产权；

（六）现有的以及将有的应收账款；

（七）法律、行政法规规定可以出质的其他财产权利。

◆ 条文主旨

本条是关于可以出质的权利范围的规定。

◆ 立法背景

随着经济高度发展，商品交易越加频繁，商品和货币流通的手段也应需要而不断发展，以票据、有价证券及其他财产凭证替代有形财产和货币流通越加广泛。充分利用这些财产凭证所体现的无形财产权，对促进资金融通和商品流通、发展经济有着重要作用。设立权利质权的目的和意义即在于此。

◆ 条文解读

权利质权是指以出质人提供的财产权利为标的而设定的质权。

权利质权具有与动产质权相同的一些特征，都是以担保债务履行和债权实现为目的，性质都是价值权、担保权。但是，由于标的物不同，权利质权与动产质权相比又具有一定的特殊性。本节的内容主要就是关于权利质权的一些特殊规定；本节没有规定的，则适用动产质权一节的有关规定。

权利质权的标的是出质人提供的作为债权担保的权利。但并不是所有的权利都可以作为权利质权的标的，其必须满足下列条件：

（1）必须是财产权。财产权，是指物权、债权、无体财产权等以财产为内容，可以以金钱估价的权利。因其具有经济价值，质权人可以从其价值中受偿。而人身权，无论是人格权如生命权、身体权、健康权、名誉权等，还是身份权如亲属权、监护权等，由于不直接具有经济价值，都不得作为权利质权的标的。

（2）必须具有让与性。权利质权为价值权，在债务人不履行到期债务时，质权人可以以出质权利的价值优先受偿。因此，其标的应有变价的可能，须具有让与性。不具有让与性的财产权，不能成为权利质权的标的。比如，一些与特定权利主体密不可分的财产权，如继承权、亲属间的扶养请求权、抚恤金领取请求权，都不得作为权利质权的标的。

（3）必须是适于设定质权的权利。有些财产权虽然具有可让与性，但是不适于设定质权，也不得作为权利质权的标的。关于何种权利适于设定质权，何种权利不适于设定质权，各个国家和地区的规定不同。在我国，在不动产物权上设定的权利一般认定为是抵押权，因此，不动产物权不能作为权利质权的标的。至于抵押权、质权和留置权等担保物权，由于不能与其所担保的主债权分离，因此，也不能成为权利质权的标的。

本条对哪些权利可以出质，采取了列举的方式一一列出；除这些权利以外，其他权利均不得出质。按照本条的规定，可以出质的权利包括：

（1）汇票、本票、支票

汇票是指出票人签发的，委托付款人在见票时或者在指定日期无条件支付确定的金额给收款人或者持票人的票据。汇票分为银行汇票和商业汇票。根据票据法的规定，汇票必须记载“汇票”的字样、无条件支付委托、确定的金额、付款人名称、收款人名称、出票日期和出票人签章；只要有一项未记载，汇票便无效。

本票是指出票人签发的，承诺自己在见票时无条件支付确定的金额给收款人或者持票人的票据。在我国，根据票据法的规定，本票仅指银行本票，本票必须表明“本票”的字样、无条件支付承诺、确定的金额、收款人名称、出票日期和出票人签章；只要有一项未记载，本票便无效。

支票是指出票人签发的，委托办理支票存款业务的银行或者其他金融机构在见票时无条件支付确定的金额给收款人或者持票人的票据。在我国，根据票据法的规定，支票必须记载“支票”的字样、无条件支付委托、确定的金额、付款人名称、出票日期、出票人签章；只要有一项未记载，支票便无效。

（2）债券、存款单

债券是指由政府、金融机构或者企业为了筹措资金而依照法定程序向社会发行的，约定在一定期限内还本付息的有价证券，包括政府债券、金融债券和企业债券。政府证券在我国又称国库券，即由政府为筹措资金而向投资者发行的一种债券。金融债券是由金融机构发行的债券。企业债券是由企业发行的债券。

存款单，也称存单，是指存款人在银行或者储蓄机构存了一定数额的款项后，由银行或者储蓄机构开具的到期还本付息的债权凭证。

（3）仓单、提单

仓单是指仓储保管人应存货人的请求而填发的提取仓储物的凭证。根据本法合同编的规定，存货人交付仓储物的，保管人应当给付仓单。保管人应当在仓单上签字或者盖章。仓单包括下列事项：①存货人的姓名或者名称和住所；②仓储物的品种、数量、质量、包装及其件数和标记；③仓储物的损耗标准；④储存场所；⑤储存期限；⑥仓储费；⑦仓储物已经办理保险的，其保险金额、期间以及保险人的名称；⑧填发人、填发地和填发日期。仓单是提取仓储物的凭证。存货人或者仓单持有人在仓单上背书并经保管人签字或者盖章的，可以转让提取仓储物的权利。

提单是指用以证明海上货物运输合同和货物已经由承运人接收或者装船，以及承运人保证据以交付货物的单证。根据海商法的规定，提单中载明的向记名人交付货物、按照指示人的指示交付货物或者向提单持有人交付货物的条款，构成承运人据以交付货物的保证。货物由承运人接收或者装船后，应托运人的要求，承运人应当签发提单。提单可以由承运人授权的人签发，提单由载货船舶的船长签发的视为代表承运人签发。提单的内容包括下列各项：①货物的品名、标志、包数或者件数、重量或者体积，以及运输危险货物时对危险性质的说明；②承运人的名称和主营业所；③船舶名称；④托运人的名称；⑤收货人的名称；⑥装货港和在装货港接收货物的日期；⑦卸货港；⑧多式联运提单增列接收货物地点和交付货物地点；⑨提单的签发日期、地点和份数；⑩运费的支付；⑪承运人或者其代表的签字。提单缺少上述规定的一项或者几项的，不影响提单的性质。提单分为记名提单、指示提单和不记名提单。记名提单不得转让；指示提单经过记名背书或者空白背书可以转让；不记名提单无须背书即可转让。

（4）可以转让的基金份额、股权

基金份额是指向投资者发行的，表示持有人按其所持份额对基金财产享有收益分配权、清算后剩余财产取得权和其他相关权利，并承担相应义务的凭证。这里所称的基金，仅指证券投资基金法中规定的证券投资基金，即通过公开或者非公开募集资金设立证券投资基金，由基金管理人管理，基金托管人托管，为基金份额持有人的利益，以资产组合方式进行证券投资活动的信托契约型基金。

股权是指股东因向公司直接投资而享有的权利。在我国，公司包括有限责任公司和股份有限公司。有限责任公司股东的股权是通过公司签发的出资证明书来体现的，股份有限公司股东的股权是通过公司签发的股票来体现的。出资证明书，是指证明投资人已经依法履行缴付出资义务，成为有限责任公司股东的法律文件。根据公司法的规定，有限责任公司成立后，应当向股东签发出资证明书。出资证明书应当载明下列事项：①公司名称；②公司成立日期；③公司注册资本；④股东的姓名或者名称、缴纳的出资额和出资日期；⑤出资证明书的编号和核发日期。出资证明书由公司盖章。股票是指股份有限公司签发的证明股东所持股份的凭证。根据公司法的规定，股票采用纸面形式或者国务院证券监督管理机构规定的其他形式。股票应当载明下列主要事项：①公司名称；②公司成立日期；③股票种类、票面金额及代表的股份数；④股票的编号。股票由法定代表人签名，公司盖章。发起人的股票，应当标明发起人股票字样。出资证明书和股票就是股东享有股权的法定凭证，股东凭此证券就可以享有相应的股权。

只有可以转让的基金份额和股权才可以作为权利质权的标的；有的基金份额和股权依法不得转让，则不能出质。比如，根据公司法的规定，发起人持有的本公司股份，自公司成立之日起一年内不得转让。公司公开发行股份前已发行的股份，自公司股票在证券交易所上市交易之日起一年内不得转让。根据证券投资基金法的规定，非公开募集基金，不得向合格投资者之外的单位和个人转让，在转让时也不得超出法律规定的投资者人数的限制。因此，这类有转让限制的股票和基金份额在出质时也需要遵守相应的限制。

（5）可以转让的注册商标专用权、专利权、著作权等知识产权中的财产权

知识产权是指人们对于自己的创造性智力活动成果和经营管理中的标记所依法享有的权利，包括注册商标专用权、专利权和著作权等。知识产权通常具有时间性、地域性和专有性的特点。知识产权主要是一种财产权利；但某些知识产权如著作权既具有人身性又具有财产性，可以将其中的权利划分为人身权部分和财产权部分，只有财产权部分才能作为权利质权的标的。

注册商标专用权是指注册商标所有人依法对注册商标享有的独占使用权。根据商标法的规定，转让注册商标的，转让人和受让人应当签订转让协议，并共同向商标局提出申请。转让注册商标经核准后，予以公告。受让人自公告之日起享有商标专用权。商标注册人可以通过签订商标使用许可合同，许可他人使用其注册商标。因此，注册商标所有人享有注册商标转让权和注册商标许可权。这两者都是注册商标专用权中的财产权，都可以作为权利质权的标的。

专利权是指由国家专利主管机关授予专利申请人或其继受人在一定期限内实施其发明创造的专有权，包括发明专利权、实用新型专利权及外观设计专利权。根据专利法的规定，转让专利申请权或者专利权的，当事人应当订立书面合同，并向国务院专利行政部门登记，由国务院专利行政部门予以公告。任何单位或者个人实施他人专利的，应当与专利权人订立书面实施许可合同，

向专利权人支付专利使用费。因此，专利权人享有专利转让权和专利实施许可权。这两者都是专利权中的财产权，都可以作为权利质权的标的。

著作权是指文学、艺术和科学作品的创作者对其创作完成的作品所享有的权利。根据著作权法的规定，著作权可分为人身权和财产权两部分。人身权包括发表权、署名权、修改权和保护作品完整权。财产权是指著作权人对作品的使用权和获得报酬权。其中，使用权指以各种方式使用作品的权利，是著作权人的一项主要财产权利，包括复制权、发行权、出租权、展览权、表演权、放映权、广播权、信息网络传播权、摄制权、改编权、翻译权、汇编权和应当由著作权人享有的其他权利等；获得报酬权指转让使用权或者许可他人使用而获得报酬的权利。著作权中的人身权和著作权人有密切关系，具有人身属性，只能专属于著作权人，不得让与，也不得出质；只有著作权中的财产权才可以作为权利质权的标的。

（6）现有的以及将有的应收账款

《物权法》第 223 条规定了可以出质的权利范围，其中第 6 项为应收账款。应收账款实质上属于一般债权，包括尚未产生的将来的债权，但是仅限于金钱债权。需要注意的是，物权法中应收账款的概念包括了“公路、桥梁等收费权”。在物权法颁布以前，《最高人民法院在关于适用〈中华人民共和国担保法〉若干问题的解释》中专门规定，公路桥梁、公路隧道或者公路渡口等不动产收益权可以质押。物权法曾在征求意见稿中对可以出质的权利单独列出“公路、桥梁等收费权”一项。在征求意见时和常委会审议过程中，有的意见认为，收费权指权利人对将来可能产生的收益所享有的请求权，实质上是一种预期债权，可以纳入应收账款。物权法采纳了这一意见，将“公路、桥梁等收费权”的概念纳入“应收账款”的概念中。

在物权法的立法过程中，对于是否允许应收账款出质，存在不同意见。有的意见认为，不应允许应收账款出质。其理由是：①应收账款出质缺乏有效的公示手段，允许其出质有可能损害交易安全，质权人的利益难以保障。②收费权实质是一种变动性比较大的期待权，体现在：一是赖以收费的设施能否建成是未知的；二是该设施建成后，能否收到预期的费用是未知的；三是收费权是特许的，受行政干预过多，有可能被行政机关取消，不稳定。因此，收费权作为债权的担保风险较大。③国外规定应收账款出质，是以良好的社会信用和完善的金融机制作为基础的。我国目前的社会信用较差，金融机制不健全，银行呆坏账较多，法律允许收费权和应收账款出质，可能会制造更多的呆坏账，增加金融风险。有的意见认为，应当允许应收账款出质。其理由是：①实践有需要。一些基础设施建设项目如公路建设、电网建设，所需资金量大，大部分都靠融资解决，收费权的收益比较稳定，以其出质风险不大，银行愿意接受。对于高科技企业和中小企业来说，没有多少不动产或者动产，但这些企业一般都有应收账款。允许应收账款出质既能盘活这些沉淀资本，又能解决高科技企业和中小企业担保难的问题。②有理论基础。应收账款实质上都是一般债权，法律允许一般债权转让，就没有理由禁止一般债权做担保。③符合国际通行规则。无论是大陆法系国家还是英美法系国家，大部分都立法允许应收账款出质，没有产生大的问题。④风险可控。以应收账款出质确实可能会产生法律风险和商业风险，但国内外的实践经验表明，这些风险是可以控制和解决的。对法律风险，一般通过承认其合法性、建立规范的登记制度和明确清偿顺位等方法加以解决。对商业风险，当事人可以自己评估，通过合同约定和采取监控措施等来降低风险。物权法采纳了后一种意见，明确规定应收账款可以出质。

在物权法颁布以后，中国人民银行根据物权法的规定，制定了《应收账款质押登记办法》，对应收账款的质押登记作了规范。根据2019年11月发布的《应收账款质押登记办法》第2条的规定，该办法所称的应收账款是指权利人因提供一定的货物、服务或设施而获得的要求义务人付款的权利以及依法享有的其他付款请求权，包括现有的和未来的金钱债权，但不包括因票据或其他有价证券而产生的付款请求权，以及法律、行政法规禁止转让的付款请求权。该办法所称的应收账款包括下列权利：（一）销售、出租产生的债权，包括销售货物，供应水、电、气、暖，知识产权的许可使用，出租动产或不动产等；（二）提供医疗、教育、旅游等服务或劳务产生的债权；（三）能源、交通运输、水利、环境保护、市政工程等基础设施和公用事业项目收益权；（四）提供贷款或其他信用活动产生的债权；（五）其他以合同为基础的具有金钱给付内容的债权。

在民法典物权编的立法过程中，一些意见提出，尽管一些部门规章对应收账款的定义和范围作了规定，但是在实践中对应收账款还是有不同的理解，如在会计实务操作领域，应收账款仅指已经实际发生的债权，而不包含将来尚未发生的债权，建议对“应收账款”的表述作相应修改。还有一些建议提出，物权法关于浮动担保的条文规定，企业等主体可以将现有的以及将有的生产设备等动产抵押，法律也应当明确规定可以以现有的以及将有的债权质押。经对上述意见的研究，本法将《物权法》第223条第6项“应收账款”修改为“现有的以及将有的应收账款”，以明确将来发生的债权可以作为质押的客体。

（7）法律、行政法规规定的可以出质的其他财产权利

这是对可以出质的权利作的保底性规定。从担保物权制度的

发展历史看，可用于担保的财产范围不是一成不变的。随着经济社会的发展和融资需求的扩大，在平衡风险和利益的前提下，可用于担保的财产范围也会发生变化。立法在确定某一权利是否可以质押时，需要考虑该权利是否具备可转让性，是否具有可行的担保公示方式，以及以这些权利作担保有什么风险等因素。本条前六项规定的可以出质的权利并不能涵盖所有可以出质的权利范围，为此本条作了一个授权性的规定，根据现实需要、权利质押的可行性、市场风险等因素，法律、行政法规可以规定其他权利可以出质；只要在法律、行政法规中明确规定可以出质的，也适用本节权利质权的有关规定。

▶ **相关规定**

《中华人民共和国票据法》第35条、第80条、第93条；《中华人民共和国海商法》第71－73条、第79条；《中华人民共和国证券投资基金法》第2条、第87条、第91条；《中华人民共和国公司法》第31条、第128条、第141条；《中华人民共和国商标法》第43条、第43条；《中华人民共和国专利法》第10条、第12条；《中华人民共和国著作权法》第10条；《应收账款质押登记办法》第2条

第四百四十一条 以汇票、本票、支票、债券、存款单、仓单、提单出质的，质权自权利凭证交付质权人时设立；没有权利凭证的，质权自办理出质登记时设立。法律另有规定的，依照其规定。

◆ **条文主旨**

本条是关于以汇票、本票、支票、债券、存款单、仓单、提

单出质的权利质权设立的规定。

◆ **立法背景**

汇票、本票、支票、债券、存款单、仓单、提单有的有权利凭证，有的没有权利凭证，以这些权利出质的，其质权设立的条件也因此而有所区别。在第十三届全国人民代表大会第三次会议审议民法典草案的过程中，有的代表提出，票据法对汇票质押等有专门规定，建议与之相衔接。宪法和法律委员会经研究，建议采纳这一意见，在本条中增加规定：法律另有规定的，依照其规定。为此，其他法律对于以汇票、本票、支票等出质的权利质权的设立有特别规定的，依照其规定。

◆ **条文解读**

本编第 427 条规定，设立质权，当事人应当采用书面形式订立质押合同。以汇票、本票、支票、债券、存款单、仓单、提单出质的，双方当事人应当订立书面质押合同。合同内容一般包括被担保债权的种类和数额，债务人履行债务的期限，出质权利的名称、数额，担保的范围等。合同订立后，质权并不当然设立。以汇票、本票、支票、债券、存款单、仓单、提单出质的，其质权设立的情形可以分为两种：

首先，有权利凭证的，质权自权利凭证交付质权人时设立。

权利凭证是指记载权利内容的象征性的证书，通常采用书面形式，如汇票、本票、支票、存款单、仓单、提单和一部分实物债券等都有权利凭证。此时出质人需要将该权利凭证交付给质权人，质权自交付时设立。

其次，没有权利凭证的，质权自有关部门办理出质登记时设立。

在我国，部分债券如记账式国库券和在证券交易所上市交易的公司债券等都已经实现无纸化，这些债券没有权利凭证，如果要出质，就必须到法律、法规规定的有关登记部门办理出质登记，质权自登记时设立。债券质押登记，基于不同的债券品种，以及交易所债券市场和银行间债券市场的区分等，分别到中国证券登记结算机构、中央国债登记结算有限公司、上海清算所等登记。

最后，我国票据法等法律对汇票、本票、支票的出质有一些特别规定。

如《票据法》第35条第2款规定，汇票可以设定质押；质押时应当以背书记载“质押”字样。被背书人依法实现其质权时，可以行使汇票权利。因此，法律对于以汇票、本票、支票等出质的权利质权的设立有特别规定的，应当依照其规定。

▶ 相关规定

《中华人民共和国票据法》第35条、第80条、第93条

第四百四十二条 汇票、本票、支票、债券、存款单、仓单、提单的兑现日期或者提货日期先于主债权到期的，质权人可以兑现或者提货，并与出质人协议将兑现的价款或者提取的货物提前清偿债务或者提存。

◆ 条文主旨

本条是关于以汇票、本票、支票、债券、存款单、仓单、提单出质的权利质权人行使权利的特别规定。

◆ 立法背景

载明兑现日期或者提货日期的汇票、本票、支票、债券、存款单、仓单、提单的兑现日期或者提货日期届至时，原则上必须

兑现或者提货，以免除第三债务人的债务。如果不按时兑现或者提货，有可能会给债务人自身带来损失，最终影响所担保的主债权的实现。例如，根据本法第 915 条的规定，仓单持有人逾期提取的，应当加收仓储费。本条便是针对这一情况所作的特殊规定。

◆ **条文解读**

本条规定，汇票、本票、支票、债券、存款单、仓单、提单的兑现日期或者提货日期先于主债权到期的，质权人可以不经过出质人同意，有权将汇票、本票、支票、债券或者存款单上所载款项兑现，有权将仓单或者提单上所载货物提货。但是质权人兑现款项或者提取货物后不能据为己有，必须通知出质人，并与出质人协商，或者用兑现的款项或提取的货物提前清偿债权，或者将兑现的款项或提取的货物提存。提前清偿债权的，质权消灭；提存的，质权继续存在于提存的款项或者货物上，在主债权到期时可以以该提存的款项或者货物优先受偿。出质人只能在提前清偿债权和提存中选择，不能既不同意提前清偿债权也不同意提存。

第四百四十三条　以基金份额、股权出质的，质权自办理出质登记时设立。

基金份额、股权出质后，不得转让，但是出质人与质权人协商同意的除外。出质人转让基金份额、股权所得的价款，应当向质权人提前清偿债务或者提存。

◆ **条文主旨**

本条是关于以基金份额、股权出质的权利质权设立和出质人处分基金份额、股权的限制的规定。

◆ 立法背景

以基金份额、股权出质的，双方当事人应当订立书面质押合同，但是在订立质押合同后，质权并不当然设立。以基金份额、股权出质的，应当到有关部门办理出质登记，质权自登记时设立。《物权法》第226条规定，以基金份额、证券登记结算机构登记的股权出质的，质权自证券登记结算机构办理出质登记时设立；以其他股权出质的，质权自工商行政管理部门办理出质登记时设立。在民法典物权编的立法过程中，一些意见建议在民法典物权编中规定动产和权利担保统一登记制度。考虑到动产和权利担保涉及的财产种类众多、情况复杂，且涉及国务院各部门的工作职能，具体规则宜由国务院规定，民法典物权编未对动产和权利担保统一登记制度作出规定，但是为了回应相关意见，民法典物权编删除了物权法中动产抵押、权利质押有关具体登记机构的规定，为以后建立统一的动产和权利担保登记制度留下空间，为此本条规定删除了物权法有关具体登记机构的规定。

基金份额和股权出质后，原则上不能转让。一方面，出质人的基金份额和股权虽然被出质了，但是其仍为基金份额持有人或者股东，转让基金份额和股权是对基金份额和股权的处分，是基金份额持有人和股东的权利，质权人无权转让作为债权担保的基金份额和股权，否则构成对基金份额持有人和股东权利的侵害。另一方面，基金份额和股权虽然为出质人所有，但是其作为债权的担保，是有负担的权利，如果随意转让可能会损害质权人的利益，不利于担保债权的实现。

◆ 条文解读

根据本法第427条规定，设立质权，当事人应当采用书面形式订立质押合同。以基金份额、股权出质的，双方当事人应当订立书面质押合同。合同内容一般包括被担保债权的种类和数额，债务人履行债务的期限，基金份额、股权的相关信息，担保的范围等。在订立质押合同后，质权并不当然设立。以基金份额、股权出质的，应当到有关部门办理出质登记，质权自登记时设立。

在目前的实践操作中，基金份额、股权质押登记差异较大、情况复杂，分别由多个登记机构进行相应的权利质押登记。以基金份额出质的，如果是证券登记结算机构登记的基金份额出质，在证券登记结算机构登记；未在证券登记结算机构登记的基金份额出质，在其他基金份额登记机构登记。以股权出质的，上市公司的股权、在全国中小企业股份转让系统转让股权的股份公司以及退市公司的股权的质押登记，在证券登记结算机构办理；有限责任公司的股权和未在证券登记结算机构登记的股份有限公司的股权的质押登记，在市场监管机构办理。

本条第 2 款规定的是对出质人处分基金份额和股权的限制。所以，原则上基金份额和股权出质后，不能转让；但如果出质人与质权人协商一致，都同意转让已出质的基金份额和股权，这属于双方当事人对自己权利的自由处分，法律自然允许。但是转让基金份额和股权所得的价款，并不当然用于清偿所担保的债权；因为此时债务清偿期限尚未届至，出质人应当与质权人协商，将所得的价款提前清偿所担保的债权或者提存。提前清偿债权的，质权消灭。提存的，质权继续存在于提存的价款上，在债务履行期限届满时，质权人可以对该价款优先受偿。出质人只能在提前清偿债权和提存中选择，不能既不同意提前清偿债权，也不同意提存。

第四百四十四条 以注册商标专用权、专利权、著作权等知识产权中的财产权出质的，质权自办理出质登记时设立。

知识产权中的财产权出质后，出质人不得转让或者许可他人使用，但是出质人与质权人协商同意的除外。出质人转让或者许可他人使用出质的知识产权中的财产权所得的价款，应当向质权人提前清偿债务或者提存。

◆ **条文主旨**

本条是关于以知识产权中的财产权出质的权利质权的设立和出质人处分知识产权的限制的规定。

◆ **立法背景**

以注册商标专用权、专利权、著作权等知识产权中的财产权出质的，双方当事人应当订立书面质押合同。订立质押合同后，质权并不当然设立，须办理出质登记时才能设立。《物权法》第227条规定，以注册商标专用权、专利权、著作权等知识产权中的财产权出质的，质权自有关主管部门办理出质登记时设立。在民法典物权编的立法过程中，一些意见建议在民法典物权编中规定动产和权利担保统一登记制度。考虑到动产和权利担保涉及的财产种类众多、情况复杂，且涉及国务院各部门的工作职能，具体规则宜由国务院规定，民法典物权编未对动产和权利担保统一登记制度作出规定，但是为了回应相关意见，民法典物权编删除了物权法中动产抵押、权利质押有关具体登记机构的规定，为以后建立统一的动产和权利担保登记制度留下空间，为此本条规定删除了物权法有关具体登记机构的规定。

以注册商标专用权、专利权、著作权等知识产权中的财产权出质的，权利虽然仍属于知识产权人，但由于该知识产权是有负担的权利，因此，出质人不能自由转让或者许可他人使用。如果允许出质人自由转让或者许可他人使用其注册商标专用权、专利权、著作权等知识产权中的财产权，则无论是有偿转让还是无偿转让，也无论是许可他人有偿使用还是许可他人无偿使用，都将损害质权人的利益。因为一方面转让的费用和许可他人使用的费用都要归出质人收取，另一方面出质人有权无限制地转让其注册商标专用权、专利权、著作权等知识产权中的财产权，必然导致该注册商标专用权、专利权、著作权等知识产权中的财产权价值的下降，最终的结果必然损害质权人的利益，不利于担保债权的实现。

◆ **条文解读**

以注册商标专用权、专利权、著作权等知识产权中的财产权出质的，双方当事人应当订立书面质押合同。合同内容一般包括被担保债权的种类和数额，债务人履行债务的期限，知识产权的相关信息如注册商标专用权人及其注册商标和注册号、专利权人及其专利号和专利权中的财产权、著作权人的姓名或者名称及其著作权中的财产权，担保的范围等。

以注册商标专用权、专利权、著作权等知识产权中的财产权出质的，订立质押合同后，须办理出质登记时才能设立。这主要是因为知识产权是一种无形财产权，无法以占有的方式来公示，所以知识产权出质必须以登记的方式来公示。从目前的实践操作来看，以知识产权中的财产权出质的需要到有关部门办理质押登记，具体来说，著作权质押登记在国家版权局委托的中国版权保护中心办理，专利权和注册商标专用权的质押登记在国家知识产权办理。

本条第 2 款规定的是对出质人处分知识产权的限制。知识产权中的财产权出质后，出质人原则上不得转让或者许可他人使用，但是如果经出质人与质权人协商同意，可以转让或者许可他人使用出质的注册商标专用权、专利权、著作权等知识产权中的财产权。因为此时转让，是经过质权人同意的，是否会损害质权人的利益由质权人自己判断，法律不加干涉。

按照本条第 2 款的规定，转让或者许可他人使用出质的注册商标专用权、专利权、著作权等知识产权中的财产权所得的价款，不当然用于清偿所担保的债权。因为此时债务清偿期限尚未届至，出质人应当与质权人协商，将所得的价款提前清偿所担保的债权或者提存。提前清偿债权的，质权消灭。提存的，质权继续存在于提存的价款上，在债务履行期限届满时，质权人可以对该价款优先受偿。出质人只能在提前清偿债权和提存中选择；不能既不同意提前清偿债权，也不同意提存。

第四百四十五条 以应收账款出质的，质权自办理出质登记时设立。

应收账款出质后，不得转让，但是出质人与质权人协商同意的除外。出质人转让应收账款所得的价款，应当向质权人提前清偿债务或者提存。

◆ 条文主旨

本条是关于以应收账款出质的权利质权设立和出质人转让应收账款的限制的规定。

◆ **立法背景**

以应收账款出质的，双方当事人应当订立书面质押合同。应收账款出质的关键问题是如何使其对第三人产生效力，以妥善保护质权人、出质人和第三人的利益，明确其公示方法是解决这一问题的最好途径。应收账款出质的公示方法一般有三种：一是书面合同的交付；二是书面合同加债权证书的交付；三是书面合同加登记。物权法采纳了第三种方法，主要是考虑到登记的公示效果最强，有利于第三人迅速、便捷、清楚地了解应收账款上存在的权利质权，更能保护质权人和其他第三人的利益。因此，订立质押合同后，质权并不当然设立，须办理出质登记时才能设立。本法延续了物权法的这一规定。

《物权法》第228条规定，以应收账款出质的，质权自信贷征信机构办理出质登记时设立。在民法典物权编的立法过程中，一些意见建议在民法典物权编中规定动产和权利担保统一登记制度。考虑到动产和权利担保涉及的财产种类众多、情况复杂，且涉及国务院各部门的工作职能，具体规则宜由国务院规定，民法典物权编未对动产和权利担保统一登记制度作出规定，但是为了回应相关意见，民法典物权编删除了物权法中动产抵押、权利质押有关具体登记机构的规定，为以后建立统一的动产和权利担保登记制度留下空间，为此本条规定删除了物权法有关具体登记机构的规定。

应收账款出质后，出质人不得随意转让应收账款。这主要是为了保护质权人的利益，防止出质人随意处置应收账款，保证其所担保的债权的实现。

◆ **条文解读**

以应收账款出质的，双方当事人应当订立书面质押合同。合同内容一般包括被担保债权的种类和数额，债务人履行债务的期限，应收账款的名称、数额，担保的范围等。

以应收账款出质的，在订立质押合同后，双方当事人还须到有关部门办理出质登记后质权才设立。物权法规定了信贷征信机构为应收账款出质的登记机构。根据物权法的授权，征信中心建成了应收账款质押登记公示系统，面向全社会提供应收账款质押、转让的登记与查询服务；同年，中国人民银行发布《应收账款质押登记办法》，对应收账款质押登记与查询行为进行规范。目前我国应收账款的质押登记在中国人民银行征信中心的应收账款质押登记公示系统办理。

本条第 2 款规定的是应收账款出质后对出质人权利的限制，出质人只有在取得质权人同意的情况下才能转让应收账款。与前几条规定的内容类似，转让应收账款所得的价款，并不当然用于清偿所担保的债权。因为此时债务清偿期限尚未届至，出质人应当与质权人协商，将所得的价款提前清偿所担保的债权或者提存。提前清偿债权的，质权消灭。提存的，质权继续存在于提存的价款上，在债务履行期限届满时，质权人可以对该价款优先受偿。出质人只能在提前清偿债权和提存中选择；不能既不同意提前清偿债权，也不同意提存。

第四百四十六条 权利质权除适用本节规定外，适用本章第一节的有关规定。

◆ 条文主旨

本条是关于权利质权适用动产质权有关规定的规定。

◆ **立法背景**

权利质权与动产质权都是以其客体的交换价值的取得为目的的担保物权，具有由客体直接取得一定价值的权能；并不因其客体是有体物还是无体物而性质不同，两者共同构成质权的组成部分，在很多内容上是相同的。但是权利质权的标的物为权利，而动产质权的标的物为动产，因此两者在某些具体方面如权利的生效上还存在一定的区别。

◆ **条文解读**

本章第一节对动产质权是作为质权的一般形式加以规定的，本节对权利质权仅在某些内容上作了特殊规定，其他没有规定的内容可以适用动产质权的规定，如本章第一节关于质押合同的订立以及质押合同的一般条款、流质条款的效力、质权人的权利和义务、质权的保全、质权的放弃、质权的实现方式和最高额质权等。

第十九章 留 置 权

本章共十一条，对留置权的一般规定、留置财产与债权的关系、留置权的适用范围、留置权人的权利与义务、留置权的实现以及留置权与抵押权、质权的竞合和留置权消灭的特殊情形等内容作了规定。

第四百四十七条 债务人不履行到期债务，债权人可以留置已经合法占有的债务人的动产，并有权就该动产优先受偿。

前款规定的债权人为留置权人，占有的动产为留置财产。

◆ 条文主旨

本条是有关留置权的一般规定。

◆ 立法背景

留置权是经济生活中较为普遍存在的一种担保形式。留置权设定的目的在于维护公平原则，督促债务人及时履行义务。物权法制定之前我国的一些法律就对留置权作了规定，如《民法通则》第 89 条第 4 项规定，按照合同约定一方占有对方的财产，对方不按照合同给付应付款项超过约定期限的，占有人有权留置该财产，依照法律的规定以留置财产折价或者以变卖该财产的价款优先得到偿还。担保法则专设“留置”一章，共七条。合同法也分别规定了承揽合同、运输合同和保管合同中债权人享有的留置权。

各个国家和地区法律中有关留置权的规定差异颇大。大陆法系国家主要形成了债权留置权和物权留置权两种不同的留置权立法例，而英美法系国家关于留置权的规定也有不同种类。

1. 债权留置权。法国、德国和意大利等国采取债权留置权制度。留置权只是债权效力的延伸，债权人在债务人履行债务前，对已占有的债务人之物有拒绝给付的权利，但没有直接支配的权利。如《德国民法典》是在第 2 编债务关系法中规定的留置权。《德国民法典》第 273 条第 1 款规定，除基于债务关系发生其他效果外，债务人基于其义务由担负的同一法律关系，享有对债权人的已到期的请求权，债务人可以拒绝履行所发生的给付，直到其所应得的给付被履行为止。

2. 物权留置权。瑞士、日本和我国台湾地区采取物权留置权制度。留置权是债权人为担保债务获得清偿而对其占有的债务人的财产享有的一种独立的法定担保物权。《日本民法典》第 2 编物权中规定了留置权一章。我国台湾地区“民法”也是在物权编规定的留置权，其中第 928 条第 1 款规定，称留置权者，谓债权人占有他人之动产，而其债权之发生与该动产有牵连关系，于债权已届清偿期未受清偿时，得留置该动产之权。

3. 英美法系上的留置权。英美法系上的留置权种类繁多，共有 30 多种，主要包括普通法上的留置权、衡平法上的留置权和海上留置权。普通法上的留置权以物的占有为条件，又称占有的留置权，类似于大陆法系中的物权留置权；后两种留置权则不以物的占有为必要。

◆ 条文解读

留置权是指在债务人不履行到期债务时，债权人有权依照法律规定留置已经合法占有的债务人的动产，并就该动产优先受偿的权利。这时，债权人便为留置权人，占有的动产便为留置财产。

物权法规定的留置权具有以下几项特征：第一，从属性。留置权以担保债权的目的而存在，因此留置权为从属于所担保债权的从权利，具有从属性。留置权依主债权的存在而存在，依主债权的转移而转移，并因主债权的消灭而消灭。第二，法定性。留置权为法定担保物权，具有法定性。留置权只能直接依据法律的规定发生，不能由当事人自由设定。只要债务人不履行到期债务，债权人即可以依照法律规定留置已经合法占有的债务人的动产，并在满足法律规定的条件的情况下，折价或者拍卖、变卖留置财产以受偿。第三，不可分性。留置权的不可分性表现为：一是留置权所担保的是债权的全部，而不是部分。二是留置权的效力及于债权人所留置的全部留置财产，留置权人可以对留置财产的全部行使留置权，而不是部分。只要债权未受全部清偿，留置权人就可以对全部留置财产行使权利，不受债权分割或者部分清偿以及留置财产分割的影响。当然，为了公平起见，根据法律规定，留置财产为可分物的，债权人留置的财产的价值应当相当于债务的金额，而不应留置其占有的债务人的全部动产。

留置权与其他类似权利的比较：

1. 留置权与抵押权

留置权和抵押权都是担保物权，都可以动产为标的物。两者的区别主要在于：（1）设立的条件不同。留置权直接依据法律的规定发生，属于法定担保物权；而抵押权由当事人自由设定，依双方当事人合意而发生，属于约定担保物权。（2）标的物的范围不同。留置权的标的物只能是动产；而抵押权的标的物可以是动产，也可以是不动产。(3) 标的物与债权的关系不同。留置权的标的物应当与债权属于同一法律关系，只有企业之间留置的才能除外；而抵押权无此限制。(4) 权利的实现不同。债务人不履行到期债务时，留置权人不能当然地实现留置权，而应当先与债务人约定留置财产后的债务履行期间；债务人逾期未履行时，留置权人才可以留置财产折价或者直接拍卖、变卖留置财产。而抵押权只须债务人不履行到期债务或者发生当事人约定的实现抵押权的情形便可以行使；但抵押权人应当与抵押人协议以抵押财产折价或者以拍卖、变卖该抵押财产所得的价款清偿债权，协议不成的抵押权人可以请求人民法院拍卖、变卖抵押财产。(5) 消灭的原因有所不同。留置权人对留置财产丧失占有或者留置权人接受债务人另行提供担保的，留置权消灭；而抵押权不因这两种原因而消灭。

2. 留置权与动产质权

留置权和动产质权都是担保物权，且都以动产为标的物，以占有动产为要件，外观上有相似之处。两者的区别主要在于：(1) 设立的条件不同。留置权直接依据法律的规定发生，属于法定担保物权；而动产质权由当事人自由设定，依双方当事人合意而发生，属于约定担保物权。(2) 占有动产的起始原因不同。留置权占有动产的起始原因一般是为了加工、修理等原因；而动产质权占有动产的原因在于担保债权的实现。(3) 标的物与债权的关系不同。留置权的标的物应当与债权属于同一法律关系，只有企业之间留置的才能除外；而动产质权则无此限制。(4) 权利的实现不同。债务人不履行到期债务时，留置权人不能当然地实现留置权，而应当先与债务人约定留置财产后的债务履行期间；债务人逾期未履行时，留置权人才可以留置财产折价或者直接拍卖、变卖留置财产。而动产质权只要债务人不履行到期债务或者发生当事人约定的实现债权的情形，质权人便可以实现质权。（5）消灭的原因有所不同。留置权人接受债务人另行提供担保的，留置权消灭；而动产质权不因此种原因而消灭。

3. 留置权与同时履行抗辩权

所谓同时履行抗辩权，是指在双务合同中应当同时履行义务的一方当事人有证据证明另一方当事人在同时履行的时间不能履行或者不能适当履行，到履行期时其享有不履行或者不全部履行的权利。留置权与同时履行抗辩权都是基于公平原则而产生，两者也可以并存。其区别主要在于：（1）性质不同。留置权属于物权，以物的支配为内容，具有对抗第三人的效力；而同时履行抗辩权是双务合同的一种效力，只能对合同对方当事人行使，不能对抗第三人。（2）标的物的范围不同。留置权的标的物只能是动产；而同时履行抗辩权所能拒绝给付的种类则没有限制。（3）发生原因不同。留置权直接依据法律的规定发生；而同时履行抗辩权则是双务合同的当然结果。（4）所保护的债权不同。留置权所保护的债权，与留置的标的物具有同一法律关系即可，企业之间留置的则无此限制；履行抗辩权所保护的债权，必须基于同一双务合同，且双方当事人之间需有对价关系存在。（5）效力不同。留置权的效力在于对抗债务人的标的物返还请求权，债务人不履行到期债务时，经过法律规定的程序，留置权人可以留置财产折价或者直接拍卖、变卖留置财产并就其价金优先受偿；而同时履行抗辩权的效力在于对抗对方当事人的债务履行请求权，对方当事人履行前，自己可以拒绝其享有的履行请求，但没有积极实现自己债权的手段。（6）消灭的原因不同。留置权人对留置财产丧失占有或者接受债务人另行提供担保的，留置权消灭；而同时履行抗辩权只要对方的债务不履行便不会消灭。

4. 留置权与抵销权

所谓抵销权，是指当事人双方互负给付种类相同的到期债务时，双方可以按照相同数额互相折抵充销债务的权利。留置权与抵销权的目的都在于避免债务履行中的不公平现象。两者的区别主要在于：（1）性质不同。留置权为担保物权；而抵销权为形成权。（2）目的不同。留置权的目的是担保债权的实现；而抵销权的目的主要在于避免重复给付所造成的浪费。（3）标的物的范围不同。留置权的标的物只能是动产；而抵销权的标的物可以为一切适于抵销的债权债务。（4）效力不同。留置权仅具有留置效力和优先受偿效力，并不能直接使双方债权债务归于消灭；而抵销权有因抵销而使双方债权债务在抵销范围内确定消灭、终局消灭的效力。（5）权利的实现不同。债务人不履行到期债务时，经过法律规定的程序，留置权人可以留置财产折价或者直接拍卖、变卖留置财产并就其价金优先受偿；而抵销权的行使只需向对方当事人意思表示即可。（6）消灭原因不同。留置权人对留置财产丧失占有或者接受债务人另行提供担保的，留置权消灭；而抵销权不因这些原因而消灭。

留置权成立的要件包括：

第一，债权人已经合法占有债务人的动产。债权人要行使留置权，必须已经合法占有债务人的动产。此要件包含三层意思：第一，必须是动产。留置权的标的物只能是动产，债权人占有的不动产上不能成立留置权。第二，必须债权人占有动产。债权人的这种占有可以是直接占有，也可以是间接占有。但单纯的持有不能成立留置权。如占有辅助人虽持有动产，却并非占有人，因此不得享有留置权。第三，必须合法占有动产。债权人必须基于合法原因而占有债务人动产，如基于承揽、运输、保管合同的约定而取得动产的占有。如果不是合法占有债务人的动产，不得留置，如债权人以侵权行为占有债务人的动产。

第二，债权人占有的动产，应当与债权属于同一法律关系，但企业之间留置的除外。除了企业之间留置的以外，留置财产必须与债权的发生处于同一法律关系中。比如，保管合同中寄存人不按期交付保管费，保管人可以留置保管物，此时留置权成立。如果保管人对寄存人享有的是保管合同之外的其他债权而留置保管物，或者保管人留置的是债务人的其他财产，则该留置权不能成立。

第三，债务人不履行到期债务。债权人对已经合法占有的动产，并不能当然成立留置权，留置权的成立还须以债权已届清偿期而债务人未全部履行为要件。如果债权未到期，那么债务人仍处于自觉履行的状态中，还不能判断债务人到期能否履行债务，这时留置权还不能成立。只有在债务履行期限届满，债务人仍不履行债务时，债权人才可以将其合法占有的债务人的动产留置。

第四百四十八条 债权人留置的动产，应当与债权属于同一法律关系，但是企业之间留置的除外。

◆ 条文主旨

本条是有关留置财产与债权的关系的规定。

◆ 立法背景

留置权人可以留置债务人的哪些财产，这些财产与债权之间是否需要有某种关系，在理论上有不同的观点。第一种观点认为，只要是合法占有的财产，债权人便有权留置；第二种观点认为，留置财产应当与债权的发生有牵连关系；第三种观点认为，留置财产应当与债权的发生有牵连关系，但企业之间留置的除外；第四种观点认为，留置财产应当与债权属于同一法律关系，但企业之间留置的除外。

留置权的目的在于留置债务人的财产，迫使债务人履行债务，保障债权的实现。第一种观点，允许债权人任意留置与债权的发生没有关系的债务人财产，则对债权人的保护过大，有违公平原则，也将损害其他债权人的利益和交易安全。

第二种观点和第三种观点都认为需有牵连关系才可以留置。但对于如何认定“牵连关系”，在理论上有多种不同说法。其中“一元论”观点认为，留置权的标的物与债权有无牵连关系，应依“统一的单一的标准”来判断。但何为“统一的单一的标准”，又存在分歧：有的意见认为标的物为构成债权发生的法律事实之一时，即具有牵连关系；有的意见认为标的物构成债权发生的基础，即具有牵连关系；有的意见认为标的物的存在与债权的发生之间具有相当因果关系，而且社会一般观念认为有留置权存在的必要时，即为有牵连关系；还有的意见认为债权与标的物由于某种经济关系而发生，债务人如自己不履行债务，却要债权人返还其标的物，在社会一般观念认为不当时，即可认为标的物与债权存在牵连关系。“二元论”观点认为，债权与标的物之间存在牵连关系，并不以标的物为债权发生的直接原因为限；如果是债权发生的间接原因，也可以认为有牵连关系。至于哪些是债权发生的间接原因，也存在不同看法：有的意见认为债权与标的物占有之取得，系因同一交易关系或者同一目的而发生的，即有牵连关系；有的意见认为债权间接因标的物的关系而发生的，两者即有牵连关系；有的意见认为标的物为因同一原因而发生的债权之标的物时，即存在牵连关系；还有的意见认为债权因标的物而发生，或者债权与标的物的返还请求权因同一法律关系或者生活关系而发生，即有牵连关系。可见，牵连关系的概念过于模糊，范围不确定，法律适用中容易产生分歧。

◆ 条文解读

本条首先明确，债权人留置的动产，应当与债权属于同一法律关系。因此，一般而言，留置财产的范围仅限于与债权属于同一法律关系的动产。所谓同一法律关系，就是留置财产应当与债权所形成的债权债务关系属于同一个民事法律关系。根据债法的基本原理，债通常包括合同之债，还包括侵权之债，以及不当得利、无因管理之债。同一法律关系最为常见的就是因合同产生的债权债务关系。如甲将手表交由乙修理，手表修理好后，甲拒绝支付修理费，乙依法可以留置该手表。此时，因定作人甲与承揽人乙之间形成了承揽合同关系，基于此承揽关系乙占有了甲交付的动产即手表，甲未支付的修理费也是基于双方的承揽关系产生的报酬，乙留置的动产与乙享有的债权（即甲所欠报酬）就属于同一承揽合同关系。同一法律关系还可以是因侵权形成的同一债权债务关系。如甲开着货车运输货物，途中由于货物捆绑不严，其中一箱货物遗落将乙砸伤，甲未向乙支付合理的医疗费用，乙遂将该箱货物留置，要求甲支付医疗费用方肯返还。此时，乙要求支付医疗费用的侵权债权，与甲遗落的货物（造成侵权的原因），即属于同一侵权法律关系。

本条还有但书的例外规定，即“但是企业之间留置的除外”。根据本条但书的内容，在一般民事主体之间留置财产与债权应属于同一法律关系，而在企业之间行使留置权，留置财产与债权则没有此限制，这意味着企业之间，只要债权人合法占有债务人的动产，债务人不履行债务，债权人即可留置其动产，而不论该动产是基于何种法律关系占有。这么规定，主要是考虑到，在商业实践中，企业之间相互交易频繁，追求交易效率，讲究商业信用，如果严格要求留置财产必须与债权的发生具有同一法律关系，则有悖交易迅捷和交易安全原则。比如，甲运输公司与乙贸易公司经常有业务往来，因乙公司欠了甲公司一笔运费。后丙公司支付运费后委托甲公司将一批货物运给乙公司，甲公司为了实现催要运费的目的，遂将该批货物扣留，要求乙公司支付此前所欠运费方肯交货。在此种情况下，虽然甲公司所承运的货物与乙公司所欠的运费之前并不属于同一法律关系，但根据本条但书的规定，甲公司仍有权行使留置权。

此种例外规定，其他国家或地区也有类似规定。如《瑞士民法典》第 895 条第 1 款、第 2 款规定，债权已到期，按其性质该债权与留置的标的物有关联时，债权人在受清偿前，得留置经债务人同意由债权人占有的财产或者有价证券。前款关联发生在商人之间的，仅以占有系由商业交易中产生的为限。我国台湾地区"民法"第 929 条规定，商人间因营业关系而占有之动产，与其因营业关系所生之债权，视为有前条所定之牵连关系。

第四百四十九条　法律规定或者当事人约定不得留置的动产，不得留置。

◆ 条文主旨

本条是关于留置权适用范围的限制性规定。

◆ 立法背景

关于留置权的适用范围，我国立法有一个逐渐变化的过程。担保法将留置权的适用范围限于特定合同法律关系，该法第 84 条规定："因保管合同、运输合同、加工承揽合同发生的债权，债务人不履行债务的，债权人有留置权。法律规定可以留置的其他合同，适用前款规定。当事人可以在合同中约定不得留置的物。"根据担保法的此规定，留置权仅限适用于保管合同、运输合同、加工承揽合同等法律有明确规定的合同类型中，在其他债权债务关系中，则不得行使留置权。

在物权法起草过程中，对是否保留担保法的此规定，存在不同意见。有的意见认为，为避免滥用留置权的情况发生，应该维持担保法的规定，即只有因保管合同、运输合同、加工承揽合同和法律规定可以留置的其他合同发生的债权，才能适用留置权。有的意见认为，担保法规定的留置权的适用范围过窄，不符合经济实践需要，不利于保护债权人的利益，应当扩大范围。制定物权法时，在总结担保法规定的立法经验基础上，考虑到，随着市场经济的发展，相关市场规则和法律制度的完善，将留置权的适用范围扩大到因无因管理、仓储合同及其他服务合同发生的债权中是必要和合适的。且境外留置权立法，也未逐一列举留置权的适用范围。因此，物权法没有明文列举留置权的适用范围，而只是对留置权的适用范围做出限制，规定了不得留置的情形。只要不属于不得留置的两种情形，又符合留置权成立的条件，均可以成立留置权。

物权编保留了物权法的立法模式，在上一条中规定了留置权可以行使的财产范围，同时在本条中规定不得留置的范围，即法律规定或者当事人约定不得留置的动产，不得留置。

其他国家和地区的民商事立法一般也都有类似规定。如《瑞士民法典》第896条规定，对性质上不能变卖的物，不得行使留置权；同样，如留置与债权人承担的义务，或与债务人于移交物之前或移交物之时的意思，或与公共秩序有抵触时，亦不得行使留置权。《日本商法典》第521条规定，商人间因为商行为而发生的债权已届清偿期时，债权人在未受清偿前，得留置因与其债务人间之商行为而自己占有的债务人所有之物或有价证券；但另有意思表示者，不在此限。我国台湾地区“民法”第930条规定，动产之留置，违反公共秩序或善良风俗者，不得为之；其与债权人应负担之义务或与债权人债务人间之约定相抵触者，亦同。

◆ 条文解读

本条首先规定，法律规定不得留置的动产，不得留置。本法第8条规定，民事主体从事民事活动，不得违反法律，不得违背公序良俗。根据本条和总则编的此规定，民事主体从事任何民事活动，包括行使留置权，都不能违反法律规定，也不得违背公序良俗。首先，如果法律明确有规定，对特定动产，任何人不得留置。民事主体从事民事活动时，就有义务遵守法律的此类规定，不得对此类动产行使留置权。如《居民身份证法》第15条第3款规定，任何组织或者个人不得扣押居民身份证。如甲委托乙办理工商执照申领手续，故将自己的身份证交给乙，甲未及时将委托费用支付给乙，乙遂扣留甲的身份证。根据居民身份证法的规定，乙不得行使留置权，故乙必须返还甲的身份证。其次，行使留置权，也不能违反公序良俗。比如，因当地发生重大传染病疫情，甲公司遂紧急从外地采购大量医疗物资用于本公司办公场所防治疫情，并委托乙运输公司将该等医疗物资运回，尚未支付运费。医疗物资运抵后，乙公司欲留置所承运的医疗物资。由于甲公司采购的医疗物资属于防治传染病疫情所急需的物资，如果乙公司留置该等物资，势必影响公共卫生秩序，危及公共卫生安全，有悖公序良俗，故乙公司不得行使留置权。又比如，甲在长江中游泳，不慎溺水身亡，甲父遂委托乙帮忙打捞甲之遗体，口头约定打捞成功支付乙报酬1000元。成功打捞后，乙要求甲父立即支付报酬，否则不交付甲的遗体。在此种情形下，乙行使留置遗体的行为，违背了善良风俗，也属于本条规定的不得留置的情况。

留置权属于法定担保物权。法律之所以规定留置权，主要是基于公平原则，为了保护债权人的利益，确保债权人债权的实现，并不涉及公共利益或者其他第三人的利益。如果债权人基于意思自治而自愿放弃这种法律规定的民事权利，法律自然不会予以干涉。因此，本条同时规定，当事人约定不得留置的动产，不得留置。根据此规定，当事人已经明确约定不得留置的动产，都不能成立留置权。比如，承揽合同当事人事先在合同中约定排除留置权，则在定作人未向承揽人支付报酬或者材料费等价款时，承揽人也不得留置完成的工作成果，而应当依债权本身的效力提起追索价款及违约金的诉讼。当事人约定的方式，既可以在订立合同之时约定，并写入合同条款，也可以在合同履行过程中达成协议。既可以是以书面方式约定，也可以是口头约定。当然，从利于举证的角度而言，当事人约定限制留置权的行使条款，最好以书面方式在相关合同中明确规定。

第四百五十条 留置财产为可分物的，留置财产的价值应当相当于债务的金额。

◆ **条文主旨**

本条是关于可分物作为留置财产的特殊规定。

◆ **立法背景**

根据物权法律的基本原理，留置权具有不可分性，此种不可分性表现在两个方面：一个方面，就是留置权所担保的是债权的全部，而不是部分，即多担保的债权具有不可分性。另一方面，就是留置权的效力具有不可分性，留置权及于债权人所留置的全部留置财产，留置权人可以对留置财产的全部行使留置权，而不是部分。因此，从理论上而言，只要债权人基于同一法律关系占有了债务人的不动产，就可以行使留置权，而不论留置财产价值与债权数额是否相当。但是，如果将留置权的不可分性绝对化，则可能造成立法上的不公平。比如甲公司为黄金饰品的加工工厂，乙公司为了市场销售需要，将价值5000万元的金砖交由甲公司加工，乙公司负责提供设计图纸，甲公司负责按照图纸将该批金砖加工成共计5000件相同规格、相同样式的首饰。甲公司与乙公司签订了加工承揽合同，约定乙公司需支付甲公司加工报酬50万元。甲公司加工完成后，乙公司一直未向甲公司支付报酬。因甲公司的报酬仅50万元，扣留50件首饰即足以支付其加工费用，如果允许甲公司留置全部首饰，势必对乙公司非常不利。

留置权的立法目的是督促债务人及时履行债务，确保债权人能够实现自己的债权。因此，只要留置财产的价值相当于债务金额，就能够保证其债权得到实现，没有必要留置过多的财产。过分强调留置权的不可分性，对债务人不公平，有损其合法权益，也不利于物尽其用。因此，从公平合理地设计当事人之间的权利义务而言，在立法上有必要对留置权的不可分性作一定程度的缓和。故本条规定，留置财产为可分物的，留置财产的价值应当相当于债务的金额。其他国家和地区的相关法律法规也有类似的规定。如我国台湾地区“民法”第932条规定，债权人于其债权未受全部清偿前，得就留置物之全部，行使其留置权。但留置物为可分者，仅得依其债权与留置物价值之比例行使之。

◆ 条文解读

理解本条需要从以下三个方面把握：

第一，可分物与不可分物的划分。这是从物的分割是否影响其价值或效用的角度对物进行的划分。不可分物就是将其分割的话将影响其价值或者失去其效用的物。如一块手表，如果将手表拆分成零件，将失去手表作为计时器的功能。可分物是指经分割而不损害其经济用途或者失去其价值的物。如一袋大米，将其分割成数小袋，大米经济价值和作为粮食的效用并不会受到影响。正是因为可分物和不可分物在是否可以分割属性上的差异，在行使留置权时，有必要加以区分，针对物的不同属性，设计更为合理的权利义务结果，确保留置权的行使更加公平合理。

第二，对可分物行使留置权。根据本条规定，留置财产为可分物的，留置财产的价值应当相当于债务的金额。因此，如果涉案动产为可分物。债权人在行使留置权时，就需要受到本条的限制，即行使留置权时，仅能留置与债务金额相当价值的财产，而不得超越此范围行使留置权，否则构成权利滥用。如甲火力发电厂为了发电需要，从某煤矿公司采购了一批价值 1 亿元的煤，委托乙运输公司分批运输，因双方结算手续问题，甲发电厂曾欠乙公司 1 万元的运输费。在后续的运输过程中，乙公司欲通过行使留置权实现其债权的话，仅能留置甲电厂相当于 1 万元价值的煤。因为煤属于可分物，对于可分物行使留置权，只能留置相当于债务金额的财产。

如何判断留置财产的价值是否相当于债务金额。各种物品的价值差别较大，通常应当根据留置财产的正常市场价格进行判断。所谓价值相当，不是说必须完全等值，而是留置财产的价值不能明显超过债权金额。如甲公司从乙公司购买一批服装，共计 1 万件，乙公司出售给甲公司的出厂价格为500元/件，甲公司拟以1000元/件出售，故在每件衣服的价格标签上印上市场价1000元，市场上同等档次的服装价格约为800元/件。甲委托丙公司运输，约定运费8000元。如果甲公司未支付运费，丙公司欲行使留置权，根据本条规定，并可以仅能留置与债务相当价值的财产，此时丙公司可以按照市场平均价格计算价值，即800元/件，丙公司即可以留置略超10件的衣服。当然，由于不同地区的市场价格有差异，应当以行使留置权所在地的市场价格判断。

第三，对不可分物行使留置权。如果留置财产为不可分物，由于该物的分割会减损其价值，因此不适用本条的规定，留置权人可以留置整个物。比如，甲公司提供原材料，委托乙公司定作特制锅炉一台，约定定作费用50万元。该台锅炉制作完成后，市场价值约1000万元。因甲公司未向乙公司支付报酬，故欲留置该锅炉。虽然加工承揽合同的标的物价值远远超出甲公司所欠费用，乙公司仍有权留置该锅炉。因为锅炉属于不可分物，如果分割将失去其应有的效用、价值也将大大减损，因此不能适用本条的规定。对于不可分物，债权人可以将其全部留置。

第四百五十一条 留置权人负有妥善保管留置财产的义务；因保管不善致使留置财产毁损、灭失的，应当承担赔偿责任。

◆ **条文主旨**

本条是关于留置权人保管义务的规定。

◆ **立法背景**

行使留置权的前提是债权人合法占有债务人的不动产。因此，留置财产此时已经脱离了债务人的控制，而由债权人合法控制。民事主体享有权利的同时，也应当履行法律规定或者合同约定的义务。债权人在行使留置权的同时，也是如此。留置权人占有、控制着债务人的动产。由于留置财产的所有权仍属于债务人，作为所有权人，债务人对留置财产享有利益。因此，法律有必要为留置权人设定义务，避免留置财产陷于灭失风险之中，危及债务人的所有权。如果留置财产毁损或者灭失，不仅损害了债权人的所有权，也不利于实现留置权。

对于留置权人的保管义务，域外立法也有类似规定。如根据《日本民法典》第298条规定，（1）留置权人须以善良管理人的注意占有留置物。（2）留置权人未经债务人承诺，不得使用或者出租留置物，或者以之用于担保。但为该物的保存所作必要的使用，不在此限。（3）留置权人违反前两项规定时，债务人可以主张留置权的消灭。我国台湾地区“民法”第933条规定，第888条至第890条及第892条之规定，于留置权准用之。其中第888条规定，质权人应以善良管理人之注意，保管质物。质权人非经出质人之同意，不得使用或出租其质物。但为保存其物之必要而使用者，不在此限。

◆ **条文解读**

一、留置权人的保管义务

本条首先规定，留置权人负有妥善保管留置财产的义务。

关于留置权人是否尽到妥善保管义务的认定，理论上有不同的认识。有的意见提出，所谓妥善保管，就是要求留置权人以善良管理人的注意保管留置财产。如果留置权人对保管未尽到善良管理人的注意，就可以认定为保管不善。有的意见认为，不管基于何种原因，除非是由于不可抗力造成留置财产毁损、灭失外，留置权人对留置财产的毁损、灭失都可以认定为保管不善，都需要承担相应的赔偿责任。一般而言，只要留置权人尽到了善良管理人的注意义务，妥善保管了留置财产，非因留置权人的重大过失导致留置财产的毁损或者灭失，就不能认定为保管不善。

妥善保管留置财产，是一种消极性义务，不需要留置权人有积极的作为，留置权人对留置财产并不负有保值增值的义务。比如，留置财产为受市场影响很大的动产，即便在价格变动剧烈的情况下，留置权人也不能因行情变动而任意处分变现。留置权人只要使留置财产维持原状或者保持其正常状态，确保不受到侵害、毁损或者灭失即可。同样，留置权人占有留置财产时，原则上未经债务人同意，不得使用、出租留置财产或者擅自把留置财产作为其他债权的担保物。但是，留置权人出于保管的需要，为使留置财产不因闲置而生损害，在必要的范围内有适当使用留置财产的权利。比如，甲的汽车损坏了，委托乙修理厂进行修理，约定修理费用 1 万元，后甲一直未付修理费。乙修理厂遂留置了甲的车辆。长达近一年，甲一直未履行债务。乙修理厂为了避免所留置的汽车长期不用导致故障，即可以适当启动使用该汽车，确保该车处于正常状态。

二、留置权人的赔偿责任

为了使留置权人能够履行其妥善保管留置财产的义务，本条还规定，留置权人因保管不善致使留置财产毁损、灭失的，应当承担赔偿责任。根据此规定，如果留置权人未保管好留置财产，是需要承担赔偿责任的。比如，甲公司从某市购买了一批粮食，委托乙运输公司运输，由于甲公司未按约定支付运费，乙公司遂留置了部分承运的粮食，并将留置的粮食存放在该公司仓库。由于乙公司的仓库并非专业粮仓，导致所留置的粮食全部发霉变质，无法再行销售。乙公司作为专业的运输公司，知道储存粮食应具有相应的条件，未按照粮食的通常储存方式存放所留置的粮食，不能说是尽到了妥善保管的义务。因此，乙公司应当赔偿甲公司的损失。当然，如果留置权人尽到了妥善保管义务，因保管不善之外的其他原因造成留置财产的损失的，则不应承担赔偿责任。如，甲公司由于生产需要，购买了一台重要的生产设备备用，由于甲公司自身的仓库无法存放，遂将该设备交付某仓储公司保管。由于甲公司未按时支付仓储费，乙公司遂留置了该设备，继续存放在仓库中。其间，因台风来袭，乙公司仓库遭受重创，导致乙公司所留置的设备损坏。乙公司按照正常方式保管该设备，尽到了妥善管理义务，留置财产系因台风这一不可抗力造成损失的，故乙公司不需要承担赔偿责任。

第四百五十二条 留置权人有权收取留置财产的孳息。

前款规定的孳息应当先充抵收取孳息的费用。

◆ 条文主旨

本条是关于留置权人收取孳息的权利的规定。

◆ 立法背景

留置财产属于动产，有些动产由于其自然属性或者基于特定法律关系会产生额外的收益，这就是物的孳息。留置权人留置的物为原物，有些留置财产会产生孳息。孳息包括两类：一类是天然孳息，就是因物自身的自然属性或者自身变化规律即可以取得收益。比如，苹果树上结出的苹果。另一类是法定孳息，就是原物由于特定的法律关系所产生的利益。比如甲的房屋因出租，因此能获得房租收入。这种房租收入就是由于房屋的租赁法律关系而获得收益。虽然有的留置财产会产生孳息，但是这种孳息需要有人收取，不然就可能造成孳息无法获得。园中果树的果子，如果无人收取，果子可能成熟后掉落而腐烂，造成损失。因留置财产孳息的收取可能需要承担一定的费用，法律应当合理规定留置财产孳息的收取，才能平衡好各方的权利义务。

关于留置财产孳息的收取，其他国家和地区的立法也都专门作出了规定。如《日本民法》第 297 条规定：“（1）留置权人可以收取由留置物产生的孳息，先于其他债权人，以孳息抵充其债权的清偿。（2）前款孳息，应先抵充债权的利息，尚有剩余时，再抵充原本。”我国台湾地区“民法”第 933 条规定：“第 888 条至第 890 条及第 892 条之规定，于留置权准用之。其中第 889 条规定，质权人得收取质物所生之孳息。但契约另有约定者，不在此限。”其中第 890 条规定：“质权人有收取质物所生孳息之权利者，应以对于自己财产同一之注意收取孳息，并为计算。前项孳息，先抵充费用，次抵原债权之利息，次抵原债权。孳息如须变价始得抵充者，其变价方法准用实行质权之规定。”

◆ **条文解读**

根据本条第 1 款的规定，留置权人有权收取留置财产的孳息。之所有规定，留置权人有权收取留置财产孳息，主要是考虑到留置财产由债权人控制，留置财产的孳息由其收取更为便利，更为可行。且根据法律规定，留置权人有义务妥善保管留置财产，规定由留置权人收取，也是有恰当的。

首先，收取留置财产的孳息属于留置权人的权利。既然是留置权人的权利，那么留置权人既可以行使，也可以放弃。只有在留置权人放弃不行使时，债务人才可以自行收取留置财产的孳息。

在特殊情形下，妥善收取孳息也是留置权人保管义务的内容。比如，甲留置乙所有的受孕母牛一头，后母牛将生产小牛。为了避免母牛因生产感染致死，留置权人应当妥善安置母牛，确保小牛顺利生产下来。

其次，留置权人收取的孳息仅限于留置财产的孳息，不能超出此范围收取。留置权人既可以授权留置财产的法定孳息，也可以收取留置财产的天然孳息。但留置权人不能收取债务人其他财物的孳息。比如，甲村民帮助乙村民修理拖拉机，因乙未支付修理费，故留置了乙的拖拉机。后甲发现乙家中的母牛在野外产仔，遂将母牛所产小牛带回。甲的行为即不属于本条规定收取孳息的权利，因为此小牛并非留置财产的天然孳息。

最后，留置权人的权利仅仅是收取孳息，并非直接能获得孳息的所有权。所谓收取，就是通过事实行为或者法律行为获得并控制留置财产的孳息。收取之后，留置财产的孳息所有权归属需要根据法律的规定或者当事人约定判断。一般而言，各国物权法会对物的孳息的归属作出规定。物权编也对孳息的归属作了规定，第321条第1款规定，天然孳息，由所有权人取得；既有所有权人又有用益物权人的，由用益物权人取得。当事人另有约定的，按照其约定。第2款规定，法定孳息，当事人有约定的，按照约定取得；没有约定或者约定不明确的，按照交易习惯取得。因此，除非法律另有规定或者当事人有约定外，留置财产的孳息的所有权归属应该根据物权编的此规定确定。如果债务人和留置权人并未就留置财产的孳息的归属作出明确约定，孳息的所有权应当属于债务人。

虽然留置权人不能取得留置财产孳息的所有权，但是由于留置权具有不可分性，留置权的法律效力自然及于孳息。留置权人在收取孳息后，有权控制、占有孳息，且此种权利可以对抗作为所有人的债务人，债务人在未履行债务之前不能要求留置权人返还留置财产的孳息。

本条第 2 款规定，前款规定的孳息应当先充抵收取孳息的费用。因此，如果留置权人在收取留置财产时，支付了费用，此种费用应当以孳息冲抵。比如，牧民甲由于人手紧张，遂请牧民乙帮忙放牧部分羊群，双方约定甲将支付乙劳务费 3000 元。因甲未按时支付劳务费，在甲要钱返还羊群时，乙遂留置了 10 只羊，其中母羊若干只。其间，因数只母羊怀孕，即将生产，为了确保母羊顺利产仔，乙便请兽医丙前来帮忙照顾，并向丙支付医药费 500 元。后来因甲一直未向乙支付所欠费用，乙便将所留置的羊出售，其中羊羔出售后获利 700 元。根据本款规定，此 700 元应当先用于冲抵乙所支付给丙的医药费。

第四百五十三条　留置权人与债务人应当约定留置财产后的债务履行期限；没有约定或者约定不明确的，留置权人应当给债务人六十日以上履行债务的期限，但是鲜活易腐等不易保管的动产除外。债务人逾期未履行的，留置权人可以与债务人协议以留置财产折价，也可以就拍卖、变卖留置财产所得的价款优先受偿。

留置财产折价或者变卖的，应当参照市场价格。

◆ 条文主旨

本条是关于实现留置权的一般规定。

◆ 立法背景

留置权的实现是指留置权人对留置财产进行处分，以优先受偿其债权的行为。关于留置权的实现，各个国家和地区的规定有所不同。《瑞士民法典》第898条第1款规定：“债务人不履行义务时，债权人经事先通知债务人，得变卖留置物。但此规定仅限于债权人未得到充分担保的情形。”我国台湾地区“民法”第936条规定：“债权人于其债权已届清偿期而未受清偿者，得定一个月以上之相当期限，通知债务人，声明如不于其期限内为清偿时，即就其留置物取偿；留置物为第三人所有或存有其他物权而为债权人所知者，应并通知之。债务人或留置物所有人不于前项期限内为清偿者，债权人得准用关于实行质权之规定，就留置物卖得之价金优先受偿，或取得其所有权。不能为第一项之通知者，于债权清偿期届至后，经过六个月仍未受清偿时，债权人亦得行使前项所定之权利。”

《担保法》第87条规定：“债权人与债务人应当在合同中约定，债权人留置财产后，债务人应当在不少于两个月的期限内履行债务。债权人与债务人在合同中未约定的，债权人留置债务人财产后，应当确定两个月以上的期限，通知债务人在该期限内履行债务。债务人逾期仍不履行的，债权人可以与债务人协议以留置物折价，也可以依法拍卖、变卖留置物。”总结担保法这一规定的实践经验，借鉴相关国家和地区的立法例，《物权法》第236条规定：“留置权人与债务人应当约定留置财产后的债务履行期间；没有约定或者约定不明确的，留置权人应当给债务人两个月以上履行债务的期间，但鲜活易腐等不易保管的动产除外。债务人逾期未履行的，留置权人可以与债务人协议以留置财产折价，也可以就拍卖、变卖留置财产所得的价款优先受偿。留置财产折价或者变卖的，应当参照市场价格。”物权编继续沿用了此规定。

◆ 条文解读

根据本条的规定，留置权人实现留置权必须具备两个条件：

第一，留置权人须给予债务人以履行债务的宽限期。债权已届清偿期债务人仍不履行债务，留置权人并不能立即实现留置权，而必须经过一定的期间后才能实现留置权。这个一定的期间，称为宽限期。宽限期多长，涉及债权人与债务人利益的平衡问题。期限过长，不利于留置权人实现债权；期限过短，不利于债务人筹集资金，履行义务。根据实践经验和公平原则，本条规定，留置权人与债务人应当约定留置财产后的债务履行期间；没有约定或者约定不明确的，留置权人应当给债务人六十日以上履行债务的期限，但鲜活易腐等不易保管的动产除外。

首先，债务履行的宽限期可以约定。债权人和债务人约定宽限期，可以是在签订主债权债务合同通过留置权条款约定，也可以是在留置权人行使留置权、已经占有留置财产后，与债务人自由协商一定的债务履行期限。当事人之间约定的宽限期可长可段，由双方自由协商，法律并无规定必须为多长。只要这个宽限期是双方当事人自主协商的，法律尊重当事人的意思自治。当然，如果一方当事人利用对方当事人的危困状态，约定的宽限期很短，则可能构成显失公平而被撤销。

其次，留置权人与债务人对于宽限期限没有约定或者约定不明确的，根据本条规定，留置权人可自行确定宽限期限，但一般不得少于两个月。在双方当事人没有约定或者约定不明时，留置权人对于宽限期有最终的决定权，但是这种权利受到法律的限制，即应当给予债务人两个月以上的宽限期，让债务人有合理的履行债务。这里的没有约定，也包括双方当事人就宽限期无法达成一致的情形。

最后，如果留置财产为不易保管的动产，宽限期可以短于两个月。考虑到，留置财产有特殊属性，即属于鲜活易腐等不易保管的动产，如果宽限期过长，留置权财产在此期限可能已经腐败，失去经济价值，这样将无法实现留置权的担保功能。因此，本条但书规定，留置财产属于不易保管之物时，宽限期可以短于60日。所谓鲜活易腐等不宜保管的动产，包括诸如海鲜、新鲜水果和蔬菜等，但不包括易保管但价格波动很大的动产。此类留置财产的宽限期长短，则应当根据所留置的动产具体情况判断，或长或短均可。我国台湾地区“民法”也有类似规定，该法第933条规定，第888条至第890条及第892条之规定，于留置权准用之。其中第892条规定，因质物有腐坏之虞，或其价值显有减少，足以害及质权人之权利者，质权人得拍卖质物，以其卖得价金，代充质物。

第二，债务人于宽限期内仍不履行义务。债务人在宽限期内履行了义务，留置权归于消灭，留置权人当然不能再实现留置权。如果债务人仍不履行义务，留置权人便可以按法律规定的方法实现留置权。债务人未履行债务，包括债务人不完全履行债务。比如债务人本应偿还100万元，其仅偿还80万元。

根据本条的规定，留置权实现的方法有三种，即折价、拍卖和变卖。留置权人可以与债务人协商采取哪种方法实现留置权。一般情况下，双方当事人可以先协议将留置财产折价以实现其债权；如果无法达成协议，留置权人可以依法拍卖或者变卖留置财产，并以拍卖或者变卖所得的价款优先受偿其债权。

第一种是折价。折价是指留置权人与债务人协议确定留置财产的价格，留置权人取得留置财产的所有权以抵销其所担保的债权。这种方法比较简单；但必须双方当事人协商一致，否则就应当采取拍卖或者变卖的方法。

第二种是拍卖。拍卖是指依照拍卖法规定的拍卖程序，于特定场所以公开竞价的方式出卖留置财产的方式。拍卖的公开性和透明度都比较高，但同时费用也较高。

第三种是变卖。变卖是指以一般的买卖形式出卖留置财产的方式。由于拍卖的费用较高，有的双方当事人不愿意负担这一费用，因此采取费用较为低廉的变卖方式。

本条第2款还规定，如果采取折价或者变卖方式处置留置财产的，应当参照市场价格，而不能随意降低该留置财产的价格。

第四百五十四条　债务人可以请求留置权人在债务履行期限届满后行使留置权；留置权人不行使的，债务人可以请求人民法院拍卖、变卖留置财产。

◆ **条文主旨**

本条是关于债务人可以请求留置权人行使留置权的规定。

◆ **立法背景**

债务人在债务履行宽限期不履行债务的，留置权人有权处置留置财产以实现自己的债权。留置权为物权，其不受所担保的债权的诉讼时效的限制。因此，留置权人在其所担保的债权的诉讼时效完成后，仍可以对留置财产行使留置权。理论上说，留置权可以长期不灭，其行使并无时间限制。但是，如果留置权人长期持续占有留置财产而不实现，不符合“物尽其用”的原则，也会对社会、经济生活产生不利影响。而且，在有的情况下，留置财产会有自然损耗或者贬值的可能，如果长期不实现留置权，留置财产的价值会受影响，对债务人不利。因此，为避免留置权人无限期地占有、控制留置财产而不行使留置权，有必要适当限制留置权人的权利。故本条规定，债务人可以请求留置权人在债务履行期限届满后行使留置权；留置权人不行使的，债务人可以请求人民法院拍卖、变卖留置财产。

◆ 条文解读

根据本条规定，债务人首先有权请求留置权人行使留置权。法律赋予债务人的此项权利，也是基于对债务人对留置财产享有所有权的保护。因为留置财产的所有权仍归属于债务人，如果留置权人一直不行使留置权，就会对债务人的所有权构成威胁。比如，甲因为乙未按时支付修理费，留置了乙所有的贵重设备。该设备的价值远远高于应支付的修理费。乙公司已陷入经营困难，无法支付修理费。乙公司所有的设备在市场上很畅销，如果甲不及时处置所留置的设备，可能造成该设备贬值，大大影响乙公司利用该设备变现的能力，从而导致乙公司资金损失。当然，债务人请求留置权人行使留置权必须是债务履行宽限期届满后。因为在债务履行宽限期，留置权人尚无法判断债务人是否能够履行其债务。债务人请求留置权人行使留置权后，留置权人应当在合理期间行使留置权，而不能仍迟迟不作为，损害债务人利益。

为了防止留置权人怠于行使留置权。本条进一步规定，留置权人不行使的，债务人可以请求人民法院拍卖、变卖留置财产。因此，如果留置权人不及时行使留置权，债务人可以依法请求法院实现债权人的留置权，法院即可以依法拍卖或者变卖留置财产。

▶ 相关规定

《中华人民共和国民事诉讼法》第 196 条、第 197 条

第四百五十五条 留置财产折价或者拍卖、变卖后，其价款超过债权数额的部分归债务人所有，不足部分由债务人清偿。

◆ **条文主旨**

本条是关于留置权实现的规定。

◆ **立法背景**

债权人留置债务人的动产，根本目的就是要实现自己的债权。根据本法第453条的规定，债务人逾期未履行债务的，留置权人可以与债务人协议以留置财产折价，也可以就拍卖、变卖留置财产所得的价款优先受偿。根据本法第454条的规定，债务人可以请求留置权人在债务履行期间届满后行使留置权；留置权人不行使的，债务人也可以请求人民法院拍卖、变卖留置财产。

◆ **条文解读**

留置权人实现留置权的目的就是通过拍卖、变卖留置财产取得对价以冲抵自己的债权，或者以折价的方式换算出相应的金额，以实现自己的债权。但是留置财产毕竟是动产，并非是现金，留置财产的价值是变动的，在留置财产被折价或者拍卖、变卖后，可能出现三种情况：

第一种情况是，留置财产的价值与债权金额相等，即留置财产折价或者被拍卖、变卖所得的价款刚好满足留置权人的债权，留置权的债权完全得以实现，债务人的留置权财产也因为折价或者拍卖、变卖而被处分，不存在剩余价款返还的问题。两者的债权债务关系以及担保关系均告消灭。比如，甲委托乙运输货物，约定运费1000元，因甲未向乙支付应付的运费，乙即留置了部分货物。后甲一直未付运费，乙遂要求甲在70天内支付运费。70天后，甲仍不愿意支付运费，并且与乙协商，以所留置的货物折价1000元抵偿运费，乙表示同意。此时，甲无需再向乙支付运费了，双方的运输合同关系消灭，同时，由于乙行使了留置权，乙的留置权消灭，双方的留置法律关系亦终止。

第二种情况是，留置财产的价值高于债权金额，即留置财产折价或者被拍卖、变卖所得的价款超过了留置权人的债权数额，超过的部分应当归债务人所有。如果是留置权人处分留置财产的，留置权人在扣除自己应得部分后，应当将剩余部分返还给债务人，不得占为己有，否则就构成不当得利。如果是人民法院根据本法第454条的规定对留置财产进行拍卖、变卖的，人民法院在扣除留置权人的债权额后，应当将剩余部分及时返还给债务人。

第三种情况是，留置财产的价值低于债权金额，即留置财产折价或者被拍卖、变卖所得的价款不足以清偿留置权人的债权。由于留置财产不能完全满足留置权人的债权，所以留置权人与债务人之间的债权债务关系并不因实现留置权而完全消灭，留置权人仍可以就留置财产不足以清偿的部分要求债务人偿还。只不过剩余债权就变成了无担保物权的普通债权，留置权人也成了普通债权人，留置权人可以普通债权人的身份要求债务人偿还剩余债务；债务人拒绝偿还的，其可以向人民法院起诉。

第四百五十六条 同一动产上已经设立抵押权或者质权，该动产又被留置的，留置权人优先受偿。

◆ 条文主旨

本条是关于留置权与抵押权或者质权关系的规定。

◆ 立法背景

留置权行使的对象为动产。动产由于其可以移动性，且根据我国法律规定，动产的很多物权公示不以登记为要件。因此，难免存在同一动产上设定了相互冲突的物权。在同一动产上，可能同时存在不同性质的担保物权，在权利相互冲突时，需要法律规则明确不同权利之间的效力关系。比如，同一动产上已设立了抵押权或者质权，该动产又被留置的，应当如何处理留置权与抵押权或者质权的关系？根据本条规定，同一动产上已设立抵押权或者质权，该动产又被留置的，留置权人优先受偿。因此，同一动产同时存在留置权与抵押权或者质权的，留置权的效力优先于抵押权或者质权。这样规定，主要是基于以下考虑：首先，总结了我国立法经验和司法实践经验。我国的一些法律已明确规定，同一标的物上同时存在抵押权与留置权的，留置权优先于抵押权。例如我国《海商法》第25条规定，船舶优先权先于船舶留置权受偿，船舶抵押权后于船舶留置权受偿。前款所称船舶留置权，是指造船人、修船人在合同另一方未履行合同时，可以留置所占有的船舶，以保证造船费用或者修船费用得以偿还的权利。人民法院的审判实践也承认了留置权优先于抵押权这一原则。《最高人民法院关于适用〈中华人民共和国担保法〉若干问题的解释》中规定，同一财产上抵押权与留置权并存时，留置权人优先于抵押权人受偿。其次，从法理上将，留置权属于法定担保物权，其直接依据法律规定而产生，而抵押权与质权均为约定担保物权。法定担保物权优先于约定担保物权为公认的物权法原则。

不少国家和地区的立法例也承认留置权效力优先于抵押权或者质权效力。例如，《美国统一商法典》规定，任何人在通常的业务过程中就设定担保物权的货物提供服务或者提供原材料，且成文法或者法律原则规定其可以就因该种服务或者原材料的提供所占有的货物享有留置权的，则该留置权优先于已经发生的担保物权，除非法律另有规定。台湾地区“民法”也有类似规定，其中第932条之1规定：“留置物存有所有权以外之物权者，该物权人不得以之对抗善意之留置权人。”

◆ **条文解读**

可以从以下两个方面理解本条：

一是留置权的效力绝对优先。在同一动产上，无论留置权是产生于抵押权或者质权之前，还是产生于抵押权或者质权之后，留置权的效力都优先于抵押权或者质权。也就是说，留置权对抵押权或者质权的优先效力不受其产生时间的影响。

二是留置权对抵押权或者质权的优先效力不受留置权人在留置动产时是善意还是恶意的影响。理论上，有的观点认为，为了防止当事人利用留置权的优先效力，恶意在已设有抵押权的动产上行使留置权，妨碍或者排除动产上抵押权的行使，提出应当明确规定，同一动产上留置权产生于抵押权或者质权之后的，只有留置权人属于善意时，留置权效力才优先于已存在的抵押权或者质权。需要指出的是，这里的“善意”指留置权人对同一动产已存在的抵押权或者质权不知情；与之相对应的“恶意”指留置权人对同一动产上已存在的抵押权或者质权知情，而并非恶意串通的意思。留置权产生的基础是公平原则，在适用留置权规则的许多情况下，留置权人一般都使被留置动产的价值得到保全，且留置权人的债权与被留置动产的价值相比往往是微不足道的。在这种情况下，仅仅以留置权人知道或者应当知道该动产上存在抵押权或者质权就否定其优先效力，对留置权人是不公平的。实践中，留置权人留置某一动产时往往知道该动产上存在抵押权或者质权。例如，某一汽车所有人将该汽车送到某一修理厂修理，修理厂可能对该汽车上存在抵押权是知情的，但这并不妨碍修理厂在汽车所有人不支付修理费的情况下留置该汽车且以该留置权对抗存在的抵押权或者质权。基于以上考虑，本条并没有强调留置权优先于抵押权或者质权的效力以留置权人善意作为前提。当然，如果留置权人与债务人恶意串通成立留置权，其目的就是排除在动产上的抵押权或者质权的，这已经超出了“恶意和善意”的范畴，属于严重违反诚实信用原则的恶意串通行为。在这种情况下，不但留置权不能优先于抵押权或者质权，该留置权也应当视为不存在。

▶ **相关规定**

《中华人民共和国海商法》第 25 条

第四百五十七条　留置权人对留置财产丧失占有或者留置权人接受债务人另行提供担保的，留置权消灭。

◆ **条文主旨**

本条是关于留置权消灭原因的规定。

◆ **立法背景**

留置权作为一种物权，其消灭的原因是多样的：可因物权消灭的共同原因而消灭，如因留置标的物的灭失、被征收等原因而消灭；也可因担保物权消灭的共同原因而消灭，如因被担保债权的消灭、留置权的行使以及留置权被抛弃等原因而消灭。

◆ **条文解读**

留置权行使的前提就是债权人合法占有了债务人的财产，如果留置权人因某种原因丧失了这种占有，留置权是否还存在呢？同时留置权作为法定的担保物权，当事人是否可以自己的意思表示使其消灭呢？这些问题都涉及留置权的特殊消灭事由。本条规定，留置权人对留置财产丧失占有或者留置权人接受债务人另行提供担保的，留置权消灭。

一、因留置权人对留置财产丧失占有而消灭

留置权人对留置财产丧失占有的，留置权消灭。立法这么规定，首先，符合法理。因为留置权产生的前提条件是债权人对债务人财产的合法占有。留置权人的这种占有应当为持续不间断的占有，如果丧失占有，留置权人对留置财产不再控制则不宜再享有此权利。其次，符合我国的立法经验和司法实践。我国《海商法》第25条第2款规定，船舶留置权在造船人、修船人不再占有所造或者所修的船舶时消灭。我国的司法实践也承认，留置权人对留置财产丧失占有时，留置权消灭。例如，《最高人民法院关于适用〈中华人民共和国担保法〉若干问题的解释》第114条中明确规定，留置权人将留置物返还给债务人后，以其留置权对抗第三人的，人民法院不予支持。最后，此种做法也与不少域外立法例相似。如《日本民法典》第302条规定："留置权因丧失对留置物的占有而消灭。但依照第二百九十八条第二项的规定已经将留置物出租或者作为质押的标的时，不在此限。"我国台湾地区"民法"第937条第2款规定，第897条至第899条之规定，于留置权准用之。其中第898条规定："质权人丧失其质物之占有，于二年内未请求返还者，其动产质权消灭。"

理解此规定，需注意的是，若留置权人非依自己的意愿暂时丧失对留置财产占有的，留置权消灭；但这种消灭并不是终局性的消灭，留置权人可以依占有的返还原物之诉要求非法占有人返还留置物而重新获得留置权。比如，甲留置了乙的财产，但丙非法占有了留置财产。根据占有保护的规定，甲有返回占有的权利，此时甲并不丧失留置权。

二、因留置权人接受债务人另行提供担保而消灭

留置权作为一种法定担保物权，其功能主要是通过留置权人留置合法占有债务人的动产，促使债务人尽快偿还债务。如果债务人为清偿债务另行提供了相当的担保，该担保就构成了留置权的替代，债权人的债权受偿得到了充分的保障，原留置财产上的留置权理应消灭。而且，在债务人提供相当担保的情况下，如果留置财产上的留置权仍然存在，就对债务人的利益限制过多，妨碍了债务人对留置财产的利用，不符合诚实信用原则和公平原则。因此，本条同时规定，留置权人接受债务人另行提供担保的，留置权消灭。许多国家和我国台湾地区的立法也有类似规定。如《日本民法典》第 301 条规定："债务人可以通过提供相当的担保而请求留置权消灭。"我国台湾地区"民法"第 937 条第 1 款规定，债务人或留置物所有人为债务之清偿，已提出相当之担保者，债权人之留置权消灭。

根据本条的规定，债务人另行提供担保导致留置权消灭的，应当满足以下条件：一是债务人另行提供的担保应当被债权人接受；若债权人不接受新担保的，留置权不消灭。二是债务人另行提供的担保所能担保的债权应当与债权人的债权额相当。由于留置权是以先行占有的与债权有同一法律关系的动产为标的物，留置物的价值有可能高于被担保的债权额，但债务人另行提供的担保所能担保的债权不以留置物的价值为标准，一般应与被担保的债权额相当。当然在双方当事人协商一致的情况下，债务人另行提供的担保所能担保的债权也可以低于或者高于债权人的债权额。

第五分编 占 有

第二十章 占 有

本章共五条，主要规定了占有的调整范围、无权占有情形下的损害赔偿责任、原物及孳息的返还以及占有保护等。占有，指对不动产或者动产事实上的控制与支配。它分为有权占有和无权占有：前者指占有人与占有返还请求人之间，有寄托、租赁或有其他正当法律关系时占有人对不动产或者动产的占有；后者指占有人对不动产或者动产的占有无正当的法律关系或者原法律关系被撤销或无效时占有人对不动产或者动产的占有。无权占有又分善意占有和恶意占有，其法律责任及法律后果存在差别。本章的最后对占有的保护作了规定，使得在占有物被侵夺时，占有人可以采取请求返还原物、排除妨害、消除危险或者损害赔偿等方式保护自己的占有。

第四百五十八条 基于合同关系等产生的占有，有关不动产或者动产的使用、收益、违约责任等，按照合同约定；合同没有约定或者约定不明确的，依照有关法律规定。

◆ **条文主旨**

本条是关于有权占有法律适用的规定。

◆ **立法背景**

占有是对物的一种事实上的控制与支配。根据占有是否具备法律上的原因，可以分为有权占有和无权占有。有权占有，主要指基于合同等债的关系而产生的占有，如根据运输或者保管合同，承运人或者保管人对托运或者寄存货物发生的占有；无权占有，主要发生在占有人对不动产或者动产的占有无正当法律关系，或者原法律关系被撤销或无效时占有人对占有物的占有，包括误将他人之物认为己有或者借用他人之物到期不还等。两种占有发生的原因虽然各不相同，但法律后果的处理不外乎两类情形：其一是在占有过程中，被占有的不动产或者动产的使用、收益以及损害赔偿责任该如何确定；其二是当被占有的不动产或者动产遭到第三方侵夺或者妨害时，占有人能够行使哪些权利保护自己对不动产或者动产的占有。

◆ **条文解读**

理解本条，可以从两个问题入手：第一个问题是，占有过程中，被占有的不动产或者动产的使用、收益以及损害赔偿责任该如何确定。对此，因有权占有和无权占有的区别而存在差别。对于因合同等债的关系而产生的占有，本条明确规定，有关被占有的不动产或者动产的使用、收益、违约责任等，按照合同约定；合同没有约定或者约定不明确的，依照合同法等有关法律的规定。比如，甲承租乙的商业房产用于经营，交付后，甲即有权占有乙所有的房产。对于甲在经营过程中，如何使用此房产、如何获得收益，由双方当事人根据租赁合同约定即可。当事人如果没有约定的，则可以根据法律规定确定。如本法第720条规定，在租赁期限内因占有、使用租赁物获得的收益，归承租人所有，但是当事人另有约定的除外。关于无权占有情形下，有关不动产或者动产的使用、收益及损害赔偿责任等，本法第 459 条至第 461 条作了具体规定，无权占有是本编规定的重点。

第二个问题是，被占有的不动产或者动产被侵夺的，该如何处理？对此，不因有权占有和无权占有的区别而有不同，它们都可适用本法第 462 条的规定，即占有的不动产或者动产被侵占的，占有人有权请求返还原物；对妨害占有的行为，占有人有权请求排除妨害或者消除危险；因侵夺或者妨害造成损害的，占有人还有权请求损害赔偿。

▶ **相关规定**

《中华人民共和国民用航空法》第 28 条、第 29 条；《中华人民共和国农村土地承包法》第 37 条

第四百五十九条 占有人因使用占有的不动产或者动产，致使该不动产或者动产受到损害的，恶意占有人应当承担赔偿责任。

◆ **条文主旨**

本条是关于无权占有不动产或者动产致其损害，恶意占有人应当承担赔偿责任的规定。

◆ **立法背景**

善意占有人使用占有物致使物遭受损害的，其他国家和地区立法例一般都规定无需承担责任。如《瑞士民法典》第 938 条规定："物的善意占有人，依其被推定的权利得使用并收益该物的，

对权利人无损害赔偿的责任。前款情形，物消灭或受损害的，占有人无须赔偿。”《日本民法典》第 189 条第 1 款规定：“善意占有人取得由占有物产生的孳息。”我国台湾地区“民法”第 952 条规定：“善意占有人于推定其为适法所有之权利范围内，得为占有物之使用、收益。”各国或地区立法之所以规定善意占有人不担责任，背后的立法逻辑就是，法律对于占有赋予了几种法律效力，其一就是权利的推定效力，占有人于占有物上行使的权利，推定其适法有此权利，而善意占有人在使用占有物时即被法律推定为物的权利人，具有占有使用的权利。因此，对于使用被占有的物而导致的物的损害，不应负赔偿责任。对于恶意占有则不同，各国立法一般都明确规定，恶意占有人应当承担赔偿责任。

◆ **条文解读**

占有人占有动产或者不动产，在使用过程中比如会发生损耗或者损害，这种风险需要在当事人之间合理分配。

一、有权占有时的责任分担

在有权占有的情况下，如基于租赁或者借用等正当法律关系而占有他人的不动产或者动产时，当事人双方多会对因使用而导致不动产或者动产的损害责任作出约定。大多数情况下，对于因正常使用而导致不动产或者动产的损耗、折旧等，往往由所有权人负担，因为有权占有人所支付的对价就是对不动产或者动产因正常使用而发生损耗的补偿。例如甲公司将其小轿车出租给乙公司使用，乙公司每月支付给甲公司 5000 元使用费，半年后该车必然会因使用而发生损耗折旧。此时，一般情况下甲公司不能向乙公司要求额外的损害赔偿，因为乙公司每月所支付的租用费即是对轿车使用价值的补偿。当然，如果乙公司采取破坏性方式使用该车，致使该车提前报废，如果双方对此有事前约定，那么按其约定处理。

实践中，在有权占有情况下，被占有的不动产或者动产因使用而产生损害，其责任确定和解决方法并不棘手。按照一般的惯例，如果要把自己的不动产或者动产租给他人使用，应当先收取一定的押金，作为不动产或者动产被他人损坏后的担保。此外，相关的法律也会对特定情形下占有物损害的责任作出规定。如本法第784条规定，承揽人应妥善保管定作人提供的材料以及完成的工作成果，因保管不善造成毁损、灭失的，应当承担赔偿责任。又如本法第832条规定，承运人对运输过程中货物的毁损、灭失承担赔偿责任；但是，承运人证明货物的毁损、灭失是因不可抗力、货物本身的自然性质或者合理损耗以及托运人、收货人的过错造成的，不承担赔偿责任。

二、无权占有时的责任承担

对于无权占有时，无权占有人需要承担何种责任，就需要根据无权占有的具体情况判断。根据占有人的主观状态，可以分为善意占有和恶意占有。所谓善意占有就是占有人在主观上认为自己有权占有标的物。所谓恶意占有指明知或者因重大过失不知自己为无权占有而仍然进行的占有。物权法和本条都作了相同规定，即占有人因使用占有的不动产或者动产，致使该不动产或者动产受到损害的，恶意占有人应当承担赔偿责任。

第四百六十条 不动产或者动产被占有人占有的，权利人可以请求返还原物及其孳息；但是，应当支付善意占有人因维护该不动产或者动产支出的必要费用。

◆ **条文主旨**

本条是关于无权占有人应向权利人返还原物及其孳息并且善意占有人享有必要费用返还请求权的规定。

◆ **立法背景**

关于请求占有人返还的标的物除原物之外，是否应当包括孳息。对于恶意占有人，理应包括孳息。对于善意占有人而言，是否应包括孳息，各国立法有所不同。有的国家和地区立法认为，善意占有人原则上不负担从原物上获得收益的返还义务和赔偿义务。如根据《德国民法典》第 987 条、第 993 条的规定，善意占有人既不负有返还收益的义务，也不负有损害赔偿的义务。有的国家立法认为，善意占有人无须返还从占有物上获得的孳息，但是如果善意占有人保留孳息，则不得向权利人请求返还其为维护该动产或者不动产而支出的必要费用。如我国台湾地区“民法”第 954 条规定：“善意占有人因保存占有物所支出之必要费用，得向回复请求人请求偿还。但已就占有物取得孳息者，不得请求偿还通常必要费用。”《日本民法典》第 189 条第 1 款规定，善意占有人取得由占有物所生的孳息。该法第 196 条第 1 款规定“（1）占有人在返还占有物时，可以让回复人偿还为保存其物所支出的金额及其他必要费用。但占有人已取得孳息时，其一般所需费用归占有人负担”。

◆ **条文解读**

本条规定，不动产或者动产被占有人占有的，权利人可以请求返还原物及其孳息。根据此规定：首先，不论被侵占的标的物是动产还是不动产，权利人都有权请求返还。其次，有权返还侵权的人是权利人。这里的权利人既可以是所有权人，也可以是依法对标的物享有占有使用权的人。比如，抵押权人占有抵押物，后被他人非法侵占，此时，抵押权人有权要求其返还。再次，无论善意占有人还是恶意占有人，都有义务返还。最后，应当返还的既包括原物，也包括孳息。

关于请求占有人返还的标的物除原物之外，是否应当包括孳息。对于恶意占有人，理应包括孳息。对于善意占有人，考虑到，既然善意占有人被法律推定为适法享有权利的人，善意占有人对占有物的使用及收益得到法律的承认，对于占有物的收益，善意占有人有权保留。同时考虑到，国外关于善意占有可以保留孳息的规定，是同必要费用返还请求权相关的。如果保留孳息，则善意占有人不得向权利人请求返还其为维护该动产或者不动产而支出的必要费用。因此，本条明确规定，权利人可以请求返还原物及其孳息，但应当支付善意占有人因维护该不动产或者动产支出的必要费用。

根据本条规定，占有人返还原物及其孳息之后，善意占有人因维护该不动产或者动产而支出的必要费用，有权请求权利人支付。首先，有权请求权利人支付费用的仅限于善意占有人，如果占有人为恶意的，则不能要求权利人支付任何费用。其次，返还的费用限于因维护该不动产或者动产所支出。所谓维护，就是确保该标的物处于良好的状态或者正常使用状态。如占有的房屋漏水了，请维修工人予以加固防漏，因此支付的修理费。最后，有权要求支付的费用也是必要的，此等费用的金额应该是合理的，而不能明显超出正常水平。如甲合法占有了乙的机动车，因该机动车部分零件损耗，需要更换方能正常使用。甲遂委托汽车修理厂维修，并指示修理厂作全面检修，更换了很多本来属于正常的零部件，支付了大量修理费。根据本条规定，甲只能要求乙支付必要的费用，即维护该车正常运行所必要的维修费用。

第四百六十一条 占有的不动产或者动产毁损、灭失，该不动产或者动产的权利人请求赔偿的，占有人应当将因毁损、灭失取得的保险金、赔偿金或者补偿金等返还给权利人；权利人的损害未得到足够弥补的，恶意占有人还应当赔偿损失。

◆ **条文主旨**

本条是关于被占有的不动产或者动产毁损、灭失时占有人责任的规定。

◆ **立法背景**

当占有的不动产或者动产毁损、灭失时，如果占有人和占有返还请求权人之间，有寄托、租赁等关系或者有其他正当的法律关系时（即有权占有的情形），占有人就被占有的不动产或者动产所负的责任等，均各依其基础法律关系去解决；但如果不具备寄托、租赁等此种正当法律关系或者外形上虽有此类关系但实为无效或者被撤销时，则占有人同占有返还请求权人间的责任义务如何确定，不免发生问题。虽然关于这一情形，可以适用有关侵权行为或者不当得利的规定，但仅仅有此不足以充分解决问题。所以本条规定此种情形下，占有人应当将因毁损、灭失取得的保险金、赔偿金或者补偿金等返还给权利人；权利人的损害未得到足够弥补的，恶意占有人还应当赔偿损失。

其他国家和地区的立法对此也有类似规定，如《日本民法典》第191条规定：“占有物因归责于占有的事由而灭失或者毁损时，对回复者，恶意占有人负赔偿其全部损害的义务；善意占有人以其灭失或者毁损后尚存的实际利益为限，负赔偿义务。但没有所有意思的占有人，即使其为善意，亦必须赔偿全部损害。”我国台湾地区“民法”第953条规定：“善意占有人就占有物之灭失或毁损，如系因可归责于自己之事由所致者，对于回复请求人仅以灭失或毁损所受之利益为限，负赔偿之责。”第956条规定：“恶意占有人或无所有意思之占有人，就占有物之灭失或毁损，如系因可归责于自己之事由所致者，对于回复请求人，负赔偿之责。”

◆ **条文解读**

可以从以下三个方面理解本条规定。

一、毁损、灭失的含义

毁损的含义易于理解，它使得被占有的不动产或者动产的使用价值或者交换价值降低。而所谓灭失，指被占有的不动产或者动产对于占有人来说，不复存在；这包括物的实体消灭和丧失下落，或者被第三人善意取得而不能返还。例如甲的自行车被乙借用到期不还，乙在自行车链条掉脱的情形下仍执意骑行导致自行车链条断裂，即为毁损行为；如乙疏忽大意将自行车停放河滩处未采取任何固定措施，河滩涨水将自行车冲向下游无法找回，或者乙疏忽大意疏于保管致使自行车被盗无法找寻等，都称之灭失。

二、善意占有人对占有物毁损、灭失的责任

善意占有人在占有物上所行使的权利，被推定为其合法享有，其对被占有物的使用被规定为占有人的权利。但该物毕竟在法律上不属于占有人所有，如果造成占有物毁损、灭失的，占有人还应当对物的真正权利人承担赔偿责任。但法律还应当考虑减轻善意占有人的责任，以贯彻法律对善意占有人的保护。因此，在确定善意占有人的责任时，应当依照不当得利的返还原则，即只有善意占有人因物的毁损、灭失而获得利益时，才对物的权利人承担赔偿责任；如果未获得利益，则不必赔偿。所谓因物的毁损、灭失而获得利益，指占有人所受积极利益，如当物的毁损灭失由第三人造成时，占有人取得的赔偿金或者替代物；而消极利益，指占有人因物的毁损灭失而减少支出的费用，则不在此列。例如，甲误将乙家的小羊认为已有，而村人丙打猎误射小羊，事后丙赔偿甲 500 元或者一只牛犊，乙可以依据本条向甲要求返还丙所赔付的 500 元或者牛犊；但如果丙未对甲进行赔偿，乙不能以小羊已亡甲节省了每日饲养费用为由，要求甲返还所省费用。

三、恶意占有人对占有物毁损、灭失的责任

恶意占有是占有人明知或者因重大过失不知自己为无权占有而仍然进行的占有。是否为恶意占有，依占有人取得占有时的具体情况而进行判断。取得时为善意，而后得知自己为无权占有的，自其知道之时起，变为恶意占有人。恶意占有人明知自己无权而仍然占有他人之物，其占有不仅缺乏法律上的正当根据，道德上也乏善可陈，因此各国立法均对恶意占有人科以较重的责任。

恶意占有人通常系由侵权行为取得占有，因此在决定恶意占有人责任时，应参考侵权损害赔偿的原则，损失多少赔多少，除去占有物的价值外，还包括物的权利人所失的利益。此外，占有物的价值，以物的实际价值为准；恶意占有人取得占有时的价值与物的权利人请求返还时的价值不同的，以较高价值为准。

还需要说明的是，权利人（回复请求权人）因被占有物的毁损、灭失所受的损害，因权利种类的不同而有差别。当权利人为所有权人时，赔偿范围应为物的价额；当权利人为运送人、质权人或者租赁人时，对于占有物仅有限定的利益，其赔偿应以其限定的利益为限。例如因占有物的灭失而不能回复所生之损害，质权人只能请求赔偿质权的价额，运送人只能请求赔偿与其运费相当的金额，其残余之额应为所有权人保留。

第四百六十二条 占有的不动产或者动产被侵占的，占有人有权请求返还原物；对妨害占有的行为，占有人有权请求排除妨害或者消除危险；因侵占或者妨害造成损害的，占有人有权依法请求损害赔偿。

占有人返还原物的请求权，自侵占发生之日起一年内未行使的，该请求权消灭。

◆ 条文主旨

本条是关于占有保护的规定。

◆ 立法背景

占有人对于他方侵占或者妨害自己占有的行为，可以行使法律赋予的占有保护请求权，如返还原物、排除妨害或者消除危险。占有保护的理由在于，已经成立的事实状态，不应受私力而为的扰乱，而只能通过合法的方式排除，这是一般公共利益的要求。例如甲借用乙的自行车，到期不还构成无权占有，乙即使作为自行车的物主也不可以采取暴力抢夺的方式令甲归还原物；而对于其他第三方的侵夺占有或者妨害占有的行为等，甲当然可以依据本条的规定行使占有的保护。因此可以看出，占有人无论是有权占有还是无权占有，其占有受他人侵害，即可行使法律赋予的占有保护请求权；而侵害人只要实施了本条所禁止的侵害行为，即应承担相应的责任，法律不问其是否具有过失，也不问其对被占有的不动产或者动产是否享有权利。

◆ 条文解读

占有保护请求权以排除对占有的侵害为目的，因而属于一种物权的请求权。根据占有受侵害的不同情形，分别为占有物返还请求权、占有妨害排除请求权和占有危险消除请求权。

1. 占有物返还请求权。占有物返还请求权发生于占有物被侵夺的情形。此种侵夺占有而构成的侵占，是指非基于占有人的意思，采取违法的行为使其丧失对物的控制与支配。需要注意的是，非因他人的侵夺而丧失占有的，如因受欺诈或者胁迫而交付的，不享有占有物返还请求权。此种情形下，原占有人要回复占有，必须依法律行为的规定，主张撤销已经成立的法律关系等去解决。此外，还需说明一点，即本条所规定占有物返还请求权的要件之一为侵占人的行为必须是造成占有人丧失占有的直接原因，否则不发生依据本条规定而产生的占有物返还请求权。例如，遗失物之拾得人，虽然拾得人未将遗失物交送有关机关而据为己有，但此种侵占非本条所规定的情形。拾得人将遗失物据为己有的行为，并非是失主丧失占有的直接原因（失主最初丧失对物的占有，可能是由于疏忽大意遗忘物品等），因此失主对于拾得人不得依占有物返还请求权为据提起诉讼，而应依其所有权人的地位提请行使返还原物请求权。

2. 排除妨害请求权。占有被他人妨害时，占有人得请求妨害人除去妨害。妨害除去请求权的相对人，为妨害占有的人。数人相继为妨害的，以现为妨害的人为请求权的相对人；继续妨害的，占有人可请求相对人停止妨害；一次妨害的，占有人可请求相对人除去妨害。排除妨害的费用应由妨害人负担。占有人自行除去妨害的，其费用可依无因管理的规定向相对人请求偿还。

3. 消除危险请求权。消除危险请求权中的危险，应为具体的事实的危险；对于一般抽象的危险，法律不加以保护。具体的事实的危险，指其所用的方法，使外界感知对占有的妨害。例如违反建筑规则建设高危建筑、接近邻地开掘地窖等，而产生对邻地的危险。需要说明的是：首先，危险消除请求权中的危险，必须持续存在；请求权行使之时危险已经消失的，不得请求防止。其次，必须有客观的产生危险的事实；被请求人有无故意或者过失，法律在所不问。

占有虽非一种权利，但也属法律所保护的一种财产利益，不受他人非法的任意侵害。侵害占有的，应负侵权的损害赔偿责任。侵害占有可能发生的损害主要有：（1）使用收益的损害，即占有人不能使用收益占有物而生的损害；（2）支出费用的损害，即占有人对占有物支出费用，本可向物的权利人请求偿还，却因该物被侵夺而毁损灭失不能求偿；（3）责任损害，即占有人因占有物被第三人侵夺而发生毁损灭失后，从而产生对物的权利人的损害赔偿责任。

本条最后规定了占有保护请求权中的返还原物请求权，自侵占发生之日起一年内未行使的，该请求权消灭。这里需要说明两个问题。

首先，占有保护请求权中的排除妨害请求权和消除危险请求权，原则上同妨害或者危险的持续状态紧密相连。如果妨害已经消失或者危险已经不存在，自然没有排除妨害或者消除危险请求权提请的必要；如果此种妨害或者危险造成了实际的损害，占有人当然可以提起损害赔偿请求权，而此项损害赔偿请求权应当受两年普通诉讼时效的限制；如果妨害或者危险持续发生，那么此项排除妨害或者消除危险的请求权自然没有受时效限制的道理。

其次，占有人返还原物请求权可因一定期间内不行使而消灭。此项期间各国或地区立法如德国、瑞士、日本民法及我国台湾地区“民法”，大多规定为一年。如我国台湾地区“民法”第962条规定：“占有人，其占有被侵夺者，得请求返还其占有物。占有被妨害者，得请求除去其妨害。占有有被妨害之虞者，得请求防止其妨害。”第963条规定：“前条请求权，自侵夺或妨害占有或危险发生后，一年间不行使而消灭。”又如《日本民法典》第201条规定，占有保持之诉，须在妨害存在期间或者妨害终止之后一年以内提起。但因工程对占有物发生的损害，不能在其工程开工后经过一年或者其工程竣工时提起。占有保全之诉，可以在妨害危险存在期间提起。此时，如果工程对占有物有损害之虞，准用前项但书的规定。占有回复之诉，须在被侵夺时起，一年以内提起。该期间有的国家明定为消灭时效，有的规定为除斥期间。但是从占有保护制度的设立目的和实际功能上讲，此项期间设为除斥期间更妥。其理由在于消灭时效可因事实而中断或者中止，而且它以受侵害人知道或者应当知道受侵害之时开始起算，如果按照消灭时效来规定，此项期间可能远比一年要长，那么将使权利处于长期不稳定的状态。并且通常情况下，占有物返还请求权因除斥期间经过而未行使的，占有人如果对物享有其他实体权利（如所有权），自然可以依照其实体权利提出返还请求，因此也没有必要在本条中规定更长的期间进行保护。

中华人民共和国
民法典解读

精装珍藏版

合同编·上

黄 薇 主编

中国法制出版社
CHINA LEGAL PUBLISHING HOUSE

目　录

第三编　合　同

上　册

第一分编　通则

第一章　一般规定

第四百六十三条【合同编的调整范围】 …………………… 8
第四百六十四条【合同的定义及身份关系协议的法律适用】 …………………… 12
第四百六十五条【依法成立的合同受法律保护及合同相对性原则】 …………………… 14
第四百六十六条【合同的解释规则】 …………………… 20
第四百六十七条【非典型合同及特定涉外合同的法律适用】 …………………… 24
第四百六十八条【非合同之债的法律适用】 …………………… 25

第二章　合同的订立

第四百六十九条【合同形式】 …………………… 30
第四百七十条【合同主要条款及示范文本】 …………………… 36
第四百七十一条【订立合同的方式】 …………………… 42
第四百七十二条【要约的定义及其构成】 …………………… 44
第四百七十三条【要约邀请】 …………………… 49

第四百七十四条【要约的生效时间】…………………………… 53
第四百七十五条【要约的撤回】………………………………… 57
第四百七十六条【要约不得撤销情形】………………………… 59
第四百七十七条【要约撤销条件】……………………………… 63
第四百七十八条【要约失效】…………………………………… 65
第四百七十九条【承诺的定义】………………………………… 68
第四百八十条【承诺的方式】…………………………………… 69
第四百八十一条【承诺的期限】………………………………… 73
第四百八十二条【承诺期限的起算】…………………………… 76
第四百八十三条【合同成立时间】……………………………… 77
第四百八十四条【承诺生效时间】……………………………… 79
第四百八十五条【承诺的撤回】………………………………… 83
第四百八十六条【逾期承诺及效果】…………………………… 84
第四百八十七条【迟到的承诺】………………………………… 87
第四百八十八条【承诺对要约内容的实质性变更】…………… 90
第四百八十九条【承诺对要约内容的非实质性变更】………… 92
第四百九十条【采用书面形式订立合同的成立时间】………… 94
第四百九十一条【签订确认书的合同及电子合同成立时间】…………………………………… 96
第四百九十二条【合同成立的地点】…………………………… 99
第四百九十三条【采用合同书订立合同的成立地点】 …… 102
第四百九十四条【强制缔约义务】 …………………………… 103
第四百九十五条【预约合同】 ………………………………… 108
第四百九十六条【格式条款】 ………………………………… 114
第四百九十七条【格式条款无效的情形】 …………………… 119
第四百九十八条【格式条款的解释方法】 …………………… 122

第四百九十九条【悬赏广告】 …………………………… 123
第五百条【缔约过失责任】 …………………………… 125
第五百零一条【合同缔结人的保密义务】 ………………… 127

第三章 合同的效力

第五百零二条【合同生效时间及未办理批准手续的处理规则】 …………………………… 130
第五百零三条【被代理人以默示方式追认无权代理】 …… 135
第五百零四条【超越权限订立合同的效力】 ……………… 138
第五百零五条【超越经营范围订立的合同效力】 ………… 141
第五百零六条【免责条款无效情形】 ……………………… 142
第五百零七条【争议解决条款的独立性】 ………………… 144
第五百零八条【合同效力适用指引】 ……………………… 147

第四章 合同的履行

第五百零九条【合同履行的原则】 ………………………… 149
第五百一十条【约定不明时合同内容的确定】 …………… 153
第五百一十一条【质量、价款、履行地点等内容的确定】 …………………………………… 155
第五百一十二条【电子合同交付时间的认定】 …………… 158
第五百一十三条【执行政府定价或指导价的合同价格确定】 ………………………………… 161
第五百一十四条【金钱之债给付货币的确定规则】 ……… 162
第五百一十五条【选择之债中债务人的选择权】 ………… 163
第五百一十六条【选择权的行使】 ………………………… 167
第五百一十七条【按份债权与按份债务】 ………………… 169
第五百一十八条【连带债权与连带债务】 ………………… 172

第五百一十九条【连带债务份额的确定及追偿】 …………175
第五百二十条【连带债务人之一所生事项涉他效力】 ……182
第五百二十一条【连带债权内外部关系】 ……………………188
第五百二十二条【向第三人履行】 ……………………………190
第五百二十三条【第三人履行】 ………………………………195
第五百二十四条【第三人代为履行】 …………………………197
第五百二十五条【同时履行抗辩权】 …………………………201
第五百二十六条【后履行抗辩权】 ……………………………204
第五百二十七条【不安抗辩权】 ………………………………207
第五百二十八条【不安抗辩权的行使】 ………………………211
第五百二十九条【因债权人原因致债务履行困难的处理】 …………214
第五百三十条【债务人提前履行债务】 ………………………215
第五百三十一条【债务人部分履行债务】 ……………………218
第五百三十二条【当事人变化不影响合同效力】 …………220
第五百三十三条【情势变更】 …………………………………221
第五百三十四条【合同监督】 …………………………………230

第五章 合同的保全

第五百三十五条【债权人代位权】 ……………………………233
第五百三十六条【保存行为】 …………………………………238
第五百三十七条【代位权行使后的法律效果】 ……………240
第五百三十八条【撤销债务人无偿行为】 ……………………247
第五百三十九条【撤销债务人有偿行为】 ……………………251
第五百四十条【撤销权的行使范围】 …………………………253
第五百四十一条【撤销权的行使期间】 ………………………254

第五百四十二条【债务人行为被撤销的法律效果】 ……… 256

第六章　合同的变更和转让

第五百四十三条【协议变更合同】 ………………………… 259
第五百四十四条【合同变更不明确推定为未变更】 ……… 263
第五百四十五条【债权转让】 ……………………………… 264
第五百四十六条【债权转让的通知义务】 ………………… 270
第五百四十七条【债权转让从权利一并转让】 …………… 274
第五百四十八条【债权转让中债务人抗辩】 ……………… 276
第五百四十九条【债权转让中债务人的抵销权】 ………… 278
第五百五十条【债权转让费用的承担】 …………………… 281
第五百五十一条【债务转移】 ……………………………… 282
第五百五十二条【债务加入】 ……………………………… 286
第五百五十三条【债务转移时新债务人抗辩】 …………… 289
第五百五十四条【从债务随主债务转移】 ………………… 290
第五百五十五条【合同权利义务的一并转让】 …………… 292
第五百五十六条【一并转让的法律适用】 ………………… 295

第七章　合同的权利义务终止

第五百五十七条【债权债务终止的法定情形】 …………… 296
第五百五十八条【后合同义务】 …………………………… 303
第五百五十九条【从权利消灭】 …………………………… 307
第五百六十条【数项债务的清偿抵充顺序】 ……………… 308
第五百六十一条【费用、利息和主债务的清偿抵充顺序】 ………………………………………… 312
第五百六十二条【合同的约定解除】 ……………………… 313
第五百六十三条【合同的法定解除】 ……………………… 317

第五百六十四条【解除权行使期限】 …………………… 332
第五百六十五条【合同解除权的行使规则】 …………… 335
第五百六十六条【合同解除的法律后果】 ……………… 339
第五百六十七条【结算、清理条款效力的独立性】 ……… 346
第五百六十八条【法定抵销】 ………………………… 348
第五百六十九条【约定抵销】 ………………………… 354
第五百七十条【提存的条件】 ………………………… 356
第五百七十一条【提存的成立】 ……………………… 361
第五百七十二条【提存的通知】 ……………………… 362
第五百七十三条【提存期间风险、孳息和提存费用负担】 …………………………………… 364
第五百七十四条【提存物的领取与取回】 ……………… 366
第五百七十五条【债的免除】 ………………………… 369
第五百七十六条【债权债务混同的处理】 ……………… 372

第八章 违约责任

第五百七十七条【违约责任的种类】 …………………… 375
第五百七十八条【预期违约责任】 …………………… 382
第五百七十九条【金钱债务的继续履行】 ……………… 384
第五百八十条【非金钱债务的继续履行】 ……………… 385
第五百八十一条【替代履行】 ………………………… 393
第五百八十二条【瑕疵履行违约责任】 ………………… 396
第五百八十三条【违约损害赔偿责任】 ………………… 401
第五百八十四条【法定的违约赔偿损失】 ……………… 402
第五百八十五条【违约金的约定】 …………………… 411
第五百八十六条【定金】 ……………………………… 419

第五百八十七条【定金罚则】 …………………………… 422
第五百八十八条【违约金与定金竞合选择权】 ………… 424
第五百八十九条【债权人受领迟延】 …………………… 426
第五百九十条【因不可抗力不能履行合同】 …………… 429
第五百九十一条【非违约方防止损失扩大义务】 ……… 433
第五百九十二条【双方违约和与有过错规则】 ………… 435
第五百九十三条【因第三人原因造成违约情况下的责任承担】 …………………………… 439
第五百九十四条【国际贸易合同诉讼时效和仲裁时效】…… 444

第二分编 典型合同

第九章 买卖合同

第五百九十五条【买卖合同的概念】 …………………… 449
第五百九十六条【买卖合同条款】 ……………………… 456
第五百九十七条【无权处分的违约责任】 ……………… 460
第五百九十八条【出卖人基本义务】 …………………… 464
第五百九十九条【出卖人义务：交付单证、交付资料】…… 467
第六百条【买卖合同知识产权保留条款】 ……………… 469
第六百零一条【出卖人义务：交付期间】 ……………… 471
第六百零二条【标的物交付期限不明时的处理】 ……… 472
第六百零三条【买卖合同标的物的交付地点】 ………… 474
第六百零四条【标的物的风险承担】 …………………… 478
第六百零五条【迟延交付标的物的风险负担】 ………… 482
第六百零六条【路货买卖中的标的物风险转移】 ……… 484
第六百零七条【需要运输的标的物风险负担】 ………… 486

第六百零八条【买受人不履行接受标的物义务的风险负担】…… 488
第六百零九条【未交付单证、资料的风险负担】…… 490
第六百一十条【根本违约】…… 491
第六百一十一条【买受人承担风险与出卖人违约责任关系】…… 493
第六百一十二条【出卖人的权利瑕疵担保义务】…… 494
第六百一十三条【权利瑕疵担保责任之免除】…… 500
第六百一十四条【买受人的中止支付价款权】…… 502
第六百一十五条【买卖标的物的质量瑕疵担保】…… 504
第六百一十六条【标的物法定质量担保义务】…… 507
第六百一十七条【质量瑕疵担保责任】…… 510
第六百一十八条【标的物瑕疵担保责任减免的特约效力】…… 514
第六百一十九条【标的物的包装方式】…… 517
第六百二十条【买受人的检验义务】…… 519
第六百二十一条【买受人检验标的物的异议通知】…… 522
第六百二十二条【检验期限或质量保证期过短的处理】…… 526
第六百二十三条【标的物数量和外观瑕疵检验】…… 529
第六百二十四条【向第三人履行情形的检验标准】…… 531
第六百二十五条【出卖人的回收义务】…… 534
第六百二十六条【买受人支付价款及方式】…… 538
第六百二十七条【买受人支付价款的地点】…… 540
第六百二十八条【买受人支付价款的时间】…… 542
第六百二十九条【出卖人多交标的物的处理】…… 544
第六百三十条【买卖合同标的物孳息的归属】…… 546

第六百三十一条【主物与从物在解除合同时的效力】……… 548
第六百三十二条【数物买卖合同的解除】………………… 550
第六百三十三条【分批交付标的物的情况下解除合同的情形】……………………………… 552
第六百三十四条【分期付款买卖】………………………… 555
第六百三十五条【凭样品买卖合同】……………………… 559
第六百三十六条【凭样品买卖合同样品存在隐蔽瑕疵的处理】…………………………… 562
第六百三十七条【试用买卖的试用期限】………………… 564
第六百三十八条【试用买卖合同买受人对标的物购买选择权】…………………………… 567
第六百三十九条【试用买卖使用费】……………………… 570
第六百四十条【试用买卖中的风险承担】………………… 572
第六百四十一条【标的物所有权保留条款】……………… 575
第六百四十二条【所有权保留中出卖人的取回权】……… 579
第六百四十三条【买受人回赎权及出卖人再出卖权】…… 583
第六百四十四条【招标投标买卖的法律适用】…………… 588
第六百四十五条【拍卖的法律适用】……………………… 591
第六百四十六条【买卖合同准用于有偿合同】…………… 595
第六百四十七条【易货交易的法律适用】………………… 597

第十章 供用电、水、气、热力合同

第六百四十八条【供用电合同概念及强制缔约义务】…… 600
第六百四十九条【供用电合同的内容】…………………… 605
第六百五十条【供用电合同的履行地点】………………… 608
第六百五十一条【供电人的安全供电义务】……………… 609

第六百五十二条【供电人中断供电时的通知义务】……… 611
第六百五十三条【供电人抢修义务】……………………… 613
第六百五十四条【用电人支付电费的义务】……………… 615
第六百五十五条【用电人安全用电义务】………………… 618
第六百五十六条【供用水、气、热力合同参照适
用供用电合同】……………………… 621

第十一章 赠与合同

第六百五十七条【赠与合同的概念】……………………… 623
第六百五十八条【赠与的任意撤销及限制】……………… 627
第六百五十九条【赠与特殊财产需要办理有关法
律手续】……………………………… 630
第六百六十条【法定不得撤销赠与的
赠与人不交付赠与财产的责任】……… 632
第六百六十一条【附义务的赠与合同】…………………… 635
第六百六十二条【赠与财产的瑕疵担保责任】…………… 638
第六百六十三条【赠与人的法定撤销情形及撤销
权行使期间】………………………… 640
第六百六十四条【赠与人的继承人或法定代理人
的撤销权】…………………………… 643
第六百六十五条【撤销赠与的效力】……………………… 645
第六百六十六条【赠与义务的免除】……………………… 646

第十二章 借款合同

第六百六十七条【借款合同的定义】……………………… 650
第六百六十八条【借款合同的形式和内容】……………… 654
第六百六十九条【借款合同借款人的告知义务】………… 658

第六百七十条【借款利息不得预先扣除】 …………………… 660
第六百七十一条【提供及收取借款迟延责任】 …………… 661
第六百七十二条【贷款人对借款使用情况检查、
监督的权利】 ………………………… 664
第六百七十三条【借款人违约使用借款的后果】 ………… 666
第六百七十四条【借款利息支付期限的确定】 …………… 669
第六百七十五条【还款期限的确定】 ……………………… 671
第六百七十六条【借款合同违约责任承担】 ……………… 673
第六百七十七条【提前偿还借款】 ………………………… 676
第六百七十八条【借款展期】 ……………………………… 679
第六百七十九条【自然人之间借款合同的成立】 ………… 682
第六百八十条【借款利率和利息】 ………………………… 684

第十三章　保证合同

第一节　一般规定 / 690
第六百八十一条【保证合同的概念】 ……………………… 690
第六百八十二条【保证合同的附从性及被确认无
效后的责任分配】 ……………………… 692
第六百八十三条【保证人的资格】 ………………………… 696
第六百八十四条【保证合同的一般内容】 ………………… 699
第六百八十五条【保证合同的订立】 ……………………… 702
第六百八十六条【保证方式】 ……………………………… 703
第六百八十七条【一般保证及先诉抗辩权】 ……………… 706
第六百八十八条【连带责任保证】 ………………………… 708
第六百八十九条【反担保】 ………………………………… 709
第六百九十条【最高额保证合同】 ………………………… 711

第二节 保证责任 / 713
第六百九十一条【保证责任的范围】 …………………… 713
第六百九十二条【保证期间】 ………………………… 715
第六百九十三条【保证期间届满的法律效果】 ……… 718
第六百九十四条【保证债务的诉讼时效】 …………… 719
第六百九十五条【主合同变更对保证责任影响】 …… 722
第六百九十六条【债权转让时保证人的保证责任】 … 723
第六百九十七条【债务承担对保证责任的影响】 …… 725
第六百九十八条【一般保证人免责】 ………………… 728
第六百九十九条【共同保证】 ………………………… 729
第七百条【保证人的追偿权】 ………………………… 733
第七百零一条【保证人的抗辩权】 …………………… 734
第七百零二条【抵销权或撤销权范围内的免责】 …… 735

下 册

第十四章 租赁合同

第七百零三条【租赁合同的概念】 …………………… 739
第七百零四条【租赁合同的内容】 …………………… 742
第七百零五条【租赁期限的最高限制】 ……………… 745
第七百零六条【租赁合同登记对合同效力影响】 …… 748
第七百零七条【租赁合同形式】 ……………………… 751
第七百零八条【出租人义务】 ………………………… 753
第七百零九条【承租人义务】 ………………………… 756
第七百一十条【承租人合理使用租赁物的免责】 …… 758
第七百一十一条【承租人未合理使用租赁物的责任】 …… 759

第七百一十二条【出租人的维修义务】 …………………… 761
第七百一十三条【租赁物的维修和维修费负担】 ………… 764
第七百一十四条【承租人的租赁物妥善保管义务】 ……… 766
第七百一十五条【承租人对租赁物进行改善或增设他物】 …………………………………… 767
第七百一十六条【转租】 ………………………………… 768
第七百一十七条【转租期限】 …………………………… 771
第七百一十八条【出租人同意转租的推定】 …………… 772
第七百一十九条【次承租人的代为清偿权】 …………… 774
第七百二十条【租赁物的收益归属】 …………………… 776
第七百二十一条【租金支付期限】 ……………………… 777
第七百二十二条【承租人的租金支付义务】 …………… 778
第七百二十三条【出租人的权利瑕疵担保责任】 ……… 780
第七百二十四条【承租人解除合同的法定情形】 ……… 781
第七百二十五条【买卖不破租赁】 ……………………… 783
第七百二十六条【房屋承租人的优先购买权】 ………… 786
第七百二十七条【承租人对拍卖房屋的优先购买权】 …… 789
第七百二十八条【妨害承租人优先购买权的赔偿责任】 … 790
第七百二十九条【租赁物毁损、灭失的法律后果】 ……… 792
第七百三十条【租期不明的处理】 ……………………… 795
第七百三十一条【租赁物质量不合格时承租人的解除权】 …………………………………… 796
第七百三十二条【房屋承租人死亡时租赁关系的处理】 … 797
第七百三十三条【租赁物的返还】 ……………………… 798
第七百三十四条【租赁期限届满的续租及优先承租权】 … 800

第十五章 融资租赁合同

第七百三十五条【融资租赁合同的概念】 …………………… 803
第七百三十六条【融资租赁合同的内容】 …………………… 805
第七百三十七条【融资租赁通谋虚伪表示】 ………………… 807
第七百三十八条【特定租赁物经营许可对合同效力影响】 …………………………………………… 808
第七百三十九条【融资租赁标的物的交付】 ………………… 809
第七百四十条【承租人的拒绝受领权】 ……………………… 811
第七百四十一条【承租人的索赔权】 ………………………… 812
第七百四十二条【承租人行使索赔权的租金支付义务】 … 814
第七百四十三条【承租人索赔不能的违约责任承担】 …… 816
第七百四十四条【出租人不得擅自变更买卖合同内容】 … 818
第七百四十五条【租赁物的登记对抗效力】 ………………… 820
第七百四十六条【租金的确定规则】 ………………………… 822
第七百四十七条【租赁物瑕疵担保责任】 …………………… 824
第七百四十八条【出租人保证承租人占有和使用租赁物】 …………………………………………… 826
第七百四十九条【租赁物致人损害的责任承担】 ………… 827
第七百五十条【租赁物的保管、使用、维修】 …………… 828
第七百五十一条【承租人占有租赁物毁损、灭失的租金承担】 ……………………………………… 830
第七百五十二条【承租人支付租金的义务】 ………………… 831
第七百五十三条【承租人擅自处分租赁物时出租人的解除权】 ……………………………………… 833

第七百五十四条【出租人或承租人均可解除融资租赁合同情形】 …… 835
第七百五十五条【承租人承担出租人损失赔偿责任情形】 …… 837
第七百五十六条【租赁物意外毁损灭失】 …… 839
第七百五十七条【租赁期满租赁物的归属】 …… 842
第七百五十八条【承租人请求部分返还租赁物价值】 …… 844
第七百五十九条【支付象征性价款时的租赁物归属】 …… 846
第七百六十条【融资租赁合同无效时租赁物的归属】 …… 847

第十六章 保理合同

第七百六十一条【保理合同的概念】 …… 849
第七百六十二条【保理合同的内容与形式】 …… 853
第七百六十三条【虚构应收账款】 …… 857
第七百六十四条【保理人发出转让通知的表明身份义务】 …… 861
第七百六十五条【无正当理由变更、终止基础交易合同对保理人的效力】 …… 864
第七百六十六条【有追索权保理】 …… 867
第七百六十七条【无追索权保理】 …… 869
第七百六十八条【多重保理的清偿顺序】 …… 873
第七百六十九条【参照适用债权转让的规定】 …… 876

第十七章 承揽合同

第七百七十条【承揽合同的定义及类型】 …… 879
第七百七十一条【承揽合同的主要条款】 …… 883
第七百七十二条【承揽人独立完成主要工作】 …… 886

第七百七十三条【承揽人对辅助性工作的责任】 ………… 889
第七百七十四条【承揽人提供材料时的主要义务】 ……… 892
第七百七十五条【定作人提供材料时双方当事人的义务】 ………………………………… 894
第七百七十六条【定作人要求不合理时双方当事人的义务】 ……………………………… 897
第七百七十七条【中途变更工作要求的责任】 ………… 899
第七百七十八条【定作人的协作义务】 ………………… 901
第七百七十九条【定作人监督检验承揽工作】 ………… 903
第七百八十条【工作成果交付】 ………………………… 905
第七百八十一条【工作成果质量不合约定的责任】 ……… 910
第七百八十二条【支付报酬期限】 ……………………… 913
第七百八十三条【承揽人的留置权及同时履行抗辩权】 … 916
第七百八十四条【承揽人保管义务】 …………………… 919
第七百八十五条【承揽人的保密义务】 ………………… 922
第七百八十六条【共同承揽】 …………………………… 924
第七百八十七条【定作人的任意解除权】 ……………… 926

第十八章 建设工程合同

第七百八十八条【建设工程合同的定义】 ……………… 930
第七百八十九条【建设工程合同形式】 ………………… 932
第七百九十条【工程招标投标】 ………………………… 934
第七百九十一条【总包与分包】 ………………………… 936
第七百九十二条【国家重大建设工程合同的订立】 ……… 942
第七百九十三条【建设工程施工合同无效的处理】 ……… 944
第七百九十四条【勘察、设计合同主要内容】 ………… 949

第七百九十五条【施工合同主要内容】 …………………… 951
第七百九十六条【建设工程监理】 ………………………… 955
第七百九十七条【发包人检查权】 ………………………… 958
第七百九十八条【隐蔽工程】 ……………………………… 959
第七百九十九条【竣工验收】 ……………………………… 961
第八百条【勘察、设计人质量责任】 ……………………… 964
第八百零一条【施工人的质量责任】 ……………………… 967
第八百零二条【质量保证责任】 …………………………… 969
第八百零三条【发包人违约责任】 ………………………… 972
第八百零四条【发包人原因致工程停建、缓建的责任】…… 974
第八百零五条【发包人原因致勘察、设计返工、停工
或修改设计的责任】 ……………………… 976
第八百零六条【建设工程合同的法定解除】 ……………… 978
第八百零七条【工程价款的支付】 ………………………… 982
第八百零八条【参照适用承揽合同的规定】 ……………… 993

第十九章　运输合同

第一节　一般规定 / 996

第八百零九条【运输合同的定义】 ………………………… 996
第八百一十条【公共运输承运人的强制缔约义务】 ……… 998
第八百一十一条【承运人安全运输义务】 ……………… 1000
第八百一十二条【承运人合理运输义务】 ……………… 1002
第八百一十三条【支付票款或运输费用】 ……………… 1004

第二节　客运合同 / 1006

第八百一十四条【客运合同的成立】 …………………… 1006
第八百一十五条【按有效客票记载内容乘坐义务】 ……… 1007

第八百一十六条【退票与变更】…… 1010
第八百一十七条【按约定携带行李义务】…… 1012
第八百一十八条【危险物品或者违禁物品的携带禁止】…… 1013
第八百一十九条【承运人告知义务和旅客协助配合义务】…… 1015
第八百二十条【承运人迟延运输或者有其他不能正常运输情形】…… 1016
第八百二十一条【承运人变更服务标准的后果】…… 1018
第八百二十二条【承运人尽力救助义务】…… 1019
第八百二十三条【旅客伤亡的赔偿责任】…… 1021
第八百二十四条【对行李的赔偿责任】…… 1024
第三节 货运合同／1025
第八百二十五条【托运人如实申报情况义务】…… 1025
第八百二十六条【托运人办理审批、检验等手续义务】…… 1029
第八百二十七条【托运人的包装义务】…… 1030
第八百二十八条【托运人运送危险货物时的义务】…… 1032
第八百二十九条【托运人变更或解除的权利】…… 1034
第八百三十条【提货】…… 1037
第八百三十一条【收货人对货物的检验】…… 1038
第八百三十二条【承运人对货损的赔偿责任】…… 1040
第八百三十三条【确定货损额的方法】…… 1042
第八百三十四条【相继运输的责任承担】…… 1045
第八百三十五条【货物因不可抗力灭失的运费处理】…… 1047
第八百三十六条【承运人留置权】…… 1049
第八百三十七条【货物的提存】…… 1050

第四节 多式联运合同 / 1052

第八百三十八条【多式联运经营人的权利义务】………… 1052

第八百三十九条【多式联运经营人的责任承担】………… 1054

第八百四十条【多式联运单据】……………………… 1055

第八百四十一条【托运人的过错赔偿责任】……………… 1057

第八百四十二条【赔偿责任的法律适用】………………… 1058

第二十章 技术合同

第一节 一般规定 / 1061

第八百四十三条【技术合同的定义】………………… 1061

第八百四十四条【订立技术合同的原则】……………… 1065

第八百四十五条【技术合同的主要条款】……………… 1067

第八百四十六条【技术合同价款、报酬或使用费的支付方式】……………………………… 1071

第八百四十七条【职务技术成果的财产权归属】………… 1075

第八百四十八条【非职务技术成果的财产权归属】……… 1077

第八百四十九条【技术成果人身权】…………………… 1078

第八百五十条【技术合同的无效】……………………… 1079

第二节 技术开发合同 / 1082

第八百五十一条【技术开发合同的定义及种类】………… 1082

第八百五十二条【委托人的主要义务】………………… 1086

第八百五十三条【研究开发人的主要义务】……………… 1089

第八百五十四条【委托开发合同的当事人违约责任】…… 1091

第八百五十五条【合作开发各方的主要义务】…………… 1093

第八百五十六条【合作开发各方的违约责任】…………… 1096

第八百五十七条【技术开发合同的解除】……………… 1097

第八百五十八条【技术开发合同的风险责任负担】……… 1098
第八百五十九条【发明创造的归属和分享】……………… 1101
第八百六十条【合作开发发明创造专利申请权的归属和分享】……………………………………… 1103
第八百六十一条【技术秘密成果的归属与分配】………… 1105
第三节 技术转让合同和技术许可合同 / 1107
第八百六十二条【技术转让合同和技术许可合同的定义】……………………………………… 1107
第八百六十三条【技术转让合同和技术许可合同的种类及合同要件】…………………………… 1110
第八百六十四条【技术转让合同和技术许可合同的限制性条款】……………………………… 1114
第八百六十五条【专利实施许可合同的有效期限】……… 1116
第八百六十六条【专利实施许可合同许可人的义务】…… 1117
第八百六十七条【专利实施许可合同被许可人的义务】 … 1118
第八百六十八条【技术秘密让与人和许可人的义务】…… 1120
第八百六十九条【技术秘密受让人和被许可人的义务】 … 1121
第八百七十条【技术转让合同让与人和技术许可合同许可人的保证义务】…………………… 1122
第八百七十一条【技术转让合同受让人和技术许可合同被许可人保密义务】………………… 1124
第八百七十二条【技术许可人和让与人的违约责任】…… 1125
第八百七十三条【技术被许可人和受让人的违约责任】 … 1126
第八百七十四条【实施专利、使用技术秘密侵害他人合法权益责任承担】…………………… 1128
第八百七十五条【后续改进技术成果的分享办法】……… 1129

第八百七十六条【其他知识产权转让和许可的参照适用】…… 1131
第八百七十七条【技术出口合同或专利、专利申请合同的法律适用】…… 1133
第四节 技术咨询合同和技术服务合同 / 1135
第八百七十八条【技术咨询合同、技术服务合同的定义】…… 1135
第八百七十九条【技术咨询合同委托人的义务】…… 1139
第八百八十条【技术咨询合同受托人的义务】…… 1140
第八百八十一条【技术咨询合同当事人的违约责任及决策风险责任】…… 1141
第八百八十二条【技术服务合同委托人的义务】…… 1145
第八百八十三条【技术服务合同受托人的义务】…… 1146
第八百八十四条【技术服务合同的当事人违约责任】…… 1148
第八百八十五条【技术成果的归属和分享】…… 1150
第八百八十六条【受托人履行合同的费用负担】…… 1152
第八百八十七条【技术中介合同和技术培训合同法律适用】…… 1153

第二十一章 保管合同

第八百八十八条【保管合同的定义】…… 1155
第八百八十九条【保管合同的报酬】…… 1162
第八百九十条【保管合同的成立】…… 1165
第八百九十一条【保管人给付保管凭证的义务】…… 1168
第八百九十二条【保管人对保管物的妥善保管义务】…… 1170
第八百九十三条【寄存人如实告知义务】…… 1173

第八百九十四条【保管人亲自保管义务】…………………… 1176
第八百九十五条【保管人不得使用或许可他人使用保管物义务】…………………………………… 1180
第八百九十六条【保管人返还保管物的义务及危险通知义务】…………………………………… 1182
第八百九十七条【保管物毁损灭失责任】…………………… 1185
第八百九十八条【寄存贵重物品的声明义务】……………… 1187
第八百九十九条【保管物的领取及领取时间】……………… 1190
第九百条【保管人归还原物及孳息的义务】………………… 1192
第九百零一条【消费保管】…………………………………… 1194
第九百零二条【保管费的支付期限】………………………… 1197
第九百零三条【保管人的留置权】…………………………… 1199

第二十二章 仓储合同

第九百零四条【仓储合同的定义】…………………………… 1203
第九百零五条【仓储合同的成立时间】……………………… 1206
第九百零六条【危险物品和易变质物品的储存】…………… 1209
第九百零七条【仓储物的验收】……………………………… 1211
第九百零八条【保管人出具仓单、入库单义务】…………… 1213
第九百零九条【仓单的内容】………………………………… 1215
第九百一十条【仓单的转让和出质】………………………… 1217
第九百一十一条【检查仓储物或提取样品的权利】………… 1219
第九百一十二条【保管人的通知义务】……………………… 1220
第九百一十三条【保管人危险催告义务和紧急处置权】 … 1222
第九百一十四条【仓储物的提取】…………………………… 1224
第九百一十五条【仓储物的提取规则】……………………… 1226

第九百一十六条【逾期提取仓储物】…………………… 1227
第九百一十七条【保管不善的责任承担】……………… 1228
第九百一十八条【参照适用保管合同的规定】………… 1231

第二十三章 委托合同

第九百一十九条【委托合同的概念】…………………… 1233
第九百二十条【委托权限】……………………………… 1239
第九百二十一条【处理委托事务的费用】……………… 1240
第九百二十二条【受托人服从指示的义务】…………… 1243
第九百二十三条【受托人亲自处理委托事务】………… 1246
第九百二十四条【受托人的报告义务】………………… 1249
第九百二十五条【受托人以自己名义从事受托事务的法律效果】……………………………… 1251
第九百二十六条【委托人的介入权与第三人的选择权】… 1255
第九百二十七条【受托人转移所得利益的义务】……… 1258
第九百二十八条【委托人支付报酬的义务】…………… 1259
第九百二十九条【因受托人过错致委托人损失的赔偿责任】………………………………… 1261
第九百三十条【委托人的赔偿责任】………………… 1263
第九百三十一条【委托人另行委托他人处理事务】……… 1265
第九百三十二条【共同委托】………………………… 1266
第九百三十三条【任意解除权】………………………… 1268
第九百三十四条【委托合同的终止】…………………… 1273
第九百三十五条【受托人继续处理委托事务】………… 1276
第九百三十六条【受托人死亡后其继承人等的义务】…… 1278

第二十四章 物业服务合同

第九百三十七条【物业服务合同的定义】…………………… 1281
第九百三十八条【物业服务合同的内容与形式】………… 1296
第九百三十九条【物业服务合同的约束力】……………… 1304
第九百四十条【前期物业服务合同的终止情形】………… 1315
第九百四十一条【物业服务合同的转委托】……………… 1316
第九百四十二条【物业服务人的义务】…………………… 1320
第九百四十三条【物业服务人的信息公开义务】………… 1325
第九百四十四条【业主支付物业费义务】………………… 1327
第九百四十五条【业主的告知、协助义务】……………… 1339
第九百四十六条【业主解聘物业服务人】………………… 1342
第九百四十七条【物业服务人的续聘】…………………… 1348
第九百四十八条【不定期物业服务合同的成立与解除】 … 1350
第九百四十九条【物业服务合同终止后原物业服务人的义务】………………………………… 1351
第九百五十条【物业服务合同终止后新合同成立前期间的相关事项】……………………………… 1356

第二十五章 行纪合同

第九百五十一条【行纪合同的概念】……………………… 1359
第九百五十二条【行纪人的费用负担】…………………… 1365
第九百五十三条【行纪人保管义务】……………………… 1367
第九百五十四条【行纪人处置委托物义务】……………… 1368
第九百五十五条【行纪人按指定价格买卖的义务】……… 1370
第九百五十六条【行纪人的介入权】……………………… 1373

第九百五十七条【委托人受领、取回义务及行纪人提存委托物】…… 1375
第九百五十八条【行纪人的直接履行义务】…… 1377
第九百五十九条【行纪人的报酬请求权及留置权】…… 1378
第九百六十条【参照适用委托合同的规定】…… 1381

第二十六章　中介合同

第九百六十一条【中介合同的概念】…… 1383
第九百六十二条【中介人的如实报告义务】…… 1391
第九百六十三条【中介人的报酬请求权】…… 1396
第九百六十四条【中介人的中介费用】…… 1405
第九百六十五条【委托人“跳单”应支付中介报酬】…… 1408
第九百六十六条【参照适用委托合同的规定】…… 1415

第二十七章　合伙合同

第九百六十七条【合伙合同的定义】…… 1418
第九百六十八条【合伙人的出资义务】…… 1423
第九百六十九条【合伙财产的定义】…… 1428
第九百七十条【合伙事务的执行】…… 1431
第九百七十一条【合伙人执行合伙事务不得请求支付报酬】…… 1438
第九百七十二条【合伙的利润分配和亏损分担】…… 1439
第九百七十三条【合伙人对合伙债务的连带责任及追偿权】…… 1442
第九百七十四条【合伙人转让财产份额的要求】…… 1446
第九百七十五条【合伙人债权人代位行使权利的限制】…… 1449
第九百七十六条【合伙期限的推定】…… 1452

第九百七十七条【合伙人死亡、民事行为能力丧失或终止时合伙合同的效力】………… 1454
第九百七十八条【合伙合同终止后剩余财产的分配规则】………… 1458

第三分编 准合同

第二十八章 无因管理

第九百七十九条【无因管理的定义及法律效果】………… 1463
第九百八十条【不适当的无因管理】………… 1473
第九百八十一条【管理人的善良管理义务】………… 1476
第九百八十二条【管理人的通知义务】………… 1477
第九百八十三条【管理人的报告及移交财产义务】………… 1479
第九百八十四条【本人对管理事务的追认】………… 1481

第二十九章 不当得利

第九百八十五条【不当得利的构成及除外情况】………… 1484
第九百八十六条【善意得利人的返还责任】………… 1499
第九百八十七条【恶意得利人的返还责任】………… 1501
第九百八十八条【第三人的返还义务】………… 1503

第三编　合　同

合同制度是社会主义市场经济的基本法律制度。1999 年九届全国人大二次会议通过了合同法。合同法的实施对保护当事人合法权益、促进商品和要素自由流动、实现公平交易和维护经济秩序发挥了重要作用。贯彻全面深化改革的精神，使市场在资源配置中起决定性作用，必须坚持维护契约、平等交换、公平竞争，完善社会主义市场经济法律制度。合同编设三个分编，共二十九章五百二十六条。合同编规定了合同的调整范围、合同解释等一般性规定，修改完善了合同的订立、效力、履行、保全、变更和转让以及违约责任等合同基本制度；在合同法规定的十五类典型合同的基础上，增加了保证合同、保理合同、物业服务合同、合伙合同四类典型合同，共规定了十九类典型合同；对无因管理和不当得利的一般性规则作了规定。值得注意的是，民法典实施后，担保法将不再适用，担保法中关于担保物权的规定已被民法典物权编所取代，而担保法关于定金和保证的规定为民法典合同编所吸收，其中定金规则吸收进合同编第八章违约责任中，保证规则吸收进合同编第十三章保证合同中。

在民法典编纂过程中，对于是否设置债法总则，存在一定的争论。

支持设置债法总则的理由主要有：债法总则是很多国家编纂民法典的立法选择；债法总则是民法典体系化和科学化的反映；

债法总则能体现债的共同规则体系，并据此实现体系整合，保持体系开放性。反对设置债法总则的主要理由有：有些国家的民法典未设置债法总则；债的很多规则不具有普遍适用性，例如合同之债与侵权之债固然有一些共性，但各自的特性更为明显。此外，从我国民事立法进程来看，是先制定民事单行法，再在此基础上编纂民法典。合同法的总则、侵权责任法的一般规定已经涵盖了债法总则的绝大部分内容，司法实务中也已经比较习惯直接适用合同法处理合同案件、直接适用侵权责任法处理侵权案件，比较方便实用。而如果设置债法总则，抽取共性规则，以此统率合同之债和侵权之债，将会导致规则过于抽象和多层次的结果，不利于法律适用，也不符合多年来形成的司法实践现状。

经反复研究讨论，民法典没有设置债法总则。考虑到合同法总则已经涵盖了大部分债的一般性规则，合同编通则在合同法总则基础上做了以下调整，使合同编通则在一定程度上发挥债法总则的作用，以更好规范各类债权债务关系：

一是增加指引性规范，明确了非合同之债的法律适用规则。《民法典》第 468 条明确规定，非因合同产生的债权债务关系，适用有关该债权债务关系的法律规定；没有规定的，适用本编通则的有关规定，但是根据其性质不能适用的除外。

二是补充完善了债法的一般性规则。为了使合同编通则更好地发挥债法总则的作用，合同编通则在合同法总则基础上，补充完善了债法的一般性规则。例如，增加了多数人之债的有关内容，《民法典》第 515 条至第 521 条共 7 个条文，对选择之债、按份之债、连带之债的基本规则作了规定；增加了债务加入规则，《民法典》第 552 条对债务加入规则作了原则性规定，等等。

三是将合同编通则中能够适用于非合同之债的具体规则，尽量通过措辞予以明确指示。对可适用于所有债的类型的共同规则，条文中尽量不使用“合同”、“合同权利”、“合同义务”的表述，而是采用“债”、“债权”、“债务”的表述，而就合同的订立、效力和解除等仅能适用于合同之债的规则仍然使用“合同”的表述。例如，《民法典》第514条中“以支付金钱为内容的债”，可以适用于所有债的类型，因此采用了“债”的表述；《民法典》第517条至第521条规定的按份之债、连带之债的有关内容，也属于债的一般性规则，都是采用的“债权”、“债务”的表述；《民法典》第545条将合同法第79条关于债权转让规定“债权人可以将合同的权利全部或者部分转让给第三人”中的“合同的权利”修改为“债权”，表述为“债权人可以将债权的全部或者部分转让给第三人”；《民法典》第551条将合同法第84条关于债务承担规定的“债务人将合同的义务全部或者部分转移给第三人”中的“合同的义务”修改为“债务”，表述为“债务人将债务的全部或者部分转移给第三人”。再如，合同法第91条关于合同的权利义务终止情形第2项所规定的“解除”仅能适用于合同，而履行、抵销等规则可以适用于所有的债，基于此，《民法典》第557条对此作出修改，将“合同解除”单列为第2款，并将第1款中的“合同的权利义务终止”修改为“债权债务终止”，用以表明第1款中的履行、抵销等规则也可以适用于合同之外的其他债。但是，为了保持合同编体例结构的清晰和完整，合同编各章标题仍然都采用“合同”表述。

此外，无因管理和不当得利也属于传统民法中债法总则的内容，基于此，合同编单设第三分编“准合同”，对无因管理、不当得利两种非合同之债的基本规则作了规定。

第一分编 通 则

合同编通则共八章一百三十二条，对一般规定、合同的订立、合同的效力、合同的履行、合同的保全、合同的变更和转让、合同的权利义务终止、违约责任等合同基本制度作了全面、系统的规定。合同编通则认真总结和吸收合同法实施20年来的司法实践经验，以问题为导向，在合同法总则的基础上，对体例结构、具体规则等都作了进一步修改完善。在合同编通则制定过程中，注意把握了以下几点：

一、处理好合同编通则与民法典总则编之间的关系

民法典总则编在整个民法典中起统领性作用，合同编通则从以下几个方面保持与民法典总则编的协调：

一是合同编通则落实了民法典总则编的有关规定。例如，民法典总则编将诚信原则作为民法的基本原则。《民法典》第7条规定，民事主体从事民事活动，应当遵循诚信原则，秉持诚实，恪守承诺。合同编将诚信原则贯穿到合同的各个环节。依照《民法典》第500条规定，在订立合同过程中，当事人有假借订立合同、恶意进行磋商，故意隐瞒与订立合同有关的重要事实或者提供虚假情况，或者有其他违背诚信原则的行为，造成对方损失的，应当承担赔偿责任。依照《民法典》第509条规定，在履行合同过程中，当事人应当遵循诚信等原则，根据合同的性质、目的和交易习惯履行通知、协助、保密等义务。依照《民法典》第558条规定，债权债务终止后，当事人应当遵循诚信原则，根据交易习惯履行通知、协助、保密、旧物回收等义务。再如，《民法典》将绿色原则作为民法的基本原则。《民法典》第9条规定，民事主体从事民事活动，应当有利于节约资源、保护生态环境。合同编将绿色原则落实到合同制度中。《民法典》第509条第3款规定，当事人在履行合同过程中，应当避免浪费资源、污染环境和破坏生态。第558条规定，债权债务终止后，当事人除应当遵循诚信等原则，根据交易习惯履行通知、协助、保密等义务外，还应当履行旧物回收义务。第625条针对买卖合同作出规定，依照法律、行政法规的规定或者按照当事人的约定，标的物在有效使用年限届满后应予回收的，出卖人负有自行或者委托第三人对标的物予以回收的义务。

二是合同编通则删除了与民法典总则编重复、冲突的内容。(1)合同编通则删除了合同法第一章对平等、自愿、公平、诚信、守法和不得损害社会公共利益等原则的规定。《合同法》第3条规定："合同当事人的法律地位平等，一方不得将自己的意志强加给另一方。"第4条规定："当事人依法享有自愿订立合同的权利，任何单位和个人不得非法干预。"第5条规定："当事人应当遵循公平原则确定各方的权利和义务。"第6条规定："当事人行使权利、履行义务应当遵循诚实信用原则。"第7条规定："当事人订立、履行合同，应当遵守法律、行政法规，尊重社会公德，不得扰乱社会经济秩序，损害社会公共利益。"这些内容均在民法典总则编第4条至第8条作了规定，合同编没有必要再作重复性规定，故删去了这些内容。(2)合同编通则删去了合同法关于合同效力的大量规定。合同属于民事法律行为的一种，民法典总则编在对民事法律行为的效力等已经作出规定的前提下，合同编通则没有必要再作重复性规定，基于此，合同编通则删去了合同法第三章规定的附生效条件和附生效期限合同、限制民事行为能力人订立的合同效力、无权代理和表见代理、合同无效和合同被撤销等内容。

三是将合同编通则的相关内容与民法典总则编作衔接性、指引性规定。合同编通则在大量删去与民法典总则编重复内容的同时，为了保持合同编相关制度规则的体系完整，便于法律的理解与适用，还对相关内容与民法典总则编作了衔接性规定，采用指引性表述，直接指引到总则编相关条文。例如，《合同编》第466条第1款规定："当事人对合同条款的理解有争议的，应当依据本法第一百四十二条第一款的规定，确定争议条款的含义。"该规定将对争议条款的解释规范直接指引到总则编第142条第1款关于对有相对人的意思表示的解释。再如，合同编通则第二章合同的订立对要约、承诺的有关规则作了规定。要约、承诺均属于意思表示，因此，民法典总则编第137条对意思表示的生效时间所作的规定、第141条对意思表示的撤回规则所作的规定，均适用于要约、承诺。鉴于合同编中要约、承诺规则体系较为复杂，从有利于对制度的理解与适用的角度，有必要保持要约、承诺规则体系的完整，基于此，合同编在将要约和承诺的生效时间、撤回规则删除的同时，采用了指引性表述，直接指引到民法典总则编第137条对意思表示的生效时间的规定、第141条对意思表示撤回规则的规定。《合同编》第474条规定："要约生效的时间适用本法第一百三十七条的规定。"第475条规定："要约可以撤回。要约的撤回适用本法第一百四十一条的规定。"第484条第1款规定："以通知方式作出的承诺，生效的时间适用本法第一百三十七条的规定。"第485条规定："承诺可以撤回。承诺的撤回适用本法第一百四十一条的规定。"

二、补充完善债法的一般性规则，使合同编通则尽可能发挥债法总则的作用

前已述及，民法典不设债法总则，使合同编通则发挥债法总则的作用。基于此，合同编通则明确了非合同之债的法律适用规则，即《民法典》第 468 条规定：“非因合同产生的债权债务关系，适用有关该债权债务关系的法律规定；没有规定的，适用本编通则的有关规定，但是根据其性质不能适用的除外。”此外，合同编通则中还加入了不少债法的一般性规则，例如《民法典》第 515 条至第 521 条对选择之债、按份之债、连带之债的基本规则作了规定。

三、根据司法实践发展情况，在合同法总则的基础上，对合同基本制度作了进一步修改完善

为了满足实践需求，合同编通则每一章均对合同法总则的规定作了相应修改完善。例如，在合同编通则第二章合同的订立中，为适应电子商务和数字经济快速发展的需要，规范电子交易行为，对电子合同订立、履行的特殊规则作了规定；为加大对弱势合同当事人一方的保护，完善了格式条款制度，在合同编通则第三章合同的效力中，规定了未办理批准手续影响合同生效情形下的报批义务条款的效力规则。在合同编通则第四章合同的履行中，增加规定了真正的利益第三人合同规则，对情势变更规则作了明确规定。在合同编通则第五章合同的保全中，为了强化对债权实现的保护力度，对债权人代位权和撤销权制度作了进一步完善。在合同编通则第六章合同的变更和转让中，增加债务加入规则，对债权禁止让与特约规则作了完善。在合同编通则第七章合同的权利义务终止中，增加规定债务清偿抵充规则，完善合同解除制度、抵销制度、提存制度。在合同编通则第八章违约责任中，补充完善定金规则，增加非违约方有过错情形下的损害减轻规则等。

第一章 一般规定

本章是关于合同编的一般性规定，共六个条文，分别对合同编的调整范围、合同的定义和身份关系协议的法律适用规则、合同相对性原则、合同解释规则、非典型合同及特定涉外合同的法律适用规则、非合同之债的法律适用规则等作了规定。

第四百六十三条 本编调整因合同产生的民事关系。

◆ 条文主旨

本条是关于合同编调整范围的规定。

◆ 立法背景

合同是民事主体之间设立、变更、终止民事法律关系的协议。合同编的调整范围是因合同产生的民事关系。合同编第一分编“通则”从合同各方享有的民事权利、承担的民事义务或者责任的角度，分别对合同的订立与效力、合同的履行、合同的保全、合同的变更和转让、合同的权利义务终止、违约责任等内容作总括性、系统性规定。合同编第二分编“典型合同”，则针对 19 类典型合同的各自特点，对这些典型合同各方主体享有的民事权利、承担的民事义务或者责任作具体规定。至于合同编第三分编“准合同”，则主要是从民法典整体体例结构考虑，民法典不设债法总则，而将无因管理和不当得利这些属于债法主要规则的内容放到合同编予以规定。

◆ **条文解读**

根据本条规定，可以从以下几个方面理解合同编调整范围：

一是合同编的调整范围涵盖了所有平等民事主体之间设立、变更、终止民事权利义务关系的协议。为了更好理解这一点，有必要回顾一下我国合同法的发展历史。党的十一届三中全会以来，我国先后制定了经济合同法、涉外经济合同法和技术合同法三部合同法。这三部合同法对保护合同当事人的合法权益，维护社会经济秩序，促进国内经济、技术和对外经济贸易的发展，保障社会主义建设事业的顺利进行，发挥了重要作用。但是，随着改革开放的不断深入和扩大、经济贸易的不断发展，这三部法律的一些规定已经不能完全适应经济发展状况了，存在的主要问题有：第一，国内经济合同、涉外经济合同和技术合同分别适用不同的合同法律制度，有些共性的问题不统一，某些规定较为原则，有的规定不尽一致。第二，调整范围不能完全适应经济发展。随着经济社会快速发展，各种交易形式不断涌现，出现了融资租赁等新的合同种类，委托、行纪等合同也日益增多，需要相应作出规定。根据党的十四大关于建立社会主义市场经济体制的要求，1993 年对经济合同法进行了修改，同时开始着手研究起草统一的合同法。在这个背景下，统一合同法的起草以经济合同法、涉外经济合同法和技术合同法三部合同法律为基础，进一步总结实践经验，并充分借鉴了境外合同法律制度的有益经验，经过反复研究修改，1999 年 3 月 15 日第九届全国人民代表大会第二次会议通过了合同法。

1999 年合同法的调整范围与原经济合同法、涉外经济合同法和技术合同法三部合同法相比，作了适当扩大。原经济合同法、涉外经济合同法和技术合同法的调整范围各有侧重。原经济合同法调整范围是平等民事主体的法人、其他经济组织、个体工商户、农村承包经营户相互之间，为实现一定经济目的，明确相互权利义务关系而订立的合同，不包括公民之间以及公民与法人、其他经济组织之间的合同。原涉外经济合同法适用范围是中华人民共和国的企业或者其他经济组织同外国的企业和其他经济组织或者个人之间订立的经济合同，不包括我国公民同外国企业和其他组织或者个人之间的经济合同。原技术合同法适用范围是法人之间、法人和公民之间、公民之间订立的技术合同，但不包括涉外技术合同。而统一的合同法的适用范围扩大了：一是合同主体，包括中国、外国的个人之间、组织之间以及个人与组织之间订立的合同；二是合同的种类扩大为平等主体之间设立、变更、终止民事权利义务关系的协议，不再限于经济合同、技术合同。《合同法》第 2 条第 1 款规定："本法所称合同是平等主体的自然人、法人、其他组织之间设立、变更、终止民事权利义务关系的协议。"

合同法第 2 条直接通过给"合同"下定义的方式，明确合同法的调整范围。民法典合同编的调整范围延续了合同法的规定，但作了一定的技术处理，即合同编的调整范围是由第 463 条和第 464 条第 1 款结合起来作出规定的，先由本条明确合同编调整因合同产生的民事关系，再由第 464 条第 1 款规定，合同是民事主体之间设立、变更、终止民事法律关系的协议。合同编的调整范围与合同法的规定是一致的，即合同编调整平等主体的自然人、法人、其他组织之间设立、变更、终止民事法律关系的协议。合同编本条规定还有体例结构的考虑，即与民法典物权编、人格权编、婚姻家庭编、继承编、侵权责任编相协调，采用了较为一致性的表述，开篇简要点明该编调整范围。比如，第二编物权编第 205

条规定，本编调整因物的归属和利用产生的民事关系；第四编人格权编第 989 条规定，本编调整因人格权的享有和保护产生的民事关系；第五编婚姻家庭编第 1040 条规定，本编调整因婚姻家庭产生的民事关系；第六编继承编第 1119 条规定，本编调整因继承产生的民事关系；第七编侵权责任编第 1164 条规定，本编调整因侵害民事权益产生的民事关系。

二是合同编属于民法典的一个分编，调整的是民事关系，不属于民事关系的其他活动，不适用合同编。（1）政府对经济的管理活动，属于行政管理关系，不适用合同编。例如，贷款、租赁、买卖等民事关系，适用合同编；而财政拨款、征用等，是政府行使行政管理职权，属于行政关系，适用有关行政法，不适用合同编。（2）企业、单位内部的管理关系，是管理与被管理的关系，不是平等主体之间的关系，也不适用合同编。例如，加工承揽是民事关系，适用合同编；而工厂车间内的生产责任制，是企业的一种管理措施，不适用合同编。

三是关于政府机关参与的合同，应当区别不同情况分别处理。（1）政府机关作为平等的主体与对方签订合同的，如购买办公用品，属于一般的合同关系，适用合同编。（2）属于行政管理关系的协议，如有关综合治理、环境保护等协议，不是民事关系，不适用合同编。（3）政府的采购活动。对政府的采购行为应加以规范，目的主要在于提高政府采购资金的使用效益，维护国家利益和社会公共利益，促进廉政建设等。但这种规范，主要是对政府的采购行为加以约束，并不是约束对方。对于政府采购行为本身，由政府采购法来规范，而政府与对方之间订立的政府采购合同要适用民法典合同编。我国《政府采购法》第 43 条第 1 款明确规定："政府采购合同适用合同法。采购人和供应商之间的权利和义务，应当按照平等、自愿的原则以合同方式约定。"政府采购法第五章专门对政府采购合同作了规定，就政府采购合同的订立、履行、变更等作了有针对性地规定。政府采购合同既要适用合同编，也要适用这些规定。（4）关于国家订货任务或指令性任务问题。我国实行社会主义市场经济体制，指令性计划不是合同编普遍适用的基本原则。根据抢险救灾、疫情防控以及保证国防重点建设等需要，在个别情况下，国家需要下达国家订货任务或指令性任务，为此，在合同编关于合同的订立一章中规定，国家根据抢险救灾、疫情防控或者其他需要下达国家订货任务、指令性任务的，有关民事主体之间应当依照有关法律、行政法规规定的权利和义务订立合同。

第四百六十四条 合同是民事主体之间设立、变更、终止民事法律关系的协议。

婚姻、收养、监护等有关身份关系的协议，适用有关该身份关系的法律规定；没有规定的，可以根据其性质参照适用本编规定。

◆ 条文主旨

本条是关于合同定义和身份关系协议法律适用的规定。

◆ 立法背景

本条关于合同定义的规定，是在合同法第 2 条第 1 款基础上修改而来。《合同法》第 2 条第 1 款规定：“本法所称合同是平等主体的自然人、法人、其他组织之间设立、变更、终止民事权利义务关系的协议。”本条第 1 款主要是对合同法第 2 条第 1 款作了两处修改：

一是将“平等主体的自然人、法人、其他组织”修改为“民事主体”。这样修改是基于《民法典》第2条已经对民法的调整范围作了总括性规定。《民法典》第2条规定：“民法调整平等主体的自然人、法人和非法人组织之间的人身关系和财产关系。”合同编本条没有必要再重复规定“平等主体的自然人、法人和非法人组织”，直接以“民事主体”概括即可。

二是将“民事权利义务关系”修改为“民事法律关系”，这样修改也是为了与《民法典》第5条的表述相统一。《民法典》第5条即采用了“设立、变更、终止民事法律关系”的表述。《民法典》第5条规定：“民事主体从事民事活动，应当遵循自愿原则，按照自己的意思设立、变更、终止民事法律关系。”

◆ 条文解读

对本条第1款关于合同定义的规定可以从以下几个方面理解：合同编所规定的“合同”是民事主体之间的协议，即平等主体的自然人、法人和非法人组织之间的协议。首先，“平等主体”是民事关系的核心特征。从行政管理的角度，行政机关与行政相对人之间系不平等主体；从企业管理的角度，企业与职工也系不平等主体，这些都不属于“民事主体”。其次，民事主体包括自然人、法人和非法人组织三类。自然人是最基本的民事主体，民法通则用的是“公民（自然人）”，合同法在起草过程中用过“公民”，但考虑到“公民”含义窄了，不能包括外国人，最终用的是“自然人”。民法总则直接规定为“自然人”。“自然人”就是通常意义上的人，民法上使用这个概念，主要是与法人相区别。自然人不仅包括中国公民，还包括我国领域内的外国人和无国籍人。“法人”是一种社会组织，法律基于社会现实的需要，赋予符合一定条件的组织法人资格，便于这些组织独立从事民事活动。

《民法典》第 57 条规定："法人是具有民事权利能力和民事行为能力，依法独立享有民事权利和承担民事义务的组织。"总则编将法人分为营利法人、非营利法人、特别法人等，特别法人包括机关法人、农村集体经济组织法人、城镇农村的合作经济组织法人、基层群众性自治组织法人。对于自然人、法人之外的个人独资企业、合伙企业等其他组织，是否可以作为一类独立的民事主体，一直以来存在着争议。在民法总则制定过程中，基于社会实践和多数意见，考虑到赋予个人独资企业、合伙企业等不具有法人资格的组织民事主体地位，有利于其开展民事活动，促进经济社会发展，民法总则明确将个人独资企业、合伙企业、不具有法人资格的专业服务机构等作为第三类民事主体"非法人组织"。民法典将民法总则纳入作为总则编，延续了关于非法人组织的规定。

本条第 2 款是关于身份关系的协议参照适用合同编的规定。合同编主要调整财产关系，婚姻、收养、监护等有关身份关系的协议有其特殊性，相关法律对这些身份关系作出规定的，适用该相关法律规定；如果对这些身份关系没有相关法律规定，可以根据婚姻、收养、监护这类身份关系协议的性质，参照适用合同编的相关规定。本款是对身份关系协议特定情况下可以参照适用合同编所作的原则性规定，对某一具体的身份关系协议是否可以以及如何参照适用合同编的相关规定，法律无法作统一性规定，只能根据该身份关系协议的性质，具体情况具体判断。

第四百六十五条 依法成立的合同，受法律保护。

依法成立的合同，仅对当事人具有法律约束力，但是法律另有规定的除外。

◆ **条文主旨**

本条是关于依法成立的合同受法律保护以及合同相对性原则的规定。

◆ **立法背景**

第 1 款是关于依法成立的合同受法律保护的规定。合同制度是社会主义市场经济的基本法律制度，党的十八届四中全会即是把编纂民法典的重大立法任务作为加强市场法律制度建设的重要内容提出的。对当事人依法成立的合同予以法律保护，有利于维护契约精神，鼓励交易，是加强市场法律制度建设的重要内容，是使市场在资源配置中起决定性作用的需要。

第 2 款是关于合同相对性原则的规定。实践中，当事人基于交易的实际情况，自愿选择订立合同的对方当事人、自愿约定合同的内容，对交易具有明确预期。法律设定合同相对性原则，使合同仅对当事人产生法律约束力，是对民法自愿原则即意思自治原则的体现和保障，有利于保护并实现合同当事人的交易预期，进而达到鼓励交易的目的。若没有合同相对性原则，交易将处于一种不确定的状态，极大地阻碍交易发展。正因为合同相对性原则在整个合同制度中具有重要的基础地位，一些国家或者地区也普遍认可合同相对性原则。《法国民法典》就此作出了明文规定，如第 1199 条规定，契约仅在缔约人之间产生债务；在不影响本节的规定和第四编第三章规定适用的情况下，第三人既不可以要求合同的履行，也不可以被要求履行合同。德国民法典、日本民法典、我国台湾地区的“民法”虽未对合同相对性原则作明文规定，但在理论和实践中，债的相对性原则被视为基于债的自身性质所当然具有的原则。在英美法系中，因法律上不存在债的概念及体系，直接称之为“合同的相对性”，并得到普遍认可。

◆ 条文解读

对第1款规定，可以从以下两个方面理解：

1. 关于“依法成立的合同”。合同成立的核心要素是意思表示一致。《民法典》第134条对民事法律行为的成立作了一般性规定，即民事法律行为可以基于双方或者多方的意思表示一致成立，也可以基于单方的意思表示一致成立。合同一般属于双方民事法律行为，比如合同编规定的买卖合同等大部分典型合同均属于双方民事法律行为，双方意思表示一致即可成立；但有的合同，比如合伙合同的成立，需要多个合伙人意思表示一致。合同编对合同的成立时间和成立条件等作了进一步规定。《民法典》第483条规定，承诺生效时合同成立。第490条规定：“当事人采用合同书形式订立合同的，自当事人均签名、盖章或者按指印时合同成立。在签名、盖章或者按指印之前，当事人一方已经履行主要义务，对方接受时，该合同成立。法律、行政法规规定或者当事人约定合同应当采用书面形式订立，当事人未采用书面形式但是一方已经履行主要义务，对方接受时，该合同成立。”第491条第1款规定，当事人采用信件、数据电文等形式订立合同要求签订确认书的，签订确认书时合同成立。第491条第2款对电子合同的成立时间作出规定，即当事人一方通过互联网等信息网络发布的商品或者服务信息符合要约条件的，对方选择该商品或者服务并提交订单成功时合同成立，但是当事人另有约定的除外。此外，合同编还对个别实践合同的成立时间作了特别规定。所谓实践合同，又称要物合同，指除了当事人双方意思表示一致外，尚需交付标的物或者完成其他现实给付才能成立的合同。合同编规定的实践合同有定金合同、自然人之间的借款合同、保管合同三类。《民法典》第586条规定，定金合同自实际交付定金时成立。第679条规定，自然人之间的借款合同，自贷款人提供借款时成立。第890条规定，保管合同自保管物交付时成立，但是当事人另有约定的除外。

2. 关于“受法律保护”。依法成立的合同受法律保护，包含两个层面的意思：

一是对当事人而言，合同依法成立后，不管是否实际生效，均对当事人产生法律约束力。合同的成立时间和合同生效时间原则上是一致的。《民法典》第136条规定，民事法律行为自成立时生效，但是法律另有规定或者当事人另有约定的除外。《民法典》第502条第1款规定，依法成立的合同，自成立时生效，但是法律另有规定或者当事人另有约定的除外。已成立并生效的合同对当事人具有法律约束力体现在当事人必须尊重该合同，并通过自己的行为全面履行合同所设定的义务。当事人一方不履行合同义务或者履行合同义务不符合约定的，对方当事人有权请求其承担继续履行、采取补救措施或者赔偿损失等违约责任。除非当事人另有约定或者法律另有规定，不允许任何一方当事人擅自解除或者变更合同。这时的法律约束力对当事人来说既包括全面积极地履行合同所设定的义务，也包括负有不擅自解除或者变更合同的不作为义务。对于依法成立、但还不具备生效要件的合同，在生效要件尚不具备前，除非当事人另有约定或者法律另有规定，任意一方当事人也不得擅自变更或者解除民事法律行为。例如，对于附条件的民事法律行为，在条件未成就前，其虽还没有生效，但任何一方当事人也不得擅自解除或者变更，也不得为自己的利益不正当地阻止条件成就。这时的法律约束力主要体现在当事人的这种不作为义务上。但在特定情况下，这并不妨碍要求当事人履行约定的使合同生效的义务，例如依照《民法典》第502条第2款规定，对于依法成立但应当办理批准等手续才能生效的合同，合同虽因当事人未办理批准手续而不生效，但不影响合同中履行报批等义务条款以及相关条款的效力。应当办理批准等手续的当事人未履行义务的，对方可以请求其承担违反该义务的责任。《民法典》第502条第2款的规定充分体现了对“依法成立的合同受法律保护”这一规定的落实。

二是对当事人之外的第三人而言，合同依法成立后，当事人之外的任何组织或者个人均不得非法干预合同，例如非法阻止合同的正常履行、强迫当事人变更或者解除合同等。

本条第2款可以从合同相对性及其例外两个方面来理解：

1. 关于合同相对性原则。本条第2款规定，依法成立的合同，仅对当事人具有法律约束力，该规定明确确立了合同相对性原则。合同相对性原则是指合同项下的权利与义务只由合同当事人享有或者承担，合同仅对当事人具有法律约束力，对合同当事人之外的第三人不具有法律约束力。具体而言，对于依法成立的合同，只能由合同当事人享有合同上的权利，当事人之外的任何第三人不能向合同债务人主张合同上的权利；合同义务由合同当事人承担，合同债权人不得要求当事人之外的第三人承担合同义务，当事人之外的第三人也不得代为履行合同义务；合同债务人不履行合同义务或者履行合同义务不符合约定的，应当向债权人承担违约责任，而非向当事人之外的第三人承担违约责任。

合同相对性原则在整个合同制度中具有重要的基础地位，合同编将合同相对性原则在第一章“一般规定”中予以明确，确立了合同相对性原则在合同编中的基础地位，并在相关制度中得到具体体现。例如，《民法典》第522条第1款关于不真正第三人利益合同的规定即体现了合同相对性原则。该款规定，当事人约定由债务人向第三人履行债务，债务人未向第三人履行债务或者履行债务不符合约定的，应当由债务人向债权人，而不是向第三人承担违约责任。再如，《民法典》第523条关于由第三人履行合同的规定也体现了合同相对性原则。该条规定，当事人约定由第三人向债权人履行债务，第三人不履行债务或者履行债务不符合约定的，由债务人向债权人承担违约责任，而不是由第三人向债权人承担违约责任。

2. 合同相对性原则的例外。依据本条第2款的规定，合同相对性原则只有一个例外，即“法律另有规定”。民事活动纷繁复杂，当事人之间订立的合同，不可避免地与第三人产生各式各样的联系，合同当事人与第三人存在各式各样的利益关系，在法律确立合同相对性原则的前提下，也有必要针对个别情形作出例外规定，允许在这些特定情形下突破合同相对性原则。目前，法律对合同相对性原则的例外规定主要有以下几种：一是合同的保全。在现实经济生活中，一些债务人怠于行使自己的债权或者无偿、低价处分自己的财产权益等，影响债权人的债权实现，损害了债权人的利益。如果严守合同相对性原则，债权人无权干涉债务人不当减少自身责任财产的行为，对债权人是很不公平的。为了保护债权人的利益，合同编专门规定了合同保全制度，赋予债权人代位权和撤销权，债权人可以在符合法定条件时介入当事人之间的合同，代位行使债务人对相对人的债权或者与该债权有关的从权利，撤销债务人积极减少责任财产的有关行为。二是真正的利益第三人合同制度。为了在特定情形下促进合同目的的实现，保护第三人利益，合同编增加了真正的利益第三人合同制度。依照《民法典》第522条第2款的规定，法律规定或者当事人约定第三人可以直接请求债务人向其履行债务，第三人未在合理期限内明确拒绝的，第三人不仅对债务人取得债务履行请求权，还可以在债务人不履行债务或者履行债务不符合约定时，请求债务人承担违约责任。三是规定了当事人之外的第三人对履行债务具有合法利益情形时的代为履行制度。《民法典》第524条第1款规定，债务人不履行债务，第三人对履行该债务具有合法利益的，第三人有权向债权人代为履行；但是，根据债务性质、按照当事人约定或者依照法律规定只能由债务人履行的除外。四是“买卖不破租赁”制度。为了保护处于弱势地位的承租人利益，许多国家或者地区都规定了“买卖不破租赁”制度。我国合同编对此也作了规定。《民法典》第725条规定，租赁物在承租人按照租赁合同占有期限内发生所有权变动的，不影响租赁合同的效力。即租赁合同对新的所有权人仍然具有法律约束力。

第四百六十六条 当事人对合同条款的理解有争议的，应当依据本法第一百四十二条第一款的规定，确定争议条款的含义。

合同文本采用两种以上文字订立并约定具有同等效力的，对各文本使用的词句推定具有相同含义。各文本使用的词句不一致的，应当根据合同的相关条款、性质、目的以及诚信原则等予以解释。

◆ **条文主旨**

本条是关于合同解释的规定。

◆ **立法背景**

合同条款是基于合同当事人意思表示一致而订立的，但在实践中由于种种原因，当事人可能会对合同某些条款的理解发生争议。对争议条款含义的确定，应当探究当事人双方（或者多方）

订立合同时真实的意思表示。《合同法》第125条第1款对合同争议条款的解释作了专门规定，即：“当事人对合同条款的理解有争议的，应当按照合同所使用的词句、合同的有关条款、合同的目的、交易习惯以及诚实信用原则，确定该条款的真实意思。”《合同法》第125条第1款的规定已经被吸收进《民法典》第142条第1款关于有相对人的意思表示的解释规定中。当事人对合同条款的理解有争议的，可以直接适用《民法典》第142条第1款确定争议条款的含义，合同编没有必要再作重复性规定，仅是予以指引。《民法典》第142条第1款规定，有相对人的意思表示的解释，应当按照所使用的词句，结合相关条款、行为的性质和目的、习惯以及诚信原则，确定意思表示的含义。

◆ 条文解读

本条第1款是关于合同争议条款解释的规定。《民法典》第142条第1款的适用具体到合同领域，对合同争议条款的解释规则，可作以下理解：

第一，首先要按照条款所使用的词句进行解释。法理上，这种解释方法又被称为文义解释。合同条款是由词句构成的，所以，解释合同条款必须首先从词句的含义入手。一些词句在不同的场合可能表达出不同的含义，对条款中词句的理解首先应当按照一个合理人通常的理解来进行。也就是说，法官应当考虑一个合理人在通常情况下对有争议的条款所能理解的含义作为解释词句含义的标准。对于何谓“合理人”应当结合具体情况来判断，如果是一般的民事活动，则“合理人”就是社会一般的人，例如一个人到商场买一件衣服，对买卖合同的含义发生争议，对该买卖合同的理解就应当按照一个普通人的理解进行解释；如果是某种特殊交易，则“合理人”就是该领域内的人，例如医疗器械的买卖合同的解释就应当按照医疗界人士的理解来解释该买卖合同条款的含义。

第二，对条款中词句的理解不能孤立进行，要结合其他相关条款、行为的性质和目的、习惯以及诚实信用原则，综合判断、确定争议条款的含义。合同条款是合同整体的一部分，条款之间有着密切联系，因此对争议条款的解释不仅要从该条款本身词句的含义去理解，还要结合其他相关条款进行分析判断，即应当整体考虑合同的上下文，根据不同条款之间的关联性来进行解释。行为的性质或者合同的性质，指该合同所体现的显著区别于其他合同的本质特征。合同的性质不同，那么在合同的成立、履行、解除、违约责任等方面也就有所不同。合同的性质，例如某一融资类合同究竟是融资租赁合同还是借款合同，都可能直接影响对合同条款的理解，因此对争议条款含义的确定，也要充分考虑合同的性质。根据行为目的即合同目的进行解释是指在对争议条款进行解释时，应当根据当事人订立合同所追求的目的对争议条款进行解释。当事人签订合同都是为达到一定的目的，合同中的各条款都是为达到合同目的而制定的。合同目的包括了整个合同的真实意图。因此，在解释争议条款时，应当从符合合同目的原则的角度进行剖析，当条款表达意见含混不清或相互矛盾时，作出与合同目的协调一致的解释。按照习惯进行解释是指在条款发生争议以后，应当根据当事人所知悉的生活和交易习惯来对争议条款进行解释。交易习惯也称为交易惯例，它是人们在长期实践的基础上形成的，是某一地区、某一行业在经济交往中普遍采用的做法，成为这一地区、这一行业的当事人所公认并遵守的规则。按照交易习惯确定合同条款的含义是国际贸易中普遍承认的原则。《国际商事合同通则》和《联合国国际货物销售合同公约》对此都有规定。依照交易习惯解释合同条款，是十分必要的。在运用交易习惯进行解释时，双方当事人应当对运用的交易习惯是否存在以及其内容进行举证证明，在当事人未举证的情况下，人民法院也可以主动适用交易习惯进行解释。依照诚信原则解释是指根据诚信原则对有争议的条款进行解释。《民法典》第 7 条将诚信原则作为民法基本原则，这一基本原则贯穿合同从订立到终止的整个过程。在解释合同条款时也应遵从诚信原则。诚信原则要求法官实事求是地考虑各种因素，将自己作为一个诚实守信的当事人来理解争议条款的内容，平衡双方当事人的利益，合理地判断、确定争议条款的含义。

本条第 2 款是对不同文字文本解释的规定。依据本款规定，合同文本采用两种以上文字订立并约定具有同等效力的情况下，应当对各文本使用的词句推定具有相同的含义。但在各文本使用的词句不一致的情况下，如何对合同文本进行解释？《合同法》第 125 条第 2 款规定，该种情况下，应当根据合同目的予以解释，即根据当事人订立合同的目的予以解释。在民法典合同编起草过程中，有的意见提出，诚信原则作为民法的基本原则，在不同文字的合同文本解释中也应当遵循，甚至对合同目的本身的解释，也要遵循诚信原则；合同的性质也可能直接影响到对合同文本的理解。此外，合同条款之间有着密切联系，因此在不同文字的合同文本解释中也要结合合同相关条款进行分析判断，整体考虑合同的上下文来进行解释。因此，建议在不同文字合同文本的解释中增加根据“合同的相关条款”、“合同的性质”以及“诚信原则”予以解释。经研究，本条第 2 款采纳了该意见，规定不同文字各文本使用的词句不一致的，应当根据合同的相关条款、性质、目的以及诚信原则等予以解释。

第四百六十七条 本法或者其他法律没有明文规定的合同，适用本编通则的规定，并可以参照适用本编或者其他法律最相类似合同的规定。

在中华人民共和国境内履行的中外合资经营企业合同、中外合作经营企业合同、中外合作勘探开发自然资源合同，适用中华人民共和国法律。

◆ 条文主旨

本条是关于非典型合同及特定涉外合同法律适用的规定。

◆ 立法背景

民事活动纷繁复杂，合同交易类型多种多样。民法典只能将一些现实生活普遍发生并且规则较为成熟的合同类型在合同编中加以规定。合同编在第二分编“典型合同”中规定了19类典型合同。其他一些单行法律也针对某一合同类型作出专门规定，例如《保险法》专章规定了保险合同，对保险合同的定义、合同的订立、合同主体、合同主体之间的权利义务、合同的履行、合同的变更与转让、合同的解除等作了较为全面、细致的规定；再如，《旅游法》专章规定了旅游服务合同，对旅游服务合同的订立、合同主体之间的权利义务、合同的解除、违约责任等作了明确的规定。对保险合同、旅游服务合同等这些相关单行法律作出专门规定的合同，可以直接适用这些专门规定。但现实经济社会生活中，大量合同类型既没有在合同编中予以规定，其他相关法律也没有明文规定，确定这些非典型合同适用现有法律进行约束和指导的规则，是十分重要的。

◆ 条文解读

本条第1款是关于非典型合同法律适用规则的规定。合同编通则的规定是针对所有合同的共性规定。因此，非典型合同应当适用合同编通则的规定，合同编通则对合同的订立、合同的效力、合同的履行、合同的保全、合同的变更和转让、合同的权利义务终止、违约责任等所作的规定均适用于各类非典型合同。合同编第二分编规定的典型合同，虽然是对某类合同的专门性规定，但其他一些合同可能会与合同编规定的典型合同存在着共同之处或者相近之处。例如，买卖合同是典型的有偿合同，非典型合同中也有许多有偿合同，这些有偿合同可以参照适用买卖合同的有关规定。基于合同编关于买卖合同的规定在有偿类合同中的指引、示范作用较强，《民法典》第646条还对此专门作了规定，即“法律对其他有偿合同有规定的，依照其规定；没有规定的，参照适用买卖合同的有关规定”。同样的道理，其他非典型合同也可以参照适用本编或者其他法律最相类似合同的规定，本条对此予以明确。

本条第2款还对特定涉外合同的法律适用作了规定，即在中华人民共和国境内履行的中外合资经营企业合同、中外合作经营企业合同、中外合作勘探开发自然资源合同，适用中华人民共和国法律。

▶ **相关规定**

《中华人民共和国保险法》第10－66条；《中华人民共和国旅游法》第57－75条；《中华人民共和国民事诉讼法》第266条

第四百六十八条　非因合同产生的债权债务关系，适用有关该债权债务关系的法律规定；没有规定的，适用本编通则的有关规定，但是根据其性质不能适用的除外。

◆ 条文主旨

本条是关于非因合同产生的债权债务关系法律适用的规定。

◆ 立法背景

民法典不设债法总则，为更好地规范各类债权债务关系，合同编通则在合同法总则基础上作了相关调整，使合同编通则能够充分发挥债法总则的作用。本条规定即是为了使合同编通则发挥债法总则作用所作的调整之一，属于指引性规定，对非因合同产生的债权债务关系可以适用合同编通则的有关规定予以指引。

◆ 条文解读

对本条的规定，可以从以下三个方面理解：

1. 非因合同产生的债权债务关系，首先适用有关该债权债务关系的法律规定。民法典总则编第五章“民事权利”从债权发生原因的角度，对“债权”的概念作了界定。《民法典》第 118 条第 2 款规定，债权是因合同、侵权行为、无因管理、不当得利以及法律的其他规定，权利人请求特定义务人为或者不为一定行为的权利。从该规定可以看出，债权债务关系的发生原因有以下几类：

一是合同。合同依法成立后，即在当事人之间产生债权债务关系。基于合同所产生的债为合同之债。债权人有权按照合同约定，请求合同债务人履行合同义务。合同之债是民事主体为自己利益依自己意思自行设定的，合同之债属于意定之债。

二是侵权行为。侵权行为，是指侵害他人民事权益的行为。因行为人侵害他人人身权利、财产权利以及其他合法权益，产生侵权之债，侵权人与被侵权人之间形成债权债务关系。侵权之债并不是基于当事人的意愿设定的，是法律直接对侵权行为所作出的否定性评价，给被侵权人以救济，保护被侵权人的民事权益。

侵权之债属于法定之债。

三是无因管理。无因管理，是指没有法定的或者约定的义务，为避免他人利益受损失进行管理的行为。无因管理行为虽为干预他人事务，但却是以为避免他人利益受损失为目的，有利于社会的互助行为。法律为鼓励这一行为赋予管理人请求受益人偿还因管理行为支出的必要费用的权利。因无因管理产生的债称为无因管理之债。无因管理之债并不是基于当事人的意愿设定的，而是根据法律的规定，为法定之债。

四是不当得利。不当得利，是指没有法律根据，取得不当利益，造成他人损失的情形。在社会生活中，任何民事主体不得没有法律根据，取得利益而致他人损害，因此，法律规定受损失的人有权请求取得不当得利的人返还不当利益。不当得利为债的发生原因，基于不当得利而产生的债称为不当得利之债。不当得利之债既不同于合同之债，也不同于无因管理之债。不当得利之债不是当事人双方间的合意，也不以当事人的意志为转移，而是法律为纠正不当得利，直接赋予当事人的权利义务，也是法定之债。

五是法律的其他规定。合同、侵权行为、无因管理、不当得利是债的发生的主要原因，除此以外，法律的其他规定也会引起债的发生，使民事主体依法享有债权。如《民法典》第 26 条规定，父母对未成年子女负有抚养、教育和保护的义务，成年子女对父母负有赡养、扶助和保护的义务。《民法典》第 1067 条规定，父母不履行抚养义务的，未成年子女或者不能独立生活的成年子女，有要求父母给付抚养费的权利。成年子女不履行赡养义务的，缺乏劳动能力或者生活困难的父母，有要求成年子女给付赡养费的权利。这些情况下，未成年子女或不能独立生活的成年子女和缺乏劳动能力或者生活困难的父母依据法律的规定享有债权。

从以上可以看出，非因合同产生的债权债务关系，包括侵权之债、无因管理之债、不当得利之债以及因法律的其他规定产生的债权债务关系。对这些非因合同产生的债权债务关系，首先适用有关该债权债务关系的法律规定。具体来说，对于侵权之债，民法典侵权责任编对侵权之债作了较为系统的规定，其他法律例如《产品质量法》、《消费者权益保护法》、《民用航空法》等，对相关领域的侵权之债也作出了相关规定。对于因侵权产生的债权债务关系首先适用民法典侵权责任编和其他有关法律对侵权责任所作的规定。合同编第三分编“准合同”对无因管理和不当得利的一般性规则作了规定，对因无因管理和不当得利产生的债权债务关系，首先适用合同编第三分编“准合同”的有关规定。对于因法律的其他规定，例如上面列举的因婚姻家庭有关的法律规定所产生的给付抚养费或者赡养费的债权债务关系，首先适用这些法律的有关规定。

2. 对于非因合同产生的债权债务关系，有关该债权债务关系的法律规定没有对相关内容作出特别规定的，直接适用合同编通则的有关规定。值得注意的是，本条规定的是“适用”本编通则的有关规定，而不是“参照适用”，这主要是基于合同编通则的规定，除了合同的订立与效力、合同的解除等规则仅适用于合同外，关于合同的履行、合同的保全、合同的变更和转让、合同的权利义务终止的大量规则，甚至违约责任中的有关规则，都可以直接适用于侵权之债、无因管理之债和不当得利之债等其他债权债务关系，而不是再由裁判者斟酌具体情况“参照适用”。具体而言，合同编第四章“合同的履行”中相当一些规则可适用于非合同之债，例如第514条所规定的“以支付金钱为内容的债，除法律另有规定或者当事人另有约定外，债权人可以请求债务人以实际履行地的法定货币履行”，再如第517条至第521条关于按份之债与连带之债的规定，均可适用于非合同之债，等等。第五章

“合同的保全”是对债权人行使代位权和撤销权的规定，也适用于非合同之债的债权人。第六章中关于合同的变更和转让的大部分规则也可适用于非合同之债。第七章“合同的权利义务终止”中除合同的解除仅适用于合同外，债务清偿抵充规则、抵销等规则可适用于所有债的类型。第八章“违约责任”中也有相关规则可以适用于非合同之债，例如关于替代履行的规定，依照《民法典》第581条规定，当事人一方不履行债务或者履行债务不符合约定，根据债务的性质不得强制履行的，对方可以请求其负担由第三人替代履行的费用。该规定既可适用于合同之债，也可适用于侵权之债等其他债权债务关系。

3. 将合同编通则适用于非因合同产生的债权债务时，还应当考虑该债权债务关系的性质，因此本条还规定“根据其性质不能适用的除外”。作为意定之债，合同之债的产生与内容均由当事人双方自主自愿决定，贯彻了民法的自愿原则。而侵权之债、无因管理之债、不当得利之债等法定之债的产生与内容，都是由法律予以规定。合同编通则总体上是以合同之债为中心构建的规则，合同之债是合同编通则的基准规范。在判断合同编通则的某一法律规定是否适用于非因合同产生的债权债务关系时，要注意把握意定之债与法定之债在性质上的不同，结合该法律规定所规范的内容，根据该债权债务关系的性质作具体判断。例如，根据法定之债的性质，关于合同订立、合同解除的有关规则就不能适用于这些法定之债。再如，合同编通则关于违约金的规定，也不适用于法定之债。

第二章 合同的订立

本章共三十三条，对合同的形式、合同的内容、要约与承诺、合同成立时间、根据国家订货任务或者指令性任务订立合同、预约合同、格式条款、悬赏广告、缔约过失责任等作了规定。

第四百六十九条 当事人订立合同，可以采用书面形式、口头形式或者其他形式。

书面形式是合同书、信件、电报、电传、传真等可以有形地表现所载内容的形式。

以电子数据交换、电子邮件等方式能够有形地表现所载内容，并可以随时调取查用的数据电文，视为书面形式。

◆ 条文主旨

本条是关于合同形式的规定。

◆ 立法背景

从我国民事立法来看，对合同形式的规定经历了一个发展变化的过程。《民法通则》第56条规定：“民事法律行为可以采取书面形式、口头形式或者其他形式。法律规定用特定形式的，应当依照法律规定。”民法通则的这一规定并没有提出严格的书面形式要求，应当说对于合同形式采取的是不要式原则，一般不作特殊要求，法律规定用特定形式的属例外情形。但是，我国原经济合同法、原涉外经济合同法和原技术合同法三部合同法有关合同的规定一般要求合同采用书面形式。如原《经济合同法》第3条规定，经济合同，除即时清结者外，应当采用书面形式。原《涉外经济合同法》第7条规定，当事人就合同条款以书面形式达成协议并签字，即为合同成立。原《技术合同法》第9条规定，技术合同的订立、变更和解除采用书面形式。我国参加国际公约时也往往对公约中不限定合同形式的规定事项予以保留。在司法实践中，对于不符合法律规定的合同形式的合同，往往被认定为无效。如最高人民法院《关于适用〈涉外经济合同法〉若干问题的解答》（现已失效）规定，涉外经济贸易“订立合同未采用书面形式的”，“应当确认无效”。

在1999年合同法制定过程中，对于合同的形式有不少意见，归纳起来有两种：一种意见认为，合同法应当规定合同必须以书面形式订立，口头合同容易发生争议。另一种意见认为，合同可以书面、口头或者其他形式订立，凡是不违反法律，民事主体双方自愿订立的合同就是有效的，合同法不应对合同再规定限制条件。在起草过程中，有关合同形式条文的写法也数易其稿。考虑到既要适应现实需要，又要提倡当事人尽量采取书面形式订立合同，避免口说无凭，使订立的合同规范化、法制化，《合同法》第10条对合同形式的规定为：“当事人订立合同，有书面形式、口头形式和其他形式。法律、行政法规规定采用书面形式的，应当采用书面形式。当事人约定采用书面形式的，应当采用书面形式。”该规定与《民法通则》第56条关于民事法律行为形式的要求基本一致。应当说民法通则和合同法的规定既充分尊重了当事人的选择自由，适应了当事人要求交易便捷和提高交易效率的现实需要；也提倡当事人尽量采取书面形式订立民事法律行为，避免口说无凭，使订立的民事法律行为规范化。从多年的实践效果来看，这些规定是好的。基于此，民法总则继承民法通则和合同法的做法。《民法总则》第135条规定，民事法律行为可以采用书面形式、口头形式或者其他形式；法律、行政法规规定或者当事人约定采用特定形式的，应当采用特定形式。民法总则在并入民法典作为民法典总则编后，未对此再作修改。

合同基于当事人双方意思表示一致而成立，是双方民事法律行为。本条关于合同形式的规定，与民法典总则编关于民事法律行为形式的规定保持一致，即当事人订立合同，可以采用书面形式、口头形式或者其他形式。同时，《民法典》第135条对民事法律行为特定形式的要求，即“法律、行政法规规定或者当事人约定采用特定形式的，应当采用特定形式”，也是适用于合同的。

◆ 条文解读

根据本条第1款规定，当事人订立合同可以采用书面形式、口头形式或者其他形式。书面形式是指可以有形地表现所载内容的形式，包括合同书、信件、电报、电传、传真等。书面形式明确肯定，有据可查，对于防止争议和解决纠纷、保障交易安全有积极意义。口头形式是指当事人以面对面的谈话或者以电话交流等方式达成协议。以口头形式订立合同的特点是直接、简便、快速，数额较小或者现款交易通常采用口头形式，如在自由市场买菜、在商店买衣服等。口头形式是老百姓日常生活中广泛采用的合同形式。口头形式当然也可以适用于法人、非法人组织之间，但由于口头形式没有凭证，容易发生争议，发生争议后，难以取证，不易分清责任，所以法人、非法人组织之间采用口头形式订立合同的情况非常少见。除了书面形式和口头形式，合同还可以其他形式订立。例如，可以根据当事人的行为或者特定情形推定合同的成立，也被称为默示合同。此类合同是指当事人未用语言或者文字明确表示成立，而是根据当事人的行为推定合同成立。如租赁房屋的合同，在租赁房屋的合同期满后，出租人未提出让承租人退房，承租人也未表示退房而是继续交房租，出租人仍然接受租金。根据双方当事人的行为，我们可以推定租赁房屋的合同继续有效。再如，当乘客乘上公共汽车并到达目的地时，尽管乘车人和承运人之间没有形成书面形式或者口头形式的合同，但可以依当事人的行为推定双方的运输合同成立。

本条第 2 款对书面形式的定义作了界定。依据本条第 1 款规定，书面形式的核心特征是可以有形地表现所载内容。合同书、信件、电报、电传、传真是“可以有形地表现所载内容的形式”，但也不限于这几类。合同的书面形式有多种，凡是“可以有形地表现所载内容的形式”都可以作为合同的书面形式。合同的书面形式最典型的是合同书或者书面合同，其是当事人双方对合同有关内容进行协商订立的并由双方签名、盖章或者按指印的合同文本。通常合同书中明确地记载合同双方当事人的权利义务、解决争议的方法等具体内容。因此，发生争议可以按照合同的规定进行处理，比较容易解决纠纷，摆脱了“口说无凭”的状况。所以，最好采用签订合同书的形式。合同书有多种多样，有行业协会等制定的示范性合同文本，国际上也有通行的某种行业的标准文本，也有营业者提供的由营业者制订的格式合同文本，大量的还是双方当事人自己签订的合同文本。一般来说，作为合同书应当符合如下条件：（1）必须以某种文字、符号书写。（2）必须有双方当事人的签名、盖章或者按指印。（3）必须规定当事人的权利义务。合同也可以信件订立，也就是平时我们所说的书信。书信有平信、邮政快件、挂号信以及特快专递等多种形式。电报、电传、传真也是以有形的形式表现所载内容，也归为书面形式。

本条第3款对符合书面形式的数据电文作了规定。联合国国际贸易法委员会的《电子商务示范法》对数据电文的定义作了规定，将以电子方式进行的商业活动称作“电子商务”，将各种通过电子方式传达信息的手段称作“数据电文”，指“经由电子手段、光学手段或类似手段生成、储存或传递的信息，这些手段包括但不限于电子数据交换（EDI）、电子邮件、电报、电传或传真”。我国《电子签名法》对数据电文的界定与此基本一致。《电子签名法》第2条第2款规定，本法所称数据电文是指以电子、光学、磁或者类似手段生成、发送、接收或者储存的信息。本条第3款对数据电文的常见方式作了列举性规定，包括电子数据交换、电子邮件等，这些数据电文的形式在商务实践中大量使用。电子邮件方式好理解，下面就电子数据交换方式作一介绍。电子数据交换，又称“电子资料通联”，英文为“Electronic Data Interchange”，简称“EDI”，是一种在公司、企业间传输订单、发票等商业文件进行贸易的电子化手段。它通过计算机通信网络，将贸易、运输、保险、银行和海关等行业信息，用一种国际公认的标准格式，完成各有关部门或者公司、企业之间的数据交换与处理，实现以贸易为中心的全部过程。由于EDI的使用可以完全取代传统的纸张文件交换，因此也被称为“无纸贸易”或“电子贸易”。电子数据交换自20世纪60年代始于欧洲与美国。早期的电子数据交换只是在两个商业伙伴之间通过计算机直接通信完成，70年代数字通讯技术加快了EDI技术的成熟与应用范围的扩大，出现了跨行业的EDI系统。80年代EDI标准的国际化使其应用进入一个新的发展阶段。EDI作为一种新颖的电子化贸易工具，是计算机、通信和现代管理技术相结合的产物。国际标准化组织将其描述为：“将贸易或者行政事务按照一个公认的标准形成结构化的事务处理或信息数据格式，从计算机到计算机的电子传输。”一般的买卖，是由买方向卖方发出订单，卖方按照订单发货，买方收到货物及发货票后开出支票给卖方，卖方到银行兑现。而 EDI 的处理过程是：企业收到 EDI 订单，EDI 系统就会自动处理该订单，检查订单是否符合要求；通知安排生产；向供应商订购零配件；向运输部门预订集装箱；向海关、商检等部门申请许可证；通知银行并给订货方开出 EDI 发票；向保险公司申请保险单等，使整个交易过程在最短时间内准确完成。

依据第 3 款规定，数据电文要符合书面形式，必须满足两个条件：一是能够有形地表现所载内容；二是可以随时调取查用。第一个条件是书面形式的本质特征，不管采用哪种方式订立合同，都要符合这一条件；第二个条件是针对数据电文所作的专门要求。如果采取的数据电文形式不能保存下来，以供随时调取查用，就丧失了书面形式所具备的易于取证、易于分清责任的优点，也就不宜作为书面形式。将“可以随时调取查用”作为数据电文具备书面形式的要求，也符合国际上的做法。联合国国际贸易法委员会的《电子商务示范法》第 6 条规定，假若一项数据电文所含信息可以调取以备日后查用，即满足了法律对“书面形式”的要求。我国电子签名法对此也作了规定。《电子签名法》第 4 条规定，能够有形地表现所载内容，并可以随时调取查用的数据电文，视为符合法律、法规要求的书面形式。依据第 3 款规定，不管是以电子数据交换方式，还是以电子邮件或者其他方式，如果该数据电文能够有形地表现所载内容，并且可以随时调取查用，均可以视为书面形式。

▶ **相关规定**

《中华人民共和国电子签名法》第 2 条、第 4 条

第四百七十条 合同的内容由当事人约定，一般包括下列条款：

（一）当事人的姓名或者名称和住所；

（二）标的；

（三）数量；

（四）质量；

（五）价款或者报酬；

（六）履行期限、地点和方式；

（七）违约责任；

（八）解决争议的方法。

当事人可以参照各类合同的示范文本订立合同。

◆ 条文主旨

本条是关于合同内容的规定。

◆ 立法背景

合同的内容是由当事人约定的，体现为一系列合同条款。合同条款是合同中经双方当事人协商一致、规定双方当事人权利义务的具体条文。合同的权利义务，除法律规定的以外，主要由合同的条款确定。合同的条款是否齐备、准确，决定了合同能否成立以及能否顺利地履行、实现订立合同的目的。合同的条款非常重要，但并不是说当事人签订的合同中缺了其中任何一项就会导致合同的不成立或者无效。主要条款的规定只具有提示性与示范性。合同的主要条款由当事人约定，一般包括当事人的姓名或者名称和住所、标的、数量、质量、价款或者报酬、履行期限、履行地点和方式、违约责任、解决争议的方法，但不限于这些条款。

不同的合同，由其类型与性质决定，其主要条款或者必备条款可能是不同的。比如，买卖合同中有价格条款，而在无偿合同如赠与合同中就没有此项。

在订立合同的过程中，如果一方当事人坚持合同的订立以对特定事项达成协议为条件，则在这些特定事项未达成协议前，合同不成立。如果当事人各方在订立合同时，有意将一项合同的内容留待进一步商定，则尽管这一项条款没有确定，也不妨碍合同的成立。

◆ **条文解读**

本条第1款列举规定了八项合同内容：

（一）当事人的名称或者姓名和住所。这是每一个合同必须具备的条款。当事人是合同的主体，合同中如果不写明当事人，谁与谁做交易都搞不清楚，就无法确定享有权利的主体和承担义务的主体，发生纠纷也难以解决，特别是在合同涉及多方当事人的时候更是如此。不仅要把合同当事人都写入合同中，而且要把各方当事人的名称或者姓名和住所都作准确、清楚的表达。

（二）标的。标的是合同当事人的权利义务指向的对象。标的是合同成立的必要条件，是一切合同的必备条款。没有标的，合同不能成立，合同关系无法建立。合同的种类很多，合同的标的也多种多样：

1. 有形财产。有形财产指具有价值和使用价值并且法律允许流通的有形物。有形财产依不同的分类有生产资料与生活资料、种类物与特定物、可分物与不可分物、货币与有价证券等。

2. 无形财产。无形财产指具有价值和使用价值并且法律允许流通的不以实物形态存在的智力成果。如商标、专利、著作权、技术秘密等。

3. 劳务。劳务指不以有形财产体现其成果的劳动与服务。如运输合同中承运人的运输行为，保管与仓储合同中的保管行为，接受委托进行代理、行纪行为等。

4. 工作成果。工作成果指在合同履行过程中产生的、体现履约行为的有形物或者无形物。如承揽合同中由承揽方完成的工作成果，建设工程合同中承包人完成的建设项目，技术开发合同中的委托开发合同的研究开发人完成的研究开发成果等。

合同对标的的规定应当清楚明白、准确无误，对于名称、型号、规格、品种、等级、花色等都要约定得细致、准确、清楚，防止出现差错。特别是对于不易确定的无形财产、劳务、工作成果等更要尽可能地描述准确、明白。订立合同时还应当注意各种语言、方言以及习惯称谓的差异，避免不必要的麻烦和纠纷。

（三）数量。在大多数的合同中，数量是必备条款，没有数量，合同是不能成立的。许多合同，只要有了标的和数量，即使对其他内容没有规定，也不妨碍合同的成立与生效。因此，数量是合同的重要条款。对于有形财产，数量是对单位个数、体积、面积、长度、容积、重量等的计量；对于无形财产，数量是个数、件数、字数以及使用范围等多种量度方法；对于劳务，数量为劳动量；对于工作成果，数量是工作量及成果数量。一般而言，合同的数量要准确，选择使用共同接受的计量单位、计量方法和计量工具。根据不同情况，要求不同的精确度，允许的尾差、磅差、超欠幅度、自然耗损率等。

（四）质量。对有形财产来说，质量是物理、化学、机械、生物等性质；对于无形财产、服务、工作成果来说，也有质量高低的问题，并有衡量的特定方法。对于有形财产而言，质量亦有外观形态问题。质量指标准、技术要求，包括性能、效用、工艺等，一般以品种、型号、规格、等级等体现出来。质量条款的重要性是毋庸讳言的，许许多多的合同纠纷由此引起。合同中应当对质量问题尽可能地规定细致、准确和清楚。国家有强制性标准规定的，必须按照规定的标准执行。如有其他质量标准的，应尽可能地约定其适用的标准。当事人可以约定质量检验的方法、质量责任的期限和条件、对质量提出异议的条件与期限等。

（五）价款或者报酬。价款或者报酬，是一方当事人向对方当事人所付代价的货币支付。价款一般是指向提供财产的当事人支付的货币，如买卖合同的货款等。报酬一般是指向提供劳务或者工作成果的当事人支付的货币，如运输合同中的运费、保管合同与仓储合同中的保管费以及建设工程合同中的勘察费、设计费和工程款等。依法应当执行政府定价或者政府指导价的，要按照规定执行。当事人应当在合同中规定清楚或者明确规定计算价款或者报酬的方法。有些合同比较复杂，货款、运费、保险费、保管费、装卸费、报关费以及一切其他可能支出的费用，由谁支付都要规定清楚。

（六）履行期限、地方和方式。履行期限是指合同中规定的当事人履行自己的义务，如交付标的物、价款或者报酬，履行劳务、完成工作的时间界限。履行期限直接关系合同义务完成的时间，涉及当事人的期限利益，也是确定合同是否按时履行或者迟延履行的客观依据。履行期限可以是即时履行的，也可以是定时履行的；可以是在一定期限内履行的，也可以是分期履行的。不同的合同，对履行期限的要求是不同的，期限可以以小时计，可以以天计，可以以月计，可以以生产周期、季节计，也可以以年计。期限可以是非常精确的，也可以是不十分确定的。不同的合同，其履行期限的具体含义是不同的。买卖合同中卖方的履行期限是指交货的日期、买方的履行期限是付款日期，运输合同中承运人的履行期限是指从起运到目的地卸载的时间，工程建设合同中承包方的履行期限是从开工到竣工的时间。正因如此，期限条款应当尽量明确、具体，或者明确规定计算期限的方法。

履行地点是指当事人履行合同义务和对方当事人接受履行的地点。不同的合同类型，履行地点有不同的特点。如买卖合同中，买方提货的，在提货地履行；卖方送货的，在买方收货地履行。在工程建设合同中，在建设项目所在地履行。履行地点有时是确定运费由谁负担、风险由谁承担以及所有权是否转移、何时转移的依据。履行地点也是在发生纠纷后确定由哪一地法院管辖的依据。因此，履行地点在合同中应当规定得明确、具体。

履行方式是指当事人履行合同义务的具体做法。不同的合同类型，决定了其履行方式的差异。买卖合同是交付标的物，而承揽合同是交付工作成果。履行可以是一次性的，也可以是在一定时期内分期、分批的。运输合同按照运输方式的不同可以分为公路、铁路、海上、航空等方式。履行方式还包括价款或者报酬的支付方式、结算方式等，如现金结算、转账结算、同城转账结算、异地转账结算、托收承付、支票结算、委托付款、限额支票、信用证、汇兑结算、委托收款等。履行方式与当事人的利益密切相关，应当从方便、快捷等方面考虑采取最为适当的履行方式，并且在合同中应当明确规定。

（七）违约责任。违约责任是指当事人一方或者双方不履行合同义务或者履行合同义务不符合约定应当承担的法律责任。违约责任是促使当事人履行合同义务，使对方免受或少受损失的法律措施，也是保证合同履行的主要条款。违约责任在合同中非常重要，因此法律对违约责任专门作了规定。但法律的规定是原则性的，即使规定再细致也不可能面面俱到，照顾到各种合同的特殊情况。因此，当事人为了特殊的需要，为了保证合同义务严格按照约定履行，为了更加及时地解决合同纠纷，可以在合同中约定违约责任，如约定定金、违约金、损失赔偿金的计算方法等。

（八）解决争议的方法。解决争议的方法指合同争议的解决途径以及法律适用问题等。解决争议的途径主要有：一是双方通过协商和解；二是由第三人进行调解；三是通过仲裁解决；四是通过诉讼解决。当事人可以约定解决争议的方法，如果意图通过诉讼解决争议是不用进行约定的，通过其他途径解决都要事先或者事后约定。依照仲裁法的规定，如果选择适用仲裁解决争议，除非当事人的约定无效，是排除法院对其争议进行管辖的。当然，如果当事人有证据证明仲裁裁决具有法律规定的情形的，可以依法申请法院撤销仲裁裁决或者申请法院不予执行。当事人选择和解、调解方式解决争议，都不能排除法院的管辖，当事人可以提起诉讼。

解决争议方法的选择对于纠纷发生后当事人利益的保护是非常重要的，应该慎重对待。选择仲裁方式解决争议的，合同应当对选择哪一个仲裁机构规定具体、清楚，不能笼统地规定“采用仲裁解决”。否则，将会影响仲裁协议条款的效力。

此外，本条规定的八项合同条款仅是列举规定，并不能涵盖所有的合同条款。当事人在合同中特别约定的条款，虽然超出本条规定的八项内容，也可以作为合同的主要条款。

第 2 款是关于合同示范文本的规定。实践中，经济贸易活动具有多样性，合同的示范文本对于提示当事人在订立合同时更好地明确各自的权利义务起到了积极作用。因此，本条第 2 款规定订立合同可以参照各类合同的示范文本，其目的与第 1 款一样，就是为了使当事人订立合同更加认真、更加规范，尽量减少合同规定缺款少项、容易引起纠纷的情况。示范文本只是作为当事人订立合同时的参考，并不是要强制当事人采用。

第四百七十一条 当事人订立合同，可以采取要约、承诺方式或者其他方式。

◆ 条文主旨

本条是关于合同订立方式的规定。

◆ 立法背景

合同是当事人之间设立、变更、终止民事法律关系的协议。合同本质上是一种合意。使合同得以成立的合意是指当事人对合同必备条款达成一致意见。合同订立方式，就是当事人达成合意的方式。

◆ 条文解读

依照本条规定，合同订立方式，可以采取要约、承诺方式，也可以采取其他方式。

一、关于要约、承诺方式

要约、承诺方式是最为典型的合同订立方式。当事人合意的过程，是对合同内容协商一致的过程，很多都是经过要约、承诺完成的。向对方提出合同条件作出签订合同的意思表示称为“要约”，而另一方如果表示接受就称为“承诺”。一般而言，一方发出要约，另一方作出承诺，合同就成立了。但是，有时要约和承诺难以区分。许多合同是经过了一次又一次的讨价还价、反复协商才得以达成。

在合同法制定以前，我国的民事立法，包括原经济合同法、原涉外经济合同法、原技术合同法以及其他有关合同的法律、行政法规，都没有关于要约与承诺制度的规定。没有要约与承诺制度，在不少情况下对于合同成立与否难以判断，有可能将本来已经成立的合同认定为不成立。在合同法中规定要约与承诺制度，可以使合同的成立有一个较为具体的判断标准，使在经济交往和社会生活中需要签订合同的当事人有所遵循，也使司法机关有所遵循，有助于更好地分清各方当事人的责任，充分保障当事人的权益，鼓励交易，减少并解决纠纷，促进经济的发展。基于此，合同法确立了要约、承诺的合同订立方式。本条保留了这一合同订立方式。

二、关于合同订立的其他方式

除了要约、承诺方式之外，传统上还存在以下几种合同订立方式：交叉要约；同时表示；意思实现。

1. 交叉要约。交叉要约是指合同当事人各自采取非直接对话的方式，同时作出了为订立同一内容合同的要约。如甲对乙作出为订立合同的要约，而乙对甲也作出了同样内容的要约。此时双方要约的内容完全一致，双方均有订立合同的意思表示，并且几乎同时发出要约。既然双方有相同的意思表示，法律即可推定其必互有承诺的结果，所以认定合同成立。合同成立的时间以后一个要约到达对方当事人时为准。由于此种情况下难以认定谁是要约人谁是承诺人，因此传统上将此种特别方式作为合同成立的方式之一。

2. 同时表示。同时表示与交叉要约本质上相同，交叉要约是在非直接对话的方式的情况下发生的，而同时表示是在对话方式的情况下发生的。同时表示指对话的当事人双方毫无先后之别，同时向对方为同一内容的要约的意思表示。例如，买卖的条件适合当事人双方之意时双方同时拍手，或对于第三人所作成的合同方案，当事人同时表示同意。与交叉要约一样，传统上也将同时表示作为合同成立的特别方式之一。

3. 意思实现。意思实现是指按照习惯或事件的性质不需要承诺通知，或者要约人预先声明承诺无须通知，要约人在相当时间内如有可以推断受要约人有承诺意思的客观事实，则可以据此成立合同。按照习惯或事件的性质不需要承诺通知的，比如订旅馆房间、订饭店席位等，不需要表明承诺，如不承诺则需要告知。推断受要约人有承诺的客观事实，一般是指受要约人不进行口头或书面承诺但按照要约人的要求履行合同义务，如受委托开始处理委托事务、将要约人欲购的货物进行发送等。

对这三种方式，我国理论上比较多的意见认为，交叉要约、同时表示与要约、承诺方式有所不同，可以作为一种特殊缔约方式，而意思实现则可以归入要约、承诺方式的体系中。但也有的意见认为，交叉要约、同时表示也可以归入要约、承诺方式的体系中，双方互为要约人，互为承诺人。但从交易实践来看，传统意义上的交叉要约和同时表示较为少见。

在民法典合同编起草过程中，有的意见提出，除了要约、承诺这一典型的合同订立方式外，法律应当对实践中存在的其他缔约方式予以认可，不能排除在外。例如证券场内交易，每一瞬间都有大量的买方和卖方的报价发出，交易系统按照价格优先、时间优先的规则由电脑自动撮合、逐笔不断成交，这种缔约方式就有别于要约、承诺方式。经研究，对于合同订立方式，本条在合同法规定的“要约、承诺方式”基础上增加“其他方式”，为实践情况及其发展留下空间。

第四百七十二条 要约是希望与他人订立合同的意思表示，该意思表示应当符合下列条件：

（一）内容具体确定；

（二）表明经受要约人承诺，要约人即受该意思表示约束。

◆ 条文主旨

本条是关于要约条件的规定。

◆ 立法背景

要约在不同的情况下可以称为“发盘”、“发价”等，发出要约的人称为“要约人”，接收要约的人称为“受要约人”。

在大陆法系，合同被定义为当事人的“合意”，要约则一般被定义为：“以一定契约之成立为目的之确定的意思表示”或者“是当事人一方向另一方提出合同条件，希望另一方接受的意思表示。”大陆法系的民法理论认为，要约仅仅是一个希望订立合同的意思表示，本身虽然会引起一定的法律效果，但尚不能发生当事人所希望的成立合同的效力，还不能算是法律行为。也有的学者认为，要约在性质上是一种附条件的法律行为。要约人发出要约之后，要受法律规定的限制，非依规定不能撤回或者撤销。如果对方承诺则协议达成，就必须按照达成的协议履行，违反协议就要承担违约责任。

在英美法系，合同则被定义为“许诺”或者一系列的“许诺”，要约也被视为或者被定义为当事人所作的一种许诺。如“要约，实际上是要约人做什么事或不做什么事的一种许诺。”以“许诺”为要约下定义是不奇怪的，“许诺”或“诺言”（Promise）是英美合同法理论的一个十分重要的概念，基本上是合同的同义语，如“合同是由法律强制履行的一个或一系列的诺言”。美国《合同法重述》也是这样下定义的：“一个合同是这样一个或一系列许诺，违背它，法律将给予补偿；履行它，法律将通过某种方式确认是一种义务。”英美法合同理论上还有一个重要的概念：“对价”（Consideration），要约是否有效以及合同是否有效取决于有无对价。P. S. 阿蒂亚在所著的《合同法概述》中对要约作了这样的说明:“要约,实际上是要约人做什么事或不做什么事的一种许诺,而这种许诺有效的条件是承诺人应接受这个要约,并对这个要约支付或答应支付它的对价。”

以许诺给要约下定义从英美法系来讲可能是最贴切的,但在英美法系也可以看到其他的定义方式。美国《合同法重述》第24条规定:“要约是对即时进行交易的愿望的表达。这一表达能使一个通情达理处于受要约人地位的人相信,他或她只要对该要约表示同意,即接受该要约,就可以进行交易。”世界学生版教科书《合同法》(G. H. Treitel 著, Sweet & Maxwell 1995 年版)也采纳了这样的定义:“要约是要约人希望就特定事项签订合同,并且一经受要约人承诺即受拘束的意思表示。”这两个定义与大陆法系的定义没有什么差别。尽管存在不同的理论和不同的定义方式,我们可以知道,两大法系对要约含义的认识基本是一致的。因为说的是同一件事,解决的是同一个问题。

◆ **条文解读**

本条采取的是最通常和最简单的定义方式:要约是希望与他人订立合同的意思表示。一项订约的意思表示要成为一个要约,要取得法律效力,必须具备一定的条件。如不具备这些条件,作为要约在法律上就不能成立。根据本条规定,要约应当符合下列条件:

一是要约的内容具体确定。要约的内容必须具备足以使合同成立的主要条件,这要求要约的内容必须是具体的和确定的,必须明确清楚,不能模棱两可、产生歧义。要约的效力在于,一经受要约人承诺,合同即可成立。因此,如果一个订约的意思表示含混不清、内容不具备一个合同的最根本的要素,是不能构成一个要约的。即使受要约人作出承诺,也会因缺乏合同的主要条件而使合同无法成立。一项要约的内容可以很详细，也可以较为简明，一般法律对此并无强制性要求。只要其内容具备使合同成立的基本条件，就可以作为一项要约。但究竟怎样才算具备了使合同成立的基本条件，如果法律有类似规定的要依据规定进行判断，最重要的是要根据具体情况进行判断。按照《美国统一商法典》规定的作法，一个货物买卖合同只要有标的和数量就是一个成立并生效的合同。因为价格、履行地点与时间可以事后确定。《联合国国际货物销售合同公约》第14条规定："向一个或一个以上特定的人提出的订立合同的建议，如果十分确定并且表明发价人在得到接受时承受约束的意旨，即构成发价。一个建议如果写明货物并且明示或暗示地规定数量和价格或规定如何确定数量和价格，即为十分确定。"此条仅要求货物是明确的，数量和价格只要能够确定就可以，就算是满足了要约的条件。《联合国国际货物销售合同公约》的规定可以作为我们判断意思表示内容是否具体确定的参考。

二是要约必须表明经受要约人承诺，要约人即受该意思表示拘束。这一点很重要，很多类似订约意思表示的表达实际上并不表示如果对方接受就成立了一个合同，如"我打算5000元把我的钢琴卖掉"，尽管是特定当事人对特定当事人的陈述，也不构成一个要约。能否构成一个要约要看这种意思表示是否表达了与被要约人订立合同的意愿。这要根据特定情况和当事人所使用的语言表达来判断。当事人在合同中一般不会采用诸如"如果承诺，合同就成立"这样明确的词语来表示，所谓"表明"并不是要有明确的词语进行说明，而是整个要约的内容表明了这一点。

此外，要约人要能够特定，也属于要约成立的内在要求，也在本条规范的内在含义中。发出要约的目的在于订立合同，要约人必须要使接收要约的相对方能够明白是谁发出了要约以便作出承诺。因此，发出要约的人要能够确定，要能够特定化。不论是自然人还是法人、非法人组织，都可以作为要约人。如果是代理人，必须取得本人的授权，还必须说明谁是被代理人。作为要约人只要能够特定即可，并不一定需要说明要约人的具体情况。一个要约，如果处于能够被承诺的状态就可以，不需要一切情况都清清楚楚。如自动售货机，消费者不需要了解究竟是哪家公司安置，谁是真正的要约人。只要投入货币，作出承诺，合同即成立并完成交易。

合同因相对人对于要约的承诺而成立，相对人是否必须是特定的人，则有不同的看法。一种观点认为，要约必须是向特定人发出，向不特定人发出的订约意思表示是要约邀请。因为，向特定人发出的要约，一旦承诺，合同就成立，而向不特定的人发出的订约意思表示，承诺了也不会当然导致合同成立。另一种观点认为，要约可以向不特定的人发出。现实有许多向不特定人发出要约的情况。如自动售货机的设置、公共汽车的行驶等。

要约一般应向特定人发出。因为，相对人的特定化意味着要约人对谁有资格作为承诺人、作为合同相对方作出了选择，这样对方一承诺，一个合同就成立了。如果相对人不确定，则作为合同的另一方当事人就是不确定的，既然不确定，作出承诺后合同也不一定成立。如果是这种情况，把一项订约的意思表示作为一个要约就是不合适的，只能作为一个要约邀请。自动售货机、公共运输事业在大陆法系一般认为是要约方，但这种看法并非没有异议。但即使排除自动售货机、公共运输事业情形，要约在一些情况下也可能是向非特定的人发出，例如构成要约的商业广告就是向不特定的人发出的。总体来说，要约成立并不一定要求必须向特定的人发出。

第四百七十三条　要约邀请是希望他人向自己发出要约的表示。拍卖公告、招标公告、招股说明书、债券募集办法、基金招募说明书、商业广告和宣传、寄送的价目表等为要约邀请。

商业广告和宣传的内容符合要约条件的，构成要约。

◆ **条文主旨**

本条是关于要约邀请的规定。

◆ **立法背景**

要约邀请又称要约引诱，是邀请或者引诱他人向自己发出要约的表示，可以是向特定人发出的，也可以是向不特定的人发出的。合同法将要约邀请界定为一种“意思表示”。《合同法》第15条规定，要约邀请是希望他人向自己发出要约的“意思表示”。经过多年来理论和实践的发展，对要约邀请的性质和意思表示的含义有了更深入的认识，也普遍达成了共识，即要约邀请不宜归属于意思表示。意思表示是指行为人为了产生一定民法上的效果而将其内心意思通过一定方式表达于外部的行为。意思表示中的“意思”是指设立、变更、终止民事法律关系的内心意图，“表示”是指将内心意思以适当方式向适当对象表现出来的行为。意思表示具有如下法律特征：一是意思表示的表意人具有使民事法律关系发生变动的意图；二是意思表示是一个将意思由内向外表示的过程；三是意思表示可以产生一定的法律效果。例如，要约作为一种意思表示，一经对方承诺，合同即成立。

◆ **条文解读**

依照本条第1款规定，要约邀请只是邀请他人向自己发出要约，自己再视情形予以承诺。要约邀请处于合同的准备阶段，虽然也是一种表示行为，但本身不具有使民事法律关系发生变动的内心意图，也不产生民法上的效果，没有法律约束力。从性质上来说，要约邀请可以归属于事实行为。基于此，本条修改了合同法的规定，不再将要约邀请界定为“意思表示”，将合同法规定“要约邀请是希望他人向自己发出要约的意思表示”中的“意思表示”修改为“表示”。但要约邀请也并不是单纯地建议他人与自己进行有关合同的讨论，而是明确提出订立合同的建议，只不过没有提出合同的具体内容。虽然在理论上，要约邀请与作为意思表示的要约有很大区别，例如要约具有内容具体确定、受要约人的承诺对要约人具有拘束力等特点，但事实上在很多情况二者往往很难区分。当事人可能原意是发出要约，但由于内容不确定只能被看作是一个要约邀请。当事人可能原意是发出要约邀请，但由于符合了要约的条件而会被认定为是一个要约。

本条第 1 款列举了几种比较典型的要约邀请类型：

（1）拍卖公告。拍卖是一种特殊买卖方式。一般认为，在拍卖活动中，竞买人的出价为要约，拍卖人击槌（或者以其他方式）拍定为承诺。拍卖人在拍卖前刊登或者以其他形式发出拍卖公告，对拍卖物及其价格进行宣传介绍等，属于要约邀请。

（2）招标公告。招标投标是一种特殊的签订合同的方式，广泛应用于货物买卖、建设工程、土地使用权出让与转让、技术转让等领域。这种方式的好处是，能够在最接近公平、合理的价格上达成交易、签订合同。所谓招标是指招标人采取招标通知或者招标公告的方式发出以吸引投标人投标的意思表示。所谓投标是指投标人按照招标人的要求，在规定的期限内向招标人发出的包括合同全部条款的意思表示。对于招标公告或者招标通知，一般都认为属于要约邀请，不是要约。而投标是要约，招标人选定中标人，为承诺。英美法系也认为招标属于要约邀请，但认为招标有一定的法律意义，因为招标中对有关合同条件的说明，对达成协议的双方都有拘束力。

（3）招股说明书、债券募集办法和基金招募说明书。招股说明书是股份有限公司发起人向社会公开募集股份时或者公司经批准向社会公开发行新股时，向社会公众公开的说明文书。按照我国公司法的规定，发起人向社会公开募集股份，必须公告招股说明书，并制作认股书。招股说明书应当附有发起人制订的公司章程，并载明下列事项：发起人认购的股份数；每股的票面金额和发行价格；无记名股票的发行总数；募集资金的用途；认股人的权利、义务；本次募股的起止期限及逾期未募足时认股人可以撤回所认股份的说明。公司经国务院证券监督管理机构核准公开发行新股时，必须公告新股招股说明书和财务会计报告，并制作认股书。法律规定要制订招股说明书并向社会公告，其目的是让社会公众了解发起人或者公司的情况和认股人所享有的权利和承担的义务。招股说明书是向社会发出的要约邀请，邀请公众向公司发出要约，购买公司的股份。认股人认购股份，为要约，公司卖出股份，为承诺。但是，如果发起人逾期未募足股份，则依法失去承诺的权利，认股人撤回所认购的股份。招股说明书是要约邀请，但并非一般的要约邀请，是具有法律意义的文件。这一点与一般的要约邀请不同。

债券募集办法与基金招募说明书是应实践需求在合同法基础上新增加的要约邀请类型。

公司发行公司债券，应当按照规定公告公司债券募集办法，对投资者做出投资决策有重大影响的信息予以记载并披露。依照《公司法》第154条第2款规定，公司债券募集办法中应当载明下列主要事项：公司名称；债券募集资金的用途；债券总额和债券的票面金额；债券利率的确定方式；还本付息的期限和方式；债券担保情况；债券的发行价格、发行的起止日期；公司净资产额；已发行的尚未到期的公司债券总额；公司债券的承销机构。投资者根据债券募集办法记载的情况决定是否购买债券。

基金招募说明书是基金发起人公开发售基金时，为基金投资者提供的对基金情况进行说明的文件，一般应载明基金募集申请的准予注册文件名称和注册日期；基金管理人、基金托管人的基本情况；基金合同和基金托管协议的内容摘要；基金份额的发售日期、价格、费用和期限；基金份额的发售方式、发售机构及登记机构名称；出具法律意见书的律师事务所和审计基金财产的会计师事务所的名称和住所；基金管理人、基金托管人报酬及其他有关费用的提取、支付方式与比例；风险警示内容等。投资者根据基金招募说明书载明的情况判断是否申购基金。

债券募集办法和基金招募说明书，在性质上与招股说明书类似，都是具有法律意义的说明性文件，归属于要约邀请。

（4）商业广告和宣传。商业广告是指商品经营者或者服务提供者通过一定媒介和形式直接或者间接地介绍自己所推销的商品或者服务的广告。实践中，商品经营者或者服务提供者除通过商业广告外，还通过其他一些形式对商品或者服务进行宣传。商业广告和宣传的目的在于宣传商品或者服务的优点，并以此引诱顾客购买商品或者接受服务，为要约邀请。但法律并不排除商业广告和宣传如果符合要约的条件也可以成为要约的可能性。

（5）寄送的价目表。寄送的价目表，无论在大陆法系国家还是在英美法系国家，都认为是要约邀请。根据对要约条件的分析，价目表仅指明什么商品、什么价格，并没有指明数量，对方不能以“是”、“对”或者“同意”等肯定词语答复成立合同，自然不符合要约的条件，只能视作要约邀请。寄送的价目表，是商品生产者或者销售者推销商品的一种方式。这种方式当然表达行为人希望订立合同的意思，但并不表明他人表示承诺就立即达成一个合同。实际上，寄送的价目表与货物标价陈列在性质上没有什么差别，只是方式有所不同，商品标价陈列亦作为要约邀请。在商店买卖东西，虽然商品的价格是标明的，但要买多少数量，总是由顾客提出要求。

本条第 2 款规定，商业广告和宣传的内容符合要约条件的，构成要约。一般的商业广告和宣传并不能构成一个要约，但也不排除有些内容确定的商业广告和宣传构成要约。依照《民法典》第 472 条规定，一项意思表示构成要约应当符合下列条件：一是内容具体确定；二是表明经受要约人承诺，要约人即受该意思表示约束。认定一项商业广告或者商业宣传是否符合要约的条件，需要根据实际情况进行判断。例如，一项商业广告称："我公司现有某型号的水泥 1000 吨，每吨价格 200 元，在 10 月 1 日前保证现货供应，欲购从速。"该商业广告的内容具体确定，"在 10 月 1 日前保证现货供应"的内容可能会被认定为其表明了一经承诺即受拘束的意思，从而被视为要约。

▶ **相关规定**

《中华人民共和国公司法》第 85 条、第 86 条、第 154 条；《中华人民共和国证券投资基金法》第 53 条

第四百七十四条　要约生效的时间适用本法第一百三十七条的规定。

◆ **条文主旨**

本条是关于要约生效时间的规定。

◆ 立法背景

《民法典》第 137 条对有相对人的意思表示的生效时间作了专门规定。要约属于有相对人的意思表示，要约生效的时间自然应当适用《民法典》第 137 条规定。《民法典》第 137 条区分以对话方式作出的意思表示与以非对话方式作出的意思表示，对其生效时间分别作出规定，并对以非对话方式作出的采用数据电文形式的意思表示时间作了专门规定。

◆ 条文解读

依照《民法典》第 137 条的规定，要约生效的时间可以从以下几个方面理解：

一是以对话方式作出的要约。所谓以对话方式作出的要约，是指要约人采取使相对方可以同步受领的方式进行意思表示，如面对面交谈、电话等方式。在以这种方式进行的意思表示中，要约人作出意思表示和相对人受领意思表示是同步进行的，没有时间差。因此，要约人作出意思表示，相对人知道其内容时，要约生效。

二是以非对话方式作出的要约。对于以非对话方式作出的要约，要约人作出意思表示的时间与相对人受领意思表示的时间不同步，二者之间存在时间差。以非对话方式作出的意思表示在现实生活中存在的形式多样，如传真、信函等。对于以非对话方式作出的意思表示何时生效，其他国家和地区的立法有四种立法例：表示主义、发信主义、到达主义与了解主义。表示主义和发信主义对表意人有利，对相对人不利；了解主义对相对人有利，但对表意人不利；相比较而言，到达主义兼顾了表意人和相对人的利益，所以现在大多数国家和地区的立法采用了到达主义。例如，《德国民法典》第 130 条规定，在以非对话方式向相对人为意思表示时，意思表示以通知达到相对人时发生效力。我国台湾地区

“民法”第95条规定，非对话而为意思表示者，其意思表示，以通知达到相对人时，发生效力。《联合国国际货物销售合同公约》第15条和《国际商事合同通则》第2.1.3条也都规定，要约于送达受要约人时生效。所谓到达主义，是指意思表示进入了相对人的实际控制范围内，至于相对人对意思表示是否了解不影响意思表示的生效时间。我国合同法即采用了到达主义的模式。《合同法》第16条第1款规定，要约到达受要约人时生效。《民法典》第137条延续了合同法的做法，规定以非对话方式作出的意思表示，到达相对人时生效。要约也属于一种意思表示，那么以非对话方式发出的要约，自然是到达相对人时生效。需要强调的是，这里“到达”并不意味着相对人必须亲自收到，只要进入相对人通常的地址、住所或者能够控制的地方（如信箱）即可视为到达，意思表示被相对人的代理人收到也可以视为“到达”。到达相对人时生效还意味着即使在意思表示到达相对人前相对人已经知道该意思表示内容的，该意思表示也不生效。

三是以非对话方式作出的采用数据电文形式的要约。随着科学技术的发展，人们除了可以采用信件等传统的非对话方式作出意思表示外，还可以采用数据电文的方式作出意思表示。“数据电文”系指经由电子手段、电磁手段、光学手段或类似手段生成、发送、接收或存储的信息，这些手段包括但不限于电子数据交换、电子邮件、电报、电传或传真。采用数据电文方式作出的意思表示虽然也是以非对话方式进行的，但由于其发出和到达具有自动性、实时性等特点，意思表示发出即到达，其生效规则也与一般的非对话方式作出的意思表示的生效时间有所区别。那么以数据电文作出意思表示何时生效呢？《合同法》第16条参考联合国国际贸易法委员会制定的《电子商务示范法》，规定：要约到达受要约人时生效、采用数据电文形式订立合同，收件人指定特定系统接收数据电文的，该数据电文进入该特定系统的时间，视为到达时间；未指定特定系统的，该数据电文进入收件人的任何系统的首次时间，视为到达时间。《民法典》第137条第2款在继承合同法规定的基础上作了一定的发展。依照《民法典》第137条第2款规定，可以分三个层次对以数据电文形式发出的要约的生效时间予以理解：

第一，对以非对话方式发出的采用数据电文形式的要约，相对人指定特定系统接收数据电文的，该数据电文进入该特定系统时生效。这一规定与合同法的规定是一致的。这针对的是相对人指定了接收意思表示的特定信息系统的情况。在这种情况下，应当以意思表示进入该特定信息系统的时间作为到达的时间，也即要约生效的时间。这里的“特定系统”是指由某一方特别指定的接收系统。例如一项要约明确指定了承诺应当发回的系统。如果只是在文件中显示了电子邮件或者传真件的地址，但没有特别指定，则不应视为明确指定的一个信息系统。“进入”概念用以界定数据电文的收到时间。所谓一项数据电文进入一个信息系统，其时间是在该信息系统内可投入处理的时间。至于进入该信息系统的数据电文是否能够为收件人所识读或者使用则不影响该要约的生效时间。

第二，未指定特定系统的，相对人知道或者应当知道该数据电文进入其系统时生效。这一规定与合同法的规定不完全相同。在这种情况下，合同法规定，该数据电文进入收件人的任何系统的首次时间，为到达时间，而不问相对人是否知道或者应当知道该数据电文进入其系统。鉴于我国加入的《联合国国际合同使用电子通信公约》明确规定，在这种情况下，以相对人了解到该数据电文已发送到相对人的任何系统的时间为到达时间。《民法典》第137条第2款按照公约的规定对合同法的规定作了相应修改。

依照该规定，未指定特定系统的，相对人知道或者应当知道该数据电文进入其系统时，要约生效。

第三，当事人对采用数据电文形式发出的要约的生效时间另有约定的，按照其约定。这是对《民法典》第5条自愿原则的贯彻落实，体现了民事活动对当事人意愿的尊重。

第四百七十五条 要约可以撤回。要约的撤回适用本法第一百四十一条的规定。

◆ **条文主旨**

本条是关于要约撤回的规定。

◆ **立法背景**

要约的撤回，是指在要约发出之后但在要约生效以前，要约人欲使该要约不发生法律效力而作出的意思表示。要约之所以可以撤回，是因为要约尚未发生法律效力，不会对受要约人产生任何影响，也不会危害交易秩序。因此，在此阶段，应当允许要约人撤回要约，使尚未生效的要约不产生预期的效力，这也是对行为人意愿的充分尊重。基于此，本条规定，要约可以撤回。

行为人可以撤回意思表示，但不是在任何情况下都可以撤回其意思表示，而是有条件的。《合同法》第17条对要约的撤回条件作了规定，即撤回要约的通知应当在要约到达受要约人之前或者与要约同时到达受要约人。《民法典》第141条对意思表示撤回条件的规定与《合同法》第17条的规定是一致的。《民法典》第141条规定，撤回意思表示的通知应当在意思表示到达相对人前或者与意思表示同时到达相对人。要约属于有相对人的意思表示，在《民法典》第141条对意思表示的撤回已经作了规定的前提下，合同编没有必要再作重复性规定，要约的撤回直接适用《民法典》第141条的规定即可。

◆ **条文解读**

适用《民法典》第141条规定可以得出，撤回要约的条件是撤回要约的通知在要约到达受要约人之前或者同时到达受要约人。如果撤回要约的通知在要约到达受要约人以后到达，则要约已经生效，是否能够使要约失效，就要看是否符合撤销的条件。因此，要约人如欲撤回要约，必须选择以快于要约的方式向受要约人发出撤回的通知，使之能在要约到达之前或者同时到达受要约人。理解本条需要注意两点：

一是根据《民法典》第474条和《民法典》第137条的规定，以对话方式作出的要约，受要约人知道其内容时生效。以非对话方式作出的要约，到达受要约人时生效。也就是说，对于以对话方式作出的要约，因为受要约人知道其内容时就生效，相当于即时生效，要约人很难作出撤回的通知，这种情况下适用撤回的规定空间比较小。以非对话方式作出的要约，是到达受要约人时生效，则要约人发出撤回要约的通知，且该通知在要约到达受要约人之前或者同时到达受要约人的，可以适用本条撤回的规定。

二是要约的撤回与要约的撤销是不同的。根据本条和《民法典》第141条的规定，要约的撤回是在要约未生效前使其不发生效力；而要约的撤销是指在要约作出并生效之后，要约人又作出取消其意思表示的表示。要约的撤回是使一个未发生法律效力的要约不发生法律效力，要约的撤销是使一个已经发生法律效力的要约失去法律效力。要约撤回中仅考虑保护要约人对其意思表示的自由处分权利，因此，要约撤回的通知只要在要约到达之前或与要约同时到达就发生效力。而对于要约的撤销，由于要约在到达后已经生效，受要约人已知悉了要约的内容，甚至可能已经对该要约产生了合理的信赖，因此要约人能否在要约生效后撤销其意思表示，需要考虑保障受要约人合理信赖的问题，要平衡要约人和受要约人的利益，不宜泛泛规定要约人可以撤销要约。要约撤销是否发生效力取决于该要约撤销的意思表示是否在受要约人作出承诺之前到达受要约人或者为受要约人所知道，并且在法律规定的特定情形下，要约是不得撤销的。

第四百七十六条　要约可以撤销，但是有下列情形之一的除外：

（一）要约人以确定承诺期限或者其他形式明示要约不可撤销；

（二）受要约人有理由认为要约是不可撤销的，并已经为履行合同做了合理准备工作。

◆ **条文主旨**

本条是关于要约不得撤销情形的规定。

◆ **立法背景**

要约的撤销，是指要约人在要约发生法律效力之后而受要约人作出承诺之前，欲使该要约失去法律效力的意思表示。在要约撤销的问题上，英美法系与大陆法系的理论迥异。按照英美合同法“对价”理论，要约作为诺言在被承诺以前是无对价的，对发出要约的人没有拘束力，因而在要约被承诺以前是可以撤销的，即使是附承诺期限的要约也是如此。大陆法系国家则一般认为，要约一旦生效就不得撤销。如《德国民法典》第145条规定，向他人发出订立合同的要约的人，受要约的约束，但预先声明不受拘束者不在此限。《德国民法典》没有规定要约人有权撤销要约。我国台湾地区的规定与德国的规定一致。

英美合同法虽然认为要约在承诺以前可以撤销，但也有例外。第一种例外情况是，如果要约是限期承诺的，受要约人在一定期限内向要约人提供了对价，就获得了承诺或拒绝的选择权，因而要约人在一定期限内无权撤销要约。实际的情况是，由于要约人在限期承诺的要约被承诺前可以撤销要约，受要约人往往支付一个名义上的对价，如1美元，就获得了承诺或拒绝的选择权。第二种例外情况是，如果要约人可以合理地预见到，其发出的限期承诺的要约将使受要约人在承诺之前发生依赖，并且这种依赖后来在事实上发生了，该要约就是不可撤销的。美国《合同法重述》第87条为避免不公正而对要约人的要约进行了限定："如果要约人应当合理地预见到其要约会使受要约人在承诺前采取具有某种实质性的行为或不行为，并且该要约的确导致了这样的行为或不行为，该要约便同选择权合同一样，在为避免不公正而必需的范围内具有拘束力。"第三种例外情况是，当受要约人以行为表示承诺时，要约人对其要约不可撤销。因此，当要约人发出要约后，受要约人的履行一旦开始，便不允许要约人撤销要约。第四种例外的情况是，《美国统一商法典》对商人成立买卖合同的要约是否可以撤销的规定，该法典第2－205条规定："商人购买或出售货物，以经签字的书面文件作成的要约，通过其条件保证其有效，这样的要约即使缺乏对价，在规定的期限内，或虽未规定期限，但在一段合理的期限内，是不可撤销的，而不可撤销的期限不超过3个月。"

由于有许多例外，使得美国法在要约的撤销问题上已很接近大陆法系。按照大陆法系的观点来看，由于在承诺之前要约人可以撤销限期承诺的要约，对受要约人欠公平，在实践中会导致要约人的随意性和不负责任，并给受要约人带来可能的损害，不应鼓励这一作法。联合国国际贸易法委员会1980年通过的《联合国国际货物销售合同公约》在这个问题上调和了两大法系的不同作法。该公约第16条规定，在未订立合同之前，发价得予撤销，如果撤销通知于被发价人发出接受通知之前送达被发价人。但在两种情况下发价不得撤销：（1）发价写明接受发价的期限或以其他方式表示发价是不可撤销的；（2）被发价人有理由信赖该项发价是不可撤销的，而且被发价人已本着对该项发价的信赖行事。可见在是否可以撤销的问题上，基本上采纳了英美法系的作法，但是对撤销的条件作了较为严格的限制。这种作法也是两大法系相互妥协的产物。《国际商事合同通则》第2.1.4条作了与《联合国国际货物销售合同公约》同样的规定。《国际商事合同通则》第2.1.4条规定，在合同订立之前，要约得予撤销，如果撤销通知在受要约人发出承诺之前送达受要约人。但是，在下列情况下，要约不得撤销：（a）要约写明承诺的期限，或以其他方式表明要约是不可撤销的；（b）受要约人有理由信赖该项要约是不可撤销的，且受要约人已依赖该要约行事。

◆ **条文解读**

《合同法》第19条借鉴了《联合国国际货物销售合同公约》与《国际商事合同通则》的作法，规定了不可撤销的两种情形：一是要约人确定了承诺期限或者以其他形式明示要约不可撤销；二是受要约人有理由认为要约是不可撤销的，并已经为履行合同作了准备工作。就第一项情形，要约人确定了承诺期限，是不是就等同于要约不可撤销的明示，我国理论和实践中有一些争议。

一般来说，确定承诺期限可以视为要约不可撤销的明示，但在一些情况下，例如要约人可能既确定了承诺期限，又在要约中明确指出要约也是可以撤销的，此时就不宜直接以要约确定了承诺期限为由认为要约不得撤销。因此，即使要约人确定了承诺期限，也宜根据具体情况判断要约人确定承诺期限是不是就表明要约不可撤销。为了更为符合实践情况，本条将合同法第 19 条规定的第一项情形“要约人确定了承诺期限或者以其他形式明示要约不可撤销”修改为“要约人以确定承诺期限或者其他形式明示要约不可撤销”。对于合同法第 19 条规定的第二项情形，受要约人所作的“准备工作”也有程度差别，为了更好平衡要约人与受要约人之间的利益，本条将合同法中的“作了准备工作”修改为“做了合理准备工作”。《国际商事合同通则》对第 2. 1. 4 条的注释可作为理解本条的参考。

一、要约中不可撤销的表示

《国际商事合同通则》在注释中提出，不可撤销的意思表示可以用不同的方式作出，最直接和最清楚的方式是由要约人在要约中作一个明确的声明，如“这是一个确定的要约”、“我们坚持我们的要约直到收到贵方的回复”等。另外，还可以从要约人的其他表示或者行为中作出此种推断。表明确定的承诺期限本身可以（但并非必然）构成要约不可撤销的默示表示。这应当结合个案对要约的条款进行适当的解释，进而作出判断。《国际商事合同通则》在注释中举了例子说明这个问题。一家旅行社在其发送的小册子中通知游客将组织新年度假旅游，并敦促游客在通知后 3 天内预订，否则过期将可能没有剩余名额。这个声明本身不应视为在这 3 天内该要约不可撤销的表示。

二、受要约人有理由认为要约不可撤销并已依其信赖行事

《国际商事合同通则》在注释中提出，这一例外规定是通则规定的禁止不一致行为原则的体现。受要约人的合理信赖可源于要约人的行为，比如受要约人对要约人有所了解，或者以前在商业上就有来往等，因此相信要约人的要约不可撤销。受要约人的合理信赖也可源于要约本身的性质，如对某一项要约作出承诺前需要受要约人进行广泛的、费用昂贵的调查，或者某一要约的发出意在允许受要约人进而可以向第三方发出要约。受要约人基于对要约不可撤销的信赖所做的行为，可以是为生产所做的准备、购买或者租用材料设备、负担费用，等等。只要这些行为在有关的贸易中被视为是正常的，或者应是要约人所能预见或者知悉的行为。《国际商事合同通则》在注释中举了两个例子说明这个问题。第一个例子是，甲是古董商，要求乙在 3 个月内修复 10 幅画，价格不超过一具体金额。乙告知甲，为了决定是否承诺，有必要先对一幅画进行修复，然后在 5 天内给出一个明确的答复。甲同意。基于对甲的要约的信赖，乙马上开始工作。甲在 5 天内不得撤销要约。第二个例子是，乙就合作参与一个在规定的期限内定标的项目，向甲发出要约。对于乙发出的要约，甲在计算投标价格时予以了信赖。在规定的期限届满前且甲已投标后，乙通知甲不愿意再遵守其要约。因为甲在投标时信赖了乙的要约，因此该要约在规定的期限届满前是不可撤销的。

第四百七十七条 撤销要约的意思表示以对话方式作出的，该意思表示的内容应当在受要约人作出承诺之前为受要约人所知道；撤销要约的意思表示以非对话方式作出的，应当在受要约人作出承诺之前到达受要约人。

◆ **条文主旨**

本条是关于撤销要约的条件的规定。

◆ **立法背景**

要约生效后，受要约人已经知悉了要约的内容，甚至可能已经基于对要约的信赖作出了某些行为。为了保障受要约人的合理信赖利益，要约人应当在受要约人作出承诺之前撤销要约。如果受要约人已经作出承诺的，要约人不得撤销要约。

◆ **条文解读**

对本条规定，可以从以下两个方面理解：

一是本条区分撤销要约的意思表示是以对话方式作出的还是以非对话方式作出的，对撤销要约的条件分别规定。本条规定对合同法第 18 条关于要约撤销条件的规定作了一定修改，主要是考虑到与《民法典》第 137 条的协调。《合同法》第 18 条规定，撤销要约的通知应当在受要约人发出承诺通知之前到达受要约人，没有区分撤销要约的意思表示是以对话方式作出的还是以非对话方式作出的。撤销要约的目的在于使已经生效的要约丧失法律效力，撤销要约本身也属于一种意思表示。撤销要约的意思表示的生效时间自然适用《民法典》第 137 条的规定。《民法典》第 137 条对意思表示的生效时间区分意思表示是以对话方式作出的还是以非对话方式作出的，即以对话方式作出的意思表示，相对人知道其内容时生效；以非对话方式作出的意思表示，到达相对人时生效。根据该规定，撤销要约的意思表示的生效时间分别为，撤销要约的意思表示以对话方式作出的，受要约人知道该意思表示的内容时生效；撤销要约的意思表示以非对话方式作出的，该意思表示到达受要约人时生效。为了保障受要约人的合理信赖利益，要约人应当在受要约人作出承诺之前撤销要约，也即要约人撤销要约的意思表示的生效时间应当是在受要约人作出承诺之前。因此，本条规定，撤销要约的意思表示以对话方式作出的，该意思表示的内容应当在受要约人作出承诺之前为受要约人所知道；撤销要约的意思表示以非对话方式作出的，应当在受要约人作出承诺之前到达受要约人。

二是要约人应当在“受要约人作出承诺之前”撤销要约。依照合同法第 18 条规定，要约人应当在“受要约人发出承诺通知之前”撤销要约。本条将合同法第 18 条规定的“受要约人发出承诺通知之前”修改为“受要约人作出承诺之前”，主要是考虑到与《民法典》第 480 条规定相协调。依照《民法典》第 480 条的规定，承诺应当以通知的方式作出；但是，根据交易习惯或者要约表明可以通过行为作出承诺的除外。《民法典》第 480 条是认可特定情形下受要约人通过行为作出承诺的。基于此，本条将合同法第 18 条规定的“受要约人发出承诺通知之前”修改为“受要约人作出承诺之前”。“受要约人作出承诺之前”既包括受要约人发出承诺通知之前，也包括受要约人根据交易习惯或者要约的要求作出承诺的行为之前。

第四百七十八条　有下列情形之一的，要约失效：

（一）要约被拒绝；

（二）要约被依法撤销；

（三）承诺期限届满，受要约人未作出承诺；

（四）受要约人对要约的内容作出实质性变更。

◆ **条文主旨**

本条是关于要约失效的规定。

◆ **条文解读**

要约的失效，也可以称为要约的消灭或者要约的终止，指要约丧失法律效力，要约人与受要约人均不再受其约束。要约人不再承担接受承诺的义务，受要约人亦不再享有通过承诺使合同得以成立的权利。

本条规定了要约失效的几种情形，分述如下：

一、要约被拒绝

受要约人接到要约后，通知要约人不同意与之签订合同，则拒绝了要约。要约被拒绝的，该要约即失去法律效力。受要约人的通知中，如果明确地说明拒绝要约，这当然没有疑问。但有的通知中，既没有说明接受要约，也没有明确拒绝要约，也没有明确提出反要约。这时，要根据该通知的具体内容进行判断，搞清楚受要约人究竟是什么意思。比如，回复中仅仅是询问价格有没有降低的可能、是否能提前几天交货等，这种答复不足以证明受要约人拒绝了要约。

如果受要约人的回复没有作出承诺，但提出了一些条件，受要约人在规定期限内仍不作答复，可以视为拒绝要约。按照《国际商事合同通则》的解释，这种情形视为“默示拒绝”。《国际商事合同通则》在对第 2.1.5 条的注释中对默示拒绝还举了一例予以说明：甲收到了乙发出的要约，其中规定该要约两周内是不可撤销的。甲通过邮件回复提出了部分不同的条件，对此乙不予接受。尽管离期限届满还有几天时间，但甲可能不再承诺原来的要约，因为通过发出反要约，甲实际上默示地拒绝了原要约。

实践中也有这种情况，受要约人拒绝了要约，但又反悔，这时受要约人可以撤回拒绝的通知，但撤回拒绝的通知也应像撤回要约一样，必须在拒绝的通知到达要约人之前或者同时到达要约人。

二、要约被依法撤销

要约被依法撤销，当然使要约失效。要约被依法撤销，指的是要符合撤销要约的条件。《民法典》第 477 条对撤销要约的条件作了具体规定，即撤销要约的意思表示以对话方式作出的，该意思表示的内容应当在受要约人作出承诺之前为受要约人所知道；撤销要约的意思表示以非对话方式作出的，应当在受要约人作出承诺之前到达受要约人。如果不符合要约撤销的条件，不发生要约被撤销的效力。此外，如果属于《民法典》第 476 条规定的要约不可撤销的情形，即要约人以确定承诺期限或者其他形式明示要约不可撤销，或者受要约人有理由认为要约是不可撤销的，并已经为履行合同做了合理准备工作的，要约不可被撤销，即使要约人作出了撤销要约的意思表示，也不发生要约被撤销的效力。

三、承诺期限届满，受要约人未作出承诺

要约中确定了承诺期限的，表明要约人规定了要约发生法律效力的期限，受要约人超过这个期限不承诺，要约的效力当然归于消灭。实践中也有这样的情形，要约中没有规定承诺期限，受要约人也不对要约作出答复，要约什么时候失效？这种情况下，应当按照《民法典》第 481 条的规定进行处理，一是要约没有确定承诺期限，要约以对话方式作出的，受要约人应当即时作出承诺，没有即时作出承诺的，要约失效。二是要约没有确定承诺期限，要约以非对话方式作出的，承诺应当在合理期限内到达要约人。要约人发出要约后一段合理期限内没有收到承诺，则要约失效。

四、受要约人对要约的内容作出实质性变更

受要约人对一项要约的内容作出实质性变更的，为新要约。新要约使原要约失去效力，要约人即不受原要约的拘束。

第四百七十九条 承诺是受要约人同意要约的意思表示。

◆ 条文主旨

本条是关于承诺定义的规定。

◆ 立法背景

所谓承诺，是指受要约人同意接受要约的全部条件以缔结合同的意思表示。从性质上来说，承诺与要约一样，都属于意思表示。意思表示是指行为人为了产生一定民法上的效果而将其内心意思通过一定方式表达于外部的行为，是实现当事人意思自治的工具。承诺的表意人即受要约人具有使合同得以成立的意图。承诺应当以通知或者其他适当的方式作出，并在承诺期限内到达要约人。符合生效要件的承诺可以发生受要约人预期的法律效果，使合同得以成立。在商业交易中，与要约称作“发盘”、“发价”相对称，承诺称作“接受”。

◆ 条文解读

对承诺的定义，可以从以下几个方面理解：

一是承诺须由受要约人作出。要约是要约人向受要约人发出的，受要约人是要约人选定的交易相对方，只有受要约人才具有作出承诺的资格，受要约人以外的第三人不具有承诺的资格。因此，第三人进行承诺不是承诺，只能视作对要约人发出了要约。如果订约的意思表示是向不特定人发出的，并且该订约的意思表示符合要约条件构成要约的，则不特定人中的任何人均可以作出承诺，其一旦作出承诺，受要约人即为特定。

二是承诺须向要约人作出。承诺是对要约的同意，受要约人意在与要约人订立合同，当然要向要约人作出。如果承诺不是向要约人作出，则作出的承诺意思表示不视为承诺，不能达到与要约人订立合同的目的。

三是承诺的内容须与要约的内容保持一致。这是承诺最核心的要件，承诺必须是对要约完全的、单纯的同意。因为受要约人如想与要约人订立合同，必须在承诺的内容上与要约的内容保持一致，否则要约人就可能拒绝受要约人而使合同不能成立。如果受要约人在承诺中对要约的内容加以扩张、限制或者变更，便不能构成承诺，并可能构成一项新的要约。判断承诺的内容是否与要约的内容一致并非易事，受要约人对要约简单地回答同意并不多见，因此，必须对受要约人的承诺进行分析。如果仅仅是表述的形式不同，而不是实质的不一致，则不应当否定承诺的效力。如果承诺中提出了一些新的条件，就要分析这些新的条件是否从实质上改变了要约的内容。如果没有从实质上改变要约的内容，则应当认为是对要约的承诺。如果从实质上改变了要约的内容，则不应认为是一项承诺，而构成了一项新要约。

第四百八十条 承诺应当以通知的方式作出；但是，根据交易习惯或者要约表明可以通过行为作出承诺的除外。

◆ 条文主旨

本条是关于承诺方式的规定。

◆ 立法背景

承诺属于一种意思表示。意思表示是一个将意思由内向外表示的过程，一个人内心可能有很多的主观意思，但为了让他人知晓，使内心意思产生外在的法律效果，就应当通过适当的方式表示出来。承诺方式，是指受要约人将其承诺的意思表示传达给要约人所采用的方式。对一项要约作出承诺即可使合同成立，因此承诺以何种方式作出是很重要的事情。

一般说来，法律并不对承诺必须采取的方式作限定，而只是一般规定承诺应当以明示或者默示的方式作出。所谓明示的方式，一般为通知。如《德国民法典》第130条规定："在相对人以非对话方式向其为意思表示时，意思表示以通知到达相对人时发生效力。"以通知的方式作出承诺可以是口头通知，也可以是书面通知。一般说来，如果法律或要约中没有规定必须以书面形式表示承诺，当事人就可以口头形式表示承诺。所谓默示的方式，一般按照交易的习惯或者当事人之间的约定，受要约人尽管没有通过书面或者口头方式明确表达其意思，但是通过实施一定的行为和其他形式作出了承诺。如我国台湾地区"民法"第161条规定："依习惯或依其事件之性质，承诺无需通知者，在相当时期内，有可认为承诺之事实时，其契约为成立。前项规定，于要约人要约当时预先声明承诺无需通知者，准用之。"国际公约和国际示范法也有大致类似的规定。如《联合国国际货物销售合同公约》第18条规定："受要约人声明或做出其他行为表示同意一项要约，即为承诺。缄默或不行为本身不等于承诺。"《国际商事合同通则》的规定与公约的规定基本一致。《国际商事合同通则》第2.1.6条规定："受要约人做出的表示同意要约的声明或其他行为构成承诺。缄默或不行为本身不构成承诺。"

◆ **条文解读**

本条的规定与上述的立法例是一致的。根据本条规定，承诺应当以通知的方式作出，根据交易习惯或者要约表明也可以通过行为作出承诺。本条中“通知的方式”是典型的明示方式。“通过行为作出承诺”属于默示的方式，这里的“行为”通常是指履行行为，比如预付价款、装运货物或在工地上开始施工等。以通知方式作出承诺具有直接、明确、不易产生纠纷的特点，因此承诺一般应以通知的方式作出。但是商业实践中往往还存在一些交易习惯，根据这些交易习惯，承诺也可以通过行为作出。这些交易习惯一般为从事该项交易的当事人所知晓，“通过行为作出承诺”的方式在要约人的预期之内，不会损害要约人的利益，因此本条对此予以认可。除了交易习惯外，如果要约人在要约中表明了可以通过行为作出承诺，那么受要约人通过行为作出承诺的，符合要约人的意愿，自然也应当予以认可。

值得注意的是，本条规定是对承诺方式的一般性规定，原则上承诺需要以通知的方式或者通过行为作出，但并没有排除沉默方式的承诺。沉默是一种既无语言表示也无行为表示的纯粹的缄默，完全不作任何表示，是一种完全的不作为。受要约人的沉默原则上不得推断受要约人同意要约。《民法典》第 140 条第 2 款规定，沉默只有在有法律规定、当事人约定或者符合当事人之间的交易习惯时，才可以视为意思表示。据此，沉默视为承诺的条件非常严格，如果没有要约人与受要约人事先的约定，也没有要约人与受要约人之间交易的习惯做法，在没有法律特别规定的情况下，仅仅由要约人在要约中表明如果不答复就视为承诺是不行的。《国际商事合同通则》在对第 2. 1. 6 条关于这个问题的解释上举了两个例子，很能说明这个问题。其一：甲和乙之间的供酒合同将于 12 月 31 日到期，甲要求乙提出续展合同的条件。乙在其要约中规定“最晚在 11 月底以前，如果我方未收到你方的答复，我方将推定你方同意按上述条件续展合同”。甲发现乙所提议的条件完全不可接受，因此未予答复。这样，当事人间未能达成新的合同，先前的合同到期失效。其二：在一项长期供酒协议中，乙惯常不经明确表示承诺而直接履行甲的订单。11 月 15 日，甲为准备新年物资向乙订一大批货。乙既没有答复，也没有按要求的时间供货。此时乙构成违约，因为根据当事人间业已建立的习惯做法，乙的缄默视同对甲的订单的承诺。

对于承诺的特定方式问题，有些国家的法律作了规定，如《意大利民法典》第 1326 条规定："当要约人对承诺要求特定形式时，如果承诺以不同于要求的形式发出，则该承诺无效。"有些国家的法律没有特别规定，但一般可从其对意思表示的要求中推断出来。如果要约人在要约中规定承诺需用特定方式的，承诺人作出承诺时，必须符合要约人规定的承诺方式。即使是这种要求的方式在一般人看来是很特别的，只要不为法律所禁止或者不属于在客观上根本不可能，受要约人都必须遵守。例如，要约人限定承诺应以电报回答，则受要约人纵以书面回答，亦不生承诺的效力。但如果要约人仅仅是希望以电报回复，受要约人则不必一定用电报回答。如果某些交易习惯上对承诺的方法有限定的，则一般应遵守交易习惯的要求，但如果要约人明确反对或者规定特定方式的，受要约人应当尊重要约人的意思，并按照要约人的要求的方式作出承诺。如果要约人规定了一种承诺方式，但并没有规定这是唯一的承诺方式，则一般来说，受要约人可以用比要约规定的方式更为迅捷的方式作出承诺。反之，受要约人如果使用比要约的规定更为迟缓的方式，则可能为无效。

第四百八十一条　承诺应当在要约确定的期限内到达要约人。

要约没有确定承诺期限的，承诺应当依照下列规定到达：

（一）要约以对话方式作出的，应当即时作出承诺；

（二）要约以非对话方式作出的，承诺应当在合理期限内到达。

◆ 条文主旨

本条是关于承诺到达时间的规定。

◆ 立法背景

本条区分要约是否确定了承诺期限，对承诺的到达时间分别作了规定。要约确定了承诺期限的，受要约人自然应当尊重要约人的意愿，承诺应当在该承诺期限内到达要约人。要约没有确定承诺期限的，根据要约是以对话方式作出还是以非对话方式作出，承诺到达时间又有所不同。

◆ 条文解读

对本条规定可以从以下两个方面理解：

一是关于要约以对话方式作出的。所谓以对话方式作出的要约，是指采取使受要约方可以同步受领的方式作出的要约，如面对面交谈、电话等方式。在以这种方式作出的要约中，要约人作出要约和受要约人受领要约是同步进行的，没有时间差，受要约人可以即时决定是否接受。依据本条规定，对于以这种方式作出的要约，如果要约本身没有确定承诺期限，受要约人应当即时作出承诺，对话结束后再作出的承诺对要约人不具有拘束力。一些国家和地区的立法例、国际公约以及国际示范法也作了类似规定。例如，《德国民法典》第 147 条规定：“对向在场人发出的要约，应立即作出承诺。借助于电话或者其他技术设备以对话方式发出的要约，亦同。”我国台湾地区“民法”第 156 条规定：“对话为要约者，非立时承诺，即失其拘束力。”《联合国国际货物销售合同公约》、《国际商事合同通则》的规定与《德国民法典》、我国台湾地区“民法”的规定在表述上略有不同。《联合国国际货物销售合同公约》第 18 条规定：“对口头发价必须立即接受，但情况有别者不在此限。”《国际商事合同通则》第 2. 1. 7 条也规定：“对口头要约必须立即作出承诺，除非情况有相反的表示。”“情况有别者”、“情况有相反的表示”一般是指要约人在口头要约中规定了承诺期限等情况，如在口头要约中说：“请在 3 日内答复。”《合同法》第 23 条第 2 款也规定：“要约以对话方式作出的，应当即时作出承诺，但当事人另有约定的除外。”“当事人另有约定”不仅指要约人在要约中规定了承诺期限，也指事先约定好的情况。本条删去了合同法的“但当事人另有约定的除外”，意在使条文表述更为简洁，如果当事人另有约定的，自然应当尊重当事人约定，无需特别强调。即使本条删去了合同法的“但当事人另有约定的除外”，但条文规范的内涵没变，如果是要约人在要约中规定了承诺期限，或者双方事先有约定的情况，自然应当尊重当事人意愿。

二是关于要约以非对话方式作出的。要约没有确定承诺期限，如果要约以非对话方式作出，如何确定承诺期限？其他一些国家或者地区的民法典以及国际公约、国际示范法都有相关规定。《德国民法典》第 147 条规定：“对向非在场人发出的要约，只能在通常情况下可预期到达的时间内作出承诺。”即以“在通常情况下可预期到达的时间”作为承诺期限。《意大利民法典》第 1326 条规定：“承诺应当在要约人确定的期间内或者根据事务的性质或根据惯例在通常所需的必要期间内到达要约人处。”以“根据事务的性质或根据惯例在通常所需的必要期间”作为承诺期限。我国台湾地区“民法”第157条规定：“非对话为要约者，依通常情形可期待承诺达到时期内，相对人不为承诺时，其要约失其拘束力。”以“通常情形可期待承诺达到时期”作为承诺期限。《联合国国际货物销售合同公约》第18条规定，要约中如未规定时间，应“在一段合理的时间内”送达要约人，未曾送达发价人，接受就成为无效，“但须适当地考虑到交易的情况，包括发价人所使用的通讯方法的迅速程度”。《国际商事合同通则》第2.1.7条的规定与公约的规定一致：“如果（要约）未规定时间，应在考虑了交易的具体情况，包括要约人所使用的通讯方法的快捷程度，在一段合理的时间内作出承诺。”这些规定虽不完全一致，但都考虑了作出承诺所需要的合理的期间。

本条参考上述立法例，将要约以非对话方式作出情形下的承诺期限规定为“合理期限”，即承诺应当在合理期限内到达要约人。“合理期限”与以上立法例规定的情况总体上是一致的，以上这些规定可以作为理解本条的参考。史尚宽先生对于“依通常情形可期待承诺达到时期”有过解释，也可作为参考。解释说，相当的期间，可分为三段：第一，要约到达于受要约人的期间；第二，为承诺所必要的期间；第三，承诺的通知达到要约人所必要的期间。第一段与第三段的期间，依通讯方式确定，如依邮寄或电报为要约或回答通常所必要的期间。如果要约及承诺的通知，途中有非常事变（火车障碍、暴风雨等）的迟延，要约人如果知道该情况的发生，应当斟酌以定其到达所必要的期间。此承诺达到所必要的期间，依其通知的方法而有不同。要约人如特别限定其承诺通知的方法，须以其方法为承诺。否则得依通常交易上所用的方法。以电报为要约时，是否必须以电报作为回答，应依要约的性质及特别的情势确定。第二段的期间，是自要约到达时以至发送承诺通知的期间，是受要约人审查考虑是否承诺所必要的时间。这个时间可以通常人为标准确定，但依要约的内容不同有所差异，内容复杂，审查考虑的时间就长，如果还要经过法定代表人或者董事会的批准，可能时间还会更长。此三段期间为“依通常情形可期待承诺达到时期”，也就是“合理期间”。

本条关于承诺到达时间的规定，可以结合《民法典》第486条与第487条作一体理解，这三个条文结合起来，从承诺作出的时间层面，对承诺的效力作出了完整的规定。本条可以说是从正面对一项有效承诺应当具备的时间要件作出原则性规定，即一般而言，承诺在承诺期限内到达要约人的，才是一项有效的承诺。《民法典》第486条和第487条是从反面对未在承诺期限内到达要约人的承诺的效力作出规定。依据《民法典》第486条和第487条的规定，未在承诺期限内到达要约人的承诺原则上对要约人不具有拘束力，视为新要约，但是要约人可以及时通知受要约人该承诺有效；有的承诺虽然未在承诺期限内到达要约人，但如果该承诺是受要约人在承诺期限内发出的，按照通常情形能够及时到达要约人，但是因其他原因迟到的，该承诺原则上仍然有效，但是要约人可以及时通知受要约人因承诺迟到而不接受该承诺。

第四百八十二条 要约以信件或者电报作出的，承诺期限自信件载明的日期或者电报交发之日开始计算。信件未载明日期的，自投寄该信件的邮戳日期开始计算。要约以电话、传真、电子邮件等快速通讯方式作出的，承诺期限自要约到达受要约人时开始计算。

◆ **条文主旨**

本条是关于承诺期限起算点的规定。

◆ **立法背景**

如何确定承诺期限的起算点，对受要约人是否作出承诺、何时作出承诺、以何种方式作出承诺，以及作出的承诺是否有效等具有重要意义。因此，法律有必要对承诺期限的起算点确定一个统一的标准，以尽量减少可能发生的争议。《联合国国际货物销售合同公约》第 20 条规定："发价人在电报或信件内规定的接受期间，从电报交发时刻或信上载明的发信日期起算，如信上未载明发信日期，则从信封上所载日期起算。发价人以电话、电传或其他快速通讯方法规定的接受期间，以发价送达被发价人时起算。"《国际商事合同通则》第 2.1.8 条规定"要约人规定的承诺期限自要约发出时起算。要约中显示的时间应被视为是要约发出的时间，除非情况有相反的表示。"

◆ **条文解读**

本条参考了《联合国国际货物销售合同公约》，区分要约的作出方式，分别规定了承诺期限起算点的不同标准。一是要约以信件或者电报作出的，承诺期限自信件载明的日期或者电报交发之日开始计算。如果信件未载明日期，自投寄该信件的邮戳日期开始计算。二是要约以电话、传真、电子邮件等快速通讯方式作出的，承诺期限自要约到达受要约人时开始计算。

第四百八十三条　承诺生效时合同成立，但是法律另有规定或者当事人另有约定的除外。

◆ **条文主旨**

本条是关于采用要约、承诺方式所订合同成立时间的规定。

◆ **立法背景**

合同是当事人之间设立、变更、终止民事法律关系的协议，本质上是当事人之间的合意。《民法典》第134条规定，民事法律行为可以基于双方或者多方的意思表示一致成立。采用要约、承诺方式订立的合同属于典型的双方民事法律行为。要约人发出要约，受要约人作出承诺；承诺生效之时，要约人与受要约人之间的意思表示达成一致。所以，原则上承诺生效之时，就是合同成立之时。

◆ **条文解读**

本条规定，承诺生效时合同成立，原则上将“承诺生效时”作为采用要约、承诺方式所订合同的成立时间。民事活动应当充分尊重当事人之间的意愿。《民法典》第5条将自愿原则作为民法的基本原则之一。《民法典》第5条规定，民事主体从事民事活动，应当遵循自愿原则，按照自己的意思设立、变更、终止民事法律关系。据此，合同成立时间也应当允许当事人双方另行约定。本条在原则上将“承诺生效时”作为合同成立时间的同时，还作了但书规定“法律另有规定或者当事人另有约定的除外”。这样，既为法律另行规定留下空间，也有利于当事人根据实际情况对合同成立另行约定。比如依照法律规定，实践性合同自实际交付标的物时成立。《民法典》第586条规定，定金合同自实际交付定金时成立。第679条规定，自然人之间的借款合同，自贷款人提供借款时成立。第905条规定，仓储合同自保管人和存货人意思表示一致时成立。此外，要约人与受要约人也可能会对合同成立时间作出另行约定。例如，要约人与受要约人约定，承诺生效后还要制作专门的合同书，只有当事人均签名、盖章时合同始成立。那么在这种情况下，就不能将承诺生效时间直接作为合同成立时间，而是应当尊重当事人之间的约定，以当事人均签名、盖章时作为合同成立时间。

第四百八十四条 以通知方式作出的承诺，生效的时间适用本法第一百三十七条的规定。

承诺不需要通知的，根据交易习惯或者要约的要求作出承诺的行为时生效。

◆ 条文主旨

本条是关于承诺生效时间的规定。

◆ 立法背景

承诺生效的时间即为合同成立的时间，合同一成立即对当事人双方都产生法律约束力。承诺何时生效还直接影响承诺生效地点的确定。《民法典》第492条第1款规定，承诺生效的地点为合同成立的地点。因此，承诺何时生效与合同成立的地点也密切相关，与管辖法院的确定以及法律的选择适用都有密切联系。确定承诺生效的时间非常重要。本条区分以通知方式作出的承诺与通过行为作出的承诺，对承诺的生效时间分别作了规定。

◆ 条文解读

本条规定可以从以下两个方面理解：

一、以通知方式作出的承诺的生效时间

大陆法系国家或者地区在承诺何时生效的问题上采用到达主义，或称为送达主义。即承诺的意思表示到达要约人时生效，合同成立。如《德国民法典》第130条规定："在向另一方作出意思表示时，如果另一方不在场，意思表示以其到达另一方时发生效力。"我国台湾地区"民法"第95条也规定："非对话而为意思表示者，其意思表示，以通知达到相对人时，发生效力。"

在承诺何时生效的问题上，英美法系一般认为，承诺应当送达要约人，而且直至要约人已被告知并真正收到承诺以前，合同并未成立。承诺必须真正送到要约人的手中，这是个基本原则。但是，在承诺通过邮局发送时，则有了特别重要的例外。通过邮局发送承诺，承诺的意思表示自发送之时生效、合同成立。这就是所谓的发信主义，或称为送信主义。根据送信主义，一旦承诺人将承诺信件丢进邮筒或者把承诺的电报交给电报局，则承诺生效、合同成立，不论要约人是否收到。承诺的通知因邮局、电报局或者其他原因迟延、丢失，后果由要约人承担。

《联合国国际货物销售合同公约》第18条规定："接受发价于表示同意的通知送达发价人时生效。"《国际商事合同通则》第2.1.6条也规定："对一项要约的承诺于同意的表示送达要约人时生效。"可见《联合国国际货物销售合同公约》和《国际商事合同通则》排除了英美法系的发信主义，而采用送达主义。《国际商事合同通则》在注释中说，认可送达主义优先于发信主义的理由在于：由受要约人承担传递的风险比由要约人承担更合理，因为是受要约人选择的通讯方式，他知道该方式是否容易出现特别的风险或延误，因此他最能够采取有效的措施以确保承诺送达目的地。

合同法也采纳了送达主义的作法。《合同法》第26条规定，承诺通知到达要约人时生效。《民法典》第137条对有相对人的意思表示的生效时间与合同法的规定略有不同。承诺是一种有相对人的意思表示，以通知方式作出的承诺自然应当适用《民法典》

第 137 条的规定。《民法典》第 137 条规定区分意思表示是以对话方式作出的还是以非对话方式作出的，分别对意思表示的生效时间作了规定。《民法典》第 137 条规定："以对话方式作出的意思表示，相对人知道其内容时生效。以非对话方式作出的意思表示，到达相对人时生效。以非对话方式作出的采用数据电文形式的意思表示，相对人指定特定系统接收数据电文的，该数据电文进入该特定系统时生效；未指定特定系统的，相对人知道或者应当知道该数据电文进入其系统时生效。当事人对采用数据电文形式的意思表示的生效时间另有约定的，按照其约定。"

据此，对于以通知方式作出的承诺的生效时间，也应当区分承诺是以对话方式作出的还是以非对话方式作出的，分别对待。

1. 承诺是以对话方式作出的，即受要约人通过面对面交谈、电话等方式向要约人作出承诺的，受要约人作出承诺和要约人受领承诺是同步进行的，没有时间差。受要约人作出承诺并使要约人知道时即发生效力。

2. 承诺是以非对话方式作出的，比如受要约人通过信函、传真、电子邮件等方式向要约人作出承诺的，受要约人作出承诺的时间与要约人受领承诺的时间不同步，二者之间存在时间差。《民法典》第 137 条参考了大多数国家和地区的立法例，对以非对话方式作出的意思表示的生效时间采用了"到达主义"，即以非对话方式作出的意思表示，到达相对人时生效。基于此，以非对话方式作出的承诺的生效时间应当为"到达要约人时"。例如，实践中如果由于邮局等原因导致承诺通知延误的，在承诺仍为有效的前提下，承诺生效的时间应当为实际到达要约人时，不能以投递承诺通知时为准，也不能以邮局通常情形下会实际送达到要约人的时间为准。《民法典》第 137 条还根据我国加入的《联合国国际合同使用电子通信公约》，在合同法规定的基础上，对以非对话方式作出的采用数据电文形式的意思表示的生效时间作了专门规定。根据该规定，以非对话方式作出的采用数据电文形式的承诺，要约人指定特定系统接收数据电文的，该数据电文进入该特定系统时生效；未指定特定系统的，要约人知道或者应当知道该数据电文进入其系统时生效。要约人与受要约人对采用数据电文形式的承诺的生效时间另有约定的，按照其约定。

二、通过行为作出承诺的生效时间

根据本条规定，承诺不需要通知的，根据交易习惯或者要约的要求作出承诺的行为时，承诺生效。该规定与《联合国国际货物销售合同公约》、《国际商事合同通则》的规定基本一致。《联合国国际货物销售合同公约》第18条第3款规定："如果根据该项发价或依照当事人之间确立的习惯作法和惯例，被发价人可以做出某种行为，例如与发运货物或支付价款有关的行为，来表示同意，而无须向发价人发出通知，则接受于该项行为做出时生效，但该项行为必须在上一款所规定的期间内（发价人所规定的时间；如未规定时间，在一段合理的时间内）做出。"《国际商事合同通则》第2.1.6条第3款规定："如果根据要约本身，或依照当事人之间建立的习惯做法，或依照惯例，受要约人可以通过做出某种行为来表示同意，而无须向要约人发出通知，则承诺于做出该行为时生效。"《国际商事合同通则》在注释中予以举例说明：为建立一个数据库，甲要求乙编写一套专门的程序。在未给甲发出承诺通知的情况下，乙开始编写程序，并在完成后要求甲根据要约中所开列的条件付款。这种情况下，乙无权要求付款，因为乙从未通知甲，乙对要约的所谓承诺没有生效。但如果甲在其要约中通知乙随后的两周甲不在，如果乙有意承诺该要约，为节省时间，应立即着手编写程序。这种情况下，一旦乙开始编写工作，合同即告成立，即便乙未将承诺立即通知甲或在以后阶段通知甲。

第四百八十五条 承诺可以撤回。承诺的撤回适用本法第一百四十一条的规定。

◆ 条文主旨

本条是关于承诺撤回的规定。

◆ 立法背景

承诺的撤回是指受要约人阻止承诺发生法律效力的意思表示。承诺是一种能够产生法律效果的意思表示，承诺作出后如果要撤回必须满足一定的条件。

在英美法系国家，对于通过信件和电报传递的承诺由于采取发信主义，承诺的信件与电报交发即生效，因此，承诺的撤回是不可能的。所以，对于以信件和电报传递的承诺，英美法系是不允许撤回的。英美法系认为，受要约人不享有撤回权是合理的，可以防止承诺人在发出承诺之后根据市场行情变化投机取巧，看行情涨落，如果不利，就以电话等快速方式撤回承诺。而大陆法系认为，如同撤回要约一样，受要约人应当有权决定撤回承诺。《德国民法典》第130条规定："在向另一方作出意思表示时，如果另一方不在场，意思表示以其到达另一方时发生效力。如果撤回的通知先于或者同时到达另一方，则意思表示不发生效力。"《意大利民法典》第1328条规定："承诺得被撤回，但撤回的通知要在承诺之前送达要约人。"我国台湾地区"民法"第95条规定，非对话而为意思表示者，其意思表示，以通知达到相对人时，发生效力，但撤回之通知同时或者先时到达者，不在此限。

《联合国国际货物销售合同公约》第22条规定："接受（承诺）得予撤回，如果撤回通知于接受原应生效之前或同时送达发价人。”《国际商事合同通则》第 2. 1. 10 条也规定：“承诺可以撤回，只要撤回通知在承诺本应生效之前或同时送达要约人。”可见，两者的规定都采用了送达主义原则，允许受要约人撤回承诺，没有采纳发信主义原则。《国际商事合同通则》在注释中说，对于承诺的撤回，规定了与要约的撤回相同的原则，即受要约人可以改变其想法并撤回承诺。

合同法采纳了大陆法系与国际公约、国际示范法的作法。合同法第 27 条规定，撤回承诺的通知应当在承诺通知到达要约人之前或者与承诺通知同时到达要约人。

◆ **条文解读**

本条关于承诺的撤回条件的规定，只是基于体例的考虑，作了转引性规定，但在实质内容上与合同法相比没有变化。《民法典》第 141 条对意思表示的撤回条件作了规定，即撤回意思表示的通知应当在意思表示到达相对人前或者与意思表示同时到达相对人。承诺是一种意思表示，承诺的撤回条件应当适用《民法典》第 141 条关于意思表示撤回条件的规定。据此，承诺的撤回条件可以概括为，撤回承诺的通知应当在承诺通知到达要约人之前或者与承诺通知同时到达要约人。如果撤回承诺的通知晚于承诺通知到达要约人，则承诺已经生效，合同已经成立，受要约人撤回承诺的通知不生效力。

第四百八十六条 受要约人超过承诺期限发出承诺，或者在承诺期限内发出承诺，按照通常情形不能及时到达要约人的，为新要约；但是，要约人及时通知受要约人该承诺有效的除外。

◆ 条文主旨

本条是关于逾期承诺的法律效果的规定。

◆ 立法背景

本条与《民法典》第481条规定关联较为密切。《民法典》第481条是从正面对有效承诺的时间要件作出规定，即要约确定了承诺期限的，承诺应在该承诺期限内到达要约人；要约没有确定承诺期限的，承诺应当在合理的期限内到达要约人。本条从反面对逾期承诺，即承诺到达要约人时超过承诺期限的情形予以规定，明确了逾期承诺的法律效果。

从一些国家和地区的立法例来看，《德国民法典》第150条、《日本民法典》第524条、我国台湾地区"民法"第160条均规定，迟到的承诺，原则上视为新要约。有的国家民法还规定，如果要约人欲使迟到的承诺生效，则应当立即通知受要约人。如《意大利民法典》第1326条第3款规定："即使承诺迟延，要约人亦可以保留迟延承诺的效力，但是，以立即向另一方发出通知为限。"

迟到的承诺视为新要约，英美法系也有同样的原则。但是，英美法系的要约通常是虚盘，其有效期常常采用合理期限进行推定。如果承诺明显地迟发了，明显地超过了合理期限，当然不能生效。但是，有许多承诺难以判断是否在合理期间发出的。判例法认为，如果受要约人有根据认为其承诺是在合理期间内发出的，根据诚实信用原则，要约人应当接受这个承诺。如果要约人断定这个承诺已经逾期，不愿承认这个承诺，就必须把这个意思及时通知受要约人，否则承诺有效、合同成立。

《联合国国际货物销售合同公约》第21条第1款的规定与意大利的规定相仿："逾期接受仍有接受的效力，如果发价人毫不迟延地用口头或书面将此种意见通知被发价人。”《国际商事合同通则》第2.1.9条中也有类似的规定：“逾期承诺仍应具有承诺的效力，但要约人应毫不迟延地告知受要约人该承诺具有效力或向受要约人发出具此效力之通知。”《国际商事合同通则》在注释中还对要约人接受逾期承诺时合同的成立时间作了解释，即如果要约人接受逾期承诺，则合同的成立时间是逾期承诺到达要约人时，而不是在要约人将其认可该逾期承诺有效的意思通知受要约人时，并举例说明：甲指定3月31日为承诺其要约的最后期限。乙的承诺于4月3日送达甲。甲仍然对该交易有兴趣，愿意接受乙的逾期承诺，并且立即通知了乙。虽然该通知是在4月5日才送达乙，但合同于4月3日成立。

《合同法》第28条参考了《联合国国际货物销售合同公约》与《国际商事合同通则》，但对于逾期承诺的规定并不完整。《合同法》第28条规定，受要约人超过承诺期限发出承诺的，除要约人及时通知受要约人该承诺有效的以外，为新要约。该规定仅对受要约人超过承诺期限发出的承诺的法律效果作了规定。实践中，逾期承诺还包括一类情形，即受要约人在承诺期限内发出承诺，按照通常情形不能及时到达要约人，并且确实也没有在承诺期限内到达要约人的，这种承诺原则上也应视为新要约。本条规定在《合同法》第28条规定的基础上，将该类逾期承诺的情形纳入，与《联合国国际货物销售合同公约》与《国际商事合同通则》的规定保持了一致。

◆ **条文解读**

对本条的规定可以从以下两个层面理解：

一是逾期承诺视为新要约。本条的“承诺期限”不但指要约人在要约中确定的承诺期限，也指要约人未确定承诺期限，而根据实际情况推断的合理期限。逾期承诺包括两类情形：第一类情形是，受要约人超过承诺期限发出承诺。这种情况下，承诺到达要约人时肯定也已经超过承诺期限。第二类情形是，承诺虽然是在承诺期限内发出的，按照通常情形不能及时到达要约人，并且也确实没有在承诺期限内到达要约人。《合同法》第 28 条仅对逾期承诺的第一类情形作了明确规定，即受要约人超过承诺期限发出承诺的，除要约人及时通知受要约人该承诺有效的以外，为新要约。当然也有的观点认为，从解释学的角度，《合同法》第 28 条也可以理解为包含第二类情形。为了统一理解，更有利于实践运用，本条明确将第二类情形纳入逾期承诺予以规定。根据本条规定，在以上两类情形下，承诺到达要约人时，要约的承诺期限已过，受要约人发出的承诺对要约人不产生拘束力，此承诺已不能作为一项有效承诺，只能作为一项新的要约。对该项新要约，原受要约人成为新要约的要约人，原要约人成为新要约的受要约人，双方位置互换，可以按照要约、承诺规则作新的处理。

二是虽然承诺迟延到达要约人，但是如果要约人及时通知受要约人该承诺有效的，该承诺仍为有效。这体现了对要约人意愿的尊重，也符合受要约人的利益，有利于促进交易。何谓“及时”，要根据交易的实际情况予以判断。

第四百八十七条　受要约人在承诺期限内发出承诺，按照通常情形能够及时到达要约人，但是因其他原因致使承诺到达要约人时超过承诺期限的，除要约人及时通知受要约人因承诺超过期限不接受该承诺外，该承诺有效。

◆ 条文主旨

本条是关于因传递迟延造成的逾期承诺的法律效果的规定。

◆ 立法背景

本条针对的是在承诺期限内发出并且依通常情形可于承诺期限内到达要约人，但因传递过程中的原因造成承诺到达要约人时超过承诺期限的情形。本条规定的情形再加上《民法典》第486条规定的逾期承诺的一般情形，在逻辑上涵盖了承诺超过承诺期限到达要约人的所有情形，与《民法典》第481条规定可以说是正反面的关系。《民法典》第481条是从正面对有效承诺的时间要件作出规定，第486条是关于逾期承诺的法律效果的一般性规定，本条是对因传递迟延造成逾期承诺的法律效果的特别规定。

按照大陆法系的一般作法，对于在承诺期限内发出并且依通常情形可于承诺期限内到达要约人而逾期的承诺，如果要约人不愿意接受，即负有对承诺人发出逾期通知的义务。要约人及时发出逾期通知后，该逾期的承诺不生效力、合同不成立。如果要约人怠于发出逾期通知，则该逾期的承诺视为未逾期的承诺，具有承诺的效力、合同成立。大陆法系有关立法例，如德国民法典、日本民法典以及我国台湾地区“民法”都有类似规定。《德国民法典》第149条规定：“承诺通知迟延到达时，如果要约人可能知道依通常传达情形可以及时到达，而且以前尚未有过同样情形的，要约人应在收到承诺通知后，立即将迟延情况通知承诺人。要约人怠于发出上述通知的，承诺视为未迟延。”英美法系以信件、电报发送承诺采用发信主义，发出即生效，因此不存在这个问题。

《联合国国际货物销售合同公约》第21条第2款规定：“如果载有逾期接受的信件或其他书面文件表明，它是在传递正常、能及时送达发价人的情况下寄发的，则该项逾期接受具有接受的效力，除非发价人毫不迟延地用口头或书面通知被发价人：他认为他的发价已经失效。”《国际商事合同通则》作了与《联合国国际货物销售合同公约》一致的规定。《国际商事合同通则》第 2.1.9 条第 2 款规定：“如果载有逾期承诺的信息表明它是在如果传递正常即能及时到达要约人的情况下发出的，则该逾期承诺仍具有承诺的效力，除非要约人毫不迟延地通知受要约人此要约已失效。”《国际商事合同通则》在注释中对此问题的解释是，只要承诺是因受要约人未及时发送而逾期，一般认定其无效，除非要约人有明确相反的表示。但如受要约人已及时答复，只是因为不可预料的传递延迟才导致承诺逾期到达要约人，情况则有所不同。在这种情况下，受要约人对于承诺能够及时到达的信赖应该得到保护，因此逾期承诺视为有效，除非要约人毫不延迟地拒绝。第 2.1.9 条第 2 款所要求的唯一条件是，载有逾期承诺的信件或其他沟通材料可以表明其如果传递正常能够及时送达要约人。并举例说明：甲指定 3 月 31 日为承诺其要约的最后期限。乙知道信件经航空传递到甲需要 3 天时间，乙于 3 月 25 日发出了载有承诺的信件。由于甲的国家邮政部门罢工，信封上盖有邮寄日期的信件 4 月 3 日才到。乙的承诺虽然逾期了，但仍应有效，除非甲毫不延迟地拒绝。

◆ **条文解读**

本条规定参考了一些国家和地区的立法例，与《联合国国际货物销售合同公约》与《国际商事合同通则》的规定是一致的。对于未迟发而逾期的承诺，按照通常情形能够及时到达要约人，只是因其他原因造成承诺逾期，受要约人对承诺能够及时到达要约人的预期和信赖有必要予以保护，在法律效果上应当与《民法典》第 486 条规定的逾期承诺的一般情形区别对待。依照本条规定，受要约人在承诺期限内发出承诺，按照通常情形能够及时到达要约人，但是因其他原因致使承诺到达要约人时超过承诺期限的，该承诺有效。同时为了保护要约人的利益，本条对此作了除外规定，允许要约人及时否定该承诺的效力，即如果要约人及时通知受要约人因承诺超过期限不接受该承诺的，则该承诺对要约人不产生拘束力。如果要约人没有及时通知受要约人不接受该承诺的，则该承诺有效、合同成立。

第四百八十八条 承诺的内容应当与要约的内容一致。受要约人对要约的内容作出实质性变更的，为新要约。有关合同标的、数量、质量、价款或者报酬、履行期限、履行地点和方式、违约责任和解决争议方法等的变更，是对要约内容的实质性变更。

◆ 条文主旨

本条是关于承诺对要约内容作出实质性变更的规定。

◆ 立法背景

承诺的内容必须与要约的内容一致，不得作更改，是英美法系与大陆法系两大法系一致的原则。否则，视为新的要约。但在解释上，也并非铁板一块。因为现实中的承诺往往不是简单地回答“是”或者“同意”，承诺是否与要约一致，也是需要进行判断的。在形式上承诺虽然对要约内容有变更，但实质上并没有变更的，仍然可以认为与要约一致，承诺仍为有效。比如就要约的主要内容意思一致，仅就要约的附随事项附以条件或者为其他非实质变更，承诺仍为有效。

要求承诺与要约的内容绝对一致，不利于合同的成立，不利于鼓励交易。在英美法系，也突破了所谓的镜像原则。《美国统一商法典》第2. 207条第1款规定：“在合理时间内寄送的承诺表示或确认书，只要确定并且及时，即使与原要约或原同意的条款有所不同或对其有所补充，仍具有承诺的效力，除非承诺中明确规定，以要约人同意这些不同的条款为承诺的生效条件。”第2款则明确规定，如果“补充条款对合同作了实质性改变”则不“构成合同的组成部分”。

◆ **条文解读**

依照本条规定，承诺的内容应当与要约的内容一致，但承诺对要约的内容并非绝对不可以改变，对非实质内容可以变更，改变实质内容则是一个新要约。问题在于，什么样的内容是非实质性的？《联合国国际货物销售合同公约》第19条第3款规定：“有关货物价格、付款、货物质量和数量、交货地点和时间、一方当事人对另一方当事人的赔偿责任范围或解决争端等等的添加或不同条件，均视为在实质上变更发价的条件。”但是，除了列举的这些项目，其他项目如合同的标的、合同所适用的法律等是不是实质性的内容？就列出的项目来说，是否任何一点改变就是实质性改变呢？

《国际商事合同通则》第2. 1. 11条也规定了实质性改变合同构成反要约，但没有具体列项规定什么条款是实质性条款。《国际商事合同通则》在注释中提出，对于什么能构成实质性变更，无法抽象确定，必须视个案的具体情况而定。如果添加条款或差异条款的内容涉及价格或支付方式、非金钱债务的履行地点和时间、一方当事人对对方当事人承担责任的限度或争议的解决方式等问题，则通常（但不是必然）构成对要约的实质性变更。对此应予考虑的一个重要因素是，变更条款或差异条款在有关的贸易领域中是否广泛适用，因而不出乎要约人的意料。《国际商事合同通则》还举例予以说明，第一个例子：甲向乙订购一台机器，如果乙在订单确认书中，增加了仲裁条款，那么，除非有相反的表示，这一条款构成了对要约的实质性变更，其结果是乙的所谓承诺构成反要约。第二个例子：甲向乙订购一定数量的小麦。在订单确认书中，乙增加了一项仲裁条款，该条款是相关商品交易中的标准做法。因为甲对这种条款不会感到意外，因此它不构成对要约的实质性变更。除非甲毫不迟延地拒绝，该仲裁条款构成合同的一部分。

本条对实质性条款作了列举，有关合同标的、数量、质量、价款或者报酬、履行期限、履行地点和方式、违约责任和解决争议方法，为实质性条款。但是，实质性条款不限于所列这些项目，例如对合同所适用的法律的选择一般也可以归为实质性条款。本条对于实质性条款项目的开列具有提示性质，在实际交易的具体合同中，哪些条款内容的变更构成实质性变更，还需就个案进行具体分析。

第四百八十九条 承诺对要约的内容作出非实质性变更的，除要约人及时表示反对或者要约表明承诺不得对要约的内容作出任何变更外，该承诺有效，合同的内容以承诺的内容为准。

◆ 条文主旨

本条是关于承诺对要约内容作非实质性变更的规定。

◆ 立法背景

对要约的内容作非实质性变更的承诺是否有效，《联合国国际货物销售合同公约》第19条第2款规定："对发价表示接受但载有添加或不同条件的答复，如所载的添加或不同条件在实质上并不变更该项发价的条件，除发价人在不过分迟延的期间内以口头或书面通知反对其间的差异外，仍构成接受。如果发价人不作出这种反对，合同的条件就以该项发价的条件以及接受通知内所载的更改为准。"《国际商事合同通则》与《联合国国际货物销售合同公约》的规定是一致的。《国际商事合同通则》第2.1.11条规定："对要约意在表示承诺但载有添加或不同条件的答复，如果所载的添加或不同条件没有实质性地改变要约的条件，则除非要约人毫不迟延地表示拒绝这些不符，此答复仍构成承诺。如果要约人不做出拒绝，则合同的条款应以该要约的条款以及承诺所载有的变更为准。"《国际商事合同通则》还举例予以说明：甲向乙订购一台机器，并提出在甲的工地上调试。在订单确认书中，乙声明接受要约的条款，但增加了乙希望参加检验机器的条款。该添加条款不是对要约的实质性变更，因此将作为合同内容的一部分内容，除非甲毫不迟延地拒绝。

本条的规定参考了《联合国国际货物销售合同公约》以及《国际商事合同通则》的规定，与公约及通则的规定基本一致。

◆ 条文解读

根据本条规定，承诺对要约的内容作出非实质性变更的，该承诺有效，合同的内容以承诺的内容为准。如果要约人及时表示反对或者要约表明承诺不得对要约的内容作出任何变更的，承诺对要约人不产生拘束力；如果要约人没有及时表示反对，要约也没有表明承诺不得对要约的内容作出任何变更的，则该承诺仍为有效承诺，合同的内容以承诺的内容为准。

第四百九十条 当事人采用合同书形式订立合同的，自当事人均签名、盖章或者按指印时合同成立。在签名、盖章或者按指印之前，当事人一方已经履行主要义务，对方接受时，该合同成立。

法律、行政法规规定或者当事人约定合同应当采用书面形式订立，当事人未采用书面形式但是一方已经履行主要义务，对方接受时，该合同成立。

◆ **条文主旨**

本条是关于采用书面形式订立的合同成立时间的规定。

◆ **立法背景**

书面形式是当事人订立合同的形式之一，具体包括合同书、信件、数据电文等形式。采用合同书形式订立合同，为民事主体之间订立合同所经常采用。合同书记载着全部内容，当事人的姓名或者名称和住所、当事人各方的权利义务等都在合同书中作出明确约定。采用合同书形式订立的合同，一般来说，合同的内容比较复杂，合同条款也比较多。为了保护交易安全，有利于预防和解决纠纷，本条对采用合同书形式所订立合同的特别成立要件作了规定。

◆ **条文解读**

本条第1款规定，当事人采用合同书形式订立合同的，自当事人均签名、盖章或者按指印时合同成立。在合同书中当事人的签名、盖章或者按指印是十分重要的，没有各方当事人的签名、盖章或者按指印，就不能最终确认当事人对合同的内容协商一致，也就不能认定合同成立。经过各方当事人签名、盖章或者按指印的合同，其证据效力是最强的，在当事人发生纠纷时，合同书是判断当事人各方权利义务、责任的最基础证据。除法律、行政法规要求必须签订合同书外，当事人要求签订合同书的，应当在承诺生效之前提出。因在承诺生效时，合同即成立，之后再提出签订合同书的，合同书只是作为合同成立的证明，合同并非从签名、盖章或者按指印时成立。

《民法典》第 5 条将自愿原则作为民法的基本原则。合同成立的核心要素是双方当事人意思表示一致。如果一个以合同书形式订立的合同已经履行，而仅仅是没有签名、盖章或者按指印，就认定合同不成立，则违背了当事人的真实意愿。当事人一方既然已经履行主要义务，对方也接受的，合同当然成立。依照本条第 1 款规定，当事人采用合同书形式订立合同的，在签名、盖章或者按指印之前，当事人一方已经履行主要义务，对方接受时，应视为合同成立符合双方当事人的共同意愿，该合同成立。

法律、行政法规规定或者当事人约定合同应当采用书面形式订立，一般来说，主要是考虑到有些合同类型各方权利义务关系比较复杂，采用书面形式订立合同对明确各方当事人的权利义务、责任至关重要，对促进合同履行、预防和处理纠纷都具有重要意义。如果法律、行政法规规定或者当事人约定合同应当采用书面形式订立，当事人就应当采用书面形式订立合同。但是，并不能反推说，当事人未采用书面形式的，合同一定不成立。本条第 2 款规定就属于当事人未按照规定或者约定采用书面形式但合同仍成立的一种情形。即使合同没有按照法律、行政法规规定或者当事人约定采用书面形式订立，但是一方已经履行主要义务，对方接受时，应视为合同成立符合双方当事人的共同意愿，该合同成立。

第四百九十一条 当事人采用信件、数据电文等形式订立合同要求签订确认书的，签订确认书时合同成立。

当事人一方通过互联网等信息网络发布的商品或者服务信息符合要约条件的，对方选择该商品或者服务并提交订单成功时合同成立，但是当事人另有约定的除外。

◆ **条文主旨**

本条是关于签订确认书的合同及电子合同成立时间的规定。

◆ **立法背景**

本条第 1 款对当事人要求签订确认书情形下合同的成立时间作了规定。该款规定在《合同法》第 33 条规定的基础上稍作文字修改，条文含义没变。《合同法》第 33 条规定，当事人采用信件、数据电文等形式订立合同的，可以在合同成立之前要求签订确认书。签订确认书时合同成立。《合同法》第 33 条的规定又来源于原《涉外经济合同法》的规定。原《涉外经济合同法》第 7 条第 1 款规定："当事人就合同条款以书面形式达成协议并签字，即为合同成立。通过信件、电报、电传达成协议，一方当事人要求签订确认书的，签订确认书时，方为合同成立。"原涉外经济合同法第 7 条主要是针对当时我国对外贸易企业的习惯作法所作规定。按照当时我国对外贸易企业的习惯作法，双方以函电方式达成协议后，中方企业往往还要提出一式两份的销售确认书，邮寄对方交换签字后，才作为合同正式成立的依据。这种销售确认书实质上是一份简单的书面合同。当然，合同编本条第 1 款规定不局限于对外贸易领域，而是适用于所有采用信件、数据电文等形式订立合同要求签订确认书的情形。

近年来信息网络技术及其应用发展迅速，当事人通过信息网络销售商品或者提供服务已经较为普遍，“线上交易”成为合同交易中的重要类型。为了回应信息网络技术的发展，适应实践需要，本条第 2 款吸收了《电子商务法》的规定，对电子合同的成立时间作了规定。

◆ **条文解读**

依照本条第 1 款规定，当事人采用信件、数据电文等形式订立合同要求签订确认书的，签订确认书时合同成立。这一规定虽然没有明确何时可以提出签订确认书的要求，但不能理解为允许当事人在承诺生效后再提出签订确认书的要求，因为按照本编规定的要约、承诺规则，承诺生效后合同即已成立。在合同成立后，如果一方当事人提出签订确认书的要求，对合同的成立不产生任何影响。

依照本条第 2 款规定，电子合同的成立需要具备两个基本条件：

一是当事人一方通过互联网等信息网络发布的商品或者服务信息符合要约条件。对于传统交易，当事人往往会通过商店橱窗展示货物及其价格，也可能会通过商业广告和宣传、寄送价目表等形式发布商品或者服务信息，当事人的这些行为一般视为要约邀请，目的在于希望他人向自己发出要约，展示或者发布信息的人不受约束。欲与发布信息的该当事人订立合同，要先向发布信息的该当事人发出要约。而对于“线上交易”，当事人发布商品或者服务信息的信息网络系统，往往具有互动性，相对方不仅可以浏览商品或者服务的价格、规格等具体信息，还可以网上直接选择交易标的、提交订单，这种情况下，当事人通过信息网络发布商品或者服务信息的行为就不能简单地认为是要约邀请，该行为符合要约条件的，应当作为要约对待。符合要约条件，是指符合《民法典》第 472 条规定的要约条件。《民法典》第 472 条规定，要约是希望与他人订立合同的意思表示，该意思表示应当符合下列条件：（一）内容具体确定；（二）表明经受要约人承诺，要约人即受该意思表示约束。“内容具体确定”是指当事人通过信息网络发布的商品或者服务信息要达到内容具体确定的程度，比如对商品的名称、数量、质量、规格、价格、运费等都作了明确表述。“表明经受要约人承诺，要约人即受该意思表示约束”这一要约条件需要根据实践中的具体情况进行判断，一般来说可以从相对方是否能够直接选择商品或者服务并提交订单等情况进行综合判断。

二是相对方选择该商品或者服务并提交订单成功。当事人通过信息网络发布的商品或者服务信息符合要约条件的，相对方可以直接作出承诺达成交易。相对方选择该商品或者服务并成功提交订单，即属于作出承诺。订单一旦提交成功，合同即成立，订单提交成功的时间即为合同成立的时间。合同成立后，对双方当事人均产生了法律约束力，发布商品或者服务信息的当事人应当按时交付商品或者提供服务。

以上是电子合同成立的一般规则。根据合同自愿原则，允许当事人对此作出另外约定。实践中，通过信息网络发布商品或者服务信息的当事人往往是通过设置格式条款的方式作出特别的意思表示，相对方必须勾选同意该格式条款方能提交订单。该格式条款不得违反法律关于格式条款规制的规定，这些规定散布在合同编、消费者权益保护法、电子商务法等法律之中。《民法典》第 496 条对格式条款提供方的提示、说明义务及其法律后果作了规定。《民法典》第 496 条第 2 款规定，采用格式条款订立合同的，提供格式条款一方应当遵循公平原则确定当事人之间的权利和义务，并采取合理的方式提示对方注意免除或者减轻其责任等与对方有重大利害关系的条款，按照对方的要求，对该条款予以说明。提供格式条款的一方未履行提示或者说明义务，致使对方没有注意或者理解与其有重大利害关系的条款的，对方可以主张该条款不成为合同的内容。《民法典》第 497 条规定，提供格式条款的一方不合理地免除或者减轻其责任、加重对方责任、限制对方主要权利，或者排除对方主要权利的，该格式条款无效。《消费者权益保护法》第 26 条规定，经营者不得以格式条款作出排除或者限制消费者权利、减轻或者免除经营者责任、加重消费者责任等对消费者不公平、不合理的规定，不得利用格式条款并借助技术手段强制交易。格式条款含有该内容的，其内容无效。此外，电子商务法还专门对电子商务经营者提供的格式条款的效力问题作了规定。《电子商务法》第 49 条第 2 款规定，电子商务经营者不得以格式条款等方式约定消费者支付价款后合同不成立；格式条款等含有该内容的，其内容无效。

通过信息网络发布商品或者服务信息的当事人提供的格式条款是否成立、是否有效，要根据以上法律关于格式条款规制的规定，结合具体情况进行判断。

第四百九十二条　承诺生效的地点为合同成立的地点。

采用数据电文形式订立合同的，收件人的主营业地为合同成立的地点；没有主营业地的，其住所地为合同成立的地点。当事人另有约定的，按照其约定。

◆ 条文主旨

本条是关于合同成立地点的规定。

◆ 立法背景

承诺生效时合同成立，而承诺生效地点为合同成立地点是国际上普遍认可的规则。大陆法系与英美法系因采取不同的承诺生效规则而使合同的成立时间及地点有所不同。在以信件与电报订立合同的情况下，在英美法系，承诺生效采取发信主义，因而承诺生效的地点为发信人所在地，承诺生效的地点又是合同成立的地点，因而合同成立的地点为发信人所在地。而在大陆法系，由于承诺生效采用送达主义，承诺生效的地点为收件人所在地，因而合同成立的地点为收件人所在地。

对于以数据电文形式订立的合同成立地点，难以按照承诺生效的地点为合同成立地点的一般规则予以认定。《电子商务示范法》对以数据电文形式订立的合同成立地点问题作了规定。《电子商务示范法》第 15 条第 4 款规定："除非发端人与收件人另有协议，数据电文应以发端人设有营业地的地点视为其发出地点，而以收件人设有营业地的地点视为其收到地点，就本款的目的而言：（1）如发端人或收件人有一个以上的营业地，应以对基础交易具有最密切关系的营业地为准，又如果并无任何基础交易，则以其主要的营业地为准；（2）如发端人或收件人没有营业地，则以其惯常居住地为准。"《电子商务示范法》在对该款的官方解释中说，该款的目的是解决数据电文的收到地点问题。对收到数据电文的地点规则作出规定，主要原因在于要处理电子商务中特有的情况，那就是收件人收到数据电文的信息系统或者检索到数据电文的信息系统常常是设在并非收件人所在地的一个管辖区内。作出这一规定的出发点是要确保一个信息系统的地点不能作为决定性因素，确保收件人与视作收件地点的所在地有着某种合理的联系，而且发端人可以随时查到该地点。该款规定只是在法律事实上确立了一种不容反驳的推定，当另一项法律（如有关合同订立或法律冲突的法律）要求确定一项数据电文的收到地点时，即可使用这种推定。但是，在电子商务示范法制定过程中，有的意见认为，在计算机传输的范围之外（如在使用电报或电传时），区分一项数据电文的推定收到地点与该数据电文按收到时间实际到达的地点是不合宜的。因此，这项规定的范围只包括数据电文以计算机手段的传递。《电子商务示范法》以上的官方解释把该款的立法目的、理由与适用范围说得比较清楚，总的来说就是不以信息系统的所在地作为确定合同成立的地点，而是采用了更加客观、可行性更高的标准，将“营业地”、“对基础交易具有最密切关系的营业地”、“主要营业地”、“惯常居住地”作为收到数据电文的地点，尽可能以与商业交易具有密切联系的地点作为合同成立的地点。

合同法关于采用数据电文形式订立合同的成立地点的规定参考了联合国贸易法委员会的《电子商务示范法》。《合同法》第34条第2款规定，采用数据电文形式订立合同的，收件人的主营业地为合同成立的地点；没有主营业地的，其经常居住地为合同成立的地点。当事人另有约定的，按照其约定。本条第2款规定基本延续了合同法的规定，但作了一处修改，将收件人没有营业地情形下合同成立的地点由“其经常居住地”修改为“其住所地”。这主要是为了与民法典规定的自然人、法人住所制度相协调。民法典中对民事主体已经不再使用“经常居住地”的概念，而是明确规定了自然人、法人的住所制度。《民法典》第25条规定，自然人以户籍登记或者其他有效身份登记记载的居所为住所；经常居所与住所不一致的，经常居所视为住所。《民法典》第63条规定，法人以其主要办事机构所在地为住所。

◆ **条文解读**

依照本条第1款规定，一般来说，承诺生效时合同成立，承诺生效的地点为合同成立的地点。而当事人采用特定形式订立合同的，特定形式完成地点为合同成立的地点。例如，依照《民法典》第493条规定，当事人采用合同书形式订立合同的，一般来说，当事人最后签名、盖章或者按指印的地点为合同成立的地点。此外，本条虽然没有明确规定，但基于民法的自愿原则，合同成立的地点也可以由双方当事人自行约定。

依照本条第2款规定，采用数据电文形式订立的合同，原则上以收件人的主营业地为合同成立的地点。这里的收件人是指要约人，即收到承诺的人。如果收件人没有主营业地，其住所地为合同成立的地点，即收件人是自然人的，合同成立的地点以自然人的住所地为准；收件人是法人的，合同成立的地点以法人的主要办事机构所在地为准。本条规定的"数据电文形式"与《民法典》第137条第2款规定的"数据电文"应作同一理解，指经由电子手段、电磁手段、光学手段或类似手段生成、发送、接收或存储的信息，这些手段包括但不限于电子数据交换、电子邮件、电报、电传或传真。此外，合同成立地点的确定应当尊重当事人的意愿，对于采用数据电文形式订立的合同，也应当允许当事人对合同成立地点作另外约定。当事人作出另外约定的，按照其约定确定合同成立地点。

第四百九十三条 当事人采用合同书形式订立合同的，最后签名、盖章或者按指印的地点为合同成立的地点，但是当事人另有约定的除外。

◆ **条文主旨**

本条是关于采用合同书形式订立的合同成立地点的规定。

◆ **立法背景**

非要式的合同，一般以承诺生效的地点为合同成立的地点。要式合同，以要式达成的地点为合同成立的地点。采用合同书形式订立的合同是一种要式合同。

◆ **条文解读**

当事人采用合同书形式订立合同的，以签名、盖章或者按指印的地点为合同成立的地点；如果各方当事人签名、盖章或者按指印的时间不同步，则以最后签名、盖章或者按指印的地点为合同成立的地点。当然，如果当事人对合同成立的地点另有约定的，则应当尊重当事人的意愿，以当事人之间的约定确定合同成立的地点。如果当事人以要约与承诺达成合意后又协商签订合同书的，除非当事人另有约定，合同已于承诺生效时成立，承诺生效的地点为合同订立的地点，不适用本条的规定。

第四百九十四条　国家根据抢险救灾、疫情防控或者其他需要下达国家订货任务、指令性任务的，有关民事主体之间应当依照有关法律、行政法规规定的权利和义务订立合同。

依照法律、行政法规的规定负有发出要约义务的当事人，应当及时发出合理的要约。

依照法律、行政法规的规定负有作出承诺义务的当事人，不得拒绝对方合理的订立合同要求。

◆ 条文主旨

本条是关于强制缔约义务的规定。

◆ 立法背景

根据民法上的自愿原则，民事主体可以自己决定要不要订立合同、与谁订立合同，可以自主决定合同内容。但民法上的自愿原则并不是无限制的，为了维护国家利益、社会公共利益或者照顾弱势一方利益等政策考量，有必要在特定情形下对民法自愿原则予以适当限制。民事主体的强制缔约义务即属于对民法自愿原则的限制，在特定情形下，民事主体具有与相对人订立相关合同的义务，不得以自愿原则为由拒绝订立合同。各个国家或者地区普遍在立法中对民事主体的强制缔约义务予以规定，只不过基于不同的国情，对强制缔约义务的适用情形、适用条件等规定有所不同。我国也有强制缔约义务的规定，这些规定分散在不同的规范性法律文件中。在不同情形下，强制缔约义务的设立需要考量的因素也不同。民法典将强制缔约义务作为一项基本民事制度作总括性规定，有利于使具体情形下强制缔约义务的设定有民法上的依据，强化法律制度之间的衔接，也有利于促使民事主体在特定情形下积极履行缔约义务。

◆ 条文解读

本条第1款是关于按照国家订货任务、指令性任务订立合同的规定。过去，我国实行计划经济体制，随着改革开放的深入和扩大，建立社会主义市场经济体制，国家指令性计划管理的范围逐步缩小，数量逐步减少，作用逐渐减弱，市场对资源配置的作用逐渐增强。我国从1992年起开始试行国家订货，其目的是在我国经济体制改革不断深入、国家指令性计划的范围和品种数量大幅度缩小的情况下，为了维护全国经济和市场的稳定，保证国防军工、重点建设以及国家战略储备等需要，对于国家还必须掌握的一些重要物资，将以国家订货方式逐步取代重要物资分配的指令性计划管理。从当时有关部门的设想来看，国家订货与原有的国家指令性计划管理的区别主要是，订货的价格比过去进一步放开，同时国家也不再保证生产企业的生产条件，但可以作协调工作。

从实践情况来看，国家根据抢险救灾或者疫情防控的需要也可能会下达订货任务或者指令性任务。国家根据抢险救灾、疫情防控或者保证国防军工、重点建设以及国家战略储备等需要，下达国家订货任务、指令性任务的，必须予以充分保障，有关民事主体不得以合同自愿为借口而不落实国家下达的订货任务、指令性任务。因此，第 1 款规定，国家根据抢险救灾、疫情防控或者其他需要下达国家订货任务、指令性任务的，有关民事主体之间应当依照有关法律、行政法规规定的权利和义务订立合同。

本条第 2 款是关于强制发出要约义务的规定。民事主体在特定情形下负有发出要约的义务，是强制缔约义务的一种类型。要约人发出要约是具有民法上法律效果的行为。要约是希望与他人订立合同的意思表示，一经受要约人承诺，即对要约人产生法律约束力，承诺生效时，合同即成立。一般情况下，民事主体可以自行决定是否发出要约、向谁发出要约、何时发出要约，自行决定要约内容等；但在特定情形下，要约人必须发出要约，并且发出要约的时间、相对人、内容等还要受到一定限制。这种限制是对民事主体自愿从事民事活动的重大干预，直接影响民法自愿原则的落实，因此本款规定了施加此种限制的法律效力位阶，即“法律、行政法规”。此处的“法律”是指狭义的法律，即全国人民代表大会和全国人民代表大会常务委员会制定的法律；“行政法规”是由国务院制定。根据本款规定，对于负有发出要约义务的当事人来说，一是发出要约是其义务，不得拒绝；二是发出要约要“及时”；三是发出的要约内容要“合理”。至于何谓“及时”、“合理”，要根据法律、行政法规的规定视具体情况进行判断。目前我国法律、行政法规中，对发出要约义务作出规定的主要是证券法。《证券法》第 65 条至第 70 条、第 73 条对强制投资者、收购人向上市公司所有股东发出收购要约作了具体规定。其中，《证券法》第 65 条第 1 款和《证券法》第 73 条对强制要约收购的适用情形作了规定。《证券法》第 65 条第 1 款规定，通过证券交易所的证券交易，投资者持有或者通过协议、其他安排与他人共同持有一个上市公司已发行的有表决权股份达到百分之三十时，继续进行收购的，应当依法向该上市公司所有股东发出收购上市公司全部或者部分股份的要约。《证券法》第 73 条第 1 款规定，采取协议收购方式的，收购人收购或者通过协议、其他安排与他人共同收购一个上市公司已发行的有表决权股份达到百分之三十时，继续进行收购的，应当依法向该上市公司所有股东发出收购上市公司全部或者部分股份的要约；但是，按照国务院证券监督管理机构的规定免除发出要约的除外。《证券法》第 65 条第 2 款、第 66 条至第 70 条还对强制要约收购中要约内容、收购期限、不得撤销要约、收购条件等作了具体规定。证券法设立强制要约收购制度，是对投资者、收购人从事上市公司股份收购交易的重大限制，有其特殊的政策考量，即保证收购的公平性，保护上市公司广大中小股东在公司并购过程中的利益，避免中小股东因持有股份份额较小、获取的信息不对称等原因而利益受损，使中小股东也可以分享上市公司因控制权转移而获得的股份溢价，为中小股东提供一个以合理价格退出上市公司的选择。

第 3 款是关于强制作出承诺义务的规定。强制作出承诺义务，是强制缔约义务中的典型类型。根据民法自愿原则，民事主体对他人发出的要约或者提出的订立合同的要求，有权自主决定是接受还是拒绝。但在特定情形下，例如，基于保护社会公共利益的需要，民事主体这种自主决定的权利有必要受到限制。前已述及，这种限制是对民事主体自愿从事民事活动的重大干预，与前款规定一样，本款也规定了施加此种限制的法律效力位阶，即“法律、行政法规”。根据本款规定，负有作出承诺义务的当事人，对于对方提出的合理的订立合同要求不得拒绝。本款一方面明确了负有作出承诺义务的当事人不得拒绝作出承诺，另一方面也规定了对方提出的订立合同的要求应当是“合理的”。何谓“合理的”，要根据法律、行政法规的规定视具体情况进行判断。目前我国法律、行政法规中，对作出承诺义务的规定主要集中于具有公共服务属性的行业，这些行业与社会公众利益密切相关。例如，电力法、合同编对供电人、从事公共运输的承运人作出承诺的义务作出规定。对于供电行业，《电力法》第26条第1款规定，供电营业区内的供电营业机构，对本营业区内的用户有按照国家规定供电的义务，不得违反国家规定对其营业区内申请用电的单位和个人拒绝供电；《民法典》第648条第2款规定，向社会公众供电的供电人，不得拒绝用电人合理的订立合同要求。对于公共运输行业，《民法典》第810条规定，从事公共运输的承运人不得拒绝旅客、托运人通常、合理的运输要求。此外，有些情形下，强制缔约义务的设立是为了促进行政管理制度的落实，维护社会公共利益。例如，《机动车交通事故责任强制保险条例》第10条第1款规定，投保人在投保时应当选择从事机动车交通事故责任强制保险业务的保险公司，被选择的保险公司不得拒绝或者拖延承保。

第四百九十五条 当事人约定在将来一定期限内订立合同的认购书、订购书、预订书等，构成预约合同。

当事人一方不履行预约合同约定的订立合同义务的，对方可以请求其承担预约合同的违约责任。

◆ **条文主旨**

本条是关于预约合同的规定。

◆ **立法背景**

随着经济社会的发展，预约合同在实践中的适用越来越广泛。最高人民法院相关司法解释在买卖合同领域中对预约合同已经作了一定的探索。为了应对实践需求，本条在吸收有关司法解释规定的基础上，明确将预约合同作为一项基本的民事制度予以规定，适用于各种交易活动。本条界定了预约合同的定义，并对预约合同的违约责任作了原则性规定。

◆ **条文解读**

本条第1款对预约合同的定义作了界定。预约合同最本质的内涵是约定在将来一定期限内订立合同。当事人就将来一定期限内订立合同达成合意，即可构成预约合同。将来应当订立的合同可以称为本约或者本约合同，约定订立本约的合同称为预约或者预约合同。预约合同在实践中经常表现为认购书、订购书、预订书等，当然不仅仅表现为这三种形式。对本条第1款可以从以下几个方面予以理解：

1. 预约合同是独立的合同。在理论上，对于预约合同的法律性质，有一些不同的学说和理解，例如前契约说、从合同说、附停止条件本约说和独立契约说等。本条将预约合同作为一项独立的合同予以规定。预约合同的标的为将来一定期限内订立本约，当事人就此项标的达成合意，预约合同即成立。对此，应当着重把握三点：一是预约合同的成立，必须是双方当事人达成了合意，对双方当事人均具有约束力。例如，甲、乙约定，甲将于两个月期满后，把自己的房子以市场价格优先卖给乙，乙届时应当购买。该约定不仅对甲具有约束力，对乙也有约束力，甲、乙之间的约定构成预约合同。此外，预约合同也可能是多方当事人达成的，例如，甲乙二人拟合伙经营某一共同事业，还想再邀请丙加入，为确保将来合伙合同能够成立，该甲乙二人可以先与丙订立预约合同，约定将来一定期限内订立合伙合同。二是预约合同当事人合意的内容是将来订立本约，就将来订立本约的意思表示达成一致。如果当事人只是就将来达成某一交易进行磋商甚至已经就部分条款达成初步合意，但没有将来订立本约的意思表示，仍然不成立预约合同。三是将来订立本约应当是确定的。本条规定的“在将来一定期限内订立合同”，指当事人在约定的期限内确定要订立合同。如果是否订立本约并不确定，例如当事人约定两个月期满后再“考虑”订立本约，此种情形下将来订立本约并没有成为当事人的一项确定性义务，也就不构成预约合同。

2. 预约合同与本约合同有所区别。是否要另行订立合同，是预约合同与本约合同最显著的区别。预约合同的目的在于订立本约合同，预约合同当事人的义务就是在一定期限内订立本约合同，订立本约合同是预约合同得到履行的结果。本约合同当事人可直接履行各自义务（例如一方交付货物、另一方支付货款），实现合同目的，无须再另行订立合同。

3. 预约合同的本质内涵与表现形式的关系。本条第1款规定了预约合同的常见表现形式，例如认购书、订购书、预订书等。当事人签订的认购书、订购书、预订书并不是确定无疑一定构成预约合同，其是否构成预约合同，关键还是要看当事人是否对将来一定期限内订立本约合同达成合意。如果认购书、订购书、预订书等不符合预约合同的这一本质内涵，就不能构成预约合同。另外，即使属于本条没有列举的其他形式，例如有的意向书，只要符合预约合同的这一本质内涵，也属于预约合同。民法典合同编制定过程中，在本条关于预约合同的表现形式中也曾经列举“意向书”，但一些意见提出，实践中很多情况下“意向书”并不能构成预约合同，列举了“意向书”反倒不利于引导人们对预约合同作正常理解。本条最终删去了“意向书”，只是不把其作为预约合同的典型表现形式，但并没有否定“意向书”也有构成预约合同的可能。

本条第2款是关于预约合同的违约责任的规定。预约合同既然是一项以订立本约为目的的独立合同，当事人违反约定，不履行订立本约的义务，也应当承担违约责任。但违反订立本约的义务与违反本约义务毕竟不同，预约合同的违约责任与本约合同的违约责任也有所差别。基于此，本条采用了“预约合同的违约责任”的表述，第2款规定，当事人一方不履行预约合同约定的订立合同义务的，对方可以请求其承担预约合同的违约责任。当然，如果一方违约，符合合同编规定的解除合同条件的，非违约方也可以请求解除预约合同。依据合同编第八章关于“违约责任”的规定，违约责任的形式主要有违约金责任、定金责任、继续履行和赔偿损失等。预约合同的违约责任原则上也可以包括以上几种责任形式。当事人就预约合同约定违约金或者定金的，当事人违反预约合同义务的，可以适用违约金责任或者定金责任，这在理论和实务中已经形成共识，不存在问题。但对于是否可以请求违约方继续履行以及损害赔偿的范围仍然存在一定争议。

一是关于继续履行。预约合同中当事人的义务就是订立本约合同。当事人违反预约合同约定，不履行订立本约义务的，非违约方是否可以请求继续履行呢？换言之，就是是否可以要求违约方配合订立本约呢？

反对继续履行的理由主要有：一是，依据民法自愿原则，当事人对是否订立本约有完全的自由，不受他人的强迫。强迫当事人订立本约违反民法自愿原则。二是，订立本约需要双方配合，需要双方都作出意思表示并达成一致，但如果违约方不配合，法院也无法强迫当事人配合订立本约，因为法院无法对人的意志进行强迫，无法强迫当事人作出意思表示。《合同法》第 110 条（现在《民法典》第 580 条第 1 款）规定了三种违约方可以拒绝履行的情形：法律上或者事实上不能履行；债务的标的不适于强制履行或者履行费用过高；债权人在合理期限内未请求履行。要求违约方配合订立本约，即属于“法律上或者事实上不能履行”的情形。三是这种情况下，要求违约方赔偿损失即可，不必强制要求订立本约。

支持继续履行的理由主要有：一是预约合同本身就是落实民法自愿原则而成立的，是双方当事人自愿签订的，基于自己决定、自己负责的法理，诚信地兑现自己的承诺，本身就是为了落实其真实意愿。二是从一些国家或者地区的作法来看，也是支持继续履行的。在德国和我国台湾地区，对于预约合同，法院可以命令违约方作出订立本约的意思表示，债务人不作出意思表示的，视同自判决确定时已为意思表示。本约合同成立后，本约合同的债权人即有请求给付的权利，基于诉讼经济原则，债权人可以合并请求订立本约及履行本约。在日本，违反预约合同义务的效果与通常的违约问题相同，一方当事人不履行订立本约的义务时，另一方当事人可以要求强制履行，具体而言就是请求法院代替当事人作出意思表示。日本 2017 年修改前的民法典第 414 条第 2 款规定，以法律行为为标的之债务，可以通过诉讼代替债务人作出意思表示。日本2017年修改后的民法典对此只是在表达上作了调整，将通过诉讼代替债务人作出意思表示归为强制履行中的间接强制，实质上未作修改。这些国家或者地区的作法均认可了预约合同当事人可以请求继续履行。三是“继续履行”在不借助违约方配合的情况下也是可以实现的，比如根据预约合同的内容，本约合同的当事人、标的、数量等必要条款均已具备的情况下，法院是可以据此直接认定本约合同成立的；即使必要条款并不完全具备，也可以根据诚信原则及漏洞填补规则予以补充。四是对于有些预约合同，违约方赔偿损失并不一定符合非违约方的利益，并不能取代继续履行、订立本约的责任形式。如果可以订立本约且履行本约义务对非违约方更为有利的，也有必要支持非违约方。并且，如果可以要求继续履行，使本约得以成立并对本约合同中当事人的具体权利义务予以确定，将更有利于计算具体的损失赔偿额。

二是关于违约损害赔偿范围。预约合同当事人不履行订立本约的义务，非违约方是可以请求违约方赔偿损失的，但违约损害赔偿的范围问题较为复杂。总体来说，比较有共识的是，预约合同的损害赔偿范围不等同于本约合同的损害赔偿范围。理由是，预约合同约定的义务是订立本约合同，而本约合同成立与本约合同履行是两个不同的阶段，因此预约合同的履行利益与本约合同的履行利益是不同的。那么，预约合同的违约损害赔偿范围怎么计算呢？一种观点认为，预约是相对于本约而言的，预约合同所处的阶段，实际上是本约合同的缔约阶段，所以预约合同的违约责任范围大致相当于本约合同的缔约过失责任范围，即相当于赔偿本约合同的信赖利益。也有的观点认为，预约与本约具有内在的联系，当事人的最终目的不在于预约合同的履行，而在于本约合同的订立及履行，因此预约合同违约损害赔偿范围可以以本约合同的履行利益为参照，通过减轻损害、损益相抵等规则予以限缩，结果肯定要小于本约合同的违约损害赔偿范围。还有的观点认为，相对于本约而言，违反预约合同的行为既是预约合同的违约行为，也可视为本约合同的缔约过失行为，此时发生缔约过失责任和预约合同违约责任的竞合，不管采用哪种方式计算，损害赔偿结果应当是一致的，并且以不超过履行利益为限。

本条是在合同编通则中予以规定，广泛适用于买卖、租赁等各种市场交易。涉及的交易形态多种多样，即使同一交易形态，涉及的具体情况也可能差异较大，因此本条第 2 款仅是原则性规定违约方应当承担预约合同的违约责任，使制度设计保持一定的灵活性，以便为实践留下空间。从关于预约合同违约责任各种不同的观点和争议中，我们也可以有所启发，对于预约与本约的理解，应当放在整个的交易链条中予以考虑，预约虽然是独立的合同，但与本约存在着紧密的内在联系，应将预约放在从预约订立到本约得到履行的整个交易链条中予以考虑。如果当事人在预约阶段就对整个交易的主要内容通过谈判达成一致，本约的内容不需要再作过多协商，那么对于预约合同，要求当事人承担“继续履行”的违约责任，即订立本约的责任也就有实现的空间。在此基础上更进一步，如果预约合同阶段在整个交易环节中的位置非常重要，预约合同的订立及预约合同的履行（预约合同的履行即本约合同的订立）就完成了整个交易的绝大部分，使整个交易达到比较高的成熟度，本约合同义务的履行在整个交易环节中只是占有非常小的份量，那么对预约合同的违约损害赔偿范围就可以很接近于本约合同的违约损害赔偿范围。预约合同阶段在整个交易环节中的位置，预约合同的订立及履行使整个交易所达到的成熟度，都应当在计算预约合同违约损害赔偿范围中予以体现，不能僵化适用某一种解决思路。

第四百九十六条 格式条款是当事人为了重复使用而预先拟定，并在订立合同时未与对方协商的条款。

采用格式条款订立合同的，提供格式条款的一方应当遵循公平原则确定当事人之间的权利和义务，并采取合理的方式提示对方注意免除或者减轻其责任等与对方有重大利害关系的条款，按照对方的要求，对该条款予以说明。提供格式条款的一方未履行提示或者说明义务，致使对方没有注意或者理解与其有重大利害关系的条款的，对方可以主张该条款不成为合同的内容。

◆ 条文主旨

本条是关于格式条款的规定。

◆ 立法背景

格式条款是自19世纪发展起来的，是某些行业在进行频繁的、重复性的交易过程中为了简化合同订立的程序而形成的。这些行业的主体一般是发展较大且具有一定规模的企业，往往具有垄断性，如水、电、热力、燃气、邮电、电信、保险、铁路、航空、公路、海运等行业。既有公用事业，也有一般的大企业。格式条款一般具有以下特点：（1）交易对象具有广泛性，往往都是面向社会公众发出。（2）条款具有持久性。格式条款一般是经过认真研究拟定的，在一个相当长的时期内不会改变。（3）条款具体细致。格式条款往往内容繁复，条款甚多，具体细致。（4）由占有优势的一方提出。不论是由占有优势的一方自行拟定或由某行业协会拟定，不论以何种形式表现，可以合同书形式、票证形式或者其他形式，甚至其条款并不在书面形式上记载，但往往是由占有优势的一方提出。

使用格式条款的好处是，简捷、省时、方便、降低交易成本；其弊端在于，一方往往利用其优势地位，制定有利于自己而不利于交易对方的条款，这一点在消费者作为合同相对方时特别突出。因此，有必要在立法上予以限制。

此外，还需注意两点：一是我国当前采用的是民商合一的立法体制，合同编就交易制度所作的基本规定，是民商事领域共同的基础性法律制度。《民法典》本条以及第497条、第498条这三个条文对格式条款的基本规则作了规定，这些规定不仅适用于普通的民事活动，也适用于商事交易。但商事交易与普通的民事活动毕竟存在一定差异，因此对这三个条文关于格式条款的规定应当根据交易具体情况作合理的理解。二是处理好合同编与消费者权益保护法之间的关系。就格式条款来说，合同编的规定与消费者权益保护法的规定是一般法与特别法的关系。合同编对格式条款所作的规定，也适用于经营者与消费者之间的合同，但是消费者权益保护法有特别规定的，要适用消费者权益保护法的规定。例如，消费者权益保护法对格式条款无效情形作了特别规定，就要适用该规定。对于格式条款的定义，消费者权益保护法没有特别规定，还是要适用合同编的规定。消费者权益保护法只是规定经营者对与消费者具有重大利害关系的内容负有提示、说明义务，但是没有规定经营者未尽到提示、说明义务的法律后果，这就是要适用合同编的规定，对方即消费者可以主张这些与消费者具有重大利害关系的条款不成为合同的内容。

◆ **条文解读**

本条第1款规定了格式条款的定义。格式条款最实质的特征在于“未与对方协商”。按照自愿原则，当事人有权自主选择与谁订立合同、自主决定合同的内容。但格式条款的提供方为了追求交易便捷、高效等，利用自己的优势地位，事先拟定合同，相对方往往只能选择接受或者拒绝，不能实质上影响合同内容。相对方虽然在合同上签字予以确认，但并一定是真正的内心意愿表达。“未与对方协商”就是指格式条款提供方没有就条款内容与相对方进行实质上的磋商，相对方对条款内容并没有进行实际修改的余地。本条对格式条款的定义还用了“为了重复使用”，从格式条款的通常外在形貌予以描述。格式条款的提供方通常是基于重复使用进而提高交易效率的目的拟定格式条款。正是因为要重复使用，相对方往往对格式条款内容没有进行实质磋商并修改的余地。在民法典合同编制定过程中，有的意见提出，“为了重复使用”只是格式条款的通常表现形式，并不是其本质特征，格式条款的本质特征在于“未与对方协商”，因此即使不是“为了重复使用”，只要相对方无法对合同条款施加影响、没有对合同条款进行修改的余地，都可以称为“格式条款”。基于此，提交全国人大常委会审议的合同编草案一审稿、二审稿、三审稿在格式条款的定义中删去了“为了重复使用”。对此，又有不同意见提出，合同法关于格式条款的定义中，将“为了重复使用”与“未与对方协商”并用，有利于将其实质特征与外在表现较好的统一起来，判断标准明确、易于操作。实践中很多合同，都是一方提供、另一方签字确认，如果删去“为了重复使用”，就会使如何认定“未与对方协商”变得标准模糊、不易掌握。并且，如果仅是过于强调相对方对条款内容没有修改余地，还可能使格式条款制度与总则编关于民事法律行为成立的显失公平制度之间的关系不易理清。经反复研究考虑，本条对格式条款的定义最终又恢复到合同法的表述，保留了“为了重复使用”的表达。但此处的“为了重复使用”，不能作僵化理解，不是要当事人去证明真正实际重复使用了多次，只要格式条款提供方具有重复使用的目的，不论使用的次数多少，都可认为是“为了重复使用”。

本条第 2 款规定了格式条款提供方的提示、说明义务，并明确了违反该义务的法律效果。格式条款是优势一方当事人单方提供的，并没有经过与相对方的充分磋商。民事活动应当遵循公平原则，为了防止格式条款提供方利用单方拟定格式条款的机会，设计不公平的条款内容，本条明确规定，提供格式条款的一方应当遵循公平原则确定当事人之间的权利和义务。

因为格式条款未与相对方进行实际磋商，相对方对条款的内容并不充分了解，对与自己有重大利害关系的条款并不一定能注意到，即使注意到了，也不一定真正理解。为了让相对人在缔约时，能够充分注意并理解格式条款的内容，从而对合同订立的效果作出合理的判断，本条规定了格式条款提供方对与对方有重大利害关系条款的提示、说明义务。依照本条规定，格式条款提供方应当采取“合理的方式”提示对方注意免除或者减轻其责任等与对方“有重大利害关系的条款”，还要按照对方的要求，对该条款予以说明，使相对方真正理解该条款的含义。采取“合理的方式”，目的在于使相对方充分注意。例如，实践中一些格式条款采用特别的字体予以提示。对于采取“合理的方式”具体指采用什么方式，要视具体情况而定，要能引起相对方的注意。“有重大利害关系的条款”，一般来说主要包括但不限于格式条款提供方免除或者减轻其责任、加重对方责任、限制或者排除对方主要权利等。“有重大利害关系的条款”的认定要视格式条款的具体情况而定。例如，对于经营者单方提供的与消费者之间的格式条款，“有重大利害关系的条款”就不能仅限于以上几类，对消费者权益有重大影响的内容都要提示、说明。消费者权益保护法还对此作了特别规定。《消费者权益保护法》第 26 条第 1 款规定，经营者在经营活动中使用格式条款的，应当以显著方式提请消费者注意“商品或者服务的数量和质量、价款或者费用、履行期限和方式、安全注意事项和风险警示、售后服务、民事责任等与消费者有重大利害关系的内容”。

对于格式条款提供方未履行提示或者说明义务，致使对方没有注意或者理解与其有重大利害关系的条款的，会产生什么样的法律效果，合同法未作规定，理论和实践中存在一定的分歧，主要有三种观点：第一种观点是，这种情况下该格式条款无效；第二种观点是，对方可以申请撤销该格式条款；第三种观点是，对方可以主张该格式条款视为未订入合同。设定格式条款提供方未履行提示或者说明义务的法律效果，至少要符合以下两个要求：

一是从实际效果上要更有利于保护相对方。因为相对方并未实际参与格式条款的磋商，有必要予以倾斜性保护。对于前述第一种观点，有的意见认为，如果规定该格式条款无效，就会出现反倒不利于相对方的情况，比如格式条款签订时是不利于相对方的，但随着情况变化，可能会不利于格式条款提供方而有利于相对方，此时格式条款提供方以未尽到提示义务为由主张格式条款无效，就违背了制度设计的初衷，而如果改进一下，规定只能由相对方主张合同无效，又不符合民法典关于双方当事人原则上均可主张合同无效的整体制度设计。对于第二种观点，即相对方申请撤销格式条款，有的意见认为，民事法律行为的撤销有除斥期间的限制，一般要在当事人知道或者应当知道撤销事由之日起一年内提出，一年的期限较短，不利于保护相对方。对于第三种观点，也有一些改进意见，建议直接表述为该格式条款“不成为合同的内容”即可，相对于“视为未订入合同”，意思更为清楚、易懂。

二是从逻辑上要更符合整个制度体系。如何设计格式条款提供方未履行提示或者说明义务的法律效果，涉及制度范畴的归属问题。有的意见认为，格式条款提供方未履行提示或者说明义务，即使对方对合同已经签字确认，但基于对方没有注意或者理解，仍然可以视为当事人双方就这些条款并没有真正达成意思表示一致，因此将格式条款提供方未履行提示或者说明义务的法律效果问题归属于合同订立的制度范畴中比较合适。

经综合考虑、反复研究，对格式条款提供方未履行提示或者说明义务的法律效果，本条第 2 款规定为“对方可以主张该条款不成为合同的内容”，总体上将该制度归属于合同订立的范畴。这也是本条第 2 款与《民法典》第 497 条相区别之处。《民法典》第 497 条规定的格式条款无效情形，属于合同成立后的效力评价层面，归属于合同效力制度。还需要强调一点，本条第 2 款规定的“该条款不成为合同的内容”，只能由相对方主张，格式条款提供方无权主张，这也是从制度设计上对相对方所作的倾斜性保护。

▶ **相关规定**

《中华人民共和国消费者权益保护法》第 26 条

第四百九十七条　有下列情形之一的，该格式条款无效：

（一）具有本法第一编第六章第三节和本法第五百零六条规定的无效情形；

（二）提供格式条款一方不合理地免除或者减轻其责任、加重对方责任、限制对方主要权利；

（三）提供格式条款一方排除对方主要权利。

◆ 条文主旨

本条是关于格式条款无效的规定。

◆ 立法背景

格式条款无效情形，属于合同成立后的效力评价层面。格式条款在哪些情形下无效，法律有必要予以规定。

◆ 条文解读

本条总括性地规定了格式条款无效的情形：

一是与其他民事法律行为通用的无效情形，即具有总则编第六章第三节和合同编第506条规定的无效情形。总则编第六章第三节对民事法律行为的无效情形作了总括性规定，包括无民事行为能力人实施的民事法律行为；限制民事行为能力人超出其年龄、智力、精神健康状况实施的民事法律行为；以虚假的意思表示实施的民事法律行为；违反法律、行政法规的强制性规定的民事法律行为；违背公序良俗的民事法律行为等。如果格式条款具有总则编第六章第三节规定的民事法律行为的无效情形，该格式条款是无效的。合同编第506条是对合同中免责条款无效情形的规定，如果合同中有免除“造成对方人身伤害的”或者“因故意或者重大过失造成对方财产损失的”责任的条款，则该条款无效。如果格式条款具有第506条规定的情形，当然也是无效的。

二是格式条款特有的无效情形。格式条款是单方提供，对方并没有就条款进行实际磋商的机会，格式条款提供方可能会恣意追求自己的单方利益，违背公平原则，不合理地分配合同交易中的风险和负担。其中，本条第2项规定的“不合理地免除或者减轻其责任、加重对方责任、限制对方主要权利”，以及第3项规定的“提供格式条款一方排除对方主要权利”，均属于违背公平原则的情形。格式条款具有这些情形的，该格式条款无效。该规定是在合同法的基础上修改而来。合同法第 40 条规定，提供格式条款一方“免除其责任、加重对方责任、排除对方主要权利”，该条款无效。本条规定根据实践需求，在增加“减轻其责任”、“限制对方主要权利”的同时，还对这些无效情形作了区分性规定，主要考虑是，本条规定的格式条款适用范围较为广泛，具体情况也较为复杂。实践中也存在这样的格式条款，即综合交易的性质以及双方当事人承担的交易风险和负担等各方面情况来看，虽然存在“免除或者减轻其责任、加重对方责任、限制对方主要权利”的内容，但没有超出合理的范围，没有违背公平原则，这种情况下就不宜认定格式条款无效。因此，本条第 2 项对于“免除或者减轻其责任、加重对方责任、限制对方主要权利”的情形加上了限定词“不合理地”。但提供格式条款一方“排除对方主要权利”的情形，本身就严重违背了公平原则，可以直接认定格式条款无效。

前已述及，民法典与消费者权益保护法是一般法和特别法的关系。消费者权益保护法对格式条款有特别规定的，适用该特别规定。对于格式条款无效情形，《消费者权益保护法》第 26 条规定，经营者不得以格式条款作出排除或者限制消费者权利、减轻或者免除经营者责任、加重消费者责任等对消费者不公平、不合理的规定。格式条款含有这些内容的，其内容无效。《消费者权益保护法》第 26 条基于有利于保护消费者的考虑，对格式条款无效情形作了特别规定，这些特别规定相对于合同编的规定优先适用，即格式条款中存在的“排除或者限制消费者权利、减轻或者免除经营者责任、加重消费者责任”的内容，可以直接认为是不合理、不公平的，应当认定无效。

《民法典》第 156 条规定，民事法律行为部分无效，不影响其他部分效力的，其他部分仍然有效。该规定也适用于格式条款无效的情形，即格式条款无效，并不意味着含有格式条款的合同整体无效，如果格式条款无效不影响合同其他部分效力的，其他部分仍然有效。

▶ **相关规定**

《中华人民共和国消费者权益保护法》第26条

第四百九十八条 对格式条款的理解发生争议的，应当按照通常理解予以解释。对格式条款有两种以上解释的，应当作出不利于提供格式条款一方的解释。格式条款和非格式条款不一致的，应当采用非格式条款。

◆ **条文主旨**

本条是关于格式条款解释的规定。

◆ **立法背景**

当事人双方对格式条款的理解发生争议时，就需要对格式条款进行合理的解释，以平衡双方利益。格式条款具有为了重复使用、单方事先拟定、对方未参与协商等特点，相对于一般合同条款有其特殊性。基于此，格式条款的解释规则也具有不同于一般合同条款的特殊之处。

◆ **条文解读**

本条针对格式条款的特点，对格式条款规定了专门的解释规则。

一是按照通常理解予以解释。格式条款是为了重复使用而拟定的，因此对格式条款也应当按照通常理解予以解释，即既不按照提供格式条款一方的理解予以解释，也不按照个别的相对方的理解予以解释，而是按照可能订立该格式条款的一般人的理解予以解释，这对保护相对方的利益是公平的。

二是不利解释规则。对格式条款有两种以上解释的，应当如何处理？格式条款提供方往往处于优势地位，相对方不能实际参与格式条款内容的拟定与磋商，无法对格式条款内容施加影响，因此在对格式条款内容有两种以上解释时，有必要给予相对方倾斜性的保护，即作出不利于提供格式条款一方的解释。

本条还对格式条款与非格式条款不一致时的处理作了规定。合同既有格式条款，也有非格式条款，如果格式条款和非格式条款不一致，应当如何处理？非格式条款优先采信规则已经成为国际上普遍采用的规则。格式条款是单方拟定并提供给相对方使用、相对方未实际参与协商，不能充分体现相对方的真实意愿。而非格式条款是双方当事人自由协商的结果，与格式条款相比，更能体现双方当事人的真实意愿。优先采用非格式条款更符合民法上的自愿原则，对当事人也更为公平。据此，本条规定，格式条款和非格式条款不一致的，应当采用非格式条款。

第四百九十九条 悬赏人以公开方式声明对完成特定行为的人支付报酬的，完成该行为的人可以请求其支付。

◆ **条文主旨**

本条是关于悬赏广告的规定。

◆ **立法背景**

悬赏广告在经济社会中较为常见，各个国家或者地区的民法普遍对悬赏广告制度作了规定。《德国民法典》第657条规定，通过公开广告的方式，对完成某行为特别是对引起某一结果加以悬赏的人，有义务向完成此行为的人给付报酬，即使行为人未顾及悬赏广告而实施行为亦然。《日本民法典》第529条规定，以广告声明对实施一定行为的人给予一定报酬者，对完成该行为的人负给付报酬的义务，不论完成该行为的人是否知道广告。我国台湾地区“民法”第164条规定，以广告声明对完成一定行为之人给予报酬者，为悬赏广告。广告人对于完成该行为之人，负给付报酬之义务。

我国司法实践对于悬赏广告也作了一定探索。最高人民法院2009年发布的《最高人民法院关于适用〈中华人民共和国合同法〉若干问题的解释（二）》第3条规定，悬赏人以公开方式声明对完成一定行为的人支付报酬，完成特定行为的人请求悬赏人支付报酬的，人民法院依法予以支持。

合同编参考一些国家和地区立法例，在吸收司法实践经验的基础上，对悬赏广告制度的基本规则作了规定，为规范悬赏广告行为、处理悬赏广告纠纷提供了基本依据，并为悬赏广告制度的丰富和发展奠定了民事基本法上的基础。

◆ **条文解读**

依据本条规定，悬赏广告的构成要满足以下几个条件：一是要以公开的方式作出声明。公开的具体方式，可以是通过广播电视、报纸期刊或者互联网等媒介发布，也可以是在公众场所发传单、在公开的宣传栏张贴广告等。二是悬赏人在声明中提出明确的要求，即要完成特定行为。该要求，要有具体、明确的表达，不能含混不清。三是悬赏人具有支付报酬的意思表示，即对完成特定行为的人给付一定报酬。悬赏人应当对报酬的形式、给付方式等作出明确的表达。如果报酬是给付金钱，应当明确金钱的币种、数额等。对于满足以上条件的悬赏广告，完成该特定行为的人可以请求悬赏人支付报酬，悬赏人不得拒绝。

第五百条　当事人在订立合同过程中有下列情形之一，造成对方损失的，应当承担赔偿责任：

（一）假借订立合同，恶意进行磋商；

（二）故意隐瞒与订立合同有关的重要事实或者提供虚假情况；

（三）有其他违背诚信原则的行为。

◆ **条文主旨**

本条是关于缔约过失责任的规定。

◆ **立法背景**

缔约过失责任指当事人在订立合同过程中，因违背诚信原则而给对方造成损失的赔偿责任。缔约过失责任是以诚信原则为基础的民事责任。诚信原则贯穿合同交易的各个环节，当事人在订立合同过程中进行协商、谈判也要遵循诚信原则，当事人负有相互协助、照顾、保护以及重要情况的告知义务等。在这个阶段，合同尚未成立，但一方对另一方在协商、谈判中实施的行为已经产生了合理信赖。如果当事人在这个阶段实施了违背诚信原则的行为，例如隐瞒了重要事实和情况等，使对方的信赖利益受损，缔约过失责任即成立。

◆ **条文解读**

根据本条规定，有下列情况之一，给对方当事人造成损失的，应当承担缔约过失责任：

一是假借订立合同，恶意进行磋商。指根本没有与对方订立合同的目的，与对方进行谈判协商只是个借口，目的是损害对方或者第三人的利益。例如，甲知道乙有转让餐馆的意图，甲并不想购买该餐馆，但为了阻止乙将餐馆卖给竞争对手丙，却假意与乙进行了长时间的谈判。当丙买了另一家餐馆后，甲中断了谈判，导致乙只能以比丙出价更低的价格将餐馆予以转让。

二是故意隐瞒与订立合同有关的重要事实或者提供虚假情况。这也是合同订立过程中比较典型的违背诚信原则的行为。根据诚信原则的要求，当事人在订立合同过程中，对有关的重要事实和情况负有告知义务。当事人故意隐瞒重要事实和情况，造成对方损失的，应当承担缔约过失责任。一些国家也有类似规定，例如《意大利民法典》第 1338 条规定："知道或者应当知道契约无效原因存在的一方没有将其通知另一方，则该方要为此就对方在契约有效期内基于依赖、没有过错而遭受的损失承担赔偿责任。"

三是其他违背诚信原则的行为。在合同订立过程中，当事人依照诚信原则进行谈判，有谈成的，有谈不成的，中途停止谈判也是正常的。但如果当事人违反了诚信原则要求的互相协助、照顾、保护、通知等义务，实施了违背诚信原则的行为，造成对方损失的，就要承担缔约过失责任。比如，甲向乙保证，如果乙努力取得经验并准备投资 15 万美元，则向乙授予专营许可。在此后的两年间，乙为订立该专营许可合同做了大量工作，且一直深信将会得到甲的专营许可。当订立合同的一切准备工作就绪时，甲通知乙必须投资更多的金钱。乙拒绝了这种要求，同时乙有权要求甲补偿其为准备订立合同所发生的费用。

在合同订立过程中，当事人基于对对方的信赖，为合同的成立作了一些前期准备工作，对方当事人违背诚信原则的行为损害了当事人的信赖利益，应当予以赔偿。缔约过失责任的赔偿范围以受损害的当事人的信赖利益的损失为限，包括直接利益的减少，如谈判中发生的费用，还包括受损害的当事人因此失去与第三人订立合同机会的损失。具体的损失额根据案件实际情况进行计算，但不得超过合同履行利益即合同成立并得到履行后所获得的利益。

第五百零一条　当事人在订立合同过程中知悉的商业秘密或者其他应当保密的信息，无论合同是否成立，不得泄露或者不正当地使用；泄露、不正当地使用该商业秘密或者信息，造成对方损失的，应当承担赔偿责任。

◆ **条文主旨**

本条是关于合同订立过程中当事人保密义务的规定。

◆ **立法背景**

当事人在合同订立过程中，可能会知悉对方的商业秘密或者其他应当保密的信息，对此当事人负有保密义务。当事人在订立合同过程中的保密义务是基于诚信原则。本条根据诚信原则，将当事人在订立合同过程中的保密义务明确予以法定化，将其作为当事人的一项法定义务。

◆ **条文解读**

依照本条规定，无论合同是否成立，当事人均不得泄露或者不正当地使用应当保密的信息。按照《反不正当竞争法》第9条规定，商业秘密是指不为公众所知悉、具有商业价值并经权利人采取相应保密措施的技术信息、经营信息等商业信息。商业秘密中的技术信息涉及有关技术数据、技术知识，表现为产品配方、工艺流程、设计图纸等，可以给权利人带来很大的经济利益。商业秘密中的经营信息涵盖广泛，包括管理方法、销售策略、发展规划、客户名单等，对其经营活动意义重大，往往是其立足市场、保持竞争力的重要基础。当事人为达成协议，可能会将自身掌握的商业秘密告知对方，但一般也会提请对方不得泄露、使用。在这种情况下，对方当事人负有不予泄露的义务，也不能不正当使用。在有些情况下，虽然一方当事人没有明确告知对方当事人有关信息是商业秘密，但基于此种信息的特殊性质，按照一般的常识，对方当事人也不得泄露或者不正当地使用，否则有悖诚信原则。比如，乙与丙是两个主要的轿车生产商。甲有意与乙或者丙达成一项合资企业协议。在与乙的谈判过程中，甲收到了乙关于新型车设计方案的详细资料。尽管乙没有明确要求甲将该信息作为商业秘密予以保密，但因为这是一种新车的设计方案，甲负有不向丙披露的义务，也不能将该设计方案用于自己的生产程序。

此外，还有其他一些信息虽然不构成商业秘密，但也对当事人的经营活动具有重大意义，也属于应当保密的信息。根据诚信原则，当事人在订立合同过程中知悉这些信息的，无论合同是否成立，都不得泄露或者不正当地使用。当然有些情况下，当事人双方在合同谈判的过程中交换的信息可能很有用、也很有价值，但也不一定都属于应当保密的信息。比如当事人要购买一种机器，可以向很多生产或者出售这种机器的商家发出要约邀请，邀请他们发出要约，介绍所生产或者出售的机器的价格、性能、技术指标等基本信息。在这个过程中，当事人会了解到这些基本信息，这些基本信息对于更好地选择商家订立合同很有价值，但一些情况下也可能不属于应当保密的信息。

根据本条规定，当事人泄露、不正当地使用该商业秘密或者其他应当保密的信息，造成对方损失的，应当承担赔偿责任。违法泄露或者不正当地使用商业秘密的，不仅限于承担民事赔偿责任，还有可能承担行政责任甚至刑事责任。例如，《反不正当竞争法》第 21 条规定，经营者以及其他自然人、法人和非法人组织违反本法规定侵犯商业秘密的，由监督检查部门责令停止违法行为，没收违法所得，处十万元以上一百万元以下的罚款；情节严重的，处五十万元以上五百万元以下的罚款。《刑法》专门规定了侵犯商业秘密罪，对严重侵犯商业秘密的行为追究刑事责任。

第三章 合同的效力

本章是关于合同效力的规定，共七条。总则编第六章、第七章对民事法律行为和代理作了较为全面、系统的规定，这些规定也适用于合同领域，基于此，本章在合同法的基础上，删去了附生效条件和附生效期限的合同、效力待定合同、无效合同、可撤销合同、无权代理和表见代理等与总则编相重复的内容。本章分别对合同的生效时间、未办理影响合同生效的批准等手续的法律后果、无权代理的追认、超越权限所订立合同的法律效果、超越经营范围所订立合同的效力、免责条款、争议解决条款效力的独立性等作了规定。

第五百零二条 依法成立的合同，自成立时生效，但是法律另有规定或者当事人另有约定的除外。

依照法律、行政法规的规定，合同应当办理批准等手续的，依照其规定。未办理批准等手续影响合同生效的，不影响合同中履行报批等义务条款以及相关条款的效力。应当办理申请批准等手续的当事人未履行义务的，对方可以请求其承担违反该义务的责任。

依照法律、行政法规的规定，合同的变更、转让、解除等情形应当办理批准等手续的，适用前款规定。

◆ **条文主旨**

本条是关于合同生效时间以及未办理影响合同生效的批准等手续的法律后果的规定。

◆ **立法背景**

合同依法成立后，对内而言，在当事人之间产生法律约束力，非依法律规定或者经当事人同意，任何一方当事人均不得擅自变更或者解除合同；对外而言，其他任何组织和个人均不得非法干预合同，侵犯合同当事人的权益。合同生效也具有这样的对内与对外效果。合同生效与合同成立的区别在于，合同生效后，当事人才可以请求对方履行合同主要义务，而合同成立但未生效的，当事人不得请求对方履行合同主要义务。

◆ **条文解读**

本条第 1 款对合同的生效时间作了规定。该规定是《民法典》第 136 条关于民事法律行为生效时间在合同领域的体现。《民法典》第 136 条第 1 款规定，民事法律行为自成立时生效，但是法律另有规定或者当事人另有约定的除外。本条第 1 款与《民法典》第 136 条第 1 款规定保持一致，包括两个层面的含义：

一是依法成立的合同，自成立时生效。也就是说，原则上，合同的生效时间与合同的成立时间是一致的，合同依法成立的同时即生效。合同编对合同的成立时间作了明确规定。《民法典》第 483 条规定："承诺生效时合同成立，但是法律另有规定或者当事人另有约定的除外。"《民法典》第 490 条对采用合同书形式订立合同的成立时间作了规定，第 491 条对采用信件、数据电文等形式所订立的合同、电子合同的成立时间作了规定。合同编还对实践性合同，包括定金合同、自然人之间的借款合同、保管合同的成立时间作了专门规定。原则上，这些合同的成立时间，也是合同的生效时间。

二是对合同生效时间，法律另有规定或者当事人另有约定的，依照法律规定或者当事人约定。例如，对于附生效条件和附生效期限的合同，在合同成立时并不立即生效，只有在条件成就时或者期限届至时才生效。再如，有些合同应当依照法律、行政法规的规定办理批准等手续。依照本条第 2 款规定，对于未办理批准等手续影响合同生效的情形，当事人如果未办理该批准等手续，合同虽然成立，但并不生效。

本条第 2 款对未办理批准等手续影响合同生效情形的法律效果作了规定。

一、关于未办理批准等手续影响合同生效的情形

法律、行政法规对合同规定了批准等手续的，当事人应当依法办理批准等手续。法律、行政法规对相当一些合同规定了批准等手续，但不是所有的批准等手续都能影响合同的生效。本条第 2 款专门对未办理批准等手续影响合同生效的情形作了规定。“未办理批准等手续影响合同生效”是指只有办理了批准等手续，合同才能生效；反之，未办理批准等手续，合同不生效。目前来看，规定合同应当办理批准等手续的法律、行政法规较多，但明确规定必须办理批准等手续合同才生效的，只有国务院于 1998 年颁布并于 2014 年修订的行政法规《探矿权采矿权转让管理办法》。《探矿权采矿权转让管理办法》第 10 条规定，审批管理机关批准当事人转让探矿权、采矿权的，转让合同自批准之日起生效。除该规定之外，其他的法律、行政法规仅是规定一些合同应当办理批准等手续，但没有明确未办理批准等手续影响合同生效。法律、行政法规要求某些合同应当办理批准等手续，是国家基于社会管理的需要，对特定的交易活动进行管理和控制的一种手段。当事人未办理批准等手续是否影响合同生效，涉及法律、行政法规设定有关批准等手续进行社会管理的性质、目的判断问题，需要结合具体情况，在设定批准等手续的社会管理政策与保障意思自治、鼓励交易之间作平衡性判断。

依照合同法的规定，除了批准手续外，有些登记手续的办理也会对合同生效产生影响。《合同法》第44条第2款规定，法律、行政法规规定应当办理批准、登记等手续生效的，依照其规定。本条第2款删去了合同法第44条规定中的“登记”。合同法颁布时，还存在须经登记才能生效的合同，例如依照1995年颁布实施的担保法规定，房地产等抵押合同自登记之日起才能生效。但此后，2007年颁布实施的物权法将合同的生效与物权变动相区分，不再将物权登记作为合同的特殊生效要件。《物权法》第15条规定，当事人之间订立有关设立、变更、转让和消灭不动产物权的合同，除法律另有规定或者合同另有约定外，自合同成立时生效；未办理物权登记的，不影响合同效力。目前来看，现行法律、行政法规已经不存在关于合同须经登记才能生效的规定，因此本条第2款删去了合同法规定的“登记”，但在“批准”后保留了“等”字，规定“未办理批准等手续”，这样既尊重了当前的实际情况，又为将来的发展留下适用空间。

二、未办理批准等手续影响合同生效情形的法律效果

对于未办理批准等手续影响合同生效的情形，如果当事人未办理批准等手续，该合同不生效。但此类合同中往往存在履行报批等义务条款及相关条款，这些条款对报批等义务的履行甚至违反报批义务的责任等作了专门约定。这类报批条款的履行是整个合同生效的前提和基础，合同生效后，才能进入到合同的履行环节，当事人一方才能请求对方履行合同义务。据此，因本条规定的此类合同因未办理批准等手续整体来说不生效，当事人就无法请求相对方履行合同义务，当然也不能请求对方按照合同约定履行报批义务。这显然不符合当事人的真实意愿，也违背合同编鼓励交易的立法目的。本条在总结司法实践经验的基础上，明确将履行报批等义务条款以及相关条款作为一种特殊的条款予以独立对待，即使合同整体因未办理批准等手续不生效，也不影响合同中履行报批等义务条款以及相关条款的效力。也即合同中履行报批等义务条款以及相关条款的效力不受合同整体不生效的影响。

既然合同中履行报批等义务条款以及相关条款独立生效，负有报批义务的一方当事人未履行义务的，对方也就可以单独就违反报批义务要求其承担责任。基于此，第 2 款规定，应当办理申请批准等手续的当事人未履行义务的，对方可以请求其承担违反该义务的责任。从责任形式上来说，本条“违反该义务的责任”可以参照合同违约责任，可以包括继续履行、赔偿损失等责任形式。

一是就继续履行来说，应当办理申请批准等手续的当事人未履行义务的，对方仍然可以请求其继续办理申请批准等手续。

二是就赔偿损失来说，如果当事人对履行报批等义务专门约定了违约金的，该违约金条款也独立生效，当事人可以要求按照约定支付违约金。如果当事人对于履行报批等义务没有专门约定损害赔偿责任的，损害赔偿额如何确定呢？对此存在不同的观点。有的观点认为，当事人拒不履行报批等义务致使合同不生效，主观归责性明显，损害赔偿额可以参照违反合同的违约责任予以确定。也有的观点认为，虽然履行报批义务条款相对于合同的其他条款具有独立性，但报批义务对于已经成立但不生效的合同整体而言，只应属于先合同义务，应按照整体合同的缔约过失责任确定违反报批义务的损害赔偿额。还有的观点认为，违反报批义务的责任也可以视为整体合同的缔约过失责任与违反报批义务独立条款的违约责任的竞合，采用这两种方式的哪一种进行计算都可以，损害赔偿额应当是一致的。

总体来说，根据办理批准等手续才能生效的合同的具体情况不同，违反报批义务的损害赔偿额也会有所不同。在确定损害赔偿额时，要将报批义务放到交易整体中予以考虑，综合考量办理报批手续在整个交易中的重要性、报批后批准的难易度、报批义务履行后整个交易的完成度和成熟度等因素。如果办理报批手续是整个交易最关键的环节，并且报批后予以批准的可能性非常高，报批义务履行后当事人之间就完成了整个交易的绝大部分，整个交易就能达到很高的完成度和成熟度，那么违反报批义务的损害赔偿额就应当更高甚至可以很接近于整体合同的履行利益，但不能超过整体合同的履行利益。

▶ **相关规定**

《探矿权采矿权转让管理办法》第10条

第五百零三条　无权代理人以被代理人的名义订立合同，被代理人已经开始履行合同义务或者接受相对人履行的，视为对合同的追认。

◆ **条文主旨**

本条是关于被代理人以默示方式追认无权代理行为的规定。

◆ **立法背景**

代理权的存在是代理法律关系产生的前提，行为人只有基于代理权才能以被代理人的名义从事代理行为。但实践中情况复杂，无权代理也并不少见。总则编对包括无权代理在内的代理制度作了较为全面、系统的规定，这些规定也当然适用于合同领域中的代理行为。本条在总结司法实践经验的基础上，在总则编所规定的代理制度的框架下，针对无权代理在合同领域中反映出来的问题，对被代理人以默示方式追认无权代理行为作出了具体规定。

◆ **条文解读**

本条的适用前提是无权代理人以被代理人的名义订立合同。总则编第 171 条对无权代理的 3 种典型表现形式作了明确规定。总则编第 171 条第 1 款规定，行为人没有代理权、超越代理权或者代理权终止后，仍然实施代理行为，未经被代理人追认的，对被代理人不发生效力。合同编本条所规定的“无权代理人以被代理人的名义订立合同”即是指行为人没有代理权、超越代理权或者代理权终止后，仍然以被代理人的名义与他人订立合同的情形。所谓没有代理权是指行为人根本没有得到被代理人的授权，就以被代理人的名义与他人订立合同。比如，行为人伪造被代理人的公章、合同书或者授权委托书等，假冒被代理人的名义与他人签订合同。所谓超越代理权是指行为人与被代理人之间有代理关系存在，行为人有一定的代理权，但其实施的代理行为超出了代理范围的代理。所谓代理权终止后仍然实施代理是指行为人与被代理人之间原本有代理关系，由于代理期限届满、代理事务完成或者被代理人取消委托等法定情形的出现使得代理权终止，但是行为人仍然实施代理行为。

行为人无代理权却以被代理人的名义实施民事法律行为，不符合被代理人的意愿，法律效果不能直接及于被代理人，本应对被代理人不发生效力，但是考虑到行为人实施的民事法律行为并非都是对被代理人不利，有些对被代理人可能是有利的；而且，既然代理行为已经完成，如果被代理人事后愿意承认，从鼓励交易、维护交易秩序稳定以及更好地保护各方当事人利益的角度出发，也没有必要一概否定其效力。因此，总则编第 171 条对无权代理的法律效果作出规定，即行为人没有代理权、超越代理权或者代理权终止后，仍然实施代理行为，未经被代理人追认的，对被代理人不发生效力。该规定明确了无权代理人所实施的民事法律行为原则上不对被代理人发生效力，但是一旦经被代理人追认，就对被代理人发生效力，无权代理就变成了有权代理。

无权代理行为发生后，被代理人有追认和拒绝的权利。这里的“追认”，是指被代理人对无权代理行为事后予以承认的一种单方意思表示。总则编第 140 条第 1 款规定，行为人可以明示或者默示作出意思表示。所谓以明示作出意思表示，是指表意人采用口头、书面等明示方式使得相对人能够直接了解到意思表示的内容。以默示作出意思表示，是指行为人虽没有以口头、书面等明示方式等作出意思表示，但以行为的方式作出意思表示。除了以明示或者默示作出意思表示外，在现实生活中也会出现一种情形，即行为人作出意思表示既无语言等明示方式，也无行为等默示方式，在一定条件下仍可视为意思表示。这种情形就是以沉默的方式作出意思表示。总则编第 140 条第 2 款规定，沉默只有在有法律规定、当事人约定或者符合当事人之间的交易习惯时，才可以视为意思表示。以默示作出意思表示与以沉默的方式作出意思表示的区别在于：以默示作出意思表示，表意人仍然做出了一定的行为，通过所做出的行为可以推定出一定的意思表示；沉默是一种既无语言表示也无行为表示的纯粹的缄默，是一种完全的不作为，原则上纯粹的不作为不能视为当事人有意思表示，只有在特定情形下才可以视为意思表示。

无权代理人以被代理人的名义订立合同后，被代理人对该无权代理行为享有追认的权利。一般情况下，被代理人实际进行追认的，都是以口头或者书面等明示的方式作出追认的意思表示。

但在一些情况下，被代理人没有以明示的方式作出追认或者拒绝的意思表示，但已经开始履行合同义务或者接受相对人履行。被代理人开始履行合同义务或者接受相对人履行的行为，是对无权代理行为的正面反馈，属于一种积极的作为，从意思表示的类型来说，不属于沉默。本条在总结司法实践经验的基础上，将被代理人开始履行合同义务或者接受相对人履行的行为，归属于以默示的方式对无权代理行为作出追认的意思表示，对此作出明确规定，即被代理人已经开始履行合同义务或者接受相对人履行的，视为对合同的追认。

第五百零四条 法人的法定代表人或者非法人组织的负责人超越权限订立的合同，除相对人知道或者应当知道其超越权限外，该代表行为有效，订立的合同对法人或者非法人组织发生效力。

◆ 条文主旨

本条是关于法定代表人或者负责人超越权限订立的合同法律效果的规定。

◆ 立法背景

在日常经济社会生活中，法人或者非法人组织的民事活动是经过其法定代表人、负责人进行的，法定代表人、负责人代表法人或者非法人组织进行谈判、签订合同等。法律对此也予以认可。总则编第 61 条规定，法人的法定代表人是指依照法律或者法人章程的规定，代表法人从事民事活动的负责人。但法人的法定代表人、非法人组织的负责人的权限不是无限制的。法人的法定代表人应当在法律规定或者法人的章程规定的权限范围内对外从事民事活动，法人的权力机构也可能会对法定代表人的权限作一些限制。非法人组织也可能会对其负责人的权限作一定限制。但是在现实经济社会生活中，却存在一些法定代表人、负责人超越权限订立合同的情形，如何对待此类合同的效力？法人的法定代表人或者其他组织的负责人是代表法人或者其他组织行使职权的，一般来说，法人的法定代表人或者其他组织的负责人本身就是法人或者其他组织的组成部分，法定代表人的行为或者其他组织负责人的行为就是法人或者其他组织的行为，因此，他们执行职务的行为所产生的法律后果都应当由法人或者其他组织承受。对此，总则编第 61 条第 2 款作了明确规定，法定代表人以法人名义从事的民事活动，其法律后果由法人承受。法人的法定代表人或者非法人组织的负责人以法人或者其他组织的名义与相对人订立合同的，相对人一般认为法定代表人或者其他组织的负责人就是代表法人或者其他组织，相对人往往并不知道也难以知道，一般也没有义务知道法定代表人或者其他组织负责人的权限到底有多大，法人或者其他组织的内部管理规定也不应对合同的相对人形成约束力。如果法人的法定代表人或者其他组织的负责人超越权限而订立合同的，代表行为无效，所订立的合同对法人或者非法人组织不发生效力，将会严重损害合同相对人的利益，不利于保护交易的安全，也会助长一些法人或者其他组织借此逃避责任，谋取不当利益。

◆ 条文解读

依照本条规定，法人的法定代表人或者其他组织的负责人超越权限订立合同的，一般情况下代表行为有效，所订立的合同对法人或者非法人组织发生效力。如果合同的相对人在订立合同时知道或者应当知道法人的法定代表人或者其他组织的负责人的行为是超越权限的，而仍与之订立合同，则具有恶意，此时没有对合同的相对人加以保护的必要。本条立足于维护交易安全，应当保护的是善意相对人的利益。因此，本条在规定法定代表人、负责人超越权限订立的合同一般对法人或者非法人组织发生效力的同时，排除了相对人知道或者应当知道其超越权限的情形。

本条是在《合同法》第50条基础上修改而来。《合同法》第50条规定，法人或者非法人组织的法定代表人、负责人超越权限订立的合同，除相对人知道或者应当知道其超越权限的以外，该代表行为有效。本条在《合同法》第50条规定的基础上增加“该合同对法人或者非法人组织发生效力”。对于法定代表人、负责人超越权限订立合同的，不仅要解决代表行为的效力问题，更应当进一步明确所订立的合同的法律效果归属问题，即合同权利和义务是否由法人、非法人组织承受。因此本条增加“该合同对法人或者非法人组织发生效力”，能够更贴切、明确地表达合同法律效果归属问题。

本条规定与总则编第61条第3款规定存在一定的关联。总则编第61条第3款规定，法人章程或者法人权力机构对法定代表人代表权的限制，不得对抗善意第三人。本条规定与总则编第61条第3款规定都是为了维护交易安全，保护善意相对人的利益，在立法精神上是一致的，在内在逻辑上是相互支撑和牵连的，在一定程度上可以说，总则编第61条第3款规定是本条规定的逻辑前提，本条是总则编第61条第3款规定的逻辑结果。但本条规定与总则编第61条第3款规定毕竟不能等同，不能互相取代。一是二者规范的角度不同。总则编第61条第3款规定是从对内管理的角度进行规范，本条是从对外从事民事法律行为的角度进行规范。二是严格来说，二者规范的范围也不一致。总则编第61条第3款规范是法人章程或者法人权力机构对法定代表人代表权所作的限制，而本条规定的法定代表人超越权限的范围更为广泛，不限于超越法人章程、法人权力机构对法定代表人职权的限制，还包括超越法律对法定代表人职权的限制。三是总则编第61条第3款仅针对法人的法定代表人代表权限制问题，而本条既规范法人的法定代表人超越权限问题，也规范非法人组织的负责人超越权限问题。

第五百零五条 当事人超越经营范围订立的合同的效力，应当依照本法第一编第六章第三节和本编的有关规定确定，不得仅以超越经营范围确认合同无效。

◆ **条文主旨**

本条是关于超越经营范围订立的合同效力的规定。

◆ **立法背景**

经营范围是市场主体从事经营活动的业务范围。我国在相当一段时间内对市场主体经营范围的管控还是比较严格的。1986年公布、1987年施行的《民法通则》第42条规定，企业法人应当在核准登记的经营范围内从事经营。第49条规定，企业法人超出登记机关核准登记的经营范围从事非法经营的，除法人承担责任外，对法定代表人可以给予行政处分、罚款，构成犯罪的，依法追究刑事责任。1993年颁布的《公司法》第11条第3款规定“公司应当在登记的经营范围内从事经营活动”，对经营范围的管理仍然比较严格。相应地，超越经营范围而订立的合同往往会被认定为无效合同。随着我国社会主义市场经济的快速发展，这种做法越来越不能适应实践需求，不利于保障交易安全，不利于促进市场交易和激发市场活力。1999 年合同法颁布后，司法实践对超出经营范围订立的合同的效力作了进一步探索。最高人民法院 1999 年公布施行的《最高人民法院关于适用〈中华人民共和国合同法〉若干问题的解释（一）》第 10 条规定："当事人超越经营范围订立合同，人民法院不因此认定合同无效。但违反国家限制经营、特许经营以及法律、行政法规禁止经营规定的除外。"该规定原则上确立了当事人超越经营范围订立合同一般不影响合同效力。2005 年全面修订后的《公司法》第 12 条第 1 款规定，公司的经营范围由公司章程规定，并依法登记。公司可以修改公司章程，改变经营范围，但是应当办理变更登记。至此，我国对于公司法人的经营范围已经基本放开。理论和实务中对于超越经营范围订立的合同的效力也取得了趋于一致的认识，即合同效力一般不因超越经营范围而受到影响。

◆ **条文解读**

本条在总结司法实践经验的基础上，对当事人超越经营范围订立的合同的效力问题予以明确。本法总则编第六章第三节和本编对合同的效力问题作了全面、系统的规定。对当事人超越经营范围订立的合同效力的判断，应当依照这些规定确定，例如要看是否有违反法律、行政法规强制性规定的情形等，而不得仅以超越经营范围确认合同无效。

第五百零六条 合同中的下列免责条款无效：

（一）造成对方人身损害的；

（二）因故意或者重大过失造成对方财产损失的。

◆ 条文主旨

本条是关于免责条款效力的规定。

◆ 立法背景

合同中的免责条款是指合同中的双方当事人在合同中约定的免除或者限制一方或者双方当事人责任的条款。在现代合同发展中免责条款大量出现，免责条款一般具有以下特征：

一是免责条款具有约定性。免责条款是当事人双方协商同意的合同的组成部分。这是与法律规定的因不可抗力致使合同不能履行情形下免除责任是不同的。当事人可以依据意思自治的原则在合同中约定免责的内容或者范围，比如当事人可以约定“限制赔偿数额”“免除某种事故发生的责任”等。

二是免责条款的提出应当是以明示的方式作出，以默示的方式作出的免责通常是无效的。

三是合同中的免责条款具有免责性。免责条款的目的，就是排除或者限制当事人的民事责任。当然这种免责可以是部分免责（限制），也可以是全部免责（排除）。

各个国家或者地区的法律一般都规定，对于一方拟定的免责条款，应给予对方以充分注意的机会，比如免责条款印刷的方式和位置，要使对方充分注意到，或者给对方以充分的提示等。特别是在现代社会格式合同流行的情况下，对于格式合同中不合理、不公平的免责条款，出于保护弱者的考虑，法律一般都规定该条款无效。

对于免责条款的效力，各个国家或者地区的法律视不同情况采取了不同的态度。一般来说，当事人经过充分协商确定的免责条款，只要是完全建立在当事人自愿的基础上，免责条款又不违反社会公共利益，法律是承认免责条款的效力的。但是对于严重违反诚信原则和社会公共利益的免责条款，法律是禁止的，否则不但将造成免责条款的滥用，而且还会严重损害一方当事人的利益，也不利于保护正常的合同交易。

◆ **条文解读**

本条规定了以下两种免责条款无效：

一是造成对方人身伤害的条款无效。对于人身的健康和生命安全，法律是给予特殊保护的。如果允许免除一方当事人对另一方当事人人身伤害的责任，那么就无异于纵容当事人利用合同形式对另一方当事人的生命健康进行摧残，这与保护公民的人身权利的宪法原则是相违背的。在实践当中，这种免责条款一般也都是与另一方当事人的真实意思相违背的。所以本条对于这类免责条款加以禁止。

二是因故意或者重大过失给对方造成财产损失的免责条款。之所以将免除因故意或者重大过失造成对方财产损失的条款确认无效，是因为这种条款严重违反了诚信原则，如果允许这类条款的存在，就意味着允许一方当事人利用这种条款不公平对待对方当事人，损害对方当事人的权益，这是与合同制度的设立目的相违背的。对于本项规定需要注意的有两点：（1）对于免除因一般过失而给对方当事人造成财产损失责任的条款，可以认定为有效。（2）必须是免除因故意或者重大过失给对方当事人造成财产损失的条款无效。也就是说，对于因故意或者重大过失造成的损失限于财产损失。如果是免除造成对方人身伤害的条款，不管当事人是否有故意或者重大过失，只要是免除对人身伤害责任的条款，都应当依据本条第1项的规定确认无效。

第五百零七条　合同不生效、无效、被撤销或者终止的，不影响合同中有关解决争议方法的条款的效力。

◆ **条文主旨**

本条是关于解决争议方法条款效力独立性的规定。

◆ **立法背景**

合同不生效、无效、被撤销或者终止，虽不能产生当事人所预期的法律效果，但并不是不产生任何法律后果。总则编第157条规定，民事法律行为无效、被撤销或者确定不发生效力后，行为人因该行为取得的财产，应当予以返还；不能返还或者没有必要返还的，应当折价补偿。有过错的一方应当赔偿对方由此所受到的损失；各方都有过错的，应当各自承担相应的责任。在合同终止的情况下，双方当事人之间也有民事责任的存在。对于如何解决双方之间的民事争议，双方当事人在合同中往往订有解决争议的条款，当事人希望用约定的解决争议的方法来解决双方之间的争议。这些条款的效力是独立于合同的效力的，合同的生效与否、有效与否或者终止与否都不影响解决争议条款的效力。

◆ **条文解读**

"合同不生效"是相对于合同法新增加的，典型的情形包括两种：一是依照本法第502条规定须办理批准等手续生效的合同，当事人未办理批准等手续，虽然报批等义务条款以及相关条款独立生效，但合同整体不生效；二是附生效条件的合同，所附条件确定无法具备，合同确定不发生效力。合同不生效的情形也面临着确定责任承担、解决争议的问题。

还有一点可以注意一下，对于未办理批准等手续影响合同生效情形的法律效果，有的观点称之为"该合同未生效"。"合同未生效"通常是指合同虽已成立，但生效条件尚未具备而不能生效的情况。附生效期限的合同也会因期限未届至而未生效。"合同未生效"的概念侧重于"合同尚未生效"，需要等待条件具备后生效。而对于合同编第 502 条规定的须办理批准等手续才能生效的合同，当事人未办理批准等手续的，需要解决的是法律效果或者责任承担问题，而不单是等待继续报批使合同生效的问题，当事人可能会请求报批义务方继续办理报批手续，但也很可能直接要求赔偿损失，不再要求继续履行。相对于“合同未生效”，这种情况下使用“合同不生效”的概念能更准确地表达条旨。附生效条件的合同，如果所附条件确定无法具备，合同确定不发生效力，也是归为“合同不生效”更为合适。

本条所说的有关解决争议方法的条款包括以下几种形式：

1. 仲裁条款

仲裁条款是仲裁协议的一种表现形式，是当事人在合同中约定的用仲裁方式解决双方争议的条款。我国对合同争议采取或仲裁或诉讼的制度，仲裁条款有排除诉讼管辖的效力。如果当事人在合同中订有仲裁条款，则当事人在发生争议时，不能向人民法院提出诉讼。《仲裁法》第 19 条第 1 款规定，仲裁协议独立存在，合同的变更、解除、终止或者无效，不影响仲裁协议的效力。

2. 选择受诉法院的条款

我国《民事诉讼法》第 34 条规定，合同或者其他财产权益纠纷的当事人可以书面协议选择被告住所地、合同履行地、合同签订地、原告住所地、标的物所在地等与争议有实际联系的地点的人民法院管辖，但不得违反本法对级别管辖和专属管辖的规定。当事人选择受诉人民法院的条款，不受合同效力的影响。

3. 选择检验、鉴定机构的条款

当事人可以在合同中约定，若对标的物质量或技术的品种发生争议，在提交仲裁或者诉讼前，应当将标的物送交双方认可的机构或科研单位检验或鉴定，这种解决争议方法的约定出于双方自愿，不涉及合同的实体权利和义务，应当承认其效力。

4. 法律适用条款

依照我国《涉外民事关系法律适用法》第41条规定，对于具有涉外因素的合同争议，当事人可以协议选择合同适用的法律。当然，外国法律的适用将损害我国社会公共利益的，应当适用我国法律。当事人就法律适用条款所达成的协议的效力具有独立性，不受合同效力的影响。

第五百零八条　本编对合同的效力没有规定的，适用本法第一编第六章的有关规定。

◆ 条文主旨

本条是关于合同效力适用指引的规定。

◆ 立法背景

合同属于一种民事法律行为，合同的效力也适用总则编关于民事法律行为效力的规定。

◆ 条文解读

本法第一编总则第六章对民事法律行为的效力作了全面、系统的规定，包括民事法律行为的有效要件、无民事行为能力人和限制民事行为能力人实施的民事法律行为的效力、以虚假意思表示实施的民事法律行为的效力、基于重大误解实施的民事法律行为的效力、以欺诈手段实施的民事法律行为的效力、以胁迫手段实施的民事法律行为的效力、显失公平的民事法律行为的效力、撤销权除斥期间的规定、违反法律、行政法规的强制性规定及违背公序良俗的民事法律行为的效力、恶意串通的民事法律行为的效力、无效或者被撤销的民事法律行为自始无效、民事法律行为部分无效、民事法律行为无效、被撤销及确定不发生效力的后果，还包括附条件和附期限民事法律行为的生效与失效规定等。合同属于双方或者多方民事法律行为，本编即合同编没有规定的，自然应当适用总则编第六章的有关规定。

第四章　合同的履行

本章共二十六条，主要规定了合同履行原则、约定不明时合同内容的确定、电子合同的履行规则、利益第三人合同、由第三人履行的合同、同时履行抗辩权、后履行抗辩权、不安抗辩权、提前履行、部分履行、情势变更规则、对当事人利用合同实施危害国家利益、社会公共利益行为进行监督处理等内容，同时在合同法基础上增加了债法的一般性规则，包括选择之债、按份之债与连带之债、具有合法利益的第三人代为履行规则，使合同编通则能够发挥债法总则的作用。

第五百零九条　当事人应当按照约定全面履行自己的义务。

当事人应当遵循诚信原则，根据合同的性质、目的和交易习惯履行通知、协助、保密等义务。

当事人在履行合同过程中，应当避免浪费资源、污染环境和破坏生态。

◆ 条文主旨

本条是关于合同履行原则的规定。

◆ 立法背景

本条第 1 款是关于全面履行原则的规定。当事人在合同中都会对合同义务作出约定。不同的合同，合同义务也会有所不同。例如，买卖合同中，出卖人负有转移标的物所有权于买受人的义务，买受人负有支付价款的义务，当事人在合同内容中一般会就标的物名称、数量、质量、履行期限、履行地点和方式、价款及其结算方式等作出具体约定。又如，租赁合同中，出租人负有将租赁物交付承租人使用、收益的义务，承租人负有支付租金的义务，当事人在合同内容中一般会就租赁物的名称、数量、用途、租赁期限、租金及其支付期限和方式、租赁物维修等作出具体约定。当事人履行合同义务，应当以全面履行为原则。

本条第 2 款是关于诚信履行原则的规定。诚信原则被称为民法的“帝王条款”，是各个国家或者地区民法公认的基本原则。我国民法典也明确将诚信原则作为民法的基本原则。总则编第 7 条规定，民事主体从事民事活动，应当遵循诚信原则，秉持诚实，恪守承诺。

本条第 3 款是关于绿色原则的规定。总则编第 9 条规定了绿色原则。总则编第 9 条规定，民事主体从事民事活动，应当有利于节约资源、保护生态环境。绿色原则是落实党中央关于建设生态文明、实现可持续发展理念的要求，是贯彻宪法关于保护环境的要求。总则编将绿色原则上升至民法基本原则的地位，全面开启了环境资源保护的民法通道，有利于构建人与自然的新型关系。

◆ 条文解读

按照第 1 款关于全面履行原则的要求，当事人应当按照约定全面履行自己的义务。例如，买卖合同的出卖人应当按照约定的履行期限、履行地点和方式，将符合约定的数量、质量要求的标的物的所有权转移于买受人，买受人应当按照约定的价款金额、结算方式支付价款。租赁合同的出租人应当在约定的租赁期限内持续提供租赁物供承租人使用、收益，承租人应当按照约定的用途使用租赁物并按照约定的数额和支付方式支付租金。当事人应当履行的义务不限于合同的主要义务，对于当事人约定的其他义务，当事人也应当按照约定履行。例如，房产买卖合同中，出卖人不但要履行转移房产所有权于买受人这一合同主要义务，还要按照约定与买受人办理物业交割手续等。二手车买卖合同中，出卖人不但要履行转移车辆所有权于买受人这一主要义务，还要按照约定向买受人提供车辆行驶证等必要资料文件。合同编对违反合同义务的法律后果作了规定。不管是当事人不履行合同主要义务还是不履行合同其他义务，当事人都要承担违约责任。依照合同编第 577 条规定，当事人一方不履行合同义务或者履行合同义务不符合约定的，应当承担继续履行、采取补救措施或者赔偿损失等违约责任。依照合同编关于合同解除的有关规定，当事人违反合同义务，符合法定或者约定的合同解除条件的，还可以解除合同。

按照本条第 2 款规定，合同履行也应当遵循诚信原则，当事人应当按照诚信原则行使合同权利，履行合同义务。诚信履行原则，又导出履行的附随义务。当事人除应当按照合同约定履行自己的义务外，也要履行合同未作约定但依照诚信原则应当履行的通知、协助、保密等义务。本款就附随义务列举了通知、协助、保密这 3 项比较典型的义务，但附带义务的范围不局限于此。在某一合同的履行中，当事人应当履行哪些附随义务，应当依照诚信原则，根据该合同的性质、目的和交易习惯作具体判断。

1. 通知义务。在合同履行过程中，依照诚信原则，当事人一方有必要在某些情况下向对方告知、报告有关信息。至于在哪些情况下负有通知义务，通知义务的范围有多大，需要具体情况具体判断。对于有些通知义务，合同编作了明文规定。例如，第八章违约责任中，第 590 条规定，因不可抗力不能履行合同的，应当及时通知对方，以减轻可能给对方造成的损失，并应当在合理期限内提供证明。第十章供用电、水、气、热力合同中，第652条规定，供电人因供电设施计划检修、临时检修、依法限电或者用电人违法用电等原因，需要中断供电时，应当按照国家有关规定事先通知用电人。第654条规定，用电人逾期不支付电费，经催告，用电人在合理期限内仍不支付电费和违约金的，供电人可以按照国家规定的程序中止供电；供电人中止供电的，应当事先通知用电人。第十四章租赁合同中，第723条规定，第三人就租赁物主张权利的，承租人应当及时通知出租人。第十七章承揽合同中，第776条规定，承揽人发现定作人提供的图纸或者技术要求不合理的，应当及时通知定作人。第十九章运输合同，第820条规定，遇有不能正常运输的情形，承运人应当及时告知旅客。第二十一章保管合同中，第896条规定，第三人对保管人提起诉讼或者对保管物申请扣押的，保管人应当及时通知寄存人。以上只是法律明文规定的通知义务的不完全列举。需要注意的是，并不是所有的通知行为都是附随义务中的通知义务。比如，债权人转让债权应当通知债务人，当事人一方依法解除合同应当通知对方，这类通知行为是权利行使产生法律效力的法定要件，不属于附随义务的范畴。债权转让未通知债务人的，债权转让对债务人不发生效力；当事人要行使合同解除权，不通知对方就不能发生合同解除的法律效果。合同类型多种多样，交易情况也比较复杂，具体合同履行中的通知义务，还是要依照诚信原则，根据合同的性质、目的和交易习惯作具体判断。

2. 协助义务。在合同履行过程中，依照诚信原则，当事人一方有必要在某些情况下为对方行使权利、履行义务提供必要的协助。合同编对个别协助义务作了明文规定。例如，合同编第741条规定，出租人、出卖人、承租人可以约定，出卖人不履行买卖合同义务的，由承租人行使索赔的权利；承租人行使索赔权利的，出租人应当协助。附随义务中的协助义务不限于合同编明文规定，也要在具体合同中依照诚信原则具体判断。

3. 保密义务。依照诚信原则，当事人在合同履行中负有保密义务。一方当事人在合同履行中知悉的商业秘密或者其他应当保密的信息，不得泄露或者不正当使用。该保密义务，在商事活动中比较典型。在商事交易活动中，当事人会在合同履行中知悉对方的各种经营信息，即使合同中没有明确约定保密义务及其范围，根据诚信原则，当事人对于应当保密的信息都负有保密义务。一些单行法对相关领域内的保密义务，从管理的角度作了明确规定。例如，《律师法》第 38 条规定，律师应当保守在执业活动中知悉的国家秘密、商业秘密，不得泄露当事人的隐私。律师对在执业活动中知悉的委托人和其他人不愿泄露的有关情况和信息，应当予以保密。《执业医师法》第 22 条规定，医师在执业活动中应当保护患者的隐私。《商业银行法》第 29 条规定，商业银行办理个人储蓄存款业务，应当遵循存款自愿、取款自由、存款有息、为存款人保密的原则。对于这些法律作出强制性规定的保密义务，当事人在合同履行中也不得违反。

本条第 3 款规定是绿色原则在合同履行中的体现。依照本款规定，当事人在履行合同过程中，应当避免浪费资源，避免污染环境和破坏生态。

第五百一十条　合同生效后，当事人就质量、价款或者报酬、履行地点等内容没有约定或者约定不明确的，可以协议补充；不能达成补充协议的，按照合同相关条款或者交易习惯确定。

◆ **条文主旨**

本条是关于约定不明时合同内容确定的有关规定。

◆ **立法背景**

合同内容一般包括合同主体即当事人的姓名或者名称和住所、标的、数量、质量、价款或者报酬、履行期限、履行地点和方式等。一般来说，合同的标的、数量是合同的必备条款，需由当事人明确约定。当事人对合同的标的、数量没有约定或者约定不明确的，合同内容无法确定，合同不成立。但当事人就质量、价款或者报酬、履行期限、履行地点和方式等没有约定或者约定不明，一般并不影响合同成立，可以就这些内容进行补充。这也体现了合同法应当尽可能鼓励交易、促成交易达成的立法目的。

本条关于合同内容补充规定适用的前提是，合同已经依法成立并生效。如果合同尚未成立、生效，此时合同没有进入履行阶段，自然没有进行内容补充的必要。

◆ **条文解读**

对本条规定，可以从以下两个方面予以理解：

一是当事人协议补充。按照民法自愿原则，当事人有权自主决定合同内容。在当事人就合同有关内容没有约定或者约定不明确时，由当事人通过协商的方式达成补充协议，是对民法自愿原则的体现和落实，也是最有效地补充合同内容、保障合同得以履行的方式。

二是按照合同有关条款或者交易习惯确定。如果当事人就有关内容不能达成补充协议，则按照合同有关条款或者交易习惯确定。合同各条款都是当事人协商一致的结果，体现了当事人的真实意愿。合同条款与条款之间在表达上往往存在着一定的关联，在合同欠缺有关内容或者对有关内容约定不明确时，可以结合相关条款探寻当事人真实的意图，进而补充所欠缺的内容或者将不明确的内容予以明确。交易习惯在一定范围内被普遍接受和采用，或者在特定当事人之间经常使用。在合同欠缺有关内容或者对有关内容约定不明确时，交易习惯也可以用来对合同内容进行补充。

第五百一十一条　当事人就有关合同内容约定不明确，依据前条规定仍不能确定的，适用下列规定：

（一）质量要求不明确的，按照强制性国家标准履行；没有强制性国家标准的，按照推荐性国家标准履行；没有推荐性国家标准的，按照行业标准履行；没有国家标准、行业标准的，按照通常标准或者符合合同目的的特定标准履行。

（二）价款或者报酬不明确的，按照订立合同时履行地的市场价格履行；依法应当执行政府定价或者政府指导价的，依照规定履行。

（三）履行地点不明确，给付货币的，在接受货币一方所在地履行；交付不动产的，在不动产所在地履行；其他标的，在履行义务一方所在地履行。

（四）履行期限不明确的，债务人可以随时履行，债权人也可以随时请求履行，但是应当给对方必要的准备时间。

（五）履行方式不明确的，按照有利于实现合同目的的方式履行。

（六）履行费用的负担不明确的，由履行义务一方负担；因债权人原因增加的履行费用，由债权人负担。

◆ **条文主旨**

本条是关于确定合同中质量、价款、履行地点等内容的规定。

◆ **立法背景**

当事人在合同中对质量、价款或者报酬、履行地点、履行期限、履行方式、履行费用没有约定或者约定不明确，既不能通过协商达成补充协议，又不能按照合同的有关条款或者交易习惯确定的，适用本条规定确定合同相关内容。

◆ **条文解读**

本条对六个方面合同内容的确定作了具体规定：

1. 质量要求不明确的。根据《标准化法》第 2 条的规定，标准是指农业、工业、服务业以及社会事业等领域需要统一的技术要求；标准包括国家标准、行业标准等；国家标准分为强制性国家标准和推荐性国家标准，行业标准属于推荐性标准；强制性国家标准必须执行，国家鼓励采用推荐性标准。根据《标准化法》第 10 条至第 12 条规定，对保障人身健康和生命财产安全、国家安全、生态环境安全以及满足经济社会管理基本需要的技术要求，应当制定强制性国家标准；对满足基础通用、与强制性国家标准配套、对各有关行业起引领作用等需要的技术要求，可以制定推荐性国家标准；对没有推荐性国家标准、需要在全国某个行业范围内统一的技术要求，可以制定行业标准。根据《标准化法》第 21 条的规定，推荐性国家标准、行业标准的技术要求不得低于强制性国家标准的相关技术要求。一般来说，推荐性国家标准、行业标准的技术要求都是高于强制性国家标准的。国家标准、行业标准均由相关部门根据严格的程序制定，具有标准要求明确、认知度高、权威性的特点。根据本条规定，在当事人对作为合同重要内容的质量要求不明确，通过合同相关条款或者交易习惯均不能确定的情况下，优先按照国家标准、行业标准履行。对于国家标准、行业标准，优先按照强制性国家标准履行；没有强制性国家标准的，按照推荐性国家标准履行；没有推荐性国家标准的，按照行业标准履行。没有国家标准、行业标准的，再按照同类产品或者服务的市场通常质量标准或者符合合同目的的特定标准履行。这里讲的通常标准，一般指的是同一价格的中等质量标准。

2. 价款或者报酬不明确的。除依法应当执行政府定价、政府指导价的以外，按照同类产品或者同类服务订立合同时履行地的市场价格履行。

3. 履行地点不明确的。如果是给付货币，在接受给付一方的所在地履行。交付不动产的，在不动产所在地履行。其他标的，在履行义务一方所在地履行。

4. 履行期限不明确的。债务人可以随时向债权人履行义务，债权人也可以随时请求债务人履行义务，但都要给对方必要的准备时间。

5. 履行方式不明确的。对于不同的合同，履行方式多种多样、差别较大，很难确定一般性的标准。合同目的是当事人双方订立合同所共同追求的，履行方式不明确的，就按照有利于实现合同目的的方式履行。

6. 履行费用的负担不明确的。合同法规定，履行费用的负担不明确的，由履行义务一方负担履行费用。为了平衡债权人与债务人之间的利益，合同编在确立由履行义务一方负担履行费用为原则的基础上，增加规定，因债权人原因增加的履行费用，由债权人负担。

► **相关规定**

《中华人民共和国标准化法》第 2 条、第 10 条、第 12 条、第 21 条

第五百一十二条 通过互联网等信息网络订立的电子合同的标的为交付商品并采用快递物流方式交付的，收货人的签收时间为交付时间。电子合同的标的为提供服务的，生成的电子凭证或者实物凭证中载明的时间为提供服务时间；前述凭证没有载明时间或者载明时间与实际提供服务时间不一致的，以实际提供服务的时间为准。

电子合同的标的物为采用在线传输方式交付的，合同标的物进入对方当事人指定的特定系统且能够检索识别的时间为交付时间。

电子合同当事人对交付商品或者提供服务的方式、时间另有约定的，按照其约定。

◆ **条文主旨**

本条是关于电子合同交付商品或者提供服务的方式、时间的规定。

◆ **立法背景**

电子合同成立并生效后，即进入了合同履行阶段。本条根据电子合同履行中的实践情况，吸收电子商务法的有关规定，区分电子合同的标的为交付商品或者提供服务分别作出规定，并有针对性地对采用在线传输方式交付标的物的情形作出专门规定。

◆ **条文解读**

一是关于电子合同标的为交付商品的情形。商品的交付时间具有重要的法律意义。商品的交付时间是判断动产所有权是否转移的依据。物权编第 224 条规定，动产物权的设立和转让，自交付时发生效力，但是法律另有规定的除外。商品的交付时间也是判断标的物毁损、灭失的风险由哪一方当事人承担的依据。合同编第604条规定，标的物毁损、灭失的风险，在标的物交付之前由出卖人承担，交付之后由买受人承担，但是法律另有规定或者当事人另有约定的除外。

通过互联网等信息网络订立的电子合同生效后，当事人负有交付商品的义务。实践中，交付方式主要有两种：一是门店自取；二是采用快递物流方式交付。其中，采用快递物流方式更为常见。门店自取的方式交付商品，属于面对面交付，交付时间不会产生纠纷。采用快递物流方式交付商品的，如果电子合同商品销售方自备物流服务，以收货人签收时间作为交付时间也没有争议。但是，如果电子合同商品销售方将物品交给第三方快递物流公司，再由第三方快递物流公司将商品交给购买方，商品交付时间是以销售方将物品交给第三方快递物流公司的时间为准，还是以第三方快递物流公司将商品送到、收货人签收时间为准，存在着一定的争议。《电子商务法》第51条采用了收货人签收时间为交付时间的标准。本条吸收了电子商务法的规定，明确电子合同标的为交付商品并采用快递物流方式交付的，收货人的签收时间为交付时间。

二是关于电子合同标的为提供服务的情形。实践中，电子合同标的为提供服务的情况也比较常见，涉及教育培训、文化娱乐、交通出行等各个领域。对此，本条规定，电子合同的标的为提供服务的，原则上生成的电子凭证或者实物凭证中载明的时间为提供服务时间。但是，实践中有的生成的电子凭证或者实物凭证没有载明时间，也有的电子凭证或者实物凭证载明的时间与实际提供服务的时间不一致，这些情况下，以实际提供服务的时间为准。

三是关于采用在线传输方式交付标的物的情形。电子合同的有些标的物，例如一些数字产品，通常采用在线传输方式交付。采用在线传输方式交付标的物的交付时间在实践中容易产生争议，法律有必要对交付时间的判断标准予以明确。我国加入的《联合国国际合同使用电子通信公约》第10条规定，电子通信的收到时间是其能够由收件人在该收件人指定的电子地址检索的时间。电子商务法参考《联合国国际合同使用电子通信公约》，对采用在线传输方式交付标的物的情形，将合同标的物进入对方当事人指定的特定系统且能够检索识别的时间规定为交付时间。本条作出了与电子商务法一致的规定。总则编、电子签名法对数据电文的接收问题作了规定。数据电文的接收与采用在线传输方式交付数字产品等标的物具有高度相似性，在规则的设置上也应当基本一致。总则编将“数据电文进入相对人指定的特定系统的时间”作为采用数据电文形式的意思表示的到达时间，也即意思表示的生效时间。总则编第137条规定，以非对话方式作出的采用数据电文形式的意思表示，相对人指定特定系统接收数据电文的，该数据电文进入该特定系统时生效。《电子签名法》第11条第2款中规定，收件人指定特定系统接收数据电文的，数据电文进入该特定系统的时间，视为该数据电文的接收时间。从表述上看，本条关于交付时间的规定不但要求合同标的物“进入对方当事人指定的特定系统”，还要求“能够检索识别”，与总则编、电子签名法的规定相比，增加了“能够检索识别”，目的在于使交付时间的判断标准更明确具体，更有利于保护相对方利益，避免纠纷。如果进入相对方指定的特定系统的电子合同标的物本身不能够检索识别，例如当事人发送的是已经感染病毒的标的物，则不能直接将标的物进入相对方指定的特定系统的时间作为交付时间，应当由负有交付义务的当事人承担不利的法律后果。在电子合同交易中，相对方没有指定接收电子合同标的物的特定系统的情况较为少见，本条未作规定。但是如果确实出现了未指定特定系统的情况，如何确定交付时间呢？对此，可以参考总则编第137条规定，即相对人未指定特定系统的，相对人知道或者应当知道该数据电文进入其系统时生效。总则编第137条与我国加入的《联合国国际合同使用电子通信公约》的规定也是一致的。《联合国国际合同使用电子通信公约》第10条规定，电子通信在收件人的另一电子地址的收到时间是其能够由该收件人在该地址检索并且该收件人了解到该电子通信已发送到该地址的时间。对于采用在线传输方式交付标的物的，如果相对人没有指定特定系统，可以参考总则编第137条的规定，将相对人知道或者应当知道该标的物进入其系统且能够检索识别的时间作为交付时间。

民法典总则编明确将自愿原则作为民法的基本原则。本条第1款和第2款规定是对电子合同当事人交付商品、提供服务的方式与时间的一般规则，当事人可以对交付商品或者提供服务的方式、时间另行约定。如果当事人作出另外约定的，按照其约定。

▶ **相关规定**

《中华人民共和国电子商务法》第51条

第五百一十三条　执行政府定价或者政府指导价的，在合同约定的交付期限内政府价格调整时，按照交付时的价格计价。逾期交付标的物的，遇价格上涨时，按照原价格执行；价格下降时，按照新价格执行。逾期提取标的物或者逾期付款的，遇价格上涨时，按照新价格执行；价格下降时，按照原价格执行。

◆ **条文主旨**

本条是关于执行政府定价、政府指导价的规定。

◆ **立法背景**

价格是决定价金的重要因素，我国实行宏观经济调控下主要由市场形成价格的机制，价格分为市场调节价和政府指导价、政府定价。市场调节价，是指由经营者自主制定，通过市场竞争形成的价格。政府指导价，是指由政府价格主管部门或者其他有关部门按照定价权限和范围规定基准价及其浮动幅度，指导经营者定价的价格。政府定价，是指由政府价格主管部门或者其他有关部门按照定价权限和范围制定的价格。

◆ **条文解读**

在合同交易中，价格通常按照市场调节价由当事人共同商定。国家对合同交易规定有政府指导价的，当事人应当在指导价的幅度内商定价格。国家对合同交易规定了政府定价的，当事人均应当遵守，一方违反价格管理规定的，另一方可以请求其退还多收的价金。

合同执行政府定价、政府指导价的，如果合同约定的履行期间政府定价、政府指导价调整，则按标的物交付时的价格计价。逾期交付的，遇价格上涨时，按原价格执行；价格下降时，按新价格执行。逾期提取标的物或者逾期付款的，遇价格上涨时，按新价格执行；价格下降时，按原价格执行。

第五百一十四条 以支付金钱为内容的债，除法律另有规定或者当事人另有约定外，债权人可以请求债务人以实际履行地的法定货币履行。

◆ **条文主旨**

本条是关于以实际履行地的法定货币履行金钱债务的规定。

◆ **立法背景**

法定货币依靠国家规定成为一定地域内合法流通的货币。《中国人民银行法》第 16 条规定，中华人民共和国的法定货币是人民币。我国香港、澳门特别行政区法定货币分别为港币、澳门币。美国法定货币为美元、英国法定货币为英镑等。

◆ **条文解读**

在合同交易中，对于以支付金钱为内容的债务，当事人可以约定以哪一币种履行债务。如果法律没有特别规定，当事人也没有约定的，债权人可以请求债务人以实际履行地的法定货币履行。

第五百一十五条　标的有多项而债务人只需履行其中一项的，债务人享有选择权；但是，法律另有规定、当事人另有约定或者另有交易习惯的除外。

享有选择权的当事人在约定期限内或者履行期限届满未作选择，经催告后在合理期限内仍未选择的，选择权转移至对方。

◆ **条文主旨**

本条是关于选择之债中选择权归属的规定。

◆ **立法背景**

基于民法典不设债法总则，需要将债法的一般性规则纳入合同编，使合同编通则在一定程度上发挥债法总则的作用。各个国家或者地区的民法典普遍将选择之债作为债法总则的内容予以规定。合同编借鉴境外立法例，立足我国国情，对选择之债的基本内容作了规定，包括选择权归属主体、选择之债的标的确定等作了规定。选择之债的这些规定虽然是在合同编中予以规定，但其不仅仅适用于合同之债，可以作为债法的一般性规则。依照合同编第468条的规定，非因合同产生的债权债务，包括侵权之债、不当得利之债、无因管理之债等，首先适用有关该债权债务关系的法律规定；没有规定的，适用合同编通则的有关规定，但根据其性质不能适用的除外。

◆ **条文解读**

本条第1款确立了选择权归属的一般原则。选择之债的标的有多项，而债务人只需履行其中一项，选择之债首先要解决的问题就是哪一方当事人享有选择权。从境外立法例来看，普遍规定，除非法律有特别规定或者当事人另有规定，选择权原则上归属于债务人。例如，《法国民法典》第1307条规定，称选择之债者，谓债务以数宗给付为标的，且其中一宗给付之履行即可消灭债务。第1307－1条第1款规定，在不同宗给付之间进行选择的权利归于债务人。《德国民法典》第262条规定，于数项给付中仅能选定履行其中一项的，在发生疑问时，选择权属于债务人。《日本民法典》第406条规定，债权的标的，得由数个给付中依选择确定时，其选择权属于债务人。《意大利民法典》第1286条第1款规定，在未给予债权人或者第三人选择权时，由债务人进行选择。《瑞士债务法》第72条规定，一债权有数种给付且只需要履行其中一种给付的，选择权归属债务人，但交易有不同要求的除外。我国台湾地区“民法”第208条规定，于数宗给付中，得选定其一者，其选择权属于债务人，但法律另有规定或契约另有订定者不在此限。

本条参考境外立法例，采用了一般原则加除外规定的方式，对选择权的归属主体作出规定。依照本条规定，标的有多项而债务人只需履行其中一项的，原则上选择权归属于债务人。将选择权赋予债务人，有利于债务人根据自身情况作出最适宜债务履行的选择，能够更大程度地确保交易实现。同时，本条规定了法律另有规定、当事人另有约定或者另有交易习惯三种例外。一是法律对选择权的归属主体另有规定的，应当按照该规定确定享有选择权的主体。二是民事活动应当遵循自愿原则，在当事人对选择权的归属主体作出特别约定的情况下，应当尊重当事人的选择，按照当事人的约定确定选择权的归属主体。三是交易习惯在某一地域、某一领域、某一行业等范围内被普遍接受和采用，或者在特定当事人之间经常使用。适用交易习惯确定选择权的归属主体符合当事人的预期，有利于公平、合理地平衡当事人之间的利益。对于选择之债中选择权的归属主体，在法律没有特别规定、当事人没有约定的情况下，如果有相关交易习惯存在，即适用该交易习惯确定选择权的归属主体。

本条第 2 款是关于选择权转移的规定。债的标的之确定，有赖于享有选择权的当事人行使选择权。享有选择权的当事人不行使选择权，债的标的就无法确定。具体来说，如果享有选择权的当事人是债权人，债权人不行使选择权，因债的标的不能确定，债务人也就无法履行债务；如果享有选择权的当事人是债务人，债务人不行使选择权，因债的标的不能确定，债权人主张权利也会受到妨碍。在享有选择权的当事人不行使选择权的情况下，法律有必要通过制度设计，使债的标的得以确定，债务的履行步入正常轨道，促进交易的完成。境外立法例也普遍对选择权转移作了规定。《德国民法典》根据享有选择权的当事人是债权人还是债务人对选择权转移作了区别性规定。德国民法典第 264 条第 1 款规定，在强制执行开始前，有选择权的债务人不作出选择的，债权人可以依其选择，就两项以上给付中的一项或另一项实施强制执行。但只要债权人尚未全部或部分地受领经选择的给付，债务人就可以因履行剩余给付中的一项给付而免除债务。第2款规定，有选择权的债权人迟延的，债务人可以在指定适当期间的情况下，催告其作出选择。债权人没有及时作出选择的，期间一旦届满，选择权即转移给债务人。有些国家或者地区的民法典不像德国民法典对有选择权的当事人作区分规定，而是直接规定，享有选择权的当事人在一定期间不行使选择权的，选择权即移转给对方。例如，《法国民法典》第1307－1条第2款规定，若未在约定的时间或合理的期限内进行选择，则对方当事人得于催告之后行使选择权或解除合同。《日本民法典》第408条规定，债权已届清偿期时，相对人规定相当之期间并催告，而有选择权之当事人于其期间内亦不选择时，其选择权移转至相对人。我国台湾地区“民法”第210条第1款规定，选择权定有行使期间者，如于该期间内不行使时，其选择权移属于他方当事人。第2款规定，选择权未定有行使期间者，债权至清偿期时，无选择权之当事人，得定相当期限催告他方当事人行使其选择权。如他方当事人不于所定期限内行使选择权者，其选择权移属于为催告之当事人。

本条第2款参考境外立法例，对选择权转移作了规定。依照第2款规定，享有选择权的当事人应当在约定期限内作出选择；当事人未对选择权行使约定期限的，应当在履行期限届满前作出选择。同时，考虑到选择权的行使直接关系到债的标的的确定，选择权转移对当事人影响重大，因此本条在行使选择权的约定期限和履行期限届满后，又设定了一个催告期间以作缓冲，使不及时行使选择权的一方予以充分注意。依照第2款规定，享有选择权的当事人在约定期限内或者履行期限届满未作选择的，相对方可以催告其在合理期限内作出选择。这就意味着，即使当事人对选择权的行使期限作了约定，在约定期限届满未作选择的，相对方都要先进行催告。只有当有选择权的当事人在催告后的合理期限内仍未选择的，选择权才转移至对方。

第五百一十六条　当事人行使选择权应当及时通知对方，通知到达对方时，标的确定。标的确定后不得变更，但是经对方同意的除外。

可选择的标的发生不能履行情形的，享有选择权的当事人不得选择不能履行的标的，但是该不能履行的情形是由对方造成的除外。

◆ 条文主旨

本条是关于选择权行使的规定。

◆ 立法背景

一是关于选择权的行使方式和法律效果。选择之债的选择权属于形成权的一种。选择权一旦经当事人行使，将直接导致民事权利义务关系的变动，债的标的得以确定，债务人应当按照确定后的标的履行义务，债权人有权按照确定后的标的请求债务人履行义务。境外民法典普遍对选择权的行使方式等予以规范。例如，《德国民法典》第263条规定，选择以对另一方的表示为之。《日本民法典》第407条规定，选择权依对相对人之意思表示而行使；该意思表示，非经相对人之承诺，不得撤回。我国台湾地区“民法”第209条规定，债权人或债务人有选择权者，应向他方当事人以意思表示为之。本条立足中国国情，参考境外立法例，对选择权的行使方式和法律效果作了规定。

二是关于标的不能履行。如果选择之债可选择的多项标的中有不能履行的情形，选择权是否受到影响，当事人如何选择标的，有必要通过立法予以明确。境外民法典也普遍对此作了规定。例如，《德国民法典》第265条规定，两项以上给付中的一项自始为不可能或后来成为不可能的，债务关系限于其余的给付。给付因无选择权的一方须对之负责任的情势成为不可能的，不发生该项限定。《法国民法典》第1307－3条规定，未进行选择的债务人，于其中一宗给付陷于履行不能的情形，得履行其余给付中之一宗。第1307－4条规定，未进行选择的债权人，若其中一宗给付由不可抗力而致履行不能，则应满足于其余给付中之一宗的清偿。《日本民法典》第410条规定，债权标的之给付中存在不能，而其不能乃因享有选择权之人过失所致时，债权就其残留部分存在。我国台湾地区“民法”第211条规定，数宗给付中，有自始不能或者嗣后不能给付者，债之关系仅存在于余存之给付。但其不能之事由，应由无选择权之当事人负责者，不在此限。意大利民法典对给付不能的情形作了比较细致的区分，既区分了选择权人是债务人还是债权人，还进一步考量了给付不能的发生原因，分别规定了不同的法律效果。《意大利民法典》第1288条规定，如果两种给付中的一种不能构成债务标的或者在因不可归责于双方中的任何一方的原因而变成给付不能时，则该选择之债视为简单之债。第1289条第1款规定，当选择权属于债务人时，如果由于可归责于他的原因致使两种给付之一种变成给付不能，则该选择之债变成简单之债。如果因债权人的过错致使两种给付之一种变成给付不能，则在债务人不希望履行另一种给付并要求赔偿损失时，债务人的债务被解除。第2款规定，当选择权属于债权人时，如果因债权人的故意致使两种给付之一种变成给付不能，则债务人被解除债务，但债权人要求履行另一给付并赔偿损失的不在此限。如果给付不能应当由债务人承担责任，则债权人得选择另一种给付或者要求赔偿损失。本条第 2 款参考境外立法例，对选择之债发生标的不能履行情形时如何行使选择权作出规定。

◆ **条文解读**

依照第 1 款规定，有选择权的当事人行使选择权应当采用通知的方式，通知到达对方时，标的即确定，不需要经过相对方同意。标的一旦确定，对双方当事人均产生拘束力。除非经过相对方同意，享有选择权的当事人也不得再自行变更标的。

第 2 款从尽可能促成债务履行的角度出发，规定可选择的标的之中发生不能履行情形的，享有选择权的当事人不得选择不能履行的标的，即只能从剩余的标的中选择。同时为了公平、合理平衡当事人双方之间的利益，作了除外规定即“但是该不能履行的情形是由对方造成的除外”。意思就是，如果该不能履行的情形是由相对方即无选择权的当事人造成的，享有选择权的当事人既可以在剩余标的中选择，也可以选择该不能履行的标的进而主张相应的法律效果。例如，在一项合同交易中约定了多项可选择的标的，如果债权人享有选择权，标的不能履行是由债务人造成的，那么债权人也可以选择该不能履行的标的，进而依法主张解除合同或者要求债务人承担违约责任。

第五百一十七条 债权人为二人以上，标的可分，按照份额各自享有债权的，为按份债权；债务人为二人以上，标的可分，按照份额各自负担债务的，为按份债务。

按份债权人或者按份债务人的份额难以确定的，视为份额相同。

◆ 条文主旨

本条是关于按份债权和按份债务定义的规定。

◆ 立法背景

境外民法典普遍在债法总则中对按份之债和连带之债作了规定，这些规定不仅适用于合同之债，还适用于非因合同产生的债权债务，包括侵权之债、不当得利之债、无因管理之债等。我国民法典不设债法总则，为了使合同编通则在一定程度上发挥债法总则的作用以满足实践需求，合同编第 517 条至第 521 条共 5 个条文对按份之债和连带之债的基本规则作了规定。

按份之债是相对于连带之债而言的，按份之债和连带之债都属于复数主体债权债务，即债权人或者债务人为二人以上。按份债权和连带债权是债权人为二人以上，按份债务和连带债务是债务人为二人以上。境外立法例对复数主体的债权债务一般以给付可分、按份额享有权利与负担义务作为一般情形、连带之债作为特别情形进行制度设计。《德国民法典》第 420 条规定，二人以上负担一项可分给付，或二人以上可请求一项可分给付的，有疑义时，每一个债务人仅就一个等份负有义务，各债权人仅就一个等份享有权利。《法国民法典》第 1309 条规定，拘束数债权人或数债务人之债于其间系当然可分。如法律或合同未另有规定，当事人之间分担或分受的份额均等。每一债权人仅对共同债权之应得部分享有权利；每一债务人仅对共同债务之应分担部分负担义务。若系连带之债或系不可分之给付，则上述规则不适用于债权人与债务人间之关系。《意大利民法典》第 1314 条规定，如果可分别给付的债权人或者债务人是多个人且债务不具有连带性，则债权人的任何一人得仅就他自己的部分而要求实现债权，债务人中的任何一人仅就他的部分而承担债务给付。《日本民法典》第 427 条规定，有数个债权人或者债务人之情形，无另外之意思表示时，各债权人或者各债务人各自以同等比例享有权利或者负有义务。我国台湾地区“民法”第271条规定，数人负同一债务或有同一债权，而其给付可分者，除法律另有规定或契约另有订定外，应各平均分担或分受之。其给付本不可分而变为可分者亦同。

我国民法通则也对按份债权与按份债务作了规定。《民法通则》第86条规定，债权人为二人以上的，按照确定的份额分享权利。债权人为二人以上的，按照确定的份额分担义务。

◆ **条文解读**

本条第1款参考境外立法例，在总结我国立法和司法实践经验的基础上，对按份债权和按份债务的定义作了界定。依照本条第1款规定，按份债权和按份债务的标的都是可分的，标的不可分不能成立按份债权或者按份债务。当然标的可分的债权并不都是按份债权，标的可分的债务并不都是按份债务，标的可分的债权或者债务也可依照法律规定或者当事人约定成立连带债权或者连带债务。依照第1款规定，按份债权的债权人为二人以上，按照份额各自享有债权，每个债权人只能就自己的份额向债务人主张债权，不得超过自己份额行使债权。按份债务的债务人为二人以上，按照份额各自负担债务，每个债务人只就自己应当承担的份额向债权人履行债务，对超过自己份额的债务有权拒绝。由此可以看出，第1款对按份债权和按份债务的定义所作的界定，同时包含了按份债权和按份债务的内外部效力，即各债权人之间对内按照份额分享权利，对外按照各自份额行使权利；各债务人之间对内按照份额分担债务，对外按照各自份额履行债务。

本条第2款还对份额难以确定的情形作了规定。按份债权人的份额或者按份债务人的份额，法律有规定或者当事人有约定的，依照法律规定或者当事人约定。如果法律没有规定，当事人也没有约定或者约定不明确，难以确定按份债权人或者按份债务人的份额的，视为份额相同，每个债权人平均分享债权，每个债务人平均分担债务。

第五百一十八条 债权人为二人以上，部分或者全部债权人均可以请求债务人履行债务的，为连带债权；债务人为二人以上，债权人可以请求部分或者全部债务人履行全部债务的，为连带债务。

连带债权或者连带债务，由法律规定或者当事人约定。

◆ 条文主旨

本条是关于连带债权和连带债务定义的规定。

◆ 立法背景

连带之债是相对于按份之债而言的，与按份之债同属于复数主体债权债务。但相对于按份之债，连带之债的内外部关系更为复杂，境外民法典也普遍对连带之债作了重点规定。连带之债具体又分为连带债权与连带债务。连带债务设立的目的是最大限度地保障债权人的利益，每一个债务人对全部债务均负有履行义务，实际上相当于以全体债务人的全部财产担保债务履行。就连带债权而言，每一个债权人均可以请求债务人履行全部债务，这就会存在某一债权人受领全部给付后并没有按照内部份额返还其他债权人的情况，其他债权人的利益有受到损害的风险。由此可见，连带债权对债权人而言并不有利。实践中，连带债务比连带债权更为常见。境外立法例普遍更着重对连带债务予以规范，对连带债权的规范较为简略，但也必不可少。日本民法典曾没有关于连带债权的规范，仅规定了连带债务，2017 年修改民法典债法内容专门增加了一个分节规定连带债权。

我国民法通则也对连带债权和连带债务的内容作了规定。《民法通则》第 87 条规定，债权人或者债务人一方人数为二人以上的，依照法律的规定或者当事人的约定，享有连带权利的每个债权人，都有权要求债务人履行义务；负有连带义务的每个债务人，都负有清偿全部债务的义务。

◆ **条文解读**

本条第 1 款延续了民法通则的规定，对连带债权和连带债务的基本内涵作了界定。连带债权的债权人为二人以上，部分或者全部债权人均可以请求债务人履行债务。连带债务的债务人为二人以上，不管债务人之间的内部份额如何划分，债权人既可以请求全部债务人履行全部债务或者部分债务，也可以请求部分债务人履行全部债务或者部分债务。全部或者部分债务人履行一部分债务的，未履行的债务部分仍然是各债务人的连带债务，债权人有权请求全部债务人或者部分债务人履行。本条第 1 款对连带债权和连带债务基本内涵的规定，与境外大部分立法例的规定基本也是一致的。《德国民法典》第 421 条规定，二人以上的每一人都有义务履行全部给付，债权人只有权请求一次全部给付的，债权人可以随意向其中任何一个债务人请求全部给付或部分给付。在全部给付被履行之前，全体债务人仍负有义务。第 428 条规定，二人以上的每一人都有权请求全部给付，而债务人只有义务履行一次全部给付的，债务人可以随意向任何一个债权人履行给付。

即使债权人之一已提起给付之诉，亦同。《法国民法典》第 1311 条规定，连带债权之每一债权人均得请求并受领全部债权之清偿。债务人向连带债权人中之一人为清偿，则对所有债权人免其责任，而该受领清偿之债权人须令他债权人分受之。债务人若未被数债权人中之一人诉追，则其可清偿连带债权人中之任一人。第 1313 条规定，连带债务人中之任一人均负有清偿全部债务的义务。该数债务人中之一人为清偿，则他债务人均亦对债权人免其责任。债权人得依其选择而向连带债务人中之一人为清偿的请求。债权人对连带债务人中之一人提起诉讼，并不妨碍其对他债务人提起同样的诉讼。《日本民法典》第 432 条规定，债权标的于其性质上可分之情形，依法令之规定或者当事人之意思表示，数人连带享有债权时，各债权人得为全体债权人请求全部或者部分履行，债务人得为全体债权人对各债权人作出履行。第 436 条规定，债务标的于其性质上可分之情形，依法令之规定或者当事人之意思表示，数人连带地负担债务时，债权人得对连带债务人之一人，或者同时或者按顺序对全体连带债务人，请求全部或部分之履行。我国台湾地区“民法”第 272 条规定，数人负同一债务，明示对于债权人各负全部给付之责任者，为连带债务。第 283 条规定，数人依法律或法律行为，有同一债权，而各得向债务人为全部给付之请求者，为连带债权。

本条第 2 款对连带之债的成立作了规定。连带债务的成立对债权人相当有利，但对各债务人影响重大，对其成立有必要作严格的限制。因此本条第 2 款规定，连带债务由法律规定或者当事人约定。既没有法律规定，也没有当事人约定，不可成立连带债务。连带债权的各债权人共享同一债权，但可以由某一债权人单独行使该债权，这种情况也要有法律的明确规定或者当事人之间的特别约定。本条第 2 款对连带债权和连带债务成立的规定，与境外大部分立法例的规定基本也是一致的。《法国民法典》第1310条规定，连带之债可为法定，亦可为约定，连带之债不得推定之。《瑞士债务法》第143条规定，数个债务人声明各债务人都负有对债权人承担全部债务的义务的，即为承担连带债务；除上述情形外，连带债务只能由法律明确规定。依照《日本民法典》第432条和第436条的规定，成立连带债权或者连带债务，要依法令之规定或者当事人之意思表示。我国台湾地区“民法”第272条规定，数人负同一债务，明示对于债权人各负全部给付之责任者，为连带债务。无前项之明示时，连带债务之成立，以法律有规定者为限。第283条规定，数人依法律或法律行为，有同一债权，而各得向债务人为全部给付之请求者，为连带债权。

第五百一十九条　连带债务人之间的份额难以确定的，视为份额相同。

实际承担债务超过自己份额的连带债务人，有权就超出部分在其他连带债务人未履行的份额范围内向其追偿，并相应地享有债权人的权利，但是不得损害债权人的利益。其他连带债务人对债权人的抗辩，可以向该债务人主张。

被追偿的连带债务人不能履行其应分担份额的，其他连带债务人应当在相应范围内按比例分担。

◆ 条文主旨

本条是关于连带债务人之间份额确定以及追偿的规定。

◆ 立法背景

连带债务人之间的份额如何确定、实际承担债务的连带债务人如何向其他连带债务人追偿，都属于连带债务中的重要问题。境外民法典也普遍对此作了规定。本条立足中国国情，参考境外立法例，对此作了规定。

◆ **条文解读**

本条共分 3 款，其中第 1 款是关于连带债务人之间的份额确定的规定，第 2 款和第 3 款是关于连带债务人追偿权的规定。

一、关于连带债务人之间的份额确定

本条第 1 款是关于连带债务人之间份额确定的规定。债权人有权要求任一连带债务人履行全部债务，这是就各连带债务人与债权人之间的关系而言的。至于在连带债务人内部关系中如何确定各自应当承担的债务份额，有法律规定或者当事人约定的，按照法律规定或者当事人约定；如果既没有法律规定，也没有当事人约定，难以确定各连带债务人的债务份额的，依照本条第 1 款规定，视为份额相同，即由各连带债务人平均分担债务。该规定与境外立法例总体上也是一致的。《德国民法典》第 426 条规定，连带债务人在相互关系中，除另有规定外，应平均分担债务。《意大利民法典》第 1298 条规定，在内部关系中，连带之债由各个债务人或者各个债权人分担或分享，但是在仅为他们中的若干人的利益缔结协议的情况不在此限；如果没有不同情况，则每个人分担的部分被认为是均等的。《瑞士债务法》第 148 条规定，除非连带债务人另有约定，债务人应当平等承担对债权人的债务。我国台湾地区“民法”第 280 条规定，连带债务人相互间，除法律另有规定或契约另有订定外，应平均分担义务；但因债务人中之一人应单独负责之事由所致之损害及支付之费用，由该债务人负担。

二、关于连带债务人的追偿权

1. 追偿权的成立条件和范围

连带债务人的追偿权是指一个连带债务人因履行债务、抵销债务等使连带债务人对债权人的债务在一定范围内消灭的，该连带债务人享有向其他连带债务人追偿的权利。大陆法系国家和地区的民法典普遍规定了连带债务人的追偿权，但在连带债务人行使追偿权的条件设置方面，做法不一，其中差别比较大的就是连带债务人行使追偿权是否要以实际承担债务超过自己的债务份额为条件。主要有以下三种不同立法例：第一种立法例，规定连带债务人实际承担的债务须超过自己的债务份额，才能向其他连带债务人行使追偿权。例如，《法国民法典》第 1317 条规定，清偿超过自己分担部分的连带债务人得向其他连带债务人请求清偿其各自分担之部分。第二种立法例，连带债务人行使追偿权不需要以实际承担的债务超过自己的债务份额为条件，只要债务人以自己的财产使各连带债务人共同免责，不管数额多少，均可以向其他连带债务人追偿。日本民法典采用这种做法。2017 年日本民法典修改之前，对此规定还不太明确。修改前的《日本民法典》第 442 条规定，连带债务人之一作出清偿，及以自己之财产而得共同免责时，该连带债务人对其他连带债务人，就各自负担部分享有求偿权。2017 年修改后的日本民法典对此作了非常明确的规定，第 442 条规定，连带债务人之一人作出清偿，及以自己之财产而得共同免责时，该连带债务人，不论所得免责之金额超过自己负担部分与否，对其他连带债务人于为得免责而支出之财产金额内，享有各自负担部分相应数额之求偿权。第三种立法例，规定连带债务人须清偿全部债务，才能向其他连带债务人行使追偿权。例如《意大利民法典》第 1299 条规定，给付全部债务的连带债务人得就共同债务人各自的部分向他们追偿。

我国《民法通则》第 87 条对连带债务人的追偿权作了规定，即负有连带义务的每个债务人，都负有清偿全部债务的义务，履行了义务的人，有权要求其他负有连带义务的人偿付他应当承担的份额。民法典总则编第 178 条连带责任人的追偿权作了规定，即实际承担责任超过自己责任份额的连带责任人，有权向其他连带责任人追偿。

本条参考境外立法例，在总结我国立法和司法实践经验的基础上，对连带债务人追偿权的成立条件采用了上述第一种做法，即连带债务人实际承担的债务须超过自己的债务份额，才能向其他连带债务人行使追偿权，并且行使追偿权的范围限于实际承担债务超过自己份额的部分。连带债务人向债权人履行债务后，债权相应消灭，连带债务人与债权人之间的外部关系转化为该连带债务人与其他连带债务人之间的内部关系。连带债务在外部关系上表现为各债务人对债权人均负有全部清偿的义务，但在内部关系上表现为各债务人按照各自的份额分担债务。基于此，本条规定，该连带债务人就超出部分在其他连带债务人未履行的份额范围内行使追偿权，即只能主张其他连带债务人各自应当承担的债务份额内未履行的部分，而不是就该超出部分要求其他债务人承担连带债务。例如债权人甲对连带债务人乙、丙、丁享有 150 万元的债权，乙、丙、丁约定平均分担该笔债务，即就内部关系而言每人的债务份额为 50 万元。现乙向甲清偿了全部债务，乙就超过自己份额的部分即 100 万元有权向丙、丁追偿，就这 100 万元丙、丁并不对乙承担连带债务，而是每人只承担各自份额 50 万元，乙也无权要求丙或者丁各自承担超过 50 万元的债务部分。

2. 行使追偿权的连带债务人享有债权人的权利

一些国家或者地区的民法典在规定连带债务人追偿权的同时，还明确赋予该连带债务人在可向其他连带债务人追偿的范围内享有债权人对其他连带债务人的权利，以强化连带债务人追偿权的实现。例如《德国民法典》第426条规定，只要连带债务人中的一人已使债权人受清偿，并可以向其他债务人请求分担时，债权人对其他债务人的债权就转移给该债务人；主张该项转移不得使债权人受不利益。《瑞士债务法》第149条规定，享有追偿权的连带债务人，在其向债权人清偿的范围内，代为行使债权人的权利。我国台湾地区“民法”第281条规定，连带债务人作为求偿权人于求偿范围内，承受债权人之权利，但不得有害于债权人之利益。从民法典体例上说，有些立法例不是在连带债务制度中规定连带债务人享有债权人的权利，而是在统一的代位清偿制度中对连带债务人享有债权人的权利予以认可。例如，《意大利民法典》第1203条规定，为共同承担债务的人的利益而进行的给付，发生法律上的当然代位。《日本民法典》第499条规定，为债务人清偿之人，代位债权人。第501条进一步规定，代位债权人之人得行使作为债权之效力及担保而由其债权人享有之一切权利；该权利之行使限于代位债权人者基于自己之权利而得对债务人求偿之范围内。

本条参考境外立法例，赋予行使追偿权的连带债务人享有债权人的权利。依照第2款规定，连带债务人有权就超过部分在其他连带债务人未履行的份额范围内向其追偿，并相应地享有债权人的权利。连带债务人所享有的债权人的权利，比较典型的是债权所附的担保等从权利。连带债务人之一通过清偿债务使债权人对连带债务人的债权消灭的，由作出清偿的连带债务人在一定范围内取得原债权人的地位，取得原债权人所享有的担保权等权利。同时考虑到连带债务规则设立的目的主要是保护债权人，为了合理平衡债权人与享有追偿权的连带债务人之间的利益，本条还规定，实际承担债务的连带债务人享有债权人的权利，但是不得损害债权人的利益。举一例予以说明：某一债权人对连带债务人 A、B、C 享有 100 万元债权，连带债务人 A、B、C 内部约定了各自份额，A 承担 50 万元、B 承担 30 万元、C 承担 20 万元，D 还就自己的财产为债务人 B 就连带债务向债权人设定了抵押。现 A 向债权人清偿了 70 万元债务，B、C 未向债权人清偿。依照本条规定，A 不仅享有追偿权，还享有债权人的权利，即 A 就超过自己份额的部分即 20 万元有权向 B、C 追偿，同时还取得了债权人对 D 提供的抵押财产所享有的抵押权。但是，本案中债权人还有 30 万元未获清偿，依照本条规定，连带债务人享有债权人的权利不得损害债权人的利益，那么债权人就未获清偿的 30 万元债务对 D 提供的抵押财产所享有的抵押权，在顺位上要优先于 A 就抵押财产所取得的抵押权。

此外，为了合理平衡享有追偿权的连带债务人与其他连带债务人之间的利益，本条还规定，其他连带债务人对债权人的抗辩，可以向该债务人主张。比如，其他连带债务人对债权人的债权数额有异议的，本可以向债权人提出抗辩，现就可以向享有追偿权的连带债务人提出抗辩。又如，实际承担债务的连带债务人甲向其他连带债务人乙追偿，并行使债权人对连带债务人乙所享有的抵押权时，为债权人设定抵押的连带债务人乙认为抵押权未依法设立、已经变更或者消灭的，本可以向债权人提出抗辩，现就可以向进行追偿的连带债务人主张抗辩。

3. 特定情形下连带债务人之间的债务份额二次分担规则

实际承担债务超过自己份额的连带债务人在向其他连带债务人进行追偿时，只能要求其他连带债务人在各自未履行的份额范围内分担债务。如果其他连带债务人之一发生了破产等情形致使不能履行其应当分担的份额的，实际承担债务的连带债务人的追偿权就难以全部实现。对于这种情形，境外民法典普遍设立了连带债务人之间的债务份额二次分担规则。例如《法国民法典》第1317条规定，如连带债务人中之一人陷于无支付能力状态，则其分担额由其他有支付能力之连带债务人（包括已为清偿的债务人和享受连带债务免除的债务人）按照比例分担之。《意大利民法典》第1299条规定，给付全部债务的连带债务人得就共同债务人各自的部分向他们进行追偿。如果共同债务人中的一人无偿还能力，则由包括已经履行给付的人在内的其他共同债务人按照份额进行分担。《日本民法典》第444条规定，连带债务人中有无偿还资历者时，不能偿还部分，于求偿人及其他有资历者间，按各自负担部分分割负担。我国台湾地区"民法"第282条规定，连带债务人中之一人，不能偿还其分担额者，其不能偿还之部分，由求偿权人与他债务人按照比例分担之。

本条第3款参考境外立法例，基于公平考虑，规定被追偿的连带债务人不能履行其应分担份额的，其他连带债务人应当在相应范围内按比例分担。该规定中的"其他连带债务人"是指除不能履行其应分担份额的连带债务人之外的所有连带债务人，包括实际承担债务后行使追偿权的连带债务人。举例如下：连带债务人A、B、C、D对债权人E负200万元债务，连带债务人内部平均分担债务，即每个连带债务人的内部分担份额为50万元。A向E清偿了200万元债务，使连带债务人对债权人的债务全部消灭，A就自己实际承担的债务超出自己份额的部分即150万元享有向B、C、D的追偿权，B、C、D各自向A分担50万元。现B破产，A向B只追偿到20万元，B应分担的另外30万元份额已经不能履行。此时，依照本条规定，B不能履行的30万元份额，由A、C、D三个连带债务人按照比例（50∶50∶50）分担，每人分担10万元份额，即A就B不能履行的30万元债务，自己承担10万元，可以向C、D每人主张10万元。

第五百二十条 部分连带债务人履行、抵销债务或者提存标的物的，其他债务人对债权人的债务在相应范围内消灭；该债务人可以依据前条规定向其他债务人追偿。

部分连带债务人的债务被债权人免除的，在该连带债务人应当承担的份额范围内，其他债务人对债权人的债务消灭。

部分连带债务人的债务与债权人的债权同归于一人的，在扣除该债务人应当承担的份额后，债权人对其他债务人的债权继续存在。

债权人对部分连带债务人的给付受领迟延的，对其他连带债务人发生效力。

◆ 条文主旨

本条是关于部分连带债务人与债权人之间发生的事项对其他连带债务人的效力的规定。

◆ 立法背景

一个连带债务人与债权人之间发生的事项是否对其他连带债务人发生效力是连带债务中的基本问题。在理论上，如果一个连带债务人与债权人之间发生的事项对其他连带债务人也发生效力，被称为连带债务的绝对效力；如果一个连带债务人与债权人之间发生的事项仅对该连带债务人发生效力，不对其他连带债务人发生效力，被称为连带债务的相对效力。关于一个连带债务人与债权人之间发生的哪些事项具有绝对效力、哪些事项具有相对效力，世界上各个国家或者地区的立法存在一定差异，但总体上都认为，各个连带债务人对债权人所承担的债务具有相对独立性，一个连带债务人与债权人之间发生的事项原则上仅具有相对效力，只有在例外情形下才具有绝对效力。

◆ **条文解读**

本条参考境外立法例，立足中国国情和实际，对部分连带债务人与债权人之间可能发生的典型事项对其他债务人的效力问题作了规定。

一、关于履行、抵销债务或者提存

本条第1款是关于部分连带债务人履行、抵销债务或者提存标的物对其他连带债务人发生效力的规定。部分连带债务人向债权人履行债务，或者以债权人对自己所负债务与连带债务人对债权人所负债务相抵销，或者提存标的物，均可使债权人的债权全部或者部分得到满足，其他债务人对债权人的债务也就在相应范围内消灭。各个国家或者地区的民法典也普遍认可部分连带债务人履行、抵销债务或者提存具有绝对效力。例如，《德国民法典》第422条规定，连带债务人之一的履行，也为其他债务人的利益发生效力；代替履行的给付、提存和抵销，亦同。《法国民法典》第1313条规定，数连带债务人中之一人为清偿，则其他债务人均亦对债权人免其责任。《瑞士债务法》第147条规定，在其中一个债务人的给付或抵销的范围内，其他连带债务人被免除责任。《日本民法典》第439条规定，连带债务人之一人对债权人享有债权之情形，其连带债务人援用抵销时，债权为全体连带债务人之利益而消灭。依照我国台湾地区“民法”第274条规定，因连带债务人中之一人为清偿、代物清偿、提存、抵销而使债务消灭的，其他债务人亦同其免责。

二、关于免除债务

本条第 2 款是关于部分连带债务人的债务被债权人免除对其他债务人发生效力的规定。债权人向全体连带债务人表示免除连带债务的，自然发生连带债务消灭的效果，这种情形较为简单、明确，法律无需单独规定。但是，如果债权人仅免除部分连带债务人的债务，对其他债务人产生什么效力，法律有必要予以明确规定。从理论上，这种情形可能产生三种效力：一是相对效力，即债权人免除一个连带债务人的债务，仅产生债权人不向该连带债务人请求履行的效果，对其他债务人不生效力，债权人仍可向其他连带债务人请求履行全部债务。二是绝对效力，指债权人免除一个连带债务人的债务，其他债务人的债务也消灭。这种做法对其他债务人有利，但会违背债权人的意思，损害债权人利益。三是限制绝对效力，指债权人免除一个连带债务人的债务，只是在该连带债务人应当承担的内部份额范围内，其他债务人对债权人的债务消灭。限制绝对效力的做法兼顾了尊重债权人意愿与保护连带债务人利益两方面。境外立法例多是采用限制绝对效力的做法。例如，《意大利民法典》第 1301 条规定，有利于连带债务人之一人者的免除亦解除其他债务人的债务，但是债权人保留他对其他债务人权利的情况不在此限，在该情形下，如果未扣除其同意免除的债务人的部分，债权人不得向这些人主张债权。《瑞士债务法》第 147 条规定，一连带债务人被免除责任的，即使债权未完全受偿，在免除债务的性质和具体情况所确定的范围内，免除其他连带债务人的责任。我国台湾地区“民法”第 276 条规定，债权人向连带债务人之一人所进行的债务免除，只就该债务人负担部分，为其他债务人的利益亦发生效力。此外，一些国际示范法也以限制绝对效力为原则。《国际商事合同通则》第 11. 1. 6 条第 1 款规定，对一个连带债务人的债务免除，或与一个连带债务人达成和解，则解除所有其他债务人对该被免除或和解之债务人的债务份额，除非情况有相反的表示。《欧洲合同法原则》第10：108条第1款规定，债权人免除一个连带债务人的债务或与其达成清偿协议的，其他连带债务人相应减少该连带债务人所承担的份额。《欧洲民法典草案》第3－4：109条第1款规定，债权人免除某一连带债务人的债务或与某一连带债务人达成和解，其他债务人在该债务人的份额范围内免除责任。

本条参考境外立法例，对债权人免除部分连带债务人债务的法律效果采用了限制绝对效力的做法。根据本条规定，债权人免除其中一个或者部分连带债务人的债务的，债权人仍可向其他债务人请求履行，但是其他债务人承担的连带债务数额要扣除被免除的连带债务人应当承担的内部份额。例如，债权人对连带债务人甲、乙、丙享有100万元债权，就连带债务人内部而言，甲承担20万元、乙承担30万元、丙承担50万元。现债权人表示免除甲的债务。此时，债权人仍可向乙、丙主张债权，但是要扣除甲承担的份额20万元，即乙、丙对债权人只承担80万元连带债务。

三、关于混同

在发生混同时，即部分连带债务人的债务与债权人的债权同归于一人的，对其他债务人产生什么效力，在立法例上主要有三种做法：第一种是产生相对效力。德国民法典采用这种立法例。依照《德国民法典》第425条规定，混同仅产生相对效力，即一个连带债务人的债务与债权人的债权同归于一人的，混同后该连带债务人（债权人）仍可基于债权人的地位要求其他连带债务人履行全部连带债务。第二种是产生绝对效力。日本民法典、我国台湾地区“民法”采用这种立法例。《日本民法典》第440条规定，连带债务人之一人与债权人间存在混同时，其连带债务人视为已作出清偿。我国台湾地区“民法”第274条规定，因连带债务人之一混同而债务消灭者，他债务人亦同其免责。根据该立法例，混同发生后，连带债务消灭，其他连带债务人不再承担连带债务，发生混同的连带债务人可因清偿连带债务向其他连带债务人追偿。第三种是产生限制绝对效力。法国民法典采用这种立法例。《法国民法典》第1349－1条规定，当数个债务人之间有连带性，而混同仅涉及其中一人时，只于其一人应负担部分的范围内，解除其他连带人。依照该规定，混同后的债权人（连带债务人之一）仍可向其他连带债务人请求履行连带债务，但请求的范围要扣除发生混同的连带债务人的内部分担份额。此外，一些国际示范法也采取第三种做法。例如，《欧洲合同法原则》第10：107条第2款规定，一个连带债务人和债权人合并的，其他连带债务人仅仅减少该债务人所承担的份额。《欧洲示范民法典草案》第3－4：108条第2款规定，某连带债务人与债权人之间的债务发生混同的，在涉及该债务人的份额范围内，免除其他债务人的债务。

试举一例对以上3种立法例予以说明。债权人甲对连带债务人A、B、C享有债权300万元，A、B、C内部每人平均分担100万元债务，现A与甲发生混同。按照第一种立法例，混同对其他连带债务人产生相对效力，混同后甲（或者A）仍然可以债权人的地位向B、C请求履行连带债务300万元。假如B向甲（或者A）履行了300万元债务，那么B就可以再向A（或者甲）、C进行追偿，要求各承担100万元债务。这种立法例对发生混同的连带债务人（或者债权人）较为有利，但在处理程序上相对复杂，容易产生循环求偿的问题。按照第二种立法例，产生绝对效力，甲与A混同后，A、B、C对甲所负的连带债务300万元消灭。此时A（或者甲）再以使连带债务消灭的债务人的身份向B、C追偿，要求B、C各承担100万元债务。这种立法例对发生混同的债权人（或者连带债务人）较为不利，使其他债务人对债权人所负的连带债务变成了连带债务人之间进行追偿的按份债务，减弱了对债权实现的保障力度，降低了债权人的地位。按照第三种立法例，产生限制的绝对效力。甲与A混同后，扣除A所应当承担的内部份额100万元，B、C对甲（或者A）所负的连带债务数额变为200万元。这种立法例将问题作简化处理，避免了循环求偿问题，也有利于在债权人利益与连带债务人利益之间作合理平衡。

本条参考境外立法例，采取了限制绝对效力的做法。根据本款规定，部分连带债务人的债务与债权人的债权同归于一人的，混同后的债权人（或者发生混同的连带债务人）仍然可以以债权人的地位，向其他连带债务人请求承担连带债务，但是连带债务的数额要扣除发生混同的连带债务人应当承担的内部份额。

四、关于债权人迟延受领

债权人受领迟延指债权人无正当理由对于债务人的给付未及时受领。债权人迟延受领的，会产生一定的法律效果。例如，依照合同编第589条规定，债权人迟延受领的，债务人可以请求债权人赔偿增加的费用。在债权人受领迟延期间，债务人无须支付利息。依照合同编第605条规定，因买受人的原因致使标的物未按照约定的期限交付的，买受人应当自违反约定时起承担标的物毁损、灭失的风险。对于连带债务，债权人对部分连带债务人的给付受领迟延的，对其他债务人产生什么效力呢？境外立法例多规定这种情况下产生绝对效力，即债权人受领迟延对其他债务人也发生效力。例如，《德国民法典》第424条规定，债权人对连带债务人之一的迟延，也为其他债务人的利益发生效力。我国台湾地区“民法”第278条规定，债权人对于连带债务人中之一人有迟延时，为他债务人之利益，亦生效力。

本条第4款参考境外立法例，规定债权人对部分连带债务人的给付受领迟延的，对其他连带债务人发生效力。例如，对于债权人受领迟延期间的利息，做出给付行为的连带债务人有权拒绝，其他连带债务人根据本款规定也有权拒绝。

第五百二十一条 连带债权人之间的份额难以确定的，视为份额相同。

实际受领债权的连带债权人，应当按比例向其他连带债权人返还。

连带债权参照适用本章连带债务的有关规定。

◆ 条文主旨

本条是关于连带债权内外部关系的规定。

◆ 立法背景

连带债权人之间的份额如何确定，实际受领债权的连带债权人如何向其他连带债权人返还，部分连带债权人与债务人之间发生的事项对其他连带债权人产生什么样的效力等，都属于连带债权中的重要问题，本条立足中国国情，参考境外立法例，对此作了规定。

◆ 条文解读

本条第 1 款是关于连带债权人之间份额确定的规定。在连带债权内部关系中，如何确定各连带债权人的份额，有法律规定或者当事人约定的，按照法律规定或者当事人约定；如果既没有法律规定，也没有当事人约定，难以确定各连带债权人的份额的，依照本条第 1 款规定，视为份额相同，即由各连带债权人平均分享债权。境外一些立法例规定与此相似。比如，《德国民法典》第 430 条规定，以不另有规定为限，连带债权人在相互关系中按等份享有权利。我国台湾地区“民法”第 271 条规定，连带债权人相互间，除法律另有规定或契约另有订定外，应平均分受其利益。

本条第 2 款是关于实际接受给付的连带债权人向其他连带债权人进行返还的规定。依照本款规定，实际受领债权的连带债权人应当向其他连带债权人返还，返还的数额按照连带债权人的份额比例计算。在合同编制定过程中，本款规定经历了一个变化的过程。合同编草案一审稿至三审稿对此均规定，实际受领超过自己份额的连带债权人，应当按比例向其他连带债权人返还。对此，有的意见提出，连带债权人只有在实际受领超过自己份额时，才向其他连带债权人返还，对其他连带债权人是不公平的，例如连带债权人甲、乙、丙对债务人享有 300 万元连带债权，按照连带债权人甲、乙、丙内部份额比例 5∶2∶3，甲的债权份额为 150 万元。如果债务人发生破产，作为连带债权人之一的甲对债务人主张债权，只取得了 100 万元债权，按照合同编草案一审稿至三审稿的规定，因为甲实际受领的债权额（100 万元）没有超过自己的份额（150 万元），则甲无须向同为连带债权人的乙、丙返还，而债务人已经破产，乙、丙已无法从债务人处取得债权，这样的结果对乙、丙是不公平的。经研究，为了合理平衡连带债权人之间的利益，合同编对此作了进一步修改，规定实际受领债权的连带债权人，不管受领债权的数额多少，不管实际受领是否超过自己的份额，都应当按照比例向其他连带债权人返还。还是上面的例子，按照合同编最终规定，实际受领 100 万元债权的甲，即使受领数额没有超过自己的份额 150 万元，也应当按照比例 5∶2∶3 向连带债权人乙、丙返还，即向乙返还 20 万元，向丙返还 30 万元。

本条第 3 款是关于连带债权参照适用连带债务的规定。本款的“参照适用”主要是就外部关系而言，就部分连带债权人与债务人之间发生的事项对其他连带债权人产生的效力，参照适用合同编第 520 条的规定。例如，就债务人向部分连带债权人履行、抵销债务或者提存标的物对其他连带债权人产生什么效力呢？对此，参照适用合同编第 520 条第 1 款规定，可以得出这样的法律效果，即债务人向部分连带债权人履行债务、债务人将自己对连带债权人所负债务与部分连带债权人对自己所负债务相抵销或者债务人依法提存标的物，均可使连带债权全部或者部分得到满足，其他连带债权人对债务人的债权在相应范围内消灭。各个国家或者地区的民法典普遍认可债务人向部分连带债权人履行、抵销、提存具有绝对效力，即对其他连带债权人也产生效力。例如，依照《德国民法典》第 429 条规定，连带债权准用第 422 条关于连带债务的履行产生绝对效力的规定。《日本民法典》第 434 条规定，债务人对连带债权人之一人享有债权之情形，其债务人援用抵销时，其抵销对其他连带债权人亦生其效力。依照我国台湾地区“民法”第 286 条规定，因连带债权人中之一人，已受领清偿、代物清偿、或经提存、抵销而债权消灭者，他债权人之权利，亦同消减。

第五百二十二条 当事人约定由债务人向第三人履行债务，债务人未向第三人履行债务或者履行债务不符合约定的，应当向债权人承担违约责任。

法律规定或者当事人约定第三人可以直接请求债务人向其履行债务，第三人未在合理期限内明确拒绝，债务人未向第三人履行债务或者履行债务不符合约定的，第三人可以请求债务人承担违约责任；债务人对债权人的抗辩，可以向第三人主张。

◆ 条文主旨

本条是关于利益第三人合同的规定。

◆ 立法背景

为了适应复杂的交易实践需求，现代民法对涉他合同予以认可。涉他合同，又称为涉及第三人的合同，包括利益第三人合同和由第三人履行的合同。本条规定的是利益第三人合同，本编第523条规定的是由第三人履行的合同。本条第1款是关于不真正利益第三人合同的规定，该规定延续了《合同法》第64条的规定，未作修改。依照该规定，当事人约定由债务人向第三人履行债务的，债务人未向第三人履行债务或者履行债务不符合约定的，债务人应当向债权人承担违约责任。但对于第三人是否对债务人享有履行请求权，理论上存在着一定的争议。一种观点认为，《合同法》第64条是将向第三人履行作为债务履行的一种方式，合同的效力仍然限制在合同当事人之间。另一种观点则从比较法和有利于实践适用的角度认为，《合同法》第64条肯定了第三人对债务人的履行请求权。

◆ 条文解读

实践中涉及第三人利益的合同不断增多，为了更好实现合同缔结方意愿，加强对第三人利益的保护，本条参考境外立法例，在保留《合同法》第64条作为本条第1款的基础上，增加规定了第2款，明确了第三人对债务人的履行请求权。这对于满足实践需求和消除理解分歧都具有重要意义。我们可以将本条第1款称为不真正利益第三人合同，将第2款称为真正的利益第三人合同。不真正的利益第三人合同与真正的利益第三人合同的重要区别就是，真正的利益第三人合同的第三人取得对债务人的履行请求权，而不真正的利益第三人合同的第三人仅可以接受债务人的履行，不享有对债务人的履行请求权。

一、不真正的利益第三人合同

本条第 1 款是关于不真正的利益第三人合同的规定。本款规定坚守了合同相对性原则。所谓合同相对性原则是指合同项下的权利与义务只由合同当事人享有或者承担，合同仅对当事人具有法律约束力，对合同当事人之外的第三人不具有法律约束力。合同相对性原则在整个合同制度中具有重要的基础地位，本编第 465 条第 2 款对合同相对性原则作了规定，即依法成立的合同，仅对当事人具有法律约束力，但是法律另有规定的除外。对于本款规定的不真正的利益第三人合同，由债务人向第三人履行债务，是债权人与债务人之间所作的约定，该约定不对第三人产生法律约束力。第三人不享有请求债务人履行的权利，履行请求权仍然属于作为合同当事人的债权人。债务人未向第三人履行债务或者履行债务不符合约定的，债务人应当向债权人承担违约责任，而不是向第三人承担违约责任。第三人没有享受到预期利益的，第三人可以依据其与债权人之间的约定等另作处理。

二、关于真正的利益第三人合同

本条第 2 款是关于真正的利益第三人合同的规定。境外立法例规定的利益第三人合同即是指真正的利益第三人合同，在该类合同中，第三人取得了对债务人的履行请求权。《德国民法典》第 328 条第 1 款规定，可以以合同约定向第三人履行给付，并具有使该第三人直接取得请求给付的权利的效力。《法国民法典》第 1205 条规定，可为他人利益而缔约；一方缔约人可使另一方缔约人（允诺人）承诺完成一项为第三人利益的给付。第 1206 条规定，自为他人利益的合同订立起，第三人对允诺人的给付享有直接的权利。《日本民法典》第 537 条规定，依合同约定一方当事人对第三人作出某种给付时，其第三人对债务人享有直接请求其给付之权利。我国台湾地区“民法”第269条规定，以契约订定向第三人为给付者，要约人得请求债务人向第三人为给付，其第三人对于债务人，亦有直接请求给付之权。一些国际示范法对此也作了规定，例如《欧洲合同法原则》第6：110条规定，第三人可以请求合同债务之履行，如果它如此行为之权利已在允诺人与受诺人之间明确地达成协议，或者如果此种协议能够从合同的目的或者案件的具体情势中推断出来。

境外各立法例虽然对真正的利益第三人合同要件的表述不同，但均要求第三人取得履行请求权要有合同当事人双方为第三人设定利益的约定。本条第2款参考境外立法例，对真正利益第三人合同的中第三人取得履行请求权的条件及相关法律效果作了规定。

1. 第三人取得履行请求权的条件

首先，第三人取得履行请求权要有法律规定或者当事人约定。依照本条规定，只有在法律规定或者当事人约定第三人可以直接请求债务人向其履行债务的，才构成真正的利益第三人合同，第三人才能取得履行请求权。根据合同相对性原则，合同项下的权利与义务只由合同当事人享有或者承担，履行请求权只归债权人享有。而真正的利益第三人合同赋予合同当事人之外的第三人履行请求权，这是对合同相对性原则的突破，自应当严格掌握，要以有法律规定或者当事人约定为前提。有的法律对特定的合同直接赋予第三人履行请求权，例如依据保险法的规定，对于投保人与保险人订立的保险合同，被保险人或者受益人即使不是投保人，在保险事故发生后，也享有向保险人请求赔偿或者给付保险金的权利。除了法律规定，更多情形下的真正的利益第三人合同是合同当事人双方以合意的形式赋予第三人履行请求权。本条规定以当事人约定的方式设立真正的利益第三人合同，赋予第三人履行请求权，体现了民法的自愿原则，是对当事人双方意愿的尊重。

真正的利益第三人合同结构是基本合同加第三人约款。在第三人约款中，债权人与债务人特别约定，债务由债务人向第三人履行，第三人可以直接请求债务人向其履行。如果合同当事人仅是约定由债务人向第三人履行债务，没有赋予第三人履行请求权的，不属于本款规定的真正的利益第三人合同，可以按照本条第 1 款规定的不真正利益第三人合同处理。举例如下，发货人用货车将一批货物发送给第三人，发货人与运输公司订立的货运合同为基本合同，运输公司将货物运至第三人、第三人享有履行请求权为第三人约款。运输公司之所以将货物运至第三人，是因为发货人支付了运费。发货人使运输公司将货物运至第三人，多是因发货人与第三人有对价关系，例如发货人与第三人订立了买卖合同，发货人从第三人处取得了货物对价。

其次，利益第三人合同是为第三人的利益而设置，按照民法的自愿原则，即使是为他人赋予利益，他人也有权拒绝。因此，本条对利益第三人合同还规定了第三人的拒绝权，第三人在合理期限内可以拒绝，未在合理期限内明确拒绝的，第三人就取得了直接请求债务人履行的权利，可以直接请求债务人向其履行。

2. 真正利益第三人合同的法律效果

债务人未向第三人履行债务或者履行债务不符合约定的，第三人可以请求债务人承担继续履行、赔偿损失等违约责任。一般认为，第三人对债务人虽取得履行请求权，但由于其不是合同当事人，合同本身的权利，如解除权、撤销权等，第三人不得行使。

3. 债务人的抗辩

债务人基于债务人地位对债权人所享有的抗辩，不应因向第三人履行而受到影响。因此，本条规定，债务人对债权人的抗辩，可以向第三人主张。境外立法例对此也有相关规定。例如，《日本民法典》第 539 条规定，债务人得以基于债权人与债务人之间的基本合同之抗辩，对抗受其合同利益之第三人。我国台湾地区“民法”第 270 条规定，债务人得以由契约所生之一切抗辩，对抗受益之第三人。

第五百二十三条 当事人约定由第三人向债权人履行债务，第三人不履行债务或者履行债务不符合约定的，债务人应当向债权人承担违约责任。

◆ **条文主旨**

本条是关于由第三人履行合同的规定。

◆ **立法背景**

由第三人履行的合同，又称第三人负担的合同，指双方当事人约定债务由第三人履行的合同。例如，甲乙约定，甲欠乙的钱由丙偿付，即是由第三人履行的合同；再如，某一产品的经销商与买受人订立买卖合同，双方约定由该产品的生产商直接向买受人交付产品，也属于比较典型的由第三人履行的合同。实践中，第三人之所以向债权人履行债务，多是因为债务人与第三人之间存在着其他法律关系，例如第三人对债务人负有债务，第三人与债务人对此进行约定，第三人向债权人履行即可消灭第三人对债务人所负的债务等。由第三人履行的合同，往往具有减少交易环节，提高交易效率的功能。境外一些立法例也对由第三人履行的合同作了明文规定。例如，我国台湾地区“民法”第 268 条规定，契约当事人之一方，约定由第三人对于他方为给付者，于第三人不为给付时，应负损害赔偿责任。

◆ **条文解读**

本条根据实践需求，参考相关立法例，对由第三人履行的合同作了规定。根据本条规定，由第三人履行的合同，具有以下几个特点：

一是合同是在债权人与债务人之间订立，以债权人、债务人为合同双方当事人，第三人不是合同当事人。第三人向债权人履行债务的原因，可能基于第三人与债务人之间存在的法律关系（例如，第三人与债务人存在交易、委托等合同关系），也可能基于非法律关系（例如，第三人基于与债务人之间的情谊，自愿向债权人履行债务）等。第三人向债权人履行债务是基于什么原因，不属于由第三人履行合同的问题，不影响由第三人履行合同的成立和生效。

二是合同标的是第三人向债权人的履行行为。由第三人履行的合同，不是由债务人直接向债权人履行债务，而是由第三人向债权人履行债务。根据合同相对性原则，合同仅对合同当事人产生法律约束力。对于由第三人履行的合同，虽然合同债权人与债务人约定由第三人向债权人履行债务，但是由于第三人不是合同当事人，合同对该第三人并没有法律约束力。第三人不向债权人履行债务的，可能会向债务人承担责任，但这是基于债务人与第三人的约定，而不是基于由第三人履行的合同。

三是第三人不履行债务的违约责任，由债务人承担，而不是由第三人承担。债务人是合同当事人，而不是第三人的代理人。第三人不履行债务或者履行债务不符合约定的，由债务人向债权人承担违约责任。

由第三人履行的合同与保证合同具有一定的相似性，都是基于他人不履行债务的行为而承担一定的责任。由第三人履行合同的债务人因第三人不履行债务的行为承担责任，保证合同的保证人可因主债务人不履行债务而承担责任。但二者存在着本质上的不同。保证合同是主债权债务的从合同，一般保证的保证人享有先诉抗辩权，在就债务人的财产依法强制执行仍不能履行债务前，有权拒绝承担保证责任；连带责任的保证人和债务人对债务承担连带责任。而由第三人履行的合同，是一种独立的合同，债务人对于第三人不向债权人履行债务的行为，独立向债权人承担违约责任；第三人不是债务人，其只实施履行行为，不对债权人承担违约责任。

此外，对于本条规定的由第三人履行的合同，还需要注意的是，由第三人履行的合同没有突破合同相对性，不解决债权人是否具有直接请求第三人履行的问题。债权人是否享有直接请求第三人履行的权利，属于真正利益第三人合同的范畴，要看债务人与第三人之间是否订有以债权人为受益人的真正利益第三人合同。例如，某一产品的经销商甲与买受人乙订立买卖合同，甲乙之间约定由该产品的生产商丙直接向买受人乙交付产品，甲乙之间的该约定属于由第三人（丙）履行的合同，乙不能依据由第三人履行的合同请求丙直接向其履行。但同时，经销商甲又与生产商丙订立了真正利益第三人合同，约定买受人乙可以直接请求丙向其履行的，乙取得了直接请求丙向其履行的权利，丙不履行或者履行不符合约定的，乙可以依法要求丙承担违约责任。

第五百二十四条 债务人不履行债务，第三人对履行该债务具有合法利益的，第三人有权向债权人代为履行；但是，根据债务性质、按照当事人约定或者依照法律规定只能由债务人履行的除外。

债权人接受第三人履行后，其对债务人的债权转让给第三人，但是债务人和第三人另有约定的除外。

◆ 条文主旨

本条是关于具有合法利益的第三人代为履行的规定。

◆ 立法背景

债具有相对性，债务本应由债务人履行，但实践中基于各种原因，第三人履行债务的情况也比较多见。第三人履行债务，有的出于债权人与债务人的事先约定，有的基于其他原因。境外民法典普遍对第三人履行债务及其法律效果作了专门规定。《法国民法典》第 1346 条规定，于法律有规定之情形，基于某一正当利益而进行清偿之人，自其清偿使得最终应当承担债务之人向其债权人的债务全部或部分消灭之时起，取得代位权。《德国民法典》第 267 条规定，债务人无须亲自给付的，第三人也可以履行给付，债务人的允许是不必要的。债务人提出异议的，债权人可以拒绝接受该项给付。第 268 条第 1 款规定，债权人对属于债务人的标的实施强制执行的，因强制执行而有失去该标的上的权利之危险的任何人，均有权使债权人受清偿。物的占有人因强制执行而有失去占有之危险的，享有同一权利。第 3 款规定，第三人使债权人受清偿的，债权转移给该第三人。不得使债权人受不利益而主张该项转移。《日本民法典》第 474 条第 1 款规定，债务之清偿，第三人亦得作出。第 2 款规定，非就清偿享有正当利益之第三人，不得违反债务人之意思作出清偿，但债权人不知违反债务人之意思时，不在此限。第 3 款规定，前款规定之第三人，不得违反债权人之意思而作出清偿，但该第三人受债务人之委托而作出清偿之情形，债权人已知此事时，不在此限。第 4 款规定，其债务性质不许第三人清偿时，或当事人作出禁止或者限制第三人清偿内容之意思表示时，不适用前三款规定。就第三人清偿的法律效果，《日本民法典》第 499 条规定，为债务人清偿之人，代位债权人。

第 501 条规定，代位债权人之人得行使作为债权之效力及担保而由其债权人享有之一切权利。我国台湾地区“民法”第 311 条第 1 款规定，债之清偿，得由第三人为之。但当事人另有订定或依债之性质不得由第三人清偿者，不在此限。第 2 款规定，第三人之清偿，债务人有异议时，债权人得拒绝其清偿。但第三人就债之履行有利害关系者，债权人不得拒绝。第 312 条规定，就债之履行有利害关系之第三人为清偿者，于其清偿之限度内承受债权人之权利，但不得有害于债权人之利益。

第三人履行债务及其法律效果属于债法的一般性规则内容。从境外立法例来看，第三人履行债务大体上可以分为两种情况：就债务履行有合法利益的第三人（法国民法典、日本民法典称之为“有正当利益”、我国台湾地区“民法”称之为“有利害关系”）和非就债务履行有合法利益的第三人。总体上，非就债务履行有合法利益的第三人履行债务，不得违反债务人的意思和债权人的意思，这也是由债的相对性原则所决定的。在法律效果上，境外立法例一般都认可就债务履行有合法利益的第三人代为履行后，债权人的债权即移转至该第三人。

我国民法典不设债法总则，为了使合同编通则发挥债法总则的作用，有必要补充债法的一般性规则。本条参考境外立法例，就第三人对履行该债务具有合法利益而履行债务及其法律效果作了规定。

◆ 条文解读

为了保护就债务履行有合法利益的第三人，本条规定打破了债的相对性，赋予该第三人代为履行的权利。该第三人代为履行债务，不需要考虑是否违反债务人的意思，债权人也不得拒绝。何谓“对债务履行具有合法利益的第三人”，本条未作具体规定，需要根据实践情况的需要和发展进行判断并归纳总结。考虑到本条就对债务履行具有合法利益的第三人履行债务后的法律效果规定为法定的债权移转，对第三人的利益保护较强，在具体认定是否属于“对债务履行具有合法利益的第三人”时，也要注意考量各方利益的平衡问题。举例来说，本条规定可能适用于租赁合同的转租情形。合同编第 719 条的规定可以视为本条第三人代为履行制度的一个具体体现。承租人拖欠租金的，次承租人具有稳定租赁关系、继续占有和使用租赁物的需要，属于对支付租金具有合法利益的第三人，享有代承租人向出租人支付租金的权利，可以代承租人支付其欠付的租金和违约金。同时为了合理平衡出租人和次承租人的利益，第 719 条还作了但书规定，即如果转租合同对出租人不具有法律约束力，那么次承租人就不属于“对债务履行具有合法利益的第三人”，次承租人代为支付租金的，出租人有权拒绝。

当然，具有合法利益的第三人并不是在所有情况下都享有代为履行的权利，本条对此作了除外规定，即根据债务性质、按照当事人约定或者依照法律规定只能由债务人履行的，则第三人即使具有合法利益，也不能代为履行。何谓“根据债务性质”，要根据具体情况进行判断。例如，对于育儿保姆提供的劳务，一般来说就属于根据债务性质只能由债务人履行的情况，第三人不得代为履行。此外，自愿原则是民法的基本原则，如果债权人与债务人特别约定只能由债务人履行的，应当尊重该特别规定，排除第三人的履行。法律对此作出特别规定的，依照法律规定。

本条第 2 款对有合法利益的第三人代为履行的法律效果作了规定，将其作为一种法定的债权移转。有合法利益的第三人代为履行后，债权人的债权得以实现，债权人与债务人之间的债权债务关系终止。对于第三人与债务人之间的关系，根据本条规定，债权人接受第三人履行后，其对债务人的债权转让给第三人。

第五百二十五条　当事人互负债务，没有先后履行顺序的，应当同时履行。一方在对方履行之前有权拒绝其履行请求。一方在对方履行债务不符合约定时，有权拒绝其相应的履行请求。

◆ **条文主旨**

本条是关于同时履行抗辩权的规定。

◆ **立法背景**

同时履行抗辩权是指在没有先后履行顺序的双务合同中，一方当事人在对方当事人未为履行或者履行不符合约定的情况下，享有拒绝对待给付的权利。同时履行抗辩权针对的是当事人互负债务，但是没有先后履行顺序的情况。从公平角度考虑，在这种情况下当事人应当同时履行，当事人可以行使同时履行抗辩权对抗对方当事人的履行请求权。同时履行抗辩权制度并非追求双方当事人债务的同时履行，并不是非要促成当事人按照“一手交钱、一手交货”的简单交易方式履行债务。同时履行抗辩权是一种防御性权利，从制度设计上来说，“防御”不是目的，目的在于打破僵局，促使债务履行。

境外很多民法典规定了同时履行抗辩权制度。例如，《德国民法典》第 320 条规定，因双务合同而负有义务的人，在另一方当事人履行对待给付之前，可以拒绝履行自己的给付，但自己负有先行给付义务的除外；给付须向二人以上履行的，可以向各人拒绝履行其所应得的那部分给付，直到全部对待给付被履行时为止。《意大利民法典》第 1460 条规定，在附有对应给付的契约中，缔约的任何一方在他方不履行或者不同时履行自己义务的情况下，得拒绝履行其义务，但是当事人确定不同履行期间或者依契约性质有不同履行期间的情况除外，然而在拒绝履行将违背诚实信用原则的情况下不得拒绝履行。《日本民法典》第533条规定，双务合同当事人之一方，于相对人提供其债务履行（含代替债务履行之损害赔偿债务之履行）之前，得拒绝履行自己之债务，但相对人之债务未届清偿期时，不在此限。我国台湾地区“民法”第264条规定，因契约互负债务者，于他方当事人未为对待给付前，得拒绝自己之给付，但自己有先为给付之义务者，不在此限。他方当事人已为部分之给付时，依其情形，如拒绝自己之给付有违背诚实及信用方法者，不得拒绝自己之给付。

一些国际示范法也采用了这种制度设计。例如，《国际商事合同通则》第7.1.3条规定，当事人各方应同时履行合同义务的，任何一方当事人可在另一方当事人提供履行前拒绝履行。《欧洲合同法原则》第9：201条规定，与对方当事人同时或者在其后履行的一方当事人可以中止履行直到对方提出了履行或者已经履行。第一方当事人可以中止其全部的履行，也可以中止于具体情势中合乎情理的部分的履行。《欧洲示范民法典草案》第3-2：104条规定，对待债务的履行顺序不能依有关债务的规定进行确定的，在债务可以同时履行的情况下，当事人应当同时履行债务，但具体情况另有明确的除外。第3-3：401条规定，债权人应当在债务人履行之时或之后履行对待债务的，在债务人已经开始履行或已经履行完毕之前可以拒绝对待债务的履行请求。

◆ **条文解读**

本条参考境外立法例，对同时履行抗辩权的成立要件和效力作了规定。

一、关于同时履行抗辩权的成立要件

根据本条规定，同时履行抗辩权的成立，要具备以下几个要件：

一是须基于同一双务合同互负债务，在履行上存在关联性。例如，买卖合同中，卖方负有交付货物的义务，买方负有交付货款的义务。租赁合同中，出租人负有提供租赁物的义务，承租人负有交付租金的义务。单务合同仅一方负有债务，另一方享有权利，自然不适用同时履行抗辩权。

二是当事人的债务没有先后履行顺序。如果当事人互负债务，但是依照当事人约定等能够确定先后履行顺序的，自无同时履行抗辩权的适用余地，可能会适用的是后履行抗辩权和不安抗辩权制度。

三是须双方所负的债务均已届履行期。如果一方当事人的债务尚未到期，在对方当事人请求履行时，该当事人可以主张债务履行期尚未届至的抗辩，无需适用同时履行抗辩权制度。

四是对方当事人未履行自己所负的债务或者履行债务不符合约定仍然提出履行请求。履行债务不符合约定的情况，包括部分履行、瑕疵履行等。例如，1 万吨大米的买卖合同，卖方交付了 8000 吨大米，尚缺 2000 吨，抑或卖方交付的 1 万吨大米的质量不符合约定，但卖方仍然要求买方支付全部货款。再如，房屋租赁合同的出租人提供的房屋，存在屋顶漏水等严重问题，仍然请求承租人支付全部租金。

二、关于同时履行抗辩权的效力

对于同时履行抗辩权的效力，本条规定，对于对方不履行债务的，当事人在对方履行之前有权拒绝其履行请求。对于对方履行债务不符合约定的，当事人有权拒绝其相应的履行请求。例如，前面举的例子，1 万吨大米的买卖合同，卖方交付了 8000 吨大米，尚缺2000吨，买方可以只支付8000吨大米的货款，有权拒绝支付尚缺的2000吨大米的货款。

同时履行抗辩权属延期的抗辩权，只是暂时阻止对方当事人请求权的行使，而非永久的抗辩权。对方当事人完全履行了合同义务，同时履行抗辩权消灭，当事人应当履行自己的义务。当事人行使同时履行抗辩权致使合同迟延履行的，该当事人不承担违约责任。

第五百二十六条 当事人互负债务，有先后履行顺序，应当先履行债务一方未履行的，后履行一方有权拒绝其履行请求。先履行一方履行债务不符合约定的，后履行一方有权拒绝其相应的履行请求。

◆ 条文主旨

本条是关于后履行抗辩权的规定。

◆ 立法背景

后履行抗辩权，是指在双务合同中应当先履行的一方当事人未履行或者履行债务不符合约定的，后履行的一方当事人享有拒绝对方履行请求或者拒绝对方相应履行请求的权利。合同法制定过程中，就对是否规定后履行抗辩权存在不同意见。有的意见认为应当规定后履行抗辩权，因我国司法实践中存在一方当事人因应该先履行的另一方当事人不履行而没有履行，被法院认为属于违约的情况。也有的意见认为，后履行抗辩权可以包括在同时履行抗辩权的制度范畴内。还有的意见认为，后履行抗辩权与同时履行抗辩权可以细分出来，可以有针对性地规定。合同法最终参考《国际商事合同通则》，在规定了同时履行抗辩权的同时，又规定了后履行抗辩权。《国际商事合同通则》第 7.1.3 条第 1 款规定："当事人各方应同时履行合同义务的，任何一方当事人可在另一方当事人提供履行前拒绝履行。"第 2 款规定："凡当事人各方应相继履行合同义务的，后履行的一方当事人可在应先行履行的一方当事人完成履行之前拒绝履行。"在民法典制定过程中，也有的意见认为，大陆法系传统民法有同时履行抗辩权和不安抗辩权，没有后履行抗辩权。后履行抗辩权制度没有单独规定的必要。也有的意见认为，同时履行抗辩权和后履行抗辩权二者合在一起，大致相当于德国等一些民法典的不履行合同抗辩权制度，但既然合同法选择了同时履行抗辩权和后履行抗辩权分开的模式，并且也已被司法实践广为接受，没有必要再作大的修改而删除后履行抗辩权制度。经研究，合同编对此未作改动，仍然保留后履行抗辩权制度。

◆ **条文解读**

本条对后履行抗辩权的成立要件及效力作了规定。

一、关于后履行抗辩权的成立要件

依照本条规定，后履行抗辩权的成立，需具备以下要件：

一是需基于同一双务合同。双方当事人因同一合同互负债务，在履行上存在关联性。后履行抗辩权不适用于单务合同。

二是当事人的债务有先后履行顺序。当事人互负债务，并且能够确定先后履行顺序。这种履行顺序的确立，或依法律规定，或按当事人约定，或按交易习惯。一些法律对双务合同的履行顺序作了规定。当事人在双务合同中也可以约定履行顺序，谁先履行，谁后履行。在法律未有规定、合同未有约定的情况下，双务合同的履行顺序可依交易习惯确立。例如，在饭馆用餐，先吃饭后交钱。旅店住宿，先住宿后结账。乘飞机、火车，先购票，后乘坐。合同也可采用其他一些方法确立谁先履行。例如，在一项买卖合同中，谁也不愿先履行，卖方不愿先交货，怕买方收货不交钱。在这种情况下，当事人可以约定由银行协助双方履行，买方先将货款打入银行，由银行监管此款，卖方即行发货，买方验收后，银行将款项拨付给卖方。合同按此顺序履行。

三是应当先履行的当事人不履行债务或者履行债务不符合约定。例如，对于应先交付租赁物再付租金的租赁合同，出租方不按时交付租赁物或者交付的租赁物不符合约定。再如，对于先供货再付款的买卖合同，供货方不交付商品或者交付的商品不符合约定。

四是后履行一方当事人的债务已届履行期。如果后履行一方当事人的债务尚未到期，在对方当事人请求履行时，后履行一方当事人可以主张债务履行期尚未届至的抗辩，无需适用后履行抗辩权制度。

符合上述条件，后履行的一方当事人可以行使后履行抗辩权，对抗应先履行债务的对方当事人的履行请求。应先履行合同债务的当事人不能行使后履行抗辩权。

二、关于后履行抗辩权的效力

后履行抗辩权属延期的抗辩权，只是暂时阻止对方当事人请求权的行使，而非永久的抗辩权。对方当事人履行了合同义务，后履行抗辩权消灭，当事人应当履行自己的义务。后履行一方当事人行使后履行抗辩权致使合同迟延履行的，该当事人不承担违约责任，迟延履行的责任由对方承担。后履行一方当事人行使后履行抗辩权，不影响追究应当先履行一方当事人的违约责任。

第五百二十七条 应当先履行债务的当事人，有确切证据证明对方有下列情形之一的，可以中止履行：

（一）经营状况严重恶化；

（二）转移财产、抽逃资金，以逃避债务；

（三）丧失商业信誉；

（四）有丧失或者可能丧失履行债务能力的其他情形。

当事人没有确切证据中止履行的，应当承担违约责任。

◆ **条文主旨**

本条是关于不安抗辩权的规定。

◆ **立法背景**

不安抗辩权指双务合同成立后，应当先履行的当事人有确切证据证明对方不能履行义务，或者不履行合同义务的可能性较高时，在对方恢复履行能力或者提供担保之前，有权中止履行合同义务。双务合同中，在后履行债务一方丧失或者可能丧失债务履行能力的情况下，仍然要求应先履行债务一方先作出给付，有悖公平，因此法律设立不安抗辩权制度，赋予应先履行债务一方在这些情况下中止履行债务的权利。

不安抗辩权制度属于大陆法系民法中的制度，大陆法系国家或者地区的民法典普遍对不安抗辩权制度作了规定。例如，《德国民法典》第 321 条第 1 款规定，因双务合同而有义务先履行给付的当事人，可以拒绝履行其所应履行的给付，前提是在合同订立后，如下情形变得明显：其对待给付请求权因另一方欠缺给付能力而受到危害。对待给付已被履行，或已为之提供担保的，该项拒绝履行给付的权利消灭。《荷兰民法典》第6：263条规定，有义务先为履行的一方当事人在合同订立后所知悉的情势使其有合理理由担心另一方当事人将不履行其相应义务的，有权中止履行。《瑞士债务法》第 83 条规定，如在双务合同中，一方当事人的权利因另一方当事人无履行能力而受到影响，特别是在另一方当事人破产或者无可供扣押财产之情形，遭受影响的一方当事人可以拒绝履行，直至对方当事人为履行义务而提供了担保。我国台湾地区“民法”第 265 条规定，当事人之一方，应向他方先为给付者，如他方之财产，于订约后显形减少，有难为对待给付之虞时，如他方未为对待给付或提出担保前，得拒绝自己之给付。一些国际条约、国际示范法也有相关规定。《联合国国际货物销售合同公约》第 71 条第 1 款规定，如果订立合同后，另一方当事人由于下列原因显然将不履行其大部分重要义务，一方当事人可以中止履行义务：（1）他履行义务的能力或者他的信用有严重缺陷；或（2）他在准备履行合同或履行合同中的行为。《欧洲示范民法典草案》第 3 -3：401 条第 2 款规定，债权人应当在债务人履行之前履行对待债务，但其合理地确信债务人在其债务履行期届至时将会不履行债务的，债权人在该确信存续期间可以拒绝对待债务的履行；但是，债务人为债务的履行提供了充分担保的，债权人丧失拒绝履行权。美国《统一商法典》也有与之相当的规定。美国《统一商法典》第 2 -609 条第 1 款规定，买卖合同双方都有义务不破坏对方抱有的获得己方正常履约的期望。当任何一方有合理理由认为对方不能正常履约时，他可以用书面形式要求对方提供正常履约的适当保证，且在他收到此种保证之前，可以暂停履行与他未收到所需之履约保证相对应的那部分义务，只要这种暂停是商业上合理的。

◆ **条文解读**

本条参考境外立法例，规定了不安抗辩权制度。依照本条规定，不安抗辩权的成立，要具备以下要件：

一是当事人需基于同一双务合同互负债务。这也是合同编规定的三大抗辩权，即同时履行抗辩权、后履行抗辩权和不安抗辩权共同的成立要件。三大抗辩权均不适用于单务合同。

二是当事人互负的债务有先后履行顺序。这也是不安抗辩权和后履行抗辩权共同的成立要件，只是不安抗辩权由应当先履行债务的一方当事人享有，后履行抗辩权由后履行债务的一方当事人享有。当事人互负的债务没有先后履行顺序的，属于同时履行抗辩权的成立要件。

三是后履行的当事人发生了丧失或者可能丧失债务履行能力的情形。这些情形包括经营状况严重恶化，转移财产、抽逃资金以逃避债务，丧失商业信誉和其他丧失或者可能丧失履行债务能力的情形。例如，某商业银行根据其与某企业之间的借款合同发放贷款前，由于市场骤然变化致使该企业产品难以销售，很可能导致无力还贷，商业银行有权行使不安抗辩权，中止发放贷款。又如，某娱乐文化公司邀请一明星歌手演唱，约定先付演出费若干，因歌手生病住院可能难以如期演唱，娱乐文化公司即可以行使不安抗辩权，不向歌手预付约定的演出费。

尤其需要注意的是，对于后履行的当事人发生了丧失或者可能丧失债务履行能力的情形，应当先履行债务的当事人必须要有确切的证据证明。如果有确切的证据证明，则属于正当行使不安抗辩权，可以中止履行顺序在先的债务；如果没有确切的证据证明而中止履行的，则属于违约行为，应当先履行债务的当事人要承担违约责任。由此可以看出，有无确切的证据证明是非常关键的因素，直接决定中止履行行为是正当行使不安抗辩权，还是属于违约行为。“有无确切的证据证明”，不是由先履行债务的当事人单方决定的。如果事后双方当事人对“有无确切的证据证明”产生争议，应当由应先履行债务的一方当事人承担举证责任，由仲裁机构或者法院作出最终裁断。因此，应当先履行债务的当事人要根据自己掌握的对方丧失或者可能丧失债务履行能力的证据情况谨慎为之，慎重行使不安抗辩权，不能凭空推测或凭借主观臆想而断定对方丧失或者可能丧失债务履行能力，没有确切证据证明而单方中止履行合同的，应当承担违约责任。

在合同编制定过程中，有的意见提出，本条第 1 项“经营状况严重恶化”和第 3 项“丧失商业信誉”属于典型的不安抗辩权的适用情形，而第 2 项“转移财产、抽逃资金，以逃避债务”则应归属于预期违约，建议删去第 2 项。经研究认为，不安抗辩权和预期违约具有不同的制度功能，不安抗辩权具有中止履行的效果，而预期违约的法律后果是解除合同、要求承担违约责任。如果发生后履行一方当事人“转移财产、抽逃资金，以逃避债务”的情形，是适用不安抗辩权还是预期违约，可以交由当事人选择对自己最有利的主张。如果应当先履行债务的当事人还想保留继续交易的机会，给对方当事人一个恢复履行能力或者提供担保的机会，就可以选择行使不安抗辩权，中止履行。另外，不安抗辩权和预期违约在适用条件上的落脚点毕竟不同，不安抗辩权落脚在“丧失或者可能丧失债务履行能力”，而预期违约，此处主要涉及的是默示预期违约，落脚在“以自己的行为表明不履行主要债务”。发生“转移财产、抽逃资金，以逃避债务”的情形，能否直接构成默示预期违约，也要视具体情况进行判断。基于此，本条保留了第 2 项的表述，未作删除或者修改。

第五百二十八条　当事人依据前条规定中止履行的，应当及时通知对方。对方提供适当担保的，应当恢复履行。中止履行后，对方在合理期限内未恢复履行能力且未提供适当担保的，视为以自己的行为表明不履行主要债务，中止履行的一方可以解除合同并可以请求对方承担违约责任。

◆ 条文主旨

本条是关于不安抗辩权效力的规定。

◆ 立法背景

不安抗辩权具有两个层次的效力。在第一层次上，符合不安抗辩权成立要件的，应当先履行债务的当事人可以中止履行。但不安抗辩权属延期抗辩权，中止履行只是一个暂时的状态。在第二层次上，当事人行使不安抗辩权中止履行后，从境外立法例来看，往往会给对方当事人一个“补救”机会，即要求对方当事人在一定期限内提供担保。对方未提供担保的，应当先履行债务一方可以解除合同；对方提供担保的，应当先履行债务一方恢复履行。例如，《德国民法典》第320条第2款规定，先给付义务人可以指定适当期间，要求对方当事人在此期间内选择同时履行对待给付或提供担保。该期间届满而无效果后，先给付义务人可以解除合同。《瑞士债务法》第83条第2款规定，经其请求在合理的期间内未提供担保的，该方有权解除契约。《国际货物销售合同公约》第71条第3款规定，中止履行义务的一方当事人不论是在货物发运前还是在发运后，都必须立即通知另一方当事人，如经另一方当事人对履行义务提供充分保证，则他必须继续履行义务。本条参考境外立法例，对不安抗辩权第二层次的效力予以规定。

◆ **条文解读**

本条首先对当事人行使不安抗辩权的通知义务作了规定。不安抗辩权的行使，对对方当事人影响重大，应当让对方及时知晓，以便做出相应安排。从诚信原则出发，法律有必要规定应先履行债务一方的通知义务。依照本条规定，应先履行的一方当事人行使不安抗辩权，中止履行后，应当及时通知对方当事人。该规定与《国际货物销售合同公约》的规定是一致的。《国际货物销售合同公约》第71条第3款规定，中止履行义务的一方当事人不论是在货物发运前还是在发运后，都必须立即通知另一方当事人。欧洲民法典草案对此甚至规定了违反通知义务的损害赔偿责任。《欧洲民法典草案》第3-3：401条第3款规定，债权人中止履行的，应在合理可行的范围内尽快通知债务人，并对因此项通知义务的违反而给债务人造成的损失负责。

关于不安抗辩权的效力，本条根据对方是否提供担保规定了不同的法律效果：

一是应先履行一方行使不安抗辩权，中止履行并及时通知对方后，如果对方提供了适当担保的，消除了影响先履行债务一方当事人债权实现的情形，先履行债务一方自然应当恢复履行。何谓“适当担保”，只能在具体案件中作具体判断，法律无法划定统一的标准。

二是如果对方在合理期限内未恢复履行能力并且未提供适当担保的，发生什么法律效果？合同法参考其他立法例，规定的是“中止履行的一方可以解除合同”。在合同法颁布实施后，理论和实践中发现，不安抗辩权和预期违约制度的关系如何协调，合同法并没有规定清楚。不安抗辩权的第二层次的法律效力是“中止履行的一方可以解除合同”。《合同法》第94条（现合同编第563条）是关于法定解除制度的总括性规定。一些意见提出，不安抗辩权的第二层次的法律效力是“中止履行的一方可以解除合同”，该规定与法定解除制度的关系如何协调？《合同法》第94条第2项规定对默示预期违约情形下的合同解除作了规定，即“在履行期限届满之前，当事人一方以自己的行为表明不履行主要债务的”，当事人可以解除合同。不安抗辩权第二层次的效力是否可以通过与默示预期违约制度相衔接纳入法定解除制度中？此外，预期违约的法律效果，除解除合同外，还有要求违约方承担违约责任。《合同法》第108条（现合同编第578条）规定，当事人一方以自己的行为表明不履行合同义务的，对方可以在履行期限届满前请求其承担违约责任。不安抗辩权第二层次的效力，即发生对方在合理期限内未恢复履行能力并且未提供适当担保的情形，除解除合同外，是否可以要求对方承担违约责任？

在合同编制定过程中，对以上这些问题进行了认真研究。不安抗辩权是大陆法系民法中的制度，预期违约是英美法系中的制度。预期违约又分为两类，一类是明示的预期违约，即在履行期间届满前，当事人一方明确表示将不履行主要债务；另一类是默示的预期违约，即在履行期间届满前，当事人以自己的行为表明不履行主要债务。在制度适用上，与不安抗辩权存在一定联系的主要是默示的预期违约。合同法借鉴两大法系，同时对不安抗辩权和预期违约制度作了规定，这是合同法的一大创造。实践证明，这一创造是成功的，不安抗辩权和预期违约制度对保护当事人权益、稳定交易秩序都发挥了各自的作用。基于此，合同编仍然延续了合同法的做法，对不安抗辩权和预期违约制度分别作了规定。

同时，为了协调不安抗辩权与法定解除制度、预期违约制度之间的关系，本条将不安抗辩权第二层次的效力与预期违约制度相衔接，将不安抗辩权中“对方在合理期限内未恢复履行能力并且未提供适当担保的行为”，视为默示预期违约行为，并可以主张默示预期违约的法律效果。依照本条规定，当事人行使不安抗辩权、中止履行后，对方在合理期限内未恢复履行能力并且未提供适当担保的，视为以自己的行为表明不履行主要债务。中止履行的一方，即行使不安抗辩权的一方不但可以解除合同，还可以请求对方承担赔偿损失等违约责任。需要注意的是，本条只是将不安抗辩权第二层次的效力与预期违约制度相衔接，在不安抗辩权的成立及中止履行的第一层次效力上，两个制度仍然独立适用，当事人根据具体情况选择适用不安抗辩权制度或者预期违约制度。

第五百二十九条 债权人分立、合并或者变更住所没有通知债务人，致使履行债务发生困难的，债务人可以中止履行或者将标的物提存。

◆ **条文主旨**

本条是关于债权人变更住所等致使债务履行困难时中止履行的规定。

◆ **立法背景**

法人分立包括存续分立和新设分立。存续分立指法人分出一部分财产设立新法人，原法人不因分出财产而终止。新设分立是指一个法人分成几个法人，原法人终止。法人合并包括新设合并和吸收合并。新设合并是指几个法人合为一个新法人，原法人终止。吸收合并是指一个法人将其财产移交给另一个法人，移交出财产的法人终止。债权人分立、合并或者变更住所，如果没有通知债务人，可能会给债务人履行债务造成困难。

◆ **条文解读**

债权人分立、合并或者变更住所应当及时通知债务人，以便债务人履行债务。如果没有通知债务人，致使债务人履行债务发生困难的，此时债务人可以中止履行或者将标的物提存。在这种情形下债务人中止履行或者将标的物提存，不能算作是债务人违约。当然，如果债权人分立、合并或者变更住所没有通知债务人，但并不会使债务履行发生困难的，此时债务人不得以此为由中止履行或者将标的物提存，否则属于债务人违约。

第五百三十条 债权人可以拒绝债务人提前履行债务，但是提前履行不损害债权人利益的除外。

债务人提前履行债务给债权人增加的费用，由债务人负担。

◆ **条文主旨**

本条是关于提前履行债务的规定。

◆ **立法背景**

合同编将全面履行作为合同履行的原则。合同编第509条规定，当事人应当按照约定全面履行自己的义务。当事人全面履行自己的义务就包括按照约定的履行期限履行债务。履行期限是债权人和债务人双方根据自身经济活动的情况和需要而作出的约定，属于合同的重要内容。债务人提前履行债务，属于违反合同约定的行为，可能会给债权人带来不便，甚至会损害债权人利益。例如，甲订购了乙家具公司的沙发、桌椅用在新购住房使用，并约定了送货日，现乙家具公司要提前送货，而此时甲新购住房仍然在装修中，乙家具公司提前履行债务的行为就会损害债权人利益。《国际商事合同通则》对提前履行债务的规则作了规定。《国际商事合同通则》第6.1.5条第1款规定，债权人可拒绝提前履行，除非债权人这样做无合法利益。该规定确立了债权人有权拒绝提前履行的一般原则，并在注释中举例如下：A同意在10月15日对B的办公楼里所有的电梯进行年检。A的雇员在10月14日到达B处，而当天该办公楼正在举行有许多客人参加的重要会议。在这种情况下，B有权拒绝A的提前履行，因为这会对B造成明显的不便。

◆ **条文解读**

从贯彻合同全面履行的原则和保护债权人利益考虑，本条第1款规定，债权人可以拒绝债务人提前履行债务。提前履行债务，是相对于合同约定的履行期限而言的。例如，合同约定6月6日履行，债务人6月5日履行即为提前履行。但如果合同约定6月份履行，没有具体到6月份的哪一天履行，则债务人在6月份的任何一天履行都不算提前履行。

如果债务人提前履行不损害债权人的利益，基于诚信原则，债权人应当接受债务人提前履行债务。《国际商事合同通则》在对第6.1.5条的注释中也提出，在某些情况下，债权人对于按时履行的合法利益并不明显，并且债权人接受提前履行也不会对其造成任何明显的损害；如果请求提前履行的一方当事人能够证明存在这一点，则另一方当事人不能拒绝提前履行。

基于此，本条第1款在确立债权人可以拒绝债务人提前履行债务作为一般原则的同时，还作出了但书规定“但是提前履行不损害债权人利益的除外”。提前履行不损害债权人利益的举证责任应当由请求提前履行的债务人一方承担。

在双务合同情形下，债权人接受了债务人提前履行，债权人是否也应当提前履行自己的债务？对此，本条未作规定。依照《国际商事合同通则》第6.1.5条第2款规定，在双方的履行时间不相关联的情况下，一方当事人接受提前履行并不影响该当事人履行自己义务的时间。例如，甲与乙在合同中约定，由乙于3月15日交付货物，甲于4月15日支付货款，双方的履行时间都已经确定，互不影响。如果乙希望3月8日交付货物，甲接受乙提前履行，并不影响甲支付货款的时间，甲仍可于4月15日支付货款。但是如果双方的履行时间相互关联，一方当事人接受提前履行是否会影响其履行自己义务的时间？《国际商事合同通则》对此也未作规定，但在对第6.1.5条的注释中提出，双方的履行时间相互关联的情况本身可能就说明了债权人对于拒绝提前履行具有合法利益。如果因而拒绝提前履行，则债权人的履行时间不受影响。如果提前履行对债权人来说是可以接受的，他可能同时要决定是否接受对于自身义务的影响。这就意味着，债权人接受提前履行的同时，可以自主决定是否也提前履行自身债务。例如，甲与乙在合同中约定，乙于5月15日向甲交付货物，甲收到货物时应立即付款。如果乙于5月10日交付货物，则甲可以视情况以未做好付款准备为由拒绝接受该提前履行，也可以接受货物但坚持按原定的最后期限（即5月15日）支付货款，当然也可以接受货物并立即支付货款。《国际商事合同通则》第6.1.5条第2款的规定及注释，可以作为处理双务合同情形下，债权人接受提前履行是否会影响其履行自己义务的时间的参考。

债务人提前履行可能会给债权人增加额外的费用，例如仓储费用等。依照本条规定，债务人提前履行债务给债权人增加的费用，由债务人负担。例如，甲与乙约定，由乙于3月15日向甲交付货物，但乙于3月10日提前向甲交付货物，提前交付货物除了导致甲要支付额外的储存费用外并不会损害甲的利益，甲接受了乙3月10日交付货物，那么甲因乙提前交货而额外支付的5天储存费用，要由乙承担。

第五百三十一条 债权人可以拒绝债务人部分履行债务，但是部分履行不损害债权人利益的除外。

债务人部分履行债务给债权人增加的费用，由债务人负担。

◆ 条文主旨

本条是关于部分履行债务的规定。

◆ 立法背景

部分履行债务的规则在国际示范法中有所体现。《国际商事合同通则》第6.1.3条第1款规定，履行期限到来时，债权人可拒绝任何部分履行的请求，无论该请求是否附有对未履行部分的担保，除非债权人这样做无合法利益。该规定确立了债权人有权拒绝部分履行的一般原则，并作了例外规定“除非债权人这样做无合法利益”。

◆ 条文解读

本条立足诚信原则，参考《国际商事合同通则》的规定，对部分履行规则作了规定。

本条规定的部分履行债务不同于分期履行。分期履行是合同约定的，由债务人分期给付，每期的给付虽然也属于债务整体的一部分，但不属于本条所规定的部分履行。本条所规定的部分履行是指债务的履行期限届满时，债务人只履行其中一部分债务，既可以是就整个债务部分履行，也可以是就分期履行中的某一期部分履行。例如，甲与乙订立大豆买卖合同，约定由乙于9月15日向甲供应100吨大豆，乙请求9月15日先向甲供应50吨大豆，余下的50吨一个月后再供应给甲。乙向甲供应50吨大豆就属于本条规定的部分履行。再如，甲与乙订立借款合同，乙向甲借款100万元，并约定乙自4月1日起每月1日向甲还款10万元。9月1日还款日届至，乙请求先只向甲还款5万元，当期款项的其余5万元在9月15日前还清。乙于9月1日只还款5万元也属于本条规定的部分履行。

合同编将全面履行作为合同履行的原则。合同编第509条规定，当事人应当按照约定全面履行自己的义务。当事人全面履行自己的义务就包括按照约定履行全部债务。债务人履行部分债务，属于违反合同约定的行为，原则上属于违约行为，债权人当然可以拒绝并请求债务人承担违约责任。债权人也可以接受债务人部分履行的请求，并保留请求债务人承担违约责任的权利。当然，债权人也可以无保留的接受债务人部分履行的请求，此时债务人的部分履行不再被当作违约对待。例如，上面例子中，甲与乙的大豆买卖合同，乙请求9月15日先向甲供应50吨大豆，那么甲既可以完全拒绝，也可以先接受这50吨大豆并保留向乙追究违约责任的权利，当然也可以无保留的接受这50吨大豆，不将债务人的部分履行当作违约对待。

如果债务人部分履行不损害债权人的利益，基于诚信原则，债权人应当接受债务人部分履行债务，不得拒绝。《国际商事合同通则》在第6.1.3条的注释中所举的例子可以作为判断部分履行是否损害债权人利益的参考：一家航空公司承诺在某一确定日期一次性地将10辆汽车从意大利运往巴西。履行期限到来时，某些情况使得该航空公司很难（尽管不是不可能）在一次航班中找到足够的舱位。航空公司提议在一周内连续两次将这批汽车运走。有证据表明，航空公司这样做并不会对汽车购买人造成不方便，因为在下个月之前并不需要实际使用这些汽车。在这种情况下，债权人拒绝部分履行没有合法利益。

债权人接受债务人部分履行，可能会额外增加一些费用，这些费用由债务人负担。例如《国际商事合同通则》中所举的上述例子中，汽车购买人分两次到机场提货承担的额外费用，应当由航空公司承担。

第五百三十二条 合同生效后，当事人不得因姓名、名称的变更或者法定代表人、负责人、承办人的变动而不履行合同义务。

◆ 条文主旨

本条是关于当事人不得因姓名、名称变更等不履行合同义务的规定。

◆ 立法背景

合同生效后，当事人的姓名变更，法人或者非法人组织的名称变更，并没有在实质上改变合同主体。法人或者非法人组织的法定代表人、负责人、承办人，是代表法人或者非法人组织从事民事活动，合同的权利义务由法人或者非法人组织承受，合同一方当事人是法人或者非法人组织，而不是其法定代表人、负责人、承办人。

◆ **条文解读**

本条明确规定，合同生效后，当事人不得因姓名、名称的变更或者法定代表人、负责人、承办人的变动而不履行合同义务。当事人以此为由不履行合同义务的，应当承担违约责任。

第五百三十三条　合同成立后，合同的基础条件发生了当事人在订立合同时无法预见的、不属于商业风险的重大变化，继续履行合同对于当事人一方明显不公平的，受不利影响的当事人可以与对方重新协商；在合理期限内协商不成的，当事人可以请求人民法院或者仲裁机构变更或者解除合同。

人民法院或者仲裁机构应当结合案件的实际情况，根据公平原则变更或者解除合同。

◆ **条文主旨**

本条是关于情势变更制度的规定。

◆ **立法背景**

情势变更制度是指合同依法成立后，客观情况发生了无法预见的重大变化，致使原来订立合同的基础丧失或者动摇，如继续履行合同则对一方当事人明显不公平，因此允许变更或者解除合同以维持当事人之间的公平。

一、境外立法情况

在国际范围内，情势变更制度经历了一个从不受重视甚至抵触到逐步接受、普遍在法律上作出明文规定的过程。早期的民法典强调合同严守原则，大多数在制定之初都没有规定这一制度。

进入20世纪后，情势变更制度开始受到重视。“一战”和“二战”期间，物价飞涨、货币贬值等导致合同履行显失公平问题大量出现，根据当时法律规定却无法解决，德国等国家通过判例和学说确立了情势变更制度，而制定较晚的意大利、葡萄牙等国民法典则明文规定了情势变更制度。为了更好应对实践需求，德国也最终在2002年债法改革中以“交易基础的障碍”为名将情势变更制度纳入德国民法典。《德国民法典》第313条规定，已成为合同基础的情势在合同订立后发生了重大变更，而假使双方当事人预见到这一变更就不会订立合同或会以不同的内容订立合同的，可以请求改订合同；合同的改订为不可能或对一方来说是不能合理地期待的，受不利益的一方可以解除合同。对情势变更制度立法态度的改变，比较典型的还有法国。在法国，长期以来一直担心情势变更制度会冲击合同严守原则，司法实践中更是严格解释《法国民法典》第1134条“依法成立的契约对于缔结契约的人，有相当于法律之效力”，对情势变更制度持排斥态度。1876年法国最高法院在著名的克拉波尔运河案中认为：“民法典第1134条确立的规则是普遍性的、绝对性的，其规范着继续性合同，法院不可考虑时间、境况因素以修改当事人的合同，以及在当事人已经自由接受的合同条款中替代一些新的条款，无论法院的判决看起来多么公平。”这一裁判规则得以延续百年，在随后的判例中，最高法院一直是不承认合同领域适用情势变更制度的。但随着时间的推移和实践的发展，这一观念也发生了重大变化，理论和实践中都逐步认识到规定情势变更制度的必要性，2016年法国通过债法改革最终在民法典中对情势变更制度作了明文规定。修改后的《法国民法典》第1195条规定，如果发生在合同订立时不可被预计的情势变化，导致一方当事人的履行成本过于巨大，并且该当事人并未接受此种风险，其可请求对方重新磋商合同。在重新磋商过程中，债务的履行并不得因此而中止。磋商被拒绝或者重新磋商失败的情况下，双方可以共同确定合同解除的条件及时间，也可以共同请求法官对合同进行调整。双方在合理期限内仍未达成协议的，法官在一方当事人的请求下，可以按照法官自己确定的条件以及时间变更或者终止合同。我国台湾地区“民法”也对情势变更制度作了规定。我国台湾地区“民法”第 227 – 2 条规定，契约成立后，情事变更，非当时所得预料，而依其原有效果显失公平者，当事人得申请法院增、减其给付或变更其他原有之效果。英美法系则发展出合同落空制度，以解决因客观原因造成的合同不能履行和履行显失公平的问题。此外，《国际商事合同通则》（PICC 第 6.2.2 条、第 6.2.3 条）、《欧洲合同法原则》（PECL 第 6：111 条）、《欧洲民法典草案》（DCFR 第 3 – 1：110 条）等国际示范法都规定了情势变更制度。

二、我国立法和司法实践情况

1999 年合同法未规定情势变更制度。在 1999 年合同法起草过程中，就是否规定情势变更制度一直有争论。支持规定情势变更制度的观点认为，合同订立后应当严格遵守，但出现异常情况，导致当事人订立合同的基础发生变化，这种变化是当事人订立合同时不能预见并不能避免的，由此产生当事人之间的利益重大失衡。在这种情况下，坚持严格信守合同是不公平、不合理的，应当允许当事人根据新情况重新就合同条款进行协商；协商不成的，可以请求法院变更或者解除合同。反对规定情势变更制度的观点认为，如何划分情势变更和正常商业风险的界限十分困难，规定情势变更制度可能成为有的当事人不履行合同的借口，在合同法中不宜规定情势变更制度。情势变更制度曾一度写进当时的合同法草案，但在合同法草案表决前夕因为争议较大，最终删去了情势变更制度。1999 年 3 月，合同法通过前夕，第九届全国人大法律委员会作出的《关于〈中华人民共和国合同法（草案）〉审议结果的报告》中提出："三、关于情势变更制度。这是一个很复杂的问题，在合同法起草过程中，就有不同意见。这次大会审议，不少代表提出，根据现有的经验，对情势变更难以作出科学的界定，而且和商业风险的界限也难以划清，执行时更难以操作，实际上只有在非常特殊的情况下才能适用情势变更制度，现在在合同法作出规定条件尚不成熟。法律委员会经过反复研究，建议对此不作规定。"

2008 年源自美国次贷危机的国际金融危机席卷全球。为了解决受金融危机影响的合同纠纷，适应司法实践的发展需求，2009 年最高人民法院颁布的《关于适用〈中华人民共和国合同法〉若干问题的解释（二）》规定了情势变更制度，以应对合同原有的利益平衡受经济激烈动荡的影响而出现的不公平问题。该司法解释第 26 条规定，合同成立以后客观情况发生了当事人在订立合同时无法预见的、非不可抗力造成的不属于商业风险的重大变化，继续履行合同对于一方当事人明显不公平或者不能实现合同目的，当事人请求人民法院变更或者解除合同的，人民法院应当根据公平原则，并结合案件的实际情况确定是否变更或者解除。

◆ **条文解读**

在民法典合同编草案起草过程中，对是否规定情势变更制度也有一些争论，但总体来看，多数意见认为有必要规定情势变更制度。本条根据国际立法趋势，参考境外立法例，在总结我国司法实践经验的基础上，明确规定了情势变更制度，对情势变更制度的适用条件及法律效果作了规定。

一、情势变更制度的适用条件

依照本条规定，情势变更制度的适用需要满足以下基本条件：

一是合同成立后，合同的基础条件发生了重大变化。第一，这种重大变化是一种客观情况，要达到足以动摇合同基础的程度。哪些客观情况能称之为该“重大变化”，要根据客观情况本身及其对合同基础的影响等进行具体判断。第二，这种重大变化应发生在合同成立后至履行完毕前的期间内。如果这种重大变化发生在履行完毕后，合同权利义务因履行完毕而终止，自然没有调整合同权利义务的必要和可能。第三，这种重大变化应当是当事人在订立合同时无法预见的。如果当事人在订立合同时能够预见或者应当预见但没有预见到，或者虽然预见到但没有反映到合同权利义务关系的设定上，由此产生的不利后果均由该当事人自己承受，不能适用情势变更制度对合同关系进行调整。第四，这种重大变化不能属于商业风险。对于合同履行过程中的商业风险，按照独立决定、独立负责的原则，遭受不利的当事人应当自行承担不利后果。某一客观情况的变化是属于正常的商业风险，还是属于可引起情势变更制度适用的“重大变化”，法律无法划定统一的标准，只能在具体个案中综合各方面情况作具体判断，不能单纯以价格涨跌幅度大小、合同履行难易等作简单判断。

二是继续履行合同对于当事人一方明显不公平。意思自治是合同法的基石，当事人之间的合同是双方当事人意思自治的产物，应当得到双方当事人严格遵守。情势变更制度是为了实现合同正义，对当事人意思自治所作的调整，但这种调整必须限制在非常必要的情形内。合同严守是原则，情势变更制度只能是例外。只有在继续履行合同对于一方当事人明显不公平时，才可能适用情势变更制度，对当事人之间的权利义务关系进行干预和调整。

二、情势变更制度的法律效果

满足以上情势变更制度适用条件的，可以产生以下法律效果：

一是受不利影响的当事人有权请求与对方重新协商。对于因情势变更造成的双方权利义务严重失衡的状态，受不利影响的当事人请求与对方协商的，对方应当积极回应，参与协商。双方当事人应依诚信，本着公平原则，重新调整权利义务关系，变更或者解除合同。

二是双方当事人在协商过程中，就合同的变更或者解除达不成一致意见，协商不成的，当事人可以请求法院或者仲裁机构作最终裁断。人民法院或者仲裁机构应当结合案件的实际情况，判断是否符合情势变更制度的适用条件，对此人民法院或者仲裁机构应当严格掌握，避免当事人以情势变更制度作为逃避履行合同的借口，损害合同的效力和权威，破坏正常的交易秩序。符合情势变更制度适用条件的，人民法院应当根据公平原则，就变更合同还是解除合同，如何变更合同、解除合同后的法律后果等作出裁断。尤其需要注意的是，适用情势变更制度变更或者解除合同，与当事人依照合同编第563条和第564条规定主张解除合同，存在实质不同。当事人依照合同编第563条和第564条规定分别享有的是法定解除权和约定解除权，是当事人本身所享有的民事实体权利。当事人行使合同解除权，可以直接通知对方解除，通知到达对方时，合同解除；当事人依法提起诉讼主张解除合同的，法院判决解除合同是对当事人本身所享有的合同解除权的确认，系确认之诉。而情势变更制度是对当事人权利义务显著失衡状态所作的必要调整，当事人本身并不享有实体法意义上的合同解除权或者变更权，当事人仅在程序上可以向法院或者仲裁机构提出请求，仅是对变更或者解除合同存有一种可能性，最终是否变更或者解除合同，是否有必要对当事人的权利义务进行调整，如何调整，由人民法院或者仲裁机构审酌判定。

三、情势变更制度和不可抗力制度的联系与区别

本条是关于情势变更制度的规定，合同编第590条是关于不可抗力制度的规定。合同编第590条规定:“当事人一方因不可抗力不能履行合同的,根据不可抗力的影响,部分或者全部免除责任,但是法律另有规定的除外。因不可抗力不能履行合同的,应当及时通知对方,以减轻可能给对方造成的损失,并应当在合理期限内提供证明。当事人迟延履行后发生不可抗力的,不免除其违约责任。”在合同编制定过程中,对情势变更制度和不可抗力制度之间的关系进行了研究讨论。

合同编草案一审稿曾规定,情势变更制度中合同基础发生的重大变化应当是非不可抗力造成的。合同编草案一审稿第323条规定,合同成立后,订立合同的基础发生了当事人在订立合同时无法预见的、非不可抗力造成的不属于商业风险的重大变化,继续履行合同对于当事人一方明显不公平的,受不利影响的当事人可以请求与对方重新协商;在合理期限内协商不成的,当事人可以请求人民法院或者仲裁机构变更或者解除合同。合同编草案一审稿第380条同时在不可抗力制度中设置专门一款规定,当事人一方因不可抗力致使继续履行合同对其明显不公平的,可以请求人民法院或者仲裁机构变更或者解除合同。有的意见提出,草案一审稿对因不可抗力致使继续履行合同对一方明显不公平的情形与情势变更制度分别规定,从立法上作了明确切分,但在实践中二者的适用界限较难把握,并且在法律效果上相近,都是“可以请求人民法院或者仲裁机构变更或者解除合同”,从有利于实践适用的角度,建议将二者予以合并。经研究,合同编草案二审稿将因不可抗力致使继续履行合同对其明显不公平的情形从不可抗力制度中移出而并入情势变更制度,删去了第380条中的“当事人一方因不可抗力致使继续履行合同对其明显不公平的,可以请求人民法院或者仲裁机构变更或者解除合同”的单独规定,并将一审稿第323条规定中的“订立合同的基础发生了当事人在订立合同时无法预见的、非不可抗力造成的不属于商业风险的重大变化”修改为“订立合同的基础条件发生了当事人在订立合同时无法预见的、不属于商业风险的重大变化”，删去了“非不可抗力造成的”。

本条是关于情势变更制度的规定，合同编第590条是关于不可抗力制度的规定。就合同编规定的情势变更制度和不可抗力制度之间的关系，可以从以下几个方面予以理解：

不可抗力制度和情势变更制度具有相同之处：一是两者均非商业风险，也都是当事人事先无法预见的情形；二是两者的发生及其影响均不可归责于当事人；三是两者均可能对合同的履行和责任承担造成影响，并产生相应法律后果；四是两者对于合同的影响均出现于合同订立之后履行完毕之前。但二者毕竟是两种不同的制度，具有很多不同之处：

一是制度价值不同。不可抗力制度，主要是一种免责事由，是因发生了双方当事人均不能预见、不能避免、不能克服的客观现象造成的损失，且双方均无过错，所以不承担责任。该制度体现的精神是法律不强人所难，不让无辜者承担意外之责，其在很多国家和地区的立法上均被作为一般免责事由。情势变更制度的法律效果是合同变更或者解除。之所以赋予这样的法律效果，是因为合同订立后、履行完毕前，订立合同的基础条件发生了异常变化，使双方当事人之间的权利义务严重失衡，不符合当事人订立合同时的预期，需要当事人再协商或者由司法、仲裁机构根据当事人的请求和公平原则对权利义务失衡状态再调整，它体现的精神是当事人之间的公平和合同权利义务的对等。

二是适用范围不同。不可抗力制度作为民事责任的一般免责事由，除法律作出的特殊规定外，适用于所有民事责任领域，特别是适用于侵权责任领域和合同领域。情势变更制度则仅为合同领域的一项特殊制度，不适用于其他民事领域。

三是对合同的影响方式和程度不同。不可抗力制度的适用前提是不可抗力造成当事人不能履行合同的后果。情势变更制度是合同基础条件与合同成立时相比出现了当事人无法预见且不可归责于当事人的重大变化，该重大变化对合同的履行也造成了重大影响，但是一般来说合同仍有继续履行的可能，只是继续履行合同对一方当事人明显不公平，例如履行成本显著上升、等价交换关系显著失衡。

四是法律效果不同。适用不可抗力制度体现为免责，对于因不可抗力造成的履行不能，免除全部或者部分责任。但是，其不直接导致变更合同内容，合同部分不能履行的，其他部分继续履行，合同一时不能履行的，影响消除后继续履行。适用情势变更制度则体现为合同的解除或者变更，不直接具有免责效果。在根据该制度调整权利义务前，当事人之间的权利义务关系不变，只有当根据该制度进行调整后，当事人的权利义务关系才按照调整后的内容继续履行。至于如何调整，是解除合同，还是变更合同，如何变更合同，需要法院或仲裁机构在个案中根据具体情况判断。

五是当事人权利行使方式和程序不同。当不可抗力导致不能履行合同时，受不可抗力影响的一方应当及时向对方发出受不可抗力影响不能履行合同的通知，并在合理期限内提供证明。未发出通知导致对方损失扩大的，对于扩大的损失不能免责，对于迟延履行后发生不可抗力的也不能主张免除责任。对于情势变更制度，因情势变化导致合同履行对一方明显不公平时，受不利影响的当事人首先可以通过与对方协商调整失衡的利益，在合理期限内协商不成的，当事人可以请求法院或仲裁机构变更或解除合同。

第五百三十四条 对当事人利用合同实施危害国家利益、社会公共利益行为的，市场监督管理和其他有关行政主管部门依照法律、行政法规的规定负责监督处理。

◆ 条文主旨

本条是关于对利用合同实施危害国家利益、社会公共利益行为进行监督处理的规定。

◆ 立法背景

民法典明确将自愿原则即意思自治原则作为民法的基本原则。总则编第 5 条规定，民事主体从事民事活动，应当遵循自愿原则，按照自己的意思设立、变更、终止民事法律关系。意思自治原则是合同法的基石，是发展社会主义市场经济的基本要求。民事主体有权自主决定民事法律关系的内容、自主决定民事法律关系的变动，其他任何组织和个人均不得任意干预，要保障当事人享有充分的合同自由。总则编第 130 条规定，民事主体按照自己的意愿依法行使民事权利，不受干涉。合同编第 465 条第 1 款也明确规定，依法成立的合同，受法律保护。民事主体依照自己意愿订立合同、履行合同、变更和终止合同，行政机关均应当予以尊重，不得随意干预。但是，意思自治原则并不意味着对当事人一点限制都没有，法律基于正当理由是可以对当事人的意思自治予以限制的。例如，合同违反法律、行政法规强制性规定或者违背公序良俗的，应当确认无效；格式条款提供方不合理地免除或者减轻其责任、加重对方责任、限制对方主要权利，或者排除对方主要权利的，格式条款无效；合同中造成对方人身损害、因故意或者重大过失造成对方财产损失的免责条款无效。再如，依照合同编

第494条的规定，国家根据疫情防控等需要下达指令性任务或者国家订货任务的，有关民事主体之间应当依照有关法律、行政法规规定的权利和义务订立合同。

对自愿原则即意思自治原则的限制，有的需要司法介入，例如对于合同效力的判断，而本条是从行政监督管理的角度对当事人利用合同实施危害国家利益、社会公共利益行为进行监督处理。

◆ **条文解读**

依本条规定，市场监督管理部门和其他有关行政主管部门的监督处理，应当符合下列条件：第一，监督处理的对象是当事人利用合同实施危害国家利益、社会公共利益的违法行为，不得干涉当事人依法享有的合同权利。第二，应当依照法律、行政法规规定负责监督处理。法律、行政法规对需要监督处理事项作出明确的规定，同时也对有关部门实施监督处理的具体权限和程序作出规定。有关部门应当依法行政，不得超越法定权限，不得违反法定程序。

第五章 合同的保全

本章共八条，对债权人代位权和撤销权制度作了系统规定。保全，又称责任财产的保全，指债权人行使代位权和撤销权，防止债务人的责任财产不当减少，以确保无特别担保的一般债权得以清偿。从保全责任财产的角度，保全属于一般担保的手段。保全责任财产，最终使债权得以保障，从这个意义上来说，保全又为债权的保全。本章名为“合同”的保全，而不是“债权”的保全，主要是结构上的考虑，与其他各章在标题上保持连贯性，但实质内容是债权的保全，属于债法的一般性规则，而不局限于合同领域。

担保分为一般担保和特别担保，债务人以其财产承担债务责任为一般担保，作为一般担保的债务人的财产亦称为责任财产，责任财产的增减与一般债权能否实现关系密切。因为债权人不能支配债务人的财产，倘若债务人任意处分财产、减少责任财产，就会影响一般债权的实现，故法律赋予债权人干预债务人处分责任财产的权利。当债务人消极地怠于行使权利听任责任财产减少影响债权实现时，债权人可以行使代位权，维持责任财产。当债务人积极地减少责任财产影响债权实现时，债权人可以行使撤销权，恢复责任财产。债权人通过行使代位权和撤销权，可以有效防止责任财产的不当减少，使债权得以保全。

第五百三十五条　因债务人怠于行使其债权或者与该债权有关的从权利，影响债权人的到期债权实现的，债权人可以向人民法院请求以自己的名义代位行使债务人对相对人的权利，但是该权利专属于债务人自身的除外。

代位权的行使范围以债权人的到期债权为限。债权人行使代位权的必要费用，由债务人负担。

相对人对债务人的抗辩，可以向债权人主张。

◆ **条文主旨**

本条是关于代位权行使要件的规定。

◆ **立法背景**

代位权指债务人怠于行使权利，债权人为保全债权，以自己的名义代位行使债务人对相对人的权利。代位权虽有代位诉权、间接诉权之称，但其仍属债权人的实体权利。从大陆法系立法例来看，并不是所有国家或者地区的民法典都有代位权制度。德国民法典、瑞士民法典中没有代位权制度，这两个国家主要是通过强化对债务人责任财产（比如债务人的债权等）的执行手段，达到保障债权人的债权实现的功能。而法国、日本、意大利等国家的民法典，以及我国台湾地区“民法”都有代位权制度。《法国民法典》第1341－1条规定，如果债务人怠于行使自己具有财产性质的权利或者提起具有财产内容的诉讼，对其债权人的权利造成损害的，债权人可以以债务人的名义行使权利或提起诉讼，但该权利或诉讼与债务人人身相关的除外。《日本民法典》第423条第1款规定，债权人有为保全自己债权之必要时，得行使属于债务人之权利，但专属于债务人的权利及禁止扣押的权利除外。《意大利民法典》第2900条规定，为保障债权人的债权可以实现或者保持其权利，债权人得行使其债务人对第三人享有的权利和诉权，但是以这些权利和诉权包括财产内容并且不涉及根据权利的性质或法典的规定只能由权利人行使的权利或诉权为限。我国台湾地区“民法”第242条规定，债务人怠于行使其权利时，债权人因保全债权，可以自己之名义，行使其权利。但专属于债务人本身者，不在此限。

合同法立足中国实际需要，参考境外立法例规定了代位权制度。债权人可以通过提起代位权诉讼避免自己债权受到损害。当然，债权人也可以不行使代位权，直接向债务人提起诉讼再申请对债务人的债权进行执行。具体通过这两种途径的哪一种来保护自己的债权，给了当事人选择的自由，由债权人视具体情况而定。民法典合同编对代位权制度基本上延续了合同法的规定，同时根据实践发展作了一定修改。最主要的修改之处主要有两点：

一是，修改了代位权的客体。合同法将代位权的客体限定为“债务人的到期债权”，即债权人只能就债务人的到期债权行使代位权，不能就债务人所享有的其他权利行使代位权，比如债务人所享有的合同解除权、因意思表示瑕疵所产生的合同撤销权等，债权人均不能代位行使。如何确定代位权的客体，在民法典编纂过程中，也经历了一个变化过程。一些意见提出，一是将代位权的客体限定为“债务人的债权”，范围过于狭窄，不利于保护债权人的债权。例如，债务人怠于行使为其债权设定的担保权利（包括担保物权和保证），影响债权实现的，也应当纳入代位权适用范围。二是，从规定代位权制度的境外立法例来看，无论是法国、日本、意大利等国家的民法典，还是我国台湾地区“民法”，都没有将代位权的客体限定为“债务人的债权”，只要债务人怠于行使影响其责任财产的权利，一般都可以由债权人代位行使，建议扩大我国代位权客体的范围。民法典合同编草案一审稿和二审稿吸收了这些意见，将代位权的客体规定为“债务人的权利”，即将代位权行使要件之一规定为“债务人怠于行使其权利”。在对合同编草案二审稿征求意见的过程中，又有一些意见提出，将代位权的客体规定为“债务人的权利”，使债权人对债务人的经济活动干预过大。尤其是债务人享有合同解除权、因意思表示瑕疵所产生的合同撤销权等权利时，究竟是解除或者撤销合同对债务人的整体责任财产更为有利，还是不解除或者不撤销合同更为有利，情况比较复杂，债权人不宜直接取代债务人作出决定，建议限缩代位权的客体。当前，实践需求最为迫切的就是将为债务人的债权所设定的担保权利纳入代位权的客体，而对合同法规定的代位权客体“债务人的债权”是否包括作为债权从权利的担保权利，认识并不一致，民法典建议予以明确。经认真研究，综合考量，合同编本条最终将代位权的客体规定为“债权或者与该债权有关的从权利”，“与该债权有关的从权利”主要是指担保权利（包括担保物权和保证）。例如，债权人 A 对债务人 B 享有债权，债务人 B 对相对人 C 享有债权，D 为 B 对 C 的债权设定了抵押，也即债务人 B 对抵押人 D 享有抵押权。如果相对人 C 没有债务清偿能力，但债务人 B 怠于行使对抵押人 D 的抵押权，影响债权人 A 的债权实现的，A 依照本条规定可以代位行使 B 对 D 的抵押权。此外，还有一点需要注意，本条中的“代为行使债务人对相对人的权利”，用的是“相对人”而不是“次债务人”，主要也是与扩大代位权的客体范围有关。因为“次债务人”指的是债务人的债务人，而不能包括为债务人的债权提供担保的抵押人、质押人、保证人等担保人，而使用“相对人”的概念则涵盖范围可以更广。

二是，将代位权的行使要件“对债权人造成损害的”修改为“影响债权人的到期债权实现的”，除了将“造成损害”修改为“影响债权实现”使表述更为精准之外，更为实质的修改是明确了应当影响“到期债权”的实现。依照合同法规定，因债务人怠于行使其到期债权，对债权人造成损害的，债权人可以行使代位权。“对债权人造成损害”是否包括“未到期债权”的实现受到影响，理论和实践中存在一定争议。有的意见认为，一般情况下指的是影响到期债权实现，但在特定情况下也可以包括未到期债权的实现受到影响的情况，例如债权人的债权到期前，存在债务人的债权诉讼时效期间即将届满、债务人的相对人破产等情况，此时为了保护债权人利益，也应当允许债权人代位行使债务人的权利，作出中断诉讼时效、申报债权等必要的行为，该行为在理论上称之为“保存行为”。也有的意见认为，本条规定的是通过向法院提起诉讼行使代位权，而保存行为例如申报债权，并不是提起诉讼，为了中断诉讼时效也不一定要向法院提起诉讼，可以直接向债务人的相对人提出请求，因此将保存行为纳入本条并不合适。经认真研究，将债权人的债权未到期情形下的“保存行为”单列一条予以规定，即合同编第536条，而将本条的行使要件明确限定为影响债权人“到期债权”的实现，这两个条文合起来组成完整的代位权适用范围。

◆ **条文解读**

依照本条规定，债权人行使代位权应当符合以下条件：

一是需债务人享有对外的债权。这是代位权存在的基础。倘若债务人没有对外的债权，就无所谓代位权。

二是需债务人怠于行使其债权或者与该债权有关的从权利。“怠于行使”是指债务人应当行使其权利，且能够行使而不行使。

如果债务人已经行使了权利，不管行使权利的实际效果如何，债权人都不能行使代位权。代位权的客体，即债务人怠于行使的权利，不能是专属于债务人自身的权利。专属于债务人自身的权利，例如基于扶养关系所产生的抚养费、赡养费、扶养费请求权只能由债务人自己行使，债权人不能代位行使。

三是债务人怠于行使自己的权利，已影响债权人的到期债权实现。债务人怠于行使权利若不影响债权人的到期债权实现，则不发生代位权。例如，虽然债务人怠于行使某一债权，但债务人的其他资产充足，足以清偿对债权人所负的债务，在这种情况下，债权人不得代位行使债务人的债权。

四是需债务已陷于迟延履行。债务人的债务履行期限未届满的，债权人不能行使代位权。债务履行期限已届满，债务陷于迟延履行，债权人方可行使代位权。

具备上述条件，债权人即可代位行使债务人对相对人的债权或者与该债权有关的从权利。债权人行使代位权的范围，以债务人的债权额和债权人的债权额为限，超越此范围，债权人不能行使。例如，债权人对债务人的债权额为 200 万元，债务人对相对人的债权额为 100 万元，债权人只能请求债务人的相对人向债务人清偿 100 万元，而不能请求偿还 200 万元。又如，债权人对债务人的债权额为 60 万元，债务人对相对人的债权额为 100 万元，债权人行使代位权的请求数额只能是 60 万元，而不能请求偿还 100 万元。

债权人行使代位权，提起代位诉讼，法院的判决对债务人是否发生效力？如果债务人作为第三人参加诉讼，法院的判决自然对其发生效力。如果债务人未参加诉讼，法院判决的效力亦及于债务人，债务人不得就债权人行使代位权请求的数额另行起诉，否则违反一事不再理原则。但是，债务人对相对人的债权数额超出债权人行使代位权请求数额的，就超出部分，债务人仍然可以向有管辖权的法院另行起诉相对人。

债权人行使代位权，债务人的相对人的地位不应受到影响，债务人的相对人对债务人的抗辩（不限于抗辩权），如同时履行抗辩权、后履行抗辩、时效届满的抗辩、虚假表示可撤销的抗辩等，同样可以对抗债权人。对此，本条专门增加规定“相对人对债务人的抗辩，可以向债权人主张”。

债权人行使代位权会支出一定的费用，本条第 3 款规定，债权人行使代位权的必要费用，由债务人负担。

第五百三十六条 债权人的债权到期前，债务人的债权或者与该债权有关的从权利存在诉讼时效期间即将届满或者未及时申报破产债权等情形，影响债权人的债权实现的，债权人可以代位向债务人的相对人请求其向债务人履行、向破产管理人申报或者作出其他必要的行为。

◆ 条文主旨

本条是关于保存行为的规定。

◆ 立法背景

债权人的债权到期的，债务人怠于行使其权利，影响债权人的债权实现的，债权人可以直接向法院提起代位权诉讼。但是债权人的债权未到期的，债务人怠于行使权利的行为也可能会影响债权人的债权将来实现，例如债务人的债权诉讼时效期间即将届满而债务人仍不积极主张权利、债务人的相对人破产而债务人怠于申报破产债权等。为了保护债权人的利益，即使债权人的债权未到期，也应当允许债权人代位行使债务人的权利，作出中断诉讼时效、申报债权等必要的行为，该行为在理论上称之为“保存行为”。设立代位权制度的境外一些立法例也对保存行为作了规定。例如，《日本民法典》第423条第2款规定，债权人的债权期限未届至的，债权人不得行使被代位权利，但保存行为不在此限。我国台湾地区“民法”第243条规定，前条债权人之权利（代位权），非于债务人负迟延责任时，不得行使。但专为保存债务人权利之行为，不在此限。

◆ **条文解读**

本条参考境外立法例，根据我国的实践需求，对保存行为作了规定。本条列举规定了保存行为的两种典型类型，一是债权人可以代位债务人作出中断诉讼时效的行为。针对的是债权人的债权到期前，债务人的债权或者与债权有关的从权利存在诉讼时效期间即将届满的情况。例如，债权人甲对债务人乙享有债权，债务人乙对丙享有债权，保证人丁为乙对丙的债权提供了保证担保，丙自身无财产，现债务人乙对保证人丁所享有的保证债权的诉讼时效期间即将届满仍不积极主张权利，影响甲对乙的债权将来实现的，甲可以依照本条规定，代位向丁主张保证债权，请求丁向乙履行保证债务。二是债权人可以代位向破产管理人申报破产债权。针对的是债务人的相对人破产，债务人不积极申报破产债权，影响债权人的债权将来实现的，债权人可以代位向债务人的相对人的破产管理人申报破产债权。保存行为不限于以上两种类型，本条在“未及时申报破产债权”后还有一个“等”字，并规定了“作出其他必要的行为”，以适应实践发展需求。

第五百三十七条 人民法院认定代位权成立的，由债务人的相对人向债权人履行义务，债权人接受履行后，债权人与债务人、债务人与相对人之间相应的权利义务终止。债务人对相对人的债权或者与该债权有关的从权利被采取保全、执行措施，或者债务人破产的，依照相关法律的规定处理。

◆ 条文主旨

本条是关于代位权行使效果的规定。

◆ 立法背景

债权人行使代位权，对债务人、债务人的相对人和债权人都会产生一定的法律效果。行使代位权的债权人可否优先于其他债权人受偿，在理论和实践中存在着一定争议。传统民法坚持“入库规则”，即从债的平等性原则出发，债权人行使代位权应当把代位权所取得的财产“入库”，即归属于债务人，然后所有债权人再从债务人处平等受偿。但“入库规则”在实践中也产生了打击债权人行使代位权的积极性，不利于发挥制度功能等问题，因此很多意见建议要改变传统的“入库规则”。

一、境外立法情况

设立代位权制度的传统民法典，比如法国民法典、2017 年修改前的日本民法典、我国台湾地区“民法”都实行“入库规则”，突出代位权制度对债务人责任财产的保全功能，债权人不能就行使代位权所取得的财产利益直接受偿。但在这些国家和地区，“入库规则”也遭到了一些学者的质疑，尤其是实务界反对意见很大。在 2016 年法国债法改革和 2017 年日本债法改革中都对要不要改变“入库规则”进行了激烈的争论，但争论的结果却大不相同。尽管有反对意见，法国债法改革最终依然维持了传统的“入库规则”，债权人通过行使代位权所取得的财产利益要归入债务人的财产“库”中，债权人不能相对其他债权人先予受偿。但在法律有明确规定的情形下，债权人可以直接要求债务人的债务人对其进行清偿。修改后的《法国民法典》第 1341－3 条规定，在法律有明文规定的场合，债权人可以直接要求其债务人的债务人对其进行清偿。其典型的例子就是责任险中受害人对于侵权人的保险人所享有的直接请求清偿的权利。2017 年日本债法改革对是否改变传统“入库规则”经历了一个较为波折的过程。日本民法典自仿效法国民法典设立代位权制度以来，一直秉持“入库规则”，债权人通过代位权诉讼要求债务人的相对人向债务人清偿债务，以保护自己的债权，为后续的强制执行作准备。但是日本的强制执行法并没有给行使代位权诉讼的债权人以特殊待遇，该债权人仍然要与其他债权人一起平等通过强制执行程序实现债权，这极大打击了债权人行使代位权的积极性。实践中，日本一些司法判例开始对传统的“入库规则”予以变通，允许债权人请求债务人的相对人向自己交付财产，债权人再以自己对债务人所负的财产返还义务与债务人对自己所负的债务抵销，从事实上达到债权人就行使代位权所得财产利益优先于其他债权人受偿的效果。在债法改革中，是否要将债权人事实上先予受偿的效果予以法律明文化，可以说是修改过程中争议很大的一个问题。2013 年 2 月公布的《中间试案》对此持否定态度，规定债权人有权要求债务人的相对人向自己交付金钱或其他权利，债务人的相对人交付后，债权人对债务人负有返还义务，但债权人无权以自己对债务人所负的财产返还义务与债务人对自己所负的债务抵销。理由是，仅通过抵销达到事实上优先于其他债权人受偿的效果，与具有相同功能的强制执行制度不协调。为了保护债务人和债务人的相对人的程序权利，债权人行使代位权受领债务人的相对人交付的财产后，仍然要通过强制执行程序实现债权。实务界强烈反对《中间试案》采取的这一方案，认为如果否定债权人通过抵销达到事实上优先于其他债权人受偿的效果，将在实务中产生很多弊端；可以在各个具体案件中用“抵销权滥用”这一法理来衡量是否应该承认债权人事实上优先于其他债权人受偿的效果，而不是在法条中直接否定。基于实务界的强烈反对，日本债法改革最终认可了债权人可以通过抵销达到事实上优先于其他债权人受偿的效果。修改后的《日本民法典》第423条第3项规定，债权人行使被代位权利之情形，被代位权利以支付金钱或交付动产为标的时，得对相对人请求向自己为其支付或者交付。于此情形，相对人对债权人作出其支付或交付时，被代位权利因此而消灭。按照日本民法典的规定，债权人接受债务人的相对人交付的财产后，仅是被代位权利消灭，债权人与债务人之间的权利义务关系并不自动消灭。债权人需要通过主张将自己对债务人的财产返还债务与债务人对自己所负的债务抵销，来解决债权人与债务人之间相应权利义务关系问题，最终达到债权人先于其他债权人受偿的效果。

二、我国立法和司法实践情况

在合同法起草时，就对代位权的行使效果进行过讨论。“入库规则”曾写进合同法草案中。合同法草案（征求意见稿）规定：行使代位权取得的财产，归债务人后再清偿债权。对此因存在争议，合同法最终删去了该规定。在合同法颁布实施后，最高人民法院于1999年12月19日颁布《关于适用〈中华人民共和国合同法〉若干问题的解释（一）》，对代位权制度的具体适用问题作了规定。该司法解释第20条规定，债权人向次债务人提起的诉讼经人民法院审理后认定代位权成立的，由次债务人向债权人履行清偿义务，债权人与债务人、债务人与次债务人之间相应的债权债务关系即予消灭。按照我国学界的说法，该规定对代位权的行使效果问题采取的是“直接受偿规则”，即省去先将代位权诉讼所取得财产归属于债务人的“入库”环节，可以由债务人的相对人直接向债权人履行债务。按照“直接受偿规则”，由债务人的相对人直接向债权人履行债务后，债权人与债务人、债务人与次债务人之间相应的债权债务关系都自动消灭。

在民法典编纂过程中，对于代位权的行使效果是采取“入库规则”，还是采取“直接受偿规则”，也产生了较大的争议。

支持“入库规则”的观点认为，债权人行使代位权只是代位行使债务人的权利，目的在于保全债务人的责任财产，充实债务人一般担保的实力，债务人的相对人偿还的财产为全体债权人的共同担保物，故行使代位权的债权人不能因此先受偿，而应当与其他债权人处于同等地位受偿。如果实行“直接受偿规则”，使行使代位权的债权人先于其他债权人接受清偿，有违债的平等性原则。

支持“直接受偿规则”的观点认为，一是债的平等性原则只是从抽象意义上来说的，并不排斥“先到先得”，就像执行程序，哪个债权人先取得执行名义并先申请执行，就可以先取得债务人的财产。代位权诉讼属于个案的普通诉讼，毕竟不是债务人清算程序或者破产程序，不需要集中一并处理所有债权人的债权问题，由提起代位权诉讼的债权人直接受偿，不违背债的平等性原则。二是债权人提起代位权诉讼，既需要证明债权人对债务人享有债权的事实，还需要证明债务人对相对人享有债权并怠于行使该权利，需要花费大量的金钱、时间和精力。如果实行“入库规则”，将代位权诉讼取得的财产利益归属于债务人，再由所有的债权人平等受偿，这样既不具有可操作性，也会使债权人丧失提起代位权诉讼的积极性，各债权人都希望他人提起代位权诉讼而自己“搭便车”，不利于代位权制度发挥其作用。三是如果坚持“入库规则”，代位权诉讼取得的财产先归属于债务人，债务人也可能仍然拒绝清偿对债权人所负的债务，此时债权人再以债务人为被告提起诉讼，徒增当事人的讼累，浪费司法资源，不符合诉讼经济原则，甚至还可能会产生人民法院对另行提起的诉讼和代位权诉讼作出不同判决的情形。

◆ **条文解读**

通过参考境外立法情况并总结我国司法实践经验，经过认真研究，反复权衡，为了有利于调动债权人行使债权的积极性，强化对债权实现的保护力度，本条对于代位权的行使效果采纳了“直接受偿规则”，使代位权制度既具有防止债务人责任财产减少的保全功能，又能在一定程度上达到促成债权人的债权实现的效果。根据本条规定，债权人提起代位权诉讼，人民法院认定代位权成立的，由债务人的相对人向债权人履行义务，债权人接受履行后，债权人与债务人、债务人与相对人之间相应的权利义务终止。需要注意的是，本条规定的是“相应的”权利义务终止，即债权人与债务人、债务人与相对人之间权利义务只是就相对人向债权人履行债务的这一数额部分终止。试举一例予以说明。债权人甲对债务人乙享有 100 万元到期债权，债务人乙对相对人丙享有 80 万元债权，债务人乙怠于行使对丙的债权，影响债务人乙对债权人甲的债权实现。甲依法对丙提起代位权诉讼，法院认定代位权成立，由丙向甲履行 80 万元债务后，乙与丙之间的债权债务终止，但甲与乙之间的债权债务并没有全部终止，只是 80 万元部分的债权债务终止。在代位权诉讼后，甲仍可向乙另行提起诉讼，要求乙清偿剩余的 20 万元债务。

本条还对代位权之诉与债权（或与该债权有关的从权利）的保全、执行、债务人破产之间的关系作了规定。

实践中，在债务人有多个债权人的情形下，可能有的债权人提起代位权之诉，而有的债权人直接起诉债务人并申请对债务人的债权（或与该债权有关的从权利）采取了保全措施，或者也有的债权人直接起诉债务人并取得了生效判决，已经进入执行程序，债务人的债权已经被采取了查封等执行措施。关于如何处理代位权之诉与债权保全、债权执行之间的关系问题，存在着一些观点，认为我国代位权行使的法律效果既然采取了“直接受偿规则”，允许债务人的相对人直接向债权人履行债务，就实际上赋予了行使代位权的债权人优先受偿权的性质，因此即使债务人的相对人对债务人的债权被采取了保全、执行措施，行使代位权的债权人的债权仍然处于优先地位。

这种观点实际上是对代位权行使效果的误解。代位权行使的效果采取“直接受偿规则”，规定由债务人的相对人直接向债权人履行债务，只是产生了使行使代位权的债权人先于其他债权人受清偿的实际效果，目的并不是要赋予行使代位权的债权人一种类似担保物权、建设工程价款优先受偿权这样的优先权。债务人破产的，也存在着一些误解，认为提起代位权诉讼的债权人的债权可以排除适用企业破产法的有关规定。

为了避免这些误解，本条明确规定，债务人对相对人的债权或者与该债权有关的从权利被采取保全、执行措施，或者债务人破产的，依照相关法律的规定处理。

1. 关于债务人对相对人的债权（或者与该债权有关的从权利）被采取保全、执行措施。代位权行使的“直接受偿规则”秉持先到先得，谁先提起代位权诉讼，谁就可以直接接受相对人的履行，先实现债权，而担保物权、建设工程价款优先权不论行使权利的时间先后，都优先于其他债权受偿。再进一步讲，代位权行使的“直接受偿规则”使代位权制度不仅具有保全的功能，还具有了一定的债权实现功能，在这种意义上，代位权诉讼也可以理解为实现债权的一种途径。除了这种途径之外，一些债权人可能会选择走直接起诉债务人再申请强制执行债务人的债权的途径，在直接起诉债务人的同时，也可能会对债务人的债权申请采取保全措施。债权人提起代位权诉讼与直接起诉债务人，这两种途径并不存在优先顺位问题，不能认为提起代位权诉讼的债权人要优先于直接起诉债务人的债权人受偿。债权人提起代位权诉讼，不影响其他债权人直接起诉债务人。即使债权人已经提起代位权诉讼，其他债权人直接起诉债务人的，仍然可以按照民事诉讼法的规定，对债务人的债权采取保全措施；直接起诉债务人的债权人拿到生效判决的，可以执行债务人对相对人的债权。代位权诉讼胜诉，人民法院判决由债务人的相对人向债权人履行债务的，提起代位权诉讼的债权人也可以申请强制执行。提起代位权诉讼的债权人与直接起诉债务人的债权人，在执行程序中平等对待，按照有关强制执行的法律规定确定各债权人的债权受偿问题。试举一例予以说明：债权人甲和债权人乙分别对债务人丙享有 100 万元债权，债务人丙对丁享有 100 万元债权。债权人甲通过代位权诉讼取得了对丁的胜诉判决，判决丁向甲履行 100 万元债务，现已进入执行程序。债权人乙直接起诉债务人丙，也取得了胜诉判决，现也进入执行程序。在执行程序中，甲的债权不能因为胜诉判决是通过代位权诉讼取得的，就优先于乙的债权受清偿。甲、乙的债权在执行程序中平等对待，按照有关执行程序的法律规定处理。

2. 关于债务人破产。债务人破产情形的主要误解是，在人民法院受理破产申请前 6 个月内，债务人的相对人已经按照代位权诉讼判决向提起代位权诉讼的债权人履行债务的，排除适用《企业破产法》第32条规定，管理人不得请求撤销。《企业破产法》第32条规定："人民法院受理破产申请前六个月内，债务人有本法第二条第一款规定的情形，仍对个别债权人进行清偿的，管理人有权请求人民法院予以撤销。……"《企业破产法》第2条第1款规定，企业法人不能清偿到期债务，并且资产不足以清偿全部债务或者明显缺乏清偿能力的，依照本法规定清理债务。依照合同编本条规定，债权人提起代位权诉讼，债务人的相对人向债权人履行债务，债权人接受履行后，债权人的债权得到事实上的清偿，虽然并不是由债务人直接向债权人履行债务使债权得到清偿，但也不能排除《企业破产法》第32条的适用；符合《企业破产法》第32条规定情形的，管理人仍然可以请求人民法院撤销债务人的相对人对债权人的清偿。

第五百三十八条　债务人以放弃其债权、放弃债权担保、无偿转让财产等方式无偿处分财产权益，或者恶意延长其到期债权的履行期限，影响债权人的债权实现的，债权人可以请求人民法院撤销债务人的行为。

◆ 条文主旨

本条是关于撤销债务人无偿行为的规定。

◆ 立法背景

撤销权亦称废罢诉权，指债务人有积极减少责任财产，影响债权实现的行为，债权人享有撤销该行为的权利。债权人撤销权与代位权都具有保全债务人责任财产的功能，但又有所差异。债权人行使代位权是防止债务人消极行使权利而听任责任财产不当减少，债权人行使撤销权是通过撤销债务人积极减少责任财产的不当行为来达到债权保全的目的。本章将债务人积极减少责任财产的不当行为区分为两种类型，分别对债权人撤销权的成立要件予以规定。本条规定的是撤销权第一种类型，主要是针对债务人无偿处分财产的行为。另一种类型，主要是针对债务人有偿处分财产的行为，本编第539条对此予以规定。

◆ **条文解读**

本条对债务人无偿处分财产情形下撤销权的成立要件及行使作了规定。

一、债务人无偿处分财产情形下撤销权的成立要件

根据本条规定，债务人无偿处分财产行为的，撤销权的成立要具备以下要件：

一是债务人要有无偿处分财产的行为。本条对几种比较典型的无偿处分财产的行为予以列举，包括债务人放弃其债权、放弃债权担保、无偿转让财产等。此处的“放弃其债权”“放弃其债权担保”与怠于行使债权或者怠于行使担保权不同。“放弃其债权”“放弃其债权担保”一般要通过民事法律行为的形式作出，并且该债务人的债权可能已届清偿期，也可能未届清偿期，债权人都可以通过撤销权制度予以撤销。对于怠于行使债权或者怠于行使担保权，既然称之为“怠于”，那么该债务人的债权应当已届清偿期，该担保权也具备了行使条件。如果债务人没有放弃债权、放弃债权担保的民事法律行为，仅是怠于行使债权或者担保权，债权人通过代位权制度保全债务人责任财产即可，无需提起撤销权诉讼。无偿转让财产的行为，既包括无偿转让动产或者不动产等有形财产的行为，也包括无偿转让股权、债权、知识产权、网络虚拟财产等财产权益的行为；既可以是双方民事法律行为，例如债务人通过赠与合同处分财产，也可以是单方民事法律行为。除了以上几种比较典型的无偿处分财产行为外，本条还用了一个“等”字用以涵盖其他各种无偿处分财产的行为。对于无偿处分财产的行为，不问债务人的主观动机如何，均可予以撤销。无偿处分财产的行为主要是民事法律行为，当然对于债务人作出的无效民事法律行为直接主张无效即可，无须撤销。对于事实行为，如债务人毁损责任财产，则无从撤销。对于债务人的身份行为，如结婚、离婚、收养等，也可能会影响到债务人的财产状况，但不能成为撤销权行使的对象，否则就构成了对债务人人身权利的不当限制。此外，本条还借鉴吸收司法实践经验，规定债权人也可以撤销债务人恶意延长其到期债权的履行期限的行为。“恶意”是指债务人知道其延长到期债权履行期限的行为会影响债权人的债权实现仍然实施。如果债务人的债权履行期限届满后，债务人的相对人暂无力履行债务而与债务人就履行期限问题重新协商，债务人付出适当代价以换取履行期限延长的，则不属于本条撤销权行使的对象。

二是债务人的行为要影响债权人债权的实现。债务人无偿处分财产等行为，要影响到债权人债权的实现，方有予以撤销的必要。本条并不要求债务人必须要有损害债权的主观过错，从强化对债权实现的保护力度出发，只要是债务人的行为在客观上影响到债权人债权的实现，就可以行使撤销权。一般来说，债务人的不当行为要发生在债权人的债权设立后；如果债务人的不当行为发生在先、债权成立在后的，一般很难说是债务人的不当行为与影响债权人债权实现之间存在联系。当然也不排除个别情况下，债务人知道债权即将设立，为了损害将来的债权提前故意作出不当行为。本条规定的是债务人的行为是无偿情形下撤销权的成立要件，也不要求利益受到影响的债务人的相对人主观上存在过错，不管债务人的相对人对于其与债务人之间的行为影响债权人的债权实现是否知情，都不影响撤销权的成立。这一点与债务人的行为是有偿情形下撤销权的成立有所不同。至于如何认定“影响债权人债权的实现”要结合债权人的债权情况、债务人的责任财产状况等在个案中予以具体判断，不可僵化理解，既要防止对债务人行为的不当、过分干预，也要防止设定过于严苛的条件损害撤销权的正常行使。撤销权与代位权同为保全债务人责任财产的手段，但在“债务人的行为影响债权人债权的实现”这个要件上有所不同。依照本编第 535 条的规定，代位权的成立，以债务人怠于行使权利的行为“影响债权人的到期债权实现”为条件，即债权人的债权未到期的，除了第 536 条规定的中断诉讼时效等保存行为外，债权人不得行使代位权。而对于撤销权，不管债务人的不当行为是影响债权人的到期债权实现还是影响债权人的未到期债权将来实现的，债权人均可以行使撤销权，对此不作限制，当然在具体认定标准的把握上可能会有所不同。

二、关于撤销权的行使

撤销权的行使主体是指因债务人的行为影响其债权实现的债权人。债权人有多个的，每个债权人都享有撤销权，但多个债权人都提起撤销权诉讼的，法院一般合并审理。债权人的撤销权不同于合同解除等普通的形成权。享有解除权的当事人可以通知的方式解除合同，通知一般自到达对方时解除。债权人的撤销权在学理上被称为“形成诉权”，即只能以提起诉讼的方式行使。本条要求只能以诉讼的方式行使撤销权，原因在于撤销权是对债务人行为自由的干预，打破了合同相对性原则，直接影响到第三人的利益，由法院对撤销权的行使予以审查，有利于防止撤销权的不当使用，并有利于使各方的法律关系及时得以明确，使被打破的秩序及时稳定下来。债权人行使撤销权也不能通过仲裁的方式行使。

第五百三十九条　债务人以明显不合理的低价转让财产、以明显不合理的高价受让他人财产或者为他人的债务提供担保，影响债权人的债权实现，债务人的相对人知道或者应当知道该情形的，债权人可以请求人民法院撤销债务人的行为。

◆ 条文主旨

本条是关于撤销债务人有偿行为的规定。

◆ 立法背景

若债务人的行为是有偿行为，债务人的相对人取得利益也付出了代价，与债务人的行为是无偿行为相比，在设计撤销权成立要件时，需要更重视对交易安全因素的考量，需要更加严格适用。

◆ 条文解读

根据本条规定，债务人的行为是有偿行为情形下撤销权的成立要件包括：

一是要有以明显不合理的低价转让财产、以明显不合理的高价受让他人财产或者为他人的债务提供担保的行为。债务人以明显不合理的低价转让财产、以明显不合理的高价受让他人财产的，虽然债务人的相对人也付出了一定代价，但因其明显不合理，实际上减少了债务人的责任财产，可以成为撤销权的行使对象。至于何谓“明显不合理的低价”“明显不合理的高价”，需要结合具体交易情况，在个案中作具体判断。“为他人的债务提供担保的行为”是在合同法基础上增加的。“为他人的债务提供担保的行为”，既包括为他人的债务担任保证人，也包括为他人的债务以自己的财产设定抵押、质押等，这些行为也会对债权人的债权实现造成重大影响，因此本条将其纳入撤销权的行使对象。

二是债务人的行为影响债权人的债权实现。债务人以明显不合理的低价转让财产、以明显不合理的高价受让他人财产或者为他人的债务提供担保的行为，要在客观上影响债权人债权的实现，方能撤销。至于如何认定“影响债权人债权的实现”，要结合债权人的债权情况、债务人的责任财产状况等在个案中予以具体判断。此外，不管债务人的行为是影响债权人的到期债权实现还是影响债权人的未到期债权将来实现的，债权人均可以行使撤销权。

三是债务人的相对人主观上存在恶意。这一要件与债务人的行为是无偿行为时行使撤销权有所不同。对于债务人以明显不合理的低价转让财产或者以明显不合理的高价受让他人财产，债务人的相对人毕竟付出了代价，如果仅以价格明显不合理为由撤销债务人的行为，将会严重损害交易安全。因此，本条将债务人的相对人主观上存在恶意作为该情形下撤销权的成立要件。对于债务人为他人的债务提供担保，他人债务的债权人即担保权人往往正是因为有该项担保，而与该“他人”从事某项交易。例如，债务人甲的责任财产已不够清偿现有债权，但甲仍然为他人（乙）的债务提供担保，以自己的财产为乙的债权人丙设定了抵押，担保乙对丙所负 100 万元借款债务的履行。这种情形下，从保护交易安全来说，要对债务人为他人的债务提供担保的行为（即所举例子中甲为乙的借款债务向丙提供担保的行为）行使撤销权，需要债务人的相对人，即该他人债务的债权人（丙）在主观上存在恶意。

债务人的相对人在主观上存在恶意，指债务人的相对人知道或者应当知道债务人的行为影响债权人的债权实现，该要件的举证责任由行使撤销权的债权人承担。如果债务人的相对人在主观上并不存在恶意，对债务人的有偿行为或者债务人提供担保的行为影响债权人的债权实现的情况并不知情，那么债权人也不得撤销债务人的行为。

第五百四十条　撤销权的行使范围以债权人的债权为限。债权人行使撤销权的必要费用，由债务人负担。

◆ **条文主旨**

本条是关于撤销权行使范围的规定。

◆ **立法背景**

债权人向人民法院提起诉讼，行使撤销权的目的在于恢复债务人的责任财产而保全债权，这在一定程度上限制了债务人自由处分财产的权利，突破了合同相对性原则，也会对债务人的相对人的利益产生一定影响。因此，债权人行使撤销权的范围不宜过宽。

◆ **条文解读**

依照本条规定，债权人行使撤销权的范围应以自己的债权为限。例如，债权人对债务人享有50万元的金钱债权，债务人无偿或者低价处分财产的行为有多项，既将自己价值50万元的汽车赠与他人，又将房产以低于市价50万元的价格出售于他人，那么债权人应当在债务人减少责任财产50万元的额度范围内请求撤销债务人的行为，可以选择撤销债务人的汽车赠与行为或者低价出售房产的行为之一，但不得请求将汽车赠与行为和低价出售房产行为这两项行为一并撤销。当然，如果债务人的行为是无法分割的，即使债务人减少责任财产的数额超过了债权人的债权额，债权人也可以撤销。例如，债权人对债务人享有 50 万元的金钱债权，债务人将房产以低于市价 100 万元的价格出售于他人，此时债权人可以就整个低价处分房产的行为予以撤销，而不限制在只撤销低于市价 50 万元的部分。两个或者两个以上债权人同时提起撤销权诉讼，请求撤销债务人的行为的，人民法院可以合并审理，以各债权人为原告，债务人为被告，此时撤销权的行使范围以作为原告的各债权人的债权额总和为限。如果债权人人数众多，也可以通过代表人诉讼的形式行使撤销权。《民事诉讼法》第 53 条规定，当事人一方人数众多的共同诉讼，可以由当事人推选代表人进行诉讼；代表人的诉讼行为对其所代表的当事人发生效力，但代表人变更、放弃诉讼请求或者承认对方当事人的诉讼请求，进行和解，必须经被代表的当事人同意。依照《民事诉讼法》第 53 条的规定，多个债权人可以推选代表人进行诉讼，此时撤销权的行使范围以推选代表人的各个债权人的债权额总和为限。

债权人行使撤销权会支付一定的费用。依照本条规定，债权人行使撤销权的必要费用，由债务人负担。

第五百四十一条 撤销权自债权人知道或者应当知道撤销事由之日起一年内行使。自债务人的行为发生之日起五年内没有行使撤销权的，该撤销权消灭。

◆ **条文主旨**

本条是关于撤销权行使期间的规定。

◆ 立法背景

债权人行使撤销权，是对债务人行为的限制，债务人影响债权人的债权实现的行为被撤销的，自始没有法律约束力。因此，债权人撤销权的行使足以改变既存秩序，也会对交易安全制度带来一定的挑战。为了保持社会秩序的相对稳定，应当对撤销权的行使期间作一定的限制。

就撤销权行使期间的性质，理论上有除斥期间和诉讼时效两种学说。除斥期间是法律为形成权设定的行使期间。所谓形成权，是指因单方民事行为即能引起民事法律关系产生、变更终止的权利。除斥期间届满，形成权消灭。除斥期间与诉讼时效，都可以督促当事人行使权利，但二者却有质的不同：

第一，诉讼时效适用于请求权，请求权是请求他人为一定行为或者不为一定行为的权利。除斥期间适用于形成权。

第二，诉讼时效的适用范围无须法律特别规定，只需符合法院受案范围的请求权，均可援用诉讼时效。除斥期间的适用需由法律明确规定。

第三，诉讼时效有中止、中断、延长的制度，除斥期间则是固定不变的，所以除斥期间又有不变期间之称。

第四，诉讼时效届满，消灭的是胜诉权，当事人的请求权依然存在，只不过义务人可以时效届满为由提出不履行义务的抗辩。除斥期间届满，消灭的是实体权利，当事人不能再行使该权利。

主张撤销权时效是诉讼时效的观点认为，撤销权是请求权，即请求撤销债务人行为的权利，不是形成权，债权人不可以自行撤销债务人行为，故撤销权的时效应为诉讼时效。主张撤销权是除斥期间的观点认为，撤销权属于形成权的一种，债权人未及时行使撤销权的，撤销权消灭，撤销权时效属于除斥期间。

◆ **条文解读**

依照本条规定，撤销权的行使期间为除斥期间。撤销权原则上应在债权人知道或者应当知道撤销事由之日起 1 年内行使，但自债务人的行为发生之日起 5 年内没有行使的，撤销权消灭。将撤销权行使期间起算点规定为“债权人知道或者应当知道撤销事由之日起”有利于保护债权人的利益，防止其因不知撤销事由存在而错失撤销权的行使。同时规定“自债务人的行为发生之日起五年”的客观期间，有助于稳定民事法律关系，维护交易秩序。

第五百四十二条 债务人影响债权人的债权实现的行为被撤销的，自始没有法律约束力。

◆ **条文主旨**

本条是关于债务人行为被撤销的法律效果的规定。

◆ **立法背景**

合同法未对债务人影响债权人的债权实现的行为被撤销的法律效果作出规定，一些意见提出，法律有必要对此予以明确。

◆ **条文解读**

依照本条规定，债权人的撤销权成立，债务人的行为被人民法院撤销的，债务人的行为自始没有法律约束力。债务人放弃其债权、放弃债权担保的行为被撤销后，债务人的相对人仍对债务人负有债务、担保人仍对债务人负有担保责任。债务人无偿或者低价转让财产的行为、高价受让财产的行为被撤销后，债务人尚未给付的，不得再向相对人给付，相对人也不再享有请求债务人给付的权利；债务人已经向相对人给付的或者已经互相给付的，债务人、债务人的相对人负有返还财产、恢复原状的义务，不能返还的应当折价补偿。债务人为他人的债务提供担保的行为被撤销后，债务人不再负有担保责任；债务人已经承担担保责任的，担保权人对债务人负有返还义务。

在合同编起草过程中，有的意见提出，如果对于行使撤销权后的法律效果仅是规定债务人的行为自始没有法律约束力，并不能解决因债务人的行为被撤销后债务人的相对人返还财产的问题，建议规定债权人在提起撤销权诉讼的同时可以一并提起代位权诉讼，允许债权人在债务人的行为被撤销的同时，直接以债权人的名义请求债务人的相对人返还财产，这样有利于减少债权人的权利实现成本，促进债权实现。民法典合同编草案一审稿和二审稿均在本条规定中设第2款，即“债权人请求人民法院撤销债务人行为的，可同时依法以自己的名义代位行使债务人在其行为被撤销后对相对人所享有的权利。”

对此，又有一些不同意见提出，债权人和债务人虽然都具有保全债权的功能，但二者的行使要件并不相同，行使撤销权要求债务人的相对人在主观上存在恶意，而行使代位权并不作此要求；代位权的行使要求债权人的债权已经到期，而对影响债权人未到期债权实现的行为也是可以行使撤销权的。债务人的行为被撤销后，如果债权人的债权仍然未到期，即使规定撤销权和代位权一并行使，此时因为不符合代位权的行使要件而无法一并行使。代位权的行使还要求债务人怠于行使权利，而债务人的行为被撤销后，债务人并不一定会怠于行使要求相对人返还财产的权利，而如果规定代位权和撤销权一并行使恰恰可能导致实践中虚化债务人怠于行使权利这一代位权的行使要件，过于干涉债务人支配、处分自己财产的自由。还有的意见进一步提出，如果允许撤销权和代位权一并行使，债务人的行为被撤销后，债权人可以直接行使代位权请求债务人的相对人返还财产，再加上合同编第537条对代位权的法律效果采取的是直接受偿规则，债权人可以直接接受债务人的相对人向自己返还财产，这就意味着债权人通过撤销权和代位权一并行使直接实现了自己的债权，对行使撤销权的债权人保护过度，而对其他债权人过于不公平。也有的意见提出，撤销权和代位权一并行使可能会导致物上请求权和债权请求权的混淆。在债务人将自己的动产或者不动产低价转让并实际交付给相对人，债权人行使撤销权撤销了债务人的行为后，该动产或者不动产的所有权自动回复至债务人，也即该债务人对相对人享有的应当是物权请求权，而不是债权请求权，债权人想要实现自己的债权，可以通过起诉直接债务人获得胜诉判决再强制执行债务人享有所有权的该动产或者不动产，而不是提起代位权诉讼，代位债务人向相对人主张债权请求权。也有的意见从程序法的角度提出，代位权之诉与撤销权之诉的当事人不同，代位权之诉以债务人的相对人为被告，而撤销权之诉往往以债务人为被告；两个诉的管辖法院也很可能不同；代位权和撤销权的成立要件不同，两个诉的审理对象也就不同。因此，代位权之诉与撤销权之诉一并提起进行合并审理，在诉讼程序上面临着诸多难题。也有的意见提出，撤销权之诉和代位权之诉是否可以一并提起，应当由法院结合案件的实际情况进行判断，如果分别符合撤销权和代位权的成立要件，并且适宜一并提起诉讼的，法院可以允许，但不宜在民法典中概括规定撤销权之诉和代位权之诉可以一并提起。经认真研究，反复权衡，合同编最终删除了合同编草案一审稿、二审稿关于代位权之诉和撤销权之诉可以一并提起的规定。

第六章　合同的变更和转让

本章共十四条，是关于合同的变更和转让的规定。本章主要对合同变更、债权转让、债务转移、债务加入、合同权利和义务的一并转让等作出了规定。在合同法规定的基础上，本章更为明确了债务加入的规则，完善了债权禁止转让特约、债务人在债权转让中的抵销权等规则。

第五百四十三条　当事人协商一致，可以变更合同。

◆ **条文主旨**

本条是关于当事人协商一致变更合同的规定。

◆ **立法背景**

自 1999 年《中华人民共和国合同法》颁布以来，理论和实践对该规则未有争议，本法予以沿袭。

◆ **条文解读**

合同的变更是指合同成立后，当事人对合同的内容进行修改或者补充。本条规定的合同变更，不包括合同当事人或者合同主体的改变，债权人和债务人的改变，是通过本章债权转让、债务转移等制度调整的。

合同是当事人经协商一致达成的，合同成立后，就对当事人具有法律约束力，任何一方未经对方同意，都不得改变合同的内容。但是，当事人在订立合同时，有时无法对涉及合同的所有问题都作出明确的约定；合同订立后，也会出现一些新的情况变化，导致合同内容需要调整。因此，当事人可以本着协商的原则，依据合同成立的规定，确定是否就变更事项达成协议，本法第 5 条也明确规定，民事主体从事民事活动，应当遵循自愿原则，按照自己的意思设立、变更、终止民事法律关系。如果双方当事人就变更事项达成了一致意见，变更后的内容就取代了原合同的内容，当事人就应当按照变更后的内容履行合同。

合同变更，首先，要求存在已成立的有效合同关系，这是合同变更的前提，无效、被撤销、确定不发生效力的合同不能被变更。

其次，要求对合同的内容进行了变更。合同变更可能是数量的增加或者减少；既可能是履行地点的变更，例如由北京改为上海，也可能是履行方式的改变，例如由出卖人送货改为买受人自己提货；既可能是合同履行期的提前或者延期，也可能是违约责任的重新约定；当事人给付价款或者报酬的调整更是常发生的合同变更事项；合同担保条款以及解决争议方式的变化也会导致合同的变更。以增加新的合同条款方式补充合同，尽管原合同内容没有发生变化，但增加了新的合同条款，所以合同也同样发生变更。

再次，要求当事人就变更事项协商一致，根据本法第 136 条第 2 款，一方当事人非依法律规定或者未经对方当事人同意不得擅自变更合同的内容，否则，变更后的内容不仅对另一方没有约束力，而且这种擅自改变合同的做法也是一种违约行为，当事人应当承担违约责任。当事人的协商一致，可能是事先协商约定一定条件下的变更权，也可能是事后协商。但是，当事人对变更的协商一致，根据本法第 133 条，也属于通过意思表示变更民事法律关系的民事法律行为，因此应当符合本法第一编关于民事法律行为成立和效力的规定。例如，依据本法第 140 条，当事人变更合同的意思表示可以是明示或者默示作出，但变更的意思必须是明确的。如果一方当事人要求变更合同，对方虽然未反对，但也没有明确表示同意，或者没有以其行为表示同意的，则不能认定对方当事人同意该变更。例如，房屋租赁合同到期后，承租人支付下个年度的租金，出租人予以接受，此时，房屋租赁合同的合同期限已经发生变更。但是，在买卖合同中，债务人逾期交货，债权人要求继续交货，但对逾期交货的违约责任是否追究未作出明确的意思表示，这一般不宜被解释为具有变更合同履行期限的意思表示。如果对方当事人沉默，则依据本法第 140 条的规定，只有在法律规定、当事人约定或者符合当事人之间的交易习惯时，才可以被视为同意变更的意思表示。例如，本法第 734 条第 1 款规定，租赁期限届满，承租人继续使用租赁物，出租人没有提出异议的，原租赁合同继续有效，但是租赁期限为不定期。这也可以认为是租赁合同的合同期限发生了变更。

本条未对变更合同的形式作出限制，但是，对当事人来说，变更合同的，还是以书面形式为宜，这样有利于明确双方的权利和义务，方便在发生纠纷时找到解决争议的依据。最后，法律、行政法规规定合同的变更等情形需要办理批准等手续的，应当依照其规定。这在本法第 502 条第 3 款明确予以规定。同时，根据第 502 条第 2 款，如果未办理批准等手续影响当事人之间的改变原合同内容的合同生效的，不影响当事人履行报批等义务条款和相关条款的效力，应当办理申请批准等手续的当事人未履行该义务的，对方可以请求其承担违反该义务的责任。

如果双方当事人就变更事项达成了一致意见，变更后的内容就取代了原合同的内容，当事人就应当按照变更后的内容履行合同，合同没有发生变更的部分对当事人仍具有法律约束力。但是，除非当事人另有约定，合同变更原则上仅对合同未履行的部分具有约束力，如果当事人在合同变更前已经作出了履行，则除当事人另有明确约定外，合同的变更不具有溯及力，当事人所做出的履行仍然有效。当事人协商一致的合同变更原则上不影响当事人要求赔偿损失的权利，除非当事人有免除或者改变对方违约责任的明确意思。

同时，当事人之间的合同变更，未经第三人同意，不得对该第三人产生不利影响，否则对第三人不发生效力。例如，本法第422条规定："最高额抵押担保的债权确定前，抵押权人与抵押人可以通过协议变更债权确定的期间、债权范围以及最高债权额。但是，变更的内容不得对其他抵押权人产生不利影响。"第695条规定："债权人和债务人未经保证人书面同意，协商变更主债权债务合同内容，减轻债务的，保证人仍对变更后的债务承担保证责任；加重债务的，保证人对加重的部分不承担保证责任。债权人与债务人变更主债权债务合同的履行期限，未经保证人书面同意的，保证期间不受影响。"第765条规定："应收账款债务人接到应收账款转让通知后，应收账款债权人与债务人无正当理由协商变更或者终止基础交易合同，对保理人产生不利影响的，对保理人不发生效力。"

合同的变更不仅可以通过当事人协商一致的民事法律行为实现，还可以通过人民法院的判决或者仲裁机构的仲裁裁决实现，例如，根据本法第533条第1款规定，构成情势变更的情况下，当事人可以请求人民法院或者仲裁机构变更合同。另外，当事人也可以在符合法律规定的前提下单方变更合同，例如，第777条规定的定作人单方变更、第805条的发包人变更、第829条规定的托运人变更和第922条规定的受托人情况紧急情形下的单方变更委托人指示。判决、仲裁裁决变更和当事人单方变更必须以符合法律的规定为前提。

应当注意的是，合同变更与合同更新不同。所谓合同更新，又被称为合同更改，是消灭旧的权利义务，设定新的权利义务。其与合同变更的区别在于，合同变更没有使得合同丧失同一性，合同更新则使得合同丧失了同一性。故在合同变更中，合同债权所附着的担保、抗辩等利益和瑕疵继续存在，而合同更新中，这些利益和瑕疵归于消灭。学说上一般认为，区分变更和更新的关键是当事人的意思表示和订立合同的目的，以及客观上是债的要素变更还是非要素变更，在当事人意思表示不明的情形下，标的物的重大变化和合同性质的重大改变等原则上被推定为合同更新，而标的物数量的少量增减、履行地点的改变、履行期限的顺延等原则上被推定为合同变更。合同更新仍然以当事人之间的协议为基础，法律并不禁止。

第五百四十四条　当事人对合同变更的内容约定不明确的，推定为未变更。

◆ **条文主旨**

本条是关于合同变更的内容约定不明确的规定。

◆ **立法背景**

自1999年《中华人民共和国合同法》颁布以来，理论和实践对该规则未有争议，本法予以沿袭。

◆ **条文解读**

合同变更的过程，就是当事人协商一致的过程。因此，本法中关于要约、承诺的规定也适用于合同变更的情况。当事人在变更合同的过程中，可能出现对需要变更的内容达不成完全一致意见的情况。例如，甲方向乙方订购 100 台空调，交货期为 5 月 30 日。由于当年暑期提前到来，甲方提出要求交货期改为 5 月 15 日。但是乙方货源很紧张，经过双方反复协商，乙方仅答应根据当时的货源情况，尽量提前交货。由于双方当事人对具体的交货期没有明确作出变更的约定，事后又无法达成补充协议的，则在这种情况下推定为合同未变更。乙方未在 5 月 15 日交货，其行为不构成违约。合同变更会改变当事人之间的权利义务，直接关系到当事人的利益，为了减少在合同变更时可能发生的纠纷，本条规定，当事人对于合同变更的内容约定不明确的，推定为未变更。即使当事人对变更形成合意，但是，在对变更的内容约定不明确的情况下，推定为未变更，除非当事人可以举证推翻该推定。此时，当事人只需按照原有合同的规定履行即可，任何一方不得要求对方履行变更中约定不明确的内容。如果当事人在约定合同变更时，对部分条款的变更的约定是明确的，但另一部分条款的变更约定是不明确的，如果这两类条款在内容上可以分开，则约定明确的部分有效，而约定不明确的部分推定为未变更；但如果这两类条款在内容上是不可分割的，则应当认为，整个合同条款的变更约定不明确，推定为未变更。

第五百四十五条 债权人可以将债权的全部或者部分转让给第三人，但是有下列情形之一的除外：

（一）根据债权性质不得转让；

（二）按照当事人约定不得转让；

（三）依照法律规定不得转让。

当事人约定非金钱债权不得转让的，不得对抗善意第三人。当事人约定金钱债权不得转让的，不得对抗第三人。

◆ **条文主旨**

本条是关于债权转让的规定。

◆ **立法背景**

《日本民法典》第466条、我国台湾地区“民法”第294条等立法例对禁止转让的债权作出规定；《国际商事合同通则》第9.1.9条、《欧洲合同法原则》第11：301条、《国际保理公约》第6条第1款、《应收账款转让公约》第9条、《联合国国际贸易法委员会担保交易示范法》第13条对债权转让当事人间的约定与第三人关系予以规范。本条参酌各国立法例对上述问题予以规定，精解如下。

◆ **条文解读**

债权转让是指不改变债权的内容，由债权人通过合同将债权转让给第三人。从鼓励交易、促进市场经济发展的目的看，法律应当允许债权人的转让行为，承认债权的经济价值，使得债权具有流通性，实现担保融资、托收、贴现、保理、资产证券化等多种交易模式的构建可能。因此，债权原则上具有可转让性，债权人可以转让其债权，无论该债权是现有的还是将有的债权，只要债权可以被特定化。此时，债权人作为让与人，与第三人作为受让人之间，必须经过协商一致达成债权转让合同，转让合同作为民事法律行为应当适用民事法律行为的一般性规定。同时依据本法第502条，如果按照法律、行政法规规定，债权转让应当办理批准等手续的，依照其规定；如未办理批准等手续影响债权转让合同生效的，不影响合同中履行报批等义务条款以及相关条款的效力；应当办理申请批准等手续的当事人未履行义务的，对方可以请求其承担违反该义务的责任。债权人既可以将债权全部转让，也可以将债权部分转让。债权全部转让的，第三人作为受让人取代原债权人即让与人的地位，成为新的债权人；债权部分转让的，第三人作为受让人，除受让人和让与人另有约定外，受让人与让与人按份享有债权。

依据让与人与受让人之间的债权转让合同，除非让与人和受让人之间另有约定，或者让与人在订立转让合同时知道或者应当知道，则让与人负有保证债权转让时确实存在、所有与该转让有关的文件或合同都是真实的并与其所声称的保持一致、其对该债权有处分权、其不会进行任何使得转让债权的价值落空或者减损的行为、债务人对转让债权没有抗辩和抵销权、第三人不得向受让人主张任何权利等瑕疵担保义务，否则应当对受让人承担。但是，除非另有明确的约定，让与人并不对受让人承诺债务人具有或者将具有履行能力。同时，受让人取得债权后，为了使得受让人债权便于实现，受让人享有请求让与人告知主张转让债权的必要信息和交付转让债权证明文件的请求权。

但是，为了维护社会公共利益或者特定主体的私人利益，法律又对债权的可转让性进行了一定限制。为此，一些国家和地区的民法典都对不得转让的权利作出了规定。例如，《日本民法典》第466条中规定，债权得让与之，但其性质不容许让与者，不在此限。我国台湾地区“民法”第294条规定，债权人得将债权让与第三人。但下列债权不在此限：（1）依债权之性质不得让与者；（2）依当事人之特约不得转让者；（3）债权禁止扣押者。在吸取有关国家和地区的立法经验和总结我国实践经验的基础上，本条明确有以下情形之一的，债权人不得转让其权利：

1. 根据债权性质不得转让的权利

根据债权性质不得转让的权利，主要包括以下类型：（1）当事人基于信任关系订立的委托合同、赠与合同等产生的债权。例如，赠与合同的赠与人明确表示将赠与的钱用于某贫困地区希望小学的建设，受赠人如果将受赠的权利转移给他人，用来建造别的项目，显然违反了赠与人订立合同的目的，损害了赠与人的合法权益。（2）债权人的变动必然导致债权内容的实质性变更，例如要求医院进行手术或者要求律师提供咨询的债权；不作为债权一般也不可被单独转让。（3）债权人的变动会危害债务人基于基础关系所享有的利益，实质性地增加了债务人的负担或风险，或实质性地损害了债务人的利益。例如承租人请求交付租赁物的债权；甲有权请求保安公司提供保安服务，防止保管木材的仓库失窃，但后来该仓库出售给了乙，乙计划以该仓库存放电子设备，由于存放电子设备的安全风险比存放木材高很多，这就导致债务人的风险实质性增加。

在债权的部分转让中，不可分的债权根据债权性质不得被部分转让。同时，债权部分转让如果实质性地增加了债务人的负担或者风险的，也不得被部分转让。金钱债权的部分转让不会实质性增加债务人的履行负担，故金钱债权可以部分转让。对于非金钱债权而言，只有对该债权的履行是可分的，并且部分转让不会实质性增加债务人的履行负担或者风险的，才可以被部分转让。

2. 按照当事人约定不得转让的权利

当事人可以对债权的转让作出特别约定，禁止债权人将权利转让给第三人，以使得债务人不会面对可能更为苛刻的新债权人、交易清算明晰、回避会计财务等事务手续的繁杂、避免因忽略转让通知而向让与人错误履行的风险、确保抵销利益、避免受让人住所地不利的法律和税收制度等利益。这种约定只要是有效的，债权人就应当遵守该约定，不得再将权利转让给他人，否则其行为构成违约，造成债务人利益损害的，债权人应当承担违约责任。

3. 依照法律规定不得转让的权利

我国一些法律中对某些权利的转让作出了禁止性规定。对于这些规定，当事人应当严格遵守，不得违反法律的规定，擅自转让法律禁止转让的权利。例如，我国文物购销一直实行国家统一管理、收购和经营的政策，禁止私自倒卖文物的行为。为了保护国家的历史文化遗产，严格控制文物的出境，禁止公民个人私自将文物卖给外国人。私人收藏的文物其所有权受国家的法律保护，其所有权的转移必须严格遵守国家法律的规定，转移的渠道要受法律的限制。因此，公民不得违反该规定将文物买卖合同中取得文物的债权转让给外国人。《信托法》第 11 条第 4 项规定，专以诉讼或者讨债为目的设立的信托无效。因此，不得专以诉讼或者讨债为目的设立信托而进行债权转让。

应当注意的是，债权不得转让的目的有可能是维护社会公共利益，也有可能是为了保护让与人、债务人或者特定第三人的私人利益，如果是后一种保护目的，则被保护主体的同意原则上可以使得债权具有可转让性。例如《保险法》第 34 条第 2 款规定，按照以死亡为给付保险金条件的合同所签发的保险单，未经被保险人书面同意，不得转让或者质押。保险单债权的禁止转让是为了保护被保险人，避免发生道德风险，此时，被保险人的书面同意可以使得保险单债权能够被转让。同时，还需要注意的是，本法第 761 条规定，可以将现有的或者将有的应收账款转让给保理人，这与第 440 条第 6 项所规定的将有的应收账款也可以被出质的精神是一致的，但是这些债权的转让不得违反法律、行政法规的强制性规定和违背公序良俗。

按照当事人约定不得转让的权利中，债权人违反约定未经债务人同意而转让债权的，应当依法对债务人承担违约责任。但是，受让人能否取得债权，对此存在不同观点和立法例。一种观点是受让人不能取得债权，还有观点认为债务人可以主张债权转让合同无效，也有观点认为善意受让人能够取得债权。立法过程中，有意见提出，应当对此予以明确，以统一实践。经研究，考虑到债务人利益保护和债权流通性之间的平衡，在通过民事法律行为转让该类债权时，如果被转让的债权是非金钱债权，区分受让人的善恶意予以不同处理。在受让人为善意时，受让人取得债权，债务人不能对受让人主张债权禁止转让的抗辩，以保护善意的受让人并保障债权的流通价值；在受让人为恶意时，受让人仍然取得债权，但债务人有权向受让人主张债权禁止转让的抗辩。如果被转让的债权是金钱债权，金钱债权的转让对债务人所造成的影响较小，而金钱债权的流通性价值在实践中却非常重要，其与融资之间的关系更为密切，实践中的债权转让也主要是金钱债权的转让。此时，受让人无论善意还是恶意，都能取得债权，债务人不能对受让人主张债权禁止转让的抗辩，债务人因此所遭受的损失，有权请求让与人承担违约损害赔偿责任。据此，本条增加了第 2 款："当事人约定非金钱债权不得转让的，不得对抗善意第三人。当事人约定金钱债权不得转让的，不得对抗第三人。"本条对金钱债权作出的特殊规定，与《国际商事合同通则》第 9.1.9 条、《欧洲合同法原则》第 11：301 条、《国际保理公约》第 6 条第 1 款、《应收账款转让公约》第 9 条、《联合国国际贸易法委员会担保交易示范法》第 13 条基本一致，体现了最新的立法趋势。

最后，需要注意的是，有关证券、债券、票据等权利的转让，存在证券法、票据法等特别法规定，依据本法第 11 条，应当适用这些特别规定。同时，在我国法律中，除了通过民事法律行为转让债权外，还存在一些法定的债权移转情形，债权转让的一些规则可以参照适用这些情形；在应收账款质押中，对应收账款债务人的效力也可以参照适用债权转让的规则。

▶ **相关规定**

《中华人民共和国保险法》第 34 条；《最高人民法院关于判决生效后当事人将判决确认的债权转让债权受让人对该判决不服提出再审申请人民法院是否受理问题的批复》；《最高人民法院关于审理涉及金融资产管理公司收购、管理、处置国有银行不良贷款形成的资产的案件适用法律若干问题的规定》第 1 – 12 条

第五百四十六条 债权人转让债权，未通知债务人的，该转让对债务人不发生效力。

债权转让的通知不得撤销，但是经受让人同意的除外。

◆ **条文主旨**

本条是关于债权转让通知的规定。

◆ **立法背景**

对于债权转让的构成要件各国家、地区有所区别，存在既不必经债务人同意也无须通知债务人，不必经债务人同意、但须通知债务人，必须经过债务人同意三种立法例。本条参酌各国立法

例，在平衡债权流通性和债务人利益保护的基础上，对上述问题予以规定，精解如下。

◆ **条文解读**

债权人转让债权有利于债权的流通性，发挥债权的经济价值。但是，债权人转让债权的行为会给债务人的利益造成一定的影响，因此，为了保护债务人的利益，本条规定了债权转让的通知。

关于债权人转让权利，不同国家的法律规定有所区别。有的国家法律规定，债权人转让债权不必经债务人的同意，也无须通知债务人。这种制度设立的目的在于鼓励交易，加速经济的流转，因而给债权人充分行使其权利的自由，但另一方面也忽略了对债务人利益的保护，在债务人不知道债权人权利转让的情况下，债务人可能无法获知当前的债权人，此时债务人就会面临重复履行和向错误的债权人履行的风险，给债务人的履行增加负担，引起不必要的纠纷。还有的国家法律规定，债权人转让其债权可以不经债务人同意，但是必须将债权转让的事实及时通知债务人。这种制度考虑到了对债务人利益的保护，保证债务人能及时了解到权利转让的情况，避免了债务人重复履行和向错误的债权人履行所可能造成的损失。同时，对债权人转让债权的行为没有实质性的制约，也不会影响交易的正常运转。除了以上两种规定外，还有一种规定是要求债权人转让权利应当取得债务人的同意，如果转让方未经债务人的同意转让权利的，其转让行为不发生法律效力。这种制度确立的出发点，侧重于保护债务人的利益，通过限制债权的转让，达到稳定交易秩序的目的。但另一方面将债权人转让权利的效力交由债务人来决定，限制了债权人转让债权的权利，达不到债权流通和发挥债权的经济价值的目的。考虑到债权流通性和债务人利益保护之间的平衡，本法在债权转让的问题上确立了债权转让只需通知债务人的原则。

《合同法》第80条第1款规定："债权人转让权利的，应当通知债务人。未经通知，该转让对债务人不发生效力。"立法过程中，有的意见认为，债权转让通知的效力并不清晰，债权转让通知是否是受让人取得债权的条件，应当予以明确。经研究认为，债权转让通知的目的是保护债务人，据此，是否通知债务人不影响受让人对转让债权的取得。因此，本条对合同法上述条文进行了修改，以更为明确，在让与人和受让人之间的关系上，受让人取得转让债权不以通知债务人为条件，债权转让合同效力不因未通知债务人而受影响。如果转让债权已经存在，则除非让与人和受让人另有约定，受让人在债权转让合同生效时即取得债权；如果被转让的权利是将来债权或者尚不具备可转让性的债权，则在债权转让合同生效之后，转让债权成为现存权利或者具备可转让性时，受让人才取得债权。但是，为保护债务人，债权转让未通知债务人，该转让对债务人不发生效力，即使受让人取得了债权，债务人也有权拒绝受让人的履行请求；债务人向让与人履行债务的，债权消灭。如果债权转让通知了债务人，则债权转让对债务人发生效力，此时债务人即对受让人负有履行义务，并且有权以此拒绝让与人的履行请求；如果债务人仍然向让与人履行，则不发生债权消灭的效力。这样规定一方面尊重了债权人对其权利的行使，有利于保障债权的流通性，另一方面也防止债务人的利益受到损害，同时债权转让通知作为保护债务人的客观时点，避免了考察债务人主观因素所可能导致的不确定性进而过分增加债务人的审查成本和难度。

债权转让通知的生效、解释、撤回等，参照适用本法关于意思表示的规定，除法律另有规定、让与人和债务人另有约定外，转让通知原则上为不要式。以下情形都可以被认为做出了有效的转让通知，包括：让与人在债权转让通知文件上签章并实际送达债务人的，例如将转让通知以邮寄形式向债务人法定注册地址或约定通信地址寄送且已实际送达的、将转让通知书向产生债权的基础合同中债务人指定的联系人邮寄且已实际送达的；让与人在所转让债权的对应发票上对转让主体与内容等相关事项予以明确标记，且债务人收到该发票的；受让人与让与人、债务人共同签订债权转让合同的；经公证证明债权转让通知已经送达债务人的，但有相反证据足以推翻公证的除外。转让通知的内容一般应当指明转让的事实，还要指明受让人的范围、被转让的权利，对于部分转让还要指明转让的范围。债务人对债权转让予以确认的，在大多数情形中，债务人的确认以让与人发出通知为前提，此时就可以认为已经存在让与人的通知，债务人确认就仅具有证据效力；如果让与人未发出转让通知而受让人发出，债务人对债权转让予以确认的，基于“禁反言”的价值考量，此时债务人的确认也发生与债权转让通知同等的效力。如果虽然没有向债务人发出转让通知，但受让人直接起诉或者申请仲裁后，法院或者仲裁机构经过审理确定了受让人已经取得债权，此时也可以判决或者裁决债务人应当向受让人履行。

债权转让通知债务人后，按照有效的债权转让合同，为保护受让人的利益，让与人对受让人负有不得撤销转让通知的义务。如果让与人在转让通知后有权随意单方撤销转让通知，则债务人有权拒绝受让人的履行请求，在债务人向让与人做出履行后，债务人的债务消灭，此时受让人仅能向让与人请求，会因此而遭受讼累、承受让与人的破产风险等不利益，不利于受让人地位的保障和债权的流通。因此，原债权人无权撤销转让权利的通知，只有在受让人同意的情况下，债权人才能撤销其转让权利的通知。同时，这也同样有助于保护债务人的利益，避免债权人单方撤销转让通知时债务人的审查困难。

第五百四十七条 债权人转让债权的，受让人取得与债权有关的从权利，但是该从权利专属于债权人自身的除外。

受让人取得从权利不因该从权利未办理转移登记手续或者未转移占有而受到影响。

◆ 条文主旨

本条是关于受让人取得转让债权的从权利的规定。

◆ 立法背景

各国家和地区的法律都确定了合同主权利转让从权利也一并转让的制度。比如，《德国民法典》第 401 条规定，让与债权时，该债权的抵押权、船舶抵押权或质权，以及由一项像上述权利提供担保所产生的权利，均随同移转于新债权人。《意大利民法典》第 1263 条规定，根据转让的效力，债权的转让要将先取特权、人的担保和物的担保以及其他从权利都转让给受让人。我国台湾地区“民法”第 295 条规定，让与债权时该债权之担保及其他从属之权利，随同移转于受让人。但与让与人有不可分离之关系者，不在此限。同样规定的还有《荷兰民法典》第 6：142 条、《应收账款转让公约》第 10 条第 1 款、《联合国国际贸易法委员会担保交易示范法》第 14 条、《国际商事合同通则》第 9. 1. 14 条等。本条参酌各立法例，对债权转让受让人取得债权的从权利予以规定，精解如下。

◆ 条文解读

从权利是指附随于主权利的权利。抵押权、质权、保证等担保权利以及附属于主债权的利息等孳息请求权，都属于主权利的从权利。由于从权利是从主权利派生出来的，从权利从属于主权利，这也包括转让上的从属性。

根据本条第 1 款规定，债权人转让主权利时应当将从权利一并转让，受让人在取得主权利的同时，也取得与债权有关的从权利。本法第 407 条也规定，债权转让的，担保该债权的抵押权一并转让，但是法律另有规定或者当事人另有约定的除外；第 696 条第 1 款也规定了债权人将全部或者部分债权转让给第三人，通知保证人后，保证人对受让人承担相应的保证责任。同时，主债权被分割或者部分转让的，各债权人可以就其享有的债权份额行使担保权。

考虑到有的从权利的设置是针对债权人自身的，与债权人有不可分离的关系，本条第 1 款在确立从权利随主权利转让原则的同时，规定专属于债权人自身的从权利不随主权利的转让而转让。在法律另有规定或者当事人另有约定时，受让人可能也会在取得主债权的同时未取得从权利。例如，本法第 421 条规定，最高额抵押担保的债权确定前，部分债权转让的，最高额抵押权不得转让，但是当事人另有约定的除外；第 696 条第 2 款也规定，保证人与债权人约定禁止债权转让，债权人未经保证人书面同意转让债权的，保证人对受让人不再承担保证责任。抵押权人在转让部分债权时，也可以与受让人约定，仅转让债权而不转让担保该部分债权的抵押权。

抵押权、质权等从权利随着主债权转让而转让，但受让人对这些从权利的取得是否以办理转移登记手续或者转移占有为前提？对此，存在不同观点，一种观点认为未办理转移登记手续或者转移占有，受让人就不能取得这些从权利，否则违反物权变动公示公信的原则；另一种观点认为无需办理转移登记手续或者转移占有，受让人即取得从权利。合同法对此未予明确规定，立法过程中，有意见提出，应当对此予以明确。经研究，本条在合同法的基础上增设第2款，并采取了后一种观点，债权受让人取得这些从权利是基于法律的规定，并非基于法律行为的物权变动，并且有利于保障主债权顺利实现。在债权转让前，这些从属性的担保权利已经进行了公示，公示公信的效果已经达成，因此没有进一步保护第三人进而维护交易安全的必要。这也与前述其他国家和地区的立法例基本保持了一致。此时，在物和权利担保的顺位上，仍是以设定担保的公示时间为依据而确定。

第五百四十八条 债务人接到债权转让通知后，债务人对让与人的抗辩，可以向受让人主张。

◆ **条文主旨**

本条是关于债权转让中债务人抗辩的规定。

◆ **立法背景**

本条自1999年《合同法》颁布以来理论与实践中的争议较小，本法予以沿袭。

◆ **条文解读**

债权人转让债权，不需要经债务人同意，因此债务人的利益不应因债权人转让权利的行为而遭受损害，受让人所享有的权利也不应优于让与人曾经享有的权利，而是享有和让与人同样的权利；同时，受让人较之债务人也更有能力控制由此所产生的风险。为了保障债务人利益，德国、意大利、日本、我国台湾地区的法律以及很多国际性合同法文件都规定了债权人的变化不影响债务人所享有的抗辩和其他权利，以保证债务人不会因为债权转让致使其应当行使的抗辩和其他权利无法行使。

根据本条规定，债务人接到债权转让通知后，债务人对让与人的抗辩，可以向受让人主张。首先是债务人在接到债权转让通知后，可以向受让人主张债务人对让与人的抗辩。根据本法第546条第1款的规定，只有在债务人接到债权转让通知后，债权转让对债务人才发生效力；在债务人接到债权转让通知前，债权转让对债务人不发生效力，此时债务人只需向让与人提出抗辩即可。关于该抗辩产生的时间点，存在不同的立法例。有的将该抗辩限制在债务人接到转让通知时可以向让与人主张的抗辩；有的不限制抗辩产生的时点，只要是债务人可以对让与人主张的抗辩都可以对受让人主张。经研究认为，如果采取前一种观点，则可能会产生不合理的结果，例如，甲作为卖方与乙签订买卖合同，约定先交货乙再付钱，在交货期限届满之前，甲将对乙的价金债权转让给丙并通知了乙，在丙向乙主张债权时，乙可否对丙主张因甲未交货所产生的抗辩。如果严格采取第一种方式，则因为此抗辩的产生时间是在乙接到转让通知之后，所以不能向丙主张，这显然是不合理的。因此，这些立法例通常认为，并非抗辩在债务人接到债权转让通知后才发生，只要在此之前已经存在抗辩发生的法律基础或者依据即可。这与另一种立法例区别已经不大了，因此本条采取了第二种观点。但是，应当注意的是，在受让人取得债权后，债务人接到转让通知后因债务人和让与人之间的民事法律行为所产生的债务人对让与人的抗辩，未经受让人同意，一般对受让人不能发生效力。

其次是债务人可以向受让人主张其对让与人的抗辩。债务人接到债权转让通知后，可以行使抗辩来保护自己的利益，债务人的抗辩并不随债权的转让而消灭，所以，在债权转让的情况下，债务人可以向作为新债权人的受让人行使该抗辩。这些抗辩包括阻止或者排斥债权的成立、存续或者行使的所有事由所产生的一切实体抗辩以及程序抗辩，包括：诉讼时效完成的抗辩，债权不发生的抗辩，债权因清偿、提存、免除、抵销等而消灭的抗辩，基于双务合同产生的同时履行抗辩权、不安抗辩权和先履行抗辩权，先诉抗辩权以及程序上的抗辩等。债务人可以行使这些抗辩对抗新债权人的请求。债权让与后，债务人还可能因某项事实产生新的抗辩，比如，附解除条件的合同权利转让后，合同规定的解除条件成就时，债务人可以向受让人提出终止合同的抗辩。

应当指出的是，本条规定是为了保护债务人利益，从鼓励交易的角度出发，应当允许债务人放弃相关的抗辩，而不向受让人主张该抗辩。只要债务人放弃的意思表示明确且有效，适用本法总则编关于意思表示的一般规定，放弃的形式可以是多样的，例如可以是债务人与受让人的协议，债务人与让与人、受让人之间的三方协议或者债务人向受让人做出的单方放弃的意思表示等。债务人放弃抗辩的意思对债务人利益存在不利影响，因此在有疑义时，应作出对债务人更为有利的限制性解释。

第五百四十九条 有下列情形之一的，债务人可以向受让人主张抵销：

（一）债务人接到债权转让通知时，债务人对让与人享有债权，且债务人的债权先于转让的债权到期或者同时到期；

（二）债务人的债权与转让的债权是基于同一合同产生。

◆ 条文主旨

本条是关于债权转让中债务人抵销权的规定。

◆ 立法背景

一些国家和地区的法律对债务人行使的抵销权作出了规定，但构成的条件有所不同。《德国民法典》第406条规定，债务人也得对原债权人享有的债权向新债权人主张抵销。同时规定以下两种情况下债务人不得行使抵销权：一是债务人向原债权人取得债权的当时，已知债权让与的事由；二是债务人取得的债权在其知有让与后，而且取得的债权又在让与的债权之后才到期。《瑞士债务法》第169条第2款、我国台湾地区“民法”第299条第2项的规定与此类似。也有的立法例区分规定，如果反对债权和转让债权是基于同一交易产生的，无论债权人取得反对债权的时点是在债务人接到转让通知之前抑或之后，债务人可主张抵销；其他反对债权则必须是在债务人接到转让通知时债务人已经取得，或者是基于债务人接到转让通知前的法律原因取得。采取这种立法例的有《日本民法典》第469条、《荷兰民法典》第6：130条第1款、《应收账款转让公约》第18条、《欧洲合同法原则》第11：307条第2款、《美国统一商法典》第9-404条（a)、《联合国贸易法委员会担保交易示范法》第64条第1款等。经过研究，本法在合同法规定的基础上采纳了第二种方式，即区分两种情形分别予以规定，精解如下。

◆ 条文解读

债权人转让权利不需要经债务人同意，因此债务人的利益不应因债权人转让权利的行为而遭受损害。如果债务人对债权人也享有债权，那么，在这种情况下，债务人可以依照法律的规定向受让人行使抵销权。

抵销是债权债务终止的情形之一，根据本法第 568 条第 1 款规定，当事人互负债务，该债务的标的物种类、品质相同的，任何一方可以将自己的债务与对方的到期债务抵销；但是，根据债务性质、按照当事人约定或者依照法律规定不得抵销的除外。

根据本条第 1 项规定，债务人对受让人主张抵销权的条件如下。首先，债务人必须对让与人享有债权，且标的物种类、品质相同。其次，债务人对让与人享有债权的法律原因必须在债务人接到债权转让通知时已经存在。这是为了避免债务人在接到债权转让通知后才紧急从他人处低价取得对让与人的债权，进而损害受让人的利益，受让人此时也无法预防此种情形的出现。最后，债务人对让与人的债权先于转让的债权到期或者同时到期。例如，债务人于 7 月 1 日接到债权转让通知，债务人对让与人的债权是 8 月 1 日到期，而转让的债权是同年 8 月 1 日或者 9 月 1 日到期，此时债务人就可以向受让人主张抵销。

根据本条第 2 项规定，债务人对受让人主张抵销权的条件如下。首先，债务人必须对让与人享有债权，且标的物种类、品质相同。其次，债务人对让与人的债权与转让债权是基于同一合同产生的。由于这两个债权是基于同一合同产生的，因此具有密切的联系，受让人就应当认识到债务人对让与人可能基于该合同享有债权，因此受让人能够在订立债权转让合同时对这种抵销可能性进行预先安排。例如，甲作为卖方和乙签订货物买卖合同，甲在交完货之后将其对乙的支付价款的债权转让给丙，并通知了乙。丙向乙请求支付价款时，乙以甲交的货有质量瑕疵为由，主张以乙对甲享有的违约赔偿债权抵销该支付价款债权。此时，转让债权与乙对甲的违约赔偿债权都是基于该货物买卖合同产生的，乙可以向丙主张抵销。

应当注意的是，如果债务人在接到债权转让通知时，债务人的抵销权依照法律规定已经产生，其可以行使抵销权但尚未行使，即使在债权转让后，债务人原本可以主张抵销的利益此时也应加以保护，因此在债务人接到转让通知后，仍可以向受让人主张该抵销。例如，转让的债权于 8 月 1 日到期，债务人对让与人的债权于同年 9 月 1 日到期，而债务人于 9 月 15 日接到转让通知。债务人接到债权转让通知时，债务人已经依据本法第 568 条第 1 款的规定取得抵销权，在其接到债权转让通知后，仍然可以向受让人主张之前已经产生的抵销权。

债务人向受让人主张此种抵销的，应当依据本法第 568 条第 2 款的规定通知受让人，并且抵销不得附条件或者附期限。

第五百五十条　因债权转让增加的履行费用，由让与人负担。

◆ 条文主旨

本条是关于因债权转让增加的履行费用负担的规定。

◆ 立法背景

立法过程中，有意见提出，债权转让可能会增加债务人履行债务的费用，为了保护债务人利益，应当规定增加的履行费用由让与人最终负担。经研究，债权转让后，债务人履行债务的费用可能会有所增加，例如受让人有权要求债务人在其他地点履行、债权部分转让等情形中，基于对债务人利益保护的考虑，参考《欧洲合同法原则》第 11：103 条等立法例，本条明确规定了因债权转让增加的履行费用，由让与人负担。

◆ 条文解读

因债权转让而额外增加的债务人的履行费用，有约定的，按约定处理；无约定的，基于保护债务人利益的考虑，当然不应由债务人自行负担，债务人有权在受让人要求履行时相应地依法主张抵销或者行使履行抗辩权。债务人或者受让人先负担了增加的履行费用的，除另有约定外，可以要求让与人最终负担该增加的履行费用。这也与本法第511条第6项的规定保持一致，当事人就有关履行费用的负担约定不明确并且无法确定的，因债权人原因增加的履行费用，由债权人负担。

第五百五十一条 债务人将债务的全部或者部分转移给第三人的，应当经债权人同意。

债务人或者第三人可以催告债权人在合理期限内予以同意，债权人未作表示的，视为不同意。

◆ 条文主旨

本条是关于债务转移的规定。

◆ 立法背景

本条第1款自1999年《合同法》颁布以来，理论和实践中没有争议，本法予以沿袭。第2款参考了德国民法典第415条第2款、我国台湾地区“民法”第302条等立法例，在合同法基础上予以增加。

◆ 条文解读

债务转移是指不改变债务的内容，债务人将债务全部或者部分转移给第三人。正如债权人可以全部或者部分转让债权一样，债务人也可以依照法律规定将债务全部或者部分转移给第三人。债务转移分为以下情况：一种情况是债务的全部转移，在这种情况下，新的债务人完全取代了原债务人，新的债务人负责全面地履行债务；另一种情况是债务的部分转移，即原债务人和新债务人负有按份债务。

但是，尤其是在最为主要的合同债务中，债权人和债务人的合同关系产生在相互了解的基础上，在订立合同时，债权人一般要对债务人的资信情况和偿还能力进行了解，而对于取代债务人或者加入到债务人中的第三人的资信情况及履行债务的能力，债权人不可能完全清楚。所以，如果债务人不经债权人的同意就将债务转让给了第三人，那么，对于债权人来说显然是不公平的，不利于保障债权人合法利益的实现。不论债务人转移的是全部债务还是部分债务，都需要征得债权人同意。未经债权人同意，债务人转移债务的行为对债权人不发生效力。债权人有权拒绝第三人向其履行，同时有权要求债务人履行义务并承担不履行或者迟延履行债务的法律责任。转移债务要经过债权人的同意，这也是债务转移制度与债权转让制度最主要的区别。

应当指出的是，债务人转移义务有别于约定由第三人履行债务。本法第 523 条规定，当事人可以约定由第三人向债权人履行债务，第三人不履行债务或者履行债务不符合约定的，债务人应当向债权人承担违约责任。两者最大的区别在于，在债务人转移义务时，第三人作为新的债务人相应地取代债务人，因此第三人不履行债务或者履行债务不符合约定的，应当由第三人向债权人承担责任；但在由第三人履行债务的合同中，债务人和债权人的关系继续存在，第三人和债权人之间不存在直接的关系，因此第三人不履行债务或者履行债务不符合约定的，由债务人向债权人承担责任。

同时，债务转移也与第三人代为履行不同。本法第 524 条第 1 款规定，债务人不履行债务，第三人对履行该债务具有合法利益的，第三人有权向债权人代为履行；但是，根据债务性质、按照当事人约定或者依照法律规定只能由债务人履行的除外。两者的区别主要有以下几方面：(1) 在债务人转移义务时，债务人应当征得债权人的同意。在第三人代为履行债务的情况下，符合法律规定时，第三人单方表示代替债务人清偿债务或者与债务人达成代替其清偿债务的协议，不必经债权人的同意；第三人对履行该债务具有合法利益的，债权人甚至无权拒绝。(2) 在债务人转移义务的情况下，第三人作为新的债务人相应地取代债务人。第三人代为履行时，不涉及债务人的变化，第三人只是履行主体而不是债务人，债权人不能把第三人作为债务人要求第三人履行债务。(3) 在债务人转移义务后，第三人相应地作为债务人，如果第三人未能履行债务，债权人可以直接请求第三人履行，而不能再要求原债务人履行。在第三人代为履行的情况下，第三人不履行或者不完全履行，债权人只能要求债务人承担责任，而不能要求第三人承担责任。

在债务转移中，首先，要求存在债务。债务原则上具有可转移性，但根据债务的性质、当事人的约定或者法律规定也存在不得被转移的情形。例如，著名画家作画的义务、演员演出的义务、保管义务、当事人约定不得转移的义务等。但是，债务转移需要债权人的同意，这些原则上不得被转移的债务，如果目的是保护债权人的利益，则债权人同意本身已经保护了债权人自己的利益，债权人同意债务转移本身就使得这些债务具有了可转移性。其次，要求有效的债务转移合同。最为常见的是债务人和第三人之间签订债务转移合同，该债务转移合同适用民事法律行为和合同的一般规定。如果法律、行政法规规定应当办理批准等手续生效的，应依法办理这些手续。最后，按照本条第 1 款的规定，该债务转移需要经过债权人的同意。如果债务人与第三人订立的债务转移合同未征得债权人同意，则此时可以认为是由第三人代为履行债务而非债务转移，债务人仍负有向债权人履行的义务，债权人仍有权向债务人请求履行债务，但不能请求第三人履行债务。在债务转移经过债权人同意后，第三人向债权人履行债务时，债权人不能拒绝受领。债务人、第三人可以和债权人三方共同签订债务转移合同。债权人的同意也可以事先作出，此时债务转移仅需要通知债权人即可对债权人发生效力。债权人的同意可以采取明示或默示的方式，例如债权人未明确表示同意，但他已经将第三人作为其债务人并请求其履行，可以认为债权人已经同意债务转移。同时，有意见提出，为了保护债权人的利益，对于债权人的单纯沉默应当作出特别规定。经研究，参考了《德国民法典》第 415 条第 2 款、我国台湾地区“民法”第 302 条等立法例，本条在合同法规定的基础上增加了第 2 款。基于保护债权人利益的考虑，本款规定债务人或者第三人可以催告债权人在合理期限内予以同意，债权人未作表示的，视为不同意。

应当注意的是，债务转移合同也有可能是债权人和第三人之间签订。此时，该合同一般情况下对债务人是有利的，但是，也有可能出现债务人对此不存在利益的情形，甚至债务人有合理的理由要求履行债务，例如债务人考虑到其被取代对声誉的影响，或者无法通过履行债务训练团队以吸引未来的业务，甚至可能已经和他人签订辅助性的合同以履行债务，此时可能要被迫解除这些合同。因此，该类债务转移合同至少应当通知债务人，债务人应当能够拒绝债权人和第三人之间签订的债务转移合同对其发生效力。这类似于本法第 522 条第 2 款规定的真正的利益第三人合同的构建方案。当然，债权人也可以通过将其对债务人的债权依法转让给第三人，实现同样的交易目的。

除另有约定外，全部债务被转移后，第三人作为新债务人完全取代原债务人的地位，成为新的债务人，债权人有权请求该第三人履行债务，并在第三人不履行债务或者不完全履行债务时请求第三人承担责任；债务被部分转移的，除另有约定外，第三人和债务人对债权人负有按份债务。除另有约定外，债务人对第三人的履行能力不负有担保义务。至于第三人履行债务后与债务人之间的关系，依据第三人与债务人之间的约定或者第三人履行后的后果处理。

第五百五十二条 第三人与债务人约定加入债务并通知债权人，或者第三人向债权人表示愿意加入债务，债权人未在合理期限内明确拒绝的，债权人可以请求第三人在其愿意承担的债务范围内和债务人承担连带债务。

◆ 条文主旨

本条是关于债务加入的规定。

◆ 立法背景

在立法过程中，关于是否应当规定债务加入存在不同意见。有的意见认为，关于债务转移尤其是债务部分转移的规定已经包含了债务加入，无需对此规定；有的意见认为，债务转移指的是免责的债务转移，与作为并存的债务转移的债务加入不同，应当对债务加入予以明确规定。经研究认为，债务加入与免责的债务转移存在构成要件、法律效果等多方面的不同，对债务加入予以明确规定，有利于明确两者的不同，有利于法律适用的清晰，有利于债权人权利的实现，也在一定程度上减轻了其他债务人的负担。

◆ 条文解读

债务加入，即第三人加入到债务中，作为新债务人和原债务人一起向债权人负有连带债务。债务加入与债务转移之间的区别在于，债务转移中，原则上原债务人不再作为债务人，而由第三人作为债务人，因此债务转移又被称为免责的债务转移；但债务加入中，第三人和原债务人一起对债权人负有连带债务，因此债务加入也被称为并存的债务转移。可以看出，较之债务转移，债务加入对债权人更为有利。在究竟是债务转移还是债务加入意思不清晰时，考虑到债权人对债务人资力和履行能力的信赖，基于保护债权人利益的价值，债务人不应轻易地从债务中摆脱，可以推定为债务加入。

同样应当区分的是债务加入和连带保证。两者均增加了担保债权实现的责任财产，但不同在于：第一，保证债务是债务人不履行债务时，保证人承担保证责任的从属性债务，而债务加入是第三人作为连带债务人，没有主从关系；第二，连带保证具有保证期间和诉讼时效的限制，而债务加入后产生的连带债务仅具有诉讼时效的限制；第三，连带保证人承担保证责任后，可以向债务人追偿，而债务加入人作为连带债务人履行债务后，是否对债务人有追偿权，取决于其与债务人之间的约定。

在债务加入中，同样首先要求存在债务，其次要求存在债务加入合同。该债务加入合同可以是第三人和债务人约定，也可以是第三人直接向债权人表示愿意加入。是否需要债权人的同意，不同立法例存在不同观点：有的规定同样需要债权人的同意；有的规定无需债权人的同意；有的规定无需债权人同意，但债权人有权拒绝。考虑到债务加入一般对债权人不会造成损失，但是，任何人均有权拒绝获利，且在例外情形中也可能对债权人增加不便，因此本条规定，债权人有权在合理期限内对此予以明确拒绝。债务人、第三人也可以和债权人三方共同签订债权转移合同，此时债权人已经表示了同意。当然，在第三人向债权人表示愿意加入债务，或者债权人和第三人之间签订债务加入合同，与债务转移合同中的情形相同，该类债务加入合同至少应当通知债务人，债务人应当能够拒绝债权人和第三人之间签订的债务加入合同对其发生效力，这同样类似于本法第 522 条第 2 款规定的真正的利益第三人合同的构建方案。

构成债务加入后，除另有约定外，第三人和债务人负有同一内容的债务，但债务人并不因此而免负债务，而是与第三人一起对债权人负有连带债务，当然，连带债务的范围应当限制在第三人愿意承担的债务范围内。此时，本法关于连带债务的规定应当在债务加入中被适用。同时，本法第 553 条和第 554 条关于新债务人抗辩、抵销权和承担有关从债务的规定，在债务加入中，也应当被适用。但需要注意的是，由于在债务加入中，债务人并未被取代而摆脱债务，仍然要对债权人负有债务，因此，为债务人提供的担保并不因第三人加入债务而受到影响，但该担保仍然仅对债务人发生担保效力，而对加入的第三人不发生担保效力。例如，本法第 697 条第 2 款就规定，第三人加入债务的，保证人的保证责任不受影响。

应当指出的是，当事人也可以通过约定做出不同于连带债务的其他选择，例如可以约定，债权人应当先对新债务人请求，但是如果新债务人不履行或者不完全履行债务的，原债务人的债务没有消灭，债权人仍有权请求原债务人履行，即将原债务人作为次级债务人，原债务人此时更类似于保证人的地位，虽然仍然存在是否受到保证期间限制等一些不同。

第五百五十三条 债务人转移债务的，新债务人可以主张原债务人对债权人的抗辩；原债务人对债权人享有债权的，新债务人不得向债权人主张抵销。

◆ 条文主旨

本条是关于债务转移中新债务人抗辩和抵销的规定。

◆ 立法背景

本条前半句源自《合同法》第85条，理论与实践中未产生争议，本法予以沿袭。后半句在立法过程中，有意见提出，在债务转移中，因债权人对原债务人承担的债务而产生的抵销权，新债务人不能行使，否则无异于承认新债务人可以处分债务人的权利，经研究作出如上规定，精解如下。

◆ 条文解读

债务人转移债务的，新的债务人取代了原债务人的地位，承担其履行义务的责任。这意味着新债务人和原债务人具有相同的法律地位，因此原债务人享有的对债权人的抗辩，不因债务的转移而消灭，新债务人可以继续向债权人主张。这与《德国民法典》第417条第1款、《日本民法典》第472条之二第1款、我国台湾地区“民法”第303条第1款、《国际商事合同通则》第9.2.7条等立法例相同。例如，甲将向乙支付价金的债务移转给丙，支付价金和交付标的物应当同时履行，而乙尚未交付标的物，甲应当对乙享有同时履行抗辩权，在甲将其支付价金的债务转移给丙后，丙也应当有权对乙主张同时履行抗辩权。再如，债务转移后，新的债务人已经完全履行了义务，但是债权人还是要求其履行，债务人就有权以履行完毕为由向债权人提出抗辩。

这些抗辩只要是基于债权人和原债务人之间的法律关系所产生的，阻止或者排斥债权的成立、存续或者行使的所有事由所产生的一切实体抗辩和程序抗辩，均可由新债务人向债权人主张，包括：诉讼时效完成的抗辩，债权不发生的抗辩，债权因履行、提存、免除、抵销等消灭的抗辩，债权因合同被撤销、解除等而不存在的抗辩，同时履行抗辩权、不安抗辩权和先履行抗辩权等履行抗辩权，以及程序上的抗辩。

在立法过程中，有意见提出，在债务转移中，因债权人对原债务人承担的债务而产生的抵销权，新债务人不能行使，否则无异于承认新债务人可以处分债务人的权利。例如，甲对乙负有支付价款的债务，甲将该债务转移给丙并取得了乙的同意，但此前甲因出借给乙钱款而对乙享有请求还款的债权，此时，丙自然不能以甲对乙的债权抵销乙对丙所享有的债权。经研究，在抵销这个问题上，债务转移和债权转让有所不同，故本条新增加规定了“原债务人对债权人享有债权的，新债务人不得向债权人主张抵销”，以凸显债权转让与债务转移之间在抵销问题上的不同。

第五百五十四条 债务人转移债务的，新债务人应当承担与主债务有关的从债务，但是该从债务专属于原债务人自身的除外。

◆ 条文主旨

本条是关于债务转移中新债务人承担从债务的规定。

◆ 立法背景

本条源自《合同法》第 86 条，自颁布以来理论与实践未见争议，本法予以沿袭。

◆ **条文解读**

债务人转移主债务的，与主债务有关的从债务随着主债务的转移而转移，新债务人应当承担与主债务有关的从债务。所谓从债务，是指附随于主债务的债务。从债务与主债务密切联系在一起，不能与主债务相互分离而单独存在。所以当主债务发生转移以后，从债务也要发生转移，新债务人应当承担与主债务有关的从债务。如附随于主债务的未发生的利息债务等，因主债务转移将转移给新债务人，新债务人应当向债权人承担这些从债务。新债务人在承担债务时能够对该债务的状况进行调查或者审核，因此新债务人承担这些从债务也是公平的。但是，有的从债务是专属于债务人本身的，这些从债务不随主债务的转移而转移。例如，债务人应向债权人提供服务，以抵充利息的，因为该义务具有专属性，如果主债务已经转移给新债务人，则新债务人并不当然负有向债权人提供服务以抵充利息的义务。

应当注意的是，本条仅规定了新债务人应当承担与主债务有关的从债务，并未规定新债务人当然享有与主债务有关的从权利。例如，原债务人和其他第三人签订了协助债务人进行履行的合同，在债务转移后，新债务人并不当然能够请求该第三人协助履行，除非该第三人另有其他意思表示。同样，第三人为原债务人提供的担保，由于涉及原债务人和新债务人之间资力和履行能力的差异，因此除另有约定外，未经担保人同意，担保人不对债务承担担保责任。本法第 391 条据此规定，第三人提供担保，未经其书面同意，债权人允许债务人转移全部或者部分债务的，担保人不再承担相应的担保责任。本法第 697 条第 1 款也同样规定，债权人未经保证人书面同意，允许债务人转移全部或者部分债务，保证人对未经其同意转移的债务不再承担保证责任，但是债权人和保证人另有约定的除外。

第五百五十五条 当事人一方经对方同意，可以将自己在合同中的权利和义务一并转让给第三人。

◆ 条文主旨

本条是关于合同权利义务一并转让的规定。

◆ 立法背景

本条源自《合同法》第88条，自1999年颁布以来，争议较少，本法予以沿袭。

◆ 条文解读

合同权利义务的一并转让，又被称为概括转让或者合同地位转让，是指合同关系的一方当事人将其合同权利义务一并转移给第三人，由第三人全部承受这些权利义务。合同权利义务的一并转让不同于债权转让、债务转移的是，它是一方当事人对其当事人地位的转让，其转让的内容实际上包括但不限于债权转让和债务转移，并非债权转让和债务转移的简单组合，而是第三人成为新的当事人，与当事人地位联系在一起的撤销权、解除权等权利，也均转移给第三人。合同权利义务的一并转让主要发生于双务合同，只有双务合同中的当事人一方才可以转让此种权利和义务。在单务合同中，由于一方当事人可能仅享有权利或仅承担义务，因此不能出让全部的权利义务，故单务合同一般不发生合同权利义务的一并转让。比如，赠与合同中的被赠与人只享有权利而不承担义务，这些合同的当事人一般不可能出现将合同权利义务一并转让的情况。

在立法过程中，有观点认为本条规定不应限于合同权利义务，而应包括所有的债权债务，故应当将“合同中的权利和义务”修改为“债权和债务”。经研究，债权债务除了合同权利义务之外，确实还包括其他法定的债权债务，例如，无因管理中管理人和受益人相互之间就可能存在债权和债务。但是，合同权利义务通过约定一并转让，涉及与当事人地位联系在一起的撤销权、解除权等权利也随之转让，因此有必要作出特别规定。而法定的债权债务虽然也可能通过约定而被一并转让，但一般不会涉及撤销权、解除权等权利的随之转让，因此可以被认为是债权转让和债务转移的结合，并无像合同权利义务通过约定一并转让那样强的特殊性。因此，本条仍然保留了合同法的规定。

根据本法规定，债权人转让债权应当通知债务人；债务人转移债务必须经债权人的同意。合同权利义务的一并转让既包括了债权的转让，又包括了债务的转移，这可能会对对方当事人产生不利，因此，当事人一方将合同权利义务一并转让时，应当经过对方当事人的同意。如果当事人一方未经对方当事人同意，将自己的权利和义务一并转让的，对对方当事人不发生效力。

合同权利义务的一并转让，除当事人另有约定外，原则上转让的当事人一方退出合同关系，其当事人地位被第三人所取代，第三人成为新的当事人，享有当事人的所有权利，承担当事人的所有义务。这并未排除当事人的其他约定，例如当事人可以约定，转让方继续对债务承担连带债务和对债权享有连带债权，或者转让方对债务承担约定的担保责任。

应当注意的是，本条仅规定了通过约定所进行的合同权利义务的一并转让。除此之外，还有法定的债权和债务的一并转让，此时适用所涉的特别规定。最为典型的是，法人合并和分立情形中的一并转让。本法第 67 条规定：“法人合并的，其权利和义务由合并后的法人享有和承担。”“法人分立的，其权利和义务由分立后的法人享有连带债权，承担连带债务，但是债权人和债务人另有约定的除外”。《公司法》第174条规定：“公司合并时，合并各方的债权、债务，应当由合并后存续的公司或者新设的公司承继。”第176条规定：“公司分立前的债务由分立后的公司承担连带责任。但是，公司在分立前与债权人就债务清偿达成的书面协议另有约定的除外。”据此，法人的合并、分立不应当影响法人外部债权人的利益，合并、分立前法人的权利义务应当概括转移给合并、分立后的法人。另外，在被继承人死亡以后，被继承人的遗产（包括债权）转让给继承人继承的同时，继承人也应当概括继承被继承人的债务，当然，对被继承人的债务应当在被继承的遗产的范围内予以清偿。本法第1161条第1款规定：“继承人以所得遗产实际价值为限清偿被继承人依法应当缴纳的税款和债务。超过遗产实际价值部分，继承人自愿偿还的不在此限。”依据该规定，继承人在继承遗产时，也应当承受被继承人的债务。由于被继承人的债权在性质上属于遗产的范畴，应当由继承人继承，因此，继承也可以产生债权和债务一并转让的效力。本法第725条规定：“租赁物在承租人按照租赁合同占有期限内发生所有权变动的，不影响租赁合同的效力。”根据该规定，买受人在取得租赁物所有权的同时，还承受该租赁物上已经存在的租赁合同关系中出租人的当事人地位，也可认为是法定的债权和债务的一并转让。除此之外，《城市房地产管理法》第42条规定：“房地产转让时，土地使用权出让合同载明的权利、义务随之转移。”这也会产生债权和债务一并转让的效力。

▶ 相关规定

《最高人民法院关于审理旅游纠纷案件适用法律若干问题的规定》第11条

第五百五十六条　合同的权利和义务一并转让的，适用债权转让、债务转移的有关规定。

◆ **条文主旨**

本条是关于合同权利和义务一并转让应当适用有关条款的规定。

◆ **立法背景**

承继于《合同法》第89条。

◆ **条文解读**

合同权利和义务一并转让时，应当遵守本法有关债权转让和债务转移的其他规定。具体而言，在涉及债权转让的范围内，适用以下规定：

1. 不得转让的债权的规定。（第545条）

2. 债权受让人取得与债权有关的从权利的规定。（第547条）

3. 债务人对让与人的抗辩可以继续向受让人主张的规定。（第548条）

4. 债务人对受让人主张抵销的规定。（第549条）

5. 债权转让增加的履行费用的负担的规定。（第550条）

6. 债权转让批准的规定。（第502条第3款）

在涉及债务转移的范围内，适用以下规定：

1. 新债务人的抗辩和抵销的规定。（第553条）

2. 新债务人承担与主债务有关的从债务的规定。（第554条）

3. 债务转移批准的规定。（第502条第3款）

第七章 合同的权利义务终止

本章共二十条，是关于合同的权利义务终止的规定。合同是平等主体的自然人、法人、其他组织之间设立、变更、终止民事权利义务关系的协议。本章规定了债权债务和合同权利义务关系终止的一般事由和后果，清偿抵充，解除合同的条件、程序及解除合同后责任的承担，抵销的条件、程序，提存的条件、程序、后果，债务的免除，债权债务的混同等。当然，除解除规则外，其他规则也能适用于所有的债权债务，而非仅能适用于合同权利义务。在合同法的基础上，本章增加规定了债务清偿抵充规则，完善了合同解除、抵销、提存、免除等具体规则。

第五百五十七条 有下列情形之一的，债权债务终止：

（一）债务已经履行；

（二）债务相互抵销；

（三）债务人依法将标的物提存；

（四）债权人免除债务；

（五）债权债务同归于一人；

（六）法律规定或者当事人约定终止的其他情形。

合同解除的，该合同的权利义务关系终止。

◆ **条文主旨**

本条是关于债权债务终止情形的规定。

◆ **立法背景**

本条源自《合同法》第91条，自颁布以来即争议较大，经研究，将“合同解除”分列于第2款，精解如下。

◆ **条文解读**

债的性质，决定了债是有期限的民事法律关系，不可能永恒存在，有着从设立到终止的过程。债权债务终止，是指有效的债权债务因具备法定情形和当事人约定的情形，使得债权、债务归于消灭，债权人不再享有债权，债务人也不必再履行债务。按照本条第1款规定，有下列情形之一的，债权债务终止。

一、债务已经履行

债务已经得到了全面的履行，一方面可使债权得到满足，另一方面也使得债务归于消灭，产生债权债务终止的后果。债务已经履行，是指债务人按照债的标的、质量、数量、价款或者报酬、履行期限、履行地点和方式正确地、适当地全面履行了债务。

以下情况也属于债务的全面履行：

（一）第三人按照债权人和债务人之间的约定或者依照法律规定履行

债权债务原则上不涉及债权债务关系之外的第三人，债务当然应当由债务人履行，但有时，为了实现当事人的特定目的，便捷交易，法律允许债务由债权人和债务人约定的第三人履行，第三人履行债务，也产生债务消灭的后果。例如，债务人乙和债权人甲约定，由第三人丙偿还乙欠甲的10万元人民币的债务，丙将10万元人民币偿还给甲后，该合同的权利义务即终止。本法第522条即对此作出了规定。

另外，第三人还可以依据法律的规定履行以消灭债务。例如，本法第 524 条第 1 款规定，债务人不履行债务，第三人对履行该债务具有合法利益的，第三人有权向债权人代为履行；但是，根据债务性质、按照当事人约定或者依照法律规定只能由债务人履行的除外。根据该条第 2 款，债权人接受第三人履行后，原则上并不会导致债权的消灭，而会产生债权的法定转移，即债权人享有的债权转移给第三人。但是，如果债务人和第三人约定在第三人向债权人履行后债权消灭，此时，第三人向债权人的履行也会导致债权债务终止。

（二）债务人按照约定或者依照法律规定向第三人履行

债务人应当向债权人履行债务，债权人受领后产生债务消灭的后果。但有时，当事人约定由债务人向第三人履行债务，债务人向第三人履行后，也产生债务消灭的后果。比如，债务人乙欠债权人甲 1 万元人民币，债权人甲又欠第三人丙的钱，债权人甲请求债务人乙直接将欠款付给丙，乙同意，并按照其欠甲款的数额将钱付给了丙，从而消灭了其对甲的债务。本法第 523 条对此作出了规定。

债务履行后，是否以债权人接受或者受领作为债权债务终止的条件？有三种情况：一是债务履行不适当，债权人提出了异议；二是债务已经全面履行，但债权人拒绝接受；三是债权人下落不明，或者死亡、丧失行为能力而未确定继承人、遗产管理人或监护人无法履行。第一种情况，表明对债的履行存在争议，在纠纷没有解决以前，债权债务不能终止。在第二种和第三种情况下，债务人有权依照法律的规定，将标的物提存，达到终止债权债务的目的。

除此之外，债务人依照法律规定向第三人履行的，也可能产生债权债务终止的法律效果。这里的第三人，包括被债权人授予受领权或者依法具有受领权的代理人、监护人、遗产管理人、破产管理人等。同时，依据本法第537条的规定，人民法院认定代位权成立的，由债务人的相对人向债权人履行义务，债权人接受履行后，债权人与债务人、债务人与相对人之间相应的权利义务终止。本法第442条也规定，汇票、本票、支票、债券、存款单、仓单、提单的兑现日期或者提货日期先于主债权到期的，质权人可以兑现或者提货，并与出质人协议将兑现的价款或者提取的货物提前清偿债务或者提存。

合同中约定数项债务时，某项债务按照约定适当履行，产生该项债务消灭的效果，但并非终止合同。在双务合同中，只有当事人双方都按照约定履行，合同才能终止。任何一方履行有欠缺，都不能达到终止合同的目的。

（三）债权人和债务人协商一致以他种给付代替原定给付

合同的种类不同，债务的内容也不同，比如，货物买卖合同，债务的内容是交付货物或支付价款；承揽合同，债务的内容是提供劳务或者支付报酬。债务人应当按照合同约定的内容履行，但有时，实际履行债务在法律上或者事实上不可能，比如，债务履行时，法律规定该履行须经审批，债务人无法得到批准许可，或者标的物已灭失，无法交付；或者实际履行费用过高，如交付货物的运输费用大大提高，甚至超过合同标的的价格，实际履行极不经济；或者不适于强制履行，如以债务人具有人身性质的特定行为作为标的的合同；或者债务人无力履行原定的给付。在这些情况下，经债权人和债务人协商一致，可以采用代物履行的办法，达到债务消灭的目的，在债务人履行了双方协商一致的他种给付之后，债务消灭。例如，债务人乙按照合同约定，应当向债权人甲交付100吨吉林产圆粒大米，由于乙收购遇到困难，不能交付，但乙有100吨天津圆粒大米，质量与合同约定的吉林大米基本相同，甲同意交付天津大米以代替吉林大米的交付，乙交付了天津大米之后，债务即消灭。

实践中，也经常会出现以房抵债的情形，债务人乙欠债权人甲借款，现乙在债务履行期届满后无力偿还，因此与甲协商一致，以价值相当的乙所有的房屋抵债，在乙将房屋交付并将房屋所有权转移给甲之后，债务消灭。甲和乙约定不明时，为保护债权人甲的利益，不宜认定为是合同的更新，而应认为是增加了一种给付，否则，原债消灭，在乙不履行之后的以物抵债协议时，债权人甲就无法请求债务人乙履行原债务。如果乙不履行之后的以物抵债协议，则债权人与债务人之间的旧债务并未消灭，旧债务和新债务处于衔接并存的状态；在新债务合法有效并得以履行完毕后，旧债务和新债务都归于消灭。有时代物履行可能会有差价，按照当事人的约定支付差价后，也产生债务消灭的后果。

二、债务相互抵销

债务相互抵销，指当事人互负债务、互享债权，以自己的到期债权充抵对方的债权，使自己的债务与对方的债务在等额内消灭。比如，乙在合同约定的还款日期，应支付给甲 10 万元人民币货款，与此同时甲也欠乙 10 万元人民币，并已到支付日期，此时，乙可以向甲表明，自己不偿还甲的 10 万元债务，甲也不必偿还欠乙的 10 万元债务。两相抵销，互不相欠。本法第 568 条、第 569 条规定了抵销的具体条件和后果。

抵销制度，一方面免除了当事人双方实际履行的行为，方便了当事人，节省了履行费用。另一方面当互负债务的当事人一方财产状况恶化，不能履行所负债务时，通过抵销，起到了债的担保的作用；特别是当一方当事人破产时，对方已作出的履行将作为破产财产，而未被清偿的债权却要与破产人的其他各债权人就破产财产平均受偿，显然不利于对方当事人，而通过抵销，可以使对方当事人的债权迅速获得满足。《企业破产法》第 40 条专门规定了破产抵销权：“债权人在破产申请受理前对债务人负有债务的，可以向管理人主张抵销。但是，有下列情形之一的，不得抵销：(一) 债务人的债务人在破产申请受理后取得他人对债务人的债权的；(二) 债权人已知债务人有不能清偿到期债务或者破产申请的事实，对债务人负担债务的；但是，债权人因为法律规定或者有破产申请一年前所发生的原因而负担债务的除外；(三) 债务人的债务人已知债务人有不能清偿到期债务或者破产申请的事实，对债务人取得债权的；但是，债务人的债务人因为法律规定或者有破产申请一年前所发生的原因而取得债权的除外。”

三、债务人依法将标的物提存

提存，是指由于法律规定的原因，债务人无法向债权人交付合同标的物时，债务人将该标的物交给提存部门而消灭债务的制度。比如，债务人乙在合同约定的履行期限，准备向债权人甲交付货物，但却无法找到债权人，乙根据法律有关规定，将该货物交给提存部门，货物被提存后，债务即消灭。

债务的履行往往需要债权人的协助，如果债权人无正当理由而拒绝受领或者不能受领，债权人虽应承担受领迟延的责任，但债务人的债务却不能消灭，债务人仍得随时准备履行，这显然有失公平。本法明确将提存作为债权债务终止的法定原因之一，在第 570 条至第 574 条规定了提存的条件、程序和法律效力。

四、债权人免除债务

债权人免除债务，指债权人放弃自己的债权。债权人可以免除债务的部分，也可以免除债务的全部。比如，债务人乙应当偿还债权人甲 2 万元人民币，甲表示乙可以少还或者不还，就是债权人免除债务。甲表示只需要偿还 1 万元，是债务的部分免除；表示 2 万元都不必偿还，是债务的全部免除。免除部分债务的，债权债务部分终止，免除全部债务的，债权债务全部终止。本法第 575 条对免除进行了具体规定。

五、债权债务同归于一人

债权和债务同归于一人，指由于某种事实的发生，使原本由一方当事人享有的债权，由另一方当事人负担的债务，统归于一方当事人，使得该当事人既是债权人，又是债务人。比如，甲公司与乙公司签订了房屋租赁合同，在乙公司尚未支付租金时，甲乙二公司合并成立了一个新的公司，甲公司的债权和乙公司的债务都归属于新公司，原甲公司和乙公司之间的债权债务自然终止。本法第 576 条具体规定了此种终止事由。

六、法律规定或者当事人约定终止的其他情形

除了前述债权债务终止的情形，出现了法律规定的终止的其他情形的，合同的权利义务也可以终止。比如，根据本法第 934 条规定，委托人死亡、终止或者受托人死亡、丧失民事行为能力、终止，构成了委托合同的特殊终止事由。本法第 940 条规定，建设单位依法与物业服务人订立的前期物业服务合同约定的服务期限届满前，业主委员会或者业主与新物业服务人订立的物业服务合同生效的，前期物业服务合同终止。本法第 977 条也规定，合伙人死亡、丧失民事行为能力或者终止，构成了合伙合同的特殊终止事由。

当事人也可以约定债权债务终止的情形。本法第 158 条、第 160 条所规定的民事法律行为的“失效”也可以使得合同权利义务终止。比如，当事人订立的附解除条件的合同，当解除条件成就时，债权债务关系消灭，合同的权利义务终止。当事人订立附终止期限的合同，期限届满时，合同的权利义务终止。再如，赠与人与受赠人约定，赠与人每月负担受赠人的生活费至其 18 周岁，受赠人 18 周岁前参加工作的，自参加工作之日起，赠与合同终止。如果受赠人 17 周岁参加工作，则赠与人与受赠人之间的合同的权利义务终止。

本条第 2 款规定合同解除导致该合同的权利义务关系终止。合同的解除，指合同成立对当事人具有法律约束力后，当具备法律规定的或者当事人约定的合同解除事由时，或者当事人协商一致时，因当事人一方或双方的意思表示而使整体的合同关系终止。解除导致合同整体权利义务关系的终止，而非合同关系中单个债权债务的终止，并且在合同权利义务终止后，还涉及解除后的各种权利义务关系。同时，解除仅能适用于合同的权利义务关系，而不能适用于其他法定的债权债务关系。据此，本条在合同法规定的基础上将解除单独作为一款。合同的解除适用于已经具有法律约束力的合同。合同只有在具有法律约束力以后，才会发生解除，不具有法律约束力的合同不发生解除。依法成立的合同，对当事人具有法律约束力，当事人不得随意解除合同，只有当出现当事人约定的或者法律规定的解除合同的事由时，或者当事人协商一致时，才可以解除合同。本法第 562 条至第 566 条对合同解除作出了具体的规定。

第五百五十八条　债权债务终止后，当事人应当遵循诚信等原则，根据交易习惯履行通知、协助、保密、旧物回收等义务。

◆ 条文主旨

本条是关于后合同义务的规定。

◆ 立法背景

本条源自《合同法》第 92 条，立法过程中，有意见提出，这些义务不仅在合同的权利义务终止后会发生，在其他法定之债的债权债务终止后，也应当存在这些义务。经研究，因无因管理等发生的法定之债中，在债权债务终止后，也同样可能发生协助、保密等义务，因此，将合同法中的“合同的权利义务”修改为“债权债务”。

◆ **条文解读**

后合同义务，是指合同的权利义务终止后，当事人依照法律的规定，遵循诚信等原则，根据交易习惯履行的各项义务。后合同义务对于在交易中强化诚信观念、维护交易的正常秩序具有重要意义。因此，债权债务终止后，除了债权人应当将证明债权债务的负债字据返还、向债务人出具债务消灭的收据之外，双方当事人还负有后合同义务。

后合同义务具有以下特点：

1. 后合同义务是合同的权利义务终止后产生的义务，合同成立前，当事人承担的是先合同义务；合同的权利义务未终止，当事人履行的是合同义务。

2. 后合同义务主要是法律规定的义务。如果当事人在合同中约定履行某项义务，该义务为合同义务，不履行该义务，承担违反合同的责任。后合同义务主要是法定义务，违反后合同义务要承担损害赔偿责任。

3. 后合同义务是诚信等原则派生的义务。诚信原则要求民事活动的当事人具有诚实、守信、善意的心理状况，不损人利己，不规避法律，秉持诚实，恪守承诺，在民事活动中维持双方的利益平衡，以及当事人利益与社会利益的平衡。合同的权利义务终止后，当事人应当履行哪些义务，并没有一定之规，依诚信原则应履行的义务，均应为后合同义务的范围。当事人主观方面的要求也可以根据诚信等原则予以确定。

4. 后合同义务的内容根据交易习惯确定。合同的内容不同，后合同义务也不同，法律不可能针对个案确定后合同义务的内容，但按照交易习惯，某类合同终止后，当事人通常的行为准则，应作为后合同义务。所谓交易习惯，一方面指一般的民商事活动应遵循的习惯，另一方面指当事人双方长期交易关系中形成的习惯。

遵循诚信等原则，根据交易习惯，债权债务终止后的义务通常有以下几方面：

1. 通知的义务。合同权利义务终止后，一方当事人应当将有关情况及时通知另一方当事人。比如，在租赁合同终止后，出租人应及时通知承租人取回物品；房屋买卖合同履行完毕而终止后，出卖人应该将房屋的重大情况通知买受人。

2. 协助的义务。合同的权利义务终止后，当事人应当协助对方处理与原合同有关的事务。比如，合同解除后，需要恢复原状的，对于恢复原状给予必要的协助；合同的权利义务终止后，对于需要保管的标的物协助保管。

3. 保密的义务。保密指保守国家秘密、商业秘密和合同约定不得泄露的事项。国家秘密，是指关系国家的安全和利益，依照法定程序确定，在一定时间内只限于一定范围的人员知悉的事项。国家秘密事关国家安全和利益，合同的权利义务终止后，合法接触、掌握、使用国家秘密的合同当事人，对于保密期内的国家秘密，无权向第三者泄露。泄露了国家秘密，要承担民事责任、行政责任甚至刑事责任。商业秘密，指不为公众所知悉，能为权利人带来经济利益，具有实用性，并经权利人采取保密措施的技术信息和经营信息。商业秘密一旦进入公共领域，就会失去其商业价值，损害合同当事人的经济利益和竞争优势。因此，合同的权利义务终止后，当事人负有保守商业秘密的义务。泄露了商业秘密要承担民事责任。除了国家秘密和商业秘密，当事人在合同中约定保密的特定事项，合同的权利义务终止后，当事人也不得泄露。

4. 旧物回收的义务。在立法过程中，有意见认为，为促进生态文明建设，应当进一步扩充后合同义务的范围。本法第9条规定：“民事主体从事民事活动，应当有利于节约资源、保护生态环境。”经研究，为进一步落实该项原则的要求，当事人在债权债务终止后，还依法负有旧物回收的义务，本条予以增补，并根据本法第一编中第一章的有关民法原则的规定，将合同法中的“诚实信用原则”修改为“诚信等原则”。本法第625条也规定：“依照法律、行政法规的规定或者按照当事人的约定，标的物在有效使用年限届满后应予回收的，出卖人负有自行或者委托第三人对标的物予以回收的义务。”旧物回收也可能会包括包装物的回收。

应当注意的是，后合同义务的具体范围需要根据具体个案予以细致和具体的判断，不宜以结果倒推后合同义务的范围，要考虑诚信原则所要求的不同价值之间的平衡，要考虑交易习惯的举证，结合当事人主观方面的要求，履行对价、成本和收益的对比，当事人约定的可能性等，在个案中具体判断后合同义务的具体范围、强度、地域、内容、期限等。

▶ **相关规定**

《最高人民法院关于审理物业服务纠纷案件具体应用法律若干问题的解释》第9条、第10条；《最高人民法院关于适用〈中华人民共和国合同法〉若干问题的解释（二）》第22条

第五百五十九条 债权债务终止时，债权的从权利同时消灭，但是法律另有规定或者当事人另有约定的除外。

◆ **条文主旨**

本条是关于从权利随主权利消灭而消灭的规定。

◆ **立法背景**

本条是本次立法新增规定，是主权利和从权利相关理论进入立法的结果。

◆ **条文解读**

从权利是指附随于主权利的权利。抵押权、质权、保证等权利都属于主权利的从权利。由于从权利是从主权利派生出来的，从权利从属于主权利，这也包括消灭上的从属性。当主债权债务终止时，从权利一般也就没有了存在的价值，同时随之消灭。据此，本法第393条第1项就规定，主债权消灭的，担保物权也消灭。第587条也规定，债务人履行债务的，定金应当抵作价款或者收回。

但是，法律可能作出不同的规定。例如，主债权部分消灭的，作为从权利之一的担保物权并不在相应范围内部分消灭，而是根据担保物权的不可分性，主债权部分消灭，担保物权仍然存在，担保财产仍然担保剩余的债权，直到债务人履行全部债务时为止。《企业破产法》第124条也规定："破产人的保证人和其他连带债务人，在破产程序终结后，对债权人依照破产清算程序未受清偿的债权，依法继续承担清偿责任。"同时，本条也允许当事人另有约定，如果当事人约定债权债务终止时，债权的从权利并不消灭而是独立存在，一般应当允许当事人的此种约定发生效力，但法律另有规定的除外。

▶ 相关规定

《中华人民共和国企业破产法》第124条

第五百六十条 债务人对同一债权人负担的数项债务种类相同，债务人的给付不足以清偿全部债务的，除当事人另有约定外，由债务人在清偿时指定其履行的债务。

债务人未作指定的，应当优先履行已经到期的债务；数项债务均到期的，优先履行对债权人缺乏担保或者担保最少的债务；均无担保或者担保相等的，优先履行债务人负担较重的债务；负担相同的，按照债务到期的先后顺序履行；到期时间相同的，按照债务比例履行。

◆ 条文主旨

本条是关于数项债务的清偿抵充顺序的规定。

◆ 立法背景

本条在《最高人民法院关于适用〈中华人民共和国合同法〉若干问题的解释（二）》第20条的基础上，参酌《德国民法典》第366－367条、《日本民法典》第488－491条、《法国民法典》第1253－1256条、《意大利民法典》第1193－1194条、《瑞士债务法》第85－87条、我国台湾地区“民法”第321－323条、《国际商事合同通则》第6.1.12条等立法例对清偿抵充予以规定，精解如下。

◆ **条文解读**

清偿抵充，指的是债务人对同一债权人负担的数项债务种类相同，债务人的给付不足以清偿全部债务时，确定该给付抵充这些债务中某项或者某几项债务；或者债务人在履行主债务外还应当支付利息和实现债权的有关费用，其给付不足以清偿全部债务的，确定该给付抵充该项债务中的某个或者某几个部分。立法过程中，有意见提出，应当增加规定关于清偿抵充的规则。经研究，清偿抵充的顺序对于当事人的利害关系非常重要，比较法上，《德国民法典》第366－367条、《日本民法典》第488－491条、《法国民法典》第1253－1256条、《意大利民法典》第1193－1194条、《瑞士债务法》第85－87条、我国台湾地区“民法”第321－323条、《国际商事合同通则》第6.1.12条等立法例均对此加以规定，这有利于解决当事人之间的争议。因此，本条和下条规定了清偿抵充顺序。应当注意的是，在抵销中，也涉及抵销抵充，此时也应参照本条和下条规定的清偿抵充顺序予以确定，《德国民法典》第396条、我国台湾地区“民法”第342条对此有明文规定。

本条规定了清偿抵充的第一种情形，即数项债务的清偿抵充。本条的适用，首先，要求债务人对同一债权人负担数项债务。如果多个债务人分别负担债务，则应当分别清偿，从而不发生抵充问题；如果是对不同的债权人负担债务，也应当分别做出履行，也不会发生抵充问题。在同一债务的分期履行中，也可参照适用本条规定。其次，要求债务人负担的数项债务的种类相同。如果数项债务给付的种类不同，应当以给付的种类确定该给付清偿的是何项债务，没必要发生抵充问题。最后，要求债务人的给付不足以清偿全部债务。如果债务人的给付可能清偿全部债务，也没有必要确立清偿的顺序，因为所有的债务都可以得到清偿。如果债务人的给付不足以清偿数项债务中的某一项，则可以将本条规定和下条规定结合适用，通过下条确定该项债务中费用、利息和主债务履行的顺序。

此时，确定清偿抵充顺序的基本原则是：有约定从约定，无约定从指定，无指定从法定。如果当事人就抵充的顺序协商一致，这是意思自治的表现，此时，该约定应当优先。例如，乙欠甲借款、货款各 1 万元，均已届期，乙向甲清偿 8000 元，双方约定该笔给付用于抵充借款，则从其约定。抵充既可以在清偿前或者清偿时约定；在清偿后约定抵充或者变更原抵充约定的，在当事人之间仍然发生效力，但不能影响担保人等有利害关系的第三人利益。

在当事人对抵充顺序没有约定时，则由债务人指定其履行的债务，但债务人的指定应在清偿时作出，其生效适用本法第 137 条的一般规则。债务人在清偿时未指定，清偿后不可指定，否则在有争议的时候，债务人可以立即指定，之后的法定抵充顺序就没有任何意义。

在当事人对抵充顺序没有约定且债务人在清偿时未指定的，则直接依据法定的顺序。在本条第 1 款已经承认了债务人指定权的情况下，法定的抵充顺序应更多地考量债权人的利益，采取债权人利益优先、兼顾债务人利益的原则确定顺序。依据本条第 2 款规定，依次依据下列方式确定抵充顺序：

1. 已到期债务。如果到期的债务和未到期的债务并存，应当先抵充已到期的债务，毕竟债务未到期，则债务人不负有履行义务。

2. 缺乏担保或者担保最少的债务。该规定旨在保护债权人的利益，使得债权人未清偿的债务尽量存在担保。如果某债务有担保，另一债务无担保或者缺乏担保，则优先履行缺乏担保的债务。在债务均存在担保的情形时，则优先履行担保最少的债务。应当注意的是，此处的“担保最少”并非担保的绝对数额最少，而是对债权人而言担保利益最少或者担保状况最低的，否则某些情况下容易导致和本规定目的相违背的情形。比如，50 万元的债务存在担保 50 万元，同时另外一个 100 万元的债务存在同样类型的担保 60 万元，债务人支付 50 万元，优先清偿哪一个债务？此时，后一项债务的担保比例较少，因此优先抵充后一项债务中的未担保债务，这对债权人最为有利。但如果将“担保最少”理解为担保的绝对数额最小，则应优先抵充前一项债权，这无法实现保护债权人合理利益的目的。同时，除了上述担保的比例之外，在判断担保的多少时，还可以考虑担保的类型、担保人的信用等因素予以综合判断。当然，在数项债务均未到期，提前履行不损害债权人利益，债务人根据本法第 530 条第 1 款可以提前履行债务的，这是债务人对自己期限利益的放弃，此时，也应当优先履行对债权人缺乏担保或者担保最少的债务。

3. 债务人负担较重的债务。该规定旨在保护债务人的利益，优先清偿负担较重的债务，使得债务人因清偿而获益最多。比如，无利息的债务对比有利息的债务，前者显然对债务人的负担较轻；在本金相同的情况下，低利息的债务对比高利息的债务，前者对债务人的负担较轻。在一些情形中同样也需要综合判断。

4. 先到期的债务。比如，8 月 1 日到期的债务，对比同年 9 月 1 日到期的债务，应当先抵充前一个债务。此时，并非抵充最先成立的债务，而是抵充最先到期的债务。

5. 债务比例。

第五百六十一条 债务人在履行主债务外还应当支付利息和实现债权的有关费用，其给付不足以清偿全部债务的，除当事人另有约定外，应当按照下列顺序履行：

（一）实现债权的有关费用；

（二）利息；

（三）主债务。

◆ 条文主旨

本条是关于费用、利息和主债务的清偿抵充顺序的规定。

◆ 立法背景

本条源自《最高人民法院关于适用〈中华人民共和国合同法〉若干问题的解释（二）》第21条，争议较小，本法予以沿袭。

◆ 条文解读

本条的适用，首先，要求债务人在履行主债务外还应当支付利息和实现债权的有关费用。其次，要求债务人的给付不足以清偿主债务、利息和实现债权的有关费用。此时确定清偿抵充顺序的基本原则是：有约定按约定，无约定按法定。如果当事人就抵充的顺序协商一致，这是合同自由的表现，此时，该约定应当优先。例如，乙欠甲借款10万元，利息5000元，实现债权的费用3000元，乙向甲清偿3万元，双方约定该笔给付用于抵充主债务，则从其约定。

在当事人对抵充顺序没有约定时，各个立法例与本条的规定基本一致，采取有利于债权人的立场，依次按照下列顺序抵充：

1. 实现债权的有关费用。包括保管费用、诉讼费用、执行费用等。采取同样的精神，本法第412条规定，债务人不履行到期债务或者发生当事人约定的实现抵押权的情形，致使抵押财产被人民法院依法扣押的，自扣押之日起，抵押权人有权收取该抵押财产的天然孳息或者法定孳息，孳息应当先充抵收取孳息的费用。本法第 430 条也规定，质权人收取质押财产的孳息也应当先充抵收取孳息的费用。

2. 利息。利息是债权人预期应有的收益，是资金占有的成本，应当先于主债务或者本金而抵充。尤其是对于银行而言，其收取利息是其发放贷款的主要目的，如果利息不能得到保护，则与此种债权的目的不相一致。

3. 主债务。在上例中，3 万元首先抵充实现债权的有关费用 3000 元，其次抵充利息 5000 元，最后抵充主债务 2. 2 万元，因此未偿还的主债务还剩 7. 8 万元。

应当注意的是，本条规定更为着重于债权人利益的保护，与前条规定不同，本条排除了债务人指定的权利，否则与本条的债权人利益保护立场相违背。因此，债务人不能指定先抵充主债务，再抵充利息，以避免给债权人带来损害。例如，《德国民法典》第 367 条第 2 款就规定，债务人有不同的抵充指定者，债权人得拒绝受领给付。同时，如果抵销涉及主债务、利息和实现债权的有关费用的，也应参照本条规定，《德国民法典》第 396 条、我国台湾地区“民法”第 342 条同样对此有明文规定。

第五百六十二条　当事人协商一致，可以解除合同。

当事人可以约定一方解除合同的事由。解除合同的事由发生时，解除权人可以解除合同。

◆ **条文主旨**

本条是关于协商解除合同和约定解除权的规定。

◆ **立法背景**

本条自1999年《合同法》颁布以来，争议较小，本法予以沿袭。

◆ **条文解读**

合同解除是对当事人进行救济的方式之一。通过合同解除，能够使得当事人在其合同目的不能实现的情形中摆脱现有合同权利义务关系的约束，重新获得交易的自由。比如，甲作为卖方、乙作为买方签订买卖合同，乙到期未支付价款，如果甲已经先交货，则甲可以解除合同，要求返还货物，将货物重新出卖；如果甲未交货，则甲可以通过解除合同消灭自己交货的义务。相对比而言，履行抗辩权的效果是暂时性地对抗对方的请求，而违约责任的效果是弥补损失，因此，合同解除具有履行抗辩权和违约责任所不能取代的功能。合同解除包括当事人协商解除、行使约定解除权和行使法定解除权。本条规定了当事人协商解除合同和约定解除权。

需要注意的是，关于是否应当区分合同解除与合同终止，存在不同的观点。有些观点区分了是否具有溯及力，没有溯及力的称为终止，有溯及力的称为解除。本法采取了广义的终止的概念，“解除”仅是“终止”的原因之一，同时在解除的效果上区分有溯及力和没有溯及力的解除，其中没有溯及力的解除就相当于狭义的“终止”。

根据自愿原则，当事人在法律规定范围内享有自愿解除合同的权利。当事人约定解除合同包括两种情况：

1. 协商解除

协商解除，是指合同产生法律约束力后，当事人以解除合同为目的，经协商一致，订立一个解除原来合同的协议。比如，乙公司向甲公司订购了一批服装面料，准备生产时装，但由于乙公司的生产订单被取消，乙公司不再需要订购的面料，于是与甲公司协商一致解除合同。当事人可以根据自愿原则，决定协商解除的具体效力，比如可以在协议中明确放弃违约损害赔偿请求权。

协商解除是双方的民事法律行为，是通过订立一个新的合同而解除原来的合同，因此应当遵循民事法律行为和合同的一般规定，即双方当事人应当对解除合同意思表示一致，协议未达成之前，原合同仍然有效。如果协商解除违反了法律规定的法律行为有效的条件，如违背了公序良俗，解除合同的协议不能发生法律效力，原有的合同仍要履行。在协商解除中，最为重要的是当事人具有解除的明确意思表示，如果双方都明确同意解除，即使双方未就协商解除后的法律后果作出约定，只要双方解除合同的意思是明确形成一致的，一般也可以认为构成协商解除，除非协商解除的意思表示以对解除后果形成一致意见为前提。

2. 约定解除权

约定解除权，是指当事人约定，合同履行过程中出现某种情况，当事人一方或者双方有解除合同的权利。比如甲乙双方签订了房屋租赁合同，出租人甲与承租人乙约定，未经出租人同意，承租人允许第三人在该出租房屋居住的，出租人有权解除合同；也可以约定，出租房屋的设施出现问题，出租人不予以维修的，承租人有权解除合同。解除权可以在订立合同时约定，也可以在履行合同的过程中约定；可以约定一方享有解除合同的权利，也可以约定双方享有解除合同的权利。当约定解除合同的条件出现时，享有解除权的当事人可以行使解除权解除合同，而不必再与对方当事人协商。约定解除权的功能体现在对法定解除权的要件和行使效果进行修正、缓和和补充，并使当事人在观念上对此明确化。在合同解除纠纷中，应首先查明当事人是否享有约定解除权，如果不享有约定解除权，则依据本法第 563 条规定认定当事人是否可享有法定解除权，除非当事人明确排除了法定解除权的适用。

解除权的约定也是一种合同，行使约定的解除权应当以该合同为基础，因此对解除权的约定也应当遵循民事法律行为和合同的一般规定。约定解除权在实践中有多重形式，例如，双方可以约定解约定金，即定金交付后，交付定金的一方可以按照合同的约定以丧失定金为代价而解除主合同，收受定金的一方可以双倍返还定金为代价而解除主合同。

协商解除和约定解除权，虽然都是基于当事人双方的合意，但二者有区别，表现在：（1）协商解除是当事人双方根据已经发生的情况，达成解除原合同的协议；而约定解除权是约定将来发生某种情况时，一方或双方享有解除权。（2）协商解除不是约定解除权，而是解除现存的合同关系，并可以对解除合同后的责任分担、损失分配达成共识；而约定解除权本身不导致合同的解除，只有在约定的解除事由发生时，通过行使解除权方可使合同归于消灭。

同时，约定解除权和附解除条件的合同不同。本法第 158 条规定："民事法律行为可以附条件，但是根据其性质不得附条件的除外。附生效条件的民事法律行为，自条件成就时生效。附解除条件的民事法律行为，自条件成就时失效。"两者有区别，表现在：附解除条件的合同，条件成就时合同自然失效，不需要当事人再有另外的意思表示；而在约定解除权的情况下，双方约定以一定的事由作为解除权的产生原因，约定的事由发生时仅产生了解除权，合同并不是自动解除，必须由解除权人主动行使解除权，才能导致合同解除。《合同法》第93条第2款规定“……解除合同的条件成就时，解除权人可以解除合同”，为了更清晰地显示出约定解除权和附解除条件的不同，本条将之修改为“解除合同的事由发生时，解除权人可以解除合同”。究竟是约定解除权抑或是附解除条件的合同，取决于当事人的意思表示，应结合该约定的内容、该约定与整个合同的关系、约定的目的等因素予以确定。

当事人行使约定解除权，应当通知对方，合同解除的时间根据本法第565条的规定处理，除非当事人另有约定。合同解除的效果首先根据当事人的约定予以确定，当事人没有约定或约定不明时，适用本法对于合同解除效果的规定。

第五百六十三条　有下列情形之一的，当事人可以解除合同：

（一）因不可抗力致使不能实现合同目的；

（二）在履行期限届满前，当事人一方明确表示或者以自己的行为表明不履行主要债务；

（三）当事人一方迟延履行主要债务，经催告后在合理期限内仍未履行；

（四）当事人一方迟延履行债务或者有其他违约行为致使不能实现合同目的；

（五）法律规定的其他情形。

以持续履行的债务为内容的不定期合同，当事人可以随时解除合同，但是应当在合理期限之前通知对方。

◆ **条文主旨**

本条是关于法定解除事由的规定。

◆ **立法背景**

本条第1款沿袭《合同法》第94条。在立法过程中，有意见提出，应当增加规定此类合同中当事人的任意解除权。经研究，考虑到当事人未约定合同的存续或者履行期限，而合同不得无限期地约束合同当事人，故许多立法例都规定了此种情形下当事人享有解除权。比如，《国际商事合同通则》第5.1.8条就规定，任何一方当事人均可通过预先在一段合理时间内发出通知，终止一个无固定期限的合同。《欧洲合同法原则》第6：109条、《欧洲私法共同参考框架》第3－1：109条第2款、《法国民法典》第1211条等也作出了类似的规定。本法在很多这类合同中也已经对此明确规定，可以予以统合。因此，本条在合同法的基础上增加第2款，对此予以明确规定。

◆ **条文解读**

法定解除，是指合同具有法律约束力后，当事人在法律规定的解除事由出现时，行使解除权而使合同权利义务关系终止。法定解除权的产生事由与约定解除权的产生事由既有区别又有联系。其区别表现在，法定解除事由是法律直接规定的，而约定解除事由是双方通过合同约定的。其联系表现在：约定解除事由主要是对法定解除事由和解除效果进行修正、缓和和补充，比如，可以约定违反合同中的某项规定，不论程度如何，均可解除合同；也可以约定必须违反合同某项规定达到一个明确的程度，才可解除合同。在约定解除的事由没有涵盖全部法定解除事由的情况下，除非当事人明确排除适用法定解除的事由，在未涵盖的领域，法定解除权仍有其适用余地，这是法律行为调整模式和法定调整模式相互衔接配合的当然要求，是法定解除制度目的的表现。

法律规定解除的事由，也是对任意解除合同的限制，以鼓励交易，避免资源浪费，合理保护双方当事人的合法权益；同时，并不是说具备这些事由，当事人必须解除合同，是否行使解除的权利，应由当事人决定。合同解除的目的是使得当事人摆脱合同权利义务的约束，并非为了制裁，因此法定解除权的发生，不以当事人的过错为要件，但是为了避免当事人任意解除合同，重点考虑的是合同目的是否能够实现，这是判断是否产生法定解除权的重心。如果合同目的仍然能够实现，则一般不产生法定解除权。

本条第 1 款规定的解除合同的事由有：

一、因不可抗力致使不能实现合同的目的

所谓不可抗力，本法第 180 条第 2 款规定，不可抗力是不能预见、不能避免且不能克服的客观情况。不能预见，是指行为人主观上对于某一客观情况的发生无法预测。对于某一客观情况的发生可否预见，因人的认知能力不同，科学技术的发展水平各异，预见能力必然有差别。因此，不可预见，应以一般人的预见能力作为判断标准。某些事件的发生，在过去不可预见，但随着科学技术水平的发展，现在就可以预见。例如现在对天气预报的准确率已达到了 90% 以上，人们对狂风暴雨的规避能力已大大提高。不能避免并不能克服，表明某一事件的发生和事件所造成的后果具有必然性。不能避免，是指当事人尽了最大的努力和采取一切可以采取的措施，仍然不能避免某种事件的发生并不能克服事件所造成的后果。客观情况，是指独立于当事人行为之外的客观情况。

不能预见、不能避免并不能克服是对不可抗力范围的原则规定，至于哪些可作为影响合同履行的不可抗力事件，我国法律没有具体规定，各国法律规定不尽相同，一般说来，以下情况被认为属于不可抗力：（1）自然灾害。自然灾害包括因自然界的力量引发的灾害，例如地震、海啸、火山喷发、台风、冰雹等。自然灾害的发生，常常使合同的履行成为不必要或者不可能，需要解除合同。比如，地震摧毁了供货一方的工厂，使其无法生产订购的货物，其要求解除合同。需要注意的是，一般各国都承认自然灾害为不可抗力，但有的国家认为自然灾害不是不可抗力。因此，在处理涉外合同时，要特别注意各国法律的不同规定。(2) 战争。战争的爆发可能影响到一国以至于更多国家的经济秩序，使合同履行成为不必要。(3) 社会异常事件。主要指一些偶发的阻碍合同履行的事件。比如罢工、骚乱，一些国家认为属于不可抗力。(4) 政府行为。主要指合同订立后，政府颁布新的政策、法律，采取行政措施导致合同不能履行，如禁运、交通封锁、人员隔离、进出境限制、停工停产等，有些国家认为属于不可抗力。

不可抗力事件的发生，对履行合同的影响可能有大有小，有时只是暂时影响到合同的履行，可以通过延期履行实现合同的目的，对此不能行使法定解除权。只有不可抗力致使合同目的不能实现时，当事人才可以解除合同。

应当注意的是，因不可抗力致使不能实现合同目的的，究竟是采取合同自动终止的方式，还是采取产生法定解除权的方式，不同的立法例并不相同。有的立法例认为，此时合同应当自动终止，因此给付和对待给付都消灭，例如《欧洲合同法原则》第9：303条第4款；但也有立法例认为，不可抗力不影响合同的解除权，例如《国际商事合同通则》第7.1.7条。经研究，本法采取了后一种方式，这有利于当事人之间互通情况和互相配合，并积极采取救济措施。根据此目的，应当认为此种情况下，双方当事人都有权解除合同。

同时，本法第533条规定了情势变更规则："合同成立后，合同的基础条件发生了当事人在订立合同时无法预见的、不属于商业风险的重大变化，继续履行合同对于当事人一方明显不公平的，受不利影响的当事人可以与对方重新协商；在合理期限内协商不成的，当事人可以请求人民法院或者仲裁机构变更或者解除合同。”“人民法院或者仲裁机构应当结合案件的实际情况，根据公平原则变更或者解除合同”。在发生不可抗力事件时，根据对合同履行的影响，可以分别适用情势变更和法定解除。如果不可抗力事件致使继续履行合同对于一方当事人明显不公平的，可以适用本法第533条规定；不可抗力事件的发生，致使合同目的不能实现的，可以适用本条规定。

二、在履行期限届满之前，当事人一方明确表示或者以自己的行为表明不履行主要债务

在合同履行期限届满之前，当事人一方明确表示或者以自己的行为表明不履行主要债务的，对方当事人可以解除合同。当事人一方明确表示或者以自己的行为表明不履行主要债务，当然要求其不享有履行抗辩权等正当理由，并且不履行的是主要债务，因此是根本性的违约。预期违约分为明示违约和默示违约。所谓明示违约，是指合同履行期到来之前，一方当事人明确肯定地向另一方当事人表示他将不履行主要债务。所谓默示违约，是指合同履行期限到来前，一方当事人有确凿的证据证明另一方当事人在履行期限到来时，明显将不履行主要债务。预期违约，降低了另一方享有的合同权利的价值，如果在一方当事人预期违约的情况下，仍然要求另一方当事人在履行期间届满才能主张补救，将给另一方造成损失。允许受害人解除合同，受害人对于自己尚未履行的合同可以不必履行，有利于保护受害人的合法权益。

应当注意的是，该规定与不安抗辩权的相互衔接。本法第527条第1款规定，应当先履行债务的当事人，有确切证据证明对方有下列情形之一的，可以中止履行：（一）经营状况严重恶化；

（二）转移财产、抽逃资金，以逃避债务；（三）丧失商业信誉；（四）有丧失或者可能丧失履行债务能力的其他情形。但是，此时，该方当事人可能会出现判断不准确，如果他认为对方可能丧失履行债务能力或者存在其他预期违约行为，而直接解除合同，但实际上对方仍然具有履行能力或者无其他预期违约行为，则他可能会因此承担违约责任。因此，为避免当事人因判断不准确而遭受上述风险，消除判断所可能出现的不确定性，同时考虑到上述行为对合同目的是否能够实现的影响程度的不同，本法第528条规定："当事人依据前条规定中止履行的，应当及时通知对方。对方提供适当担保的，应当恢复履行。中止履行后，对方在合理期限内未恢复履行能力且未提供适当担保的，视为以自己的行为表明不履行主要债务，中止履行的一方可以解除合同并可以请求对方承担违约责任。"

三、当事人一方迟延履行主要债务，经催告后在合理期限内仍未履行

当事人一方迟延履行主要债务，经催告后在合理期限内仍未履行的，对方当事人可以解除合同。这有助于降低对方当事人证明迟延履行致使不能实现合同目的的难度。迟延履行，是指债务人无正当理由，在合同约定的履行期间届满，仍未履行合同债务；或者对于未约定履行期限的合同，应当根据本法第510条予以确定，如果仍然无法确定，根据本法第511条第4项，债权人提出履行请求并且给债务人必要的准备时间届满后，债务人仍未履行的，属于迟延履行债务。债务人迟延履行债务是违反合同约定的行为，但并非就可以因此解除合同。只有符合以下条件，才可以解除合同：

（一）迟延履行主要债务

所谓主要债务，应当依照合同的个案进行判断，一般说来，影响合同目的实现的债务，应为主要债务。如买卖合同，在履行期限内交付的标的物只占合同约定的很少一部分，不能满足债权人的要求，应认为迟延履行主要债务。有时，迟延履行的部分在合同中所占比例不大，但却至关重要，如购买机械设备，债务人交付了所有的设备，但迟迟不交付合同约定的有关设备的安装使用技术资料，使债权人不能利用该设备，也应认为是迟延履行主要债务。

（二）经催告后债务人仍然不履行债务

债务人迟延履行主要债务的，债权人一般应当催告债务人履行。合同的解除将导致合同权利义务关系的终止，一旦解除将会消灭一项交易，如果允许债权人在债务人任何迟延履行主要债务的情况下都可以直接解除合同，会造成财产的不必要的损失和浪费，因此，债权人一般应当进行催告，并且指定一个确定的合理期间。在该合理期间内，当事人可以请求违约责任的承担，但不得解除合同。该合理期间根据债务履行的难易程度和所需要时间的长短确定，超过该合理期间债务人仍不履行的，表明债务人没有履行合同的诚意，或者根本不可能再履行合同，在此情况下，如果仍要债权人等待履行，不仅对债权人不公平，也会给其造成更大的损失，因此，债权人可以依法解除合同。如果债权人通知指定的期间短于合理期间，则并不需要再次做出通知，债权人在通知后经过合理期间即可解除合同。

本法据此规定了许多具体的情形。例如，本法第722条规定，承租人无正当理由未支付或者迟延支付租金的，出租人可以请求承租人在合理期限内支付；承租人逾期不支付的，出租人可以解除合同。

四、迟延履行债务或者有其他违约行为致使不能实现合同目的

迟延履行债务致使不能实现合同目的，是指履行期限对于债

权的实现至关重要，超过了合同约定的期限履行合同，合同目的就将落空。如果迟延履行致使合同目的不能实现，则不需要经过催告，而可以直接解除合同。通常以下情况可以认为构成根本违约的迟延履行：（1）当事人在合同中明确约定超过期限履行合同，债权人将不接受履行，而债务人履行迟延。（2）履行期限构成合同的必要因素，超过期限履行将严重影响订立合同所期望的经济利益。比如季节性、时效性较强的标的物，像中秋月饼，过了中秋节交付，就没有了销路。（3）继续履行不能得到合同利益。比如由于债务人迟延时间过长，市场行情发生重大变化，继续履行将使债权人蒙受重大损失，应允许解除合同。

致使不能实现合同目的的其他违约行为，主要指违反的义务对合同目的的实现十分重要，如一方不履行这种义务，将剥夺另一方当事人根据合同有权期待的利益。该种违约行为主要包括：（1）不能履行主要债务。在不能履行主要债务的场合下，如果不能履行是由不可抗力导致的，则通过本条第1款第1项解决；其他场合下的不能履行主要债务，债权人依据本项规定可以解除合同且无需催告。（2）拒绝履行。即债务人拒绝履行合同义务，包括债务人在履行期限届满前明示或者默示地拒绝履行非主要债务致使不能实现合同目的，或者履行期限届满后拒绝履行主要债务或拒绝履行其他合同义务致使不能实现合同目的。（3）履行质量与约定严重不符，无法通过修理、替换、降价的方法予以补救，致使不能实现合同目的。比如，约定交付的标的物是一级棉花，但交付的却是买方根本无法使用的等外品。（4）履行主要债务之外的其他合同义务不适当，致使不能实现合同目的。比如，本法第778条规定，承揽工作需要定作人协助的，定作人有协助的义务。定作人不履行协助义务致使承揽工作不能完成的，承揽人可以催告定作人在合理期限内履行义务，并可以顺延履行期限；定作人逾期不履行的，承揽人可以解除合同。

这些违约行为导致法定解除权产生的前提是，因为违约行为致使不能实现合同目的，理论上将这些违约称为“根本违约”。违反合同义务，致使合同目的不能实现的，为根本违约。虽然违反合同义务，但并未致使合同目的不能实现的，为非根本违约。同样一个违约行为，可能导致根本违约，也可能是非根本违约。例如，顾客买二米五布料，商店仅裁了二米三，短二分米的布。如果消费者买布的目的是做一套西装，二米三布料不够置装用，商店构成根本违约，如果消费者买布的目的是做一条床单，虽短二分米，但不影响使用，商店则构成非根本违约。《国际货物销售合同公约》第25条将根本违约界定为：“一方当事人违反合同的结果，如使另一方当事人蒙受损害，以至于实际上剥夺了他根据合同规定有权期待得到的东西，即为根本违反合同，除非违反合同一方未预见而且一个同等资格、通情达理的人处于相同情况中也没有理由预见会发生这种结果。”《国际商事合同通则》第7.3.1条、《欧洲合同法原则》第8：103条也作出了类似的规定。本条采取了这些规定的合理精神，规定只有在这些违约行为致使合同目的不能实现时，也即根本违约时，才产生法定解除权，此种情况下，债权人可以解除合同，不给予债务人采取合理的补救措施的权利。

判断合同目的是否不能实现，首先需要区分合同目的和合同动机，盈利一般仅仅是合同的动机而非目的，当事人不能仅以己方盈利目的的落空或者不能实现为由，主张合同目的不能实现。其次可以考虑以下情况：第一，违约是否实质上剥夺了另一方当事人根据合同有权期待的利益，除非另一方当事人并未预见而且也不可能合理地预见到此结果。此时可以考虑违约部分的价值或者金额与整个合同价值或者金额之间的比例，例如，在履行不符合约定中，如果卖方交付的不符合约定的标的物的价值占全部合同金额的大部分，一般可以认为构成违约导致不能实现合同目的；还可以考虑违约部分对合同目标实现的影响程度，在某些案件中，尽管违约部分的价值并不高，但对合同的实现有着重大影响，例如，在成套设备中，某一部件或配件的瑕疵可能导致整套设备无法正常运转，此时，这一违约也可以认定为违约导致不能实现合同目的；还可以考虑违约的后果及损害能否得到修补，即使违约行为十分严重，但如果这种违约是可以修补的，也可以不认定产生法定解除权。此外，还可能结合合同履行状况和合同类型考量其他因素。例如，股权转让合同中，法律关系的稳定、对第三人利益的影响、债权人寻求其他救济的可能性（如债务人尚有资力，可通过继续履行满足债权人的期待利益）都是需考量的因素。第二，对被违反义务的严格遵守是否为合同的实质性约定。第三，违反义务是否导致不能信赖其将来的履行，如果一方当事人分期履行义务，并且在某一次先履行中出现的瑕疵很明显将要在整个履行中重复，尽管先期履行中的瑕疵本身并不构成解除合同的依据，另一方当事人仍然可以解除合同。如果违约是故意的，且使得另一方有充分的理由认为不能期待后续的履行，另一方有权解除全部合同关系；当然，如果违反义务即使是故意但却是微不足道的，仍然不能解除合同。第四，合同解除是否导致违反义务人因已经做出的准备或者履行而遭受不相称的损失。比如，甲和乙约定甲向乙交付专为其制造的软件，约定的交付时间是 12 月 31 日之前，但甲在次年 1 月 31 日才交付，此时乙仍然需要该软件，并且甲无法将该软件出售给其他客户，乙这时可以请求甲承担违约责任，但不能解除合同。

本法据此规定了许多具体的情形。例如，第 597 条规定，因出卖人未取得处分权致使标的物所有权不能转移的，买受人可以解除合同并请求出卖人承担违约责任。第 610 条规定，因标的物不符合质量要求，致使不能实现合同目的的，买受人可以拒绝接受标的物或者解除合同。第 711 条规定，承租人未按照约定的方法或者未根据租赁物的性质使用租赁物，致使租赁物受到损失的，出租人可以解除合同并请求赔偿损失。第 716 条第 2 款规定，承租人未经出租人同意转租的，出租人可以解除合同。第 724 条规定，有下列情形之一，非因承租人原因致使租赁物无法使用的，承租人可以解除合同：（一）租赁物被司法机关或者行政机关依法查封、扣押；（二）租赁物权属有争议；（三）租赁物具有违反法律、行政法规关于使用条件的强制性规定情形。第 731 条规定，租赁物危及承租人的安全或者健康的，即使承租人订立合同时明知该租赁物质量不合格，承租人仍然可以随时解除合同。

如果一方要履行的合同义务有多项，只有部分不履行或者履行不符合约定，导致合同目的部分不能实现，可以考虑仅就部分行使解除权；但如果部分不履行或者履行不符合约定，导致合同目的全部不能实现，可以就整个合同行使解除权。例如，本法第 632 条规定："标的物为数物，其中一物不符合约定的，买受人可以就该物解除。但是，该物与他物分离使标的物的价值显受损害的，买受人可以就数物解除合同。"第 633 条规定："出卖人分批交付标的物的，出卖人对其中一批标的物不交付或者交付不符合约定，致使该批标的物不能实现合同目的的，买受人可以就该批标的物解除。""出卖人不交付其中一批标的物或者交付不符合约定，致使之后其他各批标的物的交付不能实现合同目的的，买受人可以就该批以及之后其他各批标的物解除。""买受人如果就其中一批标的物解除，该批标的物与其他各批标的物相互依存的，可以就已经交付和未交付的各批标的物解除。"当然，如果将要解除的部分构成了合同的主要内容，或者该部分内容的解除将使合同的主要目的不能实现，或者部分解除将使当事人权利义务严重不对称，进而损害另一方当事人合法权益时，不能仅就部分内容行使解除权。因合同而产生的债务不可分时，债权人也只能解除全部合同关系。在不能合理期待债权人接受后续的给付时，债权人也能够解除全部合同关系。

五、法律规定的其他解除情形

除了上述 4 种情形外，本法还规定了其他产生法定解除权的情形。比如，因行使不安抗辩权而中止履行合同，对方在合理期限内未恢复履行能力，也未提供适当担保的，中止履行的一方可以请求解除合同。例如，本法第 533 条第 1 款规定，合同成立后，合同的基础条件发生了当事人在订立合同时无法预见的、不属于商业风险的重大变化，继续履行合同对于当事人一方明显不公平的，受不利影响的当事人可以与对方重新协商；在合理期限内协商不成的，当事人可以请求人民法院或者仲裁机构变更或者解除合同。本法第 634 条第 1 款规定，分期付款的买受人未支付到期价款的数额达到全部价款的五分之一，经催告后在合理期限内仍未支付到期价款的，出卖人可以请求买受人支付全部价款或者解除合同。第 787 条规定，定作人在承揽人完成工作前可以随时解除合同，造成承揽人损失的，应当赔偿损失。第 933 条规定，委托人或者受托人可以随时解除委托合同。第 1022 条第 2 款规定，当事人对肖像许可使用期限有明确约定，肖像权人有正当理由的，可以解除肖像许可使用合同，但是应当在合理期限之前通知对方。

除了本法外，其他法律也规定了一些合同的法定解除权事由。例如，《旅游法》第 66 条第 1 款规定，旅游者有下列情形之一的，旅行社可以解除合同：（一）患有传染病等疾病，可能危害其他旅游者健康和安全的；（二）携带危害公共安全的物品且不同意交有关部门处理的；（三）从事违法或者违反社会公德的活动的；（四）从事严重影响其他旅游者权益的活动，且不听劝阻、不能制止的；（五）法律规定的其他情形。《保险法》第 52 条规定，在合同有效期内，保险标的的危险程度显著增加的，被保险人应当按照合同约定及时通知保险人，保险人可以按照合同约定增加保险费或者解除合同。《保险法》第 15 条规定，除本法另有规定或者保险合同另有约定外，保险合同成立后，投保人可以解除合同，保险人不得解除合同。《劳动法》第 25 条规定，劳动者有下列情形之一的，用人单位可以解除劳动合同：（一）在试用期间被证明不符合录用条件的；（二）严重违反劳动纪律或者用人单位规章制度的；（三）严重失职，营私舞弊，对用人单位利益造成重大损害的；（四）被依法追究刑事责任的。《企业破产法》第 18 条规定，人民法院受理破产申请后，管理人对破产申请受理前成立而债务人和对方当事人均未履行完毕的合同有权决定解除或者继续履行，并通知对方当事人。管理人自破产申请受理之日起 2 个月内未通知对方当事人，或者自收到对方当事人催告之日起 30 日内未答复的，视为解除合同。管理人决定继续履行合同的，对方当事人应当履行；但是，对方当事人有权要求管理人提供担保。管理人不提供担保的，视为解除合同。

本条第 2 款规定了以持续履行的债务为内容的不定期合同中当事人的解除权。这首先要求合同必须是以持续履行的债务为内容的合同，例如租赁合同、保管合同、合伙合同等，而非一次履行就会使得债务消灭的合同，这类合同又被称为继续性合同。其次要求是不定期的合同。继续性合同通常会约定一个存续或者履行期间；如果没有约定期间或者约定不明确，根据本法第 510 条规定，当事人可以协议补充，不能达成补充协议的，可以按照合同相关条款或者交易习惯确定。既未约定期间或者约定不明确，也无法确定期间的，就是不定期的合同。例如本法第 730 条规定，当事人对租赁期限没有约定或者约定不明确，依据本法第 510 条的规定仍不能确定的，视为不定期租赁。第 976 条第 1 款规定，合伙人对合伙期限没有约定或者约定不明确，依据本法第 510 条的规定仍不能确定的，视为不定期合伙。同时，不定期的合同也可能是以下情形，合同的存续或者履行期间本来是明确的，但是该期间结束后，尽管当事人未明确约定继续该合同，但双方当事人均默示地继续该合同。例如，本法第 734 条第 1 款规定，租赁期限届满，承租人继续使用租赁物，出租人没有提出异议的，原租赁合同继续有效，但是租赁期限为不定期。第 948 条第 1 款规定，物业服务期限届满后，业主没有依法作出续聘或者另聘物业服务人的决定，物业服务人继续提供物业服务的，原物业服务合同继续有效，但是服务期限为不定期。第 976 条第 2 款规定，合伙期限届满，合伙人继续执行合伙事务，其他合伙人没有提出异议的，原合伙合同继续有效，但是合伙期限为不定期。合同约定存续或者履行期间是无限期的、永久的或者终生的，除法律另有规定外，也可将此类合同视为不定期合同。

根据本款规定，以持续履行的债务为内容的不定期合同，当事人在合理期限之前通知对方后可以解除。首先是双方当事人都有解除权，而非仅当事人一方享有解除权。其次应当在合理期限之前通知对方。这是为了给予对方必要的准备时间，合理期间的确定可以考虑当事人之间合作时间和合同关系已经持续时间的长短、另一方当事人为履行合同所付出的努力和投资、寻找新的合同对方所可能需要的时间、双方履行之间的时间间隔等。当事人没有在合理期限之前通知对方的，并非解除通知无效，而是不影响合同解除的效力，但要赔偿因未在合理期限前通知对方从而给对方造成的损失，或者解除通知延至合理期限之后才发生效力。

除本款的一般性规定之外，根据该一般规定，本法还特别在一些合同中明确规定了此种法定解除权。例如，第 730 条规定，在不定期租赁中，当事人可以随时解除合同，但是应当在合理期限之前通知对方。第 948 条第 2 款规定，当事人可以随时解除不定期物业服务合同，但是应当提前 60 日书面通知对方。第 976 条第 3 款规定，合伙人可以随时解除不定期合伙合同，但是应当在合理期限之前通知其他合伙人。第 1022 条第 1 款规定，当事人对肖像许可使用期限没有约定或者约定不明确的，任何一方当事人可以随时解除肖像许可使用合同，但是应当在合理期限之前通知对方。

▶ **相关规定**

《中华人民共和国保险法》第 15 条、第 16 条、第 27 条、第 32 条、第 37 条、第 49－52 条、第 58 条；《中华人民共和国拍卖法》第 43 条；《中华人民共和国消费者权益保护法》第 24 条；《中华人民共和国旅游法》第 63 条、第 66 条、第 67 条；《中华人民共和国城市房地产管理法》第 16 条、第 17 条；《中华人民共和国农村土地承包法》第 35 条；《中华人民共和国企业破产法》第 18 条；《最高人民法院关于审理旅游纠纷案件适用法律若干问题的规定》第 10 条；《最高人民法院关于审理外商投资企业纠纷案件若干问题的规定（一）》第 5－8 条、第 16 条；《最高人民法院关于适用〈中华人民共和国保险法〉若干问题的解释（二）》第 7 条；《最高人民法院关于审理期货纠纷案件若干问题的规定》第 44 条

第五百六十四条 法律规定或者当事人约定解除权行使期限，期限届满当事人不行使的，该权利消灭。

法律没有规定或者当事人没有约定解除权行使期限，自解除权人知道或者应当知道解除事由之日起一年内不行使，或者经对方催告后在合理期限内不行使的，该权利消灭。

◆ **条文主旨**

本条是关于解除权行使期限的规定。

◆ **立法背景**

本条第1款源自《合同法》第95条，未作修改。立法过程中，有意见提出，为实现确定性，应由法律对一般除斥期间明确规定。经研究，考虑到其他形成权的一般除斥期间，本条明确规定，自解除权人知道或者应当知道解除事由之日起1年内不行使的，解除权消灭。

◆ **条文解读**

无论是约定解除权，还是法定解除权，解除权的行使，是法律赋予当事人保护自己合法权益的手段，但该权利的行使不能毫无限制。行使解除权会引起合同关系的重大变化，如果享有解除权的当事人长期不行使解除的权利，就会使合同关系处于不确定状态，影响当事人权利的享有和义务的履行。因此，解除权作为形成权，应当在一定期间内行使，以促使法律关系尽早确定为目标。该期间是解除权的行使期限、存续期间或者除斥期间。按照本条规定，行使解除权的期限分为三种情况：

1. 按照法律规定或者当事人约定的解除权的行使期限行使

法律规定或者当事人约定解除权行使期限的，期限届满当事人不行使的，该权利消灭。法律规定的行使期限，例如，《保险法》第 16 条第 3 款规定："前款规定的合同解除权，自保险人知道有解除事由之日起，超过三十日不行使而消灭。自合同成立之日起超过二年的，保险人不得解除合同；发生保险事故的，保险人应当承担赔偿或者给付保险金的责任。"基于自愿原则，当事人也可以约定解除权的行使期限。比如，如果当事人约定出现某种事由可以在 1 个月内行使解除权。那么在合同约定的事由发生 1 个月后，解除权消灭，当事人不能要求解除合同。此时，无须对方当事人进行催告，只要该约定期限经过，解除权即消灭。根据本法第 199 条规定，法律规定或者当事人约定的撤销权、解除权等权利的存续期间，除法律另有规定外，自权利人知道或者应当知道权利产生之日起计算。

2. 在对方当事人催告后的合理期限内行使

法律没有规定或者当事人没有约定解除权行使期限的，对方当事人为明确自己义务是否还需要履行，可以催告享有解除权的当事人行使解除权，享有解除权的当事人超过合理期限不行使解除权的，解除权消灭，合同关系仍然存在，当事人仍要按照合同约定履行义务。这有利于督促解除权的及时行使，使合同关系得到尽快确定和稳定。所谓催告后的合理期限，根据个案的不同情况确定，作为享有解除权的当事人应本着诚信原则，在收到催告后尽早通知对方是否解除合同。

3. 自解除权人知道或者应当知道解除事由之日起 1 年内不行使

法律没有规定或者当事人没有约定解除权行使期限的，另一方当事人未催告的，或者另一方当事人在很长时间之后才进行催告的，如果解除权长期存在，就可能在很长时间之后仍然行使解除权，这不利于合同关系的尽快确定和稳定。合同法对此未作规定，实践中做法不一。立法过程中，有意见提出，为实现确定性，应由法律对此明确规定。经研究，考虑到其他形成权的一般除斥期间，本条明确规定，自解除权人知道或者应当知道解除事由之日起1年内不行使的，解除权消灭。该期间的起算期间并非解除权发生之日，而是自解除权人知道或者应当知道解除事由之日起计算，这也与本法第199条规定的“自权利人知道或者应当知道权利产生之日起计算”保持了一致。但是，如果解除权人有权解除合同，选择请求对方当事人在合理期限内采取修理、重作、更换等补救措施，而对方当事人置之不理的，该期间应当从补救的合理期限届满时起算。

需要注意的是，根据本法第199条规定，该期间不适用有关诉讼时效中止、中断和延长的规定；并且该期间届满后，解除权消灭，因此与诉讼时效期间届满后的后果也不相同，诉讼时效期间届满的，根据本法第192条规定，义务人可以提出不履行义务的抗辩，但权利本身并不消灭。

另外，解除权消灭的事由除了行使期限届满，还包括当事人知道解除事由后明确表示或者以自己的行为表明放弃解除权。解除权人无论是明确表示还是通过行为表示对解除权的放弃，均属于对自己权利的处分，依据自愿原则，法律予以准许。如果有充分的证据证明，解除权人知道自己享有解除权，但仍然请求对方当事人继续履行合同的，或者接受承租人预付的下一年度租金的，可以视为是以自己行为表明放弃解除权。

第五百六十五条　当事人一方依法主张解除合同的，应当通知对方。合同自通知到达对方时解除；通知载明债务人在一定期限内不履行债务则合同自动解除，债务人在该期限内未履行债务的，合同自通知载明的期限届满时解除。对方对解除合同有异议的，任何一方当事人均可以请求人民法院或者仲裁机构确认解除行为的效力。

当事人一方未通知对方，直接以提起诉讼或者申请仲裁的方式依法主张解除合同，人民法院或者仲裁机构确认该主张的，合同自起诉状副本或者仲裁申请书副本送达对方时解除。

◆ 条文主旨

本条是关于解除权行使的规定。

◆ 立法背景

本条在《合同法》第96条的基础上，总结既有司法裁判经验和形成权理论予以修改，精解如下。

◆ 条文解读

当事人一方依照本法第562条第2款、第563条规定行使解除权而解除合同，应当遵守下列规定：

1. 必须享有解除权

本法第562条第2款和第563条对约定解除权和法定解除权作了规定，按照这两条规定，具备以下条件，才享有解除权，而不必经对方当事人同意，只需向对方作出解除合同的意思表示，就可以解除合同：（1）当事人约定的解除合同的事由发生；（2）因不可抗力不能实现合同目的的；（3）在履行期限届满之前，另一方当事人明确表示或者以其行为表明不履行主要债务的；（4）另一方当事人迟延履行主要债务，经催告后在合理期限内仍未履行的；（5）另一方当事人迟延履行债务或者有其他违约行为致使不能实现合同目的的；（6）法律规定的其他解除情形。不具备上述条件，当事人即不享有解除权，自然不能行使解除权而单方解除合同，即使解除通知到达对方，对方未提出异议，也不发生合同解除的效果。

2. 行使解除权应当通知对方当事人

当事人一方行使解除合同的权利，必然引起合同的权利义务的终止。但是，解除权产生之后，并不导致合同自动解除，为了防止一方当事人因不确定对方已行使合同解除权而仍为履行的行为，避免债权人的消极反应使得债务人误解债权人会接受其履行，从而对己方给付做出必要的安排以避免遭受损害，解除权人必须行使解除权才能使得合同解除。本条规定，当事人根据约定解除权和法定解除权主张解除合同的，应当通知对方。

解除权是一种形成权，其仅需要通知对方即可，而无需取得对方的同意。行使解除权也是一种民事法律行为，适用本法总则编关于民事法律行为和意思表示的一般规定。解除通知不限于书面形式，只要享有解除权的一方将解除合同的意思表示通知对方即可，并且解除通知中必须能够表明解除权人有解除合同的意思表示。为了避免争议，解除通知中最好写明解除原因并附有初步证据。

同时，自解除通知到达对方当事人时，合同解除。根据本法第 137 条第 2 款的规定：“以非对话方式作出的意思表示，到达相对人时生效。以非对话方式作出的采用数据电文形式的意思表示，相对人指定特定系统接收数据电文的，该数据电文进入该特定系统时生效；未指定特定系统的，相对人知道或者应当知道该数据电文进入其系统时生效。当事人对采用数据电文形式的意思表示的生效时间另有约定的，按照其约定。”

在实践中，解除权产生后，解除权人为了给对方一个纠正自己违约的机会，可能会向对方发出催告，载明要求对方履行，并且在合理期限内对方仍不履行的话，合同就自动解除。这对对方当事人并不会产生任何不利，反而是对其有利，获得了纠正自己违约的机会。此时，如果对方在催告要求的合理期间内仍然未履行，合同就自动解除，无需解除权人在此之后另发一份解除通知。因此，本条第1款中在合同法规定的基础上增加规定，通知载明债务人在一定期限内不履行债务则合同自动解除，债务人在该期限内未履行债务的，合同自通知载明的期限届满时解除。

解除权的行使可以直接向对方发出解除通知，而无需一定要通过人民法院或者仲裁机构行使，以避免造成时间拖延和当事人在最终确定前的不确定状态，而产生一些不必要的损失。但是，毕竟诉讼和仲裁能够最终确定当事人之间的关系，避免发生争议。因此，如果一方当事人向对方当事人发出了解除通知，对方对解除合同有异议，认为解除通知的发出人不享有解除权的，为防止随意解除合同导致对方利益受损，避免进一步争议的发生，对方自然可以请求人民法院或者仲裁机构确认解除合同的效力。解除通知发出人为了使得争议最终确定，也可以在向对方发出解除通知之后，再请求人民法院或者仲裁机构确认解除行为的效力，由人民法院或者仲裁机构判断发出人是否享有解除权，如果认为发出人享有解除权，则人民法院或者仲裁机构确认合同自解除通知到达对方时解除。在一方当事人向对方当事人发出解除通知之后，对方对解除表示了异议，认为解除通知的发出人不享有解除权的，但对方不向人民法院或者仲裁机构请求确认解除合同效力的，此时，为了使得当事人之间的法律关系确定，解除通知的发出人也可以在收到对方的异议后，请求人民法院或者仲裁机构确认解除行为的效力。本条第 1 款对此有明确规定。较之《合同法》第 96 条第 1 款的规定“……对方有异议的，可以请求人民法院或者仲裁机构确认解除合同的效力”，本条第 1 款更为明确。首先，双方都有请求人民法院或者仲裁机构确认解除行为效力的权利；其次，对方的异议与向人民法院或者仲裁机构请求确认解除行为的效力并不等同，对方提出异议不见得必须要以请求人民法院或者仲裁机构确认解除行为的效力这种方式提出，而可以更为简便地提出。这有助于对方异议方式的简便，同时也有利于双方的相互制约，以尽快确定双方之间的法律关系。

当然，解除权人也可以在解除权产生后，不向对方发出解除通知，而直接以提起诉讼或者申请仲裁的方式依法主张解除合同，否则，如果要求解除权人必须先行发出解除通知，就解除的法律后果再行起诉或者申请仲裁，将增大守约方的维权成本。如果人民法院或者仲裁机构确认解除权人享有解除权，则解除权人提起诉讼或者申请仲裁是解除权人意思表示的一种表达方式，只不过不是解除权人直接通知对方解除合同，而是通过法院或者仲裁机构向对方送达载明解除合同的意思表示的法律文书，均应产生合同解除的法律效果。因此，当事人一方未通知对方，而是直接以提起诉讼或者申请仲裁的方式依法主张解除合同，人民法院或者仲裁机构确认该主张的，合同自起诉状副本或者仲裁申请书副本送达对方时解除。

应当注意的是，在法律规定的特殊情况下，解除权行使可以采取推定的方式。比如，《企业破产法》第 18 条就规定：“人民法院受理破产申请后，管理人对破产申请受理前成立而债务人和对方当事人均未履行完毕的合同有权决定解除或者继续履行，并通知对方当事人。管理人自破产申请受理之日起二个月内未通知对方当事人，或者自收到对方当事人催告之日起三十日内未答复的，视为解除合同。管理人决定继续履行合同的，对方当事人应当履行；但是，对方当事人有权要求管理人提供担保。管理人不提供担保的，视为解除合同。”

同时，在法律规定的特殊情况下，解除权必须通过人民法院或者仲裁机构行使。本法第 533 条第 1 款规定，合同成立后，合同的基础条件发生了当事人在订立合同时无法预见的、不属于商业风险的重大变化，继续履行合同对于当事人一方明显不公平的，受不利影响的当事人可以与对方重新协商；在合理期限内协商不成的，当事人可以请求人民法院或者仲裁机构变更或者解除合同。

第五百六十六条　合同解除后，尚未履行的，终止履行；已经履行的，根据履行情况和合同性质，当事人可以请求恢复原状或者采取其他补救措施，并有权请求赔偿损失。

合同因违约解除的，解除权人可以请求违约方承担违约责任，但是当事人另有约定的除外。

主合同解除后，担保人对债务人应当承担的民事责任仍应当承担担保责任，但是担保合同另有约定的除外。

◆ 条文主旨

本条是关于合同解除后法律后果的规定。

◆ 立法背景

合同解除后债权债务如何处理？我国法学界有不同认识。一种观点认为，合同解除具有溯及既往的效力。即合同解除后，合同溯及自始的消灭，与自始没有合同相同，已履行的部分恢复原状，未履行的部分不再履行。另一种观点认为，合同解除并未使合同关系消灭，而只是使得合同的作用受到阻止，因此，合同解除后，未履行的可以不再履行，已履行的部分，产生新的返还请求权。还有一种观点认为，合同解除一般溯及既往，但不能“一刀切”。如果不溯及既往，已经履行的部分只能基于不当得利之债提出返还请求权，而溯及既往可以基于所有权请求返还，所有权的效力优于债权，在违约方有数个债权人的情况下，基于所有权请求返还财产更能保护非违约方的利益；不仅如此，因不当得利返还，往往以受领人的现存利益为限，而基于所有权返还，即使受领人现有财产减少，也不能免除返还义务，对非违约方有利。但要求所有被解除的合同都溯及既往也不可能，某些合同从其性质和履行情况看，就不适于溯及既往。也有观点认为，解除不会使得合同不存在，而仅仅是使得约定的合同这种债的关系转变为法定的以清算为目的的债的关系。另有观点认为，合同解除后，尚未履行的债务自解除时消灭，对于已经履行的债务并不消灭，而是发生新的返还债务。

英美法系认为，合同因违约而解除，违约一方在解除前应付的款项仍须支付，已付的款项不得收回。无辜一方付给违约一方的款项，可按一般原则收回，并可收回已支付的订金。合同解除后，双方未来的义务不再履行。合同因意外受挫而解除，在意外发生前应支付的款项，假如未付不必付，假如已付则可收回。假如应收或已收款项的一方，在意外发生之前根据合同或者为了履行合同支付或欠下费用，法庭在考虑所有情况后认为公平的话，可允许他保留对方已付的部分款项，或者追收应支付的部分款项，最高额不得超过他实际所支付或者欠下的费用。

◆ **条文解读**

本法第 1 款从实际出发，借鉴国外经验，遵循经济活动高效的原则，对合同解除的效力作了比较灵活的规定。首先是针对尚未履行的部分，由于解除终止了合同权利义务关系，因此本条第 1 款规定，尚未履行的，终止履行。

针对已经履行的部分，本条第 1 款规定，根据履行情况和合同性质，当事人可以要求恢复原状、采取其他补救措施，并有权要求赔偿损失。如果当事人互负恢复原状或者采取其他补救措施的义务，可以行使同时履行抗辩权。

所谓根据履行情况，是指根据履行部分对债权的影响。如果债权人的利益不是必须通过恢复原状才能得到保护，不一定采用恢复原状。当然如果债务人已经履行的部分，对债权人根本无意义，可以请求恢复原状。

所谓根据合同性质，是指根据合同标的的属性。根据合同的属性不可能或者不容易恢复原状的，不必恢复原状。这类情况主要包括：（1）以持续履行的债务为内容的合同。比如，以使用标的为内容的连续供应合同，包括水、电、气的供应合同，对以往的供应不可能恢复原状；再如，租赁合同，一方在使用标的后，也无法就已使用的部分作出返还。此类合同中，已履行的合同期间内容基本都有其相应的合同对价，该对价可以被解释为当事人在此期间内的“部分合同目的”，在法律上足以平衡双方当事人权益，没有必要恢复。更何况此类合同已经履行的合同期间无法逆转，事实上也不可能恢复。还有一些合同目的主要体现在工作成果上的合同，比如，建设工程合同，此时，除非已完成的部分工作成果根本无法对应该期间内的合同目的，如建设工程合同中已施工部分完全不合格需要拆除重建，否则也不用恢复原状。

（2）涉及第三人利益或者交易秩序的合同。比如，合同标的物的所有权已经转让给他人，如果返还将损害第三人利益；解除委托合同，如果允许将已办理的委托事务恢复原状，就意味着委托人与第三人发生的法律关系失效，将使第三人的利益失去保障。

所谓恢复原状，是指恢复到订约前的状态。恢复原状时，因合同而取得的财产应当返还，财产不存在的，如果原物是种类物，可以用同一种类物返还。恢复原状还包括：（1）返还财产所产生的利息和其他孳息；（2）返还财产方在财产占有期间为保存或者维护该财产所花费的必要费用；（3）因返还财产所支出的必要费用。

所谓采取其他补救措施，主要指的是财产因不可归责于债务人的原因而发生毁损、灭失、添附或者其他事由，导致不能恢复原状的，或者受领的标的为劳务或者物的使用而无法恢复原状的，或者虽然能够恢复原状但因为成本过高等原因而没有必要恢复原状的，应当折价补偿。

合同解除后还能否请求损害赔偿？对此存在不同的观点：一种意见认为，合同解除与违约损害赔偿不能并存。理由是，合同解除使合同关系恢复到订约前的状态，与未发生合同关系一样，因违约而承担损害赔偿责任没有存在的基础。但合同解除可以与信赖利益的损害赔偿并存，因为合同因解除而消灭，不再有因违约的损害赔偿责任，但非违约方却会遭受因相信合同存在而实际不存在所致的损害，对该种损害应当赔偿。另一种意见认为，合同解除与违约的损害赔偿可以并存。理由是，因违约而产生的损害赔偿责任在合同解除前就存在，不因合同解除而丧失。

我国法律承认合同解除与损害赔偿并存。本条第 1 款规定，合同解除后，有权要求赔偿损失。这样规定的理由是：（1）合同解除不溯及既往的，如果只是使未履行的合同不再履行，不得请求赔偿损害，那么一方当事人因另一方当事人不履行合同或者履行不符合约定受到的损害就无法补救。(2) 合同解除溯及既往的，如果只是恢复原状，那么非违约方因为对方违约所遭受的损失就无法获得救济。(3) 在协议解除合同的情况下，一方当事人因解除合同受了损失，如果获利的一方不赔偿对方当事人因解除合同受到的损害，不符合公平原则。(4) 在因第三人的原因致使合同不能履行而解除的情况下，债权人一般不能直接向第三人主张权利，如果债务人不承担解除合同的赔偿责任，他要么不向第三人主张权利以弥补债权人的损失，要么自己独享主张权利后而取得的利益，使债权人的利益得不到保障。因此，合同解除后，违约方仍然要承担赔偿责任。

解除合同后是否都承担损害赔偿责任，可以分为不同情况：(1) 协议解除合同的，当事人在协议中明确免除了对方损害赔偿责任的，协议生效后，不得再请求赔偿。(2) 因不可抗力解除合同，依据本法第 590 条，一般不承担损害赔偿责任。但在不可抗力发生后，应当采取补救措施减少损失扩大而没有采取的，应对扩大的损失承担赔偿责任。(3) 一方当事人因对方根本违约或者经催告仍不履行义务而解除合同的，违约方应当赔偿另一方因违反合同受到的损失。

本条第 2 款在合同法规定的基础上进一步明确，合同因违约解除的，解除权人可以请求违约方承担违约责任，但是当事人另有约定的除外。本款适用的前提是合同因违约而被解除，如果合同是因为不可抗力而被解除，依据本法第 590 条，这里不存在违约责任。另外，除当事人另有约定外，解除权人可以请求违约方承担违约责任。这里的违约责任并不包括继续履行、修理、重作、更换，解除与这些违约责任形式是互斥的，如果非违约方认为继续履行、修理、重作、更换对其有利，比如他希望得到标的物，或者在对方交货不足的情况下希望对方交足，对方交付了瑕疵产品，希望对方修理、重作、更换，他就应选择继续履行、修理、重作、更换而不应解除合同；一旦非违约方选择了继续履行，就意味着他放弃了解除合同的权利。但是，合同因违约而解除后，解除权人可以请求违约方承担退货、减少价款或者报酬、赔偿损失等违约责任。

赔偿损失，包括法定的违约损失赔偿，也包括约定的违约损失赔偿。在没有约定的情况下，存在不同观点。一种观点认为，合同解除后合同关系溯及既往地归于消灭，当事人之间的利益状况应该恢复到合同订立之前，即合同关系本不存在时当事人所处的利益状态，也就是赔偿信赖利益。既然当事人选择了合同解除，就说明当事人不愿意继续履行合同，因此守约方也就不应该得到合同履行后才能获得的履行利益。另一种观点认为，合同解除和违约损害赔偿都是违约的救济措施，两者并行不悖，合同解除后，仍然可以请求违约损害赔偿，也即赔偿履行利益。经过研究，本款采取了第二种观点，合同解除情形中的损失赔偿请求权是因合同解除之前的违约行为而发生的，并非因合同解除才产生，损失赔偿的对象是因违约行为而产生的损失；合同解除与损失赔偿都是违约的救济措施，但两者目的和功能不同，可以同时采用。因此，在合同因违约解除后，损失赔偿额依据本法第 584 条确定，即“当事人一方不履行合同义务或者履行合同义务不符合约定，造成对方损失的，损失赔偿额应当相当于因违约所造成的损失，包括合同履行后可以获得的利益；但是，不得超过违约一方订立合同时预见到或者应当预见到的因违约可能造成的损失”。

在当事人约定了一定数额的违约金、因违约产生的损失赔偿额的计算方法、定金等这些违约责任条款时，合同解除后是否能够主张这些条款，也存在不同观点。一种观点认为，不能主张这些条款，理由是，合同解除的法律后果是使合同关系终止，因此这些条款也应终止。另一种观点认为，因违约解除合同的，合同中的这些违约责任条款仍继续有效，理由是，这些条款在性质上属于“合同中结算和清理条款”，因此在合同解除后，这些条款的效力不受影响。经研究，本款采取了第二种观点。在合同因违约而解除的情况下，合同解除后适用这些约定条款，不仅可以体现当事人意志，而且能够减轻当事人诉累，提高司法效率，节约诉讼成本。这也与国际上的立法和实践趋势相吻合。但是，约定的违约金过分高于因合同解除造成的损失的，应当适用本法第585条第2款的规定，即约定的违约金过分高于造成的损失的，人民法院或者仲裁机构可以根据当事人的请求予以适当减少。

应当注意的是，在未履行完毕的合同中，合同因违约而被守约方解除后，因为合同权利义务关系终止，所以守约方就不应当信赖合同在解除后仍然被履行，因此，在合同解除后，守约方也负有积极地通过替代措施的安排减少自己损失的义务。比如，租赁期限是5年，在第2年的时候因承租人未交租金经催告后仍未交，出租人解除了合同，在此之后，出租人可以将该租赁物租赁给他人以减少自己的损失。本法第591条第1款规定，当事人一方违约后，对方应当采取适当措施防止损失的扩大；没有采取适当措施致使损失扩大的，不得就扩大的损失请求赔偿。因此，对于原本可以通过替代安排避免的损失，不得请求损害赔偿，当然，当事人因防止损失扩大而支出的合理费用，由违约方负担。

同时，本条第2款在法律存在特别规定的情况下不适用，而应依据特别规定。例如，本法第933条规定：“委托人或者受托人可以随时解除委托合同。因解除合同造成对方损失的，除不可归责于该当事人的事由外，无偿委托合同的解除方应当赔偿因解除时间不当造成的直接损失，有偿委托合同的解除方应当赔偿对方的直接损失和合同履行后可以获得的利益。”

本条第3款在合同法规定的基础上明确规定，主合同解除后，担保人对债务人应当承担的民事责任仍应当承担担保责任，但是担保合同另有约定的除外。主合同解除后，债务人对于已经履行的债务应当恢复原状或者采取其他补救措施，对债权人利益的损失应当予以赔偿，此时债权人对债务人仍然享有请求权。担保本来就为保障主债务的履行而设立，合同因主债务未履行而被解除的，合同解除后所产生的债务人的责任也同样是因主债务未履行而导致的，因此担保人对债务人应当承担的民事责任仍应当承担担保责任，这也并不违反担保人的通常意思。担保合同中约定保证责任随主合同的解除而免除或者变更的，基于自愿原则，应承认此种约定的效力。

▶ 相关规定

《最高人民法院关于适用〈中华人民共和国保险法〉若干问题的解释（三）》第16条；《最高人民法院关于审理旅游纠纷案件适用法律若干问题的规定》第12条、第13条；《最高人民法院关于审理外商投资企业纠纷案件若干问题的规定（一）》第6条、第7条

第五百六十七条 合同的权利义务关系终止，不影响合同中结算和清理条款的效力。

◆ 条文主旨

本条是关于结算和清理条款不受合同终止影响的规定。

◆ **立法背景**

本条源自《合同法》第98条，实践和理论中争议不大，未予修改。

◆ **条文解读**

合同权利义务关系的终止，也就是合同权利义务条款的效力也终止，但是，如果当事人事先约定了有关合同终止后的结算和清理条款，因为这些条款本身就涉及对合同终止后事务的处理，故应当尊重当事人的此种约定。本条即规定，合同的权利义务关系终止，不影响合同中结算和清理条款的效力。

结算是经济活动中的货币给付行为，结算的方式主要有：(1）银行汇票结算。银行汇票是汇款人将款项交存银行，由银行签发给汇款人持往异地办理转账结算或支取现金的票据。(2）商业汇票结算。商业汇票是收款人或者付款人（或承兑申请人）签发，由承兑人承兑，并于到期日向收款人或被背书人支付款项的票据。(3）银行本票结算。银行本票是申请人将款项交存银行，由银行签发给其凭以办理转账结算或支取现金的票据。(4）支票结算。支票是银行的存款人签发给收款人办理结算或委托开户银行将款项支付给收款人的票据。(5）汇兑。汇兑是汇款人委托银行将款项汇给外地收款人的结算方式。(6）委托收款。委托收款是收款人委托银行向付款人收取款项的结算方式。如果当事人在合同中约定了结算方式，合同终止后，应当按照约定的方式结算。

清理指对债权债务进行清点、估价和处理。如果合同中约定了进行清理的主体——比如某会计师事务所、某财产评估机构，清理的范围——比如是固定资产、流动资金，还是库存产成品，以及清理的方法——比如按照政府定价还是市场价，应当按照合同约定进行清理。关于违约责任的违约金和定金的约定也可以被认为是结算和清理条款。

应当注意的是，与解决争议方法有关的仲裁、选择适用法律、选择管辖等条款，根据本法第 507 条，合同不生效、无效、被撤销或者终止的，不影响合同中有关解决争议方法的条款的效力。

第五百六十八条 当事人互负债务，该债务的标的物种类、品质相同的，任何一方可以将自己的债务与对方的到期债务抵销；但是，根据债务性质、按照当事人约定或者依照法律规定不得抵销的除外。

当事人主张抵销的，应当通知对方。通知自到达对方时生效。抵销不得附条件或者附期限。

◆ 条文主旨

本条是关于法定抵销的规定。

◆ 立法背景

本条第 1 款在《合同法》第 99 条的基础上予以修改。立法过程中，有意见提出，当事人约定不得抵销的，也应当不得抵销，司法实践中已对此明确承认。经研究，当事人之间特别约定不得抵销的，基于自愿原则，对此约定的效力应予以承认。第 2 款源自《合同法》第 99 条第 2 款，未予修改。

◆ 条文解读

抵销，是指当事人双方互负债务，各以其债权充抵债务的履行，双方各自的债权和对应债务在对等额内消灭。抵销因其产生的根据不同，可分为法定抵销和约定抵销。法定抵销，是指法律规定抵销的条件，具备条件时依当事人一方的意思表示即发生抵销的效力。抵销使得债权人无须诉讼、判决或者强制执行，即可实现债权；在未履行的情况下，当事人不必相互履行，节省双方互相履行所发生的费用，消灭债权债务；同时也具有担保的功能，如当事人一方只行使自己的债权，不履行自己的债务，那么，对方当事人就不能确保自己债权的实现，特别是在一方当事人财产状况恶化不能履行债务时，对方当事人行使抵销权就能够确保自己的债权相应实现。比如，某人在银行存款，又在同一银行借款，这两项债务都到期以后，如果该借款人信用不佳，则将有可能发生信用风险，此时，如果赋予银行抵销权，就可以担保其债权的实现，及时地化解风险。

法定抵销应当具备以下条件：

1. 当事人双方互负有效的债务、互享有效的债权

抵销发生的基础在于当事人双方既互负有效的债务，又互享有效的债权，只有债务而无债权或者只有债权而无债务，均不发生抵销。双方当事人互负的债权债务，可能会因同一个法律关系而发生，也可能基于两个或两个以上的法律关系发生。比如，甲欠乙建设工程款 200 万元，乙第一次向甲购货欠款 150 万元，第二次购货欠 50 万元。甲可以以乙两次共欠其的 200 万元货款债权，抵销其欠乙的 200 万元工程款。其中，提出抵销的一方所享有的债权，称为主动债权；被抵销的债权，称为被动债权。当事人应当对用以抵销的债权具有处分权，比如，提出抵销的一方用于抵销的债权上已经设立质权，未经质权人同意，不能发生抵销效力。同时，附有抗辩权的债权，也不得将之作为主动债权用以抵销，否则即为剥夺相对人的抗辩权。

2. 被抵销一方的债务已经到期

抵销具有相互清偿的作用，因此只有在提出抵销的一方所享有的主动债权的履行期限届至时，才可以主张抵销；否则，等于

强制债务人提前履行债务，牺牲其期限利益。在符合其他条件的情况下，如果双方的债务均已经到期，则双方均可主张抵销，合同法第 99 条第 1 款即规定了“当事人互负到期债务”。在立法过程中，有意见提出，如果主动债权对应的债务履行期限届至，而被动债权对应的债务履行期限未届至，应当也允许主动债权人主张抵销。经研究，主动债权人此时应当也可以主张抵销，这实际上是其放弃了期限利益而提前履行，只要主动债权一方提前履行不损害另一方当事人的利益，这也是根据本法第 530 条得出的结论，依据本法第 530 条的规定，提前履行不损害债权人利益的，债务人可以提前履行，但给债权人增加的费用，由债务人负担。比如，甲对乙负有债务，该债务于 11 月 1 日到期，而乙对甲也负有同种类的债务，该债务于 12 月 1 日到期，在 11 月 15 日时，甲的债务已经到期，而乙的债务尚未到期，乙可以主张抵销，相当于乙提前履行债务；但是，甲不能主张抵销，否则相当于强制乙提前履行债务。为明确这一点，本条第 1 款对合同法第 99 条第 1 款的规定予以修改。

但在特殊情况下，未届履行期债权可以视为到期债权，依法抵销。比如，《企业破产法》第 46 条规定：“未到期的债权，在破产申请受理时视为到期。附利息的债权自破产申请受理时起停止计息。”

3. 债务的标的物种类、品质相同

种类相同，是指合同标的物本身的性质和特点一致。比如都是支付金钱，或者交付同样的种类物。品质相同，是指标的物的质量、规格、等级无差别，如都是一级天津大米。债务种类品质不相同，原则上不允许抵销，除非法律另有规定。债务的标的物种类品质相同还表明，用以抵销的债务的标的应当是物而非行为，因为行为具有特定的人身性质，不具有可比性，很难使双方债权在对等额内消灭。履行地点不属于种类和品质的范畴，因此履行地点不同的同种类同品质的债务，也可以抵销，但主张抵销的债务人应当赔偿相对人因抵销而遭受的损失。

当事人互负债务，该债务的标的物种类、品质相同的，任何一方可以将自己的债务与对方的到期债务抵销，但下列情况除外：

1. 根据债务性质不得抵销的

根据债务性质不得抵销的情形主要有：（1）必须履行的债务不得抵销。如应当支付给下岗工人的生活保障金，不得用以抵销工人欠企业的债务。（2）具有特定人身性质或者依赖特定技能完成的债务，以及相互提供劳务的债务，不得相互抵销。如根据教学合同，乙校的张老师应去甲校讲授数学课一个月，而甲校的李老师也负有在乙校讲授一个月数学课的义务，讲课报酬相同。虽然是同种类债务，时间、报酬都相同，但由于张、李二人的讲授方法不可能相同，因此，双方的讲课债务不能抵销。（3）不作为债务不得相互抵销，此种债务不经过相互实际履行，就无法实现债权的目的。（4）故意侵权所产生的债务，作为债务人的侵权人不得主张抵销，避免债权人任意侵犯债务人的人身和财产权利，如果允许抵销，有违公序良俗，且会诱发故意的侵权行为。（5）约定应当向第三人履行的债务，债务人不得以自己对于对方当事人享有的债权而主张抵销。（6）相互出资的义务不得抵销，即使仅存在两个出资人。

2. 按照当事人约定不得抵销的

合同法第 99 条第 1 款并未规定此种例外，立法过程中，有意见提出，当事人约定不得抵销的，也应当不得抵销，司法实践中已对此明确承认。经研究，当事人之间特别约定不得抵销的，基于自愿原则，应当承认此种约定的效力，当事人不得主张抵销，因此本条第 1 款明确增加规定了按照当事人约定不得抵销的例外。

但是，如果当事人之一将其债权转让给第三人，此种不得抵销的特约就不得对抗善意的受让人，以保护债权善意受让人的利益。

3. 依照法律规定不得抵销的

法律规定不得抵销的债务，当事人不得主张抵销。比如，《民事诉讼法》第243条第1款规定："被执行人未按执行通知履行法律文书确定的义务，人民法院有权扣留、提取被执行人应当履行义务部分的收入。但应当保留被执行人及其所扶养家属的生活必需费用。"这一规定的目的是保护债务人（被执行人），因此对方当事人不得将债务人的生活必需费用债权用以抵销债务。《信托法》第18条规定："受托人管理运用、处分信托财产所产生的债权，不得与其固有财产产生的债务相抵销。受托人管理运用、处分不同委托人的信托财产所产生的债权债务，不得相互抵销。"《证券投资基金法》第6条规定："基金财产的债权，不得与基金管理人、基金托管人固有财产的债务相抵销；不同基金财产的债权债务，不得相互抵销。"《企业破产法》第40条规定："债权人在破产申请受理前对债务人负有债务的，可以向管理人主张抵销。但是，有下列情形之一的，不得抵销：（一）债务人的债务人在破产申请受理后取得他人对债务人的债权的；（二）债权人已知债务人有不能清偿到期债务或者破产申请的事实，对债务人负担债务的；但是，债权人因为法律规定或者有破产申请一年前所发生的原因而负担债务的除外；（三）债务人的债务人已知债务人有不能清偿到期债务或者破产申请的事实，对债务人取得债权的；但是，债务人的债务人因为法律规定或者有破产申请一年前所发生的原因而取得债权的除外。"

应当注意的是，本法还规定了抵销的一些特别情形。比如，第549条规定，有下列情形之一的，债务人可以向受让人主张抵销：（一）债务人接到债权转让通知时，债务人对让与人享有债权，且债务人的债权先于转让的债权到期或者同时到期；（二）债务人的债权与转让的债权是基于同一合同产生。本法第553条规定："债务人转移债务的，新债务人可以主张原债务人对债权人的抗辩；原债务人对债权人享有债权的，新债务人不得向债权人主张抵销。"第719条规定："承租人拖欠租金的，次承租人可以代承租人支付其欠付的租金和违约金，但是转租合同对出租人不具有法律约束力的除外。""次承租人代为支付的租金和违约金，可以充抵次承租人应当向承租人支付的租金；超出其应付的租金数额的，可以向承租人追偿。"

当事人主张抵销的，必须以意思表示为之，以更好地体现自愿原则，同时使得债权债务关系更为明确。该意思表示无需对方当事人同意，也并未要求必须采取书面形式，适用意思表示的一般规则，非对话方式作出的意思表示自到达对方时生效。同时，抵销不得附条件或附期限。附生效条件的抵销只有在条件成就时才能发生抵销效力，而条件有可能不成就。附生效期限的抵销在期限尚未到来时也不能实现。附解除条件或者附终止期限也会使得抵销的效力无法确定。因此，抵销附条件和附期限，使得抵销不能产生确定的效力，不符合设立抵销制度的目的，并可能损害一方当事人的权利。因此，抵销附有条件或期限的，抵销的意思表示不发生效力。在担保中，债务人对债权享有抵销权但未主张的，担保人虽然不能行使债务人的抵销权，但可以在相应范围内拒绝承担担保责任。比如，本法第702条就据此规定，债务人对债权人享有抵销权或者撤销权的，保证人可以在相应范围内拒绝承担保证责任。

在当事人双方债权债务互为相等的情况下，抵销产生债权债务消灭的法律后果，但如果债务的数额大于抵销额，抵销不能全部消灭债务，而只是在抵销范围内使得债务部分消灭。比如，甲公司尚未偿还乙公司20万元人民币到期债务，乙公司向甲公司支付20万元货款的债务也已届清偿期，双方协商一致将债务互为抵销，双方的合同关系即归于消灭。如果乙公司应偿付甲公司50万元人民币货款，那么乙公司与甲公司的债权相互抵销后，乙公司仍负有30万元人民币的债务。同时，根据本法第520条第1款的规定，部分连带债务人履行、抵销债务或者提存标的物的，其他债务人对债权人的债务在相应范围内消灭；该债务人可以依据前条规定向其他债务人追偿。应当注意的是，主动债权数额较少，不足以抵销全部被动债权数额时，应当参照适用本法第560条、第561条的清偿抵充规则。

▶ **相关规定**

《中华人民共和国证券投资基金法》第6条；《中华人民共和国合伙企业法》第41条；《中华人民共和国企业破产法》第40条；《中华人民共和国信托法》第18条；《最高人民法院关于人民法院办理执行异议和复议案件若干问题的规定》第19条；《最高人民法院关于适用〈中华人民共和国企业破产法〉若干问题的规定（二）》第41－46条

第五百六十九条 当事人互负债务，标的物种类、品质不相同的，经协商一致，也可以抵销。

◆ **条文主旨**

本条是关于约定抵销的规定。

◆ **立法背景**

本条源自《合同法》第100条，自颁布以来并无争议，本法予以沿袭。

◆ **条文解读**

约定抵销，是指当事人双方协商一致，使自己的债务与对方的债务在对等额内消灭。

法定抵销与约定抵销都是将双方的债务在对等额内消灭。但两者有不同，主要表现在：

1. 抵销的根据不同

法定抵销是基于法律规定，只要具备法定条件，任何一方可将自己的债务与对方的债务抵销，无需对方当事人的同意；约定抵销，双方必须协商一致，不能由单方决定抵销。

2. 对抵销的债务的要求不同

法定抵销要求标的物的种类、品质相同；约定抵销标的物的种类、品质可以不同。如可以约定以煤炭抵销运输费，以二级大米抵销一级大米。

3. 对抵销的债务的期限要求不同

法定抵销要求提出抵销的当事人一方所享有的债权也即对方的债务已经到期；约定抵销，双方互负的债务即使没有到期，只要双方当事人协商一致，愿意在履行期到来前将互负的债务抵销，也可以抵销。

4. 程序要求不同

法定抵销，当事人主张抵销的应当通知对方，通知未到达对方，抵销不生效；约定抵销，双方达成抵销协议时，除双方另有约定外，即发生抵销的法律效力，不必履行通知义务。

约定抵销使交易活动更加灵活，改变法定抵销的条件，可能对当事人也更为便利，也可能使得抵销更为困难，例如约定债权达到一定数额后才可主张抵销，基于自愿原则，应当承认该约定的效力。但当事人约定抵销必须坚持自愿、公平的原则，防止以欺诈、胁迫的手段或者显示公平，使对方在违背真实意思的情况下作出同意抵销的表示，于此适用民事法律行为的一般规则。

第五百七十条 有下列情形之一，难以履行债务的，债务人可以将标的物提存：

（一）债权人无正当理由拒绝受领；

（二）债权人下落不明；

（三）债权人死亡未确定继承人、遗产管理人，或者丧失民事行为能力未确定监护人；

（四）法律规定的其他情形。

标的物不适于提存或者提存费用过高的，债务人依法可以拍卖或者变卖标的物，提存所得的价款。

◆ 条文主旨

本条是关于提存条件的规定。

◆ 立法背景

本条源自《合同法》第 101 条，在实践与理论中争议较小，本法未予修改。

◆ 条文解读

提存，是指由于法律规定的原因导致债务人难以向债权人履行债务时，债务人将标的物交给提存部门而消灭债务的制度。除了此种以消灭债权债务为目的的清偿提存之外，还有以保管或者担保为目的的提存，后者在本法第 390 条、第 406 条、第 432 条、第 433 条、第 442－445 条有规定。本条至第 574 条的规定仅适用于清偿提存。

债务的履行往往需要债权人的协助，债务人已经按照约定履行债务，应当产生债务消灭的法律效力，但债权人拒绝受领或者不能受领的情形下，虽然因债权人受领迟延可以减轻债务人的责任，但债务不能消灭。让债务人无期限地等待履行，并且要随时准备履行，对物予以保管，同时为履行提供的担保也不能消灭，承担债权人不受领的后果，显失公平。为此，本法将提存作为一种履行的替代，构成债权债务终止的原因之一，对提存制度作了规定。

根据本条规定，有下列情形之一，难以履行债务的，债务人可以将标的物提存：

1. 债权人无正当理由拒绝受领

债权人无正当理由拒绝受领，是指在债务履行期届至后，债务的履行需要债权人受领时，债务人提出了履行债务的请求，债权人能够接受履行，却无正当理由地不予受领。构成拒绝受领的正当理由可以是：（1）债权人受到了不可抗力的影响。（2）债权人遇到了难以克服的意外情况，无法受领。如得了传染病入院治疗，又无可代为受领人。（3）债务人交付的标的物存在严重质量问题，甚至与合同约定根本不符。（4）债务人迟延交付致使不能实现合同目的。（5）合同被解除、被确认无效，等等。如果债权人拒绝受领提出了正当理由，则债务人不能将标的物提存。如果债务人没有提出履行请求，则不能构成债权人拒绝受领。债权人无正当理由拒绝受领，包括债权人无正当理由明确或者以自己的行为表明拒绝受领，也包括债权人无正当理由长期迟延受领。据此，本法也明确规定了一些具体情形。比如，本法第837条规定，收货人无正当理由拒绝受领货物的，承运人依法可以提存货物。第916条规定，储存期限届满，存货人或者仓单持有人不提取仓储物的，保管人可以催告其在合理期限内提取；逾期不提取的，保管人可以提存仓储物。第957条规定：“行纪人按照约定买入委托物，委托人应当及时受领。经行纪人催告，委托人无正当理由拒绝受领的，行纪人依法可以提存委托物。”“委托物不能卖出或者委托人撤回出卖，经行纪人催告，委托人不取回或者不处分该物的，行纪人依法可以提存委托物。”

2. 债权人下落不明

债权人下落不明，是指当事人离开自己的住所、不知去向，或因为债权人地址不详等原因无法查找。债权人下落不明，即使未被宣告失踪，债务人也无法履行，为消灭债权债务关系，债务人可以将标的物提存。债权人下落不明也包括债权人的代理人下落不明，如果债权人下落不明但其代理人确定，此时债务人可以向其代理人履行以清偿债务，不得将标的物提存。本法也明确规定了一些具体情形。比如，本法第529条规定，债权人分立、合并或者变更住所没有通知债务人，致使履行债务发生困难的，债务人可以中止履行或者将标的物提存。

3. 债权人死亡未确定继承人、遗产管理人或者丧失民事行为能力未确定监护人

债权人死亡或者丧失民事行为能力，并不必然导致债务人债务的消灭。当债权人死亡时，由于该债权人的继承人可以继承其债权，因此，债务人应当向债权人的继承人、遗产管理人履行债务。如果债权人死亡以后其继承人、遗产管理人未确定，造成债务人无法履行其债务的，债务人可以将标的物提存。如果债权人因为丧失民事行为能力导致其在法律上不能受领，应由其监护人代理。如果债权人的监护人未确定，造成债务人无法履行其债务的，债务人也可以将标的物提存。

4. 法律规定的其他情形

除了上述三种由于债权人的原因导致难以履行债务的事由之

外，还存在法律规定的其他事由。这主要指债务人非因过失而无法确切地知道谁是债权人，也即债权人不明的其他情形。比如，债权人和债权人的受让人之间就债权转让发生争议，此时债务人无法确知谁是真正的债权人，债务人就可以提存。本法第 529 条也规定，债权人分立、合并或者变更住所没有通知债务人，致使履行债务发生困难的，债务人可以中止履行或者将标的物提存。第 837 条规定，收货人不明的，承运人依法可以提存标的物。债权人不在债务履行地又不能到履行地受领的，也可以作为提存原因之一。

具备提存的上述情形之一的，除法律另有规定外，必须是导致债务人难以履行债务的才可以提存。所谓难以履行，是指债权人不能受领给付的情形不是暂时的、无法解决的，而是不易克服的。以下情况不能认为是难以履行：（1）债权人虽然迟延受领但迟延时间很短。（2）下落不明的债权人有财产代管人可以代为接受履行。（3）债权人的继承人、遗产管理人或者监护人很快可以确定。

提存的标的物主要是货币、有价证券、票据、提单、权利证书、贵重物品等适宜提存的标的物。标的物不适于提存或者提存费用过高的，债务人依法可以拍卖或者变卖标的物，提存所得的价款。所谓标的物不适于提存，是指标的物不适于长期保管或者长期保管将损害价值的，如易腐、易烂、易燃、易爆物品等。所谓标的物提存费用过高，一般指提存费与所提存的标的的价额不成比例，如需要特殊设备或者人工照顾的动物。标的物不适于提存或者提存费用过高有悖设立提存制度的目的，但不提存，债务人又达不到使得债务消灭的目的，为此，可以依照我国拍卖法等有关法律规定，拍卖或者变卖标的物，提存所得的价款。

当然，除了符合本条规定的情形可以提存之外，如果当事人在合同中约定以提存方式给付的，也可以提存。同时，还有一些法律规定的提存，最主要的是担保情形中的提存。这些提存不要求具备债务人难以履行债务的条件，一般是为了维护担保权人的利益。比如，本法第390条规定，担保期间，担保财产毁损、灭失或者被征收等，担保物权人可以就获得的保险金、赔偿金或者补偿金等优先受偿。被担保债权的履行期限未届满的，也可以提存该保险金、赔偿金或者补偿金等。第406条第2款规定，抵押权人能够证明抵押财产转让可能损害抵押权的，可以请求抵押人将转让所得的价款向抵押权人提前清偿债务或者提存。第433条规定，因不可归责于质权人的事由可能使质押财产毁损或者价值明显减少，足以危害质权人权利的，质权人有权请求出质人提供相应的担保；出质人不提供的，质权人可以拍卖、变卖质押财产，并与出质人协议将拍卖、变卖所得的价款提前清偿债务或者提存。第442条规定，汇票、本票、支票、债券、存款单、仓单、提单的兑现日期或者提货日期先于主债权到期的，质权人可以兑现或者提货，并与出质人协议将兑现的价款或者提取的货物提前清偿债务或者提存。第443条、第444条、第445条规定，权利质押中，出质人转让出质权利所得的价款，应当向质权人提前清偿债务或者提存。担保情形中的提存，也有为了维护担保人利益的情形。比如，本法第432条第2款规定，质权人的行为可能使质押财产毁损、灭失的，出质人可以请求质权人将质押财产提存，或者请求提前清偿债务并返还质押财产。

应当注意的是，第三人履行而债权人没有权利拒绝的，例如，本法第524条第1款规定，债务人不履行债务，第三人对履行该债务具有合法利益的，第三人有权向债权人代为履行；但是，根据债务性质、按照当事人约定或者依照法律规定只能由债务人履行的除外。此时，第三人也可以依据本条予以提存。

▶ **相关规定**

《中华人民共和国公证法》第 12 条；《中华人民共和国企业破产法》第 117－119 条

第五百七十一条　债务人将标的物或者将标的物依法拍卖、变卖所得价款交付提存部门时，提存成立。

提存成立的，视为债务人在其提存范围内已经交付标的物。

◆ **条文主旨**

本条是关于提存成立的规定。

◆ **立法背景**

立法过程中，有观点提出，合同法并未对提存成立的时间和效力作出一般性规定，应当予以弥补。经研究，提存成立的时间和效力对确定风险转移和孳息归属的时间、债务人是否承担违约责任、债权人领取提存物权利的存续期间等都具有重要意义，故结合比较立法例和我国司法实践中的既有做法，本条对此予以明确规定。

◆ **条文解读**

按照提存的一般程序，债务人应当填写申请书、提交法定的材料，提存部门在收到申请后作出受理或者不受理的决定。如果提存申请被受理的，经过法律规定的程序，例如依法制作谈话笔录、审查等，符合法律规定条件的，应当予以提存。债务人将标的物或者将标的物依法拍卖、变卖所得价款交付提存部门，提存部门应当依法验收提存标的物并登记存档。根据本条第 1 款规定，债务人将标的物或者将标的物依法拍卖、变卖所得价款交付提存部门时，提存就成立。这有助于确定提存的成立时间，同时也与本法第 890 条中“保管合同自保管物交付时成立”的规定保持一致。具体而言：(1) 提存货币的，以现金、支票交付提存部门的日期或提存款划入提存部门提存账户的日期为提存成立的日期。(2) 提存的物品需要验收的，以提存部门验收合格的日期为提存成立的日期。(3) 提存的有价证券、提单、权利证书或无需验收的物品，以实际交付提存部门的日期为提存成立的日期。

提存成立的，则视为债务人在其提存范围内已经交付标的物，但并非必然、绝对地导致债务消灭。如果提存标的物确实是根据债务应当给付的标的物且不存在任何瑕疵，则提存成立时，构成了本法第 557 条第 3 项规定的“债务人依法将标的物提存”，债务消灭，债权人请求债务人履行债务时，债务人可以据此提出抗辩。同时，依据本法第 520 条第 1 款的规定，部分连带债务人提存标的物的，其他债务人对债权人的债务在相应范围内消灭。但是，如果提存的标的物存在瑕疵，或者提存标的物与债的标的不符，债权人因此原因拒绝受领提存标的物的，不能构成本法第 557 条第 3 项规定的“债务人依法将标的物提存”，债务并不消灭。

▶ **相关规定**

《提存公证规则》第 16 条

第五百七十二条 标的物提存后，债务人应当及时通知债权人或者债权人的继承人、遗产管理人、监护人、财产代管人。

◆ **条文主旨**

本条是关于提存通知的规定。

◆ **立法背景**

本条在《合同法》第102条的基础上，增加应通知的对象，扩展至债权人或者债权人的继承人、遗产管理人、监护人、财产代管人。

◆ **条文解读**

标的物提存成立后，视为债务人在其提存范围内已经交付标的物，但债权人还未现实地获得其债权利益。为了便于债权人领取提存物，债务人应当将提存的事实及时通知债权人或者债权人的继承人、遗产管理人、监护人、财产代管人。

通知应当告知提存的标的、提存的地点、领取提存物的时间和方法等有关提存的事项，并且应当及时通知。合同法将“债权人下落不明”作为免除债务人及时通知义务的事由。在立法过程中，有意见提出，在债权人下落不明从而无法向其通知时，债务人仍然应当申请提存部门作出公告通知债权人，故应当删除这一例外事由。经研究，在债权人下落不明时，如果债权人已经被宣告失踪并被确定财产代管人，则债务人可以向财产代管人履行，无需提存。如果没有确定财产代管人，债务人可以提存，在确定财产代管人之后通知财产代管人，在确定财产代管人之前债务人也可以申请提存部门采取公告等方式通知。因此，本条删除了“债权人下落不明”的例外事由。

提存通知的义务，是法律规定的义务，债务人必须履行，如怠于通知造成债权人损害，债务人应负有赔偿责任。但是，应当注意的是，通知本身不是提存成立的要件，通知与否不影响提存的成立。

第五百七十三条 标的物提存后，毁损、灭失的风险由债权人承担。提存期间，标的物的孳息归债权人所有。提存费用由债权人负担。

◆ 条文主旨

本条是关于提存期间风险、孳息和提存费用的规定。

◆ 立法背景

本条源自《合同法》第103条，争议较小，本法未予修改。

◆ 条文解读

标的物提存后，不论债权人是否领取都视为债务人在其提存范围内已经交付标的物。按照本法第604条的规定，标的物毁损、灭失的风险，在标的物交付之前由出卖人承担，交付之后由买受人承担，但是法律另有规定或者当事人另有约定的除外。标的物提存后，即视为债务人在其提存范围内已经交付标的物，因此，标的物毁损、灭失的风险就由债权人承担。本法第605条规定，因买受人的原因致使标的物未按照约定的期限交付的，买受人应当自违反约定时起承担标的物毁损、灭失的风险；第608条规定，出卖人按照约定或者依据本法第603条第2款第2项的规定将标的物置于交付地点，买受人违反约定没有收取的，标的物毁损、灭失的风险自违反约定时起由买受人承担。本条适用于上述两条规定情形之外的其他情形。标的物提存后，因不可抗力、标的物的自然变化、第三人的原因或者提存人保管不当，都可能引起标的物的毁坏、损失、甚至标的物不复存在。标的物毁损、灭失的风险由债权人承担，一方面由债权人承担因不可抗力、标的物自身性质而产生的毁损、灭失的后果。另一方面债权人有权对造成标的物毁损、灭失责任的第三人或者提存部门索赔，比如，提存期间，提存标的物因为提存部门未履行保管职责造成毁损、灭失的，提存部门负有赔偿责任，由债权人向提存部门索赔。

标的物的孳息，是指由标的物产生的收益，包括自然孳息和法定孳息。自然孳息，是指依物的用法所产生的作为独立物的收益。法定孳息，是指依法律关系产生的收益，比如金钱所产生的利息，有价证券产生的股息、红利。债权人对提存物享有收益的权利，提存期间，标的物的孳息归债权人所有。在提存期间，提存部门负责孳息的收取。具体而言，提存的存款单、有价证券、奖券需要领息、承兑、领奖的，提存部门应当代为承兑或领取，所获得的本金和孳息在不改变用途的前提下，按不损害提存受领人利益的原则处理；无法按原用途使用的，应以货币形式存入提存账户；定期存款到期的，原则上按原来期限将本金和利息一并转存；股息红利除用于支付有关的费用外，剩余部分应当存入提存专用账户；提存的不动产或其他物品的收益，除用于维护费用外剩余部分应当存入提存账户。

提存费用由债权人负担。提存费用并非债务人履行债务所必要的费用，故应由债权人负担，除非债权人和债务人另有约定。提存费用包括：提存公证费、公告费、邮电费、保管费、评估鉴定费、代管费、拍卖变卖费、保险费，以及为保管、处理、运输提存标的物所支出的其他费用。债权人应当支付提存费用，未支付提存费用前，提存人有权留置价值相当的提存标的物。但是，在债务人依据本法第 574 条第 2 款取回标的物时，提存费用由债务人负担。

第五百七十四条 债权人可以随时领取提存物。但是，债权人对债务人负有到期债务的，在债权人未履行债务或者提供担保之前，提存部门根据债务人的要求应当拒绝其领取提存物。

债权人领取提存物的权利，自提存之日起五年内不行使而消灭，提存物扣除提存费用后归国家所有。但是，债权人未履行对债务人的到期债务，或者债权人向提存部门书面表示放弃领取提存物权利的，债务人负担提存费用后有权取回提存物。

◆ 条文主旨

本条是关于债权人领取提存物的权利和债务人取回提存物的权利的规定。

◆ 立法背景

《合同法》第104条并未规定债务人取回提存物的权利。在立法过程中，有意见提出，为维护债权人和债务人利益的平衡，应规定债务人一定条件下的取回权。经研究，完全不承认债务人的取回权，则在对债权人利益并无损害却可能损害债务人利益的情形中，可能使得债务人无法摆脱提存关系的约束而取回提存物，不利于实现债权人和债务人利益的平衡，因此，本条第2款增加规定了债务人取回提存物的权利，同时明确规定了具体的条件，以避免损害债权人的利益。

◆ 条文解读

标的物提存后，视为债务人在其提存范围内已经交付标的物。但是，债权人基于债权有权取得该标的物，此时提存可以被认为是为债权人利益的保管，债权人有权随时领取提存物。债权人领取提存标的物时，应当提供身份证明、提存通知书或公告，以及有关债权的证明，并承担因提存所支出的费用。委托他人代领的，还应提供有效的授权委托书。由其继承人领取的，应当提交继承的有效法律文书。因债权的转让、抵销等原因需要由第三人领取提存标的物的，该第三人应当提供已取得提存之债债权的有效法律文书。

如果债权人对债务人也负有对待给付的义务，则当事人双方均需要履行各自的义务，债务人虽然依法将标的物提存，但与其互负到期债务的债权人并未履行对待给付的义务。为避免先行履行可能发生的风险，保证债务人债权的实现，债务人针对债权人所享有的债权可以行使的抗辩，也可以针对债权人领取提存物的权利行使。因此，债务人申办提存时，可以列明提存物给付的条件，对提存部门给付提存物的行为附条件，即只有在债权人履行了对债务人的对待债务，或者为履行提供相应的担保后，才能领取提存物。提存部门应根据债务人的要求，按提存人所附条件给付提存标的物。债权人未履行债务或者提供担保而不符合所附条件的，提存部门应当拒绝债权人领取提存物。如果提存部门未按列明的给付条件而直接向债权人给付提存标的物，造成当事人损失的，提存部门负有赔偿责任。比如，甲乙二公司订立了购买电视机的合同，甲公司负有交付电视机的义务，乙公司负有支付价款的义务。债务履行期届满，乙公司长期迟延受领，也未支付货款，甲公司依法将标的物提存。为保证收回货款，甲公司提存时声明，只有乙公司支付了电视机价款或者提供了付款担保后，才能允许乙公司领取电视机。如果在乙公司没有支付价款也没有提供担保的情况下，提存部门将提存物交付给了乙公司，一旦乙公司领取提存物后不能支付甲公司的价款，提存部门要承担赔偿责任。

但是，抗辩是否行使是债务人的权利，应由债务人决定，如果债务人不行使，提存部门不得自行决定拒绝债权人领取提存物的权利请求，本条第1款中的“根据债务人的要求”即体现了这一点。提存人提存时，应当向提存部门明确告知提存受领人所承担的对待给付义务的内容，以及对所提供的担保的要求，比如是人的保证，还是抵押或者质押担保。这样做的目的，一方面，可以便于提存部门交付提存物前进行审查；另一方面，也是判定提存部门责任的根据。符合法定或当事人约定的给付条件，提存部门拒绝给付的，债权人有权请求提存部门限期给付并承担赔偿责任。

关于哪个部门为提存部门，本法没有明确规定。在外国，一般都有专门的提存所，附属于法院。此外法院指定的银行、信托局、商会、仓库营业人也可以办理提存事务。我国1982年颁布、1993年修改的原《经济合同法》第19条第4款规定：“定作方超过领取期限六个月不领取定作物的，承揽方有权将定作物变卖，所得价款在扣除报酬、保管费用以后，用定作方的名义存入银行。”此时可以认为银行能够作为金钱债务的提存部门。1995年司法部通过了提存公证规则，公证处可以作为提存部门。

债权人虽然可以随时领取提存物，但该权利长期不行使，不仅使权利长期处于不稳定状态，也会给提存部门增加负担，同时也不符合物的有效利用的原则。因此，本条第2款规定了领取提存物的权利的存续期间，即债权人领取提存物的权利，自提存之日起五年内不行使而消灭。依据本法第199条的规定，该期间不适用有关诉讼时效中止、中断和延长的规定，期间届满后领取提存物的权利消灭，而非发生义务人不履行义务的抗辩。债权人领取提存物的权利因五年内不行使消灭的，提存物扣除提存费用后归国家所有，债权人不能再对提存物主张权利。但是，即使债权人领取提存物的权利因期间届满已经消灭，但债务人依据本款规定行使取回权的，不适用该款前句规定。

根据本条第 2 款的规定，债务人行使取回提存物权利的前提是符合以下两种情形之一：（1）债权人未履行对债务人的到期债务，债务人取回提存物。此时，债务人的履行利益并未得到满足，其行使取回权实质上是不通过提存部门而自己行使履行抗辩权，且此时并无保护债权人利益的必要。如果债权人已经履行了对债务人的到期债务，债务人就没有取回权，避免造成对债权人利益的损害。（2）债权人领取提存物的权利也可能因为债权人向提存部门书面放弃领取提存物权利而消灭，此时，债务人享有取回提存物的权利。符合上述条件，债务人行使取回提存物的权利，取回提存物的，视为未提存。因此产生的费用由债务人承担。“负担提存费用后有权取回提存物”这个表述表明，债务人未支付提存费用前，提存部门有权留置价值相当的提存标的。同时，提存物的孳息也归债务人所有。应当注意的是，虽然债权人尚未领取提存物，但债务和债权已经因另为履行、抵销、免除等其他原因而消灭，债权人已经不再享有债权，债权人自然也丧失了领取提存物的权利，此时，也应当允许债务人取回提存物。

第五百七十五条　债权人免除债务人部分或者全部债务的，债权债务部分或者全部终止，但是债务人在合理期限内拒绝的除外。

◆ **条文主旨**

本条是关于免除债务的规定。

◆ **立法背景**

本条源自《合同法》第 105 条，考虑到给予他人好处的，无需他人同意，但他人可以拒绝，遂增加了债务人在合理期间内可以拒绝的规定。

◆ **条文解读**

免除，指债权人抛弃债权，从而全部或者部分消灭债权债务。关于免除的性质有不同的观点，一种观点认为，免除是合同。理由是：（1）债的关系是债权人与债务人之间特定的法律关系，不能仅依一方当事人的意思表示成立。（2）债权人免除债务人的债务是一种恩惠，而恩惠不能滥施于人。（3）债权人免除债务可能有其他动机和目的，为防止债权人滥用免除权损害债务人利益，免除应经债务人同意。另一种观点认为，免除是债权人抛弃债权的单方行为。理由是：（1）免除使债务人享受利益，因此没有必要征得同意。（2）如果免除一定要债务人同意，债务人不同意的，等于限制了债权人对权利的处分。立法过程中，有意见提出，免除也应当尊重债务人的意思。经过研究，免除多对债务人有利，债务人一般不会反对，如果认为免除必须双方当事人的明确同意才可以，这可能是不效率的；但是，基于自愿原则，债务人在合理期限内明确拒绝的，应当尊重债务人拒绝的意思，尤其是免除在一些情况下还会影响到债务人的利益。比如，债务人和投资人约定，如果债务人保持在一定的资产负债率的情况下，资产负债率不能太高也不能太低，投资人就给债务人投资，但是债权人的免除可能影响到债务人的资产负债率，进而影响到债务人获得投资的利益。因此，在合同法第105条的基础上，本条规定，债权人免除债务人债务的，无需债务人明确同意，即可发生免除效力，但增加了但书规定“但是债务人在合理期限内拒绝的除外”，即如果债务人在合理期限内拒绝的，免除效力自始不发生。这反映了一项最基本的考虑，即给予他人好处的，无需他人同意，但他人可以拒绝。本法第 522 条第 2 款所规定的真正的利益第三人合同、第 552 条规定的债务加入都体现了此种考虑。债权人和债务人当然也可以订立免除协议，免除债务人的义务。

免除也是意思表示，而且是有相对人的意思表示，因此应当适用意思表示的一般规定。债权人免除债务，不论是为了赠与、和解，还是别的什么原因，都不影响免除的效力。免除债务表明债权人放弃债权，不再要求债务人履行义务，因此，债务人不必为免除为相应的对价，免除是无偿的民事法律行为。免除发生债权消灭的后果，需要债权人具有处分权，且不得损害第三人的利益，否则对第三人不发生免除效力。比如，如果债权人已经将该债权出质，则不能对质权人发生免除的法律后果。免除债务不必有特定形式，口头、书面，明示、默示都无不可。如债权人以口头或者书面形式通知债务人不必再履行债务，是以明示方式免除债务。

免除可以附条件或者附期限。附生效条件的免除，如债权人表示只要债务人在合同履行期归还本金，可以免除利息。附解除条件的免除，如在赠与合同生效后，受赠人表示，如果赠与人经济状况恶化，赠与合同不再履行。附生效期限的免除，如出租人通知承租人下月 1 日开始不必再支付房租。附终止期限的合同，如出卖人通知买受人，其售予买受人商品的 8 折优惠月底终止。

债权人免除债务应当向债务人作出免除的意思表示，适用意思表示的一般规定。该意思表示以债务人作为相对人，免除应当通知债务人或者债务人的代理人，向第三人为免除的意思表示不发生法律效力。免除为放弃债权的行为，向债务人或者债务人的代理人表示后，即产生债务消灭的法律后果，因此，债权人作出免除的意思表示不得撤销，但可以撤回，根据本法第 141 条的规定，撤回免除意思表示的通知应当在意思表示到达相对人前或者与意思表示同时到达相对人。

免除使得债权债务消灭。债权人免除部分债务的，债权债务部分消灭；免除全部债务的，债权债务全部消灭。债权人免除部分债务，如债务人乙欠债权人甲100万元货款，甲通知乙只要偿还80万元，就免除20万元债务。债权人免除部分债务的，免除的部分不必再履行，但尚未免除的部分仍要履行。债权人免除全部债务，如服装加工部向服装定作人表明不收取服装加工费。免除全部债务的，全部债务不必再履行，债权债务因此终止。在债务被全部免除的情况下，有债权证书的，债务人可以请求返还。同时，根据本法第559条的规定，债权债务终止时，债权的从权利同时消灭，但是法律另有规定或者当事人另有约定的除外。因此，债权因免除消灭的，从属于债权的担保权利、利息权利、违约金请求权等也随之消灭。比如甲免除了乙的债务，为乙提供履行担保的丙的保证责任没有了存在基础，必然一同消灭。根据本法第520条第2款的规定，部分连带债务人的债务被债权人免除的，在该连带债务人应当承担的份额范围内，其他债务人对债权人的债务消灭。

第五百七十六条 债权和债务同归于一人的，债权债务终止，但是损害第三人利益的除外。

◆ **条文主旨**

本条是关于债权债务混同的规定。

◆ **立法背景**

本条源自《合同法》第106条，表述更加严谨。

◆ **条文解读**

债权债务的混同，是指债权和债务同归于一人，致使债权债务终止。广义的混同，是指不能并立的两种法律关系同归于一人而使其权利义务归于消灭的现象。包括：（1）所有权与他物权同归于一人；（2）债权与债务同归于一人；（3）主债务与保证债务同归于一人。狭义的混同，也即债权债务的混同，仅指债权与债务同归于一人的情况。本条仅规定了债权债务的混同，混同是一种法律规定的事件，即因某些客观事实发生而产生的债权债务同归一人，不必由当事人为意思表示。

混同发生的原因主要有：

1. 概括承受

概括承受是发生混同的主要原因。主要有以下几个方面：（1）合并，合并前的两个组织之间的债权债务因同归于合并后的组织而消灭。（2）债权人继承债务人的债权债务，如父亲向儿子借钱后死亡，儿子继承父亲的债权和债务。（3）债务人继承债权人的债权债务，如儿子向父亲借钱后，父亲死亡，儿子继承了父亲的财产。（4）第三人继承债权人和债务人的债权债务，如儿子甲向父亲乙借钱后，因意外事件二人同时死亡，由甲的儿子丙继承他们二人的财产。

2. 特定承受

特定承受主要包括：（1）债务人受让债权人的债权，比如债权人甲与债务人乙签订合同后，甲将合同权利转让给乙。（2）债权人承受债务人的债务，比如甲乙二人签订合同后，债务人乙的债务转移给债权人甲。

债权债务的存在，必须有债权人和债务人，债权人和债务人双方混同，债权债务失去存在基础，自然应当终止。根据本法第559条的规定，债权债务终止时，债权的从权利同时消灭，但是法律另有规定或者当事人另有约定的除外。因此，债权因混同消灭的，从属于债权的担保权利、利息权利、违约金请求权等也随之消灭。同时，根据本法第520条第3款的规定，部分连带债务人的债务与债权人的债权同归于一人的，在扣除该债务人应当承担的份额后，债权人对其他债务人的债权继续存在。

但是，如果债权消灭损害第三人利益的，例如当债权是他人权利的标的时，为保护第三人的利益，债权不能因混同而消灭。比如，甲将其对乙的债权出质给丙，此后甲乙之间的债权债务即使混同，为了保护质权人丙的利益，作为权利质权标的的债权不消灭。再如，债权人甲请求法院扣押乙对丙的债权，此后乙丙之间的债权债务即使混同，为了保护甲的利益，被扣押的债权仍然不消灭，甲仍可请求法院强制执行该债权。

第八章　违约责任

本章共十八条，对承担违约责任的方式、预期违约、继续履行、采取补救措施、法定的赔偿损失、违约金、定金、受领迟延、违约责任的减责和免责事由以及特殊的合同请求权诉讼时效等内容作出了规定。在合同法规定的基础上，本章补充了定金规则，完善了继续履行规则，增加了受领迟延、非违约方有过错情形下的损害减轻规则等。

第五百七十七条　当事人一方不履行合同义务或者履行合同义务不符合约定的，应当承担继续履行、采取补救措施或者赔偿损失等违约责任。

◆ **条文主旨**

本条是关于违约责任基本规则的规定。

◆ **立法背景**

《德国民法典》最初以履行不能为中心，区分各种债务不履行的类型，具体区分为履行不能、履行迟延和不完全履行，分别规定损害赔偿和解除要件。这种区分债务不履行原因的规定方式，虽然更容易理解，也更容易查找具体的救济方式，但容易出现法律漏洞，也容易出现重复。因此，本条以不区分债务不履行的各种类型为起点，统一采取不履行合同义务或者履行合同义务不符合约定这种合同义务违反的救济进路予以规定，在本条之后的条文中，对合同义务违反的不同效果，如继续履行、采取补救措施或者赔偿损失，予以分别规定，而仅在具体规定中再区分债务不履行的上述各种类型。本条源自《合同法》第107条，实践与理论中争议较小，未予修改。

◆ 条文解读

一、违约责任是违反合同义务的民事责任

违约责任，即违反合同的民事责任，也就是合同当事人因违反合同义务所承担的责任。在英美法系中，违约责任被作为违约救济的具体方式之一；而在大陆法系，违约责任被作为债务不履行责任的具体形态。《联合国国际货物销售合同公约》《国际商事合同通则》和《欧洲合同法原则》都将违约责任作为债务不履行的救济措施之一，债务不履行的救济措施还包括履行抗辩权、解除等。本法将履行抗辩权规定在合同的履行之中，将解除规定在合同的权利义务终止之中，将违约责任单独作为一章予以规定，以体现违约责任作为民事责任的一种，较之债务不履行的其他救济措施所具有的特殊性。

违约责任首先是一种民事责任，因此与民事义务之一的合同义务不同。违约责任是当事人一方不履行合同义务或者履行合同义务不符合约定所应当承担的后果，违约责任以合同义务的存在为前提，违约责任是合同义务的转化和延伸，合同义务是第一性义务，而违约责任是第二性义务，两者具有同一性，无合同义务即无违约责任。但是，违约责任是国家凭借法律之力，强制债务人履行债务或者承担其他责任，与诉权联系在一起，以确保合同权利的实现，包含了责任的国家强制性，是对债务人行为的否定

性评价。两者不同，因此，有时虽然存在合同义务，但不产生违约责任，出现了债务人和责任的分离。违约责任是一种财产责任，并非人身责任，因此不能采取非法拘禁、扣押人身的责任方式，而只能是继续履行、采取补救措施或者赔偿损失等财产责任方式。

违约责任，首先要求合同义务的有效存在。不以合同义务的存在为前提所产生的民事责任不是违约责任，这使得违约责任与侵权责任、缔约过失责任区分开，后两者都不是以合同义务的存在为必要前提。其次要求债务人不履行合同义务或者履行合同义务不符合约定。这包括了履行不能、履行迟延和不完全履行等，还包括瑕疵担保、违反附随义务和债权人受领迟延等可能与合同不履行发生关联的制度。

合同义务的违反，可以从被违反的义务角度区分为违反主给付义务、从给付义务、附随义务和不真正义务。主给付义务，是指债的关系中所固有、必备，并以之决定债之类型的基本义务。从给付义务，指补助主给付义务以确保债权人利益能获得最大满足的义务。附随义务，指根据诚信原则产生的顾及对方当事人法益和利益的义务。不真正义务，指债权人的受领义务或者采取适当措施防止损害扩大的义务。例如，通过网络交易购买一台空调，卖方交付空调并转移空调所有权是主给付义务；卖方交付质保书、发票的义务是从给付义务；卖方不得将其所获知的买方的个人信息泄露是附随义务。买方在空调出现问题而漏水时尽量采取措施减少损失扩大是附随义务。

本条按照违约行为的具体形态，将违约行为区分为不履行合同义务和履行合同义务不符合约定。不履行合同义务，即债务人不为当为之事，包括履行不能和履行拒绝。履行不能是债务人在事实上、法律上和经济上不能履行，有永久不能和一时不能、自始不能和嗣后不能、主观不能和客观不能、全部不能和部分不能的区别。比如，以提供服务为标的的合同中，债务人丧失提供服务的能力；在以提供特定物为标的的合同中，特定物已经毁损、灭失；在以提供种类物为标的的合同中，种类物全部毁损、灭失。即使自始客观不能也并非合同无效的原因，而仅仅是违约的原因。履行拒绝，即债务人能够履行合同义务却无正当理由拒绝履行，拒绝可以是明示的，也可以是默示的。比如，债务人将应交付的特定标的物有效处分给第三人，可以认为是拒绝履行。

履行合同义务不符合约定，即债务人为不当为之事，也就是债务人虽然履行了债务，但其履行不符合约定，包括一般的瑕疵履行和加害履行。一般的瑕疵履行有数量不足、质量不符、履行方法不当、履行地点不当、履行时间不当等多种表现形式。当事人履行合同除有一般瑕疵外，还造成对方当事人的其他财产、人身损害的，为加害履行。加害履行的特征是往往造成违约与侵权行为竞合，例如，甲到乙饭店吃火锅，但乙提供的火锅因为不合格而爆炸，导致甲的人身损失，乙饭店的履行就是加害履行。加害履行也是一种瑕疵履行，故将与其对应的其他瑕疵履行称为一般瑕疵履行。

二、违约责任的归责原则

所谓归责，就是将责任归属于某人；所谓归责原则，就是将责任归属于某人的正当理由。如果将责任归属于某人的正当理由是该人具有过错，需要证明该人具有过错，这就是过错归责原则。如果将责任归属某人无需证明该人具有过错，但该人可以通过证明自己没有过错而免责，这就是过错推定。如果将责任归属于某人不以该人具有过错为前提，即使该人证明自己没有过错仍然要承担责任，除非其能够证明自己具有法定的免责事由，这就是无过错归责原则。可以看出，过错、过错推定和无过错，对于受害人越来越有利，对于行为人越来越不利。

在违约责任中，英美法系往往仅考虑是否存在违约事实，而大陆法系则以过错责任或者过错推定责任为出发点。但大陆法系在实践中会通过过错的范围和过错的标准扩展过错可能性，并对一些情形采取无过错归责，《德国民法典》即采取此种方案，其第276条第1款对于当事人明确表示对给付结果负担保责任的情形以及承担购置风险的情形采取无过错归责。而英美法系则以无过错责任为出发点，在债务人不应承担风险的情形下，实践中会限缩债务人的责任，使得无过错责任不等于绝对责任。因此，违约责任无论采取无过错归责还是过错归责，其最终目的都是对风险进行合理分配，两者的实践结果并不会像想象中那样差异那么大，归责原则的不同仅仅是论证出发点的不同，不会导致最终实践结果的重大差异。从国际性文件上来看，《联合国国际货物销售合同公约》第45条和第61条借鉴了英美法的经验，对违约责任采无过错责任原则，从其条文表述来看，并没有要求“过错”的要件，只是明确了不履行合同义务的要件。《国际商事合同通则》第7.1.1条关于不履行的一般规定中也没有以过错作为前提。《欧洲合同法原则》第8：101条也同样不以过错作为违约责任的构成要件。本条借鉴了国际上的这种发展趋势，在违约责任的一般构成中不考虑过错，非违约方只需要证明违约方的违约行为即可，不因为违约方的无过错而免除违约方的违约责任，这有利于减轻非违约方的举证负担，保护非违约方的利益，方便裁判，增强当事人的守约意识。

但是，为了妥当地平衡行为人的行为自由和受害人的法益保护这两个价值，避免由违约方绝对承担违约责任所导致的风险不合理分配，本法规定了一些相关的规则：

1. 违约责任的免除和减轻

本法第590条第1款规定，当事人一方因不可抗力不能履行合同的，根据不可抗力的影响，部分或者全部免除责任，但是法律另有规定的除外。第 591 条第 1 款规定，当事人一方违约后，对方应当采取适当措施防止损失的扩大；没有采取适当措施致使损失扩大的，不得就扩大的损失请求赔偿。第 592 条规定，当事人都违反合同的，应当各自承担相应的责任。当事人一方违约造成对方损失，对方对损失的发生有过错的，可以减少相应的损失赔偿额。同时，本法在具体的典型合同中也规定了免责或者减责事由。比如第 823 条第 1 款规定，承运人应当对运输过程中旅客的伤亡承担赔偿责任；但是，伤亡是旅客自身健康原因造成的或者承运人证明伤亡是旅客故意、重大过失造成的除外。第 832 条规定，承运人对运输过程中货物的毁损、灭失承担赔偿责任。但是，承运人证明货物的毁损、灭失是因不可抗力、货物本身的自然性质或者合理损耗以及托运人、收货人的过错造成的，不承担赔偿责任。第 893 条规定，寄存人交付的保管物有瑕疵或者根据保管物的性质需要采取特殊保管措施的，寄存人应当将有关情况告知保管人。寄存人未告知，致使保管物受损失的，保管人不承担赔偿责任；保管人因此受损失的，除保管人知道或者应当知道且未采取补救措施外，寄存人应当承担赔偿责任。

2. 具体合同类型中的特殊归责和免责事由

本法在具体的一些典型合同中规定了特殊的归责事由。比如，第 660 条第 2 款规定，依据前款规定应当交付的赠与财产因赠与人故意或者重大过失致使毁损、灭失的，赠与人应当承担赔偿责任。第 662 条第 2 款规定，赠与人故意不告知瑕疵或者保证无瑕疵，造成受赠人损失的，应当承担赔偿责任。第 824 条第 1 款规定，在运输过程中旅客随身携带物品毁损、灭失，承运人有过错的，应当承担赔偿责任。第 841 条规定，因托运人托运货物时的过错造成多式联运经营人损失的，即使托运人已经转让多式联运单据，托运人仍然应当承担赔偿责任。第 897 条规定，保管期内，因保管人保管不善造成保管物毁损、灭失的，保管人应当承担赔偿责任。但是，无偿保管人证明自己没有故意或者重大过失的，不承担赔偿责任。第 917 条规定，储存期内，因保管不善造成仓储物毁损、灭失的，保管人应当承担赔偿责任。因仓储物本身的自然性质、包装不符合约定或者超过有效储存期造成仓储物变质、损坏的，保管人不承担赔偿责任。第 929 条第 1 款规定，有偿的委托合同，因受托人的过错造成委托人损失的，委托人可以请求赔偿损失。无偿的委托合同，因受托人的故意或者重大过失造成委托人损失的，委托人可以请求赔偿损失。第 930 条规定，受托人处理委托事务时，因不可归责于自己的事由受到损失的，可以向委托人请求赔偿损失。

本法在具体的一些典型合同中也可能规定了特殊的免责事由。例如，第 823 条第 1 款规定，承运人应当对运输过程中旅客的伤亡承担赔偿责任；但是，伤亡是旅客自身健康原因造成的或者承运人证明伤亡是旅客故意、重大过失造成的除外。第 832 条规定，承运人对运输过程中货物的毁损、灭失承担赔偿责任。但是，承运人证明货物的毁损、灭失是因不可抗力、货物本身的自然性质或者合理损耗以及托运人、收货人的过错造成的，不承担赔偿责任。

3. 允许当事人约定免责或限制责任

根据自愿原则，本法承认当事人之间自愿协商一致的免责或者限责条款的效力，仅在特殊情况下限制这些条款的效力。比如，本法第 506 条规定，合同中的下列免责条款无效：（一）造成对方人身损害的；（二）因故意或者重大过失造成对方财产损失的。换言之，如果当事人事先约定免除非因故意或者重大过失造成对方财产损失的条款，除法律另有规定外，是有效的。本法第 618

条规定，当事人约定减轻或者免除出卖人对标的物瑕疵承担的责任，因出卖人故意或者重大过失不告知买受人标的物瑕疵的，出卖人无权主张减轻或者免除责任。

应当注意的是，虽然违约责任一般不以违约方的过错为前提，但是仍然需要以合同义务的违反为前提。比如，买卖合同中，卖方最为重要的合同义务就是保证买方能够取得买卖标的物的占有和所有权。但在医疗服务合同中，医院最为重要的合同义务是尽到医疗的职责，但不能保证一定能把病人治愈。所以，在不同类型的合同中，合同义务的具体内容是不同的，需要结合当事人的约定、合同的类型、合同的目的、诚信原则、交易习惯等因素判断合同义务的具体内容，在当事人之间合理分配交易的风险。

三、违约责任的形式

本条规定了违约责任的形式包括继续履行、采取补救措施或者赔偿损失等。具体而言，包括：（1）继续履行；（2）修理、重作、更换；（3）采取其他补救措施，包括退货、减少价款或者报酬等；（4）赔偿损失，包括法定的赔偿损失和违约金、定金等约定的赔偿损失。本章对此进行了详细的规定。本法第 179 条第 2 款、第 3 款规定："法律规定惩罚性赔偿的，依照其规定。""本条规定的承担民事责任的方式，可以单独适用，也可以合并适用。"

第五百七十八条 当事人一方明确表示或者以自己的行为表明不履行合同义务的，对方可以在履行期限届满前请求其承担违约责任。

◆ **条文主旨**

本条是关于预期违约责任的规定。

◆ **立法背景**

本条源自《合同法》第108条，争议较小，本法予以沿袭。

◆ **条文解读**

按照违约行为发生的时间，可分为预期违约和届期违约。违约行为发生于合同履行期限届满之前的，为预期违约，又称为先期违约。在履行期限届满之前，当事人一方明确表示或者以自己的行为表明不履行合同债务，当然要求其不享有履行抗辩权等正当理由的，才构成预期违约。预期违约包括明示预期违约和默示预期违约。所谓明示预期违约，是指合同履行期限届满之前，一方当事人明确肯定地向另一方当事人表示他将不履行合同义务。所谓默示预期违约，是指合同履行期限届满之前，一方当事人以自己的行为表明不履行合同债务。应当注意的是，本条规定的预期违约的违约责任，不同于本法第563条第1款第2项所规定的预期违约的解除，在预期违约的解除中，当事人一方明确表示或者以自己行为表明其不履行的是主要债务，一般只有主要债务的不履行才会致使不能实现合同目的，此时当事人才有法定解除权。但是，本条规定的预期违约包括当事人一方明确表示或者以自己行为表明其不履行合同义务，无论该合同义务是否为主要义务，即使是从给付义务或者附随义务等，对方都有权请求其承担违约责任。

应当注意的是，该规定与不安抗辩权的相互衔接。本法第527条第1款规定，应当先履行债务的当事人，有确切证据证明对方有下列情形之一的，可以中止履行：（一）经营状况严重恶化；（二）转移财产、抽逃资金，以逃避债务；（三）丧失商业信誉；

（四）有丧失或者可能丧失履行债务能力的其他情形。第 528 条规定：“当事人依据前条规定中止履行的，应当及时通知对方。对方提供适当担保的，应当恢复履行。中止履行后，对方在合理期限内未恢复履行能力且未提供适当担保的，视为以自己的行为表明不履行主要债务，中止履行的一方可以解除合同并可以请求对方承担违约责任。”因此，第 528 条规定了以自己的行为表明不履行合同义务的一种特殊情形。

预期违约降低了另一方享有的合同权利的价值，构成对债权人权利的侵害和对合同关系的破坏，必将影响交易的正常进行。如果在一方当事人预期违约的情况下，仍然要求另一方当事人在履行期限届满后才能请求违约责任，将给另一方造成损失。因此，当事人一方明确表示或者以自己的行为表明不履行合同义务的，即使在履行期限届满前，对方也可以请求其承担违约责任，而无需等到履行期限届满后，这有利于保护守约方的合法权益。

第五百七十九条　当事人一方未支付价款、报酬、租金、利息，或者不履行其他金钱债务的，对方可以请求其支付。

◆ **条文主旨**

本条是关于金钱债务继续履行的规定。

◆ **立法背景**

本条在《合同法》第 109 条的基础上进一步抽象出“金钱债务”，并增列了租金、利息。

◆ **条文解读**

所谓金钱债务，是指以债务人给付一定货币作为内容的债务，包括以支付价款、报酬、租金、利息，或者以履行其他金钱债务为内容的债务。当然，这里所说的报酬指的是金钱报酬，而不包括其他形式的报酬。本条在合同法规定的基础上进一步明确适用前提是金钱债务，以与下一条相对应。

当事人一方未按照合同约定履行金钱债务的，对方可以请求其履行。货币具有高度流通性和可替代性，一般不会出现法律上或者事实上不能履行，或者不适于强制履行、履行费用过高的情形，一般也不会出现因为不可抗力而完全不能继续履行的情形，因此违约方应当继续履行，对方可以请求其支付。本条要求金钱债务的继续履行，这有利于强化诚信观念，防止交易当事人以各种不正当理由拒绝继续履行金钱债务。

当事人一方迟延履行金钱债务的，除应当继续履行金钱债务外，还应当承担其他违约责任，如支付违约金、赔偿逾期利息等。

第五百八十条　当事人一方不履行非金钱债务或者履行非金钱债务不符合约定的，对方可以请求履行，但是有下列情形之一的除外：

（一）法律上或者事实上不能履行；

（二）债务的标的不适于强制履行或者履行费用过高；

（三）债权人在合理期限内未请求履行。

有前款规定的除外情形之一，致使不能实现合同目的的，人民法院或者仲裁机构可以根据当事人的请求终止合同权利义务关系，但是不影响违约责任的承担。

◆ **条文主旨**

本条是关于非金钱债务继续履行的规定。

◆ **立法背景**

本条第 1 款源自《合同法》第 110 条，因争议较小，未予修改。立法过程中，经研究认为，在无法请求继续履行且合同陷入僵局时，应当允许司法终止合同，遂增设第 2 款规定。

◆ **条文解读**

所谓继续履行，也称为实际履行，就是按照合同的约定继续履行义务。当事人订立合同都是追求一定的目的，这一目的直接体现在对合同标的的履行上，义务人只有按照合同约定的标的履行，才能实现权利人订立合同的目的。所以，继续履行合同是当事人一方违反合同后应当承担的一项重要的民事责任。对合同一方当事人不能自觉履行合同的，另一方当事人有权请求违约方继续履行合同或者请求人民法院、仲裁机构强制违约当事人继续履行合同。例如，没有交付商品的，应当交付合同约定的商品。继续履行是违约责任的一种形式，具有国家强制性，不是单纯的合同义务的履行。继续履行能够使得债权人尽可能实现其利益，避免了赔偿损失计算的困难，强调了合同的法律约束力。

如果当事人一方不履行非金钱债务或者履行非金钱债务不符合约定，且非金钱债务能够继续履行，守约方可以请求违约方继续履行，除此之外，还可以请求违约方承担赔偿损失等其他民事责任。继续履行和其他责任形式之间的关系，在不同的立法例中是不同的，英美法系以赔偿损失为原则，继续履行为例外；大陆法系则以继续履行为原则，赔偿损失为例外。《联合国国际货物销售合同公约》第 46 条第 1 款规定了继续履行，但第 28 条规定，如果按照本公约的规定，一方当事人有权要求另一方当事人履行某一义务，法院没有义务做出判决，要求具体履行此一义务，除非法院依照其本身的法律对不属本公约范围的类似销售合同愿意这样做。这实际上赋予了法院对救济的自由裁量权，以协调英美法系的态度。但是，根据《国际商事合同通则》第 7.2.2 条，法院对救济没有自由裁量权，如果守约方请求继续履行，法院必须判决继续履行，除非存在不能继续履行的法定情形。本法未对继续履行进行严格限制，只要当事人一方违约，对方一般就可请求继续履行。因此，在当事人一方违约时，一般情况下，守约方可以选择请求继续履行，同时请求赔偿损失；也可以选择不请求继续履行，而仅请求赔偿损失。人民法院或者仲裁机构根据守约方的选择予以裁判或者裁决，除非存在本条规定的例外情形。

但是，应当注意的是，守约方请求违约方继续履行的同时请求违约方赔偿损失，与守约方不请求继续履行而仅请求赔偿损失，这两种情况下的损失赔偿的范围是不同的，后种情形中赔偿损失的范围显然更大、数额显然更高。同时，非金钱债务的继续履行往往存在困难，或者不能继续履行的情形在之后才逐渐显现，甚至会转变成不能继续履行的情形，因此即使债权人最初选择请求继续履行，但是在法律规定的期限内或者其他合理期限内，债权人未获得履行的，可以改变最初的选择，而请求债务人承担其他违约责任。

债权人请求继续履行，必须以非金钱债务能够继续履行为前提，如果非金钱债务不能继续履行，对方就不能请求继续履行，或者其提出继续履行的请求，债务人能够依据本条第 1 款提出抗辩。当然，即使债权人不能请求债务人继续履行，但其仍然有权依法请求债务人承担其他违约责任，尤其是赔偿损失。不能请求继续履行具体包括以下情形：

1. 法律上或者事实上不能履行

所谓法律上不能履行，指的是基于法律规定而不能履行，或者履行将违反法律的强制性规定。比如，甲将其房屋卖给乙，但未交付和办理移转登记，之后甲又将同一个房屋卖给丙，并将房屋交付给丙，并且办理了移转登记，此时由于甲已经丧失了所有权，因此在法律上无处分权，无法履行甲对乙所负有的移转房屋所有权的合同义务，这即属于法律上不能履行，乙此时不能请求甲继续履行，而只能请求甲赔偿损失。再如，如果一定合同的履行行为必须经过有关机关的批准，在未批准前，不得请求继续履行。所谓事实上不能履行，是指依据自然法则已经不能履行。比如，合同标的物是特定物，该特定物已经毁损、灭失。但是，如果仅仅是暂时不能履行，或者债务人作出一定的努力仍可以履行合同义务的，那么合同仍然可以继续履行。人民法院或者仲裁机构应当对是否存在法律上或者事实上不能履行的情形进行审查。

2. 债务的标的不适于强制履行或者履行费用过高

债务的标的不适于强制履行，指依据债务的性质不适合强制履行，或者执行费用过高。比如：（1）基于高度的人身依赖关系而产生的合同，如委托合同、合伙合同等，如果是因高度信任对方的特殊技能、业务水平、忠诚等所产生的，并且强制债务人履行义务会破坏此种高度的人身依赖关系，则不得请求继续履行。（2）对于许多提供服务、劳务或者不作为的合同来说，如果强制履行会危害到债务人的人身自由和人格尊严，或者完全属于人身性质，比如需要艺术性或者科学性的个人技能，或者涉及保密性和私人性的关系，则不得请求继续履行。

履行费用过高，指履行仍然可能，但确会导致履行方负担过重，产生不合理的过大的负担或者过高的费用。比如，一艘邮轮沉入海中，尽管将该邮轮打捞出来是可能的，但邮轮所有人因此支出的费用大大超过了所运石油的价值，托运人不能请求其继续履行。在判断履行费用是否过高时，需要对比履行的费用和债权人通过履行所可能获得的利益、履行的费用和采取其他补救措施的费用，还需要考量守约方从其他渠道获得履行进行替代交易的合理性和可能性。

如果债务的标的不适于强制履行或者履行费用过高，债权人请求继续履行的，债务人享有拒绝履行的抗辩权。

3. 债权人在合理期限内未请求履行

履行合同义务需要债务人进行特定的准备和努力，如果履行期限已过，并且债权人未在合理期限内请求债务人继续履行，债务人则可能会推定债权人不再坚持继续履行。债权人在很长时间之后才请求继续履行，如果支持债权人的继续履行请求，会使得债务人长期处于不确定状态之中，随时准备履行，且会诱使债权人的投机行为。因此，如果债权人在合理期限内未请求继续履行的，则不能再请求继续履行。

合理期限首先可以由当事人事先约定；如果没有约定或者约定不明确，当事人可以协议补充；也无法协议补充的，按照合同有关条款或者交易习惯确定，这需要在个案中结合合同种类、性质、目的和交易习惯等因素予以具体判断。如果债权人在合理期限内未请求继续履行，之后再请求债务人继续履行的，债务人享有拒绝履行的抗辩权。

同时，需要指出的是，请求继续履行和合同解除是互斥而且不能并存的。本法第 566 条第 2 款规定，合同因违约解除的，解除权人可以请求违约方承担违约责任，但是当事人另有约定的除外。该款中的违约责任不包括继续履行，如果合同被依法解除，债权人就不能请求债务人继续履行。

在债务人违约但符合本条第 1 款规定的情形之一，因此债权人不能请求继续履行的情况下，合同状况如何？例如，在特定物买卖中，特定物非因意外或者不可归责于双方的原因而毁损、灭失，债务人对债权人的履行义务和债权人对债务人的履行义务是否消灭？在一些继续性合同中，比如租赁合同，合同权利义务是否终止？立法过程中，有观点提出，在无法请求继续履行时，应当允许司法终止合同，以终止合同权利义务关系，使得无意义的合同无需存续。也有观点认为，此时债务人对债权人的履行义务消灭，基于双务合同履行义务之间的对待性，债权人对债务人的对待给付义务也随之消灭，合同自动终止，无需司法解除。在实践中也会出现一些疑难问题，尤其在债权人未履行自己对债务人的义务，而债务人已经部分履行的情况下，债权人可能会不行使解除权而坚持请求继续履行，如果合同不终止或者不部分终止，即使债务人愿意承担违约赔偿责任，但其是否能够在承担赔偿责任的前提下摆脱合同权利义务的约束，在非继续性合同中请求返还已作出的部分给付或者就已作出的部分给付要求债权人履行对债务人的义务？例如，甲从乙那里购买两个特定的古董花瓶，约定待两个花瓶都交付并转移所有权之后甲付款，乙交付了一个花瓶并转移其所有权后，因为自己的过错导致另一个花瓶破碎，甲不行使解除权而主张继续履行，但此时也符合本条第 1 款规定的事实上不能履行，此时如何处理？

经认真研究，反复斟酌，在债权人无法请求债务人继续履行主要债务，致使不能实现合同目的时，债权人拒绝解除合同而主张继续履行，由于债权人已经无法请求债务人继续履行，合同继续存在并无实质意义。当事人均可以申请人民法院或者仲裁机构终止合同，最终由人民法院或者仲裁机构结合案件的实际情况根据公平原则决定终止合同的权利义务关系，在保障债权人合理利益的前提下，有利于双方当事人重新获得交易的自由，提高整体的经济效率。从比较法上而言，《德国民法典》第 275 条第 1 款和第 326 条第 1 款明确规定了，此时给付义务可以被排除且对待给付消灭；《法国民法典》第 1218 条第 2 款也规定了永久不能履行时合同自动终止。合同自动终止后，债务人可被免除原给付义务，无须进行原给付，债权人的对待给付也发生消灭。但是，这可能导致合同终止的时间并不确定，尤其在履行费用过高或者债权人在合理期限内未请求履行导致不能请求继续履行的情形中最为明显，也不利于双方互通情况。当然，如果对方当事人行使解除权，则合同终止时间会确定，但可能会出现对方当事人不行使解除权的情形。司法终止则能够避免上述两个问题。据此，本条第 2 款规定："有前款规定的除外情形之一，致使不能实现合同目的的，人民法院或者仲裁机构可以根据当事人的请求终止合同权利义务关系，但是不影响违约责任的承担。"当然，本款规定不影响对方当事人依据法律规定或者约定所享有的法定解除权和约定解除权，对方当事人仍然可以行使解除权解除合同。如果对方当事人依法行使了解除权，则债务人之后依据本款规定请求人民法院或者仲裁机构司法终止合同的，人民法院或者仲裁机构可以依据本法第 565 条的规定确认合同解除以及解除的时间。本款适用的前提，首先是对方当事人不能请求违约方继续履行。其次是致使不能实现合同目的。这意味着如果不能请求继续履行的仅仅是非主要的债务，则不履行一般不会导致不能实现合同目的，则无论哪一方当事人都不能申请终止。守约方既不享有法定解除权，也不能依据本款请求人民法院或者仲裁机构申请终止；违约方本来就不享有解除权，同样也不能依据本款向人民法院或者仲裁机构申请终止。最后是当事人提出请求。双方当事人均有权请求人民法院或者仲裁机构终止合同。如果当事人未提出请求，人民法院或者仲裁机构不宜依职权主动终止合同。

本款适用的法律后果如下。第一，人民法院或者仲裁机构可以终止合同权利义务关系。应当注意的是，并非当事人提出请求后，人民法院或者仲裁机构就必须终止合同，在当事人提出终止合同的请求后，由人民法院或者仲裁机构依法判决是否终止合同。因此，当事人根据本款所享有的仅仅是申请司法终止合同的权利，而非终止合同的权利，本款并未规定当事人的终止权或者形成诉权，而是司法的终止权。人民法院或者仲裁机构有权结合案件的实际情况，根据诚信和公平原则决定是否终止合同。此时，可以考虑债务人是否已经进行了部分履行、债务人是否恶意违约、不能继续履行的原因、债务人是否因合同不终止而遭受了严重损失、债权人是否能够以成本较低的方式获得替代履行、债务人是否对他人有赔偿请求权、债权人拒绝解除合同是否为获得不相当的利益而违反诚信原则、合同不终止是否会导致双方的权利义务或者利益关系明显失衡等因素。例如，要考虑不能继续履行的原因，在甲乙双方的古董花瓶和名画的互易合同中，甲在交付古董花瓶前，因乙的过错行为而导致古董花瓶毁损，虽然此时也构成了不能请求继续履行的情形，但因为该不能继续履行的原因是乙的行为，此时不宜因乙的申请而终止合同，进而免除乙交付名画并移转名画所有权的义务。这类似于两个相互关联的合同情形中的部分终止、部分不终止。在人民法院或者仲裁机构终止合同后，法律后果可以依据本法第566条和第567条的规定予以确定。

第二，不影响违约方承担除继续履行之外的其他违约责任。合同被终止后，违约方自然无需继续履行，但其仍然要依法承担除继续履行之外的其他违约责任，尤其是赔偿损失的责任，以保障对方当事人的利益。因此，对方当事人有权依据本法第584条请求违约方承担违约责任；如果双方约定了违约金或者定金，对方当事人有权依据第585条以下条文请求违约方承担违约金责任或者定金责任。

第五百八十一条 当事人一方不履行债务或者履行债务不符合约定，根据债务的性质不得强制履行的，对方可以请求其负担由第三人替代履行的费用。

◆ **条文主旨**

本条是关于替代履行费用的规定。

◆ **立法背景**

本条是总结实践和理论共识的全新规定。

◆ **条文解读**

本条适用的前提是，当事人一方不履行债务或者履行债务不符合约定，并且该债务根据债务的性质不得强制履行。此时，债权人可以请求债务人负担由第三人替代履行的费用。如果该债务是以作为为标的的债务，则债权人可以请求债务人负担由第三人替代履行的费用。比如，本法第713条第1款规定，承租人在租赁物需要维修时可以请求出租人在合理期限内维修。出租人未履行维修义务的，承租人可以自行维修，维修费用由出租人负担。如果该债务是以不作为为标的债务，且表现为有形状态的持续，则债权人同样可以请求债务人负担由第三人替代履行的费用，例如债务人负有不搭建建筑物的义务，债务人搭建后则负有拆除的义务，债务人不拆除的，则债权人也可请求债务人负担由第三人拆除该建筑物的费用。

该请求权是实体法上的请求权，且以根据债务的性质不得强制履行为前提，同时不以进入到执行程序为前提，因此，与民事诉讼法规定的执行措施不同。同时，也并非第三人先替代履行，之后才可以请求债务人负担费用，债权人可以直接请求债务人负担由第三人之后替代履行的费用。从债权人的角度而言，最终实现了自己的债权，类似于继续履行；从债务人的角度而言，类似于赔偿损失。同时，本条的规定不妨碍债权人就其他损失请求债务人赔偿。

应当注意的是，民事诉讼法规定了诸多执行措施。依据人民法院的判决、裁定、其他法律文书以及仲裁机构的仲裁裁决，债务人应当履行而不履行的，债权人可以依法请求强制执行。首先，一般涉及金钱债务或者以交付财产为标的的债务，民事诉讼法中有许多执行措施，理论上称为直接强制。比如，《民事诉讼法》第 242 条第 1 款规定，被执行人未按执行通知履行法律文书确定的义务，人民法院有权向有关单位查询被执行人的存款、债券、股票、基金份额等财产情况。人民法院有权根据不同情形扣押、冻结、划拨、变价被执行人的财产。人民法院查询、扣押、冻结、划拨、变价的财产不得超出被执行人应当履行义务的范围。第 243 条第 1 款规定，被执行人未按执行通知履行法律文书确定的义务，人民法院有权扣留、提取被执行人应当履行义务部分的收入。但应当保留被执行人及其所扶养家属的生活必需费用。第 244 条第 1 款规定，被执行人未按执行通知履行法律文书确定的义务，人民法院有权查封、扣押、冻结、拍卖、变卖被执行人应当履行义务部分的财产。但应当保留被执行人及其所扶养家属的生活必需品。第 248 条第 1 款规定，被执行人不履行法律文书确定的义务，并隐匿财产的，人民法院有权发出搜查令，对被执行人及其住所或者财产隐匿地进行搜查。第 249 条规定，法律文书指定交付的财物或者票证，由执行员传唤双方当事人当面交付，或者由执行员转交，并由被交付人签收。有关单位持有该项财物或者票证的，应当根据人民法院的协助执行通知书转交，并由被交付人签收。有关公民持有该项财物或者票证的，人民法院通知其交出。拒不交出的，强制执行。第 250 条第 1 款规定，强制迁出房屋或者强制退出土地，由院长签发公告，责令被执行人在指定期间履行。被执行人逾期不履行的，由执行员强制执行。

另外，对以服务、劳务等行为为标的的债务，债务人不履行的，民事诉讼法规定了替代执行措施。《民事诉讼法》第 252 条规定，对判决、裁定和其他法律文书指定的行为，被执行人未按执行通知履行的，人民法院可以强制执行或者委托有关单位或者其他人完成，费用由被执行人承担。

同时，民事诉讼法还规定了一些间接强制的措施，以对债务人施加压力促使其继续履行债务，这适用于所有类型的债务。比如，《民事诉讼法》第 253 条规定，被执行人未按判决、裁定和其他法律文书指定的期间履行给付金钱义务的，应当加倍支付迟延履行期间的债务利息。被执行人未按判决、裁定和其他法律文书指定的期间履行其他义务的，应当支付迟延履行金。第 255 条规定，被执行人不履行法律文书确定的义务的，人民法院可以对其采取或者通知有关单位协助采取限制出境，在征信系统记录、通过媒体公布不履行义务信息以及法律规定的其他措施。同时，如果执行人不履行法律文书指定的行为，且该项行为只能由被执行人完成的，人民法院可以依照《民事诉讼法》第 111 条的规定处理，即拒不履行人民法院已经发生法律效力的判决、裁定的，人民法院可以根据情节轻重予以罚款、拘留；构成犯罪的，依法追究刑事责任。如果债务人是单位，人民法院可以对其主要负责人或者直接责任人员予以罚款、拘留；构成犯罪的，依法追究刑事责任。

▶ **相关规定**

《中华人民共和国民事诉讼法》第242－244条、第248－250条、第252条、第253条、第255条

第五百八十二条 履行不符合约定的，应当按照当事人的约定承担违约责任。对违约责任没有约定或者约定不明确，依据本法第五百一十条的规定仍不能确定的，受损害方根据标的的性质以及损失的大小，可以合理选择请求对方承担修理、重作、更换、退货、减少价款或者报酬等违约责任。

◆ **条文主旨**

本条是关于履行不符合约定的补救措施的规定。

◆ **立法背景**

《合同法》第111条适用的前提是"质量不符合约定的"，但可能无法涵盖采取补救措施的所有情形，故本条将之扩展为"履行不符合约定的"。

◆ **条文解读**

债务人履行合同义务不符合约定的，主要是品质、数量等不符合约定，可以考虑一些补救措施，主要包括修理、重作、更换以及退货、减少价款或者报酬。这有利于尽量维持当事人之间的合同关系。例如，本法第781条就据此规定，承揽人交付的工作成果不符合质量要求的，定作人可以合理选择请求承揽人承担修理、重作、减少报酬、赔偿损失等违约责任。甚至，债务人未按合同约定的期限履行合同义务的，债权人也可以要求采取补救措

施，例如，本法第 881 条第 2 款规定，技术咨询合同的受托人未按期提出咨询报告或者提出的咨询报告不符合约定的，应当承担减收或者免收报酬等违约责任。

如果债务人和债权人事先对此有约定的，应当按照当事人的约定承担违约责任，该约定是民事法律行为，因此适用民事法律行为的一般规定。比如，双方约定的“三包”规定中，对不同瑕疵的后果进行了详细的约定，此时违约方就应当按照当事人之间的约定承担违约责任。

如果当事人对违约责任没有约定，或者虽有约定但约定不明确的，此时就当依据本法第 510 条的规定予以确定，即合同生效后，当事人就质量、价款或者报酬、履行地点等内容没有约定或者约定不明确的，可以协议补充；不能达成补充协议的，按照合同相关条款或者交易习惯确定。

如果当事人对此既无约定，也无法依据本法第 510 条的规定予以确定的，则受损害方根据标的的性质以及损失的大小，可以合理选择请求对方承担修理、重作、更换、退货、减少价款或者报酬等违约责任。这些方式有助于尽量维持当事人之间的合同关系。修理包括对产品、工作成果等标的物质量瑕疵的修补，也包括对服务质量瑕疵的改善，这是最为普遍的补救方式。例如，修建的房屋不符合要求，债务人应当无偿地进行修理。在存在严重的质量瑕疵，以致不能通过修理达到约定的或者法定的质量情形下，受损害方可以选择更换或者重作的补救方式。例如，加工制作的产品不符合约定，虽经修理也不能使用，债务人就应当重作。

本条规定，受损害方根据标的的性质以及损失的大小，可以合理选择请求修理、重作、更换、退货、减少价款或者报酬。修理、重作、更换同样也适用本法第 580 条第 1 款的规定，当这些方式事实上不能履行、履行费用过高以及债权人未在当事人约定期限或者合理期限内要求的，债权人不能再请求这些方式或者这些方式中的某一种，而只能请求履行方承担其他违约责任。履行瑕疵是细微和无关紧要的，而修理、重作或者更换的费用过高，则不能请求修理、重作或者更换。比如，买卖合同中，卖方交付的标的物不符合约定的原因是存在设计缺陷，导致更换并无意义，修理也无法消除此种缺陷，此时债权人就不能请求修理或者更换。也有可能由于债权人时间紧迫，无法等待修理、重作或者更换，而必须尽快寻找到适合的替代物，此时要求债权人必须先请求修理、重作或者更换就是不合理的。修理、重作、更换是不可能、不合理或者没有效果的，或者债务人拒绝或在合理期间内仍不履行的，债权人可以请求退货、减少价款或者报酬。如果债务人在履行不符合约定后，立即提出在合理期限内自己承担费用予以修理、重作或者更换，则债权人应当允许，除非该瑕疵履行已经致使合同目的不能实现，或者债权人有理由相信，债务人不可能在合理期限内并在不给债权人造成显著不便或者不给债权人的合法利益造成其他损害的前提下，实施有效的修理、重作或者更换。

同样，在修理、重作和更换这些方式的选择中，也要求选择的合理性。一般情况下，如果履行瑕疵仅仅是轻微的，而并未达到致使合同目的不能实现的程度，修理能够在合理时间内完成，并且修复程度很高，则受损害方请求重作或者更换就可能是不合理的。但是，如果履行瑕疵达到了致使合同目的不能实现的程度，则受损害方有权直接请求重作或者更换。如果标的物是种类物，且修理的费用超过了标的物本身的价值，则债务人也可以要求在合理期限内予以更换，受损害方不得请求修理。出售的商品已经停产，市场上也已经找不到了，债权人就不能请求更换。

债务人修理的，应当自行承担修理费用和因修理产生的运输费用等合理费用。如果债务人未按要求予以修理或者因情况紧急，债权人自行或者通过第三人修理标的物后，有权主张债务人负担因此发生的合理费用。在更换或者重作的情况下，债务人有权要求债权人退回标的物，但债务人应当负担取回的必要费用。比如，《消费者权益保护法》第 24 条第 2 款规定，依照前款规定进行退货、更换、修理的，经营者应当承担运输等必要费用。

修理、重作、更换是不可能、不合理或者没有效果的，或者债务人拒绝或在合理期间内仍不履行的，债权人可以请求退货、减少价款或者报酬。退货是债权人将已经获得的履行退还给债务人。退货是一种中间状态，依据具体情形，可能会导致更换或重作，也可能会导致合同解除。比如，《消费者权益保护法》第 24 条第 1 款规定，经营者提供的商品或者服务不符合质量要求的，消费者可以依照国家规定、当事人约定退货，或者要求经营者履行更换、修理等义务。没有国家规定和当事人约定的，消费者可以自收到商品之日起七日内退货；七日后符合法定解除合同条件的，消费者可以及时退货，不符合法定解除合同条件的，可以要求经营者履行更换、修理等义务。

减少价款或者报酬，可以简称为“减价”，即债权人接受了债务人的履行，但主张相应减少价款或者报酬，其目的在于通过调整价款或者报酬使得合同重新恢复到均衡的等价关系上。价款或者报酬未支付的，债权人可以主张减少其应支付的价款或者报酬；价款或者报酬已经支付的，债权人可以主张返还减价后多出部分的价款或者报酬。本法在一些典型合同中对此也予以明确，例如，第 800 条规定，勘察、设计的质量不符合要求或者未按照期限提交勘察、设计文件拖延工期，造成发包人损失的，勘察人、设计人应当继续完善勘察、设计，减收或者免收勘察、设计费并赔偿损失。第 821 条规定，承运人擅自降低服务标准的，应当根据旅客的请求退票或者减收票款；提高服务标准的，不得加收票款。第881条第2款规定，技术咨询合同的受托人未按期提出咨询报告或者提出的咨询报告不符合约定的，应当承担减收或者免收报酬等违约责任。

债权人主张减价，债务人对减价与否或者减价数额均认可的，按照当事人协商一致的意思表示处理；债务人对减价与否或者减价数额有异议的，可以由人民法院或者仲裁机构予以确定。当事人双方有不同意见时，减价的标准就非常重要。不同的立法例对此有不同的规定。例如《德国民法典》第441条第3款规定，应当按照缔约时标的物在无瑕疵状态所具有的价值与其实际价值可能存在的比例减价；《联合国国际货物销售合同公约》第50条、《欧洲合同法原则》第9：401条第1款规定，减价按实际交付的货物在交货时的价值与符合合同的货物在当时的价值两者之间的比例计算。同时，也有观点认为，不是按照比例予以确定，而是按照绝对的差额予以确定。比如，如果以有瑕疵物的实际价值与无瑕疵物的卖价之间的差额为标准的，无瑕疵标的物的价值为1000元，买卖合同约定的价格为1200元，标的物有瑕疵时的价值为800元，按此标准计算，减价的数额应为200元。如果按照比例计算，无瑕疵标的物的价值为1000元，买卖合同约定的价格为1200元，标的物有瑕疵时的价值为800元。有瑕疵的标的物的价格的计算公式应为：$800 \div 1000 \times 1200 = 960$元，即债权人可以主张的减价的数额为$1200 - 960 = 240$元。第一种方式更为简便，第二种方式更为公平，各有道理；同时，在计算非标准化商品价值时，上述两种计算方式都较难适用。因此，本条对减价的标准未作明确规定，留给实践和司法予以发展。

应当注意的是，补救措施的方式除了本条所明确规定的修理、重作、更换、退货、减少价款或者报酬，还可能包括其他方式。

比如，本法第612条规定，出卖人就交付的标的物，负有保证第三人对该标的物不享有任何权利的义务，但是法律另有规定的除外。在此情况下，买受人可以合理请求出卖人排除第三人对该标的物的权利。

第五百八十三条 当事人一方不履行合同义务或者履行合同义务不符合约定的，在履行义务或者采取补救措施后，对方还有其他损失的，应当赔偿损失。

◆ **条文主旨**

本条是关于履行义务或者采取补救措施后赔偿损失的规定。

◆ **立法背景**

本条源自《合同法》第112条，争议较小，本法予以沿袭。

◆ **条文解读**

当事人一方不履行合同义务或者履行合同义务不符合约定，因此而承担继续履行或者采取补救措施的违约责任的，在其履行完毕前，债权人有权拒绝其相应的履行请求。债务人未能在约定期间或者合理期间内继续履行的，或者不能采取有效的补救措施的，债权人可以采取任何救济措施。尽管债务人在约定期间或者合理期间内已经继续履行或者采取了有效的补救措施，债权人还有其他损失的，债权人仍然可以请求债务人依法赔偿。这些损失主要包括：（1）债务人最初的不履行合同义务或者履行合同义务不符合约定给债权人造成的损失，（2）嗣后的不继续履行或者继续履行不符合约定给债权人造成的损失；（3）债务人继续履行或者采取补救措施完毕前期间的迟延履行给债权人造成的损失；

（4）补救措施本身给债权人造成的损失；（5）补救措施仍然无法弥补的债权人的损失。

第五百八十四条 当事人一方不履行合同义务或者履行合同义务不符合约定，造成对方损失的，损失赔偿额应当相当于因违约所造成的损失，包括合同履行后可以获得的利益；但是，不得超过违约一方订立合同时预见到或者应当预见到的因违约可能造成的损失。

◆ 条文主旨

本条是关于法定的违约赔偿损失的规定。

◆ 立法背景

本条源自《合同法》第 113 条第 1 款，解释论上的建构已比较成熟，争议较小，本法未予修改。

◆ 条文解读

一、一般原则

违约赔偿损失，是指行为人违反合同约定造成对方损失时，行为人向受害人支付一定数额的金钱以弥补其损失，是运用较为广泛的一种责任方式。赔偿的目的，最基本的是补偿损害，使受到损害的权利得到救济，使受害人能恢复到未受到损害前的状态。违约赔偿损失是合同债务的转化，与合同债务具有同一性，因此在对相应合同债权的担保等方面，在违约赔偿损失请求权上继续存在，除非当事人另有约定。同时，违约的赔偿损失包括法定的赔偿损失和约定的赔偿损失，本条规定的是法定的违约赔偿损失。

承担违约赔偿损失责任的构成要件包括：一是有违约行为，即当事人一方不履行合同义务或者履行合同义务不符合约定。二是违约行为造成了对方的损失。如果违约行为未给对方造成损失，则不能用赔偿损失的方式追究违约人的民事责任。三是违约行为与对方损失之间有因果关系，对方的损失是违约行为所导致的。四是无免责事由。

赔偿损失的方式，在不同立法例中有不同规定。有的立法例，例如《德国民法典》第249条、我国台湾地区“民法”第213条，以回复原状为主，金钱赔偿为辅，回复原状最能使受害人回复到未受损害时的应然状态，金钱赔偿只能在遭到金钱损失的时候才能使受害人回复原状。英美法则以金钱赔偿作为损害赔偿的方法。还有立法例采取法院的酌定方式，既可以是回复原状，又可以是金钱赔偿，究竟采取哪一种方式，则由法院根据违约方的过错程度以及其他具体情况来决定。本条所规定的赔偿损失，是指金钱赔偿，与恢复原状的责任方式是不同的。

违约赔偿损失的范围可由法律直接规定，或由双方约定。当事人可以事先约定免除责任和限制责任的条款，在不违反法律规定的前提下，该免责或者限制责任条款是有效的。在法律没有特别规定和当事人没有另行约定的情况下，应按完全赔偿原则，即因违约方的违约使受害人遭受的全部损失都应当由违约方承担赔偿责任。具体而言，即假定违约方按照约定履行了合同义务时非违约方所能获得的利益，扣除在违约情形下非违约方现在的利益，就得到了赔偿的数额。赔偿全部损失，是使当事人尽可能地处于如果债务得以适当履行时其所处的状态，这样才能督促当事人有效地履行合同，毕竟违约与否不应当实质性影响非违约方合同利益的实现，仅仅是债务人的债务由履行转化为金钱赔偿而已。

完全赔偿意味着：第一，在因违约造成受害人损失的情况下，应当以受害人的损失作为确定赔偿范围的标准。第二，赔偿不能超过受害人的损失，受害人不能因此而获利。例如，出租人将房屋出租给承租人 2 年，6 个月后因承租人未支付租金导致租赁合同解除，又过了 6 个月，出租人成功地将该房屋以每个月多 1000 元的租金出租了，这样，在原租赁合同剩余的 1 年租期内，出租人多获得了 12000 元的收益，该收益应当在承租人赔偿的数额中扣除。赔偿的范围包括受害人可以获得的利益，而为了获得这些利益必须付出缔约成本，因此赔偿了可以获得的利益的同时一般就不得请求缔约成本的赔偿，例如，签订房屋买卖合同应支付居间费用，请求的违约的赔偿包括可得利益的赔偿时就不应请求赔偿为缔约所支付的居间费用。同样，在订立亏本合同的情形下，交易失败的损失也必须由当事人自己承担，而不属于违约赔偿的范围。第三，在赔偿时，一般不应根据违约方的过错程度来确定责任的范围。

二、赔偿的种类

按照完全赔偿原则，违约损失赔偿额应当相当于因违约所造成的损失，包括对实际损失和可得利益的赔偿。实际损失，即所受损害，指因违约而导致现有利益的减少，是现实利益的损失，又被称为积极损失。例如，货物在运输过程中遭受了 10000 元的损害，该损失即是实际损失。可得利益，即所失利益，受害人在合同履行后本可以获得的，但因违约而无法获得的利益，是未来的、期待的利益的损失，又被称为消极损失。例如，汽车修理厂与出租车司机约定 10 日修理好损坏的出租车，汽车修理厂迟延 3 日交付，司机开出租车每日可获纯利润 200 元，3 日的可得利益为 600 元，汽车修理厂违约，应赔偿 600 元的可得利益。建筑公司承建一商厦迟延 10 日交付，商厦 10 日的营业纯利润额即为可得利益。《联合国国际货物销售合同公约》第 74 条、《国际商事合同通则》第 7. 4. 2 条、《欧洲合同法原则》第 9：502 条都作出了类似的规定。实际损失和可得利益均应当赔偿，例如，歌手未按照其与演出举办者之间的合同参加专场演唱会的演出，导致演唱会临时取消，歌手不仅应当赔偿演出举办者为准备演唱会所支出的费用，而且还应当赔偿因取消演唱会所遭受的利润损失。

较之可得利益，实际损失一般比较容易确定。实际损失包括：（1）信赖利益的损失，包括费用的支出、丧失其他交易机会的损失以及因对方违约导致自己对第三人承担违约赔偿的损失等。（2）固有利益的损失，这体现在债务人违反保护义务的情形中，例如债务人交付了病鸡，导致债权人现有养鸡场的鸡也生病，此时，债务人不仅应当赔偿债权人费用的支出，还应当赔偿债权人现有的鸡生病造成的损失。在违约赔偿中，由于证明可得利益的困难性，债权人可以选择请求债务人赔偿信赖利益。但是，信赖利益的赔偿一般不得大于履行利益，因为，如果信赖利益大于可得利益，表明债权人订立的合同是亏本的，如果债务人按照约定履行了合同，反而会给债权人造成更大的损失，此时允许债权人请求赔偿大于可得利益的信赖利益，无异于债权人将自己的亏损转嫁给债务人。但是，对于固有利益的赔偿可以大于可得利益。

可得利益是合同履行后债权人所能获得的纯利润。可得利益也可能与信赖利益中的丧失其他交易机会的损失存在重合。根据交易的性质、合同的目的等因素，可得利益损失主要分为生产利润损失、经营利润损失和转售利润损失等类型。生产设备和原材料等买卖合同违约中，因出卖人违约而造成买受人的可得利益损失通常属于生产利润损失。承包经营、租赁经营合同以及提供服务或劳务的合同中，因一方违约造成的可得利益损失通常属于经营利润损失。先后系列买卖合同中，因原合同出卖方违约而造成其后的转售合同出售方的可得利益损失通常属于转售利润损失。在计算生产经营利润时，可以考虑以客观的、能够证明的守约方可以获得的上一年度或近几年平均净利润，或者同类、同区域、同行业的经营者所能够获得的净利润为标准进行计算。如果守约方主张其利润比按照客观方法计算的利润高，此时守约方应承担举证责任；如果违约方主张对方利润比按照客观方法计算所得出的利润低，此时违约方应承担举证责任。

可得利益必须是将来按照通常情形能够得到的利益，这要求在一些情形中，对可得利益的赔偿应当考量发生的概率程度。例如，甲将一份投标书委托快递公司递交，快递公司承诺在投标结束日前送到，但是实际上是在投标结束日之后才送到，因此甲的投标书被拒绝。此时，赔偿的数额将取决于甲的投标书被接受的概率。如果不能以充分确定性程度来确定赔偿的数额，赔偿数额的确定只能取决于人民法院或者仲裁机构的自由裁量。

三、违约赔偿数额的限制

按照本条规定，违约赔偿的数额不得超过违反合同一方订立合同时预见到或者应当预见到的因违反合同可能造成的损失，这不仅适用于对可得利益的限制，也适用于对实际损失的限制。《联合国国际货物销售合同公约》第74条、《国际商事合同通则》第7.4.4条、《欧洲合同法原则》第9：503条都有类似的规定。可预见性是对于赔偿数额的限制，即使未明确规定可预见性，也需要其他工具来限制赔偿数额，例如，德国法中，区分责任成立的因果关系和责任范围的因果关系，同时在两种因果关系中都要考虑因果关系的相当性，据此对赔偿数额予以限制。

对于债务人在订立合同时无法预见到的损失，其就不可能事先采取足够的预防措施，通过可预见性限制赔偿数额，有助于双方沟通信息，并以此为基础评估风险采取预防措施，避免损失的发生。例如，旅客因飞机误点使其耽误了一笔买卖，要求赔偿其因该买卖所获得的利益，但航空公司在售票时是无法预见到此损失的，故此损失不予赔偿。再如，一个清洁公司向制造商订购了一台最新的大型清洁机器，但该机器延迟交货半年。制造商应当赔偿因迟延交货给清洁公司造成的利益损失，因为制造者能够预见到清洁公司打算立即使用该机器。但是，如果机器按时交付，清洁公司本来能够和他人签订一个高额合同，制造者就该损失不予赔偿，因为制造者无法预见到该损失。本法在典型合同中据此规定了一些明确的规则，例如，本法第 898 条规定，寄存人寄存货币、有价证券或者其他贵重物品的，应当向保管人声明，由保管人验收或者封存；寄存人未声明的，该物品毁损、灭失后，保管人可以按照一般物品予以赔偿。

根据本条规定，可预见性规则的适用应当注意以下问题。第一，预见的主体是违约方，而不是非违约方。第二，预见的标准是客观的理性人标准，是一个正常勤勉的人处在违约方的位置所能合理预见到的。此时，可以考虑当事人的身份或者业务能力、预期利益的告知或知晓、合同主要内容、是否是超过社会一般期待的投资行为等因素。例如，守约方是生产企业，那么通常违约方应当预见到生产利润损失，而不应预见到转售利益损失。第三，预见的时点是订立合同之时，而不是违约之时。这是因为只有在订立合同时预见，债务人才有机会通过合同采取预防措施。但是，就债务人在订立合同后违约之前，预见到或者应当预见到的损失，债务人也应当对避免损失发生采取合理的措施，以避免债务人采取就该损失故意放任扩大的机会主义行为。第四，预见的内容是损失的类型或者种类，而无需预见到损失的具体范围。

应当注意的是，对违约赔偿数额的限制，除了可预见性规则之外，还包括其他规则。本法第 591 条第 1 款规定，当事人一方违约后，对方应当采取适当措施防止损失的扩大；没有采取适当措施致使损失扩大的，不得就扩大的损失请求赔偿。本法第 592 条第 2 款规定，当事人一方违约造成对方损失，对方对损失的发生有过错的，可以减少相应的损失赔偿额。同时，在实践中，还可以考虑损益相抵，即当守约方因损失发生的同一违约行为而获有利益时，应当从损失赔偿额中扣除该部分利益。可以扣除的利益包括：中间利息、因违约实际减少的受害人的某些税负、商业保险金、社会保险金、以新替旧中的差额、毁损物件的残余价值、原应支付却因损害事故而免予支付的费用、原本无法获得却因损害事故的发生而获得的利益等。因此，对于可得利益而言，可得利益的法定损失赔偿额 = 可得利益损失总额 - 不可预见的损失 - 扩大的损失 - 受害方自己过错造成的损失 - 受害方因违约获得的利益 - 必要的成本。

四、赔偿数额的计算

在不同立法例和理论中，赔偿数额计算有主观计算方法与客观计算方法两种方法。主观计算方法又称具体计算方法，它是指根据受害人具体遭受的损失、支出的费用来计算损害额；客观的计算方法又称抽象计算方法，指按照当时社会的一般情况来确定损害额，而不考虑受害人的特定情况。这两种计算方法的主要区别是是否将受害方的主观因素加以考虑，在计算方法上以客观方法为主，有助于计算的便利，也避免当事人因赔偿数额而对交易过分抑制，但也要适当考虑主观方法。

在客观计算时，首先，可以考虑替代交易。例如，债权人依法解除合同，并在合理期限内以合理的方式进行了替代交易的，有权请求赔偿合同价款与替代交易价款之间的差额以及其他损失。举例而言，为修理轮船签订船坞的租赁合同，租赁价格是 50 万元，但是，出租人不能按照合同提供船坞，轮船所有权人紧急和他人协商，经过较长时间的谈判后，签订了另一个船坞的租赁合同，但合同价格为70万元，此时，轮船所有权人有权请求出租人赔偿两个合同的价差20万元，并有权要求出租人赔偿其他各项支出的费用，以及因为该轮船在更长时间内无法使用的损失。其次，可以考虑市场价格。市场价格是指在合同应当履行的地点，对应当交付的货物或应当提供的服务在可比情况下通常所收取的价格，或者如果该地无时价，时价可合理参照另一地的时价。债权人依法解除合同，且没有进行替代交易，但存在履行市价的，债权人有权请求赔偿合同价款与解除后合理期间时的市场价款之间的差额以及其他损失。当然，对于计算的时点究竟是订立合同时、违约时、裁判时还是一审口头辩论终结时，由司法和实践进一步发展。再次，对于金钱债务的到期不履行，债权人有权要求支付自该笔债务到期时起至支付时止的利息，利率标准有约定的按约定，除非该约定违反法律规定；无约定或者约定不明确的，可以考虑参照通常利率或者逾期罚息利率确定。最后，还可以考虑债权人因债务人违反合同义务而导致的债权人对其他第三人所承担的违约赔偿数额。

在主观计算时，如果合同的标的物是具有人身意义的特定物，例如具有特殊意义的照片，该标的物在普通的市场价格之外，还有精神因素和感情色彩因素，计算赔偿数额时可以予以考虑。这也与本法第1183条第2款的规定精神相一致，该款规定，因故意或者重大过失侵害自然人具有人身意义的特定物造成严重精神损害的，被侵权人有权请求精神损害赔偿。对于以精神上的满足为目的的特殊类型的合同，例如与婚礼、葬礼、旅游等事务相关的合同，精神损害具有可预见性，计算违约赔偿数额时，也可以对这些合同的特性予以考虑。

应当注意的是，根据本法第11条，其他法律对违约赔偿有特别规定的，依照其规定。这首先是赔偿范围、赔偿计算方式、赔偿限额等方面的规定，例如海商法规定了赔偿责任限额的计算单位，可按此理赔。其次是特别规范中的惩罚性赔偿。《合同法》第113条第2款规定，经营者对消费者提供商品或者服务有欺诈行为的，依照《消费者权益保护法》的规定承担损害赔偿责任。但是，本法第11条已经统一规定，其他法律对民事关系有特别规定的，依照其规定。故本法将合同法的这一款删除，但是当然适用特别法的规定。例如，《消费者权益保护法》第55条规定："经营者提供商品或者服务有欺诈行为的，应当按照消费者的要求增加赔偿其受到的损失，增加赔偿的金额为消费者购买商品的价款或者接受服务的费用的三倍；增加赔偿的金额不足五百元的，为五百元。法律另有规定的，依照其规定。""经营者明知商品或者服务存在缺陷，仍然向消费者提供，造成消费者或者其他受害人死亡或者健康严重损害的，受害人有权要求经营者依照本法第四十九条、第五十一条等法律规定赔偿损失，并有权要求所受损失二倍以下的惩罚性赔偿。"《食品安全法》第148条第2款规定："生产不符合食品安全标准的食品或者经营明知是不符合食品安全标准的食品，消费者除要求赔偿损失外，还可以向生产者或者经营者要求支付价款十倍或者损失三倍的赔偿金；增加赔偿的金额不足一千元的，为一千元。但是，食品的标签、说明书存在不影响食品安全且不会对消费者造成误导的瑕疵的除外。"

▶ 相关规定

《中华人民共和国消费者权益保护法》第55条；《中华人民共和国食品安全法》第148条；《中华人民共和国旅游法》第70条

第五百八十五条　当事人可以约定一方违约时应当根据违约情况向对方支付一定数额的违约金，也可以约定因违约产生的损失赔偿额的计算方法。

约定的违约金低于造成的损失的，人民法院或者仲裁机构可以根据当事人的请求予以增加；约定的违约金过分高于造成的损失的，人民法院或者仲裁机构可以根据当事人的请求予以适当减少。

当事人就迟延履行约定违约金的，违约方支付违约金后，还应当履行债务。

◆ **条文主旨**

本条是关于约定违约金的规定。

◆ **立法背景**

本条是关于约定违约金的规定。本条源自《合同法》第 114 条，本规定中的“人民法院或者仲裁机构可以根据当事人的请求予以增加”，对比合同法第 114 条中的“当事人可以请求人民法院或者仲裁机构予以增加”，更为明确了本规定确立的是司法酌增规则。本规定中的“人民法院或者仲裁机构可以根据当事人的请求予以适当减少”，对比合同法第 114 条中的“当事人可以请求人民法院或者仲裁机构予以适当减少”，更为明确了本规定确立的是司法酌减规则。

◆ **条文解读**

、般界定

违约金是当事人在合同中约定的或者由法律直接规定的一方违反合同时应向对方支付一定数额的金钱，这是违反合同可以采用的承担民事责任的方式，只适用于当事人有违约金约定或者法律规定违反合同应支付违约金的情形。违约金的标的物通常是金钱，但是当事人也可以约定违约金标的物为金钱以外的其他财产。违约金依据产生的根据，可以分为法定违约金和约定违约金。法定违约金是由法律直接规定违约的情形和应当支付的违约金数额。只要当事人一方发生法律规定的违约情况，就应当按照法律规定的数额向对方支付违约金。中国人民银行关于逾期罚息的规定，可以认为是法定违约金。法定违约金作为立法者衡诸相关交易形态和各类情事所预设的违约救济方案，其合理性问题或者债务人负担过重问题应视为在立法时已有所考量，故不能适用本条第 2 款规定的司法酌减。如果违约金是由当事人约定的，为约定违约金。本条仅规定了约定的违约金。约定违约金主要适用于合同之债，但就法定之债也不妨约定违约金。

约定违约金可能表现为不同的形式，可以约定向对方支付一定数额的违约金，也可以约定因违约产生的损失赔偿额的计算方法。实践中，交易主体在诸如迟延履行等场合，大多会倾向于约定损失赔偿额的计算方法，例如约定未按期交付房屋或者办理房屋登记的，按照房屋价款的日万分之五计算。这种约定因违约产生的损失赔偿额的计算方法，也应当同样适用本条第 2 款规定的司法调整。在实践中，有可能还有其他的约定，也可以适用或者参照适用约定违约金规则处理，例如，当事人约定一方解除合同后可没收的“履约保证金”。

根据约定违约金的目的，违约金可以区分为赔偿性的违约金、惩罚性的违约金和责任限制性违约金。当事人约定违约金，一方面是为了事先确定违约后的赔偿数额，以降低法定损失的举证成本，另一方面也可能是为了向对方施加履约压力、督促对方守约而约定高额的违约金，还可能是为了避免责任过重而约定低额的违约金。当事人的这些意图可能兼而有之，因此，不同性质的违约金可能在功能上有交叉和重合。在赔偿性的违约金和惩罚性的违约金之间，首先是取决于当事人的目的，一般而言，如果约定了明显高额的违约金，或者违约金不排斥继续履行或者法定的赔偿损失，则可以认定为惩罚性的违约金，或者约定违约金至少部分具有惩罚性的功能。本条规定的违约金以赔偿性的违约金为原则，当事人无约定或者约定不明时，推定为赔偿性的违约金。

约定违约金是一种合同关系，有的称为违约金合同。实践中，也有超市或者商场张贴“假一罚十”的告示，对此，有的认定为单方允诺，也有的认定为约定，顾客进入购物就是承诺。无论如何，如果超过了《消费者权益保护法》第 55 条所规定的下限，商家的这种承诺就是有效力的。违约金可与主债务关系同时成立，也可在主债务关系成立后另行缔结。违约金约定也是一种民事法律行为，适用本法关于民事法律行为的一般规则。违约金约定是诺成合同，与定金合同不同，不以预先给付为要件。同时，约定违约金又可以被看成一种附条件约定，只有在违约行为发生的情况下，违约金约定才生效；违约行为不发生，违约金约定不生效。但是，在违约金约定生效之前，该约定也具有法律约束力，依据本法第 136 条第 2 款的规定，非依法律规定或者未经对方同意，不得擅自变更或者解除。违约金约定的前提是违反该约定所针对的合同义务，当该合同义务不存在，例如因合同无效、被撤销或者确定不发生效力而导致该合同义务不存在，则不可能产生违约金请求权。但是，在合同被解除后，根据本法第 566 条第 2 款的规定“合同因违约解除的，解除权人可以请求违约方承担违约责任，但是当事人另有约定的除外”，解除权人仍有权依据违约金约定请求违约方承担违约责任。

根据违约金约定产生违约金请求权，必须以存在该约定所针对的违约行为，且应当依法承担违约赔偿责任为前提。根据是否针对特定的违约行为，约定违约金则有概括性和具体性之分。概括性违约金约定，指当事人对违约行为不做具体区分，概括约定凡违约即支付违约金。具体性违约金约定，指当事人针对不同的违约行为所约定的违约金，如债务不履行违约金、债务部分履行违约金、债务迟延履行违约金等。例如，针对迟延履行约定的违约金，不适用于其他根本违约的情形。当事人对违约行为无特别约定时，是否构成违约依据法定的违约责任构成规则予以判断。也存在违反前义务而必然违反后义务的情形，例如，合同就房屋所有权初始登记义务和转移登记义务分别独立约定不同的违约金，所有权初始登记的义务未完成，必然导致转移登记的义务无法完成。此时，可以考虑的是，前义务履行完毕前的迟延期间，按照针对前义务的约定计算违约金；从前义务履行完毕后到后义务履行完毕前的迟延期间，按照针对后义务的约定计算违约金；两项相加即为违约金的总额。违约金约定在债务人违约后而产生的违约金请求权，是一个独立的债权，可以单独被转让。

二、约定违约金的调整

1. 司法酌增

本条第 2 款第一分句规定了“约定的违约金低于造成的损失的”。本规定中的“人民法院或者仲裁机构可以根据当事人的请求予以增加”，对比合同法第 114 条中的“当事人可以请求人民法院或者仲裁机构予以增加”，更为明确了本规定确立的是司法酌增规则。本法并未采取原经济合同法第 35 条将违约金作为违约赔偿最低额的预定，因此，如果违约金数额低于损失数额，则人民法院或者仲裁机构可以予以增加，而非允许当事人在违约金之外另行请求法定的赔偿损失，增加违约金之后，债权人无权请求对方赔偿损失。

司法酌增适用的前提是：（1）约定的违约金低于造成的损失。此处的损失应当按照前条规定的法定赔偿损失的范围和数额予以认定，包括实际损失和可得利益。同时此处并未如同下一分句中的司法酌减规则一样使用了“过分”一词，以体现对债权人或者守约方的更强保护，因此，至少酌增的标准不应比酌减的标准更为严苛。（2）债权人提出申请，并应当对违约金低于造成的损失予以举证。

此时，人民法院或者仲裁机构可以增加，但并非应当增加，一般而言，增加后的违约金数额不应超过对债权人造成的损失。人民法院或者仲裁机构在判断是否予以增加以及增加的幅度时，可以综合斟酌考虑一些因素，例如当事人是否具有明确的限制责任的意图、债权人是普通民事主体还是商事主体、当事人的过错程度、合同的履行情况、预期的利益等。

2. 司法酌减

本条第2款第二分句规定了“约定的违约金过分高于造成的损失的，人民法院或者仲裁机构可以根据当事人的请求予以适当减少”。本规定中的“人民法院或者仲裁机构可以根据当事人的请求予以适当减少”，对比合同法第114条中的“当事人可以请求人民法院或者仲裁机构予以适当减少”，更为明确了本规定确立的是司法酌减规则。根据自愿原则，当事人有权约定违约金，但是，如果任由当事人约定过高的违约金，在有些情况下，无异于鼓励当事人获得不公平的暴利，也可能促使一方为取得高额违约金而故意引诱对方违约。因此，本款规定了司法酌减规则，以在意思自治、形式自由的基础上协调实质正义、个案公平，平衡自愿原则和公平、诚信原则之间的关系。

司法酌减的前提是：（1）约定的违约金过分高于造成的损失的。此处的损失同样应当按照前条规定的法定赔偿损失的范围和数额予以认定，包括实际损失和可得利益。但是，约定的违约金必须“过分”高于造成的损失。这意味着，如果约定的违约金虽然高于造成的损失，但并未“过分”高于，就不应当适用司法酌减。（2）债务人提出申请，并就约定的违约金高于造成的损失予以举证。债务人提出请求的方式可以是另行提起反诉，也可以是针对债权人的请求予以抗辩。实践中，为避免讼累，人民法院通常也就当事人是否需要主张违约金过高问题进行释明。担保人承担的担保责任，无特别约定时涵盖了主债务人所应承担的违约金，因此担保人也可以提出申请，于此参照适用本法第701条的规定“保证人可以主张债务人对债权人的抗辩。债务人放弃抗辩的，保证人仍有权向债权人主张抗辩”。

此时，人民法院或者仲裁机构可以适当减少违约金数额，但并非应当适当减少。在判断约定违约金是否过高以及调低的幅度时，一般应当以对债权人造成的损失为基准。司法实践中对此掌握的标准一般是，当事人约定的违约金超过造成损失的30%的，一般认定为“过分高于造成的损失”，但对此不应当机械主义，避免导致实质上的不公平。此时，可以综合考虑辩论终结前出现的以下因素：

（1）合同履行情况。在合同履行瑕疵较为轻微时，例如违约时间很短，可以适当调整违约金的数额。如果部分履行对债权人意义甚微，则应审慎酌减违约金。

（2）当事人过错程度。债务人主观过错程度较小或者债权人也有过错时，可以适当调整违约金的数额。在违约方属于恶意违约的场合，例如双方当事人签订合同后，在履约的时候突然价格上涨，卖方违约将货物卖给别人而不卖给原已签订合同的买方，违约金的调整应当体现出对恶意违约的惩罚。在违约方违约但非违约方也有过失的场合，违约金的调整就不应过多体现惩罚色彩。

（3）预期利益。预期利益实现的可能性较大时，酌减违约金应当更为审慎。此时，应考虑债权人的一切合法利益，而不仅仅是财产上的利益。

（4）当事人的主体身份。如果债务人是商事主体，其对违约风险的预见和控制能力更强。《德国商法典》第348条就规定，商人在其营业中约定的违约金不得依《德国民法典》的规定减少，这可能过于绝对，但至少在此时，违约金酌减应当更为审慎。在经营者和消费者之间以格式合同为载体的交易关系之中，如果违约金债务人是消费者，当事人缔约地位强弱、是否适用格式合同也是可以斟酌考虑的。

（5）其他因素。例如，债务人给付约定违约金达到了可能严重影响债务人的生存的程度；债务人因违约而获利的，也可以予以考虑。在实际损失无法确定时，可以斟酌考虑合同标的总价款、一定倍数的租金或者承包金、通常利率的一定倍数、投资性质合同中的投资总额的一定比例等。借款合同的期内利息法定限额规则，基于禁止法律规避的考虑，也应延伸适用于针对迟延还款所约定的违约金。但是，除借款合同之外的双方合同，作为对价的价款或者报酬给付之债，并非借款合同项下的还款义务，不应当以受法律保护利率的上限作为判断违约金是否过高的标准。

人民法院或者仲裁机构应当根据公平原则和诚实信用原则，对上述因素予以综合权衡，避免简单地采用固定比例等“一刀切”的做法，防止机械司法可能造成的实质不公平。

应当注意的是，当事人关于定金的约定，适用定金罚则后也可能会出现过分高于造成的损失的情形，此时可以参照适用本款规定，从而人民法院或者仲裁机构可以根据当事人的请求予以适当减少。

三、迟延履行违约金和继续履行之间的关系

本条第3款规定，当事人就迟延履行约定违约金的，违约方支付违约金后，还应当履行债务。当事人可以就迟延履行这种特定的违约行为约定违约金。当事人双方对履行期限作出的变更，除非明确放弃或者变更迟延履行违约金，否则不影响当事人关于迟延履行违约金的约定，但该违约金的起算点应当随之变更。在逾期付款违约金中，合同约定逾期付款违约金，但对账单、还款协议等未涉及逾期付款责任，债权人根据对账单、还款协议等主张欠款时请求债务人依约支付逾期付款违约金的，仍应当予以支持，但对账单、还款协议等明确载有本金及逾期付款利息数额或者已经变更合同中关于本金、利息等约定内容的除外。

当事人专门就迟延履行约定违约金的，除另有约定外，该种违约金仅针对违约方对其迟延履行所承担的赔偿责任，违约方支付违约金后还应当继续履行义务。但请求继续履行应当是针对迟延后履行尚属可能且对债权人有意义的情形，如果继续履行因对债权人无意义而被拒绝，或者在履行迟延后陷于履行不能，债权人可转而要求替代给付的赔偿，该替代给付的赔偿数额一般大于迟延履行的赔偿数额，其作为继续履行的转化形态，可与迟延履行违约金并行主张。

本款规定，违约方支付迟延履行违约金后，还应当履行债务，对此不应反面解释认为，如果债权人先主张继续履行或先行受领了继续履行，即不得请求迟延履行违约金或者视为放弃迟延履行违约金。债权人受领了债务人迟延后的继续履行，仍可并行主张迟延履行违约金，此并行主张不以受领给付时作特别保留为必要。

应当注意的是，本款仅规定了迟延履行违约金和继续履行之间的关系，并未具体规定违约金和其他违约责任形式之间的关系，也未具体规定在其他违约类型中违约金和继续履行之间的关系。

关于这些关系的处理，需要结合具体情形予以考量。首先要注意是否是同一违约行为导致违约金和其他违约责任形式；其次要注意当事人是否存在特别约定；再次要注意约定的违约金是否是替代给付的违约金，以及其与其他违约责任形式之间的目的衔接；最后还要注意，约定的违约金可以与其他违约责任形式并用时，则需要考量债权人损失的大小，而在不同情形中对违约金予以适当调整。例如，如果交付标的物质量有瑕疵，针对该瑕疵当事人约定了违约金，除当事人另有特别约定外，违约金可以与修理、重作、更换、退货和减价并用。质量瑕疵经过修理、重作或者更换等形式被补正的，可结合实际发生的迟延损害及固有利益损害调整违约金；瑕疵履行被接受但债权人未主张减价者，可结合实际发生的瑕疵部分的损害及固有利益损害调整违约金，如果已主张减价，则结合固有利益损害调整违约金；债权人主张退货的，可结合实际发生的整个履行利益损害及固有利益损害调整违约金。再如，如果债务人不仅迟延履行，迟延后还提供了瑕疵履行，则迟延履行违约金与瑕疵履行的法定效果可以并行不悖。

第五百八十六条 当事人可以约定一方向对方给付定金作为债权的担保。定金合同自实际交付定金时成立。

定金的数额由当事人约定；但是，不得超过主合同标的额的百分之二十，超过部分不产生定金的效力。实际交付的定金数额多于或者少于约定数额的，视为变更约定的定金数额。

◆ 条文主旨

本条是关于违约定金的规定。

◆ 立法背景

本条源自《担保法》第89条至第91条，考虑到本法生效后，担保法被废止，因此本法吸收了担保法有关定金的规定。

◆ 条文解读

所谓定金，就是指当事人约定的，为保证债权的实现，由一方在履行前预先向对方给付的一定数量的货币或者其他代替物。定金是担保的一种，由于定金是预先交付的，定金惩罚的数额在事先也是明确的，因此通过定金罚则的运用可以督促双方自觉履行，起到担保作用。定金与预付款不同，定金具有担保作用，不履行债务或者履行债务不符合约定，致使不能实现合同目的的，适用定金罚则；但预付款仅仅是在标的物正常交付或者服务正常提供的情况下预付的款项，如有不足，交付预付款的一方再补交剩余的价款即可，在交付标的物或者提供服务的一方违约时，如果交付预付款的一方解除合同，有权请求返还预付款。定金与押金也不同，一般而言，押金的数额没有定金数额的限制，而且没有定金罚则的适用。押金类型非常多，无法统一确定，甚至有的押金需要清算，多退少补。履约保证金的类型也是多种多样。当事人交付留置金、担保金、保证金、订约金、押金或者订金等，但没有约定定金性质的，不能按照定金处理，但是，如果押金和保证金根据当事人的约定符合定金构成的，可以按照定金处理。

实践中定金的种类也非常多。最为常见的是违约定金，即在接受定金以后，一方当事人不履行债务或者履行债务不符合约定，致使不能实现合同目的的，应按照定金罚则予以处理。除了违约定金之外，常见的还有立约定金、成约定金、证约定金、解约定金。立约定金是当事人约定以交付定金作为订立主合同担保的，给付定金的一方拒绝订立主合同的，无权要求返还定金；收受定金的一方拒绝订立合同的，应当双倍返还定金。成约定金，即约定以交付定金作为主合同成立或者生效要件的，给付定金的一方虽然未支付定金，但主合同已经履行或者已经履行主要部分的，不影响主合同的成立或者生效。证约定金是以定金作为订立合同的证据。解约定金是定金交付后，交付定金的一方可以按照合同的约定以丧失定金为代价而解除主合同，收受定金的一方可以双倍返还定金为代价而解除主合同。成约定金可以被认为是附生效条件的合同；立约定金可以被认为是预约的违约定金；证约定金仅仅是证明合同成立的方式之一；解约定金可以被认为是一种约定解除权。本条仅规定了违约定金。

定金合同是民事法律行为的一种，适用民事法律行为的一般规则，可以在合同的主文中载明，也可以单独设立。但是，按照本条第 1 款的规定，定金合同是实践性合同，自实际交付定金时才成立，当然定金交付的时间由双方当事人约定。当事人订立定金合同后，不履行交付定金的约定，不承担违约责任。同时，定金合同是一种从合同，应参照本法第 682 条第 1 款的规定，主债权债务合同无效、被撤销或者确定不发生效力，定金合同也随之无效或者不发生效力。但是，在主合同因违约而被解除后，根据本法第 566 条第 2 款的规定“合同因违约解除的，解除权人可以请求违约方承担违约责任，但是当事人另有约定的除外”，解除权人仍有权依据定金罚则请求违约方承担责任。

按照本条第 2 款规定，定金的数额由当事人约定。但是，在能够确定主合同标的额的前提下，约定的数额不得超过主合同标的额的 20%。如果超过，则超过的部分不产生定金的效力，应当予以返还或者按照约定抵作价款，但未超过的部分仍然产生定金效力。例如，甲向乙订购钢材 1000 吨，总价值 1000 万元，甲交付定金的最高限额是总价款的 20%，即 200 万元。如果当事人约定的定金额少于200万元，则按照当事人的约定。如果当事人约定的定金数额为300万元，则只有其中的200万元能够发生定金效力，超过的100万元不能发生定金效力，甲方可以要求乙方返还或者按照约定抵作价款。同时，实际交付的定金数额多于或者少于约定的数额的，除了超过法定限额的部分之外，视为变更约定的定金数额，按照变更后的定金数额适用定金罚则。实际交付的定金数额少于约定数额的，收受定金一方提出异议并拒绝接受定金的，定金合同不成立；收受定金一方接受了定金但提出异议的，仍然在接受定金范围内发生定金效力。例如，甲向乙订购钢材1000吨，总价值1000万元，约定甲交付定金200万元，但之后甲仅交付了150万元，乙方接受的，接受的150万元定金仍然能够发生定金效力。

第五百八十七条 债务人履行债务的，定金应当抵作价款或者收回。给付定金的一方不履行债务或者履行债务不符合约定，致使不能实现合同目的的，无权请求返还定金；收受定金的一方不履行债务或者履行债务不符合约定，致使不能实现合同目的的，应当双倍返还定金。

◆ 条文主旨

本条是关于违约定金效力的规定。

◆ 立法背景

本条源自《担保法》第89条和《合同法》第115条。在合同法的基础上增加“致使不能实现合同目的”条件，表述更加严谨，利于司法实践中准确把握。

◆ **条文解读**

按照本条规定，债务人按照合同约定履行债务的，定金应当抵作价款或者收回。但如果债务人不履行债务或者履行债务不符合约定，致使不能实现合同目的的，违约定金最为重要的效力是定金罚则，即定金合同约定的条件成就时，进行双倍返还定金或者扣收。

适用定金罚则的前提条件是按照当事人的约定和法律的规定，当法律对定金有特别规定时，应当适用特别规定；当事人另有约定时，根据自愿原则，应尊重当事人的特别约定。在不存在法律另有规定或者当事人另有约定的情形中，适用定金罚则的前提条件是，当事人一方不履行债务或者履行债务不符合约定，并且该违约行为要达到致使合同目的不能实现，即根本违约的程度。例如，甲乙双方订立转让商店营业的合同，并约定定金条款且已交付定金，履行期限到来后虽然按期交付了商店，但该商店的营业执照因转让人甲方的违法经营被吊销，无法营业，此时甲方就构成了根本违约，可以适用定金罚则。虽然有违约行为但比较轻微，未达到不能实现合同目的的程度时，也就不能适用或者全部适用定金罚则。如果当事人一方不完全履行合同的，在能够区分比例的情况下，应当按照未履行部分所占合同约定内容的比例，适用定金罚则。例如，如果合同约定甲方向乙方供应钢材 1000 吨，约定乙方交付定金 50 万元，未超过主合同标的的 20%，且乙方已实际交付定金，履行期限到来后，甲方仅交货 500 吨，乙方接受但提出甲方违约。由于供货严重不足，乙方可以请求适用定金罚则，但由于甲方已经供货 500 吨，占约定供货量的一半，此时，50 万元的定金中只有 25 万元适用定金罚则。同时，违约方必须因违约行为承担违约责任的，才能适用定金罚则。如果违约方因不可抗力而免责，则也不能适用定金罚则。

适用定金罚则的效果是，给付定金的一方无权请求返还定金，收受定金的一方应当双倍返还定金。例如，在上面供应钢材的例子中，甲方是收受定金的一方，其中的25万元适用定金罚则，此时，甲方应当向乙方双倍返还定金即50万元。

第五百八十八条 当事人既约定违约金，又约定定金的，一方违约时，对方可以选择适用违约金或者定金条款。

定金不足以弥补一方违约造成的损失的，对方可以请求赔偿超过定金数额的损失。

◆ 条文主旨

本条是关于定金与违约金、法定赔偿损失之间适用关系的规定。

◆ 立法背景

本条第1款源自《合同法》第116条，因争议较小，未予修改。第2款是对定金与法定赔偿损失之间的适用关系予以规定。

◆ 条文解读

本条第1款规定了定金和违约金之间的适用关系，合同当事人既约定了违约金，又约定了定金，在当事人不存在明确的特别约定的情况下，如果一方违约，对方当事人可以选择适用违约金或者定金条款，即对方当事人享有选择权，可以选择适用违约金条款，也可以选择适用定金条款，但二者不能并用。当然，不能并用的前提是针对同一违约行为，如果违约金和定金是针对不同的违约行为，在这些违约行为都存在的前提下，仍然存在并用的可能性，但无论如何不应超过违约行为所造成的损失总额。

现实中，有些当事人在合同中针对同一违约行为，既约定违约金，也约定定金，在一方违约时，对方要求违约金与定金条款并用。一般说来，选择适用违约金条款或者定金条款，就可以达到弥补因违约受到损失的目的。违约金相当于一方因对方违约所造成的损失，而且根据本法 585 条第 2 款的规定，约定的违约金低于造成的损失的，人民法院或者仲裁机构可以根据当事人的请求予以增加；约定的违约金过分高于造成的损失的，人民法院或者仲裁机构可以根据当事人的请求予以适当减少。这样，守约方根据违约金条款，就可以补偿自己因对方违约所造成的损失。当然，在定金条款对守约方有利时，守约方也可以适用定金条款，按照定金罚则弥补自己的损失。赋予守约方适用选择权，能够起到保障其合同利益，补救其违约损失的作用。但如果允许守约方并用违约金和定金条款，其一是对补偿守约方遭受的损失并无必要，其二是违约金与定金并用，两者指向的是同一损失，其数额可能远远高于因违约所造成的损失，既加重了对违约方的惩罚，也可能使守约方获得的补偿高于其所受的损失，而使得守约方双重获益，这与合同的公平原则相悖。因此，本条规定合同当事人选择适用违约金条款或者定金条款，是必要的，也是合理的。

本条第 2 款规定了定金和法定赔偿损失之间的适用关系。与违约金不同，定金的数额不得超过主合同标的额的 20%，但是，违约行为造成的损失可能会超过适用定金罚则之后的数额；并且，对于违约金，本法 585 条第 2 款规定了司法酌增的规则，而对于定金并未明确规定类似规则。因此，本款规定，定金不足以弥补一方违约造成的损失的，对方可以请求赔偿超过定金数额的损失。据此，约定的定金不足以弥补一方违约造成的损失的，守约方既可以请求定金，同时也可以就超过定金数额的部分请求法定的赔偿损失，此时，定金和损失赔偿的数额总和不会高于因违约造成的损失。这既有助于对守约方利益的充分保护，又避免了守约方获得超过其损失的利益。

第五百八十九条 债务人按照约定履行债务，债权人无正当理由拒绝受领的，债务人可以请求债权人赔偿增加的费用。

在债权人受领迟延期间，债务人无须支付利息。

◆ 条文主旨

本条是关于债权人无正当理由拒绝受领的法律后果的规定。

◆ 立法背景

立法过程中，有意见提出，债权人无正当理由拒绝受领，会给债务人增加不利，应当对此作出明确规定。经研究，为了保护债务人利益，参考比较立法例，增加了本条规定。

◆ 条文解读

债权人无正当理由拒绝受领，是指债务人按照约定履行了债务或者提出了履行债务的请求，债权人无理由地不予受领或者协助。债权人无正当理由拒绝受领，构成的要件包括：(1) 债务人按照约定现实履行了债务，或者提出了履行债务的请求，即债务人已经现实提出或者言辞提出。但是，如果债权人预先表示了拒绝受领的意思，或者给付也同时需要债权人的行为的，债务人可以以准备给付的情事通知债权人，代替提出。这里同样也包括第三人依法有权代债务人履行债务，且债权人无权拒绝的情形。

(2) 债务内容的实现以债权人的受领给付或者其他协助为必要。如果是不需要受领给付或者其他协助的债务，例如不作为债务，就不会产生拒绝受领的问题。(3) 债权人拒绝受领，这里的拒绝受领是广义的，即不受领，包括了迟延受领或者明确以自己的行为表明拒绝受领等情形。例如，应在债务人一方所在地履行的债务，债务人按照约定把受领给付的时间和地点通知债权人，债权人没有在债务人所在地出现以受领给付；甲乙约定由甲到乙家里为其提供辅导，甲按时到达，但乙却外出旅游不归。(4) 债权人无正当理由。债权人拒绝的正当理由，例如，债务人交付的标的物存在严重质量问题、迟延交付或者有其他违约行为，致使不能实现合同目的。但是，如果债务人履行的瑕疵仅仅是非常轻微的，这不构成债权人拒绝受领的正当理由。据此，本法也明确规定了一些具体情形。例如，第 610 条规定，因标的物不符合质量要求，致使不能实现合同目的的，买受人可以拒绝接受标的物或者解除合同。第 629 条规定，出卖人多交标的物的，买受人可以接收或者拒绝接收多交的部分。第 740 条第 1 款规定，出卖人违反向承租人交付标的物的义务，有下列情形之一的，承租人可以拒绝受领出卖人向其交付的标的物：(一) 标的物严重不符合约定；(二) 未按照约定交付标的物，经承租人或者出租人催告后在合理期限内仍未交付。

应当注意的是，本法第 530 条第 1 款规定，债权人可以拒绝债务人提前履行债务，但是提前履行不损害债权人利益的除外；第 531 条第 1 款规定，债权人可以拒绝债务人部分履行债务，但是部分履行不损害债权人利益的除外。对于提前履行和部分履行不损害债权人利益的，债权人无权拒绝受领，但是，债务人必须在合理期间前通知债权人，突然的、未提前通知债权人的提前履行或者部分履行，应被认为损害了债权人利益，债权人可以拒绝，就一时不能受领的情事，不构成拒绝受领。同时，本法第 511 条第 4 项规定，履行期限不明确的，债务人可以随时履行，债权人也可以随时请求履行，但是应当给对方必要的准备时间。因此，对未约定履行期限也无法确定履行期限的债务，债务人应当提前合理的时间通知，在必要的准备时间届满后，债权人不受领的，才构成拒绝受领。债权人有正当理由拒绝受领的，也应当根据诚信原则，及时通知债务人。

债权人无正当理由拒绝受领，不影响债务人的给付义务，并不会使得债务人的给付义务消灭。但是，债权人受领债务人的履行，是受领人的权利，但其无正当理由不受领，会导致债务人的利益受损，因此其也是债权人的义务，但是该义务的违反一般不会导致债权人的违约责任，而一般导致减轻债务人的负担或者责任，或者使得债权人负担增加的费用等相应的不利后果，可被认为是不真正义务，除非法律另有规定或者当事人另有约定。本条第 1 款即规定，债权人无正当理由拒绝受领的，对于由此给债务人增加的费用，债务人可以请求债权人赔偿。所谓给债务人增加的费用，包括：（1）债务人提出给付的费用，例如，货物往返运送的费用、履行债务所支付的交通费用、通知费用等；（2）保管给付物的必要费用；（3）其他费用，例如对不宜保存的标的物的处理费用。同时，本条第 2 款规定，在债权人受领迟延期间，债务人无须支付利息。

应当指出的是，债权人无正当理由拒绝受领，除了本条规定的法律后果之外，还可能具有其他法律后果，包括：（1）债务人应当返还由标的物所产生的孳息或者偿还其价金的，在债权人受领迟延中，债务人仅以已收取的孳息为限负返还责任。（2）债务人责任减轻。债务人在债权人受领迟延期间，不能简单地抛弃给付物，而负有保管给付物的义务，这类似于无偿保管合同，参照适用本法第 897 条规定："保管期内，因保管人保管不善造成保管物毁损、灭失的，保管人应当承担赔偿责任。但是，无偿保管人证明自己没有故意或者重大过失的，不承担赔偿责任。"据此，在债权人受领迟延期间，债务人仅就故意或者重大过失而承担责任。（3）债务人提存。债权人受领迟延，导致债务人难以履行债务的，债务人有权依据本法第 570 条的规定，将标的物提存。（4）对债权人的其他不利后果。例如，本法第 608 条规定，出卖人按照约定或者依据本法第 603 条第 2 款第 2 项的规定将标的物置于交付地点，买受人违反约定没有收取的，标的物毁损、灭失的风险自违反约定时起由买受人承担。

第五百九十条 当事人一方因不可抗力不能履行合同的，根据不可抗力的影响，部分或者全部免除责任，但是法律另有规定的除外。因不可抗力不能履行合同的，应当及时通知对方，以减轻可能给对方造成的损失，并应当在合理期限内提供证明。

当事人迟延履行后发生不可抗力的，不免除其违约责任。

◆ **条文主旨**

本条是关于不可抗力后果的规定。

◆ **立法背景**

本条整合自《合同法》第 117 条和第 118 条，表述更加简洁。

◆ **条文解读**

不可抗力是独立于人的行为之外，不受当事人意志所支配的现象，是人力所不可抗拒的力量。行为人完全因为不可抗力不能履行合同，如果让行为人对自己无法控制的情形承担责任，对行为人来说是不公平的。因此，很多国家和地区、国际性合同文件都将不可抗力作为免除行为人违约责任的事由予以规定，如《联合国国际货物销售合同公约》第79条、《国际商事合同通则》第7.1.7条、《欧洲合同法原则》第8：108条。据此，本条第1款首先规定了当事人一方因不可抗力不能履行合同的，根据不可抗力的影响，部分或者全部免除责任，但是法律另有规定的除外。这与本法第180条第1款的规定是相同的，即“因不可抗力不能履行民事义务的，不承担民事责任。法律另有规定的，依照其规定”。本法在一些典型合同中也对此明确规定。比如，在货运合同中，本法第832条规定：“承运人对运输过程中货物的毁损、灭失承担赔偿责任。但是，承运人证明货物的毁损、灭失是因不可抗力、货物本身的自然性质或者合理损耗以及托运人、收货人的过错造成的，不承担赔偿责任。”

据此，存在以下要求：（1）发生了不可抗力的事件。各国立法对不可抗力概念的规定不尽相同，理论界、实务界对不可抗力的理解也莫衷一是。概括起来有“客观说”“主观说”和“折中说”。“客观说”强调不能避免并不能抗拒的客观情况。“主观说”强调当事人虽尽最大努力仍不能预见的客观情况。“折中说”强调当事人尽最大谨慎也不能预见、不能防止的事件为不可抗力。本法第180条第2款规定，不可抗力是不能预见、不能避免且不能克服的客观情况。“不能预见”，应是根据现有的技术水平，一般对某事件的发生没有预知能力。人们对某事件的发生的预知能力取决于当代的科学技术水平。某些事件的发生，在过去不可预见，但随着科学技术水平的发展，现在就可以预见。例如，现在对天气预报的准确率已达到了百分之九十以上，人们对狂风暴雨的规避能力已大大提高。“不能避免且不能克服”，应是指当事人已经尽到最大努力和采取一切可以采取的措施，仍不能避免某种事件的发生并不能克服事件所造成的后果。“不能避免且不能克服”表明某个事件的发生和事件所造成的后果具有必然性。(2) 债务人因不可抗力事件的发生不能履行合同。不可抗力事件的发生，对合同履行造成的影响是不同的，可能是对主体、履行期限的影响；可能是对合同标的物的影响，如租赁的房屋、场所无法经营；可能是对合同履行方式的影响；可能是导致全部不能履行或者部分不能履行；可能是导致一时不能履行或者永久不能履行。不可抗力事件的发生必须要导致债务人不能履行合同，不能履行合同义务并非狭义的履行不能情形，而是包括所有不履行合同义务或者履行合同义务不符合约定的情形。

在符合上述两个条件下，所产生的法律后果上，要根据不可抗力的影响，部分或者全部免除债务人的责任。首先要注意的是，应当根据不可抗力对合同履行的具体影响，判断免责的范围和程度。在有些情况下，不可抗力会导致债务根本无法履行；但有时，不可抗力仅仅会导致迟延履行。如果不可抗力仅仅是暂时的，因此仅会导致迟延履行，则只能在不可抗力存续期间以及可能的合理期间内发生免责效力；但是，如果迟延履行构成了根本违约的，则对债权人而言，可以依法解除合同。例如，甲对乙负有铺设经过某地区的天然气管道的义务，但根据天气情况，从 11 月 1 日到 3 月 31 日通常无法开展工作，合同约定的完工时间是 10 月 31 日，甲本来能够按期完工，但该地区 10 月 1 日发生疫情采取停工的管制措施，直到 11 月 30 日管制措施才结束，在这期间甲无法工作，并只能到第二年 4 月 1 日才能复工，此时，不仅应当免除不可抗力存续期间甲的责任，也应当免除管制措施结束后至第二年 3 月 31 日期间甲的责任。另外，所能免除的是债务人的违约责任，但不妨碍当事人享有的解除权、履行抗辩权或者对应付款项支付利息的权利。同时，在买卖合同中，因不可抗力影响而免除债务人责任的，就债权人对债务人负有的对待给付义务，可以适用本法第 604 条以下的关于风险负担的条文解决。

最后，要注意法律的特别规定。通常情况下，因不可抗力不能履行民事合同的，根据不可抗力的影响，部分或者全部免除责任。但法律规定因不可抗力不能履行合同，也要承担责任的，则需要依法承担责任。故本条第 1 款规定了“但是法律另有规定的除外”。具体什么情况下应承担民事责任、承担责任的程度如何等要依照法律的规定确定。例如，根据《邮政法》第 48 条的规定，因不可抗力造成的给据邮件损失，邮政企业不承担赔偿责任，但因不可抗力造成的保价的给据邮件的损失除外。再如，《民用航空法》第 124 条规定，因发生在民用航空器上或者在旅客上、下民用航空器过程中的事件，造成旅客人身伤亡的，承运人应当承担责任；但是，旅客的人身伤亡完全是由于旅客本人的健康状况造成的，承运人不承担责任。该事件包括因承运人过错而发生的事故，也包含与承运人无关的不可抗力，只要造成了旅客人身伤亡，承运人即要承担违约的民事责任。

本条第 1 款第 2 句规定，因不可抗力不能履行合同的，应当及时通知对方，以减轻可能给对方造成的损失，并应当在合理期限内提供证明。这意味着，根据诚信原则，债务人有义务在合理的期间内就不可抗力的发生以及对债务履行的影响，通知债权人，以使得债权人能够采取措施减轻其可能遭受的损失。债务人应当在其可以合理地获知不可抗力对债务履行的影响后，及时地通知债权人；同时，债务人应当在合理期限内提供证明，毕竟不可抗力可能是区域性的，因此债权人可能无法合理获知不可抗力的发生，并且债权人也可能无法合理确定不可抗力对债务履行的影响。

至于多长时间才是及时或者在合理期限内的，则由人民法院或者仲裁机构依据具体的情况予以判断。如果债务人违反了上述义务，就债权人未获知而遭受的额外损失，债务人不应当因不可抗力而免责，仍然应当对债权人负有赔偿损失的责任。

本条第 2 款规定，当事人迟延履行后发生不可抗力的，不免除其违约责任。如果债务人没有迟延履行，则不可抗力的发生就不会导致债务的不能履行进而发生损害，因此债务人的迟延履行与债权人的损害之间具有因果关系，债务人应当就不可抗力负责。但是，如果债务人能够证明，即使其不迟延履行，仍不免发生债务的不能履行进而发生损害的，则债务人应当能够免责，此时债务人的迟延履行和债务的不能履行进而发生损害之间不存在因果关系。

第五百九十一条 当事人一方违约后，对方应当采取适当措施防止损失的扩大；没有采取适当措施致使损失扩大的，不得就扩大的损失请求赔偿。

当事人因防止损失扩大而支出的合理费用，由违约方负担。

◆ 条文主旨

本条是关于债权人防止损失扩大的减损义务的规定。

◆ 立法背景

本条来自《合同法》第 119 条，理论与实践中争议较小，未予修改。

◆ 条文解读

债务人违约的，债权人不能无动于衷，任凭损失的扩大，而应当积极采取适当的措施，防止损失的扩大，这样有助于激励债权人采取措施减少损失，有助于增进整体效益。据此，本条第1款首先规定，当事人一方违约后，对方应当采取适当措施防止损失的扩大。但是，债权人负有的减损义务是一种强度较低的义务，学说上称之为不真正义务，债权人违反减损义务的，债务人不得请求债权人承担责任，而仅仅发生债权人利益的减损，即其不得就因违反减损义务而扩大的损失请求债务人赔偿。例如，甲将一个建设工程发包给乙，乙无正当理由停工，甲寻找另外一方完成工程建设，但却没有采取任何措施保护工地上还未建好的工程，使得该工程状况因恶劣天气而进一步恶化，甲不能就因工程进一步恶化而扩大的损失请求乙赔偿。

本条第1款进一步规定，没有采取适当措施致使损失扩大的，不得就扩大的损失请求赔偿。适用的前提包括：（1）债务人违反义务导致损失的发生；（2）债权人没有采取适当措施，以限制损失的程度加深或者避免损失的增加；（3）发生的损失扩大；（4）债权人未采取适当措施与损失的扩大具有因果关系。关键就是债权人是否采取了防止损失扩大的适当措施。措施是否适当，主要考虑债权人是否按照诚信原则的要求尽自己的努力采取措施避免损失扩大，如果采取的措施将严重损害债权人自身的利益，或者有悖于商业道德，或者所支付的代价过高，不应认为债权人未采取适当的措施。措施适当还要考虑采取措施的期限是否合理。债权人所采取的适当措施根据具体的情形可能有不同的措施。例如：（1）债权人停止进一步履行。（2）合理的替代交易。债权人能够在合理期限内以合理的方式进行替代交易的，应当采取此种替代交易避免损失扩大。债权人本可无需付出重大努力或花费高额费用即可进行合理的替代交易，而仍然坚持不合理的实际履行的，不得要求债务人赔偿因此而增加的损失。（3）接受债务人变更合同的合理要约，此时要注意斟酌考虑合同的性质、变更的程度以及要约的合理性等因素。

本条第 2 款规定，当事人因防止损失扩大而支出的合理费用，由违约方负担。需要注意的是，违约方负担该费用的前提是，该费用是债权人因为防止损失扩大而支出的，并且根据当时情况是合理的。

第五百九十二条　当事人都违反合同的，应当各自承担相应的责任。

当事人一方违约造成对方损失，对方对损失的发生有过错的，可以减少相应的损失赔偿额。

◆ 条文主旨

本条是关于双方违约和与有过错的规定。

◆ 立法背景

本条第 1 款源自《合同法》第 120 条，未予修改。第 2 款源自于《最高人民法院关于审理买卖合同纠纷案件适用法律问题的解释》第 30 条。

◆ 条文解读

本条第 1 款规定了双方违约。违约可以区分为单方违约和双方违约。仅当事人一方违约的，称为单方违约；双方当事人都违约的，称为双方违约。在双务合同中，有些合同义务是彼此独立的，不具有牵连性和对价性，因此，双方违反这些相互独立的合同义务是可能的，并且不成立双务合同的履行抗辩权。在双方各自违反了相互独立的合同义务时，实际上是两个独立的违约行为，因此各自都要向对方承担相应的违约责任。据此，本条第 1 款规定，当事人都违反合同的，应当各自承担相应的责任。

本条第 2 款规定了与有过错。与有过错，又称为过错相抵、混合过错，指受损害一方对于损害结果的发生存在过错的，在计算损失赔偿额时应当予以相应减少。例如，甲从乙那里购买了一辆汽车，之后甲驾驶汽车运载超重货物，由于钢圈破碎导致翻车。交通事故处理部分认定汽车质量不合格是导致事故的主要原因，但甲超重行驶也是造成事故的原因之一。此时，根据本款，就可以减少乙对甲的损失赔偿数额。

立法过程中有观点认为，我国合同法中违约责任采取无过错归责原则，规定与有过错将与无过错的归责原则相矛盾。经研究认为，违约责任采取无过错归责原则，仅仅是不依据违约方是否具有过错使得违约方承担违约责任，但与有过错解决的是对方的过错导致损失发生时，是否能够减少违约方的损失赔偿额，与无过错归责原则之间并不矛盾。一些同样对违约责任采取无过错归责的国际性文件也规定了与有过错。例如，《国际商事合同通则》第 7.4.7 条规定，如果损害部分归咎于受损害方的作为或不作为，或是由该方当事人承担风险的其他事件所导致，在考虑到各方当事人行为的情况下，损害赔偿金额应扣除因上述因素导致的损害部分。我国一些法律对与有过错也有规定。例如，《民用航空法》第 127 条中规定，在旅客、行李运输过程中，经承运人证明，损失是由索赔人的过错造成或者促成的，应当根据造成或者促成此种损失的过错程度，相应免除或者减轻承运人的责任；在货物运输中，经承运人证明，损失是由索赔人的过错造成或者促成的，应当根据造成或者促成此种损失的过错程度，相应免除或者减轻承运人的责任。本法中，采取无过错归责的一些侵权责任也明确规定与有过错的适用，虽然往往将受害人的过错限制在一定范围内。例如，第 1245 条规定，饲养的动物造成他人损害的，动物饲养人或者管理人应当承担侵权责任；但是，能够证明损害是因被侵权人故意或者重大过失造成的，可以不承担或者减轻责任。第 1246 条规定，违反管理规定，未对动物采取安全措施造成他人损害的，动物饲养人或者管理人应当承担侵权责任；但是，能够证明损害是因被侵权人故意造成的，可以减轻责任。同时，与有过错规则也已经在司法实践中适用，且实践效果较为理想，符合公平原则，避免债权人对因自己过错导致发生的损失的部分获得赔偿，有助于双方共同努力避免损失的发生。因此，本款明确规定了与有过错规则。

与有过错与双方违约不同，与有过错中，仅发生一个损害，只是对该损害的发生，债权人也有过错；而在双方违约的情形，双方都违反了相互独立的合同义务，故存在两个违约行为，由此发生两个损害。与有过错与本法第 591 条规定的减损义务也有不同。理论中，有的将减损义务作为与有过错的一种，有的将两者分开。本法分别规定了与有过错和减损义务，其区分是根据时间阶段，与有过错解决的是损失发生的阶段，而减损规则解决的是损失扩大的阶段，因此两者发挥作用的场合是不同的。

与有过错适用的前提是：（1）债权人因债务人违约遭受损失。（2）债务人的违约行为导致了损失的发生，但是，债权人的过错也是导致损失发生的原因。如果是完全因为债权人的原因导致债务人无法履行债务，则债权人不得主张债务人违约。例如，甲向乙购买古董花瓶，双方约定签订完合同之后过一段时间再交付，交付期限届至前，甲到乙那里欣赏花瓶，但甲失手打碎了该花瓶，此时甲不得主张乙构成违约。同样，在承揽合同中，如果完全是因为定作人提供材料或者指示导致最终的工作成果存在瑕疵，承揽人在发现后已经及时通知了定作人，但定作人无视，此时定作人也无权请求承揽人承担违约责任。(3) 债权人具有过错。此处并非固有意义上的过错，而是属于“自己对自己的过错”，这可能是因债权人自身的行为部分导致了损害的发生。例如，债权人给了运输者一个错误的地址，或者债权人未能够给瑕疵机器的制造者给予所有必要的指导，这部分导致了债务人的违约进而导致损失的发生。也可能是因为由其承担风险的其他事件部分导致了损害的发生，这些事件包括债权人应对之负责的工作人员等第三人的作为和不作为。与有过错适用的法律后果是，扣减债务人相应的损失赔偿额。具体扣减的数额要综合考虑当事人的过错程度、原因力的强弱等因素。

应当注意的是，在有些情形中，即使债权人对损害的发生也有过错，但因造成损失的风险本身就在债务人所负义务的涵盖范围内时，一般不能以与有过错为由减少债务人的损失赔偿额。例如，某工厂为稳定工厂机器运行时的电压，避免过载导致损失，专门找承揽人设置了电压过载保护装置等，但由于机器过载且电压过载保护装置存在质量问题，导致损失发生，此时并不能扣减损失赔偿额。再如，出卖人卖给买受人一辆机动车，该车的安全气囊存在质量问题，买受人交通违章时，气囊无法打开，导致买受人损失，同样不能因为买受人的交通违章减少损失赔偿额。在这两种情形中，电压过载保护装置和安全气囊本来就是为了避免对方所遭受损失的发生，因此这相当于双方特别约定避免该类损失属于债务人所负有的特别担保义务范围，此时不应因债权人对损失的发生具有过错而减少损失赔偿数额。

另外，在一些情形中，法律还特别规定，受害人一定程度的过错构成免责事由。例如，本法第 823 条第 1 款规定，承运人应当对运输过程中旅客的伤亡承担赔偿责任；但是，伤亡是旅客自身健康原因造成的或者承运人证明伤亡是旅客故意、重大过失造成的除外。第 832 条规定，承运人对运输过程中货物的毁损、灭失承担赔偿责任，但是承运人证明货物的毁损、灭失是因不可抗力、货物本身的自然性质或者合理损耗以及托运人、收货人的过错造成的，不承担赔偿责任。

第五百九十三条　当事人一方因第三人的原因造成违约的，应当依法向对方承担违约责任。当事人一方和第三人之间的纠纷，依照法律规定或者按照约定处理。

◆ 条文主旨

本条是关于因第三人原因造成违约的规定。

◆ 立法背景

本条来自《合同法》第 121 条，因理论和实践中争议较小，仅在表述上添加“依法”二字，以强调依据本法第 577 条的规定，即当事人一方不履行合同义务或者履行合同义务不符合约定的，应当承担继续履行、采取补救措施或者赔偿损失等违约责任。

◆ 条文解读

因第三人原因造成的违约，如第三人迟延交货造成一方当事人迟延履行，基于合同的相对性，此时一般应当由债务人向债权人承担违约责任。其原因在于，随着社会分工的发展，市场分工越来越细致，合同的履行往往需要借助第三人协助，将履行工序分解，或者债务人从第三人那里筹措，以降低成本。但是，对于债权人而言，除了一些特殊的合同之外，其一般无法也无必要对此预计和控制，债权人的地位不应当因为债务人是否将履约委托给第三人或者债务人本应负责的筹措而受到影响，债务人必须承担所产生的后果。因此，债务人对因该第三人的原因造成的违约承担责任，排除债务人以违约是因第三人原因造成的作为免责事由的抗辩，这有助于保护债权人的合理期待，进而保障交易的安全。至于债务人和第三人之间的纠纷，依照法律规定或者债务人与第三人之间的约定处理。

但是，本法对违约责任实行无过错责任原则，如果当事人一方因第三人的原因造成违约的，不管第三人原因的具体情况如何，都应当向对方承担违约责任，则由于实践中当事人一方因第三人原因造成违约的情况较为复杂，一概要求当事人一方承担违约责任，可能对其过于严苛。例如，演员甲按照约定赶赴剧场演出途中，被第三人驾车撞成重伤而无法演出，经事故认定，该第三人负全责，此时让甲承担责任似乎是不妥当的。因此，在合同法规则的基础上，本法对因第三人原因造成违约所应承担的违约责任作了适当限缩，给司法实践留下空间，将《合同法》第121条中“应当向对方承担违约责任”修改为“应当依法向对方承担违约责任”。

所谓“依法”，是指依据本法第577条的规定，即当事人一方不履行合同义务或者履行合同义务不符合约定的，应当承担继续履行、采取补救措施或者赔偿损失等违约责任。据此，债务人因第三人的原因违约而向债权人承担违约责任的前提是，债务人因第三人的原因违反了合同义务而构成违约。在此，应当通过对合同义务的实质性确定来判断债务人是否违反了合同义务，即防止因第三人原因造成违约，是否以及在多大程度上属于债务人应当承担的合同义务范围。一般而言，因第三人的原因造成债务人违约而应当由债务人向债权人承担违约责任的，主要包括但并不限于以下第三人：

1. 履行辅助人

履行辅助人，即法定代理人和根据债务人的意思事实上从事债务履行的使用人。使用人包括委托代理人或者意定代理人，以及债务人为履行债务而与之订立合同的第三人，如运输人、协助支付货款的银行、完成承揽辅助工作的分包人，以及与旅游经营者存在合同关系、协助旅游经营者履行义务而实际提供交通、游览、住宿、餐饮、娱乐等旅游服务的人等。债务人的法定代表人并非履行辅助人，法定代表人的行为就是债务人自身的行为。《德国民法典》第278条、《瑞士债务法》第101条、我国台湾地区“民法”第224条、《联合国国际货物销售合同公约》第79条第2款对此作出了明确规定。《旅游法》第111条第6项也对此作出了规定，即履行辅助人，是指与旅行社存在合同关系，协助其履行包价旅游合同义务，实际提供相关服务的法人或者自然人。此时，债务人利用履行辅助人扩张自己的活动领域获得利益，也应当负担相应的风险；并且，较之债权人，债务人对履行辅助人造成违约的风险更具有预见可能性，且更容易采取保险等风险预防措施，事后的救济成本也更低，债权人不应当因债务人是否起用履行辅助人而受到影响。因此，防止因履行辅助人原因造成违约，属于债务人应当承担的合同义务范围。此时，只要因履行辅助人原因造成违约，债务人就应当向债权人承担违约责任，并且，由于一般适用无过错归责，此时无需考虑履行辅助人是否有过错，也无需考虑债务人是否具有选任或者监督的过错。

2. 与债务人有其他合同关系的第三人

该类第三人主要包括原材料供应人、配件供应人、产品制造人、产品上游供应商、次承租人等。对这类第三人，债务人比债权人具有更强的风险预知可能性、控制可能性和更低的救济成本，因此，因该类第三人原因造成违约的，债务人通常应当向债权人承担违约责任。

3. 债务人一方的上级机关

《民法通则》第116条规定，当事人一方由于上级机关的原因，不能履行合同义务的，应当按照合同约定向另一方赔偿损失或者采取其他补救措施，再由上级机关对它因此受到的损失负责处理。虽然民法通则随着本法的生效而被废止，但这一规则背后的考量也可以纳入到本条的适用之中。

据此，本法在一些典型合同中明确规定了一些具体情形。例如，第716条第1款规定："承租人经出租人同意，可以将租赁物转租给第三人。承租人转租的，承租人与出租人之间的租赁合同继续有效；第三人造成租赁物损失的，承租人应当赔偿损失。"第773条规定："承揽人可以将其承揽的辅助工作交由第三人完成。承揽人将其承揽的辅助工作交由第三人完成的，应当就该第三人完成的工作成果向定作人负责。"第894条第2款规定："保管人违反前款规定，将保管物转交第三人保管，造成保管物损失的，应当承担赔偿责任。"第941条第1款规定："物业服务人将物业服务区域内的部分专项服务事项委托给专业性服务组织或者其他第三人的，应当就该部分专项服务事项向业主负责。"第958条第2款规定："第三人不履行义务致使委托人受到损害的，行纪人应当承担赔偿责任，但是行纪人与委托人另有约定的除外。"其他法律对此也有明确的特别规定，例如《旅游法》第71条第1款规定："由于地接社、履行辅助人的原因导致违约的，由组团社承担责任；组团社承担责任后可以向地接社、履行辅助人追偿。"同时，这也意味着，在一些类型的案件中，并不能适用本条解决。例如，第三人复制银行卡或者存折，银行未尽到审核义务而付款。此时第三人与银行之间并无关系，故此类案例不能通过本条予以解决。

应当注意的是，如果第三人原因构成了本法第 180 条第 2 款规定的不可抗力，即不能预见、不能避免且不能克服的客观情况，这就不属于债务人应当承担的合同义务范围，则可以适用本法第 590 条第 1 款的规定，根据不可抗力的影响部分或者全部免除债务人的违约责任。同时，如果违约责任依据法律的特别规定采取过错归责的，可以将第三人原因纳入债务人是否具有过错中予以考量。

依据本条，债务人因第三人的原因造成违约时，债务人应当依法向债权人承担违约责任。这同时意味着，债务人应当对债权人承担违约责任的，原则上仅由债务人对债权人承担责任，但法律有特别规定第三人也应对债权人承担责任的，或者特别规定债务人不承担责任的，依照该特别规定。例如，本法第 791 条第 2 款规定：“总承包人或者勘察、设计、施工承包人经发包人同意，可以将自己承包的部分工作交由第三人完成。第三人就其完成的工作成果与总承包人或者勘察、设计、施工承包人向发包人承担连带责任。……”第 834 条规定：“两个以上承运人以同一运输方式联运的，与托运人订立合同的承运人应当对全程运输承担责任；损失发生在某一运输区段的，与托运人订立合同的承运人和该区段的承运人承担连带责任。”《旅游法》第 71 条第 2 款规定：“由于地接社、履行辅助人的原因造成旅游者人身损害、财产损失的，旅游者可以要求地接社、履行辅助人承担赔偿责任，也可以要求组团社承担赔偿责任；组团社承担责任后可以向地接社、履行辅助人追偿。但是，由于公共交通经营者的原因造成旅游者人身损害、财产损失的，由公共交通经营者依法承担赔偿责任，旅行社应当协助旅游者向公共交通经营者索赔。”《消费者权益保护法》第 40 条第 2 款规定：“消费者或者其他受害人因商品缺陷造成人身、财产损害的，可以向销售者要求赔偿，也可以向生产者要求赔偿。属于生产者责任的，销售者赔偿后，有权向生产者追偿。

属于销售者责任的，生产者赔偿后，有权向销售者追偿。”

还应当指出的是，本条与本法第1198条第2款关于安全保障义务的规定，在适用时应当予以协调。本法第1198条第2款规定：“因第三人的行为造成他人损害的，由第三人承担侵权责任；经营者、管理者或者组织者未尽到安全保障义务的，承担相应的补充责任。经营者、管理者或者组织者承担补充责任后，可以向第三人追偿。”依据本条规定，债务人承担违约责任，而依据第1198条第2款，安全保障义务人承担相应的补充责任，法律后果截然不同。一般而言，这两个规定中的“第三人”有所不同。本条规定的“第三人”主要如上述，而安全保障义务之中的第三人则主要指与安全保障义务人并无关系的第三人。例如，旅游经营者在旅游地委托独立的车队提供交通服务，但因为车队驾驶员的原因导致翻车，造成旅游者损害，此时就不能适用第1198条第2款，而应适用本条规定。但是，如果旅游者在随队旅游过程中，在景区门口因买食物发生口角，而被当地的小商贩打伤，旅游经营者是否以及如何承担责任，则应当依据安全保障义务的规则予以判断。如果不予区分不同情形中的第三人，过分扩大地理解本条规定中的“第三人”，将无限制扩大安全保障义务的范围，架空本法关于安全保障义务的规则。

第五百九十四条 因国际货物买卖合同和技术进出口合同争议提起诉讼或者申请仲裁的时效期间为四年。

◆ 条文主旨

本条是关于国际货物买卖合同和技术进出口合同争议的时效期间的规定。

◆ 条文解读

本法第 188 条第 1 款规定："向人民法院请求保护民事权利的诉讼时效期间为三年。法律另有规定的，依照其规定。"第 198 条规定："法律对仲裁时效有规定的，依照其规定；没有规定的，适用诉讼时效的规定。"本条规定的提起诉讼或者仲裁的 4 年时效期间，只适用于因国际货物买卖合同和技术进出口合同发生的争议。其他合同争议提起诉讼或者申请仲裁的期限，不适用本条规定，依照其他有关的规定；法律无其他特别规定的，适用本法第 188 条第 1 款的规定，时效期间为 3 年。

本条仅规定了特别的时效期间，关于时效期间的起算、届满后的效力、时效的中止、时效的中断等，在法律无其他特别规定的情况下，适用本法第 188 条以下关于诉讼时效的一般规定。

第二分编 典型合同

本分编共十九章，对十九种典型合同作了规定。

一、命名典型合同的考虑

本分编命名为“典型合同”，原为合同法中的分则，即规定具体的合同类型。将本分编称为“典型合同”，主要有三个考虑：一是“有名合同”的称谓并不十分精确。有名合同通常是指法律上对其类型、内容都作出了明确规定的合同，与其相对应的叫无名合同。无名合同是指法律上尚未确定其名称与规则的合同，但客观上其是有名称的。比如借用合同，虽然在我国的合同法中没有规定，但是其客观上是有名称的。二是“典型合同”的称谓更具合理性和包容性。在法律上作具体规定的合同为典型合同，未作规定的为非典型合同，这与人们的直觉相符；尽管与域外民法典规定的具体合同有别，但由于生活方式和交易模式的不同，典型合同的类型存在差异是在所难免的，不会给人们的认知带来麻烦。三是不同于域外通常将本部分称为“各种债务关系”“债法分则”或者“各种之债”，本分编并无规定无因管理和不当得利等法定之债的内容，纯粹规定具体的合同类型，另由第三分编“准合同”规定无因管理和不当得利的具体内容。

二、增加典型合同的理由

在本法的编纂过程中，不少意见要求增加规定典型合同的类型，主要有保证合同、保理合同、物业服务合同、合伙合同、旅游合同、保险合同、劳务合同、互联网合同、服务合同、特许经营合同、快递合同、信用卡合同等。经研究，相比较于合同法规定的典型合同类型，最终增加了4类合同，分别为保证合同、保理合同、物业服务合同和合伙合同，加上原有的15类合同，典型合同分编共规定了19类典型合同。之所以增加上述4类合同，主要基于4个理由：一是问题导向性；二是编纂衔接性；三是适用普遍性；四是规则的可抽象性。所谓问题导向性，是指问题突出紧迫、规则特殊复杂，没有办法被其他典型合同的规则所涵盖，急需法律作出规定，如增加的保理合同就是这种情况。所谓编纂衔接性，意指典型合同的增加必须与相关规定和法律相协调。比如，之所以加上保证合同和合伙合同，是因为民法典施行后担保法和民法通则将被废止，保证合同和个人合伙的相关问题若不作规定，将会处于无法可依的状态；而之所以不加旅游合同和保险合同，是因为旅游法和保险法对该两类合同已作出规定，没有必要重复立法。所谓适用普遍性，主要是指在人们的日常生活中普遍适用，具有相当的典型性，作出规定可以在相当大的范围内，既可提供行为规则又可提供裁判规则，物业服务合同就符合这个特征。所谓规则的可抽象性，是指在立法过程中能够概括出特殊的规则，不能够泛泛而谈，比如互联网合同，由于涉及各种类型的合同，在其中无法抽取出抽象的共同规则，无法作为一个具体合同作出规定。

三、编排典型合同的逻辑

在本法编纂过程中，对于典型合同的编排体例问题，有意见提出要求重新梳理。经研究，编纂民法典的主要指导思想是在没有充分理由的情况下，尽量不改变现行法的顺序和结构。因此，典型合同分编仍然按照合同法的逻辑未作变动。这样的编排逻辑主要考虑两个因素：一是依据特定交易关系的典型性和频繁性而展开。在市场经济条件下，市场为各种交易提供了平等的平台，但各类交易类型在数量上和频繁程度上并不能等量齐观，这也导致立法过程中在体例安排上有所侧重。例如，将买卖合同置于典型合同之首就是基于这种考虑。二是依据给付标的有逻辑性地加以展开。给付标的基本上可以分为两大类，即物的给付和劳务的提供，以此为内容可以将具体合同类型分为“财产权的移转”和“服务提供”两大类，并据此进行体例编排。另外，考虑到不同类型合同的规范连接和联系紧密度，我们将保证合同、保理合同、物业服务合同置于借款合同、融资租赁合同和委托合同之后规定，同时将合伙合同放在典型合同的最后规定，尽量不破坏合同法分则的逻辑顺序。

第九章　买卖合同

本章共五十三条，系典型合同中条文最多的合同，对买卖合同标的物所有权的转移、标的物的交付和风险承担、买受人检验标的物的期限和效力、分期付款买卖、凭样品买卖、试用买卖等问题作了规定。

第五百九十五条　买卖合同是出卖人转移标的物的所有权于买受人，买受人支付价款的合同。

◆ 条文主旨

本条是关于买卖合同概念的规定。

◆ 立法背景

买卖合同的定义对买卖合同章的内容具有提纲挈领的作用，本条源自《合同法》第130条，未作修改。

◆ 条文解读

买卖合同是出卖人转移买卖标的的所有权于买受人，买受人支付价款的合同。买卖关系的主体是出卖人和买受人。转移买卖标的物的一方为出卖人，也就是卖方；受领买卖标的，支付价款的一方是买受人，也就是买方。买卖合同是最重要的合同之一，其重要之处在于：一是买卖合同为市场经济活动中市场主体经常运用的商品交换的基本和普遍的形式；二是买卖合同是典型的有偿合同，对其他有偿合同具有补充指导作用，当其他有偿合同没有法律规范时，规范买卖合同的法律规范可以参照适用。

1. 买卖合同的法律特征

（1）买卖合同是典型合同。买卖合同是合同法分则中明确规定的合同，因而属于典型合同，即通常所谓的有名合同。买卖合同是最基本的典型合同。

（2）买卖合同是卖方转移财产所有权，买方支付价款的合同。首先，买卖合同是卖方转移财产所有权的合同。卖方不仅要将标的物交付给买方，而且要将标的物的所有权转移给买方。转移所有权，这使买卖合同与一方也要交付标的物的其他合同，如租赁合同、借用合同、保管合同等区分开来。其次，买卖合同是买方应支付价款的合同，并且价款是取得标的物所有权的对价。这又使买卖合同与其他转移财产所有权的合同，如易货交易合同、赠与合同区别开来。

（3）买卖合同是双务合同。出卖人与买受人互为给付，双方都享有一定的权利，又都负有相应的义务。卖方负有交付标的物并转移其所有权于买方的义务，买方也同时负有向卖方支付价款的义务。一方的义务也正是对方的权利。因此，买卖合同是一种典型的双务合同。

（4）买卖合同是有偿合同。出卖人与买受人有对价关系，卖方取得价款是以转移标的物的所有权为代价的，买方取得标的物的所有权是以给付价款为代价的。买卖合同的任何一方从对方取得物质利益，都须向对方付出相应的物质利益。因此，买卖合同是典型的有偿合同。

（5）买卖合同多是诺成合同。一般当事人就买卖达成合意，买卖合同即成立，而不以标的物或者价款的现实交付为成立的要件。这在有的国家的法律中是明确规定的，如《法国民法典》第1583条规定，当事人就标的物及其价金相互同意时，即使标的物尚未交付、价金尚未支付，买卖亦可成立。但是，买卖合同当事人也可以在合同中作出这样的约定，标的物或者价款交付时，买卖合同始为成立。此时的买卖合同即为实践合同或者称要物合同。

（6）买卖合同为要式或者不要式合同，从法律对合同形式的要求区分，既可为要式合同，又可为不要式合同，如房屋买卖需采用书面形式，是要式合同；即时清结买卖为不要式合同，法律对合同的形式一般不作要求。

2. 买卖合同的构成要素

买卖的构成，需要有人、标的、行为三个要素。

人的要素指出卖人和买受人。从民事主体分类的角度而言，自然人、法人或者非法人组织均可以是出卖人或者买受人。

标的的要素指买卖标的物和价款。价款是与买卖标的物对价给付的金钱，价款的给付通常用支付一词。

行为的要素指移转买卖的标的物和支付价款。出卖人应将买卖标的物转移给买受人，买受人向出卖人支付价款。买受人支付价款只能是金钱，不能是货物和其他给付。给付金钱之外的物，为易货交易合同；以劳务为对待给付，为承揽、委托、物业服务等合同，而不是买卖。

3. 买卖合同的种类

买卖合同除可按合同一般标准分类外，依其特点，还可有多种分类。

（1）一般买卖和特种买卖

按照买卖有无特殊的方式，可分为一般买卖和特种买卖。试用买卖、分期付款买卖、凭样品买卖、买回买卖、拍卖、招标投标买卖等通过特殊方式的买卖为特种买卖，除此之外并非通过特殊方式的买卖为一般买卖。

（2）特定物买卖与种类物买卖

按照买卖标的物是特定物还是种类物，可分为特定物买卖和种类物买卖。买卖标的物是特定物的，为特定物买卖。买卖标的物是种类物的，为种类物买卖。特定物买卖有瑕疵的，无法更换；种类物买卖有瑕疵的，可以更换。

（3）批发买卖与零售买卖

按照销售的数量多少可分为批发买卖和零售买卖。批发买卖简称批发，指批量销售。批发可以是批发商将货物销售给另一批发商或者零售商，也可以是批发商或者零售商将货物批量销售给个人或者单位。零售买卖简称零售，指零散销售，是零售商将货物单个、少量销售给个人或者单位。

（4）即时买卖和非即时买卖

按照买卖能否即时清结，可分为即时买卖和非即时买卖。即时买卖指当事人在买卖合同生效时即将买卖标的物与价金对交，即时清结。非即时买卖指当事人在买卖合同生效时非即时清结，待日后履行。

非即时买卖又有预约买卖、赊欠买卖等多种划分。预约买卖指买卖成立时买受人先支付预付款，出卖人日后交付货物的买卖。这种买卖从出卖人角度称预售，从买受人角度称订购。预约买卖同买卖预约不同。预约买卖的买卖关系业已成立，而买卖预约仅是一种预约，买卖合同并未成立，买受人没有支付价金。赊欠买卖指买卖成立时出卖人先交付买卖标的物，买受人日后一次性支付价金的买卖。赊欠买卖从出卖人角度称赊售，从买受人角度称赊购。

（5）一时买卖与连续交易买卖

根据当事人双方的买卖是否以一次完结为标准，可分为一时买卖与连续交易买卖。一时买卖是指当事人双方仅进行一次交易即结束双方之间的买卖关系的买卖，即使双方之间有多次交易，每次交易也都是单独的，而无连续性。连续交易买卖是指当事人双方于一定的期限内，卖方定期或者不定期地供给买方某种物品，买方按照一定标准支付价款的买卖，双方之间的每次交易都是有关联的。

（6）自由买卖与竞价买卖

按照是否采用竞争的方法进行买卖，可分为自由买卖和竞价买卖。未采用竞争方法买卖的，为自由买卖。采用竞争方法买卖的，为竞价买卖，如拍卖。

（7）动产买卖与不动产买卖

根据买卖标的物是动产还是不动产，可以区分为动产买卖和不动产买卖。动产是可以移动或者移动不影响其价值的物；不动产是动产以外的其他实物财产。动产与不动产买卖的主要区别有二：一是所有权移转的方式不同，前者主要通过交付方式，后者通常以登记为移转要件；二是合同的形式要件不同，前者原则上无形式要求，后者依法应采用书面形式。

（8）国内货物买卖与国际货物买卖

根据买卖合同的当事人、标的物所有权是否在不同国家之间转移等的不同，可以区分为国内货物买卖和国际货物买卖。随着我国“一带一路”倡议的不断深入和经济实力的增长，这种分类将更凸显其价值。两种买卖在是否具有涉外因素、适用的法律依据、时效等方面均存在明显差异。

4. 买卖合同的适用范围

买卖合同在各国债法或者合同法中都是作为一种最重要的合同加以规定的。但是，对于买卖合同所调整的范围，却有不同的立法态度。基本说来有以下两种情况：

一是以英美法系国家的买卖法为代表，把买卖合同的调整范围限于货物买卖。卖方的基本义务是向买方转移货物的所有权，买方的基本义务是支付相应的价款。如《美国统一商法典》买卖篇的第 2－102 条规定，该买卖篇原则上适用涉及货物的交易。第 2－105 条对“货物”的基本定义是，除作为支付价款之手段的金钱、投资证券和通过法律程序追索的金钱或者其他动产的权利以外的所有在特定于买卖合同项下时可以移动的物品（包括特别制造的货物）。《英国货物买卖法》的规定与《美国统一商法典》对货物的定义相似。由此可见，这些立法对于买卖标的物的界定甚至将不动产也排除出来。《联合国国际货物销售合同公约》第 2 条采用排除法，将个人消费品、拍卖、国家强制买卖、股票、投资证券、流通票据以及货币的买卖、船舶、气垫船、飞机买卖和电力买卖以外的动产买卖定义为“国际货物买卖”。由此，有的学者就将这些作为动产的货物买卖称为一般买卖，将一般买卖之外的诸如不动产买卖、无体物的买卖、权利买卖包括证券的买卖等归为特殊买卖。

二是以大陆法系的一些国家和地区为代表，将买卖的标的不只限于货物的所有权，还包括其他的财产权利。例如，《日本民法典》第 555 条规定，买卖，因当事人相约，一方移转某财产权于相对人，相对人对之支付价金，而发生效力。我国台湾地区“民法”第 345 条的规定，称买卖者，谓当事人约定一方移转财产权于他方，他方支付价金之契约。我国台湾地区的权威学者也在著述中表明，买卖以财产权转移为目的，包括物及权利。

关于财产权利和无体物等能否成为买卖合同的标的，我国法学界也存在不同的观点。狭义上的观点认为，我国民法理论对于买卖合同的标的物，一般不称财产而称物品，因此，以权利为标的物的合同（如专利权转让合同）和以无体物为标的物的合同

（如供用电合同）不属于买卖合同的范围。广义上的观点认为，买卖合同的标的物应当既有属于财产的物，也有法律允许转让的权利，如知识产权。

在本法编纂过程中，有意见提出应当在买卖合同的定义中加上权利转让的内容。因此，在这里必须明确，民法典合同编在买卖合同这一章对这个问题采取的是什么态度。主张广义买卖合同观点的一个重要理由是在现代社会中，像不动产买卖以及大量的多种形式的权利买卖已经是社会商品交易的重要环节，积极发挥这些商品的巨大价值，对于促进经济的繁荣发展具有重大的意义。这样的认识无疑是正确的。然而，正是由于我国改革的不断深化，社会经济日新月异的发展，使得诸如股票、债券、专利权、商标专用权等这些特殊商品的转让或者说买卖，不但发展迅速，而且逐渐形成一系列特殊的规则。有关货物买卖或者说一般买卖的规定能够适用于各种各样的权利的转让或者买卖的，只能是一些较为原则的规定，具体地，则需要有针对性地专门制定一些更有可操作性的规则。

可以这样来看这个问题，关键的不是一定要明确权利交易、无体物的交易以及不动产的交易是否属于买卖，着眼点应当是我们要采取一个合理的立法方式，把这些应当通过法律调整的关系纳入到一个有效的法律体系之中，使应当发挥的价值得到充分的发挥，应当规范的法律关系得到合理的规范。关于知识产权，我国制定的商标法、专利法、著作权法等法律规定了注册商标、专利权的转让、著作权的许可使用等合同。这些法律对有关合同的规定都很具体，其内容没有必要在民法典合同编中再作规定，有关权利的转让问题可以由这些专门法去规定。其他领域如果经济生活中迫切需要，也可以考虑制定专门法律调整规范这类问题。国外市场经济发达的国家也都有很多针对这些专门领域的权利交易而制定的特别法。1999 年的合同法起草过程中，曾在征求意见稿的买卖合同一章中专门写了一节房屋买卖合同，经过论证认为，这里同样存在大量的专门的、技术性较强的问题，制定专门法律效果较好，因此，在合同法草案中就删去了这一节。但是，有一点必须指出，本法第 646 条规定："法律对其他有偿合同有规定的，依照其规定；没有规定的，参照适用买卖合同的有关规定。"即专门法律对有偿合同有规定的，适用其规定，没有规定的，可以适用合同编通则的规定，同时可以参照买卖合同的有关规定。因此，民法典合同编的买卖合同章无需在定义中直接写明包括权利的转让。

关于有指令性任务的货物买卖问题。本法编纂过程中有的意见提出，目前我国实行指令性计划管理的生产资料已减少到几种产品。并且，对于有指令性任务的货物，购销企业双方以及购销价格，有专门法律法规进行规定，故民法典合同编不应当涵盖这方面的内容。有的意见认为，国家指令性任务虽然不属于合同编调整的主要范围，但有关法人、非法人组织之间根据国家指令性任务就标的物质量、履行期限等订立的合同可以适用合同编，对于抢险救灾、疫情防控可以发挥独特作用，本法第 494 条也对此作了原则性规定。因此，我们倾向后一种意见。

第五百九十六条 买卖合同的内容一般包括标的物的名称、数量、质量、价款、履行期限、履行地点和方式、包装方式、检验标准和方法、结算方式、合同使用的文字及其效力等条款。

◆ **条文主旨**

本条是关于买卖合同条款的规定。

◆ **立法背景**

在本法编纂过程中，对于合同编中典型合同内容的规定，均进行了统一化处理，即进行具体化的列举规定，不仅有利于合同编相应条文的一致性，也有利于方便学习了解买卖合同的主要内容。

◆ **条文解读**

本条规定的含义是，在买卖合同中，当事人可以根据具体合同的实际情况，约定标的物名称、数量、质量、价款、履行期限、履行地点和方式、包装方式、检验标准、检验方法、结算方式、合同使用的文字及其效力等条款。该条只是起到一种提示性的作用，不具有强制约束力，对于买卖合同的成立及效力，对于买卖合同当事人的具体权利义务等并无实质性的影响。

买卖合同当事人在订立买卖合同时，通常应包括以下条款内容：

1. 标的物的名称。标的物是买卖合同当事人权利义务指向的对象，作为对象的具体的不动产或者动产即为标的物的名称，是买卖合同不可或缺的内容。依据本法第 595 条的规定，买卖合同的标的物应限于有体物，即具有一定的物质形体且能够为人们所感知的物。在买卖合同中如果没有标的物，就无法确定合同当事人的权利义务关系。

2. 标的物的数量。数量是对买卖合同标的物的计量要求，包括计量单位和计量方法。标的物的数量是指当事人约定的买卖标的物的数目，如千克、吨、米等。数量需要由当事人事先作出约定，否则将无法确定交易的对象。

3. 标的物的质量。质量是对买卖合同标的物标准和技术方面的要求。标的物的质量也是买卖合同中的重要条款，为了准确表示，当事人应当就标的物的品种、规格、品质等级、型号、级别等作出明确约定。没有明确约定标的物质量的，应当适用本法第510条以及第511条第1项的规定。

4. 标的物的价款。标的物的价款又称价金，是指买卖合同中买受人为了得到标的物向出卖人支付的货币。关于价款，国家法律有强制性规定的，应当执行强制性的规定；没有强制性规定的，由当事人自己约定。

5. 履行期限。履行期限是指买卖合同的当事人所约定的履行合同义务的时间界限，包括交货时间和付款时间。

6. 履行地点和方式。履行地点是指买卖合同的当事人所约定的履行合同义务的具体地点，如合同的提货地点、付款地点等。履行方式是指买卖合同当事人履行合同义务的具体方式，如在交付标的物方式上是送货式、自提式还是代办托运式等。

7. 包装方式。标的物的包装，有两种含义：一种是指盛标的物的容器，通常称为包装用品或者包装物；另一种是指包装标的物的操作过程。因此，包装方式既可以指包装物的材料，又可以指包装的操作方式。包装又分为运输包装和销售包装两类。运输包装在我国一般有国家标准或者行业标准。

8. 检验标准和方法。标的物的检验是指买受人收到出卖人交付的标的物时，对其等级、质量、重量、包装、规格等情况的查验、测试或者鉴定。至于检验标准，如果当事人没有特殊要求的，可以依据国家标准或者行业标准进行检验；如果有特殊要求的，则应在合同中作出明确的约定，以防止出现纠纷。关于检验的方法，有国家标准或者行业标准的，应当执行该标准；没有标准或者特殊要求的，应当作出约定，以防止在合同履行过程中产生纠纷。

9. 结算方式。合同的结算是当事人之间因履行合同发生款项往来而进行的清算和了结。主要有两种方式：一是现金结算；二是转账结算。法人之间款项往来的结算，除依法可以使用现金结算的情形以外，原则上应通过银行转账结算。至于现金结算，无论是法人之间的现金结算，还是法人与个体工商户、农村承包经营户之间的现金结算，不能违反国家现金管理的有关额度的相应规定。随着我国社会主义市场经济的不断完善和经济体制改革的逐步深化，合同的结算方式将可本着合同当事人自愿的原则，根据实际情况加以选择。

10. 合同使用的文字及其效力。合同使用的文字及其效力条款主要涉及涉外合同。涉外合同常用中外文两种文字书写，且两种文本具有同样的效力。鉴于文字一字多义的情况普遍，且两种文本的表述方法也容易发生理解中的争议。若合同在中国履行，最好明确规定“两种文本在解释上有争议时，以中文文本为准”；在外国履行的合同可考虑接受以外文文本为准。这样既公平合理又可减少争议。

买卖合同约定的内容是否有必须包含的内容，即买卖合同的必备条款，缺少了必备条款，买卖合同将无法成立。对此问题，根据《最高人民法院关于适用〈中华人民共和国合同法〉若干问题的解释（二）》第 1 条第 1 款的规定：“当事人对合同是否成立存在争议，人民法院能够确定当事人名称或者姓名、标的和数量的，一般应当认定合同成立，但法律另有规定或者当事人另有约定的除外。”我们认为，该条对合同必备条款所作的一般规定，也适用于买卖合同，即当事人姓名或者名称、标的物及其数量是买卖合同必备条款。这是因为，除却这三方面的内容，其他方面的合同内容均可依据本法第 511 条的规定，经过法律拟制的方式得到确定。而买卖合同当事人姓名或者名称、标的物及其数量不能进行法律拟制，否则将从根本上违反合同自愿原则。

第五百九十七条 因出卖人未取得处分权致使标的物所有权不能转移的，买受人可以解除合同并请求出卖人承担违约责任。

法律、行政法规禁止或者限制转让的标的物，依照其规定。

◆ **条文主旨**

本条是关于出卖人无权处分行为的法律后果以及标的物本身要求的规定。

◆ **立法背景**

本条的内容，主要源自对《合同法》第51条、第132条第1款以及《最高人民法院关于审理买卖合同纠纷案件适用法律问题的解释》第3条的修改、综合、完善。首先，《合同法》第51条规定："无处分权的人处分他人财产，经权利人追认或者无处分权的人订立合同后取得处分权的，该合同有效。"该规定在理论和实践中就权利人未追认及出卖人未取得处分权时合同效力的状态产生了三种观点：合同无效、合同有效以及效力待定。基于这种争论，导致司法实践中极少依据该条规定进行裁判。其次，《合同法》第132条第1款规定，出卖的标的物，应当属于出卖人所有或者出卖人有权处分。该规定不符合市场中大量存在的未来产品的交易实践，故在实践中大多将该条作为倡导性规定来对待。最后，《物权法》第15条规定："当事人之间订立有关设立、变更、转让和消灭不动产物权的合同，除法律另有规定或者合同另有约定外，自合同成立时生效；未办理物权登记的，不影响合同效力。”该规定明确不动产物权效力的有无，不影响合同的效力。因此，针对上述规定，《最高人民法院关于审理买卖合同纠纷案件适用法律问题的解释》第 3 条规定：“当事人一方以出卖人在缔约时对标的物没有所有权或者处分权为由主张合同无效的，人民法院不予支持；出卖人因未取得所有权或者处分权致使标的物所有权不能转移，买受人要求出卖人承担违约责任或者要求解除合同并主张损害赔偿的，人民法院应予支持。”这一规定在司法实践层面认可了当事人无处分权不影响合同效力。

在本法编纂过程中，不少意见建议吸收司法解释的上述规定，删除《合同法》第 51 条和第 132 条第 1 款的规定。我们经研究认为：第一，原规定的内容在理论和实践中产生了不少争议，在一定程度上导致了法律适用的不统一。第二，规定的内容与市场交易的实际情况不相吻合，尤其是就未来产品的交易方面。买卖标的可以是现实存在的物，也可以是将来产生的物，比如《美国统一商法典》第 2－105 条就规定，货物可以包括尚未出生的动物幼仔、生长中的农作物。第三，规定的内容与司法实践的处理不一致，且司法实践依据司法解释来处理的结果较为理想。第四，删除两个条款不会使善意取得制度无处衔接，善意取得制度仍按其独立的规范体系进行判断适用。第五，规定的内容与域外的通行规定不符，不利于对外贸易往来。最终采纳这一意见，删去《合同法》第 51 条和第 132 条第 1 款的规定，同时在本法第 597 条中增加 1 款新的规定：因出卖人未取得处分权致使标的物所有权不能转移的，买受人可以解除合同并请求出卖人承担违约责任。这样修改的结果既确保了物权人对标的物的所有权，也保护了善意买受人的权益，彰显了合同对当事人的约束力，有利于倡导诚信价值并维护交易安全。

◆ **条文解读**

无权处分是指没有处分权而处分他人财产，无权处分行为是现代社会生活中的常见现象，在买卖交易关系中尤为普遍。依据买卖合同的定义，出卖人负有交付买卖标的物并移转所有权的义务，因此，出卖人为保证买卖合同的履行，应当对买卖标的物具有处分权。当出卖人对买卖合同的标的物不具有处分权时，意味着买受人无法获得标的物的所有权，也就是不能实现合同的目的，根据本法第563条和第566条的规定，买受人可以解除其与出卖人之间订立的买卖合同并要求出卖人承担违约责任。

1. 处分他人之物所订立合同的效力。尽管在本条中没有明确出卖人处分他人之物所订立的合同是否为有效合同，实质上我们对此是持肯定态度的，主要理由：一是买卖当事人订立的合同只要不违反法律、行政法规的强制性规定以及不违背公序良俗，原则上均属有效，有利于交易的正常开展。二是为保护善意买受人的利益，也应当认定处分他人之物所订立的合同有效，从而有利于交易的安全。从善意的受让人角度而言，认定合同有效，其可以追究相对人的违约责任，若不认定有效，则只能主张缔约过失责任，不符合公平原则。三是司法实践中已普遍认为，处分他人之物所订立的合同原则上为有效，且行之有效，故立法不应当与实际情况相违背。四是本法第215条规定："当事人之间订立有关设立、变更、转让和消灭不动产物权的合同，除法律另有规定或者当事人另有约定外，自合同成立时生效；未办理物权登记的，不影响合同效力。"从侧面显示出卖人对标的物没有所有权或者处分权时所订立的合同，原则上从合同成立时生效。五是域外规定通常认为处分他人之物所订立的合同有效，《国际商事合同通则》第3.1.3条规定，合同订立时一方当事人无权处置与该合同相关联之财产的事实本身，并不影响合同的效力；《欧洲合同法原则》第4：102条规定，合同订立时不可能履行所承担之义务，或一方当事人无权处分与合同有关的财产的，不影响合同的效力。

2. 与善意取得制度的衔接。在本法编纂过程中，有意见提出，认可无处分权所订立合同的效力，可能引发不诚信或者导致犯罪行为得不到有力追究。经研究认为，首先，对于实践中可能出现的盗卖、骗卖和误卖等情形，构成犯罪的，应当通过刑事追赃处理，即善意取得的前提不得构成犯罪，若构成犯罪，则不能适用善意取得制度；其次，对于无权处分人的行为不构成犯罪的，依据本条第1款以及本法第311条善意取得制度的规定，就无权处分标的物的行为，即使合同有效，标的物原所有权人和善意买受人的权利仍然可以依法受到保护：（1）买受人善意取得标的物所有权的，原权利人有权请求无权处分人承担违约责任或者侵权责任；（2）买受人不能依据善意取得制度取得标的物所有权的，原权利人则依法取回标的物所有权，买受人可以根据实际情况，因履行不能无法达到合同目的，可以请求解除买卖合同，进而要求无权处分人承担违约责任，或者直接要求无权处分人承担违约责任。

3. 其他合同的参照适用。在本法编纂过程中，有意见提出将处分他人之物所订立的合同有效仅仅规定在买卖合同，将无法适用于处分他人债权或者赠与他人财产以及无权出资等情形的问题。解决思路是，依据本法第646条的规定："法律对其他有偿合同有规定的，依照其规定；没有规定的，参照适用买卖合同的有关规定。"因此，其他情形是可以参照本条进行适用的。

法律禁止流通的物不得作为买卖标的物，如淫秽书刊。法律限制流通的物，只能在限定的领域流通，如枪支的买卖。国家对枪支的买卖实行特别许可制度，未经许可，任何单位和个人不得买卖枪支。购买民用枪支，须持公安部门核发的民用枪支配购证件。出售民用枪支，应当核对配购证件，按照配购证件载明的品种、型号、数量配售。就禁止流通的标的物的法律规定，经梳理，主要规定如下：（1）治安管理处罚法规定不得出售淫秽书刊；（2）枪支管理法对枪支作出特别许可管理的买卖；（3）文物保护法对文物转让作出禁止和限制规定；（4）矿产资源法就探矿权、采矿权的转让作出限制性规定；（5）禁毒法禁止毒品交易；（6）人民银行法禁止伪造、变造的人民币交易；（7）城市房地产管理法禁止特定房地产的转让；（8）人体器官移植条例禁止人体器官买卖；（9）医疗废物管理条例禁止医疗废物买卖；（10）古生物化石保护条例禁止或者限制古生物化石买卖；（11）危险化学品安全管理条例限制剧毒化学品等的买卖。这些买卖合同由于违反了国家法律、行政法规的禁止性规定，原则上应当无效。

第五百九十八条 出卖人应当履行向买受人交付标的物或者交付提取标的物的单证，并转移标的物所有权的义务。

◆ 条文主旨

本条是关于出卖人基本义务的规定。

◆ 立法背景

买卖合同的买受人的目的就是取得标的物的所有权，所以交付标的物并转移标的物所有权是出卖人最基本的义务。这在各国或者地区的民法中都是一致的，如《德国民法典》第 433 条第 1 款规定："因买卖合同，物的出卖人有义务将该物交付给买受人并使买受人取得该物的所有权。出卖人必须使买受人取得没有物的瑕疵和权利瑕疵的物。”《美国统一商法典》第 2 – 301 条规定：“卖方的义务是根据合同转让和交付货物，买方的义务是根据合同接受货物并支付价款。”我国台湾地区“民法”第 348 条规定：“物之出卖人，负交付其物于买受人，并使其取得该物所有权之义务。权利之出卖人，负使买受人取得其权利之义务，如因其权利而得占有一定之物者，并负交付其物之义务。”《联合国国际货物销售合同公约》第 30 条也规定：“卖方必须按照合同和本公约的规定，交付货物，移交一切与货物有关的单据并转移货物所有权。”

◆ 条文解读

交付是指标的物占有的转移。民法理论将标的物的交付分为现实的交付和拟制的交付。

现实的交付指出卖人将标的物的占有直接转移于买受人，使标的物处于买受人的实际控制之下。比如将出卖的商品直接交给买受人，将出卖房屋的钥匙交给买受人等，都是现实交付。拟制的交付是指出卖人将对标的物占有的权利转移于买受人，以替代现实的交付。本条规定的出卖人应当履行向买受人交付“提取标的物的单证”的义务，就是一种拟制交付。这种拟制交付可以称为指示交付，在本法第 227 条有具体规定，它是指在标的物由第三人占有时，出卖人将对于第三人的请求提取标的物的权利让与买受人，以代替标的物的实际交付。最常见的指示交付是将仓单、提单交给买受人。交付必须是依出卖人的意思而作出的，如未经出卖人的同意，买受人自行将标的物或者提取标的物单证从出卖人处取走，则不构成交付，而是非法侵占的行为。除指示交付外，拟制交付还有另外两种形式：简易交付和占有改定。所谓简易交付，是指出卖人在转让动产物权之前，买受人已经通过委托、租赁、使用借贷等方式而实际占有了该动产，则从移转标的物所有权的合同生效之时起，视为交付。《合同法》第140条规定的“标的物在订立合同之前已为买受人占有的，合同生效的时间为交付时间”，即为简易交付。由于该规定与本法第226条重复，因此删去。所谓占有改定，是指在动产物权转让时，如果出卖人希望继续占有该动产，买卖当事人可以订立合同，特别约定由出卖人继续占有该动产，而买受人因此取得对标的物的间接占有以代替标的物的实际交付。本法第228条就占有改定作了具体规定。

买卖合同中买受人的目的是取得标的物的所有权，不言而喻，将标的物的所有权转移给买受人，同样是出卖人的基本义务。标的物所有权的转移方法，依法律的规定而定。动产以占有为权利的公示方法，因此，除法律另有特别规定或者当事人另有约定以外，动产所有权依交付而转移。不动产以登记为权利公示的方法，因此，其所有权的转移须由所有权人办理转让登记。无论合同是否作出约定，出卖人都应当协助买受人办理所有权的转让登记手续，并将有关的产权证明文书交付买受人。前面提到的在买卖合同成立时出卖人尚未取得标的物所有权的情况下，出卖人就应当在合同订立后取得该标的物的所有权，以将其转移给买受人。

需要说明的是，在本法编纂过程中，删去了《合同法》第133条的规定：“标的物的所有权自标的物交付时起转移，但法律另有规定或者当事人另有约定的除外。”主要基于两点考虑：一是条文内容不是很精确，因为如果标的物是不动产的话，原则上应当在完成所有权转移登记时才称得上交付；二是本法第209条和第224条已经就标的物所有权转移问题作出规定，没有必要重复。

第五百九十九条 出卖人应当按照约定或者交易习惯向买受人交付提取标的物单证以外的有关单证和资料。

◆ 条文主旨

本条是关于出卖人交付有关单证和资料义务的规定。

◆ 立法背景

前条规定，出卖人应当交付标的物或者交付提取标的物单证。提取标的物的单证，主要是提单、仓单，是对标的物占有的权利的体现，可以由出卖人交付给买受人作为拟制的交付以代替实际的交付。这种拟制的交付不需要合同作出专门的约定。

除了标的物的仓单、提单这些用于提取标的物的单证外，现实生活中关于买卖的标的物，尤其是国际贸易中的货物，还有其他一些单证和资料，如商业发票、产品合格证、质量保证书、使用说明书、产品检疫书、产地证明、保修单、装箱单等。对于这些单证和资料，如果买卖合同中明确约定了出卖人交付的义务，或者按照交易的习惯出卖人应当交付，则出卖人就有义务在履行交付标的物的义务以外，向买受人交付这些单证和资料。例如《联合国国际货物销售合同公约》第 34 条规定：“如果卖方有义务移交与货物有关的单据，他必须按照合同所规定的时间、地点和方式移交这些单据。”

◆ 条文解读

结合我国的实际情况，对于何为“提取标的物单证以外的有关单证和资料”，《最高人民法院关于审理买卖合同纠纷案件适用法律问题的解释》第 7 条对此作了明确，主要应当包括：保险单、保修单、普通发票、增值税专用发票、产品合格证、质量保证书、质量鉴定书、品质检验证书、产品进出口检疫书、原产地证明书、使用说明书、装箱单等，实践中应当据此理解执行。为便于理解，现作如下简要说明：(1) 保险单是保险人与投保人订立保险合同的书面证明，应当完整记载保险合同当事人的权利义务及责任，记载的内容原则上是双方履行合同的依据。(2) 保修单是生产者或者销售者提供的，承诺对其生产或者销售的标的物在一定期限内因质量问题而出现的故障提供免费维修及保养服务的凭证。(3) 增值税专用发票是增值税纳税人销售货物或者提供应税劳务开具的发票，是购买方支付增值税额并可按照增值税有关规定据以抵扣增值税进项税额的凭证。(4) 产品合格证是对产品按照该产品应具备的标准进行检验，检验结果符合该产品标准要求的一种标志或者证明。(5) 质量保证书是产品生产者或者销售者，对其生产或者销售的产品质量符合法律规定或者约定标准所作出承诺的凭证。(6) 质量鉴定书是鉴定组织对产品质量进行调查、分析和判定后，出具的鉴定结论或者证明。(7) 使用说明书是对产品的结构、性能和各部位的类型、性能、标准以及使用注意事项等作出的介绍和说明。

从另一角度而言，出卖人向买受人交付提取标的物单证以外的有关单证和资料，有一个前提条件，即应该有合同的约定或者交易习惯的要求。也就是说，如果合同没有约定或者交易习惯没有要求，出卖人可以不履行这项义务。需要进一步说明的是，只要合同作了约定或者交易习惯有具体要求，出卖人就不能拒绝履行，否则就属于违约行为，应当承担违约责任。

至于出卖人向买受人交付提取标的物单证以外的有关单证和资料是不是具有普遍约束力的问题，如果仅是基于约定才需要交付的，则不具有普遍约束力。但如果是基于交易习惯，即通常是当事人之间因长期交易而形成的习惯做法，或者是被地区、行业公认的不言而喻的习惯做法，抑或是国际贸易中国际惯例，均是合同履行过程中诚信原则的要求，依据本法第 10 条以及第 509 条第 2 款的规定，则具有普遍约束力，出卖人不能抗辩为交易习惯而拒绝履行。

第六百条　出卖具有知识产权的标的物的，除法律另有规定或者当事人另有约定外，该标的物的知识产权不属于买受人。

◆ 条文主旨

本条是关于具有知识产权的标的物买卖中知识产权归属的规定。

◆ 立法背景

在本法的编纂过程中，有意见提出，《合同法》第 137 条（即本条的原条文）“出卖具有知识产权的计算机软件等标的物的，除法律另有规定或者当事人另有约定的以外，该标的物的知识产权不属于买受人”中的“计算机软件等”为多余表述，影响了条文本身的逻辑，建议删除。我们经研究认为，“计算机软件等”的表述本意为举例说明，随着我国计算机使用的大众化以及我国知识产权保护水平的不断提高，已经没有必要特别说明；同时，删去“计算机软件等”后的条文逻辑更加清晰明了。因此接受建议，删去了原条文的“计算机软件等”内容。

◆ 条文解读

在买卖合同中，有些标的物本身可能是知识产权的载体，如计算机软件等。本条规定的意旨在于说明作为知识产权的载体的买卖与知识产权转让的不同。知识产权的转让是权利买卖的一种。涉及权利主体转变的合同法律关系，在有关法律中一般称为权利的转让。如我国《专利法》第 10 条第 1 款规定："专利申请权和专利权可以转让。"专利权的转让，是指专利权人作为转让方，将其发明创造专利的所有权或者持有权转移给受让方，受让方支付约定的价款。除了这种权利转让的合同，我国有关法律还规定了一种权利客体的许可使用合同。如《专利法》第 12 条规定了专利实施许可合同，它是指专利权人作为许可方许可被许可方在约定的范围内实施其所有或者持有的专利技术，被许可方按照约定支付使用费的合同。这种合同与专利权转让合同的区别在于，后者是以专利所有权的转移为目的的，而前者是以转让技术使用权为目的的，所以也可理解为专利技术使用权的转让合同，转让人并不因专利技术使用权的转让而丧失专利所有权。

在权利买卖中，当事人所追求的合同目的与一般的货物买卖是不同的。尽管从根本上说，一般货物买卖也是权利，即货物所有权的转移，但是，货物的所有权建立在现实的、可见的实物之上，其所有权是一个法律上的抽象概念，当事人所追求的是物的实用性。而权利的买卖或者转让则不同，当事人所追求的是权利本身所体现的利益。作为买卖对象的权利，尽管也有一定的载体，但买卖当事人看重的显然不是该载体本身，而是通过它表现的一定技术以及对这一技术享有支配的权利而能带来的利益。因此，如果一个买卖合同的标的物本身体现着一定的知识产权，除非当事人明确表明，或者法律有相关规定（如《著作权法》规定美术作品的展览权随作品原件转移），买卖可以影响知识产权，那么，该标的物所体现的知识产权就不转移于买受人。另举一例来说，某人购买了一台计算机，其中计算机内包括了各种软件，作为买受人来讲，只是对计算机这一物体享有了所有权，但是对于计算机内所包括的作为软件的知识产权不属于买受人，买受人只有使用权，没有权利处分该计算机中所包含的知识产权。

第六百零一条　出卖人应当按照约定的时间交付标的物。约定交付期限的，出卖人可以在该交付期限内的任何时间交付。

◆ **条文主旨**

本条是关于买卖合同出卖人交付期限的规定。

◆ **立法背景**

买卖标的物的交付时间，在买卖合同的履行过程中十分重要。本条的规定，借鉴了《联合国国际货物销售合同公约》第33条的规定，即“卖方必须按以下规定的日期交付货物：（a）如果合同规定有日期，或从合同可以确定日期，应在该日期交货；（b）如果合同规定有一段时间，或从合同可以确定一段时间，除非情况表明应由买方选定一个日期外，应在该段时间内任何时候交货；或者（c）在其他情况下，应在订立合同后一段合理时间内交货。”

◆ **条文解读**

这里出卖人具体交付标的物的时间，可以区分两种情况：

1. 合同约定在某确定时间交付。除非对交付的时间有精确要求，一般落实到日即是合理的，出卖人应当按照约定的时间履行标的物交付义务。迟于此时间，即为迟延交付，属于违约；早于此时间，即为提前履行，严格意义上也是一种违约。按照本法的规定，买受人可以拒绝出卖人提前履行债务，但提前履行不损害买受人利益的除外。出卖人提前履行债务给债权人增加的费用，由出卖人承担。

2. 现实生活中大量的合同都约定了一个交付的期限。交付期限通常指的是一个时间段。具体的合同纷繁复杂，这一时间段是某几年、某几月或者某几天都有可能。这种情况下，依照本条规定，出卖人就可以在该交付期限内的任何时间交付，这也是符合当事人意图的。

需要补充说明的是，出卖人按照约定的期限交付标的物，是出卖人的一项义务，期限包括具体的日期和期间。约定有具体的交付日期的，应当按照约定的具体日期交付；没有约定具体日期而约定了交付期限的，出卖人可以在该交付期限内的任何时间交付。由于按照约定期限交付是出卖人的义务，不履行或者不正确履行这一义务须承担违约责任。不按照合同约定的期限履行义务包括两种情况：一是出卖人提前交付标的物，买受人接货后，仍可按合同约定的交货时间付款；合同约定自提的，买受人可以拒绝提货。二是出卖人逾期交付标的物，应在发货前与买受人协商，买受人仍需要的，出卖人应当照数补交，并负逾期交货责任；买受人不再需要的，应当依法办理解除合同手续。

第六百零二条 当事人没有约定标的物的交付期限或者约定不明确的，适用本法第五百一十条、第五百一十一条第四项的规定。

◆ 条文主旨

本条是关于买卖合同未约定标的物交付期限或者约定不明确如何处理的规定。

◆ **立法背景**

标的物交付时间不确定时需要有处理规则。从条文本身的内容以及合同编的体例安排和立法技术上看，本法中的第 510 条和第 511 条是两个十分重要的条文，对于合同内容的确定和合同的履行具有重要的意义。典型合同各章中经常要引用总则的这两条以确定各有关合同的约定不明时解决的规则。依据第 510 条的规定，合同生效后，当事人就标的物的交付期限没有约定或者约定不明确时，当事人可以重新协商达成补充协议；不能达成补充协议的，按照合同相关条款或者交易习惯确定。如果这样仍然不能确定，按照第 511 条第 4 项的规定，出卖人就可以随时履行，买受人也可以随时要求出卖人履行，但应当给出卖人必要的准备时间。为了使买受人有一个合理的准备接收标的物的时间，如准备仓库等，出卖人应当在交付之前通知买受人。即使法律对此不作规定，这也是出卖人按照诚信原则应当履行的义务，因为通知一下对出卖人来说并不是多大的负担，却可以使买受人免受可能的损害。至于这段准备时间应当多长，则应当根据具体的情况合理地确定，难以一概而论。需要特别说明的是，前条规定的交付期限，是从出卖人一方的角度而言的；本条所规定的未约定或者未明确交付期限时的确定规则，是从出卖人和买受人双方的角度来讲，两条不能按照一个逻辑来理解。

◆ **条文解读**

如果买卖合同当事人没有约定交付时间，根据我国司法实践，通常可以依据下列情形进行判断，具有一定的参考价值：一是，如果约定由买受人自提货物的，以出卖人通知买受人提货时间为交付时间。但是，出卖人的通知一般应当采用书面形式，而且应当给买受人留有必要的准备时间。二是，如果合同约定由出卖人送货的，出卖人在交货地点将标的物交付买受人实际占有并点收完毕，即视为交付。但是，如果买受人对货物的质量或者数量等提出异议而拒绝接受的，则不能视为交付。三是，出卖人因买受人无正当理由拒绝接受而将标的物提存的，提存时间即为交付时间。四是，出卖人提前交付而买受人接受的，以买受人实际接受的时间为交付时间。五是，当事人约定由出卖人代办托运或者邮寄货物的，出卖人将货物交给第一承运人或者邮局的时间为交付时间。

第六百零三条 出卖人应当按照约定的地点交付标的物。

当事人没有约定交付地点或者约定不明确，依据本法第五百一十条的规定仍不能确定的，适用下列规定：

（一）标的物需要运输的，出卖人应当将标的物交付给第一承运人以运交给买受人；

（二）标的物不需要运输，出卖人和买受人订立合同时知道标的物在某一地点的，出卖人应当在该地点交付标的物；不知道标的物在某一地点的，应当在出卖人订立合同时的营业地交付标的物。

◆ 条文主旨

本条是关于出卖人交付标的物的地点的规定。

◆ 立法背景

买卖合同对标的物的交付地点有约定的，出卖人应当按照约定履行交付的义务。本条所要解决的问题主要是合同对交付地点没有约定或者约定不明确时法律应当确定怎样的规则。

◆ **条文解读**

与交付期限没有约定或者约定不明确的情形一样，合同如果没有约定交付地点或者约定不明确的，首先仍然要适用本法第510条的规定，即合同生效后，当事人可以重新协商达成补充协议，不能达成补充协议的，按照合同相关条款或者交易习惯确定交付地点。

与确定交付期限不同的是，如果这样仍然不能确定交付地点，不是适用本法第511条的规定，即第511条第3项所规定的，履行地点不明确，给付货币的，在接受货币一方所在地履行；交付不动产的，在不动产所在地履行；其他标的，在履行义务一方所在地履行。本条的规定，提出了适用于买卖合同的特别规则。这些特别的规则与第511条第3项的规定是不同的，对于买卖合同，首先要适用本条的规则。但不是说本条与第511条第3项是根本上冲突的，如本条也有在债务人所在地履行的内容。并且，对于本条所未规定的情形，由于第511条第3项属于合同编通则的内容，所以仍要适用通则这项条款的规定，如“交付不动产的，在不动产所在地履行”这一规定也适用于买卖合同。也就是说，就买卖合同的交付地点没有约定或者约定不明确时，首先应当适用本条第2款的规定；在本条第2款无法适用或者没有规定时，才适用本法第511条第3项的规定。

本条规则的确立，在承继我国有关法律中较好的规定，如《民法通则》第88条的有关规定的同时，综合参考了大陆法系和英美法系的有关规定，特别是《联合国国际货物销售合同公约》的规定。该公约第31条规定：“如果卖方无须在任何其他特定地点交付货物，其交货义务包括：（a）在销售合同涉及货物运输时，卖方应把货物移交给第一承运人，以便其将货物运送给买方；

（b）在不属上款调整时，如果合同指明了特定的货物，或指出货物还未特定化而且有待于从特定仓库中提取，或者尚待制造或生产，而双方当事人在订立合同时已知道这些货物存在于某一特定地点，或者将在某一特定地点制造或生产，卖方应在该地点把货物交给买方处置；（c）在其他情况下，卖方应在其签订合同时的营业地将货物交由买方处置。”本条的规定与《联合国国际货物销售合同公约》第31条规定的含义基本上是相同的。买卖合同一章中有相当一部分规定是通过借鉴《联合国国际货物销售合同公约》而来的，这主要是考虑到该公约的许多规定反映了市场经济条件下贸易活动的基本特点和要求，符合我国社会主义市场经济发展的客观需要。该公约虽然调整的是国际货物买卖关系，但从世界范围来看，实行市场经济的国家对于规范国内贸易的法律与规范国际贸易的法律基本上是一致的，只是针对国际贸易中特有的应区别对待的问题作出专门的规定。这也是符合我国有关合同法律规范的立法精神的。

我国过去的法学理论中，对买卖合同标的物交付地点的问题，存在这样的一种处理办法，即以当事人约定的交付方式来确定交付地点。这些交付方式主要是自提方式、送货方式、代办托运方式等。1999年《合同法》起草过程中，考虑到当事人约定的这些交付方式，交付方式本身就已经说明了标的物交付的地点。因此摒弃了这种解决办法，并且认为此时合同对交付地点的约定是明确的，或者说依照本法第510条的规定，属于通过对合同其他条款的解释可以确定的情形。

本条所确定的规则可以从以下3个层次把握：

1. 如果买卖合同标的物需要运输，无论运输以及运输工具是出卖人安排联系的，还是买受人安排联系的，出卖人的交付义务就是将标的物交付给第一承运人。即使在一批货物需要经过两个以上的承运人才能运到买方，出卖人也只需把货物交给第一承运人。这时即认为出卖人已经履行了交付义务。因此，出卖人交付的地点应当是将标的物交付给第一承运人的地点。

这里需要注意的是，不管第一承运人是由出卖人还是买受人安排联系的，该承运人必须是独立于买卖双方的运输业经营者，而不应当是出卖人或者买受人自己的运输工具，否则将和本条第2款第2项规定的情形重复。《最高人民法院关于审理买卖合同纠纷案件适用法律问题的解释》第11条也对此作出了明确规定。

另外需要注意的是，在有的国际货物买卖中，合同虽然也涉及了货物的运输问题，但当事人采用了某种贸易术语，而该术语本身就涵盖了交货的地点，此时就不属于本条规定的情况。例如，当事人在合同中约定交货的条件是“FOB上海”，即使货物需要从郑州用火车运到上海再由上海海运到西雅图，出卖人的义务也应当是把货物交付到上海的指定船舶上，而不是把货物交到郑州开往上海的火车上就算完成了交付。

2. 如果标的物不需要运输，即合同中没有涉及运输的事宜，这时如果出卖人和买受人订立合同时知道标的物在某一地点的，出卖人应当在该地点交付标的物。双方当事人知道标的物在某一地点，一般在以下情况中较为常见：买卖合同的标的物是特定物；标的物是从某批特定存货中提取的货物，例如指定从存放在某地的小麦仓库中提取若干吨小麦作为交付的货物；尚待加工生产或者制造的未经特定化的货物，如买卖的定货将在某地某家工厂加工制造。

3. 在不属于以上两种情况的其他情况下，出卖人的义务是在其订立合同时的营业地把标的物交付给买受人。出卖人应当采取一切必要的行动，让买受人能够取得标的物，如做好交付前的准备工作，将标的物适当包装，刷上必要的标志，并向买受人发出通知让其提货等。至于本条第2款第2项中的“营业地”该如何理解，实践中也并非没有争议，因为出卖人有多个“营业地”也属正常。对此问题，《联合国国际货物销售合同公约》第10条就“营业地的认定”规定：“（a）如果一方当事人有一个以上的营业地，则应该将那个与合同、合同的履行具有最密切联系的营业地视为其营业地；在确定最密切联系营业地时，应考虑到双方当事人在订立合同前任何时候或订立合同时所知道或所考虑的情况；（b）如果一方当事人没有营业地，则以其惯常居住地为准。”我们经研究认为，该规定具有合理性，可以作为认定“营业地”的依据。

第六百零四条 标的物毁损、灭失的风险，在标的物交付之前由出卖人承担，交付之后由买受人承担，但是法律另有规定或者当事人另有约定的除外。

◆ 条文主旨

本条是关于买卖标的物毁损、灭失风险承担的基本规则的规定。

◆ 立法背景

本条也是买卖合同章最重要的条文之一。风险承担是指买卖的标的物在合同生效后因不可归责于当事人双方的事由，如地震、火灾、飓风等致使发生毁损、灭失时，该损失应当由哪方当事人承担。风险承担制度具有三个主要特点：一是风险承担发生在双务合同之中，单务合同没有对待给付问题，虽然可能存在标的物毁损灭失风险，但不存在价金风险的问题。二是风险承担是因为标的物的毁损、灭失而引起，不是因当事人的违约行为而引起。

三是风险承担是因为不可归责于双方当事人的事由而产生的损失的分配制度，风险的发生具有极大的不可预测性。风险承担的关键是风险转移的问题，也就是说如何确定风险转移的时间。转移的时间确定了，风险由谁来承担也就清楚了。由于它涉及买卖双方当事人最根本的利益，所以从来都是各国、各地区有关买卖合同法律规范中要解决的一个重要问题。

◆ **条文解读**

通常来讲，标的物风险转移的时间可以由双方当事人在合同中作出约定。当事人在这方面行使合同自愿的权利，法律是没有理由干预的。这在各国法律规定中都是一致的，即在风险承担的问题上尊重当事人的意思自治。例如《美国统一商法典》第 2－303 条规定：“当本篇以‘除非另有协议’为条件将风险或责任划归某一方时，当事方不仅可以通过协议将风险或责任转给另一方，还可以将风险或责任在当事方之间划分。”另外，如《联合国国际货物销售合同公约》第 9 条规定：“（1）双方当事人业已同意的任何惯例和业已确立的任何习惯做法，对双方均有约束力。（2）除非双方当事人另有协议，否则，应视为他们已默示地同意将下列惯例适用于其合同或合同的订立，即他们已知道或理应知道惯例，而且在国际贸易中，此种惯例已为从事特定贸易的当事人在签订该类合同时所广泛知道并经常为他们所遵守。”据此，当事人可以在合同中使用某种国际贸易术语，如 FOB、CIF 等或者以其他办法来约定货物损失的风险从卖方转移到买方的时间及条件。在大宗贸易尤其在国际贸易中，当事人往往都会通过各种方式，很多通过采用国际贸易术语的方式在合同中确定风险转移的时间。如约定以 FOB、CFR 或者 CIF 条件成交时，货物的风险都是在装运港装船越过船舷时起，由卖方转移于买方。

然而，法律必须要确定一个规则，以解决合同当事人对此问题未作约定或者约定不明确时，标的物的风险从何时起转移。各个国家的法律一般对此都有具体规定，但各国的规定不尽一致，主要可以分为3种情况：

1. 风险自合同订立时转移

风险自合同订立时转移模式，是指非因买卖当事人的原因而导致标的物毁损灭失的不利后果，自合同订立时起移转于买受人，即所谓的“合同订立原则”。目前，采用该模式的主要有瑞士等国。《瑞士债务法》第185条第1款规定：“除有特别情况或契约另有约定外，买卖物的用益与危险，于契约订立时移转于买受人。”

2. 风险随所有权转移

风险随所有权转移模式，是指标的物风险转移的时间应当与所有权转移的时间一致，即所谓的“物主承担风险原则”或者“所有权原则”。这一模式最早为罗马法所采纳，目前的英国和法国就属于此类。《英国买卖法》第20条规定：“除另有约定者外，卖方应负责承担货物的风险直至财产权移转给买方时为止。但财产权一经移转给买方，则不论货物是否已经交付，其风险均由买方承担；但如由于买方或卖方的过失，使得货物交付延迟，则由于此项过失所引起的损失应由责任方承担。”《法国民法典》第1196条第3款规定：“物的风险随所有权移转而移转。但是，根据第1344－2条之规定，负有交付义务的债务人经催告后即由其承担物之风险，第1351－1条所规定的情形不在此限。”这种原则是说标的物的风险转移的时间应当与所有权的转移时间相一致，即所有权转移给买受人时，风险也随之移转给买受人。

3. 风险随交付转移

风险随交付转移的模式，是指把风险转移与所有权转移区分开来，以物的实际交付时间为标的物风险转移的确定标志，不论标的物所有权是否已经转移，均由标的物实际占有者承担风险。即所谓的“交付原则”，最早为《德国民法典》所采纳。目前，美国、德国以及《联合国国际货物销售合同公约》等都是采取这种模式。《美国统一商法典》第2－509条规定：“当合同要求或授权卖方通过承运人发运货物时，如果合同未规定卖方在特定目的地交付货物，卖方将货物适当地交付给承运人后风险即转移至买方，即使卖方保留了权利（第2－505条）；但是如果合同规定卖方在特定目的地交付货物，且在货物到达目的地但仍由承运人占有期间作出适当的提示交付，则只要卖方作出此种适当的提示交付，使买方能够取得交付，损失风险即于此时转移至买方。当货物由货物保管人掌握且不需移动即可交付时，损失风险在下列情况下转移至买方：买方收到代表货物的流通所有权凭证；或货物保管人确认买方拥有占有货物的权利；或买方按第2－503条第4款第b项所规定的方式收到不可流通所有权凭证或其他交货指示书。在本条第1款或第2款以外的任何情况下，如果卖方是商人，则风险在买方收到货物后转移至买方；否则，风险在提示交付时转移至买方。如果当事方的协议与本条相冲突，以协议为准。并且，本篇有关试用的条款（第2－327条）和违约时风险之承担的条款（第2－510条）的效力优于本条规定。”《德国民法典》第446条规定：“在买卖物交付时，意外灭失和意外毁损的风险移转给买受人。自交付时起，用益归属于买受人，并由买受人承担物的负担。买受人陷于受领迟延的，与交付相同。”《联合国国际货物销售合同公约》第四章也确立了以交付作为风险转移的基本模式。

1999年合同法起草过程中参考比较了上述3种模式，最终确定采纳第3种模式作为我国处理这一问题的办法。理由是风险转移是一个很现实的问题，而所有权的转移则是抽象的，因而以所有权的转移来确定风险转移的做法不可取。标的物的交付是一个事实问题，易于判断，清楚明了，以它作为标准有利于明确风险的转移。因此，本条规定，标的物毁损、灭失的风险，交付前由出卖人承担，交付后由买受人承担。这里要注意一个问题，除法律另有规定或者当事人另有约定以外，本法第 224 条规定了“动产物权的设立和转让，自交付时发生效力”的内容，而本条又规定“标的物的风险自交付时起转移”，似乎区分风险承担的所有权原则与交付原则没有意义，这种看法是不对的。因为，第 224 条规定的所有权自交付时起转移是在法律没有另外规定或者当事人没有相关约定的情况下才发生效力的。比如，如果当事人约定自合同成立或者自标的物价款支付完毕时起所有权转移，那么所有权的转移就依当事人的约定；而对于标的物风险，如果当事人没有专门约定，则要自交付时起转移。对于法律规定须办理一定手续标的物所有权才能转移的情况，与此道理相同。

另外需要说明的是，本条确立的规则属于买卖合同风险承担的一般性规则，如果特别法或者本法另有特别的规定，则应当适用该特别规定。

第六百零五条 因买受人的原因致使标的物未按照约定的期限交付的，买受人应当自违反约定时起承担标的物毁损、灭失的风险。

◆ 条文主旨

本条是关于买卖标的物因买受人原因致使交付迟延的情况下风险转移的规定，也是买卖合同标的物以交付划分风险承责原则的例外规定。

◆ **立法背景**

依据前条规定，标的物的风险自交付时起，由出卖人转移至买受人。在合同履行中发生交付迟延的情况下，就要考虑按此规则处理是否会导致对当事人各方的不公平。如果有，就需要作出相应的补充规定。在标的物迟延交付是由买受人原因造成的情况下，如果仍然坚持标的物的风险自交付时起转移，则显然对出卖人是不公平的。因为他已经为标的物的交付做好了准备，标的物已处于可交付的状态，而买受人则违反了及时接收标的物的合同义务。因此，本条规定因买受人的原因致使出卖人不能按约定时间交付，买卖标的物自买受人违反约定时起发生风险转移，是合情合理的，同域外的通行做法也是一致的。比如《联合国国际货物销售合同公约》第 69 条规定，在相关情况下，买方从货物交付给他处置但他不收取货物从而违反合同时起，承担货物的风险。《德国民法典》第 446 条“买受人陷于受领迟延的，与交付相同”的规定，也与本条的规定一致。

◆ **条文解读**

对于因买受人原因致使出卖人不能交付标的物发生与交付一样的效果，即买受人承担标的物毁损、灭失的风险责任的条件，可以简单概括为 4 个方面：一是买受人须有原因。这里的原因，一般来讲是指买受人的过错，该过错应该包括故意和过失两种情况。二是须有出卖人不能按照约定的期限交付标的物的事实存在。如果没有这一事实的存在，也不会出现本条的情况。三是出卖人不能按照约定的期限交付标的物的事实是由于买受人引起的。也就是说，必须有因果关系。四是买受人承担风险的期限为自约定交付之日至实际交付之时。

第六百零六条 出卖人出卖交由承运人运输的在途标的物，除当事人另有约定外，毁损、灭失的风险自合同成立时起由买受人承担。

◆ 条文主旨

本条是关于路货买卖中的标的物风险转移的规定。

◆ 立法背景

路货买卖是指标的物已在运输途中，出卖人寻找买主，出卖在途中的标的物。它可以是出卖人先把标的物装上开往某个目的地的运输工具（一般是船舶）上，然后再寻找适当的买主订立买卖合同，也可以是一个买卖合同的买受人未实际收取标的物前，再把处于运输途中的标的物转卖给另一个买受人。实践中，路货买卖以后一种形式为多，往往是在 CIF 条件下买方取得卖方交付的有关提取货物的单证后转卖货物。事实上，本条规定的情形是第 604 条规定的特殊情况，而第 604 条规定的风险转移时间点为“交付时”，本条规定的风险转移时间点为“合同成立时”，这是因为路货买卖的双方当事人均无实际控制货物，只能根据双方当事人已经确定的合同关系来确定，即以“合同成立时”来确定最为合理。这里需要指出的是，本条规定的情形主要发生于国际货物买卖合同之中，因此《联合国国际货物销售合同公约》第 68 条也有具体规定，其中规定：“对于已处在运输途中销售的货物，风险自合同订立之时起移转至买方。但是，如果情况表明：风险应该自货物交付给签发包括运输合同在内的单据的承运人之时起转移至买方，风险便于该时起由买方承担。尽管如此，如果卖方在订立合同时已知道或理应知道货物已经损失或损坏，而他又不将这一事实告知买方，则这种遗失或损坏的风险应由卖方承担。”另外，美国以及德国等国的民法典也都就路货买卖的风险承担问题作出了类似公约的规定。

◆ **条文解读**

出卖在运输途中的货物，一般在合同订立时，出卖人就应当将有关货物所有权的凭证或者提取货物的单证等交付买方，货物也就处在了买方的支配之下。根据上述分析，从订立合同时起转移货物的风险承担也是合理的。但实际问题是，以合同订立之时来划分路货买卖的风险承担有时是比较困难的。因为在订立买卖合同时，货物已经装在运输工具上处于运输的途中，在收集不到确切证据的情况下，买卖双方都难以搞清风险到底是发生在运输途中的哪一段，是在合同订立之前还是在之后。所以公约作出了这样的规定，即如果情况表明有此需要，从货物交付给签发载有运输合同单据的承运人时起，风险就由买方承担。这就把风险转移的时间提到了货物交付承运人之时，也就是说从货物交付运输之时起，货物风险就由买受人承担了。之所以这么处理是因为在路货买卖中一般出卖人要转移货物有关单证给买受人，而货物的保险单一般也是同时转让的，当货物发生风险时，买受人就可以凭保险单向保险公司索赔。这样就不会因此规定造成对买受人的不公平。所以，在适用“如果情况表明有此需要”的条件时，就要综合考虑上述的情况，即是否难以确定风险发生的时间，以及买受人是否享有保险利益等。从我国《保险法》第 49 条第 1 款“保险标的转让的，保险标的的受让人承继被保险人的权利和义务”和第 2 款“保险标的转让的，被保险人或者受让人应当及时通知保险人，但货物运输保险合同和另有约定的合同除外”的规定来看，如果买卖标的物在运输途中发生保险事故，作为买受人享有保险利益是没有问题的。

另外需要说明的是，本条的适用范围：一是出卖人出卖的标的物为“运输途中的标的物”，不是“运输途中的标的物”不适用本条的规定；二是当事人没有对运输途中的标的物毁损、灭失的风险作出特别的约定，如果有特别的约定，则应适用特别的约定，不能适用本条的规定。

还有一个问题，就路货买卖中的标的物，如果出卖人在订立合同时已经知道或者应当知道货物已经灭失或者损坏，而他又向买受人隐瞒这一事实，根据公平和诚信的原则，这种灭失或者损坏的责任应当由出卖人负担，这是很合理的。《最高人民法院关于审理买卖合同纠纷案件适用法律问题的解释》第13条就此情形规定：“出卖人出卖交由承运人运输的在途标的物，在合同成立时知道或者应当知道标的物已经毁损、灭失却未告知买受人，买受人主张出卖人负担标的物毁损、灭失的风险的，人民法院应予支持。”这样的处理方式应当予以肯定。

第六百零七条　出卖人按照约定将标的物运送至买受人指定地点并交付给承运人后，标的物毁损、灭失的风险由买受人承担。

当事人没有约定交付地点或者约定不明确，依据本法第六百零三条第二款第一项的规定标的物需要运输的，出卖人将标的物交付给第一承运人后，标的物毁损、灭失的风险由买受人承担。

◆ 条文主旨

本条是关于出卖人将标的物交付给承运人即为履行交付义务的情况下，标的物风险转移的规定。

◆ **立法背景**

本条规定是要解决标的物在运输中的风险由谁承担的问题。

◆ **条文解读**

本法第604条规定："标的物毁损、灭失的风险，在标的物交付之前由出卖人承担，交付之后由买受人承担，但是法律另有规定或者当事人另有约定的除外。"这一规定只是一个原则性的规定，核心是交付确定风险承担。但是，实际情况中有些问题难以确定"交付"界限，本条就是典型例子。为预防和减少纠纷，本条针对经常出现的运输途中货物的风险承担划分问题作出了规定，确定了法定的交付界限。

本法第603条第2款第1项规定，当事人未约定交付地点或者约定不明确，依照本法第510条的规定又不能确定时，如果是标的物需要运输的，出卖人应当将标的物交付给第一承运人以运交给买受人。这项规定实际上确定了在这种情况下，出卖人将标的物交付给第一承运人就是履行了合同的交付义务。根据上述分析，本条规定在这种情况下出卖人将标的物交付给承运人后，标的物的风险由买受人承担是符合逻辑的。

大量的买卖合同，尤其是国际贸易都涉及货物的运输，而在运输过程中又容易发生各种风险导致标的物的毁损、灭失。所以确定货物运输中的风险由谁承担是一个非常重要并且十分现实的问题。规定其风险由买方承担的理由是买方所处的地位使他能在目的地及时检验货物，在发现货物受损时便于采取必要的措施，包括减轻损失，及时向有责任的承运人请求赔偿以及向保险人索赔等。一些国际贸易惯例也确定了这样的原则，如采取FOB、CIF和CFR条件订立买卖合同时，都是由买方承担货物在运输过程中的风险。

在本法编纂过程中，由于《合同法》第 145 条只规定了本条第 2 款的内容，并无第 1 款的内容。这样一来，当出现买卖合同双方约定出卖人应当将货物交付到买受人指定的地点再交由承运人运输的情形时，风险如何分担就会出现无法可依的情况。基于此，有意见提出，《最高人民法院关于审理买卖合同纠纷案件适用法律问题的解释》第 12 条“出卖人根据合同约定将标的物运送至买受人指定地点并交付给承运人后，标的物毁损、灭失的风险由买受人负担，但当事人另有约定的除外”的规定，正好可以弥补合同法的立法缺漏。我们经研究认为，该条司法解释规定公平合理，有助于解决实际中的问题，且与本条第 2 款在逻辑上衔接，故对该司法解释规定作适当文字修改后吸收为本条的第 1 款。

第六百零八条 出卖人按照约定或者依据本法第六百零三条第二款第二项的规定将标的物置于交付地点，买受人违反约定没有收取的，标的物毁损、灭失的风险自违反约定时起由买受人承担。

◆ 条文主旨

本条是关于买受人不履行接收标的物义务情况下，标的物毁损、灭失风险承担的规定。

◆ 立法背景

本条规定同上一条不一样，是要解决标的物在非运输途中的风险由谁承担的问题。同时，本条也是细化第 604 条规定，针对货物的风险承担划分问题作出具体规定，确定法定的交付界限。

◆ 条文解读

本法第603条第2款第2项规定，当事人未约定交付地点或者约定不明确，依照本法第510条的规定仍不能确定的，如果标的物不需要运输，出卖人和买受人订立合同时知道标的物在某一地点，那么出卖人应当在该地点交付标的物；不知道标的物在某一地点的，应当在出卖人订立合同时的营业地交付标的物。总之，这种情况就是出卖人有义务在某一地点将标的物交付给买受人。在合同约定的交付期限届至时，如果标的物已经特定于合同项下的特定地点而且出卖人已经完成了必要的交付准备工作，让买受人能够取得标的物，如将标的物适当包装，刷上必要的标志，并向买受人发出通知让其提货等，标的物就处在了可以交付买受人处置的状态，亦即出卖人已经完成了一部分的交付行为。如果这时买受人违反合同的约定没有接收标的物，那么按照本条的规定，买受人就从违反约定之日起承担标的物毁损、灭失的风险。

这里需要说明的一个问题是，第605条和本条规定的法律后果均是“买受人应当自违反约定时起承担标的物毁损、灭失的风险”，但是两者却存在4点不同之处，实践中需要正确把握：一是两者承担风险的适用原则不同。前者是交付转移风险原则的例外，而本条适用交付转移风险原则。二是买受人的主观原因不同。前者要求买受人存在故意或者过失的原因，而本条就不管买受人是否存在故意或者过失的原因。三是出卖人履行交付义务的状态不同。前者出卖人没有也无法履行交付义务，而本条的出卖人已经履行了部分交付行为。四是买受人开始承担风险责任的时间点不同。前者的时间点是出卖人交付标的物之前，本条的时间点是出卖人履行部分交付标的物的行为之后。

第六百零九条 出卖人按照约定未交付有关标的物的单证和资料的，不影响标的物毁损、灭失风险的转移。

◆ 条文主旨

本条是关于出卖人交付有关标的物的单证和资料的义务与标的物毁损、灭失风险承担的关系的规定。

◆ 立法背景

本条规定的内容，补充前3条在标的物转移前后风险承担的相关规定。

◆ 条文解读

本条的内容主要包括两个方面：一个方面的内容是，出卖人已经将标的物交付给买受人并由买受人占有，只是按照约定没有履行交付有关标的物的单证和资料的义务。另一个方面的内容是，没有交付有关单证和资料，不影响标的物毁损、灭失风险的转移，即此时的风险由买受人承担。需要说明的是，本条中所称的“有关标的物的单证和资料”，既可能是提取标的物的单证，也可能是提取标的物单证以外的有关单证和资料。

依据本法第641条的规定，当事人可以在买卖合同中约定出卖人交付标的物后保留标的物所有权的内容，该内容可以是买受人未履行支付价款或者其他义务的。在买卖标的物交付过程中，出卖人不向买受人移交有关标的物的单证或者资料，其性质可以由当事人在合同中约定，当事人可以约定这就是出卖人保留标的物所有权的表示。在合同对此没有约定时，各国解决的办法不尽一致。依据英国法律可能就认为这表明卖方保留了所有权，而依据《美国统一商法典》则认为这对卖方只是作为买方支付价款的担保，但并不影响标的物所有权的转移。然而，依据本法第 604 条的规定：“标的物毁损、灭失的风险，在标的物交付之前由出卖人承担，交付之后由买受人承担，但是法律另有规定或者当事人另有约定的除外。”表明本法确立的标的物风险转移的原则是以标的物的交付作为标准，而不与标的物的所有权相联系。为什么交付标的物就转移风险，这主要是因为占有人已经占有了标的物，有能力维护标的物的安全和防范标的物的风险。出卖人没有按照约定交付有关标的物的单证和资料，并没有影响到标的物的交付占有。

因此，无论出卖人不交付标的物的单证是否意味着所有权的保留，都不影响标的物的风险从交付时起由出卖人转移给买受人。这与《联合国国际货物销售合同公约》第 67 条规定的“卖方有权保留控制货物处置权的单据，并不影响风险的转移”相一致。

第六百一十条　因标的物不符合质量要求，致使不能实现合同目的的，买受人可以拒绝接受标的物或者解除合同。买受人拒绝接受标的物或者解除合同的，标的物毁损、灭失的风险由出卖人承担。

◆ **条文主旨**

本条是关于出卖人根本违约的情况下，风险承担的规定。

◆ **立法背景**

本条是参考《美国统一商法典》作出的规定，该法典第 2 - 510 条第 1 款规定：“当提示交付或交付的货物不符合合同，致使买方有权拒收时，在卖方作出补救或在买方接受货物前，风险仍由卖方承担。”第 2 款规定：“如果买方正当地撤销对货物的接受，他可以就自己有效保险之不足部分，视损失风险从开始即一直由卖方承担。”两款规定的内容明确了出卖人违约与买受人风险承担的关系。首先，如果出卖人所交付的货物不符合约定，足以使买受人有权拒收货物时，则在出卖人消除了货物的缺陷，或者在买受人接受货物以前，货物的风险仍由出卖人承担。这里的“接受”指的是买受人对货物的认可。其次，如果买受人有正当理由拒绝对货物的接受，则他可以在保险合同所不包括的限度内，认为出卖人自始就承担了货物的风险。

◆ **条文解读**

具体到本条规定的具体内涵，对于买卖合同交付的标的物质量不合格而导致标的物毁损、灭失的风险由出卖人承担，应当具备以下三个条件。

1. 出卖人交付的标的物质量不符合要求。比如出卖人交付的产品不符合质量标准，或者不具备产品应当具备的使用性能等。如果当事人虽然就标的物质量发生了争议，但是并不能确定交付的产品不符合要求，则不适用本条规定。

2. 因标的物质量不合格致使不能实现合同目的。比如出卖人向买受人交付了 1000 公斤香蕉，其中有 10 公斤变质，此时的出卖人是已经构成违约，但这种违约程度是轻微的，并没有达到不能实现合同目的的程度，买受人不能因此主张解除合同。但是，如果交付的 1000 公斤香蕉中有 900 公斤发生变质而无法食用，那么就可以称之为不能实现合同目的，在这种情况下，买受人当然可以拒收或者在接收后依据本法第 563 条第 4 项的规定解除合同，由此导致风险的发生，才引发风险的分担问题。出卖人的履行不合格构成根本违约，表明出卖人的交付不构成真正的交付，由此产生的标的物毁损、灭失的风险应由出卖人承担。

3. 买受人拒绝接受标的物或者解除合同。尽管出卖人交付的标的物不符合质量要求且已经导致买受人无法实现合同目的，也不一定会产生标的物的风险负担问题。因为买受人可能会接受标的物而要求出卖人承担违约责任，此时标的物毁损、灭失的风险应当由买受人承担。但是，如果在出卖人交付的标的物质量不合格且导致买受人订立合同目的落空时，买受人拒绝接受标的物或者解除合同，则应当视为标的物没有交付，在此情况下所产生的标的物毁损、灭失的风险自然应当由出卖人承担。这里需要进一步说明的是，因出卖人交付的标的物质量无法实现合同目的，买受人拒绝接受，或者买受人接受后向出卖人发出解除合同的通知，这段时间标的物客观上由买受人临时代为照管，该期间的风险如何承担可能会产生争议。我们的意见是，由于代为保管并没有构成真正的交付，因而也不能发生风险的转移，出卖人仍然应当承担风险。

另外需要指出的是，本条关于风险负担的规则属于任意性规范，当事人可以通过协议加以改变；如果当事人之间没有特别约定的话，则应当适用本条的规定。

第六百一十一条　标的物毁损、灭失的风险由买受人承担的，不影响因出卖人履行义务不符合约定，买受人请求其承担违约责任的权利。

◆ **条文主旨**

本条是关于买受人承担风险与出卖人违约责任关系的规定。

◆ 立法背景

本条是参考《联合国国际货物销售合同公约》作出的规定。该公约在第 67 条至第 69 条规定标的物交付后由买受人承担标的物风险的前提下，再在第 70 条规定："如果卖方的行为已经构成根本违约，第六十七条、第六十八条和第六十九条的规定并不影响买方基于此种违约行为而享有的各种补救办法。"据此表明，尽管买方在接受标的物交付后应当承担风险，但是买方依法可以向卖方主张违约责任或者采取各种补救办法。

◆ 条文解读

本条的规定表明，在出卖人违约的情况下，买受人虽然按照本法的规定承担了标的物风险，但并不影响因出卖人的违约行为，买受人请求其承担违约责任的权利，如请求损害赔偿。主要的理由在于：标的物毁损、灭失的风险由买受人承担的根据是买受人已经收到了出卖人交付的标的物，但并不表明买受人认可出卖人已经完全履行了债务，也不表明出卖人没有违约行为；如果出卖人存在违约行为，买受人自然可以要求出卖人承担违约责任。

需要特别说明的是，本条规定确实可能与前条的规定存在交叉。比如，在出卖人向买受人交付的标的物质量不符合质量要求，致使不能实现合同目的的情况下，买受人可以依据前条的规定主张权利。即买受人既可以通过拒收标的物或者解除合同而不承担标的物毁损、灭失风险，同时也可以进一步要求出卖人承担相应的违约责任。

第六百一十二条 出卖人就交付的标的物，负有保证第三人对该标的物不享有任何权利的义务，但是法律另有规定的除外。

◆ **条文主旨**

本条是关于出卖人权利担保义务的规定。

◆ **立法背景**

买卖合同中出卖人对标的物的权利担保义务指的是出卖人应当保证对标的物享有合法的权利，没有侵犯任何第三人的权利，并且任何第三人就该标的物不享有任何权利。买卖合同根本上就是标的物所有权的转让，因此，出卖人的这项义务也就是其一项最基本的义务。本条所规定的义务是买卖合同中出卖人的一项法定义务，即使合同中对其未作约定，出卖人也必须履行。各国或地区大多都对此作了明确规定，比如，《德国民法典》第435条规定："就物而言，第三人不能对买受人主张任何权利，或只能主张在买卖合同中被接受的权利的，该物无权利瑕疵。不存在的权利被登记于土地登记簿的，与权利瑕疵相同。"《美国统一商法典》第2-312条第1款规定："除本条第二款另有规定外，买卖合同中包含卖方的下列担保：所转让的所有权是完好的，并且转让的方式是适当的；并且所交付的货物上不存在任何买方在订立合同时所不了解的担保权益或其他留置权。"第2款规定："本条第一款所规定的担保，只有通过具体的语言，或只有在客观情况使买方有理由知道出售货物的一方并不保证他对货物拥有所有权，或有理由知道该方所拟出售的只是他自己或第三方所拥有的那部分所有权或权益时，才可以得到排除或修改。"第3款规定："除非另有协议，如果卖方系惯常从事某种货物交易的商人，他即担保该种货物交付后，不受任何第三人以侵权或类似原因提出的有效指控。但如果买方向卖方提供货物的技术规格，买方即担保卖方不因遵从其提供的规格而受损害。"《英国货物买卖法》第12条第 1 款规定："在买卖合同中，除下面第三款适用的一种合同外，货物交易时的卖方承担一项默示条款，卖方须拥有货物销售的权利，同样，在出售协定中，卖方在所有权转让时须拥有（出售货物）这项权利。"第 2 款规定："在买卖合同中，除下面第三款适用的一种合同之外，还包含一项默示条款：（a）货物在直到所有权转移之前，不应设定且一直不应设定任何在订约前未向买方披露或买方不知情的担保或负担。（b）买方应能安稳地占有货物，除非受到所有人或其他已披露或已知的任何担保或负担权益妨碍。"第 3 款规定："本款适用于从合同能够看出或根据合同的情况可以推断出——卖方会只转移他或第三人拥有的所有权这一意思的买卖合同。"第 4 款规定："上述第三款所适用的合同中，有这样的一项默示条款，即所有人知晓的而不为买方所知的全部担保或负担在合同订立之前已经披露给了买方。"第 5 款规定："上述第三款所适用的合同中，还有这样的一项默示条款，即无论卖方、在缔约当事人间同意卖方应予移转的只是某一第三者所享有的所有权时的第三者、任何向卖方或上述第三者提出不为买方所知的债务或纠纷时的其他人，都不会妨碍买方安稳地占有货物。"我国台湾地区"民法"第 349 条规定："出卖人应担保第三人就买卖之标的物，对于买受人不得主张任何权利。"

◆ **条文解读**

具体到本条的规定而言，出卖人的权利担保义务包括：（1）出卖人对出卖的标的物享有合法的权利，他须对标的物具有所有权或者处分权。出卖人作为代理人替货主出售货物，即是出卖人具有处分权的情形。而出卖人将其合法占有或者非法占有的他人财产作为出卖的标的物，或者出卖自己只有部分权利的标的物，如与他人共有的财产等都是对本项义务的违反。（2）出卖人应当保证标的物上不存在他人实际享有的权利，如抵押权、租赁权等。（3）出卖人应当保证标的物没有侵犯他人的知识产权。确定出卖人的这项义务比较复杂，需要结合有关知识产权的法律作出判断。《联合国国际货物销售合同公约》对此内容在第42条第1款规定："如果第三方能够根据下列国家的法律以工业产权或其他知识产权为依据对卖方交付的货物提出任何权利或要求，则卖方必须交付不受任何此种权利或要求影响的货物，但以卖方在订立合同时已知道或不可能不知道此种权利或要求为限：（a）如果双方当事人在订立合同时有意将货物在某一国境内转售或以其他方式在该国境内使用货物，则根据该转售或以其他方式使用地所在国的法律；或者（b）在任何其他情况下，根据买方营业地所在国家的法律。"第2款规定："卖方在上一款中的义务并不适用于下列情形：（a）买方在订立合同时已知道或不可能不知道此项权利或要求；或者（b）此项权利或要求是由于卖方遵从了买方所提供的技术图样、设计、方案或其他规格而产生的。"可以作为适用本条规定的参考。

出卖人未能履行权利担保义务，使得合同订立后标的物上的权利缺陷没有去除，属于出卖人不履行债务的一种情况，出卖人应当承担相应的法律责任。首先，买受人可以依照合同编第八章违约责任的有关规定，请求出卖人承担违约责任。其次，在标的物的部分权利属于他人的情况下，也可以认为出卖人的行为构成根本违约，即严重影响了买受人订立合同的目的，买受人可以单方解除合同。如果买受人不想解除合同，则可以请求出卖人减少标的物的价款。

至于本条所规定的"但是法律另有规定的除外"，这里的法律另有规定，主要包括以下三个方面：（1）如果有关专门立法对有权利缺陷标的物的买卖作出特别规定，则首先要依照其规定。

例如本法第431条规定："质权人在质权存续期间，未经出质人同意，擅自使用、处分质押财产，造成出质人损害的，应当承担赔偿责任。"因此，在这种情况下，即使有关质押物的买卖合同有效，作为出卖人的质权人也应当向出质人承担违约责任。（2）如果有关涉及知识产权的立法就出卖人的权利有特殊规定的，应当按该特殊规定处理。例如本法第600条规定："出卖具有知识产权的标的物的，除法律另有规定或者当事人另有约定外，该标的物的知识产权不属于买受人。"据此，买受人就不能主张享有标的物的知识产权。（3）如果买受人明知第三人对标的物享有权利的，应当受其约束。例如本法第613条规定："买受人订立合同时知道或者应当知道第三人对买卖的标的物享有权利的，出卖人不承担前条规定的义务。"

需要指出的是，本章规定权利担保义务的这些条文的目的只是明确在买卖合同中当事人的权利义务关系，而不解决买卖合同对货物所有权所产生的影响问题。因此，如果出卖人将其根本没有所有权或者处分权的财产拿来出售，而买方并不知情出钱购买之后，一旦财产的真正所有人向买方提出索回财产时，该善意（即不知情）的买受人能否在法律上得到保护，能否取得财产的所有权而不返还给原所有人，这个问题属于本法第311条规定的善意取得制度调整的范畴，具体请参考有关该条的规定及释义。

另外还需要说明的一个问题是，本条的权利担保义务的规定还涉及一物多卖问题，且实践中的问题比较突出，在本法编纂过程中，有不少意见提出，在《最高人民法院关于审理买卖合同纠纷案件适用法律问题的解释》等有关规定的基础上，要求在买卖合同章对一物多卖问题作出规定。一物多卖所签订的多份合同，如果不存在恶意串通损害第三人利益的，则各个合同都应当属于有效，但究竟应该根据哪一个合同来确定物权的归属，在实务中经常发生争议。目前，实践中通常分三类来处理。

1. 标的物为不动产的。司法解释没有作出明确规定，通常的处理模式为：（1）先办理过户登记手续的，优先受到保护；（2）办理预告登记的买受人，其次受到保护；（3）既未办理过户登记也未预告登记的，先合法取得占有的买受人受到保护。

2. 标的物为一般动产的。《最高人民法院关于审理买卖合同纠纷案件适用法律问题的解释》第 9 条规定："出卖人就同一普通动产订立多重买卖合同，在买卖合同均有效的情况下，买受人均要求实际履行合同的，应当按照以下情形分别处理：（一）先行受领交付的买受人请求确认所有权已经转移的，人民法院应予支持；（二）均未受领交付，先行支付价款的买受人请求出卖人履行交付标的物等合同义务的，人民法院应予支持；（三）均未受领交付，也未支付价款，依法成立在先合同的买受人请求出卖人履行交付标的物等合同义务的，人民法院应予支持。"实践中均按此处理。

3. 标的物为船舶、航空器、机动车等特殊动产的。《最高人民法院关于审理买卖合同纠纷案件适用法律问题的解释》第 10 条规定："出卖人就同一船舶、航空器、机动车等特殊动产订立多重买卖合同，在买卖合同均有效的情况下，买受人均要求实际履行合同的，应当按照以下情形分别处理：（一）先行受领交付的买受人请求出卖人履行办理所有权转移登记手续等合同义务的，人民法院应予支持；（二）均未受领交付，先行办理所有权转移登记手续的买受人请求出卖人履行交付标的物等合同义务的，人民法院应予支持；（三）均未受领交付，也未办理所有权转移登记手续，依法成立在先合同的买受人请求出卖人履行交付标的物和办理所有权转移登记手续等合同义务的，人民法院应予支持；（四）出卖人将标的物交付给买受人之一，又为其他买受人办理所有权转移登记，已受领交付的买受人请求将标的物所有权登记在自己名下的，人民法院应予支持。”实践中均按此处理。

我们经研究，最终没有在本法合同编的编纂过程中吸收上述内容，主要理由有二：一是买卖合同标的物所有权的最终归属问题，不属于合同编范畴，而是属于物权编范畴；二是学界对于《最高人民法院关于审理买卖合同纠纷案件适用法律问题的解释》第 9 条第 3 项和第 10 条第 3 项存在争议，认为有悖于债权平等原则，处理结果不够公平。因此留待司法实践和理论界进一步研究探索。

第六百一十三条 买受人订立合同时知道或者应当知道第三人对买卖的标的物享有权利的，出卖人不承担前条规定的义务。

◆ 条文主旨

本条是关于出卖人权利担保义务免除的规定。

◆ 立法背景

依照前条规定，买卖合同的出卖人对于买受人应当承担权利担保义务。但是，在订立合同时，如果买受人已知或者应知标的物在权利上存在缺陷，除合同没有约定相反的意思，就应当认为买受人抛弃了对出卖人的担保权。因为买受人在订立合同时明知这种情况就等于表示愿意购买有权利缺陷的标的物。这同买受人明知货物有质量上的瑕疵而仍愿意购买的道理是一样的。我国台湾地区“民法”第 351 条规定：“买受人于契约成立时，知有权利之瑕疵者，出卖人不负担保之责。但契约另有订定者，不在此限。”此处的契约另有订定，如果表现为在合同中约定出卖人负有在合同订立后除去权利缺陷的义务，则在这种情况下出卖人的权利担保义务就不得免除。《联合国国际货物销售合同公约》第41条也规定，卖方所交付的货物必须是第三方不能提出任何权利或者请求的货物，除非买方同意在受制于这种权利或者请求的条件下收取货物。《英国货物买卖法》第12条第3款至第5款的规定，也表明了这个意思。

◆ **条文解读**

根据本条规定，出卖人不承担权利担保义务须具备两个条件：(1）买受人须了解情况。对于“买受人知道或者应当知道第三人对买卖的标的物享有权利”的规定，买受人需要了解三点：第一点是买受人知道或者应当知道。也就是说，买受人订立合同时知道或者应当知道存在权利瑕疵。第二点是第三人应当是买卖合同当事人以外的人。第三点是这里的权利包括所有权及与所有权有关的其他权利，比如抵押权、质权和租赁权等。(2）买受人了解情况应为订立合同时。买受人知道或者应当知道第三人对买卖的标的物享有权利，应当在订立合同时，包括订立合同过程中和合同签字之时。如果在合同订立后，则不属于本条所规定的情况。

另外需要注意的是：(1）如果就买受人是否知情发生争议，出卖人如果主张买受人在订立合同时明知标的物的权利缺陷，则对此举证的责任在出卖人，而非买受人。(2）出卖人不承担权利担保义务，意味着买受人无权就其不能取得完整的标的物所有权请求出卖人承担违约责任。(3）本条规定只是一个原则性的规定，并没有否定当事人以协议的方式排除这一规定。也就是说，买卖合同当事人如果在合同中约定应当由出卖人承担权利瑕疵担保责任的，出卖人就应当承担权利瑕疵担保责任。

第六百一十四条 买受人有确切证据证明第三人对标的物享有权利的，可以中止支付相应的价款，但是出卖人提供适当担保的除外。

◆ 条文主旨

本条是关于买受人就标的物的权利缺陷行使中止支付价款权的规定。

◆ 立法背景

本条规定的买受人可以中止支付相应价款的权利，是指暂时不支付还没有支付的价款，等到权利瑕疵不存在时再予以支付，如本条规定的“出卖人提供适当担保”时就可以支付。这种情况下，买受人的权利不会受到损害。由于中止支付相应价款是买受人的权利，所以规定，在出现本案情况时，“可以”中止支付相应价款。也就是说，这项权利属于买受人的一项选择权，当事人可以选择行使这项权利，也可以选择不行使这项权利。

◆ 条文解读

本条规定赋予买受人中止支付价款权，目的在于对买受人提供一种积极的保护。为什么要赋予买受人这一权利？这主要是考虑到，在买卖合同中，买受人支付价款的直接对价就是取得标的物的所有权，如果标的物存在第三人享有相应权利的瑕疵，则有可能使其不能取得所有权或者不能取得完整的所有权，此时买受人则不能取得支付价款的对价。这就需要以法律的形式即中止支付相应价款的权利来保护买受人的权利。

大陆法系的一些民法典也有类似的规定。比如《日本民法典》第576条规定：“有就买卖标的主张权利者，致买受人有丧失其买受权利之全部或一部之虞时，买受人可以按其危险程度，拒绝支付价金的全部或一部。但是，出卖人已提供相当担保时，不在此限。”我国台湾地区“民法”第368条规定：“买受人有正当理由恐第三人主张权利致失其因买卖契约所得权利之全部或一部者，得拒绝支付价金之全部或一部，但出卖人已提出相当担保者不在此限。”可以看出，在给买受人此项权利的同时，为了不过分损害出卖人的利益，这些法律和本条都规定，出卖人可以提出以提供担保的办法使买受人支付价款。这种担保应当与买受人有理由证明的可能损害相适应。

依据本条的规定，买受人中止支付相应价款必须符合如下条件：第一，买受人必须有确切证据，这就是说，买受人不能凭猜疑认为第三人对标的物享有权利，就中止支付价款。这里所言的证据包括买卖标的物的所有权凭证、他项权证、租赁合同书等。第二，买受人有丧失标的物部分权利的可能，这就是说，第三人所提供的证据或者买受人自己查到的证据，均表明第三人对标的物享有权利。《合同法》第152条规定：“买受人有确切证据证明第三人可能就标的物主张权利的，可以中止支付相应的价款，但出卖人提供适当担保的除外。”该条规定的第三人“可能主张权利”很可能就是恶作剧，即第三人可能不是真正的权利人，如此前提下就允许买受人中止支付相应价款，对出卖人明显不公，因此我们经研究对本条作了修改完善。第三，中止支付与受影响的标的物之间具有牵连性，这就是说，买受人中止支付的，应当是标的物的“相应”价款，并非一定是全部价款，具体要看证据所能反映的第三人就标的物享有的权利大小而定。第四，出卖人未提供适当担保，这就是说，如果出卖人提供了相应的担保，足以消除买受人的疑虑，那么买受人自然不能再中止价款的支付。实践操作中，在买受人要求提供担保之后，出卖人拒绝提供的，买受人方可中止支付价款。至于适当担保的程度判断，则要依据交易的具体情形而定。

第六百一十五条 出卖人应当按照约定的质量要求交付标的物。出卖人提供有关标的物质量说明的，交付的标的物应当符合该说明的质量要求。

◆ 条文主旨

本条是关于买卖标的物应当符合约定质量要求的规定。

◆ 立法背景

买卖标的物的质量瑕疵担保责任，对买受人而言具有极端重要性。本条来自《合同法》第153条的规定，未作修订。

◆ 条文解读

一、各国或地区对出卖人质量担保义务的规定

本条规定的是出卖人的质量担保义务。质量要求是买卖合同的重要条款，出卖人交付的标的物应当符合约定的质量要求；否则，买受人可以依法请求出卖人承担违约责任。各国或者地区对此大多都有明确规定。《欧洲示范民法典草案》第IV. A－2：302条规定："货物必须：（a）与合同订立时向卖方表明的任何特殊目的相符，除非客观情况表明买方并未依赖卖方的技能和判断，或者这种依赖是不合理的；（b）符合同类货物通常的使用目的；（c）具备卖方作为样品或模型向买方所展示的货物的质量；（d）以对同类货物通常使用的方式进行装运或包装，如果缺乏这样的标准，则以足够保全和保护货物的方式进行装运或包装；（e）配备买方可以合理预期的附件、安装说明或其他指示说明；（f）具有买方可

以合理期待的其他质量和使用性能。”《联合国国际货物销售合同公约》第35条第1款规定：“卖方交付的货物必须与合同所规定的数量、质量和规格相符，并须按照合同所规定的方式装箱或包装。”《德国民法典》第434条第1款规定：“物在风险转移时具有所约定的性质的，无物的瑕疵。以性质未被约定所限，物有下列情形时，无物的瑕疵：该物适合于合同所预定的使用的；在其他情形下该物适合于惯常的使用，且具有同种的物通常具有的、买受人能够按物的种类而期待的性质的。”《英国货物买卖法》第14条第2款规定：“卖方在出售货物的交易过程中，应有一项默示要件，即该契约下的货物的品质是适合商销的，但有下列情况者除外：在缔约前已将货物的瑕疵特别提请买方注意者；或买方在缔约前已检查过货物，而该项瑕疵是在检查中应能发现者。”我国台湾地区“民法”第373条确立了标的物风险转移的交付模式，并就出卖人物之瑕疵担保责任在第354条第2款规定：“出卖人并应担保其物于危险移转时，具有其所保证之质量。”

二、出卖人应当按照约定的质量要求交付标的物

按照约定的质量要求交付标的物，是出卖人的一项基本义务。需要说明的是，本条规定是一个原则性的规定，究竟何为按照要求履行了义务，还需要看当事人的具体约定。只有当事人具体而又明确约定，方能利于出卖人交付符合要求的标的物，利于买受人收到符合自己所需要的标的物。为减少纠纷及方便合同的履行，建议双方当事人在缔约过程中就标的物的质量要求作出约定。

三、交付的标的物应当符合标的物说明的质量要求

出卖人提供有关标的物质量说明的，交付的标的物应当符合该说明的质量要求。这一规定是按约定的质量要求交付标的物的进一步规定，属于该义务的范畴。质量说明是对标的物质量的具体说明，包括规格、等级、所含主要成分的名称和含量、有效使用期等。这里需要强调说明的有两点：第一，要求交付质量说明的，当事人应当交付质量说明并符合要求。具体分为两种情形：一种情形是法律规定的商品必须有质量说明的，其标的物必须有标的物质量说明，交付标的物时也须有标的物质量说明；另一种情形是法律没有要求有质量说明，当事人约定需要有质量说明的，交付标的物时也需要有质量说明。对上述两种情形，当事人交付的标的物，应当符合质量说明；不符合质量说明的，属于违约行为。但是，需要指出的是，这一要求是在符合合同要求的基础上的一个附加的要求，不等于符合了质量说明的要求，就可以不符合合同的具体要求，其还必须符合合同的具体要求。第二，没有要求交付质量说明的，当事人可以不交付质量说明。这是指没有法律规定和没有约定的情形，在这种情形下，当事人可以不交付标的物质量说明。但是交付的标的物的质量，必须符合合同的具体要求。

另外，就标的物质量说明问题，《美国统一商法典》第2-313条的有关规定，很有参考作用，即明示担保可以通过三种方式表现，特作如下介绍：(1) 如果卖方对买方就有关货物在事实方面作出了确认或者许诺，并作为交易基础的组成部分，就构成一项明示担保，即保证他所出售的货物与他所作的确认或者许诺相符。这种对事实所作的确认或者许诺可以用货物的标签、商品说明及目录等方式表示，也可以记载在合同内。例如，如果卖方在出售服装的标签上写明“100%纯棉”，这就是一项对事实的确认，就是一项明示的担保。(2) 卖方对货物所作的任何说明，只要是作为交易基础的一部分，就构成一项明示担保，卖方所交的货物必须与该项说明相符。(3) 作为交易基础的组成部分的样品、模型，也是一种明示担保，卖方所交的货物应当与样品或者模型一致。本法为使凭样品买卖的合同中当事人的权利义务更加明确，在本章中单独设立一条样品买卖的条文。以上所介绍的美国法律的这些有关规定，可以帮助了解本条的意旨。

第六百一十六条 当事人对标的物的质量要求没有约定或者约定不明确，依据本法第五百一十条的规定仍不能确定的，适用本法第五百一十一条第一项的规定。

◆ **条文主旨**

本条是关于买卖合同标的物法定质量担保义务的规定。

◆ **立法背景**

本条解决的中心问题是买卖双方如果在合同中对标的物的质量要求问题没有约定或者约定不明确时怎么办。与合同的其他条款一样，首先要依照本法第510条的规定予以确定。确定不了的，接着适用本法第511条的有关一般性规定，即“质量要求不明确的，按照强制性国家标准履行；没有强制性国家标准的，按照推荐性国家标准履行；没有推荐性国家标准的，按照行业标准履行；没有国家标准、行业标准的，按照通常标准或者符合合同目的的特定标准履行”。

◆ **条文解读**

质量要求问题是买卖合同中必须解决的问题，大陆法系有关的制度称为瑕疵担保制度，英美法系则称为默示担保制度。

大陆法系要求出卖人保证其所出售的标的物没有质量瑕疵。所谓质量瑕疵，是指标的物存在不符合规定或者通用质量规格的缺陷，或者影响使用效果等方面的情况。比如《德国民法典》和我国台湾地区“民法”都规定，物之出卖人对于买受人应担保其物之危险移转于买受人时无灭失或减少其价值之瑕疵，亦无灭失或减少其通常效用或契约预定效用之瑕疵，但减少之程度无关紧要者不得视为瑕疵。出卖人并应担保其物于危险移转时具有其所保证之品质。

英美法系默示担保制度以《美国统一商法典》的规定为典型。默示担保的含义在于，它不是由双方当事人在合同中规定的，而是法律认为应当包括在合同之内的，只要买卖合同双方在合同中没有作出相反的约定，则法律上所规定的默示担保就可以依法适用于他们之间的合同。

《联合国国际货物销售合同公约》对出卖人的质量担保义务也作了明确的规定，其内容与英美法上默示担保制度相似，《联合国国际货物销售合同公约》第35条规定，除双方当事人业已另有协议外，货物除非符合以下规定，否则即为与合同不符：（a）货物适用于同一规格货物通常使用的目的；（b）货物适用于订立合同时曾明示或默示地通知卖方的任何特定目的，除非情况表明买方并不依赖卖方的技能和判断力，或者这种依赖对他是不合理的；（c）货物的质量与卖方向买方提供的货物样品或样式相同；（d）货物按照同类货物通用的方式装箱或包装，如果没有此种通用方式，则按照足以保全和保护货物的方式装箱包装。以上4项义务，是在合同当事人没有其他约定的情况下，由公约加于卖方身上的义务。这些要求反映了买方在正常交易中对所购买的货物所抱有的合理期望。因此，只要双方当事人在合同中没有作出与此相反的约定，公约的这些规定就适用于他们之间的合同。

本条借鉴了以上两种制度的合理规定，主要是以英美法系的默示担保制度作为参考。大陆法系的瑕疵担保责任是不同于违约责任的一种法定责任，其理论认为，违约责任属于过错责任，当事人承担违约责任的前提是他对违约行为有过错。而瑕疵担保责任是无过错责任，只要出卖人不履行瑕疵担保义务，无论其是否有过错，该责任都要承担。而合同法关于违约责任的规定即是采取无过错原则，不考虑违约方的主观状态，只要有违约行为，就应当承担违约责任。因此，就没有必要在违约责任之外再设立瑕疵担保责任。但大陆法系有关出卖人瑕疵担保义务的一些规定还是合理的，可以借鉴。英美法系的默示担保制度与合同编买卖合同一章的思路则基本上是一致的。合同双方当事人明确约定的标的物质量要求，出卖人提供的标的物必须符合，否则构成违约。如果当事人没有约定的，由法律规定出卖人应当履行的义务，这些规定就视为当事人约定的义务，出卖人不履行该义务，同样是违约。这样既使问题简单化，便于实际操作，又与合同编通则部分的违约责任的规定相协调，在逻辑关系上是合理的。

本条规定的出卖人法定质量担保义务是，质量要求不明确的，按照强制性国家标准履行；没有强制性国家标准的，按照推荐性国家标准履行；没有推荐性国家标准的，按照行业标准履行；没有国家标准、行业标准的，按照通常标准或者符合合同目的的特定标准履行。应当讲，这是一种比较原则的表述。然而，由于实际生活中买卖合同的情况纷繁复杂，涉及的标的物以及合同标的额千差万别，试图在法律中作出具体明确的规定不仅很难做到，而且不利于调整具体的合同关系。对本条的理解，可以参考上述国际公约的有关规定，而它在实践中的适用则要结合所遇到的个案进行具体的分析，以确定“通常标准”或者“特定标准”的内容，即在具体问题的处理过程中体现出法律规定的原则和精神。比如，标的物属于《产品质量法》规范的产品的，产品的质量应当符合该法第 26 条规定的“（一）不存在危及人身、财产安全的不合理的危险，有保障人体健康和人身、财产安全的国家标准、行业标准的，应当符合该标准；（二）具备产品应当具备的使用性能，但是，对产品存在使用性能的瑕疵作出说明的除外；（三）符合在产品或者其包装上注明采用的产品标准，符合以产品说明、实物样品等方式表明的质量状况”的要求。同时应当符合该法第27条的规定：“产品或者其包装上的标识必须真实，并符合下列要求：（一）有产品质量检验合格证明；（二）有中文标明的产品名称、生产厂厂名和厂址；（三）根据产品的特点和使用要求，需要标明产品规格、等级、所含主要成份的名称和含量的，用中文相应予以标明；需要事先让消费者知晓的，应当在外包装上标明，或者预先向消费者提供有关资料；（四）限期使用的产品，应当在显著位置清晰地标明生产日期和安全使用期或者失效日期；（五）使用不当，容易造成产品本身损坏或者可能危及人身、财产安全的产品，应当有警示标志或者中文警示说明。裸装的食品和其他根据产品的特点难以附加标识的裸装产品，可以不附加产品标识。”

▶ **相关规定**

《中华人民共和国产品质量法》第26条、第27条

第六百一十七条 出卖人交付的标的物不符合质量要求的，买受人可以依据本法第五百八十二条至第五百八十四条的规定请求承担违约责任。

◆ **条文主旨**

本条是关于标的物质量不符合要求时，买受人权利的规定。

◆ **立法背景**

在出卖人交付的标的物不符合质量要求时，买受人的权利救

济规则显得尤为重要。本条在《合同法》第155条规定的基础上，作了适当修订完善。

◆ 条文解读

一、出卖人承担标的物质量不符合要求责任的构成要件

从理论上来讲，本条系出卖人交付标的物质量不符合要求应当承担违约责任的条款，其构成应当具备以下4个构成要件：一是交付的标的物有瑕疵。认定物的瑕疵通常原则为：合同关于标的物质量有约定的，从其约定；没有约定的，补充协商；协商不成的，依据本法第511条第1项的规定确定。有个例外是，如果当事人约定的质量要求低于法定的强制性标准的，其约定无效，应以法定要求为准。二是标的物瑕疵在标的物风险转移时存在。只要标的物在交付给买受人之时存在瑕疵，出卖人即应承担责任，因为买受人在受领标的物时才有检查的可能，而出卖人在标的物交付之前有机会除去瑕疵。三是买受人为善意且无重大过失。如果买受人在与出卖人达成合意时主观明知瑕疵的存在或者当事人特定约定免除出卖人的瑕疵担保责任，则表明出卖人的履行行为是符合约定的，不属于不适当履行。同时，除出卖人故意隐瞒瑕疵外，如果买受人因为重大过失而忽略了对自己利益的保护，同样不受标的物瑕疵担保责任制度的保护。四是买受人须在异议期间内履行瑕疵的通知义务。买受人在合理期间或者法定期间未通知出卖人存在标的物瑕疵的，视为标的物不存在瑕疵。

二、买受人有权请求出卖人对交付的不符合质量要求的标的物承担违约责任

本条是为了保护买受人的合同权益而作出的规定，系买受人的一项权利。这里需要说明的是，买受人行使这一权利须注意以下4点：第一，前提是买卖合同为有效合同。依据本法的有关规

定，依法成立并生效的合同，对当事人具有法律约束力，受法律保护，当事人方可要求违约方承担违约责任。如果合同为无效合同，则不存在违约责任的问题。第二，出卖人交付的标的物不符合质量要求。标的物不符合质量要求具体包括两种情况，一种情况是不符合第615条规定的情况，即出卖人交付的标的物不符合合同约定的质量要求；另一种情况是不符合第616条规定的情况，即在没有约定标的物质量要求的情况下，不符合标的物的法定质量要求，具体可表现为不符合国家强制性标准、行业强制性标准、通常标准或者合同目的的特定标准等。第三，买受人应当及时向出卖人提出。相应的具体法律依据有本法第620条和第621条规定的买受人及时通知义务，这就是说，买受人依据该两条规定没有及时向出卖人提出的，不能行使本条所规定的权利。即使行使，法律也不保护买受人的权利，这样的处理方式才相对实现了平等保护双方当事人合法权益的立法目的。第四，买受人没有处置或者使用该标的物。买受人收到标的物后，发现问题应依法及时提出质量异议，不能随意使用或者处置该标的物。如果随意使用该标的物或者处置该标的物，表明其对该标的物的认可，责任应由买受人自己负担。此种情况下，如果再追究出卖人的违约责任是不公平的。

三、出卖人承担违约责任的方式

《合同法》第155条规定："出卖人交付的标的物不符合质量要求的，买受人可以依照本法第一百一十一条的规定要求承担违约责任。"即赋予买受人的权利只有"可以合理选择请求修理、重作、更换、退货、减少价款或者报酬"，没有明确表明买受人可以请求赔偿损失。因此，在本法编纂过程中，有意见提出应当补充上买受人有权要求出卖人承担赔偿损失的责任，这样的规定才称得上完整。该意见合情合理也合法，因此我们采纳了该意见，即买受人可以依据本法第 582 条至第 584 条 3 个条文的规定要求出卖人承担违约责任，而不是之前的买受人只能依据 1 个条文要求出卖人承担违约责任。

依据本条目前的规定，出卖人交付的标的物不符合质量要求应承担本法第 582 条至第 584 条规定的违约责任。根据第 582 条的规定："履行不符合约定的，应当按照当事人的约定承担违约责任。对违约责任没有约定或者约定不明确，依据本法第五百一十条的规定仍不能确定的，受损害方根据标的的性质以及损失的大小，可以合理选择请求对方承担修理、重作、更换、退货、减少价款或者报酬等违约责任。"根据第 583 条的规定："当事人一方不履行合同义务或者履行合同义务不符合约定的，在履行义务或者采取补救措施后，对方还有其他损失的，应当赔偿损失。"根据第 584 条的规定："当事人一方不履行合同义务或者履行合同义务不符合约定，造成对方损失的，损失赔偿额应当相当于因违约所造成的损失，包括合同履行后可以获得的利益；但是，不得超过违约一方订立合同时预见到或者应当预见到的因违约可能造成的损失。"这就是说，出卖人交付的标的物不符合质量要求时，承担违约责任的方式有两种：一种是当事人约定的方式。当事人可以根据本合同情况和本法关于违约责任的规定，约定出具体的违约责任。另一种是法定方式。即没有约定或者重新约定不成功的情况下，按照法定的方式承担违约责任。也就是说，买受人依据规定可以要求出卖人承担以下一种或者几种违约责任：修理、重作、更换、退货、减少价款或者报酬、赔偿损失。需要说明的是，第 584 条并非承担违约责任的具体方式，它是"赔偿损失"责任的计算范围和方式，对于实践中确定违约责任的大小非常重要。

第六百一十八条 当事人约定减轻或者免除出卖人对标的物瑕疵承担的责任，因出卖人故意或者重大过失不告知买受人标的物瑕疵的，出卖人无权主张减轻或者免除责任。

◆ **条文主旨**

本条是关于出卖人对标的物瑕疵担保责任减免特约效力的规定。

◆ **立法背景**

在买卖合同订立及履行过程中，如果出卖人和买受人作出约定，减轻或者免除出卖人对标的物瑕疵的担保责任。按照本法第5条规定的自愿原则，应当尊重当事人的意思自治，即应当尊重出卖人和买受人作出的约定。但是出卖人因故意或重大过失未告知买受人标的物瑕疵时，属于隐瞒事实真相的欺诈行为，有悖诚信原则，所以不少国家或地区大多都倾向于保护买受人的利益，不支持出卖人根据免约特则减轻或者免除责任。至于出卖人是否有欺诈的目的，买受人是否因出卖人未告知标的物瑕疵而订立合同，在所不问。比如，我国台湾地区“民法”第366条规定，以特约免除或限制出卖人关于权利或物之瑕疵担保义务者，如出卖人故意不告知其瑕疵，其特约为无效。我国合同法对此并无规定，在本法编纂过程中，基于此规则的重要性，参照《最高人民法院关于审理买卖合同纠纷案件适用法律问题的解释》，特作出本条规定。

◆ **条文解读**

一、特约可以减免瑕疵担保责任的原因分析

在买卖合同中，出卖人原则上具有对标的物瑕疵的担保义务，依据合同自愿原则，合同义务来自当事人之间的约定，瑕疵担保义务也不例外。无论是质量瑕疵担保义务还是权利瑕疵担保义务，其产生根源都在于买卖双方缔结了购买与出售标的物的合意，出卖人的合同目的是获得标的物的价款，买受人的合同目的是获得完整可用可处分的标的物，任何一方未能达到目的，都应视为对方违反合同义务。即使合同对此没有作出约定，依据本法第610条的规定，因标的物不符合质量要求，致使不能实现合同目的的，买受人可以拒绝接受标的物或者解除合同。买受人拒绝接受标的物或者解除合同的，标的物毁损、灭失的风险由出卖人承担。据此表明出卖人具有质量瑕疵担保义务。依据本法第612条的规定，出卖人就交付的标的物，负有保证第三人对该标的物不享有任何权利的义务，但是法律另有规定的除外。据此表明出卖人有权利瑕疵担保义务。尽管如此，既然瑕疵担保是合同义务，那么便可以通过约定排除，否则将有悖于合同自愿原则，这是特约可以减免瑕疵担保责任的第一个原因。

同时，尽管买卖合同的双方当事人在订立合同时是平等的，但是双方的缔约能力可能存在差别。按照通常理解，出卖人在订立合同时对于合同标的物的权利归属以及质量状况应有充分了解，但是在某些特殊情况下，出卖人限于外界条件或者标的物自身的特殊性质，可能难以充分全面地认识到标的物的现状，如果买受人对此表示理解，并且买受人愿意承担标的物可能存在的瑕疵风险，那么便可依双方的约定处理。在意思自治的前提下，买卖双方基于各自的利益考量，通过特约免除标的物的瑕疵担保责任，对双方来讲，既符合公平原则，也符合诚信原则，因此相关的约定对双方均具有法律约束力。这是特约可以减免瑕疵担保责任的第二个原因。

二、出卖人过错导致的特约减免例外

在买卖合同的订立和履行过程中，买卖双方可以约定免除出卖人对标的物的瑕疵担保责任。但在一些特殊情况下，出卖人存在主观过错，导致买受人对标的物的瑕疵状况不了解，最终致使买受人收到的标的物存在瑕疵。在这种情况下，买卖合同双方订立合同的基础有失公平，损害了买受人的权利，依据诚信原则以及本法第 506 条第 2 项“因故意或者重大过失造成对方财产损失的”合同中的免责条款无效的规定，对出卖人主张减轻或者免除责任的请求，不应予以支持。

本条中的出卖人的过错包括故意或者重大过失两类。出卖人故意不告知买受人标的物存在瑕疵，意味着出卖人明知标的物存在瑕疵。例如，出卖人销售的是伪劣产品，但却告知买受人产品符合质量标准，显然构成故意隐瞒标的物质量瑕疵。再如，出卖人将标的物一物二卖，又不告知第二个买受人实际情况，显然构成故意隐瞒标的物权利瑕疵。在这种情形下，不免除出卖人的违约责任当无争议。而在特约免除瑕疵担保责任的出卖人重大过失场合，其并无故意致使买受人受损的目的，但客观上造成了买受人利益的损害，该约定是否无效确实存有争议。例如，出卖人委托拍卖公司拍卖一块土地，由于疏忽导致拍卖公告中载明的土地面积大于实际面积，同时约定该土地以现状拍卖，出卖人不担保标的物的实际状况及瑕疵。在买受人拍得土地后发现土地面积不对，因此就出卖人是否可以免除瑕疵担保责任发生争议。在这种情况下，如果允许出卖人免除瑕疵担保责任，将使得拍卖人无需调查了解拍卖物的任何情形，竞买人只能自行了解标的物，其结果不但破坏了市场的诚信，也大大增加了市场的交易成本，结合本法第 506 条第 2 项的规定，对于出卖人存在重大过失的免责约定的效力，应当持否定评价。

另外需要指出的是，在适用本条的过程中，主张出卖人存在故意或者重大过失的情形，应当由买受人承担举证责任。而对于特约免除瑕疵担保责任的形式，由于该约定对双方的权利义务都存在重大影响，因此无论采取什么形式约定，都应当以明示的方式作出，而不能以默示的方式作出。

第六百一十九条 出卖人应当按照约定的包装方式交付标的物。对包装方式没有约定或者约定不明确，依据本法第五百一十条的规定仍不能确定的，应当按照通用的方式包装；没有通用方式的，应当采取足以保护标的物且有利于节约资源、保护生态环境的包装方式。

◆ 条文主旨

本条是关于出卖人的标的物包装义务的规定。

◆ 立法背景

随着绿色发展理念的不断深入，对买卖标的物的包装要求务必坚持可持续的观念，故本条在《合同法》第156条规定的基础上，增加了民事活动应当坚持绿色原则的相关内容。

◆ 条文解读

一、包装方式的含义

标的物的包装方式包括包装材料的具体要求和包装的具体操作方式。包装材料和具体的操作方式，一般根据标的物的性质和运输的方式来确定。比如，就包装的具体操作方式来讲，包括运输包装方式和商品的销售包装方式。包装方式是否在合同中进行约定，应当根据买卖合同的具体情况来确定。需要约定包装方式的，当事人应以条款的形式对此作出下述具体明确的约定：包装的规格、包装的材料、包装费用、包装的标识、包装的具体方式等。

二、包装方式为买卖合同的条款之一

在买卖合同中，就一些易腐、易碎、易爆、易燃、易潮以及化学物品等标的物来讲，包装方式对于标的物品质的保护具有重要的意义。对有些标的物来说，质量标准的一部分可能就是通过包装本身来表现的。因此，本章特设一条对标的物的包装方式予以规定。规定的内容主要是借鉴《联合国国际货物销售合同公约》第35条的有关规定，即卖方交付的货物必须与合同所规定的数量、质量和规格相符，并须按照合同所规定的方式装箱或包装。除双方当事人业已另有协议外，货物除非符合以下规定，否则即为与合同不符：……货物按照同类货物通用的方式装箱或包装，如果没有此种通用方式，则按照足以保全和保护货物的方式装箱包装。

三、出卖人不按约定的包装方式交付标的物为违约

出卖人应当按照约定的包装方式交付标的物，这是本条规定的出卖人的义务，如果出卖人不履行或者不正确履行这一义务，则属于违约行为，应当依法承担违约责任。

四、包装方式没有约定或者约定不明确时的处理方式

对于包装方式，合同中没有约定或者约定不明确时如何履行义务？本条规定了两种解决方案：一是按照本法第510条的规定确定。即由当事人协商解决重新订立包装条款或者按照交易习惯确定包装方式，一经重新协商确定，则应照此执行。二是依据本法规定直接确定。依据本法第510条的规定不能确定的，本条直接规定了解决方案：应当采用通用的包装方式，没有通用的包装方式的，应当采取足以保护标的物且有利于节约资源、保护生态环境的包装方式。至于何为“通用的包装方式”，一般理解为，有国家强制性标准、推荐性国家标准、行业标准的，这些标准应当理解为“通用的包装方式”。至于何为“足以保护标的物的包装方式”，则需根据具体的买卖合同标的物作出判断。至于为何加上“节约资源、保护生态环境”的内容，主要是基于我国电子商务蓬勃发展的实际情况，有大量的包装物需要得到科学处理，为贯彻民法总则编的绿色原则，特地加上了该内容，以指引人们培养可持续发展的生活方式。

第六百二十条 买受人收到标的物时应当在约定的检验期限内检验。没有约定检验期限的，应当及时检验。

◆ 条文主旨

本条是关于买受人对标的物的检验义务的规定。

◆ 立法背景

买卖合同的履行过程中，在出卖人交付标的物后，接着的一个重要问题就是买受人对标的物的检验。检验的目的是查明出卖人交付的标的物是否与合同的约定相符，因此它密切关系着买受人的合同利益，各国法律都赋予买受人检验标的物的权利。例如，《联合国国际货物销售合同公约》第38条第1款规定：“买方必须在实际情况允许的最短时间内检验或委托他人检验货物。”另外，《美国统一商法典》对此规定得较为全面，该法典第2-513条规定，除当事人另有约定外，买方在支付货款和接受标的物以前，有权对货物进行检验。检验的时间、地点和方法按照合同约定办理。如合同未作约定，在卖方负责把货物运到目的地的情况下，应在目的地进行检验。在其他情况下，应当在合理的时间、地点，以合理的方式进行检验。如检验表明货物与合同约定相符合，检验的费用由买方承担，反之由卖方承担。如果合同约定采用交货付款或者交单付款等付款条件，则买方就得在检验之前付款。《英国货物买卖法》第 34 条第 1 款规定：“当货物交付买方时，如他以前未曾对该货进行过检验，则除非等到他有一个合理的机会加以检验，以便确定其是否与契约规定者相符时，不能认为他已经接受了货物。”第 2 款规定：“除另有约定者外，当卖方向买方提出交货时，根据买方的请求，卖方应向其提供一个检验货物的合理机会，以便能确定其是否符合契约的规定。”

◆ **条文解读**

在国际贸易中，大都采用交单付款方式。买方通常都是在卖方移交提单时支付货款，等货物运达目的地后再进行检验。在这种情况下，买方虽已按合同约定支付了货款，但并不构成对货物的接受，也不影响买方检验的权利以及对卖方违约采取各种法律补救措施的权利。

同时，对标的物的及时检验，可以尽快地确定标的物的质量状况，明确责任，及时解决纠纷，有利于加速商品的流转。否则，就会使合同当事人之间的法律关系长期处于不稳定的状态，不利于维护健康正常的交易秩序。所以，本条要求买受人收到标的物后应当及时进行检验。此处的“及时”，通常应当理解为：有法定时间的依据法定时间进行检验；没有法定时间的应在收货时或者收货后合理时间内进行检验。

规定买受人的及时检验和异议通知义务，主要基于以下 3 点理由。第一，保护善意出卖人的利益。即使出卖人交货有瑕疵，但是和根本没有履行合同或者拒绝履行合同有相当区别。因为不符合约定的交货，也表明出卖人已经交货，只不过是交付货物不符而已，相比拒绝履行或迟延履行而言，违约程度相对较轻，多数情形甚至属于善意。尤其是现代社会货物交易频繁，有可能出卖人在交付货物时根本就没机会亲自或者委托他人检查其供应商所提供货物是否存在瑕疵，是否在数量、质量或者规格上存在和合同约定不符的情形。因此，立法在着重保护买受人利益的同时，也有必要适当给予出卖人相应保护。这一保护机制为，买受人应当对出卖人所交付的货物在约定期限或者合理期限内进行检验，并在发现货物不符约定时及时通知出卖人，否则丧失宣称货物不符合约定的权利。第二，便于出卖人及时采取补救措施。一旦出卖人交付货物不符合约定，如买受人及时通知出卖人，出卖人还可以及时采取修理、更换等补救措施。否则，在不少情况下，善意的出卖人根本无从知晓其交付的货物存在瑕疵而产生善意合理信赖，认为其已经按照合同约定和依照法律规定全面履行了义务，并据此实施后续行为，事后再突然被通知货物不符，将使得出卖人无法采取经济可行的补救措施。第三，便于双方当事人及时保存证据。因为在买卖合同中，出卖人仅需确保在风险转移时其交付的标的物符合合同规定，如标的物在风险转移时并无瑕疵，则出卖人无需负责。所以，买受人有必要在收到货物后从速检查其受领之物，确定货物是否存在瑕疵，并及时通知出卖人。如果出卖人对货物是否不符存在疑问，尚可对标的物进行检查。从而，及时通知可以有效避免合同当事人发生无谓的纠纷。

为使买受人能够正常地对标的物进行检验，出卖人有提供技术资料的义务。本法第 599 条规定："出卖人应当按照约定或者交易习惯向买受人交付提取标的物单证以外的有关单证和资料。"其中的产品合格证、质量保证书、质量鉴定书、品质检验证书、产品进出口检疫书、原产地证明书、使用说明书等，是出卖人应当向买受人提交的主要技术资料。至于具体的检验方法，原则上应当在合同中作出具体的约定，没有约定的应当依据国家有关规定进行。一般来讲，产品数量的计量方法，按国家或者主管部门的计量方法执行；没有规定的，则由供需双方约定。对某些产品，必要时应当在合同中写明有关主管部门颁发的交货数量的正负尾差、合理磅差和在途自然减（增）量规定及计算方法。对机电设备，必要时应当在合同中明确规定随主机的辅机、附件、配套的产品、易损耗备品、配件和安装修理工具等。对成套供应的产品，应当明确成套供应的范围，并提出成套供应清单。凡原装、原封、原标记完好无异状，包装内的产品品种、型号、规格、花色，由生产企业或者封装单位负责；需要确定负责期限的，由当事人根据不同产品的不同情况商定。凡原装、原封、原标记完好无异状，在当事人商定的期限内，该产品的质量由生产企业或者封装单位负责。

第六百二十一条 当事人约定检验期限的，买受人应当在检验期限内将标的物的数量或者质量不符合约定的情形通知出卖人。买受人怠于通知的，视为标的物的数量或者质量符合约定。

当事人没有约定检验期限的，买受人应当在发现或者应当发现标的物的数量或者质量不符合约定的合理期限内通知出卖人。买受人在合理期限内未通知或者自收到标的物之日起二年内未通知出卖人的，视为标的物的数量或者质量符合约定；但是，对标的物有质量保证期的，适用质量保证期，不适用该二年的规定。

出卖人知道或者应当知道提供的标的物不符合约定的，买受人不受前两款规定的通知时间的限制。

◆ 条文主旨

本条是关于买受人检验标的物的异议通知的规定。

◆ 立法背景

第一，通知义务的立法目的。买受人通过对标的物进行检验，如果发现标的物的数量、品种、型号、规格、花色和质量不符合合同约定，应当一面对标的物妥为保管，一面向出卖人发出异议通知。设定买受人通知义务，主要目的有二：一是及时确立交易关系，促进商品的高速流转；二是确保出卖人的合法权益。

第二，检验通知的立法比较及基本考虑。关于提出异议的时间以及不在规定的时间提出异议的法律后果，1999 年起草合同法的过程中，参考借鉴了国际的有关规定，同时也对我国法律法规中一些有益的规定进行了合理的吸收修改。其中国际的主要是《联合国国际货物销售合同公约》第 39 条的规定，即“如果买方未能在发现或应该发现货物缺乏相符性以后的一段合理时间内通知卖方，说明缺乏相符性的性质，他就失去了援引此种缺乏相符性的权利。如果买方最晚没有在实际收到货物之日起两年内将货物缺乏相符性的情形通知卖方，他无论如何失去了援引此种缺乏相符性的权利，除非这一时限与合同规定的保证期限不符”。国内的比如《工矿产品购销合同条例》第 15 条的规定，即需方在向供方提出书面异议时，按以下规定办理：（1）产品的外观和品种、型号、规格、花色不符合同规定，属供方送货或代运的，需方应在货到后 10 天内（另有规定或当事人另行商定期限者除外）提出书面异议；需方自提的，应在提货时或者双方商定的期限内提出异议。（2）产品内在质量不符合同规定的，不论供方送货、代运或需方自提，需方应在合同规定由供方对质量负责的条件和期限内检验或试验，提出书面异议；某些产品，国家规定有检验或试验期限的，按国家规定办理。（3）对某些必须安装运转后才能发现内在质量缺陷的产品，除另有规定或当事人另外商定提出异议的期限外，一般从运转之日起6个月以内提出异议。（4）在书面异议中，应说明合同号、运单号、车（船）号，发货和到货日期；说明不符合同规定的产品名称、型号、规格、花色、标志、牌号、批号、合格证（或质量保证书）号、数量、包装、检验方法、检验情况和检验证明；提出不符合同规定的产品的处理意见，以及当事人双方商定的必须说明的事项。修改的过程中，开始也是考虑像条例那样区分质量不符合约定的各种情形以及不同种类的标的物来确定时间。最后研究认为，一方面，针对不同情况简单地规定出“10天”或者“6个月”这样的期限，以适用于实践中的具体合同不尽科学合理。另一方面，对概括出实际生活中各种各样的质量违约的情形也没有把握。因此，最后采取了本条的规定方式。

◆ 条文解读

1. 约定通知期限的通知义务。当事人如果约定检验期限，买受人就应当在检验期限内将标的物的数量或者质量不符合约定的情形通知出卖人。买受人怠于通知的，视为标的物的数量或者质量符合约定，即法律认可标的物的数量或者质量符合约定。这就是说，在“视为标的物的数量或者质量符合约定”的情况下，即使标的物实际上不符合合同约定，出卖人也不用承担违约责任，其不利后果由买受人承担。该结论的主要理由是：买受人没有履行通知义务，属于违约行为。

2. 没有约定通知期限的通知义务。对于没有约定检验期限的情况，法律并未对质量违约的情形进行分类并相应地规定出买受人提出异议的期限，而是规定了买受人收取标的物开始检验之后发现或者应当发现标的物的质量或者数量不符合约定之日起的合理期限。这个时间段，需要根据商业习惯和具体的标的物来确定，法律不可能也不应当具体地规定出来，而是要针对不同的买卖合同、不同的标的物、不同的质量违约情形进行个案的分析确定。买受人如果在发现或者应当发现标的物的质量或者数量不符合约定时起的合理期限内没有向出卖人发出异议通知，依照法律规定，就视为标的物的质量或者数量符合约定，即从法律上认为买受人认可了标的物。

3. 买受人的最长异议通知期限。本条规定了买受人的 2 年最长异议通知时间。前面所讲的是买受人在发现或者应当发现标的物的质量或者数量不符合约定时起的合理期限内通知，“买受人发现或者应当发现”可能是在收到标的物的当时，也可能是在之后的几天，甚至可能是之后的几年。而在市场经济条件下为便捷和加快商品的流转要求当事人之间的法律关系不应当长时间地处于不稳定的状态。正是从这种考虑出发，本条规定，买受人自标的物收到之日起 2 年内未通知出卖人的，视为标的物的质量或者数量符合约定。也就是说，在 2 年内，无论买受人是否发现或者应当发现标的物不符合约定，只要未向出卖人提出异议，就都视为他认可接受了标的物。2 年的时间基本上是可以适用于绝大多数的买卖合同的。如果合同对标的物的质量保证期作了约定，如某啤酒在标识中注明保质期 180 天，就应当认为，这构成了当事人对最长的异议通知时间的约定。这时就不适用本条“2 年”法定期限的规定。

4. 买受人的异议通知义务豁免。本条第 3 款规定，“出卖人知道或者应当知道提供的标的物不符合约定的，买受人不受前两款规定的通知时间的限制。”这主要是参考了《联合国国际货物销售合同公约》第 40 条规定的“如果货物缺乏相符性与卖方知道或不可能不知道的事实相关，而且卖方没有将这些事实告知买方，则卖方无权援引第三十八条和第三十九条的规定”的结果。本条规定的目的是促进和加速商品交易，但客观上是有利于买受人的。出卖人故意提供不符合约定的标的物属于一种欺诈的行为，对于从事欺诈的人，不应当让他享有这种法律规定的利益，实际上是对出卖人欺诈行为的一种惩罚，是民法的公平原则和诚信原则在买卖合同履行中的具体体现。

第六百二十二条 当事人约定的检验期限过短，根据标的物的性质和交易习惯，买受人在检验期限内难以完成全面检验的，该期限仅视为买受人对标的物的外观瑕疵提出异议的期限。

约定的检验期限或者质量保证期短于法律、行政法规规定期限的，应当以法律、行政法规规定的期限为准。

◆ 条文主旨

本条是关于约定的检验期限或者质量保证期过短情形的规定。

◆ 立法背景

前条规定的买受人通知义务，没有区分消费合同和商事合同，导致实践中，在买卖合同当事人一方为普通消费者时，经营者以格式条款方式约定了较短的检验期限，消费者无法在该期限内对商品质量是否合格作出判断。比如含有三聚氰胺奶粉等情形，消费者压根没有能力在短时间内对奶粉质量作出检查鉴定。在这种情况下，如果仍然适用前条的规定，以约定的检验期间或者合理期间已经过去为由，认定标的物质量符合约定，显然违背了公序良俗。因此本条规定的目的是弥补前条规定的不足。

◆ 条文解读

一、约定的过短检验期限视为外观瑕疵检验期限

瑕疵具体包括外观瑕疵和隐蔽瑕疵。外观瑕疵的检验相对容易，而隐蔽瑕疵的检验则需要借助于专业的知识和设备。据此逻辑，隐蔽瑕疵的检验期限会长于外观瑕疵。所以本条第 1 款规定，买受人根据标的物性质和交易习惯在约定检验期限内难以完成检验的，视为对外观瑕疵的异议期限，是符合交易常态的实事求是的选择。在立法例上，各个国家和地区就瑕疵异议期限规定的差别，根据合同主体、标的物性质以及交易习惯的不同而有所区别。在采取民商分立立法体例的国家和地区，一般都区分商人间的买卖和非商人间的买卖，并对商人间的买卖规定了通知义务，如《德国商法典》的第 377 条和《日本商法典》的第 526 条，但是该两个国家的买卖标的物瑕疵的通知义务，仅限于商人性质的买受人，作为消费者的买受人并不承担这一义务。我国台湾地区采用的是民商合一的立法体例，其“民法”第 356 条规定：“买受人应按物之性质，依通常程序从速检查其所受领之物。如发见有应由出卖人负担保责任之瑕疵时，应即通知出卖人；买受人怠于为前项之通知者，除依通常之检查不能发见之瑕疵外，视为承认其所受领之物；不能即知之瑕疵，至日后发见者，应即通知出卖人，怠于为通知者，视为承认其所受领之物。”其中“除依通常之检查不能发见之瑕疵外”的内容，实质也表明根据标的物的性质，怠于通知的后果也是存在例外情形。另外，本条的规定也并不违背《联合国国际货物销售合同公约》第 39 条“如果买方未能在发现或应该发现货物缺乏相符性以后的一段合理时间内通知卖方，说明缺乏相符性的性质，他就失去了援引此种缺乏相符性的权利”的规定。

二、排除适用约定检验期限应当具备法定条件

判断当事人约定的检验期限是否过短，我们认为应主要从3个方面加以考虑：一是应当根据标的物的性质和交易习惯，在综合考虑的情况下，判断约定的检验期限对于隐蔽瑕疵的检验是否过短。二是买受人是否存在怠于通知的行为。如果买受人在约定检验期限发现隐蔽瑕疵却没有及时通知出卖人的，应当视为标的物质量符合约定。三是买受人对不能及时检验隐蔽瑕疵是否存在过失。买受人依法应当在收货后及时检验标的物，但是其没有采取适当的措施发现隐蔽瑕疵的存在的，则不能认定检验期限过短。

三、当事人约定的检验期限和质量保证期短于法定期限时的法律适用

在实践中，对于检验期限和质量保证期，除了当事人的约定之外，还可能存在法律、行政法规或者部门规章等对此作出规定。在当事人约定的检验期限或者质量保证期短于法律、行政法规规定期限时，究竟以哪种期限为准，合同法并无规定，导致实践中就应当采用约定期限还是法定期限产生争议。通俗来讲，质量检验期限所解决的是标的物在交付时是否存在质量瑕疵的问题，而质量保证期限所要解决的是标的物按照正常质量要求可以使用多长时间的问题。例如《建设工程质量管理条例》规定，在正常使用条件下，屋面防水工程、有防水要求的卫生间、房间和外墙面的防渗漏的最低保修期限为五年。因为涉及社会公共利益，行政法规对质量检验期限采取强制性的要求，一旦违反，必将承担相应的法律后果。据此，该法定要求应当予以遵守，不能通过约定进行降低。因此，当事人约定的检验期限或者质量保证期短于法律、行政法规规定的期限时，应当以法定期限为准。从另一角度看，如果约定的检验期限或者质量保证期长于法律、行政法规规

定的期限，这是出卖人自愿加重义务，且不违反法律或者行政法规的规定，故应当尊重约定的期限。

另外，在当事人没有约定质量检验期限但有约定或者法定质量保证期时，我们认为可以将质量保证期作为约定检验期限来对待。而当约定的检验期限和质量保证期不一致时，应当以较长的期限来作为检验期限对待，更加符合公平和诚信原则。

第六百二十三条 当事人对检验期限未作约定，买受人签收的送货单、确认单等载明标的物数量、型号、规格的，推定买受人已经对数量和外观瑕疵进行检验，但是有相关证据足以推翻的除外。

◆ **条文主旨**

本条是关于标的物数量和外观瑕疵检验的规定。

◆ **立法背景**

本条规定以问题为导向，着重为交易过程中经常发生的纠纷提供解决方案。在实践中，因标的物数量引发的纠纷，主要包括消费者通过网购、邮购等方式进行的小额买卖，以及在中、小型建筑工程上零星采购钢材、水泥、砂石等建材这两种情况。在这两种情况下，如果当事人签收的送货单、确认单等单据上载明数量的，根据日常生活经验法则，应当认定买受人在签收时对数量进行了核点。对于合同当事人用肉眼观察等通常方法即可发现的标的物外观瑕疵，如标的物的数量、型号、规格等属于当事人尽到一般合理注意义务即可发现的瑕疵，如果当事人签收的送货单、确认单等单据上对此没有提出异议，应当认定买受人收到的标的物没有外观瑕疵。当然，如果买受人另外提供证据推翻送货单、确认单载明的内容的，则应当以证据证实的内容为准。

◆ **条文解读**

一、当事人未约定检验期限的，签收载明数量、型号、规格的收货单据即推定对数量和外观瑕疵进行了检验

当事人虽未对检验期限进行约定，但这并非意味着买受人对收到的物品不履行验收义务。实践中，由于数量和外观瑕疵的检验无须借助物理、化学、生物等专门的学科知识，仅凭当事人的自身能力即可实现，且从日常生活经验出发，买受人在签收时一般都会对标的物的数量和外观进行核查。当前，现实生活中的买卖交易大多采用买方预付定金或者部分货款，货到后结清余款的方式进行，但买受人在收到货物后往往不能及时支付剩余款项。在出卖人请求支付时，买受人往往以质量存在瑕疵进行抗辩，迫使出卖人降低价款，或者在诉讼中对没有质量瑕疵或者轻微瑕疵以反诉的方式恶意拖延诉讼，以达到迟延支付价款的目的。在此种情况发生时，诉讼效率将会受到很大影响，且会形成恶意诉讼之风；但若简单地以诉讼效率为由拒绝受理反诉，可能导致诉讼资源的浪费且不能有效保护出卖人的合法权益。针对这一情况，本条规定签收即推定为检验合格的一般原则，可以避免实践中发生一些没有实际意义的抗辩或者反诉。

二、有相反证据足以证明当事人没有对数量和外观瑕疵进行检验的除外

电子商务在我国的迅猛发展，促进了物流业的更新换代和迅猛发展。新型物流在方便群众生活的同时，也出现了新的问题，其中电子商务中快递公司送货的“先签后验”还是“先验后签”之争最为典型。网络卖家要求消费者先拆开包装检验货物后再签收，而快递公司要求消费者必须先签收才能拆开包装验收，两者的要求相互冲突，进而导致消费者处于两难的境地。目前正在施行的《〈快递服务〉邮政行业标准》仍然没有解决好这个问题，因为该标准规定的可先验收后签字，是指查看包装是否完好，并非打开包装查看内件物品。作为民法典的立法，对于“先签后验”还是“先验后签”的问题，无法做到尽善尽美的方案，从原则上引导并认可“先验后签”，同时容许通过反证来否定。至于详细方案，留待以后的司法解释逐步完善。

另外，需要明确以下几点：一是为实现敦促买卖双方尽快结算的宗旨，买受人负有的异议和通知义务原则上不受交付数量和约定偏离程度的影响；二是出卖人明知或者应知实际交付的标的物数量与约定不符的，买受人则不负有异议和通知义务；三是买受人对出卖人的部分履行行为可以接受或者拒绝，但是并不影响买受人可以追究出卖人的违约责任的权利。

第六百二十四条 出卖人依照买受人的指示向第三人交付标的物，出卖人和买受人约定的检验标准与买受人和第三人约定的检验标准不一致的，以出卖人和买受人约定的检验标准为准。

◆ **条文主旨**

本条是关于出卖人向第三人履行的情形下检验标准的规定。

◆ **立法背景**

在市场交易实践过程中，行使检验义务的验货人并非限于买受人及其代理人，在出卖人直接向买卖合同当事人以外的第三人履行的场合，如果合同没有明确约定买受人是唯一的验货人，且买受人和第三人之间可能存在特殊约定，就会面临双重检验标准的问题，需要在立法上加以明确。对此，本条规定应当以出卖人和买受人之间约定的检验标准为准。

◆ **条文解读**

债权贯彻相对性原则，具体到合同领域中的涉他合同，其中向第三人履行的合同，相对于普通合同而言，内容中附加了一项“第三人约款”。也就是说，在缔结向第三人履行的合同时，必然存在两个法律行为：一是基本行为（原因行为），二是第三人约款（向第三人给付之契约）。例如，当事人在买卖合同中约定将标的物交与买受人以外的第三人，或将价款付给出卖人以外的第三人时，买卖合同就是基本行为，而向第三人给付的约定，则为第三人约款。在学理上，根据第三人在合同中的地位，即第三人是否有权直接享有履行请求权的不同，向第三人履行的合同可以分为纯正的向第三人履行合同和不纯正的向第三人履行合同。前者是指在第三人约款中含有合同权利直接归属于第三人的合同，又称为向第三人给付之契约；后者是指合同当事人仅约定向第三人给付，而不使第三人对于债务人取得直接请求给付的权利，又称为经由所谓被指令人而为给付。

本法第 522 条第 1 款规定，当事人约定由债务人向第三人履行债务，债务人未向第三人履行债务或者履行债务不符合约定的，应当向债权人承担违约责任。第 2 款规定，法律规定或者当事人约定第三人可以直接请求债务人向其履行债务，第三人未在合理期限内明确拒绝，债务人未向第三人履行债务或者履行债务不符合约定的，第三人可以请求债务人承担违约责任；债务人对债权人的抗辩，可以向第三人主张。根据上述分析，第 1 款属于不纯正的向第三人履行合同，第 2 款属于纯正的向第三人履行合同，而第 2 款是本法编纂过程中新增加的内容，以适应实践发展的客观需要。

本条规定的内容，根据上述的分析，属于经由被指令人而为交付的情形，属于合同履行的一种常见的特殊形式，即买受人应出卖人的要求，将合同标的物向第三人交付。对于交付的标的物质量的判断标准，有主观标准和客观标准两种。主观标准是指标的物的质量应符合当事人双方约定的标准，如不符合则视为标的物具有瑕疵。客观标准是指标的物应符合该物所应具备的通常性质及客观上应有之特性，如不符合则视为标的物具有瑕疵。本法采用的判断标准，与各国民法典大致相同，即以主观标准为主，客观标准为辅的判断标准。以买卖合同当事人之间关于标的物质量的约定作为质量判断的首要标准，是出于对当事人意思自治的尊重。结合本法第510 条、第511 条、第615 条以及第616 条的具体规定，为当事人确立了 6 个层次的质量判断标准：一看当事人约定的标的物质量标准；二看样品或者有关质量说明；三看协商一致的标的物质量标准；四看有关条款或交易习惯所确定的标准；五看国家或者行业标准；六看通常标准或符合合同目的的特定质量标准。

结合合同履行的实际情况，需要指出的是，在经由被指令人而为交付的场合，特别是转手买卖或连环购销的情况下，由于存在两个合同，一是出卖人与买受人之间的买卖合同，二是买受人与第三人之间的买卖合同，如果因两份合同约定的检验标准不一致而引发争议，则会形成同一产品的质量纠纷，买受人和第三人会分别提起诉讼，可能发生不同的裁判结果。就此问题，本条规定给出了明确答案：一是严守合同相对性，如果两份合同约定的质量标准不一致，应根据主观标准优先的原则，以出卖人和买受人之间合同约定的质量标准为依据，判断质量标准；二是在合同就当事人约定的质量标准不明确时，应当借助于其他5个层次的判断标准，正确确定标的物是否存在质量问题。在此前提下，将能够确保审判尺度保持统一，对于当事人权利的保护和司法秩序的维护，都有着相当重要的意义。

第六百二十五条 依照法律、行政法规的规定或者按照当事人的约定，标的物在有效使用年限届满后应予回收的，出卖人负有自行或者委托第三人对标的物予以回收的义务。

◆ 条文主旨

本条是关于出卖人回收义务的规定。

◆ 立法背景

本法第9条规定了绿色原则。本条规定是该原则在买卖合同中的具体体现。

◆ 条文解读

出卖人对于买卖标的物在有效使用年限后的回收义务，需要基于法律、行政法规的规定和当事人的约定。本条的规定，首先，出于法律的引领作用，对普通民众的行为规范进行指引，以实践绿色的发展理念。其次，对于违反本条的回收义务，除当事人有明确约定外，法律、行政法规规定的回收义务，不能一概认为是民法上的义务，也有可能是公法上的义务。是否一律承担违约责任以及如何承担违约责任，都应基于法律的具体规定和当事人的具体约定而定，即具体情况具体分析。随着绿色发展理念的不断拓展和深入人心，此类规范当会越来越多，也会越来越具体明确。目前，有关回收义务的法律、行政法规，经梳理，主要有如下规定：

1.《环境保护法》第 37 条规定：“地方各级人民政府应当采取措施，组织对生活废弃物的分类处置、回收利用。”

2.《固体废物污染环境防治法》第 18 条规定：“建设项目的环境影响评价文件确定需要配套建设的固体废物污染环境防治设施，应当与主体工程同时设计、同时施工、同时投入使用。建设项目的初步设计，应当按照环境保护设计规范的要求，将固体废物污染环境防治内容纳入环境影响评价文件，落实防治固体废物污染环境和破坏生态的措施以及固体废物污染环境防治设施投资概算。建设单位应当依照有关法律法规的规定，对配套建设的固体废物污染环境防治设施进行验收，编制验收报告，并向社会公开。”

3.《循环经济促进法》第 15 条规定：“生产列入强制回收名录的产品或者包装物的企业，必须对废弃的产品或者包装物负责回收；对其中可以利用的，由各该生产企业负责利用；对因不具备技术经济条件而不适合利用的，由各该生产企业负责无害化处置。对前款规定的废弃产品或者包装物，生产者委托销售者或者其他组织进行回收的，或者委托废物利用或者处置企业进行利用或者处置的，受托方应当依照有关法律、行政法规的规定和合同的约定负责回收或者利用、处置。对列入强制回收名录的产品和包装物，消费者应当将废弃的产品或者包装物交给生产者或者其委托回收的销售者或者其他组织。强制回收的产品和包装物的名录及管理办法，由国务院循环经济发展综合管理部门规定。”

4.《水污染防治法》第 59 条规定：“船舶排放含油污水、生活污水，应当符合船舶污染物排放标准。从事海洋航运的船舶进入内河和港口的，应当遵守内河的船舶污染物排放标准。船舶的残油、废油应当回收，禁止排入水体。禁止向水体倾倒船舶垃圾。船舶装载运输油类或者有毒货物，应当采取防止溢流和渗漏的措施，防止货物落水造成水污染。进入中华人民共和国内河的国际航线船舶排放压载水的，应当采用压载水处理装置或者采取其他等效措施，对压载水进行灭活等处理。禁止排放不符合规定的船舶压载水。”

5.《大气污染防治法》第47条规定：“石油、化工以及其他生产和使用有机溶剂的企业，应当采取措施对管道、设备进行日常维护、维修，减少物料泄漏，对泄漏的物料应当及时收集处理。储油储气库、加油加气站、原油成品油码头、原油成品油运输船舶和油罐车、气罐车等，应当按照国家有关规定安装油气回收装置并保持正常使用。”第49条规定：“工业生产、垃圾填埋或者其他活动产生的可燃性气体应当回收利用，不具备回收利用条件的，应当进行污染防治处理。可燃性气体回收利用装置不能正常作业的，应当及时修复或者更新。在回收利用装置不能正常作业期间确需排放可燃性气体的，应当将排放的可燃性气体充分燃烧或者采取其他控制大气污染物排放的措施，并向当地生态环境主管部门报告，按照要求限期修复或者更新。”

6.《土壤污染防治法》第30条规定：“禁止生产、销售、使用国家明令禁止的农业投入品。农业投入品生产者、销售者和使用者应当及时回收农药、肥料等农业投入品的包装废弃物和农用薄膜，并将农药包装废弃物交由专门的机构或者组织进行无害化处理。具体办法由国务院农业农村主管部门会同国务院生态环境等主管部门制定。国家采取措施，鼓励、支持单位和个人回收农业投入品包装废弃物和农用薄膜。”

7.《废弃电器电子产品回收处理管理条例》第10条规定：“电器电子产品生产者、进口电器电子产品的收货人或者其代理人生产、进口的电器电子产品应当符合国家有关电器电子产品污染控制的规定，采用有利于资源综合利用和无害化处理的设计方案，使用无毒无害或者低毒低害以及便于回收利用的材料。电器电子产品上或者产品说明书中应当按照规定提供有关有毒有害物质含量、回收处理提示性说明等信息。”第 11 条规定：“国家鼓励电器电子产品生产者自行或者委托销售者、维修机构、售后服务机构、废弃电器电子产品回收经营者回收废弃电器电子产品。电器电子产品销售者、维修机构、售后服务机构应当在其营业场所显著位置标注废弃电器电子产品回收处理提示性信息。回收的废弃电器电子产品应当由有废弃电器电子产品处理资格的处理企业处理。”第 12 条规定：“废弃电器电子产品回收经营者应当采取多种方式为电器电子产品使用者提供方便、快捷的回收服务。废弃电器电子产品回收经营者对回收的废弃电器电子产品进行处理，应当依照本条例规定取得废弃电器电子产品处理资格；未取得处理资格的，应当将回收的废弃电器电子产品交有废弃电器电子产品处理资格的处理企业处理。回收的电器电子产品经过修复后销售的，必须符合保障人体健康和人身、财产安全等国家技术规范的强制性要求，并在显著位置标识为旧货。具体管理办法由国务院商务主管部门制定。”

► **相关规定**

《中华人民共和国环境保护法》第 37 条；《中华人民共和国固体废物污染环境防治法》第 68 条；《中华人民共和国循环经济促进法》第 15 条；《中华人民共和国水污染防治法》第 59 条；《中华人民共和国大气污染防治法》第 47 条；《中华人民共和国土壤污染防治法》第 30 条；《废弃电器电子产品回收处理管理条例》第 10 条、第 11 条、第 12 条

第六百二十六条 买受人应当按照约定的数额和支付方式支付价款。对价款的数额和支付方式没有约定或者约定不明确的，适用本法第五百一十条、第五百一十一条第二项和第五项的规定。

◆ 条文主旨

本条是关于买受人支付价款及其支付方式的一般规定。

◆ 立法背景

《合同法》第159条只是对买卖标的物价款的数额作出规定，并未就价款的支付方式作出规定，在本法编纂过程中，对此进行了修改完善。

◆ 条文解读

1. 支付价款及其支付方式的含义。支付价款是买卖合同中买受人的最基本义务，是出卖人交付标的物并转移其所有权的代价条件。这在各国法律规定上都是一致的。买卖合同对标的物的价款作出约定的，买受人应当依照约定履行义务，这是没有疑问的。有时合同可能并未直接约定价款的数目，而是约定了一个如何计算价款的方法，如果该方法清晰明确，同样属于对价款有约定的情形。而支付方式，是指买受人完成履行价款支付义务的具体方法，与买卖双方的权益有密切关系。支付方式不符合约定的，亦需承担相应的违约责任。在实践中，尤其是国际贸易中，支付方式主要有付现（通常指买方需在卖方交货前若干天付清全部货款）、交货付款（通常指买方在卖方交货时付款）、交单付款（通常指买方在收到卖方交付合格的提取货物凭证时付款）3种方式，细分下来还有一次总付、分期支付；现金、转账、信用证、票据等方式。基于价金支付方式的重要性，现实中买卖双方通常会在合同中作出约定。

2. 未约定支付价款时的处理规则。买卖合同当事人未就价款作出约定或者约定不明确，并不导致合同不成立。但需要法律规定出解决的原则。合同中未约定价款的情况在实践中也是时有发生的。比如，买方以电报向卖方订购某种型号的机床若干台，要求立即装运，但没有提价格或计价方法。卖方收到电报后，即按其要求将机床装运给买方。像这样的情况如果认定合同未成立，对买卖双方来说就失去了一次交易的机会，扩展到整个市场交易行为，无疑阻碍了商品流转，同时也违背了交易主体的意愿。所以，就要让这样的合同成立，然后，就价款的问题协议补充。不能达成补充协议的，按照合同有关条款或者交易习惯确定。比如标的物的型号、质量等状况就是决定价格多少的重要参照。如果此时仍然不能确定价款怎么办？国外法律在处理上存在一定的差异。德国法律规定如果未约定价款则依市场价格确定，市场价格为清偿时清偿地的市场价格。英美等国的法律也规定未约定价款应当按照交货时的合理价格来确定。而《联合国国际货物销售合同公约》第55条则规定，如果合同已有效地订立，但没有明示或暗示地规定价格或规定如何确定价格，在没有任何相反表示的情况下，双方当事人应视为已默示地引用“订立合同时”此种货物在有关贸易的类似情况下销售的通常价格。本条规定是借鉴公约的规定作出的。由法律确定价款是为了弥补当事人在订立合同时考虑的不足，而依订立合同时的市场价格确定是合理地反映当事人心理状态的办法。

3. 未约定支付方式时的处理规则。买卖合同当事人未就价款的支付方式作出约定或者约定不明确，这在实践中是经常发生的，但是通常不会发生纠纷，因为当事人之间的补充协议或者交易惯例可以解决这类纠纷。如果交易惯例解决不了，则需要法律规定出解决的原则，以便维护交易的秩序和提高交易的效率。例如《美国统一商法典》第2－307条规定："除非另有协议，买卖合同项下的所有货物必须一次全部提示交付，且只有卖方作此种提示交付，买方才有义务支付价款。但是，如果客观情况使卖方有权分批交货或使买方有权分批提货，则在价款可按比例分开计算时，卖方可以要求在每次交货后取得相应价款。"显然，它是以一次全部支付价款为原则的，也不排除在特定条件下的分期交货分期付款。这与本法第511条第5项"履行方式不明确的，按照有利于实现合同目的的方式履行"的规定的内涵相一致，也与本法第628条的规定相协调。

第六百二十七条 买受人应当按照约定的地点支付价款。对支付地点没有约定或者约定不明确，依据本法第五百一十条的规定仍不能确定的，买受人应当在出卖人的营业地支付；但是，约定支付价款以交付标的物或者交付提取标的物单证为条件的，在交付标的物或者交付提取标的物单证的所在地支付。

◆ **条文主旨**

本条是关于买受人支付标的物价款的地点的规定。

◆ **立法背景**

买卖标的物价款的支付地点，就合同的正常履行来讲，属于必不可少的内容。本条来源于《合同法》第160条，未作修改。

◆ **条文解读**

买受人应按约定的地点支付价款。按照约定地点支付价款，是买受人的一项具体义务，这义务是买受人支付价款义务中的一项内容，该内容在支付价款的义务中是必不可少的。支付地点一般分为约定的地点和约定地点以外的法律规定的地点。为避免发生纠纷，合同当事人应当对买受人的支付价款地点作出具体约定。

没有约定支付价款地点或者约定不明确时依本法原则确定。尽管支付价款的地点很重要，需要合同当事人作出具体的约定，但由于种种原因，当事人没有作出具体约定或者虽有约定但约定不明确，这种情况实践中常有发生。为减少纠纷，确保买卖合同的正常履行，本条规定了两种为当事人可以操作的具体原则：第一种原则是依据本法第 510 条的规定确定。依据该规定，当事人重新订立补充条款或者买受人按照合同的有关条款、交易习惯自行确定。这一规定实际上是基于当事人的自愿原则，是自愿原则在支付价款义务中的具体体现。第二种原则是直接依据本条规定确定。在依据第 510 条规定不能确定支付地点的前提下，本条规定了两种情况：一是买受人应当在出卖人的营业地支付，这与本法第 511 条第 3 项规定的“给付货币的，在接受货币一方所在地履行”是一致的；二是如果约定支付价款以交付标的物或者交付提取标的物单证为条件，那么买受人应当在交付标的物或者交付提取标的物单证的所在地支付。

本条关于支付地点的规定与各区域规定相一致。本条的规定借鉴了《联合国国际货物销售合同公约》的有关规定。该公约第 57 条第 1 款规定，如果买方没有义务在任何其他特定地点支付价款，他必须在以下地点向卖方支付价款：（a）卖方的营业地；或者（b）如凭移交货物或单据支付价款，则为移交货物或单据的地点。买卖合同中支付价款的地点问题不容忽视，尤其是在国际货物买卖中更是如此，因为往往涉及外汇付款的问题。如果双方约定了支付价款的地点，买受人应当依约履行。如果未约定或者约定不明确，按照本条规定仍然是首先适用本法第510条；仍不能确定的，买受人应当在出卖人的营业地支付。除上述公约有此规定外，《日本民法典》第574条规定："应在买卖标的物交付的同时交付价金时，须在该交付的场所支付。"我国台湾地区"民法"第371条也规定："标的物与价金应同时交付者，其价金应于标的物之交付处所交付之。"需要指出的是，如果卖方的营业地在订立合同后发生了变动，《联合国国际货物销售合同公约》第57条第2款规定："卖方必须承担因其营业地在订立合同后发生变动而增加的支付方面的有关费用。"同样具有合理性而值得借鉴。

在国际货物买卖中，如采用CIF、CFR、FOB等条件成交时，通常都是凭卖方提交装运单据支付货款。无论采用信用证还是跟单托收的付款方式，都是以卖方提交装运单据作为买方付款的必要条件。所以，交单的地点就是付款的地点。按照国际贸易的通行做法，采用不同的货款支付方式，交单的地点也是不同的。例如，采用跟单托收的支付方式，卖方应当通过托收银行在买方的营业地点向买方交单并凭单收取货款。而采用信用证付款，则卖方是向设在出口地，一般为卖方营业地的议付银行提交有关的单据，并由议付银行凭单付款。

第六百二十八条 买受人应当按照约定的时间支付价款。对支付时间没有约定或者约定不明确，依据本法第五百一十条的规定仍不能确定的，买受人应当在收到标的物或者提取标的物单证的同时支付。

◆ **条文主旨**

本条是关于买受人支付标的物价款的时间的规定。

◆ **立法背景**

买卖标的物价款的支付时间，就合同的正常履行来讲，属于必不可少的内容。本条来源于《合同法》第161条，未作修改。

◆ **条文解读**

买受人应当按照约定的时间支付价款。按照约定时间支付价款，是买受人的一项具体义务，这义务是买受人支付价款义务中的一项内容，该内容在支付价款的义务中是必不可少的。支付时间一般分为合同约定的时间和约定时间以外的法律规定的时间。为避免发生纠纷，合同当事人应当对买受人的支付价款时间作出具体约定。当然，如果买受人不按时支付价款的，属于违约行为，应当承担相应的违约责任。

没有约定支付价款时间或者约定不明确时依本法原则确定。尽管支付价款的时间很重要，需要合同当事人作出具体的约定，但由于种种原因，当事人没有作出具体约定或者虽有约定但约定不明确，这种情况实践中常有发生。为减少纠纷，确保买卖合同的正常履行，本条规定了两种为当事人可以操作的具体原则：第一种原则是依据本法第510条的规定确定。依据该规定，当事人重新订立补充条款或者买受人按照合同的有关条款、交易习惯自行确定。根据目前的规定，买受人可以随时支付价款；出卖人也可以随时请求买受人支付，但是应当给买受人一定的准备时间。第二种原则是直接依据本条规定确定。在依据第510条规定不能确定支付时间的前提下，本条规定了买受人应当在收到标的物或者提取标的物单证的同时支付，也就是平常所说的“一手交钱一手交货”。

本条关于支付时间的规定与各区域规定相一致。本条的规定借鉴了《联合国国际货物销售合同公约》的有关规定。该公约第58条规定：（1）如果买方没有义务在任何其他特定时间支付价款，他必须于卖方按照合同和本公约规定将货物或控制货物处置权的单据交给买方处置时支付价款。卖方可以支付价款作为移交货物或单据的条件。（2）如果合同涉及货物的运输，卖方可以在支付价款后方可把货物或控制货物处置权的单据移交给买方作为发运货物的条件。（3）买方在未有机会检验货物前，无义务支付价款，除非这种机会与双方当事人议定的交货或支付程序相抵触。当事人对付款时间没有约定，买受人应当在收取标的物同时付款，这也同我国民间"一手交钱，一手交货"的习惯相符合。此外，《日本民法典》第573条有相似的规定："买卖标的物的交付定有期限时，推定价金的支付定有相同期限。"我国台湾地区"民法"第369条规定："买卖标的物与其价金之交付，除法律另有规定或契约另有订定或另有习惯外，应同时为之。"第370条规定："标的物交付定有期限者，其期限，推定其为价金交付之期限。"综合上述表明，关于买卖标的物价款支付时间的规定，各区域的规定大体一致。

第六百二十九条 出卖人多交标的物的，买受人可以接收或者拒绝接收多交的部分。买受人接收多交部分的，按照约定的价格支付价款；买受人拒绝接收多交部分的，应当及时通知出卖人。

◆ **条文主旨**

本条是关于出卖人多交标的物如何处理的规定。

◆ 立法背景

本条内容借鉴了《联合国国际货物销售合同公约》第52条的相关规定，该条第2款规定："如果卖方交付货物的数量大于合同规定的数量，买方可以接受所有货物，也可以拒绝接受该多出部分的货物。如果买方接受了该多交部分的全部或一部分货物，他必须按合同价格付款。"另外，我国《工矿产品购销合同条例》第10条第3款第1项规定："供方交付的产品多于合同规定的数量，需方不同意接收的，在托收承付期内，可以拒付多交部分的货款和运杂费。购销双方在同一地点（同城）的，需方可以拒收多交的部分；购销双方不在同一地点（异地）的，需方应把产品接收下来，并负责保管，将详细情况和处理意见在货到后十天内（另有规定或当事人另行商定期限者除外）通知供方处理。"第35条第6项规定："提前交货的产品、多交的产品和品种、型号、规格、花色、质量不符合同规定的产品，需方在代保管期内实际支付的保管、保养等费用以及非因需方保管不善而发生的损失，应当由供方承担。"该条例是关于出卖人多交标的物情况的处理规定，如今看来仍具有相当的合理性，值得当事人参考并在合同中作出约定。

◆ 条文解读

出卖人多交标的物，在实际生活中并不鲜见。对于出卖人多交标的物的情况，在当事人有约定具体处理方法之外，本条规定了两种法定处理方法：一种方法是买受人接收多交的部分。出卖人多交，买受人接收，在一定程度而言系在原买卖合同的基础上，就产品的数量达成了事实的补充条款。也就是说，在执行原合同其他条款的基础上，可以收取多交的部分。由于买受人接收了多交的部分，又对多收部分价款没有提出异议，等于同意以原价格购买该部分标的物。另一种方法是拒绝接收。对于拒绝接收的，买受人应当履行通知和保管的义务，至于通知的具体方式，可以是书面的，也可以是非书面的，比如电话通知等。如果不通知则可能会产生买受人接收的假象。因此，为了避免发生纠纷，买受人负有通知的义务。

对于出卖人多交付标的物是否属于违约的问题，我们的看法是，按照约定数量交付标的物是出卖人的一项义务，出卖人应当严格履行。不履行这一义务，出卖人应当承担相应的违约责任。需要说明的是，这种情况是针对出卖人少交付标的物来讲的。至于出卖人多交付标的物是否属于违约，该承担什么责任，法律不作规定，由当事人协商来解决。现实中造成出卖人多交付标的物的原因复杂，需要具体问题具体分析。

第六百三十条 标的物在交付之前产生的孳息，归出卖人所有；交付之后产生的孳息，归买受人所有。但是，当事人另有约定的除外。

◆ 条文主旨

本条是关于买卖合同标的物孳息归属的规定。

◆ 立法背景

在买卖合同中，标的物孳息的归属是合同的一个很重要的问题，一般在法律上会有一个确定归属的原则。对此立法上有两种主张：一种主张认为，标的物所产生的孳息属于所有权人。即标的物所有权转移，其孳息就转移；标的物的所有权没有转移，其孳息也就没有转移。也就是说，孳息是和所有权联系在一起的。

这种主张的理论基础是所有权理论。另一种主张认为，标的物所产生的孳息根据标的物交付占有来确定。即标的物转移或者交付给对方，其孳息就转移给对方；标的物没有转移或者交付给对方，其孳息也就没有转移给对方。也就是说，标的物的孳息属于占有方，所有权不是判断孳息归属的根据。这种主张的理论基础是和风险的归属联系在一起的，也就是风险和利益共担。

◆ **条文解读**

孳息是"原物"的对称，是由物或者权利而产生的收益，分为"天然孳息"和"法定孳息"。天然孳息指物依自然规律产生的收益，如土地生长的稻麦、树木的果实、牲畜的幼畜、挤出的牛乳、剪下的羊毛等。法定孳息指依民事法律关系产生的收益，如有利息的借贷或租赁，出借人有权收取的利息，出租人有权收取的租金等。买卖合同中标的物涉及的孳息，一般为天然孳息。但如果买卖的不是一般的货物，则也有可能涉及法定孳息，如买卖正被出租的房屋即是。

本条规定采取的是风险和利益共担的原则。本条规定是和本法第604条"标的物毁损、灭失的风险，在标的物交付之前由出卖人承担，交付之后由买受人承担"的规定相联系的。第604条的规定是交付划分风险的原则，根据这一原则，本条也将孳息和风险联系在一起，因此规定"标的物在交付之前产生的孳息，归出卖人所有；交付之后产生的孳息，归买受人所有"。从另一个角度而言，孳息之产生与原物占有人的照料大有关系，故很多国家的买卖合同都规定孳息收益人的确定与标的物的交付相联系。如大陆法系的《日本民法典》第575条规定："未交付的买卖标的物产生孳息时，孳息属于出卖人。"《德国民法典》第446条规定："自交付买卖标的物时起，物的收益归属于买受人。"本条亦采用此原则而规定。这里需要说明的是，本条规定的交付确定孳息归属是一个原则性的规定，如果当事人另有约定，根据民事权利可以依法自由处分的原则，应当按照约定执行。因此，在本法编纂过程中，根据有关方面的意见和建议，在《合同法》第 163 条规定的基础上，加上了“但是，当事人另有约定的除外”的内容，最终形成了本条现在的规定。

第六百三十一条 因标的物的主物不符合约定而解除合同的，解除合同的效力及于从物。因标的物的从物不符合约定被解除的，解除的效力不及于主物。

◆ 条文主旨

本条是关于作为标的物的主物与从物在解除合同时的效力的规定。

◆ 立法背景

本条规定的内容，主要借鉴的是我国台湾地区“民法”的有关规定。该“民法”第 362 条规定：“因主物有瑕疵而解除契约者，其效力及于从物。从物有瑕疵者，买受人仅得就从物之部分为解除。”

◆ 条文解读

1. 物。民法上的物是指人们可以支配和利用的物质财富，一般和物权联系在一起。本法第 115 条规定：“物包括不动产和动产。法律规定权利作为物权客体的，依照其规定。”本法第 114 条第 2 款规定：“物权是权利人依法对特定的物享有直接支配和排他的权利，包括所有权、用益物权和担保物权。”物根据其性质，有不同的分类标准：根据移动是否会影响其价值，可以分为不动产和动产；根据物的主从关系，可以分为主物和从物。

主物是“从物”的对称，是指独立存在，与同属于一人的他物合并使用而起主要经济效用的物。如汽车对于附带的必需的维修工具、自划游船对于船桨、保险箱对于钥匙都为主物。反之从物也是“主物”的对称，是指独立存在，与同属于一人的他物合并使用而起辅助经济效用的物。除有特别情况外，从物的归属依主物的归属而定，主物所有权转移，从物所有权也随其转移。也就是说，主物能够决定从物的命运，而从物一般不能决定主物的命运。

2. 主物和从物在解除合同时的效力的相互影响力。本条的规定分为两个方面：一方面规定，因标的物的主物不符合约定而解除合同的，解除合同的效力及于从物。也就是说，因主物不符合约定而解除的合同，涉及从物的合同，自然也就解除，当事人不必要在从物问题上再作明确的意思表示，除非当事人和法律另有约定或者规定。这就是主物决定从物理论的具体体现。另一方面规定，因标的物的从物不符合约定被解除的，解除的效力不及于主物。也就是说，当合同标的物中涉及从物的合同被解除时，并不影响到涉及主物的合同，涉及主物的合同仍然具有法律效力，当事人不能因为涉及从物不符合合同要求的合同解除，而提出涉及主物的合同解除。这就是从物不能决定主物理论的具体体现。

在本法的编纂过程中，有意见提出，从物不符合约定而被解除的，究竟是解除哪个合同？我们的看法是，主物和从物的买卖属于一个总的买卖合同，涉及从物买卖的部分，当属于主物买卖合同的组成部分，即使因从物不符合约定被解除，通常也不会达到不能实现合同目的的程度，因此涉及从物的解除应当只是买卖合同的部分解除。

第六百三十二条 标的物为数物，其中一物不符合约定的，买受人可以就该物解除。但是，该物与他物分离使标的物的价值显受损害的，买受人可以就数物解除合同。

◆ 条文主旨

本条是关于标的物为数物中的一物时买受人解除合同的规定。

◆ 立法背景

本条规定的内容，主要是参考了我国台湾地区“民法”的有关规定。该法第363条规定：“为买卖标的之数物中，一物有瑕疵者，买受人仅得就有瑕疵之物为解除。其以总价金将数物同时卖出者，买受人并得请求减少与瑕疵物相当之价额。前项情形，当事人之任何一方，如因有瑕疵之物，与他物分离而显受损害者，得解除全部契约。”

◆ 条文解读

1. 数物。本条所讲的“数物”，是指主、从物以外的其他相互独立存在的物。不同的标的物中的“数物”一般是独立存在的，和其他独立存在的物并不互相制约。一般来讲，一个物的不能使用，并不能影响其他物的使用。

2. 买受人的合同解除权。本条规定的买受人有权解除合同分为两种情形：一种情形是，买受人解除一物不影响数物的解除。在标的物为数物的买卖合同中，出卖人交付的标的物中的一物不符合约定不被买受人接受，而出卖人交付的作为标的物的其他“物”符合要求又被买受人所接受时，买受人可以仅仅就不符合约定的“物”解除合同，但不影响到符合要求的其他“物”的解除。例如，买受人向出卖人购买大米和面粉，买卖大米 50 袋，价款 500 元；面粉 50 袋，价款 500 元。如果买受人发现面粉质量不符合约定，可以就面粉部分解除合同，而只买受大米。如果大米与面粉是以总价款 1000 元购买的，买受人只能请求减少与面粉相当的价款，而不能解除全部合同。另一种情形是，买受人解除一物影响到数物的解除。买受人购买了数物，其中一物的质量不符合约定，而该物又不宜与数物中的其他物分离，否则将明显受到损害，那么买受人可以要求就数物解除合同，即解除合同的全部。例如，买卖标的物是古对联一副，其中一联不符合约定的标准，显然该副对联就失去了悬挂的价值。这种情况下，买受人有权就整副对联行使解除权。

3. 本条规定的解除权由买受人选择决定。本条作为买受人的一项权利，所以使用了“可以”二字，出现依法可以解除合同的情形时，完全是由买受人自己决定。关于《合同法》第 165 条“但该物与他物分离使标的物的价值显受损害的，当事人可以就数物解除合同”的规定，实践中，对于“当事人”是否包括违约方有争议。有的提出，赋予了出卖人对于合同全部的解除权，即赋予了违约方解除权，与本法第 563 条规定的只有守约方才享有合同解除权的规定不符。为了避免这种争议，在本法编纂的过程中，将“当事人”改为了“买受人”，这样才更加符合民法的公平原则。从另一角度而言，即使出现一物不符合约定影响数物价值的情形，拿上面的对联为例，如果买受人出于某种考虑不愿意解除整副对联的合同，那么出卖人也就无权解除合同。综合上述考虑，本条规定的合同解除权只能是由买受人选择决定。

第六百三十三条 出卖人分批交付标的物的，出卖人对其中一批标的物不交付或者交付不符合约定，致使该批标的物不能实现合同目的的，买受人可以就该批标的物解除。

出卖人不交付其中一批标的物或者交付不符合约定，致使之后其他各批标的物的交付不能实现合同目的的，买受人可以就该批以及之后其他各批标的物解除。

买受人如果就其中一批标的物解除，该批标的物与其他各批标的物相互依存的，可以就已经交付和未交付的各批标的物解除。

◆ 条文主旨

本条是对长期供货合同分批交付标的物的情况下解除合同的规定。

◆ 立法背景

本条规定的内容，主要是参考了《美国统一商法典》和《联合国国际货物销售合同公约》的有关规定。《美国统一商法典》第2-612条第1款规定："分批交货合同指要求或授权卖方分批交付货物、买方分批接受货物的合同，即使合同包括每次交货构成一项独立合同或类似条款，仍属于此种合同。"第2款规定："买方可以拒收不符合合同的任何一批货物，只要该种不符使该批货物的价值严重降低且无法补救，或该种不符系所要求的单据存在缺陷；但如果该种不符不在本条第三款范围之内，且卖方已作出进行补救的适当保证，买方必须接受该批货物。"第3款规定："一批或多批货物，如果因不符合合同或存在其他违约而使整个合同的价值严重降低，即构成违反整个合同。但如果受损方接受了不符合合同的一批货物且未能及时通知解除合同，或只对以前各批交货提起诉讼，或他仍要求交付尚未交付的其余各批货物，合同即保持有效。”《联合国国际货物销售合同公约》第73条第1款规定：“在合同约定分批交付货物的情况下，如果一方当事人未履行其在任何一批次货物中的合同义务，他便对该批次货物已经构成了根本违约，另一方当事人可以针对该批货物的合同宣告无效。”第2款规定：“如果一方当事人未履行其在任何一批次货物中的义务，另一方当事人因此有充分理由断定在未来各批次货物中他也将会根本违约，该另一方当事人可以在一段合理时间内宣告合同以后不再具有效力。”第3款规定：“如果由于在各批次交付的货物之间存在相互依存关系，买方针对任何一批次货物宣告合同无效，可能导致已经交付的各批次的货物或未来将交付的各批次的货物不能用于双方当事人在订立合同时所设定的目的，那么，他可以同时针对已交付的或未来交付的各批货物宣告合同无效。”

◆ 条文解读

出卖人不适当履行长期供货合同的3个层次。对于长期供货合同分批交付标的物的情况，如果出现出卖人不适当履行的情况，买受人要求解除合同的，应当受本条规定调整，表现为以下3个层次：

第一，一般情况下，出卖人不适当履行某一批标的物的交付，买受人可以针对该批标的物不适当履行的情况，要求出卖人承担违约责任。如果出卖人对该批的不适当履行构成了根本违约，即达到了本条所规定的“出卖人对其中一批标的物不交付或者交付不符合约定，致使该批标的物不能实现合同目的的”，买受人有权以该批标的物的交付违约为由，解除长期供货合同的该部分内容。例如买受人为酿酒与出卖人约定了10年期的稻谷供应合同，在执行到第5个年头时，出卖人提供的稻谷由于某种原因不能达到酿酒的品质要求，导致无法达到买受人该年购买稻谷的合同目的，因此，买受人有权解除第5年的稻谷买卖合同。

第二，出卖人就某批标的物的交付构成根本违约，即交付的结果将导致该批以及之后其他各批标的物的交付不能实现合同目的的，买受人有权以该批标的物的交付违约为由，解除长期供货合同该部分及之后应当交付部分的内容。法律并未明确说明属于这类情形的具体情况，因为合同实践是复杂的，立法只能作出一个原则性的规定，具体适用的尺度把握应当具体问题具体分析。但是需要明确指出的是，某批标的物交付的根本违约，将致使今后各批的交付也构成根本违约的情况必须是十分明显的，才能适用这一规定。

第三，某批标的物的交付与整个长期供货合同的其他各批标的物的交付可能是相互依存的，或者说是不可分的，否则整个合同的履行将不可能或者没有意义，即某批标的物的不适当履行导致整个合同无法实现合同目的。在这种情况下，买受人如果依法可以对该批标的物解除，那么他就有权解除整个长期供货合同。例如买卖双方约定了成套机械设备买卖合同，分三批交付。在交付第二批设备后，买受人发现该批设备存在严重的质量问题，结果必将导致成套机械设备的买卖无法实现设定的合同目的。因此，买受人有权就包括已经交付和未交付的机械设备在内，全部要求解除合同。

第六百三十四条　分期付款的买受人未支付到期价款的数额达到全部价款的五分之一，经催告后在合理期限内仍未支付到期价款的，出卖人可以请求买受人支付全部价款或者解除合同。

出卖人解除合同的，可以向买受人请求支付该标的物的使用费。

◆ 条文主旨

本条是关于分期付款买卖的规定。

◆ 立法背景

分期付款买卖，是指由出卖人先向买受人交付标的物，买受人将应付的总价款，在一定期限内分次向出卖人支付的买卖合同。分期付款买卖也是一种特殊买卖，其根本特征在于买受人在接受标的物后不是一次性支付全部价款，而是将全部价款分成若干份，分不同日期支付。分期付款买卖在某种意义上也属于一种赊购，但买受人在接受标的物之后，不是在一定期限内一次性地支付价款，而是在一定期限内分批次地支付。分期付款买卖中，当事人双方可以自由约定付款的期限和次数，也可以约定买受人在接受标的物前先支付或者先分期支付若干价款，但在出卖人交付标的物后买受人原则上至少应当再分两次向出卖人支付价款，否则就不属于分期付款的买卖。分期付款买卖一般在买卖标的物价金较高，买受人一次性筹款支付有困难时适用。由于价金是陆续支付，会使买受人在心理上、履行上不感到有过重的负担，因此分期付款买卖能促进商品房、高档汽车等昂贵品的消费。

◆ **条文解读**

一、法律对分期付款出卖人避免风险的特别约定的限制

分期付款买卖使买受人未支付全部价金即取得买卖标的物，出卖人未得到全部价金即需移转买卖标的物，出卖人存在不能取得全部价金的风险。因此，在分期付款买卖合同中出卖人为规避风险，往往提出一些有利于自己的合同条款。一般来说这也是合理的，是合同自愿原则的体现。然而，分期付款的买受人往往是弱者，其利益容易受到损害。因此，法律为了防止出卖人提出的这些条款过于苛刻，就应当作出一定的限制，以保证买卖当事人之间利益的平衡。

出卖人在分期付款买卖中采取的规避风险的各种措施中，最重要的就是解除合同或者请求支付全部价款的特约。

为保证及时收取价款，出卖人可以在合同中提出这样的条款，即买受人不按期支付价金，出卖人有权请求买受人一并支付未到期的价金。这种条款可以称为期限利益丧失条款。由于分期付款买卖中的期限利益属于买受人，为防止因特别约定致使买受人一有迟延付款的行为即丧失期限利益的不公平现象，一些国家或者地区的法律往往对因买受人迟延付款而丧失期限利益的特别约定加以限制，买受人如不按期付款达到一定程度的违约时，出卖人才能请求其加速支付未到期价金。例如，我国台湾地区“民法”第389条规定：“分期付价之买卖，如约定买受人有迟延时，出卖人得即请求支付全部价金者，除买受人迟付之价额已达全部价金1/5外，出卖人仍不得请求支付全部价金。”本条借鉴这些有益的制度，规定分期付款的出卖人只有在买受人未支付到期价款的金额达到全部价款的五分之一，且经催告后买受人在合理期限内仍未支付到期价款的，出卖人才可以请求买受人支付到期以及未到期的全部价款或者解除合同。

法律对出卖人请求支付全部价款的特别约定的上述限制，属于法律强制性规定。当事人在合同中不得限制、排除或者违反这些限制，否则是无效的。但需指出的是，并非只要当事人的约定与上述规定不一致就导致无效。法律作出这样的规定，目的在于保护买受人的利益，如果当事人在合同中的约定对保护买受人的利益更加有利，则是不违反法律规定的。例如，当事人的特别约定是，出卖人只有在买受人连续 3 次未支付价款，并且未支付到期价款的金额达到全部价款的 1/4 的，才可以请求买受人支付到期以及未到期的全部价款或者解除合同，那么，这样的约定就是有效的。

除了上面讲的设立期限利益丧失的特别约定以外，出卖人在分期付款买卖中还可以提出设立一些其他的特别约定，以规避其风险。其中比较重要的就是剩余价款的抵押担保约定和所有权保留的特别约定。前者在本法第 416 条规定："动产抵押担保的主债权是抵押物的价款，标的物交付后十日内办理抵押登记的，该抵押权人优先于抵押物买受人的其他担保物权人受偿，但是留置权人除外。"后者在本法第 641 条规定："当事人可以在买卖合同中约定买受人未履行支付价款或者其他义务的，标的物的所有权属于出卖人。出卖人对标的物保留的所有权，未经登记，不得对抗善意第三人。"这些特别约定属于合同自愿范畴，各国法律对此一般少有限制。

二、有关分期付款买卖合同解除的特别规定

本编在通则部分规定了对于所有合同均适用的关于合同解除的制度。包括当事人可以在合同中约定解除合同的条件，解除合同的条件成就时，合同解除。当事人也可以事后经协商一致解除合同。当事人一方迟延履行主要债务，经催告后在合理期限内仍未履行的，对方可以解除合同。当事人一方迟延履行债务或者有其他违约行为致使不能实现合同目的的，对方可以不经催告解除合同。这些是合同解除的一般性规则，合同编典型合同部分如果针对具体合同规定了一些特殊性的规则，那么就应适用特殊优于一般的原则。本条有关分期付款买卖合同解除的规定就是对通则有关规定的具体化。

首先，合同当事人可以在合同订立前或者订立后，协商设立合同解除的条件。而根据本条的规定，上面讲到的对期限利益丧失特别约定的限制，同样适用于合同的协议解除，合同的有关约定不得低于法律规定的对保护买受人有利的标准。

其次，达到法定的条件时，合同一方当事人有权单方解除合同。通则规定的这些条件中，违约行为“致使不能实现合同目的”，乃是一个核心和关键。但通则这一规定只是一般性的原则表述，至于什么是不能实现合同目的，需要根据不同种类的合同以及具体的个案来判断。按照本条的规定，在分期付款买卖合同中，买受人未支付到期价款的金额已经达到全部价款的1/5，且经催告后在合理期限内仍未支付到期价款的，即法律规定的具体适用“致使不能实现合同目的”的标准。也就是说，只有达到了这样的条件，分期付款买卖的出卖人才有权行使合同的单方解除权。

三、分期付款买卖合同解除的法律后果

在合同解除后，买卖当事人应当将从对方取得的财产进行返还，违约的一方并应当赔偿对方因此而受到的损失。因此，有时出卖人也会考虑提出对解除合同后损害赔偿进行特别约定的方式来追求自己的最大利益。因为分期付款买卖的标的物是已经交付了买受人的，所以在因买受人原因而由出卖人解除合同时，买受人在占有标的物期间的利益也就是出卖人的损失。

出卖人可能提出自己因买受人的违约而解除合同时有权抵扣已收取的价款，或者请求买受人支付一定金额的赔偿款。如果这种约定过于苛刻，就会对买受人不利。为了维持当事人之间利益的均衡，法律应当进行适当限制。除已有的违约金过高可以请求适当减少的规定外，本条第 2 款规定，出卖人解除合同的，可以向买受人请求支付该标的物的使用费。也就是说，一般情况下，出卖人因买受人的原因解除合同时，出卖人向买受人请求支付或者抵扣的金额，不得超过相当于该标的物的使用费的金额。如果标的物有毁损，那么出卖人当然还可以请求相应的赔偿。

需要特别指出的是，由于本条没有对合同解除后买受人已经交付的价款如何处理作出规定，买卖当事人以在合同中对此问题作出约定为宜，以防止发生不必要的纠纷。若没有约定的，原则上应当适用合同编通则关于合同解除后果的相关规定。

第六百三十五条 凭样品买卖的当事人应当封存样品，并可以对样品质量予以说明。出卖人交付的标的物应当与样品及其说明的质量相同。

◆ **条文主旨**

本条是关于凭样品买卖中样品和交付的标的物要求的规定。

◆ **立法背景**

凭样品买卖的情形客观存在，本条源自《合同法》第 168 条的规定，未作修改。

◆ 条文解读

一、凭样品买卖合同的含义

凭样品买卖合同，又称货样买卖，是指买卖双方根据货物样品而订立的由出卖人按照样品交付标的物的合同。凭样品买卖合同属于一种特殊的买卖合同，其特殊性主要表现在3个方面：一是合同标的物的质量、属性等是根据样品确定的，并且该样品应当是订立合同时存在的样品。二是当事人基于对样品的信赖而订约。三是交付的标的物以样品来衡量，即当事人在合同中明确规定以样品来确定标的物品质。需要特别说明的是，如果出卖人先向买受人提示样品，而后双方订立合同时未明确表明进行的是凭样品买卖，则双方不成立凭样品买卖。所以，按照商店中摆列商品购物不属于货样买卖。

二、凭样品买卖合同的样品要求

本条对样品的要求有两个：一个是凭样品买卖的当事人应当封存样品；另一个是可以对样品质量予以说明。

1. 封存样品要求。样品是凭样品买卖的核心问题。这对于双方当事人来讲均很重要，需要高度重视，否则容易引起不必要的纠纷。为此，本条规定“当事人应当封存样品”。这一规定包括3层意思：一是样品必须是订立合同时的样品；二是样品的封存必须为双方所认可，包括对封存地点、数量、时间以及保存人的认可等；三是双方当事人应当对封存的样品盖章或者签字。至于封存的具体方法，当事人可以根据自己的具体情况作出具体的约定。

2. 对样品质量予以说明的要求。这是为了进一步保证样品的质量、减少纠纷而作出的一项具体的规定，对双方当事人均具有约束力，双方当事人同样需要给予高度重视。这一规定同样包括3层意思：一是对样品的质量的说明应为双方当事人所认可；二是对质量的说明应当根据样品具体情况来确定，一般包括外观、型号、技术要求等；三是对样品质量国家有强制性规定的，须遵守强制性规定，不得违反，如国家有关安全卫生的强制性的要求就必须遵守。

3. 封存样品和对样品质量的说明对当事人均有益处。本条规定是一项保护双方当事人合法权益的义务性规定，双方当事人均应执行这一规定。现实中，由于双方当事人不注意这一问题，产生的纠纷很多，以致“有理说不清”。对双方当事人来讲，封存了样品，能对样品质量进行说明，如发生了纠纷，也容易分清责任，可以减少争执，有利于纠纷的解决，对保护双方当事人的合法权益均有益处。

三、出卖人应当以符合样品的质量交货

凭样品买卖合同的一个基本特点就是加强出卖人的责任，视为出卖人担保交付的买卖标的物与样品具有同一品质。因此，本条规定，“出卖人交付的标的物应当与样品及其说明的质量相同”。这是对出卖人的一项义务性的规定，出卖人必须履行这一义务。实践过程中，为了检验买卖标的物是否与货样品质相同，通常采取封存货样的办法，以待验证；同时由出卖人对样品质量予以说明。进而确保出卖人交付的标的物与样品及其说明的质量相同。如果出卖人未履行这项义务，会出现下列法律后果：一是出卖人应承担违约责任；二是因出卖人的交付行为不能使买受人实现合同目的，使得买受人有权解除合同。另外需要说明的是，根据第636条规定：“凭样品买卖的买受人不知道样品有隐蔽瑕疵的，即使交付的标的物与样品相同，出卖人交付的标的物的质量仍然应当符合同种物的通常标准。”据此可以看出，本条规定只适用于非隐蔽瑕疵即表面瑕疵的情况。

第六百三十六条 凭样品买卖的买受人不知道样品有隐蔽瑕疵的，即使交付的标的物与样品相同，出卖人交付的标的物的质量仍然应当符合同种物的通常标准。

◆ **条文主旨**

本条是关于凭样品买卖的出卖人应对样品隐蔽瑕疵负责的规定。

◆ **立法背景**

凭样品买卖难免存在隐蔽瑕疵，本条源自《合同法》第169条的规定，未作修改。

◆ **条文解读**

一、瑕疵

瑕疵分为质量瑕疵和权利瑕疵。本条指的是质量瑕疵，即出卖人交付的标的物存在不符合规定或者通用质量要求的缺陷，或者影响使用效果等方面的情况。质量瑕疵又可再分为表面瑕疵和隐蔽瑕疵。表面瑕疵是指存在于标的物表面凭一般买受人的经验就可以发现的无须经过专门检验的质量缺陷。隐蔽瑕疵则是指存在于标的物内部凭一般买受人的经验难以发现的必须经过专门检验的质量缺陷。由于表面瑕疵凭一般买受人的经验就能发现，而隐蔽瑕疵凭一般买受人的经验难以发现，所以本条专门针对隐蔽瑕疵作出了特别规定。

二、样品存在隐蔽瑕疵属于质量要求不明确

出卖人交付的标的物质量存在隐蔽瑕疵，而隐蔽瑕疵不为当事人所知道，因此可以理解为当事人约定的质量要求不明确。依据本法第616条的规定："当事人对标的物的质量要求没有约定或者约定不明确，依据本法第五百一十条的规定仍不能确定的，适用本法第五百一十一条第一项的规定。”即首先应当重新协商或者依照合同的条款、交易习惯确定标的物的质量要求，仍不能确定的，则应当适用本法第511条第1项的规定：“质量要求不明确的，按照强制性国家标准履行；没有强制性国家标准的，按照推荐性国家标准履行；没有推荐性国家标准的，按照行业标准履行；没有国家标准、行业标准的，按照通常标准或者符合合同目的的特定标准履行。”也就是说，在不能明确标的物质量要求的情况下，出卖人应当担保标的物没有质量瑕疵。

三、凭样品买卖的样品存在隐蔽瑕疵应负的责任属于加重责任

在凭样品买卖中，“出卖人交付的标的物应当与样品的质量相同”。那么是否在样品存在隐蔽瑕疵的情况下，也可以适用前条的这一规定呢？答案显然是否定的。因为在标的物存在隐蔽瑕疵情况下，出卖人存在违约行为，将可能影响到买受人无法享受购买该标的物应有的使用价值，若以出卖人交付的标的物与样品相符而可以免责，必将违背公平和诚信原则，因此本条就是为了保护买受人的利益，针对前条规定作出的特别规定，即加重出卖人对标的物的质量担保责任。这里需要特别指出两点：一是，为了减少纠纷，合同中应当将买受人了解样品的程序作出规定，特别是将对于买受人所了解到的样品存在的隐蔽瑕疵的情况规定清楚；如果合同中没有规定，则需要由出卖人提供证据证明买受人知道该情况。二是，本条所讲的“同种物的通常标准”，不同于本法第616条的规定，首先是省去了重新协商或者依照合同的条款、交易习惯确定标的物质量要求的程序；其次是“同种物的通常标准”应理解为同种物的强制性国家标准、推荐性国家标准、行业标准或者同种物的通常标准、符合合同目的的特定标准，若出现这几类标准竞合的情况，原则上应适用对标的物质量要求更高的标准。

另外需要说明的是，对于样品的隐蔽瑕疵，如果出卖人明知该瑕疵而故意隐瞒，则可认为对买受人的欺诈，买受人依法可以撤销合同。从另一角度来看，对于样品的隐蔽瑕疵，如果买受人知道样品存在瑕疵的，则买受人不享有本条规定的权利。

第六百三十七条 试用买卖的当事人可以约定标的物的试用期限。对试用期限没有约定或者约定不明确，依据本法第五百一十条的规定仍不能确定的，由出卖人确定。

◆ 条文主旨

本条是关于试用买卖合同中试用期限的规定。

◆ 立法背景

本条的规定参考了《美国统一商法典》和我国台湾地区“民法”的有关内容。《美国统一商法典》第 2－326 条第 1 款规定：“除非另有协议，如果已交付的货物在符合合同的情况下亦可由买方退回卖方，此种交易在货物主要供使用时，称为试用。”我国台湾地区“民法”第 384 条规定：“试验买卖，为以买受人之承认标的物为停止条件而订立契约。”

◆ 条文解读

所谓试用买卖合同，也称试验买卖合同，是指出卖人和买受人约定，由买受人对标的物进行试用，并由买受人决定是否购买标的物的一种特殊的买卖合同。在试用买卖中，买卖当事人双方约定由买受人使用或者试验标的物，以买受人经过一段时间后认可标的物为合同生效条件。因此，标的物的试用期限是试用买卖合同中的重要条款，基于合同的自愿原则，合同当事人可以就标的物的试用期限进行约定。所以，本条首先规定试用买卖的当事人可以约定标的物的试用期限。如果当事人在试用买卖合同中对试用期限没有约定或者约定不明确，自然应当依据本法第 510 条的规定，通过重新协商或者根据合同的条款、交易习惯来确定。也就是说，当事人双方可以协议补充；双方不能达成补充协议的，按照试用买卖合同中的有关条款进行确定；仍然无法确定的，按照交易习惯确定。如果此时还不能确定，则由出卖人来确定试用的期限，以避免试用期限一直处于不确定的状态。

试用买卖作为买卖的一种，故在试用买卖除法律另有规定外，应当适用一般买卖的有关规定。但是，试用买卖作为一种特殊的买卖，与一般买卖相比，其特点主要在于：

1. 试用买卖约定由买受人试用或者检验标的物。对于一般买卖，出卖人并无义务让买受人试用标的物。而在试用买卖合同中，出卖人有义务在买卖合同成立前将标的物交付给买受人试用或者检验，如将标的物交给买受人试用或者试穿等。出卖人许可买受人试用或者检验标的物，是成立试用买卖合同的一个基本条件，出卖人不按约定让买受人试用或者检验标的物的，买受人可以请求出卖人交付标的物由其试用或者检验，也可以解除合同。

2. 试用买卖是以买受人认可标的物为生效条件的买卖。试用买卖合同经当事人双方意思表示一致而成立。但该种合同对买卖权利义务关系的发生附有买受人认可标的物的生效条件，也就是说，买卖合同在买受人认可标的物时才生效。若买受人经试用或者检验对标的物不认可，则买卖合同不发生法律效力。可见，买受人认可标的物，为条件成就，买卖合同生效；买受人不认可标的物，则为条件不成就，买卖合同不生效。买受人的认可，完全取决于自己的意愿，而不受其他条件的限制。如果当事人在合同中约定标的物非经试用或者检验符合一定的标准或者要求，买卖合同不生效，那么这种合同就只是一般意义上的附条件买卖合同，而非本法所规定的试用买卖合同。

3. 买受人享有决定是否购买标的物的权利。在试用买卖中，买受人试用之后，即便其认可标的物，也可以选择不购买。在试用阶段，买受人可以随时退还标的物。从这个意义上说，试用买卖赋予了买受人决定是否购买标的物的选择权。这是试用买卖不同于一般买卖之处，买受人拒绝购买的，属于其行使合同约定的权利。

4. 标的物所有权在试用期限内并没有发生转移。在一般买卖中，适用交付移转所有权的规则，一旦交付，标的物所有权就发生转移。而在试用买卖中，标的物的交付只是使买受人享有占有和使用的权利，而不是所有权。在试用期限内，标的物的所有权仍然属于出卖人。一旦试用期届满，买受人同意购买，就发生简易交付，即从同意购买时起所有权发生移转。正是基于这一原因，如果当事人没有特别约定，买受人也不需要向出卖人支付试用期限内标的物的使用费。

这里需要指出的是，由于试用期限对买受人具有约束力，买受人在大多情况下实际占有着标的物，为结束不确定状态，应当尽快依约向出卖人作出是否同意购买的意思表示。对买受人而言，基本的要求是，买受人应当在约定的试用期间内作出是否同意购买标的物的意思表示。比如《德国民法典》第455条第1款规定："关于试验买卖或检验买卖，其标的物之承认，仅得于约定期间内表示之，其无约定期间者，仅得于出卖人对买受人所定之相当期间内为之。"

第六百三十八条　试用买卖的买受人在试用期内可以购买标的物，也可以拒绝购买。试用期限届满，买受人对是否购买标的物未作表示的，视为购买。

试用买卖的买受人在试用期内已经支付部分价款或者对标的物实施出卖、出租、设立担保物权等行为的，视为同意购买。

◆ 条文主旨

本条是关于试用买卖合同中买受人享有选择权以及认可标的物的规定。

◆ 立法背景

试用期内，对买受人就标的物所实施的行为性质需要给予正确认定。本条在合同法规定的基础上，增加了司法解释的相关内容，条文的内容因此更加周延。

◆ 条文解读

一、试用期内买受人对是否购买标的物享有选择权

本条规定试用买卖的买受人在试用期内可以同意购买标的物，也可以拒绝购买标的物，是为了明确试用买卖合同中买受人享有选择权。买受人对标的物的认可，完全取决于自己的意愿，而不受其他任何人意志的干预。这里需要说明的是，在试用买卖合同中，标的物的质量问题不完全是买受人作出决定的根据，买受人对于标的物符合合同要求的，只要是在合同约定的试用期限内也可以拒绝购买。在试用期限内，买受人是否决定购买，应当向出卖人作出意思表示，如果合同中对于意思表示有要求的，则应按照要求办理；如果对于意思表示没有要求的，买受人可以以口头的形式作出，也可以以书面等形式作出。

二、超出试用期限买受人不作决定时，应当购买标的物

买受人对试用买卖合同的标的物是否认可，应当及时作出表示，以免当事人之间的法律关系过久地处于不稳定的状态。因此，本条规定，试用期限届满，买受人对是否购买标的物未作表示的，视为购买。该规定参考了《德国民法典》和我国台湾地区“民法”的相关规定。其中，《德国民法典》第455条第2款规定：“因试验或检验，已将其物交付于买受人者，买受人之沉默视为承认。”我国台湾地区“民法”第387条第1款规定：“标的物因试验已交付于买受人，而买受人不交还其物，或于约定期限或出卖人所定之相当期限内不为拒绝之表示者，视为承认。”具体到实际生活，例如，出卖人规定电视机试看3天，3天后买受人既未通知出卖人接受标的物，也未通知拒绝认可标的物，并且未将电视机退还出卖人，则视为买受人认可标的物。

买受人试用标的物，可以是买受人在一定期限内一直占有标的物，也可以是在出卖人占有的情况下由买受人试用或者检验。对于出卖人未将标的物转移于买受人占有的情形，买受人经试用或者检验后未在约定的期限或者出卖人规定的期限内作出是否购买的表示时，是否也视为接受，存在不同的意见。一种意见认为，不论标的物是否交给买受人占有，只要买受人未在期限内作出意思表示，即视为决定购买。另一种意见认为，标的物未交给买受人占有情况下，买受人试用或者检验后未在期限内作出表示的，应当视为拒绝。其理由是，标的物未交给买受人占有情况下，买受人试用后拒绝认可标的物的，不发生返还标的物的问题。而决定购买标的物的，则发生出卖人应当交付标的物的问题。因此，这种情况下，在对买受人试用后未在期限内作出表示的情形进行法律推定时，如果视为买受人以沉默的方式拒绝购买标的物，是比较经济而适当的办法。

三、试用期内买受人的处分行为，应当视为同意购买标的物

试用买卖自买受人试用或者检验标的物后表示认可时，条件才成就，合同才发生法律效力，买受人才因此支付价款。但在实际生活中，时常发生买受人在试用或者检验后虽未表示认可或者拒绝，但却做出了一些类似认可的行为。比如买受人在试用期内支付了部分价款，按照日常生活经验法则，自然可以认为买受人以支付部分价款的形式来表示对标的物的认可。在另外一些情形下，买受人虽未支付价金，但对标的物实施了试用或者检验以外的一些行为。比如在试用期内对标的物实施出卖、出租、设立担保物权等行为。因为买受人在试用期间对标的物并无处置的权利，其实施试用以外的出卖、出租等行为，显然是将标的物视为自己之物，自然也可以视为其对标的物表示了认可。而且，我国台湾地区“民法”第387条第2款也规定：“买受人已支付价金之全部或一部，或就标的物为非试验所必要之行为者，视为承认。”因此，在本法编纂过程中，增加了本条第2款的规定：“试用买卖的买受人在试用期内已经支付部分价款或者对标的物实施出卖、出租、设立担保物权等行为的，视为同意购买。”既弥补了《合同法》第171条的缺漏，也利于实践中统一法律的适用尺度。

另外需要说明两个问题。一是标的物所有权转移问题。在试用买卖中，买卖合同成立后，出卖人虽然将标的物交付给买受人，但因交付标的物时合同尚未生效，出卖人交付标的物不发生转移所有权的效力，其意义仅在于转移占有及转移使用，标的物的所有权仍然归于出卖人。在买受人经试用认可标的物且表示同意购买后，合同才生效。至于标的物所有权的转移时间，应当区分不动产和动产分别考虑：对于不动产，依据本法第209条第1款规定："不动产物权的设立、变更、转让和消灭，经依法登记，发生效力；未经登记，不发生效力，但是法律另有规定的除外。"因此，不动产标的物所有权的转移时间为转让登记的具体时间。对于动产，依据本法第 226 条规定："动产物权设立和转让前，权利人已经占有该动产的，物权自民事法律行为生效时发生效力。"因此，动产标的物所有权的转移时间为试用买卖合同生效时，结合本条规定，试用买卖合同的生效时间当是指买受人同意购买或者推定同意购买的时间点，故动产标的物的所有权应该是在该时间点发生转移。二是标的物瑕疵担保责任的承担问题。一般买卖中，出卖人对标的物的瑕疵负有担保责任，试用买卖也不能例外。尽管买受人可以在试用期限内检查标的物是否具有瑕疵，但不能因此认为既然买受人已经作出了承认，就表明标的物没有瑕疵，或者虽有瑕疵但已被买受人所接受。无论是买受人自己明确表示同意购买标的物，还是法律推定买受人同意购买，出卖人均应承担标的物的瑕疵担保责任，包括标的物质量瑕疵担保责任和权利瑕疵担保责任。

第六百三十九条 试用买卖的当事人对标的物使用费没有约定或者约定不明确的，出卖人无权请求买受人支付。

◆ **条文主旨**

本条是关于试用买卖使用费的规定。

◆ **立法背景**

本条规定是在《最高人民法院关于审理买卖合同纠纷案件适

用法律问题的解释》的基础上，参考《美国统一商法典》的规定作出的。《最高人民法院关于审理买卖合同纠纷案件适用法律问题的解释》第43条规定："试用买卖的当事人没有约定使用费或者约定不明确，出卖人主张买受人支付使用费的，人民法院不予支持。"《美国统一商法典》第2－327条规定："除非另有协议，在采用试用方式时，a. 即使货物已特定于合同项下，但在买方接受货物前，风险和所有权不转移至买方；并且b. 如果使用货物的方式符合试验目的，此种使用不构成接受。未能及时将退货要求告知卖方，则构成接受。如果货物符合合同，对部分货物的接受构成对全部货物的接受；并且c. 在发出适当的退货通知后，卖方承担退货的风险和费用；但买方如果为商人，他必须遵循卖方的合理指示。"

◆ **条文解读**

本条的基本含义是，对于试用买卖标的物使用费的支付与否，如果买卖双方作出明确约定的，应当按照约定处理；如果买卖双方没有作出约定或者约定不明确的，出卖人无权要求买受人支付标的物的使用费。

试用买卖的买受人在试用期限内明确表示拒绝购买标的物的，双方之间不发生买卖合同的权利义务关系。但是，在买受人明确拒绝购买之前，买受人确实使用了标的物。使用了标的物却不必支付使用费，这其中的原因究竟为何，需要从试用买卖合同的法律关系的性质说起。

前面第637条的解读已经提到，试用买卖是以买受人认可标的物为生效条件的买卖，买受人认可标的物，为条件成就，买卖合同生效；买受人不认可标的物，则为条件不成就，买卖合同不生效。我们认为，试用买卖是附生效条件的合同，即学理上的附生效条件说。通常来讲，附生效条件的合同只有在条件成就之日起合同才生效，在此之前当事人之间不存在任何的权利义务关系。但是在试用买卖过程中，尽管只有待买受人决定购买标的物时合同才生效，而之前的试用过程，也可以称之为正式买卖合同的缔约过程中，出卖人基于其特定的经营目的考虑，自愿承担将标的物交付买受人试用或者检验的义务，同时同意买受人不承担支付相应使用费的责任，以便于促成双方之间正式买卖合同的订立。在此前提下，出卖人将标的物交付给买受人使用，是出卖人自愿承担的附加义务，对出卖人自身具有约束力，买受人使用标的物自然不必支付使用费。在买受人同意购买后，即试用买卖合同生效后，试用期间的法律关系被合同生效后的法律关系所取代或者吸收，不会发生争议，买卖双方按照合同的约定履行，便是双方的真实意思表示。

在此需要特别指出的是，即使出卖人无权要求买受人支付使用费，但是，如果买受人在试用期限内没有尽到一般注意义务，未能按照规定的用途或者标的物通常性能进行试用，导致标的物发生毁损、灭失的，由于试用买卖采用的是附生效条件理论，当事人在试用期间并不存在权利义务关系，因此，出卖人无法向买受人主张违约责任。但是，出卖人可以依据本法侵权责任编的相关规定，在买受人的行为符合侵权责任构成要件的前提下，要求买受人承担赔偿损失等侵权责任。

第六百四十条 标的物在试用期内毁损、灭失的风险由出卖人承担。

◆ **条文主旨**

本条是关于试用期间由出卖人承担标的物风险的规定。

◆ **立法背景**

本条规定是参考《美国统一商法典》的规定而作出的。依据《美国统一商法典》第2－327条的相关规定，在采用试用方式时，即使货物已特定于合同项下，但在买方接受货物前，风险和所有权不转移至买方。

◆ **条文解读**

本条的基本含义是，对于试用买卖标的物的风险负担，在试用标的物期间，标的物发生不可归责于买卖双方当事人的原因的毁损、灭失时，应当由出卖人承担该风险，出卖人无权要求买受人承担赔偿责任。

在试用买卖合同履行过程中，试用期内的标的物是否实际交付给买受人，存在两种情况：一种情况是标的物不实际交付给买受人，但是由买受人进行试用。这种情形的标的物发生意外毁损、灭失时，由于标的物未经交付，该风险由出卖人负担是不言而喻的，实践中也不会引发争议。另一种情况是标的物已经实际交付给买受人试用，依据本条的规定，在试用过程中标的物发生意外毁损、灭失的，该风险也由出卖人负担，似乎与本法第604条规定的标的物风险负担适用交付主义原则不符，因此在实践中常常引发争议。例如，汽车销售公司甲与自然人乙签订了汽车试用买卖合同，在甲将一辆汽车交付乙试用期间，乙在开车上班过程中遇到下冰雹，结果导致车辆发生毁损，由于甲乙双方未对该毁损的承担进行约定，双方都认为车辆毁损的后果应该由对方承担，因此发生了很大的争议。

本条之所以规定试用买卖标的物在试用期内发生毁损、灭失的风险由出卖人负担，主要是出于以下4点考虑：一是由试用买卖合同的目的决定的。因为所谓的试用买卖，是出卖人基于其特定的经营目的考虑，自愿且主动地将标的物交付给买受人试用或者检验，同时买受人也无须承担标的物使用费，即出卖人是放弃自身的某些利益而为了达到订立买卖合同的最终目的。其中放弃要求由买受人承担试用期内的风险责任，当是试用买卖合同的应有之义。二是由试用买卖合同中买受人的优势地位决定的。结合市场实践，在采用试用买卖合同的场合，大多是买方市场，即卖方急着卖而买方不急于买。倘若试用买卖合同的试用期内由买方来承担标的物意外毁损灭失的风险，那么这个合同将很难达成。三是由出卖人所实施的“交付”性质所决定的。第604条规定的风险随交付转移，原则上是指当事人按照合同约定的义务而进行的交付，因而标的物的风险随交付转移。而本条中的交付，并非出卖人基于合同约定义务的交付，而是出卖人自愿承担的附加义务，对方无需支付相应对价。因此，试用买卖合同中的标的物交付不应适用本法第604条规定的风险负担的交付主义原则。另外，域外的立法经验，如上文提到的《美国统一商法典》里就试用买卖标的物风险负担的规则，也与本条规定类似。综合上述4方面因素，本条最终规定，标的物在试用期内毁损、灭失的风险由出卖人承担。

在此需要特别指出的是，本条的规定是原则性的规定，允许存在例外。如果买卖双方约定标的物在试用期内毁损、灭失的风险由出卖人和买受人共同承担，自然应当得到尊重。至于在本条规定的前提下，标的物的风险负担何时发生转移，我们的意见是，在买受人向出卖人作出同意购买标的物的意思表示时，标的物的风险才发生转移。

第六百四十一条 当事人可以在买卖合同中约定买受人未履行支付价款或者其他义务的，标的物的所有权属于出卖人。

出卖人对标的物保留的所有权，未经登记，不得对抗善意第三人。

◆ **条文主旨**

本条是关于买卖合同中标的物所有权保留条款的规定。

◆ **立法背景**

买卖合同中的所有权保留条款，是标的物所有权转移问题中的重要内容。各国法律都允许当事人通过约定这样的条款来明确标的物所有权转移的时间，而且在合同实务中，尤其是在国际贸易中，这种条款也是很常见的。所有权保留条款是有利于出卖人的条款。它的主要功能是可以使出卖人躲避不能取得标的物价款的风险。在买受人未履行支付价款的义务或者其他出卖人认为重要的义务以前，出卖人仍然享有标的物的所有权。这样就可以免去在出卖人已交付标的物而买受人不履行其主要义务时，因所有权已转移可能给自己造成的损害。

◆ **条文解读**

一、买卖合同的标的物所有权可以保留

通常来讲，买卖合同标的物的所有权自标的物交付时起转移，但法律另有规定或者当事人另有约定的，则应当依照法律规定或者当事人的约定确定所有权转移的时间。本条的规定即体现了当事人另外约定的一种情形。因此，本条实际上是一个提示性的条款，当事人可以根据实际情况运用这样的约定确定相互的权利义务关系，而这种约定是当事人根据合同自愿原则确定合同内容的表现，是受法律保护的。

在英国，无论是特定物的买卖还是种类物的买卖，即使在货物已经特定化之后，卖方都可以保留对货物的处分权，主要是指所有权。在卖方所要求的条件得到满足以前，主要是货物的价款支付以前，货物的所有权仍不转移于买方。根据《英国货物买卖法》第19条的规定，可以在合同条款中作出保留对货物处分权的约定。例如，可以在合同中约定，在买方支付货款之前，所有权不转移于买方。在这种情况下，无论货物是交付了买方还是交给了货物承运人以便运交买方，货物的所有权都不随之而转移于买方，直至合同约定的付款条件得到满足为止。除了合同的这种明确约定以外，根据该条，在有些情况下，也可以根据当事人对货物提单的处理方式推定卖方保留了对货物的处分权。如卖方可以通过提单抬头的写法表示卖方保留对货物的处分权。如果货物已经装船，而提单的抬头载明该项货物须凭卖方或者卖方代理人的指示交货时，则在卖方将提单背书交给买方或者其代理人以前，应当认为卖方保留了对货物的处分权。因为提单是货物所有权的凭证，只要卖方掌握着提单，他仍可以通过处分提单来处置该提单项下的货物。在国际贸易中，除非当事人另有约定，卖方通常都是在买方支付货款时，才把提单交给买方。而美国在关于提单的这个问题上的处理办法则有别于英国。按照《美国统一商法典》的规定，卖方保留货物所有权的凭证，一般只起到担保权益的作用，即以此作为买方支付货款的担保，但这并不影响货物所有权按照该法典的规定转移于买方。美国的规定也是有其道理的。因为，货物买卖合同订立以后，无论是卖方还是买方都应当受合同义务的约束，卖方交付货物的对价一般只是买方支付价款。所以在货物发运以后，即使卖方仍保留着货物所有权的凭证，如提单，他对货物的处分权也应当是有限的。比如，他不能毫无理由地指示承运人把货物转运给第三人。卖方保留提单只应当是作为买方支付货款的担保，只要买方支付了价款，卖方就有义务按照合同履行交付提单的义务。本条第 1 款的规定应当说只是确立了一个原则，像标的物所有权保留的有关具体问题，需要针对实际情况，并借鉴国外有益的规定进行处理。

二、登记的保留的所有权

所有权保留买卖制度是一项古老的担保制度，通过在所有权移转效力上附加生效条件（付清价款或者其他义务）的方式，实现担保标的物价款债权的效果。早期观点一般将保留的所有权当成真正的所有权看待，然而随着实践和理论的发展，人们逐步认识到被保留的所有权并非一个真正的所有权，在各个属性上与担保物权越来越接近。据此，在本法编纂过程中，增加了本条第 2 款的规定："出卖人对标的物保留的所有权，未经登记，不得对抗善意第三人。"之所以作出这一修改，是由于整个民法典所期望实现的目标之一是消灭隐形担保。按照《合同法》第 134 条的规定，出卖人对买卖标的物虽然享有名义上的所有权，但是这个名义上的所有权并不对外公示，但却可以行使真正所有权人的权利，甚至在破产中享有取回权。这种做法使得这种没有公示的权利取得了一个最强大的效力，必然会给交易安全造成巨大的影响，尤其是在同一标的物上可能同时存在动产抵押、浮动抵押、融资租赁、所有权保留、动产质押等各种竞存的担保物权情形时。当发生以上权利冲突时，按照《合同法》第 134 条的规定，出卖人借助于未公示的所有权即可享有一个最强大最完整的权利，这样就会使得其他按照现有法律规范进行真正公示的权利的当事人反而得不到保障。上述做法有违现代担保交易的基本原理，同时也会给交易中的商人产生巨额的调查成本，对交易安全造成较大损害。

自2020年1月1日起施行的《优化营商环境条例》第47条第2款规定："国家推动建立统一的动产和权利担保登记公示系统，逐步实现市场主体在一个平台上办理动产和权利担保登记。纳入统一登记公示系统的动产和权利范围另行规定。"目前，已经由中国人民银行牵头在北京市和上海市开展动产担保统一登记试点。同时，为了配合本法和《优化营商环境条例》的颁布实施，中国人民银行也相应修改了《应收账款质押登记办法》，该办法第35条规定："权利人在登记公示系统办理其他动产和权利担保登记的，参照本办法的规定执行。本办法所称动产和权利担保包括当事人通过约定在动产和权利上设定的、为偿付债务或以其他方式履行债务提供的、具有担保性质的各类交易形式，包括但不限于融资租赁、保证金质押、存货和仓单质押等，法律法规另有规定的除外。"上述行政法规和部门规章的颁布实施为逐步建立全国统一的动产与权利担保登记系统奠定了基础。

所以，基于实现优化营商环境、消灭隐形担保的总目标，本条规定出卖人对标的物享有的所有权未经登记不得对抗善意第三人，明确了必须登记了才能取得对抗第三人的效力。除了上述总目标的实现以外，由于本法已经在所有权保留买卖制度中引入了登记，所以从功能上讲，保留的所有权实质上属于"可以登记的担保权"。基于此，所有权保留同样可以适用本法第414条的规定，即"同一财产向两个以上债权人抵押的，拍卖、变卖抵押财产所得的价款依照下列规定清偿：（一）抵押权已登记的，按照登记的时间先后确定清偿顺序；（二）抵押权已登记的先于未登记的受偿；（三）抵押权未登记的，按照债权比例清偿。其他可以登记的担保物权，清偿顺序参照适用前款规定”。

需要特别指出的是，结合《最高人民法院关于审理买卖合同纠纷案件适用法律问题的解释》第 34 条的规定，本条关于所有权保留的内容不适于不动产，这是因为：第一，是否允许不动产所有权保留很大程度上取决于不动产物权变动模式，本法物权编确立了债权形式主义的不动产物权变动模式，即不动产物权的变动除了需要买卖双方达成合意外，还需要进行转移所有权的变更登记，只有变更登记完成后所有权才发生转移。在这种模式下，原则上无不动产所有权保留之必要。第二，不动产所有权保留的制度功能可以被预告登记、不动产物权变更登记等制度所取代，没有必要多此一举。第三，从实践层面来看，不动产主要是指土地和房屋，我国土地所有权属于公有，私人间不存在土地所有权买卖，所以就土地所有权买卖设定所有权保留的空间较小；而房屋买卖中，通常采用的方式是买受人从银行按揭贷款，银行对房屋享有抵押权，这一制度运作顺畅，也没有必要创设房屋所有权保留的方式来保障银行利益。综上，我们认为《最高人民法院关于审理买卖合同纠纷案件适用法律问题的解释》的规定具有合理性，应当继续得到贯彻。

▶ **相关规定**

《优化营商环境条例》第 47 条

第六百四十二条　当事人约定出卖人保留合同标的物的所有权，在标的物所有权转移前，买受人有下列情形之一，造成出卖人损害的，除当事人另有约定外，出卖人有权取回标的物：

（一）未按照约定支付价款，经催告后在合理期限内仍未支付；

（二）未按照约定完成特定条件；

（三）将标的物出卖、出质或者作出其他不当处分。

出卖人可以与买受人协商取回标的物；协商不成的，可以参照适用担保物权的实现程序。

◆ 条文主旨

本条是所有权保留出卖人取回权的有关规定。

◆ 立法背景

本条是参照《最高人民法院关于审理买卖合同纠纷案件适用法律问题的解释》作出的规定。所谓出卖人取回权，是指在所有权保留买卖合同中，当买受人出现违约的情形时，出卖人享有取回标的物的权利。例如，买受人甲和出卖人乙订立一辆大众汽车买卖合同，双方约定了所有权保留条款，但甲在取走汽车以后，一直不支付购车款，那么乙有权向甲取回该辆大众汽车。对于所有权保留买卖中出卖人的取回权，我国台湾地区的“动产担保交易法”对此有明确的规定。该“动产担保交易法”第28条规定：“标的物所有权移转于买受人前，买受人的下列情形之一，致妨害出卖人之权益者，出卖人得取回占有标的物：一、不依约定偿还价款者；二、不依约定完成特定条件者；三、将标的物出卖、出质或为其他处分者。出卖人取回占有前项标的物，其价格显有减少者，得向买受人请求损害赔偿。”依据本条第1款的规定，出卖人取回权的主要内涵为：在所有权保留买卖中，标的物进行实际交付以后，标的物所有权移转于买受人之前，因买受人未按照约定支付价款、未按照约定完成特定条件或者将标的物作出卖或者出质等不当处分的，出卖人有权取回标的物。据此表明，出卖人若取回标的物，除当事人另有约定外，必须符合本条规定的条件才可以行使。之所以明确出卖人的取回权，是因为在所有权保留买卖中，由于买受人占有、使用标的物，出卖人以保留的所有权来担保其价金债权的实现，这就造成了所有权人和标的物相分离，一旦买受人不依约支付价款，或者对标的物进行处分进而使得标的物的价值降低或状态改变，都将危害到出卖人的利益。在此前提下，当买受人未履行支付价金义务或未尽善良管理人应尽的注意义务时，出卖人应当享有一定的救济权利，取回标的物无疑是最好的手段。

◆ 条文解读

对于出卖人可以行使取回权的具体条件，现分述如下：

第一，买受人未按照约定支付价款。通常情况下，出卖人在买受人未支付价款达到何种程度可以取回标的物，应当由合同约定。如果合同没有约定，出卖人在买受人未支付价款达到何种程度可以取回？《瑞士附条件买卖法》第 226 条规定，只有在买受人连续拖欠两期付款，且欠款达到货款总额的 1/10 时，或者欠款达到货款总额 1/4 时，或者拖欠最后一期付款时，出卖人才有权行使取回权。《最高人民法院关于审理买卖合同纠纷案件适用法律问题的解释》第 36 条第 1 款规定："买受人已经支付标的物总价款的百分之七十五以上，出卖人主张取回标的物的，人民法院不予支持。"意味着如果买受人已经支付的价款达到总价款的 75% 时，出卖人无论如何不可以行使取回权。但是，该出卖人不能行使取回权所涉及的买受人已支付的法定价款比例的合理性，在买受人已经违反当事人约定的情况下，并不充分，也和本法第 416 条的规定不相吻合。因此在本法编纂过程中，我们没有采纳上述司法解释的内容，而是在买受人未按照约定支付价款的同时增加规定出卖人的催告程序，即出卖人在决定行使对标的物的取回权时，应当先向买受人催告，在催告期满后买受人仍不支付价款的，出卖人才可以行使取回权，以保障当事人之间的利益平衡。

第二，买受人未按照约定完成特定条件。如果汽车买卖当事人约定买受人应当在购买车辆 1 个月内更换刹车系统并购买车辆交强险及商业险，否则出卖人有权取回汽车。这个约定是公平合理的，因为涉及作为保留所有权的出卖人的权益，不完成该特定条件，可能使出卖人承担不利后果。所以，如果在车辆交付买受人后 2 个月内出卖人仍然没有完成上述事宜，那么出卖人便依法享有取回汽车的权利。

第三，买受人在占有标的物期间擅自处分标的物且标的物未被第三人善意取得。在买卖双方未就出卖人何时可以取回标的物作出约定时，买受人就标的物实施了转卖、出质等行为的，将严重侵害出卖人的所有权，故出卖人依法有权行使取回权。但是，如果第三人依据本法第 311 条的规定已经善意取得标的物所有权或者其他物权的，出卖人无权取回标的物，否则将严重损害交易的安全和交易的秩序。司法实践中，《最高人民法院关于审理买卖合同纠纷案件适用法律问题的解释》第 36 条第 2 款也规定，在第三人基于善意取得制度取得所有权的情况下，出卖人是无权行使取回权的，结果只能是由出卖人向买受人请求赔偿损失。

在符合上述出卖人可以行使取回权条件的前提下，出卖人应当以何种程序取回，将影响到出卖人取回标的物的效率。因此，本条第 2 款规定，出卖人可以与买受人协商取回标的物；协商不成的，可以参照适用担保物权的实现程序。表明取回的程序首先尊重当事人之间的协商结果，在协商不成的前提下，为提高出卖人行使取回权的效率，出卖人也不必必须循诉讼途径，而是可以参照《民事诉讼法》第十五章特别程序第七节“实现担保物权案件”的规定行使取回权，其中第196条规定：“申请实现担保物权，由担保物权人以及其他有权请求实现担保物权的人依照物权法等法律，向担保财产所在地或者担保物权登记地基层人民法院提出。”第197条规定：“人民法院受理申请后，经审查，符合法律规定的，裁定拍卖、变卖担保财产，当事人依据该裁定可以向人民法院申请执行；不符合法律规定的，裁定驳回申请，当事人可以向人民法院提起诉讼。”实践中照此操作，出卖人可以省去诉讼环节，直接向法院申请执行，达到降低交易成本提高效率的目的。

第六百四十三条　出卖人依据前条第一款的规定取回标的物后，买受人在双方约定或者出卖人指定的合理回赎期限内，消除出卖人取回标的物的事由的，可以请求回赎标的物。

买受人在回赎期限内没有回赎标的物，出卖人可以以合理价格将标的物出卖给第三人，出卖所得价款扣除买受人未支付的价款以及必要费用后仍有剩余的，应当返还买受人；不足部分由买受人清偿。

◆ **条文主旨**

本条是关于买受人回赎权及出卖人再出卖权的规定。

◆ **立法背景**

本条是参照《最高人民法院关于审理买卖合同纠纷案件适用法律问题的解释》作出的规定。

◆ 条文解读

所谓买受人回赎权，是指所有权保留买卖中出卖人对标的物行使取回权后，在一定期间内，买受人可以通过履行支付价金义务或者完成其他条件后享有的重新占有标的物的权利。一般来讲，出卖人行使取回权后，应当赋予买受人一定的回赎期限，而不能立即处分标的物。这是因为，出卖人取回标的物，只是导致买受人占有的丧失，并不是立即解除当事人之间的买卖合同，否则有违鼓励交易原则，也不利于保护买受人的合法权益。例如，出卖人甲公司在买受人乙公司没有按期支付价款时取回了之前交付的电缆设备，在双方约定的 2 个月回赎期内，乙公司筹集资金补交了欠付的货款，那么乙公司就自然回赎了该批电缆设备。依据我国台湾地区的“动产担保交易法”第 18 条的相关规定，出卖人行使取回权时，应于 3 日前通知买受人，该通知应说明事由并应指定买受人回赎期限，如买受人到期仍不回赎，出卖人可以再次出卖，买受人不得请求回赎。如果出卖人未经通知直接行使取回权，买受人可以在出卖人取回标的物后 10 日内回赎标的物。依据本条第 1 款的规定，出卖人取回标的物后，在回赎期内，只要买受人消除了出卖人取回标的物的事由，就可以请求回赎标的物。其中“买受人消除了出卖人取回标的物的事由”，是指前一条所规定的出卖人可以取回标的物的三种情形已通过买受人的努力得以解决，即未按照约定支付价款、未按照约定完成特定条件以及不当处分标的物的情形已不复存在，那么买受人自然有权向出卖人行使回赎权。回赎制度的目的是尽力维护买受人的期待利益，使买受人有机会重新获得对标的物的占有，所以，买受人应根据自身的实际情况作出选择：不选择回赎，应当尽快向出卖人作出意思表示；选择回赎，同样应当在合理期限内向出卖人作出意思表示。然而，买受人的回赎权应当受到回赎期的限制，当然，这个回赎期必须是约定的或者是合理的，现就回赎期作如下特别说明。

回赎期是买受人可以行使回赎权的期间，一般包括法定期间和意定期间。法定期间由法律明确规定，上述提到的我国台湾地区“动产担保交易法”第18条所规定的“10日”，即是法定的回赎期。意定期间是当事人确定的期间，包括买卖双方约定的期间和出卖人指定的期间，双方约定的期间属于当事人的自由意思表示，应当予以准许；而出卖人单方指定的期间，并未事先与买受人协商，若出卖人指定买受人应在几十分钟或者几个小时内完成回赎，通常情况下，显然有悖于公平和诚信原则，不能用来约束买受人。因此，本条规定出卖人单方指定的回赎期限必须是合理期限，即主要根据标的物性质来确定期限，应当具体情况具体分析。如果出卖人取回的标的物是即将发生腐败变质的物品，那么出卖人指定几十分钟的回赎期，也是具有合理性的。另外需要指出的是，本条第1款并未规定回赎的法定期间，我们的主要考虑是：第一，所有权保留制度是属于当事人可以自由选择的制度，具体到买受人回赎期，也应当尊重当事人的自由意思，在立法上应赋予当事人最大的自治空间。第二，买受人回赎期的长短问题，只是影响当事人的权益，一般不会涉及或者影响到第三人利益或者社会公共利益，因此法律不应主动干预。第三，从域外国家和地区的立法经验来看，在买受人回赎期这个问题上，大多将回赎期制度设定为当事人可以自由选择的制度。

如果买受人在双方约定的回赎期限内或者出卖人指定的回赎期间内没有履行相应义务而丧失回赎期的，出卖人就取得了对标的物的再出卖权，可以再次出卖标的物。至于出卖人如何行使再出卖权，我国台湾地区的“动产担保交易法”作出了比较具体的规定，在上述提到的第18条预先程序规定的前提下，该“动产担保交易法”第29条规定：“买受人得于出卖人取回占有标的物后十日内，以书面请求出卖人将标的物再行出卖。出卖人纵无买受人之请求，亦得于取回占有标的物后三十日内将标的物再行出卖。出卖人取回占有标的物，未受买受人前项再行出卖之请求，或于前项三十日之期间内未再出卖标的物者，出卖人无偿还买受人已付价金之义务，所订附条件买卖契约失其效力。”该“动产担保交易法”第19条规定：“抵押权人出卖占有抵押物，除前条第三项但书情形外，应于占有后三十日内，经五日以上之揭示公告，就地公开拍卖之，并应于拍卖十日前，以书面通知债务人或第三人。抵押物为可分割者，于拍卖得价足以清偿债务及费用时，应即停止，债权人本人或其家属亦得参加拍卖，买受抵押物。”第20条规定：“抵押物卖得价金，应先抵充费用，次充利息，再充原本，如有剩余，应返还债务人，如有不足，抵押权人，得继续追偿。”上述三条进一步就原买卖合同的效力，再出卖的形式、出卖后所得价款的处分作出了具体规定。

本条就出卖人的再出卖权规定，出卖人可以以合理价格出卖标的物，出卖所得价款扣除买受人未支付的价款以及必要费用后仍有剩余的，应当返还买受人；不足部分由买受人清偿。意味着出卖人可以再次出卖标的物，但必须以合理的价格卖出；卖出后所得价款在满足出卖人自身应得价款及所需费用后，剩余的部分应当返还买受人；出卖后所得价款无法满足出卖人自身应得价款及所需费用的，出卖人有权继续向买受人主张。然而，对于出卖人取回标的物后不进行再出卖如何处理、再出卖时如何平等保护买受人的权益等问题，为避免实践中发生争议，在此有必要作出相应说明。

第一，关于出卖人取回标的物后不进行再出卖该如何处理的问题。就此问题应当分为两种情形：一是买受人没有向出卖人支付标的物价款，那么出卖人取回标的物不进行再出卖并不会损害买受人的利益，相反，由于买受人存在违约行为，出卖人有权要求买受人承担相应的违约责任。二是买受人已经向出卖人支付了标的物的部分价款，有时甚至支付了比较高比例的价款，在该情形下，依据我国台湾地区“动产担保交易法”第29条第2款的相关规定，原买卖合同失去效力，出卖人没有偿还买受人已支付价款的义务，买受人也无需继续履行合同义务及承担赔偿责任。有意见认为，这种方案有利于简化交易过程，降低交易成本，同时也不会导致买卖当事人之间利益的失衡，应予借鉴。对此观点，举例说明：甲乙之间签订买卖1台价值1万元的电脑的合同，在乙1个月内支付完毕价款前，甲保留所有权，甲将电脑交付给乙之后，在乙已经支付7000元的情况下无力支付剩余价款，甲取回电脑。在这种情况下，按照台湾地区“动产担保交易法”的规定，甲方居然不必返还乙方的价款。按照日常生活经验法则，这显然有悖公平原则。对此问题，按照上条的分析，原买卖合同并未解除，更加不能称之为失去效力，在出卖人不实施再次出卖的情况下，可以参照本法第566条第1款“合同解除后，尚未履行的，终止履行；已经履行的，根据履行情况和合同性质，当事人可以请求恢复原状或者采取其他补救措施，并有权请求赔偿损失”的规定，结合买受人实际支付价款的多少和买受人的违约程度，具体情况具体承责。

第二，关于再出卖时如何平等保护买受人的权益问题，本条并未规定必须通过“拍卖”方式进行再出卖，而是要求出卖人在再出卖时必须以合理价格出卖。也就是说，本条的规定不是通过出卖方式的“前端”渠道解决，而是通过合理价格的“后端”渠道解决，这样不仅可以赋予出卖人更多的自由，而且可以降低交易成本。当出卖人不以合理价格出售时，买受人的合法权益可以通过侵权责任等方式主张。当然，因原买卖合同非正常履行必然发生的费用，比如取回费用、保管费用、再交易费用、利息和未清偿的价款，都应当在再出卖的价款中扣除，这样才能达到买卖双方的实质公平。

第六百四十四条 招标投标买卖的当事人的权利和义务以及招标投标程序等，依照有关法律、行政法规的规定。

◆ 条文主旨

本条是关于招标投标买卖的规定。

◆ 立法背景

招标投标买卖是买卖合同的特殊形式，在社会经济活动中发挥着重要作用。本条源自《合同法》第172条的规定，未作修改。

◆ 条文解读

一、招标投标买卖的概念和特征

招标投标买卖指招标人公布买卖标的物的出卖条件，投标人参加投标竞买，招标人选定中标人的买卖方式。作为招标投标买卖法律关系主体的出卖人，又可称为招标人和竞买人；作为招标投标买卖法律关系主体的买受人，又可称为投标人和中标人。招标投标除可作为一种特种买卖形式外，还适用于承揽、建设工程、运输、服务等合同的订立。依据我国现行的《招标投标法》，招标投标买卖相对于一般买卖而言，主要具有如下特点：第一，订约程序的特殊性。在我国，招投标一般分为招标、投标和中标3个阶段，凡是需要进行招投标的项目必须严格依此程序进行，违反该程序订立合同，需要承担相应的法律责任。第二，适用范围具有明确的限制。我国《招标投标法》第 3 条规定：“在中华人民共和国境内进行下列工程建设项目包括项目的勘察、设计、施工、监理以及与工程建设有关的重要设备、材料等的采购，必须进行招标：（一）大型基础设施、公用事业等关系社会公共利益、公众安全的项目；（二）全部或者部分使用国有资金投资或者国家融资的项目；（三）使用国际组织或者外国政府贷款、援助资金的项目。前款所列项目的具体范围和规模标准，由国务院发展计划部门会同国务院有关部门制订，报国务院批准。法律或者国务院对必须进行招标的其他项目的范围有规定的，依照其规定。”因此，需要通过招标投标买卖的范围，应当遵循上述规定。当然，依法不需要采用招标投标方式订立的合同，当事人自愿采取此种方式的，依法应认可其效力。第三，交易方式的竞争性。在招标投标买卖中，采取数个投标人竞争性报价的方式，由招标人选择最适合的报价和条件，通常招标人选择的是最低价的投标人。第四，法律适用的特殊性。在涉及招投标的合同时，招标投标有具体规定的，首先适用该法的规定；该法没有规定的，才适用本法的相关规定。

二、招标投标买卖的程序

招标投标买卖的程序，一般经过招标、投标和中标三个阶段。第一阶段，招标。招标是以招标公告的方式邀请不特定的法人或者非法人组织投标，或者以投标邀请书的方式邀请特定的法人或者非法人组织投标。从比较法的角度看，两大法系均认为招标属于要约邀请而非要约，本法第 473 条规定的“招标公告”，自然也属于要约邀请的性质。第二阶段，投标。投标是指投标人根据招标人所公布的标准和条件向招标人发出以订立合同为目的的意思表示。在投标人投标以后，必须待招标人承诺后，即招标人发出中标通知书后，买卖合同才能成立，所以投标在性质上属于要约。第三阶段，中标。中标是指最终确定中标人。在投标人投标以后，应当进入评标程序。评标委员会会根据招标文件确定的评标标准和方法，对投标文件进行评审和比较，设有标底的，应当参考标底。评标委员会完成评标后，应当向招标人提出书面评标报告，并推荐合格的中标候选人。至于如何确定招标投标买卖合同成立的时间，存在两种不同的看法：第一种观点认为，招标投标活动中，招标人发出中标通知书到达投标人时，即宣告合同关系成立；第二种观点认为，投标人中标后，还应与招标人签订书面合同，签订书面合同之时才是合同成立之时。我们赞同第一种观点，这是因为，一旦投标人将投标书送达招标人处，该项要约便已实际生效，投标人无正当理由不得撤销其要约；而一旦招标人发出中标通知书并到达投标人，意味着承诺生效，招标投标合同即宣告成立。这符合我国《招标投标法》第 45 条的规定：“中标人确定后，招标人应当向中标人发出中标通知书，并同时将中标结果通知所有未中标的投标人。中标通知书对招标人和中标人具有法律效力。中标通知书发出后，招标人改变中标结果的，或者中标人放弃中标项目的，应当依法承担法律责任。”当然在中标通知书送达后，当事人还可以继续协商，签订正式的书面合同。

三、投标文件和正式书面合同的关系

我国《招标投标法》第 46 条第 1 款规定：“招标人和中标人应当自中标通知书发出之日起三十日内，按照招标文件和中标人的投标文件订立书面合同。招标人和中标人不得再行订立背离合同实质性内容的其他协议。”这意味着，在投标人中标以后，并非投标书的内容都自然转化为合同条款。在协商签订正式合同的过程中，双方可能会进一步修改投标文件的内容，当然也可能完全保留投标书的内容，这就涉及投标文件和正式书面合同的关系问题。依照《招标投标法》第48条第1款规定："中标人应当按照合同约定履行义务，完成中标项目。中标人不得向他人转让中标项目，也不得将中标项目肢解后分别向他人转让。"因此，在投标文件和合同不一致的情况下，应当以合同为准。当然，当事人通过中标后协商签订合同可对投标文件进行适当修改，但不得实质性地改变招标投标文件的内容。另外，如果合同中明确规定有关价款等内容以投标文件为准的，则应当以投标文件确定价款。

第六百四十五条　拍卖的当事人的权利和义务以及拍卖程序等，依照有关法律、行政法规的规定。

◆ 条文主旨

本条是关于拍卖的规定。

◆ 立法背景

拍卖是买卖合同的特殊形式，在社会经济活动中发挥着重要作用。本条源自《合同法》第173条的规定，未作修改。

◆ 条文解读

一、拍卖的概念

拍卖是指以公开竞价的形式，将特定物品或者财产权利转让给最高应价者的买卖方式。拍卖的类别，按拍卖性质可分为强制拍卖和任意拍卖。强制拍卖是依据法律规定而必须发生的拍卖，是由国家机关通过强制执行程序所进行的拍卖；而任意拍卖则是根据委托人的意愿来决定，而不是通过强制执行程序进行的拍卖。按拍卖标的物出卖人是否有保留可分为有保留的拍卖和无保留的拍卖。有保留的拍卖是指标的物的出卖人就该物的拍卖设置保留价，在竞买人的最高应价未达到保留价时，该应价不发生效力，拍卖师应当停止拍卖；无保留的拍卖则是无论竞买人的最高出价为多少，出卖人都应当与最高应价的竞买人订立合同。相对于一般买卖而言，拍卖主要具有如下特点：第一，竞争性。拍卖的功能主要是通过竞争机制的引入而确保一个较为公正的市场价格，以避免出现因买卖双方信息不对称、不透明或者出卖人担心其代理人不尽职责而导致的价格疑虑。在通常的拍卖实践中，出卖人是与出价最高的竞买人订立合同，主要是通过两种方式实现：一是由各个竞买人竞相出价，如果没有更高价格的出现，最后出价的竞买人即为出价最高者；二是出卖人渐次落价，直到出现竞买人，在此种拍卖中，是由出卖人不断落价，而非如前种形式中的竞买人竞相提高出价。第二，公开性。拍卖通常称为公开买卖，区别于私下买卖。在拍卖过程中，应当公告拍卖的事项，展示拍卖标的物，公布拍卖的时间、地点。通过发出拍卖公告，可以使公众得知拍卖信息，使更多的潜在买受人参与竞买，也可以避免纠纷的发生。第三，多主体参与。在拍卖中，大多采用委托的方式。在拍卖开始前，应当由委托人委托拍卖人进行拍卖，拍卖人受托之后，参与拍卖的买受人成为竞买人，最后只有出价最高者才成为最终买受人，并与出卖人订立合同。据此表明，拍卖涉及委托人、拍卖人和竞买人等多个主体的参与。第四，法律适用的特殊性。在涉及拍卖时，拍卖法有具体规定的拍卖人资格、竞价及拍定等，首先适用该法的规定；该法没有规定的，才适用本法的相关规定。

二、拍卖合同的成立

通俗来讲，拍卖程序是指拍卖操作的整个过程，主要分为拍卖委托、拍卖公告、实施拍卖和交付拍卖标的物 4 个阶段。然而，从法律意义角度而言，拍卖合同作为一种特殊的买卖合同，其成立方式具有特殊性。根据我国拍卖法的相关规定，拍卖合同的成立应当经过如下三个阶段：第一个阶段，出卖人出价。在拍卖过程中，关于出卖人出价的性质，存在三种不同的观点：一是要约邀请说，认为出卖人的出价不是要约，而是要约邀请。二是要约说，认为出卖人出价已经构成要约，竞买人一旦接受，合同即成立。三是折中说，认为应当分情况而论，在一般情况下出卖人出价属于要约邀请，只是引起竞买人的竞买，没有其他约束力。而对有保留的拍卖而言，当竞买人最高出价未能达到保留价时，可以停止拍卖，撤回拍卖的标的物，表明出卖人出价具有约束力，体现出一定的要约性质。我们认为，通常情况下出卖人出价属于要约邀请，因为出卖人出价仅仅是为了引诱竞买人来发出要约，而我国《拍卖法》第 29 条中“委托人在拍卖开始前可以撤回拍卖标的”的规定，更加体现出拍卖开始前的出卖人出价行为属于要约邀请。但特殊的情况是，如果出卖人事先声明了保留价，而竞买人的最高出价未能达到保留价时，出卖人可以撤回拍卖，从而不受其出价的约束，该程序中出价性质存在进一步讨论的空间。第二个阶段，竞买人应价。竞买人应价是竞买人以报价方式向拍卖人所作的应买的意思表示。一般认为，竞买人的应价在性质上属于要约。当然，一旦出现更高的竞买价格，较低的应价便会丧失拘束力，更高的应价构成新一轮要约。因此，我国《拍卖法》第 36 条规定：“竞买人一经应价，不得撤回，当其他竞买人有更高应价时，其应价即丧失约束力。”第三，拍定。拍定是指拍卖成交，即拍卖人以拍板、击槌或者其他惯用方式确定拍卖合同成立或者宣告竞争终结的一种行为，这种行为在性质上属于承诺。一旦拍定，即拍卖成交。需要指出的是，拍卖成交并不是在拍卖人与竞买人之间成立买卖合同，而是在出卖人和竞买人之间成立买卖合同关系。

三、拍卖的效力

一经拍定，竞买人和出卖人之间就成立买卖合同关系，出卖人负有交付标的物并转移标的物所有权的义务，竞买人负有向出卖人支付价款的义务。相对于一般买卖合同而言，拍卖合同的效力有三个特殊之处：一是出卖人对标的物的瑕疵担保责任具有特殊性。我国《拍卖法》第 61 条第 2 款规定："拍卖人、委托人在拍卖前声明不能保证拍卖标的的真伪或者品质的，不承担瑕疵担保责任。"据此表明，如果拍卖人或者出卖人在拍卖前声明不能保证拍卖标的物质量的，可以依法免除责任。但是，如果拍卖人、出卖人在拍卖前未作声明或者明知拍卖物是赝品而谎称不能保证真假的，此时免责将有悖于公平和诚信原则，应当依法承担瑕疵担保责任。二是出卖人对标的物风险的转移具有特殊性。本法第 604 条规定买卖标的物风险原则上随交付而转移，而具体到拍卖合同，标的物通常是由出卖人先交付给拍卖人，拍定之后再由拍卖人交付给买受人，即经历两次交付。根据拍卖实践，第一次交付并不发生风险承担责任的转移，第二次交付给买受人后才发生转移，所以有观点认为拍卖合同的风险转移是采取"所有权主义"，而非"交付主义"。三是买受人承担违约责任方式的特殊性。在买受人未依约向出卖人支付拍卖价款时，我国《拍卖法》第 39 条规定："买受人应当按照约定支付拍卖标的的价款，未按照约定支付价款的，应当承担违约责任，或者由拍卖人征得委托人的同意，将拍卖标的再行拍卖。拍卖标的再行拍卖的，原买受人应当支付第一次拍卖中本人及委托人应当支付的佣金。再行拍卖的价款低于原拍卖价款的，原买受人应当补足差额。"据此反映出，拍卖合同的违约责任承担方式确实有其不同于一般买卖合同之处。

第六百四十六条　法律对其他有偿合同有规定的，依照其规定；没有规定的，参照适用买卖合同的有关规定。

◆ 条文主旨

本条是关于买卖合同准用于有偿合同的规定。

◆ 立法背景

立法对社会经济活动无法做到穷尽，采用准用的立法模式可以在一定程度上解决无法可依的情况。本条源自《合同法》第174条的规定，未作修改。

◆ 条文解读

一、有偿合同的基本含义

以当事人享有合同权利是否需偿付代价为标准，可以把合同分为有偿合同和无偿合同。当事人享有合同权利时必须向对方支付一定代价的合同，称为有偿合同。大多数合同都是有偿合同。如买卖合同、租赁合同、承揽合同等。当事人享有合同权利而不必向对方偿付代价的合同，称为无偿合同。赠与合同是典型的无偿合同，在此合同中，受赠人取得赠与物无须向赠与人支付任何代价。有些合同，则既可以是有偿合同，又可以是无偿合同，有偿还是无偿全在于合同当事人之间是否有偿付代价的约定。如委托合同、保管合同、自然人之间的借贷合同等。

二、买卖合同外有偿合同的法律适用

依据本条的规定，买卖合同外其他有偿合同的法律适用，分为两种情况：第一种情况是，法律对其他有偿合同有规定的，依照其规定。本条所讲的法律，包括本法以及本法以外的法律。对

于其他有偿合同，本法和其他法律有特别规定的，适用本法和其他法律的特别规定，而不适用买卖合同章的规定。这是特别法优先适用原则在法律适用中的具体体现。第二种情况是，法律对其他有偿合同没有规定的，参照适用买卖合同的有关规定。由于买卖合同属于最为典型的有偿合同，买卖合同的一些原则基本上能够适用其他有偿合同；同时，由于市场交易活动的纷繁复杂，各种类型的有偿合同无穷无尽，合同编的典型合同部分不可能都作出规定，也无法都作出规定。因此，规定其他有偿合同参照适用买卖合同的规定，在立法技术上既是科学的也是可行的。合同编典型合同分编的买卖合同一章，条文结构最为完整详细，其中的一些规定属于有偿合同的共通性规则。为避免重复立法，有关条款就不再规定于其他各有偿合同的相关章节之中，而按照本条的规定，直接可以参照适用关于买卖合同的相应内容。所以本条规定，其他有偿合同“没有规定的，参照适用买卖合同的有关规定”。

另外需要说明的是，对于本条的具体法律适用，应当注意准确理解“参照”二字的具体含义。一是，参照适用并不是全部能够适用。这就是说，即使其他法律没有就有偿合同的具体规则作出明确规定，也不一定都可以适用买卖合同章的全部内容。具体比如，在股权转让合同纠纷中，受让方没有依约按期支付股权转让款达到全部款项的 1/5 时，为保证交易的安全和稳定，转让方不能依据本法第 634 条的规定解除合同。再如，有关权利的转让合同，显然不能适用本章有关标的物质量要求和风险承担的相关规定。二是，参照适用并不是直接能够适用。这就是说，买卖合同之外的其他有偿合同当事人，如果发生纠纷，人民法院不能直接适用买卖合同一章中的具体权利义务条文。依据《最高人民法院关于审理买卖合同纠纷案件适用法律问题的解释》的有关规定，正确的做法是：权利转让或者其他有偿合同参照适用买卖合同的有关规定的，人民法院应当首先引用本条的规定，再引用买卖合同的有关规定。

第六百四十七条　当事人约定易货交易，转移标的物的所有权的，参照适用买卖合同的有关规定。

◆ 条文主旨

本条是关于易货交易合同的法律适用的规定。

◆ 立法背景

易货交易合同是以物易物早期商品交换的合同形态，货币产生后，买卖合同渐居统治地位，易货交易合同越来越少。但是，即使在当今社会易货交易仍有存在空间，所以一般各国立法都给易货交易合同留有一席之地。由于易货交易合同与买卖合同最为相似，因此易货交易合同原则上参照适用买卖合同的有关规定。各国、地区对此都有明确的规定，例如，《德国民法典》第480条规定："关于买卖的规定，准用于互易。"《日本民法典》第586条规定："互易因当事人互相约定转移金钱所有权以外的财产权，而发生效力。一方当事人约定与其他权利同时转移金钱所有权的情形，对于该金钱准用买卖价金的相关规定。"我国台湾地区"民法"第398条规定："当事人双方约定互相移转金钱以外之财产权者，准用关于买卖之规定。"该"民法"第399条规定："当事人之一方，约定移转前条所定之财产权，并应交付金钱者，其金钱部分，准用关于买卖价金之规定。"

◆ 条文解读

一、易货交易合同的概念和种类

易货交易合同又称互易合同，一般是指当事人相互交换货币以外的标的物，转移标的物所有权的合同。《欧洲示范民法典草案》第IV. A－1：203条对易货交易合同作了明确规定："货物之易货交易合同，是指在合同订立之时或约定的将来某个时间，合同各方转让货物所有权，以获取其他货物所有权之转让的合同。"互易人包括自然人、法人或者非法人组织，互易人各自享有取得对方互易标的物的权利，负有将本人的标的物转移交付对方的义务。因此，互易是双务、有偿合同。易货交易合同的当事人可以是双方，也可以是三方以上的当事人，如三角互换。易货交易合同的当事人互为互易人。

根据当事人交换的财产是否等价，可以将易货交易合同分为单纯易货交易合同和混合易货交易合同。简单来说，单纯易货是甲乙双方以一物换一物，彼此无需再另外交付其他东西；而混合易货则是甲乙双方以一物换一物外，甲另需向乙支付一定金额的款项才算完成交易。据此表明，所谓单纯易货交易合同，是指当事人之间完全以物换取物且不附加支付金钱条件的合同；所谓混合易货交易合同，是指当事人之间在互相交付标的物的基础上，有一方还需要支付一定金钱的合同。因此，混合易货交易合同是一种单纯易货交易合同和买卖合同相结合的合同。

二、易货交易合同和买卖合同的区别

易货交易合同属于转让标的物所有权的合同，与买卖合同相似，具有买卖合同的一般特征，比如该合同属于诺成合同、双务合同、有偿合同。同时，易货交易合同和买卖合同又具有4点明显区别：（1）易货交易合同以给付物为对价，而买卖合同则是以

给付金钱为对价。（2）互易交易合同是一方将自己的标的物给付对方并转移所有权，另一方也同时将自己的标的物给付对方并转移所有权；而买卖合同则是出卖人单方转移标的物的所有权给买受人。（3）易货交易合同交换的标的物不一定是完全的等价，交易过程中，当事人不仅仅考虑对方标的物的价格问题，还要考虑到自己的需要程度来最终确定是否达成交易；而买卖合同的买卖双方则需是等价交易，否则就无法订立合同。（4）除混合易货交易合同外，其他易货交易合同的当事人负有相互对等的权利义务，且该权利义务性质相同；而买卖合同当事人的权利义务则相互对立，买方的权利为卖方的义务，买方的义务为卖方的权利。

第十章 供用电、水、气、热力合同

本章共九条，对供用电合同的概念、内容和履行地点、供用电双方的权利义务、违约责任以及供用水、气、热力合同参照适用等内容作出了规定。

第六百四十八条 供用电合同是供电人向用电人供电，用电人支付电费的合同。

向社会公众供电的供电人，不得拒绝用电人合理的订立合同要求。

◆ 条文主旨

本条是关于供用电合同概念以及供电人强制缔约义务的规定。

◆ 立法背景

在社会主义市场经济条件下，供用电双方签订供用电合同，明确双方的权利义务关系，按照合同的约定并根据市场规律供应与使用电力，是十分必要的。

◆ 条文解读

一、供用电合同的概念和种类

供用电合同是供电人与用电人订立的，由供电人供应电力、用电人使用该电力并支付电费的合同。供用电合同是一种常见的民事合同。合同的标的，是一种特殊的商品“电”，由于其具有客观物质性并能为人们所使用，因而属于民法上“物”的一种。供电人将自己所有的电力供应给用电人使用，用电人支付一定数额的价款，双方当事人之间的关系实际上是一种买卖关系，故供用电合同本质上属于一种特殊类型的买卖合同。基于这一原因，供用电合同的适用可以依据本法第646条的规定：“法律对其他有偿合同有规定的，依照其规定；没有规定的，参照适用买卖合同的有关规定。”但同时必须明确，供用电合同与买卖合同存在三点明显区别：一是供用电合同的标的物具有特殊性，即无形的电，而买卖合同的标的物是有体物；二是供用电合同具有一定的社会公益性，而买卖合同原则上不涉及社会公共利益；三是供用电合同是持续性的合同，而买卖合同大多并不如此。由于电力供应的连续性，合同的履行方式呈持续状态，供电人在发、供电系统正常的情况下，负有连续向用电人供电的义务；用电人在合同约定的时间内，享有连续用电的权利。因此，供用电合同作为特殊的合同类型，不能够直接适用有关买卖合同的内容，而必须优先适用关于供用电合同的规则。

供用电合同的种类很多，根据不同的标准可以分为不同的种类：（1）按照电的用途，可以将供用电合同分为工业用电合同、农业用电合同、生活用电合同等；（2）按照电压高低，可以将供用电合同分为高压供用电合同、低压供用电合同；（3）按照供用电合同的期限，可以将供用电合同分为长期供用电合同和临时供用电合同。

二、供用电合同的法律特征

通常来讲，供用电合同具有以下法律特征：

1. 合同的主体是供电人和用电人。供电人，是指供电企业，其他任何单位和个人都不得作为供电人。《电力法》第25条规定：

“供电企业在批准的供电营业区内向用户供电。”“供电营业区的划分，应当考虑电网的结构和供电合理性等因素。一个供电营业区内只设立一个供电营业机构。”“供电营业区的设立、变更，由供电企业提出申请，电力管理部门依据职责和管理权限，会同同级有关部门审查批准后，发给《电力业务许可证》。供电营业区设立、变更的具体办法，由国务院电力管理部门制定。”用电人的范围非常广泛，自然人、法人以及非法人组织等，都有资格成为供用电合同的用电人，订立供用电合同。

2. 合同的标的是一种无形物质——电力，虽然客观存在，却看不见，只有在连续使用的过程中才能表现出来。

3. 供用电合同属于持续供给合同。由于电力的供应与使用是连续的，因而合同的履行方式处于一种持续状态。供电人在发电、供电系统正常的情况下，应当连续向用电人供电，不得中断；用电人在合同约定的时间内，享有连续用电的权利。

4. 供用电合同一般按照格式条款订立。电力事业是具有社会公益性的公用事业，关系到整个社会的公共安全，电力这种特殊商品本身又具有网络性和天然垄断性，这就使供电企业对电力的供应及电网的管理具有一定的垄断性。供电企业为了与不特定的多个用电人订立合同而预先拟定格式条款，双方当事人按照格式条款订立合同。用电人对该格式条款仅有同意或不同意的权利，而不能更改其内容。对供用电方式有特殊要求的用电人，可采用非格式条款订立合同。

5. 电力的价格实行统一定价原则。《电力法》第35条第2款规定：“电价实行统一政策，统一定价原则，分级管理。”第36条规定：“制定电价，应当合理补偿成本，合理确定收益，依法计入税金，坚持公平负担，促进电力建设。”供电企业向用电人供应的电价，由电网经营企业提出方案，报国家有关物价行政主管部门核准。任何单位不得超越电价管理权限制定电价。供电企业应当按照国家核准的电价和用电计量装置的记录，向用电人收取电费。供电企业不得擅自变更电价。这样，就有效地避免了供电企业利用其对电力供应的垄断地位向用电人收取过高的电价，从而保护处于弱者地位的用电人的合法权益。

6. 供用电合同为诺成、双务、有偿合同。供用电合同自双方当事人达成协议时起成立并生效，而不以电力的实际供应为合同的生效要件，因而供用电合同为诺成合同。供用电双方都享有一定权利，负担一定义务，双方的权利义务具有对应性，因而供用电合同为双务合同。用电人使用电力须支付电费，供电人取得电费须供应电力，因而供用电合同为有偿合同。

三、供用电合同供电人的强制缔约义务

供用电合同涉及千家万户，关系到基本民生，供用电合同不仅关系到当事人的利益，而且关系到社会公共利益。如果作为供电人的供电企业拒绝向某个当事人提供供电服务，则用电人将很可能无法得到这些服务，进而影响到最基本的生产和生活，需要法律对此类合同作出特别规定，对供电人的自由进行适当限制。因此，法律上有必要规定强制缔约义务。

所谓强制缔约，是指只要一方提出订立合同的要求，负有强制缔约义务的人依法不得拒绝，必须与之订立合同。我国《电力法》第26条第1款规定："供电营业区内的供电营业机构，对本营业区内的用户有按照国家规定供电的义务；不得违反国家规定对其营业区内申请用电的单位和个人拒绝供电。"这就是供电人的强制缔约义务。在民法典编纂过程中，考虑到用电的普遍性和对民众生活的必需性，经研究认为，有必要在电力法的基础上，进一步在民法典中对供用电合同当事人的强制缔约义务作出规定，以在更广范围内指引社会、经济生活。因此本条第2

款规定："向社会公众供电的供电人，不得拒绝用电人合理的订立合同要求。"

四、我国电力体制改革的发展进程及法制完善

电力事业是一项关系国计民生的公用事业，供用电合同作为一种民事合同，自改革开放以来，我国已有的法律对这种合同均作出了规定。1981 年颁布的经济合同法对供用电合同的主要条款、违约责任等内容作出规定，但由于当时我国电力事业发展水平不高，电力短缺、供不应求的现象严重，电力属于国家计划产品，供用电合同在某些方面体现了计划经济的特点。1995 年的电力法对供用电合同作了较为详尽的规定。1999 年的合同法进一步对供用电合同作了完善。2015 年，为进一步深化电力体制改革，解决制约电力行业科学发展的突出矛盾和深层次问题，促进电力行业又好又快发展，推动结构转型和产业升级，中共中央、国务院出台了《关于进一步深化电力体制改革的若干意见》（中发〔2015〕9 号)，提出深化电力体制改革的指导思想和总体目标是：坚持社会主义市场经济改革方向，从我国国情出发，坚持清洁、高效、安全、可持续发展，全面实施国家能源战略，加快构建有效竞争的市场结构和市场体系，形成主要由市场决定能源价格的机制，转变政府对能源的监管方式，建立健全能源法制体系，为建立现代能源体系、保障国家能源安全营造良好的制度环境，充分考虑各方面诉求和电力工业发展规律，兼顾改到位和保稳定。通过改革，建立健全电力行业"有法可依、政企分开、主体规范、交易公平、价格合理、监管有效"的市场体制，努力降低电力成本、理顺价格形成机制，逐步打破垄断、有序放开竞争性业务，实现供应多元化，调整产业结构，提升技术水平、控制能源消费总量，提高能源利用效率、提高安全可靠性，促进公平竞争、促进能源环保。2015 年 4 月，电力法删去了"供电营业机构持《供

电营业许可证》向工商行政管理部门申请领取营业执照，方可营业”的规定。2018 年，电力法进一步作了修正，将第25 条第3 款修改为：“供电营业区的设立、变更，由供电企业提出申请，电力管理部门依据职责和管理权限，会同同级有关部门审查批准后，发给《电力业务许可证》。供电营业区设立、变更的具体办法，由国务院电力管理部门制定。”

本章从现实出发，本着合同自愿订立的原则，把供用电双方作为平等的民事主体，着重从当事人合同关系的角度，对供用电合同的有关内容、供用电双方的权利义务及违约责任等作出规定，以适应社会主义市场经济体制发展和完善的需要。

第六百四十九条　供用电合同的内容一般包括供电的方式、质量、时间，用电容量、地址、性质，计量方式，电价、电费的结算方式，供用电设施的维护责任等条款。

◆ **条文主旨**

本条是关于供用电合同内容的规定。

◆ **立法背景**

当事人订立供用电合同应当约定哪些内容，是一个十分重要的问题。因为订立合同就是要设立、变更、终止民事权利义务关系，涉及各方当事人享有哪些权利，应当履行哪些义务这些与当事人切身利益相关的问题。只有对合同内容协商一致，合同才能成立。为指导当事人订立供用电合同，国家有关部门还制定了供用电合同示范文本，为当事人订立合同应当约定哪些内容，作了详细的规范。

◆ **条文解读**

供用电合同是供电人与用电人就电力的供应与使用以及电费的支付订立的协议。至于供用电合同应当包括的具体内容，除本法第470条规定合同内容一般应当包括的条款外，本条根据供用电合同的特点，规定供用电合同还应当包括如下内容：

1. 供电的方式、质量和时间。供电方式，是指供电人以何种方式向用电人供电，包括主供电源、备用电源、保安电源的供电方式以及委托转供电等内容。供电企业对申请用电的用户提供的供电方式，应从供用电的安全、经济、合理和便于管理出发，依据国家的有关规定、电网的规划、用电需求以及当地供电条件等因素，进行技术经济比较，与用户协商确定。供电质量，是指供电频率、电压和供电可靠性三项指标。频率（周波），是以频率允许偏差来衡量；电压，是以电压的闪变、偏离额定值的幅度和电压正弦波畸变程度衡量；供电可靠性，是以供电企业对用户停电的时间及次数来衡量。供电时间，是指供电人供电的起止时间。双方应在合同中具体规定供电时间。

2. 用电容量、地址和性质。用电容量，是指供电人认定的用电人受电设备的总容量，以千瓦（千伏安）表示。用电地址，是指用电人使用电力的地址。用电性质包括用电人行业分类和用电分类。

3. 计量方式和电价、电费的结算方式。计量方式，是指供电人如何计算用电人使用的电量。供电企业应在用户每一个受电点内按不同电价类别，分别安装用电计量装置。用电计量装置是一种记录用户使用电力电量多少的专用度量衡器，它的记录作为向用电人计算电费的依据。用电计量方式采用高压侧计量或低压侧计量。电价即电网销售电价，是指供电企业向用电人供应电力的价格。电价实行国家统一定价，由电网经营企业提出方案，报国家有关物价部门核准。电费是电力资源实现商品交换的货币形式。供电企业应当按照国家核准的电价和用电计量装置的记录，向用电人计收电费；用户应当按照国家核准的电价和用电计量装置的记录，按时交纳电费。为防止电费的拖欠，双方当事人可以在合同中约定电价、电费的结算方式。双方可采取下列结算方式：（1）收取电费保证金；（2）采取预付电费制；（3）有账务往来的，可商定价款互抵协议；（4）提倡采用商业承兑汇票或银行承兑汇票的结算方式；（5）由供、用、银行三方商签每月电费有期划拨协议；（6）其他有效方式。

4. 供用电设施的维护责任。在供用电合同中，双方应当协商确认供电设施运行管理责任的分界点，分界点电源侧供电设施属于供电人，由供电人负责运行、维护、管理，分界点负荷侧供电设施属于用电人，由用电人负责运行、维护、管理。供电人、用电人分管的供电设施，除另有约定外，未经对方同意，不得操作或更动。

供用电合同是双方法律行为，除前四项合同应当具备的条款外，当事人还可以在协商一致的情况下在合同中约定其他认为需要约定的事项，如合同的有效期限、违约责任等条款。本法对于合同内容的要求是提倡性和指导性的，而不是强制性的。如果供用电合同没有完全具备法律规定的内容，不影响合同的效力。根据本法第 510 条的规定，供用电合同生效后，当事人就合同的某些内容没有约定或者约定不明确的，可以协议补充；不能达成补充协议的，按照合同有关条款或者交易习惯确定。如果仍不能确定，当事人应当按照本法第 511 条对没有约定或约定不明确的有关规定办理。

第六百五十条 供用电合同的履行地点，按照当事人约定；当事人没有约定或者约定不明确的，供电设施的产权分界处为履行地点。

◆ **条文主旨**

本条是关于供用电合同履行地点的规定。

◆ **立法背景**

合同的履行地点，是合同的主要条款之一，是指当事人双方行使其权利、履行其义务的地点。履行地点往往是确定验收地点的依据，是确定运输费用由谁负担、风险由谁承受的依据，也是确定标的物所有权是否转移的依据。

◆ **条文解读**

本条中的“供用电合同的履行地点”，具体是指供电人将电力的所有权转移于用电人的转移点。根据合同自愿的原则，供用电双方可以在供用电合同中约定该履行地点，供用电合同约定了履行地点的，供电人应当按照该约定履行供电义务。

如果供用电双方对履行地点没有约定或者约定不明确，根据本法第 510 条的规定：“合同生效后，当事人就质量、价款或者报酬、履行地点等内容没有约定或者约定不明确的，可以协议补充；不能达成补充协议的，按照合同有关条款或者交易习惯确定。”如果仍不能确定履行地点的，应当适用本法第 511 条第 3 项的规定：“履行地点不明确，给付货币的，在接受货币一方所在地履行；交付不动产的，在不动产所在地履行；其他标的，在履行义务一方所在地履行。”但是，由于电力系统具有网络性，供电人与用电人由网络相连接，电力的生产、供应与使用同时完成，且具有连续性，这就使供用电合同的履行地点具有一定的特殊性，很难适用本法第 511 条的规定。基于电力市场的实际情况，在电力供应与使用过程中，由于用电人参与电力设施的投资建设，电力设施投资多元化已呈发展趋势，供用电双方根据这一特殊性，在实践中形成并确定了以供电设施的产权分界处作为合同的履行地点。据此，本条规定："当事人没有约定或者约定不明确的，供电设施的产权分界处为履行地点。"供电设施的产权分界处是划分供电设施所有权归属的分界点，分界点电源侧供电设施归供电人所有，分界点负荷侧供电设施归用电人所有。在用电人为单位时，供电设施的产权分界处通常为该单位变电设备的第一个磁瓶或开关；在用电人为散用户时，供电设施的产权分界处通常为进户墙的第一个接收点。上述供电设施的产权分界处为供用电合同的履行地点。

以供电设施的产权分界处作为供用电合同的履行地点，对于履行供用电合同、确定供电设施的维护管理责任，具有重要的作用。供用电双方应当根据供电设施的产权归属，承担供电设施的安装、维护、检修和管理责任。

第六百五十一条 供电人应当按照国家规定的供电质量标准和约定安全供电。供电人未按照国家规定的供电质量标准和约定安全供电，造成用电人损失的，应当承担赔偿责任。

◆ 条文主旨

本条是关于供电人的安全供电义务及其违约责任的规定。

◆ 立法背景

除按照国家规定的标准外，供电人还应当按照合同的约定供电。合同是当事人的意思表示的合意，合同依法成立后，就在当事人之间产生一定的法律约束力，当事人应当按照合同的约定行使权利和履行义务，即合同必须遵守的原则。

◆ **条文解读**

一、供电人按照国家规定的供电质量标准安全供电

本条强调供电人应当正确地履行供用电合同约定的义务，按照国家规定的供电质量标准和合同的约定安全供电。供电营业规则对供电质量标准作了规定：（1）在电力系统正常状况下，供电频率的允许偏差为：电网装机容量在300万千瓦及以上的，为正负0.2赫兹；电网装机容量在300万千瓦以下的，为正负0.5赫兹。在电力系统非正常状况下，供电频率允许偏差不应超过正负1赫兹。（2）在电力系统正常状况下，供电企业供到用户受电端的供电电压允许偏差为：35千伏及以上电压供电的，电压正、负偏差的绝对值之和不超过额定值的10%；10千伏及以下三相供电的，为额定值的正负7%；220伏单相供电的，为额定值的正7%、负10%。在电力系统非正常状况下，用户受电端的电压最大允许偏差不应超过额定值的正负10%。用户用电功率因数达不到规定标准时，其受电端的电压偏差不受此限制。上述供电质量标准是衡量供电质量和安全的重要指标，供电人只有按照国家规定的供电质量标准供电，才能保证供电的安全，维护用电人的合法权益。这里的“安全供电”，是指按照国家有关安全供电的规章制度供应电力，电压要稳定，频率要达到标准，输电线路要安全畅通等。

二、供电人按照供用电合同的约定安全供电

本法第465条规定：“依法成立的合同，受法律保护。”“依法成立的合同，仅对当事人具有法律约束力。”当事人应当按照约定履行自己的义务，不得擅自变更或者解除合同。在供用电合同中，按照约定供电，具体是指按照供用电合同约定的数量、质量、时间和方式等要求供电。

三、供电人违反安全供电义务的违约责任

本条对供电人的违约责任作出了规定：供电人未按照国家规定的供电质量标准和约定安全供电，造成用电人损失的，应当承担损害赔偿责任。只要违反合同，就应承担责任，这一规定的精神和本编违约责任章的规定是一致的。本法第577条规定："当事人一方不履行合同义务或者履行合同义务不符合约定的，应当承担继续履行、采取补救措施或者赔偿损失等违约责任。"违约方承担违约责任，仅以其不履行合同或者履行合同不符合约定为要件。电力法也有类似的规定，该法第59条第1款规定："电力企业或者用户违反供用电合同，给对方造成损失的，应当依法承担赔偿责任。"据此，只要供电人没有按照国家规定的供电质量标准和约定安全供电，并造成用电人损失，就应当承担损害赔偿责任。

这里的"承担赔偿责任"，是指供电人就其违约行为赔偿给用电人所造成的损失，损失既包括直接损失，也包括合同履行后可以获得的利益，但不得超过供电人订立合同时预见到或者应当预见到的因违约可能造成的损失。

第六百五十二条　供电人因供电设施计划检修、临时检修、依法限电或者用电人违法用电等原因，需要中断供电时，应当按照国家有关规定事先通知用电人；未事先通知用电人中断供电，造成用电人损失的，应当承担赔偿责任。

◆ **条文主旨**

本条是关于供电人因故中断供电时的通知义务的规定。

◆ **立法背景**

供用电合同是一种持续供给合同，供电人在发电、供电系统正常的情况下，应当连续向用电人供电，不得中断，否则应当承担违约责任。

◆ **条文解读**

供电人负有连续供电的义务，但是在某些法定情形下，供电人可以中断供电，根据本条和《电力法》第29条的规定，这些情形主要包括：

1. “供电设施检修”。为了保障安全、及时供电，供电人应当加强对供电设施的检修，从公平合理角度来讲，检修供电设施自然可以中断供电。本条对“供电设施检修”未加法定限制条件，因此，不管是计划检修还是临时检修，只要依照规定事先通知了用电人，供电人都可以根据需要中断供电。

2. “依法限电”。这是指供电人依照有关法律、行政法规对一个地区中的一部分地区、部分用户、用电大户的部分用电设施中断供电，使其用电总量减少的一种措施行为。既然是依法进行的限电，供电人根据需要中断供电是应有之义。

3. “用电人违法用电”。具体包括违章用电、窃电、超计划用电、不安全用电以及其他违反法律、行政法规用电的行为。《电力法》第32条第1款规定：“用户用电不得危害供电、用电安全和扰乱供电、用电秩序。”其中的“危害供电、用电安全”是指用户违反供用电安全的有关规定，故意采取不正当手段，威胁供用电安全，或由于管理、使用不当，引发电气设施损坏事故、火灾事故、人身伤亡事故、停电事故等情况。“扰乱供电、用电秩序”

则主要包括违章用电行为、窃电行为、超计划用电行为、故意冲击供电企业、变电设施所在地行为等。供电人在上述情形下中断供电，不承担违约责任，但前提是应当按照国家有关规定事先通知用电人。

因供电设施计划检修停电，供电企业应当提前7天通知用户或者进行公告；因供电设施临时检修停电，供电企业应当提前24小时通知重要用户；因发电、供电系统发生故障需要停电、限电时，供电企业应当按照事先确定的限电序位进行停电或者限电。但限电序位应事前通知用户。引起停电或者限电的原因消除后，供电企业应当尽快恢复供电。但是，如果因供电设施检修、依法限电或者用户违法用电等原因中断供电，供电企业没有按照国家有关规定事先通知用户，比如遇到计划检修时，没有提前7天通知用户或者进行公告，依法限电时，没有按照事先确定的限电序位进行限电，给用电人造成损失的，应当承担损害赔偿责任。

第六百五十三条 因自然灾害等原因断电，供电人应当按照国家有关规定及时抢修；未及时抢修，造成用电人损失的，应当承担赔偿责任。

◆ **条文主旨**

本条是关于因自然灾害等原因断电时供电人的抢修义务的规定。

◆ **立法背景**

虽然不可抗力是合同的免责事由，但在不可抗力发生以后，当事人仍应以诚实善意的态度去努力克服，最大限度地减少因不可抗力所造成的损失，以符合合同履行的诚信原则。

◆ **条文解读**

本条中的“自然灾害等原因”，主要是指不可抗力的原因。我国法律规定不可抗力为合同的免责事由。本法第 180 条第 1 款规定：“因不可抗力不能履行民事义务的，不承担民事责任。法律另有规定的，依照其规定。”本法第 590 条第 1 款规定：“当事人一方因不可抗力不能履行合同的，根据不可抗力的影响，部分或者全部免除责任，但是法律另有规定的除外。因不可抗力不能履行合同的，应当及时通知对方，以减轻可能给对方造成的损失，并应当在合理期限内提供证明。”不可抗力，是指不能预见、不能避免且不能克服的客观情况。不可抗力独立于人的行为之外、不受当事人的意志所支配。不可抗力包括某些自然现象（如地震、台风、洪水）和某些社会现象（如战争）。本条所指的自然灾害等原因，主要包括：（1）自然因素造成的事故损害，如风、雪、霜、雾、空气污染等造成的断电。（2）一些不能预见，又不可避免的外力破坏，如鸟害。

根据诚信原则的要求，在因自然灾害等原因断电后，供电人应当按照国家有关规定及时抢修，尽早恢复供电，减少用电人因断电所造成的损失。如果供电人没有及时抢修，给用电人造成损失，供电人应当就没有及时抢修而给用电人造成的损失部分承担赔偿责任。

至于供电人是否尽到了及时抢修的义务，则应当结合实际情况，以国家的有关规定为标准进行认定。

第六百五十四条 用电人应当按照国家有关规定和当事人的约定及时支付电费。用电人逾期不支付电费的，应当按照约定支付违约金。经催告用电人在合理期限内仍不支付电费和违约金的，供电人可以按照国家规定的程序中止供电。

供电人依据前款规定中止供电的，应当事先通知用电人。

◆ **条文主旨**

本条是关于用电人支付电费的义务和逾期支付电费的违约责任的规定。

◆ **立法背景**

电力的价款即电费，是电力资源实现其商品价值的货币形式，是供电人出卖电力的对价，用电人只有按照国家有关规定和双方当事人的约定履行支付电费的义务，才能实现电力的商品价值，完成一次电力资源的买卖过程。

◆ **条文解读**

供用电合同是供电人向用电人供给电力，用电人支付电费的合同。供用电合同实际上是一种特殊买卖合同，即用电人向供电人购买电力以供使用，同时向供电人支付该电力的价款，双方买卖的标的物是电力。在供用电合同中，支付价款是用电人的主要义务。

用电人按照国家有关规定支付电费，主要是按照有关电力供应与使用的法律法规的规定履行交费的义务。《电力法》第33条第3款规定，用户应当按照国家核准的电价和用电计量装置的记录，按时交纳电费；对供电企业查电人员和抄表收费人员依法履行职责，应当提供方便。《电力供应与使用条例》第 27 条第 2 款规定，用户应当按照国家批准的电价，并按照规定的期限、方式或者合同约定的办法，交付电费。用电人按照约定交付电费，主要是按照约定的电费结算方式、交付期限等履行交费的义务。

用电人在合同约定的期限内未支付电费，应当承担迟延支付的违约责任。如果供用电双方就迟延交付电费约定了违约金，则用电人应当按照约定支付违约金。违约金作为一种违约责任形式，是指当事人在合同中约定的、在一方违约时生效的独立于履行行为之外的金钱给付，约定违约金主要在于补偿一方当事人因对方违约所造成的损失。有关电力供应与使用的行政法规和规章对迟延支付的违约金作出了规定。《电力供应与使用条例》第 39 条规定，用户逾期未交付电费的，供电企业可以从逾期之日起，每日按照电费总额的千分之一至千分之三加收违约金，具体比例由供用电双方在供用电合同中约定。《供电营业规则》第 98 条规定，用户在供电企业规定的期限内未交清电费时，应承担电费滞纳的违约责任。电费违约金从逾期之日起计算至交纳日止。每日电费违约金按下列规定计算：

1. 居民用户每日按欠费总额的千分之一计算。

2. 其他用户：（1）当年欠费部分，每日按欠费总额的千分之二计算；（2）跨年度欠费部分，每日按欠费总额的千分之三计算。

通常情况下，供用电合同采用格式条款订立，供用电双方一般按照上述规定约定迟延支付的违约金。但是，如果供用电合同当事人没有预先约定违约金，在这种情况下，用电人逾期不交付电费的，应当承担逾期不交电费的违约责任，违约责任的大小应当根据本法第 584 条的规定确定，即违约责任的损失赔偿额应当相当于违约所造成的损失。

如果用电人没有依照国家有关规定和当事人的约定及时支付电费，逾期又不支付违约金，那么，供电人可以依据本条的规定催告用电人在合理的期限内支付电费和违约金。“合理期限”为多长时间，本条未作明确规定，供电人可以根据用电人的用电量、用电时间、用电方式、未支付电费的情形和影响，以及用电人支付电费需要的准备时间等予以确定。《电力供应与使用条例》第39条规定，自逾期之日起计算超过30日，经催交仍未交付电费的，供电企业可以按照国家规定的程序停止供电。因此，这个30日可以作为本条合理期限的参考。经催告后用电人仍不支付电费和违约金的，供电人按照国家规定的程序办理相关手续后，可以中止供电。这里的“国家规定的程序”，具体是指《供电营业规则》第66条和第67条的规定。该规则第66条规定，在发供电系统正常情况下，供电企业应连续向用户供应电力。存在拖欠电费经通知催交仍不交者或者拒不在限期内交付违约用电引起的费用者的情形，须经批准方可中止供电。第67条规定，供电企业需对用户停止供电时，应按下列程序办理停电手续：（1）应将停电的用户、原因、时间报本单位负责人批准。批准权限和程序由省电网经营企业制定；（2）在停电前3至7天内，将停电通知书送达用户，对重要用户的停电，应将停电通知书报送同级电力管理部门；（3）在停电前30分钟，将停电时间再通知用户一次，方可在通知规定时间实施停电。综上所述，本条规定的供电人中止供电应当符合下列四个条件：一是用电人未按照国家规定和当事人的约定支付电费；二是用电人逾期不按照约定支付违约金；三是经催告后用电人在合理期限内仍不支付电费和违约金；四是按照国家有关规定履行批准和通知用电人的程序。上述四个条件同时具备时，供电人才可以停止供电。用电人支付电费和违约金后，供电人应当及时恢复供电。

需要特别指出的是，在民法典编纂过程中，有意见提出现实生活中存在用电人未收到通知而被停电的现象，给用电人造成了损失。经研究，特意增加第2款规定：“供电人依照前款规定中止供电的，应当事先通知用电人。”这是对中止供电前通知程序的强化规定，具体如何通知，应当按照上文所述的“国家规定的程序”来进行。

第六百五十五条 用电人应当按照国家有关规定和当事人的约定安全、节约和计划用电。用电人未按照国家有关规定和当事人的约定用电，造成供电人损失的，应当承担赔偿责任。

◆ 条文主旨

本条是关于用电人安全用电义务及其违约责任的规定。

◆ 立法背景

本条原来只是规定了用电人的安全用电义务。在民法典编纂过程中，有意见提出，由于供用电合同适用广影响大，建议把本法第9条规定的“民事主体从事民事活动，应当有利于节约资源、保护生态环境”，即绿色原则在供用电合同中展现出来。经研究，我们结合《电力法》第24条第1款“国家对电力供应和使用，实行安全用电、节约用电、计划用电的管理原则”的规定，以及第34条“供电企业和用户应当遵守国家有关规定，采取有效措施，做好安全用电、节约用电和计划用电工作”的规定，增加了用电人的节约用电义务和计划用电义务。

◆ 条文解读

供用电合同一经成立，就对当事人产生法律效力，用电人应当按照国家有关规定和合同的约定安全用电、节约用电、计划用电。这是因为，虽然供用电合同是供用电双方就电力的供应与使用订立的买卖合同，但它与一般买卖合同不同，一般买卖合同在标的物交付后，买受人取得该标的物的所有权，可以对其任意处分，出卖人无权干涉，国家也没有必要对该物的使用作出规定。电力的供应与使用则不同，由于电力系统具有网络性，电力的生产、供应和使用由网络连接，相互影响，并且同时完成，任何一个用户能否安全、合理地使用电力，都将关系到电力的运行安全，关系到千千万万用户的用电安全，关系到整个社会的公共安全，任何一种违章、违约用电行为，都可能造成人身和财产的重大损害。因此，不仅双方当事人有必要在供用电合同中对如何使用电力作出约定，而且应当按照国家的有关规定用电。

根据本条规定，用电人的安全用电、节约用电和计划用电主要表现在以下两个方面：

第一个方面，用电人应当依照国家有关规定用电。国家在这方面的规定主要是：（1）用电人应当安装用电计量装置。用电人使用的电力电量，以计量检定机构依法认可的用电计量装置的记录为准。（2）用电人应当按照国家核准的电价和用电计量装置的记录，按时交纳电费；对供电企业查电人员和抄表收费人员依法履行职责，应当提供方便。（3）用电人受电装置的设计、施工安装和运行管理，应当符合国家标准或者电力行业标准。（4）用电人应当安全用电、节约用电和计划用电。（5）用电人用电不得危害供电、用电安全和扰乱供电、用电秩序。具体主要是指不得擅自改变用电类别，不得擅自超过合同约定的容量用电，不得擅自超过计划分配的用电指标，不得擅自使用已经在供电企业办理暂停使用手续或者已被查封的电力设备，不得擅自迁移、更动或者擅自操作供电企业的各类装置以及约定由供电企业调度的用户受电设备，不得擅自引入、供出电源或者将自备电源并网。（6）用电人不得窃电等。

第二个方面，用电人应当按照供用电合同的约定用电。通常主要包括：（1）用电人应当按照合同约定的用电容量、用电地址、用电时间、用电质量、用电方式、用电类别和用电指标等约定用电。（2）用电人应当按照合同约定的用电计量方式和电价、电费结算方式交纳电费。（3）用电人应当按照合同约定的用电人一方对供用电设施的维护责任做好对供用电设施的维护工作。

用电人违章用电，应当承担一定的法律责任，有关电力供应与使用的法律法规对违章用电的法律责任作出了规定。《电力法》第65条规定，危害供电、用电安全或者扰乱供电、用电秩序的，由电力管理部门责令改正，给予警告；情节严重或者拒绝改正的，可以中止供电，可以并处5万元以下的罚款。《电力供应与使用条例》第40条规定，违章用电的，供电企业可以根据违章事实和造成的后果追缴电费，并按照国务院电力管理部门的规定加收电费和国家规定的其他费用；情节严重的，可以按照国家规定的程序停止供电。以上规定，多是从行政管理的角度出发，给予行政处罚。从合同关系考虑，违反国家有关规定和当事人的有关约定用电，属于违约用电行为，对此，应当承担违约责任。故本条规定，用电人未依照国家有关规定和当事人的约定用电，造成供电人损失的，应当承担赔偿责任。具体而言，用电人承担哪种违约责任，承担多大的违约责任，均由当事人根据本编通则有关违约责任的规定加以确定。通常包括采取补救措施、支付违约金、供电人中止供电等，造成供电人损失的，应当给予赔偿。

第六百五十六条　供用水、供用气、供用热力合同，参照适用供用电合同的有关规定。

◆ **条文主旨**

本条是关于供用水、气、热力合同参照适用供用电合同的规定。

◆ **立法背景**

供用水、供用气、供用热力合同，与供用电合同一样，是持续供给合同，且都是一种常见的民事合同。这些合同的标的，即水、气、热力，既是国民经济中的重要能源，也是一种特殊的商品，其合同都是供应人向使用人供应水、气或者热力，使用人支付价款的合同，双方当事人的关系都是一种买卖关系。因此，供用水、供用气、供用热力合同在本质上都属于特殊类型的买卖合同。

◆ **条文解读**

供用水、供用气、供用热力合同与供用电合同具有以下共同点：

1. 供应方是特殊主体，只能是依法取得特定营业资格的供应企业，该类企业一般为公用事业，其他任何组织或者个人都不得作为供应方。如供应水合同的供应方只能是自来水公司。

2. 属于持续供给合同。由于电、水、气、热力的供应与使用均是连续的，因此合同的履行方式都处于一种持续状态。供应方在正常情况下，应当连续向使用方供应，不得中断；使用方在合同约定的期限内，享有连续使用的权利。

3. 合同一般按照格式条款订立。供用电、水、气、热力都是具有社会公益性的公用事业，关系到千千万万个使用者的日常生活。供应方为了适应大量交易的需要，预先拟定格式条款，双方当事人按照格式条款订立合同，这样既有利于降低交易成本，又有利于供应方集中精力提高供应质量。但同时也存在如何限制供应方利用其垄断地位产生的不公平问题。对供用方式有特殊要求的使用方，也可以采用非格式条款订立合同。

4. 对用户的责任都有特殊要求。由于电、水、气、热力系统都具有网络性，其生产、供应与使用都由网络连接，相互影响，任何一个用户的使用，都可能关系到整个系统的运行，关系到其他用户的利益，如一个用户的暖气管道发生泄漏，可能影响相邻用户的正常供暖。因此，要求用户按照有关规定和约定安全、合理地使用供应的电、水、气、热力，并承担相应的法律责任。

鉴于供用水、气、热力合同与供用电合同有许多共同点，因此本条规定："供用水、供用气、供用热力合同，参照适用供用电合同的有关规定。"例如，供用水合同中供水方的责任，就可以参照本法第 651 条的规定，供水方应当按照国家规定的供水质量标准和约定供水。如果供应的水没有达到国家规定的质量标准，给用户的健康造成损害的，供水方应当承担赔偿责任。同时，供用水、供用气、供用热力合同，又各有其特性，与供用电合同并不完全相同。比如，供热与供水、供电、供气存在一个明显区别，即供热不达标或者报停仍需缴纳基础费用，而供水、供电和供气不存在这个问题。因此，本条规定的是"参照供用电合同的有关规定"，而不是完全适用。至于如何进一步体现供用水、气、热力合同的特殊性，还有待相关立法的不断细化和完善。

第十一章 赠与合同

本章共十条，对赠与合同的概念、赠与合同的成立、当事人的权利义务、瑕疵担保责任、赠与的任意撤销和法定撤销、违约责任等作了规定。

第六百五十七条 赠与合同是赠与人将自己的财产无偿给予受赠人，受赠人表示接受赠与的合同。

◆ **条文主旨**

本条是关于赠与合同概念的规定。

◆ **立法背景**

赠与合同虽然属于转移财产所有权的合同，但是其本身并不创造新的经济价值，只是将社会财产的一部分从一定的所有者手中转移到另外的人手中，故一般起不到直接促进社会经济发展的作用。不过，赠与具有相当的社会意义，有利于弘扬文明友善的社会主义核心价值观。其一，赠与人以一定财产无偿地添加到受赠人的财产之中，可以增强受赠人的经济实力，改善受赠人的现实经济环境，甚至可以使作为经营者的受赠人起死回生，不仅在一定程度上重新分配了财产的归属，甚至扩大了社会财富，增加了就业人数。其二，通过赠与合同，可沟通当事人之间的感情，满足各方的感情需要，进而起到融洽社会气氛，减少社会矛盾的作用。可以说，赠与的经济作用虽较少，然而赠与作为现代理智性社会生活关系的调剂，仍是必不可少的。因此各国或者地区都在立法上对赠与加以规定。

◆ **条文解读**

赠与合同，是指赠与人将自己的财产无偿给予受赠人，受赠人愿意接受赠与的合同。我们可以从赠与合同的概念中看出如下内涵：

1. 赠与是一种合意，是双方的法律行为。赠与合同虽为单务、无偿合同，也需有当事人双方一致的意思表示才能成立。如果一方有赠与意愿，而另一方无意接受该赠与的，赠与合同不能成立。在现实生活中，也会出现一方出于某种考虑而不愿接受对方赠与的情形，如遇此种情形，赠与合同即不成立。

2. 赠与合同是转移财产所有权的合同。赠与合同是以赠与人将自己的财产给予受赠人为内容的合同，是赠与人转移财产所有权于受赠人的合同。这是赠与合同与借用合同的主要区别。

3. 赠与合同为无偿合同。所谓“无偿合同”，是指仅由当事人一方为给付，另一方不必向对方偿付相应代价的合同。在赠与合同中，仅由赠与人无偿地将自己的财产给予受赠人，而受赠人取得赠与的财产，不需向赠与人偿付相应的代价。这是赠与合同与买卖等有偿合同的主要区别。

4. 赠与合同是单务合同。所谓“单务合同”，是指仅由当事人一方负债务，另一方不负债务，或者另一方虽负有债务但无对价关系的合同。在一般情况下，赠与合同仅由赠与人负有将自己的财产给予受赠人的义务，而受赠人并不负有义务。在附义务的赠与中，赠与人负有将其财产给予受赠人的义务，受赠人按照合同约定负担某种义务，但受赠人所负担的义务并非赠与人所负义务的对价，受赠人的义务通常远远小于赠与人的义务，其间的义务并不是相互对应的，因此赠与合同为单务合同。

5. 赠与合同为诺成合同。赠与合同是实践合同还是诺成合同，与赠与合同自何时成立直接相关。赠与合同是否以交付标的物为成立要件，国外立法例上有不同规定，我国法学界也有不同认识。所谓“实践合同”，又称“要物合同”，是指除当事人间的意思表示一致外，还需交付标的物才能成立的合同。它以当事人的合意和交付标的物为成立要件。所谓“诺成合同”，又称“非要物合同”，是指当事人之间意思表示一致，即能成立的合同。它以当事人的合意为成立要件。

苏联和东欧一些国家将赠与合同作为实践合同；德国、日本及我国台湾地区则在其立法中将赠与合同规定为诺成合同。在我国法学界，有的学者主张赠与合同为实践合同；有的主张赠与合同为诺成合同。

在1999年合同法赠与合同一章的起草和修改过程中，对应当将赠与合同规定为实践合同还是诺成合同，赠与合同自何时成立也有不同的看法。有的意见认为赠与应为实践合同，自标的物交付时成立。否则当事人之间达成赠与之合意，如果赠与方不履行赠与义务即受到强制执行，则对赠与人实在不公平。同时也会使赠与人在表达赠与意愿时心存顾虑，从而打消赠与的念头，这反而使受赠方减少了更多的受赠机会。有的意见认为赠与应为诺成合同，自双方当事人意思表示一致时合同即告成立。如果赠与人在未交付赠与物之前可以不履行交付义务，赠与的意思表示对赠与人没有任何拘束力，则与合同法中的诚实信用原则背道而驰。而受赠人基于对赠与人的信赖，为接受赠与物所作出的物质上、经济上的准备，也不能得到补偿，这对受赠人也是极不公平的。

还有的意见认为，可以将口头的赠与合同规定为自财产交付时合同生效；同时将书面的赠与合同规定为合同订立后即生效，因为当事人既已订立书面合同，表明其意思表示较慎重，当事人应当依约履行赠与义务。

1999 年合同法的规定表明赠与合同为诺成合同，当事人意思表示一致时合同即成立，而无论其是以口头形式还是书面形式订立的，也无论赠与的财产是否交付。同时考虑到赠与合同中，难免有赠与人因一时冲动而为之的情况，因此合同法还对赠与合同任意撤销的适用问题作了规定。合同法施行后的 20 年间，赠与合同的诺成性得到了实践的检验，因此在民法典的编纂过程中，对此未作修改。

6. 赠与合同为不要式合同。赠与合同是要式合同还是不要式合同，与赠与合同是否成立也有关联。所谓“要式合同”，是指法律要求必须采用一定的形式的合同。所谓“不要式合同”，是指法律没有要求必须具备特定的形式的合同。不要式合同不排斥合同采用书面、公证等形式，只是合同的形式不影响合同的成立。依照本章的规定，赠与合同为不要式合同。赠与合同既可采用口头形式，又可采用书面形式或者在合同订立后办理公证证明。无论采用何种形式，也无论是否经过公证，都不影响赠与合同的成立。

在赠与合同是否为不要式合同，是否必须经过公证证明的问题上，不同国家的规定有所不一。如德国、法国和意大利要求赠与合同需经过公证程序方为有效。德国规定，为使以赠与的方式为给付的契约有效，其约定应有公证证书。欠缺前项规定的方式者，得以履行约定的给付，补充之。法国规定，一切生前赠与行为，应以通常契约的方式，在公证人前作成，并应将契约原本留存公证人处，否则赠与契约无效。意大利规定，赠与应当以公证的方式作出，否则无效。而日本及我国台湾地区允许赠与采用书面或者非书面形式，也未要求赠与合同必须经过公证证明。

第六百五十八条 赠与人在赠与财产的权利转移之前可以撤销赠与。

经过公证的赠与合同或者依法不得撤销的具有救灾、扶贫、助残等公益、道德义务性质的赠与合同，不适用前款规定。

◆ 条文主旨

本条是关于赠与的任意撤销及其限制的规定。

◆ 立法背景

法律规定赠与的任意撤销，源于赠与是无偿行为。即便赠与合同已经成立，也可以允许赠与人因自身的某种事由撤销赠与，这也是赠与合同与其他有偿合同的显著区别。只有在特殊情形下，赠与人才不可以撤销赠与，以维护公序良俗。

◆ 条文解读

一、赠与的任意撤销

赠与的任意撤销，是指赠与合同成立后，赠与财产的权利转移之前，赠与人可以根据自己的意思不再为赠与行为。尤其是有的赠与合同的订立，是因一时的情感因素而欠考虑，如果绝对不允许赠与人撤销，则对赠与人太过苛刻，也有失公允。因此本条第1款规定："赠与人在赠与财产的权利转移之前可以撤销赠与。"这里需要特别说明的是，该款用来表述赠与财产可撤销的时间点是"权利转移"而不是"交付"。这是因为，"交付"仅指实物的实际交付并归受赠人占有，赠与物的所有权并不一定随交付发生转移，即受赠人不一定享有对赠与物的处分权。而“权利转移”则是不管赠与物是否已实际交付，但其所有权已移转于受赠人，即受赠人已享有对赠与物的处分权。两相比较，受赠人显然享有的“权利转移”较之“交付”的涵盖性要宽，且更为确切，因此条文采用“权利转移”的表述。举个例子说明：赠与人甲计划将某一房屋赠给乙，且已将房屋交付给乙实际居住，但是并未办理房屋产权过户登记手续，甲在这个时候反悔，由于房屋的所有权没有发生转移，甲依照本款规定可以任意撤销房屋赠与合同。

二、任意撤销赠与的限制

尽管原则上允许赠与人任意撤销赠与，但如果对任意性不加限制，则等同于赠与合同无任何约束力，既对受赠人不公平，也违背诚信原则，对公序良俗也是一种冲击。因此，对赠与的任意撤销应有适当限制，故本条第 2 款对赠与的任意撤销作了如下限制：

1. 赠与合同订立后经公证证明的，赠与人不得任意撤销。换句话说，可以任意撤销的赠与合同原则上限于未经公证的赠与合同。而赠与合同订立后，当事人交由公证部门公证，表明其赠与意愿的表达已十分慎重，因此经过公证证明的赠与合同，赠与人不得任意撤销。

2. 具有公益、道德义务性质的赠与合同，不论当事人以何种形式订立，不论是否经过公证，也不问赠与的财产是否已转移其权利，赠与人均不得任意撤销。具有公益性质的赠与，主要是指为了救灾、扶贫、助残、助学等目的或为了资助公共设施建设、环境保护等公共事业所为的赠与。此类赠与的公益性和社会性，决定了赠与人不得任意撤销赠与，否则将与赠与的目的和宗旨相悖。履行道德义务的赠与，由于当事人之间有着道义上的因素，如果允许赠与人任意撤销，则与道义不符。因此，此类的赠与也不得由赠与人任意撤销。就此赠与情形，《德国民法典》第534条以及我国台湾地区“民法”第408条，均作出了类似的不得撤销赠与的规定。

3. 依法不得任意撤销的其他情形。我国《慈善法》第41条第1款规定：“捐赠人应当按照捐赠协议履行捐赠义务。捐赠人违反捐赠协议逾期未交付捐赠财产，有下列情形之一的，慈善组织或者其他接受捐赠的人可以要求交付；捐赠人拒不交付的，慈善组织和其他接受捐赠的人可以依法向人民法院申请支付令或者提起诉讼：（一）捐赠人通过广播、电视、报刊、互联网等媒体公开承诺捐赠的；（二）捐赠财产用于本法第三条第一项至第三项规定的慈善活动，并签订书面捐赠协议的。”该法第3条规定：“本法所称慈善活动，是指自然人、法人和其他组织以捐赠财产或者提供服务等方式，自愿开展的下列公益活动：（一）扶贫、济困；（二）扶老、救孤、恤病、助残、优抚；（三）救助自然灾害、事故灾难和公共卫生事件等突发事件造成的损害；（四）促进教育、科学、文化、卫生、体育等事业的发展；（五）防治污染和其他公害，保护和改善生态环境；（六）符合本法规定的其他公益活动。”慈善法规定的不得任意撤销赠与的情形，有别于前两项特殊之处在于，只要是“捐赠人通过广播、电视、报刊、互联网等媒体公开承诺捐赠的”，即通过媒体公开承诺捐赠的，不得任意撤销。对于此种赠与，在民法典编纂过程中，通过立法表述形式的改变，加以吸纳，即将本条第2款的表述由原来的“具有救灾、扶贫等社会公益、道德义务性质的赠与合同或者经过公证的赠与合同，不适用前款规定”修改为“经过公证的赠与合同或者依法不得撤销的具有救灾、扶贫、助残等公益、道德义务性质的赠与合同，不适用前款规定”，以包含目前以及将来立法发展的各种不同情况。

另外需要指出的是，如果赠与的财产的权利已被转移的，赠与人自然不得任意撤销赠与。如果赠与的财产一部分已交付并已转移其权利，任意撤销赠与仅限于未交付并未转移其权利的部分，以维护赠与合同当事人权利义务关系的稳定。

第六百五十九条 赠与的财产依法需要办理登记或者其他手续的，应当办理有关手续。

◆ **条文主旨**

本条是关于赠与的财产需要办理有关法律手续的规定。

◆ **立法背景**

合同当事人只有在办理完登记等有关手续后，受赠人的受赠财产才能受到法律的充分保护。因此本条规定，赠与的财产依法需要办理登记或者其他手续的，应当办理有关手续。

◆ **条文解读**

赠与合同中，有的赠与财产的交付比较简单，如赠与金钱的将现金或者支票交付受赠人即可。但是，有的赠与财产的交付除直接交由受赠人占有外，还需依法办理登记等有关手续，如房屋、汽车、股权等作为赠与财产，需要到相应的部门办理有关手续。需要办理登记等手续的规定，主要是针对特殊的赠与财产，如房屋、汽车和股权等。

依照我国现有法律，赠与财产依法需要办理登记等手续的，主要情形分述如下：

一、房屋等不动产作为赠与财产需要办理登记等有关手续

不动产主要是指不能移动或者移动后会引起性质、形状改变，损失经济价值的物。房屋是作为不动产的典型例子。房屋赠与涉及所有权的转移，世界各国一般都要求进行登记，否则不产生效力，我国也不例外。本法物权编第 209 条规定：“不动产物权的设立、变更、转让和消灭，经依法登记，发生效力；未经登记，不发生效力，但是法律另有规定的除外。”据此表明，房屋的赠与作为不动产转让的一种形式，原则上应当依法进行登记，否则不生效力。具体而言，《城市房地产管理法》第 61 条第 3 款规定：“房地产转让或者变更时，应当向县级以上地方人民政府房产管理部门申请房产变更登记，并凭变更后的房屋所有权证书向同级人民政府土地管理部门申请土地使用权变更登记，经同级人民政府土地管理部门核实，由同级人民政府更换或者更改土地使用权证书。”所以，在赠与房屋时，应当据此办理登记手续。

二、汽车等动产作为赠与财产需要办理登记等有关手续

动产是不动产的对称，是指依其性质能够移动而不损失经济价值的物，包括不动产以外的各类物，如金钱、粮食、衣服、书籍等。赠与动产大多是不需要登记的，因为本法第 224 条规定：“动产物权的设立和转让，自交付时发生效力，但是法律另有规定的除外。”即动产自交付时发生所有权的转移。但是，涉及特殊的动产，如汽车等，根据本法第 225 条的规定：“船舶、航空器和机动车等的物权的设立、变更、转让和消灭，未经登记，不得对抗善意第三人。”尽管交付汽车时，汽车的所有权已经发生转移，但是，如果没有在车管所等车辆登记机构办理更名登记，那么就不得对抗善意第三人。因此，对于赠与汽车这种情况而言，办理更名登记手续，不仅具有进一步确认所有权变更的作用，更由于汽车在使用的过程中，涉及养路费的缴纳，保险费的承担以及年检

等问题，通常需要由车辆所有人而不是车辆使用人来办理，通过登记，可以让相关问题的处理变得更加方便。从另一方面来讲，汽车作为赠与标的物而言标的额较大，不履行登记手续，一旦发生纠纷也不好解决，所以为避免发生纠纷，在赠与汽车时，也应当及时办理登记手续。

三、股权等权利作为赠与财产需要办理登记等有关手续

随着我国市场经济的不断发展完善，股权作为一种财产权利，不断成为人们财产权的重要表现形式。因此在日常生活中，赠与股权的情况也变得越来越多，越来越普遍。一般来讲，股权是股东基于其出资而对公司享有的资产收益、参与重大决策和选择管理者等权利。依据我国《公司法》第 32 条的规定："有限责任公司应当置备股东名册，记载下列事项：（一）股东的姓名或者名称及住所；（二）股东的出资额；（三）出资证明书编号。""记载于股东名册的股东，可以依股东名册主张行使股东权利。""公司应当将股东的姓名或者名称向公司登记机关登记；登记事项发生变更的，应当办理变更登记。未经登记或者变更登记的，不得对抗第三人。"因此，接受股权赠与的受赠人，应当及时和赠与人一起到作为公司登记机关的市场监督管理部门，办理相应的股权变更登记手续，才能真正享有作为公司股东的权利。

第六百六十条 经过公证的赠与合同或者依法不得撤销的具有救灾、扶贫、助残等公益、道德义务性质的赠与合同，赠与人不交付赠与财产的，受赠人可以请求交付。

依据前款规定应当交付的赠与财产因赠与人故意或者重大过失致使毁损、灭失的，赠与人应当承担赔偿责任。

◆ **条文主旨**

本条是关于法定不得撤销赠与的赠与人不交付赠与财产的责任的规定。

◆ **立法背景**

结合日常生活，众所周知，在发生各种灾情之后，民政部会组织募捐活动，社会各界会通过各种形式捐赠款物，其中有通过电话口头认捐的，有通过捐赠活动现场口头确认捐赠的，也有以盖有公章的认捐书形式表示捐赠的。认捐后是否实际兑现，通常会成为争议的话题。实践中通常有两种观点，一种观点认为，捐赠属于赠与行为，赠与人可任意撤销，只有捐赠方将钱物交付后，该捐赠才有意义。在款物交付之前，认捐方反悔的，最多面对道德谴责，而不必承担法律责任。另一种观点认为，在公开场合认捐，对某些企业来说，是扩大其知名度的一种手段。在召开新闻发布会、举牌子、打字幕之前，认捐单位与受赠单位多订有捐赠协议或由认捐单位出具认捐函，其意思表示不可谓不慎重。捐赠方认捐后不兑现，有的是有能力履行却故意拖延；有的是其经营状况本来就不好，还欠着很多债，想借此宣传自己。对订有捐赠协议、出具了认捐书或者向社会公示表示捐赠的，如果不实际捐赠，既是对社会公众的欺骗，从法律上讲也违背了诚信原则。对此，1999 年制定的合同法就明确规定，具有救灾等公益、道德义务性质的赠与合同，赠与人不交付赠与财产的，受赠人可以要求交付。

◆ **条文解读**

将赠与的财产按照赠与合同约定交付受赠人并转移其所有权，是赠与人的义务。赠与人不交付赠与财产是否构成违约行为，并承担违约责任，应当依照赠与合同的性质来区分。如果是任意撤销赠与，依据本法第658条第1款“赠与人在赠与财产的权利转移之前可以撤销赠与”的规定，那么赠与人不交付赠与财产不构成违约，因为赠与人在转移赠与财产的权利之前可以撤销赠与。所以，对这类赠与合同，赠与人不给付赠与财产的，受赠人也就不能请求赠与人给付赠与的财产，赠与人不承担违约责任。如果是法定不得撤销赠与，依据本法第658条第2款的规定：“经过公证的赠与合同或者依法不得撤销的具有救灾、扶贫、助残等公益、道德义务性质的赠与合同，不适用前款规定。”赠与人不交付赠与财产的，构成违约，如果受赠人要求这类赠与人交付赠与财产，赠与人就应当交付，否则依法应当承担违约责任。结合本条第1款的规定，经过公证的赠与合同或者依法不得撤销的具有救灾、扶贫、助残等公益、道德义务性质的赠与合同，法律规定赠与人不得任意撤销赠与，这是因为任意撤销有悖于诚信原则，也违背了公序良俗，更与社会主义核心价值观不符。在赠与人迟延履行或者不履行给付赠与财产的义务时，即为违约行为，应当承担违约责任。承担责任的具体方式是，受赠人要求赠与人给付赠与的财产，赠与人仍不给付的，受赠人可以向人民法院起诉要求其履行赠与义务，人民法院依法将支持受赠人的诉讼请求。

也有观点提出，赠与合同为单务合同，仅由赠与人单方承担义务，当赠与人不履行交付赠与财产的义务时，其责任也应当有所限制，而不应像双务合同那样，在履行给付义务时还应当支付迟延利息或者赔偿其他损失。本条规定的赠与人不交付赠与的财产的，受赠人可以请求交付，但是不包括迟延利息和其他损害赔偿，而仅限于赠与财产本身。这一规定也与其他一些国家和我国台湾地区的规定相吻合。如德国规定，赠与人不负支付迟延利息的义务。我国台湾地区规定，赠与人不履行道德义务的赠与时，受赠人得请求交付赠与物或其价金。但不得请求利息或者其他不履行之损害赔偿。应当说，这样的规定和操作，符合当事人之间的实质公平原则。

需要特别指出的是，在民法典编纂过程中，有意见提出在助残活动中时常出现虚假助残的现象，需要对此进行纠正和规范。经研究，助残活动具有公益性质，作出赠与承诺理当履行，因此在“救灾、扶贫”之后增加了“助残”类型，目的在于规范和引领赠与人的助残行为。另有意见提出，《合同法》第 189 条规定：“因赠与人故意或者重大过失致使赠与的财产毁损、灭失的，赠与人应当承担损害赔偿责任。”这和通常的赠与人在赠与物权利移转之前可以任意撤销的规定存在冲突，应当仅限于法定不得任意撤销的情形。经研究认为，《合同法》第 189 条的本意应当是适用于具有公益和道德义务性质的赠与合同，但是单独一条规定在立法本意上显得不清晰，故决定将《合同法》第 189 条作为本条的第 2 款，并修改为：“依照前款规定应当交付的赠与财产因赠与人故意或者重大过失致使毁损、灭失的，赠与人应当承担赔偿责任。”这意味着具有救灾、扶贫、助残等公益、道德义务性质的赠与合同，在赠与财产的权利移转给受赠人之前，由于赠与人的故意或者重大过失致使赠与财产发生毁损、灭失，无法实际交付赠与财产的，赠与人应当向受赠人赔偿因其故意或者重大过失所造成的损失。

第六百六十一条　赠与可以附义务。

赠与附义务的，受赠人应当按照约定履行义务。

◆ 条文主旨

本条是关于附义务赠与的规定。

◆ 立法背景

对于受赠人应依约履行赠与所负义务，一些国家和我国台湾地区均有规定。如《德国民法典》第525条第1款规定："附负担而做出赠与的人在自己方面已履行给付的，可以请求执行负担。"第527条第1款规定："负担不被执行的，赠与人可以依就在双务合同的情形下的解除权而规定的要件，依关于返还不当得利的规定，在所赠与的财产本来须用于执行负担的限度内，请求返还所赠与的财产。"再如我国台湾地区"民法"第412条第1款规定："赠与附有负担者，如赠与人已为给付而受赠人不履行其负担时，赠与人得请求受赠人履行其负担，或撤销赠与。"

◆ 条文解读

一、附义务赠与的概念及其特征

附义务的赠与，也称附负担的赠与，是指以受赠人对赠与人或者第三人为一定给付为条件的赠与，也即使受赠人接受赠与后负担一定义务的赠与。例如，某企业家向某大学捐款，要求所捐款项用于修建图书馆和体育场馆。附义务的赠与不同于一般的赠与，而属一种特殊的赠与。其特殊性在于：

1. 一般的赠与，受赠人仅享有取得赠与财产的权利，不承担任何义务。而附义务的赠与，赠与人对其赠与附加一定的条件，使受赠人承担一定的义务。

2. 附义务的赠与，其所附义务不是赠与的对价，即所附义务不能大于或者等于受赠人所获得的利益，通常是低于赠与财产的价值。

3. 除当事人另有约定外，通常情况下，在赠与人履行了赠与义务后，才发生受赠人义务的履行问题。例如，某捐款人应当先将捐款实际交付某大学，该大学拿到捐款后才开始动工建造捐款人希望建造的图书馆和体育场馆。

4. 赠与所附义务，可以约定向赠与人履行，也可以约定向第三人履行，还可以约定向不特定的多数人履行。例如，甲出国前将其房屋赠给乙，要求乙帮忙妥善保管室内的物品，受益人是赠与人甲本人；如果甲要求乙照顾某孤寡老人，受益人则是第三人；如果甲要求乙将其赠给乙的房屋作为某中学的阅览室，受益人则是不特定的多数人。

5. 履行赠与所负的义务，依照当事人的约定，可以是作为，也可以是不作为。例如，甲将出租给丙的房屋赠给乙，但约定乙不得解除与丙的租赁合同，受赠人乙应履行的义务就是不作为义务。如果甲将自己的房屋在出国前赠给乙，要求乙在甲出国期间妥善保管该房屋内的物品，那么乙应履行的义务就是作为义务。

6. 赠与所附义务，是赠与合同的组成部分，而不是另外的独立合同。

7. 附义务的赠与，其义务不能违反法律或者违背公序良俗，如赠与人提出受赠人只能用赠款去还赌债，这个附义务的赠与就是不合法的，因为赌债是不合法的债务。

二、附义务赠与的效力

1. 受赠人应当按照合同约定履行义务。赠与人向受赠人给付赠与财产后，受赠人应依约履行其义务。受赠人不履行的，赠与人有权要求受赠人履行义务或者撤销赠与。赠与人撤销赠与的，受赠人应将取得的赠与财产返还赠与人。

2. 受赠人仅在赠与财产的价值限度内有履行其义务的责任。赠与本为无偿合同，其目的在于使受赠人获益。所附义务如果超出赠与财产的价值，则使受赠人蒙受不利，也与赠与的本旨不相符合。因而如果赠与的财产不足以抵偿其所附义务的，受赠人仅在赠与财产的价值限度内，有履行其义务的责任。换句话说，如果赠与所附义务超过赠与财产的价值，受赠人对超过赠与财产价值部分的义务没有履行的责任。

对于受赠人履行义务的限度，德国、我国台湾地区也有规定。《德国民法典》第526条规定："因权利的瑕疵或赠与物的瑕疵，致赠与的价值明显不足抵充因履行负担所需的费用者，在因瑕疵而生的不足额获得补偿前，受赠人得拒绝履行负担。受赠人不知有瑕疵而履行负担者，以受赠人因履行负担而支出的费用超过有瑕疵的赠与物的价值为限，受赠人得向赠与人请求偿还其费用。"我国台湾地区"民法"第413条规定："附有负担之赠与，其赠与不足偿其负担者，受赠人仅于赠与之价值限度内，有履行其负担之责任。"

3. 在附义务的赠与中，赠与的财产如有瑕疵，赠与人在赠与所附义务的限度内，应当承担与出卖人相同的瑕疵担保责任（详见下一条叙述）。

第六百六十二条 赠与的财产有瑕疵的，赠与人不承担责任。附义务的赠与，赠与的财产有瑕疵的，赠与人在附义务的限度内承担与出卖人相同的责任。

赠与人故意不告知瑕疵或者保证无瑕疵，造成受赠人损失的，应当承担赔偿责任。

◆ 条文主旨

本条是关于赠与人对赠与财产的瑕疵担保责任的规定。

◆ 立法背景

对赠与人的瑕疵担保责任，国外民法典及我国台湾地区"民法"都有规定，但又有所差别。如《日本民法典》第551条规定："赠与人推定为已经约定将赠与标的物或标的权利，作为赠与标的，在特定时间的状态下进行交付或移转。""对于附负担的赠与，赠与人在该负担的限度内，负有与出卖人相同的担保责任。"该法第553条规定："关于附负担赠与，除本节规定外，只要不违反其性质，适用双务合同的规定。"依据《德国民法典》第523条和第524条的规定，赠与人故意隐瞒权利瑕疵或者赠与物的瑕疵，对受赠人因瑕疵所生损害负赔偿责任。我国台湾地区"民法"第411条规定："赠与之物或权利如有瑕疵，赠与人不负担保责任。但赠与人故意不告知其瑕疵，或保证其无瑕疵者，对于受赠人因瑕疵所生之损害，负赔偿之义务。"该法第414条规定："附有负担之赠与，其赠与之物或权利如有瑕疵，赠与人于受赠人负担之限度内，负与出卖人同一之担保责任。"由此可见，日本、德国和我国台湾地区对赠与人故意不告知赠与物之瑕疵，给受赠人带来损害的，都规定应承担赔偿责任。而对于赠与人保证无瑕疵，给受赠人造成损失的损害赔偿责任，我国台湾地区作了规定，日本和德国未作规定。

◆ 条文解读

由于赠与合同为无偿合同，赠与是为了受赠人的利益而为的行为，因而赠与人对赠与财产的瑕疵担保责任，与有偿合同有所不同。本条的内涵有三个方面：

第一个方面，赠与的财产有瑕疵的，赠与人原则上不承担责任。这是因为在赠与合同中，受赠人是纯获利益的，赠与人与受赠人双方当事人之间不是双务合同的对待给付关系，因而赠与人对赠与财产的瑕疵，原则上不承担赠与财产物的瑕疵和权利瑕疵的担保责任。例如，甲送给乙一台笔记本电脑，该电脑的键盘反应不是很灵敏，对此，甲对该笔记本电脑没有维修的义务，也不负担修理费等其他责任。

第二个方面，在附义务的赠与中，赠与的财产如有瑕疵，赠与人需在受赠人所附义务的限度内承担与出卖人相同的责任。就一般的赠与而言，赠与人原则上不承担瑕疵担保责任。对于附义务的赠与，受赠人虽受有利益，但又需履行约定的义务。如赠与的财产有瑕疵，必然导致受赠人所受利益有所减损，这便与赠与合同约定的权利与义务不相对应，使受赠人遭受损失。为保护受赠人的利益，并求公允，应由赠与人承担瑕疵担保责任。就受赠人履行的义务而言，有如买卖合同中买受人的地位，因此，赠与人应在受赠人所附义务的限度内，承担与买卖合同中的出卖人同一的瑕疵担保责任。至于出卖人在买卖合同中的瑕疵担保责任，具体请见本法第 612 条至第 619 条的相关规定。

第三个方面，赠与人故意不告知瑕疵或者保证无瑕疵，并且造成受赠人损失的，应当承担损害赔偿责任。赠与人故意不告知赠与的财产有瑕疵的，是有主观上的恶意，也有违诚信原则。因赠与财产的瑕疵给受赠人造成其他财产损失或者人身伤害的，应负赔偿责任。如果赠与人故意不告知瑕疵，但没有给受赠人造成损失，则不承担赔偿责任。赠与人保证赠与物无瑕疵，给受赠人造成损失的，也应承担赔偿责任。

第六百六十三条 受赠人有下列情形之一的，赠与人可以撤销赠与：

（一）严重侵害赠与人或者赠与人近亲属的合法权益；

（二）对赠与人有扶养义务而不履行；

（三）不履行赠与合同约定的义务。

赠与人的撤销权，自知道或者应当知道撤销事由之日起一年内行使。

◆ **条文主旨**

本条是关于赠与人的法定撤销情形及撤销权行使期间的规定。

◆ **立法背景**

赠与本是使受赠人取得利益的行为，如果受赠人对赠与人有加害行为或者其他忘恩负义行为的，法律应赋予赠与人撤销赠与的权利，这样才符合本法的公平和诚信原则，也有利于弘扬社会主义核心价值观。赠与合同的法定撤销情形，均为受赠人的违法行为或者违反赠与合同约定的行为。赠与人依法撤销赠与的权利，是法律对赠与人加以保护的重要内容。

◆ **条文解读**

赠与合同的法定撤销，是指赠与合同成立后，在具备法律规定的情形时，撤销权人可以撤销赠与。赠与的法定撤销与任意撤销的不同之处在于：第一，撤销赠与须依法律规定的事由；第二，只要具备法定事由，不论赠与合同以何种形式订立以至于经过公证证明，不论赠与的财产是否已经交付或已发生权利转移，也不论赠与是否属于社会公益或者道德义务性质，享有撤销权的赠与人均可以撤销赠与。

依本条规定，赠与人撤销赠与应当是具有以下三种法定情形之一：

第一种情形，受赠人严重侵害赠与人或者赠与人的近亲属。其要点在于：一是受赠人实施的是严重侵害行为，而不是轻微的、一般的侵害行为。二是受赠人侵害的是赠与人本人或其近亲属，近亲属的范围应当适用本法第 1045 条第 2 款“配偶、父母、子女、兄弟姐妹、祖父母、外祖父母、孙子女、外孙子女为近亲属”的规定，如果侵害的是其他亲友则不在此列。

至于受赠人的侵害行为是否必须出于故意，是否须达到构成犯罪的程度，一些国家和我国台湾地区的规定则有所不同。如德国规定，受赠人对于赠与人或其亲近属有重大侵害行为或重大忘恩负义的行为时，赠与人得撤销其赠与。而我国台湾地区则规定，受赠人对于赠与人或其最近亲属，有故意侵害之行为，依“刑法”有处罚之明文者；以及对于赠与人有扶养义务而不履行者，赠与人得撤销其赠与。由此可见，对撤销赠与的法定事由，德国的撤销条件较为宽松，并未特别指出是故意行为，也没有强调达到犯罪的程度，赠与人即可撤销赠与。而我国台湾地区的条件则较为严格，既明确为故意行为，又须构成犯罪。而依据本条的规定，我们认为，只要受赠人严重侵害了赠与人或者赠与人的近亲属，赠与人即可撤销赠与，即主要考虑赠与人侵害行为的结果，而不是赠与人故意或者过失的主观状态。

第二种情形，受赠人对赠与人有扶养义务而不履行。其要点在于：一是受赠人对赠与人有扶养义务；二是受赠人对赠与人有扶养能力，而不履行对赠与人的扶养义务。如果受赠人没有扶养义务或者丧失了扶养能力的，则不产生赠与人撤销赠与的权利。需要特别指出的是，这里的“扶养”应当作广义解释，不应当仅仅理解为本法第 1059 条规定的“夫妻有相互扶养的义务”等同辈之间的照顾义务，也包括对长辈的“赡养”以及对晚辈的“抚养”等关系的照顾义务。

第三种情形，受赠人不履行赠与合同约定的义务。其要点在于：一是赠与合同约定了受赠人负有一定的义务。二是赠与人已将赠与的财产交付受赠人。三是受赠人不履行赠与合同约定的义务。在附义务的赠与中，受赠人应当依约定履行其所负义务。在赠与人向受赠人交付了赠与的财产后，受赠人如果不依约履行其义务，赠与人可以撤销赠与。

赠与人的法定撤销权属于形成权，撤销权一经赠与人行使即发生效力，双方当事人的赠与关系即归于消灭。为了维护社会关系的稳定，尽快确定赠与的法律关系，撤销权人应当依法及时行使撤销权。赠与人行使撤销权的期间为一年，自知道或者应当知道撤销原因之日起计算。这一期间属于除斥期间，即法律对某种权利所预定的行使期间，不存在中止、中断和延长的问题。撤销权人如在法律规定的期间内不行使撤销权的，其撤销权即归于消灭。当然，依据本法第 152 条第 2 款的规定："当事人自民事法律行为发生之日起五年内没有行使撤销权的，撤销权消灭"，赠与人的法定撤销权应受该 5 年期间的限制。

另外需要说明的是，赠与人行使法定撤销权，应当将其撤销赠与的意思表示通知受赠人。撤销赠与的意思表示可以是明示的，也可以是默示的，例如，赠与人没有明确说明撤销赠与，而是向受赠人索要已经交付的赠与财产，即属于默示的意思表示。赠与人没有将其撤销赠与的意思表示通知受赠人的，不发生撤销赠与的法律效力。

第六百六十四条 因受赠人的违法行为致使赠与人死亡或者丧失民事行为能力的，赠与人的继承人或者法定代理人可以撤销赠与。

赠与人的继承人或者法定代理人的撤销权，自知道或者应当知道撤销事由之日起六个月内行使。

◆ **条文主旨**

本条是关于赠与人的继承人或者法定代理人的法定撤销情形及撤销权行使期间的规定。

◆ **立法背景**

对赠与人的继承人行使撤销权的事由，其他立法例的规定尽管有所不同，但主要内容还是基本一致的。《德国民法典》的规定是，赠与人的继承人仅在受赠人因故意和不法行为致赠与人死亡时，始有权撤销赠与。《意大利民法典》的规定是，如果受赠人因故意杀害赠与人而被判刑或者故意阻止赠与人撤销赠与，则赠与人的继承人可以提起撤销赠与之诉。我国台湾地区“民法”的规定是，受赠人因故意不法行为，致赠与人死亡或妨碍其为赠与之撤销者，赠与之继承人，得撤销其赠与。可以看出，德国在赠与人的继承人撤销赠与的情形中并无“受赠人妨碍、阻止赠与人撤销赠与”这一事由。

◆ **条文解读**

赠与的撤销权本应属于赠与人，但因受赠人的违法行为致赠与人死亡或使其丧失民事行为能力时，赠与人的撤销权事实上已无法行使。而由赠与人的继承人或法定代理人行使撤销权，才能实现赠与人撤销赠与的权利与意愿。同时，也只有在赠与人不能行使其撤销权时，赠与人的继承人或法定代理人才有撤销赠与的权利。因而赠与人的继承人或法定代理人撤销赠与必须基于赠与人因受赠人的违法行为而致死亡或者丧失民事行为能力这一法定情形。

赠与人的继承人或法定代理人行使撤销权的期间为 6 个月，自知道或者应当知道撤销原因之日起计算。其主要目的，也是维护社会关系的稳定，相对于赠与人本人的撤销权而言，需要更快地确定赠与法律关系，故撤销权人应当依法及时行使撤销权。当然，依据本法第 152 条第 2 款的规定："当事人自民事法律行为发生之日起五年内没有行使撤销权的，撤销权消灭。"因此，赠与人的继承人或者法定代理人的法定撤销权应受该 5 年期间的限制。

第六百六十五条　撤销权人撤销赠与的，可以向受赠人请求返还赠与的财产。

◆ 条文主旨

本条是关于撤销权的行使效力的规定。

◆ 立法背景

本条的规定和德国以及我国台湾地区的有关规定是一致的，《德国民法典》第 531 条规定："赠与撤销后，得依关于返还不当得利的规定，请求返还赠与物。"我国台湾地区"民法"第 419 条规定："赠与撤销后，赠与人得依关于不当得利之规定，请求返还赠与物。"

◆ 条文解读

赠与的法定撤销权应为形成权，一经撤销权人依据前两条的规定行使撤销权即发生效力，使赠与人与受赠人的赠与关系自始解除。赠与的法定撤销权的效力主要表现为以下几种情形：第一种情形，赠与的财产未交付受赠人，也未转移财产所有权之前撤销赠与的，赠与一经撤销即自始无效，赠与人不再负有赠与的义务。第二种情形，赠与的财产已经交付受赠人，但并未转移财产所有权时撤销赠与的。第三种情形，赠与的财产已经交付受赠人，并且已经转移财产所有权于受赠人时撤销赠与的。

本条所规定的是指后两种情形，赠与财产的所有权或者赠与财产的实物已经转移到受赠人，而赠与被撤销后，赠与合同自始没有法律效力，受赠人取得的赠与财产便失去合法依据。因此，本条规定，撤销权人撤销赠与的，可以向受赠人请求返还赠与的财产。这实质是依据本法第 122 条和本编第二十九章“不当得利”的法律规定，请求受赠人返还赠与人的财产。同时，本条的规定与本法第 157 条和第 566 条规定的逻辑结果是相同的。

第六百六十六条 赠与人的经济状况显著恶化，严重影响其生产经营或者家庭生活的，可以不再履行赠与义务。

◆ 条文主旨

本条是关于赠与人可以不再履行赠与义务的法定情形的规定。

◆ 立法背景

本条在理论上称为“穷困抗辩权”，其是指在赠与合同成立后，因赠与人的经济状况严重恶化，如果继续履行赠与合同将造成赠与人生产经营或家庭生活受到严重的影响，赠与人因此享有拒绝履行赠与义务的权利。本条的规定表明，在赠与合同订立后或者赠与人已经部分履行赠与义务后，赠与人的经济状况显著恶化，严重影响其生产经营或者家庭生活的，赠与人可以不再履行赠与合同约定的赠与义务或者不再履行赠与合同约定的但尚未履行的部分赠与义务。该规定与我国慈善法的有关内容相似，彼此规定之间相互衔接，《慈善法》第 41 条第 2 款规定：“捐赠人公开承诺捐赠或者签订书面捐赠协议后经济状况显著恶化，严重影响其生产经营或者家庭生活的，经向公开承诺捐赠地或者书面捐赠协议签订地的民政部门报告并向社会公开说明情况后，可以不再履行捐赠义务。”

◆ **条文解读**

根据本条的规定，赠与人不再履行赠与义务，应当符合三个条件：一是赠与合同已经成立，但是赠与财产的权利尚未完全转移。赠与合同没有成立的，对赠与人没有约束力，自然无须履行任何赠与义务；本条规定的“可以不再履行赠与义务”，表明合同已经成立并已部分履行，只是没有全部履行。如果赠与人已经转移了赠与物的全部权利，则赠与行为已经完成，赠与人也就无法反悔自己的行为，否则会严重影响到受赠人的生产生活，也不利于社会财产关系的稳定。二是赠与人的经济状况显著恶化。所谓显著恶化，是指在赠与合同成立之后，赠与人的经济状况出现明显恶化的状态。状态恶化的时间应当是在赠与合同成立之后，而不是成立之前。如果自身的经济状况本已十分不好，仍向他人表示赠与意思，实际上其赠与的意思表示多无诚意，赠与合同也无履行基础。三是经济状况显著恶化达到严重影响其生产经营或者家庭生活的程度。比如，经济状况恶化致使严重影响赠与人企业的生产经营，若强制履行赠与义务，将无法继续正常经营；或者经济状况显著恶化使赠与人的家庭生活发生困难，不能维持自己的正常生计，不能履行扶养义务等。符合上述条件的，不论赠与合同以何种方式订立，不论赠与的目的性质如何，赠与人可以不再履行尚未履行的赠与义务。

与本条规定相关，现实生活中出现的突出问题是，在救灾、扶贫等社会公益活动中，某些企业在公开场合明确表示或以认捐书的形式认捐后，又以企业经营状况不好为由，拒绝兑现认捐的款物。对此，有关企业是否可以不再履行赠与义务？如果该企业在认捐之后其经济状况才发生显著恶化，并严重影响其生产经营的，可以不再履行赠与义务，否则应当继续履行其赠与义务。而对于那些本无经济能力捐赠，甚至濒临破产的企业，纯粹出于商业目的宣传自身形象，认捐后又称企业经济状况不好不能履行赠与义务的，我们认为，不能简单地适用“可以不再履行赠与义务”的规定，如果给受赠人造成损失，应当承担损害赔偿责任，赔偿给受赠方造成的损失。

在1999年合同法的起草过程中，就本条是否规定“赠与人可以请求受赠人适当返还赠与的财产”的问题，进行过研究讨论。对此问题，在其他立法例上也不尽相同，如《德国民法典》规定，赠与人因考虑其所负的其他义务，如不损害与自己身份相当的生计或法律规定负担的扶养义务，即无能力履行约定者，得拒绝履行以赠与方式给予的约定。还规定，以赠与人在履行赠与后不能维持与自己身份相当的生计，或者对其亲属、配偶或前配偶不能履行法定扶养义务为限，赠与人得依关于返还不当得利的规定，向受赠人请求返还赠与物。可见德国既允许赠与人拒绝履行赠与合同约定的义务，又赋予赠与人在履行赠与义务后向受赠人请求返还赠与物的权利。而我国台湾地区“民法”则规定，赠与人于赠与约定后，其经济状况显有变更，如因赠与致其生计有重大之影响或妨碍其扶养义务之履行者，得拒绝赠与之履行。可以看出其规定并无请求返还赠与物之内容。我国合同法最终没有规定“赠与人可以请求受赠人适当返还赠与的财产”，主要理由是：（1）财产赠出后，时过境迁，如赠与的财产已消耗，再行返还已属困难。尤其是出于救灾、扶贫、助学等公益目的的捐赠，如果款物已用于捐赠项目，比如救灾物资已经分发，助学的款物已用于修建“希望小学”，再行返还已不现实。(2) 如果返还赠与物，将导致受赠人的生活、生产经营发生困难，对受赠人也是不公平的。(3) 财产赠出后再请求返还，不利于当事人之间关系的稳定。上述研讨在民法典编纂过程中仍有相当意义，特作此介绍。

第十二章 借款合同

本章共十四条，主要调整金融机构与自然人、法人、非法人组织，以及法人、非法人、自然人相互之间的借款合同关系。对借款合同的概念、形式及内容、合同的担保、贷款人和借款人双方的权利义务以及当事人违反合同的责任等内容作出规定。

第六百六十七条 借款合同是借款人向贷款人借款，到期返还借款并支付利息的合同。

◆ 条文主旨

本条是关于借款合同定义的规定。

◆ 立法背景

借款合同的定义对借款合同章的内容具有提纲挈领的作用，本条源自《合同法》借款合同章第 196 条，未作修改。

◆ 条文解读

一、借款合同相关概念的定义及分类

借款合同，是指贷款人向借款人提供借款，借款人到期返还借款，并向贷款人支付利息的合同。

借款合同和传统民法借贷合同的概念有所区别。借贷合同是贷与人交付金钱或者其他种类物并转移其所有权供借用人消耗使

用，借用人向贷与人返还种类、质量、数量相同的种类物的合同，一般分为使用借贷和消费借贷。其中，使用借贷是指当事人约定，当事人一方将物品借给对方使用，对方无偿使用后将物品返还的合同，又称为借用合同。消费借贷是指当事人约定，当事人一方有偿地将金钱或者其他代替物的所有权转移给对方，对方以相同物品返还的合同。《德国民法典》《意大利民法典》《日本民法典》以及我国台湾地区“民法”均对使用借贷和消费借贷作出规定。本法并无对使用借贷作出规定，本章的借款合同，仅指消费借贷中的金钱借贷的内容。

为什么不对使用借贷作出规定，这是因为实际生活中的使用借贷（即借用合同）一般是当事人关系不错，相互之间较为信任而订立的合同，实践中多为口头合同，并且由于是无偿性的合同，问题不多，即使出现问题，本法合同编通则部分也足够能解决，故对使用借贷没有作出规定。至于为什么没有就消费借贷中的物品借贷作出规定，主要基于三点考虑：一是由于1981年颁布的经济合同法就只规定了借款合同，没有对物品借贷作出规定，多年的实践说明，只规定借款合同是可行的、够用的；二是借款之外的物品借贷在实践中很少产生问题，即使产生问题，也可以参照借款合同的有关规定予以解决；三是借款合同一词使用多年，已被广大群众普遍接受，目前没有充分的理由再引入“消费借贷”这个新的合同概念，也不宜于大家掌握使用。因此，在本章中以借款合同为名就金钱借贷作出规定。

二、借款合同的适用范围

本章借款合同适用的范围较之于合同法有所扩大。合同法中借款合同仅适用于金融借款合同和自然人之间的借款合同；目前本章的借款合同适用于金融机构与自然人、法人、非法人组织之间的借款，也适用于自然人、法人、非法人组织相互之间的借款。因此，目前借款合同主要调整两部分内容：一部分是金融机构与自然人、法人和非法人组织的金融借款合同关系；另一部分是指自然人、法人、非法人组织相互之间的借款合同关系，以金融机构与自然人、法人和非法人组织之间的合同关系为主。

三、借款合同的法律特征

1. 借款合同的主体是贷款人和借款人。贷款人也称出借人，是指将金钱贷与借款人的人，借款人是指接受贷款人贷款的人。贷款人包括两类：第一类是在中国境内设立的经营贷款业务的金融机构，包括政策性银行、商业银行、农村信用合作银行和外资银行等，原则上必须经人民银行或者银监部门批准经营贷款业务，持《金融机构法人许可证》或《金融机构营业许可证》，并经市场监管部门核准登记；第二类是以自有资金出借但并非以出借款项为业的自然人、法人或者非法人组织。借款合同的借款人可以是自然人、法人或者非法人组织。

2. 借款合同的标的是货币，包括可流通的各种货币。由于货币是种类物，因此，借款人在合同到期后返还相同数额的货币并支付约定的利息即可。

3. 借款合同是转移标的物所有权的合同。货币一经借出，所有权即转移于借款人。借款合同订立的目的，在于以货币供对方消费，任何消费都意味着原物的不再存在。例如，借出的纸币，一经消费，原物便不可复得，也没有必要复得。所以借款合同的履行，必然会发生所有权转移的法律后果。

4. 借款合同可以是单务、无偿合同，也可以是双务、有偿合同。在借款合同中，如果当事人之间没有约定利息或者自然人之间约定的利息不清晰，那么就是没有利息，即借款人无须向贷款人支付利息，故此类借款合同是单务、无偿合同。如果借款合同当事人之间明确约定了支付利息，那么支付利息便是借款人向贷款人贷款的对价，双方当事人在合同中都享有一定的权利，又都负有相应的义务，故该类借款合同是双务、有偿合同。

5. 借款合同可以是诺成合同，也可以是实践合同。所谓诺成合同，是指当事人意思表示一致即成立的合同。所谓实践合同，是指除当事人之间的意思表示一致外，还需实际交付标的物才能成立的合同。根据本法第 679 条的规定，“自然人之间的借款合同，自贷款人提供借款时成立”，自然人之间成立借款合同，不仅要当事人意思表示一致，还必须由贷款人实际向借款人交付借款，因此自然人之间的借款合同是实践合同。此外，本章规定的其他当事人之间的借款合同，无须以借款的实际交付为成立要件，故为诺成合同。

6. 借款合同可以是要式合同，也可以是不要式合同。所谓要式合同，是指法律对合同订立的形式有一定的要求，法律规定符合特定方式才能成立的合同，为要式合同；无须以特定方式订立合同即可成立的，为不要式合同。本法第 668 条第 1 款规定：“借款合同应当采用书面形式，但是自然人之间借款另有约定的除外。”据此表明，采用书面形式的借款合同为要式合同，自然人之间的借款如果未采用书面形式的，为不要式合同。

在民法典编纂过程中，有意见提出将本章的借款合同分为金融借款合同和民间借贷合同，或者分为生活性借款合同和营利性借款合同。经研究认为，尽管金融借款合同和民间借贷合同在放贷主体、监管、利率等方面存在明显区别，但该区别主要还是存在于行政监管领域，而在民事权利义务的立法内容方面，两者之间不应当有明显区别，否则将有悖于平等原则；同时，民间借贷与政策联系紧密，政策变动性强，与民法典要求的稳定性不符。

因此本章未区分金融借款合同和民间借贷合同。另外，因生活性借款和营利性借款在实践中很难区分，区分的意义也不是很明确，同样，本章未区分生活性借款和营利性借款。

第六百六十八条 借款合同应当采用书面形式，但是自然人之间借款另有约定的除外。

借款合同的内容一般包括借款种类、币种、用途、数额、利率、期限和还款方式等条款。

◆ 条文主旨

本条是关于借款合同形式和内容的规定。

◆ 立法背景

在民法典编纂过程中，对于合同编中典型合同内容的规定，均进行了统一化处理，即进行具体化的列举规定，不仅有利于合同编相应条文的一致性，也有利于学习了解借款合同的主要内容。

◆ 条文解读

一、借款合同的形式

合同的形式，是指合同当事人之间确定相互权利义务关系的表现方式。主要包括口头合同和书面合同两种形式。口头合同简便易行，但容易发生误解和遗忘，发生纠纷后难以取证。书面合同内容明确、责任清楚，有利于合同的履行，便于检查，发生纠纷后举证。在实践中，金融借款合同通常采用书面形式，既有利于合同的履行，避免当事人之间发生纠纷，也便于发生合同纠纷后举证，及时解决纠纷。而对于实践中时常出现自然人之间的小额短期借款，大多数当事人之间较为熟悉，没有必要强制采用书面形式订立合同。因此，本条第 1 款规定，借款合同应当采用书面形式，但是自然人之间借款另有约定的除外，系针对借款合同实际情况作出的实事求是的规定。

对于金融借款合同，我国《商业银行法》第 37 条规定："商业银行贷款，应当与借款人订立书面合同。合同应当约定贷款种类、借款用途、金额、利率、还款期限、还款方式、违约责任和双方认为需要约定的其他事项。"据此表明，订立借款合同已成为金融机构贷款业务的必经程序。其目的是明确金融机构与借款人的权利和义务，保障金融机构信贷资金的安全。对于自然人之间的借款合同，既可以采用书面形式也可以采用口头形式，当事人可以根据合同是否有偿等具体情况选择订立合同的形式。从立法的本意考虑，自然人之间的借款合同虽然可以采取口头形式，但是为了规范合同的订立，便于当事人履行合同，减少纠纷，故主要还是提倡当事人采用书面形式订立合同。

二、借款合同的内容

当事人订立借款合同应当约定哪些内容，是一个十分重要的问题。因为订立合同就是要设立、变更、终止民事权利义务关系，涉及各方当事人享有哪些权利、应当履行哪些义务等与当事人切身利益相关的问题。本法第 470 条第 1 款规定："合同的内容由当事人约定，一般包括下列条款：（一）当事人的姓名或者名称和住所；（二）标的；（三）数量；（四）质量；（五）价款或者报酬；（六）履行期限、地点和方式；（七）违约责任；（八）解决争议的方法。"这些内容当然是借款合同的主要内容，考虑到借款合同的特殊性质，其主要内容还应当包括以下几个方面：

1. 借款种类。主要是指金融机构作为贷款人的情况下，根据国家有关规定和资金市场的需求创设的货币商品种类。借款人可以根据自己的需要向贷款人申请某种特定形式的贷款。贷款根据不同的标准可分为不同的种类。根据贷款的性质不同可分为自营贷款、委托贷款和特定贷款。根据贷款的期限不同，可将贷款分为短期贷款、中期贷款和长期贷款。根据贷款的风险不同，可将贷款分为信用贷款、担保贷款和票据贴现贷款。根据资金的投向和用途不同可将贷款分为流动资金贷款、固定资金贷款和农业贷款。根据贷款的币种不同，可将贷款分为人民币贷款和外汇贷款。

2. 币种。这主要是指借款合同标的是哪一种货币，是人民币还是其他国家或地区的货币。

3. 用途。主要是指借款使用的目的和范围。为了落实国家产业政策，保证信贷资金的安全，国家和各金融机构根据不同种类的贷款，规定了不同的条件和监督措施，借款人可以根据不同的用途申请不同种类的贷款。贷款人根据贷款用途来确定贷与不贷，贷多贷少，并选定贷款期限和利率。我国《商业银行法》第35条规定："商业银行贷款，应当对借款人的借款用途、偿还能力、还款方式等情况进行严格审查。""商业银行贷款，应当实行审贷分离、分级审批的制度。"据此表明，金融借款应当专款专用。在借款合同中明确借款用途，有利于国家产业政策的落实，有利于借款合同的履行，有利于金融机构信贷资金的安全，以保证借款在金融机构的监督下及时收回。

4. 数额。是指借款数量的多少。数量是借款合同的重要内容，是确定资金的拨付和计算利息的依据，是借贷双方当事人权利义务的重要标志。在订立借款合同时，没有数额或者数额不清，合同便不能成立。因此，当事人应当在合同中明确借款的总金额以及在分批支付借款时，每一次支付借款的金额，以便于合同的具体履行。

5. 利率。是指借款人和贷款人约定的应当收取的利息的数额与所借出资金的比率。利率的高低直接决定利息金额的大小。按照不同的标准，利率可以分为：年利率、月利率和日利率；法定利率和市场利率；短期利率和中长期利率；固定利率和浮动利率；名义利率和实际利率。在我国，国务院批准和授权中国人民银行制定的各种利率为法定利率，法定利率具有法定效力，其他任何单位和个人均无权制定和变动，法定利率的公布、实施由中国人民银行总行负责。中国人民银行是利率管理的主管机关，代表国家统一行使利率管理权，其他任何单位和个人不得干预中国人民银行的利率管理工作。

6. 期限。是指借款人在合同中约定使用借款的时间。当事人一般根据借款人的生产经营周期、还款能力和贷款人的资金供给能力等，约定借款期限。根据中国人民银行 1996 年颁布的贷款通则的规定，自营贷款期限最长一般不超过 10 年，超过 10 年的应当报中国人民银行备案。票据贴现期限最长不得超过 6 个月，贴现期限为从贴现之日起到承兑票据到期日止。非金融借款合同的期限由当事人自行约定。

7. 还款方式。是指贷款人和借款人约定以什么结算方式偿还借款给贷款人。例如，是到期一次还本付息还是分期返还；是逐期先还息，到期一次还本，还是以其他方式还本付息等。

以上所列举的合同内容是具有借款合同明显特点的条款，除以上七项内容外，借款合同的当事人还可以对其他内容作出约定。在此需要特别说明的是，借款的担保也是合同的重要内容，《合同法》第 198 条规定："订立借款合同，贷款人可以要求借款人提供担保。担保依照《中华人民共和国担保法》的规定。"在民法典编纂过程中，由于担保法的内容全部纳入本法物权编和合同编的规定，该条内容已在相关条文中体现，比如本法第 387 条等，因此合同法的该条内容没有必要再作规定，故在编纂过程中删去。

第六百六十九条 订立借款合同，借款人应当按照贷款人的要求提供与借款有关的业务活动和财务状况的真实情况。

◆ **条文主旨**

本条是关于借款人应当提供真实情况义务的规定。

◆ **立法背景**

我国《商业银行法》第7条规定："商业银行开展信贷业务，应当严格审查借款人的资信，实行担保，保障按期收回贷款。"该法第35条规定："商业银行贷款，应当对借款人的借款用途、偿还能力、还款方式等情况进行严格审查。""商业银行贷款，应当实行审贷分离、分级审批的制度。"《贷款通则》第19条第1项规定，借款人应当如实提供贷款人要求的资料（法律规定不能提供者除外），应当向贷款人如实提供所有开户行、账号及存贷款余额情况，配合贷款人的调查、审查和检查。这些规定要求，贷款人在决定是否贷款时，要按照有关规定了解借款人的资信情况，并对借款人是否符合特定种类的贷款进行审查。

◆ **条文解读**

实践中借款人应当提供真实情况义务的习惯做法是：一是借款人提出借款申请；二是贷款人进行审查；三是双方协商拟定借款合同书；四是签订借款合同。借款人要求借款首先应当提出申请，这是合同订立中的要约行为，申请提出后，贷款人要对借款人的有关情况进行审查以决定是否贷款给借款人。这就需要借款人提供与借款有关的业务活动和财产状况的真实情况，以便审查。

故本条规定："订立借款合同，借款人应当按照贷款人的要求提供与借款有关的业务活动和财务状况的真实情况。"

依据本条规定，借款人在提出借款申请的同时，应当按照借款人的要求如实提供以下三方面资料：

一是与借款人资格有关的基本情况。比如，作为法人、非法人组织和个体工商户的借款人是否经工商行政管理机关核准登记；借款人是自然人的，是否具有完全民事行为能力等。对于贷款人所要求提供的用于贷款审查的有关情况，借款人应当全面提供，并且应当保证所提供资料的合法性、真实性和有效性。

二是与借款有关的业务活动的真实情况。比如金融机构作为贷款人时，借款人应当提供有关近期生产经营状况，生产经营的效益，产品的产、供、销情况，内部经营管理和生产条件的情况，以及与借款用途直接相关的经济效益的情况等。如果借款用于固定资产，应当提供固定资产投资项目建议书和可行性研究报告等。通过了解这些情况，以便于贷款人确定借款人生产的产品是否具有市场、生产经营是否有效益、能否做到不挪用所借资金等。

三是借款人财务状况的真实情况。借款人应当按照贷款人的要求，如实提供所有的开户行、账号及存贷款余额情况，使贷款人全面充分地了解借款人实际账面资金的运作情况，以便贷款人能判断借款人偿还借款的能力。借款人还应当提供财政部门或会计师事务所核准的上年度财务报告，使贷款人了解即期的生产经营情况和财务状况，从而在总体上把握借款人的经营和资信状况，保障借款的安全。

需要说明的是，对于非金融机构的法人、非法人组织和自然人之间的借款合同，借款人应当向贷款人提供哪些情况，由当事人协商确定，不一定必须提供本条所规定的"与借款有关的业务活动和财产状况的真实情况"。

第六百七十条 借款的利息不得预先在本金中扣除。利息预先在本金中扣除的，应当按照实际借款数额返还借款并计算利息。

◆ **条文主旨**

本条是关于借款利息不得预先扣除的规定。

◆ **立法背景**

贷款人预先扣除利息的做法，一方面使贷款人的利息提前收回，减少了借款的风险；另一方面却损害了借款人的合法利益，使借款人实际上得到的借款少于合同约定的借款数额，影响其资金的正常使用，加重了借款人的负担，也容易引起借款合同双方当事人的纠纷。为了解决借款实践中经常出现的问题，体现合同当事人的公平原则，防止贷款人利用优势地位确定不平等的合同内容，需要禁止贷款人在提供借款时预先将利息从本金中扣除。

◆ **条文解读**

支付借款利息，是借款人获取、使用借款的对价，也是贷款人将钱款借给借款人的重要目的之一。因此，借款的数额和利息是借款合同需要规定的主要内容，当事人在订立借款合同时，一般要对借款数额和利息的多少及支付期限作出明确的约定。一般来说，借款利息是在借款期限届满时或者合同履行期间按照约定分批偿付给贷款人。但是，现实中有的贷款人为了确保利息的收回，在提供借款时就将利息从本金中扣除，造成借款人借到的本金实质上为扣除利息后的数额。比如，借款人向贷款人借款200万元，借期一年，年利率为5%，到期应当向贷款人支付的利息为 10 万元，贷款人在提供借款时就直接将利息扣除，仅向借款人支付 190 万元借款，这实际上是将 200 万元视为出借本金，并按年利率 5% 收取了利息。如果贷款人违反法律规定，仍在提供借款时将利息从本金中扣除的，那么，借款人只需按照实际借款数额返还借款并计算利息。比如，上面例子中的借款人实际只得到了 190 万元的借款，那么，其借款数额即为 190 万元，借款人只需在借款期限届满时，向贷款人返还本金 190 万元并支付按照年利率 5% 计算的利息，即贷款人应当向借款人返还本金 190 万元，支付利息 190 ×5% =9. 5 万元，合计 190 +9. 5 =199. 5 万元。

就本条规定，在司法实践中，贷款人持有的借款人向其出具的借据等证据，通常没有反映贷款人在出借款项时就已收取利息，使得在发生纠纷时，借款人通常处于不利境地。针对此情况，《最高人民法院关于审理民间借贷案件适用法律若干问题的规定》第 27 条规定：“借据、收据、欠条等债权凭证载明的借款金额，一般认定为本金。预先在本金中扣除利息的，人民法院应当将实际出借的金额认定为本金。”据此，在借款人对贷款人在出借款项时即已收取利息的事实提出证据后，法院便不会以借据等证据载明的借款金额作为本金，而会以该本金减去贷款人已收取的利息后的数额作为本金。作为借款人，在这一类事情发生时，最需要切记，在向贷款人预先支付利息时，需要贷款人签名加日期的利息收条。

第六百七十一条 贷款人未按照约定的日期、数额提供借款，造成借款人损失的，应当赔偿损失。

借款人未按照约定的日期、数额收取借款的，应当按照约定的日期、数额支付利息。

◆ 条文主旨

本条是关于贷款人未按照约定提供借款及借款人未按照约定收取借款责任的规定。

◆ 立法背景

借贷双方订立借款合同，建立信贷关系的目的，是满足各自生产、经营的需要，实现各自的经济目标。因此，只有合同当事人按照约定履行义务，才能实现各自订立合同的目的。如果有一方当事人不履行或者不正确履行合同义务，就会影响另一方当事人正常的资金周转和生产经营活动，既不能实现当事人订立借款合同的目的，也给社会经济活动造成不利的影响。因此，借贷双方当事人在合同订立后，应当切实履行合同约定的义务。

◆ 条文解读

借款合同依法成立后，即对当事人具有法律约束力。贷款人和借款人都应当全面、正确、及时履行合同约定的义务，任何一方不得擅自变更或者解除合同。对于贷款人来说，自借款合同成立后，按照约定的日期、数额向借款人提供借款，是其主要的合同义务。但是，贷款人由于资金周转或者其他原因，可能不能按照约定的日期提供借款，或者不能按照约定的数额提供借款。贷款人的这种违约行为会造成两个方面的重大影响：

首先，贷款人逾期放贷会直接影响借款人对借款的使用，损害借款人的合法利益，给借款人造成损失。因为，贷款人按照约定的期限提供借款的，借款人就能将所得的资金按照计划投入正常的生产或者经营中，保证资金正常运转。贷款人不能在约定的期间内提供借款的，就会打乱借款人的资金使用计划，直接影响到借款人的生产或者其他经营活动，甚至会出现因借款人资金不到位而侵犯第三人的合法权益，引发三角债或者其他纠纷，从而影响整个资金的良性周转和循环。

其次，贷款人的逾期放贷行为也容易影响贷款人按期收回借款。由于借款人的借款期间往往就是其生产、经营活动对资金的正常需求时间，如果贷款人事先违约，使借款人在约定的日期得不到借款，那么，借款人就容易出现在得到借款后拖延还款的情况，这样贷款人在合同约定的借款期间届满后就收不回借款。因此，贷款人的这种不按照合同约定的期间提供借款的行为，不仅损害了借款人的利益，而且也增加了自己经营的风险。所以本条第1款规定，贷款人未按照约定的日期、数额提供借款，造成借款人损失的，贷款人应当赔偿借款人的损失。这是在总结借款合同实践经验的基础上，对贷款人不按照合同约定发放贷款的违约责任作出明确规定，以督促贷款人遵守约定，及时放贷。根据该规定，贷款人的违约责任，可以在借款合同中约定；如果没有约定，贷款人又违约逾期放款造成借款人损失的，那么贷款人应当赔偿损失，损失赔偿额应当相当于因其违约所造成的损失，包括合同履行后可以获得的利益，但不得超过违反合同一方订立合同时预见到或者应当预见到的因违反合同可能造成的损失。

对于借款人来说，自借款合同成立后，应当按照约定的日期和数额收取借款，也是其主要的合同义务。借款人在订立借款合同后，生产经营可能会发生一些变化，或者借款人从其他渠道得到了所需的资金，因而借款人在合同约定的收取借款的日期，出现不需要或者暂时不需要借款或者合同约定的借款数额的情况。这种情况的发生主要是因为借款人在贷款人处没有开立账户，如果开立了账户，借款合同生效后，贷款人就会自动按照借款合同的约定，将借款人所借资金划入其账户。但是，当借款人没有在贷款人处开立账户，贷款人为了履行合同约定的放贷义务，就要为借款人备足所借资金。那么，借款人不按合同约定的日期、数额收取借款，就会对贷款人的资金利用及资金使用的效率带来影响。因为贷款人主要是通过收取利息来盈利的，所以，贷款人对自己的资金使用状况都有统一的安排和完整的计划，借款人如果未按约定的日期、数额收取借款，必然会影响贷款人资金的安排、计划的执行以及资金的正常周转，损害贷款人的合法利益。基于贷款人所受到的损失主要就是利息的损失，因此，本条第 2 款明确规定，借款人未按照约定的日期、数额收取借款的，应当按照约定的日期、数额支付利息。这样一来，不论借款人是否按照约定的日期及数额收取借款，都必须按照合同约定向贷款人支付利息，有利于促使借款人按照约定收取借款，确保借款合同得到切实的履行。

需要特别指出的是，本条的规定，主要是针对金融机构作为贷款人的情况。由于自然人之间借款是在贷款人实际交付借款时，借款合同才成立，所以自然人之间借款的，不适用本条的规定。

第六百七十二条 贷款人按照约定可以检查、监督借款的使用情况。借款人应当按照约定向贷款人定期提供有关财务会计报表或者其他资料。

◆ 条文主旨

本条是关于贷款人对借款使用情况的监督权利以及借款人应当协助贷款人监督的规定。

◆ 立法背景

为了保证贷款资金的合理使用和按期收回，减少甚至防止贷款资金的风险，借款人向贷款人申请贷款时，应当向贷款人提供与借款有关的业务活动和财务状况的资料，以便贷款人了解借款人的基本情况特别是资信情况，以判断借款人是否具有偿还借款能力，决定是否向借款人贷款。

◆ **条文解读**

本法第669条规定，订立借款合同，借款人应当按照贷款人的要求提供与借款有关的业务活动和财务状况的真实情况。但是，该规定是要求借款人订立合同时履行的义务，现实中，借款人的财务状况不可能总处于订立合同时的状态，其经营状况会随着市场供求、经济环境等因素不断变化，而这种变化又会直接影响到其财务状况的好坏。所以，为了保证贷款人按照合同约定收回借款，借款合同成立后，贷款人也需要对借款的使用情况行使一定的监督权。金融机构还需要对所提供的借款进行跟踪检查，以防止借款人出现违反合同的行为。因此，本条规定，贷款人和借款人可以在合同中约定，贷款人有权检查、监督贷款的使用情况。这样贷款人就能及时了解借款人的生产经营情况，确定其借款的使用是否盈利，偿还借款的能力是否受到影响，以保证借款的合理使用和良性循环。此外，贷款人还可以协助借款人发现借款使用中存在的问题，提高借款的使用效益。但是，贷款人对借款人贷款资金的使用情况进行监督、检查，应当严格在合同约定的范围内进行，不得干预借款人正常的生产经营活动，干涉借款人的内部经营管理等。

在贷款人按照合同约定主动对借款人进行检查、监督的同时，借款人应当按照约定向贷款人定期提供有关的财务会计报表等资料。在具体的实践过程中，借款人应当主动向贷款人提供的主要资料包括：资产负债表、损益表、财务状况变动表、现金流量表、附表及会计报表附注和财务状况说明书等。这些资料能真实地反映借款人现阶段的生产经营及财务资信状况，有助于贷款人正确、全面地了解贷出资金的使用情况，确定借款的使用是否盈利，借款人偿还借款的能力是否受到影响，借贷的资金是否安全等，以利于保护自己的合法权益。资产负债表是反映企业在某一特定日期财务状况的报表。损益表是反映借款人一定时期的经营成果及其分配情况的报表。财务状况变动表是反映借款人一定期间内营运资金来源和运用及增减变动情况的会计报表。现金流量表是反映借款人一定期间现金收入和支出情况的会计报表。会计报表附注是帮助理解会计报表而对报表有关项目等所作的解释，其内容主要包括：所采用的主要会计处理方法；会计处理方法的变更情况、变更原因以及对财务状况和经营成果的影响；非经营性项目的说明；会计报表中有关重要项目的明细资料；其他有助于理解和分析报表需要说明的事项。

第六百七十三条 借款人未按照约定的借款用途使用借款的，贷款人可以停止发放借款、提前收回借款或者解除合同。

◆ 条文主旨

本条是关于贷款人在借款人违约使用借款时享有相关权利的规定。

◆ 立法背景

我国法律、行政法规一直将借款用途作为金融机构借款合同的主要内容作出规定。《商业银行法》第 35 条规定，商业银行贷款，应当对借款人的借款用途、偿还能力、还款方式等情况进行严格审查。该法第 37 条规定，商业银行贷款，应当与借款人订立书面合同。合同应当约定贷款种类、借款用途、金额、利率、还款期限、还款方式、违约责任和双方认为需要约定的其他事项。《固定资产贷款管理暂行办法》第 9 条规定，贷款人受理的固定资产贷款申请应具备借款用途及还款来源明确、合法的条件。《个人贷款管理暂行办法》第 14 条规定，贷款调查包括借款用途。《流动资金贷款管理暂行办法》第 11 条规定，流动资金贷款申请应具备借款用途明确、合法的条件。《贷款通则》第 71 条规定，借款人不按借款合同规定用途使用贷款的，由贷款人对其部分或全部贷款加收利息；情节特别严重的，由贷款人停止支付借款人尚未使用的贷款，并提前收回部分或全部贷款。

◆ **条文解读**

借款用途是借款人使用借款的目的。虽然从表面上看，贷款人借款的最终目的是收取利息和收回本金，借款人使用借款的用途似乎和贷款人的利益并无直接的关系，但是，借款用途一直作为借款合同当事人需要约定的重要内容，特别是金融机构作为贷款人的情况下，借款用途更是合同中不可缺少的条款。借款用途之所以是借款合同的主要内容，是因为借款用途与借款人能否按期偿还借款有很直接的关系。借款人擅自改变借款用途，就会使原先当事人共同预期的收益变得不确定，增加了贷款人的借款风险，最终导致借款难以收回。比如，借款人将取得的基本建设贷款用于炒股，严重改变了借款的用途，虽然也有获利的可能，但使得贷款人的贷款风险急剧加大，一旦发生股灾，很可能使贷款人蒙受重大损失。另外，金融机构作为贷款人的，有些借款还是依据国家的宏观经济政策、国家的信贷政策和产业政策发放的，其借款用途和国家的经济政策有着直接的关系。如果不按借款用途使用借款，还会造成资金的使用不符合国家政策的情况。因此，贷款人对借款除加强监督检查外，对于借款人违约使用借款的，应当采取相应的风险防范措施。

本条明确借款人应当按照约定的用途使用借款，同时规定，借款人违反合同约定的借款用途使用借款的，贷款人可以采取以下三种措施：

1. 停止发放借款。即贷款人对尚未发出的贷款暂停发放。这主要是针对分期提供贷款或者根据资金使用进度提供贷款而采取的措施。如果借款合同约定贷款是分期贷出，或者是根据贷款资金使用进度提供贷款，贷款人一旦发现借款人未将先期已经贷出的款项用于合同约定的用途，就可以停止发放尚未发出的借款，实际上也就是停止履行合同中约定的尚未履行完毕的义务。

2. 提前收回借款。这在贷款业务中称为“加速到期条款”，是金融机构的通行做法。即贷款人将款项贷出后，发现借款人没有按照合同约定的用途使用借款，危及自己的合法权益时，可以将已经贷出的借款提前收回，也就是说，贷款人不必等到借款合同约定的还款日期，就有权要求借款人提前履行还款的义务。在民法典编纂过程中，有意见提出，本条的“提前收回借款”措施是“解除合同”的应有之义，已经包含在“解除合同”之中，建议删去“提前收回借款”。经研究，我们的意见是，对于没有按照约定的用途使用借款的，不是任何时候都可以采取“解除合同”的措施，只有当违约情况严重致使借款合同不能实现合同目的时才可以采取。而“提前收回借款”的措施，只要存在没有按照约定用途使用借款的情况，不管程度如何，贷款人便可以采取。另外，单独保留“提前收回借款”的措施，可以增加贷款人选择的自由度，同时有利于合同的保持。因此，我们决定保留“提前收回借款”的规定。

3. 解除合同。借款人不按照合同约定的用途使用借款，构成违约；当违约情况严重，致使借款合同不能实现其目的时，则构成根本违约。本法第 563 条第 1 款第 4 项对根本违约的法律后果的规定是，当事人一方迟延履行债务或者有其他违约行为致使不能实现合同目的的，另一方当事人有权解除合同。因此，借款人不按照合同的约定使用借款，构成根本违约时，贷款人有权解除借款合同。本法第 566 条第 1 款规定："合同解除后，尚未履行的，终止履行；已经履行的，根据履行情况和合同性质，当事人可以请求恢复原状或者采取其他补救措施，并有权请求赔偿损失。"该条第 2 款规定："合同因违约解除的，解除权人可以请求违约方承担违约责任，但是当事人另有约定的除外。"据此，一旦解除借款合同，贷款人可以对尚未履行的贷款终止履行（即停止发放借款），对已经履行的贷款要求恢复原状（即收回已经贷出的借款），而且还可以要求借款人承担相应的违约责任。

另外，非金融借款合同的当事人，比如自然人之间借款，对借款用途作出约定的，借款人也应当按照约定的用途使用借款。因改变借款用途造成贷款人损失的，贷款人依法可以采取相应的措施来保护自己的权利。

第六百七十四条 借款人应当按照约定的期限支付利息。对支付利息的期限没有约定或者约定不明确，依据本法第五百一十条的规定仍不能确定，借款期间不满一年的，应当在返还借款时一并支付；借款期间一年以上的，应当在每届满一年时支付，剩余期间不满一年的，应当在返还借款时一并支付。

◆ 条文主旨

本条是关于借款人支付利息期限的规定。

◆ 立法背景

借款合同到期后，贷款人收回贷款并按照合同约定的利率收取利息是贷款人的主要权利，也是贷款人与借款人订立借款合同的主要目的之一。借款人支付的利息是贷款人取得贷款的效益及利益所在，因此，向贷款人支付利息是借款人的主要义务，借款人不仅应当按照约定的数额支付利息，而且还应当在约定的期限内向贷款人支付。支付利息期限的方式有多种，当事人既可以约定在借款期限届满时和本金一并支付，也可以约定在借款期间内分批向贷款人支付。为了避免就利息支付问题发生纠纷，最好在借款合同中就如何支付利息作出明确的约定。

◆ 条文解读

借款人应当按照约定向贷款人支付利息，这是借款合同的应有之义。但是，如果当事人对支付利息的期限没有约定，或者虽然有约定却约定得不明确，那么，借款人按照什么期限向贷款人支付利息呢？一些国家或者地区的民法典对此问题有所规定。比如，《德国民法典》第 488 条第 2 项规定："以不另有规定为限，所约定的利息必须在每经过 1 年后予以支付，并且，如贷款须在经过 1 年前偿还，则必须在偿还时予以支付。"我国台湾地区"民法"第 477 条规定："利息或其他报偿，应于契约所定期限支付之；未定期限者，应于借贷关系终止时支付之。但其借贷期限逾一年者，应于每年终支付之。"

本条的规定和德国民法典的规定类似，但和我国台湾地区"民法"的规定有所不同，根据本条的规定，在当事人对支付利息的期限没有约定或者约定不明确的，首先应当依据本法第 510

条的规定来确定，即当事人可以就支付利息的期限进行协议补充；不能达成协议的，则依据合同其他条款或者双方当事人之间的交易习惯来确定。

如果依据以上原则仍不能确定支付利息的期限，那么，借款人按照以下规定的期限向贷款人支付利息：（1）借款合同在一年以内的，在返还借款时一并支付，即利息在借款合同期限届满时和本金一并支付。比如，甲向乙借款100万元，借款期间为6个月，未约定支付利息的期限。那么，甲向乙支付利息的时间为合同期间届满时和本金一起支付。（2）借款在一年以上的，在每届满一年时支付，剩余期间不满一年的，在返还借款时一并支付。比如，甲向乙借款100万元，借款期间为两年半，未约定支付利息的期限。那么，甲应当分三批向乙支付利息，第一次支付利息的时间为借款期间一年届满时。第二次支付利息的时间为借款期间二年届满时。由于合同的履行期间剩下的时间不足一年，所以，第三次支付利息的时间为合同期间届满时和本金一起支付。

第六百七十五条 借款人应当按照约定的期限返还借款。对借款期限没有约定或者约定不明确，依据本法第五百一十条的规定仍不能确定的，借款人可以随时返还；贷款人可以催告借款人在合理期限内返还。

◆ **条文主旨**

本条是关于还款期限的规定。

◆ **立法背景**

在借款合同中，按照合同的约定期限返还借款是借款人的主要义务，也是借款合同最主要的内容。贷款人之所以能够与借款人订立借款合同并将钱借给借款人，其中很重要的原因是信任借款人能够到期返还借款并支付利息，否则贷款人在通常情况下是不会将钱借给没有偿还能力或者不守信誉的人的。为了防范借款人到期不能返还借款的事情发生，在订立借款合同时，借贷双方应当将还款期限、还款方式等在合同中作出明确规定。

◆ **条文解读**

借款人应当按照借款合同约定的期限，按时向贷款人返还借款，这是借款人的基本义务。但是，在当事人对借款期限没有约定或者约定不明确的情况下，借款人何时返还借款，实践中容易发生纠纷。因此，在当事人未约定返还期限的情况下，如何确定他们的权利和义务成为一些国家法律着重解决的问题。德国、日本和我国台湾地区对此问题都作出了相应的规定，总的原则是借款人可以随时返还，同时又赋予贷款人一项权利，贷款人可以定一个相应的期限，催告借款人返还。比如，《德国民法典》第 488 条第 1 款规定："因贷款合同，贷与人有义务以所约定的数额向借款人提供某一金额。借款人有义务支付所欠的利息，并在清偿期到来时偿还向其提供的贷款。"该条第 3 款规定："某一时间未就贷款的偿还而被确定的，清偿期的到来取决于贷与人或借款人的通知终止。通知终止期间为 3 个月。利息未被欠下的，借款人不经通知终止也有权偿还。"《日本民法典》第 591 条第 1 项规定："当事人未约定返还的期限时，出借人可以确定相当期间，催告返还。"该条第 2 项规定："不论有无约定返还的期限，借用人可以随时返还。"我国台湾地区"民法"第 478 条规定："借用人应于约定期限内，返还与借用物种类、品质、数量相同之物。未定返还期限者，借用人得随时返还，贷与人亦得定一个月以上相应期限返还，贷与人亦得定一个月之相应期限，催告返还。”

根据本条的规定，当事人未约定还款期限的，第一，应当依据本法第 510 条的规定来确定，即当事人可以就还款期限一事进行协商，达成补充协议，确定还款期限；第二，对于不能达成补充协议的，可以按照合同有关条款或者当事人之间的交易习惯来确定还款期限；第三，如果当事人既不能达成补充协议，也不能按照合同有关条款或者交易习惯确定还款期限，那么，依据本法第 511 条第 4 项的规定：“履行期限不明确的，债务人可以随时履行，债权人也可以随时请求履行，但是应当给对方必要的准备时间”，借款人可以随时返还借款，贷款人也有权向借款人发出催告，要求其在合理期限内返还借款。本条对贷款人催告借款人还款的“合理期限”未作出明确的规定，主要的考虑是：金融机构和其他民事主体作为贷款人时，对借款的返还期限的要求是不同的，规定统一的还款期限不能适应不同的情况。因此，该合理期限由贷款人根据具体情况来确定。在发生纠纷时，司法机关亦可以根据具体的情况来判定该期限是否合理。

第六百七十六条 借款人未按照约定的期限返还借款的，应当按照约定或者国家有关规定支付逾期利息。

◆ **条文主旨**

本条是关于借款人未按照约定的期限返还借款责任的规定。

◆ **立法背景**

明确逾期还款的借款人的法律责任，是各个国家或者地区在借款合同中着重解决的问题。一些国家及国际金融机构都在其借款合同中明确规定，逾期还款的，贷款人可以加收利息。就金融借款的逾期利息问题，我国《商业银行法》第42条第1款规定，借款人应当按期归还贷款的本金和利息。第2款规定，借款人到期不归还担保贷款的，商业银行依法享有要求保证人归还贷款本金和利息或者就该担保物优先受偿的权利。商业银行因行使抵押权、质权而取得的不动产或者股权，应当自取得之日起二年内予以处分。第3款规定，借款人到期不归还信用贷款的，应当按照合同约定承担责任。

◆ **条文解读**

借款人的主要义务就是还款付息，未按期返还借款的，是一种严重违约行为，会给债权人的合法权益造成严重损害。特别是金融机构作为贷款人的情况下，其出借资金的主要来源是存款，金融机构就是通过收回借款的本息来保证资金的正常周转的。如果借款人不按期返还借款，就会使贷款人无法保证存款的按期支付，造成存贷收支不平衡的局面，引发“三角债”等多种纠纷，影响国家经济的良性循环。因此，借款人应当对其违约行为承担相应的法律责任。

2003年12月10日中国人民银行下发的《关于人民币贷款利率有关问题的通知》第3条第1款规定：关于罚息利率问题。逾期贷款（借款人未按合同约定日期还款的借款）罚息利率由现行按日万分之二点一计收利息，改为在借款合同载明的贷款利率水平上加收30%～50%；借款人未按合同约定用途使用借款的罚息利率，由现行按日万分之五计收利息，改为在借款合同载明的贷款利率水平上加收50%～100%。第2款规定，对逾期或未按合同约定用途使用借款的贷款，从逾期或未按合同约定用途使用贷款之日起，按罚息利率计收利息，直至清偿本息为止。对不能按时支付的利息，按罚息利率计收复利。就民间借贷的逾期利息问题，最高人民法院于2015年8月6日颁布的《关于审理民间借贷案件适用法律若干问题的规定》第29条第1款规定，借贷双方对逾期利率有约定的，从其约定，但以不超过年利率24%为限。第2款规定，未约定逾期利率或者约定不明的，人民法院可以区分不同情况处理：（1）既未约定借期内的利率，也未约定逾期利率，出借人主张借款人自逾期还款之日起按照年利率6%支付资金占用期间利息的，人民法院应予支持；（2）约定了借期内的利率但未约定逾期利率，出借人主张借款人自逾期还款之日起按照借期内的利率支付资金占用期间利息的，人民法院应予支持。该司法解释第30条规定，出借人与借款人既约定了逾期利率，又约定了违约金或者其他费用，出借人可以选择主张逾期利息、违约金或者其他费用，也可以一并主张，但总计超过年利率24%的部分，人民法院不予支持。上述司法解释规定的民间借贷逾期利率标准因中国人民银行的最新规定可能会发生变化。中国人民银行在2019年8月17日发布公告，决定改革完善贷款市场报价利率（LPR）形成机制，从2019年8月20日起，中国人民银行授权全国银行间同业拆借中心于每月20日9时30分公布贷款市场报价利率；2019年10月28日，中国人民银行再次发布公告，要求自2020年1月1日起，各金融机构不得签订参考贷款基准利率定价的浮动利率贷款合同。据了解，为与此利率改革政策相协调，最高人民法院正在进行修订民间借贷司法解释的有关工作，有的意见提出，建议将司法解释中的24%和6%分别修订为“合同订立时一年期贷款市场报价利率的四倍（即4LPR）”和“合同订立时一年期贷款市场报价利率”。

考虑到实践中金融机构对逾期借款主要是通过加收利息的办法来追究借款人的违约责任，本条规定借款人逾期返还借款的，应当按照约定或者国家规定支付逾期利息。根据该规定，当事人可以在合同中对逾期利息的问题作出约定，这种约定既可以是自然人之间对是否收取逾期利息或者逾期利率为多少的约定，也可以是金融机构与借款人在国家规定的幅度内对逾期利率的确定。如果金融机构借款时，没有对逾期利率作出约定，那么，金融机构按照国家有关规定的利率向借款人收取逾期利息。

另外需要说明的是，借款人支付的逾期利息为何大于合同约定的借款期间的利息，就金融借款合同而言，主要是基于两方面原因：一是为了惩罚借款人的违约行为，维护金融秩序。二是贷款人为了摆脱借款人不能按期返还借款所造成的资金周转困难，通常需要进行同业拆借，以解决资金调度问题。而拆借市场上的拆息一般高于贷款利息，为此，贷款人要求借款人对逾期借款支付的逾期利息大于借款期间的利息，是弥补其拆息成本的措施之一，既可以减少资金风险，又可以减少自己的损失。

第六百七十七条 借款人提前返还借款的，除当事人另有约定外，应当按照实际借款的期间计算利息。

◆ 条文主旨

本条是关于借款人提前返还借款的规定。

◆ 立法背景

本条没有改变合同法的内容。1999 年合同法起草时，针对提前还款是否须经贷款人同意及利息如何计算这两个问题，出现了不同的意见：一种意见认为，我国当时借款人的还款能力较差，许多借款人到期不能返还借款，而借款的提前返还有利于将资金用于短缺的项目中，对于贷款人并无损害，也有利于国家的经济建设。同时，借款合同中的还款期限原本是为了借款人而设定的，借款人提前还款，实际上是借款人放弃了自己的期限利益，法律不能限制当事人放弃自己的利益，只要该放弃行为不损害公共利益和他人利益。所以，法律上应当作出鼓励借款人提前还款的规定，不应当再给提前还款的借款人增加过重的负担，提前还款可以不经贷款人的同意，利息按照实际借款的期间计算即可。另一种意见认为，提前还款实质上是一种不按照合同约定履行的违约行为。贷款人特别是金融机构对每一笔贷款的发放都有一定的安排，如果提前还款不需要经贷款人的同意并按照实际借款的期间计算利息，会打乱贷款人的资金安排计划，使本来应当收取的利息得不到收取，影响贷款人的经济效益和资金的流动。特别是在借款利率下调的情况下，会造成借款人利用提前还款的办法来逃避合同约定的利率，使贷款人合法利益受到损失。因此，提前还款应当经贷款人的同意，同时按原借款期限计算利息。还有意见认为，借款人提前还款，只要提前 10 天至 20 天通知贷款人，给贷款人一定的准备时间就可以，不必经贷款人的同意。

◆ **条文解读**

在借款合同中，一般对返还借款的时间都有明确的规定，这一期限是贷款人与借款人根据借款人的生产周期、还款能力和贷款人的资金供给能力等情况，由借贷双方共同商议后确定的，借款人应当按照合同约定的期限返还借款。但是在有的情况下，因生产经营状况或者其他情况发生了变化，借款人在合同履行期间不需要所借的资金，出现借款人提前返还借款的情况。

对借款人提前返还借款需要考虑的问题主要是，如果借款人提前还款可以不经贷款人同意，并按实际借款期间支付利息，那么，会使贷款人无法收到预期该收的利息，进而损害贷款人的合法权益。另外，贷款人为了保障盈利，对贷款的收回和再发放都有时间上的安排。如果借款人可以不经贷款人同意就提前还款，让贷款人自己承担因资金闲置造成的损失，既损害了贷款人的利益，对贷款人也不公平。如果规定借款人提前还款可以不经贷款人同意，并按实际借款期间支付利息，还与本法第 530 条规定的基本精神相违背。该条规定，债权人可以拒绝债务人提前履行债务，但是提前履行不损害债权人利益的除外。该条规定的基本含义是：债务人应当按照合同约定的期限履行债务，债务人提前履行债务损害债权人利益的，债权人可以拒绝债务人的履行。债务人提前履行债务不损害债权人利益的，债权人应当接受债务人的履行，而不应当拒绝债务人的履行。债务人提前履行债务未损害债权人利益但被拒绝的，债务人依法可以采取提存等方式履行。从另一角度来讲，如果借款人提前还款一律按原合同约定的期间计算利息，让借款人承担其不应当承担的义务，对借款人既不公平，也会打击借款人提前还款的积极性。

对于提前还款问题，《日本民法典》第 591 条分三款规定："当事人没有约定返还期限的，出借人可以规定一定的期间，催告返还。""无论有无返还时间的规定，借用人都随时可以返还。""在当事人已规定返还时间的情况下，如出借人因借用人在该时间之前进行了返还而遭受了损害，则出借人可以要求借用人对此进行赔偿。"据此表明，在日本，出借人是无权拒绝借用人提前返还借款的，只是借用人应当赔偿出借人遭受的损害。我国台湾地区"民法"第 316 条规定："定有清偿期者，债权人不得于期前请求清偿，如无反对之意思表示时，债务人得于期前为清偿。"意味着清偿期原则上是债务人的利益，而非债权人的利益。我国《贷款通则》第 32 条第 5 款规定："借款人提前归还贷款，应当与贷款人协商。”但是并没有明确贷款人可否拒绝，以及如何计算利息等问题。

根据本条规定，对于提前还款应当按照以下原则确定双方的权利和义务：首先，当事人可以在借款合同中对提前还款问题作出约定，按照约定确定是否须经贷款人同意及利息如何计算等问题。实际履行中发生提前还款的，按照约定执行。其次，当事人在合同中对提前还款没有约定的，提前还款不损害贷款人利益的，可以不经贷款人同意，利息按照实际借款期间计算；提前还款损害贷款人利益的，贷款人有权拒绝借款人提前还款的要求。贷款人同意提前还款的，等于贷款人同意变更合同的履行期，因此，借款人应当按照变更后的期间向贷款人支付利息。在此前提下，需要特别指出两点：第一，借款人的提前还款行为不属于违约行为。这是因为还款期限原则上属于借款人的利益，提前还款是借款人放弃自己部分利益的行为，应当予以肯定。第二，如果提前还款损害了贷款人的利益，该利益不应当仅仅是指剩余借款期间的利息，而主要是指对贷款人经营秩序破坏超过利息损失的内容。剩余借款期间的利息损失可以由提前还款的借款人进行适当赔偿，而赔偿利息的多少，可以由人民法院或者仲裁机构根据具体情况按照公平原则确定。

第六百七十八条　借款人可以在还款期限届满前向贷款人申请展期；贷款人同意的，可以展期。

◆ 条文主旨

本条是关于借款展期的规定。

◆ **立法背景**

在借款合同履行过程中，借款人的经营情况可能发生变化，导致不能按照合同约定的期限返还借款，这就产生了借款人是否可以延长借款期限，即本条所称的借款展期问题。借款展期实际上是对原合同的履行期限的变更，因此，借款展期应当遵循合同变更的有关规定。

◆ **条文解读**

借款展期，是指借款人在合同约定的借款期限不能偿还借款，在征得贷款人同意的情况下，延长原借款的期限，使借款人能够继续使用借款，实质上属于合同变更的范畴。合同的变更，是指合同成立后，当事人在原合同的基础上对合同的内容进行修改和补充。合同的变更可能是合同标的的变更，也可能是合同标的的数量、履行方式、履行地点、履行期限、违约责任等的变更。无论变更合同的哪一项内容，都必须由合同当事人协商一致确定。这是因为，合同是当事人通过要约、承诺的方式，经协商一致达成的。合同成立后，当事人应当按照合同的约定履行。任何一方未经对方同意，不得改变合同的内容。但是，当事人在订立合同时，有时不可能对涉及合同的所有问题都作出明确的约定；合同订立后，当事人在履行前或者履行过程中会出现一些新的情况，需要对双方的权利义务重新进行调整和约定。因此，需要当事人对合同内容重新修改或补充。由于合同是当事人协商一致的产物，所以，当事人在变更合同内容时，也应当本着协商一致的原则进行。如果双方当事人就变更事项达成了一致的意见，变更后的内容就取代了原合同的内容，当事人就应当按照变更后的内容履行合同。一方当事人未经对方当事人同意任意改变合同的内容，变更后的内容不仅对另一方当事人没有约束力，而且这种擅自改变合同的做法也是一种违约行为，当事人应当承担违约责任。因此，借款人延长借款期限必须与贷款人协商，经贷款人同意，才能迟于原合同约定的期限返还借款。

本条中的申请展期，是指借款人在借款合同约定的还款期限内不能履行还款义务，向贷款人申请变更原合同约定的借款期限的行为。本条特别明确规定，借款人申请展期的，应当在还款期限届满之前向贷款人提出申请。因为贷款人尤其是金融机构作为贷款人，对每一笔贷款的发放都有一定的安排。如果借款人擅自延长还款期限，就会打乱贷款人的资金安排，影响资金流动和贷款人的效益。借款人在还款期限届满之前向贷款人申请展期，可以给贷款人作出是否同意展期决定留有充分准备和考虑的时间，以便贷款人根据申请，对借款人不能按期偿还借款的情况进行调查和了解，更改原有的资金安排。《贷款通则》第 12 条也规定，不能按期归还贷款的，借款人应当提前向贷款人申请贷款展期。由于延长借款期限直接涉及贷款人的利益，因此，本条没有强制规定贷款人必须同意展期申请，而是允许贷款人根据自己的情况，有权自行决定是否同意借款人延长借款期间。贷款人同意的，借款人才可以延期向贷款人返还借款。

在借款人有保证人提供担保的情况下，贷款人如果要求保证人继续承担保证责任，还应当征得保证人的同意。因为根据本法第 695 条第 2 款的规定，债权人和债务人对主债权债务合同履行期限作了变更，未经保证人书面同意的，保证期间不受影响。由于借款展期使原合同的履行期间延长，只有经保证人同意，保证人才对展期后的借款承担保证责任。贷款人如果为了减少借款的风险，要求保证人继续承担保证责任的，就应当取得保证人的同意；否则，保证人可能对延期后的债务不再承担保证责任。

根据中国人民银行的有关规定，商业银行借款中的展期应当按照以下规定办理：短期借款展期的期限累计不得超过原借款期限；中期借款展期的期限累计不得超过原借款期限的一半；长期借款展期的期限累计不得超过3年。国家另有规定的除外。借款人未申请展期或申请展期未得到批准，其贷款从到期日次日起，转入逾期贷款账户。金融机构借款时，应当按照以上规定确定展期后的合同期限。

第六百七十九条 自然人之间的借款合同，自贷款人提供借款时成立。

◆ **条文主旨**

本条是关于自然人之间的借款合同成立的规定。

◆ **立法背景**

在实践中，自然人之间借款的情况经常出现。比如，某人因家中出现困难向同事借钱；某人因为要筹办一个公司向亲戚朋友筹备资金等，都属于自然人借款的情形。由于该情形的普遍性，需要法律对此作出相应的规定。

◆ **条文解读**

本条系将《合同法》第210条“自然人之间的借款合同，自贷款人提供借款时生效”中的“生效”修改为“成立”的结果。之所以作此修改，主要考虑为：一是避免产生自然人之间借款合同是实践合同还是诺成合同的争议。实践合同是指除当事人间的意思表示一致以外，还须交付标的物才能成立的合同，它以当事人的合意和交付标的物为成立要件。而诺成合同是指当事人之间意思表示一致即能成立的合同，无须标的物的实际交付，它以当事人的合意为成立要件。由于立法的本意是将自然人之间的借款合同确定为实践合同，而《合同法》第210条中“生效”的表述，又容易使人产生系诺成合同的误解，故作出修改完善。二是与本法中定金合同和无偿保管合同条文的表述保持一致，统一表述为自实际交付时“成立”。三是可以给司法实践提供正确指引，即使均为自然人的贷款人与借款人签订了借款合同，借款人也无权申请强制执行，更不能要求对方承担违约责任。

在此需要特别说明的是，自然人之间的借款合同与金融机构作为主体的借款合同有所区别，其中最主要的一点就是金融借款合同是诺成合同，而自然人之间的借款合同为实践合同，主要理由有：(1) 自然人之间的借款合同往往数额有限，内容也简单，而且当事人之间往往具有亲戚、同事、朋友等特别的关系；(2) 自然人之间的借款合同也不存在金融借款合同中所必需的复杂程序；(3) 自然人通常不是专业机构的人士，确立自然人之间的借款合同为实践合同，可以给贷款人一定的思考时间，在实际提供借款之前，贷款人可以有反悔的机会；(4) 自然人之间借款一般属于互助性质，无偿的情况也有不少，对合同的形式并不太注意，往往是一手交钱，一手写借条，应结合实际考虑当事人的真实意思表示，不宜让当事人负担更重的责任。所以，本条规定，自然人之间借款的，自贷款人交付借款时成立。这样有利于确定当事人之间的权利和义务，进而预防或减少纠纷的发生。

另外需要指出的是，本条规定的是自然人之间的借款，是指借贷双方均为自然人的情况，如果有一方当事人并非自然人的，则不适用本条的规定。

第六百八十条 禁止高利放贷，借款的利率不得违反国家有关规定。

借款合同对支付利息没有约定的，视为没有利息。

借款合同对支付利息约定不明确，当事人不能达成补充协议的，按照当地或者当事人的交易方式、交易习惯、市场利率等因素确定利息；自然人之间借款的，视为没有利息。

◆ **条文主旨**

本条是关于借款利率和利息的规定。

◆ **立法背景**

本条的规定，系在《合同法》第211条规定的基础上修改而来，该条原规定："自然人之间的借款合同对支付利息没有约定或者约定不明确的，视为不支付利息。""自然人之间的借款合同约定支付利息的，借款的利率不得违反国家有关限制借款利率的规定。"近年来，社会上出现大量非法金融、非法放贷、套路贷、校园贷等问题，严重扰乱社会经济秩序，严重损害人民群众合法权益和生活安宁。为解决民间借贷领域存在的突出问题，维护正常金融秩序，避免经济脱实向虚，本条第1款明确明确规定禁止高利放贷，借款的利率不得违反国家有关规定。

◆ **条文解读**

一、禁止高利放贷，借款的利率不得违反国家有关规定

法律能承认、法院能保护的借贷利息必须从严控制，不得违反国家有关规定。中国人民银行在2002年1月31日下发并于同日开始施行的《关于取缔地下钱庄及打击高利贷行为的通知》第

2 条规定："严格规范民间借贷行为。民间个人借贷活动必须严格遵守国家法律、行政法规的有关规定，遵循自愿互助、诚实信用的原则。民间个人借贷中，出借人的资金必须是属于其合法收入的自有货币资金，禁止吸收他人资金转手放款。民间个人借贷利率由借贷双方协商确定，但双方协商的利率不得超过中国人民银行公布的金融机构同期、同档次贷款利率（不含浮动）的 4 倍。超过上述标准的，应界定为高利借贷行为。"

《合同法》第 204 条规定："办理贷款业务的金融机构贷款的利率，应当按照中国人民银行规定的贷款利率的上下限确定。"在 1999 年颁布施行合同法时，中国人民银行根据市场经济的发展及资金供求关系，一般在一定时期内对金融机构的贷款利率作出规定。根据中国人民银行的有关规定，国务院批准和国务院授权中国人民银行制定的各种利率为法定利率，其他任何单位和个人均无权变动。法定利率的公布、实施由中国人民银行总行负责。金融机构在中国人民银行总行规定的浮动幅度内，以法定利率为基础自行确定的利率为浮动利率。金融机构确定浮动利率后，须报辖区中国人民银行备案。金融机构可以对逾期贷款和被挤占挪用的贷款在原利率的基础上加收利息；对于加收利息的幅度、范围和条件，由中国人民银行总行确定。但是，由于目前中国人民银行正在推进利率市场化改革，所谓贷款利率的上限和下限，已经不复存在，该条已经没有实际价值，故在民法典编纂过程中，删去了《合同法》第 204 条的规定。

就"借款利率的国家规定"，依据《中国人民银行法》第 5 条规定："中国人民银行就年度货币供应量、利率、汇率和国务院规定的其他重要事项作出的决定，报国务院批准后执行。"因此，利率标准的制定，原则上是中国人民银行的职责。实践中，中国人民银行制定的有关利率标准，均是与金融借款有关的利率，而与金融机构无关的借贷活动，中国人民银行并无相关规定。这样一来，最高人民法院每年审理的大量民间借贷纠纷案件，无法从中国人民银行制定的相关利率规定中找到裁量利率纷争的依据。为解决办理案件的实际需要，最高人民法院在1991年发布了《关于人民法院审理借贷案件的若干意见》，该意见第6条规定，民间借贷的利率可以适当高于银行的利率，各地人民法院可根据本地区的实际情况具体掌握，但最高不得超过银行同类贷款利率的四倍（包含利率本数）。超出此限度的，超出部分的利息不予保护。此条规定的最高贷款利率司法保护标准，曾长期作为裁判民间借贷纠纷案件的依据。2015年最高人民法院发布了《关于审理民间借贷案件适用法律若干问题的规定》，其中第26条规定了民间借贷利率的“两线三区”标准，作为近年来的裁判依据：“借贷双方约定的利率未超过年利率24%，出借人请求借款人按照约定的利率支付利息的，人民法院应予支持。”“借贷双方约定的利率超过年利率36%，超过部分的利息约定无效。借款人请求出借人返还已支付的超过年利率36%部分的利息的，人民法院应予支持。”目前，有不少意见提出该标准过高，建议最高人民法院修订该标准。

因此就目前的实际情况而言，金融借款领域执行的是中国人民银行公布的贷款市场报价利率标准，民间借贷领域执行的是司法解释规定的标准。在民法典编纂过程中，有不少意见提出在本条第1款直接规定最高利率的具体标准，比如不超过年利率12%、16%等，由于民法典作为基本法需要保持稳定性和兼容性，不适宜规定具体的利率标准。从借贷领域的规范角度而言，鉴于利率问题的重要性，应当由国家有关主管部门对借款的利率作出明确的规定。

二、借款合同未约定利息的处理规则

本条第2款规定，借款合同对支付利息没有约定的，视为没有利息。相对于合同法的规定而言，有了较大突破。合同法只是规定自然人之间没有约定利息的，视为没有利息；而目前将没有约定支付利息的借贷情形，拓展到了所有借贷领域，即所有类型或者当事人之间订立的借贷合同，只要没有约定支付利息，就一律视为没有利息。之所以作出这样的规定，主要理由有：一是从日常生活经验来看，通常情况下利息的计付是借款合同的核心内容，当事人之间不会不对此进行协商，在此前提下，若合同没有约定支付利息，原则上可推理为当事人协商确定无须计付利息。二是从纠纷处理的角度来看，有的借款合同没有约定利息确实是当事人协商确定无须支付，有的借款合同没有约定利息可能真的未经协商，这两种情形下，不仅纠纷的事实难以完全查清，而且可以参照的利率标准也难以确定，很难作出相对统一的裁决。故法律拟制规定为没有利息，不仅有利于指引当事人的行为，也有利于统一裁决结果，最终有利于维护社会和经济秩序。

三、借款合同利息约定不明时的处理规则

在借款合同实践中，支付利息约定不明确的问题，确实常有发生。究其原因，一是当事人之间过于熟悉、亲密，因而对利息的支付约定草草了事；二是当事人专业素养的欠缺，以至于其对支付利息的相关内容不能作出精确的约定。因此，本条第3款规定，借款合同对支付利息约定不明确，当事人不能达成补充协议的，按照当地或者当事人的交易方式、交易习惯、市场利率等因素确定利息；自然人之间借款的，视为没有利息。

对于借款合同当事人就支付利息约定不明确时的处理规则，首先，应当允许当事人就支付利息问题进行重新协商，经重新协商能够达成补充协议的，应按补充协议的内容执行。其次，如果

借款合同当事人就支付利息问题不能达成补充协议，依据本法第142条第1款以及第510条的规定，应当根据借款合同所使用的词句，结合合同的相关条款确定利息约定不明条款的含义，如果通过合同的文义解释和整体解释能够确定利息，可据此确定的利息标准执行。再次，如果通过上述两种方式均无法确定借款合同的利息标准，可以按照合同履行地或者当事人之间的交易方式、交易习惯补充确定利息。根据《最高人民法院关于适用〈中华人民共和国合同法〉若干问题的解释（二）》第7条的规定，下列情形，不违反法律、行政法规强制性规定的，人民法院可以认定为合同法所称“交易习惯”：（1）在交易行为当地或者某一领域、某一行业通常采用并为交易对方订立合同时所知道或者应当知道的做法；（2）当事人双方经常使用的习惯做法。对于交易习惯，由提出主张的一方当事人承担举证责任。广泛运用交易习惯确定当事人的真实意思表示，是合同规范的一个重要特色，可以在客观上达到当事人之间权利义务平衡的目的。但是，利用交易方式、交易习惯确定利息标准，必须受四个方面限制：一是从客观条件来看，应为交易行为当地或者行业通常采用的做法；二是从主观条件来看，为交易对方知道或者应当知道，以加强对不了解当地习惯或者缺乏业内经验的相对人的保护；三是从交易习惯的时间节点来看，应为订立合同时知道或者应当知道的习惯做法；四是交易习惯本身不得违反法律、行政法规的强制性规定或者公序良俗，否则将影响借款合同本身的效力。最后，如果按照上述三种方法仍然无法确定利息标准，应当依据本法第511条第2项的规定，价款或者报酬不明确的，按照订立合同时履行地的市场价格履行；依法应当执行政府定价或者政府指导价的，依照规定履行。最终确定借款合同的利息计付标准。实践中，法院或者仲裁机构在当事人就利息问题约定不明时，可以以订立借款合同时合同履行地的商业银行同期同类贷款利率计算利息。

至于自然人之间的借款，是否支付利息原则上系由当事人自愿协商约定，加上自然人之间的借款数额通常不大，且大多属于临时性借用，故很少约定利息或者约定不明确；少数自然人之间进行大额借贷的，根据日常生活经验法则，原则上均会对支付利息作出明确约定。因此根据实践情况，在第 3 款中规定："自然人之间借款的，视为没有利息。"

第十三章　保证合同

本章共二十二条，主要是对保证合同的概念及性质、保证人、保证合同的内容、保证的方式、保证责任的范围、保证期间、保证债务的诉讼时效、保证债务的变更、共同保证、保证人的权利等问题作出了规定。

第一节　一般规定

第六百八十一条　保证合同是为保障债权的实现，保证人和债权人约定，当债务人不履行到期债务或者发生当事人约定的情形时，保证人履行债务或者承担责任的合同。

◆ **条文主旨**

本条是关于保证合同概念的规定。

◆ **条文解读**

第一，关于保证的界定。保证是指法人、非法人组织和公民以其信誉和不特定的财产为他们的债务提供担保，当债务人不履行其债务时，该第三人按照约定履行债务或者承担责任的担保方式。这里的第三人叫作保证人，保证人必须是主合同以外的第三人。债务人不得为自己的债务作保证，且保证人应当具有清偿债务的能力，必须具有足以承担保证责任的财产，具有代为清偿能力是保证人应当具备的条件。这里的债权人既是主合同等主债的债权人，又是保证合同中的债权人，“保证人履行债务或者承担合同”构成保证债务或保证责任。保证属于人的担保范畴，而不同于抵押、质押、留置等物的担保形式。保证不是用具体的财产提供担保，而是以保证人的信誉和不特定的财产为他人的债务提供担保。

第二，保证合同的概念分析。保证合同是单务合同、无偿合同、诺成合同、附从性合同。在保证合同中，只有保证人承担债务，债权人不负对待给付义务，故而保证合同为单务合同。在保证合同中，保证人对债权人承担保证债务，债权人对此不提供相应代价，所以保证合同为无偿合同。保证合同因保证人和债权人协商一致而成立，无须另交标的物，所以它为诺成合同。除涉外的不可撤销的保函等独立保证以外，主合同有效成立或将要成立，保证合同才发生效力。所以，主合同无效，不论什么原因使然，保证合同均为无效，从而表现出附从性。正因这种主从关系，保证合同无效，并不必然导致主合同无效，但当事人另有约定的，依其约定。

第三，保证合同的当事人。关于保证合同的当事人的界定主要有两种观点。一种观点认为，保证是保证人和债权人之间的合同关系。另一种观点则认为，保证是保证人、债权人和债务人之间的法律关系，是主合同、委托合同及保证合同三组关系的总和。此处采用通说观点，即第一种观点。理由在于，虽然保证一般是由主债务人委托保证人承保而产生的，但不能因此而改变保证关系的性质。主债务人和保证人之间的关系，一般属于委托合同关系，在个别情况下为无因管理关系，然而无论何者都不会是保证合同关系。主债务人和债权人是通过主合同相连接的，它们之间可能是买卖合同关系，也可能是借款合同关系等。主债务和保证债务之间的联系在于，主债务的不履行是保证债务履行的法律事实，但它们分属于不同的合同关系，属于不同的因果链条，不能依据这种联系就把主债务人视为保证合同的当事人。只不过债权人既是主合同的债权人，又是保证合同的债权人；主债务人既是主合同的债务人，又是委托合同的委托人，或是无因管理中的管理人。这种重叠和联系正反映了复杂的社会关系中人的角色的多重性，但多重性角色只能表明社会关系的复杂性，却证明不了几种合同关系变为一种合同关系，即证明不了主合同关系、委托合同关系变成保证合同关系。解决保证合同纠纷，应当适用保证合同规范，不应适用法律关于委托合同、无因管理等的规定。只有在处理保证人和主债务人之间的关系时，若有委托合同，才适用法律关于委托合同的规定；若无委托合同，则适用法律关于无因管理的规定，也可能适用本法侵权责任编的规定。

第六百八十二条 保证合同是主债权债务合同的从合同。主债权债务合同无效的，保证合同无效，但是法律另有规定的除外。

保证合同被确认无效后，债务人、保证人、债权人有过错的，应当根据其过错各自承担相应的民事责任。

◆ 条文主旨

本条是对保证合同的附从性以及保证合同被确认无效后的民事责任分配的规定。

◆ 立法背景

在民法典编纂过程中存在是否彻底放开独立保证的争议，即是否所有的民事主体都有资格出具独立保证。立法过程中基于以下考虑作出了维持现状的选择：

第一，为了防止普通民事主体利用主债权债务合同无效但保证合同有效的法律空间来进行非法交易。实践中，主债权债务合同无效的原因往往是违反法律、行政法规的规定或违反公序良俗，如果彻底放开开具独立保证的主体资格，在主债权债务合同无效的情况下，保证合同仍然有效，则可能存在当事人可以通过独立保证的形式使得某些违法交易的利益固定化的风险。目前仅允许银行和非银行金融机构具有出具独立保证的资格，是考虑到金融行业具有比较严格的金融监管秩序，金融机构一般不会为违法交易背书，如果彻底放开则不得不考虑由此可能带来的风险。

第二，为了尽可能避免国际交易中因各国法律规定不同导致当事人权利受损的情形。例如，在国际贸易中他国法律所允许的情形，但在中国法律中可能被规定为违法行为，故为了避免出现因对他国法律的不够了解使得某种交易无效，从而导致当事人的权利得不到保障的风险，同时也为了避免因法律体系不同带来的风险，国际交易中有必要存在着大量的独立保证以保障当事人权利的实现。此外，独立保证内部仍然可能存在欺诈，国际贸易中一项重要的风险防范就是防止独立保证中的各种商业欺诈，如果放开国内贸易中独立保证的开具主体也会使得欺诈的风险大大增加，故这一问题仍然存在讨论空间。

基于以上原因，民法典最终选择了一个比较稳妥的方案，仍然没有彻底放开开具独立保证的主体资格，只在法律另有规定时除外。值得一提的是，此处的“法律”采广义理解，包含法律、行政法规、司法解释等，所以最高人民法院发布的《关于审理独立保函纠纷案件若干问题的规定》可以作为此处“法律另有规定除外”中“另有规定”的内容，从而保持我国现有的格局不变。对于是否有必要彻底放开独立保证主体资格的问题，可以根据未来形势的进一步变化再展开研究。

◆ **条文解读**

一、保证合同的附从性

保证合同是主债权债务合同的从合同，保证合同具有附从性。保证债务以主合同的存在或将来可能存在为前提，随主合同的消灭而消灭。保证担保的范围不得超过主合同中的债务，不得与主合同债务分离而移转，具体表现在以下几个方面：

首先，成立上的附从性。保证合同以主合同的成立为前提，于其存续中附从于主合同。保证虽对于将来或者附条件的合同也可成立，但这并非附从性原则的例外。

其次，范围和强度上的附从性。由保证合同的目的决定，保证合同的范围和强度原则上与主合同债务相同，不得大于或强于主合同债务。保证债务与主合同债务分属于两个债务，范围和强度可以有差异，但保证债务的附从性决定其不得超过主合同债务的范围和强度，如有超过，应随着主合同债务额的降低而降低。

再次，移转上的附从性。在保证期间，债权人依法将主债权转让给第三人的，保证人在原担保的范围内继续承担保证责任。保证合同另有约定的，按照约定。在保证期间，债权人许可债务人转让部分债务，保证人书面同意的，应当对此承担保证责任；未经保证人书面同意的，保证人对未经其同意转让的部分债务，不再承担保证之责任。但保证人仍应对未转让部分的债务承担保证责任。

最后，变更、消灭上的附从性。在主合同债务消灭时，保证债务也随之消灭。例如，在主债务因主合同解除而消灭、因适当履行而消灭时，保证债务也随之消灭。在主合同变更时，保证债务一般随之变更，但不得增加其范围和强度。

二、独立保证的相关问题

“主债权债务合同无效，保证合同无效”规定了保证合同的效力的从属性，“但是法律另有规定的除外”的但书条款涉及是否应当承认独立保证的立法争议问题。独立保证常在国际贸易中运用，又被称为“见索即付的保函”“独立保函”等，其独立于主债关系，不因主债的不成立、无效、被撤销等而归于消灭，保证人不享有和无权行使债务人对债权人所拥有的抗辩权，债权人许可债务人转让债务，以及债权人和债务人修改主合同，不构成保证人不负保证责任的原因。

是否承认独立保证在学界和司法实践中争议较大。1998 年最高人民法院在“（1998）经终字第 184 号诉人湖南机械进出口（集团）公司、湖南国际租赁公司与被上诉人宁波东方投资有限公司代理进出口合同纠纷”一案中表明“担保合同中虽然有本担保函不因委托人的原因导致代理进口协议无效而失去担保责任的约定，但在国内民事活动中不应采取此种独立保函方式，因此该约定无效”，这意味着当时最高人民法院对独立保证的态度是：区分国内和国际两种情形，承认独立保证在对外担保和外国银行、机构对国内机构担保上的效力，认为独立保证在国际上是当事人意思自治的领域，对于国内企业、银行之间的独立保证采取否定的态度，不承认当事人对独立保证的约定的法律效力。但 2016 年最高人民法院发布的《关于审理独立保函纠纷案件若干问题的规定》改变了之前的规定，明确了在国内交易中也允许银行或非银行金融机构有资格开具独立保函。民法典在立法过程中作出了维持立法现状的决定。

三、保证合同无效后的民事责任分配

本条第2款是对保证合同无效后责任分配的规定。根据本款规定，保证合同被确认无效后，债务人、保证人、债权人有过错的，应当根据其过错各自承担相应的民事责任。关于各个主体应当承担责任的具体份额，可以参照《最高人民法院关于适用〈中华人民共和国担保法〉若干问题的解释》第7－10条的规定：主合同有效而担保合同无效，债权人、担保人有过错的，担保人承担民事责任的部分，不应超过债务人不能清偿部分的二分之一。主合同无效而导致担保合同无效，担保人无过错的，担保人不承担民事责任；担保人有过错的，担保人承担民事责任的部分，不应超过债务人不能清偿部分的三分之一。担保人因无效担保合同向债权人承担赔偿责任后，可以向债务人追偿，或者在承担赔偿责任的范围内，要求有过错的反担保人承担赔偿责任。担保人可以根据承担赔偿责任的事实对债务人或者反担保人另行提起诉讼。主合同解除后，担保人对债务人应当承担的民事责任仍应承担担保责任。但是，担保合同另有约定的除外。

第六百八十三条 机关法人不得为保证人，但是经国务院批准为使用外国政府或者国际经济组织贷款进行转贷的除外。

以公益为目的的非营利法人、非法人组织不得为保证人。

◆ 条文主旨

本条是保证人的资格的规定。

◆ **条文解读**

总体而言，市场化主体才能成为保证人。机关法人等非以营利为目的的法人以及以公益为目的非营利法人并不是市场上的主体，不适合作为保证人，具体包括以下几点原因：

第一，国家机关主要从事国家活动（包括立法活动、行政活动、司法活动等），其财产和经费来源于国家财政和地方财政的拨款，并主要用于符合其设立宗旨的公务活动。虽然国家机关也进行一些民事活动，如购置办公用品、兴建或购买公务员住宅等，但仍以必要和可能为前提。因此，国家机关的财产和经费若用于清偿保证债务，则不仅与其活动宗旨不符，也会影响其职能的正常发挥。此外，国家机关对外代表国家从事管理活动，所欠债务由国家承担责任；以机关法人名义从事民事活动，以财政所拨预算经费为限，而预算经费为其担负的国家职能活动所必需，在经费紧张的今日，一般无剩余可言。故国家机关一般不具有代偿能力，由其作为保证人并不能保证债权的实现。

但第1款后段规定："但是经国务院批准为使用外国政府或者国际经济组织贷款进行转贷的除外"。外国政府贷款和国际经济组织贷款一般由国家有关主管机关负责借入，然后按有关规定转贷给国内有关单位。在转贷时，一般要求国内借款单位提供还款担保，这种担保得由国家机关提供。如外国政府贷款的转贷，就要求借款单位提交省、直辖市、自治区或计划单列市的还款担保。故国家机关作保证人应当同时符合以下两个条件：首先，接受的贷款应当是由外国政府或者国际经济组织提供的。只有接受外国政府或者世界银行、亚洲银行、国际货币基金组织等国际经济组织贷款，在转贷过程中需要国家机关担保的，国家机关才能作保证人。对于商业银行对地方政府的贷款，包括外国银行的商业性贷款，国家机关仍然不得作保证人。其次，需经国务院批准。只有经国务院批准后，国家机关才可以在转贷过程中作保证人。法律规定需经国务院批准，主要是为了严格控制国家机关作保证人的情况，防止地方政府或者有关部门擅自作保证。

第二，以公益为目的的事业单位、社会团体也不得作保证人。公益乃不特定之多数人的利益，一般是非经济利益。如果仍允许上述机构为债权人提供担保，那么这极有可能减损其用于公益目的的财产，无疑有违公益法人的宗旨。因此，法律不允许它们作保证人。但应看到，在实践中，有些事业单位利用本单位所拥有的技术或知识，向社会提供有偿服务，取得了一定的报酬。这些单位除了国家或地方的财政拨款外，尚有自己的经济收入。有些事业单位实行了企业化管理，自负盈亏；还有些事业单位按照有关规定既从事国家核拨经费的工作，又从事经营活动。因而，对事业单位法人可否充任保证人，不可一概而论。对那些领取《企业法人营业执照》或国家政策允许从事经营活动的事业单位法人，应当认为其有从事保证活动的权利能力，可以充任保证人，如无其他导致保证合同无效的情况，所签订的保证合同应当认定为有效。

需注意的是，担保法中规定了企业法人的分支机构、职能部门不得作为保证人的情形，但民法典删除了这一规定，其目的主要是与本法相衔接。本法总则编第 74 条规定“法人可以依法设立分支机构。法律、行政法规规定分支机构应当登记的，依照其规定。分支机构以自己的名义从事民事活动，产生的民事责任由法人承担；也可以先以该分支机构管理的财产承担，不足以承担的，由法人承担”。该条确立了法人的分支机构可以以自己的名义从事民事活动的规则，故法人的分支机构也可以以自己的名义担任保证人。但由于分支机构不是独立的法人主体，故不能独立承担责任，分支机构的责任最终仍由法人来承担。所以，没有必要依担保法的规定使得法人的分支机构不能以自己的名义成为保证人。

第六百八十四条　保证合同的内容一般包括被保证的主债权的种类、数额，债务人履行债务的期限，保证的方式、范围和期间等条款。

◆ 条文主旨

本条是对保证合同中的一般内容的规定。

◆ 条文解读

保证合同的内容是指保证人承担的保证债务（保证责任）和享有的抗辩权、债权人享有的请求保证人承担保证债务的债权。因为这些权利义务主要通过保证合同的条款来体现和固定（未通过合同条款体现的权利义务由法律规范直接规定或由法官补充），所以保证合同的内容也可指保证合同的条款。保证合同的内容或条款包含以下几点。

1. 保证的主债权种类和数额。被保证的主债权种类，如借款合同中的还本付息债权、买卖合同中的请求交付标的物或支付价款的债权等均属此类。此处还有专属性的问题需要讨论。与被担保债权相对应者为被担保的债务，对于该债务是否有非专属性的限制需要讨论。在我国法律中，连带责任保证虽然包括保证人与债务人承担连带债务和保证人就主债务承担连带民事责任两种形式，但最终均可归结为承担连带民事责任的方式。由于连带民事责任不存在专属性问题，在连带责任保证中，主债务既可以是非专属性的债务，也可以是专属性的债务。在一般保证方式中，我国法律未明确指出被担保的债务不得为专属性的债务。从《最高人民法院关于适用〈中华人民共和国担保法〉若干问题的解释》第13条关于“保证合同中约定保证人代为履行非金钱债务的，如果保证人不能实际代为履行，对债权人因此造成的损失，保证人应当承担赔偿责任”的规定来看，允许被担保的债务为专属性的债务。因债务人不履行专属性的债务可转化为赔偿责任，故保证人可承担该责任。

自然债务是否得为保证的对象，应分两种情形而定：其一，在保证成立后主债务变为自然债务的，例如，在主债务因时效完成而变为自然债务时，保证虽不因之而失效，但保证人得主张主债务人的时效完成的抗辩，即使债务人抛弃该抗辩权，保证人也有权主张；其二，对时效已经完成的自然债务进行保证，其保证仍为有效，于此场合不得主张主债务的时效已经完成的抗辩（《最高人民法院关于适用〈中华人民共和国担保法〉若干问题的解释》第35条）。但学说认为，保证人不知时效完成的事实且无重大过失的，应有权抗辩。

被担保的债权，也可以是将来可能发生的债权。本法第690条规定“保证人与债权人可以协商订立最高额保证的合同，约定在最高债权额限度内就一定期间连续发生的债权提供保证”，这就是所谓“最高额保证”。

保证担保的数额，保证合同有约定时依其约定，无约定时，本法第691条的规定有适用的余地，另外可以结合个案案情予以确定。

2. 债务人履行债务的期限。债务人履行债务的期限是衡量债务人是否违约的标准之一，也是保证人是否实际承担保证责任的因素之一，因为债务人在合同规定的履行期限内不能履行债务时，保证人依据保证方式的不同承担保证责任，因而应该明确规定。

它有两种情形：一为期日，二为期间。

3. 保证方式。保证方式是保证人如何承担保证责任的重要问题，包括一般保证方式和连带责任保证方式。不同的保证方式对当事人的利益有较大影响，应予明确规定。当事人对保证方式没有约定或者约定不明确的，保证人按照一般保证承担责任。

4. 保证担保的范围。保证担保的范围是指保证人对哪些债务承担保证责任。当事人可以在保证合同中约定确定，无约定或约定不明确时，应当按照本法第 691 条的规定处理，即包括主债权及其利息、违约金、损害赔偿金和实现债权的费用。

5. 保证期间。保证期间为保证人承担保证责任的期间，事关保证人和债权人之间的债权债务能否行使或履行，也是确定保证债务和诉讼时效关系的依据，保证合同应明确约定。无此约定或约定不明确的，应当按照本法第 692 条的规定处理，债权人与保证人约定的保证期间早于主债务履行期限或者与主债务履行期限同时届满的，视为没有约定；没有约定或者约定不明确的，保证期间为主债务履行期限届满之日起 6 个月。最高额保证合同对保证期间没有约定或约定不明的，如最高额保证合同约定有保证人清偿债务期限的，由主从关系决定，此类约定大多无法律拘束力，于是，保证期间应当确定为自主债务履行期限届满之日起 6 个月。没有约定债务清偿期的，保证期间为自最高额保证终止之日或自债权人收到保证人终止保证合同的书面通知之日起 6 个月。

6. 双方认为需要约定的其他事项。保证合同中除了可以对被保证的主债务种类、数额，债务人履行债务的期限以及保证的方式、范围、期间等内容作出规定外，保证人和债权人还可以就双方认为需要约定的其他事项，作出约定，主要指赔偿损失的范围及计算方法、是否设立反担保等。

在一个具体的保证合同中，没有完全具备上述条款的，尚可补正，不影响保证合同的效力。保证人和债权人在保证合同订立后，可以根据具体情况协议增加有关内容，对订立保证合同时没有规定的内容加以补充。

第六百八十五条 保证合同可以是单独订立的书面合同，也可以是主债权债务合同中的保证条款。

第三人单方以书面形式向债权人作出保证，债权人接收且未提出异议的，保证合同成立。

◆ **条文主旨**

本条是对保证合同订立的具体方式的规定。

◆ **条文解读**

保证合同为要式合同。此要式为书面形式，即保证合同既可以是单独订立的书面合同，也可以是书面订立的主债权债务合同中的保证条款。而保证合同的成立方式也可以有所变通，债权人和保证人可以协议约定保证合同的成立方式和时间。但当第三人单方以书面形式向债权人作出保证时，只要债权人接收第三人的保证书或主债权债务中的保证条款且未提出异议的，保证合同也可成立，此时法律推定债权人默示同意，因为此时债权人无附加义务而增加了权利，对债权人只会有利。

值得注意的是，本法物权编第388条对于“担保合同”的一般规定没有要求书面形式：“设立担保物权，应当依照本法和其他法律的规定订立担保合同。担保合同包括抵押合同、质押合同和其他具有担保功能的合同。”当然这并不代表着具有担保功能的合同都不要求书面形式。从物权编和合同编规定的各种担保物权以及具有担保功能的制度来看，抵押合同要求书面形式（第400条第1款），质押合同要求书面形式（第427条第1款），融资租赁合同要求书面形式（第736条第2款），法律明文规定的具有担保功能的制度中，只有所有权保留的买卖合同（第641条）没有强制要求书面形式。

第六百八十六条 保证的方式包括一般保证和连带责任保证。

当事人在保证合同中对保证方式没有约定或者约定不明确的，按照一般保证承担保证责任。

◆ 条文主旨

本条是对保证方式的规定。

◆ 立法背景

《担保法》第19条规定，保证合同中对保证方式没有约定或者约定不明确的，按照连带责任保证承担保证责任。民法典彻底修改了这一规定，主要原因如下：

第一，从比较法上来看，在承认一般保证和连带责任保证区分的立法例中，绝大部分国家均规定在没有约定或者约定不明确时，按照一般保证承担保证责任，即承认保证人有先诉抗辩权是常态，而优先选择连带责任保证的立法例较为少见。

第二，没有约定或者约定不明确的按照连带责任保证承担保证责任的方式在司法实践中已经引发一定程度的混乱。实践中，尤其是在民间借贷的案件中，很多当事人是出于人情关系为他人的借款提供保证，但因为债权人实现自己的债权时首先考虑的是债务人还是保证人的财产更有利于执行的问题，所以很可能出现主债务人下落不明或有财产但不便执行时，债权人往往直接请求保证人履行保证责任而非请求债务人履行债务的情况，这样导致保证人本来只是基于人情关系为他人提供保证，但最终主债务人的财产未被执行而保证人的财产先被执行，而相对于主债务人而言，保证人的财产往往更容易被执行或变现，这样使得保证人可能落入一个相当不利的境地。另外，当保证人承担保证责任之后，又需要保证人向主债务人追偿，很可能导致保证人与主债务人之间人情关系破裂。没有如此强的履行债务必要性的保证人履行了债务的主要部分，同时又恶化了保证人与主债务人之间的关系，引发了很多现实中的混乱。

第三，连带责任是一种加重责任，对于承担连带保证责任的当事人较为严厉，对于这种加重责任，原则上应当由当事人约定或者基于极为特殊的考虑，否则动辄让当事人承担连带保证责任也是不公平的。

第四，从现实情况看，推定为保证人承担连带责任，对于实体经济影响较大，实践中因推定连带责任保证，导致连环债、三角债较多，一家企业倒闭，多家企业倒闭的现象不断出现，对企业正常的生产经营和整体经济造成了较大负面影响。

基于上述原因，民法典最终选择回归民法传统，当事人之间没有特别约定或者约定不明时，以一般保证来处理。同时，本条是任意性规范，如果当事人选择加强对债权实现的保护时，可以特别约定保证人的保证方式为连带责任保证。连带责任保证需要特别约定相当于是否承担连带责任保证需要经过保证人同意，避免保证人因不懂法律而使自己落入一个相当不利的境地；而精通法律的商事主体没有这一问题，如有需求，自然会约定为连带责任保证。

◆ 条文解读

保证的方式被分为一般保证和连带责任保证。一般保证是指当事人在保证合同中约定，在债务人不能履行债务时，保证人承担保证责任的保证。连带责任保证是指当事人在保证合同中约定保证人与债务人对债务承担连带责任的保证。这两种保证之间最大的区别在于保证人是否享有先诉抗辩权。在一般保证的情况下，保证人享有先诉抗辩权，即一般保证的保证人在就债务人的财产依法强制执行仍不能履行债务前，对债权人可以拒绝承担保证责任。而在连带责任保证的情况下，保证人不享有先诉抗辩权，即连带责任保证的债务人在主合同规定的债务履行期届满没有履行债务的，债权人可以要求债务人履行债务，也可以要求保证人在其保证范围内承担保证责任。

上述情况表明，保证人在不同的保证方式中所处的地位不同，其利益受到法律保护的程度也有差异。一般而言，保证人在一般保证中的地位较为优越，往往并不实际承担任何责任，债务人是债务履行的第一顺序人，保证人则是债务履行的第二顺序人，保证人在债务人履行不能或者不能完全承担责任时，对债务承担补充责任。保证人在连带责任保证中的地位不太有利，只要连带责任保证的债务人在主合同规定的履行期届满没有履行债务的，债权人既可以要求债务人履行债务，也可以要求保证人在其保证范围内承担保证责任。于此情形，法律对保证人和债务人同等要求。既然如此，保证人承担何种方式的保证责任就显得十分重要，需认真对待，最好是在保证合同中明确约定。但当事人对保证方式没有约定或者约定不明确的，按照一般保证承担保证责任。

第六百八十七条 当事人在保证合同中约定，债务人不能履行债务时，由保证人承担保证责任的，为一般保证。

一般保证的保证人在主合同纠纷未经审判或者仲裁，并就债务人财产依法强制执行仍不能履行债务前，有权拒绝向债权人承担保证责任，但是有下列情形之一的除外：

（一）债务人下落不明，且无财产可供执行；

（二）人民法院已经受理债务人破产案件；

（三）债权人有证据证明债务人的财产不足以履行全部债务或者丧失履行债务能力；

（四）保证人书面表示放弃本款规定的权利。

◆ 条文主旨

本条是对一般保证及先诉抗辩权的相关规定。

◆ 条文解读

一般保证是指当事人在保证合同中约定，在债务人不能履行债务时，保证人承担保证责任的保证。一般保证与连带责任保证之间最大的区别在于保证人是否享有先诉抗辩权。在一般保证的情况下，保证人享有先诉抗辩权，又称为检索抗辩权，是指一般保证的保证人在就债务人的财产依法强制执行仍不能履行债务前，对债权人可以拒绝承担保证责任的权利。如果保证人不行使先诉抗辩权，那么债权人可以对主债务人和保证人有效地行使两个请求权，并可以同时或先后请求其为全部履行或一部履行。当然，在任何一方为全部或一部清偿时，其债务（责任）因而消灭或

缩减。

由于金钱债务没有不能履行，种类债务也大多不构成不能履行，所以在种类之债及金钱之债中，一般保证会名存实亡，先诉抗辩权变成无条件的、永不消失的权利，这违背立法目的，故此处的“不能履行”应当解释为“就债务人财产依法强制执行无效果前，对债权人可以拒绝承担保证责任”。所谓“依法强制执行无效果”，包括执行结果不能清偿债务或不足清偿债务诸情形。例如，拍卖主债务人的财产无人应买，或拍卖所得价款仅能清偿一部分债务，或主债务人虽有财产却不知其所在等。不能清偿应指对债务人的存款、现金、有价证券、成品、半成品、原材料、交通工具等可以执行的动产和其他方便执行的财产执行完毕后，债务仍未能得到清偿的状态。

先诉抗辩权既可以通过诉讼方式行使，也可以在诉讼外行使。但按照本条第 2 款的规定，在下列四种情况下不得行使：

第一，债务人下落不明，且无财产可供执行。债务人下落不明致债权人请求主债务人履行债务发生重大困难，而对于重大困难的判断，应综合诉讼及执行的难易程度、债务人的财产状况等客观情况进行。

第二，人民法院已经受理债务人破产案件。债权人和债务人的纠纷经人民法院审理或者仲裁机构仲裁后，依法进入了执行程序。在执行期间，由于债务人不能清偿到期债务的，债权人或者债务人向人民法院申请债务人破产。人民法院受理了债务人的破产案件后，应当依法中止执行程序，在这种情况下，债务人的财产实际上处于冻结状况，债权人在此期间不能从主债务人处实现其债权，并在将来也极有可能如此，只有保证人实际承担保证责任才会实现债权，故法律不允许保证人行使先诉抗辩权，如果破产的债务人有保证人提供保证的，债权人可以不向破产组织申报

债权，而直接要求保证人承担保证责任。为了保护保证人的利益，保证人可以在债权人未向人民法院申报债权的情况下，向人民法院申报债权，直接参加破产财产的分配，预先行使追偿权。

第三，债权人有证据证明债务人的财产不足以履行全部债务或者丧失履行债务能力。此情况下，债权人在一定期间内无法从主债务人处实现债权，故只能要求保证人承担保证责任。

第四，保证人书面放弃本款规定的权利。既然保证人放弃权利，则法律务必要对其特别保护，故而不允许其再主张先诉抗辩权。先诉抗辩权的放弃应当以书面形式作出，主要是为了证明保证人确实放弃该权利，同时也可以防止债权人和保证人在先诉抗辩权是否放弃问题上发生争议。

第六百八十八条 当事人在保证合同中约定保证人和债务人对债务承担连带责任的，为连带责任保证。

连带责任保证的债务人不履行到期债务或者发生当事人约定的情形时，债权人可以请求债务人履行债务，也可以请求保证人在其保证范围内承担保证责任。

◆ 条文主旨

本条是对连带责任保证的规定。

◆ 条文解读

连带责任保证是指当事人在保证合同中约定保证人与债务人对债务承担连带责任的保证。债务履行期届满债务人没有履行债务的，债权人既可以要求债务人履行债务，也可以要求保证人在其保证范围内履行债务。故在连带责任保证中，保证责任已届承

担期，债权人请求保证人实际承担保证责任的，保证人没有先诉抗辩权，但有主债务已适当履行或相应责任已经承担的抗辩权。连带责任保证一方面对于保证人来说承担了较重的责任，另一方面有利于保护债权人的权益。

值得注意的是，本条的连带责任保证（理论上简称为“连带保证”）要与本法第699条规定的共同保证中的多个保证人之间承担连带责任的情形（理论上简称为“保证连带”）进行区分。本条解决的是保证人和债务人之间的关系是否是连带责任的问题；第699条解决的是多个保证人之间是否是连带责任的问题。因此，实际上对于共同保证的情形，结合本条和第699条，可能会出现四种不同的责任形态的排列组合：按份共同一般保证、按份共同连带保证、连带共同一般保证、连带共同连带保证。共同保证时，民法典出台前的默认规则是连带共同连带保证，民法典出台后的默认规则是连带共同一般保证。

第六百八十九条 保证人可以要求债务人提供反担保。

◆ **条文主旨**

本条是关于保证人与债务人之间反担保的规定。

◆ **条文解读**

所谓反担保，是指在商品贸易、工程承包和资金借贷等经济往来中，为了换取担保人提供保证、抵押或质押等担保方式，由债务人或第三人向该担保人新设担保，以担保该担保人在承担了担保责任后易于实现其追偿权的制度。除了此条关于保证中的反担保规定外，本法第387条第2款对反担保亦有规定。

关于反担保提供者的范围，无论是本条还是物权编第387条第2款，都仅仅规定债务人为反担保的提供者，忽视了债务人委托第三人向原担保人提供反担保的情形。从本条侧重保护原担保人的合法权益、换取原担保人立保的立法目的和基本思想衡量，法条文本涵盖的反担保提供者的范围过于狭窄，不足以贯彻其立法目的，构成法律漏洞。对该漏洞的弥补应采取目的性扩张解释方式，将第三人提供反担保的情形纳入本条的适用范围。《最高人民法院关于适用〈中华人民共和国担保法〉若干问题的解释》第2条第1款对反担保提供者作出了这样的规定："反担保人可以是债务人，也可以是债务人之外的其他人"，这一解释值得肯定。民法典实施后，对于反担保提供者的范围，是否沿用原来的解释有待进一步研究。

关于反担保的方式，并不是担保常见的五种方式均可作为反担保的方式。首先，留置权不能为反担保方式。按本条规定，反担保产生于约定，而留置权却发生于法定。留置权在现行法上一律以动产为客体，价值相对较小，在主债额和原担保额均为巨大的场合，把留置权作为反担保的方式实在不足以保护原担保人的合法权益。其次，定金虽然在理论上可以作为反担保的方式，但是因为支付定金会进一步削弱债务人向债权人支付价款或酬金的能力，加之往往形成原担保和反担保不成比例的局面，所以在实践中极少采用。在实践中运用较多的反担保形式是保证、抵押权，然后是质权。不过，在债务人亲自向原担保人提供反担保的场合，保证就不得作为反担保的方式。因为这会形成债务人既向原担保人负偿付因履行原担保而生之必要费用的义务，又向原担保人承担保证债务，债务人和保证人合二而一的局面，起不到反担保的作用。只有债务人以其特定财产设立抵押权、质权，作为反担保的方式，才会实际起到保护原担保人的合法权益的作用。但反担保的担保方式是抵押或质押的话，抵押人或者质押人一般是第三人，若主债务人自己为担保人提供抵押或质押，是否会遭到“既然债务人可以用自己的财产为担保人设定抵押或质押，为什么不直接就此向主债权人设定担保呢”这样的诘问？其实不会，因为被担保人认可的抵押或者质押未必就会被主债权人认可；还有，本担保设定时主债务人可能没有可供抵押的财产，而后取得了一些财产，自然只能在本担保设立后再向担保人设立反担保。

至于实际采用何种反担保的方式，取决于债务人和原担保人之间的约定。在第三人充任反担保人的场合，抵押权、质权、保证均可采用，究竟采取何者，取决于该第三人（反担保人）和原担保人之间的约定。

设立反担保的行为是法律行为，必须符合本法总则编关于民事法律行为有效条件的规定。而每种反担保的方式又各有其特定的成立条件，因此尚需符合本法物权编和合同编于相应条款规定的特定成立要件。此外，依反担保设立的目的要求，反担保的实行，应于原担保实行之后。

第六百九十条 保证人与债权人可以协商订立最高额保证的合同，约定在最高债权额限度内就一定期间连续发生的债权提供保证。

最高额保证除适用本章规定外，参照适用本法第二编最高额抵押权的有关规定。

◆ **条文主旨**

本条是关于最高额保证的规定。

◆ **条文解读**

最高额保证，是指保证人和债权人签订一个总的保证合同，为一定期限内连续发生的借款合同或同种类其他债权提供保证，只要债权人和债务人在保证合同约定的期限内以及债权额限度内进行交易，保证人则依法承担保证责任的保证行为。最高额保证基于保证人与债务人双方约定而产生，属于人的担保中保证的一种特殊形式，是在最高债权额限度内对一定期间连续发生的不特定同种类债权提供的保证，为现实经济活动中，特别是银行融资业务中一种较为常用的担保方式。

最高额保证的适用范围具有特定性，即可实行最高额保证担保的主债权较之普通保证具有一定的特殊件，这也是最高额保证区别于普通保证的重要特征之一。其特征具体体现为以下几个方面：

1. 不特定性。在普通保证中，被担保的主债务是现实存在的债务，且保证合同的成立，须以主债务的存在为前提。而对未来债权为保证可谓是最高额保证的基本特征之一，对于未来之债务，无须于保证债务发生时既已现实地发生，以于将来有发生之可能性为已足。即最高额保证所担保的是尚未特定化的债权，不仅在保证合同成立之时尚未发生，而且在将来能否发生也不确定。从保证合同生效时至被担保的债权确定时，该债权不断发生、消灭，因此具有变动性、代替性。因此，最高额保证担保的并非全部是尚未发生的债权，但至少有部分或全部是将来可能发生的债权，只要其所担保的债权在决算日前是不确定的即可。

2. 连续性。普通保证中，主债务的发生通常是基于一个合同，而最高额保证所担保的是连续发生的一系列债务。最高额保证所担保的主合同债权是由几个连续发生的合同债权组成，各个债权之间既具备内在的联系，又可以相互独立存在。

3. 期间性。根据债法基本原理，债务人承担债务的前提是债务的内容具有特定性。债务的内容由当事人协商确定，或者由法律规定。每一个具体的债务，都有具体和确定的标的及其质量、数量、履行期限等内容，使之特定化。由于最高额保证担保的主债务属于未来的、连续性债务，具有不确定性，基于保证债务的从属性，如果不限制主债务的发生期间，不仅无法使保证债务特定化，也使得保证人好比套上无期限的“法锁”，无法预知何时方能解脱，既不利于债权人获得清偿，也对保证人实为不利。因而最高额保证所担保的债权，须在规定期间内发生。

4. 同质性。最高额保证担保的债权系列并非多个任意债权的组合，它们必须是同种类债权，产生于同一性质的法律关系，在该法律关系中债务人对债权人承担同一性质的给付义务。

第二节　保证责任

第六百九十一条　保证的范围包括主债权及其利息、违约金、损害赔偿金和实现债权的费用。当事人另有约定的，按照其约定。

◆ 条文主旨

本条是关于保证责任范围的规定。

◆ 条文解读

保证责任范围是指保证人所担保的债权范围，也是保证人承担保证责任的范围。本条内容包括以下两层含义：

一、保证范围的一般界定（法定保证范围）

保证范围一般包括：主债权及其利息、违约金、损害赔偿金和实现债权的费用。

主债权即主合同所确立的债权，这是保证范围的主要部分，当事人设立保证合同，就是为了担保主债权的实现。一方面，主债权属于保证人担保责任的范围，因此，在主债务人不履行债务的情况下，保证人应当代主债务人履行债务。但这并不意味着，保证责任仅限于代主债务人履行债务，在债务人不履行债务的情况下，由保证人代主债务人赔偿债权人全部期待利益的损失，足以代替实际履行，也可以达到代主债务人履行债务的目的。另一方面，将保证人的责任仅限于代主债务人履行债务，可能会过分加重保证人的负担，也可能会增加各种履行费用和不必要的开支，也不利于法院的执行。因此，保证人的责任是担保主债权的实现，而主债权的实现方式可以是多样的，除一些必须履行是必要的情况外，不必强制要求保证人代主债务人实际履行债务。

利息即主债权所产生的利息，有法定利息和约定利息两种。法定利息是法律直接规定的利息，如迟延履行所生之利息，它由主债权所派生，当属保证范围之内；约定利息是当事人专门约定的利息，它也从属于主债权，并以主债权作为计息基础，当事人虽然可以自行约定利率，但是该利率必须符合法律规定，超过法律规定部分的利息无效，对于超出法定幅度的高利贷，法律不能予以保护，也不能成为保证的对象。

违约金是指由当事人通过协商预先确定的、在违约后一方向另一方支付一定数额的金钱。违约金具有从合同的性质，它以主合同的生效为前提条件，违约金是违反有效合同所产生的责任，在合同根本不存在的情况下，自然谈不上违约金的适用问题，也不应使保证人承担此种责任。通常而言，合同当事人都会对违约金作出约定，违约金纳入保证担保的范围之内，这也是普通保证人可以预见到的。所以，在没有约定违约金的情况下，也应当推定保证人要对违约金负责。但是，当事人亦可在保证合同中将其排除在保证责任的范围之外。

损害赔偿金是指一方违约时应当向另一方承担的损害赔偿责任。在担保关系中，担保的对象也包括损害赔偿金。因为损害赔偿金是在违约情况下对非违约方的重要补救方式，故而也应当将其纳入担保的范围。如果保证人是对侵权之债提供保证，则侵权损害赔偿金属于主债权的范畴，并不属于本条所规定的“损害赔偿金”。

实现债权的费用包括诉讼费用，申请扣押、执行等的费用。实现债权的费用与主债权之间存在密切联系，而且是实现主债权过程中通常会产生的必要支出，所以，要求保证人对该费用负责并不会对保证人造成过重的负担。

二、保证合同对保证范围另有约定者，从其约定

保证范围是保证合同的一项内容，保证人可以随意约定保证范围，约定范围既可大于上述法定范围，也可等于或小于上述法定范围。约定范围与法定范围不一致的，适用约定范围，也即约定范围优于法定范围。

第六百九十二条　保证期间是确定保证人承担保证责任的期间，不发生中止、中断和延长。

债权人与保证人可以约定保证期间，但是约定的保证期间早于主债务履行期限或者与主债务履行期限同时届满的，视为没有约定；没有约定或者约定不明确的，保证期间为主债务履行期限届满之日起六个月。

债权人与债务人对主债务履行期限没有约定或者约定不明确的，保证期间自债权人请求债务人履行债务的宽限期届满之日起计算。

◆ 条文主旨

本条是关于保证期间的规定。

◆ 立法背景

在民法典立法过程中，是否应当保留保证期间制度是一个争议问题。基于以下考虑，最终选择保留现有的保证期间制度：第一，保证期间可以限制保证人的责任。保证期间确定了保证人承担责任的期限，这不仅有利于明确保证人的责任范围，而且有助于合理限制保证人的责任，从而避免保证人无限期地承担责任；第二，督促主债权人行使权利。保证期间直接关系到保证责任的承担，即保证人只需在保证期间内负保证责任，而债权人也只能在保证期间内请求保证人承担保证责任。保证期间经过，则债权人无权向保证人提出请求，债权人没有在该期间主张权利，则保证人不再承担责任。

此外，《最高人民法院关于适用〈中华人民共和国担保法〉若干问题的解释》第32条规定："保证合同约定的保证期间早于或者等于主债务履行期限的，视为没有约定，保证期间为主债务履行期届满之日起六个月。保证合同约定保证人承担保证责任直至主债务本息还清时为止等类似内容的，视为约定不明，保证期间为主债务履行期届满之日起二年。"民法典修正了这一规定，对于约定的保证期间早于主债务履行期限或者与主债务履行期限同时届满的"视为没有约定"情形与"约定不明确"的情形做了统一处理，两种情况下保证期间均为主债务履行期限届满之日起6个月。

◆ **条文解读**

保证期间为确定保证人承担保证责任的期间，事关保证人和债权人之间的债权债务能否行使或履行，也是确定保证债务和诉讼时效关系的依据。保证期间可以是法定期间，也可以是约定期间。如果债权人请求保证人承担保证责任超过该期间，则保证人无须再承担保证责任。如果当事人没有就保证期间作出特别约定，则可以适用法定期间。保证合同中之所以要规定保证期间，是因为保证期间可以起到督促债权人主张权利、限制保证人责任的作用。

保证期间具有如下特征：第一，保证期间是就保证责任的承担所设定的期间。从性质上说，保证期间是确定保证人承担保证责任的期间，它既非保证合同的有效期间，也非附期限合同中的期限，而仅仅是针对保证责任的承担所设定的期限。第二，保证期间由当事人约定或法律规定。保证期间可以由法律作出明确规定，也可以由当事人通过特别约定确定，在当事人没有约定或约定不明时，才适用法律规定的保证期间。保证期间设立的目的在于限制保证人的责任、保障保证人的利益，当事人可以就保证期间作出特别约定，按照私法自治的原则，此种约定应当有效。第三，保证期间是保证合同的组成部分。保证合同的当事人可以就保证期间作出约定，只要此种约定不违反法律的强制性规定，该约定就是有效的，其应当成为保证合同的重要组成部分。

本条第3款规定了主债务履行期限没有约定或约定不明确的情况下保证期间的起算问题，此时保证期间自债权人请求债务人履行债务的宽限期届满之日起计算。

第六百九十三条 一般保证的债权人未在保证期间对债务人提起诉讼或者申请仲裁的，保证人不再承担保证责任。

连带责任保证的债权人未在保证期间请求保证人承担保证责任的，保证人不再承担保证责任。

◆ 条文主旨

本条是关于保证期间届满的法律效果的规定。

◆ 条文解读

保证期间届满的法律效果是指在保证期间内，如果债权人没有向保证人或者主债务人主张权利，将导致保证责任消灭，债权人无权请求保证人承担保证责任。但保证期间届满要产生此种效果，其前提是债权人没有在该期间内请求保证人承担保证责任，在此需要区分一般保证和连带责任保证。

对于一般保证而言，由于保证人依法享有先诉抗辩权，因而法律将债权人在保证期间内要求债务人偿债（提起诉讼或者申请仲裁）作为要求保证人承担保证责任的法定方式。如果债权人在合同约定的保证期间内或没有约定及约定不明时在6个月内不向主债务人提起诉讼或者申请仲裁，则保证人的保证责任免除。

而对于连带责任保证而言，本条规定连带责任保证的债权人未在保证期间对保证人主张承担保证责任的，保证人不再承担保证责任。这是由于在连带责任保证中，在主债务履行期间届满后，债权人可以直接请求保证人承担保证责任，保证人也必须承担保证责任，因而在连带责任保证期间以内，债权人未对保证人提出请求，保证期间经过的，保证责任将发生消灭。

保证期间届满后，将导致保证责任消灭。在此情形下，尽管主债务依然存在，但债权人只能向主债务人请求清偿债务，而不能请求保证人承担保证责任。由此可见，保证期间和诉讼时效的区别在于，保证期间的届满会导致权利本身的消灭；而时效届满的后果仅仅是义务人可以据此提出抗辩。无论是一般保证或是连带责任保证，保证期间的经过都发生保证责任消灭的后果。

第六百九十四条 一般保证的债权人在保证期间届满前对债务人提起诉讼或者申请仲裁的，从保证人拒绝承担保证责任的权利消灭之日起，开始计算保证债务的诉讼时效。

连带责任保证的债权人在保证期间届满前请求保证人承担保证责任的，从债权人请求保证人承担保证责任之日起，开始计算保证债务的诉讼时效。

◆ 条文主旨

本条是关于保证债务诉讼时效的规定。

◆ 立法背景

《最高人民法院关于适用〈中华人民共和国担保法〉若干问题的解释》第 36 条规定："一般保证中，主债务诉讼时效中断，保证债务诉讼时效中断"，这一规定具有逻辑错误，在主债务诉讼时效中断的时候，保证债务的诉讼时效尚未计算，所以保证债务的诉讼时效中断一说无从谈起。故本条第 1 款对此作出修改。

◆ 条文解读

保证债务的诉讼时效是指当债权人请求保证人履行保证债务，

经过法定的时效期间即丧失获得法院强制执行保证人承担保证责任的权利。该时效期间适用本法总则编关于诉讼时效的规定。在本条中确认保证债务的诉讼时效的意义在于：债权人在保证期间内向主债务人或保证人主张权利后，保证期间即失去意义，保证人不能主张保证期间的抗辩，但在此情况下，保证债务也不能一直存续，否则将使保证人承担过重的责任，因此，法律上确认保证债务可适用单独的诉讼时效。从法理上而言，保证期间是债权人选择是否要求保证人承担保证责任的期间，如果债权人要求保证人承担保证责任，则会导致保证之债的出现，保证之债与普通的债务无异，理应存在时效问题。

保证合同诉讼时效的设立，使保证人享有两种期限利益：一是保证期间利益；二是时效利益。如果债权人未在保证期间内向主债务人或保证人主张权利，保证人可以免责。如果债权人在保证期间内主张了权利，但在此后诉讼时效期间内未向保证人要求承担保证责任，则诉讼时效届满，保证人也可以行使保证合同时效抗辩权而无须承担责任。保证期间与保证合同诉讼时效虽然都是权利行使的期限，但两者之间存在以下区别：

第一，是否可以由当事人自由约定不同。保证期间既可以是约定的，也可以是法定的，如果当事人约定了保证期间，则该期间为约定期间，将优先于法定期间而适用；而诉讼时效是法定的，当事人不能另行约定。

第二，期限长短不同。诉讼时效期间一般是 3 年，而法定保证期间是 6 个月，当事人也可以自由约定保证期间。因为保证期间过长，对保证人也是极为不利的。保证期间短于诉讼时效期间，可以督促债权人向保证人及时主张权利，一旦债权人怠于行使权利，则保证人将被免责，这显然对保证人是有利的。

第三，期限是否可以变更不同。诉讼时效可能因为法定事由的存在而出现中止、中断的情形，而保证期间不发生中止、中断和延长。

第四，起算点不同。一般保证的债权人在保证期间届满前对债务人提起诉讼或者申请仲裁的，从保证人拒绝承担保证责任的权利消灭之日起计算保证债务的诉讼时效。连带责任保证的债权人在保证期间届满前请求保证人承担保证责任的，从债权人请求保证人承担保证责任之日起计算保证债务的诉讼时效。与保证之债诉讼时效的起算与保证方式有关不同，法定保证期间自主债务履行期届满之日起计算，如果主债务履行期没有约定或约定不明的，保证期间自债权人请求债务人履行债务的宽限期届满之日起计算。

第五，期限届满的后果不同。保证期间届满，债权人未在该期间内主张权利，保证责任消灭；而诉讼时效届满，如果债权人向保证人提出承担保证责任的请求，保证人有权提出时效抗辩。

本条第 2 款是对连带责任保证的保证债务诉讼时效起算的规定。不同于一般保证，连带责任保证中债权人对债务人或保证人主张债权并无先后次序之分，债权人可以要求债务人履行主债务，也可以要求保证人履行其保证责任，保证人不能以债权人尚未对债务人主张债务而拒绝履行保证责任。所以在连带责任保证中，债权人在保证期间届满前要求保证人履行保证责任之时，才系保证责任的诉讼时效开始之日。但此处有两点值得注意：第一，债权人要求保证人履行保证责任的方式，并不仅限于诉讼与仲裁，还包括其他的非司法途径，比如口头催告、书面告知等，但实务中一般采用书面的方式请求保证人履行保证责任，因为书面的方式更加易于举证；第二，债权人需要向保证人要求履行保证责任，才构成保证债务诉讼时效的开始，而债权人向债务人要求履行债务，并不构成保证债务诉讼时效的开始。

第六百九十五条 债权人和债务人未经保证人书面同意，协商变更主债权债务合同内容，减轻债务的，保证人仍对变更后的债务承担保证责任；加重债务的，保证人对加重的部分不承担保证责任。

债权人和债务人变更主债权债务合同的履行期限，未经保证人书面同意的，保证期间不受影响。

◆ **条文主旨**

本条是关于主债权债务合同变更对保证人保证责任影响的规定。

◆ **条文解读**

合同变更，是债的变更的主要形式，它有广义和狭义两种含义。广义的合同变更是指合同的内容和主体发生变化。合同内容的变更，是指在合同的主体保持不变的情况下，合同的内容发生变更。具体来说，是指在合同成立以后，尚未履行或尚未完全履行之前，当事人就合同的内容达成修改和补充的协议，或者依据法律规定请求法院或者仲裁机构变更合同内容。本法所采纳的合同变更是狭义上的合同变更，即合同内容的变更。本法合同编第六章严格区分了合同的变更和转让，当事人的变更属于合同转让的范畴，而合同内容的变更属于合同的变更。

主债权债务合同变更后，原由保证人承担的保证范围可能发生变化，由此可能加大保证人的责任，这于保证人而言是十分不利的。因此，法律要求债权人与债务人协议变更主债权债务合同时需要取得保证人的书面同意。保证人书面同意，意味着他愿意为变更后的合同内容提供保证。否则，在未取得保证人书面同意的情况下，减轻债务的，保证人仍对变更后的债务承担保证责任，而加重债务的，保证人对加重的部分不承担保证责任。这改变了《担保法》第24条中关于协议变更主合同未经保证人书面同意的，保证人不再承担保证责任的规定，更加符合维护保证人利益的原则。

本条第2款规定，主债权债务合同履行期限变更未经保证人书面同意的，保证期间不受影响，该款亦是对于保证人利益的维护。根据本法第692条的规定，保证期间与主债务履行期限密切相关。保证期间可以由当事人自主约定，但约定的保证期间如早于主债务履行期限或者与主债务履行期限同时届满的，视为没有约定；没有约定或者约定不明确的，保证期间为主债务履行期限届满之日起6个月。如果债权人和债务人在未经保证人书面同意的情况下变更主债权债务合同的履行期限，可能会对保证人的保证期间利益带来不利影响，因此作出了上述规定。但需要特别指出的是，未经保证人书面同意的主债权债务合同履行期限变更未必一定给保证人带来保证期间上的不利影响，但本款规定未像第1款规定作出“有利变更则有效，不利变更则无效”的规定。

第六百九十六条　债权人转让全部或者部分债权，未通知保证人的，该转让对保证人不发生效力。

保证人与债权人约定禁止债权转让，债权人未经保证人书面同意转让债权的，保证人对受让人不再承担保证责任。

◆ **条文主旨**

本条是关于债权转让对保证责任影响的规定。

◆ **条文解读**

按照民法一般原理，合同当事人有权将合同的权利转让给第三人。合同的权利全部转让给第三人的，该第三人取代原当事人在合同中的法律地位。合同的权利部分转让给第三人的，该第三人相应取代原当事人在合同中的法律地位。

保证合同是主合同的从合同。保证人提供的保证是对主债权的担保。主合同当事人转让债权不因保证人提供保证而受影响。本法第 547 条第 1 款规定："债权人转让债权的，受让人取得与债权有关的从权利，但是该从权利专属于债权人自身的除外。"本条第 1 款规定债权人将全部或者部分债权转让给第三人，通知保证人后，保证人对受让人承担相应的保证责任。保证人对受让人所承担的保证责任，应该是在原保证范围内，除非保证人与受让人有另外的约定。这表明，债权人依法转让主债权的法律行为不影响保证人保证责任的承担。这是因为保证的法律效果是担保主债权的实现，而并非保证人专为特定主债权人作担保。原来的主债权人将债权转让给了第三人，虽然由该第三人全部或者部分地承受了原主债权人的法律地位，但是保证人所担保实现的主债权并未发生改变，债权的转让并不影响主债务人履行原有的债务，同时，保证人的保证责任也并未因此而加重。

但债权转让不影响保证责任的承担也并非没有限制。首先，主债权人向第三人转让债权的行为必须是在保证期间届满前做出的，否则，保证期间已经届满，保证人的保证责任也就归于消灭。其次，债权转让后，保证人是在原保证范围内继续承担保证责任。主债权转让时对主债权及其从属权利所作的改变，应遵守本法合同编第695条的规定。最后，参照本法合同编第546条第1款规定，债权人转让债权的，应当通知债务人。未经通知，该转让对债务人不发生效力。债权人转让债权必须通知保证人，保证人接到转让通知后才能够向受让人承担保证责任。若未通知，保证人并不知道作为新的债权人的受让人的存在，对其当然不承担保证责任。

但本条规定并不排除保证合同当事人之间对此进行另外的约定，如本条的第2款即规定：保证人可以与债权人约定仅对特定的债权人承担保证责任或者禁止债权转让等。当保证人与债权人有这些约定时，债权人就要受到该意思自治的约束。“受意思自治的约束”并不意味着债权人不能转让主债权。债权人仍然可以将自己的债权转让给他人，只是这种行为违反了保证合同的约定，是对保证人的违约，若未能征得保证人的书面同意，其后果是保证人不再承担保证责任。本款同时也是本法第547条第1款“债权人转让债权的，受让人取得与债权有关的从权利，但是该从权利专属于债权人自身的除外”中但书部分的具体化情形。

第六百九十七条 债权人未经保证人书面同意，允许债务人转移全部或者部分债务，保证人对未经其同意转移的债务不再承担保证责任，但是债权人和保证人另有约定的除外。

第三人加入债务的，保证人的保证责任不受影响。

◆ **条文主旨**

本条是关于债务承担对保证责任影响的规定。

◆ 条文解读

债务承担，是指在不改变债务内容的情况下移转债务，由第三人承担原债务人的债务。债务承担可以分为免责的债务承担和并存的债务承担。一是免责的债务承担，即第三人代替原债务人成为新债务人，原债务人的债务消灭。二是并存的债务承担，即第三人成为连带债务人，与原债务人共同承担债务。两种债务承担都会对保证人的责任产生影响，本条第1款规定免责的债务承担对保证责任的影响，第2款规定并存的债务承担对保证责任的影响。

此条源自《担保法》第23条："保证期间，债权人许可债务人转让债务的，应当取得保证人书面同意，保证人对未经其同意转让的债务，不再承担保证责任。"第三人提供担保财产一般是基于其与债务人之间的特殊信任关系或者对债务人的资产、信誉有所了解。所以，在担保关系中，未经保证人同意，债务人擅自转移债务的，将给保证人带来较大风险，因为提供担保财产的第三人对新的债务人可能一无所知。设立担保物权虽主要是为保障债权的实现，但也要照顾到保证人的利益，特别是当保证人是债务人以外的第三人时，如何平衡保证人、担保物权人和债务人三者的利益就很重要。本条对债权人的权利行使进行了限制，明确规定，未经保证人书面同意，债权人允许债务人转移全部或者部分债务的，保证人对未经其同意转移的债务不再承担保证责任。这种限制不但是对保证人利益的保护，同时也是对债权人利益的保护。本规定较好地平衡了保证人、债务人和债权人的利益。

正确理解本条应当注意以下几点：一是债权人允许债务人转移债务必须提供保证人的书面同意。如果不是书面形式，而是其他形式，视为不存在担保人的同意。根据法律规定，书面形式是指合同书、信件和数据电文（包括电传、电报、传真、电子数据交换和电子邮件）等可以有形地表现所载内容的形式。二是本条规定的债务转移不但包括债务人将债务全部转移给他人，也包括将部分债务转移给他人。债权人许可债务人部分转移的，原债务人并不退出债务关系，只是其所应承担的债务额减少，新债务人与原债务人共同向债权人承担债务。部分转移债务的也必须经担保人同意，否则担保人对转移出去的部分债务不承担担保责任。三是未经担保人书面同意，债权人许可债务人转移全部债务的，可以免除担保人全部担保责任；债权人许可债务人转移部分债务的，可以免除担保人部分的担保责任，担保人不得要求免除全部担保责任。

不同于债权让与，对于债权让与法律只规定债务加重需要经过保证人书面同意，这是由于除了具有人身专属性的特别情形，对于保证人来说，对哪个债权人承担保证责任，其实是没有那么重要的，因为最终而言债务人无法履行债务才是最关键的事情。但是在免责的债务承担的情形下，债务转出的部分若要保证人继续承担保证责任则需要经过保证人的书面同意，因为债务承担会影响保证人的权益，债务转让导致更换相应部分债务人更换，而债务人的偿债能力会影响保证人的权益。债务人的责任承担能力，对于保证人是否会承担保证责任以及最后的追偿权能否实现，都是极其重要的。

本条第 2 款应结合本法第 552 条进行解释，该条规定：“第三人与债务人约定加入债务并通知债权人，或者第三人向债权人表示愿意加入债务，债权人未在合理期限内明确拒绝的，债权人可以请求第三人在其愿意承担的债务范围内和债务人承担连带责任。”第三人加入债务，债务人的整体责任承担能力只会增加而不会有所减损，对保证人的权益不会有影响，只会更有利于保证人，因此不需要保证人书面同意，保证人按照原来的约定继续承担保证责任。

第六百九十八条 一般保证的保证人在主债务履行期限届满后，向债权人提供债务人可供执行财产的真实情况，债权人放弃或者怠于行使权利致使该财产不能被执行的，保证人在其提供可供执行财产的价值范围内不再承担保证责任。

◆ **条文主旨**

本条是关于保证人免责的相关规定。

◆ **条文解读**

本条规定在保证人向债权人提供债务人可供执行财产的真实情况时，债权人放弃或怠于行使其债权，导致债务人财产无法执行时，保证人可以在相应范围内免责。此条是对保证人权利的重要保护，源自《最高人民法院关于适用〈中华人民共和国担保法〉若干问题的解释》第24条，该条规定："一般保证的保证人在主债权履行期间届满后，向债权人提供了债务人可供执行财产的真实情况的，债权人放弃或者怠于行使权利致使该财产不能被执行，保证人可以请求人民法院在其提供可供执行财产的实际价值范围内免除保证责任。"

此条适用于一般保证的情形。所谓一般保证，是指当事人在保证合同中约定，在债务人不能履行债务时，保证人承担保证责任的保证。区别于连带责任保证，一般保证情况下保证人享有先诉抗辩权，即“一般保证的保证人在主合同纠纷未经审判或者仲裁，并就债务人财产依法强制执行仍不能履行债务前，对债权人可以拒绝承担保证责任”。

一般保证情形下，债权人需要在对债务人财产执行不能之后，才能主张保证人承担保证责任，也就是说债务人财产执行不能时，保证人有承担责任的义务。本条规定如果是因债权人自己放弃或者怠于行使权利致使债务人相应财产执行不能，此时由于是债权人自己的原因导致对债务人财产执行不能，保证人可以在相应范围内免责。

连带责任保证是指当事人在保证合同中约定保证人与债务人对债务承担连带责任的保证。在连带责任保证中，由于债权人对债务人和保证人请求承担责任的主张没有先后顺序，债权人可自主决定请求债务人或是连带责任保证人承担全部或部分责任，因此本条规定不适用于连带责任保证的情形。

第六百九十九条　同一债务有两个以上保证人的，保证人应当按照保证合同约定的保证份额，承担保证责任；没有约定保证份额的，债权人可以请求任何一个保证人在其保证范围内承担保证责任。

◆ 条文主旨

本条是关于共同保证的规定。

◆ 条文解读

共同保证，是指两个或两个以上的保证人为同一债务而向债权人所提供的担保。共同保证是相对于一人保证而言的，它是指数人为一人担保。例如，甲、乙、丙三人共同为债务人丁的借款提供担保。由于在共同保证中，有多个保证人为主债权提供担保，因而能够为债权的实现提供更有力的保障。具体来说，其特点主要表现在：第一，数个保证人为主债务人提供担保。共同保证的主要特点是保证人为数人，共同为同一债务提供保证。第二，数个保证人必须为同一债务提供担保。一方面，共同保证所担保的债务必须具有同一性，如果数个保证人虽然为同一债务人作保，但保证的债务不同，则仍然属于分别的保证。另一方面，共同保证强调债务的同一性，就债务人而言，既可以是单个的债务人，也可以是数个债务人，但债务应当是同一债务。第三，共同保证人的责任可以是连带的，也可以是按份的。共同保证既可以是按份共同保证，也可以是连带共同保证。这两种保证的主要区别在于：在债务人不履行债务时，债权人的选择权是否受到限制。如果采取连带责任保证，则债权人既可以选择向债务人行使权利，也可以向各个保证人行使权利。

此条所规定的共同保证，不管是按份共同保证还是连带共同保证，和一般保证、连带责任保证是完全不同的概念。一般保证和连带责任保证定义的是保证人和主债务人之间的关系，而本条所涉及的共同保证是保证人之间的相互关系。一般保证的情形下，保证人享有先诉抗辩权，一般保证的保证人在主合同纠纷未经审判或者仲裁，并就债务人财产依法强制执行仍不能履行债务前，对债权人可以拒绝承担保证责任；连带责任保证情形下，保证人和主债务人是连带关系，债权人可以任意选择向主债务人或者保证人请求承担责任，保证人不享有先诉抗辩权。

此条所涉及的按份共同保证和连带共同保证定义的是多个保证人之间的关系，因此对于共同保证来说，多个保证人之间的关系有按份和连带两种可能。多个保证人之间的关系，结合保证人和主债务人之间的两种关系，首先会产生四种保证责任承担方式。

第一，连带共同连带保证。债务人和保证人之间的关系为连带责任保证，多个保证人之间也为连带共同保证，因此债务履行期限届满时，债权人既可以请求债务人承担全部或部分责任，也可以请求多个保证人中任何一个保证人承担全部或部分责任。

第二，连带共同一般保证。债务人和保证人之间为一般保证关系，保证人享有先诉抗辩权，因此债务履行期限届满时，债权人需要先请求债务人承担责任，在债务人财产执行不能时，可请求保证人承担责任，由于多个保证人之间的关系为连带共同保证，此时债权人可选择请求其中任意一个保证人承担全部或者部分责任。

第三，按份共同连带保证。债务人和保证人之间的关系为连带责任保证，多个保证人之间为按份共同保证，债务履行期限届满时，债权人可选择请求债务人或者保证人承担全部或者部分责任，但在请求多个保证人承担责任时，由于多个保证人之间为按份共同保证，债权人需要按照约定的份额请求保证人承担责任。

第四，按份共同一般保证。债务人和保证人之间为一般保证关系，保证人享有先诉抗辩权，多个保证人之间为按份共同保证。因此债务履行期限届满时，债权人需要先请求债务人承担责任，在债务人财产执行不能时，可请求保证人承担责任，且债权人需要按照约定的份额请求多个保证人按份额承担责任。

但是，连带共同保证的情形存在两种可能性：真正连带和不真正连带，两者区别在于多个保证人之间是否有相互追偿权，此处应和物权编关于混合共同担保相关规则作一体化解释。民法典立法过程中，关于混合共同担保人之间是否有追偿权存在争议，也即提供物的担保的第三人和保证人之间是否有相互追偿权。比如一个担保人以房屋提供物的担保，另一个担保人提供人保，债权人请求其中任何一个担保人承担全部责任之后，提供物的担保的第三人是否可以向保证人追偿，反之亦然。物权法制定的时候，原则上就确定了混合共同担保人之间没有相互追偿权的规则。此次民法典编纂中曾经尝试在混合共同担保的多个保证人之间引入追偿权，但最终综合考虑，仍然延续了混合共同担保人之间没有相互追偿权的规则。

那么在此条所涉的人的担保中，多个保证人之间有无相互追偿权应与混合共同担保作体系化解释，人保中的多个保证人之间也不应该有相互追偿权，除非当事人特别约定。如何界定当事人之间的特别约定，可以结合本法第519条关于多数人之债的规定，该条规定："连带债务人之间的份额难以确定的，视为份额相同。实际承担债务超过自己份额的连带债务人，有权就超出部分在其他连带债务人未履行的份额范围内向其追偿，并相应地享有债权人的权利，但是不得损害债权人的利益。其他连带债务人对债权人的抗辩，可以向该债务人主张。"这样，在连带共同保证情形下，若多个保证人之间明确约定为连带共同保证，可以参照适用本法第519条关于连带债务的规则，保证人相互之间有追偿权；若当事人之间没有约定，则按照本法第699条的规定，"没有约定保证份额的，债权人可以请求任何一个保证人在其保证范围内承担保证责任"，此时为不真正连带，保证人之间不可相互追偿。也即若当事人之间明确约定为连带共同保证，才能适用关于连带债务追偿权的规则，若当事人之间未特别约定为连带共同保证，此时由于是不真正连带，保证人相互之间就没有追偿权。如此规定的原因在于：若多个保证人之间没有特别的意思联络，意味着他们之间偶然性共同为债权人提供担保，在相互之间没有特别意思联络的情况下，保证人之间相互追偿缺乏法律上的请求权基础。

故多个保证人之间的关系，实际上是三种情形：明确约定为按份共同保证；明确约定为连带共同保证，此时为真正连带；没有约定保证份额，但适用本法第 699 条所说“没有约定保证份额的，债权人可以请求任何一个保证人在其保证范围内承担保证责任”的不真正连带共同保证，债权人可以请求任何一个保证人承担全部保证责任，保证人承担保证责任之后可以向债务人追偿，但是多个保证人之间没有相互追偿权。

第七百条 保证人承担保证责任后，除当事人另有约定外，有权在其承担保证责任的范围内向债务人追偿，享有债权人对债务人的权利，但是不得损害债权人的利益。

◆ **条文主旨**

本条是关于保证人对债务人追偿权及相关权利的规定。

◆ **条文解读**

保证人的追偿权，又称保证人的求偿权，是指保证人在承担保证责任后，可以向主债务人请求偿还的权利。保证人承担保证责任，对债权人与保证人之间的关系而言，形式上属于清偿自己的债务，但对主债务人和保证人之间的关系而言，实质上仍然属于清偿他人（主债务人）的债务。于是，自然有保证人承担保证责任后向债务人追偿的必要。

保证人行使追偿权必须具备以下几项要件：

1. 必须是保证人已经对债权人承担了保证责任。此处所谓对债权人承担了保证责任，包括保证人代债务人向债权人为主债关系中的给付义务的清偿，或向债权人承担损害赔偿责任，保证人向债权人为代物清偿或以物抵债，或抵销，或提存。保证人的追偿，必须限于自己有所给付，致使有偿地消灭主债务人对于债权人的责任。假如自己毫无给付，仅因其尽力致使主债务消灭，如说服债权人，使债权人免除主债务人的债务，则不得向主债务人追偿。

2. 必须是主债务人对债权人因保证而免责。如果主债务人的免责不是由保证人承担保证责任的行为引起的，那么保证人就没有追偿权。再者，在保证人的给付额高于主债务人的免责额时，如以价值超过主债务数额之物抵债或者代物清偿，保证人只能就免责额追偿，在保证人的给付额低于主债务人的免责额时，保证人只能就给付额追偿。

3. 必须是保证人没有赠与的意思。这是保证人的追偿权的消极要件，保证人在行使追偿权时不必就此举证。

第七百零一条 保证人可以主张债务人对债权人的抗辩。债务人放弃抗辩的，保证人仍有权向债权人主张抗辩。

◆ **条文主旨**

本条是关于保证人享有债务人对债权人抗辩权的规定。

◆ **条文解读**

保证人享有主债务人所享有的抗辩权，是指在主债权人请求保证人承担保证责任时，保证人有权主张主债务人对债权人享有的各项抗辩权，这也是保证从属性的重要体现。

依据本条规定，凡是主债务人所享有的抗辩权，保证人都能主张，这些抗辩包括：主合同未生效的抗辩、主合同无效的抗辩、主合同已经终止的抗辩、主合同已过诉讼时效的抗辩、抵销抗辩，以及主债务人享有的各类抗辩权（包括同时履行抗辩权、不安抗辩权和先履行抗辩权）。例如，如果保证所担保的主合同的债权人与债务人之间符合法定的抵销条件，或者双方经过约定形成抵销的合意，则债务人对债权人享有抵销权。在发生抵销的情形，保证人有权向主债权人主张仅就剩余的债权承担保证责任。

应当指出的是，即使主债务人放弃这些抗辩权，保证人仍然可以主张。这是因为，这些抗辩权既是主债务人享有的抗辩权，也是法律赋予保证人的抗辩权，主债务人放弃此类抗辩权不应当对保证人的抗辩权产生影响。同时，保证人只有通过行使债务人的抗辩权，才能依法保护自己的权益。

第七百零二条 债务人对债权人享有抵销权或者撤销权的，保证人可以在相应范围内拒绝承担保证责任。

◆ **条文主旨**

本条是关于保证人享有债务人对债权人的抵销权或撤销权的相关规定。

◆ **条文解读**

债务人享有对债权人的抵销权或者撤销权，保证人也可以在相应范围内免责。这是保证人所享有的权利之一。本条应与本法第 701 条作体系解释，都是对保证人权利的具体规定。

保证合同是单务、无偿合同，保证人对债权人不享有请求给付的权利，所享有的是抗辩权或其他防御性权利，包括如下几种类型：

一、主张债务人权利的权利

保证具有附从性，因而主债务人对于债权人所有的抗辩或其他类似的权利，保证人均可主张。

1. 关于主债务人的抗辩权。该抗辩权主要有三类：第一，权利未发生的抗辩权。例如，主合同未成立，保证人对此不知情，于此场合，保证人可对债权人主张主债权未成立的抗辩。第二，权利已消灭的抗辩权。例如，主债权因适当履行而消灭。保证人可对债权人主张权利已消灭，拒绝债权人的履行请求。第三，拒绝履行的抗辩权。例如，时效完成的抗辩权、同时履行抗辩权、不安抗辩权、先履行抗辩权等。即使债务人放弃上述抗辩权，保证人也有权主张，因为保证人主张主债务人的抗辩权并非代为主张，而是基于保证人的地位而独立行使。

2. 关于主债务人的其他类似权利。这里的其他类似权利包括撤销权和抵销权，在撤销权方面，例如，在主债务人对其主合同有抵销权时，保证人对债权人可以拒绝履行，也就是保证人可以把主债务人的撤销权作为自己抗辩的事由。

二、基于保证人的地位而特有的抗辩权

基于保证人的地位而特有的抗辩权，在实体法上即先诉抗辩权，一般保证的保证人享有此权。在第 687 条部分对先诉抗辩权有详细阐释，此处不再赘述。

三、基于一般债务人的地位应有的权利

在保证关系中，保证人是债务人，因而一般债务人应有的权利，保证人也应享有。例如，在保证债务已经单独消灭时，保证人有权主张；在保证债务未届清偿期场合，保证人有权抗辩；在保证合同不成立、无效或被撤销致使保证债务不存在时，保证人有权拒绝履行保证债务；在保证债务罹于诉讼时效时，保证人亦可拒绝负责。

中华人民共和国
民法典解读

精装珍藏版

合同编·下

黄 薇 主编

中国法制出版社
CHINA LEGAL PUBLISHING HOUSE

目 录

第三编 合 同

下 册

第十四章 租赁合同

第七百零三条【租赁合同的概念】 …… 739
第七百零四条【租赁合同的内容】 …… 742
第七百零五条【租赁期限的最高限制】 …… 745
第七百零六条【租赁合同登记对合同效力影响】 …… 748
第七百零七条【租赁合同形式】 …… 751
第七百零八条【出租人义务】 …… 753
第七百零九条【承租人义务】 …… 756
第七百一十条【承租人合理使用租赁物的免责】 …… 758
第七百一十一条【承租人未合理使用租赁物的责任】 …… 759
第七百一十二条【出租人的维修义务】 …… 761
第七百一十三条【租赁物的维修和维修费负担】 …… 764
第七百一十四条【承租人的租赁物妥善保管义务】 …… 766
第七百一十五条【承租人对租赁物进行改善或增设他物】 …… 767
第七百一十六条【转租】 …… 768
第七百一十七条【转租期限】 …… 771
第七百一十八条【出租人同意转租的推定】 …… 772
第七百一十九条【次承租人的代为清偿权】 …… 774

第七百二十条【租赁物的收益归属】…………………………… 776
第七百二十一条【租金支付期限】…………………………… 777
第七百二十二条【承租人的租金支付义务】………………… 778
第七百二十三条【出租人的权利瑕疵担保责任】…………… 780
第七百二十四条【承租人解除合同的法定情形】…………… 781
第七百二十五条【买卖不破租赁】…………………………… 783
第七百二十六条【房屋承租人的优先购买权】……………… 786
第七百二十七条【承租人对拍卖房屋的优先购买权】…… 789
第七百二十八条【妨害承租人优先购买权的赔偿责任】… 790
第七百二十九条【租赁物毁损、灭失的法律后果】……… 792
第七百三十条【租期不明的处理】…………………………… 795
第七百三十一条【租赁物质量不合格时承租人的解除权】…………………………………… 796
第七百三十二条【房屋承租人死亡时租赁关系的处理】… 797
第七百三十三条【租赁物的返还】…………………………… 798
第七百三十四条【租赁期限届满的续租及优先承租权】… 800

第十五章 融资租赁合同

第七百三十五条【融资租赁合同的概念】…………………… 803
第七百三十六条【融资租赁合同的内容】…………………… 805
第七百三十七条【融资租赁通谋虚伪表示】………………… 807
第七百三十八条【特定租赁物经营许可对合同效力影响】…………………………………… 808
第七百三十九条【融资租赁标的物的交付】………………… 809
第七百四十条【承租人的拒绝受领权】……………………… 811
第七百四十一条【承租人的索赔权】………………………… 812
第七百四十二条【承租人行使索赔权的租金支付义务】… 814

第七百四十三条【承租人索赔不能的违约责任承担】 …… 816
第七百四十四条【出租人不得擅自变更买卖合同内容】 … 818
第七百四十五条【租赁物的登记对抗效力】 ………………… 820
第七百四十六条【租金的确定规则】 ……………………… 822
第七百四十七条【租赁物瑕疵担保责任】 ………………… 824
第七百四十八条【出租人保证承租人占有和使用租赁物】 ………………………………………… 826
第七百四十九条【租赁物致人损害的责任承担】 ………… 827
第七百五十条【租赁物的保管、使用、维修】 …………… 828
第七百五十一条【承租人占有租赁物毁损、灭失的租金承担】 ………………………………… 830
第七百五十二条【承租人支付租金的义务】 ……………… 831
第七百五十三条【承租人擅自处分租赁物时出租人的解除权】 ………………………………… 833
第七百五十四条【出租人或承租人均可解除融资租赁合同情形】 ……………………………… 835
第七百五十五条【承租人承担出租人损失赔偿责任情形】 ………………………………………… 837
第七百五十六条【租赁物意外毁损灭失】 ………………… 839
第七百五十七条【租赁期满租赁物的归属】 ……………… 842
第七百五十八条【承租人请求部分返还租赁物价值】 …… 844
第七百五十九条【支付象征性价款时的租赁物归属】 …… 846
第七百六十条【融资租赁合同无效时租赁物的归属】 …… 847

第十六章　保理合同

第七百六十一条【保理合同的概念】 ……………………… 849
第七百六十二条【保理合同的内容与形式】 ……………… 853

第七百六十三条【虚构应收账款】 …………………………… 857
第七百六十四条【保理人发出转让通知的表明身份义务】 …………………………………………… 861
第七百六十五条【无正当理由变更、终止基础交易合同对保理人的效力】 …………………… 864
第七百六十六条【有追索权保理】 …………………………… 867
第七百六十七条【无追索权保理】 …………………………… 869
第七百六十八条【多重保理的清偿顺序】 ……………………… 873
第七百六十九条【参照适用债权转让的规定】 ………………… 876

第十七章 承揽合同

第七百七十条【承揽合同的定义及类型】 ……………………… 879
第七百七十一条【承揽合同的主要条款】 ……………………… 883
第七百七十二条【承揽人独立完成主要工作】 ………………… 886
第七百七十三条【承揽人对辅助性工作的责任】 ……………… 889
第七百七十四条【承揽人提供材料时的主要义务】 …………… 892
第七百七十五条【定作人提供材料时双方当事人的义务】 …………………………………………… 894
第七百七十六条【定作人要求不合理时双方当事人的义务】 ……………………………………… 897
第七百七十七条【中途变更工作要求的责任】 ………………… 899
第七百七十八条【定作人的协作义务】 ………………………… 901
第七百七十九条【定作人监督检验承揽工作】 ………………… 903
第七百八十条【工作成果交付】 ………………………………… 905
第七百八十一条【工作成果质量不合约定的责任】 …………… 910
第七百八十二条【支付报酬期限】 ……………………………… 913
第七百八十三条【承揽人的留置权及同时履行抗辩权】 … 916

第七百八十四条【承揽人保管义务】 …………………… 919
第七百八十五条【承揽人的保密义务】 ………………… 922
第七百八十六条【共同承揽】 ………………………… 924
第七百八十七条【定作人的任意解除权】 ……………… 926

第十八章　建设工程合同

第七百八十八条【建设工程合同的定义】 ……………… 930
第七百八十九条【建设工程合同形式】 ………………… 932
第七百九十条【工程招标投标】 ……………………… 934
第七百九十一条【总包与分包】 ……………………… 936
第七百九十二条【国家重大建设工程合同的订立】 ……… 942
第七百九十三条【建设工程施工合同无效的处理】 ……… 944
第七百九十四条【勘察、设计合同主要内容】 ………… 949
第七百九十五条【施工合同主要内容】 ………………… 951
第七百九十六条【建设工程监理】 …………………… 955
第七百九十七条【发包人检查权】 …………………… 958
第七百九十八条【隐蔽工程】 ………………………… 959
第七百九十九条【竣工验收】 ………………………… 961
第八百条【勘察、设计人质量责任】 ………………… 964
第八百零一条【施工人的质量责任】 ………………… 967
第八百零二条【质量保证责任】 ……………………… 969
第八百零三条【发包人违约责任】 …………………… 972
第八百零四条【发包人原因致工程停建、缓建的责任】…… 974
第八百零五条【发包人原因致勘察、设计返工、停工
或修改设计的责任】 ………………… 976
第八百零六条【建设工程合同的法定解除】 …………… 978
第八百零七条【工程价款的支付】 …………………… 982

第八百零八条【参照适用承揽合同的规定】 ……………… 993

第十九章 运输合同

第一节 一般规定 / 996

第八百零九条【运输合同的定义】 ………………………… 996

第八百一十条【公共运输承运人的强制缔约义务】 ……… 998

第八百一十一条【承运人安全运输义务】 ……………… 1000

第八百一十二条【承运人合理运输义务】 ……………… 1002

第八百一十三条【支付票款或运输费用】 ……………… 1004

第二节 客运合同 / 1006

第八百一十四条【客运合同的成立】 …………………… 1006

第八百一十五条【按有效客票记载内容乘坐义务】……… 1007

第八百一十六条【退票与变更】 ………………………… 1010

第八百一十七条【按约定携带行李义务】 ……………… 1012

第八百一十八条【危险物品或者违禁物品的携带禁止】 … 1013

第八百一十九条【承运人告知义务和旅客协助配合义务】 …………………………………… 1015

第八百二十条【承运人迟延运输或者有其他不能正常运输情形】 ……………………………… 1016

第八百二十一条【承运人变更服务标准的后果】……… 1018

第八百二十二条【承运人尽力救助义务】 ……………… 1019

第八百二十三条【旅客伤亡的赔偿责任】 ……………… 1021

第八百二十四条【对行李的赔偿责任】 ………………… 1024

第三节 货运合同 / 1025

第八百二十五条【托运人如实申报情况义务】 ………… 1025

第八百二十六条【托运人办理审批、检验等手续义务】 … 1029

第八百二十七条【托运人的包装义务】 ………………… 1030

第八百二十八条【托运人运送危险货物时的义务】……… 1032
第八百二十九条【托运人变更或解除的权利】…………… 1034
第八百三十条【提货】…………………………………… 1037
第八百三十一条【收货人对货物的检验】………………… 1038
第八百三十二条【承运人对货损的赔偿责任】…………… 1040
第八百三十三条【确定货损额的方法】…………………… 1042
第八百三十四条【相继运输的责任承担】………………… 1045
第八百三十五条【货物因不可抗力灭失的运费处理】…… 1047
第八百三十六条【承运人留置权】………………………… 1049
第八百三十七条【货物的提存】…………………………… 1050

第四节 多式联运合同 / 1052

第八百三十八条【多式联运经营人的权利义务】………… 1052
第八百三十九条【多式联运经营人的责任承担】………… 1054
第八百四十条【多式联运单据】…………………………… 1055
第八百四十一条【托运人的过错赔偿责任】……………… 1057
第八百四十二条【赔偿责任的法律适用】………………… 1058

第二十章 技术合同

第一节 一般规定 / 1061

第八百四十三条【技术合同的定义】……………………… 1061
第八百四十四条【订立技术合同的原则】………………… 1065
第八百四十五条【技术合同的主要条款】………………… 1067
第八百四十六条【技术合同价款、报酬或使用费的支付方式】…………………………………… 1071
第八百四十七条【职务技术成果的财产权归属】………… 1075
第八百四十八条【非职务技术成果的财产权归属】……… 1077
第八百四十九条【技术成果人身权】……………………… 1078

第八百五十条【技术合同的无效】…………………………… 1079
第二节 技术开发合同 / 1082
第八百五十一条【技术开发合同的定义及种类】………… 1082
第八百五十二条【委托人的主要义务】…………………… 1086
第八百五十三条【研究开发人的主要义务】……………… 1089
第八百五十四条【委托开发合同的当事人违约责任】…… 1091
第八百五十五条【合作开发各方的主要义务】…………… 1093
第八百五十六条【合作开发各方的违约责任】…………… 1096
第八百五十七条【技术开发合同的解除】………………… 1097
第八百五十八条【技术开发合同的风险责任负担】……… 1098
第八百五十九条【发明创造的归属和分享】……………… 1101
第八百六十条【合作开发发明创造专利申请权的归属和分享】…………………………………… 1103
第八百六十一条【技术秘密成果的归属与分配】………… 1105
第三节 技术转让合同和技术许可合同 / 1107
第八百六十二条【技术转让合同和技术许可合同的定义】…………………………………… 1107
第八百六十三条【技术转让合同和技术许可合同的种类及合同要件】…………………………… 1110
第八百六十四条【技术转让合同和技术许可合同的限制性条款】……………………………… 1114
第八百六十五条【专利实施许可合同的有效期限】……… 1116
第八百六十六条【专利实施许可合同许可人的义务】…… 1117
第八百六十七条【专利实施许可合同被许可人的义务】 … 1118
第八百六十八条【技术秘密让与人和许可人的义务】…… 1120
第八百六十九条【技术秘密受让人和被许可人的义务】 … 1121

第八百七十条【技术转让合同让与人和技术许可合同许可人的保证义务】 …………………… 1122
第八百七十一条【技术转让合同受让人和技术许可合同被许可人保密义务】 …………………… 1124
第八百七十二条【技术许可人和让与人的违约责任】…… 1125
第八百七十三条【技术被许可人和受让人的违约责任】 … 1126
第八百七十四条【实施专利、使用技术秘密侵害他人合法权益责任承担】 …………………… 1128
第八百七十五条【后续改进技术成果的分享办法】……… 1129
第八百七十六条【其他知识产权转让和许可的参照适用】 ………………………………… 1131
第八百七十七条【技术出口合同或专利、专利申请合同的法律适用】 ……………………… 1133
第四节　技术咨询合同和技术服务合同 / 1135
第八百七十八条【技术咨询合同、技术服务合同的定义】 ………………………………… 1135
第八百七十九条【技术咨询合同委托人的义务】………… 1139
第八百八十条【技术咨询合同受托人的义务】…………… 1140
第八百八十一条【技术咨询合同当事人的违约责任及决策风险责任】 …………………… 1141
第八百八十二条【技术服务合同委托人的义务】………… 1145
第八百八十三条【技术服务合同受托人的义务】………… 1146
第八百八十四条【技术服务合同的当事人违约责任】…… 1148
第八百八十五条【技术成果的归属和分享】……………… 1150
第八百八十六条【受托人履行合同的费用负担】………… 1152
第八百八十七条【技术中介合同和技术培训合同法律适用】 …………………………… 1153

第二十一章 保管合同

第八百八十八条【保管合同的定义】…… 1155
第八百八十九条【保管合同的报酬】…… 1162
第八百九十条【保管合同的成立】…… 1165
第八百九十一条【保管人给付保管凭证的义务】…… 1168
第八百九十二条【保管人对保管物的妥善保管义务】…… 1170
第八百九十三条【寄存人如实告知义务】…… 1173
第八百九十四条【保管人亲自保管义务】…… 1176
第八百九十五条【保管人不得使用或许可他人使用保管物义务】…… 1180
第八百九十六条【保管人返还保管物的义务及危险通知义务】…… 1182
第八百九十七条【保管物毁损灭失责任】…… 1185
第八百九十八条【寄存贵重物品的声明义务】…… 1187
第八百九十九条【保管物的领取及领取时间】…… 1190
第九百条【保管人归还原物及孳息的义务】…… 1192
第九百零一条【消费保管】…… 1194
第九百零二条【保管费的支付期限】…… 1197
第九百零三条【保管人的留置权】…… 1199

第二十二章 仓储合同

第九百零四条【仓储合同的定义】…… 1203
第九百零五条【仓储合同的成立时间】…… 1206
第九百零六条【危险物品和易变质物品的储存】…… 1209
第九百零七条【仓储物的验收】…… 1211
第九百零八条【保管人出具仓单、入库单义务】…… 1213
第九百零九条【仓单的内容】…… 1215

第九百一十条【仓单的转让和出质】…………………………1217
第九百一十一条【检查仓储物或提取样品的权利】………1219
第九百一十二条【保管人的通知义务】……………………1220
第九百一十三条【保管人危险催告义务和紧急处置权】…1222
第九百一十四条【仓储物的提取】…………………………1224
第九百一十五条【仓储物的提取规则】……………………1226
第九百一十六条【逾期提取仓储物】………………………1227
第九百一十七条【保管不善的责任承担】…………………1228
第九百一十八条【参照适用保管合同的规定】……………1231

第二十三章　委托合同

第九百一十九条【委托合同的概念】………………………1233
第九百二十条【委托权限】…………………………………1239
第九百二十一条【处理委托事务的费用】…………………1240
第九百二十二条【受托人服从指示的义务】………………1243
第九百二十三条【受托人亲自处理委托事务】……………1246
第九百二十四条【受托人的报告义务】……………………1249
第九百二十五条【受托人以自己名义从事受托事务的法律效果】…………………………………1251
第九百二十六条【委托人的介入权与第三人的选择权】…1255
第九百二十七条【受托人转移所得利益的义务】…………1258
第九百二十八条【委托人支付报酬的义务】………………1259
第九百二十九条【因受托人过错致委托人损失的赔偿责任】……………………………………1261
第九百三十条【委托人的赔偿责任】………………………1263
第九百三十一条【委托人另行委托他人处理事务】………1265
第九百三十二条【共同委托】………………………………1266

第九百三十三条【任意解除权】…… 1268
第九百三十四条【委托合同的终止】…… 1273
第九百三十五条【受托人继续处理委托事务】…… 1276
第九百三十六条【受托人死亡后其继承人等的义务】…… 1278

第二十四章 物业服务合同

第九百三十七条【物业服务合同的定义】…… 1281
第九百三十八条【物业服务合同的内容与形式】…… 1296
第九百三十九条【物业服务合同的约束力】…… 1304
第九百四十条【前期物业服务合同的终止情形】…… 1315
第九百四十一条【物业服务合同的转委托】…… 1316
第九百四十二条【物业服务人的义务】…… 1320
第九百四十三条【物业服务人的信息公开义务】…… 1325
第九百四十四条【业主支付物业费义务】…… 1327
第九百四十五条【业主的告知、协助义务】…… 1339
第九百四十六条【业主解聘物业服务人】…… 1342
第九百四十七条【物业服务人的续聘】…… 1348
第九百四十八条【不定期物业服务合同的成立与解除】…… 1350
第九百四十九条【物业服务合同终止后原物业服务人的义务】…… 1351
第九百五十条【物业服务合同终止后新合同成立前期间的相关事项】…… 1356

第二十五章 行纪合同

第九百五十一条【行纪合同的概念】…… 1359
第九百五十二条【行纪人的费用负担】…… 1365
第九百五十三条【行纪人保管义务】…… 1367
第九百五十四条【行纪人处置委托物义务】…… 1368

第九百五十五条【行纪人按指定价格买卖的义务】……… 1370
第九百五十六条【行纪人的介入权】……………………… 1373
第九百五十七条【委托人受领、取回义务及行纪人提存委托物】……………………………… 1375
第九百五十八条【行纪人的直接履行义务】……………… 1377
第九百五十九条【行纪人的报酬请求权及留置权】……… 1378
第九百六十条【参照适用委托合同的规定】……………… 1381

第二十六章　中介合同

第九百六十一条【中介合同的概念】……………………… 1383
第九百六十二条【中介人的如实报告义务】……………… 1391
第九百六十三条【中介人的报酬请求权】………………… 1396
第九百六十四条【中介人的中介费用】…………………… 1405
第九百六十五条【委托人“跳单”应支付中介报酬】…… 1408
第九百六十六条【参照适用委托合同的规定】…………… 1415

第二十七章　合伙合同

第九百六十七条【合伙合同的定义】……………………… 1418
第九百六十八条【合伙人的出资义务】…………………… 1423
第九百六十九条【合伙财产的定义】……………………… 1428
第九百七十条【合伙事务的执行】………………………… 1431
第九百七十一条【合伙人执行合伙事务不得请求支付报酬】………………………………… 1438
第九百七十二条【合伙的利润分配和亏损分担】………… 1439
第九百七十三条【合伙人对合伙债务的连带责任及追偿权】……………………………… 1442
第九百七十四条【合伙人转让财产份额的要求】………… 1446
第九百七十五条【合伙人债权人代位行使权利的限制】… 1449

第九百七十六条【合伙期限的推定】 …… 1452
第九百七十七条【合伙人死亡、民事行为能力丧失或终止时合伙合同的效力】 …… 1454
第九百七十八条【合伙合同终止后剩余财产的分配规则】 …… 1458

第三分编 准合同

第二十八章 无因管理

第九百七十九条【无因管理的定义及法律效果】 …… 1463
第九百八十条【不适当的无因管理】 …… 1473
第九百八十一条【管理人的善良管理义务】 …… 1476
第九百八十二条【管理人的通知义务】 …… 1477
第九百八十三条【管理人的报告及移交财产义务】 …… 1479
第九百八十四条【本人对管理事务的追认】 …… 1481

第二十九章 不当得利

第九百八十五条【不当得利的构成及除外情况】 …… 1484
第九百八十六条【善意得利人的返还责任】 …… 1499
第九百八十七条【恶意得利人的返还责任】 …… 1501
第九百八十八条【第三人的返还义务】 …… 1503

第十四章　租赁合同

本章共三十二条，主要对租赁合同的概念、租赁合同的主要条款、租赁合同的期限、租赁合同的形式、出租人交付租赁物、对租赁物的维修以及对租赁物的质量和权利的瑕疵担保义务、承租人妥善保管租赁物、按时交纳租金的义务等问题作出了规定。

第七百零三条　租赁合同是出租人将租赁物交付承租人使用、收益，承租人支付租金的合同。

◆ 条文主旨

本条是关于租赁合同的概念的规定。

◆ 条文解读

本条规定，租赁合同是出租人将租赁物交付承租人使用、收益，承租人支付租金的合同。从这条规定中可以看出，租赁合同有以下特征：

一、租赁合同是转移财产使用权的合同

租赁合同是一方当事人（出租人）将租赁物有限期地交给另一方当事人（承租人）使用，承租人按照约定使用该租赁物并获得收益。在租赁的有效期内，承租人可以对租赁物占有、使用、收益，而不能任意处分租赁物。当租赁合同期满，承租人要将租赁物返还出租人。因此，租赁合同只是将租赁物的使用权转让给承租人，而租赁物的所有权或处分权仍属于出租人。租赁合同的这一特征区别于买卖合同和赠与合同。买卖合同是出卖人转移标的物的所有权于买受人的合同。赠与合同是赠与人将自己的财产给予受赠人。这两类合同都是以转移财产的所有权为基本特征的。

二、承租人取得租赁物的使用权是以支付租金为代价

承租人使用租赁物是为了满足自己的生产或生活需要，出租人出租租赁物是为了使租赁物的价值得以实现，取得一定的收益。承租人要取得使用权不是无偿的，是要向出租人支付租金的。支付租金是租赁合同的本质特征。这一特征区别于借用合同，借用合同中虽然借用人取得了借用物的使用权，但是借用是无偿的，无须付出任何代价。同时这一特征也区别于借款合同，虽然两者都是有偿的，但借款合同中支付的是利息。利息不同于租金，租金可以由双方当事人约定，利息在很多情况下是法定的，当事人是不能约定的，即使是自然人之间的借款利息也有一个上限要求，不能放高利贷；租金可以不按租期的时间长短来计算，利息往往是根据借款时间的长短来计算的。

三、租赁合同的标的物是有体物、非消耗物

租赁物必须是有形的财产，这是租赁合同的特征之一。租赁可以是动产，如汽车、机械设备、计算机等，也可以是不动产，如房屋。但无论是动产还是不动产，它们都是有形的，都是能以一定的物质形式表现出来的。无形的财产不能作为租赁合同的标的物。这是与租赁合同中承租人占有、使用租赁物的特征紧密联系的。非消耗物是指能够多次使用而不改变其形态和基本价值的物。一次性使用的物品或很快就消耗掉的物品不能作为租赁物，如洗涤用品、粮食等，因为这些物品一经使用，就已丧失其自身的价值，甚至物本身已经消失了，根本不可能再要求出租人返还。

因此，消耗物不能作为租赁合同的标的物。

四、租赁合同是双务、有偿合同

在租赁合同中，出租人和承租人均享有权利和承担义务，出租人须将租赁物交付承租人，并保证租赁物符合约定的使用状态。承租人负有妥善保管租赁物并按约定按期向出租人支付租金。任何一方当事人在享有权利的同时都是以履行一定义务为代价的。因此，租赁合同是双务、有偿合同。它区别于赠与合同，赠与合同在通常情况下一般是单务合同，赠与人向受赠人赠与财物并不以对方承担一定义务为条件。

五、租赁合同具有临时性

租赁合同是出租人将其财产的使用、收益权在一定期限内转让给承租人，因为不是所有权的转移，所以，承租人不可能对租赁物永久地使用，物的使用价值也是有一定期限的。各国法律一般都对租赁期限的最长时间有所限制。我国合同法规定，租赁期限最长不能超过 20 年。租赁合同根据租赁物的性质不同可分为动产租赁和不动产租赁，不动产租赁在我国主要指房屋租赁。根据租赁合同是否约定期限可分为定期租赁和不定期租赁。定期租赁关系到租金的交付日期、租赁物返还的日期、合同终止的时间等问题。不定期租赁赋予合同当事人随时解除合同的权利。

租赁合同是在人们的经济生活和日常生活中经常使用的一种合同。它可以在自然人、法人之间调剂余缺，充分发挥物的使用功能，最大限度地使用其价值。通过租赁，承租人与出租人双方的利益可以同时得到满足，因此，租赁是现实经济生活中较为重要的一种经济形式。

企业的租赁经营合同与本章规定的租赁合同是不同的，表现在：一是企业租赁的当事人一方是企业的所有人或管理人，另一方则是本企业的职工，他们之间本来就有一个内部管理的关系；

二是合同订立是以公开招标的形式进行的，有时还须由有关部门批准；三是租赁的标的是整个企业，而不是某一特定的财产，是人财物、产供销、资金、技术、经营等多种因素的综合体，承租人获得的不仅是对财产的使用权，更是一种经营权；四是承租人须以自己的财产向企业提供担保；五是按照合同的要求，合同终止时，企业的价值须大于租赁时的价值。从上述特征中可以看出，本章规定的租赁合同不适用于企业的租赁经营活动。

第七百零四条 租赁合同的内容一般包括租赁物的名称、数量、用途、租赁期限、租金及其支付期限和方式、租赁物维修等条款。

◆ 条文主旨

本条是关于租赁合同的主要内容的规定。

◆ 条文解读

租赁合同的内容是指在租赁合同中应当约定哪些条款。由于租赁合同的标的物不同或者租赁期限、租赁方式不同，合同的内容也可能不同，但一些主要条款都是应该具备的。本条的规定是一个指导性条款，指在一般情况下，租赁合同应当具备的主要条款，包括如下事项：

一、有关租赁物的条款

租赁物是租赁合同的标的物。租赁合同的当事人订立租赁合同的目的就是要使用租赁物或从他人使用租赁物中获取一定的利益，因此，租赁物是租赁合同的主要条款。有关租赁物的条款涉及这样几个方面：

1. 租赁物的名称。租赁物应以明确的语言加以确定，如汽车，是小轿车还是货车，要约定清楚。对租赁物本身的要求，租赁物应是有体物，非消耗物；应是流通物而不是禁止流通物，禁止流通物不能作为租赁物。如枪支是禁止制造、买卖、销售的，也是不能出租的。租赁物可以是种类物，也可以是特定物，对于种类物，一旦承租人对其选择完毕就已特定化。例如，承租人要租赁一辆汽车，他在出租人处指定了一辆车牌号为 B93468 的白色桑塔纳轿车，这时此辆轿车已特定化，出租人只能将该轿车向承租人交付。租赁物约定明确关系到租赁物的交付、合同期限届满承租人返还租赁物、第三人对租赁物主张权利等问题。

2. 租赁物的数量。明确数量，出租人才能准确地履行交付租赁物的义务，它也是租赁期限届满时，承租人返还租赁物时的依据。

3. 租赁物的用途。租赁物的用途关系到承租人如何使用该租赁物，因为承租人负有按照约定使用租赁物的义务，租赁物的用途就必须约定清楚，否则当租赁物损坏时，出租人就难以行使其请求权。租赁物的用途应当根据租赁物本身的性质、特征来确定。例如，用于载货的汽车不能用于载人，用于制造精密器件的车床不能用于制造一般的器件。约定租赁物的用途也可以明确承租人对租赁物使用过程中的消耗的责任归属问题。

二、有关租赁期限的条款

租赁期限关系到承租人使用租赁物的时间的长短、支付租金的时间、交还租赁物的时间等。如合同当事人对支付租金的期限没有约定时，可根据租赁期限来确定支付租金的期限。租赁期限的长短由当事人自行约定，但不能超过本章规定的最高期限。

租赁期限可以年、月、日、小时计算，要根据承租人的需要来确定。如果当事人对租赁期限没有约定或者约定不明确，可按照合同法的有关规定来确定。

三、有关租金的条款

出租人出租租赁物的目的就是收取租金，租金同租赁物一样是租赁合同中必不可少的条款，支付租金是承租人的主要义务，收取租金是出租人的主要权利。租金的多少、租金支付的方式；是以人民币支付还是以外汇支付；是现金支付还是支票支付；是直接支付还是邮寄支付；是按月支付还是按年支付；是一次支付，还是分次支付；是预先支付还是事后支付，这些问题都应当在订立合同时约定明确，以避免事后发生争议。同时，这些约定也是合同当事人履行义务和行使权利的依据。

四、有关租赁物维修的条款

承租人租赁的目的是使用、收益，这就要求租赁物的状态必须符合使用的目的，同时，在使用租赁物时必然会有正常的消耗，这就有一个对租赁物的维修问题。对租赁物的维修义务应当由出租人承担，这是出租人在租赁合同中的主要义务。但并不排除在有些租赁合同中承租人负有维修义务。一般有几种情况：一是对于有些租赁合同，法律规定承租人负有维修义务。例如，海商法规定，光船租赁由承租人负责维修、保养。有时为了能够对租赁物及时、更好地进行维护，保持其正常的使用功能，合同双方可以约定，维修义务由承租人负责。二是根据商业习惯，租赁物的维修义务由承租人负责。例如，在汽车租赁中，一般都是由承租人负责汽车的维修。三是根据民间习俗，如在我国西南地区的房屋租赁中就有“大修为主，小修为客”的说法和习惯。

除了上述条款外，当事人还可以根据需要订立某些条款，如违约责任、解决争议的方式以及解除合同的条件等都是合同中的重要条款。

第七百零五条　租赁期限不得超过二十年。超过二十年的，超过部分无效。

租赁期限届满，当事人可以续订租赁合同；但是，约定的租赁期限自续订之日起不得超过二十年。

◆ 条文主旨

本条是关于租赁期限的最高限制的规定。

◆ 条文解读

租赁期限是租赁合同的存续期间，在性质上属于民事法律行为所附的终期。租赁期限一旦届满，租赁合同将失去效力。因此，租赁期限直接关系到租赁物的使用和返还时间、租金的收取期限，对合同双方当事人意义重大。

租赁转让的是租赁物的使用权，承租人使用租赁物是为了满足自己生活或经营的需要。承租人一般来说并不想长期占用租赁物，因为这种使用权是以支付租金为代价的，当承租人达到使用收益的目的后，需要将租赁物返还出租人。这里就有个租赁期限的问题。租赁期限的长短由当事人根据其使用租赁物的目的和租赁物的性质自主决定。应当说租赁期限太长并不利于当事人权利的实现。因为客观情况总是在不断变化的，特别是不动产，其价格可能会因一个国家的经济形势变化而大起大落。但对此在民法典编纂过程中有不同观点认为，租赁期限的最高限制规定阻碍了商业实践的发展和长租交易的进行。但若对最长租赁期不加限制，可能会产生如下问题：其一，租赁时间太长，会阻碍对租赁物的改善，不利于资源的有效利用，也对公共利益产生不利影响；其二，超长期租赁容易对租赁物的返还状态问题产生争议，使租赁物使用价值完全丧失；其三，还可能产生租赁权的金融化问题。例如，在城市房地产领域，由于“买卖不破租赁”“抵押不破租赁”制度的存在，租赁权被赋予了物权化的效力。超长期租赁关系在某种程度上接近于买卖关系。通过这种超长期租赁可能会产生规避限购政策的行为，导致房源集中于大型中介企业，使得租赁市场金融化，不利于对普通承租人利益的保护。

很多国家的法律都对租赁合同的最长期限作出限制。例如，《日本民法典》规定，租赁契约的存续期间不得超过 20 年，如果所订租赁契约比这个期间长的，要缩短为 20 年。《意大利民法典》规定，租赁不得超过 30 年，如果约定期间超过 30 年或者永久的，则将被减至 30 年。《德国民法典》也规定最长租赁期为 30 年。我国台湾地区“民法”规定，租赁契约之期限不得逾 20 年，逾 20 年者，缩短为 20 年。我国大陆地区法律借鉴了这些规定，考虑到我国大陆地区经济发展很快，变化也很快，为了更有效地保护租赁合同双方当事人的权益，对租赁期限的最高期限有所限制是有必要的。因此，本法作出了租赁合同的期限最长不得超过 20 年的规定。

通常情况下，当事人在确定租赁期限长短时，总是要根据租赁物的性质和承租人的使用目的来确定的。在动产租赁中，租赁期限是比较短的，一般都是临时使用。例如，租赁汽车，按照国家有关规定，汽车的使用寿命是 10 年，双方当事人不可能约定一个租赁期为 20 年的租赁合同。租赁期限较长的是不动产租赁即房屋租赁。在房屋租赁中，用于承租人居住租赁和用于商业性租赁是不一样的。一般来讲，用于居住租赁的承租人希望租期长一些，使这种租赁关系相对稳定一些。商业租赁中，在订立合同时房屋的租价比较低的情况下，承租人就希望将租赁期限订得长一些，租金固定下来；在房屋的租价偏高的时候，出租人就希望租期订得长一些，这样就能保证其得到更多的租金。当双方当事人不能自己寻找一个公平的交点时，法律总是要在利益双方中找出平衡点的。这也是规定最高租赁期限的一个目的。

20 年实际上并不是一个绝对的最高限，因为如果租赁合同双方当事人在 20 年期满时，仍然希望保持租赁关系，可以采取两个办法：一是并不终止原租赁合同，承租人仍然使用租赁物，出租人也不提出任何异议。这时法律规定视为原租赁合同继续有效，但租赁期限为不定期，即双方当事人又形成了一个不定期租赁的关系，如果一方当事人想解除合同随时都可以为之，这种情况被称为合同的“法定更新”。二是双方当事人根据原合同确定的内容再续签一个租赁合同，如果需要较长的租期，当事人仍然可以再订一个租期为 20 年的合同，这种情况被称为“约定更新”。

需要指出的是，本法物权编中土地经营权的出租期限不受本条最长期限的限制，而应受剩余承包期的影响。对土地经营权进行出租流转在性质上与本条中的租赁有所不同。出租的对象并非作为物的范畴内的土地，不是所有人对其所有物的处分行为，而是承包经营权人对其享有的部分权利的限期转让。由土地承包经营权人从集体所有的土地中获得土地的经营使用权，在此基础上出租行为的期限应当受到土地承包期限的约束。土地承包经营权的客体是耕地、林地、草地，其利用方式和特点决定了需要较长期限才能实现使用收益的目的。规模化经营也可以在更大程度上发挥土地资源的价值。本法第 332 条针对不同性质土地的承包经营权做了不同的最高期限限制，出租土地经营权的最长期限即应由该条规定的范围内剩余承包期来约束。若不加区别地按照 20 年来限制，没有考虑土地性质与利用的特性，将限制土地经营权发挥经济效益，也违背制度设立的目的。此外，我国农村土地承包法直接规定农村土地承包经营权可以依法出租，出租的最长期限为承包期的剩余期限，该剩余期限完全可能长于20年。依特别法优先于普通法的原则，农村土地承包经营权最长租赁期限也应受农村土地承包法的限制。

第七百零六条 当事人未依照法律、行政法规规定办理租赁合同登记备案手续的，不影响合同的效力。

◆ **条文主旨**

本条是关于租赁合同登记对合同效力影响的规定。

◆ **条文解读**

本条规定中的“法律、行政法规”是指全国人大及其常委会制定的法律和国务院制定的行政法规。对租赁合同进行登记的规定主要体现在房屋租赁关系中，即当事人订立、变更、终止房屋租赁合同，应当向房屋所在地直辖市、市、县人民政府建设（房地产）主管部门办理登记备案。房屋租赁登记的对象是租赁合同的内容及变动情况。

房屋租赁登记的效力影响如何在过去存在争议。城市房地产管理法中规定了房屋租赁需要进行登记备案的要求，但未明确登记的效力影响问题。城市房屋租赁管理办法曾将“房屋租赁证”作为租赁行为合法有效凭证。但该办法仅属于部门规章，且已随新法的出台而废止。商品房屋租赁管理办法进一步具体规定登记备案的时间、内容等具体要求及违反规定的相应责任，但仍未就登记对合同效力的影响问题作明确规定。租赁权因当事人意思表示而产生，承租人只有请求使用房屋的权利，没有支配的权利，因而具有债权的性质。然而租赁权也具有某些物权特性。买卖、抵押不破租赁制度，赋予租赁权一定的对抗力；承租人在一定条件下可处分租赁权；基于租赁权请求排除妨碍、损害赔偿及承租人享有的优先购买权等。尽管房屋租赁权被赋予物权化的效力，但关于其性质界定问题，自罗马法以来即被认为属于债权。登记主要为不动产物权变动的公示制度，在我国以登记要件主义为原则，登记对抗主义为例外，因此登记在物权变动中或为变动的生效要件，或仅对抗第三人的效力。而债权一般是不需要登记的，在租赁合同中要求进行登记备案，其法理依据、制度目的及必要性有进一步明确的空间。

房屋租赁合同的登记制度是为了保障租赁权的稳定性、保护承租人的利益、赋予国家有关部门对房屋租赁行为实施的一种行政管理职能。其设立之初的目的是便于行政机关履行行政许可、行政征收职能，随着社会发展，该制度的作用逐渐转变为进行社会管理的手段。除了满足对城市流动人口管理的需要，政府还可以通过租赁登记掌握租赁市场的状况。登记机关对合同的审查，主要是审查合同的主客体是否合法、合同内容是否合法、是否按规定缴纳税费等。因此登记备案是行政机关的事后审查行为，为了维护公共利益，行政权力采取宏观干预、参与、调控等基本手段以引导民事关系的发展方向是极为必要的，但若将其作为合同生效的要件，则会导致实践中大量租赁合同无效，严重影响交易安全及经济效率。只要租赁合同满足法律规定的合同生效要件，即可产生租赁权。本条规定否认了登记备案作为租赁合同生效要件的观点，确认未登记不影响合同效力。这不仅出于对合同当事人意思自治的尊重，同时也与租赁权的债权性质保持一致。

从比较法来看，多个国家和地区对不动产租赁作出相应登记的要求。《日本民法典》规定，不动产租赁一经登记，对之后就其不动产取得的物权者，亦发生效力。《瑞士债务法》中规定租赁经登记，亦具有对抗力，将登记作为赋予承租人租赁权对抗力的要件。《法国民法典》规定，租赁契约有公证书或者确定日期的证书的，原则上有对抗力。我国台湾地区“民法”也规定，订立、变更、中止，应由租赁契约之出租人会同承租人申请登记，同时也指出“此非效力发生之要件”，在“不动产登记条例”中规定租赁登记对其后物权取得者具有对抗力。我国最高人民法院相关司法解释中规定，法律、行政法规未规定合同登记后生效的，当事人未办理登记手续不影响合同效力。本条即是登记非要件观点在租赁合同范围的具体确认。但与比较法不同的是，我国没有将登记备案作为赋予租赁权对抗力的要件。虽然未经登记对买卖不破租赁是会产生一定影响的，但买受人明知或应当知道承租人的存在时，这一规则仍然适用。这主要是因为我国当前关于租赁合同登记备案制度还不完善，为了保障社会弱势群体的基本居住权利，避免因疏于登记导致相对处于弱势一方承租人的租赁权处于不稳定状态。而在商事领域，承租人租赁房屋的目的不是居住而是经营，不存在保护居住权的问题，该领域内的租赁合同以登记为赋予对抗力的要件更具合理性。尽管在地区的司法实践中，有对登记备案的影响作扩大化规定的趋势，但依据本条法律规定，租赁权物权化的对抗力应当不受未登记的影响。

然而规定登记备案不影响合同的效力也会造成一系列问题，造成制度实施困境，不利于制度设立目的实现。由于登记备案的行政许可作用消失，不合理的行政收费被取消，其行政监管目的本身已逐步淡化。加上不对合同效力有实质影响，实践中当事人缺乏积极登记的动力，除了需要开具发票报销的情况，个人出租房屋进行备案的很少。即使承租人出于抵扣税费的目的要求出租人进行登记，出租人也可能会将其多付出的税费和成本通过租金转嫁于承租人，因此双方进行利益衡量，税费抵扣对促进登记备案的作用有限，行政征税难以起到预期效果。租赁合同的登记备案制度的实施仍存在困境。

第七百零七条　租赁期限六个月以上的，应当采用书面形式。当事人未采用书面形式，无法确定租赁期限的，视为不定期租赁。

◆ 条文主旨

本条是关于租赁合同形式的规定。

◆ 条文解读

关于合同形式，本法合同编通则部分已作出规定，即当事人订立合同有书面形式、口头形式和其他形式。法律并不特别要求合同当事人采用何种形式订立合同是有效的，但是法律、行政法规规定采用书面形式的，应当采用书面形式。这里的法律不仅指有关的专门的法律，而且也包括合同编分则中规定的对特定合同的特定的书面要求。书面形式可以是合同书、信件等有形表现所载内容的形式，也可以是能随时调查取用的数据电文，如电报、传真、电子邮件等形式。不定期租赁合同最主要指的是在没有约定租赁期限或者租赁期限约定不明，而且在事后也不能够确定租赁期限的租赁合同。不定期租赁应是对双方意思表示不明情形下纠纷解决的一种法律拟制。但此处在租赁合同中的约定，并非必须存在期限不明的情况，而是根据租赁合同的特点，附条件地承认当事人约定的租赁期限。

本条所称的超过或低于 6 个月的租赁期限，应指当事人所约定的租赁期限。同一性质的租赁合同，出于当事人的不同目的和需求，订立的期限可能差异较大。若按照合同对象性质不同而进行划分，则一方面可能与当事人的意思相去甚远，造成过于刻板和僵化的判决；另一方面也无法穷尽各类租赁合同的具体情况。为了既便利交易又保证交易安全，本条对租赁合同的形式作了几个层次的规定：

第一，租赁期限不满6个月的租赁合同，可以采用口头形式也可以采用书面形式。这是因为租赁期限较短的合同一般来说租赁物价值不大（当然不排除大型的机械设备），租赁物使用后变化也不大，租金也较少，租赁关系结束得快，证据不易失散。一旦发生纠纷容易分清责任，因此，不必要求当事人以书面形式订立合同。但对于房屋租赁合同即使租赁期限不满6个月，因房屋的价值较高，租金多，按照我国城市房地产管理法规定，房屋租赁，出租人和承租人应当签订书面租赁合同，并向房产管理部门登记备案。此项规定可以在一定程度上弥补短期租赁涉及金额较大情况下形式要件对交易安全的保护缺位问题。

第二，租赁期限在6个月以上的应当采用书面形式。以租赁期限长短来划分是否应当采用书面形式，是考虑到租期长短与合同当事人双方的利益有直接关系，因为租期长的合同中往往租赁物价值较高，租金较多，对租赁物的使用消耗也多一些，如果以书面形式将双方的权利义务规定清楚，在将来发生争议时就有据可查，易于解决纠纷，保护当事人的合法权益。

第三，租赁期限6个月以上的，当事人没有采用书面形式，并非导致合同无效，而是产生对约定的期限不予承认的效果。一般规定形式要件的条款，是为了提醒当事人尽到审慎义务，重视合同的订立。因而在法律规定需要以书面形式订立的合同，未采用书面形式的，合同无效。但本条降低了书面形式作为生效要件的影响，无论合同成立后，双方是否履行了主要义务，都承认合同效力。但未采用书面形式的，双方可以随时解除合同。该条的立法的目的是解决长期租赁情形下对期限的争议问题，若否定非书面形式的长期租赁合同的效力，则违背立法初衷。以不定期租赁作为不采用书面形式的后果，促使欲保持交易的稳定性的当事人注重满足订立合同的形式要件。同时，对欲保持交易状态灵活性的当事人给予从合同中摆脱的可能性。

第七百零八条 出租人应当按照约定将租赁物交付承租人，并在租赁期限内保持租赁物符合约定的用途。

◆ **条文主旨**

本条是关于出租人交付租赁物的义务和对租赁物的瑕疵担保责任。

◆ **条文解读**

本条规定的是出租人的两项义务：一是交付义务，二是对租赁物的瑕疵担保责任。这两项义务是出租人的主要义务。其他义务如维修义务、出卖租赁物的通知义务等是由这两个义务派生而来的。

一、出租人的交付义务

本条规定，出租人应当按照约定将租赁物交付承租人。所谓交付是将租赁物转移占有至承租人。因为承租人要取得租赁物的使用权就必须对该租赁物占有，占有是能够使用的前提。因此，承租人有权要求出租人按照约定向其交付租赁物。所谓按照约定交付租赁物，包括按照约定的租赁物的名称、数量、交付方式、时间和地点向承租人交付租赁物。如果租赁物分主物和从物，在交付主物的同时应将从物一并交付承租人。例如，交付的租赁物为汽车时，在交付汽车的同时应将汽车钥匙一并交给承租人。交付的地点可以是承租人所在地，也可以是出租人所在地。这由合同的履行地点来决定，如一建筑企业租赁塔吊，出租人可将塔吊送到建筑工地，也可以由承租人到出租人处将塔吊拉走。出租人交付的租赁物必须符合合同约定的使用目的。

在交付方式上，根据动产与不动产而有所不同。动产的交付方式包括现实交付与观念交付，若当事人以指示交付或占有改定的方式进行交付，实际上在完成交付时承租人并未取得实际的占有。因此根据立法目的以及租赁合同的特性，即以使用收益为主要目的，此处应作限缩解释，认为若未对交付方式作特别约定，应将动产的占有实际转移视为完成交付义务。从法条的协调性来看，其后规定瑕疵担保的责任，也是强调在承租人直接占有后可能发生问题的情形，故而不应承认间接占有完成即完成交付义务。但当事人若特别约定，同意出租人以观念交付的任意一种形式完成交付，则应尊重意思自治下当事人的选择。而不动产的交付，如租赁房屋的情形下，考虑到租赁物的交付主要为满足承租人的使用、收益需要，因此应当是出租人为承租人能进行入住所应完成的相应义务。如腾房、交付钥匙等系列行为。

二、出租人对租赁物的瑕疵担保责任

瑕疵担保责任是买卖合同中的一个重要的法定责任，它是指出卖人就出卖的标的物的瑕疵应承担的责任，包括物的瑕疵担保和权利的瑕疵担保。租赁合同与买卖合同在性质上都属于有偿合同，其合同标的都是特定的物，存在一定的共性。依据本法 646 条，法律对其他有偿合同没有规定的，可参照买卖合同的有关规定，因此租赁合同可适用买卖合同的相关规定，出租人就租赁标的物负有权利瑕疵担保义务和物的瑕疵担保义务。由于租赁合同转移的是租赁物的使用权，而承租人租赁财产是为了使用和收益，因此，在租赁合同中的物的瑕疵担保责任主要是物的效用的瑕疵担保，同样也有租赁物存在权利瑕疵影响承租人权利的情形。且实务中将标的物受公法限制认定为物的瑕疵。如租赁房屋为办公之用，但其后得知该房只能用于居住需要，无法获得营业执照，即认为标的物存在瑕疵。

约定的用途，不仅包括租赁物本身的使用功能性用途，同时也应包含依据不同的合同具体目的，当事人所约定的租赁物功能性外的其他用途。首先，出租人应保证租赁物具备应有的使用价值。例如，电脑能够正常地设定程序、进行文字编辑和处理以及上网使用；电冰箱能够正常地制冷，起到储藏作用等。其次，若双方约定了租赁物在特殊使用目的下的用途，出租人也应尽到相应的瑕疵担保义务。如租赁房屋用于存放珍贵艺术品，若双方有相关约定，则出租人需要对房屋的储存条件如湿度等尽到维护义务。因此在标的物存在轻微瑕疵影响租赁物的使用功能时，可请求出租人进行维修、补救等，履行修缮义务。同时，由于标的物的用途与合同的订立目的紧密联系，租赁物无法满足约定用途，以至于无法实现合同目的的情形中，承租人可适用关于瑕疵担保责任的相关规定请求承担违约责任。一般来讲，承租人订立合同时，知道租赁物有瑕疵的，出租人不负瑕疵担保责任，承租人无权要求出租人进行维修，减少租金或解除合同。我国司法实践中亦承认出租人应对租赁标的在功能上的特别限制负有告知的义务。在特殊情况下，即使承租人知道租赁物有瑕疵，出租人也要负有瑕疵担保责任。即本法第 731 条的规定，租赁物危及承租人的安全或者健康的，即使承租人订立合同时明知该租赁物质量不合格，承租人仍然可以随时解除合同。

本条规定的出租人对租赁物的瑕疵担保责任在合同履行的两

个阶段都有要求：一是在租赁物交付时保证交付的租赁物符合约定的用途，具有品质完整的使用价值，使承租人能够正常使用。二是在租赁期限内保持租赁物符合约定的用途。在租赁期限内如果租赁物本身出现问题，承租人请求出租人进行维修时，出租人应及时对其进行维修，以保证承租人的正常使用。出租人如不能及时予以维修，承租人可以自行维修，维修的费用应由出租人负担。因维修租赁物影响承租人使用时，承租人有权请求减少租金或延长租期。

第七百零九条 承租人应当按照约定的方法使用租赁物。对租赁物的使用方法没有约定或者约定不明确，依据本法第五百一十条的规定仍不能确定的，应当根据租赁物的性质使用。

◆ 条文主旨

本条是关于承租人对租赁物进行使用的义务性规定。

◆ 条文解读

承租人按约定使用租赁物是承租人的一项义务。承租人租赁并占有该物的主要目的就是使用、收益。使用租赁物是承租人在租赁合同中的一项基本权利，但由于承租人对租赁物只是获得使用权和收益权，而并没有所有权，最终还应当将租赁物返还出租人。因而承租人就有保证租赁物自始至终符合其本身的品质和效用的义务。即该条款在一定程度上限制了承租人对租赁物的过度和任意使用，降低了出租人转让使用权可能对物造成的风险。由于在物的用途和使用方法上，出租人可以通过与承租人进行事前商议加以约束，故而体现出所有权的处分效能和支配效能，虽然租赁合同会使所有权人暂时性转让其对所有物的部分权利，但其仍可以在事前就他人对其物利用的方式和程度加以限制，以保持所有物的功能效用，同时也体现对当事人的意思自治的尊重。然而租赁物经过使用会产生正常消耗，并且不断折旧，最后丧失其价值。且不同的物因其性质和使用方法的不同其折旧率也不同，因而需要规定承租人应当按照约定的方法或租赁物的性质合理使用租赁物的义务。

承租人履行此项义务的条件是：第一，租赁物已由出租人按约定交付承租人，承租人对租赁物已实际占有，因此取得了对该租赁物的使用权。即该项义务产生的前提是承租人已经对租赁物享有实际控制权。第二，出租人交付的租赁物符合约定中的质量、数量、用途的要求，不存在瑕疵。如出租人交付的租赁物本身质量就有问题，即使承租人按照约定使用也会损坏该租赁物，就不能要求承租人对此负责。第三，双方当事人能够约定租赁物的使用方法或者根据租赁物的性质可以确定其使用方法。如果难以确定其使用方法，很难要求承租人履行此项义务。根据租赁物的性质不同，其使用方法的明确性也有较大差异。若租赁物没有较为稳定一致的使用方法，且无法推知当事人是否就利用方式用途有所约定，则承租人该项义务的落实较为困难。

按约定的方法使用租赁物，首先，体现在如果约定了租赁物用途，必须按约定的用途使用租赁物。如合同约定租赁房屋为居住的，承租人就应自己和亲属居住，而不能将该房屋用于商业性使用，如开饭店、开商店。其次，约定使用方法还应包含对具体利用方式的约束。也就是在按照约定的用途进行使用情形下，当事人还可就具体的利用方式、利用手段等作出约定限制。

第七百一十条 承租人按照约定的方法或者根据租赁物的性质使用租赁物，致使租赁物受到损耗的，不承担赔偿责任。

◆ 条文主旨

本条是关于前条承租人义务的延伸规定。

◆ 条文解读

前条规定承租人应当按照约定的方法或者租赁物的性质使用租赁物，这就要求当事人在订立租赁合同时或者在合同成立后尽量将租赁物的使用方法明确下来，以规范承租人对租赁物的使用。如果承租人按照约定的方法或者租赁物的性质正常使用租赁物，租赁物因使用受到的损耗就是一种合理的情况，因为任何物品随着它的使用，其价值都会逐渐变小，只要使用就会有一定的磨损和损耗。例如，一台彩电的显像管的寿命是1万小时，就意味着只要一开电视，随着时间的运行，彩电的显像管的寿命就会逐渐缩短，直到全部丧失。出租人在出租他的物品时，应当知道其正常损耗的情况，在合同中订立了使用方法，就意味着出租人认可了这种正常的损耗，并且实际上，出租人已把这种折旧的价值计入了租金中，因此，只要承租人按照约定的方法使用租赁物，对租赁物的正常损耗、价值的减少是不承担责任的。

据此对租赁物的使用可能分两种不同的具体情况：其一，双方约定的使用方法符合租赁物性质或依据租赁物性质使用租赁物，据此该租赁物的损耗乃正常使用，不可避免，即该损耗不因承租人的不同而有所改变增减。这往往是租赁物本身功能性质所导致，即使是耐用品也会有使用寿命限制，因此造成的损耗不可归咎于承租人。其二，当事人约定的使用方法非依据租赁物性质的方法。由于尊重意思自治，则双方可以约定不依据租赁物的性质使用租赁物。尽管此种情况为少数例外，但允许根据当事人意思多样化利用租赁物乃是其物所有人的自由处分权，也是合同的应有之义。在该种情况下，可能会造成租赁物非按照通常方式使用的额外损耗。但依据本条，因此种损耗依然是按照约定的方法进行所必然产生的，则出租人已经允许以该种方式进行，就需要承担额外损耗的后果。

第七百一十一条 承租人未按照约定的方法或者未根据租赁物的性质使用租赁物，致使租赁物受到损失的，出租人可以解除合同并请求赔偿损失。

◆ **条文主旨**

本条是关于承租人没有履行按约定方法使用租赁物的义务的法律后果的规定。

◆ **条文解读**

本条是与前条相反的规定，前条是承租人按照约定或者租赁物的性质使用租赁物致使租赁物受到正常损耗的，承租人不承担责任。本条所要解决的问题是，承租人违反约定的方法使用租赁物，使租赁物受到损失时承租人的责任。

未按照约定的方法，既包括合同有约定情形下，未按照租赁合同约定的用途使用租赁物、未按照双方约定的具体使用方式使用租赁物；也包括合同未约定，或约定不明的情形下，未按照依据本法第 510 条确定的使用方法使用租赁物，及无法确定情形下未依据租赁物本身性质使用租赁物的情况。具备其中的情形，即认为承租人对租赁物的损失具有过错，对造成的损失负有赔偿损失的责任。

承租人没有按照约定或者租赁物的性质使用租赁物，使租赁物减少价值，是一种损失，而不是损耗。损耗是合法的、正常的；损失是非正常的，是由于违约行为造成的。承租人不按约定的方法使用租赁物，是一种根本违约的行为。按约定或依据租赁物性质进行使用是承租人的一项基本义务，同时对租赁物的使用又是承租人的一项基本权利，权利与义务是相对应的，当事人享受权利的同时就相应承担一定的义务。承租人不仅对于自己的违约行为应当承担违约责任，而且对其允许的同居人和第三人的原因造成的租赁物的损失亦应当承担赔偿责任。因为在承租人未按照约定或依据性质使用租赁物的情形下，具备了承担责任的过错，第三人造成损害的情况下，承租人对损害的发生具有可归责的理由。此处的“致使”损失发生，指的是未按约定或依据性质使用租赁物的行为对损失的产生具有因果关系。损失并非必须是由承租人的直接行为导致的。如当事人约定不可转租，但承租人违反该关于使用方法的约定，转租给第三人，第三人造成了房屋的损失，则承租人对此承担损害赔偿责任。

本条还规定了出租人对承租人违约行为的救济手段，即可以解除合同并请求赔偿损失。若承租人未履行善用义务，导致损害发生，根据造成损失的时间点不同，可采取不同的救济方式。在租赁期限尚未届满时，出租人有权解除合同并要求承租人赔偿损失；在租赁期限届满时，出租人无须解除合同，可直接要求承租人赔偿损失。这里规定的是出租人可以行使解除权，赋予了出租人自主决定的权利。如果出租人还愿意使该租赁合同继续下去，并且承租人的违约行为对租赁物造成的损失并不大，可以采取措施予以挽回，那么出租人可以先阻止承租人的违约行为，承租人予以及时改正的，又对损失进行了及时补救的，出租人也可以不解除合同。但已经造成的损失，承租人应当赔偿。承租人经出租人劝阻仍不加改正的，出租人可以单方解除合同，对于承租人给出租人造成的损失，出租人可以请求其进行损害赔偿。

第七百一十二条 出租人应当履行租赁物的维修义务，但是当事人另有约定的除外。

◆ 条文主旨

本条是关于出租人的维修义务的规定。

◆ 条文解读

出租人的维修义务是从出租人对物的瑕疵担保责任中派生的义务。维修义务是指在租赁物出现不符合约定的使用状态时，出租人须对该租赁物进行修理和维护，以保证承租人能够正常使用该租赁物的义务。维修义务也包括对租赁物的正常保养。从性质来看，维修义务既有义务属性也有权利属性。出租人作为租赁物的所有人，尽管租赁期内并未直接占有租赁物，对其所有物进行维修以保持其良好状态是应有的一项义务。同时，出租人负有按约定交付租赁物、维持租赁物用途的主给付义务。维修则是其派生的附随义务。但由于其并非主给付义务，所以产生该义务不必然意味着违约责任的产生。之所以原则上由出租人承担维修义务，主要是因为出租人负有使租赁物在租赁期限内保持其约定用途的主给付义务。当租赁物产生需要维修的情形时，承租人也可能主张损害赔偿或解除合同来寻求救济。

承租人使用租赁物就是要使租赁物发挥其效用，以满足自己的需要，这就要求租赁物本身应保持一个良好的状态，具备它本身的性能，发挥它本身的效能，当该租赁物出现妨碍使用的情况时，就要对其进行维修。法律将维修的义务加诸出租人是从租赁合同的特点出发的，一是租赁物的所有人在绝大多数情况下是出租人，出租人要对自己的财产负责，延长租赁物的使用期，对租赁物进行正常的养护和维修，维护的是自己的利益；二是出租人出租租赁物是为了收取租金，承租人支付租金是为了使用租赁物，如果租赁物不能使用了，承租人订立合同的目的就不能实现，再让他支付租金是不公平的。因此，各国法律都把对租赁物的维修义务归于出租人一方。出租人的维修义务并不是绝对的、无限的，应当满足如下要件：

其一，有维修的正当理由，即限于租赁物本身的缺陷造成，对承租人增添于租赁物的缺陷无维修的义务。出租人的维修义务一般是在承租人按约定正常使用租赁物的情况下出现的租赁物的损耗或者是由租赁物的性质所要求的对租赁物的正常的维护，如果是因为承租人的保管、使用不善，造成租赁物损坏时，出租人不负有维修的义务。

其二，须租赁物有维修的必要。有维修的必要是指租赁物已出现影响正常使用、发挥效用的情况，不进行维修就不能使用，出租人应对租赁物进行及时的维修，以保证其正常使用。

其三，须租赁物有维修的可能。有维修的可能是指租赁物损坏后能够将其修好以恢复或达到损坏前的状态。维修不能，包括事实不能与经济不能。前者是指维修在技术上或物理上不可能，如承租人承租的房屋倒塌；后者是指维修在事实上虽然可能，但在经济上则耗费过大，致使维修几乎等同于重建或者无法期待出租人维修。经济不能最直观的表现就是，维修所获效果显然不足以弥补修缮费用。无论是事实不能还是经济不能，出租人皆无维修义务。此时出租人的维修义务就转化为承担一定的民事责任的义务，如减少租金等。

其四，当事人无相反的约定。基于租赁合同债权相对性，尊重当事人意思自治，允许当事人对维修义务的分配作出约定，即另有约定时也存在承租人承担维修义务的情况。

出租人的维修义务是需要承租人的协助来履行的。由于租赁期内，租赁物往往由承租人实际占有，其对租赁物的状况最为了解。当需要维修的情形出现，承租人需要将相关情形通知出租人。若承租人未进行通知，则出租人的维修义务难以实施。

法律虽然规定了在一般情况下出租人负有维修义务。但并非在所有情况下的维修义务都由出租人承担。排除出租人维修义务的情况有以下几种：其一，法律、行政法规规定，由承租人承担维修义务的。如我国海商法规定，在光船租赁中，由承租人负责维修保养。有的国家的法律规定，在房屋租赁中，有些小的维修义务由承租人承担，如《法国民法典》就规定在房屋租赁中，承租人应当负担的修缮义务有：房间内的一部分破碎地砖的修补、窗户玻璃的修补、门锁的修缮等。《意大利民法典》规定，由房客负担的小修缮是属于因使用所引起的损坏。其二，双方约定维修义务由承租人负担。其三，依当地习惯或商业习惯。如在汽车租赁中对汽车的维修义务一般都由承租人负担。再如前面曾提到的在我国西南地区民间实行的房屋租赁“大修为主，小修为客”的习俗。

第七百一十三条 承租人在租赁物需要维修时可以请求出租人在合理期限内维修。出租人未履行维修义务的，承租人可以自行维修，维修费用由出租人负担。因维修租赁物影响承租人使用的，应当相应减少租金或者延长租期。

因承租人的过错致使租赁物需要维修的，出租人不承担前款规定的维修义务。

◆ 条文主旨

本条是关于出租人维修义务的补充规定。

◆ 条文解读

出租人负有保持租赁物适于使用、收益状态的义务，在租赁物存在瑕疵或被毁损的情况下，出租人应当承担维修义务，但是当事人另有约定的除外。出租人履行维修义务，可以由出租人主动作出，也可以由承租人提出。承租人请求出租人履行维修义务的，以租赁物有维修的必要及维修的可能为要件。租赁物有维修的必要是指租赁物发生毁损等情事，如不维修将致使承租人对租赁物不能为使用、收益或不能圆满地为使用、收益，如出租的房屋因时日长久，遇雨渗漏，承租人无法居住等情形。并非一切与交付时不一致的状态都有维修的必要，租赁物虽有瑕疵，但不妨碍使用、收益的，则无维修的必要。租赁物是否具有维修的可能，不仅应以物理上或技术上是否可能作为判断标准，还应以社会一般观念或经济上的意义加以决定。因此，事实上不能维修；虽能维修，但维修已不能使租赁物恢复至适用于合同约定的使用、收益状态；虽能维修，但维修本身耗费过巨，而效果显然不足以弥补维修费用；维修无异于新造或重大改造等情形，均可视为维修不能。租赁物有维修的必要及可能时，承租人可以向出租人发出维修的请求，催告出租人在合理的期限内对租赁物进行维修。该合理期限应当根据租赁物的损坏程度、承租人需要维修的紧迫程度以及出租人的维修能力等具体情况确定。出租人应当在承租人提出的合理期限内履行对租赁物的维修义务，以满足承租人使用租赁物的需求。

出租人无正当理由在催告确定的合理期限内没有对租赁物进行维修的，构成不履行维修义务，承租人可以自行修理。由于维修租赁物是出租人的义务，出租人未尽其义务，由承租人代为履行的，由此支出的费用应当由出租人负担，承租人已经垫付的，有权要求出租人偿还，或要求抵扣租金。同时，出租人不履行维修义务，任凭租赁物部分或全部毁损、灭失，致使承租人无法实现合同目的，构成根本违约，承租人可依据本法的有关规定，解除合同并请求出租人承担违约责任。

对于租赁物毁损的原因是否影响出租人的维修义务，法学理论界存在不同的看法。肯定说认为，承租人因违反保管义务或侵权行为对租赁物造成损害时，应当承担赔偿责任，但金钱赔偿不同于维修，故出租人仍负有维修义务，而承租人仅负有损害赔偿义务。否定说则指出，承租人正当使用租赁物发生毁损时，维修义务理应由出租人承担；但在承租人故意或过失毁损租赁物的情形下，如果仍由出租人负担维修义务，那么在出租人为维修以前，承租人可以拒绝支付租金，这有悖于诚信原则，因此维修义务应由承租人承担。上述两种学说的根本差异在于，如何理解维修义务与维修费用以及损害赔偿义务之间的关系。否定说将维修义务的承担和维修费用的负担捆绑在一起考虑，而肯定说视维修义务为单纯的消除租赁物瑕疵的义务，至于维修费用，则由造成租赁物毁损的过错一方承担。由此，只要租赁物出现瑕疵，就应由出租人加以消除。目前中国海峡两岸的学者多持否定说，认为在非因承租人的过错所致的情形下，出租人才负有维修租赁物的义务，因承租人的过错致使租赁物需要维修的，则由承租人承担维修义务，本条规定采用这一观点。承租人拒不履行维修义务，造成租赁物毁损、灭失的，应当按照本法的有关规定，承担损害赔偿责任。

第七百一十四条 承租人应当妥善保管租赁物，因保管不善造成租赁物毁损、灭失的，应当承担赔偿责任。

◆ 条文主旨

本条是关于承租人妥善保管租赁物的义务的规定。

◆ 条文解读

妥善保管租赁物也是承租人的主要义务之一。保管的义务源自承租人对租赁物享有的占有和使用权，租赁物的所有权并不归属于承租人，出租人的财产在承租人的占有、使用之下，产生了承租人的保管义务。一方面，妥善保管租赁物有利于承租人在租赁期限对租赁物的充分使用；另一方面，承租人在使用完毕后要将租赁物返还出租人，返还时的租赁物应当符合租赁物在使用前的状态或者性能。所谓“妥善保管”，在比较法上叫作“尽善良管理人之注意”，《意大利民法典》叫作“奉行善良家父般的勤谨注意”。通俗地说，就是要把该租赁物当成自己的财产加以保管。承租人的保管义务应包括以下几个方面内容：

1. 按照约定的方式或者租赁物的性质所要求的方法保管租赁

物，如租赁物是机器设备，就应将其放置在厂房里，而不应露天摆放。租赁物是电脑的，在使用后应关掉电源开关等。

2. 按照租赁物的使用状况进行正常的维护。很多租赁物需要经常进行保养维护，如果不进行经常的维护，就难以保证正常的运转。例如，汽车应当经常加机油，经常进行保养，才能保证正常使用。对于租赁物正常维护的费用有两类：一是为维护物的使用、收益能力所支付的费用，如机器设备上的润滑油，汽车使用的汽油、机油等，这部分费用一般应由承租人负担；二是为了维持租赁物的使用、收益状态所支出的费用，如房屋的维修费用、汽车换胎的费用、机器设备更换零部件的费用等，应当由出租人负担。

3. 通知和协助。租赁期限内，租赁物有瑕疵并影响承租人正常使用时，承租人应及时通知出租人，并采取积极措施防止损坏的扩大。有时租赁物发生故障来不及要求出租人维修，如果承租人有能力，也有可能先行对其进行维修，承租人应当先行维修，维修的费用由承租人先垫付，之后可向出租人追偿或者在租金里扣除。承租人绝不能因维修义务应由出租人负担就对租赁物坐视不管，这样就没有尽到善良管理人的义务。

承租人如果没有对租赁物尽到上述妥善保管的义务，造成租赁物毁损、灭失的，应当承担损害赔偿责任。

第七百一十五条　承租人经出租人同意，可以对租赁物进行改善或者增设他物。

承租人未经出租人同意，对租赁物进行改善或者增设他物的，出租人可以请求承租人恢复原状或者赔偿损失。

◆ 条文主旨

本条是关于承租人对租赁物进行改善或增设他物的规定。

◆ 条文解读

所谓改善是指对租赁物并不改变其外观形状，而是对其性能进行改良。如租用的汽车由原来的化油器改装为电喷的，使汽车的性能更符合环保的要求。所谓增设他物，也叫添附，是指在原有的租赁物上又添加另外的物，如在汽车上安装音响设备、在房屋里安装空调等就是添附。

有时，承租人为了使租赁物充分有效地发挥作用，需要对租赁物进行改善或者添附，但承租人对租赁物只是享有占有、使用的权利，而不具有处分权，因此，他不能擅自在租赁物上进行拆改或者添附。承租人需要对租赁物进行改善或者添附时，须先同出租人协商，在征得出租人的同意后方能对租赁物进行改善或添附。如对租赁的房屋进行装修、为租用的汽车安装防盗器等。

承租人未经出租人同意对租赁物进行改善、增设他物的，承租人不但不能要求出租人返还所支付的费用，反过来出租人可以要求承租人恢复原状或者赔偿损失。

第七百一十六条 承租人经出租人同意，可以将租赁物转租给第三人。承租人转租的，承租人与出租人之间的租赁合同继续有效；第三人造成租赁物损失的，承租人应当赔偿损失。

承租人未经出租人同意转租的，出租人可以解除合同。

◆ **条文主旨**

本条是关于承租人对租赁物的转租的规定。

◆ **立法背景**

承租人是否有对租赁物的转租的权利，各国规定不尽一致，大致有三种类型：第一种类型是未经出租人同意不得将租赁物转租给第三人。如《日本民法典》规定，租用人未经出租人同意，不得将其权利出让或将其租用物转租。采取这种规定的理由是，租赁物的所有权不属于承租人，承租人无权处分租赁物，如果他要处分须经有处分权的人同意，这是交易的最基本的条件，也是为了保护交易安全。因为无处分权的民事行为是一种效力待定的行为，它的效力是不确定的，一旦有处分权人予以否认，该行为立即归于无效，因此，允许承租人随意转租，既不利于保护出租人的利益，也不利于保护第三人的利益。第二种类型是承租人能否转租，因区分动产租赁和不动产租赁而不同，动产租赁的转租须经出租人同意，不动产租赁则另有规定。如《意大利民法典》规定，除有相反的约定，承租人有将租赁物让渡他人的转租权，但是未经出租人同意不得转卖契约。涉及动产物时，转租应当由出租人授权或者与惯例相符。第三种类型是规定当事人有转租的权利，但租赁契约有禁止的约定者，不在此限。采用这种规定的理由是，租赁合同并不以转移标的物所有权为内容，也并不以出租人对租赁物有所有权为必要。所以承租人可以将租赁物转租他人，除非当事人事先约定不准转租。

本法采用的是第一种类型，这是因为在我国实践中，尤其是在房屋租赁市场，有人为了牟取暴利，将租来的房屋层层转租，致使住房的租金过高，侵害了房屋所有人的利益，也不符合习近平总书记在党的十九大报告中所强调的“房子是用来住的”这一定位。为了规范上述现象，本条规定，承租人将租赁物转租他人的，必须经出租人同意。

◆ 条文解读

转租，是指承租人将租赁物转让给第三人使用、收益，承租人与第三人形成新的租赁合同关系，而承租人与出租人的租赁关系继续合法有效的一种交易形式。

转租包括经出租人同意和未经出租人同意两种情况：

一、经出租人同意的转租

经出租人同意的转租包括两种情形：一是在租赁合同订立时明确约定承租人有权出租租赁物；二是在租赁期限内承租人征得出租人同意将租赁物转租。根据本法第 718 条的规定，承租人事前未经出租人同意，事后出租人知道或者应当知道，但是在 6 个月内未提出异议的，也可以视为经出租人同意的转租。

经出租人同意的转租是有效的，但由于在同一租赁物上出现了三个当事人、两个合同关系，即出租人、承租人、第三人也可称为次承租人，这三人之间的法律关系必须明确。按照本条的规定经过转租的租赁合同当事人的关系应为：第一，出租人与承租人之间的关系不因转租而受影响，继续有效，承租人仍然应向出租人承担支付租金、在租赁期限届满时返还租赁物的义务。因次承租人的行为造成租赁物损失的，承租人仍然要对出租人负责。第二，虽然次承租人与出租人之间没有合同关系，次承租人可以直接向出租人支付租金，出租人不得拒绝。第三，在租赁合同终止或者被解除时，承租人与次承租人之间的租赁关系也随之终止。因为这个次承租合同的订立是以前一个租赁合同为基础的。

二、未经出租人同意的转租

本条规定，未经出租人同意转租的，出租人可以解除合同。

因为承租人未经出租人同意擅自将租赁物转租他人，直接破坏了出租人对承租人的信任，也直接损害了出租人对租赁物的所有权或处分权，同时造成多层次的对租赁物的占有关系，增加了出租人要求返还租赁物的困难或使出租物的毁损程度加重，所以出租人有权解除合同。

第七百一十七条 承租人经出租人同意将租赁物转租给第三人，转租期限超过承租人剩余租赁期限的，超过部分的约定对出租人不具有法律约束力，但是出租人与承租人另有约定的除外。

◆ **条文主旨**

本条是关于转租期限的规定。

◆ **条文解读**

承租人经出租人同意将租赁物转租给第三人后，出租人与承租人的原租赁合同仍然有效，承租人同样需要承担原租赁合同中约定的权利义务；转租人（承租人）与次承租人之间按照新租赁合同中的约定行使自己的权利义务。原则上，根据“一方不能把自己不享有的权利转给第三方”的法理，转租合同中对次承租人权利的约定不能超过原租赁合同中的承租人所享有的权利。

转租合同中，对于超过原租赁合同权利的部分是否有效，学界大致存在两种观点：绝对无效说和相对无效说。绝对无效说认为超过承租人所享有的权利进行违法转租的合同无效或部分无效，认为违法转租行为违背了出租人的利益，客观上加大了出租人的监督成本，因此在法律上规定违法转租的合同无效有利于实现对承租人的震慑和对出租人利益的保护。相对无效说以日本学者我妻荣的观点为代表，他认为租赁权本身的构成具有两面性：债权债务的契约和用益租赁物的租赁权，转租必须以此为基础进行思考。认为转租合同可以有效成立，但次承租人对出租人是否能有效取得权利，则根据出租人的承诺的有无而定。也有学者从民法自治和合同效果方面来论述，主张违法转租行为有效对于次承租人能给予更好的保护，因为次承租人可以根据该合同向承租人主张违约责任。违法转租是承租人的权利瑕疵担保问题，不应由无过错的次承租人承担责任。

本条规定采用相对无效说，规定转租合同中约定的转租期限超过承租人剩余租赁期限的，该约定只要不存在本法规定的无效事由即为有效，次承租人也因此取得相应权利，但该权利仅对出租人不产生法律约束力。原租赁合同期限届满后，出租人可以要求次承租人限期返还租赁物，次承租人则可依据转租合同的约定向承租人主张违约责任。

第七百一十八条 出租人知道或者应当知道承租人转租，但是在六个月内未提出异议的，视为出租人同意转租。

◆ 条文主旨

本条是关于出租人同意转租的规定。

◆ 条文解读

出租人同意承租人转租后，将对出租人、承租人和次承租人都产生一定的法律后果，因此出租人将该同意的意思表示于外的行为，属于意思表示。根据本法第 140 条的规定，行为人可以明示或者默示作出意思表示。沉默只有在有法律规定、当事人约定或者符合当事人之间的交易习惯时，才可以视为意思表示。所谓明示的意思表示，就是行为人以作为的方式使得相对人能够直接了解到意思表示的内容。以明示方式作出的意思表示具有直接、明确、不易产生纠纷等特征。所以实践中，明示的意思表示是运用得最为广泛的一种形式。比较典型的是表意人采用口头、书面方式直接向相对人作出的意思表示。所谓默示的意思表示，是指行为人虽没有以语言或文字等明示方式作出意思表示，但以行为的方式作出了意思表示。这种方式虽不如明示方式那么直接地表达出意思表示的内容，但通过其行为可以推定出其作出一定的意思表示。例如，某人向自动售货机投入货币的行为即可推断其作出了购买物品的意思表示。又比如某人乘坐无人售票的公交车时，其投币行为就可以视为其具有缔结运输合同的意思表示。意思表示原则上都需要以明示或者默示的方式作出。但是在现实生活中也会出现一种特殊情形，即行为人作出意思表示时既无语言等明示方式，也无行为等默示方式，但在一定条件下仍可视为意思表示。这种情形就是以沉默的方式作出的意思表示。沉默是一种既无语言表示也无行为表示的纯粹的缄默，是一种完全的不作为，从法学理论和比较法来看，原则上纯粹的不作为不能视为当事人有意思表示，只有在有法律规定、当事人约定或者符合当事人之间的交易习惯时，才可以视为意思表示。本条规定的出租人明知承租人转租，但在 6 个月内不提出任何异议的不作为，就是一项法律关于沉默的意思表示的特殊规定。

房屋租赁关系的基础是出租人对承租人的了解和信任。如果承租人擅自转租，不仅会破坏出租人对承租人的信任，而且还将减弱出租人对租赁物的控制，增加租赁物被毁损以及不能收取租金的风险，因此本法规定承租人转租应当经过出租人的同意或追认。但是，如果出租人明知承租人转租的事实，却不明确表示追认或提出异议，将使承租人和次承租人的利益长期陷入不稳定状态，不利于社会的和谐、稳定和发展。同时也要考虑到，租赁物在租赁期限内完全处于承租人的实际控制下，出租人往往难以及时发现租赁物被违法转租的事实。对于价值较高的租赁物，出租人往往还需要考察次承租人的资质、能力和背景等方能作出是否同意转租的决定。基于此，本条规定赋予了出租人一定的期限，即自知道或应当知道承租人转租的事实之日起6个月。在6个月内未提出异议的，视为出租人同意转租。

第七百一十九条 承租人拖欠租金的，次承租人可以代承租人支付其欠付的租金和违约金，但是转租合同对出租人不具有法律约束力的除外。

次承租人代为支付的租金和违约金，可以充抵次承租人应当向承租人支付的租金；超出其应付的租金数额的，可以向承租人追偿。

◆ 条文主旨

本条是关于次承租人的代为清偿权的规定。

◆ 条文解读

承租人经出租人同意转租的，承租人与次承租人之间形成新的租赁关系，而出租人与承租人之间的原租赁关系不受影响，继续合法有效。根据严格的合同的相对性原则，承租人向出租人承担支付租金的义务，次承租人向承租人承担支付租金的义务。次承租人与出租人之间不存在合同关系，故而次承租人本不应向出租人支付租金。但是，本法第524条第1款规定："债务人不履行债务，第三人对履行该债务具有合法利益的，第三人有权向债权人代为履行；但是，根据债务性质、按照当事人约定或者法律规定只能由债务人履行的除外。"也就是说，第三人对债之履行有利害关系时，无须债务人或债权人的同意即可代为履行债务，债权人不得拒绝。这一规定是由债权的财产性决定的，债权人要满足其债权，没有必要必须限于债务人本人作出履行，只要给付可以满足债权的财产价值即可。

在承租人无正当理由未支付或者延迟支付租金时，出租人享有法定解除合同的权利，因此次承租人对租赁物的占有、使用和收益的权利是否能够得到保障完全取决于承租人对出租人义务的履行，此时次承租人承担着过大的风险。承租人是否向出租人履行支付租金的义务，直接关系着次承租人对租赁物的占有、使用和收益，出租人因承租人未支付租金而解除与承租人订立的租赁合同后，要求收回租赁房屋，这对次承租人于占有物的继续使用造成了障碍，也妨碍了合同目的的实现。出租人解除合同后收回租赁房屋对次承租人有权占有并使用该租赁房屋形成了利害关系，即次承租人对该债务的履行具有"合法利益"，应解释于第三人清偿范围内。并且租金属于金钱之债，不具有只能由承租人履行的性质，因此次承租人有权向出租人代为履行，出租人不得拒绝。因此，次承租人代为支付承租人拖欠的租金和违约金的行为，属于第三人清偿之债的具体类型。

实际上，法定解除权的设置主要在于维护出租人在租赁合同中的重大利益，即保障出租人能够如约收取租金，因而本条规定由完全具备支付能力的次承租人代为支付，不仅可以增加次承租人权利的稳定性，增强对出租人收取租金的权利的保障，还可以防止出租人和承租人恶意串通损害次承租人的利益。

根据本法第 524 条第 2 款的规定，债权人接受第三人履行后，其对债务人的债权转让给第三人，但是债务人和第三人另有约定的除外。次承租人代向出租人支付承租人拖欠租金和违约金后，依据债权转让规则，出租人对承租人的租金债权转让给次承租人，次承租人应当通知承租人，次承租人可以要求承租人减少租金、在承租人的剩余租赁期限内延长租期或要求承租人偿还该租金和违约金。

当然，未经出租人同意转租的，在租赁合同未解除的情况下，转租合同对出租人不具有法律约束力。第三人对租赁物的占有属于无权占有，作为所有权人的出租人有权随时要求该第三人返还租赁物，故该第三人对租赁物并不具有合法权利，对该租金债务的履行不具有“合法利益”，出租人有权拒绝其代为履行的请求。

第七百二十条 在租赁期限内因占有、使用租赁物获得的收益，归承租人所有，但是当事人另有约定的除外。

◆ **条文主旨**

本条是关于租赁物的收益归属的规定。

◆ **条文解读**

本条中的收益是指承租人因占有、使用租赁物而获得的效益。收益包括两类：一类是因为占有租赁物而产生的收益；另一类是使用租赁物而产生的收益，如承租人从房屋租赁的转租中收取的超额租金，承租人租用汽车经营货物运输获得的收益等。除当事人在合同中另有约定外，租赁期限内承租人占有使用租赁物获得的收益归承租人所有。这样规定是由租赁合同的性质决定的。租赁合同是出租人将租赁物交付承租人使用、收益，承租人支付租金的合同，承租人不仅享有租赁物的使用权，还包括收益权。在有些情况下，承租人重视的是租赁物的使用价值，租赁本身并不产生收益，如承租人为居住而租赁房屋、家具等；但在有些情况下，承租人租赁的直接目的就在于收益，如为生产经营租赁机器设备、租赁房屋等。在《意大利民法典》中专门规定了一类叫作产生孳息的物品租赁，即以动产或不动产生孳息的物品为租赁的标的物。承租人对租赁物的使用是以支付租金为代价的，所以就其租赁物的占有、使用而获得的收益，应当享有所有权。

第七百二十一条 承租人应当按照约定的期限支付租金。对支付租金的期限没有约定或者约定不明确，依据本法第五百一十条的规定仍不能确定，租赁期限不满一年的，应当在租赁期限届满时支付；租赁期限一年以上的，应当在每届满一年时支付，剩余期限不满一年的，应当在租赁期限届满时支付。

◆ 条文主旨

本条是关于租金支付期限的规定。

◆ 条文解读

支付租金是承租人的主要义务。租金支付期限是出租人能够及时收取租金的依据。为避免合同履行中发生纠纷，一般租赁合同中应明确约定租金支付期限。租金的支付期限是合同的主要条款，关系到租金支付的时间，当事人在合同中应当尽量约定明确。租金的支付期限可以按年、月、日计算，也可以按小时计算。租金的支付可以是一次支付，也可以是分期支付；一次支付可以是事前支付，也可以在租赁期限届满之后一次支付，这些都由双方当事人在合同中约定。当事人应当严格按照合同约定的期限支付租金。

在实际生活中，一些当事人在订立合同时由于种种原因，未约定租金支付期限或约定得不明确，给合同的履行带来了一定的困难，这就需要当事人进行进一步的协商，如果能够达成补充协议，承租人应当按照补充协议中约定的支付期限支付租金。如果不能达成补充协议，且依据合同的有关条款和交易习惯也不能确定的，按照本条的规定可依据下述方法确定支付期限：

1. 租赁期限不满 1 年的，租金应当在租赁期限届满时支付。如当事人在租赁合同中约定租期为 6 个月，则承租人应当在 6 个月届满时支付全部租金。

2. 租赁期限 1 年以上的，应当在每届满 1 年时支付，剩余期限不满 1 年的，应当在租赁期限届满时支付。如当事人在 2005 年 5 月订立了一个房屋租赁合同，租期为 4 年 6 个月，承租人就应在今后 4 年的每年 5 月向出租人支付租金，到 2009 年 5 月即满 4 年时，租期还有 6 个月，最后一次租金的支付时间应为 2009 年 11 月。

第七百二十二条 承租人无正当理由未支付或者迟延支付租金的，出租人可以请求承租人在合理期限内支付；承租人逾期不支付的，出租人可以解除合同。

◆ 条文主旨

本条是关于承租人违反支付租金义务的法律后果的规定。

◆ 条文解读

承租人应当按照合同约定的时间、金额、方式向出租人支付租金，这是因为承租人取得租赁物的使用权是以支付租金为代价的。出租人出租租赁物的目的就是收取租金，承租人能按时足额支付租金，出租人通过让渡财产使用权而获得租金收入的合法权利才能得到保障。

本条规定，承租人在租赁期限内无正当理由不得拒付和迟延支付租金。所谓正当理由包括以下几种情况：一是因不可抗力或意外事件，使租赁物部分或者全部毁损、灭失的，承租人已无法对租赁物使用、收益，承租人可以请求不支付租金。二是因出租人没有履行义务，如交付的租赁物不符合约定的使用要求；在租赁期限内租赁物出现质量问题，出租人不尽维修义务的。三是因承租人本身发生一些意外事件致使其暂时无力支付租金。例如，用于居住的房屋租赁的承租人因生重病住院，经济上出现暂时困难，无力支付到期租金。在这种情况下，可以请求出租人适当延缓交付。

承租人无正当理由未支付或迟延支付租金是一种违约行为，当然要承担一定的违约责任。承租人不支付租金虽然是一种根本违约行为，但出租人并不一定要马上解除合同，为了保持合同的稳定性，可以给承租人对违约的补救机会。因此，本条规定，出租人可以通知承租人，要求其在合理的期限内支付。该合理期限应当根据到期租金的数额、承租人的支付能力以及出租人的经济状况等因素来确定。承租人经催告后在合理的期限内仍不支付租金的，出租人可以解除合同。迟延交付租金的，各国法律一般都对出租人规定一个催告时间，在经催告后承租人仍不交付的，出租人可以解除合同。

租赁合同被解除后，租赁期限尚未届满的，合同终止履行，承租人应返还租赁物，承租人欠付的租金以及对出租人造成的损害，应当进行清算。

第七百二十三条 因第三人主张权利，致使承租人不能对租赁物使用、收益的，承租人可以请求减少租金或者不支付租金。

第三人主张权利的，承租人应当及时通知出租人。

◆ 条文主旨

本条是关于出租人的权利瑕疵担保责任的规定。

◆ 条文解读

所谓出租人的权利瑕疵担保，是指出租人担保第三人不能就租赁物主张任何权利。权利瑕疵担保责任是指当第三人对租赁物主张权利时，出租人所应承担的责任。权利瑕疵担保责任的构成要件为：第一，权利瑕疵在合同成立时已存在；第二，相对人不知有权利瑕疵的存在，如果在订立合同时相对人明知行为人对该物无处分权而与之订立合同，相对人不能作为善意相对人而享受对对方的权利的瑕疵担保的要求；第三，权利瑕疵在合同成立后仍未能排除，如果在合同成立时，虽有权利瑕疵，但在合同成立后，行为人取得了该物的处分权，则应视为权利瑕疵已经除去。

出租人承担权利瑕疵担保责任的条件为：

1. 因第三人向承租人主张权利。第三人主张权利可以是第三人作为租赁物的所有人主张出租人对租赁物无处分权，该租赁合同无效；也可以是第三人作为租赁物的抵押权人，在义务人不履行义务时，要求实现其抵押权。在这种情况下，势必影响承租人对租赁物的使用、收益。

2. 第三人主张权利，妨碍承租人对租赁物的使用和收益。如第三人主张抵押权的实现时，因其涉及对租赁物实体的处置，则会妨碍承租人对租赁物的使用。

3. 承租人在订立合同时不知有权利瑕疵，如承租人在订立合同时明知出租人对该租赁物没有处分权，而自愿承担第三人主张权利的风险，出租人不负瑕疵担保责任。

在第三人主张权利时，除出租人已经知道第三人主张权利外，承租人应当及时通知出租人，如承租人怠于通知致使出租人能够救济而未能及时救济的，则出租人对承租人的损失不负赔偿责任。承租人及时通知出租人，出租人对第三人主张权利不能排除的，承租人事实上对租赁物已无法使用、收益，这时，承租人有权请求减少租金或不支付租金。

第七百二十四条 有下列情形之一，非因承租人原因致使租赁物无法使用的，承租人可以解除合同：

（一）租赁物被司法机关或者行政机关依法查封、扣押；

（二）租赁物权属有争议；

（三）租赁物具有违反法律、行政法规关于使用条件的强制性规定情形。

◆ **条文主旨**

本条是关于非因承租人原因致使租赁物无法使用时承租人的法定解除权的规定。

◆ **条文解读**

根据解除权行使主体不同分为承租人享有法定解除权和出租人享有法定解除权的情形，本条规定的是承租人享有法定解除权的情形。综合本法的相关规定，承租人享有法定解除的情形如下：一是因不可抗力致使不能实现合同目的的；二是出租人未按约定交付租赁物，经承租人催告在合理期限内仍拒不交付租赁物的；三是因不可归责于承租人的事由致使租赁物部分或全部毁损、灭失，致使合同目的不能实现的；四是不定期租赁，承租人有权随时解除合同；五是租赁物危及承租人安全或健康的，即使承租人订立合同时明知该租赁物质量不合格，承租人仍有权随时解除合同；六是司法机关或者行政机关依法查封租赁房屋导致承租人不能使用的；七是租赁物权属有争议导致承租人不能使用的；八是不符合建筑法、消防法等法律关于房屋使用条件的强制性规定并导致承租人不能使用的；九是一物数租之有效合同不能实际履行的。

在出现租赁房屋被司法机关或者行政机关依法查封、权属有争议，或者具有违反法律、行政法规（主要包括违反建筑法、消防法等）关于房屋使用条件强制性规定情况任何一种情形时，承租人的合同解除权并非任意的，还须具备一个必要前提，即该情形的出现导致“租赁房屋无法使用”。所谓“无法使用”是指无法按照租赁房屋的约定用途使用，或者无法按照租赁房屋的性质使用。

当租赁物是房屋时，司法机关对房屋的查封，实务中有“活封”和“死封”之分，其中“死封”是指房屋被查封后不仅其处分权受到限制，而且丧失了使用、管理权，权利人只有妥善保管的义务；而“活封”则相反，房屋被查封后，权利人仍享有对房屋的使用、管理和收益权，仅处分权受限。实践中，租赁房屋被查封，如果是由于出租人的原因，承租人在要求解除合同的同时也可要求出租人赔偿损失；如果是由于承租人的原因，出租人因此遭受损失的，出租人除了可以提起反诉要求承租人赔偿损失以外，也可另行起诉要求承租人赔偿损失。当租赁物是动产时，查封、扣押动产的，人民法院可以直接控制该项财产。人民法院将查封、扣押的动产交付其他人控制的，应当在该动产上加贴封条或者采取其他足以公示查封、扣押的适当方式。

当租赁物的权属存在争议时，意味着出租人可能不是租赁物的所有权人，即使租赁合同可以拘束名义上的出租人，但是无法拘束真正的所有权人。尽管也存在出租人是真正的所有权人的可能，但是也许承租人不想冒这个险，因此法律上应允许其合理规避风险，解除合同。

第七百二十五条　租赁物在承租人按照租赁合同占有期限内发生所有权变动的，不影响租赁合同的效力。

◆ **条文主旨**

本条是关于买卖不破租赁的规定。

◆ **立法背景**

我国《合同法》第229条中对买卖不破租赁也作出规定：“租赁物在租赁期间发生所有权变动的，不影响租赁合同的效力。”但该条规定存在一个重大问题，即租赁合同的真实签订时间难以确定，司法实践中出现了大量的倒签租赁合同去损害房屋买受人（所有权人）利益的情形，所以以租赁合同签订的时间点来确认承租人和所有权人的权利何者优先会存在极大的道德风险，引发司法实践中的诸多问题。

所以为了避免这一问题的发生，民法典对这一规定进行了修改，修改的核心在于使买卖不破租赁规则中租赁的时间点显形化，必须是一个有对外公示可能性的时间点。但在处理这一问题时引发了争议，争议点在于租赁合同对外公示的时间点到底以何种规则确定，立法过程中存在两种观点：第一种方案是以承租人占有使用租赁物的时间点作为租赁合同对外公示的起算点；第二种方案是以我国正在推行中的房屋租赁备案登记为起算点。这两种方法都能解决前述问题，第二种方案相比第一种方案来说登记的时点更易于确认。但假如采用第二种方案会使得我国司法实践面临难题，即现阶段我国绝大部分房屋租赁都未进行备案登记。如果在民法典中直接采用第二种方案将会导致我国现阶段绝大部分承租人不再受“买卖不破租赁”规则的保护，如此则担心引发社会问题。虽然民法典为了优化营商环境，在融资租赁、所有权保留等环节中都引入了登记，但那些环节中要求进行登记的主体都是商人，如果在“买卖不破租赁”规则中也引入登记，可能会对普通百姓造成过重的负担。经过平衡取舍后，选择了相对折中的方案，即前述第一种方案。

这一改动实际上也间接对房屋买受人提出了一个新的要求，即在签订买卖合同之前实地调查房屋的实际占有使用状况，否则其权利就有可能被在先占有适用的租赁期所限制。这一选择固然增加了买受人的调查成本，但从另一方面表现出房屋更强的住宅属性，而非金融属性，这和“房子是用来住的，不是用来炒的”

的定位也是相符的。

◆ **条文解读**

本条的规定体现了租赁权的物权化。所谓物权化，是指在承租人依据租赁合同占有租赁物期限内，承租人对租赁物的占有使用可以对抗第三人，即使是该租赁物所有权人或享有其他物权的人也不例外。

本条主要规定的是租赁物的所有权发生变动时，租赁合同的效力问题。在租赁合同中有一个基本的制度叫“买卖不破租赁”。买卖不破租赁，是指当出租人在租赁合同有效期内将租赁物的所有权转让给第三人时，租赁合同对新所有权人有效。关于这个原则，各国家和地区的民法都有所体现，但不尽相同，有的规定，只有对不动产租赁或经过登记的动产租赁才适用该项原则。如《意大利民法典》规定，如果在租赁物转让前已有明确的租赁契约，则租赁契约得对抗第三买受人。在买受人善意取得占有的情况下，前款规定不适用于不在公共登记处登记的动产。有的国家规定，买卖不破租赁只适用于不动产。如《法国民法典》规定，如出租人出卖租赁物时，买受人不得辞退经公证作成或有确定日期的租赁契约的房屋或土地承租人。《日本民法典》也规定，不动产的租赁契约进行登记时，而后对于其不动产取得物权者，也生效。还有的规定，不论是动产租赁还是不动产租赁，都适用买卖不破租赁的原则。如我国台湾地区“民法”规定，出租人于租赁物交付后，纵将其所有权让与第三人，其租赁契约，对于受让人仍继续存在。

买卖不破租赁并不限于出租人出售租赁物的行为，还应包括赠与以及遗赠、互易甚至将租赁物作为合伙投资等情况，上述情况都会涉及租赁物的所有权变动问题。本条规定中“不影响租赁合同的效力”是指承租人依据租赁合同占有租赁物期限内发生所有权变动后，其设定在该租赁物上的租赁权仍然存在，承租人与受让人之间无须另行订立租赁合同，受让人在受让该租赁物的所有权时就与承租人产生了租赁合同关系，成为一个新的出租人，继承原出租人的权利和义务，受让人要受该租赁合同的约束。如果出租人没有将所有权变动的事项通知承租人，承租人向原出租人支付的租金效力及于受让人。

特别需要指出的是，本条规定与本法物权编第405条“抵押不破租赁”规则形成呼应，两者按同一思路修改。

第七百二十六条 出租人出卖租赁房屋的，应当在出卖之前的合理期限内通知承租人，承租人享有以同等条件优先购买的权利；但是，房屋按份共有人行使优先购买权或者出租人将房屋出卖给近亲属的除外。

出租人履行通知义务后，承租人在十五日内未明确表示购买的，视为承租人放弃优先购买权。

◆ 条文主旨

本条是关于房屋租赁的承租人对租赁的房屋行使优先购买权的规定。

◆ 条文解读

优先购买权，是指民事主体在特定买卖的同等条件下，依法享有优先于他人购买财产的权利。实践中，优先购买权主要包括以下几种类型：共有人的优先购买权、专利委托人及合作人的优先购买权、公司股东的优先购买权以及房屋承租人的优先购买权等。由此可见，房屋承租人优先购买权是优先购买权中的一种。承租人的优先购买权则是指承租人在出租人出卖租赁物时，在同等条件下优先购买该租赁物的权利。根据本条规定，明确表明了房屋承租人优先购买权的权利主体是特定的人，即租赁了房屋的承租人，权利客体是承租人所租赁的房屋，行使权利的时间是在承租人知道出租人向外出售其所租赁的房屋之时。

承租人优先购买权的适用条件包括以下几个方面：

1. 存在合法有效的房屋租赁合同关系。也即两者之间的房屋租赁合同依法成立并生效。根据本法对合同成立的相关规定，房屋租赁合同依法成立并生效一般需要满足以下几个条件：其一，房屋租赁合同签订时，房屋出租人与承租人均属于完全民事行为能力人；其二，房屋出租人有权出租该房屋，且该房屋不属于未经政府建设行政相关部门批准或未按照其批准范围所建设的临时建筑，不属于未取得建设工程规划许可证或未按照该许可证规划而建立的房屋，如果房屋出租人在法院一审庭审辩论之前能够补正上述批准、获得或者变更建设许可证，则仍然将该房屋视为可出租房屋；其三，房屋租赁合同的内容系房屋出租人及承租人真实的意思表示，且合同内容不属于民法典规定的无效情形。在审查房屋租赁合同是否成立并有效时，除了对房屋租赁合同进行外观形式审查之外，还需要对双方当事人之间是否存在房屋租赁意思表示进行审查，若双方当事人之间并不存在真实的房屋租赁意思表示，则双方之间不存在房屋租赁关系，此种情形下房屋租赁合同中的承租人并不当然享有在同等条件下对该租赁房屋的优先购买权。此外，实践中存在房屋出租人与多个承租人签订房屋租赁合同的“一房数签”情况。在此种情况下，只要不存在合同无效的情形，房屋出租人与承租人之间的房屋租赁合同均有效。但并非所有承租人均享有出租人出售房屋时以同等条件优先购买的权利，承租人优先购买权应由实际房屋承租人享有，而不能取得租赁房屋的承租人只能要求房屋出租人按照租赁合同约定承担违约损害赔偿责任，而不得主张优先购买权。

2. 在同等条件下行使。所谓同等条件，是指承租人与其他购买人在买卖条件上等同，要综合考虑价格的多少、付款期限的长短、一次付清还是分期付款、有无担保等因素。在非同等条件下，承租人不能享有优先购买权。房屋承租人优先购买权制度的初衷是在不损害房屋出租人实质利益的情况下，维护承租人居住或生产经营的稳定。

3. 必须在一定期限内行使。如果出租人通知承租人将要出卖租赁的房屋，并提出了一定的期限，而承租人在合理期限内没有购买的意思表示，则优先购买权丧失。这说明承租人并不想购买该房屋，也就没有保护的必要了。对承租人优先购买权的行使期限加以限制是基于促进经济正常运转、交易安全的同时，保护出租人和承租人双方各自利益的考虑。

同时，本条也规定了房屋承租人优先购买权行使的限制情形：

1. 共有人的优先购买权与承租人优先购买权行使的竞合。共有分为按份共有和共同共有，在共同共有关系中，房屋出租人未经全体共有人同意不得出售该共有房屋，共同共有人无行使优先购买权的必要。而在按份共有关系中，若房屋出租人所占份额超过三分之二，则其有权决定出售该共有房屋，此时必然会对其他按份共有人的利益造成一定影响。同时，本法物权编第 305 条规定，按份共有人在同等条件下也享有优先购买权。从表面上看，似乎有可能出现同一标的物上承租人的优先购买权和按份共有人的优先购买权的冲突。但是仔细分析会发现，两种优先购买权针对的标的物是不同的。按份共有人的优先购买权针对的是其他共有人的共有份额；而承租人的优先购买权针对的是租赁标的物本身。所以实际上，二者并不会真正发生冲突。当涉及按份共有人的优先购买权时，此时讨论的是份额买卖问题，根本就不会触发承租人的优先购买权。当然，仅从结果上看，确实是按份共有人的优先购买权可以优先行使。本条将按份共有人行使优先购买权作为承租人行使优先购买权的例外，直接在条文文字层面点明此点，从而避免实践中引发不必要的争议。

2. 近亲属之间的房屋买卖具有浓厚的人身色彩，与纯粹的买卖关系有很大区别。我国是亲情和人情关系极为浓厚的熟人社会，在社会主义市场经济往来中，人们既注重经济效益，也注重人与人之间的情感关系，出租人将租赁房屋出售给近亲属时同样也会夹杂这种情感关系，其与纯粹意义上的买卖关系之间存在区别，主要体现在低于正常价格出售房屋、延长交易付款期限等，其无法作为承租人优先购买权行使的同等条件。故本条确认出租人将租赁房屋出卖给近亲属的，承租人不得主张优先购买权。

承租人享有优先购买权就要求出租人在出卖租赁房屋时应当在出卖之前的合理期限内通知承租人，给承租人考虑是否购买该房屋的时间。承租人在接到通知后应及时答复，若承租人接到通知后 15 日内未明确表示购买的，则自动丧失优先购买权，这是基于不动产交易秩序和交易安全所做的考虑。

第七百二十七条　出租人委托拍卖人拍卖租赁房屋的，应当在拍卖五日前通知承租人。承租人未参加拍卖的，视为放弃优先购买权。

◆ 条文主旨

本条是关于承租人优先购买权程序性保障的规定。

◆ 条文解读

拍卖的特质导致其与承租人的优先购买权存在一定冲突，由于优先购买权，有一定的优先效力，在拍卖程序亦不例外。《最高人民法院关于人民法院民事执行中拍卖、变卖财产的规定》第 16 条规定："拍卖过程中，有最高应价时，优先购买权人可以表示以该最高价买受，如无更高应价，则拍归优先购买权人；如有更高应价，而优先购买权人不作表示的，则拍归该应价最高的竞买人。"此所谓"跟价法"。

在拍卖负担有优先购买权的租赁房屋时一般遵循如下程序：

1. 拍卖通知，出租人在拍卖 5 日前以书面或者其他能够确认收悉的适当方式，通知优先购买权人于拍卖日到场。

2. 优先购买权人应按照拍卖通知或拍卖公告的要求，与其他竞买人一样进行竞买登记、缴纳竞买保证金，在拍卖日到场参加竞拍。

3. 举牌应价，若优先购买权人在出现最高应价时表示以该最高价买受，如无更高应价，则拍归优先购买权人；若优先购买权人未作出以该价格购买的意思表示，则拍卖房屋由最高应价人购买。

本条规定对承租人优先购买权进行程序性保障，保障其在房屋拍卖的情况下正常行使优先购买权，同时又通过对承租人优先购买权的限制以避免因承租人怠于行使优先购买权而降低房屋交易的效率，同时能够减少或避免房价波动给出租人造成的损失。

第七百二十八条 出租人未通知承租人或者有其他妨害承租人行使优先购买权情形的，承租人可以请求出租人承担赔偿责任。但是，出租人与第三人订立的房屋买卖合同的效力不受影响。

◆ 条文主旨

本条是关于出租人妨害承租人行使优先购买权的法律后果的规定。

◆ 条文解读

关于优先购买权性质的认定，本法采纳了请求权说的观点，理由在于：第一，承租人所享有的对抗第三人的效力是有限的，因为其毕竟不是物权，不能直接产生对抗第三人的效力。尤其是在第三人是善意的情况下，采形成权说对于第三人的保护极为不利。第二，如果认可其为形成权，则实际上给出卖人强加了一种就合同的内容必须作出承诺的义务，这和强制缔约没有本质差异。此种观点显然给出租人施加了不合理的义务，且与出租人所享有的所有权存在冲突，如此甚至将导致优先购买权具有优于所有权的效力。第三，从我国司法实践经验来看，并没有承认其为形成权，侵害优先购买权的后果只是赔偿损失，而不是直接在出租人和承租人之间形成合同关系。所以，优先购买权的实质就是法律赋予承租人享有的、在出租人出卖房屋时优先于其他人定约的请求权。第四，承租人已经享有本法第 725 条赋予的“买卖不破租赁”的权利以及第 734 条规定的优先承租权，此时若再设立一个物权性的优先购买权会导致出租人和承租人之间保护的失衡。

而在侵害优先购买权的情况下，究竟应当产生何种效力，理论上也存在两种不同的观点：一是无效说，此种观点认为，承租人可以请求确认转让合同无效，要求将已经转让出去的应有份额归于自己。根据《最高人民法院关于贯彻执行〈中华人民共和国民法通则〉若干问题的意见（试行）》第 118 条（已失效）后段规定：“出租人未按此规定出卖房屋的，承租人可以请求人民法院宣告该房屋买卖无效。”显然，该意见采纳无效说。二是损害赔偿说，此种观点认为，在优先购买权受到侵害的情况下，不应当确定转让合同无效，而应当由优先购买权人请求出租人承担损害赔偿责任。但关于优先购买权人请求赔偿的依据和范围，存在不同的看法。有人认为，应基于缔约过失责任，赔偿优先购买权人的费用损失。也有人认为，应当基于违约责任，赔偿优先购买权人的利润损失。

本条规定采纳了损害赔偿说，理由主要在于：一方面，无效说增加了交易成本。房屋所有人已经与第三人就房屋买卖达成了协议，并支出了交易成本，如果宣告合同无效，可能导致财富的浪费。另一方面，无效说不符合鼓励交易原则。如果认定买卖合同无效，就导致恢复原状等后果，不符合效率原则，也与合同法鼓励交易的宗旨不符。从房屋买卖市场看，只要承租人可以证明损失存在，通过赔偿其损失，就足以保障其权益，而不必使其获得特定的房屋。不过，如果承租人确有足够证据证明买受人与出租人恶意串通，则可以按照合同无效的相关规定主张合同无效。另外，此处所说的赔偿的范围是实际损失，即优先购买权人要获得类似房屋所多支出的价款损失，以及在购买房屋过程中支出的费用损失。这些损失都是因为出租人侵害承租人优先购买权而造成的，所以出租人应当赔偿。

第七百二十九条 因不可归责于承租人的事由，致使租赁物部分或者全部毁损、灭失的，承租人可以请求减少租金或者不支付租金；因租赁物部分或者全部毁损、灭失，致使不能实现合同目的的，承租人可以解除合同。

◆ 条文主旨

本条是关于租赁物发生毁损、灭失时承租人的请求权的规定。

◆ 条文解读

本条规定的是在承租人已尽了善良管理人的义务的情况下，由于其他原因，造成租赁物的毁损、灭失的，承租人享有何种权利。不可归责于承租人的事由有下列几种情况：

1. 因不可抗力的原因造成租赁物毁损、灭失的。不可抗力的条件是不能预见、不能避免，并且不能克服。如承租人租赁房屋的，由于发生洪水，大水冲进房屋，使屋内的墙皮脱落，这种损坏是承租人难以克服的。按照本法的规定，不可抗力是免责的事由，因此，在出现不可抗力时，租赁物毁损、灭失了，承租人不承担责任。

2. 因意外事件造成租赁物毁损灭失的。例如，承租人租用汽车在路上正常行驶，被一辆违反交通规则的汽车撞坏，经过认定承租人本人无过错，汽车的损害是由于第三人违反交通规则的行为造成的。

3. 因出租人不履行义务造成租赁物毁损灭失的。例如，承租人租赁的房屋，由于雨季下雨太多出现屋顶漏雨，承租人要求出租人进行维修，但出租人迟迟不予维修，最后导致房屋倒塌。倒塌的原因就是出租人没有对房屋进行及时的维修。

上述前两种情况，不可抗力和意外事件都是租赁合同双方当事人均无过错，既不可归责于承租人，也不可归责于出租人，而出现了租赁物毁损、灭失的情况。在这种情况下，应当维护哪一方当事人的利益，是法律所要解决的问题。按照民法上的一般原则，对物的风险责任是以谁享有所有权为标准的，即所有权人承担对物的毁损、灭失的风险。本法在买卖合同中规定了买卖合同标的物的风险责任交付后转移至买受人的一般原则。在租赁合同中，多数情况下，出租人是租赁物的所有权人，至少是可以支配租赁物的人，当发生不可归责于双方当事人的事由的情况，租赁物毁损、灭失的风险责任应当由出租人来承担。

在第三种情况下，由于出租人有过错，造成租赁物的毁损、灭失，当然应当由其承担损失的责任。

在上述三种情况下，由于承租人对租赁物已不能使用或使用的效能受到了影响，本条规定承租人可行使以下权利：

1. 要求减少租金或不支付租金。减少租金一般适用于租赁物部分毁损，但还能够使用，或者是承租人已经支付了部分租金，租赁物全部毁损、灭失了，已支付的租金不再返还，未支付的租金不再支付。不支付租金一般是指租赁物虽然部分毁损，但已失去其效用或者租赁物全部毁损、灭失，承租人已不能使用该租赁物，当然可以要求不支付租金。不支付租金的法律后果实际上是合同已不可能履行，当承租人不支付租金时，如果出租人同意，合同实际上是协议解除，合同终止。

2. 解除合同。解除合同的条件是不能实现合同目的。这里规定的解除条件比本法第 563 条规定的“因不可抗力致使不能实现合同目的”的范围要宽。即使不是不可抗力，只要承租人没有过错，租赁物毁损、灭失了，实际上已经不可能再履行合同了，这时承租人可以行使解除权。这种解除权不同于上面所说的协议解除，它是法定解除，也不是请求权，而是一种形成权，即承租人主张解除合同的，只要通知到达出租人，合同即行解除，如果出租人对此有异议，提请诉讼或仲裁，人民法院或者仲裁机构也只是对承租人行使解除权的效力进行确认。

第七百三十条　当事人对租赁期限没有约定或者约定不明确，依据本法第五百一十条的规定仍不能确定的，视为不定期租赁；当事人可以随时解除合同，但是应当在合理期限之前通知对方。

◆ **条文主旨**

本条是关于租赁期限没有约定或者约定不明确时的法律后果的规定。

◆ **条文解读**

租赁合同是出租人与承租人之间定期或者不定期地转移租赁物的占有权、使用权的合同。从是否约定了租赁期限来看，租赁合同分为定期租赁合同和不定期租赁合同两种。定期租赁合同的当事人在合同中约定了租赁期限，合同于约定的租赁期限届满时终止。一般租赁合同都要明确约定租赁期限，以便确定租赁价值的回收、租金构成等问题。

租赁合同当事人也可以不约定期限，这就是不定期租赁合同。与约定有期限的租赁合同相比，未约定期限或者约定期限不明确的合同在履行时有一定困难，容易酿成纠纷。根据本条规定，当事人对租赁期限没有约定或者约定不明确时，应首先依照本法第510条的规定进行协议补充，即由出租人和承租人就租赁期限进行再磋商，如果能够达成协议，合同即按照补充协议的期限履行。仍不能达成补充协议的，则依照合同有关条款或者交易习惯加以确定。如果合同双方当事人既不能就租赁期限达成补充协议，又不能根据合同条款或者交易习惯加以确定，只要出租人没有收回租赁物的意思，同时也没有收回行为并且继续收取租金的，就表明租赁关系仍然存在，但这时的租赁视为不定期租赁，双方当事人可以随时解除合同。如果承租人在使用租赁物后已达到了其预期目的，同时履行了其义务，可以提出终止合同的履行；如果出租人对租赁物有客观原因需要利用，而非出于其他恶意，可以在保障承租人利益不受损害的情况下，收回租赁物。但出租人解除合同时，应依诚信原则，在一个合理期限之前通知承租人。

第七百三十一条 租赁物危及承租人的安全或者健康的，即使承租人订立合同时明知该租赁物质量不合格，承租人仍然可以随时解除合同。

◆ 条文主旨

本条是关于租赁物质量不合格时承租人的解除权的规定。

◆ 条文解读

租赁合同为有偿合同，在各国法上一般都规定，对于租赁合同准用买卖合同的有关规定，租赁合同的出租人如同买卖合同的出卖人一样，对租赁物负有瑕疵担保责任。出租人的瑕疵担保责任包括物的瑕疵担保责任（也称质量瑕疵担保责任）和权利瑕疵担保责任。出租人的权利瑕疵担保，是指出租人应担保不因第三人对租赁物主张权利而使承租人不能为使用、收益。出租人的物的瑕疵担保是指出租人应担保所交付的租赁物能够为承租人依约正常使用、收益。构成出租人的物的瑕疵担保责任的条件有两个：

1. 租赁物有瑕疵。亦即标的物的品质或者数量不符合约定的标准，或者不符合标的物的通常使用状态。无论租赁物是在交付前还是在交付后发生瑕疵的，出租人均负有瑕疵担保责任。

2. 承租人于合同订立时不知租赁物有瑕疵，也不存在可以免除出租人责任的情形。但是，为保证承租人一方的人身安全或者健康，许多国家和地区的法律规定该第二项条件不适用于房屋租赁。如《德国民法典》第544条规定："住房或者其他房屋处于其使用显然有害于健康的状况时，即使承租人在订立合同时已知有此种有害状况，或者已放弃行使因此种有害状况而享有的权利，仍可以不遵守预告解约通知期限而通知终止租赁关系。"我国台湾地区"民法"第424条规定："租赁物为房屋或其他供居住之处所者，如有瑕疵，危及承租人或其同居人之安全或健康时，承租人虽于订约时已知其瑕疵，或虽已抛弃其终止契约之权利，仍得终止契约。"之所以这样规定，是因为房屋为重要的不动产，各国和地区的立法对不动产租赁都有特别规定。同时，由于房屋是一种非常特殊的商品，尤其是住房，它用于满足公民"住"这一基本生活需要。对于住房租赁予以特别的法律调整，有利于稳定社会秩序和安定人民生活。因此，在住房租赁中，出租人对于房屋的质量应负严格的产品责任，也就是说，只要房屋的质量不合格，危及承租人的人身安全或者健康时，无论承租人在订立合同时知道与否，承租人均有权随时解除合同。我国在制定合同法时，扩大了这一原则的适用范围。该原则不仅适用于房屋租赁，还适用于所有租赁物。根据本条规定，租赁物危及承租人的安全或者健康的，即使承租人订立合同时明知该租赁物质量不合格，承租人仍然可以随时解除合同。

第七百三十二条　承租人在房屋租赁期限内死亡的，与其生前共同居住的人或者共同经营人可以按照原租赁合同租赁该房屋。

◆ **条文主旨**

本条是关于房屋承租人死亡时的法律后果的规定。

◆ **条文解读**

房屋租赁合同是以房屋为租赁物的租赁合同，是指出租人和承租人之间关于出租人将房屋交付承租人使用，承租人支付租金并于合同终止时将租用的房屋返还出租人的协议。

房屋为重要的不动产，它既可以作为生产资料，又可以作为生活资料。作为生活资料，房屋是满足公民“住”这一基本生活需要的物质条件，从而住房租赁也就成为解决公民居住条件的重要法律手段。“住”一般是以户为单位的，所以，虽然承租人为一人，也会有其他共同居住人的利益。因此在调整租赁关系时，不能不考虑承租人死亡后其他共同居住人的居住利益。在住房租赁中，承租人取得的只是房屋使用权，原则上其承租权不得继承。承租人死亡后，生前未与其共同生活的亲属或者法定继承人，如果确需继续租用住房的，享有优先承租权，可以与出租人另行签订房屋租赁合同。但是，在租赁期限内，与承租人共同居住的人有在租赁的房屋内居住的权利，出租人不得干涉。承租人死亡后，生前与承租人共同居住的人可以继续租赁原住房，但应与出租人办理续租手续，变更承租人。承租人死亡后无共同居住之人的，租赁关系终止。原共同居住之人另有住房的，也可以终止租赁关系。

第七百三十三条 租赁期限届满，承租人应当返还租赁物。返还的租赁物应当符合按照约定或者根据租赁物的性质使用后的状态。

◆ 条文主旨

本条是关于租赁期限届满承租人返还租赁物的规定。

◆ 条文解读

租赁期限届满，承租人应向出租人返还租赁物，这是租赁合同中承租人的一项主要义务，它主要包括以下三方面的内容：

1. 承租人应于租赁关系终止时向出租人返还租赁物。租赁关系终止的原因多种多样。一般情况下，租赁期限届满，租赁关系即终止。但也可因当事人一方行使解除或者终止合同的权利，或者因其他原因而终止。在租赁关系终止时，只要租赁物还存在，承租人就应当返还原租赁物；只有当租赁物不存在时，承租人才不负返还义务。例如，在租赁物灭失的情况下，租赁关系也当然终止，但承租人无返还租赁物的义务。租赁物系因承租人的原因而灭失的，承租人应负损害赔偿责任；租赁物非因承租人的原因灭失的，承租人不负责任。

2. 承租人返还的租赁物应当符合按照约定或者租赁物的性质使用后的状态。由于租赁合同是转让财产使用权的合同，标的物所有权并不发生转移，承租人于租赁期限届满时须返还原租赁物，从本质上讲，承租人应在不消费租赁物的条件下达到使用目的，所以租赁物应当是有体物、非消费物。所谓有体物，一般是指有一定形状，能够为人们视觉、感觉所认知的物，而且应是不易腐烂、变质、消化、消灭其价值的非消费物。只有这样，才能体现其作为租赁物的价值，否则，看不见、摸不着或者一经使用就消失殆尽的物，将无以体现财产租赁合同的使用权转让属性。但在特殊情况下，消费物也可以成为租赁物，但以承租人以非消费方式使用租赁物为限，如租赁食品供展览之用。因此，原则上讲，只要承租人返还的租赁物符合合同约定状态，或者符合承租人正常使用收益后合理损耗的状态，其返还义务的履行就是适当的。承租人未经出租人同意对租赁物改建、改装或者增加附着物的，于返还租赁物时应当恢复原状；如果承租人的行为是经出租人同意的，承租人可以不恢复原状，并可以在现有增加价值的范围内向出租人请求偿还费用。

3. 租赁期限届满，承租人应当及时向出租人返还租赁物。合同期限届满，双方当事人的权利义务关系即告终止，承租人即无权再继续使用租赁物，故应及时返还租赁物。承租人不及时返还租赁物，应负违约责任，出租人既可以基于租赁关系要求承租人返还，也可以基于所有权要求承租人返还，因为租赁关系终止后，承租人已没有占有租赁物的合法依据。承租人不仅应当支付逾期返还租赁物的租金，偿还违约金或赔偿损失，还应承担租赁物逾期返还期间意外灭失的风险。

第七百三十四条 租赁期限届满，承租人继续使用租赁物，出租人没有提出异议的，原租赁合同继续有效，但是租赁期限为不定期。

租赁期限届满，房屋承租人享有以同等条件优先承租的权利。

◆ 条文主旨

本条是关于租赁期限届满承租人继续使用租赁物以及优先承租权的相关规定。

◆ 条文解读

从是否约定了租赁期限看，租赁可分为定期租赁和不定期租赁。在不定期租赁中，当事人在合同中未约定租赁期限，因此任何一方当事人均可以随时解除合同。定期租赁合同的当事人在合同中约定了租赁期限，合同于租赁期限届满时即告终止。但是当事人于合同约定的期限届满时也可以续订合同。续订合同又称为期限更新，它不同于一般合同中履行期限的变更。前者是两个合同关系，后者只是一个合同关系。租赁合同期限更新只能发生于租赁期限（约定或者法定的期限）届满之时。

租赁合同双方当事人更新期限续订合同有两种方式：约定更新和法定更新。约定更新，又称明示更新，是指合同当事人于租赁期限届满后另订一合同，约定延长租赁期限。法定更新又称默示更新，是指租赁期限届满后，合同当事人的行为表明其租赁关系继续存在。本条即是对法定更新的规定。根据该规定，租赁期限届满，承租人仍继续对租赁物为使用、收益，出租人亦不反对；承租人继续支付租金，而出租人也接受了。当事人有此行为即可以推定双方有继续租赁关系的意向，租赁期限视为更新。但在这种情况下，当事人之间的定期租赁更改为不定期租赁，任何一方当事人均可以随时解除合同。

本条第 2 款是关于承租人的优先承租权的规定。优先承租权是指承租人依法或者依约享有的，在租赁期届满后的同等条件下优先承租原租赁物的权利。对于优先承租权的性质，理论界观点主要有两种：一部分学者持“法定权利说”，认为法律应当直接规定承租人享有优先承租权，而不以当事人的约定为存在前提；而另一部分学者坚持“立法留白说”，认为优先承租权并非承租人的法定权利，承租人对优先承租权的享有及其行使，取决于出租人与承租人之间的约定，立法无须进行干涉。本条的优先承租权应该理解为一种形成权，是在保护弱势群体的理念之上对于承租人优先承租权利的强化，一般是指在租赁期届满之后，出租人未与承租人续租，却与第三人签订了租赁合同，那么在相同的条件下，承租人可以直接与出租人成立一个相同的租赁合同，要求出租人直接将房子继续出租给自己。优先承租权的确立，对承租人的权益进行了一定程度的保护，防止出租人随意变更租赁关系从而影响承租人的生活、经营，有效防范纠纷的产生。长远来看，优先承租权制度对于社会市场秩序的稳定发展具有一定积极意义。

第十五章　融资租赁合同

本章是关于融资租赁合同的规定，共二十六条。主要内容包括融资租赁合同的定义、融资租赁合同的内容、融资租赁合同中出租人的主要权利和义务、承租人的主要权利和义务、融资租赁交易中融资租赁合同与买卖合同的关系、融资租赁合同中租金的构成、租赁期限届满租赁物的归属等。

第七百三十五条　融资租赁合同是出租人根据承租人对出卖人、租赁物的选择，向出卖人购买租赁物，提供给承租人使用，承租人支付租金的合同。

◆ 条文主旨

本条是关于融资租赁合同概念的规定。

◆ 条文解读

融资租赁这一名称是从英文 finance lease 翻译过来的。finance 一词意为财政、金融，也可译为筹集资金、提供资金。因此，finance lease 通常译为融资租赁，也有的译为金融租赁。融资租赁是一种新兴的租赁形式，自 20 世纪 50 年代首先在美国出现，至今已有 70 余年的发展历史。20 世纪 80 年代初，融资租赁在我国的经济生活中开始出现。1981 年，我国成立了第一批专业租赁公司，包括中国东方租赁有限公司和中国租赁有限公司等。

融资租赁是一种贸易与信贷相结合，融资与融物为一体的综合性交易。鉴于其复杂的法律关系，不同国家和地区对融资租赁有着不同的理解和定义。一般来说，融资租赁要有三方当事人（出租人、承租人和出卖人）参与，通常由两个合同（融资租赁合同、买卖合同）或者两个以上的合同构成，其内容是融资，表现形式是融物。我国在借鉴《国际融资租赁公约》和其他国家对融资租赁的定义的基础上，结合我国融资租赁界对融资租赁比较一致的看法，对融资租赁作出规定。典型的融资租赁合同具有以下三方面的含义：

第一，出租人须根据承租人对出卖人和租赁物的选择出资购买租赁物。这是融资租赁合同不同于租赁合同的一个重要特点。租赁合同的出租人是以自己现有的财物出租，或者根据自己的意愿购买财物用于出租。而融资租赁合同是出租人按照承租人的要求，主要是对出卖人和租赁物的选择，出资购买出租的财物，使承租人不必付出租赁物的价值，即可取得租赁物的使用收益，从而达到融资的效果。正是从这一意义上，这种合同被冠以“融资”的称号。

第二，出租人须将购买的租赁物交付承租人使用、收益。在融资租赁合同中，出租人虽然须向第三人购买标的物，但其购买的直接目的是交付承租人使用、收益，而不是自己使用、收益。这是融资租赁合同中出租人的买卖行为不同于买卖合同之处。

第三，承租人须向出租人支付租金。融资租赁合同的承租人对出租人购买的租赁物为使用、收益，并须支付租金。也正是在这种意义上，该种合同的名称中含有“租赁”一词。

比较法上的新趋势是将融资租赁视为保留所有权交易的一种，从而纳入动产担保体系之中。融资租赁交易在法律结构上虽与传统的所有权担保方式存在一些差异，但其经济作用与传统的所有权担保方式并无差别，属于所有权担保方式的现代形式，融资租赁中的标的物在相当程度上承担的是担保的功能。

第七百三十六条 融资租赁合同的内容一般包括租赁物的名称、数量、规格、技术性能、检验方法，租赁期限，租金构成及其支付期限和方式、币种，租赁期限届满租赁物的归属等条款。

融资租赁合同应当采用书面形式。

◆ 条文主旨

本条是关于融资租赁合同内容的规定。

◆ 条文解读

典型的融资租赁交易涉及三方当事人（出租人、承租人、出卖人）和两个合同（融资租赁合同和买卖合同）。在签订合同时，通行的做法是：当某个企业需要某种设备又缺少所需资金时，可以向租赁公司提出，要求租赁公司出资购买并租给其使用，双方达成一个租赁意向。租赁公司根据承租人对设备和出卖人的要求，与出卖人签订一个买卖合同，由出卖人将设备直接送交承租人，由承租人验收。出租人凭承租人的验收合格通知书向出卖人支付货款。出租人付款前，与承租人正式签订一份融资租赁合同。由此可以看出，融资租赁交易行为所包含的融资租赁合同和买卖合同是相互联系、相互影响的，各自虽具有独立性，但又并不完全独立，而是在一定意义上以对方的存在为条件。

在实践中，由于租赁方式的不同，融资租赁合同的内容往往也不同，本条是对典型的融资租赁合同内容的规定，主要包括以下几方面内容：

一、有关租赁物的条款

融资租赁合同的标的物是承租人要求出租人购买的设备，是合同当事人双方权利和义务指向的对象，因此，融资租赁合同首先应就租赁物作出明确约定。此条款应写明租赁物的名称、质量、数量、规格、型号、技术性能、检验方法等。由于关于租赁物的说明多涉及工程技术内容，专业性很强，而且繁杂具体，所以，一般只在合同正文中作简明规定，另附表详细说明，该附表为合同不可缺少的附件。

二、有关租金的条款

租金是合同的主要内容之一。合同对租金的规定包括租金总额、租金构成、租金支付方式、支付地点和次数、租金支付期限、每期租金额、租金计算方法、租金币种等。

三、有关租赁期限的条款

租赁期限一般根据租赁物的经济寿命、使用及利用设备所产生的效益，由双方当事人商定。此条款应当明确租赁起止日期。租赁期限对于明确租赁双方权利义务的存续期间具有非常重要的法律意义，由于融资租赁合同的一个很重要的特性就是合同的不可中途解约性，因此，此条款应当明确规定，在合同有效期内，当事人双方无正当、充分的理由，不得单方要求解约或退租。

四、有关租赁期限届满租赁物的归属的条款

租赁期限届满，租赁物的所有权归出租人享有。租赁期限届满，承租人一般有三种选择权，即留购、续租或退租。在留购情况下，承租人取得租赁物的所有权。在续租和退租情况下，租赁物仍归出租人所有。

除上述条款外，融资租赁合同一般还应包括租赁物的交付、使用、保养、维修和保险、担保、违约责任、合同发生争议时的解决方法、合同签订日期和地点等条款。

第七百三十七条 当事人以虚构租赁物方式订立的融资租赁合同无效。

◆ **条文主旨**

本条是关于融资租赁通谋虚伪表示的规定。

◆ **条文解读**

该条款是总则编通谋虚伪表示规定的具体化，根据本法总则编第146条，行为人与相对人以虚假的意思表示实施的民事法律行为无效。以虚假的意思表示隐藏的民事法律行为的效力，依照有关法律规定处理。在交易实践中，当事人可能会为了逃脱金融监管，比如某些不符合金融放贷资质的金融机构以融资租赁的名义来进行金融放贷，或者贷款的利息违反了利率管制的要求，从而选择以虚构租赁物的形式进行贷款，所以这是以虚假的意思表示实施的民事法律行为。正确认识虚构租赁物之“融资租赁合同”，应从法律关系定性、法律效力、担保效力、当事人权利义务关系四个角度进行分析。

第一，法律关系定性是指法院通过查明合同主要条款、履行情况、交易背景等案件事实，依法归纳案涉法律关系性质的司法裁判方法。虚构租赁物，不构成融资租赁法律关系，应定性为借款合同，因此融资租赁合同无效。

第二，法律关系定性与法律效力相互独立，定性不会影响效力。“名为融资租赁实为借贷”如无特别情形，不违反法律、行政法规强制性规定，一般属于有效的民事法律关系，涉及借贷等问题按照相应的法律法规处理。

第三，法律关系定性不会影响被担保债务的同一性。如有人为融资租赁的债权提供保证时，若无特别约定，保证人不能仅以法律关系另行定性为由，要求免除己方之保证责任。保证人缔约时不知道案涉法律关系性质的，除“融资租赁合同”当事人串通骗保、债务人欺诈、胁迫保证人且债权人明知该事实以及债权人欺诈、胁迫保证人外，保证人不能因此免除其责任。

第四，“名为融资租赁实为借贷”不能产生融资租赁的法律效果，法院应适用借款合同的相关法律规定，依法认定借款本金与利率。“名为融资租赁实为借贷”中约定收取保证金、首付款等的，如该款项不构成法定金钱质押，应当在借款本金中扣除。在“名为融资租赁实为借贷”中，当事人对借款总额以及还款总额达成了一致的意思表示，法院应根据相关合同条款和法律规定，参考租赁利率或内部收益率等标准，结合案件的具体情况，判定借款利率。关于借款期限，应当平衡出借人的可得利益与借款人的期限利益，结合当事人的过错，综合予以认定。

第七百三十八条 依照法律、行政法规的规定，对于租赁物的经营使用应当取得行政许可的，出租人未取得行政许可不影响融资租赁合同的效力。

◆ 条文主旨

本条是关于融资租赁承租人取得行政许可的规定。

◆ 条文解读

本条规定体现了融资租赁合同的融资性特点。融资租赁具有融资功能，在设立融资租赁时，出租人（通常是专业的融资租赁公司或者金融公司）支付了标的物的全额价款，应承租人的要求购买标的物。实际上，这相当于是出租人贷款给承租人，用以购买后者所需要的租赁物，出租人拥有租赁物的所有权事实上形成了一种担保。

在传统租赁中，对租赁物的经营使用需要取得行政许可的，应由出租人取得行政许可，即法律、法规要求租赁物的所有权人即出租人取得行政许可，方可进行相关经营使用行为。而在融资租赁中，租赁物的所有权和使用权几乎是永久性地分离，出租人表面上是租赁物的所有权人，实质上只是满足承租人融资的需要，仅享有观念上的所有权，对租赁物的支配色彩已经非常淡化，而承租人是租赁物的占有、使用、收益人，租赁物主要发挥的是担保功能。出租人实质上是为承租人购买租赁物提供资金，真正的经营使用者是承租人，因此，法律法规限制租赁物的经营使用活动的主体应该是承租人，承租人对于租赁物的经营使用应当依法获得行政许可。对于出租人来说，租赁物的经营使用与其没有直接关系，出租人只需要具备相应的融资租赁资质即可。只要承租人依法取得行政许可，就可以达到监管租赁物经营使用的目的。因此，出租人未取得行政许可不影响融资租赁合同的效力。

第七百三十九条　出租人根据承租人对出卖人、租赁物的选择订立的买卖合同，出卖人应当按照约定向承租人交付标的物，承租人享有与受领标的物有关的买受人的权利。

◆ 条文主旨

本条是关于融资租赁标的物交付的规定。

◆ 条文解读

出卖人按照约定向承租人交付标的物，承租人享有与受领标的物有关的买受人的权利，是融资租赁与传统租赁的一个重要区别。在传统租赁中，出租人是将自己现有的物或者根据自己的意愿购买的物出租给承租人，承租人与出卖人之间不存在任何法律关系，出租人对租赁物负有瑕疵担保责任。而在融资租赁中，融资租赁合同的租赁物即是买卖合同的标的物。融资租赁合同最重要的法律特征就是融资与融物相结合，融资为融物服务。买卖合同是出租人根据承租人对出卖人和租赁物的选择订立的，作为买受人的出租人只负支付货款的义务，而承租人是租赁物的占有、使用、收益人，且了解租赁物。出租人实质上是为承租人购买租赁物提供资金，真正的买卖双方是承租人和出卖人，因此，出卖人应直接向承租人交付标的物。

出卖人不仅应向承租人直接交付标的物，而且应承担租赁物的瑕疵担保责任。之所以会有租赁物的质量问题，根本原因是出卖人没有按照合同约定的内容履行交付符合国家规定或者当事人约定的质量标准的标的物的义务。因此，在融资租赁合同中，出租人一般不负瑕疵担保责任，也不负迟延履行的责任。

承租人应当按照合同约定的时间、地点、验收方法接收标的物。接收标的物，既是承租人的权利，也是承租人的义务。作为义务，承租人无正当理由不接收的，构成受领迟延；作为权利，承租人有权接收标的物，出卖人不得拒绝将标的物交付承租人。

第七百四十条　出卖人违反向承租人交付标的物的义务，有下列情形之一的，承租人可以拒绝受领出卖人向其交付的标的物：

（一）标的物严重不符合约定；

（二）未按照约定交付标的物，经承租人或者出租人催告后在合理期限内仍未交付。

承租人拒绝受领标的物的，应当及时通知出租人。

◆ 条文主旨

本条是关于承租人的拒绝受领权的规定。

◆ 条文解读

承租人对于租赁物存在瑕疵或租赁物的交付存在瑕疵时拥有拒绝受领权。在融资租赁中，存在两个合同和三方当事人，即出卖人与出租人之间的买卖合同、出租人与承租人之间的融资租赁合同。在融资租赁合同中，承租人与出卖人之间并没有直接的法律关系。当租赁物出现严重不符合约定的情况或者租赁物未按约定交付的时候，依照合同相对性原则，由于出卖人与承租人之间并没有直接的合同关系，承租人只能按照合同请求出租人向出卖人行使拒绝受领的权利，而无权直接向出卖人拒绝受领租赁物。但由于融资租赁合同的特殊性，在买卖合同中，作为买受人的出租人的主要义务就是支付价款，而租赁物是由承租人指定购买的，对其性能和生产要求等，出租人往往缺乏了解，很难对出卖人提供的租赁物做检验和判断，同时，租赁物的用益权也属于承租人，为了保证租赁物符合要求，便于解决租赁物的使用中出现的问题，在实践中，出租人往往将选择由谁来提供何种品质、规格的租赁物的决定权赋予承租人，由承租人与出卖人之间就租赁物直接进行交流，由承租人负责收货、验收。出租人往往关心的是如何以租金的形式收回全部投资并获得相应利润，并不想参与承租人与出卖人之间就租赁物产生的纠纷。因此，对由于租赁物的质量瑕疵或交付瑕疵，如因租赁物质量不合格或者迟延供货的原因，需要对租赁物行使拒绝受领权的，由承租人行使更为合适。

因此，本条规定赋予承租人直接向出卖人拒绝受领瑕疵给付或者迟延给付的权利，使出卖人与承租人之间建立法律上的关系，故而本条规定突破了合同相对性的约束，属于本法第 465 条第 2 款所述的法律另有规定的情形。

承租人依照本条规定拒绝受领租赁物的，应当及时通知出租人。承租人迟延通知或无正当理由拒绝受领租赁物造成出租人损失的，出租人有权请求承租人承担损害赔偿责任。

第七百四十一条 出租人、出卖人、承租人可以约定，出卖人不履行买卖合同义务的，由承租人行使索赔的权利。承租人行使索赔权利的，出租人应当协助。

◆ 条文主旨

本条是关于行使索赔权的规定。

◆ 条文解读

所谓索赔权，是指当义务人不履行义务而给权利人造成损失时，权利人依法享有向义务人索赔因此而造成的损失的权利。

法律作出此种规定的主要原因在于：第一，承租人受领标的物，并对标的物进行验收，因此，承租人对于标的物是否符合合同约定的情况最为了解，应当由承租人行使索赔的权利。第二，因承租人对标的物进行实际使用，如果标的物存在瑕疵或功能上的缺陷，承租人持有第一手资料，只有其才能够提出不合格的证据，而出租人一般是融资租赁公司，对于标的物的具体性能、使用方法、操作规范等情况并不了解，因此出租人应当协助承租人行使索赔的权利。第三，有利于简化索赔权的行使程序。因为按照合同相对性规则，此种索赔的权利应当由出租人行使，如果不移转索赔权，则需要形成两个诉讼，即首先由承租人向出租人主张权利，然后再由出租人起诉出卖人。而如果法律直接允许承租人起诉出卖人，则极大地简化了索赔权的行使程序，节约了权利行使的成本。因此，出租人、出卖人、承租人三方可以在买卖合同和融资租赁合同中明确约定，出卖人不履行买卖合同义务的，由承租人行使索赔的权利，直接向出卖人索赔。承租人行使索赔权的，出租人应协助承租人索赔。

承租人直接向出卖人行使索赔权的内容主要有以下两种：

1. 出卖人交付的标的物质量不符合约定时，承租人可以要求：

（1）减少价金。如果出卖人交付的标的物虽不符合合同约定，但不影响使用，而承租人也愿意继续使用的，可以按质论价，要求出卖人减少价金。

（2）修理、调换。当出卖人交付的标的物不能利用时，根据标的物的具体情况，承租人可以请求出卖人负责修理或者另行交付无瑕疵的标的物，并承担因修理、调换而支付的实际费用。

（3）支付违约金。在出卖人交付的标的物不符合质量要求时，承租人可以请求出卖人支付约定或者法定的违约金。在违约金不足以抵偿损失时，承租人还可以要求出卖人支付损害赔偿金。

（4）解除合同并赔偿损失。当出卖人交付的标的物由于质量问题无法使用时，承租人不仅可以要求解除合同，而且可以要求赔偿损失。

2. 出卖人未交付或者迟延交付标的物的，承租人可以请求出卖人继续履行交付义务，并主张因迟延履行导致的损害赔偿，构成本法第 563 条第 1 款的情形之一的，可以解除合同并请求替代履行的损害赔偿。

第七百四十二条 承租人对出卖人行使索赔权利，不影响其履行支付租金的义务。但是，承租人依赖出租人的技能确定租赁物或者出租人干预选择租赁物的，承租人可以请求减免相应租金。

◆ 条文主旨

本条是关于承租人行使索赔权利时租金支付义务的规定。

◆ 条文解读

根据本法第 741 条的规定，出租人、出卖人、承租人可以约定，出卖人不履行买卖合同义务的，由承租人行使索赔的权利。承租人依据合同的约定对出卖人行使索赔权，不影响承租人向出租人承担支付租金的义务。这是因为，与一般的租赁不同，在融资租赁中，租金并非融物的对价而是融资的对价。在实践中，融资租赁的出租人对于出卖人和租赁物一般没有选择权，而是依赖于承租人自行选择，出租人主要承担提供资金的功能，因此不负租赁物的瑕疵担保义务，在承租人占有租赁物期限内，租赁物的毁损或者灭失的风险由承租人负担。既然风险应当由承租人负担，出租人有权要求承租人继续履行合同义务。也就是说，在租赁物存在瑕疵时，承租人可以依照约定向出卖人请求其承担瑕疵担保责任，但即使因租赁物有瑕疵致使承租人不能为使用、收益，也不影响承租人向出租人承担支付租金的义务，承租人仍应按照约定支付租金。因此，承租人对出卖人行使索赔权，并不影响其履行融资租赁合同项下支付租金的义务。

但是，在例外情形下，即承租人依赖出租人的技能确定租赁物或者出租人干预选择租赁物时，承租人有权主张减轻或者免除相应的租金支付义务。具体来说，在出租人存在以下情形时，承租人可以请求减免相应租金：

1. 在承租人选择出卖人、租赁物时，出租人利用自己的专业技能、经验判断对承租人提供帮助，并对租赁物的选定起决定作用的。

2. 出租人直接干预或要求承租人按照出租人意愿选择出卖人或者租赁物的。

3. 出租人擅自变更承租人已经选定的出卖人或者租赁物的。

在承租人依赖出租人的技能确定租赁物或出租人干预选择租赁物的情况下，租赁物不符合约定或不符合使用目的的，出租人承担瑕疵担保责任，因此承租人得请求减免相应租金。出租人根据承租人的要求，提供与供应商、租赁物有关的信息，但未对相关信息进行筛选或未给承租人选定供应商、租赁物提供意见，承租人无权要求减免相应租金。

对于承租人依赖出租人的技能确定租赁物或出租人干预选择租赁物的事实，由承租人负举证责任。

第七百四十三条 出租人有下列情形之一，致使承租人对出卖人行使索赔权利失败的，承租人有权请求出租人承担相应的责任：

（一）明知租赁物有质量瑕疵而不告知承租人；

（二）承租人行使索赔权利时，未及时提供必要协助。

出租人怠于行使只能由其对出卖人行使的索赔权利，造成承租人损失的，承租人有权请求出租人承担赔偿责任。

◆ 条文主旨

本条是关于出租人影响承租人行使索赔权时承担相应责任的规定。

◆ 条文解读

出租人有以下情形之一，致使承租人对出卖人行使索赔权利失败的，承租人有权请求出租人承担相应的责任：

一、明知租赁物有质量瑕疵而不告知出租人

在融资租赁关系存续期间，承租人的权利的行使都有赖于出租人的协助，这实际上是基于诚信原则所产生的附随义务。依据本法第747条的规定，出租人原则上不承担租赁物的瑕疵担保责任，但是，如果出租人明知租赁物有质量瑕疵，而没有告知承租人，则违反了附随义务，因此致使承租人对出卖人行使索赔权利失败的，承租人有权请求出租人承担相应的责任。

二、承租人行使索赔权时，未及时提供必要协助

在融资租赁关系存续期间，如果承租人按照约定向出卖人行

使索赔权，出租人应当协助，如出租人提供买卖合同的文本、提供出卖人的地址和联系方式等。

本法第741条规定，出租人、出卖人、承租人可以约定，出卖人不履行买卖合同义务的，由承租人行使索赔的权利。承租人行使索赔权利的，出租人应当协助。依据这一规定，当事人之间可以通过约定的方式确定由承租人行使索赔的权利。为了保证承租人能够行使该项权利，承租人行使索赔权利的，出租人应当协助。此处的“协助”主要包括以下几个方面内容：一是帮助寻找出卖人。在一些融资租赁中，出卖人是承租人指定的，承租人很容易找到；而在另一些融资租赁中，承租人只是确定了租赁物，而没有确定出卖人，由出租人具体确定出卖人，在发生争议后，出租人就应当帮助承租人寻找出卖人。二是帮助提供证据。在买卖合同的签约过程中，主要是出租人和出卖人之间磋商谈判，所以，出租人应当提供合同文本、订约资料等证据材料。三是诉讼过程中的协助义务，例如，出租人应出庭作证等。

承租人行使索赔权时，出租人未及时提供必要的协助，导致承租人损失的，承租人有权请求出租人承担相应的责任。

三、怠于行使融资租赁合同或买卖合同中约定的只能由出租人行使对出卖人的索赔权的

依据本法第741条的规定，对出卖人的索赔权可由承租人行使，但如果当事人未作出由承租人行使索赔权的约定，或约定相关的索赔权只能由出租人行使而出租人怠于行使的，则按照合同相对性原则，出卖人可以拒绝承租人的索赔，承租人因而无法直接向出卖人行使索赔权。在合同中约定出租人怠于行使只能由其行使的索赔权时应承担赔偿责任，可以促使出租人积极配合承租人行使基于租赁物的索赔权利，同时赋予承租人对出租人怠于行使索赔权利造成损害的求偿权。因此，本条规定，出租人怠于行使只能由其对出卖人行使的索赔权利，造成承租人损失的，承租人有权请求出租人承担赔偿责任。

第七百四十四条 出租人根据承租人对出卖人、租赁物的选择订立的买卖合同，未经承租人同意，出租人不得变更与承租人有关的合同内容。

◆ 条文主旨

本条是关于出租人不得擅自变更买卖合同内容的规定。

◆ 条文解读

融资租赁本身是由融资租赁合同与买卖合同两部分构成的，因此，为融资租赁而订立的融资租赁合同和买卖合同，均不同于传统的租赁合同与买卖合同。此处的融资租赁合同与买卖合同是融资租赁交易中相互联系、相互影响的两部分，各自具有独立性，但又不完全独立，而是在一定意义上以对方的存在为条件的。就租赁与买卖的关系而言，租赁合同自当事人双方签订合同之日起成立，但合同自承租人收到出卖人交付的标的物时起生效。因此，若买卖合同不成立、无效或者解除，则融资租赁合同也就因标的物的履行不能而解除。同时，买卖合同虽由出租人与出卖人订立，但关于买卖的条件却是由承租人指定的，买卖的标的物是出租人用于租赁的物，因此，买卖合同在标的物交付前，若租赁合同不成立、无效或者解除，买卖合同可以解除，但在当事人协议变更、解除买卖合同时，除合同另有约定外，须出租人、承租人及出卖人三方当事人同意。

在融资租赁交易中，先签订的买卖合同是租赁物的依据，后签订的融资租赁合同是买卖合同成立的前提。两者缺一不可，构成联立联动关系。出租人与承租人和出卖人均形成正式合同关系，出卖人与承租人之间形成准合同关系。买卖合同虽是由出租人与出卖人订立的，在买卖合同未履行或者未完全履行前，出租人与出卖人只要协商一致，就可以对合同进行修改、补充。但由于买卖合同与融资租赁合同关系密切，出租人订立买卖合同是为了承租人，而且买卖合同的条款往往是经承租人确认的，出租人和出卖人在变更买卖合同时，不得损害承租人的利益。未经承租人同意，出租人不得擅自变更与承租人有关的买卖合同的内容。

与承租人有关的买卖合同的内容的变更主要涉及以下几个方面：

1. 主体的变更。买卖合同的主体是出租人与出卖人。由于出卖人是由承租人预先选择的，是承租人在融资租赁合同中指定的，因此，未经承租人同意，出租人不得擅自变更买卖合同的另一方当事人。

2. 标的物的变更。由于买卖合同的标的物是融资租赁合同的租赁物，两者是一致的，它也是由承租人预先选择并在融资租赁合同中约定的，它必须合于承租人指定的条件，因此，未经承租人同意，出租人不得擅自变更买卖合同的标的物。

3. 标的物的交付。由于买卖合同的标的物是由出卖人直接交付承租人的，如果出租人与出卖人协商变更标的物的交付时间、地点和方式的，应当征得承租人的同意。如果因此而增加承租人的费用的，应由出租人和出卖人协商分担。

出租人按照承租人要求与出卖人订立的买卖合同，未经承租人同意擅自变更与承租人有关的合同内容的，即构成对承租人的违约，承租人首先可以要求出租人支付违约金。其次承租人还可以拒收租赁物，并通知出租人解除合同。如果因此给承租人造成损失的，承租人还有权要求出租人赔偿损失。

第七百四十五条 出租人对租赁物享有的所有权，未经登记，不得对抗善意第三人。

◆ 条文主旨

本条是关于出租人对租赁物所有权的规定。

◆ 立法背景

本条规定是融资租赁合同一章在本法编纂过程中修订的重点条文。《合同法》第 242 条规定：“出租人享有租赁物的所有权。承租人破产的，租赁物不属于破产财产。”之所以对出租人对租赁物所有权的规定作出这一修改，是由于整个民法典所期望实现的目标之一是消灭隐形担保。融资租赁合同表面上是一个有关租赁的合同，但实际上承担着担保的功能。按照《合同法》第 242 条，出租人对租赁物虽然享有名义上的所有权，但是这个名义上的所有权却产生了一个真正所有权的效果，使得出租人在承租人破产的时候可以行使取回权。这种设计构造所引发一个最大的问题是，出租人对租赁物享有的所有权并不对外公示，但却可以行使真正所有权人的权利，甚至在破产中享有取回权。这种做法使得这种没有公示的权利取得了一个最强大的效力，必然会给交易安全造成巨大的影响，尤其是在同一标的物上可能同时存在动产抵押、浮动抵押、融资租赁、所有权保留、动产质押等各种竞存的担保物权情形时。当发生以上权利冲突时，按照《合同法》第 242 条的规定，出租人借助于未公示的所有权即可享有一个最强大最完整的权利，这样就会使得其他按照现有法律规范进行真正公示的权利的当事人反而得不到保障。上述做法有违现代担保交易的基本原理，同时也会给交易中的商人产生巨额的调查成本。所以，对于《合同法》第 242 条的规定，民法典在立法过程中决定进行修正。

◆ **条文解读**

自 2020 年 1 月 1 日起施行的《优化营商环境条例》第 47 条第 2 款规定："国家推动建立统一的动产和权利担保登记公示系统，逐步实现市场主体在一个平台上办理动产和权利担保登记。纳入统一登记公示系统的动产和权利范围另行规定。"目前，已经由中国人民银行牵头在北京市和上海市开展动产担保统一登记试点。同时，为了配合民法典和优化营商环境条例的颁布实施，中国人民银行也相应修改了《应收账款质押登记办法》，该办法第 35 条规定："权利人在登记公示系统办理其他动产和权利担保登记的，参照本办法的规定执行。本办法所称的动产和权利担保包括当事人通过约定在动产和权利上设定的、为偿付债务或以其他方式履行债务提供的、具有担保性质的各类交易形式，包括但不限于融资租赁、保证金质押、存货和仓单质押等，法律法规另有规定的除外。"上述行政法规和部门规章的颁布实施为逐步建立全国统一的动产与权利担保登记系统奠定了基础。

所以，基于实现优化营商环境、消灭隐形担保的总目标，本条规定出租人对租赁物享有的所有权未经登记不得对抗善意第三人，明确必须登记了才能取得对抗第三人的效力。除了上述总目标的实现以外，由于民法典已经确立了融资租赁中出租人的所有权本质上起到了担保的作用，事实上是担保的具体形式之一，所以，对于融资租赁同样也要适用本法物权编第 414 条的规定："同一财产向两个以上债权人抵押的，拍卖、变卖抵押财产所得的价款依照下列规定清偿：（一）抵押权已经登记的，按照登记的时间先后确定清偿顺序；（二）抵押权已经登记的先于未登记的受偿；（三）抵押权未登记的，按照债权比例清偿。其他可以登记的担保物权，清偿顺序参照适用前款规定。”故对于融资租赁而言，不论是同一标的物上存在多个融资租赁，或者出现融资租赁与抵押权的竞存，这些情形都要适用本法物权编第414条第2款之规定处理清偿顺序问题。

第七百四十六条 融资租赁合同的租金，除当事人另有约定外，应当根据购买租赁物的大部分或者全部成本以及出租人的合理利润确定。

◆ 条文主旨

本条是关于融资租赁合同租金构成的规定。

◆ 条文解读

租金是融资租赁合同中一项非常重要的内容。由于租赁双方均以营利为目的，而租金又直接影响到利润，所以租金的确定是融资租赁交易中至关重要的问题。

在融资租赁交易中，承租人负有支付租金的义务。但因其为“融资”租赁，所以承租人支付的代价并非租赁物为使用收益的代价，而是融资的代价，因此，融资租赁合同中租金标准的确定，与租赁合同中租金的确定标准是不同的，它高于传统租赁中的租金。

与商品价格概念相对应，租金以出租人消耗在租赁物上的价值为基础，同时依据租赁物的供求关系而波动。通常情况下，出租人消耗在租赁物上的价值包括三部分，即租赁物的成本、为购买租赁物向银行贷款而支付的利息、为租赁业务而支付的营业费用。

1. 租赁物的成本。租赁物成本是构成租金的主要部分。出租人购买租赁物所支付的资金，将在租赁业务成交后，从租金中得以补偿。同时，在购置过程中，出租人所支付的运输费、保险费、调试安装费等也要计入租赁物成本中，一起从租金中分期收回。所以，租赁物成本包括租赁物购买价金及其运输费、保险费等，也称租赁物总成本。

2. 利息。出租人为购买租赁物向银行贷款而支付的利息，是租金构成的又一重要因素。利息按租赁业务成交时的银行贷款利率计算且一般以复利率来计算。

3. 营业费用。营业费用是指出租人经营租赁过程中所支出的费用，包括业务人员工资、办公费、差旅费和必要的盈利。

通常情况下，融资租赁合同的租金应根据购买租赁物的大部分或者全部成本以及出租人的合理利润来确定，但目前国际和国内融资租赁领域，除保留传统的固定租金方式外，已越来越多地采用灵活的、多形式的、非固定的租金支付方式，以适应日趋复杂的融资租赁关系和双方当事人的需要。在融资租赁交易中，当事人经常根据承租人对租赁物的使用或者通过使用租赁物所获得的收益来确定支付租金的大小和方式，也可以按承租人现金收益的情况确定一个计算公式来确定租金，或由当事人约定并在融资租赁合同中规定以其他方式来确定租金。

第七百四十七条 租赁物不符合约定或者不符合使用目的的，出租人不承担责任。但是，承租人依赖出租人的技能确定租赁物或者出租人干预选择租赁物的除外。

◆ 条文主旨

本条是关于租赁物质量瑕疵担保责任的规定。

◆ 条文解读

租赁物瑕疵分为物的瑕疵（也称质量瑕疵）和权利瑕疵两种。对于租赁物质量瑕疵，确定其担保责任的承担主体是至关重要的，因为它直接关系到融资租赁交易本质特征能否体现，关系到融资租赁与传统租赁能否明确区分。在传统租赁中，出租人与买卖合同中的出卖人一样负有质量瑕疵担保责任，须使租赁物合于合同约定的使用收益的状态。而在融资租赁合同中，一般都明确约定，出卖人迟延交付租赁物或者租赁物的规格、式样、性能等不符合合同约定或者不符合使用目的的，出租人不承担责任，由承租人直接向出卖人索赔，并承担索赔不成时的损害后果。此即所谓出租人瑕疵担保的免责特约。这种约定既符合融资租赁交易的理论和实践，同时也不违背现行法律的规定。其理由如下：

1. 虽然根据传统的民法理论，所有权人应对其货物承担质量瑕疵担保责任，但民法对瑕疵担保责任的规定为任意性规范，允许合同双方当事人以特约予以变更。因此，出租人与承租人在合同中约定免除出租人的质量瑕疵担保责任是有效的。

2. 融资租赁的经济意义在于出租人以融物的方式向承租人提供融资，具有金融的性质。出租人的主要义务就是支付购买租赁物的货款，其权利是收取租金从而收回投资，并取得利润。除此之外，几乎所有关于购买租赁物的权利义务均应由承租人承受，出租人只拥有名义上的所有权，不承担包括质量瑕疵担保责任在内的任何实体义务和责任。

3. 在融资租赁合同中，通常情况下，承租人完全基于自己的知识和经验选定租赁物的制造商、租赁物的种类、数量、规格等，由出租人按照承租人的指定出资购买租赁物。承租人作为买卖合同标的物的选择权人，自然应对行使选择权的不利后果承担责任。

4. 作为出租人的租赁公司，其机能仅在于向承租人提供融资购买租赁物，不可能对所有承租人选定的租赁物都有充分的了解。如果由出租人承担风险，必然导致出租人聘请专家检验，这就意味着增加费用。而所增加的费用最后必然通过租金的形式由承租人负担。而作为租赁物的最终用户，承租人对租赁物具有专门的知识。为避免增加成本，减少承租人的负担，应由承租人承担质量瑕疵责任。

5. 融资租赁合同一般在规定出租人瑕疵担保免责的同时，订有索赔权转让条款，即在租赁物实际使用中，如发生质量问题，承租人可以向出卖人提出赔偿请求。这就保证了出租人和承租人之间权利义务的平衡。也只有这样，融资租赁交易才是公平的。

当然，并不是在任何情况下，出租人都能免除其质量瑕疵担保责任。当承租人完全依赖出租人的技能和判断选择租赁物，或者出租人干预选择租赁物时，如出租人为承租人确定租赁物或者擅自变更承租人已选定的租赁物的，出租人应承担全部或者部分租赁物的质量瑕疵担保责任。此外，在以下几种特殊情况下，租赁物的质量瑕疵担保责任也应由出租人负担：（1）出租人明知租赁物有瑕疵而未告知或者因重大过失不知有瑕疵的；（2）出租人与出卖人有密切关系的；（3）承租人无法或者不能直接向出卖人索赔的。

第七百四十八条 出租人应当保证承租人对租赁物的占有和使用。

出租人有下列情形之一的，承租人有权请求其赔偿损失：

（一）无正当理由收回租赁物；

（二）无正当理由妨碍、干扰承租人对租赁物的占有和使用；

（三）因出租人的原因致使第三人对租赁物主张权利；

（四）不当影响承租人对租赁物占有和使用的其他情形。

◆ 条文主旨

本条是关于出租人保证承租人占有和使用租赁物的规定。

◆ 条文解读

出租人负有保证承租人对租赁物的占有和使用的义务，此项义务也被称为保证承租人和平占有的义务。也就是说，在出卖人将租赁物交付承租人后，出租人应当保障承租人能够持续、和平地占有和使用租赁物。具体而言，应当包括以下几个方面：

1. 出租人不得妨碍承租人依照融资租赁合同所拥有的承租权，也不得擅自变更原承租条件。

2. 承租人在租赁期限内，对租赁物拥有独占使用权。在融资租赁合同中，虽然承租人是通过租赁公司融通资金的，但承租人订立融资租赁合同的根本目的要取得租赁物的使用权。所以承租人在接受出卖人交付的标的物后，在租赁期限内，承租人对租赁物享有独占使用权，对使用租赁物所取得的收益可以独立处分。从买卖的角度看，出租人为买受人，出卖人虽将标的物直接交付承租人，但标的物的所有权属于出租人，承租人则取得标的物的占有权、使用权和收益权。

3. 出租人应保证承租人在租赁期限内对租赁物的占有和使用，不受第三人的干扰。例如，出租人转让租赁物所有权的，融资租赁合同对新的所有权人继续有效，新所有权人不得解除合同，取回租赁物。此即所谓“买卖不破租赁”原则。出租人将租赁物设定抵押时，出租人的抵押行为不得影响承租人的使用收益权。承租人的使用收益权可以对抗抵押权人的抵押权。

当然，如果在融资租赁合同期间出现本条第 2 款列举的因出租人原因不当影响承租人对租赁物占有和使用的情形，承租人有权请求出租人赔偿损失。

第七百四十九条　承租人占有租赁物期间，租赁物造成第三人人身损害或者财产损失的，出租人不承担责任。

◆ 条文主旨

本条是关于出租人不负租赁物使用对第三人侵权责任的规定。

◆ 条文解读

依据本条规定，承租人应当承担租赁物造成第三人损害的赔偿责任。其构成要件包括以下几个方面：

第一，租赁物造成了第三人的损害。这种损害既包括人身损害，也包括财产损害。严格地说，租赁物造成的损害包括两类情况：一是租赁物在正常使用过程中对第三人造成了损害，例如，承租人租赁汽车，因为交通事故造成他人损害，在此种情况下应当由承租人承担责任。二是租赁物自身固有的缺陷造成了第三人的损害，在此种情况下，如果租赁物的缺陷是制造者造成的，那么承租人在承担责任后还可以向制造者追偿。对租赁物属于高度危险作业设备而导致第三人损害的情形，出租人不负损害赔偿责任。无论是何种情形，都属于本条中所说的租赁物造成第三人损害。

第二，租赁物造成损害发生于承租人占有租赁物期间。通常来说，它是指租赁物自交付承租人之日起至租赁期限届满，租赁物被返还出租人之日止。承租人的占有既包括直接占有，也包括间接占有。

第三，租赁物造成第三人损害，此种损害包括人身或财产损害两种类型，但如果租赁物是因为第三人原因造成损害（如有人擅自将承租人的汽车开走撞伤他人），则应由第三人负责。

第七百五十条 承租人应当妥善保管、使用租赁物。

承租人应当履行占有租赁物期间的维修义务。

◆ 条文主旨

本条是关于承租人对租赁物所负保管、维修义务的规定。

◆ 条文解读

本条第 1 款是关于承租人妥善保管和使用义务的规定。作出此种规定的原因是：承租人不享有标的物的所有权，而只是享有占有和使用租赁物的权利，在租赁期届满以后，其原则上应当返还租赁物。所以，承租人应当妥善保管和合理使用标的物，避免因保管不善而损害承租人的权益。所谓“妥善”保管，是指应当根据善良管理人的标准来进行保管，它要求比处理自己的事务更为谨慎。例如，承租人没有按照惯例将其租赁的船舶停靠在港口进行必要的维护，就是没有尽到其妥善保管的义务。所谓合理使用，是指承租人应当按照租赁物的性质和通常方法进行使用。例如，租赁他人的载人小轿车，不能用于货物运输。如果标的物在租赁期限内毁损、灭失，应当由承租人承担损失，且不能免除其支付租金的义务。

本条第 2 款是关于承租人维修义务的规定。在一般的租赁合同中，出租人负有维修的义务，应当负有保证承租人对租赁物使用的义务。但是，在融资租赁合同之中，出租人并不负有维修义务，而应当由承租人承担该义务。法律上作出此种规定的原因在于：一方面，融资租赁中承租人享有实质意义上的所有人权益，与此相适应，其也应当负有维修租赁物的义务。另一方面，承租人对标的物和出卖人进行了选择，而且具有专业技术，因此承租人才最有能力对标的物进行维修。此外，由承租人负担此种义务，有利于促使其妥善保管和使用标的物，从而更能达到融资租赁合同的缔约目的。依据上述规定，承租人的维修义务限于占有租赁物期间，这就意味着，只有在占有租赁物期间，承租人才负有此种义务，而在租赁物交付之前以及租赁物返还出租人之后，承租人就不再负有此种义务。而且，如果在租赁期限内，租赁物被出租人取回或因其他原因而丧失占有，承租人也不再负有维修义务。

第七百五十一条 承租人占有租赁物期间，租赁物毁损、灭失的，出租人有权请求承租人继续支付租金，但是法律另有规定或者当事人另有约定的除外。

◆ 条文主旨

本条是关于融资租赁中的风险负担规则的规定。

◆ 条文解读

所谓融资租赁中的风险负担，是指租赁物意外毁损、灭失的风险应当由何人承担的问题。对这一问题，首先应当考虑当事人是否通过合同作出约定，如果作出了约定，就应当尊重当事人的约定。在当事人没有约定，而在租赁期限内发生租赁物意外毁损、灭失的情况下，承租人仍然负有继续支付租金的义务。

法律作出此种考虑的主要理由在于：

第一，出租人享有的所有权主要具有担保功能，不能因此要求其承受标的物毁损、灭失的风险。融资租赁合同具有融资的功能，出租人所享有的所有权主要具有担保功能，因此，不能简单地认为，出租人享有所有权，其就应当负担标的物毁损、灭失的风险。在这一点上，融资租赁合同与租赁合同是不同的，不能类推适用租赁合同的一般规则。

第二，承租人占有标的物，并对其进行了实际控制。在融资租赁关系存续期间，标的物置于承租人的占有、控制和管领之下，承租人更容易知悉标的物所面临的风险，以及如何消除此种危险。由承租人负担风险规则，从效率的角度来看，有利于减少事故预防的成本，例如，承租人可以通过投保防范风险。此外，由承租人负担标的物毁损、灭失的风险，也有利于避免和防范承租人的道德风险。如果承租人占有、使用标的物，却又不必负担标的物毁损、灭失的风险，则极易引发承租人恶意导致标的物毁损、灭失的道德风险。

第三，虽然从原则上说，物的风险由所有权人负担，但是在融资租赁的情形，承租人实际上享有了相当于所有权人的权益，仅仅是缺少名义上的所有权。因此，要求承租人承担风险，符合权利义务对等的原则。

第四，从比较法的经验来看，有关国际公约和示范法对此也作出了规定。例如，《国际统一私法协会租赁示范法（草案）》第11条第1款规定："融资租赁中，（租赁物）灭失风险由承租人承担。如果没有约定风险移转时间，则自租赁合同签订之时，灭失风险则移转由承租人承担。"同条第2款规定："融资租赁之外的其他租赁，灭失风险仍由出租人承担，并不移转于承租人。"

既然风险应当由承租人负担，那么，在承租人占有租赁物期间，租赁物毁损或者灭失，出租人有权要求承租人继续履行合同义务。也就是说，在租赁期限内，租赁物毁损或者灭失的风险应由承租人承担。租赁物毁损或者灭失的，不影响承租人按照融资租赁合同承担应承担的义务，即其仍然应当继续支付租金。

第七百五十二条　承租人应当按照约定支付租金。承租人经催告后在合理期限内仍不支付租金的，出租人可以请求支付全部租金；也可以解除合同，收回租赁物。

◆ 条文主旨

本条是关于承租人支付租金义务的规定。

◆ **条文解读**

在租赁期限内，承租人应当按照合同约定向出租人支付租金，这是承租人的基本义务。由于融资租赁合同中的租金并非租赁物的对价，而是融资的对价，所以当租赁物存在瑕疵时，承租人不得以此为理由拒付租金。

承租人未按照约定支付租金时，出租人可以规定一个合理期限，要求承租人支付。经出租人催告，承租人在规定的期限内仍不支付租金的，即构成违约，出租人可以采取以下两种救济措施：

1. 要求承租人支付全部租金。所谓全部租金，是指融资租赁合同中所规定的全部已到期而承租人未支付的租金，以及其他依约定未到期的租金。在融资租赁合同规定的每期租金支付期限到期之前，出租人无权请求承租人支付。但在融资租赁合同中往往约定，承租人不支付租金或者有其他违约行为时，出租人有权要求承租人付清全部租金。此即所谓期限利益丧失约款。出租人之所以要在合同中约定期限利益丧失约款，是因为在融资租赁合同中，租赁物是为了承租人的特殊需要，由承租人选定，出租人出资购买的，此类租赁物专用性较强，在承租人不支付租金时，出租人即使收回租赁物，也难以通过重新转让或出租收回所投资金。同时，在融资租赁交易中，出租人与承租人互负的义务并非同时履行的，而是有先后层次的，出租人支付租赁物价款的义务履行在先，承租人支付租金的义务履行在后，出租人的利益缺乏一种相互制衡或者保障。由于一般情况下，承租人在迟延支付一期租金时，很有可能也无力支付剩余未到期的租金，所以此时出租人如果不能一次性主张全部租金或者不能收回租赁物，将使自己处于默视损失扩大却无能为力的被动局面。因此，在承租人违约不支付租金时，出租人有权要求承租人支付全部租金，这有利于保护出租人的利益，同时，承租人丧失了期限利益，也是对承租人违约行为的一种惩罚，有利于促使承租人更好地履行自己的义务。

2. 解除合同，收回租赁物，并请求赔偿损失。出租人不选择要求承租人支付全部租金的，可以解除合同，收回租赁物。因为出租人对租赁物享有所有权，这一所有权具有担保其租金债权的功能，所以当承租人违约，出租人解除合同时，出租人可以收回租赁物。

第七百五十三条　承租人未经出租人同意，将租赁物转让、抵押、质押、投资入股或者以其他方式处分的，出租人可以解除融资租赁合同。

◆ **条文主旨**

本条是关于承租人违约出租人可以解除融资租赁合同的规定。

◆ **条文解读**

本条规定出租人一方可以解除融资租赁合同的情形，以承租人违约作为解约的前提条件，针对承租人擅自处分租赁物的行为，这类行为对出租人的租赁物所有权和租金债权的实现均构成严重威胁，属于承租人的严重违约。

出租人对租赁物名义上享有所有权，而本质上这种所有权起到的是担保作用。在出租人与承租人的内部关系上，中途不可解约性是融资租赁合同的一个重要特征。由于租赁物系承租人选定或为承租人定制，如果允许承租人中途解约，即使将租赁物返还出租人，一般也难以再次转让并弥补出租人的损失；而租赁物一般价值较大，系承租人长期使用的资产，如允许出租人任意解约，也将给承租人的生产经营带来不利影响，因此，各国一般均规定融资租赁合同不得中途解约。同时，由于融资租赁合同这一特殊性，在合同条款中通常也会明确约定在合同有效期内，当事人双方无正当、充分的理由，不得单方要求解约或退租；而融资租赁的交易形式又使得承租人通常具有权利外观，因此承租人无权处分租赁物的风险始终存在。融资租赁合同租赁期限届满之前租赁物由承租人占有、使用，并且实践中为了便于承租人进行账务处理或获得一定的税收优惠，出租人购买租赁物时往往让出卖人出具以承租人为购买人的税务发票，或将一些融资租赁资产登记在承租人名下。在此情况下，承租人可能凭借其对租赁物的实际控制和相关证明材料，在未经出租人同意的情况下，将租赁物转让、转租、抵押、质押、投资入股或者以其他方式处分。由于融资租赁合同租赁期限届满之前，租赁物归出租人所有，承租人的上述行为显然构成无权处分。

承租人未经出租人同意，将租赁物转让、抵押、质押、投资入股或者以其他方式处分的，侵犯了出租人对租赁物的所有权，符合本法第 563 条第 1 款第 4 项后段“有其他违约行为致使不能实现合同目的”当事人可以解除合同的规定，出租人有权解除合同。

而在对外关系上，为了消灭隐形担保物权，优化营商环境。依照本法第 745 条，出租人对租赁物享有的所有权，未经登记，不得对抗善意第三人。即在融资租赁合同下，承租人无权处分租赁物的应当依照本法第 414 条关于担保领域权利竞合的清偿顺序的规定依次实现权利：首先，租赁物上已登记的所有权及其他担保物权，按照登记的时间先后确定清偿顺序；其次，租赁物上已登记的所有权及其他担保物权优先于未登记的受偿；最后，租赁物上的所有权及其他担保物权未登记的，按照债权比例清偿。

第七百五十四条　有下列情形之一的，出租人或者承租人可以解除融资租赁合同：

（一）出租人与出卖人订立的买卖合同解除、被确认无效或者被撤销，且未能重新订立买卖合同；

（二）租赁物因不可归责于当事人的原因毁损、灭失，且不能修复或者确定替代物；

（三）因出卖人的原因致使融资租赁合同的目的不能实现。

◆ **条文主旨**

本条是关于出租人和承租人均可解除融资租赁合同的情形的规定。

◆ **条文解读**

本法第562条和第563条分别规定了合同约定解除和合同法定解除的一般情形，本条是基于第563条法定解除的情形针对融资租赁合同作出的特别规定。

与一般租赁合同一样，融资租赁合同也得基于特定的原因解除。但基于交易模式的特殊性，融资租赁合同的一个很重要的特性就是合同的不可中途解约性，因此，合同条款通常约定当事人双方无正当、充分的理由，不得单方要求解约或退租。作为合同双方均可解约的情形，本条规定并未考虑出租人或承租人是否存在违约行为或主观上的过错，而是以融资租赁合同客观上的履行不能作为解除的前提。第1项、第2项均以承租人无法继续占有、使用租赁物作为合同解除的条件，至于合同解除后的返还及赔偿责任则可以依双方的过错由人民法院作出裁决。第 3 项是将出卖人的原因纳入双方均可解约的情形，理由有两个：一是融资租赁的合同目的无法实现，客观履行不能；二是在因出卖人的原因导致融资租赁合同无法继续履行时，给承租人以解除融资租赁合同的方式进行救济的权利，避免因出租人不解除买卖合同，导致承租人非因自身过错仍要持续负担融资租赁合同义务的情形。以上三种情形具体分析如下：

一、出租人与出卖人订立的买卖合同解除、被确认无效或者被撤销，且未能重新订立买卖合同

一般来说，融资租赁要有三方当事人（出租人、承租人和出卖人）参与，通常由两个合同（融资租赁合同、买卖合同）或者两个以上的合同构成，由此产生了融资租赁交易中因买卖合同中产生的诉争及损失是否可以通过融资租赁合同予以救济以及如何救济的问题。融资租赁合同和买卖合同是相互联系、相互影响的，各自虽具有独立性，但又并不完全独立，而是在一定意义上以对方的存在为条件。在典型的融资租赁交易中，买卖合同系为融资租赁合同而订立，融资租赁合同是买卖合同订立的前提，因此，买卖合同与融资租赁合同的效力、履行与解除必然互相影响。一方面，融资租赁交易中涉及买卖合同的诉争应当依据本法买卖合同章及买卖合同司法解释的规定予以解决；另一方面，若出租人与出卖人订立的买卖合同被解除、被确认无效或者被撤销，承租人与出租人间的融资租赁合同可能即因此丧失履行的基础和意义，因此，出租人与承租人均可解除融资租赁合同。

二、租赁物因不可归责于当事人的原因毁损、灭失，且不能修复或者确定替代物

在融资租赁中，融资租赁合同的租赁物即是买卖合同的标的物。融资租赁合同最重要的法律特征就是融资与融物相结合，目的为融资，形式为融物，融资为融物服务。因此，当租赁物毁损、灭失，且不能修复或者确定替代物时，融资租赁合同不再具有履行的可能性及意义；在上述毁损、灭失不可归责于当事人时，承租人及出租人均可解除融资租赁合同。

不可归责于当事人的事由有下列几种情况：第一，因不可抗力的原因造成租赁物毁损、灭失的。不可抗力的条件是不能预见、不能避免，并且不能克服。如承租人租赁生产设备的，由于发生洪水，大水冲进设备致使设备损坏，这种损坏是当事人双方难以克服的。第二，因意外事件造成租赁物毁损、灭失的。如承租人租赁飞机正常航行，被一飞鸟撞毁，经过认定承租人本人无过错，飞机的损害是由飞鸟撞击的意外事件造成的。

三、因出卖人的原因致使融资租赁合同的目的不能实现

因出卖人的原因致使融资租赁合同的目的不能实现，与不可归责于融资租赁合同当事人的不可抗力、意外事件致使不能实现合同目的的合同解除事由系依照相似事务相同处理的原则进行规定。一方面，出卖人因其过失或其他原因导致提供的租赁物不符合融资租赁合同的要求或者无法实现融资租赁合同目的，而融资租赁合同最重要的法律特征就是融资与融物相结合，目的为融资，形式为融物，融资为融物服务；另一方面，对于融资租赁合同而言，出卖人的原因属于不能归责于融资租赁合同双方当事人的事由。因此出租人和承租人均可解除融资租赁合同。

第七百五十五条　融资租赁合同因买卖合同解除、被确认无效或者被撤销而解除，出卖人、租赁物系由承租人选择的，出租人有权请求承租人赔偿相应损失；但

是，因出租人原因致使买卖合同解除、被确认无效或者被撤销的除外。

出租人的损失已经在买卖合同解除、被确认无效或者被撤销时获得赔偿的，承租人不再承担相应的赔偿责任。

◆ 条文主旨

本条是对融资租赁合同因买卖合同解除、被确认无效或者被撤销而解除后的损失赔偿问题的规定。

◆ 条文解读

融资租赁合同因买卖合同解除、被确认无效或者被撤销而解除的，属于因融资租赁合同当事人以外的原因导致合同解除，承租人虽无违约行为，但如果买卖合同的出卖人、租赁物系由承租人选择，承租人亦应当对选择的后果负责，即对由此而给出租人造成的损失承担赔偿责任。需要注意的是，买卖合同如因出租人的过错而被解除、被撤销或被确认无效的，承租人对融资租赁合同的解除不承担损失赔偿责任，出租人应自担其责。

由于融资租赁合同解除对出租人造成的损失与买卖合同被解除、被撤销或被确认无效对出租人造成的损失往往存在一定的交叉和重合，为保护承租人的合法权益，避免出租人通过在不同法律关系中分别求偿而获得双重利益，本条规定出租人在买卖合同中已经获得赔偿的，应在融资租赁合同的索赔中相应予以扣减。

本条在适用过程中应当注意以下问题：第一，出租人求偿的适用条件。出租人主张损失赔偿的前提是其对买卖合同的无效、被撤销或被解除均不具有可归责事由，否则，如出租人因其行为或过错导致买卖合同存在瑕疵并进而导致融资租赁合同被解除，其不享有求偿权。实践当中，出租人存在可归责事由的情形包括：出租人不履行价款支付义务，导致买卖合同被解除的；因出租人单独或与出卖人的共同过错，导致买卖合同无效或被撤销的；出租人干预选择出卖人、租赁物，或承租人依赖出租人的技能确定租赁物，等等。上述情形下，出租人或者对买卖合同的缔结施加了影响，或者对买卖合同的无效、被撤销、被解除存在过错，自然应承担由此产生的不利后果，而不应再转嫁风险，向承租人主张赔偿。第二，出租人赔偿损失的抵扣。出租人作为买卖合同的买受人，如其因买卖合同导致的损失已经通过买卖合同的救济得到补偿，则此部分受偿金额应当在其以此为由再向承租人主张时予以抵减，以免出租人因同一损失而获得双重赔偿。

第七百五十六条 融资租赁合同因租赁物交付承租人后意外毁损、灭失等不可归责于当事人的原因解除的，出租人可以请求承租人按照租赁物折旧情况给予补偿。

◆ 条文主旨

本条规定了因租赁物意外毁损、灭失导致融资租赁合同解除时的法律后果。

◆ 条文解读

本法第 751 条规定了租赁物意外毁损、灭失时的风险负担规则，同时又在第 754 条规定了租赁物意外毁损、灭失时的合同解除权，从体例上看，这延续了我国合同法时期关于风险负担规则和合同解除的二元立法体例，因此，同样会产生风险负担与合同解除竞合的问题。当二者竞合时，是依据风险负担规则进行处理，由承租人继续向出租人支付租金，还是根据合同解除制度对合同关系进行处理？

租赁物意外毁损、灭失，当事人均不具有可归责性，不存在违约损失赔偿问题，故风险负担规则与合同解除相竞合时，需要平衡和协调的关键问题是租赁物的所有者——出租人可以获得多大范围的利益补偿：按风险负担的一般原则，融资租赁合同中的风险由承租人负担，出租人可以主张全部租金利益（包括租赁物本身的价值和利润）；但若解除合同，则只能根据本法第566条的规定，对合同解除的后果进行清理。因融资租赁合同为持续性合同，合同解除不具有溯及力，故当事人已经履行的不再返还和恢复原状，但尚未履行的可以终止履行。对出租人而言，尚未支付的租金可以不再支付，相应地，承租人对租赁物也无权继续占有，应返还出租人。因租赁物已经毁损、灭失，造成了客观上的返还不能，所以承租人应承担代物返还义务，将租赁物折价后的价值金额返还出租人，即此时出租人能够获得的仅为租赁物自身的价值。由此可见，适用风险负担规则还是合同解除制度，主要差异在于对出租人的利润损失是否予以补偿。

对于出租人的利益补偿标准的差异，法律应如何取舍始终存在两种理论意见：第一种意见认为融资租赁合同中的风险即为租金风险，既然风险由承租人负担，则承租人应对出租人的全部损失予以补偿，包括租金在内的可得利益损失均属补偿范围，这是风险负担原则的应有之义。这种意见实际上是主张二者竞合时应适用风险负担制度。第二种意见认为，承租人对租赁物损毁、灭失并无过错，让承租人承担出租人的全部租金损失，相当于使承租人负担了与严重违约而解除合同时相同的损失赔偿法律后果，这样既不利于公平分配双方损失，也不利于引导当事人诚信守约。

因此，二者竞合时应按照合同解除的后果进行处理，承租人仅需补偿出租人的实际损失即可。

经权衡研究，本法最终采纳了第二种意见，根据利益平衡原则，对规范竞合时的法律适用和出租人利益如何补偿问题作出了规定，以统一司法尺度。作出此种选择的主要考虑是：（1）风险负担和合同解除竞合时，如何选择和适用规则，涉及价值衡量问题，需要考量在融资租赁这种特殊的交易形式下，适用哪一项制度更有利于保障和实现公平。从规则设立的初衷考察，风险负担规则和合同解除制度无疑都体现了公平的价值，都具有制度上的合理性，但在具体适用于融资租赁交易时，二者确实存在程度上的差异。风险负担规则体现的是风险与利益相一致原则，但在出租人和承租人双方均无可归责事由的情况下，如无特殊约定，让承租人承担全部租金风险，则其不但要承受租赁物自身的损失，还要负担出租人的利润损失，而出租人却不承担租赁物意外损毁、灭失的任何不利后果，这对承租人不免过于严苛，负担过重。如果适用合同解除制度，承租人承担的是返还原物义务，因返还不能而代之以折价补偿，利润损失则由出租人合理分担，兼顾平衡了双方的利益，避免了风险负担规则下对出租人完全保护、让承租人完全负担损失的极端处理方式。因此，二者相比，适用合同解除制度更能体现公平原则。（2）租赁物意外毁损、灭失而导致合同目的落空时，如果采用风险负担规则，由承租人承担租金损失，实际上是支持了出租人的全部可得利益，这与承租人违约而解除合同时，承租人应承担的可得利益损失赔偿范围完全一致，即无论承租人是否违约、是否具有可归责事由，其承担的损失后果却是完全相同的，这显然不利于引导人们诚实守信，因而不合理、不公平。故对于融资租赁合同而言，二者竞合时，按照合同解除制度进行处理更具有合理性。

综上，通盘考虑本法相关规定可知，当租赁物意外毁损、灭失，融资租赁合同可以解除时，法律赋予当事人可以自由选择的两种处理方式：如果当事人不行使解除权，则按风险负担规则处理，承租人应当继续支付租金，实际上是承担了租金的风险，但却可以避免合同解除后一次性补偿出租人的资金压力，从而获得分期支付的期限利益；如果当事人行使解除权，则风险负担规则不再适用，而代之以合同解除制度的登场，承租人应承担返还租赁物的义务，并承担返还不能时的代物清偿义务，即按租赁物的价值对出租人给予补偿。

合同解除时，承租人补偿出租人的租赁物价值中包含了剩余租赁期限内租赁物的价值和租赁期届满后租赁物的残值两部分，如果融资租赁合同事先约定租赁期满后租赁物的残值属于承租人所有，则承租人可以在支付的补偿金额中扣除应属于自己的残值部分。

第七百五十七条 出租人和承租人可以约定租赁期限届满租赁物的归属；对租赁物的归属没有约定或者约定不明确，依据本法第五百一十条的规定仍不能确定的，租赁物的所有权归出租人。

◆ 条文主旨

本条是关于租赁期限届满租赁物归属的一般规定。

◆ 条文解读

在传统租赁中，承租人的一项主要义务就是于租赁期限届满时，将租赁物返还出租人。而在融资租赁中，租赁期限届满，承租人一般可以有三种选择权：留购、续租或退租。留购是指租期届满，承租人支付给出租人一笔双方商定的设备残值（名义货价），取得租赁物的所有权。续租是指租期届满，承租人与出租人更新合同，继续承租租赁物，承租人按新合同支付租金；或者承租人未退回租赁物，出租人同意合同继续有效至承租人退回租赁物或者留购租赁物，承租人按原合同支付租金，直至合同终止。退租是指租期届满，承租人负责将处于良好工作状态的租赁物按出租人要求的运输方式运至出租人指定的地点。由此而产生的一切支出，如包装、运输、途中保险等费用均由承租人承担。在这三种租赁物的处理方式中，出租人更愿意选择留购这一处理方式。实践中，出租人关心的是如何收回其投入以及盈利，而对租赁物的使用价值没有多大兴趣，大多数融资租赁交易均把承租人留购租赁物作为交易的必要条件。如果选择另外两种方式处理租赁物，仍面临着租赁物的最终处理问题，出租人并不希望保留租赁设备。

如果当事人双方对于租赁物的归属没有约定或者约定不明确时，可以依照本法第 510 条的规定协议补充；不能达成补充协议时，应依照合同有关条款或者交易习惯加以确定。如果合同双方当事人既不能就租赁物的归属达成补充协议，又不能根据合同有关条款或者交易习惯确定时，租赁物的所有权归出租人享有。这是因为，融资租赁与传统租赁一样，在租赁期限内，租赁物的所有权归出租人。租赁期限届满时，如果承租人未支付名义货价，即使名义货价只值一分钱，承租人也不能取得租赁物的所有权，租赁物的所有权仍归出租人享有。

第七百五十八条 当事人约定租赁期限届满租赁物归承租人所有，承租人已经支付大部分租金，但是无力支付剩余租金，出租人因此解除合同收回租赁物，收回的租赁物的价值超过承租人欠付的租金以及其他费用的，承租人可以请求相应返还。

当事人约定租赁期限届满租赁物归出租人所有，因租赁物毁损、灭失或者附合、混合于他物致使承租人不能返还的，出租人有权请求承租人给予合理补偿。

◆ 条文主旨

本条是关于承租人请求部分返还租赁物价值的规定。

◆ 条文解读

根据本法第752条的规定，承租人不支付租金时，出租人有权解除合同，收回租赁物，这是由出租人享有的租赁物所有权所决定的。但是出租人的所有权是一项受其租金债权严格制约的权利，在融资租赁交易中，与租赁物所有权有关的风险与收益实质上都转移给承租人了，出租人的所有权仅具担保的意义。因此，当承租人违约时，出租人有权解除合同，收回租赁物，并要求承租人赔偿损失。即在融资租赁实践中与担保相同，融资租赁中租金的本质为还本付息，进而赎回租赁物实现担保物权，因此禁止流质流押情形的发生。但鉴于出租人对租赁物享有的权利实质为担保物权，仅在形式上表现为所有权，出租人于承租人不能支付租金的情形下，解除融资租赁合同收回租赁物无需经过人民法院同意，但应当进行强制清算。租赁物的价值超过剩余欠款的，出租人应当予以返还。因为在融资租赁实践中，损害赔偿金是以相当于残存租金额或者以残存租金额减去中间利息计算的。这样出租人不仅收回了租赁物，而且可以获得一笔相当于残存租金额的损害赔偿金。而在融资租赁合同完全履行时，出租人仅可取得全部租金及期满后取得租赁物的残余价值。由此可以看出，如果不进行强制清算，出租人中途解约取得的利益，比合同全部履行本应得到的利益还要多。这不仅不公平，而且由于利益驱动，会使出租人尽量使用解除合同的办法，不利于融资租赁合同关系的稳定。

为了解决上述问题，本条规定，当事人约定租赁期限届满租赁物归承租人所有，承租人已经支付大部分租金，但无力支付剩余租金，出租人因此解除合同收回租赁物的，收回的租赁物的价值超过承租人欠付的租金以及其他费用的，承租人可以请求部分返还。也就是说，出租人因收回租赁物而取得的价值，无论按所评估的公允价值，还是按公开拍卖的实际所得，都不直接归出租人所有。这一所得必须与出租人这时的租金债权，即承租人尚未付清的租金及其他费用作比较。只有出租人收回租赁物的所得等于出租人的租金债权的部分时，才归出租人所有，超出租金债权的部分，是出租人多得的利益，应返还承租人，或者充作承租人支付的损害赔偿金，不足部分仍应由承租人清偿。

当事人约定了租期届满租赁物归属于出租人的，租赁物在承租人处因毁损、灭失或者附合、混合于他物致使承租人不能返还时，因为风险应该由承租人负担，所以承租人应该向出租人补偿租赁物的残值。

第七百五十九条 当事人约定租赁期限届满，承租人仅需向出租人支付象征性价款的，视为约定的租金义务履行完毕后租赁物的所有权归承租人。

◆ **条文主旨**

本条是关于支付象征性价款时租赁物归属的规定。

◆ **条文解读**

在传统租赁中，承租人的一项主要义务就是于租赁期限届满时，将租赁物返还出租人。而在融资租赁中，鉴于租赁物对于出租人和承租人的意义不同，合同双方通常会约定租赁期限届满租赁物的归属。合同双方未约定的，承租人一般可以有三种选择权：留购、续租或退租。其中留购即指租期届满，承租人支付给出租人象征性价款，于租赁义务履行完毕后取得租赁物的所有权。一方面，在上述三种租赁物的处理方式中，出租人更愿意选择留购这一处理方式，以此达到收回其投入以及赢利的目的，大多数融资租赁交易均把承租人留购租赁物作为交易的必要条件。另一方面，融资租赁的域外实践中，通常采取约定支付象征性价款的方式确定租赁期限届满租赁物归属的方式。在我国融资租赁业务发展的初期对此有所借鉴，也因此保留、发展成为实践中融资租赁合同的通常条款。所以，这种租赁期限届满，承租人仅需向出租人支付象征性价款的约定，实际上使得在租赁物归属约定不明的情形下，在依照本法第 757 条规定判断顺序之前，承租人即可通过支付象征性价款的方式于租金义务履行完毕后取得租赁物的所有权。因此，本条兼顾法律逻辑与融资租赁实际业态作出明确规定。

第七百六十条　融资租赁合同无效，当事人就该情形下租赁物的归属有约定的，按照其约定；没有约定或者约定不明确的，租赁物应当返还出租人。但是，因承租人原因致使合同无效，出租人不请求返还或者返还后会显著降低租赁物效用的，租赁物的所有权归承租人，由承租人给予出租人合理补偿。

◆ 条文主旨

本条是关于融资租赁合同无效时租赁物归属的规定。

◆ 条文解读

合同法规范在本质上属于任意性、补充性的规范，合同法也更多地体现出了约定优先的指导思想。商人是自身利益的最好判断者，融资租赁合同是平等市场主体之间签订的合同，合同条款的约定本身就包含了出租人和承租人双方对履约成本、履约收益和履约风险的判断。因此，鼓励融资租赁双方当事人以市场化的方式对合同的履行和解除、租赁物的风险负担、租赁物清算等问题作出约定，以减少诉讼风险和损失的不确定性。融资租赁合同无效的，应当依照当事人间就租赁物归属的约定履行。当事人没有约定或约定不明的，出租人作为租赁物的所有权人应当收回租赁物。但是实践中，租赁物通常为承租人所选，且为承租人生产经营所需，租赁物在出租人手中不能发挥其效用，不利于租赁物价值的实现和承租人、出租人利益的最大化。因此，在融资租赁合同无效的事由系因承租人导致的情形下，可以由承租人取得租赁物的所有权，并由承租人根据合同履行情况和租金支付情况就租赁物向出租人作出经济补偿。

第十六章 保理合同

保理合同是应收账款的债权人将应收账款转让给保理人，保理人提供资金支持以及应收账款管理、催收、付款担保等服务的合同。在立法过程中，有的意见认为，保理业务可以为实体企业提供综合性金融服务，特别是可以为中小型企业拓宽融资渠道。当前我国保理业务发展迅猛、体量庞大，保理合同纠纷在司法实践中亦处于增长态势，但是也存在一些问题，亟须立法加以规范。有的意见则认为，保理业务虽然重要，但民法典应当从法理逻辑和法典体系出发，不应仅仅着眼于具体问题的解决。保理业务在交易实践和司法实践中，最为急需的规则不是保理合同的特殊规则，而是债权转让的一般规则，而保理所涉及的资金融通、应收账款管理和催收、付款担保等服务均有对应的或者类似的合同类型。因此，无需增设保理合同作为典型合同，而应解决债权转让的一般规则。

经研究，保理业务作为企业融资的一种手段，在权利义务设置、对外效力等方面具有典型性。本法对保理合同作出明确规定，提供清晰的交易规则和司法裁判规则，一方面针对保理合同的特殊问题予以规定，另一方面补充债权转让的一般性规则。这有利于促进保理业务的发展，缓解中小企业融资难、融资贵的问题，也有利于对保理业务进行规范，规制保理业务当前出现的一些问题，使得保理业务能够健康地、有序地发展，进而促进我国实体经济发展。在具体规定中，规定的重点是债权转让一般规则的补充。保理所涉及的资金融通、应收账款管理和催收、付款担保等均有对应的或者类似的合同类型，足供保理合同参照适用，国际统一私法协会的国际保理公约及俄罗斯、我国澳门等民商法典保理合同章均未涉及此方面法律规范。

本章共九条，对保理合同的概念、内容和形式、虚构应收账款的保理、保理人发出转让通知、保理后变更或者终止基础交易合同、有追索权保理、无追索权保理和多重保理等作出了规定。

第七百六十一条　保理合同是应收账款债权人将现有的或者将有的应收账款转让给保理人，保理人提供资金融通、应收账款管理或者催收、应收账款债务人付款担保等服务的合同。

◆ 条文主旨

本条是关于保理合同概念的规定。

◆ 立法背景

为了明确保理合同的典型特征，本条参考中国银行业监督管理委员会《商业银行保理业务管理暂行办法》（中国银行业监督管理委员会令 2014 年第 5 号）第 6 条、中国银行业协会《中国银行业保理业务规范》（银协发〔2016〕127 号）第 4 条的规定，对保理合同的概念予以规定。

◆ 条文解读

保理合同是以债权人转让其应收账款为前提，集资金融通、应收账款催收或者管理、付款担保等服务于一体的综合性金融服务合同。保理目前在我国区分为银行业保理和商业保理，这涉及设立主体、行业准入和监管要求上的差异，但在交易结构上并无不同，所涉及的保理合同是相同的。

保理法律关系，涉及保理商与债权人、保理商与债务人之间不同的法律关系，债权人与债务人之间的基础交易合同是成立保理的前提，而债权人与保理商之间的应收账款债权转让则是保理关系的核心。这与单纯的借款合同有显著区别，故不应将保理合同简单视为借款合同。实践中确实有部分保理商与交易相对人虚构基础合同，以保理之名行借贷之实。对此，应查明事实，从是否存在基础合同、保理商是否明知虚构基础合同、双方当事人之间实际的权利义务关系等方面审查和确定合同性质。如果确实是名为保理、实为借贷的，仍可以按照借款合同确定当事人之间的权利义务。

按照本条规定，保理合同必须具备的要素是应收账款债权的转让，没有应收账款的转让就不能构成保理合同。所谓应收账款，是指权利人因提供一定的货物、服务或设施而获得的要求债务人付款的权利以及依法享有的其他付款请求权，包括现有的和未来的金钱债权，但不包括因票据或其他有价证券而产生的付款请求权，以及法律、行政法规禁止转让的付款请求权。应收账款主要包括下列权利：（1）销售、出租产生的债权，包括销售货物，供应水、电、气、暖，知识产权的许可使用，出租动产或不动产等；（2）提供医疗、教育、旅游等服务或劳务产生的债权；（3）能源、交通运输、水利、环境保护、市政工程等基础设施和公用事业项目收益权；（4）提供贷款或其他信用活动产生的债权；（5）其他以合同为基础的具有金钱给付内容的债权。这些应收账款的转让可以是单独转让，也可以是批量集合转让，取决于当事人之间的约定。应收账款的转让，应当适用本法关于债权转让的一般规则。

现有的应收账款比较容易理解，需要注意的是将有的应收账款。在理论中，将有的应收债权包括两类。一类是已经存在基础法律关系的将有应收账款，如基于附生效条件或生效期限的合同、继续性合同所产生的将有应收账款，债权人自身的给付行为尚未完成但一旦完成即可产生的债权等；另一类是没有基础法律关系的纯粹的将有应收账款，如尚未订立合同的买卖、租赁等所产生的债权，即“纯粹的未来债权”。本法第 440 条第 6 项规定，现有的以及将有的应收账款都可以被出质。基于同样的考量，本条也承认将有应收账款的保理。依据本法第 467 条，没有明文规定的合同，可以参照适用最相类似合同的规定，故该规定可扩展适用于所有的债权转让，即将有的债权也可被转让。许多国家和地区的法律、国际性公约或者文件明确规定了将有债权的可转让性，例如《日本民法典》第 466 条之六、《法国民法典》第 1323 条第 3 款、《国际保理公约》第 5 条第 2 款、《应收账款转让公约》第 8 条第 1 款、《国际商事合同通则》第 9.1.5 条、《欧洲合同法原则》第 11：101 条、《美国统一商法典》第 9 - 204 条（a）等。当然，转让的将有债权应当可以被特定化，此种特定化并非在债权转让合同或者保理合同签订时已经被特定化，而是在将有债权实际产生时能够被识别为被之前订立的债权转让合同或者保理合同所涉及。但需要注意的是，如果自然人转让其全部的将来债权，如自然人转让其全部将来劳动报酬债权，可能产生剥夺债权人生计收入或生存来源的危险，对此可以认为，自然人因转让全部将来债权导致实质上丧失经济自由的，该转让行为因违背公序良俗，依据本法第 153 条第 2 款，应属无效。

除了必须具备的应收账款转让之外，保理合同还需要保理人提供资金融通、应收账款管理或者催收、应收账款债务人付款担保等服务。这同样在国际保理公约、国际保理通则以及保理示范法中都有规定，在我国目前的一些规范中，如中国银行业保理业务规范、商业银行保理业务暂行管理办法，也都有规定。资金融通，是指保理人应债权人的申请，在债权人将应收账款转让给保理人后，为债权人提供的资金融通，包括贷款和应收账款转让预付款。应收账款催收，是指保理人根据应收账款账期，主动或应债权人要求，采取电话、函件、上门等方式直至运用法律手段等对债务人进行催收。应收账款管理，又称为销售分户账管理，是指保理人根据债权人的要求，定期或不定期向其提供关于应收账款的回收情况、逾期账款情况、对账单等财务和统计报表，协助其进行应收账款管理。付款担保，是指保理人与债权人签订保理合同后，为债务人核定信用额度，并在核准额度内，对债权人无商业纠纷的应收账款，提供约定的付款担保。除了这些服务之外，保理合同中，保理人提供的服务通常还包括资信调查与评估、信用风险控制等其他可认定为保理性质的金融服务。这些服务均有对应的或者类似的合同类型供参照适用，例如，如果保理人提供应收账款债权的管理和催收服务，则保理人负有相当于一般委托合同受托人或者信托合同受托人的义务，在管理和催收债权时应当尽到注意义务，如应当及时催收诉讼时效期间即将届满的债权；就付款担保而言，提供担保的保理人居于担保人的地位，可参照担保的一般规则处理。

保理合同必备的要素是应收账款转让，除此之外，构成保理合同，还要保理人提供资金融通、应收账款管理或者催收、应收账款债务人付款担保等服务，但是保理人并非必须提供上述所有项的服务。在这些服务中，《国际保理公约》第1条第2款第2项要求保理人对其列举的四项服务至少要提供两项，《国际保理通则》第1条仅要求提供一项即可，我国的《商业银行保理业务管理暂行办法》第6条、《中国银行业保理业务规范》第4条以及其他一些司法文件也仅要求提供一项即可。无论如何，无应收账款转让的，不构成保理合同；但是，仅仅只是应收账款转让的，也同样不构成保理合同。保理人提供哪些服务，取决于保理人和应收账款债权人之间的约定。

▶ **相关规定**

中国银行业监督管理委员会《商业银行保理业务管理暂行办法》第6条；中国银行业协会《中国银行业保理业务规范》第4条；《天津市高级人民法院关于审理保理合同纠纷案件若干问题的审判委员会纪要（一）》第2条；《深圳前海合作区人民法院关于审理前海蛇口自贸区内保理合同纠纷案件的裁判指引（试行）》第2条；中国人民银行《应收账款质押登记办法》第2条

第七百六十二条　保理合同的内容一般包括业务类型、服务范围、服务期限、基础交易合同情况、应收账款信息、保理融资款或者服务报酬及其支付方式等条款。

保理合同应当采用书面形式。

◆ **条文主旨**

本条是关于保理合同内容和形式的规定。

◆ **立法背景**

本条第1款结合实践情况，参考中国银行业监督管理委员会《商业银行保理业务管理暂行办法》第10条的规定，对保理合同中一般应包含的内容进行倡导性的规定。由于保理合同较为复杂，出于保护交易安全、避免纠纷的需要，本条第2款明确规定保理合同应当采用书面形式。

◆ **条文解读**

本条第1款规定了保理合同中所一般包含的内容。保理合同的内容一般包括业务类型、服务范围、服务期限、基础交易合同情况、应收账款信息、保理融资款或者服务报酬及其支付方式等条款。保理合同的具体内容由保理人和应收账款债权人具体约定，本款仅仅是倡导性的规定，仅是对保理合同通常所包含内容的总结。

需要具体说明的是其中的业务类型。保理业务按照不同的标准可以被区分为不同的类型。按照保理人在债务人破产、无理拖欠或无法偿付应收账款时，是否可以向债权人反转让应收账款或者要求债权人回购应收账款、归还融资，可以区分为有追索权保理和无追索权保理。有追索权保理，是指保理人不承担为债务人核定信用额度和提供坏账担保的义务，仅提供包括融资在内的其他金融服务，在应收账款到期无法从债务人处收回时，保理人可以向债权人反转让应收账款，或者要求债权人回购应收账款、归还融资，又称为回购型保理。无追索权保理，指保理人根据债权人提供的债务人核准信用额度，在信用额度内承购债权人对债务人的应收账款并提供坏账担保责任，债务人因发生信用风险未按基础合同约定按时足额支付应收账款时，保理人不能向债权人追索，又称为买断型保理。该分类是保理业务的基础性分类，本法第766条和第767条分别规定了有追索权保理和无追索权保理。

按照是否将应收账款转让的事实通知债务人，可分为公开型保理和隐蔽型保理。公开型保理，是指将应收账款转让的事实通知债务人，通知方式包括但不限于向债务人提交规定格式的通知书、在发票上加注规定格式的转让条款，又称明保理。隐蔽型保理，是指保理合同签订后的一定时期内，都未将应收账款转让事实通知债务人，仅在约定期限届满或者约定事由出现后，保理人可将应收账款转让事实通知债务人，又称暗保理。在暗保理的情形中，即使保理人已预付融资款，正常情况仍由债权人或以债权人名义继续收取债权，融资款项仅在债权人与保理商之间清算，由债权人将相关付款转付保理人，另以保理人控制收款账户等方式确保保理人对应收账款收益的控制，以对债权人设定违约责任等方式阻遏债权人另行收取债权。暗保理固然存在债务人另行向债权人给付的风险，但同时具有便于应收账款管理与催收、利于维系债权人与债务人的合作关系等优势，故在实践中常有应用。本法第546条第1款并未规定债权转让必须通知债务人，而仅规定了转让通知对债务人的效力，即未通知债务人的，债权转让对债务人不发生效力，该规定不妨碍暗保理的开展。

按照基础交易的性质和债权人、债务人所在地，保理可分为国际保理和国内保理。债权人和债务人均在境内的，称为国内保理；债权人和债务人中至少有一方在境外的，称为国际保理。国际保理涉及准据法的选择，但如果当事人选择中国法作为准据法，相关实体法应无区别。另外还有反向保理，即保理人与规模较大、资信较好的买方达成协议，对于为其供货、位于其供应链上的中小企业提供保理业务。反向保理不是一种具体产品或者合同名称，而是一种保理营销策略，在大幅度减少保理商风险的同时，有效缓解了中小企业的融资困难，提高了中小企业的市场开拓能力。具体操作中，保理人首先与资信较好的买方协商，确定由保理人为向买方供货的中小企业提供保理融资，然后保理人与供货的中小企业，或者与供货的中小企业和买方共同签订保理合同。供货的中小企业履行基础交易合同中的供货义务后，向保理人提示买方承兑的票据，保理人立即提供融资，并进行应收账款管理、账款催收等综合性金融服务。票据到期时，买方直接向保理商支付款项。因此，其仅仅在交易流程上具有特色，但在实体法上与通常的保理相比并无特殊之处。按照保理人的数量，保理可分为单保理、双保理以及共同保理或者联合保理。双保理涉及两个保理合同，共同保理涉及本法第517条以下条文规定的多数人之债。按照保理人所提供服务内容的不同，保理分为融资保理和非融资保理。融资保理，是指保理商提供应收账款融资的保理业务，又基于保理商融资款的支付期限分为到期保理和预付保理；非融资保理，是指保理商不向债权人提供应收账款融资，仅提供应收账款管理或者催收、付款保证等服务。这涉及当事人无约定时参照适用何种典型合同的规则。根据债务人是否直接向保理人支付应收账款，保理分为直接回款保理和间接回款保理，前者是指债务人直接向保理人支付应收账款的保理业务，后者是指不要求债务人直接向保理人支付应收账款的保理业务。由于保理人风险的不同，这涉及对保理回款专户的监管。但是，上述分类均不涉及特殊的规则，可以通过现有规则予以解决，因此并非本章立法的重心。

另外还需要说明的是基础交易合同。基础交易合同，是应收账款债权人与债务人签订的据以产生应收账款的有关销售货物、提供服务或出租资产等的交易合同及其全部补充或者修改文件。基础交易合同的存在是保理合同订立的前提，虽然两者有关权利义务关系的约定存有牵连，但两者并非主从合同关系，而是相对独立的两个合同。据此，首先，基础交易合同的效力不影响保理合同的效力。其次，保理人以保理合同为依据向基础交易合同债务人主张债权的，如果保理合同中对债权内容也即债务人债务的约定与基础交易合同中的约定不同，除债务人同意或者法律另有规定外，保理合同中关于债务人债务的约定并不能约束债务人。这也是债权转让的一般规则在保理合同中的具体应用。

本条第2款明确规定了保理合同应当采用书面形式。由于口头形式没有凭证，容易发生争议，发生争议后，难以取证，不易分清责任，而保理合同较为复杂，出于保护交易安全、避免纠纷的需要，保理合同应当采用书面形式。按照本法第469条第2款和第3款的规定，书面形式是合同书、信件、电报、电传、传真等可以有形地表现所载内容的形式。以电子数据交换、电子邮件等方式能够有形地表现所载内容，并可以随时调取查用的数据电文，视为书面形式。本法第490条第2款同时规定，法律、行政法规规定或者当事人约定合同应当采用书面形式订立，当事人未采用书面形式但是一方已经履行主要义务，对方接受时，该合同成立。

▶ **相关规定**

中国银行业监督管理委员会《商业银行保理业务管理暂行办法》第10条；《天津市高级人民法院关于审理保理合同纠纷案件若干问题的审判委员会纪要（一）》第11条

第七百六十三条　应收账款债权人与债务人虚构应收账款作为转让标的，与保理人订立保理合同的，应收账款债务人不得以应收账款不存在为由对抗保理人，但是保理人明知虚构的除外。

◆ **条文主旨**

本条是关于保理中虚构应收账款的规定。

◆ **立法背景**

应收账款虚假，是保理实践中的突出问题。典型的场景是，在尽职调查过程中，保理人通常会向债务人核实应收账款的真实性，债务人在征询函或其他文书上确认该应收账款真实存在，保理人因而与债权人签订保理合同，事后保理人向债务人主张权利时，债务人以基础交易合同不实或应收账款虚假为由抗辩。此时，债权转让合同或者保理合同并非因此当然无效，但保理人有权依法以欺诈为由请求撤销其与债权人之间的合同，同时依据本法第157条的规定，有权请求债权人承担撤销后的返还财产、赔偿损失责任。依据债权人和保理人之间的合同，债权人负有保证所转让债权真实的义务，保理人也有权解除合同并请求债权人承担违约赔偿责任。但是，债务人是否以及如何向保理人承担责任，在实践中争议较大，因此本条对此予以明确规定。当然，这个问题不仅在保理中存在，在其他债权转让中也同样存在，在其他债权转让中如果出现类似的问题，可以参照适用本条予以处理。

◆ 条文解读

针对保理中虚构应收账款的情形，其他国家和地区的法律存在不同的规定方式。一种方式是统一规定通谋虚伪表示不得对抗善意第三人，这当然也适用于本条所针对的情形，例如《奥地利普通民法典》第916条第2款、《日本民法典》第94条第2款、我国台湾地区“民法”第87条第1项等。另一种方式是对本条所针对的情形予以特别规定，例如《德国民法典》第405条规定：“债务人出具关于债务之文书者，如于文书提出时而为债权让与，债务人不得对新债权人主张债之关系之成立或者承认系出于虚伪，或者与原债权人曾有债权不得让与之约定。但新债权人于债权让与时明知或者可得而知其情事者，不在此限。”《瑞士债务法》第18条第2款也采取了类似的方式。还有一种方式是受让人有权请求债务人承担侵权的损失赔偿责任。无论采取哪一种立法方式，共识是此种情形中，债务人应当向受让人（保理人）承担责任，区别在于所承担的责任是债务人不得以债权不存在为由对受让人提出抗辩，而必须履行本不存在的债权所对应的债务，还是对受让人承担侵权赔偿责任，但是最终的结果并无实质区别。经研究，对此种情形明确予以规定，并采取债务人不得以债权不存在为由对受让人提出抗辩的方式，有助于实践中债务人承担责任的数额的确定，能够对受让人（保理人）的利益予以充分保护。

本条适用的前提，首先是，作为转让标的的应收账款不存在。所谓应收账款不存在，包括应收账款全部不存在，也包括应收账款存在但与真实债权数额不符，即部分不存在。

其次是，应收账款不存在是因为应收账款债权人与债务人虚构。虚构的方式是多样的，可能是：（1）应收账款债权人与债务人通谋以虚假的意思表示制造了虚假应收账款的外观。这属于本法第 146 条第 1 款所规定的通谋虚假行为，即行为人与相对人以虚假的意思表示实施的民事法律行为无效。但是，该无效仅是在应收账款债权人和债务人之间无效，不得对抗据此产生信赖的保理人。（2）债务人向保理人确认应收账款的真实性，制造了虚假应收账款的外观。虽然债权一般不具有权利外观，原则上不适用善意取得，但是，在本条所针对的情形中，债权在例外情况下具有一定的权利外观，对据此产生信赖的债权受让人（保理人）应当予以保护。

最后是，保理人因此对应收账款存在产生了合理的信赖，从而签订了保理合同。保理人必须因应收账款债权人与债务人的虚构对应收账款存在产生了合理的信赖，在受让人未对此有所信赖的情形，受让人并未因信赖而蒙受不利益，如在将来虚构某笔债权的情形，受让人当初受让将来债权，并非基于对该债权的信赖而给付对价，就不适用本条。同时，保理人的信赖必须是合理的。

本条中的应收账款不包括因票据或其他有价证券而产生的付款请求权，而仅仅是普通的债权。普通债权与票据等证券化债权不同，保理人本来就没有充分理由仅依据债权存在的外观而信赖债权的真实存在，而负有必要的调查核实的义务。保理人调查核实债权真实性有时成本较高，如在债权打包转让的情形中，涉及大量债权，保理人单独对涉及这些债权的发票或者合同逐一核实，审查难度较大。因此，在实践中，保理人通常会向债务人调查核实。如果债务人确认了债权的真实性，虽然不应因此而完全免除保理人的调查核实义务，但此时，保理人一般能够相信债务人不存在债权真实性的抗辩，这会使得保理人对债权真实性的审核义务降低，保理人的合理信赖更容易构成。因此，本条规定了在保理人明知债权不存在的情形下，保理人就不存在合理信赖，不能适用本条予以保护。这一方面考虑到了，在债务人确认的情形中，受让人对债权真实性的审核义务较低，仅限于保理人“明知”债权不存在的情形中才不适用本条规定，这有助于避免过分增加受让人的审核义务。另一方面，保理人也不能因为债务人的确认而完全不对债权进行任何的调查核实，在保理人完全可以通过成本较低的审核措施就能够发现债权不存在的情形中，就有理由认为保理人对债权不存在是明知的。

本条适用的法律后果是，应收账款债务人不得以应收账款不存在为由对抗保理人。这意味着，在债务人虚构或者确认债权的范围内，保理人仍有权请求债务人履行如同债权存在时相对应的债务，债务人不得以应收账款实际上不存在为由对保理人提出抗辩。

▶ **相关规定**

《天津市高级人民法院关于审理保理合同纠纷案件若干问题的审判委员会纪要（二）》第3条；《深圳前海合作区人民法院关于

审理前海蛇口自贸区内保理合同纠纷案件的裁判指引（试行）》第13条、第14条

第七百六十四条　保理人向应收账款债务人发出应收账款转让通知的，应当表明保理人身份并附有必要凭证。

◆ 条文主旨

本条是关于保理人发出转让通知的规定。

◆ 立法背景

依据本法第546条第1款，在一般的债权转让中，发出转让通知的主体原则上应当仅限于让与人。但在保理合同实践中，为了避免债务人在转让发生后仍向债权人履行债务，保理人更有动力主动发出通知。为了避免增加债务人审核负担，本条结合具体实践，规定保理人向应收账款债务人发出应收账款转让通知的，应当表明保理人身份并附有必要凭证。

◆ 条文解读

保理合同的核心是应收账款债权转让，在此应当适用本法关于债权转让的一般规则，为保护债务人利益，依据本法第546条第1款，债权人转让债权，未通知债务人的，该转让对债务人不发生效力。因此，应收账款债权转让未通知债务人的，该转让对债务人不发生效力，即使保理人取得了债权，债务人也有权拒绝保理人的履行请求；债务人向债权人履行债务的，债权消灭。如果应收账款债权转让通知了债务人，则债权转让对债务人发生效力，此时债务人即对保理人负有履行义务，并且有权以此拒绝债

权人的履行请求；如果债务人仍然向债权人履行，则不发生债权消灭的效力。因此，只有通知了债务人，才可以最大限度地保护保理人的利益。

但是，问题是保理人是否有权单独向债务人发出转让通知。在一般的债权转让中，对转让通知的发出主体，不同的立法例有不同的规定。有的规定仅限于让与人，例如《日本民法典》第467条第1款。有的规定让与人或者受让人均可发出转让通知，例如《瑞士债务法》第167条、我国台湾地区“民法”第297条第1项。有的规定让与人当然可以发出转让通知，受让人发出转让通知的必须附有必要凭证，受让人未提出必要凭证的，转让通知不发生效力，债务人可以向让与人履行债务，债务人也有权要求受让人在合理期间内提供必要凭证，并在受让人提供之前有权拒绝履行，例如《联合国应收账款转让公约》第13条第1款和第17条第7款、《国际商事合同通则》第9.1.10条第1款和第9.1.12条、《联合国国际贸易法委员会担保交易示范法》第58条和第63条第8款、《欧洲合同法原则》第11：303条第1－2款、《美国统一商法典》第9－406条（a）和（c）。经研究，不同立法例存在的共识是，让与人可以发出转让通知，因为此时债务人无需对债权是否转让予以审核，不会增加债务人的负担；而受让人发出转让通知的，债务人并无充分理由予以相信。因此，允许受让人发出转让通知的观点和立法例，往往同时认为此时应当提出受让人已经取得债权的必要凭证。但真正的问题在于何为必要凭证以及债务人对这些凭证的审核义务程度。如果债务人承担过高的审核义务，则其就会处于两难境地而遭受不利益，要么向受让人履行，但如果受让人并未取得债权，此时债务人仍需向让与人再次履行，并且增加了债务人依据不当得利要求让与人返还所可能承担的让与人资力不足的风险；要么拒绝受让人的履行请求，但如果受让人确实取得债权，此时债务人可能就会陷入违约。如果债务人承担过低的审核义务，则又会不利于受让人利益的保障。只要允许受让人发出通知，此种价值权衡上的进退维谷无法避免。因此，在一般的债权转让中，发出转让通知的主体原则上应当仅限于让与人。

在保理合同中，实践中的大多数情形都是保理人发出通知，因为其对此具有重大利益，以避免债务人在转让发生后仍向债权人履行债务，故保理人更有动力主动发出通知。因此，本条规定，保理人向应收账款债务人发出应收账款转让通知的，应当表明保理人身份并附有必要凭证。基于前述避免增加债务人审核负担的考虑，此时最为重要的是对必要凭证的认定，对此应当采取较为严格的认定方式。如果保理人提交了书面的债权转让合同或者保理合同，或者债权人签字、盖章的书面转让通知，考虑到我国当前的信用环境，这些凭证的伪造可能性较高，且对于债务人来说，其收到债权转让通知后可能审查的时间并不充足，因此其仍有可能无法判断合同或者转让通知的真实性，故并不必然构成充分的必要凭证，需要结合其他具体情况予以具体判断。但是，如果保理人提交了经过公证的债权转让合同、保理合同或者转让通知等，由于公证书的证明力较强，此时债务人无需审核，因此保理人向债务人发出转让通知的，如果表明了保理人的身份并且附有经过公证的债权转让合同、保理合同或者转让通知等必要凭证，可以认为具有同债权人发出转让通知同等的效力。这也可以被认为是债权转让的一般规则，因此，在其他债权转让中，也可以参照适用本条，允许受让人单独对债务人发出转让通知，但应当提出经过公证的债权转让合同或者转让通知等必要凭证；受让人单独通知但未提出充分的必要凭证的，转让通知不发生效力，债务人可以向让与人履行债务，债务人也有权要求受让人在合理期间内提供充分的必要凭证，并在受让人提供之前有权拒绝履行。

▶ **相关规定**

《天津市高级人民法院关于审理保理合同纠纷案件若干问题的审判委员会纪要（二）》第2条；《深圳前海合作区人民法院关于审理前海蛇口自贸区内保理合同纠纷案件的裁判指引（试行）》第19条、第20条、第21条、第22条、第23条

第七百六十五条 应收账款债务人接到应收账款转让通知后，应收账款债权人与债务人无正当理由协商变更或者终止基础交易合同，对保理人产生不利影响的，对保理人不发生效力。

◆ **条文主旨**

本条是关于基础交易合同协商变更或者终止对保理人的效力的规定。

◆ **立法背景**

依据保理合同，为保障保理人地位，应收账款债权人负有不减损该应收账款债权价值的义务，因此，债权人不能通过与债务人协商，作出任何使得转让的应收账款债权价值落空或者减损的行为，债权人违反该义务时，保理人有权依法解除保理合同并请求债权人承担违约责任。但问题是，这些行为是否对保理人发生效力。为保护保理人的利益，借鉴《德国民法典》第407条第1款、《联合国应收账款转让公约》第20条、《欧洲合同法原则》第11：308条、《联合国国际贸易法委员会担保交易示范法》第66条、《美国统一商法典》第9－405条（a）（b）等立法例，本

条对此作出明确规定。

◆ 条文解读

本条适用的前提是，首先，应收账款债权人和债务人协商作出了有关转让债权的民事法律行为。该民事法律行为必须是关于转让债权的，如果不涉及转让债权，不会对保理人发生影响，就不适用本条。而且，必须是债权人和债务人协商一致作出了法律行为，这里既包括协商变更或者终止基础交易合同的情形，例如延期、和解、协议抵销、协议解除等，也包括债权人免除债务人的债务而债务人未在合理期限内拒绝的情形；但是，不应当包括基于法律规定以及债务人单方行使基于法律规定享有的法定解除权等使得基础交易合同发生变更或者终止的情形。

其次，该民事法律行为对保理人产生不利影响。这里意味着债权人和债务人通过协商使得应收账款债权的价值落空或者减损，而对保理人产生不利影响，例如债权人和债务人协商一致变更基础交易合同而减少了债权数额，或者协商一致解除基础交易合同而对保理人产生了不利影响。如果债权人和债务人的行为对保理人是有利的，自然无需保理人同意即可对保理人发生有利的效力。

再次，该民事法律行为发生在债务人接到债权转让通知后。债务人接到债权转让通知前，由于债权转让对债务人不发生效力，债务人有权主张债权人仍然对债权有处分权，此时债权人和债务人协商一致做出的民事法律行为，即使导致保理人利益受损，该行为仍然对保理人发生效力，保理人所取得的债权发生相应变动，保理人仅能依法解除保理合同并请求债权人承担违约责任。

最后，对保理人产生不利影响的民事法律行为无正当理由。这里所谓的正当理由，首先是指经过了保理人的同意。如果经过了保理人的同意，自然能够对保理人发生效力。其次是指该民事法律行为符合诚信原则且保理人并无合理理由反对的情形，具体可能包括：（1）基础交易合同已约定可变更或者终止的情形。毕竟债务人原本依据基础交易合同享有与让与人协商变更、消灭其债之关系的自由，此种自由不应因债权人转让其债权而丧失，并且保理人能够通过尽职调查知道该约定的存在进而采取其他风险预防措施。（2）政府合同和复杂的合同安排中，尤其对于数额尚未最终确定的债权。例如，建筑商将对业主的付款请求权转让给保理人并且通知之后，建筑商和业主变更约定业主向建筑商预付款项，以使得建筑商有能力支付工资、购买原料等，从而继续进行建筑工程，如果此种预付是必要的，否则建筑商可能会因资金链断裂而被更换，交易无法进行，而业主也会拒绝付款，对转让债权的实现最终也会发生不利影响，则应当允许如此变更；如果涉及无法合理预料的工程量增减，也同样应当允许变更。对保理人而言，保理人也能够预知该等债权即使被转让，但在正常的业务过程中也可能会有合理的变动，因此同样能够采取风险的预防措施，例如可以有效地约定业主的任何变更都构成违约。当然，即使该等行为对保理人发生效力，也不影响债权人依照法律规定或者按照约定对保理人承担违约责任。

本条的法律后果是，该民事法律行为对保理人不发生效力。这意味着，保理人仍然可以根据该民事法律行为成立之前的债权状况请求债务人履行支付应收账款的债务。该规定的目的是保护保理人利益，保理人自然可以放弃此种保护，而选择依法解除保理合同并请求债权人承担违约责任。债权人与债务人恶意串通变更或者终止基础合同，损害保理人利益的，保理人也有权选择依据本法第 1168 条的规定主张债权人与债务人构成共同侵权，请求他们对造成的损失承担连带责任。

应当注意的是，本条仅适用于保理合同，但是在其他债权转让中也同样会发生类似情形，如果在其他债权转让中出现类似的问题，可以参照适用本条予以处理。

▶ 相关规定

《天津市高级人民法院关于审理保理合同纠纷案件若干问题的审判委员会纪要（二）》第5条；《深圳前海合作区人民法院关于审理前海蛇口自贸区内保理合同纠纷案件的裁判指引（试行）》第29条、第30条

第七百六十六条 当事人约定有追索权保理的，保理人可以向应收账款债权人主张返还保理融资款本息或者回购应收账款债权，也可以向应收账款债务人主张应收账款债权。保理人向应收账款债务人主张应收账款债权，在扣除保理融资款本息和相关费用后有剩余的，剩余部分应当返还给应收账款债权人。

◆ 条文主旨

本条是关于有追索权保理的规定。

◆ 立法背景

有追索权保理和无追索权保理是保理业务的基础分类。各国立法例中，有的以有追索权保理为原型，即规定保理人有追索权，但合同另有约定除外；有的以无追索权保理为原型，即规定保理人无追索权，但合同另有约定除外；还有的同时规定有追索权保理和无追索权保理，由当事人自己选择。经研究，基于我国当前的保理实践，当事人一般都会在保理合同中就有无追索权作出约定，因此本法同时规定有追索权保理和无追索权保理，以供当事

人自己选择。本条关于有追索权保理的规定，在性质上属于任意性规范，适用于当事人无另有约定的情形，如果当事人另有约定，应当按照当事人的约定处理。

◆ **条文解读**

按照保理人在债务人破产、无理拖欠或无法偿付应收账款时，是否可以向债权人反转让应收账款，或者要求债权人回购应收账款或归还融资，可以区分为有追索权保理和无追索权保理。有追索权保理，是指保理人不承担为债务人核定信用额度和提供坏账担保的义务，仅提供包括融资在内的其他金融服务，在应收账款到期无法从债务人处收回时，保理人可以向债权人反转让应收账款，或要求债权人回购应收账款或归还融资，又称为回购型保理。无追索权保理，是指保理人根据债权人提供的债务人核准信用额度，在信用额度内承购债权人对债务人的应收账款并提供坏账担保责任，债务人因发生信用风险未按基础合同约定按时足额支付应收账款时，保理人不能向债权人追索，又称为买断型保理。

我国目前的保理交易实践中，就有追索权的保理，当事人通常会明确约定，保理人有权而非有义务同时要求应收账款债务人和债权人清偿各自所负债务，保理人并有权自主决定将已受让的应收账款转让给其他第三人，或者明确约定，债权人负有融资款到期后无条件足额偿还的义务。此时，保理人不负有先行请求应收账款债务人履行或以其他方式将应收账款变价的义务，债权人更无权请求保理人先行变价或以保理商未先行变价为由抗辩。同时，在保理人和债权人没有约定或者约定不明确时，由于在为担保的给付中，保理人仅有变价的权利而无变价的义务，对保理人的负担较轻，而无论是何种性质对债权人的最终利益均没有太大影响。因此，基于保理业务的通常实践，避免当事人通过约定排除法定规则的交易成本，以及对保理人负担越大者越需要保理人的明确同意这种解释原则，同时基于基础交易合同关系和保理合同关系的关联性，便于查明事实，减轻当事人诉累，提高审判效率，在保理人和债权人无特别约定或者约定不明确时，本条规定，保理人可以向应收账款债权人主张返还保理融资款本息或者回购应收账款债权，也可以向应收账款债务人主张应收账款债权。

按照本条规定，在有追索权保理中，在当事人无特别约定或者约定不明确时，保理人有权选择向应收账款债权人主张返还保理融资款本息或者回购应收账款债权，或者向应收账款债务人主张应收账款债权。

同时，在有追索权保理中，保理人向应收账款债务人主张应收账款债权的，在获得债务人的履行后，首先应当扣除保理融资款本息和相关费用，具体包括：保理融资款本息、保理商未受清偿的应收账款融资额度承诺费、保理手续费、保理首付款使用费，以及其他债权人到期未付款等。在扣除后仍有剩余的这部分保理余款应当返还给应收账款债权人。

► **相关规定**

中国银行业监督管理委员会《商业银行保理业务管理暂行办法》第10条；《天津市高级人民法院关于审理保理合同纠纷案件若干问题的审判委员会纪要（一）》第11条

第七百六十七条　当事人约定无追索权保理的，保理人应当向应收账款债务人主张应收账款债权，保理人取得超过保理融资款本息和相关费用的部分，无需向应收账款债权人返还。

◆ **条文主旨**

本条是关于无追索权保理的规定。

◆ **立法背景**

本条关于无追索权保理的规定，在性质上属于任意性规范，适用于当事人无另有约定的情形，如果当事人另有约定，应当按照当事人的约定处理。

◆ **条文解读**

无追索权保理，指保理人根据债权人提供的债务人核准信用额度，在信用额度内承购债权人对债务人的应收账款并提供坏账担保责任，债务人因发生信用风险未按基础合同约定按时足额支付应收账款时，保理人不能向债权人追索，又称为买断型保理。无追索权保理在性质上属于应收账款债权买卖，保理人受让债权并享有债权的全部清偿利益、负担债权不能受偿的风险，作为债权转让对价的融资款实际上是通过买卖取得债权的价款。

按照本条规定，当事人约定无追索权保理的，保理人应当向应收账款债务人主张应收账款债权，而不能向应收账款债权人主张返还保理融资款本息或者回购应收账款债权。这适用于债务人发生了信用风险的情形，即债务人未按照基础交易合同约定履行债务或者履行债务不符合约定，包括债务人破产、无正当理由不按照约定履行债务等。《国际保理通则》第 16 条、我国的《商业银行保理业务管理暂行办法》第 10 条都有类似规定。实际上这涉及债权人依据保理合同对保理人负有的瑕疵担保义务的范围。依据保理合同，除非债权人和保理人之间另有约定或者保理人在订立保理合同时知道或者应当知道，则债权人负有保证债权转让时确实存在、所有与该转让有关的文件或合同都是真实的并与其所声称的保持一致、其对该债权有处分权、其不会进行任何使得转让债权的价值落空或者减损的行为、债务人对转让债权没有抗辩权和抵销权、第三人不得向保理人主张任何权利等义务，否则应当对保理人承担去除权利瑕疵的继续履行、违约损害赔偿等违约责任，保理人也有权行使履行抗辩权和依法解除转让合同的权利。但是，除非债权人和保理人另有约定，债权人并不承诺债务人具有或者将具有履行能力。这一点不仅适用于保理合同，在所有的债权转让合同中都是如此，即除非当事人另有约定，让与人不对债务人的履行能力负有担保责任，这在《瑞士债务法》第171条、《意大利民法典》第1267条、《俄罗斯联邦民法典》第1964条第2款、我国台湾地区“民法”第352条、我国的《澳门民法典》第581条第2款、《联合国应收账款转让公约》第12条第2款、《联合国国际贸易法委员会担保交易示范法》第57条第2款都有明确规定。

也就是说，无追索权保理并非意味着在任何情形下保理人对债权人均无追索权，一旦发生债务人未及时全额付款，保理人需要根据债务人违约的具体原因来判断追索对象，保理人不再追索应收账款债权人是具有一定前提的，即债务人未及时全额付款系源于其自身信用风险，而非其他原因。如果债务人因不可抗力而无法支付，或者债务人依法主张基础交易合同所产生的抗辩、抵销权或者依法解除基础交易合同而拒绝付款，则保理人仍有权对债权人追索，向应收账款债权人主张返还保理融资款本息或者回购应收账款债权。例如，债权人和债务人签订了货物买卖合同，债权人就其对债务人的应收账款债权与保理人签订了保理合同，在保理人向债务人主张应收账款债权时，债务人因债权人出卖的货物有严重的质量瑕疵而依法解除货物买卖合同，并拒绝保理人的履行请求，此时，由于这并非债务人的信用风险，因此，保理人仍然有权按照约定向应收账款债权人主张返还保理融资款本息或者回购应收账款债权。在实践中，针对非债务人信用风险的情形，保理人和债权人可以约定特定情形下的反转让权。这种约定与无追索权保理作为债权买卖并不冲突，其性质可以认为是卖回权，是债权买卖中特别约定的条款，这种条款在其他买卖中也可以约定。这种特别约定正是无追索权保理有别于一般债权买卖之处，也是保理交易的特色。

同时，在无追索权保理中，保理人向应收账款债务人主张应收账款债权，在获得债务人的履行后，对保理人的超过保理融资款本息和相关费用的这部分保理余款的归属，首先由保理人和债权人在保理合同中约定，因此保理人和债权人可以在保理合同中约定，保理人应当负有清算义务，就超过的部分，保理人负有向应收账款债权人返还这部分保理余款的义务。保理合同对此无约定或者约定不明确时，基于无追索权保理在性质上属于应收账款债权买卖，因此与有追索权保理不同，本条规定了另外的默认规则，即这部分保理余款应当归属于保理人，无需向应收账款债权人返还。该默认规则符合无追索权保理的特性，且在无追索权保理中，较之有追索权保理，保理人的风险更高，因此将这部分保理余款归属于保理人，也符合风险与收益相一致的基本原理。

▶ **相关规定**

中国银行业监督管理委员会《商业银行保理业务管理暂行办法》第 10 条；《天津市高级人民法院关于审理保理合同纠纷案件若干问题的审判委员会纪要（一）》第 11 条

第七百六十八条　应收账款债权人就同一应收账款订立多个保理合同，致使多个保理人主张权利的，已经登记的先于未登记的取得应收账款；均已经登记的，按照登记时间的先后顺序取得应收账款；均未登记的，由最先到达应收账款债务人的转让通知中载明的保理人取得应收账款；既未登记也未通知的，按照保理融资款或者服务报酬的比例取得应收账款。

◆ 条文主旨

本条是关于保理中应收账款债权重复转让的规定。

◆ 立法背景

在实践中，经常会出现应收账款债权人就同一应收账款订立多个保理合同，致使多个保理人主张应收账款债权的情形。就多个作为债权受让人的保理人之间优先顺位的确定，不同的立法例存在不同的观点。有的采取转让合同成立在先的规则，例如《德国民法典》和我国台湾地区“民法”；有的采取通知在先的规则，例如《意大利民法典》第1265条、《埃塞俄比亚民法典》第1967条、《希腊民法典》第460条、《日本民法典》第467条第2款、我国的《澳门民法典》第578条、《欧洲合同法原则》第11：401条；有的采取登记在先的规则，例如《美国统一商法典》第9－322条（a）、《联合国国际贸易法委员会担保交易示范法》第18条、《欧洲复兴开发银行动产担保交易示范法》第17条。实践中的争议也较大。经研究，本条首先采取了登记在先的方式确定多个保理人之间的优先顺位，其次采取了通知在先的顺位确定方式，既未登记也未通知的，按照保理融资款或者服务报酬的比例取得应收账款。

◆ **条文解读**

以何种方式确定多个保理人之间的优先顺位，取决于哪种方式能够使得债权交易的公示成本、事先的调查成本、事中的监督防范成本、事后的债权实现的执行成本等各种成本更低，对第三人和社会整体的外部成本也更低。在转让合同成立在先、通知在先和登记在先三种方式中，采取登记在先的方式，保理人调查成本、监督防范成本、实现债权的执行成本都是最低的，并且有助于防止债权人和其他人串通损害保理人的道德风险，提高债权的流通和担保价值，最终降低债权人的融资成本。建立在电子化的通知登记程序系统上的债权转让登记，由于电子化登记簿、自助登记和登记机构的审核程度低，因此登记成本非常低，并且其他第三人对登记的查询成本也较低，是最为便捷、安全、高效、可靠的公示方法，采取登记在先的方式，使得整体的社会成本最低，对受让人的地位保障最为充分，有利于保护交易安全，提升营商环境，同时便利企业的融资实践。关于登记机构的问题，《优化营商环境条例》第 47 条第 2 款已经规定："国家推动建立统一的动产和权利担保登记公示系统，逐步实现市场主体在一个平台上办理动产和权利担保登记。纳入统一登记公示系统的动产和权利范围另行规定。"修订后的《应收账款质押登记办法》第 34 条也规定，权利人在登记公示系统办理以融资为目的的应收账款转让登记，参照本办法的规定。同时，同一债权向多个保理人多重转让的情形，在利益衡量上类似于同一财产向两个以上债权人抵押的情形，对后一种情形，本法第 414 条第 1 款第 1 项、第 2 项规定，抵押权已经登记的，按照登记的时间先后确定清偿顺序，抵押权已经登记的先于未登记的受偿，同时在第 2 款中规定，其他可以登记的担保物权，清偿顺序参照适用前款规定。因此，为了提升营商环境，保护交易安全，便利融资，在利益结构相似的情形中保持规则的一致，提高裁判的统一性，本条首先采取了登记在先的方式确定多个保理人之间的优先顺位，即应收账款债权人就同一应收账款订立多个保理合同，致使多个保理人主张权利的，已经登记的先于未登记的取得应收账款；均已经登记的，按照登记时间的先后顺序取得应收账款。

对于保理人都未进行债权转让登记的情形，考虑到通知在先虽然较之登记在先社会成本要高，但较之合同成立时间仍然成本要低，因此，此时采取通知在先的顺位确定方式，最先到达债务人的转让通知中载明的受让人顺位在先。

对于保理人既未登记也未通知债务人的情形，有些立法例采取了以合同成立时间的先后确定优先顺位的做法，本条则规定，既未登记也未通知的，按照保理融资款或者服务报酬的比例取得应收账款。这与本法第 414 条第 2 款第 3 项在最后采取的按照所担保的债权比例清偿的方式一致，同时区分了担保性的保理和非担保性的其他服务性保理。在担保性的保理中，涉及保理融资款，此时按照保理融资款的比例取得应收账款；而在服务性的保理中，并不涉及保理融资款，此时按照服务报酬的比例取得应收账款。

应当注意的是，首先，本条仅明确规定了应收账款债权人就同一应收账款订立多个保理合同致使多个保理人主张权利，也即应收账款债权重复保理的情形，明确了多个保理人之间的优先顺位，但是并未明确规定应收账款多重处分的其他情形。在实践中，有可能是应收账款的保理人和应收账款的质权人之间发生利益的冲突；也有可能是应收账款的保理人和应收账款的其他受让人之间发生利益的冲突，例如，甲公司将其应收账款转让给乙工厂用于抵债，后又将该应收账款重复转让给保理商丙银行，因甲乙之间的交易并非保理合同且不以融资为目的，无须登记也无法登记，此时就会出现丙银行和乙工厂之间的利益冲突。同样，此种利益冲突也可能发生于并非保理的其他类型的债权多重处分中。此时，为保护交易的安全，在债权多重处分的其他情形中，有些立法例也按照本条所规定的顺位确定不同主体之间的顺位。其次，本条仅明确规定了应收账款的多重保理人之间的关系，但是，在应收账款保理和一般的债权转让或者其他处分中，所涉及的第三人，除了转让债权的重复受让人之外，还包括该债权上的其他担保权人、让与人的其他债权人，而让与人的其他债权人又包括让与人的一般债权人、让与人的扣押和执行债权人、让与人的破产管理人等。受让人和这些第三人的关系，在有些立法例中，如《美国统一商法典》《联合国国际贸易法委员会担保交易示范法》，为了保护交易安全，受让人和让与人的其他扣押债权人、破产管理人之间的顺位，统一取决于登记与扣押、受理破产案件的时间先后，如果债权转让未登记或者登记时间在后的，受让人不能对抗这些第三人；如果债权转让先登记，则受让人能够对抗这些第三人取得优先顺位。

▶ **相关规定**

中国人民银行《应收账款质押登记办法》第6条；《深圳前海合作区人民法院关于审理前海蛇口自贸区内保理合同纠纷案件的裁判指引（试行）》第35条

第七百六十九条 本章没有规定的，适用本编第六章债权转让的有关规定。

◆ **条文主旨**

本条是关于保理适用债权转让规则的规定。

◆ **立法背景**

本章对保理合同作出明确规定，提供清晰的交易规则和司法裁判规则，一方面针对保理合同的特殊问题予以规定，另一方面补充债权转让的一般性规则。但保理的核心是应收账款债权的转让，因此本条规定，本章没有规定的，应当适用债权转让的一般性规则。

◆ **条文解读**

保理必须具备的要素是应收账款债权的转让，没有应收账款的转让就不能构成保理合同，而应收账款是债权的一种，应收账款债权转让属于债权转让，应收账款债权人就是债权转让中的让与人，保理人就是债权转让中的受让人，应收账款债务人就是债权转让中的债务人。因此，在本章没有特别规定的情形中，应当适用本法合同编第六章关于债权转让的一般规定，具体而言，在涉及债权转让的范围内，适用以下规定：

1. 不得转让的债权的规定。（第 545 条）

2. 关于债权转让通知的效力和撤销的规定。（第 546 条）

3. 债权受让人取得与债权有关的从权利的规定。（第 547 条）

4. 债务人对让与人的抗辩可以继续向受让人主张的规定。（第 548 条）

5. 债务人对受让人主张抵销权的规定。（第 549 条）

6. 债权转让增加的履行费用的负担的规定。（第 550 条）

当然，本编第六章债权转让中未规定，而在本法其他地方对债权转让有规定的，也要在保理中予以适用，例如，本法第 502 条第 3 款中关于债权转让批准的规定。

应当注意的是，在非因保理合同发生的债权转让的情形中，按照本法第467条，本法或者其他法律没有明文规定的合同，适用本编通则的规定，并可以参照适用本编或者其他法律最相类似合同的规定。因此，对于非因保理合同发生的债权转让，首先，适用本法或者其他法律中明确的特别规定；其次，适用本法合同编通则第六章关于债权转让的一般规定，同时参照适用最相类似的合同。因此，在对这些债权转让没有明确规定时，本章涉及保理中的应收账款债权转让的规则，可以参照适用于非因保理合同发生的债权转让。所涉及的本章规则主要包括：

1. 允许将有债权转让的规定。（第761条）

2. 虚构转让债权的法律后果的规定。（第763条）

3. 受让人发出转让通知的限制性条件的规定。（第764条）

4. 让与人和债务人协商一致实施影响转让债权价值的行为对受让人效力的规定。（第765条）

5. 债权多重转让时优先顺位的规定。（第768条）

第十七章　承揽合同

本章共十八条，对承揽合同的方式、材料的提供、履行期限、支付报酬、保管责任、留置权等承揽人与定作人之间的权利义务等作了规定。

第七百七十条　承揽合同是承揽人按照定作人的要求完成工作，交付工作成果，定作人支付报酬的合同。

承揽包括加工、定作、修理、复制、测试、检验等工作。

◆ 条文主旨

本条规定了承揽合同的定义和承揽合同的主要种类。

◆ 立法背景

承揽合同是承揽人按照定作人的要求完成一定的工作，并将工作成果交付给定作人，定作人接受该工作成果并按照约定向承揽人支付报酬的合同。承揽合同的主体是承揽人和定作人。承揽人就是按照定作人指示完成特定工作并向定作人交付该工作成果的人；定作人是要求承揽人完成承揽工作并接受承揽工作成果、支付报酬的人。承揽人和定作人可以是法人或者非法人组织，也可以是自然人。承揽合同的客体是完成特定的工作。承揽合同的对象为承揽标的，承揽标的是有体物的，合同的标的物又可以称为承揽物或者定作物。承揽工作具有特定性，如修理汽车、裁剪制作衣服等。承揽人完成的承揽工作需有承揽工作成果，该工作成果可以是有形的，如加工的零部件、印刷的图书、录制的磁带、检验的结论，也可以是无形的，如测试仪器的运行。

世界上不少国家和地区民法规定了承揽合同。《德国民法典》第631条规定，（1）因承揽合同，承揽人负有完成约定的工作的义务，定作人负有支付约定的报酬的义务。（2）承揽合同的标的，既可以是某物的制作或变更，也可以是其他由劳动或劳务给付所引起的结果。《法国民法典》第1787条规定，在约定为他人完成某一工程时，可以约定仅提供劳动或技艺，或者同时提供材料。《意大利民法典》第1655条规定，承揽是指一方以必要的方式进行经营管理并承担其经营风险，交付成果或者提供服务从而获得金钱对价的契约。《瑞士债务法》第363条规定，加工承揽合同是承揽人完成并提交一定的工作成果，定作人支付报酬的合同。《俄罗斯联邦民法典》第702条规定，1. 依照承揽合同，一方（承揽人）应当按照他方（定作人）的指定任务完成一定的工作，并将工作成果交付定作人，而定作人应受领工作成果并给付价款。2. 本节的规定适用于某些类型的承揽合同（日常生活承揽、工程建筑承揽、完成设计与勘测工作承揽、对国家所需工作的承揽），但本法典对合同的这些类型有其他规定的除外。《欧洲民法典草案》对于承揽合同的规定是，本章适用于一方当事人（加工人）为他方当事人（顾客）就既有动产、无体财产或不可移动的建筑物提供服务的合同，但不适用于在既有房屋或其他不可移动的建筑物上的建造工作；尤其适用于加工人为既有动产、无体财产或不可移动的建筑物进行修理、维护或清洁的合同。

◆ **条文解读**

本条规定的承揽合同具有下列特征：第一，承揽合同以完成一定工作为目的。承揽合同中的承揽人必须按照定作人的要求完成一定的工作，定作人订立合同的目的是取得承揽人完成的一定工作成果。在承揽合同中，定作人所需要的不是承揽人的单纯劳务，而是其物化的劳务成果。也就是说，承揽人完成工作的劳务只有体现在其完成的工作成果上，只有与工作成果相结合，才能满足定作人的需要。第二，承揽合同的标的具有特定性。承揽合同的标的是定作人所要求的，由承揽人所完成的工作成果。该工作成果既可以是体力劳动成果，也可以是脑力劳动成果；可以是物，也可以是其他财产。但其必须具有特定性，是按照定作人特定要求，只能由承揽人为满足定作人特殊需求通过自己与众不同的劳动技能而完成的。第三，承揽合同的承揽人应以自己的风险独立完成工作。承揽合同的定作人需要的是具有特定性的标的物。这种特定的标的物只能通过承揽人完成的工作来取得。因此，定作人是根据承揽人的条件认定承揽人能够完成工作来选择承揽人的，定作人注重的是特定承揽人的工作条件和技能，承揽人应当以自己的劳力、设备和技术，独立完成承揽工作；经定作人同意将承揽工作的一部分转由第三人完成的，承揽人对第三人的工作向定作人承担责任。承揽人应承担取得工作成果的风险，对工作成果的完成负全部责任。承揽人不能完成工作而取得定作人所指定的工作成果，就不能向定作人要求报酬。

承揽合同是一大类合同的总称，传统民法中承揽合同包括加工承揽合同和建设工程合同两大类。由于建设工程合同在发展中形成了许多独特的行业特点，经济合同法将建设工程合同独立于加工承揽合同加以规定，因此本章的承揽合同主要是指加工承揽合同而不包括建设工程合同。根据本条第 2 款的规定，承揽合同的形式包括加工、定作、修理、复制、测试、检验等多种形式。1. 加工。所谓加工就是指承揽人以自己的技能、设备和劳力，按照定作人的要求，将定作人提供的原材料加工为成品，定作人接受该成品并支付报酬的合同。加工合同是实践中大量存在的合同，它既有生产性，比如一个企业将另一个企业提供的材料加工成特定的设备；也有生活性，如服装店用顾客提供的布料为其裁缝衣服；还可能具有一些艺术性，如画廊为他人装裱图画等。在国际经济活动中，来料加工是一种重要的外贸形式。2. 定作。定作就是承揽人根据定作人的要求，以自己的技能、设备和劳力，用自己的材料为定作人制作成品，定作人接受该特别制作的成品并支付报酬的合同。定作合同在日常生活中也很常见，如家具厂为顾客定作家具，服装厂为某学校定作校服等。定作与加工的区别在于定作中承揽人需自备材料，而不是由定作人提供材料。3. 修理。修理既包括承揽人为定作人修复损坏的动产，如修理汽车、修理手表、修理电器、修理自行车、修理鞋等；也包括对不动产的修缮，如检修房屋屋顶的防水层。4. 复制。复制是指承揽人按照定作人的要求，根据定作人提供的样品，重新制作类似的成品，定作人接受复制品并支付报酬的合同。复制既包括复印文稿，也包括复制其他物品，如文物部门要求承揽人复制一文物用以展览。5. 测试。测试是指承揽人根据定作人的要求，利用自己的技术和设备为定作人完成某一项目的性能测试，定作人接受测试成果并支付报酬的合同。6. 检验。检验是指承揽人以自己的技术和仪器、设备等为定作人提供的特定事物的性能、问题、质量等进行检查化验，定作人接受检验成果，并支付报酬的合同。

需要说明的是，承揽合同作为一种广义上的劳务合同，其范围并不限于本条第 2 款所列举的几类，任何符合本条第 1 款所定义的合同行为，如印刷、洗染、打字、翻译、拍照、冲卷扩印、广告制作、测绘、鉴定等都属于本章所调整的承揽。

第七百七十一条　承揽合同的内容一般包括承揽的标的、数量、质量、报酬，承揽方式，材料的提供，履行期限，验收标准和方法等条款。

◆ **条文主旨**

本条规定了承揽合同一般包含的主要条款。

◆ **立法背景**

本条规定的是承揽合同中一般所包含的条款，也就是说，承揽合同不是一定要具备这些条款，当事人可以根据合同性质和双方的需要对上述规定的条款进行增减。这些内容包括承揽标的、数量、质量、报酬、承揽方式、材料提供、履行期限、验收标准和方法等。

◆ **条文解读**

所谓承揽的标的，是指承揽合同权利义务所指向的对象，也就是承揽人按照定作人要求所应进行的承揽工作。如甲与乙服装厂签约定作一套礼服，合同的标的就是制作完成甲所要求的礼服。承揽合同双方当事人必须在合同中明确标的的名称，以使标的特定化，明确双方当事人权利义务的对象。承揽合同的标的是合同的必要条款，合同不规定标的，就会失去目的，因此，双方当事人未约定承揽标的或者约定不明确，承揽合同不成立。

数量与质量是确定合同标的的具体条件，是该合同标的区别于同类另一标的的具体特征。当事人应当明确规定标的的数量，选择好双方共同接受的计算单位，确定双方认可的计算方法，还可以规定合理的磅差或者尾差。数量是承揽合同的必备条件之一，当事人未明确标的数量的，承揽合同不成立。标的质量需订得详细具体，如标的的技术指标、质量要求、规格、型号等都要明确。一般来说标的质量包括五个方面：一是标的的物理和化学成分。如定作服装需明确面料的种类，制作家具需明确材料的质地等。二是标的的规格，通常是用度、量、衡来确定标的物的质量，如定作书桌时应当明确书桌的高度、长度、宽度等规格。这种规格就反映了标的质量。三是标的的性能，如强度、硬度、弹性、延度、抗蚀性、耐水性、耐热性、传导性、牢固性等。四是标的的款式，主要是指标的的色泽、图案、式样、时尚等特性。五是标的感觉要素，主要指标的的味道、触感、音质、新鲜度等。当事人在签订合同时，应当详尽写明质量要求，其可以以样货标准确定，可以以标准市货确定，可以约定特定标准，可以以货物平均品质为根据确定，可以以说明书的标准确定。

报酬主要是指定作人应当支付承揽人进行承揽工作所付出的技能、劳务的酬金。报酬是承揽合同中的主要条款，当事人在订立合同时应当明确报酬。当事人可以约定报酬的具体数额，也可以约定报酬的计算方法。如果在合同生效后，当事人就报酬没有约定或者约定不明确的，当事人可以协议补充；不能达成补充协议的，按照合同有关条款、合同性质、合同目的或者交易习惯确定；仍不能确定的，按照订立合同时履行地的市场价格履行；依法应当执行政府定价或者政府指导价的，依照规定履行。除报酬外，承揽人提供材料的，定作人应当根据承揽人提供的发票向承揽人支付材料费，没有发票的，按订立合同时的市场价格确定。当事人可以约定材料费支付的时间，未约定或者约定不明确的，应当在支付报酬的同时支付。

材料是指完成承揽工作所需的原料。当事人应当约定由哪一方提供材料，并且应当明确提供材料的时间、地点、材料的数量和质量等。如果当事人未约定由哪一方提供材料或者约定不明的，当事人可以补充协议；不能达成补充协议的，按照合同有关条款、合同性质、合同目的或者交易习惯确定，仍不能确定的，一般由承揽人提供，承揽人根据定作人对工作的要求和合同性质，合理地按质按量选用材料，定作人应当支付材料费。在确定材料提供方的基础上，如果未明确材料提供的时间，由承揽人提供材料的，承揽人根据履行期限合理地准备材料；由定作人提供材料的，承揽人可以根据履行期限，要求定作人及时提供。交付材料地点不明确的，一般在承揽人工作地点交付。材料数量不明确的，由当事人根据承揽工作的要求合理提供。材料质量不明确的，由当事人根据承揽工作的性质确定。

承揽合同中的履行期限主要是指双方当事人履行义务的时间，对承揽人而言，是指承揽人完成工作，交付工作成果的时间；对定作人而言，是指定作人支付报酬或者其他价款的时间。如果当事人在合同生效后未约定工作成果交付时间或者约定不明确的，当事人可以协议补充，不能达成补充协议的，应当按照合同有关条款、合同性质、合同目的或者交易习惯确定承揽人交付工作成果的时间。根据承揽工作的性质，不需要特别交付的，如粉刷墙壁，以完成工作成果的时间为交付时间。如果当事人在合同生效后未约定定作人支付报酬的时间或者约定不明确的，当事人可以补充协议；达不成协议的，应当按照合同有关条款、合同性质、合同目的或者交易习惯确定；根据合同有关条款、合同性质、合同目的或者交易习惯仍不能确定支付期限的，承揽人交付工作成果的时间为定作人支付报酬的时间。由定作人支付材料费或者其他费用的期限，当事人未约定或者约定不明确的，以支付报酬的时间为支付材料费或者其他费用的时间。

当事人在承揽合同中可以约定验收标准和方法。验收的标准是指检验材料、承揽工作质量的标准。验收标准未约定或者约定不明确的，当事人可以协议补充确定。不能达成补充协议的，可以按照合同有关条款、合同性质、合同目的或者交易习惯确定。既不能通过协商达成补充协议，又不能按照合同有关条款、合同性质、合同目的或者交易习惯确定的，按照同类产品或者同类服务的市场通常质量标准验收。

第七百七十二条 承揽人应当以自己的设备、技术和劳力，完成主要工作，但是当事人另有约定的除外。

承揽人将其承揽的主要工作交由第三人完成的，应当就该第三人完成的工作成果向定作人负责；未经定作人同意的，定作人也可以解除合同。

◆ 条文主旨

本条是关于承揽人独立完成主要工作的规定。

◆ 立法背景

承揽合同的标的是定作人所要求的、由承揽人所完成的工作成果。该工作成果既可以是体力劳动成果，也可以是脑力劳动成果；可以是物，也可以是其他财产。但其必须具有特定性，是按照定作人的特定要求，只能由承揽人为满足定作人特殊需求通过自己与众不同的劳动技能而完成的。如果定作人所需的标的能够从市场上任意买到，定作人就不必通过订立承揽合同要求承揽人来完成。因此，承揽合同的本质特点决定了该合同是建立在对承揽人的工作能力信任的基础上的，承揽人应当以自己的设备、技术和劳力完成承揽的主要工作。原《经济合同法》第 19 条规定，除合同另有规定的以外，承揽方必须以自己的设备、技术和劳力，完成加工、定作、修缮任务的主要部分，不经定作方同意，不得把接受的任务转让给第三方。本条坚持了经济合同法的规定，并确立了一个原则，承揽人应当完成承揽工作的主要部分，不仅仅只是加工、定作，其他承揽工作都应当遵循这个原则。有的国家的立法对此也作了规定。比如，《瑞士债务法》第 364 条规定，1. 承揽人一般负有与劳务关系中受雇人相同的注意义务。2. 承揽人应当自己完成工作或者在其亲自监督下完成工作，但依工作的性质不需要承揽人自己完成的例外。3. 在合同或习惯无其他要求时，承揽人应当自担费用和提供必要的材料、工具和设备完成工作。《俄罗斯联邦民法典》第 704 条规定，如果承揽合同无另行约定，完成工作的费用由承揽人负担，即以承揽人的材料、人力和资金完成工作。

◆ **条文解读**

承揽人设备、技术和劳力是决定其工作能力的重要因素，也是定作人选择该承揽人完成工作的决定性因素。所谓的设备是指承揽人进行工作所使用的工具。所谓的技术是承揽人进行工作所需的技能，包括专业知识、经验等。所谓的劳力指承揽人完成工作所付出的劳动力。这里的“主要工作”，一般是指对工作成果的质量起决定性作用的工作，也可以说是技术要求高的那部分工作，如订制服装，量体裁剪和整体裁制是其主要工作。主要工作的质量、数量将决定工作成果是否符合定作人的要求，因此，承揽人作为定作人选择的对象，应当以自己的设备、技术和劳力完成主要工作，否则会影响定作人订立合同的目的。

从尊重当事人意思自治原则出发，当事人如果约定，承揽人必须完成所有的承揽工作的，承揽人不仅应当亲自完成主要工作，其他工作也要由承揽人本人完成。如果当事人约定或经定作人同意，承揽人可以将工作的主要部分交由第三人完成的，承揽人可以将所承揽的工作交由第三人完成，但承揽人应当对第三人的工作对定作人负责。如甲向船舶工业公司定作一艘万吨油轮，船舶工业公司作为专业的外贸公司，本身不从事造船工作，因此可以在合同中约定该型号的油轮由船舶工业公司选择造船厂制造，船舶工业公司对该油轮的质量负责。

承揽合同是基于定作人对承揽人有特别的人身信任，如果该承揽人不亲自履行合同，就无法实现定作人订约的目的，承揽人应当以自己的设备、技术和劳力完成主要的承揽工作。合同中约定，承揽人必须亲自完成工作的，承揽人未经定作人同意，不得将承揽人工作的主要部分交由第三人完成。承揽人擅自将工作交由第三人完成的，将构成根本违约，此时，定作人可以选择两种方式要求承揽人承担合同责任。一种是定作人要求承揽人对第三人完成的工作成果向定作人负责。比如，定作人对承揽人的设备、技术和劳力无特别要求，只要求工作成果按时按量完成的情况下，承揽人擅自将承揽工作交由第三人完成，定作人认为工作成果的质量、数量、交付时间等能够接受，可以不解除合同。定作人不解除合同的，第三人完成工作的，由承揽人对第三人的工作向定作人负责。工作成果质量不符合合同约定的质量要求的，定作人有权要求承揽人承担重作、修理、更换和赔偿损失等违约责任。工作成果数量不符合约定的，定作人有权要求承揽人在合理的期限内补齐，造成定作人损失的，承揽人承担损害赔偿责任。工作成果交付迟延的，承揽人应当承担迟延交付的违约责任，并赔偿定作人的损失。另一种是通知承揽人解除合同。因解除合同给定作人造成损失的，定作人可以要求承揽人承担损害赔偿责任。如甲到著名的乙服装公司定作一批西装，乙服装公司将该批服装交由其他服装公司制作，虽然服装质量与乙服装公司的产品无太大差别，但名气无法与乙服装公司相比，在这种情况下，甲就可以解除合同。

第七百七十三条　承揽人可以将其承揽的辅助工作交由第三人完成。承揽人将其承揽的辅助工作交由第三人完成的，应当就该第三人完成的工作成果向定作人负责。

◆ **条文主旨**

本条是关于承揽人对辅助工作的责任。

◆ **立法背景**

根据本法第772条的规定，承揽合同中，承揽人应当以自己的设备、技术和劳力完成承揽工作的主要部分，如果将主要工作交由第三人完成的，必须经过定作人的同意，否则，承揽人应当承担违约责任。根据本条规定，与承揽的主要工作不同，承揽人可以将承揽的辅助工作交由第三人完成，并且可以不经定作人同意。但是，如果承揽人将承揽的辅助工作交由第三人完成，那么必须就第三人完成的工作成果向定作人负责。有的国家和地区的立法对此作了规定。比如，《俄罗斯联邦民法典》第706条规定，1. 如果法律或者承揽合同未约定承揽人必须亲自完成合同中指定的工作时，承揽人有权吸收他人（分承揽人）履行义务。此时，承揽人为总承揽人。2. 违反本条第1款规定或者合同的规定，吸收分承揽人履行承揽合同的承揽人，对因分承揽人参与合同之履行所造成的损失向定作人负责。

◆ **条文解读**

本条中的“辅助工作”，是指承揽工作中主要工作之外的部分，是相对于“主要工作”而言的。“主要工作”一般是指对工作成果的质量起决定性作用的工作，也可以说是技术要求高的那部分工作。主要工作之外的工作就可以理解为辅助性工作。如订制服装合同，量体裁剪和整体缝制是承揽人的主要工作，缝扣子、熨烫是其辅助工作。对于辅助工作，承揽人可以交由第三人完成而不必经过定作人的同意，承揽人的这种行为实际上是将其部分工作义务转由第三人完成，根据合同编通则关于合同的变更和转让的规定，债务人转移债务的，原则上应当经债权人同意。但在承揽工作中，考虑到辅助工作对工作成果的整体质量没有太大的影响，因此承揽人将辅助工作交由第三人完成的，可以不经定作人同意，这样规定符合承揽工作的交易习惯，也有助于提升承揽工作的效率。同时，尽管承揽人可以根据工作需要，自行决定将辅助工作交由第三人完成，但是承揽人应当根据诚实信用原则，认真考察第三人的工作能力，合理地选择第三人。确定第三人后，如果第三人同意完成该部分工作的，承揽人应当将定作人对工作的要求或者是合同中的质量、数量、交付期限的约定如实告知第三人，第三人应当根据承揽人提供的情况，按质按量，按时完成工作。承揽人应当保证三人完成的工作成果符合定作人的要求。

根据承揽合同的性质，承揽人应当在约定的期限内提供符合定作人要求的工作成果，也就是说，承揽人对工作的完成承担全部的责任，即使承揽人根据本条规定将辅助性工作交由第三人完成，也要对整个工作负责，如果第三人完成的工作不符合定作人的要求，承揽人应当向定作人承担违约责任。这一点，也是承揽人与定作人之间承揽合同相对性的要求。实践中，第三人的工作不符合要求主要表现为未及时完成承揽人交给的辅助工作、完成的质量和数量不符合定作人的要求或者合同的约定。第三人未及时完成工作致使工作成果迟延交付的，承揽人应当承担迟延交付的违约责任；第三人完成的工作质量不符合要求的，承揽人应当负责重作、修理、退换，并赔偿因此给定作人造成的损失；第三人完成的工作数量不足的，由承揽人负责补齐，并赔偿因此给定作人造成的损失；由于第三人的工作给定作人造成其他损失的，由承揽人承担损害赔偿责任。

从尊重当事人的意思自治出发，合同编允许承揽合同的当事人对辅助工作的完成作出与本条不同的约定。具体来说，关于辅助工作的责任，当事人的约定一般有三种情况：一是如果当事人有约定，承揽工作必须全部由承揽人独自完成的，承揽人不得将工作转由第三人完成，即使辅助工作也不例外，承揽人违反约定将辅助工作交由第三人完成的，承揽人应当承担违约责任，赔偿定作人损失。二是如果承揽合同中约定，承揽人将辅助工作交由第三人完成的，承揽人仅对其完成的主要工作负责，第三人对其完成的辅助工作负责。在此情况下，如果承揽人将辅助工作交由第三人完成的，应当通知定作人并取得定作人同意。第三人工作不符合约定的，定作人只能要求第三人承担责任，承揽人根据约定对此不承担责任。三是承揽合同中约定，承揽人将辅助工作交由第三人完成的，承揽人与第三人对由第三人完成的辅助工作向定作人承担连带责任。承揽人将辅助工作交由第三人完成的，应当与第三人约定，就该辅助工作向定作人承担连带责任。承揽人与第三人未作此约定的，仍由承揽人对第三人的工作向定作人承担责任。

第七百七十四条 承揽人提供材料的，应当按照约定选用材料，并接受定作人检验。

◆ 条文主旨

本条规定了承揽人提供材料时的主要义务。

◆ 立法背景

承揽合同的本质在于承揽人根据定作人要求提供工作成果，定作人支付报酬。在双方关系中，定作人通过支付报酬，取得让自己满意的工作成果；承揽人则按照定作人对工作成果的要求，最终提供出这一成果，从而获得报酬。因此，承揽人的劳务自始至终都应符合定作人的要求，在承揽人提供材料的情形下，必须按照合同的事先约定或者双方事后达成的补充协议提供材料，定作人对于提供的材料是否符合要求，则拥有检验的权利。一些国家的法律对此也都作了规定。比如，《瑞士债务法》第 365 条第 1 款规定，承揽人有责任提供材料的，应当就材料的质量对定作人承担责任，且承揽人承担同于出卖人的瑕疵担保责任。《俄罗斯联邦民法典》第 704 条规定，1. 如果承揽合同无另行约定，完成工作的费用由承揽人负担，即以承揽人的材料、人力和资金完成工作。2. 承揽人就其提供的不合质量的材料和设备，以及就其所提供的设有第三人权利负担的材料和设备承担责任。

◆ 条文解读

根据本条，如果当事人在承揽合同中约定由承揽人提供材料，并约定了提供材料的时间、材料的数量和质量的，承揽人应当按照约定准备材料。如果合同中未明确由哪一方提供材料的，但根据合同条款或者通过补充协议、交易习惯等方式确定应当由承揽人提供材料的，合同中如果约定了材料提供的时间、数量和质量的，承揽人应当按照约定提供材料。承揽人准备材料时，还应当备齐有关的资料，如发票、质量说明书等说明文件。

如果明确由承揽人提供材料，但是合同中未约定材料提供的时间、数量和质量的，事后又未就此达成补充协议的，承揽人应当根据承揽工作的性质和定作人对交付工作成果的要求，及时准备材料。数量不明确的，承揽人应当根据通常情况下完成该类工作成果所需的工作量，合理地确定材料的数量。质量不明确的，承揽人应当根据定作人对工作成果的质量要求，合理选用适合该工作成果的材料。定作人对工作成果的质量未有特别要求的，承揽人应当根据价款数额的大小以及工作性质，合理确定质量标准，合理选用材料。根据以上条件仍不能确定材料质量的，承揽人应当按照通常标准准备材料。

承揽人准备好材料后，应当及时通知定作人检验，并如实提供发票以及数量和质量的说明文件。定作人接到通知后，应当及时检验该材料，认真察看承揽人提供的材料以及有关文件。定作人认为承揽人选用的材料符合约定的，应当告知承揽人，或者根据承揽人的要求以书面形式确认。经检验，定作人发现材料数量缺少的，应当及时通知承揽人补齐；数量超出的，应当及时通知承揽人超出的数额。定作人发现材料质量不符合约定的，应当及时通知承揽人更换，由此发生的费用，由承揽人承担。如果合同中未约定材料数量、质量的，如果定作人检验后，表示认可的，应当告知承揽人，或者根据承揽人的要求以书面形式确认。如果定作人认为材料不适合的，应当通知承揽人，并且还应当通知承揽人其对材料数量、质量的要求。承揽人接到通知后，应当及时选用符合定作人要求的材料。

经定作人检验后，承揽人应当以定作人确认后的材料完成工作。承揽人以次充好或者故意隐瞒材料瑕疵而造成工作成果质量不符合约定的，定作人有权要求重作、修理、减少价款或者解除合同。定作人未及时检验的，应当顺延工期，并赔偿承揽人因此受到的损失。定作人在接到检验通知后，在合理期限内未作检验的，视为承揽人提供的材料符合要求，定作人不得再对该材料提出质量异议。

第七百七十五条 定作人提供材料的，应当按照约定提供材料。承揽人对定作人提供的材料应当及时检验，发现不符合约定时，应当及时通知定作人更换、补齐或者采取其他补救措施。

承揽人不得擅自更换定作人提供的材料，不得更换不需要修理的零部件。

◆ 条文主旨

本条规定了由定作人提供材料时双方当事人的义务。

◆ 立法背景

承揽合同中，根据承揽工作性质或者交易习惯，双方当事人可以约定由定作人提供材料，并且应当约定提供材料的时间、数量和质量。定作人应当在合同约定的时间内向承揽人提供符合约定数量和质量的材料。该材料主要指承揽工作所必需的原材料，如制作家具的木材，制作衣服的面料等。承揽工作的对象（亦称为工作基底），如修理电视合同中的电视，印刷合同中的原稿等，也属于材料范围。一些国家的法律对于承揽合同中定作人提供材料时双方的权利义务均作了规定。比如，《瑞士债务法》第365条规定，（2）定作人提供材料的，承揽人应当以适当的注意处理材料，说明材料的使用方法，并将未使用的剩余材料返还于定作人。（3）在工作过程中，定作人提供的材料或者其指定的建筑用地有瑕疵，或者出现其他情况可能影响到按期或者及时执行工作的，承揽人应当立即通知定作人，怠于通知的，应当承担任何不利后果。《俄罗斯联邦民法典》第716条规定，1. 发现以下情况时，承揽人应当立即通知定作人并在接到定作人指示前中止工作：定作人提供的材料、设备、技术文件书或者为改制（加工）移转的物不适用或不符合质量要求；依定作人指明的方式完成工作可能对其造成不利后果；其他的非依承揽人的意志为转移的对工作成果的适用性和牢固性有威胁或者使工作不能如期完成的情况。3. 如果定作人对承揽人就本条第1款所指明的各种情况的及时且有根据的警告置之不理，在合理期限内不更换不适宜的或者不合质量要求的材料、设备、技术文件或为改制（加工）移转的物，不变更完成工作的指示，或者对威胁工作适用性的情况不采取其他的必要消除措施，承揽人有权解除合同并要求赔偿因合同的终止给他造成的损失。

◆ **条文解读**

根据本条规定，当定作人按约定提供原材料后，承揽人应当立即检验原材料。检验的内容主要包括原材料的数量是否符合合同约定，原材料的质量是否达到合同约定的质量要求。如果经承揽人检验，定作人提供的原材料符合约定，承揽人应当确认并通知定作人；如果经检验，定作人提供的原材料不足的，承揽人应当通知定作人补齐；定作人提供的原材料质量不符合约定的，承揽人应当及时通知定作人更换以达到合同要求。因承揽人原因，未及时通知定作人原材料不符合约定，进而影响完成工作时间的，承揽人应当承担违约责任。承揽人发现定作人提供的原材料不符合约定而未通知定作人的，视为原材料符合约定，因该原材料数量、质量原因造成承揽工作不符合约定的，由承揽人承担违约责任，定作人有权要求承揽人修理、更换、减少报酬或者解除合同，造成定作人损失的，承揽人应当赔偿损失。这里需要特别强调的是，承揽人所负的检验及通知义务必须及时履行，这样可以最大限度地提高承揽合同的履行效率，节约履约成本，符合合同双方当事人的利益。

承揽人经对定作人提供的材料检验之后，如果发现材料不符合约定，应当及时通知定作人。定作人在接到原材料不符合约定的通知后，应当及时采取措施，补齐或者更换原材料使其达到合同约定的要求。因定作人迟延补齐、更换的，工期顺延；定作人未采取措施补齐、更换的，承揽人有权解除合同，因此造成承揽人损失的，由定作人承担损害赔偿责任。如果经承揽人检验，定作人提供的原材料符合约定的，承揽人应当妥善保管该原材料，因承揽人保管不善，造成原材料损失的，由承揽人承担赔偿责任。

根据本条第 2 款规定，定作人提供的原材料符合约定的，承揽人在工作中应当以该原材料完成工作，不得擅自更换原材料。如因承揽人擅自更换材料致使工作成果不符合约定质量的，定作人有权要求承揽人修理、更换、减少报酬或者解除合同；造成定作人损失的，承揽人承担赔偿责任。承揽人使用定作人提供的原材料应当符合合同中约定的或者合理的损耗量，由于承揽人的原因造成材料浪费的，承揽人应当进行赔偿；造成材料短缺的，由承揽人负责补齐。如果完成承揽工作后，定作人提供的材料有剩余的，承揽人应当返还给定作人。此外，对于由定作人提供工作基底的，承揽人应当妥善保管。在修理合同中，承揽人应当按照约定修理物品损坏的部分，并保持其他部分的完整性，不得更换不需要修理部分的零部件。如定作人将损坏的进口照相机交承揽人修理，承揽人经检查后，发现是一个齿轮磨损的，承揽人应当更换该磨损的齿轮而不得以次充好，更换其余的齿轮。承揽人更换应修理以外的零部件，承揽人应当恢复原状并承担赔偿责任。

第七百七十六条　承揽人发现定作人提供的图纸或者技术要求不合理的，应当及时通知定作人。因定作人怠于答复等原因造成承揽人损失的，应当赔偿损失。

◆ **条文主旨**

本条规定了定作人要求不合理时双方当事人的义务。

◆ **立法背景**

承揽工作的性质就是承揽人按照定作人的要求进行工作，定作人一般通过提供图纸或者技术要求的方式对承揽人的工作提出要求。承揽人应当严格按照定作人的要求进行工作。如果承揽人在工作之前或者工作之中发现定作人提供的图纸或者技术要求不合理，即按此图纸或者技术要求难以产生符合合同约定的工作成果，在此情况下，承揽人应当及时将该情况通知定作人。承揽人未及时通知定作人的，怠于通知期间的误工损失由承揽人自己承担，造成工期拖延、给定作人造成损失的，承揽人应当赔偿定作人损失。如果承揽人发现定作人提供的图纸或者技术要求不合理而未通知定作人，仍然按照原图纸或者技术要求进行工作致使工作成果不符合合同约定的，由承揽人承担违约责任，定作人有权要求承揽人修理、更换、减少价款或者解除合同。造成定作人损失的，承揽人应当赔偿损失。

◆ **条文解读**

根据本条规定，定作人在接到承揽人关于图纸或者技术要求不合理的通知后，应当立即采取措施，修改图纸和技术要求。修改完成后，定作人应当及时答复承揽人，并提出修改意见。在承揽人发出通知至收到定作人答复期间，承揽人可以停止工作，工期顺延，定作人还应当赔偿承揽人在此期间的误工以及其他损失。如果定作人在接到通知后，未能及时答复承揽人并提出修改意见的，承揽人有权要求定作人赔偿其误工等损失。定作人怠于答复的，承揽人可以催告定作人在合理期限内予以答复并提出修改意见，在合理期限内承揽人仍未收到定作人答复的，承揽人有权解除合同，并通知定作人，因此造成的损失，由定作人赔偿。

理解本条，需要注意以下几点：一是，本条中“定作人提供的图纸或者技术要求不合理”，既包括按照所提交图纸或者技术要求根本无法实现承揽目的的情形，也包括图纸或者技术要求本身明显不合理，不符合一般意义上同类工作的标准或要求。由于承揽人是具体实施所承揽工作的一方，其对于所承揽的工作应当具有相当程度的专业性。因此，这里对于图纸或者技术要求不合理的“发现”，并非是强加于承揽人之上的苛刻要求，而是本着节约高效实现承揽目的的出发点，对承揽人所作的一般要求。二是，承揽人发现图纸或者技术要求不合理的，应当及时通知定作人。不同类型的承揽工作有着不同的要求，但此处对于承揽人的通知义务要求及时进行。实际上，这也是最大限度节约双方资源的一种要求。三是，承揽人通知定作人后，定作人也应及时答复承揽人，对图纸或者技术要求进行修正，否则因怠于答复造成的损失由定作人承担。这里的“怠于”没有具体明确的期限规定。但如果承揽人及时通知了定作人，定作人在合理期限未作回复的，可以视为“怠于”回复，并应因此赔偿承揽人所产生的损失。

第七百七十七条　定作人中途变更承揽工作的要求，造成承揽人损失的，应当赔偿损失。

◆ 条文主旨

本条规定了定作人中途变更工作要求的法律责任。

◆ 立法背景

承揽工作的性质是承揽人按照定作人的要求进行工作，提供符合定作人特殊需要的工作成果。定作人对承揽工作的要求通过提供图纸、技术要求或者通过对承揽工作数量、质量的特别约定，在合同中体现自己对承揽工作的要求。承揽人只有严格按照合同约定的工作要求完成工作，才能满足定作人订立合同的目的。如果定作人在承揽人工作期间认为按照原先的要求不能满足自己的需要，可以中途变更承揽工作的要求。这也是由承揽工作的性质决定的，承揽工作的目的就是满足定作人的特殊需要，如果承揽工作的成果不能满足定作人的需要，承揽合同就不会实现定作人订立合同时所期望的利益，因此，定作人可以根据自己的需要，随时变更对合同的要求。这里的变更与一般合同的变更不同，一般情况下，合同的变更需经当事人双方协商一致，一方提出变更要求，如果对方不同意，则不发生变更，当事人仍然按照原合同履行。在承揽合同中，承揽人应当按照定作人的要求进行工作，如果定作人中途变更对承揽工作的要求的，如修改设计图纸，提出新的质量要求等，承揽人应当按照定作人的新要求工作。承揽人认为定作人提出的新要求不合理的，应当及时通知定作人，定作人接到通知后，应当及时答复承揽人并提出修改意见。定作人不予修改的，承揽人不应当按照原要求履行，否则会导致损失的扩大，在此情况下，承揽人可以解除合同。

◆ **条文解读**

根据本条规定，定作人可以中途变更承揽工作的要求，但根据公平原则，定作人中途变更对承揽工作的要求，造成承揽人损失的，应当赔偿承揽人的损失。承揽人按照原要求完成部分工作的，定作人应当支付该部分工作的报酬。由承揽人提供材料的，定作人应当支付完成该部分工作所耗费的材料的价款和保管费。按照新要求，需增加材料的，由定作人负担费用。新要求使原承揽工作质量、难度提高的，定作人应当相应增加报酬。因定作人中途变更合同，使工期顺延，因此造成承揽人误工损失的，由定作人赔偿损失。

理解本条，还需要注意以下两点：一是，承揽合同的特点决定了定作人可以在合同履行过程中变更承揽工作要求，但从鼓励资源节约、物尽其用的角度，我们不鼓励随意、无意义的变更。如果定作人之前提出的合同要求能够满足定作人的需要，并进而实现其目的，仍应以原合同要求为宜。二是，定作人提出变更合同的要求应在承揽人履行合同过程中提出，如果承揽人的承揽工作已经完成，只是尚未交付，原则上定作人不能再提出针对承揽工作的变更要求。

第七百七十八条 承揽工作需要定作人协助的，定作人有协助的义务。定作人不履行协助义务致使承揽工作不能完成的，承揽人可以催告定作人在合理期限内履行义务，并可以顺延履行期限；定作人逾期不履行的，承揽人可以解除合同。

◆ 条文主旨

本条是关于定作人协助义务的规定。

◆ 立法背景

根据本条规定，依据承揽工作的性质、交易习惯或者诚实信用原则，定作人有协助义务的，定作人应当协助承揽人完成工作。例如，应当由定作人提供工作场所的，定作人应当及时提供适于工作的工作场所；应当由定作人提供承揽人完成工作所需生活条件和工作环境的，定作人应当及时提供符合完成工作所要求的生活条件和工作环境。定作人的协助，是承揽合同适当履行的保障。在有的情形之下，定作人不协助承揽人进行工作，承揽合同将不能顺利履行，甚至无法履行，双方当事人订立合同的目的难以实现。因此，如果承揽合同需要定作人协助的，即使合同未明确规定定作人协助的，定作人也应当履行协助义务。一些国家和地区的法律对于定作人的协助义务作了规定。比如，《俄罗斯联邦民法典》第718条规定，1. 定作人应在承揽合同约定的情况下，按承揽合同约定的范围和方式对承揽人完成工作给予协助。定作人不履行该项义务时，承揽人有权要求赔偿造成的损失，包括因停工而引起的额外费用，或者有权要求变更完成工作的期限，或者要求增加合同中约定的工作价款。2. 因定作人的行为或者过失致使已不可能按照承揽合同完成工作时，承揽人对已完成的工作部分仍有权请求按合同约定的价款给付报酬。《欧洲民法典草案》对此的规定是，协作的义务尤其要求顾客：（1）移交被加工物或转移其支配给加工人，或在被合理地认为是使加工人能够履行加工义务所必要的范围内提供进入履行地点的机会和途径；以及（2）在必须由其提供的范围内及时提供部件、材料及工具，使加工人能够履行加工义务。我国台湾地区“民法”第507条规定，工作需定作人之行为始能完成者，而定作人不为其行为时，承揽人得定相当期限，催告定作人为之。定作人不于前项期限内为其行为者，承揽人得解除契约，并得请求赔偿因契约解除而生之损害。

◆ **条文解读**

根据本条规定，如果定作人的协助义务是完成承揽合同的前提条件，定作人不履行的，承揽人应当催告定作人在合理期限内履行，并可以顺延完成工作的期限。如果在合理期限内定作人仍未履行协助义务，将构成本条所称的逾期不履行，定作人的逾期不履行将导致合同不能继续履行，承揽工作无法按约完成，合同目的无法实现，此时，承揽人可以解除合同。承揽人解除合同的，应当通知定作人，通知到达定作人时，解除生效。解除合同能恢复原状的，双方当事人应当恢复原状。当然，合同的解除并不能免除定作人不履行协助义务的责任，由此给承揽人造成损失的，定作人应当赔偿损失。

理解本条，有两点需要注意：一是定作人不履行协助义务，无论有无过错，只要是经催告仍未在合理期限内履行的，客观上致使承揽工作无法完成的，承揽人就可以解除合同。承揽人未经催告的，不能解除合同。当然，这里的前提一定是承揽人需要定作人协助才能完成工作的情况。如果承揽人自己可以独立完成工作，就不存在本条规制的内容。二是如果定作人不履行协助义务并不能导致工作不能完成，即定作人的不协助并不导致无法实现合同目的时，承揽人不能解除合同，而只能要求定作人赔偿损失；如果因此导致工作成果交付的期限拖延的，定作人应当承担迟延履行的责任。

第七百七十九条　承揽人在工作期间，应当接受定作人必要的监督检验。定作人不得因监督检验妨碍承揽人的正常工作。

◆ 条文主旨

本条是关于定作人监督检验承揽工作的规定。

◆ 立法背景

根据承揽工作的性质，承揽人是按照定作人的特定要求完成一定工作的，因此，定作人有权在工作期间对承揽的工作进行必要的监督检验，这也是保证工作质量，预防工作成果瑕疵的必要措施。监督检验主要针对进度、材料的使用、技术要求等方面是否符合合同约定和定作人的要求进行。不少国家和地区关于承揽合同的法律规定中均涉及定作人监督检验的权利。《意大利民法典》第1662条规定，定作人有权监督工作进展的情况并由自己负担费用检查工作完成的情况。在工作过程中，当查明不是根据契约确定的条件和技术标准实施其行为时，定作人得确定一个适当的期限，在该期限内承揽人应当按照确定的条件完成工作；当确定的期限无益地流逝时，则契约得被解除。《俄罗斯联邦民法典》第715条规定，1. 定作人在不干预承揽人活动的前提下，有权在任何时间对承揽人完成工作的进程和工作质量进行检查。2. 如果承揽人未及时着手履行承揽合同或者工作进行十分缓慢，致使工作显然不可能如期完成，则定作人有权解除合同并要求赔偿损失。3. 如果在工作进行期间已清楚表明该工作将不能以应有的方式完成，定作人有权给承揽人指定合理的期限消除瑕疵，而承揽人在指定期限不履行该项要求，定作人有权解除承揽合同或者委托他人承担修复工作，该修复费由承揽人负担，同时定作人有权要求赔偿损失。《欧洲民法典草案》对此的规定是，1. 加工服务在顾客提供的地点进行的，顾客得以合理的方式并在合理的时间就使用的工具和材料、服务的履行以及被加工物为检查或监督，但顾客并无检查及监督义务。2. 没有或者不充分的检查或监督不能全部或部分地免除或减轻加工人的责任。即使顾客就加工过程有受领、检查或监督的合同义务的，前句规定亦得适用。

◆ **条文解读**

根据本条规定，定作人在承揽人工作期间享有监督检验权，但定作人行使这一权利需符合以下两个条件：一是，定作人的监督检验必须是必要的。这里“必要”的含义是指如果合同中已经约定定作人监督检验的范围的，定作人应当按照约定的内容按时进行检验；如果合同中未约定监督检验范围的，定作人应当根据承揽工作的性质，对承揽工作质量进行检验，如承揽人是否使用符合约定的材料、承揽人是否按照定作人提供的图纸或者技术要求工作等。如果定作人发现承揽人的工作不符合约定，可以要求承揽人返工、修理或者更换。二是，定作人的监督检验行为不得妨碍承揽人的正常工作。定作人有权对承揽工作进行监督检验，但根据公平原则，定作人的监督检验行为不得给承揽人带来不合理的负担，不得影响承揽人正常的工作秩序。具体而言，承揽合同中约定监督检验时间的，定作人应当按照约定的时间进行检验；合同中未约定监督检验的，定作人在监督检验承揽工作前应当与承揽人协商确定监督检验的方式、时间和内容；未达成协议的，定作人在检验前，应当通知承揽人监督检验的时间和内容，以便于承揽人对自身工作作出适当的安排。定作人的监督检验行为妨碍承揽人正常工作的，承揽人可以拒绝定作人的监督检验；定作人的监督检验行为给承揽人造成损失的，应当承担损害赔偿责任。

考虑到承揽合同独特的合同性质与特点，本条专门规定了承揽人接受定作人监督检验的法定义务。承揽人不得以合同对此未作约定而予以拒绝。承揽人应当为定作人的监督检验提供方便和条件，并应当如实地向定作人反映工作情况，不得故意隐瞒工作中存在的问题。对于定作人在监督检验过程中提出的合理建议和指示，承揽人应当及时采纳，以改进自己的工作，更好实现合同目的。

第七百八十条　承揽人完成工作的，应当向定作人交付工作成果，并提交必要的技术资料和有关质量证明。定作人应当验收该工作成果。

◆ 条文主旨

本条是关于工作成果交付的规定。

◆ 立法背景

完成承揽工作并交付工作成果，是承揽人的一项义务；定作人在承揽人交付时，应当验收该工作成果，这既是定作人的权利也是定作人的义务。在承揽合同中，承揽人一般有两个主要义务，即按照定作人的要求完成一定工作，并且在工作完成时将工作成果交付给定作人。工作成果的所有权属于定作人，而事实上往往在工作完成时，承揽人实际占有工作成果，只有将工作成果转移于定作人占有，才能保证定作人对工作成果行使所有权，实现定作人订立承揽合同的经济目的。此时，定作人应当对工作成果进行验收。

世界上许多国家和地区的立法对于承揽工作成果的交付与验收作了规定。《德国民法典》第 640 条规定，定作人有义务验收以合于合同的方式完成的工作，但根据工作的性质不能验收的除外。不得因不重要的瑕疵而拒绝验收。定作人虽有义务在承揽人向其指定的适当期间内验收，而不在该期间内验收的，视为验收。第 642 条规定，工作完成时，定作人有必要实施某一行为，且定作人因怠于实施该行为而陷于验收迟延的，承揽人可以请求适当的赔偿。《意大利民法典》第 1665 条规定，在接受交付前，定作人有权对完成的工作成果进行检查。承揽人一旦完成工作成果，定作人即应当进行检查。尽管承揽人要求进行检查，如果定作人没有正当理由忽略了检查，或者未在短期内将检查结果通知承揽人，则视为工作成果被接受。如果定作人无保留地接受成果的交付，则即使没有检查也被视为接受。除有不同的约款或者惯例外，在定作人接受工作成果时，承揽人有权要求对价的支付。《俄罗斯联邦民法典》第 720 条规定，1. 定作人应按承揽合同约定的期限和方式并在有承揽人参加的情形下检查和验收所完成的工作（工作成果），当发现有违反合同使工作成果质量降低的情况或者工作中的其他瑕疵，应立即将该情况向承揽人申明。……6. 如果承揽合同无另行约定，当定作人拒绝受领所完成的工作时，承揽人从按合同约定将该工作成果应交付定作人之日起满 1 个月并随之又两次通知定作人后，有权将该工作成果出售，出售所得的价款，在扣除一切应给付承揽人的数额后，依照本法典第 327 条规定的程序以定作人的名义提存。7. 如果定作人拒不受领所完成的工作而引起工作交付迟延时，制作（改制或加工）物意外灭失的风险从物应交付时起转移于定作人。我国《澳门民法典》第 1144 条规定，一、定作人在接受工作物前，应检验工作物是否符合约定条件及无瑕疵。二、检验应于惯常期间内作出，无惯常期间时，应在承揽人作好可供定作人检验之一切准备后之一段合理期间内为之。三、任一方当事人有权要求由专家进行检验，而费用由其负担。四、检验结果应通知承揽人。五、不对工作物进行检验或不将检验结果通知承揽人视为对工作物之接受。

◆ **条文解读**

根据本条规定，承揽人交付工作成果包括两方面内容：一是将工作成果交给定作人；二是向定作人提交必要的技术资料和有关质量证明。承揽人按照合同约定的时间完成工作后，应当按照合同约定的时间、地点和方式将工作成果交给定作人占有。合同约定由定作人自提的，承揽人应当在工作完成后，通知定作人提货，在工作完成的地点或者定作人指定的地点，将工作成果交给定作人占有，承揽人完成工作的地点或者定作人指定的地点为交付地点，承揽人通知定作人提货的日期为交付日期，但承揽人在发出提取工作成果的通知中，应当给定作人留下必要的准备时间和在途时间；合同约定由承揽人送交的，承揽人在工作完成后，自备运输工具，将工作成果送到定作人指定的地点并通知定作人验收。定作人指定的地点为交付地点，定作人实际接受的日期为交付日期；约定由运输部门或者邮政部门代为运送的，承揽人应当在工作完成后，将工作成果交到运输部门或者邮政部门，办理运输手续。运输部门或者邮政部门收货的地点为交付地点，运输部门或者邮政部门接受工作成果的日期为交付日期。如果合同中未约定交付的时间、地点和方式的，承揽人可以与定作人协议补充；不能达成补充协议的，承揽人按照合同有关条款、合同性质、合同目的或者交易习惯交付。按照合同有关条款、合同性质、合同目的或者交易习惯仍不能确定交付时间、地点、方式的，承揽人应当在工作完成时，通知定作人取货。承揽人通知取货的地点为交付地点，承揽人确定的合理取货时间为交付时间。根据承揽合同性质，承揽工作无须特别交付的，例如粉刷一面墙，承揽人完成工作即为交付，完成工作的时间为交付时间。如果承揽人履行交付义务时，定作人迟延验收的、定作人下落不明的或者定作人死亡或者丧失行为能力而未确定继承人或者监护人时，承揽人可以依法将工作成果提存，定作人未支付报酬、材料费等费用的，承揽人可以留置该工作成果。工作成果附有所有权凭证的，承揽人应当在交付工作成果时，一同交付所有权凭证。

根据本条规定，为了便于定作人的验收和检验，承揽人在交付工作成果的同时，还应当提交必要的技术资料和有关质量证明。技术资料主要包括使用说明书、结构图纸、有关技术数据。质量证明包括有关部门出具的质量合格证书以及其他能够证明工作成果质量的数据、鉴定证明等。承揽人在交付工作成果、必要的技术资料和质量证明外，还应当交付工作成果的附从物，如工作成果必备的备件、配件、特殊的维护工具等。如果定作人提供的材料尚有剩余，承揽人也应当退还定作人。

承揽人交付工作成果的，定作人应当积极配合，由承揽人运送工作成果的，定作人应为承揽人的交付创造条件，提供方便。需要定作人自提的，定作人应当按照合同的约定和承揽人的通知，及时提取工作成果。根据工作性质无须承揽人实际交付的，定作人应当对承揽人完成的工作作出承认。定作人无正当理由拒绝接收工作成果的，承揽人可以催告定作人接收工作成果并进行验收。定作人超过合理期限受领工作成果的，承揽人可以按照本法的规定提存或者留置工作成果，并有权要求定作人支付未付的报酬、材料费以及保管费等费用，并可以要求其承担违约责任。定作人拒绝受领后，应当承担工作成果毁损、灭失的风险。

根据本条，定作人在接收承揽人交付，也就是在定作人实际收到工作成果时，应当对工作成果及时进行验收。验收的目的主要是检验工作成果的质量、数量是否符合合同约定或者定作人的要求。验收往往是双方当事人进行结算、定作人支付报酬等费用的前提条件，因此，根据公平和诚实信用原则，定作人在接到工作成果时，应当及时进行验收。验收一般包括三个步骤：一是确认交付时间和地点；二是查点工作成果的数量；三是查验工作成果的质量以及有关技术资料和质量证明。经验收，定作人认为承揽人交付的工作成果合格的，定作人应当接受工作成果，并按照合同的约定或者交易习惯支付报酬以及其他应付费用。如果经检验，工作成果有质量问题或者数量短缺的，定作人应当取得有关部门出具的证明。经检验，工作成果有严重的质量缺陷的，定作人可以拒收并通知承揽人。定作人在检验中发现定作物的数量或者质量不符合要求的，应当在合同约定的期限内通知承揽人，没有约定或者约定不明确的，定作人在发现数量或者质量不符合要求时，应当在合理期限内通知承揽人。验收时，如果双方当事人对工作成果的质量或者数量等发生争议，可由国家法定的检验机构进行鉴定。定作人未及时检验，或者在检验发现问题后怠于通知，或者在收到工作成果之日起两年内未通知承揽人的，视为工作成果的数量或者质量符合要求。

第七百八十一条 承揽人交付的工作成果不符合质量要求的，定作人可以合理选择请求承揽人承担修理、重作、减少报酬、赔偿损失等违约责任。

◆ 条文主旨

本条是关于承揽人因工作成果质量不符合要求所承担违约责任的规定。

◆ 立法背景

承揽合同中，承揽人的主要义务之一就是遵守合同约定和定作人的要求，按质按量地完成工作成果。也就是说，承揽人应当保证其完成的工作成果符合合同约定，在质量上要达到合同约定的标准。承揽人所交付的工作成果不符合质量标准的，承揽人应当对工作成果负瑕疵担保责任，定作人有权要求承揽人承担相应的违约责任。一些国家在法律中规定了承揽人的瑕疵担保责任。比如，《德国民法典》第634条规定，工作有瑕疵，且具备下列规定的要件的，除另有规定外，定作人可以：（1）依照第635条请求事后补充履行；（2）依照第637条自行除去瑕疵，并请求偿还必要费用；（3）依照第636条、第323条和第326条第5款解除合同，或依照第638条减少报酬，以及依照第636条、第280条、第281条、第283条和第311条a请求损害赔偿，或依照第284条请求偿还徒然支出的费用。《俄罗斯联邦民法典》第723条规定，1. 在承揽人违反承揽合同完成工作致使工作成果质量降低，或者出现其他不符合合同规定的使用瑕疵，或者在合同中没有关于不宜通常使用的相应条款时，如果法律无另行规定或合同无另行约定，定作人有权根据自己的选择要求承揽人：在合理期限内无偿消除瑕疵；相应减少约定的工作价款；但承揽合同规定定作人有权消除工作瑕疵时，定作人有权要求赔偿其消除瑕疵而支出的费用。

◆ **条文解读**

根据本条规定以及本章的有关规定，承揽人承担瑕疵担保责任，应具备两个条件：

一是承揽人交付的工作成果不符合质量要求。承揽合同中当事人约定了质量标准和要求的，承揽人交付的工作成果质量不符合该约定的，即可认定工作成果不符合质量要求。如果当事人未约定质量标准或者约定不明确的，则工作成果应当符合根据合同有关条款、合同性质、合同目的或者交易习惯所确定的质量标准；不符合的，则可认定工作成果不符合质量要求。如果根据合同有关条款、合同性质、合同目的或者交易习惯难以确定质量标准的，工作成果应当具备通常使用的效用；如果不具备，则可认定工作成果不符合质量要求。导致工作成果不符合质量要求的原因可以来自多个方面，如可能是承揽人偷工减料，以次充好，不按照合同约定的图纸、技术要求或者技术条件进行工作，或者违反国家法律规定的技术工作规程进行工作等；也可能是材料瑕疵的原因，比如在承揽人提供材料的情况下，承揽人故意隐瞒瑕疵；也可能是定作人提供的材料不符合约定时，承揽人未检验或者检验后未通知定作人调换；还可能是定作人提供的图纸、技术要求不合理，承揽人发现后未通知定作人更改等。无论出于何种原因，由于承揽合同中按照约定完成工作并交付工作成果是承揽人的法定义务，承揽人有义务为工作成果的品质负责，保证工作成果的质量符合要求，否则承揽人就应当承担违约责任。

二是定作人在合理的期限内提出质量异议。承揽人交付工作成果后，定作人应当及时进行验收，检验工作成果是否符合质量要求。如经验收发现工作成果不符合约定，定作人应当在约定的期限内通知承揽人；当事人未约定异议期限的，定作人应当在收到工作成果后的合理期间内将工作成果不符合质量要求的情况及时通知承揽人。定作人未及时检验，或者在检验发现问题后怠于通知，或者在收到工作成果之日起两年内未通知承揽人的，视为工作成果的数量或者质量符合要求，即使事实上工作成果不符合质量要求，定作人也无权向承揽人主张违约责任。

承揽人提供的工作成果不符合质量要求，定作人在合理期限内提出质量异议的，定作人可以请求承揽人承担违约责任。违约责任的类型主要包括：（1）修理。工作成果有轻微瑕疵的，定作人可以要求承揽人进行修整、修补，使工作成果符合质量标准。因修理造成工作成果迟延交付的，承揽人仍应承担逾期交付的违约责任。（2）重作。工作成果有严重瑕疵的，定作人可以拒收，要求承揽人返工重新制作或者调换。因重作造成工作成果迟延交付的，承揽人仍应承担逾期交付的违约责任。（3）减少报酬。工作成果有瑕疵，而定作人同意利用的，可以按质论价，相应地减少所应付的报酬。（4）赔偿损失。由于工作成果不符合质量标准，给定作人造成人身伤害或者财产损失的，定作人有权要求承揽人赔偿因此造成的损失。除上述四种类型的违约责任外，定作人可以根据合同约定要求承揽人承担其他类型的违约责任。如合同中约定违约金的，承揽人应当向定作人支付违约金；承揽人按约定向定作人支付定金的，工作成果不符合质量标准的，定作人有权不返还定金；定作人向承揽人支付定金的，工作成果不符合质量标准的，定作人有权要求承揽人双倍返还所付的定金等。

第七百八十二条　定作人应当按照约定的期限支付报酬。对支付报酬的期限没有约定或者约定不明确，依据本法第五百一十条的规定仍不能确定的，定作人应当在承揽人交付工作成果时支付；工作成果部分交付的，定作人应当相应支付。

◆ 条文主旨

本条是关于定作人支付报酬期限的规定。

◆ 立法背景

这里的“报酬”是指定作人通过承揽合同获得承揽人技术、劳务所应当支付的对价，一般指金钱。向承揽人支付报酬是定作人最基本的义务。定作人支付报酬的前提是承揽人交付的工作成果符合合同约定的质量和数量，不符合质量、数量要求的，定作人可以不支付报酬或者相应减少报酬。定作人应当按照合同约定的期限，以合同约定的币种、数额，向承揽人支付报酬。关于定作人支付报酬的规定，世界上其他国家和地区的立法例均作了规定。《德国民法典》第632条a第1款规定，承揽人可以向定作人请求为已提供的合于合同的给付进行部分地支付，其数额为定作人因该项给付而获得的价值增额。不得因不显著的瑕疵拒绝为部分支付。准用第641条第3款。各项给付应当以开列清单的方式予以证明，该清单应使人能够迅速、可靠地判断各项给付。第1句至第4句也适用于特地制造或交付的必要材料或建筑构件。仅在工作的部分的所有权、材料或建筑构件的所有权已经转让给定作人，或已为之提供担保时，该项请求权才存在。《意大利民法典》第1666条规定，如果被完成的工作成果是分段的，缔约的任何一方得要求对各分段进行检查。在该情形下，承揽人得要求就完成的部分给付价款。给付价款行为被推定为接受已完成的成果部分；但单纯的预付款给付不产生接受工作成果的效力。我国台湾地区“民法”第505条规定，报酬应于工作交付时给付之，无须交付者，应于工作完成时给付之。工作系分部交付，而报酬系就各部分定之者，应于每部分交付时，给付该部分之报酬。我国《澳门民法典》第1137条规定，一、第八百七十三条之规定，经作出必要配合后，适用于报酬之确定。二、如无相反之条款或习惯，报酬应于作出接受工作物之行为时支付。《欧洲民法典草案》对于价款支付的规定是，1. 加工人根据本分编第4：105条（加工物的返还）的规定转移加工物或其支配给顾客的，或顾客没有权利而拒绝受领加工物的返还的，顾客应支付价款。2. 但在以上转移或拒绝发生后，根据合同仍需继续对物为加工的，顾客在加工完成前得中止支付合理的部分价款。3. 根据合同加工物或其支配无须转移给顾客的，当加工人完成加工并通知顾客时，顾客应支付价款。

◆ **条文解读**

根据本条规定，如果承揽合同对支付报酬的期限没有约定或者约定不明确的，依照本法第510条的规定，当事人可以协议补充约定报酬支付期限，定作人按照补充约定的期限向承揽人支付报酬。当事人不能达成补充协议的，定作人按照合同有关条款、合同性质、合同目的或者交易习惯确定的支付期限，向承揽人支付报酬。如果合同对报酬支付期限未作约定，根据本法第510条仍不能确定的，定作人应当在承揽人交付工作成果的同时支付，也就是承揽人将其完成的工作成果交给定作人占有的时间，为定作人支付报酬的时间。合同约定由定作人自提的，承揽人应当在工作完成后，通知定作人提货，在工作完成的地点或者定作人指定的地点，将工作成果交给定作人占有，承揽人通知定作人提货的日期为交付日期，定作人应当在该日期支付报酬。合同约定由承揽人送交的，承揽人在工作完成后，自备运输工具，将工作成果送到定作人指定的地点并通知定作人验收。定作人实际接受的日期为交付日期，定作人在接受工作成果时支付报酬。约定由运输部门或者邮政部门代为运送的，承揽人应当在工作完成后，将工作成果交到运输部门或者邮政部门，办理运输手续。运输部门或者邮政部门接受工作成果的日期为交付日期。承揽人将运输部门或者邮政部门收运的日期通知定作人，定作人在收到该通知时，支付报酬。

如果合同中未约定交付内容，承揽人可以与定作人协议补充；不能达成补充协议的，承揽人按照合同有关条款、合同性质、合同目的或者交易习惯交付。按照合同有关条款、合同性质、合同目的或者交易习惯仍不能确定交付时间的，承揽人应当在工作完成时，通知定作人取货。承揽人确定的合理取货时间为交付时间，定作人应当在收到取货通知时支付报酬。根据承揽合同性质，承揽工作无须特别交付的，例如粉刷一面墙，承揽人完成工作即为交付，完成工作的时间为交付时间，定作人在承揽人完成工作时，支付报酬。

根据本条规定，如果工作成果部分交付的，定作人验收该部分工作成果，并根据已交付部分的工作，向承揽人支付报酬。如甲与乙约定，由乙为甲制作三套沙发，总价 900 元。乙每完成一套沙发，就交付一套。甲每验收一套，则应当向承揽人支付 300 元。此外，如果承揽人提供材料的，定作人应当向承揽人支付材料费。定作人支付材料费，也适用本条的规定。定作人支付报酬以及材料费等费用时，承揽人下落不明、承揽人死亡或者丧失行为能力而未确定继承人或者监护人的，定作人可以将报酬等价款提存。

第七百八十三条 定作人未向承揽人支付报酬或者材料费等价款的，承揽人对完成的工作成果享有留置权或者有权拒绝交付，但是当事人另有约定的除外。

◆ **条文主旨**

本条是关于承揽人留置权及同时履行抗辩权的规定。

◆ **立法背景**

定作人应当按照约定支付报酬，这是承揽合同中定作人的一项基本义务。如果由承揽人提供材料完成工作成果的，定作人还应当向承揽人支付材料费。在报酬及材料费之外，承揽人为完成工作而垫付的其他费用，定作人同样应当偿还。如果定作人无正当理由不履行支付报酬、材料费等价款义务的，承揽人对完成的工作成果享有留置权或者有权拒绝交付。一些国家的法律对于承揽人的类似权利也作了规定。《德国民法典》第 647 条规定，承揽人所制作或修缮的定作人的动产，在制作时被承揽人占有，或以修缮为目的而被承揽人占有的，承揽人就其基于合同而发生的债权，享有该动产上的质权。《俄罗斯联邦民法典》第 720 条第 6 款规定，如果承揽合同无另行约定，当定作人拒绝受领所完成的工作时，承揽人从按合同约定将该工作成果应交付定作人之日起满 1 个月并随之又两次通知定作人后，有权将该工作成果出售，出售所得的价款，在扣除一切应给付承揽人的数额后，依照本法典第 327 条规定的程序以定作人的名义提存。

◆ **条文解读**

根据本条规定，定作人未向承揽人支付报酬或者材料费等价款的，承揽人首先可以对工作成果享有留置权。所谓留置权，根据本法第 447 条第 1 款的规定，是指债务人不履行到期债务时，债权人可以留置已经合法占有的债务人的动产，并就该动产优先受偿的权利。留置权具有以下几个特征：第一，留置权以担保债权实现为目的；第二，留置权人有权从留置的债务人的财产的价值中优先受偿；第三，留置权是一种法定担保方式，它依法律规定而发生，非依当事人之间的协议成立。付款期限届满时，定作人未向承揽人支付报酬或者材料等价款的，承揽人有权留置工作成果，并通知定作人在不少于两个月的期限内支付报酬以及其他应付价款，定作人逾期仍不履行的，承揽人可以与债务人协议将留置的工作成果折价，也可以依法拍卖、变卖该工作成果，以所得价款优先受偿。受偿的范围包括定作人未付的报酬及利息、承揽人提供材料的费用、工作成果的保管费、合同中约定的违约金以及承揽人的其他损失，等等。工作成果折价或者拍卖、变卖后，其价款超过定作人应付款项数额的，归定作人所有，不足部分由定作人清偿。

根据本条以及本法关于留置权的规定，承揽人行使留置权应当符合以下两个前提条件：第一，定作人无正当理由不履行支付报酬、材料费等费用。支付报酬是定作人的基本义务。由承揽人提供材料的，定作人在支付报酬外还应当向承揽人支付材料费。虽然承揽人享有工作成果的留置权，但只有在支付期限届满时，定作人仍未支付报酬、材料费等费用的，承揽人才能留置工作成果。承揽合同约定支付期限的，定作人应当在合同约定的期限内向承揽人支付报酬以及材料费等其他费用。合同未约定支付期限的，如果承揽合同对支付报酬的期限没有约定或者约定不明确的，当事人可以协议补充约定报酬支付期限，定作人按照补充约定的期限向承揽人支付报酬。当事人不能达成补充协议的，定作人按照合同有关条款、合同性质、合同目的或者交易习惯确定的支付期限，向承揽人支付报酬。如果合同对报酬支付期限未约定，按照合同有关条款、合同性质、合同目的或者交易习惯仍不能确定的，定作人应当在承揽人交付工作成果的同时支付，也就是承揽人将其完成的工作成果交给定作人占有的时间，为定作人支付报酬的时间。根据承揽合同性质，承揽工作无须特别交付的，例如粉刷一面墙，承揽人完成工作即为交付，完成工作的时间为交付时间，定作人在承揽人完成工作时，支付报酬。在上述期限内，定作人未履行支付报酬、材料费等费用的，承揽人可以留置该工作成果。第二，承揽人合法占有本承揽合同的工作成果。根据本法关于留置权的规定，留置的财产是债权人合法占有的债务人的动产。因此，承揽人留置的工作成果应当是根据本承揽合同而合法占有的定作人的动产。如果承揽人已经将工作成果交付给定作人，也就是说，该工作成果已由定作人占有，承揽人就无法实现留置权；如果工作成果不是动产，承揽人也无法实现留置权；如果定作人同承揽人订有数个承揽合同，定作人未支付其中一个合同的报酬的，承揽人只能留置定作人未付报酬的那个合同的工作成果。如甲与乙服装店约定，由乙服装店为甲制作一套西装，之后甲又与乙服装店约定，由乙服装店再为甲制作一件风衣。如果甲支付了制作风衣的报酬而未支付制作西装的报酬的，乙服装店只能留置该西装而不能留置风衣。如果乙服装店已经将西装交付给甲的，乙服装店只能要求甲支付报酬而不能留置风衣。如果承揽人占有定作人的其他财产，当定作人无正当理由不支付报酬、材料费等费用时，承揽人不能留置该其他财产。如甲配件厂租用乙公司的汽车，乙公司和甲配件厂约定，由甲配件厂为乙公司加工一批汽车配件。如果乙公司未按照约定支付甲配件厂加工配件的报酬，甲配件厂只能留置汽车配件而不能留置汽车。此外，根据当事人的意思自治原则，如果当事人约定承揽人不能留置工作成果的，承揽人不得留置工作成果，工作完成后，承揽人应当按照约定向定作人交付工作成果。如果定作人未能按照约定支付报酬或者材料费的，承揽人只能要求定作人支付报酬或者材料费以及承担约定的违约责任。

需要说明的是，本条与合同法的规定相比，增加了承揽人对完成的工作成果“有权拒绝交付”的规定。之所以增加这一规定，主要基于两点考虑：一是，在承揽人提供所有工作材料完成工作成果的情况下，由于工作材料及在此基础上完成的工作成果在交付前很难作为“定作人的动产”由承揽人占有，因此在这种情况下，严格来说并不符合行使留置权的条件。此时，为保证承揽人的合法权益，本条增加规定了定作人未支付报酬或者材料费等价款的，承揽人可以拒绝交付工作成果。二是，增加这一规定，意味着承揽人在定作人到期未支付报酬或者材料费等价款时，享有同时履行抗辩权。根据本法第525条规定，当事人互负债务，没有先后履行顺序的，应当同时履行。一方在对方履行之前有权拒绝其履行请求。定作人未依约履行支付报酬或者材料费等价款时，承揽人享有拒绝交付工作成果的权利，这是同时履行抗辩权在承揽合同中的体现。

第七百八十四条　承揽人应当妥善保管定作人提供的材料以及完成的工作成果，因保管不善造成毁损、灭失的，应当承担赔偿责任。

◆ 条文主旨

本条是关于承揽人对材料和工作成果保管责任的规定。

◆ 立法背景

承揽合同约定由定作人提供材料的，定作人应当按照约定的质量和数量提供。定作人按照约定提供材料后，该材料处在承揽人的占有之下，因此承揽人有义务妥善保管定作人提供的材料，保持材料的质量状态，防止材料非正常损耗，从而保证工作成果的质量。其他国家的立法对此也有类似规定。比如，《俄罗斯联邦民法典》第 714 条规定，承揽人对定作人所提供的材料、设备、为改制（加工）移交的物或其他与履行承揽合同有关而由承揽人占有的财产，负有妥善保管的责任。《欧洲民法典》对此亦规定，加工人应当采取合理的预防措施防止加工物遭受任何损害。

◆ 条文解读

本条所谓的“妥善保管”，是指承揽人在没有特别约定的情况下，须按照本行业的一般要求，根据物品的性质选择合理的场地、采用适当的保管方式加以保管，防止物品毁损和灭失。在具体的保管方式上，承揽人可以自己保管材料，也可以将材料交由第三人保管。承揽人将材料交由第三人保管的，不得给定作人增加不合理的费用。由于承揽人未尽妥善保管义务，致使材料毁损、灭失的，承揽人应当承担赔偿责任，自负费用补齐、更换与定作人提供材料同质同量的材料，因此造成定作人损失的，应当赔偿损失；造成迟延交付的，应当承担违约责任。如果材料属于不可替代物，由于承揽人的原因致使材料毁损、灭失的，承揽人应当赔偿定作人材料损失，并承担违约责任；材料交给第三人保管的，承揽人对第三人的保管行为向定作人负责；材料因自身性质产生自然损耗的，承揽人如果已尽妥善保管责任的，不承担损害赔偿责任。定作人隐瞒材料瑕疵的，承揽人在尽妥善保管义务的前提下，对材料的毁损、灭失以及因材料产生的工作成果的瑕疵不承担责任；材料因为不可抗力而发生毁损、灭失的，承揽人已尽妥善保管责任的，承揽人不承担损害赔偿责任。

根据本条规定，承揽人妥善保管的对象除定作人提供的材料外，还包括已经完成的工作成果。在承揽合同中，承揽人的主要义务是完成并交付工作成果。在交付前，工作成果处于承揽人的占有之下，承揽人应当妥善保管工作成果，保证工作成果如期交付。工作成果须实际交付的，交付前，承揽人应当妥善保管工作成果。如果承揽人未尽妥善保管义务，造成工作成果毁损、灭失的，承揽人应当自负费用准备材料，重新完成工作并交付工作成果；因重作而迟延交付的，承揽人应当承担迟延履行的违约责任并赔偿因此给定作人造成的损失。如果工作完成后，承揽人按照约定交付工作成果而定作人迟延受领的，定作人承担迟延受领期间工作成果毁损、灭失的风险，即在承揽人交付至定作人实际受领期间，工作成果发生毁损、灭失的，定作人仍有义务按照约定向承揽人支付报酬及其他费用。

需要强调的是，本条规范的是承揽人对于定作人提供材料以及所完成工作成果的妥善保管义务。这主要是考虑到定作人向承揽人交付材料以及承揽人根据材料完成工作成果后，承揽人实际占有控制材料及工作成果，处于保管财产的最佳地位。无论从合同的诚信原则还是从节约资源、避免浪费的角度出发，承揽人都应对材料及工作成果妥善保管。如果没有尽到妥善保管义务，即承揽人在保管过程中未以善良管理人的标准要求自己，造成了材料及工作成果的毁损、灭失的，承揽人需要承担相应的赔偿责任。反之，如果承揽人已经尽了妥善保管材料及工作成果的义务，就不能根据本条要求承揽人承担责任。此时，如果导致材料及工作成果毁损、灭失的结果系由于意外或者不可抗力所致，则应根据本编有关合同风险负担的规则予以处理，这不属于本条的调整范围，承揽人也不构成违约。

第七百八十五条 承揽人应当按照定作人的要求保守秘密，未经定作人许可，不得留存复制品或者技术资料。

◆ 条文主旨

本条是关于承揽人保密的规定。

◆ 立法背景

根据本条的规定，承揽人有保密的义务。承揽人的保密义务体现在不同方面，比如，承揽人在订立合同过程中知悉的定作人的商业秘密，定作人要求保密的，承揽人应当保密，不得泄露或者不正当地使用。这一点本法已经作了规定。本法第 501 条规定，当事人在订立合同过程中知悉的商业秘密或者其他应当保密的信息，无论合同是否成立，不得泄露或者不正当地使用。泄露、不正当地使用该商业秘密或者信息，造成对方损失的，应当承担赔偿责任。再如，承揽合同成立后，定作人要求承揽人对承揽工作保密的，承揽人应当在进行承揽工作中保守秘密；在工作完成后，应当将涉密的图纸、技术资料等一并返还定作人。未经定作人的许可，承揽人不得留存复制品或者技术资料。关于缔约过程中的保密义务，本法第 501 条已经作了规定，本条的规定主要侧重于在承揽合同成立后，承揽人在工作中以及工作完成后的保密义务。关于这一点，国外有的国家法律也作了规定。比如，《俄罗斯联邦民法典》第727条规定，如果一方因履行合同义务从对方获得关于新的决策和技术知识的信息，其中也包括不受法律保护的决策和知识，以及可视为商业秘密的情报，获得该信息的一方，未经对方同意无权将该信息告知第三人。对该信息的利用的方式和条件由双方协议确定。

◆ **条文解读**

承揽合同成立后，承揽人的主要义务就是按照定作人的要求完成工作。定作人可以要求承揽人对承揽的工作保密。定作人保密的要求可以通过合同约定，也可以在合同履行期间要求承揽人保守秘密。定作人应当明确承揽人保密的内容、期限。保密的内容包括技术秘密也包括商业秘密，如具有创造性的图纸、技术数据，或者是专利技术的工作成果，也包括其他定作人不愿他人知晓的信息，如定作人的名称、工作成果的名称等。保密的期限不限于承揽合同履行期间，在承揽合同终止后的一段期间内，承揽人仍应当保守有关秘密。

承揽人在工作中，应当妥善保管有关图纸、技术资料及其他应保密的信息，不得将秘密泄露给他人，也不得不正当地利用保密信息，如承揽人在履行合同中知悉技术秘密的，不得擅自将该技术秘密以自己的名义申请专利。在定作人提供图纸、技术资料、样品的情况下，承揽人未经定作人许可不得擅自复制工作成果。如定作人与承揽人订立加工承揽合同，要求承揽人根据图纸加工出一台定作人设计的新型汽车发动机的样机，承揽人不得根据图纸多加工几台以便研究或者投放市场。此外，未经定作人许可，承揽人不得保留技术资料和复制品。承揽工作完成后，承揽人在交付工作成果的同时，也应当把定作人提供的图纸、技术资料返还定作人。如果承揽人根据定作人的要求，在工作中自己制作出的图纸、技术资料、模具等，是否可以留存，有约定，按照约定；无约定，则视情况而定。如定作人要求承揽人生产某一型号车床，该车床型号公开的，并且属于承揽人产品系列，这种情况下，承揽合同类似于买卖，承揽人可以留存该车床的生产技术资料而不必承担保密义务。如果定作人要求承揽人生产一特大车床，该车床以前没有生产过，承揽人根据定作人提出的要求设计、生产，其费用由定作人负责的，承揽人就应当在完成工作后，将图纸及有关技术资料交给定作人，并不得留存复制品。

承揽人未尽保密义务，泄露秘密，给定作人造成损失的，承揽人承担损害赔偿责任。如果定作人已经公开秘密，承揽人可以不再承担保密义务，但不能不正当地利用已公开的秘密。如定作人将其工作成果申请专利的，承揽人不得未经定作人许可，擅自生产与工作成果同样的产品。

第七百八十六条 共同承揽人对定作人承担连带责任，但是当事人另有约定的除外。

◆ 条文主旨

本条是关于共同承揽人连带责任的规定。

◆ 立法背景

共同承揽是指由两个或者两个以上的人共同完成承揽工作的合同。共同完成承揽工作的人称共同承揽人。共同承揽可以由共同承揽人与定作人共同订立承揽合同，也可以根据承揽人的约定由其中一个承揽人代表所有共同承揽人与定作人订立承揽合同。

◆ 条文解读

根据共同承揽的性质，本条规定共同承揽人对定作人承担连带责任。共同承揽人应当按照约定完成工作，将工作成果交付给定作人。每一个共同承揽人都应当对承揽的全部工作向定作人负责。如果交付的工作成果不符合要求，定作人可以要求共同承揽中的任何一个承揽人承担违约责任，任何一个共同承揽人都应当无条件承担违约责任。承担责任的共同承揽人，可以向其他共同承揽人追偿超出其实际应承担的责任份额，也就是说，任何一个共同承揽人向定作人承担责任后，共同承揽人再根据约定或者过错大小承担相应责任。例如，甲乙二人共同与丙订立一个大型船舶建造合同，约定由甲、乙共同完成，两年后交货，并约定迟延交付的，每天向定作人交纳违约金 1000 美元。如果由于甲的工作迟延致使交付比约定晚了 30 天，丙可以要求甲或乙承担迟延交付的违约责任，如果丙要求乙支付3 万美元违约金的，乙应当向丙如数支付，支付后再向甲追偿。关于共同承揽人的连带责任，有的国家也在立法中作了明确规定。《俄罗斯联邦民法典》第 707 条规定，1. 如果承揽人同时为两人或者两个以上的人，在债的标的物为不可分物时，则多数承揽人为定作人的连带债务人，与此相应，他们也为定作人的连带债权人。2. 当债的标的为可分物时，以及在法律、其他文件规定或者合同约定的其他情况下，本条第 1 款所指之人中的每个人都以自己的份额为限对定作人享有权利并负担义务。

根据权利义务相对等的原则，共同承揽人对定作人承担连带责任，也意味着共同承揽人对定作人也享有连带权利，任何一个共同承揽人都可以根据法律规定或者合同约定向定作人主张权利，再根据约定或者工作比例分享。例如甲与乙共同承揽制作一部大型车床，如果定作人未按照约定支付报酬和材料费，甲或乙都有权留置该车床，以折价或者变卖、拍卖获取价款，取得价款后，再根据约定或者各自工作份额优先受偿。

本条从尊重当事人意思自治出发，规定了当事人可以约定共同承揽的责任承担。如定作人与共同承揽人约定，共同承揽人各自承担责任；也可以约定，指定其中一个承揽人承担合同责任。有当事人约定，共同承揽人根据约定向定作人承担责任。无约定或者约定不明确的，共同承揽人承担连带责任。

准确理解和适用本条，还需要注意以下两点：一是，共同承揽与转承揽不同。转承揽是承揽人将自己承揽的部分工作交由第三人完成。虽然共同承揽与转承揽都是由多个人完成工作，但共同承揽人都是承揽合同的当事人，就是说参与工作的都是承揽人，都是合同当事人；而转承揽中的第三人虽然参与完成工作，但不是承揽合同的当事人，只是转承揽合同中的当事人。共同承揽人对定作人承担连带责任，即每一个共同承揽人都对全部工作向定作人负责，定作人可以要求任何一个参与工作的人承担合同责任。转承揽中，参与完成工作的第三人向承揽人负责，承揽人向定作人承担全部工作责任。当工作成果不符合约定时，即使是第三人工作造成的，承揽人也要向定作人承担违约责任，这是合同相对性的体现。二是，本条规定共同承揽人对定作人承担连带责任，这属于法定责任，但是当事人可以通过约定排除。根据本法总则编第 178 条的规定，连带责任应当由法律规定或者当事人约定。本条有关连带责任须法定的规定与总则编的规定保持了一致。当然，从尊重当事人意思自治的角度出发，定作人可以约定不对共同承揽人主张连带责任，这属于定作人自己对其权利的处分，应当得到认可。

第七百八十七条 定作人在承揽人完成工作前可以随时解除合同，造成承揽人损失的，应当赔偿损失。

◆ **条文主旨**

本条是关于定作人任意解除权的规定。

◆ **条文解读**

根据本条规定，定作人在承揽人完成工作前可以随时解除合同。解除合同是指在合同成立后，因当事人一方或者双方的意思表示而使合同关系消灭的行为。根据本法合同编的有关规定，双方当事人可以协商解除合同；当事人一方解除合同的，只限于两种情况：一是因发生不可抗力致使合同目的无法实现；二是对方当事人严重违约，包括在履行期限届满之前，当事人一方明确表示或者以自己的行为表明不履行其主要债务；当事人一方迟延履行主要债务，经催告后在合理期限内仍未履行的；对方当事人迟延履行债务或者有其他违约行为致使不能实现合同目的等。除这些法定解除权外，当事人擅自解除合同的，应当承担违约责任。但在承揽合同中，定作人除了享有合同编所规定的合同解除权外，还享有可以在承揽人完成工作前随时解除合同的权利，这是承揽合同的一大特点，也是由承揽合同的性质所决定的。承揽合同是定作人为了满足其特殊需求而订立的，承揽人根据定作人的指示进行工作，如果定作人于合同成立后由于各种原因不再需要承揽人完成工作，则应当允许定作人解除合同。不少国家和地区的法律对于定作人的任意解除权都作了规定。《德国民法典》第649条规定，到工作完成时止，定作人可以随时通知终止合同。定作人通知终止合同的，承揽人有权请求约定的报酬；但承揽人必须容许将其因合同的废止而节省的开支或因将其劳动力用于他处而取得的或恶意怠于取得的利益扣除。《日本民法典》第641条规定，于承揽人未完成工作期间，定作人可以随时赔偿损害而解除契约。《俄罗斯联邦民法典》第729条规定，定作人根据法律规定或者合同约定的理由，于承揽人所完成的工作成果验收前终止承揽合同时，定作人有权请求向其交付未完成的工作成果并向其补偿所消耗的费用。《瑞士债务法》第377条规定，在工作完成之前，定作人就承揽人已经完成的工作支付报酬并全额补偿承揽人后，可以随时解除合同。我国《澳门民法典》第1155条规定，即使已开始执行工作，定作人仍得随时废弃承揽；但须就承揽人所作之支出、开展之工作及承揽人可从工作物上取得之利益给予承揽人损害赔偿。我国台湾地区“民法”第511条规定，工作未完成前，定作人得随时终止契约。但应赔偿承揽人因契约终止而生之损害。

根据本条，定作人解除合同的前提是赔偿承揽人的损失。这样处理，既可以避免给定作人造成更大的浪费，也不会给承揽人造成不利。定作人依据本条行使随时解除权的，应当符合以下要求：第一，定作人应当在承揽人完成工作前提出解除合同。与合同法的规定相比，本条对于定作人的任意解除权增加了“在承揽人完成工作前”的限制。即虽然本条规定的是定作人的任意解除权，定作人可以随时解除合同，但“随时”实际是指合同成立生效后，承揽人完成工作前的任何时间。之所以增加这一规定，主要是考虑到承揽合同往往具有较强的专属性，承揽人工作的展开及成果的交付都需要按照定作人的要求进行。如果允许定作人在承揽人完成工作以后仍然可以解除合同，则很可能由于定作成果的专属性而造成浪费，承揽人很难再将原本为定作人完成的工作成果进行处置，这与民法典所倡导的绿色原则、充分发挥物的效用的理念都不相符。因此，通过将定作人解除合同的时点限制在“承揽人完成工作前”，可以在定作人的任意解除权与避免资源浪费、践行绿色原则之间取得平衡，是较为妥当的做法。第二，定作人根据本条解除合同的，应当通知承揽人。解除通知到达承揽人时，解除生效，合同终止，承揽人可以不再进行承揽工作。这也与本法第 565 条有关合同解除须通知的规定保持一致。第三，定作人根据本条解除承揽合同造成承揽人损失的，应当赔偿损失。这些损失主要包括承揽人已完成的工作部分所应当获得的报酬、承揽人为完成这部分工作所支出的材料费以及承揽人因合同解除而受到的其他损失。

合同解除后，承揽人应当将已完成的部分工作交付定作人。定作人提供材料的，如有剩余，也应当返还定作人。定作人预先支付报酬的，在扣除已完成部分的报酬外，承揽人也应当将剩余价款返还定作人。

第十八章 建设工程合同

本章共二十一条，对建设工程合同的定义、订立、禁止违法分包与转包、建设工程合同的内容、竣工验收、支付价款以及发包人与承包人的其他权利义务作了规定。

第七百八十八条 建设工程合同是承包人进行工程建设，发包人支付价款的合同。

建设工程合同包括工程勘察、设计、施工合同。

◆ 条文主旨

本条是关于建设工程合同定义和种类的规定。

◆ 立法背景

建设工程通常具有资金投入量大、工程复杂、技术含量高、专业性强的特点，建设工程的质量不仅涉及发包人的利益，还关系到社会上不特定第三人的人身和财产安全，甚至关系到国计民生和社会稳定，因而，在建设工程合同领域具有一定的国家干预特征。基于建设工程合同的特殊性，本条对建设工程合同的定义与种类作出规定。

◆ 条文解读

建设工程合同是指承包人进行工程建设，发包人支付价款的合同。建设工程合同的客体是工程。这里的工程是指土木建筑工程和建筑业范围内的线路、管道、设备安装工程的新建、扩建、改建及大型的建筑装修装饰活动，主要包括房屋、铁路、公路、机场、港口、桥梁、矿井、水库、电站、通信线路等。建设工程的主体是发包人和承包人。发包人，一般为建设工程的建设单位，即投资建设该项工程的单位，通常也称作“业主”。建设工程实行总承包的，总承包单位经发包人同意，在法律规定的范围内对部分工程项目进行分包的，工程总承包单位即成为分包工程的发包人。建设工程的承包人，即实施建设工程的勘察、设计、施工等业务的单位，包括对建设工程实行总承包的单位、勘察承包单位、设计承包单位、施工承包单位和承包分包工程的单位。

本条第 1 款规定的建设工程合同的定义，体现了合同双方当事人即发包人和承包人的基本义务。承包人的基本义务就是按质按期地进行工程建设，包括工程勘察、设计和施工。发包人的基本义务就是按照约定支付价款。

本条第 2 款规定了建设工程合同的类别。一项工程一般包括勘察、设计和施工等一系列过程，因此建设工程合同通常包括工程勘察、设计、施工合同。

勘察合同，是指发包人与勘察人就完成建设工程地理、地质状况的调查研究工作而达成的协议。建设工程勘察，通常需要根据建设工程的要求，查明、分析、评价建设场地的地质地理环境特征和岩土工程条件，并编制建设工程勘察文件。勘察合同就是反映并调整发包人与受托地质工程单位之间权利义务关系的依据。

设计合同，是指发包人与设计人就完成建设工程设计工作而达成的协议。建设工程设计，通常需要根据建设工程的要求，对建设工程所需的技术、经济、资源、环境等条件进行综合分析、论证，并编制建设工程设计文件。建设工程设计一般涉及方案设计、初步设计以及施工图设计，它们之间还具有一定的关联性。按照国务院《建设工程勘察设计管理条例》第26条的规定，编制的方案设计文件，应当满足编制初步设计文件和控制概算的需要。编制的初步设计文件，应当满足编制施工招标文件、主要设备材料订货和编制施工图设计文件的需要。编制的施工图设计文件，应当满足设备材料采购、非标准设备制作和施工的需要，并注明建设工程合理使用年限。

施工合同，是指发包人与施工单位就完成建设工程的一定施工活动而达成的协议。施工合同主要包括建筑和安装两方面内容，这里的建筑是指对工程进行营造的行为，安装主要是指与工程有关的线路、管道、设备等设施的装配。建设工程施工合同是工程建设质量控制、进度控制、投资控制的主要依据。

▶ 相关规定

《中华人民共和国建筑法》第2条；《建设工程质量管理条例》第2条；《建设工程勘察设计管理条例》第2条、第26条

第七百八十九条 建设工程合同应当采用书面形式。

◆ 条文主旨

本条是关于建设工程合同形式的规定。

◆ 立法背景

合同按照其订立方式可分为口头合同、书面合同以及采用其他方式订立的合同。凡当事人的意思表示采用口头形式而订立的合同，称为口头合同；凡当事人的意思表示采用书面形式而订立的合同，称为书面合同。书面形式的合同对当事人之间约定的权

利义务有明确的文字记载，能够提示当事人适时地正确地履行合同义务，当发生合同纠纷时，也便于分清责任，正确、及时地解决纠纷。建设工程合同一般具有合同标的额大，合同内容复杂、履行期较长等特点，为慎重起见，更应当采用书面形式。此外，建设工程的质量涉及社会上不特定第三人的人身和财产安全，采用书面形式，也便于建设工程相关监督管理工作的开展。为此本条明确规定建设工程合同应当采用书面形式。

◆ **条文解读**

依据本条的规定，建设工程合同除双方当事人意思表示达成一致外，还应当采用书面形式明确双方的权利义务。依照本法规定，书面形式是合同书、信件等可以有形地表现所载内容的形式。在实践中，较大的工程建设一般采用合同书的形式订立合同。通过合同书，当事人写明各自的名称、地址，工程的名称和工程范围，明确规定履行的内容、方式、期限，违约责任以及解决争议的方法等。工程承包合同，还应当明确承包的内容以及承包方式。勘察、设计合同，还应当明确提交勘察或者设计基础资料、设计文件（包括概预算）的期限，设计的质量要求、勘察或者设计费用以及其他协作条件等内容。施工合同，还应当明确工程范围、建设工期、中间交工工程的开工和竣工时间、工程质量、工程造价、技术资料交付时间、材料和设备供应责任、拨款和结算、交工验收、质量保证期、双方互相协作等内容。当事人也可以选择有关的合同示范文本作为参照订立建设工程合同。

▶ **相关规定**

《中华人民共和国建筑法》第 15 条

第七百九十条 建设工程的招标投标活动，应当依照有关法律的规定公开、公平、公正进行。

◆ **条文主旨**

本条是关于工程招标投标要求的规定。

◆ **立法背景**

招标投标是市场经济条件下进行大宗货物买卖或者建设工程发包与承包时通常采用的竞争交易方式。

采用招标投标方式进行建设工程的发包与承包，其最显著的特征是将竞争机制引入建设工程的发包与承包活动之中，与采用“一对一”谈判的办法进行的建设工程的发包与承包相比，具有明显的优越性，这主要表现在以下两点：第一，招标方通过对各投标竞争者的报价和其他条件进行综合比较，从中选择报价低、技术力量强、质量保障体系可靠、具有良好信誉的承包人作为中标者，与之签订建设工程合同，这显然有利于保证工程质量、缩短工期、降低工程造价、提高投资效益。第二，招标投标活动要求依照法定程序公开进行，有利于堵住建设工程发包与承包活动中行贿受贿等腐败和不正当竞争行为的“黑洞”。正因为招标投标具有明显的优越性，符合市场竞争的要求，也就成为我国建设工程发包与承包活动中大力推广的主要方式，尤其是对于使用国有资金建设的工程项目。本条对建设工程的招标投标作出了规定。

◆ **条文解读**

所谓建设工程招标投标活动，是指建设工程的发包人作为招标方采用适当的方式，发布拟建工程的有关信息，如工程的内容和主要的技术条件，对承包人的资质要求等，但不标明工程的造价，通过这些行为表明发包人将选择符合条件的承包人并与之订立建设工程合同的意向，由各有意承包该工程项目的承包人作为投标方向招标方提出自己的工程报价和其他承包条件，参加投标竞争，经招标方对各投标方的报价和其他条件进行审查比较后，从中择优选定中标者，并与之签订建设工程合同的活动。

我国建筑法规定建筑工程应当依法实行招标发包，对不适于招标发包的才可以直接发包。因而，依据建筑法和其他法律、行政法规的规定，工程建设需要采取招标投标的方式订立合同的，当事人必须采用招标投标方式订立合同。法律没有规定的，发包人可以采取招标投标方式进行发包，也可以直接发包。依据我国招标投标法的规定，需要进行招标的项目主要包括：(1) 大型基础设施、公用事业等关系社会公共利益、公众安全的项目；(2) 全部或者部分使用国有资金投资或者国家融资的项目；(3) 使用国际组织或者外国政府贷款、援助资金的项目；(4) 法律或者国务院规定的其他必须招标的项目。招标投标法及其实施条例还对可以不进行招标的特殊情形进行了规定。必须进行招标的工程建设项目的勘察、设计、施工、监理以及与工程建设有关的重要设备、材料等的采购等都必须进行招标。招标分为公开招标和邀请招标。公开招标，是指招标人以招标公告的方式邀请不特定的法人或者非法人组织投标。邀请招标，是指招标人以投标邀请书的方式邀请特定的法人或者非法人组织投标。法律、行政法规规定必须进行公开招标的项目还必须进行公开招标。

依据本条的规定，建设工程的招标投标应当按照公开、公平和公正的原则进行。所谓的公开，是指进行招标投标活动的有关信息要公开，招标方应当通过在新闻媒体上刊发广告或者以其他适当形式，发布建设工程招标信息，并在公开提供的招标文件中，载明招标工程的主要技术要求以及投标人的资格要求等内容，使所有符合条件的承包商都能有机会参与投标竞争。同时，招标投标的程序要公开，包括领取招标文件的时间、地点，投标的截止日期，开标的时间、地点以及评标与定标的标准、方法等，都应当公开透明，以便各方面监督，不允许进行“暗箱操作”。所谓的公平，是指招标方要平等地对待每一份投标，投标方也要以正当手段进行竞争，不得有向投标方及其工作人员行贿、提供回扣等不正当竞争行为，以保证竞争的平等。所谓的公正，是指招标方在招标过程中要严格按照公开的招标文件和程序办事，严格按照既定的评标标准评标和定标，公平地对待每一个投标者，不得厚此薄彼。

▶ **相关规定**

《中华人民共和国招标投标法》第3－5条；《中华人民共和国建筑法》第16条、第19－22条

第七百九十一条 发包人可以与总承包人订立建设工程合同，也可以分别与勘察人、设计人、施工人订立勘察、设计、施工承包合同。发包人不得将应当由一个承包人完成的建设工程支解成若干部分发包给数个承包人。

总承包人或者勘察、设计、施工承包人经发包人同意，可以将自己承包的部分工作交由第三人完成。第三人就其完成的工作成果与总承包人或者勘察、设计、施工承包人向发包人承担连带责任。承包人不得将其承包的全部建设工程转包给第三人或者将其承包的全部建设工程支解以后以分包的名义分别转包给第三人。

禁止承包人将工程分包给不具备相应资质条件的单位。禁止分包单位将其承包的工程再分包。建设工程主体结构的施工必须由承包人自行完成。

◆ 条文主旨

本条是关于建设工程合同发包、承包和分包的规定。

◆ 立法背景

目前，我国建筑市场中存在支解发包的乱象。一些发包单位往往将按其性质和技术联系应当由一个承包单位整体承包的工程，支解成若干部分，分别发包给几个承包单位，使得整个工程建设在管理和技术上缺乏应有的统筹协调，造成施工现场秩序混乱、责任不清，严重影响工程建设质量，出了问题也很难找到责任者。从实际情况看，支解发包往往还与发包单位的工作人员徇私舞弊、利用支解发包多拿回扣等违法行为有关。因此，为了杜绝支解发包乱象，本条第1款中明确规定："发包人不得将应当由一个承包人完成的建设工程支解成若干部分发包给数个承包人。"

在我国建筑市场上还存在转包行为，转包行为存在着较大的质量风险隐患和纠纷隐患，因为：（1）在实践中，一些单位为了牟取不正当利益，会将其承包的工程压价转包给他人，形成"层层转包、层层扒皮"的现象，最后实际用于工程建设的费用大为减少，导致严重偷工减料；一些建设工程转包后落入不具备相应资质条件的包工队中，留下严重的工程质量隐患，甚至造成重大质量事故。（2）承包人擅自将其承包的工程项目转包，还破坏了合同关系应有的稳定性和严肃性。在建设工程合同订立过程中，发包人往往是经过慎重选择，才确定与其所信任并具有相应资质条件的承包人订立合同，承包人将其所承包的工程转包给他人，违背了发包人的意志，损害发包人的利益。因此，本条明确规定承包人不得将其承包的全部建设工程转包给第三人或者将其承包的全部建设工程支解以后以分包的名义分别转包给第三人。禁止建设工程的转包，建筑法也有相应的规定，在国际上也是通例，不少国家都对建设工程的转包作了禁止性规定。如日本和韩国都规定，除经发包人书面同意外，建筑业从业者不得以任何形式将其承包的建筑工程一并转包给他人。因此，本条关于禁止转包的规定，既符合我国的实际情况，也与国际通行做法相一致。

为了保证工程的质量，本条第3款规定，禁止承包人将工程分包给不具备相应资质条件的单位。为避免因层层分包造成责任不清以及因中间环节过多造成实际用于工程的费用减少的问题，本条第3款还规定，分包人不得将其承包的工程再分包，建设工程的主体结构必须由承包人自行完成。

◆ **条文解读**

建设工程合同发包承包根据订约双方的不同，可以分为直接承包和分包两大类。直接承包是指发包人直接将工程承包给承包人，包括工程总承包和单项工程承包两种方式。分包是指总承包人、勘察、设计、施工承包人经发包人同意，可以将自己承包的部分工作交由第三人完成。

建设工程的总承包，又称为“交钥匙承包”，是指建设工程任务的总承包，即发包人将建设工程的勘察、设计、施工等工程建设的全部任务一并发包给一个具备相应的总承包资质条件的承包人，由该承包人负责工程的全部建设工作，直至工程竣工，向发包人交付经验收合格符合发包人要求的建设工程的发包承包方式。工程总承包是国内外建设活动中多有使用的发包承包方式，它有利于充分发挥那些在工程建设方面具有较强的技术力量、丰富的经验和组织管理能力的大承包商的专业优势，综合协调工程建设中的各种关系，强化对工程建设的统一指挥和组织管理，保证工程质量和进度，提高投资效益。在建设工程的发包承包中采用总承包方式，对那些缺乏工程建设方面的专门技术力量，难以对建设项目实施具体的组织管理的建设单位来说，更具有明显的优越性，也符合社会化大生产专业分工的要求。为此应当提倡对建设工程实行总承包，发包人可以将全部工程发包给一个总承包人完成，由该承包人就工程建设的全过程向发包人负责。与总承包方式相对应的是单项任务的承包，即发包人将建设工程中的勘察、设计、施工等不同工作任务，分别发包给勘察人、设计人、施工人，与其签订相应的承包合同。这种发包方式有利于吸引较多的承包商参与各项工程建设业务的投标竞争，使发包人有更大的选择余地；也有利于发包人对建设工程的各环节、各阶段实施直接的监督管理，这对于那些具有建设活动方面专业技术的人才，对工程建设有较强的组织管理能力的单位来说是有利的。

建设工程的发包承包是采取总承包方式还是单项工程承包方式，可以由发包人根据实际情况自行确定。但是不论发包人采取何种方式与承包人签订合同，都应当遵守本条的规定，不得将建设工程支解发包，即不得将应当由一个承包人完成的建设工程支解成若干部分发包给几个承包人。至于如何确定是否属于应当由一个承包人完成的建设工程，需要由国务院有关主管部门根据实际情况作出具体规定。如对一幢房屋的供水管线，发包人就不应将其分成若干部分发包给几个承包单位；而对一幢房屋中的供水管线和空调设备的安装，尽管都属于同一建筑的设备安装，但因各有较强的专业性，发包人可以将其分别发包给不同的承包人。

所谓建设工程的分包，是指工程总承包人、勘察承包人、设计承包人、施工承包人承包建设工程后，将其承包的某一部分工程或某几部分工程，再发包给其他承包人，与其签订承包合同项下的分包合同的发包承包方式。总承包人或者勘察、设计、施工承包人在分包合同中即成为分包合同的发包人。总承包人或者勘察、设计、施工承包人分包建设工程的，应当符合以下条件：（1）总承包人或者勘察、设计、施工承包人只能将部分工程分包给具有相应资质条件的分包人；（2）为防止总承包人或者勘察、设计、施工承包人擅自将应当由自己完成的工程分包出去或者将工程分包给发包人所不信任的第三人，分包工程必须经过发包人的同意。

在承包与分包相结合的承包形式中，存在承包合同与分包合同两个不同的合同关系。承包合同是发包人与总承包人或者勘察人、设计人、施工人之间订立的合同，总承包人或者勘察、设计、施工承包人应当就承包合同的履行向发包人承担全部的责任，即使总承包人或者勘察、设计、施工承包人根据合同约定或者经发包人的同意将承包合同范围内的部分建设项目分包给他人，总承包人或者勘察、设计、施工承包人也得对分包的工程向发包人负责。分包合同是承包合同中的总承包人或者勘察、设计、施工承包人与分包人之间订立的合同，通常来说，分包人仅就分包合同的履行向总承包人或者勘察、设计、施工承包人负责，并不直接向发包人承担责任，但为了维护发包人的利益，保证工程的质量，本条适当地加重了分包人的责任，即第三人（分包人）就其完成的工作成果与总承包人或者勘察、设计、施工承包人向发包人承担连带责任。因分包的工程出现问题，发包人既可以要求总承包人或者勘察、设计、施工承包人承担责任，也可以直接要求分包人承担责任。

所谓转包，是指建设工程的承包人将其承包的建设工程倒手转让给第三人，使该第三人实际上成为该建设工程新的承包人的行为。转包与分包的根本区别在于：转包行为中，原承包人将其工程全部倒手转给他人，自己并不实际履行合同约定的义务；而在分包行为中，承包人只是将其承包工程的某一部分或几部分再分包给其他承包人，承包人仍然要就承包合同约定的全部义务的履行向发包人负责。依照本法和其他法律规定，承包人经发包人同意将其部分工程分包给他人的行为是允许的，但承包人的转包行为是禁止的。本条明确规定承包人不得将其承包的全部建设工程转包给第三人或者将其承包的全部建设工程支解以后以分包的名义分别转包给第三人。

为了保证工程的质量，本条第 3 款规定，禁止承包人将工程分包给不具备相应资质条件的单位。禁止分包单位将其承包的工程再分包。依据本款规定，工程的分包人必须具备相应的资质条件。依照我国有关法律的规定，从事建设活动的勘察人、设计人和施工人必须具备以下资质条件：（1）有符合国家规定的注册资本；（2）有与其从事的建设活动相适应的具有法定执业资格的专业技术人员；（3）有从事相关建设活动所应有的技术装备；（4）法律、行政法规规定的其他条件。从事工程建设活动的勘察人、设计人和施工人，按照其拥有的注册资本、专业技术人员、技术装备和已完成的建设工程业绩等资质条件，划分为不同的资质等级，经资质审查合格，取得相应等级的资质证书后，方可在其资质等级许可的范围内从事建设活动。承包人在将工程分包时，应当审查分包人是否具备承包该部分工程建设的资质条件。承包人将工程分包给不具备相应资质条件的分包人的，该分包合同无效。为避免因层层分包造成责任不清以及因中间环节过多造成实际用于工程的费用减少的问题，依据本款的规定，分包人不得将其承包的工程再分包，即对工程建设项目只能实行一次分包。实行施工承包的，建设工程的主体结构必须由承包人自行完成，不得分包，即承包人承包工程全部施工任务的，该工程的主体结构必须由承包人自行完成，即使经发包人同意，也不得将主体工程的施工再分包给第三人，承包人违反本款规定，将工程主体部分的施工任务分包给第三人的，该分包合同无效。

► **相关规定**

《中华人民共和国建筑法》第 13 条、第 26 条、第 28 条、第 29 条；《建设工程勘察设计管理条例》第 8 条、第 17 条、第 20 条、第 21 条

第七百九十二条 国家重大建设工程合同，应当按照国家规定的程序和国家批准的投资计划、可行性研究报告等文件订立。

◆ **条文主旨**

本条是关于国家重大建设工程合同订立程序的规定。

◆ **立法背景**

为了规范国家重大工程的建设，保证国家投资计划得以实现，保证质量，避免资源浪费，保证投资效益，减少投资风险，本条对国家重大建设工程合同的订立提出了更严格的依据，即国家重大建设工程合同，应当按照国家规定的程序和国家批准的投资计划、可行性研究报告等文件订立。

◆ **条文解读**

依据本条规定，国家重大建设工程合同，应当按照国家规定的程序和国家批准的投资计划、可行性研究报告等文件订立。一

般在实践中，国家重大建设工程事先应当进行可行性研究，对工程的投资规模、建设效益进行论证分析，并编制可行性研究报告，然后再申请立项。立项批准后，再根据立项制定投资计划并报国家有关主管部门批准，投资计划批准后，有关建设单位根据工程的可行性研究报告和国家批准的投资计划，遵照国家规定的程序进行发包，与承包人订立建设工程合同。这里的国家规定的程序是指建筑法等有关法律、法规规定的重大工程建设项目订立的程序。国家重大建设工程合同必须实行公开招标发包的，发包人应当按照法定的程序和方式，发布招标公告，提供载有招标工程的主要技术要求、主要合同条款、评标的标准和方法以及开标、评标、定标的程序等内容的招标文件。开标应当在招标文件规定的时间、地点公开进行。开标后应当按照招标文件规定的评标标准和程序对标书进行评价、比较，确定中标候选名单，中标候选单位必须具备能够建设该重大工程项目的相应资质。发包人在具有相同资质条件的投标者中，择优选择中标者。发包人应当同中标者订立建设工程承包合同。国家重大工程建设项目一般都属于国家强制监理的建设工程，因此发包人应当委托具有相应资质条件的工程监理单位对工程建设进行监理。发包人应当与其委托的工程监理单位订立书面的委托监理合同。

哪些建设工程属于国家重大建设工程，法律并没有具体规定，在实践中，并不是政府投资的项目都属于国家重大建设工程，一般列入国家重点投资计划而且投资额巨大，建设周期特别长，由中央政府全部投资或者参与投资的工程，往往属于国家重大建设工程，如三峡工程。有些虽然未列入国家重点投资计划，投资额不算巨大，但影响很大的工程项目，也属于国家重大建设工程项目，如国家大剧院工程。也有些工程，虽然属于地方政府投资，但投资额巨大、影响广泛，也属于国家重大建设工程项目。例如，亚运工程建设项目虽然是主要由北京市政府投资的工程项目，但是其投资计划是经过国家批准的，也属于国家重大建设工程项目。

第七百九十三条 建设工程施工合同无效，但是建设工程经验收合格的，可以参照合同关于工程价款的约定折价补偿承包人。

建设工程施工合同无效，且建设工程经验收不合格的，按照以下情形处理：

（一）修复后的建设工程经验收合格的，发包人可以请求承包人承担修复费用；

（二）修复后的建设工程经验收不合格的，承包人无权请求参照合同关于工程价款的约定折价补偿。

发包人对因建设工程不合格造成的损失有过错的，应当承担相应的责任。

◆ 条文主旨

本条是关于建设工程施工合同无效时对承包人进行补偿的相关规定。

◆ 立法背景

建设工程施工合同具有投资数额大、建设周期长、建设完工后不宜轻易恢复原状等特点，特定情形下还涉及农民工等弱势群体利益保护。因而，有必要结合建设工程施工合同的特点，在一般合同无效的处理规则之外，对建设工程施工合同无效时的特殊处理规则进行细化规定。基于此，本条明确了相关规定。

◆ 条文解读

本法第157条规定，民事法律行为无效、被撤销或者确定不发生效力后，行为人因该行为取得的财产，应当予以返还；不能返还或者没有必要返还的，应当折价补偿。有过错的一方应当赔偿对方由此所受到的损失；各方都有过错的，应当各自承担相应的责任。法律另有规定的，依照其规定。依据该规定，合同无效后，对于因该行为取得的财产应当返还或折价补偿，因自己的过错给对方造成损失的，应当赔偿由此给对方所造成的损失。这是合同无效时的一般处理规则，在建设工程施工合同领域也应当适用。但是，建设工程施工合同的履行过程就是承包人将劳务及建筑材料物化到建设工程的过程，建设工程施工过程完成会有建筑物等不动产的产生。基于这一特殊性，合同无效时，发包人既无法向承包人返还建设工程，也无法向承包人返还已经付出的劳务和使用的建筑材料，因此，只能折价补偿。

折价补偿的前提是建设工程本身具有价值。本法第799条第2款规定，建设工程竣工经验收合格后，方可交付使用；未经验收或者验收不合格的，不得交付使用。《建筑法》第61条也有类似规定。建设工程质量是建设工程的生命。建设工程质量不合格便无使用价值，甚至会危害人民群众生命安全。对发包人来说建设工程质量不合格不仅没有价值，甚至可能还有危害，需要拆除重建，给发包人带来损失。因此，建设工程施工合同无效后，对承包人进行折价补偿的前提是建设工程经验收合格。对于经验收不合格，但是具有修复可能的建设工程，基于节约社会资源原则和当事人之间的公平，应当在确保工程质量安全的前提下，充分科学评估建设工程在技术上和经济上是否具有修复可能或者修复必要。如果可以通过修复使建设工程重新达到验收合格的，应当提倡进行修复，并由承包人承担修复费用，不宜一概要求恢复原状推倒重建，造成社会资源的浪费。如果从技术和经济上判断确属没有可能修复或修复成本明显过高，进行修复显著不经济、不合理的，则没有必要要求必须进行修复，徒增不合理的负担和成本。因此，本条第2款规定，建设工程施工合同无效，且建设工程经验收不合格，修复后经验收合格的，发包人可以请求承包人承担修复费用。修复后仍不能验收合格的，则无需对承包人进行折价补偿。本条内容来自我国司法实践经验的积累，在以往司法实践中各种观点和做法很不统一。一种观点认为，按照合同法、建筑法的规定，建设工程必须经竣工验收合格方能交付使用，否则便不能使用，因此，合同无效，建设工程经竣工验收不合格或者未经竣工验收，承包人要求支付工程款的，人民法院应依据合同法等法律关于建设工程必须经竣工验收合格方能交付使用的规定，驳回承包人的请求。另一种观点认为，按照合同法规定的合同无效处理的一般规则，合同无效，无论工程是否竣工，是否经验收合格，建设工程都要归发包人，因此，发包人应对承包人予以折价补偿。对于第一种观点，反对的意见认为，如按第一种观点处理，将会导致发包人不用支付对价即可接受建设工程，如果建设工程具有利用价值，发包人将依据无效合同取得利益，而承包人则不能依据其投入得到相应报酬，双方利益不平衡，不符合民法公平原则，案件审理的社会效果不好。对于第二种观点，反对的意见认为，无论建设工程是否经验收合格，均要求建设工程归发包人，并要求发包人就接受的建设工程支付承包人工程款，如果建设工程确属无法修复，没有实际使用价值，则会导致合同无效时建设工程不合格的风险和损失完全由发包人承担，这不符合公平原则。因此，最高人民法院结合我国建筑市场实际，从统一司法裁判标准和提高案件处理社会效果出发，最终在《最高人民法院关于审理建设工程施工合同纠纷案件适用法律问题的解释》（法释〔2004〕14号）中规定以经竣工验收合格作为承包人请求折价补偿的前提条件，经修复后验收合格的，承包人可以请求折价补偿工程款，但发包人可以请求承担修复费用，否则，承包人请求折价补偿工程款的，人民法院不予支付。这一规定在司法实践中已经适用十余年，具有一定的实践基础，基于确保建设工程质量安全、合同当事人之间公平和节约社会资源等价值考量，本条规定吸收了司法实践的成果。

关于折价的标准。在我国以往的司法实践中存在不同的意见。第一种意见认为，建设工程施工合同无效，建设工程经竣工验收合格的，发包人应当向承包人返还建设工程的造价成本。造价成本与合同价款的差额为损失，按照过错责任原则承担责任。第二种意见认为，建设工程施工合同无效，建设工程经竣工验收合格，承包人可以请求参照合同约定支付工程款。对于发包人应当向承包人返还建设工程的造价成本的观点，司法实践认为，该观点存在造价成本计算的难题。对造价成本的计算也有不同的观点。一种观点认为，造价成本应按照建筑行政主管部门颁布的当年适用的工程定额标准由鉴定机构计算；一种观点认为，建筑行政主管部门颁布的工程定额标准跟不上市场价格变化，造价成本应按照建筑行政主管部门发布的市场价格信息计算；还有一种观点认为，造价成本为合同约定的工程款中的直接费与间接费，不包含利润与税金。对于以上三种关于造价成本计算的观点，司法实践认为，在我国建筑市场属于发包人市场的背景下，发包人在签订合同时往往会把工程款压得很低，常常低于当年适用的工程定额标准和政府公布的市场价格信息标准，如果合同无效时按照当年适用的工程定额标准和政府公布的市场价格信息计算可能会出现最终计算出的折价数额超出合同约定的价款的不合理结果，使承包人不合理地获得超出合同有效时应得的利益，给承包人带来负面激励。同时，采用当年适用的工程定额标准和政府公布的市场价格信息标准，还需要进行鉴定，会增加鉴定成本，导致诉讼时间和费用成本增加，因此，不宜采用这两种计算造价成本的方式进行计算。对于按照合同约定的直接费和间接费计算造价成本的观点，司法实践认为，承包人将不能主张利润与税金，该计算方式在最终结果上也可能会出现从整个建设过程和最终清算结果来看发包人获得了不当利益的现象，这也不符合当事人不应从无效合同中获得不当利益的精神。因而，司法实践结合建筑市场的实际情况，总结司法实践经验，采用了第二种意见，即建设工程施工合同无效，建设工程经竣工验收合格的，承包人可以请求参照合同约定支付工程款。司法实践认为，第二种意见有利于保证工程质量，符合当事人真实意思，平衡了当事人双方之间的利益，且可以适当简化程序，减少当事人诉累，便于法院掌握施行，从实践经验来看取得了良好的社会效果。建设工程施工具有一定的周期性和复杂性，当事人双方在合同中的约定一定程度上代表了当事人双方对于合同签订和履行的合理预期以及对于相关合同风险的预先安排，在建设工程施工合同无效，没有更加科学、合理、简便有效的折价补偿标准的情况下，参照建设工程合同关于工程价款的约定折价补偿承包人具有一定的合理性。此种确定折价补偿的方式可以在保证建设工程质量的前提下，确保双方当事人均不能从无效合同中获得超出合同有效时的利益，符合当事人预期和我国建筑市场实际，且有助于提升案件的社会效果。结合各方面意见以及我国建筑市场的实际情况，考虑到建设工程施工合同无效时，折价补偿问题的复杂性，本条规定吸收了司法实践的成果。但是，同时需要指出的是，本条规定的建设工程施工合同无效，建设工程经验收合格的，可以参照建设工程合同关于工程价款的约定折价补偿承包人的规定，只是规定了一种相对易于掌握和施行的折价补偿参照标准，即参照合同关于工程价款的约定折价补偿。对于工程建设中大规模改变设计，施工合同的约定却未进行相应变更等无法参照建设工程合同关于工程价款的约定进行折价补偿的情况，仍需要法院根据实际情况来认定。此外，需要强调的是，建设工程施工合同无效，虽然依据本条规定可以对承包人参照建设工程合同关于工程价款的约定折价补偿，但是折价补偿并不影响承包人承担违反法律的行政法律责任和其他法律责任。

法律行为无效后，对于因该行为取得的财产应当返还或折价补偿，因自己的过错给对方造成损失的，应当赔偿由此给对方所造成的损失。建设工程施工合同无效时，当事人有过错的也应赔偿因此给对方造成的损失。建设工程施工合同无效，建设工程经验收不合格，修复后，建设工程经验收仍不合格的，承包人不能请求参照合同关于工程价款的约定补偿，但是，发包人对因建设工程不合格造成的损失也有过错的，也应根据其过错承担相应的责任。例如发包人提供有瑕疵的设计、提供不合格的材料等，在具体案件中人民法院应当根据发包人的过错程度判定其责任承担。

第七百九十四条 勘察、设计合同的内容一般包括提交有关基础资料和概预算等文件的期限、质量要求、费用以及其他协作条件等条款。

◆ 条文主旨

本条是关于勘察、设计合同主要内容的规定。

◆ 立法背景

勘察、设计合同是指勘察人、设计人完成工程勘察、设计任务，发包人支付勘察、设计费的协议。勘察、设计合同明确了发包人与勘察人、设计人之间的权利义务关系。为了规范勘察、设计合同，本条规定了勘察、设计合同的主要内容。

◆ **条文解读**

提交有关勘察或者设计的基础资料和文件是发包人的义务，勘察或者设计的基础资料是指勘察人、设计人进行勘察、设计工作所依据的基础文件和情况。勘察的基础资料包括可行性报告，工程需要勘察的地点、内容，勘察技术要求及附图等。设计的基础资料包括工程的选址报告等勘察资料以及原料（或者经过批准的资源报告），燃料、水、电、运输等方面的协议文件，需要经过科研取得的技术资料等。为了保证勘察、设计工作的顺利进行，合同中应当明确提交有关基础资料的期限。

提交勘察、设计文件（包括概预算）是勘察、设计人的基本义务。勘察文件一般包括对工程选址的测量数据、地质数据和水文数据等。勘察文件往往是进行工程设计的基础资料，勘察文件的交付进度能够影响设计工作的进度，因此，当事人应当在勘察合同中明确勘察文件的交付期限。设计文件的期限是指设计人完成设计工作，交付设计文件的期限。设计文件主要包括建设设计图纸及说明，材料设备清单和工程的概预算等。设计文件是工程建设的依据，工程必须按照设计文件进行施工，因此，设计文件的交付期限会直接影响工程建设的期限。当事人在设计合同中应当明确设计文件的交付期限。

这里的质量要求主要是指发包人对勘察、设计工作提出的标准。勘察人和设计人应当按照确定的质量要求进行勘察、设计，按时提交符合质量要求的勘察、设计文件。勘察、设计质量要求条款明确了勘察、设计成果的质量，也是确定勘察人、设计人工作责任的重要依据。

这里的费用是指勘察人、设计人完成勘察、设计工作的报酬。

支付勘察、设计费是发包人在勘察、设计合同中的主要义务，因此，在勘察、设计费用条款中应当明确勘察、设计费用的数额或者计算方法，勘察、设计费用的支付方式、地点、期限等内容。

其他协作条件是指双方当事人为了保证勘察、设计工作顺利完成所应当履行的相互协助的义务。发包人的主要协作义务是在勘察、设计人员入场工作时，为勘察、设计人员提供必要的工作条件和生活条件，以保证其正常开展工作。勘察、设计人的主要协作义务是配合工程建设的施工，进行设计交底，解决施工中的有关设计问题，负责设计变更和修改预算，参加试车考核和工程验收等。对于大中型工业项目和复杂的民用工程应当派人现场设计，并参加隐蔽工程的验收等。

当然，勘察、设计合同不只是包括这些条款，当事人的名称或者姓名和住所、履行地点和方式、勘察或设计工作的范围与进度、违约责任、解决争议的方法等条款，也是勘察、设计合同所应当具备的条款。此外，根据合同的性质和具体情况，当事人还可以协商确定其他必要的条款。本条规定的内容是建议性的，本条规定只是根据勘察、设计合同的性质作出的一般性规定，当事人签订的勘察、设计合同中不具备上述内容的，并不因本条规定导致该合同无效。

第七百九十五条　施工合同的内容一般包括工程范围、建设工期、中间交工工程的开工和竣工时间、工程质量、工程造价、技术资料交付时间、材料和设备供应责任、拨款和结算、竣工验收、质量保修范围和质量保证期、相互协作等条款。

◆ 条文主旨

本条是关于施工合同主要内容的规定。

◆ 立法背景

施工主要是指工程的建筑与安装。施工合同主要是指施工人完成工程的建筑、安装工作，发包人验收后，接受该工程并支付价款的合同。本条为了规范施工合同，根据工程施工的一般特点，规定了施工合同中一些主要内容，即工程范围、建设工期、中间交工工程的开工和竣工时间、工程质量、工程造价、技术资料交付时间、材料和设备供应责任、拨款和结算、竣工验收、质量保修范围和质量保证期、相互协作等条款。

◆ 条文解读

工程范围是指施工的界区，是施工人进行施工的工作范围。工程范围是施工合同的必备条款。

建设工期是指施工人完成施工任务的期限。每个工程根据性质的不同，所需要的建设工期也各不相同。建设工期能否合理确定往往会影响到工程质量的好坏。实践中，有的发包人由于种种原因，常常要求缩短工期，施工人为了赶进度，只好偷工减料，仓促施工，结果导致出现严重的工程质量问题。为了保证工程质量，双方当事人应当在施工合同中确定合理的建设工期。

中间交工工程是指施工过程中的阶段性工程。为了保证工程各阶段的交接，顺利完成工程建设，当事人应当明确中间交工工程的开工和竣工时间。

工程质量是指工程的等级要求，是施工合同中的核心内容。工程质量往往通过设计图纸和施工说明书、施工技术标准加以确定。工程质量条款是明确对施工人的施工要求，确定施工人责任的依据，是施工合同的必备条款。工程质量必须符合国家有关建设工程安全标准的要求，发包人不得以任何理由，要求施工人在施工中违反法律、行政法规以及建设工程质量、安全的标准，降低工程质量。

工程造价是指施工建设该工程所需的费用，包括材料费、施工成本等费用。当事人应根据工程质量要求，根据工程的概预算，合理地确定工程造价。实践中，有的发包人为了获得更多的利益，往往会压低工程造价，施工人为了盈利，则不得不偷工减料，以次充好，结果导致出现工程质量不合格的现象，甚至导致严重的工程质量事故的发生。因此，为了保证工程质量，双方当事人应当合理地确定工程造价。

技术资料主要是指勘察、设计文件以及其他施工人据以施工所必需的基础资料。技术资料的交付是否及时往往会影响到施工的进度，因此，当事人应当在施工合同中明确技术资料的交付时间。

材料和设备供应责任是指由哪一方当事人提供工程建设所必需的原材料以及设备。材料一般包括水泥、砖瓦石料、钢筋、木料、玻璃等建筑材料和构配件。设备一般包括供水、供电管线和设备、消防设施、空调设备等。在实践中，材料和设备有的由发包人负责提供，有的则由施工人负责采购。材料和设备的供应责任由双方当事人在合同中作出明确约定。合同中如果约定由承包人（施工人）负责采购建筑材料、构配件和设备，则施工人履行采购任务，既是施工人应当履行的义务，也是施工人应当享有的权利。发包人有权对施工人提供的材料和设备进行检验，发现材料或设备不合格的，有权要求施工人调换或者补齐。但是，发包人不得利用自己有利的合同地位，指定施工人购入的建筑材料、构配件或设备，包括不得要求施工人必须向其指定的生产厂家或供应商购买建筑材料、构配件或设备。因为，由发包人指定供应厂商，容易导致发包人与供应厂商之间出现腐败行为，此外，在建设工程造价固定的情况下，发包人如指定施工人购买高价的建筑材料、构配件或设备，也会损害到施工人的利益。

拨款是指工程款的拨付。结算是指工程交工后，计算工程的实际造价以及其与已拨付工程款之间的差额。拨款和结算条款是施工人请求发包人支付工程款和报酬的依据。一般来说，除“交钥匙工程”外，施工人只负责建筑、安装等施工工作，由发包人提供工程进度所需款项，保证施工顺利进行。现实中，发包人往往利用自己在合同中的有利地位，要求施工人垫款施工。施工人垫款完成施工任务后，发包人却常常不及时进行结算，拖延支付工程款以及施工人所垫付的款项，这是实践中欠付工程款中常见的现象，因此，当事人在合同中应明确相应的拨款和结算条件，并避免在合同中约定垫款施工。

竣工验收是工程交付使用前的必经程序，也是发包人支付价款的前提。竣工验收条款一般包括验收的范围和内容、验收的标准和依据、验收人员的组成、验收方式和日期等内容。建设工程竣工后，发包人应当根据施工图纸及说明书、国家颁布的施工验收规范和质量检验标准及时进行验收。

建设工程的保修范围通常包括地基基础工程、主体结构工程、屋面防水工程和其他工程，以及电气管线、上下水管线的安装工程，供热、供冷工程等项目。质量保证期是指工程各部分正常使用的期限，在实践中也称质量保修期。质量保证期应当与工程的性质相适应。当事人应当按照保证工程在合理寿命年限内的正常使用、维护使用者合法权益的原则确定质量保证期，但是，当事人确定的质量保证期不得低于国家规定的最低保证期限。

双方相互协作条款一般包括双方当事人在施工前以及施工过程中应当相互提供的必要协助。双方当事人的协作是施工过程的重要组成部分，是工程顺利施工的重要保证。

第七百九十六条　建设工程实行监理的，发包人应当与监理人采用书面形式订立委托监理合同。发包人与监理人的权利和义务以及法律责任，应当依照本编委托合同以及其他有关法律、行政法规的规定。

◆ **条文主旨**

本条是关于建设工程监理的规定。

◆ **立法背景**

建设工程的发包人为了能够取得良好的投资效益，保证工程质量，合理控制工期，需要对承包人的工程建设活动实施必要的监督。但是，多数发包人并不擅长工程建设的组织管理和技术监督。因而，由具有工程建设方面的专业知识和实践经验的人员组成专业化的工程监理单位，接受发包人的委托，代表发包人对工程的质量、工期和投资使用情况等进行监督，对于维护发包人的利益，协调发包人与承包人之间的关系，保证工程质量，规范建设市场秩序，具有很大的优越性。建设工程的监理制度在国际上已有较长的发展历史，西方发达国家已经形成了一套完整的工程监理制度，可以说，建设工程监理已成为建设领域的一项国际惯例，随着改革开放进程的发展，我国在工程建设中也推行了监理制度。因此，本条对监理作出了规定。

◆ **条文解读**

本条所称的建设工程监理，是指由具有法定资质条件的工程监理单位，根据发包人的委托，依照法律、行政法规以及有关的建设工程技术标准、设计文件和建设工程合同，代表发包人对工程建设过程实施监督的专门活动。工程监理单位通常需要代表发包人对承包人在施工质量、建设工期和建设资金使用等方面进行监督。

建设工程监理是建设项目的发包人为了保证工程质量、控制工程造价和工期，维护自身利益而采取的监督措施，因此，对建设工程是否实行监理，原则上应由发包人自行决定。但是，为了加强对项目建设的监督，保证投资效益，维护国家利益和公共利益，国家对于特定的项目规定了强制监理，明确了强制监理的范围。例如，按照国务院2000年颁布的《建设工程质量管理条例》第12条的规定，国家重点建设工程，大中型公用事业工程，成片开发建设的住宅小区工程，利用外国政府或者国际组织贷款、援助资金的工程以及其他国家规定必须实行监理的工程必须实行监理。对于实行强制监理的工程，发包人必须依法委托工程监理单位实行监理，对于其他建设工程，发包人则可自行决定是否实行工程监理。对需要实行工程监理的，发包人应当委托具有相应资质条件的工程监理单位进行监理，也可以委托具有工程监理相应资质等级并与被监理工程的施工承包单位没有隶属关系或者其他利害关系的该工程的设计单位进行监理。受委托的监理单位应在其资质等级许可的监理范围内，承担工程监理业务。发包人与其委托的工程监理人应当订立书面委托监理合同。监理合同是工程监理人对工程建设实施监督的依据。发包人与工程监理人之间的关系在性质上是平等主体之间的委托合同关系，工程监理人是代表发包人，在发包人授予的监理权限范围内行使监理职责，因此，发包人与监理人的权利和义务关系以及法律责任，应当依照委托合同以及建筑法等其他法律、行政法规的有关规定确定。

实施工程监理的，在进行工程监理前，发包人应当将委托的监理人的名称、资质等级、监理人员、监理内容及监理权限，书面通知被监理的建设工程的承包人。建设工程监理人应当依照法律、行政法规及有关的技术标准、设计文件和建设工程合同，对承包人在工程建设质量、建设工期和建设资金使用等方面，代表发包人对工程建设进行监督。工程监理人员发现工程设计不符合建设工程质量标准或者合同约定的质量要求的，应当报告发包人要求设计人改正；工程监理人员认为工程施工不符合工程设计要求、施工技术标准和合同约定的，有权要求施工人改正。工程监理单位应当选派具备相应资格的总监理工程师和监理工程师进驻施工现场。未经监理工程师签字，建筑材料、建筑构配件和设备不得在工程上使用或者安装，施工单位不得进行下一道工序的施工。未经总监理工程师签字，建设单位不拨付工程款，不进行竣工验收。监理工程师应当按照工程监理规范的要求，采取旁站、巡视和平行检验等方式，对建设工程实施监理。工程监理人在监理过程中，应当遵守客观、公正的执业准则，不得与承包人串通，为承包人谋取非法利益。工程监理单位与被监理工程的承包单位或与建筑材料、建筑构配件和设备的供应单位不得有隶属关系或者其他利害关系。

工程监理人不按照委托监理合同的约定履行监理义务，对应当监督检查的项目不检查或者不按照法律、行政法规和有关技术标准、设计文件和建设工程合同规定的要求和检查方法进行检查，给发包人造成损失的，应当承担相应的赔偿责任。工程建设质量不合格，通常既与承包人不按照要求施工有关，也与监理人不按照合同约定履行监理义务有关，在这种情况下，如造成发包人损失的，承包人与监理人都应当承担各自的赔偿责任。至于如何确定监理人相应的赔偿责任，应当由人民法院或者仲裁机构根据案件具体情况予以确定。工程监理人与承包人串通，为承包人谋取非法利益，给发包人造成损失的，应当与承包人承担连带赔偿责任。

▶ **相关规定**

《中华人民共和国建筑法》第31－35条；《建设工程质量管理条例》第12条

第七百九十七条 发包人在不妨碍承包人正常作业的情况下，可以随时对作业进度、质量进行检查。

◆ **条文主旨**

本条是关于发包人检查权的规定。

◆ **立法背景**

为了提高工程的建设水平，保证施工进度和质量，充分发挥投资效益，保障建设工程承包合同的履行，保护发包人的利益，本条规定了发包人可以随时对工程作业的进度和质量进行检查。

◆ **条文解读**

发包人对工程作业的检查一般通过两种方式。一种是委派具体管理人员作为工地代表。另一种是发包人委托监理人实施对工程建设过程的检查。国家规定强制监理的工程，发包人应当委托监理人对工程实施监理。除此之外，发包人也可以自愿委托监理人对工程进行监理。

依据本条的规定，发包人可以随时对工程作业的进度和质量进行检查。工地代表、监理人在检查过程中发现工程设计不符合建设工程质量要求的，应当报告发包人要求设计人改正。如果发现工程的施工不符合工程设计要求、施工技术标准和合同约定的，工地代表和监理人有权要求承包人改正。承包人应当接受发包人的检查，为工地代表和监理人的工作提供方便和协助，并应发包人的要求，及时向发包人提供月份作业计划、月份施工统计报表、施工进度报告表、工程事故报告等文件。如果承包人的勘察、设计、施工等工作不符合工程质量的要求，发包人或工地代表、监理人提出改正要求时，承包人应当立即改正，不得拒绝。

一方面，发包人有权对承包人的工程作业进行检查；但是另一方面，发包人的检查行为要合理，不能因此妨碍承包人的正常作业。因此，本条规定了“发包人在不妨碍承包人正常作业的情况下”这个前提。如果，因为发包人或者工地代表、监理人的不当行为致使承包人无法进行正常作业的，承包人有权要求顺延工期，造成承包人停工、返工、窝工等损失的，承包人还有权要求发包人承担损害赔偿责任。

第七百九十八条　隐蔽工程在隐蔽以前，承包人应当通知发包人检查。发包人没有及时检查的，承包人可以顺延工程日期，并有权请求赔偿停工、窝工等损失。

◆ **条文主旨**

本条是关于隐蔽工程的规定。

◆ **立法背景**

由于隐蔽工程在隐蔽后，如果发生质量问题，还得重新覆盖和掩盖，会造成返工等非常大的损失，为了避免资源的浪费和当事人双方的损失，保证工程的质量和工程顺利完成，本条规定了承包人在隐蔽工程隐蔽以前，应当通知发包人检查，发包人检查合格的，方可进行隐蔽工程。

◆ **条文解读**

为了保证工程质量，本条规定承包人在隐蔽工程隐蔽以前，应当通知发包人检查。实践中，当工程具备覆盖、掩盖条件时，承包人应当先进行自检，自检合格后，在隐蔽工程进行隐蔽前及时通知发包人或发包人派驻的工地代表对隐蔽工程的条件进行检查并参加隐蔽工程的作业。通知包括承包人的自检记录、隐蔽的内容、检查时间和地点。发包人或其派驻的工地代表接到通知后，应当在要求的时间内到达隐蔽现场，对隐蔽工程的条件进行检查，检查合格的，发包人或者其派驻的工地代表在检查记录上签字，经检查合格后，承包人方可进行隐蔽施工。发包人检查发现隐蔽工程条件不合格的，有权要求承包人在一定期限内完善工程条件。隐蔽工程条件符合规范要求，发包人检查合格后，发包人或者其派驻工地代表拒绝在检查记录上签字的，在实践中可视为发包人已经批准，承包人可以进行隐蔽工程施工。

发包人不进行检查，承包人就无法进行隐蔽施工，因此，工程具备覆盖、掩盖条件，承包人通知发包人检查，而发包人未能及时进行检查的，承包人有权暂停施工。承包人可以顺延工期，并要求发包人赔偿因此造成的停工、窝工、材料和构件积压等损失。

如果承包人未通知发包人检查而自行隐蔽工程的，事后，发包人有权要求对已隐蔽的工程进行检查，承包人应当按照要求进行剥露，并在检查后重新隐蔽，需要修复的，在修复后重新隐蔽。如果经检查隐蔽工程不符合要求的，承包人应当返工，并于返工经验收合格后重新进行隐蔽。在这种情况下，检查隐蔽工程所发生的费用，如检查费用、返工费用、材料费用等费用应由承包人负担，承包人还应承担因此出现的工期延误的违约责任。

► **相关规定**

《建设工程质量管理条例》第30条

第七百九十九条 建设工程竣工后，发包人应当根据施工图纸及说明书、国家颁发的施工验收规范和质量检验标准及时进行验收。验收合格的，发包人应当按照约定支付价款，并接收该建设工程。

建设工程竣工经验收合格后，方可交付使用；未经验收或者验收不合格的，不得交付使用。

◆ **条文主旨**

本条是关于竣工验收的规定。

◆ **立法背景**

建设工程质量不仅是关系发包人和承包人双方利益的事情，还关系到不特定第三人的利益和安全，建设工程的竣工验收是工程建设全过程的最后一道程序，是对工程质量实行控制的最后一个重要环节。因而，本条对建设工程竣工验收作出了规定。

◆ **条文解读**

建设工程的竣工验收是指建设工程已按照设计要求完成全部工作任务，准备交付给发包人投入使用前，由发包人或者有关主管部门依照国家关于建设工程竣工验收制度的规定，对该项工程是否合乎设计要求和工程质量标准所进行的检查、考核工作。

实践中，建设工程竣工后，承包人应当按照国家工程竣工验收有关规定，向发包人提供完整的竣工资料和竣工验收报告，并按照合同约定的日期和份数向发包人提交竣工图。

发包人接到竣工验收报告后，应当根据施工图纸及说明书、国家颁发的施工验收规范和质量检验标准及时组织有关部门对工程进行验收。验收的内容主要是：第一，工程是否符合规定的建设工程质量标准。建设工程的质量标准包括依照法律、行政法规的有关规定制定的保证建设工程质量和安全的强制性国家标准和行业标准以及国家颁发的施工验收规范，建设工程合同中约定的对该项建设工程特殊的质量要求，以及为体现法律、行政法规规定的质量标准和建设工程合同约定的质量要求而在工程设计文件、施工图纸和说明书中提出的有关工程质量的具体指标和技术要求。按照国务院2000年颁布的《建设工程质量管理条例》第16条的规定，质量验收合格的，还应当有勘察、设计、施工、工程监理等单位分别签署的质量合格文件。第二，承包人是否提供了完整的工程技术经济资料。这里的工程技术经济资料，一般应包括建设工程合同、建设用地的批准文件、工程的设计图纸及其他有关设计文件、工程所用主要建设材料、建筑构配件和设备的进场试验报告，申请竣工验收的报告书及有关工程建设的技术档案，完整的施工管理资料等。第三，承包人是否有建设工程质量检验书等凭证。工程竣工交付使用后，承包人应当对其施工的建设工程质量在一定期限内承担保修责任，以维护使用者的合法权益。为此，承包人应当按规定提供建设工程质量保修证书，作为其向用户承诺承担质量保修责任的书面凭证。第四，工程是否具备国家规定的其他竣工条件。例如，按照国务院建设行政主管部门的规定，城市住宅小区竣工综合验收，还应做到住宅及公共配套设施、市政公用基础设施等单项工程全部验收合格，验收资料齐全；各类建筑物的平面位置、立面造型、装饰色调等符合批准的规划设计要求；施工工具、暂设工程、建筑残土、剩余构件全部拆除运走，达到场清地平；有绿化要求的已按绿化设计全部完成，达到树活草青等。

发包人应在验收后及时批准或者提出修改意见。承包人应当按照发包人提出的修改意见进行相应修理或者改建，并承担因自身原因增加的修理、改建费用。为防止发包人为了拖延支付工程款而迟延进行验收，在实践中，如发包人在收到承包人送交的竣工验收报告后，无正当理由不组织验收，或者在验收后的合理期间内既不批准又不提出修改意见的，应视为发包人已批准竣工验收报告，承包人可以要求发包人办理结算手续，支付工程款。这只是为了防止发包人为了拖延支付工程款而迟延进行验收，虽然承包人在这种情况下可以要求发包人办理结算手续，但是，这并不能免除工程质量存在问题时承包人应当承担的责任。发包人未能按照合同约定的期限对工程进行验收的，应从合同约定的期限的最后一天的次日起承担保管费用。

竣工验收合格后，发包人应当按照约定支付价款。在工程建设实践中，竣工报告批准后，承包人应当按照国家有关规定或合同约定的时间、方式向发包人提出结算报告，办理竣工结算。发包人在收到结算报告后，应当及时给予批准或者提出修改意见，在合同约定的时间内将拨款通知送经办银行，由经办银行支付工程款，并将副本送承包人。承包人在收到工程款后将竣工的工程交付发包人，发包人接收该工程。现实中有的发包人为了拖延支付工程款，在验收后迟迟不进行工程结算。发包人无正当理由在收到结算报告后迟延办理结算的，应当承担相应的违约责任。

建设工程必须竣工经验收合格后，方可交付使用；没有经过竣工验收或者经过竣工验收确定为不合格的建设工程的，不得交付使用。建设工程质量不仅是关系发包人和承包人双方利益的事情，还关系到不特定第三人的利益和安全，因而，建设工程必须竣工经验收合格后，方可交付使用。建设工程施工质量原则上应由承包人负责，但是，如果发包人在竣工验收前，擅自使用工程，发生质量问题的，发包人也应承担相应的责任。此外，除了民事责任，按照国务院2000年颁布的《建设工程质量管理条例》第58条的规定，未组织竣工验收，擅自交付使用的；验收不合格，擅自交付使用的；对不合格的建设工程按照合格工程验收的，建设单位还会受到相应的行政处罚。

▶ **相关规定**

《中华人民共和国建筑法》第61条；《建设工程质量管理条例》第16条、第58条

第八百条 勘察、设计的质量不符合要求或者未按照期限提交勘察、设计文件拖延工期，造成发包人损失的，勘察人、设计人应当继续完善勘察、设计，减收或者免收勘察、设计费并赔偿损失。

◆ **条文主旨**

本条是关于勘察人、设计人对勘察、设计质量责任的规定。

◆ **条文解读**

建设工程的勘察，担负着为工程建设提供地质资料的任务，建设工程的勘察人应当按照现行的标准、规范、规程和技术条例，开展工程测量、勘测工程地质和水文地质等工作，并按照合同约定的进度及时提交符合质量要求的勘察成果。建设工程的设计，是直接为工程施工提供据以遵循的技术依据的工作。建设工程的设计人应当根据设计技术经济协议文件、设计标准、技术规范、

规程、定额等提出勘察技术要求和进行设计，并按照合同约定的进度及时提交符合质量要求的设计文件（包括概预算文件、材料设备清单）。

勘察、设计的质量是整个建设工程质量的基础，如果勘察、设计的质量存在问题，整个建设工程质量也就没有保障，因此，工程的勘察、设计必须符合质量要求。依据本法及其他有关法律的规定，建设工程的勘察人、设计人必须对其勘察、设计的质量负责，其所提交的建设工程的勘察、设计文件应当符合以下要求：

1. 符合有关法律、行政法规的规定。这里讲的符合法律、行政法规的规定，既包括要符合本法的规定，也包括要符合建筑法、城市规划法、土地管理法、环境保护法以及其他相关的法律、行政法规的规定。

2. 符合建设工程质量、安全标准。这里的建设工程质量、安全标准是指依照标准化法及有关行政法规的规定制定的保证建设工程质量和安全的技术标准。按照标准化法的规定，对保障人身健康和生命财产安全、国家安全、生态环境安全以及满足经济社会管理基本需要的技术要求，应当制定强制性国家标准。强制性国家标准必须执行。建设工程涉及保障人身和财产安全、生态环境安全，勘察人、设计人的勘察、设计必须符合国家有关建设工程安全标准的要求，保证其勘察、设计的质量。国务院 2000 年颁布的《建设工程质量管理条例》第 19 条第 1 款规定："勘察、设计单位必须按照工程建设强制性标准进行勘察、设计，并对其勘察、设计的质量负责。"第 22 条第 1 款规定："设计单位在设计文件中选用的建筑材料、建筑构配件和设备，应当注明规格、型号、性能等技术指标，其质量要求必须符合国家规定的标准。"

3. 符合建设工程勘察、设计的技术规范。建设工程勘察、设计的技术规范，通常是以标准的形式制定、发布的。对有关建设工程勘察、设计规范的强制性标准，勘察、设计人必须遵照执行。建设工程的勘察文件应当反映工程的地质、地形地貌、水文地质状况，符合规范、规程，做到勘察方案合理、评价准确、数据可靠。建设工程设计文件的深度应当满足相应设计阶段的技术要求，施工图应当配套，细节点应当交代清楚，标注说明应当清晰、完整。

4. 符合合同的约定。勘察、设计文件在符合法律、行政法规的规定和有关质量、安全标准的前提下，还应当符合勘察、设计合同约定的特殊质量要求。

勘察人、设计人提交的勘察、设计文件不符合上述要求的，根据本条的规定，发包人可以请求勘察人、设计人承担以下违约责任：继续完善勘察、设计，减收或者免收勘察、设计费，赔偿损失。需要指出的是，如果勘察、设计质量只有轻微的质量瑕疵，则发包人可以请求勘察人、设计人继续完善勘察、设计。如果勘察人、设计人不具备完成符合要求的勘察、设计工作的能力或者提交的勘察、设计质量严重不符合约定的，则发包人可以解除合同，重新委托其他勘察人、设计人完成勘察、设计工作。如果勘察、设计不符合约定导致出现工程质量问题或者给发包人造成其他损失的，勘察人、设计人还应当承担相应的赔偿责任。

勘察人、设计人未按照合同约定的期限提交勘察、设计文件的，发包人可以催告勘察人、设计人尽快提交勘察、设计文件。如果勘察、设计文件的迟延致使工期拖延给发包人造成了损失，发包人可以请求勘察人、设计人赔偿损失。如果勘察人、设计人在催告后的合理期限内仍未能提交勘察、设计文件，严重影响工程进度的，发包人可以解除合同，并委托其他勘察人、设计人完成勘察、设计工作。

本条是关于勘察人、设计人责任的规定，主要是规定因勘察人、设计人的原因导致勘察、设计的质量不符合要求或者未按照期限提交勘察、设计文件导致工期延误产生的责任。当然，勘察、设计合同的履行也离不开建设单位相应的协助和配合，如果是因为建设单位未及时提供与建设工程相关的原始资料或其他相应应提供的协作条件而影响勘察、设计工作的进行，勘察、设计人可以相应顺延期限，并要求发包人承担相应责任。本法第 805 条对发包人的相关责任进行了规定。

▶ **相关规定**

《中华人民共和国建筑法》第 56 条；《建设工程质量管理条例》第 19 条

第八百零一条　因施工人的原因致使建设工程质量不符合约定的，发包人有权请求施工人在合理期限内无偿修理或者返工、改建。经过修理或者返工、改建后，造成逾期交付的，施工人应当承担违约责任。

◆ **条文主旨**

本条是关于施工人建设工程质量责任的规定。

◆ **立法背景**

建设工程的施工是指根据工程的设计文件和施工图纸的要求，通过施工作业最终形成建设工程实体的建设活动。在建设勘察、设计的质量没有问题的情况下，整个建设工程的质量状况最终取决于施工质量。在现实中，不少建设工程的质量问题都与建设工程的施工有关。小的施工问题，如屋面漏水、墙面开裂、管道阻塞，会给用户带来很大的生活不便；大的质量问题，还可能会导致恶性事故的发生，造成人身伤亡和重大财产损失。建设工程的施工人必须以对国家和人民人身、财产安全高度负责的态度，严格按照工程设计文件和技术标准进行施工，严把质量关，做好工程施工的各项质量控制与管理工作。因此，本条对施工人的责任作出了规定。

◆ **条文解读**

这里所说的施工质量既包括各类工程中土建工程的质量，也包括与其配套的线路、管道和设备安装工程的质量。依据本条规定，建设工程的施工人对工程的施工质量负责。

建设工程的施工人为保证工程的施工质量，必须做到严格按照工程设计图纸和施工技术标准施工，不得偷工减料。工程设计图纸是建设设计单位根据工程的功能、质量等方面的要求所完成的设计工作的最终成果，其中的施工图是对建设工程的建筑物、设备、管线等工程对象的尺寸、布置、选用材料、构造、相互关系、施工及安装质量要求的详细图纸和说明，是指导施工的直接依据。进行建设工程的各项施工活动，包括土建工程的施工、给排水系统的施工、供热、供暖系统的施工等，都必须按照相应的施工图纸的要求进行。工程设计的修改应由原设计单位负责，建筑施工企业不得擅自修改工程设计。施工单位在施工过程中发现设计文件和图纸有差错的，应当及时提出意见和建议。建设工程施工人除必须严格按照工程设计图纸施工外，还必须按照建设工程施工的技术标准的要求进行施工。施工技术标准是施工作业人员进行每一项施工操作的技术依据，包括对各项施工准备、施工操作工艺流程和应达到的质量要求的规定。按照我国相关法律规定，建筑施工企业还必须按照工程设计要求、施工技术标准和合同的约定，对建筑材料、建筑构配件和设备进行检验，不合格的不得使用。建设单位不得明示或者暗示施工单位使用不合格的建筑材料、建筑构配件和设备。对于建设单位提出的违反法律、行政法规和建筑工程质量、安全标准，降低工程质量的要求，建设工程施工企业应当予以拒绝。

凡是因施工原因造成的工程质量问题，都要由施工人承担责任。这些责任包括由建设施工人对存在质量问题的工程进行修理、返工或改建并承担赔偿损失责任等民事责任；由有关行政机关对违法施工人依法给予行政处罚的行政法律责任；以及对造成重大质量事故、构成犯罪的，由司法机关依照刑法的规定追究刑事责任。本条则是规定了施工人因施工质量不符合约定所应承担的民事责任。如果因施工人的原因导致工程质量不符合约定的，发包人可以请求施工人在合理期限内无偿对工程进行修理或者返工、改建以使工程达到约定的质量要求。如果经过修理或者返工、改建，工程迟延交付的，施工人应当承担逾期交付的违约责任。这里的违约责任包括发包人可以要求承包人赔偿因逾期交付所受到的损失，要求按照约定支付违约金，要求减少价款或要求执行定金罚则等。发包人可以根据施工人的违约程度和自己的损失大小，按照合同约定及法律规定合理选择请求施工人承担相应的违约责任。

► **相关规定**

《中华人民共和国建筑法》第 58 – 60 条；《建设工程质量管理条例》第 26 – 32 条

第八百零二条 因承包人的原因致使建设工程在合理使用期限内造成人身损害和财产损失的，承包人应当承担赔偿责任。

◆ 条文主旨

本条是关于承包人在建设工程合理使用期限内承担质量保证责任的规定。

◆ 立法背景

根据本章的规定，承包人对整个工程质量负责，当然也应当对建设工程在合理使用期限内的质量安全承担责任。本条对承包人在建设工程合理使用期限内的质量保证责任作出了规定。

◆ 条文解读

根据本条的规定，承包人承担损害赔偿责任应当具备以下条件：

1. 因承包人的原因引起的建设工程对他人人身、财产的损害。建设工程的承包人应当按照法律的规定认真履行工程质量保证义务。建设工程的勘察人应当为建设工程提供准确的有关工程地质资料；建设工程的设计人应当按照有关保证工程质量安全的法律、法规和设计规范的规定进行设计，保证建设工程的设计安全可靠；建设工程的施工人必须严格按照工程设计和施工技术标准进行施工，不得使用不合格的建筑材料，不得有任何偷工减料的行为。不履行法定质量保证义务，造成工程质量安全问题的，承包人应当承担法律责任。如果不属于是承包人的原因，例如，是因用户使用不当等原因造成人身、财产损害的，承包人不承担责任。现实中，有的发包人违法发包，如非法压价、接收回扣选择不具备相应资质的承包人，因此引发质量事故，造成他人人身、财产损害的，发包人也应当承担相应的责任。

2. 人身、财产损害发生在建设工程合理使用期限内。建设工程一旦建成，一般都将长期使用，这就要求在建设工程合理使用期限内，不能有危及使用安全的质量问题，否则，将会对使用人等的人身和财产安全构成威胁，在合理使用期限内造成人身和财产损害的，承包人应当承担损害赔偿责任。为此，首先需要确定“合理使用期限”即建设工程的承包人对其建设产品承担质量责任的责任期限。该合理期限一般自交付发包人时起算。但与一般产品的生产者对其产品的质量缺陷承担损害赔偿责任的责任期限通常最长不超过自产品交付使用最初用户起 10 年不同，建设工程的承包人应当在该建设工程合理使用期限内对整个工程质量安全承担责任。关于合理使用期限是多长，本法未作具体规定。这需要根据各类建设工程的不同情况，如建筑物结构、使用功能、所处的自然环境等因素，由有关技术部门作出判断，按照国务院有关主管部门制定的标准进行认定。如果该建设工程已过合理使用期限，原则上不允许继续使用，用户继续使用后，因该建设工程造成人身、财产损害的，承包人不承担损害赔偿责任。

3. 造成了人身和财产损害。这里的受损害方不仅仅指建设工程合同的对方当事人即发包人，也包括建设工程的最终用户以及因该建设工程而受到损害的其他人。

依据本条规定，在合理使用期限内，因承包人原因发生建设工程质量事故，造成人身、财产损害的，承包人应当承担赔偿责任。如果是造成发包人的人身或者财产损害的，发包人可以选择请求承包人承担违约责任或者侵权责任。

▶ **相关规定**

《中华人民共和国建筑法》第 60 条、第 80 条；《建设工程质量管理条例》第 40 – 42 条

第八百零三条 发包人未按照约定的时间和要求提供原材料、设备、场地、资金、技术资料的，承包人可以顺延工程日期，并有权请求赔偿停工、窝工等损失。

◆ 条文主旨

本条是关于发包人未按约定的时间和要求提供原材料、设备、场地、资金、技术资料的违约责任的规定。

◆ 立法背景

基于建设工程合同的特殊性，承包人工作的正常进行往往依赖于发包人的配合和一定条件的提供，发包人不提供相应工作条件或者配合，承包人便无法正常开展工作，为了确保工程建设的顺利进行，本条对发包人未提供相关工作条件的违约责任进行了规定。

◆ 条文解读

如果工程承包合同中约定由发包人提供原材料、设备的，发包人应当按照约定的原材料、设备的种类、规格、数量、单价、质量等级和提供的时间、地点的清单，向承包人提供建设所需的原材料、设备及其产品合格证明。承包人与发包人一起对原材料、设备进行检验、验收后，由承包人妥善保管，发包人支付相应的保管费用。对于必须经过试验才能使用的材料，承包人应当按照约定进行测燃等测试。不具备测试条件的，可以委托专业机构进行测试，费用由发包人承担。如果经检验发包人提供的原材料、设备的种类、规格、型号、质量等级与约定不符，承包人有权拒绝接收，并可以要求发包人运出施工现场并予以更换。如果发包人未按照约定时间提供原材料、设备的，承包人可以中止施工并顺延工期，因此造成承包人停工、窝工损失的，由发包人承担赔偿责任。

由发包人提供场地的，发包人应当按照合同约定向承包人提供承包人施工、操作、运输、堆放材料设备的场地以及建设工作涉及的周围场地（包括一切通道）。具体工作包括：（1）发包人应当在承包人工作前及时办理有关批件、证件和临时用地等的申报手续，包括工程地址和临时设施范围内的土地征用、租用，申请施工许可证和占道、爆破及临时铁道专用岔线许可证。（2）确定建设工程及有关道路、线路、上下水道的定位标桩、水准点和坐标控制点。（3）发包人在提供场地前，应当清除施工现场内一切影响承包人施工的障碍，并向承包人提供施工所需水、电、热力、电信等管道线路，保证承包人施工期间的需要。发包人未能提供符合约定、适合工作的场地致使承包人无法开展工作的，承包人有权要求发包人排除障碍、顺延工期，并可以暂停工作，因此造成承包人停工、窝工损失的，承包人可以要求发包人承担赔偿责任。

由发包人提供工程建设所需资金的，发包人应当按照约定的时间和数额向承包人支付。这里的资金一般是指工程款。在现实中，由发包人提供的工程款包括预付工程款和按工程进度支付的工程款两种，具体可由双方当事人在建设工程合同中约定。如果建设工程合同约定由发包人预付工程款的，发包人应当按照约定的时间和数额向承包人预付工程款，开工后按合同约定的时间和比例逐次扣回。发包人未按照合同约定预付工程款的，承包人可以向发包人发出预付工程款的通知，发包人在收到通知后仍不按照约定预付工程款的，承包人可以停止工作并顺延工期，发包人应当从应付之日起向承包人支付应付款的利息，并赔偿因此给承包人造成的停工、窝工损失。如果建设工程合同约定发包人按工程进度付款的，发包人应当按照合同约定的进度支付工程款。实践中，完成约定的工程部分后，由发包人确认工程量，以构成合同价款相应项目的单价和取费标准计算出工程价款，经发包人签字后支付。发包人在计算结果签字后的合理期限内不按照约定支付工程款的，承包人可以向发包人发出支付工程款的通知，发包人在收到通知后仍不按照约定支付工程款的，承包人可以停止工作并顺延工期，发包人应当从应付之日起向承包人支付应付价款的利息，并赔偿因此给承包人造成的停工、窝工损失。

由发包人提供有关工程建设的技术资料的，发包人应当按照合同约定的时间和份数向承包人提供符合约定要求的技术资料。这里的技术资料主要包括勘察数据、设计文件、施工图纸以及说明书等。因为根据法律、行政法规的规定，承包人必须按照国家规定的质量标准、技术规程和设计图纸、施工图纸等技术资料进行施工，如果发包人未能按照约定提供技术资料，承包人就不能正常进行工作，在这种情况下，承包人可以要求发包人在合理期限内提供建设工作所必需的技术资料并有权暂停工作并顺延工期，因此给承包人造成损失的，承包人还有权要求发包人赔偿因停工、窝工所造成的损失。

第八百零四条 因发包人的原因致使工程中途停建、缓建的，发包人应当采取措施弥补或者减少损失，赔偿承包人因此造成的停工、窝工、倒运、机械设备调迁、材料和构件积压等损失和实际费用。

◆ 条文主旨

本条是关于因发包人原因造成工程停建、缓建所应承担的责任的规定。

◆ **立法背景**

实践中，建设工程可能因各种原因中途停建、缓建，如果是因为承包人原因造成的，承包人应当承担违约责任。但是，如果是因为发包人原因造成的，也可能因停建、缓建给承包人造成损失，因此，本条对因发包人原因造成工程停建、缓建时，发包人的义务和违约责任作出了规定。

◆ **条文解读**

这里的“因为发包人的原因”在实践中一般指下列情况：（1）发包人变更工程量；（2）发包人提供的设计文件等技术资料有错误或者因发包人原因变更设计文件；（3）发包人未能按照约定及时提供建设材料、设备或者工程进度款；（4）发包人未能及时进行中间工程和隐蔽工程条件的验收并办理有关交工手续；（5）发包人不能按照合同的约定保障建设工作所需的工作条件致使建设工作无法正常进行，等等。在发生上述原因，致使工程建设无法正常进行的情况下，承包人可以停建、缓建、顺延工期，并及时通知发包人。承包人在停建、缓建期间应当采取合理措施减少和避免损失，妥善保护好已完成工程和做好已购材料、设备的保护和移交工作，将自有机械和人员撤出施工现场，发包人应当为承包人的撤出提供必要的条件。承包人应当就停建、缓建过程中发生的经济支出和实际发生的其他费用向发包人提出报告。

发包人因自身原因致使工程停建、缓建的，发包人应当承担违约责任。首先，发包人应当采取必要措施，弥补或者减少损失，同时应当排除障碍，使承包人尽快恢复建设工作。如承包人在施工中发现设计有错误和不合理之处，应当及时通知发包人，发包人在接到通知后，应当及时同设计人等有关单位研究确定修改意见或者变更设计，并及时将修订后的设计文件送交承包人。其次，发包人还应当赔偿因停建、缓建给承包人造成的损失，包括停工、窝工、倒运、机械设备调迁、材料和构件积压所造成的损失和实际发生的费用。

第八百零五条 因发包人变更计划，提供的资料不准确，或者未按照期限提供必需的勘察、设计工作条件而造成勘察、设计的返工、停工或者修改设计，发包人应当按照勘察人、设计人实际消耗的工作量增付费用。

◆ 条文主旨

本条是关于因发包人原因造成勘察、设计的返工、停工或者修改设计的责任的规定。

◆ 立法背景

发包人的要求是开展勘察、设计工作的重要依据，发包人提供必要的资料和工作条件是勘察人、设计人正常开展工作的前提，发包人变更计划或者不按照合同目的提供资料、条件必然影响勘察人、设计人的正常工作，因此，本条对发包人变更计划或不按照合同目的提供资料和条件时应当承担的增付费用责任作出了规定。

◆ 条文解读

在工程勘察、设计合同中，发包人应当按照合同约定向勘察人、设计人提供开展勘察、设计工作所需要的基础资料、技术要求并对提供的时间、进度和资料的可靠性负责。

委托勘察的，在勘察工作开展前，发包人应当向勘察人明确技术要求和勘察阶段，按时提供勘察工作所需要的勘察基础资料和附图并满足勘察人编写纲要和编制工程预算的基本要求。在勘察前，发包人应当根据勘察人提出的用料计划，按时准备好各种材料，并承担费用。发包人应当为勘察人开展工作提供必要的条件，包括派员协助勘察人与有关部门的工作联系。及时为勘察人创造勘察现场所需的条件并排除存在的障碍，如征购土地、拆除障碍物、平整施工现场、修好通行道路、接通电源、水源等，并承担其费用。按照合同为勘察人员准备好食宿、办公等生活工作条件等。

委托设计的，发包人应当按照合同的约定向设计人提供设计的基础资料、设计的技术要求。在初步设计前，发包人应当向设计人提供经过批准的可行性研究报告、选址报告以及原料（或经过批准的资源报告）、燃料、水、电、运输等方面的协议文件和能满足初步设计要求的勘察资料、需要经过科研取得的技术资料等；在施工设计前，发包人应当提供经过批准的初步设计文件和能满足施工图设计要求的勘察资料、施工条件以及有关设备的技术资料等。同时，发包人在设计人员入场工作时，还应当为其提供必要的工作条件和生活条件，以保证其正常开展工作。

发包人向勘察人、设计人提供有关技术资料的，发包人应当对该技术资料的质量和准确性负责。

发包人变更勘察、设计项目、规模、条件需要重新进行勘察、设计的，应当及时通知勘察人、设计人，勘察人、设计人在接到通知后，应当返工或者修改设计，并有权顺延工期。发包人应当按照勘察人、设计人返工或修改设计后实际消耗的工作量增加支付勘察费、设计费。

勘察人、设计人在工作中发现发包人提供的技术资料不准确的，勘察人、设计人应当通知发包人修改技术资料，在合理期限内提供准确的技术资料。如果该技术资料有严重错误致使勘察、设计工作无法正常进行的，在发包人重新提供技术资料前，勘察人、设计人有权停工、顺延工期，停工的损失应当由发包人承担。发包人重新提供的技术资料有重大修改，需要勘察人、设计人返工、修改设计的，勘察人、设计人应当按照新的技术资料进行勘察、设计工作，发包人应当按照勘察人、设计人实际消耗的工作量相应增加支付勘察费、设计费。

发包人未能按照合同约定提供勘察、设计工作所需的工作条件的，勘察人、设计人应当通知发包人在合理期限内提供，如果发包人未提供必要的工作条件致使勘察、设计工作无法正常进行，勘察人、设计人有权停工、顺延工期，并要求发包人承担勘察人、设计人停工期间的损失。

第八百零六条　承包人将建设工程转包、违法分包的，发包人可以解除合同。

发包人提供的主要建筑材料、建筑构配件和设备不符合强制性标准或者不履行协助义务，致使承包人无法施工，经催告后在合理期限内仍未履行相应义务的，承包人可以解除合同。

合同解除后，已经完成的建设工程质量合格的，发包人应当按照约定支付相应的工程价款；已经完成的建设工程质量不合格的，参照本法第七百九十三条的规定处理。

◆ 条文主旨

本条是关于建设工程合同法定解除的规定。

◆ 立法背景

合同是当事人之间的交易安排，代表了当事人的交易预期。一项交易的非履行终止，往往会打乱当事人之间已经作出的交易安排，违背当事人的预期，并需要当事人重新进行替代性交易安排。这不仅会增加当事人的时间成本、经济成本等各种交易成本，还会打乱当事人的原定计划，甚至会波及上下游的合作方，对其他交易的稳定性也造成影响。因此，如无特别事由，一般应当维持合同的效力，使合同得到履行，使交易进程得以顺畅流转，使交易链条的完整性得到保护。只有在当事人协商一致、出现当事人约定的解除事由或者出现法定解除事由时，才允许当事人解除合同。建设工程合同一般具有标的额大、交易安排复杂、权利义务关系复杂等特点，甚至还会涉及建筑工人等弱势群体权利的保护，维护交易的稳定性显得更为重要。因此，本条对特定情况下建设工程合同的法定解除进行了细化规定，以期在给予建设工程合同守约方当事人必要救济，赋予当事人必要的合同解除权的同时，尽力维护建设工程合同法律关系的稳定性。

◆ 条文解读

本法第 791 条第 2 款规定，承包人不得将其承包的全部建设工程转包给第三人或者将其承包的全部建设工程支解以后以分包的名义分别转包给第三人。第 3 款规定，禁止承包人将工程分包给不具备相应资质条件的单位。禁止分包单位将其承包的工程再分包。建设工程主体结构的施工必须由承包人自行完成。建筑法也禁止承包人将建设工程转包、违法分包。建设工程转包、违法分包不仅违反了法律的禁止性规定，影响承包人与接受转包方和接受违法分包方的利益，也违反了发包人与承包人之间的合同，损害发包人利益，承包人对发包人构成重大违约。发包人将建设工程发包给承包人，一般是基于对承包人技术和能力的信赖，承包人应当自行履行建设工程合同约定的义务。承包人转包和违法分包，不仅使当事人之间的信赖丧失，而且，还有可能会影响建设工程的质量，使建设工程合同的目的落空。因此，承包人转包、违法分包的，有必要赋予发包人法定解除权，允许发包人解除合同。本法第 772 条规定，承揽人应当以自己的设备、技术和劳力，完成主要工作，但是当事人另有约定的除外。承揽人将其承揽的主要工作交由第三人完成的，应当就该第三人完成的工作成果向定作人负责；未经定作人同意的，定作人也可以解除合同。本条第 1 款的规定，也类似于本法第 772 条中规定的承揽合同的定作人解除权。

根据我国建筑法的规定，建筑施工企业对工程的施工质量负责。建设单位不得以任何理由，要求建筑设计单位或者建筑施工企业在工程设计或者施工作业中，违反法律、行政法规和建筑工程质量、安全标准，降低工程质量。建筑设计单位和建筑施工企业对建设单位违反前款规定提出的降低工程质量的要求，应当予以拒绝。建筑施工企业必须按照工程设计要求、施工技术标准和合同的约定，对建筑材料、建筑构配件和设备进行检验，不合格的不得使用。如果合同约定由发包人提供建设工程所需的建筑材料、建筑构配件和设备，而发包人提供的主要建筑材料、建筑构配件和设备不符合强制性标准的，承包人将无法使用，影响工程施工的正常进行。在建设工程施工合同中，根据合同约定及建设工程施工本身的需要，施工人进行施工有时需要发包人进行协助，例如，需要发包人办理临时停水、停电、爆破作业、临时占用规划批准范围以外的场地等的审批手续，需要发包人提供所需的相关资料、图纸等，发包人不履行协助义务，将影响承包人施工的正常开展。如果发包人提供的主要建筑材料、建筑构配件和设备不符合强制性标准或者不履行协助义务，致使承包人无法施工，经承包人催告，在合理期限内发包人仍未履行相应义务，无法施工的状态将一直持续。虽然，此时承包人可以要求顺延工期，主张因此造成的停工、窝工损失，但是，在已经给予发包人合理宽限期后，继续强制要求承包人维持履行无望的合同关系，不能从已无履行可能的合同中解脱出来，对承包人也过于苛刻，因此，本条规定赋予了承包人在此情形下的合同解除权。本法第 778 条规定，承揽工作需要定作人协助的，定作人有协助的义务。定作人不履行协助义务致使承揽工作不能完成的，承揽人可以催告定作人在合理期限内履行义务，并可以顺延履行期限；定作人逾期不履行的，承揽人可以解除合同。本条第 2 款赋予承包人解除权，也与承揽合同中在定作人不履行协助义务时，赋予承揽人合同解除权的规定精神相类似。

根据本法第 566 条规定，合同解除后，尚未履行的，终止履行；已经履行的，根据履行情况和合同性质，当事人可以请求恢复原状或者采取其他补救措施，并有权请求赔偿损失。合同因违约解除的，解除权人可以请求违约方承担违约责任，但是当事人另有约定的除外。建设工程施工合同解除后，尚未履行的，双方终止履行。对于已经履行的，前面第 793 条已经述及，建设工程由于其特殊性，在有使用价值的情况下，一概要求恢复原状，一方面将导致已经完成的建设工程被推倒重建，造成巨大的人力、物力、财力等社会资源的浪费；另一方面还会带来各种复杂的责任认定和赔偿计算问题，因此，基于建设工程施工合同的特殊性以及物尽其用、节约社会资源的原则和价值导向，本条第 3 款特别作出规定，合同解除后，已经完成的建设工程质量合格的，发包人应当按照约定支付相应的工程价款；已经完成的建设工程质量不合格的，包括经修复后可以达到质量合格以及经修复后仍不能达到质量合格两种情况，相应地参照本法第 793 条的规定处理。这是法律基于建设工程施工合同的特殊性，就建设工程合同解除时建设工程的处理作出的特殊规定。除本条第 3 款明确规定的特殊情况外，对于建设工程合同解除的法律后果没有规定的，仍应根据其性质适用一般合同解除的相关规定。

▶ **相关规定**

《最高人民法院关于审理建设工程施工合同纠纷案件适用法律问题的解释》第 8 条、第 9 条、第 10 条

第八百零七条 发包人未按照约定支付价款的，承包人可以催告发包人在合理期限内支付价款。发包人逾期不支付的，除根据建设工程的性质不宜折价、拍卖外，承包人可以与发包人协议将该工程折价，也可以请求人民法院将该工程依法拍卖。建设工程的价款就该工程折价或者拍卖的价款优先受偿。

◆ **条文主旨**

本条是关于发包人未支付工程价款的责任的规定。

◆ **立法背景**

从 20 世纪 90 年代初到现在，随着固定资产投资规模的增长，拖欠工程款的现象一直存在，并成为广受关注的社会问题。不少地区的工程款拖欠数额庞大，有的工程拖欠付款期限很长，问题相当突出，不仅严重地影响建设企业的生产经营，制约建设企业的发展，也影响工程建设进度，制约投资效益的提高。为了切实解决拖欠工程款的问题，保障承包人价款债权的实现，本条规定

了发包人未按照约定支付价款的，承包人可以催告发包人在合理期限内支付价款。发包人逾期不支付的，除根据建设工程的性质不宜折价、拍卖外，承包人可以与发包人协议将该工程折价，也可以请求人民法院将该工程依法拍卖。建设工程的价款就该工程折价或者拍卖的价款优先受偿。

◆ **条文解读**

发包人在工程建设完成后，对竣工验收合格的工程应当按照合同约定的方式和期限进行工程决算，支付价款，在向承包人支付价款后接收工程。发包人未按照约定支付价款的，承包人可以催告发包人在合理期限内支付价款并承担逾期付款的违约责任。经催告后，发包人在合理期限内仍不支付的，除根据建设工程的性质不宜折价、拍卖外，承包人可以与发包人协议将该工程折价，也可以请求人民法院将该工程依法拍卖。建设工程的价款就该工程折价或者拍卖的价款优先受偿。承包人按照本条规定行使优先受偿权，应当注意以下几点：

1. 应当达到付款条件。本条适用的前提是，按照合同约定已经达到付款条件。如果是出现了建设工程质量不合格或者其他承包人违约的情形，发包人依法主张抗辩不进行付款或者有其他未达到合同约定的付款条件的情况的，则发包人本身即无立即付款的义务，更不可能有优先受偿权的存在空间。

2. 发包人不支付价款的，承包人不能立即将该工程折价、拍卖，而是应当催告发包人在合理期限内支付价款。如果在该期限内，发包人已经支付了价款，则承包人只能要求发包人承担支付约定的违约金或者支付逾期的利息、赔偿其他损失等违约责任。如果在催告后的合理期限内，发包人仍不支付价款的，承包人才能与发包人协商将该工程折价或者请求人民法院将该建设工程拍卖以优先受偿。

3. 承包人对工程依法折价或者拍卖的，应当遵循一定的程序。承包人对工程折价的，应当与发包人达成协议，参照市场价格确定一定的价款把该工程的所有权由发包人转移给承包人，从而使承包人的价款债权得以实现。承包人因与发包人达不成折价协议而采取拍卖方式的，应当请求人民法院依法将该工程予以拍卖。承包人不得委托拍卖公司或者自行将建设工程予以拍卖。

4. 建设工程折价或者拍卖后所得的价款如果超出发包人应付的价款数额的，该超过的部分应当归发包人所有；如果折价或者拍卖所得的价款还不足以清偿承包人的价款债权的，承包人可以请求发包人支付不足部分。在确定优先受偿时，应注意区分建设工程处置的价款与建设用地使用权处置的价款。虽然按照我国法律规定，建设用地使用权应当与建筑物一并处置，但是在处置后建设工程价款和建设用地使用权处置价款仍应区分开来。承包人有权就折价、拍卖的建设工程处置价款优先受偿，但却不应及于建设用地使用权一并处置的价款部分。否则，将损及发包人的其他债权人的利益。

5. 根据本条规定，按照工程的性质不宜折价、拍卖的，承包人不能将该工程折价或者拍卖。如国家重点工程、具有特定用途的工程等不宜折价或者拍卖。应当拆除的违章建筑，无法折价或者拍卖。建设工程价款的优先受偿权本质上是一种变价的优先受偿权，所以，建设工程折价、拍卖的前提是按照法律规定和建设工程性质，其本身可以转让。

我国建筑市场具有特殊性，建设工程合同纠纷涉及复杂的利益关系，建设工程具有不宜恢复原状的特点，建设工程合同纠纷处理中还存在着价款计算等一系列具体操作难题，这些因素交织在一起导致建设工程合同领域的许多问题仍存在较大争议。基于慎重考虑，此次立法未对相关争议问题作出简单规定。相关问题还需要理论的继续深入研究和司法实践经验的积累。目前争议较多的问题主要有：

1. 建设工程价款优先受偿权的性质。一种观点认为，建设工程价款的优先受偿权为留置权。该观点认为，承包人为工程建设投入了人力、物力、财力，在发包人未按照约定支付工程款时，建设工程承包人通常会拒绝交付工程，并实际控制建筑物，这与承揽合同中承揽人对工作成果的留置权类似，因此，建设工程价款的优先受偿权为类似留置权的权利。建设工程合同在传统民法上属于承揽合同，在我国法律的规定中建设工程合同虽然从承揽合同中分离出来，但在建设工程价款的优先受偿上，其优先受偿权的性质与承揽人的留置权性质仍类似。该观点因不符合留置权不适用于不动产的法律制度精神而受到批评。一种观点认为，建设工程价款的优先受偿权是一种法定抵押权。该观点认为，德国、日本、我国台湾地区的法律制度或司法实践均倾向于认定建设工程价款优先受偿权是一种法定抵押权。发包人未按照约定支付价款的，承包人可以与发包人协议将该工程折价，也可以请求人民法院将该工程依法拍卖。建设工程的价款就该工程折价或者拍卖的价款优先受偿。这符合不动产抵押权的特性，因而，建设工程价款的优先受偿权是一种法定抵押权。反对的观点认为，在我国物权制度中只存在当事人按照约定设立的抵押权，不存在法定抵押权这一抵押权类型，不动产物权需要以登记为公示要件，建设工程价款的优先受偿权并未进行公示，不符合抵押权这一权利特征。日本、我国台湾地区建设工程价款的优先受偿均强调应进行登记，在本法制订过程中，也曾研究过对建设工程价款优先受偿权的登记进行规定，但因未能达成共识，而未作出规定。一种观点认为，建设工程价款的优先受偿权是一种法定优先权。该观点认为，建设工程价款的优先受偿权类似于船舶优先权、航空器优先权，是特殊主体基于法定原因在建设工程上的优先权，是法律规定的一种优先权，可以不经登记公示，优先于其他担保物权和债权受偿。反对的观点认为，与船舶优先权、航空器优先权等在实践中已经获得广泛认可不同，许多人并不认可其是一种与船舶优先权、航空器优先权类似的在建筑工程上的优先权，这只是一种理论上的类比。

2. 建设工程价款优先受偿权的主体。监理合同属于委托合同，不属于建设工程合同，因此，监理人对其报酬无优先受偿权没有疑问。建设工程的承包人包括建设工程勘察人、设计人、施工人。施工人又分为总承包人、分包人。在建设工程违法分包、转包时，还可能存在实际从事工程建设，却与发包人不存在合同关系的实际施工人。对于哪些主体可以主张优先受偿权，实践中仍存在分歧。就勘察人、设计人而言，一种观点认为，在有些情况下建设工程的价款往往包括勘察、设计费用，尤其是在工程总承包中，合同约定的设计费等已包含在工程款中，与一般意义的施工工程款同时结算、同时支付，在出现纠纷时强行分离计算既不符合市场逻辑，也存在分离计算的难题，既不合理，又不经济，因此，勘察费、设计费也应当可以优先受偿。另一种观点认为，勘察、设计的成果是勘察文件、设计文件，勘察、设计只产生文件、报告，不产生建设工程，只有施工才产生建设工程，因而，勘察人、设计人不能通过主张其报酬属于建设工程价款而享有优先受偿的权利。同时，勘察、设计通常发生在建设工程施工之前，至少是发生在建设工程完工之前，其与建设工程施工款相比数额较小，而且勘察人、设计人完全可以以不交付工作成果的方式对抗发包人，其并不是需要法律进行倾斜保护的弱势群体，无需特殊保护。就施工人而言，通常认为基于合同的相对性原理，只有与建设工程发包人直接签署合同的承包人才能享有建设工程价款的优先受偿权。违法分包人、转包后实际从事工程建设的实际施工人等主体因与建设工程发包人无合同关系，不能依据建设工程合同向发包人直接主张建设工程价款，因而，他们不应当享有建设工程价款的优先受偿权。反对的观点认为，严格固守合同相对性原理，可能对建筑工人等弱势群体的利益保护不周。

3. 优先受偿的范围。首先，关于建设工程价款的优先受偿权是仅及于价款还是也及于利息、违约金、损害赔偿金以及实现建设工程价款优先受偿权的费用存在不同的观点。赞成的观点认为，担保物权的担保范围包括主债权及其利息、违约金、损害赔偿金、保管担保财产和实现担保物权的费用，建设工程价款的优先受偿权是一种法定抵押权，因此，优先受偿的范围应当及于利息、违约金、损害赔偿金和实现建设工程价款优先受偿权的费用。反对的观点认为，建设工程价款的优先受偿权，不是抵押权，而是法律规定的特殊倾斜保护，法律为了保护建筑工人等弱势群体的特殊利益已经对建设工程价款进行了优先保护，已经属于倾斜保护，不宜再使其优先保护的范围过分扩大，否则，对发包人的其他债权人将不够公平。其次，对于建设工程价款的哪些部分可以优先受偿也存在不同观点。有观点认为，建设工程价款的优先受偿权保护的是建筑工人的利益，优先受偿的范围应限于工人的劳务成本，而建设工程价款中的利润等与其他债权相比并无特殊性，没有特殊保护的必要。也有观点认为，承认建设工程价款的优先受偿权，是因为承包人的投入已经不可逆转地形成了建设工程，这一建设工程是因承包人的建设才产生，因此，承包人应当获得优先保护，除了劳务成本，原材料也应当予以优先保护。不优先保护原材料费用、机械使用费等成本，会危及建筑企业的生存，进而最终危及建筑工人的利益。也有观点认为，建设工程价款的优先受偿权保护的应当是扣除利润之后的建设工程价款，价款中除利润之外都是承包人在工程建设中需要投入的成本。还有观点认为，建设工程价款优先受偿权是对建筑工人的间接保护，通过保护建设工程价款来保护建筑工人利益，建筑行业属于薄利行业，建筑行业吸纳了大量城乡剩余劳动力，对于促进社会稳定和发展发挥了重要作用，而且，在实践中从工程价款中扣除利润也存在计算上的困难，因此，认为建设工程价款的优先受偿权范围应当是包括利润的整个价款。再次，对于垫资款是否应当优先受偿也存在不同观点。有观点认为，垫资是我国建筑市场客观存在的特殊现象，承包人在工程承包中处于弱势地位，不垫资可能就无法承揽到工程，垫资与其他成本一样，也投入到了工程建设中，不对垫资进行优先受偿保护对承包人不公平，而且，不优先保护垫资款可能会导致承包人资金链断裂，危害建筑行业发展，因此，应当对垫资款进行优先受偿保护。反对的观点认为，垫资建设曾被我国行政主管部门明令禁止，不宜鼓励此类行为，以避免形成不良社会导向，因此，不宜对垫资款进行优先受偿保护。最后，建设工程价款的优先受偿的范围是否应当以登记为准。有观点认为，虽然农民工等建筑工人的利益应当予以优先保护，但是，建设工程价款在已经获得优先受偿顺位的前提下却不进行登记，对于发包人的其他债权人来说存在不确定性风险，不利于发包人融资，不利于发包人和其债权人事先进行交易安排以降低交易风险，也不利于交易的安全和其他债权人的保护，因此，应当对建设工程价款优先受偿的数额进行登记。在其他国家或地区也存在对建设工程价款优先受偿的数额进行登记的立法例，例如，《日本民法典》第338条规定，为保存不动产工程先取特权之效力，应于工程开始前登记其费用之预算额。于此情形，工程费用超过预算额时，就其超过额，先取特权不存在。我国台湾地区“民法”规定，“承揽之工作为建筑物或其他土地上之工作物，或为此等工作物之重大修缮者，承揽人得就承揽关系报酬额，对于其工作所附之定作人之不动产，请求定作人为抵押权之登记；或对于将来完成之定作人之不动产，请求预为抵押权之登记。”“前项请求，承揽人于开始工作前亦得为之。”“前二项之抵押权登记，如承揽契约已经公证者，承揽人得单独申请之。”“第一项及第二项就修缮报酬所登记之抵押权，于工作物因修缮所增加之价值限度内，优先于成立在先之抵押权。”反对的观点认为，虽然登记对第三人的预期和交易安全保护较为有利，但是登记之后建设工程因实际情况发生变化当事人未进行变更登记或者出现在登记前发包人的其他抵押权人实现抵押权等情形时，承包人的工程价款优先受偿权将会落空，不符合优先保护建筑工人利益的目的，因而并不可行。此外，也有观点明确提出，应当对建设工程价款优先受偿的范围进行进一步严格限制，不应使优先受偿的范围过宽，以平衡保护建筑工人和发包人的其他债权人的利益。

4. 未竣工工程价款的优先受偿权。工程竣工经验收合格后，发包人未按照约定支付工程价款，承包人享有工程价款优先受偿权，没有疑问。司法实践中有疑问的是，未经竣工验收的工程的工程价款是否应当享有优先受偿的权利。赞同的观点认为，未完工的工程在许多情形下已经具备一定的价值，甚至有些已经可以作为在建工程进行抵押，建设工程的价值已经显现，承包人的投入应当获得承认。工程未竣工的原因复杂，既可能为承包人的原因，也有可能为发包人的原因，如发包人因资金链断裂导致工程“烂尾”，在这类情形中，如因为工程未经竣工验收便否认承包人的建设工程价款优先受偿权，对承包人不公平且不符合保护建筑工人利益的初衷。因此，即便工程未经竣工验收，也应当承认承包人的工程价款优先受偿权。此观点中，根据承包人对未竣工验收是否有过错又分为两种观点。一种观点认为，因承包人过错导致工程未竣工验收的，承包人不享有建设工程价款优先受偿的权利。另一种观点认为，无论承包人对工程未竣工验收是否存在过错，只要未竣工验收工程的质量合格承包人就可享有建设工程价款优先受偿权。在赞同的观点中，关于何时承包人可以主张建设工程价款的优先受偿权，也没有一致的意见，有的观点认为，只有待后续建设的单位在实现建设工程价款优先受偿权时，原承包人才能就其建设的部分主张优先受偿权，有些观点则认为，只有待工程建设完工后，原承包人才能就其建设的建设工程部分主张建设工程价款优先受偿权，也有观点认为，只要承包人与发包人之间关于该工程建设的合作终局性终止，承包人即可主张建设工程价款的优先受偿权。反对未经竣工验收情形下承包人的建设工程价款优先受偿权的观点认为，只有在建设工程竣工经验收合格后，工程质量才真正符合要求，发包人的发包目的才能实现，承包人才完成合同义务，发包人才有支付工程价款的义务，承包人才能享有建设工程价款优先受偿的权利。在工程未竣工验收时，工程是否符合要求处于不确定状态，承包人并未交付合格的工作成果，承包人不应享有建设工程价款的优先受偿权利。同时，在工程未完工情况下主张建设工程价款优先受偿权还存在主张权利的时点不好确定等问题，笼统规定并无可操作性。

5. 优先受偿的权利顺位。建设工程价款的优先受偿权在实现时，可能会影响到其他权利主体的权利，如何合理地平衡各类主体之间的权利保护涉及权利的顺位问题。有的观点认为，建设工程价款具有优先受偿的特性，当事人之间设定的抵押权也具有优先受偿的特性，应当明确二者之间的权利顺位。建筑工人、商品房买受人、拆迁安置户等均属于需要特殊保护的主体，也有必要明确各自的权利顺位。最高人民法院 2002 年 6 月出台的《最高人民法院关于建设工程价款优先受偿权问题的批复》（法释〔2002〕16号）中规定，“人民法院在审理房地产纠纷案件和办理执行案件中，应当依照《中华人民共和国合同法》第二百八十六条的规定，认定建筑工程的承包人的优先受偿权优于抵押权和其他债权。”“消费者交付购买商品房的全部或者大部分款项后，承包人就该商品房享有的工程价款优先受偿权不得对抗买受人。”关于建设工程价款优先受偿的权利优先于抵押权，批评的观点认为，未登记的建设工程价款优先受偿权优先于抵押权和其他债权受偿，会损害交易安全和第三人的交易预期，应当以登记作为权利顺位的确定原则。关于建设工程价款的优先受偿权不得对抗房屋买受人，批评的观点认为，购房人的权利虽然应当得到保护，但是，可能其他弱势债权人也值得保护，如要保护，不应单独保护购房人，购房人的权利是一种债权，优先于顺位在属于物权的抵押权之前的建设工程价款受偿，存在债权优先于物权性权利的问题，没有依据。如优先保护，应当对购房人的权利也进行预告登记，以登记为准确定顺位。对于以登记确定权利顺位问题，有观点也提出，建设工程价款的数额确定时间具有不确定性，在确定建设工程价款数额后进行登记，可能存在建设工程价款登记晚于抵押权等登记的问题，使其优先保护落空，进行预定数额的预先登记，又存在实际数额超出预定数额时不能得到保护的问题，也有一定的问题，对以登记作为权利保护顺位的确定依据问题应当进一步研究。

6. 优先受偿权的预先放弃或限制。法律规定了建设工程价款的优先受偿权，实践中出现了当事人通过约定预先放弃建设工程价款优先受偿权或者限制建设工程价款优先受偿权的现象。对于建设工程价款优先受偿权是否可以预先放弃或者限制存在不同的观点。主张可以放弃或限制的观点认为，建设工程价款的优先受偿权是一种民事权利，而且是一种财产权，应当允许当事人自由处分，只有如此，才符合其财产性权利的特征。同时，只有允许对其预先放弃或者限制，当事人双方才能够按照自己的真实意愿去进行协商，作出真正符合市场状况的选择。反对的观点认为，在建筑市场上，承包人通常处于弱势地位，承包人有可能为了承包到工程被迫放弃优先受偿权，发包方可能通过在格式合同中约定相关放弃或者限制建设工程价款优先受偿权的条款的方式或者以将放弃或者限制建设工程价款优先受偿权作为谈判条件的方式迫使承包人就范，最终使承包人的建设工程价款优先受偿权形同虚设。这是一种形式上的自由处分，实质上的不对等谈判。因而，在双方市场地位严重不对等的情况下，不应由当事人双方对法律规定的优先受偿权进行处分。同时，建设工程价款的优先受偿权，一定程度上是为了保护建筑工人等弱势群体的利益而设，在既没有对建筑工人的利益提供有效的保护措施也不是由建筑工人自己作出放弃决定的情况下，由承包方做出放弃或限制的选择，也不符合建设工程价款优先受偿权制度的设立初衷。因而，不应当允许发包人与承包人对建设工程价款优先受偿权进行处分。

7. 优先受偿权的行使期限。实践中，有观点认为，建设工程价款的优先受偿权涉及抵押权人等第三人利益，而且无需以登记等方式进行公示，权利人长期不行使权利将使抵押权人以及其他权利人的权利受到影响，使大量社会关系处于长期不确定状态，危害第三人利益及交易安全，因此，应当对其权利存续规定固定的期限，例如 6 个月或者 1 年，在该期限内权利人不行使权利，则权利灭失。反对的观点认为，优先受偿权是法律对弱势群体利益的倾斜保护，建设工程价款的优先受偿权又是对建筑工人利益的间接保护、反射保护，建筑工人自己无法积极行使，需要依赖于承包人去行使权利，设定特定的权利行使期限，将会出现建设工程价款优先受偿权动辄落空的现象，对建筑工人的利益可能保护不周。此外，规定建设工程价款优先受偿权的行使期限，必然会涉及权利行使的起算点问题，此问题在实践中一向复杂，在相关实践经验成熟前，不宜在立法上一刀切地简单作出规定。

8. 建设工程价款优先受偿权存在的必要性。在立法过程中，多数观点对建设工程价款优先受偿权持支持的态度，并提出了相应的完善建议。但是，也有观点主张，应当删除关于建设工程价款优先受偿权的规定。该观点认为，建设工程价款优先受偿权对建筑工人利益的保护是一种间接保护、反射保护，其保护作用并不直接，完全可以通过加强行政监管、设立建筑工人工资专用账户等更为直接有效的方式实现对建筑工人利益的保护。建设工程价款优先受偿权是一种对弱势群体利益的倾斜保护，但是，其间接保护的特征，又使其在实践中为了实现倾斜保护的目的在优先保护的范围上有被不断扩大适用的倾向，可能会带来过分不当地限制抵押权人和发包人的其他债权人的权利的问题。此外，该制度还因没有公示不利于交易安全、在具体适用上存在各种复杂问题等受到诟病，该制度的保护作用小于带来的问题。因而，如果能够通过其他方式实现对建筑工人利益的直接保护，则应删除关于建设工程价款优先受偿权的规定。

▶ 相关规定

《最高人民法院关于审理建设工程施工合同纠纷案件适用法律问题的解释（二）》第 17 条

第八百零八条　本章没有规定的，适用承揽合同的有关规定。

◆ **条文主旨**

本条是关于适用承揽合同的规定。

◆ **立法背景**

建设工程合同在性质上属于完成工作的合同。完成工作的合同是在传统民法的承揽合同的基础上发展起来的一大类合同，一般包括承揽合同、技术服务和技术开发合同。传统的承揽合同一般包括承揽和建设工程合同，一些国家的民法典中都专章规定了承揽，并把建设工程纳入规范。我国原《经济合同法》第 18 条和第 19 条分别规定了建设工程承包合同、加工承揽合同。在合同法起草时，考虑到经济合同法、涉外经济合同法和技术合同法三法合一，经济合同法中规定的有名合同应当保留并专章予以规定，我国原经济合同法已将建设工程合同作为不同于承揽合同的一类新的合同。同时又考虑到建设工程不同于其他工作的完成，具有与一般承揽合同不同的一些特点。因此，在合同法第十五章规定了承揽合同，在第十六章规定了建设工程合同。在本法起草时，继续保留了合同法的这种区分，第十七章规定了承揽合同，第十八章规定了建设工程合同。按照本法的规定，承揽合同是承揽人按照定作人的要求完成工作，交付工作成果，定作人支付报酬的合同。承揽包括加工、定作、修理、复制、测试、检验等工作。建设工程合同是承包人进行工程建设，发包人支付价款的合同。建设工程合同的主体是发包人和承包人。建设工程合同的客体是建设工程，包括建设房屋、公路、铁路、桥梁、隧洞、水库等工程。建设工程合同原为承揽合同中的一种，属于承揽完成不动产工程项目的合同，也具有一些与一般承揽合同相同的特征：如都是诺成合同、双务合同、有偿合同，都以完成一定工作为目的，标的都具有特定性。因此，本条规定，本章没有规定而承揽合同一章有规定的，可以根据建设工程合同的性质适用承揽合同中的有关规定。

◆ **条文解读**

本条规定在适用时，首先，应当注意只有在本章无规定时才可适用承揽合同的有关规定，其次，还应注意只有在根据建设工程合同的性质可以适用承揽合同的相关规定时，才可适用承揽合同的相关规定。本法第 796 条规定，建设工程实行监理的，发包人应当与监理人采用书面形式订立委托监理合同。发包人与监理人的权利和义务以及法律责任，应当依照本编委托合同以及其他有关法律、行政法规的规定。第 796 条是关于监理合同的特殊规定，其已经明确规定发包人与监理人的权利和义务以及法律责任，应当依照本编委托合同以及其他有关法律、行政法规的规定，便不能依据本条规定援引适用承揽合同的相关规定。对于其他本章没有规定的内容，在适用承揽合同的有关规定时，也应当注意根据建设工程合同的性质特征确定能否直接适用承揽合同的有关规定。如果其他法律对建设工程合同作出的强制性规定使得对其直接适用承揽合同的相关规定不适当时，便不能直接适用承揽合同的相关规定，而应结合建设工程合同的规定、合同的一般规定以及其他法律的强制性规定确定当事人之间的权利义务。

第十九章 运输合同

本章共四节三十四条。在综合各专门运输法的规定和借鉴国际公约、各国运输合同立法中的有益经验的基础上，规定了本章的运输合同。本章分为四节：第一节一般规定，主要规定了运输合同的一般规则；第二节客运合同，主要规定了客运合同的主要内容；第三节货运合同，主要规定了货运合同的主要内容；第四节多式联运合同，主要规定了多式联运合同的特殊内容。

第一节 一般规定

第八百零九条 运输合同是承运人将旅客或者货物从起运地点运输到约定地点，旅客、托运人或者收货人支付票款或者运输费用的合同。

◆ 条文主旨

本条是关于运输合同定义的规定。

◆ 立法背景

运输合同又称运送合同，本条规定是对运输合同所作的定义。在合同法之前，有些特别法对于运输或者运输合同作了规定，如

《海商法》第41条、《铁路法》第11条。国外也有对运输合同作了明确定义的，如《意大利民法典》第1678条规定，运送契约是指获得对价的承运人负有将人或者货物从一地运至另一地的义务协议。参考这些立法例，《合同法》对运输合同作了明确定义，其第288条规定："运输合同是承运人将旅客或者货物从起运地点运输到约定地点，旅客、托运人或者收货人支付票款或者运输费用的合同。"本条规定沿袭了《合同法》的这一规定。

◆ **条文解读**

根据本条规定，运输合同的定义包含了以下几方面的内容：

1. 运输合同的主体是承运人和旅客、托运人。运输合同主体是运输合同权利义务的承担者，即运输合同的当事人。根据运输合同是双务合同的特性，当事人一方是享受收取运费或者票款权利承担运送义务的承运人，另一方是享受运送权利并支付运费的旅客和托运人，双方当事人的数目视具体合同关系而定。在运输合同中，承运人作为一方当事人，可以是一人或者数人，如在相继运输中承运人可分为缔约承运人和实际承运人，在多式联运合同中有多式联运经营人和各区段承运人。承运人多为法人或者组织，但也可以是个人。托运人是指与承运人订立货物运输合同的一方当事人。在旅客运输合同中，旅客具有双重身份，其既是运输合同的一方当事人，又是运输合同权利义务所指向的对象。

2. 运输合同中的托运人有时就是收货人，但在多数情况下，另有收货人，此时，收货人不是运输合同的一方当事人。外国法和国际公约一般都规定，货物送达目的地后，承运人有通知收货人的义务，经收货人请求交付后，取得托运人因运输合同所产生的权利。在存在收货人的情况下，托运人与承运人订立运输合同是为了收货人的利益，承运人应当依照运输合同向收货人交付，但收货人的权利产生于请求交付之时，而非运输合同订立时，收货人是运输合同的第三人，也是运输合同中重要的关系人。

3. 运输合同的内容是承运人将旅客或者货物运输到约定地点。由此可见，运输合同的客体是承运人的运送行为，不是货物和旅客。

4. 在运输合同中，承运人的义务是将旅客或者货物运输到约定地点，权利是收取票款或者运费；而旅客、托运人的权利和义务与其对应，权利是要求承运人将其运输到约定地点，义务是向承运人支付票款或者运费。这里的票款是指在旅客运输合同中，旅客向承运人支付的报酬；这里的运费是指在货物运输合同中，托运人向承运人支付的报酬。

▶ 相关规定

《中华人民共和国海商法》第41条；《中华人民共和国铁路法》第11条

第八百一十条 从事公共运输的承运人不得拒绝旅客、托运人通常、合理的运输要求。

◆ 条文主旨

本条是关于从事公共运输的承运人强制缔约义务的规定。

◆ 立法背景

公共运输，是指面向社会公众的，由取得营运资格的营运人所从事的商业运输的行为，主要包括班轮、班机和班车运输，还包括其他以对外公布的固定路线、固定时间、固定价格进行商业性运输的运输行为。公共运输一般具有以下特征：

1. 公共运输的服务对象具有不特定性。公共运输的服务对象并不是特定的某些人，而是社会公众。因此，公共运输直接关系到人民的日常工作和生活，具有公益性的一面。

2. 公共运输的承运人要有专门的运输许可。根据相关法律规定，我国对从事公共运输的经营人要求取得特许资格，否则，不得从事公共运输业务。

3. 从事公共运输的承运人一般都制定了固定的路线、固定的时间、固定的价格，这是公共运输最为显著的特征。从法律的意义上讲，从事公共运输的承运人与旅客或者托运人之间的合同的内容确定化了。这种合同的基本内容不是由具体合同当事人双方协商确定的，而是由公共运输的承运人单方制定的，当然公共运输的承运人对外公布的固定的价格不是随便制定的，而是在遵守有关法律如价格法、铁路法、民用航空法等的前提下，考虑到我国的实际收入状况而制定的，并且还要经过有关主管部门的同意。

4. 从事公共运输的承运人与旅客或者托运人之间的运输合同的形式一般都是格式化的。公共运输合同的格式化产生的原因是公共运输的承运人一般都具有垄断性质，以及运输事务的频繁发生。这就决定了具体合同双方协商在事实上的不可能。但是只有公平合理的，并且依照法律的具体规定而产生的格式化合同才更符合旅客或者托运人的利益。为了防止公共运输合同内容的不平等，保护和促进运输经济的发展，公共运输合同一般都要经过国家运输主管部门的审查批准。所以一般来说对于从事公共运输的承运人，我国的国务院或者行政主管部门都制定了行政法规或者行政规章等加以规范，如我国的政府部门制定的《公路货物运输合同实施细则》《航空货物运输合同实施细则》等都对公共运输行为作了一定的规范。

◆ **条文解读**

合同自由是合同法上的基本原则，本来不允许强制缔约，但是，由于公共运输的特殊性，本条规定明确了从事公共运输的承运人的强制缔约义务，即从事公共运输的承运人不得拒绝旅客、托运人通常、合理的运输要求。本条强调的是不得拒绝旅客或者托运人“通常、合理”的运输要求，对这里的“通常、合理”要有一个正确的理解，首先，在不同情况下，其内涵是不同的，如在海上旅客运输中，旅客坐的是头等舱，旅客要求提供空调服务就是“通常、合理”；而对散舱的旅客来说，要求提供空调就不是“通常、合理”的。其次，判断是否为“通常、合理”，不是依单个旅客或者托运人的判断，而是依一般旅客或者托运人的判断。最后，这里的“通常、合理”意味着从事公共运输的承运人不得对旅客或者托运人实行差别待遇，如同为乘坐普通舱位的旅客，承运人就不能对其中的一些旅客提供免费餐，而对另一些旅客不提供。

如果旅客、托运人的运输要求不是“通常、合理”的，则承运人有权拒绝。如果从事公共运输的承运人有正当理由的，也可以免除其强制缔约义务，比如，在运输工具已满载的情况下，从事公共运输的承运人可以拒绝旅客的乘坐要求；又如，由于不可抗力导致不能正常运输的情况下，从事公共运输的承运人也可以拒绝旅客或者托运人要求按时到达目的地的要求。

第八百一十一条 承运人应当在约定期限或者合理期限内将旅客、货物安全运输到约定地点。

◆ 条文主旨

本条是关于承运人及时安全送达义务的规定。

◆ 立法背景

按照约定时间进行安全运输是承运人的一项主要义务。运输合同是承运人与旅客或者托运人就运输事宜所作的一致的意思表示，一般都会对运输时间、到达地点和运输的安全等作出约定，承运人据此进行运输，否则就要承担违约责任。

◆ 条文解读

本条所规定的承运人及时安全送达义务主要包含了以下三层意思：

1. 承运人应当在约定的期限内或者合理的期限内进行运输。如果合同对运输期限有明确规定的，应当在合同约定的期限内进行运输；如果合同没有规定明确期限，则应当在合理期限内进行运输。承运人应当在约定期限或者合理期限内，将旅客或者托运人托运的货物运到目的地。如果由于承运人的原因造成旅客或者货物不能按时到达目的地的，承运人就要承担运输迟延的违约责任。

2. 承运人在运输过程中，应当保证旅客或者货物的安全。运输行为是一项带有危险性的活动，特别是航空运输更是高风险的行业，它直接关系到人民的生命和财产的安全，因此强调运输活动的安全性是运输行业的一项基本原则，也是运输合同立法的基本原则。安全运输就是承运人要确保被运输的旅客和货物以及所使用的运输设备完好无损。有关法律对此也都有专门规定，如《铁路法》第10条等。

3. 承运人应当将旅客或者货物运到约定的地点。正如前面所述，运输合同实质上是旅客或者货物从一个地点到另一个地点的位移，旅客或者托运人与承运人订立合同的目的就是希望承运人把旅客或者货物运到约定地点。如果承运人不按合同约定的地点运输，将旅客或者货物错运到另一个地点，如运输合同中约定承运人应当将旅客或者货物运到上海，承运人却将旅客或者货物运到了南京，承运人就应当承担违约责任。

▶ **相关规定**

《中华人民共和国铁路法》第10条

第八百一十二条 承运人应当按照约定的或者通常的运输路线将旅客、货物运输到约定地点。

◆ **条文主旨**

本条是关于承运人按照约定或者通常运输路线运输的义务的规定。

◆ **立法背景**

运输是从起运地点到目的地的位移，所以承运人运输时都要按照约定的或者通常的运输路线进行运输，这也是承运人的一项义务。其他特别法对此也有类似规定，比如《海商法》第49条第1款规定，承运人应当按照约定的或者习惯的或者地理上的航线将货物运往卸货港。

◆ **条文解读**

根据本条规定，在运输中，承运人首先应当按照合同约定的运输路线进行运输。约定的运输路线，是指运输合同当事人在合同中明确约定的运输路线。只要是双方约定好的路线，即使是舍近求远的路线，承运人也应当按照这一路线进行运输，否则就要承担违约责任。如果当事人没有约定运输路线的，承运人应当按通常的运输路线进行运输，不得无故绕行。通常的运输路线，是指一般的、惯常运输的路线。之所以要规定承运人要按照通常的运输路线进行运输，主要是为了规避一些危险。我们知道通常的运输路线一般都是经过多次运输行为的检验，并被证明是很安全的，如果不按通常的运输路线进行运输，就有可能给运输活动带来危险，对旅客或者货物带来危害。例如，在民用航空运输中，航空运输路线一般都是经过精心测航的，选择的路线一般都是比较安全的（如少风暴、强气流等恶劣天气出现），在国际民用航空运输中，通常的运输一般还要经过航线所经国家的特别准许，如果民用航空运输承运人不按通常的运输路线运输，就有可能对旅客的生命安全造成危害。

在有的情况下，承运人不按通常的运输路线运输，进行合理的绕行也是准许的，一般不按违约处理。这主要包括以下几种情况：一是由于运输合同中列明的一些具体的事由出现而发生的绕行。例如合同中明确约定，在出现风暴的情况下，航空承运人可以绕行。二是法律规定的情形下，承运人也可以绕行。例如《海商法》第 49 条第 2 款规定，船舶在海上为救助或者企图救助人命或者财产而发生的绕航或者其他合理绕航，不属于违反前款的规定的行为。三是在运输中遇到危险，为了运输工具、旅客或者货物的安全，承运人也可不按通常的运输路线进行运输，可以进行绕行。即使这种危险是运输前承运人没有做到谨慎处理使运输工具处于适运的状态所致，承运人运输必须绕行，这种绕行也是合理的。四是因不可抗力的原因致使承运人不能按照通常的运输路线进行运输的，承运人也可以合理绕行。

承运人如果不按照本条规定履行其义务，应当依法承担违约责任。本法第 813 条就明确规定：“承运人未按照约定路线或者通常路线运输增加票款或者运输费用的，旅客、托运人或者收货人可以拒绝支付增加部分的票款或者运输费用。”

相关规定

《中华人民共和国海商法》第 49 条

第八百一十三条 旅客、托运人或者收货人应当支付票款或者运输费用。承运人未按照约定路线或者通常路线运输增加票款或者运输费用的，旅客、托运人或者收货人可以拒绝支付增加部分的票款或者运输费用。

条文主旨

本条是关于旅客、托运人或者收货人支付票款或者运输费用的义务的规定。

立法背景

支付票款或者运费是旅客、托运人或者收货人的主要义务。承运人履行完成运输行为的义务，相应地，旅客、托运人或者收货人应当完成相应的支付票款或者运输费用的义务。

条文解读

在客运合同中，旅客支付票款的义务一般是在购买旅客运输票证时履行，旅客没有支付票款一般是不能取得运输票证的。在货运合同中，一般由托运人支付运输费用，如果是由收货人支付运费的，则应当在运输单证上载明，比如，《海商法》第 69 条就明确规定：“托运人应当按照约定向承运人支付运费。托运人与承运人可以约定运费由收货人支付；但是，此项约定应当在运输单证中载明。”如果在运输单证中没有载明应由收货人支付运费，收货人一般可以拒绝支付运费。

在货运合同中，按运费的支付时间可以分为“运费预付”和“运费到付”两种。“运费预付”是指承运人在签发单据之前就已经收到运费。这种支付方式是受承运人欢迎的，因为他们无需承担运费的风险，但不可抗力灭失的除外。“运费到付”就是在货物到达目的地后，承运人才能收到运费。这种支付方式对于承运人来讲，承担的风险比较大，但是这种支付方式在运输中时常出现，例如海上的国际货物运输中，在 FOB 价格条件下，买方才是真正的托运人，所以就有可能采用运费到付的方式，但此时应当在运输单证中注明运费由收货人支付。

本条规定旅客、托运人或者收货人有向承运人支付票款或者运费的义务，同时也规定，承运人未按照约定路线或者合理路线运输而增加票款或者运费的，旅客、托运人或者收货人可以拒绝支付增加部分的票款或者运费。本法第 812 条明确规定：“承运人应当按照约定的或者通常的运输路线将旅客、货物运输到约定地点。”但在日常的生活和经济活动中，常常出现这样一些情况，承运人不按照运输合同中约定的运输路线或者合理的运输路线进行运输，向旅客要求增加票款，向货物的托运人或者收货人要求增加运费。承运人没有正当理由不按照约定的路线或者合理的路线进行运输，是其自己的过错，旅客、托运人或者收货人没有任何过错，因此在此种情况下，旅客、托运人或者收货人可以拒绝支付增加部分的票款或者运费。

▶ **相关规定**

《中华人民共和国海商法》第 69 条

第二节 客运合同

第八百一十四条 客运合同自承运人向旅客出具客票时成立，但是当事人另有约定或者另有交易习惯的除外。

◆ 条文主旨

本条是关于客运合同成立时间的规定。

◆ 立法背景

客运合同是指将旅客送达目的地，旅客支付票款的合同。客运合同和货运合同是运输合同最主要的分类，两者之间的区别主要在于运输对象的不同。在客运合同中，承运人运输的通常是旅客本身。而在货运合同中，承运人运输的对象则是托运人所交付的货物。由于客运合同运输对象的特殊性，涉及旅客生命健康安全，所以在具体规则适用上与货运合同存在很大的不同。比如本法第822条明确规定："承运人在运输过程中，应当尽力救助患有急病、分娩、遇险的旅客。"而货运合同对于承运人就没有这样的要求。

◆ 条文解读

客运合同的成立时间和地点，涉及合同当事人受合同约束的开始时间和案件管辖问题，而国际客运合同的成立往往还涉及法律适用问题。客运合同的成立时间与普通民事合同不同，本条明确规定："客运合同自承运人向旅客出具客票时成立，但是当事人另有约定或者另有交易习惯的除外。”在普通情况下，客票是客运合同成立的凭据，也就是说，承运人向旅客签发的客票证明承运人和旅客之间订立了合同。所以客运合同的成立时间一般是旅客客票的取得时间，即承运人向旅客交付客票时合同成立。《合同法》第293条就是这样规定的。但随着互联网技术的发展，传统的购票方式发生了很大变化，客票的无纸化成为普遍趋势。旅客在客运合同订立过程中，可以通过网上购票的方式与承运人达成出行日期、票价等事项的合意，一旦意思表示一致，承运人出具电子票据合同即宣告成立，有时甚至旅客都不需要接收电子票据，出示身份证件即可乘坐。因此，本条将合同法规定的“交付客票时成立”修改为“出具客票时成立”。

但是，在运输合同的当事人另有约定的情况下，旅客运输合同的成立时间可以不是在承运人出具客票时成立，例如，在航空运输中，旅客与承运人约定航空运输合同从旅客登上飞机时成立，则该航空运输合同的成立时间即为旅客登上飞机那一刻。本条还规定，在另有交易习惯的情况下，客运合同的成立时间也可以不在出具客票时成立，例如在出租车运输中，客票的交付时间一般在运输行为完成后，按出租车运输的交易习惯，该运输合同在旅客登上出租车时就成立。

第八百一十五条　旅客应当按照有效客票记载的时间、班次和座位号乘坐。旅客无票乘坐、超程乘坐、越级乘坐或者持不符合减价条件的优惠客票乘坐的，应当补交票款，承运人可以按照规定加收票款；旅客不支付票款的，承运人可以拒绝运输。

实名制客运合同的旅客丢失客票的，可以请求承运人挂失补办，承运人不得再次收取票款和其他不合理费用。

◆ 条文主旨

本条是关于旅客按有效客票记载内容乘坐义务的规定。

◆ 立法背景

客票是客运合同的证明，旅客持有的客票一般也就意味着其与承运人之间有运输关系的存在，旅客凭客票就可以要求承运人履行运输的义务，但是由于客票具有流通性和一次性的特点，如铁路运输中的火车票，所以旅客也必须履行持有效的客票进行乘坐的义务。因此，《合同法》第 294 条曾对此作了明确规定：“旅客应当持有效客票乘运。”近年来，客运合同领域出现不少新问题，旅客“霸座”事件频频在各种媒体上曝光，引发社会各界广泛关注。针对这一问题，本条第 1 款专门规定：“旅客应当按照有效客票记载的时间、班次和座位号乘坐。”

在旅客运输中还常常出现旅客无票进行乘坐、越级乘坐、超程乘坐或者持不符合减价条件的优惠客票进行乘坐的现象。所谓越级乘坐就是指旅客自行乘坐超过客票指定的等级席位，如在海上旅客运输合同中，旅客买的是四等舱的客票，但他在船上自行占了三等舱的席位。所谓超程乘坐就是旅客自行乘坐的到达地超过了客票指定的目的地，例如在铁路运输中，旅客购买的客票上的目的地是长沙，而该旅客却持该客票坐到了广州。持不符合减价条件的优惠客票乘坐是指旅客不符合国家规定或者承运人确定的可以以优惠价格购买客票的减价条件，仍持该客票乘坐。比如旅客已经不是学生，仍借用别人的学生证或者持已过期的学生证购买学生票。

◆ **条文解读**

对于旅客无票乘坐、超程乘坐、越级乘坐或者持不符合减价条件的优惠客票乘坐的行为，应当如何处理?《铁路法》第 14 条规定，旅客乘车应当持有效车票。对无票乘车或者持失效车票乘车的，应当补收票款，并按照规定加收票款；拒不交付的，铁路运输企业可以责令下车。《海商法》第 112 条规定，旅客无票乘船、越级乘船或者超程乘船，应当按照规定补足票款，承运人可以按照规定加收票款；拒不交付的，船长有权在适当地点令其离船，承运人有权向其追偿。参考这些立法例和实际情况，本条第 1 款规定，承运人对旅客这种行为的处理可以分为两个层次。首先，旅客无票乘坐、超程乘坐、越级乘坐或者持不符合减价条件的优惠客票乘坐的，应当向承运人补交票款。同时根据本条的规定承运人或者有关主管部门有权颁布规定，旅客无票乘坐、超程乘坐、越级乘坐或者持不符合减价条件的优惠客票乘坐的，承运人可以按规定加收票款。补足票款是乘客的义务，所以本条用了“应当”，至于是否按规定向乘客加收票款，则由承运人自己酌情处理，所以用了“可以”二字。其次，旅客不支付票款的，承运人可以拒绝运输。这里的拒绝运输是指承运人有权在适当的地点令其离开运输工具。当然在旅客拒不支付票款，承运人在适当地点令其离开运输工具后，承运人仍有权向旅客追偿。

这次民法典编纂过程中，有一些意见还提出，实践中客运合同很多已经实行了实名制，这些购买了实名制客票的旅客由于一些原因丢失客票的，申请挂失补办客票时，有的承运人却再次收取票款或者要求缴纳高额手续费等不合理费用，建议民法典对此作出明确规定，维护旅客合法权益。基于此，本条第 2 款新增规定："实名制客运合同的旅客丢失客票的，可以请求承运人挂失补办，承运人不得再次收取票款和其他不合理费用。"根据这一规定，客运合同如果是实名制的，旅客丢失客票时，凭自己的有关身份证件可以向承运人申请挂失补办，承运人在确认旅客的真实身份后，也应当为其办理挂失补办手续，在办理这些手续时，不得乘机再次收取票款或者高额手续费等不合理费用。

▶ **相关规定**

《中华人民共和国铁路法》第 14 条；《中华人民共和国海商法》第 112 条

第八百一十六条 旅客因自己的原因不能按照客票记载的时间乘坐的，应当在约定的期限内办理退票或者变更手续；逾期办理的，承运人可以不退票款，并不再承担运输义务。

◆ **条文主旨**

本条是关于旅客办理退票或者变更乘运手续的规定。

◆ **立法背景**

客票是旅客运输合同的凭证，在客票上通常载明了班次、运输开始的时间、客位的等级和座位号、票价等内容。承运人应当按照客票记载的时间进行乘运，并且要保证旅客在载明的时间内到达目的地。但是旅客自己也应当在客票载明的时间内乘坐。如果旅客因自己的原因不能按照客票记载的时间进行乘坐的，一般允许旅客在一定的时间内退票或者变更客票。本条就是对旅客办理退票或者变更乘运手续的规定。

◆ **条文解读**

根据本条规定，客运合同成立后，旅客可以办理退票或者变更手续。所谓退票，是指旅客解除客运合同；所谓变更，是指旅客变更合同的内容，如由坐席改为卧铺，由公务舱改为经济舱，或者由上午九点的票改为下午三点的票等。在客票载明的乘坐时间前，承运人或者有关部门规定一般都给予了旅客单方解除运输合同或者单方变更运输合同的权利。但要注意的是，本条规定的旅客可以办理退票或者变更手续的适用是有条件的：第一，必须是旅客因自己的原因不能按照客票记载的时间乘坐。“因自己的原因”是指旅客因自身的健康状况、计划变动等原因造成的不能按照约定时间乘坐，是旅客自己主动终止或者变更运输合同。如果旅客不能按照客票的时间乘坐的原因是承运人造成的，则应当适用本法第 820 条的规定，即承运人应当及时告知和提醒旅客，采取必要的安置措施，并根据旅客的要求安排改乘其他班次或者退票；由此造成旅客损失的，承运人应当承担赔偿责任，但是不可归责于承运人的除外。第二，必须在约定的时间内办理。旅客办理退票或者变更手续的这种权利是有时间限制的，如果旅客在约定的时间内不办理退票或者变更手续，则超过该时间后，承运人可以不退票款，并且也不再承担运输旅客的义务。实践中，一般在客运合同中对于办理退票或者变更手续的时间都有明确规定，而且，在不同的时间办理退票或者变更手续所需要支付的手续费等也是不一样的。

第八百一十七条 旅客随身携带行李应当符合约定的限量和品类要求；超过限量或者违反品类要求携带行李的，应当办理托运手续。

◆ **条文主旨**

本条是关于旅客携带行李的规定。

◆ **立法背景**

旅客运输合同中，承运人的主要义务是将旅客从起运地运到目的地，而不是为了专门运输行李。但一般情况下，旅客有权携带必备的行李。为了旅客乘运途中的方便，承运人或者有关部门一般也允许旅客随身携带一定品种、数量、质量和重量的行李。至于旅客在乘运过程中可以随身携带多少数量以及多少重量、何种品类的行李，旅客与承运人一般在运输合同中都有约定。如果旅客所携带的行李超过合同约定的，则会加重承运人的运输负担，对承运人履行运输合同造成一定的不便。因此对旅客随身携带的行李进行限制，并不违背客运合同的目的。

◆ **条文解读**

本条明确规定，旅客随身携带行李应当符合约定的限量和品类要求。例如，在航空旅客运输中，航空承运人一般规定每位旅客随身携带的行李数量不得超过几件、重量不得超过多少公斤等。不同的运输方式、不同的承运人，乃至不同等级的客票，所能携带的行李要求都可能不一样。对于旅客超过限量或者违反品类要求携带行李怎么处理，本条明确规定应当办理托运手续。如果旅客拒不办理托运手续，一定要随身携带的，承运人可以拒绝运输。

要注意的是，对于旅客随身携带的行李和托运的行李，承运人所应承担的责任是有所区别的，本法第824条对此有明确规定：“在运输过程中旅客随身携带物品毁损、灭失，承运人有过错的，应当承担赔偿责任。旅客托运的行李毁损、灭失的，适用货物运输的有关规定。”

第八百一十八条　旅客不得随身携带或者在行李中夹带易燃、易爆、有毒、有腐蚀性、有放射性以及可能危及运输工具上人身和财产安全的危险物品或者违禁物品。

旅客违反前款规定的，承运人可以将危险物品或者违禁物品卸下、销毁或者送交有关部门。旅客坚持携带或者夹带危险物品或者违禁物品的，承运人应当拒绝运输。

◆ 条文主旨

本条是关于旅客不得携带危险物品或者违禁物品的规定。

◆ 立法背景

安全对于旅客运输有着特别重要的意义。在旅客运送过程中，承运人对于旅客的生命财产安全负有义务；同时，旅客在旅行过程中自身亦负有安全注意义务，最典型的就是本条规定的不得携带危险物品或者违禁物品的义务。

◆ 条文解读

在旅客运输活动中，因为旅客随身携带或者在行李中夹带违禁物品或者易燃、易爆、有毒、有腐蚀性、有放射性等危险物品而导致出现严重后果的例子并不少见。特别在铁路运输中，由于旅客随身携带危险物品而造成人身伤害和财产损害的事件屡屡出现。这里所指的危险物品是指危及人身安全和财产安全的物品，具体所指就是本条提到的易燃、易爆、有毒等物品，如烟花爆竹、炸药等。这里所指的违禁物品就是指有可能对国家利益和整个社会的利益造成影响的物品，如枪支、毒品等。承运人所进行的客运多具有公共运输的性质，旅客携带危险物品或者违禁物品不仅会对旅客自身的生命健康安全造成威胁，还会对承运人的运输安全以及其他旅客的生命健康安全造成威胁。因此，本条规定所设立的这一义务是对旅客规定的强制性义务，是旅客不得违反的法定义务。其他特别法对此也有明确规定，比如，《铁路法》第 28 条、《民用航空法》第 100 条第 3 款等。

在旅客运输中，旅客在登上运输工具之前，承运人一般都要对旅客进行安全检查，以防止旅客把危险物品或者违禁物品带上运输工具。但是在有的情况下，还是有旅客违反本条第 1 款的规定把危险物品或者违禁物品带上了运输工具，对于此种情况应当如何处理？根据本条第 2 款的规定，旅客违反前款规定的，承运人可以将危险物品或者违禁物品卸下、销毁或者送交有关部门。例如在海上旅客运输中，旅客随身携带烟花爆竹上船，在航行途中被承运人发现，为了航行的安全，承运人有权将烟花爆竹抛弃投入海中。在承运人将危险物品或者违禁物品卸下、销毁或者送交有关部门的情况下，承运人可以不负赔偿责任。同时如果旅客由于违反本条第 1 款的规定对其他旅客的人身、财产或者对承运人的财产造成损害的，旅客还应当负赔偿责任。本条第 2 款还规定，如果旅客坚持要携带或者夹带危险物品或者违禁物品的，承运人应当拒绝运输。这里用的是“应当”二字，与本章第 828 条的货物运输安全的规定不一样，这主要是由于在旅客运输中，对人身安全的保护要采取更为严格的措施。

▶ **相关规定**

《中华人民共和国铁路法》第28条；《中华人民共和国民用航空法》第100条、第101条；《中华人民共和国海商法》第113条

第八百一十九条　承运人应当严格履行安全运输义务，及时告知旅客安全运输应当注意的事项。旅客对承运人为安全运输所作的合理安排应当积极协助和配合。

◆ **条文主旨**

本条是关于承运人告知义务和旅客协助配合义务的规定。

◆ **立法背景**

承运人在运输过程中，应当保证旅客的安全。运输行为是一项带有危险性的活动，特别是航空运输更是高风险的行业，它直接关系到人民的生命和财产的安全，因此强调运输活动的安全性是运输行业的一项基本原则，也是运输合同立法的基本原则。在客运合同中，安全运输就是承运人要确保被运输的旅客完好无损，本条再次强调承运人应当严格履行安全运输义务。为更好地履行安全运输义务，承运人在运输过程中很重要的一项义务就是告知义务，即及时告知旅客安全运输应当注意的事项。

◆ **条文解读**

正如前所述运输活动是一项比较危险的活动，保证运输的安全是承运人最大的义务。旅客作为一个个体，对于运输当中的安全乘运知识可能了解不多，为了让旅客安全乘坐，安全到达目的地，作为具有这方面专业知识的承运人就应当向旅客及时告知安

全运输应当注意的事项。例如在民用航空运输中，航空承运人就应当在起飞前向乘客告知系上安全带、如何保持正确的乘姿、在发生紧急情况下如何使用氧气袋和安全舷梯等知识。如果由于承运人的过错没有告知旅客安全运输应当注意的事项，造成旅客的人身或者财产损害的，承运人应当负赔偿责任。

还需要注意的是，承运人应当“及时”告知旅客安全运输应当注意的事项。这里的“及时”是一个弹性要求，应当视具体情况来判断承运人的告知是否及时，如在前面所举的民用航空运输中，航空承运人在起飞前告知乘客有关安全运输应当注意的情况就为及时，如果在起飞后才告知这些情况就为不及时。

近年来，客运合同领域出现不少新问题，不时发生一些强抢方向盘、不配合承运人采取安全运输措施等严重干扰运输秩序和危害运输安全的恶劣行为，不少意见建议对此作出有针对性的规定。这次编纂民法典，特意在本条明确了旅客的协助配合义务，即“旅客对承运人为安全运输所作的合理安排应当积极协助和配合”。承运人为了安全运输会根据有关规定和实际情况作出一些合理安排，旅客对于这些合理安排应当积极协助和配合，否则要依照有关法律规定予以处理，直至对其予以行政处罚乃至追究其刑事责任。

第八百二十条 承运人应当按照有效客票记载的时间、班次和座位号运输旅客。承运人迟延运输或者有其他不能正常运输情形的，应当及时告知和提醒旅客，采取必要的安置措施，并根据旅客的要求安排改乘其他班次或者退票；由此造成旅客损失的，承运人应当承担赔偿责任，但是不可归责于承运人的除外。

◆ **条文主旨**

本条是关于承运人迟延运输或者有其他不能正常运输情形的规定。

◆ **立法背景**

客票是承运人与旅客之间订立运输合同的凭证，同时客票上也对合同的很多内容作了记载，如运输时间、运输的班次等，旅客购买了客票后，旅客运输合同也就成立。承运人按照有效客票记载的时间、班次和座位号对旅客进行运输是其义务，否则就是对运输合同的违反。比如，《铁路法》第 12 条规定，铁路运输企业应当保证旅客按车票载明的日期、车次乘车，并到达目的站。因铁路运输企业的责任造成旅客不能按车票载明的日期、车次乘车的，铁路运输企业应当按照旅客的要求，退还全部票款或者安排改乘到达相同目的站的其他列车。

◆ **条文解读**

迟延运输或者出现不能正常运输的情形是旅客运输中的一个较为普遍的现象。在旅客运输中，常常会出现一些异常情况导致运输行为不能正常进行，如发生不可抗力致使承运人不能将旅客按时运到目的地；又如在运输途中，运输工具突然发生故障，致使运输行为不能进行等。在这些造成迟延运输或者不能正常运输的重要事由中，有的是承运人的过错造成的，有的则不是承运人的过错造成的，而是由于不可抗力、意外事件或者第三人的原因造成的。不可抗力等原因虽然不是承运人造成的，但考虑到旅客在突然降临的自然灾害等原因面前被迫停止乘运，虽然不是承运人造成的，承运人也应履行一定的责任。对于这种现象应当如何处理？本条明确规定，承运人迟延运输或者有其他不能正常运输情形的，应当及时告知和提醒旅客，采取必要的安置措施，并根据旅客的要求安排改乘其他班次或者退票；由此造成旅客损失的，承运人应当承担赔偿责任，但是不可归责于承运人的除外。根据这一规定，承运人应当履行以下义务：

一是履行告知和提醒义务。一旦迟延运输或者有其他不能正常运输的情形发生，承运人首先应当向旅客告知有关具体事宜，提醒旅客作出出行准备或者修改出行方案等。

二是采取必要的安置措施。比如，由于天气、突发事件、空中交通管制、安检以及旅客等原因，造成航班延误或者取消的，承运人应当采取各种必要的安置措施，包括协助旅客安排餐食和住宿，等等。

三是根据旅客的要求安排改乘其他班次或者退票。在承运人迟延运输的情况下，如何处理的选择权在旅客手中。旅客可以要求退票，同时，如果旅客还要求继续乘坐运输工具的，承运人应当根据旅客的要求安排旅客改乘其他班次以到达目的地。

四是由此造成旅客损失的，承运人应当承担赔偿责任，但是不可归责于承运人的除外。如果由于承运人迟延运输，造成旅客损失的，承运人应当依法承担相应的赔偿责任。当然，如果造成迟延运输的原因不能归责于承运人的，比如由于地震等不可抗力造成的，那么承运人可以不承担赔偿责任。

▶ **相关规定**

《中华人民共和国铁路法》第12条

第八百二十一条 承运人擅自降低服务标准的，应当根据旅客的请求退票或者减收票款；提高服务标准的，不得加收票款。

◆ **条文主旨**

本条是关于承运人变更服务标准的规定。

◆ **立法背景**

在旅客运输中，承运人应当按照客运合同中约定的服务标准来提供服务。实践中最典型的就是擅自变更运输工具进行运输。比如，在汽车运输中，承运人在运输合同中承诺用豪华公共汽车运输旅客，但是在实际运输中却用一般公共汽车进行运输；又如，承运人将旅客运到中途，却要求旅客换乘到另一辆公共汽车上。承运人这种擅自降低服务标准的行为，没有经过旅客的同意，违背了旅客的意志，是对运输合同的违反，有时会对旅客的利益造成损害。

◆ **条文解读**

承运人擅自降低服务标准的行为实质上是对旅客要求按合同的约定获得相应服务权利的侵害，所以在这种情况下，应当尊重旅客的选择权，旅客要求退票的，承运人应当退还旅客的全部票款；旅客要求减收票款的，承运人应当按照旅客的要求减收票款。但是在有的情况下，承运人反倒提高了对旅客的服务标准，例如在汽车运输中，承运人在合同中承诺用一般的公共汽车进行运输，但在实际运输中却用豪华客车进行了运输，这无疑提高了对旅客的服务标准。在这种情况下，承运人是否可以加收票款？虽然承运人提高了旅客的服务标准，但是没有经过旅客的同意，所以即使提高了服务标准，承运人也不应当加收旅客的票款。

第八百二十二条　承运人在运输过程中，应当尽力救助患有急病、分娩、遇险的旅客。

◆ **条文主旨**

本条是关于承运人尽力救助义务的规定。

◆ **立法背景**

在承运人与旅客的运输合同中，运送为承运人的主要义务，承运人应当将旅客安全运输到约定地点。在此之外，承运人还负有衍生于诚信原则的一些附随义务，本条规定的尽力救助的义务就是其中之一。

◆ **条文解读**

根据本条规定，在运输过程中，对于患有急病、分娩、遇险的旅客，承运人应当尽力救助。对于急病、分娩、遇险的旅客，其生命健康受到威胁，迫切需要得到救助，作为承运人，很多情况下具有提供必要救助服务的条件，如果其有能力对旅客的急病、分娩、遇险等情况进行救助，而对旅客的安危采取不闻不问的态度，这是有悖于一般的善良道德风俗的，也是与合同的基本原则——诚信原则是相违背的。所以本条规定，承运人在运输过程中，应当对患有急病、分娩、遇险的旅客尽力采取措施救助。这是承运人在运输过程所应承担的道德义务，也是法律规定的法定义务。如果未尽此义务，就要承担相应责任。

当然，承运人需要负担的是“尽力”救助的义务，所谓“尽力”，是指承运人尽到自己最大的努力，采取各种合理措施，以帮助照顾旅客或者对旅客进行救援等。承运人的救助义务并不是无限的，而是在自己的最大能力范围内救助旅客，超出承运人的能力范围，承运人可以免责。

第八百二十三条　承运人应当对运输过程中旅客的伤亡承担赔偿责任；但是，伤亡是旅客自身健康原因造成的或者承运人证明伤亡是旅客故意、重大过失造成的除外。

前款规定适用于按照规定免票、持优待票或者经承运人许可搭乘的无票旅客。

◆ 条文主旨

本条是关于承运人对旅客伤亡的赔偿责任的规定。

◆ 立法背景

运输行为的需求在于高速和安全，当代运输虽然安全程度越来越高，但社会经济发展要求的速度越来越快，在速度和安全之间，存在对立统一的关系。现代任何一种运输生产活动都存在与其他社会经济活动不同的风险，保障旅客在运输途中的安全也就成了旅客运输承运人最大的义务。承运人未尽到对旅客的安全运输义务造成旅客伤亡的，就应当承担相应的赔偿责任。本条就是关于承运人对旅客伤亡的赔偿责任的规定。

◆ 条文解读

理解本条规定，要注意以下三方面的内容：

一、归责原则

在客运合同中，造成旅客人身伤亡的，对承运人的赔偿责任应当采取什么样的归责原则，有一定的争议。有人认为应当实行过错责任制度，即承运人只有在具有过错造成旅客人身伤亡的情况下，才承担损害赔偿责任。但根据本条规定，在旅客运输活动中实行无过错责任制度，即承运人即使在没有过错的情况下，也应当承担损害赔偿责任。这是基于以下几点原因：

1. 在整个旅客运输活动中，旅客所受到的大多数损害，一般都与承运人的运输行为有关，或者由承运人的作为或不作为造成，或者由承运人未尽管理职责而间接造成。在有些情况下，并不是承运人违约或者侵权造成旅客伤害，如旅客乘火车旅行途中被车外人掷石头击伤。此时承运人仍应当承担赔偿责任，这是法律为保护旅客的人身安全利益而赋予承运人的一项责任或义务。

2. 在旅客运输中，应当强调对旅客人身生命的特别保护，而对承运人实行无过错责任制度，可以有效地促使承运人采取各种措施以保护旅客的安全。

3. 在现代运输业中，运输活动的公用性和独占特点以及国家的全面干预，要求承运人实行无过错责任制度。同时由于运输保险业的发展，运输风险大为分散，这就为承运人实行无过错责任制度奠定了基础。

4. 各国运输法对承运人责任制度的规定各不相同，但在现代经济条件下，无过错责任制度已成为旅客运输合同中的基本取向。究其原因，仍在于前面所述的国家对旅客运输行为的严格管理，承运人的独占性和公用性以及由此产生的国家对旅客的严加保护。就是我国的运输立法也在向无过错责任制度靠拢。如从原交通部颁布的《汽车旅客运输规则》来看，在公路运输中，实行的是无过错责任。铁路法虽没有明确规定是无过错责任制度，但从铁路法规定的免责条件来看，铁路运输中，也是实行的无过错责任制度。我国的《民用航空法》第124条规定，因发生在民用航空器上或者在旅客上、下民用航空器过程中的事件，造成旅客人身伤亡的，承运人应当承担责任；但是，旅客的人身伤亡完全是由于旅客本人的健康状况造成的，承运人不承担责任。可见航空旅客运输中也是实行无过错责任原则。

二、免责事由

法律在对旅客实行严格保护的同时，也明确规定了承运人的免责事由。根据本条规定，在两种情况下承运人可以免除责任：

1. 旅客自身健康原因造成的伤亡。如旅客在运输途中突发重病而死亡的。

2. 承运人证明伤亡是旅客故意、重大过失造成的。如旅客自己寻短见从火车上跳车自杀的，承运人就不承担赔偿责任。但是这里需要注意的是，只有旅客有重大过失的情况下，承运人才可以免责。如果旅客对伤亡的造成只有一般过失，承运人仍应当负赔偿责任。

在上述两种情形下，承运人对于旅客的伤亡不承担赔偿责任。

三、本条规定的适用范围

持有有效客票的旅客在运输过程中伤亡的，承运人当然须依法承担赔偿责任，但实践中还存在一些特殊情况，为了避免争议，本条第 2 款明确规定："前款规定适用于按照规定免票、持优待票或者经承运人许可搭乘的无票旅客。"即这三类旅客享有与普通旅客相同的权利，其在运输过程中伤亡的，承运人同样要承担赔偿责任。

要特别注意的是，由于运输方式的不同，风险的程度也不一样，所以各专门法对旅客运输中承运人的免责事由的规定有所不同。根据特别法优于普通法的原则，特别法有不同的规定时，应当适用特别法的规定。例如，《民用航空法》第 124 条规定的免责事由只有旅客的健康原因。同样，各专门运输法对承运人的赔偿数额基本上都作了限制性规定，如《海商法》第 117 条规定了旅客人身伤亡的，除法定情形外，每名旅客的赔偿责任限额不超过 46666 计算单位，承运人和旅客可以书面约定高于这一赔偿责任限额。《民用航空法》第 129 条规定，国际航空运输承运人对每名旅客的赔偿责任限额为 16600 计算单位；但是，旅客可以同承运人书面约定高于这一赔偿责任限额。所以各专门法对赔偿限额有特别规定的，应当依照其规定。

▶ **相关规定**

《中华人民共和国民用航空法》第 124 条、第 129 条；《中华人民共和国海商法》第 117 条

第八百二十四条 在运输过程中旅客随身携带物品毁损、灭失，承运人有过错的，应当承担赔偿责任。

旅客托运的行李毁损、灭失的，适用货物运输的有关规定。

◆ **条文主旨**

本条是关于承运人对旅客随身携带物品和托运的行李毁损、灭失的赔偿责任的规定。

◆ **立法背景**

在旅客运输中，旅客一般都会有行李，分为随身携带物品和托运行李两类。对于这些行李，承运人都负有妥善保管、注意其安全的义务，行李毁损、灭失的，承运人依法负有赔偿责任。根据本条规定，这种赔偿责任因为携带物品和托运行李的不同而有所区别。

◆ **条文解读**

根据本条第 1 款规定，对于旅客随身携带物品，如果其毁损、灭失承运人有过错的，应当承担赔偿责任。这对承运人实行的是过错责任原则，也就是说，在发生旅客自带物品毁损、灭失的情

况下，承运人对自带物品的毁损、灭失有过错时，才承担赔偿责任。这主要是因为旅客随身携带物品处于旅客的直接控制之下，而不是处于承运人的保管之下，旅客也应对其随身携带的物品负有一定的保管责任，其也应当尽足够的注意保护这些物品，因而承运人对旅客随身携带物品负有相对较轻的注意保管义务。

根据本条第2款规定，对于旅客托运的行李，其毁损、灭失的，适用货物运输的有关规定。主要是适用本法第832条的规定："承运人对运输过程中货物的毁损、灭失承担赔偿责任。但是，承运人证明货物的毁损、灭失是因不可抗力、货物本身的自然性质或者合理损耗以及托运人、收货人的过错造成的，不承担赔偿责任。"这对承运人实行的是无过错责任原则。这是因为托运的行李不是旅客随身携带的，其从实质上讲是货物运输合同，所以应当适用货物运输的有关规定，对承运人的要求要高于旅客随身携带物品。

第三节　货运合同

第八百二十五条　托运人办理货物运输，应当向承运人准确表明收货人的姓名、名称或者凭指示的收货人，货物的名称、性质、重量、数量，收货地点等有关货物运输的必要情况。

因托运人申报不实或者遗漏重要情况，造成承运人损失的，托运人应当承担赔偿责任。

◆ 条文主旨

本条是关于托运人如实申报情况义务的规定。

◆ 立法背景

货运合同是指将特定的货物运送至约定地点，由托运人或者收货人支付费用的合同。货运合同与客运合同的最大区别在于运输对象的不同，其效力与客运合同有很大差异。

在承运人托运货物之前，往往需要托运人在办理货物运输之时向承运人准确地表明一些运输当中必要的情况，以便于承运人准确、安全地进行运输。在货物运输业务中，一般都是采用由托运人填写运单的方式（如在海上货物运输中一般是提单，在民用航空货物运输中一般是航空货运单，在铁路货物运输中一般是货运单）来进行申报的，而承运人也一般是凭借托运人填写的内容来了解货物的情况，并且采取相应的措施对货物进行运输中的保护；同时承运人也是根据运单上填写的收货人的名称或者地址，向收货人交货。如果托运人不向承运人准确、全面地表明这些运输必要的情况，就有可能造成承运人无法正确地进行运输，甚至有可能对承运人造成损失。为了避免这种情况的出现，本条强调了托运人在办理货物运输时，应当准确地向承运人表明有关货物运输的必要情况。在专门法中，对托运人的这项义务也作了规定，如《民用航空法》第 117 条规定，托运人应当对航空货运单上所填关于货物的说明和声明的正确性负责。因航空货运单上所填的说明和声明不符合规定、不正确或者不完全，给承运人或者承运人对之负责的其他人造成损失的，托运人应当承担赔偿责任。《铁路法》第 19 条规定，托运人应当如实填报托运单，铁路运输企业有权对填报的货物和包裹的品名、重量、数量进行检查。经检查，申报与实际不符的，检查费用由托运人承担；申报与实际相符的，检查费用由铁路运输企业承担，因检查对货物和包裹中的物品造成的损坏由铁路运输企业赔偿。托运人因申报不实而少交的运费和其他费用应当补交，铁路运输企业按照国务院铁路主管部门的规定加收运费和其他费用。《海商法》第66条规定，托运人托运货物，应当妥善包装，并向承运人保证，货物装船时所提供的货物的品名、标志、包装或者件数、重量或者体积的正确性；由于包装不良或者上述资料不正确，对承运人造成损失的，托运人应当负赔偿责任。

◆ 条文解读

根据本条第1款的规定，托运人办理货物运输，一般应当向承运人准确表明以下内容：

1. 收货人的名称或者姓名或者凭指示的收货人。这在货物运输合同中是很重要的，因为在运输合同中签订合同的一方托运人很多时候不是货物的接收方，接收方往往是与承运人并不相识的第三方，为了便于承运人及时交货，就需要托运人在运输开始之前向承运人在运单上或者以其他方式表明收货人的名称或者姓名。本条还规定，托运人在有的情况下还应当向承运人表明"凭指示的收货人"。这主要是针对在海上货物运输的情况下，托运人在交付货物进行运输时，还没有确定货物给谁时，就在提单上写明"凭指示交付"的字样，也就是承运人凭托运人的指示交付或者提单持有人的指示交付货物。

2. 货物的名称、性质、重量、数量等内容。这些因素都涉及货物本身的情况。一方面，托运人必须向承运人告知货物的具体情况，才能使承运人采取适当的措施确保货物在运输过程中不发生意外；另一方面，承运人收取运费、装卸货物的方式等都依赖于托运人所表明的货物的具体情况。

3. 收货地点。这对承运人的正确运输也是非常重要的，如果承运人不知道收货人的收货地点，也就无法在某个确定的地点进行货物交付，也就无法完成运输任务。

4. 有关货物运输的其他必要情况。除了上面列举的几种情况外，托运人还应当向承运人准确提供货物运输必要的其他情况，如货物的表面情况、包装情况等。

托运人应当向承运人准确表明以上内容，如果托运人申报不实即托运人所提供的情况与实际情况不符合，或者托运人遗漏重要的情况，即托运人应当向承运人提供一些有关运输的重要情况却没有提供，往往会造成两种结果：

一是因为托运人申报不实或者遗漏重要情况，致使承运人按照托运人申报的情况进行运输，结果给托运人造成损失。对于这种情况，应当如何处理？向承运人准确、全面地表明运输必要的情况是托运人的义务，如果因为托运人不履行这项义务或者履行这项义务不符合合同的约定给自己造成损失的，证明托运人对损失的产生是有过错的，所以理应由托运人自己承担损失，承运人可以不负任何责任。

二是因为托运人的申报不实或者遗漏重要情况给承运人造成损失的，对于这种情况，应当如何处理？本条第 2 款明确规定，因托运人申报不实或者遗漏重要情况，造成承运人损失的，托运人应当承担损害赔偿责任。比如，托运人把五吨重的货物误报为三吨，承运人的起重机负荷仅为三吨，造成机毁货损，损及承运人船舶，对此，托运人应当承担损害赔偿责任。

▶ 相关规定

《中华人民共和国民用航空法》第 117 条；《中华人民共和国铁路法》第 19 条；《中华人民共和国海商法》第 66 条

第八百二十六条 货物运输需要办理审批、检验等手续的，托运人应当将办理完有关手续的文件提交承运人。

◆ 条文主旨

本条是关于托运人办理审批、检验等手续的义务的规定。

◆ 立法背景

货物的运输往往会涉及各种手续，如国际货物运输合同，就必须向海关办理出口货物的报关，同时还必须为出口的货物办妥检疫、检验等手续；有些货物的运输还必须经过有关政府主管部门审批和同意。货物运输中所涉及的各种手续是运输所必需的，如果没有这些手续，承运人不能进行正常运输。所以在运输前，承运人一般都要求托运人办理这些手续，并且应当将办理完这些手续的文件提交给承运人，以便于承运人运输。我国的各专门法基本上都强调了托运人的这项义务，《民用航空法》第 123 条规定，托运人应当提供必要的资料和文件，以便在货物交付收货人前完成法律、行政法规规定的有关手续；因没有此种资料、文件，或者此种资料、文件不充足或者不符合规定造成的损失，除由于承运人或者其受雇人、代理人的过错造成的外，托运人应当对承运人承担责任。《海商法》第 67 条规定，托运人应当及时向港口、海关、检疫、检验和其他主管机关办理货物运输所需的各项手续，并将已办理各项手续的单证送交承运人；因办理各项手续的有关单证送交不及时、不完备或者不正确，使承运人的利益受到损害的，托运人应当负赔偿责任。

◆ 条文解读

本条对托运人应当办理的手续列举了审批、检验两种，但是托运人在货物运输前应当办理的手续不限于这两种，一般还包括检疫、港口准入等，在运输危险品时还包括危险品运输的许可手续。托运人一般应当在承运人进行货物运输前向承运人及时提供这些手续，如果不及时向承运人提供这些手续，就有可能造成运输的迟延，或者对承运人造成损失。对于托运人没有向承运人提供这些手续或者提供的手续不完备或者没有及时提供这些手续，给承运人造成损失的，托运人应当赔偿损失。

▶ **相关规定**

《中华人民共和国民用航空法》第123条；《中华人民共和国海商法》第67条

第八百二十七条 托运人应当按照约定的方式包装货物。对包装方式没有约定或者约定不明确的，适用本法第六百一十九条的规定。

托运人违反前款规定的，承运人可以拒绝运输。

◆ **条文主旨**

本条是关于托运人包装货物义务的规定。

◆ **立法背景**

在货物运输中，对货物进行包装是很重要的，我们知道，货物的运输实际上就是货物在两地之间的位移，其一般都要经过长时间的移动，而移动的过程中可能遇到各种地形、气候以及运输工具本身的影响，而这种影响可能对货物的安全构成威胁，所以对货物进行妥善包装就涉及运输过程中运输货物的安全。例如，对于易腐烂变质的货物，如不对其进行包装，有可能在运输过程中就腐烂变质了。当然，并不是说任何货物的运输都必须进行包装，货物是否需要包装要根据货物本身的特性、运输路程的情况以及所使用的运输工具来决定。例如运输的货物是硬货，并且运输的路程很短，不包装对货物的安全不构成任何问题，此时不包装也是可以的。提出货物包装要求的一般是承运人或者主管运输的部门，运输合同的当事人一般在运输合同中对包装的方式也会作出约定。

◆ **条文解读**

运输合同的当事人对货物的包装标准可以进行约定，但是当事人对包装的约定不得违反国家对包装标准的强制性规定，在当事人对包装约定的标准不违反国家规定的强制性标准的情况下，托运人应当按照约定的包装标准对货物进行包装。但是在有的情况下，托运人与承运人对包装的方式并没有进行约定或者虽有约定，但约定得不清楚，在这种情况下，本条第 1 款规定，对包装方式没有约定或者约定不明确的，适用本法第 619 条的规定。本法第 619 条规定："出卖人应当按照约定的包装方式交付标的物。对包装方式没有约定或者约定不明确，依据本法第五百一十条的规定仍不能确定的，应当按照通用的方式包装；没有通用方式的，应当采取足以保护标的物且有利于节约资源、保护生态环境的包装方式。"该条中的足以保护标的物的包装方式，在运输合同中是指托运人根据货物的性质、重量、运输方式、运输距离、气候条件及运输工具的装载条件，使用符合运输要求，便于装卸和保证货物安全的包装。

按照本条第 2 款的规定，如果按照规定货物需要包装，而托运人违反本条第 1 款的规定没有进行包装或者包装不符合约定或者运输安全需要的，承运人可以拒绝运输。这是因为包装托运货物是托运人的义务，如果其不愿包装或者包装不符合约定，就是托运人不愿履行自己的义务，承运人当然有拒绝履行运输义务的权利。对于因此给托运人造成的损失，承运人不负赔偿责任；对于因此给承运人造成损失的，托运人应当向承运人赔偿损失。

第八百二十八条 托运人托运易燃、易爆、有毒、有腐蚀性、有放射性等危险物品的，应当按照国家有关危险物品运输的规定对危险物品妥善包装，做出危险物品标志和标签，并将有关危险物品的名称、性质和防范措施的书面材料提交承运人。

托运人违反前款规定的，承运人可以拒绝运输，也可以采取相应措施以避免损失的发生，因此产生的费用由托运人负担。

◆ 条文主旨

本条是关于托运人托运危险物品应履行义务的规定。

◆ 立法背景

在货物运输中，托运人往往会托运一些易燃、易爆、有毒、有腐蚀性、有放射性的危险物品。在运输这些危险物品时往往会涉及安全问题，如果在运输过程中对这些危险物品不进行妥善处理，就有可能对货物、运输工具等财产或者人身安全造成极大的威胁，所以对危险物品的安全运输作出强制性规定就显得极为重要。也正因为这样，各专门运输法对危险物品的运输基本上都作了特别规定，《海商法》第 68 条第 1 款规定，托运人托运危险货物，应当依照有关海上危险货物运输的规定，妥善包装，作出危险品标志和标签，并将其正式名称和性质以及应当采取的预防危害措施书面通知承运人；托运人未通知或者通知有误的，承运人可以在任何时间、任何地点根据情况需要将货物卸下、销毁或者使之不能为害，而不负赔偿责任。托运人对承运人因运输此类货物所受到的损害，应当负赔偿责任。《铁路法》第 28 条规定，托运、承运货物、包裹、行李，必须遵守国家关于禁止或者限制运输物品的规定。《民用航空法》第 101 条规定，公共航空运输企业运输危险品，应当遵守国家有关规定。禁止以非危险品品名托运危险品……危险品品名由国务院民用航空主管部门规定并公布。

◆ **条文解读**

本条是在借鉴各专门运输法规定的基础上对危险货物的运输作出的规定，本条第 1 款对托运人规定了三项义务：

1. 对危险物品进行妥善包装。这里的妥善包装应当按照有关危险物品运输的规定进行，这些规定在国务院的行政法规或者运输主管部门的规章中基本上都有规定，例如国务院制定的《铁路货物运输合同实施细则》《水路货物运输合同实施细则》等。海上危险货物运输的包装则应符合联合国国际海事组织所颁布的危险品运输规则的有关规定。

2. 托运人应当在危险物品上作出标志和标签。例如在易爆的物品上标上“危险物品，请注意”的标签；在易燃的物品上贴上“火”的标志。在危险物品上作出标志和标签的目的是便于人们识别、提请人们注意，也是使承运人进行安全运输。

3. 托运人还应当将有关危险物品的名称、性质和防范措施的书面材料提交承运人。要求托运人提供这些材料的目的是使承运人采取措施进行安全运输，同时也是让承运人了解危险物品后，决定是否进行运输。托运人不得将危险物品报成非危险物品的名称，否则就要承担责任。

根据本条第 2 款规定，如果托运人没有对危险物品妥善进行包装，或者没有对危险物品作出标志和标签，或者没有将有关危险物品的名称、性质和防范措施的书面材料及时提交承运人的，承运人可以拒绝运输；如果是在运输过程中发现了托运人托运的是危险物品的，承运人也可以采取各种措施避免损失的发生，这些措施包括承运人可以在任何地点、任何时间根据情况将货物卸下、销毁或者使之不能为害。如果因为承运人采取的措施对托运人造成损失的，承运人可以不负赔偿责任。但如果因此而给承运人造成损失的，托运人应当向承运人负赔偿责任，同时承运人因为采取措施而产生的各种费用也应当由托运人承担。这里需要强调的是，即使托运人没有违反本条第 1 款规定的义务，承运人也知道危险物品的性质并且同意运输，但在运输过程中该危险货物对于运输工具、人员的安全和其他货物造成危险时，承运人仍可以采取各种相应的措施以避免损失的发生。在这种情况下，即使给托运人造成损失，承运人也可以不承担损害赔偿责任。

▶ 相关规定

《中华人民共和国民用航空法》第 101 条；《中华人民共和国海商法》第 68 条；《中华人民共和国铁路法》第 28 条

第八百二十九条 在承运人将货物交付收货人之前，托运人可以要求承运人中止运输、返还货物、变更到达地或者将货物交给其他收货人，但是应当赔偿承运人因此受到的损失。

◆ 条文主旨

本条是关于托运人变更或者解除运输合同权利的规定。

◆ 立法背景

所谓托运人的变更或者解除权，就是货物运输合同成立后，托运人有权变更或者解除合同，这种变更或者解除可以不经过承运人同意，承运人也无权过问相对方变更和解除合同的原因，只要托运人提出变更或者解除合同，均应予以变更或者解除。其他专门法对此也有明确规定。我国《海商法》第 89 条规定，船舶在装货港开航前，托运人可以要求解除合同。此处虽然是用的“可以要求”字样，但实质上，托运人的解除要求，承运人必须同意，因此仍为单方任意解除。《民用航空法》第 119 条第 1 款规定，托运人在履行航空货物运输合同规定的义务的条件下，有权在出发地机场或者目的地机场将货物提回，或者在途中经停时中止运输，或者在目的地或者途中要求将货物交给非航空货运单上指定的收货人，或者要求将货物运回出发地机场。

◆ 条文解读

根据本条规定，在承运人将货物交付收货人之前，托运人享有如下权利：一是中止运输、返还货物。中止运输，是指托运人要求承运人立即停止运输托运的货物；返还货物，是指托运人要求承运人将已经办理托运手续的货物返还给托运人或者提货凭证持有人。这实际上就是解除货运合同。二是变更到达地。变更到达地，是指托运人在货物交付给收货人之前，改变原来约定的到达地。对此承运人不得拒绝变更。三是将货物交给其他收货人。这实际上就是变更收货人。在承运人将货物交付收货人之前，托运人享有以上权利，承运人不得拒绝变更后的运输义务，应当按照托运人的要求中止运输、返还货物，或者按照托运人变更后的要求将货物安全、及时地运送至新的到达地或者交给新的收货人。当然，如果因为托运人单方变更或者解除合同给承运人造成损失的，应当赔偿其损失，包括承担因变更或者解除合同而产生的各种费用等。

但是这里需要注意的是，在提单运输中（主要在海上货物运输中），由于提单具有物权凭证、可以转让的性质，托运人的权利义务等全部内容一并转移给了提单持有人。所以在提单运输中，在货物已经起运后，托运人如果已经转让了提单，托运人就没有权利单方变更或者解除合同。但是在这种情况下，提单持有者可以单方变更或者解除合同。

理解本条还需要注意以下几点：（1）如果托运人或者提单持有人的指示不能执行的，承运人应当立即通知托运人或者提单持有人。（2）托运人或者提单持有人的这种单方变更或者解除权只能在货物交付收货人之前行使，如果货物已经交付给收货人，则托运人或者提单持有人的这种变更或者解除合同的权利即告终止。但是收货人拒绝接收货物的，或者承运人无法同收货人联系的，托运人或者提单持有人可以恢复行使这种权利。（3）本条的单方变更或者解除权只能由托运人或者提单持有人享有，承运人在运输合同成立后，不得单方变更或者解除合同，除非对方严重违约或者发生不可抗力。

▶ **相关规定**

《中华人民共和国海商法》第89条；《中华人民共和国民用航空法》第119条

第八百三十条　货物运输到达后，承运人知道收货人的，应当及时通知收货人，收货人应当及时提货。收货人逾期提货的，应当向承运人支付保管费等费用。

◆ 条文主旨

本条是关于提货的规定。

◆ 立法背景

承运人将货物安全运到目的地后，并没有完成所有的运输义务，其还应当按照约定将货物交付于收货人。这是承运人的一项主要义务。

◆ 条文解读

承运人将货物安全运到目的地后，如果知道收货人的，应当及时通知收货人，以便于收货人及时提货，因为收货人对于货物何时到达目的地一般是不知道的。但是在有的情况下，货物到达目的地后，承运人并不知道收货人是谁，而托运人又没有及时告知承运人，在此时，承运人就没有及时通知收货人的义务。例如在海上货物运输中，托运人并没有告诉承运人收货人是谁，而只是在单证上写明“凭提示交付货物”，则承运人将货物运到目的地后，就可能不知道收货人是谁。所以本条才强调“承运人知道收货人的，应当及时通知收货人”。在货物到达目的地后，如果承运人不知道收货人是谁时，承运人应当通知托运人在合理期限内就运输的货物的处分作出指示。

一旦收货人接到承运人的通知，应当及时提货。这是收货人的主要义务。如果收货人在收到承运人的提货通知后的规定时间内或者没有规定时间而在合理时间内没有提取货物，造成逾期提货的，应当向承运人支付逾期的保管费用，如果因为逾期提货给承运人造成损失的，收货人应当承担损失。如果在逾期期间，货物因发生不可抗力而毁损灭失的，承运人不负赔偿责任。收货人提货时，应当将提单或者其他提货凭证交还给承运人，承运人一般也只有在收货人出示了提货凭证后，才能向收货人交付货物。如果按照运输合同的规定或者提货凭证的规定，应当由收货人交付全部或者部分运费的，收货人还应当向承运人履行交付运费的义务后，才有权利提取货物。

第八百三十一条 收货人提货时应当按照约定的期限检验货物。对检验货物的期限没有约定或者约定不明确，依据本法第五百一十条的规定仍不能确定的，应当在合理期限内检验货物。收货人在约定的期限或者合理期限内对货物的数量、毁损等未提出异议的，视为承运人已经按照运输单证的记载交付的初步证据。

◆ 条文主旨

本条是关于收货人检验货物的规定。

◆ 立法背景

在货物运输合同中，承运人交付货物，收货人提货时，一个重要的问题就是收货人对货物的检验。货物经过运输后，其质量和数量很有可能发生变化，检验的目的是查明承运人交付的货物是否完好，是否与合同的约定相符合，因此对货物进行检验密切关系着收货人的利益。同时，对货物进行检验，可以尽快确定货物的质量状况和数量情况，明确责任，及时解决纠纷、有利于加速商品的流转。否则，当事人的法律关系长期处于不稳定的状态，不利于维护健康正常的合同秩序。所以本条强调收货人在提货时应当及时对货物进行检验。这是收货人的权利也是其义务。

◆ **条文解读**

对于收货人的检验时间，如果运输合同对检验时间有约定的，根据本条的规定，收货人应当在约定的期限内对货物进行检验。如果对检验货物的时间没有约定或者约定不明确的，应当依据本法第510条的规定来确定，即："合同生效后，当事人就质量、价款或者报酬、履行地点等内容没有约定或者约定不明确的，可以协议补充；不能达成补充协议的，按照合同相关条款或者交易习惯确定。"如果依据第510条的规定仍不能确定的，则应当在合理期限内检验货物。这里的"合理期限"是一个弹性的规定，应当视实际情况确定具体的时间。对于货物的数量、较易发现的货物的毁损，收货人应当在较短的时间内进行检验。例如，如果货物是易腐烂变质的东西，则收货人就应当在极短的时间内对货物进行检验。如果货物的毁损不是立即就能发现的，则收货人对货物进行检验的时间就会长一些。

如果收货人未在约定的期限内或者未在合理的期限内对货物的数量、毁损等提出异议，其法律后果为何，制定合同法时曾有两种不同的意见：一种意见认为，收货人未在约定的期限内或未在合理的期限内对货物的数量、毁损等提出异议的，应当视为承运人交付的货物与运输单证上记载的完全一样，承运人就不承担责任了。另一种意见认为，收货人未在约定的期限内或者合理的期限内对货物的毁损、数量等提出异议的，只能视为承运人已经按照运输单证的记载交付的初步证据。最终合同法基本上采纳了第二种意见，民法典继续维持这一规定未变。其他专门法对此也有类似规定，比如《民用航空法》第 134 条第 1 款规定，旅客或者收货人收受托运行李或者货物而未提出异议，为托运行李或者货物已经完好交付并与运输凭证相符的初步证据。《海商法》第 81 条第 1 款规定，收货人未将货物灭失或者损坏的情况书面通知承运人的，此项交付视为承运人已经按照运输单证的记载交付以及货物状况良好的初步证据。根据这一规定，收货人即使未在约定或者合理的期间内提出异议，但以后他仍可以提出据以异议和索赔的相反的证据，一旦有证据证明货物的毁损、灭失是发生在运输期间的，承运人仍应当赔偿。

▶ 相关规定

《中华人民共和国民用航空法》第 134 条；《中华人民共和国海商法》第 81 条

第八百三十二条 承运人对运输过程中货物的毁损、灭失承担赔偿责任。但是，承运人证明货物的毁损、灭失是因不可抗力、货物本身的自然性质或者合理损耗以及托运人、收货人的过错造成的，不承担赔偿责任。

◆ 条文主旨

本条是关于承运人对于货损的赔偿责任的规定。

◆ 立法背景

在货物运输中，承运人应当将货物安全运输到目的地，因此，承运人应当对自接收货物时起至交付货物时止所发生的货物的毁损、灭失承担损害赔偿责任。这里的“毁损”是指搬运的货物因损坏而价值减少；“灭失”是指承运人无法将货物交付给收货人，既包括货物物质上的灭失，也包括占有的更新丧失及法律上不能回复占有的各种情形。本条明确规定，承运人对运输过程中货物的毁损、灭失承担赔偿责任。根据这一规定，承运人应当对运输过程中货物的毁损、灭失承担无过错的赔偿责任，即该赔偿责任的成立，不以承运人在运输过程中存在过错为前提条件。

运输行为是风险作业，在运输过程中损害的发生原因是极其复杂的，法律在强调对托运人或者收货人的利益进行保护的同时，也必须对承运人的利益作适当的保护，以体现公平原则。法律对承运人的保护就体现在免责事由上。《铁路法》第 18 条规定，由于下列原因造成的货物、包裹、行李损失的，铁路运输企业不承担赔偿责任：（1）不可抗力。（2）货物或者包裹、行李中的物品本身的自然属性，或者合理损耗。（3）托运人、收货人或者旅客的过错。《海商法》第 51 条也规定了承运人在 12 种情况下，可以免除赔偿责任。原《经济合同法》第 36 条第 1 款第 5 项也规定，在符合法律和合同规定条件下的运输，由于下列原因造成货物灭失、短少、变质、污染、损坏的，承运方不承担违约责任：（1）不可抗力；（2）货物本身的自然性质；（3）货物的合理损耗；（4）托运方或收货方本身的过错。合同法对运输合同中承运人的免责事由的规定借鉴了专门运输法的规定和原经济合同法的规定，民法典维持这一规定不变。

◆ **条文解读**

根据本条规定，承运人可以免除赔偿责任的三种情况是：

1. 不可抗力。根据本法第 180 条的规定，不可抗力是指当事人不能预见、不能避免且不能克服的客观情况，包括地震、台风、洪水等自然灾害，也包括战争等社会现象。如果货物的毁损、灭失是因不可抗力造成的，承运人不承担赔偿责任。

2. 货物本身的自然性质或者合理损耗。货物本身的自然性质，主要是指货物的物理属性和化学属性，例如运输的货物是气体，而气体的自然属性就是易挥发。如果是由于挥发造成的损失，承运人就不承担责任。货物的合理损耗，主要是指一些货物在长时间的运输过程中，必然会有一部分损失，对于这一部分损失，承运人也不负赔偿责任。

3. 托运人、收货人的过错。这主要是指由于托运人或者收货人自身的原因造成的货物损失。根据本章的规定，包括以下几种情况：（1）托运人对货物的包装存在缺陷，而承运人在验收货物时无从发现；（2）托运人自己装上运输工具的货物，加固材料不符合规定的条件或者违反装载规定，交付货物时，承运人无法从外部发现的；（3）托运人应当采取而未采取保证货物安全措施的；（4）收货人负责卸货造成的损失；（5）托运人应当如实申报而没有如实申报，导致承运人没有采取相应的保护措施造成的损失；等等。

承运人要求免除赔偿责任的，应当负举证责任。如果承运人自己不能证明有不可抗力、货物本身的自然性质或者合理损耗以及托运人、收货人的过错的情形存在，其就要承担损害赔偿责任。

▶ **相关规定**

《中华人民共和国铁路法》第18条；《中华人民共和国海商法》第51条

第八百三十三条 货物的毁损、灭失的赔偿额，当事人有约定的，按照其约定；没有约定或者约定不明确，依据本法第五百一十条的规定仍不能确定的，按照交付

或者应当交付时货物到达地的市场价格计算。法律、行政法规对赔偿额的计算方法和赔偿限额另有规定的，依照其规定。

◆ **条文主旨**

本条是关于确定货物赔偿额的规定。

◆ **立法背景**

在货物发生毁损、灭失的情况下，对于如何确定货物的赔偿额，本条作了明确规定。

◆ **条文解读**

具体说来，应当根据以下规则来确定货物的损害赔偿额：

1. 当事人对货物毁损、灭失的赔偿额有约定的，应当按约定数额进行赔偿。当事人在合同中可能规定了一个总的赔偿数额，也有可能规定了一个赔偿额的计算方法。有的情况下，当事人办理了保价运输，这实际上也是对赔偿额的一种约定。但是，要注意在保价运输的情况下货物受损的赔偿。所谓保价运输就是承运人处理托运人、收货人提出赔偿要求的一种方式，即托运人在办理托运货物的手续时或者与承运人签订合同时，向承运人要求进行保价运输，声明货物的价格，并支付保价费。这实际上是当事人之间对货物损害赔偿额的一种约定。一般情况下，保价额相当于货物的价值。托运人办理保价运输的，承运人应当按照实际损失进行赔偿，但最高不得超过保价额。实际损失低于保价额的，按照实际损失进行赔偿。比如，《铁路法》第 17 条中对货物的保价运输进行了规定，该条规定，铁路运输企业应当对承运的货物、包裹、行李自接受承运时起到交付时止发生的灭失、短少、变质、污染或者损坏，承担赔偿责任：（1）托运人或者旅客根据自愿申请办理保价运输的，按照实际损失赔偿，但最高不超过保价额……

2. 当事人对赔偿额没有约定或者约定不明确的，承运人赔偿的数额应当依照本法第 510 条的规定进行确定。本法第 510 条规定："合同生效后，当事人就质量、价款或者报酬、履行地点等内容没有约定或者约定不明确的，可以协议补充；不能达成补充协议的，按照合同相关条款或者交易习惯确定。"

3. 如果依照本法第 510 条的规定仍不能确定的，则按照交付或者应当交付时货物到达地的市场价格计算。本条之所以要规定此时以交付时或者应当交付时货物到达地的市场价格来计算货物的赔偿额，目的在于使托运人或者收货人获得假如货物安全及时到达并按合同交付时所应获得的利益，有利于保护托运人或者收货人的利益。这里的"交付时"是指货物按时到达了目的地，但是货物有毁损的情况下，计算市场价格的起算时间；"应当交付时"是指货物没有按时到达，而货物有毁损或者灭失的情况下，市场价格的起算时间。

4. 法律、行政法规对赔偿额的计算方法和赔偿限额另有规定的，应当依照其规定进行赔偿。我国各专门法对承运人的赔偿责任范围基本上都作了规定，如《铁路法》第 17 条第 1 款第 2 项规定，未按保价运输承运的，按照实际损失赔偿，但最高不超过国务院铁路主管部门规定的赔偿限额。《民用航空法》第 128 条第 1 款规定，国内航空运输承运人的赔偿责任限额由国务院民用航空主管部门制定，报国务院批准后公布执行。第 129 条第 2 项规定，对托运行李或者货物的赔偿责任限额，每公斤为 17 计算单位。《海商法》第 56 条第 1 款规定，承运人对货物的灭失或者损坏的赔偿限额，按照货物件数或者其他货运单位数计算，每件或者每个其他货运单位为666.67计算单位，或者按照货物毛重计算，每公斤为2计算单位，以二者中赔偿限额较高的为准。对于法律、行政法规的这些规定，应当在计算承运人的赔偿额时予以遵守。

对于本条需要注意的是，如果托运人在托运货物时自愿办理了货物运输保险的，在发生货物的毁损、灭失等保险事故时，得根据保险合同向保险人索赔。但保险人给付保险赔偿金后取得对承运人的赔偿金的代位求偿权。

▶ **相关规定**

《中华人民共和国民用航空法》第128条、第129条；《中华人民共和国铁路法》第17条；《中华人民共和国海商法》第56条

第八百三十四条　两个以上承运人以同一运输方式联运的，与托运人订立合同的承运人应当对全程运输承担责任；损失发生在某一运输区段的，与托运人订立合同的承运人和该区段的承运人承担连带责任。

◆ **条文主旨**

本条是关于相继运输责任承担的规定。

◆ **立法背景**

所谓相继运输，又称"连续运输"，就是多个承运人以同一种运输方式共同完成货物运输的一种运输方式。在相继运输中，托运人只与数个承运人中的某一个承运人签订运输合同，在实践中，主要是与第一承运人签订运输合同。相继运输中，一方面，同一运输方式的运输路线分为不同的运输区段，而完成这一运输过程必须经过若干运输区段、由不同运输区段的承运人完成；另

一方面，运输关系要求特定的货物运输从起点到终点具有连续性、不能中断、不可分割的特性。在运输活动中，普遍存在的转车、转机、转船就是典型的相继运输，其主要特征就是“一票到底”，利用人只要与第一承运人签订运输合同，就可以享受全程所有区段的运输。

相继运输所发生的特殊的运输合同关系，我国的海商法和民用航空法都作了详细规定。比如，《民用航空法》第136条规定，由几个航空承运人办理的连续运输，接受旅客、行李或者货物的每一个承运人应当受本法规定的约束，并就其根据合同办理的运输区段作为运输合同的订约一方。对前款规定的连续运输，除合同明文约定第一承运人应当对全程运输承担责任外，旅客或者其继承人只能对发生事故或者延误的运输区段的承运人提起诉讼。托运行李或者货物的毁灭、遗失、损坏或者延误，旅客或者托运人有权对第一承运人提起诉讼，旅客或者收货人有权对最后承运人提起诉讼，旅客、托运人和收货人均可以对发生毁灭、遗失、损坏或者延误的运输区段的承运人提起诉讼。上述承运人应当对旅客、托运人或者收货人承担连带责任。

◆ 条文解读

相继运输中，承运人的责任制度是立法中的一个难点，也是一个重点。有人认为，应当规定在相继运输中，各承运人应当承担连带责任。有人认为，应当规定由签订运输合同的第一承运人对运输的全程负责。我们认为，在签订合同时，除非承运人明确与托运人约定，各承运人是一个合伙关系，否则托运人无从知道各承运人之间的关系，一旦发生责任，托运人一般也只找与之签订运输合同的承运人，由签订运输合同的承运人承担责任，有运输合同作为依据，可以便于索赔。从这个角度来讲，规定由与托运人签订合同的承运人应当对全程运输承担责任是比较合理的。签订合同的承运人对托运人承担责任后，其可以向其他承运人追偿。据此，本条明确规定：“两个以上承运人以同一运输方式联运的，与托运人订立合同的承运人应当对全程运输承担责任；损失发生在某一运输区段的，与托运人订立合同的承运人和该区段的承运人承担连带责任。”本条规定包括两方面的内容：

一是在单式联运中，与托运人订立合同的承运人应当对全程运输承担责任。这就是说，订约的第一承运人应当对货物安全及时送达目的地负责，如果货物因为其他承运人的原因而未能安全及时送达目的地，订约的第一次承运人应当就此对托运人或者收货人负责。

二是损失发生在某一运输区段的，与托运人订立合同的承运人和该区段的承运人承担连带责任。也就是说，如果查明货物的毁损、灭失是发生在某一具体运输区段的，由该区段的承运人和订约的第一承运人承担连带责任。这有利于保障托运人的利益，使其可以对所受损失进行直接追偿。

▶ **相关规定**

《中华人民共和国民用航空法》第136条

第八百三十五条 货物在运输过程中因不可抗力灭失，未收取运费的，承运人不得请求支付运费；已经收取运费的，托运人可以请求返还。法律另有规定的，依照其规定。

◆ **条文主旨**

本条是关于货物因不可抗力而灭失时运费处理的规定。

◆ 立法背景

在运输活动中，常常出现这样一种情况，即托运的货物在运输过程中因不可抗力灭失了，货物的这种灭失不是因为承运人的原因造成的，也不是因为托运人、收货人的过错造成的。在这种情况下，对于货物灭失的风险根据本章第832条的规定，承运人不承担货物的损害赔偿责任，但是对于运费的支付风险应当如何处理呢？对此，我国《海商法》第90条规定，船舶在装货港开航前，因不可抗力或者其他不能归责于承运人和托运人的原因致使合同不能履行的，双方均可以解除合同，并互相不负赔偿责任。除合同另有约定外，运费已经支付的，承运人应当将运费退还给托运人；货物已经装船的，托运人应当承担装卸费用。我国台湾地区“民法”第645条规定，运送物于运送途中因不可抗力而丧失者，运送人不得请求运费。其因运送而已受领之数额，应返还之。本条的规定是在参考海商法的规定和借鉴我国台湾地区“民法”规定的基础上作出的。

◆ 条文解读

根据本条规定，运费的风险应当由承运人负担。即货物在运输过程中因不可抗力灭失，未收取运费的，承运人不得请求支付运费；已收取运费的，托运人可以请求返还。在立法过程中，对此曾有一定争议，有的认为，已经收取运费的，由于承运人已经运输了一段时间，所以承运人可以不返还运费。我们认为，托运人已经因货物的灭失而遭受了极大的损失，如果其还要负担运费，就意味着要承担双重损失，从公平和诚实信用的角度来讲，法律应当允许托运人请求承运人返还已支付的运费，使风险得以合理分担。所以本条规定，已收取的运费，托运人可以请求返还。当然，如果其他法律对于运费的处理另有特别规定的，依照其规定处理。

▶ **相关规定**

《中华人民共和国海商法》第90条

第八百三十六条 托运人或者收货人不支付运费、保管费或者其他费用的，承运人对相应的运输货物享有留置权，但是当事人另有约定的除外。

◆ **条文主旨**

本条是关于承运人留置权的规定。

◆ **立法背景**

收取运费、保管费以及其他运输费用（如承运人为托运人或者收货人垫付的报关费等）是承运人的主要权利。但是在托运人或者收货人不交付运费、保管费以及其他运输费用时，承运人可以采取什么措施保护自己的权利呢？对此本条明确规定，托运人或者收货人不支付运费、保管费或者其他费用的，承运人对相应的运输货物享有留置权。

◆ **条文解读**

承运人在行使留置权时，应当注意下列事项：

1. 除法律另有规定外，承运人可以自行留置货物，不必通过法定程序留置货物。

2. 本条所指的对“相应的运输货物”行使留置权包括两层含义：一是对于可分的货物，承运人留置的货物应当合理和适当，其价值应包括未支付的运费、保管费以及其他费用，加上可能因诉讼产生的费用，而不能留置过多的货物。当然如果承运人根本就没有获得任何费用，其也可以对全部货物行使留置权。二是对于不可分的货物，承运人可以对全部货物进行留置，即使承运人已取得了大部分运费、保管费以及其他费用。

3. 本条还规定“但是当事人另有约定的除外”，此句包含了两层意思：第一是指当事人如果在合同中约定即使在运费、保管费或者其他费用没有付清的情况下，承运人也不能留置货物的，承运人就不能留置货物。第二是指如果托运人或者收货人提供了适当的担保，则承运人也不能留置货物。

第八百三十七条 收货人不明或者收货人无正当理由拒绝受领货物的，承运人依法可以提存货物。

◆ 条文主旨

本条是关于货物提存的规定。

◆ 立法背景

在实际运输业务中，常因贸易合同纠纷或者其他原因，造成承运人将货物运输到目的地后无法向收货人交货的情况，这时应当如何处理？其他专门法对此有规定，比如《铁路法》第 22 条第 1 款规定，自铁路运输企业发出领取货物通知之日起满 30 日仍无人领取的货物，或者收货人书面通知铁路运输企业拒绝领取的货物，铁路运输企业应当通知托运人，托运人自接到通知之日起满 30 日未作答复的，由铁路运输企业变卖；所得价款在扣除保管等费用后尚有余款的，应当退还托运人，无法退还、自变卖之日起 180 日内托运人又未领回的，上缴国库。铁路法是把此货物当作无主物来处理的。《海商法》第 86 条规定，在卸货港无人提取货物或者收货人迟延、拒绝提取货物的，船长可以将货物卸在仓库或者其他适当场所，由此产生的费用和风险由收货人承担。本条规定即参考了这些立法例。

◆ **条文解读**

本条中的“收货人不明”既包括收货人下落不明，还包括在货物运输终止时，托运人并没有向承运人指明收货人是谁，承运人向托运人通知请求其作出指示而托运人逾期没有作出指示的情况，例如在海上货物运输中，托运人有时在提单上注明“凭指示交付”的字样，而没有具体写明收货人是谁。

对于本条应当注意以下几点：（1）如果运输的货物不适于提存或者提存费用过高的，承运人应当可以依法拍卖或者变卖货物，然后提存所得的价款。如货物是易于腐烂的食品，承运人就不能直接提存该食品。（2）在货物被提存后，承运人应当及时通知托运人，在收货人明确的情况下，应当及时通知收货人。（3）如果货物在提存后毁损、灭失的，则承运人不承担该货物毁损、灭失的风险。（4）如果承运人应得的运费、保管费以及其他费用加上提存的费用没有付清的，承运人可以依照规定留置该货物，以该货物拍卖或者折价，从中扣除运费和其他各种费用后，再提存剩余的价款或者没有被留置的相应货物。

▶ **相关规定**

《中华人民共和国铁路法》第 22 条；《中华人民共和国海商法》第 86 条

第四节 多式联运合同

随着国际贸易中越来越多地使用集装箱运送货物，出现了一种新的运输方式——货物的多式联运。多式联运是以至少两种不同的运输方式将货物从接管的地点运至指定地点交付。与传统的单一运输方式相比，多式联运，特别是在成组运输的情况下，大大简化和加速了货物的装卸、搬运程序，运输服务从过去的港到港一直延伸到了门至门，减少了货损货差，降低了成本和费用，为贸易提供了一个更为理想、畅通、安全、经济、便利的运输方式。

以多式联运方式进行货物的运输在我国的贸易实践中已经大量出现，并且随着社会主义市场的发展，以多式联运的方式进行运输的行为会越来越普遍。这就需要有关多式联运合同方面的法律来对多式联运行为进行规范，《海商法》第四章第八节对多式联运合同虽然作了规定，但其在第 102 条明确规定，该法有关多式联运合同的规定只针对其中一种必须是海上运输方式的多式联运合同，对其他不涉及海上运输方式的多式联运合同并不适用。同时，多式联运合同与其他一般运输合同相比有着许多特殊之处。为了适应运输贸易发展的需要和规范多式联运合同关系，本法在运输合同一章专门设置了本节——多式联运合同。

第八百三十八条 多式联运经营人负责履行或者组织履行多式联运合同，对全程运输享有承运人的权利，承担承运人的义务。

◆ **条文主旨**

本条是关于多式联运经营人应当负责履行或者组织履行合同的规定。

◆ **立法背景**

本法所称的多式联运合同，是指多式联运经营人以两种以上的不同运输方式，负责将货物从接收地运至目的地交付收货人，并收取全程运费的合同。可见以两种以上的不同运输方式进行运输是多式联运合同区别于传统运输合同的最大特征。

◆ **条文解读**

在多式联运合同中，多式联运经营人处于一个比较特殊的位置。本条所指的多式联运经营人，是指本人或者委托他人以本人名义与托运人订立多式联运合同的人。他是事主，而不是托运人的代理人或者代表人，也不是参加多式联运的各承运人的代理人或者代表人。从本条的规定可知，多式联运经营人要根据多式联运合同履行运输义务或者组织承运人履行运输义务。多式联运经营人可分为两种类型：第一种是多式联运经营人自己拥有运输工具，并且直接参加了运输合同的履行。第二种是多式联运经营人自己不拥有运输工具或者不经营运输工具，也不直接从事运输活动，而是在签订多式联运合同后，通过双边合同与各运输方式承运人又单独签订各区段运输合同，组织其他承运人进行运输。但是不管多式联运经营人是属于哪一种情形，根据本条的规定，多式联运经营人都要对与之签订合同的托运人或者收货人承担全程运输的义务，同时根据本章的规定，多式联运经营人要承担全程运输所发生的责任和风险。当然他也享有作为全程运输承运人的权利，例如有向托运人或者收货人要求运输费用的权利等。

第八百三十九条 多式联运经营人可以与参加多式联运的各区段承运人就多式联运合同的各区段运输约定相互之间的责任；但是，该约定不影响多式联运经营人对全程运输承担的义务。

◆ 条文主旨

本条是关于多式联运经营人责任承担的规定。

◆ 立法背景

对多式联运应当规定什么样的责任制度？一种意见认为，在多式联运中，应当实行分散责任制度，也就是说，多式联运经营人无须对全程运输负责，有关责任由发生责任的区段上的实际承运人负责并适用该区段的相应法律。另一种意见认为，多式联运运输中应当实行统一责任制度，即多式联运经营人对全程运输负责，多式联运经营人与实际承运人之间可另以合同约定相互之间的责任。分散责任制度不利于保护托运人或者收货人的利益，不利于托运人或者收货人索赔。同时托运人只与多式联运经营人签订合同，其一般不知道也不须知道货物的运输会由其他承运人来进行，从承担责任的依据上讲，在多式联运运输中实行统一责任制度更合理。

◆ 条文解读

《海商法》第104条第2款规定，多式联运经营人与参加多式联运的各区段承运人，可以就多式联运合同的各区段运输，另以合同约定相互之间的责任。但是，此项合同不得影响多式联运经营人对全程运输所承担的责任。《联合国国际货物多式联运公约》第14条规定，本公约所规定的多式联运经营人对于货物的责任期间，自其接管货物之时起到交付货物时为止。参考以上立法例，本条规定，多式联运经营人可以与参加多式联运的各区段承运人就多式联运合同的各区段运输约定相互之间的责任；但是，该约定不影响多式联运经营人对全程运输承担的义务。也就是说，多式联运经营人对全程运输中所发生的责任对托运人或者收货人负全责，但是多式联运经营人可以与参加多式联运的各区段运输约定相互之间的责任，例如在一个海陆空的多式联运合同中，多式联运经营人与海上运输区段的承运人、陆路运输区段的承运人、航空运输区段的承运人分别对每一段的运输责任约定，在多式联运经营人对托运人或者收货人负全程的运输责任后，可以依据其与每一区段的运输承运人签订的合同，向其他承运人追偿。

▶ **相关规定**

《中华人民共和国海商法》第 104 条

第八百四十条　多式联运经营人收到托运人交付的货物时，应当签发多式联运单据。按照托运人的要求，多式联运单据可以是可转让单据，也可以是不可转让单据。

◆ **条文主旨**

本条是关于多式联运单据的规定。

◆ **立法背景**

在多式联运中，当多式联运经营人收到托运人交付的货物时，应当向托运人签发多式联运单据。所谓多式联运单据就是证明多式联运合同存在及多式联运经营人接管货物并按合同条款提交货物的证据。多式联运单据应当由多式联运经营人或者经他授权的人签字，这种签字可以是手签、盖章、符号或者用任何其他机械或者电子仪器打出。

◆ 条文解读

多式联运单据一般包括以下 14 项内容：（1）货物品类、标志、危险特征的声明、包数或者件数、重量；（2）货物的外表状况；（3）多式联运经营人的名称与主要营业地；（4）托运人名称；（5）收货人名称；（6）多式联运经营人接管货物的时间、地点；（7）交货地点；（8）交货日期或者期间；（9）多式联运单据可转让或者不可转让的声明；（10）多式联运单据签发的时间、地点；（11）多式联运经营人或其授权人的签字；（12）每种运输方式的运费、用于支付的货币、运费由收货人支付的声明等；（13）航线、运输方式和转运地点；（14）双方商定的其他事项。但是以上一项或者多项内容的缺乏，不影响单据作为多式联运单据的性质。如果多式联运经营人知道或者有合理的根据怀疑多式联运单据所列的货物品类、标志、包数或者数量、重量等没有准确地表明实际接管货物的状况，或者无适当方法进行核对的，多式联运经营人应在多式联运单据上作出保留，注明不符合之处及怀疑根据或无适当核对方法。如果不加批注，则应视为已在多式联运单据上注明货物外表状况的良好。

根据本条的规定，多式联运单据依托运人的要求，可以是可转让的单据，也可以是不可转让的单据。在实践中，只有单据的签发人（即多式联运经营人）承担全程责任时，多式联运单据才有可能作成可转让的单据。此时，多式联运单据具有物权凭证的性质和作用。在作成可转让的多式联运单据时，应当列明按指示或者向持票人交付。如果是凭指示交付货物的单据，则该单据经背书才可转让。如果是向持票人交付货物的单据，则该单据无须背书即可以转让。当签发一份以上可转让多式联运单据正本时，应当注明正本份数，收货人只有提交可转让多式联运单据时才能提取货物，多式联运经营人按其中一份正本交货后，即履行了交货人的义务；如果签发副本，则应当注明“不可转让副本”字样。如果多式联运经营人按托运人的要求签发了不可转让多式联运单据，则应当指明记名的收货人，多式联运承运人将货物交给不可转让单据所指明的记名收货人才算履行了交货的义务。

第八百四十一条　因托运人托运货物时的过错造成多式联运经营人损失的，即使托运人已经转让多式联运单据，托运人仍然应当承担赔偿责任。

◆ 条文主旨

本条是关于托运人应当向承运人承担过错责任的规定。

◆ 立法背景

在多式联运中，托运人一般应当承担以下三方面的责任：

1. 保证责任，即在多式联运经营人接管货物时，托运人应视为已经向多式联运经营人保证其在多式联运单据中所提供的货物品类、标志、件数、重量、数量及危险特性的陈述准确无误，并应对违反这项保证造成的损失负赔偿责任。

2. 对凡是因为托运人或者其受雇人或者代理人在受雇范围内行事时的过失或者大意而给多式联运经营人造成损失的，托运人应当向多式联运经营人赔偿责任。

3. 运送危险物品的特殊责任。托运人将危险物品交给多式联运经营人时，应当告知多式联运经营人危险物品的危险特性，必要时告知应采取的预防措施。否则其要对多式联运经营人因运送这类货物所遭受的损失负赔偿责任。

◆ **条文解读**

在多式联运中，即使托运人已经转让多式联运单据，但如果因自己的过错给多式联运经营人造成损失的，托运人仍然应当承担损害赔偿责任。也就是说，托运人赔偿多式联运经营人的损失不受多式联运单据是否转让的影响，只要因托运人的过错给多式联运经营人造成损失，不管多式联运单据在谁手中，多式联运经营人都可向托运人要求赔偿，而不能向持票人或者收货人要求赔偿。

第八百四十二条 货物的毁损、灭失发生于多式联运的某一运输区段的，多式联运经营人的赔偿责任和责任限额，适用调整该区段运输方式的有关法律规定；货物毁损、灭失发生的运输区段不能确定的，依照本章规定承担赔偿责任。

◆ **条文主旨**

本条是关于多式联运经营人承担赔偿责任所适用法律的规定。

◆ **立法背景**

在传统的单一运输方式中，对于承运人的赔偿问题基本上都有专门的运输法或者行政法规进行规定。但在多式联运中，由于其最大的特点就是用不同的运输方式进行运输，而我国的各专门运输法或者行政法规对不同的运输方式中的赔偿责任和赔偿限额的规定是不相同的，所以就存在一个问题，即一旦货物发生毁损、灭失，多式联运经营人根据什么法律或者行政法规承担赔偿责任和赔偿限额。

◆ 条文解读

本条规定就此确立了两个规则：

1. 如果货物发生毁损灭失的区段是确定的，多式联运经营人的赔偿责任和责任限额，适用调整该区段运输方式的有关法律的规定。该原则体现了目前国际通行的多式联运经营人的“网状责任制”。例如托运人与多式联运经营人签订了一份从北京至纽约的多式联运合同。全程运输分为三个区段，首先是从北京至天津的公路运输，其次是从天津到旧金山的国际海运，最后是从旧金山到纽约的铁路运输。如果货物的毁损、灭失能够确定发生在中国公路运输区段，则多式联运经营人的赔偿责任和责任限额就按中国公路运输方面的法律或者行政法规进行确定；如果发生在国际海运区段，则按我国海商法的有关规定进行确定；如果发生在美国的铁路运输区段，就应按照美国铁路法的规定进行确定。本条规定的网状制度主要缺点是责任制度不确定，随发生损失的区段而定，事先难以把握。优点是多式联运经营人承担的赔偿责任与发生损坏区段承运人所负责任相同，使组织多式联运的经营人不承担不同责任的风险，便利了多式联运的组织工作和多式联运的发展。这也是国际上通行此项责任制度的主要原因。

2. 对于货物发生毁损、灭失的运输区段不能确定的，多式联运经营人应当依照本章的规定承担损害赔偿责任。在多式联运中，货损发生的运输区段有时不易查清，网状责任制通常用“隐蔽损害一般原则”规定多式联运经营人的责任，即对这一类货损采用某项统一规定的办法确定经营人的责任。本条规定，对于隐蔽货损，即货损发生区段不能确定时，多式联运经营人应当按照本章关于承运人赔偿责任和责任限额的规定负赔偿责任。

本条没有涉及多式联运经营人如何向各区段承运人追偿此项赔偿金额的问题。在货损区段能够确定时，多式联运经营人可以向其承运人追偿。如果是隐蔽货损，除合同另有约定外，多式联运经营人是无法向任何人追偿的。因此，如果多式联运经营人要摆脱这种损失，唯一的办法就是通过与参加多式联运的各区段承运人之间订立的运输合同获得适当解决。对此本节第 839 条作了规定，即多式联运经营人可以与参加多式联运的各区段承运人约定相互之间的责任。

第二十章　技术合同

本章分为四节，共四十五条。主要规定了技术合同的概念，订立技术合同应当遵循的基本原则和目的，技术合同的内容，技术合同的价款、报酬和使用费支付方式，职务技术成果及职务技术成果财产权归属，非职务技术成果财产权归属，技术成果人身权，技术合同的无效，技术开发合同、技术转让合同、技术许可合同、技术咨询合同和技术服务合同的概念，合同当事人的权利义务，合同的履行，违约责任等内容。

第一节　一般规定

第八百四十三条　技术合同是当事人就技术开发、转让、许可、咨询或者服务订立的确立相互之间权利和义务的合同。

◆ 条文主旨

本条是关于技术合同定义的规定。

◆ 立法背景

在民法典编纂征求意见时，许多意见提出，现实生活中，对技术的使用不仅仅是开发、转让、咨询或者提供技术服务，更多的是许可他人使用技术。《合同法》第322条对技术合同的定义中没有规定技术许可合同，导致实践中当事人就技术许可订立合同没有法律依据，产生的纠纷不好解决，建议补充这一内容。持这一意见的人还提出，现行许多法律特别是涉及知识产权的法律已明确规定当事人对自己拥有的技术或者享有的知识产权的智力成果可以许可他人使用。例如，《促进科技成果转化法》第16条中规定，科技成果持有者可以采取许可他人使用该科技成果的方式进行科技成果转化。第18条规定，国家设立的研究开发机构、高等院校对其持有的科技成果，可以自主决定转让、许可或者作价投资，但应当通过协议定价、在技术交易市场挂牌交易、拍卖等方式确定价格。通过协议定价的，应当在本单位公示科技成果名称和拟交易价格。再如，《专利法》第12条规定，任何单位或者个人实施他人专利的，应当与专利权人订立实施许可合同，向专利权人支付专利使用费。被许可人无权允许合同规定以外的任何单位或者个人实施该专利。还有，《著作权法》第24条规定，使用他人作品应当同著作权人订立许可使用合同，本法规定可以不经许可的除外。许可使用合同包括下列主要内容：（一）许可使用的权利种类；（二）许可使用的权利是专有使用权或者非专有使用权；（三）许可使用的地域范围、期间；（四）付酬标准和办法；（五）违约责任；（六）双方认为需要约定的其他内容。《商标法》第43条规定，商标注册人可以通过签订商标使用许可合同，许可他人使用其注册商标。许可人应当监督被许可人使用其注册商标的商品质量。被许可人应当保证使用该注册商标的商品质量。经许可使用他人注册商标的，必须在使用该注册商标的商品上标明被许可人的名称和商品产地。许可他人使用其注册商标的，许可人应当将其商标使用许可报商标局备案，由商标局公告。商标使用许可未经备案不得对抗善意第三人。考虑到技术许可与技术转让具有不同的法律含义，立法部门决定将技术许可的内容在技术合同一章单独作出规定，对此，本条也在保留《合同法》第322条内容的基础上，增加技术合同包括当事人就技术许可确立相互之间权利和义务的合同这一内容。

◆ **条文解读**

根据本条规定，技术合同是当事人就技术开发、转让、许可、咨询或者服务订立确立相互之间权利和义务的合同。根据本条规定，技术合同具有以下特征：

1. 技术合同属于民法典规定的一种有名合同，具有合同的一般特征。有名合同又称为典型合同，是指在法律上已设有规范并赋予名称的合同。例如我国合同法所规定的买卖合同、租赁合同、赠与合同、借款合同、运输合同等十五种合同，均为有名合同。民法典为适应现实需要，在现行合同法规定的十五种有名合同的基础上，增加了保证合同、保理合同、物业服务合同、合伙合同这四种新的有名合同，使有名合同的种类增至十九种。无名合同又称非典型合同，是指在法律上尚未确立一定的名称和规则的合同。根据合同自由原则，在不违反强行法及社会公共利益和社会公德的前提下，允许当事人订立任何内容的合同，此即合同类型自由。有名合同与无名合同两者的区别主要在适用法律规则上的不同。对于有名合同，应当直接适用合同法的规定，例如当事人订立、履行技术合同时，基本依照本章技术合同的规定即可。在确定无名合同的法律适用时，首先，应当考虑适用合同法的一般规则；其次，若无名合同涉及某些有名合同的内容，应当比照类似的有名合同规则，参照合同的经济目的及当事人的意思等予以处理。

2. 技术合同的主体是平等的自然人、法人、非法人组织。技术合同是上述主体之间设立、变更、终止民事权利义务关系的合同。

3. 技术合同的标的是技术开发、技术转让、技术许可、技术咨询、技术服务。技术合同的标的是凝聚着人类智慧的创造性的劳动成果，或者是利用劳动成果为社会提供的服务。技术合同的标的既可以是物，也可以是行为。

4. 技术合同的内容是当事人就技术开发、技术转让、技术许可、技术咨询、技术服务所确立的相互之间权利和义务关系。这种权利义务关系，有自己的特殊性，比如，技术合同履行过程中常常出现相关权利（发明权、专利权、非专利权使用权等）的归属问题；又如，技术合同的标的多数是无形的，特别是技术转让合同的一方当事人允许他方使用的技术多数是无形的；还有，使用技术合同标的的主体可以是一个主体，也可以是多个主体；而在我们实际生活中，合同的标的多为有形物，标的为多个主体同时占有使用的也很少。另外，由于技术是一种知识性的商品，该产品的价款没有统一的、现成的标准，技术商品如何计价就凸显其复杂性。

5. 技术合同是双务、有偿合同。在技术合同中，当事人双方都各自享有一定的权利并承担相应的义务，一方当事人权利的取得，需要以履行自己的义务为代价。

6. 技术合同是技术商品生产和消费之间的一个媒介。技术成果不被运用难以体现其自身的价值，技术成果的持有者只有与需求方联合才可以将技术成果转化为现实的生产力，而这种联合往往是通过技术合同这种形式实现的。

第八百四十四条　订立技术合同，应当有利于知识产权的保护和科学技术的进步，促进科学技术成果的研发、转化、应用和推广。

◆ 条文主旨

本条是关于订立技术合同应当遵循的原则的规定。

◆ 立法背景

科学技术是第一生产力，是经济和社会发展的首要推动力量，是国家强盛的决定性因素。当今世界蓬勃发展的新科技革命，使科学技术空前广泛地渗透到人类社会的各个领域，不仅促进了社会生产力的巨大飞跃，而且引起了世界格局的深刻变化。各国经济和社会的发展对科技进步的依赖程度越来越高。基础研究、应用研究与技术开发之间出现了叠合和交叉，技术成果转化为商品生产的周期不断缩短，科技、教育和生产之间的联系更加密切。由于科学技术具有上述巨大作用，我们必须充分利用科学技术，而科学技术利用的媒介之一就是订立技术合同，为此本条规定了订立技术合同应当遵循的原则。

◆ 条文解读

订立技术合同，应当遵循以下原则：

一、有利于知识产权保护的原则

知识产权是指人们就其智力劳动成果所依法享有的专有权利，通常国家赋予创造者对其智力成果在一定时期内享有专有权或独占的权利。知识产权制度是国家以法定程序和条件授予智力成果完成人在一定期间内拥有一定的独占权，并以法律手段保障这一权利不受侵犯的法律制度。知识产权制度通过对智力成果完成人民事权利的保护，体现国家发展科技、鼓励创新、促进产业发展，保持国家竞争力的政策意志和战略目标。随着当代科学技术日新月异，高新技术及其产业迅猛发展，世界范围内的经济竞争呈现信息化、知识化趋势，知识产权保护在国家经济、社会发展和科技进步中的战略地位进一步增强，成为国家技术创新体系的重要组成部分，故本次编纂民法典对订立技术合同应当有利于保护知识产权作出明确规定，以适应加强知识产权保护的需要。

二、有利于科学技术的进步，促进科学技术成果的研发、转化、应用和推广的原则

技术合同是技术成果商品化的法律形式，实行技术合同的目的，是将技术成果推向市场，创造更大的经济效益和社会效益。因此，当事人在订立技术合同时，应当从推动科学技术进步、促进科技与经济发展的角度出发，确定权利义务，努力研究开发新技术、新产品、新工艺、新材料、新品种及其系统，促进先进适用的科技成果在生产实践中获得应用，使科学技术更好地为社会主义现代化建设服务。民法典规定这一原则的目的，在于鼓励和引导当事人正确运用技术合同这一有效的法律形式，在科研和生产之间架起一座桥梁，促使技术成果尽快向生产领域转移，形成新的生产力。

依据促进科技成果转化法的规定，科技成果是指通过科学研究与技术开发所产生的具有实用价值的成果。这个科技成果应当是具有实用价值的，能够转化为现实生产力。具体来说，科技成果包括取得的发明专利权、计算机软件著作权、集成电路布图设计专有权、植物新品种权等，既包括已取得知识产权保护的科技成果，也包括未取得知识产权保护的科技成果。这些成果，经过开发应用等过程，可以在生产领域形成社会需要的技术、产品等。科技成果转化，是指为提高生产力水平而对科技成果所进行的后续试验、开发、应用、推广直至形成新技术、新工艺、新材料、新产品、新品种，发展新产业等活动。所谓后续试验，是相对于前期试验而言的，在科技成果的研发活动中，也会有试验，科技成果形成后，为了能生产出新产品或形成可推广的新技术，还需要进一步的技术加工、完善，使其最终能够形成一项较为稳定的技术、工艺或产品，在实际中使用，科技成果推广，是为了使该技术成果能够在生产领域普遍使用，产生效益。科技成果是使科技成果能够适用实际需要，以供大家使用。研发即研究开发、研究发展，是指各种研究机构或个人为获得科学技术（不包括人文、社会科学）新知识，创造性地运用科学技术新知识，或实质性改进技术、产品和服务而持续进行的具有明确目标的系统活动，包括系统及设备的测试、安装、维护、维修等一系列的活动。科技成果转化活动是个复杂的过程，不同的科技成果会有很大不同，法律只规定了其中的几个主要环节，如本条提到的研发、转化、应用和推广，其最终目的是形成新技术、新工艺、新材料、新产品、新品种，发展新产业，也就是说，要形成现实的生产力，只有这样，科技成果才有实际意义。在民法典征求意见时，许多意见反映，订立技术合同最主要的目的是促进科学技术成果的研发，实践中有大量这类合同，立法部门采纳了这一建议，在本条中作出了规定。

第八百四十五条　技术合同的内容一般包括项目的名称，标的的内容、范围和要求，履行的计划、地点和方式，技术信息和资料的保密，技术成果的归属和收益的分配办法，验收标准和方法，名词和术语的解释等条款。

与履行合同有关的技术背景资料、可行性论证和技术评价报告、项目任务书和计划书、技术标准、技术规范、原始设计和工艺文件，以及其他技术文档，按照当事人的约定可以作为合同的组成部分。

技术合同涉及专利的，应当注明发明创造的名称、专利申请人和专利权人、申请日期、申请号、专利号以及专利权的有效期限。

◆ **条文主旨**

本条是关于技术合同条款的内容的规定。

◆ **立法背景**

订立技术合同的当事人应当在平等、自愿的基础上，协商确定合同内容。技术合同的内容即合同条款是当事人权利和义务的体现，也是当事人履行合同、判明违约责任的主要依据。技术合同条款一般由合同双方当事人协商约定，不需要由法律作出具体规定。但是，考虑到我国法律知识尚不普及，技术合同的内容比较复杂，有必要在法律中作一些规定，以指导当事人订立技术合同。

本条源自《合同法》第 324 条的规定。在民法典编纂过程中，多数意见提出，与其他有名合同相比，技术合同一章内容过多过细，建议删减；而本条规定的当事人订立合同应当包括的内容在合同编一般规定中已经有规定，没有必要再重复这些内容，建议只对订立技术合同应当特别强调的内容作出规定即可。立法部门采纳了这一建议，在《合同法》第 324 条的基础上进行修改作出了本条的规定。与《合同法》第 324 条相比，删除了第 1 款中

“技术合同的内容由当事人约定”“一般包括以下条款”“履行的进度、期限、地域”“风险责任的承担”“价款、报酬或者使用费及其支付方式”“违约金或者损失赔偿的计算方法”“解决争议的方法”等内容。作这些修改并不是说，技术合同的内容不包括合同履行的进度、期限、地域，风险责任的承担，价款、报酬或者使用费及其支付方式，违约金或者损失赔偿的计算方法，解决争议的方法等，当事人订立技术合同时还应当约定这些内容，且约定得越详细越好，以便合同的顺利履行。

◆ **条文解读**

通常来说，技术合同一般包括以下内容：

1. 项目名称。一般指技术合同标的涉及项目的名称，当事人应当准确约定。

2. 标的的内容、范围和要求。合同标的，是合同法律关系的客体，是合同当事人双方权利和义务共同指向的对象。不同的技术合同标的，有着不同的技术范围和技术指标要求。因此，当事人在订立技术合同时，不仅要明确技术合同标的，而且还要根据不同标的的要求，明确该标的的技术范围和技术指标要求。

3. 履行的计划、进度、期限、地点、地域和方式。履行的地点是指合同的履行地。履行地域是指履行技术合同所涉及的区域范围，如利用受让的技术生产商品销售的范围。履行方式是指当事人采用什么样的方式和手段履行合同规定的义务。履行方式根据合同的内容不同而有所不同，对履行方式的具体要求应当在合同中明确规定。

4. 技术情报和资料的保密。有些技术合同的内容涉及国家安全或者当事人的重大利益，需要对技术情报和资料加以保密，对此，双方当事人应当在合同中对保密事项、保密范围、保密期限以及违反保密责任等加以规定。

5. 风险责任的承担。技术合同中约定的内容可能得不到完全实现，甚至完全不能实现，这就是风险。特别是技术开发合同作为一种探索未知的创造性活动，既有成功的可能，也存在失败的风险。因此，技术合同应当约定风险条款，明确当事人所应承担的风险责任。

6. 技术成果的归属和收益的分成办法。技术合同履行的结果可能创造出一项或几项技术成果，当事人应当在合同中约定其所有权和使用权的归属、分享以及由此产生的利益分成办法。

7. 验收标准和方法。技术合同的履行是否符合合同的约定，需要验收后才能确定。因此，当事人应当在合同中约定技术合同的验收项目、验收标准及验收办法。

8. 价款、报酬或者使用费及其支付方式。技术合同的价款、报酬和使用费，由当事人根据技术成果的经济效益和社会效益、研究开发技术的成本、技术成果的工业化开发程度、当事人享有的权益和承担的责任，协商议定。价款、报酬和使用费的支付方式由当事人约定，可以采取一次总付、分期支付，或者提成支付等方式。

9. 违约金或者损失赔偿的计算方法。违约金是合同一方当事人违反合同约定，向另一方当事人支付的金钱。技术合同的当事人有可能违反合同的约定，给另一方当事人造成损失。因此，当事人应当在合同中约定违约金、违反合同的损害赔偿的计算办法以及违约金与损害赔偿的关系。

10. 解决争议的方法。当事人双方应当约定合同发生争议时的解决方式，如采取仲裁方式解决，就需要在合同中订明仲裁条款或者签订仲裁协议。

11. 名词和术语的解释。技术合同的内容具有很强的专业性，在合同文本中要使用一些专业名词术语和简化符号，为防止因理解不同而发生争议，对关键性术语和简化符号，需经双方协商作出明确无疑义的解释。

上述技术合同的内容是指导性条款，不要求订立技术合同的当事人必须采用，也不限制当事人在合同中约定其他权利义务，如当事人可以约定对技术合同的担保等。与履行合同有关的技术背景资料、可行性论证和技术评价报告、项目任务书和计划书、技术标准、技术规范、原始设计和工艺文件，以及其他技术文档，按照当事人的约定可以作为合同的组成部分。这里的技术文档，是指与履行技术合同相关的自然语言或者形式化语言所编写的文字资料和图表、照片，用来描述程序的内容、组成、设计、功能规格、开发情况、测试结果及使用方法，如程序设计说明书、流程图、用户手册等。

技术合同涉及专利的，还应当遵守专利法的有关规定，在合同中注明发明创造的名称、专利申请人和专利权人、申请日期、申请号、专利号以及专利权的有效期限。本条第 3 款的规定是一个义务性规定，对双方当事人均有一定的约束力，如果当事人订立技术合同时，合同标的涉及专利的，就应当按照本款的规定执行。

第八百四十六条　技术合同价款、报酬或者使用费的支付方式由当事人约定，可以采取一次总算、一次总付或者一次总算、分期支付，也可以采取提成支付或者提成支付附加预付入门费的方式。

约定提成支付的，可以按照产品价格、实施专利和使用技术秘密后新增的产值、利润或者产品销售额的一定比例提成，也可以按照约定的其他方式计算。提成支付的比例可以采取固定比例、逐年递增比例或者逐年递减比例。

约定提成支付的，当事人可以约定查阅有关会计账目的办法。

◆ 条文主旨

本条是关于技术合同价款、报酬和使用费支付方式的规定。

◆ 立法背景

价款、报酬和使用费是技术作为技术合同标的的价金，也是一方当事人获取、使用技术所应支付的代价。通常这种代价，在技术转让合同中被称为价款，在技术开发合同、技术服务合同中为被称为报酬，在技术转让合同（如专利技术转让合同）中被称为使用费。价款、报酬和使用费是技术作为知识形态的商品价值的货币表现形式，也是技术作为商品进行等价交换的结果。

由于技术在形成过程中所耗费的人类劳动、使用的资金、运用的科技知识、信息、经验、技能和研究方法的不同，以及技术产生的经济效益和社会效益的不同，技术没有统一的市场价格，也不能由国家根据经济理论和价格政策确定，所以技术合同的价款、报酬和使用费由当事人协商确定。当事人应当根据技术成果的经济效益和社会效益、研究开发技术的成本、技术成果的工业化开发程度、当事人享有的权益和承担的责任等，在订立合同时协商议定。当事人除在合同中约定技术合同价款、报酬或者使用费外还应当约定技术合同价款、报酬或者使用费的支付方式。

◆ **条文解读**

一、技术合同价款、报酬和使用费的支付方式

1. 一次总算、一次总付。这种方式是技术合同的一方当事人在合同成立后，将合同约定的全部价款、报酬或者使用费向另一方当事人一次付清。

2. 一次总算、分期支付。这种方式是技术合同的当事人将技术合同的价款、报酬、使用费在合同中一次算清，一方当事人在合同成立后，分几次付清合同约定的价款、报酬或者使用费。

3. 提成支付。这种方式是技术合同的一方当事人在接受技术成果或者其他智力劳动成果后，从付诸实施的技术成果或者技术服务后所获得的收益中，按照约定的比例提取部分收入交付另一方当事人作为技术合同的价款、报酬或者使用费。这种方式确定的价款、报酬、使用费取决于实施方实际取得的收益，较为科学，在实践中的适用比较普遍。

4. 提成支付附加预付入门费。这种方式是指接受技术的技术合同的一方当事人在合同成立后或者在取得技术成果后先向另一方当事人支付部分价款、报酬或者使用费（称为入门费或初付费），其余部分按照合同约定的比例提成，并按照合同约定的时间支付。这笔入门费将来抵作技术合同的价款、报酬或者使用费的一部分。实践中这笔入门费通常占技术合同的价款、报酬或者使用费的10%～20%。

《最高人民法院关于审理技术合同纠纷案件适用法律若干问题的解释》第14条规定，对技术合同的价款、报酬和使用费，当事人没有约定或者约定不明确的，人民法院可以按照以下原则处理：

（一）对于技术开发合同和技术转让合同，根据有关技术成果的研究开发成本、先进性、实施转化和应用的程度，当事人享有的权益和承担的责任，以及技术成果的经济效益等合理确定；（二）对于技术咨询合同和技术服务合同，根据有关咨询服务工作的技术含量、质量和数量，以及已经产生和预期产生的经济效益等合理确定。技术合同价款、报酬、使用费中包含非技术性款项的，应当分项计算。

二、提成支付的计算方式

本条第2款规定，当事人约定提成支付的，可以按照产品价格、实施专利和使用技术秘密后新增的产值、利润或者产品销售额的一定比例提成，也可以按照约定的其他方式计算。具体如下：

1. 按照产品价格提成，是指按照已经利用的技术成果或者技术服务生产的产品的售价的一定比例作为技术合同的价款、报酬或者使用费。

2. 按照新增产值提成，是指按照已经利用的技术成果或者技术服务后新增加的产值的一定比例作为技术合同的价款、报酬或者使用费。

3. 按照新增利润提成，是指按照已经利用的技术成果或者技术服务后新增加的利润的一定比例作为技术合同的价款、报酬或者使用费。

4. 按照产品销售额提成，是指按照已经利用的技术成果或者技术服务后产生的销售额的一定比例作为技术合同的价款、报酬或者使用费。

5. 按照其他方式提成，例如，最低提成费，即支付方每年支付的提成不得低于某一个固定的金额。

提成支付的比例可以采取固定比例，也可采取逐年递增比例或者逐年递减比例确定。

三、提成支付时，接受价款、报酬或者使用费的一方当事人有权查阅账目

当事人约定提成支付的，由于这种支付方式存在计算、监督、检查复杂等问题，因此，本条第 3 款规定，约定提成支付的，当事人可以约定查阅有关会计账目的办法。这一规定是为了保护提成支付方式中接受价款、报酬或者使用费一方当事人的合法权益。这一规定对于接受价款、报酬或者使用费一方当事人是一项权利，对于支付价款、报酬或者使用费一方当事人是一项义务。

第八百四十七条　职务技术成果的使用权、转让权属于法人或者非法人组织的，法人或者非法人组织可以就该项职务技术成果订立技术合同。法人或者非法人组织订立技术合同转让职务技术成果时，职务技术成果的完成人享有以同等条件优先受让的权利。

职务技术成果是执行法人或者非法人组织的工作任务，或者主要是利用法人或者非法人组织的物质技术条件所完成的技术成果。

◆ 条文主旨

本条是关于职务技术成果及职务技术成果财产权归属的规定。

◆ 立法背景

技术成果，是指利用科学技术知识、信息和经验作出的产品、工艺、材料及其改进等技术方案，包括专利、专利申请、技术秘密、计算机软件、集成电路布图设计、植物新品种等。因技术成果所产生的权益属于知识产权。知识产权包括人身权和财产权。

人身权，是指与人身相联系或者密不可分的没有直接财产内容的权利。财产权是人身权的对称，是指具有经济利益的权利。

技术成果的财产权，即使用和转让技术成果的权利。技术成果财产权的归属要根据技术成果是职务技术成果还是非职务技术成果来决定。

◆ **条文解读**

一项技术成果，根据完成技术成果个人的研究开发活动与岗位职责及法人或者非法人组织的物质技术投入的关系，可以划分为职务技术成果和非职务技术成果。

职务技术成果是执行法人或者非法人组织的工作任务或者主要利用法人或者非法人组织的物质技术条件所完成的技术成果。依据这一规定，确认职务技术成果的标准有两条：一是执行法人或者非法人组织的工作任务；二是主要利用法人或者非法人组织的物质技术条件。

执行法人或者非法人组织的任务，主要是指承担法人或者非法人组织的科学研究和技术开发课题或者履行本岗位的职责。利用法人或者非法人组织的物质技术条件，是指法人或非法人组织提供的资金、设备、器材、未公开的技术情报和资料。但是利用法人或者非法人组织提供的物质技术条件，按照事先约定，返还资金或交纳使用费的不在此限。调动工作的人员既执行了原法人或者非法人组织的任务，又利用了所在法人或者非法人组织的物质技术条件所完成的技术成果，由其原法人或者非法人组织和所在法人或者非法人组织合理分享。确认技术成果是否是职务技术成果，并不要求同时具备上述两个条件，只要具备一个条件就可以认定是职务技术成果。《最高人民法院关于审理技术合同纠纷案件适用法律若干问题的解释》第2条规定，“执行法人或者其他组织的工作任务”包括：（一）履行法人或者其他组织的岗位职责或者承担其交付的其他技术开发任务；（二）离职后一年内继续从事与其原所在法人或者其他组织的岗位职责或者交付的任务有关的技术开发工作，但法律、行政法规另有规定的除外。法人或者其他组织与其职工就职工在职期间或者离职以后所完成的技术成果的权益有约定的，人民法院应当依约定确认。第3条规定，“物质技术条件”包括：资金、设备、器材、原材料、未公开的技术信息和资料等。第4条规定，“主要利用法人或者其他组织的物质技术条件”包括：职工在技术成果的研究开发过程中，全部或者大部分利用了法人或者其他组织的资金、设备、器材或者原材料等物质条件，并且这些物质条件对形成该技术成果具有实质性的影响；还包括该技术成果实质性内容是在法人或者其他组织尚未公开的技术成果、阶段性技术成果基础上完成的情形。但下列情况除外：（一）对利用法人或者其他组织提供的物质技术条件，约定返还资金或者交纳使用费的；（二）在技术成果完成后利用法人或者其他组织的物质技术条件对技术方案进行验证、测试的。

职务技术成果的使用权、转让权属于法人或者非法人组织，法人或者非法人组织可以就该项职务技术成果订立技术合同。个人未经法人或者非法人组织同意，擅自以生产经营为目的使用、转让法人或者非法人组织的职务技术成果，是侵犯法人或者非法人组织技术权益的行为。

第八百四十八条 非职务技术成果的使用权、转让权属于完成技术成果的个人，完成技术成果的个人可以就该项非职务技术成果订立技术合同。

◆ **条文主旨**

本条是关于非职务技术成果财产权归属的规定。

◆ **立法背景**

未执行法人或者非法人组织的工作任务，也未利用法人或非法人组织的物质技术条件所完成的技术成果，是非职务技术成果。本条对其财产权归属作了明确规定。

◆ **条文解读**

非职务技术成果的财产权即非职务技术成果的使用权、转让权属于完成技术成果的个人。完成技术成果的个人有权就该项非职务技术订立技术合同，转让或者许可他人使用非职务技术成果，有权获得因使用或者转让该项技术成果所取得的收益。本条规定对非职务技术成果的完成人通过与他人订立合同来使用、转让技术成果的权利给予充分的法律保护，对于调动人们从事科学技术的研发、转化、运用和推广的积极性，促进科学技术的进步，具有重要意义。非职务技术成果如何使用或者如何转让完全由完成该项非职务技术成果的个人依法自行支配，法人或者非法人组织不得干涉。

法人或者非法人组织擅自以生产经营目的使用或者转让属于个人的非职务技术成果，是侵犯个人合法权益的行为。

第八百四十九条 完成技术成果的个人享有在有关技术成果文件上写明自己是技术成果完成者的权利和取得荣誉证书、奖励的权利。

◆ **条文主旨**

本条是关于技术成果人身权的规定。

◆ **立法背景**

技术成果财产权的归属要根据技术成果是职务技术成果还是非职务技术成果来决定，前两条对此作了明确规定。本条是关于技术成果人身权的规定，不区分是职务技术成果还是非职务技术成果。

◆ **条文解读**

技术成果的人身权，即在有关技术成果文件上署名以及取得国家荣誉证书、奖章和其他奖励的权利。这一权利与完成技术成果的完成者人身紧密相连，因此，这一权利应当属于对完成技术成果作出创造性贡献的个人。因技术成果产生的人身权利专属于完成该项技术成果的个人，其他任何人都无权分享。故本条规定完成技术成果的个人享有在有关技术成果文件上写明自己是技术成果完成者的权利和取得荣誉证书、奖励的权利。例如，《专利法》第 17 条规定，发明人或者设计人有在专利文件中写明自己是发明人或者设计人的权利。专利权人有权在其专利产品或者该产品的包装上标明专利标识。

本条中所称的完成技术成果的个人，是指对技术成果单独作出或者共同作出创造性贡献的人。不包括仅提供资金、设备、材料、试验条件的人员，进行组织管理的人员，协助绘制图纸、整理资料、翻译文献等辅助服务人员。

本条中所称的技术成果文件，是指专利申请书、科学技术奖励申报书、科技成果登记书等确认技术成果完成者身份和授予荣誉的证书和文件。

第八百五十条 非法垄断技术或者侵害他人技术成果的技术合同无效。

◆ 条文主旨

本条是关于技术合同无效情形的规定。

◆ 立法背景

合同的无效，是指合同虽然已经成立，但因其违反法律、行政法规或社会公共利益而被确认为不具有法律效力。订立合同是当事人实施的一种民事法律行为。民法典在总则第六章民事法律行为第三节对民事法律行为的效力和合同编第三章对合同的效力都作了详细规定，当事人在订立技术合同时当然也应当遵守这些规定，以避免所签订的技术合同无效。除此之外，本条根据技术合同的特点明确了技术合同无效的两种情形，即非法垄断技术或者侵害他人技术成果的技术合同无效。

◆ 条文解读

非法垄断技术，是指合同的一方当事人通过合同条款限制另一方当事人在合同标的技术的基础上进行新的研究开发，限制另一方当事人从其他渠道吸收技术，或者阻碍另一方根据市场的需求，按照合理的方式充分实施专利和使用技术秘密。非法垄断技术条款与正常的合同中约定限制对方当事人不得为某些行为的条款不同，在符合法律规定的情况下，当事人可以约定技术情报资料的保密义务，约定实施专利或者使用非专利技术的范围，也可以采取限定的几种许可形式实施技术。常见的非法垄断技术条款主要有以下几种表现形式：一是限制另一方在合同标的基础上进行新的研究开发。例如，在合同中约定一方在所取得的技术基础上进行新的研究开发，或者要求另一方进行新的研究活动要得到其许可等。二是限制另一方从其他渠道获取技术。例如，在合同中约定一方当事人在取得技术成果或者接受技术服务后，不得采用合同外第三方新的有竞争优势的技术。三是阻碍另一方根据市场需求，以合理的方式实施技术。合同的双方当事人可以自由约定实施专利和使用非专利技术的期限、地区、方式等，但是除此以外不得限制另一方当事人的生产规模、产品规模、原料来源、销售渠道等。四是阻碍国家推广、使用技术。根据专利法的有关规定，国家对专利实行强制许可制度，对重要的发明创造实行计划许可。如果当事人受让专利权目的不是实施这一技术，而是防止他人使用这一新技术后冲击其控制的市场，那么这个技术合同则是为了规避专利法的规定，是徒具形式而当事人并不想使其发生法律后果的合同，应当被认定为无效。

侵害他人技术成果，指侵害另一方或者第三方的专利权、专利申请权、专利实施权、技术秘密使用权和转让权或者发明权、发现权以及其他科技成果权的行为。主要是未经拥有者或者持有技术成果的个人或者法人、非法人组织的许可，而与他人订立自己无权处分技术成果的技术合同，或者订立侵害技术成果完成人身份权、荣誉权的技术合同。《技术合同认定规则》第 18 条规定，申请认定登记的技术合同，其合同条款含有下列非法垄断技术等不合理限制条款的，不予登记：（一）一方限制另一方在合同标的技术的基础上进行新的研究开发的；（二）一方强制性要求另一方在合同标的基础上研究开发所取得的科技成果及其知识产权独占回授的；（三）一方限制另一方从其他渠道吸收竞争技术的；（四）一方限制另一方根据市场需求实施专利和使用技术秘密的。

第二节 技术开发合同

第八百五十一条 技术开发合同是当事人之间就新技术、新产品、新工艺、新品种或者新材料及其系统的研究开发所订立的合同。

技术开发合同包括委托开发合同和合作开发合同。

技术开发合同应当采用书面形式。

当事人之间就具有实用价值的科技成果实施转化订立的合同，参照适用技术开发合同的有关规定。

◆ 条文主旨

本条是关于技术开发合同定义和种类的规定。

◆ 立法背景

本条内容源自《合同法》第330条，这次编纂民法典对这一规定主要有两处修改：一是增加“新品种”为技术开发合同的标的，目的是鼓励推出技术新品种，研究开发新品种。二是在第4款将具有“产业应用”价值的科技成果修改为具有“实用”价值的科技成果，目的是扩大科技成果实施转化的适用范围，适应实践需要。

◆ 条文解读

一、技术开发合同的概念和特点

技术开发合同是当事人之间就新技术、新产品、新工艺、新品种或者新材料及其系统的研究开发所订立的合同。技术开发合同具有以下特点：

1. 技术开发合同通常是双务合同、有偿合同。在技术开发合同中双方当事人均有义务，同时一方当事人在取得权利时必须向另一方支付一定的费用，付出相应的义务。

2. 技术开发合同是一种要式合同，与其他合同相比，技术开发合同的内容较多，如研究开发经费及利用研究开发经费购置的财产及权属、技术成果的归属等；技术开发合同是一项探索性活动，履行期长，涉及风险责任的承担；技术开发合同标的比较复杂，涉及研究开发行为及研究开发行为的对象，因此，本条第3款规定当事人订立技术开发合同应当采用书面形式，便于将多且复杂的合同内容固定下来，有利于合同当事人认真遵循，履行好合同。

3. 技术开发合同的标的（新技术、新产品、新工艺、新品种或者新材料及其系统）应有相对新的特点。本条中所讲的新技术、新产品、新工艺、新材料及其系统，依据《最高人民法院关于审理技术合同纠纷案件适用法律若干问题的解释》第17条的规定，包括当事人在订立技术合同时尚未掌握的产品、工艺、材料及其系统等技术方案，但对技术上没有创新的现有产品的改型、工艺变更、材料配方调整以及对技术成果的验证、测试和使用除外。这次编纂民法典为鼓励推出技术新品种，研究开发新品种，增加“新品种”为技术开发合同的标的。根据上述司法解释的规定，新品种应当是指当事人在订立技术合同时尚未掌握的品种及其系统等技术方案，但是在技术上没有创新的现有产品的品种更新的除外。《技术合同认定规则》第24条规定，下列合同不属于技术开发合同：（一）合同标的为当事人已经掌握的技术方案，包括已完成产业化开发的产品、工艺、材料及其系统；（二）合同标的为通过简单改变尺寸、参数、排列，或者通过类似技术手段的变换实现的产品改型、工艺变更以及材料配方调整；（三）合同标的为一般检验、测试、鉴定、仿制和应用。

4. 技术开发合同风险性较大。由于技术开发是一项探索未知的活动，受各方面条件的限制，可能双方尽了很大的努力，也难以达到订立合同的目的，因此订立技术开发合同必须依据本法的有关规定，明确合同各方的责任和所承担的风险。订立技术开发合同，应当有必要的研究开发经费、基础设施、技术情报资料等条件。当事人在订立合同前应当进行必要的、全面细致的可行性论证，广泛收集有关的技术信息，选择适当的研究开发方案，尽量避免重复研究和开发。就列入国家计划的科技项目订立技术开发合同，必须符合计划和项目任务书的要求；就其他项目订立的技术开发合同，应当符合有关技术政策的规定。

二、技术开发合同的种类

根据本条第2款的规定，技术开发合同包括委托开发合同和合作开发合同。

委托开发合同，是指当事人一方委托另一方进行研究开发所订立的合同，即委托人向研究开发人提供研究开发经费和报酬，研究开发人完成研究开发工作并向委托人交付研究成果。委托开发合同的特征是研究开发人以自己的名义、技术和劳务独立完成研究开发工作，委托人不得非法干涉。

合作开发合同，是指当事人各方就共同进行研究开发所订立的合同，即当事人各方共同投资、共同参与研究开发活动、共同承担研究开发风险、共享研究开发成果。合作开发合同的各方以共同参加研究开发中的工作为前提，可以共同进行全部研究开发工作，也可以约定分工，分别承担相应的部分。当事人一方仅提供资金、设备、材料等物质条件或者承担辅助协作事项，由另一方进行研究开发工作的合同，是委托开发合同。

在民法典起草过程中，有的部门及有关同志认为，随着信息时代的到来，计算机软件在各个方面起着非常重要的作用，在实践中对计算机软件的开发及使用产生的纠纷也十分突出，草案对计算机软件的开发使用没有明确规定，不适应实际工作的需要。用技术开发合同规范大型行业通用计算机软件的开发，是实践中的通行做法，建议法律把对计算机软件的开发列入技术开发合同中。对此，立法部门进行了广泛的调查研究，充分讨论论证，考虑到计算机软件的开发属于创作作品，对开发的计算机软件的使用，属于对作品的使用，宜由著作权法调整，不宜放在技术合同中作出规定。

三、技术开发合同的内容

技术开发合同的内容由双方当事人在平等、自愿的基础上协商确定。合同的内容一般应当具备下列条款：（1）项目名称；（2）标的技术的内容、形式和要求；（3）研究开发计划；（4）研究开发经费或者项目投资的数额及其支付、结算方式；（5）利用研究开发经费购置的设备、器材、资料等财产的归属；（6）履行的期限、地点和方式；（7）风险责任的承担；（8）技术成果的归属和分享；（9）验收的标准和方法；（10）报酬的计算和支付方式；（11）违约金或者损失赔偿额的计算方法；（12）技术协作和技术指导的内容；（13）争议的解决办法；（14）名词和术语的解释。就列入国家计划的科技项目订立的合同，应当附具计划书、任务书以及主管机关的批准文件。与其他合同相比，技术开发合同的内容较多，如研究开发经费及利用研究开发经费购置的财产及权属、技术成果的归属等。技术开发合同是一项探索性活动，履行期长，涉及风险责任的承担。技术开发合同标的比较复杂，涉及研究开发行为及研究开发行为的对象。因此，本条第3款规定当事人订立技术开发合同应当采用书面形式。

四、科技成果实施转化合同参照适用技术开发合同

当事人之间就具有实用价值的科技成果实施转化订立的合同，是指当事人之间就具有实用价值但尚未实现工业化应用的科技成果（包括阶段性技术成果），以实现该科技成果工业化应用为目标，约定后续试验、开发和应用等内容的合同。实践中，当事人就科技成果实施转化订立的合同逐渐增多，为适应技术创新和科技产业化的需要，本条第4款规定这些合同参照适用技术开发合同的规定。

第八百五十二条 委托开发合同的委托人应当按照约定支付研究开发经费和报酬，提供技术资料，提出研究开发要求，完成协作事项，接受研究开发成果。

◆ **条文主旨**

本条是关于委托开发合同的委托人主要义务的规定。

◆ **立法背景**

委托开发合同为双务合同，作为当事人一方的委托人需承担的主要义务为支付研究开发经费和报酬、提出研究开发要求、接受研究开发成果等，而提供技术资料、完成协作事项等是委托人应尽的附随义务，本条对此作了明确规定。

◆ **条文解读**

根据本条规定，委托开发合同的委托人的主要义务有：

一、支付研究开发经费和报酬

研究开发经费，是指完成研究开发工作所需要的成本。除合同另有约定外，委托人应当提供全部研究开发工作所需要的经费，包括购买研究必需的设备仪器、研究资料、试验材料、能源、试制、安装以及情报资料等费用。研究开发经费是委托开发合同履行所必需的费用，一般应当在合同成立后、研究工作开始前支付，也可以根据研究的进度分期支付，但不得影响研究开发工作的正常进行。当事人应当在合同中约定研究开发经费的结算办法。合同约定按照实际支付的，研究开发经费不足时，委托人应当补充支付；研究开发经费剩余时，研究开发人应当如数返还。如果合同中约定研究开发经费包干使用，那么结余经费应当归研究开发人所有，不足的经费由研究开发人自行解决。如果合同中没有约定研究开发经费结算方式，可以按照包干使用的方式，处理使用研究开发经费。

委托人向研究开发人支付的报酬，是指研究开发成果的使用费和研究开发人员的科研补贴。与研究开发经费不同，它是研究开发人获得的劳动收入。合同中约定研究开发经费的一定比例作为使用费和科研补贴的，可以不单列报酬。

二、提供技术资料

委托开发工作是研究开发人根据委托人的要求进行的，只有委托人提供完备的技术资料以及研究开发人所要求的必要的技术背景资料，研究开发人的研究开发才能更好地满足其要求，研究开发工作才能顺利地进行。因此，合同成立后，委托人负有按照合同约定提供研究开发工作必要的技术资料的义务。在研究开发过程中，委托人还应当及时按照研究开发人的要求，补充必要的背景资料，但应以研究开发人为履行合同所需要的范围为限。

三、提出研究开发要求

委托开发合同，是委托人有研发新技术、新产品、新工艺、新品种、新材料的要求，委托给开发人进行研究开发。开发人必须按照委托人的要求，开展研究开发工作，只有这样完成的开发工作成果才能符合委托人的预期。因此，委托开发合同的委托人应当明确具体地提出研究开发要求，提出对研究开发的具体愿望是什么，目标是什么，希望研究开发工作成果达到什么标准，符合什么条件等，技术要求、时间要求、质量要求是什么等。委托人提出的研究开发要求要有可操作性。

四、完成协作事项

委托开发合同是研究开发方按照委托人的要求进行研究开发工作的，为了保证研究开发工作的顺利进行，取得预期的成果，委托方除按照合同的约定支付研究开发经费和报酬、提供技术资料外，还必须配合委托方的研究开发工作，做好必要的协助工作，即委托人负有完成委托开发合同的协作义务。但是，委托人完成的协作事项只是为研究开发工作提供的辅助性劳动，不能因此认为是参加了开发研究，将委托开发合同变为合作开发合同。研究开发人需要委托人提供哪些协作、辅助事项，最好在委托开发合同中作出明确的约定，一旦约定，委托人就必须履行。

五、接受研究开发成果

委托开发合同履行后，委托人享有接受该项研究开发成果的权利。需要注意的是，这也是委托人的义务，委托人应当按期接受研究开发成果。当事人可以在合同中约定委托人接受研究开发成果的方式、时间或者期限，便于合同及时履行。

技术开发成果通常体现在一定的载体上，《技术合同认定规则》第19条规定，申请认定登记的技术合同，当事人约定提交有关技术成果的载体，不得超出合理的数量范围。技术成果载体数量的合理范围，按以下原则认定：（一）技术文件（包括技术方案、产品和工艺设计、工程设计图纸、试验报告及其他文字性技术资料），以通常掌握该技术和必要存档所需份数为限；（二）磁盘、光盘等软件性技术载体、动植物（包括转基因动植物）新品种、微生物菌种，以及样品、样机等产品技术和硬件性技术载体，以当事人进行必要试验和掌握、使用该技术所需数量为限；（三）成套技术设备和试验装置一般限于1－2套。

第八百五十三条 委托开发合同的研究开发人应当按照约定制定和实施研究开发计划，合理使用研究开发经费，按期完成研究开发工作，交付研究开发成果，提供有关的技术资料和必要的技术指导，帮助委托人掌握研究开发成果。

◆ 条文主旨

本条是关于委托开发合同的研究开发人的主要义务的规定。

◆ 立法背景

委托开发合同为双务合同，作为当事人一方的研究开发人负有与合同性质相应的义务，本条对此作了明确规定。

◆ 条文解读

根据本条规定，委托开发合同的研究开发人的主要义务有：

一、制订和实施研究开发计划

委托开发合同是委托人委托研究开发人进行研究开发的一种合同。为保证研究开发成果符合委托人的要求，研究开发人应当按照委托人的要求、合同的约定制订和实施研究开发计划。研究开发计划是委托开发合同的研究开发人就合同标的的研究开发而事先拟定的需要经过委托人同意的研究开发工作的具体步骤、具体内容、具体程序等，是指导研究开发工作的基本文件，是完成开发工作的前提，对保证研究开发工作的顺利完成具有根本性的作用。研究开发计划一般包括研究开发的基本目标、研究开发的方法与方案、研究开发的速度、研究开发的试验方法等。为保证研究开发成果符合委托人的要求，研究开发人应当进行必要的可行性论证，在此前提下，双方当事人应当对研究开发计划的内容根据委托开发合同的情况进行具体的约定，并根据合同的要求，选择适当的研究开发方案，制订切实可行的计划，并积极组织实施。当事人还应当约定提交研究开发计划的期限、接受对实施研究开发计划的监督等内容。研究开发计划制订后，研究开发方应当积极组织实施，接受委托人的监督。在研究开发过程中，如有变化，应当及时与委托人研究协商变更研究开发计划。

二、合理使用研究开发经费

研究开发经费是委托人支付给研究开发人专为研究开发工作使用的、用于研究开发合同标的所需的费用。该费用通常是在委托开发合同中约定使用范围的。因此，研究开发人应当按照合同的约定，本着专款专用的原则，根据开发项目的实际需要，合理有效地使用委托人支付的研究开发经费，不应浪费，不得擅自挪作他用。委托人有权检查研究开发经费的使用情况，但不能妨碍研究开发人的正常工作。当事人可以在合同中约定研究开发经费使用、检查等有关事项。

三、按期完成研究开发工作，交付研究开发成果

交付研究开发成果，是订立委托开发合同的根本目的，也是研究开发人最基本的义务。因此，研究开发人应当按照合同的约定，按期完成研究开发工作，并及时将研究开发成果交付委托人。研究开发人可以采用下列一种或者几种方式提交研究开发成果，但其数量不能超过合理的范围：（1）产品设计、工艺规程、材料配方和其他图纸、论文、报告等技术文件；（2）磁带、磁盘、计算机软件；（3）动物或者植物的新品种、微生物菌种；（4）样品、样机；（5）成套技术设备。

四、提供有关的技术资料和必要的技术指导，帮助委托人掌握研究开发成果

研究开发人按照合同约定，完成研究开发工作并交付工作成果时，还应当向委托人提供有关的技术资料，并给予必要的技术指导，帮助委托人掌握该技术成果，使之尽快在生产实践中应用。为了减少纠纷，当事人双方应当在合同中约定技术资料和技术指导的范围。如果合同中没有约定或者约定不明确，则应当按照同行业一般专业技术人员能够掌握研究开发成果所需要的技术资料和技术服务履行。

研究开发人就同一合同标的不得再与其他人订立技术合同，也不得在向委托人交付研究开发成果前，将研究开发成果转让给第三人。

第八百五十四条　委托开发合同的当事人违反约定造成研究开发工作停滞、延误或者失败的，应当承担违约责任。

◆ 条文主旨

本条是关于委托开发合同的当事人违约责任的规定。

◆ 立法背景

本条源自《合同法》第 333 条、第 334 条的规定。合同法用两个法律条文，分别规定了委托人、研究开发人违反委托开发合同的约定应当承担的违约责任。第 333 条规定："委托人违反约定造成研究开发工作停滞、延误或者失败的，应当承担违约责任。"第 334 条规定："研究开发人违反约定造成研究开发工作停滞、延

误或者失败的，应当承担违约责任。”此次编纂民法典将这两条规定合并为一条，统一规定委托开发合同的当事人违反委托开发合同应当承担违约责任。

◆ 条文解读

一、委托人违反委托开发合同的违约责任

委托人违反约定造成研究开发工作停滞、延误或者失败的，应当承担违约责任。这是对委托人违反约定应当承担责任的一般规定。本法第852条规定，委托开发合同的委托人应当按照约定支付研究开发经费和报酬，提供技术资料，提出研究开发要求，完成协作事项，接受研究开发成果。依据该条规定，委托开发合同中委托人的违约责任，主要是：

委托人迟延支付研究开发经费，造成研究开发工作停滞、延误的，应当承担责任。委托人逾期不支付研究开发经费或者报酬的，研究开发人有权解除合同，返还技术资料；委托人应当补交应付的报酬，赔偿因此给研究开发人造成的损失。

委托人按照合同约定提供技术资料和协作事项或者所提供的技术资料和协作事项有重大缺陷，导致研究开发工作停滞、延误、失败的，应当承担责任。委托人逾期不提供技术资料和协作事项的，研究开发人有权解除合同，委托人应当赔偿因此给研究开发人造成的损失。

委托人逾期不接受研究开发成果的，研究开发人有权处分研究开发成果，所获得的收益在扣除约定的报酬、违约金和保管费后，退还委托人；所得收益不足以抵偿有关报酬、违约金和保管费的，有权请求委托人赔偿损失。

二、研究开发人违反委托开发合同的违约责任

研究开发人违反约定，造成研究开发工作停滞、延误或者失

败的，应当承担违约责任。这是对研究开发人违反委托开发合同应当承担责任的一般规定。本法第853条规定，委托开发合同的研究开发人应当按照约定制订和实施研究开发计划，合理使用研究开发经费，按期完成研究开发工作，交付研究开发成果，提供有关的技术资料和必要的技术指导，帮助委托人掌握研究开发成果。依据该条规定，委托开发合同中研究开发人的违约责任，主要是：

研究开发人未按计划实施研究开发工作的，委托人有权要求其实施研究开发计划并采取补救措施。研究开发人逾期不实施研究开发计划的，委托人有权解除合同，研究开发人应当返还研究开发经费，赔偿因此给委托人造成的损失。

研究开发人将研究开发经费用于履行合同以外的目的的，委托人有权制止并要求其退还相应的经费用于研究开发工作。因此造成研究开发工作停滞、延误或者失败的，研究开发人应当支付违约金或者赔偿损失。经委托人催告后，研究开发人逾期未退还经费用于研究开发工作的，委托人有权解除合同，研究开发人应当返还研究开发经费，赔偿因此给委托人造成的损失。

由于研究开发人的过错，造成研究开发成果不符合合同约定条件的，研究开发人应当支付违约金或者赔偿损失；造成研究开发工作失败的，研究开发人应当返还部分或者全部研究开发经费，支付违约金或者赔偿损失。

第八百五十五条　合作开发合同的当事人应当按照约定进行投资，包括以技术进行投资，分工参与研究开发工作，协作配合研究开发工作。

◆ 条文主旨

本条是关于合作开发合同当事人主要义务的规定。

◆ 立法背景

合作开发合同为双务合同。合作开发技术需要各方当事人的投资、参与及协作配合，本条对各方当事人的义务作了明确规定。

◆ 条文解读

根据本条规定，在合作开发合同中，当事人各方的主要义务是：

一、进行投资，包括以技术进行投资

共同投资是合作开发合同的重要特征，也是合作开发合同各方当事人的主要义务。合同当事人各方应当依照合同的约定投资。这里的投资，是指合作开发合同当事人以资金、设备、材料、场地、试验条件、技术情报资料、专利权、技术秘密成果等方式对研究开发项目所作的投入。采取资金以外的形式进行投资的，应当折算成相应的金额，明确当事人在投资中所占的比例。双方当事人应当在合同中约定投资的具体形式，并将投资比例约定清楚。

二、分工参与研究开发工作

合作开发合同的各方当事人不仅都要出钱进行投资，还必须出人直接参与研究开发工作。所以按照合同约定的分工参与研究开发工作是合作开发合同的特征。参与研究开发工作，包括按照约定的计划和分工共同进行或者分别承担设计、工艺、试验、试制等研究开发工作。双方当事人如何分工参与研究开发工作应当在合同中约定清楚。需要说明的是，当事人一方提供资金、设备、材料等物质条件，承担辅助协作事项，另一方进行研究开发工作的合同，不属于合作开发合同，应当按委托开发合同处理。《最高人民法院关于审理技术合同纠纷案件适用法律若干问题的解释》

第19条规定，“分工参与研究开发工作”，包括当事人按照约定的计划和分工，共同或者分别承担设计、工艺、试验、试制等工作。技术开发合同当事人一方仅提供资金、设备、材料等物质条件或者承担辅助协作事项，另一方进行研究开发工作的，属于委托开发合同。

三、协作配合研究开发工作

合作开发是以双方的共同投资和共同劳动为基础的，各方在合作研究中的配合是取得研究开发成果的关键。因此，合作各方可以在合同中约定成立由双方代表组成的指导机构，对研究开发工作中的重大问题进行决策、协调和组织研究开发活动，保证研究开发工作的顺利进行。

这里需要注意，合作开发合同与委托开发合同的标的是一致的，但是二者有一定的区别，主要表现为以下三点：

一是合作开发合同中当事人承担的义务相类似，又都有权要求对方履行自己的义务；而在委托开发合同中委托人的主要义务是研究开发人的权利，研究开发人的主要义务则是委托人的主要权利。

二是合作开发合同中双方当事人的目标基本一致，权利义务关系相同；而在委托开发合同中研究开发人的目的是取得报酬，委托开发人的目的是取得科技成果。

三是合作开发合同是当事人共同投资，并共同进行研究开发工作；而委托开发合同则只是一方负责投资，另一方负责研究开发工作。

第八百五十六条 合作开发合同的当事人违反约定造成研究开发工作停滞、延误或者失败的，应当承担违约责任。

◆ 条文主旨

本条是关于合作开发合同当事人违约责任的规定。

◆ 立法背景

合作开发合同各方当事人互负合同义务，违反合同约定时就要承担违约责任，本条对此作了明确规定。

◆ 条文解读

一、违反约定的情形

本条中所讲“合作开发合同的当事人违反约定”的情形，主要是指违反本法第855条所约定的情形，即不按照约定进行投资，包括不以技术进行投资；不按照约定分工参与研究开发工作；不按照约定协作配合研究开发工作。除此之外，还包括当事人违反合作开发合同中约定的其他情形，例如：当事人在合同中约定，合作开发合同的委托方应当按照合同确定的时间和要求，提供符合国家要求的技术开发成果的验收标准，而委托方未按照合同约定提供验收标准，致使技术开发合同不能继续进行下去。

二、承担违反约定责任的前提条件

依据本条的规定，合作开发合同的当事人违反约定承担违约责任的条件有二：一是合作开发合同的当事人存在违约行为；二是由于违约行为造成研究开发工作停滞、延误或者失败。研究开发工作停滞，主要是指当事人的违约行为使研究开发工作受到阻碍，不能顺利地进行或继续下去。研究开发工作延误，是指当事人的违约行为使研究开发工作缓慢前行或行动，不能按照预料的进度、时间进行，或使预料的工作停下有可能不能完成。研究开发工作失败，是指当事人的违约行为使研究开发工作根本不能继续开展下去，研究开发工作没有达到预期的目的。

三、承担违约责任的方式

本条规定，合作开发合同的当事人违反约定造成研究开发工作停滞、延误或者失败的，应当承担违约责任。而违约方承担什么样的违约责任，承担几种违约责任，本条没有明确的规定。通常当事人应当在订立合同时约定违约责任及其承担方式，本法也有相关规定。

第八百五十七条 作为技术开发合同标的的技术已经由他人公开，致使技术开发合同的履行没有意义的，当事人可以解除合同。

◆ 条文主旨

本条是关于解除技术开发合同条件的规定。

◆ 立法背景

在起草民法典时，许多科研部门及有关同志提出，技术开发合同的标的虽然已经公开，但合同订立后，技术研究开发人已经有所投入并付出了一定的劳动，在这种情况下，合同可以解除，但应当明确规定赔偿技术研究开发人已经付出的有关费用。还有的同志建议，从实际情况出发，对合同订立后，技术开发合同的标的已经由他人公开的两种不同情况分别规定赔偿责任。第一，合同订立后立即发现技术开发合同的标的已经公开。对此，合同的另一方当事人可以不赔或者少赔研究开发人的损失。第二，技术开发人在实施技术开发工作的过程中，技术开发合同的标的被公开。对此，合同的另一方当事人应当根据研究开发人的实际损失进行赔偿。考虑到合同解除后产生的不仅是赔偿问题，还有解除权的行使等问题，本法合同编对合同解除后产生的问题已有明确规定，故对此不再在技术合同一章中重复规定。

◆ **条文解读**

合同的解除，是指合同有效成立后，当具备合同解除条件时，因当事人一方或者双方的意思表示而使合同关系消灭的一种行为。合同的解除分为约定解除和法定解除。本法合同编第七章合同的权利义务终止中对合同解除作了较为详细具体的规定。根据技术开发合同的特点，本条又规定了技术开发合同可以解除的另一种情形，即作为技术开发合同标的的技术已经由他人公开，致使履行技术开发合同没有意义，当事人可以解除合同。

第八百五十八条 技术开发合同履行过程中，因出现无法克服的技术困难，致使研究开发失败或者部分失败的，该风险由当事人约定；没有约定或者约定不明确，依据本法第五百一十条的规定仍不能确定的，风险由当事人合理分担。

当事人一方发现前款规定的可能致使研究开发失败或者部分失败的情形时，应当及时通知另一方并采取适当措施减少损失；没有及时通知并采取适当措施，致使损失扩大的，应当就扩大的损失承担责任。

◆ 条文主旨

本条是关于技术开发合同风险责任的规定。

◆ 立法背景

技术开发是一项探索性活动，蕴藏着开发不出来的风险。在技术研究开发过程中，如果当事人一方或者双方已尽了最大努力，但仍然由于现有的科技知识、知识水平、技术水平或者试验条件等客观因素的限制，出现无法克服的技术困难，导致研究开发全部或者部分失败，未能实现合同的预期目的，即为技术开发合同的风险。

认定一项技术开发的失败或者部分失败属于风险，应当具备以下各项条件：（1）课题本身在国际和国内现有技术水平下具有足够的难度；（2）研究开发方尽了主观努力；（3）该领域专家认为研究开发失败属于合理的失败。

◆ 条文解读

由于技术开发存在风险，风险一旦出现，将使技术开发合同无法履行，给当事人造成损失。因此，当事人应当在订立合同时明确约定风险责任的承担。合同标的的质量、价款或者报酬、履行地点、风险责任的分担等通常是合同的主要内容，当事人在订立合同时应当对这些内容作出明确的约定。但是有的时候，当事人在订立合同时没有对合同中的主要内容进行约定或者约定不明确，风险承担不明，责任不清，导致合同的履行发生困难。如果当事人在订立合同时对风险责任的承担等合同的主要内容没有约定或者约定不明确，那么在合同生效后甚至在合同履行开始后可以依据本法第510条的规定，确定风险责任。本法第510条规定，当事人应当先在原有合同约定的基础上进行协商，作出补充规定，也可以废除原有合同的约定重新作出约定。当事人在合同生效后或者在合同履行开始后达成的补充协议，与原合同条款具有同等的效力，当事人应当遵守履行。如果在合同生效后或者在合同履行开始后通过协商仍不能达成补充协议，那么依据本法第510条的规定，可以按照合同有关条款或者交易习惯确定风险责任。所谓合同有关条款，也就是与合同中未约定的或者约定不明确的主要条款有密切关联的条款。因为这些条款之间具有可以互相证明的作用，所以依照这些条款来确定合同未作约定或者约定不明确的内容如风险责任的承担是可行的。正是由于如此，在选择适用条款时，应当以与确定的合同内容有密切联系的条款为限，不得随意扩大。另外，当事人还可以按照交易习惯补充确定合同的风险承担责任。交易习惯对双方当事人确定合同的内容有一定的参考作用，以此来确定风险责任对双方当事人来说是公平合理的，只要当事人没有特别的约定，就可以用商业习惯确定风险责任。需要注意的是，按照交易习惯来确定风险责任，也应当由双方当事人一致协商同意才能进行确定。如果当事人不能达成一致意见，也不能由此确定风险责任。

为避免技术开发风险出现后损失的扩大，本条第2款规定了防止损失扩大的义务，即当事人一方发现可能导致研究开发失败或者部分失败的情况时，应当及时通知另一方并采取适当措施减少损失。有的国家将这一义务称为减轻损失的义务。这一款的规定确定了技术开发合同当事人的义务有二：一是通知的义务，即一方当事人发现有可能导致研究开发失败或者部分失败的情况时，应当立即通知对方，通知可以是口头形式的，也可以是书面形式的，为减少纠纷宜以书面形式通知为佳。二是采取适当措施减少损失的义务。具体是什么措施，如果当事人在合同中已经有约定，就按照合同中约定的措施实施，例如当事人在合同中约定，如果出现本条第2款规定的风险情形，可以立即停止试验。如果合同中没有事先约定减少风险损失的措施，则由当事人一方视具体情况决定采取减少损失的措施。如果一方当事人未能及时通知对方当事人，也未能及时采取措施，制止损失的扩大或者减少损失，那么应当就扩大的损失承担责任。这里需要注意的是，当事人采取减少损失的措施应当是适当的和合理的，不能采取耗费过高费用和过多时间的措施。如果采取的措施所耗费的费用超过了可以减轻的损失，则此种措施就是无益的、不可取的。规定本款的目的是，防止技术合同的一方当事人发现有可能致使研究开发失败或者部分失败的情形时，消极等待，而不去采取积极措施，以避免或减少本来可以避免或者减少的损失。本条规定符合当事人根据合同的性质、目的和交易习惯履行通知、协助、保密等义务的履行原则，符合诚实信用原则的要求，有利于保护当事人的利益。从整个社会来说，可以避免社会财产的无谓损失和浪费，有利于市场经济的发展。

第八百五十九条　委托开发完成的发明创造，除法律另有规定或者当事人另有约定外，申请专利的权利属于研究开发人。研究开发人取得专利权的，委托人可以依法实施该专利。

研究开发人转让专利申请权的，委托人享有以同等条件优先受让的权利。

◆ **条文主旨**

本条是关于履行委托开发合同完成的发明创造的归属和分享的规定。

◆ 立法背景

依据专利法的规定，发明创造是指发明、实用新型和外观设计。发明，是指对产品、方法或者其改进所提出的新的技术方案。实用新型，是指对产品的形状、构造或者其结合所提出的适于实用的新的技术方案。外观设计，是指对产品的形状、图案或者其结合以及色彩与形状、图案的结合所作出的富有美感并适于工业应用的新设计。本条对委托开发完成的发明创造的技术成果的归属与分享作了明确规定。

◆ 条文解读

1. 法律没有规定或者当事人没有约定时，发明创造的专利申请权属于研究开发人。本条所讲的属于研究开发人，是指在没有法律另有规定或者当事人另外约定的情况下，委托开发完成的发明创造只有研究开发人才有申请专利的权利。这一规定与专利法的规定也是一致的。《专利法》第 8 条规定，两个以上单位或者个人合作完成的发明创造、一个单位或者个人接受其他单位或者个人委托所完成的发明创造，除另有协议的以外，申请专利的权利属于完成或者共同完成的单位或者个人。在这种情况下，根据公平原则，研究开发人取得专利权后应当对委托人实行以下两项优惠：一项是研究开发人取得专利权的，委托人可以依法实施该专利；另一项是研究开发人转让专利申请权的，委托人享有以同等条件优先受让的权利。据此，本条在第 2 款中规定，研究开发人可以转让专利申请权。转让后，受让人成为新的专利申请权人，继受取得原专利申请权人的全部权利和义务。这里需要说明的是，后一项优惠有一个前提条件，即同等条件，如果条件不同即低于其他人的条件，委托人则没有优先受让的权利。

2. 另有约定时，委托开发完成的发明创造的专利申请权依照约定履行。也就是说，双方当事人可以约定专利申请权不属于研究开发人，比如，可以约定专利申请权属于委托人或者委托人与研究开发人共有。

3. 法律另有规定的，专利申请权依照法律规定履行。比如，《专利法》第6条第3款规定，利用本单位的物质技术条件所完成的发明创造，单位与发明人或者设计人订有合同，对申请专利的权利和专利权的归属作出约定的，从其约定。

第八百六十条 合作开发完成的发明创造，申请专利的权利属于合作开发的当事人共有；当事人一方转让其共有的专利申请权的，其他各方享有以同等条件优先受让的权利。但是，当事人另有约定的除外。

合作开发的当事人一方声明放弃其共有的专利申请权的，除当事人另有约定外，可以由另一方单独申请或者由其他各方共同申请。申请人取得专利权的，放弃专利申请权的一方可以免费实施该专利。

合作开发的当事人一方不同意申请专利的，另一方或者其他各方不得申请专利。

◆ 条文主旨

本条是关于履行合作开发合同完成的发明创造专利申请权的归属和分享的规定。

◆ 立法背景

合作开发合同当事人共同投资、共享成果、共担风险，因此其权利归属和分享不同于委托开发合同，本条对此作了明确规定。

◆ 条文解读

一、合作开发完成的发明创造专利申请权原则上属于合作开发合同的各方当事人共有

在技术开发过程中，技术成果的取得是合作各方当事人共同进行研究开发的结果，合作各方都为技术的完成付出了自己的努力，因此，本条规定合作开发完成的发明创造，除当事人另有约定外，申请专利的权利属于合作开发的当事人共有。

二、对共有的申请专利权的处分原则

根据公平原则，本条在规定合作开发完成的发明创造申请专利的权利属于合作开发的当事人共有的情况下，还规定了三项处分原则：

一是当事人一方转让其共有的专利申请权的，其他各方享有以同等条件优先受让的权利。通常情况下，当事人一方转让其共有的专利申请权的，无须得到其他共有人的同意，但是该转让不得损害其他共有人的利益。当事人一方转让其共有的专利申请权的，其他各方享有以同等条件优先受让的权利。

二是合作开发的当事人一方声明放弃其共有的专利申请权的，可以由另一方单独申请或者由其他各方共同申请。申请人取得专利权的，放弃专利申请权的一方可以免费实施该专利。

三是合作开发的当事人一方不同意申请专利的，另一方或者其他各方不得申请专利。

三、当事人可以约定合作开发完成的发明创造的专利申请权的归属与享有

也就是说，合作开发的双方当事人可以在合同中约定合作开发完成的发明创造的专利申请权不属于当事人共有，只属于合同的一方当事人所有。如果当事人在合同中明确约定完成发明创造的专利申请权只归一方所有，那么当事人就要按照约定履行，不能再援用本条关于共有的规定。如果当事人在合同中没有约定或者约定不明确，那么合作开发完成的发明创造的专利申请权属于合作开发的当事人共有。本条第 2 款还规定，合作开发的当事人可以约定放弃其共有的专利申请权。

第八百六十一条 委托开发或者合作开发完成的技术秘密成果的使用权、转让权以及收益的分配办法，由当事人约定；没有约定或者约定不明确，依据本法第五百一十条的规定仍不能确定的，在没有相同技术方案被授予专利权前，当事人均有使用和转让的权利。但是，委托开发的研究开发人不得在向委托人交付研究开发成果之前，将研究开发成果转让给第三人。

◆ 条文主旨

本条是关于技术秘密成果的使用权、转让权以及利益分配办法的规定。

◆ 立法背景

本条规定适用于“委托开发”和“合作开发”所完成的技术秘密。这里的技术秘密，是指当事人不愿意公开的不为公众所知悉、能为权利人带来经济利益、具有实用性并经权利人采取保密措施的技术信息。

◆ 条文解读

关于技术秘密成果的使用权、转让权以及利益的分配办法，本条规定了以下三种：

1. 当事人自行约定解决。委托开发合同的当事人或者合作开发合同的当事人自行协商，在合同中明确约定技术秘密成果的使用权、转让权以及利益的分配办法。这是最基本、最行之有效、矛盾最少的分配方法。当事人自行确定技术秘密成果的使用权、转让权以及利益的分配办法，避免以后产生不必要的纠纷。

2. 依据本法第510条的规定解决。这种解决办法的适用前提是当事人对技术秘密成果的使用权、转让权以及利益的分配办法没有约定或者约定不明确，即本条所规定的，没有确定或者约定不明确，依据本法第五百一十条的规定确定。本法第510条规定，当事人首先应当在原有合同约定的基础上进行协商，作出补充规定，也可以废除原有合同的约定重新作出约定。当事人在合同生效后或者在合同履行开始后达成的补充协议，与原合同条款具有同等的效力，当事人应当遵守履行。如果在合同生效后或者在合同履行开始后通过协商仍不能达成补充协议，那么依据本法第510条的规定，可以按照合同有关条款或者交易习惯确定技术秘密成果的使用权、转让权以及利益的分配办法。所谓合同有关条款，也就是与合同中未约定的或者约定不明确的主要的条款有密切关联的条款。因为这些条款之间具有可以互相证明的作用，所以依照这些条款来确定合同未作约定或者约定不明确的内容，如技术秘密成果的使用权、转让权以及利益的分配办法是可行的。正是由于如此，在选择适用条款时，应当以与确定的合同内容有密切联系条款的为限，不得随意扩大。另外，当事人还可以按照交易习惯补充确定技术秘密成果的使用权、转让权以及利益的分配办法。交易习惯对双方当事人确定合同的内容有一定的参考作用，以此来确定技术秘密成果的使用权、转让权以及利益的分配办法对双方当事人来说是公平合理的。只要当事人没有特别的约定，就可以用商业习惯确定技术秘密成果的使用权、转让权以及利益的分配办法。需要注意的是，按照交易习惯来确定技术秘密成果的使用权、转让权以及利益的分配办法，也应当由双方当事人一致协商同意才能进行确定。如果当事人不能达成一致意见，也不能由此确定风险责任。

3. 依据本条确定的原则解决。这种解决办法的前提是，当事人对技术秘密成果的使用权、转让权以及利益的分配办法没有约定或者约定不明确，依据本法第 510 条的规定仍不能确定，即本条规定的，在没有相同技术方案被授予专利前当事人均有使用和转让技术秘密成果的权利，包括当事人均有不经对方同意而自己使用或者以普通使用许可的方式许可他人使用技术秘密，并独占由此所获利益的权利。当事人一方将技术秘密成果的转让权让与他人，或者以独占或排他使用许可的方式许可他人使用技术秘密，未经对方当事人同意或者追认的，应当认定该让与或者许可行为无效。

在委托开发中，由于技术秘密的成果是由委托人出资委托研究开发人开发的，所以本条规定，委托开发的研究开发人不得在向委托人交付研究开发成果之前，将研究开发成果转让给第三人。也就是说，研究开发人如果转让委托人委托开发的技术秘密成果，必须是在向委托人交付该项成果之后进行。

第三节　技术转让合同和技术许可合同

第八百六十二条　技术转让合同是合法拥有技术的权利人，将现有特定的专利、专利申请、技术秘密的相关权利让与他人所订立的合同。

技术许可合同是合法拥有技术的权利人，将现有特定的专利、技术秘密的相关权利许可他人实施、使用所订立的合同。

技术转让合同和技术许可合同中关于提供实施技术的专用设备、原材料或者提供有关的技术咨询、技术服务的约定，属于合同的组成部分。

◆ **条文主旨**

本条是关于技术转让合同和技术许可合同定义的规定。

◆ **立法背景**

本条是这次编纂民法典时新增加的条文。

在编纂民法典征求意见时，许多意见反映，合同法技术合同一章中对有名的技术合同很多都有定义性的条款规定，例如第330条第1款对技术开发合同的定义：“技术开发合同是指当事人之间就新技术、新产品、新工艺或者新材料及其系统的研究开发所订立的合同。”第356条第2款对技术服务合同的定义：“技术服务合同是指当事人一方以技术知识为另一方解决特定技术问题所订立的合同，不包括建设工程合同和承揽合同。”而对于什么是技术转让合同，合同法没有明确的定义性规定，导致司法实践中判断标准不一。为解决这一问题，《最高人民法院关于审理技术合同纠纷案件适用法律若干问题的解释》（以下简称《司法解释》）第22条规定，合同法第三百四十二条规定的“技术转让合同”，是指合法拥有技术的权利人，包括其他有权对外转让技术的人，将现有特定的专利、专利申请、技术秘密的相关权利让与他人，或者许可他人实施、使用所订立的合同。但就尚待研究开发的技术成果或者不涉及专利、专利申请或者技术秘密的知识、技术、经验和信息所订立的合同除外。技术转让合同中关于让与人向受让人提供实施技术的专用设备、原材料或者提供有关的技术咨询、技术服务的约定，属于技术转让合同的组成部分。因此发生的纠纷，按照技术转让合同处理。当事人以技术入股方式订立联营合同，但技术入股人不参与联营体的经营管理，并且以保底条款形式约定联营体或者联营对方支付其技术价款或者使用费的，视为技术转让合同。对此，许多意见认为司法解释代替不了立法，建议民法典应当明确规定技术转让合同的定义、判决标准，以解决现实需要。立法部门采纳了这一建议，在本条第 1 款规定了什么是技术转让合同，即技术转让合同是合法拥有技术的权利人，将现有特定的专利、专利申请、技术秘密的相关权利让与他人所订立的合同。

在编纂民法典征求意见时，有的部门提出，技术转让和技术许可具有不同的法律含义，建议区分技术转让合同和技术许可合同。宪法和法律委员会经研究，将草案第十九章第三节的名称修改为技术转让合同和技术许可合同，并在本条第 2 款中增加了技术许可合同定义的规定，即技术许可合同，是合法拥有技术的权利人，将现有特定的专利、技术秘密的相关权利许可他人实施、使用所订立的合同。

◆ 条文解读

技术转让合同和技术许可合同具有以下特点：

1. 标的的特点。一是必须是特定的完整的技术内容。该内容构成一项产品、工艺、材料及其系统的技术方案，该方案须有特定的名称、技术指标、功能和适用范围。如果标的仅为一般的商业秘密和数据，不构成一项完整的技术方案，或者标的为依靠个人技能和经验掌握的技术诀窍，无法认定其内容的，不属于技术合同转让和许可的标的。二是转让和许可的标的应当是当事人已经掌握的、特定的、现有的技术成果，包括专利权、专利申请权、技术秘密使用权和转让权，不包括尚待研究开发的技术成果或者不涉及专利或者技术秘密的知识、技术、经验和信息。

2. 当事人应当对转让和许可标的拥有权属。技术的转让和许可是技术权利的转让和许可，转让人和许可人应当保证自己是所提供的技术的合法拥有者，否则该技术不属于技术转让合同和许可合同可以转让的标的。例如，当事人享有的专利权已经终止，则不能转让了。

3. 技术商品不同于一般的商品，可以多次转让和许可。编纂民法典应当遵循的指导思想和基本原则有，既要坚持问题导向，着力解决社会生活中纷繁复杂的问题，又要遵循立法规律，讲法理、讲体系。既要尊重民事立法的历史延续性，又要适应当前经济发展的客观要求。在分编编纂过程中，要深入分析现行民事法律的实施情况，系统梳理、科学整理现行民事法律规范，对实践证明正确、可行的民事规范，能保留的尽量保留，可适用的继续适用。本着这一立法指导思想，本条第 3 款将《司法解释》第 22 条第 2 款的内容上升为法律，规定“技术转让合同和技术许可合同中关于提供实施技术的专用设备、原材料或者提供有关的技术咨询、技术服务的约定，属于合同的组成部分”。

第八百六十三条 技术转让合同包括专利权转让、专利申请权转让、技术秘密转让等合同。

技术许可合同包括专利实施许可、技术秘密使用许可等合同。

技术转让合同和技术许可合同应当采用书面形式。

◆ **条文主旨**

本条是关于技术转让合同与技术许可合同种类及合同要件的规定。

◆ **立法背景**

这次编纂民法典，将合同法原有的技术转让区分为技术转让合同与技术许可合同两种，本条在此基础上分别列举了技术转让合同与技术许可合同的几种类型。

◆ **条文解读**

一、技术转让合同的种类

本条第1款规定，技术转让合同包括专利权转让、专利申请权转让、技术秘密转让等合同。

1. 专利权转让合同。专利权是依法批准的发明人或其权利受让人对其发明成果在一定年限内享有的独占权或专用权。专利权转让合同，是指专利权人作为让与人将其发明创造专利的所有权或者持有权移交给受让人，受让人支付约定价款所订立的合同。

2. 专利申请权转让合同。专利申请权是发明人或者设计人对其专利技术享有的一定专属权利，这种专属权利像专利权一样，可以转让。发明人或设计人在就其发明创造成果申请专利前，可以通过订立专利申请权转让合同，将其申请专利的权利转让给受让人并收取一定的价金。专利申请权转让合同，是指让与人将其特定的发明创造申请专利的权利移交给受让人，受让人支付约定价款所订立的合同。

3. 技术秘密转让合同。技术秘密，是指不为公众所知悉的技术，即专利技术以外的技术，包括未申请专利的技术、未授予专利权的技术以及不受专利法保护的技术。技术秘密转让合同，是指让与人将拥有的技术秘密成果提供给受让人，明确相互之间技术秘密成果使用权、转让权，受让人支付约定使用费所订立的合同。技术秘密的使用权，是指以生产经营为目的使用技术秘密的权利。转让权，是指通过合同向他人提供和转让技术秘密的权利。

二、技术许可合同的种类

本条第2款规定，技术许可合同包括专利实施许可、技术秘密使用许可等合同。

1. 专利实施许可合同。专利实施许可合同，是指专利权人或者其授权的人作为让与人许可受让人在约定的范围内实施专利，受让人支付约定使用费所订立的合同。《专利法》第12条规定，任何单位或者个人实施他人专利，除国家法律明确规定有关单位或者个人可以强制实施的以外，都必须与专利权人订立书面实施许可合同，向专利权人支付专利使用费。被许可人无权允许合同规定以外的任何单位或者个人实施该专利。专利实施许可合同转让的是专利使用权，转让后，受让人有权在约定的范围内使用专利。《最高人民法院关于审理技术合同纠纷案件适用法律若干问题的解释》第25条第1款和第2款规定，专利实施许可包括以下方式：（一）独占实施许可，是指让与人在约定许可实施专利的范围内，将该专利仅许可一个受让人实施，让与人依约定不得实施该专利。（二）排他实施许可，是指让与人在约定许可实施专利的范围内，将该专利仅许可一个受让人实施，但让与人依约定可以自行实施该专利。（三）普通实施许可，是指让与人在约定许可实施专利的范围内许可他人实施该专利，并且可以自行实施该专利。当事人对专利实施许可方式没有约定或者约定不明确的，认定为普通实施许可。专利实施许可合同约定受让人可以再许可他人实施专利的，认定该再许可为普通实施许可，但当事人另有约定的除外。第 26 条规定，专利实施许可合同让与人负有在合同有效期内维持专利权有效的义务，包括依法缴纳专利年费和积极应对他人提出宣告专利权无效的请求，但当事人另有约定的除外。第 27 条规定，排他实施许可合同让与人不具备独立实施其专利的条件，以一个普通许可的方式许可他人实施专利的，人民法院可以认定为让与人自己实施专利，但当事人另有约定的除外。

2. 技术秘密使用许可合同。技术秘密使用许可合同，是指让与人将拥有的技术秘密成果提供给受让人，明确相互之间技术秘密成果使用权、转让权，受让人支付约定使用费所订立的合同。技术秘密的使用权，是指以生产经营为目的使用技术秘密的权利。转让权，是指通过合同向他人提供和转让技术秘密的权利。《最高人民法院关于审理技术合同纠纷案件适用法律若干问题的解释》第 25 条第 3 款规定，技术秘密的许可使用方式，参照本条第一、二款的规定确定，即（一）独占实施许可，是指让与人在约定许可实施专利的范围内，将该专利仅许可一个受让人实施，让与人依约定不得实施该专利。（二）排他实施许可，是指让与人在约定许可实施专利的范围内，将该专利仅许可一个受让人实施，但让与人依约定可以自行实施该专利。（三）普通实施许可，是指让与人在约定许可实施专利的范围内许可他人实施该专利，并且可以自行实施该专利。当事人对专利实施许可方式没有约定或者约定不明确的，认定为普通实施许可。专利实施许可合同约定受让人可以再许可他人实施专利的，认定该再许可为普通实施许可，但当事人另有约定的除外。

三、技术转让合同与技术许可合同的形式要件

技术转让合同、技术许可合同的内容复杂，涉及转让技术、许可技术的范围，转让、许可的对象，受让人与许可使用人使用转让、许可技术的范围和方式，技术的保密，使用费、转让费的

支付，以及对使用技术产生的新的技术成果的归属等，技术转让合同、技术许可合同涉及专利的，还要明确专利申请日、申请号、专利号和专利权的有效期限。因此，本条第3款规定，技术转让合同和技术许可合同应当采用书面形式。据此当事人订立技术转让合同、技术许可合同必须采用书面形式。

第八百六十四条 技术转让合同和技术许可合同可以约定实施专利或者使用技术秘密的范围，但是不得限制技术竞争和技术发展。

◆ 条文主旨

本条是关于技术转让合同和技术许可合同限制性条款的规定。

◆ 立法背景

在社会主义市场经济条件下，技术是商品，任何自然人、法人、非法人组织都可以不受地区、部门、经济形式等的限制转让技术。一切有助于开发新产品、提高产品质量、降低产品成本、改善经营管理、提高经济效益的技术，出让方与接受方都可以按自愿互利、协商一致的原则转让。也就是说，一切技术，只要能够促进经济建设和社会发展，都可以依法转让。但属于国家机密的技术，其转让应当经主管部门批准；涉及国家安全和社会公共利益的，由有关部门指定单位实施的技术、国家实行许可证制度的技术，其转让应当符合主管部门的规定；违反法律和社会公共利益的技术，不得转让。这是我国关于技术转让的基本政策。这一政策对于进一步调动广大职工，特别是科学技术人员的积极性、主动性、创造性，使科学技术成果、专门技能、专业知识迅速地应用于实际生产、生活，有效地贯彻经济建设依靠科学技术、科学技术面向经济建设的方针，具有重要的意义。因此，在本条中特别规定当事人订立的技术转让合同和技术许可合同不得限制技术竞争和技术发展。

◆ **条文解读**

依据本条的规定，技术转让合同和技术许可合同可以约定让与人和受让人实施专利或者使用技术秘密的范围。实施专利或者使用技术秘密的范围，是指实施专利的期限、实施专利或者技术秘密的地区和方式。《最高人民法院关于审理技术合同纠纷案件适用法律若干问题的解释》第28条规定，实施专利或者使用技术秘密的范围，包括实施专利或者使用技术秘密的期限、地域、方式以及接触技术秘密的人员等。当事人对实施专利或者使用技术秘密的期限没有约定或者约定不明确的，受让人实施专利或者使用技术秘密不受期限限制。

在允许当事人约定实施专利或者使用技术秘密范围的同时，本条还对这种约定作了限制规定，即技术转让合同的当事人不得以合同条款限制技术竞争和技术发展，主要包括：（1）不得通过合同条款限制另一方在合同标的技术的基础上进行新的研究开发；（2）不得通过合同条款限制另一方从其他渠道吸收技术，或者阻碍另一方根据市场的需求，按照合同的方式充分实施专利和使用技术秘密。这一规定是强制性规定，当事人订立技术转让合同时必须遵守这一规定，如不遵守这一规定，在合同中约定了这些内容，也属于无效条款，不发生法律效力。同样技术许可合同也应当遵循这一规定，不得在合同中约定限制技术竞争和技术发展的条款。

第八百六十五条　专利实施许可合同仅在该专利权的存续期限内有效。专利权有效期限届满或者专利权被宣告无效的，专利权人不得就该专利与他人订立专利实施许可合同。

◆ 条文主旨

本条是关于专利实施许可合同有效期限的规定。

◆ 立法背景

专利权是指依法取得的在法律规定的有效期限内享有的独占利益的权利。专利权的有效期间是指法律规定的保护该专利权的期间。专利权只有在法定的期间内才能获得法律的保护。

◆ 条文解读

专利权超过法定期间，或者因法定情形失去专利权后，法律就不予保护，专利权人就失去了法律所保护的独占利益的权利。该技术也就成为公开的、任何人均可以免费使用的技术。专利实施许可合同也只在该项专利权的存续期间内有效。根据专利法的规定，发明专利权的期限为二十年，实用新型专利权和外观设计专利权的期限为十年，均自申请之日起计算。在专利权有效期限终止或者专利权宣布无效后，专利权人不得就该项专利与他人订立专利实施许可合同。

由于专利实施许可合同的标的是专利，该标的有效，由此订立的合同自然受到法律的保护；该标的无效，由此订立的合同自然也会失去效力，不能受到法律的保护。专利权有效期届满或者专利权被宣告无效时，专利权就不受法律保护了，因此本条规定：专利权人不得就该专利与他人订立专利实施许可合同。这一规定属于强制性规定，订立专利实施许可合同的当事人必须执行。如果专利权人违反这一规定，给他人造成损失的，应当承担相应的法律责任。

专利实施许可合同的让与人应当在合同有效期内维持专利的有效性。在合同有效期内，专利权被终止的，合同同时终止，让与人应当支付违约金或者赔偿损失。专利权被宣布无效的，让与人应当赔偿由此给受让人造成的损失。

第八百六十六条　专利实施许可合同的许可人应当按照约定许可被许可人实施专利，交付实施专利有关的技术资料，提供必要的技术指导。

◆ **条文主旨**

本条是关于专利实施许可合同许可人主要义务的规定。

◆ **立法背景**

专利实施许可合同的许可人应当允许被许可人根据合同约定的期限、地域、条件和方式实施专利技术，许可人必须遵守合同的约定，不得干涉被许可人使用该专利，不得侵害被许可人的专利实施权。因此，专利实施许可合同的许可人需要承担一些约定和法定的义务。

◆ **条文解读**

根据本条和有关规定，专利实施许可合同者许可人需要承担的义务有：

第一，保证自己是所提供的专利技术的合法拥有者，并且保证所提供的专利技术完整、无误、有效，能够达到合同约定的目的。

第二，按照合同的约定，许可被许可人实施专利，交付实施专利有关的技术资料，提供必要的技术指导，使被许可人的专业人员能够掌握、实施该专利技术。

第三，排他实施许可合同的许可人不得在已经许可被许可人实施专利的范围内，就同一专利与第三人订立专利实施许可合同。独占实施许可合同的许可人不得在已经许可被许可人实施专利的范围内实施该专利。独占实施许可，即许可人将在一定地域或期限内实施专利技术的权利授予被许可人后，自己不再享有在该范围、该期限内实施专利技术的权利，不再享有向第三人发放实施许可该项专利技术的权利。排他实施许可，即许可人在授予被许可人实施专利技术的范围、期限内，同时保留自己实施该项专利技术的权利。

第四，依法缴纳专利年费和应对他人提出宣告专利权无效的请求。《最高人民法院关于审理技术合同纠纷案件适用法律若干问题的解释》第26条规定，专利实施许可合同让与人负有在合同有效期内维持专利权有效的义务，包括依法缴纳专利年费和积极应对他人提出宣告专利权无效的请求，但当事人另有约定的除外。

第八百六十七条 专利实施许可合同的被许可人应当按照约定实施专利，不得许可约定以外的第三人实施该专利，并按照约定支付使用费。

◆ 条文主旨

本条是关于专利实施许可合同被许可人主要义务的规定。

◆ **立法背景**

专利实施许可合同的被许可人得到专利许可后，需要按照合同约定承担一些义务，本条对此作了明确规定。

◆ **条文解读**

根据本条和有关规定，专利实施许可合同被许可人的主要义务有：

第一，按照约定实施专利，即专利实施许可合同的被许可人应当按照约定的范围、方式、期限等实施专利技术，并按照约定支付使用费。

第二，按照合同的约定，不得许可合同约定以外的第三人实施该项专利技术。这里所讲的“不得许可合同约定以外的第三人实施该项专利技术”是指被许可人无权允许合同以外的第三人实施该专利技术，例如，如果合同没有约定被许可人的子公司可以实施该项专利技术，被许可人则无权将该专利技术交给自己的子公司实施使用。如果被许可人需要将该项专利技术交给合同以外的第三人实施，则必须经过专利实施许可合同的许可人同意，未经许可人同意，要承担违约责任。

第三，按照合同的约定，支付使用费，即被许可人按照合同约定的数额、期限、支付方式、支付地点等支付实施专利的使用费。

第四，承担合同约定的其他义务以及本法合同编规定的法律义务。如本法第 509 条规定，当事人应当按照约定全面履行自己的义务。当事人应当遵循诚信原则，根据合同的性质、目的和交易习惯履行通知、协助、保密等义务。当事人在履行合同过程中，应当避免浪费资源、污染环境和破坏生态。

第八百六十八条 技术秘密转让合同的让与人和技术秘密使用许可合同的许可人应当按照约定提供技术资料，进行技术指导，保证技术的实用性、可靠性，承担保密义务。

前款规定的保密义务，不限制许可人申请专利，但是当事人另有约定的除外。

◆ 条文主旨

本条是关于技术秘密让与人和许可人主要义务的规定。

◆ 立法背景

本条源自《合同法》第 347 条的规定，修改之处有二：一是增加了技术秘密使用许可合同许可人的主要义务的规定；二是增加了第 2 款的规定。

◆ 条文解读

根据本条的规定，技术秘密转让合同的让与人和技术秘密使用许可合同的许可人的主要义务是：

第一，保证自己是所提供技术的合法拥有者，并且保证所提供的技术完整、无误、有效，能够达到合同约定的目标；第二，按照合同的约定，提供技术资料，进行技术指导，保证技术的实用性、可靠性；第三，承担保密义务；第四，承担受让人按照约定使用技术秘密侵害他人合法权益的责任；第五，使用技术秘密不得超出约定的范围；第六，不得擅自许可第三人使用该项技术秘密。

《最高人民法院关于审理技术合同纠纷案件适用法律若干问题的解释》第 29 条规定，技术秘密转让合同让与人承担的“保密义务”，不限制其申请专利，但当事人约定让与人不得申请专利的除外。当事人之间就申请专利的技术成果所订立的许可使用合同，专利申请公开以前，适用技术秘密转让合同的有关规定；发明专利申请公开以后、授权以前，参照适用专利实施许可合同的有关规定；授权以后，原合同即为专利实施许可合同，适用专利实施许可合同的有关规定。人民法院不以当事人就已经申请专利但尚未授权的技术订立专利实施许可合同为由，认定合同无效。为了鼓励技术秘密转让合同的让与人和技术秘密使用许可合同的许可人申请专利，本条借鉴司法解释的规定，在第 2 款明确规定，前款规定的保密义务，不限制许可人申请专利，但是当事人另有约定的除外。

第八百六十九条 技术秘密转让合同的受让人和技术秘密使用许可合同的被许可人应当按照约定使用技术，支付转让费、使用费，承担保密义务。

◆ 条文主旨

本条是关于技术秘密转让合同受让人和技术秘密使用许可合同的被许可人主要义务的规定。

◆ 立法背景

本条源自《合同法》第 348 条的规定，主要修改之处是增加了技术秘密使用许可合同的被许可人主要义务的规定。

◆ 条文解读

根据本条的规定，技术秘密转让合同受让人的主要义务是：第一，按照合同的约定使用技术，即按照合同约定的期限、时间、方式、方法、条件等实施、使用技术秘密。第二，按照合同的约定支付使用费，即按照合同约定的期限、时间、支付方式、币种、支付次数等支付技术秘密的使用费。第三，承担保密义务。保密是指不得将技术秘密中的技术资料、数据、样品、相关文件等泄露给第三人。第四，使用技术秘密不得超越合同约定的范围。第五，未经让与人同意，不得擅自许可第三人使用该项技术秘密。

技术秘密使用许可合同的被许可人的主要义务是：第一，按照合同的约定使用技术，即按照合同约定的期限、时间、方式、方法、条件等实施、使用技术秘密。第二，按照合同的约定支付使用费，即按照合同约定的期限、时间、支付方式、币种、支付次数等支付技术秘密的使用费。第三，承担保密义务。保密是指不得将技术秘密中的技术资料、数据、样品、相关文件等泄露给第三人。第四，使用技术秘密不得超越合同约定的范围。第五，未经让与人同意，不得擅自许可第三人使用该项技术秘密。

第八百七十条 技术转让合同的让与人和技术许可合同的许可人应当保证自己是所提供的技术的合法拥有者，并保证所提供的技术完整、无误、有效，能够达到约定的目标。

◆ 条文主旨

本条是关于技术转让合同让与人和技术许可合同的许可人保证义务的规定。

◆ 立法背景

民法典草案在征求意见时，有意见反映，技术许可合同的许可人也应当承担保证义务。考虑到技术许可合同许可人的保证义务与技术转让合同让与人的保证义务是一致的，故本条在《合同法》第349条规定的基础上增加了技术许可合同许可人保证义务的规定。

◆ 条文解读

根据本条的规定，技术转让合同的让与人的保证义务主要是：

一、保证自己是所提供的技术的合法拥有者

技术转让合同的基本特征之一是，技术转让合同让与人通过订立技术转让合同转让技术，收取报酬。向受让人转让技术是技术转让合同让与人的基本义务。这种转让导致技术权属在让与人和被让与人之间的变动，而这种变动必须以让与人对技术合法拥有为前提，也就是说，只有技术合法的所有人或者持有人才有权转让技术，因此，让与人转让的技术必须是自己合法拥有的，或者保证自己有权转让或者有权许可、使用、实施该项技术，否则为非法转让，属于无效行为。由此订立的合同也是无效合同，为保证受让人得到合法的技术，本条规定技术转让合同的让与人应当保证自己是所提供的技术的合法拥有者。还需要注意的是，让与人转让的技术也不能是剽窃、冒充、仿造的。

二、保证所提供的技术完整、无误、有效

订立技术转让合同的目的就是受让人能够得到可应用的技术，为此，本条规定，技术转让合同的让与人应当保证所提供的技术完整、无误、有效，能够达到约定的目标。技术完整，是指一个产品、工艺、材料及其系统或者改进技术的一整套方案或者一整套文件资料。技术无误，是指转让给受让方一个产品、工艺、材料及其系统或者改进的技术应当准确，没有误差。技术有效，是指转让给受让方一个产品、工艺、材料及其系统或者改进的技术不存在争议，受让方可以依据合同进行操作，能够解决受让方的技术问题，达到订立合同预期的目标。

受让人使用让与人转让或者许可的技术生产或者销售产品，如果被第三人指控侵权，应当由受让人承担责任。

第八百七十一条 技术转让合同的受让人和技术许可合同的被许可人应当按照约定的范围和期限，对让与人、许可人提供的技术中尚未公开的秘密部分，承担保密义务。

◆ 条文主旨

本条是关于技术转让合同的受让人和技术许可合同的被许可人负有保密义务的规定。

◆ 立法背景

民法典草案在征求意见时，有意见反映，技术许可合同的被许可人也应当承担保密义务。考虑到技术许可合同的被许可人的保密义务与技术转让合同的让与人的保密义务是一致的，故本条在《合同法》第350条规定的基础上增加了技术许可合同被许可人保密义务的规定。

◆ 条文解读

技术转让合同的让与人对受让人转让的技术，有的处于保密状态，有的虽已公开，但是相关的背景材料、技术参数等未曾公开，这些技术及相关材料有可能涉及国家利益或者让与人的重大经济利益。因此，受让人对让与人提供或者传授的技术和有关技术资料，应当按照合同约定的范围和期限承担保密义务。对超过合同约定范围和期限仍需保密的技术，受让人应当遵循诚实信用的原则，履行合同保密的附随义务。

第八百七十二条　许可人未按照约定许可技术的，应当返还部分或者全部使用费，并应当承担违约责任；实施专利或者使用技术秘密超越约定的范围的，违反约定擅自许可第三人实施该项专利或者使用该项技术秘密的，应当停止违约行为，承担违约责任；违反约定的保密义务的，应当承担违约责任。

让与人承担违约责任，参照适用前款规定。

◆ **条文主旨**

本条是关于技术许可合同的许可人与技术转让合同的让与人违约责任的规定。

◆ **立法背景**

技术许可合同的许可人与技术让与合同的让与人违反合同约定，应当承担违约责任，本条对此作了明确规定。

◆ **条文解读**

根据本条规定，技术许可合同中许可人的违约责任主要是：

1. 违反专利权许可合同的责任。许可人不履行合同义务，迟延办理专利权移交手续，未提供有关的技术资料，许可的专利不是许可人合法拥有的专利或者违反保密义务的，应当返还部分或者全部使用费，并且应当承担违约责任。

2. 违反专利申请权许可合同的责任。许可人不履行合同，迟延提供技术情报和资料的，或者所提供的技术情报和资料没有达到使该领域一般专业技术人员能够实施发明创造的程度的，应当承担违约责任；违反保密义务的，应当承担违约责任。

3. 违反专利实施许可合同的责任。许可人未按照约定许可实施专利技术，应当返还部分或者全部使用费，并且承担违约责任；使用专利技术超越约定的范围，违反约定擅自许可第三人使用该项专利技术，应当停止违约行为，承担违约责任；违反保密义务的，承担违约责任；承担被许可人按照约定使用专利技术侵害他人合法权益的责任。

4. 违反技术秘密许可合同的责任。许可人未按照合同约定许可他人使用技术秘密的，应当返还部分或者全部使用费，并且承担违约责任；使用技术秘密超越合同约定的范围，违反约定擅自许可第三人使用该项技术秘密，应当停止违约行为，承担违约责任；技术秘密成果达不到合同约定的技术指标，承担违约责任：违反保密义务，泄露技术秘密，使被许可人遭受损失的，承担违约责任；承担被许可人按照约定使用技术秘密侵害他人合法权益的责任。

技术让与合同让与人的违约责任，参照适用本条第 1 款技术许可合同许可人违约责任的规定。

第八百七十三条 被许可人未按照约定支付使用费的，应当补交使用费并按照约定支付违约金；不补交使用费或者支付违约金的，应当停止实施专利或者使用技术秘密，交还技术资料，承担违约责任；实施专利或者使用技术秘密超越约定的范围的，未经许可人同意擅自许可第三人实施该专利或者使用该技术秘密的，应当停止违约行为，承担违约责任；违反约定的保密义务的，应当承担违约责任。

受让人承担违约责任，参照适用前款规定。

◆ 条文主旨

本条是关于技术许可合同的被许可人和技术转让合同的受让人违约责任的规定。

◆ 立法背景

技术许可合同的被许可人和技术转让合同的受让人违反合同约定，应当承担违约责任，本条对此作了明确规定。

◆ 条文解读

根据本条规定，技术许可合同被许可人违约责任主要是：

1. 违反专利权许可合同的责任。被许可人未按照约定支付价款，应当补交并按照约定支付违约金，不补交价款或者支付违约金的，应当停止实施专利，交还技术资料，承担违约责任；违反保密义务的，承担违约责任。

2. 违反专利申请权许可合同的责任。被许可人不履行合同，迟延支付价款的，承担违约责任：未按照约定支付价款，应当补交并承担违约责任；不补交价款或者不支付违约金的，应当返还专利申请权，交还技术资料，并承担违约责任：违反保密义务的，承担违约责任。

3. 违反专利实施许可合同的责任。被许可人未按照约定支付使用费，应当补交使用费并按照约定支付违约金；不补交使用费或者支付违约金的，应当停止使用专利技术，交还技术资料，承担违约责任；使用专利技术超出约定的范围，未经许可人同意擅自许可第三人使用该专利技术的，应当停止违约行为，承担违约责任；违反保密义务的，应当承担违约责任。

4. 违反技术秘密许可合同的责任。被许可人不按照合同约定支付使用费的，应当补交使用费并按照约定支付违约金；不补交使用费或者支付违约金的，应当停止使用技术秘密，交还技术资料，承担违约责任；使用技术秘密超出约定的范围，未经许可人同意擅自许可第三人实施使用该技术秘密的，应当停止违约行为，承担违约责任；违反保密义务，泄露技术秘密，给许可人造成损失的，应当承担违约责任。

技术转让合同中受让人的违约责任，参照适用本条第 1 款技术许可合同中被许可人违约责任的规定。

第八百七十四条 受让人或者被许可人按照约定实施专利、使用技术秘密侵害他人合法权益的，由让与人或者许可人承担责任，但是当事人另有约定的除外。

◆ 条文主旨

本条是关于实施专利、使用技术秘密侵害他人合法权益责任承担的规定。

◆ 立法背景

让与人或者许可人作为专利权人或者技术秘密的权利人，负有担保其专利、技术秘密没有权利瑕疵的义务，即担保不侵害第三人权利、担保第三人不就专利权或者技术秘密主张权利的义务，否则要承担相应法律后果，本条对此作了明确规定。

◆ 条文解读

技术转让合同的实质是科学技术知识、信息和生产实践经验在不同法律关系主体之间的传递和扩展。这种传递和扩展同时也是技术权益的转移，即采用合同形式把专利权、专利申请权、专利使用权和技术秘密的使用权转移给受让人或者许可给被许可人。让与人转让的或者许可人许可的是某一项技术成果，不是利用公知的技术知识为对方提供咨询服务，因此，转让人或者许可人有义务保证受让人或者被许可人按照合同约定实施专利、使用技术秘密不会侵害他人的合法权益。如果受让人或者被许可人按照合同约定实施专利、使用技术秘密引起侵害他人合法权益的，该侵权责任则应当由让与人或者许可人承担，但是合同当事人另有约定的除外。本条之所以规定由让与人或者许可人承担侵权责任，是因为侵权行为的发生是让与人让与或者许可人许可受让人或者被许可人使用的专利、技术秘密具有不合法性，而受让人、被许可人并不了解此情况，根据一般的知识及通常掌握的技能也不能判断其所接受的专利、技术秘密具有不合法性，他们属于善意受让人、善意被许可人。此时由让与人或者许可人承担侵权责任是合情、合法、合理的。需要说明的是，根据本条的规定，如果当事人作出了由受让人、被许可人承担责任或者由受让人与让与人、被许可人与许可人人共同承担责任的约定，那么在受让人或者被许可人按照约定实施专利、使用技术秘密侵害他人合法权益的情况下，侵权责任则要按照当事人的约定承担，即当事人的约定优先于法律规定。

第八百七十五条　当事人可以按照互利的原则，在合同中约定实施专利、使用技术秘密后续改进的技术成果的分享办法；没有约定或者约定不明确，依据本法第五百一十条的规定仍不能确定的，一方后续改进的技术成果，其他各方无权分享。

◆ **条文主旨**

本条是关于技术转让合同、技术许可合同中后续改进技术成果分享办法的规定。

◆ 立法背景

技术转让合同、技术许可合同所让与、许可实施或者使用的技术，双方均有可能进行新的改进和发展。法律有必要为此类后续改进的技术成果的权利归属作出规定，以避免引发纠纷。

◆ 条文解读

一、技术成果的后续改进

本条中所讲的后续改进，是指在技术转让合同、技术许可合同的有效期内，一方或双方对作为合同标的的专利技术或者技术秘密成果所作的革新和改良。技术转让合同或者技术许可合同的订立和履行，不仅实现了现有技术的转移、推广和应用，而且也是当事人进行改良、革新和进行新的研究开发的基础。合同订立后，当事人一方或者双方在技术转让合同标的技术或者技术许可合同标的技术基础上作出创新和改良是常见的现象。这种创新和改良推动了科学技术的迅速发展。

二、后续改进的技术成果的分享原则

后续改进的技术成果的分享原则为互利原则，这一原则表明当事人可以在合同中约定实施专利、使用技术秘密后续改进的技术成果的分享办法及其归属，但是这一约定应当对双方当事人是有利的，一方利益的取得不得以损害对方利益为代价，双方当事人在约定中必须注意这一原则。例如，可以约定彼此免费有偿提供后续改进的技术成果的情报、资料和信息，按优惠条件或者最优惠的价格许可或者转让给另一方实施或者使用等。

三、后续改进的技术成果的分享方式

1. 在合同中约定。依据本条的规定，技术转让合同的当事人或者技术许可合同的当事人双方可以按照互利的原则，在合同中

约定实施专利、使用技术秘密后续改进的技术成果的分享办法。可以约定双方当事人共同享有所有权，也可以约定由合同的一方当事人享有所有权。

2. 协商研究、补充确定。如果技术转让合同的当事人或者技术许可合同的当事人没有在合同中约定实施专利、使用技术秘密后续改进的技术成果的分享办法，那么依据本条的规定，可以按照本法第510条的规定确定后续改进的技术成果的权属与分享办法。依据第510条的规定，首先由双方当事人协商，补充确定当初订立合同时没有约定的后续改进的技术成果的权属与分享办法。如果通过双方当事人的协商，仍不能确定的，那么要按照合同的有关条款或者交易习惯确定后续改进的技术成果的归属与分享办法。

3. 法律明确规定权属。如果当事人没有按照互利的原则，在合同中约定实施专利、使用技术秘密后续改进的技术成果的权属与分享办法，或者约定不明的，在合同生效或者合同履行后，依据本法第510条的规定通过协商，或依据合同有关条款、交易习惯确定仍不能确定的，对此本条则明确规定，实施专利、使用技术秘密后续改进的技术成果，归完成该项后续改进技术成果的一方，其他各方无权分享。

第八百七十六条　集成电路布图设计专有权、植物新品种权、计算机软件著作权等其他知识产权的转让和许可，参照适用本节的有关规定。

◆ 条文主旨

本条是关于其他知识产权的转让和许可的规定。

◆ 立法背景

本条是这次编纂民法典新增加的条文，专门对集成电路布图设计专有权、植物新品种权、计算机软件著作权等其他知识产权的转让和许可的法律适用作了明确规定。

◆ 条文解读

技术合同是当事人就技术开发、转让、许可、咨询或者服务订立的确立相互之间权利和义务的合同。当事人订立技术合同的目的是促进科学技术成果的研发、转化、应用和推广，促进科学技术的进步。技术成果是一种无形财产，是技术合同的重要标的，在现代社会中发挥着越来越重要的作用。正是由于这种财产内容的技术性和特殊性，我国曾以专门的技术合同法予以调整和规范。1996 年全国人民代表大会第二次会议通过的合同法也将技术合同作为一种独立的合同类型设专章予以规范。民法典继承了这一做法，仍设专章规定技术合同。

何为技术成果?《最高人民法院关于审理技术合同纠纷案件适用法律若干问题的解释》第 1 条规定，技术成果，是指利用科学技术知识、信息和经验作出的涉及产品、工艺、材料及其改进等的技术方案，包括专利、专利申请、技术秘密、计算机软件、集成电路布图设计、植物新品种等。

民法典技术合同一章对技术成果中的专利、专利申请、技术秘密的转让与许可作了专节规定，但对计算机软件、集成电路布图设计、植物新品种的转让与许可没有作出规定。对此，在民法典编纂草案征求意见中，社会公众、一些部门提出意见认为，2017 年公布实施的《民法总则》第 123 条规定，民事主体依法享有知识产权。知识产权是权利人依法就下列客体享有的专有的权利：（一）作品；（二）发明、实用新型、外观设计；（三）商标；

（四）地理标志；（五）商业秘密；（六）集成电路布图设计；（七）植物新品种；（八）法律规定的其他客体。民法总则已经明确规定了民事主体对一些新出现的知识产权，如集成电路布图设计、植物新品种等享有知识产权。专利、专利申请、技术秘密是知识产权，技术合同一章对专利、专利申请、技术秘密的转让与许可作了规范，计算机软件、集成电路布图设计、植物新品种也是知识产权，随着科学技术的发展，这些新类型的知识产权会越来越多，技术合同一章也应当对计算机软件、集成电路布图设计、植物新品种等的转让与许可作出规定，以促进科学技术成果的研发、转化、应用和推广，促进科学技术的进步，保护知识产权。司法实践部门的同志也反映，在实际生活中，签订计算机软件、集成电路布图设计、植物新品种的转让与许可的合同日益增多，由此引发的纠纷也明显增多，对此情形若不作文明规定，不利于人民法院或者仲裁机构审理裁判这类纠纷，也不利于知识产权的保护，建议在技术合同一章对计算机软件、集成电路布图设计、植物新品种等的转让与许可作出规定，或者在法律中作原则指引性规定，以对人民法院、仲裁机构适用法律提供明确的指导。立法部门经过深入的调查研究，广泛听取了各方面的意见，在本条中规定，集成电路布图设计专有权、植物新品种权、计算机软件著作权等其他知识产权的转让和许可，参照适用本节的有关规定。

第八百七十七条 法律、行政法规对技术进出口合同或者专利、专利申请合同另有规定的，依照其规定。

◆ **条文主旨**

本条是关于技术进出口合同或者专利、专利申请合同的特殊规定。

◆ **立法背景**

有的单行法或者行政法规对一些特殊的合同作了特殊规定，根据特别法优先于一般法的原则，应优先适用特别法的规定。

◆ **条文解读**

一、技术进出口合同

我国境内的自然人、法人或者非法人组织从国外引进或者向国外输出技术，由此与技术输出国或者技术引进国的当事人订立的合同，称为技术进出口合同。

近几年，随着我国对外科学技术交流的发展，我国的自然人、法人或者非法人组织不仅从国外引进技术，也向国外输出技术，其所借助的法律形式是订立技术进出口合同。因此，在法律起草中，有人提出，随着改革开放的不断深入，技术进出口越来越多，为了适应这一形势的需要，国家有关部门制定了技术引进合同管理条例等规定，这次编纂民法典合同编应当把技术进出口合同作为技术转让合同的内容加以规定。对此，草案曾将技术进出口合同的内容作出规定，在对草案广泛征求意见后，许多部门和同志认为，技术进出口的情况比较复杂。订立技术进出口合同，虽然是市场主体的自主行为，但对涉及产业发展或者国计民生的重大技术进出口合同，还要经有关主管部门审批。须由国家有关部门制定相关的法律法规对此加以规范。技术进出口实质上是技术转让，当事人在订立技术进出口合同时，对涉及技术转让的问题，可以依据本法合同编中的技术转让合同的有关规定办理，对涉及技术进出口的管理问题，依据其他法律或者行政法规的规定。因此，本条规定法律、行政法规对技术进出口合同另有规定的，依照其规定。

二、专利、专利申请合同

专利权转让、专利申请权转让涉及专利问题，因此，当事人订立专利权转让合同或者专利申请权转让合同，不仅要遵守本章的有关规定，还要遵守专利法等其他法律、法规的规定。例如，《专利法》第10条规定，专利申请权和专利权可以转让。中国单位或者个人向外国人、外国企业或者外国其他组织转让专利申请权或者专利权的，应当依照有关法律、行政法规的规定办理手续。转让专利申请权或者专利权的，当事人应当订立书面合同，并向国务院专利行政部门登记，由国务院专利行政部门予以公告。专利申请权或者专利权的转让自登记之日起生效。因此，本条规定法律、行政法规对专利、专利申请合同另有规定的，依照其规定。

第四节　技术咨询合同和技术服务合同

第八百七十八条　技术咨询合同是当事人一方以技术知识为对方就特定技术项目提供可行性论证、技术预测、专题技术调查、分析评价报告等所订立的合同。

技术服务合同是当事人一方以技术知识为对方解决特定技术问题所订立的合同，不包括承揽合同和建设工程合同。

◆ 条文主旨

本条是关于技术咨询合同和技术服务合同定义的规定。

◆ 立法背景

技术咨询合同和技术服务合同是比较常见的两种合同类型，

特设专章规定。

◆ **条文解读**

一、技术咨询合同

技术咨询合同，是指一方当事人通常是科技人员作为受托人运用自己的技术知识，对委托人提出的特定技术项目进行可行性论证、技术预测、专题技术调查、分析评价等所订立的合同。技术咨询合同的基本特点有：

1. 技术咨询合同的受托人必须拥有一定的技术知识。受托人要具有一定的技术知识是这次民法典编纂时新增加的内容，目的是强调提供技术咨询的一方应当有一定资质。

2. 技术咨询合同的标的是对技术项目的咨询。这里所讲的咨询，是指对技术项目的可行性论证、技术预测、专题技术调查、分析评价报告。可行性论证，是指对特定技术项目的经济效果、技术效果和社会效果所进行的综合分析和研究的工作。技术预测，是指对特定技术项目实施后的发展前景及其生命力所进行的判断。专题技术调查，包括技术难题、技术障碍和技术事故的咨询，是指根据委托人的要求所进行的资料、数据的考察收集工作。分析评价报告，包括工程技术项目的可行性论证，科学技术规划的可行性论证和知识产权战略实施的可行性论证，是指通过对特定技术项目的分析、比较得出的书面报告。

3. 技术咨询的范围是与技术有关的项目。这里的项目较为广泛，主要分为三类：

（1）有关科学技术与经济、社会协调发展的软科学研究项目。例如：科技发展战略研究，科技发展规划研究，技术政策与技术选择的研究。

（2）促进科技进步和管理现代化，提高经济效益和社会效益的技术项目。例如：重大工程项目、研究开发项目、技术改造和成果推广等的可行性分析；技术成果、重大工程和特定技术系统的技术评估；特定技术领域、行业、专业和技术转移的技术预测；就专项技术进行的技术调查。需要说明的是，上述项目中与技术开发、技术转让、技术许可有关，可以作为技术开发合同、技术转让合同或者技术许可合同的一部分内容在合同中进行约定。

(3) 其他专业性技术项目。例如，对技术产品和工艺的分析，技术方案的比较，专用设施、设备的安全对策。又如，标的为大、中型建设工程项目前期的分析论证。再如，标的为引进先进理化测试仪器，就其技术性能进行可行性分析等。前述这些项目中与技术开发、技术转让、技术许可有关，也可以作为技术开发合同、技术转让合同或者技术许可合同的一部分内容在合同中进行约定。

4. 技术咨询合同履行的结果是由提供咨询的一方（受托方）向委托方提供尚待实践检验的报告或者意见。这一报告或者意见不是其他技术合同所要求的某一技术成果。需要注意的是，当事人一方委托另一方就解决特定技术问题提出实施方案、进行实施指导所订立的合同，是技术服务合同，不适用有关技术咨询合同的规定。

5. 技术咨询合同风险责任的承担有其特殊性。对这种合同，除当事人另有约定外，因委托人实施咨询报告或者意见而造成的风险，受托方不承担风险。这与技术开发、技术转让合同的风险责任承担有所不同。

二、技术服务合同

技术服务合同，是指当事人一方以技术知识为另一方解决特定技术问题所订立的合同，不包括建设工程合同和承揽合同。这里所讲的特定技术问题，是指需要运用科学技术知识解决专业技术工作中有关改进产品结构、改良工艺流程、提高产品质量、降低产品成本、节约资源能耗、保护资源环境、实现安全操作、提高经济效益和社会效益等问题。

符合下列条件的，可以认定是技术服务合同：（1）合同的标的是运用专业技术知识、经济和信息解决特定技术问题的项目；（2）服务内容是改进产品结构、改良工艺流程、提高产品质量、降低产品成本、节约资源能耗、保护资源环境、实现安全操作、提高经济效益和社会效益等专业技术工作；（3）工作成果有具体质量和数量指标；（4）技术知识的传递不涉及专利和技术秘密成果的权属。《最高人民法院关于审理技术合同纠纷案件适用法律若干问题的解释》第34条规定，当事人一方以技术转让的名义提供已进入公有领域的技术，或者在技术转让合同履行过程中合同标的技术进入公有领域，但是技术提供方进行技术指导、传授技术知识，为对方解决特定技术问题符合约定条件的，按照技术服务合同处理，约定的技术转让费可以视为提供技术服务的报酬和费用，但是法律、行政法规另有规定的除外。依照前款规定，技术转让费视为提供技术服务的报酬和费用明显不合理的，人民法院可以根据当事人的请求合理确定。

本条规定技术服务合同不包括承揽合同和建设工程合同。也就是说，建设工程的勘察、设计、施工合同和以常规手段或者为生产经营目的进行一般加工、定作、修理、修缮、广告、印刷、测绘、标准化测试等订立的加工承揽合同，不属于技术服务合同。但是以非常规技术手段解决复杂、特殊技术问题而单独订立的合同除外。本法之所以将承揽合同和建设工程合同排除在技术服务合同之外，是为了划清它们的界限，避免法律适用上的冲突。

第八百七十九条 技术咨询合同的委托人应当按照约定阐明咨询的问题，提供技术背景材料及有关技术资料，接受受托人的工作成果，支付报酬。

◆ 条文主旨

本条是关于技术咨询合同的委托人主要义务的规定。

◆ 立法背景

技术咨询合同的委托人应当全面履行合同约定的义务，本条对此作了明确规定。

◆ 条文解读

技术咨询合同的委托人应当全面履行合同约定的各项义务：

一、阐明咨询问题

这项义务是保证受托人完成咨询任务的条件之一。本条所讲的阐明咨询问题，是指委托人按照合同的约定向受托人讲清所要咨询的技术问题的基本要求、基本要点等。

二、提供技术背景材料及有关技术资料

这项义务也是保证受托人完成咨询任务必不可少的条件。本条所讲的提供技术背景材料及有关技术资料，是指受托人完成咨询任务所需要的合同中约定的有关技术背景、技术材料、技术资料等，还包括应受托人的要求在咨询过程中及时补充的有关材料、资料等。

三、接受受托人的工作成果

取得工作成果是委托人的权利，接受工作成果是委托人的义务。本条中所讲的工作成果，是指受托人根据委托人的要求完成的咨询报告或者意见。

四、支付报酬

这是为顺利完成咨询合同，委托人必须履行的最基本的义务，也是受托人完成咨询合同的主要目的。本条中所讲的支付报酬，是指委托人按照合同约定的报酬的计算方法、支付方式、支付期间、支付地点、支付币种等给付受托人履行完咨询合同的劳动对价。

第八百八十条　技术咨询合同的受托人应当按照约定的期限完成咨询报告或者解答问题，提出的咨询报告应当达到约定的要求。

◆ 条文主旨

本条是关于技术咨询合同的受托人主要义务的规定。

◆ 立法背景

技术咨询合同的受托人应当全面履行合同约定的义务，本条对此作了明确规定。

◆ 条文解读

技术咨询合同的受托人应当全面履行合同约定的义务，主要有以下几项：

一、按照约定的期限完成咨询报告或者解答问题

受托人订立技术咨询合同后，应当利用自己的技术知识、技术手段和人才优势，按照合同的约定完成咨询报告或者解答问题。按照约定的期限完成委托任务，这是技术咨询合同中受托人应当履行好的最基本的、最主要的义务。这里所讲的完成，实际上是一个交付义务，即受托人利用自己的专业知识、技术技能、技术手段、人才优势等按照合同约定的时间完成咨询报告或者提供咨询意见或者解答问题等，并交给委托人。

二、提出的咨询报告应当达到约定的要求

这一义务的核心是咨询报告要达到要求，即保证咨询报告和意见符合合同约定的要求。这里所讲的要求，实际上是质量要求。该质量要求应当是属于合同所约定的并被受托人所接受的、先进的、具有可操作性、具有极大参考价值的咨询报告或者对问题的解答。需要说明的是：

1. 为减少纠纷，双方当事人必须对这一要求作出可操作性约定，例如，可以约定咨询报告的验收办法和标准。验收办法可以以组织召开评估会或者鉴定会的形式进行，如果在这种验收方式下，受托人完成的咨询报告或者对问题解答的学术水平和参考价值得到多数与会专家、同行的肯定和认定，就属于符合要求。

2. 这一要求仅仅是一个咨询报告或者对问题的解答，委托人是否采纳要由委托人自己决定。如果合同中要求受托人必须对提出的咨询报告或者对问题解答的实施结果负责，这就不是技术咨询合同的所要解决的问题，而是技术服务合同中所要解决的问题。对此，原技术合同法实施条例规定，当事人一方委托另一方就解决特定技术问题提出实施方案，进行实施指导所订立的合同，是技术服务合同，不适用有关技术咨询合同的有关规定。

第八百八十一条　技术咨询合同的委托人未按照约定提供必要的资料，影响工作进度和质量，不接受或者逾期接受工作成果的，支付的报酬不得追回，未支付的报酬应当支付。

技术咨询合同的受托人未按期提出咨询报告或者提出的咨询报告不符合约定的，应当承担减收或者免收报酬等违约责任。

技术咨询合同的委托人按照受托人符合约定要求的咨询报告和意见作出决策所造成的损失，由委托人承担，但是当事人另有约定的除外。

◆ 条文主旨

本条是关于技术咨询合同当事人违约责任和涉及决策风险责任的规定。

◆ 立法背景

技术咨询合同的当事人违反合同约定，应当依照合同约定的违约条款以及本法合同编有关违约责任的规定，承担违约责任。本条对此作了明确规定。

◆ 条文解读

一、技术咨询合同当事人的违约责任

（一）委托人违反技术咨询合同

1. 委托人违反技术咨询合同的违约行为

本条规定了委托人的两种违约行为：

（1）未按照合同约定提供必要的资料。这一违约行为包括以下几种情况：一是委托人根本没有提供必要的资料；二是委托人迟延提供必要的资料；三是委托人提供的必要资料不足；四是委托人提供的必要资料有严重缺陷等。委托人未按照合同约定提供必要的资料，应当导致影响了受托人的技术咨询以及工作进度和质量的结果。

（2）不接受或者逾期接受工作成果。不接受工作成果，是指受托人按照合同的约定提出咨询报告、咨询意见或者对问题进行了解答，对此，委托人在没有符合法律规定的理由下拒绝接受；逾期接受工作成果，是指委托人超过合同约定的时间接受受托人交付的咨询报告、咨询意见或者对问题作出的解答。

2. 委托人违反技术咨询合同的违约责任

委托人未按期支付报酬的，应当补交报酬，并承担违约责任；未按照约定提供必要的资料，或者所提供的资料有严重缺陷，影响工作进度和质量的，已支付的报酬不得追回，未支付的报酬应当支付，给受托人造成损失的，应当承担违约责任；委托人逾期不提供或者不补充有关技术资料和工作条件，导致受托人无法开展工作的，受托人有权解除合同，委托人承担违约责任，但合同另有约定的除外。委托人不接受或者逾期不接受工作成果的，向受托人支付的报酬不得追回，未支付的报酬应当支付，并且还应当支付受托人因保管工作成果所支出的费用。

（二）受托人违反技术咨询合同

1. 受托人违反技术咨询合同的违约行为

根据本条规定，受托人违反技术咨询合同的违约行为有两种：

（1）未按照合同约定的期限提出咨询报告。受托人订立技术咨询合同后，应当利用自己的技术知识、技术手段和人才优势，按照合同约定的期限完成咨询报告或者解答问题。按照期限完成委托任务，这是技术咨询合同中受托人应当履行好的最基本的、最主要的义务。

（2）提出的咨询报告不符合合同约定。受托人提出的咨询报告、咨询意见或者对问题的解答应当符合合同的约定。这是受托人在技术咨询合同中必须承担的核心义务，是对受托人最基本的要求。如果受托人提出的咨询报告和意见不符合合同约定的要求，则为典型的违约行为。

2. 受托人违反技术咨询合同的违约责任

受托人迟延提交咨询报告和意见的，应当减收或者免收报酬，并承担违约责任；提供的咨询报告和意见不符合合同约定条件的，应当减收或者免收报酬，并承担违约责任；不提交咨询报告和意见，或者所提交的咨询报告和意见水平低劣，无参考价值的，应当免收报酬，并承担违约责任；受托人在接到委托人提交的技术资料和数据后，不进行调查论证，委托人有权解除合同，受托人应当返还委托人已付的报酬，并承担违约责任，但是合同另有约定的除外。

二、技术咨询合同涉及的决策风险责任

当事人可以在技术咨询合同中约定对咨询报告和意见的验收或者评价办法。合同没有约定的，按照合乎实际的一般要求组织鉴定。咨询报告和意见经验收合格后，合同即告终止。委托人是否采纳以及如何采纳受托人作出的咨询报告或者意见，由委托人自行决策。受托人对委托人实施咨询报告或意见所受到的损失，不负赔偿责任，除非合同另有约定。这就是技术咨询合同涉及的决策风险责任。这是因为：

（1）技术咨询合同的受托人为委托人完成的咨询建议、设计方案、分析调查结论以及可行性报告等，是受托人根据自己掌握的技术知识、信息和经验对技术项目进行的分析、论证和预测，只供委托人决策时选择参考，不是直接可以付诸实践的技术研究成果。

（2）技术咨询合同的履行具有滞后性，委托人是在受托人提交咨询报告或意见后，经过鉴别和取舍后才实施的。而社会客观情况是复杂多变的，此时的咨询报告或意见是否还能适应实际情况，起到指导实践的作用，尚有待于实践的检验。

（3）正确的咨询报告或意见付诸实施后，还要根据实际情况采取相应的措施，有时要作必要的修改和补充，而技术咨询合同的受托人一般不参加委托人对技术项目的决策和实施，因此，受托人对委托人按照咨询报告和意见作出决策并付诸实施所发生的损失不承担责任。但是，合同另有约定除外。

本条关于技术咨询合同涉及的决策责任的规定，目的是鼓励受托人积极向委托人提供咨询意见，但是受托人不能因此对委托人委托的技术项目不作调查研究，对咨询报告和意见不负责。如果受托人提供的咨询报告和意见没有科学依据，或者有明显的缺陷甚至错误，应当承担违约责任。

第八百八十二条　技术服务合同的委托人应当按照约定提供工作条件，完成配合事项，接受工作成果并支付报酬。

◆ 条文主旨

本条是关于技术服务合同的委托人主要义务的规定。

◆ 立法背景

技术服务合同的委托人应当全面履行合同约定的义务，本条对此作了明确规定。

◆ 条文解读

技术服务合同的委托人应当履行的义务主要有：

一、按照合同的约定提供工作条件，完成配合事项

本条之所以规定技术服务合同的委托人应当按照约定提供工作条件，完成配合事项，是因为技术服务合同的受托人解决的是委托人要求的特定的技术问题，而这一特定的技术问题是由委托人根据自己的特定情况提出的，委托人本身了解一些情况，因此需要委托人根据其所了解的情况，为受托人提供工作条件，只有双方互相配合，才能保证合同的顺利完成。本条所讲的提供工作条件，不仅仅是通常、大众所理解的物质条件，还应当包括提供下述具体条件或者具体事项：相关数据、图纸、资料、样品、场地等，以及技术进展或者已经完成的情况，这些条件都应当根据需要在合同中约定清楚。合同一经约定，委托人就应当积极配合受托人完成。

二、接受工作成果

受托人完成的工作成果是根据委托人的要求作出的，因此，在合同履行过程中，受托人当然有义务接受受托方已经完成的部分工作成果，在合同全部履行完毕后，接受全部的工作成果。如果委托人不接受工作成果，在一定程度上会加重受托人的保管义务。故本条特别规定了委托人接受工作成果这一义务。

三、支付报酬

受托人接受委托人委托的主要目的之一，是通过自己的劳动获得相应的报酬。这是市场经济条件下商品交换的基本规律，是从事市场经济活动的基本准则。为此本条规定，委托人应当按照约定支付报酬。本条中所讲的支付报酬，是指委托人按照合同约定的报酬的计算方法、支付方式、支付期间、支付地点、支付币种等，给付受托人履行完合同的劳动对价。

第八百八十三条 技术服务合同的受托人应当按照约定完成服务项目，解决技术问题，保证工作质量，并传授解决技术问题的知识。

◆ 条文主旨

本条是关于技术服务合同的受托人主要义务的规定。

◆ 立法背景

技术服务合同的受托人应当全面履行合同约定的义务，本条对此作了明确规定。

◆ 条文解读

技术服务合同的受托人应当履行的义务主要有：

一、按照约定完成服务项目，解决技术问题，保证工作质量

本义务的核心是，受托人应当向委托人提供真正解决问题的技术。什么是真正解决问题的技术，这就需要双方当事人在合同中作出明确的约定。合同一经约定，受托人就应当按照约定的时间、数量、质量等要求完成委托人交付的工作，使委托人的技术问题得以解决。

二、传授解决技术问题的知识

本义务的核心是受托人的传授。委托人订立合同的目的是要得到技术，而这一技术是运用科学技术知识完成的特定的技术工作，这一工作的成果，有的表现为数据、图纸、软件、光盘等可以体现在一定载体上的信息，有的则表现为一种特殊的技能，需要口传心授，如果没有受托人的传授，委托人难以掌握、应用。因此，本条规定受托人应当按照约定完成服务项目，并传授解决技术问题的知识。为避免不必要的纠纷，也便于合同的履行，当事人应当在合同中对什么是传授、如何传授作出具体、详细的约定。

第八百八十四条 技术服务合同的委托人不履行合同义务或者履行合同义务不符合约定，影响工作进度和质量，不接受或者逾期接受工作成果的，支付的报酬不得追回，未支付的报酬应当支付。

技术服务合同的受托人未按照约定完成服务工作的，应当承担免收报酬等违约责任。

◆ 条文主旨

本条是关于技术服务合同的当事人违约责任的规定。

◆ 立法背景

技术服务合同的当事人违反合同约定，应当依照合同约定的违约条款以及本法合同编有关违约责任的规定，承担违约责任。本条对此作了明确规定。

◆ 条文解读

一、委托人的违约责任

委托人不履行合同义务或者履行合同义务不符合约定，影响工作进度和质量，不接受或者逾期接受工作成果的，支付的报酬不得追回，未支付的报酬应当支付。具体来说，有以下几个方面：

委托人未按照合同约定提供有关技术资料、数据、样品和工作条件，影响工作质量和进度的，应当如实支付报酬。委托人逾期不提供约定的物质技术条件的，受托人有权解除合同，委托人应当支付违约金或者赔偿由此给受托人造成的损失。

委托人逾期不支付报酬或者违约金的，应当交还工作成果，补交报酬，支付违约金或者赔偿损失。

委托人迟延接受工作成果的，应当支付违约金和保管费。委托人逾期不领取工作成果的，受托人有权处分工作成果，从所获得的收益中扣除报酬、违约金和保管费后剩余部分返还委托人，所获得的收益不足以抵偿报酬、违约金和保管费的，有权请求委托人赔偿损失。

此外，委托人还应当承担在接到受托人关于提供的技术资料、数据、样品、材料或者工作条件不符合合同约定的通知后，未能在约定的期限内补充、修改、更换或者不按期作出答复的责任；承担在履行合同期间，接到受托人因发现继续工作将对材料、样品或者设备等造成损坏或者有造成损坏的风险而中止工作或者处理建议的通知后，未在约定的期限内作出答复的责任；承担违反保密义务，泄露受托人完成的需要保密的工作成果的责任。

二、受托人的违约责任

技术服务合同的受托人未按照合同约定完成服务工作的，应当承担免收报酬等违约责任。具体来说，有以下几个方面：

受托人迟延交付工作成果的，应当支付违约金。受托人逾期不交付工作成果的，委托人有权解除合同，受托人应当交还技术资料和样品，返还委托人已付的报酬，支付违约金或者赔偿损失。

受托人的工作成果、服务质量有缺陷，委托人同意利用的，受托人应当减收报酬并采取适当补救措施；工作成果、服务质量有严重缺陷，没有解决合同约定的技术问题的，受托人应当免收报酬，支付违约金或者赔偿损失。

受托人对委托人交付的样品、技术资料保管不善，造成灭失、缺少、变质、污染或者损坏的，应当支付违约金或者赔偿损失。

此外，受托人还应当承担发现委托人提供的技术资料、数据、样品、材料或者工作条件不符合合同约定，未能及时通知委托人的相应责任；承担在履行合同期间，发现继续工作会对材料、样品或者设备等造成损坏或者有造成损坏的风险而中止工作后，不及时通知委托人也并未采取适当措施的相应责任；承担违反保密义务，泄露委托人提供的需要保密的技术资料、数据、样品的相应责任。

在实际生活中，有些技术服务合同的工作成果、服务质量，在短期内难以发现缺陷，需要经过较长时间的实践检验，对此，技术服务合同的当事人可以在合同中约定保证期。在保证期内发现服务质量缺陷的，受托人应当负责返工或者采取补救措施。但因委托人使用、保管不当引起的问题除外。

第八百八十五条 技术咨询合同、技术服务合同履行过程中，受托人利用委托人提供的技术资料和工作条件完成的新的技术成果，属于受托人。委托人利用受托人的工作成果完成的新的技术成果，属于委托人。当事人另有约定的，按照其约定。

◆ 条文主旨

本条是关于技术咨询、技术服务合同履行过程中产生的技术成果的归属和分享的规定。

◆ 立法背景

技术咨询合同履行过程中，受托人在对委托人提供的数据、资料和背景材料进行研究分析、论证时，可能会产生新的技术成果；委托人根据受托人提供的咨询报告，在分析、论证的基础上，也可能会开发出新的技术成果。同样，技术服务合同的受托人有时会基于委托人提供的有关背景材料、技术资料、数据、样品和工作条件等派生出新的技术成果。委托人也可能在取得受托人的技术服务成果后，进行后续研究开发，利用所掌握的知识，创造出新的技术成果。

新的技术成果，是指技术咨询合同或者技术服务合同的当事人在履行合同义务之外派生完成的或者后续发展的技术成果。新的技术成果中不仅包含受托人的技术知识，技术技能，智慧智力、劳动心血等，也包含委托人提供的一些数据、资料、样品、背景材料、支付的费用，有的还可能提供了一些场地、建议、观点等，由此产生的新的技术成果，可以说双方当事人都有贡献，为此，如果对新的技术成果没有约定或者约定不明确，就会产生权属纠纷。为了减少纠纷，本条对技术咨询、技术服务合同履行过程中产生的技术成果的归属和分享作了明确的规定。

◆ **条文解读**

根据本条规定，处理这类技术成果的归属和分享的基本原则是：第一，谁完成谁拥有；第二，允许当事人作特别约定。故本条规定，技术咨询合同、技术服务合同履行过程中，受托人利用委托人提供的技术资料和工作条件完成的新的技术成果，属于受托人。委托人利用受托人的工作成果完成的新的技术成果，属于委托人。当事人另有约定的，按照其约定。

依据这一规定，当事人可以在技术咨询合同或者技术服务中约定这种可能产生的技术成果的归属和分享办法。当事人对履行技术咨询合同、技术服务合同所产生的新的技术成果的归属和分享办法的特别约定，优于法律的一般原则规定。如果当事人在合同中对新产生的技术成果的归属和分享办法没有约定，或者约定不明确，那么，受托人利用委托人提供的技术资料和工作条件完成的新的技术成果，属于受托人。委托人利用受托人的工作成果完成的新的技术成果，属于委托人。另一方无权参与分享新的技术成果。

第八百八十六条 技术咨询合同和技术服务合同对受托人正常开展工作所需费用的负担没有约定或者约定不明确的，由受托人负担。

◆ 条文主旨

本条是对技术咨询合同和技术服务合同中受托人履行合同费用负担的规定。

◆ 立法背景

技术咨询合同和技术服务合同的受托人在履行合同的过程中会产生费用，这些费用由谁负担，在实践中有一定争议，本条对此作了明确规定。

◆ 条文解读

民法典对当事人订立技术合同特别是技术咨询合同和技术服务合同，需要在合同中约定的事项已经作出了明确的规定和指引。在民法典合同编草案征求意见中，许多意见特别是司法实务部门的意见反映，在实际生活中，当事人在签订技术咨询合同或者技术服务合同时，往往遗漏约定受托人开展正常工作所需要的费用由谁负担的问题，这类纠纷还有很多。为解决这一问题，对人民法院适用法律提供明确的指导，《最高人民法院关于审理技术合同纠纷案件适用法律若干问题的解释》第31条第1款规定，当事人对技术咨询合同受托人进行调查研究、分析论证、试验测定等所需费用的负担没有约定或者约定不明确的，由受托人承担。第35

条第1款规定，当事人对技术服务合同受托人提供服务所需费用的负担没有约定或者约定不明确的，由受托人承担。建议立法部门将最高人民法院的这一司法解释规定，上升为法律。立法部门采纳了这一建议，在本条规定，技术咨询合同和技术服务合同对受托人正常开展工作所需费用的负担没有约定或者约定不明确的，由受托人负担。

第八百八十七条　法律、行政法规对技术中介合同、技术培训合同另有规定的，依照其规定。

◆ **条文主旨**

本条是关于技术中介合同和技术培训合同法律适用的规定。

◆ **立法背景**

技术中介合同和技术培训合同具有一定的特殊性，本条对其法律适用作了规定。

◆ **条文解读**

技术中介合同，是指当事人一方以知识、技术、经验和信息为另一方与第三方订立技术合同进行联系、介绍、组织工业化开发并对履行合同提供服务所订立的合同。技术培训合同，是指当事人一方委托另一方对指定的专业技术人员进行特定项目的技术指导和专业训练所订立的合同，不包括职业培训、文化学习和按照行业、单位的计划进行的职工业余教育。

在民法典编撰过程中，有人提出，技术中介合同和技术培训合同是技术服务合同中两类重要的合同，实践中也大量存在。随着技术的发展，技术培训合同侧重的是技术培训，例如，对农民养殖技术的培训，特别是随着知识经济的发展和再就业工程的启动，技术培训将越来越重要。技术中介合同则是加速技术成果转化的重要环节。实践中技术培训和技术中介情况复杂，纠纷较多，建议对技术培训合同、技术中介合同作出规定。考虑到技术培训合同、技术中介合同与技术服务合同的内容大体相似，对技术培训合同与技术中介合同的特殊性问题还需进一步研究，故本条规定，法律、行政法规对技术中介合同、技术培训合同另有规定的，依照其规定。这一规定包括两层含义：一是本法之外的法律、行政法规对技术中介合同、技术培训合同另外有规定的，应当优先适应该规定。二是本法之外的其他法律、行政法规对技术中介合同、技术培训合同没有作出规定的，适用本章的有关规定。

第二十一章　保管合同

本章共十六条，对保管合同的定义，视为保管的情形，保管合同的成立、有偿与无偿，保管凭证，保管人的权利义务，寄存人的权利义务、贵重物品的寄存以及消费保管等作了规定。

第八百八十八条　保管合同是保管人保管寄存人交付的保管物，并返还该物的合同。

寄存人到保管人处从事购物、就餐、住宿等活动，将物品存放在指定场所的，视为保管，但是当事人另有约定或者另有交易习惯的除外。

◆ 条文主旨

本条是关于保管合同定义的规定。

◆ 立法背景

保管合同是一种重要的典型合同，在比较法上，大多数国家的民法典中都规定了保管合同。保管合同始于罗马法，在罗马法上被称为寄托。罗马法把寄托分为通常寄托与变例寄托。通常寄托，是指受寄人应于合同期满后将受托保管的原物返还寄托人，而变例寄托是指受寄人得返还同种类、品质、数量之物，包括金钱寄托、讼争物寄托及危难寄托。前苏联民法不称寄托而称保管，其第 422 条规定："依照保管合同，一方应当保管另一方交给他的财产，并完好地返还该财产。"

◆ **条文解读**

保管合同又称寄托合同或者寄存合同，是指双方当事人约定一方将物交付他方保管，尔后他方返还保管物的合同。保管物品的一方称为保管人，或者称为受寄人，其所保管的物品称为保管物，或者称为寄托物，交付物品保管的一方称为寄存人，或者称为寄托人。

保管合同的标的物，即保管合同所指向的对象。保管物是否限于动产，总体上来说世界上有以下几种立法例：第一，以德国、意大利等为代表的，在民法典中明确规定寄托物以动产为限。如《德国民法典》第 688 条规定："因寄托合同，受寄人有义务保管由寄托人交付给自己的动产。"《意大利民法典》第 1760 条对寄托下的定义为："寄托是一方接受他方的某个动产，负责保管并返还的契约。"《瑞士债务法》第 472 条、《比利时民法典》第 1918 条也有类似规定。《欧洲合同法原则》（PECL）也规定，保管合同的标的物是动产或者有体物；无形财产如果没有载体，则不能采用保管合同；对有价证券采用特殊规则。第二，以日本和我国台湾地区等为代表的，在对寄托下的定义中，不明确寄托物为动产或为不动产。如《日本民法典》第 657 条规定："寄托，因当事人一方约定为相对人保管而受取某物，而发生效力。"郭明瑞、王轶在《合同法新论·分则》一书中认为："日本民法一般寄托中的标的物即包括动产也包括不动产，这是日本法的一个特点。"又例如我国台湾地区"民法"第 589 条规定："称寄托者，谓当事人一方以物交付他方，他方允为保管之契约。"我国台湾地区刘发鋆著的《民法债编分则实用》中对寄托标的物所作的解释是：

“寄托标的物以物为限，无论为动产或不动产，为代替物或不代替物，均无不可。”可见我国台湾地区“民法”与日本民法对此规定是一脉相承的。第三，以我国澳门特区为代表的，在法律对寄托的定义中明确寄托物包括动产和不动产。我国《澳门民法典》第1111条规定：“寄托系指一方将动产或不动产交付他方保管，而他方于被要求返还时将之返还之合同。”需要特别说明的是，《法国民法典》和《西班牙民法典》对不同种类的寄托合同之标的物作出了不同规定，将本义上的寄托（普通寄托）的标的物限于动产，讼争物寄托的标的物则包括不动产。《法国民法典》第1916条规定：“寄托有两种，一为本义上的寄托，二为讼争物寄托。”第1918条规定：“本义上的寄托的标的物仅以动产为限。”而讼争物寄托又可以分为约定的讼争物寄托和裁判的讼争物寄托，《法国民法典》第1959条和第1961条分别规定了这两种讼争物寄托的标的物均可以包括动产和不动产。因寄托多指本义上的寄托，故学界多将法国归入第一种立法例中。

我国《合同法》第365条对保管合同所作的定义中，也没有规定保管物以动产为限，本法第888条关于保管合同定义沿用了合同法的规定。现实中保管不动产的例子是很多的，房屋、果园、池塘等都可以成为保管的对象。随着城镇化的不断发展，现在农村的很多年轻人都到城镇发展，自己在农村的房屋很多都空置着，为了防止自己的房屋遭到破坏，并得到必要的修缮维护，很多人都将房屋等交给自己的亲戚朋友进行保管。因此，法律有必要调整因委托他人保管不动产而形成的权利义务关系。

在理论上和实践中，对在购物中心、饭店、宾馆存放的车辆等物品的法律性质以及这些物品丢失的赔偿责任，有不同的看法，分歧的焦点集中在购物中心、饭店、宾馆对消费者存放的车辆是否有管护义务，以及这种管护义务的性质是什么。主要有以下几种看法：

第一种意见认为，消费者存放物品就与购物中心、饭店和宾馆成立了保管合同关系，双方为合同的当事人。如果支付费用就是有偿保管，没有支付费用就是无偿保管。对于发生的争议，应当按照合同的约定处理；没有明确约定的，则应当按照本法合同编中关于保管合同的规定处理。

第二种意见认为，该管护义务为消费服务合同的义务。有的认为该管护义务本身就是购物、就餐、住店的消费服务合同的具体内容，属于从给付义务的范畴，为合同条款的重要组成部分；也有的认为是基于该消费服务合同而产生的附随义务。存放的物品丢失，属于购物中心、饭店、宾馆一方未尽合同义务，构成违约，应当承担违约责任。

第三种意见认为，该管护义务属于依照《消费者权益保护法》产生的法定管护义务。依照这种法定义务，购物中心、饭店、宾馆有责任为客人管护寄存物品，如果发生丢失，即为违反法定义务，构成侵权，应当按照侵权责任予以损害赔偿。

第四种意见认为，应当根据具体情况来确定购物中心、饭店、宾馆对车辆等物品的管护是有义务或者无义务，若有义务则是什么样的义务，是否应当赔偿以及怎样赔偿。例如，如果客人的车辆停放在购物中心、饭店、宾馆的内部停车场，而且支付了一定的费用，就是成立了单独的保管合同，应当按照保管合同处理。不属于内部停车场、没有交纳费用的，不产生保管责任，不应当予以赔偿。

在比较法上，有的国家法律对旅客到旅馆住宿时物品的寄存作出专门规定。《德国民法典》第701条规定，营利性地接待他人住宿的旅店主人，必须赔偿因在从事这一营业中所接待的客人的携入物丧失、毁坏或者损害而发生的损害。《法国民法典》第

1952 条规定，旅馆或者饭店经营者对在其旅馆或者饭店留住的旅客带进旅馆或者饭店机构内的衣服、行李与其他物品，负受寄托人之责任。此种物品的寄托视为紧迫寄托。第 1953 条规定，如此种物品被偷盗或者有损失，无论是由旅馆或者饭店的佣人或者职员所为，还是由出入旅馆或者饭店的其他人所为，旅馆或者饭店经营者均应承担责任。旅馆和饭店经营者的责任，仅限于旅客在旅馆或者饭店住宿，而不包括顾客仅仅是到旅馆或者饭店就餐的情况。法国的司法实践认为该条中的“物品”包括车辆，但是仅限于住店旅客停放在旅馆围栏或者其附属范围之内的车辆。如果旅客将车辆停放在公共道路上而受到损坏，旅馆或者饭店经营者不承担责任。意大利则对旅客是否将其物交付给旅店经营者保管的责任进行了区分。《意大利民法典》第 1783 条规定，旅店主，对于旅客为保管而向其交付的物，负作为受寄人的义务。第 1784 条第 1 款规定，旅店主，由旅客携入旅店之物，于未向其交付之物发生被盗、丢失或者毁损场合，最高以二十万里拉为限负其责任。这些国家的立法和实践对我国来说具有一定的借鉴意义。

相对于合同法而言，对此问题本条增加了第 2 款规定：“寄存人到保管人处从事购物、就餐、住宿等活动，将物品存放在指定场所的，视为保管，但是当事人另有约定或者另有交易习惯的除外。”相比于德国和法国的上述规定，我国民法典将这种保管义务扩大到以购物、就餐和住宿等活动为业的经营者。在现实生活中，保管合同主要是社会成员之间相互提供帮助，或者服务部门、公共场所向社会提供服务的一种方式，比如商场、车站、饭店、宾馆等场所，都设置了供人们寄存物品的特定场所，现在已经非常普遍。在这些场合，当事人之间往往没有达成书面的甚至是口头的合同，如果没有当事人特别约定或者存在交易习惯，一般认为当事人之间订立了保管合同。

此处规定的视为保管的情形需要具备两个条件：一是需要到购物中心、饭店、宾馆等场所从事购物、就餐、住宿等活动。二是需要将物品存放在指定的场所。购物中心、饭店、宾馆等，对于存放车辆或者其他物品，往往都设置了专门的停车场、寄存柜等设施，只有将车停放在其指定的停车场，或者将物品寄存在其指定的寄存柜中，才能构成保管合同。如果擅自存放在其他区域，例如，饭店有内部停车场供就餐人员停车，亦要求前来就餐的人员将车辆停放在该停车场，并且该停车场仍有停车位供客户使用时，客人未将车辆停放在该停车场内，而是为图方便停在饭店门口，此种情形下，双方之间不成立保管合同，即使车辆丢失，车辆所有人不能以双方存在保管合同为由要求饭店承担赔偿责任。

需要注意的是，若视为保管，则属于有偿保管，还是无偿保管？有的意见认为，这应当依据寄存人是否为保管支付了报酬而定。如果寄存人向对方支付了报酬，例如，消费者将其车辆停放在购物中心的停车场，并支付了停车费，就应当属于有偿保管。如果寄存人并未支付相应的报酬，对方为消费者免费提供寄存服务，则应当属于无偿保管。

此外，随着互联网的不断发展，产生了很多新型法律关系，这些关系是否可以适用保管合同法律关系的有关规定，已经成为学界争议的焦点。例如，支付宝已经成为装机必备软件，人们日常生活都离不开它。支付宝余额资金池中的资金数额巨大，如何认定其性质，对于支付宝（公司）和用户来说具有重大意义。对于用户在支付宝中的余额的性质，目前主要观点有借款合同说和保管合同说。借款合同说认为，支付宝与用户之间应当属于借款合同关系，用户将资金以无息贷款的方式出借给支付宝，并可以随时请求返还借款。基于该观点，支付宝可以不经用户同意而使用资金池中的资金。而且，该资金产生的孳息归属于支付宝公司。

更多的学者则持保管合同说，认为两者之间应当属于保管合同关系，而且属于一般保管而不是消费保管，支付宝只是为用户保管资金，用户可以随时要求返还保管资金。支付宝无权使用用户交付其保管的资金，而且该资金产生的孳息也应当归用户所有。实践中，支付宝将资金池中的巨额资金以专门的账户存于银行中，每年产生的利息数目也是巨大的。在法律性质尚未明确的情况下，此类公司不能擅自使用用户的资金以及该资金产生的孳息。此外，用户与支付宝之间还存在委托合同关系，支付宝接受用户的委托进行付款或者转账，当用户向支付宝作出付款或者转账的指示时，支付宝应当按照指示向用户指定的第三人进行付款或者转账。

保管合同的主要法律特征有：

1. 保管合同为有偿合同或者无偿合同。根据本法第 889 条的规定，保管合同可以是有偿合同，也可以是无偿合同，由保管人和寄存人自行约定。当寄存人和保管人没有就是否支付报酬作出约定，或者约定不明确的，双方可以协议补充；不能达成补充协议的，按照合同相关条款或者交易习惯确定。

2. 保管合同为单务合同或者双务合同。关于保管合同究竟是单务合同还是双务合同，过去存在一定争议。有人认为应是单务合同，保管合同原则上为无偿合同，保管人负有保管义务，而寄存人不承担对应的义务。有人认为保管合同是双务合同，寄存人和保管人的权利义务是对应的，即使是无偿的保管合同，寄存人也有支付必要费用的义务。还有人认为，无偿的保管合同为单务合同，有偿的保管合同为双务合同。因为双务合同是指双方当事人互负具有对价意义的义务的合同，即双方当事人均负有一定义务，且是对待给付义务。无偿的保管合同中，寄存人向保管人支付保管所支出的必要费用，并非向保管人支付报酬，不构成对待给付，故应为单务合同。

3. 保管合同为要物合同。本法第890条规定："保管合同自保管物交付时成立，但当事人另有约定的除外。"根据该规定，保管合同原则上为要物合同。

4. 保管合同为不要式合同。本章并未对保管合同的订立形式作出规定，并不要求当事人必须以何种形式订立合同。订立保管合同可以是口头形式，也可以是书面形式，为不要式合同。

5. 保管合同为继续性合同。继续性合同，是指合同的内容，并非一次性给付可以完结，而是继续地实现。在保管合同中，保管人要持续地履行其保管义务，并不是一次履行即告完结，具有继续性的特点。作为继续性合同，保管合同解除的效果不同于非继续性合同，其解除仅向将来发生效力。

第八百八十九条 寄存人应当按照约定向保管人支付保管费。

当事人对保管费没有约定或者约定不明确，依据本法第五百一十条的规定仍不能确定的，视为无偿保管。

◆ 条文主旨

本条是关于保管合同的报酬的规定。

◆ 立法背景

保管合同可以是有偿合同，也可以是无偿合同。寄存人和保管人可以约定保管是有偿的，也可以约定保管是无偿的。如果约定保管是有偿的，寄存人应当按照约定的数额、期限、地点向保管人支付报酬，否则承担违约责任。在有偿保管合同中，保管费是保管人所提供的保管服务的对价，支付保管费是寄存人的主要义务。在无偿保管合同中，寄存人不负有支付保管费的义务。

◆ **条文解读**

寄存人应当按照保管合同的约定向保管人支付保管费。寄存人和保管人没有就是否支付报酬作出约定，或者约定不明确的，双方可以协议补充；不能达成补充协议的，按照合同相关条款或者交易习惯确定。所谓没有约定，是指在合同中完全没有提及保管费事宜。所谓约定不明确，是指虽然在保管合同中对保管费的问题有所涉及，但是并没有确定费用的具体数额或者计算方法等内容，导致无法确定具体的费用。所谓按照合同相关条款或者交易习惯确定，要考虑的问题主要有以下几点：一是当事人之间是否存在交易习惯或者惯例。例如，甲每个月需要出差一次，担心出差期间心爱的摩托车被盗，都会将其摩托车托付给邻居乙保管，乙表示需要收取一定的报酬。一年中，1 月至 11 月双方都口头约定由甲向乙支付 100 元报酬并实际按此约定执行，而 12 月双方并未作出支付保管费的约定，甲又将其摩托车交给乙保管，此时可以依据双方之间的交易习惯推定甲应向乙支付保管费，乙可以根据以往的交易习惯向其主张 100 元的报酬。二是保管人是否从事保管这个职业。如果双方没有约定报酬或者约定不明确，但是能够确定保管人就是从事保管这个职业的，如保管人是小件寄存的业主，依此应当推定该合同是有偿合同。三是依其他情形应当推定保管是有偿的。如就保管物的性质、保管的时间、地点和方式而言，一般人的判断都是有偿的，则应推定保管是有偿的。如果推定保管是有偿的，则寄存人应当向保管人支付报酬。

当事人可以在合同中明确约定保管是无偿的。除此之外，在当事人未约定保管费的情况下，依照本法第 510 条的规定仍不能确定是有偿的，则保管是无偿的，即当事人未约定保管是有偿的或者是无偿的，按照合同相关条款或者交易习惯不能确定保管是有偿的情况下，就应推定是无偿的。确定保管合同的有偿与无偿，是保管合同的重要问题。我国民法典处理这个问题的基本原则就是依双方当事人意思自治，即双方当事人可以在合同中明确约定保管是有偿的或者是无偿的，在没有约定保管是否支付报酬的情况下，允许双方当事人协议补充，这也是当事人意思自治原则的体现。在不能达成补充协议的情况下，即双方当事人在履行合同时就此问题发生纠纷，人民法院或者仲裁机构可以依据合同中的相关条款或者交易习惯确定。确定的结果有两个：一是有偿的，二是无偿的。例如，甲在火车站将行李寄存在乙经营的小件寄存处，双方就是否支付保管费发生争议，按乙是以此为业这个情形，甲应当向乙支付报酬。再例如：甲到某超市购物，进入超市前将随身携带的挎包存放在超市的寄存处。甲购物后去提取挎包时，寄存处管理人员要求甲支付保管费，甲拒绝支付。在此案中，法院应当支持甲的主张，因为按照一般交易习惯，超市的寄存处是不应当收费的。有的保管合同中也可以约定有条件地收取保管费。例如，有的停车场规定，车辆在该停车场停放的前十分钟是无偿的，超过十分钟开始收费。如果车辆只是临时停放，没有超过十分钟即开走，那么寄存人无需支付保管费；如果停放时间超过了十分钟，则寄存人需要按照约定支付保管费。

从传统上看，罗马法将保管合同规定为无偿合同。罗马法认为，受寄人如收取报酬，可以理解为受雇人收取报酬而为他人提供保管的劳务，将成为劳务租赁合同。在近现代西方国家的民事立法上一般也规定保管合同以无偿为原则，以有偿为补充。例如《法国民法典》第 1917 条规定：“本义上的寄托本质上是一种无偿契约。”《日本民法典》第 1917 条亦规定：“通常寄存，本质上为无偿契约。”除西方国家外，我国台湾地区“民法”第 589 条第2款也规定："受寄人除契约另有订定，或依情形，非受报酬……"这样规定的理由是：保管合同主要是社会成员之间相互提供帮助或服务部门向社会提供服务的一种方式，在现实生活中多是无偿的。我国强调的是保管合同是否有偿由当事人约定，在没有约定的情况下，依合同有关条款或者交易习惯不能确定是有偿的，则推定保管合同是无偿的。

第八百九十条　保管合同自保管物交付时成立，但是当事人另有约定的除外。

◆ **条文主旨**

本条是关于保管合同何时成立的规定。

◆ **立法背景**

根据合同的成立是否以交付标的物为要件，合同可以分为诺成合同与实践合同。诺成合同，是指当事人一方的意思表示一旦经对方同意就能产生法律上约束力的合同。其特点在于，双方当事人意思表示一致，合同即告成立。实践合同又称为要物合同，是指除当事人意思表示一致外，还需交付标的物才能成立的合同。其特点是，仅凭双方当事人的意思表示一致，合同还不能成立，还必须有一方当事人实际交付标的物给另一方，合同才能成立。

◆ **条文解读**

本条将保管合同规定为实践合同。保管合同的成立，不仅要有当事人双方意思表示一致，寄存人还要将保管物交付给保管人，即寄存人交付保管物是保管合同成立的要件。因此，保管合同是实践合同而非诺成合同。关于保管合同为实践合同还是诺成合同，各个国家和地区立法规定不一，大陆法系多将保管合同规定为实践合同。法国、德国、意大利、日本以及我国台湾地区的民法中，对保管合同下的定义都强调当事人一方接受他方的物品，保管合同始发生效力。例如《法国民法典》第1919条规定："本义上的寄托仅以寄托物之现实交付或者虚拟交付而发生效力。"《日本民法典》第657条规定："寄托，因当事人一方约定为相对人保管而受取某物，而发生效力。"我国台湾地区"民法"第589条规定："称寄托者，谓当事人一方以物交付他方，他方允为保管之契约。"通过日本和我国台湾地区的规定来看，保管合同的成立以寄存人交付所需保管的物为前提，即使有双方合意一致，但是没有物的交付，保管合同也不发生效力。

从我国《合同法》第367条的规定来看，我国保管合同的成立以保管物的交付为要件，即保管合同自保管物交付时成立。保管合同与仓储合同的性质基本上是一样的，但二者也有许多重要的区别，其中之一就是保管合同为实践合同，而仓储合同为诺成合同。因为仓储合同是专门从事保管业务的保管人（仓库）与存货人订立的合同，双方为实现各自的经济利益，基于诚实信用的原则，要求双方订立的合同为诺成合同，即从双方意思表示一致时起，合同成立，双方即受合同约束。而保管合同多为无偿，多数国家更以保管合同以无偿为原则在立法中予以体现，从符合社会传统和社会习惯的要求来看，应当规定保管合同为实践合同。例如甲和乙系邻居，甲和乙口头订立一份合同，甲将一辆自行车委托乙代为保管，在甲未交付自行车给乙保管前，合同也不成立。假如在这个阶段，甲决定不再把自行车交给乙保管，乙也不能追究甲的违约责任，反之，如果乙拒绝为甲保管自行车，也无须承担违约责任。

诺成合同与实践合同的分类是一种古老的分类。诺成合同和实践合同都起源于罗马法。有学者认为，实践合同是“罗马法传统的一项遗产”，其仅适用于使用借贷、消费借贷、寄托等合同。近几十年来，对在法律上是否应当规定实践合同，一直存在争议。一些学者认为，实践合同是法制史上的残留物，不具有实质意义，且要物性的要求不利于鼓励交易，因此，现代合同法不应当规定实践合同。另外，对实践合同而言，一方当事人在作出意思表示后却要待履行后才能发生效力，因此，在双方达成合意后至履行前一方毁约的，因为合同尚未生效，并不能追究其违约责任，只能通过缔约过失责任加以补救，这既不利于对善意一方当事人的保护，也不利于促使当事人履行诺言。正是因为这些原因，瑞士民法上甚至不承认实践合同。也有学者认为，现代合同法上的实践合同和古代法上的实践合同功能并不完全一致，在特种类型的交易中，将标的物的交付作为合同的成立要件或者生效要件，有利于激励当事人在合同成立或者生效前慎重订约。

保管合同原则上是实践合同，其成立既要有双方为保管的要约和承诺，还要求寄存人有实际交付保管物的行为。在罗马法中，实践合同也被称为要物合同。将保管作为实践合同是与其所具有的无偿性联系在一起的。在 19 世纪和 20 世纪的立法中，这种制度仍然被保留，在这一时期，保管合同仍然被称为“物的合同”。例如，在奥地利，保管合同就被称为要物合同，在交付标的物之后，合同才能生效。在意大利，根据其民法典第 1766 条，保管也属于要物合同，要求必须将标的物转移到保管地。不过从合同法的发展趋势来看，为了强化当事人允诺的效力，保管合同的要物性逐渐减弱，因为要物合同既不符合诚信原则的要求，也不符合商业惯例。《欧洲示范民法典草案》将双方当事人的合意作为合同订立的方式。

我国《合同法》第 367 条规定：“保管合同自保管物交付时

成立，但当事人另有约定的除外。”本法延续了合同法的规定，根据本条规定，保管合同原则上属于要物合同，除当事人意思表示一致外，还必须交付标的物，才能使保管合同成立。具体来说，第一，双方当事人达成合意，但还没有交付保管物，此时，仍处于缔约阶段。所以，在形成合意之后，如果一方当事人反悔，并不承担违约责任，仅可能承担缔约过失责任。第二，寄存人将保管物交付给保管人。此处说的交付应当限于现实交付，而且，应当交付给保管人。保管物的交付属于合同成立的要件，如果没有交付，应当认定合同不成立。第三，如果当事人有特别约定，自双方当事人达成合意时合同成立并生效，则该合同可以成为诺成合同。此时，保管物的交付就成为合同规定的义务。

保管合同尽管以保管物的交付为成立要件，但当事人另有约定的除外。例如当事人在合同中明确约定“自双方在合同上签名时合同成立”“自合同签名之日起即生效力”，如果有这样的约定，则双方当事人自合同签名之日起即受合同约束，双方应当按照合同的约定履行自己的义务，不得擅自变更或者解除合同，否则应承担违约责任。双方当事人在合同中作这样的约定，多是由于保管是有偿的，特别是保管人为了实现获得保管费的目的而订立的。当寄存人不交付保管物时，保管人就可以依法追究寄存人的违约责任。

第八百九十一条 寄存人向保管人交付保管物的，保管人应当出具保管凭证，但是另有交易习惯的除外。

◆ 条文主旨

本条是关于保管人向寄存人出具保管凭证的义务的规定。

◆ **立法背景**

现实生活中，人们为了互相协助而发生的保管行为，多是无须出具保管凭证的，因为这是基于寄存人与保管人之间的互相信任。但是出具保管凭证在现实社会生活和经济生活中具有重要意义。保管合同为不要式合同，多数情况下只有口头形式，因此保管凭证对确定保管人与寄存人、保管物的性质和数量、保管的时间和地点等具有重要作用。因此，一旦双方发生纠纷，保管凭证将是最重要的证据。

◆ **条文解读**

本条规定了保管人应当向寄存人出具保管凭证，以证明保管合同的存在和寄存人已经交付保管物。寄存人向保管人交付保管物后，保管合同成立。保管人应当向寄存人出具保管凭证。出具保管凭证不是保管合同成立的形式要件，如果当事人另有约定或者依交易习惯无须出具保管凭证的，也可以不出具，不影响保管合同的成立。

关于保管凭证与保管合同的关系，有的学者主张，在有保管凭证的保管中，保管人出具保管凭证后，保管合同始为成立。在无保管凭证的保管中，保管合同自寄存人交付保管物时起成立。这种观点的前提还是承认保管合同是实践合同，只是在有保管凭证的保管合同成立的时间上提出了不同的主张。但这种观点没有解决在有保管凭证的保管合同中，在寄存人交付保管物后，一旦保管人应当出具而未出具保管凭证，合同是否成立的问题。所以不能把出具保管凭证作为合同成立的形式要件，而是以寄存人交付保管物作为合同成立的形式要件，只要寄存人交付了保管物，即使保管人应当出具保管凭证而未出具，也应当认定保管合同成立，否则极不利于保护寄存人的利益。

从原则上讲，寄存人向保管人交付保管物后，保管人就应当出具保管凭证，但当事人另有约定或者依交易习惯无须出具的除外。例如，在车站、码头等设立的小件寄存处，一般的交易习惯是出具保管凭证。而在某些商场外的停车场，按照交易习惯就不出具保管凭证，只要有车位就可以停车，只是出来时需付款，保管人出具付款凭证。

第八百九十二条 保管人应当妥善保管保管物。

当事人可以约定保管场所或者方法。除紧急情况或者为维护寄存人利益外，不得擅自改变保管场所或者方法。

◆ 条文主旨

本条是关于保管人对保管物应尽妥善保管义务的规定。

◆ 立法背景

保管人负有返还保管物的义务，即保管合同只是转移物的占有而不转移物的所有权。保管合同的目的是为寄存人保管保管物，即维持保管物的现状并予以返还。

◆ 条文解读

保管人为返还保管物并实现合同目的，应当妥善保管保管物，这是保管人应负的主要义务之一。所谓“妥善保管”，是指保管人应当按照法律规定和当事人约定，并根据保管物的性质，提供适当的保管场所，采取适当的保管方法，使保管物处于完好状态。具体来说，“妥善保管”应当包括以下几个方面的内容：一是提供适当的保管场所。这就是说，保管人所提供的场地，应当符合当事人的约定。如果合同没有约定，保管人应当根据保管物的性质，提供适于保管该物品的场所。如果保管物具有特殊的性质，保管人应当提供相应的保管条件。例如，保管人保管冰冻的海鲜产品，应当提供能够达到冷冻所要求的低温冷库，用于存放该海鲜产品。二是采取适当的保管方法。在保管过程中，保管人要根据保管物的性质、特点等，采取适当的保管方法。而且，保管人应当掌握相关的保管技术，从而实现妥善保管。例如，寄存人所寄存的是鲜活的鱼虾等海鲜，那么保管人不仅需要提供相应的场所，还需要掌握相关技术，采取适当方法，使鱼虾等得以存活，实现保管之目的。三是除紧急情况或者为了维护寄存人利益外，不得擅自改变保管场所或者方法。在保管合同中，当事人为了实现保管的目的通常会就保管场所或者方法进行约定，除了出现紧急情况，或者为了维护寄存人的利益之外，保管人不得擅自变更合同约定的保管场所或者方法。而且，即使是在紧急情况下或者为了维护寄存人之利益而改变保管场所或者方法的，也应当及时通知寄存人。例如，因地震导致仓库即将坍塌的，保管人可以将保管物转移至安全地带。四是保管人应当采取合理的预防措施，防止保管物的毁损、灭失。保管人要按合同约定的要求、保管物的性质等，采取积极妥当的措施，维护保管物的良好状态。因保管不善导致保管物毁损、灭失的，保管人应承担赔偿责任。例如，寄存的保管物为烟花爆竹等易燃易爆物品的，应当避免高温、明火环境，还应当设置明显标识，提示该保管物为易燃易爆物品，并严禁烟火，以防止发生爆炸。五是当出现不利于保管物之保管的情事，可能导致合同目的不能实现时，应当采取必要合理之措施，避免保管物受到损害，或者将损害降低到最低限度。例如，当保管人发现存放保管物的仓库着火时，应当第一时间予以扑灭；当发现存放易燃易爆物品的仓库中有人吸烟时，应当立即进行制止。

需要注意的是，有些国家和地区对保管人的妥善保管这一义务区分无偿与有偿分别作出规定，从而相对应地对法律责任作出有区别的规定。例如《德国民法典》第 690 条规定，无偿寄托的受寄人只需对其在自己的事务中通常所尽的注意负责任。《法国民法典》第 1927 条和第 1928 条规定，受寄人，应以与保管自己的物品同样的注意保管寄存物；如受寄人为保管寄存物领取报酬者，应更加严格地执行。《日本民法典》第 659 条规定，无报酬的保管人，负以对自己财产的相同注意保管寄存物的义务。我国台湾地区“民法”第 590 条规定，受寄人保管寄托物，应于处理自己事务为同一之注意。其受有报酬者，应以善良管理人之注意为之。从这些国家和地区的规定来看，如果保管是无偿的，保管人保管他人的财物应像保管自己的财物一样，给予同样的注意；如果保管是有偿的，保管人保管他人财物应比保管自己的财物给予更多的注意，即尽到善良管理人的责任。这些国家和地区区分保管为有偿和无偿，从而对保管人提出了不同的要求。因为无偿保管主要是社会成员之间相互协助，而有偿保管则是商业行为，从商业道德的特殊要求出发，对有偿保管的保管人的要求应当更高，其承担的责任应当更重。受寄是无偿的，受寄人对于重大过失承担赔偿责任，对于一般轻微过失造成保管物毁损、灭失的，则可免除责任。受寄是有偿的，受寄人除能够证明自己对保管物的毁损、灭失没有过失以外，一律承担赔偿责任。

依据本条第 2 款的规定，当事人可以约定保管场所或者保管方法。当事人已经约定的，应当从其约定；当事人无约定的，保管人应当依保管物的性质、合同目的以及诚实信用原则，妥善保管保管物。当事人约定了保管场所或者保管方法的，除紧急情况或者为了维护寄存人利益的以外，不得擅自改变保管场所或者方法。所谓紧急情况，如保管物因第三人的原因或者自然原因，可能具有毁损、灭失的危险时，保管人除应当及时通知寄存人外，为了维护寄存人的利益，可以改变原来约定的保管场所或者保管方法。其他国家或者地区也有类似的规定，如《意大利民法典》第 1770 条第 2 款规定：“如果紧急情况需要，受寄人得以不同于合意的方式进行保管，同时在可能的情况下，应立即通知寄存人。”

寄存人寄存金钱、有价证券、珠宝或者其他贵重物品的，保管人应当按照贵重物品保管要求保管寄存的贵重物品。例如，将寄存的贵重物品存放到保险箱中，以防止丢失或者被盗。

第八百九十三条 寄存人交付的保管物有瑕疵或者根据保管物的性质需要采取特殊保管措施的，寄存人应当将有关情况告知保管人。寄存人未告知，致使保管物受损失的，保管人不承担赔偿责任；保管人因此受损失的，除保管人知道或者应当知道且未采取补救措施外，寄存人应当承担赔偿责任。

◆ 条文主旨

本条是关于寄存人的告知义务的规定。

◆ 立法背景

如果需要对保管物采取特殊的保管措施，寄存人应当在交付前或者交付时告知保管人，这样保管人才能够采取相应的措施对保管物进行妥善保管。如果未采取相应措施的，可能导致保管物毁损、灭失，使寄存人和保管人受到损失。

◆ 条文解读

寄存人对保管人负有告知的义务，包括以下两种情况：

一是如果保管物有瑕疵的，应当将真实情况如实告知保管人。此处所说的瑕疵，不同于买卖合同中的瑕疵，主要是指保管物自身存在的、可能造成保管物自身或者其他物品毁损、灭失的缺陷。由于保管物自身存在的缺陷，需要采取必要措施，否则既可能导致保管物自身的损害，也可能导致其他的损害。例如，寄存人发现存放的食用油等液体包装有瑕疵，可能导致泄漏，造成保管物损失及其他物品污损的，应当及时告知保管人，采取重新包装或者改善包装等必要措施，以免造成保管物或者其他物品的损害。

二是按照保管物的性质需要采取特殊保管措施的，寄存人应当告知保管人。所谓“保管物的性质”，如保管物属于易燃、易爆、有毒、有腐蚀性、有放射性等危险物品或者易变质物品。例如，存放某种容易腐坏变质的食物，如果不及时采取冷藏或者冷冻等措施，不仅可能导致该食物自身腐坏变质，而且还可能损害其他物品。之所以要对这类物品进行特殊保管，一方面，是因为这些保管物的性质决定了必须对其进行特殊的保管，否则将会造成这些保管物自身受损甚至灭失。例如，对于需要保持干燥的物品，就必须进行防潮防湿处理，保存在干燥的环境中。另一方面，对于这些物品的特殊保管，也是为了避免这些物品因保管不善造成其他物品的损害。例如，对于烟花、爆竹等易燃易爆物品的保管，必须避免高温和明火。对于此类危险物品的保管，如果因为寄存人没有事先告知使得保管人未采取适当的保管方式，不仅可能导致保管物或者其他物品的损害，甚至可能导致保管人的生命安全或者健康受到损害。

寄存人违反前两项义务，使保管物本身遭受损失的，保管人不承担赔偿责任，即寄存人未履行相应的告知义务的，将使保管人免责。此处所说的免责，仅指因为寄存人未履行告知义务而造成保管财产自身损毁、灭失的，保管人对此免于承担赔偿责任。例如，对于易挥发的物品，由于寄存人未告知其特性，保管人未将该物品密封保存，导致保管物挥发殆尽，则保管人在没有其他过错的情况下，对此损失不承担赔偿责任。

寄存人违反前两项义务，使保管人的人身、财产遭受损失的，寄存人应当承担赔偿责任。例如，寄存人寄存易燃易爆危险物品未告知保管人，导致该保管物在保管过程中发生爆炸，造成保管人人身及财产损失的，寄存人应当对保管人承担相应的赔偿责任。但保管人知道或者应当知道并且未采取补救措施的，寄存人不承担赔偿责任。所谓“知道或者应当知道”，是指对保管物存在瑕疵或者需要采取特殊保管措施的情况，寄存人已事先明确告知，或者寄存人虽未明确告知，但在保管物上以明显的警示标识等显著方式提示保管人，又或者保管人根据双方的交易惯例以及以往的经验来看应当知道，等等。例如，寄存人寄存物品为玻璃酒杯，虽未明确告知保管人，但是在包装盒上已标注所装物品为玻璃酒杯，且在包装盒上设置了“易碎物品，轻拿轻放”的明显标识，则可推定保管人应当知道保管物为易碎物品的情况。所谓“保管人知道或者应当知道并且不采取补救措施”，是指保管人在接受寄存人交付的保管物时或者在保管期间，尽管寄存人违反了告知义务而没有告知，但保管人已经发现了保管物存在瑕疵、不合理的危险或者易变质等情况，没有将发现的情况及时通知寄存人并要求寄存人取回，或者主动采取一些特殊的保管措施，以避免损失的发生或扩大。法律规定在这种情况下保管人无权要求寄存人承担赔偿责任。例如在上述案例中，如果寄存人寄存易燃易爆物品，且已事先将该情况告知保管人，但是保管人没有采取适当的保管措施，如将该危险物品存放于高温场所，或者发现危险后未及时采取必要措施，如发现其工作人员在该危险物品存放的仓库抽烟未及时制止，导致危险物品发生爆炸，造成保管人人身、财产损失的，保管人不得请求寄存人承担赔偿责任。

第八百九十四条 保管人不得将保管物转交第三人保管，但是当事人另有约定的除外。

保管人违反前款规定，将保管物转交第三人保管，造成保管物损失的，应当承担赔偿责任。

◆ 条文主旨

本条是关于保管人负有亲自保管保管物的义务的规定。

◆ 立法背景

在合同没有特别约定的情况下，保管人都应当亲自保管保管物。在保管合同的履行过程中，按照诚实信用的原则和本法第551条的规定，保管人在未征得寄存人同意的前提下，不得将保管物转交第三人保管，即应当亲自保管保管物。当事人另有约定的，不在此限。例如，双方当事人约定，当保管人因患病而不能亲自保管时，可以不经寄存人同意将保管物转交第三人保管。

◆ 条文解读

法律要求保管人亲自保管，对社会生活及交易的安全、稳定具有重要意义。对于为什么应当由保管人亲自保管，学界一般认为有以下几个原因：第一，在自然人之间因为相互协助而订立的保管合同，基本上是基于彼此之间相互信任的关系而订立的。正是基于此种信任，寄存人才将保管物交给保管人进行保管。保管人如果擅自将保管物交给第三人保管，就破坏了这种信任关系。或者说，保管合同是基于双方当事人之间的信赖关系成立的，这就决定了其具有一定的人身属性。例如，甲委托乙保管一个存折，主要是基于甲对乙的信任。甲如果对乙不信任，不会轻易将存折交给乙保管。正是由于甲对乙的信任，确信其存折由乙保管既安全、可靠，又能如期归还，所以才将存折交给乙保管。如果乙擅自将存折转交第三人保管，就辜负了甲对他的信任，并且可能给甲带来损失。第二，保管人常常可能有特殊的条件，具有可以妥善保管特定物品的技术或者设施等，从而能够实现保管合同的目的。这也是寄存人选择保管人的重要原因。如果保管物被转交给第三人，可能因为缺乏相应的技术、设施等，无法妥善保管标的物。例如，寄存人需要寄存的物品是需要冷冻保存的食物，那么其必然要选取具备相应冷冻条件的保管人来订立保管合同。如果保管人擅自将该保管物交给第三人保管，则寄存人无法确定该第三人是否具备相应的保管条件，由第三人保管可能会损害该保管物，给寄存人带来损失。第三，寄存人可能需要知道保管物实际上是由谁来保管。例如，在即时供货中，寄存人需要迅速将保管物取回，从而实现即时销售货物的目的。如果保管人未经寄存人同意，将保管物交给第三人保管，寄存人可能无法知道其货物的实际保管人，以至于无法及时提取货物并进行销售。此外，寄存人的保险费之中可能并不包括转保管。所以，从维护寄存人利益的角度考虑，保管人应当负有亲自保管的义务。

亲自保管义务包括两个方面的内容：一方面，保管人应当按照合同的约定，为实现合同目的而亲自保管保管物。亲自保管不仅包括保管人自己保管，也包括保管人使用辅助人进行保管。当然，保管人要对其选择的辅助人向寄存人负责，即如果因辅助人的行为导致没有实现保管的目的，保管人亦应当对此负责。

另一方面，未经寄存人的同意，保管人不得将保管物交给第三人保管。保管人将保管物交由第三人保管，在学说上一般称为“转保管”，该第三人可称为“次保管人”。在比较法上，许多国家的法律都禁止转保管。例如，《德国民法典》第691条规定，受寄人无权将寄托物寄托于第三人处。但是，如果绝对禁止转保管，有时也可能实现不了保管合同的目的，损害寄存人的利益。因此，一些国家和地区在立法上也允许在例外、特殊情况下，保管人可以进行转保管。例如，在奥地利，其判例认为，只有在得到寄存人同意的情况下，且处于紧急情况，出于保存货物的需要，才可以转保管。根据法国法的规定，一般情况下不能转保管，除非是转给具备相应保管条件的职业保管人的情况下才能允许。在德国，只有在获得寄存人同意的情况下，才可以转保管。英国法也规定转保管应当得到寄存人的同意。我国台湾地区“民法”第592条规定：“受寄人应自己保管寄托物，但经寄托人之同意或另有习惯或有不得已之事由者，得使第三人代为保管。”而本条规定，“保管人不得将保管物转交第三人保管，但是当事人另有约定的除外”。从字面意思理解，只有经过寄存人同意，保管人才能转保管。对此，有的学者提出，应当作出例外规定。因为在紧急情况下，为了寄存人的利益需要转保管，但又无法与寄存人取得联系的，应当允许保管人将保管物交给第三人保管。例如，保管人发现货物腐烂、变质，其并不具备必要的保管条件，此时又无法及时与寄存人取得联系的，应当允许保管人转保管。此观点不无道理。根据保管合同双方当事人之间的信任关系，原则上确实不允许保管人擅自进行转保管，主要是考虑擅自转保管可能损害寄存人的利益，如果保管人随意转保管，自己从中获利，那么次保管人所获得之报酬自然低于寄存人支付保管人之报酬，可能降低保管的条件，使其不能妥善保管该保管物，导致保管物的毁损、灭失，造成寄存人的损失。但是，在理解本条规定时，还应当结合其他条款以及保管合同之性质、目的来理解。本法第 892 条规定，保管人应当妥善保管保管物。当事人可以约定保管场所或者方法。除紧急情况或者为维护寄存人利益外，不得擅自改变保管场所或者方法。根据该规定，保管人有妥善保管的义务，保管人有义务尽其能力促成保管合同目的之实现。在紧急情况下，如不转保管将导致保管物毁损、灭失，又无法及时联系寄存人征得其同意的，此时，为了维护寄存人之利益，实现保管合同之目的，保管人将保管物交给具有相应保管能力和条件的次保管人代为保管，不仅是履行其妥善保管义务的要求，符合合同目的，亦符合诚信原则和公平原则之要求，因此应当允许其转保管。

保管人违反该义务，擅自将保管物转交第三人保管，使保管物因此受到损害，保管人应当承担赔偿责任。对保管物造成的损害强调的是基于保管人转保管的过错造成的损害，即如果保管人不将保管物转交第三人保管，而是自己亲自保管，就不会发生这种损害。在没有征得寄存人同意的情况下，第三人也即次保管人只是与保管人之间形成了合同关系，如果因次保管人的过错造成了保管物毁损、灭失，次保管人应当对保管人负责，而保管人应当对寄存人负责。责任的根据主要是违约，即没有取得寄存人的同意而进行转保管，应当由保管人承担违约责任。本条规定并未要求保管人或者次保管人在承担责任时必须具有过错。不论保管人是否经寄存人同意而进行转保管，亦不论保管人或者次保管人是否具有过错，只要没有实现合同之目的而出现违约，保管人都要承担相应的赔偿责任。

第八百九十五条 保管人不得使用或者许可第三人使用保管物，但是当事人另有约定的除外。

◆ 条文主旨

本条是关于保管人不得使用或者许可第三人使用保管物义务的规定。

◆ 立法背景

保管合同，寄存人只转移保管物的占有给保管人，而不转移使用权和收益权，更不转移处分权，即保管人只有权占有保管物，而不能利用保管过程中占有之便，擅自使用保管物。这是保管合同的一般原则。特殊保管合同，即消费保管则另当别论（消费保管是保管人保管货币或者其他可替代物，保管人在接受货币或者其他可替代物后，依双方的约定，该货币或者其他可替代物的所有权移转给保管人，保管人当然享有对该物的使用权、收益权和处分权，而只需以同种类、品质、数量的物返还即可。消费保管是一种特殊的保管，与普通保管具有诸多区别，普通保管的某些规则对消费保管来说不一定适用。对消费保管将在本法第 901 条中详细论述）。

从比较法上来看，大多数国家都规定，保管人在未经寄存人同意的情况下，不得使用保管物。例如，《法国民法典》第 1930 条、《西班牙民法典》第 1767 条等。这是由保管合同的性质和目的所决定的，保管合同的目的是保持保管物之原状，然后返还给寄存人。如果保管人经寄存人同意而使用保管物，则在性质上不再是保管合同，而是借用合同。有的国家则允许在例外的情况下，为了保存货物的需要或者寄存人的利益，保管人可以未经寄存人同意使用保管物。

◆ **条文解读**

本条规定，保管人不得使用或者许可第三人使用保管物，但是当事人另有约定的除外。保管人不得使用或者许可他人使用保管物的规定，为任意性规定，当事人可以通过约定排除其适用。此规定有利于保护寄存人的利益。保管合同的目的是为寄存人保管保管物，一般要求是维持保管物的现状，保管人虽然没有使保管物升值的义务，但负有尽量避免减损其价值的义务。如果允许保管人随意使用保管物，则容易造成保管物的折旧甚至毁损、灭失，从而损害寄存人的利益。因此，法律规定禁止保管人使用或者许可第三人使用保管物。当事人另有约定的不在此限。例如，甲、乙系邻居，甲要出国很长时间，于是委托乙保管电视机。双方约定，为避免电视机长期闲置而造成损坏，乙可以对电视机适当使用。以上事例还是出于保管的目的。如果甲、乙双方约定，乙可以任意使用，也无须向甲支付报酬，这实际和借用合同无异，而不再是保管合同。因为保管合同的目的还是使保管物保持原状并予以返还。在某些特殊情况下，如果保管人是为寄存人的利益或者妥善保管保管物的需要，未来得及征得寄存人同意，或者因为特殊原因不能及时与寄存人取得联系的，可以不经寄存人同意而使用保管物。例如在上述案例中，甲委托乙保管电视机，未约定乙可以使用，但是甲出国时间很长，如果长期不使用，电视机将会受到损坏。而甲到了国外后与乙失去联系，在这种情况下，为了避免该电视机因长期不使用而受损坏，乙可以偶尔打开电视机进行使用。这种情况下保管人未经委托人同意而使用保管物，不仅是为了寄存人的利益，也是保管人履行妥善保管保管物的义务的体现。

当事人没有在合同中预先约定保管人可以使用保管物，或者保管人未经寄存人同意而擅自使用或者许可第三人使用保管物，造成保管物损坏的，保管人应当承担赔偿责任。有些国家还规定，即使没有造成保管物损坏的，也应当按照保管物的使用之价值，对寄存人给付相当之报酬补偿。

第八百九十六条 第三人对保管物主张权利的，除依法对保管物采取保全或者执行措施外，保管人应当履行向寄存人返还保管物的义务。

第三人对保管人提起诉讼或者对保管物申请扣押的，保管人应当及时通知寄存人。

◆ 条文主旨

本条是关于保管人返还保管物的义务及危险通知义务的规定。

◆ 立法背景

保管人返还保管物是保管人的一项基本义务。无论当事人是否约定保管期间，寄存人均享有随时领取保管物的权利，保管人得应寄存人的请求随时负有返还保管物的义务。保管人保管货币的，应当返还相同种类、数量的货币。保管其他可替代物的，应当按照约定返还相同种类、品质、数量的物品。在有第三人对保管物主张权利的情况下，只要保管物没有被采取保全或者执行措施，就应当向寄存人返还。

◆ 条文解读

保管人负有返还保管物的义务，但由于第三人的原因使履行返还义务发生危险时，保管人应当及时通知寄存人。按照本条第

2 款之规定，第三人对保管物主张权利而对保管人提起诉讼或者对保管物申请扣押的，保管人应当及时通知寄存人。这是法律规定在此种情形之下保管人的通知义务，有的学者将其称为保管人的危险通知义务。通知的目的在于使寄存人及时参加诉讼，以维护自己的合法权益。保管人可以请求法院更换寄存人为被告，因为保管人根本不是所有权人，这是第三人与寄存人之间的争议。如果第三人向法院申请对保管物采取财产保全措施，例如第三人在诉讼前向法院申请财产保全，请求扣押保管物，法院在扣押保管物后，保管人应当及时通知寄存人，以便寄存人及时向法院交涉，或者提供担保以解除保全措施。从比较法上看，不少国家和地区都认可保管人的危险通知义务。例如，《瑞士债务法》第 479 条规定，第三人对寄托的财产主张所有权的，保管人仍应当返还给寄存人，但是司法扣押或者第三人对其提起返还财产诉讼的除外。保管人应当及时将上述情况通知寄托人。我国台湾地区“民法”也有类似规定。

法律之所以规定保管人的危险通知义务，主要是因为：一方面，保管人的危险通知义务是与其返还义务相关的，因为危险的发生可能会导致保管人不能返还保管物。另一方面，要求保管人进行危险通知，也有利于维护寄存人的利益。在第三人对保管物提起诉讼或者对保管物申请扣押时，寄存人并不实际占有该保管物，其可能不知晓或者无法知晓该情况，如果保管人及时通知寄存人，则可以使寄存人及时采取相应的措施来维护自身的合法利益，以免受损害。如果保管人没有及时通知寄存人，造成寄存人损失的，应当承担相应的责任。

第三人对保管物主张权利，除保管物已经被法院采取财产保全措施或者已经被法院强制执行而不能返还的以外，保管人仍应当履行向寄存人返还保管物的义务。这一规定明确了在第三人对保管物主张权利时，保管人应当将保管物返还给寄存人而不是第三人。这主要是因为：一方面，保管人因保管合同的约定而占有保管物，因此返还保管物是其所负担的合同义务。保管人只对寄存人负有返还保管物的义务，不对第三人负有义务。如果保管人将保管物交付给第三人而不是返还给寄存人的，应当向寄存人承担相应的违约责任。另一方面，返还保管物有利于寄存人处理与第三人的纠纷，并维护寄存人的利益。当然，如果第三人依法对保管物采取保全或者执行措施，致使保管人无法返还保管物的，自然不应再负担将保管物返还给寄存人的义务。

"第三人对保管物主张权利"，是指第三人主张保管物并非属于寄存人所有等可能引发保管物的权属争议的情形，包括第三人认为该保管物是属于自己所有而被他人非法占有时，向人民法院起诉，请求法院依法强令不法占有人返还原物。财产保全，是指人民法院在案件受理前或者诉讼过程中，为保证将来生效判决的顺利执行，对当事人的财产或者争议的标的物采取的强制措施。我国《民事诉讼法》第 100 条和第 101 条对诉讼财产保全和诉前财产保全规定了应当具备的条件。财产保全限于给付之诉，目的是防止因当事人一方的不当行为（如出卖、转移、隐匿、毁损争议标的物等）使判决不能执行或者难以执行。财产保全的措施有查封、扣押、冻结或法律规定的其他方法。执行，是指人民法院的执行组织依照法律规定的程序，对发生法律效力的法律文书确定的给付内容，运用国家的强制力依法采取执行措施，强制义务人履行义务的行为。执行的措施就保管合同的保管物而言，主要是强令交付，即强令保管人将保管物交付所有权人，或者先由法院采取扣押的措施，再转交给所有权人。例如甲非法占有乙的财物，乙起诉到法院要求甲返还，法院判决甲向乙返还原物。但甲为对抗法院的判决，将该财物存放在丙处，由丙保管。这时法院即可对由丙保管的财物采取执行措施，强令丙将财物返还给乙。此后丙当然不再负有向甲返还保管物的义务。

第八百九十七条　保管期内，因保管人保管不善造成保管物毁损、灭失的，保管人应当承担赔偿责任。但是，无偿保管人证明自己没有故意或者重大过失的，不承担赔偿责任。

◆ 条文主旨

本条是关于保管物在毁损、灭失的情况下，保管人责任的规定。

◆ 立法背景

保管人应当对保管物尽到妥善保管的义务。保管期间，因保管人保管不善造成保管物毁损、灭失的，原则上保管人都应当承担赔偿责任。保管人责任的大小（或者轻重）在有偿保管和无偿保管中应有所区别。比较法上，多数国家和地区的民法都对保管人在有偿保管和无偿保管场合的注意义务以及责任进行了区分。例如《德国民法典》第 690 条规定，无偿寄托的受寄人只需对其在自己的事务中通常所尽的注意负责任。《法国民法典》第 1927 条和第 1928 条规定，受寄人，应以与保管自己的物品同样的注意保管寄存物；如受寄人为保管寄存物领取报酬者，应更加严格地执行。《意大利民法典》第 1767 条规定，受寄人对于其保管，要用良家父的注意。寄托为无偿场合，因过失而发生的责任，应从宽评价，不宜过严。《日本民法典》第 659 条规定，无报酬的保管人，负以对自己财产的相同注意保管寄存物的义务。我国台湾地区“民法”第590条规定，受寄人保管寄托物，应与处理自己事务为同一之注意。其受有报酬者，应以善良管理人之注意为之。从这些国家和地区的规定来看，如果保管是无偿的，保管人的注意义务较低，仅要求保管人尽到与保管自己的财产相同的一般注意义务；如果保管是有偿的，保管人保管他人财物应比保管自己的财物负有更高的注意义务，即尽到善良管理人的义务。这些国家和地区的法律区分保管为有偿和无偿，进而对保管人提出了不同的要求。因为无偿保管主要是社会成员之间的相互协助，保管人仅负担义务而不享有权利，要求其承担过重的责任对其过于苛刻。而有偿保管则是商业行为，保管人一般都是专门从事保管业务的商事主体，从商业道德的特殊要求出发，对有偿保管的保管人的要求应当更高，其应承担的责任应当更重。保管是无偿的，保管人对于故意或者重大过失造成保管物毁损、灭失承担赔偿责任，对于一般轻过失造成保管物毁损、灭失的，则可免除责任。保管是有偿的，保管人除证明自己对保管物的毁损、灭失没有过失的以外，一律承担赔偿责任。

◆ **条文解读**

通过区分有偿和无偿的保管合同，分别确定保管人不同的注意义务是合理的，符合权利义务对等的原则，也符合一般的生活常识。据此，本条规定亦区分了无偿保管和有偿保管中保管人的责任承担。

根据本条规定，保管是有偿的，保管人应当对保管期间保管物的毁损、灭失承担赔偿责任，但是保管人能够证明自己没有过错的除外。所谓“保管人能够证明自己没有过错”，是指保管人能够证明已经尽到了妥善保管义务。此外，保管物的毁损、灭失是由于保管物自身的性质或者包装不符合约定造成的，保管人也不承担责任。例如，因寄存人的过错，对保管物包装不良，致使寄存的汽油挥发的，保管人不承担赔偿责任。

保管是无偿的，保管人仅对其故意或者重大过失造成保管物毁损、灭失的情形承担赔偿责任。保管人故意造成保管物毁损、灭失的，尽管保管是无偿的，让保管人承担赔偿责任也是理所应当的。此外，在保管是无偿的情况下，保管人对因重大过失造成保管物毁损、灭失的后果也应当承担赔偿责任。所谓“重大过失”，是指保管人对保管物明知可能造成毁损、灭失而轻率地作为或者不作为。没有故意或者重大过失的举证责任在于保管人一方，如其能证明自己无故意或者重大过失的，即可认为已尽到妥善保管之义务，对保管物之损失可以免责。

总的来说，无偿保管与有偿保管的区别是：在有偿的情况下，无论保管人是故意还是过失，保管人都应对保管物的毁损、灭失负责；在无偿的情况下，保管人只对故意或者重大过失造成保管物毁损、灭失的后果负责，一般轻微过失无需负责。二者的相同点是：凡是因不可归责于保管人的事由造成保管物毁损、灭失的，保管人都不承担赔偿责任。

第八百九十八条 寄存人寄存货币、有价证券或者其他贵重物品的，应当向保管人声明，由保管人验收或者封存；寄存人未声明的，该物品毁损、灭失后，保管人可以按照一般物品予以赔偿。

◆ 条文主旨

本条是关于寄存人寄存贵重物品的声明义务的规定。

◆ 立法背景

寄存人对货币等贵重物品的寄存应当负有声明义务。实践中，人们寄存的物品品类各异、价值不一，一般而言，寄存人不必将其寄存的物品一一向保管人告知，否则不仅费时费事，而且保管人可能也并不关心寄存物品的具体内容。然而，当寄存人寄存的是贵重物品时，寄存人负有向保管人声明的义务。

◆ 条文解读

寄存人单就货币、有价证券或者珠宝等贵重物品进行寄存的，应当向保管人声明，声明的内容是保管物的性质及数量，保管人在验收后进行保管，或者以封存的方式进行保管。这主要是因为：第一，对寄存贵重物品收取的保管费可能不同。对不同物品的寄存，保管人可能会收取不同的保管费。如果寄存的是贵重物品，保管人将承担更高的风险，不仅要采取更加严密的保管措施，而且还需要更加谨慎的态度，承担更高的注意义务，因此也理应获得更高的收益。如果寄存人不声明保管物是贵重物品，则保管人对此并不知情，可能仅按照一般保管物来收取保管费。第二，保管人对其承担的风险和责任有合理预期。保管的贵重物品一旦遗失或者受损，保管人需要承担巨额的赔偿责任。如果寄存人不声明贵重保管物品的性质，则保管人对于保管物品的保管风险以及赔偿责任等，难以产生相应的预期，而此时让其承担高额的赔偿责任显然是不公平的。第三，妥当保管贵重物品的需要。寄存人声明了保管财产的性质之后，对于贵重物品，保管人要进行验收或者封存，并且采取合适的方式进行保管。保管人会对贵重物品这类特殊的保管物尽到特别的注意，以更好地履行保管义务。如果寄存人没有声明，则保管人不知情而只能按一般保管物进行保管，采用的保管方式可能不妥当。例如，如果寄存人声明所寄存的物品为贵重的珠宝首饰，则保管人可能需要使用保险柜来进行保管。

对声明的方式，通常要以明示的方式作出。一般来说，寄存人在寄存时就应当事先声明，而不能在保管合同成立之后才进行声明。在声明之后，保管人应当对贵重物品进行验收或者封存。所谓“验收”，就是指保管人对寄存人所交付的贵重物品进行清点，在确定实际交付的物品品质、数量与寄存人声明的内容相符时予以接受。所谓“封存”，是指将贵重物品予以特定化，例如，将货币包装成捆，将珠宝进行装袋，做好特殊的标记，如进行编号等，避免贵重物品与其他同种类的物品混合。

本条规定的保管需要明确两个问题：第一，本条规定的寄存货币不属于消费保管，而是要求保管人返还原物的合同。如客人将金钱交由旅店保管，旅店之主人验收后予以封存，并负返还原物的义务。第二，寄存货币、有价证券、珠宝等贵重物品形成的保管合同与商业银行的保管箱业务或者饭店提供的保险箱服务不同。

如果寄存人履行了这种声明义务，寄存的贵重物品损毁、灭失的，保管人应当承担全部赔偿责任；如果寄存人违反了寄存贵重物品的声明义务，保管人可以只按照一般物品予以赔偿。寄存人将货币、有价证券或者其他贵重物品夹杂于其他物品之中，按一般物品寄存，且在寄存时未声明其中有贵重物品并经保管人验收或者封存的，如果货币、有价证券或者其他贵重物品与一般物品一并毁损、灭失，保管人不承担货币、有价证券或者其他贵重物品毁损、灭失的赔偿责任，只按照一般物品予以赔偿。此处所说的“一般物品”，应当结合具体案情进行考虑，如考虑当事人的实际情况、保管的场所等因素。

第八百九十九条 寄存人可以随时领取保管物。

当事人对保管期限没有约定或者约定不明确的，保管人可以随时请求寄存人领取保管物；约定保管期限的，保管人无特别事由，不得请求寄存人提前领取保管物。

◆ 条文主旨

本条是关于寄存人领取保管物的规定。

◆ 立法背景

保管合同未约定保管期限的，寄存人可以随时领取保管物；保管合同约定了保管期限的，寄存人也可以随时领取保管物。这是寄存人的权利，同时又是保管人的义务，即保管人得应寄存人的请求，随时返还保管物。

◆ 条文解读

作出本条规定的理由是：保管的目的是为寄存人保管财物，当寄存人认为保管的目的已经实现时，尽管约定的保管期间还未届满，寄存人也可以提前领取保管物。而且寄存人随时领取保管物，也不问保管为有偿或无偿。保管是无偿的，寄存人提前领取保管物，可以提早解除保管人的义务，对保管人实为有利；保管是有偿的，只要寄存人认为已实现保管目的而要求提前领取的，保管人也无阻碍之理由。

在这一点上，保管合同与仓储合同不同。在仓储合同中，只有在对仓储期限没有约定或者约定不明确的情况下，寄存人才能随时提取。对于保管合同而言，则不存在这种限制。但这并不意味着期限的规定毫无意义。期限的主要意义在于：一方面，保管期限对保管人具有约束力，在保管期限届满前，保管人无特别事由，不得违反期限的约定，要求寄存人提前领取保管物。但是如果保管合同对保管期间没有约定或者约定不明确的，保管人可以随时要求寄存人提取保管物。另一方面，超过约定的保管期限后，保管人有权要求寄存人提取保管物。如果没有规定期限，保管人可以随时要求寄存人提取保管物。如果寄存人不及时领取，需要支付额外的费用。此外，在保管合同规定了保管期间的情况下，如果寄存人提前领取保管物的，则应当支付相应的费用，这种费用的计算要考虑到保管人需要付出的人力、物力等成本。

有偿保管的寄存人在保管期间届满前领取保管物的，是否应当支付全部的保管费？有的学者主张，寄存人应当支付原来约定的保管费，但是可以考虑因缩短保管期间而减少的成本，适当减少保管费。如果提前领取确实节省了费用，则应当适当扣减费用。对此，《德国民法典》第699条第2款规定："在所定保管期间届满前，保管终止的，以关于报酬的约定不另有规定为限，受寄人可以请求支付与其到那时为止的给付相当的报酬。"在比较法上，还有一些国家规定寄存人应当补偿提前领取标的物对保管人造成的损失。保管合同为继续性合同，寄存人在约定的保管期间届满前领取保管物的，合同终止，如果没有特别约定，寄存人应当支付保管人实际保管期间的报酬，对于寄存人和保管人来说是比较公平的。此外，如果寄存人提前领取保管物给保管人造成损失的，还应当赔偿保管人相应的损失。但是，其支付的保险费和损失赔偿额的总数，不应高于寄存人在约定的保管期间届满时应当支付的保管费。

另外，如果寄存人提前领取保管物，是否应给予保管人必要的准备时间？在比较法上，有些国家的法律明确规定应给予保管人以准备时间，例如《德国商法典》第473条规定，在仓储保管中，在没有规定期限时，应当提前一个月通知保管人，以便保管人有合理的时间准备返还。有的观点认为，如果考虑保管物的性质等因素，需要给予准备时间的，应当给保管人预留必要的准备时间。

当事人未约定保管期限的，根据本法第 511 条的规定，当事人不能达成补充协议，且按照合同相关条款或者交易习惯仍不能确定的，保管合同自然可以随时终止。不但寄存人可以随时领取保管物而终止合同，保管人也可以随时请求寄存人领取保管物而终止合同，但是保管人应当给予寄存人必要的准备时间。

当事人约定保管期限的，保管人在保管期间届满后，应当按时返还保管物。寄存人如未及时领取保管物的，保管人应当通知寄存人领取。领取时间依合同约定，领取地点一般为保管物所在地。保管期限主要是为了寄存人的利益而设立的，而且有偿保管的保管人收取了与保管期限相应的保管费，即便是无偿保管的保管人，基于诚信原则，如果没有特别事由，亦不得请求寄存人提前领取保管物。所谓“特别事由”，主要是指因不可抗力，或者保管人自己的原因，使其难以继续履行保管义务，如因地震导致保管库房部分坍塌，不再具备相应的保管条件，或者保管人患病、丧失行为能力等。

第九百条 保管期限届满或者寄存人提前领取保管物的，保管人应当将原物及其孳息归还寄存人。

◆ 条文主旨

本条是关于保管人返还保管物及其孳息的规定。

◆ 立法背景

保管期间届满保管人返还保管物，或者应寄存人的要求随时返还保管物，是保管人的一项基本义务。在一般的保管合同中，保管人并不取得保管物的所有权，因此，在保管期限届满或者寄存人提前领取保管物时，保管人应当将保管物予以返还。从比较法上来看，各国都规定了保管人返还保管物的义务，例如《法国民法典》第 1932 条第 1 款规定："受寄托人应当原封不动地返还其收受寄托的原物。"这显然是由保管的性质和目的所决定的。保管人返还保管物的原则是使保管物维持其交付时的状态，另外在返还原物的同时要返还孳息。

在比较法上，有的国家也规定了保管期间保管物产生的孳息归属。例如，《法国民法典》第 1936 条规定："寄托物产生孳息并且受寄托人已经受领时，受寄托人应当返还其收取的孳息；受寄托人对寄托的金钱不负担任何利息，但如其已受到催告返还而延迟返还时，不在此限。"也就是说，除了保管物为金钱以外，保管物产生的孳息属于寄存人所有，保管人在返还保管物时应当将孳息一并返还。

◆ 条文解读

就保管人返还原物的义务而言，主要针对的是一般保管合同。在一般保管合同中，保管物具有特定性，保管人返还的应当是寄存人所交付的原物，而不是相同种类、数量、品质的物。而在特殊保管合同即消费保管中，则不要求保管人必须返还原物。但是保管人还应当将保管物的孳息一并返还寄存人。孳息是指原物产生的额外利益，包括天然孳息和法定孳息。天然孳息是原物根据自然规律产生的物，如幼畜。法定孳息是原物根据法律规定产生的物，如存款利息、股利、租金等。根据物权的一般原则，除法律或合同另有约定外，孳息归原物所有人所有。在保管合同中，保管物仅是转移了占有，保管人并不享有保管物的所有权，所有权仍归寄存人享有，保管期间保管物所生孳息的所有权亦归属于寄存人。因此，保管人除返还保管物外，如果保管物有孳息的，还应一并返还孳息。例如，甲为乙保管一头母牛，如果在保管期间母牛产出小牛的，保管人甲应当将母牛及其幼畜一并返还寄存人乙。当然，本条规定是任意性规定，如果当事人对保管期间保管物孳息的归属另有约定的，应当按照其约定。例如在上述案例中，甲乙约定小牛作为保管的报酬归甲所有，这样保管人甲就不再承担返还孳息的义务。

第九百零一条 保管人保管货币的，可以返还相同种类、数量的货币；保管其他可替代物的，可以按照约定返还相同种类、品质、数量的物品。

◆ 条文主旨

本条是关于消费保管的规定。

◆ 立法背景

消费保管也称为不规则保管，是指保管物为可替代物时，如约定将保管物的所有权移转于保管人，保管期间届满由保管人以同种类、品质、数量的物返还的保管。消费保管是一种特殊的保管，《德国民法典》和我国台湾地区“民法”等都对消费保管作出了规定。

◆ 条文解读

消费保管合同与一般保管合同有以下几点不同：

第一，消费保管合同的保管物必须为可替代物，即种类物。种类物是相对于特定物而言的，是指以品种、质量、规格或度量衡确定，不需具体指定的转让物，如标号相同的水泥，相同品牌、规格的电视机等。货币是一种特殊的种类物。消费保管合同的保管物只能是种类物，而不能是特定物。特定物是指具有独立特征或被权利人指定，不能以他物替代的转让物，包括独一无二的物和从一类物中指定而特定化的物，如齐白石的画、从一批解放牌汽车中挑选出来的某一辆车。寄存人就特定物寄存，保管人只能返还原物。

第二，并不是所有种类物的寄存都属于消费保管合同。例如本法第898条规定的寄存货币的情形，就属于需返还原货币的一般保管合同，而不属于消费保管合同。消费保管合同必须是当事人约定将保管物的所有权移转于保管人，保管人在接受保管物后享有占有、使用、收益和处分的权利。不过，在保管物为货币的情况下，则不需要特别约定将货币所有权转移给保管人，因为货币作为特殊种类物，具有高度可替代性，一般适用“占有即所有”的原则。寄存人将货币交付给保管人，货币的所有权也就自然转移给保管人。而一般的保管合同，保管人只是在保管期间占有保管物，原则上不转移保管物所有权，保管人也不能使用保管物，这是消费保管与一般保管的重要区别之一。对于种类物的寄存，寄存人与保管人可以选择一般保管或者消费保管。如果寄存人和保管人特别约定转移保管物的所有权，则属于消费保管，保管人取得保管物所有权，返还相同种类、品质、数量的物品即可。寄存人也可能并不希望保管人进行使用、收益，而且寄存的种类物价格也在不断变化，保管人能否按期如数返还，也难以确定。所以寄存人可能不会订立消费保管合同而选择一般保管。在没有特别约定的情况下，应当认为货币的保管为消费保管，其他可替代物的保管则是普通保管。我国台湾地区“民法”第603条规定：“寄托物为金钱时，推定其为消费寄托。”

第三，既然保管物的所有权转移至保管人，因此从寄存人交付时起，保管人就享有该物的利益，并承担该物的风险。在一般保管中，保管物的所有权不发生转移，该物的利益如孳息由寄存人享有，风险由寄存人承担，即保管物在保管期间因意外发生毁损、灭失的风险由寄存人承担。

第四，消费保管的保管人仅需以同种类、品质、数量的物返还即可。而一般保管的保管人须返还原保管物。当保管人不履行返还义务时，一般保管的寄存人可以行使返还原物请求权，而消费保管的寄存人则只能请求保管人承担违约责任。

寄存货币的消费保管合同与储蓄合同非常相似。这两种合同的标的物都是货币这种种类物，无论是消费保管还是借款合同，在标的物交付之后，都发生所有权的转移。因此有些学者认为储蓄合同就是消费保管合同。但是二者是不同的。寄存货币的消费保管合同的目的侧重于为寄存人保管货币，一般不向寄存人支付利息。而储蓄合同中的存款人的目的除保管货币外，还有获取利息。在我国，储蓄合同实际上是一种借款合同，借款合同是独立的有名合同，因此将储蓄合同归入消费保管合同实无必要，而且不利于保护存款人的利益和金融业务的需要。

寄存货币的消费保管合同与民间借贷有着本质上的区别。民间借贷合同从借款人借款的角度来规定双方的权利义务关系，而寄存货币的消费保管主要从寄存人寄存货币的角度来规定双方的权利义务关系。当事人订立民间借贷合同的目的是借贷，当事人之间形成债权债务关系，贷款人享有的是金钱债权，借款人的义务主要是按期偿还所借款项和利息，在合同期限届满时，不仅要返还所借贷的本金，还要支付约定的利息。而当事人订立货币的消费保管合同的目的是对保管物进行保管，当事人之间形成保管合同关系，寄存人享有请求返还相同种类、数量的货币的权利，保管人只需返还相同种类、数量的货币即可，不用返还孳息或者支付利息。而且保管合同的寄存人可以随时领取保管物，在民间借贷等借款合同中，借款人应按约定的期限返还，即便是对借款期限没有约定或者约定不明确，依据本法第 510 条的规定仍不能确定的，贷款人也只能催告借款人在合理期限内返还，借款合同的贷款人不能随时要求借款人返还借款。所以，二者有许多不同之处，不能用同一种法律规范来调整。

但是，基于消费保管和借款合同、物的消费借贷合同十分相似，有的国家规定，保管物为可替代物，且所有权转移给保管人或者许可保管人消费保管物时，适用借款合同或者物的消费借贷合同的规定。例如，《德国民法典》第 700 条第 1 款规定："代替物以这样的方式寄托，即所有权应转移给受寄人，且受寄人应有义务将种类、品质和数量相同的物予以返还的，在金钱的情形下，适用关于贷款合同的规定，在其他物的情形下，适用关于物的消费借贷合同的规定。寄托人许可受寄人消费所寄托的代替物的，自受寄人领有物时起，在金钱的情形下，适用贷款合同的规定；在其他物的情形下，适用关于物的消费借贷合同的规定。但在这两种情形下，有疑义时，依关于寄托合同的规定确定返还时间和地点。"

第九百零二条 有偿的保管合同，寄存人应当按照约定的期限向保管人支付保管费。

当事人对支付期限没有约定或者约定不明确，依据本法第五百一十条的规定仍不能确定的，应当在领取保管物的同时支付。

◆ 条文主旨

本条是关于保管费支付期限的规定。

◆ 立法背景

在有偿的保管合同中，支付保管费是寄存人的基本义务，寄存人应当按照约定的期限向保管人支付保管费。有关保管费的支付标准、支付时间、支付地点等都应当遵守合同的约定。合同约定了保管费的具体数额，寄存人就应当按照合同约定进行支付。合同约定一次性支付，就不能分期支付。

例如仓储合同中可以约定，存货人在提取仓储物后 5 日内支付仓储费。但是在一般的保管合同中，寄存人一般应于保管关系终止时支付保管费。无论寄存人是在保管期间届满领取保管物，还是提前领取保管物而终止保管合同，寄存人都应当在领取保管物的同时支付保管费。

◆ 条文解读

当事人订立的分期保管的保管合同，寄存人应当按照约定的期限向保管人支付保管费。例如，甲与其住宅区的存车处签订了为期一年的存放自行车的合同，即属于分期保管的合同。分期保管合同，就是约定了明确的保管期间，在此期间内，寄存人可以多次提取和存放保管物。而一次性的保管合同，在寄存人提取保管物后，即可终止。这是分期保管合同与一般保管合同的根本区别。甲在与存车处的合同中约定，保管费每月 5 元，于每月 1 日至 4 日到存车处交付。甲即需按照合同约定的期限按时交付存车费。

仓储合同或者分期保管合同中对支付期限没有约定或者约定不明确的，当事人可以协议补充，不能达成补充协议的，按照合同相关条款或者交易习惯确定。例如甲与存车处的合同中没有约定保管费的支付期限，但是按照存车处与其他寄存人的合同约定的支付期限都是每月的 1 日至 4 日，这就是交易习惯，甲也应在每月的 1 日至 4 日期间交费。

如果依据本法第 510 条的规定仍然无法确定保管费支付的期限，则应当在领取保管物的同时支付。因为在一般情况下，都是保管人先提供服务，寄存人后支付保管费。在这点上，保管和买卖存在区别。从比较法上来看，大多数国家和地区认为应当在保管到期时，支付保管费。当然，当事人可以就保管费用支付的时间作出特别约定。例如，《德国民法典》第 699 条第 1 款规定："寄托人必须在保管终止时支付所约定的报酬。报酬系按期计算的，必须在各期届满后支付。"

第九百零三条　寄存人未按照约定支付保管费或者其他费用的，保管人对保管物享有留置权，但是当事人另有约定的除外。

◆ 条文主旨

本条是关于保管人留置权的规定。

◆ 立法背景

当事人可以在合同中约定寄存人向保管人给付报酬，以及给付报酬的数额、方式、地点等。当事人有此约定的，寄存人应当按照约定向保管人支付报酬，即保管费。

◆ 条文解读

本条规定的"其他费用"，是指保管人为保管保管物而实际支出的必要费用。必要费用，是保管人为了实现物的保管目的维持保管物之原状而支出的费用。必要费用不同于保管费，保管费是指寄存人应当支付给保管人的报酬，只存在于有偿保管中；而必要费用则指保管人为实现保管合同的目的，在保管过程中所支付的必要的花销，如保管人支付的电费、场地费用、交通运输费用等。这些费用即便是在无偿保管的过程中也会产生。

在比较法上，许多国家的法律都对保管合同中必要费用的负担作出了规定。例如，《德国民法典》第 693 条规定："对于保管人为保管存放物而支出的，根据情况认为是必要的支出费用的，存放人负有偿还的义务。"《瑞士债务法》第 473 条规定："寄托人应当赔偿保管人履行合同支出的全部必要费用。"

法律没有明确规定必要费用的负担者，首先应当尊重当事人的意思自治，有约定的从其约定。具体来说，对必要费用的处理应当区分有偿保管和无偿保管，主要有以下几种情况：第一，当事人约定是有偿保管，保管人为保管保管物而实际支出的费用往往已经包含在报酬（保管费）之内，当然当事人也可以约定在支付保管费之外，另行支付必要费用；第二，当事人约定是无偿保管，但可以约定寄存人应当支付为保管而支出的实际费用。如有此约定，寄存人应依约定行事。即使无此约定，按照公平原则，寄存人也应当支付为保管而支出的实际费用。在此情形下，当寄存人不支付必要费用时，无偿保管的保管人亦可以请求寄存人承担违约责任。

寄存人违反约定不支付保管费或者其他费用的，保管人对保管物享有留置权，即以该财产折价或者以拍卖、变卖该财产的价款优先受偿的权利。但需要注意的是，依照民法典物权编第十九章留置权中的规定，保管人在留置保管物后，应当与债务人约定留置财产后债务履行期限，没有约定或者约定不明确的，应当给予寄存人不少于两个月的期限履行债务，鲜活易腐等不易保管的动产除外。如果寄存人逾期仍不履行债务，保管人才可以处理留置的财产。而且在这段时间内，保管人仍负有妥善保管留置物的义务，如果保管不善致使留置物毁损、灭失的，保管人应当承担相应的民事责任。当事人另有约定的，也可以不行使留置权。因保管合同发生的债权，债权人享有的留置权虽然是法定的留置权，但是当事人可以约定不行使留置权。本法第 449 条规定："法律规定或者当事人约定不得留置的动产，不得留置。"例如寄存人寄存的手表是寄存人祖传的，对寄存人具有特殊意义，可以与保管人在合同中约定，即使寄存人未按照约定支付保管费，保管人也不得对该手表进行留置。

依据本条规定，在寄存人没有按期支付保管费和其他费用的情况下，保管人对保管物享有留置权，以此作为因保管产生的保管费和其他费用的担保。从比较法上来看，一些国家的法律规定在寄存人没有支付费用的情况下，保管人有权留置寄存财产。例如，《法国民法典》第 1948 条规定，受寄托人得留置寄托物，直至寄托人因寄托而产生的债务全部清偿。还有《比利时民法典》第 1948 条、《荷兰民法典》第 6：262 条、《西班牙民法典》第 1780 条等。保管人享有留置权必须符合如下要件：第一，寄存人到期未支付保管费及其他费用。根据本法第 902 条的规定，寄存人应当按照约定的期限支付保管费，没有约定或者约定不明确，依据本法第 510 条的规定仍不能确定保管费支付期限的，应当在领取保管物的同时支付。如果在这些期限届满时，寄存人未支付保管费，则保管人有权留置保管物。第二，保管人占有保管物。留置权的发生要求权利人合法占有留置物，因此，在保管合同中，如果保管人将保管物交付寄存人，则无法取得对保管物的留置权。第三，寄存人与保管人没有事先约定不得留置保管物。保管人的留置权虽然是法定的担保物权，但是当事人仍然可以通过合同约定排除可以留置的财产。本法第 449 条亦规定："法律规定或者当事人约定不得留置的动产，不得留置。"本条关于保管人留置权的规定属于任意性规定，当事人可以通过约定排除其适用。保管人对保管物的留置权，亦适用本法第二编物权编第十九章关于留置权的规定。

第二十二章　仓储合同

本章共十五条，对仓储合同的定义、成立，危险物品的储存，仓储物的验收，仓单的性质和作用以及存货人和保管人的权利义务等作了规定。

第九百零四条　仓储合同是保管人储存存货人交付的仓储物，存货人支付仓储费的合同。

◆ 条文主旨

本条是关于仓储合同定义的规定。

◆ 立法背景

仓储合同，是指当事人双方约定由保管人（又称仓管人或仓库营业人）为存货人保管储存的货物，存货人支付仓储费的合同。

仓储业是随着商品经济的发展，从保管业中发展、壮大起来的特殊营业。近代以来，仓储业日渐发达，原因就是随着国际及地区贸易的扩大，仓储业能为大批量货物提供便利、安全、价格合理的保管服务。仓储合同与保管合同的本质是一样的，即都是为他人保管财物。有些学者认为，仓储合同就是特殊的保管合同。但是仓储合同与一般的保管合同相比又具有很多特殊性，难以通过保管合同的规则来进行规范。因此仓储合同不再作为一般的保管合同来对待，而是作为一种独立的有名合同在合同法中加以规定。许多民商分立的国家将仓储合同规定在商法中，认为仓储合同是商事合同的一种，仓储人是以仓储为业的特殊商人。我国具有民商合一的立法传统，因此将仓储合同规定在民法典中。

◆ **条文解读**

仓储合同具有以下特征：

1. 保管人必须是具有仓库营业资质的人，即具有仓储设施、仓储设备，专事仓储保管业务的人。这是仓储合同主体上的重要特征。之所以如此规定，主要是考虑到仓储往往涉及特种标的物的保管，例如，易燃易爆、具有腐蚀性或者放射性的、需要进行冷藏或者冷冻保存的物等，都对保管人的资质具有特殊的要求，一般的民事主体不能完成这种仓储工作。而保管合同的主体可以为一般民事主体，因此法律对保管合同的保管人没有资质上的特别要求。

2. 仓储合同的对象仅为动产，不动产不可能成为仓储合同的对象。因为保管人主要是利用自己的仓库为存货人储存货物，不动产无法储存到仓库中。保管合同的标的物包括动产和不动产。与保管合同相比，存货人储存的仓储物一般为大宗商品，储存量比较大，而保管物则可大可小。

3. 仓储合同为诺成合同。仓储合同自保管人和存货人意思表示一致时成立。保管合同是实践合同，也称为要物合同。保管合同除双方当事人达成合意外，寄存人还应当交付保管物，合同从保管物交付时起成立。这是仓储合同与保管合同的重要区别之一。

4. 仓储合同为不要式合同，可以是书面形式，也可以是口头形式。保管合同对合同订立的形式也没有特别要求，同样是不要式合同。

5. 仓储合同为双务、有偿合同。保管人提供储存、保管的义务，存货人承担支付仓储费的义务。保管合同可以为双务、有偿合同，也可以是单务、无偿合同。

6. 仓单是仓储合同的重要特征。

仓储合同的定义确定了保管人和存货人的主要义务。保管人的主要义务是储存存货人交付的仓储物，而存货人的主要义务是支付仓储费。

储存存货人交付的仓储物是保管人的主要义务，换言之，就是要妥善保管仓储物。这种义务主要包括以下几个方面的内容：第一，保管人应当具备储存仓储物的相应资质，并能提供符合约定的保管条件。本法第906条第3款规定："保管人储存易燃、易爆、有毒、有腐蚀性、有放射性等危险物品的，应当具备相应的保管条件。"第二，保管人应当亲自保管，不得擅自转交他人保管。存货人之所以选择特定的保管人进行保管，是基于对保管人的设备、技能和专业经验的信赖，如果保管人将仓储物交由他人保管，也会使存货人的这种信赖落空，从而有损存货人的利益。仓储合同的保管人资质可能有特别的要求，如果允许保管人委托他人保管，受托人可能不具备相应的保管资质。将仓储物交由第三人保管，可能会加大仓储物毁损、灭失的风险，同时也可能导致保险公司拒绝赔付，这就不利于维护存货人的利益。第三，保管人应当尽到善良管理人的义务。保管人对仓储物有妥善保管的义务，保管人应当按照有关规定和保管合同中约定的保管条件和保管要求妥善进行保管。仓储合同的保管人应当采取一定的措施，防止仓储物的毁损、灭失或者贬值。对于危险物品和易变质物品等，必须按照有关规定和合同约定进行保管。保管人应当经常对储存设施和储存设备进行维修和保养。还应当经常对仓储物进行巡视和检查，注意防火防盗。此外，为了存货人的利益，保管人在符合约定的保管条件和保管要求的情况下，发现仓储物变质、损坏，或者有变质、损坏的危险时，及时通知存货人或者仓单持有人，这其中包括对临近失效期的仓储物，如果仓储物的变质或者损坏可能危及其他仓储物的安全和正常保管，还应当及时通知存货人或者仓单持有人作出必要处置。在仓储物遭受损害之后，无论损害是由保管人还是第三人造成的，保管人都应当尽量避免损害的扩大，采取合理措施避免和减少不必要的损失。

支付仓储费是存货人的主要义务。本章虽然没有对仓储费的支付时间进行明确规定，根据本法第 918 条的规定，可以适用前一章“保管合同”的有关规定，即本法第 902 条的规定。也就是说，存货人应当按照约定的期限向保管人支付仓储费。当事人对支付期限没有约定或者约定不明确，依据本法第 510 条的规定仍不能确定的，应当在提取仓储物的同时支付。如果存货人拒绝支付仓储费，则保管人有权留置仓储物。本法第 903 条规定：“寄存人未按照约定支付保管费或者其他费用的，保管人对保管物享有留置权，但是当事人另有约定的除外。”该规定也适用于仓储合同，故当存货人未按时支付仓储费时，保管人亦有权留置存货人的仓储物。

第九百零五条 仓储合同自保管人和存货人意思表示一致时成立。

◆ 条文主旨

本条是关于仓储合同何时成立的规定。

◆ 立法背景

我国《合同法》第 382 条规定：“仓储合同自成立时生效。”

该条规定了仓储合同生效的时间，至于仓储合同何时成立，没有作出明确规定。

学界对仓储合同是实践合同还是诺成合同一直存在争议。有的学者主张仓储合同为实践合同。这种主张不利于交易的安全和稳定。因为仓储合同是双务有偿合同。无论是存货人还是保管人都有商业营利的需要，特别是保管人就是以替他人储存、保管货物为业的。保管人接受仓储物予以储存，存货人支付仓储费，双方就是一种交易行为，如果规定仓储合同为实践合同，则不利于这种交易的安全和稳定。多数学者则认为仓储合同是诺成合同。

◆ 条文解读

本条规定明确了仓储合同是诺成合同。诺成合同，又称为不要物合同，即双方当事人意思表示一致就可成立、生效的合同。而保管合同是实践合同，或称为要物合同。保管合同除双方当事人达成合意外，寄存人还应当交付保管物，合同从保管物交付时起成立。这是仓储合同与保管合同的重要区别之一。

仓储合同为诺成合同，有利于保护保管人的利益。因为在仓储合同订立后，存货人交付仓储物前，保管人往往要做很多准备工作，例如采购相应的设施设备，准备可供储存相应仓储物的仓库，收集仓储物相关资料，招聘特定的保管人员以及对保管人员进行技术培训等，需要付出大量的人力、物力、财力。如果仓储合同订立后，存货人在交付仓储物前反悔，保管人无法就前期准备工作的费用向存货人主张，可能遭受较大的损失。这种损失不仅包括前期准备工作的费用，还包括因为与存货人订立仓储合同而放弃或者丧失与其他人订立合同的机会。如果存货人在订立仓储合同后交付仓储物前可以随时反悔致使合同不成立，对于保管人显然是不公平的，也不符合诚信原则的要求。而仓储合同为诺成合同，也有利于保护存货人的利益。在仓储合同中，存货人存放的一般都是大宗商品。在交付时，如果保管人反悔，或者不能提供足够的储存场所，可能使存货人的货物因无处存放而毁损、灭失，给存货人造成巨大损失。如果仓储合同为实践合同，则存货人交付货物前合同尚未成立，只有在保管人实际接收了货物以后，仓储合同才成立，保管人才要对存货人负责，对于其反悔或者不能提供足够储存场所，导致货物因不能入库而发生毁损、灭失，造成存货人损失的，保管人无须承担责任，这对于存货人来说显然也是不公平的。如果仓储合同为诺成合同，一方面，保管人在仓储合同签订后，可以安心地为履约开展各种准备工作，以保证能够提供足够的储存场所，提供相应的保管条件，无需担心存货人届时不交付货物。如果保管人已经做好充分准备，而存货人却不交付货物，即构成违约，保管人可以就其损失向存货人主张赔偿。另一方面，存货人也无需担心在合同签订后、交付货物前，保管人是否开始做好充分准备，以在交付时能够提供足够的储存场所和相应的保管条件，是否有能力对其货物进行妥善保管。如果交付货物时保管人不能提供必要的储存场所，或者提供的场所等条件不符合约定，给存货人造成损失，存货人可以请求保管人承担违约责任。可见，仓储合同为诺成合同，不仅有利于保护存货人和保管人的合法权益，也有利于维护交易安全和稳定。在民法典编纂过程中，有的意见提出，应当明确规定仓储合同为诺成合同。立法部门经认真研究，采纳了这一建议。因此本条规定："仓储合同自保管人和存货人意思表示一致时成立。"仓储合同只需要双方当事人意思表示一致即可成立，不以存货人交付货物为要件。

仓储合同为不要式合同，既可以采用书面形式，又可以采用口头形式。民法典中对仓储合同的形式没有提出特别的要求。无论采用何种形式，只要符合民法典中关于合同成立的要求，合同即告成立，而无须以交付仓储物为合同成立的要件。这就意味着，双方当事人意思表示一致即受合同约束，任何一方不按合同约定履行义务，都要承担违约责任。

关于仓储合同的主要条款，除可参照本法第470条规定的合同一般包括的条款外，双方当事人还可以对仓储合同特殊要求的一些条款进行约定。仓储保管合同的主要条款一般有：（1）货物的品名或品类；（2）货物的数量、质量、包装；（3）货物验收的内容、标准、方法、时间；（4）货物保管条件和保管要求；（5）货物进出库手续、时间、地点、运输方式；（6）货物损耗标准和损耗的处理；（7）计费项目、标准和结算方式、银行、账号、时间；（8）责任划分和违约处理；（9）合同的有效期限；（10）变更和解除合同的期限。

第九百零六条　储存易燃、易爆、有毒、有腐蚀性、有放射性等危险物品或者易变质物品的，存货人应当说明该物品的性质，提供有关资料。

存货人违反前款规定的，保管人可以拒收仓储物，也可以采取相应措施以避免损失的发生，因此产生的费用由存货人负担。

保管人储存易燃、易爆、有毒、有腐蚀性、有放射性等危险物品的，应当具备相应的保管条件。

◆ 条文主旨

本条是关于储存危险物品和易变质物品的规定。

◆ 立法背景

仓储物如果是易燃易爆等危险物品或者易变质物品，如果不采取特殊的保管措施，提供相应的保管条件，不仅会造成仓储物本身的损害，而且其具有的巨大危险性可能还会导致人身伤亡或者重大财产损害等严重的后果。因此在比较法上，大多数国家都规定如果仓储物是危险物品或者易变质物品的，存货人负有向保管人说明仓储物的特殊性质等义务。

◆ 条文解读

存货人储存易燃、易爆、有毒、有腐蚀性、有放射性等危险物品或者易变质物品，负有向保管人说明的义务，即应当向保管人说明该物的性质。所谓“说明”，应当是在合同订立时予以说明，并在合同中注明。这是诚实信用原则的必然要求。如果存货人在订立合同后或者在交付仓储物时才予以说明，那么保管人根据自身的保管条件和技术能力，如果不能保管的，则可以拒收仓储物或者解除合同。无论当事人是否在合同中约定，存货人都负有这种说明义务。

存货人除应当对需要储存的危险物品及易变质物品的性质作出说明外，还应当提供有关资料，以便保管人进一步了解该危险物品的性质，为储存该危险物品作必要的准备。提供的资料主要是关于仓储物本身的性质特点，以及保管该仓储物的注意事项。

存货人没有说明所储存的货物是危险物品或易变质物品，也没有提供有关资料，保管人在入库验收时，发现是危险物品或易变质物品的，可以拒收仓储物。保管人在接收仓储物后发现是危险物品或易变质物品的，除及时通知存货人外，也可以采取相应措施，以避免损害的发生，因此产生的费用由存货人承担。例如，将危险物品搬出仓库转移至安全地带。如果存货人没有对仓储物的性质作出说明并提供有关资料，导致仓储物毁损、灭失的，保管人不承担赔偿责任。而如果存货人没有对危险物品的性质作出说明并提供有关资料，给保管人的财产或者其他存货人的货物造成损害的，还应当承担赔偿责任。例如，存货人未向保管人说明其交付的仓储物是易燃易爆物品并提供相关材料，导致仓储物发生爆炸，造成保管人仓库及其他仓储物受到损害的，存货人应当承担赔偿责任。

保管人储存易燃、易爆、有毒、有腐蚀性、有放射性等危险物品的，应当具备相应的保管条件。如果保管人不具备相应的保管条件，就对上述危险物品予以储存，对自身造成的损害，存货人不负赔偿责任。

第九百零七条　保管人应当按照约定对入库仓储物进行验收。保管人验收时发现入库仓储物与约定不符合的，应当及时通知存货人。保管人验收后，发生仓储物的品种、数量、质量不符合约定的，保管人应当承担赔偿责任。

◆ 条文主旨

本条是关于仓储物验收的规定。

◆ 立法背景

验收就是指保管人对仓储物的数量、规格、品质等进行检验，以确定是否属于合同约定的仓储物。保管人验收仓储物有利于其妥善保管仓储物，还具有保存证据的作用。验收是接收的前提，只有在验收之后，保管人才能决定是否接收仓储物。保管人验收之后，同意接收货物的，就应当开始对仓储物进行妥善保管。

◆ **条文解读**

本条确立了保管人入库验收的义务。保管人和存货人应当在合同中对入库货物的验收问题作出约定。验收的主要内容有三项：一是验收项目；二是验收方法；三是验收期限。

1. 保管人的正常验收项目为：货物的品名、规格、数量、外包装状况，以及无须开箱拆捆直观可见可辨的质量情况。包装内的货物品名、规格、数量，以外包装或货物上的标记为准；外包装或货物上无标记的，以供货方提供的验收资料为准。散装货物按国家有关规定或合同规定验收。

2. 验收方法为：全部验收和按比例验收。

3. 验收期限：验收期限自货物和验收资料全部送达保管人之日起，至验收报告送出之日止。

保管人应当按照合同约定的验收项目、验收方法和验收期限进行验收。保管人验收时发现入库的仓储物与约定不符的，如发现入库的仓储物的品名、规格、数量、外包装状况与合同中的约定不一致的，应当及时通知存货人。由存货人作出解释，或者修改合同，或者将不符合约定的货物予以退回。

保管人验收后发生仓储物的品种、数量、质量不符合约定的，应当承担赔偿责任。验收之后，保管人接收货物，已经实际占有仓储物，开始承担保管义务。如果发生仓储物的品种、数量、质量不符合约定的情况，则可以推定保管人未尽到妥善保管义务，由其承担相应的赔偿责任。在理解本条保管人的赔偿责任时，品种、数量不符合约定，应当承担赔偿责任较为明确。质量问题的赔偿责任，要注意以下两点：（1）这里讲的是质量不符合约定。对不同条件、不同性质的仓储物的质量，可以按照交易习惯和当事人的特别约定来确定。(2)如果约定不明确，发生质量问题是否由保管人承担赔偿责任，依照本法第917条的规定，因仓储物的性质、包装不符合约定等造成灭失、损坏的，保管人不负赔偿责任。

第九百零八条　存货人交付仓储物的，保管人应当出具仓单、入库单等凭证。

◆ **条文主旨**

本条是关于保管人出具仓单、入库单等凭证的义务的规定。

◆ **立法背景**

仓单或者入库单是保管人收到仓储物后给存货人开具的表示其收到仓储物的凭证，也是存货人提取仓储物的凭证。保管人在验收完毕之后，应当及时向存货人出具仓单或者入库单等凭证。保管人向存货人出具仓单或者入库单等凭证，就表明其已经接收了货物。如果保管人在检验货物时发现与合同约定不符合的，应当及时通知存货人。

◆ **条文解读**

仓单、入库单等凭证的作用表现在以下几点：

1. 仓单、入库单等凭证可以证明保管人已收到仓储物，以及保管人和存货人之间仓储关系的存在。

2. 仓单、入库单等是提取仓储物的凭证。存货人或者仓单持有人应当凭仓单、入库单等凭证提取仓储物。

此外，仓单还是有价证券的一种，其性质为记名的物权证券。物权证券是以物权为证券权利内容的证券。仓单是提取仓储物的凭证，也是存货人对仓储物享有所有权的凭证。仓单发生转移，仓储物的所有权也发生转移。存货人在仓单上背书并经保管人签名或者盖章，可以转让提取仓储物的权利。仓单作为一种有价证券、权利凭证，根据本法第 440 条的规定，可以出质。仓单持有人既可以通过背书转让仓单项下货物的所有权，也可以将仓单出质。而入库单没有背书转让或者出质的功能。这是仓单和入库单等其他凭证的重要区别。

仓单与仓储合同的关系：仓单不能代替仓储合同。无论当事人采用书面形式还是采用口头形式，当事人订立合同后即受合同约束。存货人交付仓储物是履行合同，而保管人出具仓单也是履行合同。尽管仓单中记载了仓储合同中的主要内容，但仓单不是仓储合同，只是作为仓储合同的凭证。仓单与仓储合同的关系如同提单与海上货物运输合同的关系一样，依据我国《海商法》第 44 条的规定，提单是作为海上货物运输合同的凭证。

仓单作为一种有价证券，有的国家的立法采两券主义，即保管人在收到仓储物后应同时填发两张仓单：一为提取仓单，作为提取仓储物和通过背书转让仓储物之用；另一为出质仓单，以供仓储物出质之用。本法合同编采一券主义，即保管人只填发一张仓单，该仓单除作为已收取仓储物的凭证和提取仓储物的凭证外，既可以通过背书转让仓单项下货物的所有权，也可以用于出质。本法第 910 条规定，仓单是提取仓储物的凭证。存货人或者仓单持有人在仓单上背书并经保管人签名或者盖章的，可以转让提取仓储物的权利。本法第 440 条明确规定，仓单可以出质。本法第 441 条规定，以仓单出质的，质权自仓单交付质权人时设立。

第九百零九条　保管人应当在仓单上签名或者盖章。仓单包括下列事项：

（一）存货人的姓名或者名称和住所；

（二）仓储物的品种、数量、质量、包装及其件数和标记；

（三）仓储物的损耗标准；

（四）储存场所；

（五）储存期限；

（六）仓储费；

（七）仓储物已经办理保险的，其保险金额、期间以及保险人的名称；

（八）填发人、填发地和填发日期。

◆ 条文主旨

本条是关于仓单应记载事项的规定。

◆ 立法背景

仓单是收取仓储物和提取仓储物的凭证，还可以通过背书转让或出质，因此仓单应当具备一定的形式。

◆ 条文解读

无论仓单是转让还是出质，受让人和质权人并不了解存货人和保管人之间的合同的具体内容，因此法律规定了仓单应当记载的事项，以便受让人或质权人明确自己的权利范围并行使自己的权利。

1. 仓单上必须有保管人的签名或者盖章，否则不具有仓单应有之效力。保管人的签名或者盖章，是仓单发生效力的必备条件，其签名和盖章才能表明保管人认可存货人已经交付了仓储物的事实，也表明其已经验收并接收了符合约定的仓储物。这有利于保证仓单的真实性，保护保管人的合法权益。

2. 仓单是记名证券，因此仓单上应当记载存货人的名称或者姓名及住所，否则不符合记名证券的本质特征。

3. 仓单可经背书而产生物权转移的效力，因此对仓储物详细情况的记载是必须的，仓单上应明确记载仓储物的品种、数量、质量、包装、件数和标记。

4. 仓单上应记载仓储物的损耗标准。仓储物可能在储存的过程中发生自然损耗，确定自然损耗的标准可以区分于因保管人保管不善所导致的仓储物的损失。这对提取仓储物和转让仓储物是至关重要的，可以避免很多纠纷的发生。

5. 仓单上应记载储存场所，如果仓单经背书转让，则仓单持有人就可以明确仓储物的储存场所。储存场所不仅是保管人实际储存仓储物的地点，也是存货人或者仓单持有人提取仓储物的地点，对于确定合同履行地具有重要意义。

6. 仓单上应记载储存期间。储存期间届满时，存货人或者仓单持有人应当提取仓储物。如果仓单经背书转让，则仓单持有人就可以明确应在多长时间内提取仓储物。当事人对储存期间没有约定或者约定不明确，并不会影响仓储合同和仓单的效力，只是存货人或者仓单持有人可以随时提取仓储物，保管人也可以随时请求存货人或者仓单持有人提取仓储物。

7. 仓单上应记载仓储费。支付仓储费是存货人的主要义务。如果当事人约定提取仓储物时支付仓储费，仓单经背书而转让，则仓单持有人在提取仓储物时应支付仓储费。

8. 仓储物已经办理保险的，其保险金额、期间以及保险公司的名称应在仓单上注明。仓储物已经办理保险的，如果存货人转让仓储物，则保险费可以计入成本。转让以后，受让人享受保险利益，一旦发生保险合同中约定的保险事故，受让人可以向保险公司索赔。因此仓单上记载上述事项是非常必要的。

9. 仓单上应记载填发人、填发地和填发日期。这是任何物权证券的基本要求，提单也是如此。

第九百一十条　仓单是提取仓储物的凭证。存货人或者仓单持有人在仓单上背书并经保管人签名或者盖章的，可以转让提取仓储物的权利。

◆ 条文主旨

本条是关于仓单转让和出质的规定。

◆ 立法背景

我国民法典对仓单采一券主义，仓单既可以依法转让，也可以依法出质。仓单作为有价证券，可以流通。流通的形式有两种：一是转让仓单，即转让仓单项下仓储物的所有权；二是以仓单出质，质权人享有提取仓单项下仓储物的权利。仓单转让的，仓单持有人即成为所有权人，可以依法提取仓储物。以仓单出质的，适用本法物权编中关于质权的规定。依据本法第 442 条规定，仓单上载明提货日期的，如果提货日期先于债务履行期到期的，质权人可以在债务履行期届满前提货，并与出质人协议将提取的货物用于提前清偿所担保的债权或者向与出质人约定的第三人提存。

◆ 条文解读

无论是仓单转让还是仓单出质，都应当满足法定的形式才能生效。仓单的转让或者出质，必须由存货人或者仓单持有人在仓单上背书。所谓“背书”，是指存货人在仓单的背面或者粘单上记载被背书人（受让人）的名称或姓名、住所等有关事项的行为。因为仓单是有价证券，其转让应当符合有价证券转让的一般要求，即需要进行背书。而且，多次转让仓单的，背书还要有连续性。背书的连续性主要是为了保证每个背书人都是有权转让仓单项下权利的人。有权利提取仓储物的人是最后一个被背书人，即最终的受让人或者质权人。

存货人转让仓单不仅需要在仓单上背书，还要经保管人签名或者盖章始生效力。如果只在仓单上背书但未经保管人签名或者盖章，即使交付了仓单，转让行为也不发生效力。为什么要经保管人签名或者盖章呢？因为保管人是仓储物的合法占有人，而仓储物的所有权仍归存货人，为保护存货人的所有权，防止其他人以不法途径获得仓单，损害存货人的利益，也使保管人自己免于承担不应有的责任，因此存货人转让仓单的，除存货人应当在仓单上背书外，还应当由保管人在仓单上签名或者盖章，仓单转让的行为才发生效力。

存货人以仓单出质的，应当与质权人签订质押合同，在仓单上背书并经保管人签名或者盖章，并将仓单交付质权人，质权才能设立。因为一旦债务人不能在债务履行期间届满前履行债务，质权人就享有提取仓储物的权利。因此，如果没有存货人（出质人）在仓单上背书和保管人在仓单上签名或者盖章，质权人就不能提取仓储物，同样，也只有存货人（出质人）在仓单上背书和保管人的签名或者盖章，才有助于保护存货人的所有权和保管人的合法占有。

在编纂民法典的过程中，有的观点提出，仓单的转让或者出质由存货人或者仓单持有人在仓单上背书即可，无须保管人签名或者盖章，这样可以促进仓单的自由流通，提高交易效率。但是，如果仓单转让和出质不经保管人签名或者盖章，保管人就无法知道谁是真正的权利人，尤其是仓单几易其主之后，或者仓单被伪造、涂改等，可能引发一些不必要的纠纷，不利于保护存货人的权利，保管人也将面临更多的不确定性。也就是说，不经保管人签名盖章，交易效率的提高可能需要以交易安全和秩序受到损害为代价。

第九百一十一条　保管人根据存货人或者仓单持有人的要求，应当同意其检查仓储物或者提取样品。

◆ 条文主旨

本条是关于存货人或者仓单持有人有权检查仓储物或者提取样品的规定。

◆ 立法背景

存货人或者仓单持有人有权了解仓储物的储存状况，因此享有对仓储物进行检查的权利，保管人应当配合。存货人或者仓单持有人可以实地检查，也可以抽取样品进行检查。

◆ 条文解读

存货人将货物存置于仓库，存货人为了了解仓库堆藏及保管的安全程度与保管行为，保管人因存货人的请求，应允许其进入仓库检查仓储物或者提取样品。存货人或者仓单持有人提出检查仓储物或者提取样品的要求，应当在必要的限度和适当的时间内进行，不能不当地增加保管人的管理成本。

由于仓单是物权证券，存货人可以转让仓单项下仓储物的所有权，也可以对仓单项下的仓储物设定担保物权，即出质。仓单经背书并经保管人签名或者盖章而转让或出质的，仓单受让人或质权人即成为仓单持有人。无论是转让仓单还是出质仓单，仓单持有人与存货人一样，都有检查仓储物或者提取样品的权利。

第九百一十二条 保管人发现入库仓储物有变质或者其他损坏的，应当及时通知存货人或者仓单持有人。

◆ 条文主旨

本条是关于保管人在仓储物变质或者其他损坏情况下的通知义务的规定。

◆ 立法背景

保管人对仓储物有妥善保管的义务，应当按照保管合同中约定的保管条件和保管要求妥善进行保管。保管人因保管不善造成仓储物变质或者其他损坏的，应当承担赔偿责任。例如，保管条件已不符合原来的约定，如合同约定用冷藏库储存水果，但冷藏库的制冷设施发生故障，保管人不采取及时修理等补救措施，致使水果腐烂变质的，应承担赔偿责任。

◆ 条文解读

保管人在符合合同约定的保管条件和保管要求进行保管的情况下，因仓储物的性质、包装不符合约定或者超过有效储存期，造成仓储物变质、损坏的，尽管保管人不承担责任，但其应当及时将此种情况通知存货人或者仓单持有人。即使仓储物没有变质或其他损坏，但有发生变质或其他损坏的危险时，存货人也应当及时通知存货人或者仓单持有人。这是对保管人的更进一步要求。

本法第 509 条第 1 款和第 2 款规定：“当事人应当按照约定全

面履行自己的义务。当事人应当遵循诚实信用原则，根据合同的性质、目的和交易习惯履行通知、协助、保密等义务。”也就是说，当事人除按合同约定履行自己的义务以外，还应当按照诚实信用原则及合同的性质、目的和交易习惯履行合同中没有约定的通知、协助、保密等义务。本条的规定就是本法第 509 条规定的精神的具体化。保管人应当按照诚实信用原则，根据仓储合同的性质、目的及交易习惯，在仓储物有变质、损坏或者有变质、损坏的危险时，及时通知存货人或者仓单持有人。

保管人在储存仓储物的过程中，发现仓储物有变质或者其他损坏，或者有发生变质、损坏的危险时，应当及时通知存货人或者仓单持有人，以使其尽快采取相应措施，避免发生更大的损失。如果仓储物的变质、损坏或者可能导致仓储物变质、损坏的危险是由于保管人未尽到妥善保管之义务，则其不仅要承担相应的赔偿责任，还应当及时采取必要合理的补救措施防止损失的扩大。即便仓储物的变质、损坏或者可能导致仓储物变质、损坏的危险并非由于可归责于保管人的原因，例如是由于仓储物的性质、包装不符合约定，保管人发现仓储物的变质、损坏或者可能导致仓储物变质、损坏的危险时，基于善良管理人之义务，亦应当及时通知存货人或者仓单持有人，并采取必要措施以防止损失的扩大。

此种通知义务，主要适用于保管人发现仓储物有变质或者其他损坏时，亦可以包括发现仓储物有变质或者其他损坏的危险时，如保管人发现货物包装破损可能造成仓储物的变质或者其他损坏。

此外，当出现第三人对仓储物主张权利，例如对仓储物申请扣押，可能影响存货人的权利时，保管人也应当及时通知存货人或者仓单持有人。对此本法虽然没有明确规定，但是依据本法第 918 条的规定，对于仓储合同一章没有规定的，适用保管合同的有关规定。本法合同编第二十一章“保管合同”中的第 896 条规定："第三人对保管物主张权利的，除依法对保管物采取保全或者执行措施外，保管人应当履行向寄存人返还保管物的义务。第三人对保管人提起诉讼或者对保管物申请扣押的，保管人应当及时通知寄存人。"该条规定也可以适用于仓储合同，即当第三人对仓储合同的保管人提起诉讼或者对仓储物申请扣押的，保管人也应当及时通知存货人或者仓单持有人。

第九百一十三条 保管人发现入库仓储物有变质或者其他损坏，危及其他仓储物的安全和正常保管的，应当催告存货人或者仓单持有人作出必要的处置。因情况紧急，保管人可以作出必要的处置；但是，事后应当将该情况及时通知存货人或者仓单持有人。

◆ 条文主旨

本条是关于保管人的危险催告义务和紧急处置权的规定。

◆ 立法背景

依据本法第912条的规定，保管人对入库仓储物发现有变质或者其他损坏，不论是否可归责于保管人，保管人均应当及时通知存货人或者仓单持有人。而仓储物的变质或者其他损坏，又可能进一步危及其他仓储物的安全和正常保管，此时就需要催告存货人、仓单持有人进行处置，或者由保管人作出必要处置。

◆ 条文解读

保管人发现入库仓储物有变质或者其他损坏，这种变质或损坏是非可归责于保管人的原因造成的，例如因仓储物的性质、包装不符合约定造成仓储物本身的变质或损坏，保管人除及时通知存货人或者仓单持有人外，如果该仓储物已经危及其他仓储物的安全和正常保管的，那就不只是通知的问题了，还应当催告存货人或者仓单持有人作出必要的处置。因情况紧急，保管人可以作出必要的处置，但事后应当将该情况及时通知存货人或者仓单持有人。保管人承担催告义务的条件，一是保管人发现入库仓储物有变质或者其他损坏；二是仓储物的变质或者其他损坏已经危及其他仓储物的安全和正常保管。如果只是轻微的变质或者损坏，保管人可以自行处理，也就无须通知存货人或者仓单持有人。如果仓储物的变质或者损坏比较严重，可能危及其他仓储物的安全和正常保管时，就必须及时催告存货人或者仓单持有人作出必要处置，以避免给其他仓储物或者保管人造成损失。催告必须针对存货人或者仓单持有人，催告的内容是要求存货人或者仓单持有人对仓储物作出必要的处置。

存货人或者仓单持有人在接到保管人的通知或催告后，应当及时对变质的仓储物进行处置，这是其应尽的义务。因为变质或损坏的仓储物已经危及其他仓储物的安全和正常保管。如果存货人或仓单持有人不尽此义务，给其他仓储物或者保管人的财产造成损害的，应当承担赔偿责任。

保管人发现入库仓储物有变质或者其他损坏，危及其他仓储物的安全和正常保管的，一般都应当先催告存货人或者仓单持有人作出必要的处置。但是如果情况紧急，保管人来不及催告存货人或者仓单持有人进行处置的，保管人可以作出必要的处置，事后还是应当将该情况及时通知存货人或者仓单持有人。所谓情况紧急，一般是指保管人无法通知存货人或者仓单持有人，或者保管人必须立即采取措施，以避免其他仓储物受到损害。例如，由于包装不符合约定，储存的食用油包装出现破损导致泄漏，如果不立即进行处置，泄漏的食用油将污染仓库的其他仓储物，此时保管人如果催告存货人或者仓单持有人作出必要处置，存货人或者仓单持有人实际作出处置还需要一定的时间，为避免其他仓储物受到污染，保管人可以立即采取相应措施，如将发生泄漏的部分食用油转移，对仓库进行清理以防污染其他仓储物等。事后再将该情况通知存货人或者仓单持有人，考虑是否需要进一步处理，例如存货人或者仓单持有人对其储存的食用油重新检查包装是否完好，以防再次发生类似问题。

保管人对变质货物的这种紧急处置权，类似于对危险货物的紧急处置权。存货人储存危险货物没有向保管人说明并提供有关资料，保管人在接收后发现的，可以对该仓储物进行紧急处置，由此产生的费用由存货人承担。因此，保管人紧急处置变质或者其他损坏的仓储物，由此产生的费用也应该由存货人承担。无论是危险货物还是变质货物，都是在危及其他仓储物的安全和正常保管，保管人在已经来不及通知存货人或者仓单持有人进行处置的情况下，或者存货人对保管人的通知置之不理的情况下，才可以对该仓储物进行紧急处置，并且在事后应当将该情况及时通知存货人或者仓单持有人。因此保管人的紧急处置权不是随意行使的，只有为了其他仓储物的安全和正常的保管秩序，在不得已的情况下才能行使。

第九百一十四条 当事人对储存期限没有约定或者约定不明确的，存货人或者仓单持有人可以随时提取仓储物，保管人也可以随时请求存货人或者仓单持有人提取仓储物，但是应当给予必要的准备时间。

◆ **条文主旨**

本条是关于储存期间不明确时如何提取仓储物的规定。

◆ **立法背景**

一般来说，当事人应当在仓储合同中对储存期限作出明确约定。但是，实践中可能出现当事人对储存期限没有约定或者约定不明确的情况，此时应当如何处理，法律应当给予明确指引。

◆ **条文解读**

当事人对储存期限没约定或者约定不明确的，存货人或者仓单持有人可以随时提取仓储物。在这种情况下，存货人或者仓单持有人可以根据自己的意愿确定提取仓储物的时间。保管人根据自己的储存能力和业务需要，也可以随时要求存货人或者仓单持有人提取仓储物，但应当给予必要的准备时间。所谓“给予必要的准备时间”，是指保管人预先通知提货，然后确定一个合理的期限，以给存货人或者仓单持有人留出必要的准备时间，在期限届至前提货即可，并不是在通知的当时就必须提取仓储物。因为仓储物往往为大宗货物，存货人或者仓单持有人提取后需要相应的场所来进行存放，或者找买家将仓储物进行处分，这都需要一定的时间。例如，保管人甲和存货人乙没有约定储存期间，但约定每天收取仓储费100元。在这种情况下，乙可以随时提取仓储物，仓储费按实际的储存日期确定。甲也可以随时请求乙提取仓储物，但应当给乙必要的准备时间，仓储费也是按实际的储存日期计算。

第九百一十五条 储存期限届满，存货人或者仓单持有人应当凭仓单、入库单等提取仓储物。存货人或者仓单持有人逾期提取的，应当加收仓储费；提前提取的，不减收仓储费。

◆ **条文主旨**

本条是关于储存期限有明确约定时如何提取仓储物，以及逾期提取仓储物或者提前提取仓储物时如何收取仓储费的规定。

◆ **立法背景**

如前所述，仓单、入库单等的主要特征或重要职能之一就是作为提取仓储物的凭证。因此存货人或者仓单持有人应当凭仓单或者入库单等凭证提取仓储物。存货人或者仓单持有人可能会逾期提取仓储物，也可能会提前提取仓储物，因此应当规定在逾期或者提前提取的情况下，仓储费如何收取。

◆ **条文解读**

当事人在合同中约定储存期间的，存货人或者仓单持有人应当在储存期间届满时凭仓单、入库单等凭证提取仓储物，并按约定支付仓储费；存货人或者仓单持有人也可以提前提取仓储物，但是不减收仓储费；存货人或者仓单持有人逾期提取仓储物的，应当加收仓储费。当事人约定储存期间的，在储存期间内，如果存货人或者仓单持有人要求提前提取仓储物，一般不会造成保管人的损失，可以允许其提前提取。但是保管人已经做好了约定的储存期间的准备，提前提取不仅不符合当事人之间的约定，还有可能打乱保管人的经营计划，还可能因此丧失其他交易机会，因此存货人或者仓单持有人提前提取仓储物的，不减收仓储费。如果存货人或者仓单持有人逾期不提取，将会增加保管人的保管成本，甚至因为该仓储物挤占保管人的仓储空间，打乱保管人正常的经营计划，所以保管人对于逾期不提取仓储物的存货人或者仓单持有人，有权加收仓储费。

当事人在仓储合同中明确约定储存期间的，在储存期间届满前，保管人不得要求存货人或者仓单持有人提取仓储物，法律另有规定或者当事人另有约定的除外。例如，依据本法第 906 条的规定，存货人存放危险品而未将危险品的性质如实告知保管人并提供有关材料的，保管人可以拒收仓储物，也可以在储存期间届满前要求存货人提取仓储物，而终止合同。

第九百一十六条 储存期限届满，存货人或者仓单持有人不提取仓储物的，保管人可以催告其在合理期限内提取；逾期不提取的，保管人可以提存仓储物。

◆ 条文主旨

本条是关于存货人或者仓单持有人不提取仓储物时如何处理的规定。

◆ 立法背景

当事人应当在仓储合同中对储存期限作出约定。储存期限届满，存货人或者仓单持有人提取仓储物，既是存货人或者仓单持有人的权利，也是存货人或者仓单持有人的义务。

◆ 条文解读

如果在储存期间届满时，存货人或者仓单持有人不能或者拒绝提取仓储物，保管人可以确定一个合理的期限，催告存货人或者仓单持有人在此期限内提取。如果逾期仍不提取的，保管人可以依照本法第570条的规定将仓储物提存。保管人将仓储物提存后，如果存货人或者仓单持有人未支付仓储费的，依照本法第577条的规定，可以请求其支付仓储费。存货人或者仓单持有人迟延给付的，还可以按照约定要求存货人或者仓单持有人给付违约金。没有约定违约金的，可以要求支付迟延给付的逾期利息。

在存货人或者仓单持有人逾期未提取仓储物的情况下，保管人有权提存仓储物，终止仓储合同，这有利于督促存货人或者仓单持有人及时提取仓储物。保管人将仓储物提存应当具备较为严格的条件。一是储存期间届满。只有在储存期间届满后，存货人才负有提取仓储物的义务。储存期间届满前，保管人不得要求存货人提取仓储物，更不能提存仓储物。二是在储存期间届满时存货人或者仓单持有人不提取仓储物。三是保管人催告存货人或者仓单持有人在一定期限内提取。一般来说，保管人在提存仓储物前都要催告存货人，再给予一定的准备时间，因为存货人或者仓单持有人不及时提取可能出于某种原因，例如，由于不可抗力或者只是疏忽忘记提取。四是在催告的期限届满后存货人或者仓单持有人仍不提取仓储物。如果保管人催告的期限届满，存货人或者仓单持有人还是不提取仓储物，此时保管人就可以将仓储物提存。

第九百一十七条 储存期内，因保管不善造成仓储物毁损、灭失的，保管人应当承担赔偿责任。因仓储物本身的自然性质、包装不符合约定或者超过有效储存期造成仓储物变质、损坏的，保管人不承担赔偿责任。

◆ **条文主旨**

本条是关于保管人赔偿责任的规定。

◆ **立法背景**

储存期限内，保管人负有妥善保管仓储物的义务。所谓“妥善保管”，主要应当是按照仓储合同中约定的保管条件和保管要求进行保管。保管条件和保管要求是双方约定的，大多数情况下是存货人根据货物的性质、状况提出保管的条件和要求。只要是双方约定的，保管人就应当按照约定的保管条件和保管要求进行保管。保管人没有按照约定的保管条件和保管要求进行保管，造成仓储物毁损、灭失的，应当承担赔偿责任。一些法律法规还对危险物品等特殊仓储物的保管作出了规定，保管人也应当遵守法律法规的相关规定。例如，在防火防盗方面，保管人必须依据相关法律法规的规定，配备有关的设备设施。

◆ **条文解读**

保管人对仓储物有妥善保管的义务，应当按照有关规定和保管合同中约定的保管条件和保管要求进行妥善保管。保管人因保管不善造成仓储物变质或者其他损坏的，应当承担赔偿责任。例如，保管条件已不符合原来的约定，如合同约定用冷藏库储存水果，但冷藏库的制冷设施发生故障，保管人不采取及时修理等补救措施，致使水果腐烂变质的，保管人应承担赔偿责任。

保管人除应当按照约定的保管条件和保管要求进行保管外，还应当尽到善良管理人的义务。在一般保管合同中，区分有偿保管和无偿保管的注意义务，对于有偿保管，保管人应当尽到善良管理人的注意义务。仓储合同是特殊的有偿保管合同，其保管人亦应当尽善良管理人的义务。甚至有的观点认为，仓储合同中的保管人所从事的保管活动具有专业性、营利性，仓储合同的存货人要支付仓储费，且仓储费的标准往往高于一般保管的保管费，因此仓储合同的保管人应尽的注意义务应当高于有偿保管合同中保管人的注意义务。

仓储合同的保管人应当采取一定的措施，防止仓储物的毁损、灭失或者贬值。对于危险物品和易变质物品等，必须按照有关规定和合同约定进行保管。保管人应当经常对储存设施和储存设备进行维修和保养，还应当经常对仓储物进行巡视和检查，注意防火防盗。此外，为了存货人的利益，保管人在符合约定的保管条件和保管要求的情况下，发现仓储物变质、损坏，或者有变质、损坏的危险时，及时通知存货人或者仓单持有人，这其中包括对临近失效期的仓储物，也应当及时通知存货人或者仓单持有人作出处置。在仓储物遭受损害之后，无论损害是由保管人还是第三人造成的，保管人都应当尽量避免损害的扩大，采取合理措施避免和减少不必要的损失，如果保管人未采取必要措施防止损害扩大的，应当对扩大的损失承担赔偿责任。这是诚实信用原则的要求。

仓储物在毁损、灭失的情况下，如果是保管人保管不善的原因，保管人就应当承担赔偿责任。所谓“保管不善”，是指保管人没有尽到上述妥善保管义务，没有按照有关规定和当事人约定，提供相应的保管条件和设备，没有采取相应的保管措施，没有尽到善良管理人的义务。保管人保管不善的行为导致了仓储物的毁损、灭失，二者之间需要存在因果关系，保管人才应承担赔偿责任。如果保管人能够证明仓储物的毁损、灭失是仓储物本身性质、包装不符合约定、仓储物超过有效储存期等原因造成的，则其不承担赔偿责任。也就是说，对于非可归责于保管人的原因导致仓储物毁损、灭失的，可以免责。另外，保管人还可以基于法定的免责事由或者合同约定的其他免责事由而免除责任。如因地震、台风等不可抗力造成仓储物毁损、灭失，或者因存货人的行为导致仓储物的毁损、灭失，等等。

保管人在符合合同约定的保管条件和保管要求进行保管的情况下，因仓储物的性质、包装不符合约定或者超过有效储存期，造成仓储物变质、损坏的，尽管保管人不承担责任，但是根据本法第 912 条的规定，保管人应当及时将此种情况通知存货人或者仓单持有人。即使仓储物没有变质或其他损坏，但有发生变质或其他损坏的危险时，存货人也应当及时通知存货人或者仓单持有人。

第九百一十八条　本章没有规定的，适用保管合同的有关规定。

◆ 条文主旨

本条是关于适用保管合同的规定。

◆ 立法背景

尽管仓储合同与保管合同有几项重要区别，如保管合同是实践合同，而仓储合同为诺成合同；保管合同是否有偿由当事人约定，而仓储合同均为有偿契约等。但仓储合同与保管合同的本质是一样的，即都是为他人保管财物。有些学者认为，仓储合同就是特殊的保管合同。

◆ 条文解读

在本章中对仓储合同没有规定的，适用保管合同的有关规定。

例如，仓储合同的保管人负有亲自保管的义务。在一般的保管合同中，要求保管人应当亲自保管，不得擅自将保管物交给第三人。仓储合同同样要求保管人亲自保管。因为一方面，将仓储物交由第三人保管，可能会加大仓储物毁损、灭失的风险，同时也可能导致保险公司拒绝赔付，这就不利于维护存货人的利益。另一方面，仓储合同的保管人资质可能有特别的要求，如果允许保管人委托他人保管，受托人可能不具备相应的保管资质。此外，存货人之所以选择特定的保管人进行保管，是基于对保管人的设备、技能和专业经验的信赖，如果保管人将仓储物交由他人保管，也会使存货人的这种信赖落空，从而有损存货人的利益。因此，未经存货人的同意，保管人不得将仓储物转交他人保管。

再如，保管人不得将仓储物转交第三人保管、保管人不得使用或者许可第三人使用仓储物、第三人申请对仓储物进行扣押时保管人的通知义务、仓储费的支付时间、保管人对仓储物的留置权，等等。

第二十三章　委托合同

本章共十八条，主要内容包括：委托合同的概念，特别委托与概括委托，受托人的报告义务，受托人亲自处理事务的义务，受托人的报酬请求权，委托人支付报酬的义务，请求赔偿的权利，贸易代理、委托合同解除的规定等。

第九百一十九条　委托合同是委托人和受托人约定，由受托人处理委托人事务的合同。

◆ 条文主旨

本条是关于委托合同概念的规定。

◆ 立法背景

委托合同又称委任合同，是指当事人双方约定一方委托他人处理事务，他人同意为其处理事务的协议。在委托合同关系中，委托他人为自己处理事务的人称委托人，接受委托的人称受托人。

委托合同是一种历史悠久的合同类型，早在古巴比伦的《汉谟拉比法典》中，就对委托合同作了专门的规定。以后法国、德国、日本及我国台湾地区对委托合同也都作了规定。委托合同有广泛的适用范围，它可产生于任何一种民事主体之间，它可以在自然人之间、法人之间、非法人组织之间或者自然人、法人与非法人组织之间缔结；可以为概括的委托，也可以为特别的委托。委托合同的目的是有利于生产经营，方便人们日常生活，加强国际经济贸易的联系。但是，具有人身属性的法律行为或事实行为，一般不适用委托合同，如收养关系的建立或终止、婚姻关系的产生和消灭、立遗嘱、结婚、收养子女等。

新中国成立以后，很长一段时间内法律未对委托合同作出规定，1981 年通过的《经济合同法》第 10 条规定的“代订经济合同，必须事先取得委托人的委托证明，并根据授权范围以委托人的名义签订，才对委托人直接产生权利和义务”，属于委托代理，并不是对委托合同的专门规定。1999 年制定的合同法设专章规定了委托合同，将委托合同作为有名合同之一进行了专门规定，具有重要的现实意义。在现代社会，人们越来越忙碌，可能没有足够的时间、精力处理自己的各种事务，而且由于社会分工的发展，人们从事的工作越来越专、越来越精，有些专业领域的事项只能由专业人士来处理，或者交给他们处理能大大提高质量和效率。因此，委托既是人们从事社会交往不可缺少的手段，也是人们从事商业活动的重要工具。委托的类型很多，适用范围也十分广泛。例如，委托他人代为购物、委托律师谈判或者处理案件、委托他人从事交易活动等。委托的广泛运用既避免了直接交易的麻烦，又解决了交易者因社会分工、能力限制而产生的从事交易的困难，为交易提供了更广阔的天地。术业有专攻，人不可能亲自处理一切事务，必然要假手他人，才能取长补短、合作共赢。通过委托可以弥补人们在时间、空间和专业技能上的不足，满足人们的各种社会生活、经济交往的需要，鼓励交易，促进经济发展。

◆ 条文解读

一、委托合同的特征

（一）委托合同的标的是劳务

委托人和受托人订立委托合同的目的，在于通过受托人办理委托事务来实现委托人追求的结果，因此，该合同的客体是受托人处理委托事务的行为。委托事务的范围十分广泛，凡是与人们生活有关的事务，除依法不得委托的外，都可以委托他人处理。

（二）委托合同是诺成、非要式合同

委托人与受托人在订立委托合同时不仅要有委托人的委托意思表示，而且还要有受托人接受委托的承诺，即承诺与否决定着委托合同是否成立。委托合同自承诺之时起成立，无须以履行合同的行为或者物的交付作为委托合同成立的条件。换言之，委托合同自当事人意思表示一致时成立。

委托合同是非要式合同，法律并未对委托合同的形式提出特别要求，即口头、书面等形式都可以。

（三）委托合同可以是有偿的，也可以是无偿的

委托合同建立在双方当事人彼此信任的基础上。委托人之所以选择特定的受托人处理其事务，是基于对受托人的能力、资格、品行等方面的信任。在罗马法中，委托是无偿的。法国民法和德国民法沿袭了罗马法中委托为无偿的原则。《法国民法典》第1986条规定："委任在无相反的约定时，为无偿的。"（该规定并不排斥当事人约定有偿）《德国民法典》第662条规定："受任人负有为委任人无偿处理委托事务的义务。"在民商分立的国家，有偿委托一般规定在商法中。但是，也有的立法例规定委托应当以有偿为原则，例如《意大利民法典》第1709条规定："委托推定为有偿，其报酬额未由当事人约定场合，基于职业的费率或者习

惯决定。没有费率或者习惯场合，由裁判官决定。”委托合同是否有偿，应当尊重当事人的意愿，由当事人双方根据委托事务的性质与难易程度协商决定，因此本法对此不作强制规定，即委托合同可以是有偿的，也可以是无偿的。

（四）委托合同可以是双务合同，也可以是单务合同

委托合同经要约承诺后成立，无论合同是否有偿，委托人与受托人都要承担相应的义务。一方面，对受托人来说，负有向委托人报告委托事务、亲自处理委托事务、转交委托事务所取得财产等义务。另一方面，对委托人来说，如果是无偿委托，则无需支付受托人报酬，甚至可能并不涉及向受托人支付处理委托事务的费用（委托事务不产生相关费用），这种情况下的无偿委托合同自然属于单务合同。例如，甲委托乙向丙赠与一些生活用品。即便委托人有向受托人支付处理委托事务费用的义务，但是委托人的这种义务与受托人的义务并不构成对待给付义务。所以在无偿委托合同中，委托人可能要向受托人支付处理委托事务的相关费用，但是一般仍属于单务合同。例如，甲委托乙到楼下便利店帮其购买一包香烟，类似例子在生活中极为常见，尽管甲要向乙支付香烟的费用，但是一般情况下乙接受其委托是无偿的，甲与乙之间的委托合同就属于单务合同。而当委托合同为有偿合同时，委托人还负有支付受托人报酬的义务，受托人有请求获得报酬的权利。委托人支付报酬的义务与受托人处理委托事务等义务构成对待给付，属于双务合同。因此，委托合同可以是双务合同，也可以是单务合同。

二、关于委托事务的范围

委托合同的目的在于受托人处理委托人的事务。关于“事务”的解释，直接关系到委托合同的适用范围，对此，《日本民法典》第643条规定，仅限于法律行为，始得为委任合同之标的。

根据《日本民法典》第656条的规定，就委托法律行为以外的事务所成立的合同，称为“准”委任合同，准用委任合同的规定。《意大利民法典》对于委托的定义，也将委托事务限于法律行为，其第1703条规定，委托，是根据委托，由当事人的一方为他方负担应为一个或者数个法律行为的义务的契约。而《法国民法典》与《德国民法典》等则没有明确规定委托事务的范围。

本条虽然未对受托人办理事务的内容作具体解释，但只要能够产生民事权利义务关系的任何事务，委托人均可请受托人办理，既包括实体法规定的买卖、租赁等事项，也包括程序法规定的办理登记、批准等事项，还包括代理诉讼等活动。但委托人所委托的事务不得违反法律的有关规定，如委托他人代为销售、运输毒品、淫秽物品等，或者按照事务的性质不能委托他人代理的事务，如与人身密切联系的婚姻登记、立遗嘱、收养子女等。

委托事务的范围是否包括事实行为，还存在一定争议。有的观点认为，委托处理的事务也可以是事实行为。事实行为是指不以意思表示为内容，不产生当事人预期的法律效果的行为。例如，让他人帮忙看管财物，代取快递、邮件等。一般认为，只要不违反法律规定，不违背公序良俗，事实行为也可以作为委托事务。

原则上所委托的事务应当是委托人自己的事务，仅在特殊情况下，例如符合转委托条件，才能对他人的事务进行委托。就委托事务的具体内容来说，委托人可以特别委托受托人处理一项或者数项事务，也可以概括委托受托人处理一切事务。

三、受托人以谁的名义处理委托事务

在合同法起草过程中，对于委托合同是否要以委托人的名义处理委托事务，有不同的看法。一种观点认为，委托合同应当规定受托人以委托人而非自己的名义进行活动，这样也能够划清和行纪合同的关系。另一种观点认为，原因是委托合同不应规定受托人以谁的名义处理委托事务。委托只涉及委托人与受托人之间的法律关系，不涉及第三人，而代理则涉及代理人、被代理人及第三人三方的法律关系。委托是产生一切委托事务的基础，如代理、行纪、居间等均由委托而产生。委托合同是一种基础合同，法律应予专门规定。合同法基本采纳了后一种观点，侧重解决委托人和受托人之间的权利义务问题。在民法典的编纂过程中，各方对这一问题没有争议，故本条没有作出修改。依据本法第 925 条和第 926 条的规定可知，受托人也可以以自己的名义处理委托事务。

四、处理委托事务是受托人的主要合同义务

根据委托合同的定义，受托人要按照约定处理委托事务，这是受托人的主要义务。委托人和受托人应当在合同中明确约定委托事项，委托人还应当就委托事务中需要注意的问题向受托人告知说明。受托人在处理委托事务的过程中，也有很多需要尽到的义务。例如，受托人应当按照合同约定和委托人的指示处理委托事务，需要变更委托人指示的，应当经委托人同意。受托人应当亲自处理委托事务，须经委托人同意才可以进行转委托，不得擅自将委托事务转委托给第三人。受托人应当按照委托人的要求报告委托事务的处理情况，在委托合同终止时向委托人报告委托事务的结果。受托人处理委托事务取得的财产，应当转交给委托人。受托人处理委托事务不得超越权限，超越权限造成委托人损失的应当进行赔偿。受托人在处理委托事务过程中，还应当尽到一定的注意义务，例如在需要变更委托人指示，又因情况紧急难以和委托人取得联系的，应当妥善处理委托事务，事后再将该情况及时向委托人报告。

第九百二十条　委托人可以特别委托受托人处理一项或者数项事务，也可以概括委托受托人处理一切事务。

◆ **条文主旨**

本条是关于委托权限的规定。

◆ **立法背景**

受托人在处理委托事务时，应以委托人指示的委托事务范围为准。以受托人处理委托事务的范围为标准把委托划分为两大类，即特别委托和概括委托，前者是指仅将一项或者数项事务委托给受托人，后者则指将所有事务一并委托给受托人来处理。

区分特别委托与概括委托的意义在于，使受托人能够明确自己可以从事哪些活动，也使第三人知道受托人的身份和权限，使之有目的、有选择地订立民事合同，以防止因委托权限不明确而引起不必要的纠纷。如果发生了纠纷，也便于根据委托权限确定当事人之间的责任。委托人可以根据自己的需要选择特别委托还是概括委托。委托人选择特别委托来委托他人处理一项或者数项事务，更有针对性，也可以防止受托人权限过大而损害自己的利益。委托人也可以选择概括委托他人处理其一切事务。

◆ **条文解读**

本条规定委托包括特别委托和概括委托。

特别委托是指双方当事人约定受托人为委托人处理一项或者数项事务的委托。特别委托一般有以下几种情况：（1）不动产出售、出租或者就不动产设定抵押权。（2）赠与。由于赠与属于无偿行为，所以需要有委托人的特别授权。（3）和解。在发生纠纷后，有关人员在处理问题时需要双方当事人彼此作出一定的妥协与让步，以终止争执或者防止争执的扩大，它包括民法上的和解或者诉讼法上的和解，还有破产法上的和解。（4）诉讼。当事人就有关事宜向法院提起诉讼，请求法院依照法定程序进行审判的行为。（5）仲裁。仲裁是指当事人发生争执时，不诉请法院判决，而是提请仲裁机构裁判，其效力同法院的判决一样。受托人接受特别委托时，对于委托事务的处理，可以采取一切为维护委托人的合法权益而必要的合法行为。

概括委托是指双方当事人约定受托人为委托人处理某个方面或者范围内的一切事务的合同。例如，委托人委托受托人处理其买卖业务或租赁业务的所有事宜，即概括委托。

第九百二十一条 委托人应当预付处理委托事务的费用。受托人为处理委托事务垫付的必要费用，委托人应当偿还该费用并支付利息。

◆ 条文主旨

本条是关于委托人应当预付费用及偿还费用、支付利息的规定。

◆ 立法背景

受托人在处理事务的过程中往往需要花费一定的费用，如交通费、通讯费等，无论委托合同是否有偿，委托人都有义务事先提供处理委托事务的费用和补偿受托人为处理委托事务所垫付的必要费用。

◆ 条文解读

委托人要么先预付处理委托事务的费用，要么在受托人垫付有关费用后再予以偿还费用及利息，也就是说，如果没有特别约定，委托人负有支付处理委托事务之费用的义务。而且，不论委托事务是否完成，因处理委托事务而支出的费用，委托人都应当支付。各国立法都规定了委托人负有承担委托有关费用的义务。

1. 委托人预付费用的义务。由于委托合同的特点是受托人用委托人的费用处理委托事务，因此，受托人对于费用没有垫付的义务，预付费用可以说是委托人的义务。受托人处理委托事务，如委托律师向法院提起诉讼，就应当先预付诉讼费。因为费用是为了委托人的利益而需要支出的，它与合同约定的报酬不是一个概念。如果委托人未预付处理委托事务的费用，受托人要先垫付相关费用，当委托人无力偿还这些费用时，受托人的利益可能难以得到保障。比较法上，一些国家和地区也规定了委托人负有预付有关费用的义务，但是一般规定委托人的预付基于受托人的请求。例如，《德国民法典》第669条规定："就对于执行委托为必要的费用，委托人必须根据请求向受委托人给予预付款。"《日本民法典》第649条规定："处理委任事务需要费用时，委托人须根据受任人的请求，预先支付。"我国台湾地区"民法"第545条也规定："委任人因受任人之请求，应预付处理委任事务之必要费用。"

对于委托人支付的预付款，如果委托事务处理完毕，尚有剩余，受托人应当返还给委托人。当然，如果委托人预付的费用不足以用于处理委托事务时，应当向受托人补足，受托人有权向委托人主张不足的费用。

2. 委托人偿还受托人支出必要费用的义务。由于受托人处理委托事务应当由委托人事先预付费用，受托人就没有垫付费用的义务，当然受托人可以自愿为委托人垫付相关费用，或者在委托人预付的费用不足以处理委托事务时先垫付不足的部分。如果受托人垫付了，则有请求偿还的权利，即受托人为处理委托事务所垫付的费用，委托人应当偿还。在实践中，还应当把委托人支付报酬与偿还处理委托事务所应负担的费用相区别。偿还处理委托事务的费用不是对价关系，与受托人履行处理委托事务的义务不构成对待给付。所谓必要费用，是指完成委托事务必须支付的费用，如差旅费用以及有关财产的运输费、仓储费、交通费、邮费等。受托人处理事务所支出的费用，不仅会有金钱支出，有时也会有物的消耗。至于判断费用的支出是否必要，应当依据所委托事务的性质及处理时的具体情况来定。何为“必要”，其标准是什么，我们认为应从以下三个方面考虑：其一，直接性原则。受托人支出的费用应与所处理的事务有直接联系。其二，有益性原则。受托人支出的必要费用应有利于委托人，目的是让委托人受益。其三，经济性原则。受托人在直接支出费用时，应尽善良管理人的义务，采用尽量节约、适当的方法处理事务。也就是说，必须是客观上确有必要，才可以请求偿还，以防其滥用。不能以受托人主观上是否认为支出为必要为标准，而应以受托人实施行为时的客观状态作为标准。

对于委托人偿还受托人垫付费用的义务，比较法上也多有规定。例如，《法国民法典》第 1999 条规定，委托人应当偿还受委托人（代理人）为履行委托而垫付的款项和支出的费用。《德国民法典》第 670 条规定，受委托人以执行委托为目的而支出其得依情势认为必要的费用的，委托人负有偿还的义务。

3. 委托人偿还利息的义务。偿还费用还应包括自受托人暂付费用之日起的利息。如果双方当事人在订立合同时对利率有约定的，事后就应按其约定，如果对利率没有约定或者约定的不明确时，就应当依照法定利率计算。例如，甲因出国数年将自己的房屋委托乙看管并出租。数年后甲回国，乙应将房屋及其历年的房屋出租费交付给甲，但甲应当将乙为管理该房屋支出的维修等必要费用，连同自乙支付时起的利息，偿还给乙。对于委托人偿还利息的理论基础，学界主要有两种观点：一种是借款说，认为受托人垫付的必要费用相当于委托人向受托人的借款，因此委托人应当返还借款的本金及利息。另一种是不当得利说，认为受托人垫付的费用对于委托人来说属于不当得利，委托人不仅需要返还受托人垫付的费用，还需要返还相应的利息。不论基于何种理论，委托人偿还的范围，应当包括相应的利息。因为该费用本应由委托人预付，而受托人为委托人的利益先行垫付，受托人为此将损失垫付费用可以产生的利息，对此委托人应当予以补偿。委托人应偿还受托人垫付费用之利息，得到世界各国和地区的普遍认可，很多立法例都作出了相同规定，如《法国民法典》第 2001 条、《日本民法典》第 650 条、《意大利民法典》第 1720 条、《西班牙民法典》第 1728 条以及我国台湾地区“民法”第 546 条等。

第九百二十二条 受托人应当按照委托人的指示处理委托事务。需要变更委托人指示的，应当经委托人同意；因情况紧急，难以和委托人取得联系的，受托人应当妥善处理委托事务，但是事后应当将该情况及时报告委托人。

◆ 条文主旨

本条是关于受托人应当按照委托人的指示处理委托事务的规定。

◆ 立法背景

受托人按照委托人的指示处理委托事务，这是受托人首要的义务。委托合同是受托人接受委托人的委托而订立的，因此，受托人应当一丝不苟地按照委托人的指示，在委托人授权的范围内认真维护委托人的合法权益，想方设法完成委托事务。

◆ **条文解读**

委托人的指示主要是委托人就委托事务的处理方式方法或者欲达到的效果等提出的具体要求。委托合同订立的目的是实现委托人的利益，委托人选择受托人是基于对受托人的信任。在委托事务的处理过程中，具体应当如何处理，取得何种结果才最符合委托人的利益，委托人有权决定，自然也有权对受托人发出相关指示。例如委托人委托受托人销售家电，有权指示受托人以特定的价格出售家电。受托人原则上不得变更委托人的指示，如果受托人在处理委托事务的过程中，因客观情况发生变化，为了维护委托人的利益而需要变更委托人的指示时，法律规定应当经委托人同意。这样可以防止受托人得到授权后任意行事，损害委托人的利益。如委托人指示受托人以特定价格出售家电的，受托人不得擅自改变商品价格。如果该类家电的市场价格出现上涨或者下跌，受托人不能擅自做主进行涨价或降价出售，需经委托人的同意才可以为之。即使受托人认为委托人的指示明显不符合委托人之利益，原则上亦不得未经委托人同意而擅自变更委托人的指示。例如甲委托乙销售电视机，指示乙以每台 800 元的价格出售某型号电视机，乙在销售过程中发现该电视机进价为 900 元，市场价格在 1000 元以上，也就是委托人销售该电视机将出现亏损。此时乙不得擅自提高该型号电视机的价格，应当向委托人报告并经委托人同意方可涨价销售。因为委托人决定以低于市场价甚至低于进价的价格销售该型号电视机，可能有别的考虑，例如做促销活动以招揽更多顾客，清理库存，或者该型号的电视机即将被新的型号淘汰而进行降价处理等，受托人不能随意变更委托人所指示的价格进行销售。

受托人只有在具备以下条件的情况下才可以不按这些指示行事：(1) 因情况紧急，需要立即采取新的措施；(2) 由于客观上的原因，难以和委托人取得联系；(3) 依据情况这样做是为了委托人的利益所必需。例如，甲委托乙为其出售股票，明确指示了某日以后再抛出，但突然股票价格骤跌，如果等到甲指示的某日再出售，股票价格将低落不堪，而甲又外出办事，短时间难以取得联系。在这种情况下，乙推定如果甲知道此情况，也会变更其指示，则乙就有变更指示的权利，应当机立断地进行妥善处理。如果受托人在不应该变更指示的时候变更了，就应当负赔偿责任。再如，甲在市场售卖鲜活鱼虾，因临时有事委托旁边摊位卖菜的商户乙进行售卖，并指示乙以特定价格出售。乙发现很多鱼虾已奄奄一息，若不降价促销，将导致大量鱼虾死亡，给甲造成重大损失，而此时又难以和甲取得联系，乙如果推定这种情况下甲会采取降价的方式进行促销，则可以立即采取降价方式将鱼虾出售，以将委托人甲的损失降到最低限度，事后应当将该情况及时向甲报告。受托人乙在紧急情况下，为了委托人甲的利益采取了降价措施出售鱼虾，无须承担变更委托人指示的责任。在紧急情况下，受托人难以和委托人取得联系，为了委托人的利益，立即采取妥善处理委托事务的相应措施的，事后也应当及时向委托人报告相关情况。

其他国家和地区对此也有规定，在特殊情况之下，受托人可以视情况变更委托人的指示。如《德国民法典》第 665 条规定："受托人处委托人的指示处理委托事务时，依情形认为委托人如知其情事亦能允许变更其指示者，得违反委托人的指示。如果延缓不会引起危险，则受托人必须在变更指示前通知委托人，并等待委托人的决定。”我国台湾地区“民法”第536条亦规定：“受任人非有急迫之情事，并可推定委任人若知有此情事亦允许变更其指示者，不得变更委任人之指示。”

如果委托人对于如何执行委托事务没有指示，受托人又当如何处理？一般认为，受托人应当尽到谨慎处理的义务，或者尽到善良管理人的义务，根据具体情况进行判断，如委托事务的性质，委托为有偿或者无偿，受托人是否为专门处理委托事务之营业者等。对此，其他国家和地区的立法可资借鉴，如《意大利民法典》第1719条规定，委托人无指示的，受托人应依事情的性质如同自己的事务谨慎行为。

第九百二十三条 受托人应当亲自处理委托事务。经委托人同意，受托人可以转委托。转委托经同意或者追认的，委托人可以就委托事务直接指示转委托的第三人，受托人仅就第三人的选任及其对第三人的指示承担责任。转委托未经同意或者追认的，受托人应当对转委托的第三人的行为承担责任；但是，在紧急情况下受托人为了维护委托人的利益需要转委托第三人的除外。

◆ 条文主旨

本条是关于受托人有义务亲自处理委托事务的规定。

◆ 立法背景

委托合同的订立和履行是以当事人双方之间的相互信任为基础，委托人选择受托人是以对其能力（业务能力、专门知识等）和信誉的信赖为前提，该合同的订立，既体现了委托人对于受托人的办事能力和信誉的信任，也表明受托人了解委托人和愿意为其办理委托事务的意志。这种彼此信任是委托合同赖以订立和存续的基础。

◆ **条文解读**

受托人往往具有处理委托事务所需要的能力，或者有一定的资质要求，尤其是受托人为从事某方面事务的专业人士时，更需要受托人亲自处理委托事务。若受托人擅自转委托给第三人，第三人可能并不具有处理委托事务的相应资质或者能力，从而导致委托事务不能完成或者影响委托事务的完成质量、效果，损害委托人的利益。例如，当事人甲了解到律师乙是婚姻家庭法方面的博士，具有扎实的婚姻家庭法知识，且从事了二十年的离婚诉讼案件代理工作，具有丰富的实践经验，于是委托乙作为其离婚诉讼的代理人，并支付了高额的律师费，这种情况下乙不能擅自将该案件转委托给刚拿到律师执业证入所的年轻律师丙，否则将可能损害委托人甲的利益。因此，委托合同强调当事人的人身属性。这就要求受托人应当亲自办理委托事务，不得擅自将自己受托的事务转托他人处理。

但是在特殊情况下受托人还是可以进行转委托的，如受托人经过委托人的同意转委托，或者在紧急情况下，为了维护委托人的利益而进行转委托。实践中，受托人可能由于各种情况的变化，或者发现自己缺乏处理委托事务的能力，不能完成委托事务，此时，为了保护委托人的利益，经过委托人的同意，将委托事务转委托给合适的第三人来处理，也不失为一个好的选择。例如，当事人甲委托律师乙代理某一个案件，而乙因为家中老父亲病逝，要回老家，不能继续代理该案件，遂和甲商议将该案件转委托给在这方面案件具有丰富经验的律师丙，甲同意后，由丙继续接手处理该案件，如此便可以较好地维护甲的利益。

比较法上，各国法律一般也要求受托人亲自处理委托事务，只有经过委托人允许或者在特定情况下，受托人才能将委托事务转委托给他人处理。例如《日本民法典》第644条之2第1款规定，受任人非经委托人许可或者非有不得已的事由，不得选任复受任人。《德国民法典》第644条也规定了受托人仅得在委托人允许时可以转委托。

本法对于转委托的情况作了如下规定：第一，转委托须事先取得委托人的同意。法律上之所以不允许任意转委托，是为了防止损害委托人的利益。但如果委托人同意转委托，则法律就没有禁止的必要，因为合同是以双方当事人自愿为原则，当事人意思表示一致，受托人才可以再委托第三人代为处理委托事务。委托人同意转委托，是基于其认为转委托是符合其利益才作出的决定，对于委托事务的处理自然是有利的。委托人对于转委托的同意也包括追认，追认具有与事先同意一样的法律效果。第二，在紧急情况下受托人为了维护委托人的利益，也可以进行转委托。例如，受托人临时患急病，不能前去处理，又不能及时与委托人取得联系，由于情况紧急，如果不立即转委托第三人代为处理，就会使委托人受到很大的损失。

受托人将委托事务转委托是否经过委托人的同意或者追认，其法律效果以及受托人所负担的义务和承担的责任是不一样的。转委托经委托人同意或者追认的，委托人可以就委托事务直接指示转委托的第三人，受托人只要就第三人的选任及其对第三人的指示承担责任。也就是说，委托人可以越过受托人，直接对接受转委托的第三人（学理上又称为“次受托人”）下达指示。受托人如果在选任接受转委托的第三人上没有过错，选择了具有处理委托事务相应能力的第三人，且对第三人的指示也都是恰当合适的，那么受托人对第三人的行为造成委托人的损失，不承担赔偿责任。例如，甲委托乙购买一台滚筒洗衣机，乙经过甲同意转委托给丙，如果乙向丙指示购买一台涡轮洗衣机，则需要就该不当指示向甲承担责任；如果乙向丙指示购买一台滚筒洗衣机，而丙未听从乙的指示购买了一台涡轮洗衣机，则乙对于丙不听从其指示的行为不承担责任。

转委托未经委托人同意或者追认的，受托人应当对转委托的第三人的行为承担责任。也就是说，如果转委托未经同意或者追认，尽管受托人就转委托的第三人之选任，以及对第三人下达的指示，都是合理恰当的，也要对第三人的所有行为负责。例如上述案例中，若乙未经甲同意或者追认，将委托事务转委托给丙，那么不论乙对丙作出何种指示，只要因丙的行为未完成委托事务，如丙购买了涡轮洗衣机，乙都要对丙的行为向甲承担责任，赔偿甲的损失。但是有一种例外情况，即在紧急情况下，受托人为了委托人的利益而进行的转委托。需要注意的是，这种情况下，受托人可以不经委托人同意而转委托，但是仍然要对转委托的第三人之选任，以及对第三人的指示向委托人负责，如果因选任或者指示不当造成委托人损失的，依然要承担相应的责任。

第九百二十四条　受托人应当按照委托人的要求，报告委托事务的处理情况。委托合同终止时，受托人应当报告委托事务的结果。

◆ 条文主旨

本条是关于受托人负有报告义务的规定。

◆ 立法背景

委托合同是委托人委托受托人处理委托事务的合同，受托人处理委托事务是为了委托人的利益，因此委托人有权了解委托事务的处理情况，而受托人则负有向委托人报告有关事项的义务。

◆ 条文解读

受托人在办理委托事务的过程中，应当根据委托人的要求，向委托人报告事务处理的进展情况、存在的问题和应对措施等，以使委托人及时了解事务的状况。如果委托合同约定了报告的时间，则受托人应按时进行报告。受托人在办理委托事务的过程中向委托人报告处理情况，委托人才能了解委托事务的具体情况，并根据最新的具体情况调整原来的指示，作出新的指示。

委托合同终止，不论委托事务是否完成，委托合同的目的是否实现，委托人都有权全面了解有关委托合同的所有情况，不论委托人是否提出受托人进行报告的要求，受托人都负有报告的义务。委托合同终止时，受托人应向委托人全面报告办理委托事务的经过和结果，如处理委托事务的始末、各种账目、收支计算等，并要提交必要的书面材料和证明文件。

对此问题，各国的规定各有不同。《法国民法典》第 1993 条规定，“受托人应将处理的事务向委托人报告”。《瑞士债务法》第 400 条和《日本民法典》第 645 条规定，只在委托人请求报告时，受托人才有报告的义务。《德国民法典》第 666 条规定，除在委托人请求报告时受托人有报告义务外，在受托人自己认为有必要报告及在合同终止时，均有报告的义务。

第九百二十五条　受托人以自己的名义，在委托人的授权范围内与第三人订立的合同，第三人在订立合同时知道受托人与委托人之间的代理关系的，该合同直接约束委托人和第三人；但是，有确切证据证明该合同只约束受托人和第三人的除外。

◆ 条文主旨

本条是关于受托人以自己的名义和第三人订立合同，第三人知道代理关系的，该合同直接约束委托人与第三人的规定。

◆ 立法背景

代理，是指代理人在代理权限内，以被代理人的名义实施民事法律行为的行为，代理人的代理行为直接对被代理人发生效力。代理与委托合同关系十分密切，主要表现在：一方面，代理包括委托代理和法定代理。委托代理人按照被代理人的委托行使代理权，法定代理人依照法律的规定行使代理权。在委托代理中，被代理人常常通过委托合同授予代理人以代理权。通过委托合同，当事人之间可以形成代理关系、行纪关系等，实现民事主体假手他人以从事民事活动。也就是说，委托合同是基础合同，委托合同可以产生代理关系。本法第173条规定，被代理人取消代理或者代理人辞去委托，则委托代理关系终止。委托合同还可以产生行纪关系。属于大陆法系的有的国家或者地区，一般在民法的债编中对行纪合同作出规定，行纪人接受委托后以自己的名义从事活动，活动的直接后果由行纪人承担，并按照行纪合同解决行纪人与委托人之间的权利义务问题。另一方面，在代理中，代理人在代理权限范围内，以被代理人的名义从事行为，由此产生的法律效果，直接由被代理人承担。而在委托合同中，受托人根据委托人的授权，与第三人进行的民事活动，其后果最终也是由委托人承担。从这个角度上看，代理人和受托人都只是扮演了中间人的角色。根据本条规定，如果受托人以自己的名义，在委托人的授权范围内与第三人订立合同，第三人在订立合同时知道受托人与委托人的代理关系的，则该委托合同直接约束委托人和第三人。根据本法第926条的规定，受托人以自己的名义与第三人订立合同，第三人不知道受托人与委托人之间的代理关系，受托人因第三人的原因不履行义务的，委托人可以行使介入权，即行使受托人对第三人的权利；或者受托人因委托人的原因不履行义务，第三人可以选择委托人作为相对人，直接向委托人主张其权利。受托人以自己名义处理委托事务，在这些情况下，和直接代理产生的效果是一样的。

虽然委托合同和代理关系密切，但是两者之间还是存在一定的区别。在区分代理和委托的国家，如大陆法系的一些国家，有关代理的规定一般是在民法总则中作出的，而委托合同则往往规定在民法债编或者商法中。本法总则编中的第七章是关于代理的规定，包括委托代理和法定代理，该章仅规定了学说上的直接代理即显名代理。有的观点认为，本条和本法第926条的规定设立了间接代理。代理和委托合同的区别主要体现在以下几个方面：第一，委托只涉及委托人与受托人之间的法律关系，不涉及第三人；代理则涉及代理人、被代理人及第三人三方的法律关系。委托是产生一切委托事务的基础，如代理、行纪、居间等均由委托而产生。委托合同是代理关系发生的一种基础合同，但是并不等同于代理关系。第二，代理包括委托代理和法定代理。代理权的产生可以基于当事人约定，也可以基于法律的规定。委托合同是一基础合同，委托合同可以产生代理关系。但是代理关系的产生，除了基于委托合同外，还可以基于劳动合同、合伙合同、身份关系等。简单地说，委托合同并不必然产生代理关系，代理关系的产生也不一定基于委托合同。第三，在代理关系中，代理人须以被代理人的名义处理代理事务，否则不构成直接代理。而委托合同的受托人，既可以以委托人的名义，也可以以自己的名义处理委托事务。受托人无论是以委托人还是自己的名义处理委托事务，均不影响委托合同的性质。另外，有的学者认为，代理和委托合同还有一个区别在于代理事务和委托事务的范围不同。根据本法第 161 条的规定，代理的范围限于民事法律行为，即民事主体通过意思表示设立、变更、终止民事法律关系的行为。而委托合同中的委托人委托受托人处理的事务，既可以是民事法律行为，也可以是事实行为。

行纪合同的有关规定可以适用经济贸易中的特殊情况，但不能适用受托人以自己的名义从事活动的所有情况。英美法系有关间接代理的规定，以及大陆法系有关商事代理的规定，都允许在一定的条件下，受托人以自己的名义从事的活动，其活动后果直接由委托人承担。我国在对外开放过程中，因外贸经营权以及其他原因，也出现受托人以自己的名义从事贸易代理活动的情况。根据代理制度的原理，适应经济贸易中有关代理的不同要求，兼顾委托人、受托人以及第三人的合法权益，我国合同法借鉴国际货物销售代理公约等有关规定，对间接代理以及委托人的介入权、第三人的选择权作出了规定。民法典沿袭了合同法的规定。

◆ **条文解读**

依照本条的规定，在下列条件下，受托人以自己的名义与第三人订立的合同，该合同不是直接约束受托人和第三人，而是直接约束委托人和第三人：第一，委托人和受托人之间应当存在代理关系，这是前提。从代理的角度看，受托人是委托人的代理人，则受托人基于代理权与第三人订立的合同，法律效果直接由委托人承担。第二，受托人与第三人订立合同，必须在委托人的授权范围内。例如，甲委托乙购买100台洗衣机，丙亦知晓此事，尽管丙知道甲和乙之间存在代理关系，但是如果乙向丙购买100台电视机，并表示其受甲之委托购买该批电视机，丙与乙订立电视机的买卖合同，因为超越了乙的代理权限，而不能直接约束甲和丙。第三，第三人清楚地知道受托人与委托人之间的代理关系，也就是说第三人知道受托人是委托人的代理人，也知道委托人即被代理人具体是谁。这是受托人与第三人订立的合同可以产生直接约束委托人与第三人之法律效力、突破合同相对性原则的关键。本法第465条第2款规定："依法成立的合同，仅对当事人具有法律约束力，但是法律另有规定的除外。"第三人知道委托人与受托人之代理关系，仍然选择与受托人订立合同，表明其实际上亦认可与委托人缔约。第四，"第三人知道"应当以订立合同时间为准，即第三人是在订立合同时就知道受托人与委托人之间的代理关系，如果是订立合同的当时不知道，而是事后知道，不适用本条的规定。例如，甲委托乙向丙购买100台洗衣机，乙在和丙签订的合同中已注明"乙受甲之委托购买100台洗衣机"，则丙在订立合同时就知道了委托人和受托人之间的代理关系。在订立合同时，第三人就知道委托人与受托人之间的代理关系，表明其实际上接受了以委托人为合同相对人，而不是受托人，所以第三人与受托人签订的合同才能直接约束委托人和第三人。第五，如果有确切证据证明该合同只约束受托人与第三人的，则不能适用本条的一般规定。这里讲的有证据证明该合同只约束受托人与第三人的情形，主要有以下几种：受托人与第三人明确约定该合同只约束第三人与受托人，不涉及其他人；受托人与第三人虽未明确约定该合同只约束受托人与第三人，但是根据合同解释规则明显可以得到这种结论；有交易习惯表明该合同只约束受托人与第三人，如行纪合同；有证据证明如果委托人作为该合同的当事人，第三人就不会订立该合同等。

本条规定的“该合同直接约束委托人和第三人”，主要是指委托人介入受托人与第三人的合同关系，取代受托人在该合同中的地位，委托人可以直接向第三人行使（受托人对第三人的）权利，第三人也可以直接向委托人行使（第三人对受托人的）权利。

第九百二十六条　受托人以自己的名义与第三人订立合同时，第三人不知道受托人与委托人之间的代理关系的，受托人因第三人的原因对委托人不履行义务，受托人应当向委托人披露第三人，委托人因此可以行使受托人对第三人的权利。但是，第三人与受托人订立合同时如果知道该委托人就不会订立合同的除外。

受托人因委托人的原因对第三人不履行义务，受托人应当向第三人披露委托人，第三人因此可以选择受托人或者委托人作为相对人主张其权利，但是第三人不得变更选定的相对人。

委托人行使受托人对第三人的权利的，第三人可以向委托人主张其对受托人的抗辩。第三人选定委托人作为其相对人的，委托人可以向第三人主张其对受托人的抗辩以及受托人对第三人的抗辩。

◆ **条文主旨**

本条是关于委托人的介入权、第三人的选择权的规定。

◆ 立法背景

受托人以自己的名义与第三人订立合同，第三人可能知道受托人与委托人之间存在代理关系，也有可能不知道该关系。受托人因第三人的原因对委托人不履行义务时，委托人可以行使介入权；受托人因委托人的原因对第三人不履行义务时，第三人可以行使选择权。

◆ 条文解读

委托人的介入权指的是在受托人与第三人的合同关系中，委托人取代受托人的地位，介入原本是受托人与第三人的合同关系中。委托人行使介入权的条件是：第一，受托人以自己的名义与第三人订立合同。如果受托人以委托人的名义与第三人订立合同，则该合同本来就直接约束委托人与第三人，不适用本条规定。第二，第三人不知道受托人与委托人之间的代理关系，也就是说受托人与第三人是该合同的当事人，该合同对受托人与第三人具有约束力。如果第三人知道受托人与委托人之间的代理关系，则适用本法第925条的规定，合同可以直接约束委托人和第三人。第三，当第三人不履行合同义务，导致受托人也不能履行完成委托事务的义务，间接影响到委托人的利益时，受托人应当向委托人披露第三人，此时，受托人违约的原因是第三人不按约定履行义务。如果是因为受托人自身的原因对委托人不履行义务，则委托人只能向受托人主张权利，而不能向第三人主张。第四，因受托人的披露，委托人可以行使介入权。委托人行使介入权的，应当通知受托人与第三人。第三人接到通知后，除第三人与受托人订立合同时如果知道该委托人就不会订立合同的以外，委托人取代受托人的地位，该合同对委托人与第三人具有约束力。实践中，可能存在第三人与受托人订立合同时如果知道该委托人就不会订立合同的情况，例如，甲与丙一直关系交恶，甲明知丙不会和自己订立合同，遂委托乙与丙订立合同，并叮嘱乙不告知丙他们之间存在代理关系。如果乙因为丙的原因对甲不履行义务，向甲披露第三人为丙（事实上甲已知道该第三人）且因丙的原因导致其不履行义务，此时甲也不能行使乙对丙的权利，因为甲和丙心里都很清楚，如果丙与乙订立合同时，知道甲为乙的委托人，则不会与乙订立该合同。另外，因受托人的披露，委托人也可以选择不行使介入权，仍然由受托人处理因第三人违约而产生的问题，此时，委托人只能向受托人主张权利，而不能直接向第三人主张权利。

第三人的选择权指的是在受托人与第三人的合同关系中，因委托人的原因造成受托人不履行义务，受托人应当向第三人披露委托人，第三人因此可以选择受托人或者委托人作为相对人主张其权利，即第三人可以选择请求委托人承担违约责任，也可以请求仍然由受托人承担违约责任。但第三人只能选择其一，而且选定后不得变更。第三人行使选择权的条件有：第一，受托人以自己的名义与第三人订立合同。第二，第三人不知道受托人与委托人之间的代理关系。第三，受托人对第三人不履行合同义务，是基于委托人的原因，此时受托人应当向第三人披露委托人。如果是因为受托人自身的原因对第三人不履行义务，则第三人只能向受托人主张权利，而不能向委托人主张权利。第四，受托人向第三人披露后，第三人可以行使选择权。如果受托人不向第三人披露委托人，第三人只能向受托人主张其权利。受托人披露委托人后，第三人作出选择的，应当作出明确表示，并通知受托人与委托人。第三人既可以选择向受托人主张权利，也可以选择向委托人主张权利，但是二者只能选其一，选定后被选择的委托人或者受托人就是第三人的相对人，第三人不得变更，即使该相对人无力承担责任，第三人亦不得变更其选择。

法律规定委托人的介入权、第三人的选择权，有利于更好地保护委托人或者第三人的合法权益，有利于解决因代理产生的合同纠纷，有利于贸易代理制度更好地为经济建设服务，但委托人的介入权、第三人的选择权是有条件的，不能滥用。

委托人行使介入权或者第三人行使选择权后，权利义务的相对人发生变化，也就会产生相应的法律效果。委托人行使介入权的，委托人取代受托人的地位，成为第三人的相对人，产生的效果除了委托人可以行使受托人对第三人的权利外，第三人自然也可以向委托人主张其对受托人的抗辩。第三人行使选择权，选择委托人作为其相对人的，委托人取代受托人的地位，则第三人可以向委托人主张权利，而委托人也可以向第三人主张其对受托人的抗辩以及受托人对第三人的抗辩。委托人对受托人的抗辩权，是基于双方之间的委托合同；受托人对第三人的抗辩，是基于受托人与第三人之间的合同关系。

第九百二十七条 受托人处理委托事务取得的财产，应当转交给委托人。

◆ 条文主旨

本条是关于受托人转移利益的规定。

◆ 立法背景

受托人在处理委托事务过程中，可能会取得一定的财产，但其并非该财产的所有权人。因委托事务取得的财产所有权属于委托人，受托人应当将其转交给委托人。

◆ 条文解读

受托人应当将自己因处理委托事务而取得的各种利益及时转

交给委托人，这是受托人的义务。这里所说的“取得的财产”，包括取得的金钱、实物、金钱与实物所生的孳息，以及其他财产权利。例如，受托人因出售委托人的物品而取得的价金，或为委托人出租房屋所取得的租金等。因为受托人在处理委托事务的过程中，不论是否以自己的名义从事活动，所取得财产的权利人都是委托人，受托人应当将该财产转交给委托人。受托人转移利益的义务，不仅适用于受托人，还适用于转委托的第三人。从比较法上来看，各个国家和地区的法律一般都规定了受托人负有向委托人转交财产及相关权益的义务。例如，《法国民法典》第1993条规定：“任何受委托人（代理人），均应向委托人报告其管理的情况以及将其依据委托而受领之一切交给委托人，即使其受领之物并不属于委托人，亦同。”《德国民法典》第667条规定：“受托人有义务将其为了执行委托而获得的一切和因处理事务而取得的一切，返还给委托人。”《日本民法典》第646条规定：“受任人处理委托事务时收取的金钱及其他物，须交付委托人。其收取的孳息亦同。受任人以自己的名义为委托人取得的权利，须转移于委托人。”我国台湾地区“民法”第541条规定：“受任人因处理委任事务，所收取之金钱、物品及孳息，应交付于委任人。受任人以自己之名义，为委任人取得之权利，应移转于委任人。”

第九百二十八条　受托人完成委托事务的，委托人应当按照约定向其支付报酬。

因不可归责于受托人的事由，委托合同解除或者委托事务不能完成的，委托人应当向受托人支付相应的报酬。当事人另有约定的，按照其约定。

◆ **条文主旨**

本条是关于委托人支付报酬的规定。

◆ **立法背景**

委托合同可以是有偿合同，也可以是无偿合同。如果当事人在合同中约定了处理委托事务的报酬，在委托事务完成后，委托人应当按照约定向受托人支付报酬。即使委托合同中并没有约定报酬，但依据习惯或者依据委托事务的性质应该由委托人给付报酬的，委托人仍然有支付受托人报酬的义务。

◆ **条文解读**

在有偿委托中，按照约定向受托人支付报酬，是委托人的主要义务。在所有关于有偿合同的立法例中，委托人都负有此种义务。例如《法国民法典》第 1999 条第 1 款规定，委托人在约定向受委托人（代理人）支付报酬时，应当支付报酬。

一般处理事务完毕，委托关系才终止。但在委托事务未全部完毕之前合同提前终止的情况也很多，可能是委托人的原因，也可能是受托人的原因，还有可能是不可抗力等不可归责于任何一方的原因。因不可归责于受托人的事由导致委托合同解除或者委托事务不能完成，其原因主要有以下两个方面：第一，是因委托人的原因，如委托人有本法第 563 条规定的情形，受托人依法解除合同的；或者委托人不给付处理事务的费用，致使事务无法进行的。第二，由于客观原因，如发生不可抗力，或者委托人死亡、破产，委托合同终止的，或者受托人死亡、丧失行为能力无法使委托事务完成的等。

上述事由都不是因受托人的过错造成的，不能归责于受托人，委托人应当履行向受托人支付报酬的义务。委托关系提前终止时委托人是否还要给付全部报酬，各个国家和地区对此有不同的规定。例如根据《法国民法典》第1999条第2款的规定，如果没有可归责于受委托人的过错，即使委托的事务未获成功，也不得免除委托人支付报酬的义务，且委托人不得减少应当支付的数额。我国台湾地区“民法”第548条规定，委任关系因非可归责于受任人之事由，于事务处理未完毕前已终止者，受任人得就其已处理之部分，请求报酬。本条第2款规定，“因不可归责于受托人的事由，委托合同解除或者委托事务不能完成的，委托人应当向受托人支付相应的报酬”。根据该规定，在这种情况下，委托人并不需要向受托人支付约定的所有报酬，而只需支付“相应的报酬”，具体来说就是根据受托人处理委托事务所付出的工作时间的长短或者所处理事务的大小及完成情况，向受托人支付相应的报酬。不过上述规定是任意性规定，当事人可以另行约定这种情况下受托人的报酬请求权，如当事人可以约定，因不可归责于受托人的原因，委托合同解除或者委托事务不能完成的，委托人依然要向受托人支付事先约定的所有报酬。但是，如果是因可归责于受托人的原因导致委托合同解除或者委托事务不能完成的，受托人可能丧失报酬请求权。因此造成委托人损失的，受托人甚至还可能要承担相应的赔偿责任。

第九百二十九条 有偿的委托合同，因受托人的过错造成委托人损失的，委托人可以请求赔偿损失。无偿的委托合同，因受托人的故意或者重大过失造成委托人损失的，委托人可以请求赔偿损失。

受托人超越权限造成委托人损失的，应当赔偿损失。

◆ 条文主旨

本条是关于受托人过错导致委托人损失的责任的规定。

◆ 立法背景

受托人在处理委托事务的过程中，要尽到必要的注意义务，否则可能需要承担相应的责任。受托人的注意义务，还因委托合同是有偿还是无偿而有所不同。在无偿委托合同中，受托人仅负有一般的注意义务。而在有偿合同中，受托人可以从委托人处获取一定的报酬，按照权利义务对等原则，其所负有的注意义务要比一般注意义务高，有的学者认为有偿合同的受托人应尽到善良管理人的义务。对有偿委托和无偿委托中受托人注意义务的区分，类似于有偿保管和无偿保管中保管人的注意义务。从比较法上看，有一些国家或者地区的法律都规定有偿委托的受托人注意义务高于无偿委托的受托人，如《法国民法典》第 1192 条规定："受委托人（代理人）不仅应对其欺诈行为承担责任，而且应对其在管理中的过错负责。但是，涉及过错引起的责任时，无偿委托的受委托人（代理人）的责任，轻于收受薪金的受委托人（代理人）的责任。"但是，也有立法例对受托人的赔偿责任不区分有偿委托和无偿委托，如我国台湾地区"民法"第 544 条规定："受任人因处理委任事务有过失，或因逾越权限之行为所生之损害，对于委任人应负赔偿之责。"

◆ 条文解读

在有偿的委托合同中，受托人负有较高的注意义务，受托人在处理委托事务时只要有过错，即存在故意、重大过失或者一般过失，并给委托人造成损失，就要承担赔偿责任。在无偿的委托合同中，受托人在一般过失下并不承担赔偿责任，只有在故意和重大过失的情况下，才对损害承担赔偿责任。所谓故意是指受托人明知或者应当知道损失可能发生，并主动促使或者放纵损失的发生。所谓重大过失是指一般人对该行为所产生的损害后果都能预见到，而行为人却因疏忽大意没有预见到，致使损害后果发生。由于无偿委托合同中受托人没有报酬，因此，其承担责任相比有偿委托合同要轻一些。

受托人享有处理委托事务的权利，这种权利来自委托人的授权，也是为了委托人的利益。所以，受托人必须按照委托人的指示处理委托事务，在委托人的委托范围内处理事务，不得擅自超越权限。所谓“超越权限”，包括没有相应的权限、超出委托人的授权以及权限终止后继续处理委托事务。受托人超越权限给委托人造成损失的，无论委托合同是否有偿，都应当赔偿损失。

第九百三十条　受托人处理委托事务时，因不可归责于自己的事由受到损失的，可以向委托人请求赔偿损失。

◆ **条文主旨**

本条是关于委托人对受托人的损失承担责任的规定。

◆ **立法背景**

受托人在委托权限范围内认真处理委托事务，在自己毫无过错和过失的情况下，使自己的财产或者人身造成损害的，有向委托人请求赔偿的权利。

◆ **条文解读**

受托人在处理委托事务过程中因不可归责于自己的事由遭受损害的情况有很多，例如，委托人在受托人无过错的情况下，解除委托合同的；委托人未经受托人同意，又委托第三人处理同一事务致使受托人报酬减少的等。

本条规定的受托人的损失，不仅包括上述可归责于委托人的事由，还应当包括因为意外事故等不可归责于受托人的原因而导致受托人受到损害的情形。因为委托人在享受委托事务所带来的利益的同时，也应当承担相应的风险。受托人的损失是在为委托人处理事务的过程中造成的，与处理委托事务具有关联性，按照利益风险一致的原则，应当由委托人承担相应的责任。而且，如果委托人并未委托受托人处理事务，而是亲自处理委托事务，受到损失的可能就是委托人自己。

受托人向委托人请求赔偿其损失，需要具备以下条件：一是受托人受到损失，即受托人在按照委托人指示处理委托事务时遭受了损害，包括人身损害和财产损害。例如，律师代理当事人出庭应诉，在去法庭的路上遇到山体滑坡，导致律师身体受伤、车辆受损。二是受托人的损失基于不可归责于受托人的原因。不可归责于受托人主要是指受托人对于损失的发生没有过错，不存在主观上的故意或者过失。如果损失的发生是由于可归责于受托人的事由，则受托人不享有向委托人主张赔偿的权利。例如，律师代理当事人出庭应诉，在去法庭的过程中，不遵守交通规则，闯红灯造成交通事故，负交通事故全部责任的，则对于其在交通事故中受到的人身和财产损失，委托人均无须赔偿。三是受托人的损失发生在处理委托事务的过程中。因为只有在处理委托事务时，受托人才按照委托人的指示进行活动，才实际以“受托人”之身份行事，与委托事务及委托人产生直接关联。所以受托人的赔偿请求权以其损失发生在处理委托事务过程中为要件。如果受托人受到损失，并非发生在处理委托事务的过程中，也并非由于可归责于委托人的事由，则与委托人无关，受托人无权向委托人请求赔偿。例如当事人的代理律师，并非在出庭应诉的路上，而是在去超市购买生活用品时遇到山体滑坡，造成人身和财产的损害，则不能向委托人请求赔偿。

比较法上，许多国家和地区也都对受托人在处理委托事务过程中受到损害的情况作出了规定。例如，《法国民法典》第2000条规定："委托人应当补偿受委托人（代理人）在管理事务中并非因其不谨慎而受到的损失。"《日本民法典》第650条第3款规定："受任人为处理委任事务，非因自己的过失而受有损害时，可以请求委托人赔偿。"我国台湾地区"民法"第546条第3款亦规定："受任人处理委任事务，因非可归责于自己之事由，致受损害者，得向委任人请求赔偿。"

第九百三十一条　委托人经受托人同意，可以在受托人之外委托第三人处理委托事务。因此造成受托人损失的，受托人可以向委托人请求赔偿损失。

◆ 条文主旨

本条是关于委托人另行委托他人处理事务的规定。

◆ 立法背景

相互信任是委托合同双方当事人订立合同的基础，它具有严格的人身属性，委托合同订立后，受托人就已经开始着手处理委托事务，为此付出人力、物力、财力，如果委托人擅自委托他人，不仅可能增加受托人处理委托事务的成本，甚至可能给受托人造成损失。因此，委托人如果要把委托事务再委托给他人处理，需要征得受托人的同意。如果受托人不同意，委托人或者受托人都可以解除合同，因解除合同给对方造成损失的，需要承担相应的赔偿责任。当然，如果委托人未经受托人同意，擅自将委托事务重复委托给第三人，不仅需要向受托人支付全部报酬，还应当赔偿因此给受托人造成的损失。

◆ **条文解读**

本条规定的委托人在受托人之外委托第三人处理的委托事务，应当与受托人处理的委托事务内容相同，也就是委托人将同一事项先后委托两个受托人，存在两个委托合同。有的学者将这种情况称为“重复委托”。如果受托人和第三人处理的委托事务不同，则委托人委托第三人处理事务，与受托人并无直接关系，无须经过受托人的同意。例如，甲委托乙在某商场销售电视机，后来又委托丙在该商场销售洗衣机，两项委托事务并不相同，则甲对丙的委托无须经乙同意。

重复委托不同于本法第 932 条规定的共同委托。共同委托是指委托人委托两个以上的受托人共同处理委托事务，委托人和受托人之间只有一个委托合同。而重复委托则是委托人将相同的委托事务先后委托给不同的受托人，各受托人分别处理委托事务，存在两个以上的委托合同。

委托人另行委托第三人处理委托事务，可能给受托人造成损失，如报酬减少。委托人重复委托造成受托人损失的，受托人可以向委托人请求赔偿损失。

第九百三十二条 两个以上的受托人共同处理委托事务的，对委托人承担连带责任。

◆ **条文主旨**

本条是关于共同委托的规定。

◆ **立法背景**

共同委托是指委托人委托两个以上的受托人共同处理委托事务。但是，如果委托人为两个以上，而受托人只有一个人时，则不是共同委托。因为有的委托事务，一个受托人可能无法处理或者不能较好地完成，为了提高委托事务的处理效率，提高委托事务的完成质量，有时就需要委托给两个以上的受托人。例如有的复杂疑难案件，当事人可能委托给两个以上的律师甚至是一个律师团队来进行处理。

◆ **条文解读**

共同委托的特点：

一、共同委托必须是由数个受托人共同处理委托事务

所谓共同行使，是指数个受托人享有共同的权利义务，即平等享有、共同享有的代理权，处理事务时只有经过全体受托人的共同同意，才能行使代理权。这并不是一个委托人同时委托了两个或者两个以上受托人，都产生共同委托的问题，如委托人在受托人之外另行委托他人处理委托事务的情况。又如，有时受托人虽然为数人，却不能认定是共同委托。例如，一个大商场委托甲代为购进家用电器，委托乙帮助销售电视机，又委托丙帮忙销售冰箱。这里虽然甲、乙和丙都是委托合同的受托人，都同时接受一个委托人的委托，但是受托人甲、乙、丙之间并不存在联系，他们是各自独立的接受委托、处理事务、承担责任，这是同时存在的三个独立的委托合同，而不是共同委托。只有委托人同时委托两个或者两个以上的受托人，共同处理同一项或者数项委托事务，才构成共同委托。

二、受托人承担连带责任

共同委托中的一个受托人与其他受托人协商后或者数个受托人共同协商后，单独或者共同实施的委托行为应该被认为是全体受托人的共同行为，由此造成损失的，若干个受托人依法应当对委托人承担连带责任。如果共同受托人中的一个受托人或者数个受托人没有经过协商而擅自单独行使代理权的，由此造成的损失，各受托人仍然承担连带责任。当然，委托人与各受托人事先约定了按份责任的除外，即合同中无特别规定，他们应对委托人承担连带责任。也就是说，不论委托人的损失是出于哪个受托人的过错，也不论各个受托人内部是否约定了对委托事务的处理权限和责任承担，除委托人与受托人有特别约定外，所有受托人都应当对委托人承担连带责任。各受托人在承担连带责任后，可以按照受托人之间的约定、各受托人的过错来处理内部关系。

比较法上，也有一些国家和地区对数个受托人之间的连带责任作出规定。例如，《法国民法典》第 2002 条规定：“同一事务由数个受委托人（代理人）时，每一个受委托人（代理人）就委托的全部效力，向委托人负连带责任。”《意大利民法典》第 1716 条第 3 款规定：“数个受托人经常共同实行场合，该数个受托人对委托人负连带义务。”

第九百三十三条　委托人或者受托人可以随时解除委托合同。因解除合同造成对方损失的，除不可归责于该当事人的事由外，无偿委托合同的解除方应当赔偿因解除时间不当造成的直接损失，有偿委托合同的解除方应当赔偿对方的直接损失和合同履行后可以获得的利益。

◆ 条文主旨

本条是关于解除委托合同的规定。

◆ 立法背景

从比较法上来看，各国法律大多都赋予了委托合同双方当事人任意解除权，但一般也规定了行使任意解除权的一方当事人给对方造成损失的，须承担一定的赔偿责任。例如，《法国民法典》第2004条规定，委托人得任意解除委托。第2007条规定，受委托人（代理人）得以向委托人发出的抛弃受委托的通知，抛弃其所受的委托。如抛弃委托对委托人的利益造成损害，受委托人（代理人）应负责对委托人给予补偿；但是，在受委托人（代理人）本人非受重大损失即不能继续其所受之委托的情形，不在此限。《德国民法典》第671条规定，委托可以由委托人随时撤回，可以由受委托人随时通知终止。受委托人仅得以使委托人能够就事务的处理另做处置的方式通知终止委托，但有不适时地通知终止委托的重大原因的除外。受委托人无此种原因而不适时地通知终止委托的，必须向委托人赔偿因此发生的损害。《日本民法典》第651条规定，各当事人可以随时解除委任。解除委任在下列情形下须赔偿对方的损害，但是，有不得已的事由时不在此限：在对相对人不利的时期解除委任时；委任人解除以受任人的利益（主要因取得报酬而获得的利益除外）为目的的委任时。1999年我国制定合同法时，借鉴了其他国家和地区的立法经验，在第410条中规定："委托人或者受托人可以随时解除委托合同。因解除合同给对方造成损失的，除不可归责于该当事人的事由以外，应当赔偿损失。"

◆ 条文解读

本条规定了委托人和受托人对委托合同的任意解除权，以及因解除合同给对方造成损失的责任承担。

委托合同是以双方信任为基础的，如果一方不守信用，失信于另一方，继续履行合同已无必要，法律赋予了双方当事人的权利，即只要一方想终止合同，就可以随时解除合同，而且无需任何理由。

1. 委托人可以随时撤销委托。如果互相没有信任或者已不再需要办理委托的事项，委托人就可以单方解除委托合同，无须征得受托人的同意即可发生效力。但是受托人可以就其损失要求委托人承担相应的赔偿责任。

2. 受托人可以随时辞去委托。委托合同的成立既需要委托人对受托人的了解和信任，也需要受托人对委托人的信任。如果受托人不愿意办理受委托的事务，则无须表明任何理由，即可解除合同。

委托合同的一方当事人在不利于对方当事人的时期解除委托合同而造成对方损失的，应当承担赔偿责任。这是对任意解除权的一种限制。如果当事人可以任意解除委托而无需赔偿对方损失，显然是不公平的。所谓不利于对方当事人的时期，就委托人方面而言，当受托人在未完成委托事务的情况下解除合同时，委托人自己不可能亲自处理该项事务，而且又不能及时找到合适的受托人代他处理该委托事务而发生损害的情形；就受托人方面而言，是指由于委托人在委托事务尚未完成前解除了合同，使受托人因不能继续履行义务而少获得报酬。委托人除对受托人已履行的部分给付报酬外，对在不可归责于受托人的情况下，因解除委托合同给委托人造成的报酬减少承担赔偿责任。

如果受托人不尽注意义务，怠于委托事务的处理，委托人无奈而解除委托合同，虽会给受托人造成一定损失，但因解除合同事由不可归责于委托人或者不能完全归责于委托人，委托人对受托人因合同终止而遭受的损失不予赔偿或者只赔偿其部分损失。

我国《合同法》第410条规定了委托合同的任意解除权，即委托人或者受托人可以随时解除合同。关于委托合同的任意解除权，争议较大的有两个问题：一是，是否对委托合同的任意解除权作适当限制。有的意见提出，委托合同的任意解除权在司法实践中存在被滥用的情况，损害了合同相对方的利益，建议区分有偿委托合同与无偿委托合同作不同的规定，即对于无偿委托合同，可以随时解除，而对于有偿委托合同则允许当事人通过约定排除任意解除权的适用。但这种观点与委托合同的基础不相符合。委托合同的基础在于合同一方对相对方的信任，如果信任基础丧失，就应当允许解除合同。因此民法典延续了合同法的规定，对委托合同的任意解除权没有作限制。

二是，如何合理确定合同一方行使任意解除权后的赔偿范围。《合同法》第410条只是笼统规定，合同一方行使任意解除权的，除不可归责于当事人的事由外，应当赔偿对方损失。一方当事人任意解除委托合同，给对方造成的直接损失，解除方应当进行赔偿，这点应无疑义。但是，对于任意解除委托合同给对方造成的间接损失即合同履行后可以获得的利益，解除方是否应当赔偿，学界还有争议。有的学者认为，不论是有偿委托还是无偿委托，因为一方任意解除合同给对方造成损失的，都应当对其直接损失和间接损失进行赔偿。在编纂民法典的过程中，有的意见提出，应当区分有偿委托和无偿委托中，一方当事人任意解除委托合同给对方造成损失的赔偿责任。在有些委托合同尤其是在有偿的商事委托合同中，如果委托人在受托人处理事务快完毕时，行使任意解除权，受托人起诉要求委托人赔偿时，法院往往依据《合同法》第410条判决委托人仅赔偿受托人处理事务的费用，不足以弥补受托人损失。有偿委托大多是商事委托，受托人一般都是专门从事委托事务的人，受托人处理委托事务可以得到一定的报酬。如果一方当事人可以随意解除委托合同，可能给对方造成较大的损失，也不利于合同的稳定性。无偿委托往往都是基于个人之间的信任以及帮助，委托他人处理的一般也都是较小的事务，一方当事人任意解除合同给对方造成的损失也比较小。所以，有偿委托的当事人随意地解除委托合同，给对方造成损失的，应该承担更加严苛的责任。

据此，民法典对合同法的有关规定作出了修改，区分无偿委托合同与有偿委托合同，对赔偿范围作出不同的规定。本条规定："无偿委托合同的解除方应当赔偿因解除时间不当造成的直接损失，有偿委托合同的解除方应当赔偿对方的直接损失和合同履行后可以获得的利益。"一方当事人在行使任意解除权时，给对方造成损失的，除不可归责于解除一方的事由外，所要承担的赔偿责任范围，在有偿委托和无偿委托中是不同的。在无偿委托中，解除方的责任范围仅限于直接损失，而在有偿委托中，解除方的责任范围不仅包括直接损失，还包括间接损失，即可以获得的利益。一般来说，可以获得的利益，不得超过解除方可以预见到或者应当预见到的因解除合同可能造成的损失。例如，甲和乙订立委托合同，甲委托乙在一个月内购买某种生产设备，向乙支付了相关费用以及报酬，计划于一个月后即投入生产，并在订立合同时明确将其生产经营计划写入委托合同中。乙在即将满一个月的最后一天，没有不可归责于乙的事由，通知甲解除委托合同。在这种情况下，乙应向甲赔偿的损失，不仅包括直接损失，如乙已经花费的部分委托费用等，还应当包括甲的间接损失，如因为乙解除合同导致甲未能在计划时间安装好生产设备并投入正常生产期间内可以获得的经济利益。因为在订立委托合同时，甲已经将其拿到委托乙购入的生产设备后立即投入生产使用的计划明确告知乙，乙仍然选择与甲订立合同，乙可以预见也应当预见到其在最后期限突然行使任意解除权解除委托合同，将导致甲无法按时开展生产经营活动，进而丧失进行生产经营可以获得的利益。

当事人的任意解除权一般须以通知的方式行使。本法第565条第1款规定，当事人一方依法主张解除合同的，应当通知对方。合同自通知到达对方时解除。但是根据该条第2款的规定，当事人也可以直接以提起诉讼或者申请仲裁的方式行使解除权。

第九百三十四条 委托人死亡、终止或者受托人死亡、丧失民事行为能力、终止的，委托合同终止；但是，当事人另有约定或者根据委托事务的性质不宜终止的除外。

◆ 条文主旨

本条是关于委托合同终止的规定。

◆ 立法背景

委托合同的成立，是以双方信任为基础的，如果当事人一方死亡、丧失行为能力或者终止，其继承人、遗产管理人、法定代理人或者清算人与合同的另一方当事人能否取得互相的信任还是未知的，为了避免不必要的纠纷，法律规定在这些情况下，委托合同可以终止。“死亡”“丧失民事行为能力”是对自然人而言的，“终止”则是对法人和非法人组织而言的。

◆ 条文解读

本条将《合同法》第411条中的委托人或者受托人“破产”改为“终止”，因为破产只是法人或者非法人组织终止的原因之一，法人或者非法人组织终止的原因还有解散等。而且，委托人或者受托人进入解散清算或者破产清算阶段，并不必然导致委托合同终止。而当委托人或者受托人终止的，委托合同原则上应当终止。

本条规定的委托合同终止的原因从当事人的角度可以分为两类：第一，委托人死亡或者终止。与《合同法》第 411 条相比，删除了委托人“丧失民事行为能力”的情形。第二，受托人死亡、丧失民事行为能力或者终止。之所以对委托人和受托人作出不同规定，是因为受托人一旦死亡、丧失民事行为能力或者终止，就无法再继续处理委托事项，委托关系只能终止。如果受托人的继承人或者法定代理人等愿意也有能力继续处理该委托事项，可以与委托人协商，双方订立新的委托合同。而委托人丧失民事行为能力，一般情况下并不影响受托人继续处理委托事务，受托人依然可以完成委托事务。而且，依据本法第 173 条的规定，委托代理因代理人丧失民事行为能力而终止，并不因被代理人丧失民事行为能力而当然终止。对于委托人丧失行为能力是否导致委托合同终止，各个国家或者地区有不同的规定，主要有两种立法例。一种是规定委托人丧失民事行为能力的，委托终止。例如，《法国民法典》第 2003 条规定，委托得以下列方式终止：受委托人（代理人）解除受到的委托；受委托人（代理人）抛弃其所受之委托；委托人或者受委托人（代理人）自然死亡或民事上死亡，成年人受监护或非商人破产。另一种则未将委托人丧失民事行为能力作为委托终止的原因。例如，《德国民法典》第 672 条规定，有疑义时，委托不因委托人死亡或者丧失行为能力而消灭。《日本民法典》第 653 条规定，委任因下列事由终止：1. 委托人或者受任人死亡时；2. 委托人或者受任人受破产宣告时；3. 受任人受监护开始的审判时。

各个国家或者地区对委托终止的法定事由的规定虽然不同，但是总体来说主要包括以下几种：当事人解除合同（委托人的撤回和受托人的放弃）；合同期限届满或者委托事务完成；作为委托人或者受托人的自然人死亡（包括宣告死亡）、丧失民事行为能力；作为委托人或者受托人的组织体终止（包括企业破产等）。

根据本条规定，委托人死亡、终止或者受托人死亡、丧失民事行为能力、终止这几种法定事由发生时合同应当终止，但也有例外情况：

1. 合同另有约定时除外。当事人可以另行约定即使有委托人死亡、终止或者受托人死亡、丧失行为能力、终止的情况发生，委托关系仍不消灭，有此约定的，当然依照其约定。

2. 因委托事务的性质不宜终止的。在一些特殊的委托合同中，根据委托事务的性质，不能因以上事由之发生而终止，受托人或者其继承人、遗产管理人、法定代理人应当继续处理委托事务。例如，甲委托乙企业生产医疗物资，用于某地抗击新冠肺炎疫情，情况十分紧急。如果此时委托人甲因感染新冠肺炎不幸逝世，由于委托事务是生产抗击疫情急需的医疗物资，性质十分特殊，在这种情况下，这批医疗物资不能停止生产，委托合同不能因委托人甲的死亡而终止。

一些国家和地区对此也作了规定，如我国台湾地区“民法”第550条规定：“委任关系因当事人一方死亡、破产或丧失行为能力而消灭；但契约另有订定或因委任事务之性质不能消灭者，不在此限。”《德国民法典》第672条规定，委托人死亡或丧失行为能力，原则导致委托合同的终止，但以下两种情况例外：其一，对委托人的死亡或丧失行为能力发生疑问；其二，不宜立即终止的委托合同。《瑞士债务法》则规定，除有相反约定或因委托事务的性质不能消灭者外，委托合同因委托人或受托人的死亡而消灭。

此外，还有一些国家将委托人或者受托人不知道委托终止的原因也作为一种例外情形，此时继续处理委托事务的仍为有效。例如，《法国民法典》第 2008 条规定："受委托人（代理人）在不知道委托人死亡或者其他终止委托之原因的情况下处理的事务，仍然有效。"《德国民法典》第 674 条规定："委托以撤回以外的方式消灭的，为受托人的利益，委托视为仍存续，直到受委托人知道委托消灭或者应当知道委托消灭时止。"《日本民法典》第 655 条则规定："委任终止的事由，非将该事由通知相对人，或者相对人不知道该事由，不得以之对抗相对人。"

委托合同终止后，可能也会因为特殊事由，要求受托人或者其继承人等履行继续处理委托事务或者采取必要措施的义务。本法第 935 条和第 936 条对此作出了相应规定。域外立法也有类似规定，例如《日本民法典》第 654 条规定："委任终止后的情形，有急迫的情势时，受任人及其继承人或者法定代理人，在委托人及其继承人或者法定代理人能处理委托事务前，须为必要的处分。"

第九百三十五条　因委托人死亡或者被宣告破产、解散，致使委托合同终止将损害委托人利益的，在委托人的继承人、遗产管理人或者清算人承受委托事务之前，受托人应当继续处理委托事务。

◆ 条文主旨

本条是关于委托人死亡或者被宣告破产、解散致使委托合同终止，受托人负有继续处理委托义务的规定。

◆ **立法背景**

委托人发生死亡或者被宣告破产、解散的事由时，一般来说，委托关系终止。但是，如果出现了本条规定的情况，即发生上述法定事由，致使委托合同终止将损害到委托人的利益时，委托合同不能终止，受托人还负有继续处理委托事务的义务，应当采取必要的措施保护对方当事人的利益，直至委托人的继承人、遗产管理人或者清算人承受了委托事务为止。

◆ **条文解读**

相比《合同法》第 412 条的规定，本条增加了“遗产管理人”。因为在委托人死亡后，可能先由遗产管理人暂时承受被继承人的权利义务。遗产管理人的职责包括清理遗产、处理被继承人的债权债务等与管理遗产有关的行为。

受托人继续处理事务，如果委托合同是有偿的，则受托人仍得向委托人的继承人、遗产管理人或者清算人请求报酬。因此，对委托人来说，并未增加负担，对受托人的利益则起到防止损害发生的作用。

受托人负有继续处理委托事务的义务，但是，应当继续处理到何时？一般认为，应继续到委托人的继承人、遗产管理人、清算人能接受时为止。例如，委托人死亡，委托人的继承人有时因远在外国，一时不能赶回来，如果受托人不继续处理其事务，势必使委托人的继承人发生损害。受托人应继续处理至委托人的继承人能够接受时为止。

有的国家和地区法律也规定在某种特殊情况下，委托终止后，受托人负有继续处理委托事务的义务。例如，《德国民法典》第 672 条规定，委托消灭的，如延缓会引起危险，则受委托人必须继续处理受托的事务，直到委托人的继承人或者法定代理人能够另做处置为止；在此限度内，委托视为存续。《意大利民法典》第1728条第1款规定，委托于因委托人死亡或者以后无能力而消灭场合，于迟延则有危险时，其已着手实行的受托人应将其继续实行。

第九百三十六条 因受托人死亡、丧失民事行为能力或者被宣告破产、解散，致使委托合同终止的，受托人的继承人、遗产管理人、法定代理人或者清算人应当及时通知委托人。因委托合同终止将损害委托人利益的，在委托人作出善后处理之前，受托人的继承人、遗产管理人、法定代理人或者清算人应当采取必要措施。

◆ 条文主旨

本条是关于受托人死亡等原因致使委托合同终止，其继承人等负有通知和采取必要措施义务的规定。

◆ 立法背景

因受托人死亡、丧失民事行为能力或者被宣告破产、解散，致使委托合同终止的，受托人的继承人、遗产管理人、法定代理人或者清算人负有两项义务：一是及时通知委托人。因受托人死亡、丧失民事行为能力或者被宣告破产、解散，导致委托合同终止的，委托人可能对委托终止的事由并不知情，如果不将该情况及时告知委托人，可能给委托人造成损失。二是在委托合同终止将损害委托人利益的情况下，受托人的继承人、遗产管理人、法定代理人或者清算人不仅应当及时告知委托人，还应当采取必要的措施保护委托人的利益。例如，保存好委托事务有关的单证和资料；保管好委托事务的财产，以便交付给委托人。

◆ **条文解读**

需要注意的是，本条规定的“采取必要措施”与本法第935条规定的“继续处理委托事务”不同，采取必要的措施只是为了维护委托人的利益，减少委托人因委托合同终止产生的损失，实际上委托已经终止，受托人的继承人等没有义务继续处理委托事务。法律规定受托人的继承人、遗产管理人、法定代理人或者清算人承担上述通知义务和采取必要措施的义务，是因为受托人死亡后，继承人有继承其财产的权利，在遗产分割前由遗产管理人接管相关财产、处理被继承人的债权债务；受托人丧失民事行为能力后，由法定代理人代理其民事活动；法人被宣告破产或者解散后，由清算人接管，对财产清理、保管、估价、处理和分配，清算人可以进行必要的民事活动。继承人、遗产管理人、法定代理人、清算人在承受受托人遗产或者处理受托人事务时，应当遵循诚实信用的原则，将受托人的有关事宜妥善处理。

其他国家和地区的法律中也有类似的规定。例如，《法国民法典》第2010条规定：“如受委托人（代理人）死亡，其继承人应当告知委托人，并且应在等待的同时，为委托人的利益处理情势要求进行处理的事务。”《德国民法典》第673条规定：“有疑义时，委托因受委托人的死亡而消灭。委托消灭的，受委托人的继承人必须不迟延地将受委托人的死讯通知委托人，并且，延缓会引起危险的，受委托人的继承人必须继续处理受托的事务，直到委托人能够另做处置为止；在此限度内，委托视为存续。”《意大利民法典》第1728条第2款规定：“委托于受托人死亡或者以后无能力而消灭场合，其继承人、代理或者保佐受托人的人，在知其委托场合，要立即向委托人通告，而且在此期间为委托人的利益，应根据周围的情况采取必要的措施。”

采取必要措施的义务应到何时为止？在司法实践中，一般认为应当处理到委托人作出善后处理时为止。委托人在知道受托人死亡、丧失民事行为能力或者被宣告破产、解散，需要一段时间进行善后处理，如需要找新的受托人代替前一受托人的工作，寻找的过程需要时间等，在委托人处理好以前，受托人的继承人、遗产管理人、法定代理人或者清算人有义务采取必要的、有效的措施，以维护委托人的利益。

第二十四章　物业服务合同

本章共十四条，主要规定了物业服务合同的定义、主体、内容，前期物业服务合同的效力，前期物业服务合同的终止，物业服务事项的转委托和不得一并转委托，物业服务人的主要义务、重要事项的公开及报告义务，业主的主要义务及告知义务，物业服务合同的解除和续订，物业服务合同终止后物业服务人的交接义务和交接期间的物业费请求权等。

相比合同法，本章是新增的一章。近年来，我国城市建设和房地产业高速发展，物业服务行业也迅速发展壮大，一方面加速了住宅小区服务、管理方式的专业化和现代化；另一方面也由此引发了一些纠纷。为规范物业服务行业的健康发展，指导司法实践对物业服务纠纷进行处理，民法典将物业服务合同规定为一章。目前，其他国家和地区的法律没有将物业服务合同明确作为有名合同加以规定，设立专章规定物业服务合同可以说是我国民法典的创新之举。

第九百三十七条　物业服务合同是物业服务人在物业服务区域内，为业主提供建筑物及其附属设施的维修养护、环境卫生和相关秩序的管理维护等物业服务，业主支付物业费的合同。

物业服务人包括物业服务企业和其他管理人。

◆ 条文主旨

本条是关于物业服务合同的定义和主体的规定。

◆ 立法背景

“物业管理”可以追溯到19世纪60年代的英国，并随着英国社会经济的发展，传播到世界各地。现代的“物业”来源于我国香港地区的说法，我国内地的物业管理开始于20世纪80年代，以上海、深圳发展得最早。“物业”的含义可总的概括为各类建筑物及其配套的设施设备，既可指整个建筑物的住宅区域，也可指一定单位面积的房屋，具体来说包括高层住宅楼、商业写字楼、综合性大楼等及其附属的设施。

在我国，城镇化的快速发展，迅速带动了房地产行业，城市里的高楼大厦如雨后春笋般拔地而起。城市化进程的加快使土地资源日益稀缺，人们的居住方式开始从独门独户向众多人居住在一栋住宅楼中的商品房发展。在商品化的住宅楼中，大多采用建筑物区分所有的形式：业主对建筑物内的住宅等专有部分享有所有权，对专有部分以外的共有部分享有共有和共同管理的权利。共有部分包括楼道、电梯、建筑区划内的道路等，与人们的生活息息相关。但是，业主人数众多，公共事务繁杂，如果小区内的事务都由业主自己管理，可能会导致公共事务运转效率低下，管理成本增加，而且实际上往往也无法执行。所以业主们需要将这些事务交给专门的机构或者人员来处理，物业服务企业就是在这种背景下产生的。物业服务企业是专门为业主提供物业服务，管理建筑区划内业主共有部分和公共事务的企业，能够有效提升区分所有建筑中物业管理的水平。业主既可以自己管理小区物业，也可以委托物业服务人来管理，物业管理产生于业主的共同管理权，当业主委托物业服务人管理小区物业时，应当与物业服务人订立物业服务合同。物业服务合同是随着我国房地产实践的发展，为了满足物业管理的需要出现的。

◆ **条文解读**

一、物业服务合同的定义

学界上对物业服务合同的定义有广义和狭义之分。广义的物业服务合同，主要可以分成两类，即前期由建设单位与物业服务人订立的前期物业服务合同以及后期业主通过业主委员会或者业主大会与物业服务人订立的物业服务合同。狭义的物业服务合同仅指后者，也可称为普通物业服务合同。所谓前期物业服务合同，是指在物业服务区域内的业主、业主大会选聘物业服务人之前，由房地产建设单位与物业服务人签订的、由物业服务人提供物业服务的合同。普通物业服务合同，是指在业主与物业服务人之间签订的物业服务合同。《物业管理条例》第 2 条规定："本条例所称物业管理，是指业主通过选聘物业服务企业，由业主和物业服务企业按照物业服务合同约定，对房屋及配套的设施设备和相关场地进行维修、养护、管理，维护物业管理区域内的环境卫生和相关秩序的活动。"该条所规定的物业服务合同就是狭义上的物业服务合同。而本条规定的物业服务合同是指广义上的物业服务合同，本章的规定一般也都适用于前期物业服务合同。

民法典通过以前，关于物业服务（物业管理）领域的规定，主要集中于行政法规、部门规章及司法解释中，物权法中也有所涉及。为了规范物业管理活动，维护业主和物业服务企业的合法权益，改善人民群众的生活和工作环境，国务院于 2003 年制定了《物业管理条例》，该条例在 2007 年物权法通过后作出修改，并于 2016 年和 2018 年分别进行再次修改。2004 年，建设部发布了《物业管理企业资质管理办法》，目的是"加强对物业管理活动的监督管理，规范物业管理市场秩序，提高物业管理服务水平”。该办法于2007年更名为《物业服务企业资质管理办法》并作修改，此后又进行多次修改，但最终于2018年被住建部废止。2007年，第十届全国人民代表大会第五次会议通过了《中华人民共和国物权法》，但并没有专门规定物业服务（合同），只是在第六章“业主的建筑物区分所有权”中对物业服务（合同）有所涉及。2009年，最高人民法院通过了《关于审理物业服务纠纷案件具体应用法律若干问题的解释》（以下简称《物业服务纠纷司法解释》），以指导司法实践中出现的物业服务纠纷案件的处理，维护当事人的合法权益。

长期以来，“物业服务（合同）”一直被称为“物业管理（合同）”。2003年出台的《物业管理条例》中虽然采用了“物业服务合同”一词，但是合同主体还是用“物业管理企业”的名称，其提供的服务为“物业管理服务”。2007年颁布的物权法不再使用“物业管理企业”，而采用了“物业服务企业”的概念，也不再使用“物业管理”一词。物权法通过后，国务院也对《物业管理条例》进行了相应修改，将“物业管理企业”修改为“物业服务企业”。很多学者认为，从“物业管理（合同）”到“物业服务（合同）”的转变，不仅让此类合同回归了服务性合同而非管理性合同的本质，也体现了物业服务理念的转变和业主权利意识的增强。

传统合同法理论中并没有物业服务合同这种合同类型，我国合同法也没有对该合同作出规定。有的观点认为，《物权法》《物业管理条例》《物业服务纠纷司法解释》等有关法律、行政法规、司法解释都规定了物业服务合同，因而它已经是特别法所规定的有名合同。也有观点认为，物业服务合同属于委托合同、劳务合同，或者是混合合同，并非独立的有名合同。本法合同编将物业服务合同明确规定为一种典型合同。

二、物业服务合同的性质

关于物业服务合同的性质，学界观点各异，能够达成共识的不多，这恐怕与我国房地产市场的起步、发展较晚，规范化、现代化的物业服务业刚刚开始，关于物业服务纠纷近年来才开始大量出现，实践中缺乏足够实例供研究和佐证等因素不无关系。因此，有人认为，物业服务企业在本建筑区划内对小区享有的是管理权，业主无权干涉和监督。这种观点使得物业服务人以主人的身份从事管理活动，侵害了业主的权利。

物业服务合同的性质到底是什么，学理上的看法很多，概括起来主要有如下观点：

1. 委托合同说。目前，委托合同说比较受欢迎，认为物业服务合同的客体与委托合同相同，都是提供劳务。物业服务人接受业主的委托，办理物业服务事务，主要是为业主提供劳务，这是实现合同目的的必要手段。物业服务合同是有偿合同，而民事委托以无偿为原则，以有偿为例外，商事委托以有偿为原则。物业服务合同以营利为目的，为商事合同，属于有偿的委托合同。因此，物业服务合同是一种委托合同。

2. 服务合同说。该观点认为，作为物业服务合同当事人的业主、业主委员会和物业服务人，在法律地位上是平等的，因此双方所签合同的性质，应当定位于服务合同而非委托合同。具体理由主要有：第一，有偿服务是物业服务的基本特征，物业服务必须是一种有偿服务性质的劳动，物业服务合同是双务、有偿合同，而委托合同可以是双务、有偿合同，也可以是单务、无偿合同。第二，委托合同中所称的委托人的事务，是指与委托人有利害关系、委托人若不委托处理就得亲自处理的事务。而物业服务实际上不是一种事务，而是物业服务人提供的一种社会化、专业化、技术化的有偿服务性质的劳动。业主给物业服务人支付的物业费，除了处理各项事务所支出的费用，主要属于劳动报酬的性质。第三，委托合同要求受托人应当按照委托人的指示处理委托事务，而物业服务人的服务或者管理并不是完全按照业主、业主委员会或者建设单位的要求来处理。第四，委托合同有转委托以及就同一事务委托数人的规定，但是物业服务人只能将部分专项服务事项委托给专业性服务组织或者其他第三人，不能将物业服务区域内的全部物业服务转委托给第三人，或者分解后分别转委托给第三人。一个物业服务区域内只能选聘一家物业服务人。第五，两种合同法律后果的承担不同。受托人在委托范围内实施委托行为产生的法律后果，由委托人承担。且受托人处理事务时，因不可归责于自己的事由受到损失的，可以向委托人请求赔偿。而物业服务合同中，不论是侵权责任还是违约责任，都由物业服务合同当事人按照各自的过错分别承担责任。

3. 混合合同说。该观点认为，物业服务合同不是单纯的某类有名合同，而是复合性的，其包含了委托合同、代理合同、承揽合同、服务合同等多种合同类型的特征，或者叫“复合性合同”。业主群体把其共有部分、共用设施设备管理、安全秩序维护以及清洁、园林绿化等事务交给物业服务人完成，具有委托的性质；物业服务人把部分专项服务事项交给专业性服务组织承担，具有承揽的性质；而物业服务人在履行合同的过程中，很大程度上是以劳务付出或者提供服务的形式进行的，因而具有劳务性质和服务性质。物业服务给付具有综合性，整个物业服务的过程具有整体、连续的特征，仅提供单一服务都不能被称为物业服务合同。

4. 独立合同说。该观点认为，物业服务是一种复杂的综合性服务，与传统合同类型的客体都有所不同，所以物业服务合同不属于原来合同法所规定的任何一种合同类型，是一种独立的合同。

其特殊性表现在：第一，主体特殊。与物业服务人对应的合同当事人包括业主、业主委员会或者建设单位，具有复杂性。第二，订立程序和形式特殊。有些物业服务必须通过招投标的方式来选聘物业服务人，且所有物业服务合同为要式合同，必须采用书面形式。第三，对诚实信用原则具有特殊的依赖性，业主选聘物业服务人往往基于对其的信任。第四，受国家或者行业的干预、指导。

除了以上几种主要观点，还有雇佣合同说、承揽合同说等。雇佣合同说认为，在物业服务合同是业主出钱雇佣物业服务人对物业服务区域内的相关事务进行管理，类似于过去的“管家”角色，应当属于雇佣合同。承揽合同说认为，在物业服务合同中，物业服务人按照业主的要求完成工作，给小区居民提供了一个优美安逸的生活环境，可以说是交付承揽的劳动成果。

物业服务合同具有其自己的特征无法完全归入某种类型的合同而适用其规定。据此，本法将物业服务合同作为一种新的有名合同，设立专章对其加以规定，以更好地规范物业服务行业的发展，更好地解决实践中出现的物业服务纠纷。

三、物业服务合同的特征

物业服务合同的主要特征有：

1. 是平等主体之间的民事合同

合同是平等主体的自然人、法人和非法人组织之间设立、变更、终止民事法律关系的协议。物业服务合同当事人一方是业主，另一方是物业服务人，双方订立的是以物业服务的权利义务为内容的，由物业服务人依据约定为业主提供专业服务，由业主支付相应报酬的协议。

物业服务合同是一种民事合同，毫无疑义，这本无须强调。但是，“物业服务合同”在我国曾长期被称为“物业管理合同”，而“物业管理合同”具有强烈的行政管理色彩。“物业服务”的含义区别于“物业管理”，物业管理是我国计划经济时代行政管理称谓的延续，其理念强调的是物业公司按照类似行政命令的方式对物业进行管理，显然不符合现代物业服务合同主体的平等理念。从“物业管理”到“物业服务”，体现了物业管理理念的转变，强调的是物业服务人与业主之间的平等关系。物业服务合同回归了“服务”的本质，体现了合同主体之间是平等地位，突出了物业服务合同的服务性而非管理性。

业主聘用物业服务人的目的是获取其提供的物业服务，而不是对自己进行管理。实践中，物业服务人可能会根据法律的规定或者接受社区居委会或街道办事处的委托从事一定的管理活动。本法第 285 条规定，物业服务企业或者其他管理人应当执行政府依法实施的应急处置措施和其他管理措施，积极配合开展相关工作。例如，在新冠肺炎疫情期间，各小区都要按照疫情防控的有关规定和要求，对进出小区的人员进行管控、测量体温等，小区物业服务人应当配合街道、社区实施各种防控措施。再如，现在全国很多地方都开始进行垃圾分类，物业服务人也需要配合当地政府做好小区内的垃圾分类工作。本法第 942 条第 2 款还规定，对物业服务区域内违反有关治安、环保、消防等法律法规的行为，物业服务人应当及时采取合理措施制止、向有关行政主管部门报告并协助处理。但是，物业服务人的这些管理活动实质上并非基于物业服务合同对业主进行管理，而是基于法律的规定或者社区的委托，在某些特殊情况或者特定场合中对政府予以配合，但其本质依然是向业主提供物业服务。

物业服务人的服务对象是业主，其基于与业主之间的约定，对物业服务区域内的建筑物和附属设施等进行管理。物业服务合同与委托合同等提供服务的合同具有相似性，业主和物业服务人之间是平等的主体关系。物业服务人“管理”的对象为物业，而非业主。即使物业服务人对物业的管理也包含对小区或者建筑物内的人员进行管理，但其本质上也是一种提供服务的行为，双方当事人处于平等地位，这与一般的民事合同没有本质区别。

2. 合同主体具有特殊性

物业服务合同的当事人为业主和物业服务人。根据本条第 2 款的规定，物业服务人又包括物业服务企业和其他物业管理人。

物业服务事关全体业主的人身、财产安全，同时，有的物业服务活动具有较高的专业性、技术性要求，如小区公共设施的检修、保养与维护等，这对物业服务人提出了一定的要求。作为物业服务合同一方当事人的物业服务人一般是专门从事物业服务经营活动的物业服务企业。在 2018 年国务院修改《物业管理条例》以及住建部废止《物业服务企业资质管理办法》以前，根据《物业管理条例》和《物业服务企业资质管理办法》的相关规定，物业服务企业应当具备一定的资质要求，不具备相关资质的物业服务企业不得从事相关的物业服务活动，不得签订物业服务合同。而物业服务人员则必须取得物业管理职业资格证书。2007 年的《物业管理条例》第 32 条规定，从事物业管理活动的企业应当具有独立的法人资格。国家对从事物业管理活动的企业实行资质管理制度。具体办法由国务院建设行政主管部门制定。第 33 条规定，从事物业管理的人员应当按照国家有关规定，取得职业资格证书。《物业服务企业资质管理办法》进一步将物业管理企业资质等级分为一级、二级和三级。随着“放管服”改革的不断深入，国务院及有关部门于 2015 年取消了物业公司注册资本限制，取消了物业管理师资格考试；2016 年修改的《物业管理条例》，删除了第 33 条和第 61 条与物业管理人员资格有关的条款，取消了物业管理人员从业资格限制；2017 年又逐步取消了物业服务企业资质认定；2018年再次修改了《物业管理条例》中与物业服务企业资质管理有关的条款，并废止了《物业服务企业资质管理办法》。至此，我国已经全面取消了物业服务企业的资质认定和物业服务人员的资格限制，企业和有关人员从事物业服务活动不再需要经过主管部门审批或者取得职业资格证书。但是，作为专门从事物业服务的经营者，物业服务企业应当具有提供相应服务的专业知识和技能，以满足业主正常的生活需要。

对于物业服务合同的另一方当事人，学界一直存在争议。有的认为是业主大会，有的认为是业主委员会，还有的认为是单个业主。业主大会说认为，业主大会是代表和维护全体业主合法权益的自治组织，业主委员会只是业主大会的执行机构，应当由业主大会代表全体业主签订物业服务合同。业主委员会说认为，根据司法实践和《物业服务纠纷司法解释》的规定，业主委员会具有诉讼主体资格，可以参与物业服务合同纠纷案件的诉讼。业主委员会也可以与业主大会依法选聘的物业服务人订立物业服务合同。因此，业主委员会应当为物业服务合同的当事人。单个业主说则认为，虽然单个的业主并没有直接与物业服务人签订物业服务合同，但是每个业主都是实质上的合同当事人，因为每个业主都实际享有合同权利并承担合同义务，每个业主都是物业服务人的服务对象，都需要向物业服务人缴纳物业费。

就业主大会而言，它不具有民事主体资格，也不具有诉讼主体资格。业主大会不是常设的机构或者组织，亦没有财产，不能对外独立承担责任，不能成为合同当事人而享有权利承担义务。所以，业主大会不是物业服务合同的主体。业主委员会虽然常常直接与物业服务人签订合同，且在实践中具有诉讼主体的资格，但是业主委员会并非独立的民事主体，没有自己的财产，不能独立对外承担责任，不具有民事权利能力，不能享有权利承担义务，也不能成为合同当事人。业主委员会只是接受业主大会的授权，与业主大会依法选聘的物业服务人签订物业服务合同，其代表的是全体业主的利益。

物业服务合同的主体应当是业主，而且是全体业主。虽然与物业服务人签订物业服务合同的可能是业主，也可能是业主委员会甚至是建设单位，但是物业服务合同的当事人是全体业主，由全体业主享有物业服务合同的权利，承担合同义务。当独门独栋的业主自己聘请物业服务人时，业主直接与物业服务人签订物业服务合同，这是极少数的。但是，现在的住宅小区往往不止一栋楼房，而且每栋楼房里面又有很多住户，整个小区业主人数众多，具有集合性的特点。

在业主人数众多的情况下，由每个业主直接与物业服务人签订合同是不可能的，所以一般由业主委员会代表全体业主来与物业服务人订立合同。合同一旦成立，因为全体业主都是合同当事人，所以合同对每个业主都发生效力，业主不得以没有直接参与合同订立为由拒绝接受合同约束。因为业主人数较多，不可能由每个业主决定自己是否订立合同，也不可能由每个业主亲自与物业服务企业签订合同，所以全体业主需要按照一定的程序来作出决定，并且由某个特定的主体来代表全体业主与物业服务人签订合同。如果业主已经成立了业主大会，则需要按照法定程序，由业主大会作出决定。本法第 280 条规定，业主大会或者业主委员会的决定，对业主具有法律约束力。所以一旦业主大会作出与物业服务人订立合同的决定，就对全体业主具有拘束力，与物业服务人订立合同后，该合同就对全体业主发生效力，业主不能拒绝履行其合同义务。本法第 944 条规定，物业服务人已经按照约定和有关规定提供服务的，业主不得以未接受或者无需接受相关物业服务为由拒绝支付物业费。业主违反约定逾期不支付物业费的，物业服务人可以催告其在合理期限内支付；逾期仍不支付的，物业服务人可以提起诉讼或者申请仲裁。业主拒绝履行支付报酬的义务的，物业服务人可以通过诉讼或者仲裁等途径解决。

3. 客体是物业服务人提供的物业服务行为

物业服务合同的客体是物业服务人提供的物业服务，物业服务合同与委托合同、行纪合同、中介合同等类似，所给付的内容都不是具体的标的物，而是行为，而且提供服务的行为还具有持续性和重复性的特点，比如检修建筑物内的电梯，做好小区保洁工作维护环境卫生等。物业服务合同注重彼此之间的人身信任关系，一旦此种信任关系不存在，合同的履行将会面临困难，这也可能成为当事人解除合同的法定事由。本法第 941 条第 2 款规定，物业服务人不得将其应当提供的全部物业服务转委托给第三人，或者将全部物业服务支解后分别转委托给第三人。此外，物业服务人所提供的物业服务的质量没有法定的统一标准，而需要当事人的特别约定，且当事人履行义务的结果是否符合当事人之约定，一般难以准确判断，这也是容易引起物业服务合同纠纷的原因之一。

4. 服务内容的综合性和专业性

相比于一般的民事合同，物业服务人提供物业服务的内容较为复杂，物业服务人既要管理物业服务区域内的建筑物及其附属设施等物，也要管理进出小区以及建筑物内的人员。物业服务的内容十分庞杂，既包括物的管理，也包括人的管理。物业服务的具体内容视小区具体情况不同而有所差异，但是都势必包括卫生、环保、安全、消防等方方面面，具有综合性和全面性。根据本法第 937 条和第 942 条的规定，物业服务人是业主提供建筑物及其附属设施的维修养护、环境卫生和相关秩序的管理维护等物业服务，具体来说，包括妥善维修、养护、清洁、绿化和经营管理物业服务区域内的业主共有部分，维护物业服务区域内的基本秩序，采取合理措施保护业主的人身、财产安全，等等。基于物业服务合同内容的复杂性，有的学者认为，物业服务合同是一种包括委托、行纪、雇用、承揽在内的复合型合同。而就物业服务的每项具体内容来说，又都具有一定的专业性。例如，电梯检修需要专业的技术人员才能进行，供暖设备的维修工作也只能由专业人员才能实施。

5. 订立程序的特殊性

如上所述，物业服务合同的一方当事人为全体业主，具有集合性的特点。如果由物业服务人与业主逐一签订合同，不仅效率极低，而且无法实现。为了提高订约效率、避免发生纠纷，在物业服务合同的订立方面，需要设置一定的程序性要求，也就是物业服务合同的订立需要遵循法定的程序，业主们需要通过一定的方式来作出决定。根据本法物权编第 278 条的规定，选聘和解聘物业服务企业或者其他管理人时，应当由专有部分面积占比三分之二以上的业主且人数占比三分之二以上的业主参与表决，并且经参与表决专有部分面积过半数的业主且参与表决人数过半数的业主同意；同时，经过业主大会的选聘之后，由业主委员会代表全体业主与物业服务人签订物业服务合同。

6. 属于双务、有偿、要式、继续性合同

物业服务人的主要义务是按照物业服务合同之约定向全体业主提供物业服务，而全体业主的主要义务是向物业服务人支付报酬，双方所负义务属于给付与对待给付的关系，因此物业服务合同是一种双务合同。

根据物业服务合同的定义，业主负有向物业服务人支付报酬的义务。物业服务人一般都是专门从事物业服务的物业服务企业，是为了获取报酬才为业主提供专业的服务，因此物业服务合同是有偿合同。

物业服务合同是要式合同。本法第938条第3款规定，物业服务合同应当采用书面形式。之所以规定物业服务合同应当采用书面形式，主要是因为物业服务合同的内容往往十分复杂，为了明确物业服务人与业主之间的具体权利义务关系，同时也有利于避免纠纷的发生，需要以书面的形式来确定当事人的权利义务。

物业服务人应当按照物业服务合同的要求，向全体业主提供物业服务。通常情况下，物业服务并不是一次性完成的，而需要持续一定的时间，物业服务人应当在合同约定的期间内不间断地提供物业服务。因此，物业服务合同是继续性合同。由于继续性合同在终止时没有溯及既往的效力，在物业服务合同终止时，其效力向将来发生，对于物业服务人已经提供的服务，业主仍应当按照合同约定支付相应的报酬。因为物业服务合同是继续性合同，在合同终止前，物业服务人都应当提供符合约定的物业服务，但是业主可以按照法定程序解聘物业服务人，解除物业服务合同。

四、物业服务合同与委托合同的关系

物业服务合同与委托合同、承揽合同都有一定的相似性，与委托合同最为相近，学界也常常将两者进行比较。物业服务合同是业主委托物业服务人对物业进行管理、提供物业服务的合同，委托合同是委托人委托受托人处理一定事务的合同，都属于提供劳务型的合同。有的学者认为，物业服务合同也有一定的委托合同的性质，物业服务人接受业主委托处理的事务是对物业进行管理。2018年8月审议的《民法典各分编（草案）》第734条规定："本章没有规定的，参照适用委托合同的有关规定。"考虑到物业服务合同既具有委托合同的特性，也具有承揽合同的特性，物业服务合同与委托合同之间存在诸多区别，不宜笼统规定物业服务合同参照适用委托合同，因此合同编二审稿删除了该条规定。

具体来说，物业服务合同与委托合同有以下区别：第一，物业服务合同是双务、有偿合同，而委托合同可以是双务、有偿合同，也可以是单务、无偿合同。第二，委托合同的受托人可以委托人的名义处理委托事务，也可以自己的名义从事活动。而物业服务人只能以自己的名义为业主处理物业服务事项。第三，委托合同的受托人实施代理行为的法律后果直接由委托人承担。在物业服务合同中，业主对物业服务人从事的民事行为并不承担法律后果。第四，一般的委托合同往往是处理具体的一项或者几项特定事务，而物业服务合同的内容往往十分复杂，包括各种繁杂的事项，既包括对物的管理，也包括对人的管理，等等。第五，委托合同的受托人须按照委托人的指示处理委托事务，而物业服务合同中，物业服务人提供的是专业性、综合性的服务，业主一般无须对物业服务人作出指示，物业服务人无须在处理所有物业服务事项的过程中按照业主的指示行事，只要按照物业服务合同的约定，并遵守相关法律法规、行业规范，可以独立自主开展物业服务和管理活动。第六，在委托合同中，委托人经受托人同意，可以在受托人之外委托第三人处理委托事务。而物业服务合同中，业主不得在物业服务人以外再聘请其他物业服务人，否则将使得物业服务活动无法开展。第七，物业服务合同中，业主可以通过法定程序共同决定解聘物业服务人，以解除物业服务合同，也就是说，全体业主（并非单个业主）具有任意解除权。但是物业服务人不能随意解除合同，不定期的物业服务合同除外。委托合同的委托人和受托人都有任意解除权，双方均可以随时解除委托合同。

第九百三十八条 物业服务合同的内容一般包括服务事项、服务质量、服务费用的标准和收取办法、维修资金的使用、服务用房的管理和使用、服务期限、服务交接等条款。

物业服务人公开作出的有利于业主的服务承诺，为物业服务合同的组成部分。

物业服务合同应当采用书面形式。

◆ 条文主旨

本条是关于物业服务合同的内容和形式的规定。

◆ 立法背景

合同的内容从形式上看是合同的条款，其实质则是当事人之间的权利义务。物业服务合同来源于当事人约定、法律规定以及交易习惯等，主要来源是当事人的约定。当事人的约定只要不违反法律法规的强制性规定，不违背公序良俗，就为有效的约定，双方当事人都要遵守约定，享有合同权利，履行合同义务。

◆ 条文解读

一、物业服务合同的内容

为了规范物业服务合同，对当事人订立物业服务合同提供指引，本条规定了物业服务合同一般包括的条款，以供当事人订立合同时参考。本条第1款规定："物业服务合同的内容一般包括服务事项、服务质量、服务费用的标准和收取办法、维修资金的使用、服务用房的管理和使用、服务期限、服务交接等条款。"物业服务合同的主要条款包括：

1. 物业服务事项

本法第942条规定："物业服务人应当按照约定和物业的使用性质，妥善维修、养护、清洁、绿化和经营管理物业服务区域内的业主共有部分，维护物业服务区域内的基本秩序，采取合理措施保护业主的人身、财产安全。对物业服务区域内违反有关治安、环保、消防等法律法规的行为，物业服务人应当及时采取合理措施制止、向有关行政主管部门报告并协助处理。"该条规定仅列举了一些主要的、基本的物业服务事项，当事人可以在合同中对这些事项作出更为具体、细化的约定，例如每半年或者一年对小区住宅楼内的电梯进行检修维护、小区内保安每天至少巡逻三次等。而且，当事人可以在物业服务合同中明确约定的具体物业服务事项，不限于上述列举的服务事项，例如当事人可以约定由物业服务人对区分建筑物的业主专有部分进行维修和管理（如约定物业服务人应当负责维修业主家中的电灯）。此外，业主甚至可以委托物业服务人提供一般物业服务事项以外的服务项目，服务报酬由双方约定。不过，如果只是单个业主委托物业服务人提供额外服务，并不能成为物业服务合同的内容，而是该业主与物业服务人之间成立了委托合同等关系。例如，业主可以与物业服务人约定由物业服务人向业主有偿提供代收代寄快递服务等。

2. 服务质量

服务质量的标准因人而异，人们可能会有不同的理解和要求，法律难以作出明确界定，一般都是由当事人在合同中作出特别约定。服务质量的标准往往还因不同的服务费用标准而有所区别，高档小区收取高额物业费，自然对其服务质量也提出了高于一般小区的要求。服务质量比较抽象，当事人应当对物业服务事项的质量进行具体约定，有利于明确双方的权利义务，避免产生不必要的纠纷。有些服务事项的质量可以通过量化来确定标准，例如，合同约定物业服务人每年须对小区内的电梯进行一次检修，小区门口必须每天24小时有两名以上保安值守，等等。但是，有些服务事项难以确定质量标准，例如，合同中约定，物业服务人应当保持小区内环境的整洁卫生。那么，需要达到何种程度的“整洁卫生”，才算是符合合同约定的服务质量？对于一些无法量化或者明确界定的标准，通常只能以常人之理解来确定。例如，小区环境整体非常干净，只是小区道路偶尔有个纸团，或者一些树叶没有及时打扫，一般还是认为符合“整洁卫生”的标准。

3. 服务费用的标准和收取办法

服务费用也称物业费，是业主对物业服务人提供的服务所支付的报酬。物业费一般由物业服务的成本和利润两部分构成。物业服务的成本一般包括管理服务人员的工资、社会保险，物业服务区域内的建筑物及其附属设施日常运行、维护费用，物业服务区域的清洁卫生费用、绿化养护费用、秩序维护费用，等等。物业费的收取主要有两种方式，即包干制和酬金制。包干制指业主向物业服务人支付固定费用，物业服务人自负盈亏，具体缴费标准一般由业主和物业服务人根据政府指导价自行约定。物业服务人为专门提供物业服务的专业机构或者人员，以物业服务为业，以经济利益为目的，对成本会进行预估，一般来说不至于出现亏损。而酬金制指物业服务人会在预收的物业服务资金中按约定比例或者约定数额提取酬金，其余部分则用于物业服务合同约定的支出，多退少补。物业服务人不得违反法律、法规和部门规章的规定，擅自提高收费标准或者重复收费，否则都构成违规收费。

4. 维修资金的使用

维修资金，也可称为“公共维修资金”或者“专项维修资金”，是指由业主缴纳的，专项用于物业服务区域内建筑物的共用部分、共用设施设备保修期满后的维修和更新、改造的资金，如电梯、单元门等共有部分的维修费用。维修资金是由业主共同出资形成的，属于业主共有，且只能用于特定的目的，不能用于物业服务过程中的其他各项支出。业主委员会与物业服务人订立物业服务合同时，可以就专项维修资金申请使用的具体事项作出约定。实践中，专项维修资金一般登记在以业主或者业主委员会名义开设的专用账户下，通常由有关部门指导、监督其使用。维修资金是全体业主的共同财产，关系到业主们的切身利益，所以维修资金的筹集和使用都要具备严格的条件，应当由业主按照法定的程序共同决定。物业服务人还应当定期向业主大会、业主委员会报告维修资金的使用情况。本法物权编中有关于维修资金的专门规定。本法第 281 条规定，“建筑物及其附属设施的维修资金，属于业主共有。经业主共同决定，可以用于电梯、屋顶、外墙、无障碍设施等共有部分的维修、更新和改造。建筑物及其附属设施的维修资金的筹集、使用情况应当定期公布。紧急情况下需要维修建筑物及其附属设施的，业主大会或者业主委员会可以依法申请使用建筑物级其附属设施维修资金。”本法第 278 条还对业主共同决定筹集和使用建筑物及其附属设施维修资金的法定程序作出了规定。2007 年，建设部和财政部联合发布《住宅专项维修资金管理办法》，对住宅专项维修资金的交存、使用和监督管理等进行了详细规定。

5. 服务用房的管理和使用

服务用房，又称物业服务用房，是指物业服务人为业主提供物业服务而使用的房屋。物业服务用房是向小区提供物业服务所必需的。没有物业服务用房，物业服务人就无法为业主提供必要的物业服务。依据本法第 274 条的规定，物业服务用房属于业主共有。在物业服务人开始为业主提供物业服务时，就可以使用物业服务用房。但是，物业服务用房的用途是特定的，物业服务人不得擅自改变。《物业管理条例》第 37 条规定：“物业管理用房的所有权依法属于业主。未经业主大会同意，物业服务企业不得改变物业管理用房的用途。”物业服务用房只限用于物业服务，而不得擅自改变用途，如出租给商户用于开设餐馆等，但是经过业主大会同意的除外。

6. 服务期限

服务期限，是指双方当事人在物业服务合同中约定的由物业服务人提供物业服务的期限。业主与物业服务人应当在合同中约定确定的物业服务期限，或者约定为不定期合同。如果对服务期限没有约定或者约定不明确的，双方当事人可以协议补充；不能达成补充协议的，应当视为不定期合同，当事人可以随时解除该合同，但在解除合同前应当给对方必要的准备时间。服务期限届满后，物业服务合同终止，物业服务人应当在一定期限内退出物业服务区域，并做好有关交接工作。但在新物业服务人或者业主自己接管前，物业服务人还是应当继续处理物业服务事项。合同期限届满后，如果当事人没有续约，也没有选聘其他物业服务人，物业服务人继续提供物业服务的，应当视为物业服务合同继续有效，但是服务期限变为不定期。

7. 服务交接

本法第949条第1款规定：“物业服务合同终止的，原物业服务人应当在约定期限或者合理期限内退出物业服务区域，将物业服务用房、相关设施、物业服务所必需的相关资料等交还给业主委员会、决定自行管理的业主或者其指定的人，配合新物业服务人做好交接工作，并如实告知物业的使用和管理状况。”因为物业服务合同涉及的服务事项较多，是继续性合同，一般服务期限较长，原物业服务人不仅长期占有物业服务用房，而且掌握了小区内相关设施、物业服务的很多相关资料，这些物业服务用房及相关资料应当交还给业主委员会、决定自行管理的业主或者其指定的人；如果已经选定了新物业服务人，原物业服务人还应当配合新物业服务人做好交接工作，如实告知物业的使用和管理情况。具体如何进行交接，双方可以在物业服务合同中进行约定。

二、物业服务人公开作出的有利于业主的服务承诺为物业服务合同的组成部分

物业服务承诺，是指物业服务人为保证物业服务的质量和效益，向全体业主公开作出的有关物业服务内容和标准的单方意思表示。实践中，物业服务人会在其宣传中公开作出某种服务承诺，以吸引业主选聘其作为物业服务人，或者在提供物业服务的过程中作出某种承诺，以提高服务质量和业主满意度，这事实上经常成为业主选聘物业服务人的重要依据。为了规范物业服务人的行为，充分保护业主的利益，本条第 2 款将“物业服务人公开作出的有利于业主的服务承诺”作为物业服务合同的组成部分，即也属于物业服务合同的内容。这是对物业服务人义务范围的合理扩充，对实践中处理好此类纠纷案件具有重要的指导意义。

由于物业服务人公开作出的服务承诺是其真实意思表示，所以将该服务承诺作为服务合同的内容，实际上并没有额外增加物业服务人的义务。物业服务人的服务承诺，是物业服务人从有利于业主和物业实际使用人，提高服务质量和社区生活品质及自律行为的角度考虑，作出的单方意思表示。物业服务人员公开作出的有利于业主的服务承诺，只要是其真实意思表示，就应当对物业服务人具有法律约束力，物业服务人员就应当履行其承诺，否则将构成违约而要承担相应的责任。本法第 942 条第 1 款规定，物业服务人承担的主要义务是妥善维修、养护、清洁、绿化和经营管理物业服务区域内的业主共有部分，维护物业服务区域内的基本秩序，采取合理措施保护业主的人身、财产安全。物业服务人作出公开服务承诺，可以是上述服务事项的具体细化，例如物业服务人承诺，在业主报修有关设施设备后，24 小时内安排工作人员进行维修；也可以在上述服务事项之外提供额外服务，例如物业服务人公开承诺，将在小区内设置快递代收点或者代寄点，以方便业主们收发快递邮件。

物业服务人作出的服务承诺，作为物业服务合同的组成部分，应当具备下列条件：（1）从形式上看，承诺的内容必须是公开作出的，例如在小区内公示栏张贴公告。如果只是物业服务人私下对单个业主的口头承诺，则不能认为是公开作出。（2）承诺内容是物业服务人的真实意思表示。这是物业服务人作出服务承诺有效的实质要件。（3）承诺的内容应当有利于业主，这是就整个服务承诺的内容来说的，如果不利于业主，或者为业主增加义务、负担，则不能成为合同组成部分。例如，如果合同中约定了聘请 3 名保安，物业服务人发出公示以节省开支为由只聘请 1 名保安，则对业主不利，不应成为物业服务合同组成部分。再如，小区大门原先只有 1 人看守，难以对进出小区的人员进行有效管控，因此物业服务人张贴告示承诺，为加强小区安全管理，小区大门将 24 小时配备 3 名保安值守，这对业主来说就是有利的。但是，如果告示中要求每名业主须缴纳 100 元用于聘请保安，为业主增加了义务，则不能当然成为物业服务合同的组成部分。（4）承诺的内容必须清晰明确，例如在小区发生失窃案件后，物业服务人张贴告示承诺，进出小区必须出示相关证件，大门由 2 名以上保安值守，保安每天在小区内巡逻 3 次以上等。如果物业服务人只是承诺将加强小区的安全管理，则算不上是“清晰明确”的承诺。（5）该承诺内容不违背法律、行政法规的强制性规定，不违背公序良俗。这也是所有民事法律行为有效的要件之一。服务承诺虽然是物业服务人单方作出的，但是其作出的承诺只要符合上述条件，即可成为物业服务合同的组成部分，应当认定为有效。物业服务人应当按照其服务承诺履行义务，否则应承担违约责任。这样规定也符合诚信原则，物业服务人应当对其公开作出的承诺负责。

三、其他内容

物业服务合同的内容，除了物业服务合同中明确约定的内容，以及物业服务人公开作出的有利于业主的服务承诺，还应当包括如下几个方面的内容：第一，法律法规的规定。一些法律、行政法规对物业服务人和业主的权利义务作出了规定。例如，根据本法第 282 条的规定，物业服务人利用业主的共有部分产生的收入，在扣除合理成本之后，属于业主共有，物业服务人就应当在扣除成本后将剩余部分转交给业主。根据本法第 285 条的规定，业主有权监督物业服务企业，即使当事人没有在合同中约定该监督权，业主的监督权也应当成为合同的内容。再如，《物业管理条例》第 49 条规定，物业管理区域内按照规划建设的公共建筑和共用设施，不得改变用途。第 50 条规定，业主、物业服务企业不得擅自占用、挖掘物业管理区域内的道路、场地，损害业主的共同利益。第二，地方性规定。有的地方性法规、地方政府规章等对物业服务人及业主的权利义务作出了规定。例如，北京市人大常委会于 2020 年 3 月 27 日通过的《北京市物业管理条例》第 65 条规定，物业服务人应当按照物业服务合同的约定提供物业服务，及时向业主、物业使用人告知安全、合理使用物业的注意事项，发现有安全风险隐患的，及时设置警示标志，采取措施排除隐患或者向有关专业机构报告，不得泄露在物业服务活动中获取的业主信息，等等。第三，物业服务人的服务细则。有的观点认为，物业服务人的服务细则也应成为合同的组成部分。服务细则是指物业服务人依据《物业管理条例》等规定单方面制定的用于指导物业服务活动的细则，是否可以作为合同内容的组成部分，还应当视细则中规定的具体内容而定。一般来说，服务细则中违反法律法规、政府规章的规定无效，例如规定在小区内吸烟或者乱丢垃圾的罚款500元；通过服务细则擅自改变物业服务合同约定、加重业主的义务或者责任的规定无效，例如物业服务合同约定每年年底一次性缴纳物业费，或者每月最后一天缴纳当月物业费，服务细则却规定每月物业服务费用的具体缴纳时间为当月第一天。服务细则中如有有利于业主的物业服务承诺的规定，可以成为物业服务合同的内容。例如，物业服务合同中约定物业服务人将为小区配备5名保安，而服务细则中规定为小区配备10名保安。服务细则中的规定对业主公开且对业主有利的部分，可以视为公开对业主作出的服务承诺而成为物业服务合同的内容。例如，对物业服务区域的安全保卫具体规范要求进行细化，规定小区保安24小时有人在岗，每天巡逻3次以上等。

四、物业服务合同是要式合同

根据合同是否需要以特定的形式成立，可以将合同分为要式合同和不要式合同。本条第3款规定："物业服务合同应当采用书面形式。"之所以规定物业服务合同应当采用书面形式，主要是为了明确物业服务人与业主之间的具体权利义务关系，同时也有利于避免纠纷的发生，因为物业服务合同为双务、有偿合同，涉及物业费的收取范围、标准和办法，而且合同内容较为复杂，服务事项和服务质量等都需要当事人作出明确约定。

第九百三十九条 建设单位依法与物业服务人订立的前期物业服务合同，以及业主委员会与业主大会依法选聘的物业服务人订立的物业服务合同，对业主具有法律约束力。

◆ **条文主旨**

本条是关于建设单位与物业服务人订立的前期物业服务合同、业主委员会与物业服务人订立的物业服务合同对业主具有法律约束力的规定。

◆ **立法背景**

广义的物业服务合同，包括建设单位与物业服务人订立的前期物业服务合同，也包括业主或者业主委员会与物业服务人订立的物业服务合同。毫无疑问，业主可以直接与物业服务人订立物业服务合同，例如拥有独栋别墅的业主可以直接聘请物业服务人为其提供物业服务，该物业服务合同当然对业主具有法律约束力。本条所规定的建设单位与物业服务人订立的前期物业服务合同、业主委员会与物业服务人订立的物业服务合同，不仅对建设单位或者业主委员会、物业服务人具有法律约束力，也对业主具有法律约束力。业主享有合同中的相关权利的同时，也承担合同义务，受合同条款的规范和调整。

前期物业服务合同与普通物业服务合同有如下区别：第一，合同签订主体不同。前期物业服务合同不是业主与物业服务人签订的，而是由建设单位与物业服务人签订的。因为在只有少数业主入住时，业主大会及业主委员会尚未成立，此时也需要物业服务人来提供服务，只能由房地产建设单位与物业服务人签订合同。而普通物业服务合同的签订主体则是业主或者业主委员会与物业服务人。第二，合同签订时间不同。一般而言，前期物业服务合同是在物业开发过程中或者房屋建好后但是只有少数业主入住时签订的，而普通物业服务合同一般是在房屋已经建好、大部分业主已经入住并且能够召开业主大会的情况下签订的。第三，合同的内容不同。前期物业服务合同的内容受限制，主要侧重于对建筑物建成初期的养护、安全保障以及配合建设单位为未来入住的业主提供服务等，普通物业服务合同侧重于对建筑规划内建筑物的维护、环境及居住条件的保障等，目的系为业主正常的日常生活提供服务。第四，服务期限不同。前期物业服务合同具有过渡性质，其期限较短，通常只是从合同订立到普通物业服务合同生效之时。本法第940条规定："建设单位依法与物业服务人订立的前期物业服务合同约定的服务期限届满前，业主委员会或者业主与新物业服务人订立的物业服务合同生效的，前期物业服务合同终止。"据此，前期物业服务合同终止的原因包括：一是双方当事人约定的服务期限届满，二是前期物业服务合同的服务期限尚未届满，但是全体业主通过召开业主大会，选聘新的物业服务人并订立新的物业服务合同，该合同生效时前期物业服务合同终止。普通物业服务合同的服务期限可由合同签订双方进行具体约定，如果没有发生业主按照法定程序决定解聘物业服务人解除物业服务合同的情形，通常是在服务期限届满之后，合同效力才终止。

虽然两种物业服务合同存在诸多区别，但两者之间还是存在诸多联系的。第一，两者都属于物业服务合同，都适用物业服务合同的有关规定。第二，两者的目的和初衷是相同的，都是为了全体业主的利益，为全体业主提供物业服务，为在物业服务区域内的服务和管理行为提供依据和保障。第三，两者在时间先后上有衔接性，两种合同所涉及的权利义务内容和权利主体存在交叉和更替。

◆ 条文解读

一、关于建设单位依法与物业服务人订立的前期物业服务合同

前期物业服务合同，是指在物业区域内的业主或者业主大会

选聘物业服务人之前，由房地产开发建设单位与物业服务人之间订立的，双方约定由物业服务人提供物业服务，对前期的物业服务事项进行处理的合同。从建设单位开发建设好房屋及其附属设施、开始销售商品房，到召开业主大会选聘物业服务人，需要一段时间。在这段时间内，入住的业主人数较少，还不能召开业主大会并进而成立业主委员会，因而只能先由建设单位与物业服务人订立前期物业服务合同，以满足业主的生活需要，保护全体业主的利益。在物业开发建设完成后，开发建设单位将房屋销售给业主，逐步地将物业交给业主和物业服务人，自己则退出该物业服务区域。

前期物业服务合同是由建设单位与物业服务人签订的，在业主入住之前，建设单位作为合同的一方当事人，应当受到合同的约束。在业主入住之前，建设单位按照前期物业服务合同的约定享有合同权利，也应当履行相应的义务，特别是支付物业费的义务。但是在一部分业主入住，房屋交付给业主后，物业费由谁负担，仍有争议。一般认为，房屋出售且交付给业主后，业主就应当负担相应的物业费，未交付房屋的物业费，仍由建设单位负担。而物业服务人是前期物业服务合同的一方当事人，毫无疑问应当受到合同的约束。物业服务人有权依据前期物业服务合同主张权利，并履行相应义务。物业服务人在履行义务的同时，也享有按照约定收取物业费的权利。物业服务人应当依据前期物业服务合同对业主提供物业服务，不得违规收费，也不得任意解除合同。前期物业服务合同约定的服务期限届满，业主经过合法程序继续选聘前期物业服务人与其订立物业服务合同的，物业服务人应当继续为业主提供物业服务；如果业主决定选聘其他物业服务人，原物业服务人应当与新物业服务人进行交接。在前期物业服务合同约定的服务期限届满前，业主委员会或者业主与新物业服务人订立的物业服务合同生效的，前期物业服务合同终止，前期物业服务人则应当退出物业服务区域，并按照约定和有关规定完成交接工作。

在实践中，由于前期物业服务合同是由房地产建设单位与物业服务人之间签订的，业主并没有参加前期物业服务合同的订立，先入住的业主对物业服务人并没有选择权，所以其合法权益可能受到建设单位和物业服务人的侵害。例如，一些前期物业服务合同可能存在当事人权利义务不对等的约定，如免除物业服务人的责任、加重业主的责任、排除业主的主要权利等。对于建设单位与物业服务人之间签订的损害业主利益的合同或者条款，应当允许业主请求确定前期物业服务合同或者合同相关条款无效。此外，在业主入住率达到一定标准并召开业主大会之后，也可以解除前期物业服务合同。

根据本条规定，建设单位依法与物业服务人订立的前期物业服务合同，对业主具有法律约束力。虽然前期物业服务合同是由建设单位与建设单位所选定的物业服务人订立的合同，业主并不能选择物业服务人，也无法决定物业服务合同的内容，但是前期物业服务合同对业主也具有法律约束力，业主不得以未参加合同的订立或者未认可为由而否定合同的效力。所谓“对业主具有法律约束力”，是指业主享有合同权利，并承担合同义务。不论是订立前期物业服务合同时已经入住的业主，还是在前期物业服务合同订立后、业主或者业主委员会与物业服务人订立物业服务合同前入住的业主，都应当受到前期物业服务合同的约束。

关于前期物业服务合同对业主具有法律约束力的原因，学说上主要有以下几种观点：

1. 合同转让说。该观点认为，在不改变前期物业服务合同内容的情况下，房屋出售给业主后，前期物业服务合同的一方主体就由建设单位变更为业主。业主与建设单位订立的房屋买卖合同包含了双方转让前期物业服务合同的合意，前期物业服务合同因为房屋买卖合同的成立而发生概括转移。房屋买受人与建设单位签订房屋买卖合同，就表明了买受人愿意取代建设单位成为前期物业服务合同的当事人，签订买卖合同的同时也发生业主对前期物业服务合同的概括承受的效力。

2. 合同债务第三人代为履行说。该观点认为，业主与物业服务企业之间不存在合同关系，业主缴纳物业费，是与建设单位约定由其代替建设单位履行向物业服务人缴纳物业费的合同义务。但该观点不能解释，业主为何可以享受前期物业服务合同的权利。根据该说，如果业主不缴纳物业费，则由建设单位向其主张物业费，再由物业服务人向建设单位主张该物业费，增加行使权利的成本。

3. 涉他合同说。该观点认为，前期物业服务合同属于涉他合同，属于利益第三人合同。前期物业服务合同虽然是建设单位和物业服务人之间签订的，但是也赋予了作为第三人的业主一定的权利。但是该说不能解释业主为何须承担前期物业服务合同中的相应义务，如缴纳物业费。

4. 委托代理说。该观点认为，建设单位只是作为（未来）业主的代理人与物业管理公司签署合同，其法律后果由业主承担。在业主入住，业主大会、业主委员会成立之前，只能由建设单位与物业服务人签订物业服务合同。建设单位实际上是未来业主的代理人。业主通过房屋买卖合同或者临时管理规约等对建设单位与物业服务人订立前期物业服务合同进行授权。

5. 继受成员权说。该观点认为，建筑物区分所有人即业主选聘、解聘物业服务人的权利，负担物业费的义务，正是业主共同管理权即成员权的体现。在销售物业前，建设单位是物业的唯一业主，按照建筑物区分所有权理论，建设单位当然有权选聘物业服务企业并与之签订前期物业管理合同。在物业销售后，建设单位的物业所有权以建筑物区分所有权的形式开始分散转移给各业主。由于建筑物区分所有权具有一体性，业主从建设单位处不仅继受了建筑物的专有部分所有权，也同时继受了共有权和成员权。因此，前期物业管理合同对业主具有法律效力。

以上各种学说都有一定道理，较多学者持合同转让说和委托代理说的观点，但是这些观点仍不能完美诠释前期物业服务合同对业主约束力的来源，对此还有待进一步研究。

本条明确规定，建设单位依法与物业服务人订立的前期物业服务合同，对业主具有法律约束力。合法有效的前期物业服务合同对业主具有法律约束力，这主要是因为业主与建设单位之间有关于受前期物业服务合同约束的合意。从形式上看，前期物业服务合同的签订主体是建设单位与物业服务人，业主并不是合同主体。从合同的相对性原理出发，建设单位同物业服务人签订的合同不能对业主产生法律约束力。如果由建设单位承担物业费，而业主只享受前期物业服务合同中的相应权利，对建设单位来说显然是不公平的。按照权利义务相一致的原则，在成为物业所有人后，业主开始享受物业服务人提供的物业服务，就应当履行相对的义务，主要是支付相应的物业费。

二、关于业主委员会与业主大会依法选聘的物业服务人订立的物业服务合同

实践中，通常是由业主委员会与物业服务人订立物业服务合同。但是，业主委员会并不是合同当事人，只是因为业主无法一一与物业服务人订立合同而代表全体业主订立物业服务合同而已。就业主委员会而言，其不应成为物业服务合同的当事人。主要理由在于：第一，从主体资格上看，业主委员会并不具备民事主体资格，不具有权利能力，不能享有权利履行义务，也无法独立承担民事责任。业主委员会本身没有独立的财产，欠缺独立对外承担法律责任的物质基础，无法对外承担独立的责任。业主委员会依据法律规定的职权履行各项职责、参与诉讼等活动，都是为了业主的利益，法律效果应当归属于业主。实践中，业主委员会具有诉讼主体资格，可以代表业主参与诉讼，但是诉讼结果最终还是由业主来承担。第二，从物业服务合同的目的上看，物业服务合同的成立是为了向业主提供物业服务，是为了全体业主的利益，业主委员会虽然与物业服务人签订合同，但是业主委员会本身并无利益可言。第三，从权利义务的实际享有者和承担者上看，物业服务合同确立的是物业服务人与全体业主之间的权利义务关系，由业主实际享有合同确定的权利，履行合同约定的义务。而且，物业服务合同的履行涉及对共有财产的利用和处分，而业主委员会并非共有财产的权利人。业主委员会只是受业主大会的授权，代表全体业主与物业服务人订立物业服务合同，而不是以自己的名义、为自己的利益订立合同。

物业服务合同的当事人是物业服务人和业主。而物业服务合同中的“业主”往往是以“全体业主”的形式出现的。全体业主作为合同主体的主要理由在于：第一，物业服务合同的内容涉及全体业主的共同利益。物业服务合同订立的目的就是为业主提供物业服务，为的是全体业主的共同利益。物业服务人所处理的事务是全体业主的事务，物业服务人管理的财产是全体业主的共同财产。第二，全体业主是物业服务合同实质上的权利享有者和义务承担者。业主依据物业服务合同享有权利并承担义务。实践中，业主委员会具有诉讼主体的资格，可以成为诉讼的原告或者被告，但是诉讼的结果依然由全体业主来承担。第三，承认全体业主的当事人地位，全体业主便可以享有合同约定的权利，同时须履行合同约定的义务，这样才能保证物业服务合同的履行。物业服务人所提供的服务涉及全体业主的共有部分和共同利益。单个业主不能代表全体业主与物业服务人订立物业服务合同，也无法完全履行整个物业服务合同中全体业主的义务。

虽然物业服务合同是业主委员会与物业服务人签订的，合同的当事人往往表现为“全体业主”，但是这并不妨碍每个业主也都是物业服务合同的当事人。换言之，物业服务合同的当事人，既可以是全体业主，也可以是单个业主。业主委员会与物业服务人订立的物业服务合同，对全体业主具有法律约束力，即对每个业主都具有法律约束力。因为归根结底，“全体业主”是一个抽象的集合的概念，最终还是由每个业主来享有合同权利，履行合同义务，并承担违约产生的责任。例如，物业服务合同中约定由全体业主缴纳物业费，而实际履行就是由各个业主来进行缴纳。从责任的承担来看，一旦出现了违约情形，最终承担违约责任的仍然是各个业主。有的学者认为，在业主违约的情形下，违约责任由业主承担，而非由业主大会或者业主委员会承担；而当物业服务人违约时，业主只能以业主大会的名义向其主张权利。此观点值得商榷。业主违约，可能是全体业主违约，例如全体业主均拒绝缴纳物业费；也可能只是单个业主违约，如某个业主拒绝缴纳物业费。而物业服务人违约，可能是对全体业主违约，例如物业服务人擅自扩大收费范围、提高收费标准或者重复收费，或者物业服务人没有聘请保安，没有安装监控设备，导致小区内失窃事件频发；也可能仅对某个或者某部分业主违约，例如仅对某个或者某些业主收取高于合同约定的物业费。使业主成为物业服务合同的当事人，在某些情况下物业服务人对其违约时，有利于业主直接向物业服务人提出请求权，例如物业服务人一直对某业主收取高于合同约定的物业费，该业主知晓后可以直接以自己的名义向物业服务人请求返还；也有利于物业服务人直接对违约的业主提出请求权，尤其是涉及物业费缴纳等事项，例如某业主拒绝缴纳物业费，物业服务人可以直接向该业主请求，而不是起诉业主大会或者业主委员会。

基于上述理由，本条规定，业主委员会与业主大会依法选聘的物业服务人订立的物业服务合同，对业主具有法律约束力。为什么业主委员会根据业主大会依法作出的决定，与物业服务人订立物业服务合同，业主并没有实际参与物业服务合同的签订，却要受到合同的约束？这是由业主大会和业主委员会作为业主自治的权力机关和执行机关的法律地位所决定的。根据本法第 278 条的规定，业主大会有权决定选聘物业服务人。业主委员会代表业主与业主大会依法选聘的物业服务人签订物业服务合同，是业主自治权行使的结果，全体业主都应当遵守。本法第 280 条对业主大会、业主委员会决定的效力问题作出了明确规定，即业主大会或者业主委员会的决定对业主具有法律约束力。

业主大会是全体业主成立的，管理其共有财产和共同生活事务的自治组织。在建筑物区分所有的情况下，业主有权依法设立业主大会，并通过业主大会来管理物业服务区域内业主的共同事务。业主大会依据法定程序作出的决定，代表了业主的意志，对全体业主都产生法律约束力。业主大会是业主自治组织的权力机构，业主委员会则是业主大会的执行机构，是受业主大会的委托对业主共同事务进行管理的组织。业主委员会是由业主通过法定的程序选举产生的，为全体业主服务的组织，具体实施业主大会作出的决定。因此，业主委员会基于业主大会的决定与物业服务人签订物业服务合同，也是业主自治权行使的结果，对每位业主都应当具有法律约束力，业主享有合同权利，也应当履行合同义务。业主委员会与物业服务人订立的物业服务合同对业主具有法律约束力，需要具备以下条件：第一，必须是依法设立的业主大会作出的决定；第二，必须是业主大会按照法定程序作出的，具有程序性的要求；第三，物业服务合同的内容必须符合法律、行政法规的强制性规定，不违背公序良俗。

三、关于物业服务合同对业主具有法律约束力的具体表现

不论是前期物业服务合同还是普通物业服务合同，都对业主具有法律约束力，这种法律约束力主要体现在业主基于物业服务合同享有合同中约定的相关权利，同时也要履行合同约定的相关义务。业主享有的主要合同权利是享受物业服务人提供的物业服务，并对物业服务人提供的服务进行监督。具体而言，包括实际接受、享受物业服务人提供的服务；通过参加业主大会或者业主代表大会，对物业服务人的工作进行评估审查，以及依照法定程序决定解聘物业服务人等；监督物业服务行为，就物业服务的有关问题向物业服务人询问、提出意见和建议，等等。业主应履行的义务主要有按照合同约定支付物业费，必要的时候配合、协助物业服务人进行物业服务或者管理等义务。业主的义务具体表现为：按照约定的方式、期限和数额支付物业费；接受物业服务人的服务和管理，遵守物业服务制度和服务规约或者服务细则；装饰装修房屋时遵守相关规定并提前告知物业服务人；转让、出租物业专有部分，设立居住权或者依法改变共有部分用途的，及时将相关情况告知物业服务人；对物业服务人的服务或者管理提供必要的配合、协助，便于物业服务人提供服务或者进行管理，因此给业主带来的暂时不便，业主有一定的容忍义务，等等。

物业服务合同对业主具有法律约束力，业主就不能以不是合同当事人为由提出抗辩，也不能仅以未享受或者无需接受相关物业服务作为拒绝缴纳物业费的抗辩理由。在实践中，有些业主以不是合同当事人为由，不愿接受物业服务合同的约束，拒绝接受物业服务人的服务和管理，并拒绝履行相应义务，从而引发物业服务纠纷。业主虽非物业服务合同形式上的当事人，但业主是物业服务合同项下的权利享有者和义务承担者，是物业服务合同的实质上的当事人。因此，业主不得以其并非合同当事人为由，拒绝履行其合同义务。当业主违约时，物业服务人有权直接向违约的业主提出请求权。

第九百四十条 建设单位依法与物业服务人订立的前期物业服务合同约定的服务期限届满前，业主委员会或者业主与新物业服务人订立的物业服务合同生效的，前期物业服务合同终止。

◆ 条文主旨

本条是关于前期物业服务合同因物业服务合同生效而终止的规定。

◆ 立法背景

为了便于物业服务企业统筹安排工作，降低交易成本，防范经营风险，维护物业管理秩序，前期物业服务合同可以约定期限。但是，前期物业服务合同具有过渡性质，一般来说约定的服务期限较短。

◆ 条文解读

前期物业服务合同约定的服务期限届满后，如果双方当事人没有订立新的物业服务合同或者通过约定延长物业服务合同的服务期限，则前期物业服务合同终止，物业服务人应当退出物业服务区域，并和新的物业服务人或者决定自行管理的业主进行交接。

有的学者认为，前期物业服务合同是一种附终止条件的合同，即以物业服务合同生效为其停止条件的合同。虽然前期物业服务合同期限未满，一旦业主选聘新物业服务人，或者业主组成业主大会，并按照法定程序选聘了物业服务人，进入了正常的物业服务阶段，前期物业服务合同就没有存在的必要，自动终止。

前期物业服务合同终止的原因包括：一是双方当事人约定的服务期限届满，二是前期物业服务合同的服务期限虽然未届满，但是全体业主通过召开业主大会，选聘新的物业服务人并订立新的物业服务合同，该合同生效时前期物业服务合同终止。

第九百四十一条 物业服务人将物业服务区域内的部分专项服务事项委托给专业性服务组织或者其他第三人的，应当就该部分专项服务事项向业主负责。

物业服务人不得将其应当提供的全部物业服务转委托给第三人，或者将全部物业服务支解后分别转委托给第三人。

◆ 条文主旨

本条是关于物业服务转委托的规定。

◆ 立法背景

物业服务区域内的建筑物及其附属设施的正常有效运转，离不开良好的物业服务。物业服务涉及每个业主的切身利益，关系到业主居住环境的安宁与和谐。如前所述，物业服务的内容十分庞杂，既包括物的管理，也包括人的管理。物业服务的具体内容视小区具体情况不同而有所差异，但是都包括设施设备的养护维修、卫生、环保、安全、消防等各个方面，具有综合性和全面性。且物业服务的具体内容都具有一定的专业性，例如电梯维修等。基于物业服务内容的综合性和专业性，物业服务人难以应对如此庞大、复杂而又专业的工作，所有服务事项难以都由物业服务人亲自完成，物业服务的质量无法得到保证。此时，物业服务人将某些服务事项交给其他更具专业性的机构或者人员来进行服务，也是为了维护业主的利益，本质上受益的是业主。

◆ 条文解读

为了维护业主的合法权益，向业主提供更优质、更高效的服务，同时规范物业服务人的行为，提升物业服务质量，促进物业服务领域的专业性、合作性发展，本条规定物业服务人可以将物业服务区域内的部分专项服务事项委托给专业性服务组织或者其他第三人。实践中，物业服务人为了保证服务质量，也经常会结合自己的人员配备情况，酌情将部分服务事项转委托给更为专业的机构或者人员来完成。例如，物业服务人委托保安公司专门负责小区安保工作，委托保洁公司负责小区内的保洁工作等。而且，基于对物业服务合同的性质、目的等方面的分析，转委托属于当事人之间的民事法律关系，如果符合法律规定，又没有损害到业主的利益，而是有利于为业主提供更好的物业服务，应当允许这种转委托。

但是，物业服务人将物业服务区域内的部分专项服务事项委托给专业性服务组织或者其他第三人的，应当就该部分专项服务事项向业主负责。依法成立并生效的物业服务合同对物业服务人具有法律约束力，物业服务人应当按照约定履行义务。物业服务人应当按照物业服务合同的约定，向业主提供物业服务。物业服务人将部分专项物业服务事项转委托给第三人，由于第三人的原因导致物业服务人违反物业服务合同之约定的，物业服务人依然要向业主承担违约责任。物业服务合同的当事人依然为业主与物业服务人，而且根据合同相对性的原则，物业服务人与第三人之间订立的转委托合同，对业主没有法律约束力，业主与第三人之间没有直接的法律关系。即便物业服务人与第三人约定，因第三人之原因导致物业服务人未能履行物业服务合同义务而违约的，应当由第三人向业主赔偿，该约定亦对业主不发生效力。当物业服务人因转委托的第三人的原因违约时，业主可以向物业服务人主张违约责任，物业服务人再向第三人请求赔偿。

物业服务人可以将管理区域内的专项服务事项委托给第三人，但不得将全部物业服务转委托给第三人，或者支解后分别转委托给第三人。之所以如此规定，主要目的是保护业主的合法权益，并促进物业服务行业的健康发展。允许对部分专项服务事项转委托，是基于上述考虑，禁止全部转委托，也是由于此原因。这类似于建设工程合同中，为禁止承包方违法转包给第三人从中牟取非法利益，法律规定承包人不得将其承包的全部建设工程转包给第三人，或者将其承包的全部建设工程支解以后以分包的名义分别转包给第三人。通过转包非法渔利的合同，在司法实践中通常被认定为无效合同。

禁止物业服务人将全部物业服务事项转委托给第三人，主要理由有：

第一，物业服务合同是基于业主对物业服务人的信任而成立的，业主将其共同财产、共同事务交给物业服务人进行管理和处理，如果物业服务人擅自转委托，将使业主对物业服务人的信任落空，物业服务合同订立的基础就不存在，业主不如直接委托其他物业服务人来提供服务。所以，物业服务人负有亲自提供服务的义务。

第二，物业服务具有很强的综合性和专业性，不同的物业服务人专业、技术水平有所不同，物业服务事项、服务质量以及收费标准等都会有所差异。如果物业服务人擅自转委托给第三人，而第三人没有专业的技术人员以及相关的设备，就可能无法提供符合业主要求的物业服务。例如，电梯、供水供暖设施等的维护等，需要专业的技术人员才能进行。

第三，物业服务人作为专门从事提供物业服务的经营者，是以营利为目的的。物业服务合同是有偿合同，物业服务人提供的是有偿服务，业主向物业服务人缴纳的物业费中包含了投入的成本和合理的预期利润。物业服务人在订立物业服务合同后，如果为赚取一定的利润而全盘转委托，就会降低原合同价款。接受转委托的第三人依然要按照合同的约定提供同样的物业服务，但是经过转委托其利润空间已经被压缩。为了获取一定的利润，第三人只能通过降低服务质量来节约成本，进而损害全体业主的利益。

另外，从法律意义上讲，业主与原物业服务人之间通过签订物业服务合同形成了合同关系，就全部物业服务一并转委托，实质上是合同主体的变更，就狭义角度而言，当事人之间再履行的已经不是原来的物业服务合同，而是形成了新的合同关系。再者，物业服务人就全部物业服务事项的转委托，也可以理解为物业服务合同的转让，即权利义务的概括承受，按照本法第555条的规定，必须征得对方当事人即业主的同意。如果业主认为第三人比当前的物业服务人更适合为业主提供物业服务，可以直接选聘其他物业服务人，而没有必要与当前的物业服务人订立合同。

而规定物业服务人不得将全部物业服务支解后分别转委托给第三人，也是考虑到如果物业服务人只为从中谋取利益，不亲自处理任何事务，将导致业主对物业服务人的信任落空，无法保障物业服务质量，最终损害全体业主的共同利益，不能实现物业服务合同的目的和初衷。

如果物业服务人擅自将全部物业服务转委托给第三人，或者将全部物业服务支解后分别转委托给第三人，业主可以依照法定程序解聘物业服务人，解除物业服务合同。物业服务人因此给业主造成损失的，业主可以请求物业服务人承担违约责任。

需要注意的是，本条所说的转委托，并非委托合同中的转委托，而是特指或者说仅限于物业服务人与业主或者业主委员会签订物业服务合同后，围绕该合同涉及的物业服务具体事项进行的转委托。所以，本条的转委托不适用委托合同中转委托的规则。物业服务人将物业服务区域内的部分专项服务事项委托给专业性服务组织或者其他第三人的，无须经过业主同意，但是物业服务人应当就该部分专项服务事项向业主负责。而委托合同中的受托人应当亲自处理委托事务，须经委托人同意才能转委托。

第九百四十二条 物业服务人应当按照约定和物业的使用性质，妥善维修、养护、清洁、绿化和经营管理物业服务区域内的业主共有部分，维护物业服务区域内的基本秩序，采取合理措施保护业主的人身、财产安全。

对物业服务区域内违反有关治安、环保、消防等法律法规的行为，物业服务人应当及时采取合理措施制止、向有关行政主管部门报告并协助处理。

◆ 条文主旨

本条是关于物业服务人主要义务的规定。

◆ 立法背景

物业服务合同是双务、有偿合同，业主的主要义务是支付物业费，而物业服务人的主要义务，则是按照合同的约定、法律法规的规定和物业的使用性质，为业主提供物业服务。

◆ 条文解读

具体来说，物业服务人的主要义务包括以下内容：

一、对业主共有部分的管理和维护

物业服务人的义务首先就是对物业服务区域内的建筑物及其附属设施等共有财产进行管理和维护，这是物业服务人最重要的合同义务之一，也是保障业主正常生活、改善业主生活品质的重要基础。学界常把物业服务人的服务管理区分为对物的管理和对人的管理。物业服务人的此项义务主要涉及对物的管理，即管理物业服务区域内的业主的共有财产，主要包括小区内的道路、绿地、广场等公共场所，电梯、消防设施、公共照明设施和共有的车位车库等公共设施，以及物业服务用房等。

二、维护物业服务区域内的基本秩序

物业服务区域内的基本秩序，是业主正常生活的重要方面。物业服务人应当负有维护小区内共同生活秩序的义务，该项义务主要涉及对人的管理。例如，对外来人员的管理、对小区内停车位使用的管理等。为了维护物业服务区域内的基本秩序，可能会对业主的权利进行一定的限制，业主有义务配合物业服务人的管理。例如，物业服务人在小区内划定停车位，业主就应当按照划定的停车位进行停放，不能随意停放在其他区域，以免给其他业主带来不便。而当业主损害其他业主的利益时，物业服务人还应当对其行为进行制止。例如，业主在家中播放音乐声音过大，邻居向物业服务人反映，物业服务人应当制止业主的扰民行为，劝说其调低音量以免打扰他人。

三、保护业主的人身、财产安全

保护业主的人身和财产安全，是物业服务合同对物业服务人的基本要求，可以说是最为重要的内容。具体来说，此项义务主要包括两个方面的内容：一是物业服务人应当采取合理措施保护业主的人身及财产安全，消除安全隐患，预防损害的发生。例如，以醒目的方式告知业主24小时有保安在岗的值班室以及附近派出所的联系电话，在重要部位如地下停车场、单元楼门口等安装监控探头，按照约定和有关规定对电梯进行安全检修，等等。二是如果出现可能危害或者已经危害到业主人身、财产安全的情形，物业服务人应当及时制止相关行为，并且视情况采取必要措施以尽量保障业主的人身、财产安全。例如，发现小区单元楼发生高空抛物的行为，或者有人划伤在小区内停放的车辆时，物业服务人应当及时制止；发现小区内窨井盖破损时，物业服务人应当及时维修、更换，以免业主掉落窨井，导致人身、财产受到损害。

物业服务人是否具有安全保障义务，学界一直存有争议。宾馆、商场、银行、车站、机场、体育场馆、娱乐场所等经营场所、公共场所的经营者、管理者或者群众性活动的组织者负有安全保障义务。有的学者认为，就性质来说，物业服务人从事的是服务性行业，属于经营者的范畴。有的学者认为，从法理上来说，物业服务人符合成为安全保障义务承担者的法理依据，如危险控制理论的要求、收益与风险相一致理论的要求、节约社会总成本的要求等。较多学者认为物业服务人的安全保障义务是基于危险控制理论，因为物业服务人是对物业服务区域的实际管理者，对物业服务区域内的危险源的控制力显然要高于业主。另外，对物业服务人科以一定的安全保障义务，也符合业主对物业服务合同的期待。人身、财产安全是业主得以生存之基础，业主之所以聘请物业服务人来提供服务、管理物业，其中一个重要目的就是让自己的人身和财产安全能够得到保护。所以，规定物业服务人负有安全保障义务，具有一定的法理基础，也符合现实需要。

需要说明的是，物业服务人的安全保障义务之具体范围，可以由当事人自行约定。例如，双方当事人可以约定，物业服务人须安排3名保安，每隔4小时巡逻一次物业服务区域；在每栋居民楼有窗户的一面安装监控设备，以防止发生高空抛物坠物现象，等等。有的法律法规也对物业服务人安全保障义务作出了有关规定。例如，《物业管理条例》第55条第1款规定："物业存在安全隐患，危及公共利益及他人合法权益时，责任人应当及时维修养护，有关业主应当给予配合。"例如，小区内公共道路上的窨井盖发生破损，存在安全隐患，物业服务人就应当及时维修，消除安全隐患，防止业主不慎跌落，造成人身和财产损失。

需要注意的是，物业服务人承担的安全保障义务，应当在一定、合理、正常范围内，不能过于苛求。例如，业主不能要求物业服务人在物业服务合同中约定，保证在物业服务区域内不发生任何盗窃事件，或者不发生任何人身伤害事件。此外，物业服务人之安全保障义务的高低程度，也与物业服务人的收费标准有一定关联。一般而言，物业服务人收取的物业费越高，对其提供的服务质量的要求也越高，其安全保障义务自然也越高。在豪华高档小区，物业服务人收取高额物业费，自然也应当聘请足够的、较为年轻的保安，监控探头等安保设备也应当配备到位，安装消防设施的数量和质量也可以高于一般要求。

如果物业服务人没有尽到其安全保障义务，导致业主的人身、财产安全受到侵害，物业服务人应当承担相应的违约责任。当物业服务人的行为符合侵权责任之要件时，亦构成侵权，物业服务人须承担相应的侵权责任，此时发生违约责任与侵权责任之竞合，受到损害的业主可以向物业服务人请求其承担违约责任或者侵权责任。

四、对违法行为的制止、报告义务

本条第2款规定，对物业服务区域内违反有关治安、环保、消防等法律法规的行为，物业服务人应当及时采取合理措施制止、向有关行政主管部门报告并协助处理。作出该规定主要还是为了更好地为业主提供物业服务，履行前述的几项基本义务，妥善管理、维护物业服务区域内的相关设施，维护物业服务区域内的基本秩序，保护业主的人身、财产安全。例如，小区内正在发生高空抛物、划伤车辆等违法行为时，物业服务人应当及时采取合理措施制止该违法行为。应当注意，物业服务人所采取的措施应当是“合理”的，应当视具体情况而定，既不能超过必要的限度，也不能只做表面文章达不到制止的效果。例如，当发现有小偷行窃时，保安可以先将其控制后及时报警，将小偷交给公安机关处理，不能长时间限制小偷的人身自由，甚至对其进行殴打、拷问。又如，当物业服务区域内发生打架斗殴事件时，保安不能只站在一旁围观，而应视情况上前制止；当然，在无法制止的情形下，应当及时报警。而当此类违法行为已经发生之后，则应当及时向有关行政主管部门报告并协助处理。例如，发生业主失窃案件时，应当及时报案，通过调取相关监控资料、提供外来人员来访记录等方式，协助公安机关尽早破案。

上述义务是物业服务人的主要义务，也即物业服务人提供的物业服务的主要内容。除了上述义务，物业服务人往往还要承担一些其他义务，例如对物业进行验收接管的义务。物业服务企业接管物业时，应当对物业共用部位、共用设施设备进行查验。物业服务人的主要服务事项就是对物业服务区域内的业主共有部分进行管理，在物业服务人开始提供相关服务之前，应当对物业的有关情况进行全面了解，才能开展正常的物业服务活动。这些情况包括建筑物及其附属设施的现状（如电梯、车位车库、楼体外墙等设施的运行情况）、小区的入住情况、维修资金的筹集和使用情况等。物业服务人在提供服务之前，应当对物业进行验收和接管，特别是业主依法解聘了原物业服务人，聘请新物业服务人的，不仅可以让物业服务人了解有关情况，更好地为业主提供物业服务，也有利于物业服务人与业主以及前物业服务人明确物业现状及相关责任归属，以免接管后发生不必要的纠纷。例如，因为原物业服务人疏于管理，小区内多个单元门遭到破坏，一直没有维修。新物业服务人验收接管的范围，还应当包括原物业服务人或者原来自行管理的业主所掌握的相关信息以及资料，如监控资料、业主登记资料等。此外，物业服务人还负有不得妨碍业主合理行使专有权的义务，不得擅自处分业主共有财产或者改变共有财产用途的义务，执行政府依法实施的应急处置措施和其他管理措施的义务，配合居民委员会做好社区管理、社区服务的义务，等等。

第九百四十三条 物业服务人应当定期将服务的事项、负责人员、质量要求、收费项目、收费标准、履行情况，以及维修资金使用情况、业主共有部分的经营与收益情况等以合理方式向业主公开并向业主大会、业主委员会报告。

◆ **条文主旨**

本条是关于物业服务人关于重要事项的公开及报告义务的规定。

◆ 立法背景

物业服务人应当将与物业服务有关的服务事项等情况定期向业主公开，并向业主大会、业主委员会报告，这些情况主要包括服务的事项、负责人员、质量要求、收费项目、收费标准、履行情况，以及维修资金使用情况、业主共有部分的经营与收益情况等。

◆ 条文解读

规定物业服务人的报告义务，主要有以下理由：第一，有利于保障业主的知情权。业主作为被服务的对象，有权知道与物业服务合同、物业服务事项有关的事项，物业服务人应当提供。这类似于消费者对自己所购买的物品或者享受的服务具有知情权。业主在了解物业服务有关事项的基础上，可以及时召开业主大会或者业主委员会对重要事项进行决策。第二，这是实现业主对物业服务人的监督权的需要。本法第 285 条规定了业主对物业服务人的监督权和物业服务人接受业主监督的义务，而物业服务人定期向业主报告，是业主对物业服务人进行监督的一种重要方式。第三，通过业主对物业服务人的监督，物业服务人会更加努力地做好各项服务工作，提高服务质量，业主获得更好的服务，提高生活品质，从而实现物业服务合同的目的。

有关物业服务人公开及报告的具体内容、范围、方式、时间等，当事人可以在物业服务合同中加以约定。业主要对常规事项进行定期公开，向业主大会或者业主委员会进行报告，并接受业主的监督，特别是有关维修资金的使用情况、业主共有部分的经营与收益等财务情况，应当定期公布。本法第 282 条规定，建设单位、物业服务企业或者其他管理人等利用业主的共有部分产生的收入，在扣除合理成本之后，属于业主共有。然而在实践中，业主往往无从知晓这些情况，而物业服务人常常擅自利用业主共有部分来进行牟利，如在电梯张贴商业广告或者安装广告显示屏，或者将车位对外出租等，损害业主的利益，对此，应当要求物业服务人公开、报告相关情况。除了对常规事项定期公开，涉及业主共同财产或者共同利益的重要情况，物业服务人也应当及时向业主公开，向业主大会或者业主委员会报告，依法应当由业主决定的，由业主按照法定程序作出决定。例如，物业服务人打算利用物业服务区域内部分空地规划建设停车位，需要及时向业主进行公示，并向业主大会或者业主委员会报告，这涉及改变共有部分的用途，依据本法第 278 条的规定，应当由业主共同决定。另外，根据本法第 285 条的规定，物业服务人应当接受业主的监督，并及时答复业主对物业服务情况提出的询问。因此，业主也有权就上述事项向物业服务人提出询问，物业服务人应当及时予以答复。物业服务人违反上述公开及报告义务，给业主造成损失的，应当承担相应的违约责任。

第九百四十四条　业主应当按照约定向物业服务人支付物业费。物业服务人已经按照约定和有关规定提供服务的，业主不得以未接受或者无需接受相关物业服务为由拒绝支付物业费。

业主违反约定逾期不支付物业费的，物业服务人可以催告其在合理期限内支付；合理期限届满仍不支付的，物业服务人可以提起诉讼或者申请仲裁。

物业服务人不得采取停止供电、供水、供热、供燃气等方式催交物业费。

◆ 条文主旨

本条是关于业主支付物业费的义务的规定。

◆ 立法背景

物业费，即物业服务费用，是指物业服务人按照物业服务合同的约定，对物业服务区域内的建筑物及其附属设施、相关场地进行维修、养护、管理，维护相关区域内的环境卫生和秩序，而向业主收取的报酬。物业服务合同是有偿合同，业主与物业服务人应当在物业服务合同中对业主支付物业费作出约定。

◆ 条文解读

一、关于业主应当按照约定支付物业费的义务

业主应当按照物业服务合同的约定向物业服务人支付物业费，这是业主最基本也最核心的合同义务。业主违反该义务的，应当承担相应的法律责任。

域外有关建筑物区分所有权的相关规定，有的区分管理人和管理服务人，如我国台湾地区，其管理人相当于我们规定的业主委员会，管理服务人相当于物业服务人；有的仅规定了管理人而没有管理服务人，如日本、德国、瑞士，其管理人兼具我国法律上业主委员会与物业服务人的职能。由于建筑物区分所有权方面的制度不同，世界上各个国家和地区关于业主缴纳物业费以及拖欠物业费的追缴制度存在较大差异。在其他法域，业主作为区分所有权人所承担的各项费用，类似于物业费的管理费，由业主向管理人缴纳，缴纳的依据是法律规定和业主管理规约。而在我国，物业费由业主直接向物业服务人缴纳。

我国台湾地区“公寓大厦管理条例”（以下简称“条例”）第21条规定，区分所有权人或者住户积欠应缴纳之公共基金或其他应负担之费用已逾两期或达相当金额，经定相当期间催告仍不给

付者，管理负责人或管理委员会得诉请法院命其给付应缴之金额及迟延利息。该“条例”规定了管理负责人或者管理委员会可以向法院起诉拖欠物业费的业主，该“条例”还规定管理服务人的报酬由管理负责人或者管理委员会向业主收取的管理费支付。诉讼请求的范围则包括拖欠的物业费以及相应的迟延利息。

《意大利民法典》第1130条规定，管理人有权收取各种费用，支付为建筑物共有部分的正常维修和公共服务支出的必要费用。第1118条规定，共有人不能以放弃财产共有权为由不承担维修养护费。

在日本，期限届满未缴纳管理费的，先后以口头、书面形式予以催收。对6个月和1年以上的滞纳，经过这些形式的催促而仍不能收回时，则采用支付命令的方式催促。如果被催促之人在支付命令发出2周内提出异议陈述，即进入诉讼程序。此后，该管理费滞纳以诉讼方式解决。

在新加坡，管理团体通常以书面方式通知各区分所有人支付管理费分担金，区分所有人在管理费分担金超过支付期日30日仍不支付的，将依管理团体所决定的利率加收利息。并且，管理团体可以将此作为债权，请求简易法院收取。

《德国住宅所有权法》第16条规定，各住宅所有权人对其他住宅所有权人，应按其应有部分之比例，就共有物的负担以及保存、修缮共有物的费用负有义务。第11条规定，住宅所有权人不得请求废止共有关系，即使其有重大理由。根据以上两条规定，住宅所有权人不但负有交费的义务，而且不得以放弃共有关系进行抗辩。

《奥地利住宅所有权法》第8条规定，不动产的费用应由全体共有人依其应有部分的比例负担。第9条规定，只要不动产上存有住宅所有权，所有权的共同关系仅得以全体住宅所有权人的同意而废止。根据该两条规定，住宅所有权人不但负有缴纳物业费的义务，而且不得以放弃共有关系进行抗辩。

各个国家和地区都规定了业主负有缴纳物业费（管理费）的义务。虽然这些国家和地区的规定和我国存在较大差异，但是对我国来说依然具有很大的借鉴意义，尤其是物业费的催缴程序和不得以放弃共有关系进行抗辩。

物业费的缴纳和收取需要注意以下几点，这些同时也是实践中比较容易产生物业费纠纷的问题。

1. 物业费的缴纳主体

对于前期物业服务合同，物业费的缴纳义务人应当是建设单位或者业主。对于普通物业服务合同，物业费的缴纳义务人是业主。一般认为，不论是前期物业服务合同还是普通物业服务合同，都应当以房屋交付作为业主开始承担物业费的时间点。在房屋出售或者交付给业主之前，物业费应当由建设单位缴纳；在出售或者交付给业主后，则应当由业主缴纳物业费。这符合权利义务相一致的原则。在房屋交付给业主之后，业主实际占有房屋，并开始接受物业服务人提供的物业服务，业主有权享受物业服务人的服务，相应地也有义务支付对价，即缴纳物业费。如果在房屋出售后，由于业主自身的原因导致未能成功交付，则应当由业主缴纳物业费。如果在房屋交付后，业主未实际入住房屋，是否需要缴纳物业费？此种情况下，业主依然应当缴纳物业费。房屋交付后，业主实际占有，即便其未实际入住，物业服务人依然要按照约定向其提供服务，业主不能以自己未实际入住作为拒绝缴纳物业费的理由。

但是，当物业所有人与物业使用人不是同一人时，应当由物业所有人还是由物业使用人缴纳物业费？物业承租人、借用人等物业使用人是否有缴纳物业费的义务？在实践中，业主常常将其房屋出租或者出借给他人使用，物业使用人不再是物业所有人即业主，而是物业的承租人、借用人以及其他物业使用人，此时物业使用人可以与业主约定物业费的承担。如果双方约定由物业使用人承担物业费，但是物业服务合同依然有效，按照物业服务合同的规定，应当由业主缴纳物业费。根据合同相对性原则，物业服务合同对物业使用人没有法律约束力。所以业主仍要承担支付物业费的义务，如果物业使用人未缴纳物业费，物业服务人可以直接请求业主承担。业主在向物业服务人缴纳物业费后，可以向物业使用人追偿。

另外，在实践中，房屋有可能基于买卖、赠与、继承等方式发生转移，如果原业主拖欠了物业费，新业主是否需要承担原业主拖欠的物业费？当然，在买卖、赠与、继承等法律关系中，当事人之间可以就拖欠的物业费如何缴纳作出约定，可以约定由原业主缴纳，也可以约定由买受人、受赠人或者继承人承担该物业费。但是，在没有约定的情况下，买受人、受赠人或者继承人是否需支付之前拖欠的物业费，对此存在不同观点：第一种观点认为，前业主拖欠的物业费属于他个人的债务，不随同房屋所有权的转移而转移，与买受人、受赠人或者继承人无关，新业主无须承担该拖欠的物业费。第二种观点认为，物业买受人、受赠人、继承人等继受人在继受区分所有权之前有义务向物业服务人查询之前的物业费缴纳情况，如果物业服务人将原业主拖欠物业费的情况告知，其在明知的情况下仍选择继受该物业的，就应当承担原业主拖欠的物业费。如果房屋所有权转移到新业主名下，而物业服务人不能向新业主主张，那么物业服务人就将面临难以追缴该笔物业费的境地，这也会损害其他业主的利益，对物业服务人和其他业主来说都是不公平的。我们认为，新业主是否需要承担前业主拖欠的物业费，不能一概而论，应当区分具体情形来处理。在继承场合，继承人如果没有放弃继承，应当承担被继承人拖欠的物业费。在赠与场合，拖欠的物业费原则上不应由受赠人承担，如果原业主的赠与行为影响了物业服务人债权（即拖欠的物业费）的实现，物业服务人可以请求法院撤销原业主的赠与行为。在买卖场合，一般由出卖人和买受人在买卖合同中约定拖欠物业费的承担；如果没有约定，买受人没有查询出卖人是否拖欠物业费之义务，根据合同相对性的原则，拖欠的物业费属于出卖人之个人债务，与买受人无关，买受人无须承担该拖欠的物业费，物业服务人可以向原业主请求支付。

2. 物业费收取的范围、标准和办法

物业费的收费范围、收费标准和收取办法通常应当在物业服务合同中作出约定。收费范围，也即物业费中所包含的收费项目，一般包括建筑物及其附属设施的维修养护、小区环境的清洁绿化等有关费用，如电梯使用费、车辆管理费、垃圾清运费等。收费标准，即应当缴纳的物业费数额的计算标准。根据本法第 283 条的规定，建筑物及其附属设施的费用分摊、收益分配等事项，有约定的，按照约定；没有约定或者约定不明确的，按照业主专有部分面积所占比例确定。实践中，物业费的收取往往也是按业主房屋的建筑面积计算的，如按建筑面积收取每平方米 30 元的物业费。物业费的收取办法，也即物业费的缴纳方式，具体包括物业费的支付时间、付款方式等，可以约定一次性缴纳，也可以约定分期缴纳。例如，双方当事人可以在物业服务合同中约定，物业费应当在每年的 1 月进行缴纳。如果物业服务合同没有约定或者约定不明确，应当按照法律、行政法规、部门规章等规定确定；如果没有约定亦没有相关规定，则应当依据当事人之间的交易习惯或者行业的通行做法来确定。

3. 物业服务人不得违规收费

物业服务人有权依据合同约定收取物业服务费用，但物业服务人不仅应当按照合同约定收取物业费，还应当符合法律法规、部门规章的规定。当事人应当在物业服务合同中对物业服务收费范围、收费标准和收取办法作出明确约定。物业费的收取范围、标准必须合理，物业服务人不得擅自单方不合理定价。物业服务人违规收费的行为包括：一是擅自扩大收费范围，即物业服务人违反合同约定、法律法规的规定收取额外费用。例如，小区内的篮球场或者足球场等公共设施属于业主共有财产，业主可以免费使用，但物业服务人仍向业主收取使用费。二是擅自提高收费标准，即物业服务人违反法律、行政法规、部门规章等关于物业费收取的有关规定或者行业标准收取高额物业费。物业服务人提高收费标准的，应当符合有关规定，同时经过业主的同意。三是重复收费，即物业服务人收取的物业费中原本就已经包含了有关项目的费用，但物业服务人又针对该项目向业主另行收费。例如，物业服务合同的收费范围包括了小区环境清洁绿化等相关项目的费用如垃圾清运费等，物业服务人又以清洁费的名义向业主收费。物业服务人不得擅自扩大收费范围，不得提高收费标准，也不得就同一事项向业主重复收费。如果出现违反约定或者有关规定收取费用的情形，业主有权以违规收费为由提出抗辩。物业服务人违反上述规定收费的，业主有权请求其退还已违规收取的费用。

4. 物业服务合同终止后物业费的缴纳

由于种种原因，物业服务期限届满后，或者物业服务合同被解除，导致物业服务合同终止的，物业服务人可能还继续为业主提供物业服务。此时，物业服务人是否有权主张业主缴纳物业费，应当根据具体情况来进行判断。如果物业服务合同终止后，物业服务人应当退出物业服务区域而拒绝退出，按照本法第949条的规定，物业服务人不得请求物业服务合同终止后的物业费，而且如果物业服务人给业主造成了损失，还应当赔偿业主的损失。根据本法第950条的规定，在物业服务合同终止后，在业主或者业主大会选聘的新物业服务人或者决定自行管理的业主接管之前，物业服务人继续提供物业服务，而业主也继续接受物业服务的，即使当事人在此期间没有订立正式的物业服务合同，业主仍有义务支付相应的报酬。就其法理基础，有观点认为，此时双方当事人实际上形成一种事实合同关系；也有观点认为，物业服务人继续服务的行为构成无因管理；还有观点认为，双方当事人是以默示的方式变更了物业服务合同，延长了物业服务期限。

物业服务合同是双务、有偿合同，物业服务人向业主提供物业服务，以业主向其支付相应报酬也即缴纳物业费为对价。业主应当按照约定向物业服务人缴纳物业费。只要物业服务人已经按照约定和有关规定提供服务，业主就不得以未接受或者无需接受相关物业服务为由拒绝支付物业费。在比较法上，很多国家和地区的法律也都规定了不得以放弃共有关系作为拒绝缴纳物业费或者管理费的抗辩理由。

二、业主违反约定逾期不支付物业费的违约责任

业主应当按照合同约定缴纳物业费，业主无正当理由逾期不支付物业费构成违约的，应当承担相应的违约责任。实践中，业主拖欠物业费的现象较为普遍。业主拖欠物业费的行为构成违约的要件主要有：

第一，业主逾期没有支付物业费。物业服务合同应当对物业费的缴纳时间和方式作出约定，业主应当按照合同约定的时间和方式缴纳物业费。业主逾期不支付物业费，就是物业服务合同约定的物业费缴纳期限届满，业主仍不缴纳。例如，物业服务合同约定，业主应当在每年1月最后一天之前缴纳当年的物业费，业主过了1月仍未缴纳物业费的，就属于逾期不支付物业费的行为。聘请物业服务人提供物业服务是全体业主依法定程序作出的决定，业主拖欠物业费的行为，不仅违反合同约定，损害了物业服务人的利益，同时，物业服务人也可能会因为物业费缴纳不到位，减少其服务事项或者降低服务质量，从而损害全体业主的利益。

第二，业主欠缺正当理由。业主逾期不支付物业费构成违约必须欠缺正当理由。如果业主对物业服务人收取物业费有正当的抗辩理由，则有权拒绝缴纳。业主可以拒绝支付物业费的正当理由包括：一是物业服务人不履行物业服务合同义务，或者履行义务不符合合同约定。物业服务合同为双务、有偿合同。业主缴纳物业费，是以物业服务人提供物业服务为基础的。如果物业服务人不履行义务，或者履行义务不符合合同约定，就丧失了收取物业费的基础，业主可以依法行使抗辩权。二是物业服务人违反物业服务合同约定或者法律、法规、部门规章规定，擅自扩大收费范围、提高收费标准或者重复收费，业主可以就属于违规收费的部分拒绝缴纳。

但是，业主不得以未接受或者无需接受相关物业服务为抗辩的理由拒绝向物业服务人支付物业费。一是业主不得以“未接受”为理由提出抗辩。如前所述，从房屋交付业主的时间起，业主就应当承担缴纳物业费的义务。即使在房屋交付后，业主未实际入住房屋的，依然应当缴纳物业费。房屋交付后，业主实际占有，不论其是否入住，物业服务人都要按照约定提供服务，业主不能以自己未实际入住作为拒绝缴纳物业费的理由。实践中，一人同时为多套房屋之业主的情况也较为多见，并不能因为其房屋空置而免除其缴纳物业费的义务。二是业主不得以无需相关物业服务为抗辩理由。业主不能放弃基于区分所有权产生的共有关系，不能以不需要物业服务人提供的全部或者某项服务为由，拒绝缴纳相应的物业费。例如，业主不能以其不产生生活垃圾，或者将生活垃圾带离小区后丢弃到小区外马路旁边的垃圾桶为由，拒绝缴纳物业服务合同约定的物业费中所包含的垃圾清运费。业主对物业服务合同中约定的物业服务事项以及相应的费用，并没有选择的余地。只要物业服务人为全体业主提供了相应的服务，业主就应当支付相应的物业费。

业主之所以不能以未接受相关物业服务为由拒绝支付物业费，主要有以下几个原因：一是物业服务人请求业主支付物业费的依据是物业服务合同，提供物业服务是物业服务人的主要合同义务，如果物业服务人已经按照合同约定向全体业主提供了物业服务，就履行了合同义务，业主应当按照约定支付物业费。二是在物业服务合同中，并没有约定先由物业服务人提供物业服务，物业服务人履行完合同义务后，业主才支付物业费，所以业主并不享有先履行抗辩权，不能以其还未接受物业服务人提供的物业服务为由提出抗辩。三是如果物业服务人不履行或者不完全履行物业服务合同约定的或者法律、法规规定的义务，业主可以依法请求物业服务人承担继续履行、采取补救措施或者赔偿损失等违约责任。在司法实践中，如果物业服务人起诉业主请求其支付物业费，同时业主也以物业服务人不履行合同义务，或者服务质量不符合合同约定为由，请求物业服务人承担违约责任，在符合合并审理条件的情况下一般都予以合并审理。

业主不能以无需接受相关物业服务为由拒绝支付物业费，主要理由在于，建筑物区分所有权具有整体性，不同于普通的所有权，建筑物区分所有权包括专有权、共有权和成员权三个方面的内容，并不是单个业主的绝对支配权。共有部分的利用和管理，与每个业主的利益息息相关，应当由全体业主共同作出决定，而非单个业主可以决定。本法第 278 条也规定，选聘和解聘物业服务企业或者其他管理人由业主共同决定。第 280 条规定，业主大会或者业主委员会的决定，对业主具有法律约束力。根据我国区分所有权制度的安排，全体业主通过业主大会作出决定，由业主委员会来执行。业主委员会与业主大会依法选聘的物业服务人订立的物业服务合同，对业主具有法律约束力，业主应当按照合同约定履行义务。因此，只要物业服务合同是由业主委员会根据业主大会依法通过的决议，与物业服务人签订的，即对所有业主具有法律约束力，这在上述第 939 条的释义中已经阐明。物业服务人对业主共有部分进行管理，就是在为全部业主提供物业服务，每个业主都可以实际享受相应的利益，并不因业主主观上是否需要而受影响。如果允许业主以“无需接受相关物业服务”为由拒绝支付物业费，恐怕支付物业费的业主将寥寥无几，甚至无人再支付物业费，这将使得物业服务人无法正常提供物业服务，无法实现物业服务合同的目的，反而损害了全体业主的共同利益。

第三，物业服务人进行了催告。业主违反约定逾期不支付物业费的，物业服务人可以催告其在合理期限内支付。一般情况下，在业主逾期未支付物业费时，物业服务人都要先进行催告，而不是直接起诉业主。实践中，业主可能基于种种理由而没有按照合同约定的期限缴纳物业费。例如，业主因为疫情原因正在隔离而无法缴纳，或者忘记缴纳物业费的期限，等等。物业服务人进行催告，给予业主合理的宽限期，可以提醒督促业主及时缴纳，提高效率，降低成本。如果直接进行诉讼，不仅可能需要投入大量的时间和精力，造成效率低下，还会导致司法资源的浪费。物业服务人进行催告，可以单独向单个业主作出。当拖欠物业费的业主较多时，物业服务人也可以采取在小区进行公告的形式，向全体拖欠物业费的业主作出催告。

在物业服务人催告的合理期限届满后，业主仍不支付物业费的，物业服务人可以通过诉讼或者仲裁的方式，请求业主支付物业费。业主应当按照合同约定承担逾期缴纳物业费的违约责任；

如果合同对此没有作出约定，业主须承担违约责任的范围，不仅包括其所拖欠的物业费，还应当包括相应的迟延支付利息。需要指出的是，催告不是物业服务人提起诉讼或者申请仲裁的前置程序。业主违反约定逾期不支付物业费的，不要求物业服务人必须先进行催告，物业服务人也可以不经催告直接向法院提起诉讼或者申请仲裁，以保护自己的合法权益。

在比较法上，有些国家还对物业费或者管理费的收取规定了特殊的保障制度。例如，美国各州立法规定，业主管理团体可对欠费业主的房屋设定不动产留置权。经过催缴仍拒绝缴纳的，业主管理团体有权依照法定程序，强制拍卖业主房屋，就所得价款优先受偿其拖欠的物业费、利息、滞纳金、诉讼费及合理的律师费。再如，在新加坡，管理团体以书面形式通知业主缴纳物业费，如果业主超过30日仍未支付，则将依管理团体所决定的利率加收利息并请求简易法院予以收取；同时，法院得以业主违反义务为由处1万新加坡元以下的罚金。

三、物业服务人不得采取停止供电、供水、供热、供燃气等方式催交物业费

在审议民法典的过程中，有的代表提出，实践中，有的物业服务人采取断水、断电等方式催交物业费，对业主的基本生活造成了严重影响，建议予以规范。为了规范物业服务人的行为，保护业主的合法权益，本条第3款规定，物业服务人不得采取停止供电、供水、供热、供燃气等方式催交物业费。业主逾期不支付物业费的，物业服务人可以通过诉讼或者仲裁等合法途径主张权利，但是无权采取停止供电、供水等措施。如果物业服务人为催交物业费，采取停止向业主供电、供水、供热、供燃气等措施，造成业主损失的，应当承担相应的赔偿责任。

第九百四十五条　业主装饰装修房屋的，应当事先告知物业服务人，遵守物业服务人提示的合理注意事项，并配合其进行必要的现场检查。

业主转让、出租物业专有部分、设立居住权或者依法改变共有部分用途的，应当及时将相关情况告知物业服务人。

◆ 条文主旨

本条是关于业主负有就有关重要事项告知物业服务人的义务的规定。

◆ 立法背景

业主作为区分所有权人，对其专有部分享有专有权，可以行使对其专有部分的占有、使用、收益和处分的权利，自然就包括对自己房屋进行装饰装修的权利，他人无权干涉。但是由于业主的专有部分与其他业主的专有部分以及全体业主的共有部分紧密结合或者相邻，业主在进行装饰装修的过程中，会影响到其他业主的利益甚至是全体业主的共同利益。因为对房屋进行装饰装修，往往可能会发出噪声，产生大量的装修垃圾，造成管道堵塞、地面渗水等情况，可能改变建筑物的主体结构或者承重结构，甚至造成房屋倒塌等严重后果，影响全体业主的人身和财产安全。因此，本条规定，业主装饰装修房屋的，应当事先告知物业服务人。

◆ 条文解读

物业服务人负有为全体业主的利益维护小区公共安全、公共秩序的义务，业主应当积极配合物业服务人的服务和管理。例如，为公共设施铺设线路需要经过业主室内时，或者为检修管道需要进入业主室内进行查看时，业主应当予以配合。物业服务人有权根据合同约定和法律法规的有关规定对物业进行管理，业主擅自从事有关装饰装修等行为，或者危害小区公共安全、公共秩序的行为，损害全体业主的共同利益的，物业服务人有权而且应当予以制止。在物业服务人按照合同约定和有关规定提供服务，对物业服务区域进行管理的过程中，业主负有接受、配合物业服务人服务和管理的义务，其中就包括了当业主遇到有关重要事项时，应当及时告知物业服务人。所谓的“重要事项”包括装饰装修房屋，转让、出租物业专有部分，设立居住权或者依法改变共有部分用途等。这主要是因为，发生这些重要事项可能影响到其他业主的合法权益，影响到物业服务人对全体业主的物业服务和对小区内物业的管理。

业主装饰装修房屋，不仅应当在动工前告知物业服务人，而且应当遵守物业服务人提示的合理注意事项，并配合其进行必要的现场检查。这主要是因为物业服务人比较了解物业的实际情况，可能向业主提供必要的信息，并提示合理的注意事项，以免业主在装饰装修的过程中对建筑物尤其是建筑物的共有部分造成损害，造成其他业主的损失，且在损害发生时，物业服务人能够第一时间掌握相关情况并采取措施进行补救。例如，在需要进行装饰装修的业主事先告知物业服务人后，物业服务人可以将物业的相关信息告知业主，比如建筑物的承重墙、管道及电线线路等，以免业主因不知情错把承重墙拆除，破坏建筑物结构，或者破坏管道线路等，引发一定的安全隐患，影响全体业主正常的生产、生活秩序，造成其他业主的损失。当损害发生时，如破坏自来水管道导致业主不能正常用水时，物业服务人能够第一时间发现并安排人员进行抢修，将损失降到最小。

业主装饰装修房屋，除了应当遵守合同有关约定，还应当遵守法律、行政法规、部门规章等有关规定。根据建设部 2002 年出台的《住宅室内装饰装修管理办法》，住宅室内装饰装修活动，禁止下列行为：(1) 未经原设计单位或者具有相应资质等级的设计单位提出设计方案，变动建筑主体和承重结构；(2) 将没有防水要求的房间或者阳台改为卫生间、厨房间；(3) 扩大承重墙上原有的门窗尺寸，拆除连接阳台的砖、混凝土墙体；(4) 损害房屋原有节能设施，降低节能效果；(5) 其他影响建筑结构和使用安全的行为。装修人从事住宅室内装饰装修行为，未经批准，不得有下列行为：(1) 搭建建筑物、构筑物；(2) 改变住宅外立面，在非承重外墙上开门、窗；(3) 拆改供暖管道和设施；(4) 拆改燃气管道和设施。

业主转让、出租物业专有部分，设立居住权或者依法改变共有部分用途的，也应当及时将相关情况告知物业服务人。业主转让其房屋的，原业主将退出物业服务合同，由新业主替代原业主成为物业服务合同的当事人，享受合同权利，履行合同义务。如果原业主不将转让的情况告知物业服务人，将导致物业服务人不知新业主为新的合同相对人，不了解房屋的权利归属，不便于物业服务人的服务和管理，也可能使物业费的收取难以进行，损害全体业主的利益。而业主将其物业专有部分出租、设立居住权的，将导致物业使用人和物业所有人不一致的情况，会导致物业服务人不了解物业使用情况，给物业服务人的服务和管理带来不便。如果物业所有人与物业使用人约定由物业使用人缴纳物业费，而物业使用人并没有按时缴纳，将使物业服务人收取物业费变得更加困难，因为物业所有人并不在小区居住，而物业使用人与物业服务人之间又没有直接的合同关系，不能直接向物业使用人请求支付物业费。业主改变共有部分的用途，应当由全体业主依照法律规定的程序共同作出决定，并及时将情况告知物业服务人。这主要还是为了便于物业服务人及时掌握物业服务区域内的情况，便于物业服务人对小区的服务和管理，维护全体业主的共同利益。例如，业主依法共同决定将小区内一块空地改为停车场的，应当及时通知物业服务人，方便物业服务人对停车场及小区内车辆进行管理。

第九百四十六条 业主依照法定程序共同决定解聘物业服务人的，可以解除物业服务合同。决定解聘的，应当提前六十日书面通知物业服务人，但是合同对通知期限另有约定的除外。

依据前款规定解除合同造成物业服务人损失的，除不可归责于业主的事由外，业主应当赔偿损失。

◆ 条文主旨

本条是关于业主可以依法共同决定解除物业服务合同的规定。

◆ 立法背景

根据合同法理论，合同的解除方式包括任意解除和非任意解除。任意解除，是指当事人可以在合同约定的期限届满之前，根据法律规定或者合同的约定，不需要特别的理由，不受条件限制，而根据自己单方的意思表示解除合同。非任意解除，是指当事人根据双方协议，或者当合同约定、法律规定的事由发生而解除合同，适用于所有民事合同。物业服务合同作为一种民事合同，自然适用非任意解除的规则。物业服务合同订立后，可能因为种种原因导致合同无法履行，或者双方均不愿意再继续保持合同关系，此时，双方当事人可以通过协议方式解除合同。业主与物业服务人也可以在物业服务合同中约定，如果发生某种事由，业主或者物业服务人得以解除合同。例如，物业服务合同约定，因可归责于物业服务人的原因，在物业服务区域内发生人身伤害事故的，业主可以解除物业服务合同。当然，业主与物业服务人还享有法定解除权。本法第563条规定了当事人可以解除合同的法定事由，包括因不可抗力致使不能实现合同目的，一方当事人根本违约，等等。

◆ **条文解读**

任意解除权并不是所有民事合同当事人都享有的，必须在有法律明确规定或者当事人特别约定的情况下，合同当事人才能享有任意解除权。物业服务合同的当事人是否应当享有任意解除权，各个国家和地区的法律规定差异较大，学界也存在不同观点。

对于业主是否可以随时解除物业服务合同，学界有两种观点。第一种观点认为，应当赋予业主对物业服务合同的任意解除权。主要理由有：第一，更好地保护业主的合法权益。在物业服务合同关系中，业主往往处于弱势地位，或者信息不对称之境地，物业服务人掌握信息优势。在多数业主认为物业服务人提供的服务不能达到业主的满意程度、不能满足业主的需求，而物业服务人之行为又不构成根本违约的情形时，继续履行的意义不大，应当允许业主解除物业服务合同，重新选聘物业服务人。第二，尽管对于物业服务合同是否为委托合同，理论界和实务界都有争议，但是物业服务合同与委托合同一样都是继续性合同，合同的顺利履行和合同目的的顺利实现都离不开当事人双方的相互信任和相互配合，因此无论物业服务合同是否为委托合同，都应当赋予业主一方任意解除权。物业服务人的选聘以业主的信任为基础，具有一定的人身信任属性，如果业主对物业服务人产生信任危机，将使得物业服务和管理难以继续进行，此时应当允许业主通过法定程序解聘、更换物业服务人。

第二种观点认为，不应当规定业主对物业服务合同的任意解除权。业主受依法成立的物业服务合同的约束，不应当享有任意解除权，主要理由有：第一，物业服务合同不同于委托合同。本法合同编第二十三章规定了委托人的任意解除权，是因为委托合同大多是无偿的，即使委托人任意解除合同，通常也不会给受托人造成损失。而物业服务合同是双务、有偿合同，不属于委托合同，不能适用委托合同有关任意解除权的规定。第二，赋予业主任意解除权，将损害物业服务人的利益。在实践中，物业服务合同成立之后，物业服务人为了提供约定的物业服务，通常要进行大量的准备工作，可能还要将某些专项服务事项委托给其他专业性服务组织或者其他第三人，从而和其他主体订立一系列合同。如果业主行使任意解除权，可能会给物业服务人造成较大损失，这对物业服务人来说是不公平的。第三，法定解除权已足以保护业主的合法权益，不必再另行赋予其任意解除权。实践中，如果物业服务人不履行相关合同义务，或者履行义务不符合合同约定，例如物业服务人不履行对公共设施的维修养护义务，造成小区内多部电梯出现故障，存在严重安全隐患，或者不履行清洁绿化义务，使小区内垃圾随意堆放，绿植都干枯而死，构成根本违约，业主可以行使法定解除权解除合同，解聘物业服务人。

关于业主（或者业主团体、管理委员会、管理负责人等）是否可以随时解聘物业服务人（管理人或者管理服务人），其他国家和地区主要存在两种不同的立法例。一种是规定业主（或者业主团体、管理委员会、管理负责人等）享有任意解除权，可以随时解除合同，如日本、我国台湾地区、新加坡等。《日本有关建筑物区分所有等之法律》第 25 条规定，在规约无特别规定时，区分所有人得依业主集会的决议选任和解任。管理人有不正当行为或其他不适于执行职务的情形时，各区分所有人得请求法院将其解任。该法第28条规定，除本法及管理规约的规定外，管理人的权利义务，依照有关委任的规定。也就是说，区分所有人（即业主）与管理人（即物业服务人）之间的法律关系为委任关系。《日本民法典》第651条规定，委任契约的各当事人，可以随时解除委任。因此，区分所有人与管理人均享有任意解除权。我国台湾地区“公寓大厦管理条例”没有直接规定大厦管理委员会（或者管理负责人）是否可以随时解除管理服务人，但是该“条例”第36条第9项规定管理委员会（或者管理负责人）负责管理服务人的委任、监督及监管，而根据我国台湾地区“民法”第549条的规定，委任合同当事人之任何一方，得随时终止委任契约。与日本一样，我国台湾地区也将管理委员会（或者管理负责人）与管理服务人的关系视为一种委托关系，据此双方均得任意解除合同关系。而在新加坡，每个新建住宅区必须在两年内成立管理委员会，由全体业主投票选出委员会成员。该委员会将代表全体业主管理社区，每年召开一次全体大会，讨论制定社区行为规则以及聘请物业管理公司等重要事务。如果物业公司表现不好，管理委员会有权立即将其解聘。

另一种则为解除权的行使设置了限制条件，如德国和瑞士等。《德国住宅所有权法》第26条规定，住宅所有权人以多数决决议管理人选任与委任。选任的期限最高为5年，管理人的解任以有重大原因者为限。可见，业主要解聘物业服务人，须以存在重大理由为前提。《瑞士民法典》第712q条规定，楼层所有人大会未能委任管理人时，各楼层所有人均得请求法院指定管理人。第712r条规定，楼层所有人大会得随时依其决议解任管理人，但其已到期的酬金请求权不受影响。楼层所有人大会无视重大理由，拒绝解任管理人时，各楼层所有人均得在一个月内请求法院解任。经法院指定的管理人，在任职期限届满前，未经法院同意不得解任。也就是说，物业服务人可以由业主委托，也可以由法院指定。对两种方式产生的物业服务人，业主的解聘程序也不一样。对于法院指定的物业服务人，业主不能随时解聘，必须经过法院的同意。

在编纂民法典的过程中，对于是否规定业主的任意解除权，起初也有不同意见。有的意见认为，应当优先保护业主的利益，仅将任意解除权赋予业主，不允许物业服务人任意解除合同；有的意见认为，如果允许业主任意解除物业服务合同，对物业服务人不公平，也可能会反过来损害业主的整体利益。为了保护业主的合法权益，构建和谐物业服务关系，民法典作出本条规定，赋予业主一方任意解除权。

所谓业主一方的任意解除权，此处的"业主"并非单个业主，而是指全体业主。单个业主是不能行使这种任意解除权的，必须由全体业主"依照法定程序共同决定解聘物业服务人"，才能解除物业服务合同。根据本法第278条的规定，解聘物业服务企业或者其他管理人由业主共同决定。而该"法定程序"，也就是通过业主大会的形式，而且对参与表决和同意的业主数量有所要求，即应当由专有部分面积占比三分之二以上的业主且人数占比三分之二以上的业主参与表决，经参与表决专有部分面积过半数的业主且参与表决人数过半数的业主同意。

此外，业主最终决定解聘的，还应当提前六十日书面通知物业服务人，但是合同对通知期限另有约定的除外。因为在业主决定解聘物业服务人后，物业服务人退出物业服务用房、交接物业及其相关资料都需要一定的时间，应当给予其一定的合理期限，做好退出、交接工作。本条规定的合理期限为六十日，该合理期限的规定为任意性规定，当事人可以作出特别约定排除其适用。因为实践中，不同物业服务人负责的物业服务内容可能是不同的，所以解聘时物业服务人做好退出准备的时间也是不相同的，当事人可以对提前通知物业服务人解聘决定的期限作出特别约定。

不过，业主行使任意解除权解除合同造成物业服务人损失的，除不可归责于业主的事由外，应当赔偿物业服务人的损失。物业服务合同成立之后，物业服务人为了提供约定的物业服务，通常要进行大量的准备工作，投入大量的人力、财力、物力，而且可能和其他主体订立一系列涉及物业服务的合同。业主行使任意解除权，可能会给物业服务人造成较大损失。如果不对受到损失的物业服务人进行赔偿，则有失公允。当然，如该损失之发生是因为不可归责于业主的事由，例如是因为不可抗力，或者物业服务人自己违约导致合同被解除，则业主不需要赔偿该损失。

需要注意的是，合同解除后，物业服务人是否可以请求已经履行部分的物业费？这个问题涉及合同解除效果即合同解除的溯及力问题。在比较法上，世界各个国家和地区合同法对合同解除的溯及力的规定基本一致，合同解除对非继续性合同具有溯及力，而对继续性合同不具有溯及力，即合同解除仅向将来发生效力。我国理论和实务界一般认为，应当区分合同解除对继续性合同和非继续性合同具有不同的法律效力，非继续性合同的解除原则上具有溯及力，继续性合同的解除原则上不具有溯及力。本法第566条第1款规定：“合同解除后，尚未履行的，终止履行；已经履行的，根据履行情况和合同性质，当事人可以请求恢复原状或者采取其他补救措施，并有权请求赔偿损失。”对继续性合同来说，恢复原状不具有现实可行性，物业服务人可以请求相应的损失，主要就是与其已经履行的部分合同义务相对应的物业费。

此外，还有观点认为，也应当赋予物业服务人任意解除权。从比较法上看，多数国家都只规定业主一方的任意解除权，没有规定物业服务人的任意解除权。物业服务人作为专门提供物业服务的经营者，掌握信息优势，处于合同的有利地位，在服务期限届满前，都应当尽到善良管理人之职责，按照约定为业主提供物业服务。因此，民法典未赋予物业服务人任意解除权。

第九百四十七条 物业服务期限届满前，业主依法共同决定续聘的，应当与原物业服务人在合同期限届满前续订物业服务合同。

物业服务期限届满前，物业服务人不同意续聘的，应当在合同期限届满前九十日书面通知业主或者业主委员会，但是合同对通知期限另有约定的除外。

◆ 条文主旨

本条是关于业主续聘物业服务人的规定。

◆ 立法背景

物业服务合同的成立基于业主与物业服务人之间的信任。在物业服务期限届满前，业主将面临一个选择，即续聘物业服务人，或者重新选聘其他物业服务人。当然，物业服务人同样也面临两个选择，即同意业主的续聘或者不同意续聘。

◆ 条文解读

物业服务期限届满前，如果业主选择续聘物业服务人，应当与其续订物业服务合同。需要注意的是，续聘也应当由业主依法共同决定，即根据本法第 278 条的规定，由专有部分面积占比三分之二以上的业主且人数占比三分之二以上的业主参与表决，还应当经参与表决专有部分面积过半数的业主且参与表决人数过半数的业主同意。另外，业主与物业服务人应当在合同期限届满前进行续订，这样续订的物业服务合同可以与原物业服务合同衔接，不会出现物业服务的真空期，以免产生不必要的纠纷，损害业主或者物业服务人的合法权益。如果物业服务期限届满后，业主没有依法作出续聘或者另聘物业服务人的决定，物业服务人继续提供物业服务的，依据本法第 948 条的规定，原物业服务合同继续有效，但是服务期限为不定期。

如果物业服务人愿意接受续聘，业主也依法共同决定续聘，双方应当在合同期限届满前续订物业服务合同；业主在物业服务期限届满前没有依法作出续聘决定的，或者选聘其他物业服务人的，物业服务期限届满时，物业服务合同即终止。如果物业服务人不同意业主续聘，应当在合同期限届满前九十日书面通知业主或者业主委员会。之所以这样规定，主要是因为如果物业服务人不同意续聘，业主就需要重新选聘新的物业服务人。物业服务人的选择关系到全体业主的共同利益，业主需要多方考察对比，选择值得信任、服务到位、收费合理的物业服务人，而且要通过法定的程序作出选聘的决定，这往往需要较长的一段时间。因此，原物业服务人如果不愿意接受续聘，就应当在服务期限届满前给予业主充分的时间重新选择新的物业服务人。本条规定物业服务人应当在合同期限届满前九十日内通知业主或者业主委员会，而且应当以书面的形式明确告知。不过，合同期限届满前九十日的通知期限是任意性规定，双方可以对通知期限作出特别约定。

第九百四十八条 物业服务期限届满后，业主没有依法作出续聘或者另聘物业服务人的决定，物业服务人继续提供物业服务的，原物业服务合同继续有效，但是服务期限为不定期。

当事人可以随时解除不定期物业服务合同，但是应当提前六十日书面通知对方。

◆ 条文主旨

本条是关于物业服务期限届满后，业主没有依法作出续聘或者另聘物业服务人的决定，物业服务人继续提供物业服务的，原物业服务合同继续有效的规定。

◆ 立法背景

物业服务合同约定的服务期限届满后，如果当事人没有订立新的物业服务合同或者通过约定延长原物业服务合同的服务期限，该物业服务合同终止。但是，如果业主没有依法作出续聘或者另聘物业服务人的决定，小区的物业将处于无人管理的状态，将影响到全体业主的正常生活，损害全体业主的共同利益。

◆ 条文解读

基于诚信原则，从保护全体业主共同利益的角度出发，本条规定，物业服务期限届满后，物业服务人继续为业主提供物业服务的，原物业服务合同继续有效，只是服务期限变为不定期。此时，双方当事人都可以随时解除物业服务合同，只是需要提前六十日书面通知对方。业主在此期间解除合同的，提前六十日告知对方，可以让物业服务人有足够的时间做好退出的准备；物业服务人决定解除合同的，提前六十日告知对方，可以让业主利用这段时间去重新寻找合适的其他物业服务人。所以规定在此期间当事人解除不定期物业服务合同须提前六十日通知对方是很有必要的。

第九百四十九条　物业服务合同终止的，原物业服务人应当在约定期限或者合理期限内退出物业服务区域，将物业服务用房、相关设施、物业服务所必需的相关资料等交还给业主委员会、决定自行管理的业主或者其指定的人，配合新物业服务人做好交接工作，并如实告知物业的使用和管理状况。

原物业服务人违反前款规定的，不得请求业主支付物业服务合同终止后的物业费；造成业主损失的，应当赔偿损失。

◆ 条文主旨

本条是关于物业服务合同终止后物业服务人负有退出物业服务区域等义务的规定。

◆ 立法背景

物业服务合同终止后，物业服务人没有继续留在物业服务区域进行服务和管理的正当理由的，就应当及时退出物业服务区域。但是在实践中，物业服务合同终止后，物业服务人无正当理由，拒绝退出物业服务区域，拒绝移交物业服务用房等相关设施设备以及物业服务所必需的相关资料，或者不配合新物业服务人做好交接工作的现象也时有发生，导致新物业服务人无法进场或者决定自行管理的业主无法接管，不仅影响业主的正常生产生活，损害业主的共同利益，严重的甚至可能引发群体性事件。物业服务人之所以拒绝退出或者拒绝配合移交和交接，可能是因为业主对物业服务人提供的物业服务不满意，依法共同决定解聘物业服务人，提前解除物业服务合同；也可能是因为物业服务合同期限届满，业主没有续聘物业服务人，而是选聘新的物业服务人；还有可能是因为仍有部分业主拖欠物业费。

◆ **条文解读**

物业服务合同终止后，当事人仍然负有一定的后合同义务。所谓后合同义务，属于附随义务的一种，是指在合同关系终止后，当事人依据法律法规的规定，以及诚信原则的要求对另一方负有保密、协助等义务。本法第558条规定："债权债务终止后，当事人应当遵循诚信等原则，根据交易习惯履行通知、协助、保密、旧物回收等义务。"因为物业服务合同涉及的内容方方面面，十分复杂，物业服务人对该物业服务区域内的业主情况、物业使用和管理情况都了解和掌握，基于诚信原则，为了保护全体业主的共同利益，实现物业的顺利交接，本条规定了物业服务人的一些后合同义务。物业服务人在合同终止后所应承担的后合同义务主要包括以下内容：

第一，在约定期限或者合理期限内退出物业服务区域。所谓退出，是指物业服务人及其工作人员应当离开相应的物业服务区域，如相关的工作人员应当退出物业服务用房，物业服务人所雇用的保安、门卫应当离开保安室、门卫室等，不得继续占用相关区域。因为物业服务合同终止后，物业服务人没有合法正当理由继续占用相关区域。当事人可以在物业服务合同中对合同终止后物业服务人的退出期限作出明确约定，如果没有约定，应当在合同终止后，给予物业服务人一定的合理期限，让物业服务人在该合理期限内有序退出。

第二，妥善交接义务，包括移交物业服务用房和相关设施，以及物业服务所必需的相关资料，配合新物业服务人做好交接工作。这主要是因为，物业服务合同已经终止，物业服务人已经丧失占用物业服务用房和相关设施、物业服务所必需的相关资料等的法律依据，因此应当将其交还。物业服务用房和相关设施、物业服务所必需的相关资料等应当交还给业主委员会、决定自行管理的业主或者其指定的人，指定的人往往为业主或者业主委员会选聘的新物业服务人，直接移交给新物业服务人，不仅可以提高交接效率，还能最大限度地维护全体业主的利益。

第三，如实告知物业的使用和管理状况。物业服务合同终止后，物业服务人不仅要移交物业服务用房和相关设施、物业服务所必需的相关资料等，同时要如实告知物业的使用和管理情况，尤其是与业主人身、财产安全密切相关的重要情况，例如某单元楼内某部电梯出现了故障仍待维修，小区门禁出现故障任何人可以自由进出，专项维修资金的使用情况，等等。告知的对象，既包括全体业主、业主委员会，也包括新物业服务人。因为业主对物业的使用和管理情况有知情权，物业服务人应当接受业主的监督，在其即将完全退出物业服务区域前，自然应当将有关物业使用和管理的情况如实告知业主。而之所以要告知新物业服务人，是因为新物业服务人即将接管物业服务和管理，为了尽快进入角色，应当及时全面了解和掌握物业的使用、管理情况，这也是新物业服务人的义务，而原物业服务人对物业的使用和管理情况最为了解，应当负有义务将这些情况如实告知新物业服务人，以保护业主的共同利益。

物业服务人违反上述义务，不仅不得请求业主支付物业服务合同终止后的物业费；造成业主损失的，还应当赔偿损失。需要特别说明的是，此处规定的“物业服务合同终止后的物业费”，并非其履行上述后合同义务的额外报酬，应是在他人接管相关物业前，原物业服务人继续为全体业主提供物业服务期间所应收取的物业费。本法第950条规定：“物业服务合同终止后，在业主或者业主大会选聘的新物业服务人或者决定自行管理的业主接管之前，原物业服务人应当继续处理物业服务事项，并可以请求业主支付该期间的物业费。”物业服务合同终止后，物业服务人仍占用物业服务用房及相关设施，拒绝向业主委员会选聘的新物业服务人移交物业服务所必需的相关资料，导致新物业服务人不能入场为业主提供物业服务的，即使其仍在继续提供物业服务，也是对业主权利的侵犯，不仅不能请求物业服务合同终止后继续服务期间的物业费，如果给业主造成损失，还要赔偿相应的损失。例如，物业服务合同终止后，由于物业服务人拒不退出物业服务区域，不配合新物业服务人交接，导致小区处于无人服务和管理的状态，如果小区内电梯出现故障导致业主人身受到伤害，此时虽然物业服务人与业主的权利义务关系已经终止，但是对于该业主的损失，物业服务人依然要予以赔偿。

此外，物业服务合同终止后，物业服务人可能还要履行其他义务，这些义务包括但不限于：

一是物业服务人应当对其为业主提供物业服务期间所掌握的有关信息、资料和情况等进行保密，这也属于物业服务合同的后合同义务。物业服务人基于其提供服务和管理的需要和便利，在工作过程中肯定会收集该物业服务区域内业主的个人信息，包括业主的姓名、身份证号码、联系方式、所居住的楼层及门牌号、行踪信息（如每天几点出门、几点回家）等。由于现在很多小区单元楼开始使用新型智能锁，物业服务人甚至还可能收集到业主的指纹、人脸、虹膜等重要的生物识别信息。物业服务人所收集的这些个人信息中不乏极为重要的敏感信息，对业主来说至关重要，如果物业服务人将其泄露，可能给业主造成人身、财产的重大损失。这些信息如果落入不法分子手中，后果更是不堪设想。例如，物业服务人通过门禁、监控等途径知晓业主每天几点离开小区，几点回家，如果让不法分子知道该信息，就可以选择业主不在家的时候行窃。除了业主的个人信息，物业服务人掌握的各种有关资料（例如小区监控录像资料）和有关情况（例如业主家中住几个人，居住人的性别，与业主一起居住的人是谁等），都应当予以保密，因为这些资料或者情况往往涉及业主的隐私。

二是物业服务人应当返还其占有的属于业主所有的财产，这主要是指物业服务人利用业主共有部分从事经营活动获得的收益。根据本法第282条的规定，物业服务企业或者其他管理人等利用业主的共有部分产生的收入，在扣除合理成本之后，属于业主共有。实践中，物业服务人常常利用业主共有部分进行牟利，例如在建筑物外墙粉刷商业广告，在电梯内部安装显示屏用于播放广告，将空余车位对外出租给非小区业主，等等。物业服务人取得的收入扣除合理成本之后，属于业主共有，在物业服务合同终止后，物业服务人应当及时返还给业主。

三是物业服务人应当退还已经预收的、尚未提供物业服务期间的物业费。物业服务合同因为业主提前解除合同等原因在服务期限届满前终止的，物业服务人仅有权收取其提供物业服务期间的物业费，对于物业服务人已经收取的、尚未提供物业服务期间的物业费，应当返还给业主。此外，物业服务人预收的其他费用，如装修保证金、垃圾清运费等，也应当依法返还给业主。

第九百五十条 物业服务合同终止后，在业主或者业主大会选聘的新物业服务人或者决定自行管理的业主接管之前，原物业服务人应当继续处理物业服务事项，并可以请求业主支付该期间的物业费。

◆ 条文主旨

本条是关于物业服务合同终止后、他人接管物业前，原物业服务人应当继续提供物业服务并可以请求业主支付相应物业费的规定。

◆ 立法背景

在物业服务合同期限届满或者被解除，物业服务合同终止后，在业主或者业主大会选聘的新物业服务人或者决定自行管理的业主接管之前，应当继续为业主提供物业服务。

◆ 条文解读

之所以作出该规定，主要有以下几个理由：一是出于保护业主利益的考虑。物业服务合同终止后，如果在业主或者业主大会选聘的新物业服务人或者决定自行管理的业主接管之前，原物业服务人就已完全退出，将导致该物业服务区域陷入无人服务和管理的境地，如小区内无人进行保洁工作使得垃圾成山，影响全体业主的日常生活，损害全体业主的共同利益。二是基于诚信原则。物业服务人与业主之间存在合同关系，由物业服务人为业主提供物业服务，当合同终止后，他人接管之前，物业服务人也应当按照诚信原则的要求，继续为业主处理物业服务事项，这属于物业服务人的后合同义务。三是符合公平与效率的原则。在物业服务合同终止后，物业服务人交给他人接管前，显然由物业服务人继续为业主提供服务是最为简便快捷的做法，而且物业服务人可以请求业主支付相应的报酬，也符合公平的原则。

在这种情况下，物业服务人继续提供物业服务的，可以请求业主支付在其继续为业主提供物业服务期间的物业费。在物业服务人继续处理物业服务事项，业主实际接受物业服务人所提供的服务的情形下，即使当事人没有订立正式的书面的物业服务合同，业主也应当向物业服务人支付相应的报酬。物业服务人之所以可以请求该期间的报酬，主要有以下几种观点：第一种观点认为此时双方当事人之间成立事实上的物业服务合同关系。物业服务合同终止后，如果物业服务人继续提供物业服务，而业主也继续接受物业服务，双方实际上存在一种事实合同关系，应当按照原物业服务合同约定的标准支付物业费。虽然依据法律规定，物业服务合同属于法定的书面合同，但是依据本法第 490 条的规定，物业服务人已经履行其主要义务，业主接受时，物业服务合同就已经成立。不过，因为当事人没有对服务期限作出约定，所以该物业服务合同已经转变为不定期合同，双方可以随时终止该合同。第二种观点认为，物业服务人继续处理物业服务事项的行为构成无因管理，物业服务人可以基于无因管理请求业主支付必要的费用。第三种观点认为，双方当事人是以默示的方式变更了物业服务合同，延长了物业服务期限，使得原物业服务合同继续有效，但是服务期限为不定期，因此物业服务人可以请求业主支付该期间的物业费。对于第一种观点，物业服务人继续提供服务、业主继续接受其服务的时间较短，根据双方的事实合同关系，物业服务人可以请求该期间的物业费，对物业服务人和业主来说都是公平的。对于第二种观点，物业服务人继续为业主提供服务，并非完全没有法定或者约定的义务，而是基于物业服务人与业主之间原来存在的物业服务合同关系，而且如果将物业服务人的行为认定为无因管理，物业服务人就只能请求业主偿还因管理事务而支出的必要费用，也就是其提供物业服务的成本，对物业服务人来说是不公平的。对于第三种观点，如果物业服务人与业主是以默示的方式延长了物业服务期限，将物业服务合同变更为不定期合同，那么双方将需要通过行使解除权来终止合同，而且需要在合理期限内通知对方以解除合同。如果是业主行使解除权，还需要依照法定程序作出决定。

第二十五章　行纪合同

本章共十条，主要内容有：行纪合同的概念，行纪人享有介入权、处置权、留置权，以及承担自负费用的义务、妥善保管的义务，委托人享有指示权及承担支付报酬、及时受领的义务等。

第九百五十一条　行纪合同是行纪人以自己的名义为委托人从事贸易活动，委托人支付报酬的合同。

◆ 条文主旨

本条是关于行纪合同概念的规定。

◆ 立法背景

改革开放前，受计划经济的限制，我国行纪业很不发达，只有一些国营和集体的信托商店、旧货寄售商店和贸易货栈等，主要是公民的寄售业务。改革开放后，全国各地相继恢复和新建许多贸易信托、行纪等机构，包括房地产中介机构独家销售公司等。行纪人往往在一定领域内从事专门性行纪活动，比较了解行情，熟悉业务和供求关系，且手段简便、灵活，可以为委托人提供有效的服务，对扩大商品流通、促进贸易发展起着重要的作用。

◆ 条文解读

行纪合同是指行纪人接受委托人的委托，以自己的名义，为委托人从事贸易活动，委托人支付报酬的合同。接受委托的一方为行纪人，另一方则为委托人。例如，某配件厂（甲方）委托某销售公司（乙方）代销产品，乙方接受甲方的委托并以自己的名义代甲销售，代销价款归甲方，乙方收取代销费。在这个关系中，甲方为委托人，乙方为行纪人。

行纪合同也称信托合同，最早罗马法所称信托是一种遗产处理形式。是指被继承人将遗产的全部、一部或者一特定物，嘱托其继承人转交给指定的第三人，这时的信托并不产生法律上的效力。英美法信托是从英国中世纪所通行的用益权制度发展而来，源于英国的衡平法。信托是英美法中一项很重要的财产法律制度，其主要内容是受托人根据信托人（财产所有人）的委托，为受益人（第三人）的利益而运用此财产，对信托人的财产进行管理、处分。大陆法系由于有财团法人制度及法定代理制度，可以实现信托所想要达到的目的，因此大陆法无信托制度。随着行纪业务的发展，行纪合同逐渐被广泛应用，成为一种独立的合同类型，与委托合同并存。1999 年我国制定合同法时，就设立专章对行纪合同进行了规定。

在比较法上，各个国家和地区对行纪合同的规定有几种立法例。有些国家把行纪合同规定在商法典中，如《法国商法典》和《德国商法典》对行纪合同都作了专门详细的规定。一些国家和地区则将行纪规定在民法典或者其他法律中。如《瑞士债务法》、我国台湾地区“民法”对行纪都有专门的规定。还有的国家认为行纪不是一种独立的合同类型，将其放到委托合同中进行规范，如意大利。

行纪合同具有以下特征：

一、行纪人从事贸易行为

根据行纪合同的定义，行纪人从事的活动限于贸易行为，这是行纪合同和委托合同的重要区别。就行纪合同的适用范围来说，如何界定“贸易行为”是关键。传统的“贸易”主要是指商品买卖、交易。有的观点认为，贸易的客体应当是商品，不包括不动产，也不包括知识产权等无形财产。新中国成立以来，尤其是改革开放以来，我国经济迅速发展。随着经济社会的不断发展，贸易的范围或者客体也在不断扩大。现代社会的贸易已经不再限于动产的商品交易，行纪活动也不应当再限于传统的商品贸易，而是可以包括更多财产权益的管理、处分，例如房地产买卖、证券交易、期货交易和信托等。一些国家和地区的法律中规定的行纪行为不限于动产买卖。例如，《德国商法典》明确规定行纪人可以从事有价证券的买卖，根据该法典第 383 条的规定，行纪人是指以自己的名义为他人（委托人）购买或者销售商品、有价证券，并以其作为职业性经营的人。我国台湾地区“民法”也未将行纪活动限定于动产交易，其第 576 条规定，“称行纪者，谓以自己之名义，为他人之计算，为动产之买卖或其他商业上之交易，而受报酬之营业”。基于现实生活的需要，现在已经有很多新兴行业都出现了专门从事行纪工作的专业机构和人员。例如，在房地产市场，有的房产中介机构也有从事不动产买卖的行纪活动（尽管很多房产中介机构主要是以中介人即居间人的身份提供房屋买卖或者租赁的中介服务）。在金融领域，证券资产管理业务是证券经营机构在传统业务基础上发展的新型业务，是委托人将自己的证券资产交给证券公司，由证券公司以自己的名义为委托人提供理财服务的行为，也属于一种行纪。近年来，信托行业迅速发展壮大，越来越多的人通过信托制度管理自己的财产。信托也是一种行纪，是指委托人基于对受托人的信任，将其财产权委托给受托人，由受托人按委托人的意愿以自己的名义，为受益人的利益或特定目的进行管理和处分的行为。

二、行纪人应当具有相应的资质

在现代社会，行纪被广泛运用于各种商业活动中，行纪人从事的某种贸易行为具有专业性的特点，往往需要具备相应的资质。行纪人一般专门从事贸易活动，其开业和经营往往需要经过国家有关部门的审批或者登记，并不是所有民事主体都可以无条件地成为行纪人从事行纪业务。例如，从事证券资产管理业务的证券公司，必须符合条件并依法设立。2019 年修订的《证券法》第 118 条规定了设立证券公司应当具备的条件，同时要求经国务院证券监督管理机构批准。未经国务院证券监督管理机构批准，任何单位和个人不得以证券公司名义开展证券业务活动。

三、行纪人的行为是以自己的名义

根据行纪的定义，行纪人必须以自己的名义为委托人从事贸易行为，而非委托人的名义。这也是行纪人和受托人、代理人的重要区别。受托人可以委托人的名义进行民事活动，也可以自己的名义。代理人则只能以被代理人的名义进行民事法律行为，其在代理权限内从事的代理行为的法律后果直接由被代理人承担。行纪人从事的贸易行为法律效果由行纪人承担，委托人可能不知道行纪人的相对人是谁，相对人也可能不知道委托人是谁，委托人和行纪人的相对人之间并不发生直接的法律关系。在行纪中一般存在两个法律关系，即委托人和行纪人之间的行纪关系，以及行纪人与第三人之间的合同关系。

四、行纪合同为诺成合同、不要式合同、有偿合同、双务合同

行纪合同是诺成合同，只要委托人和行纪人意思表示一致即可成立；是不要式合同，可以采用口头形式、书面形式或者其他形式；是有偿合同，委托人负有向行纪人支付报酬的义务；也是双务合同，行纪人受委托人之委托从事贸易行为，委托人需要向行纪人支付相应的报酬。

根据行纪合同的定义可知，行纪人的主要义务是以自己的名义为委托人的利益从事贸易活动，行纪人与第三人订立合同，行纪人是当事人即权利义务主体，委托人与第三人不发生直接的法律关系。委托人的主要义务则是向行纪人支付报酬。

如何理解本条对行纪合同的定义，重要的一点是分清行纪合同与委托合同的界限。行纪合同和委托合同有相同点，如都以提供劳务为合同的标的；都以当事人双方的信任为基础；都以处理一定事务为目的。

两者的区别在于：第一，适用范围不同。行纪合同适用范围较窄，仅限于代销等贸易行为；而委托合同的适用范围宽，可以适用于除法律规定禁止委托或者依性质不得委托以外的各种事务，有的学者甚至认为可以包括事实行为。第二，行纪合同的受托人只能以自己的名义处理委托事务；委托合同的受托人处理事务既可以用委托人名义，也可以用自己的名义。行纪人以自己的名义与第三人订立合同，该合同与行纪合同是相互独立的两个合同，委托人与第三人之间不发生直接的法律关系。而在委托合同中，受托人以委托人的名义处理委托事务的，对委托人直接发生效力，以委托人的名义与第三人订立的合同，合同当事人为委托人与第三人。受托人以自己的名义与第三人订立合同，如果第三人在订立合同时知道受托人和委托人之间的代理关系，则该合同直接对委托人发生效力，即可以直接约束委托人和第三人。第三，行纪人一般是专门经营为他人从事贸易活动的人，应当取得从事某种行纪行为的特定资质，其开业和经营需要经过国家有关部门的审批或者登记；而委托合同的当事人不必专门从事贸易活动，可以是一般的自然人，也可以是法人或者非法人组织。第四，行纪合同是双务、有偿合同；而委托合同既可以是双务、有偿合同，也可以是单务、无偿合同，是否有偿由当事人自行约定。第五，处理委托事务的费用负担不同。行纪合同中，如无特别约定，行纪人处理委托事务支出的费用由行纪人负担。而在委托合同中，受托人处理委托事务的费用则由委托人负担，委托人还应当预付受托人处理委托事务的费用。

行纪与间接代理从表面上看也十分相似。无论是行纪还是间接代理，行纪人或者代理人都是以自己的名义进行活动。行纪和间接代理都存在两个合同关系，尤其是对内都是受委托人之委托，在委托人的授权范围内从事一定的行为。所以在大陆法系，一般将间接代理归为行纪关系。但是，行纪和间接代理是两种不同的法律关系，两者之间还是存在许多区别的。第一，行纪人或者间接代理人是否需要具备一定的资质条件不同。行纪人都是专门从事行纪业务的专业机构或者人员，应当取得从事某种行纪行为的特定资质，其开业和经营需要经过国家有关部门的审批或者登记。而间接代理人没有这种资格限制，一般的自然人、法人或者非法人组织都可以接受委托成为间接代理人。第二，委托人或者间接代理中的被代理人是否可以直接与第三人发生法律关系不同。在间接代理中，虽然代理人是以自己的名义与第三人订立合同，但是第三人在订立合同时知道间接代理人与委托人之间的代理关系的，该合同可以直接约束委托人和第三人。如果第三人不知道间接代理人与委托人之间的代理关系，间接代理人因第三人的原因对委托人不履行义务的，委托人享有介入权，可以直接行使间接代理人对第三人的权利；间接代理人因委托人的原因对第三人不履行义务的，第三人享有选择权，可以选择间接代理人作为相对人，也可以选择委托人作为相对人主张其权利。在行纪中，行纪人以自己的名义与第三人订立合同，该合同与行纪合同是相互独立的两个合同，委托人与第三人之间不发生直接的法律关系。不论是由于第三人的原因还是由于委托人的原因导致行纪人不能履行义务，委托人或者第三人都只能向行纪人主张权利，再由行纪人向违约的第三人或者委托人追偿。第三，在行纪人或者间接代理人破产时，委托人或者被代理人是否对其受托买入或者卖出的货物享有取回权不同。在行纪中，行纪人与委托人、行纪人与第三人形成两个独立的法律关系，行纪人向第三人购买货物，在第三人将货物交付给行纪人后，货物归行纪人所有，此时如果行纪人破产，委托人并未受领该货物，只能基于其货款不能得到返还而以普通债权人的身份与其他债权人一起参加破产分配；行纪人向第三人出售委托物，在该委托物所有权转移给第三人之前，如果行纪人破产，则该委托物应当属于行纪人的破产财产，委托人不能直接取回，其只能主张对行纪人的债权，且该债权不能优先于其他债权人的债权。在间接代理中，第三人知道代理人与被代理人之间代理关系的，若代理人向第三人出售货物，在代理人将货物交付给第三人之前，所有权都归属于被代理人；若代理人向第三人购买货物，在第三人将货物交付给代理人后、代理人转交给被代理人之前，货物的所有权并不是转移给代理人，而是直接转移给了被代理人，交易的法律效果直接由被代理人承受。间接代理人应当视为被代理人的交付辅助人或者受领辅助人，只是代为交付货物或者受领第三人交付的货物而已。此时如果代理人破产，则该货物不属于代理人的破产财产，被代理人可以基于所有权直接取回。

第九百五十二条　行纪人处理委托事务支出的费用，由行纪人负担，但是当事人另有约定的除外。

◆ **条文主旨**

本条是关于行纪人费用负担的义务的规定。

◆ **立法背景**

行纪人在处理委托事务的过程中会产生一定的费用，如交通费、差旅费等。行纪人是专门经营行纪业务的人，既然是经营，就必然会有商业风险。就行纪合同来说，所谓风险反映在行纪人在为委托人处理委托事务，不仅需要尽职尽力，行纪的活动经费还需要行纪人自己负担。

◆ **条文解读**

本条确定了行纪人负有承担行纪费用的义务。行纪人所支出的有关费用，应该说是处理委托事务的成本。只有当行纪合同履行完毕，才能由委托人支付报酬，报酬包括成本与利润。行纪人作为从事为委托人处理委托事务的专业机构或者人员，是可以预估处理委托事务所需费用的。所以一般来说，双方约定由委托人支付的报酬肯定是超过行纪人处理委托事务支出的费用也就是成本的，只有这样行纪人才有为委托人进行贸易活动的动力。另外，规定由行纪人负担处理委托事务的费用，还可以促使行纪人节省费用，降低成本，以提高自己在行纪活动中可以获得的利润。如果行纪人没有处理好委托事务，他所付出的代价，即支出的成本费用，就算作商业风险，由其自己负担了。但是也有例外情形，如委托人与行纪人事先有约定，不论事情成功与否，行纪人为此支出的活动费用，都由委托人偿还。行纪人处理委托事务的费用由行纪人自己负担也是行纪合同与委托合同的不同之处。

第九百五十三条　行纪人占有委托物的，应当妥善保管委托物。

◆ **条文主旨**

本条是关于行纪人保管义务的规定。

◆ **立法背景**

在行纪中，有的委托人自行保管委托物，也有的委托人将委托物交由行纪人保管。行纪合同的性质决定了其为有偿合同，行纪人妥善保管自己占有的为委托人购进或者出售的物品等委托物，应当是行纪人的一项重要义务。

◆ **条文解读**

占有委托物是行纪人负有妥善保管义务的前提，只有行纪人实际占有委托物，行纪人才负有该项义务。本条规定的“委托物”不仅包括一般意义上的物，还应当包括委托人交付给行纪人的金钱和权利凭证等。行纪人应选择对委托人最有利的条件，采取最有利于委托物的措施，并应当尽到善良管理人的注意义务来进行保管。例如，行纪人接受委托进行理财的，对委托人的财产一般都要求设立独立的账户进行管理，以和自己的财产严格区分，不得随意挪用委托人的财产，而且应当以善良管理人的标准来尽力管理、处分委托人的财产。许多国家的法律均要求“行纪人应当以普通商人的注意处理行纪事务”。例如，《德国商法典》第384条规定，行纪人有义务以通常商人的注意实行所承担的行为。

寄售商品通常以积压商品、旧物品等居多，由此行纪人有义务尽心尽力尽职地妥善保管好这些物品，如果因保管不善造成物品损坏灭失、缺少、变质、污染，造成委托物的价值贬损，甚至导致委托物无法出售，行纪人应承担赔偿责任。除非行纪人能证明自己已经尽了善良管理人的注意。对于灭失、毁损的财物，如果是由于不可抗力或物品本身的自然损耗等不可归责于行纪人的事由造成损失，行纪人可以免除责任，由委托人自己承担损失。如果委托人对财物的管理有特别指示，如委托人支付投保费，请行纪人代委托人投保财物保险，行纪人没有投保保险的，损失的责任理应由行纪人承担。但行纪人在既无约定又无指示的情况下，对其占有的财物投保，如果投保是为了委托人的利益且不违反委托人明示或可推定的意思，有权请求委托人支付保险费及自支出时起的利息。

第九百五十四条 委托物交付给行纪人时有瑕疵或者容易腐烂、变质的，经委托人同意，行纪人可以处分该物；不能与委托人及时取得联系的，行纪人可以合理处分。

◆ 条文主旨

本条是关于行纪人处置委托物义务的规定。

◆ 立法背景

行纪人是为了满足委托人所追求的经济利益而为其处理事务的，所以行纪人应当按照委托人的指示，从维护委托人利益的角度出发，选择最有利于委托人的条件完成行纪事务。行纪合同的目的决定了行纪人应当遵从委托人指示的义务。委托人指示行纪人处分委托物的，行纪人应当及时处分；如果委托人没有作出处分委托物的指示，则行纪人不得擅自处分。

◆ 条文解读

在行纪合同的履行过程中，委托出卖的物品，在委托人交付给行纪人的时候，行纪人应当对委托物进行检查，若物品已表现出瑕疵或者物品从性质上看容易腐烂、变质，行纪人为了保护委托人的利益，有义务及时通知委托人，在征得委托人同意的前提下，行纪人可以按照委托人的指示对委托物进行处置，如拍卖、变卖。如果行纪人发现委托物有瑕疵或者容易腐烂、变质，未经委托人同意就自行处置，其决定可能违背委托人的意志，给委托人造成损失，引起纠纷。例如，在交付委托物时行纪人发现委托物有瑕疵，但是可能并不影响委托物出售，如果行纪人此时未经委托人同意即擅自决定低价处理，则会给委托人造成损失。

一般情况下，行纪人不得擅自改变委托人的指示办理行纪事务。但是在紧急情况下，如果委托物在交付时有瑕疵将造成委托物毁损、灭失，或者委托物快要腐烂、变质了，行纪人又无法与委托人取得联络，如通信中断、委托人远行等，致使行纪人不可能征得委托人的同意，在这种时候，如果不及时合理地处置，就会使委托人的利益遭受更大的损失。紧急情况下行纪人进行合理处分需要具备几个要件：第一，发现委托物有瑕疵，或者容易腐烂、变质。委托物的瑕疵应该是可能影响委托物价值，或者将导致委托物毁损、灭失的瑕疵。第二，应当是委托物交付给行纪人时就存在瑕疵，或者委托物容易腐烂、变质，而不是在交付后出现的情况。第三，行纪人欲通知委托人作出指示，但是不能与委托人及时取得联系。在这种情况下，为了保护委托人的利益，法律赋予行纪人以合理的方式来处置委托物的权利。所谓“合理”，即应以善良管理人的标准来衡量，根据委托物的实际情况决定处分的价格和方式等，尽量减少委托人的损失，维护委托人的利益，而不能随意处分。

紧急情况下行纪人对委托物进行处分，既是法律赋予其的权利，也是行纪人应当履行的义务。这是行纪人负有善良管理人之注意义务的具体表现。行纪人处理委托事务，是为委托人的利益，应当努力将委托人的利益最大化。行纪人未尽到应尽的义务，如发现委托物有瑕疵或者即将腐烂、变质，而怠于通知委托人，又没有采取合理的措施，致使损失进一步扩大，给委托人造成损失的，应负赔偿责任。如果行纪人对出售的物品、购进的商品不做检查，或虽已做检查但对发现的物品的瑕疵没有按照规定程序记录存证，并且没有及时通知委托人，行纪人就应对委托物的瑕疵或者毁损、灭失承担责任。

第九百五十五条 行纪人低于委托人指定的价格卖出或者高于委托人指定的价格买入的，应当经委托人同意；未经委托人同意，行纪人补偿其差额的，该买卖对委托人发生效力。

行纪人高于委托人指定的价格卖出或者低于委托人指定的价格买入的，可以按照约定增加报酬；没有约定或者约定不明确，依据本法第五百一十条的规定仍不能确定的，该利益属于委托人。

委托人对价格有特别指示的，行纪人不得违背该指示卖出或者买入。

◆ **条文主旨**

本条是关于行纪人按照委托人指定的价格买卖的规定。

◆ **立法背景**

行纪人应当遵照委托人的指示从事行纪活动，尤其是按照委托人的指示买入或者卖出委托物。行纪人接受委托人的委托，为委托人的利益从事贸易活动，不论行纪活动是买入还是卖出，都应当按照委托人的指示进行交易。

◆ **条文解读**

行纪人应当依照委托人已明确指定的价格操作，行纪人违反委托人指示的交易而进行买卖的，委托人可以拒绝承受，因此而造成的损害，由行纪人赔偿。

行纪人不按指定的价格处理事务无非有以下两种情况：

一是行纪人以低于指示价格卖出或者以高于指示价格买入。商场如战场，风云变化莫测，价格此一时彼一时，行情不利于委托人时，行纪人为了避免损失的进一步扩大，以劣于委托人的指示从事行纪活动的，即以低于委托人指定的价格卖出或者高于指定的价格买入时，将会减少委托人的利润甚至造成亏损，或者提高委托人购买委托物的成本，给委托人造成损失，应当及时取得委托人的同意；在没有征得委托人同意的情况下，行纪人擅自做主变更指示而作为的，行纪人卖出或者买入委托物的行为对委托人不发生效力，对于违背委托人利益而带来的后果，委托人有权拒绝接受对其不利的法律后果，并有权要求行纪人赔偿损失。但是未经委托人同意而以低于指定的价格卖出或者以高于指定的价格买入的行为也并不都是无效的。行纪人把损失的差额部分补足时，应认为行纪人的行为对委托人发生法律效力，委托人不得以违反指示为由拒绝接受。因为当行纪人把差额补足时，委托人并未因行纪人擅自改变价格卖出或者买入而受有损失，相当于行纪人已经按委托人指定的价格买入或者卖出，委托人应当予以接受。

例如，甲委托乙以一台电脑1万元的价格代其销售100台电脑，由于电脑市场受金融风波的影响，出现供大于求不景气的现象，在没有征得甲同意的情况下，乙以一台电脑8000元的价格卖出这批电脑，这时乙应该补偿甲为此而受到的损失，即按照一台电脑补2000元的价格计算，补偿甲20万元，补偿后该批电脑的买卖对甲发生效力。

二是当执行委托任务的结果比合同规定的条件更为优越时，即行纪人以高于委托人指定的价格卖出或者以低于指定的价格买入，使委托人增加了收入或者节约了开支，其增加的利益（高价卖出多出的价款或低价买入结余的价款），应当归属于委托人，但行纪人可以按照约定要求增加报酬。行纪合同没有约定或者约定不清楚的，双方可以协商解决；如果还不能达成补充协议，按照合同有关条款、合同性质或者按照商业交易的习惯确定，还不能确定的，利益归委托人，行纪人不能取得额外报酬。

一般情况下，行纪人低于委托人指定的价格卖出或者高于委托人指定的价格买入的，将给委托人带来损失，委托人不会同意。而如果行纪人以高于委托人指定的价格卖出或者低于委托人指定的价格买入，如无特别约定，额外获得的利益归属于委托人，委托人自然愿意接受。但是，在委托人对价格有特别指示时，行纪人就不得违背委托人的指示卖出或者买入。例如，在上述案例中，如果委托人甲指示必须以1万元一台的价格出售该批电脑，以其他价格卖出的一概不予接受，在这种情况下，行纪人乙不得擅自作出以每台8000元的价格出售该批电脑。乙擅自以每台8000元的价格出售该批电脑的，即便其补偿甲每台电脑2000元，甲仍然有权拒绝接受。如果甲特别指示必须以1万元每台的价格出卖该批电脑，而行纪人认为该款电脑的市场价格为12000元，于是擅自决定将该批电脑以12000元的价格出售。此时，即便高于指定的价格出售电脑获取的额外利益归属于委托人，委托人也可以拒绝。因为委托人作出以低于市场价的价格销售该型号电脑，可能基于特殊的原因，例如做促销活动以招揽更多顾客，库存过多低价销售尽快清理库存，或者该型号的电脑即将被新的型号淘汰而作出降价处理等，所以委托人特别指示须以1万元每台的价格出售，在这种情况下，行纪人不能擅自变更委托人所指示的价格进行销售。

第九百五十六条 行纪人卖出或者买入具有市场定价的商品，除委托人有相反的意思表示外，行纪人自己可以作为买受人或者出卖人。

行纪人有前款规定情形的，仍然可以请求委托人支付报酬。

◆ **条文主旨**

本条是关于行纪人介入权的规定。

◆ **立法背景**

行纪人可以作为出卖人或者买受人，卖出或者购买委托人的委托物。这就是通常说的行纪人的介入权，即行纪人按照委托人的指示实施行纪行为时，有权以自己作为买受人或者出卖人与委托人进行交易活动。行纪人的介入权由商业习惯发展而来，最早出现于德国商法，此后，日本商法等纷纷效仿。

◆ **条文解读**

行纪人行使介入权，实际上就是行纪人自己作为买受人或出卖人与委托人之间直接订立买卖合同。买卖合同的双方当事人是委托人和行纪人。一般认为介入是实施行纪行为的一种特殊方法，行纪人虽然介入到买卖合同中来，但依然是行纪人。此时存在两个独立的合同关系，委托人同时也是出卖人或者买受人，与之对应，行纪人同时也是买受人或者出卖人。

行纪合同的委托物必须是有市场价格的商品，这是介入权构成的要件。这一要件既是行纪人产生介入权的要件，又是判定行纪人是否在对委托人不利时实施介入以及行纪人实施介入对委托人不利时赔偿的标准。行纪人所依据的价格应当明确，以便能公平地行使介入权。

既然行纪人仍然是行纪合同的一方当事人，委托人就应当按照行纪合同约定的报酬支付给行纪人，而不能以行纪人是买卖合同的买受人或者出卖人为由，拒绝支付报酬。因为这是买卖合同和行纪合同两个合同关系，就应当分别由这两个合同关系的法律调整，不能混合。例如，甲委托乙购买一辆汽车。乙正好有一辆车是同型号同质量的新车，便按照委托人指定的价格，自己以出卖人的身份把该辆汽车卖给甲。这时乙既是买卖合同的出卖人，又是行纪合同的行纪人。甲不仅要向乙支付买车的价款，还应向乙支付行纪合同所约定的报酬。

但是，如果在订立行纪合同时或者行纪人在履行义务时告知委托人自己想作为买受人或者出卖人委托人明确表示不同意，行纪人便不能实施该行为。

自己是否可以作为交易的相对人，是行纪人和代理人的区别之一。本法第168条第1款规定，代理人不得以被代理人的名义与自己实施民事法律行为，但是被代理人同意或者追认的除外。法律禁止自己代理，如果不经被代理人同意或者追认，代理人不能以自己作为合同相对人。而在行纪合同中，除了委托人明确表示反对外，行纪人自己可以作为买受人或者出卖人。

第九百五十七条　行纪人按照约定买入委托物，委托人应当及时受领。经行纪人催告，委托人无正当理由拒绝受领的，行纪人依法可以提存委托物。

委托物不能卖出或者委托人撤回出卖，经行纪人催告，委托人不取回或者不处分该物的，行纪人依法可以提存委托物。

◆ **条文主旨**

本条是关于委托人受领、取回义务和行纪人提存的规定。

◆ **立法背景**

行纪人按照委托人的指示和要求为其购买的委托物，委托人应当及时受领，并支付报酬，从而终止委托合同。如果委托人不及时受领，将会加重行纪人保管委托物的负担，不论是其自行保管需要增加的成本，还是交给他人保管要支付相应的保管费，甚至还可能导致委托物毁损、灭失，如发生腐烂、变质等，造成委托人的损失。因此一旦行纪人按照约定或者委托人的指示买入了委托物，委托人就应当及时受领。委托人在受领委托物时，应当对委托物进行检查验收，以免日后因委托物不符合双方约定而发生纠纷。

◆ **条文解读**

一、委托人无正当理由拒绝受领买入商品时，行纪人的提存权

行纪人行使提存权的条件是：第一，行纪人应当催告委托人在一定期限内受领，催告期应当与委托人进行约定，或者行纪人根据委托物的性质决定催告期的时间，如为易腐烂、变质的委托物，应当催告委托人在较短的时间内受领。催告是提存的前置程序，如果没有进行催告，不得直接将委托物提存。因为委托人没有及时受领可能存在很多种原因，例如在外地一时无法赶回，或者发生不可抗力的事由，或者委托人一时疏忽忘记。第二，委托人无正当理由逾期仍拒绝受领买入物。如果行纪人没有按照约定买入委托物，违反委托人的指示，买入的委托物不符合约定，委托人可以拒绝受领。如果委托人有正当理由一时无法受领，比如身在国外一时无法回国，或者发生地震、台风等不可抗力的事由，则可以与行纪人协商受领的期限，受领前由行纪人暂时代为保管，不论行纪人自行保管还是交给他人保管，相关费用都应当由委托人负担。第三，行纪人应当依法提存买入物，主要是按照本法合同编通则中关于提存的规定行使提存权。例如，委托人委托行纪人购入一批水果，行纪人按照委托人的指示购入后，委托人拒绝受领，经行纪人催告后仍不受领，行纪人担心该批水果将腐烂、变质，可以依照法律规定予以提存，将该批水果交给有关部门进行提存以妥善保管。行纪人提存委托物的，提存费用由委托人负担。

二、委托人不处分、不取回不能出卖的委托物时，行纪人的提存权

不能卖出，主要是指因委托人定价过高、市场供过于求等因素导致委托物在约定时间内没有卖出。在行纪人卖出委托物之前，委托人有权随时作出新的指示撤回出卖委托物。在不能卖出或者撤回出卖的情况下，委托人负有取回委托物的义务，或者对委托物另行处分。委托行纪人出卖的委托物，如果不能卖出或者委托人撤回出卖委托物，行纪人应当通知委托人取回，行纪人虽然可以暂时代为保管，但行纪人没有继续保管委托物的义务。行纪人代为保管期间产生的相关费用应当由委托人负担。委托人取回委托物，可以减轻行纪人的保管负担，委托人自己也可以继续利用委托物，或者对委托物作出其他处分。经过行纪人的催告，在合理期限内委托人逾期仍不取回或者不处分委托物的，行纪人可以依法行使提存权。

三、行纪人享有拍卖权

拍卖权是指委托人无故拒绝受领或者不取回出卖物时，法律赋予行纪人依照法定程序将委托物予以拍卖的权利，并可以优先受偿，即就拍卖后的价款中扣除委托人应付的报酬、偿付的费用以及赔偿金等，如果还有剩余，行纪人应当交给有关部门进行提存。

第九百五十八条　行纪人与第三人订立合同的，行纪人对该合同直接享有权利、承担义务。

第三人不履行义务致使委托人受到损害的，行纪人应当承担赔偿责任，但是行纪人与委托人另有约定的除外。

◆ **条文主旨**

本条是关于行纪人直接履行义务的规定。

◆ **立法背景**

行纪合同的法律关系较之其他要复杂一些，这当中有两层法律关系，既有行纪人与委托人之间的行纪合同关系，又有行纪人与第三人之间的买卖合同关系；同时涉及三方主体，即委托人和行纪人与第三人之间的法律关系。而在行纪人与第三人订立的买卖合同中，行纪人是作为合同一方的当事人为委托人的利益而与第三人订立的合同。既然行纪人是合同的当事人，就必须自己直接对合同享有权利承担义务。

◆ **条文解读**

在从事买卖事务时，不论行纪人是否告诉第三人自己是行纪人的身份，或者第三人是否知道委托人的姓名，都不影响行纪人以自己的名义参与的买卖合同的法律效力。由于委托人与第三人之间不产生直接的法律关系，委托人无权对行纪人与第三人之间的买卖关系提出自己的异议。

行纪人是为委托人的利益，受委托人的委托以自己的名义与第三人订立合同，委托人与第三人并不发生直接的法律关系。如果第三人不履行义务，将导致行纪人不能完成委托事务，违背行纪人与委托人订立的行纪合同；而委托人不履行行纪合同的义务，如不按约定交付委托物，也会导致行纪人不能履行与第三人的买卖合同的义务。在因委托人的原因发生合同违约行为、追究违约责任时，第三人不得直接对委托人主张赔偿请求权，而只能向行纪人主张权利，行纪人也不得以自己没有过错为由而拒绝承担违约责任，行纪人只能先承担责任后，再向委托人行使追偿权。同样的，如果第三人违约，委托人不得直接对第三人行使请求权，而只能向行纪人主张权利，行纪人此时也不得以自己无过错为由而拒绝承担自己的责任。行纪人承担责任向委托人履行后，再行使向第三人的追偿权。

第九百五十九条 行纪人完成或者部分完成委托事务的，委托人应当向其支付相应的报酬。委托人逾期不支付报酬的，行纪人对委托物享有留置权，但是当事人另有约定的除外。

◆ **条文主旨**

本条是关于委托人支付报酬的义务以及行纪人对委托物享有留置权的规定。

◆ **立法背景**

行纪合同是双务、有偿合同，行纪人负有完成委托事务的义务，与之相对应，委托人则负有向行纪人支付相应报酬的义务。行纪人就自己处理委托事务的不同情况，可以按照合同的约定请求委托人支付报酬。

◆ **条文解读**

一、行纪人请求报酬的权利

一般而言，行纪人请求报酬有以下几种情况：（1）行纪人按照委托人的指示和要求履行了全部合同的义务，有权请求全部报酬；（2）因委托人的过错使得合同义务部分或者全部不能履行而使委托合同提前终止的，行纪人可以请求支付全部报酬；（3）行纪人部分完成委托事务的，可以就已履行的部分的比例请求给付报酬。委托人和行纪人也可以另行约定，比如双方约定，只要因非可归责于行纪人的原因导致委托事务不能完成的，委托人都应当支付全部报酬。

报酬数额以及支付报酬的时间和方式，一般由合同双方事先约定，如有国家规定，则应当按照国家规定执行。原则上委托人应当于委托事务完成之后支付报酬，但是完成委托事务后支付报酬的规定属于任意性规定，当事人可以另行约定报酬的支付时间和方式。当事人约定预先支付或分期支付的也可以按约定执行，如果寄售物品获得比原约定更高的价金，或者代购物品所付费用比原约定低，也可以约定按比例增加报酬。

二、行纪人享有留置权

委托人不按照约定支付报酬时，行纪人对其占有的委托物可以行使留置权。留置期届满后，以留置物折价或者从变卖留置物所得价款中优先受偿。行纪人留置委托物需具备以下几个条件：

1. 行纪人已合法占有委托物。行纪人行使留置权，必须是行纪人已经合法占有委托物，非法占有委托物的不得行使留置权。

2. 委托人没有正当理由拒绝支付报酬。行纪人行使留置权，必须具有委托人不能按照约定支付报酬的事实存在。

3. 委托合同中没有事先约定不得留置的条款。如果委托人与行纪人在行纪合同订立时已经约定，不得将委托物进行留置，行纪人就不得留置委托物，但是，行纪人可以要求委托人提供其他担保。

委托人向行纪人支付报酬超过了合同约定的履行期限的，应当承担逾期不支付报酬的责任，此时行纪人对占有委托物品享有留置权。

根据民法典物权编中对留置权的规定，行纪人留置委托物后，应当与委托人约定留置后的债务履行期间；没有约定或者约定不明确的，行纪人应当给委托人两个月以上的债务履行期；该债务履行期间届满，委托人仍不履行的，行纪人就可以行使留置权，并与委托人协议以留置物折价，或者从拍卖、变卖留置物的价款中优先受偿。如果留置的财产可分，则行纪人留置财产的价值应当相当于委托人逾期未支付的报酬。在留置期间，行纪人也应当尽到妥善保管留置财产的义务。如果留置物经过折价、拍卖、变卖后，其价款超过了委托人应支付的报酬，剩余部分还应当归委托人所有，如果结果不足以支付行纪人的报酬，行纪人还有权利请求委托人继续清偿。

第九百六十条　本章没有规定的，参照适用委托合同的有关规定。

◆ 条文主旨

本条是关于参照适用委托合同的规定。

◆ 立法背景

行纪合同与委托合同有许多共同点，行纪关系中委托人与行纪人的关系就是委托关系，只不过委托的事项特殊固定，但是，如前所述，行纪合同与委托合同又有诸多不同之处，在本章没有规定的情况下，也不能一概直接适用委托合同的有关规定，应视具体情况而定。所以，本条规定，本章没有规定的，参照适用委托合同的有关规定。

◆ 条文解读

行纪人应当按照委托人的指示处理委托事务。行纪合同可以参照本法第 922 条的规定，即在行纪合同中，行纪人也应当按照委托人的指示处理委托事务。需要变更委托人指示的，行纪人应当经过委托人的同意。如果因为情况紧急，行纪人难以和委托人取得联系，行纪人应当妥善处理委托事务，事后还应当将所有情况及时向委托人报告。行纪人应当按照委托人指定的价格卖出或者买入委托物，不得擅自改变价格卖出或者买入，损害委托人的利益。

行纪人负有向委托人报告委托事务处理情况的义务。参照本法第 924 条的规定，在行纪合同中，行纪人也应当按照委托人的要求，报告委托事务的处理情况。行纪合同终止时，行纪人应当报告委托事务的结果。行纪人处理委托事务是为了委托人的利益，因此委托人有权了解委托事务的进展情况，行纪人负有向委托人报告有关事项的义务。

行纪人负有向委托人转交相关财产的义务。参照本法第 927 条的规定，在行纪合同中，行纪人处理委托事务时取得的财产，也应当转交给委托人。行纪人在处理委托事务的过程中所取得的财产，所有权归委托人，行纪人只是因为处理委托事务而暂时占有相关财产，在完成委托事务后，应当将相关财产转交给委托人。

委托人享有任意解除权。本法第 933 条规定，委托人或者受托人可以随时解除委托合同。因解除合同造成对方损失的，除不可归责于该当事人的事由外，无偿委托合同的解除方应当赔偿因解除时间不当造成的直接损失，有偿委托合同的解除方应当赔偿对方的直接损失和可以获得的利益。行纪合同是有偿合同，在行纪合同中，委托人可以随时解除行纪合同，因解除合同造成对方损失的，除不可归责于解除方的事由外，应当赔偿对方的直接损失和可以获得的利益。至于行纪人是否享有任意解除权，学界仍存在争议。有的观点认为，应当赋予行纪人任意解除权，只要其依法承担相应的赔偿责任，对委托人来说亦无害。也有观点认为，行纪人是专门从事行纪业务的经营者，更应当遵守约定，不能任意解除合同。

第二十六章　中介合同

本章共六条，规定了中介合同的概念、中介人的报告义务、委托人支付报酬的义务、中介费用的负担和委托人绕开中介人直接订立合同应当向中介人支付报酬等内容。

合同法第二十三章规定了“居间合同”。为便于人民群众理解，民法典将“居间合同”改为“中介合同”。

第九百六十一条　中介合同是中介人向委托人报告订立合同的机会或者提供订立合同的媒介服务，委托人支付报酬的合同。

◆ 条文主旨

本条是关于中介合同概念的规定。

◆ 立法背景

居间制度源于古希腊、古罗马帝国时期，当时的社会发展处于简单商品经济形态，任何人都可为居间活动。到了欧洲中世纪，居间活动受到了一定的限制，从自由经营主义转为干涉主义，国家对其行业进行了控制，使居间人带有公职人员的性质。例如，《法国商法典》把居间人分为两种：一种是特权居间人，此等中间人须经政府的任命，居于公务员的地位，具有特殊的权利及义务；而另一种是除第一种以外的居间人。英国的居间人须经地方官署许可才可以执业。德国旧商法规定，居间人是一种官吏。到了近代，随着社会的进步及商品生产与流通领域的飞速发展，居间活动又开始兴旺起来，很多国家都对居间活动采用了完全自由经营主义来调整居间法律关系。《德国民法典》首先把居间活动作为民事合同的一种作了规定。以后大多数国家的民商法典和民商法理论上都承认居间合同为一种独立的典型合同。在大陆法国家的立法上，采民商分立的国家，一般以商法调整媒介居间，以民法调整指示居间；在采取民商合一的国家，则不作媒介居间与指示居间的区分。我国采取不作区分的立法体例。

我国古代社会也存在居间活动，居间人在古代被称为“互郎”“牙纪”“牙行”等，在近代居间人也被称“纤手”“掮客”等，是指促进双方买卖成交并从中获取报酬或者佣金的中间人。随着经济社会的日益发展，居间活动也日益繁荣，已经从传统的商品交换领域扩展到有价证券交易、保险、借款、运输等多个行业或者领域。日常生活中，买房、租房、保险等活动中的居间行为也已经非常普遍。尤其是近年来，随着房地产行业迅猛发展，房屋中介也如雨后春笋般在全国各地不断增加，为人们买卖或者租赁房屋提供中介服务。经济领域的很多交易都是通过中介来完成的，比如保险、有价证券交易等，中介人活跃在各种经济活动中。随着互联网的迅速发展，中介行业也搭上了互联网时代的快车，从事中介服务的互联网公司越来越多，这些中介平台充分利用了网络传播的快速、便利的特点，以及互联网提供的海量信息，为人们提供着高效便捷的中介服务。现在，很多人通过互联网中介平台发布各种提供商品或者服务的信息，例如将要出售的房屋或者二手商品的信息发布到中介平台，也有很多人发布各种需求信息，人们可以通过中介平台提供的信息选择适合自己的相对人来订立合同。现代社会，中介行业发挥着互通有无、传递信息、节约成本、方便快捷等各种功能，促成各种交易，促进了经济发展，尤其是随着互联网的发展和运用，中介更是为人们的生产、生活提供了极大的便利。因此，通过制定法律对其进行规范十分重要，很多国家和地区的法律都对居间（中介）作出了专门规定。

◆ **条文解读**

一、中介合同的概念

中介合同，传统理论一般将其称为居间合同，是指当事人双方约定一方接受他方的委托，并按照他方的指示要求，为他方报告订立合同的机会或者为订约提供媒介服务，委托人给付报酬的合同。在中介合同中，接受委托报告订立合同机会或者提供交易媒介的一方为中介人，也称为居间人，给付报酬的一方为委托人。在中介合同中，中介人的主要义务就是提供中介服务以促成委托人和第三人订立合同，包括提供订约信息、据实报告的义务等；而委托人的主要义务是在其与第三人的合同因中介人提供的中介服务而成立后向中介人支付约定的报酬。

中介的宗旨是中介人把同一商品的买卖双方联系在一起，以促成交易后取得合理佣金的服务。无论何种中介，中介人都不是委托人的代理人，而只是居于交易双方当事人之间起介绍、协助作用的中间人。中介人是独立的民事主体，是完全民事行为能力人，可以自己作出意思表示，实施民事法律行为，中介人可以与委托人订立中介合同，成为中介合同的当事人。但是在中介人促成的交易中，中介人不是合同的当事人，也不是任何一方的代理人，不代表任何一方向对方作出意思表示或者实施民事法律行为，只是为委托人提供订约的机会，或者在双方之间进行周旋，为他们提供媒介服务，努力促成双方的交易。

中介合同的主体是委托人和中介人（居间人）。委托人可以是任何自然人、法人或者非法人组织。关于中介人的主体资格有无限制，我国学者有不同的看法。第一种观点认为，中介人只能是经批准从事中介业务的法人，自然人及未经批准的法人不得为中介人；第二种观点认为，中介人并无特殊的要求，任何自然人、法人或者非法人组织均可为中介人；第三种观点认为，中介人只能是自然人，不能是法人或者非法人组织；第四种观点认为，中介人必须是经核准得以从事中介营业的自然人、法人或者非法人组织。我国民法典并没有对中介人的资格进行限制，自然人也可以进行中介服务，但是中介合同较多地运用在商业交易中，一般都是专业的中介服务机构作为中介人。但是对特定行业的中介活动，可能由特别法、行政法规或者部门规章作出详细规定。对于商业上的中介服务，法律、行政法规或者部门规章可能会作出特别规定，要求中介机构或者中介人员具有从事某种中介业务的资质，经过有关部门的审批或者登记，并具有相应的专业能力和知识等。例如，根据我国保险法的规定，保险经纪人是基于投保人的利益，为投保人与保险人订立保险合同提供中介服务，并依法收取佣金的机构。保险法还详细规定了保险经纪人、保险经纪人的经纪从业人员应当具备的资格条件，如《保险法》第 119 条规定，保险代理机构、保险经纪人应当具备国务院保险监督管理机构规定的条件，取得保险监督管理机构颁发的经营保险代理业务许可证、保险经纪业务许可证。第 121 条规定，保险经纪人的高级管理人员，应当品行良好，熟悉保险法律、行政法规，具有履行职责所需的经营管理能力，并在任职前取得保险监督管理机构核准的任职资格。第 122 条规定，保险经纪人的经纪从业人员，应当品行良好，具有从事保险代理业务或者保险经纪业务所需的专业能力。在比较法上，中介也多是用于商业经营中，从事某种专业的中介服务工作，具有很强的专业性。

中介业务根据中介人所接受委托内容的不同，既可以是只为委托人提供订约机会的报告中介，也可以是为促成委托人与第三人订立合同进行介绍或提供机会的媒介中介，也还可以是报告中介与媒介中介兼而有之的中介活动。

所谓报告订约机会，是指中介人接受一方委托人的委托，寻觅、搜索信息报告委托人，从而提供订立合同的机会。《德国民法典》《瑞士债务法》等称此类中介人即居间人为报告居间人或指示居间人。所谓提供订立合同的媒介服务，是指介绍双方当事人订立合同，居间人不但要向委托人报告订约的机会，还要进一步周旋于委托人与第三人之间，努力促成其合同成立。《德国民法典》等称此类居间人为媒介居间人。只有中介活动成功，促成合同成立，居间人才能取得合同约定或者法律规定的报酬。

需要说明的是，中介人所提供的报告订立合同的机会或者提供订立合同的媒介服务，此处的“合同”包括买卖合同、租赁合同等有名合同，也包括民法典没有明确规定的无名合同。另外，有的观点认为，受当事人委托为其寻找缔结婚姻的对象，或者为双方缔结婚姻提供媒介服务的合同，也应当属于中介合同。有的国家和地区法律中规定的居间合同就包括了婚姻居间，如《德国民法典》。然而，婚姻关系不是合同关系，缔结婚姻并非订立合同，所以根据本条对中介合同的定义，婚姻中介所提供的服务，并不属于我国民法典中所规定的中介合同的范畴。

关于居间的定义，不同国家和地区从不同的角度进行了规定，综合起来主要有两种：一种是从契约的角度进行规定，也就是把居间活动视为一种合同关系，如我国台湾地区“民法”第565条规定：“称居间者，谓当事人约定，一方为他方报告订约之机会，或为订约之媒介，他方给付报酬之契约。”《瑞士债务法》第412

条规定："居间合同是指居间人为委托人提供订立合同的机会或者为订立合同之媒介，并取得佣金的协议。"这些都属于从合同关系的角度来定义。另一种是从主体的角度进行规范，即把居间人视为商主体的一种，例如《意大利民法典》第1754条规定："为缔约事宜将两个或两个以上的当事人联系在一起，同时又与当事人中的任何一方没有合作、隶属或代理关系的是居间人。"《日本商法典》第543条规定："居间人，是指以充任他人之间商行为的媒介为业的人。"我国1999年制定的合同法也设立了专章对居间合同进行了规定。我国合同法上关于居间合同定义的规定属于第一种，是从契约的角度来进行阐述的。民法典基本延续了合同法的规定，并在合同法规定的基础上，增加了两条内容，另外将"居间合同"修改为"中介合同"。在本章释义中，"中介"与"居间"、"中介合同"与"居间合同"、"中介人"与"居间人"为同义词。

二、中介合同的法律特征

1. 中介合同以促成委托人与第三人订立合同为目的

在中介合同中，中介人是为委托人提供服务的，这种服务表现为报告订约的机会或为订约的媒介。中介合同的标的是中介人进行中介活动的结果，其目的在于通过中介活动获取报酬。不论报告中介还是媒介中介，其目的都是促成委托人和第三人订立合同。中介人的活动只有促成委托人与第三人之间建立起有效的合同关系才有意义。

2. 中介人在合同关系中处于介绍人的地位

中介合同的客体是中介人依照合同的约定实施中介服务的行为。无论何种中介，中介人都不是委托人的代理人或当事人一方，中介人只是按照委托人的指示，为委托人报告有关可以与委托人订立合同的第三人，给委托人提供订立合同的机会，或者在当事人之间充当“牵线搭桥”的媒介作用，并不参加委托人与第三人之间具体的订立合同的过程，他的角色只是一个中介服务人，只是在交易双方当事人之间起介绍、协助作用。

3. 中介合同具有诺成性、双务性和不要式性

中介合同的诺成性，是指只要委托人与中介人意思表示一致，中介人就负有依委托人的指示进行中介的义务，而一旦中介人的活动取得结果，委托人就应支付报酬，合同即成立，而无须以实物的交付作为合同成立的要件。

中介合同的双务性，是指中介合同一经成立，当事人双方均需承担一定的义务，而且双方承担的义务具有对待给付性。就中介人而言，中介人有提供中介服务以促成委托人和第三人订立合同的义务，包括提供订约信息、据实报告的义务等；对委托人而言，合同因中介而成立后，其有支付报酬的义务。

中介合同的不要式性，是指当事人可以采取口头或者书面形式等合同形式，中介合同的成立无须采用特定的形式。如果约定不明确，应当遵循交易惯例。以提供中介服务为业的中介服务机构或者人员，往往都会有相应的格式合同，为委托人提供更加专业、高效、便捷的服务。

4. 中介合同具有有偿性

中介人以收取报酬为业，中介人促成合同成立后，委托人当然要向中介人支付报酬，作为对中介人活动的报偿。不要报酬促进他人订立合同的行为，不是中介活动，而是一种服务性活动，行为人不承担中介合同中的权利义务。

三、中介合同与相关合同的关系

中介合同、委托合同、行纪合同具有一些共同点，有很多相似之处，但是也有一些区别，学者们经常将它们放在一起进行比较。中介合同属于服务性合同，服务合同包括保管、行纪、中介、

委托等很多种类的合同，它们之间有一个共同的特征，其标的是提供劳务，而不是物的交付，而且提供的劳务都是接受委托人的委托处理委托事务或者提供某种服务。它们都是当事人与委托人之间的基础合同，在此基础上，委托人或者受托人、行纪人又与第三人订立合同，建立新的合同关系，所以委托关系、行纪关系或者中介关系一般都涉及三方当事人。但它们相互之间又有其各自的特征，它们的不同点在于：

1. 当事人的地位、提供的服务行为和行为法律后果的归属不同

中介合同的中介人，限于报告订约机会或媒介订约，其服务的范围有限制，只是介绍或协助委托人与第三人订立合同，委托人与第三人直接订立合同，中介人本人并不参与委托人与第三人之间的合同，在中介活动中不能自己作出或者代委托人作出意思表示，中介人的角色只是一个中间人，只是在交易双方当事人之间起介绍、协助作用；委托合同的受托人办理委托事务时，以委托人的名义或者以自己的名义进行活动，可以向第三人作出意思表示，代委托人与第三人订立合同，依照委托人的指示参与并可决定委托人与第三人之间的关系内容，处理事务的后果直接归于委托人；行纪合同的行纪人是行纪合同的一方当事人，行纪人以自己的名义为委托人办理交易事务，同时也是与第三人订立合同的当事人，与第三人发生直接的权利义务关系，处理事务的后果是间接地而不是直接地归于委托人，委托人与第三人之间不发生直接的法律关系。

2. 所处理事务内容的范围不同

中介合同的中介人，是为委托人提供与第三人订立合同的机会，或者为委托人提供媒介服务，在委托人与第三人之间进行斡旋促成他们的交易，其行为本身对于委托人与第三人之间订立的

合同而言并不具有直接的法律意义；委托合同的受托人是按委托人的要求处理受托事务，处理的事务可以是有法律意义的事务，也可以是非法律意义的事务；行纪合同的行纪人则是按委托人的要求，从事购销、寄售等特定的民事法律行为，行纪人受托的事务只能是民事法律行为，其行纪行为具有法律意义。

3. 是否有偿以及报酬的来源和支付条件不同

中介合同是有偿合同，但中介人只能在有中介结果时才可以请求报酬，并且在为订约媒介中介时可从委托人和其相对人双方取得报酬；委托合同可以是有偿的，也可以是无偿的，有偿委托的受托人从委托人处获得报酬；行纪合同都是有偿合同，行纪人却仅从委托人一方取得报酬。

4. 费用的负担不同

在中介合同中，中介人促成合同成立的，中介活动的费用由中介人负担。双方可以约定没有促成合同成立的情况下费用由中介人还是委托人负担，或者双方分担。在委托合同中，委托人应当负担受托人处理委托事务的费用，而且应当预付该费用。而行纪人应当自己负担处理委托事务支出的费用。

第九百六十二条 中介人应当就有关订立合同的事项向委托人如实报告。

中介人故意隐瞒与订立合同有关的重要事实或者提供虚假情况，损害委托人利益的，不得请求支付报酬并应当承担赔偿责任。

◆ 条文主旨

本条是关于中介人如实报告义务的规定。

◆ 立法背景

委托人有权了解与订立合同有关的事项，中介人应当如实报告。中介人的报告义务是中介人在中介合同中承担的主要义务，中介人应依诚信原则履行此项义务。

◆ 条文解读

一、关于中介人的报告义务

订立合同的有关事项，包括相对人的资信状况、生产能力、产品质量以及履约能力等与订立合同有关事项。订立合同的有关事项根据不同的合同还有许多不同的事项。中介人不可能具体了解所有事项，只需就其所知道的情况如实报告给委托人就可以了。但中介人应当尽可能掌握更多的情况，提供给委托人，以供其选择。依德国的有关判例和学说，根据诚信原则，中介人就一般对订约有影响的事项虽不负有积极的调查义务，然就所知事项负有报告于委托人的义务。此意思与我国民法典的规定是一致的。当然，委托人可以与中介人就报告义务作出特别约定，要求中介人报告特别的事项，例如双方约定中介人应当按照委托人的指示，调查了解潜在交易对象的某方面情况，如潜在交易对象的为人、品行，或者近期与哪些人订立过合同，以及这些合同的履约情况等，并向委托人如实报告。

所谓“如实报告”，就是中介人所报告的情况应当是客观真实的。这就要求中介人尽可能了解更多的情况，必要时可能还要进行深入的调查，对了解到的信息进行核实，再将掌握的实际情况向委托人进行报告，以便委托人作出判断是否订立合同。所谓中介人提供的情况，应当是“有关订立合同的事项”，也就是提供的信息要与委托人将订立的合同具有一定的关联性，可能影响到委托人合同的订立以及履行的情况，如相对人的资信状况、生产能力、产品质量以及履约能力等。这就要求中介人对了解到的情况进行筛选，将与委托人订立合同无关的情况筛除，如相对人的婚姻状况、子女情况等，而保留与订立合同有关的情况，如相对人的资产情况、信用状况、买卖标的物的权利归属及担保情况等。中介人所要报告的事项，也因委托人将订立合同的类型不同而有所区别，要结合具体的情况加以判断。而且中介人报告的信息应当尽可能全面，不能遗漏与订立合同有关的重要信息。例如，委托人想购买一套房屋，委托中介人寻找合适的房源，房屋中介应当提供房屋的具体位置、面积大小、户型等基本情况，还应当提供房屋是否被抵押、是否被法院查封、是否为凶宅等重要信息。

中介人报告义务的履行对象是委托人。不论是报告中介还是媒介中介，中介人都负有如实报告的义务。如果是媒介中介，中介人在委托人和第三人之间斡旋，除了要向委托人报告第三人的情况，可能还需要向第三人报告有关情况。如果委托人不止一人，中介人应当向每个委托人都进行报告。中介人还可能同时接受交易双方的委托提供中介服务，以促成双方订立合同，此时，两个委托人互为相对人，中介人应当就交易的具体类型向双方如实报告对方与订立合同有关的情况。例如，在房屋租赁市场，房屋中介往往既接受房主的委托寻找租客，也接受租客的委托寻找合适的房屋，房屋中介就双方的条件和提出的要求，促成房屋租赁合同的订立，并从出租人和承租人处获得一定的报酬。在这个过程中，房屋中介既要向房主如实报告承租人的情况，如租赁房屋的用途、计划居住人数等，也要向承租人如实报告房屋及房主的有关情况，如房屋的具体位置、面积、户型等。

委托人与中介人订立中介合同，往往是由于信息不够灵通，或者没有足够的时间、精力亲自处理，才请中介人为自己办理事务，其目的就在于通过中介人找到订约的机会。而要达成这一目的，中介人按照委托人的要求采取实事求是的态度据实报告是十分重要的。中介人是专门提供中介服务的专业机构或者人员，有收集相关信息、寻找订约机会的专业知识和技能，并收取委托人的报酬提供中介服务，就应当如实向委托人报告与订立合同有关的事项。报告不真实，将误导委托人订立有可能受到损害的合同，这与中介合同的本意是完全违背的，中介人也要就委托人受到的损失承担相应的赔偿责任。

比较法上，也有的国家对居间人的报告通知义务作出规定，例如《意大利民法典》第1759条第1款规定，“居间人，关于其缔结可产生的影响，关于交易的评价及确实性，要将其所知的事实向当事人通知”。

二、故意隐瞒有关事实或者提供虚假情况的后果

中介人有如实报告的义务，如果中介人故意隐瞒与订立合同有关的重要事实或者提供虚假情况，损害委托人利益的，不得要求支付报酬并应当承担相应的赔偿责任。本条第2款规定应当从以下几个方面理解：第一，中介人主观上具有故意。就是中介人明知与订立合同有关的重要事实或者其他真实情况，但是有意进行隐瞒或者提供虚假情况。至于因为中介人的过失给委托人造成损失的，并不适用本条规定，中介人是否需要承担责任，可以适用民法典合同编通则部分的规定进行判断，如果中介人的行为构成侵权，委托人还可以基于中介人的侵权行为向中介人主张赔偿。第二，中介人客观上没有将与订立合同有关的重要事实向委托人报告，或者提供了虚假的情况。并非与订立合同有关的所有事项都是重要的，所谓“重要事实”就是能够直接影响委托人作出是否订立合同之决定的事实，这种事实因订立合同类型的不同而不同。例如，委托人想购买一套房屋用于自住，委托房产中介寻找合适的房屋，该房产中介向委托人提供了房屋的具体位置等相关信息，卖家明确告知房产中介该房屋为凶宅，如果委托人知晓该房屋为凶宅，是不可能与之订立房屋买卖合同的。但是房屋中介却故意隐瞒该重要事实，或者当委托人询问是否为凶宅时提供虚假情况，告知委托人该房屋不是凶宅。第三，中介人隐瞒重要事实或者提供虚假情况的行为损害了委托人的利益，给委托人造成了损失。第四，中介人违反如实报告义务，损害委托人利益的，会产生两个法律后果，一是中介人丧失中介的报酬请求权，二是中介人应当就委托人的损失承担相应的赔偿责任。上述案例中，如果委托人与房主订立了房屋买卖合同，并实际入住，已经向中介人支付了中介行为的报酬，其利益受到损害，不仅可以请求返还支付给中介人的报酬，还可以向中介人主张赔偿损失。

诚信原则应是中介人履行合同指导思想之一。中介合同的履行过程中，中介人必须实事求是地就自己所实际掌握的信息，如实地向委托人提供最方便、最有利、最有价值、最及时的订约渠道，并保证提供的信息真实和可靠，没有任何隐瞒欺骗或掺杂任何自己的主观臆测，对于有影响的事项及商业信息，如第三人的资信状况、支付能力、标的物是否有瑕疵等，中介人都必须据实、公正地报告，而不得弄虚作假，从中盘剥渔利，不得与第三人恶意串通损害委托人的利益，也不得恶意促成委托人与第三人订立合同。如果中介人没有尽到以上这些忠实的义务，反而为获取中介报酬而故意作虚假介绍，或者是与一方当事人事先串通好，故意告知虚假事实以促成委托人与第三人订立合同，从而损害了委托人或者第三人的合法利益，这些情况一旦发生，中介人非但无权向委托人请求中介报酬，还应当就自己因故意提供虚假情况而给委托人造成的损失承担赔偿责任。例如，甲委托乙为其购买原装彩色电视机一台。经乙寻找认识了丙，在丙向乙介绍产品时，乙发现彩电不是原装的，而是组装的，但想到优厚的报酬，加上丙暗中又给了乙“好处费”，于是，乙没有将实情告诉给甲。在甲与丙签订买卖合同后，甲发现了问题，便向丙提出赔偿要求。此案中的乙为了拿到报酬，不仅没有履行据实报告的义务，还采取隐瞒真相的手段，与第三人恶意串通损害甲的合法权益。因此，乙不仅无权向甲主张中介报酬，而且应就其故意造成的损失承担赔偿责任。

除上述义务外，基于诚信原则，中介人还负有其他一些义务。例如，中介人不得对交易双方订立合同实施不利影响，从而影响合同的订立或损害委托人的利益；在中介活动中，中介人应当遵守法律、法规和国家政策，遵循商事惯例和交易习惯，不得从事违法的中介活动等。

第九百六十三条 中介人促成合同成立的，委托人应当按照约定支付报酬。对中介人的报酬没有约定或者约定不明确，依据本法第五百一十条的规定仍不能确定的，根据中介人的劳务合理确定。因中介人提供订立合同的媒介服务而促成合同成立的，由该合同的当事人平均负担中介人的报酬。

中介人促成合同成立的，中介活动的费用，由中介人负担。

◆ 条文主旨

本条是关于中介人的报酬的规定。

◆ 立法背景

在中介合同中，向中介人支付报酬是委托人的主要义务。中介人的报酬，通常也被称为“佣金”或者“居间费”，是中介人完成中介服务后委托人向中介人支付的酬劳。中介合同是有偿合同，中介人是以提供中介服务赚取报酬为业的营业者，其为委托人提供订约机会或者媒介服务的目的就是获取报酬。所以，委托人和中介人应当在中介合同中约定报酬的数额和支付方式等。当中介人促成委托人与第三人之间的合同成立，委托人就应当按照约定向中介人支付报酬。

◆ **条文解读**

在以提供服务或者劳务为内容的各种合同中，一般都规定了当事人的报酬请求权，例如承揽合同的承揽人、委托合同的受托人、行纪合同的行纪人等，均有权请求按照合同约定支付报酬，但都是在完成一定事项后才有权请求报酬。中介合同的特殊性在于，中介合同中委托人的给付义务是附条件的。给付义务，有的是针对给付行为，有的是针对给付效果（结果）。在中介合同中，中介人的给付内容是给付效果，即促成委托人与第三人合同缔结，而委托人给付义务的主要内容是支付报酬，该义务的履行以中介人促成交易为前提，是附条件的。

关于报酬请求权的成立，各个国家和地区一般都规定以居间达到目的即合同缔结为前提条件。例如，《德国民法典》第652条第1款规定，“某人就报告订立合同的机会或者充当合同的媒介而许诺支付居间佣金的，仅在合同因该报告或者居间人的媒介而成立时，许诺支付居间佣金的人才有义务支付佣金”。《日本商法典》第550条规定，居间人非于法律规定的居间手续终结后，不得请求报酬。《意大利民法典》第1755条第1款规定，“居间人，于交易因其介入的结果而缔结的场合，有从各当事人取得手续费的权利”。我国台湾地区“民法”第568条第1款规定，居间人，以契约因其报告或媒介而成立者为限，得请求报酬。我国合同法也是以居间人促成合同成立为请求支付报酬的条件，民法典延续了该规定。

关于委托人给付义务所附条件的性质，有两种立法例。一种是规定委托人给付义务所附条件为停止条件。例如，《德国民法典》第 652 条规定，合同系附停止条件而订立的，仅在条件成就时，才能请求支付居间佣金。我国台湾地区“民法”第 568 条第 2 款也作出相同规定，“契约附有停止条件者，于该条件成就前，居间人不得请求报酬”。另一种是规定委托人给付义务所附条件既包括停止条件，也包括解除条件。例如，《意大利民法典》第 1757 条规定：“契约附停止条件场合，对于手续费的权利在其条件成就时发生。契约附解除条件场合，对于手续费的权利不因条件的成就而消灭。即使于契约被撤销或者被废除时，于居间人不知其成为无效的原因场合，亦适用前项的规定（即居间人对于手续费的权利亦不消灭）。”

由于中介是以报告订约机会或提供订立合同的媒介服务为内容，所以中介人是否促成委托人与他人之间成立交易，就是委托人支付报酬与否的明确标准。可见中介人是就其“劳务的结果”而非“劳务的给付”而享受报酬请求权。这是中介合同与其他劳务合同的不同之处。中介人取得报酬必须具备三个要件：第一，所介绍的合同必须成立；第二，合同的成立与中介人的介绍有因果关系，是由中介人的中介活动促成的；第三，中介人促成的契约必须与中介合同中的约定具有同一性。只有三者同时具备，委托人才负有支付报酬的义务。如果委托人与第三人没有订立合同，或者合同并非因中介人的活动而成立，或者中介人最终促成的合同并非中介合同约定之合同，中介人都不能请求委托人支付报酬。

一、关于中介人的报酬

1. 报酬支付的前提，须是中介人促成委托人与第三人的合同成立

委托人支付报酬是以中介人已为委托人提供了订约机会或经介绍完成了中介活动，并促成了合同的成立为前提条件。对此，应该从以下几个方面去理解：

第一，委托人与第三人之间的合同成立，是指合同合法、有效成立，如果所促成的合同属无效合同，或者属于可撤销的合同而被撤销的，不能视为促成合同成立，中介人仍不能请求支付报酬。如果中介人实施了一定的中介活动后，委托人与第三人之间的合同并未成立，或者成立后被宣告无效或者被撤销，中介人并未促成交易，不得向委托人请求支付报酬，但是可以主张因进行中介活动而支出的必要费用。对于“合同成立”是否还要求合同有效，学界有不同观点。有学者认为，“合同成立”仅指委托人与第三人订立合同，与合同效力无关，如果将中介人的报酬请求权建立在合同有效的基础上，对中介人来说过于苛刻，有失公平。目前司法实践中对此问题也存在不同认识。

由于中介合同可以随时终止，有时不免会有委托人为了逃避支付报酬的义务，故意拒绝中介人已经完成了的中介服务，而后再与因中介而认识的第三人订立合同。就此情况，中介人并不因此而丧失报酬的请求权。例如，甲委托乙租房子，乙为其找到价格便宜的房主丙，甲为了不支付中介费，而假借房子的质量不好，终止了中介合同，然后甲又擅自找到丙要求租房。应该认为，甲的行为无疑违背了诚信原则，因此甲仍然需要支付报酬。

第二，委托人与第三人之间合同成立，是由中介人促成的，也就是与中介人的中介服务具有因果关系。因果关系的判断，应当考虑合同能够成立可以归因于中介人进行中介活动付出的努力，

以及委托人是否实际利用了中介人提供的订约信息或者媒介服务。这一点也是判断委托人的行为是否构成“跳单”的关键，对此将在下文本法第 965 条的释义中进行详细阐述分析。在报告中介中，与委托人签订合同的第三人是中介人介绍的。而在媒介中介中，中介人参与了委托人和第三人签订合同的谈判和协商，在委托人和第三人之间斡旋，也就是在双方的谈判中起到了一定的辅助、协调作用。对于因果关系的存在，应当由中介人证明。有的委托人以自己本来就知道中介人报告的情况，中介人提供的信息毫无价值为由，拒绝支付报酬。针对这种情况，德国法认为，应当由委托人来举证其在中介人提供有关信息之前就已经知晓该信息。一般认为，只要中介人能证明其在委托人与第三人的合同订立之前，就提供了相应活动，如向委托人报告了第三人的有关情况，或者经常参与到双方的谈判中，一般就可以认为中介人的这些行为与合同的成立具有因果关系。这里的因果关系和其他的因果关系一样，并不要求是构成合同成立的唯一原因。有的学者认为，如果中介人的中介行为与委托人、第三人之外的其他因素促成合同成立，中介人可以请求与自己的中介行为价值相当的报酬。关于因果关系的判断，德国法院认为仅需“除了其他事件外居间人之活动与有原因者”即可，依评价的意思去理解，中介人的活动在某种程度上促成了契约的缔结，就可以构成此种因果关系。所谓“因果关系”，应当构成比较直接或者相当程度的因果关系，或者说中介人的中介行为对合同订立起到一定程度的作用。例如，甲委托乙购买一套房屋，乙向甲介绍房主丙，最终因为甲对房屋质量不满意，没有与丙订立房屋买卖合同。但是在看房的过程中，甲发现丙家中有一架钢琴，表示自己正想买一架钢琴给孩子，而恰巧丙正想将该闲置的钢琴出售，双方一拍即合，当下订立该钢琴的买卖合同。在这种情况下，甲与丙虽然订立了买卖合同，且该合同的订立与乙的中介活动并非毫无关系，因为甲与丙是通过乙介绍认识的，也是乙带甲到丙的房屋看房，但是这种关系恐怕难以构成因果关系，因为甲与丙之间订立的钢琴买卖合同并不是由乙付出的努力促成的，只能算是一种机缘巧合罢了。委托人与第三人订立钢琴的买卖合同，中介人未促成房屋买卖合同的订立，不能请求委托人支付报酬，但是可以按照约定请求委托人支付从事中介活动支出的必要费用，如交通费等。

第三，中介人促成的契约必须与中介合同中的约定具有同一性，也就是说，委托人与第三人最终订立的合同，应当是委托人委托中介人时欲订立的合同。有的学者认为，“居间人之报酬请求权之要件，除因果关系外，尚须所缔结之契约，必须亦符合在居间契约中所约定者，即成立之契约，须与委托人所委托者，有同一性”。“同一性”要件得到许多学者的赞同，但是对“同一性”的标准如何界定，学界还有争议。有的观点认为，对“同一性”应当严格界定，限于完全相同。也有观点认为，对此同一性的界定并不以完全相同为必要，如果成立的合同与所应媒介的合同不同，只要同样能达到委托人所追求的结果，也可以认定中介人有报酬请求权。例如，甲委托乙租赁一套房屋用于自住，乙为其找到房主丙。在甲与丙协商的过程中，乙也多有参与，甲在实地看房后看中该房屋欲买下，丙经过考虑认为甲的出价合适也同意出卖，于是双方签订房屋买卖合同，丙将该房屋出售给甲。在这种情况下，甲和乙之间的中介合同约定的是甲与第三人订立房屋租赁合同，但是最后甲和丙订立了房屋买卖合同，乙是否可以主张报酬请求权？甲和丙订立了房屋买卖合同，而且该合同的成立与乙的活动具有因果关系，只是最终与第三人订立的是房屋买卖合同，并非事先与中介人约定的房屋租赁合同。在这种情况下，房屋买卖合同与房屋租赁合同虽然不是相同类型的合同，但是甲通过与丙订立房屋买卖合同可以说也实现了其订立房屋租赁合同的主要目的，即有房屋可以居住，而且甲与丙订立房屋买卖合同离不开乙的努力，乙应当享有相应的报酬请求权，委托人不得以最终与第三人订立房屋买卖合同而非房屋租赁合同而拒绝向乙支付报酬。如果否定中介人乙的报酬请求权，则乙可能只能以与甲存在事实合同关系（以订立房屋买卖合同为目的的中介合同）来请求获得报酬，将面临更大的困难。另外，需要补充的是，该“同一性”也并非指合同类型相同即可满足。如前述甲原本委托乙购买房屋，最终没订立房屋买卖合同，却买下房主丙家中的钢琴之案例，虽然订立的钢琴买卖合同和房屋买卖合同都属于买卖合同，但是显然此买卖合同非彼买卖合同，可以说两者毫无关系，所以最终订立的钢琴买卖合同与委托人委托中介人时欲订立的房屋买卖合同并不具有同一性，基于此，乙也不得就该钢琴买卖合同的成立向甲主张报酬请求权。

委托人是否给付中介人报酬及其支付数额，原则上应按照中介合同约定。这里的合同约定，可以是以书面形式或者口头形式明确的。中介人的报酬数额由当事人自主约定，虽然符合合同自由原则，但是在有些情况下可能会导致显失公平的结果，因此有的国家和地区规定了“报酬数额酌减制度”。例如，《德国民法典》第655条和我国台湾地区“民法”第572条中都规定了，在当事人约定的居间报酬过高的情况下，可以因报酬支付义务人的申请而酌减居间报酬的数额。但是如果报酬已经给付，不得要求返还。我国民法典没有在中介报酬数额中规定“数额的酌减”，基于合同自由原则，对中介报酬的数额法律一般不应干涉。但是如果报酬数额畸高，存在可撤销的情形时，委托人可以依据民法典总则编的规定申请撤销。

如果委托人和中介人对报酬没有约定，或者约定不明确，中介人是否享有报酬请求权，存在两种立法例，一是当事人没有约定或者约定不明确的，在符合法律规定的条件下，中介人可以取得报酬请求权。例如，《德国民法典》第 653 条第 1 款规定，“根据情事，只能期待仅凭着受报酬才履行托付给居间人的给付的，视为已默示地约定居间佣金。”我国台湾地区“民法”也有相同的规定，“如依情形，非受报酬即不为报告订约机会或媒介者，视为允与报酬”。二是当事人没有约定或者约定不明确，只要中介人促成合同成立，就可以向委托人请求支付报酬。《意大利民法典》和我国民法典（以及合同法）都属于这种立法例。根据本法的规定，只要中介人促成合同成立，原则上就可以向委托人请求支付报酬。如果中介合同中对中介人的报酬没有约定或者约定不明确，委托人和中介人可以协议补充；如果仍然达不成补充协议，应当按照合同的相关条款或者商业交易习惯来确定；如果还是解决不了，可以根据中介人的劳务合理确定，所谓合理应考虑诸多原因，如中介人所付出的时间、精力、物力、财力、人力、中介事务的难易程度以及中介人的行为对合同成立所起到的作用等因素，根据公平原则来合理确定。在比较法上，对于没有约定或者约定不明的情况下，报酬的数额如何确定，一般都规定根据交易习惯或者价目表等来确定。例如，《德国民法典》第 653 条第 2 款规定，报酬额不确定的，有价目表时，必须视为已约定合于价目表的佣金，无价目表时，必须视为已约定通常的佣金。我国台湾地区“民法”第 566 条第 2 款规定，未定报酬额者，按照价目表所定给付之。无价目表者，按照习惯给付。《意大利民法典》第 1755 条第 2 款规定，手续费的数额及各当事人应负担的比例，于没有特别约定、职业费用表或者习惯场合，应基于公平由裁判官决定。

2. 受益的当事人平均负担报酬的义务

支付报酬以中介事务的不同而有不同的标准。报告中介，因中介人仅向委托人报告订约机会，中介人不与委托人的相对人发生关系，因此，中介人的报酬应当由委托人给付。在媒介中介合同中，中介人不仅向委托人提供报告订约机会，而且要找第三人促成合同订立，由于有了中介人的中介活动，使得委托人与第三人双方发生了法律关系，委托人与第三人都因此而受益，因此，一般情况下，除合同另有约定或另有交易习惯外，中介人的报酬原则上应由因媒介中介而订立合同的委托人与第三人双方平均负担。实践中，房屋中介在其提供的房屋买卖或者房屋租赁的中介服务中，一般都是从出卖人和买受人、出租人和承租人双方收取佣金的，双方各担一半。《日本商法典》和我国台湾地区“民法”中也作出了媒介中介的报酬由契约双方当事人平均分担的规定。有的学者认为，这实际上是法律为了平衡委托人和相对人的利益而强加给相对人的负担，除非是在相对人和中介人也存在委托关系即双方中介的情形下，否则相对人的支付义务是没有充分的法理依据的。因此，有学者主张在媒介中介中应当允许中介合同的双方当事人在中介合同中约定由委托人一人支付报酬即排除法律规定效力，或约定报酬由委托人与相对人分担、分担比例、由谁向相对人主张等，而且，在需要相对人支付报酬的情形下，中介人从事中介活动时应当告知相对人或由委托人通知相对人，以使其对所介入的交易的费用有所预期。只有在没有约定的情形下，中介人才可依法律规定直接向相对人主张另一半报酬。实际上，我国民法典也充分尊重合同当事人的意愿，本条关于由委托人和第三人平均负担中介人报酬的规定属于任意性规定，当事人可以通过约定排除其适用。此外，有的国家对此作出了不同的规定。例如，《意大利民法典》第1755条第2款规定，对于居间报酬各当事人应负担的比例，在没有约定、职业费用表或者交易习惯的情况下，由裁判官基于公平原则确定。

二、关于中介活动的费用

中介活动的费用，主要是指中介人为从事中介行为而支出的一些费用，如交通费、住宿费等。中介人促成合同成立的，中介活动的费用由中介人负担。中介人促成合同成立的，可以向委托人请求支付报酬，中介人的报酬中就包括了成本和利润。因为中介活动的费用已作为成本计算在报酬之内，所以中介人不得再另外请求委托人负担费用。和行纪人一样，中介人一般都是专门从事中介业务的经营者，作为专业机构或者人员，是可以预估从事中介行为所需费用的。所以一般来说，双方约定由委托人支付的报酬肯定是超过中介活动的费用也就是成本的，这也是中介人从事中介业务的根本动力。而且，规定由中介人负担中介活动的费用，还可以促使中介人节省费用，降低成本，以提高自己可以获得的利润。

第九百六十四条　中介人未促成合同成立的，不得请求支付报酬；但是，可以按照约定请求委托人支付从事中介活动支出的必要费用。

◆ 条文主旨

本条是关于中介人的中介费用的规定。

◆ 立法背景

关于报酬请求权的成立，各个国家和地区一般都规定以中介达到目的，即委托人与第三人缔结合同为条件。《德国民法典》、《日本商法典》、《意大利民法典》以及我国台湾地区“民法”等都作出了这种规定。我国民法典也是以中介人促成合同成立为请求支付报酬的前提条件。由于中介是以报告订约机会或提供订立合同的媒介服务为内容，所以中介人是否促成委托人与第三人之间成立交易，就是委托人支付报酬与否的明确标准。中介人促成合同成立的，可以按照约定获得报酬；没有促成合同成立的，不能取得报酬请求权。

◆ **条文解读**

在中介合同中，只有中介人的中介活动达到目的，委托人才负有给付报酬的义务。中介人的活动能否达到目的，委托人与第三人之间的合同能否促成，有着不确定性，不是完全可由中介人的意志决定的。因此，委托人是否须履行支付报酬的义务，也是不确定的。有时尽管中介人为了使合同能促成尽了向委托人报告或者媒介的义务，但合同最终没有成立，没有达到中介合同的目的，中介人仍然不能请求报酬，委托人有权不予支付报酬，因为报酬是中介人服务成果的对价，没有促成合同成立，则不得请求支付报酬。这一点与承揽合同必须是承揽人完成了工作后才能请求报酬是一样的。

本法第963条第2款对中介人促成合同成立时中介活动的费用负担作出了规定，沿用了《合同法》第426条的规定。对于中介人未促成合同成立时，中介活动的费用由谁负担，1999年制定的《合同法》第427条规定："居间人未促成合同成立的，不得要求支付报酬，但可以要求委托人支付从事居间活动支出的必要费用。"中介活动费用是中介人在促使合同成立的活动中支出的必要费用，与报酬不是一个概念。因此，有时中介人虽然为促成合同成立付出了劳务和费用，但合同未促成，仍不能请求支付报酬，但是依据《合同法》第427条的规定，中介人可以请求委托人支付从事中介活动支出的必要费用，如中介活动中支出的交通费等。

也就是说，中介人未促成合同成立，委托人虽然不承担支付报酬的义务，但是应当承担返还或者偿还中介人为中介活动支出的必要费用的义务。

相比《合同法》第 427 条的规定，本条规定增加了“按照约定”。所谓“按照约定”，也就是在合同未成立的情况下，中介人向委托人请求支付从事中介活动的必要费用，须以中介人和委托人之间存在合同未成立时中介人亦享有费用请求权的约定为前提。反过来理解，在委托人与中介人没有约定委托人与第三人合同未成立而中介人仍可以主张返还从事中介活动的必要费用的情况下，中介人无权向委托人请求返还，委托人也没有义务向中介人支付该费用。结合本条规定和本法第 963 条第 2 款的规定可知，中介活动的费用原则上由中介人自己负担。在没有特别约定的情况下，不论中介人是否促成合同成立，中介人都要自己负担从事中介活动的费用。这和行纪合同由行纪人负担处理委托事务的费用是相似的。因为中介人和行纪人都是以营利为目的的经营者，中介人是专门从事提供中介服务的人。既然是经营，就必然会有商业风险。就中介合同来说，只有当中介人促成合同成立，才能向委托人请求支付报酬。如果中介人没有促成交易，不得请求报酬，他所付出的代价即支出的成本费用，就算是商业风险，由其自己负担。但是也有例外情形，如委托人与中介人事先有约定，不论合同成立与否，中介人都可向委托人请求返还从事中介活动的必要费用。

各个国家和地区的法律规定对中介费用负担都是尊重当事人的意愿，有约定的从约定，对于没有约定或者交易习惯的情况，则作出了不同的规定。《德国民法典》第 652 条第 2 款规定，“（委托人）仅在已约定向居间人偿还费用时，始须向其偿还费用。即使合同不成立，也适用前句的规定”。我国台湾地区“民法”第569条采用了相同立法例：“居间人支出之费用，非经约定，不得请求偿还。前项规定，于居间人已为报告或媒介而契约不成立者，适用之。”可见，依据德国和我国台湾地区的规定，从事中介活动的费用原则上由中介人负担。不论中介人是否促成合同成立，中介费用的承担都依当事人之自由约定，在没有约定的情况下，应由中介人承担，中介人不得要求委托人支付。而《意大利民法典》则作出了不同的规定，认为如无特别约定原则上应当由委托人负担中介人从事中介活动的费用。《意大利民法典》第1756条规定，“除有相反的特约或者习惯场合外，居间人即使于交易没有缔结的场合，但关于为该人执行的任务，亦有对该人请求偿还费用的权利”。

第九百六十五条 委托人在接受中介人的服务后，利用中介人提供的交易机会或者媒介服务，绕开中介人直接订立合同的，应当向中介人支付报酬。

◆ 条文主旨

本条是关于委托人接受中介人的服务后，绕开中介人直接订立合同应当向中介人支付报酬的规定。

◆ 立法背景

本条规定的是委托人实施“跳单”行为须承担向中介人支付报酬的法律后果。本条规定的“跳单”，是指委托人接受中介人的服务后，利用中介人提供的订约信息或者媒介服务，绕开中介人直接与第三人签订合同的行为，其目的是规避向中介人支付报酬义务。学界对中介合同的研究也多集中在“跳单”行为，但是学界所探讨的“跳单”不仅包括本条规定的行为，还包括委托人接受中介人服务后，绕过中介人，另行委托他人提供中介服务的行为。有的学者将“跳单”分为可归责的“跳单”和不可归责的“跳单”。在编纂民法典的过程中，有的意见建议，明确规定禁止“跳单”以及“跳单”行为的法律后果。实践中，“跳单”现象频繁发生，已经成为中介合同纠纷案件中的一种常见纠纷类型。“跳单”行为违背诚信和公平原则，严重损害中介人的利益，扰乱市场秩序，阻碍了中介行业的健康发展。经过认真研究，民法典中增加了本条规定。“跳单”行为中，委托人实质上利用了中介人提供的订约信息或者机会，但是在订立合同时却避开中介人，自行与第三人订立合同，以此来逃避向中介人支付报酬的义务。对于“跳单”行为，司法实践一般认为，委托人与第三人订立合同，只要委托人实质上利用了中介人提供的劳动，即中介人通过中介行为向委托人提供了订约信息或者媒介服务，就应当认定该交易是由中介人促成的，委托人就应当向中介人支付约定的报酬。如果委托人并未利用中介人提供的订约信息或者机会，则中介人无权主张报酬请求权。

◆ **条文解读**

委托人的行为构成本条规定的“跳单”应当具备以下要件：第一，委托人接受了中介服务。中介人接受委托后，履行了向委托人报告订约机会或者提供媒介服务的义务，委托人接受了中介人提供的服务，这是中介人获取报酬的权利来源。中介合同是双务、有偿合同，委托人支付报酬须以中介人提供约定的、有价值的中介服务为对价。第二，委托人绕开中介人直接与第三人订立合同。委托人与第三人私下订立合同，并未通过中介人，或者委托人在中介人之外，又委托其他人从事中介服务，通过其他中介人与第三人订立了合同。也就是说，客观上，委托人实施了“跳”过中介人的行为。“跳”的形式有两种，一是委托人直接与第三人私下订立合同，二是委托人通过其他中介人与第三人订立合同。第三，委托人与第三人合同的订立，主要是由于委托人利用了中介人提供的交易机会或者媒介服务，或者说合同订立与中介人的中介服务具有因果关系。这是判断委托人的行为构成“跳单”并应当向中介人支付报酬的关键。不论委托人是私下与第三人直接订立合同，还是通过其他中介人与第三人订立合同，只要委托人利用了中介人提供的交易机会或者媒介服务，就构成“跳单”，是否存在其他中介人并不是关键因素。一般而言，只要委托人实际接受了中介人的中介服务，又与第三人订立了合同，就可以推定该合同之成立与中介人提供的服务有因果关系。如果委托人认为其没有利用中介人的交易机会或者媒介服务，应当承担举证责任。实践中，委托人可能自己事先也通过各种渠道收集了一些信息，知晓第三人的情况，而中介人又向委托人重复报告了该第三人的情况，例如中介人提供的是公开的、委托人可以轻易获得的信息，中介人的报告对委托人来说可能是毫无价值的，委托人与第三人订立合同，就不能认为利用了中介人提供的交易机会或者媒介服务。但是，委托人要对其在中介人提供订约信息前就已知晓第三人的有关情况，并未利用中介人提供的交易机会或者媒介服务承担举证责任。

实践中还存在一种情况，委托人委托多个中介人从事中介活动，多个中介人为其提供交易信息或者媒介服务，委托人最后选择其中一个中介人，通过其与第三人订立合同。此时对其他中介人来说，并不构成“跳单”，因为委托人具有选择最满意、最合适的中介人的优质服务并通过其与第三人订立合同的权利。这就和买东西一样，消费者有自主选择的权利，很多时候都是货比三家之后才决定在哪一家商店购买。这也需要委托人证明，其与第三人订立合同，并非利用中介人提供的交易机会或者媒介服务，而是通过其他中介人提供的服务使得合同得以成立。

“跳单”多见于房屋买卖或者租赁中介，一般是指委托人与房产中介机构订立中介合同，且接受房产中介机构的相应服务后，绕过房产中介机构，就中介人报告的标的房屋私下与交易对方订立房屋买卖合同、房屋租赁合同，或者另行委托他人提供中介服务，通过其他中介人订立合同的行为。这种行为危及中介人的利益，为了防止委托人实施“跳单”行为，减少自己的损失，实践中中介人带客户看房时，常常要求其签署“看房确认书”，一来证明缔结了中介合同，二来借格式条款带入禁止“跳单”条款。有关这类实务中的“跳单”条款的解读，归纳起来主要有四种观点：第一种观点认为，中介合同若有禁止“跳单”条款，则委托人别无选择，只能委托该中介人。这种格式合同加重了委托人责任，排除了其主要权利，应作无效处理。第二种观点认为，委托人避开中介人直接与对方当事人磋商并缔约，不正当地阻止了中介人报酬请求权条件的成就，应视为中介人收取报酬的条件成就。第三种观点是在批判前述观点的基础上提出来的。这种观点主张者首先认为禁止“跳单”条款并非无效，条件拟制成就的规定在中介合同无适用余地，然后提出应就“跳单”行为的法律后果作类型化处理：（1）委托人与第三人私下缔约，该缔约机会系由中介人促成；（2）委托人与第三人私下缔约，该缔约机会不是中介人所促成；（3）委托人另行委托其他中介人并经其促成缔约；（4）委托人另行委托其他中介人，但未促成缔约。其中，情形（1）中的中介人享有报酬请求权；情形（2）、（3）、（4）中的中介人享有必要费用返还请求权，如必要费用不能填补实际损失，可按实际损失主张违约金支付请求权。第四种观点认为，禁止

“跳单”条款是关于委托人跳开中介人的违约责任条款，据此中介人履行带看房的义务之后，若委托人有恶意逃避报酬支付义务的行为，即应支付相当于报酬的违约金。该观点重视委托人召入其他中介人的自由，拒绝要求委托人支付多次报酬，倾向于认为只要委托人向其中一名中介人支付了报酬，也就没有了“恶意逃避报酬支付义务行为”。

最高人民法院2011年12月20日发布了第一批指导案例，指导案例1号即“上海中原物业顾问有限公司诉陶德华居间合同纠纷案”。该指导案例的核心要义就是衡量委托人是否“跳单”违约的关键，在于委托人是否利用了中介人提供的信息、机会等条件。该案件是房屋买卖中介合同纠纷的典型案例，值得深入研读。

基本案情是：原告上海中原物业顾问有限公司（简称中原公司）诉称：被告陶德华利用中原公司提供的上海市虹口区株洲路某号房屋销售信息，故意跳过中介，私自与卖方直接签订购房合同，违反了《房地产求购确认书》的约定，属于恶意“跳单”行为，请求法院判令陶德华按约支付中原公司违约金1.65万元。被告陶德华辩称：涉案房屋原产权人李某某委托多家中介公司出售房屋，中原公司并非独家掌握该房源信息，也非独家代理销售。陶德华并没有利用中原公司提供的信息，不存在“跳单”违约行为。法院经审理查明：2008年下半年，原产权人李某某到多家房屋中介公司挂牌销售涉案房屋。2008年10月22日，上海某房地产经纪有限公司带陶德华看了该房屋；11月23日，上海某房地产顾问有限公司（简称某房地产顾问公司）带陶德华之妻曹某某看了该房屋；11月27日，中原公司带陶德华看了该房屋，并于同日与陶德华签订了《房地产求购确认书》。该确认书第2.4条约定，陶德华在验看过该房地产后六个月内，陶德华或其委托人、代理人、代表人、承办人等与陶德华有关联的人，利用中原公司提供的信息、机会等条件但未通过中原公司而与第三方达成买卖交易的，陶德华应按照与出卖方就该房地产买卖达成的实际成交价的1%，向中原公司支付违约金。当时中原公司对该房屋报价165万元，而某房地产顾问公司报价145万元，并积极与卖方协商价格。11月30日，在某房地产顾问公司居间下，陶德华与卖方签订了房屋买卖合同，成交价138万元。后买卖双方办理了过户手续，陶德华向某房地产顾问公司支付佣金1.38万元。

上海市虹口区人民法院于2009年6月23日作出（2009）虹民三（民）初字第912号民事判决：被告陶德华应于判决生效之日起十日内向原告中原公司支付违约金1.38万元。宣判后，陶德华提出上诉。上海市第二中级人民法院于2009年9月4日作出（2009）沪二中民二（民）终字第1508号民事判决：一、撤销上海市虹口区人民法院（2009）虹民三（民）初字第912号民事判决；二、中原公司要求陶德华支付违约金1.65万元的诉讼请求，不予支持。

法院生效裁判认为：中原公司与陶德华签订的《房地产求购确认书》属于居间合同性质，其中第2.4条的约定，属于房屋买卖居间合同中常有的禁止“跳单”格式条款，其本意是为防止买方利用中介公司提供的房源信息却“跳”过中介公司购买房屋，从而使中介公司无法得到应得的佣金，该约定并不存在免除一方责任、加重对方责任、排除对方主要权利的情形，应认定有效。根据该条约定，衡量买方是否“跳单”违约的关键，是看买方是否利用了该中介公司提供的房源信息、机会等条件。如果买方并未利用该中介公司提供的信息、机会等条件，而是通过其他公众可以获知的正当途径获得同一房源信息，则买方有权选择报价低、服务好的中介公司促成房屋买卖合同成立，而不构成“跳单”违约。本案中，原产权人通过多家中介公司挂牌出售同一房屋，陶德华及其家人分别通过不同的中介公司了解到同一房源信息，并通过其他中介公司促成了房屋买卖合同成立。因此，陶德华并没有利用中原公司的信息、机会，故不构成违约，对中原公司的诉讼请求不予支持。

这个案例从司法实践的角度确立了衡量买方是否“跳单”违约的标准，主要是看买方是否利用了该中介公司提供的房源信息、机会等条件。在本案中，买受人陶德华已经先得到房屋出售信息。一个很关键的情节是中介人中原公司所拥有的并不是独家信息。只要不是独家信息，委托人就可以从其他渠道获取，且委托人能够证明该信息的其他来源，则一般可以认定为是不可归责的“跳单”。委托人陶德华另找他人中介，没有利用中原公司的独家信息，属于不可归责的“跳单”。不可归责的“跳单”，虽然不承担支付报酬的义务，不承担赔偿责任，但是并不免除支付费用的责任，中介人中原公司可以按照约定请求委托人支付有关费用。本案生效裁判中还有一个重要观点，即认为案例中的这种房屋买卖中介合同中常有的禁止“跳单”格式条款，并不存在免除一方责任、加重对方责任、排除对方主要权利的情形，并不属于无效条款。

但是，实践中，中介合同中的禁止“跳单”条款，往往还包括了独家委托（中介）条款，也就是约定委托人只能委托中介人对其提供中介服务，不能再将同一事项委托给其他中介人。委托人总是要在中介人之间进行选择，或者就同一事项委托两个以上的中介人。而中介人为了自己的利益，希望只由自己为委托人提供中介服务，排除其他中介人的介人。独家委托条款也称为“专任委托契约”，即委托人就该同样之事务负有在一定期间内不得再委托其他中介人之义务。近年来，房屋买受人与中介人在中介合同中的独家委托条款效力的认定，与恶意“跳单”行为的认定是房产买卖纠纷司法实践中的热点。对独家委托条款的效力主要有三种观点：第一种观点认为，此类条款系当事人真实意思表示，具有法律约束力。第二种观点认为，中介人提供的格式条款，排除了委托人的主要权利，加重了委托人的责任，应属无效。第三种观点认为，中介人使用的独家委托条款等诸如此类格式条款，具有一定合理性，虽不宜一概认定无效，但作为中介人，从事中介活动具有专业优势和处于强势地位的专门机构，对其提供的单方制作、未与对方协商的格式化条款，应审查是否尽到合理提示和说明义务；如果未尽该义务，且明显违反公平原则，应认定为无效条款。

第九百六十六条　本章没有规定的，参照适用委托合同的有关规定。

◆ 条文主旨

本条是关于参照适用委托合同的规定。

◆ 立法背景

中介合同与委托合同都属于服务合同，都是当事人接受委托人委托从事一定事务的合同，只不过中介合同委托的事项特殊固定。中介合同和委托合同有很多共同之处。有的观点认为，中介合同就是一种特殊的委托合同。

◆ 条文解读

在本章没有规定的情况下，可以参照适用委托合同的有关规定。例如，中介人应当亲自处理中介事务，不得擅自将中介事务交给他人处理；两个以上的中介人共同处理委托事务的，对委托人承担连带责任等。

需要特别说明的是，中介合同可以参照适用委托合同任意解除权的规定，但并不是完全适用。中介合同的委托人享有任意解除权，应无疑义。一般认为，委托合同中委托人的任意解除权，其法理基础在于委托合同是基于特殊信赖而成立的合同。另外，就委托人一方来说，委托事项可能随时发生变化，这就产生了随时解除的需求。以上观点也可应用于中介合同。类似于委托合同，中介合同的委托人委托中介人从事一定的中介事务，在中介事务完成之前，情况发生变化，委托人又不再需要中介人的中介服务的，可以随时解除中介合同。中介合同委托人的任意解除权还有更多的理由。如前所述，类似于消费者，中介合同的委托人有权选择更优的服务，这同时也避免了依附现象的弊端。而且，委托人没有与第三人缔约的义务，委托人不缔约的实际效果，与行使任意解除权是相同的。而行使任意解除权，反而使中介人得到了通知，能避免其进一步为完成中介事务继续付出人力、财力和物力，还能向委托人请求相应的赔偿。报告中介的任意解除，是在委托人获得信息之前，之后就没有解除的必要了。媒介中介的任意解除，是在委托人与第三人的合同成立之前。如果委托人与第三人之间成立的合同是附生效条件（停止条件）的合同，在条件成就之前，中介人不得请求报酬，但在合同成立之时，委托人的任意解除权终止。中介合同中委托人的任意解除权更接近于承揽合同中定作人的随时解除权。本法第787条规定：“定作人在承揽人完成工作前可以随时解除合同，造成承揽人损失的，应当赔偿损失。”中介合同是有偿合同，委托人解除合同给中介人造成损失的，除不可归责于委托人的事由外，委托人还是应当赔偿中介人的损失。至于中介人是否应当享有任意解除权，学界还存在不同认识。

中介合同有许多区别于委托合同的特点，所以委托合同的规定，有的也不适用于中介合同。例如，本法第 931 条规定，委托人经受托人同意，可以在受托人之外委托第三人处理委托事务。因此造成受托人损失的，受托人可以向委托人请求赔偿损失。一般认为，委托人在中介人之外又委托第三人处理中介事务的，无须经过中介人的同意。实践中，很多打算出售房屋的房主，都是委托多个房屋中介机构来寻找买家的，哪个房屋中介机构能够实际促成交易，房主就向其支付中介的报酬。委托人和中介人订立中介合同后，委托人再委托他人如果须经过中介人同意，中介人基于自己的利益考虑，都想成为独家中介，一般而言是不会同意的，这样委托人就丧失了自由选择的权利，对委托人来说是不公平的，委托人的利益将受到损害。

第二十七章 合伙合同

本章共十二条，主要内容有：合伙合同的定义，合伙人的出资义务，合伙财产，合伙事务的执行，执行合伙事务不得请求报酬，合伙的利润分配和亏损分担，合伙人的连带责任，合伙人对外转让财产，合伙人的债权人之代位权的行使，合伙期限，合伙合同的终止及终止后的处理等。

相对于合同法，本章是新增的一章。在民法典编纂过程中，不少意见提出，我国1997年通过并于2006年修订的合伙企业法规定了商事合伙，1999年制定的合同法没有规定合伙合同的内容，而民法典总则编删去了民法通则中规定的个人合伙有关内容，合同编有必要将合伙合同作为独立的合同类型。经研究，合伙合同作为一种典型合同单独成章，规定在民法典合同编中。

第九百六十七条 合伙合同是两个以上合伙人为了共同的事业目的，订立的共享利益、共担风险的协议。

◆ 条文主旨

本条是关于合伙合同的定义的规定。

◆ 立法背景

早在罗马法时期，合伙契约就已经是一种重要的契约形式。

在现代社会，合伙合同也是各国规定的重要的典型合同，大陆法系各国或者地区的民法典（或者商法典）中都对合伙合同作出了规定。在民法典通过以前，我国的法律中没有对合伙合同作出专门规定。1986 年制定的民法通则从民事主体的角度，在第二章第五节对公民（自然人）之间的“个人合伙”和第三章第四节对企业之间或者企业、事业单位之间联营（其中《民法通则》第 52 条规定了合伙型联营）作了简单规定。1997 年制定合伙企业法，对合伙企业作出了专门规定。合伙企业法旨在规范以合伙协议为基础成立的合伙企业，属于典型的商事主体法，在适用范围上受到严格限制。各个民事主体之间为持续的或者临时的共同事业而未成立企业的合伙，则被排除在合伙企业法之外。在 1999 年制定合同法时，试拟稿、征求意见稿均规定了合伙合同，但合同法草案以合伙企业法对合伙组织体及合伙协议都作了比较详细的规定为由删除了合伙合同类型，最终通过的合同法中没有规定合伙合同的内容。2017 年制定民法总则时，删除了民法通则关于“个人合伙”和“联营”的内容，主要是考虑作为商事主体的合伙企业由合伙企业法进行调整，而未成立合伙企业的民事合伙，则可以由民法典合同编进行规定。实践中，大量存在当事人签订合伙合同而成立的、没有设立合伙企业的合伙，需要通过法律的规定来进行规范，以保护合伙人的合法权益，促进经济社会的发展。因此，民法典合同编设立专章规定了“合伙合同”，确立合伙合同的基本规则，使得我国关于合伙的法律规定更加科学和完善。

不少国家和地区的法律也都对合伙（合同）作出了专门规定。《德国民法典》、《日本民法典》和《西班牙民法典》均在债编中规定了合伙。法国法律中的“合伙”只是“公司”的一种形式，并无“合伙”这一独立的概念，从形式上看，“民事公司”相当于我国的合伙企业，“隐名合伙”相当于本章规定的未形成组织的合伙。与法国法类似，《意大利民法典》也将合伙（单纯公司）作为公司的一种类型。此外，《俄罗斯联邦民法典》《美国统一合伙法》等也都对合伙作出了规定。

◆ **条文解读**

合伙合同，是指两个以上合伙人为了共同的事业目的，订立的共享利益、共担风险的协议。合伙合同，是以共同出资为基础，以共同事业为目的，以共享利益、共担风险为本质的协议。

规定合伙合同的外国民法典也都对合伙合同下了定义，但是描述的角度有所差异。例如，《德国民法典》第705条规定，“因合伙合同，合伙人相互有义务以该合同所规定的方式促进共同目的的达到，特别是提供所约定的出资”。《日本民法典》第667条第1款规定，“合伙契约，因各方当事人约定出资经营共同事业而发生效力”。《西班牙民法典》第1665条规定，“合伙为二人或者数人同意将其金钱、财务或者劳务共集一处，而以分配其经营所得利益为目的”。第1666条第1款规定，“合伙合同应有合法的标的，并为当事人的共同利益而订立”。尽管角度略有差异，但是对合伙合同的定义都涵盖了共同出资和为了共同事业目的或者共同利益这两个最基本的要素。

作为一种新增的典型合同，合伙合同与其他类型的合同有很多不同之处。合伙合同主要有以下几个特征：

一、对合伙人有所限制

根据合伙合同的定义，合伙合同的主体为两个以上的合伙人。合伙人的数量要求两个以上，只有一个则无法成立合伙。当因合伙人死亡、丧失民事行为能力、终止等原因，合伙人数量减少到一个时，合伙合同终止。作为合伙合同主体的合伙人，可以是自然人、法人或者非法人组织。但是，合伙人并不是没有完全限制，不是所有民事主体都可以成为合伙人。《合伙企业法》第3条规定："国有独资公司、国有企业、上市公司以及公益性的事业单位、社会团体不得成为普通合伙人。"普通合伙人是对合伙企业债务承担无限连带责任的合伙人。而合伙合同中的合伙人，对合伙债务承担无限连带责任。国有独资公司、国有企业、上市公司如果成为合伙人，就要以其全部财产对合伙债务承担责任，这不利于保护国有资产和上市公司股东的利益。从事公益性活动的事业单位、社会团体，因其从事的活动涉及公共利益，其自身财产也不宜对外承担无限连带责任。因此，国有独资公司、国有企业、上市公司以及公益性的事业单位、社会团体不得成为合伙企业的普通合伙人，原则上也不得与他人订立合伙合同成为合伙人。

二、为了共同目的或者共同利益

合伙人订立合伙合同是为了达到共同的事业目的，实现共同的利益，这是合伙合同最重要的特征，也是合伙合同与其他类型的合同最重要的区别之一。所谓"共同的事业目的"，可以是营利性的目的，也可以是非营利性的目的，如公益目的。"共同的利益"，可以是物质上、经济上的利益，也可以是其他方面的利益。就一般的合同而言，虽然合同的双方或者多方当事人总体目标是一致的，都是为了实现合同目的，例如买卖合同中的出卖人和买受人都希望交易达成。但是，从当事人的角度出发，他们的目的或者权利义务又可能是不一致甚至是完全相对的。出卖人的目的是以标的物的所有权换取相应的价款，其权利是获取买受人支付的价款，义务是交付标的物转移所有权；而买受人的目的是以一定的价款换取标的物的所有权，权利是取得标的物所有权，义务是支付标的物的价款。双方的目的或者权利义务是相对的关系，当事人之间处于对立或者竞争的关系。而合伙合同中，所有合伙人的目的具有一致性，权利义务的内容或者说方向也具有一致性，都是为了实现共同的事业目的，原则上都享有表决权、执行权、监督权等权利，都负有出资等义务，都要对合伙债务承担连带责任，完全是一种合作关系而非对立关系。通俗地说，一般合同当事人之间的权利义务是“此消彼长”的关系，而合伙合同的所有合伙人之间则是“共消共长”的关系。

三、共享利益、共担风险

如前所述，合伙合同的所有合伙人之间具有共同的事业目的，是合作共赢的关系。因此，所有合伙人就应当共享合伙经营之利益，共担合伙经营之风险。可以说，合伙合同中的全体合伙人是“一荣俱荣，一损俱损”的关系。目的的共同性决定了所有合伙人共享利益、共担风险，不能只由部分合伙人享受利益或者承担风险，否则有违合伙合同之目的。

四、合伙具有较强的人合性和一定的组织性

合伙合同的成立是基于合伙人之间的互相信任，合伙人之间可以互为代理人，且全体合伙人对合伙债务承担连带责任。合伙人具有共同的事业目的，共享利益，共担风险。因此，合伙具有较强的人合性。这决定了合伙人不得擅自处分自己在合伙财产中的份额，以及合伙人的债权人不得代位行使合伙人对合伙的权利等。

基于本章规定的合伙合同形成的合伙，具有一定的组织性，但又不是完全独立的组织体，不具有民事主体资格。这是基于本章规定的合伙合同成立的合伙与合伙企业的重要区别。合伙企业具有民事主体资格，属于民法典总则编中规定的非法人组织，具有民事权利能力和民事行为能力，可以依法享有民事权利和承担民事义务。合伙企业包括依照合伙企业法在中国境内设立的普通合伙企业和有限合伙企业，有普通合伙人和有限合伙人之分。合伙企业是完全独立的、组织严密的组织体。合伙企业有自己的财产，合伙企业对其债务应先以其全部财产进行清偿；当合伙企业的财产不足以清偿到期债务时，再由合伙人承担无限连带责任。而本章规定的契约型合伙，具有一定的组织性，但是其组织性相对于合伙企业来说较为松散，即使基于合伙人的出资和合伙事务可以形成合伙财产，也并不是必须先由合伙财产承担合伙债务，合伙的债权人可以对所有合伙人的所有财产（包括合伙财产以内和以外的财产）提出请求权。一些学者将合伙企业称为“企业型合伙”或者“组织型合伙”，将基于合伙合同成立的未形成组织的合伙称为“契约型合伙”或者“协议型合伙”。

五、不要式合同、继续性合同

民法典对合伙合同的订立形式没有作出特别要求，可以是口头形式，也可以是书面形式或者其他形式。合伙合同为不要式合同。

合伙合同是继续性合同。不论合伙合同的共同事业目的是持续性的还是临时性的，都不影响合伙合同为继续性合同。合伙人履行义务的行为不是一次性的，只要共同目的仍未实现，所有合伙人都应持续履行其义务。作为继续性合同，合伙合同在解除等方面也与非继续性合同有所不同，例如合同的解除不具有溯及力，仅向将来发生效力。

第九百六十八条　合伙人应当按照约定的出资方式、数额和缴付期限，履行出资义务。

◆ 条文主旨

本条是关于合伙人应当按照约定履行出资义务的规定。

◆ **立法背景**

合伙人的出资是指合伙人基于合伙合同，为了实现共同事业目的而进行投资。合伙人的出资是合伙得以形成和正常经营的基础。合伙人的出资义务，是合伙人最基本的义务，各法域都对合伙人的出资义务作出了规定。例如，《德国民法典》第705条、《日本民法典》第667条和《西班牙民法典》第1665条对合伙合同的定义中都规定了合伙人的出资义务。

◆ **条文解读**

合伙合同应当对合伙人的出资方式、数额和缴付期限等作出约定。所有合伙人都应当按照合同的约定履行出资义务。按约定履行出资义务是指合伙人按照合伙合同约定的出资方式、数额与缴付期限进行出资。出资义务是合伙人的根本义务，也是合伙得以成立的前提。

一、出资方式

合伙人的出资方式是合伙人向合伙投入资本的具体形式，合伙人的出资可以是货币形式，也可以是非货币形式。非货币形式包括除货币外的各种有形财产和无形财产，如实物、股权、土地使用权、知识产权等，还可以包括劳务。具体来说，合伙人的出资方式主要包括以下几类：

1. 货币。货币是商品交换的一般等价物。货币出资是最常见、最基本的出资方式，不同于其他出资，货币可以构成合伙财产的全部。合伙人出资所用货币应当是合伙人自有的资金，或归自己管理、支配的资金。

2. 实物。实物即共同经营所需的各种货币以外的有形财产，实物出资的范围较广，既可以是厂房、设备、专门设施，也可以是仓库、运输工具以及其他生产资料。以实物出资是否需要评估作价，由谁来进行评估作价，应由全体合伙人协商确定，全体合伙人也可以委托法定的评估机构进行评估。以实物出资的，合伙人用以出资的实物必须为自己所有的或可在合伙经营期间完全由自己支配的实物财产。不能完全支配的财产，已设立担保的实物，短期租赁他人的实物，一般不应作为实物出资。

3. 知识产权。知识产权是人们的智力劳动成果在法律上产生的一种无形的财产权利，合伙人依法取得的知识产权可以作为合伙的出资。主要包括：一是商标权，即权利人对自己创立的商标经依法注册后，在一定期间内享有的排他性权利。二是专利权，即专利权人对有关发明等技术经依法申请，并经专利机关核准后，在一定期限内享有的排他性权利，包括发明专利权、实用新型专利权和外观设计专利权。三是著作权（版权），即作者对文学、艺术、科学作品，包括计算机软件在内的依法享有的署名、发表、出版、获得报酬等权利。四是技术秘密，即技术秘密专有人持有的从事某种生产经营的技术诀窍，应用这种技术诀窍能为某种产品质量或风格带来经营效益，典型的技术秘密如可口可乐的配方，不为外人所知晓。根据世界贸易组织《与贸易有关的知识产权协议》的规定，知识产权的范围较为宽泛，还包括商业秘密等，这些权利也可以作为合伙人出资。

4. 土地使用权。土地使用权是指依法对土地加以使用的权利。对合伙出资的只能是土地的使用权而不能是土地所有权。合伙人可以将依法取得的土地使用权作为对合伙的出资。可以用于合伙出资的土地使用权，主要包括土地承包经营权、土地经营权和建设用地使用权。本法第 334 条规定，土地承包经营权人依照法律规定，有权将土地承包经营权互换、转让。第 339 条规定，土地承包经营权人可以自主决定依法采取出资、入股或者其他方式向他人流转土地经营权。第 353 条规定，建设用地使用权人有权将建设用地使用权转让、互换、出资、赠与或者抵押，但是法律另有规定的除外。

5. 劳务。以劳务出资，即将某一特定人的劳务，看作一种财产权利而允许其作为对合伙的出资方式。由于特定的劳务，如某人的管理技能、某个知名厨师的烹调技艺等具有较高的价值含量，实际应用能产生经济效益，世界上多数国家和地区的立法对以这种劳务为合伙人出资的做法是肯定的，即允许部分合伙人以其特定的劳务对合伙进行出资。例如，《法国民法典》第 1843 –3 条第 1 款规定，“各股东（合伙人）就其许诺向公司投入的全部实物、货币或者劳动技艺对公司（合伙）为债务人”。《德国民法典》第 706 条第 3 款规定，“合伙人的出资，也可以存在于劳务给付中”。《日本民法典》第 667 条第 2 款规定，“出资，可以以劳务作为其标的”。《西班牙民法典》第 1683 条规定，“合伙人约定以劳务出资时，应将其作为合伙标的的劳务所发生的一切利益归入合伙名下”。我国合伙企业法也允许普通合伙人以劳务出资。但由于劳务出资不是有形财产出资，其价值具有不确定性，为了避免纠纷，维护劳务出资者和其他合伙人的合法权益，合伙人以劳务出资的，其评估办法由全体合伙人协商确定，并应当在合伙协议中载明。

6. 其他出资方式。在现实生活中，用于合伙投资的财产除上述五种以外，还有许多其他财产，如股权、债权、信托受益权、矿产资源开发权、林地使用权等，合伙人都可以用来进行出资。当然，这类出资应当经过评估以货币计价，有关权利应可以转让并符合法律的限制性要求。

二、出资数额

出资数额，即用以出资的财产的价值额，以非货币资产出资的要按商定的或者法定评估机构进行评估的价值来计算并约定数额。各合伙人的出资数额，由所有合伙人进行协商决定。合伙人的出资数额决定了合伙人之间的出资比例，合伙人之间的出资比例往往决定了合伙的利润分配和亏损分担。所以，合伙人的出资数额和出资比例，应当由所有合伙人自行约定。一般来说，这是合伙合同最重要的事项之一，合伙合同应当作出规定。但是，当合伙合同对出资额没有约定或者约定不明确时怎么办？对此问题，《德国民法典》第706条第1款规定，“无不同约定时，合伙人必须提供均等的出资”。似可借鉴。

三、缴付期限

缴付期限，即合伙人对用于出资的资产进行缴付的期限。对于合伙的出资，并不要求必须一次性完全缴付。合伙人可以采取实际缴付或者认缴的方式进行缴付。所谓认缴，就是合伙人承诺向合伙进行的出资。法律允许出资人对其出资实行承诺制，分期缴付，分批到位，通过协议明确各类出资的期限。合伙合同应当对合伙人出资的缴付期限作出规定，所有合伙人都应当按照合伙合同中约定的缴付期限进行缴付。

四、不按约定履行出资义务的责任

当合伙人不履行出资义务时，应当如何处理？对此，《日本民法典》第669条规定，“以金钱作为出资的标的的情形，合伙人怠于出资时，除支付其利息外，还须赔偿损害”。《西班牙民法典》第1682条第1款规定，“合伙人以一定的金额出资而不缴纳时，虽未经诉讼请求，依法应当自应付金额之日起负支付利息的义务。造成其他损失的应作出赔偿”。合伙人不按合伙合同的约定履行出资义务的，首先应当按照合同的约定承担责任，合同对此没有约定的，再依照法律的规定承担相应的违约责任。未按约定履行出资义务的合伙人，应当赔偿其给其他合伙人造成的损失，该损失可以包括合伙人迟延缴付的利息。

第九百六十九条 合伙人的出资、因合伙事务依法取得的收益和其他财产，属于合伙财产。

合伙合同终止前，合伙人不得请求分割合伙财产。

◆ 条文主旨

本条是对合伙财产的定义的规定。

◆ 立法背景

合伙合同是合伙人为了共同的事业目的而订立的。合伙人成立合伙，为了实现共同的事业目的，共同从事生产经营等活动，需要一定的财产以保证合伙事务的进行，促进合伙目的的实现。如果没有提供一定的合伙财产作为物质保障，合伙经营也就无法正常开展。

◆ 条文解读

一、合伙财产的范围

合伙财产包括两个部分，一是合伙人对合伙的出资，也就是合伙的原始财产；二是所有因合伙事务依法取得的收益和其他财产，例如合伙经营的收入、债权、因他人违约或者侵权向合伙作出的赔偿或者补偿等。此处的“财产”仅指积极财产。世界上多数国家和地区的法律都规定合伙人原始的财产投入为合伙财产，同时规定所有因合伙取得的收益和其他财产也属于合伙财产。例如，《德国民法典》第 718 条规定，合伙人的出资和因执行业务而为合伙取得的标的，成为合伙人的共同财产（合伙财产）。因属于合伙财产的权利，或作为毁坏、损坏或侵夺属于合伙财产的标的的补偿而取得的利益，也属于合伙财产。《美国统一合伙法》第 8 条规定，所有基于合伙形成的财产，不论是最初被带入合伙股份的财产，还是后来通过购买或者其他方式获得的财产，均属于合伙财产。除非有相反的意思表示，通过合伙基金获得的财产是合伙财产。

二、合伙财产的归属

合伙财产是合伙赖以存在和发展的基础。契约型合伙具有一定的组织性，但是不具有独立的民事主体资格，不能成为合伙财产的所有权人。因此，合伙财产的所有权人应当为全体合伙人，需要登记的合伙财产应当登记在全体合伙人名下。这与合伙企业不同。依法成立的合伙企业，属于民法典总则编中规定的非法人组织，具有民事主体资格，可以独立地享有民事权利、承担民事义务，当然也就可以成为合伙企业财产的所有权人。成立合伙企业后，合伙人的出资等财产都归合伙企业所有，需要登记的财产，应当登记在合伙企业名下。

合伙财产应当归全体合伙人共有，对此应无疑义。各国法律一般都规定合伙财产归全体合伙人共有。对合伙财产的所有权应当区分内部关系和外部关系分析。于内部关系而言，对于合伙财产，全体合伙人之间是共同共有关系，还是按份共有关系？对此学界存在不同观点。有的认为应当是共同共有，有的认为是按份共有。合伙合同的订立是为了共同的事业目的，全体合伙人共享利益、共担风险，且对合伙债务承担连带责任。合伙具有高度的人合性，合伙人之间互相信任才使合伙得以成立。全体合伙人共同经营，共同管理合伙财产，共同对所有合伙财产享有占有、使用、收益和处分的权利。对于合伙财产的处分，应当按照合伙合同的约定，或者全体合伙人的共同决定，才能得以进行。因此，全体合伙人对合伙财产享有共同共有权。《日本民法典》第668条规定，“各合伙人的出资及其他合伙财产，为全体合伙人共有”。

从外部关系来看，合伙财产由全体合伙人共有，只有根据合伙合同的约定或者所有合伙人同意才可以对合伙财产进行处分。但是合伙人之间对处分合伙财产的内部约定不能对抗善意第三人。合伙财产中的某个具体财产可能实际为某个合伙人占有，或者仅登记在某个合伙人名下。此时如果该合伙人将该财产转让给并不知晓该财产为合伙财产的善意第三人，第三人可以依据本法第311条的规定取得财产的所有权。当然，如果第三人明知该合伙人处分合伙财产的行为属未授权行为，或者与该合伙人相互串通损害其他合伙人的利益，即不属于善意第三人，则其他合伙人不仅可以此与之相对抗，要求其返还财产或补足差价，而且有权依法追究该第三人的相关责任。

三、合伙财产在合伙终止前不得分割

合伙财产是合伙得以成立和存续、发展的重要条件，因此必须保证合伙财产的稳定性。契约型合伙虽然不是独立的民事主体，但是也具有一定的组织性，财产一旦进入合伙财产的范围，就与合伙人相对分离，归全体合伙人共同共有。在共有关系终止前，合伙人不得分割合伙财产。合伙人一旦按照约定缴付了出资，就不得随意予以抽回。任何一个合伙人抽走或分割其财产份额，都会直接导致合伙财产数量的减少，给正常进行的生产经营活动造成消极影响；以合伙名义取得的收益和依法取得的其他财产，也具有同样的性质。合伙人在合伙合同终止前分割合伙财产，往往会影响到合伙的正常经营，甚至可能导致共同目的的落空。为避免这种现象的发生，维护合伙的正常经营和全体合伙人的利益，本条第2款规定：“合伙合同终止前，合伙人不得请求分割合伙财产。”

此外，任何合伙人不得私自转移或者处分合伙财产。在合伙经营中，由于每一个合伙人都有执行合伙事务、对外代表合伙的权利。在代表合伙对外从事活动的过程中，当合伙人占有的合伙财产中的动产或者不动产、机动车等登记在合伙人名下时，各合伙人都有独自处分某些财产的机会，不排除该合伙人为了自己的私利私自转移或处分合伙财产的情况，如私自出售经营设备，将定购的原材料、设备移转他处或将出售产品的收入占为己有等。发生此类情况时，合伙不得以此对抗善意第三人，主要是为了保护善意第三人的利益，维护正常的交易的安全。

合伙人执行合伙事务将应当归合伙的利益据为己有的，或者采取其他手段侵占合伙财产的，应当将该利益和财产退还合伙；给合伙或者其他合伙人造成损失的，应当依法承担赔偿责任。合伙人私自转移或者处分合伙财产的，一是应将转移财产的收入收归合伙，如转移财产行为尚未实际执行，可与第三人协商解除合同，由此造成的损失由该合伙人承担；二是由于转移或处分财产的行为给其他合伙人造成损失的，由该合伙人赔偿。

在比较法上，各国民法典也都规定了合伙人不得在合伙终止前请求分割合伙财产，或者擅自处分合伙财产。例如，《德国民法典》第 719 条第 1 款规定，合伙人之一无权请求分割合伙财产。《日本民法典》第 676 条规定，合伙人不得在清算前请求分割合伙财产。《西班牙民法典》第 1695 条第 4 款规定，合伙人中的一人，非得其他合伙人的同意，不得以处分变更属于合伙财产的不动产，即使此种变更对合伙有利。

第九百七十条　合伙人就合伙事务作出决定的，除合伙合同另有约定外，应当经全体合伙人一致同意。

合伙事务由全体合伙人共同执行。按照合伙合同的约定或者全体合伙人的决定，可以委托一个或者数个合

伙人执行合伙事务；其他合伙人不再执行合伙事务，但是有权监督执行情况。

合伙人分别执行合伙事务的，执行事务合伙人可以对其他合伙人执行的事务提出异议；提出异议后，其他合伙人应当暂停该项事务的执行。

◆ **条文主旨**

本条是关于合伙事务的决定和执行，以及合伙人的监督权和异议权的规定。

◆ **立法背景**

合伙人为了共同的事业目的订立合伙合同，共享利益、共担风险。合伙的正常运转，需要就合伙事务作出各种决定并执行。合伙人可以就合伙事务的决定和执行进行约定，没有约定时应当按照法律的规定处理。

◆ **条文解读**

一、关于合伙事务的决定

本条第1款规定，合伙人就合伙事务作出决定的，除合伙合同另有约定外，应当经全体合伙人一致同意。由于合伙事务关系到全体合伙人的共同利益，原则上应当由全体合伙人共同决定，尤其是关于合伙事务或者合伙财产的重要事项。例如，改变合伙的事业目的或者经营范围，转让、处分合伙财产中的不动产等，必须由全体合伙人一致同意才能进行，不能由部分合伙人或者执行事务合伙人自行决定，也不能适用少数服从多数的原则。

当然，合伙合同可以对此作出特别约定。合伙人之间存在相互信任关系，合伙事务的表决应当更多地体现合伙人意思自治的原则和协商原则。合伙合同相当于合伙的章程，所有合伙人都应当按照合伙合同的约定享有权利，承担义务。一般而言，所有合伙人应当在合伙合同中对合伙事务的决定进行约定，对不同的合伙事务可以约定不同的参与和表决程序，例如对合伙事务中的重要事项约定由所有合伙人参与表决并一致同意，对一般事项仅须半数以上合伙人同意即可。全体合伙人在订立合伙合同时，应尽可能细地约定合伙事务的表决方式，包括是按出资份额，还是按合伙人人数，或是两者相结合的表决方式，并就表决决定的计票办法等作出明确规定。

实践中，关于合伙事务的一切事项都由所有合伙人共同决定且一致同意，可能难以实现，对一般事项而言也实在没有必要。而且，随着市场经济的发展，商业机会的时效性强，要求合伙的决策应更加及时、快速。为了提高合伙的决策经营效率，应当允许合伙合同对合伙事务的决定作出更加灵活的规定，如规定某些事项可以采用普通多数决或特别多数决的办法作出决定。

目前域外对合伙事务的决定主要有两种立法例，一种是规定合伙事务的决定以合伙人一致同意为原则，以普通多数决为例外。例如，《德国民法典》第709条规定，对于任何业务，全体合伙人的同意是必要的。依合伙合同，须按多数票决定的，有疑义时，必须按合伙人的人数计算多数。也就是说，如无特别约定，每个合伙人的表决权是一致的，都有相同的一票，合伙人的表决权不因出资比例不同而有所差异。另一种是规定合伙事务的决定以普通多数决为原则，以全体合伙人同意为例外。例如，《日本民法典》第670条规定，合伙业务，由全体合伙人或者业务执行人过半数决定；业务执行人作出的过半数决定，不妨碍全体合伙人一致同意作出决定。我国民法典则采德国的立法例，是以全体合伙人一致同意为原则，以当事人的约定为例外。合伙合同可以约定采用普通多数决或者特别多数决（如超过三分之二人数的合伙人）的办法来对合伙事务作出决定。

二、关于合伙事务的执行

合伙不仅由各合伙人共同出资而设立，还通常由合伙人共同进行经营和管理。合伙人通常人数较少，相互十分信任，其从事经营活动具有法律上的相互代理关系，因此无须和公司法人一样设立严密的组织管理机构。灵活性是合伙的优点之一，可以在很大程度上提高合伙的决策效率和经营效率。合伙人对执行合伙事务享有同等的权利，即每一个合伙人对企业的经营管理和其他事务的执行不但有参与权，而且权利平等。无论出资多少、出资方式是否相同，都不影响这一法定权利，不影响各合伙人在执行合伙事务时的平等资格。据此，本条第 2 款规定，合伙事务由全体合伙人共同执行。

需要注意的是，一般的法人和非法人组织也可以成为合伙人，由于法人和非法人组织不是自然人，有自己的组织机构，所以作为合伙人的法人和非法人组织应当由其委派的代表，即特定的自然人执行合伙事务。

但是，如果所有合伙事务都由全体合伙人共同执行，则程序将变得十分繁琐，容易导致经营效率低下，不利于合伙事务的执行、处理。因此，合伙人可以在合伙合同中约定，或者在订立合伙合同后由全体合伙人共同决定，委托一个或者数个合伙人来执行合伙事务。合伙人分工协作，不仅有利于发挥各个合伙人的专长，也有利于提高合伙的决策和经营效率，促进合伙经营的发展。合伙事务重要程度不同，一般来说，合伙合同应当对合伙事务的决定作出具体约定，比如涉及重要事务必须由全体合伙人一致同意，合伙人在执行合伙事务时必须按照合伙人一致同意的决定行事。执行合伙事务既可以由全体合伙人共同执行，也可以按照合同约定或者全体合伙人的决定，委托个别合伙人单独执行。全体合伙人共同执行合伙事务是指根据合伙合同的约定，各合伙人都可以对内负责管理事务，对外分别代表合伙，以合伙的名义从事经营活动。由于谁来执行合伙事务对内关系到合伙生产经营的安排，对外涉及谁来代表合伙对外发生联系，对维护交易安全有一定的影响；因此，法律要求委托部分合伙人执行合伙事务须由全体合伙人共同决定。据此，本条第 2 款规定，按照合伙合同的约定或者全体合伙人的决定，可以委托一个或者数个合伙人执行合伙事务。

合伙具有一定的组织性，可以合伙的名义从事一定的活动，因此也有谁来对外代表合伙的问题。从本质上说，全体合伙人互为代理关系，如果全体合伙人共同执行合伙事务，则对外均有代表权。如果全体合伙人委托一个或数个合伙人执行合伙事务，则由受委托的合伙人对外代表合伙。在委托范围之外的某些事项，全体合伙人也可以临时决定委托给某一合伙人办理。即在作出对合伙事务执行的一般委托时，并不排除特殊的委托，但需要合伙合同作出约定或全体合伙人的授权。

在合伙合同约定或者全体合伙人共同决定了执行事务合伙人的情况下，其他合伙人是否可以代表合伙对外开展活动？一般来说，在确定了执行事务合伙人的情况下，就应当由执行事务合伙人来代表合伙进行经营活动。但是在实际经营活动中，有时也会需要不执行事务的合伙人就某一事项对外代表合伙，这种特殊情况应有合伙合同的约定或全体合伙人的授权。没有按照约定或者未经合伙人授权擅自对外代表合伙的，其行为对外不能对抗不知情的善意相对人，对内则应当赔偿给其他合伙人造成的损失。

各国民法典也多对合伙事务的执行作出了具体规定，一般都规定合伙事务可以由全体合伙人共同执行，也可以只由部分合伙人来执行，日本甚至允许将合伙事务委托于合伙人以外的第三人来决定和执行。例如，《德国民法典》第710条规定，在合伙合同中，业务执行被托付给一个或者两个以上合伙人的，其余的合伙人被排除在业务执行之外。《日本民法典》第670条规定，合伙业务由各合伙人执行。对于合伙业务的决定及执行，一个或者数个合伙人可以根据合伙契约的约定，委托于第三人。此外，执行业务合伙人或者业务执行人为两个以上时，《德国民法典》和《日本民法典》均规定适用合伙人作出决定的表决规则。我国民法典对执行业务合伙人为数人时合伙事务的决定和执行没有明确规定，对此应当由合伙人自行约定，没有约定时，也可参照合伙人对合伙事务的表决规则。

三、关于非执行事务合伙人的监督权

不执行合伙事务的合伙人虽然不直接参与合伙日常事务的经营管理，但是仍然享有对合伙重大事务的参与权和决定权，如参加合伙人会议，对重大事务行使表决权等。

合伙事务执行权委托于一个或数个合伙人代为行使后，其他合伙人因不负责事务执行，难以了解合伙的经营情况。但是作为合伙的投资者和受益者，他们应当享有了解所投资金的运用情况、合伙财产的具体情况以及合伙的经营效益的基本权利。同时，如果没有必要的监督和制约，执行事务合伙人可能会滥用权力，损害合伙及其他合伙人的合法权益。因此，本条第2款还赋予了非执行事务合伙人对合伙事务执行人执行合伙事务的监督权。该监督权的内容主要包括：执行事务的合伙人要向不执行事务的合伙人报告业务经营情况；必要时不执行事务合伙人有权查阅企业的有关会计账册，查看合伙财产的实际状况，等等。

规定非执行事务合伙人对合伙事务执行情况的监督权，也是世界各国民法典的普遍做法。例如，《德国民法典》第716条第1

款规定，即使合伙人之一被排除在业务执行之外，也可以亲自了解合伙业务、查阅合伙的业务账簿和文书，并据之制作关于合伙财产状况的一览表。《日本民法典》第673条规定，即便各合伙人无决定或者执行合伙业务的权利，也可以检查该业务及合伙财产的状况。

需要注意的是，实际上，全体合伙人都享有对合伙事务执行情况的监督权。分别执行合伙事务的合伙人，除了自己执行的事务，对于他人执行事务的情况，也应当有监督的权利，应当有权了解、知晓其他合伙人执行事务的情况以及合伙财产的情况等，这种权利也体现在对其他合伙人执行事务提出异议的权利。

四、关于合伙人对其他合伙人执行事务的异议权

合伙人分别执行合伙事务，使合伙生产经营活动变得灵活而有效，但不可避免地会发生执行事务合伙人考虑问题不周、执行事务不当的情况，还可能出现个别合伙人不尽忠诚义务和勤勉义务，甚至损害其他合伙人的利益，牟取自身利益的情况。对这些行为，不执行合伙事务的合伙人难以在经营过程中随时发现并予纠正，而由执行事务合伙人互相监督，是保证合伙正常经营、防止权利滥用的较好的方式。从这个角度上来说，各执行事务合伙人既是事务执行人，也是他人执行事务的监督人。他们都既有义务认真尽职地将自己负责的业务执行好，也有权利和义务对他人执行企业事务的情况进行监督。如果执行事务合伙人的行为有损合伙的利益、不当或有错误，其他执行事务的合伙人可以提出异议。一旦提出异议，就应暂停该项事务的执行。这主要是为了保障执行事务合伙人异议权的实现，防止被提异议人对异议置之不理，如果已经造成损失，还可以防止损失的扩大。在合伙人执行事务的异议中，一种后果往往是可能在一方提出异议后，被提异议人具有不同看法，由此导致纠纷。对于合伙人执行事务产生的纠纷，应当按照合伙合同的约定进行处理。合伙合同没有约定或者约定不明确的，由全体合伙人共同作出决定。《德国民法典》第 711 条及《日本民法典》第 670 条都规定了合伙人对其他合伙人执行合伙事务的异议权。

执行事务合伙人受全体合伙人委托执行合伙事务，根据代理法律关系，执行事务合伙人必须按照合伙协议或全体合伙人的决定执行合伙事务，不得超越规定的权限执行合伙事务，不得利用执行合伙事务的便利损害合伙或其他合伙人的利益，否则属于不按合伙合同或者全体合伙人的决定执行事务的行为，对此，其他合伙人可以决定撤销该委托。如果因此造成其他合伙人损失，该执行事务合伙人还应当进行赔偿。

非执行合伙事务合伙人也可以对合伙事务的执行行使监督权和异议权。如果发现执行事务合伙人有不当经营行为，可能损害合伙及其他合伙人的利益，或者其行为已经给合伙及其他合伙人造成了损失，也可以对此行为提出异议。但考虑到不执行合伙事务的合伙人一般不了解合伙经营的具体情况，他们可以通过要求召开合伙人会议等办法对合伙经营进行监督，为了保障合伙经营的效率，当非执行事务合伙人提出异议时，合伙事务可以不停止执行，但应尽快召开合伙人会议，讨论并决定有关异议事项。

第九百七十一条 合伙人不得因执行合伙事务而请求支付报酬，但是合伙合同另有约定的除外。

◆ 条文主旨

本条是关于合伙人执行合伙事务不得请求支付报酬的规定。

◆ 条文解读

合伙人执行合伙事务，既是其权利，也是其义务。合伙人既是合伙的投资者也是经营者，有权参与合伙事务的执行。合伙人应当共同执行合伙事务，处理合伙事务也是其作为合伙人应尽的义务。合伙人执行合伙事务也就是在处理自己的事务，因此，原则上合伙人不得以执行合伙事务为由请求支付报酬。

但是，在合伙事务委托给一个或者数个合伙人执行的情况下，有的合伙人可以不直接参与合伙的经营管理。执行合伙事务不仅需要付出大量的时间、精力，还需要一些专业技能和管理才能等。如果不对执行事务合伙人的付出进行补偿或者奖励，可能是不公平的，这也将影响其执行事务的积极性，可能影响合伙经营的效率和质量，进而损害全体合伙人的共同利益，不利于合伙共同事业目的的实现。为了体现公平原则，保护对合伙作出更多贡献的合伙人的积极性及合法权益，应当允许其从合伙经营利润中获得补偿。合伙合同可以约定在委托部分合伙人执行合伙事务的情况下，对执行事务合伙人的报酬或者奖励办法，这种报酬或者奖励通常应与其劳务提供量、业绩和难易程度挂钩。执行事务合伙人的报酬或者奖励也可以由全体合伙人共同作出决定。如果合伙合同对此没有规定，也没有全体合伙人的决定，则合伙人无权以合伙事务的执行为由而要求报酬。

第九百七十二条　合伙的利润分配和亏损分担，按照合伙合同的约定办理；合伙合同没有约定或者约定不明确的，由合伙人协商决定；协商不成的，由合伙人按照实缴出资比例分配、分担；无法确定出资比例的，由合伙人平均分配、分担。

◆ 条文主旨

本条是对合伙的利润分配与亏损分担的规定。

◆ 立法背景

合伙的利润分配，指合伙的生产经营获得的收入，在扣除成本后所得的利润，在各合伙人之间进行的分配。合伙的亏损分担，是指合伙经营过程中发生的在一定时期内各种收入减去各项费用后出现负差额即发生亏损时，就这种亏损在各合伙人之间进行的分别承担。合伙经营既可能为投资者带来收益，也可能因经营等多方面原因而产生亏损。

◆ 条文解读

本条规定了合伙的利润分配和亏损分担的方法，具体来说是：首先，合伙的利润分配、亏损分担，应当按照合伙合同的约定办理。合伙合同是合伙的章程，是合伙从事经营活动的准则和合伙人据以享受权利、承担义务的重要依据。而合伙的利润分配和亏损分担是合伙人重要的权利义务，理应由合伙合同作出约定，因此，本条确认了合伙合同约定优先的原则。其次，合伙合同对此没有约定或者约定不明确时，还是应当尊重合伙人的意思，尽量由合伙人共同协商作出决定，充分体现意思自治原则。再次，如果合伙人经过协商仍未能作出决定，则应当按照各合伙人的实缴出资比例进行分配、分担。需要注意的是，这里的出资比例应当是实缴出资的比例，合伙人承诺出资或者应当出资而未实际缴付的，以实际缴付的出资为准。最后，合伙人之间的出资比例也无法确定的，只能由各合伙人平均分配和分担。这里需要指出的是，前两种程序是合伙人之间协议、协商解决，后两种程序是由法律直接规定的一般原则。

在未约定损益分配比例的情况下，对于利润分配和亏损分担的比例，不同的国家作出了不同的规定。《德国民法典》第 722 条第 1 款规定，合伙人在利益和亏损中的份额不确定时，每一个合伙人有均等的利益和亏损中的份额，而不论其出资的种类和多寡。也就是无法确定分配或者分担比例的，直接按照均等处理。《日本民法典》第 674 条及《西班牙民法典》第 1689 条均规定，当事人未约定损益分配的比例时，按各合伙人的出资比例确定。《法国民法典》第 1844 -1 条第 1 款规定，在无相反约定时，股东（合伙人）按其出资比例确定分享利润和填补亏损的份额，以劳动技艺作为出资的股东（合伙人）所占的份额与出资最少的股东（合伙人）所持份额相同。以合伙人的出资比例来确定利益分配和亏损分担，符合人们对合伙经营、对投资的期待，符合常理，也符合公平原则。据此，本条也规定在合伙人没有约定且协商不成时，以出资比例来确定利润分配和亏损分担的比例。

实践中，合伙人可能仅在合伙合同中约定了利润分配（或者亏损分担）的办法，此时，对亏损分担（或者利润分配）的比例又该如何确定？对此，本条并未作出明确规定。其他国家和地区的民法典一般都规定，利益分配比例或者亏损分担比例确定的，可以适用于利益分配和亏损分担。例如，《德国民法典》第 722 条第 2 款规定，仅利益中的份额或者亏损中的份额被确定的，有疑义时，该项确定适用于利益和亏损。《日本民法典》第 674 条第 2 款规定，仅就利益或者损失约定分配的比例时，其比例推定为利益及损失共同的分配成数。德国和日本的规定是一致的，这对我国也有一定的借鉴意义。《西班牙民法典》第 1689 条和《意大利民法典》第 2263 条均规定，合伙人仅约定利益分配比例的，推定损失分担比例也遵照利益分配比例。此种规定实际上与德国、日本的规定基本一致，因为一般来说，合伙经营的目的往往是获得利益，所以合伙人自然会对利益分配作出规定。

确定合伙的利益分配和亏损分担办法，最重要的是应当体现公平。合伙的一个重要特征是合伙人共享收益，共担风险。每一个合伙人无论出资多少，以何种方式出资，都有分配利润的权利，也有分担亏损的义务。虽然合伙合同可以自行约定利润分配和亏损分担的办法，自主调节相互间的利益关系，但行使这一权利必须遵循公平的原则，不能明显有失公允。因此，一般来说，合伙的利润分配和亏损分担，应当由全体合伙人共同决定，但是合伙合同不得约定将全部利润分配给部分合伙人或者由部分合伙人承担全部亏损。对此，一些国家的法律明确禁止剥夺部分合伙人权利或者向其强加义务等不公平的“狮子合伙”，例如《法国民法典》第1844－1条第2款规定，“任何情况下，将公司所得利润全部分配给一名股东（合伙人）或者完全免除某一股东（合伙人）分担亏损，以及排除某一股东（合伙人）分享利润或者责成其承担全部亏损，此种条款视为未予订立”。《意大利民法典》第2265条规定，合伙人一人或者数人对利润或者亏损排除分配的一切约定无效。《西班牙民法典》第1690条规定，分配利益或者损失的比例不得由合伙人中的一人决定。第1691条规定，约定合伙人中的一人或者几人享有全部利益或承担所有损失的，该约定无效。只有劳务合伙人可以全部免除承担损失的责任。

第九百七十三条 合伙人对合伙债务承担连带责任。清偿合伙债务超过自己应当承担份额的合伙人，有权向其他合伙人追偿。

◆ 条文主旨

本条是关于合伙人对合伙债务承担连带责任，合伙人承担的责任超过应承担的份额后有权向其他合伙人进行追偿的规定。

◆ 立法背景

合伙从事生产经营，对外从事民事活动，与他人发生权利义务关系，就会产生各种债权债务。合伙债务，是指合伙事业经营过程中产生的应当由合伙承担的债务。合伙的债务不同于合伙人的债务，合伙财产由全体合伙人所有，合伙债务也应当由合伙人共同承担。

◆ 条文解读

本条规定，合伙人对合伙债务承担连带责任。这是对合伙人的外部关系作出的规定。合伙人对合伙债务承担连带责任，是指全体合伙人以自己的所有财产向债权人承担连带责任，债权人可以请求任何一个或者数个合伙人清偿所有合伙债务。之所以如此规定，主要是由合伙合同的性质和目的所决定的。合伙合同的订立是为了实现共同事业目的，共享利益、共担风险。对合伙人来说，合伙具有很强的人合性，合伙人之间互相信任，共同投资，共同经营管理，对合伙财产共同共有。规定合伙人的连带责任虽然增大了合伙人的风险，但同时也增加了合伙的对外信誉，使合伙获得了更强的偿债能力。合伙虽然具有一定的组织性，但是并不具有民事主体资格，合伙人之间可以互为代理人，这对债权人来说意味着较大的交易风险，而规定合伙人承担连带责任，可以扩大合伙人对合伙债务的履行担保，有利于实现债权人的债权，保护债权人的利益。因此由合伙人对合伙债务承担连带责任，对合伙人和债权人来说都是公平合理的。

关于合伙财产和合伙人的个人财产清偿合伙债务的顺序，本条规定的合伙与合伙企业是不同的。《合伙企业法》第 38 条规定，合伙企业对其债务，应先以其全部财产进行清偿。第 39 条规定，合伙企业不能清偿到期债务的，合伙人承担无限连带责任。由此可见，合伙企业中的合伙人，对合伙企业的债务承担“无限”连带责任。也就是说，合伙企业必须先以合伙企业的财产清偿合伙企业债务，当合伙企业的财产不足以清偿到期债务时，再由合伙人以其所有的其他财产来进行清偿。无限连带责任，实际是无限责任与连带责任的结合。所谓无限责任即在合伙财产不足以清偿债务时，合伙人要以自己的其他财产偿付自己承担的债务份额，直到清偿完毕为止；所谓连带责任即指当债权人追究各合伙人的无限责任，某一合伙人无力承担这种责任时，其他合伙人有连带承担其偿付债务的义务。因此，当合伙企业财产不足以清偿债务时，债权人即可向任何一个普通合伙人主张权利，要求其偿付债务。该合伙人负有代合伙企业偿付债务的责任，这种责任既包括他自己应承担的债务份额，也包括其他合伙人应承担部分。而本章规定的契约型合伙，虽然具有一定的组织性，却是松散型的合伙，并不具有独立的民事主体资格，其财产还是由全体合伙人共有，合伙财产与合伙人的其他财产难以厘清，因此，并不要求对合伙债务先以合伙财产进行清偿，债权人可以直接请求所有合伙人以包括合伙财产在内的所有财产来履行合伙债务。这是契约型合伙与企业型合伙的重要区别之一。

从比较法上看，各国的民法典关于合伙人就合伙债务对外承担责任的规定差异较大。例如，《法国民法典》第 1857 条规定，“对第三人，各股东（合伙人）按照债务可追偿之日或停止支付之日其在公司资本中所占份额比例，就公司负债承担无限责任”。即直接以合伙人所占资本份额比例来确定清偿责任。《德国民法典》第 735 条规定，“合伙财产不足以清偿共同债务和偿还出资的，合伙人必须按其所须承担的亏损的比例，负责补充不足之额。从合伙人之一处不能取得归于他的数额的，其余的合伙人必须按同样的比例负责短缺额”。该规定原则上以亏损分担比例来确定合伙人对债权人应承担的债务份额，当有的合伙人不能清偿其承担的份额时，再由其他合伙人按相同比例负担，实际上合伙人也是对合伙债务承担连带责任。《西班牙民法典》也以损失分担比例确定合伙人的债务份额，但是在第1698条第1款规定，“合伙人对于合伙债务不负连带责任，且合伙人中的某一合伙人非经其他合伙人授权时，不得使其他合伙人负担债务”。也就是说，合伙人实际上对外承担的是按份责任。《日本民法典》第675条规定，“合伙的债权人可以对合伙财产行使其权利。合伙的债权人可以根据其选择以损失分担的比例或者相等比例，对各合伙人行使其权利。但是，合伙的债权人在其债权发生时，知道各合伙人损失分担的比例时，按该比例”。该规定则赋予了债权人选择权，可以选择合伙人对其承担的债务比例以损失分担比例计算，或者按照平等比例分担。

对于经营利润的分配和亏损的分担，本法第972条已明确规定，这是对合伙人内部责任划分的依据。合伙债务在合伙人之间的划分应当按照亏损分担的方法。如果合伙合同约定了具体的亏损分担或者债务承担办法，或者全体合伙人协商确定的，应当按照合伙合同的约定或者合伙人协商确定的办法承担合伙债务。如果未约定且协商不成，应当按实缴出资比例分担债务，将所有合伙债务按出资比例分成若干份额，各合伙人按其比例所分担的份额以其合伙财产中的份额以及其他个人财产偿付债务。如果连出资比例也无法确定，应将合伙债务按合伙人人数平均分为若干份额，每个合伙人分别承担自己的债务份额。简单地说，合伙人对合伙债务的承担应由合伙合同约定，或者按出资比例分担或者平均分担。无论按何种方式，合伙人所承担的都只是全部债务的一部分。需要注意的是，合伙人之间对合伙债务承担、亏损分担的内部约定，不能对抗债权人，对合伙的债权人不具有法律约束力，全体合伙人对外还是应当承担连带责任。

各合伙人因各自的经济实力不同，承担债务的能力也有区别。在合伙人按一定比例分担合伙债务的情况下，就可能发生有的合伙人因财力所限，一时难以承担债务偿付份额的情况。对此情况，任何合伙人都要对合伙债务承担连带责任，即除对自己分担的债务份额承担责任外，还应对其他合伙人应承担而无力承担的部分进行清偿。当合伙人实际偿付的合伙债务超过其应承担的份额时，就该超过部分，应当允许其向其他合伙人进行追偿。据此，本条规定，清偿合伙债务超过自己应当承担份额的合伙人，有权向其他合伙人追偿。

第九百七十四条 除合伙合同另有约定外，合伙人向合伙人以外的人转让其全部或者部分财产份额的，须经其他合伙人一致同意。

◆ 条文主旨

本条是对合伙人转让其财产份额的规定。

◆ 立法背景

合伙财产属于全体合伙人共同共有，对合伙财产的处分应当按照合伙合同约定，或者经过全体合伙人同意。而不论是对所有合伙财产，还是对合伙财产中每个具体的财产，从内部关系上看，每个合伙人都占有一定的份额。

◆ **条文解读**

实践中由于各种原因，合伙人可能需要将其投在合伙中的财产份额变现。为此，合伙人有权将其持有的合伙财产份额转让。该转让包括向合伙内部的其他合伙人转让和向合伙人以外的人转让。但是合伙人转让其财产份额并不可以任意为之。合伙具有很强的人合性，是基于合伙人之间的相互信任才得以成立的。合伙人的数量一般不多，而且彼此间互相信任和了解，每个合伙人都有对外代表合伙的权利，各合伙人之间可以互相代理。这种合伙的人合性决定了合伙人的加入和退出都必须受到严格的限制。例如，《西班牙民法典》第1696条规定，各合伙人就自己的股份，可不经其他合伙人的同意而以第三人为自己的合伙人；但合伙人如未经其他合伙人的同意，不得使第三人为合伙的合伙人，即使该合伙人为执行业务的合伙人也相同。通俗地说，合伙人可以自行与第三人组成新的合伙，但是要让第三人加入合伙，则必须经过其他合伙人的同意。合伙人将其合伙财产中的全部或者部分份额向合伙人以外的人转让，实际上就相当于合伙人的地位全部或者部分被合伙人以外的人所取代，发生该财产份额的受让者加入合伙成为新的合伙人的效果。而且，基于共同共有的理论，合伙人转让共同共有的合伙财产中的份额，自然也需经过其他共有人的同意。因此，一般来说，合伙财产份额的转让必须经其他合伙人一致同意。《德国民法典》第719条就明确规定，合伙人之一不得处分其在合伙财产中的份额和在属于合伙财产的各个标的中的应有部分。当然，全体合伙人可以在合伙合同中对合伙人的财产份额转让作出特别约定，比如约定经过三分之二的合伙人同意即可转让合伙财产的份额。

不过，合伙人可以向其他合伙人转让自己的财产份额，也就是合伙人可以将自己持有的合伙财产份额，部分或全部转让给合伙中的一个或数个其他合伙人。由于这种转让属内部关系，只关联到各合伙人财产份额的变化，既没有新的合伙人加入，也不影响合伙财产总额的变化，因此一般来说，无须征得其他合伙人的同意，也没有其他事前程序，只需通知他们知晓即可。当然，合伙合同也可以对合伙人的财产份额在各合伙人之间的转让作出特别约定，例如合同约定合伙人对合伙事务的表决权大小取决于合伙财产份额的大小时，可以对财产份额的内部转让作出一定限制，如约定任何合伙人将合伙财产份额转让给其他合伙人，必须经过全体合伙人过半数同意。

需要注意的是，本条中所说的合伙人转让其合伙财产中的份额，并不等同于转让合伙财产中具体的某个财产，而是将所有合伙财产看成一个抽象的整体，合伙人将其所占的份额全部或者部分转让给他人。如果是转让给合伙人以外的人，受让人就得以加入该合伙。如果合伙人将其全部财产份额转让给他人，那么该合伙人就退出合伙。当然，任何合伙人都不得私自转移或者处分合伙财产，但是合伙人处分合伙财产的，不能对抗善意相对人，这在前文第 969 条释义中已经有所阐述。如果没有特别约定，合伙人将其全部或者部分合伙财产份额转让给合伙人以外的人，必须经过其他合伙人一致同意，并不存在善意相对人可以善意取得的问题。《日本民法典》第 676 条规定，合伙人就合伙财产处分其份额时，不得以其处分对抗合伙及与合伙进行交易的第三人。也就是说，合伙人擅自处分其财产份额的，转让并不对合伙、其他合伙人以及与合伙进行交易的第三人发生效力。

第九百七十五条　合伙人的债权人不得代位行使合伙人依照本章规定和合伙合同享有的权利，但是合伙人享有的利益分配请求权除外。

◆ 条文主旨

本条是关于合伙人债权人代位行使权利的限制的规定。

◆ 立法背景

合伙人在合伙以外以自己的名义，为自己的目的所从事的经营或交易等民事活动产生的有关债务，属于其个人债务，与合伙无关，应由合伙人自行偿还。如前所述，合伙具有很强的人合性，是基于合伙人之间的相互信任才得以成立的。合伙人的数量一般不多，彼此间互相信任和了解，每个合伙人都有对外代表合伙的权利，各合伙人之间可以互相代理。这种合伙的人合性也决定了合伙人不得将合伙的权利随意转让给合伙人以外的人，合伙人的债权人一般不得主张合伙人对合伙或者合伙财产的权利。例如，《日本民法典》第677条规定，合伙人的债权人不得对合伙财产行使其权利。但是，对合伙人自身的债权人来说，其债权应予实现，债务也需清偿，在合伙人自身无其他财产可供清偿债务的情况下，可以要求该合伙人依法转让其合伙财产的份额，也可以等待合伙人取得合伙收益后清偿，还可以申请法院强制执行该合伙人在合伙中的财产份额。

◆ 条文解读

合伙人的债权人是否可以代位行使合伙人对合伙的权利？代位权，是指债权人以自己的名义依法代替债务人行使债务人之权利的权利。代位权是保全债权的方法之一。当债务人享有对第三人的权利而怠于行使，使债务人的收益或财产遭受损失，从而损害债权人利益时，债权人便可代位行使债务人应行使的权利，以保护债权的实现。依据本法第535条的规定，代位权的行使应当符合以下条件：债权人享有对债务人的到期债权；债务人须享有对第三人的财产权利，包括但不限于债权；债务人怠于行使该权利；债务人迟延履行其债务；等等。

合伙人在合伙中不仅享有财产性质的利益分配请求权，还包括其在合伙中的表决权等身份权及合伙事务执行权、监督权等其他权利。合伙人的债权人要求合伙人偿还债务，只能通过与合伙人签订合同或通过诉讼的方式，获得对合伙人在合伙中利益分配的请求权或者分割其在合伙财产中的份额以实现债权，而对合伙人的其他具有人身属性的权利，如合伙事务执行权、重大事务表决权、对合伙的监督权等均没有请求权。此外，合伙还具有一定的组织性，合伙人一旦出资就成为合伙财产，合伙人的出资和其他因合伙取得的财产都是合伙财产，属于所有合伙人共同共有。基于共同共有的理论，在合伙合同终止前，合伙人不得请求分割合伙财产，也不得随意处分合伙财产以及合伙人在合伙财产中的份额。如果允许合伙人的债权人代位行使合伙人对合伙的权利，那就相当于变相分割或者处分了合伙财产。基于以上理由，本条规定合伙人的债权人原则上不得代位行使合伙人在合伙中的权利。

但是，当合伙人的自有财产不足以清偿其债务时，还是可以以基于合伙产生的其他财产性权利来进行清偿。合伙财产是由合伙人投入合伙的原始出资、出资收益及其他财产收益形成的。合伙人将其出资投入合伙即变成合伙财产，是合伙经营的必要条件，如允许合伙人以这部分财产清偿自身债务就意味着要对这种财产进行处分，势必要求对合伙财产进行分割，并按份额予以减出，其结果必然对合伙经营造成负面影响，因此不允许合伙人直接以其在合伙财产中的份额清偿自身债务。合伙人对合伙享有的权利，既包括具有人身属性的权利，也包括财产权利，如利益分配请求权。为了既维护合伙的利益，又考虑到合伙人的债权人实现债权的要求，本条规定允许合伙人的债权人代位行使该合伙人基于合伙享有的利益分配请求权。债权人行使合伙人的利益分配请求权，并不影响合伙的人合性和组织性，也不减少合伙财产，对合伙经营来说并无害处，应当允许。

对此问题，《德国民法典》也作出了详细的规定，该法第 717 条规定，合伙人因合伙关系而相互享有的请求权是不可转让的。合伙人之一因其业务执行而享有的请求权（以可在清算前请求满足它们为限），以及对利益份额或者在清算时归属于该合伙人的利益的请求权除外。第 725 条第 2 款规定，除红利请求权外，只要合伙存在，债权人就不得主张因合伙关系而发生的合伙人权利。

另外，需要注意的是，当合伙人的债权人同时是合伙的债务人时，这两个债是否可以通过某种方式抵销呢？在现实生活中，合伙人自身债务的债权人除与该合伙人具有债权债务关系外，可能与合伙也进行过交易而产生债权债务关系。当其作为合伙人自身的债权人时，可能又是合伙的债务人，由于合伙与合伙人的经济联系，使其很容易产生错误认识，主张将其对合伙人自身的债权与其对合伙所负债务相抵销。合伙具有一定的组织性，合伙人存在于合伙的财产份额，业已形成合伙财产，合伙人只能以从合伙分红等方式取得后再转而偿付债权人。本法第 568 条规定，当事人互负债务，该债务的标的物种类、品质相同的，任何一方可以将自己的债务与对方的到期债务抵销；但是，根据债务性质、按照当事人约定或者依照法律规定不得抵销的除外。第 569 条规定，当事人互负债务，标的物种类、品质不相同的，经协商一致，也可以抵销。根据合同编通则中这两条关于抵销权的规定，可知当事人享有和行使抵销权的前提是“当事人互负债务”，也即互负债务的当事人必须只有两个主体，且两个主体之间互为债权人和债务人。合伙人的债权人仅对该合伙人享有债权，而该债权人同时又是合伙的债务人，也就是全体合伙人对该第三人享有连带债权，而不是该负有债务的合伙人享有全部债权，因此不符合“当事人互负债务”的条件，不能行使抵销权。故合伙人的债权人不得以其债权抵销其对合伙的债务。

第九百七十六条 合伙人对合伙期限没有约定或者约定不明确，依据本法第五百一十条的规定仍不能确定的，视为不定期合伙。

合伙期限届满，合伙人继续执行合伙事务，其他合伙人没有提出异议的，原合伙合同继续有效，但是合伙期限为不定期。

合伙人可以随时解除不定期合伙合同，但是应当在合理期限之前通知其他合伙人。

◆ **条文主旨**

本条是对合伙协议未约定合伙期限时合伙人自愿退伙情形的规定。

◆ **立法背景**

合伙期限，即合伙合同的存续期限。合伙合同应当对合伙期限作出约定，例如约定合伙期限为三年、五年，或者约定为不定期合伙。合伙期限届满后，合伙合同也就终止了。

◆ **条文解读**

实践中，基于各种原因，合伙合同可能对合伙期限并没有作出约定或者约定不明确。对于这种情况，合伙人可以补充协议；不能达成补充协议的，则按照合同相关条款或者交易习惯确定。例如，合伙人之间已经连续多次签订合伙期限为两年的合伙合同，最后一次订立合伙合同时，没有对合伙期限作出约定。在这种情况下，即便合伙合同对合伙期限没有作出约定，也可以推定该合伙合同的合伙期限仍是两年。按照合同相关条款或者交易习惯仍无法确定的，视为不定期合伙。

本条第 2 款规定，合伙期限届满，合伙人继续执行合伙事务，其他合伙人没有提出异议的，原合伙合同继续有效，但是合伙期限为不定期。一般来说，合伙期限届满，合伙合同即告终止。但是，如果合伙人在合伙期限届满后，仍继续执行合伙事务，且其他合伙人也没有提出异议，可以推定全体合伙人均具有使合伙继续存续的意思，因此法律规定这种情况下视为原合伙合同继续有效。但是由于约定的合伙期限已经届满，合伙人都没有约定新的合伙期限或者延长的期限，此时合伙合同的期限变为不定期。

合伙合同是继续性合同，对于不定期的合伙合同，合伙人均有任意解除权。本法第 563 条第 2 款规定："以持续履行的债务为内容的不定期合同，当事人可以随时解除合同，但是应当在合理期限之前通知对方。"与不定期的物业服务合同一样，不定期合伙的合伙人也有任意解除权。但是，合伙人解除合同，应当尽量不损害合伙及其他合伙人的利益，给予其他合伙人必要的准备时间，以便对合伙事务及时作出安排和调整。据此，本条第 3 款规定，合伙人可以随时解除不定期合伙合同，但是应当在合理期限之前通知其他合伙人。合伙人解除合伙合同后，合伙关系终止。合伙合同为继续性合同，其解除仅向将来发生效力。对于不定期合伙，《德国民法典》第 723 条、《日本民法典》第 678 条、《西班牙民法典》第 1705 条均规定了合伙人可以随时退出、解散或者终止合伙。

本条规定与合伙企业法的规定有所不同。《合伙企业法》第46条规定："合伙协议未约定合伙期限的，合伙人在不给合伙企业事务执行造成不利影响的情况下，可以退伙，但应当提前三十日通知其他合伙人。"合伙企业是独立的民事主体，对于不定期限的合伙企业，一般也不宜随意终止，但是可以允许合伙人在不影响合伙企业事务执行的情况下自行退伙。而本章规定的契约型合伙，本身就是松散型的合伙，如果是不定期合伙，应当允许合伙人行使任意解除权解除合伙合同。当然，合伙合同终止后，如果其他合伙人仍有意继续原合伙事业，可以继续订立新的合伙合同。

需要注意的是，如果合伙合同明确约定了合伙期限，在合伙期限届满前，除非有合伙合同约定的事由，或者行使法定解除权的重大事由等正当理由，否则合伙人不得解除合伙合同或者退伙。对此，各国民法典都有明确规定，例如《德国民法典》第723条规定，存续期间已确定的，如有重大原因，则准许在该期间届满前通知终止合伙。《日本民法典》第678条第2款规定，即便约定了合伙的存续期间，各合伙人有不得已的事由时，也可以退伙。《西班牙民法典》第1707条规定，定有存续期限的合伙，非因合伙约定或者合伙目的无法成就，非有正当理由，合伙人之一人不得在其期限届满前请求解散。所谓正当理由，例如其他合伙人不履行义务，或不能胜任合伙事业，或其他相类似的事由，并由审判员对理由进行斟酌。

第九百七十七条 合伙人死亡、丧失民事行为能力或者终止的，合伙合同终止；但是，合伙合同另有约定或者根据合伙事务的性质不宜终止的除外。

有关费用和合伙债务，应当按照以下顺序处理：一是支付因终止产生的费用。因终止产生的费用，包括合伙财产的评估、保管、变卖等所需要的费用，以及有关的律师费用、诉讼费用、仲裁费用等。二是清偿合伙债务。在支付完因终止产生的费用后，应当对合伙债务进行清偿，以保护合伙的债权人的利益。

支付因终止产生的费用和清偿合伙债务后，如果有剩余财产，才能在全体合伙人之间进行分配。合伙的一切债权都应当优先于合伙人的分配财产请求权，只有上述所有债权都得到清偿后，才可以分配剩余的合伙财产。虽然合伙人要对合伙债务承担连带责任，但是，如果合伙人在清偿合伙债务之前分配合伙财产，再由合伙的债权人向合伙人请求偿还，不仅不符合效率原则，而且可能使债权人的债权难以实现。从实际情况来看，如允许合伙人先分配合伙财产，更便利了合伙人分配完合伙财产后潜逃或者转移、隐匿财产，使债权人无从追索。因此，本条规定了“先偿债，后分配”的原则。

对于剩余财产，应按照本法第 972 条规定的利益分配规则进行分配，即首先按照合伙合同的约定办理；合伙合同没有约定或者约定不明确的，由合伙人协商决定；协商不成的，由合伙人按照实缴出资比例分配；无法确定出资比例的，由合伙人平均分配。对此，《德国民法典》也规定按利益份额分配，其第 734 条规定，清偿共同债务和偿还出资后有结余的，该结余按合伙人在利益中的份额的比例，归属于合伙人。根据《日本民法典》第 688 条的规定，剩余财产按各合伙人的出资价额分割。

需要注意的是，合伙人将自己的财产交由全体合伙人共同使用，并非作为实物出资的，在支付因终止而产生的费用和清偿合伙债务之前，合伙人有权取回。因为该财产并不属于合伙财产，合伙人可以基于所有权要求返还。对此，《德国民法典》第 732 条规定，合伙人之一交给合伙使用的标的，必须返还给该合伙人。对于因偶发事件而灭失或毁损的标的，该合伙人不得请求补偿。

本条规定也与合伙企业法不同。《合伙企业法》第 89 条规定："合伙企业财产在支付清算费用和职工工资、社会保险费用、法定补偿金以及缴纳所欠税款、清偿债务后的剩余财产，依照本法第三十三条第一款的规定进行分配。"合伙企业通过清理合伙企业财产、编制资产负债表和财产清单后，确认合伙企业现有的财产大于合伙企业所欠的债务，并能够清偿全部债务的时候，应当按照以下顺序进行清偿：（1）支付清算费用。（2）支付职工工资、劳动保险费用和法定补偿金。（3）缴纳税款。（4）偿还合伙企业的其他债务。以上各项都清偿完毕之后，才能将合伙企业的剩余财产分配给合伙人。本章规定的契约型合伙，没有专门的清算程序，但是因合伙合同终止而产生的费用，和合伙企业的清算费用具有相同的性质，应当优先支付。合伙人一般人数不多，也不一定雇用他人，因此没有规定支付职工的工资等。契约型合伙不具有独立的民事主体资格，不是独立的纳税主体，而是由各合伙人自己分别纳税，故不存在由合伙缴纳税款的问题。

第三分编 准合同

本法总则编第121条、第122条分别对无因管理和不当得利制度作了原则性规定。但是无因管理、不当得利之债的具体规则较为复杂，现实生活中关于无因管理、不当得利的纠纷也越来越多，仅有总则编的两条原则性规定是远远不够的，需要对无因管理和不当得利制度作出更为详细具体的规定。但在不设置单独的债权编，以合同编通则代行债权编功能，且侵权行为之债主要纳入民法典侵权责任编的前提下，就需要考虑无因管理和不当得利这两种债的具体规则如何安放的问题。对于这个问题，不少意见提出，无因管理和不当得利虽与侵权行为同为债的产生原因，但不宜纳入民法典的侵权责任编。一方面，侵权行为是法律所否定的行为，但无因管理之债，其本质上是法律所鼓励的行为，将其规定在侵权责任编，可能产生价值上的冲突。就不当得利而言，虽然也可能因侵权而产生，但侵权型不当得利只是不当得利的一小部分，大量的不当得利是因合同而产生的，难以完全参照适用侵权责任规则。另一方面，与合同编相比，侵权责任编的规则与无因管理、不当得利之债的关系差异更大，如侵权责任的归责原则、免责事由等，具有较强的特殊性。从比较法的角度看，不设置债法总则编的国家大多将其他债的关系规定在合同编之中，称为“准合同”。在不设置单独的债权编的情况下，可以借鉴法国等部分大陆法系国家和英美法系国家将无因管理和不当得利作为准合同对待的经验，将无因管理和不当得利制度作为准合同规定于合同编较为合适。本法在编纂过程中，考虑到不设置单独的债编，又要解决无因管理和不当得利之债的具体规则问题，借鉴国外的立法例，特在合同编中设置了单独的准合同分编，规定无因管理和不当得利制度的具体规则。需要强调的是，将无因管理和不当得利作为准合同对待，除了立法技术的考虑，还因为无因管理和不当得利制度都与合同制度具有密切联系，例如适当的无因管理需要管理人具有管理他人事务的意思，还须符合于本人的真实意思，这两种意思并存于适当的无因管理制度中，事实上具有合同之基础，但因两人的意思并非通过本编通则规定的要约和承诺的过程达成一致，而是由法律拟制而成，可以作为准合同关系对待。还例如，多数的不当得利都是因为合同无效、被撤销、不成立而产生，或者因非债清偿而产生，这些不当得利与合同也有相当大的关联，纳入“准合同”这一分编也是可行的。

第二十八章　无因管理

本章共六条，对无因管理的概念、管理人的权利、不真正的无因管理以及管理人的适当管理义务、通知义务、报告义务等内容作了规定。

第九百七十九条　管理人没有法定的或者约定的义务，为避免他人利益受损失而管理他人事务的，可以请求受益人偿还因管理事务而支出的必要费用；管理人因管理事务受到损失的，可以请求受益人给予适当补偿。

管理事务不符合受益人真实意思的，管理人不享有前款规定的权利；但是，受益人的真实意思违反法律或者违背公序良俗的除外。

◆ 条文主旨

本条是关于无因管理构成要件及管理人主要权利的规定。

◆ 立法背景

无因管理制度作为债的主要发生原因之一，是一种重要的民事制度。该制度渊远流长，早在古罗马法中就已存在。设立该制度的主要目的，一是鼓励人们见义勇为、互助互帮，促进社会中助人为乐的传统道德观念；二是为合法干涉他人事务的行为确立评价标准，明确管理人与本人之间的权利义务关系，有利于维护和保障良好社会关系的形成，有利于维护社会公平与正义。所以，无因管理制度是立法为了鼓励助人为乐、危难相助和见义勇为行为的产物，它厘清了管理人的哪些行为属于合法的无因管理，哪些属于侵权行为或者不当得利。正是因为无因管理制度所具有的独特功能和价值，不少国家和地区的民法典都规定了该制度，将其作为债的重要发生原因。我国1986年的民法通则就明确规定了无因管理制度，《民法通则》第93条规定：没有法定的或者约定的义务，为避免他人利益受损失进行管理或者服务的，有权要求受益人偿付由此而支付的必要费用。2017年通过的民法总则继承了民法通则的规定。考虑到无因管理制度所具有的功能和价值符合社会主义核心价值观，对形成良好的社会道德风尚具有重要意义，本法总则编延续了民法总则的规定，本法第121条明确规定，没有法定的或者约定的义务，为避免他人利益受损失而进行管理的人，有权请求受益人偿还因此支出的必要费用。本章关于无因管理的规定是对总则编规定的进一步具体化，确立了我国无因管理制度的基本规则。本章中的“管理他人事务”既包括对他人事项的管理，也包括为了他人利益为其提供服务的管理；管理事务的当事人被称为管理人，事务被管理的一方当事人被称为本人，因本人一般从管理事务中受益，所以本章中本人又被称为受益人。

◆ 条文解读

无因管理虽是法律所鼓励的合法行为，但毕竟具有干涉他人事务的特征，为了避免被滥用，应当对其构成要件作出明确规定，让其在社会观念许可的限度和范围内发挥积极作用。根据本条的规定，无因管理应当满足以下要件：

首先，管理人对所管理的事务没有法定或者约定的义务。管理人对管理他人事务是否有法定或者约定义务，是认定是否构成无因管理的前提条件。这里的法定义务是指法律法规直接规定的义务，不限于本法规定的义务，例如婚姻家庭编规定的抚养义务，还包括其他法律行政法规规定的义务。约定的义务是指因当事人之间约定而产生的义务，例如合同编中的委托合同、运输合同、保管合同等典型合同中约定的义务。管理人管理事务不论是履行法定义务，还是履行约定义务，均不构成无因管理。无因管理制度是一种民事制度，只调整平等民事主体之间的关系，不调整公法上的义务，对于行政机关履行行政法等公法上的义务，例如公安机关救人就是履行公法上的义务，虽客观上是管理他人事务，但不构成无因管理行为。管理人在进行管理时没有法定或者约定义务，既包括在开始管理时没有任何法定或者约定义务，也包括在管理过程中没有法定或者约定义务。例如，在开始管理前无义务的，可成立无因管理。在开始管理时有义务，但根据义务进行管理的过程中义务消失的，则从义务消失时开始构成无因管理。需要特别强调的是，本条中的“管理人没有法定的或者约定的义务”是指管理人既没有法定的义务，也没有约定的义务，而非二者居其一。也就是说，管理人没有约定义务，但依据法定义务应管理他人事务的不构成无因管理；管理人没有法定义务，但依据约定义务应管理他人事务的也不构成无因管理；只有在既没有法定义务，也没有约定义务的情况下对他人事务进行的管理才构成本法所规定的无因管理。

其次，管理人管理他人的事务。这里的他人事务是指有关人们生活利益并能成为债务目的一切事项，既可是涉及他人经济利益的事项，也可是涉及他人非经济利益的事项，既可以是管理财产的事项，也可以是提供服务的事项。对于管理属于自己的事务或者不适宜由他人管理的事务，不得为无因管理的事项。一般情况下，下列事项不宜作为无因管理的事项：一是违法行为，例如为他人销赃等；二是必须经本人授权、同意或者必须由本人亲为的行为，例如股东的投票权，演员亲自表演节目等；三是违反公序良俗的行为；四是单纯属于管理人自己的事项。本规定中的“管理”是指处理事务的行为，是广义的，既包括对财产的保管、利用、改良或者处分行为，也包括提供劳务服务等行为。至于管理他人事务的目的是否最终达到，不影响无因管理的成立。也就是说，即使本人未因管理人的管理行为而获得利益，或者甚至因此还受到损失，也不影响无因管理的成立。这里的“事务”应当是他人事务。如果不是为他人事务或者误信为他人事务，则不构成真正的无因管理，但管理人在管理他人事务的过程中可以同时兼顾自己的利益。在合同无效、被撤销或者不成立的情形下，双方当事人之前互为的行为因都自认为是履行约定的义务，而非为管理他人事务，所以不构成无因管理，但属于不当得利的，双方当事人可以根据不当得利制度处理各自的权利义务关系。好意施恩惠的行为虽表面具有管理他人事务的行为，但因管理人没有受约束的意思，例如实践中的好意同乘行为、代某人投信等行为，属于社会应酬行为，原则上受道德规范，不纳入无因管理范围。

最后，管理人具有管理他人事务的意思，即管理人有为他人谋取利益的意思或者有使管理行为所生的利益归于他人的意思。无因管理制度中的管理人客观上干涉了他人事务，若其主观上没有为他人利益进行管理的意思，必将损害他人权益，管理人也有可能从中获得利益，这违背了无因管理制度的设立目的，所以管理人有无管理意思是区分无因管理与侵权行为、不当得利的重要标准。管理人的这种意思无须明确表示出来，只要认识到所管理的事务属于他人事务，并且没有将其作为自己事务进行管理的想法和意思，就可以认定为具有管理他人事务的意思。管理人是否具有管理意思，可以从管理人是否具有“为避免本人利益受损害”的目的、效果等因素综合判断。管理人要具有管理他人事务的意思，并不意味着要明确知道他人具体是谁，即使不知道他人具体是谁，也不影响无因管理的成立。但是，若管理人与本人就是否具有管理意思产生争议，原则上应当由管理人承担举证责任。

在民法典的编纂过程中，对于是否将管理行为符合本人的真实意愿作为无因管理的构成要件，理论界和实务界有不同意见。有的意见认为，违背本人真实意愿的管理行为不构成无因管理。有的意见则认为，将是否符合本人的真实意愿作为无因管理的构成要件对管理人过于严苛，因为在不少情况下，管理人无法也不可能推知本人的意思，其对管理事务的后果衡量可能仅是依据普通民众的一般判断来进行。此外，管理人对他人的帮助行为仅因本人事后的否认，便由社会道德倡导的行为变成了违法行为，极不合理。因此，只要管理人具有管理他人事务的意愿，即使在管理过程中违背了本人的真实意愿也构成无因管理行为，只是该无因管理为不适当的无因管理行为。还有的意见认为，要区分情况，对公益行为进行无因管理的，例如替他人交税或者替他人交抚养费等行为，虽违背他人意愿，也构成无因管理行为。从比较法的角度看，国外和我国台湾、澳门地区对这个问题的立法也不完全相同，德国等国家强调须以符合本人意愿作为无因管理的要件之一。以瑞士和日本为代表的国家不将是否符合本人真实意愿作为无因管理的构成要件，符合前三项要件的无因管理均构成无因管理，是否符合本人真实意愿仅是在构成无因管理关系后对管理人与本人的权利义务进行分配的标准。经研究认为，从大陆法系国家和地区的发展来看，目前立法的趋势是不再将本人的意思作为无因管理的构成要件，而是作为判断管理人的管理行为是否适当的标准。这些国家和地区为了防止他人不当干预本人的事务，规定了管理人须以符合本人意思的方式进行管理，其目的就是保护本人的利益，对管理人的管理行为所作的要求，但并非无因管理构成要件的要求。本人是否知道管理人正在对其事务进行管理也不是无因管理人构成要件，无论本人是否知道，即使本人不愿或者不能作出意思表示，或者虽然本人作出了意思表示，但管理人不知道或者不可能知道的，均不影响无因管理的构成。从我国的立法来看，民法通则对无因管理的规定并没有强调无因管理要以符合本人意愿作为构成要件。2017 年的民法总则继承了民法通则的规定，也没有强调符合本人意愿这一要件。基于此，本条第 1 款规定，管理人没有法定的或者约定的义务，为避免他人利益受损失而管理他人事务的，可以请求受益人偿还因管理事务而支出的必要费用；管理人因管理事务受到损失的，可以请求受益人给予适当补偿。这是对无因管理制度的原则性规定。

根据本条第 1 款的规定，是否符合本人的意愿虽不影响无因管理的构成，但是自愿原则是民法的基本原则，根据该原则，应当充分尊重民事主体处分自己权利的意愿，只要该处分行为不损害公共利益或者第三人利益。无因管理本质上是为他人谋利的行为，但若管理行为完全违背了本人的意愿，例如违背本人的意愿替本人偿还自然债务等，则损害了本人处理自己事务的自由和权利，构成对本人事务的不当干预，若认可其正当性，将会给任何人提供任意干涉他人事务的理由和借口，对民法的自愿原则造成冲击，故不少国家和地区的立法例都不认可管理人有要求本人偿还费用和赔偿的权利。所以，虽然管理人的管理行为构成前述三个要件，但如果管理行为违背了本人的真实意思，且管理人知道或者应当知道本人的真实意愿的，则其管理行为就构成不适当的无因管理，不享有向本人请求偿还必要费用和请求损害补偿的权利。本人的真实意愿可以是明示的，这种明示可以向管理人直接作出，也可以不直接向管理人作出，管理人可以通过其他途径了解或者知道这种意思即可。本人的真实意愿也可以是默示的，即可以推定的意思，就是依据一般社会观念或者根据一般人处于同样的情形都可以判断出管理行为是符合本人意愿或者有利于保护本人利益的。需要注意的是，管理人的行为虽违背本人的意愿，但其管理的事务是为本人履行公益性或者法定义务的，即使不符合本人的意愿，仍享有请求本人偿还管理事务所支付的必要费用的权利；因管理事务受到损失的，也可以请求受益人给予适当补偿。因此，本条第 2 款规定，管理事务不符合受益人真实意愿的，管理人不享有本条第 1 款规定的权利，但是受益人的真实意愿违反法律或者违背公序良俗的除外。需要强调的是，管理人管理事务的行为若不符合本人的真实意思，其虽不享有向本人请求偿还必要费用和请求损害补偿的权利，但是根据本法第 980 条的规定，本人最终享有管理利益的，应当在获得的利益范围内向管理人承担偿还必要费用和补偿损失的义务。所以，对本款的含义，不应孤立进行理解，而应结合本条第 1 款和本章的其他条款整体进行理解。

根据本条的规定，对于满足前述条件的适当的无因管理，管理人享有以下权利：一是请求本人偿还必要费用的权利。管理人为管理本人事务支出的必要费用及其利息，有权请求本人偿还。这里所谓的必要费用是指一个理性的管理人在完成管理事务时所支出的合理费用。对管理事务无益的支出费用，管理人无权请求本人偿还。本人偿还必要费用及其利息，并不以本人是否获得管理利益为前提条件，即使本人没有因管理人的管理事务而获得管理收益，只要管理人为管理其事务尽到了合理义务，且没有违背本人的真实意愿，本人就应当向管理人偿还必要的费用支出。如果管理人在管理事务的过程中，因管理事务的必要而对外所欠债务，也可以请求本人偿还。这种费用支出可以是管理人以自己名义对外所负担的，也可以是以本人名义对外所负担的。在以本人名义对外所负担的情况下，其可以要求债权人直接请求本人偿还，但这时可能面临无因管理制度与无权代理或者表见代理制度之间的竞合，这时可依无权代理或者表见代理制度处理本人与第三人之间的关系，依无因管理制度处理本人与管理人之间的关系。二是补偿管理人因此所受到的损失。管理人为管理本人事务而受到损害的，如损害的发生与其管理行为之间具有因果关系，管理人有权向本人请求给予赔偿。管理人对损害的发生有过错的，应当适当减轻本人的赔偿责任，这就要求管理人在管理他人事务时要衡量自己的状况和能力，量力而行。但这种赔偿是完全赔偿还是补偿有不同意见，通说认为应当是补偿。本条采纳了通说的观点，也即本人对管理人的损害赔偿不以过错为要件，即使本人对损害的发生没有过错，也要承担补偿性的赔偿责任。这主要是因为管理人是为了本人的利益而受到的损害，于情于理，本人都应当承担一定的赔偿义务。只要管理人管理行为的过程和方法是适当的，管理人就享有这种损害补偿请求权，至于是否给本人带来实际的效果和利益则在所不问。但需要注意的是，管理人在管理事务的过程中因第三人的原因受到损害的，管理人原则上得向第三人请求损害赔偿，只有在第三人逃逸或者无力承担责任时，本人才应当给予适当补偿。本法总则编第 183 条规定：因保护他人民事权益使自己受到损害的，由侵权人承担责任，受益人可以给予适当补偿。没有侵权人、侵权人逃逸或者无力承担民事责任，受害人请求补偿的，受益人应当给予适当补偿。理论界和实务界对无因管理的管理人能否向本人请求报酬有争议，但主流观点认为，无因管理是社会善良行为，法律规定无因管理制度的目的是鼓励大家互帮互助，有利于弘扬社会主义核心价值观，但若鼓励管理人通过无因管理为自己谋取报酬，就与设置无因管理的目的相违背。

无因管理是管理人基于管理意思或者管理意图而对他人事务进行的管理。目前主流观点认为，法律虽然要求管理人具有为他人管理事务的意思，但这种意思仅是指管理人让因管理所发生的利益归于本人的意思，而非发生何种法律效果的意思，所以，从本质上讲其是为确保他人利益的事实行为。无因管理行为虽为事实行为，但是管理人管理他人事务的方法既可以是事实行为，也可以是民事法律行为，例如管理人看管他人生病的小孩的行为是事实行为，为了给他人小孩看病购买药品的行为则属于民事法律行为。但不管其在管理他人事务过程中是采取事实行为，还是实施民事法律行为，都不影响无因管理的本质属性。管理人在以民事法律行为的方式进行管理时，既可以以本人名义进行，也可以以自己名义进行，但若以本人名义进行，则有可能与本法总则编规定的无权代理或者表见代理行为产生竞合。对第三方当事人而言，其若选择无权代理制度，则按照总则编的规则处理管理人、本人与第三方当事人之间的关系。若构成表见代理，第三方当事人选择表见代理制度的，则按该制度处理管理人、本人与第三方当事人之间的关系。但无论是无权代理还是表见代理制度，只要同时满足无因管理的要件要求，管理人均可以根据本章的规定，要求本人偿还必要的费用并对损失给予补偿。

对于管理人是否必须具有民事行为能力的问题，目前有争议。国外的立法例也不完全相同。有的观点认为，无因管理为一种事实行为，不要求管理人具有民事行为能力，无民事行为能力人或者限制民事行为能力人只要具备管理事务的能力，能够辨别是为了他人利益就可以进行无因管理。有的观点认为，管理人应当具有民事行为能力。因为无民事行为能力人或者限制民事行为能力人因不具有意思能力或者完全的意思能力，无法具有为他人利益进行管理的意思，也不能准确地判断其所管理的事务是否为他人事务，更无法履行通知或者报告义务。若无民事行为能力或者限制民事行为能力无意识地客观上为他人做了好事，支出了费用或者受到了损失，可以依据不当得利制度要求受益人偿还或者补偿。鉴于对这个问题有较大的争议，本章未作规定。

理解本章的无因管理制度，还需要与本法规定的几个制度相区分。

一是无因管理制度与代理制度。无因管理制度虽与代理制度都具有管理他人事务的共同点，但二者是不同的制度：第一，代理制度中的代理行为是基于法定或者约定义务而发生的，而无因管理制度中的管理行为恰恰是基于没有法定义务或者约定义务而发生的。第二，代理人代理的行为原则上为民事法律行为，而无因管理中的管理行为既可以是民事法律行为，也可以是事实行为。第三，代理制度调整被代理人、代理人与第三人之间的关系，而无因管理制度原则上只调整管理人与本人之间的关系。第四，代理人从事代理行为原则不得为自己代理，但无因管理中的管理人在为他人利益为管理时可以同时为自己的利益。第五，代理人从事代理行为既可以无偿也可以有偿，而无因管理制度中的管理人从事管理行为原则上为无偿。

二是无因管理与不当得利制度。无因管理与本编第二十九章规定的不当得利虽都同属于准合同制度的一部分，但二者的区别是明显的：第一，无因管理是合法行为，而不当得利是非法行为。第二，无因管理中的管理人不仅有将因管理所获利益返还给本人的义务，还要履行适当管理、通知、报告等义务，且本人负有支付管理人因管理所支出的必要费用及补偿给管理人造成的损失等义务；而不当得利仅涉及受益人返还不当利益的问题。第三，在无因管理中原则上管理费用的返还不以现存利益为限，而以管理人实际支付的必要费用为准；在不当得利中，如果受益人为善意，则仅仅以返还现存利益为限。

三是无因管理与见义勇为制度。本法第 183 条、第 184 条对见义勇为制度作了规定。总则编规定的见义勇为是指行为人为了他人利益而实施的保护或者救助他人的行为。从内涵上讲，其符合无因管理的构成要件，应当属于无因管理的一部分，但从法律效果看，见义勇为制度与一般的无因管理制度又有所不同。首先，在一般的无因管理中，管理人享有直接请求本人（即受益人）偿还必要费用和对损害给予适当补偿的权利。但根据本法第 183 条的规定，在见义勇为中，因保护他人民事权益使自己受到损害的，由侵权人承担民事责任，受益人可以给予适当补偿。没有侵权人、侵权人逃逸或者无力承担民事责任，受害人请求补偿的，受益人才应当给予适当补偿。其次，见义勇为的行为人因自愿实施紧急救助行为造成受助人损害的，救助人不承担民事责任。但是在一般的无因管理中，管理人在管理过程中因过错行为造成本人损害的，应当承担民事责任。从这个角度讲，见义勇为属于一种特殊的无因管理行为，因在本法中有特别规定，所以应当首先适用本法的特别规定。

第九百八十条　管理人管理事务不属于前条规定的情形，但是受益人享有管理利益的，受益人应当在其获得的利益范围内向管理人承担前条第一款规定的义务。

◆ **条文主旨**

本条是关于不适当无因管理制度的规定。

◆ **条文解读**

根据管理人的管理行为是否符合本人的真实意愿，本章所规定的无因管理可以分为适当的无因管理和不适当的无因管理两类。所谓适当的无因管理就是管理人没有法定的或者约定的义务，为避免他人利益受损失而管理他人事务，并且符合受益人真实意思的管理行为。根据本章第979条的规定，适当的无因管理的管理人享有请求受益人偿还必要费用和补偿损失的权利。所谓不适当的无因管理就是管理人没有法定的或者约定的义务，为避免他人利益受损失而管理他人事务，但不符合受益人真实意思的管理行为。例如，某自然人代朋友保管一古董花瓶，其朋友明确告知该花瓶为传家宝，属于非卖品，但该自然人在保管期间发现该花瓶在古董市场的价格有可能下跌，为了朋友的利益不受损，将花瓶及时卖掉。对于不适当无因管理的后果，根据本章第979条第2款的规定，除受益人的真实意愿违反法律或者违背公序良俗外，不适当无因管理的管理人原则上不享有请求受益人偿还必要费用和补偿损失的权利。然而，现实生活是复杂的，实践中，不适当无因管理的管理行为虽不符合本人的真实意思，但是本人事实上却享有了管理人在管理过程中所获得的管理利益。从公平的角度讲，考虑到这种管理的管理人仍有为本人利益进行管理的意愿，本人在享受管理利益的同时也有义务偿还管理人在管理事务中所支付的必要费用；管理人因管理事务受到损失的，也可以请求本人给予适当补偿。但是，本人向管理人偿还的费用和补偿的损失不超过管理人在管理中获得的利益，对超出所得利益范围的费用和损失，本人不承担偿还和补偿责任。基于此，本条规定，管理人管理事务不属于前条规定的情形，但是受益人享有管理利益的，受益人应当在其获得的利益范围内向管理人承担前条第1款规定的责任。

需要说明一点，本章的规定并不调整学理上的不真正无因管理行为。根据管理人在管理事务时有无为他人利益进行管理的意思，学理上将无因管理分为真正的无因管理和不真正的无因管理。

真正的无因管理是指管理人无法定或者约定义务而为他人管理事务，且管理人有为他人利益管理事务的意思的行为。真正的无因管理产生两方面的法律效果，一是使无因管理成为合法行为；二是在管理人与本人之间产生无因管理之债。本法第121条和本章调整的主要是真正的无因管理。不真正的无因管理是指管理人非为他人利益而管理事务的行为。由于其没有为他人利益管理的意思，不成为真正的无因管理，只是具有外观上的管理行为，所以学理上称之为不真正的无因管理。不真正的无因管理主要包括三种情况：一是不法管理。即明知是他人事务，但非为他人利益进行管理，而是为自己利益而为管理，例如无权处分行为。这种管理因管理人没有为他人管理的意思，本就不属于无因管理的范围，但考虑到本人依据侵权行为或者不当得利请求损害赔偿或者返还利益时，请求范围反倒不如依据无因管理请求管理人请求的利益范围大，因此，若不准用无因管理的返还请求权制度，不但对本人不公正，还有可能诱使更多的不法管理行为发生。因此，对于不法管理这种不真正的无因管理，可以准用真正的无因管理返还制度，即本人可以向管理人主张不法管理所获得的利益。二是误信的无因管理，即将他人的事务误认为是自己的事务而进行管理的行为。这种误信有可能是因本人的原因导致的，也有可能是管理人自己的原因导致的，还有可能是双方共同的过错导致的，对于误信的无因管理应当适用不当得利或者侵权行为制度进行处理，具体的处理结果因发生原因的不同而不同。三是幻想管理，即误将自己的事务作为他人事务进行管理的行为，因不满足无因管理中为他人管理事务的实质要求，也不构成无因管理，而是不当得利或者侵权行为。无论是哪种不真正的无因管理，管理人都没有为他人利益进行管理的意思，要么是作为自己的事务进行管理的，要么是为自己的利益进行管理的，无论是善意的不真正无因管理还是恶意的不真正无因管理，管理人都是有过错的，从本质上讲这是一种不法行为，不符合本法设立无因管理制度的目的，所以本章的无因管理并不包括学理上的不真正无因管理行为。如果不真正无因管理的管理人在管理过程中造成了本人损害，应当承担赔偿责任。本人也可以请求管理人返还其在管理事务中所获得的所有利益。

第九百八十一条 管理人管理他人事务，应当采取有利于受益人的方法。中断管理对受益人不利的，无正当理由不得中断。

◆ 条文主旨

本条是关于管理人在管理事务中履行善意或者适当管理义务的规定。

◆ 条文解读

管理人在管理他人事务时，应当履行一定的义务，其中最主要的是按照善良管理人的注意义务管理他人事务，这主要体现在两个方面：一是管理人依本人明示的或者可推知的意思进行管理。这里的明示的或者可推知的意思表示并非对管理人的意思，而是对如何管理事务的意思。实践中，通常是依平常人或者一般人的经验得以推知本人的意思。二是管理人应当以利于本人的方法进行管理。是否有利于本人应当以客观上能否避免本人利益受损为标准，一般都认为管理人应当像管理自己的事务一样进行管理。管理人未以善良管理人的身份尽到恰当管理义务造成本人损害的，原则上要承担过错的损害赔偿责任，但是若管理人为本人管理的是公共利益上的事务或者紧急事务的，仅就其故意或者重大过失管理行为承担损害赔偿责任，如为本人履行法定抚养义务，又如为了使本人的财产免受紧迫的损害而进行的管理行为等。因为管理人管理事务是为了公共利益或者紧急事务，所以管理人需要履行的注意义务要低于管理一般事务需要履行的注意义务，否则不利于鼓励人们从事这类有利于公共利益的无因管理行为，或者有可能贻误时机不利于保护本人的利益。我国台湾地区“民法”专门规定，管理人为免除本人之生命、身体或者财产上之急迫危险而为事务管理者，对于因其管理所生之损害，除有恶意或者重大过失者，不负赔偿之责。本法第 184 条也特别规定，因自愿实施紧急救助行为造成受助人损害的，救助人不承担民事责任。三是管理人还应当履行继续管理义务。根据本法第 979、980 条的规定，无因管理应当符合受益人的意愿，如果在受益人可以自己管理事务时，管理人仍继续管理他人事务，将很有可能与受益人的意愿相冲突。因此，原则上讲，管理人在受益人自己能进行管理时，可以停止管理行为，并将管理事务移交给受益人，但是管理人在开始管理后，如其中途停止管理行为较不管理对本人更为不利的，若放任管理人中止管理事务，既与设立无因管理制度的目的不符，也不符合本法总则编规定的诚信原则，所以在这种情况下，管理人不得中断对事务的管理，应当继续管理事务。管理人违反该义务导致受益人的利益受到损害的，管理人应当承担损害赔偿责任。

第九百八十二条　管理人管理他人事务，能够通知受益人的，应当及时通知受益人。管理的事务不需要紧急处理的，应当等待受益人的指示。

◆ 条文主旨

本条是关于管理人在管理事务时履行通知义务的规定。

◆ 条文解读

根据本条的规定，管理人在管理事务时对受益人有通知的义务。之所以规定管理人的通知义务，一方面是考虑到管理人如果不将管理的事实通知本人，有可能漠视本人的存在，对履行善良管理人的义务是不利的；另一方面是考虑到如果管理人不通知本人，本人就很有可能不知道自己的事务被管理人管理的事实，也就很有可能造成管理人管理事务不符合本人的本意。因此，为了促使管理人更好地履行管理中的义务，更好地保护本人的利益，管理人在开始管理时，在有可能和必要的情况下应当通知本人。在实践中，通知是认定管理人有为他人管理事务意思的重要方式。在可能和必要的情况下，管理人没有履行通知义务的，有可能承担过错损害赔偿责任。但如果管理人因客观原因没有可能或者没有必要通知，则管理人没有通知义务，例如管理人虽为他人管理事务，但并不知道他人具体是谁，或者根本不知道他人的具体地址和联系方式的，管理人可以不履行通知义务；还例如在本人已经知道管理人管理其事务的情况下，管理人就没有必要通知本人。管理人通知的事项主要是开始管理的事实，通知的方式既可以是书面方式，也可以是口头或者其他方式。对于通知义务，不少国家和地区的民法典均作了规定，例如《德国民法典》第 681 条规定，管理人开始管理时，以能通知者为限，应立即通知本人。如拖延不会造成危险，应等待本人的决定。《日本民法典》第 699 条规定，管理人应将其开始事从速通知本人。但本人已知时，不在此限。我国台湾地区“民法”第 173 条第 1 款规定，管理人开始管理时，以能通知为限，应即通知本人，如无急迫之情事，应俟本人之指示。

管理人发出通知后应当中止管理行为，等待受益人的指示。受益人指示同意管理人管理其事务的，管理人可以继续管理；管理人没有指示或者虽有指示但拒绝其管理的，管理人不得再继续管理。但是如果管理人管理的事务属于紧急事务，例如管理人管理的事务是处置受益人所有的即将变质的海鲜食品，若不继续管理可能对受益人的利益造成现实的重大损害，管理人可在收到受益人指示前继续管理事务。

第九百八十三条　管理结束后，管理人应当向受益人报告管理事务的情况。管理人管理事务取得的财产，应当及时转交给受益人。

◆ **条文主旨**

本条是关于管理人履行报告及移交财产义务的规定。

◆ **条文解读**

管理人在管理事务结束后，如果不将管理事务的结果或者状况告知本人，本人将无法知道管理人是否履行了管理中应当履行的各项义务，无法知道管理人管理的结果如何。对管理人来说，如果不向本人报告管理的后果和状况，无法向本人请求必要费用的偿还，也无法请求本人补偿其在管理事务中受到的损失。因此，为了更好地保护本人及管理人自己的利益，避免发生不必要的争议，管理人应当在管理事务结束后向本人报告管理情况，并向本人提供涉及管理的相关资料。对于管理人的报告义务，不少国家和地区的民法典都作了明确规定，例如《俄罗斯联邦民法典》第

989 条规定，为他人利益实施行为的人，应向享有该行为利益的人提交指明所获收入和所花费用以及所受其他损失的报告。我国《澳门民法典》第 459 条规定，管理人应当遵守下列义务：（1）正事务完结、管理中断或者应本人要求时，向本人报告管理之情况；（2）向本人提供有关管理之一切资料。本条明确规定，管理结束后，管理人应当向受益人报告管理事务的情况。管理人管理事务取得的财产，应当及时转交给受益人。

根据本条的规定，管理人报告管理事务情况的时间原则上是在管理事务结束后，但在管理人中断管理事务或者本人提出请求时，也应当将中断前管理事务的情况报告给本人。管理人向本人报告管理事务时，可以采用书面形式，也可以采用口头形式或者其他方式。报告的内容原则上应当包括管理的过程、结果等，且报告的内容应当真实，不得欺瞒本人，否则管理人应当承担责任。此外，管理人在履行报告义务时，还应当将其持有的与管理事务相关的所有资料交付给本人，以确保本人全面了解管理的过程和结果。对于管理人因履行报告义务而产生的必要费用，属于管理人有权请求本人偿还的必要费用的组成部分，本人应当偿还。管理人履行报告义务的前提是管理人可以确定本人的情况，管理不知道本人具体是谁或者不知道本人的联系方式的，管理人可以暂不履行该义务，而将因管理他人事务而获得的收益予以提存。一旦知道了具体本人及其联系方式，管理人仍应向本人报告管理情况。

无因管理制度的设立目的就是鼓励民事主体为他人利益而从事，因此，管理人不得因无因管理而获取利益，而应将因管理事务而获得的利益返还给他人。因此，在管理事务结束后，管理人除了要履行报告义务外，还应当将因管理事务所收取的金钱、物品及孳息等财产，返还给本人；管理人以自己的名义为本人所取得的权利，也应当转移给本人。管理人在为本人管理事务期间，第三人所给付的所有财产，包括物、权利、金钱等，只要应当归属于本人，管理人都应当移交给本人。管理人拒绝移交的，本人可以根据本编第二十九章规定的不当得利制度要求管理人返还；管理人因拒绝移交给本人造成损害的，应当承担损害赔偿责任。如果管理人在管理事务期间为了自己的利益使用了应交付于本人的金钱，应当自使用之日起支付利息，如果有损害还应当赔偿损失。基于此，本条明确规定，管理人管理事务取得的财产，应当及时转交给受益人。该规定与国际上通行做法是一致的，我国台湾地区“民法”也规定，管理人应当将收取的金钱、物品及孳息，应交付于本人；我国《澳门民法典》规定，管理人应当将在从事管理期间自第三人所受领之一切，或有关结余，并将自交付时起计之有关款项之法定利息，一并交付于本人。

第九百八十四条　管理人管理事务经受益人事后追认的，从管理事务开始时起，适用委托合同的有关规定，但是管理人另有意思表示的除外。

◆ **条文主旨**

本条是关于本人对管理事务进行追认的规定。

◆ **条文解读**

在管理人进行管理的过程中，本人可以通过追认方式对管理人管理自己的事务予以追认。这种追认原则上应当以明示方式进行，在一定情况下也可以用默示方式进行，但本人请求管埋人返还因管理所获得利益的行为本身不构成追认。对于追认的无因管理类型，有的国家如瑞士规定，本人可以追认所有类型的无因管理，但排除了不真正的无因管理。我国台湾地区“民法”的规定与《瑞士民法典》的规定基本相同。但有的国家则对可以被追认的无因管理类型作了进一步限制，例如根据《德国民法典》的规定，本人的追认仅限于不符合本人意愿和利益的无因管理。本法赞同瑞士和我国台湾地区的做法。就适当的无因管理行为而言，本人通过追认行为不但表明了其认可管理人的管理行为符合自己的意愿，而且通过追认事实上授权管理人对自己的事务继续进行管理。就不适当的无因管理行为而言，本人通过追认补正了管理人的行为不符合本人真实意愿这个不足，使不适当的无因管理成为适当的无因管理；同时，通过追认也事实上正式授权管理人对自己的事务继续进行管理。不真正的无因管理本质上不属于本章调整的无因管理的范围，本人追认与否及效果如何不适用本章的规定，应当适用本法的其他相关规定。

对于追认的范围是限于管理行为，还是包括管理结果，各国和地区的规定也是不相同的，有的国家认为追认是对管理行为的追认，不是对管理结果的追认，若管理人的管理对本人造成损害，本人仍可以要求管理人赔偿；有的国家则认为追认既是对管理行为的追认，也是对管理结果的追认，因此，对管理人采取的管理方法不适当造成的损害，本人追认后就无权要求管理人承担损害赔偿责任。学者对这一问题也是见仁见智。经研究认为，本人的追认是对管理人管理行为的追认，这一点应无疑问，但是否当然包括对管理结果的追认则不能一概而论，应根据具体情形来进行判断。在本人追认时有特别声明的，则要按声明中的意思来确定追认的范围。在本人追认时没有特别声明的情况下，则要看管理人管理结果的严重程度和过错程度来判断追认的范围，若损害结果是管理人故意或者重大过失行为导致的，则不宜当然将本人的追认视为对这种管理结果的承认。

至于本人对管理人的管理事务进行追认后产生什么样的效力，根据本条的规定，适用委托合同的有关规定。也就是说，管理人管理事务开始后，一旦本人追认，管理人与本人之间的权利义务法律关系就由无因管理制度调整为由委托合同制度来调整，双方均应按本编委托合同的规定履行各自的义务，享受各自的权利。本人的追认具有溯及既往的效力，即一旦本人事后对管理人的管理事务进行追认，从管理人开始管理事务时起，双方当事人就应当按照委托合同的规定行事。所以本条规定，管理人管理事务经受益人事后追认的，从管理事务开始时起，适用委托合同的有关规定。该规定与瑞士等国家和我国台湾地区的规定基本是一致的，例如我国台湾地区“民法”第 178 条规定，管理事务经本人承认者，除当事人另有意思表示外，溯及管理事务开始时，适用于委任之规定。但是根据本编委托合同的规定，受托人履行的注意义务程度要高于无因管理制度中管理人的注意义务程度，受托人的损害赔偿责任要高于无因管理制度中管理人的损害赔偿责任，一旦追认后按委托合同调整本人与管理人的关系，会让管理人处于更为不利的地位，因此，管理人有可能并不愿意本人追认后依照委托合同处理其与本人的关系。在这种情况下，应当尊重管理人的意愿。基于此，本条还规定，管理人另有意思表示的除外。也就是说，本人事后对管理人的管理事务进行了追认，但管理人用书面或者口头等方式表明自己不愿意按照委托合同调整其与本人的权利义务关系时，仍应当按照无因管理制度调整二者之间的关系。

第二十九章　不当得利

本章共四条，主要对不当得利的效力、不得请求返还的不当得利、善意受领人的返还责任、恶意受领人的返还责任以及第三人的返还义务作出了规定。

第九百八十五条　得利人没有法律根据取得不当利益的，受损失的人可以请求得利人返还取得的利益，但是有下列情形之一的除外：

（一）为履行道德义务进行的给付；

（二）债务到期之前的清偿；

（三）明知无给付义务而进行的债务清偿。

◆ 条文主旨

本条是关于不当得利效力及不得请求返还的不当得利的规定。

◆ 条文解读

不当得利，是指没有法律根据，取得不当利益，造成他人损失的情形。不当得利制度对民事主体之间的财产流转关系有调节作用，目的在于恢复民事主体之间在特定情形下所发生的非正常的利益变动。因不当得利产生的债称为不当得利之债。本条规定，因得利人没有法律根据，取得不当利益，受损失的人有权请求其返还不当利益。关于不当得利的类型存在不同的认识，理论上一般区分为给付型不当得利和非给付型不当得利。虽然这两种不当得利在构成要件的表述上没有区别，请求权基础都是相同的法条，但是在构成要件的解释上存在差异。

一、给付型不当得利，是指基于给付而产生的不当得利

构成给付型不当得利，有以下几个要件：

1. 基于给付而取得利益

所谓给付，是指有意识地基于一定目的而增加他人的财产。如果一方当事人取得利益并非出于他人的意思，不构成给付不当得利，可能成立非给付不当得利。例如，甲误将乙的房屋作为自己的而修缮，因无增加乙的财产的意思，所以甲不能根据给付不当得利请求返还，只能基于非给付不当得利请求返还。基于给付而取得的利益表现为以下形态：（1）财产权的取得。具有财产价值的权利可成为给付不当得利的客体，如所有权、定限物权、知识产权、债权、期待权、票据上的请求权、担保物权的顺位。（2）占有或登记。占有、登记具有财产价值，也可以成为不当得利的客体。例如，甲无权占有了乙的自行车，乙既可以向甲主张物的返还请求权，也可以基于占有的不当得利请求返还该自行车，因为乙对该自行车占有的本身即构成利益。（3）债务消灭。债务免除，对债务人来说显然受有利益。第三人清偿，债务人所负的债务因之消灭，同样受有利益。（4）劳务的提供。劳务的提供使相对人受益。在合同无效或被撤销等场合，劳务的提供者无法基于合同请求相对人支付酬金，可依据不当得利请求受益人返还该项利益。（5）物的使用。使用物而取得利益，在该使用丧失合同依据时，该利益可构成不当得利中的获益。

在对利益进行个别具体的判断时，可不必在任何情况下都固守“利益”必须是个别具体财产利益的理论，在一定情况下承认就受领人整个财产状态抽象计算的观点，承认在一个债的关系中两种给付的差额即为利益，可按利益变形理论，成立不当得利。例如，在合同解除无溯及力的场合，受领人取得给付物的所有权具有合法根据，那就是解除生效之前的合同关系及其债权，但他因未为对待给付或未为完全的对待给付而取得的利益，没有法律根据，构成不当得利。

2. 他方当事人受有损失

在损害赔偿制度中，损失（损害）是指权利或利益受到侵害时所发生的不利益，即行为发生前的财产状态和行为发生后的财产状态两相比较，受害人所受的不利益，即为损失（损害）之所在。此类损失（损害）有积极损失（损害）和消极损失（损害）所失利益和所受损害的问题。与此有别，不当得利制度的目的及功能，不在于弥补损害，而在于使受领人返还没有合法根据而取得的利益，所以，构成不当得利的受损失，不具有损害赔偿制度上的损失（损害）的意义，而是另有所指。它不以积极损失（损害）和消极损失（损害）为要件。在给付不当得利类型中，一方当事人因他方当事人为给付而取得利益，就是他方当事人的损失。例如，甲出售 A 车给乙，并依约交付了，乙所取得的利益，是甲的给付，即 A 车的所有权。

3. 具有因果关系

构成不当得利，需要一方当事人取得的利益与他方当事人受到的损失之间具有因果关系，以决定谁得向谁主张不当得利。构成不当得利所需要的因果关系，在学说上有直接因果关系说和非直接因果关系说的分歧。德国的传统见解为了适当限制不当得利当事人请求权的范围，使受害人不得对间接获利的第三人请求返还其所受的利益，而采取直接因果关系说，主张构成不当得利所需要的因果关系必须是直接的。该因果关系是否直接存在，应当以受益的原因事实与受损的原因事实是否同一为判断。我国台湾地区的通说和判例对此说也予以接受。

在给付不当得利中，因果关系的要件已由给付关系取而代之，即以给付人为不当得利的请求权人（债权人），以受领人为债务人。给付人无权处分第三人的物品场合，也是如此认定。例如，甲擅自将乙借阅的A书出卖给善意的丙，并依交付而移转了所有权。在该买卖合同无效的场合，应由甲（给付人）对丙（受领人）请求返还A书。在丙将A书所有权移转返还给甲时，该书的所有权当然复归于乙。直接因果关系的类型包括双重瑕疵、间接代理、处分基于合同受领的给付三种类型。属于双重瑕疵类型的，如甲出售A车给乙，乙将之转售于丙，并依约定交付了。在甲和乙之间、乙和丙之间的买卖合同均不成立、无效或被撤销的情况下，甲不得向丙主张不当得利请求权，因甲已将A车所有权移转给乙了，丙取得A车所有权的利益，来自乙的财产及其交付，与甲所受损失没有直接的因果关系。属于间接代理类型的，如丙委托乙，以乙的名义向甲购书，乙取得该书所有权后，再移转给丙。在买卖合同不成立、无效或被撤销的情况下，甲也不得向丙主张不当得利的返还，因甲已将该书的所有权移转给乙了，丙所受有该书所有权的利益，来自乙的财产，与甲的受损失并无直接因果关系。属于处分基于合同受领的给付类型的，如乙向甲购买水泥修缮丙的房屋，在乙无力支付价款时，甲仍不得向丙主张不当得利的返还，因为甲已将水泥的所有权移转给乙了，丙所受利益来自乙的财产，与甲所受损失并无直接因果关系。

非直接因果关系说认为，一方当事人若无法律上的原因而受利益，致他方因之受有损失，则对因果关系存在与否的判断，也应当基于公平理念，依社会上的一般观念加以决定。如损益之间有第三人行为介入，若该财产价值的移动，依社会观念认为不当时，应当适用不当得利的规定，使之返还。例如，甲从乙处骗取1000元，用以向丙为非债清偿。若依直接因果关系说，则乙只能向甲主张不当得利返还，而不能向丙直接行使不当得利返还请求权，亦即丙对乙无返还其利益的义务。若果真如此，在甲逃亡时，乙就徒受损失，而丙却坐享其利益，显失公平。如果采取非直接因果关系说，则会使丙承担返还不当得利的义务，方为合理。对给付不当得利是否应适用直接因果关系的问题，理论探讨不多，究竟是固守直接因果关系说，还是兼采非直接因果关系说，需要继续研究。在个别类型中采取非直接因果关系说可能有助于问题的适当解决。

4. 没有法律根据

即欠缺给付目的，其内容即给付目的的内容，为给付所关联的债的关系及其缘由。此处所谓缘由，是指给付人和欲将其给付与哪个债的关系发生关联的缘由，主要指履行目的。该履行目的，乃由给付人的目的表示一方确定，明示的或默示的均可，但须彰显给付所欲履行的债的关系。给付目的的内容，一般说来，除给付人主观上的目的以外，尚须客观上为一定的表示，才发生法律上的效力。给付目的主要有两类：一是清偿债务。此处所谓债务，或为法定债务，如因侵权行为而产生的损害赔偿；或为因基础行为而产生的债务，如基于买卖合同所产生的交付买卖物的债务。二是直接创立一种债的关系。例如，没有约定的或法定的义务而为他人修缮房屋，以成立无因管理。给付目的通常基于当事人的合意，但在单独行为的场合，可由给付人一方为意思表示为之。当事人一方本于一定目的而为给付时，其目的在客观上即为给付行为的原因，从而给付如欠缺其原因时，他方当事人受领给付即无法律上的原因，应成立不当得利。

给付行为欠缺目的，分为自始无给付目的、给付目的的嗣后不存在和给付目的不达三种，相应的，给付行为因欠缺目的而构成的不当得利也分为三类。

（1）自始无给付目的。给付自始欠缺给付目的的不当得利，主要有两种：一是狭义的非债清偿，如不知所欠之债业已清偿仍为履行；二是作为给付的原因行为未成立无效或被撤销，如买卖交付买卖物，但买卖合同却未成立。

（2）给付目的嗣后不存在。其一，合同所附解除条件成就，该合同消灭，基于该合同所为的给付可构成不当得利。例如，甲赠与A车给乙，约定乙移民他国时，赠与合同失其效力。如今，乙已经移民加拿大，所受A车的原因即失其效力。于此场合，在德国民法和我国台湾地区的“民法”上，构成利益为A车所有权的不当得利，也成立利益为占有A车的不当得利；在我国民法上，只能成立利益为占有A车的不当得利，以及所有物返还请求权。其二，合同所附终期届至，该合同消灭，基于该合同所为的给付可构成不当得利。其道理如同合同所附解除条件成就，不再赘述。其三，依当事人一方的意思表示，撤销或不追认合同，基于该合同所为的给付，可构成不当得利。例如，某国土资源管理部门将A宗建设用地使用权出让给甲，并办理完毕过户登记（变更登记），后依欺诈或重大误解等理由将该出让合同撤销。于此场合，该建设用地使用权的登记即为不当得利构成要件中的利益，该国土资源管理部门可基于不当得利制度请求甲注销该项登记。其四，合同解除，基于该合同所为的给付，可构成不当得利。在合同解除无溯及力的场合，受领人取得给付物的所有权具有合法根据，那就是解除生效之前的合同关系及其债权，在《德国民法典》、我国台湾地区“民法”上，受领人所受领的给付具有法律上的原因，不成立不当得利。但是，这在不成立违约责任的情况下显失公平，不如改采如下的观点：因未为对待给付或未为完全的对待给付而取得的利益，没有合法根据，构成不当得利。其五，为证明债务而交付证书，其后债务因清偿或其他事由而消灭，导致失去证明目的。于此场合，成立利益表现为占有的不当得利。

（3）给付目的不达。拟实现将来某种目的而为给付，但日后并未达成其目的，属于给付目的不达。例如，附停止条件的债务，预期条件能够成就而先行交付标的物，结果是条件并未成就。在德国民法、我国台湾地区的“民法”上，认为成立不当得利，但给付人若违反诚信原则而妨碍目的达成，不得依不当得利的规定请求返还。在我国民法上，可成立占有的不当得利请求权，也产生所有物返还请求权，给付人可选择其一而行使。

二、非给付型不当得利是因给付以外的事由而发生的类型

非给付型不当得利的事由包括受益人的行为、受害人的行为、第三人的行为、自然事件以及法律的直接规定。

1. 基于受益人的行为而生的不当得利

基于受益人的行为而生的不当得利有以下几个要件：

（1）因侵害他人的权益而取得利益。基于受益人的行为而生的不当得利，以侵害他人的权益而取得利益为基本要件。无权出卖他人之物而取得价款，出租他人之物而收取租金，占用消费他人之物等为其典型表现。

（2）使他人受损失。基于受益人的行为而生的不当得利，其构成所要求的“使他人受损失”，只要因侵害应归属于他人的权益而取得利益，就可认为基于同一原因事实“使他人受损失”，不以有财产移转为必要。例如，甲擅自在乙的屋顶设置广告牌时，因使用乙的屋顶而取得利益，使乙受到损失，至于乙有无使用计划或其屋顶是否受到毁坏，在所不问。甲和乙之间虽无财产的移动，但不影响不当得利的成立。

（3）没有法律根据。在德国法系，侵害应归属于他人的权益范畴而取得利益，使他人受损失，欠缺正当性，就构成无法律上的原因；在我国民法上，应构成没有法律根据。

2. 基于受害人的行为而生的不当得利

基于受害人的行为而生的不当得利，有的是给付型不当得利，有的是非给付型不当得利，究竟如何，需要根据个案予以确定。这种类型的不当得利主要有如下两种类型：

（1）支出费用的不当得利。例如，甲误将乙的奶牛为自己的而饲养，可向乙请求返还不当得利。在这种类型的不当得利领域，可能发生“强迫得利”，即对他人之物支出费用，增加其价值，但违反受益人的意思，不符合其计划的情形。例如，不知他人的围墙即将拆除而加以装修。解决强迫得利，存在着不同意见。主观说认为，就受益人的整个财产，依其经济上的计划认定应偿还的价值额。例如，油漆他人即将拆除的围墙，应偿还的价值额为零，不必返还。客观说则主张，不宜为解决这种特殊问题而将价值额的计算主观化。强迫得利应如何返还，属于所受利益是否存在的问题。就油漆围墙而言，因该围墙预定拆除，在整个财产上并无存留的利益，善意的受领人免负返还或偿还价值额的责任。

（2）因清偿他人的债务而发生的所谓“求偿不当得利请求权”。例如，甲向乙购买A车，分期付款，约定在价款付清前由乙保留对A车的所有权。在履行过程中，甲的债权人丙对A车请求强制执行，是为自己的利益而代甲清偿后几期的价款，消灭A车买卖合同关系。于此场合，丙对甲可主张“求偿不当得利请求权”。

3. 基于第三人的行为而生的不当得利

基于第三人的行为而生的不当得利，是指受益人因第三人的行为取得应当归属于他人（受害人）的利益，而成立的不当得利。其主要类型有：（1）第三人以受害人的饲料饲养受益人的家禽；（2）债务人善意地向收据持有人为清偿，导致债权人丧失其债权；（3）债务人善意地向准占有人（如负债字据的持有人）为清偿；（4）法院在拍卖程序中将价款分配于无权利接受分配的人；（5）债务人在收到债权让与通知之前向债权人为给付，其清偿有效，致使债权消灭，债权受让人因此遭受损失；（6）登记部门在办理登记时，误将抵押权的顺序颠倒，致使后顺序的抵押权所担保的债权优先取得清偿。

4. 基于法律规定而生的不当得利

基于法律的直接规定而生的不当得利，其中的法律规定应从广义上理解，指法律秩序，包括法院的判决和行政处分。如果法律规定的目的是使受益人终局地、实质地保有利益，以维护财产状态的新秩序为目的，则不成立不当得利；反之，该法律规定的目的仅仅在技术上谋取方便，形式上使该项利益归属于某人，实质上并不使其终局地保有该项利益时，则可成立不当得利。基于法律规定而生的不当得利，主要发生在添附、善意取得等场合：

（1）添附与不当得利。在添附制度中，法律使原物的所有权人中的一人取得因添附而发生新物的所有权，是为避免社会经济的不利，保全物的使用价值，以及防止共有的不便，于是，一方面使该新物取得人终局地取得所有权，另一方面不允许新物取得人终局地、实质地保有其价值利益，使因添附丧失所有权而受损失的动产所有权人，可基于不当得利请求新物所有权人予以返还。

（2）善意取得与不当得利。甲将乙的A车擅自出卖与丙，丙善意取得A车，甲对乙负有不当得利返还车款的义务，或承担损害赔偿责任。至于丙是否承担不当得利返还的义务，在德国民法和我国台湾地区“民法”上，一种理论认为，丙善意取得A车系基于甲的给付，具有法律上的原因，不构成不当得利；换个角度说，善意取得制度为保护交易安全而设，有使受让人终局地保有其取得的权利，因此，丙取得A车不成立不当得利。在我国民法上，丙善意取得场合，他（它）和甲之间的买卖合同有效，不成立不当得利；在该买卖合同无效时，丙仍负不当得利返还的义务，只是返还的利益是A车的所有权或占有，还是差价款，存在争议。如果彻底贯彻善意取得制度使受让人终局地保有其取得的权利这种立法目的，则不应使丙返还A车，而应返还差价款，即采用差额说返还不当得利；假如沿袭德国关于给付不当得利的规则，丙就必须依不当得利制度返还A车，甲向丙返还（全部或部分的）车款。前者更加合理。

（3）终局确定判决与不当得利。债权人基于法院的确定判决，请求对债务人的财产为强制执行，取得了钱款，该确定判决如未经其后的确定判决予以废弃，纵使该确定判决的内容不当，亦非无法律上的原因而取得利益。不过，在该确定判决被其后的确定判决撤销时，则债权人依据该确定判决取得的该笔钱款丧失法律根据，债务人可基于不当得利请求债权人予以返还。

5. 基于自然事件而生的不当得利

取得利益出于自然事件的结果，可成立不当得利。例如，甲放养的羊群进入乙承包的牧场，乙取得占有利益，甲可基于占有的不当得利请求乙返还该羊群。当然，在甲能够证明哪些羊属于他（它）所有的情况下，也可以基于物的返还请求权请求乙返还。

三、给付型不当得利请求权与非给付型不当得利请求权的关系

1. 排除非给付型不当得利

如果认定当事人之间存在给付关系，就概念而言，当然排除非给付关系。只有在当事人之间没有给付关系时，才发生非给付不当得利请求权。例如，甲受雇喂养乙的马，雇用合同无效时，甲对乙有给付不当得利请求权。如果甲和乙之间没有雇用关系，

甲误认乙的马为自己的马而喂养，因无给付关系，应成立非给付型不当得利。

2. 非给付型不当得利的成立

需要注意的是，第三人介入损益变动过程而与受益人或受害人具有给付关系时，受益人和第三人之间的关系中可能欠缺法律上的原因（法律根据），该财产损益变动被赋予“不当性”的特征，因而成立非给付不当得利。例如，承揽人将其所盗油漆用于为定作人完成的工作物上，在该承揽合同关系中，承揽人对定作人的给付和定作人取得该工作物所有权的同时一并取得该油漆的所有权，均有法律上的原因（法律根据），无“不当性”可言。但另一方面，定作人取得油漆所有权的利益系直接出自该油漆原所有权人的财产，并且定作人对该油漆原所有权人而言，乃系违反法律上权益归属而取得油漆所有权的利益，因而，在定作人和该油漆原所有权人的关系中，定作人取得油漆所有权的利益即无法律上的原因（法律根据），构成不当得利。

3. 给付不当得利返还请求权原则上优先

第三人介入损益变动过程而与受益人或受害人具有给付关系时，基本上可以采取给付不当得利返还请求权优先性作为判断的出发点，即因给付而取得利益时，对第三人原则上不成立非给付型不当得利，给付关系不成立、无效或被撤销时，仅须对给付人负不当得利返还义务。此外，还应参酌各个法律规定的规范目的（如民法关于善意取得的规定），作为判断依据。

四、不当得利请求权的客体

1. 原物返还

不当得利的返还方法，以返还所受利益的原状（学说称作“原物返还”）为原则，以价值额偿还为例外。原物返还，包括所受利益，以及本于该利益更有所取得。

所受的利益，是指受领人因给付或非给付所取得的权利、物的占有、不动产的登记、债务免除等财产上的利益。关于返还的方法，对于权利，应按照各个权利的移转方法，将其权利移转于受害人（债权人）。例如，对于物的占有，应依交付的方法为之；对于不动产的登记，可请求移转登记（变更登记）的途径予以返还；经设立的物权（用益物权或担保物权）应予废止；经废止的物权应予复原。经成立的债权应予免除；经抛弃的债权应予回复。

本于该利益更有所取得，可分为三类：一是原物的用益，是指原物所得的孳息（天然孳息和法定孳息）和使用利益（如房屋的使用）；二是基于权利的所得，如原物为债权的，所受到的清偿；三是原物的代偿物，如原物因毁损而从第三人处取得的损害赔偿金或保险金。

2. 价值额偿还

取得的利益依其性质或其他情形不能返还的，应偿还其价值额。所谓依其性质，如取得的利益为劳务、物的使用或消费、免除他人的债务等。所谓其他情形，主要有取得利益本身（如花瓶）的灭失、被盗或遗失，受领人将受领的标的物出售、赠与或与他人之物互易而移转其所有权等。还有，受领之物部分毁损时，也属于不能返还原物，就其毁损部分也应以价值额偿还。对此类不能原物返还的情形，受领人有无过失，在所不问。受领的利益为代替物的，应予返还的仍为价值额，而非其他代替物。

关于价值额的计算，客观说认为，所谓价值额，应依客观交易的价值予以确定。主观说则主张，所谓价值额，应就受益人的财产加以判断，在财产总额上有所增加的，皆应予以返还。例如，受领人的利益为 A 花瓶的所有权，市场价格为 5 万元，受益人将之出售于他人时，不能将 A 花瓶返还，应偿还其价值额。按照客观说，无论其价款多少，受领人应偿还的均为5万元；依主观说，受领人应偿还的为所得价款，若所得价款为6万元，应偿还6万元；若所得价款为4万元，应偿还4万元。客观说为通说。

在受领的利益为劳务时，所应偿还的为取得该项劳务的相当报酬。消费他人之物时，所应偿还的系该物的市场价格。在使用他人之物的情形，为“物的使用”本身。

在无权使用他人著作权、专利权等情况下，所获利益不能原物返还，应偿还其价值额。该项价值额应按照使用该项权利通常必须支付的报酬加以计算。问题在于，债权人可否进一步请求债务人返还超过该项客观价值额的获利？换句话说，债务人所应返还的，究竟为价值额还是取得的利益？这涉及不当得利制度的功能，侵权损害赔偿和无因管理制度的适用，系民法上一项重要的争论问题。通说认为，损失大于利益时，应以利益为准，利益大于损失时，则应以损失为准。所以，在侵害他人著作权或专利权时，仅应偿还其客观价值额，在无权处分他人之物时，亦然。其理由在于，若返还超过损失的利益，则受害人反而取得不当得利。不过，不法侵害他人权利，能有侵害的取得利益，不合事理，亦非妥当，于是，通说又主张受害人可类推适用无因管理的规定，向受益人请求返还不法管理他人事务所得的利益。

五、不当得利请求权的排除

该条还有关于不得请求返还的不当得利的规定。从前述理论构成看，主要针对的是给付型不当得利。

第1项排除事由不当给付是为履行道德上义务而为之。这一项规定在于调和法律与道德的关系，使法律规定符合一般道德观念。所谓道德上的义务应该以社会观念加以认定，例如：（1）对无抚养义务的亲属。比如侄子女对叔伯父，以为有抚养义务而进行抚养，但实际上没有抚养义务。这种抚养行为虽然导致叔伯父没有法律根据而获利，但是也不会构成不当得利，因为这是为了履行道德上的义务，这种行为我们应该加以鼓励。(2) 对救助其生命的无因管理人给予报酬，我们知道依据无因管理，本来是没有报酬请求权的，所以本来是不用对其给予报酬的，但是为了履行道德上的义务而对管理人进行了报酬，那么管理人取得报酬本身虽然欠缺法律上的原因，但是对于此行为，我们也没有必要否认它的效力，因此这也成了排除不当得利的事由。

第2项排除事由是债务到期之前的清偿。债务到期之前的清偿，因为债务并非不存在，所以债权人受领给付，不能称为缺乏法律上的原因。并且债务因清偿而消灭，债权人也没有什么得利可言。因此从本质上来说，该项并不是不当得利请求权的例外，而是不当得利请求权不发生的问题。但是为了避免实践中发生异议，所以此处特别规定此时也不能请求返还。

当然有争议的问题是，在有偿的借款合同当中，原本提前清偿和按期清偿之间应该会有一个利息差，但是假如债务人误以为到期而进行了提前清偿，并且支付了合同约定的全部利息，那么债权人多取得的那一部分利息是否属于不当得利应该返还呢？债权人取得了提前清偿，那么本来他不应该取得到期的全部利息，从这个意义上来说，多出来的这一部分利息缺乏法律根据；但是从另一个角度来看，如果将这部分多出来的利息都认定为不当得利，也就意味着债务人可以通过单方面提前清偿的方式，迫使债权人放弃一部分利息，从而达到单方面变更合同的效果。正因如此，对此问题比较法上也无统一解决方案：日本法中以债务人的清偿系出于错误为限，债务人可以向债权人请求返还中间利息；但是德国民法则明定不能请求返还。此问题还值得未来解释论进一步研究。本法第677条规定：借款人提前返还借款的，除当事人另有约定外，应当按照实际借款的期间计算利息。

第3项排除事由是明知无给付义务而进行的债务清偿。非债清偿属于典型的不当得利，本来是可以请求返还的，但是法律对于明知无债务而进行的清偿，特别设置了本项这个例外。设置这一例外的理论根据在于禁反言原则，也就是说明知没有给付义务而进行的给付，再请求返还，则构成了前后矛盾，有违诚信原则，所以不允许。关于此项的构成要件有三，以下详述：

（1）无债务存在。受领人和清偿人之间必须没有债务存在，如果有债务存在，则根本不可能构成非债清偿，也就没有不当得利的问题了。判断有无债务存在的时间点为给付的时候。值得注意的是，当债务具有撤销原因的时候，在撤销前债务存在，但一经撤销债务关系就溯及既往地失其效力，债务也就溯及既往地不存在。因此如果明知撤销原因的存在而继续进行的给付，也属于明知无债务而进行的清偿。这种情况下通常可以认为，承认了可以撤销的法律行为，所以丧失了撤销权。

（2）因清偿债务而进行了给付。需要注意的是，这里的给付必须是彻底的给付，如果债务人在进行给付的时候有所保留，那么，不当得利返还请求权并不因为本项而被排除。比如说，债务人虽然明知已经清偿了债务，本来这个时候没有清偿的义务，但是因为找不到收据，债权人又来催收，所以债务人不得已进行了给付，然而同时表示：如果我找到了清偿的收据，那么这次的给付应该返还给我。在这一情况之下，虽然债务人在清偿债务的时候是明知债务不存在的，但是因为他在清偿的时候作出了保留，明确说了如果找到收据的时候应该返还，于是就不适用本项，并不构成返还请求权的排除。

（3）给付时明知无给付义务。对于有无债务，如果属于心存怀疑而进行的给付，最后发现却无债务，原则上仍然应该允许其返还。此外需注意的是，这里的主观要件是明知，也就是说因过失而不知并不包含在内。这是一项非常严格的主观要件，也就是说只有明确违反禁反言原则的行为，才受此项的约束。实践中常见的汇错款的行为，即使汇款的人有重大的过失，也不能认为构成了此项的明知无给付义务而进行的给付。

第九百八十六条　得利人不知道且不应当知道取得的利益没有法律根据，取得的利益已经不存在的，不承担返还该利益的义务。

◆ **条文主旨**

本条是关于善意得利人的返还责任的规定。

◆ **条文解读**

受领人为善意时，仅负返还现存利益的义务，如果该利益已不存在，则不必返还原物或偿还价值额。之所以如此，是因为法律使善意受领人的财产状态不致因发生不当得利而受不利的影响。这里的“善意”，是指受领人非因过失不知（不知且不应知）没有法律根据（无法律上的原因）。

特别需要说明的是，这里的“取得的利益”有无的判断，不同于不当得利中的个别判断标准，应抽象概括地就受领人的整个财产加以判断，以取得利益的过程而产生的现有财产总额与若无其事实应有财产的总额比较，而决定有无利益的存在。这种按照经济考察方法认定的利益概念，学说上称为差额说，不当得利过程中出现的利益（积极项目）与不利益（消极项目）均应纳入计算，以其结算的余额作为应返还的利益。

关于利益不存在的认定，存在以下几种情形：

一、受领标的本身不存在

就受领标的物而言，所谓利益不存在，可就若干典型案例加以说明。

1. 原来取得利益（如 A 车所有权）因毁损、灭失、被盗或其他事由不能返还时，取得相应的损害赔偿金、补偿金或保险金等补偿，属于因为该利益而取得的利益，应予返还；若未取得此类补偿，就构成利益不存在，受领人免负返还义务或偿还价值额的责任。

2. 受领人就取得的利益（如 A 车所有权）为法律行为上的交易，所取得的对价（如价款或互易物）属于原物不能返还，应负返还价值额的责任。例如，受领人将时值 10 万元的 A 车以 9 万元出卖，其财产总额的增加现在尚存的，为 9 万元，所以，善意受领人仅负 9 万元的返还责任。如果受领人将 A 车赠与他人，实际上所获财产并未增加，取得的利益不存在，免负返还义务或价值额偿还的责任。

3. 取得的利益为金钱时，因金钱具有高度的可代替性和普遍使用性，只要移入受领人的财产，就难以识别，原则上无法判断其存在与否。但受领人若能证明确实以该项金钱赠与他人，可主张取得的利益不存在。

4. 使用消费他人之物，如甲、乙二人同名同姓同日生同住于 A 宿舍，各有姓名相同的女友丙、丁。甲生日，其女友寄来蛋糕，乙误以为是其女友丁所送，举行庆祝会，与其他同学共同享受。设乙家境清贫，一向没有食用生日蛋糕的习惯和支出该项费用的计划，则其使用消费的利益并未曾留存于财产上，按照差额说，可主张取得的利益不存在。

二、受领人其他财产上的损失

在差额说的理论架构中，通说强调，与取得利益的事实有因果关系的损失，均可列入扣除的范围；就该扣除的数额，受领人可主张利益不存在。其道理在于，受领人只能于受益的限度内将该利益还尽为止，不能因返还更受损失。同时应强调受领人可主张扣除的，限于其因信赖取得利益具有法律依据而遭受的损失。其理由有二：一是因果关系说过于广泛，应作适当限制；二是恶意受领人之所以应负加重责任，乃因其必须计及受领利益的返还，善意受领人之所以得减轻其责任，乃基于信赖其受利益具有法律上的原因，法律旨在保护善意受领人的信赖，从而他（它）得主张扣除的，亦应以信赖损失为限。依此见解，受领人就其财产上损失可以主张扣除的，有如下几种：其一，因取得该利益所支出的费用，如运费、关税等；其二，对受领物所支出的必要费用和有益费用，如动物的饲料费用；其三，受领人的权利因该项利益的受领而消灭，或其价值减少所产生的损失，如第三人丙因其错误向债权人甲清偿乙的债务，甲误信该清偿为有效而受领，导致毁损了债权证书，抛弃担保时，其原有债权受损害，也可主张扣除。当然在此情形下，为了平衡丙的利益，应该由甲保留受领的给付，而以甲对乙的债权让与丙。

第九百八十七条　得利人知道或者应当知道取得的利益没有法律根据的，受损失的人可以请求得利人返还其取得的利益并依法赔偿损失。

◆ 条文主旨

本条是关于恶意得利人的返还责任的规定。

◆ 条文解读

此处所说的恶意，是指受领人明知没有法律根据（无法律上的原因），包括受领时明知和其后明知，以及因过失而不知晓的情形。由于认定是否知道或者应当知道有没有法律根据（欠缺法律原因的认识）较为困难，受领人依其对事实的认识和法律上的判断知晓或者应当知晓其欠缺保有所获利益的正当根据（依据常识判断即可）时，就足够了，不以确实了解或者应当了解整个法律关系为必要。受领人为法人机关时，该机关的明知或者应知即为法人的明知或者应知。代理人的明知或者应知，应归被代理人负责。受领人为限制行为能力人的，应依其法定代理人的明知或者应知加以认定。

一、自始恶意的受领人的返还责任

1. 加重的返还责任。恶意受领人应将受领时取得的利益，附加利息，一并返还。

一是受领时取得的利益。受领时取得的利益，不仅包括该利益的本体，还包括本于该利益更有所取得。受领时取得的利益依其性质或其他情形而不能返还时，应偿还其价值额。恶意受领人不得主张所取得的利益不存在而免负返还责任。

二是就取得的利益附加利息。受领的利益为金钱时，应附加利息。受领的利益为金钱以外的形态时，可转变为损害赔偿。

三是损害赔偿。恶意受领人返还取得的利益（含利息），若仍不能弥补受害人的损失，就其不足部分，应另负损害赔偿责任。该种损害赔偿，请求权系不当得利制度上的制度，而非侵权责任法上的损害赔偿，不以受害人对损失的发生具有过错为要件。

2. 受领人的支出费用请求权。恶意受领人不得主张所取得的利益不存在，故因取得利益所支出的费用，如运费、税费等，不得主张扣除。

二、嗣后恶意的受领人的返还责任

受领人如果是嗣后知道或者应当知道欠缺法律上的根据，那么在知道或者应当知道欠缺法律上的根据之前，依据本法第986条的规定，仅就现存利益负返还义务，若所取得的利益不存在，亦可主张不负返还责任；在知道或者应当知道欠缺法律上的根据之后，才开始承担本条的加重责任。

第九百八十八条　得利人已经将取得的利益无偿转让给第三人的，受损失的人可以请求第三人在相应范围内承担返还义务。

◆ 条文主旨

本条是关于第三人的返还义务的规定。

◆ 条文解读

第三人所受利益，来自于得利人，并未导致受损人受损害，不成立本法第985条所规定的不当得利。但是对当事人的利益加以衡量，一方面受领人免负返还义务，另一方面第三人无偿取得利益，不合情理且显失公平。为了达到保护债权人的利益的目的，该条规定得利人将所取得的利益无偿转让给第三人时，第三人于受领人免负返还义务的限度内，承担返还义务。

需要注意的是“受损失的人”的解释，如果请求权人已经依据本法第986条或者第987条取得了完全的不当得利返还，那么就不是这里的“受损失的人”；只有没有依据第986条或者第987条取得完全的不当得利返还（或者没有选择第986条或者第987条，这里允许请求权的选择），才属于这里“受损失的人”。也即是说“受损失”这一要件排除了不当得利请求权人多重获利的可能性。

关于“无偿转让给第三人”，应该注意：（1）须为无偿转让，如赠与或遗赠。只要是有偿转让，不论是否支付合理对价，都不能够要求第三人承担返还义务。在半卖半送的廉价买卖（混合赠与）中，赠与部分仍可要求第三人承担返还义务。（2）须为原受领人所应返还的赠与物，包括所受利益以及基于该利益更有所得者。例如，受领人占有的 A 物品被他人毁损，他人以 B 物品代偿，善意受领人将 B 物品赠与第三人时，第三人对受损人仍负有返还 B 物品的义务。

中华人民共和国
民法典解读

精装珍藏版

婚姻家庭编·继承编

黄 薇 主编

中国法制出版社
CHINA LEGAL PUBLISHING HOUSE

目　录

第五编　婚姻家庭

第一章　一般规定

第一千零四十条【婚姻家庭编的调整范围】…………………… 5

第一千零四十一条【婚姻家庭关系基本原则】………………… 11

第一千零四十二条【禁止的婚姻家庭行为】…………………… 16

第一千零四十三条【婚姻家庭道德规范】……………………… 19

第一千零四十四条【收养的原则】……………………………… 22

第一千零四十五条【亲属、近亲属与家庭成员】……………… 25

第二章　结婚

第一千零四十六条【结婚自愿】………………………………… 34

第一千零四十七条【法定婚龄】………………………………… 36

第一千零四十八条【禁止结婚的情形】………………………… 40

第一千零四十九条【结婚程序】………………………………… 41

第一千零五十条【男女双方互为家庭成员】…………………… 46

第一千零五十一条【婚姻无效的情形】………………………… 48

第一千零五十二条【受胁迫婚姻的撤销】……………………… 52

第一千零五十三条【隐瞒重大疾病的可撤销婚姻】…………… 57

第一千零五十四条【婚姻无效或被撤销的法律后果】………… 62

第三章 家庭关系

第一节 夫妻关系 / 68

第一千零五十五条【夫妻平等】…………………………………… 68

第一千零五十六条【夫妻姓名权】……………………………… 73

第一千零五十七条【夫妻人身自由权】………………………… 76

第一千零五十八条【夫妻抚养、教育和保护子女的权利义务平等】…………………………………… 78

第一千零五十九条【夫妻扶养义务】…………………………… 80

第一千零六十条【夫妻日常家事代理权】……………………… 83

第一千零六十一条【夫妻遗产继承权】………………………… 88

第一千零六十二条【夫妻共同财产】…………………………… 93

第一千零六十三条【夫妻个人财产】 ………………………… 102

第一千零六十四条【夫妻共同债务】 ………………………… 106

第一千零六十五条【夫妻约定财产制】 ……………………… 114

第一千零六十六条【婚内分割夫妻共同财产】 ……………… 122

第二节 父母子女关系和其他近亲属关系 / 128

第一千零六十七条【父母与子女间的抚养赡养义务】 …… 128

第一千零六十八条【父母教育、保护未成年子女的权利和义务】 ……………………………………… 132

第一千零六十九条【子女尊重父母的婚姻权利及赡养义务】 ………………………………………… 136

第一千零七十条【遗产继承权】 ……………………………… 138

第一千零七十一条【非婚生子女权利】 ……………………… 141

第一千零七十二条【继父母子女之间权利义务】 ………… 145

第一千零七十三条【亲子关系异议之诉】 ………………… 148

第一千零七十四条【祖孙之间的抚养、赡养义务】 …… 152
第一千零七十五条【兄弟姐妹间扶养义务】 …… 155

第四章　离婚

第一千零七十六条【协议离婚】 …… 160
第一千零七十七条【离婚冷静期】 …… 165
第一千零七十八条【婚姻登记机关对协议离婚的查明】 … 169
第一千零七十九条【诉讼离婚】 …… 172
第一千零八十条【婚姻关系的解除时间】 …… 183
第一千零八十一条【现役军人离婚】 …… 185
第一千零八十二条【男方提出离婚的限制情形】 …… 190
第一千零八十三条【复婚】 …… 192
第一千零八十四条【离婚后子女的抚养】 …… 193
第一千零八十五条【离婚后子女抚养费的负担】 …… 201
第一千零八十六条【探望子女权利】 …… 205
第一千零八十七条【离婚时夫妻共同财产的处理】 …… 210
第一千零八十八条【离婚经济补偿】 …… 214
第一千零八十九条【离婚时夫妻共同债务的清偿】 …… 216
第一千零九十条【离婚经济帮助】 …… 217
第一千零九十一条【离婚损害赔偿】 …… 220
第一千零九十二条【一方侵害夫妻财产的处理规则】 …… 224

第五章　收养

第一节　收养关系的成立 / 230

第一千零九十三条【被收养人的条件】 …… 230
第一千零九十四条【送养人的条件】 …… 236
第一千零九十五条【监护人送养未成年人的情形】 …… 242

第一千零九十六条【监护人送养孤儿的限制及变更监护人】……244
第一千零九十七条【生父母送养子女的原则要求与例外】……247
第一千零九十八条【收养人条件】……250
第一千零九十九条【三代以内旁系同辈血亲的收养】……255
第一千一百条【收养人收养子女数量】……258
第一千一百零一条【共同收养】……262
第一千一百零二条【无配偶者收养异性子女的限制】……264
第一千一百零三条【收养继子女的特别规定】……267
第一千一百零四条【收养自愿原则】……270
第一千一百零五条【收养登记、收养协议、收养公证及收养评估】……273
第一千一百零六条【收养后的户口登记】……279
第一千一百零七条【亲属、朋友的抚养】……281
第一千一百零八条【祖父母、外祖父母优先抚养权】……283
第一千一百零九条【涉外收养】……285
第一千一百一十条【保守收养秘密】……291
第二节 收养的效力 / 294
第一千一百一十一条【收养的效力】……294
第一千一百一十二条【养子女的姓氏】……297
第一千一百一十三条【收养行为的无效】……299
第三节 收养关系的解除 / 303
第一千一百一十四条【收养关系的协议解除与诉讼解除】……303

第一千一百一十五条【养父母与成年养子女解除收养关系】 …… 308
第一千一百一十六条【解除收养关系的登记】 …… 311
第一千一百一十七条【收养关系解除的法律后果】 …… 312
第一千一百一十八条【收养关系解除后生活费、抚养费支付】 …… 315

第六编 继承

第一章 一般规定

第一千一百一十九条【继承编的调整范围】 …… 322
第一千一百二十条【继承权的保护】 …… 324
第一千一百二十一条【继承的开始时间和死亡时间的推定】 …… 327
第一千一百二十二条【遗产的范围】 …… 332
第一千一百二十三条【法定继承、遗嘱继承、遗赠和遗赠扶养协议的效力】 …… 338
第一千一百二十四条【继承和遗赠的接受和放弃】 …… 341
第一千一百二十五条【继承权的丧失】 …… 346

第二章 法定继承

第一千一百二十六条【继承权男女平等原则】 …… 354
第一千一百二十七条【继承人的范围及继承顺序】 …… 357
第一千一百二十八条【代位继承】 …… 369
第一千一百二十九条【丧偶儿媳、女婿的继承权】 …… 374
第一千一百三十条【遗产分配规则】 …… 377

第一千一百三十一条【酌情分得遗产权】 …… 381
第一千一百三十二条【继承的处理方式】 …… 385

第三章 遗嘱继承和遗赠

第一千一百三十三条【遗嘱处分个人财产】 …… 388
第一千一百三十四条【自书遗嘱】 …… 391
第一千一百三十五条【代书遗嘱】 …… 395
第一千一百三十六条【打印遗嘱】 …… 398
第一千一百三十七条【录音录像遗嘱】 …… 400
第一千一百三十八条【口头遗嘱】 …… 402
第一千一百三十九条【公证遗嘱】 …… 406
第一千一百四十条【作为遗嘱见证人的消极条件】 …… 408
第一千一百四十一条【必留份】 …… 411
第一千一百四十二条【遗嘱的撤回与变更】 …… 414
第一千一百四十三条【遗嘱无效的情形】 …… 417
第一千一百四十四条【附义务的遗嘱继承或遗赠】 …… 419

第四章 遗产的处理

第一千一百四十五条【遗产管理人的选任】 …… 422
第一千一百四十六条【法院指定遗产管理人】 …… 427
第一千一百四十七条【遗产管理人的职责】 …… 429
第一千一百四十八条【遗产管理人的责任】 …… 434
第一千一百四十九条【遗产管理人的报酬】 …… 435
第一千一百五十条【继承开始的通知】 …… 436
第一千一百五十一条【遗产的保管】 …… 439
第一千一百五十二条【转继承】 …… 442
第一千一百五十三条【遗产的确定】 …… 445

第一千一百五十四条【按法定继承办理】 …………………… 447
第一千一百五十五条【胎儿预留份】 ………………………… 450
第一千一百五十六条【遗产分割】 …………………………… 452
第一千一百五十七条【再婚时对所继承遗产的处分】 ……… 458
第一千一百五十八条【遗赠扶养协议】 ……………………… 459
第一千一百五十九条【遗产分割时的义务】 ………………… 463
第一千一百六十条【无人继承的遗产的处理】 ……………… 466
第一千一百六十一条【限定继承】 …………………………… 470
第一千一百六十二条【遗赠与遗产债务清偿】 ……………… 472
第一千一百六十三条【既有法定继承又有遗嘱继承、
遗赠时的债务清偿】 ………………… 473

第五编

婚姻家庭

家庭生活关系在民法上称作婚姻家庭关系或亲属关系，调整婚姻家庭关系或亲属关系的民法规范称作婚姻家庭法或亲属法，属于身份法。婚姻家庭法或亲属法规范的婚姻家庭关系是基于两性关系、血缘关系和扶养关系而形成的人与人之间的关系。血缘关系也包括法律拟制血缘关系，这是家庭生活中自然血缘关系的必要补充。

我国的婚姻家庭制度是具有中国特色的社会主义婚姻家庭制度。婚姻家庭立法作为规范婚姻家庭关系的基本准则，涉及家家户户的利益。新中国成立以来，1950 年中央人民政府颁布婚姻法，1980 年第五届全国人大第三次会议通过新的婚姻法，2001 年作了修改。1991 年全国人大常委会通过了收养法，1998 年作了修改。婚姻法、收养法实施以来，对于维护平等、和睦、文明的婚姻家庭关系，保护合法的收养关系发挥了重要作用。

随着经济社会文化的发展，社会主要矛盾的变化，我国进入新的历史时期，婚姻观念、家庭关系也发生了很大变化，婚姻家庭领域也出现了一些新情况。为进一步弘扬夫妻互敬、孝老爱亲、家庭和睦的中华民族传统美德，体现社会主义核心价值观，促进婚姻家庭关系和谐稳定，婚姻家庭编以婚姻法和收养法为基础，在坚持婚姻自由、男女平等、一夫一妻等基本原则和特别保护妇女、未成年人和老年人权益的前提下，结合社会发展的需要，修改了部分规定，并增加了一些新规定。婚姻家庭编共五章、七十九条。

立法过程中，不少意见建议本编称“亲属”。在传统大陆法系民法典中，规定有关婚姻家庭关系的篇章通常称“亲属”，我国台湾地区“民法”第四编即称“亲属”。所以这个意见是有理由的。但是，我国从20世纪50年代颁布婚姻法至今，老百姓已熟悉并习惯称婚姻法、婚姻家庭法，称亲属法则不熟悉、不习惯，所以本编不称“亲属”，而称“婚姻家庭”。

第一章　一般规定

本章为“一般规定”，亦为本编的总则篇。本章共六条，对婚姻家庭编的调整范围、婚姻家庭关系基本原则、禁止的婚姻家庭行为、婚姻家庭道德规范的规定、收养原则以及亲属、近亲属、家庭成员等作了规定。

第一千零四十条　本编调整因婚姻家庭产生的民事关系。

◆ 条文主旨

本条是关于婚姻家庭编调整范围的规定。

◆ 立法背景

一、新中国成立以来有关婚姻家庭立法

（一）从 1950 年婚姻法到 1980 年婚姻法

中华人民共和国成立后，1950 年 4 月 13 日，中央人民政府委员会第七次会议通过了婚姻法，中央人民政府于 1950 年 5 月 1 日颁布了此法。这是新中国制定的首部法律，是进行婚姻家庭制度改革的重大立法步骤。婚姻法的全部内容，为一个基本原则所贯彻，就是废除包办强迫、男尊女卑、漠视子女利益的封建婚姻家庭制度，实行婚姻自主、一夫一妻、男女平等、保护妇女和儿童权益的新民主主义婚姻家庭制度。

1980 年，我国总结了三十年来婚姻法的实施经验和问题，第五届全国人民代表大会第三次会议通过了新的婚姻法。

1950 年和 1980 年两部婚姻法的贯彻实施，给我国人民的婚姻家庭生活带来深刻变革。自主婚姻和男女平等、民主和睦的家庭关系成为社会生活的主导。

（二）收养法的制定与修改

在我国，收养是一个比较常见的社会现象。有不少家庭收养子女。新中国成立之初，1950 年婚姻法就规定了收养。如 1950 年《婚姻法》第 13 条第 1 款规定：“父母对于子女有抚养教育的义务；子女对于父母有赡养扶助的义务；双方均不得虐待或遗弃。”第 2 款规定：“养父母与养子女相互间的关系，适用前项规定。”1980 年《婚姻法》第 20 条规定：“国家保护合法的收养关系。养父母和养子女间的权利和义务，适用本法对父母子女关系的有关规定。养子女和生父母间的权利和义务，因收养关系的成立而消除。”1991 年 12 月 29 日第七届全国人大常委会第二十三次会议通过收养法，同日以第五十四号主席令予以公布，自 1992 年 4 月 1 日起施行。收养法的制定，标志着我国收养制度的全面确立。

1998 年 11 月 4 日第九届全国人大常委会第五次会议通过《关于修改〈中华人民共和国收养法〉的决定》，修改了收养法。修改后的收养法章节未变，增加为三十四条。修改决定的内容有十一项，大多是立法技术方面的修正，完善了条文。最重要的修改是由部分的收养登记改为全面登记。

（三）2001 年婚姻法的修改

第九届全国人大常委会将婚姻法的修改列入立法规划。应该说 1980 年婚姻法实施二十年来，我国婚姻家庭关系总体上是好的。婚姻自主、夫妻平等、尊老爱幼、和睦团结是主流，但在新形势下也出现了一些亟待解决的问题。

第一个问题：1980 年婚姻法规定，夫妻在婚姻关系存续期间所得的财产，归夫妻共同所有，双方另有约定的除外。随着经济的发展，夫妻财产日益丰厚、多样化，财产关系日趋复杂，为了更好地规范夫妻财产关系，应当对夫妻共同财产、个人特有财产和约定财产制作具体规定。

第二个问题：包“二奶”现象。1999 年 6 月全国妇联给全国人大常委会的报告中写道，现实中“重婚纳妾，非法同居，婚外恋数量增多”。有的人包养“二奶”“三奶”甚至“四奶”，有的人公开重婚，妻妾共室。包“二奶”这种丑恶现象，是对一夫一妻制的挑战，它败坏社会风气，影响社会稳定。修改婚姻法应该打击包“二奶”现象，遏制其蔓延势头。

第三个问题：家庭暴力。据全国妇联反映，家庭暴力案件在一些地方呈上升趋势。在“清官难断家务事”的传统观念影响下，司法机关一般不愿介入，对可能酿成恶果的家庭暴力没有给予足够重视。恶性案件发生后往往取证困难，等到对触犯刑律者进行处罚时，妇女权益已被严重侵害无法挽回。

修改 1980 年婚姻法采用修正案方式，而不是废止它。婚姻家庭法的完善分两步走，第一步是对现行婚姻法作适当修改，第二步是将婚姻法、收养法以及其他法律中对亲属关系的规定编纂为民法典中的亲属编或者婚姻家庭编。

2001 年 4 月举行的第九届全国人大常委会第二十一次会议审议通过了《关于修改〈中华人民共和国婚姻法〉的决定》。

二、民法典婚姻家庭编的编纂

这次的民法典编纂是 2014 年 10 月十八届四中全会提出，2015 年正式启动的。2017 年 3 月第十二届全国人大第五次会议审议通过民法总则之后，集中精力进行各分编的修改工作。2018 年

8月，第十三届全国人大常委会第五次会议整体审议了民法典各分编草案，婚姻家庭编为其中一编。涉及婚姻家庭编的意见主要是有关婚龄、夫妻债务、亲子认定、离婚后对子女的探望权、收养的条件和收养异性子女等方面。2019年6月，第十三届全国人大常委会第十一次会议审议婚姻家庭编（草案二审稿）。审议意见主要涉及婚龄、患病情况婚前告知义务、无效或者被撤销婚姻无过错方的损害赔偿请求权、隔代探望权等。2019年10月，第十三届全国人大常委会第十四次会议审议民法典婚姻家庭编（草案三审稿）。审议意见主要涉及近亲属的范围、骗取结婚登记的效力、违反患重大疾病婚前告知义务的撤销机关等。2019年12月，第十三届全国人大常委会第十五次会议审议《中华人民共和国民法典（草案）》。会议决定将《中华人民共和国民法典（草案）》提请第十三届全国人大第三次会议审议。2020年5月28日，第十三届全国人大第三次会议审议并高票通过了《中华人民共和国民法典》，婚姻家庭编为其中第五编。

◆ **条文解读**

一、婚姻家庭法的立法例

婚姻家庭法，或称亲属法，是调整婚姻、亲属间权利义务关系的法律。它主要规定婚姻、亲属间身份关系的产生、变更和消灭，以及基于这种关系而产生的民事权利和义务。婚姻家庭法涉及家家户户，关系每一位公民的切身利益。

婚姻家庭法的立法例，境外大致有四种形式：一是法国式。将婚姻家庭法的基本内容编制在民法典的人法中，并在民法典的财产取得法中规定夫妻财产制。法国、意大利等国采此式。二是德国式。在民法典中列亲属为一编。德国、瑞士、日本、韩国等国和我国台湾地区“民法”取此例。三是英国式。由若干个单行法共同组成婚姻家庭法。英美法系国家多采此式。四是俄国式。单独制定了婚姻家庭法典，如俄罗斯。

婚姻家庭法属于民法。婚姻家庭法在其发展沿革中，逐步形成自己的体例，完善了自身的内容。《拿破仑法典》中，婚姻家庭法包括结婚、离婚、夫妻财产制、血缘关系、收养、亲权、监护等内容。《德国民法典》亲属编和《瑞士民法典》亲属编的体例均分为婚姻、亲属、监护三部分。《日本民法典》亲属编包括亲属范围、亲等的计算、婚姻、父母子女、亲权、监护、扶养等内容。《韩国民法典》亲属编包括婚姻、父母子女、监护、扶养、户主、家庭会议等内容。《俄罗斯联邦民法典》婚姻家庭编分为总则，婚姻，家庭，户籍，婚姻家庭立法对外国人、无国籍等人的适用和外国婚姻家庭法、国际条约、国际协定的适用五编。我国台湾地区“民法”亲属编包括婚姻、父母子女、监护、扶养、家、亲属会议等内容。从以上大致可以看出，亲属法通常包括亲属范畴、亲等的计算方法、婚姻、收养、亲属间的权利义务关系、监护、涉外亲属关系的法律适用等内容。

在民法典出台之前，我国婚姻家庭法或者亲属法的内容分散在各单行法律之中。亲属法的主要内容含于民法通则、婚姻法、收养法、继承法之中。民法通则规定了监护和涉外亲属关系的法律适用，婚姻法规定了婚姻家庭关系的准则，收养法规定了收养关系的基本内容，《继承法》第 10 条中规定了亲属范畴的重要内容。这些共同构成我国的亲属法。现在我国制定了民法典，专设婚姻家庭编，属于传统亲属法的绝大部分内容规定在婚姻家庭编，监护部分规定在民法典总则编第二章“自然人”中。

二、婚姻与家庭

婚姻是男女两性的结合，这种结合形成当时社会制度所确认的夫妻关系。婚姻从不同角度，有多种分类。例如，依婚姻史，分为乱婚、群婚、对偶婚和一夫一妻制婚。依结婚是否为要式行为，分为法律婚、宗教婚和事实婚。依结婚是否出于当事人的意愿，分为自主婚和买卖婚、包办婚、胁迫婚、抢夺婚。依男娶女嫁还是男到女家，分为聘娶婚和赘婚。依婚姻当事人之间有无亲属关系，分为中表婚、远亲婚和非亲婚。依当事人结婚时的年龄，分为童婚、早婚和晚婚。依结婚的次数，分为初婚和再婚。依当事人是否同时具有数个婚姻关系，分为单婚和重婚。依婚姻是否具有法律效力，分为有效婚和无效婚。依婚姻是否为男女异性间的行为，分为两性婚和同性婚。

家庭，或可称家，为以永久共同生活为目的而同居的亲属团体。在氏族社会，个人和家族无独立人格，只有氏族才具有人格，氏族是以共同祖先而结合的血缘团体。进入阶级国家时代，氏族消失代之以宗族，进入宗法时代。宗族的特征是父系父权父治、族外婚、长子继承制。虽然宗族内也有家族，但家族无人格。封建制度崩溃，宗法时代结束，宗族渐变为大家族制度。大家族制度，家族为独立经济主体，家长统家政。大家族制度之下，农户虽依附家族，但独立为户，有编户制度。随着经济社会的发展，大家族制崩溃，进入小家族制，农户通常已不再依附于家族而成为独立家庭。在封建时代，中西方普遍存在家长制。进入资本主义时代之后，社会生活和家庭结构发生重大变化，家长制逐渐消失，在大陆法系国家旧民法中仍有家长制的相关规定，现在的新民法基本上已没有相关规定。但我国台湾地区“民法”仍有相关规定。

现代家庭多是以父母子女为中心的“核心家庭”。家长制已不存在。现代家庭男女平等、夫妻平等，“家长”一词通常是指小孩子的父母。每户有“户主”，通常只用于户口登记。过去的四世同堂、五世同堂的大家庭现在已很少有。“家”与“家庭”

概念的异同在现代汉语中已与过去不同。“家”通常与居所户籍相连，一人亦可成家。“家庭”则是指家庭成员的团体。通常来说，婚姻是家庭成立的基础前提，因此“家庭”也称“婚姻家庭”。因婚姻产生“婚姻关系”，因家庭产生“家庭关系”，合称“婚姻家庭关系”。“婚姻家庭关系”是民事关系，受民法调整。本条表述为：“本编调整因婚姻家庭产生的民事关系。”家庭成员之间是亲属，所以“婚姻家庭关系”也可称为“亲属关系”，为夫妻关系、父母子女关系和其他亲属关系。

第一千零四十一条　婚姻家庭受国家保护。

实行婚姻自由、一夫一妻、男女平等的婚姻制度。

保护妇女、未成年人、老年人、残疾人的合法权益。

◆ 条文主旨

本条是关于婚姻家庭关系基本原则的规定。

◆ 立法背景

本条规定了婚姻家庭关系的几个基本原则，包括婚姻家庭受国家保护的原则、婚姻自由原则、一夫一妻制原则、男女平等原则和保护妇女、未成年人、老年人、残疾人合法权益的原则。

需要说明的是，《婚姻法》第 2 条第 2 款的表述是“保护妇女、儿童和老人的合法权益”。这里将“儿童”改为“未成年人”，将“老人”改为“老年人”。“老人”与“老年人”同义，但称“老年人”较为正式，我国有“老年人权益保障法”，法律用词统一为宜。“儿童”在汉语中是个年龄不确定的概念，如《现代汉语词典》释“儿童”为“较幼小的未成年人（年纪比

'少年'小)"。医学界将儿童规定为14岁以下作为医学观察年龄段，但也不能据此确定儿童就是14岁以下的人。我国有未成年人保护法，"未成年人"是个年龄确定的概念，就是指不满18周岁的人。我国批准参加的《儿童权利公约》界定"儿童"是指18岁以下的任何人，公约的"儿童"概念和我国汉语的概念不同，按照该公约要特别保护未成年人。所以，仅规定保护"儿童"，还有一部分应当保护的未成年人没有包括在内，因此"儿童"改为"未成年人"为宜。

◆ **条文解读**

一、婚姻家庭受国家保护的原则

婚姻家庭受国家保护，首先是一项宪法原则。我国《宪法》第49条规定："婚姻、家庭、母亲和儿童受国家的保护。"民法要落实这一宪法原则。我国1986年的《民法通则》第104条第1款规定："婚姻、家庭、老人、母亲和儿童受法律保护。"2017年的《民法总则》第112条规定："自然人因婚姻、家庭关系等产生的人身权利受法律保护。"这些规定都是宪法原则的具体化表述。我国的婚姻法是婚姻家庭的专门立法，更是宪法原则的具体化。《婚姻法》第2条第2款规定："保护妇女、儿童和老人的合法权益。"不少意见认为，婚姻法应当更为明确地规定、体现宪法保护婚姻家庭的原则。这次民法典的制定过程中，有些代表提出，民法典草案物权编、合同编、人格权编、继承编都在"一般规定"一章中规定了物权、合同、人格权、继承权受国家或者法律保护的内容，建议在婚姻家庭编的"一般规定"一章也增加类似规定，既有利于体现国家对婚姻家庭的重视和保护，也有利于各编体例的统一。经研究采纳这一意见，依据宪法的规定，在本条中增加一款作为第1款规定："婚姻家庭受国家保护。"

二、婚姻自由原则

婚姻自由又称婚姻自主，是指婚姻当事人享有自主地决定自己的婚姻的权利。婚姻当事人按照法律规定，有权基于本人的意志，自主自愿地决定自己的婚姻问题，不受他人的干涉和强制。

婚姻自由包括结婚自由和离婚自由。结婚自由，就是结婚须男女双方本人完全自愿，禁止任何一方对他方加以强迫，禁止任何组织或者个人加以干涉。保障婚姻自由，是为使男女双方能够依照婚姻家庭法的规定，基于自己的意愿结成共同生活的伴侣，建立幸福美满的家庭。所谓离婚自由，是指婚姻关系当事人有权自主地处理离婚问题。双方自愿离婚的，可以协商离婚。一方要求离婚的，可以诉至法院解决。保障离婚自由，是为使无法维持的婚姻关系得以解除，当事人免受婚姻名存实亡的痛苦。结婚自由和离婚自由是统一的，二者相互结合缺一不可。

婚姻自由既与包办、买卖婚姻相对立，又与轻率地对待婚事毫无共同之处。实行婚姻自由，并不是一个人在自己的婚姻问题上可以随心所欲，放任自流，想结就结，想离就离，而是必须依照法律的规定处理婚姻大事。每一个自然人都应当在法律规定的范畴内正确行使婚姻自由的权利。

三、一夫一妻制原则

一夫一妻制是一男一女结为夫妻的婚姻制度。也就是说，一个男人只能娶一个妻子，一个女人只能嫁一个丈夫，不能同时与两个以上的人缔结婚姻。一夫一妻制是社会主义婚姻制度的基本原则，是在婚姻关系上实现男女平等的必要条件，也是男女真心相爱、建立美满婚姻的要求。

婚姻为男女的结合。在婚姻家庭编征求意见的过程中，有意见提出在婚姻家庭编中规定同性婚姻。我国实行的一夫一妻制是一男一女结合为夫妻的婚姻制度，这是整个婚姻制度的基石，是千百年来传承下来的，是符合我国文化传统和现实国情的。同性婚姻难以被广大社会公众接受和认可。目前世界上绝大多数国家都不承认同性婚姻的合法性。因此，本编维持婚姻法一夫一妻制的规定。

四、男女平等原则

男女平等，是指妇女在政治、经济、文化、社会和家庭生活各个方面，有同男子平等的权利和义务。男女平等是婚姻家庭法的一项基本原则，根据这个原则，男女两性在婚姻关系和家庭生活的各个方面，均平等享有权利，平等承担义务。婚姻家庭法中男女平等原则在内容上较为广泛，它包括：男女双方在结婚、离婚问题上的权利义务是平等的，夫妻双方在家庭中的地位是平等的，其他男女家庭成员之间的权利义务也是平等的。夫妻间、其他家庭成员间的平等关系，是我国男女两性法律地位平等在婚姻家庭领域中的体现，它是建立美满的婚姻关系和发展和睦的家庭生活的重要保障。

五、保护妇女、未成年人、老年人、残疾人合法权益的原则

保护妇女、未成年人、老年人、残疾人的合法权益，是婚姻家庭法的一项重要原则。

保护妇女的合法权益和实行男女平等是一致的。社会主义制度使妇女获得了同男子平等的权利，但重男轻女的习俗不可能在短时期内完全消除。因此，法律不仅要规定男女平等，还要根据生活的实际情况，对妇女的合法权益给予特殊的保护。本编中规定保护妇女的内容十分广泛。如本编特别规定“女方在怀孕期间、分娩后一年内或者终止妊娠后六个月内，男方不得提出离婚”。特别保护妇女合法权益，对于促进妇女的彻底解放，发挥她们在现代化建设中的“半边天”作用，有着重要意义。

保护未成年人，就是保护国家的未来。为了孩子的健康成长，本法规定：父母对未成年子女负有抚养、教育和保护的义务。离婚后，父母对于子女仍有抚养、教育和保护的义务。保障婚生子女、非婚生子女、养子女、继子女的权益。禁止借收养名义买卖未成年人。总则编为未成年人设立监护制度。这些都是对未成年人的法律保护。抚育子女，是父母不可推诿的天职。父母要关心子女的身心健康，履行抚养职责，使子女在德智体美诸方面全面发展。民法典还规定了对未成年人的特别保护。本编规定，收养应当遵循最有利于被收养人的原则；还规定，对离婚后子女的抚养，父母双方协议不成的，由人民法院按照最有利于未成年子女的原则判决。这些都体现了未成年人利益最大化的原则。

保护老年人的合法权益，是社会主义家庭的重要任务。赡养老年人，是我国人民的美德。父母为了子女的健康成长，长期付出了辛勤的劳动，尽了自己的职责。当他们年老多病，丧失劳动能力或生活发生困难的时候，子女就要承担起赡养的义务。社会主义社会的赡养与封建的孝道，有着本质的不同。在社会主义制度下，对老年人的生活照顾，首先是由国家、集体承担的，但国家、集体的物质帮助，不能取代家庭成员对老年人的赡养责任。作为子女要自觉履行赡养义务，尊老养老，使老年人安度晚年。

这次编纂民法典，特别增加了规定保护残疾人的原则。特殊保护残疾人历来是我国宪法法律的一个基本原则。《宪法》第 45 条中规定："中华人民共和国公民在年老、疾病或者丧失劳动能力的情况下，有从国家和社会获得物质帮助的权利。国家发展为公民享受这些权利所需要的社会保险、社会救济和医疗卫生事业。""国家和社会帮助安排盲、聋、哑和其他有残疾的公民的劳动、生活和教育。"《残疾人保障法》第 3 条规定："残疾人在政治、经济、文化、社会和家庭生活等方面享有同其他公民平等的权利。"第 9 条规定："残疾人的扶养人必须对残疾人履行扶养义务。"

“残疾人的监护人必须履行监护职责，尊重被监护人的意愿，维护被监护人的合法权益。”“残疾人的亲属、监护人应当鼓励和帮助残疾人增强自立能力。” “禁止对残疾人实施家庭暴力，禁止虐待、遗弃残疾人。”我国有四五十部法律在相关条款中规定了保护残疾人权益的内容。保护残疾人也是民事法律的一个基本原则。《民法通则》第104条中规定：“残疾人的合法权益受法律保护。”本法总则编规定了适用于对残疾人保护的监护制度，第128条还特别规定：“法律对未成年人、老年人、残疾人、妇女、消费者等的民事权利保护有特别规定的，依照其规定。”民法典婚姻家庭编作为家庭生活的基本规范，也应当突出对残疾人权益的特别保护。保护残疾人权益符合婚姻家庭规范的特点和立法目的，体现了婚姻家庭的功能。保护残疾人婚姻家庭权益，能够促进家庭和谐安定，也体现了公平和正义。家庭是人的主要生活场所，是人生的避风港，更是残疾人的主要生活场所和避风港。家庭对残疾人的关爱、关照和保护是一切社会福利政策不能取代的。因此，本条增加规定特殊保护残疾人的合法权益。

第一千零四十二条 禁止包办、买卖婚姻和其他干涉婚姻自由的行为。禁止借婚姻索取财物。

禁止重婚。禁止有配偶者与他人同居。

禁止家庭暴力。禁止家庭成员间的虐待和遗弃。

◆ **条文主旨**

本条是关于禁止的婚姻家庭行为的规定。

◆ **立法背景**

本条对婚姻家庭中的禁止行为作了明确具体的规定。

◆ 条文解读

一、禁止包办、买卖婚姻和其他干涉婚姻自由的行为，禁止借婚姻索取财物

坚持婚姻自由原则，就要反对包办婚姻和买卖婚姻等，禁止借婚姻索取财物。

包办婚姻，是指第三人违反婚姻自主的原则，包办强迫他人婚姻的违法行为。买卖婚姻，是指第三人以索取大量财物为目的，强迫他人婚姻的违法行为。买卖婚姻往往表现为第三人向男方要嫁女的身价以及贩卖妇女与人为妻。借婚姻索取财物，是指除买卖婚姻以外的其他以索取对方财物为结婚条件的违法行为。

包办婚姻和买卖婚姻都是违反婚姻自由的原则、强迫他人婚姻的行为。它们的区别在于是否以索取钱财为目的。包办婚姻、买卖婚姻是和社会主义婚姻制度根本不相容的，必须坚决禁止。其他干涉婚姻自由的行为也在法律禁止之列。对于以暴力干涉他人婚姻自由的人和拐卖妇女的人贩子，要严加惩办。

买卖婚姻和借婚姻索取财物都是以索取一定数量的财物为结婚的条件，二者的区别是：买卖婚姻是把妇女的人身当作商品，索取嫁女的身价或者贩卖妇女，包办强迫他人的婚姻；借婚姻索取财物，则不存在包办强迫他人婚姻的问题。借婚姻索取财物有多种表现，例如，双方婚事基本上是自愿的，但女方认为不要彩礼就降低了“身价”，于是就向男方要许多财物。又如，有的女方父母向男方索取一定财物，作为同意女儿出嫁的条件。借婚姻索取财物的行为往往给当事人的婚姻和婚后生活带来困难，也腐蚀了人们的思想，败坏了社会风气，故亦为婚姻法所禁止。至于父母、亲友或者男女双方出于自愿的帮助、赠与，则不能认为是买卖婚姻和借婚姻索取财物的行为，因为这种赠与不是婚姻成立的条件。

二、禁止重婚

实行一夫一妻制就必须反对重婚。《刑法》第 258 条规定："有配偶而重婚的，或者明知他人有配偶而与之结婚的，处二年以下有期徒刑或者拘役。"所谓重婚，是指有配偶的人又与他人结婚的违法行为，或者明知他人有配偶而与他人登记结婚的违法行为。有配偶的人，未办理离婚手续又与他人登记结婚，即是重婚；虽未登记结婚，但事实上与他人以夫妻名义而公开同居生活的，也构成重婚。明知他人有配偶而与之登记结婚，或者虽未登记结婚，但事实上与他人以夫妻名义同居生活，同样构成重婚。不以夫妻名义共同生活的姘居关系，不能认为是重婚。法律明令禁止重婚，对于重婚的，不仅要解除其重婚关系，还应追究犯罪者的刑事责任。

三、禁止有配偶者与他人同居

除重婚外，其他有配偶者与他人同居的行为也在禁止之列。其他有配偶者与他人同居的行为指有配偶者与第三人未以夫妻名义共同生活，如姘居关系。在有些地方"包二奶"、养情人现象呈增多趋势，已严重破坏一夫一妻的婚姻制度，严重违背社会主义道德风尚，败坏社会风气，导致家庭破裂，甚至发生情杀、仇杀、自杀事件，严重影响社会安定。2001 年修改婚姻法时，增加规定禁止有配偶者与他人同居，同时增加规定有配偶者与他人同居导致离婚的，无过错方有权请求损害赔偿。对于其他违反一夫一妻制的行为，由于情况比较复杂，还应当通过党纪、政纪、道德、教育等多种手段、多种渠道予以解决。这样规定，有利于加大对上述现象的遏制力度，更好地保护受害人的合法权益，切实维护一夫一妻的婚姻制度。

四、禁止家庭暴力，禁止家庭成员间的虐待和遗弃

建立和维护平等、和睦、文明的婚姻家庭关系，就必须禁止家庭成员间的虐待和遗弃，禁止一切形式的家庭暴力。

家庭成员间的虐待，是指用打骂、冻饿、有病不给治疗等方法摧残、折磨家庭成员，使他们在肉体上、精神上遭受痛苦的行为。虐待家庭成员，破坏了家庭的和睦生活，违背了社会主义道德准则，亦为法律所不容。虐待家庭成员，情节恶劣的，即构成虐待罪，要受刑法所制裁。

除禁止家庭成员的虐待外，也要禁止其他形式的家庭暴力。将家庭暴力含于虐待中禁止，还是禁止一切形式的家庭暴力，曾是立法过程中有争议的问题。考虑到虐待和家庭暴力虽有重合之处，但虐待不能包括有的家庭暴力行为，如夫妻之间吵架，丈夫一怒之下失手打死妻子，像这种行为，属于家庭暴力，但不属于虐待，在刑法上适用过失杀人罪，不适用虐待罪。因此，单独规定禁止家庭暴力。

家庭成员间的遗弃，是指对于年老、年幼、患病或其他没有独立生活能力的人，负有赡养、抚养或扶养义务的人不履行其义务的行为。家庭成员间的遗弃，主要包括子女不履行赡养义务而遗弃老人，父母不履行抚养义务而遗弃子女，丈夫不履行扶养义务而遗弃妻子或者妻子不履行扶养义务而遗弃丈夫等行为。遗弃家庭成员是极端个人主义思想的反映，是违反社会公德的可耻行为。遗弃家庭成员情节恶劣构成遗弃罪的，要依法承担刑事责任。

第一千零四十三条 家庭应当树立优良家风，弘扬家庭美德，重视家庭文明建设。

夫妻应当互相忠实，互相尊重，互相关爱；家庭成员应当敬老爱幼，互相帮助，维护平等、和睦、文明的婚姻家庭关系。

◆ 条文主旨

本条是关于婚姻家庭道德规范的规定。

◆ 立法背景

本法总则编第1条规定了“弘扬社会主义核心价值观”。这是社会主义核心价值观与现代民法精神相辅相成、相得益彰的重要体现，也是新时代推进“德法共治”建设的具体举措。在民法领域一要贯彻法治，二要贯彻德治。在婚姻家庭领域，调整婚姻家庭关系，要特别强调弘扬社会主义核心价值观，特别强调法治和德治的结合，两者相辅相成、相互促进、缺一不可。

婚姻家庭关系十分复杂，涉及的保障自然人人身权、财产权，维护社会主义秩序等问题应当依靠法治的权威性和强制性手段以规范人们的行为来解决；涉及的思想品行、生活习俗等问题应当依靠德治的感召力和劝导力提高人们的思想认识和道德觉悟来解决。树立正确的世界观、人生观、价值观，实行继承优良传统与弘扬时代精神相结合，遵行社会主义核心价值观。尊重个人合法权益与承担社会责任相统一，努力形成健康和谐、积极向上的思想道德规范。大力倡导树立优良家风，弘扬家庭美德，加强家庭文明建设，如倡导尊老爱幼、男女平等、夫妻和睦、勤俭持家、邻里团结等优良家风和家庭美德，建立文明家庭。这些对于建立和维护平等、和睦、文明的婚姻家庭关系是至关重要的，也是法治所不能包办代替的。因此，婚姻家庭法，必须弘扬社会主义核心价值观，坚持法治和德治相结合。

◆ 条文解读

编纂民法典婚姻家庭编，就要把弘扬社会主义核心价值观融入其中。民法典婚姻家庭编作为调整因婚姻家庭产生的民事关系的专编，必须大力弘扬社会主义核心价值观，大力弘扬夫妻互敬、孝老爱亲、家庭和睦的中华民族传统家庭美德，建立和维护平等、和睦、文明的婚姻家庭关系。在立法过程中，也有很多意见认为，为更好地贯彻落实习近平总书记关于加强家庭文明建设的讲话精神，更好地体现社会主义核心价值观，应当增加有关树立良好家风、弘扬家庭美德和建设文明家庭的规定。所以本条第 1 款规定："家庭应当树立优良家风，弘扬家庭美德，重视家庭文明建设。"

家风作为一个家庭的风气、风格与风尚，为家庭成员树立了无形的却又无处不在的价值准则。优良的家风支撑着家庭的和谐与平安，塑造着家庭成员的高尚品格和良好行为。传承和弘扬中华民族传统家庭美德，为家庭文明建设注入新的时代精神。家风同样是社会风气的重要组成部分，家风正则民风淳，好家风促进社会好风气。近年来，不少被查处领导干部的违纪违法问题都是因为不重视家风建设，对配偶子女失管失教。所以，家风建设意义重大。作为调整婚姻家庭关系的民法典婚姻家庭编，就要旗帜鲜明地倡导优良家风建设、文明家庭建设，使婚姻家庭道德规范法律化。

《婚姻法》第 4 条规定："夫妻应当互相忠实，互相尊重；家庭成员间应当敬老爱幼，互相帮助，维护平等、和睦、文明的婚姻家庭关系。"有的意见认为，夫妻之间除应互相忠实、互相尊重外，还应当互相关爱。经研究，我们采纳了这一意见，在表述中增加"互相关爱"，作为本条第 2 款，修改为："夫妻应当互相忠实，互相尊重，互相关爱；家庭成员应当敬老爱幼，互相帮助，维护平等、和睦、文明的婚姻家庭关系。"树立优良家风，弘扬家庭美德，重视家庭文明建设，不是一句空话，夫妻之间、家庭成员之间都必须遵守我国的基本道德规范，坚持社会主义核心价值观。这一规定对于树立优良家风，弘扬家庭美德，建立和维护平等、和睦、文明的婚姻家庭关系具有强有力的推动作用。婚姻以夫妻共同生活为目的，夫妻双方应当互相忠实，互相尊重，互相关爱。家庭成员之间应当敬老爱幼，互相帮助。家庭是社会的细胞，家庭和睦是社会安定的重要基础。要提倡文明婚俗，勤俭持家，互爱互助，邻里团结，共同建立和维护平等、和睦、文明的婚姻家庭关系。

第一千零四十四条 收养应当遵循最有利于被收养人的原则，保障被收养人和收养人的合法权益。

禁止借收养名义买卖未成年人。

◆ **条文主旨**

本条是关于收养原则的规定。

◆ **立法背景**

本条来自《收养法》第2条和第20条。《收养法》第2条规定："收养应当有利于被收养的未成年人的抚养、成长，保障被收养人和收养人的合法权益，遵循平等自愿的原则，并不得违背社会公德。"《收养法》第20条规定："严禁买卖儿童或者借收养名义买卖儿童。"这次编纂民法典，将这两条合并修改为一条，作为原则条款规定在第一章中。"最有利于被收养人的原则"的根据是《儿童权利公约》的儿童利益最大化原则，我国是公约参加国，应当贯彻公约规定的原则。收养法规定的"平等自愿原则""不得违背社会公德"，本法总则编有规定，这里不再重复规定。"买卖儿童"的问题由其他有关法律规定，这里也不再重复规定。

◆ **条文解读**

收养应当最有利于被收养的未成年人，这是收养的最高指导原则。从收养制度的发展史上看，收养目的为何，有一个演变过程。收养产生之初，是为氏族的兴旺而收养，此称“为族之收养”。恩格斯在《家庭、私有制和国家的起源》中说：“氏族可以收养外人入族，并用这个办法吸收他们为整个部落的成员。这样，未杀死的俘虏，由于被一个氏族收养入族，就成为塞讷卡部落的成员，从而获得了氏族和部落的一切权利。收养外人入族的事情，是根据氏族的个别成员的提议而实行的：男子可以提议收养外人为兄弟或姊妹；女子可以提议收养外人为自己的孩子；为了确认这种收养，必须举行入族典礼。某些因特殊情形而人丁不旺的氏族，常常由于大批收养别一氏族（得到它的同意）的人入族而重新兴旺起来。在易洛魁人中间，入族典礼是在部落议事会公共集会上举行的，实际上已经把它变为一种宗教仪式。”“对于低级阶段的野蛮人来说，奴隶是没有用处的。所以，美洲印第安人处置战败敌人的办法，与较高发展阶段上的人们的处置办法，完全不同。男子被杀死或者当作兄弟编入胜利者的部落；妇女则作为妻子，或者把她们同她们残存的子女一起收养入族。”恩格斯描绘了氏族的收养。阶级产生后，宗法制度下的收养是为了延续宗嗣，此称“为宗之收养”或曰“为家之收养”。此种收养的特征是仅家长享有收养权。随着宗法制度的废弛，人们的血统观念逐渐淡漠，资本主义初期出现了“为亲之收养”，人们为了养儿防老、增加劳动力、慰娱晚景而收养，这时的收养强调保护养父母的利益。两次世界大战的爆发，造成大批孤儿、流浪儿的悲惨后果，收养由此转向拯救幼孤，开始了“为子的收养”。扶助幼孤，保护被收养的儿童，这一宗旨延续至今。当今与两次世界大战时期不同的是，生父母不愿抚养非婚生子女、残疾子女和弃婴的情形在增多，为了这些孩子，收养法依然以保护被收养的未成年人的利益为最高准则。如《德国民法典》第 1741 条中规定：“如果收养有益于子女的幸福并且可以期待收养人与子女之间产生父母子女关系，许可收养。”《瑞士民法典》第264条中规定：“收养人对养子女最少已抚育两年，并且可推定建立子女关系有利于养子女，又不致因此影响养父母的其他子女的地位，始得收养子女。”我国台湾地区“民法”第1071条之一规定：“法院为未成年人被收养之认可时，应依养子女最佳利益为之。”这些都表明，现代收养制度仍以保护被收养的未成年人为最主要宗旨。

我国收养法亦强调被收养的未成年人的权利，收养法规定“收养应当有利于被收养的未成年人的抚养、成长”，本条规定“收养应当遵循最有利于被收养人的原则”。这一原则是贯穿于整个收养规定之中的。如本编第1093条规定，丧失父母的孤儿、查找不到生父母的未成年人（包括弃婴）和生父母有特殊困难无力抚养的子女这三种未成年人可以被收养，这些儿童若不被收养，可能影响他们的健康成长。又如本编第1100条规定，收养孤儿、残疾未成年人或者儿童福利机构抚养的查找不到生父母的未成年人，不受收养人“无子女或者只有一名子女”条件的限制。本编第1107条规定：“孤儿或者生父母无力抚养的子女，可以由生父母的亲属、朋友抚养；抚养人与被抚养人的关系不适用本章的规定。”这是以法律形式对我国扶助幼孤的优良传统予以肯定，以适应社会上多种情形的需要。孩子的父母双亡，或者父母有特殊困难无力抚养子女，父母的亲属、朋友就可以抚养这些孩子，使他们得到家的温暖。这种抚养关系不产生收养关系的权利义务。抚养人与被抚养人的关系称谓不变，不产生父母子女间的权利义务关系。

婚姻家庭法的收养规定在突出保护被收养的未成年人的同时，也兼顾保护收养人的利益。所以本条规定“保障被收养人和收养人的合法权益”。收养关系的当事人主要包括收养人、被收养人。

除保护被收养人外，收养人的权利也要维护。国家设立收养制度，可以使某些无父无母的孤儿，以及由于某种原因不能随父母生活的儿童，得到家的温暖，在养父母的抚育下健康成长。同时，也满足某些无子女的人希望得到子女的合理愿望，他们通过收养子女，得到生活上的安慰，并在年老时有所依靠。被收养人和收养人的权利义务是统一的，收养人抚育被收养人，使之幼有所育；收养人年迈时，被收养人就应当尽赡养义务，使之老有所养。收养法维护被收养人和收养人双方的利益，但重在保护被收养人的权利。最有利于被收养的未成年人的原则与有利于收养人的原则在收养关系中并不是并行的，前者为主，后者为辅。

被收养的儿童不是商品，不容买卖。借收养名义买卖儿童实质是买卖而不是收养，必须旗帜鲜明地反对并予以禁止。所以本条第2款规定："禁止借收养名义买卖未成年人。"《收养法》第31条中还规定："出卖亲生子女的，由公安部门没收非法所得，并处以罚款；构成犯罪的，依法追究刑事责任。"买卖儿童的行为是严重的犯罪行为，不是民事行为，我国已有相关刑事法律的规定，可依这些法律予以制裁。民事法律不宜重复规定刑事规范，《收养法》第31条的上述内容本编没有规定。

第一千零四十五条　亲属包括配偶、血亲和姻亲。

配偶、父母、子女、兄弟姐妹、祖父母、外祖父母、孙子女、外孙子女为近亲属。

配偶、父母、子女和其他共同生活的近亲属为家庭成员。

◆ 条文主旨

本条是关于亲属、近亲属与家庭成员的规定。

◆ 立法背景

亲属、近亲属与家庭成员是婚姻家庭法律中的基本概念，民法典之前的法律对此没有作出专门规定，为便于司法实践适用，本条作了规定。

◆ 条文解读

一、亲属及其种类

亲属为有血缘关系或者婚姻关系的人。血缘关系中包括法律拟制的血缘关系如收养形成的父母子女关系。在有些国家如德国、瑞士、意大利，“亲属”一词不包括配偶，仅指血亲和姻亲，配偶是单独一种。如《德国民法典》在“婚姻”一章规定配偶，在“亲属”一章规定其他亲属。学术上亲属有广义和狭义之分。我们与日本、韩国和我国台湾地区“民法”一致，都采取广义的亲属概念，包括配偶、血亲和姻亲。但在对配偶的分类上，学术上也有分歧。一种意见认为，配偶不能成为亲属的单独一类，配偶应属于姻亲。研究认为，现代亲属法以男女平等为原则，男女结婚后人格独立，平等享有权利、承担义务。配偶在亲属关系中处于核心地位，位居近亲属的首位。因此，配偶应作为单独一类而且作为首位与血亲、姻亲并列。本条第1款明确规定：“亲属包括配偶、血亲和姻亲。”

1. 配偶

男女因结婚互称配偶。配偶，亦即夫妻，是男女因结婚而形成的亲属关系。配偶在亲属关系中具有重要的特殊地位。与血亲、姻亲相比，配偶之间无亲系、亲等之说。没有男女结婚及夫妻生育的事实，便不能形成血亲关系。没有婚姻的中介，也不能形成姻亲关系。配偶是产生血亲和姻亲的基础，是亲属的独立类型。结婚是发生配偶关系的法律事实。结婚必须是一男一女结婚，同性之间不能结婚。外国有少数承认同性婚姻，还有一些国家给予同性以“生活伴侣”等称呼的登记，承认同居生活的状态。我国同世界上大多数国家一样，不承认同性婚姻。

2. 血亲

血亲是指因自然的血缘关系而产生的亲属关系，也包括因法律拟制而产生的血亲关系。有自然血缘联系的亲属，称为自然血亲；因法律拟制的抚养关系而形成的亲属，称为拟制血亲。

亲生父母子女、祖孙、曾祖孙等之间，为直系血亲。养父母子女、有抚养关系的继父母子女之间，为拟制直系血亲。

同胞、半同胞兄弟姐妹，堂、表兄弟姐妹，伯、叔、姑、舅、姨与侄（女）、甥（女）之间为旁系血亲。拟制直系血亲关系的一方与对方的旁系血亲之间，为拟制旁系血亲。

自然血亲关系因出生而发生，因死亡而终止。拟制血亲关系因收养或者继父母与继子女形成抚养关系而发生，因一方死亡或者养父母子女关系、继父母子女关系依法解除而终止。“直系”“旁系”的“系”指亲系，亲系指亲属间的联系脉络。除配偶外，在血亲和姻亲之间都有一定的亲系可循。姻亲的亲系准用配偶一方与其血亲的亲系。亲属法根据亲属血缘联系的直接与否，将血亲的亲系分为直系血亲和旁系血亲。直系血亲，是指彼此之间有着直接血缘联系的血亲，己身所出和己身所从出的亲属，即生育自己和自己所生育的上下各代亲属，如父母子女、祖父母与孙子女、外祖父母与外孙子女。旁系血亲，是指与自己有着共同血缘，但彼此之间没有直接生育关系的血亲，如同胞兄弟姐妹之间、堂表兄弟姐妹之间、伯叔姑与侄（女）之间、舅姨与甥（女）之间。血亲是根据自然生殖，以出生的事实引起的存在遗传上的血缘关系的亲属。但法律意义上的血亲，还包括拟制血亲。拟制血亲，是指养父母子女关系、有抚养关系的继父母子女关系，以及非亲生子女与父母其他血亲的关系。拟制血亲是社会的需要，其与自然血亲的社会关系属性几无差别，所以需要法律的认可与规范。

3. 血亲的亲等

血亲亲属之间的血缘联系有远有近，权利义务关系不同，所以需要确定，这就需要确定表示的方法。这种方法就是亲等及其亲等的计算。亲等是表示血亲间血缘关系远近的单位，是计算亲属之间亲疏远近的单位。即一世代为一亲等，亲等数越多，关系越远；亲等数越少，关系越近。国际上通用的亲等计算方法主要有罗马法亲等计算法和寺院法的亲等计算法。罗马法亲等计算法和寺院法的亲等计算法在对直系血亲计算上是相同的。从己身往上数，每经一代为一亲等；从己身往下数，每经一代也是一亲等。比如，往上数，自己与父母为一亲等直系血亲，与祖父母、外祖父母为二亲等直系血亲；往下数，自己与子女为一亲等直系血亲，与孙子女、外孙子女为二亲等直系血亲。

在旁系血亲计算上，罗马法和寺院法两者不同。按照罗马法亲等计算法：从己身上数至共同的直系血亲，再由共同的直系血亲下数至所要计算的亲属，其世代相加之数，就是己身与所指亲属的亲等数。比如，自己与同胞兄弟姐妹的共同直系血亲是父母为一亲等，再由父母数至兄弟姐妹也为一亲等，一加一等于二，自己与兄弟姐妹便为二亲等旁系血亲。自己与伯、叔、姑、舅、姨的共同直系血亲均上数至祖父母或者外祖父母，均为三亲等旁系血亲。堂兄弟姐妹间为四亲等旁系血亲。

按照寺院法的亲等计算法：从己身上数至共同的直系血亲，再从所指亲属也上数至共同的直系血亲。如果双方与共同的直系血亲间的代数相同，可按一方的代数定其亲等；代数不同，则按代数多的一方定其亲等。比如，同胞兄弟姐妹上数至父母，代数相同，为一亲等旁系血亲。己身与伯、叔、姑共同的直系血亲为祖父母，己身与祖父母是二亲等，伯、叔、姑与祖父母是一亲等，以己身的代数确定，伯、叔、姑、侄（女）为二亲等旁系血亲。堂兄弟姐妹上数至祖父母，代数相同，也为二亲等旁系血亲。

寺院法的旁系血亲计算法不能准确地表示旁系血亲间的亲疏远近关系，不如罗马法计算法科学，所以我国学者通常认可罗马法计算法。

我国婚姻法和本编对亲等及亲等计算都没有作专门规定。《婚姻法》第7条规定禁止结婚的第1项为“三代以内的旁系血亲”，本法第1048条规定三代以内的旁系血亲禁止结婚。这个“代”是指世代，或者称“辈”。如果按照罗马法计算法，三代以内的旁系血亲，一类是己身与伯叔姑舅姨，属于三亲等，另一类是己身与堂表兄弟姐妹，属于四亲等。

4. 姻亲

姻亲是因婚姻为中介形成的亲属，但不包括己身的配偶。一类是配偶的血亲，如岳父母、公婆。另一类是血亲的配偶，如儿媳、女婿、嫂、弟媳、姐夫、妹夫。姻亲也有亲等计算问题。己身与配偶的血亲的亲等，依己身从配偶与其血亲的亲等；己身与血亲的配偶的亲等，依己身与血亲的亲等。换句话说，配偶的血亲的亲等与配偶同，血亲的配偶的亲等与血亲同。如父母与子女是一亲等的直系血亲，儿媳、女婿是一亲等的直系姻亲。兄弟姐妹是二亲等的旁系血亲，嫂、弟媳、姐夫、妹夫是二亲等的旁系姻亲。

姻亲关系因婚姻而产生，亦因婚姻关系的解除而终止。离婚和婚姻被撤销，是姻亲关系终止的原因。在这个问题上有两种主义。一是消灭主义，二是不消灭主义。日本、意大利和我国台湾地区“民法”，采取消灭主义，即离婚或婚姻被撤销，姻亲关系终止。德国、瑞士民法，采取不消灭主义，即离婚或婚姻被撤销，姻亲关系不终止。婚姻当事人一方死亡，姻亲关系也不终止。采取上述消灭主义的国家或地区民法，按规定，姻亲不因婚姻一方的死亡而终止。我国存在丧偶儿媳、女婿继续赡养公婆、岳父母，为其养老送终的情况，也存在儿媳“离婚不离家”，离婚后继续伺候公婆并为其养老送终的情况。我国《继承法》第 12 条和本法第 1129 条都作出了丧偶儿媳对公婆、丧偶女婿对岳父母尽了赡养义务，作为继承人继承财产的规定。可以肯定在我国婚姻当事人一方死亡，则姻亲关系不终止。离婚或婚姻被撤销，姻亲关系终止。对于儿媳“离婚不离家”的情况，应从保护妇女利益角度出发，从权利义务相一致和公平的角度，特殊情况特殊处理。

二、近亲属

我国许多法律都使用“近亲属”的概念。如在刑事类法律中规定，刑事自诉案件的自诉人可以委托其近亲属为代理人参加诉讼，在致人死亡的人身侵权损害赔偿案件中，其近亲属有权要求赔偿。在诉讼回避制度中，近亲属关系可以成为诉讼中回避的理由等。法院的司法解释也经常使用近亲属的概念。但不同的法律或者司法解释对其范围界定宽窄不同。所以，有必要界定其范围。本条规定，配偶、父母、子女、兄弟姐妹、祖父母、外祖父母、孙子女、外孙子女为近亲属。

近亲属的范围在立法过程中是有争议的。配偶作为近亲属没有争议。直系血亲划到哪个范围，就有争议。有的建议不划范围，凡直系血亲即属近亲属，有的认为应当划定在四亲等，即在高祖父母与玄孙的范围内。旁系血亲划到哪个范围，也有争议。有的建议划定在二亲等，即兄弟姐妹；有的建议划定在四亲等，即堂表兄弟姐妹。本条确定的范围，彼此间是有权利义务关系的。这个范围内的亲属属于近亲属，大家都是认同的。境外规定近亲属的不多，但从有的规定看，基本上也是本条规定的这个范围。如《土库曼斯坦家庭法典》（通则）第1条中规定："近亲属是指父母（包含养父母），配偶，子女（包含养子女），祖父母，外祖父母，孙子女，外孙子女，全血缘和半血缘兄弟姐妹。"《立陶宛民法典》第三编（家庭法）第3.135条规定："近亲属包含二亲等以内的直系血亲，即父母、子女、祖父母（外祖父母）、孙子女（外孙子女）。"《哈萨克斯坦婚姻家庭法》（通则）第1条第1款（13）规定："近亲属是指父母、子女、养父母、养子女、全血缘和半血缘兄弟姐妹，祖父母、外祖父母、孙子女、外孙子女。"有的国家规定的范围较窄。如《匈牙利民法典》第八编第8.1条中规定，"近亲属是指配偶，血亲，养子女，继子女，养父母，继父母及兄弟姐妹"。

立法过程中，有的意见建议规定共同生活的直系姻亲，即公婆、岳父母、儿媳、女婿，应视同近亲属。我们对这个意见进行过讨论，婚姻家庭编草案也曾以此建议规定条文征求意见。在审议和征求意见过程中，有的意见提出，近亲属一般应有权利义务关系，这样规定近亲属才有意义。姻亲之间无法定权利义务关系，他们之间在特定情形中产生的权利义务关系，可以作特别规定，如继承法规定丧偶儿媳、女婿对公婆、岳父母尽了主要赡养义务的有继承权，但不宜一般地规定为近亲属。共同生活本身也十分复杂，认定起来很困难。以"共同生活"作为近亲属的认定标准也有问题，在一起共同生活的可能没尽义务，不在一起共同生活的可能尽了很多义务。因此，不宜以共同生活界定姻亲是否为近亲属，否则司法实践中容易产生混乱。实践中的做法也是不将"公婆、岳父母、儿媳、女婿"等作为近亲属对待。综合考虑各方面的意见，经过认真研究，没有规定姻亲属于近亲属。

三、家庭成员

“家庭成员”在日常生活中使用广泛，我国的法律法规经常出现这一概念，但对家庭成员的范围却没有统一认识。因此，许多意见建议在婚姻家庭编确定家庭成员范围。但是，家庭成员的范围究竟包括哪些亲属，有不同的意见。有的建议规定家庭成员为共同生活的近亲属。有的建议规定配偶、子女和其他共同生活的近亲属为家庭成员。有的建议家庭成员除了配偶、父母、子女还应当包括兄弟姐妹、祖父母、外祖父母。有的建议还应当包括伯叔姑舅姨、侄（女）、甥（女）。境外的立法例较少，有的规定的范围较窄，如《蒙古国家庭法》（通则）第3条第1款第4－5项规定：“家庭成员是指配偶，婚生和非婚生子女，养子女和共同生活的近亲属。”有的规定的范围很宽，如《越南婚姻家庭法》（通则）第3条、第16条规定：家庭成员包括丈夫、妻子、生父母、养父母、继父母、岳父母、公婆、亲生子女、养子女、继子女、女婿、儿媳、全血缘兄弟姐妹、半血缘兄弟姐妹、祖父母、外祖父母、孙子女、外孙子女、姑姨叔舅、侄、侄女、外甥和外甥女。我国台湾地区“民法”没有规定“家庭成员”的概念，但规定了家的成员。根据我国台湾地区“民法”第1122条、第1123条的规定，家是以永久共同生活为目的而同居之亲属同体。同家之人，除家长外，均为家属。虽非亲属而以永久共同生活为目的同居一家的，视为家属。根据解释，所谓“非亲属”是指父亲的妾、在家中生活的未婚妻等。我国台湾地区“民法”规定家的成员，强调以长期共同生活为目的的同居的亲属。

经过认真研究，本条规定，配偶、父母、子女和其他共同生活的近亲属为家庭成员。家庭成员应是近亲属。有的近亲属如配偶、父母、子女，当然是家庭成员，即使已经不再在一起共同生活，也仍是家庭成员。比如，自己成家后不再与父母一起生活，但与父母的权利义务关系不断，赡养父母的义务不断，所以仍应是家庭成员。自己与子女也是这个道理，所以自己的子女也应是家庭成员。其他近亲属，如兄弟姐妹、祖父母、外祖父母、孙子女、外孙子女，如在一个家庭中共同生活，应当属于家庭成员，如不在一起共同生活，就不属于家庭成员。这个“共同生活”，应是长久的同居在一起的共同生活，而不是短期的、临时性的共同生活。

第二章 结 婚

本章共九条，对结婚自愿、法定结婚年龄、禁止结婚的情形、结婚程序、男女双方互为家庭成员、无效婚姻、受胁迫的可撤销婚姻、因隐瞒重大疾病的可撤销婚姻、婚姻无效或者被撤销的法律后果等作了规定。

第一千零四十六条 结婚应当男女双方完全自愿，禁止任何一方对另一方加以强迫，禁止任何组织或者个人加以干涉。

◆ 条文主旨

本条是关于结婚自愿的规定。

◆ 立法背景

婚姻是男女双方以永久共同生活为目的，以夫妻的权利义务为内容的结合。婚姻关系是一种身份关系，夫妻双方在财产上的权利义务是附随于人身上的权利义务的。创设夫妻关系的婚姻行为是身份法上的行为。男女须有结婚的合意，但婚姻的成立条件与程序，婚姻的效力及解除都是法定的，而不是当事人意定的。因此，将婚姻视为合同是不相宜的。婚姻行为是民事法律行为，与其他民事法律行为具有共同点，但各种民事法律行为又有各自不同的本质属性，婚姻行为与合同行为中虽都要求有合意，但婚姻行为却不能也无法适用合同行为规则。

婚姻为两性的结合，通常有两个最基本的要素：主观方面，双方具有为夫妻的共同生活的目的，并且对外以夫妻相称；客观方面，双方实施了缔结婚姻的行为。夫妻关系具有公示性，为亲友及其他社会公众所认可，而非婚同居、姘居的两性结合，则不具有婚姻的这些要素。男女双方关于结合为夫妻共同生活的意思表示一致，并使这种结合具有社会公示性，即为婚姻的成立。婚姻的成立亦称为结婚，是男女双方按照法律规定的条件和程序确定夫妻关系的一种法律行为，这是婚姻关系得以发生的法律事实。婚姻的全部法律效力，都是以结婚的成立为前提的。但是，婚姻制度的本质属性是合法性。自从婚姻制度出现以后，无论任何时代，国家都要通过法律手段，对婚姻的成立规定各种要件。

婚姻成立的要件，通常分为两种：一是实质性要件。实质性要件为当事人不可不具备的要件，是指当事人本身的状况，以及一方与另一方的关系，须符合法律要求。如当事人必须达到法定年龄，须有结婚的行为能力，须有结婚的合意，双方之间须无禁止的亲属关系等。实质性要件有轻重之分，依其轻重差别与要件的欠缺，其效力不同。有的要件欠缺会使婚姻绝对无效，可称为无效要件；有的要件欠缺，并不妨碍成立婚姻，但有撤销权的当事人可以撤销而使婚姻归于无效，可称为撤销要件。二是形式要件。形式要件，是指婚姻的成立的方式需符合法律的要求。当代各国的婚姻家庭法多实行要式婚制，有的要求当事人办理结婚登记或者户籍申报，有的要求当事人举行公开仪式并有证人在场，有的要求当事人先申请主管部门颁发结婚许可证，然后举行仪式或办理登记，等等。要求结婚的程序必须合法，是规定形式要件的根本目的。

婚姻成立的要件在学术上也可有其他分类方式。如分为必备要件和禁止要件。所谓必备要件指当事人须达到法定年龄，须有结婚的合意等。禁止要件也可称消极要件或者婚姻障碍，必须不具备禁止结婚的情事，不存在这些障碍才能结婚，比如，已有配偶，男女双方是不可结婚的近亲等。

◆ **条文解读**

根据本条规定，结婚应当男女双方完全自愿，这是婚姻自由原则在结婚上的具体体现。该规定的核心是，男女双方是否结婚、与谁结婚，应当由当事者本人决定。它包括两层含义：第一，应当是双方自愿，而不是一厢情愿。婚姻应以互爱为前提，任何一方都不得强迫对方成婚。第二，应当是当事人自愿，而不是父母等第三者采用包办、买卖等方式强迫男女双方结为夫妻。任何组织和个人都不得强迫当事人结婚或者不结婚。结婚是男女之间以建立家庭、互为配偶为目的的两性结合，这种结合从本质上讲，是以爱情为基础的，而爱情只能产生于当事人自身，其他人决定男女情感的命运是违背婚姻本质的。当然，法律要求本人自愿，并不排斥男女双方就个人的婚事征求父母、亲友的意见，也不排斥父母、亲友等人出于对当事人的关心和爱护对他们的婚姻提出看法和建议。

第一千零四十七条 结婚年龄，男不得早于二十二周岁，女不得早于二十周岁。

◆ **条文主旨**

本条是关于法定结婚年龄的规定。

◆ **立法背景**

婚姻的自然属性和社会属性要求，结婚只有达到一定的年龄，才能具备适合的生理条件和心理条件，也才能履行夫妻义务，承担家庭和社会的责任。所以，尽管我国法律赋予每个公民结婚的权利能力，但并非所有公民都可以成为婚姻法律关系的主体，只有达到法律规定的结婚年龄的人，才享有结婚的权利。

◆ **条文解读**

法定婚龄的确定，一方面要考虑自然因素，即人的身体发育和智力成熟情况；另一方面要考虑社会因素，即政治、经济、文化及人口发展等情况。因此，各国关于法定婚龄的规定有所不同。根据学者对 193 个国家和地区的法定结婚年龄的统计分析，明确规定男性结婚年龄的国家和地区有 187 个。男性法定结婚年龄最高的为 22 岁，多数国家和地区处于 18 岁至 22 岁之间。其中，采用 18 岁标准的有 130 个，占 69.5%。明确规定女性结婚年龄的国家和地区有 185 个。女性法定结婚年龄最高的为 21 岁，多数国家和地区处于 18 岁至 21 岁之间。其中，采用 18 岁标准的有 121 个，占 65.4%。

美国多数州规定最低结婚年龄为男 21 岁，女 18 岁。《美国统一结婚离婚法》规定，16 岁以下的公民缔结婚姻需要得到父母或者监护人的同意，同时把对最低结婚年龄的立法权限授予各个州。西班牙、瑞士规定法定结婚年龄为 18 岁。法国、德国、意大利、澳大利亚、俄罗斯、智利、巴西都规定法定男女结婚年龄为 18 岁，但经特定程序可以降低婚龄，许多规定可降至 16 岁。如法国规定，检察官可以基于重人理由同意免除结婚年龄的限制。德国规定，一方已满 16 岁，另一方已成年的，家庭法院可以根据当事人申请免除 18 岁的结婚年龄限制。意大利规定，在有重大理由的情况下，法院可以基于当事人的请求，准许年满 16 岁的未成年人结婚。澳大利亚规定，年满 16 岁但未满 18 岁的公民，可以向其所在州或者地区的法官或婚姻登记官申请，准许其和特定的已经达到法定婚龄的公民结婚。俄罗斯规定，在有正当理由的特殊情况下，地方自治机构可以根据当事人的申请，准许年满 16 岁的人结婚。智利规定，未满 18 岁的人结婚须经父母同意。巴西规定，年满 16 岁的未成年人结婚，须经过父母或者法定代理人批准。韩国的成年年龄为 20 岁，法定结婚年龄为 18 岁，未成年人结婚须经父母同意。日本目前的成年年龄为 20 岁，法定结婚年龄为男 18 岁，女 16 岁，未成年人结婚须征得父母同意。2018 年日本国会通过修改民法部分内容的法律案，将成年年龄从 20 岁降到 18 岁，同时将男女结婚年龄统一为 18 岁，并相应删去了关于未成年人结婚须征得父母同意的规定。该新规定将于 2022 年 4 月 1 日起施行。

有些国家和地区规定的法定结婚年龄偏小。如英国的法定结婚年龄为 16 岁。菲律宾的法定结婚年龄为男 16 岁，女 14 岁。加拿大的法定结婚年龄为 16 岁，各省可以对结婚年龄作出特别规定。我国香港的法定结婚年龄为 16 岁。男女任何一方或者双方已满 16 岁未满 21 岁，且该方或者双方并非鳏夫或者寡妇的，其结婚须经父母或者监护人同意。我国澳门的成年年龄为 18 岁，法定结婚年龄为 16 岁。未成年人结婚，须经父母或者监护人同意，或者获得法院批准。

我国台湾地区的成年年龄为 20 岁，法定结婚年龄为男 18 岁，女 16 岁；未成年人结婚须经法定代理人同意。

我国 1950 年婚姻法规定的法定婚龄为男 20 岁，女 18 岁。这与当时的政治、经济、文化发展水平以及人民群众的接受能力是相适应的。1980 年修改婚姻法时，一方面考虑适当提高法定婚龄有利于广大青年的身心健康、工作和学习，以及计划生育工作；

另一方面也注意到法定婚龄过高，不符合自然规律的要求，也脱离群众、脱离农村实际。因此规定“男不得早于二十二周岁，女不得早于二十周岁”。2001 年修改婚姻法时，有的意见建议将男女的结婚年龄统一为一个标准，或均为 22 周岁，或均为 20 周岁。也有意见建议降低法定婚龄。考虑到 1980 年确定的婚龄执行情况基本是可行的，因此没有作出修改。在这次编纂民法典婚姻家庭编征求意见的过程中，多数意见同意维持婚姻法规定的法定婚龄，也有少数意见认为应统一结婚年龄、适当降低法定婚龄。立法部门就此问题专门征求了有关部门意见，同时还委托国家统计局对公民结婚意向年龄开展了调查。从调查情况来看，我国老百姓的实际平均结婚年龄和意向结婚年龄都高于法定婚龄。在上述工作的基础上，我们进行了认真研究，综合考虑各方面因素，仍维持婚姻法规定的法定婚龄不变。

本法关于婚龄的规定，不是必婚年龄，也不是最佳婚龄，而是结婚的最低年龄，是划分违法婚姻与合法婚姻的年龄界限，只有达到了法定婚龄才能结婚，否则就是违法。法定婚龄不妨碍男女在自愿基础上，根据本人情况确定结婚时间。婚姻家庭法规定的婚龄具有普遍适用性，但在特殊情况下，法律也允许对婚龄作例外规定。比如，考虑到我国多民族的特点，《婚姻法》第 50 条中规定：“民族自治地方的人民代表大会有权结合当地民族婚姻家庭的具体情况，制定变通规定。”这一条本编没有规定，因为《立法法》第 75 条统一规定了民族自治地方对法律和行政法规的变通规定问题，本法不需要再作规定。目前，我国一些民族自治地方的立法机关对婚姻法中的法定婚龄作了变通规定。比如，新疆、内蒙古、西藏等自治区和一些自治州、自治县，均以男 20 周岁，女 18 周岁作为本地区的最低婚龄。但这些变通规定仅适用于少数民族，不适用生活在该地区的汉族。

第一千零四十八条 直系血亲或者三代以内的旁系血亲禁止结婚。

◆ 条文主旨

本条是关于禁止结婚的情形的规定。

◆ 立法背景

血亲主要指出于同一祖先，有血缘关系的亲属，即自然血亲；也包括法律拟制的血亲，即虽无血缘联系，但法律确认其与自然血亲有同等的权利义务的亲属，如养父母与养子女，继父母与受其抚养教育的继子女。

禁止血亲结婚是优生的要求。人类两性关系的发展证明，血缘过近的亲属间通婚，容易把双方生理上的缺陷遗传给后代，影响家庭幸福，危害民族健康。而没有血缘亲属关系的氏族之间的婚姻，能创造出在体质上和智力上都更加强健的人种。因此，各国法律都禁止一定范围内的血亲结婚。比如，《日本民法典》禁止三亲等以内的旁系血亲结婚。《瑞士民法典》禁止直系尊血亲与直系卑血亲之间，全血缘或半血缘的兄弟姐妹之间，以及伯、叔、舅、姨父、姑父与侄女、外甥女之间，伯母、叔母、舅母、姑、姨与侄子、外甥之间结婚。我国也早有“男女同姓，其生不蕃”的说法，自西周以来，便禁止同姓为婚。唐代对同姓为婚处两年徒刑。明清律规定：同姓为婚者，各杖六十、离异。清末，将禁止同姓结婚改为禁止同宗为婚。我国台湾地区“民法”禁止下列亲属结婚：（1）直系血亲及直系姻亲。（2）旁系血亲在六亲等以内者，但因收养而成立之四亲等及六亲等旁系血亲，辈分相同者，不在此限。(3) 旁系姻亲在五亲等之内，辈分相同者，不在此限。新中国成立后，1950 年婚姻法除禁止直系血亲、同胞兄弟姊妹，同父异母或同母异父兄弟姊妹结婚外，对其他五代以内的旁系血亲间禁止结婚的问题，作了从习惯的规定。1980 年婚姻法即修改为现在的规定：直系血亲和三代以内旁系血亲禁止结婚。

◆ 条文解读

根据本条规定，禁止结婚的血亲有两类：

1. 直系血亲。包括父母子女间，祖父母、外祖父母与孙子女、外孙子女间。即父亲不能娶女儿为妻，母亲不能嫁儿子为夫。爷爷（姥爷）不能与孙女（外孙女）婚配，奶奶（姥姥）不能与孙子（外孙子）结合。

2. 三代以内旁系血亲。包括：(1) 同源于父母的兄弟姊妹（含同父异母、同母异父的兄弟姊妹）。即同一父母的子女之间不能结婚。(2) 不同辈的叔、伯、姑、舅、姨与侄（女）、甥（女）。即叔叔（伯伯）不能和兄（弟）的女儿结婚；姑姑不能和兄弟的儿子结婚；舅舅不能和姊妹的女儿结婚；姨妈不能和姊妹的儿子结婚。

第一千零四十九条 要求结婚的男女双方应当亲自到婚姻登记机关申请结婚登记。符合本法规定的，予以登记，发给结婚证。完成结婚登记，即确立婚姻关系。未办理结婚登记的，应当补办登记。

◆ 条文主旨

本条是关于结婚程序的规定。

◆ 立法背景

结婚除必须符合法律规定的条件外，还必须履行法定的程序。根据本条规定，结婚登记是结婚的必经程序。

结婚登记是国家对婚姻关系的建立进行监督和管理的制度。登记制度，可以保障婚姻自由、一夫一妻原则的贯彻实施，避免违法婚姻，预防婚姻家庭纠纷的发生，同时也是在婚姻问题上进行法制宣传的重要环节。认真执行关于结婚登记的各项规定，对于巩固和发展社会主义婚姻家庭制度具有重要意义。

◆ 条文解读

一、婚姻登记机关

根据国务院婚姻登记条例的规定，内地居民办理婚姻登记的机关是县级人民政府民政部门或者乡（镇）人民政府，省、自治区、直辖市人民政府可以按照便民原则确定农村居民办理婚姻登记的具体机关。中国公民同外国人，内地居民同香港特别行政区居民（以下简称香港居民）、澳门特别行政区居民（以下简称澳门居民）、台湾地区居民（以下简称台湾居民）、华侨办理婚姻登记的机关是省、自治区、直辖市人民政府民政部门或者省、自治区、直辖市人民政府民政部门确定的机关。中国公民同外国人在中国内地结婚的，内地居民同香港居民、澳门居民、台湾居民、华侨在中国内地结婚的，男女双方应当共同到内地居民常住户口所在地的婚姻登记机关办理结婚登记。

《婚姻登记条例》第 19 条规定："中华人民共和国驻外使（领）馆可以依照本条例的有关规定，为男女双方均居住于驻在国的中国公民办理婚姻登记。"

二、结婚登记程序

结婚登记大致可分为申请、审查和登记三个环节。

（一）申请

1. 中国公民在中国境内申请结婚

内地居民结婚，男女双方应当共同到一方当事人常住户口所在地的婚姻登记机关办理结婚登记。办理结婚登记的内地居民应当出具下列证件和证明材料：（1）本人的户口簿、身份证。（2）本人无配偶以及与对方当事人没有直系血亲和三代以内旁系血亲关系的签字声明。

离过婚的，还应当持离婚证。离婚的当事人恢复夫妻关系的，必须双方亲自到一方户口所在地的婚姻登记机关申请复婚登记。

2. 香港居民、澳门居民、台湾居民在中国境内申请结婚

办理结婚登记的香港居民、澳门居民、台湾居民应当出具下列证件和证明材料：（1）本人的有效通行证、身份证。（2）经居住地公证机构公证的本人无配偶以及与对方当事人没有直系血亲和三代以内旁系血亲关系的声明。

3. 华侨在中国境内申请结婚

办理结婚登记的华侨应当出具下列证件和证明材料：（1）本人的有效护照。（2）居住国公证机构或者有权机关出具的、经中华人民共和国驻该国使（领）馆认证的本人无配偶以及与对方当事人没有直系血亲和三代以内旁系血亲关系的证明，或者中华人民共和国驻该国使（领）馆出具的本人无配偶以及与对方当事人没有直系血亲和三代以内旁系血亲关系的证明。

4. 外国人在中国境内申请结婚

办理结婚登记的外国人应当出具下列证件和证明材料：（1）本人的有效护照或者其他有效的国际旅行证件。（2）所在国公证机构或者有权机关出具的、经中华人民共和国驻该国使（领）馆认证或者该国驻华使（领）馆认证的本人无配偶的证明，或者所在国驻华使（领）馆出具的本人无配偶的证明。

申请婚姻登记的当事人，应当如实向婚姻登记机关提供规定的有关证件和证明，不得隐瞒真实情况。

（二）审查

婚姻登记机关应当对结婚登记当事人出具的证件、证明材料进行审查并询问相关情况。对当事人符合结婚条件的，应当当场予以登记，发给结婚证；对当事人不符合结婚条件不予登记的，应当向当事人说明理由。

（三）登记

1. 予以登记

婚姻登记机关对符合结婚条件的，应当即时予以登记，发给结婚证；对离过婚的，应注销其离婚证。

2. 不予登记

申请人有下列情形之一的，婚姻登记机关不予登记：（1）未到法定结婚年龄的；（2）非自愿的；（3）已有配偶的；（4）属于直系血亲或者三代以内旁系血亲的。

婚姻登记机关对当事人的婚姻登记申请不予登记的，应当以书面的形式说明理由。当事人认为符合婚姻登记条件而婚姻登记机关不予登记的，可以依法申请行政复议，对复议不服的，可以依法提起行政诉讼，也可以直接提起行政诉讼。

三、事实婚姻问题

事实婚姻，是指没有配偶的男女，未进行结婚登记，便以夫妻关系同居生活，群众也认为是夫妻关系的两性结合。

事实婚姻在我国长期大量存在，在广大农村特别是边远地区，事实婚姻甚至占当地婚姻总数的百分之六七十。造成这一状况的原因主要有：1. 受传统习俗的影响。我国民间流行仪式婚，许多人认为，只要举行了婚礼，亲朋好友认可，就是夫妻了，没有必要再履行法律手续。2. 婚姻登记不方便。根据婚姻登记条例的规定，婚姻登记管理机关在城市是街道办事处或者市辖区、不设区的市人民政府的民政部门，在农村是乡、民族乡、镇人民政府。而我国幅员辽阔，对于地理位置偏远、交通不便的地区，进行结婚登记有一定困难。3. 登记制度不健全。比如，有的当事人到了婚姻登记机关，因办事人员不在等原因不能登记。有的擅自提高法定婚龄，使当事人的合法权利不能得到实现。4. 婚姻登记搭车收费。比如，有的婚姻登记机关要收户口迁移保证金等。5. 法制宣传不够。人们的法制观念淡薄，对婚姻登记的重要性缺乏认识。有的人不具备法律规定的结婚条件，为逃避国家对婚姻的管理和监督，故意不登记，造成事实婚姻状态。

事实婚姻的效力，历来是法学界争论的重要问题。有的人认为，承认事实婚姻，必然破坏婚姻登记制度，因此，凡不登记结婚的，应一律明确规定为无效婚姻。最高人民法院颁布的《关于人民法院审理未办结婚登记而以夫妻名义同居生活案件的若干意见》规定，1986 年 3 月 15 日《婚姻登记办法》施行前（后），未办结婚登记手续即以夫妻名义同居生活，群众也认为是夫妻关系的，如起诉时（同居时）双方均符合结婚的法定条件，可认定为事实婚姻关系；如起诉时（同居时）一方或者双方不符合结婚的法定条件，应认定为非法同居关系。新婚姻登记管理条例施行之日起未办结婚登记即以夫妻名义同居生活，按非法同居关系对待。不登记“结婚”的人不少，未办理登记的原因很复杂，有的是不符合结婚条件，更多的是符合结婚条件，因收费过高或登记不便利造成的。对没有进行结婚登记的，应区别情况分别处理。对违反结婚实质条件的，本法已规定为无效婚姻；对符合结婚实质要件，只是没有办理登记手续的，一律简单宣布为无效婚姻，对保护妇女的权益不利，应当通过加强法制宣传和完善登记制度等工作，采取补办登记等办法解决。因此，本条规定，“符合本法规定”“未办理结婚登记的，应当补办登记”。这一规定从积极角度重申了办理结婚登记的必要性，那些符合本法规定的结婚条件，举行了结婚仪式或已经以夫妻名义共同生活，但未办理结婚登记的男女，应尽早补办登记，以使自己的婚姻行为合法化。

四、同居问题

随着社会经济的发展和人们思想观念的变化，同居的数量确实呈现递增的趋势。在 2001 年婚姻法修改时就注意到这一问题，并对其中的事实婚姻问题作出了规定，明确未办理结婚登记的，应当补办登记。根据这一规定，对于事实婚姻的处理应从实际情况出发区别对待，对符合结婚实质要件只是没有办理登记手续的，不应一律简单宣布为无效婚姻，应当通过采取补办登记等办法去解决。最高人民法院据此在司法解释中也作了一些规定。对其他方式的同居，现行法律没有作出明确规定。在编纂民法典的过程中，有的意见建议，在婚姻家庭编中对同居问题予以规定。经过认真研究，民法典维持了原有做法，主要是考虑到：虽然随着社会观念的更新和开放，同居逐渐为一部分地区、一部分人所接受或者默许，但在整个社会中仍远未达成共识，肯定同居制度容易对现行婚姻登记制度造成较大冲击。现阶段同居的情形、原因也比较复杂，在法律中对同居问题作出统一的规定很难，也不一定有利于保护当事人的合法权益。而且同居涉及诸多法律问题，大多数问题上各方面意见还很不统一，在法律中作出规定的条件还很不成熟。

第一千零五十条 登记结婚后，按照男女双方约定，女方可以成为男方家庭的成员，男方可以成为女方家庭的成员。

◆ 条文主旨

本条是关于男女双方互为家庭成员的规定。

◆ 立法背景

通常，结婚登记后，举办了婚礼，男女双方就开始共同生活。根据双方的约定，男女可以到自己的住所，建立小家庭；或者一方到另一方家庭中去，成为其家庭成员。即女方可以到男方家去，男方可以到女方家去落户。

在旧的婚姻制度下，一般是男娶女嫁，女到男家。男方虽然也有到女家的，但往往受到歧视，称男到女家为入赘，男方被社会看不起，上门赘婿往往还立有“小子无能，自愿入赘，改名换姓，一切听从”的字据，死后墓碑上常有“赵本王”“李本杨”等字样，本上之姓乃妻家姓。新中国男女平等，男到女家不应受到歧视，应改变旧风俗。

◆ 条文解读

1980 年《婚姻法》第 8 条规定：“登记结婚后，根据男女双方约定，女方可以成为男方家庭的成员，男方也可以成为女方家庭的成员。”这一规定体现了男女平等的原则，是对旧的婚姻习俗的改革，其立法精神是提倡男到女家落户的婚姻。这条的规定，对破除封建思想和旧习俗，十分有利。2001 年婚姻法修改时，根据有的同志的审议意见，删去了 1980 年婚姻法规定的“男方也可以成为女方家庭的成员”中的“也”字，进一步体现男女平等的婚姻家庭原则。这次编纂民法典，保持原规定不变。

第一千零五十一条 有下列情形之一的，婚姻无效：

（一）重婚；

（二）有禁止结婚的亲属关系；

（三）未到法定婚龄。

◆ **条文主旨**

本条是关于无效婚姻的规定。

◆ **立法背景**

无效婚姻，是指欠缺婚姻成立的法定条件而不发生法律效力的男女两性的结合。

结婚应当符合一定的条件，如结婚必须男女双方完全自愿；结婚年龄，男不得早于二十二周岁，女不得早于二十周岁；直系血亲和三代以内旁系血亲不得结婚等。

但现实生活中，由于当事人弄虚作假、欺骗婚姻登记机关或者婚姻登记机关不依法履行职责等原因，使某些不符合结婚条件的男女当事人也经婚姻登记机关办理了结婚登记手续成为夫妻。对这些不符合本法规定的婚姻，当然不能承认其具有法律上的婚姻效力。因此，从完备我国婚姻家庭法律制度的角度出发，本法对无效婚姻作出明确规定。

◆ **条文解读**

本条规定，有下列情形之一的，婚姻无效：一是重婚；二是有禁止结婚的亲属关系；三是未到法定婚龄。

一、重婚

我国实行一夫一妻的婚姻制度。因此，一夫一妻是我国婚姻家庭的基本制度。一夫一妻制是一男一女结为夫妻的婚姻制度。

也就是说，一个男人只能娶一个妻子，一个妇女只能嫁一个丈夫。一个人不能同时与两个或两个以上的人缔结婚姻。换句话说，任何人都只能有一个配偶，不能同时有两个或更多的配偶。一夫一妻制是社会主义婚姻家庭制度的基本原则，是在婚姻关系上实现男女平等的必要条件，也是男女真心相爱、建立美满婚姻的要求。实行一夫一妻制就必须反对重婚。

所谓重婚，是指有配偶的人又与他人登记结婚的违法行为，或者明知他人有配偶而与他人登记结婚的违法行为。但现实中，一些人钻法律空子，婚外与他人共同同居生活，不办理结婚登记，而是以夫妻的名义共同生活。对此，1994 年 12 月，最高人民法院对四川省高级人民法院《关于〈婚姻登记管理条例〉施行后发生的以夫妻名义非法同居的重婚案件是否以重婚罪定罪处罚的批复》（已失效）规定，“有配偶的人与他人以夫妻名义同居生活的，或者明知他人有配偶而与之以夫妻名义同居生活的，仍应按重婚罪定罪处罚”。按照刑法及相关司法解释的规定，构成重婚的法律要件是：当事人需履行婚姻登记手续；或者当事人以夫妻名义同居生活。依据上述规定，重婚有两种情况，一是有配偶者而重婚，指已经结婚的人，在婚姻关系存续期间，又与他人登记结婚，或者又与他人以夫妻的名义共同生活。二是明知他人有配偶而与之结婚，指没有配偶的人，明知他人有配偶而仍然与之登记结婚，或者仍然与之以夫妻的名义共同生活。重婚是被法律严格禁止的违法行为。对于重婚的，不仅要确认重婚者的第二个“婚姻”无效，解除其重婚关系，还应当依法追究重婚者的刑事责任，对此，《刑法》第 258 条规定，有配偶而重婚的，或者明知他人有配偶而与之结婚的，处二年以下有期徒刑或者拘役。

由于重婚违反了我国一夫一妻的婚姻家庭制度，严重违背了社会主义道德风尚，影响家庭稳定和社会安定，导致腐败，败坏党风，因此本条明确规定重婚（指重婚者的第二个婚姻）是无效婚姻。国外许多国家的法律对重婚都是明令禁止的，并规定其为无效婚姻，如瑞士规定，结婚时配偶一方已经有婚姻关系的婚姻无效。俄罗斯规定，双方中有一方已与他人登记结婚的婚姻无效。菲律宾规定，重婚或多配偶的婚姻无效。我国台湾地区“民法”规定，违反有配偶者不得重婚或者一人不得同时与二人以上结婚规定的婚姻，为无效婚姻。

二、有禁止结婚的亲属关系

禁止近亲结婚，是人类长期生活经验的结晶，是人类婚姻的总结。男女近亲结婚，很容易把双方精神上和肉体上的弱点和缺点集中起来，遗传给下一代，有损下一代的健康，不仅不利于下一代在社会中生活，也会给国家、民族的兴旺和社会的发展带来不利的后果。因此，禁止近亲结婚是古今中外法律的通例。

近亲结婚对社会具有一定的危害性。因此，将有禁止结婚的亲属关系的婚姻规定为无效婚姻。国外也有将近亲属间的婚姻视为无效婚姻的规定，如瑞士、意大利、俄罗斯、菲律宾等国家就根据本国的情况，规定婚姻当事人是法律禁止结婚的直系、旁系血亲、姻亲或者有收养关系的婚姻为无效婚姻。瑞士规定，配偶双方是被禁止结婚的血亲或者姻亲的婚姻无效。我国台湾地区规定，违反直系血亲、直系姻亲或者旁系血亲、旁系姻亲之辈分不相同或者旁系血亲之辈分相同，而在八亲等以内者不得结婚规定的婚姻，为无效婚姻。本条中规定的“有禁止结婚的亲属关系”，是指有本法第 1048 条第规定的禁止结婚的情形，即结婚的男女双方是直系血亲或者是三代以内旁系血亲。

三、未到法定婚龄

本法第 1047 条规定，结婚年龄，男不得早于二十二周岁，女不得早于二十周岁。男二十二周岁，女二十周岁，是男女可以结婚的法定年龄。法定结婚年龄是指法律规定的男女双方可以结婚的最低年龄，也就是说，男女双方不到这个年龄就不能结婚，只有达到或高于这个年龄才能结婚。对男女最低的结婚年龄予以规定，是古今中外法律的通例，其主要是由婚姻关系的自然属性和社会属性所决定的。根据人类生长的规律，男女只有达到一定的年龄，其身体、生理和心理才发育成熟，如果过早地结婚，开始过性生活，会给男女双方当事人的身体和心理带来不利的后果。如果过早地结婚，当事人还不完全具备判断和处理事务的能力，很难承担婚后对家庭、子女和社会应尽的责任。因此，本法确定的男二十二周岁、女二十周岁的法定结婚年龄，既考虑到男女青年的身心发育，又考虑到城乡群众的接受程度，是符合我国国情的。男女当事人结婚，未达到法定结婚年龄，违反了法定结婚年龄的规定，因此将其规定为无效婚姻。国外也有这样的规定，如意大利、俄罗斯。俄罗斯规定，结婚的男女双方未到法定结婚年龄的，应认定为婚姻无效。意大利规定，违反未成年不得结婚规定而缔结的婚姻无效。

这里需要注意的是，有关部门在确认某一个婚姻是否有效时，只能对男女当事人在有关部门确认其婚姻是否有效时仍未达到法定结婚年龄的婚姻，确认为无效婚姻。如果男女双方在结婚时的实际年龄低于法定结婚年龄一两岁，等一两年后，当事人或利害关系人申请确认婚姻无效，或有关部门要确认其婚姻无效时，男女双方当事人已达到法定结婚年龄的，不能确认其婚姻为无效婚姻。简而言之，对未到法定结婚年龄的婚姻，应当在男女当事人的法定结婚年龄届至前提出或确认其婚姻无效。

第一千零五十二条 因胁迫结婚的，受胁迫的一方可以向人民法院请求撤销婚姻。

请求撤销婚姻的，应当自胁迫行为终止之日起一年内提出。

被非法限制人身自由的当事人请求撤销婚姻的，应当自恢复人身自由之日起一年内提出。

◆ 条文主旨

本条是关于受胁迫的可撤销婚姻的规定。

◆ 立法背景

可撤销婚姻，是指当事人因意思表示不真实而成立的婚姻，或者当事人成立的婚姻在结婚的要件上有欠缺，通过有撤销权的当事人行使撤销权，使已经发生法律效力的婚姻关系失去法律效力。

在2001婚姻法修改时，对不符合婚姻法规定的结婚条件的婚姻，是都规定为无效婚姻，还是分别规定为无效婚姻、可撤销的婚姻，存在很大分歧。有一种意见认为，不宜将不符合结婚条件的婚姻分为无效婚姻和可撤销婚姻两种情形，应当统一规定为无效婚姻。主要理由包括：1. 我国实行的是结婚登记制度，要求结婚的男女在符合婚姻法规定的结婚应当具备的实质条件的情况下，还应当到婚姻登记机关履行结婚登记手续，婚姻登记机关对当事人要求结婚的申请进行审查，符合婚姻法规定的，予以登记，发给结婚证。取得结婚证，才确立了夫妻关系。即使因结婚的男女当事人弄虚作假、欺骗婚姻登记机关或者婚姻登记机关不依法履行职责等，使某些欠缺结婚实质要件的男女当事人经婚姻登记机关办理了结婚登记手续，成为夫妻，那么，否认或者撤销这种婚姻关系的法律效力，必须由国家行使。因此，对不符合法定结婚条件的婚姻只有规定为无效婚姻，国家才能有权干预。2. 可撤销婚姻与法理相悖。和谁恋爱结婚是当事人的私事，而结婚登记则是一种行政法律行为，行政行为没有民事行为中那种无效与可撤销的区分，不能套用民事法律行为的规则。

经研究认为，结婚虽需国家认可，但结婚的行为是民事行为，当然适用民事行为的规则。结婚中的违法行为很复杂，需要根据不同的情形作出不同的处理。违法行为虽然复杂，但大致可以分为两类。一类是必须认定其无效的，另一类是撤销与否可交当事人处理。将侵犯当事人利益行为的撤销权交与当事人，是许多国家或地区的通行做法。无效婚姻与可撤销婚姻是有区别的。无效婚姻多是违反公序良俗的，对此种婚姻，国家应当主动干预。可撤销婚姻多是违反私人利益的，对此只有当事人和法律规定的有请求权的特定人才能请求撤销婚姻关系。因此，上述决定了这两类行为在处理方式上有许多不同点。比如，申请的当事人不同。可撤销婚姻必须由具有撤销权的当事人提出；无效婚姻除了当事人可以提出婚姻无效的申请外，国家有关部门或利害关系人也可以依职权或者依据法律的规定，提出某一婚姻关系为无效婚姻的申请。又如，申请的时间也不同。可撤销婚姻当事人提出撤销婚姻效力的申请必须在法律赋予其行使撤销权的期间内提出，超过该期间，撤销权消灭；提出婚姻无效的申请，往往以客观是否存在法定无效婚姻的情形为准。本条规定的因胁迫而结婚的情形，有的当事人在婚后建立了感情，家庭和睦。是否撤销，宜由当事人决定，所以属于可撤销的婚姻。因此，2001 年婚姻法既规定了无效婚姻，也规定了可撤销婚姻。民法典维持了这一做法。

◆ 条文解读

因胁迫而结婚，主要是指婚姻关系中的一方当事人或者婚姻关系之外的第三人，对婚姻关系中的另一方当事人，予以威胁或者强迫，使婚姻中的另一方当事人违背自己的意愿而缔结婚姻关系的婚姻。胁迫婚姻违反了结婚须男女双方完全自愿的原则，是违法婚姻，考虑到被胁迫的一方在结婚时，虽然是违背了自己的意愿与他人缔结了婚姻关系，但在和他人结婚后，组建了家庭，经过一段时间生活，有可能与对方建立了一定的感情，婚姻关系还不错，特别是在有了孩子的情况下，与对方、与孩子更有一种难以割舍的关系，在这种情况下，法律明确规定胁迫婚姻为无效婚姻，不一定适当，所以将因胁迫而缔结的婚姻，规定为可撤销婚姻，把是否否认其婚姻效力的申请请求权交给受胁迫方。如果受胁迫方不想维持因胁迫而缔结的婚姻，可以向人民法院请求撤销该婚姻，法院经审查核实，宣告该婚姻没有法律效力；如果当事人最初受胁迫，但后来愿意共同生活，则可以放弃申请撤销婚姻效力的请求权，人民法院不能主动撤销当事人的婚姻关系。

本条对提出请求撤销婚姻效力的申请规定如下：

一、提出撤销婚姻效力的请求权人

有权提出撤销婚姻效力的申请人只能是因胁迫结婚的被胁迫人。这是由于因胁迫而缔结的婚姻，受胁迫方在缔结婚姻关系时，不能真实地表达自己的意愿，婚姻关系违背受胁迫方的意志。为了贯彻执行婚姻自由的基本原则，保护当事人的合法权益，让受胁迫方能充分地表达自己的婚姻意志，本法规定尽管胁迫的婚姻已经成立，但是受胁迫方仍可以在胁迫的婚姻成立后向人民法院提出撤销其婚姻效力的申请。由于胁迫婚姻的另一方当事人在缔结婚姻关系时，并没有违背自己真实的婚姻意思，换句话说，当事人一方在结婚时已经明确知道自己将与被胁迫方结婚，且愿意与其结婚，因此胁迫婚姻的这方当事人在婚姻关系成立后，没有提出撤销婚姻效力的请求权。

二、提出撤销婚姻效力申请的时间

因胁迫而结婚的，受胁迫方虽然具有撤销该婚姻效力的请求权，但是这一请求权的行使不是没有任何限制的。本条规定，受胁迫的一方撤销婚姻的请求，应当自胁迫行为终止之日起一年内提出。被非法限制人身自由的当事人请求撤销婚姻的，应当自恢复人身自由之日起一年内提出。该规定表明，受胁迫方必须在法律规定的时间内行使撤销其婚姻效力的请求权。这是因为，因胁迫而缔结的婚姻往往是受胁迫方违背了自己的意愿而缔结的婚姻，如果结婚后受胁迫方自愿接受了已经成立的婚姻关系，那么法律就会让这个婚姻关系继续有效。如果结婚后受胁迫方不愿维持已经成立的婚姻关系，就可以请求人民法院撤销其婚姻效力，使已经缔结的婚姻关系失效。然而，如果受胁迫方长期不行使这个权利，不主张撤销婚姻的效力，就会使得这一婚姻关系长期处于一种不稳定的状态，不利于保护婚姻双方当事人的合法权益，特别是双方当事人所生子女的利益，也不利于家庭、社会的稳定。同时还可能使人民法院在判断是否撤销当事人婚姻效力时，由于时间太长而无法作出准确的判断。因此本条规定，受胁迫方提出撤销婚姻效力的请求权必须在法律规定的时间内行使，如果超过了法律规定的期限还不行使，受胁迫方就失去了请求撤销婚姻效力的权利，其所缔结的婚姻为合法有效的婚姻，受胁迫方不得再以相同的理由申请撤销该婚姻。

依据本条的规定，受胁迫方行使请求撤销婚姻效力的请求权的期限是一年，也就是说在这一年期限内，受胁迫方必须决定是否提出请求撤销婚姻效力的申请，否则，受胁迫方就失去了提出申请撤销婚姻效力的权利。那么，这一年的期限从何时起算呢?本条规定的这一年期限的起算时间有两种情形：第一，自受胁迫方胁迫行为终止之日起算，即受胁迫方应当在胁迫行为终止之日起一年内决定是否申请撤销其婚姻的效力。这里需要说明的是，《婚姻法》第 11 条规定的是“自结婚登记之日起一年内提出”，本条修改为“自胁迫行为终止之日起一年内提出”。因为胁迫行为可能延续到结婚登记后一年之后，由“结婚登记之日起”改成“胁迫行为终止之日起”更为合理。第二，自受胁迫方恢复人身自由之日起算，即受胁迫方自恢复人身自由之日起一年内决定是否申请撤销其婚姻的效力。这种情况主要考虑到在胁迫的婚姻中，有的受胁迫方是被非法限制人身自由的，如被绑架、拐卖的妇女被迫与他人缔结婚姻关系，这些妇女在被他人限制人身自由，有关部门未解救前，是无法提出撤销婚姻效力的申请的，故被非法限制人身自由的受胁迫方提出撤销婚姻效力的申请时间必须待其恢复人身自由之日起算。

立法过程中，有些人提出应当规定欺诈的婚姻为可撤销婚姻。如欺骗对方，说自己很有钱，能带其出国；还如伪造自己的学历、经历、职业、职务；又如谎说自己家境显赫、富有；再如隐瞒自己的前科，隐瞒自己有子女，隐瞒自己与他人发生过性关系，隐瞒自己的已婚史，等等。这些意见都没有被采纳。上述事例虽属欺诈，但却不能因此请求撤销婚姻关系。因为欺诈的情形非常复杂，有的欺诈，如隐瞒禁止结婚的亲属关系、隐瞒未到法定婚龄、已婚的欺骗未婚的，本法已规定为无效婚姻。对于隐瞒重大疾病的行为，本法下一条规定为可撤销婚姻的事由。其他因隐瞒、欺诈导致夫妻感情破裂的，可以通过离婚解除婚姻关系。

三、有权撤销婚姻效力的机关

根据本条规定，有权撤销婚姻关系的机关为人民法院，这与婚姻法的规定不同。《婚姻法》第 11 条规定，因胁迫结婚的，受胁迫的一方可以向婚姻登记机关或者人民法院请求撤销该婚姻。这次编纂民法典，只保留了向人民法院请求撤销婚姻的规定，删除了向婚姻登记机关请求撤销婚姻的规定。这是因为，因受胁迫撤销婚姻的问题非常复杂，是否存在胁迫，撤销婚姻后如何处理双方的财产关系和可能的子女抚养问题，都是需要经过审理才能弄清楚和作出合理的裁判。这个工作由婚姻登记机关进行不合适，应当由人民法院处理。在立法过程中，许多学者和一些地方、单位提出，可撤销婚姻应当由人民法院处理，而不应再由婚姻登记机关处理。有关主管部门也提出，行政部门处理可撤销婚姻难度很大，特别是如果涉及财产关系处理和子女抚养，双方很难达成协议，最后还得由人民法院处理，所以不应再规定可撤销婚姻由婚姻登记机关处理，而应只规定由人民法院处理。从国外的情况看，可撤销婚姻基本上也是由法院处理。因此，经过认真研究，决定删除有关受胁迫一方向婚姻登记机关请求撤销婚姻的规定，此类可撤销婚姻的纠纷由人民法院处理。

第一千零五十三条 一方患有重大疾病的，应当在结婚登记前如实告知另一方；不如实告知的，另一方可以向人民法院请求撤销婚姻。

请求撤销婚姻的，应当自知道或者应当知道撤销事由之日起一年内提出。

◆ 条文主旨

本条是关于因隐瞒重大疾病的可撤销婚姻的规定。

◆ **立法背景**

本条修改自规定禁婚条件的《婚姻法》第 7 条。《婚姻法》第 7 条规定的禁止结婚的情形第 2 项是“患有医学上认为不应当结婚的疾病”。这次编纂民法典婚姻家庭编没有保留此项禁止结婚的条件。

从优生优育、提高人口素质的政策出发，1950 年《婚姻法》第 5 条规定，“患花柳病或精神失常未经治愈，患麻风或其他在医学上认为不应结婚之疾病”为禁止结婚的情形之一。花柳病是性病的另一种说法。到 1980 年婚姻法制定之时，我国性病也不多，通常能得到有效控制，当然也有比较严重的性病。精神病的情况较为复杂，有轻有重，不是都不能结婚。1980 年《婚姻法》第 6 条规定的禁止结婚的情形之一是“患麻风病未经治愈或患其他在医学上认为不应当结婚的疾病”，保留了 1950 年婚姻法规定的“麻风病”，没有再明确规定性病、精神病。这两类病严重的，可以作为“医学上认为不应当结婚的疾病”。2001 年婚姻法修正时，卫生部门的同志提出，新中国成立初期，我国患麻风病的人较多，现在我国已经基本消灭该病。麻风病不遗传、传染性小、发病率低，即使将病毒注入健康的人体内，也不一定发病，90% 的人对麻风病有天然抵抗力。随着科学技术的发展，治愈麻风病已不存在问题。1999 年世界卫生组织大会明确提出建立无麻风病的世界，标准是一万人不超过一人患麻风病，并取消了对麻风病隔离治疗的措施，像对其他传染病一样对待。我国提出的基本消灭麻风病的标准大大高于世界卫生组织的标准。因此，应当取消麻风病未治愈不宜结婚的规定。

2001 年婚姻法修改时，我国已有母婴保健法。按照 1994 年母婴保健法规定，婚前医学检查包括“严重遗传性疾病”“指定传染病”“有关精神病”三类疾病的检查。所谓“严重遗传性疾病”是指由于遗传因素先天形成，患者全部或者部分丧失自主生活能力，后代再现风险高，医学上认为不宜生育的遗传性疾病。所谓“指定传染病”，是指传染病防治法规定的艾滋病、淋病、梅毒以及医学上认为影响结婚和生育的其他传染病。所谓“有关精神病”，是指精神分裂症、躁狂抑郁型精神病以及其他重型精神病。母婴保健法规定了婚检项目，但并未确定禁婚疾病。2001 年婚姻法立法之时研究认为，随着科学技术的发展，许多医学上认为不宜结婚的疾病会随之治愈，同时还会发现新的不宜结婚的疾病。因此，婚姻法不宜明确具体地规定哪种疾病是医学上认为不宜结婚的疾病。实际生活中，哪些是医学上认为不宜结婚的疾病，可由行政法规或有关部门具体规定。所以，2001 年婚姻法没有再列举疾病名称，只规定了“医学上认为不应当结婚的疾病”为禁婚条件。

从 1950 年婚姻法到 1980 年婚姻法，再到 2001 年婚姻法，都规定了疾病的禁婚条件，出发点是好的，为了优生优育，也的确起到了促进优生优育、提高人口素质的作用。但是，随着经济的发展，医疗水平的提高，列名禁婚的疾病消失了或者能够得到有效的控制，因此不再作为禁止结婚的疾病。2001 年婚姻法表述为“医学上认为不应当结婚的疾病”，没有规定具体的疾病名称。母婴保健法规定了三类疾病，只是规定婚检项目和暂缓结婚的情形。有关部门之间一直在沟通，想把不应当结婚的疾病明确下来，但是一直没有解决。在实际操作中，禁婚疾病的情况比较复杂，科学性和专业性比较强，很难采用列举的方式确定不应当结婚的疾病。像传染病、遗传病等实际上是不宜生育的疾病，不是不宜结婚。因此，在民法典编纂过程中，各方面的意见大多数建议删除关于禁婚疾病的内容。

同时，结婚是人生大事，结不结婚、和谁结婚是应由当事人自己决定的事情，也涉及婚姻自愿、婚姻自由的问题。即使当事人一方患有严重疾病，另一方知情，但仍愿意结婚，如不许可结婚，似与婚姻自愿、婚姻自由原则相冲突。如果当事人明知对方有病而仍愿意结婚，应当尊重当事人自己的意愿，尊重当事人的婚姻自主权。有的专家认为，综观当代立法例，如美国、英国、德国、法国、瑞士、日本等，在关于婚姻实质要件的禁止性规定中，均无禁婚疾病的规定。因患某种疾病而禁止结婚，是对结婚权利的剥夺。对于患有医学上认为不宜结婚疾病的人，是否结婚的决定权属于双方当事人，即在相互知晓对方身体健康状况的情况下自主决定。但患病一方负有婚前向对方如实告知的义务，违反此告知义务、隐瞒病情而与对方结婚的，将构成婚姻欺诈，对方有权请求人民法院撤销其婚姻。

基于此，考虑到上述情况和各方面的意见，经过认真研究，本次编纂婚姻家庭编，对疾病的禁婚条件未作规定，只是将“隐瞒重大疾病”作为撤销婚姻的条件作了专门规定。

◆ 条文解读

男女结婚组成家庭后，不仅开始了两个人的共同生活，夫妻互相依存、互相帮助、互相扶养，而且还承担着养育子女的义务。如果婚前患有医学上认为不应当结婚的疾病，结婚后则可能传染给对方或者传染、遗传给下一代，不利于家庭的和睦、幸福。因此，为了配偶和子女的身体健康，如果婚前患有重大疾病，就不能隐瞒，应当在结婚登记前如实告知另一方；结婚登记前不如实告知的，结婚登记后另一方可以向人民法院请求撤销婚姻。

本条规定，请求撤销婚姻的，应当自知道或者应当知道撤销事由之日起一年内向人民法院提出。所谓“知道”是指有直接和充分的证据证明当事人知道对方患病。“应当知道”是指虽然没有直接和充分的证据证明当事人知道，但是根据生活经验、相关事实和证据，按照一般人的普遍认知能力，运用逻辑推理可以推断当事人知道对方患病。如果不能在知道或者应当知道撤销事由之日起一年内提出，就只能通过协议离婚或者诉讼离婚的程序解除婚姻关系。

构成欺诈需在主观和客观方面均为重大或重要影响。在主观方面，结婚时关于疾病的事项，如不因被隐瞒而发生错误认知，如果知道疾病事项，就一定不会结婚。即从隐瞒到错误认识再到结婚是一连串的因果关系，如果没有隐瞒就没有结婚，隐瞒的疾病事项对婚姻有着决定性影响。在客观方面，也必须有相当重大或重要影响。有的解释为涉及“婚姻要素”，有的解释为涉及“婚姻本质”。如本条规定的“重大疾病”，《瑞士民法典》规定的“严重危害其或其后代的健康的疾病”，而不是一般的感冒发烧等小病症。当然，主观方面和客观方面是相联系的。

在立法过程中，有的意见认为，应当明确规定隐瞒了哪些重大疾病才可作为撤销婚姻的事由。1950 年婚姻法规定了“花柳病”“精神失常未经治愈”“麻风病”为禁婚条件。1980 年婚姻法规定“麻风病”为禁婚条件。2001 年婚姻法规定的禁婚条件没有具体列举疾病名称。母婴保健法规定了婚前医学检查的“严重遗传性疾病”“指定传染病”“有关精神病”三类疾病。本条没有具体列明哪些疾病属于“重大疾病”，主要是考虑到技术在进步，医疗水平在提高。在不同的历史时期，认定的重大疾病完全可能是不同的。重大疾病具体是什么病，或者某种疾病是不是重大疾病，需要司法机关和有关部门、单位在司法实践中进行认定。

第一千零五十四条 无效的或者被撤销的婚姻自始没有法律约束力，当事人不具有夫妻的权利和义务。同居期间所得的财产，由当事人协议处理；协议不成的，由人民法院根据照顾无过错方的原则判决。对重婚导致的无效婚姻的财产处理，不得侵害合法婚姻当事人的财产权益。当事人所生的子女，适用本法关于父母子女的规定。

婚姻无效或者被撤销的，无过错方有权请求损害赔偿。

◆ 条文主旨

本条是关于婚姻无效或者被撤销的法律后果的规定。

◆ 立法背景

本条对婚姻无效或者被撤销的法律后果作了规定，即无效或者被撤销的婚姻，自始没有法律约束力。子女和财产处理规则相同。无效婚姻和可撤销婚姻虽然在法律后果上是一致的，但无效婚姻和可撤销婚姻还是存在不同之处：1. 无效婚姻是违反禁止结婚条件的，当事人或是已有配偶，或是有不能结婚的亲属关系，或是未到法定年龄。可撤销婚姻是因为胁迫，本不自愿，或者因为受隐瞒重大疾病使认识错误，如果知道就不会结婚。2. 对于无效婚姻，当事人、利害关系人和相关组织都可以申请无效，人民法院可依法宣告无效。受胁迫和受隐瞒重大疾病的两类可撤销婚姻，只有当事人可以申请撤销，人民法院必须依当事人的申请撤销。3. 无效婚姻的宣告没有时间上的限制，人民法院根据实际情况而裁判是否宣告无效。可撤销婚姻要求当事人必须在规定的时间内提出，超出规定的时间则不能再提出撤销申请，如要解除婚姻关系只能走离婚的程序。

◆ **条文解读**

在立法过程中，对于无效和可撤销婚姻的法律后果是有争议的。反对无效和被撤销的婚姻均自始无效的意见认为，民法上一般无效行为和可撤销行为虽法律效果相同，可撤销行为同样具有溯及力，但婚姻的无效和可撤销情况不同。如果无视婚姻关系的特殊性而使其撤销具有溯及力，则会产生不利影响。一方面婚姻关系被撤销前所发生的身份事实不可能恢复原状，另一方面即使把双方所为之财产赠与、家事劳动的提供等财产事实强制恢复原状，将显然不利于当事人及其子女合法利益的保护。因此德国、日本、瑞士、韩国以及我国台湾地区“民法”均规定撤销婚姻不具溯及力。

一些国家或地区撤销婚姻，按我国的制度来说，有的属于无效，有的属于可撤销。一些国家或地区撤销婚姻是否有溯及力问题，有三种情况。一是绝对的溯及效力。如1950年颁布离婚法之前的英国。古代罗马法，亦采此主义。二是“误想婚”。通常指一方为善意的，对善意方，相当于离婚的效果。如《法国民法典》第201条、第202条的规定。三是准用离婚效力的制度。如德国、瑞士。婚姻撤销的不溯及，确属多数国家或地区采用的制度。从其立法的理由来看，是为妇女和子女的利益。不具溯及力，则相当于离婚对妇女的保护，子女亦可为婚生子女。然而我国的情况不同。无效婚姻，自始无效，子女同婚生子同样对待，并无异议。可撤销婚姻，亦自始无效，子女同婚生子同样对待。无效婚姻和可撤销婚姻的子女，虽然在逻辑上可认为是非婚生子女，但社会上并不认为是私生子，并不存在歧视的问题，也并不存在抚养的问题，亲生父母的抚养义务与婚生子女并无不同。即使称非婚生子女，按照规定，非婚生子女享有与婚生子女同等的权利，也不存在问题。无论是无效婚姻还是可撤销婚姻，财产的问题依双方协议，协议不成，由法院根据照顾无过错方的原则裁判。无效婚姻和可撤销婚姻使无过错方受到损害，所以无过错方有权请求损害赔偿。使无效婚姻与可撤销婚姻自始无效、具溯及力符合当事人的意愿。在征求意见的过程中，公众对婚姻法有关无效婚姻和可撤销婚姻自始无效的规定并无异议。所以，本条仍然坚持原来的规定。

按照本条规定，无效或者被撤销的婚姻，婚姻关系自始不发生法律约束力。即从当事人结婚之时，婚姻就没有法律效力。即使当事人骗取婚姻登记，该婚姻也是自始无效，而不是从人民法院宣告之时起婚姻才没有法律效力。这种婚姻关系不论结婚的事实是否发生，结婚时间是否长久，婚姻关系被法律确认自始不存在，不受法律保护。

无效或者被撤销的婚姻，当事人之间不具有夫妻的权利和义务。本法规定，夫妻有互相扶养的义务。一方不履行扶养义务时，需要扶养的一方，有要求对方给付扶养费的权利。夫妻有相互继承遗产的权利。夫妻一方因抚育子女、照料老人、协助另一方工作等负担较多义务的，离婚时有权向另一方请求补偿。另一方应当给予补偿。离婚时，如一方生活困难，有负担能力的另一方应当给予适当帮助。因一方重婚或者与他人同居、实施家庭暴力、虐待、遗弃家庭成员或者其他重大过错而导致离婚的，无过错方有权请求损害赔偿。本法有关夫妻权利义务的规定，前提是合法婚姻，是有效婚姻。由于无效婚姻、可撤销婚姻欠缺婚姻成立的法定条件，是不合法婚姻，有关夫妻权利义务的规定对无效婚姻、被撤销婚姻的当事人都不适用。

无效或者被撤销的婚姻，当事人所生子女的权利义务关系适用本法有关父母子女间的权利义务的规定。无效婚姻、可撤销婚姻不具有法律效力，但由于男女当事人的同居关系，可能产生生儿育女的事实，随之而来的是对无效婚姻、可撤销婚姻所生子女法律地位的确定。从逻辑上讲，由于无效婚姻、可撤销婚姻的男女双方没有合法的夫妻关系，他们在共同生活期间所生的子女应为非婚生子女，但从世界各国的立法规定及司法实践看，许多国家都从保护子女利益出发，对无效婚姻、可撤销婚姻当事人共同生活期间所生的子女，采取保护的原则，承认其子女的合法地位。我国婚姻家庭法确立的基本原则之一是保护妇女、未成年人、老年人和残疾人的合法权益。本法第1071条规定，非婚生子女享有与婚生子女同等的权利，任何组织或者个人不得加以危害和歧视。因此在规定无效婚姻、可撤销婚姻当事人所生子女的法律地位时，坚持并贯彻了这一基本原则，规定无效或者被撤销的婚姻当事人所生子女的权利义务，与合法婚姻当事人所生子女的权利义务一样。如父母对未成年子女有抚养、教育和保护的义务，成年子女对父母有赡养、扶助和保护的义务。父母不履行抚养义务的，未成年子女或者不能独立生活的成年子女，有要求父母给付抚养费的权利。成年子女不履行赡养义务的，缺乏劳动能力或者生活困难的父母，有要求成年子女给付赡养费的权利。父母有教育、保护未成年子女的权利和义务，未成年子女造成他人损害的，父母应当依法承担民事责任。婚姻关系被确认为无效或者被撤销后，父母对子女仍有抚养和教育的权利和义务，一方抚养子女，另一方应负担部分或者全部抚养费。不直接抚养子女的父或母，有探望子女的权利，另一方有协助的义务。

无效或者被撤销的婚姻，当事人同居期间所得的财产，由当事人协议处理；协议不成的，由人民法院根据照顾无过错方的原则判决。对重婚导致的无效婚姻的财产处理，不得侵害合法婚姻当事人的财产权益。

在2001年婚姻法修改过程中，对如何规定无效婚姻、可撤销婚姻当事人同居期间所得财产的处理原则，存在不同的看法。一种意见认为，无效婚姻、可撤销婚姻是违法婚姻，在解除其违法婚姻关系时，对当事人同居期间所得财产的处理应当与解除合法婚姻关系时财产处理的原则有所区别。处理无效或者被撤销婚姻当事人同居期间所得财产的原则应当是：1. 双方当事人同居期间各自的收入，认定为个人财产。双方各自继承和受赠的财产，按照个人财产对待。无效婚姻、可撤销婚姻被解除时，当事人一方个人的财产归个人所有。2. 同居期间当事人双方共同所得的收入和购置的财产，按照按份共有处理。婚姻被确认为无效或婚姻关系被撤销后，双方当事人都有权请求从共有财产中分割出属于自己的份额。3. 对同居期间为共同生产、生活而形成的债权、债务，债权按照按份共有处理，债务由双方协议偿还，协议不成时由人民法院依法判决，双方对债务互负连带责任。

另一种意见认为，无效婚姻、可撤销婚姻虽然不符合法定的结婚条件，当事人之间不是合法的夫妻关系，但是，对当事人同居期间所得财产的处理原则，不宜完全按照民法通则按份共有的原则分割。对于无效婚姻或者可撤销婚姻，当事人在同居期间，如果一方挣得比另一方多，按照按份共有分割当事人同居期间所得的财产，那么，收入多的一方分得的财产必定比另一方多，而另一方虽然收入少，但在抚育子女、照料老人等家务上付出了大量的劳动，有的还协助另一方工作，并付出较多的义务。因此，在分割当事人同居期间所得财产时，不能按照按份共有的原则分割，否则不利于保护妇女、儿童和老人的合法权益。

在广泛听取各方面意见的基础上，经过认真研究，多次修改，婚姻法规定无效的或者被撤销的婚姻，当事人同居期间所得的财产，在婚姻被确认无效或者婚姻关系被依法撤销时，由当事人协议处理。如果无效婚姻或者可撤销婚姻当事人在同居期间对财产的归属有约定的，要依据当事人的约定分割当事人同居期间的财产。如果当事人对同居期间财产的归属没有约定，又达不成协议时，人民法院对当事人同居期间所得的财产，根据照顾无过错方的原则予以分割。即对无效婚姻或者可撤销婚姻的无过错一方当事人可以多分财产。但是，对因重婚导致婚姻无效的财产的处理，不得侵害合法婚姻当事人的财产权益，即多分重婚导致的无效婚姻当事人同居期间所得财产给无过错方，不得侵害重婚一方合法婚姻的配偶一方当事人的财产权益。例如，甲有配偶又与乙登记结婚，人民法院根据照顾无过错方的原则，分割甲乙在无效婚姻期间所得财产时，不能将本应是甲第一个合法婚姻的夫妻共同财产分给乙。民法典继续维持了这一规定。

在立法过程中，有的专家学者和社会公众提出，无效婚姻和可撤销婚姻给无过错的当事人带来极大伤害，仅规定根据照顾无过错方的原则分配财产是远远不够的。受到伤害就应有权请求赔偿，伤害他人就得承担赔偿责任。婚姻无效和被撤销的，还应当赋予无过错方请求损害赔偿的权利，以有利于保护无过错方的权益。境外也有这方面的立法例。如我国台湾地区“民法”第 999 条规定：“当事人之一方因结婚无效或被撤销而受有损害者，得向他方请求赔偿。但他方无过失者，不在此限。”我们经研究采纳了这一意见。本条第 2 款规定：“婚姻无效或者被撤销的，无过错方有权请求损害赔偿。”

第三章 家庭关系

本章分两节，共二十一条。第一节为夫妻关系，对夫妻地位、夫妻姓名权、夫妻人身自由权、夫妻对子女的权利义务、夫妻相互扶养义务、夫妻日常家事代理权、夫妻相互遗产继承权，以及夫妻共同财产、个人财产、共同债务的界定、约定财产制、婚内析产等作了规定；第二节为父母子女关系和其他近亲属关系，对父母与子女之间的权利和义务、非婚生子女、继父母与继子女、亲子关系异议之诉以及祖父母、外祖父母与孙子女、外孙子女之间抚养和赡养义务，兄弟姐妹间扶养义务等作了规定。

第一节 夫妻关系

第一千零五十五条 夫妻在婚姻家庭中地位平等。

◆ 条文主旨

本条是关于夫妻地位平等的规定。

◆ 立法背景

一、夫妻与夫妻关系

夫妻，丈夫与妻子的合称，即男女通过合法的婚姻组成的配偶。按照通常的说法，夫妻是以共同生活为目的而结合的伴侣。

夫妻双方具有特定的身份，虽然这种身份关系在不同的历史时代有很多不同的内容，但是在根本上，夫妻是性伴侣。这种两性之间的关系与社会上其他的两性关系有着本质的区别。夫妻是两性的结合，互为性对象，同性结合不构成夫妻。夫妻两性的结合还必须是合法的。在有些国家和地区，这种合法结合的方式可能不止一种，有法律婚、仪式婚，仪式婚也是结婚的合法形式之一。不以合法的方式结合的男女两性，不能称为夫妻。

夫妻是性伴侣，又是生活的伴侣。夫妻生活是多方面的，是非常复杂的，生活着的夫妻有许许多多的权利与义务。婚姻和夫妻共同生活就其本质而言是为了种的繁衍。为了这一目的，夫妻要生育子女、抚养子女、教育子女。夫妻要相互扶养，还要赡养老人。夫妻要面对的还有许许多多的事情。夫妻关系是人与人之间最为亲密也最为复杂的关系。

夫妻关系是家庭关系的核心，其内容十分广泛，但依其性质，可以分为夫妻人身关系与夫妻财产关系两个方面。所谓夫妻人身关系，是指夫妻之间基于人格和身份形成的无直接物质利益因素的权利义务关系。比如，本法第 1056 条规定的夫妻的姓名权，第 1057 条规定的夫妻参加生产、工作、学习和社会活动的自由权等。所谓夫妻财产关系，是指夫妻之间基于物质利益而形成的权利义务关系。比如，本法第 1062 条、第 1063 条规定的夫妻共同财产和个人财产，本法第 1064 条规定的夫妻共同债务等。需要说明的是，夫妻财产关系是基于夫妻人身关系而产生的，从属于夫妻人身关系。

夫妻关系在家庭关系中占有重要地位，夫妻关系是家庭关系的基础，没有夫妻关系就不会产生家庭关系。男女结婚，组成一个新的家庭，也产生了新的家庭关系。夫妻生儿育女，使家庭关系得到进一步的延续、发展。夫妻关系在家庭关系中承上启下，夫妻赡养老人、为老人送终；生育、抚养、教育子女，使其成家立业，代代相传。可以说，夫妻关系在家庭中举足轻重，对整个家庭关系有着决定性的影响。从一定程度上说，家庭的稳定又是社会稳定的基础。家庭不和睦、子女教育出现问题，都会带来社会问题。因此，我们必须认识夫妻关系的性质与特点，了解夫妻关系的内容，处理好夫妻关系。这对于家庭的和睦美满和社会的稳定与健康发展，具有重要意义。

二、近代以来我国有关夫妻关系的立法

鸦片战争以后，中国逐步沦为半封建、半殖民地社会。我国近代的亲属立法，从清末开始。1910 年（宣统二年）颁行的大清现行刑律，夫妻关系的规定沿用了明律、清律，肯定包办婚姻与纳妾，也有“七出”的规定。1911 年（宣统三年）起草了大清民律草案，未及实行，清朝已亡。1915 年，北洋政府制定民律亲属编（草案），也未实行。这两个草案，在夫妻关系的规定上有一些进步，但仍有浓厚的封建色彩。1931 年实施的国民政府民法亲属编，大量抄袭《德国民法典》《日本民法典》的规定，从形式上看，体现男女平等、夫妻平等。但是，对纳妾事实上是承认的，仍然维护了旧的家庭制度，也维护了夫妻关系的不平等。而同时，中国共产党领导的苏区立法所确立的婚姻制度，与国民党政府相比，“是两个绝对相反的世界”。1931 年的《中华苏维埃共和国宪法大纲》《中华苏维埃共和国婚姻条例》及其有关该条例的决议，规定了解放妇女，婚姻自由，废除一切封建的包办、强迫与买卖婚姻，实行一夫一妻、禁止一夫多妻，男女平等、夫妻平等，为我国的婚姻制度翻开了崭新的一页。抗日战争、解放战争时期的陕甘宁边区、晋察冀边区有关婚姻的立法都坚持了这些原则。

中华人民共和国成立后不久，1950 年 5 月公布施行了《婚姻法》，废除了旧的家庭制度，建立了全新的新民主主义家庭制度。《婚姻法》第 1 条规定，实行一夫一妻、男女平等的婚姻制度。第 7 条进一步规定："夫妻为共同生活的伴侣，在家庭中地位平等。"这些规定，建立在推翻了剥削与压迫、劳动人民当家作主的基础之上，反映了劳动人民的意志，也是新民主主义新型家庭关系的反映，因此得到了人民的一致拥护。婚姻法的实施在很大程度上消灭了包办婚姻、买卖婚姻，改造了旧的家庭关系，扫除了历史遗留下来的婚姻家庭领域里的封建习俗和封建思想。1980 年，婚姻法作了修改，在夫妻关系上，维持了 1950 年婚姻法的规定，第 9 条明确规定："夫妻在家庭中地位平等。"2001 年 4 月修改婚姻法，本条规定仍延续了 1980 年婚姻法的规定。这次编纂民法典，将婚姻法纳入婚姻家庭编，本条规定仅在文字上作了一些修改。但根据社会经济发展过程中的新情况、新问题，民法典婚姻家庭编在有关夫妻关系具体内容的其他条文上作了相应修改，以更加有利于贯彻男女平等、夫妻平等的原则。

◆ **条文解读**

夫妻双方在婚姻家庭关系中的地位，总是与男女两性的社会地位相一致的。社会主义中国实行公有制，人民当家作主，人人平等、男女平等是社会主义的法治原则。新中国成立几十年来，我国妇女的地位有了很大的提高，男女平等、夫妻平等不再是我国法治建设要达到的目标，而是我国的现实。我国《宪法》第 48 条规定："中华人民共和国妇女在政治的、经济的、文化的、社会的和家庭的生活等各方面享有同男子平等的权利。国家保护妇女的权利和利益，实行男女同工同酬，培养和选拔妇女干部。"规定夫妻地位平等，是男女平等原则在婚姻家庭关系中的集中体现，是社会主义夫妻关系的根本要求和主要特征。规定夫妻地位平等，是对封建婚姻制度的否定，是对夫权婚姻的否定，是对男尊女卑封建观念的否定。1950 年的婚姻法直至现在的民法典婚姻家庭编之所以单独规定这一条，是因为中国的婚姻家庭从封建的婚姻家庭中解脱出来了，但有一些地区的经济不够发达，观念闭塞，男尊女卑的观念还很有市场，如伤害、丢弃女婴以及针对妇女的家庭暴力时有发生，包办婚姻、买卖婚姻的情况还存在，有些地方还有“包二奶”的情况。新中国已经成立七十一年，但实践当中还有不少夫妻地位不平等的现象存在，本条规定仍有其必要性和现实性。对本条规定，可以从以下几个方面理解：

第一，夫妻在婚姻家庭中地位平等的规定，是处理夫妻关系的指导原则，是确定夫妻之间各项权利义务的基础。夫妻地位平等意味着夫妻在共同生活中平等地行使法律规定的权利，平等地履行法律规定的义务，共同承担对婚姻、家庭和社会的责任。在“家庭关系”一章规定夫妻地位平等，也是婚姻家庭编总则一章中规定的男女平等原则在婚姻家庭关系中的具体体现。夫妻地位平等作为家庭关系一章第一条，也是家庭关系一章其他各条的指导原则，家庭关系一章中其他各条都要贯彻这一原则。家庭关系一章只有二十一条，而现实生活是复杂的，涉及的婚姻家庭关系会出现各种各样的情况，在司法实践中，要解决矛盾、解决纠纷，要依法作出裁判。在法律没有具体规定的情况下，对夫妻关系的处理，就要依据夫妻在婚姻家庭中地位平等这一规定作出判断。因此，本条规定也为司法实践中处理夫妻之间的权利义务纠纷提供了依据。

第二，规定夫妻在婚姻家庭中地位平等，其主要意义在于强调夫妻在人格上的平等以及权利义务的平等。夫妻双方应当互相尊重对方的人格独立，不得剥夺对方享有的权利，夫妻任何一方不得只享有权利不尽义务，或者只尽义务而不享有权利。特别是要强调保护妇女，保护妻子在家庭中的人格独立，禁止歧视妇女，禁止家庭暴力，禁止对妻子的虐待和遗弃。重点是要保护妇女在家庭中的各项权益。

第三，规定夫妻在婚姻家庭中地位平等，不是指夫妻的权利义务一一对等，更不是指夫妻要平均承担家庭劳务等。平等不是平均，权利义务可以合理分配和承担，家庭劳务也可以合理分担。对于婚姻家庭事务，夫妻双方均有权发表意见，应当协商作出决定，一方不应独断专行。

第一千零五十六条　夫妻双方都有各自使用自己姓名的权利。

◆ **条文主旨**

本条是关于夫妻姓名权的规定。

◆ **立法背景**

世界万物，总要取个名字，以便于识别，人也是如此。人的名字在法律上的正式称谓为“姓名”。姓名是自然人的特定化标志，是自然人的“符号”。有了姓名，就便于与其他人区别开来。“姓名”由“姓”加“名”组成。“姓”是其家族的标志，“名”是本人的标志。

姓名权是指自然人依法享有的决定、使用、变更或者许可他人使用自己的姓名并排除他人干涉或者非法使用的权利。姓名权是自然人的一项重要人格权，是自然人独立人格的重要标志。本法第1012条明确规定：“自然人享有姓名权，有权依法决定、使用、变更或者许可他人使用自己的姓名，但是不得违背公序良俗。”第1014条规定：“任何组织或者个人不得以干涉、盗用、假冒等方式侵害他人的姓名权或者名称权。”根据上述规定，姓名权的内容包括：1. 姓名决定权。姓名决定权是指自然人决定其姓名的权利。2. 姓名变更权。姓名变更权是指自然人变更其姓名的权利。3. 姓名使用权。姓名使用权是指自然人依法使用自己姓名的权利，包括自己使用、不使用和禁止他人使用的权利。4. 姓名许可他人使用权。姓名许可他人使用权是指自然人依法许可他人使用自己姓名的权利。5. 姓名维护权。姓名维护权是指自然人在自己的姓名权受到侵害时，有权提出停止侵害、排除妨害、赔偿损失等请求，以保护自己的姓名权的权利。

◆ **条文解读**

夫或者妻有无独立的姓名权是夫或者妻在婚姻家庭中有无独立人格的重要标志。在古代和资本主义社会初期，无论是中国还是西方，大都要求妇女从夫姓，这显然是夫权婚姻的产物。我国古代婚姻大多为男娶女嫁，结婚后女方要冠以夫姓，即将丈夫的姓放在自己的姓之前。有些妇女往往只有小名，有的甚至没有自己的名，如“张王氏”，谓姓王的嫁给姓张的做妻子。即使到了1931年，国民政府民法亲属编第1000条仍规定：“妻以其本姓冠以夫姓，赘夫以其本姓冠以妻姓，但当事人另有约定者，不在此限。”

近现代以来，随着男女平权主义的发展，对已婚妇女姓名权歧视的做法多已有了很大改变。从其他国家和地区的立法例来看，仍有少部分国家规定妻从夫姓或者妻冠夫姓。比如，《瑞士民法典》第160条规定：“夫的姓氏为配偶双方的姓氏。”《意大利民法典》第143条之二规定：“妻在其固有的姓氏前附加夫的姓氏，而且在作为寡妇的身份继续中至再婚为止将其保有。”但是大部分国家和地区已经改变了这一做法，明确规定夫姓或者妻姓都可以作为夫妻姓氏。比如，《德国民法典》第 1355 条中规定：“婚姻双方应当确定共同的家庭姓氏（婚姻姓氏）。婚姻双方使用由他们确定的共同姓氏。如果婚姻双方未确定婚姻姓氏的，则他们在结婚之后仍然使用其直至结婚之时所使用的姓氏。”《日本民法典》第 750 条规定：“夫妻可以依结婚时的约定，称丈夫或者妻子的姓氏。”《俄罗斯联邦家庭法典》第 32 条规定，结婚时，夫妻可以按照自己的意愿选择一方的姓作为共同的姓或者双方各自保留自己婚前的姓，或者将另一方的姓与自己的姓合并，但俄罗斯联邦各主体的法律另有规定时除外。英国的惯例做法是，缔结婚姻后，妻子可以自主决定自己的姓氏，可以保留原姓，可以在其原姓前冠以夫姓，也可以变更原姓而改用夫姓。美国各州的法律也大都规定妻子有权决定自己的姓氏，可以保留原姓，可以在其原姓前冠以夫姓，也可以随夫姓。我国香港地区对于夫妻姓名权没有专门法律规定，在实际生活中一般适用英国惯例。我国《澳门民法典》第 1538 条规定：“夫妻婚后可各自保留其本姓，亦可选择冠以对方不超过两个之姓氏。但保留前配偶姓氏之人不得选择冠以对方配偶不超过两个之姓氏。”我国台湾地区“民法”第 1000 条规定：“夫妻各保有其本姓。但得书面约定以其本姓冠以配偶之姓，并向户政机关登记。冠姓之一方得随时回复其本姓。但于同一婚姻关系存续中以一次为限。”

新中国成立后，1950 年《婚姻法》第 11 条规定：“夫妻有各用自己姓名的权利。”废除在姓名问题上歧视妇女的旧法，代之以夫妻在姓名权上完全平等的规定。1980 年和 2001 年修改的婚姻法重申了这一规定。这次编纂民法典，对这一条仅作了文字上的修改，实质内容没有变化。根据本条规定，自然人的姓名权不受婚姻的影响，男女双方结婚后，其婚前姓名无须改变，妇女结婚后仍然有权使用自己的姓名。这对于保障已婚妇女的独立人格，促进夫妻在婚姻家庭关系中地位平等，具有积极意义。

第一千零五十七条 夫妻双方都有参加生产、工作、学习和社会活动的自由，一方不得对另一方加以限制或者干涉。

◆ **条文主旨**

本条是关于夫妻人身自由权的规定。

◆ **立法背景**

人身自由权是每个自然人最基本的权利，夫妻的人身自由权是自然人人身自由权的具体体现，是夫妻在婚姻家庭关系中地位平等的重要标志。夫妻的人身自由权是指夫妻双方从事社会职业、参加社会活动和进行社会交往的权利和自由，强调自然人的人身自由权不因结婚而受限制。这一权利对男女双方都适用，但实际上重点是保障妇女在婚后仍然享有独立人格、具有独立身份，能够按照自己的意愿从事社会职业、参加社会活动和进行社会交往，禁止丈夫或者其他人对妻子人身自由权利的干涉。

规定夫妻人身自由权具有重要的意义。在1949年以前，妇女在家庭中处于从属的地位，作为妻子的妇女更是受到各种约束，参加社会活动是根本不可能的事情。妇女是“从人者”，凡事“皆从男子”，婚前从父兄、婚后从夫、夫死从儿。“女不言外”，妇女被囚禁在家庭的牢笼之中，排除在社会活动之外，在家庭中伺候丈夫、老人与儿女，从事家务劳动，无权过问，更无权参与社会公共管理事务。由于妇女不能从事社会活动，在家庭中处于从属地位，在社会上更没有地位。妇女如果不参加社会工作，生活依赖丈夫，就不可能享有与男子真正的平等的地位。妇女只有积极参加学习、不断提高自身的政治觉悟和文化素质，参加公共劳动和社会活动，才能使其家庭和社会地位真正得到提高，也才能真正与男子平等。因此，1950 年《婚姻法》第 9 条规定："夫妻双方均有选择职业、参加工作和参加社会活动的自由。"这一规定对妇女积极参加生产和社会工作起到了积极的作用。1980 年婚姻法对这一条进行了完善，增加了参加学习的自由。2001 年修改婚姻法和本次编纂民法典，对这一条规定都未作修改。

◆ **条文解读**

根据本条规定，夫妻人身自由权主要包括以下三个方面的内容：

一、夫妻双方都有参加生产、工作的权利

所谓生产、工作是指一切从事的社会职业和社会劳动。我国妇女参加生产、工作非常积极，国家与社会也提供了有力的保障，妇女权益保障法中对保护妇女的劳动权益作了详尽规定。妇女享有参加生产、工作的自由权而不受干涉，是妇女享有与丈夫平等地位的前提。

二、夫妻双方都有参加学习的权利

这里的学习，不仅包括正规的在校学习，也包括扫盲学习、职业培训以及其他各种形式的专业知识与专业技能的学习。保证妇女学习的自由权，对于提高妇女的文化素质、提高妇女的就业率，进而保障妇女在家庭中与丈夫的平等地位都是必不可少的。而且保证妇女学习的自由权，对于子女的培养、对于全民族文化素质的提高，也具有重要意义。

三、夫妻双方都有参加社会活动的权利

所谓社会活动，包括参政、议政活动，科学、技术、文学、艺术和其他文化活动，各种群众组织、社会团体的活动，以及各种形式的公益活动等。参加社会活动的自由权来自公民依法享有的民主权利，是社会主义条件下对夫妻关系的要求。婚姻法对夫妻参与社会活动自由权的规定主要是保护妇女的。1949 年以前，妇女被排斥在社会生活之外，新中国成立以后，妇女全面参与国家和社会事务管理，在政治、经济、教育、科技文化、体育、卫生等社会生活的各个方面都取得了举世瞩目的发展。明确妇女参与社会活动的自由，是夫妻人格独立，享有人身自由的重要体现。

但要注意的是，本条规定了夫妻的人身自由权，并不意味着夫妻可以不顾家庭、为所欲为。夫妻行使人身自由的权利，必须符合法律与社会主义道德的要求，不得滥用权利损害家庭和他人的合法权益。自然人婚前与婚后截然不同，对配偶、子女、家庭有不可推卸的义务和责任。夫妻任何一方在行使自己的人身自由权的同时，还必须履行自己对家庭应承担的义务和责任，两者应当协调统一起来。夫妻有参加社会活动的自由，但是夫妻也有相互扶养的义务，有抚养、教育子女的义务，有赡养老人的义务。如果夫妻一方对家庭、子女漠不关心，不顾一切地参加各种社会活动，与本条的立法精神是不相符合的。夫妻之间应当互相尊重、互谅互让、互相协商，处理好参加生产、工作、学习和社会活动与尽到家庭责任之间的关系。只有这样，家庭才能幸福和睦。

第一千零五十八条 夫妻双方平等享有对未成年子女抚养、教育和保护的权利，共同承担对未成年子女抚养、教育和保护的义务。

◆ **条文主旨**

本条是关于夫妻双方平等享有和共同承担对未成年子女抚养、教育和保护的权利和义务的规定。

◆ **立法背景**

本法总则编第 26 条中规定："父母对未成年子女负有抚养、教育和保护的义务。"抚养是指父母抚育子女的成长，并为他们的生活、学习提供一定的物质条件。教育是指父母要按照法律和道德要求，采取正确的方法，对其未成年子女进行教导，并对其行为进行必要的约束，其目的是保障未成年子女的身心健康。保护是指父母应当保护其未成年子女的人身安全和合法权益，预防和排除来自外界的危害，使其未成年子女的身心处于安全状态。抚养、教育和保护子女既是父母应尽的义务，也是父母应有的权利。

需要强调的是，父母对子女的抚养、教育和保护的权利和义务，由父母双方平等享有、共同承担，而非一方的单方权利和义务。这是现代各国几乎都确立的父母共同亲权原则。早期资本主义社会的民事立法几乎都片面地把亲权的行使交与父亲一方，剥夺了母亲一方对子女的亲权。比如，1804 年《法国民法典》第 33 条曾规定，父母在婚姻关系存续中，亲权由父单独行使之。后来，随着社会的进步，亲权逐渐摆脱了家族主义和父权的束缚，许多国家在立法上规定了共同亲权原则，如 1970 年修改后的《法国民法典》第 372 条规定，父与母共同行使亲权，从而确定了共同亲权的原则。日本在 1948 年修改民法时，在第 818 条中规定，亲权由父母共同行使之。

在我国奴隶和封建社会，父母与子女的关系强调父权和父治，要求子女服从父亲的管治，奉行"父为子纲""子不教，父之过"，子女一般也没有独立的财产，家中的财产一般由父亲全权支配。母亲在家庭中一般没有什么权利，亲权集中由父亲行使。新中国成立后，实现了男女平等，在家庭关系上，实行夫妻地位平等。1980 年婚姻法就明确规定了父母都有管教和保护其未成年子女的权利和义务。1992 年通过的《妇女权益保障法》第 45 条第 1 款也明确规定，父母双方对未成年子女享有平等的监护权。这次编纂民法典，增加了本条规定，对共同亲权原则作了进一步的明确和强调。

◆ **条文解读**

共同亲权原则实际上是男女平等原则的体现。根据本条规定，对未成年子女抚养、教育和保护的权利由该子女的父母即夫妻双方平等享有，如何行使这一权利夫妻双方应当共同决定，不允许任何一方剥夺对方的这一权利；同样，对未成年子女抚养、教育和保护的义务由夫妻双方共同承担，不允许任何一方不履行这一义务。

第一千零五十九条 夫妻有相互扶养的义务。

需要扶养的一方，在另一方不履行扶养义务时，有要求其给付扶养费的权利。

◆ **条文主旨**

本条是关于夫妻相互扶养义务的规定。

◆ **立法背景**

夫妻相互扶养义务是指夫妻之间相互供养和扶助的法定义务，对保障夫妻正常生活，维护婚姻家庭关系的稳定，具有重要意义。夫妻相互扶养义务与夫妻人身关系密不可分，夫妻之间接受对方扶养的权利和履行扶养对方的义务是基于夫妻间的配偶身份关系的产生而产生的，也会随着夫妻间的配偶身份关系的消灭而消灭。即这一义务始于婚姻关系确立之日，终止于婚姻关系解除之日。

夫妻之间的相互扶养既是权利又是义务，而且这种权利义务是相互对应和平等的，夫妻互为权利主体和义务主体。也就是说，丈夫有扶养其妻子的义务，妻子也有扶养其丈夫的义务；反之，夫妻任何一方均享有受对方扶养的权利。夫妻相互扶养义务与夫妻地位平等是相适应的。在历史上，由于夫妻地位不平等，丈夫成为家庭的主导者，妻子实际上是其丈夫的附属品。基于妻对夫的人身依附关系，很多国家当时都规定了夫有扶养其妻的义务，妻是其夫的被扶养者。在近代资产阶级民事立法中，虽然强调天赋人权、权利平等，废除了夫权制度，但还没有完全体现夫妻权利地位的平等，如旧的《法国民法典》一方面规定了夫妻负有相互忠实、帮助、求援的义务；但另一方面又规定了丈夫应当保护其妻子，丈夫负有接纳其妻子，并按照其财力和身份供给其妻生活上需要的义务。又如旧的《德国民法典》第 1360 条就规定，丈夫应当按照其社会地位、财产及收益能力扶养其妻；如丈夫不能扶养自己时，妻子应当按照其财产及收益地位给予与丈夫社会地位相当的扶养。20 世纪二三十年代以来，特别是第二次世界大战以后，随着科技革命的迅速发展，妇女在经济上逐渐获得独立，尤其是妇女解放运动深入发展，人们的思想观念发生了急剧的变化，在婚姻家庭立法上进行了全面调整，以夫妻权利地位平等取代了过去民法上维护夫权的规定，同时规定了夫妻有相互扶养的义务。如新的《法国民法典》第 212 条规定，夫妻双方应当相互忠诚、相互帮助和救助。新的《德国民法典》第 1360 条规定，配偶双方相互负有与其劳动能力相当的扶养义务。

在新中国成立以前的漫长历史时期，特别强调夫权的统治，奉行“夫为妻纲”，妻子处于无权地位，生活上完全受其丈夫的支配。在经济上，由于封闭的封建经济模式，男主外、女主内，妻子在经济上也从属于其丈夫，因此丈夫理所应当地负起扶养其妻子的义务。由于封建势力的强大和顽固，以及中国民族资产阶级的软弱和政治地位不强大，这种夫权制度一直保持到20世纪40年代。新中国成立后，1950年制定的婚姻法，确定了男女权利平等为婚姻法的基本原则。1980年婚姻法中进一步确认了男女平等为婚姻法的基本原则，在第14条中规定了夫妻有互相扶养的义务。2001年修改婚姻法和本次编纂民法典，也充分肯定了男女平等为婚姻法的基本原则，保留了1980年婚姻法第14条规定的内容。

◆ **条文解读**

夫妻互相扶养义务是法定义务，具有强制性，夫妻之间不得以约定形式改变这一法定义务。有扶养能力的一方，对于因失业、残疾、患病、年老等原因没有固定收入，缺乏生活来源的另一方，必须主动履行扶养义务。即使是根据本法第1065条规定，有的夫妻实行分别财产制，约定各自的工资或者收入归各自所有时，也不意味着夫或妻只负担各自的生活费用而不承担扶养对方的义务，如当一方患有重病时，另一方仍有义务尽力照顾，并提供有关治疗费用。目前，在我国的一些家庭中，夫妻双方的经济收入还有一定差距，往往是丈夫收入多于妻子，在扶养问题上，丈夫应多承担一些义务。在司法实践中，在处理夫妻互相扶养问题上，也更注重保护女方的合法权益。

但在实践生活中，有的夫妻只能共富贵，不能共患难，对于自己的配偶，在生活困难时不主动履行扶养义务，甚至无情地抛弃对方。因此，为了保障夫妻相互扶养义务的履行，本条第2款明确规定了对不履行扶养义务的一方，另一方有追索扶养费的请求权。当夫或妻一方不履行扶养义务时，需要扶养的一方可以根据本条第2款的规定，要求对方给付扶养费。应当给付扶养费的一方拒绝给付或者双方就扶养费数额、支付方式等具体内容产生争议的，需要扶养的另一方可以直接向人民法院提起诉讼，或者向人民调解组织提出调解申请，要求获得扶养费。如果夫或妻一方患病或者没有独立生活能力，有扶养义务的配偶拒绝扶养，情节恶劣，构成遗弃罪的，还应当承担刑事责任。

第一千零六十条 夫妻一方因家庭日常生活需要而实施的民事法律行为，对夫妻双方发生效力，但是夫妻一方与相对人另有约定的除外。

夫妻之间对一方可以实施的民事法律行为范围的限制，不得对抗善意相对人。

◆ 条文主旨

本条是关于夫妻日常家事代理权的规定。

◆ 立法背景

夫妻日常家事代理权，是指夫妻一方因家庭日常生活需要而与第三方为一定民事法律行为时互为代理的权利。夫妻一方在日常家庭事务范围内，与第三方所实施的一定民事法律行为，视为依夫妻双方的意思表示所为的民事法律行为，另一方也应承担因此而产生的法律后果。

在日常生活中，夫妻需要处理的家庭事务很多，参与社会经济生活非常频繁，需要实施不少民事法律行为。这些民事法律行为由夫妻双方共同处理当然更能充分体现其共同意愿，但如果要求所有民事法律行为都必须由夫妻双方共同实施，必然加大婚姻生活成本，加大社会经济活动成本，客观上是不必要甚至是不可能的。为了方便经济交往和婚姻家庭生活，保护夫妻双方和相对人的合法权益，维护社会交易安全，有必要赋予夫妻双方日常家事代理权。

很多国家和地区对于夫妻日常家事代理权都作了明确规定。《法国民法典》第 220 条规定："夫妻各方均有权单独订立以维持家庭日常生活与教育子女为目的的合同。夫妻一方依此缔结的债务对另一方具有连带拘束力。但是，依据家庭生活状况，所进行的活动是否有益以及缔结合同的第三人是善意还是恶意，对明显过分的开支，不发生此种连带责任。以分期付款方式进行的购买以及借贷，如未经夫妻双方同意，亦不发生连带责任；但如此种购买与借贷数量较少，属于家庭日常生活之必要，不在此限。"《德国民法典》第 1357 条规定："婚姻的任何一方均有权处理使家庭的生活需求得到适当满足并且其效力也及于婚姻对方的事务。婚姻双方皆通过此种事务而享有权利和承担义务，但是如果根据情况得出另外的结论则除外。"《瑞士民法典》第 166 条规定："（1）配偶双方中任何一方，于共同生活期间，代表婚姻共同生活处理家庭日常事务。（2）对于家庭的其他事务，配偶之一方仅在下述情形下，始得代表婚姻共同生活：①如配偶之他方或法官授予其处理该事务的权利；②如为婚姻共同生活的利益考虑，某业务不容延缓，且配偶他方因疾病、缺席或类似原因无法表示同意时。（3）配偶中任何一方对其行为负个人责任，但该行为无法使第三人辩明已超越代理权的，配偶他方亦应负连带责任。"《日本民法典》第 761 条规定："夫妻一方就日常家事与第三人之间的法律行为，另一方就因此所生的债务负连带责任。但已经对第三人预先告知不负责任时，不在此限。”《韩国民法典》第 827 条规定：“（一）夫妻就日常家事，互有代理权。（二）对前项代理权的附加的限制，不得对抗善意第三人。”第 832 条规定：“夫妻一方，就日常家事与第三人为法律行为的，另一方就因此而产生的债务负连带债务。但已向第三人明示另一方不负责任的，则不同。”我国台湾地区“民法”第 1003 条规定：“夫妻于日常家务，互为代理人。夫妻之一方滥用前项代理权时，他方得限制之。但不得对抗善意第三人。”

我国《婚姻法》对夫妻日常家事代理权未作出明确规定，仅在第 17 条第 2 款规定：“夫妻对共同所有的财产，有平等的处理权。”《最高人民法院关于适用〈中华人民共和国婚姻法〉若干问题的解释（一）》（以下简称《婚姻法司法解释（一）》）第 17 条在此基础上规定：“婚姻法第十七条关于‘夫或妻对夫妻共同所有的财产，有平等的处理权’的规定，应当理解为：（一）夫或妻在处理夫妻共同财产上的权利是平等的。因日常生活需要而处理夫妻共同财产的，任何一方均有权决定。（二）夫或妻非因日常生活需要对夫妻共同财产做重要处理决定，夫妻双方应当平等协商，取得一致意见。他人有理由相信其为夫妻双方共同意思表示的，另一方不得以不同意或不知道为由对抗善意第三人。”这一规定实际上已经涵盖了夫妻日常家事代理权的实质内容。在 2017 年制定民法总则时，就有不少意见建议，在代理一章中对夫妻日常家事代理权作出明确规定。经研究认为，家事代理与一般民事代理确有较大不同。首先，从适用范围上讲，其只适用于婚嫁家庭领域，不具有普遍适用性。其次，从法律效果上讲，家事代理中的妻或者夫任何一方的民事法律行为的效果由夫和妻双方共同承担；而一般民事代理中，代理人的民事法律效果原则上由被代理人承担，代理人不承担。因此，对于家事代理问题不宜规定在民法总则的民事代理中，可在将来编纂婚姻家庭编时再统筹考虑。这次编纂民法典，在婚姻家庭编中新增了本条规定，对夫妻日常家事代理权作出了明确规定。

◆ **条文解读**

本条第1款规定：“夫妻一方因家庭日常生活需要而实施的民事法律行为，对夫妻双方发生效力，但是夫妻一方与相对人另有约定的除外。”第2款规定：“夫妻之间对一方可以实施的民事法律行为范围的限制，不得对抗善意相对人。”理解这两款规定，需要注意以下几个方面的问题：

第一，夫妻日常家事代理权的权利主体。法律设立夫妻日常家事代理权这一权利的目的在于扩张夫妻双方的意思自治，使得夫妻双方在日常家庭事务的处理中无须事必躬亲，从而突破夫妻各自在时间、精力上的局限性，满足夫妻共同生活的需要。因此，夫妻日常家事代理权为夫妻双方同等享有，夫妻双方在处理日常家庭事务中互相为代理人，各自都可以行使夫妻日常家事代理权。

第二，夫妻日常家事代理权的存续期间。夫妻日常家事代理权由法律直接规定，以夫妻身份的存在为前提。因此，夫妻日常家事代理权只存在于具有合法婚姻关系的配偶之间，始于婚姻关系的确立，终于婚姻关系的解除。在婚姻关系存续期间，夫妻日常家事代理权始终存在。

第三，夫妻日常家事代理权的行使方式。夫妻日常家事代理权的行使方式与一般代理不同。本法总则编规定的代理包括委托代理和法定代理，代理人都必须以被代理人的名义实施民事法律行为。而对于夫妻日常家事代理权，夫妻任何一方在日常家事范围内与第三人为民事法律行为时，不必明确其代理权，可直接以自己名义、另一方名义或者双方名义为之。

第四，夫妻日常家事代理权的行使范围。夫妻日常家事代理权的行使范围仅限于“因家庭日常生活需要而实施的民事法律行为”，通说概括为“日常家庭事务”或者“日常家事”。日常家事是指为满足正常夫妻共同生活和家庭生活所必需的，非属人身性的一切事务，如购买食物、衣服等生活用品，正常的娱乐、保健、医疗费用，通常的子女教育费用等。国家统计局有关统计资料显示，我国城镇居民家庭消费种类主要分为八大类，分别是食品、衣着、家庭设备用品及维修服务、医疗保健、交通通信、文娱教育及服务、居住、其他商品和服务。对“家庭日常生活需要”的范围，我们认为，可以参考上述八大类家庭消费的分类，根据夫妻共同生活的状态（如双方的职业、身份、资产、收入、兴趣、家庭人数等）和当地一般社会生活习惯予以认定。鉴于我国东、中、西部经济发展不平衡，城乡差异巨大，家庭日常生活的范围在不同地区、不同家庭有很大差异，目前还难以确定一个统一的具体标准。

需要强调的是，家庭日常生活需要的支出是指通常情况下必要的家庭日常消费，主要包括正常的衣食消费、日用品购买、子女抚养教育、老人赡养等各项费用，是维系一个家庭正常生活所必需的开支，立足点在于“必要”。随着我国经济社会和人们家庭观念、家庭生活方式的不断发展变化，在认定是否属于家庭日常生活需要支出时，也要随着社会的发展变化而不断变化。

第五，夫妻日常家事代理权的行使限制。通常情况下，夫妻任何一方都可以在日常家事的范围内行使日常家事代理权。但在实际生活中，基于各种考虑如一方时间、精力、知识、能力上的原因，一方滥用代理权的原因等，有时候夫妻双方会对一方可以实施的民事法律行为有所限制。这种限制在夫妻双方之间是有效的，法律无须加以规制，但为了保护正常交易安全，保护第三人的合法权益，法律明确规定这种限制不能对抗善意相对人。所谓“善意”，是指相对人不知道或者不应当知道夫妻之间对一方可以实施的民事法律行为的限制。比如，妻子与丈夫约定，丈夫不得购买一条以上的香烟，结果丈夫到小卖部购买了两条香烟，小卖部无从知晓夫妻双方对于购买香烟的约定，则该买卖行为是有效的。

第六，夫妻日常家事代理权的法律效力。夫妻任何一方行使夫妻日常家事代理权所实施的民事法律行为，对夫妻双方都发生效力，即该民事法律行为所产生的法律效果归属于夫妻双方。夫妻任何一方基于夫妻日常家事代理权所实施的民事法律行为所设立、变更、终止民事法律关系的一切结果都归属于夫妻双方，取得的权利由夫妻双方共同享有，产生的义务也由夫妻双方共同承担。但是，如果夫妻一方在行使夫妻日常家事代理权的同时，与相对人就该民事法律行为另有约定的，则法律效力依照该约定。比如，丈夫在购买家具时，与家具商约定，该家具购买合同只约束自己，不涉及妻子，则该家具合同所产生的债权债务关系仅在家具商与丈夫之间有效。

第一千零六十一条　夫妻有相互继承遗产的权利。

◆ 条文主旨

本条是关于夫妻相互遗产继承权的规定。

◆ 立法背景

理解本条的含义，有必要先了解一下有关继承与继承权的基本知识。继承是自然人死亡后，按照法律规定或者遗嘱处理分配其所遗留的个人财产的制度。继承要解决的核心问题就是所有权人死亡后私人财产的移转问题。继承权是民事权利的一种，是自然人依法享有继承被继承人死亡时遗留的遗产的权利。

在我国，继承权的主体是自然人。根据本法继承编第 1127 条的规定，配偶与子女、父母同属第一继承顺序。同一顺序的继承人继承遗产的份额，一般应当均等。也就是说，配偶、子女、父母的继承权是平等的。但在特殊情况下，同一顺序的继承人继承的份额也不是绝对均等的。如对生活有特殊困难又缺乏劳动能力的继承人，分配遗产时，应当予以照顾。对被继承人尽了主要扶养义务或者与被继承人共同生活的继承人，分配遗产时，可以多分。有扶养能力和扶养条件的继承人，不尽扶养义务的，分配遗产时，应当不分或者少分。

继承权的客体是被继承人的遗产。本法继承编第 1122 条明确规定："遗产是自然人死亡时遗留的个人合法财产。"我国继承法所确立的继承制度，是单纯的财产继承制度，与以前封建社会中的宗祧继承制度根本不同。在宗祧继承制度中，身份继承、祭祀祖先的继承和财产继承三者一体，身份继承、祭祀祖先的继承居主导地位，财产继承是身份继承、祭祀祖先的继承的附属物。宗祧继承实质是男子为中心的嫡长子继承制。新中国成立后，废除了宗祧继承的旧制度，确立了单纯的财产继承制度，这也是目前世界上绝大多数国家所采取的继承制度。遗产作为特殊的财产，与一般财产存在诸多不同：首先，遗产仅存于特定时间段。遗产是在自然人死亡之后到被分割之前特定时间阶段的财产状态。其次，遗产在性质上属于财产。被继承人的人身性权利和义务不属于遗产的范围。如著作权中的署名权等人身性权利，不能成为遗产被继承。再次，遗产是自然人死亡时遗留的所有个人财产。被继承人死亡后的所有个人财产都成为遗产，不论财产的形态，只要属于其个人所有的财产都转为遗产。最后，遗产是自然人死亡时遗留的合法的财产。只有自然人生前合法取得的财产才能成为遗产。

夫妻互相享有遗产继承权，是夫妻双方在婚姻家庭关系中地位平等的一个重要标志。在奴隶社会和封建社会，妻子在继承问题上基本处于无权地位。在“父死子继”的宗祧继承制度下，否认女子的继承权，丈夫死后，其遗产首先由其儿子继承，妻子只有在不改嫁的前提下，才能管理丈夫的遗产。只有在丈夫死后，其财产又无别的男子继承，成为“绝户产”时，妻子才能继承丈夫的遗产。但是由于封建社会中多妻制和收养制存在，真正成为“绝户产”的可能性非常小。同时，由于当时还盛行“立嗣”制度，又进一步从根本上排除了妻子继承财产的可能性。新中国成立后，1950 年颁布的《婚姻法》，确立了男女平等的原则，在继承问题上，彻底废除了以男子为中心的宗祧继承制度，在法律上赋予女子与男子同等的继承权，其第 12 条明确规定：“夫妻有互相继承遗产的权利。”1985 年通过的《继承法》作为专门调整继承关系的法律，在第 9 条明确规定：“继承权男女平等。”并在法定继承一章对配偶的继承权作了全面具体的规定，明确配偶与子女、父母同为第一顺序的继承人。本法继承编基本沿袭了继承法的上述规定。

◆ 条文解读

根据本法的规定，理解夫妻相互遗产继承权，应注意把握以下问题：

第一，夫妻相互遗产继承权以合法的夫妻关系为前提。夫妻间的继承权是基于婚姻的法律效力产生的，只有具备合法婚姻关系的夫妻双方，才能以配偶身份继承对方的遗产。双方属于婚外姘居的，如“包二奶”的情况下，双方就不享有法定的相互遗产继承权。只有在婚姻关系确立之日起到婚姻关系解除之日止，配偶一方死亡，另一方才享有继承权。在实践中还应当区分以下几种情况：1. 男女双方符合法定的结婚条件，并依法办理了结婚登记手续，但由于种种原因未同居生活。这种情况下，双方是合法婚姻关系，一方死亡时，生存的另一方仍可以以配偶身份继承对方的遗产。2. 在现实生活中，男女双方依法办理了结婚登记手续，但尚未举办婚礼，这在法律上仍是合法的婚姻关系。如果这时候一方死亡，生存的另一方仍可以以配偶身份继承对方的遗产。3. 双方的婚姻根据本法属于无效婚姻的，如重婚，一方死亡时，生存的另一方不享有继承权，不能以配偶的资格继承对方的遗产。4. 双方婚姻根据本法属于可撤销婚姻的，如果婚姻未被撤销之前，一方死亡的，生存的另一方可以继承对方的遗产。5. 双方正处于分居状态或者离婚诉讼的过程中，一方死亡时，生存的另一方仍对对方的遗产享有继承权。

第二，夫妻互为第一顺序的法定继承人。根据本法继承编第1127 条的规定，第一顺序的法定继承人包括配偶、子女、父母。除了本法继承编第 1125 条规定的丧失继承权等情形外，不得以任何理由剥夺、限制或者干涉生存一方对死亡配偶所享有的继承权。

第三，要正确确定继承遗产的范围，不得侵害生存配偶的合法财产权。夫或妻一方死亡时，继承开始，首先要确定哪些财产属于被继承人的遗产。被继承人的财产一般包括在夫妻共同财产中的份额以及其个人财产。根据本法第 1062 条、第 1063 条、第1065 条的规定，夫妻共同财产主要包括在婚姻关系存续期间所得的工资、奖金、劳务报酬，生产、经营、投资的收益，知识产权的收益，继承或者受赠的财产等。夫妻也可约定其个人特有财产全部归共同所有或部分共同所有，这部分财产也属于共同财产。

夫妻个人财产主要包括：一方的婚前财产，一方因受到人身损害获得的赔偿或者补偿，遗嘱或者赠与合同中确定只归一方的财产，一方专用的生活用品等。本法继承编第 1153 条规定：“夫妻共同所有的财产，除有约定的外，遗产分割时，应当先将共同所有的财产的一半分出为配偶所有，其余的为被继承人的遗产。”也就是说，对于婚姻关系存续期间所得的夫妻共同财产，除夫妻双方另有约定外，在配偶一方死亡时，应当先对夫妻共同财产进行认定和分割，并分出一半为生存配偶所有，另一半作为死者遗产进行继承。要严格防止将夫妻共同财产都作为遗产继承，侵犯生存配偶的合法财产权益。被继承人的个人财产和共同财产的一半为其所有遗产，如果死者生前没有立遗嘱，其生存的配偶与其他第一顺序的继承人，包括被继承人的子女、父母按照法定继承均分其遗产。比如，夫妻在婚姻关系存续期间的共同财产为 12 万元，丈夫的个人财产有 3 万元。双方没有财产约定。丈夫去世后继承遗产时，应当将 12 万元的共同财产的一半即 6 万元分出归妻子所有。余下的 6 万元和被继承人的 3 万元个人财产共 9 万元作为遗产。如果被继承人还有一个儿子和父母，妻子应当与他们均分，妻子应得 3 万元的遗产。当然，夫妻可以在生前约定其共同财产的分割，如约定无论谁先去世，共同财产暂不分割，等都去世后，由继承人继承。也可以约定夫妻财产在继承分割时，其中三分之二归生存方所有，三分之一作为去世方的遗产。如果夫妻在平等自愿的基础上作出此类约定，法律应当尊重其约定。

第四，注意保障生存配偶对分得遗产的所有权。夫妻一方死亡后，生存的另一方依法继承死者遗产后，就取得了该财产的所有权，有权根据自己的意愿和利益在法律允许的范围内占有、使用和处理该财产，如果再婚，有权带走或处分其继承的财产。实践中，有的寡妇因再婚离开原家庭时，将其继承其亡夫的财产带走的，有时会受到个别近亲属的阻扰，引发各种纠纷。对此，本法继承编第1157条也作了明确规定：“夫妻一方死亡后另一方再婚的，有权处分所继承的财产，任何组织或者个人不得干涉。”

第一千零六十二条 夫妻在婚姻关系存续期间所得的下列财产，为夫妻的共同财产，归夫妻共同所有：

（一）工资、奖金、劳务报酬；

（二）生产、经营、投资的收益；

（三）知识产权的收益；

（四）继承或者受赠的财产，但是本法第一千零六十三条第三项规定的除外；

（五）其他应当归共同所有的财产。

夫妻对共同财产，有平等的处理权。

◆ 条文主旨

本条是关于夫妻共同财产的规定。

◆ 立法背景

所谓夫妻财产制，是规定夫妻财产关系的法律制度，包括夫妻婚前财产和婚后所得财产的归属、管理、使用、收益和处分，以及家庭生活费用的负担，夫妻债务的清偿，婚姻终止时夫妻财产的清算和分割等内容，其核心是夫妻婚前财产和婚后所得财产的所有权归属问题。法律设立夫妻财产制，调整夫妻财产关系，对保护夫妻的合法权利和财产利益，维护平等、和睦的家庭关系，并保障夫妻与第三人交易安全，具有重要意义。现代各国有关婚姻家庭的法律均对夫妻财产制度作出了规定。

一、夫妻财产制的分类

关于夫妻财产制的类型，根据不同的标准，可以划分为不同的种类：

（一）按照夫妻财产制的产生依据，可分为法定财产制和约定财产制

1. 法定财产制是指夫妻婚前或者婚后均未就夫妻财产关系作出约定，或者所作约定无效时，依照法律规定当然适用的夫妻财产制。

2. 约定财产制是相对于法定财产制而言的，是指法律允许的由夫妻双方以约定的形式，确定适用夫妻双方的财产制形式的法律制度。约定财产制是法律对婚姻关系双方当事人就双方之间的财产关系进行约定的意思自治的尊重，具有优先于法定财产制适用的效力，只有在没有约定或者约定无效时才适用法定财产制。

（二）按照夫妻财产制的内容，可分为统一财产制、联合财产制、共同财产制、分别财产制和剩余共同财产制

1. 统一财产制，是指除特有财产外，将妻子的婚前财产估定价额，转归丈夫所有，妻子保留在婚姻关系终止时对估价财产的返还请求权。

2. 联合财产制，是指除特有财产外，婚前或者婚后的财产仍归夫妻各自所有，但将双方财产联合在一起，由丈夫统一管理。在婚姻关系终止时，妻子的财产由本人收回或者由其继承人继承。

3. 共同财产制，是指除特有财产外，夫妻的全部或者部分财产归双方共同所有。依共同所有财产范围的不同，共同财产制又可分为：

（1）一般共同制，是指除特有财产外，夫妻婚前和婚后的一切财产，包括动产和不动产均归夫妻双方共同所有。

（2）婚前动产及所得共同制，是指夫妻婚前的动产和婚后所

得的一切财产均归夫妻双方共同所有。

（3）婚后所得共同制，是指夫妻在婚姻关系存续期间所得的一切财产均归夫妻双方共同所有。

（4）婚后劳动所得共同制，是指夫妻婚后劳动所得的财产归夫妻双方共同所有，非劳动所得的财产如继承或者受赠所得的财产归各自所有。

4. 分别财产制，是指夫妻双方婚前和婚后所得的财产均归各自所有，各自行使管理、使用、收益和处分的权利；但不排除双方约定一部分财产共有或者将妻子的财产管理权交给丈夫。

5. 剩余共同财产制，是指夫妻对于自己婚前和婚后所得的财产，各自保留所有权、管理权、使用收益权和有限制的处分权，夫妻财产制终止时，以夫妻双方增值财产的差额为剩余财产，归夫妻双方分享。

（三）按照夫妻财产制的适用情况，可分为普通法定财产制和非常法定财产制

1. 普通法定财产制，是指在通常情况下，夫妻双方无约定时依法律的直接规定所适用的财产制。

2. 非常法定财产制，是指在婚姻关系存续期间，因发生特定事由，依照法律的规定或者法院宣告，终止夫妻共同财产制，改为适用分别财产制。

二、我国夫妻财产制的沿革

各国夫妻财产制的采用，具有一定的地域性和时代性，同本国的文化传统、伦理观念、民主法治的发展程度紧密相连。在我国古代的宗法家族制度下，夫妻关系实行的是夫妻一体主义，“夫为妻纲”的三纲五常是婚姻家庭关系中的最高准则，妻对夫具有人身依附性，受夫权支配，一切财产归夫所有，妻没有独立的财产权，正如《礼记》中说，“子妇无私货，无私畜，无

私器，不敢私假，不敢私与”。此时的夫妻财产制可称为“吸收财产制”。

近代以来，随着西学东渐和中国民主革命的发端，传统的宗法家族制度和封建思想受到质疑和批判，在以“科学与民主”为旗帜的“五四”新文化运动时期，先进知识分子大力宣传“男女平等”的思想，对封建夫权发起挑战，拉开了中国妇女解放运动的序幕。新中国成立后，废除了封建夫权，实行男女平等的法律制度，妻子在财产上享有与丈夫相同的权利，1950 年《婚姻法》第 10 条规定：“夫妻双方对于家庭财产有平等的所有权与处理权。”1950 年婚姻法规定的夫妻财产制是一般共同制，它的实施对我国的夫妻财产制的变革和发展起了重要作用。

1980 年婚姻法在 1950 年婚姻法的基础上，根据新的历史时期的新情况，作了部分修改和发展，该法第 13 条中规定：“夫妻在婚姻关系存续期间所得的财产，归夫妻共同所有，双方另有约定的除外。”从中可以看出，1980 年婚姻法实行的是以法定财产制为主，约定财产制为辅的夫妻财产制度，其中以婚后所得共同财产制为法定财产制。

1980 年婚姻法产生于改革开放初期，那时的夫妻财产较少，财产关系比较简单，法律规定比较原则。随着社会主义市场经济的发展，社会的经济、文化和人们的思想、生活方式都发生了深刻的变化，夫妻财产日益多样、丰厚，财产关系日趋复杂，各种新型的财产关系不断出现；人们的价值观念也发生了巨大的变化，个人自由和权利观念不断增强，对个人价值的追求日益迫切；人们的生活方式也在快节奏地变化，特别是在年青一代的知识阶层、白领阶层中，有不少人在尝试婚前协议、AA 制的生活方式，采用夫妻约定财产制的人将越来越多。这一切使得原有的有关夫妻财产制的规定越来越显示出其局限性，不尽适应社会经济发展的需要、调整变化了的夫妻财产关系，不利于充分保护个人财产所有权以及对财产权利的合理行使。1980 年婚姻法关于夫妻财产制的规定存在两个方面的缺陷：一是夫妻共同财产的范围过宽，根据该法第 13 条的规定，除非夫妻双方对婚后财产作出约定，否则，夫妻在婚姻关系存续期间所得的财产基本上都归夫妻共同所有。这一规定重视夫妻作为生活共同体的一面，但对尊重个人意愿、保护个人财产权方面显得不足，应当适当缩小夫妻共同财产的范围，增加有关夫妻个人特有财产的规定。二是对夫妻约定财产制的规定过于简单，对约定的要件、范围、方式、效力等重要问题都没有规定，在实践中缺乏可操作性，应当对夫妻约定财产制作进一步的规定。

基于此，2001 年婚姻法延续了 1980 年婚姻法对夫妻财产制的规定，仍然以婚后所得共同财产制作为法定财产制。所不同的是，对夫妻共同财产的范围作了列举式的规定，并增加规定了夫妻个人特有财产的范围，同时，对夫妻约定财产制作了较为详细的规定。

这次编纂民法典，有一些意见建议对我国的夫妻财产制作出修改，可以考虑实行分别财产制。但经过研究，民法典对 2001 年婚姻法的相关规定没有作出实质性的修改，仍适用婚后所得共同财产制为主、约定财产制为辅的夫妻财产制。这主要是基于我国现实的国情考虑的。在当前社会中，男女两性的经济地位事实上仍存在很大差距，职业女性的受教育程度、就业机会和经济收入大多不如男子，而一些妇女没有参加就业或因养育子女、照顾家庭放弃了原有的职业，这些女性基本没有独立的经济收入，在这种情况下实行分别财产制，往往会造成事实上的夫妻不平等。而共同财产制有利于保障夫妻中经济能力较弱一方的权益，有利于实现真正的夫妻地位平等。同时，保持法律的连续性，可以避免对婚姻家庭生活和社会生活造成剧烈的震荡。这也符合我国文化传统和当前绝大多数人对夫妻财产制的要求。共同财产制虽然在尊重个人意愿、保护个人权利上显得不足，但更符合夫妻作为生活共同体的要求，有利于维系更加平等、和睦的家庭关系。

◆ **条文解读**

本条第 1 款规定，夫妻在婚姻关系存续期间所得的财产，如工资和奖金，从事生产、经营的收益等，为夫妻的共同财产，归夫妻共同所有。这一规定表明，我国的夫妻共同财产制采用的是婚后所得共同制，即在婚姻关系存续期间，除个人特有财产和夫妻另有约定外，夫妻双方或者一方所得的财产，均归夫妻共同所有，夫妻双方享有平等的占有、使用、收益和处分权利的财产制度。这里的共同所有指的是共同共有，不是按份共有。

根据本条的规定，我国的夫妻共同财产具有以下特征：

1. 夫妻共同财产的主体，是具有婚姻关系的夫妻。未形成婚姻关系的男女两性，如未婚同居、婚外同居等，以及无效或者被撤销婚姻的男女双方，不能成为夫妻共同财产的主体。

2. 夫妻共同财产，是在婚姻关系存续期间取得的财产。夫妻任何一方的婚前财产不属于夫妻共同财产。婚姻关系存续期间，自合法婚姻缔结之日起，到夫妻一方死亡或者离婚生效之日止。

3. 夫妻共同财产的来源，为夫妻双方或者一方所得的财产，既包括夫妻通过劳动所得的财产，也包括其他非劳动所得的合法财产，当然，法律直接规定为个人特有财产的和夫妻约定为个人财产的除外。这里讲的“所得”，是指对财产权利的取得，而不要求对财产实际占有，如果一方在婚前获得某项财产如稿费，但并未实际取得，而是在婚后出版社才支付稿费，此时这笔稿费不属于夫妻共同财产。同理，如果在婚后出版社答应支付一笔稿费，但直到婚姻关系终止前也没有得到这笔稿费，那么这笔稿费也属于夫妻共同财产。

4. 夫妻对共同财产享有平等的所有权，双方享有同等的权利，承担同等的义务。夫妻对共同所有的财产，有平等的处理权。特别是夫妻一方对共同财产的处分，除另有约定外，应当取得对方的同意。

关于夫妻共同财产的范围，本条第1款作了列举式的规定：

1. 工资、奖金、劳务报酬。即劳动者的劳动收入，既包括工资、奖金，也包括各种津贴、补贴等劳务报酬。

2. 生产、经营、投资的收益。这包括夫妻一方或者双方从事生产、经营所得的各种收入和投资所得的收入，如农村中的农业生产和城市里的工业生产以及第三产业等各行各业的生产经营投资收益，有劳动收入，也有资本收益，如股票债券收入、股份、股权等资本利得，亦是夫妻共同财产的一种形式。

3. 知识产权的收益。知识产权是一种智力成果权，它既是一种财产权，也是一种人身权，具有很强的人身性，与人身不可分离，婚后一方取得的知识产权权利本身归一方专有，权利也仅归权利人行使，比如作者的配偶无权在其著作中署名，也不能决定作品是否发表。但是，由知识产权取得的经济利益，则属于夫妻共同财产，如因发表作品取得的稿费，因转让专利获得的转让费等，归夫妻共同所有。

4. 继承或者受赠的财产，但遗嘱或者赠与合同中确定只归一方的财产除外。夫妻任何一方继承或者受赠的财产属于夫妻共同财产，但如果遗嘱或者赠与合同中指明财产归夫妻一方所有的，是立遗嘱人或者赠与人根据自己意愿处分财产的表现，基于意思自治，应当尊重其对财产的处分权，该财产归一方所有。在审议的过程中，有的意见提出，目前一些国家采用的婚后所得共同制一般是指夫妻通过劳动获得的财产，非劳动所得的财产，如继承、受赠的财产等应当规定为夫妻的个人财产。比如，关于继承的财产，根据我国继承法的规定，女婿、儿媳不在法定继承人的范围之内，如果将一方继承的财产作为夫妻共同财产，等于扩大了法定继承人的范围，与继承法的规定相违背；而遗嘱继承则体现了强烈的个人意志性，遗嘱人将其财产指定由特定的人继承，体现了对其所拥有财产的处分权，如果将夫妻一方因遗嘱继承而得到的财产视为夫妻共同财产，等于变更了遗嘱，违背了遗嘱人的意愿，限制了其对财产的自由处分权，因此，婚姻关系存续期间，一方继承的财产不宜作为夫妻共同财产。这种观点的意义在于，努力从维护个人财产权的角度出发，积极保护个人权利，应该说，这种观点是实行分别财产制的理论基础，而正与实行共同财产制的基本观念相对立。共同财产制关注更多的是家庭，是夫妻共同组成的生活共同体，而不是个人，在这一制度下，夫妻一方经法定继承或者遗嘱继承的财产，同个人的工资收入、知识产权收益一样，都是满足婚姻共同体存在的必要财产，应当归夫妻共同所有。而且，法定继承的财产归夫妻共有，并没有扩大法定继承人的范围，因为女婿、儿媳只是分享了其配偶应得的遗产份额，并不影响其他法定继承人的利益。在遗嘱继承中，可以将遗嘱人交由夫妻一方继承的遗产视为留给整个家庭的财产，如果遗嘱人的本意是只给夫妻一方，不允许其配偶分享，则可以在遗嘱中指明，确定该财产只归一方所有，根据本条第 1 款第 4 项的但书和第 1063 条第 3 项的规定，该遗产就不是夫妻共同财产而是一方的特有财产，这样，也就体现了遗嘱人的意愿。关于赠与的财产，与此同理，可以将赠与夫妻一方的财产视为赠与整个家庭的财产，归夫妻共同所有，这也是与大多数人的思想观念相符合的。如果赠与人只想赠与夫妻的一方，可以在赠与合同中指明该财产只归其中的一方所有，这样，也就尊重了赠与人的意愿。因此，这次编纂民法典，没有采纳这种意见，对于本项规定没有作出修改。

5. 其他应当归共同所有的财产。这项规定属于概括性规定。随着社会经济的发展和人们生活水平的提高，夫妻共同财产的范围在不断地扩大，共同财产的种类在不断地增加，目前，夫妻共同财产已由原来简单的生活用品发展到汽车、房产、股票、债券乃至整个公司、企业等，今后还将出现一些新的财产类型。上述四项只是列举了现已较为明确的共同财产的范围，但难以列举齐全，因此，作了这项概括性规定。

本条第 2 款规定："夫妻对共同财产，有平等的处理权。"这是关于夫妻如何对共同财产行使所有权的规定。如前所述，夫妻共同财产的性质是共同共有，不是按份共有，因此夫妻对全部共同财产，应当不分份额地享有同等的权利，承担同等的义务。不能根据夫妻双方经济收入的多少来确定其享有共同财产所有权的多少。夫妻双方对共同财产享有平等的占有、使用、收益和处分的权利。夫妻一方对共同财产的使用、处分，除另有约定外，应当在取得对方的同意之后进行。尤其是重大财产问题，未经对方同意，任何一方不得擅自处分。夫妻一方在处分共同财产时，另一方明知其行为而不作否认表示的，视为同意，事后不得以自己未参加处分为由否认处分的法律效力。夫妻一方未经对方同意擅自处分共同财产的，对方有权请求宣告该处分行为无效，但不得对抗善意第三人，即如果第三人不知道也无从知道夫妻一方的行为属于擅自处分行为的，该处分行为有效，以保护第三人的利益，维护交易安全。

第一千零六十三条 下列财产为夫妻一方的个人财产：

（一）一方的婚前财产；

（二）一方因受到人身损害获得的赔偿或者补偿；

（三）遗嘱或者赠与合同中确定只归一方的财产；

（四）一方专用的生活用品；

（五）其他应当归一方的财产。

◆ **条文主旨**

本条是关于夫妻个人财产的规定。

◆ **立法背景**

所谓夫妻个人财产，又称夫妻特有财产、夫妻保留财产，是指夫妻在实行共同财产制的同时，依照法律规定或者夫妻约定，夫妻各自保留的一定范围的个人所有财产。根据产生的原因不同，个人财产可分为法定的个人财产和约定的个人财产。法定的个人财产，是指依照法律规定所确认的夫妻双方各自保留的个人财产，本条即属于法定个人财产的规定。

个人财产是夫妻在婚姻关系存续期间分别保留的独立于夫妻共同财产之外的财产，夫妻双方对各自的个人财产，享有独立的管理、使用、收益和处分权利，他人不得干涉。夫妻可以约定将各自的个人财产交由一方管理；夫妻一方也可以将自己的个人财产委托对方代为管理。对家庭生活费用的负担，在夫妻共同财产不足以负担家庭生活费用时，夫妻应当以各自的个人财产分担。

目前，世界上许多实行共同财产制的国家和地区，对夫妻共同财产的范围加以限制，明确规定了夫妻个人财产的范围。比如，

《法国民法典》第 1404 条规定："以下财产即使系在婚姻期间取得，依其性质，仍构成个人自有财产：夫妻一方使用的衣被及其他日用布制品；对本人受到的身体或精神伤害请求赔偿之诉权；不得让与的债权与抚恤金；以及一般言之，具有人身性质的所有财产以及专与人身相关的一切权利。夫妻一方为从事职业所必要的劳动工具，依其性质，亦构成个人自有财产；但在必要时，如对该方已给予补偿，不在此限；如此种工具属于一项营业资产之附属部分，或者属于构成共同财产的经营事务的附属部分，亦不在此限。"第 1405 条规定："夫妻双方在举行结婚之日各自拥有所有权或各自占有的财产，各自于婚姻期间因继承、赠与或遗赠而取得的财产，仍为各人的自有财产。"《德国民法典》第 1418 条规定："1. 保留财产被排除在共同财产之外。2. 保留财产为如下物品：(1) 通过夫妻财产合同宣布为配偶一方的保留财产的物品；(2) 配偶一方因死因处分而取得或者是第三人无偿赠送的物品，如果被继承人以终意处分或者该第三人在赠送时指定该所得物品应当成为保留财产；(3) 配偶一方基于属于其保留财产的权利，或者因属于保留财产之物的毁坏、损坏或者侵夺的补偿，或者由于与保留财产相关的法律行为所得之物。"《瑞士民法典》第 225 条规定："(1) 自有财产通过婚姻契约、第三人的赠与或依法成就。(2) 根据法律，任何配偶一方的自有财产应包括仅供其个人使用的物品以及抚慰金的请求权。(3) 配偶一方有权作为特留份得到的财产，只要婚姻契约规定其为共同财产的，不得由其亲属作为自有财产向其赠与。"《意大利民法典》第 179 条规定："下列物品不构成夫妻共同财产，属于夫妻个人所有：一、自婚前配偶即为其所有权人，或者为其用益物权的名义人的物品。二、配偶一方在婚后取得的、在赠与文书或者遗嘱中没有特别表明属于共同财产的赠与或遗产。三、属于个人使用的物品及其附属物。四、属于配偶一方的职业用品；但是，属于夫妻共同财产的、用于企业经营的财产不在此限。五、因损害赔偿以及因部分或全部丧失劳动能力而获得的赔偿。六、在购置文件中明确载明是用转让或交换本条所列个人财产获得的价金购置的物品。如果另一配偶也在场并且在购置文件中明确表示所购置的物品不属于共同财产，则按照本条 c）项、d）项以及 f）项的规定，以及在婚后取得的本法第 2683 条所列动产不属于共同财产。"《俄罗斯联邦家庭法典》第 36 条规定："1. 夫妻婚前属于个人的财产，以及在婚姻存续期间作为礼物、通过继承或基于其他无偿法律行为取得的财产（夫妻个人财产），分别归各方所有。2. 个人使用的物品（衣服、鞋和其他），除贵重物品和其他奢侈品外，即使是在婚姻存续期间用夫妻共有财产资金所购置，也应当认为是使用物品的一方的个人财产。"《韩国民法典》第 830 条规定："（一）夫妻一方，于婚前所有的固有财产及婚姻中以自己名义取得的财产，为其特有财产。（二）夫妻间归属不明的财产，推定为夫妻共有。"我国台湾地区"民法"第 1013 条规定："下列财产为特有财产：（1）专供夫或妻个人使用的物；（2）夫或妻职业上必需的物；（3）夫或妻所受之赠物，经赠与人声明为其特有财产的。"从以上规定可以看出，各地对夫妻个人财产范围的规定，有一定的相似之处，但也存在一定的差异。此外，有一些国家如法国、德国、瑞士等还对夫妻个人财产的管理、使用、收益和处分权利及其财产责任、个人财产的效力、个人财产的举证责任、个人财产与共同财产之间的结算等作了进一步的规定，从而形成个人财产制度。

◆ **条文解读**

规定夫妻个人财产的意义在于，它弥补了共同财产制对个人权利和意愿关注不够的缺陷，防止共同财产范围的无限延伸，有利于保护个人财产权利。关于我国夫妻个人财产的范围，本条作了列举式的规定，下面逐一进行介绍：

一、一方的婚前财产

婚前财产是指夫妻在结婚之前各自所有的财产，包括婚前个人劳动所得财产、继承或者受赠的财产以及其他合法财产。婚前财产归各自所有，不属于夫妻共同财产。

二、一方因受到人身损害获得的赔偿或者补偿

这些财产是指与生命健康直接相关的财产，具有人身专属性，对于保护个人权利具有重要意义，因此应当专属于个人所有，而不能成为共同财产。这样有利于维护受害人的合法权益，保证受害人的身体康复和生活需要。

三、遗嘱或者赠与合同中确定只归一方的财产

根据本法第1062条第4项的规定，因继承或者受赠的财产，属于夫妻共同财产。但为了尊重遗嘱人或者赠与人的个人意愿，保护个人对其财产的自由处分权，如果遗嘱人或者赠与人在遗嘱或者赠与合同中明确指出，该财产只遗赠或者赠给夫妻一方，另一方无权享用，那么，该财产就属于夫妻个人财产，归一方个人所有。这样规定的另一种意义在于，防止夫妻另一方滥用遗产或者受赠的财产，如妻子的朋友赠送一笔钱资助孩子上学，而丈夫有酗酒恶习，如果这笔钱属于夫妻共同财产，丈夫就有可能利用它买酒，在这种情况下，赠与人可以在赠与时确定这笔现金只赠送给妻子，属于妻子个人所有，丈夫就无权将其用来酗酒了。对此，我国台湾地区也有类似规定，台湾地区“民法”第1013条规定，夫或妻所受之赠物，经赠与人声明为其特有财产的，属于夫妻个人财产。

四、一方专用的生活用品

一方专用的生活用品具有专属于个人使用的特点，如个人的衣服、鞋帽等，应当属于夫妻个人财产。我国司法实践中，在处理离婚财产分割时，一般也将个人专用的生活物品，作为个人财产处理。在编纂民法典过程中，有一种意见认为，用夫妻共同财产购买的且价值较大的生活用品，如贵重的首饰等，即使为一方专用，也应当属于夫妻共同财产。这一意见未被采纳。价值较大的生活用品，因其具有个人专用性，仍应当归个人所有，这也符合夫妻双方购买该物时的意愿。况且，夫妻对共同财产有平等的处理权，在多数情况下，夫妻双方都有价值较大的生活用品。当然，不同经济状况的家庭，“价值较大”的含义不同。

五、其他应当归一方的财产

这项规定属于概括性规定。夫妻个人财产除前四项的规定外，还包括其他一些财产和财产权利。随着社会经济的发展、新的财产类型的出现以及个人独立意识的增强，夫妻个人财产的范围也将有所增加。

第一千零六十四条 夫妻双方共同签名或者夫妻一方事后追认等共同意思表示所负的债务，以及夫妻一方在婚姻关系存续期间以个人名义为家庭日常生活需要所负的债务，属于夫妻共同债务。

夫妻一方在婚姻关系存续期间以个人名义超出家庭日常生活需要所负的债务，不属于夫妻共同债务；但是，债权人能够证明该债务用于夫妻共同生活、共同生产经营或者基于夫妻双方共同意思表示的除外。

◆ 条文主旨

本条是关于夫妻共同债务的规定。

◆ 立法背景

夫妻共同债务问题，事关夫妻双方特别是未举债一方和债权人合法权益的保护，事关婚姻家庭稳定和市场交易安全的维护，可以说是民法典编纂过程中各方面较为关注，争议也较大的问题。

2001 年婚姻法涉及夫妻所负债务清偿问题的条款是第 19 条第 3 款和第 41 条。第 19 条第 3 款规定："夫妻对婚姻关系存续期间所得的财产约定归各自所有的，夫或妻一方对外所负的债务，第三人知道该约定的，以夫或妻一方所有的财产清偿。"第 41 条规定："离婚时，原为夫妻共同生活所负的债务，应当共同偿还。共同财产不足清偿的，或财产归各自所有的，由双方协议清偿；协议不成时，由人民法院判决。"第 19 条是对夫妻约定财产制的问题作出具体规定，第 3 款主要针对夫妻进行财产约定后，一方所欠第三人的债务如何清偿的问题，对夫妻共同财产制下债务如何清偿没有作出明确具体的规定。第 41 条是规定离婚时夫妻共同生活所负的债务在夫妻之间如何分担的问题，属于夫妻债务的内部法律关系，对夫妻债务的外部法律关系即如何偿还债权人没有作进一步规定。综上所述，共同财产制下夫妻一方对外所负的债务是否均为共同债务，债权人如何主张权利，2001 年婚姻法实际上没有作出明确具体的规定，理论界对如何确定夫妻共同债务问题一直存有不同理解，审判实践中对于夫妻共同债务的认定和清偿也存在司法不统一的问题。

为解决审判实践中存在的问题，指导人民法院依法妥善审理涉及夫妻债务纠纷案件，2003 年 12 月，《最高人民法院关于适用〈中华人民共和国婚姻法〉若干问题的解释（二）》（以下简称《婚姻法司法解释（二）》）通过，其第 24 条（以下简称第 24 条）明确了夫妻共同债务认定的裁量标准："债权人就婚姻关系存续期间夫妻一方以个人名义所负债务主张权利的，应当按夫妻共同债务处理。但夫妻一方能够证明债权人与债务人明确约定为个人债务，或者能够证明属于婚姻法第十九条第三款规定情形的除外。”第24条的出台主要是基于当时夫妻“假离婚、真逃债”损害债权人利益的情形较为多发的实际，目的是遏制夫妻恶意逃债联手“坑”债权人的社会现象，实践中也确实基本解决了这类问题，较好地维护了市场交易安全。

近年来，随着经济社会的发展，我国城乡居民家庭财产结构、类型、数量、形态以及理财模式等发生了巨大变化，社会公众的婚姻家庭观念和家庭投资渠道也日趋多元化。许多家庭的财富因此快速增长，同时因投资而产生债务的风险也在不断放大。特别是2014年以后，受民间借贷案件高发的影响，夫妻债务问题越来越突出，出现了夫妻一方与债权人恶意串通损害夫妻另一方权益，而人民法院适用第24条判令未举债一方配偶共同承担虚假债务、非法债务的极端案例，引起社会各界广泛关注，不少意见要求废止或者修改第24条。

为及时有效地解决这一问题，最高人民法院在2017年2月出台了《婚姻法司法解释（二）》的补充规定（以下简称补充规定），在第24条的基础上增加两款规定：“夫妻一方与第三人串通，虚构债务，第三人主张权利的，人民法院不予支持。夫妻一方在从事赌博、吸毒等违法犯罪活动中所负债务，第三人主张权利的，人民法院不予支持。”并同时出台了《关于依法妥善审理涉及夫妻债务案件有关问题的通知》（以下简称通知）。补充规定和通知出台后，在司法实践中起到了积极作用，但是有关夫妻共同债务认定标准、举证证明责任等方面的问题仍然没有得到全面解决。因配偶一方超出家庭日常生活需要大额举债，造成配偶另一方在毫不知情的情况下背上沉重债务负担的问题日益凸显，人民群众呼吁进一步规范和细化夫妻共同债务认定标准的呼声也日益强烈。

基于上述情况，最高人民法院在2018年1月出台了《关于审理涉及夫妻债务纠纷案件适用法律有关问题的解释》（以下简称解释），修改了此前司法解释关于夫妻债务认定的规定。解释共4条，其中，第1条规定："夫妻双方共同签字或者夫妻一方事后追认等共同意思表示所负的债务，应当认定为夫妻共同债务。"第2条规定："夫妻一方在婚姻关系存续期间以个人名义为家庭日常生活需要所负的债务，债权人以属于夫妻共同债务为由主张权利的，人民法院应予支持。"第3条规定："夫妻一方在婚姻关系存续期间以个人名义超出家庭日常生活需要所负的债务，债权人以属于夫妻共同债务为由主张权利的，人民法院不予支持，但债权人能够证明该债务用于夫妻共同生活、共同生产经营或者基于夫妻双方共同意思表示的除外。"第4条是关于实施日期的规定。

民法典编纂的过程中，将夫妻债务问题作为一个重点问题进行研究。2018年8月，民法典各分编草案提请全国人大常委会第五次会议审议，草案说明中提出："关于夫妻债务问题，现行婚姻法没有具体规定夫妻关系存续期间个人债务、共同债务的认定和承担。2003年最高人民法院出台的婚姻法司法解释（二）第24条，近年来引发了较大争议，一度成为社会关注的热点问题。2018年1月，最高人民法院发布了《关于审理涉及夫妻债务纠纷案件适用法律有关问题的解释》，修改了此前司法解释关于夫妻债务认定的规定。目前看来，司法解释基本平息了争议和热点。因新司法解释刚出台实施不久，尚需要进一步观察实践效果，再研究如何在婚姻家庭编草案作出相关规定。草案目前对现行婚姻法的有关规定未作实质性修改。"

2019年6月，民法典婚姻家庭编草案提请全国人大常委会第十一次会议审议，草案说明中提出："现行婚姻法没有具体规定婚姻关系存续期间有关夫妻共同债务的认定。2003 年最高人民法院曾出台婚姻法司法解释（二），其中第 24 条对此问题作了规定。2018 年 1 月，最高人民法院根据各方面意见又出台了《关于审理涉及夫妻债务纠纷案件适用法律有关问题的解释》。有的全国人大常委会委员和一些地方、部门、法学教学研究机构、社会公众提出，新司法解释的规定比较妥当，建议草案加以吸收，明确夫妻共同债务的范围。宪法和法律委员会经与有关方面认真研究，建议采纳这一意见，在草案第三章第一节'夫妻关系'中增加一条。"草案二审稿第 840 条之一规定："夫妻双方共同签字或者夫妻一方事后追认等共同意思表示所负的债务，以及夫妻一方在婚姻关系存续期间以个人名义为家庭日常生活需要所负的债务，属于夫妻共同债务。夫妻一方在婚姻关系存续期间以个人名义超出家庭日常生活需要所负的债务，不属于夫妻共同债务，但是债权人能够证明该债务用于夫妻共同生活、共同生产经营或者基于夫妻双方共同意思表示的除外。"之后的民法典婚姻家庭编草案三审稿、民法典草案以及最终出台的民法典对于本条规定都没有作出实质性的修改。

◆ **条文解读**

本条分两款，规定了三类比较重要的夫妻共同债务，即基于共同意思表示所负的夫妻共同债务、为家庭日常生活需要所负的夫妻共同债务、债权人能够证明的夫妻共同债务。

一、基于共同意思表示所负的夫妻共同债务

本条第 1 款明确规定，"夫妻双方共同签名或者夫妻一方事后追认等共同意思表示所负的债务"，属于夫妻共同债务。这就是俗称的"共债共签""共签共债"。多个民事主体等基于共同签字等共同意思表示所形成的债务属于共同债务，这不存在任何争议，本条规定对这一内容加以强调意在引导债权人在形成债务尤其是大额债务时，为避免事后引发不必要的纷争，加强事前风险防范，尽可能要求夫妻共同签名。这种制度安排，一方面，有利于保障夫妻另一方的知情权和同意权，可以从债务形成源头上尽可能杜绝夫妻一方“被负债”现象发生；另一方面，也可以有效避免债权人因事后无法举证证明债务属于夫妻共同债务而遭受不必要的损失，对于保障交易安全和夫妻一方合法权益，具有积极意义。实践中，很多商业银行在办理贷款业务时，对已婚者一般都要求夫妻双方共同到场签名。一方确有特殊原因无法亲自到场，也必须提交经过公证的授权委托书，否则不予贷款，这种操作方式最大限度地降低了债务不能清偿的风险，保障了债权人的合法权益，也不会造成对夫妻一方权益的损害。

虽然要求夫妻“共债共签”可能会使交易效率受到一定影响，但在债权债务关系形成，增加一定交易成本和夫妻一方的知情权、同意权产生冲突时，因夫妻一方的知情权、同意权，关系到地位平等、意思自治等基本法律原则和公民基本财产权利、人格权利，故应优先考虑。事实上，适当增加交易成本不仅有利于保障交易安全，还可以减少事后纷争，从根本上提高交易效率。

二、为家庭日常生活需要所负的夫妻共同债务

本条第1款规定，“夫妻一方在婚姻关系存续期间以个人名义为家庭日常生活需要所负的债务”，属于夫妻共同债务。也就是基于夫妻日常家事代理权所生的债务属于夫妻共同债务。

夫妻日常家事代理权，是指夫妻一方因家庭日常生活需要而与第三方为一定民事法律行为时互为代理的权利。夫妻一方在日常家庭事务范围内，与第三方所实施的一定民事法律行为，视为依夫妻双方的意思表示所为的民事法律行为，另一方也应承担因此而产生的法律后果。本法第 1060 条明确规定："夫妻一方因家庭日常生活需要而实施的民事法律行为，对夫妻双方发生效力，但是夫妻一方与相对人另有约定的除外。夫妻之间对一方可以实施的民事法律行为范围的限制，不得对抗善意相对人。"根据这一规定，夫妻任何一方行使夫妻日常家事代理权所实施的民事法律行为，对夫妻双方都发生效力，即该民事法律行为所产生的法律效果归属于夫妻双方。夫妻任何一方基于夫妻日常家事代理权所实施的民事法律行为所设立、变更、终止民事法律关系的一切结果都归属于夫妻双方，取得的权利由夫妻双方共同享有，产生的义务包括债务也由夫妻双方共同承担。当然，如果夫妻一方在行使夫妻日常家事代理权的同时，与相对人就该民事法律行为另有约定的，则法律效力依照该约定。

本条第 1 款规定"夫妻一方在婚姻关系存续期间以个人名义为家庭日常生活需要所负的债务"属于夫妻共同债务，实际上已经包括在本法第 1060 条规定的内容之中，这里是再次加以强调。如何认定为家庭日常生活需要等，可以参考前述条文的释义，这里不再赘述。

三、债权人能够证明的夫妻共同债务

本条第 2 款规定，夫妻一方在婚姻关系存续期间以个人名义超出家庭日常生活需要所负的债务，不属于夫妻共同债务；但是，债权人能够证明该债务用于夫妻共同生活、共同生产经营或者基于夫妻双方共同意思表示的除外。这一类夫妻共同债务情形最为复杂，实践中如何认定争议最大。

夫妻双方共同签名或者夫妻一方事后追认等共同意思表示所负的债务，以及夫妻一方在婚姻关系存续期间以个人名义为家庭日常生活需要所负的债务，属于夫妻共同债务。那如果不是基于夫妻共同意思表示、夫妻一方以个人名义所负的超出家庭日常生活需要所负的债务，是否就不属于夫妻共同债务呢？根据本条第2款规定，如果债权人能够证明该债务用于夫妻共同生活、共同生产经营的，那么该债务也属于夫妻共同债务。

对用于夫妻共同生活、共同生产经营的债务属于夫妻共同债务的争议不大，主要问题在于怎么认定，即由谁来举证证明。

随着我国经济社会的发展，城乡居民家庭财产结构、类型、数量、形态以及理财模式等发生了很大变化，人们的生活水平不断提高，生活消费日趋多元化，很多夫妻的共同生活支出不再局限于以前传统的家庭日常生活消费开支，还包括大量超出家庭日常生活范围的支出。这些支出系夫妻双方共同消费支配，或者用于形成夫妻共同财产，或者基于夫妻共同利益管理共同财产产生的支出，性质上均属于夫妻共同生活的范围。夫妻共同生活包括但不限于家庭日常生活，本条第2款所指的需要债权人举证证明的夫妻共同生活的范围，指的就是超出家庭日常生活需要的部分。

夫妻共同生产经营的情形非常复杂，主要是指由夫妻双方共同决定生产经营事项，或者虽由一方决定但另一方进行了授权的情形。判断生产经营活动是否属于夫妻共同生产经营，要根据经营活动的性质以及夫妻双方在其中的地位作用等综合认定。夫妻共同生产经营所负的债务一般包括双方共同从事工商业、共同投资以及购买生产资料等所负的债务。

夫妻一方在婚姻关系存续期间以个人名义超出家庭日常生活需要所负的债务，如果债权人能够证明该债务用于夫妻共同生活、共同生产经营或者基于夫妻双方共同意思表示的，就属于夫妻共同债务，否则，不属于夫妻共同债务，应当属于举债一方的个人债务。这里强调债权人的举证证明责任，能够促进债权人尽到谨慎注意义务，引导相关主体对于大额债权债务实行“共债共签”，体现从源头控制纠纷、更加注重交易安全的价值取向，也有利于强化公众的市场风险意识，从而平衡保护债权人和未举债夫妻一方的利益。

需要注意的是，本条只规定了三类比较重要的夫妻共同债务，但在实践中还存在依据法律规定产生的其他种类的夫妻共同债务。比如，本法第1168条规定："二人以上共同实施侵权行为，造成他人损害的，应当承担连带责任。"因此，夫妻因共同侵权所负的债务也属于夫妻共同债务。本法第1188条规定，"无民事行为能力人、限制民事行为能力人造成他人损害的，由监护人承担侵权责任"。因此，夫妻因被监护人侵权所负的债务，也属于夫妻共同债务。

第一千零六十五条 男女双方可以约定婚姻关系存续期间所得的财产以及婚前财产归各自所有、共同所有或者部分各自所有、部分共同所有。约定应当采用书面形式。没有约定或者约定不明确的，适用本法第一千零六十二条、第一千零六十三条的规定。

夫妻对婚姻关系存续期间所得的财产以及婚前财产的约定，对双方具有法律约束力。

夫妻对婚姻关系存续期间所得的财产约定归各自所有，夫或者妻一方对外所负的债务，相对人知道该约定的，以夫或者妻一方的个人财产清偿。

◆ 条文主旨

本条是关于夫妻约定财产制的规定。

◆ 立法背景

所谓约定财产制，是指法律允许夫妻用协议的方式，对夫妻在婚前和婚姻关系存续期间所得财产的所有权的归属、管理、使用、收益、处分以及对第三人债务的清偿、婚姻解除时财产的分割等事项作出约定，从而排除或者部分排除夫妻法定财产制适用的制度。约定财产制是相对于法定财产制而言的，它是夫妻以契约的方式依法选择适用的财产制，而法定财产制是依照法律直接规定而适用的财产制。约定财产制是法律对婚姻关系双方当事人就双方之间的财产关系进行约定的意思自治的尊重，约定财产制具有优先于法定财产制适用的效力，只有在当事人未就夫妻财产作出约定，或者所作约定不明确，或者所作约定无效时，才适用夫妻法定财产制。

约定财产制与法定财产制相比较而言，其灵活性更强，更能适应复杂多样的夫妻财产关系，更能适应现代社会丰富多样的生活方式，也更能体现当事人的真实意愿和个性化的需要。目前世界大多数国家和地区都在法律中明文规定，夫妻双方可以在婚前或者婚姻关系存续期间，约定采用某种财产制来支配他们之间的财产关系。比如，《法国民法典》第 1497 条规定："夫妻双方得在婚姻财产契约中，订立与第 1387 条、第 1388 条及第 1389 条之规定不相抵触的任何协议，约定对法定共同财产制作出变更。夫妻双方尤其可以约定：1. 夫妻共同财产包括动产与婚后取得的财产；2. 不执行有关共同财产管理的规则；3. 夫妻一方得以支付补偿金的方式先提取某些财产；4. 夫妻一方享有健在配偶的先取权；5. 夫妻两人在共同财产内所占的份额不等；6. 夫妻之间实行包括全部财产的共同财产制。凡是未经当事人约定的其他所有事项，仍适用法定共同财产制的规则。"《德国民法典》第 1408 条规定："婚姻双方可以通过合同（婚姻合同）规定其婚姻财产制关系，特别是在结婚之后对婚姻财产制予以撤销或变更。"《瑞士民法典》第 182 条规定："未婚双方或者配偶双方仅可在法律的范围内选择、终止或变更其财产制。"《意大利民法典》第 210 条规定："在不与本法第 161 条的规定相抵触的情况下，夫妻双方可以根据本法第 162 条的规定以协议的方式修改法定夫妻共有关系。本法第 179 条 c）项、d）项和 e）项规定的财产不属于协议共同财产的范畴。夫妻双方不得违背法定共有关系中有关共同财产的管理和本来应当属于法定共同财产标的的财产份额均等的规定。"《俄罗斯联邦家庭法典》第 42 条规定："夫妻之间的婚姻合同可以变更法定共有财产制度，规定对夫妻所有财产、其中个别所有财产或夫妻个人财产按份共有或分别所有。婚姻合同，可针对夫妻现有的财产订立，也可针对将来取得的财产订立。夫妻有权在婚姻合同中确定相互权利义务、相互参与收入的方式、各方负担家庭开支的办法，确定离婚时移转给一方的财产，以及将涉及夫妻之间财产关系的其他规定包含于婚姻合同之中。"我国台湾地区"民法"第 1004 条规定："夫妻得于结婚前或结婚后，以契约就本法所定之约定财产制中，选择其一，为其夫妻财产制。"

允许夫妻采用约定财产制的国家，关于约定财产制内容的规定不尽相同，从立法限制的程度看，大体可分为两种情况：一种是立法限制较少的，即对婚姻当事人约定财产关系的范围和内容没有严格限制，法律既没有规定几种财产制形式供当事人选择，在程序上也没有特别要求，如日本、俄罗斯、英国等国。另一种是立法限制较多的，即在约定财产制的范围上，明确规定约定时可供选择的财产制，在约定的内容上规定不得相抵触的事由，在程序上要求夫妻订立要式契约，如法国、德国、瑞士、意大利等国。

我国 1950 年婚姻法对夫妻约定财产制没有作出规定，从新中国成立到"文革"结束前这一段时期，我国的经济发展水平和人民生活水平相对较低，公民的个人财产和家庭财产都很少，因此在实际生活中对夫妻财产进行约定的也很少。

1980 年婚姻法适应新时期社会经济发展和家庭财产关系变化

的需要，在规定以共同财产制为法定财产制的同时，允许夫妻双方对财产关系作出约定，以排除共同财产制的适用，该法第 13 条规定："夫妻在婚姻关系存续期间所得的财产，归夫妻共同所有，双方另有约定的除外。"最高人民法院 1993 年 11 月发布的《最高人民法院关于人民法院审理离婚案件处理财产分割问题的若干具体意见》规定："夫妻双方对财产归谁所有以书面形式约定的，或以口头形式约定，双方无争议的，离婚时应按约定处理。但规避法律的约定无效。"允许夫妻按照双方的意愿，约定处理夫妻财产关系，适应新形势下夫妻因各种原因，如个人承包经营、再婚夫妻的财产、涉外婚姻及涉及港、澳、台同胞的婚姻等，以多种形式处理双方财产问题的需要，体现了夫妻享有平等的财产权利，有利于减少家庭纠纷，保护当事人的合法权益。但 1980 年婚姻法仅规定夫妻婚姻关系存续期间的财产关系可以进行约定，对婚前财产和约定财产制的内容，如约定的范围、约定的条件和方式、约定的效力等未作规定。

随着社会主义市场经济的发展，生活水平不断提高，夫妻财产日益增多，财产关系日趋复杂多样；人们的价值观念和婚姻家庭观念也发生了很大变化，个人权利意识和独立意识不断增强；人们的生活方式也在不断地变化，一些人特别是年轻人，为了保持生活的独立性或出于其他原因，开始尝试婚前协议、AA 制的生活方式，而从事企业经营或其他高收入职业的人群，为了保护个人财产权利，避免因配偶的债务殃及自己的财产，或者为了减少夫妻财产因个人债务而承担的风险，或者为了防止对方借婚姻谋取财产，对夫妻约定财产制的需求更为强烈。此外，随着离婚时财产分割的纠纷增多，采用约定财产制的人们也会有所增加。随着采用约定财产制来调整夫妻财产关系的人的不断增多，1980 年婚姻法有关夫妻约定财产制的规定就显得过于简单，既缺乏指导性，也缺乏可操作性，需要增加规定，以完善我国的夫妻约定财产制度。2001 年修改婚姻法时，适用新时期调整夫妻财产关系的需要，对约定财产制作了补充和完善，在第 19 条规定："夫妻可以约定婚姻关系存续期间所得的财产以及婚前财产归各自所有、共同所有或部分各自所有、部分共同所有。约定应当采用书面形式。没有约定或约定不明确的，适用本法第十七条、第十八条的规定。夫妻对婚姻关系存续期间所得的财产以及婚前财产的约定，对双方具有约束力。夫妻对婚姻关系存续期间所得的财产约定归各自所有的，夫或妻一方对外所负的债务，第三人知道该约定的，以夫或妻一方所有的财产清偿。"从这些年的实践经验来看，这一规定基本适应现实需要，这次编纂民法典，对这一规定仅作了一些文字修改。

◆ **条文解读**

根据本条的规定，我国夫妻约定财产制的内容主要包括以下几个方面：

一、约定的条件

夫妻对财产关系进行约定是一种双方民事法律行为，它不仅要符合民事法律行为的一般要件，还要符合婚姻家庭法的有关规定，因为该约定是基于配偶这一特殊身份发生的。夫妻对财产关系的约定需要符合下列要件：1. 缔约双方必须具有合法的夫妻身份，未婚同居、婚外同居者对他们之间财产关系的约定，不属于夫妻财产约定。2. 缔约双方必须具有完全民事行为能力。3. 约定必须双方自愿。夫妻对财产的约定必须出于真实的意思表示，以欺诈、胁迫等手段使对方在违背真实意思的情况下作出的约定，对方有权请求撤销。4. 约定的内容必须合法，不得违反法律、行政性法规的强制性规定，不得违背公序良俗，不得利用约定恶意串通、损害他人合法权益，约定的内容不得超出夫妻财产的范围，如不得将其他家庭成员的财产列入约定财产的范围，不得利用约定逃避对第三人的债务以及其他法定义务。

二、约定的方式

关于约定的方式，本条第 1 款明确规定“约定应当采用书面形式”。这样规定的目的，在于更好地维护夫妻双方的合法权益以及第三人的利益，维护交易安全，避免纠纷发生。当然如果夫妻以口头形式作出约定，事后对约定没有争议的，该约定也有效。夫妻以书面形式对其财产作出约定后，可以进行公证。在民法典编纂过程中，有一种意见认为，夫妻对财产关系的约定，应当进行公证。这种观点不符合公证自愿的原则，而且公证只具有证明的效力，不是约定生效的要件。还有一种意见认为，夫妻对财产的约定应当向婚姻登记机关进行登记，未经登记不生效或不得对抗善意第三人。由于夫妻财产登记的内容、效力等问题比较复杂，而我国对家庭财产的监管还不够规范和完善，因此这次编纂民法典没有采纳这种意见。

三、约定的时间

关于约定的时间，有两种立法例：法国、日本、韩国仅限于婚前约定；德国、瑞士、意大利、我国澳门地区和台湾地区则不设时间限制，当事人婚前、婚后均可订立。本条对约定的时间未作规定。根据我国的实际情况，对约定的时间不必作更多的限制。约定可以在婚前进行也可以在婚后进行。约定生效后，因夫妻一方或者双方的情况发生，只要双方合意，就可以随时变更或者撤销原约定。

四、约定的内容

关于约定的内容，本条第 1 款规定“男女双方可以约定婚姻关系存续期间所得的财产以及婚前财产归各自所有、共同所有或者部分各自所有、部分共同所有”。这一规定的范围是比较宽的，根据这一规定，夫妻既可以对婚姻关系存续期间所得的财产进行约定，也可以对婚前财产进行约定；既可以对全部夫妻财产进行约定，也可以对部分夫妻财产进行约定；既可以概括地约定采用某种夫妻财产制，也可以具体地对某一项夫妻财产进行约定；既可以约定财产所有权的归属或者使用权、管理权、收益权、处分权的行使，也可以约定家庭生活费用的负担、债务清偿责任、婚姻关系终止时财产的分割等事项。

关于当事人可以约定采用哪种夫妻财产制，本条未作规定，即没有对当事人可以选择的财产制进行限制。一般来说，当事人可以约定采用的夫妻财产制主要有以下几种：1. 一般共同制：夫妻的婚前财产和婚姻关系存续期间所得的财产均归夫妻共同所有；2. 劳动所得共同制：夫妻婚后的劳动所得归夫妻共有，非劳动所得的财产，如继承、受赠的财产、人身损害赔偿金等，归各自所有；3. 管理共同制：夫妻的婚前财产和婚姻关系存续期间所得的财产归各自所有，同时根据双方的约定，除特有财产外，双方的财产由夫或妻统一管理；4. 分别财产制：夫妻的婚前财产和婚姻关系存续期间所得的财产均归各自所有，各自独立管理，委托对方管理的，适用有关委托代理的规定。如果当事人不愿意概括地约定采用某种夫妻财产制，也可以对部分夫妻财产，甚至某一项财产进行约定，如当事人可以约定一方从事生产经营的收益归其本人所有，也可以约定一方因身体受到伤害获得的赔偿金归夫妻共同所有。

五、约定的效力

约定的效力，分为优先效力、对内效力和对外效力。

1. 关于优先效力。约定财产制的优先效力是指约定财产制的效力优先于法定财产制。本条第 1 款规定：“没有约定或者约定不明确的，适用本法第一千零六十二条、第一千零六十三条的规定。”根据这一规定，约定财产制具有优先于法定财产制适用的效力，只有在当事人未就夫妻财产作出约定，或者所作约定不明确，或者所作约定无效时，才适用夫妻法定财产制。

2. 关于对内效力。约定财产制的对内效力是指夫妻财产约定对婚姻关系当事人的效力。本条第2款规定：“夫妻对婚姻关系存续期间所得的财产以及婚前财产的约定，对双方具有法律约束力。”夫妻对财产关系的约定，对双方具有法律约束力，双方按照约定享有财产所有权以及管理权等其他权利，并承担相应的义务。

3. 关于对外效力。约定财产制的对外效力是指夫妻财产约定对婚姻关系当事人以外的第三人即相对人的效力。主要考虑的是在夫妻对财产进行约定，保护夫妻财产权的同时，要保障相对人的利益，维护交易安全。夫妻之间对财产关系的约定，如何对相对人产生效力？关于这一问题，一些国家和地区规定夫妻财产约定须进行登记或者为相对人所明知，才能对相对人产生法律约束力。如《德国民法典》第1412条规定：“如果婚姻双方排除或变更法定婚姻财产制，则对于婚姻一方与第三人之间所采取的法律行为，只在婚姻合同在采取上述法律行为之时已在主管的初级法院的婚姻财产制登记簿上登记或已为该第三人所知的情形，婚姻双方得以此针对第三人对该法律行为提出异议。”《日本民法典》第756条规定：“夫妻订有同法定财产制相异的契约时，除非于婚姻申报前进行登记，不得以之对抗夫妻的承受人及第三人。”我国台湾地区“民法”第1008条规定：“夫妻财产制契约之订立、变更或废止，非经登记，不得以之对抗第三人。”如前所述，目前我国没有建立夫妻财产登记制度，为了保障相对人的利益不因夫妻财产约定而受到损害，本条第3款规定：“夫妻对婚姻关系存续期间所得的财产约定归各自所有，夫或者妻一方对外所负的债务，相对人知道该约定的，以夫或者妻一方的个人财产清偿。”

这一规定以“相对人知道该约定”为条件，即在相对人与夫妻一方发生债权债务关系时，如果相对人知道其夫妻财产已经约定归各自所有的，就以其一方的财产清偿；相对人不知道该约定的，该约定对相对人不发生效力，夫妻一方对相对人所负的债务，按照在夫妻共同财产制下的清偿原则进行偿还。关于相对人如何知道该约定，既可以是夫妻一方或双方告知，也可以为相对人曾经是夫妻财产约定时的见证人或者知情人。如何判断相对人是否知道该约定，夫妻一方或者双方负有举证责任，夫妻应当证明在发生债权债务关系时，相对人确已知道该约定。本款中的“夫或者妻一方对外所负的债务”，是指夫妻一方以自己的名义与相对人之间产生的债务，至于是为夫妻共同生活所负的债务，还是个人债务，在所不问，即无论是为子女教育所负的债务，或者个人从事经营所负的债务，还是擅自资助个人亲友所负的债务，都适用本款的规定。

第一千零六十六条 婚姻关系存续期间，有下列情形之一的，夫妻一方可以向人民法院请求分割共同财产：

（一）一方有隐藏、转移、变卖、毁损、挥霍夫妻共同财产或者伪造夫妻共同债务等严重损害夫妻共同财产利益的行为；

（二）一方负有法定扶养义务的人患重大疾病需要医治，另一方不同意支付相关医疗费用。

◆ 条文主旨

本条是关于婚姻关系存续期间分割夫妻共同财产的规定。

◆ 立法背景

民法典婚姻家庭编实行的是以法定财产制为主、约定财产制为辅的夫妻财产制度。约定财产制具有优先于法定财产制适用的效力。夫妻双方根据实际情况，可以在婚前或者婚姻存续任一时间约定婚姻关系存续期间所得的财产以及婚前财产归各自所有、共同所有或者部分各自所有、部分共同所有。只要双方合意，可以随时变更或者撤销原约定。如果夫妻双方未就夫妻财产作出约定，或者所作约定不明确，或者所作约定无效时，就适用夫妻法定财产制。在夫妻法定财产制下，夫妻双方对于夫妻共同财产享有共同所有权，即对夫妻共同财产不分份额地共同享有权利并承担义务。

夫妻共同财产制有利于保障夫妻中经济能力较弱一方的权益，有利于实现真正的夫妻地位平等，符合我国文化传统和当前绝大多数人对夫妻财产制的要求，有利于维系更加平等、和睦的家庭关系。但在现实生活中，存在一些夫妻一方通过各种手段侵害另一方的共有财产权益的情况，这时，如果夫妻双方离婚，进而分割共同财产，彻底解决问题，当然是最好的。但由于种种原因，夫妻双方或者一方不愿意离婚，只是要求人民法院解决财产问题，此时应如何处理，是否允许夫妻分割共同财产，是这次编纂民法典婚姻家庭编中的一个争议较大的问题。主要有三种意见：

第一种意见认为，应当增设非常法定财产制。非常法定财产制，是指在婚姻关系存续期间，因发生特定事由，依照法律的规定或者法院宣告，终止夫妻共同财产制，改为适用分别财产制。法国、德国、意大利、瑞士等国家和我国台湾地区都对非常法定财产制作了明确规定。有的意见提出，在婚姻关系存续期间，共同财产制的实行应当有利于夫妻双方的利益，如果出现夫妻一方不善管理等行为，继续维持夫妻共同财产制将会使夫妻另一方的合法权益受到损害时，夫妻另一方就可以请求人民法院将夫妻共同财产制改为夫妻分别财产制，这有利于弥补夫妻共同财产制的不足。

第二种意见认为，可以采取分割夫妻共同财产的办法。有的意见提出，法律应当提供夫妻一方在婚姻关系存续期间保护自己财产权利的救济途径。非常法定财产制不符合我国国情，可以在不解除婚姻关系的前提下对夫妻共同财产进行分割，否则只能眼看对方随意处分夫妻共同财产而无可奈何，其结果有悖公平原则。《物权法》第 99 条规定："共有人约定不得分割共有的不动产或者动产，以维持共有关系的，应当按照约定，但共有人有重大理由需要分割的，可以请求分割；没有约定或者约定不明确的，按份共有人可以随时请求分割，共同共有人在共有的基础丧失或者有重大理由需要分割时可以请求分割。因分割对其他共有人造成损害的，应当给予赔偿。"这实际上也允许共同共有人在有重大理由时可以请求分割共同财产。

第三种意见认为，应当通过其他途径解决。有的意见提出，夫妻共同财产是最典型的共同共有关系，共同共有人在共同关系存续期间，一般不得请求分割共同财产。人民法院介入夫妻纠纷，对夫妻共同财产进行分割，可能会产生影响家庭稳定，影响经济发展等负面效应。夫妻一方的权利受到侵害的情况，应当通过法律规定的其他救济途径解决，比如，《婚姻法》第 17 条中规定："夫妻对共同所有的财产，有平等的处理权。"第 20 条规定："夫妻有互相扶养的义务。一方不履行扶养义务时，需要扶养的一方，有要求对方付给扶养费的权利。"这些都可以对受到侵害的夫妻一方的权利进行救济。

经过认真研究，在民法典中采纳了第二种意见，主要考虑是：

一方面，我国采取婚后所得共同制为主、约定财产制为辅的夫妻财产制度，没有规定分别财产制。增设非常法定财产制对我国夫妻财产制度的变革较大，怎么规定较为合适争议不小，现阶段作出这样的规定难度较大。同时，法定的分别财产制不符合我国文化传统，在法律中明确规定可能会对家庭和睦、社会稳定造成一定影响，应予慎重。另一方面，社会生活中确实存在夫妻一方财产权益因一方行为受损或者夫妻双方对财产处理产生较大争议的情况，通过其他法律途径难以完全予以解决，绝对不允许分割夫妻共同财产对保障夫妻财产权益，实现家庭保障功能等都有一定影响。《最高人民法院关于适用〈中华人民共和国婚姻法〉若干问题的解释（三）》（以下简称《婚姻法司法解释（三）》）第4条就采纳了第二种意见，明确规定："婚姻关系存续期间，夫妻一方请求分割共同财产的，人民法院不予支持，但有下列重大理由且不损害债权人利益的除外：（一）一方有隐藏、转移、变卖、毁损、挥霍夫妻共同财产或者伪造夫妻共同债务等严重损害夫妻共同财产利益行为的；（二）一方负有法定扶养义务的人患重大疾病需要医治，另一方不同意支付相关医疗费用的。"该条实施效果比较好。基于此，本条规定在最高人民法院司法解释的基础上，对婚姻关系存续期间分割夫妻共同财产的问题作出了明确规定。

◆ **条文解读**

根据本条规定，婚姻关系存续期间，夫妻双方一般不得请求分割共同财产，只有在法定情形下，夫妻一方才可以向人民法院请求分割共同财产，法定情形有两种：

种情形是一方有隐藏、转移、变卖、毁损、挥霍夫妻共同财产或者伪造夫妻共同债务等严重损害夫妻共同财产利益的行为。

夫妻共同财产主要是指夫妻双方在婚姻关系存续期间所得的

财产，根据本法第1062条的规定，夫妻共同财产包括工资、奖金、劳务报酬；生产、经营、投资的收益；知识产权的收益；继承或者受赠的财产，但是遗嘱或者赠与合同中确定只归一方的财产的除外；其他应当归共同所有的财产。夫妻共同财产从性质上说，属于共同共有。夫妻在婚姻关系存续期间，无论属于双方还是一方的收入，无论各自收入的数量多少，也无论其中一方有无收入，夫妻作为共同生活的伴侣，对共同财产享有平等的所有权。对共同财产，夫妻双方均有依法占有、使用、收益和处分的权利。本法第1062条就明确规定，夫妻对共同财产，有平等的处理权。夫妻在处分共同财产时，应当平等协商，取得一致意见，任何一方不得违背他方的意志，擅自处理。特别是对共有财产作较大的变动时，如出卖、赠与等，更应征得他方的同意，否则就侵犯了另一方对共有财产的所有权。实践中，比较典型的就是夫妻一方隐藏、转移、变卖、毁损、挥霍夫妻共同财产或者伪造夫妻共同债务等行为，这些都属于严重损害了夫妻共同财产利益的行为。隐藏是指将财产藏匿起来，不让他人发现，使另一方无法获知财产的所在从而无法控制。转移是指私自将财产移往他处，或者将资金取出移往其他账户，脱离另一方的掌握。变卖是指将财产折价卖给他人。毁损是指采用打碎、拆卸、涂抹等破坏性手段使物品失去原貌，失去或者部分失去原来具有的使用价值和价值。挥霍是指超出合理范围任意处置、浪费夫妻共同财产。伪造夫妻共同债务是指制造内容虚假的债务凭证，包括合同、欠条等，意图侵占另一方财产。上述违法行为，在主观上只能是故意，不包括过失行为，如因不慎将某些共同财产毁坏，只要没有故意，不属于本条规定之列。

另一种情形是一方负有法定扶养义务的人患重大疾病需要医治，另一方不同意支付相关医疗费用。

这里所指的扶养是广义上的扶养，即一定范围的亲属之间互相供养和扶助的法律关系。广义的扶养包括抚养、赡养和狭义的扶养。抚养是就长辈对晚辈而言，主要是指父母对未成年子女，祖父母对孙子女、外祖父母对外孙子女的供养；赡养是就晚辈对长辈而言，主要是指子女对父母，孙子女对祖父母、外孙子女对外祖父母的供养；扶养是就平辈而言，主要是指夫妻之间和兄弟姐妹之间的供养。

扶养还可以分为法定扶养、协议扶养和遗嘱扶养。法定扶养是指基于法律强制性规定的扶养；协议扶养是指基于合同而产生的扶养；遗嘱扶养是指基于遗嘱产生的扶养。本条规定明确仅指法定扶养。本法对法定扶养义务作了明确规定。第 1059 条规定：“夫妻有相互扶养的义务。需要扶养的一方，在另一方不履行扶养义务时，有要求其给付扶养费的权利。”第 1067 条规定：“父母不履行抚养义务的，未成年子女或者不能独立生活的成年子女，有要求父母给付抚养费的权利。成年子女不履行赡养义务的，缺乏劳动能力或者生活困难的父母，有要求成年子女给付赡养费的权利。”第 1071 条规定：“不直接抚养非婚生子女的生父或者生母，应当负担未成年子女或者不能独立生活的成年子女的抚养费。”第 1072 条规定：“继父或者继母和受其抚养教育的继子女间的权利义务关系，适用本法关于父母子女关系的规定。”第 1074 条规定：“有负担能力的祖父母、外祖父母，对于父母已经死亡或者父母无力抚养的未成年孙子女、外孙子女，有抚养的义务。有负担能力的孙子女、外孙子女，对于子女已经死亡或者子女无力赡养的祖父母、外祖父母，有赡养的义务。”第 1075 条规定：“有负担能力的兄、姐，对于父母已经死亡或者父母无力抚养的未成年弟、妹，有扶养的义务。由兄、姐扶养长大的有负担能力的弟、妹，对于缺乏劳动能力又缺乏生活来源的兄、姐，有扶养的义务。”应当根据这些法律规定来确定夫妻一方是否为负有法定扶养义务的人。

关于“重大疾病”，本条没有作出明确界定，疾病是否认定为重大，在司法实践中应当参照医学上的认定，借鉴保险行业中对重大疾病的划定范围，一般认为，某些需要长期治疗、花费较高的疾病，如糖尿病、肿瘤、脊髓灰质炎等，或者直接涉及生命安全的疾病属于重大疾病。“相关医疗费用”主要指为治疗疾病需要的必要、合理费用，不应包括营养、陪护等费用。

在全国人大常委会审议和征求意见的过程中，有的意见还提出，本条仅规定这两种情形，范围过于狭窄，建议增加一些情形，如一方的财产不足清偿其个人债务的；一方要求用夫妻共同财产从事投资经营活动，另一方不同意的；一方实施家庭暴力，受害方要求分割的；因感情不和分居满一年的；一方基于其他重大理由需要分割共同财产等。经研究，为维护家庭和睦、稳定，对夫妻一方要求分割夫妻共同财产的法定情形应当从严掌握，上述这些情形所涉问题有的无须通过分割夫妻共同财产解决，有的实践中可操作性不强，因此，最后本条规定维持这两种情形不变。

第二节 父母子女关系和其他近亲属关系

第一千零六十七条 父母不履行抚养义务的，未成年子女或者不能独立生活的成年子女，有要求父母给付抚养费的权利。

成年子女不履行赡养义务的，缺乏劳动能力或者生活困难的父母，有要求成年子女给付赡养费的权利。

◆ 条文主旨

本条是关于父母与子女之间抚养和赡养义务的规定。

◆ 立法背景

本法总则编第26条规定："父母对未成年子女负有抚养、教育和保护的义务。成年子女对父母负有赡养、扶助和保护的义务。"这一条是关于父母子女之间法律义务的规定。尊老爱幼是中华民族的传统美德，这一条规定从弘扬中华民族的传统美德出发，根据宪法，在婚姻法、未成年人保护法、老年人权益保障法等法律有关规定的基础上，将父母子女之间的法律义务进一步明确化、法定化，强调了家庭责任，有利于促进家庭关系的和睦，从法律上倡导和落实社会主义核心价值观。

依据第26条的规定，父母对未成年子女的抚养、教育和保护义务，主要包括进行生活上的照料，保障未成年人接受义务教育，以适当的方式、方法管理和教育未成年人，保护未成年人的人身、财产不受到侵害，促进未成年人的身心健康发展等。成年子女对父母的赡养、扶助和保护义务，主要包括子女对丧失劳动能力或者生活困难的父母，要进行生活上的照料和经济上供养，从精神上慰藉父母，保护父母的人身、财产权益不受侵害。

第26条是对父母子女之间法律义务的一般性规定。民法典婚姻家庭编以及未成年人保护法、老年人权益保障法等对此作出了更为具体的规定。本条规定就是对第26条中有关父母与子女之间抚养和赡养义务的细化规定。

◆ 条文解读

一、父母对子女的抚养义务

抚养子女既是父母应尽的义务，也是子女应享有的权利。抚养是指父母抚育子女的成长，并为他们的生活、学习提供一定的物质条件。《宪法》第49条就明确规定，父母有抚养教育未成年子女的义务。父母对未成年子女的抚养是无条件的，在任何情况下都不能免除；即使父母已经离婚，对未成年的子女仍应依法履行抚养的义务。父母对成年子女的抚养是有条件的，在成年子女没有劳动能力或者出于某种原因不能独立生活时，父母也要根据需要和可能，负担其生活费用或者给予一定的帮助。对有独立生活能力的成年子女，父母自愿给予经济帮助，法律并不干预。

既是法定义务，父母作为义务人就应当积极主动履行此项义务。但实践中由于种种原因有的父母没有履行抚养义务，基于此，本条第1款明确规定："父母不履行抚养义务的，未成年子女或者不能独立生活的成年子女，有要求父母给付抚养费的权利。"因父母不履行抚养义务而引起的纠纷，可由有关部门调解或者向人民法院提出追索抚养费的诉讼。人民法院应根据子女的需要和父母的抚养能力，通过调解或者判决，确定抚养费的数额、给付的期限和方法。对拒不履行抚养义务，恶意遗弃未成年子女已构成犯罪的，还应当根据我国刑法的有关规定追究其刑事责任。

二、子女对父母的赡养义务

父母对子女有抚养的义务，同时子女对父母也有赡养的义务。赡养是指子女在物质上和经济上为父母提供必要的生活条件。父母抚养教育了子女，也为社会创造了财富，为民族培养了后代，他们理应得到社会和家庭的尊敬和照顾。《宪法》第45条规定，中华人民共和国公民在年老的情况下，有从国家和社会获得物质帮助的权利。根据该规定，老年职工可以按照国家的规定领取退休金，没有亲属供养的老人可以享受国家和集体提供的福利。《老年人权益保障法》也第4条也规定，国家和社会应当采取措施，健全保障老年人权益的各项制度，逐步改善保障老年人生活、健康、安全以及参与社会发展的条件，实现老有所养、老有所医、老有所为、老有所学、老有所乐。老年人有从国家和社会获得物质帮助的权利。但是，在我国发展的现阶段，赡养老人还是家庭的一项重要职能。国家和社会对老年人的物质帮助，还不能完全取代家庭在这方面的作用。子女对父母履行赡养扶助义务，是对家庭和社会应尽的责任。《宪法》第49条明确规定，成年子女有赡养扶助父母的义务。《老年人权益保障法》第13条进一步规定，老年人养老以居家为基础，家庭成员应当尊重、关心和照料老年人。子女作为赡养人，应当履行对老年人经济上供养、生活上照料和精神上慰藉的义务，照顾老年人的特殊需要。儿子和女儿都有义务赡养父母，已婚妇女也有赡养其父母的义务和权利。

一切有经济能力的子女，对丧失劳动能力，无法维持生活的父母，都应予以赡养。对不在一起生活的父母，应根据父母的实际生活需要和子女的负担能力，给付一定的赡养费用。赡养费用一般不低于子女本人或者当地的普通生活水平，有两个以上子女的，可依据不同的经济条件，共同负担赡养费用。经济条件较好的子女应当自觉、主动地承担较大的责任。赡养人之间也可以就履行赡养义务签订协议，但不得违反法律的规定和老年人的意愿。基层群众性自治组织、老年人组织或者赡养人所在单位监督协议的履行。

赡养人的义务具体表现为以下几个方面：一是赡养人应当使患病的老年人及时得到治疗和护理；对经济困难的老年人，应当提供医疗费用。对生活不能自理的老年人，赡养人应当承担照料责任；不能亲自照料的，可以按照老年人的意愿委托他人或者养老机构等照料。二是赡养人应当妥善安排老年人的住房，不得强迫老年人居住或者迁居条件低劣的房屋。老年人自有的或者承租的住房，子女或者其他亲属不得侵占，不得擅自改变产权关系或者租赁关系。老年人自有的住房，赡养人有维修的义务。三是应当关心老年人的精神需求，不得忽视、冷落老年人。赡养人与老年人分开居住的，应当经常看望或者问候老年人。四是赡养人不得以放弃继承权或者其他理由，拒绝履行赡养义务。赡养人不履行赡养义务，老年人有要求赡养人付给赡养费等权利。赡养人不得要求老年人承担力不能及的劳动。

如果子女不履行赡养义务，需要赡养的父母可以通过有关部门进行调解或者向人民法院提起诉讼。人民法院在处理赡养纠纷时，应当坚持保护老年人的合法权益的原则，通过调解或者判决使子女依法履行赡养义务。本条第2款就专门对赡养费作出规定："成年子女不履行赡养义务的，缺乏劳动能力或者生活困难的父母，有要求成年子女给付赡养费的权利。"对负有赡养义务而拒绝赡养，情节恶劣构成遗弃罪的，还应当承担刑事责任。

适用本条时，应当注意本条适用于婚生父母子女之间、非婚生父母子女之间、构成抚养教育关系的继父母子女之间和养父母子女之间的关系。

第一千零六十八条 父母有教育、保护未成年子女的权利和义务。未成年子女造成他人损害的，父母应当依法承担民事责任。

◆ 条文主旨

本条是关于父母教育、保护未成年子女的权利和义务的规定。

◆ 立法背景

本法总则编第26条规定："父母对未成年子女负有抚养、教育和保护的义务。成年子女对父母负有赡养、扶助和保护的义务。"对未成年子女的教育和保护是父母的重要职责。

◆ **条文解读**

所谓“教育”，是指父母要按照法律和道德要求，采取正确的方法，对其未成年子女进行教导，并对其行为进行必要的约束，其目的是保障未成年子女的身心健康。未成年子女是未满十八周岁的人，不论是在生理上还是在心理上，都处于未完全成熟时期，他们的人生观、世界观也尚未完全形成，辨别是非的能力和控制自己行为的能力都很弱。在这个时期，他们极易受到外界的不良影响，养成不良习惯，实施不良行为。因此父母应当加强对其未成年子女的教育，提高他们的心理素质，培养他们的良好品行，增强他们辨别是非的能力，保证他们的心理健康。对未成年子女的管教，应当从小抓起。儿童时期正是开始学知识、长见识的时期，但也正是思想活跃、是非观念模糊的时期，容易接受好的东西，也容易接受坏的东西。从这个时期开始对未成年子女进行理想、道德、法制和爱国主义、集体主义、社会主义教育，这样就可以用好的、美的、正确的思想观念，去充实他们的内心世界，保障他们身心健康地成长。当前，在社会上仍然存在不少妨害未成年人勤学向上、健康成长的消极因素。如一些企业和场所违法经营，渲染暴力、淫秽、色情内容的非法出版物屡禁不止，吸毒、卖淫等社会丑恶现象沉渣泛起等。这些丑恶社会现象，不仅严重地污染了社会风气，危害了未成年人的心理健康，也给未成年人误入歧途，走上犯罪道路提供了不良土壤。父母应当就不良行为的性质、范围、危害等对未成年子女进行专门教育，使其树立防范意识；对于已有不良行为的未成年子女，则应当加强教育约束，制止和纠正其不良行为。对未成年子女的管教应当尊重其人格尊严，根据适应未成年人身心发展的特点，通过多种形式进行教育和管束。虽然在管教过程中，父母可以对未成年子女使用适当的惩戒手段，但不得对其使用暴力或以其他形式进行虐待。

父母对子女有教育义务。教育子女是家庭的一项重要职能，家庭教育对子女的成长有很大的影响。父母子女间的亲密关系，为教育子女提供了有利的条件。因此，教育好子女是父母双方在法律上应尽的义务，也是社会道德的必然要求。根据《未成年人保护法》的规定，父母有义务促进未成年人在品德、智力、体质等方面全面发展，把他们培养成有理想、有道德、有文化、有纪律的社会主义事业的接班人。家庭和国家、社会、学校一起对未成年人进行理想、道德、文化、纪律和法制教育，也要进行爱国主义、集体主义、社会主义教育。因此父母应当以健康的思想、品德和适当的方法教育未成年子女，引导他们进行有益身心健康的活动，预防和制止未成年子女吸烟、酗酒、流浪以及聚赌、吸毒等行为。父母不但要对未成年子女从政治上、思想上关心教育，同时又要为子女尤其是未成年子女的学习和受教育提供应有的物质条件。按照《义务教育法》第 11 条规定，父母必须使适龄的子女按时入学，接受规定年限的义务教育。《未成年人保护法》第 13 条规定，父母应当尊重未成年子女受教育的权利，必须使适龄未成年人依法入学接受并完成义务教育，不得使接受义务教育的未成年人辍学。那种对子女只抚养不教育，或者只顾眼前利益让子女“弃学务农”“弃学从商”的做法，是不符合民法典婚姻家庭编的精神的，同时也违反了义务教育法和未成年人保护法等法律规定，应当承担相应的法律责任。

所谓“保护”，是指父母应当保护其未成年子女的人身安全和合法权益，预防和排除来自外界的危害，使其未成年子女的身心处于安全状态。本法总则编第 34 条第 1 款规定：“监护人的职责是代理被监护人实施民事法律行为，保护被监护人的人身权利、财产权利以及其他合法权益等。”根据该规定，父母对其未成年子女的保护主要包括人身保护和财产保护。对未成年子女的人身保护主要包括：照顾未成年子女的生活，保护其身体健康；保护未成年子女的人身不受侵害；为未成年子女提供住所等。对未成年子女的财产保护主要是指为未成年子女的利益管理和保护其财产权益，除为未成年子女的利益外，不得处理属于该未成年子女的财产。如果父母未履行监护职责或者侵害未成年子女合法权益，造成未成年子女损失的，应当赔偿损失。父母对未成年子女的保护还体现在，父母代理其未成年子女实施民事法律行为。当未成年子女的权益受到侵害时，其父母有权以法定代理人身份提起诉讼，维护未成年子女的合法权益。

需要注意的是，父母作为未成年子女的法定代理人和监护人，其对未成年子女的教育和保护既是权利又是义务，本法总则编第34条第2款就明确规定：“监护人依法履行监护职责产生的权利，受法律保护。”

本条还明确规定：“未成年子女造成他人损害的，父母应当依法承担民事责任。”这是为了充分保护受害一方的合法权益，增强父母对其未成年子女教育的责任感。至于承担民事责任的条件、方法等，应当适用相关法律规定。本法侵权责任编第1188条对此作了明确规定：“无民事行为能力人、限制民事行为能力人造成他人损害的，由监护人承担侵权责任。监护人尽到监护职责的，可以减轻其侵权责任。有财产的无民事行为能力人、限制民事行为能力人造成他人损害的，从本人财产中支付赔偿费用；不足部分，由监护人赔偿。”第1189条规定：“无民事行为能力人、限制民事行为能力人造成他人损害，监护人将监护职责委托给他人的，监护人应当承担侵权责任；受托人有过错的，承担相应的责任。”

第一千零六十九条 子女应当尊重父母的婚姻权利，不得干涉父母离婚、再婚以及婚后的生活。子女对父母的赡养义务，不因父母的婚姻关系变化而终止。

◆ **条文主旨**

本条是关于子女尊重父母的婚姻权利和赡养义务的规定。

◆ **立法背景**

本编第一章一般规定第1041条规定的“婚姻自由”是我国婚姻家庭制度中的首要内容。婚姻自由既包含了年轻人的婚姻自由，自然也包括老年人的婚姻自由，这一内涵本来是不言而喻的。然而现实生活中反映出的突出问题是，丧偶或者离异的老年人不在少数，而老年人再婚是障碍多、麻烦大、难上加难。因此本条专门作出有针对性的规定，进一步使“婚姻自由”在老年人婚姻问题上有具体的体现，以达到保障老年人再婚自由的目的。

现实生活中阻碍老年人再婚有以下三大障碍：

一是世俗偏见的禁锢。一些人认为，老年人再婚是“老不正经”“有伤风化”。这种偏见使老年人备受压抑，动摇了老年人再婚的想法。

二是老年人自身固有观念的束缚。有的老年人觉得自己再婚会低人一等，让人瞧不起。还有的老年人受“终身守节”“一女不二嫁”等封建残余的影响，放弃了再婚的念头。

三是子女干涉。一些年轻人认为，父母再婚“有辱门风”，自己脸上无光，父母积攒的财产也会流落外人手里。因此为了自己的名声和财产利益，百般阻挠，想尽办法干涉父母的再婚自由，甚至用侮辱、威胁或者施以暴力来达到阻止父母再婚的目的。

由此可见，在法律上有针对性地强调保护老年人的婚姻自由，特别是再婚自由就显得尤为重要。在老年人再婚的问题上，除了消除世俗偏见，打消老年人自身不正确的固有观念这些无形的枷锁外，更重要的是防止子女对父母婚姻自由的阻挠和干涉，还老年人再婚自由的空间。对于老年人来说，仅有“老有所养”是不够的，还应该“老有所伴”“老有所慰”。让再婚老人相互关怀照顾，共度幸福晚年，对国家、社会和家庭都有利。老年人再婚，应得到社会的认可和关注，得到子女的理解和支持。给老年人一个金色的晚年，这也是社会文明进步的需要和体现。

◆ **条文解读**

本条规定主要强调了两个方面的内容：

一是老年人的婚姻自由受法律保护，子女应当尊重父母的婚姻权利，包括离婚和再婚的自主权利，尤其是不得因一己私利和世俗偏见阻挠、干涉父母再婚。父母是否再婚，与谁结婚应由其自主决定。父母再婚后，子女不得干涉父母婚后的生活，如子女不得干涉父母选择居所或者依法处分个人财产。

二是子女对父母的赡养义务，不因父母的婚姻关系变化而终止。本法总则编第 26 条规定，成年子女对父母负有赡养、扶助和保护的义务。本编第 1067 条规定，成年子女不履行赡养义务的，缺乏劳动能力或者生活困难的父母，有要求成年子女给付赡养费的权利。子女对父母的赡养义务，包括对老年人经济上的供养、生活上的照料和精神上的慰藉义务，并应当照顾老年人的特殊需要。比如，提供生活费或实物、体力上给予帮助和精神上予以尊敬、关怀等，对患病的老年人还应当提供医疗费用和进行护理。子女对父母的赡养义务是无期限的，只要父母需要赡养，子女就应当履行这一义务。父母婚姻关系的变化不导致子女赡养义务的解除，子女不能因父母再婚而对父母不闻不问，相互推诿，不尽赡养义务。在有赡养能力的子女不履行赡养义务时，没有劳动能力或生活困难的父母，有要求子女给付赡养费的权利。父母可以直接向子女索要赡养费，也可以请求有关组织，如子女所在单位、居民委员会、村民委员会调解，还可以直接向人民法院起诉要求给付赡养费。

《老年人权益保障法》第76条明确规定："干涉老年人婚姻自由，对老年人负有赡养义务、扶养义务而拒绝赡养、扶养，虐待老年人或者对老年人实施家庭暴力的，由有关单位给予批评教育；构成违反治安管理行为的，依法给予治安管理处罚；构成犯罪的，依法追究刑事责任。"暴力干涉婚姻自由有极大的危害性，因此我国《刑法》第257条中规定："以暴力干涉他人婚姻自由的，处二年以下有期徒刑或者拘役。犯前款罪，致使被害人死亡的，处二年以上七年以下有期徒刑。"拒绝赡养老人也为国法所不容，《刑法》第261条规定："对于年老、年幼、患病或者其他没有独立生活能力的人，负有扶养义务而拒绝扶养，情节恶劣的，处五年以下有期徒刑、拘役或者管制。"民法典、老年人权益保障法和刑法的规定给老年人的婚姻自由和婚后生活提供了法律保障。

第一千零七十条 父母和子女有相互继承遗产的权利。

◆ 条文主旨

本条是关于父母子女之间相互遗产继承权的规定。

◆ **立法背景**

父母、子女是被继承人的最近的直系血亲，他们之间有极为密切的人身关系和财产关系。本法继承编第1127条作了明确规定："遗产按照下列顺序继承：（一）第一顺序：配偶、子女、父母；（二）第二顺序：兄弟姐妹、祖父母、外祖父母。继承开始后，由第一顺序继承人继承，第二顺序继承人不继承；没有第一顺序继承人继承的，由第二顺序继承人继承。本编所称子女，包括婚生子女、非婚生子女、养子女和有扶养关系的继子女。本编所称父母，包括生父母、养父母和有扶养关系的继父母。本编所称兄弟姐妹，包括同父母的兄弟姐妹、同父异母或者同母异父的兄弟姐妹、养兄弟姐妹、有扶养关系的继兄弟姐妹。"根据这一规定，子女、父母都是第一顺序的继承人。

◆ **条文解读**

根据本条的规定，子女可以继承其父母的遗产，父母可以继承其子女的遗产。这可以理解为，父母与子女之间相互有继承权。这种权利是以双方之间的身份为依据的。

一、父母

这里享有继承权的父母，包括生父母、养父母和有抚养关系的继父母。被继承人的父和母，继承其死亡子女的财产的权利是平等的。

亲生父母与子女之间的关系，是自然血亲关系。亲生父母有对其子女的继承权。父母之间婚姻的变化，不影响亲生父母与子女之间的关系，父母即使离婚，也可以继承其亲生子女的财产。如父母有抚养能力和抚养条件，但未尽抚养子女的义务，在分配子女的遗产时，应当不分或者少分。

养父母是指收养他人子女为自己子女的人。养父母与养子女虽不是己身所出的血亲，但基于收养关系的确立并对子女尽了抚养义务，是拟制血亲，与亲生父母处于同等的继承地位。养父母对养子女而言，只要他们之间的收养关系没有中断，权利义务依然存在。养父母离婚后，双方仍然对养子女履行了抚养义务的，仍可以继承其养子女的财产。如果养父母离婚，养子女归一方抚养，未尽抚养义务的另一方不能继承养子女的财产。

继父母如果尽了抚养义务，与继子女之间产生一种特殊的拟制血亲关系。尽了抚养义务的继父母在继承上与亲生父母处于相同的法律地位。如果继父与生母离婚，继子女随生母生活，继父与继子女之间的抚养关系中断，继父与继子女之间的血亲关系消灭，继父不享有继子女的财产继承权。反之继母与生父离婚，继子女随生父生活，继母与继子女之间的抚养关系中断，继母与继子女之间的血亲关系消灭，继母不享有继子女的财产继承权。

二、子女

享有继承权的子女，包括亲生子女、养子女和有抚养关系的继子女。

亲生子女包括婚生子女和非婚生子女。不论婚生子女，还是非婚生子女，都有同等的继承权。成年子女有赡养能力和赡养条件，但未尽赡养义务，在分配父母遗产时，应当不分或者少分。

养子女是指被收养的子女。收养他人子女为自己子女的人为养父母。收养关系一经确立，养子女取得与亲生子女同等的法律地位，同时养子女与生父母之间的权利义务关系消除。这样养子女可以继承养父母的财产，但不能继承其生父母的财产。如果抚养关系解除，养父母与养子女之间的抚养关系中断，原养子女就享有对生父母财产的继承权。

继子女是夫妻一方对另一方与其前夫或前妻所生的子女。继子女与继父或者继母之间形成了抚养和赡养关系，继子女对继父或者继母的财产有继承权。如果继父与生母或继母与生父离婚，继父母不再抚养继子女，原继子女也不再赡养原继父母，原继子女不享有对原继父母财产的继承权。还有一点要注意，因为亲生父母子女之间的天然血亲关系不因父母离婚而消灭，因此，有抚养和赡养关系的继子女在继承继父母遗产的同时，仍然有权继承自己生父母的遗产。但是，如果有赡养能力和赡养条件的继子女对其生父或者生母未尽赡养义务，在遗产分割上，就应当少分或不分。

作为继承人的子女，不论性别，不论已婚还是未婚，都平等地享有继承权。在我国现实生活中，特别是在广大农村地区，女儿出嫁后，由于受一些重男轻女封建思想的影响，如女儿不能传宗接代，出嫁后，不能在娘家顶门立户等，存在忽视或取消已婚女儿继承权的现象。按照本条和本法继承编的有关规定，这种做法是错误的。法律保护已婚女儿合法的继承权利。当然，如果女儿出嫁后，赡养其父母的义务主要由她的兄弟们承担。在这种情况下，已婚女儿往往就不提继承父母财产的要求，这可以看作是其放弃继承权。这种情况，既符合继承法中权利义务相一致的原则，也符合一般情况和不少地区的风俗习惯。

第一千零七十一条 非婚生子女享有与婚生子女同等的权利，任何组织或者个人不得加以危害和歧视。

不直接抚养非婚生子女的生父或者生母，应当负担未成年子女或者不能独立生活的成年子女的抚养费。

◆ 条文主旨

本条是关于非婚生子女权利的规定。

◆ 立法背景

非婚生子女是指没有婚姻关系的男女所生的子女，包括未婚男女双方所生的子女或者已婚男女与婚外第三人发生两性关系所生的子女。对于无效婚姻或者被撤销婚姻的当事人所生子女，有的国家将其视为非婚生子女，有的国家则基于保护子女权益的需要仍然规定其为婚生子女。

关于非婚生子女的法律地位，因时代、国家、宗教、道德、习惯等不同而有较大差异，经历了一个较长的、分阶段的发展过程。早期为了保护一夫一妻的婚姻制度，各国对非婚生子女普遍采取歧视的态度，不仅在法律上没有给他们应有的权利，而且在现实生活中非婚生子女也受到了不同程度的虐待。比如，英国普通法上规定，非婚生子女不属于任何人的子女，其父不负有抚养的义务。法国 1806 年的民法典中也规定，非婚生子女不得请求其父认领，非婚生子女不得主张婚生子女的权利，非婚生子女不得为继承人。对于认领过的非婚生子女，与婚生子女同时继承时，其继承的份额仅为婚生子女的三分之一。20 世纪初，人们开始认识到非婚生子女的出现是基于其父母的过错和责任，非婚生子女本身是无辜的，因此，法国率先取消了“禁止搜索生父”的规定，此后，德国等一些国家也陆续在法律中规定，非婚生子女与婚生子女具有相同的待遇。进入 20 世纪 60 年代以来，随着人权思想的深入，同时为了防止遗弃私生子导致的社会混乱，多数国家均加大了对非婚生子女保护的力度，非婚生子女的处境得到进一步改善，不少国家非婚生子女在法律上都取得了与婚生子女同等的法律地位。甚至在一些国家，法律上已经完全取消了非婚生子女与婚生子女的区分，被统称为“自然子女”“亲生子女”。

非婚生子女在我国以前被俗称为“私生子”，具有一定歧视的含义。清末的《大清现行刑律》中就对非婚生子女的继承问题作出了种种限制，明确在继承财产时“奸生子、婢生子依子量予半分”。新中国成立以后，我国法律赋予非婚生子女与婚生子女相同的权利和义务，不仅在婚姻法中明确了非婚生子女的法律地位，而且在继承法中也对非婚生子女的继承问题作出了明确规定。

◆ 条文解读

根据本法的规定，对非婚生子女的保护主要有以下几个方面：

一、对非婚生子女不得歧视和危害

对于非婚生子女的歧视和危害主要有两方面：一方面是来自家庭内部的歧视和迫害。当非婚生子女的生母或者生父与第三方结婚，非婚生子女一般也会随父亲或者母亲来到新的家庭。由于非婚生子女的加入涉及家庭财产的分割等若干利益冲突，非婚生子女往往受到新家庭成员的歧视和虐待。另一方面是来自社会各方面的歧视和迫害。虽然近些年来人们对非婚生子女的认识有了很大的改变，但仍然有一些人还是将对非婚生子女生父母行为的异议和鄙视，发泄在非婚生子女身上，致使一些非婚生子女的身心受到了极大的伤害。对于非婚生子女而言，其所在的幼儿园、学校、工作单位及住所地对其成长都会产生很大的影响，各方面不仅不得歧视和迫害非婚生子女，还应当认识到非婚生子女是无辜的，他们的身份不是自己所选择的，社会各界应当对当事人的隐私给予应有的尊重和保护，给非婚生子女更多的关爱，以弥补他们在家庭生活中的缺憾。总之，给非婚生子女营造一个健康的生存环境，应当成为社会文明程度的标志。

二、非婚生子女的生父、生母都应当负担子女的抚养费

1980年婚姻法仅规定非婚生子女的生父应当负担其子女生活费和教育费的一部分或全部。这主要是由于当时非婚生子女一般都是随生母生活，因此，法律上需要强调生父应当承担的责任。但是，社会生活中有不少非婚生子女随生父生活的情况，这就要求法律对这种情况作出规定，明确其生母在此情况下应当承担的责任，否则，会造成非婚生子女父母双方法律地位的不平等，无法充分保障非婚生子女的健康成长。因此，2001年修改婚姻法时对此问题作出了修改，明确只要不与非婚生子女生活在一起，未直接抚养非婚生子女的，不论是生父还是生母，都应当负担子女的生活费和教育费，直到该子女独立生活时为止。本次编纂民法典，对这一规定作了进一步的完善，明确不直接抚养非婚生子女的生父或者生母，应当负担未成年子女或者不能独立生活的成年子女的抚养费。如果不与非婚生子女生活在一起的一方拒绝履行该抚养义务的，那么，非婚生子女有权向人民法院起诉要求其承担相应的义务。

三、非婚生子女与生父母间有相互继承遗产的权利

本法继承编第1127条规定："遗产按照下列顺序继承：（一）第一顺序：配偶、子女、父母；（二）第二顺序：兄弟姐妹、祖父母、外祖父母。继承开始后，由第一顺序继承人继承，第二顺序继承人不继承；没有第一顺序继承人继承的，由第二顺序继承人继承。本编所称子女，包括婚生子女、非婚生子女、养子女和有扶养关系的继子女。本编所称父母，包括生父母、养父母和有扶养关系的继父母。本编所称兄弟姐妹，包括同父母的兄弟姐妹、同父异母或者同母异父的兄弟姐妹、养兄弟姐妹、有扶养关系的继兄弟姐妹。"继承编的这一规定，使我国的非婚生子女在继承时与婚生子女完全享有相同的权利和义务，使非婚生子女不会因为其出生问题受到不公平的待遇，在继承财产时不分或者少分。同样，在非婚生子女的父母继承非婚生子女的财产时，他们之间的权利和义务也完全等同于父母子女之间的权利和义务。

第一千零七十二条 继父母与继子女间，不得虐待或者歧视。

继父或者继母和受其抚养教育的继子女间的权利义务关系，适用本法关于父母子女关系的规定。

◆ 条文主旨

本条是关于继父母子女之间权利义务的规定。

◆ 立法背景

继父母是指子女母亲或者父亲再婚的配偶；继子女是指夫或者妻一方与前配偶所生的子女。继父母和继子女的关系是因子女的生父或者生母再婚而形成的，即生父母一方死亡，另一方再婚，或者生父母离婚，生父或者生母再婚。

我国法律对继父母子女关系一直给予足够的重视。1950 年《婚姻法》第 16 条曾规定，夫对于妻所抚养的与前夫所生的子女或妻对其夫所抚养的与前妻所生的子女，不得虐待和歧视。该条虽然没有使用“继子女”的概念，但在立法中第一次确定了继子女的法律地位。1980 年《婚姻法》明确规定了继父母继子女的权利和义务，并且规定继父母和继子女之间不得虐待和歧视，继父或继母和受其抚养教育的继子女间的权利义务，适用法律中父母子女关系的有关规定。1985 年《继承法》明确规定，法定继承人范围中的子女包括有扶养关系的继子女，父母包括有扶养关系的继父母，兄弟姐妹包括有扶养关系的继兄弟姐妹。多年的实践证明，我国法律中有关继父母子女的规定是行之有效的，所以，这次编纂民法典没有对现行法律中有关继父母和继子女的规定作出改动。

◆ **条文解读**

一、继父母和继子女之间不能相互虐待或者歧视

本条第1款明确规定："继父母与继子女间，不得虐待或者歧视。"由于我国长期处于封建社会，所以，继子女的社会地位一直很低下，他们受到家庭和社会的虐待和歧视的情况比比皆是。虽然新中国成立以来，对继子女权利的保护有了充分的法律依据，但封建残余思想仍影响着一些人的头脑。有的继父母不仅在生活上不给继子女提供应有的保障，而且还以种种理由剥夺了继子女受教育的权利；有的继父母对继子女采取打骂、体罚等手段从各方面来折磨和摧残继子女。而反过来，继子女长大后或者一些成年的继子女，出于报复等心理又对继父母进行打骂和虐待，使一些继父母晚年的生活极为不幸，得不到继子女的赡养。因此，一方面应当加大对继子女的保护力度，使他们不能因为父母婚姻状况的改变而受到不公正的待遇；另一方面也应当重视对继父母权利的保护，保障他们能老有所养。继父母和继子女之间不能相互虐待和歧视的条款，不仅适用于因生父母与继父母结婚而形成的单纯的姻亲关系，而且也包括已形成抚养关系的继父母与继子女。

二、继父母子女之间的权利义务关系

我国法律中的父母子女关系可分为婚生父母子女关系、非婚生父母子女关系、养父母子女关系和继父母子女关系四种。前三种父母子女关系都适用民法典关于父母子女关系权利义务的有关规定，只有继父母子女关系不能一概适用，而是有条件地适用父母子女关系权利义务的规定。

在现实中，继父母与继子女的关系因具体情况的不同而具有不同的权利义务关系，主要可以分为三种类型：

1. 名义型

即生父或者生母与继母或者继父再婚时，继子女已经独立生活，或者继子女虽未成年但是由其生父母抚养，继父母没有尽抚养的义务，继子女也没有对继父母尽到赡养的义务。这种情况下，继父母与继子女之间是纯粹的直系姻亲关系，没有父母子女间的权利义务关系。

2. 收养型

即继父或者继母经继子女的生父母同意，正式办理了收养手续，将继子女收养为养子女。随着收养关系的确立，继父母与继子女之间的关系为养父母子女关系，该子女与和其共同生活的生父或者生母之间的关系仍为直系血亲，而与不在一起共同生活的生父或者生母一方的父母子女关系随之消灭。国外大多数国家和地区都鼓励继父母收养继子女，并通过这种转化来调整继子女和继父母的法律关系。

3. 共同生活型

即生父（母）与继母（父）再婚时，继子女尚未成年，他们随生父母一方与继父或者继母共同生活时，继父或者继母对其承担了部分或者全部抚养教育义务；或者成年继子女事实上对继父母长期承担了赡养义务，形成了赡养关系。这些继子女和生父母、继父母之间实际上形成了双重权利义务关系，即继子女和生父母、继父母之间的权利义务都适用父母子女关系的规定。本条第 2 款即对此作了规定："继父或者继母和受其抚养教育的继子女间的权利义务关系，适用本法关于父母子女关系的规定。"

根据第 2 款的规定，继父母与接受其抚养教育的继子女之间，属于法律上的拟制血亲关系，产生父母子女间的权利义务关系，而未形成抚养关系的继父母和继子女之间则不发生父母子女的权利义务关系。但这种拟制血亲关系又和继父母收养继子女有所不同，它不以解除继子女与其生父母间的权利和义务关系为前提。继父或者继母和受其抚养教育的继子女间的权利义务关系，适用本法关于父母子女关系的有关规定，主要包括以下几层含义：一是继父母对继子女有抚养和教育的义务。继父母不仅要保证继子女的生活所需，而且要保证继子女能接受正常的教育。对于不履行抚养义务的继父母，未成年的继子女或者不能独立生活的成年继子女，有要求其给付抚养费的权利。二是继子女对继父母有赡养和扶助的义务。在通常情况下，受继父母抚养成人并独立生活的继子女，应当承担赡养继父母的义务。继子女不履行赡养义务时，缺乏劳动能力或者生活困难的继父母，有要求继子女支付赡养费的权利。三是继父母和继子女之间有相互继承财产的权利。本法继承编第1127条规定："遗产按照下列顺序继承：（一）第一顺序：配偶、子女、父母；（二）第二顺序：兄弟姐妹、祖父母、外祖父母。……本编所称子女，包括婚生子女、非婚生子女、养子女和有扶养关系的继子女。本编所称父母，包括生父母、养父母和有扶养关系的继父母。……"四是继父母有教育、保护未成年继子女的权利和义务。在未成年继子女造成他人损害的，继父母应当依法承担民事责任。

第一千零七十三条 对亲子关系有异议且有正当理由的，父或者母可以向人民法院提起诉讼，请求确认或者否认亲子关系。

对亲子关系有异议且有正当理由的，成年子女可以向人民法院提起诉讼，请求确认亲子关系。

◆ 条文主旨

本条是关于亲子关系异议之诉的规定。

◆ 立法背景

亲子关系确立制度，是指有关子女与父母之间是否确立亲子关系的制度，传统的亲子关系确立制度包括亲子关系的推定、否认、认领和非婚生子女的准正等。不同国家和地区的亲子关系确立制度基于社会经济状况、文化传统、宗教道德、社会习惯等的不同而有一定的差异。比如，关于亲子关系的推定的标准，各国差别较大，有的采出生论，有的采受胎论；关于亲子关系的否定，在诉权人的范围上，有的很窄，只有被推定为父亲的人才有权起诉，有的子女或者母亲也可以，有的其他利害关系人如父亲的继承人、子女的监护人等也可以；在否定权的诉讼时效上，各国长短不一，有的为一年，有的为两年，有的为六个月或者三个月，有的没有明确规定；关于非婚生子女的准正，有的允许因父母结婚而准正，有的只能由有权机关宣告而准正，有的国家取消了婚生子女与非婚生子女的区别，因而不存在准正制度；关于亲子关系的认领，有的对自愿认领设定生母或者子女同意等条件，有的以儿童利益最大化为原则。可见，在亲子关系确立制度上，各国都根据自己国家的国情等实际情况来构建具体制度。

我国现行法律对于亲子关系确立制度基本没有涉及。这次编纂民法典，很多意见提出，应当参照国外立法例，结合我国实践需要，对此作出明确、具体的规定。

根据各方面意见，在 2018 年 8 月提交全国人大常委会审议的民法典各分编草案中，在第 850 条中对这一问题作了原则性规定："对亲子关系有异议的，父、母或者成年子女可以向人民法院提起诉讼，请求确认或者否认亲子关系。"

对此规定，有的地方、专家学者和社会公众提出，亲子关系问题涉及家庭稳定和未成年人的保护，作为民事基本法律，草案对此类诉讼进行规范是必要的。同时，建议进一步提高此类诉讼的门槛，明确当事人需要有正当理由才能提起，以更好地维护家庭关系和亲子关系的和谐稳定。有的地方、部门和专家学者提出，允许成年子女提起亲子关系否认之诉，可能会导致其逃避对父母的赡养义务，建议对成年子女提起此种诉讼予以限制。宪法和法律委员会经研究，建议采纳这一意见，对上述规定作了修改，规定对亲子关系有异议且有正当理由的，父、母可以向人民法院提起诉讼，请求确认或者否认亲子关系；对亲子关系有异议且有正当理由的，成年子女可以向人民法院提起诉讼，请求确认亲子关系。

◆ **条文解读**

本条规定分为两款，根据提起诉讼主体的不同，分别规定了父或者母作为提起诉讼主体的亲子关系之诉和成年子女作为提起诉讼主体的亲子关系之诉。

本条第1款规定："对亲子关系有异议且有正当理由的，父或者母可以向人民法院提起诉讼，请求确认或者否认亲子关系。"理解本款规定，需要注意以下几个问题：

第一，关于提起诉讼的主体。本款规定的提起诉讼的主体限于"父或者母"。

第二，关于诉讼请求。根据本款规定，父或者母向人民法院提起的诉讼请求为"确认或者否认亲子关系"。

第三，关于提起诉讼的条件。根据本款规定，父或者母向人民法院请求确认或者否认亲子关系的诉讼请求，必须满足"对亲子关系有异议且有正当理由"的条件。"对亲子关系有异议"是指父或者母认为现存的亲子关系是错误的，自己不是或者才是他人生物学意义上的父或者母。对亲子关系有异议，进而请求人民法院确认或者否认亲子关系，这是当然之义。在2018年8月提交全国人大常委会审议的民法典各分编草案中对于提起诉讼的条件只作了“对亲子关系有异议”这一要求，在审议过程中，不少地方、专家学者和社会公众提出，亲子关系问题涉及家庭稳定和未成年人的保护，作为民事基本法律，草案对此类诉讼进行规范是必要的。同时，建议进一步提高此类诉讼的门槛，明确当事人需要有正当理由才能提起，以更好地维护家庭关系和亲子关系的和谐稳定。因此，在2019年6月提交全国人大常委会审议的民法典婚姻家庭编草案二审稿中增加了“有正当理由”这一条件。亲子关系对婚姻家庭关系影响巨大，更可能涉及未成年人合法权益的保护，如果任凭当事人的怀疑或者猜测就允许其提起亲子关系之诉，不利于夫妻关系和社会秩序的稳定，不利于构建和谐社会的总体要求。父或者母对亲子关系有异议时，还需举证证明其“有正当理由”，才能提起亲子关系之诉。如何认定“有正当理由”，本款没有作出具体界定，实践中应当由人民法院根据案件的具体情况来作出判断。比如，当事人应当提供初步证据证明其提出的确认或者否认亲子关系的主张，如丈夫提供的医院开具其无生殖能力的证明，又如有权机构开具的其与某人不存在亲子关系的亲子鉴定书等。人民法院根据当事人提供的初步证据，经审查符合“有正当理由”的条件的，对其提起的亲子关系之诉才能予以受理。

本条第2款规定：“对亲子关系有异议且有正当理由的，成年子女可以向人民法院提起诉讼，请求确认亲子关系。”理解本款规定，需要注意以下几个问题：

第一，关于提起诉讼的主体。本款规定的提起诉讼的主体限于“成年子女”。这里的“子女”仅指生子女，即不包括养子女和继子女。

第二，关于诉讼请求。根据本款规定，成年子女向人民法院提起的诉讼请求为“确认亲子关系”。与第1款规定不同的是，成年子女不能请求人民法院否认亲子关系。这主要是因为在审议过程中，有的地方、部门和专家学者提出，允许成年子女提起亲子关系否认之诉，可能会导致其逃避对父母的赡养义务，建议对成年子女提起此种诉讼予以限制。从调研的情况来看，实践中，成年子女提起否认亲子关系之诉，主要目的是逃避法律规定的对父母的赡养义务，即使被否认的“父母”已对其尽了抚养义务，这不符合社会主义核心价值观的要求，因此，本款规定对这种情形作了限制，不允许成年子女提起否认亲子关系之诉。

第三，关于提起诉讼的条件。根据本款规定，成年子女向人民法院请求确认亲子关系的诉讼请求，必须满足“对亲子关系有异议且有正当理由”的条件。这与第1款的规定相同，不再赘述。

第一千零七十四条 有负担能力的祖父母、外祖父母，对于父母已经死亡或者父母无力抚养的未成年孙子女、外孙子女，有抚养的义务。

有负担能力的孙子女、外孙子女，对于子女已经死亡或者子女无力赡养的祖父母、外祖父母，有赡养的义务。

◆ 条文主旨

本条是关于祖父母、外祖父母与孙子女、外孙子女之间抚养和赡养义务的规定。

◆ 立法背景

祖父母、外祖父母与孙子女和外孙子女是隔代的直系血亲关系，他们之间在具备法律条件的情况下，可以形成抚养和赡养关系。德国、日本、瑞士等国家的法律对祖孙之间的抚养和赡养义务都作了规定，而且既没有区分父系亲还是母系亲，也没有区分孙辈为男性或者女性。就我国目前情况看，虽然三代同居家庭的数量在逐步减少，但由于我国人口基数较大，所以三代同居的家庭仍占着不小的比例。随着经济的发展，人的寿命在普遍延长，人口的老龄化已成为一个不容忽视的社会性问题。我国的社会保障体系虽然逐步完善，但仅靠社会的力量还不能完全承担对老年人的扶养义务。同样，对于父母已经死亡或者无力抚养的孙子女、外孙子女，社会福利机构也没有能力完全承担起抚养的义务。因此，隔代扶养可以说是我国在相当长的时间内将面临的一个问题，扶老育幼不仅是中华民族需要发扬光大的优良传统，而且也需要法律对此问题作出明确的规定。

◆ 条文解读

根据本条的规定，祖孙之间抚养或者赡养关系的形成应当具备以下条件：

一、被抚养、赡养人的父母、子女死亡或者无抚养、赡养能力

主要包括两种情况：一是子女在未成年时父母双亡，或者父母丧失抚养能力；二是子女在成年后死亡或者丧失扶养能力，无法赡养其父母。第一种情况需要被抚养人的祖父母和外祖父母来承担抚养的义务；第二种情况则需要被扶养人的孙子女和外孙子女来承担赡养的义务。1976 年我国唐山发生了一起大地震，许多家庭都失去了亲人，出现了不少爷爷抚养孙子，孙女赡养奶奶等隔代抚养和赡养的情况。1980 年婚姻法对此问题的规定仅限于

“父母已经死亡”或者“子女已经死亡”的情况，2001 修改婚姻法对此问题进行了调整，增加了“父母无力抚养”和“子女无力赡养”的规定，更加全面地涵盖和规范了现实中存在的隔代抚养和赡养的情况。这次编纂民法典沿用了这一规定。

二、被抚养、赡养人确实有困难需要被抚养、赡养

祖孙之间扶养关系的形成必须建立在一方确实有困难的基础上，如果被扶养人有一定的经济收入或者经济来源，完全能负担自身的生活所需，那么，就不能要求祖父母、外祖父母或者孙子女、外孙子女来承担其抚养或者赡养义务。当然，作为一个文明古国，我国有着尊老爱幼的优良传统，如果祖孙之间完全基于亲情，在对方没有困难的情况下仍愿承担一定的抚养或者赡养义务，是一种值得发扬和提倡的美德。

三、承担抚养、赡养义务的人有一定的抚养、赡养能力

如果法律意义上的抚养、赡养义务人没有一定的抚养、赡养能力，那么就不能再要求其承担相应的法律责任。比如，一个八岁的女孩，其父母在一场车祸中丧生，只有一个奶奶在世，奶奶没有工作，一直靠社会福利金生活，那么，在这种情况下就不能要求女孩的奶奶承担抚养其孙女的义务。此外，如果抚养或者赡养义务人有多个人时，比如，被赡养人既有孙子又有外孙女，那么需要当事人协商决定其应当承担的义务。同样，如果抚养或者赡养权利人有多个人时，在抚养或者赡养义务人的经济能力不足以承担全部抚养或者赡养义务时，那么，对于经济状况和身体状况最差者应当优先被抚养或者被赡养。

关于抚养或者赡养的方式，民法典对此没有作出专门规定，只规定对不履行抚养或者赡养义务的人，权利人有要求其履行义务的权利。实践中抚养或者赡养的方式主要有以下两种，当事人可以根据自身的情况来选择：一是共同生活抚养或者赡养，即被抚养或者赡养人与抚养或者赡养义务人共同居住在一起，进行直接的抚养或者赡养；二是通过给付抚养或者赡养费、探视、扶助等方式完成扶养义务。

抚养或者赡养义务人在履行抚养或者赡养义务时，往往需要和被抚养或者赡养人就抚养或者赡养义务的程序、抚养或者赡养的具体方式等内容进行协商，达成对当事人均具有约束力的抚养或赡养协议。如果当事人之间达不成协议，那么，可以请求人民法院通过判决来确定权利和义务。

抚养或者赡养协议达成后或者人民法院的判决生效后，当事人的经济和生活状况往往会出现一些新的变化，如果仍然要求当事人按照原有的抚养或者赡养协议或者判决来执行，可能会使一方当事人利益受到损害，因此，当事人需要通过一定的途径来变更抚养或者赡养权。所谓变更抚养或者赡养权是指抚养或者赡养义务人、抚养或者赡养权利人以及抚养或者赡养程序和方法的变更。在抚养或者赡养当事人一方或者双方在经济和生活状况发生变化时，抚养或者赡养权利人和抚养或者赡养义务人都有权要求变更原抚养或者赡养协议或者有关抚养或者赡养的判决。当事人首先可以在自愿、平等的基础上进行协商，协商不成时，可以向人民法院起诉，来重新确定双方的权利和义务。

第一千零七十五条 有负担能力的兄、姐，对于父母已经死亡或者父母无力抚养的未成年弟、妹，有扶养的义务。

由兄、姐扶养长大的有负担能力的弟、妹，对于缺乏劳动能力又缺乏生活来源的兄、姐，有扶养的义务。

◆ 条文主旨

本条是关于兄弟姐妹间扶养义务的规定。

◆ 立法背景

我国1950年婚姻法没有对兄弟姐妹间的扶养关系作出规定，但在实际生活中，兄、姐扶养教育弟、妹却是常见的现象。1980年的婚姻法，结合我国家庭成员间关系较为密切的实际情况，从爱小育幼的社会主义家庭关系的角度出发，将兄、姐在特定条件和特定情况下扶养弟、妹的内容纳入了法律的调整范围。1980年《婚姻法》第23条规定："有负担能力的兄、姊，对于父母已经死亡或父母无力抚养的未成年的弟、妹，有抚养的义务。"这就使有负担能力的兄、姐，对于父母已经死亡或者父母无力抚养的未成年的弟、妹的扶养成为一项法定义务。此后，1984年最高人民法院《关于贯彻执行民事政策法律若干问题的意见》（已失效）第26条作出解释，由兄、姐扶养长大的有负担能力的弟、妹，对丧失劳动能力、孤独无依的兄、姐，有扶养的义务。根据这一司法解释，由兄、姐扶养长大的有负担能力的弟、妹，与丧失劳动能力、孤独无依的兄、姐间也产生了有条件的扶养义务。

2001年修改婚姻法时，将弟、妹在特定条件和特定情况下负有扶养兄、姐的义务上升为法律内容，取得了各方面广泛的共识。不少意见提出，在现实生活中，许多兄、姐在扶养弟、妹时，节衣缩食、倾囊而助、全力以赴，有的甚至牺牲了个人的婚姻。而不少弟、妹长大后，生活很好了，对其兄、姐却没有回报的意识。按照权利义务对等原则，弟、妹理应回报尽了扶养义务的兄、姐。扶养不仅是物质方面的，也包括精神上的安慰和生活上的照顾。不要造成"兄姐照管弟妹小，弟妹不管兄姐老"的后果。2001年婚姻法把在实际生活中和司法实践中认为是可行的做法以法律形式加以规范，补充规定：“由兄、姐扶养长大的有负担能力的弟、妹，对于缺乏劳动能力又缺乏生活来源的兄、姐，有扶养的义务。”这一规定肯定了尊老爱幼的社会主义家庭关系，符合我国历来近亲属关系密切、相互扶助的传统道德，体现了权利义务相一致的法律精神，使得未成年人能够健康成长，老年人生活有所保障。这次编纂民法典，维持了2001年婚姻法的这一规定。

◆ **条文解读**

理解本条规定，要注意以下问题：

一、负有扶养义务的兄弟姐妹的范围

兄弟姐妹包括同胞兄弟姐妹、同父异母或同母异父兄弟姐妹、养兄弟姐妹和继兄弟姐妹。在一般情况下，兄弟姐妹应由他们的父母抚养，因而他们相互之间不发生扶养与被扶养的权利义务关系。但是在特定条件和特定情况下，兄、姐与弟、妹之间会产生有条件的扶养义务。当然，法律对兄弟姐妹间扶养义务的规定，主要是从同胞兄弟姐妹之间的关系来确定的，因为他们是血缘关系最密切的同辈旁系血亲。对于半血缘的同父异母或者同母异父兄弟姐妹，以及没有血缘关系的养兄弟姐妹和继兄弟姐妹，如果符合法律规定的条件和情形，其相互之间也将产生扶养与被扶养的权利义务关系。

二、兄弟姐妹形成扶养义务的条件

兄、姐扶养弟、妹，或者弟、妹扶养兄、姐不是必然发生的法定义务，而是有条件的。简而言之，就是应尽抚养或者赡养或者扶养义务的父母或者子女或者配偶不能尽其抚养或赡养或扶养义务时，由有能力的兄弟姐妹来承担扶养义务。兄弟姐妹间的扶养义务是第二顺序的，具有递补性质。但兄弟姐妹间一旦形成扶养义务，那么该义务就是不可推卸的法定义务，义务人应当自觉履行。

（一）兄、姐扶养弟、妹需具备的条件

产生兄、姐对弟、妹的扶养义务，应当同时具备下述三个条件：

1. 弟、妹须为未成年人，即不满十八周岁。如果弟、妹已经成年，虽无独立生活能力，兄、姐亦无法定扶养义务。

2. 父母已经死亡或者父母无力抚养。这里包含了两种情况：一是父母均已经死亡，没有了父母这第一顺序的抚养义务人。如果父母一方尚在且有抚养能力，仍应由尚在的父或母承担抚养义务。二是父母均尚在或者一方尚在但都没有抚养能力，如父母在意外事故中致残没有了劳动能力和生活来源，便产生了由有负担能力的兄、姐扶养弟、妹的义务。

3. 兄、姐有负担能力。在前述两项条件具备时，兄、姐对弟、妹的扶养义务并不必然发生，只有这项条件也具备时，即兄、姐有负担能力时，才产生扶养弟、妹的义务。

（二）弟、妹扶养兄、姐需具备的条件

产生弟、妹对兄、姐的扶养义务，亦应当同时具备下述三个条件：

1. 兄、姐既缺乏劳动能力又缺乏生活来源。如果兄、姐虽缺乏劳动能力但并不缺少经济来源，如受到他人经济上的捐助或自己有可供生活的积蓄的，则不产生弟、妹的扶养义务。同时，如果兄、姐虽缺少生活来源，但有劳动能力，兄、姐可通过自己的劳动换取生活来源，在此情况下，弟、妹亦无扶养兄、姐的义务。

2. 兄、姐没有第一顺序的扶养义务人，或者第一顺序的扶养义务人没有扶养能力。比如，兄、姐没有配偶、子女，或兄、姐的配偶、子女已经死亡或者没有扶养能力。如果兄、姐的配偶尚在或者有子女且有扶养能力，应由这些第一顺序的扶养义务人承担扶养义务。

3. 弟、妹由兄、姐扶养长大且有负担能力。这里包含两方面的因素：一是弟、妹是由兄、姐扶养长大的。这表明在弟、妹未成年时，父母已经死亡或父母无抚养能力，兄、姐对弟、妹的成长尽了扶养义务。按照权利义务对等原则，弟、妹应承担兄、姐的扶养责任。二是弟、妹有负担能力。若无负担能力则不负扶养义务。

第四章 离 婚

本章共十七条，对协议离婚、诉讼离婚、婚姻关系解除时间、现役军人离婚特别规定、男方离婚请求权的限制、复婚、离婚对父母子女关系的影响、离婚后子女抚养及抚养费的负担、父母一方探望子女的权利、离婚时夫妻共同财产的分割、离婚经济补偿、夫妻共同债务清偿、离婚经济帮助、离婚损坏赔偿、对夫妻一方擅自处分共同财产或伪造债务侵占他方财产的法律责任等作了明确规定。

第一千零七十六条 夫妻双方自愿离婚的，应当签订书面离婚协议，并亲自到婚姻登记机关申请离婚登记。

离婚协议应当载明双方自愿离婚的意思表示和对子女抚养、财产以及债务处理等事项协商一致的意见。

◆ 条文主旨

本条是关于协议离婚的规定。

◆ 立法背景

《婚姻法》对协议离婚只有一条规定，即第 31 条的规定："男女双方自愿离婚的，准予离婚。双方必须到婚姻登记机关申请离婚。婚姻登记机关查明双方确实是自愿并对子女和财产问题已有适当处理时，发给离婚证。"民法典婚姻家庭编，对协议离婚增加了两条规定，进一步完善了协议离婚制度，本条是对协议离婚的基本规定。

我国的离婚制度，分为协议离婚和诉讼离婚两种。由于婚姻关系当事人对离婚所持的态度不同，在处理程序上也不大相同。

协议离婚也叫“双方自愿离婚”，是指婚姻关系当事人达成离婚合意并通过婚姻登记程序解除婚姻关系的法律制度。其主要特征，一是当事人双方在离婚以及子女、财产和债务处理等问题上意愿一致，达成协议；二是按照婚姻登记程序办理离婚登记，取得离婚证，即解除婚姻关系。

协议离婚制度，是我国离婚制度的重要组成部分。由于这项制度充分尊重当事人的意愿，且程序简便，因此为婚姻关系当事人充分接受。与此同时，婚姻登记机关也积累了丰富的经验，在制度上日趋完善。随着我国婚姻家庭法制的不断健全，当事人采用协议方式，通过非讼程序解决离婚问题，已被越来越多的离婚当事人作为首先考虑的途径。

从法律上确立协议离婚制度有以下重要意义：

第一，协议离婚制度注重婚姻双方当事人的主观意愿，实行协议离婚制度是婚姻自由原则的重要体现。我国法律赋予并保障自然人自主自愿地处理个人婚姻问题的权利。男女双方有自主自愿地缔结婚姻的自由，同时，在婚姻当事人双方一致同意解除婚姻关系的时候，也赋予了他们解除婚姻关系的自由并为其提供了程序上的保障。

第二，实行协议离婚，有利于在婚姻关系已经无法继续维持的情况下，由夫妻双方心平气和地解决矛盾冲突，避免互相指责，消除对立情绪，更可以减少日后双方的仇视和对立。

第三，协议离婚方式不究问离婚的原因和具体理由，有利于保护个人隐私。

第四，协议离婚不仅要求双方离婚的合意，而且要求对子女的抚养教育、财产的分割和债务的清偿等作出妥善安排，这样有利于维护当事人双方、子女和第三人的合法权益。

◆ 条文解读

一、协议离婚的主管机关

协议离婚的主管机关是民政部门，具体的是婚姻登记机关。《婚姻登记条例》第2条规定，内地居民办理婚姻登记的机关是县级人民政府民政部门或者乡（镇）人民政府，省、自治区、直辖市人民政府可以按照便民原则确定农村居民办理婚姻登记的具体机关。中国公民同外国人、内地居民同香港特别行政区居民（以下简称香港居民）、澳门特别行政区居民（以下简称澳门居民）、台湾地区居民（以下简称台湾居民）、华侨办理婚姻登记的机关是省、自治区、直辖市人民政府民政部门或者省、自治区、直辖市人民政府民政部门确定的机关。第10条规定，内地居民自愿离婚的，男女双方应当共同到一方当事人常住户口所在地的婚姻登记机关办理离婚登记。中国公民同外国人在中国内地自愿离婚的，内地居民同香港居民、澳门居民、台湾居民、华侨在中国内地自愿离婚的，男女双方应当共同到内地居民常住户口所在地的婚姻登记机关办理离婚登记。在婚姻登记机关中，由持有婚姻登记管理员证书的人员从事协议离婚的登记工作。

二、协议离婚的条件

根据本条规定，只有符合下列条件的，才能协议离婚：

（一）协议离婚的当事人双方应当具有合法夫妻身份

以协议离婚方式办理离婚的，仅限于依法办理了结婚登记的婚姻关系当事人，不包括未婚同居和有配偶者与他人同居的男女双方，也不包括未办理结婚登记的“事实婚姻”中的男女双方。

《婚姻登记条例》第 11 条中规定，办理离婚登记的内地居民应当出具的证件和证明材料之一就是本人的结婚证。结婚证是婚姻登记机关签发的证明婚姻关系有效成立的法律文书。本法第 1049 条规定："要求结婚的男女双方应当亲自到婚姻登记机关申请结婚登记。符合本法规定的，予以登记，发给结婚证。完成结婚登记，即确立婚姻关系。未办理结婚登记的，应当补办登记。"《婚姻登记条例》第 7 条规定："婚姻登记机关应当对结婚登记当事人出具的证件、证明材料进行审查并询问相关情况。对当事人符合结婚条件的，应当当场予以登记，发给结婚证；对当事人不符合结婚条件不予登记的，应当向当事人说明理由。"因此，已经办理了结婚登记的，有着合法夫妻身份关系的当事人协议离婚，应当向婚姻登记机关提供结婚证，以证明双方是合法夫妻。未办理过结婚登记的男女申请离婚登记的，婚姻登记机关不予受理。其间发生的有关身份关系的纠纷，以及涉及子女、财产问题的争议，可以诉请人民法院处理。

（二）协议离婚的当事人双方均应当具有完全的民事行为能力

《婚姻登记条例》第 12 条中规定，办理离婚登记的当事人属于无民事行为能力人或者限制民事行为能力人的，婚姻登记机关不予受理。因为只有完全民事行为能力人才能独立自主地处理自己的婚姻问题。一方或者双方当事人为限制民事行为能力或者无民事行为能力的，如精神病患者、痴呆症患者，不适用协议离婚程序，只能适用诉讼程序处理离婚问题，以维护没有完全民事行为能力当事人的合法权益。

（三）协议离婚当事人双方必须具有离婚的共同意愿

"双方自愿"是协议离婚的基本条件，协议离婚的当事人应当有一致的离婚意愿。这一意愿必须是真实而非虚假的；必须是自主作出的而不是受对方或第三方欺诈、胁迫或因重大误解而形成的；必须是一致的而不是有分歧的。对此本条规定“男女双方自愿离婚”，对于仅有一方要求离婚的申请，婚姻登记机关不予受理，当事人只能通过诉讼离婚解决争议。

（四）协议离婚当事人双方要签订书面离婚协议

《婚姻登记条例》第 12 条第 1 项规定，办理离婚登记的当事人未达成离婚协议的，婚姻登记机关不予受理。本条第 2 款对双方书面离婚协议的具体内容作了明确要求，即离婚协议应当载明双方自愿离婚的意思表示和对子女抚养、财产及债务处理等事项协商一致的意见。据此，离婚协议应当具有如下内容：

1. 有双方自愿离婚的意思表示。双方自愿离婚的意思必须要以文字的形式体现在离婚协议上。

2. 有对子女抚养、财产及债务处理等事项协商一致的意见。“对子女抚养、财产以及债务处理等事项协商一致的意见”是协议离婚的必备内容。如果婚姻关系当事人不能对子女抚养、财产及债务处理等事项达成一致意见的话，则不能通过婚姻登记程序离婚，而只能通过诉讼程序离婚。

第一，子女抚养等事项。双方离婚后有关子女抚养、教育、探望等问题，在有利于保护子女合法权益的原则下应当作合理的、妥当的安排，包括子女由哪一方直接抚养，子女的抚养费和教育费如何负担、如何给付等。由于父母与子女的关系不因父母离婚而消除，协议中最好约定不直接抚育方对子女探望权利行使的内容，包括探望的方式、时间、地点等。

第二，财产及债务处理等事项。主要包括：（1）在不侵害任何一方合法权益的前提下，对夫妻共同财产作合理分割，对给予生活困难的另一方以经济帮助作妥善安排，特别是切实解决好双方离婚后的住房问题；（2）在不侵害他人利益的前提下，对共同债务的清偿作出清晰、明确、负责的处理。

（五）协议离婚当事人双方应当亲自到婚姻登记机关申请离婚

申请离婚的当事人双方，必须亲自到婚姻登记机关办理离婚登记手续，是我国的一贯做法，我国先后几次颁布与修改的婚姻法都是这样明确规定的，实践中也是这样做的。《婚姻登记条例》第 10 条规定："内地居民自愿离婚的，男女双方应当共同到一方当事人常住户口所在地的婚姻登记机关办理离婚登记。中国公民同外国人在中国内地自愿离婚的，内地居民同香港居民、澳门居民、台湾居民、华侨在中国内地自愿离婚的，男女双方应当共同到内地居民常住户口所在地的婚姻登记机关办理离婚登记。"依据这一规定，我国的离婚登记按地域进行管辖。当事人协议离婚的，应当到一方常住户口所在地的婚姻登记机关申请离婚登记。具有涉外因素或者涉港、澳、台、华侨因素的离婚当事人应当到内地居民常住户口所在地的婚姻登记机关办理离婚登记。

符合以上协议离婚条件的，婚姻登记机关才受理当事人协议离婚的申请。这只是协议离婚的第一步，最终是否可以通过协议达到离婚的目的，还要看是否符合本法第 1077 条、第 1078 条的规定。

第一千零七十七条 自婚姻登记机关收到离婚登记申请之日起三十日内，任何一方不愿意离婚的，可以向婚姻登记机关撤回离婚登记申请。

前款规定期限届满后三十日内，双方应当亲自到婚姻登记机关申请发给离婚证；未申请的，视为撤回离婚登记申请。

◆ 条文主旨

本条是关于离婚冷静期的规定。

◆ 立法背景

离婚冷静期是指夫妻协议离婚时，政府给要求离婚的双方当事人一段时间，强制当事人暂时搁置离婚纠纷，在法定期限内冷静思考离婚问题，考虑清楚后再行决定是否离婚。法律规定当事人冷静思考离婚问题的期限为离婚冷静期。

在编纂民法典过程中，有些意见反映，自2001年婚姻法修正案颁布实施以来，我国的协议离婚问题突出，表现为：

一是离婚率呈持续上升趋势。据民政部门统计，2016年上半年全国依法办理离婚手续的共有168.3万对，比2015年上半年增长了11%。从2002年开始离婚率一路走高。2002年全国的离婚率约0.9‰，2003年达到了1.05‰，2010年达到了2‰，2015年达到了2.8‰，是2002年的三倍多。2016年发布的统计显示，北京市、上海市、深圳市、广州市位居全国城市离婚率前四名。

二是协议登记的离婚比例逐渐提高。自2002年起，全国诉讼离婚保持平稳，协议登记离婚的数量逐渐提高，并带动整体离婚率的上升。2001年，全国离婚总对数约125.6万对，其中登记离婚的约52.8万对，约占离婚总数的42%；诉讼离婚的约72.8万对，约占离婚总数的58%。2002年，离婚总对数约133.2万对，其中登记离婚的约69.1万对，约占离婚总数的52%；诉讼离婚的约64万对，约占离婚总数的48%。2012年，离婚总对数约310.4万对，其中登记离婚的约242.3万对，约占离婚总数的78%；诉讼离婚的约68.1万对，约占离婚总数的22%。2015年，离婚总对数约384.1万对，其中登记离婚的约314.9万对，约占离婚总数的82%；诉讼离婚的约69.3万对，约占离婚总数的18%。从上述数据中可以看出，协议登记离婚在离婚总数中的占比逐渐走高，且已经成为当事人选择离婚的主要形式。2015 年仅有不到五分之一的当事人选择了诉讼离婚。

三是离婚当事人婚龄短，冲动型，轻率、草率型离婚屡见不鲜，数量增加。最高人民法院信息中心发布的离婚安全专题分析报告显示，2013 年到 2015 年在全国法院审理的离婚案件中，婚后一年到五年为婚姻破裂的高发期，其中婚后第二年离婚的占比最高。婚姻持续时间短，表明了一部分婚姻当事人对婚姻持无所谓的态度。双方对婚姻的调整适应不够，甚至还没有完全相互适应就以离婚结束婚姻关系。2003 年婚姻登记条例的修改，进一步简化了当事人在民政部门办理离婚登记的条件和审查程序，婚姻登记部门缺乏必要的调解和限制措施，导致冲动型，轻率、草率型离婚的数量增加，由此出现新中国成立以来第三次离婚高峰。

为防止轻率离婚，几届全国人大代表、全国政协委员纷纷提出议案、建议或者提案建议全国人大修改法律，对此问题予以解决。社会各界呼声也很高。对此，全国人大立法部门十分重视，对此问题进行了深入的调查，开展了广泛的论证研究。在形成民法典婚姻家庭编征求意见稿时，就增加了离婚冷静期的规定。2018 年 8 月宪法和法律委员在向全国人大常委会提交关于民法典各分编草案几个主要问题中提到：实践中，由于离婚登记手续过于简便，轻率离婚的现象增多，不利于家庭稳定，为此，草案规定了一个月的离婚冷静期，在此期间，任何一方可以向登记机关撤回离婚申请。这一规定，在征求意见中得到了多数赞成。这一内容经过草案的几次修改更加完善。本条就是关于离婚冷静期的具体规定。

◆ 条文解读

依据本条规定，申请协议离婚的当事人自向婚姻登记机关申请离婚之日起三十日内，应当冷静、理智地对自己的婚姻状况和今后的生活进行充分的考虑，重新考虑是否以离婚方式解决夫妻矛盾，考虑离婚对自身、对子女、对双方家庭、对社会的利与弊，避免冲动行为。本条中规定的三十日即为离婚冷静期，在此期间，任何一方或者双方不愿意离婚的，可以向婚姻登记机关撤回离婚登记申请。国外许多国家有离婚冷静期的规定，只是名称有所不同，英国称离婚反省期，法国称离婚考虑期，韩国称离婚熟虑期，美国称离婚等候期，其目的是对离婚进行干预，降低离婚率，这对婚姻的瓦解起到了一个缓冲的作用。例如，《法国民法典》第231条规定：夫妻双方如坚持离婚的意愿，法官应向双方指出其申请应在3个月的考虑期以后重新提出。如在考虑期届满后6个月内未重新提出申请，该共同申请即失效。英国法律规定，婚姻当事人一方或双方作出离婚声明后，须经过9个月的反省与考虑期后，如果离婚申请人和当事人都认为婚姻无法维持，则准许离婚。美国的普通离婚程序中，需要经过6个月的等候期之后，离婚手续才会办理完成，夫妻关系才可以终止。加拿大法律规定，婚姻破裂而且分居达1年者，才准许办理离婚手续，除非已有通奸或虐待的证据。比利时、奥地利、瑞典规定的考虑期为6个月。《俄罗斯联邦家庭法典》第19条第3款规定：从提交离婚申请之日起满1个月，户籍登记机关办理离婚并发给离婚证明。韩国为遏制不断上升的离婚率，在2005年推出了“熟虑期”和义务调解制度。规定申请离婚的夫妇如有子女，必须经过3个月的“熟虑期”，如无子女，则“熟虑期”为1个月。在冷静期间，婚姻登记机关并不是坐视不理，而是对当事人进行心理咨询，谈心谈话，了解当事人的婚姻实际状况，判定是危急婚姻还是死亡婚，哪方责任大，过错在谁等，积极调解，既可以促使双方当事人平息怨恨、缓解敌对情绪，珍惜自己与配偶的婚姻关系；也为以后审查当事人提交的离婚协议做了充分的准备。

依据本条规定，在三十日离婚冷静期内，任何一方不愿意离婚的，应当在该期间内到婚姻登记机关撤回离婚申请，对此，婚姻登记机关应当立即终止登记离婚程序。如果离婚冷静期届满，当事人仍坚持离婚，双方应当在离婚冷静期届满后的三十日内，亲自到婚姻登记机关申请发给离婚证。婚姻登记机关查明双方确实是自愿离婚，并已对子女抚养、财产及债务处理等事项协商一致的，予以登记，发给离婚证。如果在离婚冷静期届满后的三十日内，当事人双方没有亲自到婚姻登记机关申请发给离婚证，则视为撤回离婚申请。

第一千零七十八条 婚姻登记机关查明双方确实是自愿离婚，并已经对子女抚养、财产以及债务处理等事项协商一致的，予以登记，发给离婚证。

◆ 条文主旨

本条是关于婚姻登记机关对协议离婚查明的规定。

◆ 立法背景

婚姻登记机关对当事人离婚协议的查明属形式审查还是实质审查，在立法中存在不同的看法和争论。有的意见认为，登记机构应当对离婚协议进行实质审查，以避免错误登记；有的意见认为，登记机构的审查主要是形式审查，实质审查是没有能力做到的。然而，对于何谓形式审查，何谓实质审查，也存在争论。有的学者从登记审查的范围对二者进行界定，认为形式审查就是登记机构不审查登记申请是否与实体法上的权利关系一致，而仅审查登记申请在登记手续、提供材料等方面是否合法、齐备；实质审查则是不仅审查登记申请在登记手续上是否合法，还要审查其是否与实体法上的权利关系一致，是否符合实际情况。有学者则从登记机构的调查权限上界定实质审查，即登记机构接受了登记申请之后，应当对登记内容进行询问和调查，以确保登记内容的真实性。反之，就是形式审查。

本条没有明确什么是实质审查，什么是形式审查。本条的规定是在调研我国婚姻登记机关实际情况并听取各方面意见的基础上作出的，目的是使登记机构在自己的职权范围内，充分履行职责，尽可能地保证如实、准确、认真负责地查明各有关事项，避免登记错误。婚姻登记机关在查明双方确实是自愿离婚，并已对子女抚养、财产及债务处理等事项协商一致的，予以登记，发给离婚证。现行《婚姻登记条例》第 13 条也是这样规定的："婚姻登记机关应当对离婚登记当事人出具的证件、证明材料进行审查并询问相关情况。对当事人确属自愿离婚，并已对子女抚养、财产、债务等问题达成一致处理意见的，应当当场予以登记，发给离婚证。"离婚证是婚姻关系已经合法解除的具有法律效力的文件。当事人从取得离婚证之日起，解除婚姻关系。婚姻登记机关在给当事人发离婚证的同时，应当注销结婚证。婚姻登记机关经过查明，对不符合法定离婚条件，如仅为夫妻一方要求离婚，或者夫妻双方虽然都同意离婚，但在子女和财产等问题上未达成协议的不予离婚登记，并应当以书面形式说明不予登记的理由。

◆ 条文解读

一、婚姻登记机关对协议离婚的查明

自愿离婚的夫妻双方向婚姻登记机关提交离婚协议后 30 日内，未向婚姻登记机关申请撤回离婚协议，并在提交离婚协议 30

日后的30日内，亲自到婚姻登记机关申请发给离婚证，对此，婚姻登记机关应当对当事人提交的离婚协议进行查明：

一是查明当事人双方是否是自愿离婚，是否是真实而非虚假的离婚，查明离婚是否存在被胁迫的情形，查明是否因重大误解而导致的离婚。

二是查明要求离婚的双方当事人是不是对子女抚养问题已协商一致。例如，审查双方对离婚后有关子女抚养、教育、探望等问题是如何规定的，包括子女由哪一方直接抚养，子女的抚养费和教育费如何负担、如何给付等。对不直接抚养子女的一方对子女探望权利如何行使，探望的方式、时间、地点等是否协商确定等。

三是审查对财产及债务处理的事项是否协商一致。例如，审查当事人双方在不侵害任何一方合法权益的前提下，对夫妻共同财产是如何作出了合理分割的；对有生活困难的一方当事人，另一方当事人是否给予了必要的经济帮助，是如何落实的；查明双方离婚后各自的住房等问题。对债务问题，则可以审查双方当事人是否在不损害他人利益的前提下，对共同债务的清偿作出清晰、明确、负责的处理。

经婚姻登记机关查明双方确实是自愿离婚，并已对子女抚养、财产及债务处理等事项协商一致的，应当进行离婚登记，发给离婚证。

二、对离婚登记后有关问题的处理

（一）对一方不履行离婚协议所确定的义务的处理

夫妻双方经婚姻登记机关办理了离婚登记后，当事人一方不按照离婚协议履行应尽的义务，或者在子女抚养、财产问题上发生纠纷的，当事人可以向人民法院提起民事诉讼。

（二）离婚证遗失或者损毁的补救

如果离婚证遗失或者损毁，当事人可以持所在单位、居民委员会或者村民委员会出具的证明，向原办理离婚登记的婚姻登记机关申请出具解除夫妻关系证明书。解除夫妻关系证明书与离婚证具有同等法律效力。对此《婚姻登记条例》第17条规定："结婚证、离婚证遗失或者损毁的，当事人可以持户口簿、身份证向原办理婚姻登记的机关或者一方当事人常住户口所在地的婚姻登记机关申请补领。婚姻登记机关对当事人的婚姻登记档案进行查证，确认属实的，应当为当事人补发结婚证、离婚证。"

第一千零七十九条 夫妻一方要求离婚的，可以由有关组织进行调解或者直接向人民法院提起离婚诉讼。

人民法院审理离婚案件，应当进行调解；如果感情确已破裂，调解无效的，应当准予离婚。

有下列情形之一，调解无效的，应当准予离婚：

（一）重婚或者与他人同居；

（二）实施家庭暴力或者虐待、遗弃家庭成员；

（三）有赌博、吸毒等恶习屡教不改；

（四）因感情不和分居满二年；

（五）其他导致夫妻感情破裂的情形。

一方被宣告失踪，另一方提起离婚诉讼的，应当准予离婚。

经人民法院判决不准离婚后，双方又分居满一年，一方再次提起离婚诉讼的，应当准予离婚。

◆ 条文主旨

本条是关于诉讼离婚的规定。

◆ 立法背景

诉讼离婚，是婚姻当事人向人民法院提出离婚请求，由人民法院调解或判决而解除其婚姻关系的一项离婚制度。诉讼离婚制度，适用于当事人双方对离婚有分歧的情况，包括一方要求离婚而另一方不同意离婚而发生的离婚纠纷；或者双方虽然同意离婚，但在子女抚养、财产及债务处理等事项不能达成一致意见、作出适当处理的情况。

诉讼离婚制度有下述特征：

第一，诉讼离婚有着法定的必要条件，即“感情确已破裂，调解无效”。人民法院在审理案件中也必须执行法律规定的条件，并以此为据裁判是否许可当事人离婚。

第二，在诉讼活动中，人民法院对争议处理起主导作用，它要对当事人提出的离婚请求和理由进行审查，是否准予离婚取决于人民法院的依法裁量，它既可以判决准予离婚，也可以依法驳回当事人的请求。

第三，人民法院依法作出的调解和判决，在发生法律效力后，即具有强制执行力，当事人不履行调解书和判决书中所确定的义务的，人民法院可依另一方的申请予以强制执行。

◆ 条文解读

一、诉讼外调解

诉讼外调解，其依据来源于本条规定的“夫妻一方要求离婚的，可以由有关组织进行调解”。这种调解属于民间性质。“有关组织”在实践中一般是当事人所在单位、群众团体、基层调解组织等。由这些部门进行调解，符合当事人的非讼心理和社会生活中的传统习惯，易为当事人认可和接受。也由于调解人一般对当事人的情况比较了解，便于做好思想开导工作，缓解夫妻间的矛盾，有助于妥善、及时地化解离婚争议。

对于离婚纠纷，诉讼外调解并不是当事人要求离婚的必经程序，也不是诉讼前的必经程序。当事人可以直接向人民法院起诉，也可以在接受调解后随时退出调解。调解前不能“强拉硬拽”，调解中也不能“强加于人”。因此，经过调解可能会出现不同的结果：一是双方的矛盾得到化解，重归于好，继续保持婚姻关系；二是双方都同意离婚，在子女抚养、财产及债务处理等事项上也达成一致意见，采用协议离婚的方式，到婚姻登记机关办理离婚登记手续；三是调解不成，一方坚持离婚，另一方则坚持相反意见，或者虽都同意离婚，但在子女抚养、财产及债务处理等事项上达不成协议，而需诉诸法院解决。

二、诉讼离婚

（一）诉讼中的调解和判决

1. 诉讼中的调解

本条第2款中规定，“人民法院审理离婚案件，应当进行调解”。这表明调解是人民法院审理离婚案件的必经程序。适用调解程序，其目的在于防止当事人草率离婚，以及在双方当事人不能和解时，有助于平和、妥善地处理离婚所涉及的方方面面的问题。在婚姻生活中，双方难免会有一些冲突和纠葛，有时逞一时之气，就会使矛盾扩大，冲突变得激烈，由此，一些尚未达到不能共同生活程度的婚姻当事人也要求离婚。由法院进行调解，可以促使双方当事人平息怨恨、缓解敌对情绪，对自己的婚姻状况和今后的生活进行充分的考虑，珍惜自己与配偶的婚姻关系。即使调解和好不成，双方还是坚持离婚的，也可以调解离婚。调解离婚有助于解决子女抚养、财产及债务处理等问题，由此而达成的调解离婚协议，双方当事人一般都能自觉履行。当然，通过调解达成协议，必须当事人双方自愿，不得强迫；调解也不是无原则的，而应当本着合法的原则进行，调解协议的内容不得违反法律规定。

经过诉讼中的调解，会出现三种可能：第一种是双方互谅互让，重归于好。人民法院将调解和好协议的内容记入笔录，由双方当事人、审判人员、书记员签名或者盖章，协议的法律效力至此产生。第二种是双方达成全面的离婚协议，包括双方同意离婚、妥善安排子女今后的生活、合理分割财产、明确债务的承担等。人民法院应当按照协议的内容制作调解书。调解书应写明诉讼请求、案件的事实和调解结果，并由审判人员、书记员署名，加盖人民法院印章。离婚调解书经双方当事人签收后即具有法律效力。第三种是调解无效，包括双方就是否离婚或者在子女抚养、财产及债务处理等事项上达不成协议，在这种情况下，离婚诉讼程序继续进行。

2. 判决

调解不能久调不决，对于调解无效的案件，人民法院应当依法判决。判决应当根据当事人的婚姻状况，判决准予离婚或者判决不准离婚。

一审判决离婚的，当事人在判决发生法律效力前不得另行结婚。当事人不服一审判决的，有权依法提出上诉。双方当事人在十五天的上诉期内均不上诉的，判决书发生法律效力。第二审人民法院审理上诉案件可以进行调解。经调解双方达成协议的，自调解书送达时起原审判决即视为撤销。第二审人民法院作出的判决是终审判决。对于判决不准离婚或者调解和好的离婚案件，没有新情况、新理由，原告在六个月内又起诉的，人民法院不予受理。

（二）诉讼离婚的条件

1. 法律的规定

本条第 2 款中规定，“如果感情确已破裂，调解无效的，应当准予离婚”。根据这一规定，“感情确已破裂”成为诉讼离婚的基本条件和司法尺度，是准予或者不准予离婚的原则界限。夫妻感情是婚姻关系的基础，离婚争议的产生，归根结底是感情的变化。如果感情确已破裂，婚姻已经“名存实亡”，就应当依法予以解除。准予或不准予离婚，只能以夫妻的感情状况为客观依据。社会主义制度下夫妻间的婚姻要以感情为基础，如果夫妻感情确实已经难以弥合，那么，解除婚姻关系对于双方、对于社会都会成为一种幸事。感情确已破裂应准予离婚，是婚姻自由的重要内容，充分体现了当事人离婚自由的权利。如果用法律手段强行维持感情确已破裂的婚姻关系，与婚姻自由的原则不相符合。将感情确已破裂，作为准予离婚的法定条件，表明人民法院准予当事人离婚，并不以当事人有无违背夫妻义务或导致夫妻关系解体的特定过错为标准，而是看婚姻关系有无继续维系的可能。不能将不准离婚作为对过错一方的惩罚手段，而且，以判决不准离婚维持已破裂的婚姻，实际上使无过错方也付出了代价。

在如何把握“感情确已破裂”的离婚尺度上，人民法院在审判实践中积累了不少经验。最高人民法院曾作出《关于人民法院审理离婚案件如何认定夫妻感情确已破裂的若干具体意见》的司法解释，其中既有对感情是否确已破裂的综合分析方法，又有视为感情确已破裂的十四种情形。该意见指出：人民法院审理离婚案件，准予或者不准离婚应以夫妻感情是否确已破裂作为区分的界限。判断夫妻感情是否确已破裂，应当从婚姻基础、婚后感情、离婚原因、夫妻关系的现状和有无和好的可能等方面综合分析。

所谓婚姻基础，即双方在结婚时的感情状况，如双方是以爱情为基础的婚姻，还是以金钱、地位、容貌为基础的结合；是自主自愿的自由婚姻，还是包办婚姻、买卖婚姻；是经过慎重了解后结婚的，还是草率结婚的。婚姻基础是否牢固，必然会对婚后生活、夫妻感情和离婚原因产生直接或间接的影响。

所谓婚后感情，即双方在婚后共同生活期间的感情状况，它是评价婚姻关系好与坏的基本尺度。当事人的道德品质、性格习惯、工作状况、经济状况、子女抚育、家务分担等，都会不同程度地影响夫妻感情。夫妻感情处于动态的变化之中，需要对其作历史的、全面的分析，既要考察过去，又要着眼于现在。

所谓离婚原因，即导致离婚的直接诱因，包括使夫妻感情发生变化的因素或事件，比如，一方有赌博、吸毒等恶习或实施家庭暴力等。正确考量离婚原因与夫妻感情破裂的内在联系，对于判断夫妻感情是否破裂，是否具有和好可能有重要意义。

所谓夫妻关系的现状和有无和好可能，即双方发生离婚纠纷前后夫妻共同生活的实际状况，以及从当事人主观态度和客观状况看，是否有重归于好的可能性。在离婚纠纷发生的前后，夫妻关系会有不同程度的冲突和恶化，但感情是会因一定的主观和客观条件而发生转化的，在濒于破裂时恢复和好也不是没有可能的。因而需要对夫妻关系的现状有所分析，对其发展前景有所预见。

只有通过对上述几个相互联系的方面进行综合分析，才能作出实事求是的正确判断，为调解提供契机，为判决提供依据。

2. 关于“夫妻感情破裂”与“婚姻关系破裂”的不同意见

在编纂民法典征求意见的过程中，就是否将“夫妻感情确已破裂”修改为“婚姻关系确已破裂”或“夫妻关系确已破裂”，有不同的意见，归纳起来主要有两种不同意见：

一种意见认为，应将“夫妻感情破裂”改为“婚姻关系破裂”。其理由是：（1）民法典婚姻家庭编的调整对象是婚姻关系，而不是感情关系。（2）感情是婚姻的基础，但不是婚姻关系，在离婚的法定标准上过分强调婚姻关系的感情内涵，容易在概念上将婚姻关系简单化。（3）感情破裂标准不符合我国婚姻关系的现状，许多婚姻的基础并非是感情，但却是自愿。本条所列举的“调解无效，应准予离婚”的情形中也有属于非感情因素的情形。如果过分强调感情因素，容易忽视非感情因素对婚姻关系的存续或终止所起的重要作用。（4）夫妻感情是当事人内心的感受，比较复杂，法院难以识别和判断，会降低法律规定在司法实践中的可操作性，而缺乏对婚姻关系破裂事实进行分析的离婚判决，又不可避免地会产生较大的主观随意性。（5）用“夫妻感情破裂”作为离婚的法定条件，与国际立法术语相异。

另一种意见认为，应当维持婚姻法关于“感情确已破裂，调解无效”这一离婚标准。其理由是：（1）“夫妻感情破裂”与“婚姻关系破裂”没有实质区别，最终还是因感情破裂而导致离婚，婚姻关系能否维持是以感情为前提的。（2）感情破裂是婚姻关系解体的内核，至于法律上宣告婚姻的解体，不过是婚姻解体的外在形式，形式服从内容。（3）感情破裂作为离婚标准符合马克思主义对于离婚问题的基本观点。（4）感情破裂是客观的，人民法院的司法实践已经提供了这样的判断依据。（5）法律上并不是把感情确已破裂作为离婚的唯一原因，实际上在司法实践中，也包括了婚姻关系客观上不能维持的现象，但是感情确已破裂是主要的，婚姻关系不能维持或者夫妻双方不能继续共同生活应当是从属性的。（6）改为“婚姻关系确已破裂”实际上在确认离婚标准上没有实质性改变，反而会造成放宽或收紧离婚条件的误导。

这次编纂民法典，在诉讼离婚的法定条件上没有作任何修改，仍然是以“如果感情确已破裂，调解无效的，应当准予离婚”作为审判离婚案件的标准。

（三）调解无效，判决准予离婚的主要情形

2001 年修改婚姻法时，虽然没有对诉讼离婚的法定条件作实质性修改，但是为了指导司法实践，便于审判人员实际操作，根据社会生活、家庭生活中反映出来的突出问题，以及在司法审判中所积累的经验，将导致夫妻感情破裂的几种常见的情形明确作了列举规定："有下列情形之一，调解无效的，应准予离婚：（一）重婚或有配偶者与他人同居的；（二）实施家庭暴力或虐待、遗弃家庭成员的；（三）有赌博、吸毒等恶习屡教不改的；（四）因感情不和分居满二年的；（五）其他导致夫妻感情破裂的情形。"这次编纂民法典维持了这一规定，内容上没有任何实质上的修改，只是对第1项中的文字作了修改。根据本条规定，调解无效，判决准予离婚的主要情形具体是：

1. 重婚或与他人同居

重婚是指有配偶者又与他人结婚的违法行为。其表现为法律上的重婚和事实上的重婚。前者是指有配偶又与他人登记结婚。后者是指有配偶者又与他人以夫妻名义同居生活。与他人同居，也称姘居，是指有配偶的人与他人过着隐蔽的同居生活，不以夫妻名义，也无永久共同生活目的的行为。重婚和有配偶者与他人同居的行为，严重违反了我国一夫一妻制的婚姻制度，严重伤害夫妻感情，是导致离婚的情形之一。

因重婚而引发的离婚案件，会出现两种情况：

一是一方重婚，合法婚姻的另一方起诉离婚的。对此，起诉方坚决要求离婚，调解无效的，应准予离婚。二是重婚一方起诉与原配偶离婚的。对此，如夫妻感情尚未破裂，原配偶坚持不离婚的，可不准予离婚。如果夫妻感情确已破裂，调解无效的，可准予离婚。

因姘居而产生的离婚纠纷，也会出现姘居一方的配偶起诉离婚和姘居一方起诉离婚两种情况，对此，人民法院也应以夫妻感情是否确已破裂为基准，决定准予或者不准予离婚。

在处理涉及重婚和姘居的离婚案件中，应当注意以下几点：

（1）必须分清是非、明确责任。对于重婚的应当依法解除重婚关系，并依法给予刑事制裁；对于姘居的，必要时可以向有关单位提出给予党纪、政纪处分的司法建议。

（2）无论是无过错方还是有过错方提出离婚，都应以夫妻感情是否破裂作为是否准予离婚的准则。

（3）准予离婚的，应当在子女和财产问题上照顾无过错方的利益，并应当支持无过错方的损害赔偿请求。

2. 实施家庭暴力或虐待、遗弃家庭成员

家庭暴力和虐待，是指发生在家庭成员之间，以殴打、捆绑、残害身体、禁闭、冻饿、凌辱人格、精神恐吓、性暴虐等手段，对家庭成员从肉体上、精神上进行伤害、摧残、折磨的行为。遗弃是指对于需要扶养的家庭成员，负有扶养义务而拒绝扶养的行为。表现为经济上不供养，生活上不照顾，使被扶养人的正常生活不能维持，甚至生命和健康得不到保障。近年来，因家庭暴力、虐待和遗弃家庭成员而导致离婚的案件增多，甚至发生毁容、杀夫杀妻等恶性案件。

人民法院处理因家庭暴力或者虐待、遗弃家庭成员而导致的离婚案件，应当查明夫妻及其他家庭成员之间的感情状况，实施暴力、虐待和遗弃行为的事实和情节。如平时感情不好，实施上述行为是经常的、一贯的、恶劣的，已严重伤害了夫妻感情，调解无效的，应准予离婚。如果平时感情尚好，上述行为是一时而为之且情节不严重的，应当责其改过并着重进行调解，化解纠纷。

3. 有赌博、吸毒等恶习屡教不改

因有赌博、吸毒以及酗酒等恶习而导致的离婚案件不在少数。沾染上这些恶习的人好逸恶劳，不务正业，不但不履行家庭义务，反而常常引发家庭暴力，消耗家庭的经济积蓄，使家庭的安宁、正常的生活难以为继。身染恶习，屡教不改，夫妻不堪同居生活。

对于这类案件，人民法院应当查明有赌博、吸毒、酗酒等行为一方的一贯表现和事实情况。对情节较轻，有真诚悔改表现，对方也能谅解的，应着眼于调解和好。对于恶习难改，一贯不履行家庭义务，夫妻感情难以重建，夫妻难以共同生活的，经调解无效，应准予离婚。

4. 因感情不和分居满二年

夫妻因感情不和分居满二年，一般来说可以构成夫妻感情破裂的事实证明。“分居”是指夫妻间不再共同生活，不再互相履行夫妻义务，包括停止性生活，生活上不再互相关心、互相扶助等。具有分居满二年的情形，说明夫妻关系已徒具形式，名存实亡。当事人以此事由诉请人民法院离婚的，如经调解无效，应准予当事人离婚。适用此项规定，应注意以下问题：

（1）分居的原因是由于夫妻感情不和，而不是因工作、学习等原因导致的两地分居，以及因住房问题造成的夫妻不能同室而居。

（2）分居强调的是夫妻双方互不履行夫妻义务，而不是单方面的不履行家庭义务。

（3）夫妻分居已满二年，但未造成夫妻感情确已破裂或经调解尚有和好可能的，则不能认为已具备准予离婚的条件。

（4）夫妻分居与否、分居是否满二年，都不是当事人诉请离婚的必要条件。如果夫妻感情确已破裂，调解无效的，虽无分居事实或分居未满二年，也应依法准予离婚。

在法律草案征求意见过程中，曾对是否规定该项内容，以及对分居年限的长短存在不同意见。有的意见赞成这一规定，认为它反映了夫妻感情破裂的事实情况，理当作为离婚理由；有的意见不主张规定这项内容，否则会给“喜新厌旧”的人以利用法律的机会，对无过错方不公平。有的意见认为分居二年时间太短，不利于家庭关系的稳定，应改为三年或五年；有的意见认为分居已表明夫妻感情不和，要求达到二年时间没有必要，而且分居时间长容易引发家庭恶性事件，不利于保护妇女权益，建议改为一年。本法根据多数意见规定为二年。

5. 其他导致夫妻感情破裂的情形

导致夫妻感情破裂的原因复杂多样，如一方犯有强奸罪、奸淫幼女罪、侮辱妇女罪等罪行，严重伤害夫妻感情的。再如一方婚后患严重的精神疾病，久治不愈，夫妻生活无法维持的。这些情形在婚姻法中难以逐一列举，人民法院应当本着保障离婚自由、防止轻率离婚的原则，根据本法的立法精神和案件的具体情况，作出正确判定。

在此需要重申的是，上述所列举的准予离婚的几种主要情形，并非判决当事人诉讼离婚的必备条件、法定情形。一方面，婚姻当事人在婚姻生活中，如无以上情况发生，但有其他因素导致夫妻感情破裂、调解无效的，人民法院亦应判决准予离婚。另一方面，即使婚姻关系当事人间有上述情形发生，但未导致夫妻感情破裂，或虽给夫妻感情造成裂痕，但可以经过调解和好的，人民法院则不能判决解除婚姻关系。

（四）一方被宣告失踪的离婚

本条第4款规定："一方被宣告失踪，另一方提出离婚诉讼的，应当准予离婚。"

本法第40条规定："自然人下落不明满二年的，利害关系人可以向人民法院申请宣告该自然人为失踪人。"《民事诉讼法》第183条中规定："公民下落不明满二年，利害关系人申请宣告其失踪的，向下落不明人住所地基层人民法院提出。"按照本法和民事诉讼法的规定，自然人下落不明满二年的，即该自然人离开自己居住的地方，杳无音讯，已持续达到二年的，其配偶、父母、子女等利害关系人可以向下落不明的人住所地基层人民法院申请宣告其为失踪人。人民法院受理宣告失踪案件后，应当发出寻找下落不明人的公告，公告期间为三个月。公告期间届满，宣告失踪的事实如果得到确认，人民法院应当作出宣告失踪的判决。在夫妻一方被宣告失踪的情形下，婚姻关系已名存实亡，当事人已经不能达到婚姻的目的，对此如果另一方提出离婚请求，人民法院即应判决准予离婚。

（五）判决不准离婚后又分居满一年的离婚

在编纂民法典征求意见过程中，司法部门普遍反映，在审判实践中，经法院判决不准离婚后再次起诉离婚的现象比较普遍，建议将法院判决不准离婚后的分居情况作为认定可否离婚的依据之一在法律中作出规定。立法部门经过深入调研，反复论证，吸收了这一建议，在本条第5款规定：经人民法院判决不准离婚后，双方又分居满一年，一方再次提起离婚诉讼的，应当准予离婚。这一规定，可操作性比较强，有利于审判实践工作的展开，可以解决现实生活中久拖不决的离婚案件。

第一千零八十条 完成离婚登记，或者离婚判决书、调解书生效，即解除婚姻关系。

◆ 条文主旨

本条是关于婚姻关系解除时间的规定。

◆ 立法背景

本法第1049条规定，完成结婚登记，即确立婚姻关系。那么，婚姻关系什么时候解除，婚姻法没有作出明确规定，这次编纂民法典，新增了本条规定，本条规定的意义在于明确离婚在夫妻双方人身和财产方面的效力，有助于双方当事人依据法律规定，处理离婚后的人身关系和财产关系，进而维护当事人的合法权益。

◆ **条文解读**

根据本条的规定，解除婚姻关系的时间是：

一、完成离婚登记时

登记离婚又称协议离婚，是我国法定的一种离婚形式。即婚姻关系当事人达成离婚合意并通过婚姻登记程序解除婚姻关系。按照本法的有关规定，夫妻双方自愿离婚的，应当订立书面离婚协议，并亲自到婚姻登记机关申请离婚登记。离婚协议应当载明双方自愿离婚的意思表示和对子女抚养、财产及债务处理等事项协商一致的意见。自婚姻登记机关收到离婚登记申请之日起三十日内，任何一方不愿意离婚的，可以向婚姻登记机关撤回离婚登记申请。该三十日届满后，夫妻双方仍然坚持离婚的，应当在该期间届满后的三十日内，双方亲自到婚姻登记机关申请发给离婚证。婚姻登记机关查明双方确实是自愿离婚，并已对子女抚养、财产及债务处理等事项协商一致的，予以登记，发给离婚证。完成离婚登记，取得离婚证的当事人基于配偶身份而产生的人身关系和财产关系即行终止。至此，离婚的一方当事人才可以重新选择对象登记结婚。如果双方当事人又想以婚姻的形式生活在一起，那么需要办理复婚登记。

二、离婚调解书、判决书生效时

诉讼离婚是我国法定的另一种离婚形式。即婚姻关系当事人向人民法院提出离婚请求，由人民法院调解或判决而解除其婚姻关系的一种离婚方式。本法第 1079 条第 2 款规定，人民法院审理离婚案件，应当进行调解。这表明调解是人民法院审理离婚案件的必经程序。由法院进行调解，可以促使双方当事人平息怨恨、缓解敌对情绪，对自己的婚姻状况和今后的生活进行充分的考虑，珍惜自己与配偶的婚姻关系。人民法院的调解有可能促成双方和好。即使调解和好不成，双方还是坚持离婚的，也可以调解离婚。对调解离婚的，人民法院应当制作调解书。调解书应当写明诉讼请求、案件事实和调解结果。调解书由审判人员、书记员署名，加盖人民法院印章，送达双方当事人；经双方当事人签收后，即具有法律效力，男女双方的婚姻关系随即解除。

人民法院对审理的离婚案件，经调解无效的，应当依法作出判决。判决应当根据当事人的婚姻状况，判决准予离婚或者判决不准离婚。一审判决离婚的，当事人不服有权依法提出上诉。双方当事人在十五天的上诉期内均不上诉的，判决书发生法律效力。当事人在一审判决发生法律效力前不得另行结婚。第二审人民法院审理上诉案件可以进行调解。经调解双方达成协议的，自调解书送达时起原审判决即视为撤销。第二审人民法院作出的判决是终审判决。诉讼离婚的当事人在接到发生法律效力的离婚判决书后，双方的婚姻关系随即解除。

登记离婚或者判决离婚生效后，当事人解除婚姻关系，双方基于配偶产生的身份关系消灭，基于配偶身份而产生的人身关系和财产关系即行终止。

第一千零八十一条 现役军人的配偶要求离婚，应当征得军人同意，但是军人一方有重大过错的除外。

◆ 条文主旨

本条是关于现役军人离婚的特别规定。

◆ **立法背景**

军队是执行国家政治任务的武装集团，军人是从事军事工作的特殊人员，他（她）们担负着保卫社会主义革命和建设，保卫国家主权、领土完整，防御外来颠覆和侵略的艰巨任务，为了祖国和人民的安宁日夜战斗在国防岗位上。对军人婚姻实行特别保护是维护军队稳定的需要，有利于维护部队广大官兵的切身利益，有利于维护军队的稳定，符合我国的国情和军情，对于消除军人的后顾之忧，激发保家卫国的热情，增强部队战斗力起到了十分积极的作用。同时，也是拥军优属工作的一项重要内容。从1950年婚姻法的制定，到1980年、2001年的修改，我国的婚姻法都对现役军人的婚姻问题作了特殊规定。这种特别规定，体现了军人婚姻历来受到党和国家的高度重视和特别保护。

对军人婚姻实行特别保护是党和国家的一贯政策。早在红军时期颁布的《中华苏维埃共和国婚姻法》就规定："红军战士之妻要求离婚，须得其夫同意。"抗日战争时期颁布的《晋察冀边区婚姻条例》规定："抗日军人之配偶，非于抗日军人生死不明逾4年后，不得为离婚之请求。"1950年新中国颁布的第一部《婚姻法》明确规定："现役革命军人与家庭有通讯关系的，其配偶提出离婚，须得革命军人的同意。"1980年公布的婚姻法在确立婚姻自由原则的同时，再次规定："现役军人的配偶要求离婚，须得军人同意。"1997年公布的《国防法》规定："国家采取有效措施保护现役军人的荣誉、人格尊严，对现役军人的婚姻实行特别保护。"同年公布的刑法也对破坏军婚罪作了规定。这充分说明，对军人婚姻实行特别保护，是党和国家的一贯政策，并作为有关军人婚姻立法遵循的重要原则，这项政策和原则至今没有改变。

对军人婚姻实行特别保护并不违背婚姻自由的原则。实行婚姻自由，是我国婚姻法确立的一项基本原则。同时，由于军队担负的特殊任务和军人职业特点，国家对军人婚姻，又有一些特殊的法律规定和政策，它既体现在“现役军人配偶要求离婚，须得军人同意”，也体现在军人择偶必须遵守国家和军队的有关规定，军人配偶也享受国家和社会给予军婚家庭的优待和照顾。

1980 年婚姻法规定，现役军人的配偶要求离婚，须得军人同意。2001 年修改婚姻法时，有的部门和一些法律专家认为，该条规定不符合婚姻自由的原则，特别是军人一方有家庭暴力等重大过错时，其配偶要求离婚还必须征得该军人同意，更不合理，建议删去这一规定，或者修改为现役军人的配偶要求离婚，须得军人同意，但军人一方有重大过错的除外。有的部门认为，对军人婚姻实行特别保护是党和国家的一贯政策，新时期兵役制度改革后，基层军官和士官结婚后与配偶分居两地的情况仍很普遍，对军人婚姻依法实行特别保护，对于消除军人的后顾之忧，维护军队稳定，增强部队战斗力有着积极的作用。1984 年最高人民法院《关于贯彻执行民事政策法律若干问题的意见》（已失效）中规定：“现役军人的配偶提出离婚，应按婚姻法第二十六条规定进行审理。军人不同意离婚时，应教育原告珍惜与军人的夫妻关系，尽量调解和好或判决不准离婚。对夫妻感情已经破裂，经过做和好工作无效，确实不能继续维持夫妻关系的，应通过军人所在部队团以上的政治机关，做好军人的思想工作，准予离婚。”这一规定基本上也能解决因军人一方有重大过错准予离婚的问题。因此，这个司法解释是可行的，要求保留 1980 年婚姻法保护军婚的规定，对该内容不作补充、修改。当时立法机关研究认为，对军婚予以特别保护是必要的，但是，对于军人一方有过错的，也应作相应的规定，以保护其配偶的合法权益。因此，根据全国人大常委会委员和一些地方、部门、专家的意见，将“现役军人的配偶要求离婚，须得军人同意”修改为“现役军人的配偶要求离婚，须得军人同意，但军人一方有重大过错的除外”。这次编纂民法典婚姻家庭编维持了这一规定。

◆ 条文解读

适用本条规定应注意以下问题：

一、本条适用的主体

本规定适用的主体是现役军人和现役军人的配偶。

1. 现役军人，指有军籍的人，包括在中国人民解放军服现役、具有军籍和军衔的军官、士兵。具体包括：

现役军官：被任命为排级以上职务或者初级以上专业技术职务，并授予相应军衔的现役军人。

军士长，专业军士：均属士官、志愿兵役制士兵。军士长是指被任命为基层行政或者专业技术领导管理职务的现役士兵。专业军士是指服现役满五年以上，自愿继续服现役，经批准担任专业技术工作的现役士兵。

军士、兵：在中国人民解放军被授予上士、中士、下士，以及上等兵、列兵军衔的义务兵役制士兵。他们中间的绝大多数由于年龄尚幼，不具备结婚的年龄条件，因此一般不适用本条的规定。

中国人民武装警察部队虽然不属于中国人民解放军的编制序列，但是在婚姻问题上仍按现役军人婚姻问题处理。

现役军人不包括：一是在军事单位中未取得军籍的职工；二是退役军人，包括复员军人、转业军人、退休军人、离休军人以及退役的革命伤残军人；三是在地方担任某种军事职务的人员。如不属于军队编制的在武装部工作的干部、编入民兵组织或者经过登记的预备役士兵。

2. 现役军人的配偶，指同现役军人履行了结婚登记手续，并领取结婚证的非军人一方，也是本条的主体。

二、不适用本条规定的两类军人离婚案件

1. 如果双方都是现役军人，则不是该条调整的对象。本条的立法意图，是以一定方式限制军人配偶的离婚请求实现权，从而对军人一方的意愿予以特别支持。如果双方都是现役军人，不管由谁首先提出离婚诉讼，若要适用本条的规定，则必然会妨害另一方军人的利益。这与该条特殊保护军人婚姻的立法意图不相符合。

2. 现役军人向非军人主动提出离婚的，不适用本条的规定，应按一般离婚纠纷处理。中国人民解放军总政治部《关于军队贯彻执行〈中华人民共和国婚姻法〉的暂行规定》（已失效）规定："现役军人提出离婚，应持严肃慎重的态度，要不违反法令，不败坏道德。申请离婚者须经所在单位团以上政治机关同意，并出具证明，方可到地方婚姻登记机关登记离婚，或向人民法院提出离婚诉讼。"

三、现役军人的配偶提出离婚，现役军人不同意的处理

如果婚姻基础和婚后感情都比较好，人民法院应配合现役军人所在单位对军人的配偶进行说服教育，劝其珍惜与军人的婚姻关系，正确对待婚姻问题，尽量调解和好或判决不予离婚。但是，如果感情确已破裂，确实无法继续维持夫妻关系，经调解无效，人民法院应当通过军人所在单位的政治机关，向军人做好工作，经其同意后，始得准予离婚。

四、须征得军人同意的例外情况

"但军人一方有重大过错的除外"，是针对"应当征得军人同意"而说。"应当征得军人同意"不是绝对的，如果夫妻感情破裂是由于军人一方的重大过错造成的，非军人配偶一方也可以提出离婚，但过错限定在“重大过错”而非一般的过错。

五、本条规定与离婚法定理由的关系

本法第1079条第2款规定，“如果感情确已破裂，调解无效的，应当准予离婚”。这一规定的法律意义在于：夫妻感情是否确已破裂，是判决准予或不准予离婚的原则界限。法定离婚理由属于普通条款的范畴，这一原则界限，广泛适用于一般的离婚案件，人民法院应准确地区分和认定夫妻感情是否确已破裂，从而在调解无效的情况下，通过判决的形式决定是否准予离婚。而本条是只适用于“现役军人的配偶要求离婚”案件的特别条款，是从维护军队稳定的大局出发，作出的对军人婚姻的特殊保护的规定，在处理非军人要求与军人离婚的诉讼案件中，应首先适用本条的规定。

六、对于破坏军人婚姻的违法犯罪行为应给予坚决打击

现役军人的配偶提出离婚须得军人同意的规定，只是保护军人婚姻的民事法律措施。如果此类纠纷是由于第三者破坏军婚造成并且构成犯罪的，应依法追究第三者的刑事责任。《刑法》第259条规定：“明知是现役军人的配偶而与之同居或者结婚的，处三年以下有期徒刑或者拘役。利用职权、从属关系，以胁迫手段奸淫现役军人的妻子的，依照本法第二百三十六条的规定定罪处罚。”

第一千零八十二条 女方在怀孕期间、分娩后一年内或者终止妊娠后六个月内，男方不得提出离婚；但是，女方提出离婚或者人民法院认为确有必要受理男方离婚请求的除外。

◆ **条文主旨**

本条是关于男方提出离婚的限制情形的规定。

◆ **立法背景**

本条规定是对保护妇女、儿童身心健康的特别规定，它在一定条件下限制了男方提出离婚的请求权。

◆ **条文解读**

女方怀孕期间和分娩后一年内或终止妊娠后六个月内身体、身心都处在康复、调理、休养期，为特殊时期，属于特殊情况。一方面胎儿或婴儿正处在发育阶段，正需要父母的合力抚育；另一方面妇女也需要身心的康复，如果此时男方提出离婚请求，对妇女的精神刺激过重，既影响妇女的身体健康，也不利于胎儿或婴儿的保育。在上述期间内禁止男方提出离婚，不仅是出于事实上的需要，也是社会主义道德的要求。法律不仅要保护胎儿和婴儿，同时也要保护妇女的权益。为了保护胎儿、婴儿和妇女的身心健康、维护妇女和子女的正当利益，法律禁止男方在女方怀孕期间、分娩后一年内或终止妊娠后六个月内提出离婚请求是完全必要的。故本条规定女方在怀孕期间、分娩后一年内或者终止妊娠后六个月内，男方不得提出离婚；但是，女方提出离婚或者人民法院认为确有必要受理男方离婚请求的除外。

本条规定限制的主体是男方，而不是女方；限制的是男方在一定期限内的起诉权，而不是否定和剥夺男方的起诉权，只是推迟了男方提出离婚的时间，并不涉及准予离婚与不准予离婚的实体性问题。也就是说，只是对男方离婚请求权暂时性的限制，超过法律规定的期限，不再适用此规定。但是，男方在此期间并不是绝对的没有离婚请求权，法律还有例外规定，即人民法院认为“确有必要”的，也可以根据具体情况受理男方的离婚请求。所谓“确有必要”，一般是指比本条特别保护利益更为重要的利益需要关注的情形。“确有必要”受理男方离婚请求的案例是非常少的，哪些情形“确有必要”受理，由人民法院认定。

在本条规定中，法律还规定了另一种例外情形，即在此期间，女方提出离婚的，不受此规定的限制。女方自愿放弃法律对其的特殊保护，说明其本人对离婚已有思想准备，对此，法院应当根据当事人婚姻的实际情况判定是否准予离婚。

第一千零八十三条 离婚后，男女双方自愿恢复婚姻关系的，应当到婚姻登记机关重新进行结婚登记。

◆ 条文主旨

本条是关于复婚的规定。

◆ 立法背景

在编纂民法典婚姻家庭编时，有的意见提出，离了婚的男女重新和好，再次登记结婚，恢复的是婚姻关系，不是夫妻关系。夫妻是一种身份，恢复夫妻关系的表述不准，建议将婚姻法原表述的“离婚后，男女双方自愿恢复夫妻关系的”修改为“离婚后，男女双方自愿恢复婚姻关系的”，立法部门采纳了这一建议。还有的意见提出，离了婚的男女和好，再次到婚姻登记机关登记结婚，也是结婚登记，区别在于是男女重新又一次进行了结婚登记，建议立法部门对婚姻法原有的“复婚登记”的法律条文进行修改，使法律的规定更准确，表述更清晰。立法部门采纳了这一建议，将本条修改为“离婚后，男女双方自愿恢复婚姻关系的，应当到婚姻登记机关重新进行结婚登记”。

◆ **条文解读**

复婚，是指离了婚的男女重新和好，再次登记结婚，恢复婚姻关系。男女双方离婚后又自愿复婚，可以通过办理恢复结婚登记，重新恢复婚姻关系。《婚姻登记条例》第14条规定，离婚的男女双方自愿恢复夫妻关系的，应当到婚姻登记机关办理复婚登记。复婚登记适用本条例结婚登记的规定。即复婚登记手续与结婚登记手续一致，男女双方应当亲自到一方户籍所在地的婚姻登记机关申请复婚登记。在办理复婚登记时，应提交原离婚证，以备婚姻登记机关审查。婚姻登记机关按照结婚登记程序办理复婚登记。在办理复婚登记时，应当收回双方当事人的离婚证后，重新发给结婚证。收回离婚证的目的，是防止当事人重婚。对于复婚的当事人一般不再要求进行婚前健康检查。

第一千零八十四条　父母与子女间的关系，不因父母离婚而消除。离婚后，子女无论由父或者母直接抚养，仍是父母双方的子女。

离婚后，父母对于子女仍有抚养、教育、保护的权利和义务。

离婚后，不满两周岁的子女，以由母亲直接抚养为原则。已满两周岁的子女，父母双方对抚养问题协议不成的，由人民法院根据双方的具体情况，按照最有利于未成年子女的原则判决。子女已满八周岁的，应当尊重其真实意愿。

◆ 条文主旨

本条是关于离婚对父母子女关系的影响及离婚后的子女抚养的规定。

◆ 立法背景

夫妻关系和父母子女关系是两种不同性质的关系。夫妻关系是男女两性基于自愿而结成的婚姻关系，可依法律程序而成立，亦可依法律行为而消除；而父母子女关系是基于出生事实而形成的自然血亲关系，不能人为解除。离婚后，子女无论随父母哪一方生活，仍是父母双方的子女，本法关于父母子女权利义务的规定仍然适用，不能因父母离婚而受到影响。

◆ 条文解读

一、离婚后父母与子女的关系

婚姻关系的解除，只是夫妻双方基于婚姻而存在的人身关系和财产关系归于消灭，但父母与子女之间存有的血亲关系不因父母离婚而消除。为了子女的合法利益不因父母离婚而受到损害，本条第 1 款规定："父母与子女间的关系，不因父母离婚而消除。离婚后，子女无论由父或母直接抚养，仍是父母双方的子女。"这是离婚后父母子女身份关系在法律上的基本界定。

但拟制血亲所形成的父母子女关系，能否因父母离婚而解除呢?

（一）继父或继母与继子女的抚养关系

由于继父或继母与继子女没有血缘关系，因此，当继父（母）与生母（父）离婚时，继子女与继父母的关系应本着以下原则处理：（1）生父与继母或生母与继父离婚时，继父或继母对曾受其抚养、教育的继子女，不同意继续抚养的，不能勉强，继子女与继父或继母的关系可自然解除。继父或继母愿意继续抚养继子女的，人民法院应予准许。（2）受继父或继母长期抚养、教育的继子女已成年的，继父或继母与继子女已经形成的身份关系和权利义务关系不能因离婚而自然解除；只有在继父或继母或继子女一方或双方提出解除继父母子女关系并符合法律规定的条件下，才可以解除。但由继父或继母养大成人的并独立生活的继子女，对于生活困难、无劳动能力的继父或继母晚年的生活费用应该继续承担。

（二）养父母与养子女的抚养关系

养父母与养子女之间的身份关系及其权利义务关系，不因养父母离婚必然解除。养父母离婚后，养子女无论由养父或养母抚养，仍是养父母双方的养子女。在特殊情况下，如养父母离婚时经生父母及有识别能力的养子女同意，双方自愿达成协议，未成年的养子女一方面可依法解除收养关系，由生父母抚养；另一方面可以变更收养关系，由养父或养母一方收养。但变更或解除收养关系必须符合民法典关于收养的规定，不得侵犯未成年养子女的合法权益。

二、离婚后父母对子女的权利义务

父母离婚后，父母与子女间的关系，不因父母离婚而消除，子女仍是父母双方的子女。那么，离婚后父母对子女有哪些权利与义务呢，对此本条第2款作了规定：“离婚后，父母对于子女仍有抚养、教育、保护的权利和义务。”依据本款规定，离婚后父母对未成年子女有抚养、教育和保护的权利与义务，主要包括进行生活上的照料，保障未成年人接受义务教育，以适当的方式、方法管理和教育未成年人，保护未成年人的人身、财产不受到侵害，促进未成年人的身心健康发展等。实际生活中，父母还可以按照本法婚姻家庭编的有关规定和未成年人保护法等法律的有关规定行使对子女的抚养、教育、保护的权利，履行对子女抚养、教育、保护的义务。例如，本法第26条规定，父母对未成年子女有抚养、教育、保护的权利和义务。第1067条规定，父母不履行抚养义务的，未成年子女或者不能独立生活的成年子女，有要求父母给付抚养费的权利。第1068条规定，父母有教育、保护未成年子女的权利和义务。未成年子女造成他人损害的，父母应当依法承担民事责任。

三、离婚后父母对子女的直接抚养

离婚虽然不能消除父母与子女之间的关系，但父母对子女的抚养方式却会因离婚而发生变化，即由父母双方共同抚养子女变成由父或母一方直接抚养子女。现实中，离婚时“争养”或“推养”子女的纠纷比较多。有的夫或妻把子女作为“命根子”，非要直接抚养子女不可，并以此作为离婚的前提条件；有的则把直接抚养子女作为包袱或再婚的障碍，都不愿抚养，由此而闹得你死我活，甚至出现有的当事人把子女丢在法院里或留在双方的单位、有关组织暂时代养等情况。为便于确定夫妻离婚后子女由哪方直接抚养，本条第3款规定：“离婚后，不满两周岁的子女，以由母亲直接抚养为原则。已满两周岁的子女，父母双方对抚养问题协议不成的，由人民法院根据双方的具体情况，按照最有利于未成年子女的原则判决。子女已满八周岁的，应当尊重其真实意愿。”这一规定是从有利于保护未成年人权益原则、保障子女合法权益角度出发，有利于子女身心健康，结合父母双方的抚养能力和抚养条件，结合审判实践等具体情况，对离婚后的子女直接抚养问题作出的具体规定。

（一）确定子女直接抚养主体的基本考量

有利于子女身心健康，保障子女的合法权益，儿童利益最大化的原则，是贯穿于本法的基本原则，也是处理离婚后子女直接抚养归属问题的出发点，在此前提下，再结合父母双方的抚养能力和抚养条件等具体情况妥善解决。对离婚后的子女直接抚养问题要考虑以下几个方面的情况：

1. 应考虑父母双方的个人素质、对子女的责任感、家庭环境、父母与子女的感情等因素。

2. 应考虑不能生育和再婚有困难的父或母的合理要求。

3. 在双方的各种条件都基本相同的情况下，原则上由经济能力较强的一方抚养。

（二）确定子女抚养的具体办法

1. 对不满两周岁子女的抚养。本条规定："离婚后，不满两周岁的子女，以由母亲直接抚养为原则。"这是因为不满两周岁的子女多数还在母乳喂养期。用母乳哺养，对婴儿的生长发育最为有利。从婴儿的生长发育的利益考虑，夫妻离婚后，凡是正处于用母乳喂养的子女，应由母亲直接抚养。现实生活中，也有一些孩子出生后，是不用母乳喂养的；还有一些孩子由于各种原因很早就断了母乳喂养。对于这样的情况，当夫妻离婚时，如何判定孩子的抚养归属？司法实践中审判人员通常掌握的标准是以两周岁为界限。两周岁以下的子女，一般裁决随母亲生活，由母亲直接抚养。因为，两周岁以下的子女年纪太小，事多，带起来较为复杂、麻烦，宜由有细心、耐心的人直接抚养比较好；两周岁以下的子女表达能力很差，而孩子是从母亲体内生出，母亲与孩子有着一种天然的联系与感觉。此时期孩子由母亲直接抚养为宜。立法部门在广泛听取了各方面意见的基础上，充分借鉴了司法实践的经验，作出了离婚后，不满两周岁的子女，以由母亲直接抚养为原则的规定。但是这一原则也不是一成不变的，实际生活中如果母亲有下列情形之一的，也可以由父亲直接抚养：一是母亲患有久治不愈的传染性疾病或其他严重疾病，子女不宜与其共同生活的；二是母亲有抚养条件不尽抚养义务，而父亲要求子女随其生活，并对子女健康成长没有不利影响的；三是由于其他原因，子女确无法随母方生活的，如母亲的经济能力及生活环境对抚养子女明显不利的，或母亲的品行不端不利于子女成长的，或因违法犯罪被判服刑不可能抚养子女的，等等。

2. 两周岁以上未成年子女的抚养。本条规定："已满两周岁的子女，父母双方对抚养问题协议不成的，由人民法院根据双方的具体情况，按照最有利于未成年子女的原则判决。"夫妻离婚后，对两周岁以上的未成年子女，由父亲还是母亲直接抚养，首先应由父母双方协议决定。当父母双方对由谁直接抚养未成年子女发生争议时，法院应当进行调解，尽可能争取当事人以协议方式解决。在当事人双方自愿、合法的前提下，协商决定：未成年子女由父亲直接抚养，或者由母亲直接抚养，或者在有利于保护子女利益的前提下，由父母双方轮流抚养，对上述几种抚养方式的解决，法院都是准许的。

如果当事人双方因子女抚养问题达不成协议时，法院应结合父母双方的抚养能力和抚养条件等具体情况，按照最有利于未成年子女的原则，按照最有利于子女健康成长的原则妥善地作出裁决。但应注意以下问题：对两周岁以上未成年的子女，父亲和母亲均要求直接抚养的，一方有下列情形之一的，可予优先考虑：（1）已做绝育手术或因其他原因丧失生育能力的；（2）子女随其生活时间较长，改变生活环境对子女健康成长明显不利的；（3）无其他子女，而另一方有其他子女的；（4）子女随其生活，对子女成长有利，而另一方患有久治不愈的传染性疾病或其他严重疾病，或者有其他不利于子女身心健康的情形，不宜与子女共同生活的。

3. 已满八周岁子女的抚养。本条规定："子女已满八周岁的，应当尊重其真实意愿。"联合国《儿童权利公约》规定了对儿童自主意识的尊重，其第 12 条第 1 款规定：缔约国应确保有主见能力的儿童有权对影响到其本人的一切事项自由发表自己的意见，对儿童的意见应按照其年龄和成熟程度给予适当的看待。未成年人保护法落实了《儿童权利公约》的这一原则。《未成年人保护法》第 14 条规定，父母或者其他监护人应当根据未成年人的年龄和智力发展状况，在作出与未成年人权益有关的决定时告知其本人，并听取他们的意见。本法总则编第 35 条第 2 款吸收了《儿童权利公约》和未成年人保护法规定的精神，将尊重未成年人的真实意愿作为监护人履行监护职责的基本原则之一。该款明确规定："未成年人的监护人履行监护职责，在作出与被监护人利益有关的决定时，应当根据被监护人的年龄和智力状况，尊重被监护人的真实意愿。"未成年人抚养权的确定，与其自身权益密切相关，在实践中确定由谁来抚养子女，更应当尊重子女的真实意愿，以更有利于未成年人的健康成长。已满八周岁的子女属于限制民事行为能力人，已有一定的自主意识和认知能力，因此本条明确规定子女已满八周岁的，应当尊重其真实意愿。在离婚时，不管是父母协商确定由谁抚养，还是人民法院判决决定，都要事先听取八周岁以上子女的意见，在子女提出自己的意见后，再根据其年龄、社会经验、认知能力和判断能力等，探求、尊重其真实的意愿。

4. 父母双方直接抚养子女的条件基本相同，双方均要求对子女直接抚养，但子女单独随祖父母或外祖父母共同生活多年，且祖父母或外祖父母要求并且有能力帮助子女照顾孙子女或外孙子女的，可作为子女由父亲或者母亲直接抚养的生活优先条件予以考虑。

5. 在有利于保护子女利益的前提下，父母双方协议轮流直接抚养子女的，应予准许。父母双方可以协议子女随一方生活并由抚养方负担子女全部抚养费。但经查实，抚养方的抚养能力明显不能保障子女所需费用，影响子女健康成长的，对单方负担全部抚养费的请求，不予准许。

6. 子女直接抚养归属的变更。父母离婚后，在一定条件下，可以根据父母双方或子女的实际情况的变化，依法对直接抚养子女的归属予以变更。直接抚养子女归属的变更，有两种形式：一是双方协议变更。父母双方协议变更子女直接抚养关系的，只要有利于子女身心健康和保障子女合法权益，则应予准许。二是一方要求变更。凡一方要求变更子女直接抚养关系的，有下列情形之一的，可以考虑予以支持。（1）与子女共同生活的一方因患严重疾病或因伤残无力继续抚养子女的；（2）与子女共同生活的一方不尽直接抚养义务或有虐待子女行为，或其与子女共同生活对子女身心健康确有不利影响的；（3）八周岁以上未成年子女，愿随另一方生活，该方又有直接抚养能力的；（4）有其他正当理由需要变更的。父母双方协议变更子女抚养关系的，应予准许。另外，对于在离婚诉讼期间，双方均拒绝抚养子女的，可先行裁定暂由一方抚养。

应当注意的是，离婚后，一方要求变更子女直接抚养关系的，双方对此不能达成协议时，应另行起诉。这是因为：这一在新情况下提出的诉讼请求，不涉及原离婚案件的离婚问题和夫妻财产的处理问题，而是出现了处理原离婚案件之时不存在（或已解决）的子女抚养方面的新情况。因此，它不是原离婚案件诉讼程序的继续，也不是对原离婚案件子女抚养问题的判决或原调解协议错误的纠正，所以，应当作为新的案件另行起诉。

第一千零八十五条 离婚后，子女由一方直接抚养的，另一方应当负担部分或者全部抚养费。负担费用的多少和期限的长短，由双方协议；协议不成的，由人民法院判决。

前款规定的协议或者判决，不妨碍子女在必要时向父母任何一方提出超过协议或者判决原定数额的合理要求。

◆ 条文主旨

本条是关于离婚后子女抚养费负担的规定。

◆ 立法背景

夫妻离婚后，父母与子女间的关系，不因父母离婚而消除，父母对于子女仍有抚养和教育的权利和义务。因此，离婚后的夫妻双方都有平等地负担子女生活费和教育费的经济责任。这是法律规定父母对未成年子女抚养费负担的强制性的、无条件的、双方平等的义务，当事人都应当自觉遵照执行。至于其经济负担数额和期限等问题，应从子女的实际需要和父母双方所能负担的能力量力而定，合理解决。

◆ 条文解读

一、抚养费的范围

抚养费应当包括：生活费、教育费和医疗费等。子女无论由母亲还是由父亲抚养，另一方都应负担必要的抚养费。《婚姻法司法解释（一）》第21条规定，抚养费包括子女生活费、教育费、医疗费等费用。

二、抚养费给付的一般原则

抚养费如何给付应当首先由父母双方协议，或者经人民法院调解，当事人达成协议的，按照协议确定。但人民法院对于父母双方协议约定子女随一方生活并由抚养方负担子女全部抚养费的，应当进行审查。如经查实，抚养方的抚养能力明显不能保障子女所需费用，可能影响子女健康成长的应不予准许此项协议。现实中有的夫妻为了达成离婚的目的，有的为了争取子女由自己抚养，往往不惜在子女抚养费方面向对方作出让步。但是，父母承担子女的抚养费，这是父母的义务，是子女的权利。父母一方在子女抚养费问题上向另一方作出不适当让步，损害的是子女的合法权益。人民法院为保护子女的合法权益，对于此种损害子女合法权益的协议，自然不能准许。

离婚的夫妻对子女的抚养费数额达不成协议的，由法院判决，无论是协议还是判决，既要考虑子女的实际需要，也要考虑父或母实际的给付能力。至于实际需要的数额，一般应参照当地群众的生活水平，居住在城市的子女的抚养费，一般应比居住在农村的子女高一些。具体问题的解决，实践中应当掌握以下几个问题：

（一）抚养费的数额

子女抚养费的数额，可根据子女的实际需要、父母双方的负担能力和当地的实际生活水平确定。分为两种情况：一是对于有固定收入的，抚养费一般可按其月总收入的一定比例给付。负担两个以上子女抚养费的，比例可适当提高。工资总额的计算，应当包括工资、较固定的奖金、岗位补贴等。二是对于无固定收入的，抚养费的数额可依据其当年总收入或其所处同行业的平均收入。如农民给付的抚养费的标准一般不低于当地平均水平。个体工商户、专业承包户、私营企业主的子女抚养费，应根据其经营状况和实际利润给付。对一方无经济收入或者下落不明的，可用其财物折抵子女抚养费。

（二）抚养费的给付方法

可依父母的职业情况而定，原则上应定期给付。通常，有工资收入的，应按月或定期给付现金，农民可按收益季度或年度给付现金、实物。有条件的也可以一次性给付，但对于一方要求一次性给付的要慎重处理，确有必要采取一次性给付的，要注意掌握条件。以下情况可以一次性给付：一是出国、出境人员；二是有能力一次性支付的个体工商户、专业承包户、私营企业业主等人员；三是下落不明的一方以财产折抵的；四是双方自愿、协商一致的。

（三）抚养费的给付期限

父母抚养费的给付截止到什么时间？是到孩子十八岁成人为止，还是到子女独立生活？独立生活的界限如何掌握？本法总则编中规定，十八周岁以上的自然人是成年人。成年人为完全民事行为能力人，可以独立实施民事法律行为。不满十八周岁的自然人为未成年人。十六周岁以上的未成年人，以自己的劳动收入为主要生活来源的，视为完全民事行为能力人。本法第 26 条规定："父母对未成年子女负有抚养、教育和保护的义务。"第 1067 条规定："父母不履行抚养义务的，未成年子女或者不能独立生活的成年子女，有要求父母给付抚养费的权利。"《义务教育法》规定，国家、社会、家长必须为未成年人完成九年义务教育负有责任。《婚姻法司法解释（一）》第 20 条规定：不能独立生活的子女，是指尚在校接受高中及其以下学历教育，或者丧失或未完全丧失劳动能力等非主观原因而无法维护正常生活的成年子女。司法解释还曾规定：（1）十六周岁以上不满十八周岁，以其劳动收入为主要生活来源，并能维持当地一般生活水平的，父母可停止给付抚育费。（2）尚未独立生活的成年子女有下列情形之一，父母又有给付能力的，仍应负担必要的抚育费：①丧失劳动能力或虽未完全丧失劳动能力，但其收入不足以维持生活的；②尚在校就读的；③确无独立生活能力和条件的。

法律没有对抚养费的给付期限作硬性规定，实践中应根据具体情况个案处理。法院可依据上述法律和司法解释的规定酌情确定。

（四）抚养费的变更

无论是登记离婚还是判决离婚，其给付子女抚养费的数额，一般是根据父母离婚的当时，子女所需的必要费用和给付者的经济能力而确定的。但随着社会经济的发展以及人们的具体情况的不断变化，不仅每个人的经济状况有时会随着社会的变化而变化，而且，随着人们对物质生活要求的提高，以及消费水平的增长，子女在各方面的需求，使得原抚养费的数额也要随之有所变化。因此，法律赋予子女可根据实际情况向父母任何一方提出超过原定数额的要求，也就是抚养费数额在一定条件下是可以变更的。子女生活费和教育费无论是在协议离婚时达成的还是由法院判决的，都不妨碍子女在必要时向父母任何一方提出增加数额的合理要求。至于费用是否增加，增加多少，不能仅凭子女单方面的要求而确定，应经相应的程序予以解决。抚养费的增加可由子女与父母协议解决，协议不成的，可由法院依诉讼程序处理。对此本条第 2 款作了明确规定：关于子女抚养费的协议或者判决，不妨碍子女在必要时向父母任何一方提出超过协议或者判决原定数额的合理要求。

司法实践中，子女要求增加抚养费有下列情形之一，父或母有给付能力的，应予支持：（1）由于物价调整，原定抚养费数额不足以维持当地实际生活水平的；（2）因子女患病、上学，实际需要已超过原定数额的；（3）有其他正当理由应当增加的。

此外，还有减免父或母一方抚养费的情况，一般有两种：

(1) 抚养子女的父或母既有经济负担能力，又愿意独自承担全部抚养费；(2) 给付义务的父或母因出现某种困难，确实无法或没有能力给付抚养费的，可以通过协议或判决，酌情减免给付数额。但减免是有条件的，一旦被减免方情况好转，有能力给予抚养费时，应依照原定数额给付。

需要说明的是，免除抚养费，只是就抚养费而言，其教育子女的其他义务是不能被免除的，另一方不得以减免抚养费为由，限制或剥夺另一方探望子女等权利。变更抚养费，原则上限于子女提出或根据子女利益，由直接抚养子女的一方以子女的名义提出，但权利主体只能是子女。

第一千零八十六条 离婚后，不直接抚养子女的父或者母，有探望子女的权利，另一方有协助的义务。

行使探望权利的方式、时间由当事人协议；协议不成的，由人民法院判决。

父或者母探望子女，不利于子女身心健康的，由人民法院依法中止探望；中止的事由消失后，应当恢复探望。

◆ 条文主旨

本条是关于离婚后不直接抚养子女的父母一方探望子女权利的规定。

◆ 立法背景

探望子女的权利是亲权的一项内容，最早可溯至罗马法中的家长权。婚姻家庭中的亲权是以主体间特定的亲属身份为发生依据的，父母婚姻关系的终结并不改变父母与子女的血缘身份关系。对此本法第1084条规定，“父母与子女间的关系，不因父母离婚而消除。离婚后，子女无论由父或者母直接抚养，仍是父母双方的子女。离婚后，父母对于子女仍有抚养、教育、保护的权利和义务。离婚后，不满两周岁的子女，以由母亲直接抚养为原则。已满两周岁的子女，父母双方对抚养问题协议不成的，由人民法院根据双方的具体情况，按照最有利于未成年子女的原则判决”。这一规定明确了父母与子女间的关系，不因父母离婚而消除。离婚后，子女无论由父或母直接抚养，仍是父母双方的子女。离婚后父母对于子女仍有抚养、教育和保护的权利和义务。

◆ 条文解读

一、父母对子女的探望权

为了便于离婚后不直接抚养子女的父或者母行使对子女抚养、教育和保护的权利，履行对子女抚养、教育和保护的义务，本条第1款对父或者母赋予了对子女探望的权利：离婚后，不直接抚养子女的父或者母，有探望子女的权利。通常情况下，探望权在夫妻协议离婚或者诉讼离婚时一并解决确定。如果夫妻在离婚时对探望权未作明确约定，或者法院没有明确作出判决，那么，当事人可以就探望权问题单独提起诉讼。对此，《婚姻法司法解释（一）》第24条规定，人民法院作出的生效的离婚判决中未涉及探望权，当事人就探望权问题单独提起诉讼的，人民法院应予受理。为了保证不直接抚养子女的父或者母行使好探望子女的权利，本条第一款同时还规定另一方有协助的义务。例如，法院判决不直接抚养子女的一方每周六下午陪伴子女。那么直接抚养子女的一方则有义务在规定的时间内，将子女安全地送到双方指定或者法院判决确定的地点，交由不直接抚养子女的一方照看半天，由此实现不直接抚养子女的一方对子女的探望权。

行使探望权利的方式、时间、地点等通常宜由当事人协议确定。双方不应囿于夫妻离异后的冲突纷争，应从有利于子女健康成长的角度出发，对探望的时间、探望的方式、探望的地点、探望期间双方对子女的安排等作出协商。当双方无法就诸上事宜达成一致时，尤其在直接抚养子女的一方无故拒绝不直接抚养子女的一方探望子女时，享有探望权的一方可依民事诉讼法的有关规定提起诉讼，请求人民法院作出判决。对此本条第 2 款规定行使探望权利的方式、时间由当事人协议；协议不成的，由人民法院判决。在草案征求意见中，有意见认为由人民法院对探望纠纷作出判决，在司法实践中难以执行；提出的建议是，如果直接抚养子女的一方不允许非直接抚养子女的一方探望子女，非直接抚养子女的一方可以申请法院变更抚养关系。反对意见认为，直接抚养子女的一方不允许非直接抚养子女的一方探望子女并不能当然导致直接抚养关系的变更。探望权的设立是兼顾了父母和子女双方的权利，直接抚养权的判决则主要考虑的是子女身心健康的发展和未成年人合法权益的保障，它强调的是父母的义务而非权利。如果不存在直接抚养子女的一方无力抚养子女，或判其直接抚养子女会不利于子女身心健康发展的情形，即使直接抚养子女的一方拒不履行协助义务令对方不能探望子女，法院也不能当然判决直接抚养关系的变更，因为直接抚养关系变更的出发点不是父母权利的满足而是子女合法权益的保障。对拒不执行探望子女等判决或裁定的如何处理，《婚姻法》第 48 条曾作出明确规定：对拒不执行有关扶养费、抚养费、赡养费、财产分割、遗产继承、探望子女等判决或裁定的，由人民法院依法强制执行。有关单位和个人应负协助执行的责任。编纂民法典时考虑这一内容主要涉及的是执行问题，是对民事判决的执行，不是婚姻家庭编调整的对象，属于程序法调整的内容，故在民法典中没有规定。

人民法院在处理涉及探望权判决或裁定的执行时，可以根据《民事诉讼法》第224条“发生法律效力的民事判决、裁定，以及刑事判决、裁定中的财产部分，由第一审人民法院或者与第一审人民法院同级的被执行的财产所在地人民法院执行”和第252条“对判决、裁定和其他法律文书指定的行为，被执行人未按执行通知履行的，人民法院可以强制执行或者委托有关单位或者其他人完成，费用由被执行人承担”的规定进行具体操作。但是需要注意的是，强制执行的标的不能是子女的人身。对无故拒不履行人民法院已经发生法律效力的判决、裁定，拒绝一方探望子女的当事人，情节严重的，可以根据我国《民事诉讼法》第111条的相关规定，予以罚款、拘留；构成犯罪的依法追究刑事责任。

本条第3款规定了对探望权的限制。父或者母探望子女，不利于子女身心健康的，由人民法院依法中止探望。不直接抚养子女的父母一方的探望权，只有在特殊的情况下才能被加以限制。这种特殊情况主要是指探望有可能不利于子女的身心健康。如父母一方患精神疾病、传染性疾病，有吸毒等行为或对子女有暴力行为、骚扰行为等。并且根据《预防未成年人犯罪法》第14条的规定：“未成年人的父母或者其他监护人和学校应当教育未成年人不得有下列不良行为：（一）旷课、夜不归宿；（二）携带管制刀具；（三）打架斗殴、辱骂他人；（四）强行向他人索要财物；（五）偷窃、故意毁坏财物；（六）参与赌博或者变相赌博；（七）观看、收听色情、淫秽的音像制品、读物等；（八）进入法律、法规规定未成年人不适宜进入的营业性歌舞厅等场所；（九）其他严重违背社会公德的不良行为。”当一方以探望子女为由，教唆、胁迫、引诱未成年子女实施以上不良行为则足以构成不利于子女身心健康的要件，可由人民法院依法中止其探望的权利。当以上不利于子女身心健康的情形消除后，非直接抚养子女的一方原享有的探望权利应可恢复。对此本条第 3 款规定，中止的事由消失后，应当恢复探望的权利。无论是探望权利的中止或者恢复，都应由权利人主张，具体程序由人民法院根据民事诉讼法的相关规定处理。《婚姻法司法解释（一）》第 25 条规定，当事人在履行生效判决、裁定或者调解书的过程中，请求中止行使探望权的，人民法院在征询双方当事人意见后，认为需要中止行使探望权的，依法作出裁定。中止探望的情形消失后，人民法院应当根据当事人的申请通知其恢复探望权的行使。第 26 条规定，未成年子女、直接抚养子女的父或母及其他对未成年子女负担抚养、教育义务的法定监护人，有权向人民法院提出中止探望权的请求。

二、祖父母、外祖父母对孙子女、外孙子女的探望权

在民法典编纂征求意见中，有的意见反映，祖父母、外祖父母往往与子女的父母一起抚养、照顾子女，相互之间交往产生情感利益，应当承认祖父母、外祖父母的探望权，这也是贯彻儿童利益最大化原则的需要。为此，草案曾对隔代探望权作出规定，“祖父母、外祖父母探望孙子女、外孙子女的，参照适用父母探望权的规定”（草案一审稿第 864 条）。初次审议及广泛征求意见后，有的地方、法学教学研究机构和社会公众提出，为保障未成年人和直接抚养子女一方生活的稳定，隔代探望权的范围不宜规定过大。通常情况下，祖父母、外祖父母可以随同孙子女、外孙子女的父母一方探望孙子女、外孙子女，只有在特殊情况下，如其对孙子女、外孙子女尽了抚养义务或者孙子女、外孙子女的父母一方死亡的，才有必要赋予其单独的探望权。宪法和法律委员会经研究，建议采纳这一意见，将这一条规定修改为：祖父母、外祖父母探望孙子女、外孙子女，如果其尽了抚养义务或者孙子女、外孙子女的父母一方死亡的，可以参照适用父母离婚后探望子女的有关规定（草案二审稿第864条）。在对草案二审稿进行研究、论证中，有的意见提出，草案二审稿第864条规定，对祖父母、外祖父母探望孙子女、外孙子女的权利加以限制的规定不太符合中华民族的传统和家庭关系的现有模式，建议删除这一规定；有的意见提出，法律不宜赋予祖父母、外祖父母单独的探望权，建议删除这一规定；还有的意见提出，隔代探望权范围不宜过大，否则不利于保障未成年人和直接抚养子女一方生活的稳定，建议维持这一规定。宪法和法律委员会经研究认为，隔代探望权是指夫妻离婚后，不直接抚养未成年子女一方的父母，即未成年子女的祖父母或者外祖父母探望孙子女、外孙子女的权利。现行婚姻法没有规定隔代探望权，草案一审稿根据司法实践增加了有关隔代探望权的规定，二审稿又作了修改完善。鉴于目前各方面对此尚未达成共识，可以考虑暂不在民法典中规定，祖父母、外祖父母行使隔代探望权，如与直接抚养子女的一方不能协商一致，可以通过诉讼方式来解决。据此，建议删除这一条规定。最终民法典对祖父母、外祖父母探望孙子女的权利没有作出明确的规定。但是，这不妨碍祖父母、外祖父母对孙子女、外孙子女的探望。

第一千零八十七条 离婚时，夫妻的共同财产由双方协议处理；协议不成的，由人民法院根据财产的具体情况，按照照顾子女、女方和无过错方权益的原则判决。

对夫或者妻在家庭土地承包经营中享有的权益等，应当依法予以保护。

◆ 条文主旨

本条是有关离婚时对夫妻共同财产处理的规定。

◆ 立法背景

离婚时对夫妻的共同财产进行处理是离婚所产生的法律后果之一。法律允许夫妻双方在离婚时就财产问题自行协商处理。对于不能协商或者未达成协议的，本条规定由法院根据财产的具体情况，按照照顾子女、女方和无过错方权益的原则判决。法院按这一原则判决夫妻财产的前提是财产是夫妻共同所有的财产。如果财产分别是夫妻的个人财产，则不能用本条的规定进行分割，作出判决。不同财产制下共同财产的范围不同，在分割、判决前首先应对财产的性质作出界定。

◆ 条文解读

一、共同财产的界定

本法第 1065 条规定，夫妻可以对婚姻关系存续期间所得的财产以及婚前财产的归属作出约定——或为共同所有，或为分别所有，或部分共同所有，或部分各自所有。如果夫妻双方约定实行分别财产制，则财产归属较为明晰，发生纠纷时关键在于举证，当对个人财产还是夫妻共同财产难以确定时，主张权利的一方负有举证责任，当事人举不出有力证据，法院又无法查实的，一般按夫妻共同财产处理。如果夫妻双方未对婚姻关系存续期间所得的财产以及婚前财产作出约定，则除本法第 1063 条规定的夫妻一方的个人财产以外，均为夫妻共同财产，按本条的规定进行分割。如果夫妻双方约定婚姻关系存续期间以及婚前财产均为夫妻共同财产，则离婚时可以分割的财产不仅包括婚后所得财产，还包括夫妻双方的个人婚前财产。如果夫妻双方对婚姻关系存续期间所得的财产以及婚前财产约定部分归各自所有部分归共同所有，在离婚分割财产时，首先要根据夫妻双方的约定界定个人财产和共同财产的范围，然后再对共同财产进行分割。

二、分割共同财产应遵循的原则

在分清个人财产、夫妻共同财产的前提下，法院应根据财产的具体情况，按照照顾子女、女方和无过错方权益的原则，公平公正地分割夫妻共同财产。

在大多数情况下，夫妻离婚，家庭成员中未成年子女是不幸婚姻的最大受害者。因此本条在规定分割夫妻共同财产时，特别强调了对子女权益的保障，将其作为分割夫妻共同财产时优先考虑的因素，将按照照顾子女权益的原则进行判决放在了首位。

在分割夫妻共同财产时，是否要考虑照顾无过错方的利益呢？最高人民法院曾经公布的《关于人民法院审理离婚案件处理财产分割问题的若干具体意见》中规定，人民法院审理离婚案件对夫妻共同财产的处理，应坚持照顾无过错方的原则。2001 年修改婚姻法时，没有对分割夫妻共同财产按照照顾无过错方的原则进行判决作出规定。这主要是由于在 2001 年修改婚姻法时，为了保护婚姻关系中的无过错方，新增加了离婚损害赔偿制度，即《婚姻法》第 46 条的规定：有下列情形之一，导致离婚的，无过错方有权请求损害赔偿：（1）重婚的；（2）有配偶者与他人同居的；（3）实施家庭暴力的；（4）虐待、遗弃家庭成员的。离婚过错赔偿方式通常分为两类：一是在夫妻共同财产分割中，向无过错方多分财产；二是在夫妻财产归各自所有或共有财产不足以补偿的情况下，过错方以自己的财产向无过错方作出补偿。2001 年修改婚姻法时，考虑到已经新增加了后一种离婚过错赔偿方式，加重了对婚姻中无过错方的保护，在分割夫妻共同财产时，可以暂先不考虑增加照顾无过错方利益的原则。

在民法典编纂征求意见中，有的意见提出，现实生活中因过错方导致的离婚情况较为突出。婚姻解体给家庭、子女、社会都带来不利的影响，建议加大对婚姻中过错方的惩罚力度，除规定离婚过错方的赔偿外，在判决分割夫妻共同财产时还应加大对无过错方的保护，这也是当前审判实践的做法。立法部门采纳了这一建议，将婚姻法规定的“离婚时，夫妻的共同财产由双方协议处理；协议不成时，由人民法院根据财产的具体情况，照顾子女和女方权益的原则判决”修改为“离婚时，夫妻的共同财产由双方协议处理；协议不成的，由人民法院根据财产的具体情况，按照照顾子女、女方和无过错方权益的原则判决”，增加了按照照顾无过错方权益的原则判决分割夫妻共同财产。

根据本条的规定，人民法院在分割夫妻共同财产时，既要考虑照顾子女权益和女方权益，也要兼顾照顾无过错方的权益，三者缺一不可。司法实践中，多数女方权益与无过错方权益是一致的，但是也有不一致的情况，法官要具体问题具体分析判决。

对夫妻共同财产的分割，还需要说明的是，本法第1092条规定，夫妻一方隐藏、转移、变卖、毁损、挥霍夫妻共同财产，或者伪造夫妻共同债务企图侵占另一方财产的，在离婚分割夫妻共同财产时，对该方可以少分或者不分。离婚后，另一方发现有上述行为的，可以向人民法院提起诉讼，请求再次分割夫妻共同财产。此项请求权的行使要受到民法典诉讼时效的限制，即权利人自知道或应当知道权利被侵害时起计算，三年后再向人民法院提起诉讼则丧失胜诉权。

三、关于农村土地承包经营权

在农村，夫妻共同财产的分割主要涉及房屋、承包的土地、果园等。1992年《妇女权益保障法》第30条规定，农村划分责任田、口粮田等，以及批准宅基地，妇女与男子享有平等的权利，不得侵害妇女的合法权益。妇女结婚、离婚后，其责任田、口粮田和宅基地等，应当得到保障。农村地区，土地、果园大部分实行家庭联产承包责任制，每个家庭承包的面积是根据家庭人口按本村人均面积分配的，因此，女方在土地承包上同样享有承包经营权。但是中国的婚姻习俗多数是女方落户到男方，承包土地多数以男方为户主名义承包，双方一旦离婚，女方的承包经营权难以保障。因此本条第 2 款规定，对夫或妻在家庭土地承包经营中享有的权益等，应当依法予以保护。

第一千零八十八条 夫妻一方因抚育子女、照料老年人、协助另一方工作等负担较多义务的，离婚时有权向另一方请求补偿，另一方应当给予补偿。具体办法由双方协议；协议不成的，由人民法院判决。

◆ 条文主旨

本条是对承担较多家务劳动的一方在离婚时享有经济补偿权利的规定。

◆ 立法背景

本条的规定实质上是对家务劳动价值的认可，使经济地位较弱而承担较多家务劳动的一方（大多为女性）在离婚时享有经济上的补偿。

◆ 条文解读

《婚姻法》第 40 条规定的离婚经济补偿，适用的前提条件是夫妻双方采取的分别财产制。在约定分别财产制下，夫妻双方婚前和婚后所得财产归各自所有，并单独行使管理权、收益权及处分权；还有可能一方以契约形式将其财产的管理权交与另一方，或双方拥有一部分共同财产。夫妻双方如果在真实意思支配下作出的夫妻财产归属的约定，符合民事法律行为的一般要件——具有合法夫妻身份；双方为完全民事行为能力人；双方完全自愿，不存在欺诈、胁迫或乘人之危的情形；约定内容未规避法律，未违背社会公共利益，未违反有关法定义务；约定形式合法，则此种约定，法律不应干涉，当事人的意思自治应得到尊重。同时根据本法第 1065 条的规定，约定财产制排除法定财产制优先适用。分别财产制保证了双方独立的财产权，但是由于妇女的就业机会和经济收入大多低于男性，并且在大多数情况下，为了家庭利益而牺牲自己发展机会的往往是女性，家务劳动又不计报酬，在离婚时如果不将这部分家务劳动给予补偿，会使经济弱势方的合法权益得不到保障，特别是对广大妇女的利益是不利的。因此《婚姻法》第 40 条规定，在实施分别财产制情况下，一方因抚育子女、照料老人、协助另一方工作等付出较多义务的，离婚时有权向另一方请求补偿，另一方应当予以补偿。

在民法典编纂征求意见中，许多意见指出，婚姻对于感情维系、人口繁衍、文明发展以及道德维护诸方面所产生的重要作用，使得婚姻和家庭关系成为法律调节和法律控制的一个重要对象，每个配偶对家庭都作了不同但同样重要的贡献。家务劳动在商品交换社会中，对社会而言无经济价值，但对家庭而言是有经济价值的。做家务劳动的一方对维持婚姻所作的无形贡献是积累家庭财富的间接方式，对家庭财富积累的贡献与另一方是对等的，对家庭财产享有平等的所有权。家庭中的家务劳动者通过家务劳动、子女抚养而对婚姻的贡献，与另一方外出工作获取收入维持家计扶养家庭成员有同等的价值。一方因抚养子女、照料老人、协助另一方工作等付出较多义务，并且因前述原因牺牲了自己的发展机会，导致自己在婚姻关系存续期间无经济收入，或者经济收入远低于另一方，当婚姻关系终结之时，不论夫妻财产是分别财产制，还是共同财产制，离婚分割财产时，如果他们的利益得不到有效的保障，将对子女的成长极为不利，对社会的稳定产生重大影响。对此本条对《婚姻法》第40条的规定作出修改：夫妻一方因抚育子女、照料老年人、协助另一方工作等负担较多义务的，离婚时有权向另一方请求补偿，另一方应当给予补偿。具体办法由双方协议；协议不成的，由人民法院判决。这一修改扩大了离婚经济补偿的适用范围，进一步彰显正义、维护道德、发展文明。

本条规定是遵循权利和义务对等的原则作出的。只有在一方为婚姻共同体尽了较多义务，如抚养子女、照料老人、协助另一方工作的情况下才可向对方请求补偿。夫妻离婚时，一方对承担较多家务劳动的另一方给予经济补偿，首先应当由要求离婚的夫妻自行协商确定，这种协商可以是在协议离婚时确定，也可以在诉讼离婚中确定。如果在协议离婚时双方达成了一致的协议，则可以向婚姻登记部门提交。婚姻登记部门查明确属自愿，且不违反法律规定的，给予离婚登记，双方应自觉履行协议。在诉讼离婚中，双方对离婚补偿达成一致意见，交由法院以调解书或者判决书的形式予以确认。如果双方达不成协议，人民法院则依据本条的规定进行判决确定。

第一千零八十九条 离婚时，夫妻共同债务应当共同偿还。共同财产不足清偿或者财产归各自所有的，由双方协议清偿；协议不成的，由人民法院判决。

◆ **条文主旨**

本条是有关离婚时夫妻共同债务清偿的规定。

◆ **立法背景**

本法第1064条对夫妻共同债务的认定作出了明确规定。夫妻共同债务属于连带债务，对外夫妻双方应当依法对债权人承担连带清偿责任，但在内部夫妻双方应当如何确定清偿责任，本条对此作了明确规定。

◆ **条文解读**

根据本条规定，婚姻关系终结时，夫妻共同债务清偿应当遵循的原则是共同债务共同清偿。依法属于夫妻共同债务的，夫妻应当以共同财产共同偿还，这是一个基本原则。但是，如果夫妻共同财产不足致使不能清偿的，或者双方约定财产归各自所有没有共同财产清偿的，夫妻双方对共同债务如何偿还以及清偿比例等，可以由双方当事人协商确定，如果双方协商不能达成一致意见的，由人民法院考虑双方当事人的具体情况依法判决确定。需要注意的是，不论是双方当事人协商确定，还是人民法院判决确定的清偿方式、清偿比例等内容，仅在离婚的双方当事人之间有效，对债权人是没有法律效力的，债权人可以依照本法第178条“二人以上依法承担连带责任的，权利人有权请求部分或者全部连带责任人承担责任”的规定来要求双方履行其债务。

第一千零九十条 离婚时，如果一方生活困难，有负担能力的另一方应当给予适当帮助。具体办法由双方协议；协议不成的，由人民法院判决。

◆ **条文主旨**

本条是有关离婚时，一方对生活困难的另一方给予适当经济帮助的规定。

◆ **立法背景**

离婚后，对困难的一方给予帮助，是我国婚姻法一直坚持和贯彻的基本原则，例如，1950年《婚姻法》第25条规定，离婚后，一方如未再行结婚而生活困难，他方应帮助维持其生活；帮助的办法及期限，由双方协议；协议不成时，由人民法院判决。1980年《婚姻法》第33条规定，离婚时，如一方生活困难，另一方应给予适当的经济帮助。具体办法由双方协议；协议不成时，由人民法院判决。2001年《婚姻法》第42条规定，离婚时，如一方生活困难，另一方应从其住房等个人财产中给予适当帮助。具体办法由双方协议；协议不成时，由人民法院判决。这次编纂民法典基本维持了这一规定。

◆ **条文解读**

婚姻关系存续期间，夫妻双方有互相扶养的义务，一方不履行扶养义务时，需要扶养的一方有要求对方付给扶养费的权利。婚姻关系终结后，法律明确要求一方对生活困难的另一方从其个人财产中给予适当的帮助，实质是夫妻间扶养义务的延续。在传统的普通法制度中，结婚后，妻子在法律上的权利能力被剥夺而转移至丈夫身上，作为交换，丈夫有扶养和保护妻子的义务，妻子具有从事家务劳动以及为丈夫提供服务的义务。婚姻关系终结时，丈夫仍要对妻子尽扶养义务，这源于早期的普通法在离婚问题上采用过错原则，即离婚是由于一方犯了法律列举的异乎寻常的婚姻错误，要对无过错方进行法律救济，因此，妻子要求丈夫继续给付扶养费的条件是离婚是由丈夫的过错所致，且妻子为无过错一方。现代普通法国家多采用无过错离婚原则，扶养费的过错弥补作用已经弱化，是否给付扶养费考虑最多的不再是给付方的过错，而是接受方的需要和给付方的支付能力。在婚姻关系终结时，除去财产分割外，给予生活困难的一方以金钱或财物的帮助，是对前配偶一方的扶助或资助。现代的配偶扶养是双向的，丈夫在妻子生活困难时有帮助的义务，妻子在丈夫需要时同样也有给付的义务，但实际上由于妇女的经济能力大多低于男性，尤其在农村，这种差距更为明显，因此离婚时要求对方给予帮助的女性比例要远远高于男性。

当一个婚姻关系终结时（无论是协议离婚还是法院判决离婚），婚姻关系一经解除，丈夫和妻子在法律上相互扶助的权利义务已经消灭，双方没有互相扶养的义务，也没有共享婚姻财产的权利，除去可能因子女抚养而涉及子女生活费、教育费的给付以及探望权利的行使外，双方在法律上已无任何特殊的联系。但是，法律却规定在一方生活困难的情况下，有负担能力的另一方应当对另一方给予适当帮助，要求原本不承担义务的一方负担义务，原因何在呢？当一对男女结为合法夫妻，法律推定双方建立了一种相互信赖、相互扶助的特殊社会关系，夫妻关系存续期间，双方都为维持这个婚姻共同体作了努力，这其中包括个人的自我损失和自我牺牲；当婚姻关系终结时，若一方生活困难，法律则要求另一方尽到扶助的责任，将道德上的义务上升为法律，因为我们不能排除一方的生活困难可能是其在婚姻关系存续期间为了家庭利益而放弃个人发展机会所造成的。当然在这种情况下，离婚时，为家庭付出较多义务的一方可以依据本法第 1088 条的规定，请求另一方给予补偿。但是离婚时的补偿与本条规定的困难帮助的内容有很大区别。离婚经济补偿只有当一方对婚姻承担了较多义务时，才有权提请。而本条关于困难帮助适用条件则是，无论夫妻哪一方是否对婚姻共同体尽了较多义务，作了多大贡献，只要在离婚时本人存在生活困难的情况，就可以向对方请求经济帮助。

当然，本条只是原则性规定，法院在判决时，还应考虑到以下几个问题：（1）生活困难的界定：一般认为若一方离婚后分得的财产不足以维持其合理的生活需要，或者不能通过从事适当的工作维持其生活需要等，均可认为是生活困难的体现；（2）给予帮助的方式，法院应考虑双方的收入和财产，双方就业能力，子女抚养，婚姻期间的生活水平等因素，合理确定扶助的数额和方式；（3）需要说明一点，婚姻关系中的过错不应在考虑之列，意味着有过错的一方若存在生活困难的情形，也可要求无过错方给予适当经济帮助。《婚姻法司法解释（一）》第27条规定："婚姻法第四十二条所称'一方生活困难'，是指依靠个人财产和离婚时分得的财产无法维持当地基本生活水平。一方离婚后没有住处的，属于生活困难。离婚时，一方以个人财产中的住房对生活困难者进行帮助的形式，可以是房屋的居住权或者房屋的所有权。"

第一千零九十一条 有下列情形之一，导致离婚的，无过错方有权请求损害赔偿：

（一）重婚；

（二）与他人同居；

（三）实施家庭暴力；

（四）虐待、遗弃家庭成员；

（五）有其他重大过错。

◆ **条文主旨**

本条是关于离婚损害赔偿的规定。

◆ **立法背景**

近年来，由于一方配偶的过错如重婚，与他人同居，实施家庭暴力，虐待、遗弃家庭成员等导致家庭破裂的离婚案件在所有离婚案件中占有相当的比例。确立离婚时过错方赔偿制度有利于制裁实施重婚、姘居、家庭暴力等行为的有过错当事人，保护无过错方的权益。由于一方过错导致离婚，无过错方及其子女的生活日益困难，未成年子女的教育和成长受到很大影响，父或者母有了新欢，爱情、亲情荡然无存，这给子女幼小的心灵留下了深重的创伤，也给他们的成长埋下隐患。他们中有的学习成绩急剧下降；有的心理扭曲；有的甚至自杀身亡或者走向犯罪。由于一方的过错导致家庭矛盾激化，引发家庭暴力、伤害、凶杀等恶性案件的发生，影响着社会的安定、团结与稳定。离婚损害赔偿制度，是依法治国，完善社会主义法治的要求。离婚损害赔偿制度，可以填补无过错方的损害。通过补偿损害，使无过错方得到救济和慰藉，保护无过错方的合法权益。损害赔偿作为侵权者应当承担的一种民事责任，还具有制裁实施重婚，有配偶者与他人同居，家庭暴力，虐待、遗弃家庭成员行为的当事人和预防违法行为的功能。关于离婚损害赔偿，国外也有类似的规定，如法国、日本、瑞士、墨西哥等国。法国、瑞士和我国台湾地区规定，因夫妻一方的重大过错致使婚姻关系破裂的，无过错方有权要求过错方赔偿损害。赔偿范围包括财产损害和精神损害。《法国民法典》规定："如果离婚的过错全在夫或妻的一方，则该方得被判赔偿损害，以补偿他方因解除婚姻而遭受的物质或精神损失。"法国还规定，赔偿额，依据无过错方的需要和过错方的经济状况以及将来可能发生的变化确定。离婚损害赔偿制度通过填补损害，抚慰受害方，惩罚过错方来发挥伸张正义、明辨是非的警示和预防作用。

◆ 条文解读

一、可以提起离婚损害赔偿的情形

因夫妻一方的过错致使婚姻关系破裂的，无过错方可以提起离婚损害赔偿的情形，婚姻法规定了四种情形：一是重婚；二是有配偶者与他人同居；三是实施家庭暴力；四是虐待、遗弃家庭成员。

在民法典婚姻家庭编征求意见时，有的意见提出，鉴于目前我国因过错方导致家庭破裂的离婚案件的增多，婚姻关系中的过错行为远不止上面所列举的几种情形，法律应当扩大离婚损害赔偿的情形，更好地发挥离婚损害赔偿制度的制裁、预防作用，促进婚姻关系的稳定；建议采取列举性规定与概括性规定相结合的立法方式规定离婚损害赔偿制度。对此立法部门采纳了这一建议，在本条中增加了离婚损害赔偿的兜底条款，即第 5 项有其他重大过错的情形，将其他一些确实给无过错方造成严重损害的情形纳入损害赔偿范围，完善了离婚赔偿制度。

按照《婚姻法司法解释（一）》的规定，承担婚姻法该条规定的损害赔偿责任的主体，为离婚诉讼当事人中无过错方的配偶。人民法院判决不准离婚的案件，对于当事人基于该条提出的损害赔偿请求，不予支持。婚姻关系存续期间，当事人不起诉离婚而单独依据该条规定提起损害赔偿请求的，人民法院不予受理。《婚姻法司法解释（一）》规定，人民法院受理离婚案件时，应当将婚姻法关于离婚时过错方损害赔偿制度规定中当事人的有关权利义务，书面告知当事人。区分不同情况予以适用：（1）符合婚姻法关于离婚时过错方损害赔偿制度规定的无过错方作为原告基于该规定向人民法院提起损害赔偿请求的，必须在离婚诉讼的同时提出。(2) 符合婚姻法关于离婚时过错方损害赔偿制度规定的无过错方作为被告的离婚诉讼案件，如果被告不同意离婚也不基于该规定提起损害赔偿请求的，可以在离婚后一年内就此单独提起诉讼。(3) 无过错方作为被告的离婚诉讼案件，一审时被告未基于婚姻法关于离婚时过错方损害赔偿制度的规定提出损害赔偿请求，二审期间提出的，人民法院应当进行调解，调解不成的，告知当事人在离婚后一年内另行起诉。《婚姻法司法解释（三）》第17条规定，“夫妻双方均有婚姻法第四十六条规定的过错情形，一方或者双方向对方提出离婚损害赔偿请求的，人民法院不予支持”。

二、法院不能依职权判决离婚损害赔偿

本条虽然规定了离婚损害赔偿制度，但并不是说法院在审理离婚案件时必须审理及判决过错方对无过错方予以赔偿。在离婚案件中无过错方对确实有过错的另一方是否行使赔偿请求权，由受损害的无过错方自行决定，法院不能主动判决离婚损害赔偿。

三、离婚损害赔偿的范围

离婚损害赔偿既应当包括过错方给无过错方造成的财产损害的赔偿，也应当包括过错方给无过错方造成的人身损害、精神损害的赔偿。人民法院应当根据过错方对无过错方造成的损害程度以及婚姻当事人的经济状况等判定赔偿数额。《婚姻法司法解释（一）》第28条规定，《婚姻法》第46条规定的“损害赔偿”，包括物质损害赔偿和精神损害赔偿。涉及精神损害赔偿的，适用最高人民法院《关于确定民事侵权精神损害赔偿责任若干问题的解释》的有关规定。

第一千零九十二条 夫妻一方隐藏、转移、变卖、毁损、挥霍夫妻共同财产，或者伪造夫妻共同债务企图侵占另一方财产的，在离婚分割夫妻共同财产时，对该方可以少分或者不分。离婚后，另一方发现有上述行为的，可以向人民法院提起诉讼，请求再次分割夫妻共同财产。

◆ 条文主旨

本条是对夫妻一方擅自处分共同财产或伪造债务侵占另一方财产的处理规则的规定。

◆ 立法背景

实践中夫妻一方有的实施了侵害夫妻共同财产或者侵占另一方财产的违法行为，对于这些违法行为，法律严格加以禁止。为保护另一方的合法权益，本条规定对其法律后果作了明确规定。

◆ 条文解读

根据本条规定，夫妻一方实施的违法行为主要有两类：

一、侵害夫妻共同财产

夫妻共同财产主要指夫妻双方在婚姻关系存续期间归双方共同所有的财产。本法第1062条规定，“夫妻在婚姻关系存续期间所得的下列财产，为夫妻的共同财产，归夫妻共同所有：（一）工资、奖金、劳务报酬；（二）生产、经营、投资的收益；（三）知识产权的收益；（四）继承或者受赠的财产，但是本法第一千零六十三条第三项规定的除外；（五）其他应当归共同所有的财产”。第1065条还规定了夫妻可以约定婚姻关系存续期间所得的财产以及婚前财产归夫妻共同所有或者部分共同所有。

夫妻共同财产从性质上说，属于共同共有。夫妻在婚姻关系存续期间，无论属于双方还是一方的收入，无论各自收入的数量多少，也无论其中一方有无收入，夫妻作为共同生活的伴侣，对共同财产享有平等的所有权。对共同财产，夫妻双方均有依法占有、使用、收益和处分的权利。例如，妇女权益保障法就规定，妇女对依照法律规定的夫妻共同财产享有与其配偶平等的占有、使用、收益和处分的权利，不受双方收入状况的影响。在共有关系消灭之前，财产权利是一个整体，只有在婚姻关系消灭（离婚或一方死亡）或双方有特别约定时，才能对共同财产进行分割。

处分权是所有权的最高表现，如果没有平等的处分权，平等的所有权就是一句空话。所以，本法第 1062 条第 2 款规定，夫妻对共同所有的财产，有平等的处理权。所谓平等的处理权，依照民法关于共同共有的原理，是指夫妻在处分共同财产时，应当平等协商，取得一致意见，任何一方不得违背他方的意志，擅自处理。特别是对共有财产作较大的变动时，如出卖、赠与等，更应征得另一方的同意，否则就侵犯了另一方对共有财产的所有权。根据有关司法解释的规定，在共同共有关系存续期间，部分共有人擅自处分共有财产的，一般认定无效。如果对其他共有人造成损失，由擅自处分共有财产的人赔偿。因此，隐藏、转移、变卖、毁损、挥霍夫妻共同财产的行为，是一种侵犯共同财产所有权的民事侵权行为。

隐藏、转移、变卖、毁损、挥霍夫妻共同财产是违法行为的客观表现。隐藏是指将财产藏匿起来，不让他人发现，使另一方无法获知财产的所在从而无法控制。转移是指私自将财产移往他处，或将资金取出移往其他账户，脱离另一方的掌握。变卖是指将财产折价卖给他人。《婚姻法司法解释（三）》第 11 条第 2 款规定，夫妻一方擅自处分共同共有的房屋造成另一方损失，离婚时另一方请求赔偿损失的，人民法院应予支持。毁损是指采用打碎、拆卸、涂抹等破坏性手段使物品失去原貌，失去或者部分失去原来具有的使用价值和价值。挥霍是指对夫妻共有的财产没有目的的，不符合常理的耗费致使其不存在或者价值减损。上述违法行为，在主观上只能是故意的，不包括过失行为，如因不慎将某些共同财产毁坏，只要没有故意，不属于本条规定之列。夫妻一方如果实施了上述行为，就属于对夫妻共同财产的侵害。

二、侵占另一方财产

另一方财产，主要是指在婚姻关系存续期间，归夫妻一方个人所有的财产。本法第 1063 条规定："下列财产为夫妻一方的个人财产：（一）一方的婚前财产；（二）一方因受到人身损害获得的赔偿或者补偿；（三）遗嘱或者赠与合同中确定只归一方的财产；（四）一方专用的生活用品；（五）其他应当归一方的财产。"第 1065 条规定，夫妻可以约定婚姻关系存续期间所得的财产以及婚前财产归各自所有或者部分各自所有。夫妻一方对属于自己个人的财产享有占有、使用、支配的权利。在不违背法律规定的情况下，可以依据自己个人的意愿处分自己的财产。但是本法第 1089 条规定，离婚时，夫妻共同债务，应当共同偿还。共同财产不足清偿或者财产归各自所有的，由双方协议清偿；协议不成的，由人民法院判决。这一规定，意味着夫妻在离婚时，如果共同财产不足以清偿共同债务时，有可能以夫妻一方的个人财产来承担夫妻共同债务，具体数额由人民法院判决确定。对此，有的夫妻一方就有可能利用这一法律规定，伪造夫妻共同债务，企图侵占另一方财产。伪造债务是指制造内容虚假的债务凭证，包括合同、欠条等。伪造债务是违法行为的客观表现。在主观上是故意，不是过失行为，是以侵占夫妻另一方财产为目的。只要夫妻一方实施伪造夫妻共同债务的行为，就属于对另一方财产的侵害。

对通过实施隐藏、转移、变卖、毁损、挥霍手段侵害夫妻共同财产的违法行为，对伪造夫妻共同债务企图侵占另一方财产的违法行为，本条规定，在离婚分割夫妻共同财产时，对该方可以少分或者不分。本条所讲的在离婚分割夫妻共同财产时，是指在离婚诉讼期间。

夫妻共同财产属于夫妻共同共有，依照民法共同共有的理论，原则上，在共同体解体时，对共同共有的财产应当均等分割。但是由于夫妻中的一方存在以隐藏、转移、变卖、毁损、挥霍手段侵害夫妻共同财产的违法行为，存在伪造夫妻共同债务企图侵占另一方财产的违法行为，所以本条规定对实施上述违法行为的一方，在分割夫妻共同财产时，可以少分或不分。对他们少分或不分夫妻共同财产，是违法行为实施者理应承担的法律责任。需要说明的是，本条对少分的具体份额或比例以及在何种情况下可以不分或是少分，没有作出明确规定，只是规定了“可以”少分或者不分。法院在审判实践中，应当根据违法行为的情节和案件的具体情况作出处理。该规定同本法规定的在分割夫妻共同财产时按照照顾子女、女方和无过错方权益的原则判决是否矛盾呢？照顾子女和女方权益原则的确定，是由我国目前广大妇女的经济能力和男子仍有一定差距的国情决定的，同时也是宪法关于保护妇女、儿童合法权益原则和我国社会主义制度优越性在婚姻家庭法上的具体体现。在婚姻家庭生活中，无过错一方遵守法律规定，对另一方配偶尊重、关爱、忠实，对家庭成员关心帮助，尊老爱幼，为维护平等、和睦、文明的婚姻家庭作出了自己的努力和贡献。对这种合法的民事法律行为的主体法律必须要给予保护。当然，在现实生活中，也不排除有女方、无过错方实施本条所列举的违法行为的可能；如果出现，也应当依照本法、本条的规定处理。两者没有矛盾，并行不悖。

本条还对离婚后，即离婚案件已审理终结，人民法院对离婚双方有关财产分割的调解书、判决书已发生法律效力后，又发现一方有隐藏、转移、变卖、毁损、挥霍夫妻共同财产或者伪造夫妻共同债务侵占另一方财产行为的处理作了规定。即离婚后，另一方发现夫妻一方有上述违法行为的，可以向人民法院提起诉讼，请求再次分割夫妻共同财产。在离婚案件审理过程中，这部分共同财产由于被一方隐藏、转移、变卖、毁损、挥霍，或伪造债务所侵占而未能发现，因而法院也未能将其作为夫妻共同财产予以分割。夫妻共同财产是共同共有财产，任何一方未经另一方同意而擅自予以隐藏、转移、变卖、毁损、挥霍，或通过伪造债务等非法手段据为己有的，都是对另一方财产所有权的侵害，是一种民事侵权行为。另一方可以依据本条规定，向人民法院起诉，请求对这一部分财产进行再次分割。在分割时，关于对隐藏、转移、变卖、毁损、挥霍夫妻共同财产或伪造夫妻共同债务侵占另一方财产的一方可以少分或者不分的原则仍应适用。

《婚姻法》关于本条还有第 2 款的规定，即人民法院对前款规定的妨害民事诉讼的行为，依照民事诉讼法的规定予以制裁。这次编纂民法典婚姻家庭编征求意见时，多数意见认为，《婚姻法》第 2 款的规定，对妨害民事诉讼的行为采取强制措施，不是实体法调整规范的内容，应当归程序法予以规范，司法实践中可以依据民事诉讼法的规定对夫妻一方隐藏、转移、变卖、毁损、挥霍夫妻共同财产，或者伪造夫妻共同债务企图侵占另一方财产的妨害民事诉讼的行为予以制裁。

第五章　收　养

本章是关于收养的规定。收养是自然人依法领养他人子女为自己子女的法律行为。通过收养行为，原本没有父母子女关系的收养人与被收养人形成了法律上拟制的父母子女关系，被收养人与生父母及其亲属之间的关系则相应终止。收养作为形成父母子女关系的一种法律行为，本质上属于婚姻家庭制度的重要组成部分。但在本次民法典编纂之前，收养法一直以与婚姻法独立的单行法的形式存在。现行收养法是 1991 年 12 月 29 日由第七届全国人大常委会第二十三次会议审议通过，并于 1992 年 4 月 1 日起施行的。1998 年 11 月 4 日，第九届全国人大常委会第五次会议对收养法作了修改。收养法施行近三十年来，对于保护合法收养关系，维护收养关系当事人权利，保障被收养人的合法权益等发挥了重要作用。同时，随着收养实践的不断发展，收养法中的一些规定已经不能完全适应形势发展的要求，需要根据新情况、新问题对收养制度作出相应的修改完善。民法典编纂工作启动以来，根据法典编纂的统一要求，在现行婚姻法、收养法的基础上形成了婚姻家庭编，作为调整婚姻家庭关系的基本准则。编纂不是制定全新的法律，也不是简单的法律汇编，而是在现行法的基础上进行系统梳理，删除不合时宜的规定，根据实践发展的需要增加针对性的规定。因此，收养一章的主要内容仍以现行收养法为基础，但同时结合收养实践的发展需要，修改了部分规定，增加了一些新规定。主要的修改包括：进一步扩大了被收养人的范围；适当放宽了收养人条件及收养人数的要求；完善了无配偶者收养异性子女的年龄差限制等。这些修改体现了对收养发展趋势的回应，进一步彰显了遵循被收养人利益最大化的原则。与现行收养法六章、三十四条的体例、内容相比，婚姻家庭编收养一章保留了收养关系的成立、收养的效力及收养关系的解除三节，删除了总则、法律责任和附则三部分内容，条文数也调整为二十六条。尽管在条文数量上相比现行收养法有所减少，但在总条文数为七十九条的婚姻家庭编中，收养法的体量已颇为可观，其重要性不因条文的减少而下降。

第一节 收养关系的成立

第一千零九十三条 下列未成年人，可以被收养：

（一）丧失父母的孤儿；

（二）查找不到生父母的未成年人；

（三）生父母有特殊困难无力抚养的子女。

◆ 条文主旨

本条是关于被收养人条件的规定。

◆ 立法背景

收养是自然人领养他人子女为自己子女的一种法律行为，能够起到依法变更亲子关系、转移亲子间权利义务关系的法律效力。作为家庭制度的必要补充，养父母子女关系也属于亲子关系的重要类型之一。基于收养这一要式法律行为的独特特点及其能够产生的独特法律效力，各国立法均对收养关系的成立有着程序及实体上的明确要求。其中，被收养人与收养人应当具备哪些条件，无疑是最为重要的收养成立要件之一。不符合条件的被收养人与收养人，会导致收养行为的无效。

从各国的情况来看，立法上对于被收养人条件的要求首先体现为对年龄的限制。这种限制又主要通过两种方式实现：一是一般在立法上规定被收养人的年龄上限，即被收养人不得超过一定的年龄。比如，《法国民法典》规定了简单收养和完全收养两种收养类型。在简单收养中，被收养人的年龄不受限制，但在完全收养中，被收养人的年龄应在 15 岁以下。《法国民法典》第 345 条第 1 款规定：“仅有年龄在 15 岁以下，在收养人或诸收养人家庭中接纳至少已有 6 个月的儿童，始允许收养之。”我国《澳门民法典》也规定了被收养人须为未成年人。二是要求收养人与被收养人要达到一定年龄差。如《瑞士民法典》第 265 条第 1 款规定：“养子女最少得比养父母年少 16 岁。”对被收养人的年龄施加限制是合理的，这主要是从收养制度本身的目的以及被收养人利益保护的角度所作的考虑。一方面，收养作为在收养人与被收养人之间形成拟制亲子关系的一种法律行为，需要确保形成后的亲子关系的稳定。如果被收养人的年龄过高，其独立意识日益强烈，难以形成对新家庭的归属感，可能影响收养人与被收养人双方家庭关系的稳定。另一方面，收养制度尽管要求保护收养人和被收养人双方的合法权益，但本质上还应当遵循最有利于被收养人利益的原则。而从被收养人的角度考虑，恰恰是在其年龄尚未达到一定标准、心智发育尚未完全成熟的阶段，才需要通过收养制度对其生活进行照顾，对其心理发展加以引导。在其年龄达到一定阶段后，这种照顾和引导则显得没那么必要了。此外，其他立法例对于收养人与被收养人须有一定年龄差的要求，出发点则主要基于对收养人抚养能力的考察，本章对此也有相应规定，容后详述。当然，这里应当指出的是，从比较法上看，也有一些国家在立法中采取放宽对被收养人年龄限制的做法，甚至允许成年人可以作为被收养人，比如，《德国民法典》分别对未成年人收养和成年人收养作了规定，二者在收养条件、收养目的以及收养程序上都存在较大差别；《法国民法典》在简单收养部分，对被收养人的年龄也未作限制；《日本民法典》同样未限制被收养人的年龄，仅在第793条规定，不得将尊亲属和年长者收养为养子女。这意味着，收养人只要收养的不是自己的尊亲属或者比自己年长的人，法律都是允许的，即不论是未成年人还是成年人，都可以成为被收养人。这些国家的立法放宽对被收养人年龄限制的做法，主要是基于更大程度发挥收养制度功能的考虑，有一定的合理性。

除对被收养人的年龄进行一定要求外，我国现行收养法对被收养人条件还作了其他规定，具体包括三种情况：一是被收养人应当是丧失父母的孤儿，即父母已经死亡或者已经被宣告死亡的儿童，这里的“父母”既包括生父母，也包括养父母以及与被收养人有扶养关系的继父母。二是被收养人应当是查找不到生父母的弃婴和儿童，即经过有关部门的查找，无法在一定期间内找到生父母的弃婴、儿童。三是生父母有特殊困难无力抚养的子女。这里的特殊困难既包括经济上的困难，也包括精神或者身体上的困难，如生父母双双患有重病，难以抚养其子女。应当说，收养法对于被收养人条件的这些要求，也与收养制度的功能，即促进被收养人健康成长，维护其利益最大化等直接相关。在收养法所列举的三种情形之下，如果不通过收养制度在收养人与被收养人之间建立拟制的亲子关系，被收养人就无法在稳定的家庭环境中健康成长。

本次民法典编纂，将收养制度整体纳入婚姻家庭编之中作专章规定，基本保留了现行收养法的框架结构及主要内容。在被收养人条件方面，与现行收养法相比，最大的变化来自对其年龄的限制，即由原来的被收养人应当不满十四周岁，修改为未满十八周岁的未成年人，符合相应条件均可被收养。事实上，对于是否应当对被收养人的年龄施加限制，无论是比较法上，还是理论界和实务界，自收养法颁布以来就一直存在争议。反对的理由主要有：第一，从我国的实际情况来看，绝大多数十四周岁到十八周岁的未成年人客观上依然不具备独立生活的能力，也需要一定程度的抚养。如果将被收养人的年龄严格限制在十四周岁以下，对于一些孤儿、弃儿，一旦其年满十四周岁，则无法按照收养法律的规定被收养，就不能获得来自稳定家庭环境之中的父母亲情的慰藉，而只能通过代养或者寄养的方式加以替代，这显然不利于收养目的的实现及被收养人利益的保护。第二，对被收养人年龄施加限制，也不利于实现特定人群的养老需求。随着老龄化社会的到来，养老作为一大社会问题日益凸显。一些人群因为不同原因失去子女，渴望通过收养子女甚至成年子女来保障其养老需求。如果被收养人的年龄只能在十四周岁以下，则这些人群通过收养实现养老的目的就难以实现。

◆ 条文解读

综合考量各方面意见，经慎重研究，收养一章将被收养人的年龄限制由十四周岁放宽到十八周岁，即符合相关条件的未成年人都可以作为被收养人。主要理由是：第一，收养法施行近三十年来，对于规范收养关系，保护收养人与被收养人合法权益发挥了重要作用。但收养实践中也不断出现因对被收养人年龄限制过严而导致部分有被收养需求的被收养人无法被收养的情况，这大大限制了收养制度功能的发挥。适当放宽被收养人的年龄限制，能够更好地实现收养目的，使更多符合相关条件的人可以被收养。第二，放宽被收养人的年龄限制，并不必然会影响家庭关系的稳定。收养法将被收养人年龄限制在十四周岁以下，其中一个理由是，十四周岁以上的人心智相对成熟，独立意识较强，不容易融入新家庭。但事实上这一理由值得商榷。换一个角度思考，被收养人如果年龄在十四周岁以上，可能更懂得珍惜来之不易的和谐家庭及亲情关怀，收养人与被收养人的关系也许会更加和谐。第三，把握和遵循收养的本质目的，被收养人仍限于未成年人，不扩及成年人收养。如前所述，收养的本质特征是为需要抚养的被收养人提供稳定的家庭成长环境，以促进被收养人的健康成长。本次民法典编纂，更是在婚姻家庭编的一般规定部分增加规定了最有利于被收养人的原则。因此，收养制度必须把被收养人的利益放在首位。从这个角度讲，那些因满足养老需求而需要规定成年人收养的理由就不太能成立了。

除年龄限制的变化之外，收养一章对于被收养人条件的规定基本沿袭了收养法的规定，未作大的修改。即包括了丧失父母的孤儿、查找不到生父母的未成年人以及生父母有特殊困难无力抚养的子女。

1. 丧失父母的孤儿。此处的“丧失”应指被收养人的父母已经死亡或者被宣告死亡。“父母”不仅包括生父母，还包括养父母以及有扶养关系的继父母，从而尽可能扩大本项的适用范围。这里需要指出的是，该项不包括父母被宣告失踪的情形。如果父母因查找不到而被宣告失踪，可以考虑适用本条第二项的规定，从而作为“查找不到生父母的未成年人”适用收养。

2. 查找不到生父母的未成年人。关于本项需要注意：（1）本项与收养法的规定相比，将收养法规定的“弃婴和儿童”修改为

“未成年人”。国家一直高度重视被拐儿童解救安置工作，但在实践工作中，对于被拐儿童能否被收养各方面有不同意见。我们认为，收养法对于被收养主体范围的规定，没有将被拐儿童排除在外。《收养法》第 4 条第 2 项“查找不到生父母的弃婴和儿童”中的“儿童”应理解为既包括弃儿，也包括被拐儿童、走失儿童。这次编纂民法典，为避免实践中的误解，专门将“弃婴和儿童”修改为“未成年人”，明确拐卖被解救后无法找到生父母的未成年人也属于被收养人范围，以使他们能通过收养途径更好地得到安置。(2) 本项规定的“查找不到”是指通过各种方式均无法找到。虽然本条未对“查找不到”附加时间上的限制，但从维护收养关系稳定的角度，在操作方面应当有一个合理期间的限制，个人或者有关机关经过一定期间仍查找不到生父母的未成年人，可以作为被收养人。此外，需要强调的是，对于暂时脱离生父母，但嗣后又被找回的未成年人，不属于此处的“查找不到”，不应当成为被收养的对象。

3. 生父母有特殊困难无力抚养的子女。与前两项相比，该项当中可作为被收养人的主体并非丧失父母或者父母查找不到，而是由于生父母自身不具备抚养子女的能力，从而产生被收养的需要。本项的“有特殊困难”属于一个包容性较强的表述，既包括生父母因经济困难无力抚养，也包括生父母因身体或者精神原因自身不具备抚养能力等。从实践的情况看，因生父母无力抚养而需要被收养的情况复杂多样，采用“特殊困难”的表述可以不必列举具体情形，而由有关部门在确定是否可被收养时根据情况进行判断。

第一千零九十四条 下列个人、组织可以作送养人：

（一）孤儿的监护人；

（二）儿童福利机构；

（三）有特殊困难无力抚养子女的生父母。

◆ 条文主旨

本条是关于送养人条件的规定。

◆ 立法背景

在收养法律关系中，何种主体可以作为送养人，是一个非常重要的问题。一般认为，送养人适格是收养法律关系成立的实质要件，即只有送养人符合相关条件，收养才能有效成立。总的来看，本条对于送养人条件的确定意义重大。首先，收养涉及送养人、收养人、被收养人等多方主体，收养关系的最终成立也导致不同主体间发生法律关系的根本变化。只有明确了送养人条件，收养关系的合法有效成立才成为可能。其次，有利于进一步规范收养法律关系。本条采用集中规定的方式明确了哪些主体可以作为送养人，只要送养人符合本条规定，在符合收养法律关系成立的其他条件下，相应的收养关系即受到法律保护。最后，送养人的条件确定后，围绕不同类型的送养主体制定具体规则便具备了可能。事实上，收养涉及多方主体，法律关系较为复杂。在宏观方面确定好送养人条件后，才可以在微观层面针对不同的送养主体制定具体规则。

从各国的情况看，大多通过立法对可以送养的主体作了规定。比如，《法国民法典》第348条规定："在子女对父与母双方均已确立亲子关系的情况下，由人收养该子女，应得到父母双方同意。

如父母中一人已去世或者不能表示自己的意思，或者如其已丧失亲权，父母之另一方同意收养，即可。”除父母外，在特定情况下，亲属会议及法院也作为送养人。《法国民法典》第348－2条规定：“如儿童的父母均已死亡或者处于不能表示自己意思的状态，或者如父母双方均已丧失亲权，由亲属会议听取实际负担照管该儿童的人的意见后，对收养表示同意。在儿童未确立亲子关系时，亦同。”第348－6条规定：“在儿童的合法婚姻的生身父母或非婚的生身父母已完全放弃照管该子女，从而使儿童面临身体与精神伤害之危险的情况下，父母双方或其中一方拒绝将该儿童交他人收养时，如法院认为这种拒绝行为完全是一种过分行为，得宣告对该儿童予以收养。亲属会议滥行拒绝将儿童交与收养时，亦同。”《德国民法典》对于未成年人收养，从优先保护未成年人的利益出发，要求送养行为原则上必须得到被送养人父母的同意，只有当出现被送养人父母难以作出意思表示、难以有效照料被送养人或者为保护被送养人人身安全等情形时，家庭法院才能代父母一方作出同意送养的意思表示。《奥地利普通民法典》则区分成年人收养与未成年人收养作了不同规定。在被收养人为完全民事行为能力人时，其可以独立与收养人订立书面的收养合同，并因此成立收养关系；在被收养人不具备完全民事行为能力时，则由其法定代理人代其订立收养合同，此时，送养人为被收养人的法定代理人。在特殊情况下，法院也可作为送养人。如根据《奥地利普通民法典》第179a第2款规定：“不具有完全民事行为能力的被收养人由其法定代理人代理订立收养合同，该合同不需要得到法院的同意。如果其法定代理人拒绝表示同意，而且，不存在拒绝表示同意的正当理由，则基于收养人或被收养人的申请，法院应当作出决定，以代替法定代理人的同意。”

各国民法典对于送养人的规定有以下几个特点：一是，从立法技术上看，大多采用分散规定的方式，没有在同一法条中集中规定送养人条件，而是通过不同条文对送养人的条件或范围作了规定；二是，对未成年人收养的送养人条件规定，倾向于照顾被收养人父母的利益和需要。即被收养人的父母在送养人的顺序中一般比较靠前，或者原则上应当先由被收养人的生父母进行送养，只有在生父母因死亡、无意思能力或者可能危及被收养人利益时，才由其他主体实施送养行为。这充分体现了对生父母亲权的尊重，有利于防止他人违背生父母意愿送养未成年人。三是，体现出最大限度保护未成年被收养人利益的原则。尽管各国立法在送养人条件方面倾向于照顾被收养人父母的利益，但是无一例外最终还是要最大限度地将未成年人的利益放在首位。比如，在被收养人的父母不能有效表达送养意思、欠缺抚养能力或者可能危及被收养人人身安全时，法律会规定由其他个人或者组织实施送养行为，以体现对未成年人利益的保护。

◆ 条文解读

与国外的立法相比，我国在编纂民法典之前，收养法是通过集中规定送养人条件的方式，对哪些主体可以作为送养人作了规定。《收养法》第 5 条规定："下列公民、组织可以作送养人：（一）孤儿的监护人；（二）社会福利机构；（三）有特殊困难无力抚养子女的生父母。"这种集中规定送养人的方式，与立法上对被收养人条件的规定相对应，能够清晰明确地界定可以作送养人的主体。民法典婚姻家庭编收养一章维持了这一做法，仍然采用在同一法条中集中规定的方式对送养人加以界定。本条与收养法的规定相比，实质内容没有变化，包括三项：（1）孤儿的监护人；（2）儿童福利机构；（3）有特殊困难无力抚养子女的生父母。

一、关于“孤儿的监护人”

所谓孤儿，根据民政部1992年发布的《民政部关于在办理收养登记中严格区分孤儿与查找不到生父母的弃婴的通知》的规定，孤儿是指其父母死亡或人民法院宣告其父母死亡的不满十四周岁的未成年人。但是，由于前条关于被收养人的规定已经将被收养人的年龄限制扩展到十八周岁，与此相应，此处的“孤儿”是指其父母死亡或人民法院宣告其父母死亡的未成年人。关于未成年人的监护人，本法总则编第27条规定：“父母是未成年子女的监护人。未成年人的父母已经死亡或者没有监护能力的，由下列有监护能力的人按顺序担任监护人：（一）祖父母、外祖父母；（二）兄、姐；（三）其他愿意担任监护人的个人或者组织，但是须经未成年人住所地的居民委员会、村民委员会或者民政部门同意。”监护制度是对被监护人行为能力的一种补足，是民法上对于无行为能力人和限制行为能力人的人身、财产及其他合法权益进行监督、保护的一种制度。对于未成年人来说，正常情况下是由其父母担任监护人的。在父母死亡或者被宣告死亡后，成为“孤儿”的未成年人就需要由其他主体担任监护人，以实现其合法权益的保护。理解本项需要注意两个问题：一是，按照总则编的规定，担任孤儿监护人的主体是有顺序限制的，即首先是祖父母、外祖父母，其次是兄、姐，最后是其他愿意担任监护人的个人或者组织，但须经未成年人住所地的居民委员会、村民委员会或者民政部门同意。当然，以上主体担任监护人的前提是必须具备监护能力。二是，孤儿的监护人实施送养行为时，按照本章第1096条的规定，应当受到一定限制。即监护人送养孤儿的，应当征得有抚养义务的人同意。有抚养义务的人不同意送养、监护人不愿意继续履行监护职责的，应当依照总则编的规定另行确定监护人。

二、关于“儿童福利机构”

收养法规定的第二项可以作送养人的主体是“社会福利机构”。所谓社会福利机构，是指国家设立的对于孤儿、弃儿等进行监管看护的机构。从实践情况看，我国的社会福利机构主要是指各地民政部门主管的收容、养育孤儿和查找不到生父母的未成年人的社会福利院。民法典总则编制定时，在监护部分大大强化了民政部门的职责。如总则编第32条规定，没有依法具有监护资格的人的，监护人由民政部门担任，也可以由具备履行监护职责条件的被监护人的住所地的居民委员会、村民委员会担任。根据这一规定，民政部门对于需要监护但又没有具备相应监护资格的人的，需要承担兜底的监护责任。而在工作层面具体实施这种监护职责的，实际是其主管的社会福利机构。本项与收养法的规定相比，将“社会福利机构”修改为“儿童福利机构”，一方面表述更为准确，即体现出送养人是国家设立的从事有关儿童（未成年人）的福利机构；另一方面也与修改后的未成年人保护法、残疾人保障法中“儿童福利机构”的表述保持协调一致。

三、关于“有特殊困难无力抚养子女的生父母”

本项是将特定情形下的生父母作为送养人的规定。生父母作为子女的法定监护人，在一般情况下都要履行作为父母的监护人职责，不得随意将应由自己承担的责任转由他人承担。但在特殊情况下，生父母因存在特殊困难无力承担这一责任时，从有利于未成年人健康成长的角度出发，可以由生父母将未成年人送养，从而为其创造更有利于成长的家庭环境，这也符合本次收养领域确立的最有利于被收养人的原则要求。适用本项需要注意以下几点：一是，能够以存在特殊困难无力抚养为由送养子女的只能是生父母，不包括养父母、继父母。民法典编纂过程中，有的意见提出，从保护被收养人利益的角度出发，应该将本项送养人的范围扩至养父母、继父母。比如，因收养形成父母子女关系后，如养父母因自身存在特殊困难无力抚养养子女的，其可以再将自己的养子女送养他人。这种意见的主要理由是，此举可以更有利于被收养人的利益。经研究，我们认为，以有特殊困难无力抚养为由送养子女的，仍应限制在生父母比较合适。如果收养关系成立后，养父母确因特殊困难无力继续抚养养子女，其可以通过与生父母协商解除收养关系的方式，由生父母重新考虑是否自己抚养或者送养给其他主体。这充分尊重了生父母作为子女最初法定监护人的意愿，也能够最大限度保护被收养人的利益。如果允许养父母再次进行送养，则相当于将重新送养的选择权由生父母转至养父母，对于前者而言是不够公平的。二是，生父母必须存在特殊困难才能送养子女。这里的“特殊困难”是一个包容性较强的概念，既包括经济方面的困难，如生父母均不再具备抚养子女的经济能力，也包括身体、精神方面的原因，如因患重大疾病无法继续抚养子女。无论是何种特殊困难，必须在客观上能够导致生父母丧失对被抚养人的抚养能力。三是，生父母在因特殊困难无力抚养子女而决定送养时，必须生父与生母双方共同决定。除非生父母一方不明或者查找不到，才可以单方送养。对于这一点，本章第 1097 条已有明确规定。四是，在生父母送养子女的情形，如果生父母一方死亡，另一方送养时，死亡一方的父母有优先抚养的权利，这一点在本章第 1108 条作出了明确规定。因此，在未成年人父母一方死亡的情形下，其父母一方将其送养时，其祖父母或者外祖父母可以优先抚养。

▶ **相关规定**

《民政部关于在办理收养登记中严格区分孤儿与查找不到生父母的弃婴的通知》第 1 条

第一千零九十五条 未成年人的父母均不具备完全民事行为能力且可能严重危害该未成年人的，该未成年人的监护人可以将其送养。

◆ **条文主旨**

本条是关于未成年人的监护人可以送养的规定。

◆ **立法背景**

根据本法总则编的规定，通常情况下，未成年人的父母是其法定监护人。但是，在父母已经死亡或者没有监护能力的情况下，为保护未成年子女的利益，需要由其他主体担任监护人，实现对未成年子女的监护，保护其人身和财产权益。这些主体包括祖父母、外祖父母、兄、姐以及其他愿意担任监护人的个人或者组织。那么，在这些主体担任监护人的情形下，是否一概有权决定送养未成年人呢？从本章第 1094 条关于送养人条件的规定来看，没有涉及对于父母尚存，但由他人担任监护人时的未成年人的送养问题。《收养法》第 12 条对此问题作了规定，该条规定："未成年人的父母均不具备完全民事行为能力的，该未成年人的监护人不得将其送养，但父母对该未成年人有严重危害可能的除外。"从这一规定来看，未成年人的父母均不具备完全民事行为能力时，即父母双方均为限制行为能力人或者无行为能力人时，原则上监护人也不得将未成年人送养，除非是父母对该未成年人存在严重危害可能。收养法之所以这样规定，主要是考虑到，子女对于无行为能力或者限制行为能力的父母往往具有更为重要的意义，一方面，子女可以在精神上陪伴父母，在有的情况下这种陪伴和慰藉是其他方式所不可替代的；另一方面，子女如果不被送养，其与生父母的亲子关系仍然存在，在其成年后需要对生父母履行赡养义务，这有助于对无行为能力或者限制行为能力的父母的权益保护。当然，从收养法的规定看，也并没有完全禁止在此种情形下一概不得送养未成年人。如果父母对未成年子女存在严重危害可能，从保护未成年人的角度考虑，是允许监护人送养未成年人的。这样规定，可以在保护生父母与未成年人的利益之间达到平衡。

◆ **条文解读**

与收养法的规定相比，本条关于监护人送养未成年人的表述发生了变化，即“未成年人的父母均不具备完全民事行为能力且可能严重危害该未成年人的，该未成年人的监护人可以将其送养”。理解本条需要把握以下几点：第一，本条的规范重点放在了“可以送养”，即重点强调未成年人的监护人在何种情况下可以送养该未成年人。民法典婚姻家庭编在一般规定中新增了“收养应当遵循最有利于被收养人”的原则，这实际上是收养法律关系中最为重要、最能体现收养制度价值与功能的原则。任何有关收养的规则设计，都应当体现这一原则。将本条的规范重点由原则上不得送养调整为何种情况下可以送养，尽管在最终的规范效果上没有实质变化，但传递出的理念变化是明确的，即首先要保障未成年人的利益：当未成年人的父母均不具备完全民事行为能力且可能严重危害该未成年人的，监护人就可以送养未成年人。第二，在父母尚存的情况下，对于监护人送养未成年人的条件要求是非常严格的。首先，要求未成年人的父母双方均不具备完全民事行为能力。根据本法总则编对民事行为能力的分类，自然人可以分为完全民事行为能力人、限制行为能力人以及无行为能力人。如果未成年人的父母任何一方属于完全民事行为能力人，一般情况下意味着其具有抚养、教育未成年人的能力，在这种情况下，监护人不得将未成年人送养；只有未成年人的父母双方均不具备完全民事行为能力，即双方均为限制行为能力或者无行为能力人时，监护人才有可能被允许送养。其次，未成年人的父母必须存在可能严重危害该未成年人的情形时，监护人才可将未成年人送养。所谓可能严重危害该未成年人，主要是指其父母存在危害该未成年人的现实危险，且达到严重程度的情形，比如，父母双方均有严重的精神分裂症，存在暴力威胁甚至殴打未成年人的情形。在这种情况下，即使危害行为尚未实际发生，从保护未成年人利益的角度出发，也允许监护人将其送养。第三，此种情况下的送养主体，只能是该未成年人的监护人。根据本法第 1094 条的规定，可以担任送养人的主体原则上只包括三类，即孤儿的监护人、儿童福利机构以及有特殊困难无力抚养子女的生父母。而在未成年人的父母均不具备完全民事行为能力且可能严重危害该未成年人时，上述三类主体均无法成为适格的送养主体。此时，根据本条规定，能够成为送养主体的，是该未成年人的监护人。监护人作为实际承担监护职责的人，对该未成年人的情况最为熟悉，由其担任送养人与收养人成立收养法律关系，较为合适。

第一千零九十六条 监护人送养孤儿的，应当征得有抚养义务的人同意。有抚养义务的人不同意送养、监护人不愿意继续履行监护职责的，应当依照本法第一编的规定另行确定监护人。

◆ 条文主旨

本条是关于监护人送养孤儿的限制以及变更监护人的规定。

◆ 立法背景

根据本法第1094条的规定，监护人可以作为送养人对孤儿进行送养。孤儿因其父母死亡或者被宣告死亡，需要由其他法定主体担任监护人对其人身和财产权益进行保护。根据本法总则编第27条的规定，未成年人的父母已经死亡或者没有监护能力的，由下列有监护能力的人按顺序担任监护人：（1）祖父母、外祖父母；（2）兄、姐；（3）其他愿意担任监护人的个人或者组织，但是须经未成年人住所地的居民委员会、村民委员会或者民政部门同意。父母之外的其他主体担任监护人时，由于主客观方面的不同原因，可能会产生不想再履行监护职责，并将被监护人送养的想法。比如，监护人承担监护职责一段时间后，生活发生变故，不想继续担任孤儿的监护人。此时，如果监护人送养未成年人，有何限制？

◆ 条文解读

根据本条规定，监护人送养孤儿的，应当征得有抚养义务的人同意。这里的“有抚养义务的人”，是指孤儿的有负担能力的祖父母、外祖父母、兄、姐。本法第1074条规定，有负担能力的祖父母、外祖父母，对于父母已经死亡或者父母无力抚养的未成年孙子女、外孙子女，有抚养的义务。第1075条规定，有负担能力的兄、姐，对于父母已经死亡或者父母无力抚养的未成年弟、妹，有扶养的义务。如果上述主体不同意监护人对孤儿进行送养，而监护人又不愿意继续履行监护职责的，为使被监护人不致处于无人监护的状态，应当依照本法总则编的规定另行确定监护人。比如，父母都死亡后，成年的兄、姐是未成年弟、妹的法定监护人，作为监护人的哥哥不能违背姐姐的意愿而自己决定将被监护的弟、妹送养。再如，有负担能力的祖父母、外祖父母对于父母均已死亡的未成年孙子女、外孙子女有抚养义务。当祖父母担任监护人时，其送养孙子女的行为应当征得外祖父母的同意，外祖父母不同意收养而祖父母又不愿意继续履行监护职责的，应当按照有关规定变更监护人，由外祖父母担任监护人。

理解本条需要注意以下几点：一是，孤儿的父母死亡后，有资格担任孤儿监护人的主体并不单一，有监护能力的祖父母、外祖父母、兄、姐都可以作为监护主体。但一般情况下，监护人不可能由多人担任，因此，在监护人确定后，为尊重其他有抚养义务的人的意愿，实质上也是为了最大限度地遵循保护未成年人利益的原则，法律要求送养应当征得有抚养义务的人的同意。二是，如果有抚养义务的人不同意送养，监护人又不愿意继续履行监护职责，则要通过变更监护人的方式确保未成年人的利益不受损害。有抚养义务的人不同意送养，原因可能是多方面的，有可能是因为想通过变更监护人的方式获得被监护人的监护权，也有可能仅仅是因为情感上无法接受被监护人被他人收养。无论何种原因，有抚养义务的人不同意送养的意思表示应当明确作出。在这种情况下，如果监护人又表示不愿意继续履行监护职责，为了使未成年人不致处于无人监护的状态，就需要按照有关规定变更监护人。三是，变更监护人应当依照本法总则编的有关规定进行。本法总则编第 27 条第 2 款规定了未成年人的父母已经死亡或者没有监护能力的，可以担任监护人的主体，具体包括：（1）祖父母、外祖父母；（2）兄、姐；（3）其他愿意担任监护人的个人或者组织，但是须经未成年人住所地的居民委员会、村民委员会或者民政部门同意。如果这些主体因监护人的确定产生争议，根据总则编第 31 条的规定，由被监护人住所地的居民委员会、村民委员会或者民政部门指定监护人，有关当事人对指定不服的，可以向人民法院申请指定监护人；有关当事人也可以直接向人民法院申请指定监护人。当然，在指定监护人的过程中，居民委员会、村民委员会、民政部门或者人民法院应当尊重被监护人的真实意愿，按照最有利于被监护人的原则在依法具有监护资格的人中指定监护人。需要特别指出的是，根据本法总则编第 32 条的规定，如果没有依法具有监护资格的人的，监护人由民政部门担任，也可以由具备履行监护职责条件的被监护人住所地的居民委员会、村民委员会担任。

第一千零九十七条 生父母送养子女，应当双方共同送养。生父母一方不明或者查找不到的，可以单方送养。

◆ 条文主旨

本条是关于生父母送养子女的原则要求与例外规定。

◆ 立法背景

根据本法第 1094 条的规定，有特殊困难无力抚养子女的生父母可以作为送养人，送养其子女。一般而言，生父母作为未成年子女的法定监护人，不应轻易转嫁本应由其承担的监护职责。但在其确因特殊困难无力抚养子女时，允许其送养未成年子女，更有利于未成年子女在良好的家庭环境中健康成长，体现出对未成年子女利益的保护。本条即是对生父母送养子女的规定。根据本条规定，生父母送养子女，原则上要求双方共同送养，只有在生父母一方不明或者查找不到的情形下，才可以由生父或者生母单方送养。

不少国家和地区的立法都对生父母送养子女的要求作了规定。

《德国民法典》第 1747 条第 1 项规定，收养子女，需要得到父母的允许。第 1748 条第 1 项规定，父母一方长期严重违背其对子女的义务，或其行为表示其对子女漠不关心的，并且不收养会对子女过于不利的，监护法院应依子女的申请代替其允许。违背义务虽非为长期，但却是特别严重的，并且可以预料不再能够长期将子女交由该方保护照顾的，也可以代替允许。《法国民法典》第 348 -1 条规定，在子女对父与母双方均已确立亲子（女）关系的情况下，由人收养该子女，应得到父母双方同意。如父母中一人已去世或者不能表示自己的意思，或者如其已丧失亲权，父母之另一方同意收养，即可。根据《法国民法典》的这一规定，在由被送养人生父母送养的情形下，该送养行为原则上应当由父母双方共同实施，但在生父母一方无法表达自己的意思，或者一方已经丧失亲权的情况下，则可以由父母一方单独送养。《日本民法典》第 817 条之六规定，成立特别收养，应得为养子女者的父母的同意。但是，父母不能表示其意思时，受父母虐待、恶意遗弃或有显著害及为养子女利益之事由时，不在此限。我国台湾地区“民法”第 1076 条规定，子女被收养时，应得其父母之同意。但有下列各款情形之一者，不在此限：(1) 父母之一方或双方对子女未尽保护教养义务或有其他显然不利子女之情事而拒绝同意。(2) 父母之一方或双方事实上不能为意思表示。前项同意应作成书面并经公证。但已向法院声请收养认可者，得以言词向法院表示并记明笔录代之。第一项之同意，不得附条件或期限。《魁北克民法典》第 551 条规定，在收养经父母同意实施的情形下，如子女与父母双方已确立亲子关系，双亲的同意为必要。如子女仅与双亲中的一方确立了亲子关系，该方父母的同意为充分。

无论是多数国家和地区的立法例，还是我国收养法的规定，都将生父母送养子女时应双方共同送养作为原则。这主要是考虑到，收养关系一旦成立，虽然在客观上不能改变生父母与其子女的血亲关系，但是生父母却不能继续抚养子女。尤其是在我国只承认完全收养的制度背景下，收养关系成立后，生父母与其子女的亲子关系将因收养而消除。如果生父或者生母一方未经其配偶同意即送养子女，无异于剥夺了其配偶对于子女的亲权，显然对不知情的配偶一方是不公平的。当然，在生父母一方不明或者查找不到时，则允许另一方单方送养，这主要是为了更好地保护未成年子女的利益。

◆ 条文解读

本条与《收养法》第10条相比，内容基本没有变化。理解本条，需要明确以下几点：第一，生父母送养子女应当双方共同送养，这是原则要求。基于父母双方对于抚养子女的平等地位，送养应当双方共同进行。在实践操作层面，可以双方共同表示送养的意思，也可以由一方表达出送养意愿，另一方表示同意。在后一种情况下，这种同意的表示应是明确的、具体的。第二，生父母送养子女可以单方送养，这是例外规定，应当严格限于法律规定的两种情形，即生父母一方不明或者查找不到。所谓生父母一方不明，是指不能确认被送养人的生父或者生母为谁的情况。比如，生母曾因自身的特殊经历，不知其所生子女的生父是谁。在这种情况下，如果生母无力抚养所生子女，应当允许其送养该子女，给子女提供一个更好的成长环境。所谓查找不到，是指经过一定期间，无法查找到生父或者生母的情况。比如，未成年子女的生母无故离家出走，经过有关机关在一定期间查找仍查找不到，此时，为尽快使未成年子女获得稳定、良好的成长环境，应当允许无力独自抚养子女的生父送养。

第一千零九十八条 收养人应当同时具备下列条件：

（一）无子女或者只有一名子女；

（二）有抚养、教育和保护被收养人的能力；

（三）未患有在医学上认为不应当收养子女的疾病；

（四）无不利于被收养人健康成长的违法犯罪记录；

（五）年满三十周岁。

◆ 条文主旨

本条是关于收养人条件的规定。

◆ 立法背景

收养是在收养人与被收养人之间建立拟制亲子关系的一种法律制度，其核心是为了更好地促使被收养人健康成长，同时也满足收养人的收养需求。由于收养制度的这一定位，使得保障被收养人利益成为收养制度需要遵循的首要原则。本法第 1044 条规定，收养应当遵循最有利于被收养人的原则，保障被收养人和收养人的合法权益。在这一原则的要求下，需要对收养人设定必要的条件要求，以确保收养制度功能的实现，保障被收养人的合法权益。本条即是对一般情况下收养人应当具备的条件的规定。

从世界各国、各地区有关收养的立法来看，在收养条件的设定中，首要的一点是对收养人年龄施加限制，有的是确立一个可以为收养行为的最低年龄，有的则会对收养人与被收养人之间的年龄差距进行限定，有的针对收养配偶子女等情形还会规定不同的年龄差。尽管各国、各地区的规定差别较大，但其规范目的却基本相同，即保证收养人具备相应的收养能力，从而保护未成年养子女的利益免受不利影响。《德国民法典》第 1743 条规定，收养人必须已满 25

岁，在第1741条第2款第3句的情形下，必须已满21岁。《法国民法典》第343条规定，未分居的夫妻，结婚超过2年，或者双方年龄超过28岁，得请求收养子女。第344条规定，收养人的年龄应当比其拟收养的子女的年龄大15岁以上，如拟予收养的子女是被收养人配偶的子女，收养人与被收养人的年龄仅要求相差10岁以上。但是，法院如有正确理由，在收养人与被收养人年龄相差不到前款规定时，得宣告收养。我国台湾地区“民法”第1073条规定，收养者之年龄，应长于被收养者二十岁以上。但夫妻共同收养时，夫妻之一方长于被收养者二十岁以上，而他方仅长于被收养者十六岁以上，亦得收养。夫妻之一方收养他方之子女时，应长于被收养者十六岁以上。我国《澳门民法典》对于收养人年龄的规定，则更为细致。其第1828条规定：“一、夫妻两人均年逾二十五岁，结婚逾三年，且无事实分居者，或在事实婚状况下生活之两人均年逾二十五岁，且维持该关系逾五年者，方可共同收养。二、符合下列任一条件之个人亦可收养：a）年逾二十八岁；b）待被收养人为收养人配偶之子女，且收养人年逾二十五岁；c）待被收养人为与收养人在事实婚状况下生活逾三年之人之子女，且收养人年逾二十五岁。三、在获交托待被收养人当时仍未逾六十岁之人，方可收养。四、收养人与被收养人之年龄差距应在十八年以上五十年以下，但存在应予考虑之理由者除外。五、为计算夫妻两人作出共同收养所需之时间，如两人在结婚前一直在事实婚状况下共同生活，则该段生活期间亦计算在所需之时间内。”

◆ **条文解读**

本条关于收养人年龄的规定与《收养法》第6条第4项规定保持一致，仍然要求收养人须年满三十周岁。收养人只有达到一定年龄，才可能在经济能力、心智完善程度方面满足一定标准，从而具备承担抚养被收养人的义务，更好地保障被收养人的利益。当然，此处关于收养人年龄的规定仅是收养人条件中的一项，其即使满足了这一要求，也并不意味着必然具备抚养、教育被收养人的能力，还需要同时满足本条关于收养人条件的其他要求，才可担任收养人。同时，本条仅是对于一般收养条件下收养人最低年龄的规定，对于特殊情形下的收养，则要视情况予以放宽这一限制或者增加其他年龄方面的限制等。比如，根据本法第 1103 条的规定，继父或者继母经继子女的生父母同意，可以收养继子女，其可以不受收养人须年满三十周岁的限制。而根据本法第 1102 条的规定，无配偶者收养异性子女的，收养人与被收养人的年龄还应当相差四十周岁以上。

除须年满三十周岁外，按照本条规定，收养人还须同时具备其他四项条件，即无子女或者只有一名子女；有抚养、教育和保护被收养人的能力；未患有在医学上认为不应当收养子女的疾病；无不利于被收养人健康成长的违法犯罪记录。

关于收养人无子女或者只有一名子女。本项与收养法的规定相比，将原来的“无子女”修改为“无子女或者只有一名子女”。收养法制定之时，根据我国宪法和婚姻法有关计划生育政策的规定，为防止一些收养人借收养之机达到多子女的目的，法律要求收养人必须无子女才可以收养。这与修改前的人口与计划生育法中“提倡一对夫妻生育一个子女”的规定精神是一致的。此处的“无子女”包括多种情况，主要是指夫妻双方或者一方因不愿生育或不能生育而无子女，或者因所生子女死亡而失去子女，或者指收养人因无配偶而没有子女的情况，即收养人没有亲生子女，同时也没有养子女及形成抚养教育关系的继子女。需要强调的是，这里的“无子女”不能简单地理解为没有生育能力，如果此前生育过子女，但子女因故死亡，也属于“无子女”。2015 年 10 月，党的十八届五中全会召开，会议对我国人口和计划生育政策作出了重大调整。同年 12 月 27 日，十二届全国人大常委会第十八次会议对《人口与计划生育法》作了修改，明确规定了“国家提倡一对夫妻生育两个子女”。与此相对应，本项关于收养人无子女的要求也相应作了调整，收养人不再受到“无子女”的严格限制，收养人在只有一名子女的情形下，依然可以作为收养人再收养其他子女。相应地，在收养人数的规定方面，本法第 1100 条也作了修改，即无子女的收养人可以收养两名子女；有一名子女的收养人只能收养一名子女。

关于有抚养、教育和保护被收养人的能力。收养人具备抚养、教育和保护被收养人的能力，这是收养人必须具备的基本条件。根据本法总则编第 26 条的规定，父母对未成年子女负有抚养、教育和保护的义务。此处的“抚养、教育和保护被收养人的能力”，主要是指收养人应当具有完全民事行为能力，在身体、智力、经济、道德品行以及教育子女等各个方面均有能力实现对未成年子女的抚养、教育和保护，能够履行父母对子女应尽的义务。如果收养人自身经济困难或者患有重病等，就无力承担这一义务，从而损害未成年子女的利益，不利于其健康成长。实践中，有关机关在办理收养登记时，都需要对收养人是否具备这一能力进行审查，以确保未成年人进入收养家庭后，能够得到良好的生活照顾、身心抚育等，最大限度地保护其合法权益。当然，收养人是否具备抚养、教育和保护被收养人能力，并不是单纯的主观判断问题，需要结合收养人家庭的具体状况、收入水平、心理健康程度等进行严格审查，有的地方通过试点开展收养评估制度实现对收养人抚养、教育和保护能力的审查，取得了不错的实践效果。

关于未患有在医学上认为不应当收养子女的疾病。收养人不应患有相关疾病，这是对收养人在身体方面的特别要求。如果收养人患有这些疾病，将对被收养人的健康成长产生重大影响，因此本条延续了收养法的规定，依然将本项作为收养人应当具备的条件加以规定。在适用“未患有在医学上认为不应当收养子女的疾病”这一规定处理具体问题时，要特别注意须有充分科学的依据，必要时通过专门的医学鉴定加以确定，切不可随意适用该项条件拒绝特定主体的收养要求。从收养法实施多年的实践情况看，“医学上认为不应当收养子女的疾病”是一个概括性、包容性的概念，并不是特定的哪几种疾病。一般而言，患有一些精神类疾病和传染性疾病可以被认为不适宜收养，如精神分裂症、躁狂抑郁型精神病、艾滋病、淋病、梅毒等。在判定某种疾病是否属于不应当收养子女的疾病时，除考虑疾病本身的严重性之外，重点还要考虑此种疾病对于收养关系的影响，对于被收养人可能存在的影响等，综合以上因素，谨慎认定。

关于无不利于被收养人健康成长的违法犯罪记录。这是本次编纂新增加的内容，收养法没有类似规定。近些年来，一些侵害未成年人的违法犯罪案件屡屡见诸报端，令人痛心又愤怒。这其中，也有相当数量的案件属于收养人借收养之名侵害被收养人人身、财产利益的情况。这些情况的出现，本质上是对收养目的的根本违背，严重损害了未成年人的利益。从调研的情况看，不少意见提出，需要进一步强化对于收养人品行的高标准、严要求，以更加突出对被收养人利益的保护。也有的意见提出，对于那些曾有过侵害未成年人违法犯罪情况的主体来说，立法上应当防患于未然，剥夺其作为收养人的主体资格，以体现对被收养人的严格保护。从国外的情况看，不少国家通过事先的试收养、收养评估制度来对收养人包括品行在内的各方面条件进行把控，以保护被收养人的合法权益。需要指出的是，并非有过任何违法犯罪记录的人都不能担任收养人，本项还是强调“无不利于被收养人健康成长的违法犯罪记录”，即收养人从事过与未成年人健康成长有关的违法犯罪的，才会因该违法犯罪记录而被限制收养。比如，收养人曾有过对未成年人的强奸、猥亵犯罪的。假如收养人的违法犯罪与未成年人无关，则不受该项条件的限制。

▶ **相关规定**

《中华人民共和国人口与计划生育法》第18条

第一千零九十九条　收养三代以内旁系同辈血亲的子女，可以不受本法第一千零九十三条第三项、第一千零九十四条第三项和第一千一百零二条规定的限制。

华侨收养三代以内旁系同辈血亲的子女，还可以不受本法第一千零九十八条第一项规定的限制。

◆ **条文主旨**

本条是对收养三代以内旁系同辈血亲的子女以及华侨收养三代以内旁系同辈血亲的子女的条件的放宽规定。

◆ **立法背景**

本章一开始即对收养关系成立的基本条件作了规定，具体来说，第1093条是对被收养人条件的规定，第1094条是对送养人条件的规定，第1098条是对收养人条件的规定。这些有关收养关系成立基本条件的规定，均是对收养关系当事人所作的一般性规定，也就是说，如果收养关系要有效成立，各方当事人原则上需要具备这些基本条件。然而，收养关系涉及收养人、送养人、被收养人等多方当事人，法律关系较为复杂，而且收养涉及各方主体之间的情感联系及未成年人的利益保护，如果在任何情形下均严格适用收养的一般性条件来判定收养行为的效力，可能并不利于收养制度功能的发挥。因此，有必要在收养的基本条件之外，针对特殊情形作出特别规定。基于此，本条针对收养三代以内旁系同辈血亲的子女以及华侨收养三代以内旁系同辈血亲的子女的条件作了特别规定，主要是在收养一般条件的基础上，作了放宽规定。

◆ **条文解读**

本条第1款是对收养三代以内旁系同辈血亲的子女的条件规定。所谓旁系血亲，与直系血亲相对，是亲系的一种基本分类。直系血亲是指相互间具有直接血缘联系的血亲，己身所从出和从己身所出的血亲，均为直系血亲，如父母和子女、祖父母和孙子女、外祖父母和外孙子女等。旁系血亲是指相互间具有间接血缘联系的血亲。在血缘上具有同源关系的，除直系血亲外均为旁系血亲。如兄弟姐妹因同源于父母而具有间接血缘联系，己身与伯、叔、姑因同源于祖父母而具有间接血缘联系等。而“三代以内”的“代”，又称“世辈”，是新中国成立后，我国所采用的表明亲属关系亲疏远近的计算单位，一辈为一代，相差一世即为两代。在计算旁系血亲的代数时，须以同源关系为依据。例如，同源于父母的兄弟姐妹，是两代以内旁系血亲；同源于祖父母、外祖父母的，是三代以内旁系血亲。以此为计算标准。“三代以内旁系同辈血亲的子女”，是指兄弟姐妹的子女、堂兄弟姐妹的子女、表兄弟姐妹的子女。根据本款规定，如果收养三代以内旁系同辈血亲的子女，可以在收养基本条件的基础上，不受以下几项条件的限制：一是，被收养人生父母有特殊困难无力抚养子女。根据本法第1093条的规定，除丧失父母的孤儿以及查找不到生父母的未成年人外，只有生父母有特殊困难无力抚养未成年子女时，该子女才能被纳入被收养人的范围。而根据本条规定，收养人如果收养的是三代以内旁系同辈血亲的子女，可以不受这一限制，即便该子女的父母并未因特殊困难丧失抚养能力，该子女仍可以成为被收养的对象。二是，有特殊困难无力抚养子女的生父母。根据本法第1094条规定，除孤儿的监护人、儿童福利机构外，未成年人的生父母只有在有特殊困难无力抚养子女时，才能成为送养人。而根据本条规定，收养三代以内旁系同辈血亲的子女，即使未成年人的生父母并未因特殊困难而丧失抚养能力，其仍可以成为适格的送养人，因此成立的收养关系仍然有效。三是，无配偶者收养异性子女的，收养人与被收养人的年龄应当相差四十周岁以上。根据本法第1102条的规定，无配偶者收养异性子女的，需要受到收养人与被收养人四十周岁年龄差的限制。而根据本条规定，收养三代以内旁系同辈血亲的子女，即使收养人与被收养人的年龄相差不到四十周岁，依然可以成立有效的收养关系。此外，还有一点需要指出的是，《收养法》第7条还规定了收养三代以内旁系同辈血亲的子女可以不受被收养人须不满十四周岁的限制。由于本章对于被收养人的年龄限制已经放宽到十八周岁，因此，本款不再保留“被收养人不满十四周岁”的限制。当然，被收养人依然要受到收养关系一般条件的限制，即须为未满十八周岁的未成年人。

本条第2款是对华侨收养三代以内旁系同辈血亲子女的条件规定，即在一般主体收养三代以内旁系同辈血亲子女放宽条件的基础上，对于华侨收养，进一步放宽了关于收养人子女数量的限制。本条第2款规定，华侨收养三代以内旁系同辈血亲的子女，还可以不受本法第1098条第1项规定的限制。理解本款要注意以下两点：一是，华侨收养三代以内旁系同辈血亲的子女，首先与一般主体收养三代以内旁系同辈血亲的子女的要求一致，即被收养人可以不受生父母有特殊困难无力抚养的子女限制、送养人可以不受有特殊困难无力抚养子女的限制以及无配偶者收养异性子女须与被收养人存在四十周岁年龄差的限制。二是，在上述基础上，对于华侨收养，本法进一步放宽限制，还可以不受收养人须无子女或者只有一名子女的限制。也就是说，对于已拥有两名以上子女的华侨而言，其还可以通过收养这一方式形成与三代以内旁系同辈血亲的子女之间的亲子关系。

需要说明的是，本条对于一般主体以及华侨收养三代以内旁系同辈血亲的子女收养条件的放宽，比较生动地体现了收养法制定之时对于收养实践的积极回应。收养法制定时正值二十世纪九十年代初，其时民间还是存在数量不少的收养三代以内旁系同辈血亲子女的习惯。对于这种已经形成多时又有相当数量的收养实践，不少意见提出应当尊重现实，适当放宽收养条件，以维持既已形成的家庭亲子关系的稳定，收养法因此对这种情形的收养放宽了条件限制。而对于华侨收养，考虑到这一群体的特殊性，尤其是其可以为被收养人创造相对优越的成长环境，以及放宽收养要求对于维系华侨民族感情等方面的积极意义等，收养法对于华侨收养三代以内旁系同辈血亲的子女，进一步放宽了条件方面的限制。本次民法典编纂过程中，尽管有意见提出应当不再保留对于华侨收养条件的从宽规定，但综合考虑收养法制定之时的立法背景等，本条仍维持了收养法的规定，未作修改。

第一千一百条 无子女的收养人可以收养两名子女；有子女的收养人只能收养一名子女。

收养孤儿、残疾未成年人或者儿童福利机构抚养的查找不到生父母的未成年人，可以不受前款和本法第一千零九十八条第一项规定的限制。

◆ **条文主旨**

本条是关于收养人收养子女数量的规定。

◆ **立法背景**

《收养法》第 8 条第 1 款规定，收养人只能收养一名子女。该规定对于收养人收养子女的数量作了限制性规定，即收养人原则上只能收养一名子女。收养法对于收养子女数量的限制，主要基于两方面考虑：一是，从保障被收养人的利益出发，收养人收养的子女数量越多，其所能够提供的抚养条件就相对越差。因此，原则上允许收养人收养一名子女，可以更加确保被收养人的生活条件，有利于其成长。二是，收养法制定之时，从计划生育的角度出发，规定收养人原则上只能收养一名子女也与计划生育的政策要求相一致。《收养法》第 3 条规定，收养不得违背计划生育的法律、法规。

◆ **条文解读**

本条规定与收养法的规定相比，在收养子女数量方面，作了重大修改。根据本条第 1 款规定，无子女的收养人可以收养两名子女；有一名子女的收养人只能收养一名子女。换言之，如果收养人无子女，其可以收养子女的数量已经不再限于一名，最多可以收养两名；仅是对于已有一名子女的收养人而言，只能再收养一名子女。本条作出修改的主要理由，同收养人条件放宽对收养人子女数量的限制一样，也是基于我国人口生育政策的重大变化，即从“提倡一对夫妻生育一个子女”到“国家提倡一对夫妻生育两个子女”。这里的“无子女”包括自己没有生育子女、已生育但子女死亡等不同情况。这样一来，无论是无子女的收养人，还是已经有一名子女的收养人，都可以基于自身情况进行收养，当然，收养子女的数量最多不超过两人。需要指出的是，有的观点认为，收养所形成的亲子关系不同于一般的父母子女关系，后者因属自然生育，因而需要遵守国家的计划生育政策；而前者是一种法律拟制的父母子女关系，似可以不受收养数量的限制。同时，收养人往往具备较好的抚养、教育能力，允许其多收养子女，对于被收养人而言也是有利的。对此，我们认为，收养同其他方式产生的父母子女关系一样，都应受到国家有关政策和法律的同等调整。如果对收养人数不加限制，则因此种方式形成的父母子女关系相较于其他父母子女关系不平等，不利于法制统一。同时，收养人数的增加势必在客观上加重抚养人的经济负担，能否保证每一名被收养人的健康成长，也存在疑问。实践中，被收养人群体中的健康未成年人数量是远远不能满足现实的收养需求的，如果放宽收养人数的限制，会大大加剧这种收养需求与健康被收养人数量之间的不平衡，也会使得那些更需要被收养的未成年人群体无人问津，最终影响其权益保护。因此，根据国家人口和计划生育政策的变化，对一般情况下收养人数规定的相应调整是必要的，但不宜完全放开。

在上述原则规定的基础上，对于那些属于特殊群体的被收养人，是否可以不受收养人数的特定限制呢？本条第 2 款对此作了规定。根据本条第 2 款规定，收养孤儿、残疾未成年人或者儿童福利机构抚养的查找不到生父母的未成年人，可以不受前款和本法第 1098 条第 1 项规定的限制。根据本款规定，对于孤儿、残疾未成年人以及儿童福利机构抚养的查找不到生父母的未成年人这三类之一的被收养人，首先，可以不受第 1 款的限制，即“无子女的收养人可以收养两名子女；有子女的收养人只能收养一名子女”。也就是说，如果收养人收养的是孤儿、残疾未成年人或者儿童福利机构抚养的查找不到生父母的未成年人的，无子女的收养人可以收养两名以上，有一名子女的收养人可以收养一名以上。

其次，收养这三类群体中的任何一类，还可以不受本法第 1098 条第 1 项规定的限制，即可以不受收养人无子女或者只有一名子女的限制。也就是说，如果收养人意图收养的对象是孤儿、残疾未成年人或者儿童福利机构抚养的查找不到生父母的未成年人，即使收养人自己有子女或者子女数量超过一名，依然可以进行有效的收养行为。由此可见，对于收养人收养三类特定群体的被收养人，本条从收养人子女数量、可以收养的被收养人数量两方面均作了放宽规定。之所以这样规定，主要是体现对于这三类群体的特别保护。首先是孤儿，所谓孤儿，是指父母均死亡或者被宣告死亡的未成年人。比如，在灾难事故中失去双亲的儿童。这类群体由于突然变故导致失去双亲，瞬间由正常家庭的孩子成为孤儿，通过放宽收养人子女数量条件及收养人数的限制，可以使其尽快回归正常家庭，重新得到家庭关爱。其次是残疾未成年人，这里的残疾，既包括身体的残疾，如患有某些先天性身体疾病，也包括精神方面的残疾，如患有精神分裂症等。无论是身体残疾还是精神残疾，为鼓励对此类群体的收养，体现对残疾人群体的关爱，放宽相关收养条件的限制，也是很有必要的。最后是儿童福利机构抚养的查找不到生父母的未成年人。这类由儿童福利机构抚养的查找不到生父母的未成年人，来源不一，有的是因自身存在某些疾病而被生父母遗弃，后被儿童福利机构抚养，有的可能是因打拐被解救后查找不到生父母而由儿童福利机构抚养，无论何种情况，通过放宽收养条件使得此类未成年人群体尽快被收养，都是极为必要的，也符合未成年人利益最大化的要求。从近些年的收养实践看，那些身心健康的未成年人，从来都不需要担心无人收养，甚至其数量远远满足不了收养人的收养需求，而许多孤儿、残疾儿童等，则因为自身的特殊情况，很难通过收养手段重新回归家庭。本条对于一般收养关系中收养子女数量的规定以及特殊群体收养数量的放宽，能够体现在收养方面的倾斜保护，有助于此类群体权益的保护，更好地发挥收养制度的功能。

需要说明的是，本条第 1 款与收养法的规定相比，明确的是“无子女的收养人可以收养两名子女；有子女的收养人只能收养一名子女”。这是区分情况对收养人可以收养子女数量的规定，并不意味着对收养人条件中收养人子女数量的放宽，即收养人仍须无子女或者只有一名子女才可收养，只是对于华侨收养三代以内旁系同辈血亲的子女，因其可以不受“无子女或者只有一名子女”的限制，所以本款的后半句采用的是“有子女的收养人只能收养一名子女”的表述，也就是说，华侨收养三代以内旁系同辈血亲的子女时，尽管可以不受已有子女数量的限制，但也必须受到只能收养一名的限制，在这一点上，其与一般的收养人相比，没有例外规定。

第一千一百零一条 有配偶者收养子女，应当夫妻共同收养。

◆ **条文主旨**

本条是关于有配偶者收养子女应当共同收养的规定。

◆ **立法背景**

收养在收养人与被收养人之间建立了法律拟制的父母子女关系。收养关系有效成立后，收养人与被收养人之间的亲子关系成立，被收养人与其生父母的亲子关系消除。由于收养所带来的这种亲子关系的根本变化，在收养人有配偶的情况下，收养是否需要取得配偶的同意而共同为收养行为，就成为立法必须回应的问题。

从世界其他国家和地区的立法看，不少国家和地区的立法对此问题都作了明确规定。《瑞士民法典》第264条之一第1款规定，仅配偶双方可共同收养子女，非配偶人不得共同收养子女。第264条之二第2款规定，年满三十五岁的已婚者，如因其配偶持续无判断能力，或两年以上下落不明，或因判决配偶双方已分居三年以上，而不可能共同收养时，亦得单独收养子女。《法国民法典》第343条之一第2款规定，如收养人已婚且未分居，收养子女应征得配偶同意，但如该一方配偶处于不能表达自己意思的状态，不在此限。《俄罗斯联邦家庭法典》第133条规定，如果子女非由夫妻双方收养，夫妻一方收养子女时须征得另一方对收养的同意。如果夫妻已终止家庭关系，未共同生活一年以上并且另一方配偶住所不明，则无须征得配偶一方对收养子女的同意。《韩国民法典》第874条第1款规定，有配偶者收养子女的，须夫妻共同收养。《菲律宾共和国家庭法》第185条规定："丈夫和妻子必须共同收养。但下列情形除外：（一）配偶一方收养本人非婚生子女的；（二）配偶一方收养另一方婚生子女的。"我国台湾地区"民法"第1074条规定："夫妻收养子女时，应共同为之。但有下列各款情形之一者，得单独收养：一、夫妻之一方收养他方之子女。二、夫妻之一方不能为意思表示或生死不明已逾三年。"从上述国家和地区的立法可以看出，对于有配偶者收养子女的，原则上是要求夫妻共同收养的。这主要是因为，收养所产生的亲子关系，在收养人有配偶的情况下，对于配偶一方也将产生亲子关系的效力，因此，应当尊重配偶一方对于收养行为的意思表示，共同收养。

◆ **条文解读**

《收养法》第10条第2款规定，有配偶者收养子女，须夫妻共同收养。本条与收养法的规定相比，基本未作修改，即有配偶者收养子女，应当夫妻共同收养。从本条规定看，我国对于有配偶者收养所采取的原则，同世界上多数国家和地区的立法相似，即要求夫妻共同收养。这里的“共同收养”，既可以是夫妻双方共同为收养的意思表示，也可以是一方有收养子女的意思表示，另一方对此表示明确同意。这样规定，体现了双方对于收养行为共同的合意，在形成有效的收养关系后，也有助于共同履行抚养子女的义务，创造和睦、温暖的家庭环境，从而促进被收养人的健康成长。立法过程中，有的意见认为，本条在收养法规定的基础上，应当增加夫妻共同收养的除外情形，即在特定情形下，有配偶者也可以单方收养。比如，在配偶一方为无民事行为能力人或者查找不到时，应当允许另一方单独收养。我们经反复研究、慎重考虑后，没有在本条增加上述除外规定。理由是：第一，收养应当体现配偶双方合意，这是夫妻进行收养的基本原则。在配偶一方为无民事行为能力人的情况下，如果允许另一方单独为收养行为，亲子关系成立后，被收养人有可能在成年后承担较重的赡养义务，尤其是对于无民事行为能力的父或母的赡养义务，这显然对其不利。第二，在配偶一方查找不到的情况下，由于这种事实状态并不确定，如果允许另一方单独收养，配偶重新出现后可能对收养行为并不同意，这显然不利于被收养人的成长。因此，本条维持了收养法的规定，对于有配偶者收养子女的，仍然要求夫妻双方共同收养。

第一千一百零二条 无配偶者收养异性子女的，收养人与被收养人的年龄应当相差四十周岁以上。

◆ **条文主旨**

本条是关于无配偶者收养异性子女应当具备一定年龄差的规定。

◆ **立法背景**

收养在收养人与被收养人之间成立了拟制的亲子关系。对于有配偶者，本法第1101条规定了应当夫妻共同收养。那么，对于无配偶者，是否允许其收养？如果允许，需要受到何种约束和限制？本条即是对无配偶者收养异性子女时，须与被收养人具备一定年龄差的规定。

《收养法》第9条规定，无配偶的男性收养女性的，收养人与被收养人的年龄应当相差四十周岁以上。收养法作出这一规定，主要是考虑到，收养作为成立拟制血亲关系的一种方式，无配偶男性收养女性时，有可能出现在两性关系方面侵害被收养人的情况。也就是说，收养人实施收养的目的并非单纯出于抚育被收养人，而是借收养之名行侵害之实。在这种情况下，收养不仅不能发挥其原有的有利于未成年人健康成长的制度功能，反而可能沦为不法分子侵害未成年人权益的工具。因此，有必要对于无配偶男性收养女性规定一定的年龄差，以尽可能在客观上消除这种侵害情况的发生。据此，收养法规定了无配偶的男性收养女性的，收养人与被收养人的年龄应当相差四十周岁以上。这里的“无配偶男性”，既包括该男性一直未婚单身的情况，也包括离异、丧偶等导致没有配偶的情况。关于这一规定，在收养法实施多年以来，经常被提出的问题是：无配偶的女性收养男性时，二者的年龄差是否需要相差四十周岁以上呢？有的意见认为，无配偶的女性收养男性的，二者的年龄差也应当在四十周岁以上，否则有违男女平等原则，也不符合我国的实际情况，因为从实践来看，并没有证据表明被收养人在两性方面遭受无配偶的收养人侵犯只限于被收养人为女性、收养人为男性这一情形，因此，基于男女平等原则，应当对收养法的这一规定作出修改，将四十周岁以上年龄差的限制扩展规定到一切无配偶者收养异性子女的情况。

◆ **条文解读**

本条采纳了上述意见，在《收养法》第9条的基础上修改为："无配偶者收养异性子女的，收养人与被收养人的年龄应当相差四十周岁以上。"从本条规定看，首先，在无配偶者收养子女的情况下，收养人与被收养人须有四十周岁以上年龄差的限制已经不仅限于收养人为男性、被收养人为女性的情况。在收养人为无配偶女性、被收养人为未成年男性的情况下，同样应当受到收养人与被收养人须年龄相差四十周岁以上的限制。这一规定体现了男女平等的原则，也使得实践中可能出现的无配偶女性侵害被收养男性的情况得到遏制。其次，在年龄差方面，虽然有的意见认为，无配偶女性收养男性，是否需与无配偶男性收养女性时的年龄差保持一致还值得研究，但本条从男女平等的角度出发，依然保持了四十周岁的年龄差。最后，无论是无配偶男性收养女性，还是无配偶女性收养男性，四十周岁以上的年龄差是否合适？从本条的规范意旨看，主要是通过划定一定的年龄差，避免无配偶者收养异性子女时对子女的性侵害。从这个规范目的来看，四十周岁的年龄差是合适的。然而，在符合这一标准的前提下，收养人往往年龄也相对较大，能否很好地承担起对未成年子女的抚养、教育和保护义务，也值得考虑。假设被收养的子女十三周岁，在符合四十周岁年龄差的前提下，无配偶的收养人至少已经五十三周岁了，此时其能否独自一人负担起监护职责？尽管我们在收养人条件中规定了收养人必须具有抚养、教育和保护被收养人的能力，但不容否认的是，收养人年龄较大势必会在一定程度上影响其监护职责的承担。对于是否应当适当降低年龄差，在保护未成年人的合法权益与保证收养人的抚养教育能力之间，还应取得平衡与兼顾。本条尽管维持了收养法的规定，但其最终的效果如何，还要经受实践的检验。

第一千一百零三条　继父或者继母经继子女的生父母同意，可以收养继子女，并可以不受本法第一千零九十三条第三项、第一千零九十四条第三项、第一千零九十八条和第一千一百条第一款规定的限制。

◆ 条文主旨

本条是关于继父或者继母与继子女收养条件的规定。

◆ 立法背景

在收养关系中，存在一类特殊主体之间的收养，即继父母对继子女的收养。子女跟随生父或生母再婚时，即使没有经过收养程序，子女与生父或生母的再婚配偶之间，也会因为再婚事实的存在而可能形成抚养教育关系。在这种情况下，就既存在子女与共同生活一方的生父或生母之间的父母子女关系，又存在子女与共同生活一方的生父或生母的再婚配偶之间的继父母子女关系。当然，根据本法第 1084 条规定，父母与子女间的关系，不因父母离婚而消除。离婚后，子女无论由父或者母直接抚养，仍是父母双方的子女。因此，子女与未共同生活的生母或者生父之间的父母子女关系，也并未因生父母离婚的事实而消除。同时，根据本法第 1072 条第 2 款规定，继父或者继母和受其抚养教育的继子女间的权利义务关系，适用本法关于父母子女关系的规定。因此，如果继父或者继母与继子女间形成了抚养教育关系，也要适用本法关于父母子女关系的规定。在这种情况下，子女与继父或者继母以及与其自己的生父母间就会形成双重的父母子女关系，很容易在实践中因为这种双重权利义务的界限不明确而发生纠纷。在此前提下，继父或者继母则可以通过收养继子女，在双方之间形成养父母子女关系，同时因收养关系的成立，子女与生父母之间的亲子关系得以消除。这样一来，收养便使得继父或者继母与继子女之间的双重关系简单化，权利义务更为清晰。正是基于这方面考虑，立法对于继父母收养继子女，规定了较为宽松的收养条件。

◆ **条文解读**

根据本条规定，继父或者继母收养继子女的，应当满足以下条件：一是，必须经过子女的生父母同意。继父或者继母收养继子女的，一般而言，与继子女共同生活的生母或者生父会表示同意。因为无论最终收养是否成立，继子女与其共同生活的生母或者生父之间的父母子女关系是始终存在的。在这种情况下，与子女共同生活的生母或者生父如果同意其再婚配偶收养自己的子女，有利于在法律上尽快确定子女与其配偶之间的养父母子女关系，从而进一步稳定再婚后的家庭关系，使子女得到家庭关爱。相对而言，未与继子女共同生活的生父或者生母对于收养的意见更为重要，因为一旦继父或者继母与继子女之间的收养关系成立，就同时意味着子女与未共同生活的生父或者生母之间的父母子女关系消除，双方尽管在血缘上仍是亲子，但在法律上的父母子女关系将不复存在。因此，收养关系若要成立，必须首先得到生父母的同意。二是，鉴于继父母收养继子女能够使亲子关系更为清晰，因此立法对于这种情况下的收养，同其他类型的特殊收养一样，在许多方面放宽了收养条件的限制。包括：1. 可以不受本法第1093 条第 3 项的限制。即继父或者继母收养继子女的，继子女不必属于生父母有特殊困难无力抚养的子女。根据被收养人范围的一般要求，只有丧失父母的孤儿、查找不到生父母的未成年人以及生父母有特殊困难无力抚养的子女可以被收养，但在继父母收养继子女的情况下，继子女不必属于生父母有特殊困难无力抚养的子女。这相当于放宽了对于生父母经济或身体条件方面的要求，无论是否存在特殊困难，只要其主观上同意送养，都可以成立有效的收养关系。2. 可以不受本法第 1094 条第 3 项的限制。即生父母作为送养人时不必属于有特殊困难无力抚养子女的情形。同第1 项放宽条件相似，本项限制的放宽是从送养人角度作出的规定。一般而言，担任送养人的主体包括三类，即孤儿的监护人、儿童福利机构以及有特殊困难无力抚养子女的生父母。在继父母收养继子女的情况下，生父母作为送养人，即使不属于有特殊困难无力抚养的情形，根据本项规定，依然可以送养子女，成立其与继父或者继母之间的收养关系。3. 可以不受第 1098 条规定的限制。本法第 1098 条是对收养人应当具备的条件的规定，包括子女数量、抚养能力、疾病情况、违法犯罪记录以及年龄等多个方面。在继父母收养继子女的情况下，可以不受这些条件的限制。客观而言，这一项条件的放宽是非常重大的，但考虑到继父母收养继子女后，毕竟尚有生父或者生母一方与其共同生活，同时亦有未共同生活一方生母或者生父的同意，因此这种条件的放宽，我们认为是可以接受的，也有助于鼓励更多的继父母与继子女间形成收养关系，尽快稳定家庭关系。4. 可以不受第 1100 条第 1 款规定的限制。本法第 1100 条第 1 款是对收养人收养子女数量的规定，即无子女的收养人可以收养两名子女，有一名子女的收养人只能收养一名子女。在继父母收养继子女的情况下，可以不受这种数量的限制。放宽收养子女数量的限制，有助于所有与生父或生母共同生活的子女同时被继母或者继父收养，使得这些子女同在一个家庭成长，更有助于其身心健康。

需要指出的是，尽管本条对于继父母收养继子女作出了多方面的放宽规定，但这并不意味着在收养关系形成后，继父或者继母对于继子女所应承担的义务和责任可以有所减轻。根据本法第1111条的规定，自收养关系成立之日起，养父母与养子女间的权利义务关系，适用本法关于父母子女关系的规定。同时，养子女与生父母及其他近亲属间的权利义务关系，因收养关系的成立而消除。因此，一切父母子女间的权利义务，继父母自身份转变为养父母后，都应依法承担，不得推诿。

第一千一百零四条 收养人收养与送养人送养，应当双方自愿。收养八周岁以上未成年人的，应当征得被收养人的同意。

◆ 条文主旨

本条是关于收养自愿以及须征得一定年龄被收养人同意的规定。

◆ 立法背景

收养是在收养人与被收养人之间成立拟制父母子女关系的法律制度，其牵涉送养人、收养人、被收养人等多方主体的权益。从本质上看，收养属于民事法律行为，需要体现当事人的意思自治，最大限度遵从当事人的自愿。根据本法有关收养制度的规定，这种意思自治须体现在送养人、收养人以及被收养人等各方主体是否同意收养的主观意志方面。本法第 1093 条、第 1094 条、第 1098 条分别对被收养人、送养人及收养人的范围或条件作了规定。这些主体在成立有效的收养关系时，必须真实、明确地表达收养意愿，如果这种意愿的表达非出于内心真意，则会影响收养关系的效力。

从世界上一些国家和地区的立法来看，大多对于收养关系当事人尤其是被收养人的收养意愿作了规定，这对于收养关系的有效成立至关重要。《德国民法典》第 1746 条第 1 款规定，子女的允许对于收养是必要的。就无行为能力或未满十四岁的子女而言，只能由其法定代理人给予允许。除此之外，只能由子女自行给予允许；为此，子女必须得到其法定代理人的同意。第 2 款规定，子女已满十四岁，并且不是无行为能力人的，到收养宣告生效时为止，子女可以向监护法院撤回允许。该项撤回必须做成公证证书。法定代理人的同意是不必要的。《意大利民法典》第 296 条规定，收养应取得收养和拟被收养人的同意。《瑞士民法典》第 265 条第 2 款规定，子女有判断能力者，非经其同意，不得收养之。第 265 条之一第 1 款规定，收养，须取得被收养人的生父母的同意。我国《澳门民法典》第 1833 条第 1 款规定，收养必须经下列之人同意：十二岁以上之待被收养人；与收养人未事实上分居之配偶；待被收养人之父母，即使其为未成年人或不行使亲权亦然，但如法院就待被收养人已作出司法交托之裁判，又或属第 1831 条第 2 款所指之情况，则无须取得待被收养人父母之同意；属第 1831 条第 2 款所指之情况时，须经该款所指之亲属或监护人同意，但法院就待被收养人已作出司法交托之裁判者除外。我国台湾地区“民法”第 1076－2 条规定，被收养者未满七岁时，应由其法定代理人代为并代受意思表示。满七岁以上之未成年人被收养时，应得其法定代理人之同意。被收养者之父母已依前两项规定以法定代理人之身份代为并代受意思表示或为同意时，得免依前条规定为同意。

◆ **条文解读**

本条与收养法的规定相比，仅在被收养人自己为同意的年龄标准方面作了修改，其他未作实质修改。根据本条规定，收养人收养与送养人送养，应当双方自愿。收养八周岁以上未成年人的，应当征得被收养人的同意。理解本条，需要注意以下几点：一是，成立有效的收养关系，首先需要收养人有真实、自愿的收养意思表示。关于这一点，应该是不言自明的道理。作为收养人而言，如果其没有作出收养的意思表示，就不会有后续行为的形成及生效。从本章关于收养程序的规定看，如果没有收养人最初的收养意愿，就不可能有这些程序的启动。这里需要强调的是，收养人收养意愿的作出必须是真实、自愿的，如果这种收养意思表示是受胁迫、欺诈等作出的，就不会产生有效的收养关系，也必将有损被收养人的合法权益。当然，如果有关主体借收养之名行牟利之实，是被严格禁止的，要依法承担相应的法律责任。二是，成立有效的收养关系，还需要送养人同意送养的真实意愿。根据本法第 1094 条规定，可以担任送养人的个人和组织包括孤儿的监护人、儿童福利机构以及有特殊困难无力抚养子女的生父母。这些主体在依法送养未成年人时，必须要有同意送养的真实意思表示。以孤儿的监护人为例，即使孤儿的监护人丧失了监护能力，也不得强制其送养未成年人，此时可以通过变更监护人的方式实现对未成年人合法权益的保护。对于送养人同意送养意愿的强调，也再次彰显了对法律行为本质的尊重。三是，如果被收养人属于八周岁以上的未成年人，还必须征得被收养人的同意才可收养。首先，本法总则编第19条规定，八周岁以上的未成年人为限制民事行为能力人，实施民事法律行为由其法定代理人代理或者经其法定代理人同意、追认；但是，可以独立实施纯获利益的民事法律行为或者与其年龄、智力相适应的民事法律行为。本条根据总则的这一规定，修改了收养法“收养年满十周岁以上未成年人的，应当征得被收养人的同意”这一规定，将“同意”的年龄标准由十周岁修改为八周岁。其次，收养的未成年人如果在八周岁以上，则其同意是收养能够有效成立的前提条件。换言之，即使送养人与收养人达成了收养合意，如果被收养人不同意被收养，则不得进行收养。之所以对限制行为能力的未成年人收养附加“同意”要件，主要是考虑到这一年龄段的未成年人相较于无行为能力的未成年人而言，已经有了比较成熟的自我意识，尤其是在涉及人身关系的变动方面，能够表达自己的真实意愿，作出符合自己内心真实意思的判断，这也是收养应当最有利于被收养人利益原则的体现。

第一千一百零五条 收养应当向县级以上人民政府民政部门登记。收养关系自登记之日起成立。

收养查找不到生父母的未成年人的，办理登记的民政部门应当在登记前予以公告。

收养关系当事人愿意签订收养协议的，可以签订收养协议。

收养关系当事人各方或者一方要求办理收养公证的，应当办理收养公证。

县级以上人民政府民政部门应当依法进行收养评估。

◆ 条文主旨

本条是关于收养登记、收养协议、收养公证以及收养评估的规定。

◆ 立法背景

所谓收养登记，根据《民政部婚姻司谈收养登记的意义、范围和程序》（1992 年 4 月 1 日发布）的解释，是国家通过主管部门对申请建立收养关系的当事人，依照收养法规定的收养条件进行审查，对符合法定收养条件的准予登记，收养关系随之成立的一项制度。它是中国公民收养查找不到生父母的弃婴、儿童以及社会福利机构抚养的孤儿和外国人收养中国儿童取得合法收养关系的必经程序。从这一规定看，收养登记属于一种行政确认行为，行政机关只负责对当事人遵循平等自愿原则所建立收养关系的合法性及其结果进行审查确认。国家建立收养登记制度意义重大，通过这一制度，国家能够对收养关系的建立进行监督，及时发现和纠正违反收养制度的行为，依法保护收养关系当事人尤其是被收养人的合法权益，促进家庭和睦和社会稳定。从另一方面讲，国家要求对收养关系进行登记，还体现了国家对公民收养子女的关心，通过收养登记，亦可对公民进行有关收养的法治宣传，防止违反收养法律规定的行为发生。

◆ 条文解读

本条第 1 款首先对收养登记作出规定。根据本款规定，收养应当向县级以上人民政府民政部门登记。收养关系自登记之日起成立。首先，负责代表国家进行收养登记的职能部门是民政部门，且在部门层级上必须是县级以上人民政府的民政部门。因此，办理收养登记的法定机关是县级以上人民政府的民政机关。由于被收养人的情况不一，针对不同类型的被收养人，承担具体登记职责的民政部门也有所不同。为进一步规范收养登记工作，我国先后颁布了《中国公民收养子女登记办法》《华侨以及居住在香港、澳门、台湾地区的中国公民办理收养登记的管辖以及所需要出具的证件和证明材料的规定》《收养登记工作规范》等规章。根据这些规定的要求，收养登记机关具体可分为：1. 收养社会福利机构抚养的查找不到生父母的弃婴、儿童和孤儿的，在社会福利机构所在地的收养登记机关办理登记；2. 收养非社会福利机构抚养的查找不到生父母的弃婴和儿童的，在弃婴和儿童发现地的收养登记机关办理登记；3. 收养生父母有特殊困难无力抚养的子女或者由监护人监护的孤儿的，在被收养人生父母或者监护人常住户口所在地的收养登记机关办理登记；4. 收养三代以内旁系同辈血亲的子女，以及继父或者继母收养继子女的，在被收养人生父或者生母常住户口所在地的收养登记机关办理登记；5. 华侨以及居住在香港、澳门、台湾地区的中国公民在内地收养子女的，应当到被收养人常住户口所在地的直辖市、设区的市、自治州人民政府民政部门或者地区（盟）行政公署民政部门申请办理收养登记。办理收养登记时，不同类型的收养人需要提交不同的登记申请材料：1. 收养人是内地居民的，应当向收养登记机关提交申请书以及下列证件、证明材料：（1）收养人的居民户口簿和居民身份证；（2）由收养人所在单位或者村民委员会、居民委员会出具的本人婚姻状况、有无子女和抚养教育被收养人的能力等情况的证明；（3）县级以上医疗机构出具的未患有在医学上认为不应当收养子女的疾病的身体健康检查证明；（4）收养查找不到生父母的弃婴、儿童的，应当提交收养人经常居住地计划生育部门出具的收养人生育情况证明。此外，对于收养继子女的，可以只提交居民户口簿、居民身份证和收养人与被收养人生父或生母结婚证明。2. 收养人是华侨的，申请办理收养登记应当提交的材料包括：(1) 护照；(2) 收养人居住国有权机构出具的收养人的年龄、婚姻、有无子女、职业、财产、健康、有无受过刑事处罚等状况的证明材料，该证明材料应当经其居住国外交机关或者外交机关授权的机构认证，并经中国驻该国使领馆或者经已与中国建立外交关系的国家驻该国使领馆认证。3. 收养人是居住在香港、澳门、台湾地区的中国公民的，申请办理收养登记应当提交的材料包括：(1) 居民身份证；(2) 港澳居民来往内地通行证或者同胞回乡证与中华人民共和国主管机关给台湾居民签发或签注的有效旅行证件；(3) 有关机构出具的收养人的年龄、婚姻、有无子女、职业、财产、健康、有无受过刑事处罚等状况的证明材料。送养人应当向收养登记机关提交的证件及证明材料包括：1. 送养人的居民户口簿和身份证明（送养人是组织机构的，提交其负责人的身份证件）。2. 送养人是社会福利机构的，应当提交弃婴、儿童进入社会福利机构的原始记录，公安机关出具的捡拾弃婴、儿童报案的证明，或者孤儿的生父母死亡或者宣告死亡的证明。3. 送养人是监护人的，应当提交实际承担监护责任的证明、孤儿的父母死亡或者宣告死亡的证明，或者被收养人生父母无完全民事行为能力或者对被收养人有严重危害的证明。4. 送养人是生父母的，应当提交与当地计划生育部门签订的不违反计划生育规定的协议；有特殊困难无力抚养子女的，还应当提交其所在单位或者村民委员会、居民委员会出具的送养人有特殊困难的证明。其中，因丧偶或者一方下落不明，由单方送养的，还应当提交配偶死亡或者下落不明的证明；子女由三代以内旁系同辈血亲收养的，还应当提交公安机关出具的或者经过公证的与收养人有亲属关系的证明。5. 被收养人是残疾儿童的，应当提交县级以上医疗机构出具的该儿童的残疾证明。其次，收养关系的成立以登记日期为准。这一规定意味着，我国的收养制度采取登记成立的法定原则，即收养必须办理登记后才能有效成立，否则收养关系无效。收养登记作为一种行政确认行为，有助于国家对收养行为合法性的监督，更好地保障收养关系当事人的合法权益。

本条第2款规定，收养查找不到生父母的未成年人的，办理登记的民政部门应当在登记前予以公告。本款是1998年修改收养法新增加的条款，是对于收养查找不到生父母的未成年人的登记程序的特殊要求。对于查找不到生父母的未成年人而言，尽管在送养人提交申请文件及材料环节已经要求其提交相关的原始记录、报案证明等，但为了在正式办理登记前再次确认该未成年人确属查找不到生父母的状况，本款对办理登记的民政部门附加了应予公告的义务，其目的在于最大限度地查找未成年人的生父母，尽可能使未成年人回归原始家庭，以最大限度保护其合法权益。根据《中国公民收养子女登记办法》第7条规定，收养查找不到生父母的弃婴、儿童的，收养登记机关应当在登记前公告查找其生父母；自公告之日起满60日，弃婴、儿童的生父母或者其他监护人未认领的，视为查找不到生父母的弃婴、儿童。公告期间不计算在登记办理期限内。因此，对于查找不到生父母的未成年人的收养程序的办理，除遵从一般的程序性要求外，还必须按要求进行公告。

本条第3款是关于收养协议的规定，即收养关系当事人愿意签订收养协议的，可以签订收养协议。与收养登记不同，本法对于收养协议的签订并非强制性规定，而是可以由当事人根据具体情况自愿选择是否签订。鉴于收养是变更身份的民事法律行为，如果当事人选择签订收养协议，必须由收养人与送养人双方亲自进行，不得由他人代理。收养协议中，无论是收养人、送养人还是被收养人，必须符合法律规定的条件要求，其内容也必须符合相关的规定。如果被收养人已年满八周岁，收养协议中还必须包含被收养人同意收养的意思表示。从形式上讲，收养协议应当采用书面形式，双方当事人各执一份，协议自双方当事人签字盖章之日起生效。

本条第4款是关于收养公证的规定，即收养关系当事人各方或者一方要求办理收养公证的，应当办理收养公证。从这一规定看，收养公证并非收养的必经程序，只有收养关系的各方当事人或者一方当事人提出办理收养公证的要求时，才依法予以办理。从办理顺序上看，公证一般应当在签订收养协议并且办理收养登记后进行；如果尚未办理收养登记，仅就收养协议进行公证，只能证明协议是真实合法的，并不能证明收养关系已经成立。根据《司法部关于贯彻执行〈中华人民共和国收养法〉若干问题的意见》的规定，修改后的收养法施行后，收养关系的成立和协议解除收养关系均以登记为准。公证机构办理收养协议或者解除收养关系协议公证时，应告知当事人有关办理登记的法律规定并记录在卷，但已经登记的除外。因此，要牢牢把握收养关系成立以登记为准的原则，避免以收养公证代替收养登记来认定收养关系的成立。

本条第5款是关于收养评估的规定，即县级以上人民政府民政部门应当依法进行收养评估。本法第1044条确立了收养应当遵循最有利于被收养人的原则，第1098条规定了收养人应当具备的条件。通过收养评估，能够更加准确、客观地确定收养人所具备的抚养教育被收养人的能力，使更符合条件、更具备能力的主体成为收养人，能够从程序和实体两方面保障被收养人的利益，体现最有利于被收养人的收养原则。从世界上其他国家和地区看，美国、加拿大、西班牙、荷兰、法国、挪威等国家都有对收养人能力的调查了解程序，我国港澳台地区也均在收养工作中建立了收养能力评估机制。我国民政部于2012年6月、2014年6月分两批启动开展了收养能力评估试点工作，截至目前，内地除新疆维吾尔自治区外的其他 30 个省、直辖市、自治区均已覆盖了收养能力评估试点，个别省份的试点工作已经全面铺开。从实践情况看，绝大多数试点地区均引入了专业社工力量，使用了社会工作方法，收养评估的内容包括收养动机、家庭状况、品德品行等方面，评估结果更具科学性和可行性。考虑到收养评估所具有的重要意义，结合各地已经较为成熟的试点经验情况，本款对收养评估作了规定。根据这一规定，收养评估由县级以上人民政府民政部门负责实施，且应当依法进行。关于收养评估的标准、程序、条件、范围等，可由国务院有关部门根据本款的规定制定具体的实施办法。

▶ **相关规定**

《中国公民收养子女登记办法》第 7 条；《司法部关于贯彻执行〈中华人民共和国收养法〉若干问题的意见》第 2 条

第一千一百零六条 收养关系成立后，公安机关应当按照国家有关规定为被收养人办理户口登记。

◆ **条文主旨**

本条是关于为被收养人办理户口登记的规定。

◆ **立法背景**

收养关系成立后，收养人与被收养人之间就成立了拟制的父母子女关系，适用一切同父母子女关系有关的规定。从户籍管理的角度来看，既然在法律上被收养人已经成为收养人的子女，理应将被收养人纳入收养人的户籍之中。根据《中国公民收养子女登记办法》第 8 条的规定，收养关系成立后，需要为被收养人办理户口登记或者迁移手续的，由收养人持收养登记证到户口登记机关按照国家有关规定办理。

◆ **条文解读**

围绕本条，需要明确以下几点：第一，为被收养人办理户口登记的前提是必须成立收养关系。根据本法第 1105 条的规定，收养关系自登记之日起成立。只有通过合法的收养登记成立收养关系后，收养人才能申请公安机关为被收养人办理有关的户口登记。第二，办理登记的职能部门是公安机关。这一点是由我国的户籍管理体制所决定的，无须赘言。第三，根据被收养人的不同情况，需要办理的户口登记类型既包括原始的户口登记，也包括户口迁移。比如，在为孤儿、生父母有特殊困难无力抚养的子女办理户口手续时，因其户籍原来可能已落在其生父母或者其他监护人处，因此需要办理的是户口的迁移手续；而如果是为儿童福利机构抚养的查找不到生父母的未成年人办理户口手续，因本就无法查知其生父母原来的户籍所在地，此时需要为被收养人办理的就是原始的户籍登记手续。第四，为被收养人办理户口登记，需要依照国家有关规定进行。我国有不少关于户口登记的管理制度，这些制度对于规范公众的户口关系，提升户籍管理水平发挥了重要作用，为被收养人办理户口登记时，应当按照这些规定的要求，依法办理。尤其是随着近些年城镇化进程的加快，大城市“落户难”的情况日益突出。如果对被收养人不加区别地一律准予在收养人所在地落户，可能会出现与收养人所在城市、省份户籍管理政策相抵牾的现象，不利于当地的人口管理。甚至在一些地方，会出现借收养达到落户的目的，等等。在这种情况下，严格依照有关规定办理被收养人的户口登记，就显得尤为重要。

▶ **相关规定**

《中国公民收养子女登记办法》第 8 条

第一千一百零七条 孤儿或者生父母无力抚养的子女，可以由生父母的亲属、朋友抚养；抚养人与被抚养人的关系不适用本章规定。

◆ **条文主旨**

本条是关于生父母的亲属或者朋友抚养其子女不适用收养的规定。

◆ **立法背景**

本法第1093条规定了被收养人的范围，包括丧失父母的孤儿、查找不到生父母的未成年人以及生父母有特殊困难无力抚养的子女。也就是说，这三类主体可以通过收养制度来实现权益保护的目的。那么，除了适用收养制度之外，还可以通过别的方式实现对该类主体的权益保护吗？根据本条规定，通过抚养的方式，我们也可以实现对于孤儿以及生父母无力抚养的子女的照顾养育，只是抚养人与被抚养人之间的关系不适用本章关于收养的规定。

所谓抚养，是指无民事行为能力或者限制民事行为能力的未成年人的亲属或者其他主体对未成年人所承担的供养、保护和教育的责任。一般来说，引起抚养权变更的原因大致包括以下几点：一是，与未成年子女共同生活并负有抚养义务的一方患有严重疾病或因伤残等丧失继续抚养未成年子女的条件。二是，与未成年子女共同生活的一方未尽到抚养义务或者在共同生活期间有虐待行为的发生，对于未成年子女的身心健康产生了不利的影响。三是，共同生活的未成年子女在满八周岁以后，要求并愿意与另一方生活的。根据本法规定，抚养包括的范围较广，首先，父母对子女有抚养的义务。本法总则编第26条规定，父母对未成年子女负有抚养、教育和保护的义务。其次，祖父母、外祖父母在一定情形下对孙子女、外孙子女也负有抚养义务。本法第 1074 条规定，有负担能力的祖父母、外祖父母，对于父母已经死亡或者父母无力抚养的未成年孙子女、外孙子女，有抚养的义务。最后，兄、姐与弟、妹在一定条件下，也相互负有扶养的义务。本法第 1075 条规定，有负担能力的兄、姐，对于父母已经死亡或者父母无力抚养的未成年弟、妹，有扶养的义务；由兄、姐扶养长大的有负担能力的弟、妹，对于缺乏劳动能力又缺乏生活来源的兄、姐，有扶养的义务。与抚养的适用范围较广不同，收养只能是在收养人与被收养人之间成立父母子女关系，且收养成立后，被收养人与其生父母及其近亲属之间的权利义务关系因收养的成立而消除。本条最主要的规范目的，即在于说明抚养关系与收养关系的不同以及抚养不能适用收养的有关规定。

◆ 条文解读

根据本条规定，当孤儿或者生父母有特殊困难无力抚养的子女没有通过收养重新确立父母子女关系时，生父母的亲属、朋友可以通过抚养未成年人来实现对其权益的保护，其实质是未成年人的抚养权发生了变更。这不仅涉及未成年人今后的生活环境及成长条件的改变，而且关系到各方面关系人的抚养权问题。首先，抚养权的变更，受影响最为直接的是未成年人本人。基于未成年人利益最大化的原则，当原先的抚养人死亡或者丧失抚养条件时，变更抚养权能够有效维护未成年人良好的成长环境。其次，允许生父母的亲属、朋友在有抚养能力及抚养意愿时承担抚养未成年人的义务，充分考虑到了生父母与其亲属、朋友之间的情感联系，也在实现未成年人利益保护的同时，避免了有可能出现的法律冲突。最后，生父母的亲属、朋友抚养未成年人时，不受本章有关收养规定的限制。因此，本章有关收养条件、收养人数、收养登记等一系列规定，均不适用于生父母的亲属、朋友抚养未成年人的情形。当然，这里需要指出的是，如果生父母的亲属、朋友在承担了对未成年人的抚养义务之后，因为各种原因出现了无力承担抚养教育未成年人的情形时，从保护未成年人利益的角度考虑，应当及时、再次变更抚养权人，以确保未成年人的利益不致受到损害。

第一千一百零八条 配偶一方死亡，另一方送养未成年子女的，死亡一方的父母有优先抚养的权利。

◆ **条文主旨**

本条是关于祖父母、外祖父母优先抚养权的规定。

◆ **立法背景**

根据本法第 1094 条的规定，生父母在因特殊困难无力抚养子女时，可以作为送养人，将子女送给他人收养。同时，本法第 1097 条对于生父母送养子女的原则性要求作了规定，即生父母送养子女的，应当双方共同送养。那么，在配偶一方死亡的情形之下，另一方可能因存在特殊困难无力抚养子女而有送养子女的需求，此时，这种送养行为是否应当受到一定限制呢？这里首先需要指出的是，对于监护人送养孤儿的，本法第 1096 条是作出了限制性规定的。根据该条，监护人送养孤儿的，应当征得有抚养义务的人同意。有抚养义务的人不同意送养、监护人不愿意继续履行监护职责的，应当依照有关规定另行确定监护人。那么，对于配偶一方死亡，另一方决定送养未成年子女的，会受到何种限制性要求呢？

◆ **条文解读**

根据本条规定，配偶一方死亡，另一方送养未成年子女的，死亡一方的父母有优先抚养的权利。在我国的国情下，一般而言，祖父母、外祖父母对于自己的孙子女、外孙子女都疼爱有加，所谓“隔代亲”即指此义。尤其是当自己的子女死亡后，无论是基于对孙子女、外孙子女的疼爱，还是基于对自己子女情感的延续，祖父母、外祖父母一般都愿意承担起抚养孙子女、外孙子女的责任。在这一背景下，本条赋予他们在未成年人被送养时优先抚养的权利，这对于未成年人而言，无疑是有利的，也尊重了老人对自己子女、孙子女、外孙子女的情感需求。依据本条，如父亲死亡，母亲因特殊困难送养未成年子女的，祖父母可以不同意送养，而主张由自己抚养孙子女。同样，母亲死亡，父亲因特殊困难送养未成年子女的，外祖父母也可以不同意送养，表示由自己抚养外孙子女。本条赋予祖父母、外祖父母对于孙子女、外孙子女优先抚养的权利，能够使未成年人在充满关爱的熟悉环境中健康成长，有助于保护未成年人的利益。

关于本条，需要明确以下几个问题：一是，优先抚养权产生于生存一方配偶送养未成年子女之时，即当生存一方配偶作出送养其未成年子女的意思表示之时，死亡一方配偶的父母的优先抚养权即产生。这既有助于保护优先权人的合法权利，同时也便于为未成年人创造良好的成长环境。同时，优先抚养权作为死亡一方配偶的父母享有的一项民事权利，其可以根据权利自由处分的原则对优先抚养权表示放弃。在放弃的具体方式上，可以分为“明示放弃”与“默示放弃”。前者是指优先抚养权人在送养人送养未成年子女时，明确地表示自己不抚养该子女；后者则是指优先抚养权人明知送养人要送养未成年子女，但其既不作出优先抚养的直接、明确的意思表示，也没有阻止他人收养该子女，据此可以推定优先抚养权人放弃了优先抚养权。二是，优先抚养权并不绝对，在有的情况下，从有利于未成年人利益最大化的角度出发，可以考虑限制甚至剥夺优先抚养权人的优先抚养权。比如，优先抚养权人存在严重危害未成年人身心健康的现实危险、优先抚养权人不具备实际的抚养能力等。此外，如果未成年人属于八周岁以上的限制行为能力人，在确定抚养权人时还要充分听取未成年人的意愿。三是，在有的情况下，如死亡一方配偶的父母离婚，但两人同时主张优先抚养权的，需要首先审查他们是否同时具备优先抚养权。如果同时具备优先抚养权，就要综合考虑各种因素，并可以听取送养人的意见，确定由其中一人抚养未成年人。四是，优先抚养权的产生具有先决条件，即必须是在配偶一方死亡，另一方送养子女时，死亡一方配偶的父母才可主张。换言之，如果配偶一方死亡，另一方并无送养子女的意思表示，该方作为子女的生父或者生母，仍然是未成年子女的监护人和法定代理人，由其继续承担对于子女的抚养、教育及保护义务，死亡一方配偶的父母无权主张优先抚养。

第一千一百零九条 外国人依法可以在中华人民共和国收养子女。

外国人在中华人民共和国收养子女，应当经其所在国主管机关依照该国法律审查同意。收养人应当提供由其所在国有权机构出具的有关其年龄、婚姻、职业、财产、健康、有无受过刑事处罚等状况的证明材料，并与送养人签订书面协议，亲自向省、自治区、直辖市人民政府民政部门登记。

前款规定的证明材料应当经收养人所在国外交机关或者外交机关授权的机构认证，并经中华人民共和国驻该国使领馆认证，但是国家另有规定的除外。

◆ 条文主旨

本条是关于外国人在中国收养子女的规定。

◆ 立法背景

关于外国人在我国收养子女，即涉外收养，在1978年改革开放以前，数量是非常少的。1978年改革开放以后，中国涉外收养的数量逐步增加，但关于涉外收养的法律仍然是一片空白。1988年，政府放宽了收养政策，我国涉外收养的规模逐步呈增长之势。其时，从国际上看，涉外收养已经得到了广泛的认可和推行。1964年召开的海牙国际私法会议制定了《收养的管辖权、法律适用和判决承认公约》；1967年欧洲理事会起草了《关于儿童收养的欧洲公约》，用以解决欧洲范围内的儿童涉外收养问题。我国在1991年正式颁布了收养法，该法对于涉外收养作出了明确规定。《收养法》第21条规定，外国人依照本法可以在中华人民共和国收养子女。外国人在中华人民共和国收养子女，应当经其所在国主管机关依照该国法律审查同意。收养人应当提供由其所在国有权机构出具的有关收养人的年龄、婚姻、职业、财产、健康、有无受过刑事处罚等状况的证明材料，该证明材料应当经其所在国外交机关或者外交机关授权的机构认证，并经中华人民共和国驻该国使领馆认证。该收养人应当与送养人订立书面协议，亲自向省级人民政府民政部门登记。紧接着，司法部、民政部于1993年联合发布了《外国人在中华人民共和国收养子女实施办法》（已失效），对涉外收养从具体实施层面作了规定。2011 年 4 月 1 日实施的《涉外民事关系法律适用法》对涉外收养的法律适用作了规定，其第 28 条规定，收养的条件和手续，适用收养人和被收养人经常居所地法律；收养的效力，适用收养时收养人经常居所地法律；收养关系的解除，适用收养时被收养人经常居所地法律或者法院地法律。相较于收养法，这一规定对于涉外收养的形式要件、法律效力、收养关系解除的法律适用的规定更明确，并且选择了经常居住地作为连接点，这与 1993 年的海牙公约保持了一致，符合国际的立法趋势。中国已与美国、英国、加拿大、瑞典、挪威、丹麦、荷兰、比利时、新加坡等 17 个国家建立了收养合作关系。截至 2016 年，我国涉外收养最多的年份是 2005 年，共有 1.3 万名中国儿童被外国家庭收养，占收养比例的 25.49%。2005 年后，收养比例虽有下降，但截至 2012 年、2013 年每年仍有 3000 余名儿童被国外收养，占比在 13% 以上。

◆ **条文解读**

本条第 1 款规定，外国人依法可以在中华人民共和国收养子女。这里的“依法”是指依照我国有关收养的法律法规进行收养行为。从这一表述看，外国人在我国为收养行为，在法律适用方面采取的是属地主义，即必须依照中国有关收养的法律法规进行。同时，该条第 2 款还规定，外国人在中华人民共和国收养子女，应当经其所在国主管机关依照该国法律审查同意。这说明，除了遵守我国的法律之外，外国人在中国收养子女的，还需要遵守所在国的法律规定。按照本章有关被收养人、送养人以及收养人条件的规定，外国人在我国收养子女的，必须符合这些实质性条件的要求。1. 被收养人方面，丧失父母的孤儿、查找不到生父母的未成年人以及生父母有特殊困难无力抚养的子女这三类主体，均可以作为涉外收养的被收养人由外国人收养。当然，由于我国的收养仅限于未成年人收养，因此，成年人收养并不在涉外收养的范围之列。2. 送养人方面，根据本法第 1094 条规定，孤儿的监护人、儿童福利机构以及有特殊困难无力抚养子女的生父母，均可以作为送养人送养未成年人。3. 收养人条件方面，本法第 1098 条规定了收养人应当同时具备的条件，包括无子女或者只有一名子女，有抚养、教育和保护被收养人的能力，未患有在医学上认为不应当收养子女的疾病，无不利于被收养人健康成长的违法犯罪记录，年满三十周岁等。当然，在有的情形下，个别条件允许适当放宽。比如，华侨收养三代以内旁系同辈血亲的子女，可以不受收养人无子女或者只有一名子女的限制；外国人原则上最多只能收养两名子女，但是如果收养的是孤儿、残疾未成年人或者儿童福利机构抚养的查找不到生父母的未成年人，可以不受收养人数及收养人子女数量的限制。

近二十年来，在涉外收养实践中，由于大量外国人申请收养中国的未成年人，导致可供跨国收养的儿童数量远远不能满足外国家庭的收养需求。为解决这一矛盾，同时尽可能为被收养人提高优质、良好的生活环境，中国收养中心自 2007 年开始采取为具备较好条件的外国家庭“优先办理”涉外收养的做法，其实质上进一步限缩了外国人收养中国未成年人的条件，主要内容包括：（1）由一男一女组成婚姻关系，且关系稳定的夫妻。夫妻双方均无前婚，则婚姻持续时间需满 2 年；夫妻任何一方有过前婚（不超过 2 次），则本次婚姻持续时间需满 5 年。（2）夫妻双方均年满 30 周岁且不满 50 周岁。收养特殊需要儿童的，夫妻双方均需年满 30 周岁且不满 55 周岁。（3）夫妻双方身心完全健康，未患有艾滋病、智力残疾、正在传染期的传染病、精神分裂症以及恶性肿瘤、癫痫、肾病等需要长期治疗，影响预期寿命的严重疾病等。

(4) 夫妻任何一方具有稳定的职业，包括预收养儿童在内，家庭人均年收入应满 1 万美元，且家庭净资产满 8 万美元。(5) 夫妻双方均接受过高中以上文化教育，或接受过同等学历职业技术教育。(6) 家中不满 18 周岁的孩子不满 5 名，且家中最小的孩子年满 1 周岁。收养特殊需要儿童不受“家中不满 18 周岁的孩子不满 5 名”的限制。(7) 夫妻双方均未受过刑事处罚，道德品质良好，行为端正、遵纪守法，且均不具有下列情形：有过家庭暴力、性虐待、遗弃或虐待儿童历史；有过使用鸦片、吗啡、大麻、可卡因、海洛因、冰毒等能够使人形成瘾癖的麻醉药品与精神药品的历史；有酗酒史且戒酒不满十年。(8) 能正确认识收养，希望通过收养为未成年人提供一个温暖的家，满足被收养儿童健康成长的需要。正确理解跨国收养，对跨国收养可能存在的风险和被收养儿童潜在的疾病、发育滞后、安置后不适应等情况有心理准备。(9) 在收养申请书中明确承诺能够接受安置后回访并按要求提供安置后报告。

本条第 2 款主要是对外国人收养的形式要件的规定。根据规定，收养人应当提供由其所在国有权机构出具的有关其年龄、婚姻、职业、财产、健康、有无受过刑事处罚等状况的证明材料，并与送养人订立书面协议，亲自向省、自治区、直辖市人民政府民政部门登记。截至目前，与我国建立收养合作关系的国家有 17 个，包括美国、加拿大、英国、法国、西班牙、意大利、荷兰、比利时、丹麦、挪威、瑞典、芬兰、冰岛、爱尔兰、澳大利亚、新西兰、新加坡。这些国家的公民在中国收养子女的基本程序如下：1. 递交申请。依照《外国人在中华人民共和国收养子女登记办法》第 4 条规定向所在国中央机关提交收养申请和证明文件，具体包括：(1) 跨国收养申请书。(2) 出生证明。(3) 婚姻状况证明。(4) 职业、经济收入和财产状况证明。(5) 身体健康检查证明。(6) 有无受过刑事处罚的证明。(7) 收养人所在国主管机关同意其跨国收养子女的证明。(8) 家庭情况报告，包括收养人的身份、收养的合格性和适当性、家庭状况和病史、收养动机以及适合于照顾儿童的特点等。上述八种证明文件，原则上需要由收养人所在国有权机构出具，经其所在国外交机关或者外交机关授权的机构认证，并经中华人民共和国驻该国使领馆认证。2. 受理登记。中国收养中心对申请进行登记，并通知相关外国中央机关或收养组织。3. 审核选配。根据外国收养人的条件和意愿并结合中国收养中心登记备案的儿童信息，为收养人选择合适的被收养儿童，同时通知外国中央机关或收养组织以征求收养人的意见。4. 签发通知。征得收养国中央机关和收养人同意后，中国收养中心签发《来华收养子女通知书》，并通知被收养人所在地的省级民政部门。5. 亲自来华。外国收养人接到《来华收养子女通知书》后，须持通知书原件亲自来华，到被收养人常住户口所在地的省级民政部门办理收养登记手续。6. 办理登记。省级民政部门对符合法律规定的收养关系当事人办理收养登记，发给收养登记证书，收养关系自登记之日起成立。从上述具体程序看，我国的涉外收养手续还是较为复杂的，这能够有力保障被收养儿童的合法权益。

根据本条第3款规定，上述证明材料应当经收养人所在国外交机关或者外交机关授权的机构认证，并经中华人民共和国驻该国使领馆认证，国家另有规定的除外。与收养法的规定相比，本条增加了“国家另有规定的除外”的规定。这主要是考虑到，目前我国正在认真考虑、积极推动加入《关于取消外国公文书认证的公约》，增加除外规定能够为将来加入该公约、履行条约义务留下空间。该公约由第九届海牙国际私法会议第一专门委员会负责起草，并在1961年10月5日的外交会议上获得通过，于1965年

1 月 24 日生效，其主要目的是“愿意取消外国公文书需经外交或领事的认证”。

► **相关规定**

《中华人民共和国涉外民事关系法律适用法》第 28 条；《外国人在中华人民共和国收养子女登记办法》第 4 条

第一千一百一十条 收养人、送养人要求保守收养秘密的，其他人应当尊重其意愿，不得泄露。

◆ **条文主旨**

本条是关于保守收养秘密的规定。

◆ **立法背景**

收养在收养人与被收养人之间成立了拟制的父母子女关系，涉及送养人、收养人、被收养人等多方主体。收养的成立，势必会对收养家庭、原生家庭以及被收养人本身产生影响。从当事人的角度考虑，在收养成立、家庭关系重新稳定之后，可能会希望保守有关收养的秘密。这里既包括被收养人被收养的事实应予保密，也包括收养家庭、原生家庭的情况的保密。相较于原生家庭父母子女之间的亲子关系，收养所形成的拟制父母子女关系更容易受到外界的影响。实践中，有很多原本相处和谐融洽的养父母与养子女，在收养事实被披露后，心生隔阂，关系淡化，甚至最终导致收养关系的解除。

◆ **条文解读**

根据本条规定，在收养人、送养人要求保守收养秘密时，其他人应当尊重其意愿，不得泄露。对于被收养人而言，保守收养秘密有助于稳定收养关系，避免对其心理产生影响，从而有利于被收养人的健康成长；对于收养家庭而言，保守收养秘密可以使其免受原生家庭的干扰，维护收养家庭与被收养人之间和睦稳定的家庭关系；对于原生家庭而言，也有助于维护其隐私，使生父母彻底与过去告别，开始新生活，避免被收养人对生父母现有生活的打扰。

从世界上一些国家和地区的立法看，秘密收养仍是各国法律确定为完全收养的一项基本的原则。比如，《美洲国家间关于未成年人收养的法律冲突公约》明确规定："在需要对收养进行保密的地方，应保证收养的秘密不被泄露。如果需要查阅被收养的未成年人及其亲生父母的健康状况的医院证明，也只能告知符合法定条件的适当人员，并不得公开被收养人及其亲生父母的姓名以及其他能证明其身份的资料。"在美国收养法的发展过程中，秘密收养已成为一种习惯。在这种收养中，养父母和被收养人均不知晓被收养人生父母的身份。为保守这一秘密，收养记录经常被封存，至少到被收养子女长大成人。在有的州，这些记录甚至被永久封存。传统上，这些记录的公开途径仅包括法院的命令和正当理由。《德国民法典》规定："非经收养人和子女同意，不得公开或探听能够暴露收养及其具体情况的事实，但是如果出于公共利益上的特别理由而必须如此则例外。"新加坡《儿童收养法》第12条专门对被收养人姓名、出生日期等方面的登记制度及其保密问题作了详细的规定。被收养人既可以按原出生日期与姓名进行登记，也可以经法院批准重新进行登记。被收养人的原始出生登记有关的记录文件以及与收养登记有关的记录文件应保密，一般不允许查阅和复制。在俄罗斯，所谓的"秘密收养"也受到法律保护。为了达到秘密收养的目的，不仅可以改变被收养人出生证中的出生地，而且允许在特殊情况下改变被收养儿童的出生日期，但不得超过三个月。改变被收养儿童的出生日期一般限于未满一岁的儿童。同时，俄罗斯法律特别规定了收养关系成立后作出收养判决的法官、进行收养登记的国家公务员以及其他一切知悉收养关系的人员，均应保守秘密，不得将信息向他人透露，否则将被追究法律责任。我国澳门法律对于完全收养也采取秘密收养。我国《澳门民法典》第1837条规定："一、不得向被收养人之生父母透露收养人之身份，但收养人透过明示意思表示不反对透露其身份者除外。二、被收养人之生父母得透过明示意思表示反对其身份向收养人透露。"

随着社会的不断发展，与秘密收养原则相对的未成年子女知情权的问题越来越引发关注。现代国家的立法中，也有一些通过规定收养信息披露来体现对未成年子女知情权重视的例子，最典型的莫过于英国。英国《2002年收养与儿童法》详细规定了收养信息的披露。该法第54条规定："收养机构在法定情形下可以依法将法定信息披露给准收养人。"第58条规定："受保护信息以外的其他任何信息，为履行其职责，收养机构可以按法律规定依照协议向任何人披露；在法定情形下，收养机构应当将法定信息披露给法定人员。"此外，该法还区分不同情形分别规定了对已成年的被收养人的信息披露、成年人的受保护信息的披露、未成年人的受保护信息的披露等。应当说，伴随着收养实践的发展以及人们价值理念的变化，保守收养秘密与确保被收养人知情权应如何协调的问题，已经变得越来越突出。与被收养人知情权可能存在冲突的另一个问题是被收养人生父母的隐私权。比如，在有的情形下，生父母送养子女之后，由于与子女的亲子关系已经消除，主观上会存在不想再被子女打扰的想法。如果强调被收养人的知情权，则势必二者会存在矛盾。对于这一矛盾，《海牙公约》的规定是：出生地国的中央当局应将有关儿童的报告及已获得了必要的同意和决定安置的理由的证明材料递送给接受国的中央机关，在出生地国，如果儿童的父母亲的身份不得揭露，则不应公开其身份。实际上，这采取的是更加注重保护收养秘密的立场。

第二节 收养的效力

第一千一百一十一条 自收养关系成立之日起，养父母与养子女间的权利义务关系，适用本法关于父母子女关系的规定；养子女与养父母的近亲属间的权利义务关系，适用本法关于子女与父母的近亲属关系的规定。

养子女与生父母以及其他近亲属间的权利义务关系，因收养关系的成立而消除。

◆ 条文主旨

本条是关于收养拟制效力的规定。

◆ 立法背景

收养在收养人与被收养人之间成立了拟制的父母子女关系。收养关系成立后，这种后天通过法律拟制形成的父母子女关系，是否与自然形成的父母子女关系同样适用法律？养子女与养父母的近亲属之间的权利义务关系，应当如何确定？收养关系成立后，养子女与生父母及其他近亲属之间的权利义务关系，是继续维持还是自此消除？这些属于本条的规范内容。

◆ 条文解读

首先，关于养父母与养子女间的权利义务关系。根据本条规定，自收养关系成立之日起，养父母与养子女间的权利义务关系，适用本法关于父母子女关系的规定。这一点，许多国家的立法也都作了明确规定。比如，《德国民法典》第 1754 条规定：“（1）一对夫妻收养子女，或配偶一方收养配偶另一方的子女的，该子女取得配偶双方的共同子女的法律地位。（2）在其他情形下，被收养子女取得收养人的子女的法律地位。（3）在第一款的情况下，配偶双方有权共同进行父母照顾，在第二款的情况下，收养人有权进行父母照顾。”《法国民法典》第 358 条规定：“被收养人在收养人家庭中享有与按照本卷第七编之规定确立亲子关系的子女相同的权利，负相同的义务。”《瑞士民法典》第 267 条第 1 款规定：“养子女，对于养父母，取得婚生子女的法律地位。”我国台湾地区“民法”第 1077 条规定，养子女与养父母及其亲属间之关系，除法律另有规定外，与婚生子女同。由此可见，本条所确定的养父母子女间权利义务关系适用本法父母子女关系规定的原则，与世界上其他国家和地区的通行做法一致。本法关于父母子女关系的规定主要集中在总则编及婚姻家庭编。比如，本法总则编第 26 条规定，父母对未成年子女负有抚养、教育和保护的义务；本法第 1067 条规定，父母不履行抚养义务的，未成年子女或者不能独立生活的成年子女，有要求父母给付抚养费的权利；第 1070 条规定，父母和子女有相互继承遗产的权利。这些规范父母子女权利义务关系的规定，都可在收养关系成立后，适用于养父母子女之间。换言之，尽管收养形成的是拟制血亲，但在法律适用方面，其与自然血亲之间并无差别。

其次，关于养子女与养父母的近亲属间的权利义务关系。由于收养关系成立后，养父母子女之间同自然形成的父母子女关系并无二致，因此，在养子女与养父母近亲属关系方面，也同样适用本法关于子女与父母的近亲属之间关系的规定。比如，根据本法第1074条规定，有负担能力的祖父母、外祖父母，对于父母已经死亡或者父母无力抚养的未成年孙子女、外孙子女，有抚养的义务。假如养父母与养子女形成收养关系后，养父母双双死亡或者丧失抚养能力，那么养父母的父母作为其近亲属，应当在有负担能力的情况下，承担起对于孙子女、外孙子女的抚养义务，尽管孙子女、外孙子女系其子女通过收养而来。对于这一点，我国台湾地区“民法”明确规定，养子女与养父母及其亲属间之关系，除法律另有规定外，与婚生子女同。

最后，本条第2款规定了收养关系成立后，养子女与生父母以及其他近亲属间的权利义务关系相应得以消除。收养关系成立后，养父母与养子女间形成了拟制的父母子女关系。此时，如果养子女与生父母的关系继续维持，则会出现双重的父母子女关系，这将使得亲子关系变得较为复杂，也与人们的普遍认知不符。因此，本条作了上述规定。只要收养关系成立，养子女与生父母及其他近亲属间的权利义务关系就得以消除。许多国家和地区的立法对此作了类似规定。比如，《法国民法典》第356条第1款规定：“收养，赋予儿童以亲子关系，替代其原有的亲子关系。被收养人不再属于和其有血缘关系的家庭，但是，第161条至第164条关于禁止结婚的规定保留执行。”第2款规定：“收养配偶的子女，对该配偶一方及其家庭仍然存在原有的亲子关系；除此之外，此种收养产生由夫妻二人进行收养所具有的诸种效果。”《德国民法典》第1755条规定：“（1）被收养人及其晚辈直系血亲与原血亲的血统关系和由该血统关系产生的权利和义务，随收养而消灭。收养前形成的被收养子女的请求权，特别是对定期金、孤儿补助金及其他相当的重复进行的给付的请求权，不因收养而受影响；前半句的规定，不适用于扶养请求权。（2）配偶一方收养其配偶子女的，只在子女与父母另一方及其血亲的关系中发生血统关系的消灭。”《瑞士民法典》第267条第2款规定：“原亲子关系消灭，但生父或生母与收养人结婚者，其与被收养人的亲子关系不消灭。”关于本款，有的意见认为，应当参照有关国家的规定，增加继父母收养继子女时，对于该款所规定亲子关系解消效力的部分阻却效果。经研究，我们认为，在继父母收养继子女的情形下，即使不规定亲子关系解消效力的阻却效果，与子女共同生活的生父母与子女之间的关系亦会因收养关系的成立而继续适用本法有关父母子女关系的规定。从实质的效果来看，规定阻却效果与否并不影响最终亲子关系的法律适用。因此，本条对此未作规定。

第一千一百一十二条 养子女可以随养父或者养母的姓氏，经当事人协商一致，也可以保留原姓氏。

◆ 条文主旨

本条是关于养子女姓氏选取的规定。

◆ 立法背景

根据本法第1106条的规定，收养关系成立后，公安机关应当依照国家有关规定为被收养人办理户口登记。在办理登记的过程中，养子女的姓氏选取应当如何确定，是沿用自己原来的姓氏，还是随养父或者养母的姓氏？是尊重当事人意愿，还是由国家作出统一规定？上述问题在立法时都值得思考。

◆ 条文解读

本条对此确定的原则是，养子女可以随养父或者养母的姓氏，经当事人协商一致，也可以保留原姓氏。从这一规定看，在收养关系成立后养子女姓氏的选取方面，立法还是充分尊重了各方当事人的意愿。

世界上一些国家和地区的民法，对于养子女姓氏选取的问题也作了规定。《瑞士民法典》第267条第3款规定："收养关系成立后，得为养子女取新名。"《法国民法典》第357条规定："收养，赋予子女以收养人的姓氏，如收养人是夫妇二人，赋予养子女的姓氏，按照第311－21条所表述的规则确定（如果子女的亲子关系最迟于其出生之日或随后同时对父母双方确定，由父母双方选择转归子女的家族姓氏；或者选择夫姓，或者选择母姓，或者父母双方按照选定的顺序将两姓氏结合使用，但仅限于父母双方的家族姓氏。在父母双方没有向户籍官员共同声明指出子女所选用的姓氏时，该子女取其首先确立亲子关系的父、母一方的姓氏，而如果该子女是同时对父母双方确立亲子关系，则取其父姓）。如收养人是已婚妇女，或者是已婚男子，法院得在收养判决中决定，经配偶同意，赋予被收养人以配偶的姓氏。法院应收养人的请求并征得收养人配偶的同意，可以赋予养子女以收养夫妇两人结合的姓氏，其先后顺序由夫妇二人确定，但以夫妇二人的家庭姓氏为限制范围。"我国《澳门民法典》第1840条规定："一、被收养人丧失其原来的姓氏，其新姓名须按照经作出必要配合之第1730条之规定而确定。二、如更改被收养人之名字会保障其利益，尤其保障个人身份权及有利于融入新家庭，则法院应收养人之请求，得在合理情况下更改被收养人之名字。"我国台湾地区"民法"第1078条规定："养子女从收养者之姓或维持原来之姓。夫妻共同收养子女时，于收养登记前，应以书面约定养子女从养父姓、养母姓或维持原来之姓。"

本条规定养子女可以随养父或者养母的姓氏，这与本法人格权编有关子女姓氏选取的规定也是一致的。本法人格权编第1015条规定，自然人的姓氏应当随父姓或者母姓，但是有下列情形之一的，可以在父姓和母姓之外选取姓氏：（1）选取其他直系长辈血亲的姓氏；（2）因由法定扶养人以外的人扶养而选取扶养人姓氏；（3）有不违背公序良俗的其他正当理由。收养关系成立后，养父母与养子女间成立了法律拟制的父母子女关系，允许养子女选取养父或者养母的姓氏，既有助于增强养子女与养父或者养母之间相互的情感认同，便于其更好更快融入收养家庭，也有利于对他人保守收养秘密，维护当事人的隐私权。当然，从另一方面来说，送养人与收养人在收养关系成立时也可能早已约定好未成年子女的姓氏问题，如果双方协商一致，法律也并不禁止未成年人保留原姓氏。比如，在生父母因特殊困难无力抚养而送养子女时，基于情感方面的考虑，生父母可能希望子女在被他人收养之后仍保留原姓氏。此时，如果收养人对此不持异议，当然是允许的。这充分体现了对于收养关系当事人意思自治的尊重，在实践中也不会有操作上的困难。

第一千一百一十三条　有本法第一编关于民事法律行为无效规定情形或者违反本编规定的收养行为无效。

无效的收养行为自始没有法律约束力。

◆ 条文主旨

本条是关于收养行为无效的规定。

◆ 立法背景

收养关系成立之后，在一般情形下，是有效的收养。那么，在哪些情形下收养行为有可能被认定无效，实际上体现了公权力对于收养行为的干预。这其中的原因在于，尽管收养是一种具有人身性质的民事法律行为，其核心是当事人的合意，但作为民事法律行为，收养还必须受到民事法律行为效力判断一般原则的约束，同时也要接受国家在收养领域的一些强制性干预，以确保行为自身的合法性、正当性。本条基于以上考虑，对于无效收养行为作了规定，即有本法总则编关于民事法律行为无效规定情形或者违反本编规定的收养行为无效。

世界上有的国家和地区的立法对于收养效力的问题作了规定。《日本民法典》第 802 条规定，收养限于下列各项情形，为无效：1. 因错认人或其他事由，当事人之间无实行收养的意思时；2. 当事人不进行收养申报时。但是，其申报仅欠缺第 739 条第 2 款所载条件时，收养不因此而妨碍其效力。日本除规定了收养行为的无效情形外，还同时规定了收养的撤销制度。《日本民法典》第 804 条至第 808 条，分别规定了养父母系未成年人的收养的撤销、养子女系尊亲属等的收养的撤销、监护人与被监护人之间未经许可的收养的撤销、配偶不同意的收养的撤销、监护人不同意的收养的撤销以及未经许可的养子女为未成年人的收养的撤销。《韩国民法典》第 883 条规定，收养存在下列各项情形之一时无效：1. 当事人之间无收养合意；2. 违反第 869 条（不满十五岁者的收养承诺）、第 870 条第 1 项规定（被收养人父母的同意及其免除）。我国台湾地区“民法”第 1079－4 条规定，收养子女，违反第 1073 条（收养年龄之规定）、第 1073－1 条（不得为子女之亲属之规定）、第 1075 条（同时为二人养子女之禁止）、第 1076－1 条（生父母同意之规定）、第 1076－2 条第 1 款（未满 7 周岁的被收养人，需其法定代理人代受意思表示之规定）或第 1079 条第 1 款之规定（收养方法之规定）者，无效。同时，我国台湾地区“民法”对于收养行为的撤销也作了规定，根据第 1079 条第 2 款规定，收养子女，违反第 1074 条之规定者，收养者之配偶得请求法院撤销之；违反第1076条第6项或第1079条第3项之规定者，被收养者之配偶或法定代理人得请求法院撤销之。《瑞士民法典》第269条规定，没有法定原因而未取得同意的，有同意权的人得在法官处提出收养无效之诉，但以不严重影响养子女的利益为限。生父母可诉请联邦法院裁决的，无前项所规定的诉权。第269条之一规定，收养，除前款情况外，仍存在其他重要缺陷时，任何利害关系人，特别是原籍或住所所在地的乡镇可对收养提出无效之诉。但是，如收养后缺陷得到弥补或仅存在违反程序的规定的，不得据此提出收养无效之诉。第269条之二规定，收养无效之诉应在发现无效原因之后的六个月内提出。无论何种情形，收养后经两年时间，时效消灭。

从上面列举的情况看，各国家和地区在收养效力的立法方面存在差异，大致可以分为三种模式：一是同时规定了收养的无效和撤销，最典型的如日本、我国台湾地区；二是仅就收养的无效，包括无效原因、提起收养无效之诉的诉讼时效等问题作了规定，未规定收养的撤销，最典型的如瑞士；三是对收养的撤销采“禁止主义”，坚持收养的“非撤销性”，仅在特殊情况下（如非婚生子女的准正）允许撤销收养，最典型的如英国。各国家和地区在收养效力问题上的立法差异，实际反映出不同国家和地区的收养立法对于收养目的、性质等认识上的差别。

◆ **条文解读**

本条对于收养效力问题，采取了与收养法一致的做法，只规定了收养行为的无效。根据本条规定，在两种情形之下，收养行为将被认定为无效。第一，有本法总则编关于民事法律行为无效规定的情形。本法总则编第六章民事法律行为专设第三节规定了民事法律行为的效力。第143条首先从正面规定了民事法律行为有效应当具备的条件，包括行为人具有相应的民事行为能力、意思表示真实，以及不违反法律、行政法规的强制性规定，不违背公序良俗。在此基础上，如果不具备或者不完全具备这些条件的民事法律行为，其效力将受到影响，具体可导致无效、可撤销、效力待定等多种效力形态。其中，属于无效民事法律行为的情形包括：（1）无民事行为能力人实施的民事法律行为无效；（2）行为人与相对人以虚假的意思表示实施的民事法律行为无效；（3）违反法律、行政法规的强制性规定的民事法律行为无效，但是，该强制性规定不导致该民事法律行为无效的除外；（4）违背公序良俗的民事法律行为无效；（5）行为人与相对人恶意串通，损害他人合法权益的民事法律行为无效。从总则编的规定看，这些无效情形涵盖了行为人行为能力欠缺、意思表示不真实、违法性等各个方面，是总则编对于民事法律行为效力否定性评价的主要依据。收养作为具有人身性质的民事法律行为，自然应当受到总则编有关民事法律行为效力评价规定的约束。如果送养人与收养人之间的收养行为具有上述情形的，则行为应属无效。第二，违反本编规定的收养行为无效。除具有总则编无效情形的收养行为应属无效收养之外，如果收养行为违反了婚姻家庭编的规定，也应属于无效的收养行为。例如，收养行为违反了有关被收养人、送养人、收养人的条件，以及收养人数的限制、无配偶者收养异性子女的年龄限制等。又如，未依法向县级以上民政部门办理收养登记。再如，违反有关收养应当遵循最有利于被收养人的原则，保障被收养人和收养人的合法权益的规定，违反禁止借收养名义买卖未成年人的规定等，均为无效收养。

本条第2款规定，无效的收养行为自始没有法律约束力。根据本法总则编第155条规定，无效的民事法律行为自始没有法律约束力。收养作为具有人身性质的民事法律行为，也应遵循法律行为制度的基本原理，一旦被认定无效，也应当是从行为一开始便没有法律约束力。

第三节　收养关系的解除

第一千一百一十四条　收养人在被收养人成年以前，不得解除收养关系，但是收养人、送养人双方协议解除的除外。养子女八周岁以上的，应当征得本人同意。

收养人不履行抚养义务，有虐待、遗弃等侵害未成年养子女合法权益行为的，送养人有权要求解除养父母与养子女间的收养关系。送养人、收养人不能达成解除收养关系协议的，可以向人民法院提起诉讼。

◆ 条文主旨

本条是关于收养人、送养人协议解除及诉讼解除收养关系的规定。

◆ 立法背景

收养是在收养人、被收养人之间成立拟制父母子女关系的制度。收养关系自成立之日起，就需要遵循最有利于被收养人的原则，保障被收养人和收养人的合法权益。可以说，最有利于被收养人的原则，需要贯穿收养行为的始终。收养关系成立后，收养人与被收养人之间成立了父母子女关系，收养人作为养父母，应当依法承担起抚养、教育、保护未成年子女的义务，尽心竭力履行监护职责，为未成年子女的健康成长创造良好的条件。同时，这种职责的承担也使得收养人能够真正分享为人父母的快乐，符合收养的初衷。因此，从有利于未成年子女成长的角度考虑，本条确立了原则上在被收养人成年之前，收养人不得单方解除收养关系的规定。这主要是出于确保被收养人能够正常获得生活来源得以健康成长的考虑。如果允许收养人在被收养人成年之前随意解除收养关系，就有可能出现被收养人无人抚养的情形，势必会影响被收养人的生活及成长。当然，这种对收养关系解除的禁止也并非绝对，如果作为收养关系双方当事人的收养人与送养人能够就解除收养关系达成一致协议，被收养人就不会陷入无人抚养的境地，此时，是可以解除收养关系的。但对于被收养人达到八周岁以上的，还需要征得被收养人本人的同意。这里要求征得八周岁以上的被收养人同意，同样也是出于未成年人利益最大化的考虑。未成年的被收养人尽管不是订立收养协议的当事人，但是对于限制行为能力的被收养人而言，其已经具备了一定的认知能力，在决定是否解除收养关系的时候，要求征得被收养人的意见，充分体现了对于未成年子女利益的重视和尊重。

在有的情形下，收养人不履行抚养义务，甚至可能存在虐待、遗弃等损害未成年养子女合法权益的现象。在这种情况下，如果不允许解除收养关系，可能更不利于未成年子女的健康成长。同时，送养人作为送养主体，尽管在收养关系成立后就与被收养人不再具有抚养与被抚养的关系，但赋予送养人必要的“监督”职责，仍是必要的。送养人在收养人具有上述情形时，可以向收养人提出解除收养关系；如果送养人与收养人无法就解除收养关系达成协议，可以通过向法院提起诉讼的方式申请解除。

世界上许多国家和地区的立法对于收养关系的解除都作了规定。《法国民法典》根据收养效力的不同将收养区分为“完全收养”和“不完全收养”，完全收养不得撤销或者解除，不完全收养则可以有条件地解除：1. 解除收养关系只能由当事人向法院申请。2. 申请人可以是收养人，也可以是被收养人。3. 当事人申请解除收养关系必须证明有重大理由。4. 如果申请由收养人提出，那么仅在被收养人已经超过15周岁时法院才可以受理。5. 如果申请由被收养人（包括养子女本人及其血亲近亲）提出，则可以不受被收养人必须15周岁以上的限制；被收养人如果是未成年人，则解除收养关系的请求由其生父母提出，生父母死亡的，可以由与被收养人有血缘关系的原家庭成员提出。此外，如果被收养人是未成年人，也可以由检察院向管辖法院提出解除收养关系的申请。不完全收养的解除经当事人向法院提出后，由法院对申请进行严格审查，并以判决的方式判定是否准予解除收养关系。同时，法院必须在该判决中说明准予或者不准解除收养关系的理由。《德国民法典》将收养区分为成年人收养和未成年人收养。对于前者，只要存在重要理由，收养人或者被收养人就可以向监护法院提出解除收养关系的申请，由监护法院宣告解除收养关系；对于后者，则按照有关情形区分为因缺乏当事人申请等原因解除和依职权解除两种类型。根据《德国民法典》第1760条规定，因缺乏当事人申请等原因解除收养关系的情形包括：（1）未经收养人、送养人或者被收养人同意的收养；（2）当事人在为收养成立意思表示时，处于失去知觉或者暂时精神错乱状态或者无行为能力；（3）受胁迫、欺诈所作出同意收养的意思表示等。当然，即使存在上述情形，但如解除收养关系会使被收养人的幸福显然被危害的，收养关系不得解除。所谓依职权解除收养关系，根据《德国民法典》第1763条规定，是指监护法院可以在“如果为了子女的幸福而有重要理由必须如此”的情况下依职权解除收养关系。此外，如果收养人违背婚姻法的规定而与被收养人及其晚辈直系血亲结婚的，则自结婚之日起，解除双方的收养关系。《俄罗斯联邦家庭法典》

规定，收养关系可以解除，但只能通过诉讼方式进行。该法规定解除收养关系的情形包括两种：一是因为收养人自身原因导致收养关系解除，如收养人故意逃避履行其所应当承担的父母之义务、滥用亲权、虐待被收养人、酗酒或者吸毒等；二是法院从保护儿童利益出发并考虑儿童本人的意见而依据其他事由决定解除收养关系。除上述情形外，不得解除收养关系。在具体程序方面，《俄罗斯联邦家庭法典》第 140 条、第 142 条作了明确规定：有权提起解除收养关系之诉的主体包括被收养儿童的父母、收养人、年满 14 周岁的被收养人、监护或者监管机关及检察长；法院审理解除收养关系案件必须通知监护和监管机关及检察长参加。《日本民法典》关于收养终止的规定区分为一般收养的终止及特别收养的终止，前者的当事人又可以通过协议和裁判两种方式进行，后者只能通过裁判的方式进行。（1）一般收养中的协议终止。根据《日本民法典》第 811 条第 1 款规定，收养当事人之间可以通过协议的方式解除收养关系。夫妻共同收养的，解除收养关系的协议必须夫妻双方共同同意方能成立；夫妻一方以他方子女为养子女时，属于单独收养，解除收养关系不用取得另一方的同意；协议各方应具备民事行为能力，养子女为 15 周岁以上的未成年人，有单独协议终止收养关系的能力，不以法定代理人同意为必要；养父母均已死亡的，养子女要协议终止收养关系时，需要经过家庭裁判所的许可。（2）一般收养中的裁判终止。有下列情形之一，收养当事人一方可以向法院提起解除收养关系之诉：被他方恶意遗弃；养子女生死不明达三年以上；有其他难以继续维持收养关系的重大事由。裁判解除收养关系的诉讼，既可以由养父母提起，也可以由能够与养父母订立终止收养关系协议的人提起，诉讼当事人应当具备诉讼能力或者符合法律关于诉讼当事人的规定。（3）特别收养的终止。根据《日本民法典》第 817 条规定，有下列情形之一的，由养子女、生父母或者检察官向家庭法院提起解除收养关系的诉讼：存在养父母虐待、恶意遗弃或者其他显著损害养子女利益的具体事实；生父母已经可以实施相当的监护。我国台湾地区“民法”关于收养关系的解除，区分规定了合意解除、申请解除及判决解除三种类型。所谓合意解除，是指经过养父母与养子女双方的同意而解除收养关系，但必须采取书面形式。合意解除收养关系应当符合以下规定：如果养子女为不满 7 周岁的未成年人，其解除收养关系的意思表示由收养关系终止后其法定代理人代为表示；7 周岁以上的未成年人解除收养关系的意思表示也应当取得收养关系终止后其法定代理人的同意；夫妻共同收养的，解除收养关系必须经过夫妻双方同意等。所谓申请解除，是指养父母死亡后，养子女不能维持生活又没有谋生能力时，有权向法院提出终止收养关系的申请，经过法院许可而解除收养关系。按照规定，在保证未成年养子女意思表示的有效作出方面，与合意解除收养关系的要求是完全相同的。所谓判决解除，是指养父母或者养子女一方有下列情形之一的，法院可以根据他方请求而判决解除收养关系：一是对他方实施虐待或者重大侮辱的；二是恶意遗弃他方的；三是养子女被判处两年以上徒刑的；四是养子女有浪费财产之情形的；五是养子女生死不明已逾 3 年的；六是有其他重大事由的，如养子女吸毒、养父母诱使养子女卖淫等。

◆ 条文解读

从上述各国和地区的法律规定看，尽管在收养关系解除方面存在具体制度上的差异，但不同国家和地区的规定均体现出了对于收养关系解除相对严格的限制，以及对于未成年子女合法权益的保护。从本条第 1 款规定看，协议解除收养关系存在以下特点，需要准确把握：一是，原则上，在被收养人成年以前，收养人不得单方解除收养关系。这一规定主要是出于对未成年人利益的保护，防止因收养人推卸责任而致使未成年人无人抚养的状况出现。二是，收养人与送养人经协商一致，可以解除收养关系。在收养人不得随意解除收养关系的原则要求之下，如果收养人与送养人能够协商一致，意味着对未成年人的抚养不会出现问题，从尊重双方当事人意思自治的角度出发，可以允许解除收养关系。三是，养子女八周岁以上的，应当征得其同意。在送养人、收养人就解除收养关系达成一致的前提下，如果养子女属于八周岁以上的限制行为能力人，则还需要征得养子女的同意才可解除收养关系。这是因为，收养关系的解除不能只考虑送养人、收养人的意愿。养子女八周岁以上的，能够基于被抚养经历及情感联系选择最有利于自己的成长环境，此时就需要征得其同意方可解除收养关系。四是，收养人、送养人协商解除收养关系只能通过协议解除的方式，不能通过诉讼方式解除。

本条第 2 款是通过诉讼解除收养关系的规定。理解本款需要注意以下几点：一是，适用本款规定的前提是被收养人尚未成年。二是，本款适用的对象仅为送养人，不适用于收养人或者被收养人。其立法初衷在于，为保护被收养人的合法权益，赋予送养人在一定条件下提起解除收养关系之诉的权利。三是，本款的适用情形有严格限制，即收养人不履行抚养义务，有虐待、遗弃等侵害未成年养子女合法权益的行为。如果收养人不存在这些行为，则送养人无权提起解除收养关系的诉讼。

第一千一百一十五条 养父母与成年养子女关系恶化、无法共同生活的，可以协议解除收养关系。不能达成协议的，可以向人民法院提起诉讼。

◆ **条文主旨**

本条是关于养父母与成年养子女解除收养关系的规定。

◆ **立法背景**

本法第1114条规定了两种解除收养关系的形式，一种是收养人与送养人之间的协议解除，另一种是收养人有特定侵害被收养人利益的情形时，送养人通过诉讼解除收养关系。这两种收养关系的解除形式，均是从保障未成年养子女利益的角度出发所作的规定，对于有效保障未成年人利益、确保子女处于健康的成长环境，有重要意义。那么，除了上述两种情形之外，是否还存在其他通过协议或者诉讼解除收养关系的规定呢？本条即是在前条规定的基础上，针对养子女成年后与养父母关系恶化、无法共同生活所作的解除收养关系的规定，可以协议解除，协议不成的，也可以通过诉讼解除。

收养在收养人与被收养人之间成立了拟制的父母子女关系。收养关系成立后，收养人作为养父母承担起抚养、教育和保护未成年养子女的职责，能够为养子女提供温暖的家庭氛围及良好的成长环境，养子女在这样的氛围和环境中，获得了来自身体、心理各方面的抚慰和照顾，同时，收养人作为养父母也能够通过自己的付出，体会为人父母的幸福，享受天伦之乐。此外，不可否认的一点是，我国的收养制度还是养老制度的重要补充。许多养父母收养子女的初衷，除了为国家和社会减轻负担，自愿承担抚养、教育下一代的重任之外，也是为了今后自己能够老有所依、老有所养。然而，家庭生活是复杂的，所谓“家家有本难念的经”。收养关系成立后，尤其是在养父母含辛茹苦，付出巨大时间、金钱、精力将被收养人抚养成年后，被收养人却可能因为各种原因与养父母交恶，以致无法共同生活。原本养父母所抱有的被收养人成年后能够履行对自己的赡养、扶助义务的期待，也会因这种关系的恶化而化为泡影。在这种情形之下，收养就失去了其原本的意义。此时，允许双方协商解除收养关系，是对于彼此都有益的做法。如果经过协商，无法就解除收养关系达成协议，比如一方坚决要求解除收养关系而对方不同意解除时，要求解除收养关系的一方可以向人民法院提起诉讼来解除收养关系。

◆ **条文解读**

正确理解和适用本条，需要注意以下几点：第一，本条解决的是养父母与成年养子女关系恶化、无法共同生活时收养关系的解除，不包括养子女为未成年人时的情形。根据本法第1114条的规定，收养人在养子女未成年时，原则上不得解除收养关系，除非收养人、送养人协议解除。如果收养人因无法解除收养关系而对未成年子女不履行抚养义务，甚至虐待、遗弃未成年子女的，送养人可以要求解除收养关系。第二，本条所规范的养父母与成年养子女之间收养关系的解除，既包括协议解除，也包括诉讼解除。当养父母与成年养子女双方关系恶化、无法共同生活时，可以由一方提出解除收养关系的意思表示，另一方如果同意，则双方就可以协议解除。如果一方提出解除，另一方不同意解除或者对解除收养关系的具体内容不认可，则可以通过向法院提起诉讼的方式解除收养关系。无论是养父母还是成年养子女，均享有诉权。第三，养父母与成年养子女解除收养关系的原因是双方关系恶化、无法共同生活，至于引起关系恶化的具体原因在所不问。实践中，成年养子女既可能因为生活方式、价值理念的不同而与养父母关系恶化，也可能存在成年后为逃避赡养义务而故意与养父母交恶，无论出于何种原因，此时勉强维持收养关系都于双方无益，都应允许解除收养关系。对于解除收养关系后养父母的生活保障，本法第 1118 条作了规定，即经养父母抚养的成年养子女，对缺乏劳动能力又缺乏生活来源的养父母，应当给付生活费。

第一千一百一十六条 当事人协议解除收养关系的，应当到民政部门办理解除收养关系登记。

◆ 条文主旨

本条是关于解除收养关系登记的规定。

◆ 立法背景

根据本法第 1105 条的规定，收养应当向县级以上人民政府民政部门登记，收养关系自登记之日起成立。作为一种在收养人与被收养人之间成立拟制父母子女关系的民事法律行为，收养需要经登记成立。那么，在收养关系解除后，作为一种民事法律行为的终止方式，也应当在程序上通过登记予以确认。根据《中国公民收养子女登记办法》第 9 条的规定，收养关系当事人协议解除收养关系的，应当持居民户口簿、居民身份证、收养登记证和解除收养关系的书面协议，共同到被收养人常住户口所在地的收养登记机关办理解除收养关系登记。该办法第 10 条还规定，收养登记机关收到解除收养关系登记申请书及有关材料后，应当自次日起 30 日内进行审查；对符合收养法规定的，为当事人办理解除收养关系的登记，收回收养登记证，发给解除收养关系证明。

◆ 条文解读

理解本条，需要注意以下几点：第一，本条的规范对象是协议解除收养关系。根据本法第 1114 条、第 1115 条的规定，协议解除收养关系包括以下几种情形：一是收养人与送养人协议解除收养关系。如果被收养人八周岁以上的，解除收养关系还须得到被收养人本人的同意。二是收养人不履行抚养义务，有虐待、遗弃等侵害未成年养子女合法权益行为的，送养人有权要求解除养父母与养子女之间的收养关系。此种情况下，送养人与收养人也可以通过协议的方式解除收养关系。三是养父母与成年养子女关系恶化、无法共同生活的，养父母与成年养子女可以通过协议的方式解除收养关系。因此，在上述三种情形下，如果双方达成了解除收养关系的协议，应当到民政部门办理解除收养关系登记。第二，按照有关程序要求，双方应携带必要的材料，共同到民政部门办理解除收养关系登记。同收养关系成立一样，收养关系的协议解除体现的也是双方的共同合意，只有双方同时到民政部门办理解除收养关系登记，才便于民政部门准确查明双方合意，正确办理登记。第三，民政部门查明双方的协议解除符合有关规定，依法办理登记，收养关系自登记之日起解除。民政部门在办理解除收养关系登记时，应当按照收养的有关规定进行审核，只有符合规定的，才可以办理解除登记。同时，与收养关系自登记之日起成立一样，收养关系的解除效力也应自解除收养关系登记之日起算。

▶ **相关规定**

《中国公民收养子女登记办法》第 9 条、第 10 条

第一千一百一十七条 收养关系解除后，养子女与养父母以及其他近亲属间的权利义务关系即行消除，与生父母以及其他近亲属间的权利义务关系自行恢复。但是，成年养子女与生父母以及其他近亲属间的权利义务关系是否恢复，可以协商确定。

◆ **条文主旨**

本条是关于收养关系解除法律后果的规定。

◆ **立法背景**

收养关系解除后，面临的首要问题就是未成年养子女的抚养、教育和保护。因为收养关系一旦解除，收养人与被收养人之间拟制的父母子女关系即告消除。从收养人的角度来说，其不可能再自愿承担起对被收养人的抚养、教育和保护义务。即使法律作了强制性规定，也无法再像收养关系存在时那般尽心竭力。因此，为了保护收养关系解除后被收养人的抚养教育问题，立法需要作出规定。

◆ **条文解读**

考虑到生父母与被收养人之间始终存在无法割舍的血缘联系，在收养关系解除后，立法要求生父母承担起对于未成年子女的抚养教育责任，以确保未成年子女的利益不受侵犯。因此，本条规定了在收养关系解除后，养子女与养父母以及其他近亲属的权利义务关系即行消除，而与生父母以及其他近亲属的权利义务关系自行恢复，无须办理任何手续。同时，也不区分协议解除还是诉讼解除，均产生此种法律后果。这样一来，对于未成年被收养人的抚养、教育就不会出现真空，能够自动得以接续，未成年人可以继续在良好的环境下健康成长。另外，如果收养关系解除后，养子女已经成年，意味着该子女已经具备完全行为能力，具有独立的思考和认知能力，可以自主决定未来的生活安排，能够依据自己的所思所想规划未来，包括与谁确立亲子关系等。因此，立法有必要赋予成年养子女与生父母以及其他近亲属在收养关系解除后是否恢复权利义务关系的选择权，尊重双方的自由意志和选择。这既体现了对成年养子女及其生父母独立人格的尊重，也在一定程度上体现了权利义务相对等的原则：一方面，成年养子女会对生父母将自己送养别人而未尽抚养教育之责心有不满；另一方面，成年养子女长期与养父母共同生活，与生父母之间没有太多生活经历，双方很难建立深厚的情感。

世界上一些国家和地区的立法也对收养关系解除的法律后果作了规定。《法国民法典》规定，简单收养一经撤销，则向将来终止一切效力。养父母及其家庭成员与养子女之间的权利义务终止，养子女与生父母及其家庭成员的权利义务关系恢复。由于养父母或者养子女单方面过错而解除收养关系的，无过错方可以援引侵权行为条款请求过错方给予赔偿。《德国民法典》第 1764 条规定，养父母与养子女的收养关系解除后，因为收养所建立起来的子女及其晚辈直系血亲对到解除时为止的亲属之间的亲属关系和由此产生的权利义务关系随之消除，而子女及其晚辈直系血亲对子女的有血缘关系的亲属之间的亲属关系和由此产生的权利义务除了父母照顾权外则重新恢复。同时，收养关系解除后，收养人亦不得与被收养人或者其直系卑亲属结婚。《瑞士民法典》第 269 条规定，收养关系解除后，养父母与养子女的权利义务终止；养子女自收养关系解除之日起，恢复其本姓并恢复其与生父母的父母子女关系，但第三人已经取得的权利，不因此而受影响，因为终止收养关系的效力不溯及既往。《俄罗斯联邦家庭法典》第 143 条规定，收养关系解除后，法律后果主要有以下几个方面：1. 法院确定解除收养关系后，被收养的儿童与收养人及其亲属之间的法律上的权利义务关系即行终止，与此同时，被收养儿童恢复与其生父母及其亲属之间法律上的权利义务关系，但必须符合儿童利益要求为条件。2. 收养关系解除后，收养人应当将被收养儿童交还给其生父母，但如果该儿童没有生父母或者交还给生父母有损于其利益时则应当将该儿童移交给监护人和监管机关照顾。

3. 法院应当判决决定是否让解除了收养关系的被收养儿童继续保留其因为收养而更改的名、父名和姓。如果该儿童年满 10 周岁，其名、父名或者姓的更改必须征得其本人同意。4. 从儿童利益出发，法院还有权责成原收养人继续承担抚养费的支付义务。《日本民法典》规定，收养关系解除后，将产生以下法律后果：1. 被收养人及其子女与收养人及其亲属之间的权利义务即告终止；2. 养子女自收养关系终止时起，恢复其本姓并恢复其与生父母的关系；3. 由于养父母或者养子女单方面的过错而导致收养关系解除的，有过错一方应当对无过错一方进行赔偿。我国台湾地区“民法”的规定与日本法的规定类似，收养关系解除的效力主要集中在两方面：一是养父母与养子女间拟制的血亲关系消灭；二是养子女与其生父母及其血亲之间的权利义务关系宣告恢复。从这些规定看，我国在收养关系解除法律后果的规定方面，比较符合主流趋势，既把未成年人利益的保护放在突出和首要的位置，也尊重了生父母与成年养子女的人格独立与自由选择，具有合理性。

第一千一百一十八条 收养关系解除后，经养父母抚养的成年养子女，对缺乏劳动能力又缺乏生活来源的养父母，应当给付生活费。因养子女成年后虐待、遗弃养父母而解除收养关系的，养父母可以要求养子女补偿收养期间支出的抚养费。

生父母要求解除收养关系的，养父母可以要求生父母适当补偿收养期间支出的抚养费；但是，因养父母虐待、遗弃养子女而解除收养关系的除外。

◆ **条文主旨**

本条是关于收养关系解除后生活费、抚养费支付的规定。

◆ **立法背景**

收养关系存续期间，收养人除了付出时间和精力尽心照顾未成年子女之外，还要为子女的健康成长支出生活费、教育费、医疗费等各方面费用。在收养关系一直维持的情况下，收养人在精神和物质方面的付出可以通过将来养子女成年后履行赡养、扶助义务得到回报和补偿。但是，在收养关系解除后，收养人在收养关系存续期间所付出的各项费用便无法通过被收养人将来履行赡养义务的方式进行补偿。此时，从权利义务相对等的角度出发，立法需要对双方进行利益上的平衡。

◆ **条文解读**

本条第 1 款即是对此所作的针对性规定：收养关系解除后，经养父母抚养的成年养子女，对缺乏劳动能力又缺乏生活来源的养父母，应当给付生活费。因养子女成年后虐待、遗弃养父母而解除收养关系的，养父母可以要求养子女补偿收养期间支出的抚养费。作出这样的规定，主要是为了保护收养人的合法权益，妥善处理解除收养关系后的事宜。对于生父母要求解除收养关系的，本条第 2 款作出规定，养父母可以要求生父母适当补偿收养期间支出的抚养费，但是因养父母虐待、遗弃养子女而解除收养关系的除外。正确理解和适用本条，需要注意以下几点：一是，收养关系解除后，成年养子女应对抚养过自己的缺乏劳动能力又缺乏生活来源的养父母给付生活费。这里不区分协议解除还是诉讼解除，只要养父母尽了对于养子女的抚养义务，养子女成年后，对于缺乏劳动能力又缺乏生活来源的养父母，都应当给付生活费。这里需要满足几项条件：（1）收养关系已经解除。既包括协议解除，也包括诉讼解除。（2）养父母须实际抚养过养子女。如果收养关系成立后，养父母并未对养子女尽抚养义务，则其无权在养子女成年后要求支付生活费。这里体现的，仍然是权利义务相对等的原则。（3）养父母具有缺乏劳动能力又缺乏生活来源的情形。由于收养关系解除后，养父母与养子女间已经不再具有父母子女关系，此时，要求成年养子女向养父母给付生活费，更多的是基于养父母之前的抚养事实。因此，这一情形应该加以限制，即只有在养父母既缺乏劳动能力又缺乏生活来源时，成年养子女才有给付生活费的义务。二是，根据本法第1115条规定，养父母与成年养子女关系恶化、无法共同生活的，既可以协议解除收养关系，也可以通过诉讼方式解除收养关系。此种情况下收养关系的解除，既可能确因双方生活观念不符所致，也可能是因成年养子女虐待、遗弃养父母而解除。在后一种情况下，尽管收养关系最终解除，但养父母可以要求养子女补偿收养期间支出的抚养费。这种补偿，一方面是考虑权利义务的对等；另一方面也是体现对养子女虐待、遗弃养父母行为的一种惩戒，是合理的。三是，生父母提出解除收养关系要求的，养父母可以要求生父母适当补偿收养期间支出的抚养费。在生父母提出解除收养关系要求的情形下，考虑到养父母对于养子女的成长付出了经济、时间等各方面的巨大成本，赋予养父母对于生父母抚养费的补偿请求权是合适的，但这种请求权有两方面限制：第一，养父母可以要求适当补偿抚养费支出。在长期的收养关系存续期间，养父母的具体支出是难以准确计算的。因此，养父母可以结合自己抚养教育养子女的具体情况，提出一个适当、大致的补偿标准。第二，解除收养关系的请求虽由生父母提出，但原因在于养父母虐待、遗弃养子女的，由于养父母自身存在过错，其无权提出补偿抚养费的请求。

第六编

继　承

继承制度是关于自然人死亡后财富传承的制度。1985 年六届全国人大三次会议通过了继承法。继承法制定实施以来，随着人民群众生活水平不断提高，个人和家庭拥有的财产日益增多，因继承引发的纠纷也越来越多。根据我国社会家庭结构、继承观念等方面的发展变化，继承编在继承法的基础上，修改完善了我国的继承制度，以满足人民群众处理遗产的现实需要。继承编共四章、四十五条，对法定继承、遗嘱继承和遗赠、遗产的处理等制度作了规定。

第一章 一般规定

第一章共七条，是有关继承制度的一般规定，内容包括继承编的调整范围、继承开始的时间、死亡推定、丧失继承权等。本章与继承法总则一章大致相同，根据实践发展的需要作了进一步的修改完善，主要增加了有关死亡时间推定的规定，修改了遗产范围的规定，增加了宽恕制度，同时为了适应民法典的体系性要求，删除了继承法有关无行为能力人和限制行为能力人继承权代理的规定、继承纠纷诉讼时效的规定。

第一千一百一十九条 本编调整因继承产生的民事关系。

◆ 条文主旨

本条是关于继承编调整范围的规定。

◆ 立法背景

民法典总则编规定的是民事行为的普遍性、共通性规范。民法典其他各编所调整的都是特定领域的民事关系。继承编所调整的就是继承领域的民事关系，即因继承产生的民事关系。

继承是自然人死亡后，按照法律规定或者遗嘱处理分配其所遗留的个人财产的制度。继承是一种古老的法律制度，可以说自有财产私有制起，就涉及自然人死亡后其生前所积累财产的分割与处分问题。在有些国家、民族，自然人死亡后，不仅涉及其财产的处分问题，还涉及其特定身份、地位（如爵位）的承继。如在我国古代就有宗祧继承，在近代日本仍有家督继承。在现代民法中，继承一般仅指自然人死亡后的财产继承，而不涉及身份继承。继承发生的前提就是自然人死亡。自然人死亡是自然事件，这一自然事件是继承发生的法定原因。继承的另一个条件是死亡的自然人留有财产，如果没有留下财产，继承也就无从谈起。遗产是自然死亡时遗留的个人财产，而不是其生前保管的他人财产或者公共财产。继承要解决的核心问题就是所有权人死亡后私人财产的移转问题。

◆ **条文解读**

继承编所调整的就是因继承产生的民事关系。因继承产生的民事关系就是继承关系。继承法律关系包括三个方面的内容：一是继承法律关系的主体，即依法享有继承权利、承担相应义务的人，主要包括被继承人和继承人、受遗赠人。被继承人就是死亡时遗留财产的自然人。被继承人只能是自然人。因为法人、非法人组织解散或者破产后，需要按照法律规定清算以处理其财产。继承人就是继承遗产或者有权继承遗产的人。受遗赠人就是根据被继承人的遗嘱接受其赠与的人。二是继承法律关系的客体，就是遗产，即被继承人死亡时所遗留的个人合法财产。继承法律关系所指向的对象，就是被继承人的遗产。继承法律关系围绕遗产的分割与处分展开。三是继承法律关系的内容，就是继承法律关系当事人之间的权利义务关系。在继承法律关系中，继承人享有继承权，同时也承担着相应的法律义务，如在遗产分割前妥善保管存有的遗产，根据遗嘱的要求履行被继承人对继承所附加的义务等。

继承编调整继承关系，并不意味着其他各编或者其他民事法律就不调整继承关系。相反，有些法律还对特定领域的继承问题作了相应规定。在涉及这些领域的继承关系时，还需要适用特别法中的有关规定。比如《农村土地承包法》第32条规定，承包人应得的承包收益，依照继承法的规定继承；林地承包的承包人死亡，其继承人可以在承包期内继续承包。《公司法》第75条规定，自然人股东死亡后，其合法继承人可以继承股东资格；但是，公司章程另有规定的除外。

第一千一百二十条 国家保护自然人的继承权。

◆ 条文主旨

本条是关于保护继承权的规定。

◆ 立法背景

在继承编征求意见过程中，有的意见提出，本条内容与总则编第124条规定重复，建议删除。总则编第124条规定："自然人依法享有继承权。自然人合法的私有财产，可以依法继承。"需要注意的是，总则编第124条是从权利享有的角度规定，而本条重点突出继承权的保护，二者的立法目标不同。还有意见建议增加规定，"保护胎儿的继承权益"。鉴于总则编第16条已经明确规定"涉及遗产继承、接受赠与等胎儿利益保护的，胎儿视为具有民事权利能力"，因此没有必要重复规定。

◆ 条文解读

继承权是民事权利的一种，是自然人依法享有继承被继承人死亡时遗留的遗产的权利。继承权的取得与实现需要依赖于两个条件：一是被继承人死亡，这是继承权的前提条件。如果被继承人没有死亡，就不会发生继承的问题，继承人在法律上所享有的仅仅是一种继承期待权。二是继承人没有丧失继承权。继承人的继承权可能由于法定事由丧失，在继承人丧失继承权时，继承权在法律上也就无从谈起。继承权作为一种法定权利，在法律上具有以下特征：一是继承权是特殊的财产权。继承权的客体指向的是财产，所以继承权首先是一种财产性权利。继承权是围绕被继承人的遗产展开的，是为了解决被继承人死亡后遗产的所有权转移问题。继承权这一财产权具有特殊性，与一般的物权、债权等财产权不同，继承权这种财产权只能发生在具有特定身份关系的自然人之间，是基于身份关系而形成的财产权。二是继承权属于绝对权，具有排他性。任何人均不得侵害继承人的继承权。三是继承权发生的根据是法律的规定或者被继承人所立合法有效的遗嘱，基于法律规定而取得的继承权就是法定继承，基于遗嘱取得的继承权就是遗嘱继承。四是继承权的主体具有专属性。由于继承权是以特定身份为基础的，因此继承权仅为特定主体所享有，继承人与被继承人之间存在某种特定的身份关系，可能是基于血缘形成的关系，也可能是基于姻亲形成的关系。继承人的范围是由法律明确规定的。法律规定的继承人之外的主体，是不能享有继承权的。

继承权的具体内容包括：一是接受与放弃继承的权利。继承权作为一种财产性权利，继承人有权接受继承，也有权放弃继承。任何人不能强迫继承人接受、放弃继承。根据继承编第 1124 条的规定，继承人放弃继承的应当以书面形式作出表示，没有作出放弃表示的即视为接受继承。二是取得遗产的权利。继承人如果不放弃继承，即可依法取得被继承人所遗留的遗产。至于继承人取得遗产的份额多少，则需要根据法律规定或者遗嘱内容判断。三是继承权受到侵害时获得救济的权利。继承权作为财产权利，在受到不法侵害时，继承人当然有权依法寻求救济，可以根据侵权责任编的有关规定主张权利。理论上此种权利被称为继承恢复请求权。继承人根据继承恢复请求权可以要求法院确认自己依法享有继承权，并可以请求返还其依法应得的遗产。

继承权可以由自然人本人行使，也可以由其代理人行使。完全民事行为能力人可以独立从事民事法律行为，自然可以行使继承权。对于限制民事行为能力人和无民事行为能力人而言，由于不具有完全民事行为能力，故无法独立行使继承权。继承法曾规定："无行为能力人的继承权、受遗赠权，由他的法定代理人代为行使。限制行为能力人的继承权、受遗赠权，由他的法定代理人代为行使，或者征得法定代理人同意后行使。"总则编对于限制民事行为能力人和无民事行为能力人如何实施民事法律行为已经有了相关规定，即限制民事行为能力人实施民事法律行为由其法定代理人代理或者经其法定代理人同意、追认，无民事行为能力人由其法定代理人代理实施民事法律行为。因此，继承编删除了继承法的此条规定。

保护自然人的继承权不仅是民法典的重要内容，也是民法典继承编的基本原则之一。继承权同样也是我国宪法规定的公民基本权利之一。《宪法》第 13 条第 2 款规定，国家依照法律规定保护公民的私有财产权和继承权。民法典继承编保护继承权的规定是落实宪法规定的具体体现。不仅如此，在其他有关法律中也有相关的规定。《妇女权益保障法》第 34 条规定，妇女享有的与男子平等的财产继承权受法律保护。在同一顺序法定继承人中，不得歧视妇女。丧偶妇女有权处分继承的财产，任何人不得干涉。第 35 条规定，丧偶妇女对公、婆尽了主要赡养义务的，作为公、婆的第一顺序法定继承人，其继承权不受子女代位继承的影响。《未成年人保护法》第 52 条规定，人民法院审理继承案件，应当依法保护未成年人的继承权和受遗赠权。《老年人权益保障法》第 22 条第 2 款规定，老年人有依法继承父母、配偶、子女或者其他亲属遗产的权利，有接受赠与的权利。子女或者其他亲属不得侵占、抢夺、转移、隐匿或者损毁应当由老年人继承或者接受赠与的财产。

▸ **相关规定**

《中华人民共和国宪法》第 13 条；《中华人民共和国妇女权益保障法》第 34 条、第 35 条；《中华人民共和国未成年人保护法》第 52 条；《中华人民共和国老年人权益保障法》第 22 条

第一千一百二十一条 继承从被继承人死亡时开始。

相互有继承关系的数人在同一事件中死亡，难以确定死亡时间的，推定没有其他继承人的人先死亡。都有其他继承人，辈份不同的，推定长辈先死亡；辈份相同的，推定同时死亡，相互不发生继承。

◆ **条文主旨**

本条是关于继承开始时间和死亡时间推定的规定。

◆ **立法背景**

大多数国家、地区的民法典都对继承开始的时间有规定。《法国民法典》第 718 条规定，继承因自然的死亡和民事上的死亡开始。《德国民法典》第 1922 条第 1 款规定，在某人死亡（继承开始）时，其财产（遗产）作为总体转移给一人或两个以上的他人

(继承人)。《日本民法典》第 882 条规定，继承，因死亡而开始。《意大利民法典》第 456 条规定，继承在遗嘱人的最后住所地自遗嘱人死亡之时开始。《瑞士民法典》第 537 条第 1 款规定，继承，自被继承人死亡时开始。我国台湾地区“民法”第 1147 条规定，继承，因被继承人死亡而开始。我国《澳门民法典》第 1871 条规定，继承于被继承人死亡时在其最后住所地开始。《俄罗斯联邦民法典》第 1113 条规定，继承随着公民的死亡而开始；法院宣告公民死亡即产生与公民死亡相同的法律后果。《西班牙民法典》第 657 条规定，继承自被继承人死亡时开始。《秘鲁民法典》第 660 条规定，自某人死亡之时起，构成其遗产的财产、权利和义务移转至其继承人。

各国的立法一般也对死亡时间的推定有规定。《法国民法典》第 725 条之一规定，相互有继承权的两人在同一事件中死亡时，死亡之先后得以任何方式证明之；如死亡之先后无从确定，每一个人的遗产均发生转移，而不由其中一人继承；但是，如两死者之一留有直系卑亲属，在准许代位继承的情况下，直系卑亲属可以代表其被继承人继承另一人的遗产。《日本民法典》第 32 条之二规定，数人死亡的，如果不能辨明其中一人在他人死亡以后尚生存，推定这些人同时死亡。《俄罗斯联邦民法典》第 1114 条第 2 款规定，在同一日死亡的公民，在继承的权利继受上被认为是同时死亡，不相互继承。每个死亡人的继承人均参加继承。《德国失踪法》第 11 条规定，在多人死亡或者被宣告死亡，而无法证明死亡时间先后的情况下，推定同时死亡。《英国财产法》（1925）第 184 条规定，两人同时遇难，不能确定谁先死亡的，年轻者视作较年长者后死亡。《瑞士民法典》第 32 条第 2 项规定，如不能证明数人死亡的先后顺序时，得推定其为同时死亡。《西班牙民法典》第 33 条规定，两人或多人死亡，当法律后果的产生取决于一个人是否于他人死后尚生存的事实时，死亡的先后顺序应根据证据推定，无法证明的推定同时死亡，其间不发生权利的转移。

◆ **条文解读**

本条第1款规定，继承从被继承人死亡时开始。继承的开始意味着继承法律关系的形成。继承从被继承人死亡时开始，继承开始的时间非常重要，其决定着以下重要问题：一是继承人、受遗赠人范围。继承人有哪些、受遗赠人是否能够获得遗赠，都需要根据继承开始时有关当事人的法律状态来判断。比如被继承人死亡时，其配偶已离婚的，则其配偶就不再是法定继承人，因而不享有继承权。如果被继承人死亡时，遗嘱所确定的受遗赠人在此前已经死亡的，则该受遗赠人不能享有受遗赠权。因此，一个民事主体是否享有继承权或者受遗赠权，需要根据被继承人死亡之时该民事主体的法律状态具体判断。二是遗产的范围。被继承人死亡的时间是确定被继承人所遗留遗产的时点。被继承人生前可以根据自己的意志自由处分其所有的财产，因此，财产状况是变化的，难以确定。而一旦被继承人死亡，此时，被继承人遗留财产的种类、数量、范围、债权债务等才能最终确定。三是遗产所有权的转移。被继承人死亡后，就不再具有民事权利能力，也就不能成为民事权利的主体，其所遗留财产的所有权即应转移给继承人。物权编第230条规定，因继承取得物权的，自继承开始时发生效力。因此，继承人死亡的时间就是遗产所有权移转的时间。四是遗嘱的效力。遗嘱订立后并不发生效力，只有在被继承人死亡时，遗嘱才生效。因此，继承开始的时间也就是遗嘱生效的时间。如果被继承人留有数份遗嘱，各遗嘱之间的内容有抵触的，根据继承编的有关规定，应当以被继承人生前所立最后的那份遗嘱为准。因此，一份遗嘱是否发生效力、是否有效，需要根据被继承人死亡时的具体情况判断。五是继承权的放弃。继承人有权放弃继承，但是根据继承编的规定，放弃继承必须在继承开始之后遗产分割之前，继承人不能在继承开始之前表明放弃继承。因此，继承开始的时间决定着一个人所作的放弃继承的意思表示是否有效。

继承开始于被继承人死亡的时间，因此如何确定被继承人死亡的时间至关重要。死亡从法律上而言，包括自然死亡与宣告死亡。《最高人民法院关于贯彻执行〈中华人民共和国继承法〉若干问题的意见》第 1 条规定，继承从被继承人生理死亡或被宣告死亡时开始。自然死亡就是生理意义上的死亡，即自然人生命的终结。在医学上认定自然死亡有不同的标准，包括脉搏停止说、心跳停止说、呼吸停止说、脑死亡说等。总则编第 15 条对出生时间和死亡时间有明确的规定，自然人的出生时间和死亡时间，以出生证明、死亡证明记载的时间为准；没有出生证明、死亡证明的，以户籍登记或者其他有效身份登记记载的时间为准；有其他证据足以推翻以上记载时间的，以该证据证明的时间为准。因此，确定被继承人死亡的时间应当以死亡证明所记载的时间为准，没有死亡证明的，则应当以其他有效身份登记记载的时间为准。死亡证明是指有关单位出具的证明自然人死亡的文书。主要包括医疗单位出具死亡医学证明书，社区、村（居）委会或者基层卫生医疗机构出具证明，公安司法部门出具死亡证明，殡葬部门出具火化证明等。没有死亡证明的，以户籍登记或者其他有效身份登记记载的死亡时间为准，户籍登记以外的其他有效身份登记，包括我国公民居住证、港澳同胞回乡证、台湾居民的有效旅行证件、外国人居留证等。当然，出生证明、死亡证明以及户籍登记或者其他有效身份登记记载的时间由于各种原因，也有可能出现记载错误的情况。如果有其他证据足以推翻出生证明、死亡证明以及户籍登记或者其他有效身份登记记载的时间的，必须实事求是，以该证据证明的时间为准。宣告死亡是自然人下落不明达到法定期限，经利害关系人申请，人民法院经过法定程序在法律上推定失踪人死亡的一项民事制度。宣告自然人死亡，是对自然人死亡在法律上的推定，这种推定将产生与生理死亡基本一样的法律效果。总则编对宣告死亡的时间也作了规定，第 48 条规定，被宣告死亡的人，人民法院宣告死亡的判决作出之日视为其死亡的日期；因意外事件下落不明宣告死亡的，意外事件发生之日视为其死亡的日期。因此，宣告死亡时死亡时间的确定需要根据具体情况判断：如果被宣告死亡者是由于意外事件失踪的，以意外事件发生之日为死亡的日期；如果被宣告死亡者是由于其他原因失踪的，则以法院宣告死亡判决作出之日为死亡时间。

本条第 1 款规定继承开始的时间为被继承人死亡的时间。被继承人死亡的时间关系到哪些人可以成为继承人。在一般情形下，被继承人死亡时间的确定并不会对继承人的确定造成太大的影响。但当多个相互有继承权的自然人在同一事件中死亡时，如何精确确定他们的死亡时间则直接影响到相关主体的利益。在有些情况下，能够准确确定死亡时间，但是有时则难以确定准确的死亡时间，法律有必要对各相关主体的死亡时间进行推定。

继承法并未就死亡时间推定作出规定。为明确此问题，《最高人民法院关于贯彻执行〈中华人民共和国继承法〉若干问题的意见》第 2 条规定，相互有继承关系的几个人在同一事件中死亡，如不能确定死亡先后时间的，推定没有继承人的人先死亡。死亡人各自都有继承人的，如几个死亡人辈份不同，推定长辈先死亡；几个死亡人辈份相同，推定同时死亡，彼此不发生继承，由他们各自的继承人分别继承。在继承编起草过程中，各方面都提出，应当吸收司法解释的合理规定，对同时死亡时死亡时间的推定问题加以明确。因此，本条第2款规定，相互有继承关系的数人在同一事件中死亡，难以确定死亡时间的，推定没有其他继承人的人先死亡。都有其他继承人，辈份不同的，推定长辈先死亡；辈份相同的，推定同时死亡，相互不发生继承。之所以这么规定，是从有利于保护继承人的利益角度考虑的。相互有继承关系的数人在同一事件中死亡的，根据本款规定，确定死亡时间需要根据具体情况判断：首先，在同一事件中死亡的相互有继承关系的数人，他们的死亡时间如果可以确定的，应当根据客观证据来确定。其次，如果没有证据能证明他们的死亡时间的先后的，则需要根据各自的具体情况进一步作出推定：第一种情况，如果有人没有其他继承人，仅有的继承人都在同一事件中死亡的，推定此人先死亡。这样规定就可以使其遗产能够依法被继承，而不会造成无人继承的状况。第二种情况，如果他们都有其他继承人，就需要再进一步根据他们之间的辈份情况来推定，具体而言：其一，辈份不同的，推定长辈先死亡。例如，甲、乙爷孙二人在同一事件中死亡，两人均有其他继承人，则推定爷爷甲先死亡，其孙子乙后死亡；其二，辈份相同的，推定同时死亡，相互之间不发生继承。例如，兄弟丙、丁在同一事件中死亡，两人也都有其他继承人，则推定二人同时死亡，相互之间不继承对方的遗产。

第一千一百二十二条 遗产是自然人死亡时遗留的个人合法财产。

依照法律规定或者根据其性质不得继承的遗产，不得继承。

◆ 条文主旨

本条是关于遗产范围的规定。

◆ 立法背景

关于遗产的范围，有不同立法例。一是概括式，即通过概括遗产的特征明确遗产的定义，以抽象方式规定遗产的范围；二是列举式，就是通过一一列明的方式写明哪些财产属于遗产；三是概括式与列举式相结合，在概括规定遗产定义的同时列出遗产的范围。我国《继承法》第 3 条规定："遗产是公民死亡时遗留的个人合法财产，包括：（一）公民的收入；（二）公民的房屋、储蓄和生活用品；（三）公民的林木、牲畜和家禽；（四）公民的文物、图书资料；（五）法律允许公民所有的生产资料；（六）公民的著作权、专利权中的财产权利；（七）公民的其他合法财产。"

在立法过程中，就如何规定遗产的范围，有不同意见。有的意见提出，概括式规定能更全面地涵盖遗产范围，更能适应市场经济的发展和社会生活的变化，也是世界各国的普遍做法。有的建议详细列明遗产的范围，包括动产、不动产、建设用地使用权、财产性债权、知识产权中的财产权益、有价证券、股权和其他投资性权利、网络虚拟财产以及其他合法财产和财产性权益。有的意见提出，明确农村宅基地使用权、土地承包经营权、城市公租房、死亡赔偿金、冷冻胚胎、债权债务等是否可以继承。

各国、各地区立法对于继承权的客体都有不同的规定。如《德国民法典》第 1922 条第 1 款规定："某人死亡时，其财产作为总体转移给一个或一个以上的他人。"《法国民法典》第 724 条第 1 款规定："法律指定的诸继承人当然占有死者的财产、权利与诉权。"《日本民法典》第 896 条规定："继承人自继承开始时起，承继属于被继承人财产的一切权利义务。但被继承人的人身专属性权利义务，不在此限。”第 897 条规定：“宗谱、祭祀用具及坟墓的所有权，不拘前条的规定，依照习惯由应为主宰祖先祭祀的人承继。但按被继承人的指定已有可主宰祭祀祖先的人存在时，由该人承继。于前项正文的情形中习惯不明时，应承继前项权利的人，由家庭法院确定。”《俄罗斯联邦民法典》第 1112 条规定：“遗产包括继承开始之日属于被继承人的物和其他财产，包括财产权利和义务。遗产不包括与被继承人的人身不可分割地联系在一起的权利和义务，其中包括领取赡养金的权利、因公民生命或健康受到损害而取得赔偿的权利，以及本法典或其他法律不允许通过继承移转的权利和义务。遗产不包括人身非财产权和其他非物质利益。”我国台湾地区“民法”第 1148 条规定：“继承人自继承开始时，除本法另有规定外，承受被继承人财产上之一切权利、义务。但权利、义务专属于被继承人本身者，不在此限。”

考虑到在继承法起草制定时，我国的市场经济尚未确立，人民群众拥有的财产有限，私人财产观念也不强，继承法列明遗产的范围在技术上易操作，也有利于提高人民群众的权利意识。随着社会主义市场经济的不断发展，经济生活中财产的种类丰富多样，新的财产类型不断出现，总则编也规定了各种财产权的种类，没有必要在继承编重复列明各种财产类型为遗产的范围。因此，本条概括规定了遗产的范围，即遗产是自然人死亡时遗留的个人合法财产。

◆ 条文解读

本条第 1 款规定，遗产是自然人死亡时遗留的个人合法财产。遗产是继承法律关系的客体，也是继承权的标的。遗产作为特殊的财产，与一般财产存在诸多不同：首先，遗产仅存在于特定时间段。遗产是自然人死亡后所遗留的财产。一个人活着的时候对自己所有的财产享有所有权，即便其立了遗嘱确定了死后财产的分割，只要他还活着，其所有的财产仍是个人财产，并非遗产。只有当他死亡后，其个人所有的财产才成为遗产。同样，遗产一旦分割，也就转移成为继承人个人所有的财产，此时也不再是遗产了。遗产是在自然人死亡之后到被分割之前特定时间阶段的财产状态。其次，遗产在性质上属于财产。遗产为被继承人遗留的财产，即财产性权利和义务。被继承人的人身性权利和义务不属于遗产的范围。如著作权中的署名权等人身性权利，不能成为遗产被继承。需要注意的是，在有的国家，特定身份属性的权利也可以继承。但根据我国继承法和继承编本条的规定，可以继承的仅限财产性权利。再次，遗产是自然人死亡时遗留的所有个人财产。被继承人死亡后的所有个人财产都成为遗产，不论财产的形态，只要属于其个人所有的财产都转为遗产。遗产仅限于被继承人死亡时遗留的个人所有的财产，他人所有的财产、家庭共有的财产都不属于遗产范围，需要先剥离出去。最后，遗产是自然人死亡时遗留的合法的财产。只有自然人生前合法取得的财产才能成为遗产。在继承编起草过程中，有的意见提出，“合法”为遗产的应有之义，凡属于法律承认为个人所有的财产，就是合法财产，建议删除“合法”二字。也有的意见认为，犯罪分子非法获得的财产，犯罪分子死后，这些非法取得的财产并不是遗产，法律应当明确遗产必须是合法的个人财产。经研究认为，还是有必要从法律上明确遗产的合法性，因此在第 1 款中明确遗产系自然人死亡时遗留的合法财产。

理解遗产的范围需要从三个方面把握：第一，遗产首先是财产或财产性权益，非财产性权利（人格权、人身权或相关权益）不得作为遗产继承；第二，遗产必须是合法的财产权，非法的财产权也非遗产的范围；第三，遗产必须是被继承人个人的财产，非个人财产不属于遗产的范围。我国有些财产性权益属于家庭共有，而非属于个人。比如土地承包经营权、宅基地使用权等，根据农村土地承包法、土地管理法的相关规定，获得土地承包经营权、宅基地使用权的主体是以户为单位，这些权利并不属于某个家庭成员。

我国的很多相关法律都规定了特定类型的财产性权益可以继承。如《著作权法》第 19 条第 1 款规定：“著作权属于公民的，公民死亡后，其本法第十条第一款第（五）项至第（十七）项规定的权利在本法规定的保护期内，依照继承法的规定转移。”《农村土地承包法》第 32 条规定：“承包人应得的承包收益，依照继承法的规定继承。林地承包的承包人死亡，其继承人可以在承包期内继续承包。”第 54 条规定：“依照本章规定通过招标、拍卖、公开协商等方式取得土地经营权的，该承包人死亡，其应得的承包收益，依照继承法的规定继承；在承包期内，其继承人可以继续承包。”《海域使用管理法》第 27 条第 3 款规定：“海域使用权可以依法继承。”《公司法》第 75 条规定：“自然人股东死亡后，其合法继承人可以继承股东资格；但是，公司章程另有规定的除外。”《个人独资企业法》第 17 条规定：“个人独资企业投资人对本企业的财产依法享有所有权，其有关权利可以依法进行转让或继承。”《合伙企业法》第 50 条第 1 款规定：“合伙人死亡或者被依法宣告死亡的，对该合伙人在合伙企业中的财产份额享有合法继承权的继承人，按照合伙协议的约定或者经全体合伙人一致同意，从继承开始之日起，取得该合伙企业的合伙人资格。”第 80 条规定：“作为有限合伙人的自然人死亡、被依法宣告死亡或者作为有限合伙人的法人及其他组织终止时，其继承人或者权利承受人可以依法取得该有限合伙人在有限合伙企业中的资格。”《台湾同胞投资保护法》第 5 条规定：“台湾同胞投资者投资的财产、工业产权、投资收益和其他合法权益，可以依法转让和继承。”《社会保险法》第 14 条规定：“个人账户不得提前支取，记账利率不得低于银行定期存款利率，免征利息税。个人死亡的，个人账户余额可以继承。”《保险法》第 42 条第 1 款规定：“被保险人死亡后，有下列情形之一的，保险金作为被保险人的遗产，由保险人依照《中华人民共和国继承法》的规定履行给付保险金的义务：（一）没有指定受益人，或者受益人指定不明无法确定的；（二）受益人先于被保险人死亡，没有其他受益人的；（三）受益人依法丧失受益权或者放弃受益权，没有其他受益人的。”

《继承法》第 4 条规定：“个人承包应得的个人收益，依照本法规定继承。个人承包，依照法律允许由继承人继续承包的，按照承包合同办理。”在继承编起草时，有的意见提出应删除该条。考虑到继承法中的承包有多种含义，除了农村土地承包法意义上的土地承包外，还存在改革开放初期实行的企业承包经营、工程承包经营等内容，土地承包相关经营权益的继承问题农村土地承包法作了规定，涉及公司企业投资等股权继承的问题，相关法律也都有规定。因此，继承编未保留《继承法》第 4 条的内容。

本条在规定可以继承的遗产的同时，还进一步明确不得继承的遗产范围。第 2 款规定了根据性质不得继承的遗产和根据法律规定不得继承的遗产。原因在于，能被继承的遗产应当是能够转由他人承受的财产，有些个人财产性权益虽然合法，但由于法律上的特殊性质，不宜或者不能由他人承继，在这种情况下，法律有必要将其排除在可继承的遗产范围外。根据本款规定，不得继承的遗产主要有两类：第一类是根据其性质不得继承的遗产，这主要是与被继承人人身有关的专属性权利，如被继承人所签订的劳动合同上的权利义务，被继承人所签订的演出合同上的权利义务。第二类是根据法律规定不得继承的遗产。根据总则编第 8 条的规定，民事主体从事民事活动不得违反法律。如果法律有明确规定某些财产不得继承的，继承人自然不得继承。

▶ **相关规定**

《中华人民共和国著作权法》第 19 条；《中华人民共和国农村土地承包法》第 32 条、第 54 条；《中华人民共和国海域使用管理法》第 27 条；《中华人民共和国公司法》第 75 条；《中华人民共和国个人独资企业法》第 17 条；《中华人民共和国合伙企业法》第 50 条、第 80 条；《中华人民共和国台湾同胞投资保护法》第 5 条；《中华人民共和国社会保险法》第 14 条；《中华人民共和国保险法》第 42 条

第一千一百二十三条 继承开始后，按照法定继承办理；有遗嘱的，按照遗嘱继承或者遗赠办理；有遗赠扶养协议的，按照协议办理。

◆ **条文主旨**

本条是关于法定继承、遗嘱继承和遗赠、遗赠扶养协议间效力的规定。

◆ **立法背景**

在继承编起草审议过程中，有的意见提出，应当明确遗赠扶养协议、遗嘱继承和遗赠、法定继承之间的效力关系，建议将《继承法》第 5 条修改为“继承开始后，有遗赠扶养协议的，按照遗赠扶养协议处理。有遗嘱的，按照遗嘱继承或者遗赠处理。没有遗赠扶养协议和遗嘱的，按照法定继承处理”。考虑到继承法的规定意思很清楚，也是遗赠扶养协议效力优于遗嘱继承和遗赠，

遗嘱继承和遗赠的效力优于法定继承。只是表述的逻辑是按照从最为常见的法定继承先写，到较为常见的遗嘱继承或者遗赠，再到适用较少的遗赠扶养协议。因此，继续沿用了《继承法》第 5 条的规定。

◆ **条文解读**

作为所有权人，每个人都可以按照自己的意愿处分自己所有的财产。被继承人也同样如此，可以在生前对自己所有的财产提前做出安排与处理。根据继承方式与被继承人的意思是否有关，继承可以分为遗嘱继承和法定继承。遗嘱继承就是根据被继承人生前所立合法有效的遗嘱指定特定继承人继承遗产。法定继承就是被继承人未立遗嘱或者所立遗嘱未处分的部分遗产，根据法律规定由特定范围的继承人按照法律规定的顺序、份额等继承。

当然，被继承人的遗产还可以因被继承人自己生前的意思而由继承人以外的人取得，有两种方式：第一种就是遗赠，即被继承人在遗嘱中明确自己身故后将遗产的全部或者部分赠与某人；第二种就是遗赠扶养协议，遗赠扶养协议是我国特有的一种遗产处理方式，是自然人与继承人以外的组织或者个人签订协议，由该组织或者个人负责自然人的生养死葬，并在该自然人死后获赠其遗产。

因此，被继承人可以通过不同的方式处理自己的遗产，既可以在生前立遗嘱处分自己的遗产，也可以与他人签订协议处分自己的遗产，还可以不作任何意思表示而根据法律规定处理遗产。

总则编第 5 条规定了自愿原则（意思自治原则），民事主体可以按照自己的意思设立、变更、终止民事法律关系。意思自治原则在继承领域的具体体现就是自然人的遗嘱自由。法律要充分尊重民事主体的意思自治，在涉及遗产的处理问题上，同样要贯彻意思自治的民法基本原则，根据这一原则处理涉及遗产继承的相关问题。本条规定，继承开始后，按照法定继承办理；有遗嘱的，按照遗嘱继承或者遗赠办理；有遗赠扶养协议的，按照协议办理。

首先，继承开始后，按照法定继承办理。在通常情况下，如果被继承人生前没有留有有效的遗嘱，继承开始后，就需要启动法定继承制度，根据继承编所规定的继承人范围、顺序、遗产分配方法等，确定各继承人之间所得遗产的数额。这是最为常见的继承方式。

其次，有遗嘱的，按照遗嘱继承或者遗赠办理。如果被继承人生前留下了合法有效的遗嘱，被继承人的财产就需要优先根据遗嘱的内容来分配。有遗嘱的包括两种情况：第一种就是遗嘱指定了特定的继承人继承，此时，就需要启动遗嘱继承程序，按照遗嘱的要求来分配遗产；第二种就是被继承人通过遗嘱将遗产赠与继承人以外的个人或者组织，处理遗产就必须尊重被继承人的意思。被继承人的遗嘱可能是处理了自己的所有遗产，也可能是处理了部分遗产。不管哪种情况，只要有遗嘱，就优先按照遗嘱的指示来分配所涉及的部分遗产。比如，甲个人所有的房产有 A、B、C 三处，银行存款 100 万元，甲生前立有一份遗嘱，遗嘱载明 A 处房产由孙子乙继承，B 处房产赠与好朋友丙，银行存款 100 万元委托好友丙交给母校某大学设立奖学金。甲身故后，A 处房产则应当遵照遗嘱的要求由其孙子乙继承，乙可以获得该房产的所有权。B 处房产，按照甲在遗嘱中的意思表示，则应遗赠给丙。银行存款 100 万元，则遗赠给母校某大学。甲在遗嘱中未作处理的 C 处房产以及其他遗产，则应当按照法定继承予以分割。遗嘱继承的效力之所以优先于法定继承，原因就在于遗嘱体现了被继承人的意思自治。法定继承是在被继承人意思缺位时，立法按照男女平等、养老育幼、权利义务相一致等公平合理的规则分配被继承人的遗产。

最后，有遗赠扶养协议的，按照协议办理。遗赠扶养协议是自然人生前与继承人以外的个人或者组织签订的协议。当事人之间签订的协议，双方当事人都必须遵守。在遗赠扶养协议中，扶养人有负责被扶养人生养死葬的义务，同时享有获得遗赠的权利；被扶养人生前有权要求扶养人照顾自己，同时也有义务在死亡后将自己的遗产赠与扶养人。从法律性质上讲，遗赠扶养协议是一种双务合同。这种协议也体现了被扶养人生前的自主意思，也应当尊重，同时这种双务合同体现了双方当事人的意思，理应比仅体现一方意思的遗嘱效力优先。因此，在自然人生前与他人签订了遗赠扶养协议时，应当依遗赠扶养协议优先处理所涉遗产。由于双方当事人可以事先约定扶养人受遗赠的财产范围，超过此范围的遗产，如果被扶养人立有遗嘱，则应当按照遗嘱处理，如果没有遗嘱，则应当按照法定继承办理。需要注意的是，如果对于同一财产，遗赠扶养协议和遗赠都涉及时，应当优先按照遗赠扶养协议处理。比如，甲与乙签订了遗赠扶养协议，约定乙负责给甲养老，同时约定甲身故后，乙有权获得甲位于某市的 A 房产一套。甲年迈后，立了一份遗嘱，写明自己的所有财产均由其弟丙继承。甲的所有财产当然包括 A 房产，根据遗嘱 A 房产应由丙继承；但是因甲与乙签订了遗赠扶养协议，且该协议明确约定了乙有权获得 A 房产。此时，即便遗嘱有意思表示，但遗赠扶养协议的效力优先，故 A 房产应当赠与乙。

第一千一百二十四条　继承开始后，继承人放弃继承的，应当在遗产处理前，以书面形式作出放弃继承的表示；没有表示的，视为接受继承。

受遗赠人应当在知道受遗赠后六十日内，作出接受或者放弃受遗赠的表示；到期没有表示的，视为放弃受遗赠。

◆ 条文主旨

本条是关于继承、受遗赠的接受与放弃的规定。

◆ 立法背景

《继承法》第25条第1款规定，继承开始后，继承人放弃继承的，应当在遗产处理前，作出放弃继承的表示。没有表示的，视为接受继承。

继承编起草审议过程中，有的意见建议，明确放弃继承的意思表示应当向遗产管理人作出。有的意见提出，放弃继承涉及继承人的重大利益，建议明确应当以书面方式作出，以免日后因缺少证据发生纠纷。有的意见提出，放弃继承的时限应进一步明确，建议为知道继承开始后2个月或者6个月内。继承为当事人的一项权利，继承人对自身权利有处分权，继承人放弃继承就是一种处分方式，继承人应当可以在继承开始后随时作出，由于遗产管理人在继承开始后需要一段时间才能确定，所以未进一步明确必须向遗产管理人作出放弃继承的表示。放弃继承关系到继承人的重大利益，有必要以要式法律行为作出，增加规定放弃的意思表示应当以书面方式作出，以示慎重。考虑到国外规定放弃继承的时限主要是明确参与遗产分配的继承人，有助于清点遗产，明确概括继承人的权利义务，我国的继承人仅以所分得遗产为限对被继承人的债务承担责任，是否限定时限对继承人的权利义务没有太大影响。且在我国不少地方存在这种习俗，即长辈过世后不会立即分割遗产，往往会等到该长辈的配偶亦过世后，晚辈继承人才一并分割长辈的遗产。此外，被继承人死亡后，继承人往往处于悲痛中，要求继承人在短期内作出是否接受继承的意思表示未必恰当。

境外立法对放弃继承的期限一般都有规定。如《日本民法典》第 915 条规定："继承人自其知道自己的继承已经开始之时起三个月以内，须就继续表示单纯或限定的承认，或者放弃。但此期间，可以根据利害关系人或检察官的请求，由家庭法院予以延长。继承人在对继承表示承认或放弃以前，可以对继承财产进行调查。"《德国民法典》第 1944 条规定："遗产的拒绝，只能在 6 个星期以内为之。前款所规定的期间，自继承人知悉遗产的归属和有资格做继承人的原因时起算。继承人因死因处分而有资格做继承人的，在处分宣布前，期间不起算。期间的经过，准用第 206 条、第 210 条关于消灭时效的规定。被继承人仅在外国有最后住所，或在期间起算时，继承人在外国居留的，期间为 6 个月。"第 1946 条规定："一旦继承开始，继承人就可以接受或拒绝遗产。"

各国、各地区立法对放弃继承的程序和形式都有一定的要求。如，《法国民法典》第 784 条规定："继承的抛弃不得推定。抛弃以登记于继承开始地第一审法院书记课为此目的备置的登记簿为之。"《德国民法典》第 1945 条规定："遗产的拒绝，以向遗产法院作出的意思表示为之；该意思表示必须以遗产法院的记录或以公证认证的形式作出。遗产法院的记录，依照《公证证书做成法》的规定做成。意定代理人必须有经公证认证的授权书。授权书必须在作出意思表示时附上，或在拒绝期间内补交之。"《日本民法典》第 938 条规定："要放弃继承的人，须将其意思向家庭法院申述。"《俄罗斯联邦民法典》第 1159 条规定："1. 继承人通过向继承开始地的公证员和依法有权颁发继承权证明书的公职人员递交放弃遗产申请书的方式放弃遗产。2. 如果放弃遗产的申请书不是由继承人本人，而是由他人向公证员递交的或者邮寄的，则继承人在申请书上的签字应该按照本法典第1153条第1款第2项规定的程序加以证明。3. 如果委托书中有相关的专门授权，可以通过代理人放弃遗产。法定代理人放弃遗产无须委托书。”我国台湾地区“民法”第1174条规定：“继承人得抛弃其继承权。前项抛弃，应于知悉其得继承之时起三个月内，以书面向法院为之。抛弃继承后，应以书面通知因其抛弃而应为继承之人。但不能通知者，不在此限。”

◆ **条文解读**

本条第1款基本保留了《继承法》第25条第1款的规定，仅对放弃的形式作了修改，规定继承开始后，继承人放弃继承的，应当在遗产处理前，以书面形式作出放弃继承的表示。没有表示的，视为接受继承。

放弃继承就是继承人作出不接受继承、不参与遗产分割的意思表示。放弃继承的继承人既可以是遗嘱继承人，也可以是法定继承人。放弃继承的意思表示可以是继承人本人作出，也可以通过其代理人作出。继承权是继承人依法享有的一种权利，继承人可以放弃，也可以不放弃，应当尊重继承人的内心意思，任何人不得胁迫、欺诈他人放弃继承。根据本条第1款的规定，放弃继承必须在特定时间作出，即继承开始后，遗产处理前。继承人放弃继承必须在此时间段作出，既不能在继承尚未开始前放弃，也不能在遗产分割之后放弃。本法第1121条规定，继承从被继承人死亡时开始。因此，放弃继承必须在被继承人死亡后放弃。如果继承人尚未死亡，被继承人就作出放弃继承的意思表示，这种放弃是无效的。放弃必须在遗产处理前作出，在遗产处理之后，遗产的所有权已经转移给继承人，此时继承人放弃的不是继承，而是所继承遗产的所有权。

继承人放弃继承，必须以书面方式作出。一方面，放弃继承意味着继承人不参与遗产分割，是对自己权利的重大处分，要求继承人以书面方式作出，也可以让继承人三思而后行，谨慎作出；另一方面，放弃继承后，继承人不再参与遗产分割，其他继承人将可以获得更多的遗产份额，为了避免当事人之间就遗产分割发生争议，以书面方式作出，更有利于保留证据。继承人放弃继承的书面意思表示，可以向遗产管理人作出，也可以在涉遗产的诉讼中向人民法院作出，还可以向其他继承人作出。

放弃继承必须以明示方式作出，不得以默示方式作出。根据本款规定，继承人在继承开始后遗产处理前，对是否接受继承没有表示的，视为接受继承。这与大多数国家的立法一样。如《德国民法典》第 1943 条规定："继承人已接受遗产，或就拒绝遗产所规定的期间已过去的，继承人不得再拒绝遗产；期间届满时，遗产视为已被接受。"

继承人放弃继承后，即不参与遗产分配。如果是遗嘱继承的继承人放弃继承，根据第 1154 条第 1 项的规定，所涉遗产即按照法定继承办理；如果是法定继承人放弃继承，那么该继承人本应分得的遗产份额就应由其他继承人分割。继承人放弃继承，放弃的效力溯及继承开始之时。

本条第 2 款规定，受遗赠人应当在知道受遗赠后 60 日内，作出接受或者放弃受遗赠的表示。到期没有表示的，视为放弃受遗赠。

作出接受或者放弃受遗赠的期限为 60 日，即从受遗赠人知道受遗赠后的 60 日内作出。在继承编起草审议过程中，有的意见提出，应适当延长期限，建议修改为 6 个月。考虑到受遗赠人为继承人以外的人，属于外人，如果给予过长的时间决定是否接受遗赠，会使得遗产长期处于不确定状态，且60日的期限是从受遗赠人知道之日起算，已经足够一个理性人作出判断。因此，未对此期限作出修改。

接受遗赠必须以明示的方式作出意思表示，受遗赠人在法定期限不作出意思表示的视为放弃。在本编起草审议过程中，有的意见提出，受遗赠人作出接受与放弃的意思表示也应当以书面方式作出，不作出的视为接受遗赠。自然人以遗嘱方式作出遗赠虽然是单方行为，但从法律的本质上而言，遗赠行为在某种程度上应当视为一种双方法律行为，遗赠人作出赠与的意思表示，受遗赠人需要接受，双方意思达成一致方能成立，遗赠人不得将自己的意思强加给另一方。因此，如果受遗赠人在法定期限内不作任何意思表示，赠与的合意难以形成，法律不宜强迫当事人达成合意，故不宜规定受遗赠人不作出接受表示即视为接受。同时，考虑到接受遗赠属于行使权利的行为，不宜对当事人要求过高，在形式上法律不宜作硬性规定，只要受遗赠人作出意思表示即可，不必非得以书面方式作出。

第一千一百二十五条 继承人有下列行为之一的，丧失继承权：

（一）故意杀害被继承人；

（二）为争夺遗产而杀害其他继承人；

（三）遗弃被继承人，或者虐待被继承人情节严重；

（四）伪造、篡改、隐匿或者销毁遗嘱，情节严重；

（五）以欺诈、胁迫手段迫使或者妨碍被继承人设立、变更或者撤回遗嘱，情节严重。

继承人有前款第三项至第五项行为，确有悔改表现，被继承人表示宽恕或者事后在遗嘱中将其列为继承人的，该继承人不丧失继承权。

受遗赠人有本条第一款规定行为的，丧失受遗赠权。

◆ **条文主旨**

本条是关于继承权丧失的规定。

◆ **立法背景**

不少民法典都对继承权丧失有类似规定，各国、各地区的名称略有不同。如《德国民法典》第 2339 条规定："有下列情形的人，继承不适格：1. 故意地和不法地杀害被继承人或杀害未遂，或将被继承人置于使其到死亡时为止不能做成或废止死因处分的境地的人；2. 故意地和不法地阻碍被继承人做成或废止死因处分的人；3. 以恶意欺诈方式或不法地以胁迫方式促使被继承人做成或废止死因处分的人；4. 就被继承人的死因处分而言，犯有《刑法典》第 267 条、第 271 条至第 274 条的犯罪行为的人。在继承开始前，被继承人被促使做成的死因处分或犯罪行为所关涉的死因处分失去效力，或被继承人被促使废止的死因处分可能已失去效力的，在第 1 款第 3 项、第 4 项的情形，不发生继承不适格。"《法国民法典》第 726 条规定："下列之人丧失继承资格，排除其继承遗产：1. 因故意杀害被继承人既遂或者未遂，作为正犯或共犯被判处重罪之刑罚的；2. 虽无杀人意图但故意对被继承人实施殴打或暴力行为致其死亡，作为正犯或共犯被判处重罪之刑罚的。"第 727 条规定："得宣告下列之人丧失继承资格：1. 因故意致被继承人死亡既遂或者未遂，作为正犯或共犯被判处轻罪之刑罚的；2. 虽无杀人意图但因故意对被继承人实施殴打或暴力行为致其死亡，作为正犯或共犯被判处轻罪之刑罚的；3. 因在针对被继承人的刑事诉讼中作伪证被判刑的；4. 在可以作为且对本人或第三人并无危险的情况下，因故意不作为，对侵犯被继承人人身并引起其死亡的重罪或轻罪不加阻止而被判刑的；5. 诽谤被继承人，致其因受到诽谤之事实而被判刑事处罚，行为人因诽谤罪被判刑的。因实施第 1 项与第 2 项所指行为的人，虽因当事人死亡，公诉未能进行或者消灭，仍得宣告其无继承资格。"《日本民法典》第 891 条规定："下列人等，不能成为继承人。一、故意致使被继承人或在继承上处于先顺位或同顺位的人于死亡，或因要致其死亡而被处以刑罚的人；二、已知被继承人被杀害而不去告发或控告的人；但该人不能辨别是非时，或杀害者为自己的配偶或直系血亲时，不在此限；三、以诈欺或胁迫妨碍被继承人订立、撤回或变更被继承人关于继承的遗嘱的人；四、以诈欺或胁迫致使被继承人订立、撤销或变更关于继承的遗嘱的人；五、伪造、变造、销毁或隐匿被继承人关于继承的遗嘱的人。"《俄罗斯联邦民法典》第 1117 条规定："1. 如果按照司法程序证实，公民以自己的故意违法行为针对被继承人、被继承人的某个继承人，或者反对被继承人遗嘱中所表达之最后意志的实现从而促使或企图促使自己或他人成为继承人，或者以此促使或企图促使增加自己或他人应得的遗产份额，则该公民既不能依法继承，也不得依遗嘱继承。但是，公民对丧失继承权之后被继承人遗赠的财产，享有继承权。如果依照司法程序父母被剥夺了对子女的亲权，在继承开始时也没有恢复亲权，则父母在该子女死后不得依法继承。2. 恶意逃避履行依法扶养被继承人义务的公民，可以由法院根据利害关系人的请求排除其依法继承的权利。3. 依照本条的规定没有继承权的人或法院排除其继承权的人（无权继承的人）必须依照本法典第六十章返还不当取得的遗产中的全部财产。4. 本条的规则相应地适用于有权取得必继份额遗产的继承人。5. 本条的规则亦适用于遗赠。如果遗赠的标的是为无权继承的受遗赠人完成一定的工作或者向他提供一定的服务，则受遗赠人必须向执行遗赠的继承人补偿为他完成的工作或所提供服务的价值。”我国台湾地区“民法”第1145条规定：“有左列各款情事之一者，丧失其继承权：一、故意致被继承人或应继承人于死或虽未致死因而受刑之宣告者。二、以诈欺或胁迫使被继承人为关于继承之遗嘱，或使其撤回或变更之者。三、以诈欺或胁迫妨害被继承人为关于继承之遗嘱，或妨害其撤回或变更之者。四、伪造、变造、隐匿或湮灭被继承人关于继承之遗嘱者。五、对于被继承人有重大之虐待或侮辱情事，经被继承人表示其不得继承者。前项第二款至第四款之规定，如经被继承人宥恕者，其继承权不丧失。”

◆ **条文解读**

继承权丧失是指继承人因对被继承人或者其他继承人实施了法律所禁止的行为，而依法被取消继承被继承人遗产的资格。继承权丧失意味着继承人不再享有获得被继承人遗产的权利，继承人在继承开始后可以自主决定放弃继承权，但继承权丧失是法律规定取消继承权的情形。

一、丧失继承权的法定事由

本条第1款规定：“继承人有下列行为之一的，丧失继承权：（一）故意杀害被继承人；（二）为争夺遗产而杀害其他继承人；（三）遗弃被继承人，或者虐待被继承人情节严重；（四）伪造、篡改、隐匿或者销毁遗嘱，情节严重；（五）以欺诈、胁迫手段迫使或者妨碍被继承人设立、变更或者撤回遗嘱，情节严重。”根据本款规定，丧失继承权的法定事由包括五种：

一是故意杀害被继承人。所谓故意杀害就是故意剥夺他人生命。根据刑法规定，这种行为构成故意杀人犯罪。我国《刑法》第232条规定："故意杀人的，处死刑、无期徒刑或者十年以上有期徒刑；情节较轻的，处三年以上十年以下有期徒刑。"首先，在主观上，继承人存在杀人的故意。但不包括过失犯罪，也不包括过失或者因正当防卫致被继承人死亡。犯罪动机上，不论继承人是否为了取得被继承人的遗产。其次，故意犯罪的对象必须是被继承人。最后，在客观上实施了杀害行为。只要继承人实施了故意杀害被继承人的犯罪行为，不论犯罪是既遂还是未遂，都将丧失继承权。

二是为争夺遗产而杀害其他继承人。首先，在主观上，必须有杀害的故意，且动机为争夺遗产。其次，在客体上，所侵害的必须是其他继承人的生命。最后，在客观上，也是实施了杀害的行为，当然不论这种犯罪行为是否既遂，都构成丧失继承权的法定事由。

三是遗弃被继承人，或者虐待被继承人情节严重。本项包括两种情况，第一种是遗弃被继承人。需要注意的是，只要行为人实施了遗弃被继承人的行为，而不论这种行为是否严重，即依法将失去继承权。遗弃被继承人的行为也可能构成犯罪。根据《刑法》第261条的规定，如果继承人遗弃情节恶劣的，将构成遗弃罪。第二种是虐待被继承人，如果继承人虐待被继承人情节严重，则构成丧失继承权的法定事由。继承人虐待被继承人情节是否严重，可以从实施虐待行为的时间、手段、后果和社会影响等方面判断。根据《刑法》第260条的规定，虐待家庭成员情节恶劣的，则构成虐待罪。需要注意的是，实施本项规定的两种行为的，只要实施了遗弃行为、虐待被继承人情节严重的，就可以认定丧失继承权，而不需要继承人必须达到构成遗弃罪和虐待罪的程度。

四是伪造、篡改、隐匿或者销毁遗嘱，情节严重。遗嘱是遗嘱人处分自己遗产的意思表示。自然人有处分自己财产的权利，有遗嘱自由，如果遗嘱被他人篡改、隐匿或者销毁，便歪曲了遗嘱人的真实意思，伪造遗嘱更是如此。因此，为尊重被继承人的遗愿，本项规定伪造、篡改、隐匿或者销毁遗嘱情节严重的，也构成丧失继承权的法定事由。所谓伪造，就是被继承人未立遗嘱，继承人无中生有假冒被继承人所立遗嘱。所谓篡改，就是对被继承人所立的遗嘱的部分内容予以修改。所谓隐匿，就是将被继承人的遗嘱予以藏匿，不告知其他继承人或者遗产管理人。所谓销毁，就是将被继承人所立的合法有效的遗嘱予以损毁以致灭失。伪造、篡改、隐匿、销毁遗嘱的，都需要情节严重方可以成为丧失继承权的原因。所谓情节严重，可以是继承人通过伪造、篡改、隐匿或者销毁遗嘱的行为侵占了被继承人的巨额遗产，也可以是导致其他继承人未能参与遗产分割以致生活困难等。

五是以欺诈、胁迫手段迫使或者妨碍被继承人设立、变更或者撤回遗嘱，情节严重。所谓欺诈，是指继承人故意欺骗被继承人，使被继承人陷入错误判断，并基于此错误判断而立遗嘱、变更遗嘱内容或者撤回所立遗嘱。所谓胁迫，就是继承人人通过威胁、恐吓等不法手段对被继承人思想上施加强制，由此使被继承人产生恐惧心理并基于恐惧心理而立下遗嘱、修改遗嘱内容或者撤回所立遗嘱。不论继承人是采取欺诈手段还是胁迫手段，只要导致被继承人的真实意思歪曲，情节严重的，就构成丧失继承权的法定事由。

二、继承权的恢复

本条第2款规定，继承人有前款第3项至第5项行为，确有悔改表现，被继承人表示宽恕或者事后在遗嘱中将其列为继承人的，该继承人不丧失继承权。根据本款的规定，继承人虽然实施了某些丧失继承权的行为，但只要被继承人对其表示宽恕或者在遗嘱中仍将其列为继承人，其丧失的继承权即可以恢复。继承权恢复的前提条件是：

第一，继承人是因为实施了前款第3项至第5项的行为而丧失继承权，即继承人丧失继承权是因为遗弃被继承人，虐待被继承人情节严重，伪造、篡改、隐匿或者销毁遗嘱情节严重，或者以欺诈、胁迫手段迫使或者妨碍被继承人设立、变更或者撤回遗嘱情节严重。只有因为此三类事由丧失继承权的，方可恢复。如果继承人因为故意杀害被继承人或者为争夺遗产杀害其他继承人而丧失继承权的，则不论如何是不能再恢复继承权的。

第二，继承人确有悔改。所谓确有悔改，就是继承人在实施上述行为后，从内心认识到自己的错误，并积极主动改正。比如曾经遗弃被继承人，后醒悟认识自己的错误，即承担起养老育幼、相互扶助的义务，以实际行动赡养、扶养、抚养被继承人，或者继承人隐匿了遗嘱后，承认错误而交出遗嘱。认定继承人是否确有悔改，应该结合其行为及内心的主观认识来判断，不能仅仅从表面的行为分析，既要有悔改的外在行为，还要有内在的主观态度改正。

第三，被继承人作出了恢复继承权的意思表示。被继承人可以通过两种方式恢复继承人丧失的继承权。第一种就是被继承人表示宽恕，即被继承人原谅继承人所犯的错误，并予以饶恕。被继承人宽恕的意思表示既可以是以书面方式作出，也可以是口头作出，只要其有此意思表示即可。宽恕的意思表示可以是向丧失继承权的继承人作出，也可以是向其他人作出。第二种就是被继承人在遗嘱中仍将丧失继承权的继承人列为继承人。遗嘱的形式不限，只要是合法有效的遗嘱即可。在遗嘱中列为继承人，不一定是指定其为遗嘱继承人，也可以是在遗嘱中确定继承人仍可以参与法定继承的遗产分割。宽恕制度的目的是尊重被继承人的真实意思。如果继承人实施了第 1 款后 3 项规定的行为，即便其确有悔改，如果被继承人未作出恢复继承权的意思表示，其继承权仍无法恢复。

三、丧失受遗赠权

本条第 3 款规定，受遗赠人有本条第 1 款规定行为的，丧失受遗赠权。赠与虽然是单方法律行为，受赠人无须有积极的作为义务，但是根据合同法原理，如果受赠人实施了某些不利于赠与人或赠与人近亲属的行为，赠与人是可以撤销赠与的。遗赠同样如此，根据本款规定，如果受遗赠人实施了第 1 款的行为的，受遗赠人将丧失受遗赠权。需要注意的是，丧失受遗赠权属于绝对丧失，受遗赠人一旦实施了第 1 款规定的行为，即永久丧失受遗赠权，不得再恢复。

第二章 法定继承

法定继承是各国继承法中的重要内容，民法典继承编在继承法的基础上，总结实践经验，回应实践需求，对法定继承这章作了一些修改和完善。

本章共七条，规定了继承权男女平等、法定继承人的范围以及顺序、代位继承、尽了主要赡养义务的丧偶儿媳或者丧偶女婿的继承地位、遗产份额的分配原则、酌给遗产制度、处理继承问题的精神以及遗产分割方式等内容。

第一千一百二十六条 继承权男女平等。

◆ 条文主旨

本条是关于继承权男女平等原则的规定。

◆ 立法背景

在我国古代的继承制度中，派生于宗法制度的宗祧继承地位突出，宗祧继承侧重于祭祀和身份，根据宗法关系确定继承人的范围，在男尊女卑思想和制度的支配下，继承人一般只限于直系血亲中的男性，女性一般没有继承权。虽然在一些朝代的律法中有关于女性继承财产的规定，但是大多数附有严苛的条件或者设有限额，继承权男女不平等的特征明显。

近代以来，随着社会观念的加速更新以及西方法律思想的影响，中国的继承法律制度出现了相当大的变化。这体现在南京国民政府制定的中华民国民法的相关内容上。中华民国民法尽管没有宣示性地规定“男女平等”，但是亲属、继承两编中的具体内容却是按照男女平等原则来制定的。在继承编中，中华民国民法废弃了与宗祧继承有关的律文，明确地将女性列在法定继承人的范围中，继承已不仅局限于男性，继承顺序和份额也不是按性别来区分，女性同样享有继承权。中华民国民法与传统时代的律法相比，突破了男尊女卑的固有格局，使女性的法律地位明显改善，这在近代中国立法史上有着重要意义。然而，法律的实施要有与之相适应的现实条件作依托，中华民国民法中规定的男女平等继承权脱离了长久以来的传统习俗和立法传统，因此在实施中遇到很大阻力，实践效果不佳。

新中国成立以来，我国妇女的地位发生了根本性改变，为实现继承权男女平等提供了最为有利的条件，也在客观上要求法律保护男女平等的继承权。新中国成立以来相继颁布的法律也突出了对妇女权益的保护：1950 年颁布的婚姻法规定了男女权利平等，夫妻之间、父母子女之间有互相继承遗产的权利。1982 年通过的宪法规定，中华人民共和国妇女在政治的、经济的、文化的、社会的和家庭的生活等各方面享有同男子平等的权利。1985 年颁布的继承法规定，继承权男女平等。1986 年颁布的民法通则规定，妇女享有同男子平等的民事权利。1992 年颁布的妇女权益保障法规定，实行男女平等是国家的基本国策。国家采取必要措施，逐步完善保障妇女权益的各项制度，消除对妇女一切形式的歧视。

在民法典继承编的编纂过程中，有的意见提出，《继承法》第 9 条“继承权男女平等”的规定仅具有宣示意义，建议删除。考虑到实践中可能还存在一些重男轻女的现象，为了彰显立法平等保护男女权益的价值导向，发挥法律引导和规范现实生活和司法实践的作用，民法典继承编保留了继承法的这条规定。

◆ 条文解读

“继承权男女平等”原则在民法典继承编中体现在以下几个方面：

1. 继承权的取得不因自然人的性别不同而不同。自然人有没有继承权与性别没有任何关系，妇女同男子享有平等的继承权，不因妇女的婚姻、工作状况而有所差别。

2. 确定法定继承人的范围及继承顺序、继承份额不因自然人的性别不同而不同。民法典继承编规定的法定继承人范围中，既有男性又有女性，如丈夫和妻子、儿子和女儿、父亲与母亲、兄弟与姐妹、祖父与祖母、外祖父与外祖母以及对公婆尽了主要赡养义务的丧偶儿媳与对岳父母尽了主要赡养义务的丧偶女婿，平等地作为法定继承人。继承顺序不因男女而有差别，在同一亲等内，适用于男性的继承顺序同样适用于女性。在继承份额上，如果没有法律规定的多分、少分或者不分遗产的情形，同一顺序的继承人继承遗产的份额一般应当均等，不能以男女性别不同作为划分遗产多少的依据。

3. 代位继承不因自然人的性别不同而不同。本法规定，被继承人的子女先于被继承人死亡的，由被继承人的子女的直系晚辈血亲代位继承。对于代位继承，凡适用于男性的继承，同样适用于女性；适用于父系的继承，也同样适用于母系。

4. 在夫妻财产继承中，夫妻继承地位平等，处分所继承的财产的权利平等。夫妻彼此是对方的第一顺位法定继承人。根据本法第1153条的规定，夫妻共同所有的财产，除有约定的外，遗产分割时，应当先将共同所有的财产的一半分出为配偶所有，其余的为被继承人的遗产。即在没有另外约定时，夫妻共同财产的一半为被继承人的遗产，不因性别不同而有所差异。本法第 1157 条规定，夫妻一方死亡后另一方再婚的，有权处分所继承的财产，任何组织或者个人不得干涉，这也体现了继承权男女平等原则。

▶ **相关规定**

《中华人民共和国宪法》第 48 条；《中华人民共和国妇女权益保障法》第 2 条

第一千一百二十七条 遗产按照下列顺序继承：

（一）第一顺序：配偶、子女、父母；

（二）第二顺序：兄弟姐妹、祖父母、外祖父母。

继承开始后，由第一顺序继承人继承，第二顺序继承人不继承；没有第一顺序继承人继承的，由第二顺序继承人继承。

本编所称子女，包括婚生子女、非婚生子女、养子女和有扶养关系的继子女。

本编所称父母，包括生父母、养父母和有扶养关系的继父母。

本编所称兄弟姐妹，包括同父母的兄弟姐妹、同父异母或者同母异父的兄弟姐妹、养兄弟姐妹、有扶养关系的继兄弟姐妹。

◆ **条文主旨**

本条是关于法定继承人范围及继承顺序的规定。

◆ **立法背景**

《继承法》第 10 条规定，我国法定继承人的范围包括：配偶、子女、父母、兄弟姐妹、祖父母、外祖父母。根据该法第 12 条，丧偶儿媳对公、婆，丧偶女婿对岳父、岳母，尽了主要赡养义务的，作为第一顺序继承人。在民法典继承编的编纂过程中，一些意见提出，继承法对法定继承人的范围规定较为狭窄，为了尽量减少无人继承的遗产的出现，建议扩大法定继承人的范围，增加相关主体成为法定继承人，具体意见有：

一、增加孙子女、外孙子女为法定继承人

对于是否将孙子女、外孙子女列为法定继承人，有两种意见。

赞成的理由主要有以下几点：(1) 孙子女、外孙子女在一定条件下有赡养祖父母、外祖父母的义务，但继承法却没有将孙子女、外孙子女规定为法定继承人，权利义务不一致。(2) 将孙子女、外孙子女列为法定继承人，更有利于赡养祖父母、外祖父母。(3) 中国的习俗是“隔辈亲”，被继承人往往愿意将遗产留给孙子女、外孙子女，这样做还可以避免目前把财产赠与孙子女、外孙子女需要缴纳较高税款的问题。(4) 从实际情况看，孙子女、外孙子女成为祖父母、外祖父母的法定继承人比后者成为前者的法定继承人更有现实意义。

反对的理由主要有以下几点：(1) 孙子女、外孙子女对祖父母、外祖父母的赡养为例外情形。(2) 孙子女、外孙子女的父母是其祖父母、外祖父母的第一顺序法定继承人，孙子女、外孙子女又是其父母的第一顺序法定继承人，如果孙子女、外孙子女处于未成年或者缺乏劳动能力的状态，其父母还负有抚养义务，没有必要将孙子女、外孙子女列为祖父母、外祖父母的法定继承人。(3) 代位继承制度实质上赋予了孙子女、外孙子女在特殊情形下第一顺序法定继承人的地位。

我们研究认为，将孙子女、外孙子女规定为法定继承人，与代位继承制度相冲突。此外，如果将孙子女、外孙子女列为法定继承人，还需要考虑将其列入哪一个顺序的问题：如果将其列为第一顺序继承人，孙子女、外孙子女如何与同为第一顺序继承人的子女相协调需要进一步研究。如果参照国外立法例将两者统一规定为“直系晚辈血亲”，并辅之规定“以亲等近者优先”，由于民法典没有关于“亲等”含义的规定，还需对“亲等”作进一步规定，这不符合法律用语简单精练、便于老百姓理解的原则；如果将其列为第二顺序继承人，反倒是削弱了孙子女、外孙子女的继承权。为此，民法典继承编没有将孙子女、外孙子女列为法定继承人。

二、增加侄子女、甥子女、叔伯姑舅姨为法定继承人

对于是否将侄子女、甥子女、叔伯姑舅姨列为法定继承人，在立法过程中有不同意见。

有的意见认为，应当增加侄子女、甥子女、叔伯姑舅姨为法定继承人，并列为第三顺序。主要理由为：(1) 继承应当坚持尽量不将遗产收归国家所有的原则，否则会带来无人继承遗产增多的情况，法定继承人范围不宜过窄；(2) 侄子女、甥子女、叔伯姑舅姨都属于三等旁系血亲，将这些主体列为第三顺序继承人可以起兜底作用；(3) 可以有一定限制，例如生前对被继承人有照料等。

有的意见认为，应当增加侄子女、甥子女为法定继承人，叔伯姑舅姨不应列为法定继承人。主要理由为：(1) 虽然叔伯姑舅姨与侄子女、甥子女都属于三等旁系血亲，但他们属于不同的亲系，前者属于二等直系血亲衍生的三等旁系血亲，后者属于一等直系血亲衍生的三等旁系血亲，他们的亲疏关系以及继承后对遗产的传承有很大区别；(2) 当今社会我国核心家庭已占绝大多数，将血缘关系较远，相互没有共同生活、帮扶关系的其他亲属列为法定继承人，其目的只是防止遗产被收归国有或者集体所有，无论从理论上还是政策上都值得商榷。

有的意见认为，应当保留现有规定。主要理由为：(1) 实务部门认为，现行继承人范围已经基本满足现实需要，没有必要扩大，无人继承的情况非常少；(2) 目前独生子女以及婚后不生育的现象增多，客观上反而会导致被继承人没有侄子女、甥子女；(3) 现代生活方式的人口流动性加强，被继承人与叔伯姑舅姨、侄子女、甥子女之间往来较少；(4) 扩大法定继承人范围，会引发新的继承纠纷。

我们研究认为，法定继承人范围的确定，既要考虑保护公民的财产权和发挥遗产养老育幼的功能，又要考虑节约社会资源和发挥遗产的社会效用，因此法定继承人的范围不宜过窄也不宜过宽。继承法中的法定继承人范围的规定施行三十余年已被社会公众所熟悉，考虑到我国的传统习惯及家庭实际情况，民法典继承编既要注意保持法律制度的稳定性，又要回应实践中出现的新情况。针对目前社会上核心家庭多、家庭人口数少等情况，应当适当扩大可以继承财产的人的范围。考虑到侄子女、甥子女与叔伯姑舅姨相比，与被继承人在血缘和情感上更亲密，让侄子女、甥子女继承遗产也符合遗产向晚辈流转的原则，赋予侄子女、甥子女继承财产的权利是合适的，但是这不是必须通过扩大法定继承人的范围才能达成。民法典继承编在规定法定继承人的范围时还是保持了继承法的规定，没有扩大法定继承人的范围，但是在代位继承制度中，将侄子女、甥子女列为代位继承人，即在被继承人的兄弟姐妹先于被继承人死亡时，被继承人的侄子女、甥子女可以代位继承，解决了侄子女、甥子女的继承问题，起到了实质上扩大法定继承人范围的效果。继承人以外的其他亲属，如果与被继承人之间具有相互扶养的关系，根据本法第 1131 条规定，也可以分得适当的遗产。

《继承法》第10条规定了法定继承的顺序：第一顺序为配偶、子女、父母。第二顺序为兄弟姐妹、祖父母、外祖父母。该条还规定，继承开始后，由第一顺序继承人继承，第二顺序继承人不继承。没有第一顺序继承人继承的，由第二顺序继承人继承。民法典继承编保留了《继承法》第10条关于法定继承顺序的规定。在民法典继承编的编纂过程中，有一些关于法定继承顺序的意见，具体如下：

一、增加第三顺序继承人

一些意见提出，我国法定继承的顺序只有两个，与其他国家相比顺序过少，建议增加第三顺序。我们研究认为，法定继承顺序的多寡主要与法定继承人范围的宽窄有关。民法典继承编相对于继承法而言，没有扩大法定继承人的范围，因此也就没有增加第三顺序继承人的必要性。

二、将父母列为第二顺序继承人

一些意见建议，将父母列在配偶和子女之后作为第二顺序继承人。主要理由为：(1) 如果父母与子女同列为第一顺序，遗产一部分被父母继承，在被继承人的父母死亡时，其部分遗产就由其子女即被继承人的兄弟姐妹继承，最终导致遗产向旁系血亲分散。(2) 一般来说，死者总是希望将遗产留给自己的子女并通过他们在自己的直系晚辈血亲中保持下去，以保证子孙的延续和家庭经济的传承。只有在无直系晚辈血亲时，才会考虑将财产留给父母。(3) 现代社会大多数国家的继承法都规定死者的直系晚辈血亲为第一顺序继承人。(4) 继承法实施三十多年来，很多地区人们的继承习惯仍然是子女优先于父母继承，即在死者有后人时，父母一般不参与遗产继承。(5) 死者的父母如属于年老无劳动能力或者无经济来源不能独立生活的人，死者的子女作为孙辈有义务对祖辈进行扶养，或者通过社会保障制度给予一定的养老金或者基本生活费，不能将赡养问题与继承问题混为一谈。

反对的意见认为，若将父母规定为第二顺序法定继承人，他们实际上很难得到子女的遗产。在我国家庭少子化的背景下，父母在子女成家立业时基本倾其所有将财产赠与子女，如果子女死亡时父母无法继承，不仅不公平合理，其心理也无法接受，并且今后养老也会成为问题。当前，我国的人口结构已进入老龄化阶段，必须重视对老年人合法权益的保护，我国对老年人的社会保障制度还是有不够完善的地方，尤其农村的社会保障制度更弱，因此，规定父母为第一顺序法定继承人，使其能够取得遗产养老，也有助于解决我国人口老龄化问题，缓解社会的沉重压力。

我们认为，继承法深受民族传统和价值理念的影响，在中华民族的传统美德中孝文化占据着重要地位，先于父母死亡的人一般都希望能为父母留下一笔财产以供他们安度晚年，而法定继承制度是对被继承人财产处分意愿的推定，在确定法定继承的顺序时，父母的重要性不容忽视。继承法实行三十多年来，父母为第一顺序继承人的规定得到民众的普遍认可，应当慎重考虑是否修改，以免引起更多的争议。为此，民法典继承编保留了继承法的规定。

三、将配偶作为无固定继承顺序的法定继承人

一些意见建议，在继承法规定的法定继承顺序的基础上，将配偶列为无固定继承顺序的继承人，与任意一顺序的法定继承人共同继承，其他法定继承人顺序越远，配偶的继承份额就越大。主要理由为：（1）血亲继承人是基于与被继承人的血缘关系继承，配偶是基于婚姻关系继承，血缘关系不可改变。（2）继承法将配偶与子女、父母同列为第一顺序继承人显然注意到了配偶的重要性，但这并不一定能更好地保护配偶利益，当被继承人有子女和父母时，遗产按照第一顺序继承人的人数均分时，配偶得到的遗产较少。（3）可以同时兼顾配偶与血亲继承人的继承权。当被继承人无直系晚辈血亲和父母继承时，配偶将继承全部遗产，这会妨碍被继承人的其他血亲尤其是兄弟姐妹、祖父母等关系密切的血亲继承权的行使，也往往不符合被继承人的意愿，可能会带来一些家庭矛盾。尤其在婚姻关系短暂的情形下，表现得更为明显。

我们研究认为，夫妻是构成家庭这一社会细胞的基本要素，他们之间虽然没有血缘关系，但相互之间感情最为密切，在经济上一般不分彼此、财产共有，在精神上相互慰藉、相互扶持，为终身的伴侣和依靠。在我国，配偶之间在共同生活中所尽相互扶助义务，也往往超过其他第一顺序继承人。因此，无论从亲属关系的亲疏远近，还是从扶养关系的密切程度上，我国继承法将配偶作为第一顺序法定继承人理所当然。如果不将配偶固定在第一顺序，易产生被继承人死亡后没有子女、父母时，所留遗产便由配偶与被继承人的兄弟姐妹等共同继承，虽然也可以规定继承份额的不同，但终究不算合理，也容易产生纠纷。对于被继承人有子女和父母，遗产按照第一顺序继承人的人数均分时，配偶取得的遗产份额较少的问题，我们认为，继承遗产的份额在同一顺序的继承人之间平均分配的原则，虽然会产生在继承人较多时每个人分配的遗产份额较少的问题，但是这使同一顺序继承人都分配到均等的遗产，体现同一顺序继承人之间继承权的平等，符合公平原则。为此，民法典继承编在规定配偶的继承顺序时保留了继承法的规定。

◆ **条文解读**

法定继承，又被称为“无遗嘱继承”，是指继承人范围、继承顺序、继承份额等均由法律直接规定的继承方式。法定继承与遗嘱继承是继承制度中的两种继承方式，法定继承是遗嘱继承的补充，在既没有遗赠扶养协议又没有遗嘱的情况下，被继承人的遗产按照法定继承处理。法定继承具有以下特征：一是具有身份性，法定继承人的范围是基于一定的身份关系而确定，一般以血缘关系和婚姻关系为基础；二是具有法定性，法定继承中有关继承人的范围、继承顺序等的规定具有强行性，不得由当事人变更。

法定继承人范围及继承顺序是法定继承制度的重要内容，本条对法定继承人的范围和继承顺序作了如下规定：

一、关于法定继承人的范围

受各国、各地区继承传统、风俗习惯和文化差异等多种因素的影响，法定继承制度比其他领域的法律制度更具有民族性、地域性等特点，因此各国、各地区关于法定继承的规定并不一致。法定继承人的范围，是指应当赋予哪些人以法定继承权从而使其依法定继承方式继承被继承人的遗产。对于法定继承人的范围，各国、各地区一般都以婚姻关系和血缘关系为基础，但是具体范围宽窄不一，主要有两种模式：一种是对血亲继承没有亲等的限制，如在德国，被继承人的直系血亲、旁系血亲都可以成为遗产继承人，而不受亲等的限制；另一种是对血亲继承有亲等的限制，如在意大利，法律不承认超出六亲等以外的血亲享有继承权，在我国台湾地区，对于直系晚辈血亲没有亲等的限制，但是直系尊血亲止于祖父母，旁系血亲止于兄弟姐妹。

根据本条规定，我国法定继承人的范围包括：配偶、子女、父母、兄弟姐妹、祖父母、外祖父母，根据本法第1129条“丧偶儿媳对公婆，丧偶女婿对岳父母，尽了主要赡养义务的，作为第一顺序继承人”的规定，对公婆尽了主要赡养义务的丧偶儿媳和对岳父母尽了主要赡养义务的丧偶女婿也是法定继承人。

二、关于法定继承的顺序

法定继承的顺序，是指法律规定的法定继承人继承遗产的先后次序。由于法定继承人通常为多个人，法律需要明确法定继承人之间应当优先取得继承的人选。一般而言，被继承人与继承人之间血缘关系的远近及共同生活关系的密切程度是各国法律确定法定继承顺序的主要依据。法定继承顺序具有优先性和排他性，只有在没有前一顺序的继承人继承时，后一顺序的继承人才能继承遗产。同一顺序继承人有多人时，原则上平均分配遗产，仅有一人时，则由其单独继承。从各国关于法定继承顺序的规定来看，一般都将被继承人的直系晚辈血亲作为第一顺序继承人，只是在是否有亲等的限制方面有差异。除此以外，各国继承法律在法定继承顺序的多寡、配偶是否有固定继承顺序以及直系尊血亲与旁系血亲之间的优先顺序等方面有所差异。

根据本条规定，在继承开始后，由被继承人的配偶、子女、父母继承，只要被继承人的第一顺序继承人中至少有一人继承遗产的，第二顺序继承人就不能继承。在第一顺序继承人中，子女的继承还具有特殊性，如果子女先于被继承人死亡，根据代位继承制度，子女的直系晚辈血亲可以代位继承。例如，被继承人的配偶、子女、父母均已死亡，但还有一个孙女在世的，根据代位继承制度孙女可以代被继承人的子女继承，在这种情况下，视为第一顺序继承人继承，第二顺序继承人不能继承。在没有第一顺序继承人继承时，由第二顺序继承人继承。“没有第一顺序继承人继承”包括该主体不存在、死亡、丧失继承权、放弃继承等情形，在被继承人的配偶、子女、父母都存在上述情形之一，都不能继承，且不存在适用代位继承的情形时，才由第二顺序继承人继承。

三、对子女、父母和兄弟姐妹的界定

本法婚姻家庭编第三章第二节“父母子女关系和其他近亲属

关系”规定了父母与子女之间以及近亲属之间的权利义务关系，第五章第二节“收养的效力”规定了养子女与生父母及其他近亲属之间的权利义务关系。婚姻家庭编是从权利义务关系的角度对父母子女关系和其他近亲属关系作了规定。由于在法定继承中需要明确哪些人可以继承遗产，因此需要在继承编中对子女、父母和兄弟姐妹的具体范围作出界定，继承编规定的子女、父母和兄弟姐妹的范围有其特殊性，因此这些界定子女、父母和兄弟姐妹的范围的规定只适用于因继承产生的民事关系中。

1. 子女

本条第3款规定：“本编所称子女，包括婚生子女、非婚生子女、养子女和有扶养关系的继子女。”

子女作为被继承人最亲近的直系晚辈血亲，各国都规定其为第一顺序继承人，但是各国对子女范围的界定有所不同。一般而言，子女既包括亲生子女，又包括非亲生子女。亲生子女包括婚生子女与非婚生子女，非亲生子女包括养子女和继子女。出于对子女权利平等原则的遵循，现代国家一般都规定了婚生子女、非婚生子女和养子女都享有平等的继承权。对于继子女而言，一些国家认为继子女与继父母之间互不享有继承权。

在我国，对于非婚生子女，婚姻家庭编规定，非婚生子女享有与婚生子女同等的权利，任何组织或者个人不得加以危害和歧视；对于养子女，婚姻家庭编规定，自收养关系成立之日起，养父母与养子女间的权利义务关系，适用本法关于父母子女关系的规定；对于继子女，婚姻家庭编规定，继父或者继母和受其抚养教育的继子女间的权利义务关系，适用本法关于父母子女关系的规定。根据婚姻家庭编的上述规定可以看出，非婚生子女与其生父母、养子女与其养父母、受继父或者继母抚养教育的继子女与其继父母的权利义务关系与婚生子女与其父母的权利义务关系没有区别，根据本法第1070条父母和子女有相互继承遗产权利的规定，非婚生子女、养子女、受继父或者继母抚养教育的继子女可以继承其生父母、养父母和继父母的遗产。需要说明的是，继承编界定的子女的范围，要比婚姻家庭编的规定宽泛，因为继承编的规定为“有扶养关系的继子女”，这既包括继子女受继父母抚养的情形，也包括继子女赡养继父母的情形。根据婚姻家庭编的规定，只有在继子女受到继父母抚养时，才可以适用父母子女之间权利义务关系的规定。如果一个继子女在未成年时期并未受其继父母的抚养，但是其对继父母进行了赡养，虽然按照婚姻家庭编的规定该继子女与继父母之间不适用父母子女之间权利义务关系的规定，但是按照继承编的规定，该继子女可以被认定为其继父母的子女，具有第一顺序继承人的地位，这也符合权利义务相一致的原则。

2. 父母

本条第4款规定：“本编所称父母，包括生父母、养父母和有扶养关系的继父母。”

父母是被继承人最亲近的直系尊血亲，婚姻家庭编规定，父母和子女有相互继承遗产的权利，子女有权继承父母的遗产，父母也有权继承子女的遗产。根据婚姻家庭编的规定，生父母与其非婚生子女、养父母与其养子女、继父母与受其抚养教育的继子女的权利义务关系适用父母子女关系的规定。需要说明的是，继承编界定的父母的范围，要比婚姻家庭编的规定宽泛，因为继承编的规定为“有扶养关系的继父母”，这既包括继父母抚养继子女的情形，也包括继父母被继子女赡养的情形。前一种情形根据婚姻家庭编可以适用父母子女关系的规定，后一种情形中如果继子女在未成年时期并未受到继父母的抚养，但其仍赡养继父母的，按照婚姻家庭编该继父母与继子女之间不适用父母子女之间权利义务关系的规定，但是按照继承编的规定，该继父母可以被认定为该继子女的父母，具有第一顺序继承人的地位。这主要是考虑到与被继承人形成扶养关系的继父母，彼此间有较多的感情和金钱投入，在被继承人死亡后，扶养将无法进行，留有一定的遗产继续对其继父母进行扶养也符合被继承人的意愿。

3. 兄弟姐妹

本条第5款规定："本编所称兄弟姐妹，包括同父母的兄弟姐妹、同父异母或者同母异父的兄弟姐妹、养兄弟姐妹、有扶养关系的继兄弟姐妹。"

兄弟姐妹是被继承人最近的旁系血亲，各国一般都规定了兄弟姐妹之间有相互继承的权利。对于同父异母或者同母异父的兄弟姐妹，大多数国家规定其与同父母的兄弟姐妹继承顺序相同、继承份额也相同，但也有一些国家的立法例规定其继承顺序劣后于同父母的兄弟姐妹，或者是虽然处于同一继承顺序，但是继承份额与同父母的兄弟姐妹不同。对于养兄弟姐妹，因收养关系的成立产生法律拟制的血缘关系，亲生子女与养子女以及养子女之间，也是兄弟姐妹。对于继兄弟姐妹，现代国家大多不承认相互之间的继承权，认为继兄弟姐妹之间不存在血缘关系。本编承认"有扶养关系的继兄弟姐妹"享有继承权，这既包括受被继承人生前扶养的继兄弟姐妹，也包括扶养被继承人的继兄弟姐妹。根据本条规定，同父母的兄弟姐妹、同父异母或者同母异父的兄弟姐妹、养兄弟姐妹、有扶养关系的继兄弟姐妹都被认定为被继承人的兄弟姐妹，平等地享有第二顺序继承人的地位。

第一千一百二十八条　被继承人的子女先于被继承人死亡的，由被继承人的子女的直系晚辈血亲代位继承。

被继承人的兄弟姐妹先于被继承人死亡的，由被继承人的兄弟姐妹的子女代位继承。

代位继承人一般只能继承被代位继承人有权继承的遗产份额。

◆ 条文主旨

本条是关于代位继承的规定。

◆ 立法背景

《继承法》第11条规定了代位继承制度，即被继承人的子女先于被继承人死亡的，由被继承人的子女的直系晚辈血亲代位继承。代位继承人一般只能继承他的父亲或者母亲有权继承的遗产份额。民法典继承编在《继承法》第11条的基础上作了修改完善。继承法规定的代位继承制度中，被代位继承人仅限于被继承人的子女，代位继承人仅限于被继承人子女的直系晚辈血亲。虽然该规定保障了遗产向被继承人的直系晚辈血亲流转，但是考虑到一些意见认为我国法定继承人的范围狭窄，不利于遗产的流转，容易导致遗产因无人继承而收归国家或者集体所有，因此，有必要扩大被代位继承人的范围。但是也不能无限制地扩大被代位继承人的范围，否则容易导致遗产分配给与被继承人情感联系不密切的人，使遗产过多地向较远的旁系扩散。一般来说，兄弟姐妹是与被继承人关系最近的旁系血亲，兄弟姐妹从小共同生活多年，具有深厚的情感基础，在一定情况下还能尽扶养扶助义务，而兄弟姐妹的子女即被继承人的侄子女、甥子女，与被继承人在血缘和情感上有较为紧密的联系，现实生活中对于无子女的叔伯姑舅姨，往往由其侄子女、甥子女给予精神慰藉与生活帮助，让侄子女、甥子女继承遗产符合遗产向晚辈流传的原则，也符合民间传统中继承遗产的习惯。赋予侄子女、甥子女继承财产的权利是合适的，但是这不是必须通过将其列为法定继承人才能达成，也可以通过赋予侄子女、甥子女代位继承的权利间接起到扩大法定继承人范围的效果。为此在编纂民法典继承编的过程中，扩大了被代位继承人的范围，被继承人的兄弟姐妹也可作为被代位继承人，在其先于被继承人死亡时，其子女可以代位继承。

◆ 条文解读

代位继承制度是法定继承中的一项重要制度，对于保障遗产在各支系中合理分配、实现财产的传承、发挥遗产育幼功能等具有重大作用。代位继承也被称为“间接继承”，是相对于本位继承而言，指具有法定继承权的人因主客观原因不能继承时，由其直系晚辈血亲按照该继承人的继承地位和顺序，继承被继承人遗产的制度。在代位继承中，具有法定继承权的人称为被代位继承人；按照被代位继承人的地位和顺序继承遗产的人称为代位继承人。关于代位继承的法律性质，存在两种学说：一种是代表权说，另一种是固有权说。代表权说认为，代位继承是代位继承人代表被代位继承人参加继承，行使被代位继承人的权利，取得被代位继承人应当继承的遗产份额。因此，代位继承权是基于被代位继承人享有的继承权而派生的权利，在被代位继承人丧失或者放弃继承权的情况下，不能再由他人代位继承。固有权说认为，代位继承权是法律赋予代位继承人的固有权利，并不是基于被代位继承人的继承权而继承。因此，只要被代位继承人不能继承，代位继承人就可以代位继承。

根据本条，我国的代位继承制度有以下主要特征：

一、代位继承的发生原因为被代位继承人先于被继承人死亡

本法规定的代位继承的发生原因为被代位继承人先于被继承人死亡，主要有两种情况：一种是被继承人的子女先于被继承人死亡，另一种是被继承人的兄弟姐妹先于被继承人死亡。在这里，死亡既包括自然死亡也包括宣告死亡。

对于代位继承的发生原因，主要有三种立法例：一是仅以被代位继承人先于被继承人死亡为代位继承发生的唯一原因；二是以被代位继承人先于被继承人死亡或者丧失继承权为发生代位继承的原因；三是以被代位继承人先于被继承人死亡、丧失继承权或者放弃继承为发生代位继承的原因。在民法典继承编的编纂过程中，一些意见认为，继承法规定的代位继承的发生原因种类单一，建议增加继承人丧失继承权和放弃继承作为代位继承发生的原因。

1. 关于继承人丧失继承权作为代位继承发生的原因

一些意见提出，在继承人丧失继承权时，也应当适用代位继承。主要理由为：（1）代位继承权的性质应当采用固有权说，代位继承人取得代位继承权是法律基于其与被继承人的特殊血缘关系而赋予的固有权利，不应依被代位继承人的权利状况而定。（2）因被继承人子女的违法或犯罪行为，而让被继承人的孙子女、外孙子女等承担不能继承被继承人遗产的不利后果，有失公允，不符合责任自负原则。（3）被代位继承人丧失继承权就不能适用代位继承，不利于被继承人晚辈血亲利益的保护，不利于发挥遗产育幼的作用。（4）继承法的法定继承人范围较窄，我国目前家庭人口结构简单，如果被继承人的子女丧失继承权，其孙子女、外孙子女又不能代位继承的，容易导致遗产向旁系流转或者成为无人继承的遗产，不利于被继承人个人财产的保护。

也有一些意见反对将继承人丧失继承权作为代位继承发生的

原因，主要理由有：（1）在继承人相对丧失继承权时，可以通过被继承人的宽宥恢复继承权，继承人的子女可以通过继承人间接取得继承利益，或者在继承人先于被继承人死亡时代位继承。在绝对丧失继承权或者在相对丧失继承权但被继承人不宽宥的情形中，如果允许代位继承，那么因继承人实施违法行为而受到惩罚的作用就无法实现，尤其是大部分代位继承人为未成年人，被代位继承人仍可以利用自己与代位继承人的血亲关系，实际取得和利用遗产。这违背了法律规定的丧失继承权制度的目的和被继承人的意愿。（2）导致丧失继承权的行为，尤其是继承人故意杀害被继承人、为争夺遗产而杀害其他继承人的，都是非常严重的刑事犯罪，无论是从人伦还是法理上都没有宽容的余地。丧失继承权的继承人所在的一支与被继承人和其他继承人的情感联系因他的行为而受到破坏，如果允许代位继承，遗产仍落入这一支，容易助长忤逆的风气，也会使其他支系感到不公平。

我们研究认为，在确定代位继承的发生原因时，要综合考虑被继承人的意愿、遗产应发挥的功能、公序良俗等多方面的因素，允许继承人在丧失继承权时可以由其直系晚辈血亲代位继承，违背丧失继承权制度的目的，容易引发道德风险，也不符合公平正义。对于丧失继承权的继承人的直系晚辈血亲，可以通过酌分遗产请求权以及被继承人立遗嘱的方式，分给其一定的遗产。为此，民法典继承编保留了继承法的规定，没有将继承人丧失继承权作为代位继承的发生原因。

2. 关于继承人放弃继承作为代位继承发生的原因

还有一些意见提出，对继承人放弃继承的，应当适用代位继承。这些意见主要以代位继承的法律性质应当采固有权说为基础，认为继承人放弃继承的，效力应仅限于当事人本身，而不应影响代位继承人固有的权利，否则不利于代位继承人的保护，不利于发挥遗产的育幼功能。我们认为，在继承开始后，继承人放弃继承的，并不是客观上不能行使继承权，而是对自己权利的一种处分，法律应当尊重当事人的选择。如果允许代位继承，可能违背继承人的意愿，也容易产生纠纷。为此，民法典继承编没有将继承人放弃继承作为代位继承发生的原因。

二、被代位继承人为被继承人的子女或者兄弟姐妹

本法规定的被代位继承人的范围为被继承人的子女或者兄弟姐妹，根据本法第1127条的规定，子女包括婚生子女、非婚生子女、养子女和有扶养关系的继子女，兄弟姐妹包括同父母的兄弟姐妹、同父异母或者同母异父的兄弟姐妹、养兄弟姐妹、有扶养关系的继兄弟姐妹。

三、代位继承人为被继承人的子女的直系晚辈血亲或者被继承人的兄弟姐妹的子女

本法规定的代位继承人的范围为被继承人的子女的直系晚辈血亲或者被继承人的兄弟姐妹的子女。在这里需要注意两点：一是被继承人的子女的代位继承人与被继承人的兄弟姐妹的代位继承人的亲等限制有所不同。被继承人的子女的代位继承人为其直系晚辈血亲，即被代位继承人的子女、孙子女、外孙子女、曾孙子女等，不受辈份的限制，但是在代位继承时以辈份大者优先。被继承人的兄弟姐妹的代位继承人仅限于其子女，这主要是由于兄弟姐妹属于旁系血亲，如果将旁系血亲的代位继承人的范围规定得过于宽泛，就会使与被继承人没有太多血缘关系以及情感联系的人取得遗产，因此要对旁系血亲的代位继承人采取限制，旁系血亲的代位继承人仅限于被继承人的侄子女、甥子女。二是代位继承人要根据被代位继承人的地位和顺序继承遗产。被继承人的子女为第一顺序继承人，因此被继承人的子女的直系晚辈血亲在代位继承时是以第一顺序继承人的身份参与继承，在有其他第一顺序继承人时与他们共同继承，在没有其他第一顺序继承人时独自继承，第二顺序继承人不继承。被继承人的兄弟姐妹为第二顺序继承人，被继承人的兄弟姐妹的子女在代位继承时是以第二顺序继承人的身份参与继承，只有在没有第一顺序继承人继承，也没有被继承人的子女的直系晚辈血亲代位继承时，才能根据法律规定代位继承。

四、代位继承的份额一般为被代位继承人有权继承的遗产份额

代位继承的份额是指代位继承人通过代位继承的方式能够取得的遗产份额。本法规定代位继承人一般只能继承被代位继承人有权继承的遗产份额，即被代位继承人如果健在能继承多少份额，代位继承人也一般只能继承多少份额。代位继承人只能继承被代位继承人有权继承的遗产份额为一般原则，在存在法律规定的多分、少分或者不分等情形时，其继承遗产的份额可能会有所变化，因此本法规定“代位继承人一般只能继承被代位继承人有权继承的遗产份额”。

第一千一百二十九条 丧偶儿媳对公婆，丧偶女婿对岳父母，尽了主要赡养义务的，作为第一顺序继承人。

◆ 条文主旨

本条是关于尽了主要赡养义务的丧偶儿媳、丧偶女婿的继承地位的规定。

◆ 立法背景

《继承法》第 12 条规定，丧偶儿媳对公、婆，丧偶女婿对岳父、岳母，尽了主要赡养义务的，作为第一顺序继承人。《最高人民法院关于贯彻执行〈中华人民共和国继承法〉若干问题的意见》第29条规定，丧偶儿媳对公、婆，丧偶女婿对岳父、岳母，无论其是否再婚，依《继承法》第12条规定作为第一顺序继承人时，不影响其子女代位继承。

在民法典继承编的编纂过程中，对于这一规定有较多意见，主要有三种：

一、废除说

有的意见认为，应当取消这一规定。首先，法定继承人一般为配偶和有血缘关系的亲属，儿媳与公婆、女婿与岳父母是姻亲关系，姻亲不应当属于法定继承人，这为古今中外继承法的普遍做法。其次，立法的本意是鼓励赡养老人，此规定也发挥过实际作用，对老人的赡养有一定的保障。但无论丧偶与否，儿媳对公婆、女婿对岳父母在法律上都无赡养义务，通过立法来规范本属于道德范畴的问题不科学。再次，在被继承人没有负有法定义务的赡养人时，被继承人生前的赡养可以通过遗赠扶养协议等途径解决。目前我国社会保障制度已经建立并且将不断完善，已经有能力负担需要帮助的公民的养老问题。最后，丧偶儿媳和丧偶女婿基于此条规定成为法定继承人，同时他们的子女可以根据代位继承的规定参与继承，这样，丧偶一方就可以取得两份遗产，对被继承人的其他子女有失公平。有的人建议，对丧偶儿媳、丧偶女婿的继承问题，可以通过酌情分给适当遗产的方式解决，即适用本法"对继承人以外的依靠被继承人扶养的人，或者继承人以外的对被继承人扶养较多的人，可以分给适当的遗产"的规定。根据丧偶儿媳、丧偶女婿的赡养情况分给他们适当的遗产，足以保护他们的正当利益。

二、保留说

有的学者认为，这一规定应当予以保留。第一，法定继承人范围的确定，是立法政策选择的结果，要与本国现实生活和民众继承观念相适应。继承法的这一规定在实践中效果很好，广受好评，不能因为其他国家没有规定就加以废弃。第二，恰恰是因为儿媳、女婿对公婆、岳父母在法律上并没有赡养义务，法律为了鼓励他们赡养公婆、岳父母，才规定其为法定继承人。第三，我国的人口结构正在逐渐步入老龄化阶段，而养老社会保障制度又显然不是短时间内就可以完善的。这在客观上要求我们在完善社会保障制度的同时寻求其他应对手段。赋予丧偶儿媳、丧偶女婿以继承权，可以起到激励作用，达到更好地赡养老人的目的。第四，丧偶儿媳、丧偶女婿要成为法定继承人，是有严格的条件限制的，要对公婆或者岳父母有长期性、经常性的赡养，并且这种赡养是公婆或者岳父母的主要生活支柱。满足这两个要求的丧偶儿媳、丧偶女婿作为第一顺序继承人参加继承，完全合情合理。第五，如果被继承人有多个子女，儿媳、女婿在丧偶的情况下不仅承担起养育子女的责任，还对被继承人尽了主要赡养义务，而被继承人的其他子女却只承担了次要赡养义务甚至不尽赡养义务，那么在财产继承时有所差别也符合公平原则。

三、折中说

有的学者认为，继承法的这一规定虽不尽合理，但为了达到赡养老人、醇化社会风俗的目的，又确有保留的必要，可以作一定修改，建议修改为：丧偶儿媳对公、婆，丧偶女婿对岳父、岳母，尽了主要赡养义务，没有代位继承人的，作为第一顺序继承人；有代位继承人的，可以分给他们适当的遗产。

我们研究认为，法定继承人一般与被继承人存在血亲、婚姻关系，继承法除了高度重视这两种关系以外，还高度重视扶养关系在继承中所起的作用。尽了主要赡养义务的丧偶儿媳和丧偶女婿可以作为第一顺序继承人参与继承，这被认为是我国继承法法定继承制度中的一个重要特色，符合社会主义核心价值观，符合中华民族传统家庭美德和公序良俗，有利于弘扬优良家风，促进家庭内部互助友爱、团结和睦，使老年人能够老有所养。同时，这一规定也充分符合权利义务相一致的原则。在相关的调研活动中，基层群众普遍认为这一规定在实践中效果很好，具有倡导性作用，应当坚持。为此，民法典继承编对继承法中关于尽了主要赡养义务的丧偶儿媳、丧偶女婿的继承地位的规定予以保留。

◆ 条文解读

根据本条规定，对公婆尽了主要赡养义务的丧偶儿媳和对岳父母尽了主要赡养义务的丧偶女婿，属于法定继承人，并且为第一顺序继承人。是否尽了主要赡养义务，需要结合相关因素判断：一是在时间上，要对公婆或者岳父母有长期性、经常性的赡养，直至其身故；二是在程度上，这种赡养是公婆或者岳父母的主要生活支柱。

▶ 相关规定

《最高人民法院关于贯彻执行〈中华人民共和国继承法〉若干问题的意见》第29条

第一千一百三十条　同一顺序继承人继承遗产的份额，一般应当均等。

对生活有特殊困难又缺乏劳动能力的继承人，分配遗产时，应当予以照顾。

对被继承人尽了主要扶养义务或者与被继承人共同生活的继承人，分配遗产时，可以多分。

有扶养能力和有扶养条件的继承人，不尽扶养义务的，分配遗产时，应当不分或者少分。

继承人协商同意的，也可以不均等。

◆ 条文主旨

本条是关于法定继承中遗产份额的分配原则的规定。

◆ 立法背景

继承法在规定继承人应当取得的遗产份额时未区分血亲继承人和配偶继承人，《继承法》第13条第1款规定：“同一顺序继承人继承遗产的份额，一般应当均等。”第13条第2款至第5款规定了在某些特殊的情况下，同一顺序继承人继承遗产的份额可以不均等。

在民法典继承编的编纂过程中，对于继承法规定的法定继承中遗产份额的分配原则大多数人持肯定意见，认为这一规定基于继承权平等的原则，规定继承份额原则上应当均等，同时在具体分配遗产时，考虑到那些特别需要遗产的人以及对被继承人所尽义务较多的人，防止了绝对平均主义，体现出真正的公平保护。该规定坚持了原则性和灵活性的结合，既符合我国的实际情况，又符合被继承人的愿望，有利于发扬中华民族的优良传统，促进家庭和睦团结。为此，民法典继承编沿袭了《继承法》第13条关于法定继承中遗产份额的分配原则。

◆ 条文解读

根据本法关于法定继承人的范围和顺序的规定，第一顺序继承人为配偶、子女、父母、对公婆尽了主要赡养义务的丧偶儿媳和对岳父母尽了主要赡养义务的丧偶女婿；第二顺序继承人为兄弟姐妹、祖父母、外祖父母。如果能够继承遗产的法定继承人只有一人，就由该法定继承人继承全部遗产，不会发生遗产份额的分配问题。但是如果存在多个同一顺序的法定继承人，就应当确定同一顺序的多个法定继承人之间所应继承的遗产份额，这就涉及法定继承中遗产份额的分配问题，即法定应继份制度。法定应继份是指多个法定继承人在继承过程中依法分配遗产时，法律规定其应当取得的遗产份额。关于法定应继份，主要有两种立法例：一种是不区分血亲继承人和配偶继承人，同一顺序的法定继承人应继份均等；另一种是区分血亲继承人和配偶继承人作不同的规定，同一顺序的血亲继承人应继份均等，对于配偶继承人的应继份作特别规定。

本法在规定继承人应当取得的遗产份额时未区分血亲继承人和配偶继承人，同一顺序的法定继承人继承遗产的份额一般应当均等。根据本条规定，对于法定继承中遗产份额的分配应当遵循以下原则：

一、一般情况下同一顺序继承人继承遗产的份额应当均等

本条第 1 款为法定继承中分配遗产份额应当遵循的一般原则，即遗产按照同一顺序继承人的人数平均分配，各继承人取得的遗产份额均等，不因性别、年龄、婚否等因素而有所不同。继承权主要是基于婚姻关系与血缘关系而产生，同一顺序的继承人之间继承权是平等的，不应有所差异，继承遗产的份额均等是继承权平等原则的体现。

二、特殊情况下同一顺序继承人继承遗产的份额可以不均等

在某些特殊的情况下，同一顺序继承人继承遗产的份额可以不均等，主要有以下四种情况：

1. 对生活有特殊困难的缺乏劳动能力的继承人，分配遗产时，应当予以照顾。这一规定体现出遗产在被继承人死亡后继续扶养继承人的功能，同时也体现了我国家庭成员之间团结互助的优良传统。应当予以照顾的继承人必须同时满足以下两个条件：一是生活有特殊困难，而不是有一般困难，例如继承人没有独立的经济来源或者经济收入难以维持当地最低生活水平而导致生活有特殊困难；二是缺乏劳动能力，根本无法通过参加劳动改变生活困难的局面，而不是劳动能力不强。对于生活有特殊困难的缺乏劳动能力的继承人，在分配遗产时，继承法规定“应当予以照顾”，这实际上也为其他继承人施加了在分配遗产时对该继承人予以照顾的义务。

2. 对被继承人尽了主要扶养义务或者与被继承人共同生活的继承人，分配遗产时，可以多分。对被继承人尽了主要扶养义务的继承人是指对被继承人在经济上提供主要来源或者在生活上给予主要照顾的继承人，在遗产分配时给予这类继承人适当倾斜，有利于鼓励尊老养老，也符合权利义务相一致和公平原则。与被继承人共同生活的继承人，相较其他继承人而言，与被继承人在经济上、生活上、情感上存在更为密切的关系，彼此之间具有扶养关系，因此也可以多分遗产，这一般也符合被继承人的意愿。

3. 有扶养能力和有扶养条件的继承人，不尽扶养义务的，分配遗产时，应当不分或者少分。对于这类继承人不分或者少分遗产必须符合以下两个条件：一是继承人有扶养能力和扶养条件。如果继承人自身无生活来源或者缺乏劳动能力等，根本不具备扶养被继承人的能力和条件，则不属于应当不分或者少分遗产的情形。二是继承人不尽扶养义务。继承人是否尽到扶养义务一般是从客观上来判断，但是实践中也存在继承人有扶养能力和扶养条件，愿意尽扶养义务，但是被继承人因有固定收入和劳动能力，明确表示不要求其扶养的情形。在这种情况下，尽管继承人客观上并没有扶养被继承人，但是在分配遗产时，一般不应当以此为依据对该继承人不分或者少分。如果被继承人生前需要继承人扶养，继承人有扶养能力和扶养条件却不尽扶养义务的，不仅违反公序良俗原则，而且还违反法律的规定，情节严重的甚至可能构成遗弃、虐待被继承人的刑事犯罪，对这部分继承人，应当不分或者少分遗产，情节严重的还应当丧失继承权。

4. 继承人协商同意的，也可以不均等。法定继承人之间本着互谅互让、和睦团结的精神，可以协商分配被继承人的遗产。我国继承法充分尊重当事人之间的意思自治。各法定继承人经协商一致，同意不均分遗产的，继承份额也可以不均等。

第一千一百三十一条　对继承人以外的依靠被继承人扶养的人，或者继承人以外的对被继承人扶养较多的人，可以分给适当的遗产。

◆ 条文主旨

本条是关于对继承人以外的与被继承人之间具有扶养关系的人分给适当遗产的规定。

◆ 立法背景

《继承法》第14条规定，对继承人以外的依靠被继承人扶养的缺乏劳动能力又没有生活来源的人，或者继承人以外的对被继承人扶养较多的人，可以分给他们适当的遗产。在民法典继承编的编纂过程中，多数意见认为对继承人以外的与被继承人之间具有扶养关系的人分给适当遗产的制度具有重要的意义和价值，应当予以保留。主要理由为：（1）该制度符合民众的传统习惯和家庭伦理道德，有利于鼓励民间扶养，发扬我国养老育幼、互助互爱的传统美德。（2）该制度使得扶养扶助在被继承人死后仍得以延续，不会使相关人员立即丧失对原有生活的依靠，保障家庭、社会的健康稳定发展。（3）被继承人死后，依照一般伦理道德、社会风俗，法律推定被继承人愿意继续用遗产维持被他扶养的人的生活或者报答扶养他的人，符合被继承人的个人意志。（4）该制度客观上扩大了遗产受益人的范围。如果被继承人没有法定继承人，但是有互相扶养的人，可以适当分给依靠他扶养或者扶养他的人，避免遗产被全部收归国有。（5）该制度在实践中有需求。在我国，民间形成事实上亲属关系的情况比较多，例如，未办理结婚登记的同居异性伴侣、未办理收养登记但是共同生活的成年人与未成年人等，这些人不能作为法定继承人继承时，人们也愿意将遗产留给一定的事实关系中的人员。为此，民法典继承编规定："对继承人以外的依靠被继承人扶养的人，或者继承人以外的对被继承人扶养较多的人，可以分给适当的遗产。"

在民法典继承编的编纂过程中，有的意见提出，应当对扶养关系的程度作出规定，以在一定时间内持续性扶养作为判断是否具有扶养关系的标准。我们研究认为，实践中互相扶养的情况复杂，时间和程度也不一，无法进行量化，如果规定一个统一的时间作为判断是否具有扶养关系的标准，会造成司法的机械化，很可能导致不公平的情况发生，为此民法典继承编没有对扶养关系的成立规定统一的时限，而是交由个案具体判断。

还有一些意见提出，继承法对依靠被继承人扶养的继承人以外的人分给适当遗产条件严苛，要求既缺乏劳动能力又没有生活来源，这实质上排除了大部分受被继承人扶养的人分得适当遗产的机会。我们研究认为，继承法要求受被继承人扶养的继承人以外的人"缺乏劳动能力又没有生活来源"才可以分得适当遗产，"缺乏劳动能力"指因智力或者身体未发育完全、年老等不具有劳动能力，或者因疾病、伤残等完全丧失或者部分丧失劳动能力的情况；"没有生活来源"指没有收入或者经济来源。从我国目前的社会保障情况来看，完全没有生活来源的人已经很少出现。如果严格按照继承法规定的条件确定可以适当分得遗产的人，可能会使很多受被继承人扶养的继承人以外的人不能分得任何遗产，使一些虽然有劳动能力但因其他原因导致生活来源较少的被扶养人以及虽然有一些生活来源但无劳动能力的被扶养人在被继承人死亡后生活水平大幅下降，这也不符合被继承人的意愿。被继承人生前对继承人以外的人进行扶养，按照社会常理，在其死后也愿意分出遗产中的一部分以继续帮助其生前扶养的人，而无论该被扶养人是否缺乏劳动能力和有无生活来源。此外，境外立法例中的酌给遗产制度也不要求依靠被继承人扶养的继承人以外的人必须是缺乏劳动能力又没有生活来源的人。为此，民法典继承编删除了继承法规定的依靠被继承人扶养的继承人以外的人分得适当遗产须符合“缺乏劳动能力又没有生活来源”这一条件。对于继承人以外的扶养被继承人的人分给适当遗产的条件还是沿袭了继承法的规定，即须为“对被继承人扶养较多的人”。

◆ **条文解读**

法定继承制度具有身份性的特征，一般将被继承人的遗产分配给与被继承人具有血缘关系、婚姻关系的人。然而，如果将继承活动仅仅限定在有一定的血缘关系、婚姻关系的人之间，有时可能会出现不公平的局面，如果与被继承人形成扶养关系的人并不属于继承人，即使其与被继承人有非常密切的经济、生活和情感上的联系，在被继承人没有订立遗嘱的情况下，其不能继承任何遗产。为了避免上述不公平的情形，一些国家的立法例规定了继承人之外的人，特别是与被继承人形成扶养关系的人可以在一定条件下分得适当的遗产。一些学者将这种制度称为酌给遗产制度，该制度对法定继承制度作了补充，使得法定继承人之外的与被继承人之间形成扶养关系、共同生活关系等的人能够基于此项制度获得被继承人的遗产。

对于该条，要从以下几个方面进行理解：

一、可以分给适当遗产的人为继承人以外的人

本条的宗旨即在于创造一种新的遗产取得方式，使继承人以外的其他人基于正义、扶助的理念获得一定数量的遗产，因此可以分给适当遗产的人为继承人以外的人。

二、可以分给适当遗产的条件为继承人以外的人与被继承人之间具有扶养关系

不是继承人的人，只要其与被继承人之间具有扶养关系，可以依据本条分得适当的遗产。与被继承人之间具有扶养关系，既包括依靠被继承人扶养的情形，也包括对被继承人扶养较多的情形。在这里，“扶养”指经济来源的提供、劳务帮助等方面的扶助，包括扶养、抚养、赡养三种类型。

三、可以分给适当遗产的份额不具有确定性

本条规定，对于与被继承人之间具有扶养关系的继承人以外的人，可以分给适当的遗产，没有对可以分得遗产份额的数额作明确规定。这主要是考虑到实践中情况复杂，无法规定统一的标准，在分配遗产时，对于被继承人以外的人，可以综合考虑其与被继承人之间扶养关系的程度、遗产数额以及法定继承人的具体情况等因素，由当事人之间协商确定或者由法院确定适当的遗产份额。

四、可以分给适当遗产的适用情形为遗产按照法定继承办理时

本条规定在法定继承这章，因此与被继承人有扶养关系的继承人以外的人仅在遗产按照法定继承办理时可以请求分给适当遗产。如果被继承人生前以有效的遗嘱或者遗赠扶养协议等处分了其全部遗产，而没有为与其有扶养关系的继承人以外的人保留遗产份额，则应尊重被继承人的意思表示，不能以本条取代被继承人已明示的有效的意思表示。如果被继承人立了遗嘱或者遗赠扶养协议，但是因存在本法第 1154 条规定的情形导致遗产中的有关部分按照法定继承办理的，对于这部分遗产可以适用本条规定。

第一千一百三十二条 继承人应当本着互谅互让、和睦团结的精神，协商处理继承问题。遗产分割的时间、办法和份额，由继承人协商确定；协商不成的，可以由人民调解委员会调解或者向人民法院提起诉讼。

◆ **条文主旨**

本条是关于处理继承问题的精神和遗产分割方式的规定。

◆ **立法背景**

在继承过程中，需要面对一系列问题：从被继承人死亡开始，要经历确定继承人范围、遗产的清点与保管、继承人接受或者放弃继承、继承权的丧失或者恢复、确定继承人应当继承的遗产份额、确定酌给遗产的份额、遗产分割等过程。在法定继承中，如果继承人为二人以上，就需要在继承过程中平衡相互之间的利益关系。一般而言，法定继承人之间具有亲属关系，为了避免继承人之间因争夺遗产而伤了和气甚至反目成仇，影响家庭和睦与社会安定，本法规定继承人应当以互谅互让、和睦团结为指导原则协商处理继承相关的问题，这既是践行社会主义核心价值观的要求，也是法律的倡导性规范。

本法第 230 条规定，因继承取得物权的，自继承开始时发生效力。本法第 1121 条规定，继承从被继承人死亡时开始。这表明在被继承人死亡时继承开始，在法定继承中，法定继承人直接取得被继承人的遗产。当法定继承人为二人以上时，遗产属于各个继承人共同所有。各个继承人对遗产的共同所有是一种暂时性的共有关系，继承遗产的目的是将遗产的所有权分配并转移给各个继承人，使各个继承人成为所分配的遗产的实际占有者和管理人。在这一过程中，遗产分割发挥着重要作用。遗产分割是指继承开始后，依据法律或者按照遗嘱在各继承人之间进行遗产分配的民事法律行为。只有在遗产分割后，各个继承人才能对所分配的遗产享有实际的占有、使用、收益和处分的权利。对遗产进行分割时，主要涉及的问题为遗产分割的时间、办法和份额。

◆ **条文解读**

遗产分割的时间，一般来说由继承人之间协商确定，既可以在继承开始后请求分割，也可以约定在一定的期间后或者特定的条件成就时再分割遗产。

遗产分割的办法主要有四种，即实物分割、变价分割、折价补偿分割、保留共有。实物分割，一般适用于可分物的遗产，即对作为遗产的原物直接进行分割并分配给各个继承人。变价分割，既可以用于不宜进行原物分割的遗产，也可以用于继承人均不愿意取得该种遗产的情况，此时可以将该遗产变卖后换取变价款，各个继承人按照应当继承遗产的份额比例对变价款进行分割。折价补偿分割，适用于继承人中有人愿意取得某项不宜进行原物分割的遗产的情况，由该继承人取得该项遗产的所有权，然后由取得遗产所有权的继承人按照其他继承人应当继承遗产的份额比例，分别向其他继承人补偿相应的价款。保留共有，适用于遗产不宜进行原物分割，继承人又均愿意取得遗产，或者各个继承人基于某种目的，愿意保持共有状态的情形，此时各个继承人可以根据其应当继承遗产的份额比例对遗产享有所有权。对于遗产进行分割时，无论选择哪种办法，都应当遵循本法规定的“遗产分割应当有利于生产和生活需要，不损害遗产的效用”的原则。

遗产分割的份额，应当以法律规定的或者当事人协商的各个继承人应当继承的遗产份额为依据。在分割遗产时，继承人应当以本法规定的分配遗产份额的原则为依据协商确定各自应当取得的遗产份额，并以此为基础分割遗产。继承人之间协商不成向人民调解委员会申请调解或者向法院提起诉讼的，人民调解委员会和法院也应当依据本法第1130条确定遗产分割的份额。

在分割遗产时，除了确定遗产分割的时间、办法和份额以外，还需要注意其他问题。例如，在遗产分割时，应当先分出配偶或者他人的财产、应当保留胎儿的继承份额、应当清偿被继承人依法应当缴纳的税款和债务等。

遗产分割主要有两种方式，一种为继承人协商确定的方式，另一种为人民调解委员会调解或者法院裁判的方式。在分割遗产时，由于主要涉及继承人之间的利益关系，法律鼓励当事人通过协商的方式确定遗产分割的时间、办法和份额，这充分体现了民法尊重当事人之间意思自治的原则。如果继承人之间协商不成的，任一继承人都可以向人民调解委员会申请调解或者向人民法院提起诉讼，通过调解的方式或者裁判的方式确定遗产分割的时间、办法和份额。

第三章 遗嘱继承和遗赠

遗嘱继承和遗赠是指按照自然人生前所立的合法有效的遗嘱确定遗嘱继承人或者受遗赠人并分配其遗产的继承方式，是民法的意思自治原则在继承领域的集中体现。遗嘱继承和遗赠作为财产继承的主要途径，与法定继承共同构成继承编的主要内容。

本章共十二条，对遗嘱继承和遗赠的含义、自书遗嘱、代书遗嘱、打印遗嘱、录音录像遗嘱、口头遗嘱、公证遗嘱、不能作为遗嘱见证人的人员、必留份、遗嘱的撤回与变更、遗嘱的无效、附有义务的遗嘱继承和遗赠等作出了规定。

第一千一百三十三条 自然人可以依照本法规定立遗嘱处分个人财产，并可以指定遗嘱执行人。

自然人可以立遗嘱将个人财产指定由法定继承人中的一人或者数人继承。

自然人可以立遗嘱将个人财产赠与国家、集体或者法定继承人以外的组织、个人。

自然人可以依法设立遗嘱信托。

◆ 条文主旨

本条是关于自然人可以依法立遗嘱处分个人财产以及遗嘱继承和遗赠含义的规定。

◆ 立法背景

《继承法》第16条第1款规定，公民可以依照本法规定立遗嘱处分个人财产，并可以指定遗嘱执行人。本法沿袭了该条款，规定自然人可以依照本法规定立遗嘱处分个人财产，并可以指定遗嘱执行人，明确了自然人通过立遗嘱的方式处分个人财产的权利。

关于遗嘱继承和遗赠，继承法是根据取得遗产的人的身份来区分二者：如果按照遗嘱的内容，取得遗产的人为法定继承人以内的人，则属于遗嘱继承；如果按照遗嘱的内容，取得遗产的人为法定继承人以外的人，则属于遗赠。大多数意见认为这种立法例在逻辑上不失严谨，较符合我国的实际情况，且已被民众所熟悉，因此民法典继承编沿用了该标准，继续以取得遗产的人的身份来区分遗嘱继承和遗赠。

在第十三届全国人民代表大会第三次会议审议民法典草案的过程中，有的代表提出，设立遗嘱信托是自然人生前对自己的财产进行安排和处理的一种重要制度，建议在本条增加规定遗嘱信托的内容。宪法和法律委员会经研究认为，信托法对遗嘱信托已经作了规定，遗嘱信托应主要适用信托法进行规范，民法典作为民事领域基本法，可以对此作衔接性规定。据此，建议增加规定，自然人可以依法设立遗嘱信托。为此，自然人立遗嘱处分个人财产，既可以指定某个法定继承人继承，也可以遗赠给继承人以外的组织、个人，还可以依法设立遗嘱信托。

◆ 条文解读

立遗嘱是指自然人生前依照法律规定预先处分其个人财产，安排与此有关的事务，并于其死亡后发生效力的单方民事法律行为。自然人死亡后遗留的个人财产，既可以通过法定继承的方式进行分配，也可以按照自然人所立的遗嘱的内容进行分配，在自然人立有合法有效的遗嘱时，优先适用遗嘱分配遗产。随着我国社会主义市场经济的不断发展、人民生活水平的日益提高等，遗嘱作为自然人生前对死后个人财产作出安排的一种手段，日益受到人们重视，依遗嘱处分遗产也逐渐成为遗产继承的重要方式。相较于法定继承由法律直接规定继承人的范围和顺序、继承遗产的份额等，依遗嘱处分遗产，可以由自然人自主决定在其死后如何对其个人财产分配与处置，在分配的对象、方式、份额、条件等方面都具有较大程度的自由和灵活性，充分体现了对自然人意思自治的尊重以及对私有财产权利的保障。

立遗嘱的主体为自然人，遗嘱的内容为处分个人财产，不包括非财产性的内容，虽然有的遗嘱中可能包含处理非财产性事务的内容，但这不属于继承编意义上的遗嘱内容。此外，自然人想要通过立遗嘱的方式实现财产在其死后的分配，所立的遗嘱必须合法有效。遗嘱作为民事法律行为，需要符合总则编民事法律行为有效的条件，即行为人具有相应的民事行为能力，意思表示真实，不违反法律、行政法规的强制性规定，不违背公序良俗。遗嘱作为特别的民事法律行为，还须符合继承编对其效力的特别规定，如在行为主体方面，本法第 1143 条第 1 款规定，无民事行为能力人或者限制民事行为能力人所立的遗嘱无效。在意思表示真实方面，本法第 1143 条第 2 款规定，遗嘱必须表示遗嘱人的真实意思，受欺诈、胁迫所立的遗嘱无效。遗嘱作为死因民事法律行为、单方民事法律行为，为了确保行为人意思表示的真实，法律还对遗嘱规定了较为严格的形式要件，即只能按照本法规定的自书遗嘱、代书遗嘱、打印遗嘱、录音录像遗嘱、口头遗嘱、公证遗嘱等类型立遗嘱，并且须符合相应的形式要求，否则会影响遗嘱的效力。此外，遗嘱还须为缺乏劳动能力又没有生活来源的继承人保留必要的遗产份额。

自然人可以在遗嘱中指定遗嘱执行人。遗嘱执行人是指遗嘱人在遗嘱中指定的负责实现遗嘱的财产处分内容的人，主要职责为遗产管理、处理遗嘱人的债权债务、按照遗嘱内容分割与交付遗产等。遗嘱执行人既可以是法定继承人，也可以是法定继承人以外的人。在继承开始后，遗嘱执行人即为遗产管理人，适用本法遗产管理人的相关规定。

对于遗嘱继承，本条第 2 款规定，自然人可以立遗嘱将个人财产指定由法定继承人中的一人或者数人继承。对于遗赠，本条第 3 款规定，自然人可以立遗嘱将个人财产赠与国家、集体或者法定继承人以外的组织、个人，这既包括自然人，也包括法人、非法人组织等。需要注意的是，遗嘱人对于其个人财产既可以通过遗嘱继承的方式处分，也可以通过遗赠的方式处分，而遗嘱可以对遗产的取得人以及分配的份额、方式、条件等内容作出规定，这充分体现了遗嘱自由的原则。对于遗嘱信托，本条第 4 款规定，自然人可以依法设立遗嘱信托，遗嘱人设立遗嘱信托的，应当遵守本法以及信托法等其他法律的有关规定。

▶ **相关规定**

《中华人民共和国信托法》第 8 条、第 13 条

第一千一百三十四条　自书遗嘱由遗嘱人亲笔书写，签名，注明年、月、日。

◆ **条文主旨**

本条是关于自书遗嘱的规定。

◆ 立法背景

《继承法》在第17条规定了5种遗嘱的形式，即公证遗嘱、自书遗嘱、代书遗嘱、录音遗嘱和口头遗嘱。在民法典继承编的立法过程中，一些意见提出，随着我国经济体制的发展与完善，人们的个人财产也日渐增多，越来越多的公民选择通过立遗嘱的方式来处理自己的个人财产，而随着信息技术的发展与普及，人们的书写、记录方式产生较多改变，应当在继承法的基础上增加新的遗嘱形式，以适应社会实践的发展，为人们立遗嘱提供更加便捷的形式。随着遗嘱形式的增加，像《继承法》第17条一样只用一个条文已经难以容纳相关规则，建议对各种遗嘱的形式分条加以规定。民法典继承编吸收了上述意见，在本法第1134条至第1139条分条规定了自书遗嘱、代书遗嘱、打印遗嘱、录音录像遗嘱、口头遗嘱、公证遗嘱6种遗嘱的形式。

《继承法》在第17条第2款规定："自书遗嘱由遗嘱人亲笔书写，签名，注明年、月、日。"本条保留了继承法的规定。

在民法典继承编的立法过程中，一些意见建议，应当允许遗嘱人在一些情况下用盖章或者捺指印的方式取代签名。我们研究认为，印章具有可复制性，并且可以被他人控制、支配。指印虽然具有身份识别上的唯一性，但是在遗嘱人无意识、死亡时存在被强按指印的可能性，也可能存在因遗嘱人的指纹样本没有留存而难以鉴定的情况。在遗嘱没有签名的情况下，以盖章或者捺指印来确认遗嘱的真实性并不是可靠的方法，遗嘱中仅有遗嘱人的盖章或者指印并不能推断该遗嘱是其真实的意思表示。尤其是在自书遗嘱中，因为不要求见证人在场见证，如果允许以盖章或者捺指印的方式取代签名，可能会增加伪造遗嘱的风险。为此，民法典继承编在遗嘱的形式要件中，没有采纳盖章或捺指印的方式。

还有一些意见提出，如果仅有一份遗嘱，即使没有注明年、月、日，也应当认为有效。也有一些意见认为，遗嘱上注明日期对于认定遗嘱的真实性和有效性具有重要作用，不宜开口子。基于在遗嘱上注明日期的重要性，本法还是坚持将遗嘱人在遗嘱上注明年、月、日作为遗嘱有效的形式要件，自书遗嘱中未注明日期或者所注明的日期不具体的，遗嘱不能生效。

◆ **条文解读**

遗嘱是自然人生前按照法律规定的方式对其个人财产进行预先处分的民事法律行为，遗嘱必须是遗嘱人真实意思的反映，才能使遗嘱人的个人财产按照他的意愿进行分配。遗嘱虽然是单方民事法律行为，但遗嘱人所立的遗嘱关系到谁可以取得遗产以及取得遗产的方式、条件、份额等问题，直接影响着遗嘱继承人、受遗赠人、法定继承人等主体的切身利益，因此遗嘱必须清楚确切。然而，遗嘱又是死因行为，即只有在遗嘱人死亡时发生法律效力，当遗嘱的真实性和内容产生争议时，因遗嘱人已经死亡而无法探知其真实意思。因此，为了保证遗嘱的真实性和可靠性，指导当事人正确审慎地设立遗嘱，尽量减少因遗嘱产生的继承纠纷，各国法律基本上都对遗嘱规定了严格的形式要件，强调遗嘱应当按照法律规定的方式设立，并分别对其形式上的要件作了规定。这使得遗嘱行为成为要式民事法律行为的典型。自然人立遗嘱时，可以任意选择法律规定的遗嘱形式，但是如果其所立的遗嘱不符合法律规定的形式要求，即使遗嘱确实为遗嘱人的真实意思表示，也不能发生法律效力。因此，尽管遗嘱的形式不影响遗嘱的内容，但是会影响遗嘱的效力，当事人在立遗嘱时应注重遗嘱形式方面的要求。

本条是关于自书遗嘱的规定。自书遗嘱是指遗嘱人本人将处分遗产的意思表示亲自用文字手写出来的遗嘱。自书遗嘱由于是遗嘱人本人亲笔书写，意思表示真实、自由并且容易鉴别真伪，因此形式要求较为简单，可以随时设立，不需要有见证人在场见证，设立过程私密，是最简便易行的遗嘱形式。自书遗嘱如果要有效成立，在形式上需要符合以下三个方面的要求：

一、遗嘱人必须亲笔书写

自书遗嘱必须由遗嘱人亲笔书写遗嘱的全部内容。亲笔书写意味着不能由他人代写遗嘱，也不能用打印等其他方式，只能由遗嘱人本人亲自用笔将自己处分财产的意思表示记录下来。遗嘱的全部内容都必须由遗嘱人亲笔书写，如果遗嘱中有部分内容是由他人书写，则不构成自书遗嘱。

二、遗嘱人必须签名

自书遗嘱必须由遗嘱人签名，即亲笔书写其姓名。遗嘱人亲笔签名既可以将遗嘱与遗嘱人联系起来，表明立遗嘱人的身份，又可以表示遗嘱人对遗嘱内容的确认，表明该遗嘱是出于遗嘱人的真实意思表示。因此，任何形式的书面遗嘱都要求遗嘱人签名。由于人们在长时间的书写过程中会形成自己独特的书写习惯，而自书遗嘱是由遗嘱人亲笔手写全部遗嘱内容，可以通过对笔迹进行识别的方式来认定遗嘱的内容是否由遗嘱人书写，因此自书遗嘱既不要求遗嘱人在遗嘱每一页签名，也不要求有见证人在场见证。在自书遗嘱中，尽管遗嘱的内容可能确实是由遗嘱人亲笔书写，但是如果没有签名，无法判断遗嘱人只是书写了草稿还是作出了最终决定，因此没有签名的自书遗嘱无效。

三、遗嘱人必须注明年、月、日

遗嘱人在自书遗嘱中必须注明其设立遗嘱的具体时间，即必须注明年、月、日。遗嘱中必须注明年、月、日主要有以下作用：一是注明年、月、日可以确定遗嘱设立的时间，如果在遗嘱设立以后遗嘱人撤回、变更了该遗嘱，或者遗嘱人实施了与该遗嘱内容相反的民事法律行为，那么该遗嘱的部分或者全部内容将不发生法律效力。二是在遗嘱人立有数份遗嘱时，如果遗嘱之间内容相抵触的，以最后的遗嘱为准，此时可以遗嘱中注明的年、月、日来判断遗嘱设立的先后。三是遗嘱中注明的年、月、日，还可以用来确定遗嘱人在立遗嘱时是否具有遗嘱能力，从而判断遗嘱人所立的遗嘱是否有效。

第一千一百三十五条　代书遗嘱应当有两个以上见证人在场见证，由其中一人代书，并由遗嘱人、代书人和其他见证人签名，注明年、月、日。

◆ 条文主旨

本条是关于代书遗嘱的规定。

◆ 立法背景

代书遗嘱是指根据遗嘱人表达的遗嘱内容，由他人代为书写的遗嘱。代书遗嘱通常适用于遗嘱人由于一些特殊的原因不能亲笔书写遗嘱，故委托他人代为书写遗嘱的情形。代书遗嘱是我国法律规定的一种遗嘱形式，《继承法》第17条第3款规定：“代书遗嘱应当有两个以上见证人在场见证，由其中一人代书，注明年、月、日，并由代书人、其他见证人和遗嘱人签名。”在民法典继承编的立法过程中，多数意见认为，代书遗嘱形式能够满足我国民众特别是广大农村村民立遗嘱的需要，继续保留仍有必要。为此，本条对继承法的规定作了一些文字修改并予以保留。

◆ 条文解读

根据继承法一般原理，遗嘱人应当亲自立遗嘱，遗嘱不适用代理制度，不能由他人代为设立。法律虽然允许遗嘱人在特殊情形下由他人代为书写遗嘱，但是代书遗嘱不是代书人代理遗嘱人设立遗嘱，遗嘱人虽然不能亲笔书写遗嘱，但是要亲自、独立作出处分个人财产的意思表示，而代书人的职责为如实地记录遗嘱人的意思表示，不能干涉遗嘱人的意思表示，也不能在记录的过程中扭曲、篡改遗嘱人的意思表示。

根据本条规定，代书遗嘱如果要有效成立，在形式上需要符合以下几个方面的要求：

一、有两个以上见证人在场见证

见证人是指证明遗嘱真实性的第三人。为了保证遗嘱的真实性、可靠性，各国继承法普遍规定对于一些特定形式的遗嘱必须有一定数量的见证人。与自书遗嘱相比，代书遗嘱除了书写人不同以外，有关见证人的要求也跟自书遗嘱有着显著区别。法律之所以认可遗嘱人在没有见证人的情况下亲笔书写的自书遗嘱的有效性，是由于每个人因教育程度、书写习惯等方面的独特性而使得其亲笔书写的遗嘱具有不可复制性，如果日后产生争议还可以通过笔迹鉴定这一手段辨别真伪。代书遗嘱则是通过无利害关系的见证人来佐证遗嘱人的意思表示，以确保遗嘱人是在自愿状态下作出的真实意思表示，如果日后因该代书遗嘱产生纠纷，可以通过见证人来判断遗嘱的真实性与可靠性。

在代书遗嘱中，见证人也需要符合一定的条件。首先，见证人需要符合一定的资格条件，一方面必须要有见证遗嘱真实性的能力，另一方面要有中立性，即与遗嘱的内容没有利害关系。本法第 1140 条规定，无民事行为能力人、限制民事行为能力人以及其他不具有见证能力的人，继承人、受遗赠人以及与继承人、受遗赠人有利害关系的人，不能作为见证人。其次，见证人还需符合数量方面的要求，本法规定代书遗嘱、打印遗嘱、录音录像遗嘱、口头遗嘱都需要两个以上的见证人在场见证，“以上”包括本数，即这类遗嘱的见证人最少为两人。对见证人设定数量方面的要求，既是为了保障遗嘱人的真实意愿，保证遗嘱的真实性，也是为了增强遗嘱的证明效力，减少纠纷的发生。最后，符合资格、数量要求的见证人须在场见证，即必须在场全程参与立遗嘱的过程，不能在事后签个名来代替在场见证。因此，代书遗嘱如果不符合上述见证人的资格、数量、在场见证等方面的要求，则该遗嘱无效。

二、由见证人中的一人代书

代书人为见证人中的一人，需要符合见证人的资格条件。代书人在代书遗嘱时，只能用亲笔手写的方式，不能运用打印等其他方式。代书人在书写遗嘱时要严格忠实于遗嘱人的意思表示，将遗嘱人表达的遗嘱内容准确无误地记录在代书遗嘱中。

三、遗嘱人、代书人和其他见证人签名

代书人在书写完遗嘱后，应当交给遗嘱人和其他见证人核对，遗嘱人和其他见证人确认无误后，遗嘱人、代书人和其他见证人均须在遗嘱上亲笔书写姓名。遗嘱人、代书人和其他见证人签名，既表明了自己的身份，也表明了对遗嘱内容以及立遗嘱过程的确认。

四、注明年、月、日

在代书遗嘱中必须注明立遗嘱的具体日期，即注明年、月、日。遗嘱上注明的日期对于认定遗嘱的真实性和有效性具有重要作用，代书遗嘱中未注明日期或者所注明的日期不具体的，遗嘱不能生效。

第一千一百三十六条 打印遗嘱应当有两个以上见证人在场见证。遗嘱人和见证人应当在遗嘱每一页签名，注明年、月、日。

◆ 条文主旨

本条是关于打印遗嘱的规定。

◆ 立法背景

打印遗嘱是指遗嘱的内容由打印机等机器设备打印而成的遗嘱。随着科学技术的发展以及信息技术的普及，个人电脑及电子产品进入到普通人的生活，以其便利性、人性化的特点，部分替代了传统的书写方式。近些年来，在司法实践中出现了以打印的方式立遗嘱的情况，由于继承法并没有对打印遗嘱作出规定，各界对打印遗嘱的效力产生了一些争议。

在民法典继承编的编纂过程中，大多数意见认为法律应当允许通过打印的方式立遗嘱，但是在涉及如何具体规定的问题上，有不同的意见。一些意见认为，应当将打印遗嘱规定为一种新的遗嘱形式，与自书遗嘱、代书遗嘱等其他遗嘱形式并列。另一些意见认为，不应将打印遗嘱作为独立的遗嘱形式，可以扩大书写的含义使其包含打印的方式，允许自书遗嘱、代书遗嘱采用打印的方式。主要理由为：（1）打印是书写的另一种形式，与手写没有本质差别。（2）一些国外立法例不对遗嘱采用手写或者打印的方式作特别的区分。（3）公证遗嘱一般也是以打印方式表现出来，如果将打印遗嘱作为与其他形式的遗嘱并列的一种遗嘱形式，可能会产生混淆。

我们研究认为，打印遗嘱有以下特征：一是打印遗嘱既可以由遗嘱人自己编辑、打印，也可以由遗嘱人表述遗嘱内容，他人代为编辑、打印，由于打印的文字缺乏与个人特征的关联性，仅凭打印的遗嘱内容难以判断打印遗嘱的具体制作人。因此，对于打印遗嘱区分是遗嘱人自己打印还是他人代为打印意义不大。二是即使是遗嘱人自己编辑和打印的体现其真实意思表示的遗嘱，也可能被他人通过技术手段篡改，尤其是在遗嘱有多页时，页面容易被替换。因此，打印遗嘱需要有更加严格的形式要件，例如要求有一定数量的见证人在场见证、在遗嘱的每一页由遗嘱人和见证人签名等。如果不将打印遗嘱作为独立的遗嘱形式，允许自书遗嘱、代书遗嘱采用打印的方式，就必须要对有关自书遗嘱、代书遗嘱的条文分别增加符合打印遗嘱特点的形式要件，这不仅会造成立法上的重复，还有可能对已经被社会公众所熟悉的有关自书遗嘱、代书遗嘱的形式要件造成冲击。为此，民法典继承编将打印遗嘱规定为一种新的法定遗嘱形式，并具体规定了打印遗嘱有效成立的要件，使遗嘱形式与当今社会生活的现实状况和科技发展水平相适应，为当事人设立遗嘱提供了便利以及多元的选择。

◆ **条文解读**

打印遗嘱实质上是一种书面遗嘱，遗嘱内容以数据电文形式存储在计算机等设备上的不构成遗嘱，遗嘱人须将遗嘱内容通过打印机等从电子数据形式转换为书面形式。根据本条规定，打印遗嘱有效成立须符合下列要件：一是打印遗嘱应当有两个以上见证人在场见证，见证人须符合本法规定的资格、数量、在场见证等方面的要求。二是遗嘱人和见证人应当在遗嘱每一页签名。当遗嘱有多页时，如果仅在一页签名，其他页的内容容易被篡改或者替换，为了保证遗嘱的真实性，遗嘱人和见证人应当对遗嘱的每一页仔细核对并签名，对遗嘱的内容作出确认。如果遗嘱人、见证人只在遗嘱最后一页签名，没有在每一页签名，则不能认定打印遗嘱有效。三是注明年、月、日，由于遗嘱的设立时间为判断遗嘱有效性的重要因素，因此未注明年、月、日的打印遗嘱没有法律效力。

第一千一百三十七条 以录音录像形式立的遗嘱，应当有两个以上见证人在场见证。遗嘱人和见证人应当在录音录像中记录其姓名或者肖像，以及年、月、日。

◆ 条文主旨

本条是关于录音录像遗嘱的规定。

◆ 立法背景

《继承法》第17条第4款规定，以录音形式立的遗嘱，应当有两个以上见证人在场见证。在民法典继承编的立法过程中，一些意见提出，大部分大陆法系国家和地区都不承认录音遗嘱，我国台湾地区仅允许口头遗嘱可以采用录音形式订立，这主要是因为录音遗嘱容易被篡改和伪造，同时，受遗嘱人口音、同音词语和录音设备质量等因素的影响，对遗嘱内容容易产生争议。录音遗嘱是口头遗嘱的录音形式，真伪有时较难辨别，也不能保证完整体现遗嘱人的真实意思，应当取消这种遗嘱形式。一些意见认为，录音遗嘱简便易行，取证方便，较口头遗嘱更为可靠，也适应我国广大人民群众的现实需要，为尽可能地方便遗嘱人订立遗嘱，民法典继承编应当保留录音遗嘱。还有一些意见提出，随着科学技术的发展与普及应用，除了录音之外，录像以及其他电子形式都可以成为制作遗嘱的载体，有必要明确录像遗嘱这种形式，并完善相关程序性规定。我们研究认为，继承法颁布实施三十多年来，录音遗嘱为当事人立遗嘱提供了便利，也提供了多元的遗嘱形式选择，取消录音遗嘱的形式可能不符合现实需求。随着社会经济的发展以及手机、摄像机等电子设备视频拍摄功能的普及，以录像形式记录事件的方式得到了越来越多的运用，并且用录像形式制作而成的音像资料，比起单纯的音频资料能够更加直观地表达所记录的内容。遗嘱人以录像形式立遗嘱，可以更全面地反映其真实意思表示，但是继承法规定的录音遗嘱的适用范围较为有限，不能满足科技发展与生活丰富化需求。为此，民法典继承编在保留录音遗嘱的同时，将继承法中的录音遗嘱修改为录音录像遗嘱，包含了以录像方式所立的遗嘱，从而增加了法定遗嘱的形式。

◆ **条文解读**

录音录像遗嘱分为录音遗嘱与录像遗嘱。录音遗嘱是遗嘱人口述遗嘱内容并用录音的方式记录而成的遗嘱。录像遗嘱是遗嘱人表达遗嘱内容并用录像的方式记录而成的遗嘱，遗嘱人在表达遗嘱内容时可以通过口述的方式同时记录其声音，在特殊情况下无法用口述方式的，例如遗嘱人为聋哑人的，可以通过打手语的方式表达遗嘱内容。无论采用哪种形式，遗嘱人在录音录像遗嘱中都应该亲自表达遗嘱内容，不能由他人转述。

鉴于录音录像遗嘱容易被人通过剪辑等技术处理伪造或者篡改，本条对于录音录像遗嘱的有效成立规定了一些形式要件：（1）录音录像遗嘱应当有两个以上的见证人在场见证，见证人须具备相应的见证能力，并且与遗嘱继承人、受遗赠人无利害关系。符合要求的见证人要到场见证，参加录音录像遗嘱制作的全过程。

(2) 遗嘱人和见证人应当在录音录像中记录其姓名或者肖像。由于录音录像遗嘱不是书面遗嘱，遗嘱人和见证人无法签名，因此要运用符合录音录像遗嘱形式特点的方式表明遗嘱人和见证人的身份、确认遗嘱内容以及表明在场见证。在录音遗嘱中，遗嘱人和见证人应当在录音中用口述的方式分别记录其姓名，表明遗嘱人与见证人的身份，并体现见证人在场见证。在录像遗嘱中，遗嘱人和见证人应当在录像中展示其肖像，在记录肖像的同时遗嘱人和见证人也可以用口述或者其他方式表明其姓名，这样可以通过视频画面得知遗嘱人与见证人的身份、遗嘱人立遗嘱与见证人在场见证的过程。(3) 遗嘱人和见证人应当在录音录像中记录年、月、日。由于遗嘱的设立时间是判断遗嘱的真实性与有效性的重要因素，因此录音录像遗嘱也应当体现遗嘱的设立时间。在以录音录像的形式立遗嘱时，遗嘱人和见证人应当在录音录像的过程中用口述或者其他方式表明遗嘱设立的时间，否则录音录像遗嘱不能发生法律效力。

第一千一百三十八条 遗嘱人在危急情况下，可以立口头遗嘱。口头遗嘱应当有两个以上见证人在场见证。危急情况消除后，遗嘱人能够以书面或者录音录像形式立遗嘱的，所立的口头遗嘱无效。

◆ 条文主旨

本条是关于口头遗嘱的规定。

◆ 立法背景

口头遗嘱，是指遗嘱人用口述的方式表达其处分遗产的意思表示的遗嘱形式。与其他形式的遗嘱相比，口头遗嘱简便易行，在一些危急情况下，遗嘱人来不及或者没有条件立其他形式的遗嘱时，口头遗嘱成为满足遗嘱人立遗嘱愿望的可行的遗嘱形式。许多国家和地区的法律都确认了口头遗嘱为特殊遗嘱形式，称之为紧急遗嘱或者口授遗嘱，并对其适用条件和形式要件作了规定。继承法也规定了口头遗嘱，《继承法》第17条第5款规定："遗嘱人在危急情况下，可以立口头遗嘱。口头遗嘱应当有两个以上见证人在场见证。危急情况解除后，遗嘱人能够用书面或者录音形式立遗嘱的，所立的口头遗嘱无效。"本条在继承法的基础上，将该款中的"录音形式"修改为"录音录像"形式，并作了一些文字修改。

在民法典继承编的立法过程中，有的意见认为，继承法规定的口头遗嘱的形式不够完备，没有要求作成书面形式，完全依靠见证人记忆，导致准确性受到影响，实践中不同见证人的见证内容也会出现不完全一致的情形，影响遗嘱效力。建议增加规定见证人应当及时将其见证的遗嘱内容作成书面形式，签名并注明遗嘱设立的时间。我们研究认为，如果对口头遗嘱增加见证人作成书面形式的要求，就增加了口头遗嘱的效力要件，口头遗嘱是应对危急情况时可以采用的遗嘱形式，为了方便遗嘱人立遗嘱，口头遗嘱的形式要件相对简单。如果遗嘱人所立的口头遗嘱的效力还要取决于见证人是否将其口述的遗嘱内容作成书面形式、签名并注明时间，该遗嘱的效力直接受见证人行为的影响，在见证人因一些原因没有作成书面形式或者不符合签名、注明年月日等要求时，该遗嘱的效力归于无效，这可能会影响遗嘱人愿望的实现，也不符合口头遗嘱为了应对危急情况而对遗嘱的订立形式要求较为宽松的特征。为此，民法典继承编对口头遗嘱没有增加规定见证人须将口头遗嘱的内容作成书面形式、签名并注明年月日的形式要求。

还有一些意见提出，继承法对口头遗嘱的失效期限规定得过于原则，容易产生争议，建议明确规定在遗嘱人能够采用其他方式订立遗嘱之日起一定期限内口头遗嘱失效。主要理由为：一是危急情况消除后，遗嘱人能够用其他形式立遗嘱却因一些原因没有立的，如果其突然死亡，由于先前所立的口头遗嘱已无效，其财产只能按照法定继承分配，这可能不符合遗嘱人的意愿，对于刚脱离危急情况不久的遗嘱人也有些苛刻，在危急情况消除后，应当给予口头遗嘱一段有效期限，从而为遗嘱人另立其他形式的遗嘱留下准备时间。二是其他国家和地区的立法例中，大部分都规定口头遗嘱在危急情况消除后一定期限内仍然有效，如果遗嘱人在该期限届满后未采用其他形式立遗嘱的，口头遗嘱失效。为此，民法典继承编一审稿曾规定："遗嘱人在危急情况下，可以立口头遗嘱。口头遗嘱应当有两个以上见证人在场见证。危急情况解除后，遗嘱人能够用书面或者录音录像形式立遗嘱的，所立的口头遗嘱经过三个月无效。"在十三届全国人大常委会第五次会议对民法典各分编草案进行审议和民法典各分编草案征求意见过程中，有的常委委员提出，三个月期限的起算点不明确，且口头遗嘱仅在危急情况下才适用，危急情况消除后，遗嘱人已经能够用其他形式立遗嘱，所立口头遗嘱即应无效，不必规定三个月的期限。还有一些意见提出，口头遗嘱毕竟是遗嘱人在危急情况下作出的意思表示，遗嘱人可能就遗嘱中表述的相关事项缺乏足够周密的考虑。此外，口头遗嘱形式要件简单，既不需要经遗嘱人认可、签名，也不要求作成书面形式，容易被人遗忘、伪造或者篡改，规定危急情况消除后，遗嘱人能够以其他形式立遗嘱的，所立的口头遗嘱无效，可以促使遗嘱人积极立新遗嘱取代口头遗嘱，从而能够保障遗嘱的真实性，避免不必要的纠纷。经研究，民法典继承编删除了一审稿中“经过三个月”的规定。遗嘱人在危急情况中所立的口头遗嘱，在危急情况消除后，且遗嘱人能够以其他形式立遗嘱时，该口头遗嘱失效。

◆ **条文解读**

本条前两句规定了口头遗嘱的形式要件，后一句规定了口头遗嘱的失效。

一、关于口头遗嘱的形式要件

根据本条规定，口头遗嘱的有效设立需符合以下要件：

第一，遗嘱人处在危急情况下。危急情况主要是指遗嘱人生命垂危或者遇到了重大灾害或者意外等紧急情况，随时有生命危险而来不及或者没有条件立其他形式的遗嘱。遗嘱人处在危急情况下是立口头遗嘱的前提条件，只有在危急情况下设立的口头遗嘱才有效，在非危急情况下设立的口头遗嘱无效。

第二，口头遗嘱应当有两个以上见证人在场见证。遗嘱人在危急的情况下用口述的方式表达其处分遗产的意思表示，由于没有记录的载体，因此需要有两个以上见证人在场见证。见证人须符合本法规定的资格、数量、在场见证等方面的要求，否则遗嘱人所立的口头遗嘱无效。相对于其他形式的遗嘱，本法不要求口头遗嘱须作成书面形式或者录音录像形式，也不要求遗嘱人和见证人签名，注明年、月、日等。

二、口头遗嘱的失效

遗嘱是死因民事法律行为，遗嘱在遗嘱人死亡时发生效力。处在危急情况中的遗嘱人在立口头遗嘱后死亡的，如果遗嘱符合口头遗嘱的形式要件，口头遗嘱即发生法律效力。如果危急情况解除后，遗嘱人没有死亡的，口头遗嘱不发生法律效力，但是该口头遗嘱是否可以有效成立直到遗嘱人之后死亡时再发生效力呢？

考虑到口头遗嘱的内容完全依靠见证人的表述证明，准确性与证明力低，容易发生纠纷，本条规定，危急情况消除后，遗嘱人能够以书面或者录音录像形式立遗嘱的，所立的口头遗嘱无效。也就是说，遗嘱人在危急情况下所立的口头遗嘱，在危急情况消除后，遗嘱人在世并且能够以其他形式立遗嘱的，该口头遗嘱失效。如果遗嘱人没有另立其他形式的遗嘱而死亡的，视为被继承人未立遗嘱，其遗产按法定继承的方式分配。

第一千一百三十九条 公证遗嘱由遗嘱人经公证机构办理。

◆ 条文主旨

本条是关于公证遗嘱的规定。

◆ 立法背景

公证遗嘱是遗嘱人经公证机构办理的遗嘱，多数大陆法系国家的立法例都规定了公证遗嘱的遗嘱形式。《继承法》第 17 条第 1 款：“公证遗嘱由遗嘱人经公证机关办理。”民法典继承编沿袭了继承法关于公证遗嘱的规定。

◆ 条文解读

公证遗嘱的有效成立除了需要遵守本法关于遗嘱效力的规定以外，还需要遵守我国有关公证的法律规定。对于公证遗嘱，公证法从规范公证活动、保障公证机构和公证员依法履行职责、预防纠纷以及保障民事主体的合法权益的角度作了规定；司法部颁布的《遗嘱公证细则》对设立公证遗嘱的程序作了具体规定。民法典各分编草案一审稿第 918 条第 2 款曾规定，公证机构办理遗嘱公证，应当由两个以上公证员共同办理。特殊情况下只能由一个公证员办理的，应当有一个以上见证人在场。有的地方、法学教学研究机构和社会公众提出，关于遗嘱公证的具体程序，司法部已经出台了相关细则，没有必要在民事基本法律中规定。为此，民法典继承编草案二审稿删除了关于遗嘱公证程序方面的规定。

根据上述法律法规的相关规定，公证遗嘱必须由遗嘱人本人亲自办理，不得委托他人办理。遗嘱人办理遗嘱公证时，应当亲自到住所地或者遗嘱行为发生地的公证处提出申请。遗嘱人亲自到公证处有困难的，可以书面或者口头形式请求有管辖权的公证处指派公证人员到其住所或者临时处所办理。公证遗嘱应当由两名公证人员共同办理，由其中一名公证员在公证书上署名。因特殊情况由一名公证员办理时，应当有一名见证人在场，见证人应当在遗嘱和笔录上签名。遗嘱人在办理公证遗嘱时，应当向公证机关提供书面遗嘱或者向公证机关表述遗嘱内容。公证人员在办理遗嘱公证时，要依法对遗嘱人立遗嘱行为的真实性、合法性予以审查，审查的内容包括：遗嘱人是否具有完全民事行为能力，遗嘱人的意思表示是否真实，遗嘱的内容是否完备、文字表述是否准确，遗嘱内容是否违反法律规定和社会公共利益，遗嘱的签名、制作日期是否齐全以及办理公证的程序是否符合规定等。经审查认为遗嘱人立遗嘱行为符合法律规定的条件的，公证处应当出具公证书。公证遗嘱采用打印形式。遗嘱人根据遗嘱原稿核对后，应当在打印的公证遗嘱上签名、盖章或者按手印。

▶ 相关规定

《遗嘱公证细则》第 4 条、第 5 条、第 6 条、第 14 条、第 17 条、第 18 条

第一千一百四十条 下列人员不能作为遗嘱见证人：

（一）无民事行为能力人、限制民事行为能力人以及其他不具有见证能力的人；

（二）继承人、受遗赠人；

（三）与继承人、受遗赠人有利害关系的人。

◆ 条文主旨

本条是关于不能作为遗嘱见证人的人员的规定。

◆ 立法背景

遗嘱见证人是指在现场亲历遗嘱人立遗嘱的过程，能够证明遗嘱真实性的人。为了保障自然人利用遗嘱形式处分财产的权利，各个国家的法律规定了较多的遗嘱形式。但是在这些遗嘱形式中，有的不具有身份识别性，有的容易被篡改、伪造，有的形式要件简单。为了保障遗嘱的真实性，法律要求一些形式的遗嘱必须要有一定数量的见证人在场见证。根据本法的规定，代书遗嘱、打印遗嘱、录音录像遗嘱、口头遗嘱均需要有两个以上见证人在场见证。对于公证遗嘱，司法部颁布的《遗嘱公证细则》规定，公证遗嘱应当由两名公证人员共同办理，因特殊情况由一名公证员办理时，应当有一名见证人在场。可见，有遗嘱见证人是大多数遗嘱的形式要件。遗嘱是死因民事法律行为，即只有在遗嘱人死亡时才发生效力，在遗嘱人死亡时对于遗嘱真实性的认定要依靠见证人的证明，遗嘱见证人的证明直接关系到遗嘱的效力。为了确保遗嘱见证人在证明遗嘱的真实情况时是客观公正的，各国继承法除了对见证人的数量方面有要求以外，还对见证人的资格作了规定。各国继承法一般规定遗嘱见证人必须具备以下条件：一是见证人必须具有完全民事行为能力，二是见证人与遗嘱没有利害关系。《继承法》第 18 条规定："下列人员不能作为遗嘱见证人：（一）无行为能力人、限制行为能力人；（二）继承人、受遗赠人；（三）与继承人、受遗赠人有利害关系的人。"民法典继承编在继承法的基础上，对遗嘱见证人的资格作了进一步完善。

在民法典继承编的立法过程中，一些意见提出，在一些情况下遗嘱见证人虽然是完全民事行为能力人，但是可能不具有事实上的见证能力，例如文盲以及对遗嘱所使用的语言掌握不充分的人，因身体缺陷而不具有知晓遗嘱内容的能力的人，这些人员对遗嘱具体内容的识别与理解存在一定的欠缺，如果承认此类见证人的资格，对遗嘱的真实性可能会产生一定的影响。经研究，民法典继承编在《继承法》第 18 条第 1 项的基础上增加规定，"其他不具有见证能力的人"也不得担任遗嘱见证人。

还有一些意见提出，与继承人、受遗赠人有利害关系的人范围宽泛，建议予以明确。我们研究认为，与继承人、受遗赠人有利害关系的人的情况比较复杂，其具体范围无法通过立法明确规定，应当具体情况具体分析，为此没有对与继承人、受遗赠人有利害关系的人的范围作出界定。

◆ 条文解读

根据本条规定，以下人员不能作为遗嘱见证人：

一、无民事行为能力人、限制民事行为能力人以及其他不具有见证能力的人

遗嘱见证人要在场见证遗嘱人立遗嘱的行为，并在事后对遗嘱的内容、订立情形等作出证明，遗嘱见证人的证明对遗嘱的效力具有重要影响，因此见证人必须具有完全民事行为能力。根据

本法规定，不具有完全民事行为能力的人有：不满 18 周岁的未成年人，但是 16 周岁以上以自己的劳动收入为主要生活来源的未成年人除外；不能辨认或者不能完全辨认自己行为的成年人。上述无民事行为能力人、限制民事行为能力人对事物缺乏足够的认识能力和判断能力，不能作为遗嘱见证人。遗嘱见证人除了为完全民事行为能力人外，还需要具有见证能力，而见证能力的有无要根据具体事实情况进行判断。

二、继承人、受遗赠人

为了确保见证人能够公正、客观地对遗嘱的真实性作出证明，法律一般要求见证人与遗嘱内容没有利害关系。受遗赠人是遗赠人在遗嘱中指定的接受其遗赠的个人财产的法定继承人以外的人，是遗嘱的直接受益人，不能作为遗嘱见证人。对于继承人而言，遗嘱人通过立遗嘱处分个人财产的行为，会使继承人的利益受益或者受损。由继承人、受遗赠人担任见证人，可能会给遗嘱人造成影响，导致其作出的遗嘱并非出于真实意愿。此外，继承人、受遗赠人在知晓遗嘱内容后还可能为了自己的利益而作出不真实的证明，制造因素使遗嘱有效或者无效。因此，允许继承人、受遗赠人担任遗嘱见证人难以确保遗嘱内容的真实性。

三、与继承人、受遗赠人有利害关系的人

与继承人、受遗赠人有利害关系的人虽然不是遗嘱继承法律关系或者遗赠法律关系中的当事人，但是由于其与继承人、受遗赠人有利害关系，可能会因遗嘱人对遗产的分配而间接地获得利益。与继承人、受遗赠人有利害关系的人有可能受利益驱动而作不真实的证明，因此不宜担任遗嘱见证人。

第一千一百四十一条 遗嘱应当为缺乏劳动能力又没有生活来源的继承人保留必要的遗产份额。

◆ **条文主旨**

本条是关于必留份的规定。

◆ **立法背景**

遗嘱人立遗嘱，可以自主决定在其死后如何对其个人财产进行分配与处置，在分配的对象、方式、份额等方面都具有较大程度的自由。遗嘱自由原则是当事人意思自治原则以及保护私有财产原则在继承法领域的具体化，是各国继承法普遍确立的重要原则。但是遗嘱自由不是完全无限制的自由，由于继承制度还须发挥遗产的扶养功能和维护基本的家庭伦理的功能，因此各国继承立法也普遍对遗嘱自由设有一定的限制。在我国，《继承法》第19条规定了必留份制度，即“遗嘱应当对缺乏劳动能力又没有生活来源的继承人保留必要的遗产份额”，对遗嘱人以遗嘱处分财产的权利进行了一定的限制。

一些大陆法系国家则通过特留份制度对遗嘱人自由处分个人财产的权利作了适当限制。特留份是指遗嘱人立遗嘱处分个人财产时，必须给特定的法定继承人即特留份权利人保留的遗产份额。遗嘱人只能对特留份以外的个人财产进行自由处分。大多数国家规定的特留份权利人的范围一般都小于法定继承人的范围，仅限于与遗嘱人关系密切的家庭成员。特留份制度不是把遗产的全部或者绝大部分保留给遗嘱人的家庭成员，特留份权利人只是有权获得适当的遗产份额。对于特留份权利人能够获得的遗产份额，主要有两种立法例：一种是就遗嘱人的遗产总量规定一定的比例，另一种是就各个特留份权利人在法定继承情形下可以获得的应继份规定一定的比例。为了保障权利人的特留份，规定特留份制度的国家还详细规定了扣减制度。当遗嘱人的遗嘱处分行为或者生前赠与行为损害特留份时，特留份权利人可以请求扣减遗嘱继承、遗赠或者生前赠与的相应数额，以获得足额的特留份额。

特留份制度与我国的必留份制度相比，有以下区别：一是功能定位不同。特留份制度侧重于保护特定法定继承人的最低限度的继承利益，协调特定法定继承人之间的利益平衡，使遗产保留于家庭之中。必留份制度则侧重于保障有特殊困难的继承人的基本生活需要，使遗产发挥对弱势群体扶养的功能。二是权利主体不同。特留份权利人和必留份权利人虽然都是法定继承人，但是范围不同。特留份权利人的确定依据为血缘、婚姻等身份关系，大多为与遗嘱人关系最为密切、继承顺序靠前的法定继承人，而不考虑其是否有被扶养的需要。而必留份权利人的确定依据为身份关系以及受扶养的客观需要，如我国的必留份权利人为同时具备缺乏劳动能力和没有生活来源两个条件的法定继承人，该继承人既可以是第一顺序继承人，也可以是第二顺序继承人。三是具体份额不同。对于特留份的份额，无论是以遗嘱人的遗产总量为基数还是以特留份权利人的法定应继份为基数，特留份的计算一般都有具体的标准。我国法律则未对必留份规定具体的份额，在实践中要根据个案的具体情况而确定，以满足必留份权利人的生活需要。四是权利的优先性不同。大部分规定特留份制度的国家，在计算特留份份额时都是先从被继承人的遗产中扣除被继承人的债务，被继承人的债务优先于特留份。必留份则是法定继承人基本生活的保障，为此本法规定如有缺乏劳动能力又没有生活来源的继承人，在遗产不足清偿债务时，也应当为其保留必要的遗产。

在民法典继承编的立法过程中，一些意见认为，我国的必留份制度存在一定局限性，一是享有必留份的主体范围过窄，二是“保留必要的遗产份额”缺乏明确性，不易操作且标准较低。出于保障一定范围内近亲属的继承利益，平衡各继承人之间的利益，使遗产尽量保留在家庭内部，维护社会公德等目的，一些意见建议以特留份制度取代必留份制度。还有一些意见认为，特留份与必留份的功能不同，建议在保留必留份制度的同时，增加规定特留份制度。

也有一些意见反对引入特留份制度，主要理由为：（1）遗嘱自由在老龄化社会具有重要价值，而特留份制度使特定继承人仅凭身份便可取得部分遗产，会使晚辈对长辈的赡养义务重视不够。（2）特留份制度在适用上具有机械性的缺点，不考虑各个继承人之间实际需求的差别，可能使遗产过度分散，使真正需要遗产来扶养的人不能获得足够的遗产来保障生活。（3）继承规则应当尽量理顺关系、简单化，而特留份制度会使继承制度复杂化，为保障特留份权利而规定的扣减制度，可能引起更多的纠纷，影响交易安全。（4）实践中向法定继承人以外的第三人遗赠的情形最常见于祖孙之间，违反公序良俗原则向第三人遗赠全部财产的情形不多见，引入特留份制度的实际需求不大。（5）特留份与必留份并行的模式虽然意在同时兼顾两种制度的优点，但是在遗产总量不大的情况下，可能会不够分配，不能实现两种制度的价值目标，且对遗嘱自由的限制过大。

我们研究认为，遗嘱自由原则体现了继承法的私法本质，也是世界各国遗嘱立法的共性趋势，对遗嘱自由的限制应当以必要为限。继承法规定遗嘱应当对缺乏劳动能力又没有生活来源的继承人保留必要的遗产份额，既充分尊重了遗嘱人的财产处分权，又保障了有困难的继承人的扶养需求，还有助于弘扬人人自食其力的社会风气。由于继承制度的特殊性，法律规定的继承规则有的已经成为社会传统，对于一些新制度的引入要充分考虑与现有继承规则的协调、实践需求、社会接受度等因素，而目前对引入特留份制度还存在较多不同意见。为此，民法典继承编保留了必留份的规定，没有规定特留份制度。

◆ 条文解读

根据本条规定，必留份权利人为同时具备缺乏劳动能力和没有生活来源两个条件的法定继承人，该继承人既可以是第一顺序继承人，也可以是第二顺序继承人。本法没有对必留份规定具体的份额，在实践中要根据个案的具体情况而确定，以满足必留份权利人的生活需要。必留份是法定继承人基本生活的保障，对于缺乏劳动能力又没有生活来源的继承人的必留份，在分割遗产时如果不足以清偿被继承人应当缴纳的税款和债务的，也应当为其保留必要的遗产。

第一千一百四十二条 遗嘱人可以撤回、变更自己所立的遗嘱。

立遗嘱后，遗嘱人实施与遗嘱内容相反的民事法律行为的，视为对遗嘱相关内容的撤回。

立有数份遗嘱，内容相抵触的，以最后的遗嘱为准。

◆ 条文主旨

本条是关于遗嘱的撤回和变更的规定。

◆ 立法背景

各个国家和地区有关继承的法律一般都规定，遗嘱人生前有权随时撤回和变更其所立遗嘱的全部或者一部。《继承法》第 20

条规定："遗嘱人可以撤销、变更自己所立的遗嘱。立有数份遗嘱，内容相抵触的，以最后的遗嘱为准。自书、代书、录音、口头遗嘱，不得撤销、变更公证遗嘱。"

对于遗嘱的撤销和变更，民法典继承编在立法过程中，根据各方面的意见和建议，对《继承法》第20条作了以下三个方面的修改完善：

一、将遗嘱的"撤销"修改为"撤回"

根据意思表示的一般理论，民法上的"撤回"与"撤销"是不同的概念。"撤回"是对还未生效的意思表示予以撤回，使其不发生法律效力，而"撤销"是对已经生效的意思表示予以撤销，使其具有溯及力的消灭。遗嘱行为是死因民事法律行为，遗嘱在遗嘱人死亡时生效，遗嘱人只能在其死亡前即遗嘱生效前取消其意思表示，因此用"撤回"遗嘱更加准确。

二、增加规定了遗嘱视为撤回的情形

《最高人民法院关于贯彻执行〈中华人民共和国继承法〉若干问题的意见》第39条规定，遗嘱人生前的行为与遗嘱的意思表示相反，而使遗嘱处分的财产在继承开始前灭失，部分灭失或所有权转移、部分转移的，遗嘱视为被撤销或部分被撤销。其他国家和地区的继承法律中也有相关规定。本法在借鉴国外立法例和吸收相关司法解释的基础上，增加规定了遗嘱视为撤回的情形，即"立遗嘱后，遗嘱人实施与遗嘱内容相反的民事法律行为的，视为对遗嘱相关内容的撤回"。

三、删除了公证遗嘱效力优先的规定

《继承法》第20条第3款规定，自书、代书、录音、口头遗嘱，不得撤销、变更公证遗嘱，突出了公证遗嘱的优先效力。在民法典继承编的立法过程中，对于是否要继续赋予公证遗嘱优先效力有不同意见。有的意见认为，目前社会上还存在诚信缺失的现象，公证遗嘱能最大限度保证遗嘱的合法性和真实性，且具有法定证明力，暂不能以其他形式的遗嘱取代公证遗嘱的效力。否则，不仅会大幅提高司法成本，也增加确认遗嘱人真实意愿的难度。该规定实施多年来已被社会大众接受，目前存量公证遗嘱很多，如果取消其最高效力，如何处理也是一大难题。另一些意见则认为，公证遗嘱效力优先规则极大地限制了遗嘱自由，并且增加了立遗嘱的成本，当事人立公证遗嘱后只能以公证遗嘱的形式撤回和变更前一公证遗嘱，在遗嘱人生命垂危难以办理公证遗嘱撤回或变更前一公证遗嘱时，限制了遗嘱人真实的意思表示。其他国家的立法例也未赋予公证遗嘱优先效力。我们研究认为，公证遗嘱与其他形式的遗嘱相比，具有证明力更强的特点，然而继承法赋予公证遗嘱在适用效力位阶上的优先性，不允许遗嘱人以其他形式的遗嘱撤回或者变更，存在使遗嘱人的最终意愿不能实现，不当限制遗嘱自由等弊端，有悖于遗嘱制度的宗旨。为切实保障遗嘱人的真实意愿，民法典继承编删除了继承法关于自书、代书等形式的遗嘱不得撤销、变更公证遗嘱的规定，保留了继承法"立有数份遗嘱，内容相抵触的，以最后的遗嘱为准"的规定。

◆ 条文解读

遗嘱的撤回是指遗嘱人在立遗嘱后又对该遗嘱加以取消。遗嘱的变更是指遗嘱人在立遗嘱后又对该遗嘱作出修改。遗嘱的撤回和变更产生的法律后果为遗嘱中被撤回、被变更的内容不发生效力。遗嘱人从立遗嘱到遗嘱生效的这段时间，可能会因种种原因，改变其当初立遗嘱时的意愿。法律允许并保障遗嘱人撤回、变更自己所立的遗嘱，是遗嘱自由原则的必然要求，也是意思自治原则在继承领域的具体体现。

根据本条第 1 款规定，遗嘱人可以在生前即遗嘱生效前变更、撤回其意思表示。根据本条第 2 款规定，在一些情况下，遗嘱人虽然没有以明示的意思表示撤回遗嘱，但是其行为已经表明撤回遗嘱时，应当承认遗嘱人具有撤回遗嘱的意思表示。例如，甲在遗嘱中指定其所有的珍贵字画由继承人乙继承，但是之后又将该字画出售给他人或者是故意毁弃的，应当认为甲撤回了该字画由乙继承的遗嘱。需要注意的是，本款强调遗嘱人实施的行为是民事法律行为，即遗嘱人要有设立、变更和终止民事法律关系的意思表示，如果遗嘱人的行为并非出于自己的意愿，例如因过失而导致其遗嘱处分的标的物灭失的，不构成对遗嘱的撤回。根据本条第 3 款规定，对于遗嘱人所立的内容相抵触的数份遗嘱，以立遗嘱的时间作为认定遗嘱有效的判断标准，无论遗嘱形式如何，遗嘱人最后所立的遗嘱具有优先适用的效力。

第一千一百四十三条　无民事行为能力人或者限制民事行为能力人所立的遗嘱无效。

遗嘱必须表示遗嘱人的真实意思，受欺诈、胁迫所立的遗嘱无效。

伪造的遗嘱无效。

遗嘱被篡改的，篡改的内容无效。

◆ **条文主旨**

本条是关于遗嘱无效的规定。

◆ **立法背景**

遗嘱是要式民事法律行为，除了需要符合法律规定的形式方面的要求以外，遗嘱的有效还需要具备民事法律行为有效的条件，这既包括总则编规定的一般条件，也包括继承编规定的特别条件。本法总则编第143条规定：“具备下列条件的民事法律行为有效：（一）行为人具有相应的民事行为能力；（二）意思表示真实；（三）不违反法律、行政法规的强制性规定，不违背公序良俗。”本条沿袭了《继承法》第22条的规定，规定了遗嘱无效的情形。

◆ **条文解读**

根据本条规定，在下列情形下遗嘱无效：

一、遗嘱人不具有遗嘱能力

遗嘱能力是指自然人依法享有的可以用遗嘱形式处分个人财产的能力或资格。大多数国家的继承法对遗嘱能力都有规定，遗嘱能力的确定主要是依据遗嘱人的年龄和精神健康状况两个因素。继承法以及本法没有对遗嘱人的遗嘱能力作出专门规定，主要是适用民事行为能力的规定，即只有具有完全民事行为能力的人才可以立遗嘱。没有遗嘱能力的人，即无民事行为能力人或者限制民事行为能力人所立的遗嘱无效。

二、遗嘱并非遗嘱人真实的意思表示

为了保障遗嘱人的财产处分权以及遗嘱自由，维护合法的遗嘱继承人及受遗赠人的利益，法律要求遗嘱必须表示遗嘱人的真实意思，这就体现在两个方面：一是遗嘱必须出于遗嘱人的自愿，是其内心自由意志的体现，遗嘱人因受欺诈、胁迫所立的遗嘱无效；二是遗嘱的内容真实可靠，确实为遗嘱人的意思表示，伪造的遗嘱、遗嘱被篡改的部分无效。

欺诈、胁迫均构成对当事人意思表示自由的干涉，对于因受欺诈、胁迫而实施的民事法律行为，本法第148条、第150条规定，一方以欺诈、胁迫手段，使对方在违背真实意思的情况下实施的民事法律行为，受欺诈方、受胁迫方有权请求人民法院或者仲裁机构予以撤销。受欺诈方、受胁迫方需要在法律规定的期限内行使撤销权，否则撤销权消灭，因受欺诈、胁迫而实施的民事法律行为自此成为完全有效的民事法律行为。法律赋予受欺诈方、受胁迫方以撤销权，可以使其对自己实施的民事法律行为的效力作出选择，最大限度地尊重其意思自治、保护其合法权益。撤销权针对的是已经生效的民事法律行为，使其具有溯及力的消灭，立遗嘱的行为虽然也是一种民事法律行为，但是遗嘱自被继承人死亡时生效，已经死亡的遗嘱人无法撤销其有瑕疵的意思表示，为此本法规定受欺诈、胁迫所立的遗嘱无效，区别于一般的因受欺诈、胁迫而实施的民事法律行为的效力。

伪造的遗嘱与遗嘱被篡改的内容属于虚假的遗嘱，遗嘱人并未作出相应的意思表示，因此无效。需要注意的是，伪造与篡改有所区别。伪造的遗嘱，整个遗嘱的意思表示都是假的，因此遗嘱全部无效。而篡改是在真实遗嘱的基础上对遗嘱的部分内容进行改动，由于遗嘱的内容可能是多方面的，并且各项内容之间可以是互相独立的，因此遗嘱被篡改的，只是篡改的内容无效，不必然导致整个遗嘱无效，遗嘱中未被篡改的内容仍然有效，这也体现了对遗嘱人真实的意思表示的尊重。

第一千一百四十四条 遗嘱继承或者遗赠附有义务的，继承人或者受遗赠人应当履行义务。没有正当理由不履行义务的，经利害关系人或者有关组织请求，人民法院可以取消其接受附义务部分遗产的权利。

◆ 条文主旨

本条是关于附有义务的遗嘱继承或者遗赠的规定。

◆ 立法背景

《继承法》第21条规定，遗嘱继承或者遗赠附有义务的，继承人或者受遗赠人应当履行义务。没有正当理由不履行义务的，经有关单位或者个人请求，人民法院可以取消他接受遗产的权利。民法典继承编对于附有义务的遗嘱继承和遗赠在《继承法》第21条的基础上作了修改完善。继承法规定法院可以取消不履行义务的继承人或者受遗赠人“接受遗产的权利”，本法将其修改为“接受附义务部分遗产的权利”，将可以取消接受的遗产范围界定得更为明确。

◆ 条文解读

附有义务的遗嘱继承或者遗赠，是指遗嘱继承人或者受遗赠人在继承遗嘱人的财产时需要履行遗嘱人对其附加的特定义务，否则其接受附义务部分遗产的权利可能被法院取消的遗嘱继承或者遗赠。

遗嘱人用遗嘱处分个人财产，将财产指定由他人继承时，可以要求继承其财产的人履行特定的义务，这种义务既可以是作为的义务，也可以是不作为的义务。只要遗嘱人附加的义务不违反法律的强制性规定以及不违背公序良俗，遗嘱人的这种安排是法律所允许的，这不仅能充分发挥遗嘱人财产的价值，还能让遗嘱人的遗愿得以实现，充分尊重遗嘱人的意思表示。《继承法》第21条规定，遗嘱继承或者遗赠附有义务的，继承人或者受遗赠人应当履行义务。没有正当理由不履行义务的，经有关单位或者个人请求，人民法院可以取消他接受遗产的权利。根据继承法的规定，附有义务的遗嘱既可以适用于遗嘱继承，也可以适用于遗赠。

民法典继承编对于附有义务的遗嘱继承和遗赠在《继承法》第21条的基础上作了修改完善。在理解本条规定时，需要注意以下几个方面：

一是遗嘱继承人或者受遗赠人履行遗嘱所附义务的前提为接受继承或者遗赠。立遗嘱是单方民事法律行为，遗嘱人在遗嘱中为遗嘱继承人或者受遗赠人附加义务时，并不需要和遗嘱继承人或者受遗赠人达成合意。由于遗嘱所附的义务附随于遗嘱继承权或者受遗赠权，在遗嘱生效后，遗嘱继承人和受遗赠人可以通过接受或者放弃继承和受遗赠的方式选择是否履行遗嘱所附加的义务。遗嘱继承人或者受遗赠人如果接受继承或者受遗赠，则应当履行该义务；如果放弃继承或者受遗赠，则没有履行该义务的责任。

二是遗嘱继承人或者受遗赠人不履行遗嘱所附义务的法律后果为由法院取消其接受附义务部分遗产的权利。如果遗嘱人在遗嘱中为继承人或者受遗赠人接受遗产附加了义务，实际上为继承人或者受遗赠人取得遗产设置了条件，继承人或者受遗赠人只有履行了相关义务，才符合取得遗产的条件。如果继承人或者受遗赠人无正当理由不履行遗嘱所附义务的，就不符合取得遗产的条件，其取得遗产的行为违背了遗嘱人意愿，法律需要规定相应的救济措施。本法规定，对于没有正当理由不履行义务的遗嘱继承人或者受遗赠人，经相关主体申请，法院可以取消其接受附义务部分遗产的权利。

三是可以向法院申请取消义务人接受遗产的权利的主体为利害关系人或者有关组织。由于遗嘱生效时遗嘱人已经死亡，为了保障遗嘱中所附义务的履行和遗嘱人意愿的实现，就需要由相关主体监督义务人履行相应义务。本法规定如果遗嘱继承人或者受遗赠人不履行义务，利害关系人或者有关组织可以向法院申请取消义务人接受附义务部分遗产的权利。利害关系人或者有关组织可以为法定继承人、遗嘱执行人、因遗嘱所附义务的履行而受益的自然人和组织等。

第四章 遗产的处理

本章共十九条，规定了遗产处理的程序和规则，并在现行继承法的基础上，进一步完善了有关遗产处理的制度：一是增加遗产管理人制度，明确遗产管理人的产生方式、职责和权利等内容。二是完善遗赠扶养协议制度，适当扩大扶养人的范围，明确继承人以外的组织或者个人均可以成为扶养人，以满足养老形式多样化需求。三是完善无人继承遗产的归属制度，明确归国家所有的无人继承遗产应当用于公益事业。

第一千一百四十五条 继承开始后，遗嘱执行人为遗产管理人；没有遗嘱执行人的，继承人应当及时推选遗产管理人；继承人未推选的，由继承人共同担任遗产管理人；没有继承人或者继承人均放弃继承的，由被继承人生前住所地的民政部门或者村民委员会担任遗产管理人。

◆ **条文主旨**

本条是关于遗产管理人选任的规定。

◆ **立法背景**

遗产管理人是在继承开始后遗产分割前，负责处理涉及遗产有关事务的人。被继承人死亡后，如何处理遗产不仅涉及继承人之间的利益分配，还涉及被继承人生前的债权人的利益。因此，需要有人妥善保管遗产，并在不同主体之间分配好遗产。继承法未规定遗产管理人，随着我国经济的快速发展，人民群众的财富不断增加，自然人死亡后，留下的遗产也往往很多，很多被继承人在留下巨额遗产的同时，也还有很多债务需要偿还，因此，建立遗产管理人制度显得越来越有必要。

不少国家和地区的民法都规定有遗产管理制度，只是遗产管理人的选任方法不尽相同。如《法国民法典》第 812 条规定："任何人均可以委托一个或者数个自然人或者法人以一名或者数名已经确定身份的继承人的名义并为他们的利益管理遗产之一部或者全部，但保留赋予遗嘱执行人的权利。委托代理人可以是某个继承人。委托代理人应当具备完全的行为能力；在概括遗产中包含有从事职业的遗产时，受托人没有受到禁止管理此种财产的处分。委托代理人不得为负责处理遗产的公证人。"第 813－1 条规定："由于一名或者数名继承人对遗产怠于管理、缺乏管理或者管理上有过错，或者由于继承人之间不和、利益有冲突或者遗产状况较为复杂，法官得指定任何有资格的自然人或者法人作为管理遗产的受托人暂时管理遗产。前款请求由一名继承人提出，或者由债权人或者在死者生前即为其管理全部或一部财产的任何人，其他有利益关系的任何人或者检察院提出。"《瑞士民法典》第 554 条规定："（一）在下列情况下，命令管理遗产：1. 当继承人不在且无代理人时，但以其利益的需要为限；2. 当声明人中无人能证明其继承权，或某继承人生死不明时；3. 当未知悉被继承人的全部继承人时；4. 法律规定的特别情况。（二）被继承人指定的遗嘱执行人，有遗产的管理权。（三）被监护人死亡时，遗产管理权归属监护人。但另有约定时，不在此限。"《日本民法典》第918条第2款、第3款规定："（2）家庭法院，根据利害关系人或者检察官的请求，可以随时对继承财产的保存作必要的处分。（3）第二十七条至第二十九条的规定准用于依前项规定由家庭法院已选任管理人的情形。"《德国民法典》第1981条规定："1. 建立遗产管理，在继承人申请颁发命令时，由遗产法院颁发此命令。2.（1）在有理由认为因继承人的行为或继承人的财产状况将危害债权人就遗产取得清偿时，经债权人申请，应颁发建立遗产管理的命令；（2）在允受继承后已经过2年时，不得再提出申请。"《意大利民法典》第508条规定："在交出遗产的声明登记之后，继承开始地的初审法院法官可以根据继承人、债权人、受遗赠人的申请或者依职权任命一名保佐人，以便由该保佐人根据本法第498条及后条的规定对遗产进行清算。任命保佐人的决定应当记录在继承登记册上。支付了保佐费用并且按照清偿顺序表清偿了债权人和受遗赠人之后的剩余遗产属于继承人，未申报债权的债权人和受遗赠人在本法第502条第3款规定的范围以内对继承人享有的诉权不在此限。"第528条规定："在根据遗嘱或法律有权取得遗产之人没有接受继承并且也未对遗产实行占有的情况下，继承开始地的初审法院法官可以根据利害关系人的请求或者依职权任命一名遗产保佐人。任命保佐人的决定由初审法院书记员负责刊登在省级法律公报上并且在继承登记册上进行登记。"我国台湾地区"民法"第1152条规定："前条公同共有之遗产，得由继承人中互推一人管理之。"第1177条规定："继承开始时，继承人之有无不明者，由亲属会议于1个月内选定遗产管理人，并将继承开始及选定遗产管理人之事由，向法院报明。"第1178条之一规定："继承开始时继承人之有无不明时者，在遗产管理人选定前，法院得因利害关系人或检察官之声请，为保存遗产之必要处置。"我国《澳门民法典》第1918条规定："待分割财产管理人一职由下列之人按顺序担任：1. 生存配偶，只要其为继承人或夫妻所采之财产制非为分别财产制；2. 遗嘱执行人，但遗嘱人有相反意思表示者除外；3. 死者之血亲或与死者生前有事实婚关系之人，但须为依法继承人；4. 遗嘱继承人。”第 1921 条规定：“如以上各条所指之全部人均推辞担任待分割财产管理人一职或被撤职，则由法院依职权或应任何利害关系人之声请，又或在须进行强制性财产清册程序时应检察院之请求，指定待分割财产管理人。”第 1922 条规定：“以上各条之规定不具强制性；经全部利害关系人达成协议，得将遗产之管理及待分割财产管理人之其他职务交予他人负责；如须进行强制性财产清册程序，则有关协议须由全部利害关系人及检察院共同达成。”

◆ 条文解读

本条规定，继承开始后，遗嘱执行人为遗产管理人；没有遗嘱执行人的，继承人应当及时推选遗产管理人；继承人未推选的，由继承人共同担任遗产管理人；没有继承人或者继承人均放弃继承的，由被继承人生前住所地的民政部门或者村民委员会担任遗产管理人。根据本条规定，可以由以下主体担任遗产管理人：

1. 由遗嘱执行人担任遗产管理人。遗嘱执行人是遗嘱人在遗嘱中指定的执行遗嘱事务的人。一般而言，遗嘱执行人都是被继承人信任之人，否则被继承人是不会在遗嘱中指定其为遗嘱执行人。被继承人在遗嘱中指定有遗嘱执行人的情况下，由遗嘱执行人担任遗产管理人更为合理：一方面，遗嘱执行人是被继承人信任的人，由其管理遗产更符合被继承人意愿。另一方面，遗嘱执行人执行遗嘱本来就需要处理遗产，由其担任遗产管理人也更为便利。

2. 由继承人推选出遗产管理人。并非所有自然人生前都会立遗嘱，即便立遗嘱也未必指定遗嘱执行人。没有遗嘱执行人还可能是因为遗嘱执行人死亡。被继承人对于由谁管理遗产并未作出任何意思表示。被继承人死亡后，一般而言，为了处理被继承人的后事，继承人之间都会推选出主事之人，负责处理被继承人的丧葬奠仪、遗产分割等善后事务。本条规定，没有遗嘱执行人时，由被继承人推选出遗产管理人，这也符合通常做法。所谓推选，就是全体继承人共同推举出其中一名或者数名继承人为遗产管理人。至于全体继承人之间按照何种规则推选，是按照少数服从多数的规则还是全体一致同意的规则，则由继承人之间协商确定。

3. 由继承人共同担任遗产管理人。如果继承人未推选遗产管理人，则由全体继承人共同担任遗产管理人。没有推选可能是由于以下两种情况之一：第一，继承人人数少，没必要推选遗产管理人，或者继承人达成一致由全体共同管理遗产；第二，继承人之间无法推选出一致认可的遗产管理人。在全体继承人担任遗产管理人时，就涉及全体继承人如何作出决策的问题，此时也需要由全体继承人协商达成一致。

4. 由民政部门或者村民委员会担任遗产管理人。被继承人死亡后，如果没有继承人或者继承人均放弃继承时，遗产就属于无人继承的遗产，根据继承编的规定，此种遗产的归属需要根据被继承人的身份作不同的处理：如果被继承人是集体所有制组织成员的，遗产归其生前所在的集体所有制组织所有；如果被继承人并非集体所有制组织成员的，则其遗产归国家所有并用于公益事业。因此，为了妥善保管并更好处理被继承人的遗产，对于城镇的无人继承遗产由民政部门担任遗产管理人更为妥当，农村居民生前作为集体所有制组织成员，享受了集体所有制组织的很多权益，遗产由其所在的村民委员会管理也是合理的。

第一千一百四十六条 对遗产管理人的确定有争议的，利害关系人可以向人民法院申请指定遗产管理人。

◆ 条文主旨

本条是关于法院指定遗产管理人的规定。

◆ 立法背景

上条规定了遗产管理人选任的规则，如果遗嘱执行人、继承人之间就遗嘱管理事务达成一致，按照法律规定的顺序选任遗产管理人即可。但是遗产管理毕竟涉及诸多人的利益，难免会因为选任谁担任遗产管理人而发生争议。因遗产管理人确定发生的争议可能有三种：第一种就是遗嘱执行人不愿意参与遗产管理，或者多个遗嘱执行人之间因遗产管理发生纠纷；第二种就是继承人之间因为遗产管理发生纠纷；第三种就是其他利害关系人对遗产管理人的确定有异议。所谓其他利害关系人是指遗嘱执行人、继承人之外的与遗产有利害关系的当事人，比如受遗赠人。

◆ 条文解读

理解本条，需要把握以下三个方面：

1. 管辖法院。《民事诉讼法》第33条第3项规定，因继承遗产纠纷提起的诉讼，由被继承人死亡时住所地或者主要遗产所在地人民法院专属管辖。根据该规定，涉及继承遗产的纠纷应当由特定法院专属管辖。确定遗产管理人的纠纷也属于因继承遗产引发的纠纷，故也应由被继承人死亡时的住所地或者主要遗产所在地法院管辖，由这两类法院管辖，主要是因为它们与遗产存在密切联系，便于了解案情，能够更便利地审理此类纠纷。被继承人死亡时的住所地，需要根据总则编的有关规定确定。总则编第25条规定，自然人以户籍登记或者其他有效身份登记记载的居所为住所；经常居所与住所不一致的，经常居所视为住所。因此，被继承人死亡时的住所地就是其经常居住地，或者户籍、其他身份证件登记的居所所在地。所谓主要遗产所在地就是被继承人的绝大部分遗产的所在地。

2. 提起诉讼的主体。本条规定利害关系人如果就遗产管理人的确定有疑义，均可以请求人民法院指定。这里的利害关系人一般包括遗嘱执行人、继承人、被继承人生前住所地的民政部门或者村民委员会，以及受遗赠人等与遗产有利害关系的人。

3. 人民法院指定遗产管理人的范围。继承编第1145条规定遗产管理人选任的范围包括遗嘱执行人、继承人、民政部门或者村民委员会。因此，人民法院也在这些主体中指定遗产管理人。如果是多个遗嘱执行人因为担任遗产管理人有争议，则可以指定一名或者数名遗嘱执行人为遗产管理人；如果是遗嘱执行人与继承人之间因遗产管理有纠纷，则可以在遗嘱执行人与继承人之间选择一人或者数人担任遗产管理人；如果是继承人之间因遗产管理人的确定发生纠纷，则应当在继承人之间指定合适的遗产管理人；如果是被继承人生前住所地的民政部门或者村民委员会之间因遗产管理人的确定发生纠纷，则需要在两者之间确定合适的机构担任遗产管理人。人民法院确定遗产管理人应当结合被继承人生前所立遗嘱等有关文件，尽量尊重被继承人的内心意愿，同时应当根据候选人的能力水平、与被继承人的关系亲疏程度、公信力等来确定。

第一千一百四十七条 遗产管理人应当履行下列职责：

（一）清理遗产并制作遗产清单；

（二）向继承人报告遗产情况；

（三）采取必要措施防止遗产毁损、灭失；

（四）处理被继承人的债权债务；

（五）按照遗嘱或者依照法律规定分割遗产；

（六）实施与管理遗产有关的其他必要行为。

◆ 条文主旨

本条是关于遗产管理人职责的规定。

◆ 立法背景

不少国家、地区的民法中都有遗产管理人职责的相关规定。《日本民法典》第918条规定：“（1）继承人须以对其固有财产相同的注意管理继承财产。但对其已作出承认或者放弃的表示时，不在此限。（2）家庭法院，根据利害关系人或者检察官的请求，可以随时对继承财产的保存作必要的处分。（3）第二十七条至第二十九条的规定准用于依前项规定由家庭法院已选任管理人的情形。”第27条规定：“（1）依照前两条的规定，家庭法院选任的管理人，须对其应管理的财产制作目录。该项费用从不在者的财产中支付。（2）于不在者生死不明时，如果有利害关系人或者检察官的请求，家庭法院可以对不在者设置的遗产管理人，命令其制作前项规定的日的。（3）除前两项规定的内容以外，家庭法院可以就其认定对不在者财产之保存有必要的处分，命令管理人为之。”《德国民法典》第1959条第1款规定：“继承人在拒绝遗产前处理遗产上的事务的，对于将成为继承人的人，继承人像无因管理人一样享有权利和负有义务。”第1960条第1款、第2款规定：“（1）在有需要的限度内，遗产法院必须致力保全遗产，直至遗产被接受之时。继承人不明或者不能肯定其是否已接受遗产的，亦同。（2）遗产法院尤其可以命令存放印章，提存金钱、有价证券和贵重物品，以及编制遗产目录，并为成为继承人的人选任保佐人（遗产保佐人）。”我国台湾地区“民法”第1179条规定：“遗产管理人之职务如左：一、编制遗产清册。二、为保存遗产必要之处置。三、声请法院依公示催告程序，限定一年以上之期间，公告被继承人之债权人及受遗赠人，命其于该期间内报明债权及为愿受遗赠与否之声明，被继承人之债权人及受遗赠人为管理人所已知者，应分别通知之。四、清偿债权或交付遗赠物。五、有继承人承认继承或遗产归属国库时，为遗产之移交。前项第一款所定之遗产清册，管理人应于就职后三个月内编制之；第四款所定债权之清偿，应先于遗赠物之交付，为清偿债权或交付遗赠物之必要，管理人经亲属会议之同意，得变卖遗产。”第1180条规定：“遗产管理人，因亲属会议，被继承人之债权人或受遗赠人之请求，应报告或说明遗产之状况。”我国《澳门民法典》第1885条规定：“一、已被赋权继承遗产之可继承遗产之人，在尚未接受或抛弃遗产前，可管理有关遗产，只要迟延采取管理措施将会造成损失。二、继承人有数人时，任一继承人均可作出紧急管理行为；然而，如有继承人反对作出紧急管理行为，则以继承人之多数意愿为准。三、本条之规定，并不影响可为遗产指定保佐人。”

◆ **条文解读**

遗产管理人选任之后，就要承担起管理遗产的职责。遗产管理人管理遗产就要实施各种管理遗产的行为，法律也就有必要明确遗产管理人职责的权限和范围。遗产管理人应当在法律规定的权限范围内实施管理遗产的行为。

根据本条规定，遗产管理人的职责包括以下几个方面：

一是清理遗产并制作遗产清单。遗产管理人要管理遗产，首先就必须掌握被继承人所遗留的遗产有哪些。因此，遗产管理人的首要职责就是清理遗产。清理遗产就是要清查整理所有的遗产，既要清理被继承人遗留的动产，也要清理不动产；既要清理有形财产，也要清理无形财产；既要清理债权，也要清理债务。清理遗产还包括应当将被继承人的个人财产与家庭共有财产予以区分，将个人财产与夫妻共同财产予以区分。遗产管理人在清理遗产时，就要实施清点遗产的必要行为，比如向占有遗产的继承人、利害关系人了解情况，查询被继承人投资的公司的财务状况，向银行查询被继承人的存款情况等，其他相关主体应当予以配合，确保遗产管理人能够依法履行职责。遗产管理人在清理遗产后，应当制作书面的遗产清单，详细列明被继承人遗留的所有财产情况、债权债务情况等。

二是向继承人报告遗产情况。继承人是有权参与遗产分割的人，与遗产有密切的利害关系。遗产管理人清理遗产并制作遗产清单后，应当向继承人报告遗产情况。首先，遗产管理人应当向全体继承人报告，既包括遗嘱继承人，也包括法定继承人。虽然被继承人生前的债权人要通过遗产清偿实现自己的债权，受遗赠人也可以获得被继承人所赠与的财产，但本项并未规定遗产管理人必须向债权人、受遗赠人报告遗产情况，因此，遗产管理人报告的对象限于继承人，而不包括受遗赠人和被继承人的债权人。其次，报告的形式应当是书面形式，因为第 1 项规定遗产管理人有制作遗产清单的义务，遗产管理人制作遗产清单后，就应当以书面形式向继承人报告。最后，关于报告的内容，遗产管理人应当向继承人全面报告遗产情况，就是要把所有的遗产情况告知全体继承人，包括各种不同的遗产类型，以及被继承人的债权债务等。当然，如果被继承人在遗嘱中特别说明某项遗产应当秘密归属于某个特定的继承人，则不宜向全体继承人公布。

三是采取必要措施防止遗产毁损、灭失。遗产管理人不仅需要清点遗产，还需要承担起积极妥善保管遗产的职责，在发现遗产存在毁损、灭失的风险时，就要采取必要的措施防止遗产毁损、灭失。遗产管理人在接受遗产后，应当妥善保管遗产，这是遗产管理人最基本的职责。遗产的毁损、灭失包括两种情况：第一种就是物理上的毁损、灭失。比如遗产中包括易腐烂的水果、海鲜等，此类遗产如果不及时采取措施处理，可能腐败变质失去价值。遗产管理人此时就应当将此类遗产予以出售变现，保留其现金价值。第二种就是法律上的毁损、灭失。比如，遗产中的部分动产遭受侵权威胁，或者被侵权人占有，甚至被犯罪分子盗窃等。遗产的完整权利受到威胁，此时遗产管理人也应当采取必要的法律措施，确保遗产不遭受非法侵害。需要注意的是，遗产管理人仅有防止遗产毁损、灭失的职责，而没有确保遗产增值的义务。比如遗产中有上市公司股票若干万股，若正值股票市场动荡时期，股票价值波动很大，遗产管理人是否有必要根据市场价格情况将此股票出售，以防止股票贬值呢？遗产管理人对遗产不宜有太大的处分权，只要确保遗产处于正常状态，不至于毁损、灭失即可。当然，如果遗产管理人是由全体继承人共同担任，在全体继承人协商一致的情况下对遗产实行必要的处分，也是可以的。

四是处理被继承人的债权债务。遗产不仅包括各种动产不动产，还包括被继承人所享有的各种债权。遗产管理人的职责之一就是处理被继承人的债权债务。首先是处理债权。遗产管理人在清理遗产时，发现被继承人生前有债权的，应当依法向债务人主张债权，这种债权既包括合同之债，也包括侵权之债，还包括不当得利和无因管理之债。只要债务人未偿还所欠被继承人的债务，遗产管理人就可以通过各种方式，包括诉讼方式依法请求债务人偿还。其次是处理债务。在分割遗产之前，应当清偿被继承人生前债务。因此，遗产管理人如果发现被继承人生前负有债务的，也应当以遗产偿还此债务。当然，如果被继承人所遗留的债权债务仍处于诉讼程序之中，尚未最终确定，此时，遗产管理人就应当积极参与相关诉讼，依法维护遗产所涉的权益，确保遗产利益最大化。遗产管理人处理完债权债务后，也应当将处理情况向继承人报告，以便继承人掌握遗产的实际情况。

五是按照遗嘱或者依照法律规定分割遗产。遗产管理人妥善保管遗产仅仅是暂时性职责，其最终任务就是分割遗产。遗产管理人分割遗产的依据包括：第一是遗嘱要求。如果被继承人生前留下了遗嘱，遗产管理人首先需要根据被继承人所立遗嘱处理遗产。如果遗嘱指定由特定继承人继承某些遗产，则应当将该等遗产分配给特定继承人；如果遗嘱中明确将某些遗产赠与特定的个人或者组织，遗产管理人应当遵从遗嘱的要求，将该等遗产交由遗嘱指定的受遗赠人。第二是法律规定。如果被继承人生前没有留下遗嘱，遗产管理人则需要按照法定继承的相关规则来分割遗产。此时，遗产管理人必须按照本编第二章法定继承中所规定的继承人范围、顺序、分配原则等分割遗产。当然，如果被继承人生前签订了遗赠扶养协议，那么遗产管理人就应当优先按照遗赠扶养协议的约定来处理遗产。

六是实施与管理遗产有关的其他必要行为。遗产管理人除了实施前面五项管理遗产的必要行为之外，还应当实施其他与管理遗产有关的必要行为，比如参与涉及遗产的有关事项，对遗产情况开展必要的调查等。本项为兜底性的规定，只要基于管理遗产的需要，遗产管理人就可以实施相关的行为，确保遗产得到妥善有效的管理。

第一千一百四十八条 遗产管理人应当依法履行职责，因故意或者重大过失造成继承人、受遗赠人、债权人损害的，应当承担民事责任。

◆ **条文主旨**

本条是关于遗产管理人责任的规定。

◆ **条文解读**

一、遗产管理人应当依法履行职责

遗产管理人在管理遗产过程中，应当依法履行职责。遗产管理人在管理遗产时，首先应当遵守继承编的相关规定，按照上条规定的权限实施管理遗产的各项行为，包括清理遗产、制作遗产清单、报告遗产情况、处理债权债务、分割遗产等。不管遗产管理人实施哪种行为，都应当尽职尽责，不得滥用管理权限。其次，遗产管理人在管理遗产时，不得违反法律，也不得违背公序良俗。不得违反法律就是应当遵守有关法律的规定，比如，被继承人生前欠有税款，遗产管理人就应当依法缴纳所欠税款，而不得违法偷税漏税。此外，如果遗产所在地对处理特定遗产有特殊的风俗习惯，遗产管理人也应当尊重这些习俗。

二、遗产管理人的法律责任

遗产管理人如果未依法履行职责，根据本条规定，如果是因故意或者重大过失造成继承人、受遗赠人、债权人损害的，应当承担民事责任。因此，遗产管理人承担民事责任的构成要件包括：第一，遗产管理人在客观上实施了不当的遗产管理行为。遗产管理人必须是在实施遗产管理过程中给利害关系人造成了损害。如果不是因为遗产管理行为损害了继承人、受遗赠人、债权人的利益，则不属于本条规定的范畴，应当按照侵权责任编或者其他法律的规定承担责任。第二，遗产管理人在主观上有故意或者重大过失。所谓故意就是明知会侵害他人权益而为之。所谓重大过失就是违反一般正常管理者应尽的谨慎注意义务。第三，遗产管理人的行为给继承人、受遗赠人、债权人造成了损害，也就是遗产管理人的不当管理行为造成遗产的损失，进而损害了继承人、受遗赠人、债权人的利益。遗产管理人的前述行为造成继承人、受遗赠人、债权人损害的，需要承担民事责任，即需要承担赔偿损失等责任。

第一千一百四十九条　遗产管理人可以依照法律规定或者按照约定获得报酬。

◆ 条文主旨

本条是关于遗产管理人获得报酬的规定。

◆ 立法背景

有的国家的民法典也规定遗产管理人有权获得报酬。《德国民法典》第 1987 条规定："遗产管理人可以为其职务的执行而请求适当的报酬。"《法国民法典》第 812－2 条规定："在没有相反约定时，身后遗产的委托管理不收取报酬。如规定给付报酬，应当在委托书中明文规定报酬。报酬数额应当与由受托人实行管理带来的遗产孳息与收入之部分相一致。在由此产生的孳息不足或者无收入的情形，此项报酬可以用本金补足或者采取本金的形式。”

◆ **条文解读**

遗产管理人管理遗产必然需要耗费时间和精力，特别是对于巨额遗产的管理人而言，需要花费更多的精力。遗产管理人不仅要履行法律规定的职责，还需要承担因过错造成利害关系人损失的责任。权利应当与义务相匹配，赋予遗产管理人获得报酬的权利是有必要的，也是合理的。

本条规定，遗产管理人可以依照法律规定或者按照约定获得报酬。首先，遗产管理人可以获得报酬，也可以不收取报酬。是否获得报酬，需要视具体情况而定，遗产管理人可以要求获得报酬，也可以不要求有报酬。其次，如果法律规定遗产管理人有权获得报酬的，遗产管理人可以要求获得报酬；如果当事人之间约定遗产管理人可以获得报酬的，根据此约定，遗产管理人也可以获得报酬。最后，遗产管理人报酬的多少可以由当事人约定，如果是人民法院指定遗产管理人的，人民法院可以酌情确定遗产管理人的报酬。

第一千一百五十条 继承开始后，知道被继承人死亡的继承人应当及时通知其他继承人和遗嘱执行人。继承人中无人知道被继承人死亡或者知道被继承人死亡而不能通知的，由被继承人生前所在单位或者住所地的居民委员会、村民委员会负责通知。

◆ **条文主旨**

本条是关于继承开始通知的规定。

◆ 立法背景

关于继承通知，不少地区的民法都有规定。如我国台湾地区“民法”第1212条规定：“遗嘱保管人，知有继承开始之事实时，应即将遗嘱提示于亲属会议。无保管人而由继承人发现遗嘱者亦同。”我国《澳门民法典》第1887条规定：“如为人所知之可继承遗产之人在被赋权继承遗产后十五日内未接受或抛弃遗产，则法院应检察院或任何利害关系人之声请，得命令通知该人于所定之期间内作出接受或抛弃遗产之表示。”

◆ 条文解读

一、继承开始通知的重要性

继承开始意味着继承人范围的确定、继承人和受遗赠人能够作出接受与放弃的意思表示等。继承开始的通知直接影响利害关系人权利的行使与放弃。首先，继承开始通知对于继承人而言，意味着继承人是否享有继承权，能否作出接受与放弃的意思表示。因为只有在继承开始后，继承人才能判断自己是否在继承人的范围内，是否享有继承权，能否作出接受与放弃继承的意思表示，如果继承人未收到继承开始的通知，将无法作出判断。其次，继承开始通知对遗嘱执行人也很重要，继承开始，意味着遗嘱生效，遗嘱执行人就需要开始执行遗嘱。如果遗嘱执行人没有收到继承开始通知，就无法判断遗嘱是否开始生效，是否需要执行遗嘱。再次，继承开始的通知对于受遗赠人而言同样重要，因为受遗赠人在知道受遗赠后，即接到继承开始通知并知悉受遗赠的事实，就必须在法定期限内作出是否接受遗赠的意思表示，没有作出的视为拒绝接受。如果受遗赠人未收到继承开始的通知，其无从知道是否受遗赠，作出是否接受遗赠的意思表示也就无从谈起。最后，继承通知对于遗赠扶养协议中的扶养人、债权人等其他利害关系人而言，也很重要。对于遗赠扶养协议一方的扶养人而言，在继承开始后，就可以根据协议约定取得受遗赠的财产。对于债权人而言，在得到继承开始的通知后，就可以向遗产管理人主张通过遗产实现债权。

二、继承开始通知的义务人

本条规定，继承开始后，知道被继承人死亡的继承人应当及时通知其他继承人和遗嘱执行人。首先，负有继承开始通知义务的人是继承人。通常来说，与被继承人共同生活的继承人最先知道被继承人死亡的事实。因此，继承人知道被继承人死亡时，有义务及时通知其他继承人和遗嘱执行人。

本条还规定，继承人中无人知道被继承人死亡或者知道被继承人死亡而不能通知的，由被继承人生前所在单位或者住所地的居民委员会、村民委员会负责通知。被继承人死亡时，可能没有继承人知道被继承人死亡的事实，或者因为继承人是无民事行为能力人而无法通知，在此情况下，法律规定被继承人生前所在单位或者住所地的居民委员会、村民委员会有通知义务。因此，负有继承开始通知义务的主体还包括被继承人生前所在单位、住所地的居民委员会或者村民委员会。被继承人生前所在单位就是被继承人生前最后工作的单位，可能是被继承人尚在服务的单位，也可能是被继承人退休的单位。由于很多企业的人员退休后，养老都转入社保部门，与单位不再有联系，所以被继承人生前所在单位也未必知道其死亡的事实，在这种情况下，就由被继承人住所地的居民委员会或者村民委员会负责通知。

当然，除了法律规定的通知义务人之外，其他知晓被继承人死亡事实的主体，也可以告知利害关系人被继承人死亡的事实。

三、继承开始通知的发出

本条规定，继承人应当及时通知其他继承人和遗嘱执行人。

根据第1121条规定，继承从被继承人死亡时开始。因此，从时间上而言，在继承人等通知义务人知悉被继承人死亡的事实后，应当及时通知其他继承人、遗嘱执行人。所谓及时通知就是立刻而不迟延地发出继承开始的通知。

发出继承开始通知的方式，既可以是口头通知，也可以是书面通知。随着现代信息技术的发展，通知方式可以灵活多样，可以是电话通知、短信通知或者借助其他互联网即时通信工具发出通知。

第一千一百五十一条 存有遗产的人，应当妥善保管遗产，任何组织或者个人不得侵吞或者争抢。

◆ **条文主旨**

本条是关于遗产保管的规定。

◆ **立法背景**

遗产是被继承人遗留的个人财产，是被继承人生前享有所有权的财产。被继承人死亡后，遗产的所有权随之转移。被继承人生前可能占有控制着自己所有的财产，这些财产也可能被其他人占有控制。继承人死亡后，就涉及遗产的保管问题。

遗产保管问题，不少民法中都有类似规定。如《日本民法典》第918条规定：“（1）继承人须以对其固有财产相同的注意管理继承财产。但对其已作出承认或者放弃的表示时，不在此限。（2）家庭法院，根据利害关系人或者检察官的请求，可以随时对继承财产的保存作必要的处分。”第940条第1款规定：“已放弃继承的人，在因其放弃而成为继承人的人可以开始管理继承财产以前，须以对自己财产同一的注意，继承管理继承财产。”我国台湾地区“民法”第1176条之一规定：“抛弃继承权者，就其所管理之遗产，于其他继承人或遗产管理人开始管理前，应与处理自己事务为同一之注意，继续管理之。”

◆ **条文解读**

本条规定，存有遗产的人，应当妥善保管遗产，任何组织或者个人不得侵吞或者争抢。

一、妥善保管遗产

根据本条规定，只要是存有遗产的人，都有义务妥善保管遗产。一是负有保管义务的主体是存有遗产的人。不管什么人，只要存有遗产，都有保管义务。被继承人死亡后，有的遗产可能由继承人占有，有的遗产可能是银行存款，有的遗产可能是由他人承租的不动产，有的遗产可能被他人借用，有的遗产可能被被继承人所投资公司其他股东所控制，有的专利可能被其他许可人使用着，不论是什么人存有遗产，都有义务对这些遗产予以保管。即便继承人放弃了继承，如果继承人存有遗产，也有义务保管好直至其他继承人接手。二是必须妥善保管。存有遗产的人，必须像善良管理人一样保管好遗产，确保遗产不被损害、毁损或者灭失。妥善保管就是维持遗产的正常状态。这种保管仅仅是一种消极性的义务，保管人并没有义务确保遗产保值增值。比如，存有的遗产是有价证券，市场价值波动很大，保管人没有义务根据市场行情予以变现防止价值贬损。但是，如果存有的是易腐败的食品等遗产，保管人就有义务予以变卖、拍卖，防止遗产腐败丧失价值。如果存有遗产的人与被继承人没有合同或者其他法律关系，此时即构成无因管理关系，需要根据无因管理的法律规定承担义务，享有权利。

存有遗产的人如果不愿意保管遗产，在遗产管理人确定之后，就应当将遗产交给遗产管理人保管。

二、不得侵吞或者争抢遗产

本条还规定，任何组织和个人都不得侵吞或者争抢遗产。存有遗产的人有妥善保管遗产的义务，而对于其他人而言，则不得侵害遗产。一方面，对于存有遗产的人来说，其必须妥善保管遗产，但不得侵吞遗产。所谓侵吞就是不能据为己有，不论谁存有遗产，都必须如实告知遗产管理人其存有遗产的事实，在其不愿意继续保管时，还应当将遗产交由遗产管理人保管。即便根据继承人所留下的遗嘱该遗产由其继承或者受遗赠，存有遗产的继承人或者受遗赠人也必须告知遗产管理人遗产由其存有。比如，甲生前留有一份遗嘱，遗嘱中将其所有的一幅名人字画 A 指定由其孙子乙继承。乙由于办画展需要，曾向甲借用 A 字画，画展结束后未归还给甲而是继续留在自己家中。甲死亡后，乙得知遗嘱指定了 A 字画由其继承，此时，乙也应当将其存有 A 字画的事实告知其他继承人或者遗嘱执行人。另一方面，不论遗产由谁保管，其他任何组织和个人都不得抢夺遗产。所谓抢夺就是非法夺取。虽然遗产最终都将由继承人分割，但只要遗产不是由继承人存有，任何继承人都不得抢夺，继承人之外的人也不得抢夺。不仅个人不得抢夺遗产，任何组织也不得抢夺遗产。当然，如果遗产被依法征收、征用的，需要由享有法定权限的机关按照法定程序实施，必须依法给予补偿。

任何人侵吞或者抢夺遗产，都需要依法承担责任。不仅可能需要承担相应的民事责任，甚至可能因为其实施的行为构成犯罪而需要承担刑事责任。

当然，如果遗产管理人因为清理、管理遗产的需要，要求存有遗产的人交出遗产，存有遗产的人就应当将遗产交由管理人统一管理，以便遗产管理人清理遗产、制作遗产清单并依法对遗产进行分割。

第一千一百五十二条 继承开始后，继承人于遗产分割前死亡，并没有放弃继承的，该继承人应当继承的遗产转给其继承人，但是遗嘱另有安排的除外。

◆ 条文主旨

本条是关于转继承的规定。

◆ 立法背景

继承根据继承人本人是否实际继承，可以分为本继承、代位继承和转继承。本继承就是继承人自己在继承顺序之中直接继承被继承人财产。代位继承就是在继承顺位之中的继承人于被继承人死亡前死亡，而由其直系卑亲属代为继承。被代位继承的人称为被代位继承人，实际继承的人称为代位继承人。转继承就是继承人本人在遗产分割前死亡，其应得的遗产份额转由其继承人继承。被转位继承的人称为被转继承人，实际继承的人称为转继承人。

关于转继承，不少国家和地区的民法中都有规定。如《法国民法典》第781条规定："如应继承遗产的人未放弃继承，亦未明示或默示接受继承而死亡时，该继承人的继承人得以前者的名义接受或放弃继承。"《瑞士民法典》第569条第1项规定："继承人在表示抛弃或者接受遗产之前死亡时，其抛弃权转移至其继承人。"《日本民法典》第916条规定："继承人未表示承认或放弃而死亡时，前条第一项的期间，自其继承人知道自己的继承已经开始之时起算。”《俄罗斯联邦民法典》第 1156 条规定：“1. 如果遗嘱继承人或法定继承人于继承开始前死亡而未能在规定期限内接受遗产，则其接受其应得遗产的权利移转给他的法定继承人，而如果对所有遗产已经立了遗嘱，则移转给他的遗嘱继承人（转继承）。依照转继承程序接受遗产的权利不包括在他死后开始继承的遗产之中。2. 属于已经死亡的继承人的接受遗产的权利，可以由他的继承人依照一般根据实现。如果继承人死后接受遗产所剩的期限少于 3 个月，则该期限延长至 3 个月。在接受遗产的规定期限届满后，如果法院发现已死亡的继承人的继承人因正当理由错过了该期限，则可以由法院依照本法典第 1155 条确认他们已经接受遗产。3. 继承人接受作为必继份额（第 1149 条）的那部分遗产的权利，不得移转给他的继承人。”我国《澳门民法典》第 1896 条规定：“一、如被赋权继承之可继承遗产之人在未接受遗产或抛弃遗产前死亡，则接受或抛弃遗产之权利转移予其继承人。二、接受或抛弃遗产之权利仅在上述继承人接受死者遗产时方予转移，但该等继承人仍得按其意愿而抛弃遗产死者被赋权继承之遗产。”

◆ 条文解读

本条规定，继承开始后，继承人于遗产分割前死亡，并没有放弃继承的，该继承人应当继承的遗产转给其继承人；但是遗嘱另有安排的除外。根据本条规定，发生转继承的条件包括：一是被转继承人在被继承人死亡后，遗产分割前死亡。被转继承人只有在此特定的时段死亡才发生转继承的问题。如果在被继承人死亡前死亡，则可能发生代位继承的问题；如果在遗产分割之后死亡的，则是一个新的继承问题，不存在转继承。二是被转继承人未放弃继承。如果被继承人死亡后，继承人放弃继承的，继承人的继承权已经不复存在，所谓的转继承也就无从谈起。三是遗嘱没有其他安排。所谓遗嘱没有其他安排，就是被继承人在其遗嘱中，没有特别说明所留遗产仅限于给继承人本人，不得转继承给其他人。

转继承的法律后果是，继承人应当继承的遗产转给其继承人。所谓继承人应当继承的遗产，就是不管根据法定继承还是遗嘱继承，只要应由继承人继承的财产，都适用转继承。转给其继承人，就是被转继承人应得到的一切遗产都转由其继承人继承。如被继承人甲有两个儿子，大儿子乙和小儿子丙。甲死亡后，留有遗嘱指定将其中的一古董青花瓷瓶传给其长子乙，对于其他财产未作处理。在遗产分割前，乙不幸身故，生前未作任何放弃继承的意思表示。乙的继承人中仅有已出嫁的女儿丁。在分割遗产时，丁欲取走该青花瓷瓶。丙认为该古董系传家之宝，应当由其继承，故拒绝交给已经外嫁的丁。根据转继承的有关规定，由于甲在遗嘱中明确指定该古董由乙继承，虽然乙在遗产分割前死亡，但因其并未放弃继承，故其获得的遗产应通过转继承处理。作为乙的继承人，丁有权经转继承取得该青花瓷瓶，丙不得拒绝。

代位继承与转继承有一定的相似之处，代位继承和转继承发生的前提都是继承人死亡，但二者也有诸多不同：一是基础事实不同。虽然代位继承与转继承中继承人死亡是基础，但代位继承中继承人是先于被继承人死亡，而转继承中继承人是后于被继承人死亡。二是继承人的范围不同。代位继承人的范围限于被继承人子女的直系晚辈血亲及被继承人兄弟姐妹的子女；转继承人包括所有法定继承人。三是适用范围不同。代位继承仅限于法定继承；转继承则既适用于法定继承，也适用于遗嘱继承。

第一千一百五十三条　夫妻共同所有的财产，除有约定的外，遗产分割时，应当先将共同所有的财产的一半分出为配偶所有，其余的为被继承人的遗产。

遗产在家庭共有财产之中的，遗产分割时，应当先分出他人的财产。

◆ **条文主旨**

本条是关于遗产确定的规定。

◆ **立法背景**

遗产是被继承人死亡时遗留的个人合法财产。确定个人遗产时，对于所有权明确属于被继承人个人所有的财产，自然属于遗产范畴。比如，被继承人生前个人使用的珠宝、图书等。但在大多数情况下，被继承人都不是独自生活的，而是与其他继承人共同生活，财产也往往是共同使用、共同所有。本条的规定就是针对被继承人与其他人共有财产时应当如何确定遗产的问题。

◆ **条文解读**

本条第 1 款规定，夫妻共同所有的财产，除有约定的外，遗产分割时，应当先将共同所有的财产的一半分出为配偶所有，其余的为被继承人的遗产。因此，对于共同生活的夫妻而言，首先需要区分个人财产与夫妻共同财产。这需要根据夫妻财产制来判断：如果夫妻实行分别财产制，由于夫妻双方约定财产归各自所有，任何一方的财产都比较好确定；如果实行的是夫妻共同财产制，那就需要根据财产的状况来判断属于共同财产还是个人财产。

婚姻家庭编第 1063 条规定了属于夫妻一方财产的情形，具体包括：“（一）一方的婚前财产；（二）一方因受到人身损害获得的赔偿或者补偿；（三）遗嘱或者赠与合同中确定只归一方的财产；（四）一方专用的生活用品；（五）其他应当归一方的财产。”根据该条规定，被继承人的婚前财产、明确指定受赠人为其个人的财产、专用生活用品等，这些都属于个人财产，因此也就属于遗产的范畴。

第1062条规定了夫妻共同财产的范围，该条规定：“夫妻在婚姻关系存续期间所得的下列财产，为夫妻的共同财产，归夫妻共同所有：（一）工资、奖金、劳务报酬；（二）生产、经营、投资的收益；（三）知识产权的收益；（四）继承或者受赠的财产，但是本法第一千零六十三条第三项规定的除外；（五）其他应当归共同所有的财产。”对于这些夫妻共同财产，必须先予以分割，才能确定哪些属于被继承人的个人财产。根据本条第1款的规定，对于夫妻共同财产，除有约定的外，遗产分割时，应当先将共同所有的财产的一半分出为配偶所有，其余的为被继承人的遗产。因此，对于夫妻共同财产，除非被继承人与其配偶另有约定，应当按各分一半的原则予以分割，故需要将其中的一半分给其配偶，剩下的一半才属于被继承人的遗产。

本条第2款规定，遗产在家庭共有财产之中的，遗产分割时，应当先分出他人的财产。被继承人与家庭成员共同生活，势必会与其他家庭成员有家庭共同财产，在分割遗产时，也必须将其个人的共有份额划分出来，确定为遗产。比如，承包土地的农户中有一个家庭成员死亡，由于土地承包经营是以家庭为单位，在分割遗产时，就需要根据农村土地承包法的规定予以分割。《农村土地承包法》第32条第1款规定：“承包人应得的承包收益，依照继承法的规定继承。”因此，可以继承的仅为被继承人应得的承包收益，即开展承包经营获得的部分收益。再比如，甲一家四口在城市购买商品房一套，该房产的所有权属于按份共有产权，其中甲享有70%的所有权，其余三口人各占10%的所有权份额。甲死亡后，就应当将其所有的70%的产权划分出来，只有这70%的商品房的建筑物区分所有权属于遗产。

第一千一百五十四条　有下列情形之一的，遗产中的有关部分按照法定继承办理：

（一）遗嘱继承人放弃继承或者受遗赠人放弃受遗赠；

（二）遗嘱继承人丧失继承权或者受遗赠人丧失受遗赠权；

（三）遗嘱继承人、受遗赠人先于遗嘱人死亡或者终止；

（四）遗嘱无效部分所涉及的遗产；

（五）遗嘱未处分的遗产。

◆ 条文主旨

本条是关于按法定继承办理的规定。

◆ 立法背景

根据本编第1123条的规定，在涉及遗产处理的各种方式中，遗赠扶养协议最具优先效力，如果被继承人生前签订了遗赠扶养协议，应当先按遗赠扶养协议处理遗产；如果被继承人立了遗嘱，则应该再按照遗嘱的内容处理遗产；最后才是按照法定继承来处理遗产。但是遗赠扶养协议、遗嘱都可能因为种种原因而无法或者不用执行，这就涉及这些遗产应当如何处理的问题。

◆ 条文解读

法定继承作为法律规定的继承方式，能够填补被继承人的遗愿空白。因此，在被继承人未就遗产作出处分或者所作处分因特定原因而不实际发生效力时，就需要按照法定继承处理被继承人的遗产。根据本条规定，在以下几种情况下，应当按照法定继承处理被继承人的遗产：

一是遗嘱继承人放弃继承或者受遗赠人放弃受遗赠。根据本编第 1124 条的规定，继承开始后，继承人可以放弃继承，受遗赠人可以放弃受遗赠。如果遗嘱继承人放弃遗嘱继承，那么遗嘱所涉及的部分遗产，就转为根据法定继承办理；同样如此，如果受遗赠人在知道受遗赠后明确表示放弃受遗赠的，或者在 60 日内未作出接受遗赠的意思表示的，就视为放弃受遗赠，被继承人遗赠的那部分遗产应就按照法定继承办理。比如甲在遗嘱中说明，将其所藏名人字画一幅赠与好友乙。甲死亡后，乙不愿意接受此名人字画，表示此字画还是留给甲的家人更为合适。乙作出了放弃受遗赠的意思表示，故此名人字画就应当由甲的继承人按照法定继承处理。

二是遗嘱继承人丧失继承权或者受遗赠人丧失受遗赠权。本编第 1125 条规定了继承人丧失继承权、受遗赠人丧失受遗赠权的法定事由。遗嘱继承人如果实施了法律规定的会导致丧失继承权的行为，丧失继承权后也未得到被继承人的宽恕，继承权未能恢复，本来根据遗嘱应由其继承的遗产，因其丧失继承权而转为按照法定继承办理。同样，如果受遗赠人实施了特定行为，丧失了受遗赠权，本应由其接受的遗产也需要法律明确应当如何处理。继承法未对丧失受遗赠权作出规定，继承编在第 1125 条第 3 款增加规定后，本项作了相应修改，明确受遗赠人丧失受遗赠权的，有关部分遗产也应按照法定继承办理。

三是遗嘱继承人、受遗赠人先于遗嘱人死亡或者终止。遗嘱继承人先于遗嘱人死亡的，遗嘱人可能并不知道这一事实，此时，遗嘱所指定的继承人已经死亡，丧失民事主体资格，也就无法获得遗嘱继承权。需要注意的是，在法定继承情况下，继承人先于被继承人死亡的，可能将会发生代位继承，继承人的特定卑亲属将因代位继承而获得遗产。受遗赠的自然人先于遗嘱人死亡的，受遗赠的组织先于遗嘱人死亡即终止的，在遗嘱人死亡后，因为受遗赠人已经死亡或者终止，不再具有民事主体资格，也就无法就是否接受遗赠作出意思表示，同样不能获得遗赠的遗产。此时，遗嘱人所遗赠的此部分遗产，同样需要按照法定继承办理。

四是遗嘱无效部分所涉及的遗产。遗嘱继承优先于法定继承，但遗嘱继承优先的前提是遗嘱得合法有效，如果遗嘱无效，那么其就不具有执行的法律效力，遗嘱继承也就无从谈起。本编第1143条规定了遗嘱无效的法定情形，包括无民事行为能力人和限制民事行为能力人所立的遗嘱，遗嘱人受欺诈所立遗嘱，遗嘱人受胁迫所立遗嘱，伪造的遗嘱，遗嘱被篡改的部分。不论遗嘱是因为哪种原因导致无效，遗嘱所涉及的那部分遗产都必须按照法定继承办理。比如，老年人甲因老年痴呆失去民事行为能力，甲享有一套房产的所有权，同时还有银行存款30万元。甲因患病住院，住院期间某护士乙为其提供了非常周到细致的照顾，甲遂立下遗嘱，写明将其银行存款赠与护士乙。甲因治疗无效逝世。对于甲在遗嘱中所写的30万元存款的处理，因甲系无民事行为能力人，其所立遗嘱无效，故应按照法定继承处理。同样，因为遗嘱还存在部分无效的情形，此时，仅所涉部分遗产应按照法定继承办理。比如，丙有A、B两处房产的所有权，因丙的女儿非常孝顺，故丙在一份遗嘱中明确A处房产归其女儿丁继承。此后，不孝之子戊获悉此事后，遂胁迫丙立遗嘱声明B房产归戊继承。丙死亡后，由于后一份遗嘱系戊胁迫丙所立，该遗嘱无效，故该遗嘱所涉及的B房产应按法定继承办理，而不能由戊单独继承。但因前一份遗嘱合法有效，故 A 房产仍应按照遗嘱继承办理，应当由丁继承。

五是遗嘱未处分的遗产。被继承人死亡时如果立了遗嘱，遗嘱可能会处分全部遗产，此时就应按遗嘱执行。如果遗嘱未处分部分遗产，对这部分遗产就应按照法定继承办理。

所谓按照法定继承办理，就是根据本编第二章法定继承所规定的继承人范围、顺序、份额等依法对遗产进行分割。

第一千一百五十五条 遗产分割时，应当保留胎儿的继承份额。胎儿娩出时是死体的，保留的份额按照法定继承办理。

◆ 条文主旨

本条是关于保留胎儿继承份额的规定。

◆ 立法背景

总则编第 16 条规定，涉及遗产继承、接受赠与等胎儿利益保护的，胎儿视为具有民事权利能力；但是胎儿娩出时为死体的，其民事权利能力自始不存在。因此，根据本条的规定，胎儿在遗产继承方面是具有民事权利能力的。不少国家和地区的民法认可胎儿具有继承能力。如《瑞士民法典》第 544 条规定：“（1）婴儿自怀胎时起有继承能力，但以出生时生存的为限。（2）死婴无继承资格。”《德国民法典》第 1923 条第 2 款规定：“在继承开始时尚未出生但已孕育的胎儿，视为在继承开始之前出生。”《日本民法典》第 886 条规定：“（1）胎儿就继承，视为已出生。（2）前款规定，不适用于胎儿以死体出生情形。”我国台湾地区“民法”第 1166

条规定："胎儿为继承人时，非保留其应继份，其他继承人不得分割遗产。胎儿关于遗产之分割，以其母为代理人。"我国《澳门民法典》第1873条规定："一、任何在继承开始时已出生或受孕且未被法律排除之人，以及澳门地区，均有继承能力。二、属遗嘱继承者，下列者亦有继承能力：a）继承开始时在生之特定人之尚未受孕之未出生子女……"

◆ **条文解读**

根据总则编第16条的规定，既然视胎儿具有继承方面的权利能力，也就意味着胎儿可以享有继承权。因此，只要受孕在身，作为具有权利能力的一分子，胎儿就能够依法获得遗产。但毕竟胎儿尚未出生，为了确保胎儿的继承权不受影响，本条专门进行规定。

首先，遗产分割时，应当保留胎儿的继承份额。胎儿享有继承权，但是毕竟胎儿尚未出生，无法确认胎儿是否能够正常出生。因此本条规定在遗产分割的时候，需要保留胎儿的继承份额。所谓保留胎儿的继承份额，就是在计算参与遗产分割的人数时，应该将胎儿列入计算范围，作为参与分割的一分子，将其应得的遗产划分出来。需要注意的是，这里的继承份额既包括法定继承的继承份额，也包括遗嘱继承时的份额。在法定继承时，如果胎儿在继承人范围和顺序之内，应当按照法定或者协商确定的分割原则、比例计算胎儿的应继承遗产份额。在遗嘱继承时，如果遗嘱中明确哪些遗产属于受孕之胎儿的，那么在分割遗产时，就应将此部分遗产予以保留，而不得以胎儿尚未出生为由予以瓜分。保留的是胎儿应得的遗产份额，就是将胎儿按照一个普通继承人计算所应获得的遗产。如果遗产是不动产，对不动产实行价值分割时，就要保留胎儿应得的那份价值；如果是对动产进行实物分割，就应保留胎儿应得的那部分实物。

其次，本条同时规定，胎儿娩出时是死体的，保留的份额按照法定继承办理。胎儿毕竟尚未出生，能否顺利分娩尚未可知。在分娩胎儿时可能有两种情况：第一种是顺利分娩，即顺利出生，胎儿即成为活的婴儿，也就成为独立的民事主体。这时，为胎儿所保留的遗产即成为出生之婴儿的财产。第二种情况是分娩失败，娩出的胎儿为死体。根据总则编第16条规定，胎儿娩出时为死体的，其民事权利能力自始不存在。在这种情况下，胎儿的民事权利能力自始不存在，因此，包括继承的权利能力在内的所有权利能力都溯及地消灭。所保留的遗产自然无法为没有权利能力者取得。根据本条的规定，胎儿娩出时是死体的，为胎儿所保留的遗产份额就需要按照法定继承办理，即由被继承人的法定继承人继承。如被继承人甲死亡，留下属于其个人所有的价值600万元的房产一套，甲生前考虑到其妻子乙已怀孕，特地在遗嘱中明确将自己个人的存款100万元作为将来孩子的抚育资金，指定由胎儿继承。甲的父母、妻子对该房产进行价值分割时，依法对乙腹中的胎儿保留了其中的一份150万元。由于乙生产不顺导致胎儿未能顺利出生，胎死腹中。此时，为乙腹中胎儿所保留的遗嘱继承中的银行存款100万元、法定继承中的房产价值分割150万元，都需要按照法定继承办理，即由甲的法定继承人（包括甲的配偶乙、甲的双亲）按照法定继承进行分割。

第一千一百五十六条 遗产分割应当有利于生产和生活需要，不损害遗产的效用。

不宜分割的遗产，可以采取折价、适当补偿或者共有等方法处理。

◆ 条文主旨

本条是关于遗产分割的规定。

◆ 立法背景

为了处理好继承人之间分割遗产的问题，各国家和地区的民法也都会对遗产分割的规则予以规定。如《日本民法典》第906条规定："遗产的分割，应考虑属于遗产的物或权利的种类及性质、各继承人的年龄、职业、身心状态、生活状况及其他一切事情为之。"第908条规定："被继承人得以遗嘱定分割的方式，或委托第三人定之。亦得自继承开始时起，在不超过5年期间内，禁止分割。"《瑞士民法典》对遗产分割规定得更为详细，其中第607条规定："（一）法定继承人间，或与指定继承人间分割遗产时，应服从相同的方法。（二）除另有规定外，继承人得自行约定分割方法。（三）占有遗产中财产的，或为被继承人的债务人的共同继承人，在分割时，应对此作详细报告"。第608条规定："（一）被继承人得以遗嘱为其继承人规定分割方法及分配标准。（二）前款的分割方法及分配标准，对继承人有约束力，但对被继承人无意造成的不平均分配进行的扣减，不在此限。（三）被继承人在遗嘱中无其他意思表示时，将遗产中的某物归属于某继承人的，应为分割标的，而非遗赠。"第612条规定："（一）因分割而严重损害其价值的物，应完整地分配给继承人中之一人。（二）继承人间对某物的分割或分配不能达成协议时，应变卖该物，并分割价金。（三）继承人中一人请求变卖时，应采用拍卖的方式。但是，就采取公开拍卖或在继承人中拍卖，继承人间不能达成协议时，由主管官厅裁决。"第613条规定："（一）性质上结合为一体的物，因继承人中一人的异议，不得分离。（二）对家庭有特别纪念意义的物，因继承人中一人的异议，不得变卖。（三）就应否变卖某物或应否经计算后将该物分配某继承人，继承人间不能达成协议时，应由主管官厅根据地方习俗，无地方习俗时，在考虑了各继承人间的个人关系后决定。”第 616 条规定：“对各种农作物，在分割土地时，各州得规定不同的可分割的最低面积界限。”第 620 条规定：“（一）遗产中有独立存在和经营的农场，如继承人中一人表示承受该农场，并为合适人选时，得不分割该农场，而以收益价格归属于该继承人。（二）关于独立存在和经营的判断，应考虑组成的各部分不动产及长期共同经营的不动产。（三）归属价格的确定，依 1940 年 12 月 12 日联邦法律关于免除农户债务的规定办理。”《意大利民法典》第 718 条规定：“每个继承人都可以请求以遗产中的动产或者不动产的实物形态满足自己的遗产份额，以下条款的规定不在此限。”第 719 条规定：“在为清偿遗产债务或其他遗产负担，拥有半数以上遗产的继承人认为有必要出售遗产的情况下，应当首先拍卖动产，必要时，拍卖那些最少损害共同分割人利益的不动产。在需要全体共同继承人一致同意才能出售遗产的情况下，遗产的出售可以不公开进行而在共同分割人中变卖，受遗赠人或者债权人提出异议的情况除外。”第 720 条规定：“如果在遗产中有不适宜进行分割的不动产，或者对该不动产的分割将会损害国民经济利益或者破坏环境卫生，或者不将不动产拆散就无法进行分割，则应当整体保留不动产并且由取得不动产的继承人向其他共同继承人承担以现金返还超出自己应得份额遗产的责任。该不动产可以分配给对其享有最大份额的继承人，也可以在数名继承人共同提出请求的情况下，分配给提出请求的继承人。如果没有继承人提出请求，则对该不动产进行拍卖。”《意大利民法典》第 722 条规定：“如果遗产中包括法律根据国民生产利益的需要规定不得进行分割的财产，则在特别法未另行规定的情况下，准用本法第 720 条和第 721 规定。”第

727条规定："除本法第720条和第722条规定的情况以外，在完成估价之后，应当按照继承人各自享有的遗产份额配置每一份分配份，它应当包括一定数量的性质、状况相同的动产、不动产和债权。在可能的情况下，应当尽量避免分割具有历史、科学以及艺术价值的图书室、画廊或者收藏品。"第728条规定："在以实物配置的分配份额不均等的情况下，差额部分以现金结清。"我国台湾地区"民法"第1165条规定："被继承人之遗嘱，定有分割遗产之方法，或托他人代定者，从其所定。遗嘱禁止遗产之分割者，其禁止之效力以十年为限。"我国《澳门民法典》第1940条规定："一、遗产之分割，得在全体利害关系人达成协议之情况下不透过司法途径为之，亦得按照诉讼法之规定透过司法上之财产清册程序为之。二、然而，如属法律规定之须限定接受之继承，或继承人中有人因失踪、长期不能处理事务或长期无能力以致不能在非以司法途径进行之分割中表示同意，则发布透过司法上财产清册程序进行分割。三、强制性财产清册程序在导致其进行之原因消除时终止，但有利害关系人声请以非强制性质继续进行有关财产清册程序者除外。"

◆ **条文解读**

继承人在大多数情况下都不是只有一人，所以遗产往往由数人参与继承。遗产的分割就是在共同参与继承的数个继承人之间，按照继承人应当继承的份额予以分配。遗产分割前由全体继承人共有，分割之后，各继承人所获得的遗产即转为其个人财产。正常情形下，遗产分割应该是继承的最后一个环节。继承从被继承人死亡后，即需要启动继承开始通知程序，确定继承人范围，选任遗产管理人，遗产管理人开始清点遗产、制作遗产清单、处理债权债务等，在清理完毕所有债权债务之后，最终剩下的遗产就是由继承人共同继承的遗产，各继承人要实现自己的继承权，最终就需要对遗产予以分割。

一、遗产分割的原则

本条首先规定，遗产分割应当有利于生产和生活需要，不损害遗产的效用。遗产可能是动产、不动产，也可能是有价证券、银行存款，还可能是投资性资产。对于不同的遗产，在分割时，需要根据遗产的具体情况进行分割。但不管分割什么遗产，都要遵循这一原则，即有利于生产和生活、物尽其用。

首先，遗产分割要有利于生产。这是对生产资料型遗产的分割而言，对于此类遗产，在分割时，就应该按照有利于生产的原则进行。有利于生产可以从两个方面考虑，一方面，不能损害遗产本身的生产性用途，确保遗产分割后还能用于正常的生产经营。比如，农民甲死亡后，遗产包括耕地用的拖拉机一台。对于这台拖拉机，继承人在分割时，就需要根据其农业用途进行分割，而不宜将拖拉机拆解用于其他用途。另一方面，就是在分割遗产时，还得考虑继承人的能力、职业等因素，确保遗产分割后能得到继承人的合理充分利用。比如，对于前面所说甲遗留的拖拉机，如果甲的继承人中仅有乙在农村从事农业生产，其他继承人均在城市居住从事非农业工作，在分割遗产时，即应尽量将该拖拉机分割给乙，这样乙就可以充分实现该遗产的使用价值。

其次，遗产分割要有利于生活。对于生活性用途的遗产，则应该考虑如何分割更便利于继承人的生活。比如对于被继承人日常使用的电视机、洗衣机等生活物品，应将这些遗产尽量分割给予被继承人共同生活的继承人，这样便于继承人继续使用这些遗产。总之，继承人之间应当相互体谅，从有利于生产、生活的角度考虑各种遗产的分割。

最后，遗产分割要物尽其用。所谓物尽其用就是要根据物本身的属性、特征来分割，确保实现遗产的使用价值、经济价值最大化，充分实现遗产的效用。比如，被继承人死亡时遗留有明代古董家具一套，如果予以拆分，价值将明显减少，此时就应由一个继承人继承这一套家具更适宜，更能实现该遗产的经济价值。

二、遗产分割的方法

本条还规定，不宜分割的遗产，可以采取折价、适当补偿或者共有等方法处理。有些遗产可以直接分割，就需要按照遗产分割的原则进行分割。但是有些遗产不适宜分割，或者分割后会损害其效用，导致价值贬损，就需要采取其他方式予以分割。

一般而言，遗产分割的方式包括四种：一是实物分割。实物分割就是对遗产进行物理上的分离，继承人按照各自份额分别占有不同部分。比如，被继承人遗留有贵重首饰若干，即可以采取实物分割的方法，由每个继承人各分得若干件首饰。二是变价分割。有的遗产不适合进行实物分割，进行实物分割可能导致该遗产失去价值，或者所有继承人都不想取得该遗产的实物，就可以变卖该遗产取得价款，由继承人按照各自的继承份额对价款进行分割。比如，被继承人甲死亡后留有大型运输卡车一辆，由于继承人均不会开运输卡车，也不愿意利用该卡车进行运输经营，此时，就可以将该卡车予以出售变现，各继承人再对取得的价款进行分割。三是补偿分割。对于不宜进行实物分割的遗产，如果其中有继承人愿意取得该遗产，就可以由该继承人取得遗产的所有权。再由取得遗产所有权的继承人根据其他继承人对该遗产的价值所应取得的比例，支付相应的价金，对其他继承人予以补偿。四是保留共有。有的遗产不宜进行实物分割，所有继承人都愿意取得该遗产的，或者继承人基于某种生产或生活的目的，愿意继续维持遗产的共有状况，就可以由继承人对该遗产继续享有共有权。这时的共有属于按份共有，即根据各继承人应继承的份额共同享有所有权。保留共有的可能是对家庭具有特殊纪念意义的物品。比如，甲死亡后遗留有传家古董一个，该古董无法进行实物分割，其继承人均不愿意对该古董进行价值分割，各继承人都想继续让全家共有此古董，即可以达成共识，继续保持对该古董的共有状态。

第一千一百五十七条 夫妻一方死亡后另一方再婚的，有权处分所继承的财产，任何组织或者个人不得干涉。

◆ 条文主旨

本条是关于配偶再婚时有权处分继承财产的规定。

◆ 立法背景

在遗产分割之后，继承人所分得的遗产就属于个人财产，即便是保留共有遗产，共有人之间也是按份共有。因此，从理论上而言，不论被继承人生前与继承人是何种法律关系，在被继承人死亡后，被继承人的民事权利能力消灭，民事主体资格丧失，其与继承人的法律关系即告消灭。同样，在遗产分割之后，继承人之间对遗产的共有关系发生变化，继承人通过遗产分割取得的遗产作为个人所有的财产，其对此当然依法享有处分权。即便继承人不再婚，也是可以自由处分自己所继承的财产的。因此，在继承编起草审议过程中，有的意见提出，本条没有必要规定，可以删除。考虑到我国的特殊国情，在有的地方还有些落后习俗，“寡妇带产改嫁”仍受到一定的限制，保留本条规定还是有必要的。

◆ 条文解读

本条规定，夫妻一方死亡后另一方再婚的，有权处分所继承的财产，任何组织或者个人不得干涉。首先需要说明的是，夫妻任何一方死亡，另一方均有再婚的权利。原因在于，自然人死亡的，其民事主体资格消灭，其他人与其的身份关系也告终止。因此，夫妻关系随着一方的死亡也就消灭了，在世一方有权再婚，与其他人缔结新的婚姻关系。这种婚姻自主权是受到法律保护的。其次，在世的配偶一方不论是否再婚，都有权处分自己继承取得的财产。继承的遗产不管是动产还是不动产，在法律上而言都是其个人所有的财产。根据法律的规定，所有人有权处分自己的财产。再次，如果在世配偶一方再婚，有权依法处分自己继承所获得的财产。这里的处分，既可以是转移占有、抛弃，也可以是赠与、出售，甚至销毁。总之，当事人可以按照自己的意志自由处分。最后，其他任何组织或者个人都不得干涉。不论是再婚者的子女、公婆或者岳父母、兄弟姐妹，还是妯娌或者其他姻亲、血亲，以及其他家族人员等，都不得干涉。所谓干涉就是施加影响力，包括阻止、破坏、阻扰。比如被继承人甲死亡后，其妻子乙继承获得位于A村的房产一套。后乙与B村的丙再婚，因丙无房，故丙搬来A村与乙共同居住。甲的哥哥丁认为，乙所继承的房屋为其家族的祖屋，外人不得入住，遂欲阻止丙入住。丁的行为即违反了本条的规定，乙继承取得了房产后，有权与再婚配偶共同居住使用，丁的行为属于非法干涉乙对财产的处分权。

第一千一百五十八条 自然人可以与继承人以外的组织或者个人签订遗赠扶养协议。按照协议，该组织或者个人承担该自然人生养死葬的义务，享有受遗赠的权利。

◆ 条文主旨

本条是关于遗赠扶养协议的规定。

◆ 立法背景

遗赠扶养制度是具有中国特色的一种法律制度。遗赠扶养协议制度源于我国农村地区的“五保户”制度。“五保户”就是在农村地区无劳动能力、无生活来源又无法定赡养、扶养义务人，或者其法定赡养、扶养义务人无赡养、扶养能力的，由集体经济组织负责其供养及死后的丧葬。继承法制定时，将此项制度予以法律化，规定了遗赠扶养协议制度。随着我国社会保障制度的不断完善，国家逐步完善了农村的养老保险等相关制度。同时，为了促进农村社会保障制度的发展，国务院还专门制定了《农村五保供养工作条例》，从职责分工、供养对象、供养内容、供养形式等方面予以规范。遗赠扶养协议在特定历史时期曾发挥着实现老有所养的功能。在新时期，随着我国人口结构步入老龄化，人民群众的养老需求多样化，养老模式不断变化，养老产业不断发展。继承编适应我国养老形式多样化的需要，对继承法中遗赠扶养协议的规定进行了适当修改，扩大了供养人的范围，进一步完善了遗赠扶养协议制度。

◆ 条文解读

一、遗赠扶养协议的特征

遗赠扶养协议就是自然人（遗赠人、受扶养人）与继承人以外的组织或者个人（扶养人）签订的，由扶养人负责受扶养人的生养死葬，并享有受遗赠权利的协议。

首先，遗赠扶养协议是一种协议。协议是一种双方法律行为，因此，需要双方当事人意思表示达成一致方能成立。这是遗赠扶养协议与遗赠、遗嘱的本质区别。遗赠、遗嘱都是单方法律行为，遗赠人、遗嘱人单方作出意思表示即可。遗赠扶养协议作为双方法律行为，一旦成立生效，对双方当事人都有法律约束力，双方必须严格遵守，否则将构成违约。遗赠扶养协议的双方当事人一方是受扶养人，另一方是扶养人。其次，遗赠扶养协议是双务有偿法律行为。不仅扶养人有扶养另一方的义务，受扶养人也需要按照约定将自己的遗产赠与对方。遗赠扶养协议是有偿的，双方都需要向对方支付对价。扶养人支付对价的方式就是负责受扶养人的生养死葬，受扶养人就是通过死后将遗产赠与扶养人的方式支付对价。最后，遗赠扶养协议为要式法律行为。遗赠扶养协议需要以书面方式作出。因为双方达成遗赠扶养协议后，协议的履行期限往往较长，且扶养人在受扶养人死亡后才能取得遗产，如果没有书面协议，受扶养人死亡后，将死无对证，无法确认双方是否存在真实的遗赠扶养关系。

根据本条规定，自然人可以与继承人以外的组织或者个人签订遗赠扶养协议。需要注意的是，遗赠扶养协议的双方当事人比较特殊：一方为自然人，即受扶养人。受扶养的自然人不论基于何种原因，只要其本人欲通过此种方式养老，即可以采取，而不论其是否有法定的扶养义务人。另一方必须为继承人以外的组织或者个人。因此，法定继承人是不能与被继承人签订遗赠扶养协议的。在继承编起草制定过程中，有的意见提出，应当允许继承人与被继承人签订继承协议。考虑到赡养老人是中华民族的传统美德，如果允许一部分继承人与另一部分继承人及被继承人签订协议，一部分继承人放弃继承而不承担赡养义务，另一部分继承人赡养被继承人而继承遗产，这有悖于法律规定的赡养义务，也不符合传统美德。故本条规定，遗赠扶养协议必须是受扶养人与继承人之外的人签订。继承法规定扶养人只能是个人或者集体经济组织。本条规定扶养人除了是继承人之外的个人外，将集体经济组织扩大到各种组织。这里的组织既可以是法人，也可以是非法人组织，当然，应当是具备承担养老职能的组织。

二、遗赠扶养协议的主要内容

本条规定，遗赠扶养协议就是按照协议，作为扶养人的组织或者个人承担受扶养人生养死葬的义务，享有受遗赠的权利。根据合同法的一般原理，遗赠扶养协议应当包括以下主要内容：

一是协议双方当事人。协议应当载明受扶养人的姓名、身份证号码、住址等基本信息，以及扶养人个人的姓名、身份证号码、住址或者组织的名称、住所等基本信息。

二是扶养人的义务和受扶养人的权利。扶养的主要义务包括两个方面：一个方面就是“生养”。在受扶养人生存期间，扶养人需要承担对受扶养人生活上的照料和扶助义务，特别是在受扶养人生病时应当提供照护，在协议中应尽量写明照料的标准和水平。另一个方面就是“死葬”。在受扶养人死亡后，扶养人应当负责办理受扶养人的丧事，包括按照受扶养人的遗愿办理遗体火化、埋葬等事宜。这些扶养人的义务，同时也是受扶养人的权利。

三是受扶养人的义务，也就是扶养人的权利。扶养人的权利主要就是根据协议取得受扶养人所赠与的遗产。因此，双方应当在协议中写明，受扶养人拟将哪些遗产赠与扶养人。同时还应约定受扶养人在世期间不得擅自处分协议所涉及的财产。

四是协议的解除。双方可以在协议中约定，如果一方违反约定，另一方有权要求解除遗赠扶养协议，并要求对方承当相应的补偿责任。比如，约定如果扶养人拒绝履行扶养义务，受扶养人有权解除合同，且不必向扶养人支付费用；还可以约定如果受扶养人擅自处分协议所涉及的财产，扶养人可以解除协议，并要求受扶养人支付相应的供养费用。

五是争议解决条款。双方可以在协议中约定一旦发生争议，可以通过哪些途径解决，通过仲裁，还是调解，或是诉讼方式。同时应尽量明确约定争议解决的具体机构。

三、遗赠扶养协议的效力

遗赠扶养协议与一般的财产性合同有较大差别，不仅在合同内容上有很大不同，在法律效力上也是如此。首先，在一般合同中，如果合同缔约一方当事人死亡，合同主体就消亡，合同因缺少主体而告终止。遗赠扶养协议则不同，在受扶养人死亡后，扶养人才开始根据协议获得受遗赠权，这种权利并不会因为对方死亡而消灭。其次，一般合同的效力都具有相对性，即合同通常仅对缔约的双方当事人具有法律约束力，对其他第三人没有法律效力。遗赠扶养协议则不同，其不仅对签订遗赠扶养协议的双方具有法律约束力，对受扶养人的继承人、其他受遗赠人也有约束力。受扶养人的继承人不得根据法定继承排斥扶养人的受遗赠权。受扶养人的遗嘱不能与遗赠扶养协议内容相矛盾，如果相抵触，应当执行遗赠扶养协议的内容。因此，遗赠扶养协议的效力优先于遗嘱，也优先于法定继承。

▶ **相关规定**

《农村五保供养工作条例》第9条

第一千一百五十九条　分割遗产，应当清偿被继承人依法应当缴纳的税款和债务；但是，应当为缺乏劳动能力又没有生活来源的继承人保留必要的遗产。

◆ **条文主旨**

本条是关于分割遗产应当缴纳税款、保留必要遗产的规定。

◆ **立法背景**

遗产是被继承人遗留的合法财产，一般而言，被继承人在生前不仅会留有财产，有的被继承人还会留下债务或者其他义务。被继承人生前所负担的各种债务，理论上称为遗产债务。遗产债务是被继承人个人所欠的债务。这种债务可能完全是被继承人个人的债务，也可能是共同债务中被继承人应当分担的那部分债务。遗产债务是被继承人生前所欠的，被继承人死亡后因处理善后事务而发生的各种费用不属于遗产债务。遗产债务需要用遗产来偿还。

◆ **条文解读**

遗产管理人的职责之一就是清点并处理被继承人的债权债务。故本条首先规定，分割遗产，应当清偿被继承人依法应当缴纳的税款和债务。

1. 清偿应缴纳的税款。我国《宪法》第 56 条规定，中华人民共和国公民有依照法律纳税的义务。根据《税收征收管理法》第 4 条的规定，纳税人必须依照法律、行政法规的规定缴纳税款。税收具有强制性，依法纳税是公民的宪法义务，这种义务是强制性的；税收还具有无偿性，个人缴纳税款时并不能直接获得对价，但可以享受政府提供的公共服务。如果被继承人生前有未缴纳的税款，所欠的税款可以视为其对国家所欠的债务。被继承人死亡后，就需要用其遗产来清偿所欠税款。税款，可能是被继承人生前未缴纳的个人所得税，也可能是其出售不动产应缴纳的印花税、增值税，等等。只要是被继承人个人生前未缴纳的税款，并不会因为其死亡而消失，仍需要以其遗留的个人财产来支付。

2. 清偿债务。债务就是被继承人生前对其他民事主体所负的私法上的各种债务。债务包括合同之债，也包括侵权之债，还可以是不当得利或者无因管理之债；债务可能是主债务，也可能是因为提供保证、抵押、质押而形成的从债务；债务可能纯属个人债务，也可能是与他人形成的共同债务、连带债务。不论是哪种类型的债务，只要是被继承人生前所负，都需要以遗产清偿。

被继承人生前所欠税款和债务，应当是在分割遗产之前予以清偿。遗产管理人在清点被继承人的债权债务后，需要及时予以处理，该缴纳的税款应当缴纳，该清偿的债务必须及时清偿，在清理完债权债务之后，再按照遗嘱的内容处分其余遗产，或赠与，或按照遗嘱继承，或按照法定继承分割遗产。如果在分割遗产之前，不知道被继承人存在遗产债务的，在遗产分割之后，仍需要依法以遗产予以清偿。

3. 保留必要的遗产。本条中的但书规定，清偿所欠税款和债务，应当为缺乏劳动能力又没有生活来源的继承人保留必要的遗产。根据此规定，不论是以遗产缴纳所欠税款还是偿还所负债务，需要注意的是，必须为缺乏劳动能力又没有生活来源的继承人保留必要的遗产。保留必要遗产需要从以下几个方面理解：首先，需要保留的前提是遗产可能不足以清偿债务和缴纳税款。如果遗产比较多，清缴税款和偿还债务后仍绰绰有余，则没有必要专门予以保留。其次，保留遗产指向的对象是缺乏劳动能力又没有生活来源的继承人。作出保留必须同时满足四个条件：第一，获得保留遗产的人必须是继承人，继承人以外的人不能享有此权利。第二，继承人缺乏劳动能力。缺乏劳动能力就是因种种原因无法参与生产劳动而获得经济收入维持生计。缺乏劳动能力可能是因为年龄尚小而无劳动能力，也可能是因年龄太大或者因病残而丧失劳动能力。没有劳动能力必须是客观上造成的无法劳动，而不是继承人主观上不愿意就业造成的。第三，继承人没有生活来源。没有生活来源就是继承人无法通过自身劳动获取收入养活自己，或者没有其他经济收入用以维持生计。如果继承人虽然没有劳动能力，但是其在银行有巨额存款或者已经专门为其设立了生活基金，足以为其提供生活所需之费用，此时就不能说其没有生活来源。之所以要为这种继承人保留遗产份额，体现的就是一种人文关怀。第四，保留的是必要的遗产。就数量而言，为缺乏劳动能力又没有生活来源的继承人保留的是必要的遗产。必要遗产就是维持其正常生活所需的必要的遗产，而不是全部遗产或者要确保其过超出一般人正常生活的奢侈生活。

保留必要遗产具有优先于税款和债务的效力，只要被继承人的遗产可能不足以清偿所欠税款和债务，就必须予以保留。这也是我国很多立法所坚持的一贯立场。比如《民事诉讼法》第 243 条就规定，被执行人未按执行通知履行法律文书确定的义务，人民法院有权扣留、提取被执行人应当履行义务部分的收入，但应当保留被执行人及其所扶养家属的生活必需费用。《税收征收管理法》第 40 条第 3 款规定，个人及其所扶养家属维持生活必需的住房和用品，不在强制执行措施的范围之内。第 42 条规定，税务机关采取税收保全措施和强制执行措施必须依照法定权限和法定程序，不得查封、扣押纳税人个人及其所扶养家属维持生活必需的住房和用品。

第一千一百六十条　无人继承又无人受遗赠的遗产，归国家所有，用于公益事业；死者生前是集体所有制组织成员的，归所在集体所有制组织所有。

◆ 条文主旨

本条是关于无人继承遗产的规定。

◆ **立法背景**

不论基于何种原因，只要被继承人的遗产实际上无人受领，就会形成无人继承遗产，此种情况下，遗产不能任由他人先占取得。对此，各国、各地区立法都有所规定。如《日本民法典》第958条规定："前条第一项的期间届满后，继承人的存在仍不明时，家庭法院应管理人或检察官的请求，将如有继承人时，应在一定期间内主张其权利之旨进行公告。但其期间，不得少于6个月。"第958条之二规定："在前条期间内，没有主张继承人权利的人时，为继承人及为管理人所不知的继承债权人及受遗赠人，不得行使其权利。"第958条之三规定："（一）于前条场合，如认为相当时，家庭法院得因与被继承人共同生活的人、努力于被继承人治疗和护理的人及其他与被继承人有特别关系的人的请求，对该人等分与清算后剩余继承财产的全部或一部。（二）前项的请求，应在第958条的期间届满后3个月内为之。"第959条规定："依前条的规定，未被处分的继承财产，归属国库。于此场合，准用第956条第2项的规定。"《瑞士民法典》第555条规定："（一）主管官厅如不确知被继承人是否有继承人或全部继承人是否均已知悉时，应以适当方式公告，以催告权利人在1年内提出继承的申请。（二）在前款规定的期限内，无人申请继承，且继承人仍不详时，遗产归属于有继承资格的国家机关。但遗产的回复之诉，不在此限。"《德国民法典》第1936条规定："1.（1）如在继承开始时既无被继承人的直系血亲亲属又无被继承人的配偶存在，被继承人在死亡时所属的邦（州）的国库为法定继承人；（2）如被继承人属于数个邦（州）者，此类邦（州）的国库均享受此遗产的相等份额。2. 被继承人是不属于任何邦（州）的德国人者，由帝国国库为法定继承人。"《法国民法典》第768条规定："如无继承人时，遗产归属于国家。"《意大利民法典》第 586 条规定："在没有其他继承人的情况下，遗产归国家所有。遗产的取得依法进行，无须作出接受继承的声明，但是，也不得放弃继承。国家对超出遗产价值的遗产债务和遗赠不承担责任。"《西班牙民法典》第 956 条规定："根据前列诸节规定仍无继承人的，则由国家继承。遗产的三分之一分配给死者住所地所在的市政府、无论公私性质的慈善机构、慈善团体、社会活动或专业活动，三分之一分配给死者所在省的省立与以上性质类似的机构或者团体，但优先分给死者生前参加过的组织机构，剩下三分之一分配给公共债务清偿银行。部长理事会同意按遗产的性质将全部或者部分遗产用于其他用途的除外。"我国台湾地区"民法"第 1185 条规定："第 1178 条所定之期限届满，无继承人承认继承时，其遗产于清偿债权并交付遗赠物后，如有剩余，归属国库。"我国《澳门民法典》第 1993 条规定："透过司法程序确认并不存在其他法定可继承遗产之人时，须按诉讼法之规定宣告遗产因无人继承而归澳门地区所有。"

◆ 条文解读

一、无人继承遗产

无人继承遗产就是没有继承人或者受遗赠人接收遗产。被继承人的遗产无人接收，原因可能是多种多样的：第一，无人继承的遗产，可能客观上既没有继承人，也没有受遗赠人。没有法定继承人就是法律规定的第一顺序、第二顺序继承人都没有，被继承人也未留有遗嘱指定受遗赠人。第二，虽然被继承人有继承人或者通过遗嘱确定了受遗赠人，但是继承人全部放弃继承，受遗赠人也都放弃受遗赠。第三，被继承人死亡后，虽然有继承人，但继承人全部丧失继承权且未得以恢复。第四，被继承人死亡后，没有法定继承人或者法定继承人丧失继承权，仅在遗赠中处理了部分遗产，其余遗产也构成无人继承遗产。

二、无人继承遗产的归属

为了明确我国无人继承遗产的归属，本条规定，无人继承又无人受遗赠的遗产，归国家所有，用于公益事业；死者生前是集体所有制组织成员的，归所在集体所有制组织所有。根据此规定，在我国无人继承的遗产需要根据不同情况，分别处理：如果死者生前是集体所有制组织成员的，其遗产归集体所有制组织所有；如果死者生前为其他人员的，则其遗产归国家所有，用于公益事业。

1. 归国家所有，用于公益事业。一般情况下，如果死者为城镇居民而非农村居民，其遗留的无人继承遗产归国家所有。归国家所有就是收归国库，由政府有关部门负责处理。但政府主管部门处理无人继承遗产需要坚持一个原则，即将这些财产用于公益事业。这项要求是继承法没有的，在继承编起草过程中，考虑到无人继承遗产由国家无偿取得，为了充分发挥这部分财产的价值，更好地体现“取之于民用之于民”的宗旨，故明确必须用于公益事业。这里的公益事业可以是教育事业、医疗事业、慈善事业等。用于公益事业就不能用于非公益事业，比如用于行政办公经费支出。至于具体用于何种公益事业，则由政府主管部门具体分配。

2. 归集体所有制组织所有。如果死者生前是集体所有制组织成员的，因其生前一般都会通过集体获得土地承包经营权、分红等经济利益，将其遗产确定归集体所有制组织所有也合情合理，且土地承包收益、宅基地上的房产等具有特殊性质的财产，规定由集体所有制组织所有，也便于集体所有制组织根据本集体的具体情况作出妥善处理。

第一千一百六十一条 继承人以所得遗产实际价值为限清偿被继承人依法应当缴纳的税款和债务。超过遗产实际价值部分，继承人自愿偿还的不在此限。

继承人放弃继承的，对被继承人依法应当缴纳的税款和债务可以不负清偿责任。

◆ 条文主旨

本条是关于继承人对遗产债务的清偿责任的规定。

◆ 立法背景

关于继承人对遗产债务所承担的责任问题，各国的立法模式有所不同。如《德国民法典》第1967条规定：“1. 继承人对遗产债务负其责任。2. 除被继承人所负的债务以外，继承人作为继承人承担的债务，特别是由特留份权、遗赠和遗嘱负担所生的债务，均属于遗产债务。”第2058条规定：“各继承人对共同的遗产债务作为连带债务人负其责任。”《法国民法典》第870条规定：“共同继承人各按其分得遗产的比例，分担清偿遗产的债务和负担。”《意大利民法典》第752条规定：“共同继承人应当按照各自继承的遗产份额分担遗产债务和负担，遗嘱人另有规定的除外。”《瑞士民法典》第603条第1款规定：“继承人对被继承人的债务负连带责任。”《日本民法典》第920条规定：“继承人为单纯承认时，无限承继被继承人的权利义务。”第922条规定：“继承人，得保留只在因继承而取得的财产限度内清偿被继承人的债务及遗赠，而为承认。”就各国立法而言，主要有两种立法模式：一是限定继承，即继承人仅以遗产为限对被继承人的债务承担责任，继承人可以在接受继承时专门作出意思表示；二是无限继承，即继承人无条件继承被继承人的一切权利义务，继承人对被继承人的债务承担无限责任。

◆ 条文解读

一般来说，应当在遗产分割前偿还遗产债务。但是，也可能因为遗产分割之后，债权人才知道被继承人死亡的事实，由于此时遗产已经分割，债权人无法再直接从遗产中实现债权，这时就涉及如何偿还遗产债务的问题，是由全体继承人共同偿还，还是部分继承人偿还，继承人之间对遗产债务承担何种责任?

一、继承人对遗产债务的清偿责任

本条首先规定，继承人以所得遗产实际价值为限清偿被继承人依法应当缴纳的税款和债务；超过遗产实际价值部分，继承人自愿偿还的不在此限。根据本条规定，我国的继承原则上属于限定继承，继承人对被继承人的遗产债务不负无限清偿责任，而仅以所继承遗产的实际价值为限负清偿责任。也就是说，继承人继承多少遗产，其偿还遗产债务的限额也就是多少。继承人并不会因为继承遗产而需要无限清偿被继承人的遗产债务。

限定继承是基本原则，但本条作了例外规定，即对超过遗产实际价值部分的债务，继承人自愿偿还的不在此限。也就是说，继承人继承的遗产不足以清偿被继承人的遗产债务时，如果继承人自愿替被继承人偿还其他债务，法律尊重当事人的这种自主选择。但这种选择必须是继承人自愿、自主作出的，债权人不可以强制要求继承人偿还超出所获得遗产部分的被继承人生前所欠债务。

二、继承人对遗产债务不负清偿责任的情形

本条还规定，继承人放弃继承的，对被继承人依法应当缴纳的税款和债务可以不负清偿责任。这里的放弃继承是指既放弃了

遗嘱继承，也放弃了法定继承。因此，如果继承人放弃了继承，就无须对被继承人的债务承担偿还责任。原因在于，继承了遗产的继承人仅需对遗产债务承担有限清偿责任，如果继承人放弃了继承，并没有从被继承人的遗产中获得任何利益，要求其对被继承人的债务承担清偿责任，相当于将他人的民事责任强加于继承人，这有违民法的意思自治原则，显然不合适。

如果一部分继承人参与遗产分割获得了遗产，另外一部分继承人放弃了继承，在清偿被继承人的遗产债务时，则参与遗产分割的部分继承人负有清偿责任，需要以所得遗产的实际价值为限予以偿还；放弃了继承的继承人无须承担任何清偿责任。

第一千一百六十二条 执行遗赠不得妨碍清偿遗赠人依法应当缴纳的税款和债务。

◆ 条文主旨

本条是关于遗赠与遗产债务清偿的规定。

◆ 条文解读

遗赠是遗赠人无偿赠与受遗赠人遗产的行为，虽然遗产属于遗赠人的个人财产，其有权处分，但这种无偿处分行为不应损害债权人的利益。根据合同编第 538 条的规定，债务人以无偿转让财产等方式无偿处分财产权益，影响债权人的债权实现的，债权人可以请求人民法院撤销债务人的行为。债务人无偿处分财产的行为不应危及债权人利益，如果法律允许债务人这么做，债务人将会借此逃债，不利于保护债权人利益。本条也作了类似规定，要求执行遗赠不得妨碍清偿遗赠人依法应当缴纳的税款和债务。

遗赠人的遗赠行为也不能损害债权人利益。所谓执行遗赠不得妨碍清偿遗赠人依法应当缴纳的税款和债务，就是指遗嘱执行人或者遗产管理人在执行遗赠时，不应使遗赠人的遗产债务无法得到偿还。在执行遗赠之前，应当先用遗产偿还遗赠人所欠税款和债务，清偿之后，如果遗产尚有剩余则再执行遗赠；同样，如果执行遗赠之后，债权人才知道遗赠人死亡、遗产被分割的事实，则其有权要求受赠人将所得遗产用于偿还债务。

第一千一百六十三条　既有法定继承又有遗嘱继承、遗赠的，由法定继承人清偿被继承人依法应当缴纳的税款和债务；超过法定继承遗产实际价值部分，由遗嘱继承人和受遗赠人按比例以所得遗产清偿。

◆ 条文主旨

本条是关于既有法定继承又有遗嘱继承、遗赠时债务清偿的规定。

◆ 立法背景

本编第 1123 条规定了遗赠扶养协议、遗嘱继承和法定继承之间的优先效力，遗赠扶养协议优先于遗嘱继承，遗嘱继承优先于法定继承。在遗产债务未得到有效清偿，遗产却已经分割时，就涉及如何用已经分割的遗产清偿债务的问题，遗产债务如何在受遗赠人、遗嘱继承人、法定继承人之间分配清偿。本条针对的就是这种情形。

◆ 条文解读

本条规定，由法定继承人清偿被继承人依法应当缴纳的税款和债务；超过法定继承遗产实际价值部分，由遗嘱继承人和受遗赠人按比例以所得遗产清偿。根据此规定，即遗产债务应先由法定继承人负责清偿，不足部分由遗嘱继承人、受遗赠人按比例清偿。

1. 法定继承人的清偿责任。本条首先规定，由法定继承人清偿被继承人依法应当缴纳的税款和债务。因此，如果遗产已经分割，清偿遗产债务需要先以法定继承人获得的遗产清偿。例如，被继承人甲死亡后留有遗产100万元，负债60万元。其中甲在遗嘱中将40万元指定由第二顺序继承人乙继承，其余遗产未作安排。遗产分割时，乙根据遗嘱继承获得了40万元；其余遗产按照法定继承分割，继承人丙和丁各分得30万元。遗产分割之后，甲的债权人戊发现遗产已经被分割，遂向甲的继承人主张债权。此时，即应先由丙、丁用经法定继承所获得的60万元遗产予以清偿。

2. 遗嘱继承人和受遗赠人的清偿责任。本条还规定，超过法定继承遗产实际价值部分，由遗嘱继承人和受遗赠人按比例以所得遗产清偿。所谓超过法定继承遗产实际价值部分，就是法定继承人所获得遗产的实际价值不足以偿还被继承人的遗产债务。遗嘱继承人和受遗赠人按比例清偿，是指由遗嘱继承人和受遗赠人按照所获得遗产的实际价值的比例来清偿。如果只有遗嘱继承人，则由各遗嘱继承人按比例清偿；如果只有受遗赠人，则由各受遗赠人按比例清偿。如甲死亡后留有价值500万元的遗产，在遗嘱中指定由继承人乙继承价值50万元的遗产，将其中150万元赠与好友丙，其余遗产未作处理。遗产分割时，将遗产中的150万元给了丙，乙按照遗嘱继承获得50万元，其余300万元由继承人乙、丁各分得150万元。后来发现甲尚有400万元的债务未偿还。此时，就需要先由乙、丁用经法定继承取得的300万元偿还，其余100万元，则应由受遗赠人丙和遗嘱继承人乙按比例分担。因为乙按照遗嘱继承了50万元，丙受遗赠数额为150万元，所以乙和丙需要按照1∶3的比例清偿剩余的100万元债务，即乙偿还其中的25万元，丙偿还其中的75万元。

中华人民共和国
民法典解读

精装珍藏版

人格权编·侵权责任编

黄 薇 主编

中国法制出版社
CHINA LEGAL PUBLISHING HOUSE

目　录

第四编　人格权

第一章　一般规定

第九百八十九条【人格权编的调整范围】…………………… 5
第九百九十条【人格权类型】………………………………… 11
第九百九十一条【人格权受法律保护】……………………… 19
第九百九十二条【人格权不得放弃、转让、继承】………… 20
第九百九十三条【人格利益的许可使用】…………………… 21
第九百九十四条【死者人格利益保护】……………………… 26
第九百九十五条【人格权保护的请求权】…………………… 31
第九百九十六条【人格权责任竞合下的精神损害赔偿】…… 36
第九百九十七条【申请法院责令停止侵害】………………… 39
第九百九十八条【认定行为人承担责任时的考量因素】…… 44
第九百九十九条【人格利益的合理使用】…………………… 49
第 一 千 条【消除影响、恢复名誉、赔礼道歉责任方式】………………………………………… 52
第一千零一条【自然人身份权利保护的参照】……………… 57

第二章　生命权、身体权和健康权

第一千零二条【生命权】……………………………………… 60
第一千零三条【身体权】……………………………………… 62
第一千零四条【健康权】……………………………………… 64
第一千零五条【法定救助义务】……………………………… 66

第一千零六条【人体捐献】…… 69
第一千零七条【禁止买卖人体细胞、组织、器官和遗体】…… 77
第一千零八条【人体临床试验】…… 80
第一千零九条【从事人体基因、胚胎等医学和科研活动的法定限制】…… 87
第一千零一十条【性骚扰】…… 90
第一千零一十一条【非法剥夺、限制他人行动自由和非法搜查他人身体】…… 95

第三章 姓名权和名称权

第一千零一十二条【姓名权】…… 99
第一千零一十三条【名称权】…… 106
第一千零一十四条【禁止侵害他人的姓名或名称】…… 112
第一千零一十五条【自然人姓氏的选取】…… 115
第一千零一十六条【决定、变更姓名、名称及转让名称的规定】…… 124
第一千零一十七条【姓名与名称的扩展保护】…… 126

第四章 肖 像 权

第一千零一十八条【肖像权及肖像】…… 130
第一千零一十九条【肖像权的保护】…… 135
第一千零二十条【肖像权的合理使用】…… 138
第一千零二十一条【肖像许可使用合同的解释】…… 143
第一千零二十二条【肖像许可使用合同期限】…… 143
第一千零二十三条【姓名、声音等的许可使用参照肖像许可使用】…… 147

第五章　名誉权和荣誉权

第一千零二十四条【名誉权及名誉】 …………………… 150
第一千零二十五条【新闻报道、舆论监督与保护名誉权关系问题】 …………………… 155
第一千零二十六条【认定是否尽到合理核实义务的考虑因素】 …………………… 160
第一千零二十七条【文学、艺术作品侵害名誉权的认定与例外】 …………………… 163
第一千零二十八条【名誉权人更正权】 …………………… 166
第一千零二十九条【信用评价】 …………………… 169
第一千零三十条【处理信用信息的法律适用】 …………… 172
第一千零三十一条【荣誉权】 …………………… 175

第六章　隐私权和个人信息保护

第一千零三十二条【隐私权及隐私】 …………………… 179
第一千零三十三条【侵害隐私权的行为】 ………………… 186
第一千零三十四条【个人信息保护】 …………………… 190
第一千零三十五条【个人信息处理的原则】 ……………… 200
第一千零三十六条【处理个人信息的免责事由】 ………… 205
第一千零三十七条【个人信息主体的权利】 ……………… 208
第一千零三十八条【个人信息安全】 …………………… 210
第一千零三十九条【国家机关及其工作人员对个人信息的保密义务】 …………………… 214

第七编 侵权责任

第一章 一般规定

第一千一百六十四条【侵权责任编的调整范围】 ………… 220
第一千一百六十五条【过错责任原则与过错推定责任】 … 223
第一千一百六十六条【无过错责任】 ………………… 230
第一千一百六十七条【危及他人人身、财产安全的责任承担方式】 ………………… 234
第一千一百六十八条【共同侵权】 ………………… 237
第一千一百六十九条【教唆侵权、帮助侵权】 ………… 240
第一千一百七十条【共同危险行为】 ………………… 243
第一千一百七十一条【分别侵权的连带责任】 ………… 246
第一千一百七十二条【分别侵权的按份责任】 ………… 248
第一千一百七十三条【与有过错】 ………………… 251
第一千一百七十四条【受害人故意】 ………………… 254
第一千一百七十五条【第三人过错】 ………………… 255
第一千一百七十六条【自甘风险】 ………………… 258
第一千一百七十七条【自力救济】 ………………… 263
第一千一百七十八条【特别规定优先适用】 ………… 267

第二章 损害赔偿

第一千一百七十九条【人身损害赔偿范围】 ………… 271
第一千一百八十条【以相同数额确定死亡赔偿金】 ……… 281
第一千一百八十一条【被侵权人死亡时请求权主体的确定】 ………………… 283

第一千一百八十二条【侵害他人人身权益造成财产损失的赔偿计算方式】…… 286
第一千一百八十三条【精神损害赔偿】…… 291
第一千一百八十四条【财产损失的计算】…… 295
第一千一百八十五条【故意侵害知识产权的惩罚性赔偿责任】…… 296
第一千一百八十六条【公平分担损失】…… 301
第一千一百八十七条【赔偿费用的支付方式】…… 305

第三章 责任主体的特殊规定

第一千一百八十八条【监护人责任】…… 311
第一千一百八十九条【委托监护时监护人的责任】…… 313
第一千一百九十条【暂时丧失意识后的侵权责任】…… 316
第一千一百九十一条【用人单位责任和劳务派遣单位、劳务用工单位责任】…… 319
第一千一百九十二条【个人劳务关系中的侵权责任】…… 323
第一千一百九十三条【承揽关系中的侵权责任】…… 328
第一千一百九十四条【网络侵权责任】…… 330
第一千一百九十五条【“通知与取下”制度】…… 333
第一千一百九十六条【“反通知”制度】…… 339
第一千一百九十七条【网络服务提供者与网络用户的连带责任】…… 342
第一千一百九十八条【违反安全保障义务的侵权责任】…… 346
第一千一百九十九条【教育机构对无民事行为能力人受到人身损害的过错推定责任】…… 352
第一千二百条【教育机构对限制民事行为能力人受到人身损害的过错责任】…… 357

第一千二百零一条【受到校外人员人身损害时的责任分担】…… 360

第四章 产品责任

第一千二百零二条【产品生产者侵权责任】…… 364
第一千二百零三条【被侵权人请求损害赔偿的途径和先行赔偿人追偿权】…… 368
第一千二百零四条【生产者、销售者的第三人追偿权】… 370
第一千二百零五条【产品缺陷危及他人人身、财产安全的侵权责任】…… 371
第一千二百零六条【生产者、销售者的补救措施及费用承担】…… 373
第一千二百零七条【产品责任中的惩罚性赔偿】…… 376

第五章 机动车交通事故责任

第一千二百零八条【机动车交通事故责任的法律适用】… 379
第一千二百零九条【租赁、借用机动车交通事故责任】… 383
第一千二百一十条【转让并交付但未办理登记的机动车侵权责任】…… 385
第一千二百一十一条【挂靠机动车交通事故责任】…… 388
第一千二百一十二条【擅自驾驶他人机动车交通事故责任】…… 390
第一千二百一十三条【交通事故侵权救济来源的支付顺序】…… 392
第一千二百一十四条【拼装车、报废车交通事故责任】… 394
第一千二百一十五条【盗抢机动车交通事故责任】…… 397
第一千二百一十六条【驾驶人逃逸责任承担规则】…… 400

第一千二百一十七条【好意同乘规则】 …………………… 403

第六章 医疗损害责任

第一千二百一十八条【医疗损害责任归责原则】 ………… 408
第一千二百一十九条【医疗机构说明义务与患者知情同意权】 …………………………… 411
第一千二百二十条【紧急情况下实施的医疗措施】 ………… 414
第一千二百二十一条【医务人员过错的医疗机构赔偿责任】 …………………………… 416
第一千二百二十二条【医疗机构过错推定的情形】 ……… 418
第一千二百二十三条【因药品、消毒产品、医疗器械的缺陷或输入不合格的血液的侵权责任】 …………………………… 420
第一千二百二十四条【医疗机构免责事由】 ……………… 424
第一千二百二十五条【医疗机构对病历的义务及患者对病历的权利】 ……………………… 431
第一千二百二十六条【患者隐私和个人信息保护】 ……… 436
第一千二百二十七条【不必要检查禁止义务】 …………… 439
第一千二百二十八条【医疗机构及医务人员合法权益的维护】 …………………………… 441

第七章 环境污染和生态破坏责任

第一千二百二十九条【环境污染和生态破坏侵权责任】 … 445
第一千二百三十条【环境污染、生态破坏侵权举证责任】 … 448
第一千二百三十一条【两个以上侵权人造成损害的责任分担】 …………………………… 452
第一千二百三十二条【侵权人的惩罚性赔偿】 …………… 454

第一千二百三十三条【因第三人过错污染环境、破坏生态的责任】…………………………… 457
第一千二百三十四条【生态环境损害修复责任】………… 460
第一千二百三十五条【生态环境损害赔偿的范围】……… 464

第八章 高度危险责任

第一千二百三十六条【高度危险责任一般规定】………… 468
第一千二百三十七条【民用核设施致害责任】…………… 472
第一千二百三十八条【民用航空器致害责任】…………… 475
第一千二百三十九条【高度危险物致害责任】…………… 479
第一千二百四十条【高度危险活动致害责任】…………… 482
第一千二百四十一条【遗失、抛弃高度危险物致害的侵权责任】……………………………… 486
第一千二百四十二条【非法占有高度危险物致害的侵权责任】……………………………… 489
第一千二百四十三条【未经许可进入高度危险作业区域的致害责任】……………………… 491
第一千二百四十四条【高度危险责任赔偿限额】………… 493

第九章 饲养动物损害责任

第一千二百四十五条【饲养动物损害责任一般规定】…… 498
第一千二百四十六条【未对动物采取安全措施损害责任】… 503
第一千二百四十七条【禁止饲养的危险动物损害责任】…… 508
第一千二百四十八条【动物园饲养动物损害责任】……… 510
第一千二百四十九条【遗弃、逃逸动物损害责任】……… 512
第一千二百五十条【因第三人过错致使动物致害责任】… 514
第一千二百五十一条【饲养动物应负的社会责任】……… 516

第十章 建筑物和物件损害责任

第一千二百五十二条【建筑物、构筑物或者其他设施倒塌、塌陷致害责任】 …… 520

第一千二百五十三条【建筑物、构筑物或者其他设施及其搁置物、悬挂物脱落、坠落致害责任】 …… 527

第一千二百五十四条【高空抛掷物、坠落物致害责任】 … 531

第一千二百五十五条【堆放物致害责任】 …… 541

第一千二百五十六条【在公共道路上妨碍通行物品的致害责任】 …… 542

第一千二百五十七条【林木致害的责任】 …… 544

第一千二百五十八条【公共场所或道路施工致害责任和窨井等地下设施致害责任】 …… 547

附 则

第一千二百五十九条【法律术语含义】 …… 552

第一千二百六十条【施行日期】 …… 553

附 录

1. 关于《民法典各分编（草案）》的说明 …… 555
（2018 年 8 月 27 日）

2. 全国人民代表大会宪法和法律委员会关于《民法典合同编（草案）》修改情况的汇报 …… 570
（2018 年 12 月 23 日）

3. 全国人民代表大会宪法和法律委员会关于《民法典侵权责任编（草案）》修改情况的汇报 …………………… 575
（2018 年 12 月 23 日）
4. 全国人民代表大会宪法和法律委员会关于《民法典物权编（草案）》修改情况的汇报 …………………… 581
（2019 年 4 月 20 日）
5. 全国人民代表大会宪法和法律委员会关于《民法典人格权编（草案）》修改情况的汇报 …………………… 585
（2019 年 4 月 20 日）
6. 全国人民代表大会宪法和法律委员会关于《民法典婚姻家庭编（草案）》修改情况的汇报 …………………… 588
（2019 年 6 月 25 日）
7. 全国人民代表大会宪法和法律委员会关于《民法典继承编（草案）》修改情况的汇报 …………………… 592
（2019 年 6 月 25 日）
8. 全国人民代表大会宪法和法律委员会关于《民法典人格权编（草案）》修改情况的汇报 …………………… 595
（2019 年 8 月 22 日）
9. 全国人民代表大会宪法和法律委员会关于《民法典侵权责任编（草案）》修改情况的汇报 …………………… 598
（2019 年 8 月 22 日）
10. 全国人民代表大会宪法和法律委员会关于《民法典婚姻家庭编（草案）》修改情况的汇报 …………………… 602
（2019 年 10 月 21 日）

11. 全国人民代表大会宪法和法律委员会关于《民法典各分编（草案）》修改情况和《中华人民共和国民法典（草案）》编纂情况的汇报 …………………… 604
（2019 年 12 月 23 日）

12. 关于《中华人民共和国民法典（草案）》的说明 ……… 612
（2020 年 5 月 22 日）

13. 第十三届全国人民代表大会宪法和法律委员会关于《中华人民共和国民法典(草案)》审议结果的报告 ……………………………………………… 634
（2020 年 5 月 26 日）

14. 第十三届全国人民代表大会宪法和法律委员会关于《中华人民共和国民法典(草案修改稿)》修改意见的报告 ……………………………………… 641
（2020 年 5 月 27 日）

后　记 ………………………………………………… 645

第四编

人格权

本编坚持以人民为中心，顺应人民群众对人格权保护的迫切需求，在现行有关法律法规和司法解释的基础上，对人格权的一般规定以及各种具体人格权作了较为详细的规定，为人格权保护奠定和提供充分的规范基础。

在立法过程中，对民法典是否单独设立人格权编，一直有不同的争论观点。从总体情况看，各方面都赞成通过立法加强人格权的保护，但对立法形式有不同意见。绝大多数意见认为，人格权独立成编，既能够体现立法对人格权制度的高度重视，彰显人格权制度的重要性，也可以适应人格权制度的发展，回应社会对加强人格权保护的呼声，有利于解决人格权保护领域出现的新情况和新问题；采用独立成编的立法形式，既符合民法调整人身关系和财产关系这种体系结构的内在逻辑，也是对我国自民法通则以来的民事立法经验的继承和发展。但也有意见认为，从国外的立法看，在民法典中专编规定人格权的国家和地区并不多，不赞成人格权独立成编，建议在第一编总则和第七编侵权责任中完善人格权制度。

经认真研究后认为，人格权是民事主体对其特定的人格利益享有的权利，关系到每个人的人格尊严，是民事主体最基本、最重要的权利。保护人格权、维护人格尊严，是我国法治建设的重要任务，近年来加强人格权保护的呼声和期待较多。为了贯彻党的十九大和十九届二中全会关于“保护人民人身权、财产权、人格权”的精神，落实宪法关于“公民的人格尊严不受侵犯”的要求，坚持以人民为中心，回应社会关切，顺应人民群众对人格权保护的迫切需要，满足人民日益增长的对人格权保护的需求，为司法实践提供较为明确的裁判依据，实现民法典的体系化，综合考虑各方面意见，在现行有关法律法规和司法解释基础上，总结我国现有人格权保护的实践经验，在民法典中增加人格权编是较为妥当、可取的。通过专编规定人格权，也有助于将本法总则编所规定的人格权予以细化，而且使得民法典的体系与其调整对象吻合，体例更完善，逻辑更严密。同时，可以将现行法律中关于人格权的分散规定集中展现，对不够具体的加以具体化，对社会生活中亟须规范而没有规范的予以明确，还可以将法规、规章、司法解释已作规定，并经实践检验行之有效，但尚未上升到法律的规定纳入民法典，这也与民法典编纂的时代性和对现行民事法律规范进行系统整合的立法目标相契合。通过专编规定人格权，对人格权予以具体详细的规定，有助于使民事主体了解自己所享有的各项人格权，具有人格权宣示的作用，意义重大。民法通则也在民事权利这一章中专节规定了人身权，这是我国民事立法的重大成就，凸显了对人格权的尊重和保护，影响深远，本法应当继承这一做法。本编对于人格权的规定，主要是从民事法律规范的角度规定自然人和其他民事主体人格权的内容、边界和保护方式，不涉及公民政治、社会等方面权利。

本编分为六章，共五十一条，规定了自然人所享有的人格权和法人、非法人组织享有的人格权，包括人格权的一般规定（第一章）以及各项人格权的具体规定（第二章至第六章）。

第一章　一般规定

本章共十三条，对人格权编的调整范围、人格权的范围、人格权的许可使用、死者的人格保护、人格保护的动态考量因素、人格权的特殊保护方式等作出了规定。

第九百八十九条　本编调整因人格权的享有和保护产生的民事关系。

◆ 条文主旨

本条是关于人格权编调整范围的规定。

◆ 立法背景

人格权的概念在民法中的确立经历了较长的过程。罗马法中并不存在现代的人格权概念，但其在“侵辱之诉”中包括了对身体、名誉和尊严的保护。近代的民法典也多以财产法为中心构建，对人格权的保护是不足的。但是，随着社会的发展和技术的创新，人格权保护领域出现了很多新情况、新问题，突出表现在以下几个方面：一是人格权益的类型越来越多样。在传统的生命权、身体权、健康权、姓名权、名称权、肖像权、名誉权、荣誉权等具体人格权之外，出现了隐私权、个人信息等需要保护的新型人格权益。二是人格权保护涉及的法律关系越来越复杂，对人格权的保护往往需要平衡不同利益主体的利益诉求。例如，对身体权、健康权的保护涉及器官和遗体捐献等问题；对个人信息的保护需要明确个人信息的保护范围，处理者的具体义务，个人信息保护和数据资产化之间的关系等问题。三是侵害人格权的方式越来越多样，后果越来越严重。随着信息技术、互联网技术和大数据技术的发展，网络谣言、人肉搜索等网络暴力和非法披露他人隐私、非法传播他人信息等侵害民众的名誉、隐私、个人信息等人格权益的情形时有发生，严重损害了人们的人格权益，也造成了较为严重的社会后果。司法实践中关于人格权保护的问题也越来越突出。同时，各国的宪法也越来越重视对人格尊严的保护。

所有这些促使了人格权概念的形成和发展。在法国，法院通过《法国民法典》第 1382 条为人格权提供了保护，逐渐承认了人格权的民事权利属性，并在《法国民法典》中增加了第 9 条以及第 16 条以下条款，明文规定了私生活受尊重的权利、身体完整权等各项人格权利。在德国，基于以财产保护为中心、人格权的不确定性、不当混淆了人格权的主体和客体等原因，《德国民法典》未规定一般意义上的人格权，除侵权法第 823 条第 1 款所规定的生命、身体、健康、自由之外，仅明文规定了姓名权（第 12 条）、信用权（第 824 条）、性自主权（第 825 条）等几项具体的人格权。但是，德国法院和法学通过德国基本法创设了一般人格权概念，并将一般人格权置于《德国民法典》第 823 条第 1 款之中的“其他权利”中，发展出了大量的案例，以弥补民法典关于人格权立法的不足。甚至，法国和德国在“二战”后都曾经进行过人格权立法的多次努力，只是由于各种原因，这些立法努力最终没有成功。瑞士法中，最初对人格权的保护也存在诸多不足，但以《瑞士民法典》第 28 条为基础，瑞士联邦法院进行了十分重要的发展与造法，并在 1983 年 12 月 16 日通过了对于《瑞士民法典》

的修改，完善人格权的内容、对精神损害赔偿的要件进行了改革、强化对人格权的保护，对侵害人格权的行为提供了广泛的救济。1991年颁布的《魁北克民法典》中涉及人格权的条文多达六十多个，对生命权、身体完整和人身自由、尊严、荣誉、名誉、私生活等受尊重的权利明文予以规定。由此可见，加强对人格权的保护是国际上的立法和司法趋势。

我国法律中，民法通则在民事权利这一章中专节规定了人身权，规定了生命健康权、姓名权、名称权、肖像权、名誉权、荣誉权、婚姻自主权等人格权。本法总则编延续了这一方式。第109条规定，自然人的人身自由、人格尊严受法律保护。第110条规定，自然人享有生命权、身体权、健康权、姓名权、肖像权、名誉权、荣誉权、隐私权、婚姻自主权等权利。法人、非法人组织享有名称权、名誉权、荣誉权。第111条规定，自然人的个人信息受法律保护。任何组织或者个人需要获取他人个人信息的，应当依法取得并确保信息安全，不得非法收集、使用、加工、传输他人个人信息，不得非法买卖、提供或者公开他人个人信息。据此，本条明确规定，本编调整因人格权的享有和保护产生的民事关系。

◆ **条文解读**

首先，本编的调整范围与人格权有关。本法第2条规定，民法调整平等主体的自然人、法人和非法人组织之间的人身关系和财产关系。民法所调整的民事关系，根据权利义务所涉及的内容不同，可以分为两大类，即民事主体之间的财产关系和人身关系。人身关系，是指民事主体之间基于人格和身份形成的民事法律关系。人身关系有的与民事主体的特定身份相关，如配偶之间的婚姻关系、父母子女之间的抚养和赡养关系；有的与民事主体的人格利益相关。本编调整后一种人身关系。所谓人格权，一般认为，是指民事主体对其特定的人格利益所享有的排除他人侵害，以维护和实现人身自由、人格尊严为目的的权利。

应当注意的是，本编调整范围所涉及的是人格权而非人格。人格，指的是民事主体享有民事权利、承担民事义务的法律资格。我国自民法通则以来，就严格区分了人格与人格权的概念，与“人格”相对应的概念是民事权利能力，而人格权是民事权利的一种，权利主体是具有民事权利能力的民事主体，不具有民事权利能力，就不享有人格权；但人格权所涉及的是人格利益而非作为民事权利能力的人格。

其次，本编所涉及的是人格权的享有和保护。人格权是与生俱来的，而法律对民事主体享有人格权予以确认，并对其予以保护，有助于通过法律手段加强对人格权的保障。本编所涉及的是人格权的享有和保护，并非意味着人格权的享有和保护仅能通过本编实现。本法总则编第109条至第111条对人格权进行了一般性的规定，同时，本法其他各编，尤其是侵权责任编，也涉及人格权的保护。但是，人格权编与侵权责任编的功能和定位不同。人格权编主要规定了人格权的类型、权利内容、权利边界、与其他价值之间的协调、行为人的义务和特殊保护方式等规则，侵权责任编主要着眼于对人格权的事后救济。侵权责任构成的前提离不开所侵犯权利的具体类型、具体内容以及行为人违反的具体义务，这都需要建立在人格权的确认、内容、利用和保护等具体规范之上。而侵权责任编由于受其功能所限，无法容纳这些具体规范。本编中对人格权的规定，将涉及人格权的具体内容集中予以细化规定，有利于维护个人的尊严和价值，有助于使民事主体明确认识到自身所享有的人格权，使其能够主动地行使并保护自身的人格权，同时也能够充分尊重他人的人格权，为形成和谐稳定的社会秩序和弘扬社会主义核心价值观奠定基础。同时，鉴于侵权责任编对侵害民事权利的一般救济规则已作了较为详细的规定，人格权编只规定了保护人格权的特殊救济方式。因此，人格权编与侵权责任编既各有分工，又能够相互衔接，共同实现对人格权的保护。

最后，本编调整的是因人格权的享有和保护所产生的民事关系。这意味着：第一，民事关系是法律调整的对象，民事法律关系是法律调整之后的结果；第二，调整的是民事关系，而非其他关系。人格权的享有和保护涉及多个法律部门的共同调整，有宪法、民法、行政法、刑法等，本编仅涉及其中的民事关系。

应当注意的是，在人格权问题上的宪法和民法之间的关系。我国宪法确立了保障公民人身权利的原则。《宪法》第 33 条第 3 款规定："国家尊重和保障人权。"第 37 条规定："中华人民共和国公民的人身自由不受侵犯。任何公民，非经人民检察院批准或者决定或者人民法院决定，并由公安机关执行，不受逮捕。禁止非法拘禁和以其他方法非法剥夺或者限制公民的人身自由，禁止非法搜查公民的身体。"第 38 条规定："中华人民共和国公民的人格尊严不受侵犯。禁止用任何方法对公民进行侮辱、诽谤和诬告陷害。"第 39 条规定："中华人民共和国公民的住宅不受侵犯。禁止非法搜查或者非法侵入公民的住宅。"第 40 条规定："中华人民共和国公民的通信自由和通信秘密受法律的保护。除因国家安全或者追查刑事犯罪的需要，由公安机关或者检察机关依照法律规定的程序对通信进行检查外，任何组织或者个人不得以任何理由侵犯公民的通信自由和通信秘密。"

宪法的这些规定，首先强调了国家对公民的这些基本权利的保障义务，国家要通过各种方式实现对这些基本权利的保障，通过立法予以保障是实现国家保障义务的重要方式之一，宪法的这些规定应当通过法律的具体规定予以落实。其次，宪法的规定不仅调整国家和公民之间的关系，其作为客观价值秩序，对于公民和公民之间的私法关系也发生着重要的价值辐射作用。因此，本法人格权编的具体规定，体现了宪法这些规范的上述两种功能。据此，宪法规范具有根本的、最高的规范层级，是国家的根本大法，是其他法律制定的依据，宪法中的这些规范构成了本法人格权编具体规定的规范基础，为人格权制度提供了合法性来源以及发展和完善的动力。本法人格权编的具体规定是对宪法这些规定的落实和具体化，体现了宪法的精神，落实了宪法的要求。这也是本法第1条中所强调的“根据宪法”的含义。为了确保宪法规定能够落到实处，民事法律需要将宪法规定的人格尊严予以细化，使之具有可诉性和可操作性，为人民法院保护当事人的人格尊严提供裁判依据。同时，本法对人格权的具体规定，涉及人格权的类型、权利内容、权利边界、与其他价值之间的协调、行为人的义务和特殊保护方式等规则，有助于将宪法的要求具体化，充实宪法的各项具体规范要求，协调宪法多种价值和规范之间的关系，有助于全面推进依法治国。

因此，本法对于人格权的规定，将宪法规定的人格尊严在民事领域予以具体化，围绕民事主体所享有的生命权、身体权、健康权、姓名权、名称权、肖像权、名誉权、荣誉权、隐私权和个人信息等人格权益，以及所产生的民事法律关系作出规定，可以更好地体现宪法精神，这对于确保公民的人格尊严不受侵犯，体现我国在人格权保护领域所取得的进步具有十分重要的意义，有助于宪法和民法之间交互影响和双向互动关系的良性发展。但是，本编对人格权的规定并不包含宪法所规定的公民的所有基本权利，而主要是公民所享有的关于人格的民事权利，是从民事法律规范的角度规定自然人和其他民事主体人格权的内容、边界和保护方式，不涉及公民政治、社会等方面的基本权利。

▶ **相关规定**

《中华人民共和国宪法》第33条第3款、第38-40条

第九百九十条　人格权是民事主体享有的生命权、身体权、健康权、姓名权、名称权、肖像权、名誉权、荣誉权、隐私权等权利。

除前款规定的人格权外，自然人享有基于人身自由、人格尊严产生的其他人格权益。

◆ **条文主旨**

本条是关于人格权类型的规定。

◆ **立法背景**

在立法过程中，有的意见提出，信用是对民事主体经济能力的社会评价，信用权是市场经济下的一项重要的权利，应该将信用权作为一种独立的人格权加以规定。有的意见认为，侵犯信用仅是侵犯名誉的一种情形。从理论上来讲，信用是对民事主体经济能力的社会评价，名誉是对民事主体的品德、声望、才能以及其他素质的社会综合评价，其已经包含了信用的内容，且损毁他人名誉与损毁他人信用的民事责任也相同，没有必要将信用从名誉中分离出来单独规定。从实践情况来看，目前司法实践通过对名誉权的保护对信用进行保护，可以满足现实需要。基于此，本条没有明确规定信用权，而是将其置于名誉权中予以保护。

还有的意见认为，环境是公民作为生物个体生存的基本物质条件和空间场所，是人类生存的必要条件，应该规定环境权作为

独立的人格权，即民事主体享有通风、采光、清洁空气、清洁水等环境权益。有的意见认为，环境权是一种复合型的权利，其内容大致包括三个方面，即公众的环境知情权、环境决策参与权以及公众诉权。公众的环境知情权是公众实施其他环境权的基础和前提，公众只有获得了有关环境方面的信息资料，才有可能积极有效地行使环境决策参与权。公众诉讼与一般的侵权诉讼不同。一般的环境侵权诉讼是自然人、法人或者非法人组织自身的利益受到他人侵害而提起的诉讼，而公众诉讼在性质上属于公益诉讼。公益诉讼的目的往往不是直接保护某个自然人的个体利益，而是防止侵权人对不特定多数人的利益造成损害，或者督促政府积极履行某些保护公共利益的法定职责。环境权的公益性是其显著的特征，而民事主体行使民事权利的主要目的是保护自身的利益。环境权是环境法确认和保护的社会权，而非由民法确认和保护的私权。从境外的立法看，不少国家和地区并不在民法典中规定环境权，而是在宪法或者专门的环境法中规定这种权利。如《俄罗斯联邦宪法》第 42 条规定，每个人都有享受良好的环境和获得关于环境状况的信息的权利。美国一些州宪法中对环境权作了具体的规定，包括清洁空气权、清洁水权、免受过度噪声干扰权等。对因污染环境造成公民个人人身、财产权益损害的，各国一般是通过规定环境侵权的民事责任来实现的。如美国以环境专门立法的形式确立严厉的行政控制制度以及环境侵权民事责任。德国、日本陆续出台了多部环境保护法律，并规定因环境侵权需承担的民事责任。从我国目前的立法看，多部法律中已对环境侵权问题作了规定。因污染环境、破坏生态，造成民事主体人身财产权益损害的，或者造成生态环境损害的，民事主体、国家规定的机关或者法律规定的组织可以依据本法侵权责任编主张权利，本法侵权责任编第七章专章规定了环境污染和生态破坏责任。此外，环境保护法、大气污染防治法、水污染防治法等法律对此也作了规定。目前理论界和实务界对环境权是否属于人格权甚至民事权利存在很大争议。本条最终没有明确规定环境权。

本条第1款仅是对民事主体所享有的人格权利的具体类型进行了列举，而并未对人格权作出概括式的定义。理论中对人格权的概括式定义存在多种观点。就人格权的客体而言，有的认为是权利人自身，有的认为是伦理价值，有的认为是特定的人格要素，有的认为是特定的人格利益。就人格权的权利性质而言，有的认为是支配权；有的认为，对特定人格利益支配将导致人作为主体的客体化，不符合伦理，因此并非支配权，但是属于绝对权，具有排除他人干涉的内容；有的认为，人格权并非支配权或者绝对权，而是一种受尊重权、自主决定权。就人格权与财产权的关系而言，有的认为人格权是非财产性的权利，有的认为人格权也具有一定的财产利益，与财产权具有相互转化的可能性。经研究，不同的观点都指出了人格权的一个侧面，但都难免挂一漏万；同时，对人格权下定义是法学但并非立法的任务。因此，本条第1款未对人格权采取概括定义的方式，而仅仅是对人格权的具体类型进行了不全面的列举。

◆ **条文解读**

一、人格权具体类型的列举

本条第1款列举了民事主体所享有的人格权的具体类型。本法第110条规定，自然人享有生命权、身体权、健康权、姓名权、肖像权、名誉权、荣誉权、隐私权、婚姻自主权等权利。法人、非法人组织享有名称权、名誉权和荣誉权。据此，本款对此予以总结，规定了民事主体所享有的人格权的具体法定类型包括：

1. 生命权：指自然人享有的以生命安全和生命尊严为内容的

权利。

2. 身体权：指自然人享有的以身体完整和行动自由为内容的权利。

3. 健康权：指自然人享有的以身心健康为内容的权利。

4. 姓名权：指自然人享有的依法决定、使用、变更或者许可他人使用自己姓名的权利。

5. 名称权：指法人和非法人组织享有的依法使用、变更、转让或者许可他人使用自己名称的权利。

6. 肖像权：指自然人享有的依法制作、使用、公开或者许可他人使用自己肖像的权利。

7. 名誉权：指自然人、法人和非法人组织就其品德、声望、才能、信用等所获得的社会评价，所享有的保有和维护的权利。

8. 荣誉权：指自然人、法人和非法人组织对其获得的荣誉及其利益所享有的保持、自主决定的权利。

9. 隐私权：指自然人享有的私人生活安宁与不愿为他人知晓的私密空间、私密活动、私密信息等依法受到保护，不受他人刺探、侵扰、泄露和公开的权利。

关于人格权的主体，自然人当然享有人格权，关于法人和非法人组织是否享有人格权，理论中存在不同观点。有的认为，法人和非法人组织并非自然人，不具有理性和感知能力，不具有人身自由、人格尊严的伦理价值，不应当享有人格权，其所享有的人格权实际上是财产权。有的认为，法人和非法人组织享有的名称、名誉或者荣誉也具有被他人侵犯的可能性，法人和非法人组织的人格权具有现实的需要。经研究，法人、非法人组织所享有的名称、名誉和荣誉具有保护的现实必要性，民法通则也规定了其享有名称权、名誉权和荣誉权，本法第 110 条第 2 款作出了同样的规定。但是，应当注意的是，法人和非法人组织不能享有生命权、身体权、健康权等专属于自然人的权利；对自然人的人格权保护具有充分的伦理价值，而法人和非法人组织享有一定范围的人格权，更多是基于现实的法律技术的需要，更多涉及财产利益，或者间接地保护组织背后的自然人。人格权最为重要的目的是维护自然人的人身自由和人格尊严，是以自然人的人格权为规范的重心。

关于所列举的人格权的具体类型，本法第 110 条第 1 款还规定了自然人享有婚姻自主权。婚姻自主权是指自然人享有的结婚、离婚自由不受他人干涉的权利。该权利属于自然人人格权的一种，但对其的确认和保护主要体现在本法婚姻家庭编中，例如本法婚姻家庭编第 1042 条第 1 款规定："禁止包办、买卖婚姻和其他干涉婚姻自由的行为。禁止借婚姻索取财物。"因此，本条未具体列举自然人享有的婚姻自主权，可以包含在第 1 款规定的"等"中。

二、人格权益的一般条款

对于人格权类型的具体列举，通过法律明确人格权的类型、保护对象、内容等，有助于法律适用的统一和便利。但是，随着社会的发展，自然人的人格权保护需求必然会更为多元化，立法中难以穷尽，不断会有新的人格权益纳入法律的保护范围，具体的列举必然会导致人格权保护出现漏洞，即使不断根据实践需求，将值得法律保护的新的人格权益通过扩张，纳入已经明确列举的人格权的类型和内容中，仍然可能会不敷其用。

从比较法角度观察，德国法中，其侵权法构造采取三个小的一般条款，对人格权的保护明显不足；同时，由于采纳宪法基本权利的间接效力理论，导致宪法基本权利规范无法透过《德国民法典》第 823 条第 2 款之规定进入私法之中，同时，基本权利又无法直接作为第 823 条第 1 款所规定的"其他权利"而得到保护。在此情形之下，新型人格权益的保护就只能通过以下方式实现，将刑法等具体部门法的人格保护规定作为第 823 条第 2 款意义上的保护性规范，违反将导致侵权责任的承担，或者利用第 826 条故意违反善意风俗侵权的侵权类型规定实现保护。但这两种方式显然过于狭窄，导致对人格权益保护的不足。因此，为了实现对人格权益的充分保护，德国法就只能通过基本权利的价值预设，创设民法上的“一般人格权”，将“一般人格权”作为第 823 条第 1 款意义上的“其他权利”，实现对人格权益的保护，同时将宪法上的“一般人格权”与民法上的“一般人格权”区别开来，从而构成不违反基本权利间接效力理论前提下的司法适用方法。在法国法中，其侵权法的条款是一般概括式的，侵权法的保护对象较为宽广，能够为各种新型利益的保护提供有效的法律框架，因此没有必要通过一般人格权的概念对新型的人格权益予以保护，但仍然在司法实践中不断地通过侵权法扩张人格权益的保护，认为《法国民法典》第 1382 条包括了广泛的各种法律上应受保护的利益的侵害。日本法通过扩张解释《日本民法典》第 709 条中的“权利的侵害”要件也达到同样的效果。美国法则通过隐私权的广泛范围不断扩张人格权益的保护范围。因此，即使不同规范前提下采取的法律技术不同，但不断扩张人格权益的保护范围这一点是比较法的共识和趋势。

本法第 3 条规定，民事主体的人身权利、财产权利以及其他合法权益受法律保护，任何组织或者个人不得侵犯。第 126 条规定，民事主体享有法律规定的其他民事权利和利益。这些规定的目的都是避免法律保护可能出现的漏洞。据此，本条第 2 款规定，除前款规定的人格权外，自然人享有基于人身自由、人格尊严产生的其他人格权益。这能够回应社会发展所产生的新型人格权益保护需求，避免具体列举人格权所产生的封闭性，有助于使人格权益保护的体系更为完全，保护的范围也更为周延，适应社会的不断发展，发挥对人格权益进行兜底性保护的功能，保持人格权制度发展的开放性。

本条第2款适用的前提是，首先，被侵犯的人格权益没有法律的明确规定，并且无法纳入具体列举的人格权的保护范围。该款规定是为了弥补法律规定和人格权的具体列举所出现的不足。因此，当法律对此有明确规定时，应当首先适用法律的明确规定；虽然法律没有明确规定，但可以适用具体列举的人格权予以保护时，则应当适用具体的规定。这样，才能避免法律适用的不安定和不统一。只有在法律没有明确规定，并且无法纳入具体列举的人格权的保护范围时，才应当适用本款规定。例如，关于个人信息的保护，虽然本法并未明确将之作为一种权利，但本法第111条以及第1034条以下条文对个人信息保护作出了明确规定，此时应当首先适用这些明确的规定。本法第1023条第2款也规定，对自然人声音的保护，参照适用肖像权保护的有关规定。

其次，被侵犯的人格权益是基于人身自由、人格尊严产生的，因此是需要法律保护的。人身自由，包括身体行动的自由和自主决定的自由，是自然人自主参加社会各项活动、参与各种社会关系、行使其他人身权和财产权的基本保障，是自然人行使其他一切权利的前提和基础。人格尊严，包括静态和消极的人格尊严，以及动态和积极的人格尊严，也即人格形成和人格发展。人格尊严不受侵犯，是自然人作为人的基本条件之一，也是社会文明进步的一个基本标志。由于人身自由和人格尊严的含义非常广泛，所以也能够包含通常所说的人格独立和人格平等。所有的人格权都以人身自由和人格尊严为价值基础，是这两种价值的具体表现，是以维护和实现人身自由和人格尊严为目的。人身自由和人格尊严是人格权获得法律保护的价值依据，也是认定新型人格权益的根本标准。人格权益是不断发展、变化的，随着社会的发展、科技的进步，必然会出现一些新的人格利益，这些利益能否得到人格权法的保护，缺乏必要的法律标准。而有了人身自由和人格尊严这一价值指引，新的人格权益就能得到识别和保护。可以说，人身自由和人格尊严是认定值得法律保护的新型人格权益的法律标准，正是通过它们的补充作用，人格权益具有了功能弹性，能包容新型的人格权益。因此，对人格权益而言，人身自由和人格尊严具有权利创设、价值指引和兜底保护等多重功能。

当然，人身自由和人格尊严必须与其他价值相协调，因此本款是框架性的、有待价值填充的、不确定的一般条款。被侵犯的人格权益在个案中是否值得保护，必须通过在个案中顾及所有情况，并通过以比例原则为导引的利益权衡予以确定。在此，本法第 998 条可以提供一般性的指引，即认定行为人承担侵害除生命权、身体权和健康权外的人格权的民事责任，应当考虑行为人和受害人的职业、影响范围、过错程度，以及行为的目的、方式、后果等因素。

最后，只有自然人的人格权益才能通过本款予以保护，法人和非法人组织不能适用本款。本款适用的价值基础是人身自由和人格尊严，而对于法人和非法人组织而言，其无法基于宪法而享有人身自由、人格尊严。自然人的人格权益具有广阔的发展可能性，但法人和非法人组织的人格权益不具有无限发展的可能性，其不需要人格权益保护的开放性。同时，法人和非法人组织更多涉及市场活动，如果其人格权益过分开放，由于具有不确定性，因此可能会是一种潜在的对市场竞争和自由的限制，对他们所谓的人格权益的侵害也首先可以通过反不正当竞争法、侵害财产权益的侵权责任法等法律途径予以保护，不需要用与自然人同样的方式解决。综上，法人和非法人组织享有个别人格权，在这些个别的具体制度上与自然人进行类比具有法律技术上的妥当性；但是，本款作为人格权益的一般性条款是不确定条款，只能通过价值权衡的方式予以界定，法人和非法人组织的价值基础和自然人的价值基础具有本质的区别，法人和非法人组织适用本款，在价值上和法律技术上都是不妥当的。

应当注意的是，由于本条第 1 款列举了人格权的具体类型，而第 2 款规定了人格权益的一般条款，所以，本法人格权编第一章关于人格权的一般规定中，所出现的“人格权”这个语词，一般就包括了法律所明确列举的人格权，也包括了自然人所享有的除明确列举的人格权之外的，基于人身自由、人格尊严产生的其他人格权益。

第九百九十一条　民事主体的人格权受法律保护，任何组织或者个人不得侵害。

◆ **条文主旨**

本条是关于人格权受法律保护的规定。

◆ **立法背景**

民事权利及其他合法权益受法律保护是民法的基本精神，是民事立法的出发点和落脚点。本法第 3 条规定，民事主体的人身权利、财产权利以及其他合法权益受法律保护，任何组织或者个人不得侵犯。人格权作为民事权利及其他合法权益的一种，自然也是如此，因此，民事主体的人格权受法律保护。本条对此予以明确。

◆ **条文解读**

人格权受法律保护，就要求任何组织或者个人不得侵犯。不得侵犯就是任何组织或者个人不得非法侵害、限制、剥夺他人的人格权，也不得干涉他人合法行使人格权，否则就要依据本法承担民事责任。民事主体按照自己的意愿依法保护和行使人格权，不受干涉。当然，这并非意味着民事主体的人格权可以毫无限制，是绝对自由的。当然，对人格权的限制，或者是基于法律的明确规定，或者是基于其他价值而在合理范围内予以限制，不得随意为之。例如，本法第 130 条至第 132 条对民事权利的行使进行了一般性规定，据此，民事主体保护和行使人格权时，应当履行法律规定的和当事人约定的义务，并且不得滥用而损害国家利益、社会公共利益或者他人合法权益。

第九百九十二条　人格权不得放弃、转让或者继承。

◆ 条文主旨

本条是关于人格权不得放弃、转让或者继承的规定。

◆ 立法背景

人格权只能为特定的权利人所享有，与权利主体不可分离。人格权，尤其是自然人所享有的人格权，是与生俱来的，因出生而当然发生，仅因死亡而当然消灭，因此是一种固有权利。人格权具有人身专属性，是人格权与财产权的重要区别，财产权通常具有非人身专属性，可以与权利主体发生分离。本条对人格权的人身专属性予以明确，强调人格权不得放弃、转让或者继承。

◆ 条文解读

首先，人格权不得放弃。作为专属于权利人享有的权利，人格权始终由权利主体享有，禁止权利主体随意加以放弃。如果人格权被一般性地、概括地放弃，人格必然受到缺损。对某项人格权的一般性放弃，例如生命权，意味着他人可以任意剥夺其生命，这也是违背公序良俗的。

其次，人格权不得转让。人格权作为整体必须由权利人享有，而不能转让给他人。《魁北克民法典》第3条就规定人格权不得转让。人格权不得转让，需要与许可他人使用姓名、名称、肖像等相区分。本法第993条规定，民事主体可以将自己的姓名、名称、肖像等许可他人使用，但是依照法律规定或者根据其性质不得许可的除外。许可他人使用自己的姓名、名称、肖像等，人格权仍然属于权利主体，被许可使用的也仅仅是自己的姓名、名称和肖像等特定的人格要素或者人格标识，而非人格权的整体转让。

最后，人格权不得继承。本法第1122条规定："遗产是自然人死亡时遗留的个人合法财产。""依照法律规定或者根据其性质不得继承的遗产，不得继承。"据此，能够被继承的只能是个人的合法财产，而不能是人格权。本法第994条同时规定，死者的姓名、肖像、名誉、荣誉、隐私、遗体等受到侵害的，其配偶、子女、父母有权依法请求行为人承担民事责任；死者没有配偶、子女且父母已经死亡的，其他近亲属有权依法请求行为人承担民事责任。这仅仅是死者的近亲属有权保护死者的姓名、肖像、名誉、荣誉、隐私、遗体等不被他人侵害，而并非是人格权的继承。

第九百九十三条 民事主体可以将自己的姓名、名称、肖像等许可他人使用，但是依照法律规定或者根据其性质不得许可的除外。

◆ 条文主旨

本条是关于姓名、名称、肖像等的许可使用的规定。

◆ 立法背景

人格权本质上是非财产权，但是，随着经济社会的发展、科技进步以及大众传媒、广告行业的发达，一些人格权已经不再只是消极防御性的权利，对民事主体的姓名、名称和肖像等的许可使用已经成为现实和可能，实践中也有大量需求。例如肖像权人允许公司使用其肖像做广告，姓名权人允许公司以自己的姓名作为公司名称。此种许可使用的现象日益增多，产生的纠纷也越来越多。随着人格权制度的发展，对于此种社会现实，存在不同的观点。有的认为，人格权仅仅是对精神利益的保护，不应当承认其中内含的财产利益，否则会使得财产权和人格权无法区分。有的认为，人格权中财产利益的承认回应了社会的发展，且能够更好地对人格权予以保护。从比较法中观察，德国司法实践通过承认一般人格权中包含精神利益和财产利益，对此种财产利益予以保护，也有学者认为存在独立的经济人格权。美国法中，隐私权旨在保护精神利益，为保护此种财产利益，司法判例承认公开权，即他人对姓名、肖像等所具有的商事价值的拥有权、保护权和获得利益权，通说观点认为是一种财产权利。

经认真研究，本条对姓名、名称、肖像等的许可使用作出了明确规定，理由如下：第一，有利于回应社会发展需要。传统社会中，社会形态比较简单，人格权更为注重保护；随着社会的发展，姓名、名称、肖像、声音等的许可使用问题凸显，各种许可使用的现象层出，法律应当对此予以回应。第二，有利于对人格尊严的保护。精神利益和财产利益并非不可协调，两者无法分开而紧密联系在一起，保护和许可使用也并非截然对立的两个层面。

人格尊严也包括对特定的人格标识等通过自己的意志自主许可他人使用，他人不得未经权利人许可而使用，这本身就是保护人格尊严的重要方式。承认此种财产利益，对此进行保护本身是对人格尊严的尊重，使得对人格权的保护不仅仅限于消极的防御，这是对发展人格的努力和劳动的尊重，有利于遏制侵害他人人格权益的行为，体现权利人的自决，从而更好地保护人格尊严。第三，有利于对许可使用进行规制，更有利于维护人格尊严。本条基于人格尊严保护的要求，规定了不得许可他人使用的情形，这为许可使用设置了界限，更有利于推进对人格尊严的保护，避免因许可使用而损害人格尊严。在许可使用中，涉及人格利益和财产利益的冲突，尤其在许可使用合同的解释、解除等问题上，合同编的既有体系无法容纳这些规定，人格权编对此作出特殊规定，更有利于在人格利益和财产利益的冲突中，注重对于人格利益的保护，同时注意与财产利益的平衡。因此，能够更好地实现保护人格尊严的宪法要求。第四，体现了比较法上的共识。尽管德国法和美国法的规范技术和形式不同，但共识是承认并保护此种财产利益，其中也同样要协调人格利益和财产利益的平衡，目前的规定体现了这种共同的价值基础。第五，是对我国司法实践的总结。我国关于许可使用的司法案例非常多，目前的规定总结了司法案例中提出的观点，是对中国司法实践的总结，有助于司法适用的统一。

◆ **条文解读**

在本条的适用中，首先要注意的是，许可他人使用，是许可他人在商品、商标或者服务等上面使用，因此，不包括他人正当使用别人的姓名等情形，姓名本身就是让他人使用的，否则无法发挥区别于他人的目的。同时，许可他人不仅仅限于以营利为目的的使用，如以著名高校的名义举办商业性的培训班，也包括非以营利为目的的使用，如未经权利人同意而在教学楼上使用权利人的姓名等。是否以营利为目的，更多的是在赔偿损失的数额中予以考量，不仅仅限于重复性使用，也包括一次性使用等多种使用方式。

其次要注意的是，许可使用也是民事法律行为的一种，应当适用本法有关民事法律行为的一般性规定。此种许可使用不得违反法律和违背公序良俗，否则根据本法第 153 条的规定，许可使用的民事法律行为无效。例如，权利人不能许可他人将其肖像制成色情图片或者视频予以销售。

最后要注意的是，依照法律规定或者根据其性质不得许可使用的限制。本条基于人格尊严保护的要求，规定了对许可使用的限制，这为许可使用设置了界限，更有利于推进对人格尊严的保护，避免因许可使用而损害人格尊严。这些限制主要如下：（1）依照法律规定不得许可使用。例如，《人类辅助生殖技术管理办法》第 3 条第 2 款规定了医疗机构和医务人员不得实施任何形式的代孕技术。因此，代孕所涉及的人体器官的许可使用就是不允许的。（2）根据其性质不得许可使用。这主要指的是人格尊严以及公序良俗的限制。许可使用的目的是更好地保护人格尊严，但是如果许可使用损及了人的存在，就背离了上述目的，不应当被允许，这主要指的是生命权、身体权和健康权等物质性的人格权，同时也包括名誉权等纯粹精神性的人格权。《法国民法典》第 16－1 条第 3 款就规定，人体、人体之组成部分及其所生之物，不得作为财产权利的标的。

应当注意的是，姓名、名称、肖像等的许可使用，涉及本法的多个规定。本法第 1021 条规定：“当事人对肖像许可使用合同中关于肖像使用条款的理解有争议的，应当作出有利于肖像权人的解释。”第1022条规定：“当事人对肖像许可使用期限没有约定或者约定不明确的，任何一方当事人可以随时解除肖像许可使用合同，但是应当在合理期限之前通知对方。”“当事人对肖像许可使用期限有明确约定，肖像权人有正当理由的，可以解除肖像许可使用合同，但是应当在合理期限之前通知对方。因解除合同造成对方损失的，除不可归责于肖像权人的事由外，应当赔偿损失。”未经权利人许可同意而使用他人姓名、名称、肖像，构成侵权的，本法第1182条规定，侵害他人人身权益造成财产损失的，按照被侵权人因此受到的损失或者侵权人因此获得的利益赔偿；被侵权人因此受到的损失以及侵权人因此获得的利益难以确定，被侵权人和侵权人就赔偿数额协商不一致，向人民法院提起诉讼的，由人民法院根据实际情况确定赔偿数额。

不仅如此，姓名、名称、肖像等的许可使用还可能涉及其他法律中的规定。例如，姓名、名称和肖像等作为商标或者商标的组成部分加以使用时，受到商标法的保护，未经许可同意而使用的，按照《商标法》第32条和第45条，构成了申请商标注册损害他人现有的在先权利的情形，在先权利人可以依法请求商标评审委员会宣告该注册商标无效。《反不正当竞争法》第6条也规定：“经营者不得实施下列混淆行为，引人误认为是他人商品或者与他人存在特定联系：（一）擅自使用与他人有一定影响的商品名称、包装、装潢等相同或者近似的标识；（二）擅自使用他人有一定影响的企业名称（包括简称、字号等）、社会组织名称（包括简称等）、姓名（包括笔名、艺名、译名等）；（三）擅自使用他人有一定影响的域名主体部分、网站名称、网页等；（四）其他足以引人误认为是他人商品或者与他人存在特定联系的混淆行为。”第17条第3款和第4款规定：“因不正当竞争行为受到损害的经营者的赔偿数额，按照其因被侵权所受到的实际损失确定；

实际损失难以计算的，按照侵权人因侵权所获得的利益确定。经营者恶意实施侵犯商业秘密行为，情节严重的，可以在按照上述方法确定数额的一倍以上五倍以下确定赔偿数额。赔偿数额还应当包括经营者为制止侵权行为所支付的合理开支。”“经营者违反本法第六条、第九条规定，权利人因被侵权所受到的实际损失、侵权人因侵权所获得的利益难以确定的，由人民法院根据侵权行为的情节判决给予权利人五百万元以下的赔偿。”

▶ 相关规定

《中华人民共和国商标法》第32条、第45条；《中华人民共和国反不正当竞争法》第6条

第九百九十四条 死者的姓名、肖像、名誉、荣誉、隐私、遗体等受到侵害的，其配偶、子女、父母有权依法请求行为人承担民事责任；死者没有配偶、子女且父母已经死亡的，其他近亲属有权依法请求行为人承担民事责任。

◆ 条文主旨

本条是关于死者人格利益保护的规定。

◆ 立法背景

本法第13条规定，自然人从出生时起到死亡时止，具有民事权利能力，依法享有民事权利，承担民事义务。据此，自然人在死亡后就不再具有民事权利能力，自然也就不再享有人格权。但是，在现实生活中，侵犯死者人格利益的现象屡见不鲜，例如故意冒用已故画家的姓名作画销售，擅自使用已故名人的姓名制作

商标或者作为法人的名称组成部分，纪实性作品中披露死者的隐私，故意诋毁死者的名誉，非法利用和损害遗体，等等。司法实践中这类纠纷也是层出不穷，对此人民法院有大量的案例，并公布了一系列司法解释，取得了良好的社会效果。虽然对死者人格利益保护的观点不同，包括死者权利保护、死者利益保护、近亲属权利保护、人格利益继承、家庭利益、延伸保护等诸多理论，这涉及究竟是直接保护死者，还是通过保护死者近亲属这些生者间接保护死者的争论，但对死者人格利益应当予以保护是存在共识的。据此，经认真研究，为回应社会现实，本条借鉴既有的司法经验，参酌比较法，对死者的人格利益保护进行了明确规定。

◆ **条文解读**

本条适用的前提是：第一，被侵害者已经死亡。如果被侵害者并未死亡，而是丧失民事行为能力的人，就不应适用本条，他们仍然具有民事权利能力，有权依法请求侵权人承担民事责任，不具有民事行为能力的，可以由监护人代理请求。第二，死者的姓名、肖像、名誉、荣誉、隐私、遗体等受到侵害。这包括但不限于以下情形：（1）未经许可而擅自使用死者的姓名、肖像等；（2）以侮辱、诽谤、贬损、丑化等方式，侵害死者的名誉、荣誉；（3）以非法披露、利用等方式侵害死者的隐私和个人信息；（4）以非法利用、损害等方式侵害死者的遗体等。

本条适用的法律后果是：第一，有权提出请求的主体是近亲属。本法第1045条第2款规定，配偶、父母、子女、兄弟姐妹、祖父母、外祖父母、孙子女、外孙子女为近亲属。如果对请求主体不加以限制，过于泛化，不利于社会关系的稳定。一般而言，近亲属与死者具有在共同生活中形成的感情、亲情或者特定的身份关系，最关心死者人格利益保护的问题，死者人格利益被侵害时受到的伤害最大、感到的痛苦最深，最需要慰藉和赔偿。因此，本条将请求主体限于近亲属。子女，包括婚生子女、非婚生子女、养子女和有扶养关系的继子女；父母，包括生父母、养父母和有扶养关系的继父母；兄弟姐妹，包括同父母的兄弟姐妹、同父异母或者同母异父的兄弟姐妹、养兄弟姐妹、有扶养关系的继兄弟姐妹。

第二，近亲属提出请求具有顺位限制。配偶、子女、父母是第一顺位，如果死者的配偶、子女或者父母存在的，则由配偶、子女和父母提出请求。在死者没有配偶、子女且父母已经死亡的情形中，其他近亲属有权提出请求。死者没有配偶、子女，包括死者从未有过配偶、子女的情形，也包括曾经有过配偶、子女，但因为离婚、配偶死亡或者子女死亡等原因而现在没有配偶、子女的情形。该请求顺位的规定与本法第 1127 条第 1 款所规定的法定继承顺位大致类似，区别仅在于本条所规定的第二请求顺位中还包括孙子女和外孙子女。

第三，近亲属依法请求行为人承担民事责任。首先，“依法”意味着本条并非完全规范，近亲属请求行为人承担民事责任要符合法律规定的责任构成要件和责任后果。例如，请求行为人赔偿财产损失的，一般要符合本法第 1165 条第 1 款的规定，即行为人因过错侵害他人民事权益造成损害的，应当承担侵权责任。赔偿数额，也应当适用本法第 1182 条的规定，即侵害他人人身权益造成财产损失的，按照被侵权人因此受到的损失或者侵权人因此获得的利益赔偿；被侵权人因此受到的损失以及侵权人因此获得的利益难以确定，被侵权人和侵权人就赔偿数额协商不一致，向人民法院提起诉讼的，由人民法院根据实际情况确定赔偿数额。在行为人违约侵害死者人格利益的情形中，例如骨灰存放处违反约定将骨灰丢失，近亲属可以选择依据本法第 577 条的规定，即当事人一方不履行合同义务或者履行合同义务不符合约定的，应当承担继续履行、采取补救措施或者赔偿损失等违约责任，请求其承担违约责任。其次，“民事责任”包括所有的民事责任。死者的姓名、肖像、名誉、荣誉、隐私、遗体等受到侵害的，请求人当然有权依法请求行为人承担停止侵害、排除妨碍、消除危险、恢复名誉、消除影响和赔礼道歉等民事责任；但是，如果请求人遭受到了财产损失或者精神损害，也有权依法请求行为人承担赔偿损失的责任。

应当注意的是，一些人格利益中可能包含有财产利益，例如姓名、名称、肖像等，未经许可而被他人使用。我国司法实践中就发生过鲁迅等已故名人的姓名被他人使用的情形。此时，就涉及这些财产利益可否由其继承人继承的问题，对此存在争议。甚至，在一些情形中，一些名人在死亡之前，通过自己的意思对这些财产利益作出安排，委托近亲属之外的人保护这些财产利益。按照本法第 934 条的规定，委托人死亡的，委托合同终止；但是，当事人另有约定或者根据委托事务的性质不宜终止的除外。此时，在委托人死亡后，该委托合同不宜终止。因此，有观点认为，有必要赋予受托人许可他人使用的权利，但该权利的行使不得违背死者明示或可推知的意思，其只有在顾及死者意思的情形下，才能就死者人格中存在的财产价值许可他人使用；在他人擅自使用时，受托人相应地享有依法请求无权使用人赔偿损失的权利。死者也可能会在生前立遗嘱事先安排此种财产利益，此时有权许可使用的主体和请求主体也会与本条规定有所不同。并且，保护的期限究竟多长，也存在争议，有的观点认为，可以类推适用著作权法中对著作财产权的保护期限，即死者死亡后第 50 年的 12 月 31 日。但可以明确的是，在不存在受托人、遗嘱继承和遗赠等的情形中，本条规定仍然可以适用，以保护这些财产利益，避免近亲属遭受财产损失，而保护的期限也可以认为是所有近亲属的生存年限，除非法律另有规定。即使保护期限已过，对死者的姓名、名称、肖像等的使用，也不得违法和违背公序良俗。

还需要指出的是，对特殊死者的人格利益保护，也会涉及本法和其他法律的一些特别规定。例如，对于英雄烈士的人格利益保护，包括了已经死亡的英雄烈士的人格利益保护。本法第 185 条规定，侵害英雄烈士等的姓名、肖像、名誉、荣誉，应当承担民事责任。立法过程中，有的意见建议对英雄烈士的人格利益保护问题作明确规定。经研究认为，2018 年 4 月，十三届全国人大常委会第二次会议通过了《英雄烈士保护法》，该法已对英雄烈士的姓名、肖像、名誉、荣誉的保护问题作了较为详细的规定，人格权编可不再作规定，避免重复。《英雄烈士保护法》第 22 条第 2 款规定："英雄烈士的姓名、肖像、名誉、荣誉受法律保护。任何组织和个人不得在公共场所、互联网或者利用广播电视、电影、出版物等，以侮辱、诽谤或者其他方式侵害英雄烈士的姓名、肖像、名誉、荣誉。任何组织和个人不得将英雄烈士的姓名、肖像用于或者变相用于商标、商业广告，损害英雄烈士的名誉、荣誉。"第 25 条第 1、2 款规定，对侵害英雄烈士的姓名、肖像、名誉、荣誉的行为，英雄烈士的近亲属可以依法向人民法院提起诉讼。英雄烈士没有近亲属或者近亲属不提起诉讼的，检察机关依法对侵害英雄烈士的姓名、肖像、名誉、荣誉，损害社会公共利益的行为向人民法院提起诉讼。

对死者特定人格利益的保护，也同样会涉及其他法律。例如，《刑法》第 302 条规定，盗窃、侮辱、故意毁坏尸体、尸骨、骨灰的，处三年以下有期徒刑、拘役或者管制。此时，本法第 187 条规定，民事主体因同一行为应当承担民事责任、行政责任和刑事责任的，承担行政责任或者刑事责任不影响承担民事责任；民事主体的财产不足以支付的，优先用于承担民事责任。

第九百九十五条 人格权受到侵害的，受害人有权依照本法和其他法律的规定请求行为人承担民事责任。受害人的停止侵害、排除妨碍、消除危险、消除影响、恢复名誉、赔礼道歉请求权，不适用诉讼时效的规定。

◆ 条文主旨

本条是关于人格权保护和损害赔偿请求权之外的其他请求权不适用诉讼时效的规定。

◆ 立法背景

人格权编主要规定了人格权的类型、权利内容、权利边界、与其他价值之间的协调、行为人的义务和特殊保护方式等规则，这些规则有助于确定合同义务的范围，进而确定违约责任的前提，有助于明确侵权责任中所侵犯权利的具体类型、具体内容以及行为人违反的具体义务。因此，本编中有一些规定应当和本法的其他规定、其他法律中的规定结合适用。这种结合适用是司法适用的常态，不仅在人格权受侵害的情形中如此，在物权等其他权益受侵害的情形中也是如此。例如，侵害物权的情形中，也可能要将物权编的规定和侵权责任编的规定结合予以适用；房屋买卖合同中，因出卖人不移转房屋所有权，出卖人的违约也要结合物权编和合同编的规定予以适用。因此，本条不对具体的责任构成要件和责任后果进行规定，人格权受到侵害的，受害人有权依照本法和其他法律的规定请求行为人承担民事责任。

本法第 196 条第 1 项规定了请求停止侵害、排除妨碍、消除危险不适用诉讼时效的规定。侵害人格权、物权等权益所产生的这三类请求权，其构成都要求现实存在对权益的妨害和危险，行为或状态处于现实持续之中，对这种现实存在的妨害和危险无须考虑之前的事实状况，且在侵害人格权的情形中，这三类请求权对于维持人格完整性至关重要，故本款据此进一步明确规定，因人格权受侵害而提出的停止侵害、排除妨碍、消除危险请求权，不适用诉讼时效的规定。消除影响、恢复名誉、赔礼道歉请求权，有很多观点认为不适用诉讼时效的规定，也有观点认为应当适用诉讼时效的规定。经认真研究，消除影响、恢复名誉、赔礼道歉请求权，也同样事关人身权益保障，且本身不直接涉及财产方面的内容，受害人不会直接得到财产利益，即使请求权人长期不行使权利，也不存在不特定第三人对义务人的资力产生错误判断的问题，故这些请求权不适用诉讼时效制度，更能体现对人身权益的高度尊重。

◆ **条文解读**

本条第一句规定，人格权受到侵害的，受害人有权依照本法和其他法律的规定请求行为人承担民事责任。但是，具体的责任构成要件和责任后果由本法和其他法律规定。本法所规定的违约责任、侵权责任等都涉及对人格权的保护，当人格权受到侵害时，受害人有权依照本法的这些规定请求行为人承担相应的民事责任。

本法对于不同性质的民事责任和不同的民事责任承担方式分别规定了不同的构成要件和责任后果。例如，在行为人违反其与对方当事人之间的合同约定的合同义务，导致对方当事人人格权受到侵害的，本法第 577 条规定，当事人一方不履行合同义务或者履行合同义务不符合约定的，应当承担继续履行、采取补救措施或者赔偿损失等违约责任；此时，对方当事人有权依照该条规定请求违约方承担侵害人格权的民事责任。行为人因过错侵害他人人格权造成损害的，本法第 1165 条第 1 款规定，行为人因过错侵害他人民事权益造成损害的，应当承担侵权责任；此时，受害人就有权依照该款规定请求行为人承担侵权责任。再例如，六周岁的儿童在学校期间遭受人身损害，受害人有权依照本法第 1199 条的规定（无民事行为能力人在幼儿园、学校或者其他教育机构学习、生活期间受到人身损害的，幼儿园、学校或者其他教育机构应当承担侵权责任；但是，能够证明尽到教育、管理职责的，不承担侵权责任）请求学校承担侵权责任。因人格权受侵害，遭受人身损害的，赔偿数额的确定应当依照本法第 1179 条的规定，即“侵害他人造成人身损害的，应当赔偿医疗费、护理费、交通费、营养费、住院伙食补助费等为治疗和康复支出的合理费用，以及因误工减少的收入。造成残疾的，还应当赔偿辅助器具费和残疾赔偿金；造成死亡的，还应当赔偿丧葬费和死亡赔偿金”。因人格权受侵害，遭受财产损失的，赔偿数额的确定应当依照本法第 1182 条的规定，即“侵害他人人身权益造成财产损失的，按照被侵权人因此受到的损失或者侵权人因此获得的利益赔偿；被侵权人因此受到的损失以及侵权人因此获得的利益难以确定，被侵权人和侵权人就赔偿数额协商不一致，向人民法院提起诉讼的，由人民法院根据实际情况确定赔偿数额”。受害人请求精神损害赔偿的，应当依照本法第 1183 条第 1 款的规定，即“侵害自然人人身权益造成严重精神损害的，被侵权人有权请求精神损害赔偿”。本法侵权责任编还有些规定涉及惩罚性赔偿。同时，本法第 1167 条规定，侵权行为危及他人人身、财产安全的，被侵权人有权请求侵权人承担停止侵害、排除妨碍、消除危险等侵权责任。因此，人格权受到侵害的，受害人也有权依照该条规定请求行为人承担停止侵害、排除妨碍、消除危险等侵权责任。

其他法律也有对于侵犯人格权的具体责任构成要件和责任后

果作出明确规定。例如，道路交通安全法、铁路法、民用航空法对交通事故责任作了规定；产品质量法、药品管理法、消费者权益保护法中对产品责任作了规定；环境保护法、水污染防治法、大气污染防治法、固体废物污染环境防治法、海洋环境保护法、环境噪声污染防治法、放射性污染防治法对环境污染责任作了规定；安全生产法、建筑法、电力法、煤炭法等对生产事故责任作了规定；食品安全法、传染病防治法、献血法对食品安全和传染病传播责任作了规定。消费者权益保护法、食品安全法还规定了惩罚性赔偿。这些都可能会涉及侵害人格权的具体责任构成和责任后果。本法第 11 条规定，其他法律对民事关系有特别规定的，依照其规定。这些都明确强调特别法优先的法律适用规则。因此，在其他法律对侵害人格权的责任构成和责任后果有特别规定的情况下，受害人有权依照这些特别规定请求行为人承担民事责任。

侵害人格权的民事责任具体承担方式，按照本法第 179 条第 1 款的规定，包括了多种，最主要的是恢复原状、赔偿损失和支付违约金等损害赔偿责任。为了进一步加强对人格权的保护，侵害人格权的民事责任承担方式还包括了停止侵害、排除妨碍、消除危险等防御性的责任方式。例如，禁止侵害他人名誉权的文章刊载、销毁有关的侵权照片或者书籍。理论上，就其与侵权责任的关系，有的认为是侵权责任的具体方式，有的将其称为不同于侵权责任请求权的绝对权请求权。无论是认为这些防御性的请求权是独立的请求权，抑或是侵权责任请求权的一种，但共识在于，这些防御性的请求权与侵权损害赔偿请求权不同，目的存在差别，在构成上不要求过错和损害。据此，本法第 1167 条规定，侵权行为危及他人人身、财产安全的，被侵权人有权请求侵权人承担停止侵害、排除妨碍、消除危险等侵权责任。除此之外，基于人格权保护的特点，侵害人格权还可能要承担消除影响、恢复名誉、赔礼道歉等民事责任。例如，名誉权受到侵犯的，最直接的损害后果首先是名誉受到毁损，社会评价降低，对受害人最直接的补救方式是恢复名誉。只有采取恢复名誉的方式才能消除这种损害发生的根源，才能对受害人给予最直接、最有效的补救。恢复名誉的方式不是损害赔偿能够代替的。赔礼道歉在一些情况下也是十分有效的补救方式，在有些案件中，受害人并不需要得到多少赔偿，他只需要加害人赔礼道歉，这可能在某种程度上只是满足人格尊严的需要，也可能只是一种心理安慰，但无论如何，它是在侵害名誉权、隐私权等人格权时的一种很好的补救方式。这些民事责任承担方式，依据本法第 179 条第 3 款的规定，可以单独适用，也可以合并适用。

根据本条第二句规定，受害人因人格权受侵害而提出的停止侵害、排除妨碍、消除危险、消除影响、恢复名誉、赔礼道歉请求权，不适用诉讼时效的规定。本法总则编第九章规定了诉讼时效，在侵害人格权的情形中，损害赔偿请求权应当适用诉讼时效。依据本法第 188 条第 2 款规定，诉讼时效期间自权利人知道或者应当知道权利受到损害以及义务人之日起计算；此处的“权利受到损害”即隐含着适用诉讼时效规定的是因此而产生的损害赔偿请求权。即使未成年人遭受性侵害，依据本法第 191 条的规定，所产生的损害赔偿请求权也适用诉讼时效的规定，仅仅是诉讼时效期间自受害人年满十八周岁之日起计算。

对很长时间之前发生的侵害人格权行为，如受害人认为对自身仍然有影响，有消除影响和恢复名誉的必要，可以不受诉讼时效期间的限制提出消除影响、恢复名誉、赔礼道歉请求权，以加强对人格权的保护。

► **相关规定**

《中华人民共和国消费者权益保护法》第 50 条

第九百九十六条　因当事人一方的违约行为，损害对方人格权并造成严重精神损害，受损害方选择请求其承担违约责任的，不影响受损害方请求精神损害赔偿。

◆ 条文主旨

本条是关于损害人格权责任竞合情形下精神损害赔偿的规定。

◆ 立法背景

比较法上多认为在责任竞合的情况下，精神损害赔偿也可以在违约责任中主张。《德国民法典》2002 年债法改革后的第 253 条第 2 款规定，因侵害身体、健康、自由和性的自我决定而须赔偿损害的，也可以因非财产损害而请求公平的金钱赔偿；同时删除了原规定于侵权行为之中的关于精神损害赔偿的第 847 条。据此，在责任竞合的前提下，对于精神损害赔偿，既可以在合同之诉，也可以在侵权之诉中主张。《瑞士债务法》第 99 条第 3 款规定，在其他方面，对违约行为，准用关于侵权行为责任范围的规定。据此，责任竞合中，对精神损害赔偿也同样可以在违约中主张。我国台湾地区“民法”在 1999 年增订了第 227 条之一，规定“债务人因债务不履行，致债权人人格权受损害者，准用第 193 条至 195 条及第 197 条之规定，负损害赔偿责任”，而第 195 条规定了精神损害赔偿。因此，在债务人违约造成债权人人格权受损害的情况下，应当认为债权人可以请求精神损害赔偿。《国际商事合同通则》第 7.4.2 条、《欧洲合同法原则》第 9：501 条、《欧洲合同法典》第 164 条、《欧洲私法共同参考框架》第 3－3：701 条都允许了责任竞合时，在违约责任中予以精神损害的赔偿。

经认真研究，反复斟酌，在违约责任与侵权责任存在竞合的情形中，允许受损害方请求行为人承担违约责任时，可以在违约责任请求中请求精神损害赔偿，有利于为受害人提供不同救济渠道的选择，拓展在此类情形下精神损害的救济方法，符合加强人格权保护的比较法发展趋势，是一个重要的进步。

◆ **条文解读**

精神损害赔偿是受害人因人格利益或身份利益受到损害或者遭受精神痛苦而获得的金钱赔偿。侵害人格权的情形中，经常会产生违约责任和侵权责任的竞合，受害人因此遭受到严重的精神损害。例如，甲去火锅店吃火锅，但由于火锅店的原因，火锅发生爆炸，导致甲容貌受损严重，甲因此遭受了严重的精神损害。此时，火锅店的行为，既是侵犯甲的健康权的侵权行为，也是违反了其与甲之间合同的违约行为，发生了侵权责任和违约责任的竞合。再例如，在旅游合同中，旅客遭受了身体伤害，造成了严重的精神损害，此时也是发生了违约责任和侵权责任的竞合。

合同义务中也包括了对当事人的人格权这种固有利益予以保护的义务，不履行此种合同义务，就应当承担对此的违约责任，但也可能会同时要承担侵权责任。依据本法第 186 条，因当事人一方的违约行为，损害对方人身权益、财产权益的，受损害方有权选择请求其承担违约责任或者侵权责任。侵权责任与违约责任在构成要件、举证责任、法律后果等方面存在着相当的差别，在目前的实践中，一般认为违约赔偿损失的责任不包括精神损害赔偿。因此，对于精神损害，如果受损害方选择请求违约方承担违约责任，其无法请求精神损害赔偿；相反，如果受损害方选择请求违约方承担侵权责任，虽然可以请求精神损害赔偿，但受害人必须放弃主张违约责任的种种实益，例如违约金、定金条款的主张以及举证责任的便利等，不利于保护人格权受害人的利益。但是，损害赔偿的基本宗旨在于填补当事人遭受的损害，其中也包括精神损害，毕竟是同一行为导致了精神损害，受损害方不同的选择不应导致结果上的不同，并且这会导致受损害方必须要在对其都有所不利的请求权中选择，难以获得周全的救济，不利于受损害方的人格权保护。

本条适用的前提，首先是，损害人格权的违约责任和侵权责任的竞合。这要求当事人一方的违约行为同时构成了损害对方人格权的侵权行为。如果当事人一方的违约行为造成了精神损害，但违约行为本身并不符合侵权行为的相关要件，无须承担侵权责任，此类情形就不涉及违约责任与侵权责任的竞合，不适用本条规定。例如，旅游合同中，当事人一方违约并未造成旅游者人身损害，而仅仅是导致旅游者无益地度过假期，虽然旅游者有损害，但此时并不构成损害旅游者人格权的侵权责任，此时保护旅游者的途径仅为违约责任。虽然可以考虑在此类以精神上满足为目的的特殊类型的合同中，计算违约赔偿数额时对这些合同的特性予以考虑，但不适用本条规定。

其次是，因当事人一方的违约行为损害对方自然人的人格权并造成严重精神损害。本条的适用要符合本法第 1183 条第 1 款的规定，即侵害自然人人身权益造成严重精神损害的，被侵权人有权请求精神损害赔偿。据此，这意味着：（1）损害对方人格权；（2）损害自然人的人格权，不包括损害法人和非法人组织的人格权；（3）造成严重精神损害，只有造成严重精神损害才能够获得精神损害赔偿，偶尔的痛苦和不高兴不能认为是严重精神损害；（4）精神损害与违约行为之间存在因果关系。

最后是，受损害方选择请求违约方承担违约责任。责任竞合的情形中，依据本法第 186 条的规定，受损害方有权选择请求其承担违约责任或者侵权责任。只有在受损害方选择请求违约方承担违约责任时，才有本条的适用。如果受损害方选择请求违约方承担侵权责任，则可以直接依据本法第1183条第1款的规定，请求精神损害赔偿，无须适用本条。

适用本条的法律后果是，不影响受损害方请求精神损害赔偿。这意味着，受损害方请求行为人承担违约责任时，可以请求违约方承担精神损害赔偿责任。此时，第一，受损害方应当证明行为人不履行合同义务或者履行合同义务不符合约定，同时也应当证明行为人的违约行为损害了自己的人格权并造成严重精神损害。第二，与侵权责任中的情形相同，确定精神损害赔偿的数额应当考虑行为人的主观过错程度，侵害的手段、场合、行为方式等具体情节，侵权行为所造成的后果等情形。随着社会经济的发展变化，精神损害赔偿的数额也会随之发生变化。第三，要适用本法第577条以下关于违约责任的规定。尤其是本条关于违约责任的限制性规定，例如本法第584条规定的可预见性规则、第590条的不可抗力免责规则、第591条的减损规则、第592条第2款的与有过错规则等，这些规则能够防止精神损害赔偿的范围过于宽泛。

第九百九十七条 民事主体有证据证明行为人正在实施或者即将实施侵害其人格权的违法行为，不及时制止将使其合法权益受到难以弥补的损害的，有权依法向人民法院申请采取责令行为人停止有关行为的措施。

◆ 条文主旨

本条是关于申请人民法院责令行为人停止有关行为的规定。

◆ **立法背景**

对侵害人格权的一些行为，如果无法及时制止，为权利人提供必要的救济，尤其是当前的网络时代，其损害后果不可逆转，甚至造成难以弥补的损害。例如，一旦将自然人的裸照放到网上，单纯的损害赔偿就不足够。比较法中，瑞士法对此作出了较为完善的规定。《瑞士民法典》中规定了以诉讼程序请求法院采取措施，其第 28 条第 1 款规定，人格受不法侵害者，为保护其人格，得针对任何参与侵害者诉请法院。该法第 28a 条第 1 款规定了三种具体的防御诉讼，即有受侵害之虞时，得提起防止侵害的诉讼；对既存的侵害，得提起除去侵害的诉讼；如侵害仍然持续性地发生侵扰作用，得提起确认该侵害具有违法性的诉讼。第 28b 条规定了具体的暴力、胁迫或者跟踪情形中的防御性诉讼和所可采取的措施。同时，《瑞士民事诉讼法》规定了预防性的措施。按照该法第 261 条第 1 款，如果申请人能够使人相信其人格受到不法侵害或可能受到不法侵害，并且能够使人相信该侵害会导致不易补救的不利后果，则法院可采取预防性的措施。并且，该法通过第 262 条及以下条文对相关程序进行了更具体的规定。英美法中也存在禁令制度。

在侵害知识产权的情形中，我国《专利法》第 66 条、《商标法》第 65 条、《著作权法》第 50 条已经规定了知识产权人符合法定条件的，可以在起诉前向人民法院申请采取责令停止有关行为的措施。《民事诉讼法》第 100 条也规定了伴随诉讼程序的行为保全，第 101 条规定了诉前的行为保全。《反家庭暴力法》在第四章中更是进一步规定了不必然伴随诉讼程序、独立于民事诉讼法所规定的行为保全之外的“人身安全保护令”。

◆ **条文解读**

本条适用的前提是，首先，行为人正在实施或者即将实施侵害其人格权的违法行为。行为人正在实施侵害他人人格权的违法行为，例如，行为人已经在网上发布他人的裸照，如果不及时制止，就可能使受害人的名誉、隐私进一步遭受重大损害。行为人即将实施侵害他人人格权的违法行为，是指未来有可能发生侵害人格权的现实危险，例如，法院可依法禁止侵害他人名誉权的文章刊载。

其次，不及时制止将使权利人的合法权益受到难以弥补的损害。这主要是指，不及时制止行为人正在实施或者即将实施侵害其人格权的行为，则权利人的合法权益受到的损害具有不可逆性，难以通过其他方式予以弥补，事后的恢复已经属于不可能或者极为困难。如果损害的发生不具有急迫性，或者即便发生也可以通过其他方式完全弥补，则行为人可通过普通诉讼程序请求人民法院判决而获得救济。此时，人民法院作出判断时，根据权利人的具体情况、侵害行为的性质、是否有其他充分的法律救济手段等，对权利人因侵害行为所遭受的不利以及行为人被责令停止有关行为所遭受的不利，加以衡量比较，进行综合评估。

最后，民事主体有证据证明。民事主体必须提出相关的证据，证明已经具备了申请责令停止有关行为的前提条件，即行为人正在实施或者即将实施侵害其人格权的行为，不及时制止将使其合法权益受到难以弥补的损害。由于涉及行为人的行为自由，因此，通过除请求人民法院判决之外的其他程序，向人民法院申请采取责令行为人停止有关行为的措施，为避免过分损害被申请人的行为自由，应当达到有证据能够使人相信，行为人正在实施或者即将实施侵害其人格权的行为并且不及时制止将使其合法权益受到难以弥补的损害，人民法院结合当事人的说明及相关证据，认为有关事实存在的可能性较大的，此时可以采取措施。

本条适用的法律效果是，权利人有权依法向人民法院申请采取责令行为人停止有关行为的措施。首先，权利人必须是向人民法院提出申请，申请的内容也必须具体明确，包括明确的对方当事人、申请采取的具体措施等。

其次，申请的程序要依照法律的规定。本条规定的是通过除请求人民法院判决之外的其他程序，申请人民法院采取责令行为人停止有关行为的措施，且仅规定了此种申请的实体法基础。如何通过程序而具体实现，其他法律对此有规定的，应当适用其他法律的规定。例如，《民事诉讼法》第 100 条规定："人民法院对于可能因当事人一方的行为或者其他原因，使判决难以执行或者造成当事人其他损害的案件，根据对方当事人的申请，可以裁定对其财产进行保全、责令其作出一定行为或者禁止其作出一定行为；当事人没有提出申请的，人民法院在必要时也可以裁定采取保全措施。""人民法院采取保全措施，可以责令申请人提供担保，申请人不提供担保的，裁定驳回申请。""人民法院接受申请后，对情况紧急的，必须在四十八小时内作出裁定；裁定采取保全措施的，应当立即开始执行。"《民事诉讼法》第 101 条第 1 款和第 2 款规定："利害关系人因情况紧急，不立即申请保全将会使其合法权益受到难以弥补的损害的，可以在提起诉讼或者申请仲裁前向被保全财产所在地、被申请人住所地或者对案件有管辖权的人民法院申请采取保全措施。申请人应当提供担保，不提供担保的，裁定驳回申请。""人民法院接受申请后，必须在四十八小时内作出裁定；裁定采取保全措施的，应当立即开始执行。"再例如，《反家庭暴力法》在第四章"人身安全保护令"中，对当事人因遭受家庭暴力或者面临家庭暴力的现实危险，申请人身安全保护令的条件、申请方式、管辖、作出程序和形式、具体措施、期限、救济、执行等也作出了细致的规定。据此申请人身安全保护令的，应当依据反家庭暴力法的这些规定。其他情形也可以参照适用上述规定。

应当注意的是，人民法院采取的措施应当符合比例原则，根据所欲追求的合法目的，其所采取的措施是合理的。例如，持续性的责令行为人停止有关行为可以根据保护人格权的必要程度而有一定的合理期限限制。例如，《反家庭暴力法》第 30 条规定："人身安全保护令的有效期不超过六个月，自作出之日起生效。人身安全保护令失效前，人民法院可以根据申请人的申请撤销、变更或者延长。"如果起诉前申请被人民法院裁定支持的，一般应当在人民法院采取停止有关行为的措施后一定期限内起诉，否则人民法院可以解除裁定采取的措施。例如，《民事诉讼法》第 101 条第 3 款规定："申请人在人民法院采取保全措施后三十日内不依法提起诉讼或者申请仲裁的，人民法院应当解除保全。"再例如，某文章的部分内容侵害他人名誉或者隐私的，可以责令作者除去相关部分内容，而非禁止整篇文章的发表。行为人应当按照人民法院的要求立即停止相关侵害他人人格权的行为，否则根据情节轻重，人民法院可以依法予以训诫、责令具结悔过、处以罚款甚至拘留；情节严重，构成犯罪的，依法追究刑事责任。但是，如果权利人申请有错误，导致行为人的损失，行为人可依法请求权利人承担侵权责任。

▶ **相关规定**

《中华人民共和国民事诉讼法》第 100 条、第 101 条；《中华人民共和国反家庭暴力法》第 23－32 条

第九百九十八条 认定行为人承担侵害除生命权、身体权和健康权外的人格权的民事责任，应当考虑行为人和受害人的职业、影响范围、过错程度，以及行为的目的、方式、后果等因素。

◆ 条文主旨

本条是关于认定行为人承担责任时的考量因素的规定。

◆ 立法背景

保护人格权是宪法尊重和保护人格尊严的要求，但是，如果对人格权的保护过于绝对和宽泛，则难免会产生与其他权利，如新闻报道权等的冲突。人格权保护的价值并非在所有情形中，总是一般性地、抽象地高于其他价值，而必须在个案和具体情形中对所有这些价值进行综合权衡。但是，即使承认个案中权衡的必要性，仍然会出现如何对个案权衡进行合理限制，以实现同等情况同等对待的裁判统一性的要求。

在人格权保护中，比较法多采取动态系统理论，即通过立法划出寻求合理解决方案时的相关考量因素，在个案适用时则需要对各个考量因素进行综合考量，具体结果取决于各个考量因素相比较后的综合权衡，此时，摆脱了僵硬的全有或者全无的方式，由此实现弹性而非固定、开放而非封闭的方式。由此，既承认了个案的衡量，从而能够顾及不同案件的不同情况，并适应社会发展；但又通过立法者对考量因素的划定，实现对个案裁量的限制，个案衡量时要在立法者所划定的考量因素范围内进行论证和说明。德国法中，人格权保护要积极地确定违法性，就多个不同的价值进行综合权衡，违法性是行为人承担侵害人格权的侵权赔偿责任的必要条件。《瑞士民法典》第28条第2款规定，一切侵害，除经受害人同意，或者基于重大的私益或公益，或者依据法律而可认为正当合理外，均为不法侵害。以该款规定为基础，瑞士法也容纳了对不同价值进行综合权衡的空间，就此而发展出大量的判例。欧洲侵权法小组作出的《欧洲侵权法原则》第2：102条和《欧洲私法共同参考框架》第6－2：101条第3款也采取同样的方式。这都体现了动态考量的因素。我国法律之中，在利益权衡突出的一些领域也会采取此种动态考量的立法方式。例如，《反垄断法》第18条和第27条就规定了，认定经营者具有市场支配地位和审查经营者集中时，应当依据所列举的因素进行衡量。关于人格权保护的现行司法解释中，也经常采取类似的方式。

经研究，为妥当平衡好人格权保护和其他权利之间的关系，本条规定了认定行为人承担侵害人格权责任时的考量因素。

◆ 条文解读

首先，人格权的类型。生命权、身体权和健康权是自然人赖以生存的最基本的人格权，具有特殊性和最重要性，对这些权利应当进行最高程度的保护，据此，本条排除了在认定侵害生命权、身体权和健康权是否需要承担民事责任时的权衡，体现了对此类人格权的特殊保护。但是，对生命权、身体权和健康权之外的人格权的保护，更有必要进行妥当的权衡。

其次，主体方面的因素。本条所规定的“行为人和受害人的职业、影响范围”就是关于主体方面因素的一些列举。在行为人方面，如果行为人从事新闻报道和舆论监督的职业，则必须协调新闻报道、舆论监督与人格权保护之间的关系，认定行为人构成侵害人格权，需要更为谨慎的权衡。如果行为人是具有较大社会影响力的人物，其行为应当比普通行为人更为谨慎一些。行为人是消费者时，较之行为人是同业竞争者，基于消费者保护的价值，需要得到更高一些的保护。

受害人方面的因素，则更为复杂：（1）受害人是自然人还是法人或者非法人组织。如果受害人是法人或者非法人组织，需要特别考虑它们的社会功能和公开性、透明性等因素。（2）法人或者非法人组织的不同类型。对营利性、非营利性和特别法人类型以及每种类型内更具体的类型，要予以更为细致的考量。（3）是否为公众人物以及何种类型的公众人物。公众人物是在一定范围内为社会公众所熟知和关注，其言行举止与社会公共利益密切相关，其信息具有一定公众兴趣性的社会人员。公众人物的姓名权、肖像权、隐私权、名誉权等人格权在合理范围内受到一定限制，对媒体的适当监督，应有合理的容忍义务。但是，公众人物并不是完全公共的，他们人格权的限制只能基于公共利益目的，例如行使舆论监督职责，发起对公共议题的讨论等，满足公众的合法知情权，且对其人格权的限制应当适度。此时，可以考虑公众人物更为细致的区分，例如是完全目的的公众人物还是仅与特定公共议题相关的有限目的的公众人物，是自愿成为公众人物还是被动、非自愿成为公众人物。在这些区分中，前一类的公众人物人格权受到的限制就更大一些。（4）特殊主体。例如，未成年人、残疾人这些特殊主体，人格权保护的程度可能就会较高。

再次，主观的过错程度。主观过错程度越高，例如故意或者重大过失，则越可能构成侵害人格权而承担民事责任。但在主观过错程度较低的情况下，要更为谨慎，例如未经朋友同意将其电话号码发给特定人，导致朋友被诈骗，此时行为人的主观过错程度较低，认定时要更为谨慎。

最后，行为方面的因素。本条所规定的“行为的目的、方式、后果”是对行为方面因素的列举，这包括诸多可以被考量的因素。例如：（1）目的。行为的目的是新闻报道或者舆论监督，涉及公共性的议题，则应受到更多的保护。例如，行为人检举、控告，导致他人名誉贬损的，一般不构成侵害名誉权，但是借检举、控告之名侮辱、诽谤他人，造成他人名誉贬损的，可能会构成侵害名誉权。如果是出于娱乐消遣目的，追求轰动效应，吸引公众眼球，满足部分人的窥探欲望，无涉公共议题，则受到保护的程度要低一些，更为注重对人格权的保护。如果是商业目的性行为，较之非商业目的性行为，该行为受到保护的程度也可以适度降低。（2）方式。如果采取了较为恶劣的方式，例如暴力侮辱、恶意跟踪等，构成侵权的可能性就更大。是自己创作还是转载，是主动提供新闻材料还是被动采访而提供新闻材料，是创作新闻作品、批评作品还是文学作品，在认定中都要采取不同的标准。行为人发表的言论是属于对特定事实的陈述，还是对个人意见的表达，认定时也要采取不同的标准。（3）后果。造成人格权受侵害的程度越高，人格权受保护的强度就越大。对社会通常行为造成的人格权的轻微损害，权利人要负有社会通常容忍的义务。此时还要考虑行为的时间。例如，在新闻报道中，时限性越强，对事实的核实义务就越低。对公众人物的人格权的限制，也要考虑时间因素。如果经过长久的时间，所涉及的公共事件不再受公众关注，此时对他们人格权的保护，就应当恢复到一般人的水平。报道已经判决过的案件和正在审理中的案件，也会存在不同的要求。同时，也要考虑行为的场所。例如隐私权，较之在私人场所中，在公共场所中的隐私受到的限制要更大，通常以符合一般人的合理期待为标准。

在认定行为人承担侵害人格权的民事责任时，无论是关于责任构成，还是责任后果，都需要对上述因素进行综合考量，各个具体因素之间也会强度互补。例如，是否需要采取责令停止有关行为的措施，也要进行利益的权衡。这种考量不具有整体的确定性，不能脱离个案中的情形，要让相互冲突的价值都能发挥最佳的功效，通过充分对比冲突价值在具体情境中的各自权重，而使所有的价值都能获得最妥善的衡平。在此，需要考虑比例原则，考虑目的是否妥当、手段是否有助于实现目的、手段是否是最小限制、手段的效益是否大于成本，避免运用时的过分机械和僵化。本条的规定仍然是较为抽象的，需要在实践和个案中积累和提炼更为具体的基准和规则，但是，本条规定有助于实践之后的发展，为下一步的案例类型化和更具体的规则提供了规范基础。

为了在具体情形中进一步明确，本法也据此作出了一些更为具体的规定。例如，本法第 1000 条第 1 款规定，行为人因侵害人格权承担消除影响、恢复名誉、赔礼道歉等民事责任的，应当与行为的具体方式和造成的影响范围相当。第 1020 条规定："合理实施下列行为的，可以不经肖像权人同意：（一）为个人学习、艺术欣赏、课堂教学或者科学研究，在必要范围内使用肖像权人已经公开的肖像；（二）为实施新闻报道，不可避免地制作、使用、公开肖像权人的肖像；（三）为依法履行职责，国家机关在必要范围内制作、使用、公开肖像权人的肖像；（四）为展示特定公共环境，不可避免地制作、使用、公开肖像权人的肖像；（五）为维护公共利益或者肖像权人合法权益，制作、使用、公开肖像权人的肖像的其他行为。"第 1026 条规定："认定行为人是否尽到前条第二项规定的合理核实义务，应当考虑下列因素：（一）内容来源的可信度；（二）对明显可能引发争议的内容是否进行了必要的调查；（三）内容的时限性；（四）内容与公序良俗的关联性；（五）受害人名誉受贬损的可能性；（六）核实能力和核实成本。"此时，有具体规定的，应当首先适用具体的规定，避免绕开直接的法律规定进入背后的利益评价而导致适用的不确定。

其他法律也规定了对人格权的限制。例如,《宪法》第 40 条规定,中华人民共和国公民的通信自由和通信秘密受法律的保护。除因国家安全或者追查刑事犯罪的需要,由公安机关或者检察机关依照法律规定的程序对通信进行检查外,任何组织或者个人不得以任何理由侵犯公民的通信自由和通信秘密。《刑事诉讼法》第 136 条规定,为了收集犯罪证据、查获犯罪人,侦查人员可以对犯罪嫌疑人以及可能隐藏罪犯或者犯罪证据的人的身体、物品、住处和其他有关的地方进行搜查。《刑事诉讼法》第 143 条第 1 款规定,侦查人员认为需要扣押犯罪嫌疑人的邮件、电报的时候,经公安机关或者人民检察院批准,即可通知邮电机关将有关的邮件、电报检交扣押。《国家安全法》第 65 条规定,国家决定进入紧急状态、战争状态或者实施国防动员后,履行国家安全危机管控职责的有关机关依照法律规定或者全国人民代表大会常务委员会规定,有权采取限制公民和组织权利、增加公民和组织义务的特别措施。在其他法律对人格权进行合法限制的情况下,在符合法律规定的条件、权限、程序、救济时,适用这些法律的特别规定。

第九百九十九条 为公共利益实施新闻报道、舆论监督等行为的,可以合理使用民事主体的姓名、名称、肖像、个人信息等;使用不合理侵害民事主体人格权的,应当依法承担民事责任。

◆ **条文主旨**

本条是关于实施新闻报道、舆论监督等行为时使用民事主体特定人格利益的规定。

◆ **立法背景**

我国宪法对新闻报道和舆论监督作出了明确的规定。第 35 条规定，中华人民共和国公民有言论、出版、集会、结社、游行、示威的自由。第 41 条第 1 款规定，中华人民共和国公民对于任何国家机关和国家工作人员，有提出批评和建议的权利；对于任何国家机关和国家工作人员的违法失职行为，有向有关国家机关提出申诉、控告或者检举的权利，但是不得捏造或者歪曲事实进行诬告陷害。新闻报道、舆论监督有助于保障人民的知情权，有助于自上而下的组织监督和自下而上的民主监督的贯通。在新闻报道、舆论监督中，经常会涉及对民事主体的姓名、名称、肖像、个人信息等的使用。为实施宪法，合理平衡新闻报道、舆论监督与人格权保护之间的关系，本条对实施新闻报道、舆论监督等行为时使用民事主体特定人格利益作出了规定。

◆ **条文解读**

本条首先规定，为公共利益实施新闻报道、舆论监督等行为的，可以合理使用民事主体的姓名、名称、肖像、个人信息等。新闻报道是新闻单位对新近发生的事实的报道，包括有关政治、经济、军事、外交等社会公共事务的报道以及有关社会突发事件的报道。新闻单位包括依法设立的报刊社、广播电台、电视台、通讯社和新闻电影制片厂。舆论监督是社会公众运用各种传播媒介对社会运行过程中出现的现象表达信念、意见和态度，从而进行监督的活动。舆论监督与新闻报道有密切的关系，但两者存在不同。新闻不一定是舆论，新闻报道只是传播意见进而形成舆论的工具；新闻单位通过报道进行的监督仅是舆论监督的一种，舆论只是借助于传播工具实现其监督的目的。在新闻报道和舆论监督中，为了保障人民的知情权、维护国家利益和社会公共利益，可以合理使用民事主体的姓名、名称、肖像、个人信息等，无须民事主体的同意。

据此，本法也作出了一些具体的规定。例如，依据第1020条第2、5项的规定，为实施新闻报道，不可避免地制作、使用、公开肖像权人的肖像的，或者为维护公共利益合理实施制作、使用、公开肖像权人的肖像的其他行为的，可以不经肖像权人同意。依据第1036条第3项的规定，为维护公共利益合理实施处理自然人个人信息的行为，行为人不承担民事责任。

本条同时明确，实施新闻报道、舆论监督等行为的，对民事主体的姓名、名称、肖像、个人信息等使用不合理侵害民事主体人格权的，应当依法承担民事责任。虽然在新闻报道和舆论监督中，可以不经民事主体的同意，使用其姓名、名称、肖像、个人信息等，但是，为了保护民事主体的人格权，这种使用必须是合理的。此时，应当依据本法第998条的规定，综合考量权衡多种因素，运用比例原则，分析目的是否妥当、使用是否有助于实现目的、使用是否是在必要范围内等，对使用是否具有合理性作出判断。如果经判断认为使用是不合理的，则应当依法承担民事责任。

所谓的“依法”，即依照本法和其他法律的规定，因此，行为人承担民事责任，应当以符合本法和其他法律规定的构成要件为前提。例如，本法第1165条第1款规定，行为人因过错侵害他人民事权益造成损害的，应当承担侵权责任。此时，行为人承担民事责任，就需要行为人的过错、侵害人格权造成损害、行为与损害具有因果关系等构成要件，其责任后果是承担侵权损害赔偿责任。本法第1167条规定，侵权行为危及他人人身、财产安全的，被侵权人有权请求侵权人承担停止侵害、排除妨碍、消除危险等侵权责任。因此，如果符合了该条规定，则即使行为人没有过错、权利人没有损害，受害人也有权请求行为人承担停止侵害、排除妨碍、消除危险等侵权责任。

第一千条 行为人因侵害人格权承担消除影响、恢复名誉、赔礼道歉等民事责任的，应当与行为的具体方式和造成的影响范围相当。

行为人拒不承担前款规定的民事责任的，人民法院可以采取在报刊、网络等媒体上发布公告或者公布生效裁判文书等方式执行，产生的费用由行为人负担。

◆ 条文主旨

本条是关于消除影响、恢复名誉、赔礼道歉责任方式的规定。

◆ 立法背景

侵害人格权也可能会通过消除影响、恢复名誉、赔礼道歉责任方式予以救济。消除影响、恢复名誉，这是指人民法院根据受害人的请求，责令行为人在一定范围内采取适当方式消除对受害人名誉的不利影响，以使其名誉得到恢复的一种责任方式。具体适用消除影响、恢复名誉，要根据侵害行为所造成的影响和受害人名誉受损的后果决定。处理的原则是，行为人应当根据造成不良影响的大小，采取程度不同的措施给受害人消除不良影响，例如在报刊上或者网络上发表文章损害他人名誉权的，就应当在该报刊或者网站上发表书面声明，对错误内容进行更正。消除影响、恢复名誉主要适用于侵害名誉权等情形，一般不适用侵犯隐私权的情形，因为消除影响、恢复名誉一般是公开进行的，如果适用于隐私权的保护，有可能进一步披露受害人的隐私，造成进一步的影响。赔礼道歉，这是指行为人通过口头、书面或者其他方式向受害人进行道歉，以取得谅解的一种责任方式。赔礼道歉主要适用于侵害名誉权、荣誉权、隐私权、姓名权、肖像权等人格权的情形。赔礼道歉可以是公开的，也可以私下进行；可以口头方式进行，也可以书面方式进行，具体采用什么形式由法院依据案件的具体情况决定。口头道歉是由行为人直接向受害人表示，一般不公开进行；书面道歉以文字形式进行，可以登载在报刊上，或者张贴于有关场所。如果判决要求被告公开赔礼道歉，一般应当明确赔礼道歉的具体方式，例如书面致歉、登报致歉等。

比较法中，对此存在类似措施。德国司法实践中，包括了侵害名誉不实陈述的撤回以及不当意见的更正或者补充说明等责任方式，也包括了将判决书进行全文或者摘要刊登的方式。《日本民法典》第723条规定，对于损坏他人名誉的人，法院根据受害人的请求，可以替代损害赔偿或与损害赔偿同时命令其作出有利于回复名誉的适当处理；《韩国民法典》第764条也有类似规定；我国台湾地区“民法”第195条第1项中，也规定了名誉被侵害者，并得请求恢复名誉之适当处分。

经研究，消除影响、恢复名誉、赔礼道歉，能够防止财产损失、精神损害的扩大或者进一步发生，弥补受害人所遭受的精神痛苦，类似于精神上的恢复原状，符合我国的传统文化，连接了法律与道德。多年来，无论在立法上还是在司法实践中，均被证明是行之有效的针对人格权侵害的救济形式，实践中被广泛采用。

◆ **条文解读**

本条第1款首先明确，行为人因侵害人格权承担消除影响、恢复名誉、赔礼道歉等民事责任的，应当与行为的具体方式和造成的影响范围相当。这首先意味着，在是否适用这些民事责任时，应当考虑到侵害人格权行为的具体方式和造成的影响范围。同时，在考虑行为的具体方式和造成的影响范围时，还应当将被侵权人的心理感受及所受煎熬、痛苦的程度纳入考虑范围。例如，如果被侵权人极度痛苦，而赔偿损失、消除影响和恢复名誉这些责任方式还不足够，可以判决行为人承担赔礼道歉这种民事责任。其次，这些民事责任的具体方式也应当考量行为的具体方式和造成的影响范围。通常情况下，如果是在特定单位内传播侵害人格权的信息的，应当在特定单位内予以消除影响、恢复名誉、赔礼道歉。如果是在特定网络媒体上传播侵权信息的，应当在该网络媒体上予以澄清事实；而在特定网络媒体上传播的侵权信息又被其他网络媒体转载的，也可以考虑在其他网络媒体上予以澄清事实。

但是，当人民法院作出判决后，行为人拒不消除影响、恢复名誉、赔礼道歉的，依然存在如何执行的问题。目前，对于消除影响和恢复名誉而言，执行并不是难题。《民事诉讼法》对此规定了替代执行措施，第 252 条规定，对判决、裁定和其他法律文书指定的行为，被执行人未按执行通知履行的，人民法院可以强制执行或者委托有关单位或者其他人完成，费用由被执行人承担。同时，《民事诉讼法》还规定了一些间接强制的措施，以对债务人施加压力促使其继续履行债务，这适用于所有类型的债务。第 255 条规定，被执行人不履行法律文书确定的义务的，人民法院可以对其采取或者通知有关单位协助采取限制出境，在征信系统记录、通过媒体公布不履行义务信息以及法律规定的其他措施。第 111 条规定，拒不履行人民法院已经发生法律效力的判决、裁定的，人民法院可以根据情节轻重予以罚款、拘留；构成犯罪的，依法追究刑事责任。如果债务人是单位，人民法院可以对其主要负责人或者直接责任人员予以罚款、拘留；构成犯罪的，依法追究刑事责任。

但是，赔礼道歉则与行为人的自由有着密切关系。赔礼道歉当然可以缓解人格权被侵犯主体的精神痛苦，具有弥补损害的功能。但应该看到，赔礼道歉包含认错并向对方表示歉意的内涵，这涉及行为人内在的精神自由，也涉及纯粹消极层面的不表达的自由。因此，对于受害人或者法院以被告名义拟定道歉启事并予以公布这种道歉广告或者道歉启事的方式，日本司法实践中认为，道歉广告符合比例原则，但也有反对观点。韩国有裁判认为，道歉广告不符合比例原则。我国台湾地区认为，是否有为恢复受害人的名誉，限制加害人不表意自由的必要，应就不法侵害人格法益情节之轻重和强制表意的内容等审慎斟酌。

就我国的司法实践而言，《最高人民法院关于审理名誉权案件若干问题的解答》中规定，侵权人拒不执行生效判决，不为对方恢复名誉、消除影响的，人民法院可以采取公告、登报等方式，将判决的主要内容和有关情况公之于众，费用由被执行人负担。《最高人民法院关于审理利用信息网络侵害人身权益民事纠纷案件适用法律若干问题的规定》中也明确规定，侵权人拒不履行的，人民法院可以采取在网络上发布公告或者公布裁判文书等合理的方式执行，由此产生的费用由侵权人承担。此时，并非采取受害人或者法院以被告名义拟定道歉启事并予以公布这种道歉广告或者道歉启事的方式，而是采取在报刊、网络等媒体上发布公告或者公布生效裁判文书这种替代方式。这种替代方式将对行为人内在精神自由和不表达自由的限制转变为了对行为人财产权的限制，符合最小损害的比例原则精神，有助于实现消除影响、恢复名誉的客观效果。比较法中，德国和法国均有将判决书在报纸上进行全文或者摘要刊登的规定。据此，本条第 2 款明确规定，行为人拒不承担前款规定的民事责任的，人民法院可以采取在报刊、网络等媒体上发布公告或者公布生效裁判文书等方式执行，产生的费用由行为人负担。

根据本款规定，首先，行为人拒不承担消除影响、恢复名誉、赔礼道歉的民事责任。如果行为人主动履行了这些民事责任，就不存在执行的问题。其次，执行的方式是在报刊、网络等媒体上发布公告或者公布生效裁判文书等方式。虽然裁判文书按照现有规定都需要公开，但这种一般性的公开并不等同于本款所规定的为消除影响而在特定范围内的公告或者公布生效裁判文书。发布公告，可以是受害人发表谴责公告或者法院发布判决情况的公告，但一般不采取受害人或者法院以被告名义拟定道歉启事并予以公布这种道歉广告或者道歉启事的方式。公布裁判文书，可以是全部公布，也可以是摘要公布。在报刊、网络等媒体上，应当是法院所指定的特定媒体，也包括以书面形式在特定范围内张贴等方式。但是，在报刊、网络等媒体上发布公告或者公布生效裁判文书仅仅是执行的例示方式，除了此种方式之外，还有一个“等”字，以涵盖其他执行方式，人民法院可以根据案件的具体情况，采取合理的其他执行方式。最后，人民法院是“可以”而非“应当”采取。鉴于侵害人格权的情形较为复杂，有时发布公告或者公布裁判文书可能会导致后续的损害，因此赋予人民法院根据情况加以酌定处理成为必要。如果人民法院经过审理认为，侵权行为已经停止，且相关侵权信息已经删除，此时人民法院再行发布公告或者公布裁判文书，则有可能进一步将侵权结果扩大。此时，人民法院可以征询被侵权人的意见，在被侵权人不同意的情况下，人民法院也可以不采取发布公告或者公布裁判文书的方式执行，而可以通过其他方式予以执行。

▶ **相关规定**

《中华人民共和国民事诉讼法》第252条、第255条

第一千零一条 对自然人因婚姻家庭关系等产生的身份权利的保护，适用本法第一编、第五编和其他法律的相关规定；没有规定的，可以根据其性质参照适用本编人格权保护的有关规定。

◆ **条文主旨**

本条是关于身份权利保护参照适用人格权保护规则的规定。

◆ **立法背景**

立法过程中，有观点提出，自然人因婚姻家庭关系产生的身份权利，与人格权在保护上具有一定相似性。对这些身份权利的保护，除了适用婚姻家庭编的规定外，还应当参照适用人格权保护的相关规定。经研究，身份权利和人格权利虽然不同，但是两者存在密切的关系。建立和维持与他人之间的身份关系，本身就是人格发展的必要条件，保护身份权利往往同时就是保护个人利益。两种权利都不可转让，具有极强的道德性等相似的属性。据此，为完善身份权利的保护，体现民法典编纂的体系性，本条规定，对自然人因婚姻家庭关系等产生的身份权利的保护，适用本法第一编、第五编和其他法律的相关规定；没有规定的，可以根据其性质参照适用本编人格权保护的有关规定。

◆ **条文解读**

因婚姻家庭关系等产生的身份权利，包括自然人因婚姻关系产生的身份权利和因家庭关系产生的身份权利。前者是夫妻之间的身份权利。后者是因家庭关系产生的身份权利，例如父母对子女的亲权和履行监护职责产生的权利。

对自然人因婚姻家庭关系等产生的身份权利的保护，首先应当适用本法总则编、婚姻家庭编和其他法律的相关规定。本法总则编关于监护的条文以及婚姻家庭编对此种身份权利的保护都有一些明确的规定，其他法律也存在对身份权利保护的规定，这些规定应当具有优先适用性，对身份权利进行保护时，应当首先适用这些明确的特殊规定。

其次，没有特别规定的，本编人格权保护的有关规定可以被参照适用于身份权利的保护。在对身份权利的保护没有明确的特殊规定时，可以根据其性质参照适用人格权保护的规定以弥补保护的漏洞，这有助于通过人格权保护的规定补充完善身份权利的保护。例如，本法第 995 条规定，停止侵害、排除妨碍、消除危险、消除影响、恢复名誉、赔礼道歉请求权，不适用诉讼时效的规定。如果侵害身份权利有必要消除影响的，可以参照适用该款规定，消除影响的请求权不适用诉讼时效的规定。因侵害身份权利而承担消除影响、恢复名誉、赔礼道歉这些民事责任的，可以参照适用本法第 1000 条的规定，此时这些民事责任应当与行为的具体方式和造成的影响范围相当；行为人拒不承担的，人民法院可以采取在报刊、网络等媒体上发布公告或者公布生效裁判文书等方式执行，产生的费用由行为人负担。对身份权利的保护，也可以参照适用本法第 997 条的规定，这样，民事主体有证据证明行为人正在实施或者即将实施侵害其身份权利的违法行为，不及时制止将使其合法权益受到难以弥补的损害的，有权依法向人民法院申请采取责令行为人停止有关行为的措施。如果父母亲将子女委托给他人照顾，但受托人因故意或者重大过失使得子女丢失，使得被监护人脱离监护，导致亲子关系或者近亲属间的亲属关系遭受严重损害，此时监护人有权请求精神损害赔偿，并可以参照适用本法第 996 条的规定，在侵权责任和违约责任竞合的情况下，受损害方选择请求其承担违约责任的，不影响受损害方请求精神损害赔偿。认定行为人承担侵害身份权利的民事责任，也同样可以参照本法第 998 条的规定，考量行为人的过错程度以及行为的目的、方式、后果等因素。没有相关的规定对一些身份利益予以保护的，也可以参照适用本法第 990 条第 2 款的规定，即自然人享有基于人身自由、人格尊严产生的其他人格权益。如果这种身份利益是基于人身自由、人格尊严所产生的，且通过利益衡量值得保护，可以参照适用上述规定。

再次，能够被参照适用于身份权利保护的只能是本编人格权保护的有关规定。例如，本法第 993 条规定，民事主体可以将自己的姓名、名称、肖像等许可他人使用，但是依照法律规定或者根据其性质不得许可的除外。该规定并非人格权保护的规定，而是关于特定人格利益许可使用的规定。但是，在身份权利中，不存在此种许可使用的问题，因此也不存在参照适用的可能性。

最后，人格权保护的规定是被参照适用于而非直接适用于身份权利的保护。人格权的保护不是以保护身份权利为出发点，而是以保护个人的人身自由和人格尊严为基本价值追求，与身份权利以保护婚姻和家庭共同体的价值追求不同。身份权利的保护在参照适用人格权保护的规定时，应当考虑到关于身份权利的整体价值取向。如果根据身份关系主体之间利益的平衡，参照适用人格权保护的规定不符合有关身份权利保护的整体价值取向的，就不能参照适用人格权保护的规定。同时，参照适用人格权保护的规定，原则上仅具有保护身份权利的功能，据此可以使得身份权利免受他人的侵害，但不具有积极的请求功能，没有赋予身份权利人要求他人积极行为的请求权。

第二章 生命权、身体权和健康权

本章共十条，对生命权、身体权和健康权这些自然人赖以生存的最基本人格权作出了规定，包括生命权、身体权和健康权的基本规定和法定救助义务、人体捐献、人体临床试验、基因胚胎研究、性骚扰和行动自由等内容。

第一千零二条 自然人享有生命权。自然人的生命安全和生命尊严受法律保护。任何组织或者个人不得侵害他人的生命权。

◆ **条文主旨**

本条是关于生命权的规定。

◆ **立法背景**

生命权，是指自然人享有的以维护生命安全和生命尊严为内容的权利。《民法通则》第98条规定，公民享有生命健康权。但是，因为生命权和健康权在权利内容上存在区别，并且生命的丧失不可逆转，因此《侵权责任法》第2条第2款已经将生命权和健康权区分为两种不同的民事权利予以规定。本法延续了《侵权责任法》的规定，区分规定生命权和健康权。

◆ **条文解读**

首先，本条明确，自然人享有生命权。自然人只有享有生命权，才能作为一个主体在社会中生存并与他人交往，追求自己存在的价值。生命权是自然人最为重要的人格权，是其他人格权和其他权利的前提，是从事民事活动和其他一切活动的前提和基本要求。

其次，本条规定，生命权的内容是生命安全和生命尊严受法律保护。在自然人的生命权遭受侵害或者面临危险时，权利人可以依法采取相应的保护措施，以维护自己的生命安全。

生命尊严受法律保护，是指自然人有权基于人格尊严，在消极意义上禁止他人侵害自己作为生命主体者的尊严，在积极意义上要求自己作为生命主体者的尊严获得应有的尊重，提升生命的尊严和品质。生命尊严使得生命权的保障在生命安全之外，扩展到生命过程中生命主体者的尊严获得应有的尊重。《法国民法典》第 16 条即规定，法律确保人的优先性，禁止对尊严的一切侵害；自人的生命伊始即确保对人的尊重。《基本医疗卫生与健康促进法》第 33 条第 1 款也规定："公民接受医疗卫生服务，应当受到尊重。医疗卫生机构、医疗卫生人员应当关心爱护、平等对待患者，尊重患者人格尊严，保护患者隐私。"有自我决定能力的自然人，可以积极地明确表达不同意采取某些特定的治疗手段的意思。《魁北克民法典》第 13 条第 2 款就明确规定，如果进行非常规的治疗，或者治疗无用处，或者治疗的后果非常人所能承受，则治疗需征得本人同意。如果自然人基于自己真实无误的个人意愿明确表达了此种拒绝，则此时应当尊重自然人的意愿，仅可以而且应该采取缓和的基础医疗服务。同时，对体外受精胚胎这种未来有发展成为生命的特殊存在物的具体处置，都要考虑到生命尊严的价值。

最后，本条从反面进一步规定了，任何组织或者个人不得侵害他人的生命权。不能把自然人的生命作为实现其他目的的手段，任何人都不得非法剥夺他人的生命。

第一千零三条 自然人享有身体权。自然人的身体完整和行动自由受法律保护。任何组织或者个人不得侵害他人的身体权。

◆ **条文主旨**

本条是关于身体权的规定。

◆ **立法背景**

作为生命的载体，自然人的身体受法律保护，任何人不得侵害。比较法也多有立法例对此予以规定。例如《法国民法典》第16－1条规定，每个人的身体均有权受到尊重。人体不可侵犯。人体、组成要素和产品不得成为财产权的标的。第16－2条规定：法官得采取一切必要措施，防止或责令停止对人体的不法侵害或对人体的组成或产品的不法行为，包括在他人死亡之后。之后也有多个条款详细规定了人体完整权的具体内容。《魁北克民法典》第10条第1款规定，任何人都不受侵犯且有权维持身体完整，并在第11条至第31条进行了更为具体的规定。除此之外，《意大利民法典》第5条、《埃塞俄比亚民法典》第18条、《越南民法典》第33条和第35条、我国《澳门民法典》第71条第2项等都对此予以规定。本法总则编第110条第1款将身体权作为独立的人格权，本条在此强调对身体权的保护。

◆ **条文解读**

身体权，是指自然人享有的以身体完整和行动自由受法律保护为内容的权利。身体权与生命权、健康权密切相关，侵害自然人的身体往往导致对自然人健康的损害，甚至剥夺自然人的生命。

但生命权、健康权和身体权所保护的自然人的具体人格利益有区别，生命权以保护自然人生命的延续为内容之一，健康权以保护身体各组织及整体功能正常为内容之一，而身体权以保护身体组织的完整为内容之一。当他人侵害自然人的身体已经达到使自然人的组织和功能不正常时，侵害的是自然人的健康权，而非身体权。当他人侵害自然人的身体，但未侵害自然人的组织和功能正常时，侵害的仅是自然人的身体权，而非健康权。如甲未经乙同意突然将乙的长头发剪断，此时乙的身体组织和功能正常并未受到侵害，但甲侵害了乙对自己身体组织保持完整的权利，侵害了乙的身体权。

依照本条规定，身体权的内容是身体完整和行动自由受法律保护。任何组织或者个人不得侵害他人的身体权。侵害身体权的行为是多样的。身体包括头颈、躯干、四肢、器官以及毛发指甲等各种人体细胞、人体组织、人体器官等，例如剪掉头发或者眉毛，构成了对身体权的侵害。对于固定于身体成为身体组成部分，与其他组成部分结合一起发挥功能，而不能自由卸取的人工附加部分，例如假肢、义齿、义眼、心脏起搏器等，或者身体的某组成部分脱离身体后但之后仍然要与身体结合的，对该部分的侵害，也可以被认为是构成侵害身体权，造成严重精神损害的，可以依法请求精神损害赔偿。

应当注意的是，虽然自然人死亡之后就不再享有身体权，但是，自然人死亡后的遗体、遗骨和骨灰也应当受到尊重。《法国民法典》第16－1－1条就规定："对人体的尊重，不因死亡而终止。死者的遗体，包括火化后的骨灰，应以具有尊敬、尊严和体面的方式处置。"例如，对遗体的解剖必须符合现有规范的条件、权限和程序的规定，禁止对遗体进行商业性利用的行为。死者近亲属也应当尊重自然人生前意愿，以不违反法律和违背公序良俗的方式处置死者的遗体、遗骨和骨灰。

▶ **相关规定**

《人类辅助生殖技术管理办法》第3条第2款

第一千零四条 自然人享有健康权。自然人的身心健康受法律保护。任何组织或者个人不得侵害他人的健康权。

◆ **条文主旨**

本条是关于健康权的规定。

◆ **立法背景**

本法第110条规定，自然人享有健康权，本条在此对健康权的内容予以明确。

◆ **条文解读**

健康权是自然人享有的以身心健康受法律保护为内容的权利。健康是维持人体正常生命活动的基础，健康权是自然人重要的人格权。本条规定的健康权是一种民事权利。国家对于公民健康，在公法意义上的保护义务是通过其他法律予以实现的。例如，《基本医疗卫生与健康促进法》第4条规定，国家和社会尊重、保护公民的健康权。国家实施健康中国战略，普及健康生活，优化健康服务，完善健康保障，建设健康环境，发展健康产业，提升公民全生命周期健康水平。国家建立健康教育制度，保障公民获得健康教育的权利，提高公民的健康素养。第5条规定，公民依法享有从国家和社会获得基本医疗卫生服务的权利。国家建立基本医疗卫生制度，建立健全医疗卫生服务体系，保护和实现公民获得基本医疗卫生服务的权利。

本条首先明确健康权的内容是身心健康受法律保护。身心健康包括身体健康和心理健康。健康，是指一个人在身体和心理等方面都处于良好的状态，相应地包括身体健康和心理健康，但不包括一个人在社会适应方面的良好状态以及道德健康等。作为身心统一体的人，身体和心理是紧密依存的两个方面，身体健康和心理健康具有密切的联系。心理健康是身体健康的精神支柱，身体健康又是心理健康的物质基础。良好的情绪状态可以使生理功能处于最佳状态，反之则会降低或破坏某种功能而引起疾病。身体状况的改变可能带来相应的心理问题，生理上的缺陷、疾病，特别是痼疾，往往会使人产生烦恼、焦躁、忧虑、抑郁等不良情绪，导致各种不正常的心理状态。《基本医疗卫生与健康促进法》第 28 条第 1 款也特别规定，国家发展精神卫生事业，建设完善精神卫生服务体系，维护和增进公民心理健康，预防、治疗精神障碍。《精神卫生法》对心理健康和精神障碍进行了详细的规定。据此，健康权的保护范围就不应当仅限于身体健康，也应当包括心理健康，导致受害人精神分裂、痴呆、狂想障碍、恐惧症、焦虑症、抑郁症等侵害心理健康的行为，也构成侵害健康权。同时，劳动能力的保持也属于健康的内容之一。

本条从反面进一步规定了，任何组织或者个人不得侵害他人的健康权。因此，任何组织或者个人不得以殴打、推搡、撞击、撕咬、肉体折磨、威吓、精神折磨或者不作为等方式侵害他人的健康权。

第一千零五条 自然人的生命权、身体权、健康权受到侵害或者处于其他危难情形的，负有法定救助义务的组织或者个人应当及时施救。

◆ 条文主旨

本条是关于法定救助义务的规定。

◆ 立法背景

为了保护自然人的生命权、身体权和健康权，弘扬社会主义核心价值观，在自然人的生命权、身体权、健康权受到侵害或者处于其他危难情形中，法律应当鼓励和支持对自然人的适当救助。这种鼓励和支持体现在两个层面。第一，对不负有法定救助义务的救助人的保护。一方面，在救助人造成受助人损害情形下，受害人责任应予以限制或者免除。本法第 184 条规定，因自愿实施紧急救助行为造成受助人损害的，救助人不承担民事责任。另一方面，救助人因救助而自己受到损害时享有请求权。本法第 183 条规定，因保护他人民事权益使自己受到损害的，由侵权人承担民事责任，受益人可以给予适当补偿。没有侵权人、侵权人逃逸或者无力承担民事责任，受害人请求补偿的，受益人应当给予适当补偿。同时，本法关于无因管理的条文也为救助者提供了一定的保护。第二，规定特定主体在特定情况下的积极的救助义务。本条即规定了在自然人的生命权、身体权、健康权受到侵害或者处于其他危难情形中特定主体的救助义务。

◆ 条文解读

本条适用的前提，首先是自然人的生命权、身体权、健康权受到侵害或者处于其他危难情形。只有在自然人的生命权、身体权、健康权处于非常紧急的需要救助的情形，不立即实施救助将会使得自然人的生命、身体或者健康遭受重大的损害时，才可能存在法定的救助义务，此时要考虑到急迫性、危险性、其他救助措施获得的难度等因素。

其次是特定的组织或者个人负有法定的救助义务。积极的救助义务，在比较法中规定的前提范围是不同的。美国有些州的“好撒玛利亚人法”规定，在特定情形下对身处危难之中的他人进行救助是公民的义务，除非救助者的介入会给其本人或者其他人带来危险，或者其他合法原因可以不进行救助。但同样有一些州没有规定积极的救助义务。《魁北克人权宪章》规定，任何人必须救助处于危险中的人，通过亲自救助或联系急救机构，为危险中的人提供必要的急救，认为救助过程会给自身或第三方身体造成伤害或有其他法律认可的理由除外。《法国刑法典》第223－6条规定，任何人在不给自己或第三方造成危险且其能够提供救助的情况下故意不救助处于危险中的受害者，可能会被判处5年的监禁刑和高达75,000欧元的罚款。《德国刑法典》第323c条规定，在意外事故或公共危险的紧急时刻，有能力实施救助且不给自己带来潜在危险或者不违反其他重要职责的情况下不提供救助者，将被处以不超过一年的监禁刑或者罚款。范围最广的是《欧洲侵权法原则》第4：103条的规定，具有下列情形之一的，产生保护他人免受损害的积极作为义务：法律有规定；行为人制造或者控制了某种危险情势；当事人之间存在特殊关系；损害严重而避免损害容易。《越南民法典》第33条第2款对此也作出了规定。

经认真研究，为避免道德义务和法律义务的混淆而提出过高的行为要求，本条将负有救助义务限定在法律规定的前提下。法律对救助义务的规定，包括两种。第一种是条文中明确规定了救助义务。例如，本法第822条规定，承运人在运输过程中，应当尽力救助患有急病、分娩、遇险的旅客。《基本医疗卫生与健康促进法》第27条第3款规定，急救中心（站）不得以未付费为由拒绝或者拖延为急危重症患者提供急救服务。《执业医师法》第24条规定，对急危患者，医师应当采取紧急措施进行诊治；不得拒绝急救处置。《医疗机构管理条例》第31条据此规定，医疗机构对危重病人应当立即抢救。对限于设备或者技术条件不能诊治的病人，应当及时转诊。《海商法》第174条规定，船长在不严重危及本船和船上人员安全的情况下，有义务尽力救助海上人命。《道路交通安全法》第70条第1款规定，在道路上发生交通事故，车辆驾驶人应当立即停车，保护现场；造成人身伤亡的，车辆驾驶人应当立即抢救受伤人员，并迅速报告执勤的交通警察或者公安机关交通管理部门。因抢救受伤人员变动现场的，应当标明位置。乘车人、过往车辆驾驶人、过往行人应当予以协助。第二种是法律虽然没有明确规定救助义务，但规定中包含了救助义务。例如，本法第942条第1款规定，物业服务人采取合理措施保护业主的人身、财产安全。本法第1198条也规定了宾馆、商场、银行、车站、机场、体育场馆、娱乐场所等经营场所、公共场所的经营者、管理者或者群众性活动的组织者的安全保障义务。这些义务中也包括了在自然人的生命权、身体权、健康权受到侵害或者处于其他危难情形时，法律规定的主体应当负有采取合理措施予以救助的义务。对于实践中需要确定义务人应当负有的具体安全保障义务的内容，可以参考该安全保障义务人所在行业的普遍情况、所在地区的具体条件、所组织活动的规模等各种因素，从侵权行为的性质和力度、义务人的保安能力以及发生侵权行为前后所采取的防范、制止侵权行为的状况、当事人之间特殊的关系和信赖等方面，根据实际情况综合判断。

本条适用的法律效果是，负有法定救助义务的组织或者个人应当及时施救。首先，应当是及时施救，不得以未付费等为由拒绝或者拖延救助。其次，施救的措施包括了亲自救助或者通过联系国家机关、急救机构等方式。

▶ **相关规定**

《中华人民共和国海商法》第174条；《中华人民共和国道路交通安全法》第70条第1款

第一千零六条 完全民事行为能力人有权依法自主决定无偿捐献其人体细胞、人体组织、人体器官、遗体。任何组织或者个人不得强迫、欺骗、利诱其捐献。

完全民事行为能力人依据前款规定同意捐献的，应当采用书面形式，也可以订立遗嘱。

自然人生前未表示不同意捐献的，该自然人死亡后，其配偶、成年子女、父母可以共同决定捐献，决定捐献应当采用书面形式。

◆ **条文主旨**

本条是关于人体捐献的规定。

◆ **立法背景**

捐献的人体可以是用于移植，也可能是用于医学的研究。将捐献的人体细胞、人体组织、人体器官，移植给病人或者生命垂危的患者，是在第二次世界大战以后开始发展起来的，目前已经成为全球的做法，延长了许多人的生命，并极大提高了其生活质量。医疗技术的不断改进，导致了需求的增加，目前全世界各国的需求都是超过供给的，这导致了人体细胞、人体组织、人体器官商业买卖的不法行为，也促使了很多国家建立程序和体系提高供给。目前，我国对人体捐献已经有相关法律、法规等的规定，例如刑法、人体器官移植条例、人体捐献器官获取与分配管理规定、人体器官移植技术临床应用管理暂行规定、非血缘造血干细胞移植技术管理规范、非血缘造血干细胞采集技术管理规范等，建立起了捐献体系、获取分配体系、临床服务体系、监管体系、打击违法犯罪体系五大体系。由于人体捐献涉及自然人最为重要的生命权、身体权和健康权，由规范层级较高的法律予以规定更为妥当。从比较法上来看，世界卫生组织专门发布了人体细胞、组织和器官移植的指导原则。《法国民法典》第 16－1 条第 3 款、第 16－5 条、第 16－6 条至第 16－8 条涉及人体捐献。《魁北克民法典》第 22 条至第 25 条、《罗马尼亚民法典》第 66 条和第 67 条、《越南民法典》第 35 条都规定了人体捐献。

经研究，考虑到遗体捐献有利于医学研究和救治他人，应当予以鼓励。为了给人体捐献和移植提供一个有序的、符合伦理标准并且可接受的框架，规范人体捐献，保证医疗质量，保障人体健康，发扬人道主义精神，引导民众移风易俗，促进社会主义物质文明和精神文明建设，有利于移植临床救治和医学的发展，为目前的有关规定提供效力层级较高的规范基础，在综合考虑多方面意见的基础上，本法吸收了国务院人体器官移植条例的相关内容，借鉴比较立法例，对人体捐献予以规定，并设定了严格的条件。考虑到获得同意是所有医学干预措施的伦理和法律基石，也是人体捐献必须具备的前提，体现了自然人对人体捐献的自决权，因此本法对人体捐献的规定，仅着眼于人体捐献应当获得的同意和对同意的限制，而不涉及其他更为细致的管理规定。例如，从事采集摘取或者移植的机构应具备的条件，是否需要经过伦理委员会的审查等具体的程序性规定，告知、查验、随访和保密义务等其他的具体管理性规定，违反规定的刑事责任和行政责任等，这些仍然留给特别法予以更具体的规定。例如《刑法》第 234 条之一就规定了相关的刑事责任："组织他人出卖人体器官的，处五年以下有期徒刑，并处罚金；情节严重的，处五年以上有期徒刑，并处罚金或者没收财产。""未经本人同意摘取其器官，或者摘取不满十八周岁的人的器官，或者强迫、欺骗他人捐献器官的，依照本法第二百三十四条、第二百三十二条的规定定罪处罚。""违背本人生前意愿摘取其尸体器官，或者本人生前未表示同意，违反国家规定，违背其近亲属意愿摘取其尸体器官的，依照本法第三百零二条的规定定罪处罚。"

◆ **条文解读**

人体捐献包括人体细胞的捐献、人体组织的捐献、人体器官的捐献、遗体的捐献等。人体由有机质和无机质构成细胞，由细胞与细胞间质组成组织，由组织构成器官。人体细胞是人体的结构和生理功能的基本单位。人体组织是结构相似和功能相关的人体细胞和细胞间质集合而成的组织，包括上皮组织、结缔组织、肌肉组织、神经组织。人体器官是由多种人体组织构成的能行使特定功能的结构单位。相对应地，人体细胞捐献，是指将身体内有活力的细胞群捐献出去，例如造血干细胞、精子、卵子等的捐献。人体组织捐献，是指将身体的部分组织捐献出去，包括皮肤、角膜、骨骼、肌腱、血管、骨髓、神经等的捐献。人体器官捐献，是指将身体的某个仍然保持活力的器官捐献出去，包括心脏、肺脏、肝脏、肾脏或者胰腺等的捐献。我国的《人体器官移植条例》第 2 条第 1 款就区分了人体细胞捐献、角膜和骨髓等人体组织的捐献以及人体器官的捐献。世界卫生组织人体细胞、组织和器官移植指导原则也作出了同样的区分。遗体的捐献是指将自然人的遗体捐献出去。

本条规定的主要内容如下：

第一，自然人享有捐献或者不捐献人体细胞、人体组织、人体器官和遗体的自主决定权。人体捐献与自然人的人格尊严密切相关，获得人体捐赠者的同意是人体捐赠最为重要的前提。《人体器官移植条例》第 7 条规定："人体器官捐献应当遵循自愿、无偿的原则。""公民享有捐献或者不捐献其人体器官的权利；任何组织或者个人不得强迫、欺骗或者利诱他人捐献人体器官。"基于人格尊严保护的特殊要求，人体捐献者的自主决定权也包括有权随时撤销其同意捐献的意愿。《人体器官移植条例》第 8 条即规定，对已经表示捐献其人体器官的意愿，有权予以撤销。所以捐赠者有权在人体器官移植前拒绝捐赠器官。

第二，人体捐献的意愿必须真实合法，任何组织或者个人不得强迫、欺骗、利诱捐献。人体捐献意愿必须是捐献人的真实意愿，而不是因为强迫、欺骗、利诱而作出的。世界卫生组织人体细胞、组织和器官移植指导原则 3 规定，捐献人应自愿行动，不受任何不正当的影响和强迫。指导原则 7 规定，如果用于移植的细胞、组织或器官是通过剥削或强迫，或向捐献人或死者近亲付款获得的，医生和其他卫生专业人员应不履行移植程序，健康保险者和其他支付者不应承担这一程序的费用。《人体器官移植条例》第 18 条中也规定，人体器官移植技术临床应用与伦理委员会收到摘取人体器官审查申请后，应当审查人体器官捐献人的意愿是否真实。同时，为了保证捐献人的意愿是真实的，应当对捐献人履行告知说明程序，以使得捐献者知情并能够全面客观地自主决定。例如，《人体器官移植条例》第 19 条规定，医疗机构在摘取活体器官捐赠者所同意捐赠的器官前，应当充分告知捐赠者及其家属摘取器官手术风险、术后注意事项、可能发生的并发症及预防措施等，并签署知情同意书。世界卫生组织人体细胞、组织和器官移植指导原则 3 规定，应以完整和可理解的方式告知活体捐献人，其捐献可能存在的危险、捐献的益处和后果；捐献人应在法律上有资格和能力权衡这些信息；捐献人应自愿行动，不受任何不正当的影响和强迫。

同时，人体捐献的意愿也必须是合法的，不得违反法律规定和违背公序良俗。例如，基于医学伦理原则，捐献不得危及捐献人自身的生命或者严重损害捐献人自身的健康，以防止出现职业捐献者群体和变相的买卖，这是从维护捐献者的人格尊严和身体健康出发，对其捐献行为的限制。此时，可能要考虑捐献的是人体细胞、人体组织还是人体器官，不同人体组成的捐献对捐献者自身生命或者健康造成损害的可能性是不同的。例如，人体细胞可以活体捐献，人体组织的活体捐献对捐献者的损害不同，属于人体器官的肾脏、肝脏的活体捐献的损害可控，但心脏决不能允许活体捐献。同时也要考虑区分活体捐献和死体捐献，活体捐献有可能会对捐献者自身生命或者健康造成损害，但死体捐献不会。因此，在捐献者表达其活体捐献意愿之后，实施手术的医疗机构应当对其身体健康状况进行检查，以核实其健康状况是否允许捐献器官。如果经检查后发现捐献可能对其自身健康带来严重危害，则不得协助其完成采集或者摘取。《献血法》第 9 条即规定："血站对献血者必须免费进行必要的健康检查；身体状况不符合献血条件的，血站应当向其说明情况，不得采集血液……""血站对献血者每次采集血液量一般为二百毫升，最多不得超过四百毫升，两次采集间隔期不少于六个月。""严格禁止血站违反前款规定对献血者超量、频繁采集血液。"《人体器官移植条例》第 19 条第 1 款中规定，从事人体器官移植的医疗机构及其医务人员摘取活体器官前，应当确认除摘取器官产生的直接后果外不会损害活体器官捐献人其他正常的生理功能。《人体器官移植技术临床应用管理暂行规定》第 30 条第 3 款规定，活体器官移植不应当因捐献活体器官而损害捐赠者相应的正常生理功能。

第三，完全民事行为能力人才有权依法自主决定。人体捐赠者必须对捐赠行为具有充分的判断和辨认能力，这要求捐赠者必须具备完全的民事行为能力。未成年人以及不能辨认或者完全辨认自己行为的成年人这些限制民事行为能力人和无民事行为能力人，不能作出人体捐献的有效同意。《人体器官移植条例》第 8 条第 1 款中即规定，捐献人体器官的公民应当具有完全民事行为能力。

应当注意的是，关于不具有完全民事行为能力人的人体捐献，受到了严格的控制。世界卫生组织人体细胞、组织和器官移植指导原则 4 规定："除了在国家法律允许范围内的少数例外情况，不可出于移植目的从未成年活人身上摘取任何细胞、组织或器官。应当具备保护未成年人的具体措施，在任何可能情况下都应在捐献前获得未成年人的同意。对未成年人适用的内容也同样适用于没有法定能力者。"《人体器官移植条例》第 9 条规定，任何组织或者个人不得摘取未满十八周岁公民的活体器官用于移植。据此，未成年人和其他不具有完全民事行为能力人的活体人体细胞、人体组织、人体器官不得被捐献用于移植。因此，在本条的适用中，应当注意的是，在做出活体捐献时，本条中的完全民事行为人不包括本法第 18 条第 2 款规定的情形，即十六周岁以上的未成年人，以自己的劳动收入为主要生活来源的，视为完全民事行为能力人。

第四，完全民事行为能力人依据前款规定同意捐献的，应当采用书面形式，也可以订立遗嘱。捐献可能对人体造成损害，涉及生命权、身体权、健康权等最基本的人格权利，同时要确定捐献的意愿是真实的，因此应当对同意捐献的形式作严格限制。《人体器官移植条例》第8条中规定，公民捐献其人体器官应当有书面形式的捐献意愿。第19条中也规定，从事人体器官移植的医疗机构及其医务人员摘取活体器官前，应当与活体器官捐献人签署知情同意书。非血缘造血干细胞采集技术管理规范中也要求在履行告知程序后由捐献者签署知情同意书。同时，考虑到通常在遗嘱中表达死体捐献的意愿，本法继承编对遗嘱的形式进行了严格的限定，足以确保捐献意愿的真实，因此，本条规定，同意捐献除了采取书面形式外，也可以订立遗嘱。

第五，自然人生前未表示不同意捐献的，该自然人死亡后，其配偶、成年子女、父母可以共同决定捐献，决定捐献应当采用书面形式。从世界上来看，关于死体捐献有两种方式。一种方式是明确同意方式，即死者必须在生前依法表示了同意捐献的意愿。另一种方式是推测同意方式，即只要死者没有在生前表示不同意捐献的意愿，其配偶、成年子女、父母就可以捐献。世界卫生组织认为，这两种方式都是符合伦理指导原则的，采取哪一种方式，取决于每个国家的社会、医学和文化政策，包括通常情况下对卫生保健作出决定时家庭成员的参与方式。我国的《人体器官移植条例》采取了后一种方式，第8条第2款规定，公民生前表示不同意捐献其人体器官的，任何组织或者个人不得捐献、摘取该公民的人体器官；公民生前未表示不同意捐献其人体器官的，该公民死亡后，其配偶、成年子女、父母可以以书面形式共同表示同意捐献该公民人体器官的意愿。经研究，死体捐献不会对捐献者的生命或者健康造成严重损害，且能够发扬人道主义精神，引导民众移风易俗，促进社会主义物质文明和精神文明建设，有利于移植临床救治和医学的发展，本条延续了现有的规定采取了推测同意方式。

据此，如果自然人生前表示了不同意捐献的意愿，应当尊重自然人的自主决定权，其他任何人，包括配偶、成年子女、父母，都不能在自然人死亡后同意捐献。但是，如果自然人生前未表示不同意捐献，该自然人死亡后，其配偶、成年子女、父母可以共同决定捐献。需要注意的是：（1）应在该自然人死亡后。在其死亡前，其仍有权决定是否捐献，其他人不能代为决定。（2）有权决定捐献的主体是死者的配偶、成年子女和父母。决定捐献者当然必须具备完全的民事行为能力。同时，死者没有配偶、成年子女或者父母也已经死亡的，其他近亲属等都不能决定捐献。（3）死者的配偶、成年子女和父母共同决定。如果其中任何一个人反对捐献，捐献也难以继续进行，在实践中，即使死者生前同意，摘取通常也要征得近亲属的同意，在死者生前未表示不同意捐献的情形中就更是如此，死者的配偶、成年子女和父母中的任何一个人不同意捐献的，都不能捐献。（4）决定捐献应当采用书面形式。

应当注意的是，死体捐献和活体捐献在很多问题上都是不同的。活体捐献要受到严格的限制，死体捐献受到的限制相比较而言要少一些。世界卫生组织人体细胞、组织和器官移植指导原则 3 中规定：“死者的捐献应显现出其最大的治疗潜力，但成年活人可在国内法律允许的范围内捐献器官。活体捐献人一般应与接受人在基因、法律或情感上有关系。”“活体捐献在以下情况下才可接受：捐献人知情并获得其自愿同意，已保证对捐献人的专业照料和完善组织后续步骤，并已审慎执行和监督捐献人选择标准。应以完整和可理解的方式告知活体捐献人，其捐献可能存在的危险、捐献的益处和后果；捐献人应在法律上有资格和能力权衡这些信息；捐献人应自愿行动，不受任何不正当的影响和强迫。”我国《人体器官移植条例》第 10 条规定：“活体器官的接受人限于活体器官捐献人的配偶、直系血亲或者三代以内旁系血亲，或者有证据证明与活体器官捐献人存在因帮扶等形成亲情关系的人员。”第20条规定：“摘取尸体器官，应当在依法判定尸体器官捐献人死亡后进行。从事人体器官移植的医务人员不得参与捐献人的死亡判定。”“从事人体器官移植的医疗机构及其医务人员应当尊重死者的尊严；对摘取器官完毕的尸体，应当进行符合伦理原则的医学处理，除用于移植的器官以外，应当恢复尸体原貌。”《人体器官移植技术临床应用管理暂行规定》第28条也规定，医疗机构摘取尸体器官的，应当对尸体进行必要的、符合社会伦理道德的处理。《人体捐献器官获取与分配管理规定》则规定了死体捐献的获取与分配，捐献器官必须通过器官分配系统进行分配。这些问题都由其他法律予以更细致的规定。

▶ **相关规定**

《中华人民共和国献血法》第9条；《人体器官移植条例》

第一千零七条　禁止以任何形式买卖人体细胞、人体组织、人体器官、遗体。

违反前款规定的买卖行为无效。

◆ **条文主旨**

本条是关于禁止买卖人体细胞、人体组织、人体器官、遗体的规定。

◆ **立法背景**

基于人格尊严的理念，每一个自然人的身体应当受到尊重，避免仅仅将人体组成部分作为客体；同时，在实践中，人体的买卖很可能会不公平地利用最贫穷和最脆弱的群体，导致牟取暴利和贩卖人口。对此，世界上存在共识。世界卫生组织人体细胞、组织和器官移植指导原则4中规定："细胞、组织和器官应仅可自由捐献，不得伴有任何金钱支付或其他货币价值的报酬。购买或提出购买供移植的细胞、组织或器官，或者由活人或死者近亲出售，都应予以禁止。"《法国民法典》第16－1条第3款规定："人体、人体的组成部分及其所生之物，不得作为财产权利的标的。"第16－5条规定："以赋予人体、人体之组成部分及其所生之物以财产价值为效果的任何协议均无效。"第16－6条规定："不得对自愿就其人体进行医学实验、摘取器官或采取身体所生之物的人给予任何报酬。"《魁北克民法典》第25条、《罗马尼亚民法典》第66条也同样如此规定。我国的《人体器官移植条例》第3条也规定："任何组织或者个人不得以任何形式买卖人体器官，不得从事与买卖人体器官有关的活动。"《刑法》第234条之一第1款规定了相关的刑事责任："组织他人出卖人体器官的，处五年以下有期徒刑，并处罚金；情节严重的，处五年以上有期徒刑，并处罚金或者没收财产。"《献血法》第11条也规定："无偿献血的血液必须用于临床，不得买卖。血站、医疗机构不得将无偿献血的血液出售给单采血浆站或者血液制品生产单位。"据此，本条也对禁止人体买卖作出规定。

◆ 条文解读

本条首先明确，人体捐赠只能是无偿的，禁止以任何形式买卖人体细胞、人体组织、人体器官、遗体。买卖人体的形式在实践中多种多样，任何形式只要构成实质上的买卖，都应当被禁止。在付款对象上，对自然人自己直接付款买卖，这当然构成买卖。如果是对死者的近亲属或者其他中间人予以付款，也同样构成买卖。因此，对上述各方的金钱回报都应当予以禁止。在形式上，不仅是直接的买卖形式，其他实质上类似于买卖的有偿利用形式也应当被禁止。例如，将人体组成部分作为质押或者租赁的标的，这都是实质上类似于买卖的有偿利用形式，都违背了人格尊严。《法国民法典》第16－1条第3款即规定："人体、人体的组成部分及其所生之物，不得作为财产权利的标的。"世界卫生组织人体细胞、组织和器官移植指导原则6中进一步规定："可依据国内法规，通过广告或公开呼吁的方法鼓励人体细胞、组织或器官的无私捐献。应禁止登广告征求细胞、组织或器官并企图为捐献细胞、组织或器官的个人提供或寻求付款，或在个人死亡情况下，为其近亲属提供或寻求付款。参与对此类个人或第三方付款的中间行为也应予以禁止。"

本条进一步明确，违反前款规定的买卖行为无效。本法第153条规定，违反法律、行政法规的强制性规定或者违背公序良俗的民事法律行为无效。据此，本条进一步明确，上述买卖行为是无效的，违反第1款的规定必然导致民事法律行为无效，第1款规定不属于本法第153条第1款中的"但是，该强制性规定不导致该民事法律行为无效的除外"。如果买卖行为无效，买方无权请求卖方承担违约责任。如果买卖的人体组成部分已经被移植，此时就属于本法第157条中规定的不能返还的情形。这并不影响行为人依据法律的规定承担行政责任和刑事责任。例如，在我国有些地方，有买卖死者遗体以配"阴婚"的情形，买卖死者遗体的合同就是无效的合同，可以考虑按照本法第157条关于民事法律行为无效的法律后果的规定予以处理。

但是，应当注意的是，应将人体买卖和依据法律规定对捐赠人或者其近亲属的补偿或者救助、各种成本的补偿区分开。世界卫生组织人体细胞、组织和器官移植指导原则5中规定："禁止出售或购买细胞、组织和器官不排除补偿捐献人产生的合理和可证实的费用，包括收入损失，或支付获取、处理、保存和提供用于移植的人体细胞、组织或器官的费用。”《献血法》第 14 条规定：“公民临床用血时只交付用于血液的采集、储存、分离、检验等费用；具体收费标准由国务院卫生行政部门会同国务院价格主管部门制定。”“无偿献血者临床需要用血时，免交前款规定的费用；无偿献血者的配偶和直系亲属临床需要用血时，可以按照省、自治区、直辖市人民政府的规定免交或者减交前款规定的费用。”为防止人体买卖的其他管理性规则，例如移植的程序性规则、分配的具体规则等，由其他特别法具体规定。

▶ **相关规定**

《中华人民共和国献血法》第 11 条；《人体器官移植条例》

第一千零八条 为研制新药、医疗器械或者发展新的预防和治疗方法，需要进行临床试验的，应当依法经相关主管部门批准并经伦理委员会审查同意，向受试者或者受试者的监护人告知试验目的、用途和可能产生的风险等详细情况，并经其书面同意。

进行临床试验的，不得向受试者收取试验费用。

◆ **条文主旨**

本条是关于人体临床试验的规定。

◆ **立法背景**

人体临床试验，又称为人体试验，是指在病人或健康志愿者等受试者的人体上进行系统性研究，以了解新药、医疗器械或者发展新的预防和治疗方法的疗效与安全性。为研制新药、医疗器械或者发展新的预防和治疗方法，在研发阶段时，通常会先进行动物试验，动物试验通过之后再进行人体试验。人体试验是确保其有效性和安全性必不可少的环节，对促进医疗科研事业的发展意义重大，因此，允许开展人体试验活动是必要的。但是，人体试验关系到受试者的生命健康，涉及其人格尊严，要符合伦理要求，有必要对此设定较为严格的条件。在世界范围内，1946 年的《纽伦堡法典》制定了人体试验的基本原则，作为国际上进行人体试验的行为规范。1964 年的世界医学大会赫尔辛基宣言，之后历经多次修订，是以人体作为受试对象的生物医学研究的伦理原则。《法国民法典》第 16 – 6 条规定："不得对自愿就其人体进行医学实验、摘取器官或采取身体所生之物的人给予任何报酬。"法国的公共卫生法典对此进行了更为细致的规定。《魁北克民法典》第 20、21、24、25 条对人体试验作出了细致的规定。《越南民法典》第 33 条第 2 款对此也作出了规定。我国目前也有相关的规范。例如，《基本医疗卫生与健康促进法》第 32 条第 3 款规定，开展药物、医疗器械临床试验和其他医学研究应当遵守医学伦理规范，依法通过伦理审查，取得知情同意。《疫苗管理法》第 16 条至第 18 条对疫苗的临床试验、《药品管理法》第 18 条至第 23 条对药物的临床试验都作出了规定。医疗器械监督管理条例、药物临床试验质量管理规范、医疗器械临床试验质量管理规范、干细胞临床研究管理办法（试行）、涉及人的生物医学研究伦理审查办法等也都对此进行了详细的规定。

经研究，为了保护人的生命和健康，维护受试者的人格尊严，尊重和保护受试者的合法权益，促进人体临床试验的规范开展，在综合考虑多方面意见的基础上，本法吸收了药品管理法和其他相关规定内容，对人体试验予以规定。人体试验的伦理原则是公正、尊重人格、力求使受试者最大程度受益和尽可能避免伤害，具体包括知情同意、控制风险、免费和补偿、保护隐私、依法赔偿、特殊保护等，而其中的基础和首要前提是受试者的知情同意，体现了受试者对人体试验的自决权。

◆ **条文解读**

本条规定的主要内容如下：

第一，人体临床试验应当依法经相关主管部门批准并经伦理委员会审查同意。例如，《疫苗管理法》第16条第1款规定："开展疫苗临床试验，应当经国务院药品监督管理部门依法批准。"《药品管理法》第19条规定了开展药物临床试验，应当经国务院药品监督管理部门批准。《医疗器械监督管理条例》第19条中规定，第三类医疗器械进行临床试验对人体具有较高风险的，应当经国务院食品药品监督管理部门批准。

同时，伦理委员会是保障受试者权益的主要措施之一。《赫尔辛基宣言》第23条中明确，在研究开始前，研究方案必须提交给相关的研究伦理委员会进行考量、评论、指导和批准。《基本医疗卫生与健康促进法》第32条第3款将通过伦理审查作为开展临床试验的必备程序。疫苗管理法、药品管理法、药物临床试验质量管理规范、医疗器械临床试验质量管理规范、干细胞临床研究管理办法（试行）等，也都对此进行了明确规定。关于伦理委员会的职责、组成、伦理审查的具体程序、监督管理等问题，由特别法予以规定。

第二，受试者享有是否参加试验的自主决定权。基于受试者的人格尊严，尊重和保护受试者的合法权益，应当尊重和保障受试者是否参加研究的自主决定权。《赫尔辛基宣言》第25条中明确："有给予知情同意行为能力的人作为受试者参加医学研究必须是自愿的。虽然征询家庭成员或社区领导人的意见可能是合适的，但除非有提供知情同意行为能力的受试者本人自由同意，否则他/她不可以被征召参加医学研究。”《基本医疗卫生与健康促进法》第32条第3款规定，开展药物、医疗器械临床试验和其他医学研究应当遵守医学伦理规范，依法通过伦理审查，取得知情同意。《药品管理法》第21条、《疫苗管理法》第18条都规定了受试者的知情同意权。药品管理法、药物临床试验质量管理规范、医疗器械临床试验质量管理规范、干细胞临床研究管理办法（试行）等也对此进行了明确的规定。《赫尔辛基宣言》第30条规定了知情同意的例外情形：“受试者在身体或精神上无给予知情同意的行为能力，例如无意识的患者，那么仅当阻止其不能给出知情同意的身体或精神上的状况是该研究人群所必需的特征时，涉及这类受试者的研究才可以进行。在这种情况下，医生必须从合法授权代表那里征得知情同意。如果没有这样的代表且该研究不能被推迟，若在研究方案中已经阐明纳入因某种状况而无法给予知情同意的受试者的特殊理由，且该研究已经被研究伦理委员会批准，那么这项研究可以在没有知情同意的情况下进行。应尽快从受试者或其合法授权代表那里征得继续参与这项研究的同意。”《药物临床试验质量管理规范》第15条第4项也规定：“在紧急情况下，无法取得本人及其合法代表人的知情同意书，如缺乏已被证实有效的治疗方法，而试验药物有望挽救生命，恢复健康，或减轻病痛，可考虑作为受试者，但需要在试验方案和有关文件中清楚说明接受这些受试者的方法，并事先取得伦理委员会同意。”

同时，应当允许受试者在任何阶段无条件退出研究。例如，《赫尔辛基宣言》第26条中明确，必须告知潜在的受试者，他们有权拒绝参加研究，或有权在任何时候撤回参与同意而不受报复。《药物临床试验质量管理规范》第14条第1项就规定了，受试者有权在试验的任何阶段随时退出试验而不会遭到歧视或报复，其医疗待遇与权益不会受到影响。《医疗器械临床试验质量管理规范》第25条也规定，受试者有权在临床试验的任何阶段退出并不承担任何经济责任。

第三，受试者同意参加临床试验的意愿必须真实合法。这首先意味着任何组织或者个人不得使用欺骗、利诱、胁迫等手段使受试者同意参加研究。《赫尔辛基宣言》第27条进一步明确："在征得参与研究的知情同意时，如果潜在受试者与医生有依赖关系，或者可能在胁迫下同意，医生应该特别谨慎。在这些情形下，应该由一位完全独立于这种关系的具有合适资质的人员去征得知情同意。"《医疗器械临床试验质量管理规范》第15、16条同时规定："申办者应当避免对受试者、临床试验机构和研究者等临床试验参与者或者相关方产生不当影响或者误导。""临床试验机构和研究者应当避免对受试者、申办者等临床试验参与者或者相关方产生不当影响或者误导。""申办者、临床试验机构和研究者不得夸大参与临床试验的补偿措施，误导受试者参与临床试验。"

其次意味着，应当依法告知试验目的、用途和可能产生的风险等详细情况，以使得受试者充分了解后表达同意的意愿。《赫尔辛基宣言》第26条中明确："在涉及有给予知情同意行为能力的人类受试者的医学研究中，每个潜在的受试者都必须被充分告知研究目的、方法、资金来源、任何可能的利益冲突、研究者所属单位、研究的预期受益和潜在风险、研究可能引起的不适，研究结束后保障以及任何其他研究相关方面内容。必须告知潜在的受试者，他们有权拒绝参加研究，或有权在任何时候撤回参与同意而不受报复。应该特别留意潜在个体受试者的特殊信息要求和传递该信息所用的方式。"《药品管理法》第21条中规定，实施药物临床试验，应当向受试者或者其监护人如实说明和解释临床试验的目的和风险等详细情况。《药物临床试验质量管理规范》第14条据此作出了更细致的规定。医疗器械临床试验质量管理规范、干细胞临床研究管理办法（试行）等也都有明确的规定。这要求必须告知受试者必要、完整的信息，并以受试者能够理解的语言文字表达。研究者应当给予受试者充分的时间理解知情同意书的内容。在心理学研究中，因知情同意可能影响受试者对问题的回答，从而影响研究结果的准确性的，研究者可以在研究完成后充分告知受试者并获得知情同意书。试验期间，受试者可随时了解与其有关的信息资料。当出现研究方案、范围、内容发生变化的，或者研究过程中发生其他变化的等情形时，研究者应当再次获取受试者签署的知情同意书，例如，《药物临床试验质量管理规范》第15条第5项规定，如发现涉及试验药物的重要新资料则必须将知情同意书作书面修改送伦理委员会批准后，再次取得受试者同意。

第四，知情同意权由受试者或者监护人依法行使。受试者如果是完全民事行为能力人，能够单独有效地行使知情同意权。但是，在受试者不具备完全的民事行为能力时，情况比较复杂，本法仅作出了原则性规定，具体由特别法进一步规定。《赫尔辛基宣言》第29条规定："当一个被认为无给予知情同意行为能力的潜在受试者同意并决定参与研究时，医生必须额外征得合法授权代表的同意。潜在受试者的异议应该得到尊重。"《疫苗管理法》第18条规定："开展疫苗临床试验，应当取得受试者的书面知情同意；受试者为无民事行为能力人的，应当取得其监护人的书面知情同意；受试者为限制民事行为能力人的，应当取得本人及其监护人的书面知情同意。"《药物临床试验质量管理规范》第15条中明确："对无行为能力的受试者，如果伦理委员会原则上同意、研究者认为受试者参加试验符合其本身利益时，则这些病人也可以进入试验，同时应经其法定监护人同意并签名及注明日期。”“儿童作为受试者，必须征得其法定监护人的知情同意并签署知情同意书，当儿童能作出同意参加研究的决定时，还必须征得其本人同意。”《医疗器械临床试验质量管理规范》第 23 条也作出了类似规定。基本的共识是，受试者具有一定自主决定能力或者具有限制民事行为能力，除了监护人的同意之外，还需要考虑受试者本人的意愿，需要取得受试者本人的同意。

应当注意的是，本条仅对知情同意作出规定，未涉及其他层面，而由其他特别规范予以进一步规定。例如，《赫尔辛基宣言》第 28 条规定：“对于一个无给予知情同意行为能力的潜在受试者，医生必须从合法授权的代表那里征得知情同意。不可将这些人纳入他们不可能受益的研究中，除非这项研究：意在促进这些潜在受试者所代表人群的健康，不能由有给予知情同意行为能力的人替代进行，而且仅有最低程度的风险和最低程度的负担。”这意味着无同意能力的受试者参加临床试验应当符合其本身利益，《药物临床试验质量管理规范》第 15 条、《医疗器械临床试验质量管理规范》第 23 条等也具有相同的规定。

第五，知情同意必须是书面形式。参加人体试验可能对受试者人体造成损害，涉及生命权、身体权、健康权等最基本的人格权利，同时要确定同意参加的意愿是真实的，因此应当对知情同意的形式严格限制为书面形式。这也是我国现行有关规范的共识。

第六，进行临床试验的，不得向受试者收取试验费用。这是总结了我国现行的相关规范而作出的规定。例如，《药物临床试验质量管理规范》第 29 条中规定，研究者在临床试验过程中，不得向受试者收取试验用药所需的费用。《医疗器械临床试验质量管理规范》第 65 条、《干细胞临床研究管理办法（试行）》第 6 条也作出了同样的规定。

▶ 相关规定

《中华人民共和国基本医疗卫生与健康促进法》第32条第3款；《中华人民共和国疫苗管理法》第16-18条；《中华人民共和国药品管理法》第18-23条；《药物临床试验质量管理规范》第29条

第一千零九条 从事与人体基因、人体胚胎等有关的医学和科研活动，应当遵守法律、行政法规和国家有关规定，不得危害人体健康，不得违背伦理道德，不得损害公共利益。

◆ 条文主旨

本条是关于与人体基因、人体胚胎等有关的医学科研活动的规定。

◆ 立法背景

与人体基因有关的医学和科研活动，包括基因鉴定、基因制药、基因诊断、基因治疗、基因编辑、基因克隆等。与人体胚胎有关的医学和科研活动，包括了与人体胚胎干细胞等有关的治疗性研究和生殖性研究。与人体基因和胚胎等有关的医学和科研活动是生命科学研究的重要组成部分，将极大地改变人类生命和生活的面貌，为改善个人和全人类的健康状况开辟了广阔的前景。但是，这些活动，可能带来人体生命健康安全和伦理道德方面的风险，甚至对人类产生重大的潜在危险。联合国自1997年起陆续通过了世界人类基因组与人权宣言（1997），国际人类基因数据宣言（2003），世界生物伦理和人权宣言（2005），联合国关于人的克隆的宣言（2005）等一系列国际公约，意在尊重基本人权和遵守伦理道德的基础上促进相关领域的科学进步。在我国，《科学技术进步法》第29条规定，国家禁止危害国家安全、损害社会公共利益、危害人体健康、违反伦理道德的科学技术研究开发活动。除此之外，还有其他一些法律作出了相关规定，例如人类遗传资源管理条例、人胚胎干细胞研究伦理指导原则等。整体而言，我国在生命科学领域的研究水平也在迅速提升，亟需相应的法律规范及管理体系与之配套。为了使我国与人体基因、人体胚胎等有关的医学和科研活动符合生命伦理规范，保证国际公认的生命伦理准则和我国的相关规定得到尊重和遵守，促进这些活动的规范有序发展，本条规定了从事与人体基因、人体胚胎等有关的医学和科研活动的法律底线。

◆ 条文解读

本条规定，从事与人体基因、人体胚胎等有关的医学和科研活动，应当遵守法律、行政法规和国家有关规定，不得危害人体健康，不得违背伦理道德，不得损害公共利益。具体主要包括以下内容：

第一，尊重人格尊严。从事与人体基因、人体胚胎等有关的医学和科研活动，必须建立在尊重人格尊严的基础上，具体包括：一是禁止基于个人遗传特征的歧视；二是禁止对自然状态下的人类基因组或者胚胎进行商业化利用；三是要求人类基因数据等在使用时，不得用于意在侵犯或造成侵犯某一个人的人权、基本自由或人类尊严的歧视的目的或导致对某一个人、家庭、群体或社区造成任何侮辱的目的；四是强调个人的利益和福祉应高于单纯的科学利益或者社会利益等。

这同时意味着，应当禁止违背人格尊严、生命保护的一切行为。从事与人体基因、人体胚胎等有关的医学和科研活动，应当以治疗疾病和提升人类福祉为目的，不得危及特定人员和全人类的健康利益。禁止生殖性克隆等违背人格尊严的遗传工程技术的研究和应用。禁止买卖人类遗传资源、配子、受精卵、胚胎或胎儿组织等行为。反对生殖性研究。禁止非医学需要的胎儿性别鉴定和选择性别的人工终止妊娠。例如，《人口与计划生育法》第35条规定：“严禁利用超声技术和其他技术手段进行非医学需要的胎儿性别鉴定；严禁非医学需要的选择性别的人工终止妊娠。”《人胚胎干细胞研究伦理指导原则》第4条规定：“禁止进行生殖性克隆人的任何研究。”第6条规定：“进行人胚胎干细胞研究，必须遵守以下行为规范：（一）利用体外受精、体细胞核移植、单性复制技术或遗传修饰获得的囊胚，其体外培养期限自受精或核移植开始不得超过14天。（二）不得将前款中获得的已用于研究的人囊胚植入人或任何其它动物的生殖系统。（三）不得将人的生殖细胞与其他物种的生殖细胞结合。”第7条规定：“禁止买卖人类配子、受精卵、胚胎或胎儿组织。”

第二，尊重知情同意权。从事与人体基因、人体胚胎等有关的医学和科研活动，应当尊重人们在负责并尊重他人自主权的前提下自己作出决定的自主权，事先征得有关人员自愿、知情和明确表示的同意，向其提供清楚、公正、充分和适当的信息。对没有能力行使自主权的人应采取特殊措施保护他们的权益。当事人可以在任何时候、以任何理由撤销其同意。例如，《人类遗传资源管理条例》第12条规定：“采集我国人类遗传资源，应当事先告知人类遗传资源提供者采集目的、采集用途、对健康可能产生的影响、个人隐私保护措施及其享有的自愿参与和随时无条件退出的权利，征得人类遗传资源提供者书面同意。”“在告知人类遗传资源提供者前款规定的信息时，必须全面、完整、真实、准确，不得隐瞒、误导、欺骗。”《人胚胎干细胞研究伦理指导原则》第

8 条也对知情同意权作出了规定。

第三，尊重当事人的隐私，保护相关的个人信息。从事相关活动时，应尊重当事人的隐私，对与个人有关的遗传信息应加以保密。尽最大可能使这类信息只用于收集或者同意提供该信息的初始目的，不能为了其他目的而使用或披露这类信息，不应非法向他人披露或者允许他人查询。遵守要切断可识别性原则，原则上不应保持与可识别的个人的关联。例如，《人类遗传资源管理条例》就对此作出了一些规定。

第四，正当程序等保障。包括研究活动的专业谨慎、诚实正直与决策的透明理性，伦理委员会的评估，利益共享，团结互助与国际合作。只有为了维护公众安全，对刑事犯罪进行调查、侦查和提出起诉，以及为了保护公众健康或者保护其他人的权利和自由，在法律规定了特定权限和特定程序的情况下，才可对上述原则加以限制。

▶ **相关规定**

《中华人民共和国人口与计划生育法》第 35 条；《中华人民共和国人类遗传资源管理条例》第 10 条第 1 款；《人胚胎干细胞研究伦理指导原则》第 4 条、第 6 条、第 7 条

第一千零一十条 违背他人意愿，以言语、文字、图像、肢体行为等方式对他人实施性骚扰的，受害人有权依法请求行为人承担民事责任。

机关、企业、学校等单位应当采取合理的预防、受理投诉、调查处置等措施，防止和制止利用职权、从属关系等实施性骚扰。

◆ 条文主旨

本条是关于性骚扰的规定。

◆ 立法背景

性骚扰行为会影响受骚扰者的学习、工作和生活，侵害人格尊严、自由，损害其形象和自尊，严重的性骚扰甚至造成被骚扰者的恐惧、自闭和盲目依赖，还可能涉及社会中的性别歧视，引起社会的较大关注。各个国家和地区都对性骚扰予以规定。有些国家和地区制定了反性骚扰的特别立法，例如哥斯达黎加、法国、以色列、卢森堡、菲律宾、我国台湾地区等。有的针对工作场合的性骚扰予以特别规定，例如德国的工作场所性骚扰受雇人保护法，印度预防、禁止和矫正在工作场所对女性实施性骚扰的法案，法国劳动法典、加拿大的联邦劳动法、新西兰劳动法和我国台湾地区“两性工作平等法”也对性骚扰予以规定。有的在其他特别法中予以规定，例如瑞士男女平等法。在我国，《妇女权益保障法》第 40 条规定：“禁止对妇女实施性骚扰。受害妇女有权向单位和有关机关投诉。”《治安管理处罚法》第 42 条第 5 项和第 44 条中规定，多次发送淫秽信息，干扰他人正常生活的，或者猥亵他人、在公共场所故意裸露身体的，应当受到治安管理处罚。《女职工劳动保护特别规定》第 11 条规定：“在劳动场所，用人单位应当预防和制止对女职工的性骚扰。”各地通过性别平等促进条例、妇女权益保障条例等不同形式和效力层级的规定反对性骚扰。最高人民法院也在 2018 年将“性骚扰责任纠纷”作为新增加的民事案件案由，在司法实践中提高受害人诉讼的可能性和力度。

经研究，对性骚扰行为，需要各个领域和各个层次的法律，共同形成相互协调、相互补充的多层次综合治理机制，其中民法的方式必不可少，其能够为防制性骚扰奠定坚实的法律基础，为受害人提供民法上的救济。据此，本法在总结既有立法和司法实践经验的基础上，对性骚扰问题予以回应，明确了性骚扰的认定标准，并规定了相应的行为义务。

◆ **条文解读**

性骚扰行为可能采取触碰受害人身体私密部位的行为方式，这会涉及身体权；也可能采取言语、文字、图像等方式，影响受害人心理健康甚至身体健康，这会涉及健康权。立法过程中，对性骚扰行为侵害的是受害人的何种权利存在争论。有的认为，性骚扰行为的形式多种多样，不同的形式可能侵犯的是不同的人格权，会涉及身体权、健康权、隐私权和名誉权甚至自由权等。有的认为，性骚扰行为侵害的是独立的性自主的权利，该权利具有人身自由和精神自由的双重因素，无法简单地被上述权利所涵盖，甚至上述权利的侵害仅仅是性骚扰的二次结果。很多国家和地区规定了性自主的权利，例如《德国民法典》第253条第2款规定了侵害性的自我决定，受害人可以请求精神损害赔偿。但是，不同观点的共识在于性骚扰的侵害行为侵害了他人的人格尊严，构成了人格权的侵害行为。因此，本法是从性骚扰行为的角度予以规定。

首先，本条第1款规定了性骚扰的一般性构成。考虑到民法典是民事基本法，为了适应社会的发展变化，本款仅对性骚扰规定了一般性的构成要件，但未对何为性骚扰作具体的界定，这些可以留给特别法和司法实践处理。根据实践的情形，性骚扰一般包括以下条件：

（1）性骚扰中受害人是所有的自然人。实践中，性骚扰的受害人多为女性，《妇女权益保障法》第40条也仅规定了禁止对妇女实施性骚扰。但是，本款所规定的性骚扰不区分性别、年龄，无论是男性还是女性、成年人还是未成年人都可能成为性骚扰的受害人，也不区分行为人与受害人是同性还是异性。

（2）行为与性有关。行为人具有性意图，以获取性方面的生理或者心理满足为目的。一些国家和地区的性骚扰还涉及性别歧视。虽然很多性骚扰行为是基于性别歧视的观念做出的，但是，考虑到反对性别歧视属于《宪法》第48条所规定的男女平等以及本法所规定的人格尊严保护的内容，因此，本款的适用强调性骚扰行为与性有关。在实践中，具体的方式是多种多样的，包括言语、文字、图像、肢体行为等。例如，故意触摸碰撞他人的私密部位，强迫拥抱或者接吻，裸露自己身体的私密部位，用与性有关的肢体动作或下流语言挑逗，发送带有性内容或者与性有关的语音、文字、图片、声像、电子信息等。

（3）性骚扰构成的核心是违背他人意愿。性骚扰与两相情愿的调情、约会等区分，是因为此类行为违背了他人意愿。有观点认为，判断性骚扰的关键并非该行为是否违背了受害人的意愿，而在于该行为是否是不受欢迎的。此种观点是从行为角度界定，违背他人意愿是从受害人角度界定，迫于压力表现为自愿的行为，事实上是违背受害人意愿的。受害人表示厌恶、反感、明确拒绝、警告或以反抗行为表示拒绝，都可以认定为违背他人意愿。曾经愿意进行与两性内容相关的交流或者接触，但后来表示不愿意延续的，如果继续纠缠不休，也可以认定为违背他人意愿。

（4）行为一般具有明确的针对性。性骚扰行为所针对的对象一般是具体的、明确的，此时才可能会承担民事责任。无论是长时间还是短时间的性骚扰，均是针对某个具体的对象。行为是否具有明确的针对性，要在个案中结合具体情况加以判断。

（5）行为人主观上一般是故意的。在公共汽车、地铁等场所因为紧急刹车、拥挤等原因过失地接触他人身体甚至敏感部位等行为，不构成性骚扰，因错写手机号码或者邮件地址，将包含两性内容的短信或邮件误发他人，也不构成性骚扰。

其次，本条第1款同时规定，如果行为人实施性骚扰行为，受害人有权依法请求行为人承担民事责任。受害人有权依法请求行为人承担民事责任，这意味着，如果本法和其他法律的规定对行为人承担民事责任，要求具备其他的责任构成要件，或者进一步对责任后果予以细致规定的，应当依照其规定。例如，如果受害人依据本法第1165条第1款请求行为人承担侵权损害赔偿责任的，还应当具备该款要求的损害和因果关系等要件。受害人请求精神损害赔偿的，应当符合本法第1183条第1款的规定，即“侵害自然人人身权益造成严重精神损害的，被侵权人有权请求精神损害赔偿”。

本条第1款是对性骚扰的一般性规定。但是，在实践中，利用职权、从属关系的性骚扰的情形较多，此种性骚扰并非只发生于工作场所，也可能发生在工作场所之外，行为方式也是多样的，比较典型的方式，例如，利用职务、从属关系以明示或者暗示方式对他人施加压力，向他人索取性服务，或者以录用、晋升、奖励等利益作为交换条件，诱使他人提供性方面的回报。因此，本条第2款针对此种情形，特别规定了机关、企业、学校等单位的义务。

依照本款规定，首先，这些单位负有为防止和制止利用职权、从属关系等实施性骚扰而采取措施的义务。这是因为这些单位对其工作人员具有一定的管理和控制能力，使得单位负有相应的义务，能够在一定程度上防止和制止性骚扰的发生和继续发生，也有助于建立多元化的性骚扰纠纷解决机制。

其次，这些单位应当采取合理的预防、受理投诉、调查处置等措施。这些措施涵盖了事前的预防、事中的受理投诉和事后的调查处置各个层面。例如，提供安全的工作环境；告知性骚扰的惩罚机制及救济程序机制；为调查提供必要的信息；为受害人提供相应的协助等。这些措施也必须是合理的。措施的合理性需要在个案中，结合多个因素予以考量。

应当注意的是，单位除了应当负有采取合理措施防止和制止利用职权、从属关系等实施性骚扰的义务，也负有采取合理措施防止和制止其他性骚扰的义务。例如，单位的客户到单位对单位的工作人员实施性骚扰，单位也负有采取合理措施的义务。当单位未尽到采取合理措施的义务的，受害人有权依照本法和其他法律的规定请求单位承担民事责任。

▶ **相关规定**

《中华人民共和国妇女权益保障法》第40条；《中华人民共和国治安管理处罚法》第42条、第45条；《女职工劳动保护特别规定》第11条

第一千零一十一条　以非法拘禁等方式剥夺、限制他人的行动自由，或者非法搜查他人身体的，受害人有权依法请求行为人承担民事责任。

◆ **条文主旨**

本条是关于非法剥夺、限制他人行动自由和非法搜查他人身体的规定。

◆ **立法背景**

《宪法》第37条规定："中华人民共和国公民的人身自由不

受侵犯。”“任何公民，非经人民检察院批准或者决定或者人民法院决定，并由公安机关执行，不受逮捕。”“禁止非法拘禁和以其他方法非法剥夺或者限制公民的人身自由，禁止非法搜查公民的身体。”这是宪法关于人身自由的规定。据此，刑法、刑事诉讼法、行政处罚法、治安管理处罚法、妇女权益保障法等法律对保障人身自由也有相关规定。本法第109条中也规定了自然人的人身自由受法律保护。为进一步落实宪法的规定和精神，加强对自然人人身自由的保护，协调与其他法律相关规定之间的关系，本条规定了非法剥夺、限制他人行动自由和非法搜查他人身体的，受害人有权依法请求行为人承担民事责任。

◆ **条文解读**

首先是非法剥夺、限制他人行动自由。本条所谓的行动自由，指的是身体行动的自由，不包括意志的自由或者精神活动的自由。非法剥夺、限制他人行动自由在实践中的方法多种多样，如非法拘禁、非法逮捕、拘留、非法绑架，非法强制住院治疗或者隔离治疗等。英美法中，甚至在受害人因睡眠、醉酒等原因陷入无意识状态时被监禁也构成侵害行动自由。

同时，剥夺、限制他人行动自由必须是非法的。例如，《刑事诉讼法》第84条规定：“对于有下列情形的人，任何公民都可以立即扭送公安机关、人民检察院或者人民法院处理：（一）正在实行犯罪或者在犯罪后即时被发觉的；（二）通缉在案的；（三）越狱逃跑的；（四）正在被追捕的。”如果行为人据此依法扭送他人的，则不是非法剥夺、限制他人行动自由。实施合法的正当防卫、紧急避险或者自助行为而限制他人行动自由的，也不是非法的。

同样，如果国家机关依据法律规定的权限和程序限制或者剥夺人身自由的，也不构成非法剥夺或者限制他人行动自由。逮捕和其他限制人身自由的强制措施和处罚，只能由法律规定。《宪法》第37条第2款明确规定："任何公民，非经人民检察院批准或者决定或者人民法院决定，并由公安机关执行，不受逮捕。"依照《立法法》第8条第5项规定，限制人身自由的强制措施和处罚只能制定法律。据此，刑法、刑事诉讼法、行政处罚法、行政强制法、精神卫生法、传染病防治法、禁毒法等法律对剥夺和限制他人人身自由作出了相关规定。例如，《刑事诉讼法》第302条规定："实施暴力行为，危害公共安全或者严重危害公民人身安全，经法定程序鉴定依法不负刑事责任的精神病人，有继续危害社会可能的，可以予以强制医疗。"《行政强制法》第20条规定："依照法律规定实施限制公民人身自由的行政强制措施，除应当履行本法第十八条规定的程序外，还应当遵守下列规定：（一）当场告知或者实施行政强制措施后立即通知当事人家属实施行政强制措施的行政机关、地点和期限；（二）在紧急情况下当场实施行政强制措施的，在返回行政机关后，立即向行政机关负责人报告并补办批准手续；（三）法律规定的其他程序。实施限制人身自由的行政强制措施不得超过法定期限。实施行政强制措施的目的已经达到或者条件已经消失，应当立即解除。"再例如，《传染病防治法》第39条第1、2款规定："医疗机构发现甲类传染病时，应当及时采取下列措施：（一）对病人、病原携带者，予以隔离治疗，隔离期限根据医学检查结果确定；（二）对疑似病人，确诊前在指定场所单独隔离治疗；（三）对医疗机构内的病人、病原携带者、疑似病人的密切接触者，在指定场所进行医学观察和采取其他必要的预防措施。""拒绝隔离治疗或者隔离期未满擅自脱离隔离治疗的，可以由公安机关协助医疗机构采取强制隔离治疗措施。"《禁毒法》第38条第1、2款规定："吸毒成瘾人员有下列情形之一的，由县级以上人民政府公安机关作出强制隔离戒毒的决定：（一）拒绝接受社区戒毒的；（二）在社区戒毒期间吸食、注射毒品的；（三）严重违反社区戒毒协议的；（四）经社区戒毒、强制隔离戒毒后再次吸食、注射毒品的。”“对于吸毒成瘾严重，通过社区戒毒难以戒除毒瘾的人员，公安机关可以直接作出强制隔离戒毒的决定。”

其次是非法搜查他人身体。实践中，发生了超市、商场等非法搜查他人身体的行为，这些行为往往以限制行动自由为前提，同时涉及自然人对自己身体的权利，侵害了自然人的人格尊严。非法搜查他人身体，必须是对他人身体的搜查。如果是非法搜查他人住宅等，不适用本条，可以适用本法关于隐私权的规定。同时，搜查身体的行为必须是非法的。如果是依照刑事诉讼法等法律的规定对他人身体进行搜查，不构成非法搜查他人身体。

本条进一步规定，以非法拘禁等方式剥夺、限制他人的行动自由，或者非法搜查他人身体的，受害人有权依法请求行为人承担民事责任。受害人有权依法请求行为人承担民事责任，这意味着，如果本法和其他法律的规定对行为人承担民事责任，要求具备其他的责任构成要件，或者进一步对责任后果予以细致规定的，应当依照其规定。例如，如果受害人依据本法第 1165 条第 1 款请求行为人承担侵权损害赔偿责任的，还应当具备该款要求的损害和因果关系等要件。受害人请求精神损害赔偿的，应当符合本法第 1183 条第 1 款的规定，即“侵害自然人人身权益造成严重精神损害的，被侵权人有权请求精神损害赔偿”。

▶ 相关规定

《中华人民共和国宪法》第 37 条

第三章　姓名权和名称权

本章共六条，对自然人姓名权和法人、非法人组织名称权的内容，自然人取姓的规则，对姓名权和名称权的保护，对艺名、笔名、译名和商号的保护等内容作了规定。

第一千零一十二条　自然人享有姓名权，有权依法决定、使用、变更或者许可他人使用自己的姓名，但是不得违背公序良俗。

◆ 条文主旨

本条是关于姓名权内容的规定。

◆ 立法背景

姓名是一个自然人在社会中区别于其他人的标志和符号。姓名的产生是与社会的形成密不可分的，人作为社会中的一员，需要与社会中的其他成员进行社会交往，产生各种各样的关系，进行社会交往就需要让成员之间能相互区别开来，姓名就是为了适应这种社会交往而产生的。

姓名对于社会中的自然人来说意义极为重大：一是社会生活的需要。在姓名出现前，人们在社会交往中要进行个体识别较为困难，而姓名的出现则解决了这一难题，方便了人们的交往。二是具有一定身份定位的功能。姓名由姓氏和名字组成。姓在早期代表了某一自然人的血缘和家族的归属，现在仍是特定群体遗传关系的重要记号之一，而名则既是家族成员辈分的体现，也是该自然人的个人符号。在早期，姓名的身份定位功能极强，例如封建社会中帝王贵族的姓氏就是身份的象征，普通百姓不能随意使用这样的姓氏。随着封建等级社会的灭亡和社会的发展，姓名的这种具有极强身份属性的功能逐渐减弱。但是姓名的身份定位功能在家族和亲属之间仍一定程度上存在和体现。因此，从这个意义上讲，姓名是一个家族成员的共同纽带，有利于维护家族成员的精神情感和身份认同。三是具有重要的法律意义。从民法的角度讲，一个自然人拥有姓名后以姓名为标记，使自己与社会中的其他成员相区别，享受权利，承担义务，例如可以使自己签订合同、行使所有权等权利更为简单容易；可以使自己的尊严得到更好的彰显，个性可以得到更好的发展，个人的名誉可以得到更好的维护，等等。从公法的角度看，由于姓名具有极强的表征功能，每一个姓名就代表着一个自然人，因此姓名的出现可以使国家对社会的管理更方便，现在户籍管理制度、身份证管理制度和人事档案制度等管理制度都是建立在姓名的基础上的。也正因为姓名对于一个自然人的重要性，近现代不少国家和地区都将姓名权作为一种重要的民事权利加以规定。例如《德国民法典》第12条明确规定了自然人享有姓名权，《瑞士民法典》第29条至第30条规定了姓名权，《日本民法典》和我国台湾地区“民法”也规定了姓名权。我国1986年颁布的《民法通则》第99条就规定：“公民享有姓名权，有权决定、使用和依照规定改变自己的姓名，禁止他人干涉、盗用、假冒。”这是我国第一次从民事基本法的角度明确了姓名权作为一种重要民事权利的地位。在这次编纂民法典的过程中，各方对在民法典中规定姓名权没有异议，但是对姓名权的权利属性却有不同意见，有的认为姓名权是一种人格权，有的认为姓名权是一种身份权。经反复研究认为，姓名是自然人生理属性、社会属性的代号和标志，虽然在现代社会仍具有一定的身份属性，但是姓名的这种身份属性已经较弱，既不能体现身份等级，也不能完全凭借一个人的姓名来判断一个人的血缘关系和家族来源。与之相反，姓名作为一个自然人在社会中的符号标志，赋予自然人对自己的姓名享有权利，是确定和彰显自己权利主体地位和权利归属的需要，有无独立的姓名权也是自然人人格是否独立的重要标志，取得独立的姓名权就意味着一个自然人作为一个独立的民事主体存在于社会中。此外，一个自然人的姓名被社会所认可后，姓名还包含了其在社会中的信誉、品德、贡献等社会评价，在一定程度上也体现了其自我人格追求，是其能力、品德等自然因素和社会因素的集中体现，代表其一种人格利益，对一个自然人姓名权的侵犯就会对这个人的人格尊严造成损害，所以对一个自然人姓名权的维护就是对一个人人格尊严的维护。

◆ **条文解读**

基于前述考虑，民法典在继承我国民法通则规定的基础上明确将姓名权作为一种重要的具体人格权纳入人格权编，并明确规定，自然人享有姓名权。该规定有以下几层含义：一是姓名权的主体只能是自然人。根据本法总则编的规定，我国的民事主体包括自然人、法人和非法人组织三类。法人或者非法人组织享有的是名称权，不享有姓名权，姓名权专属于自然人。二是任何一个自然人都享有姓名权。每个自然人自出生之时就享有这种权利，有权依法决定、使用、变更或者许可他人使用自己的姓名，任何组织和个人都无权剥夺自然人这种权利。也不得以干涉、盗用、假冒等方式侵害自然人这种姓名权。三是任何一个自然人都平等地享有姓名权。自然人对姓名权的享有不因民族、性别、年龄等因素的不同而有差别，也不因民族、性别、年龄等因素的不同而受到不同保护。

对于姓名权的内容是什么，如何规定姓名权的内容，理论界一直有两种观点：一是概括式定义法，即用抽象定义的方式规定姓名权是自然人对姓名所有享有的法律利益，不对姓名权的具体权能进行列举。这种定义方式的优点是具有开放性，能够随着社会的发展而调整姓名权领域不断出现的新情况新问题，但缺点是过于抽象，不利于操作。二是列举式定义法，即将姓名权的具体权能列举出来。这种定义方式的缺点是弹性不足，但优点是稳定具体，易于把握，可操作性强。我国《民法通则》第 99 条第 1 款采纳了第二种定义方式，明确规定，公民有权决定、使用和依照规定改变自己的姓名。从实践情况看，这种定义方式符合我国的现实，也符合司法实践的需要。本次民法典编纂继承和延续了这种方式，明确规定，自然人有权依法决定、使用、变更或者许可他人使用自己的姓名。但是与民法通则的规定相比，有两个变化：一是增加了一种姓名权的权能，即自然人有权依法许可他人使用自己的姓名。二是民法通则只强调了改变自己姓名需要依照规定，而本次编纂中考虑到本法第 1015 条的规定以及居民身份证法、户口登记条例等法律法规对姓名的决定、变更、使用都有一定规范，所以本条强调，自然人虽然有权决定、使用、变更或者许可他人使用自己的姓名，但都应当依法进行。这里强调的“依法”决定、变更、使用主要是针对正式姓名而言的，即居民身份证、户口登记、人事档案等法定文件或者记录中的姓名。对于非正式姓名，例如笔名、艺名等则不需要遵循本法和其他法律法规所规定的强制性规则，例如一个人的笔名不需要随父姓或者母姓，也不需要到户口登记部门进行登记。根据本条的规定，姓名权的内容主要包括四项权能：

一是决定姓名的权能。一个自然人有权决定自己的姓名是姓名权最为基本的内容，是自然人人格发展和自我决定的重要表现形式，也是其变更、使用或者许可他人使用自己姓名的前提和基础，任何组织或者个人不得非法干预。需要强调的是，自然人有权决定自己的姓名，但这种决定权应当依法进行。“依法决定”体现在以下几个方面：

1. 对姓氏的选择应当依法进行。本法第1015条对姓氏的选取规则作了明确规定。根据该条规定，自然人应当随父姓或者母姓，但是有下列情形之一的，可以在父姓和母姓之外选取姓氏：（1）选取其他直系长辈血亲的姓氏；（2）因由法定扶养人以外的人扶养而选取扶养人姓氏；（3）有不违背公序良俗的其他正当理由。少数民族自然人的姓氏可以遵从本民族的文化传统和风俗习惯。

2. 姓名的选取应当遵循一定的程序。本法第1016条规定，自然人决定、变更自己的姓名的，应当依法向有关机关办理登记手续。根据我国《户口登记条例》的规定，婴儿的姓名由父母、亲属、抚养人或者其他监护人在婴儿出生一个月内向婴儿常住地户口登记机关申报出生登记，并将其姓名记入户口登记簿，在户口登记簿上登记的姓名为正式姓名。因此，婴儿的姓名决定权由其监护人行使。这并非是对姓名决定权能的否定，而是考虑到婴儿为无民事行为能力人，其无法自己亲自行使这项权能，根据本法总则编的相关规定，婴儿等无民事行为能力人，由其法定代理人代为从事民事法律行为，婴儿的法定代理人是其父母等监护人。所以，婴儿的父母代为行使姓名决定权能是监护权和亲权的体现。

二是使用姓名的权能。使用自己的姓名是自然人享有姓名权的重要内容，也是姓名权的本质特征。姓名权人有权按照自己意志决定自己的姓名如何使用，在何处使用自己的姓名，例如可以允许商业公司以自己的姓名冠名某一场活动，或者冠名某一公司，任何组织或者个人不得干涉或者妨碍，也不得盗用或者假冒姓名权人的姓名。

三是变更姓名的权能。自然人有权变更自己的姓名是其姓名权的应有之义。自然人出生后，由于其为无民事行为能力人，其姓名由监护人决定，本人在具备完全民事行为能力后，有权对自己的姓名进行变更。但是自然人对姓名的变更权能不是任意行使的。一般情况下，权利人行使自己的权利只要不违反法律的强制性规定和违背社会的公序良俗即可。但是，自然人的姓名绝不仅仅是社会交往的符号，其与传统文化、婚姻形态、风俗习惯、价值观念、伦理道德等密切相关，还承载着代表个体、表明登记身份、规范婚姻和家庭秩序、文化传承、社会管理等诸多社会功能。自然人变更自己的姓名不但会影响自己的权利义务关系，例如影响权利义务关系的稳定性和连续性，也会对国家管理以及社会公共利益造成影响，例如变更姓名会增加对罪犯追查的难度，影响对失信人员的追责难度，也会助长借变更姓名逃避债务，等等。正因为基于对公共利益的考虑，我国现行的居民身份证法、户口登记条例等法律法规都对自然人变更姓名作了一定限制，要求自然人变更姓名要遵循一定的程序；《民法通则》第 99 条也专门规定，变更姓名应当“依照规定”进行。本法第 1016 条规定，自然人决定、变更自己的姓名的，应当依法向有关机关办理登记手续。同行使姓名权的决定权能一样，变更姓氏同样需要遵循本法第 1015 条的规定，即自然人原则上应当随父姓或者母姓。从法律效力看，民事主体变更姓名、名称的，变更前实施的民事法律行为对其具有法律约束力。

四是许可他人使用姓名的权能。本法第 992 条规定，人格权不得放弃、转让或者继承。姓名权作为一种重要的人格权，与自然人的人身密不可分，它本身不具有直接的财产内容，其确实不得被转让、赠与或者继承。但是随着社会的发展，姓名商业利用问题日益突出，一些自然人姓名中的财产利益凸显，例如姚明作为著名的运动员，其姓名具有巨大的广告效应和商业价值。姓名权人在一定程度上可以对自己的姓名进行商业利用，允许他人使用自己的姓名并取得一定的经济收益，实践中这样的案例已经很多很多。例如，袁隆平作为著名的科学家，许可一家上市公司“隆平高科”使用自己的姓名作为公司名称的一部分。这里需要强调几点：一是姓名权人许可他人使用自己的姓名不是转让姓名权。姓名权作为一种人格权，本身与姓名权人不可分割，不可转让。姓名权人许可他人使用的是姓名中的非人格利益。二是许可他人使用并非指姓名在社会交往中的正常使用。对于人与人之间进行正常的社会交往使用他人的姓名，例如日常交往中称呼他人的姓名，会议举办方将与会人员的姓名打印成桌签等，不需要取得姓名权人的许可就可以使用。这里的姓名权人许可他人使用是指超出正常社会交往中的使用，例如使用他人的姓名打广告、促销，借用他人的名义召开会议，等等。

需要特别强调的是，根据本条规定，自然人虽享有姓名权，有权依法决定、使用、变更或者许可他人使用自己的姓名，但是自然人行使自己的姓名权不是绝对的，不是没有任何限制的。自然人在决定、使用、变更或者许可他人使用自己的姓名的过程中，不得违反法律、行政法规的相关规定，不得违背公序良俗。对于这一点，立法有一个变化发展的过程。民法典人格权编草案一审稿、二审稿、三审稿并没有特别强调自然人决定、使用、变更或者许可他人使用“不得违反公序良俗”，当时的主要考虑是：民法典总则编第 8 条已明确规定，民事主体从事民事活动，不得违反法律，不得违背公序良俗。该条作为整个民法典的基本原则之一，普遍适用于民法典的各编，任何民事主体在从事民事活动，在行使自己的民事权利时都应当遵循这一基本原则。此外，本法总则编第五章第132条中还特意规定，民事主体不得滥用民事权利损害国家利益、社会公共利益或者他人合法权益。这是民事主体行使民事权利时也应当遵循的规则。自然人行使自己的姓名权毫无疑问也应当遵循这两条规定的内容。在民法典人格权编草案第四次向社会公开征求意见、常委会审议和2020年第十三届全国人大第三次会议审议中，不少意见提出，实践中，滥取姓、乱取名等违背公序良俗的现象时有发生，例如有的人将自己的姓名决定、变更为“奥巴马”“特朗普”或者“姿三四郎”等，造成的社会影响很不好，建议针对这种现象作出有针对性的规定。民法典人格权编草案最终采纳了这一意见，明确强调，自然人决定、使用、变更或者许可他人使用自己的姓名不得违背公序良俗。

第一千零一十三条 法人、非法人组织享有名称权，有权依法决定、使用、变更、转让或者许可他人使用自己的名称。

◆ 条文主旨

本条是关于法人、非法人组织名称权内容的规定。

◆ 立法背景

名称是法人或者非法人组织在社会活动中用以代表自己并区别于其他法人或者非法人组织的文字符号和标记。其功能与意义和自然人的姓名类似，是法人或者非法人组织区别于其他民事主体的重要标识，是法人或者非法人组织从事民事活动的前提和基础。任何合法设立的法人或者非法人组织都享有名称权。

在编纂民法典过程中，有的意见认为，法人或者非法人组织的名称权就是商号权，可以转让、继承，其给付标的为无体物，属于无形财产权，不宜在人格权编中规定。经研究认为，法人或者非法人组织的名称权与商号权既有联系，又有区别。广义上的商号又称“商业名称”或者“字号”，是指企业等从事生产、销售、服务等商业经营活动的组织所使用的名称，是区别不同商事主体的符号和标识。企业等商事主体要么属于本法总则编规定的营利法人，要么属于营利性的非法人组织。商号实际上属于本法规定的营利法人或者非法人组织的名称。名称的范围大于商号，其既包括商号，又包括非商事主体的名称，例如本法总则编规定的非营利法人、特别法人和非营利性的非法人组织的名称。对于商号权是否为人格权，这涉及名称权的性质问题。对此，理论界确有不同意见。但多数意见认为，名称权属于人格权。首先，名称权具有人格权的固有性、专属性、必备性等特征，尽管根据本条的规定，名称权可以转让，但没有改变其专属性的基本属性。其次，法人或者非法人组织的人格体现在名称上。正如前所述，法人或者非法人组织只有具有名称，才能与其他民事主体相区别，这是体现其人格的最主要特征。最后，根据本编的规定，名称权虽具有一定的财产属性，但其只是名称权的派生性质，并非本质属性。基于上述考虑，我国《民法通则》第 99 条第 2 款就已将名称权作为人身权的一种加以明确规定，即“法人、个体工商户、个人合伙享有名称权。企业法人、个体工商户、个人合伙有权使用、依法转让自己的名称”。本法继承民法通则的规定，将法人或者非法人组织的名称权作为一种具体人格权纳入人格权编规定，同时对民法通则的规定加以修改完善。

◆ 条文解读

本条规定，法人、非法人组织享有名称权，有权依法决定、使用、变更、转让或者许可他人使用自己的名称。根据该规定，名称权的内容包括五个方面：

一是决定名称的权能。法人、非法人组织对名称的权利首先体现为名称的决定权，即其有权决定本组织取什么样的名称。法人或者非法人组织通过决定名称对外表征其行业、组织形式等相关信息。但是法人或者非法人组织决定名称的权利是否不受任何限制呢？对于这个问题，境外立法有两种不同的做法：一种是真实主义，即法人选定的名称必须与经营内容和业务范围相一致，否则不予承认；另一种是自由主义，即法人名称如何确定，完全由当事人自由选择，法律不加限制，即使名称与法人的营业内容和业务范围没有关系也是允许的。这两种做法各有利弊。从我国目前的法律法规规定看，我国原则上采纳的是真实主义模式。例如根据《基金会名称管理规定》，基金会名称应当反映公益活动的业务范围，基金会的名称应当依次包括字号、公益活动的业务范围，并以“基金会”字样结束。公募基金会的名称可以不使用字号。根据《企业名称登记管理规定》，企业应当根据其主营业务，依照国家行业分类标准划分的类型，在企业名称中标明所属行业或者经营特点。我国公司法、合伙企业法等法律对公司、合伙企业的名称设定也有相应的要求。即便如此，法人或者非法人组织在法律规定的范围内仍有较大的自由选择空间。这里需要强调的是，根据本法总则编第58条的规定，法人应当依法成立。法人成立的实质要件是应当有自己的名称、组织机构、住所、财产或者经费。总则编对非法人组织的成立也有类似的要求。也就是说，法人、非法人组织的名称并非在法人、非法人成立后才决定，而是在成立前就决定了的，一般是由法人或者非法人组织的设立人行使这种决定权，例如根据公司法的规定，公司的名称在公司完成设立前由设立人在设立阶段决定，而非由公司成立后决定。但这并不能因此否定法人、非法人的名称决定权，只是因法律法规对成立的要求，该决定权由设立人在设立阶段代法人、非法人组织行使这一权利，正如自然人出生后，其不能自己行使对姓名的决定权，只能由其父母代为行使对姓名的决定权的道理一样。

二是使用名称的权能。法人或者非法人组织对自己享有的名称享有独占使用的权利，任何组织或者个人都不得非法干涉其使用。与自然人对自己姓名的使用不完全相同。在同一地区，法律并不禁止自然人取与其他自然人相同的姓名，但在同一地区，法律原则上不允许法人或者非法人在同行业取相同的名称，例如根据原国家工商总局发布的部门规章的规定，凡冠以市名或者县名的，在同一市、县范围内，同行业企业不得重名；凡冠以省名、自治区名而不冠以市名、县名的，在省、自治区范围内，同行业企业不得重名；凡使用“中国”“中华”等字样为企业名称的，在全国范围内，同行业企业不得重名。需要强调的是，法人或者非法人组织对自己名称的独占使用，并不排除不同行业使用这一名称，但是使用时必须标明行业。

三是变更名称的权能。法人或者非法人组织在使用名称过程中，有权按照自己的意愿变更自己的名称，任何组织或者个人不得非法干预。但是除了法律、行政法规另有规定外，变更名称必须依照法定程序进行变更登记。例如我国《公司登记管理条例》规定，公司变更登记事项，应当向原公司登记机关申请变更登记。未经变更登记，公司不得擅自改变登记事项。名称属于公司的登记事项，公司变更名称的，应当办理变更登记。变更登记后，原名称就被依法撤销，法人或者非法人应当在从事各项民事活动中使用新的名称，不得再继续使用原名称从事民事活动。

四是转让名称的权能。法人或者非法人组织对其名称享有转让的权能，这是名称权与姓名权的重要区别。法人或者非法人组织可以将其对名称享有的权利全部转让给其他法人或者非法人组织，受让人成为该名称权的主体，转让人则对名称丧失名称权。需要指出的是，并非所有法人或者非法人组织的名称权都可以转让，原则上只有营利法人或者营利非法人组织的名称权可以转让。对于营利法人或者营利非法人组织而言，名称权具有较强的财产性，其可以通过转让名称权获得转让费。对于名称权的转让，有两种观点：（1）绝对转让主义，即法人或者非法人组织转让其名称时应当连同其营业同时转让，或者在其终止营业时转让名称。转让名称后，受让人独占该名称，原名称权人不再享有该名称权。（2）相对转让主义，即法人或者非法人组织可以将其名称权与其营业相分离单独转让，并可以由多个民事主体使用同一名称，转让人也可以继续享有原名称的名称权。目前，主流观点认为，绝对转让主义更符合名称权转让的本质特征，也有利于更好地维护正常的社会经济秩序，更好地保护交易安全，更好地保护当事人的合法权益。实践中和现有立法也基本上采用了绝对转让主义，例如《企业名称登记管理规定》第23条规定，企业名称可以随企业或者企业的一部分一并转让。企业名称只能转让给一户企业。企业名称转让后，转让方不得继续使用已转让的企业名称。法人或者非法人组织转让名称后产生的法律效力是，转让人丧失该名称的权利，受让人取得该名称的权利，在该名称登记的区域，转让人不得再使用该名称，也不得再重新登记该名称，若再使用，就有可能构成对受让人名称权的侵害。此外，由于我国采用绝对转让主义，即法人或者非法人组织转让名称时得将营业一并转让，所以就会发生转让人的债权债务在名称转让后如何处理的问题。

从理论上讲，受让人受让该名称时实际上同时也就成为转让人营业的新主体，其在受让名称时，应当就转让人的债权债务与转让人进行约定处理，有约定的，依照其约定；没有约定的，受让人在受让名称时，也应当一并承受债权债务。即使在有约定的情况下，若没有以通知或者登记等方式告知于债权人，为了保护债权人的利益，债权人也可以请求受让人承担转让人的债务。国外的立法也基本如此，例如，《日本商法典》第26条规定，营业受让人使用让与人的商号，就让与人的营业所生的债务，也负清偿责任。

五是许可使用的权能。法人或者非法人组织享有在一定范围和期限内允许其他法人或者非法人组织使用自己名称的权利。法人或者非法人组织许可他人使用自己名称的同时，自己仍可以继续使用该名称，在没有特别约定的情况下，还可以允许多家主体使用该名称，这是许可使用名称与转让名称最大的区别。许可使用名称这种情形主要是针对营利法人或者营利性的非法人组织而言的。名称权人可以有偿许可他人使用，也可以无偿许可他人使用。法人或者非法人组织许可他人使用自己的名称，一般都要签订名称许可使用合同，对使用的期限、范围、报酬等事项作出约定。在立法过程中，对是否允许名称权人许可他人使用自己的名称也有两种意见：一种意见认为，应当禁止名称权人许可他人使用自己的名称；另一种意见认为应当允许名称权人许可他人使用自己的名称。考虑到随着现代经济生活的发展，经营方式也越来越灵活，特别是商号等无形资产的价值越来越巨大，实践中使用他人名称进行经营的需求也越来越大，例如“挂靠”和商业特许经营就是较为典型的许可他人使用自己名称的方式，对这些情形只要管理和规范得当，对于促进经济活动是有利的。基于此，本法采纳了第二种观点。但须注意的是，由于名称具有较强的人格性，其承载了许可人的信誉等内容，一旦名称权人许可他人使用自己的名称，就要承担因此而产生的法律后果，例如第三人因基于对许可人名称的信任而与名称的被许可使用方进行交易，名称权人就有可能对名称被许可使用人因此而产生的债务承担连带清偿责任。

需要强调的是，我国现行法律、行政法规和部门规章对名称权的决定、使用、变更、转让或者许可他人使用都作了不少规定，且对于不同性质的法人和非法人组织其名称权的决定、使用、变更或者许可他人使用的规则也不完全相同，例如本法第 1016 条规定，民事主体决定、变更自己的名称，或者转让自己的名称的，应当依法向有关机关办理登记手续，但是法律另有规定的除外。民事主体变更名称的，变更前实施的民事法律行为对其具有法律约束力。名称权人决定、使用、变更、转让或者许可他人使用自己的名称均不得违反这些规定。因此，本条明确规定，名称权人有权“依法”决定、使用、变更、转让或者许可他人使用自己的名称。

▶ 相关规定

《企业名称登记管理规定》第 3 – 16 条

第一千零一十四条 任何组织或者个人不得以干涉、盗用、假冒等方式侵害他人的姓名权或者名称权。

◆ 条文主旨

本条是关于禁止以干涉、盗用、假冒等方式侵害他人的姓名权或者名称权的规定。

◆ 立法背景

自然人对自己的姓名享有姓名权，法人、非法人组织对自己的名称享有名称权。自然人享有的姓名权除了体现在对姓名有权依法决定、使用、变更或者许可他人使用方面外，学理上称之为姓名权的积极权能；还体现在任何组织或者个人不得以干涉、盗用、假冒等方式侵害自己的姓名权，学理上称之为姓名权的消极权能。同理，法人、非法人组织享有的名称权也体现在这两个方面。本章在前两条分别对姓名权和名称权的积极权能作了规定，为了更好地保护姓名权人和名称权人的权益，本条对姓名权和名称权的消极权能也作了规定，本规定延续了我国现行法律和司法解释的规定，《民法通则》第99条规定，禁止他人干涉、盗用、假冒公民的姓名权。最高人民法院《关于贯彻执行〈中华人民共和国民法通则〉若干问题的意见（试行）》第141条规定，盗用、假冒他人姓名、名称造成损害的，应当认定为侵犯姓名权、名称权的行为。我国《澳门民法典》第82条也规定，任何人均有权拥有一姓名及有权使用该姓名之全名或简称，并有权反对他人不法使用其姓名，以识别该人本身身份或者其他用途。

◆ 条文解读

实践中，侵害姓名权、名称权的方式很多，本条列举了几种较为典型的侵害方式：

一是干涉，即无正当理由干涉他人对姓名的决定、使用、变更或者许可他人使用的权利，无正当理由干涉法人或者非法人组织对其名称的决定、使用、变更、转让或者许可他人使用的权利。例如子女成年后，其父母没有正当理由不允许其变更姓名；养父母没有正当理由不允许养子女随其生父母的姓，等等。

二是盗用，即未经姓名权人、名称权人同意或者授权，擅自以姓名权人、名称权人的姓名或者名称实施有害于他人或者社会的行为。例如打着经过某著名人士同意或者授权的幌子，以该著名人士的名义开办会所。这种侵害方式的核心是侵权人的行为让他人误以为姓名权人、名称权人同意或者授权侵权人以其名义从事民事活动，但并没有宣称其就是该姓名权人或者名称权人。

三是假冒，即侵权人假冒姓名权人或者名称权人之名进行活动，表现为民事主体从事民事活动时不用自己的姓名或者名称而使用他人姓名或者名称。实践中，已出现了不少假冒他人姓名或者名称的冒名顶替案，例如在著名的齐玉苓案中，侵权人就假冒齐玉苓上大学。需要注意的是，实践中存在同名同姓的情况，是国家法律法规允许的，仅仅因为登记的姓名与他人相同，不构成假冒侵权行为。但是，某民事主体的行为足以使他人误认或者混淆的，则有可能构成侵权，例如某人与篮球界的姚明同名同姓，都叫“姚明”，若其在正常生活中使用姚明，不构成假冒，但若其对外宣称自己是篮球界的姚明，并以此从事各种民事活动，就很可能构成假冒侵权。但这一问题在名称权上不存在，因为根据我国现行法律法规规定，法人或者非法人组织的名称在登记机关管辖范围内具有唯一性和排他性，即在同一登记机关管辖范围内，同行业内的法人或者非法人组织不能具有相同或者相类似的名称。

以上三种是实践中较为典型的侵害姓名或者名称的行为，但侵害姓名或者名称的行为不仅限于这三种，例如将他人的姓名作为商品名称或者某一动物的名称等不正当使用姓名的行为。正是基于此，本条在干涉、盗用、假冒外加了个“等”字。任何组织或者个人以干涉、盗用、假冒等方式侵害他人的姓名权或者名称权的，都应当承担一定的法律后果。《民法通则》第120条第1款规定：“公民的姓名权、肖像权、名誉权、荣誉权受到侵害的，有权要求停止侵害，恢复名誉，消除影响，赔礼道歉，并可以要求赔偿损失。”第2款规定：“法人的名称权、名誉权、荣誉权受到侵害的，适用前款规定。”最高人民法院《关于贯彻执行〈中华人民共和国民法通则〉若干问题的意见（试行）》第149条规定，盗用、假冒他人名义，以函、电等方式进行欺骗或者愚弄他人，并使其财产、名誉受到损害的，侵权人应当承担民事责任。本法总则编民事责任一章和侵权责任编对侵害人格权等民事权利的责任问题作了详细规定。此外，我国现行的反不正当竞争法等一些民商事特别法也对侵犯姓名权、名称权的责任问题作了规定，例如《反不正当竞争法》第6条规定，经营者不得擅自使用他人有一定影响的企业名称（包括简称、字号等）、社会组织名称（包括简称等）、姓名（包括笔名、艺名、译名等）等引人误认为是他人商品或者与他人存在特定联系的行为。由于现行多部法律法规对侵犯姓名权、名称权等人格权的民事责任问题作了规定，且本法总则编和侵权责任编也对此作了详细规定，基于立法技术的考虑，本编第995条规定，人格权受到侵害的，受害人有权依照本法和其他法律的规定请求行为人承担民事责任。

第一千零一十五条　自然人应当随父姓或者母姓，但是有下列情形之一的，可以在父姓和母姓之外选取姓氏：

（一）选取其他直系长辈血亲的姓氏；

（二）因由法定扶养人以外的人扶养而选取扶养人姓氏；

（三）有不违背公序良俗的其他正当理由。

少数民族自然人的姓氏可以遵从本民族的文化传统和风俗习惯。

◆ 条文主旨

本条是关于自然人姓氏选取规则的规定。

◆ 立法背景

从我国国内的规定看，关于子女姓氏如何选取，1980 年《婚姻法》第 16 条规定，“子女可以随父姓，也可以随母姓”。2001 年修改婚姻法时删去了该条中的“也”字。2001 年 4 月 28 日法律委员会在关于修改婚姻法的决定（草案）修改意见的报告中说明，根据有的委员的意见，法律委员会建议将“也”字删去。这是为了进一步贯彻男女平等和夫妻家庭地位平等的原则，避免因“也”字表达的语气对条文内容产生影响。关于姓名权，《民法通则》第 99 条第 1 款规定：“公民享有姓名权、有权决定、使用和依照规定改变自己的姓名，禁止他人干涉、盗用、假冒。”根据上述规定，公民有权决定自己的姓名，但改变姓名需要“依照规定”进行。1958 年全国人大常委会颁布的《户口登记条例》第 18 条规定：“公民变更姓名，依照下列规定办理：（一）未满十八周岁的人需要变更姓名的时候，由本人或者父母、收养人向户口登记机关申请变更登记；（二）十八周岁以上的人需要变更姓名的时候，由本人向户口登记机关申请变更登记。”该条例对公民改变姓名时的申请程序作了规定，未对公民改变姓名进行限制。这导致在实践中对婚姻法和民法通则的理解不一，法院和相关行政机关在处理这类案件时作出的决定也不完全相同。有的判决自然人只能随父姓或者母姓；有的判决自然人可以在父姓或者母姓外取第三姓。

姓名选取是公民可以自由行使的私法权利，还是因具有血亲辨识、身份管理等社会功能或者因他人具有正当利益而不得任由公民自行决定的事项，不同历史时期各国对该问题的态度不完全相同。17 世纪的欧洲各国并不认可自然人对姓名享有私法上的权利，有关姓名的规定主要是公法规范，姓名变更须以公权机构的许可为限。从 19 世纪初开始，姓名被视为自然人人格特征的重要标志，基于人格平等的理念，姓名的享有和行使逐渐演变为私法权利。自 20 世纪初以来，姓名权作为一项人格权被现代国家和地区普遍接受。

国外和我国台湾地区对姓名权的决定主要从两个方面进行规定：一是关于姓名权的一般性规定。大多数国家和地区强调姓名权的享有和使用必须依法进行，主要可以分为两类：许多国家并不从权利赋予的角度直接规定公民享有姓名权，如德国、日本和俄罗斯仅着眼于权利救济。《德国民法典》第 12 条规定，有权使用某一姓名的人，因他人盗用、冒用等而受到损害的，可以提起停止侵害之诉。一些国家虽然规定公民享有姓名权，如意大利，但同时明确该项权利必须“依法”享有，并规定更改或者添删姓名需严格依照法定程序进行，并不得损害第三人的正当利益。二是关于姓氏选择。法律对姓氏选择是否作出限制，涉及子女出生时和子女成年后两种情况：（1）子女出生时的姓氏选择。许多国家的姓氏选择要受严格限制，原则上只能在父姓、母姓或者父母的婚姻姓氏之中作出选择，不允许选择其他姓氏。如《德国民法典》规定，子女以其父母的婚姻姓氏为出生姓氏。《日本民法典》规定，婚生子女，称父母的姓氏；非婚生子女，称母亲的姓氏。《法国民法典》在 2002 年增加规定，如户籍官员认为父母为儿童选择的姓名，可能违反儿童利益或者违反第三人保护其家庭姓氏之利益，户籍官员应通知共和国检察官提请家事法官处理。（2）子女成年后的姓氏变更。许多国家规定，对于自然人变更名字要严格依照公告、异议等法定程序进行。对于变更姓氏，尤其是变更为父姓或母姓之外的其他姓氏，限制就更为严格。《法国民法典》第 61 条规定，证明有正当利益的，如为避免请求人的某一直系尊血亲或者第四亲等以内的旁系亲属的姓氏湮灭无继，才允许改姓。改姓采用官方公报发布行政令进行公告。对于该行政令公告，任何有利害关系的人，均可在公告之日起 2 个月内，向最高行政法院提出异议。虽然法律作了严格限制，但法国司法实践关于正当利益的判断标准存在一定弹性。法国最高法院第一民事庭 1999 年判决，正当利益“应当按照法官审理时的情形作出评判”。自 1988 年至 2002 年法国最高法院及巴黎高等法院通过判决确定的“正当利益”，包括以下七类情形：一是长期使用某一姓氏（非登记姓氏）；二是出于融入法国社会的需要改变姓氏；三是因信奉某一宗教或者特定民族文化传统，需要改变姓氏；四是因性别改变需要改变姓氏；五是原有姓氏中包含侮辱性或者粗俗的同音异义；六是长辈姓氏非常有名望，当事人要求承继更改；七是为避免请求人的某一直系尊血亲或者第四亲等以内的旁系亲属的姓氏湮灭无继等。我国台湾地区“民法”自 1930 年制定以来，关于子女姓氏的规定，经历了 1985 年和 2007 年两次大的修订。其中，关于是否允许父母双方自行约定以第三姓为子女姓氏，“立法院”曾讨论 10 年。当时的“立法委员”赵石溪发动 22 位“立委”联署，坚决反对父母自行约定子女姓氏，认为“姓氏的承继是我中华民族重要的伦理道德，若子女姓氏可由父母双方自行约定，将严重破坏祖宗传留的家族制度，使我中华民族逐渐走向混乱、萎缩、消灭之路”。草案几经修改，最终通过的“民法”亲属编第 1059 条严格限制父母的选择合意，规定“父母于子女出生登记前，应以书面约定子女从父姓或母姓。子女经出生登记后，于未成年前，得由父母以书面约定变更为父姓或母姓。子女已成年者，经父母之书面同意得变更为父姓或母姓。前二项之变更，各以一次为限”。

从总体上讲，虽然境外将姓名权视为人格权，但姓名权中的姓氏选择在一些国家和地区依然受到限制，子女出生时的姓氏选择，原则上只能以父姓、母姓或者父母的婚姻姓氏为限，不允许选择其他姓氏。由于宗教及文化传统的原因，这些国家和地区规定，只有婚生子女可以继承生父姓氏或者父母的婚姻姓氏，非婚生子女无论在姓氏继承或者财产继承上都受到差别对待，如德国规定婚生子女称父母婚姻姓氏，非婚生子女称母亲姓氏；日本规定，非婚生子女财产继承份额仅为婚生子女的一半。因此，姓氏选择是判断自然人是否为婚生子女的表面证据。如果完全放开姓氏选取自由，允许非婚生子女自行选取生父姓氏，法律对婚生与非婚生子女差别对待的意义将大为降低，不利于保护合法婚姻。20 世纪 70 年代始，基于保护儿童利益的考虑，英美等国率先取消对非婚生子女的歧视待遇，但多侧重抚养费给付、财产继承等财产关系，在姓氏继承及亲权等身份关系上仍未完全放开。德国直至 1998 年才通过颁布子女身份改革法等一系列单行法彻底取消了非婚生与婚生子女的差别。德国、奥地利、法国等国家和我国台湾地区虽已取消了对非婚生子女的差别待遇，但非婚生子女仍不能像婚生子女一样与生父自然建立亲权关系并享有各项权利，非婚生子女如欲承袭生父姓氏或者进行财产继承，必须通过提起生父认领之诉或者父母婚姻准正之诉，获得胜诉判决后方可行使，如 2004 年修订的《意大利民法典》第 262 条规定，非婚生子女经父母同时认领的，方可采用父亲姓氏。该类认领之诉或者父母婚姻准正之诉要受到行使条件、行使期间甚至生父对生母不贞抗辩等诸多限制。与上述情况不同，我国 1950 年《婚姻法》第 15 条规定，非婚生子女享有与婚生子女同等的权利，任何人不得加以危害或歧视。在实践中，非婚生子女只要能够出具有效的亲子鉴定证明，即在法律上被视为生父的子女，与婚生子女享有同等权利。

◆ **条文解读**

自然人的姓名由姓和名组成。本法第1012条规定，姓名权人有权决定或者变更自己的姓名，这是自然人自我决定权的体现。对于名，各方普遍认为，自然人只要不违反法律的强制性规定和公序良俗就可以按照自己的意愿决定或者变更，但是对自然人能否随意决定或者变更自己的姓氏却有不同意见。有关部门和专家学者对这个问题主要有三种意见：

一是有的意见认为，应允许自然人自由选择其他姓氏。首先，从历史上看，姓名既是社会发展的产物，又是人为的规定。其次，从法律上看，《婚姻法》第22条规定子女可以随父姓，可以随母姓，更多是为了体现男女平等，并不是为了限制公民取其他姓氏。《民法通则》第99条关于公民享有姓名权的规定，其也没有禁止公民取其他姓氏。法律无禁止即为自由，现行法律没有禁止不可以选取其他姓氏，那么姓什么应该都可以。最后，取其他姓氏的情况毕竟非常少，不会造成大的社会负担，更不会必然影响社会秩序。因此，如果有少数人希望标新立异，取个自己更喜欢的姓氏，不会有太大问题。允许其自由选择、满足需求，可以彰显法律与社会管理的开明。

二是有的意见认为，家庭仍然是社会的细胞，担负着很多重要的功能。在这种情况下，称父姓或者母姓对增强家庭凝聚力、维护亲子关系和代际关系有好处。如果法律允许选用父姓或者母姓以外的其他姓，会带来诸多问题，例如姓氏用字的范围是什么，能否用外国的姓氏，等等。民法通则和婚姻法对姓名权的规定是从不同角度考虑的。民法通则的姓名权是一般规定，婚姻法的规定是父母有权协商决定未成年人子女的姓，并非允许随意取其他姓氏。所以，从法律、社会、伦理等方面综合考虑，公民姓氏应该在父姓和母姓当中选取，不能选取其他姓氏。

三是有的意见认为，《民法通则》第 99 条规定的是姓名权的内涵，《婚姻法》第 22 条的规定主要解决男女平等权问题，在字面上看不出来不允许取其他姓。但姓氏涉及维护血缘关系、家族关系和亲属秩序，家族、家庭在当今生活中发挥的作用重大，维护家族秩序的稳定对维护社会秩序的稳定非常重要，如果在立法上规定过于宽松，就会把血缘秩序、家族秩序和亲属秩序搞乱。为了平衡保护姓名权和维护家庭稳定二者的关系，子女可以随父姓，可以随母姓，如果有正当理由且不影响公序良俗的情况下可以随其他姓。

姓氏选取与每位公民密切相关，《民法通则》第 99 条和《婚姻法》第 22 条分别规定了公民享有姓名权及子女可以随父姓或者母姓的问题。近年来，司法机关、有关行政部门和一些社会公众反映，民法通则和婚姻法的上述规定较为原则，对于公民能否在父姓和母姓之外选取姓氏，实践中有关部门和当事人存在理解不一致的情况；且相关法律制定较早，不能有效应对当前公民创姓、改姓等新情况、新问题。基于理论界和实务界对于自然人如何选择姓氏存在较大的争议，国外的做法也不完全相同，为了解决实践中的争议和难题，对社会生活中公民的姓氏选取行为有所引领，使行政机关、人民法院在履行职能和处理纠纷时有所遵循；同时，鉴于姓氏选取问题不仅涉及现代社会的公民私权与国家公权、个人自由与社会秩序，还关乎中华民族的文化传统、伦理观念和社会主义核心价值观，问题重大，所以有必要作出专门的规定，以指导实践。

为此，2014 年全国人大常委会专门对此作出了一个立法解释。该立法解释明确规定，自然人应当随父姓或者母姓，但是有下列情形之一的，可以在父姓和母姓之外选取姓氏：（1）选取其他直系长辈血亲的姓氏；（2）因由法定扶养人以外的人扶养而选取扶养人姓氏；（3）有不违背公序良俗的其他正当理由。少数民族自然人的姓氏可以遵从本民族的文化传统和风俗习惯。该立法解释这样规定的主要理由是：姓氏文化是中华传统文化的重要组成部分。中华文明源远流长，姓氏文化在中华五千多年连绵不断的文明史中占有重要地位。世界上的很多国家都通过立法明确子女应当从父姓或者母姓。通过立法解释，明确公民原则上应当在父姓或者母姓中选取姓氏，对于维护中华民族的文化传统、伦理观念和社会主义核心价值观，至关重要。

从婚姻法当初的立法本意看，《婚姻法》第 22 条的规定主要为了突出父母对子女姓氏决定权的平等，进一步体现男女平等和夫妻家庭地位平等的原则，不涉及公民是否可以在父姓、母姓之外选取其他姓氏的问题。姓氏选取主要适用《民法通则》第 6 条、第 7 条和第 99 条的规定。社会各方面普遍认为，子女承父姓、母姓在我国有深厚的传统文化伦理基础，社会普遍遵循。现实生活中，随意取姓的现象比较少见，老百姓一般也难以接受。姓氏选取不能毫无限制，应当有一定之规。同时，鉴于社会生活和民事活动的复杂性以及各民族因历史文化传统、民族习惯和宗教信仰等体现的姓氏文化差异性，法律应当考虑一些公民在父姓和母姓之外选取姓氏的合理需求以及不同民族的风俗习惯，力求找到最佳平衡点，作出既符合多数人利益、也能兼顾少数人利益的解决方案，使法律规则既保持稳定性、又富有灵活性。

该立法解释也规定了三种例外情形，第一种“选取其他直系长辈血亲的姓氏”主要是涉及中国传统认可的认祖归宗；第二种“因由法定扶养人以外的人扶养而选取扶养人姓氏”主要涉及收养的情形；第三种“有不违背公序良俗的其他正当理由”是一个兜底条款，主要是指还俗，姓本身具有侮辱性等情形，可以在不违背公序良俗的情形下改姓。此外，考虑到不少少数民族的姓名决定或者变更具有自己的文化传统和风俗习惯，有较强的特殊性，该立法解释还明确规定，少数民族自然人的姓氏可以遵从本民族的文化传统和风俗习惯。自该立法解释正式实施以来，从实践情况看，较好地平衡了尊重自然人的自由决定或者变更姓名权利与尊重中国优秀传统文化以及伦理道德之间的关系，也得到了多数人的认同，有利于解决现实中的争议。基于此，本法完全继承和吸收了该立法解释的规定。

这里还有一个问题需要说明，民法典人格权编草案一审稿中曾经规定，未成年人父母离婚的，与未成年人共同生活的一方可以将该未成年人的姓氏变更为自己的姓氏，但是另一方有正当理由表示反对的除外。在常委会审议以及公开征求意见过程中，有的意见提出，该条规定的初衷是给实践中此类案件的解决提供法律依据，但是变更未成年人姓氏涉及的问题较为复杂，这一规定并不能完全解决现实中的此类问题，建议不作规定。基于此，民法典人格权编草案二审稿删除了这一条规定。此后，仍然有一些意见建议恢复一审稿的规定，允许与未成年人共同生活的一方单方变更该未成年人的姓氏。对此，经反复研究后认为，父母离婚后的未成年人的姓氏变更问题涉及的情况较为复杂，鉴于目前各方对此尚未形成共识，可以考虑暂不在民法典中规定，司法实践中可以根据具体情况进行判断。

第一千零一十六条 自然人决定、变更姓名，或者法人、非法人组织决定、变更、转让名称的，应当依法向有关机关办理登记手续，但是法律另有规定的除外。

民事主体变更姓名、名称的，变更前实施的民事法律行为对其具有法律约束力。

◆ 条文主旨

本条是关于民事主体决定、变更姓名、名称或者转让自己名称应当遵守的法定程序以及产生的法律效力。

◆ 立法背景

根据本法第1012条、第1013条的规定，自然人有权决定、变更自己的姓名，法人或者非法人组织有权决定、变更或者转让自己的名称。这两条规定的姓名和名称都是指法定姓名或者名称，是自然人或者法人、非法人组织法定人格和身份的体现，对内对外都会产生一定的法律效果，因此其决定、变更等都必须依法进行。

◆ 条文解读

自然人的姓名的决定关系到该自然人参与社会经济生活，特别是涉及从事民事法律行为的问题，因此自然人决定姓名除了需要以有民事行为能力为前提外，还需要遵循法定的程序，办理法定的手续。根据我国《户口登记条例》第7条的规定，婴儿的姓名由父母、亲属、抚养人或者其他监护人在婴儿出生一个月内向婴儿常住地户口登记机关申报出生登记，并将其姓名记入户口登记簿，在户口登记簿上登记的姓名为正式姓名，并受法律保护，并可以用于签署正式的法律文件。所以，自然人的正式姓名以登记簿上记载的为准。自然人在确定姓名后，可能出于各种原因而需要变更自己的姓名。但由于其已经使用原姓名进行了各种民事活动，参加了不同的民事法律关系，其改变自己的姓名必然会影响到他人的利益和社会公共利益，因此自然人变更姓名也必须遵守相关法律法规规定，遵循法定程序进行，不得擅自变更。根据我国《户口登记条例》的规定，自然人变更自己的姓名必须到当地派出所进行变更登记。当然这里的姓名指的是法定姓名（即正式姓名）的决定或者变更，并不包括本法第 1017 条规定的笔名、艺名等的决定或者变更，笔名、艺名等非法定姓名的决定或者变更并不需要进行登记。

考虑到法人或者非法人组织对于社会的影响较大，任何一个国家都会对法人或者非法人进行管理。为了维护正常的社会秩序和健康的市场经济秩序，我国法律法规以及规章对法人、非法人组织的设定、变更或者转让也作了不少规定，设定了一定的程序，特别是登记程序。原则上法人或者非法人组织变更自己的名称或者转让自己的名称权都需要进行变更或者转让登记。例如根据我国企业名称登记管理规定及其实施细则的规定，企业名称转让时，由转让方与受让方签订书面转让合同的，按照工商企业申请登记程序，报工商企业行政管理机关批准，办理转让登记。法律规定需要主管部门批准的，按照其规定由主管部门批准。需要指出的是，根据我国相关法律法规的规定，并非所有法人或者非法人组织变更或者转让自己的名称都需要登记，例如本法总则编规定的机关法人的决定或者变更就不需要办理登记手续。因此，本条特别规定“但是法律另有规定的除外”。

自然人的姓名，法人、非法人组织的名称，是民事主体的外在标识，姓名权人或者名称权人以其参与各种民事活动，为自己设定权利义务，对自己对他人都有重大影响。自然人变更自己的姓名，法人、非法人变更自己的名称，都是其外在标识改变，其实质并没有发生改变，其权利义务的归属也不应发生改变，否则会对他人甚至社会公共利益产生重大影响。而现实生活中，却不时发生债务人通过变更姓名或者名称的方式逃避债务的现象，损害了社会经济秩序。为了防止这种新人不理旧账的现象出现，保护原法律关系的相对方，本条第2款特别规定，民事主体变更姓名、名称的，变更前实施的民事法律行为对其具有法律约束力。

▶ 相关规定

《企业名称登记管理规定》第3－16条

第一千零一十七条 具有一定社会知名度，被他人使用足以造成公众混淆的笔名、艺名、网名、译名、字号、姓名和名称的简称等，参照适用姓名权和名称权保护的有关规定。

◆ 条文主旨

本条是关于保护笔名、艺名、网名、字号等的规定。

◆ 立法背景

姓名是自然人区别于他人的特定符号和标识，名称是法人、非法人组织区别于其他民事主体的特定符号和标识。姓名和名称都有狭义和广义之分，狭义的姓名是某一自然人的正式姓名（即在国家户口登记机关登记的法定姓名），狭义的名称是某一法人、非法人组织的正式名称（即在国家相关机关登记的名称），本法第1012条至第1016条的规定主要针对的是狭义的姓名和名称。

广义的姓名和名称除了包括正式姓名和正式名称外，还包括笔名、艺名、网名、译名、字号、姓名和名称的简称等。一些文学家、艺术家常常用笔名、艺名代替本名，这些笔名、艺名甚至比其本名更为社会和公众所熟知，例如著名作家莫言的本名是管谟业，莫言只是其笔名，但多数读者只知其笔名莫言，并不知道其本名。除笔名、艺名外，根据我国的传统，一些自然人还喜欢给自己起“字”或者“号”，例如唐代大诗人李白，字太白，号青莲居士，现在仍有一些人继承了这一传统。随着现代网络社会的发展，不少自然人在网络世界里给自己起了网名，在网络世界里很多情况下网民之间只知道网名，并不知道其真实的姓名。还有的外国人在中国，或者中国人在外国都会面临译名是否保护的问题，例如美国著名球星 Jordan 在中国的译名“乔丹”就面临侵权的问题。对于法人或者非法人组织来说，也存在类似的情况，例如在日常的民事活动中，除了使用在登记机关登记的正式名称外，有时也会使用名称的简称或者字号，例如阿里巴巴网络技术有限公司是登记的名称，简称是阿里巴巴或者阿里巴巴集团。

在本法编纂过程中，对于是否保护笔名、艺名、网名、译名、字号、姓名和名称的简称等有不同意见。有的意见认为，只宜保护经过登记的正式姓名和名称，不宜保护笔名、艺名、网名、译名、字号、姓名和名称的简称等，否则有可能限制他人的行为自由。经研究认为，笔名、艺名、网名、译名、字号、姓名和名称的简称等虽没有经过法定机关登记，不属于正式的姓名或者名称，但是在不少情况下，这些笔名、艺名、网名、译名、字号、姓名和名称的简称等也能够起到确定和代表某一自然人或者法人、非法人组织的作用，能够体现民事主体的人格特征。这些笔名、艺名、网名、译名、字号、姓名和名称的简称等若被他人滥用或者导致他人混淆，也会有损自然人的人格尊严，对该民事主体造成重大损害。因此，保护笔名、艺名、网名、译名、字号、姓名和名称的简称等，有利于更好地保护民事主体的人格利益。

◆ **条文解读**

笔名、艺名、网名、译名、字号、姓名和名称的简称等毕竟不是登记的正式姓名或者名称，并非任何笔名、艺名、网名、译名、字号、姓名和名称的简称等都应当受到保护，只有满足一定条件的笔名、艺名、网名、译名、字号、姓名和名称的简称等才受法律保护。根据本条的规定，需要满足以下条件：一是具有一定社会知名度或者为相关公众所知悉；二是被他人使用足以致使公众混淆的。基于此，本条规定，具有一定社会知名度、为相关公众所知悉的笔名、艺名、网名、译名、字号、姓名和名称的简称等，被他人使用足以造成公众混淆的，参照姓名和名称保护的相关规定。

与对正式姓名或者名称的保护相比，对笔名、艺名、网名、译名、字号、姓名和名称的简称等的保护既有相同点，也具有不同点。相同点：一是对正式姓名或者名称的使用不得违反法律、行政法规的强制性规定，不得违背公序良俗；对笔名、艺名、网名、译名、字号、姓名和名称的简称等的使用也不得违反法律、行政法规的强制性规定，不得违背公序良俗。二是任何组织或者个人都不得以非法干涉、盗用或者假冒等方式侵害。不同点：一是对正式姓名或者名称的保护，不需要具有一定社会知名度、为相关公众所知悉、被他人使用足以造成公众混淆等条件的限制，也就是说，自然人或者法人、非法人组织经过登记的正式姓名或者名称都受法律保护，任何组织或者个人都不得非法干涉、盗用或者假冒。对笔名、艺名、网名、译名、字号、姓名和名称的简称等的保护，则需要受具有一定社会知名度、为相关公众所知悉、被他人使用足以造成公众混淆等条件的限制。二是自然人决定、变更正式姓名，法人或者非法人组织变更、转让名称，都需要登记；而自然人决定、变更自己的笔名、艺名、网名等，法人或者非法人组织变更名称、简称、字号等，原则上讲不需要经过登记。正因为笔名、艺名、网名、译名、字号、姓名和名称的简称等，与正式姓名、名称有上述区别，对其的保护就不能完全依照正式姓名、名称的规则进行，所以本条规定，对笔名、艺名、网名、译名、字号、姓名和名称的简称等的保护是“参照”适用姓名、名称的保护规定。

还有一个问题涉及自然人艺名的归属问题，即艺名是归艺人所有还是归艺人所在的公司所有。在立法过程中，对这个问题也是有不同意见的。考虑到艺名是针对特定自然人的，其他民事主体盗用、假冒艺名直接损害的是特定自然人的利益，因此，艺名应当属于使用该艺名的自然人。至于公司在艺名的推广过程中所付出的代价则可由艺人与公司的合同解决，若他人使用艺人的艺名同时损害公司权益的，艺人所在的公司可以基于不正当竞争等事由进行救济。

第四章 肖 像 权

本章共六条，对肖像的定义和肖像权的权能、禁止侵害肖像权、合理使用肖像权的情形、肖像许可使用合同、声音的保护等内容作了规定。

第一千零一十八条 自然人享有肖像权，有权依法制作、使用、公开或者许可他人使用自己的肖像。

肖像是通过影像、雕塑、绘画等方式在一定载体上所反映的特定自然人可以被识别的外部形象。

◆ 条文主旨

本条是关于肖像权的权能和肖像概念的规定。

◆ 立法背景

肖像与姓名和名称一样，都是民事主体的外在表征，彰显民事主体的社会存在。从理论上划分，肖像权与姓名权和名称权也一样，都属于标表型人格权，是民事主体不可缺少的一种具体人格权。随着社会的发展和科学技术的进步，特别是手机摄影技术、传播技术和名人现象的发展，肖像越来越容易被获取，其具有的商业价值也越来越巨大（特别是公众人物的肖像就更是如此），肖像被他人以非法利用等手段进行侵害的情形越来越多，因此而产生的纠纷也越来越多。因此，进一步加强对肖像权保护的立法也越来越迫切。近现代以来，不少国家和地区的法律都对肖像权作了规定。例如德国 1907 年的《艺术作品著作权法》就对肖像权的保护专门作了规定。《越南民法典》规定，个人对自己的肖像享有权利。使用个人的肖像必须得到本人同意，若本人死亡或者丧失民事行为能力，则必须得到其同意，法律另有规定的情形，不在此限。我国《澳门民法典》规定，未经本人同意，不得对肖像或者在视觉上能认识别人之标志进行摄取、展示、复制、散布或者做交易之作。我国自 20 世纪 80 年代开始就高度重视对肖像权的保护。1986 年《民法通则》第 100 条规定，公民享有肖像权，未经本人同意，不得以营利为目的使用公民的肖像。《妇女权益保障法》第 42 条规定，妇女的名誉权、荣誉权、隐私权、肖像权等人格权受法律保护。1994 年《广告法》第 25 条规定，广告主或者广告经营者在广告中使用他人名义、形象的，应当事先取得他人的书面同意。2009 年《侵权责任法》和 2017 年《民法总则》更是明确将肖像权作为一种重要的民事权利加以规定。根据司法实践的需要，最高人民法院还出台了一系列与肖像权保护有关的司法解释。为了更好地保护自然人的肖像权，人格权编在我国现有法律和司法解释的基础上，借鉴国外立法经验，专设本章对肖像权的内容和保护作了规定。

◆ **条文解读**

本条第 1 款规定，自然人享有肖像权，有权依法制作、使用、公开或者许可他人使用自己的肖像。根据该规定，任何自然人都享有肖像权，肖像权的内容包括四个方面：

一是依法制作自己肖像的权能。制作肖像权能又称形象再现权能，即自然人有权自己或者许可他人通过造型艺术形式或者其他形式再现自己的外部形象。这项权能是肖像权的基本权能，也是肖像权中的其他权能的基础和前提。根据本条第2款的规定，肖像只有再现在一定载体上才具有法律意义。但是制作自己的肖像是肖像权人的权利，肖像权人有权根据自己的需要或者他人的需要，自己或者许可他人通过影像、雕塑、绘画等方式制作自己的肖像，任何组织或者个人都不得干涉或者侵犯。这里需要注意两点：（1）本条只强调有权制作自己的肖像是肖像权人的权利，但如果该权利人从未制作过自己的肖像，只是表明其从未行使过这项权能，并不影响其享有这项权能，其在以后任何时候都可以行使这项权能。（2）根据本条第2款的规定，肖像需要以一定的物质载体体现出来，但肖像本身并不等同于该物质载体。

二是依法使用肖像的权能。肖像权人有权将自己的肖像用于任何合法的目的，这种目的既可以是精神上的愉悦，也可以是获得一定的财产利益。肖像权人使用肖像的方式可以是多样的，既可以用复制、展示的方式使用，也可以以销售的方式使用。需要强调的是，肖像权虽然是一种重要的具体人格权，但其肖像使用权能体现了一定的财产利益并可以与肖像权人相分离。根据本条的规定，他人利用肖像权人的肖像应当获得肖像权人的同意或者许可。

三是依法公开肖像的权能。肖像权人对于已经制作的肖像，可以自己对外公开或者许可他人公开，禁止他人擅自公开。例如将自己拍摄或者他人拍摄的照片公开等。需要注意的是，从实质上讲，公开肖像应当属于广义上的使用权能的内容。但是考虑到公开肖像这种形式对于肖像权的重要性，肖像公开与否对肖像权人的影响是极大的，所以本条特别将其从广义上的使用权能中分离出来加以单独规定。

四是许可他人使用肖像的权能。正如前所述，肖像权人对于自己的肖像是否使用、如何使用享有完全的权利，其可以通过授权或者同意等方式许可他人使用自己的肖像。这是肖像权人对自己肖像的自主决定权的重要体现。这种许可使用可以是有偿的，也可以是无偿的。但其他人无论是有偿使用还是无偿使用肖像权人的肖像，都必须经过肖像权人的许可同意，任何组织或者个人未经肖像权人的许可擅自使用其肖像都构成侵权。这与1986年《民法通则》第100条的规定有所不同。根据《民法通则》的规定，未经肖像权人的同意，不得以营利为目的使用肖像权人的肖像，即以他人是否营利性使用肖像作为判断是否构成侵权的要件。从近四十年的实践看，该规定是不完备的，不利于保护肖像权人的权益，需要修改完善。本章对此作了修改，不再以他人的使用是否营利作为判断是否侵犯肖像权的要件。肖像特别是名人的肖像一般具有较大的经济价值，例如将名人的肖像用于广告宣传等，所以实践中，不少名人，特别是演艺明星常常通过签订肖像许可使用合同的方式允许商家使用自己的肖像，以获取一定的利益，例如广告费。本法第1021条至第1022条对肖像许可使用合同专门作了规范。根据该规定，肖像许可使用合同中就肖像使用的范围、方式等约定不明确的，应当作出有利于肖像权人的解释。当事人对肖像许可使用期限没有约定或者约定不明确的，任何一方当事人可以随时解除肖像许可使用合同，但是应当在合理期限之前通知对方。当事人对肖像许可使用期限有明确约定，肖像权人有正当理由的，可以解除肖像许可使用合同，但是应当在合理期限之前通知对方。因解除合同造成对方损失的，除不可归责于肖像权人的事由外，应当赔偿损失。

何为肖像？这是规定肖像权的首要问题。在本法编纂过程中，各方对如何界定肖像，认识是不完全一致的。有的意见认为，肖像就是指通过影像、雕塑、绘画、电影等造型艺术方式所反映的自然人的面部形象。这种观点突出强调了肖像就是物质载体上所体现的自然人的面部形象。有的意见认为，肖像是影像、雕塑、绘画、电影等造型艺术方式呈现的一个人的外部形象。这种观点强调肖像以自然人的面部特征为主，但不限于面部特征，还包括其他呈现自然人外部特征的其他形象。范畴明显比前一种意见要宽泛。还有一种意见认为，肖像是指通过影像、雕塑、绘画、电影等造型艺术方式使自然人外貌在物质载体上再现的视觉形象。这种观点与第二种观点一样，都强调肖像不限于自然人的面部特征，而是包括所有可以呈现自然人外部特征的形象，但不同点是第二种观点认为肖像是自然人的外部形象本身，而第三种观点则强调肖像不是自然人外部形象本身，而是自然人外部形象的真实反映。经研究认为，首先，肖像的范围不应限于自然人的面部特征。肖像是一个自然人形象的标志，除面部特征外，任何足以反映或者可以识别特定自然人的外部形象若不纳入肖像权的保护范围，都很有可能对该自然人的人格尊严造成威胁。肖像的范围过小，不利于保护肖像权人的利益。例如著名篮球运动员姚明的形象极具特色，其虽未露出面部，但整体形象具有极强的识别性，多数人不看其面部，就可以识别其是姚明。又如某一模特的手具有极强的识别性，很多人都可以识别出，则该模特的手部形象也可以纳入肖像的范围。其次，肖像是指通过一定载体所能够客观真实地反映出的自然人外部形象，这种载体可以是艺术作品，艺术作品是典型的形式，但并不限于艺术作品，任何可以反映自然人外部形象的物质手段都可以纳入这种载体，可以体现为图片、照片、绘画、雕塑等任何形式。最后，肖像应当具有较为清晰的可识别性。法律保护自然人肖像的目的是保护其外部形象不被他人混淆从而贬损或者滥用，因此通过一定载体所呈现出的外部形象应当具有较为清晰的指向性和识别性，如果通过载体呈现出的外部形象无法指向或者识别出特定自然人则不应纳入肖像的范围。也就是说，肖像由自然人外部形象、外部形象载体和可识别性三个要件构成。基于此，本条第 2 款规定，本法所称肖像是通过影像、雕塑、绘画等方式在一定载体上所反映的特定自然人可被识别的外部形象。

第一千零一十九条　任何组织或者个人不得以丑化、污损，或者利用信息技术手段伪造等方式侵害他人的肖像权。未经肖像权人同意，不得制作、使用、公开肖像权人的肖像，但是法律另有规定的除外。

未经肖像权人同意，肖像作品权利人不得以发表、复制、发行、出租、展览等方式使用或者公开肖像权人的肖像。

◆ **条文主旨**

本条是关于禁止任何组织或个人侵犯他人肖像权的规定。

◆ **条文解读**

肖像权作为自然人享有的一种重要人格权，其具有人格权共有的绝对性、专属性、排他性等特征，肖像权人对其肖像既享有依法制作、使用、公开或者许可他人使用的权利，也享有排除他人侵害的权利。任何组织或者个人都不得以任何形式侵害肖像权人的肖像权。

本条从三个方面对禁止任何组织或者个人侵犯他人肖像权的情形作了规定：

一是明确规定，任何组织或者个人不得以丑化、污损，或者利用信息技术手段伪造等方式侵害他人的肖像权。肖像权涉及肖像权人的人格尊严，是具有极强精神属性的权利，以丑化、污损，或者利用信息技术手段伪造等方式侵害他人的肖像权，都有可能对肖像权人的精神造成严重损害，必须禁止。这里的“丑化”指通过艺术加工或者改造的方法，对他人的肖像加以歪曲、诬蔑、贬低，例如在他人的肖像上画叉或者画上胡须等；“污损”是指将他人的肖像损害且搞脏，例如往他人的照片上泼墨水或者焚烧、撕扯他人的照片等行为；“利用信息技术手段伪造”是指利用信息技术手段编造或者捏造他人肖像，以假乱真，以达到利用不存在的事物来谋取非法利益，例如利用现在的人工智能技术将他人的肖像深度伪造到特定场景中或者移花接木到其他人的身体上以达到非法目的。本规定只列举了比较典型的、有可能会对肖像权人造成严重后果的几种侵害肖像权的情形，但现实生活中侵害肖像权的形式多种多样，远不止这几种，例如倒挂他人的照片等。需要说明的是，“伪造”他人肖像的情形也很多，本规定之所以只强调“利用信息技术手段伪造”这种伪造方式，是因为在审议民法典人格权编草案过程中，不少意见提出，随着人工智能和大数据等新技术的快速发展，实践中利用“深度伪造”技术侵害他人肖像权的情形越来越普遍，这不但会严重侵害他人的肖像权和名誉权，还可能对国家安全和社会公共利益造成损害，建议对这种侵害肖像权的方式作出明确的禁止性规定。本条采纳了这种意见，该规定适应了新技术环境下肖像权保护的需要，体现了立法的与时俱进。

二是明确规定，未经肖像权人同意，不得制作、使用、公开肖像权人的肖像，但是法律另有规定的除外。根据本法第 1018 条的规定，自然人享有肖像权，有权依法制作、使用、公开或者许可他人使用自己的肖像。也就是说，制作、使用、公开肖像是肖像权人的专属性权利，其他任何组织或者个人未经肖像权人的同意都不得擅自制作、使用、公开他人肖像。在立法过程中，有的意见提出，某一组织或者个人制作、使用、公开他人肖像，虽未经肖像权人同意，但并没有丑化、污损，或者利用信息技术手段伪造他人的肖像，因此不构成侵害他人肖像权。这种观点是不正确的。根据本条的规定，除了法律另有规定外，制作、使用、公开他人肖像都必须经过权利人同意。即使经过肖像权人的同意，可以制作、使用、公开其肖像，但是构成丑化、污损，或者利用信息技术手段伪造肖像等情形的，同样构成侵害他人肖像权，也是本法所不允许的。当然本条所规定的“同意”既包括明示的同意，例如通过书面合同的方式明确许可他人制作、使用或者公开其肖像；也包括默示的同意，例如在户外主动摆拍照片等。若权利人为无民事行为能力人或者限制民事行为能力人，则根据本法总则编的相关规定，由其法定代理人代为同意。这里还需要强调一点，《民法通则》第100条的规定以是否营利性制作、使用、公开他人肖像作为是否需要肖像权人同意的标准。主流观点和现在的司法实践已不再采纳这种标准。本条吸收了主流观点和司法实践的做法，不要求以是否营利作为是否需要权利人同意的标准，也不以营利性作为侵害肖像权的构成要件。本条还规定，在法律另有规定的情况下，可以不经肖像权人同意，制作、使用、公开肖像权人的肖像。本条中的“法律另有规定”主要是指本法第1020条规定的几种可以合理使用的情形，根据该规定，实施下列行为的，可以不经肖像权人同意：（1）为个人学习、艺术欣赏、课堂教学或者科学研究，在必要范围内使用肖像权人已经公开的肖像；（2）为实施新闻报道，不可避免地制作、使用、公开肖像权人的肖像；（3）为依法履行职责，国家机关在必要范围内制作、使用、公开肖像权人的肖像；（4）为展示特定公共环境，不可避免地制作、使用、公开肖像权人的肖像；(5）为维护公共利益或者肖像权人合法权益，制作、使用、公开肖像权人的肖像的其他行为。

三是明确规定，未经肖像权人同意，肖像作品权利人不得以发表、复制、发行、出租、展览等方式使用或者公开肖像权人的肖像。正如前所述，肖像权人的肖像往往都是通过一定的载体表现出来的，这种载体在多数情况下都构成艺术作品，例如为他人拍摄的艺术照，为模特画的艺术像等。从著作权的角度看，这些艺术作品也都构成著作权法上的肖像作品。在现实生活中，这些肖像作品的权利人有时与肖像权人是合一的，但有时却是不同的民事主体。若肖像权人与肖像作品权利人并非同一主体时，肖像作品权利人虽享有肖像作品的著作权，但未经肖像权人同意，也不得以发表、复制、发行、出租、展览等方式使用或者公开肖像权人的肖像。这样规定，既强化了对肖像权的保护，也明确了肖像权与肖像作品著作权的关系。

第一千零二十条 合理实施下列行为的，可以不经肖像权人同意：

（一）为个人学习、艺术欣赏、课堂教学或者科学研究，在必要范围内使用肖像权人已经公开的肖像；

（二）为实施新闻报道，不可避免地制作、使用、公开肖像权人的肖像；

（三）为依法履行职责，国家机关在必要范围内制作、使用、公开肖像权人的肖像；

（四）为展示特定公共环境，不可避免地制作、使用、公开肖像权人的肖像；

（五）为维护公共利益或者肖像权人合法权益，制作、使用、公开肖像权人的肖像的其他行为。

◆ **条文主旨**

本条是关于合理使用肖像的情形的规定。

◆ **立法背景**

肖像权是自然人享有的一项重要人格权。但同其他民事权利一样，这项人格权并非绝对的权利。肖像不仅对本人意义重大，对他人甚至对全社会都具有重大价值，一些正常的社会活动都离不开对他人肖像的合理使用，如果任何制作、使用、公开肖像的行为都需要经过权利人同意，会给正常的社会活动带来影响，甚至影响到公共利益。因此，法律应当在保护个人肖像权和保护社会公共利益间进行平衡和协调。本法在强调加强对肖像权保护的同时，也设置了肖像权保护的例外情形。在这些例外情形下，制作、使用、公开肖像权人的肖像并不会构成侵权。这些例外情形除了本法总则编民事责任一章和侵权责任编规定的正当防卫、紧急避险、自助行为、不可抗力、当事人同意等一般的免责事由外，还有本条规定的几种特殊免责事由，也可以说是合理使用情形。规定这几种合理使用情形，既是基于肖像权人本身利益的需要，也是保护社会公共利益的需要。

◆ **条文解读**

根据本条的规定，实施以下几种行为的，不需要肖像权人的同意：

一是为个人学习、艺术欣赏、课堂教学或者科学研究，在必要范围内使用肖像权人已经公开的肖像。为了个人学习、艺术欣赏的目的使用他人已经公开的肖像，是个人从事的正常社会活动，且这种使用并不会对权利人的肖像权造成损害。若不允许民事主体在个人学习、艺术欣赏时使用他人已经公开的肖像，必然对个体的自由造成严重的妨碍，对于提升个人的文化修养水平也是很不利的。同理，课堂教学和科学研究对于促进社会进步和文化发展具有重大意义，特别是对于将我国建设成为一个文化强国、科技强国更是必不可少。因此，为了课堂教学和科学研究合理使用他人的肖像是基于社会公共利益对肖像权所作的合理限制，例如为了课堂教学的需要，在课堂上使用了某一著名科学家的肖像；为了科学研究的需要，对某一特定群体进行摄影录像。但是，需要强调的是，即便为个人学习、艺术欣赏、课堂教学或者科学研究目的使用肖像权人的肖像，也不得滥用，例如不得以科技研究为幌子，对肖像权人的生活造成严重影响；更不得以从事艺术欣赏为名，将他人的肖像用于营利目的。基于此，本条第1项明确规定了两个限制条件：（1）为个人学习、艺术欣赏、课堂教学或者科学研究，只能在必要范围内使用他人肖像，超出必要范围使用的，也构成侵权。（2）为个人学习、艺术欣赏、课堂教学或者科学研究，只能使用他人已经公开的肖像；权利人尚未公开的肖像，即使使用人是出于个人学习、艺术欣赏、课堂教学或者科学研究的目的，且在必要范围内使用，也是不允许的。

二是为实施新闻报道，不可避免地制作、使用、公开肖像权人的肖像。实施新闻报道就是对新近发生的客观事实进行报道和传播。新闻报道的主要功能是报道新闻信息、反映和引导舆论，具有极强的社会公共利益性质，是一个社会文明发展和进步必不可少的。基于此，本法第999条规定，实施新闻报道、舆论监督等行为的，可以合理使用民事主体的姓名、名称、肖像、个人信息等；使用不合理侵害他人权益的，应当承担民事责任。本项规定实际上是对该条规定的进一步落实和细化。从法理上讲，新闻报道的一般都是集会、庆典等公开性的活动和事件，而这些活动和事件一般都具有较强的新闻价值，自然人参加这类些活动或者参与到这些事件中，就应当意识到这些活动或者事件有可能被记载或者被公开报道，就意味着在一定程度上自愿处分了自己的肖像权，是用行为体现的一种默示同意，因此这种新闻报道从本质上讲也没有违背肖像权人的真实意愿。当然在现实中也存在肖像权人在公开场合“被动入镜”的情形，可能肖像权人本身并不愿意入镜，更不愿意被报道，但考虑到新闻报道本身的及时性和真实性，更为了社会公共利益的考虑，新闻报道者也可以不经肖像权人同意而制作、使用、公开肖像权人的肖像。这是多数国家和地区的普遍做法，我国现行著作权法对著作权的合理使用例外也遵循同样的规则。但因新闻报道而制作、使用、公开肖像权人的肖像，必须是不可避免的，如果在新闻报道中完全可以避免使用、公开他人的肖像，就应当避免使用、公开他人的肖像，否则也有可能构成侵犯他人的肖像权。

三是为依法履行职责，国家机关在必要范围内制作、使用、公开肖像权人的肖像。国家机关依法履行职责属于行使公权力，行使公权力要么是为了维护社会秩序，要么是为了保护公众安全，要么是为了维护其他国家利益和社会公共利益，例如为了调查具有高度传染性的传染病患者、通缉罪犯等行为。为了维护国家利益和社会公共利益，国家机关在依法履行职责的过程中，可以在必要范围内制作、使用、公开肖像权人的肖像。但是国家机关也不得滥用这种权力，对肖像权的使用应当符合行政行为的比例原则。本项明确规定了两个限制条件：（1）国家机关必须是在依法履行职责时，才可以制作、使用、公开肖像权人的肖像，若履行职责没有明确的法律依据，则不得制作、使用、公开肖像权人的肖像。(2) 国家机关必须在必要范围内制作、使用、公开肖像权人的肖像，超出必要范围的，即使是依法履行职责，也构成对肖像权的侵犯。

四是为展示特定公共环境，不可避免地制作、使用、公开肖像权人的肖像。这种合理使用的情形较为特殊，但也是民事主体进行社会活动必不可少的。这种情形要取得肖像权人的同意才可以制作、使用、公开其肖像不可行，也将限制人们的行动自由。例如将某人在公共场所实施不文明的形象拍摄下来；又如某人在一个公开场所（例如景点）照相时，刚好另一游客闯入其镜头；再如游客拍摄某一著名旅游景点的景色时，就有可能将一些游客摄入其中。这些情形都是为了展示特定公共环境，不可避免地制作、使用了肖像权人的肖像。但是这种合理使用也有严格的条件限制。根据本条的规定：(1) 制作、使用、公开肖像权人的肖像的目的是展示特定的公共环境。(2) 即使是为了展示特定公共环境，也必须是“不可避免”地制作、使用、公开肖像权人的肖像，若在展示特定公共环境中可以避免制作、使用、公开肖像权人的肖像，则不构成合理使用。

五是为维护公共利益或者肖像权人合法权益，制作、使用、公开肖像权人的肖像的其他行为。本项规定实际上是一个兜底条款。因为在现实中，涉及公共利益和肖像权人本人利益的事项有可能不仅限于前四种情形，例如对先进人物的照片进行展览；又如当事人在诉讼过程中，确有必要为主张自己的权利或者证明案件的事实，而在举证中使用、公开了他人的肖像；再如为了寻找下落不明的人而在寻人启事上使用其肖像，等等。本项规定，为司法实践的发展留出了一定的空间。但需要特别强调的是，本项规定并不等于法院可以随意自由裁量，法院更不得滥用本项规定或者将本项规定泛化。根据本条规定，要适用本项规定的情形，应当符合以下条件：（1）必须是为了公共利益或者为了肖像权人本人的利益。（2）必须是在必要范围内使用、公开，例如寻人启事上的肖像只得用于寻人之用，不得用于商业促销。

最后，还需要强调的是，即使构成本条规定的五种情形之一，也必须合理实施制作、使用、公开他人肖像的行为。因此，本条开宗明义就规定，合理实施下列行为的，才可以不经肖像权人同意。

第一千零二十一条　当事人对肖像许可使用合同中关于肖像使用条款的理解有争议的，应当作出有利于肖像权人的解释。

第一千零二十二条　当事人对肖像许可使用期限没有约定或者约定不明确的，任何一方当事人可以随时解除肖像许可使用合同，但是应当在合理期限之前通知对方。

当事人对肖像许可使用期限有明确约定，肖像权人有正当理由的，可以解除肖像许可使用合同，但是应当在合理期限之前通知对方。因解除合同造成对方损失的，除不可归责于肖像权人的事由外，应当赔偿损失。

◆ 条文主旨

这两条是关于肖像许可使用合同的规定。

◆ 立法背景

前述两条规定的都是肖像许可使用合同，但实际上都涉及对肖像的经济利用问题。在本法编纂过程中，对是否允许权利人许可他人对肖像权、姓名权、名称权等标表型的人格权进行经济利用，有不同意见。一种意见认为，人格权不可以被经济利用，否则是对人格权保护的矮化。另一种意见则认为，对肖像权、姓名权、名称权等标表型人格权进行经济利用是现实发展的需要，也是新型人格权发展的需要，规定这些内容恰恰是为了更好地规范这个问题。本法采纳了第二种观点，之所以采纳第二种观点，主要基于以下几点考虑：一是现实的需要。实践中不少自然人特别是名人都在许可他人使用自己的肖像，例如商家将明显的肖像用于广告促销，这不但产生了巨大的经济价值，而且这种使用也不违背公序良俗。二是立法的延续和传承。2009 年通过的《侵权责任法》第 20 条就明确规定，侵害他人人身权益造成财产损失的，按照被侵权人因此受到的损失赔偿；被侵权人的损失难以确定，侵权人因此获得利益的，按照其获得的利益赔偿；侵权人因此获得的利益难以确定，被侵权人和侵权人就赔偿数额协商不一致，向人民法院提起诉讼的，由人民法院根据实际情况确定赔偿数额。该规定实际上明确认可了肖像权等标表型人格权可以被许可使用产生经济收益。三是借鉴了国外的经验。近现代以来，无论是英美法系还是大陆法系，基本上都认可对肖像进行经济利用。大陆法系国家和地区采取了人格利益商品化的方法；英美法系中的美国则采用了“公开权”的模式认可了对肖像的经济利用。基于此，本法第 993 条规定，民事主体可以将自己的姓名、名称、肖像等许可他人使用，但是依照法律规定或者根据其性质不得许可的除外。本法第 1018 条也明确规定，自然人享有肖像权，有权依法许可他人使用自己的肖像。肖像权人可以许可他人使用自己的肖像，是指肖像权这种人格权可以附带产生经济利益，并没有改变肖像权的人格权基本性质。本章关于肖像权许可合同的这两条规定就是建立在这个基础之上的。需要特别注意的是，许可使用合同中的“许可”，是许可他人在商品、商标或者服务等上面使用肖像，不包括以区别于他人的目的正当使用肖像。

◆ **条文解读**

肖像许可使用合同是肖像权许可他人使用自己肖像的最为典型的同意方式，是指肖像权人与他人通过签订合同的方式约定他人在特定期限、特定范围以特定方式使用自己的肖像。这种合同可以是有偿的，也可以是无偿的。肖像许可使用合同作为一种合同，与本法合同编规定的其他合同具有不少共同点，也需要适用总则编和合同编规定的一些基本原则和规则，例如合同自愿原则、公序良俗原则、诚信原则、民事法律行为无效情形等。例如根据本法第 153 条的规定，违背公序良俗的民事法律行为无效。权利人如果签订合同许可他人将其肖像制成色情图片或者视频予以销售，则这种合同因违背公序良俗，应当无效。但是，与一般的合同相比，这种合同又具有一些特殊的地方，最为特殊的地方就是肖像许可使用合同涉及肖像权人的人格利益。因此，在许可使用中，就会涉及人格利益和财产利益的冲突，尤其在许可使用合同的解释、解除等问题上，合同编的既有体系无法完全容纳这些内容，人格权编有必要对此作出特殊规定，以更好地平衡人格利益和财产利益的冲突，加强对人格利益的保护。前述两条规定就是关于肖像许可使用合同特殊规则的规定。根据本法第 1021 条的规定，肖像许可使用合同中关于肖像使用条款的理解有争议的，应当作出有利于肖像权人的解释。这与一般合同的解释规则是不同的。根据本法第 466 条的规定，当事人对一般合同条款的理解有争议的，应当按照所使用的词句，结合相关条款、行为的性质和目的、习惯以诚信原则，确定合同条款的含义。而根据第 1021 条的规定，对肖像许可使用条款的理解产生争议的，则不需要考虑本法第466条所规定的因素，原则上应当直接作出有利于肖像权人的解释，除非这种解释严重不公平。之所以这样规定，是为了加强对肖像权的保护。本条中规定的“关于肖像使用条款的理解有争议”是指因合同条款的内容模糊不清等原因导致双方理解不一，发生争议的情况，并非当然是指对肖像许可的范围、方式等约定不明确。相关内容没有约定或者约定不明确的情况下，只要双方当事人同意，仍可以适用本法第510条、第511条的规定确定相关内容，且根据本法第1022条第1款的规定，当事人对肖像许可使用期限没有约定或者约定不明确的，任何一方当事人可以随时解除肖像许可使用合同，但是应当在合理期限之前通知对方。

本法第1022条针对肖像许可使用合同的使用期限问题作了特别规定。根据该条第1款的规定，当事人对肖像许可使用期限没有约定或者约定不明确的，任何一方当事人可以随时解除肖像许可使用合同，但是应当在合理期限之前通知对方。这实际上赋予了双方当事人在肖像许可使用合同对许可使用期限没有约定或者约定不明确的情况下任意解除合同的权利，但任何一方当事人在行使这种任意解除权时，应当在合理期限之前通知对方当事人，至于“合理期限”有多长，应当根据个案处理。这与一般合同的期限约定不明或者没有约定的情况下的处理规则不完全相同，根据本法第510条、第511条的规定，一般合同生效后，当事人就合同内容没有约定或者约定不明确的，可以协议补充；不能达成补充协议的，按照合同相关条款或者交易习惯确定。仍不能确定履行期限的，债务人可以随时履行，债权人也可以随时请求履行，但是应当给对方必要的准备时间。当然，本条只是赋予了双方当事人在没有约定期限或者约定不明的情况下享有任意解除权，但双方当事人并非一定要解除合同，若愿意放弃这种权利，继续履行合同的，仍可以依据本法第 510 条、第 511 条的规定对合同进行补充。

根据本法第 1022 条第 2 款的规定，当事人对肖像许可使用期限有明确约定，肖像权人有正当理由的，可以解除肖像许可使用合同。这实际上赋予了肖像权人在许可使用期限即使约定明确的情况下，也可以享有单方解除肖像许可使用合同的权利。赋予肖像权人单方解除权也是为了更好地保护肖像权人的人格利益。但肖像权人行使这种单方解除权是有条件限制的：一是要有正当理由，这种正当理由可以是本法合同编第 563 条规定的情形，也可以是第 563 条规定情形之外的其他正当理由，例如被许可使用人的违约行为即使不构成第 563 条所规定的重大违约，只是一般违约，肖像权人也可以单方解除合同。二是肖像权人行使单方解除权应当在合理期限之前通知对方，以让对方当事人有一定的准备和缓冲时间。三是肖像权人因解除合同造成对方损失的，除不可归责于肖像权人的事由外，应当赔偿损失。

第一千零二十三条 对姓名等的许可使用，参照适用肖像许可使用的有关规定。

对自然人声音的保护，参照适用肖像权保护的有关规定。

◆ **条文主旨**

本条是关于姓名的许可使用和对声音保护的规定。

◆ **立法背景**

姓名、名称与肖像一样都是民事主体的外在标识和特征，从理论上讲，都属于标表型人格权。这些标表型人格权的客体都具有一定的经济价值，可以被许可使用。近现代的不少国家和地区基本上都允许这几种标表型人格权的客体被许可使用。

在本编的编纂过程中，对于是否将肖像权的保护延伸到对声音的保护也有不同意见。

◆ 条文解读

根据本法第993条的规定，民事主体可以将自己的姓名、名称、肖像等许可他人使用，但是依照法律规定或者根据其性质不得许可的除外。本法第1012条、第1013条更是明确规定，自然人有权依法许可他人使用自己的姓名；法人、非法人组织有权依法许可他人使用自己的名称。本编第三章“姓名权和名称权”并没有对姓名、名称被许可使用的规则作出具体规定，考虑到姓名、名称与肖像被许可使用的相似性，所以本条第1款规定，对姓名等的许可使用，参照适用肖像许可使用的有关规定。之所以在“姓名”后加个“等”，主要是考虑到还有名称等也可以被许可使用；之所以规定“参照”适用肖像许可使用的有关规定，而非直接适用肖像许可适用的有关规定，主要是考虑到姓名、名称与肖像虽都可以被许可使用，但毕竟是不同的人格权，还存在不同之处，例如姓名具有较强的伦理和身份性，但肖像却不具有这些特征，因此还不能完全适用肖像许可使用的相关规定，只能“参照”适用。从本章的规定看，姓名等的许可使用，可以参照适用的肖像许可使用规则主要是本法第1021条至第1022条的规定，即肖像许可使用合同中关于肖像使用条款的理解有争议的，应当作出有利于肖像权人的解释。当事人对肖像许可使用期限没有约定或者约定不明确的，任何一方当事人可以随时解除肖像许可使用合同，但是应当在合理期限之前通知对方。当事人对肖像许可使用期限有明确约定，肖像权人有正当理由的，可以解除肖像许可使用合同，但是应当在合理期限之前通知对方。因解除合同造成对方损失的，除不可归责于肖像权人的事由外，应当赔偿损失。

对于是否将肖像权的保护延伸到对声音的保护，有的认为，声音的识别性不是很明显，还不足以构成一种具体人格权的客体，不宜将肖像权的保护延伸到声音上，否则容易被滥用，对他人的行动自由和表达自由产生影响。但不少意见认为，声音代表一个自然人的人格特征，特别是对于一些声音特殊的配音演员、播音员等自然人来说，声音更是彰显了其人格特征，如播音员赵忠祥、评书表演艺术家单田芳的声音等。对这些具有一定识别性的声音若不加以保护，就有可能对该自然人的人格尊严造成损害。经研究认为，声音虽还不足以构成一种具体的人格权，但若对声音一概不予保护，任由他人随意复制、模仿、伪造特定自然人的声音，确有可能对该自然人的人格尊严造成较大的损害，特别是随着人工智能技术和大数据技术的发展，利用信息技术手段“深度伪造”他人声音的情形不但会严重损害该自然人的人格尊严，而且还具有极大的社会危害性。基于此，本条第 2 款规定，对自然人声音的保护，参照适用肖像权保护的有关规定。根据该规定，对自然人的声音应当加以保护，但受到保护的声音应当足以识别到特定自然人，且考虑到声音毕竟还不能构成一种具体人格权，所以只能参照适用肖像的保护规则，不能完全适用肖像保护的规则。单纯模仿他人的声音并不构成侵权，例如现在不少电视节目举办的声音“模仿秀”原则上就不构成侵权，不宜适用肖像保护的规则，否则会对一般人的行为自由和表达意愿带来严重的限制。但是若以侮辱性或者其他违背公序良俗的方式模仿或者伪造他人的声音的，则可以适用肖像权保护的相关规定，予以禁止。

第五章 名誉权和荣誉权

本章共八条，对名誉的定义、如何处理好新闻报道与名誉权保护的关系、判断新闻媒体是否履行核实义务应当考虑的因素、作品真实性例外规则、名誉权人的更正请求权、信用评价、荣誉权的保护等内容作了规定。

第一千零二十四条 民事主体享有名誉权。任何组织或者个人不得以侮辱、诽谤等方式侵害他人的名誉权。

名誉是对民事主体的品德、声望、才能、信用等的社会评价。

◆ 条文主旨

本条是关于名誉权的内容及名誉定义的规定。

◆ 立法背景

名誉权是民事主体所享有的一种重要人格权，其关系到一个民事主体在社会经济生活中所处的地位以及应受到的信赖和受到尊重的程度，是民事主体进行民事活动，乃至其他社会活动的基本条件。对于自然人而言，名誉权更是关乎其人格尊严；对于法人、非法人组织而言，名誉权关乎其社会信誉，这种信誉是法人、非法人组织在比较长的时间内，在它的整个活动中逐步形成的，特别是企业法人、非法人组织的名誉，反映了社会对它在生产经营等方面表现的总的评价，往往会对其生产经营和经济效益产生重大的影响。因此，对于民事主体而言，名誉权的地位极为重要。名誉权作为民事权利在世界各国和地区的立法和司法实践中很早就得到承认，例如其最早在古罗马的侵权行为诉讼制度中就得到认可，并且被近现代的不少大陆法系国家和地区所继承。近现代国家和地区都相当重视对名誉权的保护，无论是承认一般人格权保护模式的德国，还是采取具体人格权保护方式的法国，还是采取禁止侵害保护模式的日本，都从理论、立法或者实务上承认名誉权的地位。例如我国《澳门民法典》规定，任何人均有权受保护，以免被他人以提出某种事实或者作出某种判断，使其名誉、别人对其之观感、名声、声誉、个人信用及体面受侵犯。近邻《越南民法典》规定，个人的名誉、人格及尊严受到尊重并受法律保护。英美法系国家和地区，对名誉权的保护更是经过长时间的发展形成了较为完善的规则，例如《美国侵权法第二次重述》对于诽谤侵权制度作了详细规定。自改革开放以来，我国就相当重视名誉权的保护，《宪法》第 38 条规定，中华人民共和国公民的人格尊严不受侵犯。禁止用任何方法对公民进行侮辱、诽谤和诬告陷害。这为保护名誉权提供了宪法依据。1986 年《民法通则》第 101 条规定，公民、法人享有名誉权，公民的人格尊严受到法律保护，禁止用侮辱、诽谤等方式损害公民、法人的名誉。2009 年《侵权责任法》第 2 条更是强调了名誉权作为一种重要民事权利的地位。2017 年《民法总则》第 110 条则明确了名誉权的人格权地位。此外，我国还有不少的单行法律对名誉权的保护作了规定，例如《妇女权益保障法》第 42 条规定，妇女的名誉权和人格尊严受法律保护。禁止用侮辱、诽谤、大众传播媒介等方式损害妇女的名誉和人格。本条第 1 款在吸收和借鉴我国现行法律规定以及借鉴国外立法经验的基础上，明确规定，民事主体享有名誉权。任何组织或者个人不得以侮辱、诽谤等方式侵害他人的名誉权。

◆ **条文解读**

实践中，侵害名誉权的行为主要表现为侮辱、诽谤行为。侮辱行为是指公然以暴力、谩骂等方式公开贬损他人名誉的行为。侮辱行为既包括行为方式，例如强令受害人吃自己的屎便；也包括语言方式，例如以口头语言对他人进行嘲笑；还包括文字方式，例如以文字或者图画形式辱骂他人。诽谤行为是指以散布捏造或者夸大事实故意损害他人名誉的行为。诽谤既可以是口头诽谤，也可以是文字诽谤。侮辱、诽谤是比较典型且较恶劣的侵害名誉权的行为，但实践中侵害名誉权的行为并不限于这两种，例如过失地误将他人视为罪犯并将该信息予以公开，等等。基于此，本条第 1 款规定，任何组织或者个人不得以侮辱、诽谤等方式侵害他人的名誉权。

在判断某一行为是否构成侵害名誉权时，需要注意以下几点：一是受害人的社会评价是否降低构成侵害名誉权的要件，没有受害人社会评价的降低就不存在名誉权受损害的问题。受害人社会评价是否降低应当以社会一般人的评价为标准进行判断，不能仅以受害人自己的主观感受为标准。本条所强调的“任何组织或者个人不得以侮辱、诽谤等方式侵害他人的名誉权”，其目的就是保护自然人的名誉不受他人贬损，社会评价不被降低。只有当其社会评价降低时才能通过名誉权制度获得救济。二是如果行为人发布的信息或者所作的陈述真实客观，且没有包含侮辱性的内容，即使受害人认为自己的名誉受到了损害，也不构成名誉权侵权。三是行为人侵害他人名誉权的行为需要受害人以外的人知悉。正如本条第 2 款所规定，名誉是对民事主体的社会评价，也就是社会公众对民事主体的评价。如果行为人的侵害行为没有被受害人以外的人所知悉，其社会评价就不存在降低或者受损的问题，自然也就不存在名誉权受损害的问题。需要注意的是，传播了虚假的事实、造成受害人的社会评价降低是构成名誉权侵权必须具备的两个要件。否则，虽然传播了虚假事实，并未因此导致原告社会评价降低的，不构成侵害名誉权的侵权行为。四是行为人的行为具有过错，名誉权侵权属于一般侵权行为，因此，行为人的过错也是这种侵权行为的构成要件，这种过错既表现为故意，也表现为过失。

最后，需要强调的是，在判断是否构成名誉权侵权以及承担损害赔偿责任的程度时，除了要考虑前述要件外，还需要考虑多种因素。根据本法第 998 条的规定，认定行为人承担侵害除生命权、身体权和健康权外的人格权的民事责任，应当考虑行为人和受害人的职业、影响范围、过错程度，以及行为的目的、方式、后果等因素。如果行为人采取了较为恶劣的方式，例如暴力侮辱等方式，构成名誉权侵权的可能性就更大。还如行为人检举、控告，导致他人名誉贬损的，一般不构成侵害名誉权，但是借检举、控告之名侮辱、诽谤他人，造成他人名誉贬损的，可能会构成侵害名誉权。

确定名誉的内涵是保护名誉权的前提和基础。理论界和实务界对于如何界定名誉的内涵有不同观点。一种意见认为，名誉是个人凭借其天赋、财富、学历、地位和品德等各种人格特质在他人心目中所形成的声名及荣誉。一种意见认为，名誉是指社会上人们对于民事主体的品德、情操、才干、声望、信誉和形象等方面的综合评价。一种意见认为，名誉是指公民的人格尊严。还有一种意见认为，名誉既指对个人内在价值本身的评价，也指对个人人格价值的社会评价。这四种观点的共同之处是都强调名誉与社会评价之间的密切关联，所不同的主要是对于主观名誉（即名誉感）是否纳入名誉权的范围加以保护有不同认识，以及对是否以人格尊严这个极为抽象的概念来指代名誉有不同认识。目前，主流的观点认为，法律保护名誉权的目的在于使民事主体的社会评价不因他人非法行为而降低，以维护民事主体在社会经济生活中的地位和尊严，保持人与人之间的正常的交往秩序。判断社会评价是否降低应当有客观标准，而非一个人内心的主观感受，否则在实践中很难操作。因此，名誉不应当是一个特定的人对另一个人的评价，也不是一个人的自我评价，而是社会公众对特定人的评价。这种社会评价既可能是对民事主体品德、声望、才能、信用等方面的综合评价，也可能是对民事主体品德、声望、才能、信用等方面中某一方面的评价。但无论是综合性的社会评价，还是某一方面的社会评价，都应当纳入名誉权的范围，受到法律保护。此外，人格尊严是所有具体人格权的价值基础，自然人享有的所有具体人格权都是人格尊严的体现，以人格尊严指代名誉，实际上混淆了名誉权这种具体人格权与一般人格权的界限。本法采纳了主流意见，本条第 2 款明确规定，名誉是对民事主体的品德、声望、才能、信用等的社会评价。根据本款规定，自然人的名誉感是一种内心的主观感受，不属于社会评价，不纳入名誉权的保护范围。如果自然人认为自己的名誉感受到了他人的侵害，且有证据证明他人的行为有过错、过错行为与自己名誉感受损之间存在因果关系的，可以以自己的人格尊严受到侵害为由，要求对方承担民事责任。

在理解名誉权的内涵和外延时，还有一个问题需要说明，即信用是单独作为一种民事权利加以规定，还是纳入名誉权的范畴加以规定。对于这个问题，在制定民法典总则编时就存在一定的争议。在人格权编的编纂过程中，对这个问题仍争论不止。有的意见认为，信用是对民事主体经济能力的社会评价，信用权是现代市场经济下的一项重要权利，应当将其作为一项独立的具体人格权加以规定。有的意见认为，从理论上讲，信用是对民事主体经济能力的社会评价，名誉是对民事主体品德、声望、才能、信用等的社会评价，其已经包含了信用的内容，且损害他人名誉与损害他人信用的民事责任也相同。从现实情况看，我国的民法通则和侵权责任法均将信用视为名誉的一部分加以规定，目前司法实践采纳了第二种观点，本条第 2 款明确继承了我国原有法律的规定和司法实践的做法，将信用纳入名誉的范围；同时本法第 1029 条规定，民事主体可以依法查询自己的信用评价；发现信用评价不当的，有权提出异议并请求采取更正、删除等必要措施。信用评价人应当及时核查，经核查属实的，应当及时采取必要措施。第 1030 条规定，民事主体与征信机构等信用信息处理者之间的关系，适用本编有关个人信息保护的规定和其他法律、行政法规的有关规定。因此，适用名誉权的相关规则保护民事主体的信用可以满足现实需要。基于此，没有必要单独规定信用权。

▶ **相关规定**

《中华人民共和国宪法》第 38 条；《中华人民共和国妇女权益保障法》第 42 条

第一千零二十五条　行为人为公共利益实施新闻报道、舆论监督等行为，影响他人名誉的，不承担民事责任，但是有下列情形之一的除外：

（一）捏造、歪曲事实；

（二）对他人提供的严重失实内容未尽到合理核实义务；

（三）使用侮辱性言辞等贬损他人名誉。

◆ **条文主旨**

本条是关于如何处理好实施新闻报道、舆论监督等行为与保护名誉权关系问题的规定。

◆ **立法背景**

新闻报道是指报纸、刊物、广播、电视等大众传媒及时将新闻事实予以公开和传播的行为，其是新闻单位对新近发生的事实的报道，这些事实包括有关政治、经济、军事、外交等社会公共事务以及有关社会突发事件。舆论监督是指社会公众运用各种传播媒介对社会运行过程中出现的现象表达信念、意见和态度，对各种违法违纪行为所进行的揭露、报道、评论或者抨击的行为。实施新闻报道、舆论监督等行为，是保障媒体监督权、公民知情权和维护社会公平正义的重要手段和方式，对于公民参政议政、推进我国的民主法治建设以及推进国家治理体系和治理能力现代化具有重要意义。现代社会和现代国家均强调新闻报道、舆论监督的重要性，并从立法的角度加以保障。我国宪法也对此作了明确规定，《宪法》第35条规定，中华人民共和国公民有言论、出版等自由。第41条规定，公民对于国家机关及其工作人员有批评监督权。但是行为人在实施新闻报道、舆论监督等行为时，常常不可避免地会影响到他人的名誉。在人格权编的立法中，特别是在本章的立法中，如何处理好实施新闻报道、舆论监督等行为与保护名誉权的关系是一个重点难点问题。

经过反复研究，本条规定，行为人实施新闻报道、舆论监督等行为，影响他人名誉的，不承担民事责任。也就是说，行为人实施新闻报道、舆论监督等行为，影响他人名誉的，原则上不承担民事责任。之所以这样规定，主要考虑是：新闻报道涉及社会利益与公众利益，关系到党和国家新闻事业、新闻媒体社会责任以及新闻工作者的权利，关系到言论自由等宪法权利，还关系到人民的知情权。并且，新闻报道具有激浊扬清，针砭时弊等非常重要的社会功能。国家对新闻报道的要求、法律对新闻报道的要求，就是内容的真实性和客观性。我们党和国家一向强调，要“把党内监督、法律监督和群众监督结合起来，发挥舆论监督的作用”。因此，对新闻报道、舆论监督侵害名誉权案件，不能按照一般的侵权案件处理，除了应当权衡加害人与被害人的权益之外，还须特别考虑到新闻报道、舆论监督等行为是促进和保护公共利益的行为，对于维护一个社会的公平正义，保障公民知情权必不可少，若动辄让从事新闻报道、舆论监督等行为的行为人承担民事责任，有可能产生“寒蝉效应”，对国家和社会的发展以及进步是极为不利的。

◆ **条文解读**

本条虽对实施新闻报道、舆论监督等行为规定了特别保护条款，但是实施新闻报道、舆论监督等行为并非在任何情况下都不承担民事责任。根据本条的规定，有下列情形之一的，实施新闻报道、舆论监督等行为的行为人仍应当承担民事责任：

一是捏造、歪曲事实。客观真实是对新闻报道、舆论监督最基本的要求，行为人在从事新闻报道、舆论监督中应当力求所报道的情况，所反映或者检举控告的情况客观真实。但是，若行为人在新闻报道、舆论监督中捏造或者歪曲事实，不但是对新闻报道、舆论监督最基本要求的违反，而且为假借新闻报道、舆论监督之名行诬告、陷害之实打开了方便之门，会对他人的名誉造成损害，实际上是滥用新闻报道、舆论监督的行为。对于捏造、歪曲事实这种主观恶意大，后果一般都较为严重的侵权行为，法律必须禁止，行为人也必须承担法律责任。我国现行的司法解释规定，公民依法向有关部门检举、控告他人的违法违纪行为，他人以检举、控告侵害其名誉权向人民法院提起诉讼的，人民法院不予受理。如果借检举、控告之名侮辱、诽谤他人，造成他人名誉损害，当事人以其名誉权受到侵害向人民法院提起诉讼的，人民法院应当受理。消费者对生产者、经营者、销售者的产品质量或者服务质量进行批评、评论，不应当认定为侵害他人名誉权。但借机诽谤、诋毁，损害其名誉的，应当认定为侵害名誉权。本项规定基本上吸收借鉴了司法解释的规定。

二是对他人提供的严重失实内容未尽到合理核实义务。理论上将言论分为对事实的描述和对意见的陈述。对事实的描述是对客观发生的事实进行的具体描述，其判断的标准是“真实性”；对意见的陈述是对已经发生事实的性质、价值、意义等方面的主观评论，其无所谓真实不真实，原则上不会构成侵权。对于从事新闻报道、舆论监督等行为的行为人而言，对于事实的报道和反映应当通过实地采访或者充分核实等方式力求客观真实。对于他人提供的情况，特别是二手材料，更应当进行核实，绝不能道听途说，否则行为人就应当对因严重错误或者失实的报道损害他人名誉的行为承担民事责任。基于此，本条规定，实施新闻报道、舆论监督等行为的行为人，对他人提供的严重失实内容未尽到合理核实义务损害他人名誉的，应当承担民事责任。

需要注意以下两点：1. 本条强调的是对他人提供的“严重失实内容”未尽到合理核实义务。行为人若对他人提供的主要内容进行了合理核实，即使未对他人提供的非主要内容尽到合理核实义务，原则上也不承担民事责任。例如某人向某媒体反映一化工厂的两个排污管正在向长江大量排污，媒体经核实该化工厂确实正在大量向长江排污，但没有核实该化工厂是否用两个排污管排污，就将该事件报道曝光了。该化工厂以该媒体报道的两条排污管排污与自己一条排污管排污的事实不符为由，要求该媒体承担侵犯名誉权的民事责任。本案中，媒体虽对他人提供的几条排污管排污的情况未进行核实，但对他人提供的该化工厂排污这个基本事实尽到了合理核实义务，所以不需要承担民事责任。2. 行为人对他人提供的内容应当尽到“合理核实义务”。对于如何判断行为人是否尽到“合理核实义务”，本法第1026条作了详细规定。根据该规定，认定行为人是否尽到合理核实义务，可以考虑下列因素：(1) 内容来源的可信度；(2) 对明显可能引发争议的内容是否进行了必要的调查；(3) 内容的时限性；(4) 内容与公序良俗的关联性；(5) 受害人名誉受贬损的可能性；(6) 核实能力和核实成本。行为人应当就其尽到合理核实义务承担举证责任。

三是使用侮辱性言辞等贬损他人名誉。正如前所言，新闻报道、舆论监督的内容应当尽量真实，评论也应当尽量客观公正，原则上满足了这个要求，行为人就不构成侵权。但是，在现实生活中，行为人从事新闻报道、舆论监督时报道或者反映的情况虽然都是真实的，但是在陈述该事实时却使用了侮辱性的言语，例如某媒体在报道某女明星作为第三者破坏他人婚姻这一事实时，对该女明星用了“荡妇”“破鞋”等具有侮辱性的言辞。报道的事实虽是真实的，但所用言辞贬损了该女明星的名誉，该媒体也应当承担民事责任。我国现行的司法解释规定，新闻单位对生产者、经营者、销售者的产品质量或者服务质量进行批评、评论，内容基本属实，没有侮辱内容的，不应当认定为侵害其名誉权。

根据该司法解释的规定，内容基本属实，但有贬损他人名誉的侮辱性内容的，也应当承担侵权责任。本项规定吸收和继承了司法解释的规定。

▶ **相关规定**

《中华人民共和国宪法》第35条、第41条

第一千零二十六条 认定行为人是否尽到前条第二项规定的合理核实义务，应当考虑下列因素：

（一）内容来源的可信度；

（二）对明显可能引发争议的内容是否进行了必要的调查；

（三）内容的时限性；

（四）内容与公序良俗的关联性；

（五）受害人名誉受贬损的可能性；

（六）核实能力和核实成本。

◆ **条文主旨**

本条是关于如何判断行为人是否履行了合理核实义务的规定。

◆ **立法背景**

根据前条的规定，行为人实施新闻报道、舆论监督等行为时，对他人提供的基本内容应当履行合理核实义务；若对他人提供的严重失实内容未尽到合理核实义务，则可能会承担民事责任。可见，对他人提供的信息尽合理核实义务是从事新闻报道等行为的行为人的职业道德和法定义务。从司法实践看，新闻报道、舆论监督的内容严重失实基本上都是因为行为人未尽到合理核实义务

导致的，例如新闻媒体的工作人员单方信任他人提供的信息，未对该信息内容作必要的核实，使得报道的内容严重脱离实际或者完全与事实相背离，从而产生了名誉权侵权。但是在实践中如何判断行为人是否履行了合理核实义务却是一个难点，为了有利于实务操作，本条借鉴国外的立法经验，规定了判断行为人是否履行合理核实义务可以考虑的若干因素。

◆ 条文解读

根据本条规定，判断行为人是否履行合理核实义务可以考虑以下因素：

一是内容来源的可信度。若提供信息内容的来源可信度高，行为人核实的义务就低，若提供信息内容的来源可信度低，行为人核实的义务就高。例如若信息内容来源于国家机关依职权制作的公开文书和实施的公开职权行为，则新闻媒体对这些信息内容履行的核实义务就很低，因为国家机关依职权制作的公文和实施的公开职权行为具有较高的公信力，新闻媒体不需要再履行很高的核实义务；但若信息内容由社会上的一个普通人或者与信息内容有关的利害关系人所提供，则新闻媒体在报道这些内容前就应当慎重，进行反复核实。

二是对明显可能引发争议的内容是否进行了必要的调查。从事新闻报道的媒体或者从事舆论监督的行为人接收到他人提供的信息后应当对该信息内容进行分析判断，若发现该内容明显可能引发争议时，就应当进行必要的调查以核实该内容是否属实；若明知该内容很可能引发争议却不进行必要的调查就进行报道，就可认定该行为人未尽到合理核实义务。例如新闻媒体收到他人提供的关于某学者学术造假的信息内容，该内容明显可能引发争议，新闻媒体在正式报道前应当对此进行必要的调查，例如亲自采访相关人员，或者对提供的信息内容亲自进行核对等。

三是内容的时限性。新闻报道一般都讲究时效性。如果他人提供的信息内容需要及时予以报道，来不及亲自实地采访或者核实，行为人的核实义务就较低。在新闻报道中，时效性越强，对事实的核实义务就越低。例如对公众人物的人格权的限制，也要考虑时间因素，如果经过长久的时间，所涉及的公共事件不再受公众关注，此时对他们人格权的保护，就应当恢复到一般人的水平。报道已经判决过的案件和正在审理中的案件，也会存在不同的要求。还如对于突发性的公共安全事件的报道，由于时效性相当强，媒体在根据他人提供的信息内容进行报道时核实义务就相对低些。

四是内容与公序良俗的关联性。若他人提供的信息内容与公序良俗密切相关，则新闻媒体等行为人承担的核实义务就低一些；若与公序良俗不相关，则新闻媒体等行为人承担的核实义务就相对高一些。例如他人提供的信息内容涉及公众人物，则新闻媒体承担核实义务就相对低一些；若他人提供的信息内容只涉及某一普通公民，则新闻媒体应当进行详尽的核实。

五是受害人名誉受贬损的可能性。若他人提供的信息内容对第三人的名誉造成损害的可能性很大，新闻媒体等行为人就要承担相对较高的核实义务；反之，承担的核实义务就相对较低。例如他人提供的信息涉及某学者学术造假，这些信息内容涉及学者的重大声誉，对该学者的名誉造成贬损的可能性较高，新闻媒体对该信息内容应当承担较高的核实义务。

六是核实能力和核实成本。不同的行为人对他人提供的信息内容进行核实的能力是不同的，所花的核实成本也是不同的，例如新闻媒体的核实能力就明显高于个体，对于信息内容进行核实的成本也要明显低于个体进行核实的成本。因核实成本和核实能力的不同，不同行为人承担的核实义务也不完全相同。

对如何判断行为人是否履行了合理核实义务，本条列举了前述六项应当考虑的因素，但在实践中进行判断时并非要考虑所有因素，至于到底要考虑几项因素以及哪几项因素，应当根据具体情况来决定。此外，本条规定的因素仍然是较为抽象的，需要在个案中结合具体情况进行判断，同时，本条规定的六项因素也为实践中的案例类型化和司法实践提炼更具体的规则提供了依据和基础。

第一千零二十七条　行为人发表的文学、艺术作品以真人真事或者特定人为描述对象，含有侮辱、诽谤内容，侵害他人名誉权的，受害人有权依法请求该行为人承担民事责任。

行为人发表的文学、艺术作品不以特定人为描述对象，仅其中的情节与该特定人的情况相似的，不承担民事责任。

◆ 条文主旨

本条是关于文学艺术作品创作可能产生的名誉侵权问题的规定。

◆ 立法背景

文学艺术创作对于提高人民文化水平，繁荣我国文化，坚定文化自信具有重要意义。从事文学艺术创作是公民的一项权利，我国《宪法》第 47 条规定，中华人民共和国公民有进行科学研究、文学艺术创作和其他文化活动的自由。国家对于从事教育、科学、技术、文学、艺术和其他文化事业的公民的有益于人民的创造性工作，给以鼓励和帮助。文学艺术作品来源于生活，依托于现实，但往往又高于生活，具有一定的虚构性。例如文学作品的种类多样，包括小说、纪实文学、报告文学等多种形式。纪实文学作品往往是以事实为基础的，虚构性的成分较少；报告文学一般介于虚和实之间，既有现实的内容也有虚构的内容；小说则基本上以虚构为主。正是由于文学艺术作品这种来源于生活同时又具有虚构性的特征，作者创作的文学艺术作品就有可能会对他人名誉造成侵害。在实践中，因文学艺术创作而产生的名誉权侵权纠纷日益增多。作者的创作自由需要保护，但这种自由不能被滥用，特别是不能放任这种自由严重损害他人的名誉权。因此，如何在保护作者创作自由和名誉权保护之间划定一个界限是本编立法需要面对的问题。

他山之石，可以攻玉。对于这个问题，一些国家和地区有相关的判例和立法可资借鉴。例如美国的判例指出，当诽谤指向一个群体或者虚构小说人物时，必须判定诽谤言论是否与受害人相关。如果一个正常人阅读该小说时能够判断出该小说中的人物就是受害人，则诽谤侵权成立。我国澳门地区出版法规定，在出版物中以引喻、暗示或者隐晦语对他人构成侮辱或者诽谤者，均违反出版法。在我国，现行法律对文学艺术作品侵权的规定是缺失的。但最高人民法院根据司法实践的需要，制定了相关的司法解释。根据该司法解释，撰写、发表文学作品，不是以生活中特定的人为描写对象，仅是作品的情节与生活中某人的情况相似，不应认定为侵害他人名誉权。描写真人真事的文学作品，对特定人进行侮辱、诽谤或者披露隐私损害其名誉的；或者虽未写明真实姓名和住址，但事实是以特定人或者特定人的特定事实为描写对象，文中有侮辱、诽谤或者披露隐私的内容，致其名誉受到损害的，应认定为侵害他人名誉权。编辑出版单位在作品已被认定为侵害他人名誉权或者被告知明显属于侵害他人名誉权后，应刊登声明消除影响或者采取其他补救措施；拒不刊登声明，不采取其他补救措施，或者继续刊登、出版侵权作品的，应认定为侵权。

◆ **条文解读**

考虑到文学艺术作品的多样性，本条在借鉴国外和我国澳门地区立法经验以及我国司法解释的基础上，区分两种情况作了规定：

一是行为人发表的文学、艺术作品以真人真事或者特定人为描述对象的情形。这主要是针对依赖于原型人物和现有事实创作出来的纪实类作品。由于这类作品是以真人真事或者特定人为描述对象，所以只要作品的描述以事实为基础，原则上不会构成名誉权侵权，但是，若行为人发表的文学、艺术作品虽以真人真事或者特定人为描述对象，使用的也是被描述对象的真实姓名、真实地址，却以谣言和捏造的事实为基础，对被描述对象进行侮辱、诽谤，从而造成其社会评价降低的，作者也应当依法承担民事责任。基于此，本条第 1 款规定，行为人发表的文学、艺术作品以真人真事或者特定人为描述对象，含有侮辱、诽谤内容，侵害他人名誉权的，受害人有权依法请求该行为人承担民事责任。这里需要强调的是，行为人发表的文学、艺术作品虽以真人真事或者特定人为描述对象，但作者并未向第三人公开该作品的情形下，由于该作品无法为第三人所知悉，所以即使该作品含有侮辱、诽谤内容，也不会降低被描述对象的社会评价，自然也不会损害其名誉权。所以适用本条第 1 款规定的前提条件是该作品已被公开。

二是行为人发表的文学、艺术作品不以特定人为描述对象的情形。这主要是针对作者创作的以想象虚构为主的小说等文学艺术类作品。由于这类作品是以想象虚构的内容为基础创作的，没有使用真人真姓，并不是以特定人为描述对象，所以就很难对某人的名誉权造成侵害，即使是该作品中的情节与某特定人的情况相似的，也不构成侵害名誉权。也就是说，行为人发表的文学、艺术作品不以特定人为描述对象，仅是其中的情节与某人相似的情况下，不宜对号入座，不构成名誉权侵害。基于此，本条第 2 款规定，行为人发表的文学、艺术作品不以特定人为描述对象，仅其中的情节与该特定人的情况相似的，不承担侵权责任。现实生活是复杂多样的，作品创作也是如此，有的作品虽没有指名道姓，但一般读者通过阅读不可避免地会将作品中的人物与现实中的某一特定人“对号入座”的，此时就不构成本款所规定的“不以特定人为描述对象”条件，这种情形不应适用本款的规定，而应适用本条第 1 款的规定。因此，判断某一作品是否不以特定人为描述对象，关键不在于该作品是否指名道姓，而要从实质上认定该作品所描述的对象是否合理地指向现实中的真实人物。

▶ **相关规定**

《中华人民共和国宪法》第 47 条

第一千零二十八条 民事主体有证据证明报刊、网络等媒体报道的内容失实，侵害其名誉权的，有权请求该媒体及时采取更正或者删除等必要措施。

◆ **条文主旨**

本条是关于名誉权人所享有的更正权的规定。

◆ **立法背景**

报刊、网络等媒体的报道具有传播速度快、传播范围广、影响传播大等特点，再加上报刊、网络等媒体进行新闻报道时往往又要追求时效性、爆炸性等效果，因此，其报道的内容一旦失实，造成的后果将是十分严重的，对涉及的民事主体的名誉影响也是十分巨大的。所以发现报刊、网络等媒体的报道失实后，采取措施及时切断这些失实报道内容的传播就极为必要。实践中，报刊、网络等媒体自己发现报道内容失实，自己及时采取措施进行更正当然是天经地义的，若自己发现报道失实后，还不采取措施更正的，就是明知报道失实还仍然报道，构成了恶意，对他人名誉造成损害的，应当承担侵权责任。此时，报刊、网络等媒体不可再援引本法第 1025 条的规定进行抗辩。若名誉权人发现报刊、网络等媒体报道的内容失实，能否直接要求报刊、网络等媒体更正呢？对于这个问题，从国外的立法看，瑞士等一些国家明确规定，名誉权人发现报刊、网络等媒体报道的内容失实的，有权要求媒体予以更正。我国的《出版管理条例》第 27 条规定，出版物的内容不真实或者不公正，致使公民、法人或者其他组织的合法权益受到侵害的，其出版单位应当公开更正，消除影响，并依法承担其他民事责任。报纸、期刊发表的作品内容不真实或者不公正，致使公民、法人或者其他组织的合法权益受到侵害的，当事人有权要求有关出版单位更正或者答辩，有关出版单位应当在其近期出版的报纸、期刊上予以发表；拒绝发表的，当事人可以向人民法院提起诉讼。在立法过程中，不少意见也提出，考虑到媒体报道本身具有的特点，在不实报道发生后，如果赋予受害人请求媒体及时更正的权利，将可以最大限度减少损害，具有很强的可操作性，建议借鉴国外立法经验和我国出版管理条例的规定，明确赋予名誉权人的更正权。本法采纳了这一意见，明确规定，有确切证据证明报刊、网络等媒体报道的内容失实，侵害自己名誉权的，受害人有权请求该媒体及时采取更正或者删除等必要措施。

◆ **条文解读**

根据本条的规定，有证据证明报刊、网络等媒体报道的内容失实，侵害自己名誉权的，受害人有权请求该媒体及时采取更正或者删除等必要措施。但前提是其有证据证明该媒体报道的内容是失实的。若名誉权人没有确切的证据证明媒体的报道失实，则无权请求媒体进行更正。之所以强调这一点，是因为更正权是名誉权人未经过法院的诉讼程序直接向媒体提出的一种权利，若允许其没有确切证据就可以行使这一权利，将对报刊、网络等媒体的正常报道行为造成严重干扰，影响媒体正常功能的发挥。名誉权人向媒体提供了确切证据足以证明媒体的报道不实的，媒体应当及时予以更正。媒体仍拒不采取更正措施的，就是明知报道失实还仍然报道，构成了恶意，对他人名誉造成损害的，应当承担侵权责任。此时，媒体无权再援引本法第 1025 条的规定进行抗辩。对于名誉权人而言，其有确切证据证明媒体的报道失实，请求媒体更正，但媒体拒不更正的，还有权请求人民法院责令该媒体限期更正。需要注意的是，名誉权人请求媒体更正并非是其请求人民法院责令该媒体限期更正的前置程序。名誉权人在有确切证据证明媒体报道失实的情况下，也可以直接请求人民法院责令该媒体限期更正。所以，本条规定实际上也是本法第 997 条规定的特别禁令制度在本章的进一步具体化。

在立法过程中，有的意见建议明确指出，在媒体采取更正措施后，其就不应当再对采取更正措施前名誉权人受到的损害承担民事责任。经研究认为，这一问题比较复杂，应当区分情况处理，不宜泛泛地作出这样的规定。本法第 1025 条规定，行为人实施新闻报道、舆论监督等行为，影响他人名誉的，不承担民事责任，但是有下列情形之一的除外：（1）捏造、歪曲事实；（2）对他人提供的严重失实内容未尽到合理核实义务；（3）使用侮辱性言辞等贬损他人名誉。根据该规定，对于新闻报道和舆论监督，媒体在采取更正措施前的不实报道若属于媒体捏造、歪曲事实而导致，或者属于对他人提供的严重失实内容未尽到合理核实义务而导致，或者属于使用侮辱性言辞贬损他人名誉的，媒体仍应对采取更正措施前对他人名誉权造成的损害承担民事责任。只有不属于第1025条规定的三种例外情形，媒体才不对采取更正措施前的不实报道造成的损害承担民事责任。但是，即使不属于这三种例外情形，在名誉权人有确切证据证明媒体的报道失实，且请求媒体采取更正的情况下，媒体拒不更正的，这时媒体的行为就构成了第1025条规定的三种例外情形之一，其仍应对名誉权人提出更正请求之后对名誉权人造成的扩大损害承担民事责任。

▶ **相关规定**

《出版管理条例》第27条

第一千零二十九条　民事主体可以依法查询自己的信用评价；发现信用评价不当的，有权提出异议并请求采取更正、删除等必要措施。信用评价人应当及时核查，经核查属实的，应当及时采取必要措施。

◆ **条文主旨**

本条是关于信用评价的规定。

◆ **立法背景**

信用是指对一个民事主体履行义务能力，特别是经济能力的一种社会评价，根据本法第1024条的规定，信用是名誉的重要组成部分。市场经济既是法治经济，也是信用经济。只有在诚信的基础上，市场主体才能坦诚地进行交易，交易安全才有保障，才有利于促进商品流通，推动经济和社会的发展进步。建立良好的信用环境和信用制度，对于促进我国社会主义市场经济健康有序发展极为重要。我国当前的社会信用环境还存在不少问题，例如信用意识不强，信用失范现象时有发生等，亟须建立和完善相关的信用制度。信用评估制度就是提高信用环境的一种重要制度，也是本条所称的信用评价制度。所谓信用评估是银行等信用评估机构对借款人等民事主体的信用情况进行评估的一种活动。例如银行贷款的最基本条件是信用，信用好就容易取得银行贷款支持，信用差就难以取得银行贷款支持。而借款人信用是由多种因素构成的，包括借款人资产负债状况、经营管理水平、产品经济效益及市场发展趋势等。为了对借款人信用状况有一个统一的、基本的、正确的估价，以便正确掌握银行贷款，就必须对借款人信用状况进行评估。在信用评估中，依法成立的信用评估机构，收集有关民事主体的偿债能力、责任财产、过往还债记录和市场声誉的资料，按照规定的信用评级制度，对相关民事主体的信用情况评级，并为进行投资和交易等民事活动的民事主体提供信用报告、公布信用等级。如果信用评估机构对被评估对象的信用状况作出了消极评价，则该被评估对象从事民事活动特别是从事经济活动就会受到极大制约，例如出行受限、消费受限、借款受限等；有时信用评估甚至可以决定一个市场主体的经济命运，例如一个企业信用级别的高低，不但影响到其融资渠道、规模和成本，更反映了企业在社会上的形象和生存与发展的机会，是企业综合经济实力的反映，是企业在经济活动中的身份证明。正因为信用评估对一个民事主体的名誉影响巨大，信用评估机构在进行信用评估时应当履行高度的注意义务，审慎、尽责、客观、公正地进行信用评估，否则就应当对民事主体的名誉权造成损害承担民事责任。信用评估机构在评估中尽到了高度注意义务的，则可以免责。

◆ **条文解读**

正因为信用评估会对一个民事主体的名誉造成重大影响，所以信用评估机构只能依照法律行政法规规定或者经信用评估结果涉及的民事主体同意，才能向其他机构和部门出示信用评估结果。民事主体也有权依法查询自己的信用评价结果，信用评估机构不得拒绝该民事主体查询自己的信用评估结果的要求。民事主体通过自己查询等方法发现信用评价与事实不符或者明显不当的，有权向信用评估机构提出异议并要求采取更正、删除等必要措施。当然，民事主体请求信用主体机构采取更正、删除等必要措施时，应当提供相应的证据证明该信用评估结果与事实不符或者明显不当。信用评估机构接到民事主体的异议和更正、删除等请求后，信用评价人应当及时对民事主体提供的证据进行核查，经核查属实的，应当及时采取更正、删除等必要措施。若信用评估机构接到民事主体的请求后，不进行核查，或者经核查属实后并未采取更正、删除等必要措施的，就构成过错，应当对民事主体承担侵害名誉权的民事责任。对于信用评估机构采取更正、删除等必要措施前对民事主体造成的名誉权损害，其是否承担民事责任，关键是看信用评估机构对形成与事实不符或者明显不当的信用评估是否有过错。原则上讲，信用评估机构有过错的，其就应当对损害后果承担民事责任。

需要说明的是，并非任何组织或者个人都可以对民事主体的信用状况进行评估，本条中的信用评估人必须是依法成立的机构。目前，我国的信用评估人主要是依法成立的征信机构，根据《征信业管理条例》的规定，征信机构是指依法设立，主要经营征信业务的机构。设立经营个人征信业务的征信机构，应当符合《公司法》规定的公司设立条件和下列条件，并经国务院征信业监督管理部门批准：（1）主要股东信誉良好，最近3年无重大违法违规记录；（2）注册资本不少于人民币5000万元；（3）有符合国务院征信业监督管理部门规定的保障信息安全的设施、设备和制度、措施；（4）拟任董事、监事和高级管理人员符合相关的任职条件；（5）国务院征信业监督管理部门规定的其他审慎性条件。申请设立经营个人征信业务的征信机构，应当向国务院征信业监督管理部门提交申请书和证明其符合《征信业管理条例》第6条规定条件的材料。国务院征信业监督管理部门应当依法进行审查，自受理申请之日起60日内作出批准或者不予批准的决定。决定批准的，颁发个人征信业务经营许可证；不予批准的，应当书面说明理由。经批准设立的经营个人征信业务的征信机构，凭个人征信业务经营许可证向公司登记机关办理登记。未经国务院征信业监督管理部门批准，任何单位和个人不得经营个人征信业务。

▶ **相关规定**

《征信业管理条例》第13－24条

第一千零三十条 民事主体与征信机构等信用信息处理者之间的关系，适用本编有关个人信息保护的规定和其他法律、行政法规的有关规定。

◆ **条文主旨**

本条是关于处理信用信息所应遵循的规则的规定。

◆ **立法背景**

如前条所言，名誉权人的信用是社会公众对其经济能力的评价和信赖，其对于名誉权人的影响极为重大。正因为如此，信用评估应当具有客观性和公正性，不应带有任何偏见。要确保信用评估的客观性和公正性，信用评估就必须建立在真实的信用信息基础上。因此，信用评估人在对某民事主体进行信用评估前应当尽量全面准确地掌握该民事主体的资产状况、还债记录等信用信息，这是进行信用评估的前提和基础。

◆ **条文解读**

信用信息属于民事主体的个人信息。考虑到个人信息在现代社会对于个人的重要性和易受侵害性，我国加强了对个人信息的保护，本编第六章和网络安全法、消费者权益保护法、电子商务法、征信业管理条例等多部法律法规都对个人信息的保护问题作了规定。征信机构等信用信息处理者在处理信用信息时，也应当遵守这些规则。基于此，本条规定，民事主体与征信机构等信用信息处理者之间的关系，适用本编有关个人信息保护的规定和其他法律、行政法规的有关规定。

本编第六章对个人信息保护的基本规则作了规定：一是处理自然人个人信息的，应当遵循合法、正当、必要原则，不得过度处理，并符合下列条件：（1）征得该自然人或者其监护人同意，但是法律、行政法规另有规定的除外；（2）公开处理信息的规则；（3）明示处理信息的目的、方式和范围；（4）不违反法律、行政法规的规定和双方的约定。二是自然人可以依法向信息处理者查阅或者复制其个人信息；发现信息有错误的，有权提出异议并要请求及时采取更正等必要措施。自然人发现信息处理者违反法律、行政法规的规定或者双方的约定处理其个人信息的，有权请求信息处理者及时删除其个人信息。三是信息处理者不得泄露或者篡改其收集、存储的个人信息；未经自然人同意，不得向他人非法提供个人信息，但是经过加工无法识别特定个人且不能复原的除外。信息处理者应当采取技术措施和其他必要措施，确保其收集、存储的个人信息安全，防止信息泄露、篡改、丢失。发生或者可能发生个人信息泄露、篡改、丢失的情况的，应当及时采取补救措施，依照规定告知自然人并向有关主管部门报告。

我国《征信业管理条例》对信用信息的处理问题作了较为详细的规定。根据该规定，行为人在处理信用信息时应当遵守以下原则：一是采集个人信息应当经信息主体本人同意，未经本人同意不得采集。但是，依照法律、行政法规规定公开的信息除外。禁止征信机构采集个人的宗教信仰、基因、指纹、血型、疾病和病史信息以及法律、行政法规规定禁止采集的其他个人信息。征信机构不得采集个人的收入、存款、有价证券、商业保险、不动产的信息和纳税数额信息。但是，征信机构明确告知信息主体提供该信息可能产生的不利后果，并取得其书面同意的除外。二是信息提供者向征信机构提供个人不良信息，应当事先告知信息主体本人。但是，依照法律、行政法规规定公开的不良信息除外。三是征信机构对个人不良信息的保存期限，自不良行为或者事件终止之日起为 5 年；超过 5 年的，应当予以删除。在不良信息保存期限内，信息主体可以对不良信息作出说明，征信机构应当予以记载。四是信息主体可以向征信机构查询自身信息。个人信息主体有权每年两次免费获取本人的信用报告。向征信机构查询个人信息的，应当取得信息主体本人的书面同意并约定用途。但是，法律规定可以不经同意查询的除外。五是征信机构或者信息提供者、信息使用者采用格式合同条款取得个人信息主体同意的，应当在合同中作出足以引起信息主体注意的提示，并按照信息主体的要求作出明确说明。六是信息使用者应当按照与个人信息主体约定的用途使用个人信息，不得用作约定以外的用途，不得未经个人信息主体同意向第三方提供。征信机构可以通过信息主体、企业交易对方、行业协会提供信息，政府有关部门依法已公开的信息，人民法院依法公布的判决、裁定等渠道，采集企业信息。信息主体认为征信机构采集、保存、提供的信息存在错误、遗漏的，有权向征信机构或者信息提供者提出异议，要求更正。征信机构或者信息提供者收到异议，应当按照国务院征信业监督管理部门的规定对相关信息作出存在异议的标注，自收到异议之日起20日内进行核查和处理，并将结果书面答复异议人。经核查，确认相关信息确有错误、遗漏的，信息提供者、征信机构应当予以更正；确认不存在错误、遗漏的，应当取消异议标注；经核查仍不能确认的，对核查情况和异议内容应当予以记载。

► **相关规定**

《中华人民共和国消费者权益保护法》第14条、第29条、第50条、第56条；《全国人民代表大会常务委员会关于加强网络信息保护的决定》第1－10条；《中华人民共和国网络安全法》第41－45条；《征信业管理条例》第13－24条

第一千零三十一条　民事主体享有荣誉权。任何组织或者个人不得非法剥夺他人的荣誉称号，不得诋毁、贬损他人的荣誉。

获得的荣誉称号应当记载而没有记载的，民事主体可以请求记载；获得的荣誉称号记载错误的，民事主体可以请求更正。

◆ **条文主旨**

本条是关于荣誉权的规定。

◆ 立法背景

荣誉是国家和社会对在社会生产生活中作出突出贡献或者有突出表现的民事主体所给予的积极的正式评价。荣誉的外在表现形式可以是物质奖励，例如奖金、奖杯、奖牌；也可以是精神奖励，如光荣称号等。授予荣誉的主体可以是政府，也可以是单位，还可以是社会组织。荣誉权就是民事主体对自己所获得的荣誉及其利益所享有的保持、支配的权利。

在立法过程中，对于荣誉权的性质以及是否单独规定荣誉权一度争论较大。有的意见提出，荣誉权不是民事主体与生俱来的权利，而是后天通过自己努力获得的权利，具有较强的身份性，不符合人格权的特征，应为一种身份权。有的意见提出，荣誉是国家和社会对特定民事主体的认可和积极的评价，与该民事主体的人格尊严密切相关，侵害其荣誉权也会损害其人格尊严。还有的意见提出，荣誉实际上是名誉的一部分，可以纳入名誉权的保护范围，没有必要单独规定荣誉权。经研究认为，荣誉是民事主体通过自己的辛勤劳动、努力工作和英勇奋斗而获得的，既是国家和社会对其工作和表现的认可，也是对其人格尊严的尊重，具有较强的人格属性。也正因为如此，自 1986 年《民法通则》以来我国的立法和司法实践均是将其视为一种人格权来对待，《民法通则》第 102 条规定，公民、法人享有荣誉权，禁止非法剥夺公民、法人的荣誉称号。2017 年通过的《民法总则》也将其作为人格权加以规定。这些规定较好地保护了民事主体的荣誉权，延续这种立法传统有利于更好地保护民事主体的荣誉权。基于此，本条规定，民事主体享有荣誉权。任何组织或者个人不得非法剥夺他人的荣誉称号，不得诋毁、贬损他人的荣誉。

至于荣誉权与名誉权的关系问题，荣誉与名誉确实具有相同之处，例如二者都属于一种社会评价，但二者还具有许多不同之处：一是荣誉是国家和社会给予民事主体的一种正式评价，其授予、剥夺或者撤销一般都需要依照严格的程序进行，特别是剥夺某民事主体的荣誉必须依照严格程序进行，否则就是侵犯民事主体的荣誉权；而名誉这种社会评价是由社会公众随意进行的，没有严格程序要求，也没有专门的格式要求。二是荣誉是政府、单位或者社会组织给予的评价，而非一般的社会评价；而名誉来源于社会公众，是社会公众的一般评价。三是荣誉是国家和社会给予民事主体的积极、褒奖性的评价，非消极评价；而名誉是社会对民事主体的综合评价，既包括积极的褒奖，也包括消极的批评，还包括中性的评价。且名誉是民事主体在社会经济活动中自然产生的，而荣誉不可能自然产生。基于此，本条将荣誉权独立于名誉权单独加以规定。

◆ **条文解读**

实践中，侵犯荣誉权的形式多种多样，最为典型的是非法剥夺他人的荣誉称号或者诋毁、贬损他人的荣誉。正如前所言，荣誉是政府、单位或者社会组织依据一定程序授予民事主体的一种正式评价，若没有正当理由且没有通过严格的程序，这种正式评价不被剥夺。任何组织或者个人若对某民事主体所获得的荣誉有异议，都应当通过一定程序向荣誉授予机关提出，由授予机关通过严格程序作出是否撤销或者剥夺该民事主体所获荣誉的决定。除此之外，任何组织或者个人都不得非法剥夺他人的荣誉称号。任何组织或者个人诋毁、贬损他人荣誉的，应当依法承担民事责任。此外，荣誉权不仅包括精神利益，还附随着一定的物质利益，例如奖金、奖品等。民事主体有权获得因其荣誉所产生的物质利益，禁止任何组织或者个人非法剥夺民事主体因其荣誉产生的物质利益。此外，实践中，还存在两种损害民事主体荣誉权的特殊情形：一是民事主体获得的荣誉称号应当记载而没有记载的情形。荣誉称号是民事主体享有荣誉权的主要表现形式和载体。荣誉称号应当被相关单位记载入民事主体的档案等正式材料中，这是对民事主体荣誉的承认，对其荣誉权的尊重。但是，实践中，民事主体的荣誉称号常有没有被记载的情形发生，这实际上变相剥夺了民事主体的荣誉称号，实质上损害了民事主体的荣誉权。基于此，本条第 2 款特别强调，民事主体获得的荣誉应当记载而没有记载的，其有权请求记载。二是民事主体获得的荣誉称号被记载错误的情形。正如前所述，荣誉称号是荣誉权的重要体现，若被错误记载，将对荣誉权人的荣誉造成贬损，损害民事主体的荣誉权。因此，相关单位有义务准确记载民事主体的荣誉称号。荣誉权人发现自己的荣誉称号被错误记载的，也有权请求义务人予以更正。

第六章　隐私权和个人信息保护

本章共八条，对隐私权的内容、隐私的定义、禁止侵害隐私的典型行为等内容作了规定，还对个人信息的定义，处理个人信息所应遵循的规则，信息主体对自己的个人信息所享有的权利，处理个人信息的免责情形等内容作了规定。

第一千零三十二条　自然人享有隐私权。任何组织或者个人不得以刺探、侵扰、泄露、公开等方式侵害他人的隐私权。

隐私是自然人的私人生活安宁和不愿为他人知晓的私密空间、私密活动、私密信息。

◆ **条文主旨**

本条是关于隐私权内容以及隐私定义的规定。

◆ **立法背景**

隐私权是一种重要的人格权。隐私的观念从人类产生之日起便存在，它根源于人天生的羞耻本能，从用树叶、兽皮蔽体到穿衣服遮身，再到将卧室设置在房中最隐秘的位置，这种因羞耻本能而产生的行为说明对隐私保护的渴望是人本能和社会交往的需要。但隐私权真正成为一种民事权利则是随着近代传媒业的发展才产生。隐私权的概念于1890年由美国人瓦伦和布兰代斯在《论隐私权》一文中最早提出，自该概念被正式提出后，隐私权保护就在美国蓬勃发展起来，在世界各国也呈同样的发展趋势。例如，《美国侵权法第二次重述》对侵犯隐私权的类型作了详细的规定。《法国民法典》规定，每个人都享有其隐私受到尊重的权利。加拿大《魁北克民法典》规定，每个人都享有其名誉与隐私受到尊重的权利。除非有法律上的授权，任何人未经他人或者其继承人的同意，都不得侵犯他人的隐私。隐私权制度之所以受到各国的高度重视，主要基于两方面的原因：一是隐私权制度本身具有的功能和价值。理论界普遍认为，隐私权制度具有维护人格尊严、维护个人安宁、提高个人安全感、保护个人自由等功能和作用。隐私权制度所具有的这些功能和价值，对于促进人的全面发展，促进社会的和谐稳定具有重要意义。二是现实方面的需要。在现代社会，一方面，随着人类文明的发展，个人意识在不断加强，个人主义也在加强，人们通过加强隐私保护来保护个人自由的意识也在不断加强；另一方面，随着科技的发展、大众传媒的发展、公共权力的膨胀以及消费主义的盛行，人们的隐私受到侵犯的风险越来越大，以至于有的学者提出，在现代社会，我们每个人都是一个“透明人”，“无私可隐”。现实状况进一步凸显了加强隐私权保护的重要性。

我国民法规范隐私权问题，有一个过程。1986年《民法通则》第101条规定，公民、法人享有名誉权，公民的人格尊严受法律保护，禁止用侮辱、诽谤等方式损害公民、法人的名誉。第120条规定，公民的姓名权、肖像权、名誉权、荣誉权受到侵害的，有权要求停止侵害，恢复名誉，消除影响，赔礼道歉，并可以要求赔偿损失。1988年《最高人民法院关于贯彻执行〈中华人民共和国民法通则〉若干问题的意见（试行）》第140条第1款规定："以书面、口头等形式宣扬他人的隐私，或者捏造事实公然丑化他人人格，以及用侮辱、诽谤等方式损害他人名誉，造成一定影响的，应当认定为侵害公民名誉权的行为。"2001 年最高人民法院在《关于确定民事侵权精神损害赔偿责任若干问题的解释》中规定，违反社会公共利益、社会公德侵害他人隐私或者其他人格利益，受害人以侵权为由向人民法院起诉请求赔偿精神损害的，人民法院应当依法予以受理。可见，那时由于法律没有明确规定，司法机关对隐私权主要采取的是间接保护方式。20 世纪 90 年代初，《未成年人保护法》和《妇女权益保障法》规定"任何组织和个人不得披露未成年人的个人隐私"，"妇女的名誉权和人格尊严受法律保护。禁止用侮辱、诽谤、宣扬隐私等方式损害妇女的名誉和人格"。其后，一些法律中也陆续使用隐私一词。2005 年修改《妇女权益保障法》时，规定"妇女的名誉权、荣誉权、隐私权、肖像权等人格权受法律保护"。这是法律中第一次明确出现隐私权的用语。2009 年《侵权责任法》第 2 条第 1 款规定侵害民事权益，应当依照本法承担侵权责任。第 2 款列举的民事权益包括隐私权。这就使隐私权作为一种民事权利，在民事基本法中得到了明确。《侵权责任法》关于责任构成和责任方式等的规定也适用于隐私权的侵权责任。例如，《侵权责任法》第 36 条第 1 款规定，网络用户、网络服务提供者利用网络侵害他人民事权益的，应当承担侵权责任。这里的侵害他人民事权益，就包括网络用户侵害他人的隐私权。权利人也可以依法要求侵权人停止侵害、赔礼道歉、赔偿损失。鉴于隐私权作为民事权利的一类已经是立法、司法、理论的共识，人格权编在本条增加规定了隐私权。本条在现行法律和司法解释的基础上，借鉴国外立法经验，明确规定，自然人享有隐私权。任何组织或者个人不得以刺探、侵扰、泄露、公开等方式侵害他人的隐私权。

◆ **条文解读**

本条从两个层面对隐私权作了规定。第1款明确了任何一个自然人均享有隐私权。根据该规定，享有隐私权的只能是自然人，法人、非法人组织不能享有隐私权。在立法过程中，曾有意见提出，法人、非法人组织也应当享有隐私权，例如法人、非法人组织对涉及法人、非法人组织秘密的信件、文书等应当享有不受他人侵犯的权利。经研究认为，隐私是与一个人精神利益和人格尊严联系在一起的，其涉及一个人的私生活安宁和独处的利益，法人、非法人组织作为一个组织体，不可能产生这种需求，不需要通过隐私权制度来保护其秘密。对于法人、非法人组织的商业秘密可以通过反不正当竞争法等知识产权法律制度来加以保护。基于此，本条没有规定法人、非法人享有隐私权。自然人对隐私的权利，主要体现在以下几个方面：一是隐私享有权，即自然人有权对自己的私密信息、私密活动和私密空间进行隐匿，有权享有生活安宁状态，有权保护自己的隐私不受他人的非法披露和公开，禁止任何个人和组织非法披露、公开。当然这种隐私享有权会受到公共利益的限制，例如公安机关为侦查犯罪的需要，可以根据法律的明确授权对犯罪嫌疑人的活动进行跟踪或者监听。二是隐私维护权，即自然人维护自己的隐私不受侵犯的权利。在自己的隐私权受到侵害后，有权直接请求行为人停止侵害、排除妨碍，也有权请求司法机关予以保护。三是隐私公开权，即自然人在法律和公序良俗所允许的范围内有权公开自己的隐私。公开的方式可以是自己亲自公开，也可以是允许他人公开，但需要强调的是，根据本法第1033条的规定，他人公开自然人的隐私，必须经权利人明确同意。对于是否允许对隐私进行商业化利用，在立法过程中，各方对此有不同意见，但主流观点认为，隐私权不完全等同于肖像权、姓名权等标表型人格权，其具有相当的伦理性和情感性，不宜鼓励自然人将自己的隐私用于商业目的。本法基本赞同这一观点。

本条第2款对隐私的定义进行了界定。界定隐私是规定隐私权的前提和基础。在立法过程中，如何界定隐私的含义是各方关注的一个焦点问题。目前理论界对如何界定隐私主要有四种观点：一是私密说。根据这种观点，隐私就是指自然人不愿公开或者不愿让他人知道的个人秘密。二是自主决策说。根据这种观点，任何可由自然人自主决策的事物和领域都属于隐私。三是私生活安宁说。根据这种观点，隐私是指不受他人非法干扰的安宁私生活。第四种观点则认为，隐私就是与公共利益无关的，当事人不愿他人知道的私密信息，不愿他人侵入的私人空间和不愿他人干涉的私人活动。经反复研究，本条第2款规定，隐私是自然人的私人生活安宁和不愿为他人知晓的私密空间、私密活动、私密信息。本款对隐私的界定既避免了第一种、第三种和第四种观点中的隐私范围过窄的缺陷，例如第一种观点不能涵盖隐私活动和隐私空间，第三种观点很难涵盖隐私信息，第四种观点则很难涵盖私生活安宁；又避免了第二种观点中的隐私范围过宽的缺陷，该观点实际上将所有可由个人自主决定的事项都纳入了隐私的范围，这样姓名、肖像等都可以纳入隐私的范围，这明显与本编对具体人格权的划分体系不相符合。根据本条第2款的规定，隐私包括四部分内容：

一是私人生活安宁。私人生活的安定宁静是个人获得自尊心和安全感的前提和基础，自然人有权排除他人对其正常生活的骚扰。将私人生活安宁纳入隐私的范围，对于保护自然人的人格尊严极为重要。有的学者将侵扰私人生活安宁的范围界定得很宽，将侵入他人住宅、窃听私人电话、拆阅他人信件、跟踪他人、偷窥他人行动等一切足以干扰他人的行为都纳入其中。考虑到语言习惯和多数人的普遍认知，从立法技术和易于理解的角度，本条所规定的侵扰私人生活安宁并非这种宽泛意义上的概念，而是将私人生活安宁与不愿为他人所知的私密空间、私密活动、私密信息并列规定，所以本法所规定的私人生活安宁是狭义概念，侵犯私人生活安宁的行为主要指本法第 1033 条规定的“以电话、短信、即时通讯工具、电子邮件、传单等方式侵扰他人的生活安宁”的行为。例如向他人发送垃圾邮件、垃圾微信或者进行电话骚扰；还比如在民事主体明确拒绝的情况下，还反复向他人发送小广告、散发传单等。

二是私密空间。私密空间是指个人的隐秘范围，包括个人居所、私家车、日记、个人邮箱、个人的衣服口袋、身体的隐私部位以及旅行居住的宾馆客房等。自然人有权排除他人对自己私密空间的侵入。私人住宅是最为典型的私密空间，有的学者将之称为每个人的“城堡”，根据我国《宪法》第 39 条的规定，中华人民共和国公民的住宅不受侵犯。禁止非法搜查或者非法侵入公民的住宅。本条规定将宪法的规定以隐私权的方式予以落实，不但强调了公民的住宅作为一种物权应当受到保护，更强调了对公民住宅的保护是对自然人人格权的保护。这里需要强调的是本条所规定的“私密空间”不仅包括住宅等物理意义上的特定空间，还包括电子邮箱、微信群等虚拟空间。根据本法第 1033 条的规定，除经权利人同意外，任何组织或者个人不得进入、拍摄、窥视他人的住宅、宾馆房间等私密空间；不得拍摄、窥视他人身体的私密部位。

三是私密活动。私密活动是指自然人所进行的与公共利益无关的个人活动，例如日常生活、家庭活动、婚姻活动、男女之间的性生活等活动。每个自然人都享有私密活动不受他人侵扰的权利。自然人的私密活动是一种动态隐私，具有一个产生、发展和变化的过程，有的私密活动随着时间的推移可能会变成非隐私，有的非隐私活动也有可能随着时间的推移成为私密活动。自然人的私密活动受法律保护，根据本法第 1033 条的规定，除经权利人同意外，任何组织或者个人不得拍摄、窥视、窃听、公开他人的私密活动。婚外恋和婚外性生活，从道德上应当受到谴责，也可能受到党纪政纪的处分，但除了法律另有规定或者当事人同意外，也属于私密活动，不得向社会公布。

四是私密信息。私密信息是指通过特定形式体现出来的有关自然人的病历、财产状况、身体缺陷、遗传特征、档案材料、生理识别信息、行踪信息等个人情况。这些个人情况是自然人不愿为他人所知晓的信息。自然人的私密信息受法律保护，根据本法第 1033 条的规定，除经权利人同意外，任何组织或者个人不得处理他人的私密信息。私密信息与本法第 1034 条规定的个人信息有联系也有区别，有联系的是私密信息对特定自然人具有极强的识别性，所以私密信息也属于个人信息；有区别的是个人信息既包括私密信息，也包括非私密信息，范围大于私密信息。此外，私密信息与本条中的私密活动也有一定联系。私密活动是种动态的隐私，但若其以静态的形式体现出来，就变成了私密信息，例如记录某一自然人在某宾馆房间与另一人约会是私密活动，但若其用手机将约会的过程记录留存下来，则手机上留存的记录就变成了私密信息，而非私密活动；某人的通信行为为私密活动，但通信记录则为私密信息。

实践中，判断自然人的某一具体事物或者事务是否为隐私是较为困难的事情，一般来说，可以从三个方面进行判断：一是私人性，不属于自然人私人的事物或者状态不属于隐私。二是主客观相结合性。隐私是一种客观状态，这种客观状态不受他人的意志影响，不以他人是否承认或者如何评价为转移。但同时，隐私又具有主观感受性，即为自然人主观内心不愿为他人所知或者不愿为他人干扰的一种状态。美国法通过判例凯茨诉美国政府一案发展出了隐私的“合理期待”原则。这里的“合理期待”原则既包括自然人主观上具有隐私期待利益，也包括客观上社会认为该种期待利益是合理的。如果某私密信息客观存在，但当事人自己主动公开或者主观上不想保密，则不属于隐私范畴。也正因为如此，本条规定，隐私是自然人的私人生活安宁和“不愿为他人知晓”的私密空间、私密活动、私密信息。三是发展性。从隐私发展史看，隐私的范围和内容并非一成不变，它是随着社会的变迁而不断发展变化的。

▶ **相关规定**

《中华人民共和国妇女权益保障法》第 42 条

第一千零三十三条 除法律另有规定或者权利人明确同意外，任何组织或者个人不得实施下列行为：

（一）以电话、短信、即时通讯工具、电子邮件、传单等方式侵扰他人的私人生活安宁；

（二）进入、拍摄、窥视他人的住宅、宾馆房间等私密空间；

（三）拍摄、窥视、窃听、公开他人的私密活动；

（四）拍摄、窥视他人身体的私密部位；

（五）处理他人的私密信息；

（六）以其他方式侵害他人的隐私权。

◆ 条文主旨

本条是关于禁止从事的侵害他人隐私权的主要行为的规定。

◆ 条文解读

隐私权是一种重要的人格权，根据本法第 1032 条的规定，自然人享有隐私权，任何组织或者个人不得以刺探、侵扰、泄露、公开等方式侵害他人的隐私权。本条在前条规定的基础上，为了进一步加强对隐私权的保护，明确规定，除法律另有规定或者权利人明确同意外，任何组织或者个人不得实施下列行为：

一是以电话、短信、即时通讯工具、电子邮件、传单等方式侵扰他人的生活安宁。这是对前条所规定的隐私中私生活安宁的保护。实践中，对自然人生活安宁的侵扰主要是以电话、短信、即时通讯工具、电子邮件、传单等方式进行的，例如向他人发送垃圾短信、垃圾微信、垃圾邮件，散发传单等。这里的即时通讯工具主要是微信、微博等社交媒体工具。这些侵扰方式看似普通，但实际上有可能会对一个人的生活造成极大的滋扰，让权利人不胜其烦；若一个人长期被垃圾电话、微信等侵扰，还有可能导致一个人精神崩溃等严重后果，这种案例在现实生活中已多次出现。

二是进入、拍摄、窥视他人的住宅、宾馆房间等私密空间。住宅、宾馆房间等私密空间是自然人隐私的核心部分。实践中，进入、拍摄、窥视他人的住宅、宾馆房间等私密空间是三种最为典型的侵犯隐私的行为。这里的“进入”是指未经权利人同意或者没有法律授权擅自闯入他人住宅或者他人居住的宾馆房间。这里的“拍摄”是指非法通过手机、相机或者通过在住宅或者宾馆房间安装摄像头等设备将他人住宅或者他人所居住的宾馆内的人、物、布局、摆设等记录下来。这里的“窥视”是指非法暗中观察、偷看他人的住宅或者宾馆房间。非法进入、拍摄、窥视他人的住宅、宾馆房间等私密空间，会对自然人的隐私权造成较为严重的侵害，也会对社会秩序造成较大破坏。例如某省的宾馆房间内被大面积私装摄像头的事被曝光后，就对社会公众造成极大的冲击，使得大家住宾馆忐忑不安。各方强烈要求对此作出专门规范，因此，2019 年在对人格权编草案三审时专门增加规定，任何组织或者个人都不得非法拍摄他人居住的宾馆房间。

三是拍摄、窥视、窃听、公开他人的私密活动。在现实生活中，每个人每天都会从事各种各样的社会活动，其中不少社会活动都是其不愿为他人所知晓的私密活动，特别是有的私密活动一旦被他人窥视、窃听，其将处于恐惧当中，个人人格尊严也将受到严重侵害。所以在现代社会，每一个人都有权依法进行各种各样的社会活动，国家也有责任保证每个公民的私密活动不受非法侵扰，这既是个人自由权的体现，也是现代文明的标志。基于此，本条明确规定，任何组织或者个人都不得非法拍摄、窥视、窃听、公开他人的私密活动。拍摄、窥视、窃听、公开是侵犯权利人私密活动的典型方式，随着现代科学技术的发展，特别是电子信息技术的发展，以高科技手段拍摄、窥视、窃听、公开他人私密活动的情形增多，产生的后果也较一般侵犯行为产生的后果严重，因此，必须明确禁止。需要强调的是，这里的“拍摄”是一个广义的概念，包括“录制”。

四是拍摄、窥视他人身体的私密部位。自然人身体的私密部位属于其私密空间的范围，身体的私密部位对于自然人来讲都是极为敏感的，一旦被暴露于外，将是对自然人的极大羞辱。隐私的观念根源于人天生的羞耻本能，而这种羞耻本能又来自于对身体私密部位的保护。人类在发展过程中从用树叶、兽皮蔽体到穿衣服遮身，对自然人身体私密部位的保护就是人类的这种“知羞耻、掩外阴”观念发展起来的。恶意拍摄、窥视自然人身体的私密部位，是一种严重侵犯他人隐私权的行为，所以本条明确规定，任何组织或者个人都不得拍摄、窥视他人身体的私密部位。

五是处理他人的私密信息。每个自然人都拥有不少私密信息，这些私密信息可能涉及该自然人的财产状况，可能涉及其社交状况，也可能涉及其生理状况，还可能涉及其身世经历，等等。这些私密信息都是自然人不愿公开或者不愿为他人所知晓的信息。违背当事人意愿处理其私密信息构成对隐私权的侵犯，例如擅自公开患者的病历、擅自收集他人的聊天记录等都是对权利人隐私权的侵犯。所以，本条规定，任何组织或者个人都不得非法处理他人的私密信息。这里的“处理”与第 1035 条中的“处理”含义相同，包括对私密信息的收集、存储、使用、加工、传输、提供、公开等行为。与对个人信息的保护相比，处理他人的私密信息要想获得合法性，除了法律的明确授权外，必须要经过权利人明确同意，而处理非私密个人信息则可以是默示同意，不一定需要明示同意。

六是以其他方式侵害他人的隐私权。本条规定的前述五项情形只是可能侵犯自然人隐私权的典型方式，现实生活中，有可能侵犯隐私权的方式多种多样，远不止这五种情形，特别是随着现代科技的发展，新型的侵犯隐私权的方式不断出现，例如利用定位 APP 软件对他人的行踪进行跟踪，利用高精度、高分辨率的仪器对人体的私密部位进行扫描等。为了避免挂一漏万，本条规定了这一兜底条款。

最后还需要强调一点，除了权利人明确同意外，经过法律的明确授权，也可以对自然人的隐私权作一定限制，例如公安机关根据刑法、刑事诉讼法等相关法律的规定，可以对犯罪嫌疑人的行踪进行跟踪，也可以对犯罪嫌疑人的住宅进行搜查等。还如医院根据传染病防治法等相关法律的规定，可以处理相关患者的医疗信息，等等。

▶ **相关规定**

《中华人民共和国宪法》第39－40条

第一千零三十四条 自然人的个人信息受法律保护。

个人信息是以电子或者其他方式记录的能够单独或者与其他信息结合识别特定自然人的各种信息，包括自然人的姓名、出生日期、身份证件号码、生物识别信息、住址、电话号码、电子邮箱、健康信息、行踪信息等。

个人信息中的私密信息，适用有关隐私权的规定；没有规定的，适用有关个人信息保护的规定。

◆ **条文主旨**

本条是关于个人信息的规定。

◆ **立法背景**

信息社会，人的存在不仅涉及生物体征方面的信息（如身高、性别等），也涉及人作为社会成员的基本社会文化信息（如姓名、职业、宗教信仰、消费倾向、生活习惯等）。有的专家提出，几乎所有的人类活动都具有信息形式的记录，当个人信息累积到一定程度，就构成与实际人格相似的“信息人格”或者“数据人格”。近年来，网络技术、信息技术的发展和经济全球化的趋势在一定程度上改变了传统的营销方式和消费方式，传统条件下，由于信息收集技术的限制，经营者无法有效获取消费者有关消费需求、消费倾向等方面的信息，其商品或者服务的提供带有很大的盲目性，而在当前信息技术发达、个人信息流通便捷的情况下，经营者可以低成本、高效率地利用各种信息收集方式获取并分析消费者的消费习惯、消费倾向，从而有效为特定消费者提供个性化服务，进而取得市场竞争优势。例如，某公司推行的最典型的个性化服务方式是直邮，即收集明确同意接收公司营销信息的消费者名单，向其邮寄优惠券和产品样品，这类方式也被称为目标广告，这种个性化服务方式不仅避免了盲目投放广告带来的资源浪费，而且为经营者发展更多忠诚的消费者群体进而大幅提升其销售额提供了可能。个人信息在金融领域发挥的作用更为巨大。通过掌握个人信用信息，使用个人信用评分技术，银行业可以更加有的放矢地发放贷款。对个人信息的有效利用，不仅给经营者带来了利益，对消费者也带来了诸多便利：消费倾向和消费兴趣被商家掌握的消费者，在选择商品和服务时可以节省更多搜索成本；经营者对消费信息的有效掌握可以使其不再向没有该类消费倾向的消费者滥发邮件，减少众多消费者收到垃圾邮件的数量；有良好信用记录的消费者可以更方便地取得贷款。

个人信息的利用节约社会发展成本，固然能为经济社会带来巨大的利益，但如果对其不作任何限制，利用技术手段滥用个人信息侵犯个人利益的事件必然增多。在我国，当前个人信息被滥用的问题也日益严重，主要表现为四类情形：一是一些经营者对经营活动中收集的消费者个人信息在管理上存在诸多安全漏洞，如某航空公司乘客信息泄露事件、连锁酒店顾客信息管理存在安全风险事件；二是一些经营者将经营活动中掌握的个人信息进行买卖而谋取非法利益，形成个人信息买卖的地下产业，如某快递公司承认客户信息遭内部高层人员倒卖事件；三是经营者对采集到的个人信息进行未经许可的二次开发利用，为细分市场、制定营销战略提供依据，进而实施对重点人群或者重点客户的定向强制推销，侵扰消费者生活安宁；四是经营者擅自公开、传播敏感性个人信息，造成侵害他人人格尊严或者利用非法收集到的消费者个人信息实施诈骗等违法犯罪活动。上述情形给消费者带来的侵害主要有三方面：一是侵犯消费者人格权益。经营者没有合法依据或者不经消费者同意收集、存储、传输、加工和利用消费者个人信息，可能导致对消费者个人人格的错误描述，如影响消费者能否得到一份工作、能否获得特定贷款等。二是侵犯消费者财产权益。如经营者将收集到的消费者个人信息非法出售或者不当泄露给第三方，可能导致非法获取上述信息的主体冒充消费者进行诈骗，如盗用消费者身份申请信用卡并透支等。三是破坏消费信心。近年来由于信息数据处理技术的飞速发展，通过网络等途径非法收集、存储、传输、加工和利用个人信息的现象屡见不鲜，众多调查显示，电子商务网络用户的最大忧虑是个人信息泄露。因此，采取适当的个人信息保护措施，对恢复消费信心、维护市场秩序的正常运行具有极其重要的意义。现代社会的发展，特别是信息产业的发展建立在信息的自由流通上，但是个人信息又与自然人的人格尊严密切相关，需要对自然人的个人信息进行保护，因此，如何在促进信息自由流通和保护自然人个人信息之间取得平衡一直是各国面临的重要问题。基于上述原因，个人信息保护立法在全球范围内受到了广泛关注，越来越多的国际组织、国家与地区着眼于个人信息安全，相继立法。近三十年以来，世界上兴起了个人信息保护立法的热潮。例如日本、韩国等国家制定了《个人信息保护法》，德国制定了《联邦个人资料保护法》，英国制定了《个人资料保护法》，我国台湾地区和香港特别行政区分别制定了“个人资料保护法”和《个人资料（私隐）条例》；欧盟 1995 年出台了《个人数据保护指令》，2016 年在此基础上制定了《一般数据保护条例》，该条例于 2018 年 5 月 25 日正式开始实施；美国将个人信息纳入隐私权的范畴加以保护，制定了一系列相关法律，例如《隐私法》《电脑对比和隐私保护法》等；联合国经合组织于1990年还出台了《数据保护指导原则》。上述立法中的个人信息保护，除涉及非公共机构（包括企业经营者及第三方征信机构等）在处理公众个人信息上的权利义务外，还涉及公共机构（包括行政机关）在信息处理方面的职责。因此，个人信息保护立法的内容不局限于某一特定部门法，但信息主体的人格利益及财产权益的维护等与民法直接相关的问题成为个人信息保护立法的基点。

近年来，我国高度重视个人信息相关立法，从民事、行政、刑事各方面，加强个人信息保护，保障个人信息安全。2012年全国人大常委会通过的《关于加强网络信息保护的决定》、2013年修改的《消费者权益保护法》、2016年通过的《网络安全法》和2018年通过的《电子商务法》等法律，确立了个人信息保护的规则及网络运营者保障个人信息安全的义务与责任，明确了个人对其信息收集、使用的知情权、删除权、更正权。2017年通过的《民法总则》，将个人信息受法律保护作为民事权利的重要内容予以规定，并对数据作为财产权的客体作出原则规定。关于个人信息的刑事保护，《刑法》第285条规定了非法获取计算机信息系统数据罪、非法控制计算机信息系统罪，第253条之一规定了侵犯公民个人信息罪，总的来看，《刑法》现有规定能够满足打击获取数据犯罪行为的实践需要。制定个人信息保护法也已列入第十三届全国人大常委会立法规划和2020年度立法工作计划。立法机关正在抓紧开展个人信息保护法的研究起草工作。此外，一些司法解释和规范性文件对个人信息保护问题作了规定。在本法编纂过程中，各方提出，随着信息技术的快速发展，非法获取、非法公开或者非法向他人提供个人信息的违法行为泛滥，社会危害严重，加强对个人信息的保护对于保护公民的人格尊严，使公民免受非法侵扰，维护正常的社会秩序具有重要的现实意义，建议在人格权编中确立个人信息民事保护的基本规则，以进一步加强对个人信息的保护。经研究认为，个人信息权利是自然人在现代信息中的重要权益，明确对个人信息的保护对于保护自然人的人格尊严，使自然人免受非法滋扰，维护社会的正常秩序意义重大。基于此，在我国现有规定的基础上，借鉴国际上的立法经验，本法总则编第 111 条对个人信息保护作了原则性规定。本章在总则编规定的基础上确立了个人信息保护的基本原则和规则。本条第 1 款即开宗明义地规定，自然人的个人信息受法律保护。就民法典与单行立法在个人信息保护上的关系问题而言，既要有分工，又要有衔接协调，本章关于个人信息保护的规定是立足于现行法律法规所做的修改完善。同时，考虑到将来还有专门的个人信息保护法，所以就民法典这一长期稳定适用的民事基本立法而言，不能作出太多细致具体的规定，而只需作出基础性、原则性的规定。这样一来，既可以对其他的立法有所指引，又为将来的发展留有空间。

◆ **条文解读**

本条明确了个人信息的定义以及隐私与个人信息的关系。

一、个人信息的定义

对于个人信息的含义，也即如何判断某一信息是否构成个人信息，国际上有三种不同的立法例，理论界和实务界也有三种主要观点：一是关联型定义。根据这种定义，个人信息是所有与个人相关联的信息。目前北欧和东欧的一些国家采用这种立法例，例如《保加利亚个人数据保护法》规定，个人数据是指涉及自然人的身体状况、心理状况、精神状况、家庭状况、经济状况、文化教育状况与社会背景的信息。最高人民法院、最高人民检察院

《关于办理侵犯公民个人信息刑事案件适用法律若干问题的解释》以及国务院信息标准化办公室公布的《个人信息安全规范》也基本上采纳了这种定义模式，例如后者在《网络安全法》第76条的基础上增加了“或者反映特定自然人活动情况”的规定界定个人信息，这一规定事实上大大扩张了个人信息的范围，与关联型定义异曲同工。二是隐私权定义。根据这种定义，个人信息是个人不愿向外透露或者较为敏感不愿为他人所知道的信息。这种观点实际上是以隐私来界定个人信息。美国、澳大利亚、新西兰、加拿大等英美法系国家多以此理论为基础进行立法。三是识别型定义。根据这种定义，个人信息是指能够直接或者间接地与已识别或者可识别的特定自然人相关的信息。目前这是理论界和实务界的主流观点，也为不少国家和地区的立法所采用，例如欧盟的《一般数据保护条例》、日本修改后的《个人信息保护法》、韩国的《个人信息保护法》等均采用了识别型定义。本编采用了第三种观点，即识别型模式。在以识别型模式对个人信息进行界定时，是采用概括定义的方式还是采用列举定义的方式，在立法过程中也有不同意见。概括型定义的方式具有足够的弹性和开放性，但过于抽象，不利于操作；列举型定义的方式具体，可操作性强，但过于僵化，且个人信息各类众多，很难一一列举，难免挂一漏万。本编对个人信息的界定既有抽象的概括，也有具体的列举，可以说较好地处理了开放性和可操作性的关系。基于此，本条第2款规定，个人信息是以电子或者其他方式记录的能够单独或者与其他信息结合识别特定自然人的各种信息，包括自然人的姓名、出生日期、身份证件号码、生物识别信息、住址、电话号码、电子邮箱、健康信息、行踪信息等。

根据本款的规定，构成个人信息要满足三个要件：一是具有识别性，这是核心要件。所谓识别就是通过该信息可以直接或者间接地将某一自然人“认出来”。识别包括直接识别和间接识别，所谓直接识别是指通过该信息可以直接确认某一自然人的身份，不需要其他信息的辅助，例如某人的身份证号、基因信息等；所谓间接识别是指通过该信息虽不能直接确定某人的身份，但可以借助其他信息确定某人的身份。任何可以直接或者间接识别特定自然人的信息都是个人信息。二是要有一定的载体，这是个人信息的形式要件。个人信息必须要以电子或者其他方式记录下来，没有以一定载体记录的信息不是个人信息。三是个人信息的主体只能是自然人，法人或者非法人组织不是个人信息的主体。个人信息类型众多，包括但不限于自然人的身份信息、生理信息、社会信息、财产信息等，本款列举的具体个人信息只是最为典型也最为常见的类型，现实生活中的具体个人信息远不止列举的类型。与现行网络安全法列举的个人信息的情形相比，本条增加了电子邮箱和健康信息、行踪信息等类型，这是为了让个人信息的定义能够更加适应互联网时代和大数据时代的发展需要。对于某一类本款没有列举到的信息是否为个人信息时，可以根据前述三个要件进行判断。

二、隐私与个人信息的关系

在立法过程中，有的意见提出，隐私比个人信息范围更宽，包括私密信息、私密活动和私密空间，建议以隐私权的保护涵盖对个人信息的保护。经反复研究认为，隐私与个人信息确实有紧密联系，例如隐私中的私密信息就属于个人信息，侵犯个人信息和侵犯隐私权的最主要方式都是非法泄露或者公开，也正是因为隐私与个人信息的联系较为紧密，本编将二者放在同一章加以规定。但是，二者的区别也非常明显，尤其是考虑到民法典作为民事基本法律，既需要保护个人信息中体现的人格利益，又要促进信息作为信息社会一种重要资源的合理流通，因此，本法并未采取传统民法以姓名权、肖像权及隐私权为框架保护个人信息的方式，而是明确将个人信息保护的权利在隐私权等具体人格权外单独加以规定，主要基于以下四点考虑：

第一，二者的构成要件不同，隐私强调私密性，而个人信息强调识别性。

第二，“隐私”与“个人信息”二者的范围有重合（重合部分可以称为隐私信息，即权利主体不愿为他人知晓的个人信息，如病史、犯罪记录等），但“个人信息”不仅包括不愿为外人知晓的“隐私信息”，还包括可以公开的“非隐私信息”（如姓名、性别等）；并且，“隐私”带有主观色彩，如身高、住址、电话号码等个人信息，有些人视为隐私，有些人视为可公开信息。另外，我国现有法律制度中涉及的“隐私权”，是与“生命权、健康权、姓名权、名誉权、荣誉权、肖像权”等并列的概念，范围比美国法窄得多。美国法中的“隐私权”范围极广，几乎囊括了私人活动的各个领域，而不仅局限于私生活秘密，有学者认为该权利在美国已经发展为一般人格权。但是，在我国现有法律制度中的隐私权，范围要窄得多。一些侵犯个人信息的行为，未必构成侵犯“隐私”，如自然人的“姓名”，当然属于个人信息，但却不是“隐私权”的保护客体；又如肖像也属于个人信息，但不当利用他人肖像，构成对“肖像权”而非“隐私权”的侵害；再如不当删除、不完整记录或者错误记录他人信息，或者根据不实信息对他人信用作出错误评级等，这些都属于侵犯他人信息权利的行为，但一般不涉及侵犯隐私。法律既要保护自然人对其个人信息享有的人格权益，又要兼顾社会对个人信息的合理利用。鉴于信息自由流通具有的巨大社会效益和经济效益，民法典对个人信息权利的规定，应当兼顾自然人个人信息权益和信息资源有效利用的双重目的。而隐私权的保护，一般多着眼于权利主体的人格权益，更倾向于限制个人信息的收集与利用。因此，“个人信息”比“隐私”更适宜现代信息社会民法所要调整的法律关系。

第三，从权利内容和救济方式而言，隐私权作为一种私生活受尊重的权利，多表现为消极被动和防御性的特点，它以侵害行为或侵害可能为前提，以维护人格尊严为目的，一般不具有财产利益。而个人信息得到保护的权利，从世界主要国家的立法来看，表现为一种积极主动的请求权，不仅包括个人信息不受非法处理的内容，还包括权利主体对其个人信息的积极控制，如权利人有权决定其个人信息能否被他人收集、处理和利用以及如何利用，有权要求信息处理者修改不正确、不完整的个人信息以保证信息质量，有权针对商业目的的个人信息利用获取报酬等。从德国、日本等主要国家在有关个人信息保护立法方面的发展趋势来看，“个人信息得到保护的权利”兼顾权利人的人格尊严与信息资源的有效利用，比“隐私权”更符合现代信息社会的发展需求。

第四，对二者的保护程度不同。对隐私权的保护程度要高于对个人信息的保护程度。基于此，本章虽将个人信息保护与隐私权放在同一章，但仍将两者作为两种不同的制度加以规定。需要注意的是，私密信息既是隐私的重要组成部分，也是个人信息的重要组成部分，个人信息保护与隐私权等的保护范围具有一定的重合之处。个人信息受保护的权利并非要替代隐私权对秘密信息的保护，而是对其保护的补充。原则上，若个人信息可以为隐私权、名誉权、姓名权、肖像权等具体权利所保护时，可以优先适用这些人格权的规则，这些具体人格权没有规定的情况下，可以适用个人信息的相关规定。但隐私权中的私密信息与信息主体的人格尊严联系更为紧密，所以本法对隐私权的保护更高一些，对私密信息的处理要求更高一些，根据本法第 1033 条的规定，处理他人的私密信息需要获得隐私权人的明确同意。基于此，本条第

3 款规定，个人信息中的私密信息，适用有关隐私权的规定；没有规定的，适用有关个人信息保护的规定。

本编并没有直接规定行为人侵犯自然人个人信息应承担的民事责任，有的建议在本章增加这方面的规定。对于这个问题，涉及整个民法典的立法体例。人格权编的重点是确权和明确各项具体人格权益的内容、边界和特殊的保护规则，一般的侵权责任条款主要规定在侵权责任编和将来的个人信息保护法等相关单行法中。本法第 995 条明确规定，人格权受到侵害的，受害人有权依照本法和其他法律的规定请求行为人承担民事责任。基于上述考虑，本章主要对个人信息定义、处理个人信息原则及要求、个人信息被收集者和收集者的权利义务、国家机关和工作人员履职过程中对知悉的个人信息依法保存保密的义务等关于个人信息保护的基本规则作了规定。这有利于构建一个科学、合理的个人信息保护法律体系。

还有一个问题需要说明，在立法过程中，对于是否将个人信息作为一种权利加以规定，各方的意见分歧较大。有的提出，在民法典中对个人信息的法律属性进行清晰界定，在隐私权之外设置单独的个人信息权。经研究认为，从理论上讲，个人信息与隐私确实是两个不同的概念，二者的判断标准、范围、保护方式等都不完全相同。就范围而言，个人信息与隐私存在一定的交叉，个人信息包括私密信息和非私密信息，私密信息既属于个人信息也属于隐私，但是隐私除了私密信息之外，还包括私密空间、私密活动和私人生活安宁。按照我国现行规范和国际惯例，个人信息中的私密信息属于隐私的一部分，其受保护的程度也比一般的个人信息更强。正是基于二者的不同，人格权编中“隐私权和个人信息保护”一章对隐私权与个人信息保护分别作了规定。对于是否设置单独的个人信息权，目前，理论界和实务界还缺乏深入研究，尚未形成基本共识。在民法典人格权编的编纂过程中，人格权编草案对这一问题的规定也有过反复，但经过研究，本章最终未明确将个人信息规定为“个人信息权”而是采用了“个人信息保护”的表述，主要考虑是：个人信息受保护的权利与其他人格权在考量因素上有所不同，个人信息的保护要适当平衡信息主体的利益与数据共享利用之间的关系。用“个人信息保护”的表述既强调了对信息主体利益的保护，又可以避免不必要的误解，不会妨碍到数据的共享、利用以及大数据产业在我国的发展。解决个人信息保护方面的问题，宜先从可行的、务实的制度规范做起，将个人信息保护的基本民事规则在民法典中先确立起来。

► **相关规定**

《中华人民共和国网络安全法》第76条；《全国人民代表大会常务委员会关于加强网络信息保护的决定》第1条

第一千零三十五条 处理个人信息的，应当遵循合法、正当、必要原则，不得过度处理，并符合下列条件：

（一）征得该自然人或者其监护人同意，但是法律、行政法规另有规定的除外；

（二）公开处理信息的规则；

（三）明示处理信息的目的、方式和范围；

（四）不违反法律、行政法规的规定和双方的约定。

个人信息的处理包括个人信息的收集、存储、使用、加工、传输、提供、公开等。

◆ **条文主旨**

本条是关于处理个人信息应当遵循的原则的规定。

◆ 立法背景

对于个人信息的处理直接关系到信息主体的人格尊严，本法第 1034 条明确规定，自然人的个人信息受法律保护。“自然人的个人信息受法律保护”主要体现在两方面：一方面，自然人对自己的个人信息享有一系列权能，例如本章规定的知情同意权、查阅复制权、更正删除权等；另一方面，处理他人个人信息的主体应当履行相应的义务，遵循一些基本原则和规则。对于处理个人信息应当遵循的基本原则和应当满足的条件，世界经济合作和发展组织发布的《隐私保护与个人数据跨国流通指南》规定了收集限制原则、数据质量原则、目的特定化原则、使用限制原则、安全原则、公开原则、个人参与原则等。欧盟 2018 年 5 月 25 日正式开始实施的《一般数据保护条例》规定了合法、正当、透明原则，特定、明确目的原则，目的适当、相关、限制原则等。我国《网络安全法》第 41 条规定，网络运营者收集、使用个人信息，应当遵循合法、正当、必要的原则，公开收集、使用规则，明示收集、使用信息的目的、方式和范围，并经被收集者同意。网络运营者不得收集与其提供的服务无关的个人信息，不得违反法律、行政法规的规定和双方的约定收集、使用个人信息，并应当依照法律、行政法规的规定和与用户的约定，处理其保存的个人信息。消费者权益保护法和我国的一些司法解释与规范性文件也对处理个人信息应当遵循的原则和条件作了一些规定。本条在我国现行有关法律法规和个人信息保护实践的基础上，借鉴吸收国际上的通行规定，对处理个人信息应当遵循的基本原则及应当满足的条件作了规定。本条规定是关于个人信息保护的核心内容。

◆ 条文解读

根据本条规定，处理个人信息应当遵循以下原则：

一是合法原则，即信息处理者处理个人信息必须要有合法的依据，且处理的方法应当符合法律的规定。合法的依据主要来自两个方面：第一，法律法规的明确规定。除本章的相关规定，目前我国还有网络安全法、消费者权益保护法、电子商务法等多部法律和多部行政法规，都对处理个人信息作了相关规定。相关主管部门也依法制定了一些部门规章，例如工业和信息化部制定的《电信和互联网用户个人信息保护规定》，信息处理者应当严格遵守这些规定，不得违反。立法机关正在起草的个人信息保护法也将对此作规定。所以，本条第 1 款第 4 项明确规定，处理个人信息不得违反法律、行政法规的规定和双方的约定。该项规定是对合法原则的具体化。对于处理个人信息，法律法规未作规定的事项，信息处理者还应当遵守相关行业规范，目前一些行业组织已制定了相关的个人信息保护自律规范。第二，信息主体的同意。处理个人信息取得信息主体的同意是个人信息保护的核心原则。根据本条第 1 款第 1 项的规定，除法律、行政法规另有规定外，处理个人信息原则上应当征得该自然人或者其监护人同意。本项规定将自然人或者其监护人的知情同意作为合法处理个人信息的主要合法性前提，充分体现了信息主体在个人信息处理中的主导地位，可以有效保障信息主体对自身个人信息的控制。本项中的“其监护人同意”是指自然人因年龄、精神等原因为无民事行为能力或者限制民事行为能力人时，由其监护人决定是否同意他人处理其个人信息。这突出强调了对未成年人等行为能力欠缺者的特别保护。信息主体同意的方式多样，可以是通过与信息处理者签订协议的方式，也可以是单方授权的方式，还可以是其他方式。但是，针对个人信息敏感度的不同，对同意的要求程度不同，处理某些个人信息应当取得信息主体明示同意，例如对于信息主体敏感度较高的信息或者隐私信息，根据本法第 1033 条第 5 项的规定，任何组织或者个人未取得权利人明确同意，不得处理他人的私密信息。本条第 1 款第 1 项中的“但是法律、行政法规另有规定的除外”是指处理个人信息可以不取得信息主体同意的例外情形，但这些例外情形必须由法律、行政法规作出明确规定，例如本法第 1037 条规定的情形既是处理他人个人信息可以免除民事责任的情形，实际上也是处理他人个人信息无须取得信息主体同意的情形。此外，我国正在制定中的个人信息保护法也可以对处理个人信息无须取得信息主体同意的具体情形作出更为详细的规定。

二是正当原则。所谓正当原则是指处理个人信息除了要遵循合法原则外，信息处理的目的和手段还要正当，应当尊重公序良俗和遵守诚实信用，并且要尽量满足公开透明的要求，以便当事人能够充分了解情况，自主行使自己的权利。这就要求信息处理者对处理个人信息的行为进行自我管理，确保处理个人信息行为的正当性。特别是在处理个人信息过程中不得强迫用户授权，或者以捆绑服务、强制停止使用等不正当手段变相诱导、胁迫用户提供个人信息，更不得以欺骗、窃取或者其他非法手段处理他人的个人信息。实践中的“大数据杀熟”就是一种典型的违反正当原则的行为。

三是必要原则。所谓必要原则是指处理个人信息的目的应当特定，处理应当受限制。处理个人信息应当有特定目的，并且应当依据该特定的、明确的目的进行，通常不得超出目的范围处理个人信息，与实现所涉目的无关的个人信息不得处理。例如医疗机构收集患者的疾病信息目的是用于分析患者病情或者分析疾病，不得将其用于非医疗目的；还比如电商承诺只将收集到的消费者个人信息用于研究分析消费发展趋势目的的，就不得将其用于其他目的。此外，必要原则还包括即使按照特定目的处理个人信息，也应当按照对信息主体影响最小的方式进行，应当在必要的限度内进行。这就要求信息处理者在收集信息时不应当收集对提供服务没有必要的个人信息，只有那些对开展相关服务而言非收集不可或者不收集就无法满足用户服务需要的信息，才可被收集；在处理个人信息时，处理的内容和范围不应过于宽泛，只有在不得不处理时才可以处理个人信息。不得过度处理个人信息本应是必要原则的应有之义，但是在立法过程中，不少意见提出，针对实践中不少网络服务提供商，特别是一些手机 APP 应用服务提供商过度处理个人信息的现象比较普遍，严重损害了信息主体的权益，建议明确规定，不得过度处理个人信息。本条采纳了这一个意见，特别强调不得“过度处理”个人信息。这一规定针对性是较强的。

四是公开透明原则。所谓公开透明原则是指信息处理者在处理个人信息时应当公开处理信息的规则，并明示处理信息的目的、方式和范围，确保信息主体享有知情权。公开透明原则极为重要，其是确保信息主体知情同意的前提。只有让信息主体充分知悉和了解处理个人信息的规则、目的、方式和范围，了解个人信息被处理的后果和可能的影响，才可以保护信息主体的意思判断是自主、真实和合理的。这里的公开透明并非指个人信息内容公开，而是指处理个人信息的过程和规则应当公开。这就要求信息处理者在处理个人信息时要主动增强透明度，用通俗易懂、简洁明了的语言说明处理个人信息的目的、方式和范围，并将处理个人信息的规则予以公开。由于这些规则是由个人信息处理者单方制定的，属于格式条款，因此应当受本法合同编和其他相关法律关于格式条款规定的规范。

需要说明的是，本章中的处理内涵极为丰富，并不限于使用行为，还包括个人信息的收集、存储、加工、传输、提供、公开等行为。本条第 2 款之所以这样规定，主要是为了表述上的方便，与国际上通行的做法也能基本保持一致。

▸ **相关规定**

《中华人民共和国消费者权益保护法》第29条；《中华人民共和国网络安全法》第41条

第一千零三十六条　处理个人信息，有下列情形之一的，行为人不承担民事责任：

（一）在该自然人或者其监护人同意的范围内合理实施的行为；

（二）合理处理该自然人自行公开的或者其他已经合法公开的信息，但是该自然人明确拒绝或者处理该信息侵害其重大利益的除外；

（三）为维护公共利益或者该自然人合法权益，合理实施的其他行为。

◆ **条文主旨**

本条是关于处理个人信息可以免责情形的规定。

◆ **立法背景**

任何权利的行使都是有其界限的，自然人对个人信息所享有的权益也不例外。特别是在信息时代，信息的自由流通十分重要，信息时代人类社会所创造的巨大价值就是建立在信息的自由流通基础上的，如果信息处理者对于任何信息进行任何处理都要花费不合理的成本来确定是否侵害他人的个人信息权益，或者允许信息主体频频打断信息的流通和传播，将严重影响信息产业的发展，整个社会也将会付出高昂的代价，因此，在个人信息保护立法中，一定要处理好保护个人信息与促进信息自由流通之间的关系，在进一步加强对个人信息保护的同时，也要高度重视信息的自由流通问题。

◆ **条文解读**

为了处理好个人信息保护与信息自由流通这二者之间的关系，本条明确规定了行为人处理个人信息不须承担民事责任的三种情形：

一是在该自然人或者其监护人同意的范围内合理实施的行为。自然人或者其监护人同意是处理个人信息行为获得合法性的重要依据，也是自然人处分自己个人信息权益的重要方式。自然人或者其监护人的同意，实际上就是允许他人处理自己的个人信息。因此，行为人在自然人或者其监护人同意的范围内实施的行为即使对该自然人的权益造成了影响，也是符合信息主体意愿的，行为人不须承担民事责任。但是，行为人在自然人或者其监护人同意的范围内实施的行为应当合理，例如消费者允许电商处理自己的消费记录并向自己发送精准广告，但电商在处理该消费者的消费记录后，却不分白天黑夜频频向该消费者推送各种商品广告，对其生活造成了极大干扰，这种行为虽是在该消费者同意的范围内实施的行为，但不合理，并不能完全免除电商的民事责任。

二是合理处理该自然人自行公开的或者其他已合法公开的信息，但是该自然人明确拒绝或者处理该信息侵害其重大利益的除外。“自然人自行公开”自己的个人信息就是自然人主动将自己的某些个人信息向社会公开，例如患者主动向社会公开自己的生病经历，还比如某自然人主动向社会公开自己的性取向或者宗教信仰。自然人自行公开自己的个人信息意味着其在一定程度上同意他人对这些个人信息的处理。“其他已合法公开”的个人信息是指除自然人自行公开的以外，以其他合法形式公开的个人信息，例如媒体在新闻报道中依法公开的个人信息，还比如国家机关依法公开的个人信息。合理处理这些已公开的个人信息，即使对某自然人造成了影响，行为人原则上也不承担民事责任。但是有两种情形例外：第一，该自然人明确拒绝他人处理自己公开的个人信息。个人信息虽然是自然人自己主动公开或者被以其他方式合法公开，但若该自然人明确表示拒绝他人处理这些个人信息的，应当尊重该自然人的意愿，行为人不得擅自处理，除非有明确的法律法规授权。第二，处理该信息侵害自然人重大利益的。在有的情况下，自然人的个人信息虽然是自己主动公开或者是通过其他合法方式公开的，但若处理这些个人信息的行为损害该自然人重大利益的，行为人仍不能免除责任。例如某自然人对外公开了自己的电话号码，但行为人却利用这些电话号码频频向该自然人发送垃圾短信或者拨打垃圾电话，严重滋扰了该自然人的生活安宁，此时，行为人仍应承担民事责任。本项的“但书”规定是公开使用的例外情形，保证了信息主体的最终决定权，并体现了权利行使的比例原则。

三是为维护公共利益或者该自然人的合法权益，合理实施的其他行为。这是一个兜底性的规定。公共利益涉及国家利益和不特定多数人的利益，任何国家和地区一般都规定，基于公共利益，可以对权利的行使进行限制。自然人对个人信息享有的权益也不例外。例如欧盟《一般数据保护条例》就明确规定，为了国家安全、公共健康等公共利益，可以合理处理信息主体的个人信息。我国《宪法》第51条规定，中华人民共和国公民在行使自由和权利的时候，不得损害国家的、社会的、集体的利益和其他公民的合法的自由和权利。基于此，本条规定，行为人为了维护公共利益，在必要范围内可以合理处理自然人的个人信息。但由于公共利益是一个弹性极大的概念，为避免被滥用，应当严格适用，例如为了公众的健康安全或者为了追查犯罪行为可以作为公共利益。此外，为了该自然人自己的合法权益，也可以在必要范围内处理其个人信息，例如在患者处于病重昏迷状态时，医院为了该患者的生命安全处理该患者的个人健康信息。需要强调一点，无论是为了维护公共利益还是为了维护自然人的合法权益，行为人在必要范围内实施的处理个人信息行为都应当是合理的，不能借维护公共利益之名，行侵害自然人合法权益之实，否则仍不能免除侵权责任。

第一千零三十七条 自然人可以依法向信息处理者查阅或者复制其个人信息；发现信息有错误的，有权提出异议并请求及时采取更正等必要措施。

自然人发现信息处理者违反法律、行政法规的规定或者双方的约定处理其个人信息的，有权请求信息处理者及时删除。

◆ 条文主旨

本条是关于信息主体查阅复制和更正删除权的规定。

◆ 条文解读

个人信息涉及自然人的人格尊严，根据本章的规定，自然人的个人信息受法律保护。自然人对自己的个人信息享有一系列权能，包括知情同意权、查阅复制权、更正删除权、受保密权等内容。本法第 1035 条规定了自然人的知情同意权，第 1038 条规定了自然人的受保密权，本条则对自然人的查阅复制权和更正删除权作了规定。

自然人对个人信息的查阅复制权是指信息主体有权查询其个人信息被处理的情况，并有对处理的个人信息进行复制的权利。查阅复制权在个人信息保护体系中的地位很重要。自然人要行使自己对个人信息的其他权利，必须首先了解自己的哪些个人信息被处理，以及被处理的情况如何，特别是要能了解在此过程中其个人信息是否被保持得完整准确。只有这样，才能判断信息处理者的处理活动是否符合信息主体的预期，信息主体也才能够决定是否有必要对相关信息进行更正、删除。所以，信息查阅复制权是确保自然人能够实现这些权利的重要内容，任何组织或者个人都不得非法剥夺。基于此，本条第 1 款规定，自然人可以依法向信息处理者查阅或者复制其个人信息。

个人信息更正权，简称更正权，是指信息主体有权请求信息处理主体对不正确、不全面的个人信息进行改正与补充的权利。更正权具体包括：个人信息错误更正权，即对于错误的个人信息本人有更正的权利；个人信息补充权，即对于遗漏或新发生的个人信息本人有补充的权利；个人信息更新权，即对于过时的个人信息本人有及时更新的权利。确保个人信息的准确性、完整性和及时更新，信息处理者才能确保提供服务的质量，才能有效维护信息主体的合法权益。赋予信息主体更正权是国际上的通行做法，例如欧盟《一般数据保护条例》第 16 条规定，数据主体有权要求数据控制者对其错误的个人数据进行更正。我国《网络安全法》第 43 条也规定，个人发现网络运营者收集、存储的其个人信息有错误的，有权要求网络运营者予以更正，网络运营者应当采取措施予以更正。因此，本条规定，自然人发现信息有错误的，有权提出异议并请求及时采取更正等必要措施。

个人信息删除权，简称删除权，是指信息主体在法定或约定的事由出现时，有权请求信息处理者删除其个人信息的权利。我国《网络安全法》第43条规定，个人发现网络运营者违反法律、行政法规的规定或者双方的约定收集、使用其个人信息的，有权要求网络运营者删除其个人信息。本条在网络安全法的基础上规定，自然人发现信息处理者违反法律、行政法规的规定或者双方的约定处理其个人信息的，有权请求信息处理者及时删除其个人信息。根据本条的规定，信息主体一般在下列情形下可以请求删除个人信息：一是处理个人信息的行为不合法。例如信息处理者处理个人信息未取得信息主体的同意，并且也没有法律法规的明确授权；还比如信息处理者的处理行为超出了法定或者约定的范围。二是信息处理者处理个人信息的目的已不存在，其没有必要再保存个人信息。三是信息主体与信息处理者约定的处理个人信息的期限已届满，根据约定，信息主体有权要求删除。需要强调的是，本条规定的个人信息删除权并非欧盟《一般数据保护条例》所规定的所谓“个人信息被遗忘权”。目前各方对是否规定欧盟版的“个人信息被遗忘权”争议极大，对这一问题宜继续研究，因此，本法对此未作规定。

▶ **相关规定**

《中华人民共和国网络安全法》第43条；《全国人民代表大会常务委员会关于加强网络信息保护的决定》第8条

第一千零三十八条 信息处理者不得泄露或者篡改其收集、存储的个人信息；未经自然人同意，不得向他人非法提供其个人信息，但是经过加工无法识别特定个人且不能复原的除外。

信息处理者应当采取技术措施和其他必要措施，确保其收集、存储的个人信息安全，防止信息泄露、篡改、丢失；发生或者可能发生个人信息泄露、篡改、丢失的，应当及时采取补救措施，按照规定告知自然人并向有关主管部门报告。

◆ **条文主旨**

本条是关于信息处理者对个人信息安全保护义务的规定。

◆ **立法背景**

信息处理者对处理的个人信息负安全保护义务是确保个人信息安全的重要保障。随着人工智能、大数据技术、拍照技术等科学技术的快速发展，个人信息被泄露、被复制、被窃取的风险越来越大，特别是随着互联网应用的普及和人们对互联网的依赖，互联网的安全问题也日益凸显，黑客攻击和大规模的个人信息窃取案件频发，大量网民因个人信息被窃取导致的人身财产损害后果严重。此外，目前网站攻击与技术窃取个人信息的行为正在向批量化、规模化方向发展，用户个人信息权益遭到侵害，特别是一些重要数据信息甚至流向他国，信息安全威胁已经上升至国家安全层面。实践中，因信息处理者未履行对个人信息的安全义务，导致自然人的个人信息被大规模泄露的事件时有发生，例如美国脸书公司泄露众多客户个人信息案。如果信息处理者不采取有力措施保护个人信息，会对个人信息主体造成严重滋扰，严重损害其人格尊严，对社会秩序也会造成严重冲击。因此，明确信息处理者对个人信息的安全义务对于个人信息保护至关重要。世界各国和相关地区的个人信息保护立法均强调信息处理者对个人信息负有安全保护义务。例如欧盟《一般数据保护条例》规定，数据处理应当采用适当的技术措施和组织措施，确保数据安全，防止未经授权的访问，非法处理或者数据的丢失、毁损和破坏。我国现行的网络安全法、电子商务法、消费权益保护法等法律和多部行政法规均对个人信息的安全保护义务作了规定。为了更好地保护个人信息，本条专门对信息处理者的安全保护义务作了规定。

◆ **条文解读**

本条在现行法律法规的基础上，从三个方面对信息处理者应当履行的安全保护义务作了规定：

一是信息处理者不得泄露或者篡改其收集、存储的个人信息；未经自然人同意，不得向他人非法提供其个人信息，但是经过加工无法识别特定个人且不能复原的除外。这是对信息处理者自身不得泄露、篡改、非法提供个人信息的要求。信息处理者自己主动泄露、篡改或者非法提供个人信息的行为是极为严重的违反安全保护义务的行为，也是一种故意侵犯个人信息权益的行为，不但要承担民事责任，造成严重后果的，还有可能承担刑事责任。本法第1035条明确规定，除法律、行政法规另有规定外，处理自然人个人信息的，应当征得该自然人或者其监护人同意。根据这一规定的逻辑，信息处理者未经信息主体的同意就向他人提供个人信息，就属于泄露个人信息的具体情形。根据该条第2款的规定，本章中的“处理”包括向他人提供个人信息的行为，因此，信息处理者向他人提供个人信息必须经信息主体同意，否则将承担侵权责任。当然，本条同时也规定，个人信息经过加工无法识别特定个人且不能复原的，信息处理者可以不经信息主体同意向他人提供。经过加工无法识别特定个人且不能复原的信息就是经过匿名化处理的信息。随着大数据时代、人工智能时代的到来，海量的个人信息数据成为具有重大价值的资产，若对这些信息资产利用得当，必将产生巨大的社会效益，必将有力地推动经济的发展。而通过匿名化技术消除个人信息的信息主体身份特征后加以利用，成为利用这些信息数据的重要手段。个人信息通过匿名化技术处理后，信息主体很难再被识别出来，对其人格尊严也就不会产生损害，此时的匿名化信息已失去了个人信息最本质的特征，已不再属于个人信息，因此也就不需要适用个人信息保护的相关规则，信息处理者自然也就可以不经信息主体同意就向他人提供这些匿名化的信息。由于本法属于民事基本法，对于判断“无法识别特定个人且不能复原”的信息的具体规则和要求，本法并未作规定，这可以由将来的个人信息保护法等特别法或者专门的行政法规、部门规章作出规定。

二是信息处理者应当采取技术措施和其他必要措施，确保其收集、存储的个人信息安全，防止信息泄露、篡改、丢失。信息处理者除了自己不得主动泄露、篡改、非法提供其收集、存储的个人信息外，还要积极采取措施确保其收集、存储的个人信息安全。这要求信息处理者要为个人信息的储存提供必要的安全环境。虽然本条并没有将这些具体措施作具体化的规定，但原则上要求信息处理者在合理限度内采取必要措施保证信息安全。这些措施主要是技术手段，例如设置多重密码，设置防火墙以防止病毒入侵等。在确定具体采取哪些必要措施时，可以结合安全措施的成本和个人信息的性质内容来决定和判断。

三是发生或者可能发生个人信息泄露、篡改、丢失的情况的，应当及时采取补救措施，依照规定告知信息主体并向有关主管部门报告。如果信息处理者没有采取措施或者采取的措施不力，导致发生或者可能发生个人信息泄露、篡改、丢失的情况的，其既有及时采取补救措施的义务，同时还有依照规定告知信息者并向有关主管部门报告的义务，以防止个人信息进一步被泄露、篡改、丢失，避免损害的进一步扩大。判断是否构成本款规定的“及时”，要结合个人信息被处理和传播的速度，是否能使损害最小化。本款规定的补救措施，可以是本法侵权责任编关于防止网络侵权的删除、断开连接、屏蔽措施，还包括其他可以减少损害的所有合理措施。本款所规定的“告知”和“报告”义务，必须是将相关的危险情况以可以理解的方式，清晰、明确、全面地告知当事人。

▶ **相关规定**

《中华人民共和国网络安全法》第42条；《全国人民代表大会常务委员会关于加强网络信息保护的决定》第3－4条

第一千零三十九条 国家机关、承担行政职能的法定机构及其工作人员对于履行职责过程中知悉的自然人的隐私和个人信息，应当予以保密，不得泄露或者向他人非法提供。

◆ **条文主旨**

本条是关于国家机关、承担行政职能的法定机构及其工作人员对个人信息的保密义务的规定。

◆ **条文解读**

国家机关、承担行政职能的法定机构及其工作人员在依法履行职责的过程中常常会接触到自然人的隐私和个人信息，这可以体现在两个方面：一是根据法律、行政法规的授权，国家机关及其工作人员主动处理他人的个人信息，或者进入、搜查、监视他人的私密场所，跟踪他人的私密活动等，例如公安机关对犯罪嫌疑人进行监视或者跟踪；还比如医疗卫生行政主管部门为了防治传染病处理一些患者的疾病信息等。二是国家机关及其工作人员在履行职责过程中被动地、不可避免地知悉或者了解到他人的隐私和个人信息，例如公安机关在对犯罪嫌疑人进行监视或者跟踪时会不可避免地知悉或者了解到与犯罪嫌疑人相关的其他自然人的一些隐私和个人信息。无论是根据法律、行政法规授权主动知悉的隐私和个人信息，还是在履行职责过程中被动知悉的隐私和个人信息，国家机关及其工作人员都必须予以保密，这是其应遵守的基本法定义务。之所以强调这一点，一是从现实情况看，国家机关及其工作人员在履行职责过程中知悉的隐私和个人信息量多面广，据统计，国家机关知悉或者掌握的自然人隐私和个人信息量远超一般的企业等商事主体。二是国家机关及其工作人员在履行职责过程中知悉或者掌握的自然人隐私和个人信息一般都私密程度较高或者敏感度较大。若国家机关及其工作人员没有强烈的保密意识，导致这些隐私和个人信息被泄露或者公开，有可能对相关自然人的权益造成极大的损害，社会后果也是极为严重的。基于此，本条明确规定，国家机关、承担行政职能的法定机构及其工作人员对于履行职责过程中知悉的自然人的隐私和个人信息，应当予以保密，不得泄露或者向他人非法提供。这就要求国家机关及其工作人员对履行职责中知悉的隐私和个人信息不但要有强烈的保密意识，自己不主动泄露、公开或者非法提供这些隐私和个人信息，还要采取有力的措施确保这些隐私和个人信息不被泄露、不被公开。除了本条规定，我国的一些单行法对此也作了相关规定，例如我国《监察法》第 18 条第 2 款规定了监察机关及工作人员对履行职责过程中掌握的信息负有保密义务。

这里需要说明的是，民法典主要调整的是作为平等主体的自然人、法人、非法人组织之间的人身关系和财产关系。人格权编作为民法典的一部分主要调整的也是平等主体之间因人格权的享有和保护产生的民事关系。本章对于个人信息保护的规范也主要限于平等主体之间。所以，从严格意义上讲，本条关于国家机关、承担行政职能的法定机构及其工作人员在履行职责过程中承担对自然人的隐私或者个人信息保密义务的规定不属于民法典规定的内容，但由于国家机关、承担行政职能的法定机构及其工作人员在履行职责过程中掌握了大量个人的隐私和个人信息，且多数为敏感重要的个人信息，一旦被泄露，将对个人造成严重损害，后果也将极为严重，所以，这个问题对于个人信息的保护极为重要，本章从强调的角度对此作了规定。若国家机关、承担行政职能的法定机构及其工作人员在履行职责过程中违反保密义务，侵害了自然人的权益，权利人可以根据国家赔偿法或者其他相关法律的规定要求国家机关、承担行政职能的法定机构及其工作人员承担法律责任。

▶ **相关规定**

《中华人民共和国监察法》第 18 条

第七编

侵权责任

侵权责任是民事主体侵害他人权益应当承担的法律后果。2009年全国人大常委会通过了侵权责任法，侵权责任法实施以来，在保护民事主体合法权益、明确侵权责任、预防和制裁侵权行为方面发挥了重要作用。民法典侵权责任编在总结侵权责任法实践经验的基础上，针对侵权领域出现的新情况，回应社会关切，广泛听取和吸收各方面意见，借鉴司法解释的有益做法，体现法学理论研究的最新成果，对侵权责任制度作了必要的补充和完善。本编共十章、九十五条。

第一章 一般规定

本章共十五条，主要规定了侵权责任编的调整范围、过错责任和过错推定责任、无过错责任、侵权责任的承担方式、共同侵权及其责任承担、教唆帮助他人侵权的责任承担、共同危险行为及责任承担、无意思联络承担连带责任的分别侵权、无意思联络的分别侵权、过错相抵、受害人故意、第三人侵权、自甘风险、自力救济等。

本章是在侵权责任法第一章“一般规定”、第二章“责任构成和责任方式”和第三章“不承担责任和减轻责任的情形”的基础上，整合编纂形成的。侵权责任法前三章的内容，有些已经放在民法典总则编中作出规定，例如不可抗力、正当防卫、紧急避险等；有些不需要单独规定，例如侵权责任编的立法目的等。经过整合、补充后，将侵权责任法前三章的内容合并为本章，作为侵权责任编的一般规定。

第一千一百六十四条 本编调整因侵害民事权益产生的民事关系。

◆ **条文主旨**

本条是关于侵权责任编调整范围的规定。

◆ **立法背景**

侵权责任编的保护对象为“民事权益”。侵权责任编的保护对象的范围宽泛。对于如何规定其保护对象，主要有两种观点：一种观点认为，应当尽可能详细地列举侵权责任编所保护的各种权利和利益；另一种观点认为，应当采取抽象概括的模式。这两种观点各有利弊，前一种做法清楚、明白，在法律适用上较为方便，但详细列举难以穷尽，难免挂一漏万；后一种做法具有开放性和包容性，能够适应未来侵权责任的发展，但对于其具体范围容易产生分歧，不利于法律的统一适用。从境外立法例看，规定也有较大区别。《法国民法典》用两个条文对侵权行为作了概括规定；《日本民法典》用一个条文作了概括规定；《德国民法典》没有作概括规定，而是用两个条文规定了三种侵权形态。

在民法典的编纂过程中，有的意见提出，侵权责任编首先应当明确法律保护什么权利和利益。《侵权责任法》第 2 条第 2 款“本法所称民事权益，包括生命权、健康权、姓名权、名誉权、荣誉权、肖像权、隐私权、婚姻自主权、监护权、所有权、用益物权、担保物权、著作权、专利权、商标专用权、发现权、股权、继承权等人身、财产权益”的规定，清晰明确地指出了侵权责任编的保护对象，具有理论价值和实践价值，建议在民法典侵权责任编中保留这一规定。经研究认为，一是，《侵权责任法》第 2 条第 2 款的规定，与民法典总则编关于民事权利权益的逻辑分类和表述不尽一致。如果保留侵权责任法的表述，则与总则编的表述存在矛盾，一部法律中不应如此；如果按照总则编的逻辑分类再表述一遍，则形成赘述，立法技术不高。二是，对侵权责任编的保护对象，应当放在民法典的宏观角度看待和把握。总则编规定了民事权利权益，侵权责任编保护哪些民事权利权益可参照总则编的规定，不需要另行规定。因此，民法典侵权责任编并未保留侵权责任法的相关规定。

◆ **条文解读**

第一，从民法典总则编第五章“民事权利”的规定可以看出，民事主体享有的权益主要有：第 110 条规定的自然人享有的生命权、身体权、健康权、姓名权、肖像权、名誉权、荣誉权、隐私权、婚姻自主权等权利，法人、非法人组织享有的名称权、名誉权和荣誉权；第 111 条规定的自然人的个人信息；第 112 条规定的自然人因婚姻家庭关系等产生的人身权利；第 113 条规定的财产权利；第 114 条规定的物权；第 118 条规定的债权；第 123 条规定的知识产权；第 124 条规定的继承权；第 125 条规定的股权和其他投资性权利；第 126 条规定的法律规定的其他民事权利和利益；第 127 条规定的数据、网络虚拟财产。

第二，在保护程度和侵权构成要件上，考虑实践中权利和利益的界限较为模糊，很难清楚地加以划分，对于什么是权利，意见纷纭。侵权责任编对民事权利和民事利益没有作区分。从权利的内容上看，对于权利的具体内容，有支配说、利益说和结合说几种观点。结合说是目前的通说，认为“权利乃享受特定利益的法律之力”，其落脚点实际上还是利益，很难把权利和利益划分清楚。从权利的形式上看，法律明确规定某某权的当然属于权利，但法律没有明文规定某某权而又需要保护的，不一定就不是权利。而且，权利和利益本身是可以相互转换的，有些利益随着社会发展纠纷增多，法院通过判例将原来认定为利益的转而认定为权利，即将利益“权利化”。所以，本条没有区分权利和利益，而是统一规定：“本编调整因侵害民事权益产生的民事关系。”

第三，侵权责任编不调整违约责任问题。合同债权也是一种民事权益，但它原则上不属于侵权责任编的保护范围。本条规定“侵害民事权益”不涉及违约责任问题。违约责任由合同法调整。对于第三人侵害债权是否受侵权责任编调整，侵权责任法没有规定。本次编纂民法典，对这个问题的争议仍然很大，没有形成共识，因此仍没有明确规定。对这个问题，我们认为，第三人侵害债权的行为，如果行为足够恶劣，有了过错，能够构成相应侵权行为的，可以适用本编规定。

第一千一百六十五条 行为人因过错侵害他人民事权益造成损害的，应当承担侵权责任。

依照法律规定推定行为人有过错，其不能证明自己没有过错的，应当承担侵权责任。

◆ 条文主旨

本条是关于过错责任和过错推定责任归责原则的规定。

◆ 立法背景

过错责任是指造成损害并不必然承担侵权责任，还要看行为人是否有过错。有过错有责任，无过错无责任。在奴隶社会和封建社会，结果责任在归责原则中占据统治地位，不考虑行为人实施行为时是否有过错，谁造成损害谁承担责任，在责任方式上呈现同态复仇的特点。这种在任何领域不问行为人有无过错都要其承担责任的做法是不公平的，动辄得咎极大地限制了行为自由，且这种以野蛮的同态复仇作为责任方式的归责原则是人类文明不发达的表现。随着人类社会的发展和人类文明的进步，过错责任原则逐渐取代了结果责任原则。19 世纪末 20 世纪初，过错责任取得了统治性地位。以过错作为主要的归责原则可以较好地协调“个人自由”与“社会安全”的关系。行为人若尽到合理注意义务，就没有过错，即免除侵权责任。这样个人的活动自由可以得到保障，聪明才智得到充分发挥，社会经济活动得以顺利进行。若人人都尽到合理注意义务，社会安全也会得到维护。

我国于1986年颁布的《民法通则》第106条确认了过错责任原则在我国的法律地位。2009年颁布的侵权责任法继承了民法通则的规定，重申过错责任原则是侵权责任法的基本归责原则。这是我国社会经济文化发展的需要，同时也是为更有效地保护公民、法人的合法权益，教育公民、法人遵守法律和公共道德，预防和减少损害的发生，化解社会纠纷，促进社会和谐稳定。民法典侵权责任编编纂过程中，有的意见提出，侵权责任法对过错责任的规定，在构成要件上不完整，建议补充上关于行为后果的表述。民法典侵权责任编草案二审稿采纳了这一建议，将侵权责任法的规定修改为“行为人因过错侵害他人民事权益造成损害的”。2020年5月民法典草案提请十三届全国人大三次会议审议过程中，有的意见认为，本条第2款用了两个“行为人”，略显重复。经研究，将第二个“行为人”修改为“其”。

◆ **条文解读**

根据本条第1款的规定，只要同时满足以下条件，行为人就应承担侵权责任：

一是行为人实施了某一行为。若无行为人的行为，就不会产生侵权责任。在现代社会，“不侵害他人”是任何一个民事主体所应遵守的普遍性义务，没有合法依据或者法律授权，不得损害他人的民事权益，否则就可能承担一定的法律后果。这里的行为包括作为和不作为。在多数情况下，行为人都是因为对他人的民事权益实施了积极的加害行为而承担侵权责任，如殴打某人、毁坏某人的财产、散布某人的谣言等。本法规定的侵权责任也大多是因为行为人的作为而产生的。但是，在一些情况下，行为人不作为也有可能产生侵权责任，这是现代侵权责任法的一种发展趋势，即在特定情形下行为人还负有积极保护他人的义务，例如，宾馆、商场、银行、车站、机场、体育场馆、娱乐场所等经营场所、公共场所的经营者、管理者或者群众性活动的组织者，未尽到安全保障义务，造成他人损害的，应当承担侵权责任。不作为侵权是行为人应当履行某种法定作为义务而未履行该义务而产生的，若没有法定作为义务，行为人的不作为并不构成侵权。这种法定作为义务可能是某一法律明确规定的，可能是某人先前的危险行为产生的，还可能是基于当事人约定而产生的，等等。

二是行为人行为时有过错。在过错责任原则中，过错是确定行为人是否承担侵权责任的核心要件，也是人民法院审理侵权案件的主要考虑因素。行为人的行为造成损害并不必然承担侵权责任，必须要看其是否有过错，无过错即无责任。过错是行为人行为时的一种应受谴责的心理状态。正是由于这种应受谴责的心理状态，法律要对行为人所实施的行为作否定性评价，让其承担侵权责任。需要指出的是，过错仅适用于过错责任原则制度下的侵权责任，对于一些法律明确规定的特殊侵权责任，过错并非必要条件，例如无过错责任原则、公平分担损失原则。需要强调的是，无过错责任原则和公平分担损失原则的适用范围是法律特别规定的情形，需要由法律的明确规定才能适用。只要法律没有明确规定不以过错为要件的，过错仍是行为人承担侵权责任的要件。过错分为故意和过失。故意是指行为人预见到自己的行为会导致某一损害后果而希望或者放任该后果发生的一种主观心理状态。过失是指行为人因疏忽或者轻信而使自己未履行应有注意义务的一种心理状态，其是侵权责任法中最常见的过错形态。故意与过失的主要区别是，故意表现为行为人对损害后果的追求、放任心态，而过失表现为行为人不希望、不追求、不放任损害后果的心态。故意是一种典型的应当受到制裁的心理状态，但它必须通过一定的行为表现出来。在实践当中，通过对行为人行为的调查可以认定行为人是否具有故意的心理状态，如某人点着火把往另一人的房屋上扔这一行为本身就足以表明行为人具有故意的心理状态，受害人没有必要就行为人是否故意再承担举证责任。如何判断某个人的过失，经历了一个发展过程。早期判断行为人是否有过失，主要考察行为人的主观心理状态，这也叫主观判断标准。这需要分析特定行为人对自己的行为或后果的理解、判断、控制、认识等方面的状况及能力，从其意志活动过程来确定过失。但是这导致受害人证明行为人的过错很困难，不利于保护其利益。发展到现在，对过失的认定逐渐客观化，不是从单个行为人的主观状态认定其过失，而是主要依据以下客观标准判断其有无过失：第一，行为人是否违反了法律、行政法规明确规定的义务。例如，法律对某一特定领域规定了行为标准，行为人若违反了这些标准，就具有过失。第二，行为人是否违反了一个理性人的注意义务。“理性人的注意义务”即多数人在特定情况下应当达到的注意程度。根据该标准，判断被告是否有过失主要看一般人在被告所处的情况下，会怎么行为。若一般人会与被告做出同样的行为，被告就没有过失，反之，则有过失。“理性人的注意义务”原则上不照顾行为人的特殊弱点，不管其是性急、害羞、健忘，还是反应慢、粗心大意等，原则上适用同样的标准，并不因此而使其得到原谅；也不考虑行为人的经验、能力，如一个没有经验的司机造成车祸所适用的判断标准与一个有多年驾驶经验的老司机所适用的标准是一样的。当然该标准原则上也不要求行为人比常人履行更高的注意义务，它只要求被告履行常人的一般注意义务即可。客观判断标准有两种特殊情形：第一，专业人员的行为标准。“理性人的注意义务”是主要针对一般人的过失判断标准，但在现实生活中，还存在许多有特殊技能和知识的人，如医生、律师、会计师、建筑师等。这些专业人员的行为标准就应当比一般人的行为标准高一些，要求行为人的行为符合自己领域内公认的活动标准。判断某一专业人员是否有过失要看其是否履行了本领域内一个合格专业人员的注意义务。例如，医生的合理注意义务应是其他医生普遍遵守的义务，不是“一般人”普遍遵守的义务。第二，无民事行为能力人或者限制民事行为能力人的行为标准。这类人主要包括未成年人、精神病人。专业人员的行为标准通常高于一般人的行为标准，而无民事行为能力人或者限制民事行为能力人的行为标准通常低于一般人的行为标准。同样的行为造成同样的后果，对于具有完全民事行为能力的成年人可能就是过失，而对儿童来说就不是过失。在判断这类人是否履行合理注意义务时，应当考虑其年龄、智力和生理状况等因素。无民事行为能力人或者限制民事行为能力人造成他人损害的，原则上由其监护人承担侵权责任。

三是受害人的民事权益受到损害，即要求有损害后果，这一点是民法典侵权责任编与以往立法相比的重大变化。损害是指行为人的行为对受害人的民事权益造成的不利后果，通常表现为：财产减少、生命丧失、身体残疾、名誉受损、精神痛苦等。需要强调的一点是，这里的“损害”是一个比较广的概念，不但包括现实的已经存在的“现实损害”，还包括构成现实威胁的“不利后果”，如某人的房屋倾斜，如其不采取防范措施，导致房屋随时有可能倒塌损害他人的人身、财产安全。实践中，受害人大多数情况下受到的是现实损害，这种损害相对容易被认定和证明。在一些情况下，行为人的行为也可能对受害人的民事权益造成现实威胁，为防止其转化成现实损害，行为人也应当承担侵权责任，这有利于保护受害人，体现了侵权责任编预防侵权行为的立法目的，也是现代侵权责任法的发展趋势，本法第 1167 条规定的内容就包含了这层意思。根据该规定，侵权行为危及他人人身、财产安全的，被侵权人可以请求侵权人承担停止侵害、排除妨碍、消除危险等侵权责任。但是，必须明确，排除妨害、消除危险等侵权责任的承担方式，是基于物权、人格权等绝对权而产生的保护性请求权，不要求有损害结果。第 1165 条第 1 款中的过错针对的是损害赔偿来说的，因此要“造成损害”。

四是行为人的行为与受害人的损害之间有因果关系。因果关系是指行为人的行为作为原因，损害事实作为结果，在二者之间存在的前者导致后者发生的客观联系。因果关系是侵权责任的重要构成要件，在行为与损害事实之间确定存在因果关系的，就有可能构成侵权责任，没有因果关系就必然地不构成侵权责任。对一些比较简单的侵权行为，判断是否存在因果关系比较容易，例如某人开车闯红灯撞伤一行人，行人受伤与被告开车闯红灯之间是否存在因果关系一目了然，举证容易，不需要复杂的理论分析。但是，在现实生活中，侵权行为越来越多样化和复杂化，有的一因多果，有的多因一果，有的甚至多因多果；如何判断或者确定行为与损害之间是否存在因果关系就比较困难，也是审判实践中面临的棘手问题。为了应对因果关系的复杂化，学者、法官创造了多种理论，如“条件说”“原因说”“相当因果关系说”“法律因果关系说”“盖然性因果关系说”等。原则上，如何判断因果关系需要由法官根据个案的实际情况，依一般社会经验决定。对案情较为简单，一因一果的侵权，可以直接根据事实判定，没有必要舍本逐末，再用其他理论判断；对于虽然有其他条件介入，但行为与损害后果之间自然连续、没有被外来事件打断的，也可以认定存在因果关系；对多因一果、一因多果或者多因多果等复杂情形，则需要法官综合考虑当时的情况、法律关系、公平正义、社会政策等多种因素决定。在侵权责任中，一般由原告承担证明损害与行为之间存在因果关系的责任，但在特定情形，如环境污染责任中，不少环境污染损害有个积累过程，时间长，跨度大，受害群体分布广，且专业性较强，让普通受害者个人费时耗力地证明因果关系是否存在困难重重，为了保护这些受害者，需要减轻受害者的举证责任，由被告负责证明自己的行为与损害结果之间没有因果关系。适用这种特殊举证责任需要法律明确规定，法律没有明确规定的，原则上不能适用这样的证明规则。

在过错责任原则中，通常由受害人证明行为人是否有过错，但在一些情况下也适用过错推定原则。所谓过错推定，是指根据法律规定推定行为人有过错，行为人不能证明自己没有过错的，应当承担侵权责任。在传统的过错责任原则下，受害人向加害人行使请求权时必须证明加害人具有过错，但过错是行为人的一种主观心理状态，受害人证明起来比较困难。加之，进入现代社会后，各种机器设备大量出现，专业分工亦极为细密，碍于专业知识所限，受害人证明加害人的过错就更为困难。为了既能维持过错责任原则的地位不被动摇，又能有效保护和救济受害人，一些国家和地区发展出了减轻受害人举证责任的规则，我国在司法实践中采用了“过错推定”。过错推定的实质就是从侵害事实中推定行为人有过错，免除了受害人对过错的举证责任，加重了行为人的证明责任，更有利于保护受害一方的利益，也可更有效地制裁侵权行为。对此，本条第 2 款明确规定了过错推定。过错推定包含在过错责任原则中，但与一般过错责任有较大的不同。近百年来，过错推定与无过错责任原则共同发展，从其他国家过错推定实施和发展的结果看，过错推定近似于无过错责任原则。因此，对行为人而言，这是一种较重的责任，不宜被滥用，需要由法律对适用范围作严格限定，否则就有可能限制人们的行动自由。从境外的立法经验看，基本上都由法律明确规定在什么情况下适用过错推定。本条第 2 款也强调，法律规定行为人有过错，行为人不能证明自己没有过错的，才应当承担侵权责任。法律没有规定过错推定的，仍应由受害一方承担过错的证明责任。

第一千一百六十六条 行为人造成他人民事权益损害，不论行为人有无过错，法律规定应当承担侵权责任的，依照其规定。

◆ 条文主旨

本条是关于无过错责任归责原则的规定。

◆ 立法背景

无过错责任是指不以行为人的过错为要件，只要其活动或者所管理的人、物损害了他人的民事权益，除非有法定的免责事由，否则行为人就要承担侵权责任。在法律规定适用无过错责任原则的案件中，法官判断被告应否承担侵权责任时，不考虑被告有无过错，不要求原告证明被告有过错，也不允许被告主张自己无过错而请求免责。只要审理查明，被告的行为与原告损害之间存在因果关系，即可判决被告承担侵权责任。由于这种责任的承担，并不考虑行为人的主观意识状态，而只考虑损害结果和免责事由，故又被称为客观责任；与过错责任原则相比，这种责任在承担条件和责任后果上更为严格，故也被称为严格责任。

适用无过错责任原则的意义在于加重行为人责任，及时救济受害人，使其损害赔偿请求权更容易实现。

在无过错责任原则出现前，侵权责任法领域实行的是过错责任原则。行为人只有在有过错的情况下，才对自己侵害他人民事权益的行为承担侵权责任，无过错就无责任。但是，19 世纪末 20 世纪初，随着工业化的加速，技术日新月异，经济飞速发展，伴随而来的是事故大量发生，这极大地危害了生命和财产安全。在这样的时代背景下，对这些事故继续实行过错责任原则，一是会使受害人证明行为人的过错更困难；二是行为人也会找出各种无过错的理由进行抗辩，以免除自己的责任。最终的结果是大量受害人得不到赔偿，社会矛盾激化，影响社会的正常运行。所以，无过错责任原则的产生是社会发展的必然结果。

我国 1986 年颁布的《民法通则》第 106 条第 3 款确立了无过错责任原则，具有重大实践意义和理论意义。《侵权责任法》第 7 条继承了民法通则的规定，并在此基础上进一步明确了无过错责任原则的内涵。在民法典侵权责任编的编纂过程中，有的意见提出，《侵权责任法》第 7 条中“行为人损害他人民事权益，不论行为人有无过错”的表述，用了两个“行为人”有赘语之嫌疑，建议删除一个。我们研究认为，这种观点在侵权责任法制定时就有，侵权责任法的这一表述是有明确用意的。无过错责任原则的精髓并不是行为人没有过错也要承担侵权责任，而是在确定行为人是否承担侵权责任时，不管其有无过错，受害一方也不用证明行为人是否有过错。这一条用了两个“行为人”，第一个“行为人”重在排除第三人侵权的情形；第二个“行为人”意在明确承担无过错责任不考虑行为人有无过错，只要法律明确规定应当承担侵权责任，就需要承担。该表述不仅准确体现了无过错责任原则的内涵，解决了对“无过错”的理解问题，也解决了无过错责任原则的责任构成要件问题。民法典侵权责任编基本继承了侵权责任法的规定，仅将“行为人损害他人民事权益”修改为“行为人造成他人民事权益损害”，以与过错责任的表述相一致。

◆ **条文解读**

根据本条规定，无过错责任的构成要件有四个：一是行为；二是受害人的损害；三是行为与损害之间具有因果关系；四是法律规定应当承担侵权责任，即不存在法定的免责任的情形。

在许多适用无过错责任原则的领域，法律使行为人承担无过错责任，并非是因为其从事了法律禁止的活动，而恰恰相反，这些活动是社会经济发展所必需的，社会允许其存在。但是，由于这些活动有较高的危险风险，且多数是不可控制的，即使采取所有预防意外的措施，也不可能避免危险，如飞机遇到空中的飞鸟、突遇恶劣天气而坠机等，法律允许这些活动的条件是行为人必须对这种风险产生的后果负责。

这里需要强调以下几点：

一是设立无过错责任原则的主要政策目的，绝不是要使“没有过错”的人承担侵权责任，而主要是免除受害人证明行为人过错的举证责任，使受害人易于获得损害赔偿，使行为人不能逃脱侵权责任。事实上，从我国审判实践的情况看，适用无过错责任原则的大多数案件中，行为人基本上都是有过错的。

二是无过错责任并不是绝对责任，在适用无过错责任原则的案件中，行为人可以向法官主张法定的不承担责任或者减轻责任的事由。法律根据行为的危险程度，对适用无过错责任原则的不同侵权类型规定了不同的不承担责任或者减轻责任的事由。例如，在产品责任案件中，产品制造者可以证明产品投入流通时，引起损害的缺陷尚不存在而免除自己的侵权责任；在高度危险物致损案件中，高度危险作业人可以证明受害人故意造成损害而免除自己的责任，等等。

三是在适用无过错责任原则的侵权案件中，只是不考虑行为人过错，并非不考虑受害人过错。如果受害人对损害的发生也有过错的，在有的情况下可减轻，甚至免除行为人的侵权责任。

四是本条关于无过错责任原则的规定，是为了在一些特定领域排除过错责任原则的适用。本条的规定只是为了表明无过错责任原则在我国是与过错责任原则并列的归责原则，其并不直接具有作为裁判根据的意义。要对某一案件适用无过错责任，必须是民法典或者其他法律明确规定该类案件不以过错为承担责任的条件。适用无过错责任原则的案件，所适用的是本法或者其他法律关于无过错责任的具体规定。本法或者其他法律未明确规定适用无过错责任原则的案件，均属于过错责任原则的适用范围。法官不能在法律没有明确规定适用无过错责任原则的情况下，擅自适用该原则。强调这一点，主要是考虑到无过错责任是一种极为严格的责任，若由法官自由决定是否适用该原则，有可能妨碍人们的行为自由和社会进步。立法者在决定哪些领域应当适用无过错责任原则时比较慎重。侵权责任编明确规定了几种适用无过错责任原则的特殊侵权行为，如第四章的产品责任、第七章的环境污染和生态破坏责任以及第八章的高度危险责任。其他法律也可以根据实践发展和社会需要规定适用无过错责任原则的领域。这里需要注意的是，第八章规定的高度危险责任比较特殊，根据第1236条的规定，从事高度危险作业造成他人损害的，应当承担侵权责任。该规定没有限制高度危险责任的具体适用范围，是开放和动态的，只要从事高度危险作业的，就要承担无过错责任。高度危险作业的内涵和外延可以随着社会的发展而扩展。出现新的高度危险作业的，根据实践需要，可用司法解释或者立法解释的方式，也可用单行法的方式包含进来。该规定可以说为将来无过错责任原则的扩大适用留有余地。

五是适用无过错责任原则在赔偿数额上可能存在限制。许多适用无过错责任原则的活动是社会所需要的，法律允许这些活动的存在，但如果法律对这些领域发生的事故赔偿数额没有限制，就有可能过分加重行为人的负担，阻碍经济发展和企业壮大，且无过错责任原则往往与责任保险相连，责任保险可以确保无过错责任制度得以顺利实施，若赔偿额度过高，保险人的负担过于沉重，就可能放弃责任保险，不利于无过错责任制度的顺利实施。所以，在某些适用无过错责任原则的领域，对赔偿额度予以限制，是十分必要的。例如，本法第 1244 条规定，承担高度危险责任，法律规定赔偿限额的，依照其规定，但是行为人有故意或者重大过失的除外。我国的航空、海运等方面的特别法规，基于特定行业的风险性和保护该行业发展的需要，往往规定了最高赔偿数额。

第一千一百六十七条 侵权行为危及他人人身、财产安全的，被侵权人有权请求侵权人承担停止侵害、排除妨碍、消除危险等侵权责任。

◆ 条文主旨

本条是关于危及他人人身、财产安全责任承担方式的规定。

◆ 立法背景

侵权责任法律制度的作用，可从多个角度阐述，有保护被侵权人的作用，有减少侵权和纠纷的作用，还有预防侵权行为及侵权后果发生的作用。从保护被侵权人的角度看，本法第 120 条规定，民事权益受到侵害的，被侵权人有权请求侵权人承担侵权责任。这是关于侵权损害后果实际发生的救济，赋予被侵权人在其权利受到侵害时享有请求权，规定民事主体在权益受到侵害怎么办，例如承担赔偿损失、消除影响、恢复名誉、赔礼道歉等具体的民事责任。在侵权行为的后果还没有出现时，赋予被侵权人一定的请求权以发挥预防性的功能，防止损害后果的扩大，维护被侵权人的合法权益，能够更加及时地、充分地发挥法律的功能，获得更好的社会和法律效果。

本条规定来源于《侵权责任法》第21条。因为本条也是对责任构成要件的规定，民法典侵权责任编编纂时，将本条移动至“一般规定”中，体系上更为科学。

◆ **条文解读**

一、理解本条规定的“危及”

第一，侵权行为正在实施和持续而非已经结束。

第二，侵权行为已经危及被侵权人的人身、财产安全而非不可能危及。

第三，侵权行为系侵权人所为，而非自然原因造成。对正在危及他人的人身、财产安全的侵权行为发生的情况下，赋予被侵权人请求停止侵害、排除妨碍、消除危险等责任方式。

1. 停止侵害。当侵权人正在实施侵权行为时，被侵权人可依法请求其停止侵害。停止侵害适用于各种正在进行的侵权行为，对于已经终止和尚未实施的侵权行为不适用停止侵害的民事责任方式。例如，被侵权人发现网络上出现侮辱自己的文章或者盗用自己的研究成果的情况下，就可以要求侵权人停止侵害。最高人民法院对于当事人请求停止侵害的法律适用有相应的司法解释，例如，《最高人民法院关于贯彻执行〈中华人民共和国民法通则〉

若干问题的意见（试行）》第162条规定，在诉讼中遇有需要停止侵害、排除妨碍、消除危险的情况时，人民法院可以根据当事人的申请或者依职权先行作出裁定。

2. 排除妨碍。排除妨碍，是指侵权行为人实施某种行为妨害他人正常行使权利或者妨害他人合法利益的，被侵权人请求人民法院排除侵权人的侵权行为。例如，因邻居装修施工占用通行道路，不按约定堆放装修材料阻碍交通的，被阻碍通行的人可以要求其尽快清理，排除妨碍。又如，将污染物排放到河流造成环境污染及他人财产损失的，被侵权人有权请求其排除妨碍，清除污染物。

3. 消除危险。消除危险，是指在负有责任的人支配下的物对他人人身和财产安全构成威胁，或者存在侵害他人人身或者财产现实可能性的情况下，受到威胁的人有权请求法院责令对构成危险的责任人采取有效措施消除侵害他人人身或者财产的威胁和现实可能性的承担民事责任的方式。请求消除危险，又称请求防止侵害，是指侵害虽未发生，但其人身、财产面临遭受侵害的可能，对于这种可能发生的侵害，可能被侵权的人有权请求相对人为一定行为或者不为一定行为，防止侵害，消除既存的危险，以避免侵害的发生。例如，住宅小区的树木出现树枝将要断裂，或者树干枯死，随时可能掉下来砸到行人或者停在树下的车辆上，在这种情况下，可以请求树木管理责任人消除隐患，避免损害的发生。又如，住宅小区内的下水井盖丢失，极易造成对人身的伤害，负责井盖管理的人，有责任补上井盖，防止侵害的发生。

二、本法第1165条、第1166条和第1167条的关系

本法第1165条规定了过错责任原则，第1166条规定了无过错责任原则，第1167条规定了危及他人人身、财产安全责任承担方式。三条内容相互衔接、相互补充、相互协调，组成了我国民事侵权责任的基本制度。

第1165条规定了过错责任原则是最常见的侵权责任归责原则，民法典侵权责任编在侵权责任法第二章“责任构成和责任方式”的基础上，修改为“损害赔偿”一章，这意味着在适用该条时，必须有造成损害的后果。相比之下，第1166条是无过错责任的规定，只有在法律有明确规定时，才能适用该条规定。第1167条是基于物权、人格权等绝对权而产生的保护性请求权，不要求有损害结果。

第一千一百六十八条 二人以上共同实施侵权行为，造成他人损害的，应当承担连带责任。

◆ 条文主旨

本条是关于共同侵权制度的规定。

◆ 立法背景

共同侵权，是指数人共同不法侵害他人权益造成损害的行为。对共同侵权行为，有的学者称为“共同致人损害”；有的学者称为“共同过错”；还有的学者称为“共同不法行为”。

我国于1986年颁布实施的《民法通则》第130条规定首次在立法上使用了“共同侵权”这一制度性概念。最高人民法院于2003年颁布的《关于审理人身损害赔偿案件适用法律若干问题的解释》对这一规定进行了细化。2009年颁布的《侵权责任法》第8条规定：“二人以上共同实施侵权行为，造成他人损害的，应当承担连带责任。”民法典侵权责任编继承了侵权责任法的规定，未作修改。

◆ 条文解读

在数人侵权情形下，如果构成一般侵权，数个行为人分别根据各自行为造成损害后果的可能性承担按份责任。如果构成共同侵权，数个行为人对受害人承担连带责任，受害人可以要求任一行为人承担全部侵权责任，法律后果更重。连带责任的重要意义在于增加责任主体的数量，加强对受害人请求权的保护，确保受害人获得赔偿。如果每个行为人都具有相应的清偿能力，要求数个行为人对受害人承担连带责任或者按份责任，最终结果都是一样的。但是，如果部分行为人不具有清偿能力，这就凸显出了连带责任在保护受害人方面的重要作用，但这也可能使对外承担全部责任的部分行为人无法从其他行为人处获得相应的清偿。

如果共同侵权制度的适用范围过于宽泛，会使行为人动辄与他人承担连带责任，哪怕其本身只需要承担一小部分的份额，其也必须首先对外承担全部责任，然后再向其他行为人追偿，不仅增加了诉讼成本，而且可能使具有清偿能力的人承担其本不应承担的份额，蒙受不公平，反而使本应承担更多份额的行为人得以逃脱。如果共同侵权制度的适用范围过于狭窄，将不利于充分发挥该制度迅捷救济受害人的设计初衷，受害人需要证明数个行为人的侵权行为在损害后果中所占的份额，增加了诉讼难度。也正因为此，在构建共同侵权制度时，需要在行为人与受害人之间寻找到一个合适的平衡点。

根据本条规定，构成共同侵权行为需要满足以下几个要件：

一是主体复数。共同侵权行为的主体必须是两人或者两人以上，行为人可以是自然人，也可以是法人。

二是共同实施侵权行为。这一要件中的“共同”主要包括三层含义：其一，共同故意。上文介绍了多种学说，无论学者采纳哪一种学说，都一致认为，数个行为人基于共同故意侵害他人合法权益的，应当成立共同侵权行为。其二，共同过失。“共同过失”主要是数个行为人共同从事某种行为，基于共同的疏忽大意，造成他人损害。其三，故意行为与过失行为相结合。需要特别强调的是，上述三种形态均可以构成本条所说的“共同实施”，不能狭义理解为，本条所指的共同实施只有共同故意实施。

三是侵权行为与损害后果之间具有因果关系。在共同侵权行为中，有时各个侵权行为对造成损害后果的比例有所不同，但必须存在法律上的因果关系，如果某个行为人的行为与损害后果之间没有因果关系，不应与其他行为人构成共同侵权。

四是受害人具有损害。这是受害人请求加害人承担侵权责任的一个基本要件。无损害，则无救济。如果没有损害，根本不可能成立侵权责任。

根据本条规定，一旦满足上述构成要件，成立共同侵权行为，数个行为人就必须对外承担连带责任，被侵权人有权请求部分或者全部行为人承担全部责任。

需要说明的是，在我国，共同侵权与连带责任的适用范围并不完全重合，两者并不是一一对应关系。根据本法第 178 条第 3 款的规定，连带责任由法律规定或者当事人约定。在法律规定方面，除了共同侵权行为外，还有其他情形的规定。例如，侵权责任编第五章规定的拼装或者已经达报废标准的机动车的转让人和受让人承担连带责任；第八章规定的高度危险物的所有人与管理人承担连带责任等。

第一千一百六十九条 教唆、帮助他人实施侵权行为的，应当与行为人承担连带责任。

教唆、帮助无民事行为能力人、限制民事行为能力人实施侵权行为的，应当承担侵权责任；该无民事行为能力人、限制民事行为能力人的监护人未尽到监护职责的，应当承担相应的责任。

◆ 条文主旨

本条是关于教唆侵权和帮助侵权的规定。

◆ 立法背景

我国民法通则仅仅规定了共同侵权制度，没有对教唆、帮助侵权作出具体规定。最高人民法院通过的《关于贯彻执行〈中华人民共和国民法通则〉若干问题的意见（试行）》弥补了这一空白，第148条规定："教唆、帮助他人实施侵权行为的人，为共同侵权人，应当承担连带民事责任。教唆、帮助无民事行为能力人实施侵权行为的人，为侵权人，应当承担民事责任。教唆、帮助限制民事行为能力人实施侵权行为的人，为共同侵权人，应当承担主要民事责任。"2009年颁布的《侵权责任法》第9条对教唆侵权和帮助侵权作了具体规定。民法典侵权责任编继承了侵权责任法的规定，未作变更。

◆ 条文解读

教唆和帮助行为属于法定的共同侵权行为中的一种类型。

一、对本条第1款的理解及行为的构成要件

本条第1款中的"他人"指的是完全民事行为能力人。教唆、

帮助完全民事行为能力人实施侵权行为需要满足以下构成要件：

一是教唆人、帮助人实施了教唆、帮助行为。教唆行为，是指对他人进行开导、说服，或通过刺激、利诱、怂恿等方法使该他人从事侵权行为。教唆行为只能以积极的作为方式作出，消极的不作为不能成立教唆行为，教唆行为可以通过口头、书面或其他形式加以表达，可以公开进行也可以秘密进行，可以当面教唆也可以通过别人传信的方式间接教唆。帮助行为，是指给予他人以帮助，如提供工具或者指导方法，以便使该他人易于实施侵权行为。帮助行为通常是以积极的作为方式作出，但具有作为义务的人故意不作为时也可能构成帮助行为。帮助的内容可以是物质上的，也可以是精神上的，可以在行为人实施侵权行为前，也可以在实施过程中。一般认为，教唆行为与帮助行为的区别在于：教唆行为的特点是教唆人本人不亲自实施侵权行为，而是唆使他人产生侵权意图并实施侵权行为或危险行为；而帮助行为可能并不对加害行为起决定性作用，只是对加害行为起促进作用。

二是教唆人、帮助人具有教唆、帮助的主观意图。一般来说，教唆行为与帮助行为都是教唆人、帮助人故意作出的，教唆人、帮助人能够意识到其作出的教唆、帮助行为所可能造成的损害后果。在帮助侵权中，如果被帮助人不知道存在帮助行为，也并不影响帮助行为的成立。

三是被教唆人、被帮助人实施了相应的侵权行为。这一要件要求教唆行为、帮助行为与被教唆人、被帮助人实施的侵权行为之间具有内在的联系。如果被教唆人、被帮助人实施的侵权行为与教唆行为、帮助行为没有任何联系，而是行为人另外实施的，那么，就该行为所造成的损害不应要求教唆人、帮助人承担侵权责任。这一点与刑法中的教唆犯罪存在明显区别，在刑法中，即便被教唆人没有按照教唆人的意图实施犯罪行为，教唆人的教唆行为仍然可能构成教唆未遂的犯罪。

根据本款规定，教唆人、帮助人实施教唆、帮助行为的法律后果是，教唆人、帮助人与行为人承担连带责任。受害人可以请求教唆人、帮助人或者行为人中的一人或者数人赔偿全部损失。

二、对本条第 2 款的理解及行为的构成要件

本条第 2 款是针对被教唆、被帮助对象是无民事行为能力人或者限制民事行为能力人所作出的特别规定。相比第 1 款的规定，法律后果有所不同。

一是，教唆人、帮助人明知被教唆人、被帮助人为无民事行为能力人或者限制民事行为能力人时，仍然实施教唆、帮助行为的，应当承担侵权责任。即便教唆人、帮助人主观上不知道被教唆人、被帮助人是无民事行为能力人或者限制民事行为能力人的，为了体现法律对教唆、帮助行为的否定性评价，也应当适用本款规定，由教唆人、帮助人承担侵权责任。

二是，如果被教唆、被帮助的无民事行为能力人或者限制民事行为能力人的监护人未尽到监护责任的，应当承担相应的责任。监护，是为保护无民事行为能力人和限制民事行为能力人的人身和财产权利而由特定公民或组织对其予以监督、管理和保护的制度。如果监护人未尽到教育和照顾被监护人的职责，疏于履行监护责任，应当对被监护人给他人造成的损害承担侵权责任。

在侵权责任法起草过程和民法典编纂过程中，都有意见提出，无论监护人是否尽到监护责任，都应当由监护人与教唆人或者帮助人承担连带责任。我们研究认为，在存在教唆人、帮助人的情形下，监护人承担连带责任过于严厉。还有意见提出，应当对教唆帮助无民事行为能力人实施侵权行为和教唆帮助限制民事行为能力人实施侵权行为的责任作出区分规定。教唆帮助无民事行为能力人实施侵权行为的，被教唆的无民事行为能力人实际被当作实施侵权的工具，应由教唆人帮助人承担全部责任。与无民事行为能力人相比，限制行为能力人有一定程度的判断力，仍然由教唆人帮助人承担侵权责任，有失妥当，应当根据各自过错和原因力，对内合理划分各方责任。我们研究认为，本款“教唆、帮助无民事行为能力人、限制民事行为能力人实施侵权行为的，应当承担侵权责任”是从侵权人与被侵权人相互关系的角度上作出规定的，即侧重外部关系。即使要考虑侵权人的内部关系，教唆人、帮助人的责任，不因其教唆或者帮助的对象不同，而体现出主观故意的区别。上述这些意见，虽然都有一定道理，但并未被立法采纳。

第一千一百七十条 二人以上实施危及他人人身、财产安全的行为，其中一人或者数人的行为造成他人损害，能够确定具体侵权人的，由侵权人承担责任；不能确定具体侵权人的，行为人承担连带责任。

◆ **条文主旨**

本条是关于共同危险行为的规定。

◆ **立法背景**

学说上的共同危险行为，是指数人的危险行为对他人的合法权益造成了某种危险，但是对于实际造成的损害无法查明具体是由何人所为，法律为保护被侵权人的利益，数个行为人被视为侵权行为人。

我国民法通则没有对共同危险行为制度作出明确规定。《最高人民法院关于审理人身损害赔偿案件适用法律若干问题的解释》第4条规定：“二人以上共同实施危及他人人身安全的行为并造成损害后果，不能确定实际侵害行为人的，应当依照民法通则第一百三十条规定承担连带责任。共同危险行为人能够证明损害后果不是由其行为造成的，不承担赔偿责任。”2009 年颁布的《侵权责任法》第 10 条规定了共同危险行为。民法典侵权责任编继承了《侵权责任法》第 10 条的规定，未作变更。

◆ **条文解读**

一、共同危险行为的构成要件

一是二人以上实施危及他人人身、财产安全的行为。行为主体是复数，这是最基本的条件，这才有可能不能确定谁是具体加害人。

在侵权责任法起草及民法典编纂过程中，均有意见提出，建议加上“共同”二字，即“二人以上共同实施侵权行为”。经研究，我们认为，在共同危险行为制度中，“共同”的含义要求数个行为人的行为必须是在同一时间、同一场所的行为，即“时空上的共同性”。如果数个行为人的行为在时间上、场所上发生了分离，就不属于“共同”危险。我国侵权责任制度共同侵权规定中的“共同”与上述的“共同”的含义是不一样的，不要求时空上的共同性。例如，第 1168 条规定，二人以上共同实施侵权行为，造成他人损害的，应当承担侵权责任。这一条中的“共同”不要求数个侵权人在同一时间、同一场所实施侵权行为。因此，为了防止在同一部法律中出现表述相同但含义不同的法律术语，本条没有采取“共同实施”的表述。

有的意见提出，共同危险行为人承担连带责任的根据在于数个行为人具有共同过错，这种共同过错表现为共同过失。还有的意见认为，把行为人连接在一起的是共同过错，这种共同过错既非共同故意也非单独故意，而只能表现为共同过失，即共同地疏于对他人权利保护的注意义务。经研究，我们认为，我国法律上的共同危险行为制度是来源于最高人民法院的司法解释，该司法解释的初衷是防止因无法指认具体加害人而使受害人的请求权落空。本条的着眼点是每个行为人都实施了危及他人人身、财产安全的行为。

二是其中一人或者数人的行为造成他人损害。虽然实施危及他人人身、财产行为的是数人，但真正导致受害人损害后果发生的只是其中一个人或者几个人的行为。

三是不能确定具体加害人。一般而言，受害人只能请求加害人就其侵权行为所造成的损失予以赔偿，加害人也仅对其侵权行为所造成的损失进行赔偿。但在共同危险行为制度中，数个行为人实施的危及行为存在耦合性，事实上只有部分行为人的行为造成了损害后果。但是，由于受害人无法掌握各个行为人的行为动机、行为方式等证据，无法准确判断哪个行为才是真正的加害行为，为了保护受害人的合法权益，降低受害人的举证难度，避免其因不能指认真正加害人而无法行使请求权，同时由于每个行为人都实施了危及行为，在道德上具有可责难性，所以规定由所有实施危及行为的人承担连带责任是合理的。如果受害人能够指认或者法院能够查明具体加害人，那就是普通的侵权责任，由具体加害人承担侵权责任。

根据本条规定，适用共同危险行为制度的法律后果是，数个行为对受害人承担连带责任。共同危险行为不仅在一般过错责任中适用，在过错推定责任、无过错责任中也有适用余地。

二、共同危险行为制度的免责事由

对于是否规定部分行为人能通过证明其不可能是加害人或者其行为与损害后果之间不存在因果关系来免除责任，学术界历来都有两种主张：一种是肯定说。该说认为只要数人中有人能够证明自己根本没有加害他人的可能的，也就证明了自己没有实施危险行为，此时即便其他人中仍然不能确知谁为加害人，也应当将该人排除在共同危险人之外，使其免除责任。另一种是否定说。该说认为即便数人中的某人能够证明自己没有加害行为，也不能当然地免除其责任，因为其他人也如法炮制地证明自己没有加害行为，则势必会发生全体危险行为人逃脱责任的现象，受害人所受损害根本无法获得补救，因此，行为人能够证明自己并非加害人并不能免责。

关于本条应当采纳哪种主张，在民法典侵权责任编的起草过程中也曾有过不同意见。有的认为，为了保护受害人的利益，共同危险行为制度将部分不应承担责任的行为人作为责任人，应当给予这部分人免除责任的机会，如果必须指明谁是加害人，失之过严。还有的认为，相对受害人而言，行为人容易证明谁是加害人，如果允许行为人通过证明自己不可能是加害人来免责，可能导致法官过大的自由裁量权、行为人轻易从责任中逃逸，使受害人无法得到救济。这两种观点都有其合理性。本条最终规定，不能确定具体加害人的，由行为人承担连带责任。换言之，只有在确定具体加害人的情形下，其他行为人才可以免除责任。

第一千一百七十一条 二人以上分别实施侵权行为造成同一损害，每个人的侵权行为都足以造成全部损害的，行为人承担连带责任。

◆ 条文主旨

本条是关于无意思联络分别实施侵权行为，但是都能造成全部损害时，承担连带责任的规定。

◆ 条文解读

适用本条规定需要符合以下构成要件：

一是二人以上分别实施侵权行为。行为主体的复数性是最基本的条件，每个人的行为都必须是侵权行为。相比本法第 1168 条规定的共同侵权行为，本条要求数个侵权行为之间相互独立。本条中的“分别”是指实施侵权行为的数个行为人之间不具有主观上的关联性，各个侵权行为都是相互独立的。每个行为人在实施侵权行为之前以及实施侵权行为过程中，没有与其他行为人有意思联络，也没有认识到还有其他人也在实施类似的侵权行为，这就是所谓的“无意思联络”。如果行为人主观具有关联性，存在共同故意或者共同过失，应当适用本法第 1168 条共同侵权行为的规定，而不能适用本条。

二是造成同一损害后果。“同一损害”指数个侵权行为所造成的损害的性质是相同的，都是身体伤害或者财产损失，并且损害内容具有关联性。如甲的侵权行为造成了丙左腿受伤，乙的侵权行为也造成了丙左腿受伤。如果乙的侵权行为造成了丙右腿受伤，那么，甲、乙两人的侵权行为造成的就不是同一损害，而是不同损害。本条强调损害的同一性。本条与共同侵权制度是有区别的。在共同侵权制度中，即便每个侵权行为所造成的损害后果不同，如甲的侵权行为造成了丙身体上的伤害，乙的侵权行为造成了丙的财产损失，只要数个行为人主观上具有关联性，同样构成共同侵权，由数个行为人对受害人的全部损失承担连带责任。此外，如果各个行为人对受害人所造成的损害是不同的，即便因偶然原因而同时发生在一个人身上，行为人也应当就各自所致的损害承担赔偿责任。

三是每个人的侵权行为都足以造成全部损害。判断每个侵权行为是否足以造成全部损害是适用本条的关键。本条中的“足以”并不是指每个侵权行为都实际上造成了全部损害，而是指在没有其他侵权行为共同作用的情况下，独立的单个侵权行为也有可能造成全部损害。如甲、乙两人分别从不同方向向同一房屋放火，将该房屋烧毁，根据两个方向的火势判断，如果不存在另一把火，每把火都有可能将整栋房屋烧毁，但事实上是两把火共同作用烧毁了该房屋，所以只能说每把火都“足以”烧毁整栋房屋。

根据本条规定，一旦满足本条规定的上述三个构成要件，数个行为人必须对造成的损害承担连带责任。

第一千一百七十二条 二人以上分别实施侵权行为造成同一损害，能够确定责任大小的，各自承担相应的责任；难以确定责任大小的，平均承担责任。

◆ 条文主旨

本条是关于无意思联络的分别侵权行为承担按份责任的规定。

◆ 立法背景

世界上大多数国家和地区的民法中没有类似的规定。我国民法通则没有对无意思联络的分别侵权行为作出规定，《最高人民法院关于审理人身损害赔偿案件适用法律若干问题的解释》第3条第2款规定：“二人以上没有共同故意或者共同过失，但其分别实施的数个行为间接结合发生同一损害后果的，应当根据过失大小或者原因力比例各自承担相应的赔偿责任。”侵权责任法吸收了最高人民法院司法解释的规定，第12条规定了无意思联络的分别侵权行为承担按份责任的情形。民法典侵权责任编继承了侵权责任法的规定，对个别字词作了调整。

◆ 条文解读

一、适用本条的构成要件

一是二人以上分别实施侵权行为。这一要件与本法第 1171 条中“二人以上分别实施侵权行为”的含义相同，要求数个侵权行为相互之间是独立的，不存在应当适用第 1168 条共同侵权制度的情形。

二是造成同一损害后果。这一要件与本法第 1171 条中“造成同一损害”的含义一样。如果数个侵权行为造成的损害后果不同，可以明显区分，应当适用本法第 1165 条或者第 1166 条的规定。本条与本法第 1171 条同属分别侵权制度，但在构成要件上有所不同，第 1171 条的构成要件更加严格，要求“每个人的侵权行为都足以造成全部损害”。

二、适用本条的法律后果

在法律后果上，本条数个行为人的责任与第 1171 条在法律后果上有本质区别，第 1171 条要求各个行为人承担连带责任，更为严厉。本条确定各个行为人应当承担的责任，分两个层次规定：

一是能够确定责任大小的。虽然数个侵权行为结合造成了同一损害，但是在大部分案件中，可以根据各个侵权行为对造成损害后果的可能性（盖然性）来确定责任份额。判断这种可能性，可以综合各个行为人的过错程度、各个侵权行为与损害后果因果关系的紧密程度、公平原则以及政策考量等因素。有的学者将这种可能性称为“原因力”，其是指在构成损害结果的共同原因中，每一个原因对于损害结果发生或扩大所发挥的作用力。法律不可能脱离具体案件，事先抽象出各种确定责任份额的标准，只能由法官在具体案件中综合考虑各种因素来确定。

二是难以确定责任大小的。责任分配的尺度很难有一个可以数量化的标准，在某些情形下，由于案情复杂，很难分清每个侵权行为对损害后果的作用力究竟有多大。我们可以借鉴其他国家和地区在确定各个连带责任人内部份额时的做法，在有疑问的情况下，推定所有人的责任相同。本条也作出了类似规定，难以确定责任大小的，各个行为人平均承担责任。《侵权责任法》第12条规定的是“平均承担赔偿责任”。民法典侵权责任编编纂过程中，考虑到侵权责任的承担方式除了最常适用的赔偿损失以外，还有赔礼道歉、消除影响、恢复名誉等其他方式，因此将“赔偿”二字删除，规定为“平均承担责任”。

三、本条与第1168条、第1171条的关系

一是本条与第1168条共同侵权的规定在适用范围上呈现互补关系。第1168条要求数个行为人共同实施侵权行为，而本条要求数个行为人分别实施侵权行为。《德国民法典》当初规定共同侵权制度时，要求只有主观上具有共同故意才能构成共同侵权，除此之外，其他类型的数人侵权都属于分别侵权。但随着共同侵权制度的适用范围不断变宽，一些国家和地区对共同侵权逐渐采用客观说，将部分原属于分别侵权范畴的无意思联络数人侵权纳入共同侵权范畴，现代民法中“共同”与“分别”的区别越来越模糊。

二是在处理数人实施侵权行为的具体案件时，首先需要看是否满足第1168条共同侵权制度规定的构成要件；不符合的，看其是否满足第1171条的构成要件；还不符合的，再看能否适用本条规定。需要特别强调的是，在逻辑关系上，并不存在不适用第1168条、第1171条，就一定适用本条的关系。

第一千一百七十三条　被侵权人对同一损害的发生或者扩大有过错的，可以减轻侵权人的责任。

◆ 条文主旨

本条是关于与有过错制度的规定。

◆ 立法背景

被侵权人对于损害的发生也有过错的情况下，使侵权人承担全部侵权责任有失公允。因此，侵权人可以以被侵权人的过错为由进行抗辩，要求减轻自己的侵权责任，实践中主要是减少损害赔偿的数额。严格来说，“与有过错”制度与“损益相抵”制度是不同的两项制度。“与有过错”中的“与”指的是侵权人与被侵权人双方，该制度解决双方均有过错的情况下如何承担责任问题。《侵权责任法》第 26 条一个“也”字说明一切。“损益相抵”是指被侵权人因同一侵权行为受到损害又获得利益的，计算损害赔偿额时，除非利益的性质或者依照法律的规定不得扣除的除外，应当扣除所获利益。侵权责任法与民法典侵权责任编均没有规定“损益相抵”制度，主要考虑侵权行为中极少有侵权人因同一侵权行为受到损害又获得利益的情形。

在侵权责任法立法过程中，对“与有过错”制度规定在哪一章有过争议。最终侵权责任法规定在不承担责任和减轻责任的情形一章中。在民法典侵权责任编编纂过程中，整合了侵权责任法第一章至第三章的规定，因此与有过错制度被吸收到了侵权责任编第一章“一般规定”中。

◆ 条文解读

一、关于本条的适用

本法侵权责任编对侵权责任法与有过错制度作了拓展。《侵权责任法》第 26 条规定，“被侵权人对损害的发生也有过错的，可以减轻侵权人的责任”。本法侵权责任编第 1173 条规定，“被侵权人对同一损害的发生或者扩大有过错的，可以减轻侵权人的责任”。两条比较，主要变化有两点：

一是侵权责任编对损害作了限定，必须是“同一”损害才能适用本条。对“同一”的理解，在一部法律中是一脉相承的，指对一个性质相同的损害结果的发生，侵权人与被侵权人均有责任。这次作出修改，主要是有意见提出，实践中不同法院对《侵权责任法》第 26 条的理解和适用不一，为了维护司法裁判的统一性，应当有所限定。二是增加了损害的“扩大”。《侵权责任法》第 26 条“被侵权人对损害的发生”的表述中，发生是包含扩大的含义的，扩大是后续的损害，是新发生的损害，也是损害的一种形态，正确理解侵权责任法的规定，这一点必须明确。民法典编纂过程中，有意见提出，损害发生后，其范围并非立即确定，而是有可能随着时间的发展而变化。从损害发生到损害范围扩大的全部阶段，都有可能发生受害人违反对自己的不真正义务，故受害人过错制度适用的范围，不限于损害的发生，也应包括损害的扩大。经研究，民法典侵权责任编将“扩大”从“损害的发生”中独立出来了。侵权人造成了损害，被侵权人因为自己的原因，致使同一损害扩大，对扩大的部分，可以减轻侵权人的责任。

与有过错制度的适用范围问题一直存在争论。特别是该制度是否适用于无过错责任，我国理论界的争论由来已久。从比较法的角度来看，在绝大多数国家和地区与有过错制度都适用于无过错责任。民法典侵权责任编在本条明确了无过错责任也可以适用与有过错制度。不过，需要特别指出的是，法律明确针对特定的无过错责任类型规定了特殊免责事由的，不适用本条规则。例如，依照本法第1237条的规定，民用核设施或者运入运出核设施的核材料发生核事故造成他人损害的，民用核设施的营运单位能够证明损害是因战争、武装冲突、暴乱等情形或者受害人故意造成的，不承担责任。如果损害是由受害人的过失，哪怕是重大过失造成的，也不能减轻民用核设施经营人的责任。

二、与有过错与受害人故意造成损害的关系

在侵权责任法立法过程和民法典编纂过程中，有的建议将本条中的“过错”改为“过失”。理由是：（1）从德国、日本和我国台湾地区的立法来看，都强调的是受害人对于损害的发生存在过失；（2）“过错”包括“故意”和“过失”，如果是受害人故意造成自己损害，则不是减轻行为人责任的问题，而应当免除行为人的责任。

本法没有采纳上述意见，理由主要是，如果损害完全是由于受害人故意造成的，即损害发生的唯一原因是受害人的故意，应完全免除行为人的责任。在侵权人对于损害的发生有故意或者重大过失，受害人对于同一损害的发生或者扩大也有责任时，只有减轻侵权人责任的问题。

立法过程中还有的建议将本条中的“可以减轻侵权人的责任”中的“可以”修改为“应当”。我们研究认为，在损害主要是由侵权人造成，被侵权人对同一损害仅有轻微责任的情况下，就不一定要免除侵权人的责任。例如，责任认定上，侵权人占99%的原因，被侵权人占1%的原因。这种情况下，如果规定“应当”减轻侵权人的责任，是不公平的。因此立法没有采纳上述建议。

▶ **相关规定**

《中华人民共和国水污染防治法》第96条第3款；《中华人民共和国道路交通安全法》第76条第1款第2项

第一千一百七十四条 损害是因受害人故意造成的，行为人不承担责任。

◆ **条文主旨**

本条是关于受害人故意造成损害，行为人免责的规定。

◆ **立法背景**

受害人故意造成损害，是指受害人明知自己的行为会发生损害自己的后果，而希望或者放任此种结果的发生。受害人故意分为直接故意和间接故意。直接故意是指受害人从主观上追求损害自己的结果发生，如受害人摸高压线自杀；间接故意是指受害人已经预见到自己的行为可能发生损害自己的结果，但也不停止该行为，而是放任损害结果的发生，如受害人盗割高压线，导致自己伤亡。

◆ **条文解读**

本条规定对行为人免责，是指损害完全是因为受害人的故意造成的，即受害人故意的行为是其损害发生的唯一原因。例如：本法第1238条规定，民用航空器造成他人损害的，民用航空器的经营者应当承担侵权责任；但是，能够证明损害是因受害人故意造成的，不承担责任。

本条规定适用于过错责任自不待言，从现有法律规定来看，本条也适用于无过错责任，本条规定适用于过错责任自不待言，从现有法律规定来看，本条也适用于无过错责任，上述第 1238 条的规定即是无过错责任的一例。此外，本编第八章高度危险责任的很多条文都规定了受害人故意造成损害，行为人免责的情形。侵权责任法中，本条规定在不承担责任和减轻责任的情形一章中。民法典侵权责任编整合了侵权责任法第一章至第三章的内容，因此本条被吸收到了侵权责任编第一章“一般规定”中。

► **相关规定**

《中华人民共和国水污染防治法》第96条第3款；《中华人民共和国道路交通安全法》第76条第2款

第一千一百七十五条 损害是因第三人造成的，第三人应当承担侵权责任。

◆ **条文主旨**

本条是关于第三人过错的规定。

◆ **立法背景**

第三人过错的概念往往在诉讼中体现，指受害人起诉被告以后，被告提出该损害完全或者部分不是由自己造成，是第三人的过错造成，从而提出免除或者减轻自己责任的抗辩事由。第三人的过错包括故意和过失。第三人应当与被告不存在任何隶属关系，比如用人单位的工作人员在工作过程中造成他人损害的，用人单位不能以其工作人员作为第三人，提出“第三人过错”的抗辩。用人单位应当对工作人员造成的损害，承担替代责任。

◆ **条文解读**

本条在适用上要把握以下两点：

一、第三人过错是造成损害的唯一原因

在过错责任和过错推定责任范围内，被告能够证明损害完全是由于第三人的过错行为造成的，应免除被告的责任，由第三人对原告承担侵权责任。在过错责任适用范围内，例如，甲在骑车下班途中，碰巧乙和丙在路边斗殴，乙突然把丙推向非机动车道，甲躲闪不及，将丙撞伤。在本案中，甲对丙突然被推向他的车前是不可预见的，因此甲没有任何过错，丙的损害应由乙承担赔偿责任。在过错推定责任适用范围内，例如，某农舍的墙上挂了一串玉米，某一天该玉米脱落砸伤了在该墙下乘凉的人。农舍的主人能够证明自己没有过错，并且能够证明损害是由于与自己有积怨的邻居拔松了挂玉米的钉子，从而使玉米脱落砸伤了他人。在此情况下，应由邻居承担损害赔偿责任。

在无过错责任范围内，情况比较复杂。在某些无过错责任情形之下，即使完全由第三人过错造成的损害，也应首先由被告承担责任，即被告不能以第三人造成损害为由，对原告受害人进行抗辩。在某些无过错责任情形之下，第三人的过错造成损害，被侵权人可以选择行为人或者第三人之一承担责任。例如本法第1233条规定，因第三人的过错污染环境、破坏生态的，被侵权人可以向侵权人请求赔偿，也可以向第三人请求赔偿。侵权人赔偿后，有权向第三人追偿。在某些无过错责任情形之下，完全由第三人造成的损害，由第三人承担责任，即被告可以“第三人过错”造成损害为由，对原告进行抗辩。例如，我国《电力法》第60条第3款规定：“因用户或者第三人的过错给电力企业或者其他用户造成损害的，该用户或者第三人应当依法承担赔偿责任。”

二、第三人过错是造成损害的部分原因

本条规定的“第三人过错”与本法第1168条共同侵权行为、第1170条共同危险行为、第1171条无意思联络承担连带责任的侵权行为、第 1171 条无意思联络承担按份责任的侵权行为等多数人侵权制度有着紧密的联系，同时也极易造成混淆。在何时、何种条件下，被告可以援用“第三人过错”而要求减轻自己责任的问题上，在侵权责任法立法过程中也有不少争论，侵权责任法颁布以来，在司法实践中也有不少错误认识。因此，有必要对以下几个问题进行澄清：

一是与第 1168 条共同侵权行为的关系。例如，甲和乙合谋将丙打伤，丙将乙起诉到法院，乙不能以甲参与了侵权为由，要求适用本条的规定。即构成共同侵权行为的，应当适用本法第 1168 条的规定，由侵权人承担连带责任，即被侵权人有权要求侵权人中的一人承担全部责任，而不能适用第三人过错免责。

二是与第 1170 条共同危险行为的关系。例如，甲在农田耕作时遭受枪伤，甲将其受伤时发现的非法狩猎人乙告上法庭。乙在庭上陈述，其在开枪的同时，还有另一名非法狩猎人丙也开了枪。但甲的枪伤只有一处，乙提出枪伤可能是自己所为，但也可能是丙的行为所致。这种情况下，依照本法第 1170 条的规定，乙的行为和丙的行为构成共同危险行为，在不能确定具体加害人的情况下，乙和丙承担连带责任，乙不能以第三人丙的行为为由，对受害人甲进行抗辩，要求与丙分担甲的损失，免除或者减轻自己的责任。当然，乙在承担连带责任后，可以起诉丙，以进一步分清二者的责任，但那是另一个法律关系。

三是与第 1171 条无意思联络承担连带责任的侵权行为的关系。例如，甲、乙二人分别在丙的房舍的东西两面放火烧荒，甲、乙二人没有意思联络，但两股火同时向丙的房舍蔓延，致使丙的房舍焚毁。丙将甲起诉到法院，甲提出乙的放火行为也是房屋被焚的原因之一，要求减轻自己的责任。本案中，甲、乙的行为直接结合，是构成丙的损害的共同原因，依照第 1171 条的规定，甲乙应对丙承担连带责任。甲以第三人侵权行为造成损害为由的抗辩不能成立。

四是与第1171条无意思联络承担按份责任的侵权行为的关系。这两种情形最难以区分，第1175条规定“损害是因第三人的原因造成的，第三人应当承担责任”，这种情况下，被告是否仍然要承担部分责任，法律对此没有明确规定。这就需要司法实践中结合个案进行仔细分析，在“被告的过错”与“第三人的过错”分别构成同一损害的原因的情况下，被告可以以造成的损害还有“第三人的过错”为由，向原告行使抗辩权，要求减轻自己的责任。

▶ **相关规定**

《中华人民共和国水污染防治法》第94条第4款

第一千一百七十六条 自愿参加具有一定风险的文体活动，因其他参加者的行为受到损害的，受害人不得请求其他参加者承担侵权责任；但是，其他参加者对损害的发生有故意或者重大过失的除外。

活动组织者的责任适用本法第一千一百九十八条至第一千二百零一条的规定。

◆ **条文主旨**

本条是关于自甘风险制度的规定。

◆ **立法背景**

一、有关概念辨析

自甘风险和自愿承担损害容易混淆，是既有共同点又有区别的两个概念。

1. 自甘风险又称自愿承受危险，是指受害人自愿承担可能性的损害而将自己置于危险环境或场合，造成损害行为人不承担责任。其构成要件是：第一，受害人作出了自愿承受危险的意思表示，通常是将自己置于可能性的危险状况之下；第二，这种潜在的危险不是法律、法规所禁止的，也不是社会公序良俗所反对的，且此种危险通常是被社会所认可存在或者难以避免的。例如，参加拳击比赛而自愿承受可能受到的人身伤害的危险。

2. 自愿承担损害又称受害人同意，是指受害人自愿同意他人对其人身或财产施加某种损害。关于自愿对其人身实施损害，例如，病人同意医生对其手术，手术将造成失血，而手术对于挽救病人生命与失血的损害相比是利大于弊，于是选择手术的情形；汶川地震中，为了施救，先锯断某人的腿，然后才能将其救出的例子等。此种损害是不违反法律或公共道德的，如果受害人以此种损害请求赔偿，被告应享有抗辩权。但是，如果甲同意乙打其一记耳光，如果乙真的打了，则乙的行为具有违法性，不能适用受害人同意。关于自愿他人对其财产进行损害，例如，同意他人对自己的财产抛弃或毁损的情形，由于财产权的权利人有权处分自己的财产，同意他人对自己财产的损害，如同自己损害自己的财产一样，一般情况下此种情形不构成对法律或公共道德的违反。自愿承担损害的构成要件是：第一，受害人明确作出了同意对其实施加害的意思表示，知道或者应当知道对其实施加害行为的法律后果；第二，同意加害的内容不违反法律和公序良俗，且不超出受害人同意的范围。

3. 自甘风险与受害人同意的区别主要为：一是适用领域不同。自甘风险主要适用于危险性的文体、探险等活动；受害人同意的适用范围比较广泛，不违反法律和公序良俗的一般行为，只要受害人同意，均可产生免责效果。二是受害人对损害后果的知情程度不同。在自甘风险制度中，受害人对其参加什么文体活动、该活动通常具有什么危险或者损伤、自己的竞技水平和身体健康情况是知晓的，只是不能具体预测自己参加活动是否一定会遭受损害、遭受多大程度的损害。自甘风险制度中，受害人往往没有明确作出自愿接受损害结果的意思表示。在受害人同意制度中，受害人对损害的发生、损害的性质、损害的范围一般都是知情、能够预测到的。三是损害发生是否符合受害人的意愿不同。自甘风险制度中，受害人不希望损害后果的发生。受害人同意制度中，损害的发生符合受害人的意思。而且在受害人同意制度中，受害人必须以明示或者默示的意思表示作出处分行为，放弃法律的保护。

二、国内有关规定及民法典规定自甘风险制度的考虑

2002 年教育部《学生伤害事故处理办法》第 12 条第 5 项规定，在对抗性或者具有风险性的体育竞赛活动中发生意外伤害，学校已履行了相应职责，行为并无不当的，无法律责任。

侵权责任法立法过程中，有的建议规定自甘风险作为免责事由。对于是否规定，各方面有过激烈争论，没有达成一致性意见。赞成规定的理由主要是：权利人有权处分自己的权利，该处分行为只要不违反法律和公共道德，就应认可该种意思表示的效力。自甘风险往往是为了博弈一个较大的利益，或者在两个不利后果中选择一个较小的不利后果。受害人同意承受相应风险的，应可以作为被告方的抗辩事由。不同意规定的理由主要是：自甘风险是处分自己权益的行为，被告的行为不构成侵权，也就不存在免责的问题。实践中自甘风险的情况非常复杂，比如核设施等危险区域提示不得入内，但受害人进去了，管理人就没有责任吗？因此，由司法实践根据个案的情况确定被告方的责任比较妥当。在自甘风险的情况下，被告方要不要承担责任还是看其有没有过错，有过错的承担责任，没过错的不承担，并不是说只要是受害人同意或者自甘风险，受害人有过错也不承担责任。既然已将过错作为承担责任原则，因此没有必要规定。本着谨慎负责的态度，经过反复研究，侵权责任法没有规定自甘风险制度。

民法典编纂过程中，有建议提出，参加对抗性较强的体育等活动容易发生受伤等情况，实践中，对伤害由谁承担责任经常产生纠纷。例如参加马拉松竞赛活动中参赛者去世，要求组织者承担侵权责任等。为了满足具有风险性的体育竞技等方面的需要，建议增加规定自甘风险制度。我们研究认为，参加者自愿参与这些活动应当充分认识到其危险性，由此产生的正常风险原则上应当由参加者自己承担。在法律中确立“自甘风险”规则，对于自愿参加对抗性、风险性较强的体育活动，以及学校等机构正常组织开展体育课等活动学生受伤发生纠纷时，明确责任的界限是有利的。据此，民法典侵权责任编草案二审稿增加了一条规定：自愿参加具有危险性的活动受到损害的，受害人不得请求他人承担侵权责任，但是他人对损害的发生有故意或者重大过失的除外。活动组织者的责任适用本法第 973 条的规定，即活动组织者就未尽到安全保障义务承担侵权责任。对这一规定，各方面提出了很多意见，主要是建议自甘风险的适用范围不宜过宽，应限定为体育比赛等具有一定风险的文体活动。同时，建议明确教育机构在组织这类活动时应当如何承担责任。因此，民法典侵权责任编草案三审稿对自甘风险的规定作了修改：一是自愿参加具有一定风险的文体活动，因其他参加者的行为受到损害的，受害人不得请求其他参加者承担侵权责任，但是其他参加者对损害的发生有故意或者重大过失的除外。二是如果活动组织者为学校等教育机构，应当适用学校等教育机构在学生受到人身损害时的相关责任规定。

◆ 条文解读

本条适用时应把握如下几点问题：

一是受害人必须意识到所参加的文体活动的风险。这种风险必然存在，但是否会产生损害结果不确定。例如参加篮球运动一定会存在冲撞，参加足球运动必然有铲球，这些行为都有可能会造成倒地的风险，有可能会造成骨折的风险，风险必然有，但是否必然出现这样的后果是不一定的，运动的剧烈程度、冲撞的角度、铲球的力度、双方是否遵守规则、运动护具的穿戴、参加者运动技能和身体素质等因素的不同，会产生很大的变数。本质上讲，参加任何文体活动都有可能存在风险、造成损害。侵权责任编本着谨慎的精神，仅规定了"自愿参加具有一定风险的文体活动"中才能适用自甘风险制度。"具有一定风险"，应当理解为风险性较高、对自身条件有一定要求、对抗性较强等的文体活动。

二是在正常情况下，因为其他参加者的行为受到损害的，其他参加者不承担侵权责任。具有一定风险的文体活动的参加者在了解风险的前提下，仍自愿参加，在文体活动中受到损害的，其他参加者不承担侵权责任，也就是说法律规定这种情况下直接免责。但是，其他参加者对损害的发生有故意或者重大过失的，这种情形下损害是由于行为人的侵权行为造成的，已经超过其自甘风险的范围，法律规定了除外条款，对此应当根据双方的过错程度，确定损害的承担。为了防止侵权人不当地援用"自甘风险"条款免责，应限定其适用范围，这也是本条将侵权人承担责任的主观要件限定于故意或者重大过失的重要原因。

三是活动组织者的责任承担上，法律规定适用安全保障义务的规定。但是应当明确，有些文体活动需要组织者详细明确告知参加者各种风险；有些活动是按照经验不需要组织者告知参加者风险的，因为这些活动的固有危险已经为社会一般人所知晓，更为参加者所熟知。这在确定文体活动组织者责任时，应当予以考虑。但是，固有风险之外的意外损害，应当由组织者承担。例如参加马拉松活动，正常跑步过程中的晒伤、膝关节损伤、碰撞等运动伤害，是不需要组织者特别告知的。此外，在整个活动过程中，组织者是否尽到了必要的安全保障义务、采用了足够安全的措施、设计了突发情况的预案、损害发生后是否及时采取了合理措施，等等，是考虑活动组织者是否尽到了责任的因素。当然，还要考虑受害人是否有过错以及过错程度。

四是适用本条规定需要结合具体的案件，从案件的具体情况出发，审慎确定文体活动是否具有一定的风险性，是否属于自甘风险的情况，当事人双方、活动组织者是否有过错以及过错程度，从各方面从严认定和把握。

第一千一百七十七条 合法权益受到侵害，情况紧迫且不能及时获得国家机关保护，不立即采取措施将使其合法权益受到难以弥补的损害的，受害人可以在保护自己合法权益的必要范围内采取扣留侵权人的财物等合理措施；但是，应当立即请求有关国家机关处理。

受害人采取的措施不当造成他人损害的，应当承担侵权责任。

◆ 条文主旨

本条是关于自力救济制度的规定。

◆ 立法背景

一、关于自力救济制度的沿革与概念

自力救济是一项古老的制度，属于私力救济的范畴，希腊罗马时期的法典中即有明文规定。现代文明国家建立后，公民的权利主要由公权力保障，私力救济逐渐演变为公力救济，通过司法程序解决纠纷成为最主要的方式之一。从私力救济到公力救济的演变是一个漫长而交错的历史过程。两者长期并存，既对立冲突，也交错互补。你中有我，我中有你，私力救济中有“公力”因素，公力救济中有“私力”因素，其间存在一种融合两者特征的社会型救济，如调解和仲裁。随着历史的发展和社会经济进步，私力救济法律化逐渐被纳入法律框架。相比于私力救济，公力救济具有文明性、稳定性、强制性等诸多优点。

现代社会中的自力救济，主要指在民事法律关系中，权利人在特殊情况下不借助国家机关的公力，而以自己的力量来保护自己或他人权利的行为。民法通则、侵权责任法等法律中，没有规定自力救济制度。

二、民法典对自力救济制度规定的情况

民法典编纂过程中，有的建议规定自力救济制度，主要理由有：一是司法最终解决是现代法治的基本要求，但司法最终解决不等于唯一解决，只有纠纷达到一定的条件或标准后，才会纳入司法的视野。有些私力救济方式经过长期的演化已经形成一定的习惯和规范，有时候更能实现公正。二是我国法律中规定的正当防卫、紧急避险等制度，在性质上应当属于自力救济的范围。因此，将这一制度进一步扩大有法律、理论和实践基础。三是实践中，自力救济行为广泛存在，会导致滥用自力救济的情况，引发更大的纠纷，反而不利于社会的稳定。实践中就出现了在合法权

益受到侵害，来不及请求国家机关保护的情况下，受害人自己采取措施保护权益，反而被他人起诉侵权的案件。

我们研究认为，“自助行为”制度赋予了公民在一定条件下的自我保护权利，是对国家权力在维护社会秩序和保护公民权益不及时情况下的有益补充。明确规定这种制度，对保护公民人身、财产权益安全具有重要的现实意义，也有利于对这种自力救济行为进行规范。因此，在民法典侵权责任编草案二审稿中增加了该制度，二审稿的表述为：自己的合法权益受到不法侵害，情况紧迫且不能及时获得国家机关保护的，可以在必要范围内采取扣留侵权人的财物等合理措施。行为人实施前款行为后，应当立即请求有关国家机关处理。采取的措施不当造成他人损害的，行为人应当承担侵权责任。对该规定，各方面提出了很多意见和建议。有的建议对“合法权益”进行限定，将“合法权益受到侵害”修改为“因自己的合法权益受到侵害”，以进一步明确实施自助行为的前提条件，防止被滥用。有的建议明确“情况紧迫”的内涵。有的提出，自助行为人只有在侵权人逃跑或转移财产、日后难以查找等紧迫情况下，为保全或恢复自己的权利，而对他人财产采取的予以扣留等措施，否则完全可以在事后通过民事诉讼等其他方式向国家机关寻求救济，建议明确“情况紧迫”的内涵，在“情况紧迫且不能及时获得国家机关保护的”后增加规定“如不采取自助行为，则以后权利无法实现或难以实现”。

针对这些意见和建议，民法典侵权责任编草案三审稿作了修改完善，三审稿的表述为：合法权益受到侵害，情况紧迫且不能及时获得国家机关保护，不立即采取措施将使其权益受到难以弥补的损害的，受害人可以在必要范围内采取扣留侵权人的财物等合理措施，但是应当立即请求有关国家机关处理。受害人采取的措施不当造成他人损害的，应当承担侵权责任。2019 年 12 月形成民法典草案时，在三审稿的基础上进一步修改完善，将“不立即采取措施将使其权益”修改为“不立即采取措施将使其合法权益”。此后，根据各方面的意见，又在民法典草案的基础上进一步完善，主要是进一步明确受害人可以实施自助行为的范围：“在保护自己合法权益的”的必要范围内。

◆ **条文解读**

一是情况紧迫且不能及时获得国家机关保护，这是前提条件。例如，走在路上发现自己被盗的自行车，此时不马上扣下自行车，以后将很难找到；马上去报案或者拨打110，时间上来不及。

二是不立即采取措施将使其合法权益受到难以弥补的损害的，这是必要条件。如前例所述，如果不马上扣下自行车，骑车人骑着车走了，以后再去寻找车在哪里就很困难了。我国民事诉讼法、专利法等法律均使用了“难以弥补”的表述，为保持法律之间的一致性，本条使用了该表述。

三是只能在保护自己合法权益的必要范围内采取扣留侵权人的财物等合理措施，这是范围条件。“保护自己合法权益”把自助行为的目的揭示出来，实施自助行为不能超越保护自己合法权益这个范围；“必要范围”“合理措施”，主要是自助行为扣留的财物应当与保护的利益在价值上大体相当。例如，餐馆老板发现有人吃霸王餐，不交钱准备离去。为了维护自己的合法权益，可以扣留与餐费价值差不多的物品，要求将来送餐费时再归还物品。

四是应当立即请求有关国家机关处理，这是合法条件。自助行为结束后，行为人必须及时寻求公权力机关救济。若行为人怠于寻求公权力机关救济，或被公权力机关驳回，或被公权力机关认定行为超出必要限度，则不排除其行为不法性，仍需依侵权行为承担相应后果。“立即请求”指自助行为完成后，“情况紧迫”的阻却事由消失，受害人应当立刻、无迟延地向有关国家机关报告自己实施了自力救济的事实，由公权力及时介入处理。只有这样，自力救济才具有正当性，成为民法上的免责事由。同时本条明确规定，受害人采取的措施不当造成他人损害的，就突破了自力救济的必要性，应当承担侵权责任。

第一千一百七十八条　本法和其他法律对不承担责任或者减轻责任的情形另有规定的，依照其规定。

◆ **条文主旨**

本条是关于民法典和其他法律在责任承担上衔接的规定。

◆ **立法背景**

一部法律解决不了所有民事侵权问题，世界上也没有一部民法典囊括所有民事侵权内容。我国规范侵权责任的法律有两个层次：第一个层次是民法典侵权责任编，从基本法的角度对侵权责任作出三类规定：一是普遍适用的共同规则；二是典型的侵权种类的基本规则；三是其他单行法不可能涉及的一些特殊规则。第二个层次是相关法律。许多单行法都从自身调整范围的角度对侵权责任作出一条或者几条规定。如《道路交通安全法》第 76 条规定了交通事故赔偿原则。有关侵权责任的法律在宪法统率下相辅相成，共同规范侵权责任。

《侵权责任法》第 5 条规定，“其他法律对侵权责任另有特别规定的，依照其规定”。民法典编纂过程中，对侵权责任法的规定进行了必要的拓展，民法典侵权责任编草案三审稿第 955 条曾规定，本编和其他法律对不承担责任或者减轻责任的情形另有规定的，依照其规定。有的提出，本条是不承担责任或者减轻责任的兜底条款。除侵权责任编以外，民法典总则编、物权编、合同编、继承编等分编，以及其他法律中对不承担或者减轻责任的情形均有明确规定，建议兜底条款囊括这些情形。经研究，我们采纳了这一意见，最终规定为：本法和其他法律对不承担责任或者减轻责任的情形另有规定的，依照其规定。

◆ 条文解读

适用过错责任归责原则和无过错责任归责原则的侵权行为，能否以及如何适用本条，需要分别讨论。

1. 本法第1165条对过错责任作了规定。过错责任是侵权责任领域中最常见的归责原则，生活是复杂的、丰富多彩的，过错责任的具体表现也就相差很大。因此，适用过错责任归责原则的侵权行为的减轻或者免除责任事由，在民法典侵权责任法律的几个高度概括的条文中无法涵盖和穷尽罗列，所有规范和涉及民事生活的民法基本法、民事单行法、各特别法中，都有大量的除外情形。本章规定的这几种不承担责任或者减轻责任的情形，适用过错责任归责原则的侵权行为当然要适用，但是，如果本法和其他法律另有规定的，也要依照其规定。

2. 本法第1166条对无过错责任作了规定。对于无过错责任能否适用本条，需要区分两种情形：

一是，法律在相应条文中对责任的免除或者减轻事由作了明确规定的，应当适用该条中的相关规定。换句话说，本章规定的这几种不承担责任或者减轻责任的情形，在该规定中就不能全部适用。例如，本编"高度危险责任"一章中，第1237条规定，民用核设施或者运入运出核设施的核材料发生核事故造成他人损害的，免责事由为“能够证明损害是因战争、武装冲突、暴乱等情形或者受害人故意造成的”。对民用核设施或者运入运出核设施的核材料发生核事故造成他人损害的，只能是“能够证明损害是因战争、武装冲突、暴乱等情形或者受害人故意造成的”。又如，本法第1240条规定，从事高空、高压、地下挖掘活动或者使用高速轨道运输工具造成他人损害的，免除责任的事由为“能够证明损害是因受害人故意或者不可抗力造成的”，减轻责任的事由只能为“被侵权人对损害的发生有重大过失的”。

二是，法律规定某行为适用无过错责任归责原则，但是在相应条文中对责任的免除或者减轻责任事由未作规定，则不适用本条规定，其不承担责任或者减轻责任的情形，适用本章规定的这几种情形。例如，本法第1229条规定，因污染环境、破坏生态造成他人损害的，侵权人应当承担侵权责任。该条是无过错责任归责原则的情形，但没有规定免除或者减轻责任事由，可以适用本章规定的这几种不承担责任或者减轻责任情形的规定，当然，如果环境法律、行政法律等其他法律对不承担责任或者减轻责任的情形另有规定的，依照其规定。

3. 本法对不承担责任或者减轻责任的情形作了规定。单行法对不承担责任或者减轻责任规定了很多情形，此处不再赘述。本法中也规定了一些不承担责任或者减轻责任的情形，例如本法第316条规定，拾得人在遗失物送交有关部门前，有关部门在遗失物被领取前，应当妥善保管遗失物。因故意或者重大过失致使遗失物毁损、灭失的，应当承担民事责任。根据此规定，拾得人一般过失是不承担责任的。又如，本法第897条规定，保管期内，因保管人保管不善造成保管物毁损、灭失的，保管人应当承担赔偿责任。但是，无偿保管人证明自己没有故意或者重大过失的，不承担赔偿责任。根据此规定，无偿保管人一般过失是不承担责任的。再如，本法第 1148 条规定，遗产管理人应当依法履行职责，因故意或者重大过失造成继承人、受遗赠人、债权人损害的，应当承担民事责任。根据此规定，遗产管理人一般过失是不承担责任的。

第二章　损害赔偿

本章共九条，主要规定了人身损害赔偿范围、以相同数额确定死亡赔偿金、请求权的转移、侵害人身权益造成财产损失的赔偿、精神损害赔偿、财产损失的计算方式、严重侵犯知识产权的惩罚性赔偿、公平分担损失、赔偿费用支付方式等内容。

本章是在侵权责任法第二章“责任构成和责任方式”的基础上，增删编纂形成的，民法典侵权责任编一审稿中章名为“责任承担”。有的意见提出，本章绝大部分条文解决的都是损害赔偿问题，而且侵权责任编的责任形式也主要是损害赔偿。应当将侵权损害赔偿请求权与绝对权请求权相区分，有关绝对权请求权主要由物权编和人格权编作出规定，侵权责任编主要规定侵权损害赔偿。经研究我们采纳了这一建议，从民法典侵权责任编二审稿开始，本章的章名修改为“损害赔偿”。

第一千一百七十九条　侵害他人造成人身损害的，应当赔偿医疗费、护理费、交通费、营养费、住院伙食补助费等为治疗和康复支出的合理费用，以及因误工减少的收入。造成残疾的，还应当赔偿辅助器具费和残疾赔偿金；造成死亡的，还应当赔偿丧葬费和死亡赔偿金。

◆ 条文主旨

本条是关于人身损害赔偿范围的规定。

◆ 立法背景

人身损害赔偿是指行为人侵犯他人的生命健康权益造成致伤、致残、致死等后果，承担金钱赔偿责任的一种民事法律救济制度。《侵权责任法》第16条规定了人身损害赔偿制度，消费者权益保护法、产品质量法等法律以及相关司法解释在侵权责任法的基础上对人身损害赔偿制度作了补充。本条在侵权责任法等法律规定的基础上作了完善。

◆ 条文解读

一、人身损害赔偿的范围

（一）侵害他人造成人身损害的一般赔偿范围

这是指侵犯他人生命健康权益造成人身损害一般都要赔偿的项目。无论是致伤、致残还是致死，凡是有一般赔偿范围内所列项目的费用支出，行为人均应赔偿。本条在侵权责任法的基础上，吸收最高人民法院司法解释，增加了"营养费""住院伙食补助费"这两项赔偿项目；为了与残疾人保障法的表述一致，将"残疾生活辅助具"修改为"辅助器具"。行为人的行为造成他人人身伤害但并未出现残疾或者死亡后果的，原则上行为人仅需赔偿本条规定的一般赔偿范围内的赔偿项目。这里需强调的是，本条所列举的一般赔偿范围内的赔偿项目仅是几种比较典型的费用支出，实践中并不仅限于这些赔偿项目，只要是因为治疗和康复所支出的所有合理费用，都可以纳入一般赔偿的范围，但前提是合理的费用才能予以赔偿，否则既会增加行为人不应有的经济负担，也会助长受害人的不正当请求行为，有失公正。因此，在司法实践中，法官必须在查清事实的基础上，结合医疗诊断、鉴定和调查结论，准确确定人身损害的一般赔偿范围。对人身损害的赔偿要坚持赔偿与损害相一致的原则，既要使受害人获得充分赔偿，又不能使其获得不当利益。基于这一原则，对医疗费、护理费、交通费、营养费、住院伙食补助费等为治疗和康复支出的合理费用，以及因误工减少的收入的赔偿，因一般都有具体衡量的标准，应当全部赔偿，即损失多少就赔偿多少。

医疗费包括挂号费、检查费、药费、治疗费、康复费等费用。在审判实践中，一般根据医疗机构出具的药费、治疗费等收费凭证，结合病历和诊断证明等相关证据确定医疗费的具体数额。赔偿义务人对治疗的合理性和必要性有异议的，应当承担相应的举证责任。医疗费的具体数额一般按一审法庭辩论终结前实际发生的确定。根据医疗证明或者鉴定结论确定在将来必然发生的医疗费，可以与已经发生的医疗费一并予以计算和赔偿，所以本条所指的医疗费既包括已经发生的医疗费，也包括将来确定要产生的医疗费。民法典编纂过程中，有的建议本条将“侵害他人造成人身损害的”修改为“侵害他人造成身心损害的”，并增加规定“精神心理诊疗费”。我们研究认为，精神伤害也是人身伤害；精神方面的诊疗活动，也属于医疗费的范畴，因此目前的规定是完全能够涵盖这些内容的。

护理费是指受害人因受到损害导致生活不能自理，需要有人进行护理而产生的费用支出。赔偿护理费的前提是，受害人受到损害，生活不能自理或者不能完全自理，需要有人进行护理。这种情况，应当有医疗单位或法医的证明。证明需要陪护的，予以赔偿；没有必要的，则不予赔偿。在审判实践中，护理费一般根据护理人员的收入状况和护理人数、护理期限确定。护理人员有收入的，原则上参照其因误工而减少的收入计算；没有收入或雇用专门护工的，原则参照当地护工从事同等级别护理的劳务报酬标准计算。护理期限原则上应计算至受害人恢复自理能力时止。受害人因残疾不能恢复自理能力的，可以根据其年龄、健康状况等因素确定合理的护理期限。

交通费是指受害人及其必要的陪护人员因就医或者转院所实际发生的用于交通的费用。赔偿交通费应当根据实际支出确定，以正式交通费的票证收据为准，票证收据记载的时间、地点、人数要与实际救治的时间、地点、人数相一致。对不合理的支出，不应当赔偿，但确定的标准不宜过于严格。例如，对没有就近治疗，但是选择的医院是合理、必要的，其交通费也应当赔偿。

营养费是受害人通过平常饮食的摄入尚不能满足受损害身体的需求，以平常饮食以外的营养品作为对身体补充而支出的费用，是辅助治疗支出的费用。适当的营养支持能改善受害人的营养状况，有效地配合临床诊治，缩短住院时间，促进尽快康复。因此，营养费的支出对于受害人的治疗和康复有着不同程度的需要。营养费的赔偿数额，应当根据受害人伤残情况参照医疗机构的意见确定，既要有利于受害人身体的恢复，也要坚持必要性原则。

住院伙食补助费是受害人遭受人身损害，在医院治疗期间支出的伙食费用。《最高人民法院关于审理人身损害赔偿案件适用法律若干问题的解释》第23条规定，住院伙食补助费可以参照当地国家机关一般工作人员的出差伙食补助标准予以确定。受害人确有必要到外地治疗，因客观原因不能住院，受害人本人及其陪护人员实际发生的住宿费和伙食费，其合理部分应予赔偿。由此可见，司法解释对“受害人确有必要到外地治疗，因客观原因不能住院，其陪护人员实际发生的伙食费”也纳入了受害人住院伙食补助费的范围内，因为护理人员的护理费原则上参照其因误工而减少的收入计算，误工而减少的收入损失涵盖不了伙食支出。

因误工减少的收入是指受害人由于受到伤害，无法从事正常工作或者劳动而失去或者减少的工作、劳动收入。受害人受到伤害但并未残疾或者死亡的，因误工减少的收入就是受害人从受到损害到恢复正常能参加工作、劳动时止这段时间内的损失。因误工减少的收入的基本计算方法是：单位时间的实际收入乘以误工时间。

（二）造成残疾的赔偿范围

对于残疾的赔偿范围，我国的立法有一个发展变化的过程。根据《民法通则》第 119 条的规定，受害人残疾的，应当赔偿医疗费、因误工减少的收入、残废者生活补助费等费用，对于是否赔偿被扶养人生活费和残疾赔偿金没有明确规定。1993 年颁布的产品质量法、消费者权益保护法则明确规定，受害人残疾的，除应当赔偿医疗费、治疗期间的护理费、因误工减少的收入等费用外，还应当支付残疾者生活自助具费、生活补助费、残疾赔偿金以及由其扶养的人所必需的生活费等费用，但是没有明确生活补助费、残疾赔偿金以及由其扶养的人所必需的生活费三者之间的关系。对此，理论界有不同认识，法官在司法实践中也有不同做法。例如，《最高人民法院关于审理人身损害赔偿案件适用法律若干问题的解释》第 17 条规定，受害人因伤致残的，除赔偿医疗费、误工费、护理费、交通费、住宿费、住院伙食补助费、必要的营养费外，还应当赔偿其因增加生活上需要所支出的必要费用以及因丧失劳动能力导致的收入损失，包括残疾赔偿金、残疾辅助器具费、被扶养人生活费，以及因康复护理、继续治疗实际发生的必要的康复费、护理费、后续治疗费等，赔偿义务人也应当赔偿。侵权责任法规定，造成受害人残疾的，除应当赔偿医疗费、护理费、交通费等为治疗和康复支出的合理费用，以及因误工减少的收入外，还应当赔偿残疾生活辅助具费和残疾赔偿金。民法典侵权责任编在造成残疾的赔偿范围上，与侵权责任法保持一致，只是将“残疾生活辅助具”的表述修改为“辅助器具”。

辅助具费是指受害人因残疾而造成身体功能全部或者部分丧失后需要配制补偿功能的残疾辅助器具的费用。残疾生活辅助器具主要包括假肢及其零部件、假眼、助听器、盲人阅读器、助视器、矫形器等。

残疾赔偿金是受害人残疾后特有的一个赔偿项目。对残疾赔偿金，虽说我国的消费者权益保护法、国家赔偿法、产品质量法等法律和一些司法解释已作了明确规定，但理论界和实务界对其性质和赔偿标准有较大争论。有的认为，残疾赔偿金是精神损害抚慰金，因此，其不应有明确的赔偿标准，应由法官根据具体案情，考虑若干因素决定赔偿数额。有的将残疾赔偿金界定为对受害人未来的预期收入损失，并明确规定了赔偿标准。有的认为，残疾赔偿金既是对受害人未来预期收入损失的赔偿，也是对其因残疾丧失的一些精神生活的赔偿。从境外的立法情况来看，一些国家和地区将残疾赔偿金视为对受害人未来财产损失的赔偿，只是在确定赔偿标准时有不同做法，有的采用了“收入所得丧失说”，即在计算残疾赔偿金时，是以受害人受到伤害之前的收入与受到伤害之后的收入之间的差额作为赔偿额。根据“收入所得丧失说”，受害人虽然因残疾丧失或者减少劳动能力，但其残疾前与残疾后的收入并没有差距的，受害人不得请求残疾赔偿金。有的采用“生活来源丧失说”，即受害人残疾必然会导致其生活来源丧失或者减少，行为人应当赔偿受害人的生活费，使其生活来源能够重新恢复。一些国家和地区则采用了“劳动能力丧失说”，即受害人因残疾导致部分或者全部劳动能力丧失本身就是一种损害，无论受害人残疾后其实际收入是否减少，行为人都应对劳动能力的丧失进行赔偿。我国现在的司法实践主要采用的是“劳动能力丧失说”。以上三种做法各有利弊，“收入所得丧失说”可操作性较强，但在实践中若完全依据该做法，一些无收入的受害者，如家庭主妇、儿童、失业者等，由于在受到伤害残疾前并没有收入，就有可能得不到赔偿，对这些受害者是非常不公平的。根据“生活来源丧失说”，残疾赔偿金赔偿的是受害人残疾前后生活费的差额。根据这种做法确定的残疾赔偿金比较低，不利于保护受害人的利益。“劳动能力丧失说”比较符合损害发生时的实际情况，但没有考虑到受害人未来劳动能力的提高和精神生活受到损害的情况，且完全忽视了受害人的具体情况，如受教育程度、年龄、受害人的实际收入等因素。

（三）造成死亡的赔偿范围

人身损害死亡赔偿制度是指自然人因生命权受侵害而死亡，侵权人承担金钱赔偿责任的一种民事法律救济制度。对死亡赔偿的范围，《民法通则》第119条规定，除应当赔偿医疗费、因误工减少的收入等费用外，还应当支付丧葬费、死者生前扶养的人必要的生活费等费用。1993年颁布的消费者权益保护法、产品质量法和1994年颁布的国家赔偿法规定，因侵权行为造成他人死亡的，除赔偿医疗费、护理费等费用外，应当支付丧葬费、人身损害死亡赔偿金以及由死者生前扶养的人所必需的生活费等费用。上述三部法律，均采取在丧葬费和被扶养人生活费以外，同时给付死亡赔偿金的模式。《最高人民法院关于审理人身损害赔偿案件适用法律若干问题的解释》规定，受害人死亡的，赔偿义务人除应当根据抢救治疗情况赔偿医疗费、护理费、营养费等相关费用外，还应当赔偿丧葬费、被扶养人生活费、死亡补偿费以及受害人亲属办理丧葬事宜支出的交通费、住宿费和误工损失等其他合理费用。司法解释对死亡赔偿项目的列举，比法律明确列举的赔偿项目要更多一些。侵权责任法在立法和司法实践经验基础上，借鉴国外做法，规定侵害他人造成死亡的，除应当赔偿一般人身损害赔偿项目外，还应当赔偿丧葬费和死亡赔偿金。民法典侵权责任编在这一方面与侵权责任法的规定一致。

立法中，对如何规定死亡赔偿制度存在较大争论。被侵权人死亡的，其医疗费、丧葬费的赔偿较为明确，便于计算，争议不大。争议较大的是死亡赔偿金的支付。司法实践中，各级法院根据司法解释，对农村居民和城市居民按不同标准支付死亡赔偿金，一度引发“同命不同价”的争论。对死亡赔偿金的争论主要集中在如何确定死亡赔偿对象、赔偿范围和赔偿标准。

赔偿对象解决死亡赔偿金赔给谁。有的认为，侵权人致被侵权人死亡，造成了死者损害，侵害了死者权益，死亡赔偿金是对死者的赔偿，死者近亲属只是继承了死亡赔偿金；也有的认为，被侵权人死亡后已经不具有民事主体资格，因此，侵害的只能是死者近亲属权益，死亡赔偿金是对死者近亲属的赔偿。

赔偿范围与赔偿对象有一定关联性，死亡赔偿金的范围解决哪些损害应当得到赔偿。理论界和实务界对此主要有两种观点：一是以被扶养人丧失生活来源作为依据的“扶养丧失说”，受害人死亡后，被其扶养的人因此失去了生活来源，侵害人对此应予以赔偿，死亡赔偿金的范围是被扶养人的生活费。对受害人死亡导致的预期收入减少，不予赔偿。二是以受害人死亡导致的预期收入减少为依据的“继承丧失说”，即侵权人向死者近亲属赔偿死者余命年限内（主要以一个国家的平均寿命减去死者死亡时的年龄）将获得的除去生活费等正常开支的剩余收入。从境外的赔偿情况和司法实践来看，有的国家主要采用了“扶养丧失说”，如德国；有的主要采用了“继承丧失说”，如日本。这两种模式各有利弊，但共同的缺憾之一是都以财产损失为基础，而没有考虑到精神生活的损失。人的生活分为物质生活和精神生活，即使是物质生活，也不单纯是取得报酬或者收入。侵害人的生命，造成被侵权人死亡，赔偿范围应包括物质损失和非物质损失。这样，有利于保护被侵权人的合法权益，符合民法损害赔偿原则，彰显尊重生命的时代精神。

二、人身损害赔偿的标准

赔偿标准解决具体的赔偿数额问题。从境外的情况来看，主要有两种做法：一是定额赔偿法。“定额赔偿法”实际是一种单一赔偿标准，不考虑具体受害人的个人收入状况、职业、受教育程度等方面的差异，原则上按照平均收入乘以一定年限计算赔偿数额，从而以抽象化、定型化的方式确定死者未来收入损失。二是个体赔偿法。原则上根据死者近期收入乘以一定年限计算赔偿数额。死者无收入的，划分不同情况按照平均收入乘以一定年限计算赔偿数额。大多数国家和地区采用这种方法。以这种方法确定死亡赔偿金数额时，法官一般要综合考虑每个死者的职业、年龄、受教育程度、被扶养人的状况等因素。在同一案件中，死者的这些因素一般都不完全相同，因此，法官根据这些因素确定的赔偿额也不可能完全相同。例如，在同一侵权行为中，一死者为出租车司机，另一死者为著名足球运动员，二者年龄相当，如果依“定额赔偿法”，死者的近亲属获得的死者赔偿相同；如果依“个体赔偿法”，死者的近亲属获得的死者赔偿就不一样。由于“个体赔偿法”强调与个人的收入状况、受教育程度等因素相联系，而实践中个人状况千差万别，给损失的确定带来困难。在立法中，也有的提出，赔偿标准原则上应统一，同时适当考虑个人年龄、收入、精神损害程度、文化程度等差异。但统一标准不宜以城乡划界，也不宜以地区划界，而是人不分城乡、地不分东西的全国统一标准。个人差异，有时可以考虑，有时可不考虑，如交通肇事、矿山事故等发生人数较多伤亡时，可不考虑个人差异，采用一揽子赔偿方案，按相同数额确定死亡赔偿金。为解决法官在审判实践中难以操作、人身损害赔偿案件的裁判尺度难以统一等问题，侵权责任法曾试图对死亡赔偿金的赔偿标准作明确规定。但是，最终考虑到实践中的人身损害死亡赔偿案件千差万别，我国各地的经济情况差异较大，个体之间的实际情况也不完全相同，情况非常复杂，法律规定的任何赔偿标准都有可能无法照顾到这些差异，都有可能引起较大争议。从国外的经验看，多数国家都没有在法律中对人身损害死亡赔偿金的赔偿标准作明确规定，主要由法官在司法实践中根据具体案情自由裁量。因此，侵权责任法没有规定统一的标准。

民法典侵权责任编编纂过程中，又有意见提出法律规定统一的残疾赔偿金和死亡赔偿金计算标准。侵权责任编曾经尝试作出规定：残疾赔偿金的确定以国家上年度职工平均工资为基础，并可以综合考虑被侵权人丧失劳动能力的程度、受伤时的年龄、受伤前的收入状况、被扶养人的生活状况等因素。死亡赔偿金的确定以国家上年度职工平均工资为基础，并可以综合考虑被侵权人死亡时的年龄、死亡前的收入状况、被扶养人的生活状况等因素。对这一规定，在征求意见过程中，各方面有不同的认识，存在较大争议。有的提出，全国统一标准使计算数额过高，西部省区的侵权责任人难以承受。有的提出，我国幅员辽阔，各地区之间的经济发展水平和职工收入存在较大差距，全国采用单一的全国统一标准不利于解决实际的个案纠纷。我们认真分析收到的各种意见建议，又尝试将残疾赔偿金和死亡赔偿金的确定基础修改为“受诉的省级法院所在地国家上年度职工平均工资”。对此有的提出，这一规定又产生了“地区歧视”，也不公平。还有的提出，这一规定还可能造成当事人为获得较高赔偿而选择管辖法院的情况。综合来看，残疾赔偿金、死亡赔偿金的问题十分复杂，无论是侵权责任法还是民法典侵权责任编，都无法简单规定一个“放之全国而皆准”的标准，宜由法官在处理具体案件时，根据个案的特殊情况，运用自由裁量权进行裁判。据此，民法典也没有规定残疾赔偿金和死亡赔偿金的计算标准。残疾赔偿金和死亡赔偿金的决定，宜由法官在司法实践中，根据案件的具体情况，综合考虑各种因素后确定数额；也可以由最高人民法院结合近些年来的司法经验，修改目前适用的司法解释的规定。但是，为了便于解决纠纷，使受害人及时有效地获得赔偿，对因同一侵权行为造成多人死亡的情况，法律规定了可以以相同数额确定死亡赔偿金。

▶ **相关规定**

《中华人民共和国产品质量法》第 44 条；《中华人民共和国消费者权益保护法》第 49 条

第一千一百八十条　因同一侵权行为造成多人死亡的，可以以相同数额确定死亡赔偿金。

◆ **条文主旨**

本条是关于以相同数额确定死亡赔偿金的规定。

◆ **立法背景**

在侵权责任法立法中，有的提出，在许多情况下，根据死者年龄、收入状况等情形，确定的死亡赔偿数额有所不同，但在因同一事故造成多人死亡时，为便于解决纠纷，实践中，不少采用相同数额予以赔偿。例如有的地方，对药物损害事故中的多个死者统一赔偿每人 20 万元，这样的做法起到了较好的社会效果和法律效果。侵权责任法吸收实践中的这些有益做法，在第 17 条规定，因同一侵权行为造成多人死亡的，可以以相同数额确定死亡赔偿金。民法典编纂过程中，有的建议删除本条规定。经过研究，民法典侵权责任编保留了侵权责任法的规定。立法中作出这一规定主要有以下考虑：

在境外，也有的国家采用了类似做法，如日本自 20 世纪 70 年代以来，在环境污染、药物损害、交通事故等导致多人死亡的侵权案件中，常常采用“概括的一揽子赔偿方式”解决死亡赔偿问题。“概括的一揽子赔偿”将受害人受到的所有社会、经济、精神损害作为一个损害，不区分财产损害与非财产损害，也不将财产损害细化为若干项目，而赋予受害人统一的赔偿请求权。

从国外经验以及我国实践情况看，在因同一侵权行为造成多人死亡的案件中，以相同数额确定死亡赔偿金主要有以下好处：一是在因同一侵权行为造成多人死亡引发的众多诉讼中，对众多的损害项目和考虑因素逐一举证比较繁琐，而且有时证明较为困难。以相同数额确定死亡赔偿金可以避免原告的举证困难，并防止因此而导致的诉讼迟延，让其可以及时有效地获得赔偿。二是考虑每个死者的具体情况分别计算死亡赔偿金，不但未必能计算到损害的全部内容，而且让法院面临较为沉重的负担，不利于节省司法资源。以相同数额确定死亡赔偿金不但可将受害人及其亲属受到的肉体、社会生活、精神生活等损害覆盖其中，有效避免挂一漏万，更好地保护受害人利益，还可以减轻法院负担，节约司法资源。三是以相同数额确定死亡赔偿金可以维护众多原告之间的团结。在处理导致多人死亡的侵权案件时，以同一数额确定死亡赔偿金，既迅速救济了原告，也防止了原告之间相互攀比，避免同一事故中的众多原告之间赔偿数额差距过大而引发社会争论。实际上，从我国近些年的司法实践看，在一些因同一事故导致多人死亡的侵权案件中，由于法院最终判决的死亡赔偿金在众多原告之间差异较大，引起了当事人不满，社会效果也不是很好。

◆ **条文解读**

一是以相同数额确定死亡赔偿金并非确定死亡赔偿金的一般方式，若分别计算死亡赔偿金较为容易，可以不采用这种方式。

二是根据本法的规定，以相同数额确定死亡赔偿金原则上仅适用于因同一侵权行为造成多人死亡的案件。

三是本条特别强调，对因同一侵权行为造成多人死亡的，只是“可以”以相同数额确定死亡赔偿金，而不是任何因同一侵权行为造成多人死亡的案件都“必须”或者“应当”以相同数额确定死亡赔偿金。至于什么情况下可以，什么情况下不可以，法院可以根据具体案情，综合考虑各种因素后决定。实践中，原告的态度也是一个重要的考虑因素，多数原告主动请求以相同数额确定死亡赔偿金的，当然可以；原告没有主动请求，但多数原告对法院所提以相同数额确定的死亡赔偿金方案没有异议的，也可以适用这种方式。

四是以相同数额确定死亡赔偿金的，原则上不考虑受害人的年龄、收入状况等个人因素。

这里还需强调一点，本条只是规定，因同一侵权行为造成多人死亡的，可以对“死亡赔偿金”以相同数额确定，对死者在死亡前产生的医疗费、护理费等合理费用支出，以及丧葬费支出，宜根据实际支出情况单独计算，损失多少，赔偿多少。

第一千一百八十一条　被侵权人死亡的，其近亲属有权请求侵权人承担侵权责任。被侵权人为组织，该组织分立、合并的，承继权利的组织有权请求侵权人承担侵权责任。

被侵权人死亡的，支付被侵权人医疗费、丧葬费等合理费用的人有权请求侵权人赔偿费用，但是侵权人已经支付该费用的除外。

◆ **条文主旨**

本条是关于被侵权人死亡后，谁可以成为请求权主体的规定。

◆ **立法背景**

被侵权人仅仅受到伤害、残疾，或者被侵权人作为组织仍存在的情况下，请求权人原则上是被侵权人本人。但是，被侵权人死亡的，其权利能力消灭，法律主体资格不复存在，死者不可能以权利主体资格请求侵权人承担侵权责任。同样地，被侵权人为组织，其分立、合并的，被侵权人的法律主体资格也消失，也不可能以权利主体资格请求侵权人承担侵权责任。因此，在这两种情况下，请求权人都只能是被侵权人以外的主体。

从国外的立法来看，大陆法系国家和我国台湾、澳门地区将被侵权人死亡情况下的请求权人分为以下两种情况：一是经济损失的请求权人。被侵权人死亡的情况下，请求权人为死者近亲属、受扶养人和丧葬费支付人，但对被扶养人的范围，规定不完全相同。二是精神损害的请求权主体。大多数国家和我国台湾地区规定，受害人死亡导致其近亲属精神损害的，该近亲属可以为请求权人。这里的近亲属一般指父母、子女及配偶。

侵权责任法在总结我国立法经验和司法实践经验基础上，参考国外立法，在第18条分两款作了规定：被侵权人死亡的，其近亲属有权请求侵权人承担侵权责任。被侵权人为单位，该单位分立、合并的，承继权利的单位有权请求侵权人承担侵权责任。被侵权人死亡的，支付被侵权人医疗费、丧葬费等合理费用的人有权请求侵权人赔偿费用，但侵权人已支付该费用的除外。因为民法总则将单位修改为法人、非法人组织，民法典侵权责任编在继承《侵权责任法》第 18 条的基础上，应与编纂入民法典的总则编保持用语一致。考虑到法人、非法人组织与自然人相比，均为组织形态，为了用语表述简单，本条将《侵权责任法》第 18 条中的“单位”修改为“组织”。

◆ **条文解读**

根据本条第 1 款的规定，被侵权人死亡的，其近亲属有权请求侵权人承担侵权责任。近亲属的范围在本法第 1045 条作了明确规定，包括配偶、父母、子女、兄弟姐妹、祖父母、外祖父母、孙子女、外孙子女。

根据本条第 2 款的规定，被侵权人死亡，支付被侵权人医疗费、丧葬费等合理费用的人有权请求侵权人赔偿费用，但是，侵权人已经支付该费用的除外。在司法实践中，支付被侵权人死亡前的医疗费等合理费用的，不一定是被侵权人本身，而是其亲属、朋友或者其他人；对于丧葬费，由于受害人已经死亡，只能是其亲属、朋友或者其他人支付。若支付这些费用的是被侵权人的近亲属，这些近亲属当然可以依据本条第 1 款的规定请求侵权人赔偿这些费用，若支付这些费用的并非其近亲属，而是其朋友、其他人或者某一组织的，实际支付费用的主体也可以作为独立的请求权人请求侵权人赔偿这些费用，但若侵权人已将这些费用赔偿给被侵权人近亲属的，实际支付这些费用的主体就不能再向侵权人请求赔偿，而只能要求获得赔偿的近亲属返还这些费用。赋予实际支付医疗费、丧葬费等费用的主体独立请求权，有利于弘扬帮扶帮衬的社会美德，保护善良的社会风俗，也可以防止侵权人获得不当利益。

在民法典侵权责任编编纂过程中，有的提出，本条第 2 款仅考虑法人和其他组织的分立、合并情形，没有考虑到这些主体的被撤销、解散和破产清算等的情形的请求权主体问题。我们研究认为，本条的立法目的是解决被侵权人死亡后请求权主体的确定以及费用的追偿问题。对于组织的解散和破产清算等情形中权利如何承继，企业破产法等单行法已经作出了明确规定，不需要在此作出规定。

▶ **相关规定**

《中华人民共和国国家赔偿法》第 6 条

第一千一百八十二条 侵害他人人身权益造成财产损失的，按照被侵权人因此受到的损失或者侵权人因此获得的利益赔偿；被侵权人因此受到的损失以及侵权人因此获得的利益难以确定，被侵权人和侵权人就赔偿数额协商不一致，向人民法院提起诉讼的，由人民法院根据实际情况确定赔偿数额。

◆ **条文主旨**

本条是关于侵害他人人身权益造成财产损失赔偿的规定。

◆ **立法背景**

人身权益是民事主体最基本的权益，侵害他人人身权益应当依法承担侵权责任。本条在《侵权责任法》第 20 条的基础上，增加了被侵权人的选择，对于侵害他人人身权益如何计算财产损失作了较为具体的规定。

◆ 条文解读

一、按照被侵权人受到的损失赔偿

根据侵害行为及侵害人身权益内容的不同，侵害他人的人身权益造成财产损失的赔偿范围也不尽相同。主要包括：

1. 侵害他人生命、健康、身体等权益造成的财产损失的赔偿范围，一般包括积极的财产损失和可得利益的损失。依照本法第1179条规定，侵害他人造成人身损害的，应当赔偿医疗费、护理费、交通费、营养费、住院伙食补助费等为治疗和康复支出的合理费用，以及因误工减少的收入。造成残疾的，还应当赔偿辅助器具费和残疾赔偿金；造成死亡的，还应当赔偿丧葬费和死亡赔偿金。其中，因治疗而支出的医疗费、护理费、交通费、营养费、住院伙食补助费以及为治疗和康复等实际发生的费用；被侵权人残疾所需要的辅助器具费等因侵权行为导致被侵权人实际支出的费用；被侵权人死亡所支付的丧葬费以及办理丧葬事宜所支出的交通、住宿等其他合理费用，即为积极的财产损失。被侵权人因误工而减少的收入以及受害人死亡办理丧事其亲属误工所减少的收入；被侵权人因全部或者部分丧失劳动能力而减少的预期收入；被侵权人死亡的，其因死亡而不能获得的未来一定期限内的预期收入等为可得利益的损失，即因侵权行为的发生导致被侵权人本应获得而无法获得的可得利益损失。

2. 侵害他人名誉权、荣誉权、姓名权、肖像权和隐私权等人身权益造成的财产损失。对此，学术界一直存在不同认识，有的人认为，侵害他人非物质性人身权益没有财产损害，只能通过精神损害赔偿。《最高人民法院关于确定民事侵权精神损害赔偿责任若干问题的解释》和《最高人民法院关于审理人身损害赔偿案件适用法律若干问题的解释》将精神损害赔偿作为侵害非物质性人身权的主要救济方式。也有的人认为，侵害他人非物质性人身权有时也会产生财产损害，应当按照其实际损害赔偿。例如，某些名人的姓名权、肖像权具有一定的商业价值，如果用于广告等商业目的，取得使用的同意一般需要给付相应的对价，未经同意擅自使用直接影响了其应当获得的财产利益，这种财产损失是可计算的，因此属于侵害他人人身权益造成财产损害的情形。有的因个人隐私被披露导致生病看病的费用，也是直接的财产损失。

在德国，侵害人格权在财产损害与非财产损害之间的界限发生了变化，财产损害方式获得了扩张。在一些案件中，法官将受害人的精神不悦以及人格展开的商品化可能都解释为一种财产损害。例如，所有能够以财产计算并且在市场中通过金钱可以获得的利益都是财产损害。在遭受精神损害的情况下，如果当事人为了摆脱此种精神压抑而作出了一定的花费，则此种花费也是财产损害。德国由此存在两种理论：一种理论称为“沮丧理论”，即所有因为侵权行为所造成的或者使用的机会丧失都可以作为财产损害；另一种理论是“商品化理论”，即在现代社会中，大量的生活关系都可以在当今的财产社会中通过金钱购买到，所以在造成他人精神损害，而此种精神损害又可以通过金钱加以抚慰时，则应当承认精神损害赔偿，这种应当得到赔偿的损害进而延伸为财产损害。

侵害非物质性人身权益的财产损失，可以根据不同的侵权行为和相关证据具体判断处理，有实际财产损失的，按照实际损失赔偿，没有实际损失的，可以根据法律的相关规定给予救济。

二、按照侵权人因此获得的利益

一些侵害人身权益的行为财产损失难以确定，尤其是在被侵权人的名誉受损、知识产权被侵害等情况下，很难确定财产损失。在此情形下，侵权人如何赔偿，怎样确定赔偿数额是困扰司法实践的一个难题。例如，某运动员身披国旗的照片被企业印到产品的包装盒上了，运动员诉企业侵权。在此案中，侵害他人肖像权的行为确实存在，如何对被侵权人进行赔偿，赔偿数额如何确定成了被关注的热点。《最高人民法院关于确定民事侵权精神损害赔偿责任若干问题的解释》第10条中规定的关于精神损害的赔偿数额确定的因素中，将“侵权人的获利情况”作为其中之一，由此，在侵害他人人身权益的情况下，可将侵权人的获利情况作为司法实践中确定赔偿数额的重要因素考虑。在总结我国司法实践经验的基础上，《侵权责任法》第20条明确规定，“被侵权人的损失难以确定，侵权人因此获得利益的，按照其获得的利益赔偿”。民法典侵权责任编编纂过程中，有的提出，随着社会发展和利益多元化，侵权行为具体样态愈发复杂。侵权责任法规定只有在“被侵权人的损失难以确定”的情形下，才能适用“侵权人因此获得利益的，按照其获得的利益赔偿”，在某些情形下对保护被侵权人的权益不利。建议民法典侵权责任编不再规定先后顺序，赋予被侵权人一定的选择权，在被侵权人因侵权行为受到的损失或者侵权人因侵权行为获得的利益赔偿中进行选择，这样既能有效获得赔偿实现公平正义，又能有效遏制与震慑侵权行为。

我们吸收采纳了这一意见，在民法典侵权责任编草案二审稿中规定，侵害他人人身权益造成财产损失的，按照被侵权人因此受到的损失或者侵权人因此获得的利益赔偿。当然，对这一修改，也有反对的意见。有的提出，作出这一修改与我国侵权责任赔偿制度的填平原则不吻合。财产损失应当首先按照被侵权人受到的损失计算，无法计算损失时，才按照侵权人获得的利益计算，两者是有先后顺序的。填平原则是民事责任的基本原则。只有在没有有效的办法进行填补损害时，再考虑其他的救济方案，例如获益返还等。在可以确定损失的情形下，若获利大于损害，被侵权人选择获利赔偿，将突破完全赔偿原则，违反“禁止得利”原则。

我们慎重研究后认为，从总体上考虑，本条赋予被侵权人一定的选择权比较好。一是这样便于被侵权人选择对自己有利的赔偿方案，从而有利于保护受害人的权益。二是这样规定便于案件争议迅速有效地解决。三是从理论上讲，这里构成了侵权损害赔偿和不当得利损害赔偿的竞合。既然是竞合，显然是选择赔偿的问题。《侵权责任法》第20条确立规定的实际损失赔偿、侵权所得赔偿和法院根据实际情况确定赔偿数额三种方式渐次展开，虽然只是将“侵权人获得的利益难以确定”作为酌定赔偿的适用条件，但酌定赔偿适用的条件实际上是被侵权人的损失和侵权人获得的利益均难以确定。因为在这一模式下，只有被侵权人的损失难以确定，才需要考虑侵权人获得的利益能否确定。被侵权人获得的利益难以确定，侵权人的损失自然也难以确定。此时由被侵权人进行选择，被侵权人肯定选择最能弥补其损害的计算方式，因此不违反填平原则。

三、由人民法院根据实际情况确定赔偿数额

该规定主要针对损人不利己等获利难以计算的情况。例如，有的侵权人将别人的隐私放在网络上造成很坏的影响，他自己并没有获利，如果依照“按照被侵权人因此受到的损失或者侵权人因此获得的利益赔偿”的规定处理，不能很好地保障被侵害人的权益，侵权人也得不到惩罚。当出现被侵权人因此受到的损失以及侵权人因此获得的利益难以确定时，被侵权人与侵权人可以就赔偿数额进行协商，协商不一致的，被侵权人可以向人民法院提起诉讼，由法院根据实际情况赔偿数额。这项规定表达了三层含义：一是侵权人损人没有获利或者获利难以计算的情况下，当事人可以就赔偿数额进行协商；二是赋予被侵权人获得赔偿的请求权，侵权人不能因为没有获利或者获利难以计算就不负赔偿责任；

三是如何确定赔偿数额由法院根据侵权人的过错程度、具体侵权行为和方式、造成的后果和影响等确定。

第一千一百八十三条 侵害自然人人身权益造成严重精神损害的，被侵权人有权请求精神损害赔偿。

因故意或者重大过失侵害自然人具有人身意义的特定物造成严重精神损害的，被侵权人有权请求精神损害赔偿。

◆ 条文主旨

本条是关于精神损害赔偿的规定。

◆ 立法背景

精神损害赔偿是受害人因人格利益或身份利益受到损害或者遭受精神痛苦而获得的金钱赔偿。

《德国民法典》首先确立了精神抚慰金。需要特别指出的是，《德国民法典》规定的"精神抚慰金"，在翻译成汉语时，很多译者将其翻译成"精神损害赔偿金"，在民法学界一般能理解两者是同一术语，但"精神损害赔偿金"这一术语在社会上反复流传使用，再结合我国语言文字的使用习惯与社会公认认知，在内涵与外延上产生了远超《德国民法典》"精神抚慰金"意义上的含义。这也导致了司法实践中对"精神损害赔偿金"的误读误用，有的案例中原告起诉被告要求支付几百万乃至上千万的"精神损害赔偿金"。精神损害无法用金钱与物质量化衡量，也无法以赔偿的方式填平这一损害。因此，德国民法典使用"精神抚慰金"的表述，仅能以赔偿的方式进行抚慰，是精确适当的。

我国民法通则中没有规定精神损害赔偿制度。2001 年《最高人民法院关于确定民事侵权精神损害赔偿责任若干问题的解释》中，对精神损害赔偿作了较为详尽的规定，以指导司法实践。该司法解释中规定，具有人格象征意义的特定纪念物品，因侵权行为而永久性灭失或者毁损，物品所有人以侵权为由，向人民法院起诉请求赔偿精神损害的，人民法院应当依法予以受理。同时，该解释规定了确定精神损害赔偿数额的考虑因素。2009 年颁布的侵权责任法第一次在民事法律中对精神损害赔偿作了规定，即：侵害他人人身权益，造成他人严重精神损害的，被侵权人可以请求精神损害赔偿。在 2013 年修改的消费者权益保护法中进一步规定，经营者有侮辱诽谤、搜查身体、侵犯人身自由等侵害消费者或者其他受害人人身权益的行为，造成严重精神损害的，受害人可以要求精神损害赔偿。

随着实践的发展，社会公众对精神损害赔偿的认知有加深也有误读，人民法院受理的请求承担精神损害赔偿的案件不断增多，司法实践反映现行法仍存在一些问题。为满足实践需要，在民法典侵权责任编编纂过程中，结合各方面提出的意见和建议，在《侵权责任法》第 22 条的基础上更进一步，作出修改完善：一是将“他人”修改为“自然人”，明确我国精神损害赔偿的主体只能是自然人。二是将“被侵权人可以请求精神损害赔偿”修改为“被侵权人有权请求精神损害赔偿”，在侵权责任编中统一规范请求权术语的表达。三是扩大了精神损害赔偿的适用范围，增加一款，规定“因故意或者重大过失侵害自然人具有人身意义的特定物造成严重精神损害的，被侵权人有权请求精神损害赔偿”。

◆ 条文解读

根据本条第 1 款的规定，侵害自然人人身权益造成严重精神损害的，被侵权人有权请求精神损害赔偿。第一，精神损害赔偿的范围是人身权益，侵害财产权益不在精神损害赔偿的范围之内。第二，需要造成严重精神损害。并非只要侵害他人人身权益被侵权人就可以获得精神损害赔偿，偶尔的痛苦和不高兴不能认为是严重精神损害。之所以强调“严重”的精神损害，是为了防止精神损害赔偿被滥用。对“严重”的解释，应当采容忍限度理论，即超出了社会一般人的容忍限度，就认为是“严重”。第三，被侵权人有权请求精神损害赔偿。一般来说，请求精神损害赔偿的主体应当是直接遭受人身权侵害的本人，自不待言。民法典侵权责任编编纂过程中，有的提出，被侵权人因侵权行为死亡的，其近亲属能不能主张精神损害赔偿，不够明确，建议予以明确。我们认为，自侵权责任法明确规定精神损害赔偿制度开始，我国民事立法对这一问题的态度就是明确的：被侵权人因侵权行为死亡而导致近亲属受到严重的精神损害的，此时，本条第 1 款中规定的“侵害自然人人身权益”中“自然人”就是被侵权人的近亲属。因被侵权人已经死亡，不存在本人精神损害的问题，是因为其死亡，给其近亲属造成了严重精神损害，因此本条第 1 款已经解决了这个问题。

根据本条第 2 款的规定，因故意或者重大过失侵害自然人具有人身意义的特定物造成严重精神损害的，被侵权人有权请求精神损害赔偿。在编纂过程中，民法典侵权责任编曾将本款与第 1 款放在一起规定。有的建议，不要将“自然人人身权益”与“具有人身意义的特定物”混在一起规定。我们研究认为，侵害自然人人身权益在很多情形下会造成严重精神损害，但是对“具有人身意义的特定物”应当严格限定，即使侵害了、也给受害人造成了严重精神损害，未必一定要承担精神损害赔偿责任。因为对侵权人而言，自己的行为侵害了被侵权人的物权，自己对此是非常清楚的。但是，除了遗体、遗骨等极少数物品之外，法律不能一般性地期待侵权人认知该物对被侵权人具有人身意义。只有当侵权人明知是“具有人身意义的特定物”而故意加以侵害，且造成严重精神损害的，才能要求其承担精神损害赔偿。因此，民法典侵权责任编将本款内容单做一款作了规定。

第一，本款规定了侵害行为的主观要件，即故意或者重大过失。在民法理论中，重大过失基本等同于故意。第二，“具有人身意义的特定物”的范围，在实践中主要涉及的物品类型为：（1）与近亲属死者相关的特定纪念物品（如遗像、墓碑、骨灰盒、遗物等）；（2）与结婚礼仪相关的特定纪念物品（如录像、照片等）；（3）与家族祖先相关的特定纪念物品（如祖坟、族谱、祠堂等）。这些物品对被侵权人具有人身意义。

关于精神损害赔偿的数额。精神损害本身无法用金钱数额进行衡量，但是精神损害赔偿的数额应该与精神损害的严重程度相一致。侵权人的过错程度、侵害手段、场合、行为方式、侵权行为所造成的后果，是衡量被侵权人精神损害程度的重要因素。越是故意甚至恶意的主观状态、在更为公开的场合、以更为恶劣的加害手段侵害被侵权人，对被侵权人造成越为严重的后果，则被侵权人所受精神损害的程度就越深，侵权人应承担的赔偿数额也就越高。同时应当承认，侵权人的获利情况、侵权人承担责任的经济能力与司法政策、法官结合具体案件自由裁量密不可分，因此精神损害赔偿的数额，宜在具体案件中，结合个案情况灵活处理。随着社会经济的发展变化，精神损害赔偿的数额也会随之发生变化。

第一千一百八十四条　侵害他人财产的，财产损失按照损失发生时的市场价格或者其他合理方式计算。

◆ 条文主旨

本条是关于财产损失计算的规定。

◆ 立法背景

财产权益是民事权益中的重要组成部分，包括物权、知识产权、股权和其他投资性权利、网络虚拟财产等具有财产性质的权益。

因侵权行为导致财产损失的，一般按照财产损失发生时的市场价格计算。也就是以财产损失发生的那个时间，该财产在市场上的价格为计算标准，完全毁损、灭失的，要按照该物在市场上所对应的标准全价计算，如果该物已经使用多年的，其全价应当是市场相应的折旧价格。例如，一辆已经开了五年的汽车被毁坏，其全价应当是二手车市场与该种车型及使用年限相对应的价格；财产部分毁损的，应当按照由于毁损使该物价值减损的相应的市场价格标准计算。如果该财产没有在市场上流通，没有市场的对应价格，可以采用其他合理方式计算，包括评估等方式。如家传的古董，没有市场价格，就可以按照有关部门的评估价格计算。

◆ 条文解读

本条系继承了《侵权责任法》第19条的规定，未作变更。在民法典侵权责任编编纂过程中，有的提出，实践中，从财产受到损失到法院作出判决一般都会经历较长时间，财产价格因市场因素很可能会发生较大变化，若只能按照损失发生时的市场价格计算赔偿额，对被侵权人不是很公平。还有的建议明确“其他合理方式”的具体类型是什么，以增强可操作性。

我们经研究认为，一般说来，市场价格会有上升或下降的可能，一个侵权案件审判终结需要一段时日，如果对于价格标准不作确定，则可能在司法实践中引起混乱，侵权行为发生时、诉讼开始时、诉讼终结时等都可能成为法官考虑的时间点，由于市场价格的波动，不同的时间点可能赔偿的数额就会不同。为了避免司法实践中可能出现的规则运用上的不统一，本条需要明确对财产损失的计算标准，最终规定以财产损失发生的时间点计算赔偿价格，主要考虑两点：一是这个时间点相比较其他时间点最容易固定和掌握。其他时间点上，例如起诉之日、立案之日、判决作出之日等均有各种诉讼法上的不确定性，有可能存在同一类型案件确定时间不同的情况，不利于这对统一财产损失的计算点。二是本条还规定了“或者其他合理方式计算”确定损失的方法。当价格波动较大时，为了使被侵权人获得充分的救济，法官可以以其他合理方式确定损失。社会不断发展，实践极其复杂，法律没有限定“其他合理方式”的范围，由法官结合具体案情自由裁量。

第一千一百八十五条 故意侵害他人知识产权，情节严重的，被侵权人有权请求相应的惩罚性赔偿。

◆ 条文主旨

本条是关于故意侵害他人知识产权惩罚性赔偿的规定。

◆ 立法背景

惩罚性赔偿也称惩戒性赔偿，是侵权人给付给被侵权人超过其实际受损害数额的一种金钱赔偿。作为一种集补偿、制裁、遏制等功能于一身的制度，惩罚性赔偿在一些国家和地区得到了广泛运用。

一些英美法系国家承认惩罚性赔偿制度，比较典型的是美国。英美法中的惩罚性赔偿制度起源于1763年英国的哈克勒诉蒙尼一案。早期的美国法不承认精神损害赔偿，19世纪以后，惩罚性赔偿主要转向制裁和遏制极其恶意的不法行为。20世纪以来，惩罚性赔偿已逐渐被广泛用于产品责任领域。大陆法系国家在民事立法、司法实践中普遍不接受惩罚性赔偿制度，主要原因是：这些国家严格区分公法与私法，强调公法私法具有不同的职能。行政法、刑法等公法的任务是惩罚犯罪和不法行为，维护社会公共利益；私法的任务是协调私人之间的利益纷争，对受害人所受损害进行补偿和救济，维护个体之间的利益平衡，私法责任（即民事责任）具有完全补偿性，不具有惩罚性。惩罚性赔偿制度实质是一种公法责任而非私法责任，将其作为民事责任纳入私法体系，与公、私法的严格划分观念及私法的基本原则不相符。然而，近年来，情况发生了一些变化。法国、德国、西班牙以及欧盟等国家和地区已经开始接受惩罚性赔偿并逐步执行有惩罚性赔偿的美国判决，例如德国法院就常常将惩罚性的因素加入损害赔偿中，通常这样的做法被视为例外，但是这样的例外有逐渐泛化的趋势。

一、惩罚性赔偿的功能

传统民法认为，损害赔偿的功能在于填补受害人的损害。惩罚性赔偿制度的产生和发展没有否认传统的补偿性赔偿制度的合理性，只是在一般损害赔偿制度之外发展了一种例外的赔偿制度。一般认为惩罚性赔偿主要具有以下功能：

1. 制裁功能。对不法行为人来说，补偿其故意行为所致的损害如同一项交易，只要付出一定的补偿性赔偿，即可任意实施民事违法行为，这将使不法行为人特别是富人享有太大的损害他人的权利，只有通过惩罚性赔偿才能使被告刻骨铭心，从而达到制裁的效果。过错是惩罚的重要根据。惩罚性赔偿就是对故意或者恶意的不法行为实施惩罚，这种惩罚与补偿性损害赔偿所体现的制裁作用有所不同。它通过给不法行为人强加更重的经济负担，使其承担超过被害人实际损失的赔偿来制裁不法行为。

2. 遏制功能。遏制是对惩罚性赔偿合理性的传统解释。惩罚性赔偿的目的在于惩罚过去的过错行为，并“以此作为一个样板遏制未来的过错行为”，这概括了惩罚性赔偿的两项功能，即制裁和遏制。制裁只是手段，遏制才是真正的目的。关于惩罚性赔偿遏制功能的合理性，学者曾经有许多论述。例如，有学者从道德伦理角度论述其合理性，也有学者从社会正义角度阐述其合理性，还有学者从经济效率的角度解释了其合理性。从经济学的观点来看，惩罚性赔偿通过给不法行为人增加经济上的负担使其为自己的不法行为付出一定的代价，这就可以促使行为人采取较为安全的措施以防止损害的发生或者将事故发生的危险降到最低程度。许多学者认为，惩罚性赔偿对滥用权利的大公司是“强制性的教训”。在某些情况下，受害人获得补偿性赔偿的数额与其因提起诉讼而花费的时间和精力极不相称，从而不能在利益上形成一种使受害人提起诉讼的激励机制。惩罚性赔偿可以鼓励受害人为获得赔偿金而提起诉讼以揭露不法行为并对不法行为予以遏制，这也有利于阻吓未来潜在的危险和不法行为。

二、我国对惩罚性赔偿的立法沿革

民法典编纂之前，我国现行法律对惩罚性赔偿的具体规定主要体现在消费者权益保护法、食品安全法、商标法、电子商务法等单行法中，民法总则对惩罚性赔偿作了原则性规定。消费者权益保护法对欺诈消费者的行为规定了惩罚性赔偿，该法第 55 条规定："经营者提供商品或者服务有欺诈行为的，应当按照消费者的要求增加赔偿其受到的损失，增加赔偿的金额为消费者购买商品的价款或者接受服务的费用的三倍；增加赔偿的金额不足五百元的，为五百元。法律另有规定的，依照其规定。经营者明知商品或者服务存在缺陷，仍然向消费者提供，造成消费者或者其他受害人死亡或者健康严重损害的，受害人有权要求经营者依照本法第四十九条、第五十一条等法律规定赔偿损失，并有权要求所受损失二倍以下的惩罚性赔偿。"《合同法》第 113 条第 2 款规定，经营者对消费者提供商品或者服务有欺诈行为的，依照《中华人民共和国消费者权益保护法》的规定承担损害赔偿责任。《侵权责任法》第 47 条规定，明知产品存在缺陷仍然生产、销售，造成他人死亡或者健康严重损害的，被侵权人有权请求相应的惩罚性赔偿。《食品安全法》第 148 条第 2 款规定，生产不符合食品安全标准的食品或者经营明知是不符合食品安全标准的食品，消费者除要求赔偿损失外，还可以向生产者或者经营者要求支付价款十倍或者损失三倍的赔偿金；增加赔偿的金额不足一千元的，为一千元。但是，食品的标签、说明书存在不影响食品安全且不会对消费者造成误导的瑕疵的除外。《商标法》第 63 条规定，侵犯商标专用权的赔偿数额，按照权利人因被侵权所受到的实际损失确定；实际损失难以确定的，可以按照侵权人因侵权所获得的利益确定；权利人的损失或者侵权人获得的利益难以确定的，参照该商标许可使用费的倍数合理确定。对恶意侵犯商标专用权，情节严重的，可以在按照上述方法确定数额的一倍以上五倍以下确定赔偿数额。赔偿数额应当包括权利人为制止侵权行为所支付的合理开支。《电子商务法》第 42 条规定，因行为人通知错误造成电子商务平台内经营者损害的，依法承担民事责任。恶意发出错误通知，造成平台内经营者损失的，加倍承担赔偿责任。2017 年颁布的《民法总则》第 179 条第 2 款规定，法律规定惩罚性赔偿的，依照其规定。

2018 年 8 月民法典各分编草案提请十三届全国人大常委会第五次会议一审后，有的提出，加强知识产权保护是完善产权保护制度的重要内容，建议进一步加大对知识产权的保护力度。我们研究认为，以习近平同志为核心的党中央高度重视知识产权保护工作，多次指示和批示要求加强对侵犯知识产权行为的惩罚力度。为了切实加强对知识产权的保护，必须显著提高侵犯知识产权的违法成本，把法律的威慑作用充分发挥出来。据此，2018 年 12 月提请十三届全国人大常委会第七次会议审议的民法典侵权责任编草案二审稿增加一条规定："故意侵害知识产权，情节严重的，被侵权人有权请求相应的惩罚性赔偿。"2019 年 8 月提请十三届全国人大常委会第十二次会议审议的民法典侵权责任编草案三审稿，在二次审议稿的基础上作了文字完善，规定故意侵害"他人"知识产权，情节严重的，被侵权人有权请求相应的惩罚性赔偿。这一规定延续至民法典本条最终的表述。

◆ **条文解读**

目前，我国知识产权法律主要是著作权法、专利法和商标法。此外，国务院颁布的商标法实施条例、集成电路布图设计保护条例和植物新品种保护条例分别对地理标志、集成电路布图和植物新品种作出规定和保护。现行著作权法没有规定惩罚性赔偿制度，著作权法修改已列入十三届全国人大常委会立法规划第一类项目，著作权法修正案草案于 2020 年 4 月提请十三届全国人大常委会第十七次会议进行了审议。专利法修改正在进行中，草案对于故意侵犯专利权情节严重的，拟惩罚性赔偿。商标法规定了一倍以上五倍以下的惩罚性赔偿数额。地理标志、集成电路布图和植物新品种规定在国务院行政法规中，因行政法规不宜规定惩罚性赔偿，对这三种知识产权的保护可以适用本条的规定。

第一千一百八十六条　受害人和行为人对损害的发生都没有过错的，依照法律的规定由双方分担损失。

◆ 条文主旨

本条是关于公平分担损失的规定。

◆ 立法背景

现代公平分担的规定最初产生于未成年人和精神病人的赔偿案件。在这些案件中，古代有些法律要求未成年人对其所致损害完全负责。然而，19 世纪以来，由于过错责任的发展，许多国家认为未成年人不具备意思能力，不能被确定有过错，因此对其造成的损害不负责任。由于完全免责和完全负责的做法都不尽合理，因此一些国家接受了公平负担的思想，在立法上规定了公平分担。比如《埃塞俄比亚民法典》第 2099 条规定，如果导致责任的过错行为是处于不知其行为的过错性质状态的人实施的，在有衡平需要时，法院可减少授予的赔偿额。在这一问题上，必须考虑当事人各自的财务状况和过错行为人的赔偿损害责任的后果。我国台湾地区“民法”第 218 条规定，损害非因故意或者重大过失所致者，如其赔偿致赔偿义务人之生计有重大影响时，法院得减轻其赔偿金额。我国民法通则和最高人民法院的司法解释对公平负担也作了规定。《民法通则》第 132 条规定：“当事人对造成损害都没有过错的，可以根据实际情况，由当事人分担民事责任。”《最高人民法院关于贯彻执行〈中华人民共和国民法通则〉若干问题的意见（试行）》第157条规定："当事人对造成损害均无过错，但一方是在为对方的利益或者共同的利益进行活动的过程中受到损害的，可以责令对方或者受益人给予一定的经济补偿。"侵权责任的承担以行为人有过错为基本构成要件，行为人对损害发生没有过错的，除法律规定承担无过错责任外，一般不承担责任。但在现实生活中，有些损害的发生行为人虽无过错，法律也没有规定承担无过错责任，但毕竟由行为人引起，如果严格按照无过错即无责任的原则处理，受害人就要自担损失，这不仅有失公平，也不利于和谐人际关系的建立，因此《侵权责任法》第24条规定："受害人和行为人对损害的发生都没有过错的，可以根据实际情况，由双方分担损失。"

在民法典侵权责任编编纂过程中，有的提出，本条适用范围不明确，实践中争议大、裁判不统一，出现了一些问题。一是适用范围宽泛化。一些法院出现了对行为人与受害人都有过错，受害人有过错或行为人、第三人有过错的案件，依据该条予以判定的情况。二是自由裁量空间过大。"实际情况"的确体现了对多重因素的综合考虑，一般包括受害人所受损失的严重程度、受害人与行为人的具体情况、社会道德准则与和谐等因素。司法判决中，由于侵权责任法的规定有些抽象，法官在自由裁量的过程中，出现了认定过于随意、标准失之宽松的情况，导致了公平分担损失原则的滥用。因此，应妥当限定。为进一步明确公平分担损失原则的适用范围，统一裁判尺度，避免自由裁量尺度过宽等弊端，侵权责任编草案一审稿将侵权责任法规定的"可以根据实际情况，由双方分担损失"修改为"可以依照法律的规定，由双方分担损失"。对此规定，有的意见提出，受害人和行为人对损害的发生都没有过错的情况下，要求分担损失只能依照法律规定，因此不应再规定"可以"依照法律规定。经研究，我们在侵权责任编草案三审稿开始，采纳这一建议，删除“可以”的表述。

公平责任是不是与过错责任、无过错责任并列的侵权责任的归责原则，要不要在侵权法中规定公平责任，这些问题在侵权责任法的立法以及民法典侵权责任编中都有不同意见。有的认为，公平责任原则是我国民法公平原则的必然引申，是由民法所担负的保护公民和法人的合法权利的任务决定的，是市场发展的内在要求，也是淳化道德风尚、建设社会主义精神文明的需要。该责任原则既不同于过错责任，也有别于严格责任，具有相当的特殊性、功能和自身独有的适用范围。有的认为，公平责任不是侵权责任法的归责原则。因为过错责任原则和无过错责任原则，均体现了公平原则的精神。公平原则属于指导性原则，不能成为法院裁判的依据。有的认为，公平责任的适用不具有法律上的确定性，将其作为归责原则，将会背离过错责任这一基本原则，造成另一种形式的不公平。考虑到实践中有适用公平负担的特殊需求，民法通则和最高人民法院的司法解释也都对公平责任作了规定，因此，侵权责任法、民法典保留了关于公平分担的规定，但将民法通则规定的“分担民事责任”修改为“分担损失”。该修改主要基于理论和实践两方面考虑：从理论层面来看，无过错即无责任是承担侵权责任的基本原则，既然双方当事人对损害的发生都没有过错，那么行为人就不应承担责任，而只能是分担损失。从实践层面来看，有些情况下让无过错的当事人承担责任，他们比较难以接受。因此，侵权责任法及民法典均没有将公平分担损失规定为一项侵权责任归责原则。

◆ **条文解读**

1. 公平分担损失的规定是侵权责任编根据实际情况作出的特别规定，与过错责任原则和无过错责任原则均有不同。与过错责任的区别主要有：（1）过错责任原则以行为人的过错作为承担责任的前提，而公平分担行为人并没有过错。（2）承担过错责任以填补受害人全部损失为原则，公平分担只是根据实际情况适当给受害人以补偿。与无过错责任的区别：（1）无过错责任不问行为人是否有过错，其适用以法律的特殊规定为根据。也就是说，承担无过错责任，行为人可能有过错，也可能无过错。而公平分担，行为人没有过错，也不属于法律规定的适用无过错责任的情形。（2）无过错责任适用于法律明确规定的几种情形，而公平分担只是原则规定适用条件，没有具体界定所适用的案件类型。（3）承担无过错责任，有的是填补受害人的全部损失，有的法律规定了最高责任限额。公平分担只是分担损失的一部分，没有最高额限制。

2. 公平分担适用于行为人和受害人对损害的发生均无过错的情况。如果损害由受害人过错造成，应当由其自己负责；如果由行为人或者第三人过错造成，应当由行为人或者第三人负责；如果行为人和受害人对损害的发生都有过错，应当根据他们的过错程度和原因力分配责任。也就是说，只要有过错责任人，都不适用本条规定。公平分担不是说加害人与受害人各打五十大板，平均分担损失。确定损失分担，应当考虑行为的手段、情节、损失大小、影响程度、双方当事人的经济状况等实际情况，达到公平合理、及时化解矛盾、妥善解决纠纷、促进社会和谐的目的。

3. “法律的规定”可以是本法的规定，例如，“因紧急避险造成损害的，由引起险情发生的人承担民事责任。危险由自然原因引起的，紧急避险人不承担民事责任，可以给予适当补偿”；“完全民事行为能力人对自己的行为暂时没有意识或者失去控制造成他人损害有过错的，应当承担侵权责任；没有过错的，根据行为人的经济状况对受害人适当补偿”。除了本法外，“法律的规定”还可以是其他法律根据实践需要作出相应规定。

第一千一百八十七条 损害发生后，当事人可以协商赔偿费用的支付方式。协商不一致的，赔偿费用应当一次性支付；一次性支付确有困难的，可以分期支付，但是被侵权人有权请求提供相应的担保。

◆ 条文主旨

本条是关于赔偿费用支付方式的规定。

◆ 立法背景

侵权责任制度的一项重要功能就是填补受害人的损失。由于损失既包括实际损失，例如侵害他人造成人身损害，因此产生的医疗费、护理费、交通费、营养费等为治疗和康复支出的合理费用，也包括预期利益的损失，例如因误工减少的收入；既涉及赔偿的额度，例如有的赔偿费用只有百十元，有的却有几十万元、上百上千万元，也涉及侵权人的支付能力，例如有的侵权人拿不出钱，有的财富充裕。因此，赔偿费用的支付方式成为能否有效地保护受害人利益的重要问题。

一、境外有关立法例

世界各国、各地在赔偿费用支付方式的处理上有以下几种模式：

一是绝对的一次性支付。采此模式的主要是英国、美国、丹麦、西班牙等。英国法院基于“一了百了”的原则，通常都要求赔偿义务人将赔偿费用一次性支付给受害人，但如果受害人能够证明其在未来的某个时间内将出现某种严重疾病或者生理、心理状况的恶化，受害人可以要求法院判决临时性给付。

二是以一次支付为原则，以定期金给付为例外。采此模式的主要是我国台湾、澳门地区等。我国台湾地区“民法”第193条规定：不法侵害他人之身体或健康者，对于被害人因此丧失或减少劳动能力或增加生活上之需要时，应负损害赔偿责任。前项损害赔偿，法院得因当事人申请，定为支付定期金，但需加害人提出担保。我国《澳门民法典》第561条规定，经考虑损害的连续性，法院可以依照受害人的申请，就全部或者部分损害定出终身或暂时定期金的赔偿。如果受害人没有提出此种申请，则应当判决一次性给付赔偿费用。

三是以定期金支付为原则，以一次性给付为例外。采此模式的主要是德国、俄罗斯等。《德国民法典》第843条规定：因侵害他人身体或者健康致受害人丧失或者减少劳动能力，或者增加生活上的需要，应以支付金钱定期金对受害人赔偿损失。如果存在有重大原因，受害人可以不要求定期金而要求一次给付赔偿总额。《俄罗斯联邦民法典》第1092条规定：因受害人劳动能力降低或者因受害人死亡引起的损害赔偿，按月支付。有正当理由时，法院考虑致害人支付的可能性，可依有损害赔偿权的公民的请求，判决向其一次性给付，但对三年以上的赔偿不适用一次给付。

四是赔偿费用的支付方式由法官自由裁量。采此模式的主要是荷兰、埃塞俄比亚等。《荷兰民法典》第105条规定：法官可以命令债务人一次性支付或分期支付赔偿费用，并附随或不附随担保义务。此命令可以附带法官确定的条件。《埃塞俄比亚民法典》第2154条规定：如果采取定期金的支付方式与损害的性质或案情相适应从而被证明是合适的，则法院可命令以定期金方式赔偿损害。在此等情形，债务人得就偿付定期金提供担保。《欧洲侵权法基本原则》第10－102条也规定：尤其考虑到受害方的利益，损害赔偿可一次性赔偿或分期赔偿。

二、我国规定的立法沿革

我国民法通则和最高人民法院相关司法解释对赔偿费用的支付方式也作了规定。《民法通则》第108条规定："债务应当清偿。暂时无力偿还的，经债权人同意或者人民法院裁决，可以由债务人分期偿还。有能力偿还拒不偿还的，由人民法院判决强制执行。"《最高人民法院关于审理人身损害赔偿案件适用法律若干问题的解释》第33条规定："赔偿义务人请求以定期金方式给付残疾赔偿金、被扶养人生活费、残疾辅助器具费的，应当提供相应的担保。人民法院可以根据赔偿义务人的给付能力和提供担保的情况，确定以定期金方式给付相关费用。但一审法庭辩论终结前已经发生的费用、死亡赔偿金以及精神损害抚慰金，应当一次性给付。"第34条规定："人民法院应当在法律文书中明确定期金的给付时间、方式以及每期给付标准。执行期间有关统计数据发生变化的，给付金额应当适时进行相应调整。定期金按照赔偿权利人的实际生存年限给付，不受本解释有关赔偿期限的限制。"

侵权责任法借鉴有关国家和地区的立法经验，结合中国法律已有规定和司法实践的做法，作了规定。民法典侵权责任编继承了侵权责任法的规定。

◆ 条文解读

本条对赔偿费用的支付方式作了三个层面的规定：

1. 由当事人协商确定赔偿费用的支付方式。当事人对赔偿费用支付方式的协商可以包括：是一次性支付还是分期支付；如果是分期支付，分几期，每次付多少，要不要考虑物价变化因素；要不要支付利息，利息如何计算等。当事人可以根据赔偿数额的多少，受害人对赔偿费用的需求程度，侵权人的支付能力等实际情况对赔偿费用的支付进行协商。

由当事人协商确定赔偿费用的支付方式，一是有利于赔偿费用的按时支付。比如有的赔偿数额不是很高，侵权人一次支付没有问题，可以协商一次支付，而有的赔偿数额超出侵权行为人的支付能力，强求其一次支付，可能会陷入执行难的困境或者导致侵权行为人破产，最终损害受害人的利益。协商确定支付方式，当事人可以根据双方实际情况做出合情合理的支付安排，避免支付障碍。二是有利于合理确定赔偿费用的数额。损害赔偿的目的是弥补受害人的损失，但有时损失多少并不确定，比如，一次性赔偿受害人预期收入的，通常以赔偿费用支付时受害人的收入标准计算赔偿数额，这样就失去了对受害人将来的身体状况、发展机遇、收入调整等变化因素的考量，赔偿数额不一定合理；又比如，一次性赔偿难以预测未来物价变动，将来受害人很难以物价上涨为由要求侵权人增加支付，侵权人也不能因物价下降要求退还已支付的赔偿费用。协商确定支付方式，当事人可以通过支付方式的选择，规避赔偿费用未来的风险敞口，保全自己的利益。三是有利于预防纠纷。协商确定支付方式，当事人可以充分表达自己的意愿、需求、面临的困难等，在尊重对方利益的基础上，达成双方都能接受的方案，从而避免因支付而产生新的争议。

当事人协商确定支付方式后，侵权行为人应当按照约定的方式支付赔偿费用，不能将协商作为拖延给付赔偿费用的手段。如果以合法形式掩盖非法目的，违反约定到期不履行支付赔偿费用的义务，受害人有权请求人民法院宣告该约定无效，强制侵权人履行付款义务。

2. 协商不一致的一次性支付。侵权行为发生后，受害人的损失应当得到全面和及时的弥补，因此，如果当事人就赔偿费用的支付方式协商后，受害人不同意分期支付，侵权人就应当一次性支付全部赔偿费用。一次性支付，可以彻底了结纠纷，避免受害人对侵权人未来能否按照约定支付的担心。

3. 一次性支付确有困难的，可以分期支付，但是被侵权人有权请求提供相应的担保。虽然本条规定当事人就赔偿费用支付协商不成的应当一次性支付，但在实践中确实存在行为人一次支付确有困难的情况，比如，有的侵权人生活困难；有的侵权人虽可竭尽全力一次支付，但支付后不能保证自己的基本生活需要，或者造成企业停业甚至破产，带来新的社会问题。侵权责任法虽然要填补受害人损失，但也要兼顾侵权人的合法权益。民事诉讼法也规定，强制执行被执行人的财产，应当保留被执行人及其所扶养家属的生活必需品。因此，本条规定一次性支付确有困难的，可以分期支付。分期支付应当具备以下两个条件：一是一次性支付确有困难。确有困难应当由侵权人举证证明，由人民法院作出判断。二是被侵权人有权请求提供相应的担保。该担保是应被侵权人请求提供的，可以是保证人提供的保证，也可以是侵权人以自己的财产抵押、质押。

第三章 责任主体的特殊规定

本章共十四条，主要规定了监护人的侵权责任，委托监护时监护人的侵权责任，完全无民事行为能力人暂时丧失意识后造成他人损害的侵权责任，用人单位的侵权责任，个人之间因劳务产生的侵权责任，承揽关系中的侵权责任，网络侵权责任，宾馆、商场、银行等的安全保障义务，学校、幼儿园等教育机构的责任等。在本章规定的这些责任中，有的责任承担的方式比较特殊，如监护人的责任、用人单位的责任等在理论上被称为替代责任，在这些责任中出现了行为人和责任人的分离；有的承担责任的主体具有特定性，如承担安全保障义务的责任主体是宾馆、商场、银行、车站、娱乐场所等经营场所、公共场所的经营者、管理者或者群众性活动的组织者；有的不仅规定了行为人的责任，还规定在第三人侵权的情况下，有管理职责主体的责任。比如，学校、幼儿园等教育机构的责任中不仅规定了教育机构在不同情况下承担过错责任或者过错推定责任，还明确了无民事行为能力人或者限制民事行为能力人在教育机构学习、生活期间，受到第三人伤害，侵权人的责任和教育机构的补充责任。

第一千一百八十八条　无民事行为能力人、限制民事行为能力人造成他人损害的，由监护人承担侵权责任。监护人尽到监护职责的，可以减轻其侵权责任。

有财产的无民事行为能力人、限制民事行为能力人造成他人损害的，从本人财产中支付赔偿费用；不足部分，由监护人赔偿。

◆ **条文主旨**

本条是关于监护人责任的规定。

◆ **立法背景**

民事行为能力是民事主体从事民事活动所具备的资格。只要达到一定的年龄，能够理智地处理自己事务的人，就具有民事行为能力。公民的民事行为能力依据其年龄和精神健康状况分为完全民事行为能力、限制民事行为能力和无民事行为能力。

设立监护制度的目的是保护被监护人的人身、财产及其他合法权益不受损害，同时监护人也要承担起管教好未成年人和无行为能力人、限制行为能力的精神病人的责任，对于被监护人给他人造成损害的，监护人应当承担责任。

一些国家和地区对于监护人责任的规定主要有以下三种模式：第一种是规定监护人对被监护人的行为承担无过错责任，比如法国民法。第二种是规定监护人承担过错推定责任，比如德国民法。第三种是根据被监护人的年龄区分监护人的责任，比如荷兰民法。

《侵权责任法》第 32 条规定，无民事行为能力人、限制民事行为能力人造成他人损害的，由监护人承担侵权责任。监护人尽到监护责任的，可以减轻其侵权责任。有财产的无民事行为能力人、限制民事行为能力人造成他人损害的，从本人财产中支付赔偿费用。不足部分，由监护人赔偿。民法典侵权责任编有关监护人责任的规定，沿袭了侵权责任法的规定。

◆ 条文解读

本条第1款主要规定责任能力和监护人承担监护责任的问题。监护责任是无过错责任还是过错责任，一直以来都有争议。本条第1款规定，无民事行为能力人和限制民事行为能力人造成他人损害的，由监护人承担民事责任，是由监护人的职责所决定的。由于大多数监护人与被监护人有血缘等密切关系，监护人有责任通过教育、管理等方式来减少或者避免被监护人侵权行为的发生。无民事行为能力人或者限制民事行为能力人造成他人损害的，应当由监护人承担侵权责任。

依照本条第2款的规定，在具体承担赔偿责任时，如果被监护人有财产的，比如未成年人接受了亲友赠与的财产或者拥有其他价值较大的财产等，那么应当首先从被监护人的财产中支付赔偿费用，不足的部分再由监护人承担赔偿责任。虽然从我国的情况来看，无民事行为能力人或者限制民事行为能力人有自己独立财产的情况不多，但是随着经济和社会的多元化发展，无民事行为能力人或者限制民事行为能力人通过创作、接受赠与或者继承等方式取得独立财产的情况越来越多，因此，以自己的财产对自己造成他人的损害承担赔偿责任，也是公平的。在侵权责任法立法和民法典编纂过程中，一直有意见质疑本款的合理性。本款的一个重要意义，在于解决父母等亲属之外的人员或者单位承担监护人的情况下，被监护人造成他人损害的，如果要求监护人承担责任，那么实践中很多个人或者单位可能不愿意担任监护人，这对被监护人的成长、生活会造成负面影响。为了打消这种顾虑，考虑到父母等亲属之外的人员或者单位承担监护人的情况下，可能会给被监护人留有独立财产。在这种情况下，先从被监护人的财产中支付赔偿费用更有制度安排上的意义。当然，从被监护人的财产中支付赔偿费用的，应当保留被监护人基本的生活费用，保障其正常的生活和学习不受影响。被监护人的财产不足以支付赔偿费用的，其余部分由监护人承担。

第一千一百八十九条 无民事行为能力人、限制民事行为能力人造成他人损害，监护人将监护职责委托给他人的，监护人应当承担侵权责任；受托人有过错的，承担相应的责任。

◆ 条文主旨

本条是关于委托监护时监护人责任的规定。

◆ 立法背景

侵权责任法并未规定监护人将监护职责委托给他人时，无民事行为能力人、限制民事行为能力人造成他人损害的，如何承担责任的问题。《最高人民法院关于贯彻执行〈中华人民共和国民法通则〉若干问题的意见（试行）》第22条规定，监护人可以将监护职责部分或者全部委托给他人。因被监护人的侵权行为需要承担民事责任的，应当由监护人承担，但另有约定的除外；被委托人确有过错的，负连带责任。这一规定确定了委托监护中监护人承担无过错责任、受托人在有过错时承担连带责任的规则，司法实践中一直沿用，较好地保护了被侵权人的利益，有利于督促监护人履行监护职责。但该司法解释的规定存在两个问题：一是“另有约定的除外”为监护人规避监护人责任提供了借口，不利于监护人责任的承担，且“约定”具有对内性，不能对抗被侵权人的损害赔偿请求；二是监护人是承担监护职责的第一责任人，享有履行监护职责产生的权利。实践中，委托监护大量存在于亲朋好友之间，且基本是无偿的。承担义务时要求其“确有过错的，负连带责任”，过分强调了对被侵权人的保护而没有平衡委托人与受托人的利益，使监护的权利与义务失衡。

因此，民法典侵权责任编在吸收司法解释规定和有关意见的基础上，在本条对委托监护情形下的责任承担进行了明确，以突出权利与义务的一致性。2019 年 12 月的民法典草案规定，“监护人将监护职责委托给他人的，由监护人承担侵权责任；受托人有过错的，承担相应的责任”。对此，有的意见提出，本条在语言逻辑上有瑕疵，既然“由监护人承担侵权责任”了，受托人有过错的情况下，为何“承担相应的责任”？经研究，将民法典草案该条中“由监护人承担侵权责任”修改为“监护人应当承担侵权责任”，表明有可能由监护人承担，也有可能由其他人承担，这样与后面一句“受托人有过错的，承担相应的责任”在逻辑上更加清楚，避免误解和语言逻辑问题。

◆ 条文解读

委托监护是指监护人委托他人代行监护的职责，是一种双方的民事法律行为，是被监护人的监护人与受托人之间关于受托人为委托人履行监护职责、处理监护事务的协议，须有监护人委托与受委托人接受委托的意思表示一致才能成立。因此，很多学者将委托监护认定为一种合同关系。

委托监护当事人之间的委托协议一旦成立，受托人即负有依约定为委托人履行监护职责的义务；委托人负有依其约定支付必要费用的义务，如果合同中约定了支付报酬的内容，则还应当向受托人支付办理受托事务的报酬。委托人和受托人任何一方违反义务，都应当向对方负违约责任。但实践中，我国委托监护一般发生在亲朋好友之间，所以这种合同往往是口头的，也基本上是无偿的。

在委托监护中，委托人可以将部分监护职责委托给受托人行使，也可以将全部监护职责委托给受托人行使。《最高人民法院关于贯彻执行〈中华人民共和国民法通则〉若干问题的意见（试行)》第10条规定，监护人的职责包括：保护被监护人的身体健康，照顾被监护人的生活，管理和保护被监护人的财产、代理被监护人进行民事活动，对被监护人进行管理和教育，在被监护人合法权益受到侵害或者与人发生争议时，代理其进行诉讼。这些行为都是可以由他人来行使的，而并非须由监护人本人亲自行使不可。受托人可以和应当行使何种职责，应完全由当事人之间委托监护的协议确定。

需要特别说明的是，委托监护不同于意定监护。意定监护是在监护领域对自愿原则的贯彻落实，是具有完全民事行为能力的成年人对自己将来的监护事务，按照自己的意愿事先所做的安排。本法第33条规定了这一制度：具有完全民事行为能力的成年人，可以与其近亲属、其他愿意担任监护人的个人或者组织事先协商，以书面形式确定自己的监护人，在自己丧失或者部分丧失民事行为能力时，由该监护人履行监护职责。由此可以看出两者主要有以下不同点：

第一，委托监护是监护人与非监护人之间确定非监护人代行监护职责的协议，而意定监护是法定监护人之间确定监护人的协议。

第二，委托监护中，尽管委托人可以将监护职责全部委托给受托人，但即使在此情况下，受托人也不是监护人。也就是说，监护人不能依照委托监护的协议将监护人的资格转让给他人，他人也不能通过委托监护的协议来取得监护资格。因此，在委托监护中即使监护职责全部由受托人行使，监护人的监护资格也不丧失。在意定监护中，依当事人之间的协议所确定的监护人对被监护人负监护人责任，其就是被监护人的监护人。

第三，委托监护适用于无民事行为能力人、限制民事行为能力人的未成年人或者成年人。意定监护只适用于具有完全民事行为能力的成年人。

根据本条规定，无民事行为能力人、限制民事行为能力人造成他人损害，监护人将监护职责委托给他人的，监护人应当承担侵权责任。这意味着，实行监护人责任首负原则。除了监护人外，如果受托人有过错的，也要承担相应的责任。具体承担责任的范围，由司法机关结合具体案件情况依法裁量。

第一千一百九十条 完全民事行为能力人对自己的行为暂时没有意识或者失去控制造成他人损害有过错的，应当承担侵权责任；没有过错的，根据行为人的经济状况对受害人适当补偿。

完全民事行为能力人因醉酒、滥用麻醉药品或者精神药品对自己的行为暂时没有意识或者失去控制造成他人损害的，应当承担侵权责任。

◆ 条文主旨

本条是关于完全民事行为能力人暂时丧失意识后侵权责任的规定。

◆ 立法背景

过错是行为人承担侵权责任的要件，过错的前提是行为人有意识能力。完全民事行为能力人造成他人损害时，如果已经丧失了意识是否应当承担侵权责任，一些国家和地区对此作出了规定。过错导致完全民事行为能力人暂时丧失意识造成他人损害的，原则上行为人需要承担侵权责任。此外，在赔偿的问题上会考虑各方当事人的经济状况，根据衡平的原则来处理。

《侵权责任法》第 33 条对完全民事行为能力人暂时没有意识或者失去控制造成他人损害的责任作了规定。民法典侵权责任编继承了该条的规定。

◆ 条文解读

考虑到导致完全民事行为能力人丧失意识的情况比较复杂，本条根据不同的情形，规定了完全民事行为能力人的责任。

1. 完全民事行为能力人对于自己丧失意识存在过错。如果是因为自己的过错，丧失了意识后造成了他人的损害，那么行为人应当根据其过错承担赔偿责任。比如，某人患有心脏病，需每天按时服药，医生禁止其骑自行车外出，但是，该人未按医嘱服药，并骑车外出，结果途中心脏病发作，丧失意识后摔倒并撞伤一行人。那么，在这种情况下，由于该人对于失去意识存在过错，所以应当根据其过错的程度来承担侵权责任。本条第 1 款中的过错，是指“过错”导致其丧失意识，因为失去意识之后确实没有过错可言。完全民事行为能力人是由于其过错导致意识丧失，那么对于丧失意识后的行为造成他人损害的，则要承担相应的侵权责任。

2. 完全民事行为能力人对于自己的行为暂时没有意识或者失去控制没有过错。如果行为人暂时没有意识或者失去控制不是由于自己的过错造成，而是由于其他原因导致发生，在这种情况下，行为人可以不承担侵权责任，不过需要根据公平分担的规定，适当分担被侵权人的损失。需要说明的是，这里对受害人是“补偿”而不是“赔偿”。因为赔偿原则上采取“填平”的原则，受害人损失多少赔多少，而补偿通常行为人没有过错，是根据行为人的经济能力，适当弥补受害人的损失。本条第 1 款的规定是本法第 1186 条公平分担损失在具体制度中的体现。

3. 完全民事行为能力人因醉酒、滥用麻醉药品或者精神药品导致自己暂时没有意识或者失去控制造成他人损害的。根据我国刑法的规定，醉酒的人应当承担刑事责任。治安管理处罚法规定，醉酒的人违反治安管理的，应当给予处罚。醉酒的人在醉酒状态中，对本人有危险或者对他人的人身、财产或者公共安全有威胁的，应当对其采取保护性措施约束至酒醒。麻醉药品是具有一定依赖性潜力的药品，连续使用、滥用或者不合理使用，易产生身体依赖性和精神依赖性，能成瘾癖。精神药品是直接作用于中枢神经系统，使之极度兴奋或抑制的药品。我国对于精神药品一直实行严格管理并严禁滥用，但为了治疗有关的病人，医院和药房也要保证精神药品正常销售。目前，一些侵权行为都是发生在行为人醉酒、滥用麻醉药品或者精神药品后。特别是在交通事故中，虽然道路交通安全法规定，饮酒、服用国家管制的精神药品或者麻醉药品，不得驾驶机动车，但是，全国每年发生的交通事故中不少都是因为驾驶员酒驾、醉驾所致。作为完全民事行为能力人，应当预见到醉酒或者滥用麻醉药品或者精神药品后会难以控制自己的行为，可能会危害公共安全和他人的生命健康，但行为人放任结果的发生，仍然驾车或者采取其他方式造成他人人身权和财产权的损害。虽然侵权行为发生时，行为人已经丧失意识，似乎没有“过错”可言，但是，其行为本身具有违法性，应当对此发生的侵权行为承担责任。本条第 2 款规定“醉酒、滥用麻醉药品或者精神药品导致自己暂时没有意识或者失去控制造成他人损害”，其实也属于第 1 款“有过错”的一种情形。为了强调醉酒、滥用麻醉药品或者精神药品的行为和一般的过错相比，具有违法性，且危害性较大，第 2 款对醉酒、滥用麻醉药品或者精神药品导致自己暂时没有意识或者失去控制造成他人损害的责任专门作出了规定。

第一千一百九十一条　用人单位的工作人员因执行工作任务造成他人损害的，由用人单位承担侵权责任。用人单位承担侵权责任后，可以向有故意或者重大过失的工作人员追偿。

劳务派遣期间，被派遣的工作人员因执行工作任务造成他人损害的，由接受劳务派遣的用工单位承担侵权责任；劳务派遣单位有过错的，承担相应的责任。

◆ 条文主旨

本条是关于用人单位责任、劳务派遣单位和劳务用工单位责任的规定。

◆ 立法背景

一、用人单位的责任

用人单位的工作人员因工作造成他人损害的，由用人单位对外承担侵权责任，这种责任在理论上被称为替代责任，即由他人对行为人的行为承担责任。由于工作人员是为用人单位工作，用人单位可以从工作人员的工作中获取一定的利益，因此，工作人员因工作所产生的风险，需要用人单位承担。用人单位与工作人员相比，一般经济能力较强，让用人单位承担责任，有利于更好地保护被侵权人的合法权益，也有利于用人单位在选任工作人员时能尽到相当的谨慎和注意义务，加强对工作人员的监督和管理。

二、我国有关规定的历史沿革

我国民法通则和司法解释都对用人单位的责任作出过规定。《民法通则》第43条规定："企业法人对它的法定代表人和其他工作人员的经营活动，承担民事责任。"第121条规定："国家机关或者国家机关工作人员在执行职务中，侵犯公民、法人的合法权益造成损害的，应当承担民事责任。"《最高人民法院关于人身损害赔偿案件适用法律若干问题的解释》中分别对法人责任、雇主责任作出了规定：法人或者其他组织的法定代表人、负责人以及工作人员，在执行职务中致人损害的，由法人或者其他组织承担民事责任。雇员在从事雇佣活动中致人损害的，雇主应当承担赔偿责任；雇员因故意或者重大过失致人损害的，应当与雇主承担连带责任。雇主承担连带责任后，可以向雇员追偿。《侵权责任法》第34条规定，用人单位的工作人员因执行工作任务造成他人损害的，由用人单位承担侵权责任。劳务派遣期间，被派遣的工作人员因执行工作任务造成他人损害的，由接受劳务派遣的用工单位承担侵权责任；劳务派遣单位有过错的，承担相应的补充责任。

需要特别说明的是，是否规定用人单位的追偿权，在侵权责任法立法过程中就有很大争议，最终侵权责任法没有规定。在侵权责任法的释义中，我们对不规定的原因作过详细的阐述。当时研究认为，在侵权责任法中规定追偿权是一把"双刃剑"。虽然侵权责任法对追偿权没有作出规定，但是不影响用人单位依照法律规定，或者根据双方的约定来行使追偿权。民法典侵权责任编编纂过程中，又有不少意见提出，建议在侵权责任法规定的基础上，增加规定用人单位的追偿权。因为根据诚实信用的原则，劳动者对用人单位负有忠实和勤勉的义务，当劳动者未尽到基本的注意义务造成用人单位损害的，应当承担适当的责任。但追偿比例应根据过错程度等因素综合考虑，而不应由劳动者承担所有的损害后果。建议以重大过失作为责任承担与否的分界线，不仅可以合理地强化工作人员的注意义务，也会促进工作人员在工作时认真负责，从而有利于减少工作人员在工作中造成损失发生的情形，也有利于在用人单位与工作人员之间公平分配责任。我们经过考虑，采纳了这一意见。本条在继承侵权责任法的基础上，在第 1 款增加了用人单位追偿权的规定。

◆ **条文解读**

我国对用人单位采取的是无过错责任，只要工作人员实施侵权行为造成他人的损害，用人单位就要首先承担赔偿责任。用人单位不能通过证明自己在选任或者监督方面尽到了相应的义务来免除自己的责任。当然，用人单位承担侵权责任后，可以向有故意或者重大过失的工作人员追偿。

一、对第 1 款的理解和适用

本条中的“用人单位”，包括企业、事业单位、国家机关、社会团体等，也包括个体经济组织等。“工作人员”既包括用人单位的正式员工，也应当包括临时在单位工作的员工。

用人单位承担侵权责任的前提是工作人员的行为与“执行工作任务”有关。工作人员应当按照用人单位的授权或者指示进行工作。与工作无关的行为，即使发生在工作时间内，用人单位也不承担侵权责任，该责任由工作人员自己承担。比如，一职工在上班时间因私事将一朋友打伤，受害人就应当直接找该职工要求赔偿。为了更准确地界定工作人员的行为与职务之间的关系，本条明确用人单位承担侵权责任的前提是工作人员“因执行工作任务”造成他人损害。

需要指出的是，国家机关以及工作人员因工作造成他人损害的，一类属于履行公职权的行为；另一类不属于履行公职权的行为，是国家机关为了维持国家机关正常运转所进行的民事行为。对于第一类属于履行公职权的行为，依据国家赔偿法的规定，有的需要国家机关承担国家赔偿责任。对于第二类国家机关在民事活动中侵害他人合法权益的，国家机关需要承担民事侵权责任。比如，国家机关的司机外出办理公务，发生了交通事故，应当由国家机关承担侵权责任。本法调整国家机关及工作人员在民事活动中发生的侵权行为，对于属于国家赔偿法调整范围的，适用国家赔偿法的规定。

二、对第 2 款的理解和适用

劳务派遣是指劳动派遣机构与员工签订劳务派遣合同后，将工作人员派遣到用工单位工作。劳务派遣的主要特点就是员工的雇用和使用分离。劳动派遣机构不是职业介绍机构，是与劳动者签订劳动合同的一方当事人。派遣的员工到用工单位工作，但不与用工单位签订劳动合同，产生劳动关系。劳务派遣从制度上切断了员工与用工单位的依附关系，减少了用工单位的人力资源管理成本，为用工单位搭建了“集天下优才为我用”的平台，有利于用工单位提高劳动生产率。这种新的用人方式在一定程度上也有利于解决就业问题。

劳务派遣的用人形式不同于一般的用人单位，劳务派遣单位虽然与被派遣的员工签订了劳动合同，但不对被派遣员工进行使用和具体的管理。在劳务派遣期间，被派遣的工作人员是为接受劳务派遣的用工单位工作，接受用工单位的指示和管理，同时由用工单位为被派遣的工作人员提供相应的劳动条件和劳动保护，所以，被派遣的工作人员因工作造成他人损害的，其责任应当由用工单位承担。劳务派遣单位在派遣工作人员方面存在过错，应当承担相应的责任。例如，某商场要求派来的员工具有电工操作证和高级电工资质，以负责检测和维修商场的照明设备，但劳务派遣单位派来的员工不仅没有合格的资质，也没有任何的实践经验，结果该员工在工作时发生了火灾，造成店内租户的商品受损。在这种情况下，虽然用工单位作为直接使用员工的单位，需要赔偿租户的损失，但是劳务派遣单位在选派员工方面有一定的过错，也应当承担相应的责任。

《侵权责任法》第 34 条第 2 款规定，劳务派遣单位承担的是“相应的补充责任”，即首先由用工单位承担赔偿责任，用工单位不能全部赔偿的，才由劳务派遣单位赔偿。民法典侵权责任编编纂过程中，有的提出，劳务派遣单位的责任类型大致有三种情形：一是用工单位是第一顺位的责任人，劳务派遣单位是第二顺位的责任人，在用工单位承担了全部赔偿责任的情况下，劳务派遣单位对被侵权人就不再承担赔偿责任。二是在用工单位财力不足，无法全部赔偿的情况下，剩余的部分由劳务派遣单位来承担。三是劳务派遣单位存在过错，劳务派遣单位应当按照过错程度直接承担侵权责任。《侵权责任法》第 34 条第 2 款“相应的补充责任”的表述涵盖不了第三种情形，建议修改为“承担相应的责任”。经研究，我们采纳了这一建议。

第一千一百九十二条　个人之间形成劳务关系，提供劳务一方因劳务造成他人损害的，由接受劳务一方承担侵权责任。接受劳务一方承担侵权责任后，可以向有故意或者重大过失的提供劳务一方追偿。提供劳务一方

因劳务受到损害的，根据双方各自的过错承担相应的责任。

提供劳务期间，因第三人的行为造成提供劳务一方损害的，提供劳务一方有权请求第三人承担侵权责任，也有权请求接受劳务一方给予补偿。接受劳务一方补偿后，可以向第三人追偿。

◆ **条文主旨**

本条是关于个人之间因提供劳务造成他人损害和自己损害的责任的规定。

◆ **立法背景**

个人之间形成劳务关系的情况越来越多，家庭雇用保姆、小时工、家庭教师等情况已非常普遍，对于在劳务期间发生的纠纷如何解决，需要法律给予明确的规定。侵权责任法对个人之间因劳务产生的侵权责任作出了规定。

劳务关系（Service Relations），是指提供劳务一方为接受劳务一方提供劳务服务，由接受劳务一方按照约定支付报酬而建立的一种民事权利义务关系。劳务关系的建立可以采取书面形式，也可以采取口头或者其他形式。劳务关系不同于劳动关系，主要表现在：（1）劳务关系由民法进行规范和调整。企业和个体经济组织与形成劳动关系的劳动者之间的劳动关系，由劳动法规范和调整。（2）劳务关系的主体可以是两个自然人或者自然人与单位之间，但本条仅调整个人之间形成的劳务关系。劳动关系中的一方应是符合法定条件的用人单位，另一方必须是符合劳动年龄条件，且具有与履行劳动合同义务相适应的能力的自然人。（3）劳务关系中，提供劳务一方不是接受劳务一方的职工，双方不存在隶属关系。劳动关系中的用人单位与员工之间存在隶属关系。（4）劳务关系中，接受劳务一方可以不承担提供劳务一方的社会保险。比如，国家没有规定要求居民必须为其雇用的保姆缴纳社会保险。劳动关系中的用人单位必须按照相关规定为职工购买社会保险。（5）劳务关系中，接受劳务的一方有权中断劳务关系，但没有用人单位对职工处分等权利。用人单位对职员违反用人单位劳动纪律和规章制度等行为，有权依法进行处理。（6）劳务关系中，报酬完全由双方当事人协商确定。劳动关系中，用人单位对职工有工资、奖金等方面的分配权利。用人单位向员工支付的工资应遵循按劳分配、同工同酬的原则，并遵守当地有关最低工资标准的规定。当然，如何界定个人之间形成的劳务关系，还需要根据具体情况来判断。如果是公司安排的上门服务，例如，某人购买了空调或者家具后，厂家派工人上门安装，那么在安装期间工人不慎将工具掉到楼下砸到一行人，那么系工人因工作造成他人伤害的情形，应当由工人所在的工厂依照本法的规定赔偿被侵权人的损失。

本条中“接受劳务一方”仅指自然人，个体工商户、合伙的雇员因工作发生的纠纷，按照本法用人单位的规定处理。

接受劳务一方对提供劳务一方造成他人损害承担赔偿责任的，前提是提供劳务一方的行为是因劳务产生；如果提供劳务一方的行为纯属个人的行为，与劳务无关，那么接受劳务一方无须承担责任。例如，某人家里雇的保姆周末休息外出游玩，骑车不慎将一路人撞伤，其行为与劳务无关，保姆应当自己承担赔偿责任。

◆ 条文解读

一、对本条第 1 款的理解和适用

侵权责任法对接受劳务一方承担责任后，能否向提供劳务一方追偿的问题没有作出规定。民法典侵权责任编编纂过程中，有的建议增加规定此种情形下的追偿权。我们经研究认为，个人之间形成的劳务关系，双方经济能力都较为有限，接受劳务一方对外承担责任后，原则上是可以向有过错的提供劳务一方追偿的，比如，王某请小时工来家里擦玻璃，告知小时工干活前要将花盆从窗台挪开，但小时工未听王某的指示，未挪开花盆，结果干活时不小心将花盆摔到楼下，将停放在楼下的一汽车挡风玻璃砸裂，那么，王某应当赔偿车主的损失，不过承担赔偿责任后可以向小时工追偿。因此，本条第 1 款在侵权责任法的基础上，增加了接受劳务一方承担侵权责任后的追偿权，但仅限于可以向有故意或者重大过失的提供劳务的一方追偿。

本条除了明确提供劳务过程中，造成他人损害的责任外，还规定了提供劳务一方因劳务受到损害时双方责任的承担。根据本条规定，提供劳务一方因劳务受到损害的，根据双方各自的过错承担相应的责任。这一规定和工作人员在用人单位受到损害的规定有所不同。2003 年国务院颁布、2010 年修订的《工伤保险条例》规定，中华人民共和国境内的企业、事业单位、社会团体、民办非企业单位、基金会、律师事务所、会计师事务所等组织和有雇工的个体工商户应当依照本条例规定参加工伤保险，为本单位全部职工或者雇工缴纳工伤保险费。从现有的规定来看，工作人员在工作过程中受到工伤损害的，用人单位原则上承担无过错责任。只要工作人员是因工作遭受事故伤害或者患职业病的，职工就可以依照相关规定获得医疗救治和经济补偿。由于本条中

"个人之间形成劳务关系的"，不属于依法应当参加工伤保险统筹的情形，提供劳务一方受到损害后，不能适用《工伤保险条例》。个人之间的劳务关系的损害，跟雇主情形下损害不一样，个人之间的劳务，提供劳动一方有较大的自主权，不像雇主对雇员的控制力那么强。造成损害的，接受劳务一方承担无过错责任太重。所以提供劳务一方因劳务受到损害的，不宜采取无过错责任的原则，要求接受劳务的一方无条件地承担赔偿责任。实践中因劳务受到损害的情况比较复杂，应当区分情况，根据双方的过错来处理比较合理。例如，张某家雇的保姆不听张某的劝阻，执意要站在椅子上打扫卫生，结果不小心将腿扭伤，那么，雇用保姆的张某可以从人道主义的角度，带保姆看病，适当承担一定的责任，但若张某承担无过错责任，则责任过重，有失公允。所以，本法规定双方根据各自的过错承担责任，比较公平，也符合现实的做法。

二、对本条第 2 款的理解和适用

侵权责任法没有规定在个人之间形成的劳务关系中，因第三人的行为造成提供劳务一方损害的责任承担。民法典侵权责任编编纂过程中，有的意见建议补充规定这一情形。我们研究认为，根据本法第 1175 条的规定，损害是因第三人造成的，第三人应当承担侵权责任。在个人之间形成的劳务关系中，因第三人的行为造成提供劳务一方损害的责任承担，第三人应当承担侵权责任，这一点没有疑问；关键是提供劳务一方是在为接受劳务一方工作过程中受伤的，能否请求接受劳务一方承担责任。有的意见提出，提供劳务一方受损害时，应有权请求接受劳务一方承担侵权责任，但是，只能在第三人或者接受劳务一方中择一行使请求权，第三人与接受劳务的人承担不真正连带责任。民法典各分编草案一审稿采纳了这一建议，增加一款，规定因第三人的行为造成提供劳务一方损害的，提供劳务一方有权请求第三人承担侵权责任，也有权请求接受劳务一方承担侵权责任。接受劳务一方承担侵权责任后，可以向第三人追偿。2020 年 5 月民法典草案提请十三届全国人大第三次会议审议过程中，有的意见提出，个人之间形成劳务关系一般不购买相应的工伤保险，这与本法第 1191 条规定的用人单位责任有较大不同。因此，要求接受劳务一方承担不真正连带责任，责任分配过重。经研究，我们采纳了这一意见，将上述方案修改为"提供劳务一方有权请求第三人承担侵权责任，也有权请求接受劳务一方补偿。接受劳务一方补偿后，可以向第三人追偿"。

第一千一百九十三条 承揽人在完成工作过程中造成第三人损害或者自己损害的，定作人不承担侵权责任。但是，定作人对定作、指示或者选任有过错的，应当承担相应的责任。

◆ 条文主旨

本条是关于承揽关系中的侵权责任的规定。

◆ 立法背景

本法规定的承揽合同是承揽人按照定作人的要求完成工作，交付工作成果，定作人给付报酬的合同。承揽包括加工、定作、修理、复制、测试、检验等工作。在履行承揽合同的过程中，承揽人对第三人造成损害或者自身遭受损害的侵权责任如何承担，我国法律没有规定。《最高人民法院关于审理人身损害赔偿案件适用法律若干问题的解释》第 10 条规定，承揽人在完成工作过程中对第三人造成损害或者造成自身损害的，定作人不承担赔偿责任。但定作人对定作、指示或者选任有过失的，应当承担相应的赔偿责任。这一解释明确了承揽人对第三人造成损害或者自身遭受损害的侵权责任的承担规则。

◆ 条文解读

考虑到在大多数情况下，承揽人主要依靠自己的技术和专业技能独立完成承揽工作，不受定作人的支配，承揽人对第三人造成损害或者造成自身损害时，不应要求定作人承担侵权责任。但是，定作人对定作、指示或者选任存在过错的，需要承担相应的过错责任，这是指定作人的指示过失责任。

定作人的指示过失责任，源自英美法的“独立契约人”责任理论，指不属于合同相对方的被用工人，在执行合同中规定的工作时，用工人对其不具有很强的控制力，基本上是依靠自己的技术和判断来完成工作的人，属于该概念范围的主要有承揽人、建筑工程的承包人、运输承运人、委托、行纪、居间合同中的受托人等。大陆法系国家中，日本民法从英美法中借鉴这一理论，在《日本民法典》第719条规定：定作人对承揽人就其工作加于他人的损害，不负赔偿责任。但是，定作人对定作或者指示有过失时，不在此限。我国台湾地区借鉴日本民法典的规定，在其“民法”第189条规定：承揽人因执行承揽事项，不法侵害他人之权利者，定作人不负损害赔偿责任。但定作人于定作或指示有过失者，不在此限。之所以作这样的规定，是因为选任承揽人时，定作人对承揽人是否具备相应的资质和具备安全生产条件有义务进行审查，如果选任不当，对承揽人的工作人员在执行工作任务中所受到的损害，应该承担过错责任。在吸收司法解释和境外立法例的基础上，本条对承揽关系中的侵权责任作了规定。

需要指出的是，本法第 1192 条个人之间形成劳务关系，个人之间因提供劳务造成他人损害和自己损害的责任的规定，不适用本条因承揽关系产生的纠纷。根据合同编的规定，承揽合同是承揽人按照定作人的要求完成工作，交付工作成果，定作人给付报酬的合同。承揽包括加工、定作、修理、测试、检验等工作。承揽合同与劳务合同的区别在于：承揽合同的劳动者所交付的标的是劳动成果，而劳务合同的劳动者交付的标的是劳动，定作人与承揽人之间不存在劳务关系。

第一千一百九十四条 网络用户、网络服务提供者利用网络侵害他人民事权益的，应当承担侵权责任。法律另有规定的，依照其规定。

◆ 条文主旨

本条是关于网络侵权的一般规定。

◆ 立法背景

2009 年通过的侵权责任法第一次在我国民法中规定网络侵权制度，施行 10 年来，对解决网络民事侵权问题提供了有效方案，发挥了重要作用。但随着互联网的快速发展，网络侵权行为越来越复杂，起草民法典侵权责任编过程中，不少意见建议进一步完善、充实网络侵权责任制度，细化相关规定。为了更好地保护权利人的利益，同时平衡网络用户和网络服务提供者之间的利益，侵权责任编在侵权责任法规定的基础上，细化了网络侵权责任的具体规则：一是修改完善了网络侵权的通知和反通知以及声明发送规则，规定“通知应当包括构成侵权的初步证据及权利人的真实身份信息”，以减少或者避免恶意通知损害网络用户正当利益的情况。增加反通知程序，规定“网络用户接到转送的通知后，可以向网络服务提供者提交不存在侵权行为的声明”。对权利人行使权利作出时间要求，规定“网络服务提供者在转送声明到达权利人后的合理期限内，未收到权利人已经投诉或者提起诉讼通知的，应当及时终止所采取的措施”，以平衡权利人、网络用户、网络服务提供者之间的权利义务关系。二是现实中滥用“通知—删除”程序进行不正当竞争的情形时有发生，不仅给网络用户造成损害，也造成网络服务提供者的流量损失和广告收入损失。对网络服务提供者的合法权益也应当加以保护，增加规定“权利人因错误通知造成网络用户或者网络服务提供者损害的，应当承担侵权责任。法律另有规定的，依照其规定”。三是将《侵权责任法》第36条中的“知道”修改为“知道或者应当知道”，以指导人民法院更好地适用法律，力求法院公正裁判和保护当事人合法权益。

在民法典侵权责任编起草过程中，有的意见提出，本条不是裁判规范，只具有宣示性作用，建议删去。这一意见在起草《侵权责任法》第36条第1款时就存在。经研究，我们没有删除这一规定，而是将其作为一条单独规定，并增加规定“法律另有规定的，依照其规定”，主要是考虑到相比10年前，互联网技术的发展和应用已经深入到社会生活各个方面，一部手机具有交友、购物、支付等多种功能，网络侵权行为有增无减，日益成为社会突出问题，有必要继续维持一般性规定，突出显示网络并非法外之地。

◆ **条文解读**

本条主要从两个方面规定利用网络侵害他人民事权益的，应当承担侵权责任。

一、网络用户利用网络侵害他人民事权益

网络用户利用网络侵害他人民事权益，大体可以分为以下几种类型：

一是侵害人格权。主要表现为：（1）盗用或者假冒他人姓名，侵害姓名权；（2）未经许可使用他人肖像，侵害肖像权；（3）发表攻击、诽谤他人的文章，侵害名誉权；（4）非法侵入他人电脑、非法截取他人传输的信息、擅自披露他人个人信息、大量发送垃圾邮件，侵害隐私权和个人信息受保护的权利。

二是侵害财产利益。基于网络活动的便捷性，通过网络侵害财产利益的情形较为常见，如窃取他人网络银行账户中的资金，而最典型的是侵害网络虚拟财产，如窃取他人网络游戏装备、虚拟货币等。

三是侵害知识产权。主要表现为侵犯他人著作权、商标权和专利权等知识产权：（1）侵犯著作权。如擅自将他人作品进行数字化传输，规避技术措施，侵犯数据库等。（2）侵犯商标权。如恶意抢注与他人商标相同或相类似的域名，在电商平台上销售假冒他人商标或者使用足以使消费者混淆的商标的商品等。（3）侵犯专利权。如未经专利人授权，在网站上销售专利产品。

二、网络服务提供者利用网络侵害他人民事权益

网络服务提供者是一个概括性表述，既包括提供接入、缓存、信息存储空间、搜索以及链接等服务类型的技术服务提供者，也包括主动向网络用户提供内容的内容服务提供者，还包括在电子商务中为交易双方或者多方提供网络经营场所、交易撮合、信息发布等服务，供交易双方或者多方独立开展交易活动的电子商务平台经营者。

不同类型的网络服务提供者通过网络实施侵权行为的表现也不一样。根据“技术中立”原则，技术服务提供者一般无须对他人通过网络侵犯他人民事权益的行为承担责任，如中国移动、中国电信、中国联通等电信服务运营商无须对经由其网络传输的信息承担责任，百度等搜索引擎提供者无须对搜索结果负责，但若其行为高度介入传输行为、编排搜索结果等，则须对其行为承担责任，电子商务平台经营者一般无须对其平台出现的侵权行为承担责任。此外，破坏他人技术保护措施、利用技术手段攻击他人网络、窃取他人个人信息的，也要承担侵权责任。内容服务提供者应当对所上传内容的真实性与合法性负责，如果提供了侵权信息，如捏造虚假事实诽谤他人、发布侵犯著作权的影视作品等，应当承担侵权责任。

本条在《侵权责任法》第36条第1款的基础上增加"法律另有规定的，依照其规定"，是为了与著作权法、专利法、商标法、电子商务法等法律衔接，根据侵害客体的不同，适用不同的法律规定和归责原则。

▶ 相关规定

《最高人民法院关于审理侵害信息网络传播权民事纠纷案件适用法律若干问题的规定》第3－7条

第一千一百九十五条　网络用户利用网络服务实施侵权行为的，权利人有权通知网络服务提供者采取删除、屏蔽、断开链接等必要措施。通知应当包括构成侵权的初步证据及权利人的真实身份信息。

网络服务提供者接到通知后，应当及时将该通知转送相关网络用户，并根据构成侵权的初步证据和服务类型采取必要措施；未及时采取必要措施的，对损害的扩大部分与该网络用户承担连带责任。

权利人因错误通知造成网络用户或者网络服务提供者损害的，应当承担侵权责任。法律另有规定的，依照其规定。

◆ 条文主旨

本条是关于“通知与取下”制度的规定。

◆ 立法背景

“通知与取下”制度首先规定在美国《千禧年数字版权法》（以下简称 DMCA）中，被侵权人在获知侵权事实后，可以向提供信息存储空间和信息定位服务的网络服务提供者发出符合 DMCA 规定的侵权通知，网络服务提供者在接到侵权通知后，应当迅速移除或屏蔽对侵权信息的访问。

我国最高人民法院 2000 年颁布的《关于审理涉及计算机网络著作权纠纷案件适用法律若干问题的解释》（现已失效）首次引入“通知与取下”程序。国务院 2006 年出台的《信息网络传播权保护条例》对在著作权领域适用这一程序作出了详细规定。2009 年《侵权责任法》第一次在民法中确立这一制度。2018 年《电子商务法》则在电子商务平台经营者侵权责任领域中适用这一制度。

◆ 条文解读

本条主要从四个方面规定了“通知与取下”程序。

一、通知的要件

根据本条规定，通知应当包括构成侵权的初步证据及权利人的真实身份信息。

实践中，大多数网络服务提供者都非常重视通知书的形式和内容，很多网站提供了格式化的通知模板、专门的投诉途径，极大地简化了通知流程，提高了处理效率。一般而言，一份合格的权利通知应当包括两方面内容：

首先是权利人的真实身份信息，包括但不限于权利人的姓名、名称、住址、联系方式、电话、电子邮箱等，没有真实身份信息和有效联系方式，网络服务提供者无法与其取得联系，也无法发送网络用户声明不存在侵权行为的通知。

其次是构成侵权的初步证据，通知是权利人主张权利的重要依据，应当附有证明其权利的证据或者相关信息涉嫌侵权的初步证据，如著作权登记证书、专利证书、商标权证书、明显超出正常言论自由范围的诽谤、攻击等言词。另外，通知中一般还应当附有涉嫌侵权信息的网址链接或其他可以定位侵权商品或信息的有效方法等，曾有权利人向网络服务提供者发送书面通知，将包含上千个字符的 URL 打印出来，给网站造成不必要的负担，这显然不是正常的维权方式。

二、网络服务提供者的义务

权利人一旦发出合格通知，就触发了网络服务提供者的义务。根据本条规定，网络服务提供者接到通知后，应当及时将该通知转送相关网络用户，并根据构成侵权的初步证据和服务类型采取必要措施。

（一）及时将该通知转送相关网络用户

“通知与取下”程序不是孤立的，而是与其他制度配合而生的，权利人有权发出通知主张权利，要求网络服务提供者采取相应措施，这只是权利人的一面之词，是“自称”，无法确定相关信息是否侵犯了权利人的权利，上传相关信息的网络用户有权提出申辩。所以，网络服务提供者应当及时将该权利人发出的通知转送相关网络用户，使其知晓，要求其作出回应。

（二）根据构成侵权的初步证据和服务类型采取必要措施

根据所提供网络服务的类型不同，不同类型的网络服务提供者在接到侵权通知后所应承担的义务也应当有所区别，对此，本条没有采取一刀切的方法，而是由网络服务提供者根据其掌握的证据以及提供服务的类型采取必要措施，所取得的效果应当是在技术能够做到的范围内避免相关信息进一步传播。对于提供信息存储空间、搜索、链接服务的网络服务提供者，其在接到侵权通知后，应当对侵权信息采取删除、屏蔽、断开链接等必要措施。对于电子商务平台经营者，其在接到侵权通知后，应当根据电子商务法的要求，对相关商品或者服务采取删除、屏蔽、断开链接、终止交易和服务等必要措施。对于提供接入、缓存服务的网络服务提供者，其在接到侵权通知后，应当在技术可能做到的范围内采取必要措施，如果采取这些措施会使其违反普遍服务义务，在技术和经济上增加不合理的负担，该网络服务提供者可以将侵权通知转送相应网站。由于所有网络信息都须经由接入服务进行传输，很多权利人都会要求接入服务提供者删除侵权信息，如果不对此类服务提供者采取必要措施的义务进行必要的限制，可能会妨碍网络产业的正常发展。目前互联网技术的发展日新月异，新技术不断得到应用，网络服务提供者提供的服务类型也在不断拓宽，通知与取下程序是否能够一体适用需要进一步探索和研究，应当正确看待技术与法律的关系，运用法律解释方法，智慧解决各种新型问题。如果需要通过修改法律解决，可以及时提出修改意见和建议。

三、网络服务提供者的责任

根据本条规定，未及时采取必要措施的，对损害的扩大部分与该网络用户承担连带责任。

理解这一规定，需要注意以下两个方面：

一是网络服务提供者承担本条项下责任的归责原则。本条这一规定在《侵权责任法》第36条实施以来，存在一些争论，有人认为这是无过错归责原则，只要网络服务提供者没有及时采取必要措施，就要承担相应责任。有人认为，DMCA创设避风港规则的本意是为了豁免网络服务提供者的责任，为其提供“避风港”，而这一规定却创设了网络服务提供者承担责任的新类型。其实，这些都是对这一条文的误读，首先，依据本条要求网络服务提供者承担责任的前提是网络服务提供者收到了合格通知，只有通知合格，网络服务提供者才承担采取必要措施的义务。其次，通知合格，并不代表权利人的权利主张是合适的，网络服务提供者应当进行必要的审查。在多数情形下如著作权、人格权、商标权等，网络服务提供者应当对权利人提供的初步证据予以审查，以一个正常理性人的标准，以一般专业知识来看，是否可以支持其权利要求。如果完全无法支持，则没有必要采取删除、断开链接等措施，如果认为可以支持，应当及时采取必要措施。所以，从这个意义上来说，网络服务提供者审查权利通知后依法采取了必要措施，既豁免了对网络用户的违约责任，也豁免了对权利人可能承担的帮助侵权责任；网络服务提供者依然承担过错责任，或者因应当采取必要措施而没有采取，或者因采取的必要措施不当，按照共同侵权制度，其因网络用户的侵权行为而对权利人承担帮助侵权责任。

二是如何认定“及时”。实践中，以淘宝、京东、百度、新浪等为代表的网络服务提供者每天收到大量的侵权通知，需要耗费大量人力物力对这些通知进行整理、甄别和审查，这就涉及对“及时”的理解，最高人民法院在《关于审理侵害信息网络传播权民事纠纷案件适用法律若干问题的规定》中要求根据权利人提交通知的形式，通知的准确程度，采取措施的难易程度，网络服务的性质，所涉作品、表演、录音录像制品的类型、知名度、数量等因素综合判断。在《关于审理利用信息网络侵害人身权益民事纠纷案件适用法律若干问题的规定》中要求，根据网络服务的性质、有效通知的形式和准确程度，网络信息侵害权益的类型和程度等因素综合判断。以著作权为例，实践中，有的法院认为应当考虑作品的知名度和传播范围。例如，热门的电视剧或者电影，很短的侵权时间就可能给权利人造成巨大损失，对于热门作品，其合理删除期限应当较短，对于非热门作品，期限可以适当放宽。

四、权利人错误通知的法律后果

"通知与取下"制度在我国实施以来，对于维护权利人合法权益，打击网络侵权违法行为，净化网络空间，起到了重要作用，但是权利人错误通知甚至恶意通知的事件也时常出现，甚至有人将这一制度作为打击竞争对手的重要手段，有人借用特殊销售节点，以投诉方式达到下架竞争对手的商品的方式，使其短期内丧失经营资格。2016 年仅阿里巴巴知识产权投诉平台上就共发现疑似恶意投诉方账号 5862 个，因其恶意投诉行为造成的卖家资损约 1.07 亿元。

为此，本条在《侵权责任法》第 36 条基础上，特别增加这一规定，警示权利人不得滥用"通知与取下"程序，促使权利人的维权行为更为理性，因错误通知造成网络用户、网络服务提供者损失的，权利人应当承担侵权责任。增加"法律另有规定的，依照其规定"这一衔接性表述，主要是考虑到本条为一般规定，根据被侵害的权利类型的不同，其他法律可能作出细化或者特别规定，如 2018 年《电子商务法》第 42 条第 3 款规定："因通知错误造成平台内经营者损害的，依法承担民事责任。恶意发出错误通知，造成平台内经营者损失的，加倍承担赔偿责任。"

▶ 相关规定

《中华人民共和国电子商务法》第 42 条；《信息网络传播权保护条例》第 14 条、第 15 条、第 24 条；《最高人民法院关于审理利用信息网络侵害人身权益民事纠纷案件适用法律若干问题的规定》第 5－8 条

第一千一百九十六条 网络用户接到转送的通知后，可以向网络服务提供者提交不存在侵权行为的声明。声明应当包括不存在侵权行为的初步证据及网络用户的真实身份信息。

网络服务提供者接到声明后，应当将该声明转送发出通知的权利人，并告知其可以向有关部门投诉或者向人民法院提起诉讼。网络服务提供者在转送声明到达权利人后的合理期限内，未收到权利人已经投诉或者提起诉讼通知的，应当及时终止所采取的措施。

◆ 条文主旨

本条是关于“反通知”制度的规定。

◆ 立法背景

本条是此次编纂民法典新增加的条文。《侵权责任法》第 36 条没有规定反通知制度，在起草侵权责任编的过程中，有些意见提出，反通知制度对于平衡权利人与网络用户之间的利益至关重要，权利人有权发出侵权通知，相对应地，网络用户应当有权进行申辩。反通知程序是通知与取下制度的重要组成部分，美国以出台 DMCA 为契机，将判例法中的通知与取下程序发展为通知与

反通知规则，并得到了很多国家和地区的借鉴。简而言之，设置反通知制度，就是赋予网络用户以抗辩的权利。未经正当程序，仅凭自称权利人的一纸通知，就将涉嫌侵权的信息从网络上予以取下，是对网络用户合法权益的重大限制，若不对权利人的权利加以适当限制，将会对信息自由流动构成极大威胁。因此，为了平衡和保障网络用户的合法权益，本条增加规定了反通知制度。

◆ 条文解读

本条主要从两个方面规定了反通知制度。

一、“反通知”的要件

根据本条规定，网络用户提交的声明应当包括不存在侵权行为的初步证据及网络用户的真实身份信息。

（一）不存在侵权行为的初步证据

有的意见对这一要件提出不同看法，认为根据民事诉讼一般举证规则，积极的构成要件由原告提出证据，被告没有义务提出消极的构成要件，有时也难以拿出证据。这一意见有一定道理，但在大部分权利类型下，初步证据是可以提出的，比如著作权、专利权、商标权等，涉嫌侵权的网络用户可以提供文章底稿、著作权登记证书、专利证书、商标权证书、原产地证明、授权法律文书等，证明其具有相应的权利；诚然，有些情形下确实难以提出，比如权利人主张某篇文章侵犯了其隐私权，这既是一个事实问题，更是一个法律问题，即使在法庭上，也不是三言两语能够判断清晰的。

（二）网络用户的真实身份信息

不少网络用户对外表现为昵称、笔名，而非其真实身份，实践中，这使得很多权利人在起诉时，无法准确确定被告，维权十分困难。网络不是法外之地，每个人都需要对自己的行为负责，在网络上也是一样。在权利人表明自己真实身份，指称其涉嫌侵权时，网络用户有义务表明其真实身份，这也是当然之意。

二、网络服务提供者的义务

（一）转送义务

根据本条规定，网络服务提供者接到声明后，应当将该声明转送发出通知的权利人，并告知其可以向有关部门投诉或者向人民法院提起诉讼。

纠纷主要发生在权利人与网络用户之间，网络服务提供者接到反通知后，立即产生转送义务，应当及时将反通知转送发出通知的权利人，让权利人及时知道网络用户提出了抗辩；同时履行告知义务，让权利人知晓应当及时向有关部门投诉或者向法院起诉，以解决纠纷。

（二）及时终止所采取的措施

根据本条规定，网络服务提供者在转送声明到达权利人后的合理期限内，未收到权利人已经投诉或者提起诉讼通知的，应当及时终止所采取的措施。

网络用户的声明到达权利人后，权利人应当作出适当反应，可以表示认可，也可以表示反对，可以明示，也可以默示。如果在合理期限内，权利人通知网络服务提供者，其已经向有关部门投诉或者向法院起诉，表明权利人以明示方式对反通知的内容表示反对，网络服务提供者应当继续维持此前采取的必要措施，直至有关部门或者法院有进一步指令；如果权利人在合理期限内没有投诉或者起诉，表明权利人默示认可反通知，网络服务提供者应当及时终止所采取的措施，恢复相关信息。这样规定，既是为了促使权利人尽快行使权利，避免相关权利纠纷长期处于不确定状态，也是为了尽量减少因错误通知给网络用户和网络服务提供者增加的负担。

需要说明的是，通知与反通知程序只是为快速应对纠纷而采取的一种程序性救济手段，网络服务提供者并非司法机关，其没有能力具体判断当事人之间的争议。即便权利人在合理期限内没有采取相应的法律行动，也不影响其实体权利，权利人仍然可以在合理期限届满后向有关部门投诉或者向法院起诉。

▶ **相关规定**

《中华人民共和国电子商务法》第 43 条；《信息网络传播权保护条例》第 16 条、第 17 条

第一千一百九十七条 网络服务提供者知道或者应当知道网络用户利用其网络服务侵害他人民事权益，未采取必要措施的，与该网络用户承担连带责任。

◆ **条文主旨**

本条是关于网络服务提供者与网络用户承担连带责任的规定。

◆ **立法背景**

此次编纂民法典，将《侵权责任法》第 36 条规定的“知道”修改为“知道或者应当知道”。

我国在互联网技术发展和运用上成功实现弯道超车，从 20 世纪 90 年代末起，大量涉互联网技术和网站的案件进入法院，经过 20 多年的司法实践，我国法院已经建立起适应我国国情的审判政策，在过错责任归责原则上也早已取得共识。《侵权责任法》第 36 条中使用的是“知道”，从解释上，包括“明知”和“应知”两种主观状态，多年来，法院在审判实践中也是这样操作的。在编纂民法典过程中，有的意见建议将“知道”修改为“知道或者

应当知道”，表述更清楚。经研究我们采纳了这个建议，这样修改内涵没有变化，但更清楚明了，也保持了不同法律之间用语的统一。

◆ **条文解读**

根据本条规定，网络服务提供者与网络用户承担连带责任的主观构成要件为“知道或者应当知道”，采用的是过错责任。

一、“知道”的含义

在新的语境下，“知道”即为“明知”。明知是一种主观状态，表明行为人的内心对侵权行为这一事实的发生具有明确而充分的认识，甚至放任或者积极追求损害后果的发生。如何证明行为人的主观状态为“明知”？一般有两种途径：一是行为人自认。行为人明确表示其主观状态为“明知”，当然可以认定，只是这种情形实践中较少出现。二是通过通知与取下程序来证明。这也是多数国家和地区司法机关判断网络服务提供者主观状态的核心标准，权利人发送的合格通知到达网络服务提供者时，即视为网络服务提供者知晓了存在通知中所指出的侵权事实，网络服务提供者有义务采取必要措施，未采取必要措施的，即属本条知道而未采取必要措施的情形，需要对损害扩大部分承担连带责任。《最高人民法院关于审理侵害信息网络传播权民事纠纷案件适用法律若干问题的规定》第13条也有类似规定：“网络服务提供者接到权利人以书信、传真、电子邮件等方式提交的通知，未及时采取删除、屏蔽、断开链接等必要措施的，人民法院应当认定其明知相关侵害信息网络传播权行为。”

二、“应当知道”的含义

如前所述，目前各国都不要求网络服务提供者承担普遍审查义务，但这并不意味着网络服务提供者可以完全躲进“避风港”。

美国国会众议院在 DMCA 立法报告中提出“红旗规则”，是对网络服务提供者适用避风港的限制，这一规则也为我国学者广泛接受。所谓“红旗规则”，是指当侵权事实在网络空间中像红旗一样明显时，我们便可以根据侵权事实发生的具体环境推定网络服务提供者对侵权事实应当知晓并要求其承担采取必要措施制止侵权行为的义务。这也是本条中“应当知道”的含义。

但是，“红旗规则”如何适用，“应当知道”如何判断？这是一个极具实务操作的难题，法官在具体案件中应当综合各种因素，以一个合理标准去判断，需要在促进网络行业健康发展与保护权利人合法权益之间寻找合适的平衡点，既不能失之过严，也不能操之过宽，法律难以规定一个普遍适用的标准。总的来讲，网络空间治理是一个系统工程，既需要权利人积极行使权利，同时也需要网络服务提供者在技术和能力允许的范围内积极作为，共同打击侵权信息。在掌握判断标准时大体应当遵循以下三大原则：

第一，根据提供技术服务的网络服务提供者的类型不同，判断标准应当有所不同。相比提供其他类型技术服务的网络服务提供者，认定提供接入、缓存服务的网络服务提供者“应当知道”的标准应当更加严格。接入服务连接着网站和网络用户，所有网络信息包括侵权信息都需要通过接入服务才能得以传输，但这种传输是即时的，信息量十分庞大，该类型网络服务提供者无法一一核实，如果认定标准过于宽泛，可能会使接入服务提供者承担过重的责任，影响普遍接入服务。随着互联网技术的创新和运用不断发展，网络服务提供者提供的服务类型也在不断拓展，“应当知道”的适用标准也应当随之发展。

第二，根据保护对象的不同，判断标准也应当有所不同。对于著作权而言，只要网络服务提供者没有对网络用户上传的信息进行人工编排等，一般不应认定构成侵权行为；同时还要考虑涉案作品的知名度、影响力等因素，专业视频网站应当具备甄别当前热播影视作品的能力。对于专利权而言，专利权侵权判断技术性较强，非专业人士难以作出准确判断，当前利用通知与取下程序打击竞争对手的现象仍然存在，具体如何适用，还有不同意见，有待进一步探讨与完善。对于商标权而言，商标权侵权判断不似专利权那样复杂，但也并非一目了然，不应令网络服务提供者承担过高的审查义务。涉嫌诋毁他人名誉、不当使用他人肖像、违法公布他人个人信息等行为，不经法院审理，有时难以准确判断是否为侵权行为，网络服务提供者不是司法机关，不应当要求其具有专业的法律素养，更不能要求其对用户发布的信息一一核实，通常人认为不应属于侵权信息即可免除责任。

第三，提供技术服务的网络服务提供者没有普遍审查义务。在审判实践中，应当谨慎认定此类网络服务提供者"应当知道"网络用户利用其网络服务实施侵权行为。如果判断标准过宽，可能会使网络服务提供者实际上承担了普遍审查的义务。事实上，由于网络具有开放性的特征，网络信息十分庞杂，要求此类网络服务提供者逐一审查，可能大量增加网络服务提供者的运营成本，阻碍网络产业的发展，美国 DMCA 以及欧盟电子商务指令也都规定，网络服务提供者不具有监视其传输或储存信息的义务，也不应赋予其寻找不法活动的事实或情况的义务。但同时也要寻找促使网络服务提供者适当履行监管义务的平衡点，比如是否通过成熟的技术手段对网站传输的特定信息进行监控，是否建立了较为完善的投诉响应机制，是否对多次侵权人建立黑名单制度，等等。

▶ **相关规定**

《中华人民共和国电子商务法》第 38 条、第 45 条；《信息网络传播权保护条例》第 20－23 条；《最高人民法院关于审理侵害信息网络传播权民事纠纷案件适用法律若干问题的规定》第 7－14 条；《最高人民法院关于审理利用信息网络侵害人身权益民事纠纷案件适用法律若干问题的规定》第 9 条、第 10 条

第一千一百九十八条 宾馆、商场、银行、车站、机场、体育场馆、娱乐场所等经营场所、公共场所的经营者、管理者或者群众性活动的组织者，未尽到安全保障义务，造成他人损害的，应当承担侵权责任。

因第三人的行为造成他人损害的，由第三人承担侵权责任；经营者、管理者或者组织者未尽到安全保障义务的，承担相应的补充责任。经营者、管理者或者组织者承担补充责任后，可以向第三人追偿。

◆ 条文主旨

本条是关于经营场所、公共场所的经营者、管理者或者群众性活动的组织者未尽到安全保障义务的侵权责任的规定。

◆ 立法背景

在 2009 年侵权责任法的制定过程中，对于什么是安全保障义务，哪些人负有安全保障义务，哪些人是安全保障义务的保护对象，未尽到安全保障义务应当承担什么样的侵权责任等问题，各方面有不同意见，国外的做法也有一定的差异。从了解的情况来看，典型的大陆法系国家法律中对安全保障义务都没有作出一般性规定，而是通过判例来确立，其适用领域较为广泛。但各国判例确立的规则存在较大差异，这主要是由各国侵权法和合同法调整范围的不同、侵权法的立法模式和侵权损害赔偿请求权与违约

损害赔偿请求权的时效不同以及赔偿范围的差异造成的。在英美侵权法中，与安全保障义务相类似的一个概念是“注意义务”。是否违反注意义务，应以理性人的行为标准，并结合生理缺陷、精神缺陷、醉酒、未成年、紧急情况等其他因素予以判断。

侵权责任法之前，安全保障义务的概念在我国的法律中从未出现过。2003 年最高人民法院颁布的《关于审理人身损害赔偿案件适用法律若干问题的解释》第 6 条中首次对安全保障义务的有关问题作出规定：“从事住宿、餐饮、娱乐等经营活动或者其他社会活动的自然人、法人、其他组织，未尽合理限度范围内的安全保障义务致使他人遭受人身损害，赔偿权利人请求其承担相应赔偿责任的，人民法院应予支持。因第三人侵权导致损害结果发生的，由实施侵权行为的第三人承担赔偿责任。安全保障义务人有过错的，应当在其能够防止或者制止损害的范围内承担相应的补充赔偿责任。安全保障义务人承担责任后，可以向第三人追偿。赔偿权利人起诉安全保障义务人的，应当将第三人作为共同被告，但第三人不能确定的除外。”侵权责任法在总结司法实践经验的基础上，借鉴国外相关规定，在第 37 条对未尽到安全保障义务的侵权责任作出了明确规定。

民法典侵权责任编编纂过程中，有的提出，《侵权责任法》第 37 条的规定，与此后修改的消费者权益保护法等法律的表述略有不同，建议统一。我们研究认为，这一差异主要是，《侵权责任法》第 37 条表述的是“公共场所的管理人或者群众性活动的组织者”，《消费者权益保护法》第 18 条第 2 款则规定的是“宾馆、商场、餐馆、银行、机场、车站、港口、影剧院等经营场所的经营者，应当对消费者尽到安全保障义务”。按照后法优于先法、特别法优于一般法的规则，在表述上我们向消费者权益保护法靠拢。

◆ **条文解读**

根据本条规定，安全保障义务，是指宾馆、商场、银行、车站、机场、体育场馆、娱乐场所等经营场所、公共场所的经营者、管理者或者群众性活动的组织者，所负有的在合理限度范围内保护他人人身和财产安全的义务。理解安全保障义务，须注意以下问题。

一、安全保障义务人的范围

合理确定安全保障义务人的范围，既要以人为本，对社会生活中可能发生危险的场所或者活动，要求行为人履行必要的防范损害发生的义务，充分保护广大人民群众的人身和财产安全；又要考虑我国国情，从促进社会和谐稳定的目的出发，不能盲目地扩大安全保障义务人的范围，避免引发过多社会纠纷；同时还要处理好未尽到安全保障义务的侵权行为与其他侵权行为之间的关系，避免或者减少相关法律规定间的冲突或者竞合。本法明确安全保障义务人为下列两类人：

第一，宾馆、商场、银行、车站、机场、体育场馆、娱乐场所等经营场所、公共场所的经营者、管理者。公共场所包括以公众为对象进行商业性经营的场所，也包括对公众提供服务的场所。例如，本条列举的宾馆、商场、银行、车站、机场、体育场馆、娱乐场所等，除了本条列举的这些场所外，码头、公园、餐厅等也都属于公共场所。

第二，群众性活动的组织者。群众性活动，是指法人或者其他组织面向社会公众举办的参加人数较多的活动，如体育比赛活动，演唱会、音乐会等文艺演出活动，展览、展销等活动，游园、灯会、庙会、花会、焰火晚会等活动，人才招聘会，现场开奖的彩票销售等活动。

二、保护对象的范围

安全保障义务所保护的对象与安全保障义务人之间应存在某种关系，但是否要在法律中作出明确规定有不同意见。有的建议规定为“顾客或参与活动者”或者“进入公共场所或者参与活动的人”，有的建议规定为“合法进入公共场所或者参加活动的人”，有的建议不作明确规定。考虑到司法实践中的情况较为复杂，仅仅进入商场上洗手间、问路或者躲雨的人能不能界定为顾客，上错了公交车又准备下车的人是否属于保护对象，特别是对于非法进入者如到宾馆里打算偷窃的人是否给予保护等，争议很大。在法律中明确哪些人属于保护对象较为困难，因此，本法对安全保障义务的保护对象规定为“他人”，没有明确具体的范围，实践中哪些人属于保护对象应根据具体情况判断。

三、安全保障义务的内容和判断标准

安全保障义务的目的在于保护他人的人身和财产安全，其主要内容是作为，即要求义务人必须采取一定的行为来维护他人的人身或者财产免受侵害。这种义务的具体内容既可能基于法律的明确规定，也可能基于合同义务，也可能基于诚实信用原则而产生。由于安全保障义务人的范围很广，涉及多个行业、多类主体，不同义务人对不同保护对象所负有的安全保障义务是不同的，在法律中无法明确其具体内容。对于实践中需要确定义务人应当负有的具体安全保障义务的内容，进而判断安全保障义务人是否已经尽到安全保障义务的，可以参考该安全保障义务人所在行业的普遍情况、所在地区的具体条件、所组织活动的规模等各种因素，从侵权行为的性质和力度、义务人的安保能力以及发生侵权行为前后所采取的防范、制止侵权行为的状况等方面，根据实际情况综合判断。

四、未尽到安全保障义务的侵权责任

根据安全保障义务的内容不同，可以将安全保障义务分为以下两类：一是防止他人遭受义务人侵害的安全保障义务。这是指安全保障义务人负有不因自己的行为而直接使他人的人身或者财产受到侵害的义务。例如，宾馆负有不因自己提供的服务或者设施存在危险而使前来住宿的客人受伤的安全保障义务。二是防止他人遭受第三人侵害的安全保障义务。这是指安全保障义务人负有的不因自己的不作为而使他人的人身或者财产遭受自己之外的第三人侵害的义务。例如，宾馆对在本宾馆住宿的旅客负有使其人身或者财产安全免受第三人侵害的义务。他们之间的区别主要是造成损害后果的直接侵害人不同，未尽到前一类义务造成他人损害的，其直接加害人就是安全保障义务人，没有第三人的介入；未尽到后一类义务的并不必然导致他人的损害，只有当这种未尽到义务的行为与第三人的侵权行为相互结合时才导致了他人的损害。本条规定根据所未尽到的义务种类的不同，规定了安全保障义务人不同的侵权责任。

1. 安全保障义务人未尽到防止他人遭受义务人侵害的安全保障义务的，应当承担侵权责任。这是本条第 1 款规定的情形。如果损害结果的发生没有第三人的介入，安全保障义务人就应当自己承担全部侵权责任。例如，顾客到餐厅吃饭，由于餐厅的地板有油渍导致顾客摔倒受伤的，餐厅就应当承担侵权责任。

2. 安全保障义务人未尽到防止他人遭受第三人侵害的安全保障义务的，应当承担相应的补充责任。这是本条第 2 款规定的情形。在实践中，存在不少第三人的侵权行为和安全保障义务人未尽到安全保障义务两个因素结合在一起而造成他人损害的情形。例如，储户到银行取钱或者存款，遭到第三人抢劫，银行的保安人员未尽到安全保障义务，没有及时注意或者制止，导致储户钱款被抢或者人身受到伤害；又如，宾馆没有完善的保安措施或者没有认真履行保安职责，导致住宿旅客被外来人员殴打等。在这种情形下，根据本条第 2 款的规定，第三人的行为是造成损害的直接原因，应当首先由第三人承担侵权责任。在上述例子中，应当先由抢劫者和打人者承担侵权责任，安全保障义务人未尽到安全保障义务也是造成损害的因素，应当承担相应的补充责任。理解这一规定，应当注意以下两点：

第一，第三人的侵权责任和安全保障义务人的补充责任有先后顺序。首先由第三人承担侵权责任，在无法找到第三人或者第三人没有能力全部承担赔偿责任时，才由安全保障义务人承担补充责任。如果第三人已经全部承担侵权责任，则安全保障义务人不再承担责任。

第二，侵权责任法并未规定经营者、管理者或者组织者承担补充责任后，是否可以向第三人追偿的问题，主要是考虑本条中负有安全保障义务的主体承担补充责任是因为其本身有过错，有过错一方承担补偿责任不应有追偿权。民法典侵权责任编编纂过程中，不少建议增加追偿权的规定。我们研究认为，增加追偿权的规定，一是符合不真正连带责任的法理。借鉴德国通说见解，不真正连带责任的认定以“阶层区分说”为标准。第三人因为距离损害更近，属于终局责任人，安全保障义务人可以向其追偿。二是有利于避免司法中的争议，为实践中出现的具体案例提供法律依据。

第一千一百九十九条 无民事行为能力人在幼儿园、学校或者其他教育机构学习、生活期间受到人身损害的，幼儿园、学校或者其他教育机构应当承担侵权责任；但是，能够证明尽到教育、管理职责的，不承担侵权责任。

◆ 条文主旨

本条是关于无民事行为能力人受到人身损害时，幼儿园、学校或者其他教育机构的侵权责任的规定。

◆ 立法背景

一、幼儿园、学校和其他教育机构的侵权责任概述

幼儿园、学校和其他教育机构的侵权责任，是指在幼儿园、学校和其他教育机构的教育、教学活动中或者在其负有管理责任的校舍、场地、其他教育教学设施、生活设施中，由于幼儿园、学校或者其他教育机构未尽教育、管理职责，致使学习或者生活的无民事行为能力人和限制民事行为能力人遭受损害或者致他人损害的，学校、幼儿园或者其他教育机构应当承担的与其过错相应的侵权责任。

幼儿园，通常是指对3周岁以上学龄前幼儿实施保育和教育的机构等。学校，是指国家或者社会力量举办的全日制的中小学（含特殊教育学校）、各类中等职业学校、高等学校等。其他教育机构，是指少年宫以及电化教育机构等。

随着经济的快速增长，社会的明显进步，近年来我国的教育事业蓬勃发展，据统计，我国在各类教育机构学习的人员总数已经达到甚至超过我国总人数的1/5，其中，绝大多数是无民事行

为能力人和限制民事行为能力人。再考虑到其父母、近亲属，可以说在教育机构就读的无民事行为能力人和限制民事行为能力人的人身安全牵动着全社会每一个人的心。但一个严峻的事实是，近年来学校学生人身伤害事故频频发生，一些重大恶性事故也有发生，导致在校无民事行为能力人和限制民事行为能力人人身损害发生的原因很多，主要有以下情况：（1）因幼儿园、学校和其他教育机构的教学和生活设施、设备不符合安全标准或者管理、维护不当引起的人身损害；（2）因幼儿园、学校和其他教育机构提供的食品、药品、饮用水、教学用具或者其他物品不合格引起的人身损害；（3）因幼儿园、学校和其他教育机构教师或者其他工作人员体罚、变相体罚学生或者其他侮辱学生人格尊严的行为引起的人身损害；（4）幼儿园、学校和其他教育机构组织学生进行实验教学或者劳动时发生的人身损害；（5）学生之间互相嬉戏、玩耍造成的人身损害；（6）幼儿园、学校和其他教育机构组织学生外出活动时出现的人身损害；（7）校外人员在校内造成的人身损害；（8）因学生自身原因造成的人身损害；（9）其他因幼儿园、学校和其他教育机构未尽到教育、管理职责而发生的人身损害。在校无民事行为能力人和限制民事行为能力人遭受的人身损害，幼儿园、学校和其他教育机构存在过错的，应当承担与其过错相应的侵权责任；幼儿园、学校和其他教育机构没有过错的，应当由第三人或者无民事行为能力人、限制民事行为能力人及其监护人承担责任。

二、境外有关立法例

幼儿园、学校和其他教育机构侵权责任的归责原则，境外主要有两种立法例。一种是过错推定原则，如德国、意大利、日本、俄罗斯、越南等采用该种立法例。另一种是过错责任原则，如法国、美国、加拿大等采用该种立法例。

三、我国法律规定的沿革

侵权责任法之前，无民事行为能力人或者限制民事行为能力人在幼儿园、学校或者其他教育机构学习、生活期间受到人身损害的，幼儿园、学校或者其他教育机构在什么条件下需要承担侵权责任，我国法律、行政法规均未作出具体规定。《最高人民法院关于审理人身损害赔偿案件适用法律若干问题的解释》作出了相应的规定，并采用了过错推定的归责原则。法律中采用什么归责原则，一直以来就有争议，有的主张采用过错推定原则；有的主张采用过错责任原则。主张采用过错推定原则的理由主要是：第一，由于未成年学生心理和生理上的特点，难以对事故发生的情形准确地加以描述，如果按照“谁主张、谁举证”的一般举证原则来处理，显然对未成年学生一方有失公正。第二，未成年人离开其监护人之后，监护人就失去了对未成年人的控制，整个教育活动都在学校的控制之下，要让监护人来证明学校的过错，几乎是不可能的，这对保护学生及其监护人的利益非常不利。因此从公平原则来考虑，应该对学校适用过错推定原则。第三，由学校来证明已经尽到了相当的注意并且实施了合理的行为，以达到免责的目的，有助于学校尽到更多的注意义务，更有利于保护未成年人。而且学校也能举证反驳，也有机会免责。第四，随着社会经济状况的不断变化，学校等教育机构更有可能通过保险等方式来向社会转移风险，民办教育机构可以通过适当提高学费来抵消增加的成本，公立教育机构也可由国家拨付资金来设立这种保险。

主张采用过错责任原则的理由主要是：第一，学校对学生的管理、教育和保护职责，是一种特定的义务，这种义务不履行，应当采用证明的方式进行，必须证明学校方未尽谨慎义务。第二，适用过错推定的主要目的是加强对受害人的救济，特别是在当事人双方力量对比极不平衡的情况下适用，如垄断性行业与消费者之间等，从而体现法律的实质正义。在学校与受害人之间不存在经济力量、诉讼地位的明显不平衡，无须对受害人给予特别的保护。第三，适用过错推定原则易于不适当地扩大学校的责任，学校为免责必然会采取消极对策，如不再组织春游、参观等校外活动，严格限制学生在校时间，甚至不允许学生在课间互相追逐打闹等，不利于素质教育的推行。第四，完全由受害人承担举证责任，判断学校在主观上是否有过错确实存在一定的困难，可以通过采用客观化的过错判断标准如学校的各种教学设施是否符合安全要求，对存在的各种安全隐患是否及时排除、是否已采取必要的防范措施，学校是否制定了合理、明确的安全规章制度等来缓和举证责任，减轻受害人的举证负担，以利于对未成年学生的救济。第五，国外不少国家实行过错推定原则，主要是由于他们广泛实行责任保险制度，应由学校承担的责任，最终都由保险公司赔付，而在我国目前全面实行这一制度尚不现实。

如何确定归责原则，要考虑各方面的因素和社会经济发展状况。对学校、幼儿园和其他教育机构的侵权责任作出适当的界定，以做到既维护未成年人和其他受害人的合法权益，又维护幼儿园、学校和其他教育机构的正常教学秩序和管理秩序。侵权责任法最终在借鉴境外立法例和最高人民法院司法解释的基础上，根据未成年人的年龄和民事行为能力的不同，规定了幼儿园、学校和其他教育机构侵权责任的不同的归责原则。《侵权责任法》第 38 条规定的“无民事行为能力人在幼儿园、学校或者其他教育机构学习、生活期间受到人身损害的，幼儿园、学校或者其他教育机构应当承担责任，但能够证明尽到教育、管理职责的，不承担责任”，是采用过错推定原则。第 39 条规定的“限制民事行为能力人在学校或者其他教育机构学习、生活期间受到人身损害，学校或者其他教育机构未尽到教育、管理职责的，应当承担责任”，这是采用过错责任原则。

民法典侵权责任编继承了侵权责任法的规定，仅对个别字词表述作了调整。

◆ **条文解读**

一、本条采用过错推定原则

采用这一原则的主要考虑是：无民事行为能力人智力发育还很不成熟，对事物的认知和判断上存在较大不足，不能辨认或者不能充分理解自己行为的后果，必须加以特别保护，这就要求学校更多地履行保护孩子身心健康的义务。无民事行为能力人在幼儿园、学校或者其他教育机构学习、生活期间，超越了监护人的控制范围，如果受到人身损害，基本无法对事故发生的情形准确地加以描述，此时要让无民事行为能力人或者其监护人来证明学校的过错，几乎是不可能的。采用过错推定原则，学校也能举证反驳，可以通过证明已经尽到了相当的注意并且实施了合理的行为，以达到免责的目的。同时，学校等教育机构更有可能通过保险等方式来向社会转移风险。

二、承担责任的范围

由幼儿园、学校和其他教育机构承担侵权责任的侵权行为的范围，应当限于发生在幼儿园、学校和其他教育机构的教育、教学活动中或者其负有管理责任的校舍、场地、其他教育教学设施、生活设施中的侵权行为。但具体范围究竟有多宽，存在不同意见，如学生自行到校或者放学后滞留学校发生的损害，幼儿园、学校和其他教育机构是否应当承担侵权责任等。由于这个问题较为复杂，与幼儿园、学校和其他教育机构所应负有的教育、管理职责密切相关，实践中个案的情况也千差万别，作出统一、具体的规定较为困难，宜由人民法院在具体案件审判过程中作出判断更为合适。

三、如何确定责任

如何确定教育、管理职责的范围，进而判断幼儿园、学校和其他教育机构是否已尽教育、管理职责，也存在一定争议。我们认为，教育法、未成年人保护法以及其他法规和规章中，对于幼儿园、学校和其他教育机构的教育、管理职责已经作了广泛、具体的规定，出现纠纷时，应当参考这些规定结合具体情况由人民法院作出最终判断，法律对此没有也很难作出具体规定。

四、关于免责事由

在制定侵权责任法和编纂民法典的过程中，有的建议明确幼儿园、学校和其他教育机构不承担赔偿责任的具体情形，如在自行上学、放学、返校、离校途中发生损害的，学生参加体育锻炼正常对抗中造成的损害，等等。我们研究认为，这些情形有的根据本法规定明显不属于幼儿园、学校和其他教育机构的责任，有的在侵权责任编“一般规定”一章中已经有所规定，没有必要再作重复规定。

第一千二百条 限制民事行为能力人在学校或者其他教育机构学习、生活期间受到人身损害，学校或者其他教育机构未尽到教育、管理职责的，应当承担侵权责任。

◆ **条文主旨**

本条是关于限制民事行为能力人受到人身损害时，学校或者其他教育机构的侵权责任的规定。

◆ **立法背景**

本法第1199条规定了在受侵害人是无民事行为能力人的情况

下，幼儿园、学校或者其他教育机构应当承担的侵权责任。本条则规定了在受侵害人是限制民事行为能力人的情况下，学校或者其他教育机构应当承担的侵权责任。

◆ 条文解读

根据本条规定，限制民事行为能力人在学校或者其他教育机构学习、生活期间受到人身损害的，如果该限制民事行为能力人或者其监护人能够证明学校或者其他教育机构没有尽到教育、管理职责，对该限制民事行为能力人所发生的人身损害有过错，学校或者其他教育机构就要承担责任。与第1199条采用过错推定原则不同，对限制民事行为能力人的情况，本条采用了过错责任原则，主要是考虑：与无民事行为能力人相比，限制民事行为能力人的心智已渐趋成熟，对事物已有一定的认知和判断能力，能够在一定程度上理解自己行为的后果，对一些容易遭受人身损害的行为也有了充分认识，应当在构建和谐的成长环境的同时，鼓励其广泛地参加各类学校活动和社会关系，以利于其更好、更有效地学习、成长。如果适用过错推定原则，科以学校较重的举证负担，为避免发生意外事故，有的学校会采取消极预防的手段，如减少学生体育活动、劳动实践，不再组织春游、参观等校外活动，严格限制学生在校时间，甚至不允许学生在课间互相追逐打闹等，一些措施甚至与素质教育目标背道而驰，成为推行素质教育的一大障碍，最终不利于学生的成长、成熟。同时，在判断学校是否尽到教育、管理职责时也可以通过采用客观化的判断标准，如学校的各种教学设施是否符合安全要求，对存在的各种安全隐患是否及时排除、是否已采取必要的防范措施，学校是否制定了合理、明确的安全规章制度等来缓和举证责任，减轻被侵权人的举证负担，以利于对学生的救济。

教育法、未成年人保护法以及其他法规和部门规章中，对于学校和其他教育机构的教育、管理职责已经作了广泛、具体的规定，只要能够证明学校或者其他教育机构违反了这些职责，使限制民事行为能力人在学习、生活期间受到人身损害的，学校或者其他教育机构就要承担责任。比如，教育部2002年颁发的《学生伤害事故处理办法》第9条明确规定："因下列情形之一造成的学生伤害事故，学校应当依法承担相应的责任：（一）学校的校舍、场地、其他公共设施，以及学校提供给学生使用的学具、教育教学和生活设施、设备不符合国家规定的标准，或者有明显不安全因素的；（二）学校的安全保卫、消防、设施设备管理等安全管理制度有明显疏漏，或者管理混乱，存在重大安全隐患，而未及时采取措施的；（三）学校向学生提供的药品、食品、饮用水等不符合国家或者行业的有关标准、要求的；（四）学校组织学生参加教育教学活动或者校外活动，未对学生进行相应的安全教育，并未在可预见的范围内采取必要的安全措施的；（五）学校知道教师或者其他工作人员患有不适宜担任教育教学工作的疾病，但未采取必要措施的；（六）学校违反有关规定，组织或者安排未成年学生从事不宜未成年人参加的劳动、体育运动或者其他活动的；（七）学生有特异体质或者特定疾病，不宜参加某种教育教学活动，学校知道或者应当知道，但未予以必要的注意的；（八）学生在校期间突发疾病或者受到伤害，学校发现，但未根据实际情况及时采取相应措施，导致不良后果加重的；（九）学校教师或者其他工作人员体罚或者变相体罚学生，或者在履行职责过程中违反工作要求、操作规程、职业道德或者其他有关规定的；（十）学校教师或者其他工作人员在负有组织、管理未成年学生的职责期间，发现学生行为具有危险性，但未进行必要的管理、告诫或者制止的；（十一）对未成年学生擅自离校等与学生人身安全直接相关的信息，学校发现或者知道，但未及时告知未成年学生的监护人，导致未成年学生因脱离监护人的保护而发生伤害的；（十二）学校有未依法履行职责的其他情形的。”在司法实践中，只要有上述十二项情形之一，就基本可以认定学校没有尽到教育、管理职责，就要依法对限制民事行为能力人受到的人身损害承担责任。

第一千二百零一条 无民事行为能力人或者限制民事行为能力人在幼儿园、学校或者其他教育机构学习、生活期间，受到幼儿园、学校或者其他教育机构以外的第三人人身损害的，由第三人承担侵权责任；幼儿园、学校或者其他教育机构未尽到管理职责的，承担相应的补充责任。幼儿园、学校或者其他教育机构承担补充责任后，可以向第三人追偿。

◆ 条文主旨

本条是关于无民事行为能力人或者限制民事行为能力人受到校外人员人身损害时的责任分担的规定。

◆ 立法背景

本法第 1199 条和第 1200 条对未成年人在幼儿园、学校或者其他教育机构学习、生活期间遭受人身损害时幼儿园、学校或者其他教育机构的侵权责任，区分无民事行为能力人和限制民事行为能力人分别规定了不同的归责原则。本条则区分造成损害的主体为幼儿园、学校或者其他教育机构以外的人员的情况，规定幼儿园、学校或者其他教育机构应当承担的侵权责任。

◆ **条文解读**

一、幼儿园、学校或者其他教育机构以外的人员承担的侵权责任

幼儿园、学校或者其他教育机构以外的人员是指幼儿园、学校或者其他教育机构的教师、学生和其他工作人员以外的人员。

如果未成年人在幼儿园、学校或者其他教育机构学习、生活期间遭受人身损害，是由于幼儿园、学校或者其他教育机构本身的人员的行为造成的，幼儿园、学校或者其他教育机构未尽到教育、管理职责时，就要承担责任。如因学校的教学和生活设施、设备不符合安全标准或者管理、维护不当引起的学生人身损害；因学校提供的食品、药品、饮用水、教学用具或者其他物品不合格引起的学生人身损害；因学校教师或者其他工作人员体罚、变相体罚学生或者其他侮辱学生人格尊严的行为引起的学生人身损害；学生之间互相嬉戏、玩耍，教师管理不当造成学生人身损害等。但在某些情况下，幼儿园、学校或者其他教育机构以外的人员可能进入校园内或者在幼儿园、学校或者其他教育机构组织学生外出活动期间直接造成学生人身伤害，如社会人员进入学校殴打学生，校外车辆在校园内撞伤学生等。在这种情况下，该幼儿园、学校或者其他教育机构以外的人员的侵权行为直接造成人身损害后果的发生，其作为侵权人就应当依法承担侵权责任。

二、幼儿园、学校或者其他教育机构承担的相应补充责任

无民事行为能力人或者限制民事行为能力人在幼儿园、学校或者其他教育机构学习、生活期间，受到幼儿园、学校或者其他教育机构以外的人员人身损害的，该人员作为侵权人应当承担侵权责任。但由于此时受到人身损害的无民事行为能力人或者限制民事行为能力人仍在幼儿园、学校或者其他教育机构的监管之下，幼儿园、学校或者其他教育机构仍负有管理职责，如果幼儿园、学校或者其他教育机构未尽到管理职责的，对损害的发生也具有过错，其未尽到管理职责的行为是造成损害发生的间接原因，应当承担补充责任。幼儿园、学校或者其他教育机构是否尽到管理职责，要根据人身损害发生时的具体情况判断，如幼儿园、学校或者其他教育机构的安全管理制度是否有明显疏漏，或者是否管理混乱，存在重大安全隐患。如果幼儿园、学校或者其他教育机构的安全保卫工作存在过失，如学校门卫管理制度欠缺或者门卫管理不善，导致校外人员随意进入学校殴打学生，或者学校为改善经济条件将学校校舍、场地租给他人使用，甚至将学校操场辟为停车场，致使校内常有车辆来往，出现车辆撞伤、撞死学生等情况的，学校就应承担补充责任。理解这一规定应当注意第三人的侵权责任和安全保障义务人的补充责任有先后顺序。首先由第三人承担侵权责任，在无法找到第三人或者第三人没有能力全部承担侵权责任时，才由幼儿园、学校或者其他教育机构承担侵权责任。如果第三人已经全部承担侵权责任，则幼儿园、学校或者其他教育机构不再承担侵权责任。

三、幼儿园、学校或者其他教育机构承担补充责任后，是否可以向第三人追偿

侵权责任法没有规定幼儿园、学校或者其他教育机构承担补充责任后，是否可以向第三人追偿，主要是考虑本条中负有安全保障义务的主体承担相应的补充责任是因为其本身有过错，有过错一方承担补偿责任不应有追偿权。民法典侵权责任编编纂过程中，不少建议增加追偿权的规定。我们研究认为，增加追偿权的规定，一是符合不真正连带责任的法理。借鉴德国通说见解，不真正连带责任的认定以“阶层区分说”为标准。第三人因为距离损害更近，属于终局责任人，安全保障义务人可以向其追偿。二是有利于避免司法中的争议，为实践中出现的具体案例提供法律依据，更好地保障无民事行为能力人或者限制民事行为人能力人的成长，也为平安校园建设提供支撑。

第四章 产品责任

本章共七条，主要规定了生产者、销售者、运输者、仓储者及第三人等承担产品责任的归责原则及侵权责任，被侵权人的索赔途径，先行赔偿人的追偿权，被侵权人有权要求生产者、销售者承担的侵权责任，对已投入流通后发现缺陷产品的警示、召回等补救措施及侵权责任，故意生产、销售缺陷产品的惩罚性赔偿等。

本章“产品责任”是指产品存在缺陷发生侵权，造成他人损害，生产者、销售者等所应当承担的侵权责任，而不是指合同中的产品质量不合格的民事责任。“缺陷”并非指产品有瑕疵，而是指产品质量不好达到危害人民生命和财产安全的程度。例如，汽车制动有缺陷，致使刹车不灵，造成交通事故，导致人身、财产损害，对此生产者、销售者等应当承担侵权责任。汽车空调不制冷，为产品有瑕疵，对此生产者、销售者等应当承担合同责任。

第一千二百零二条 因产品存在缺陷造成他人损害的，生产者应当承担侵权责任。

◆ 条文主旨

本条是关于产品生产者侵权责任的规定。

◆ **立法背景**

对产品责任的归责原则，各国多经历从合同责任到过失责任再发展到现在的无过错责任的过程。

侵权责任法制定之前，我国法律对生产者产品责任的规定主要有：《民法通则》第122条规定，因产品质量不合格造成他人财产、人身损害的，产品制造者、销售者应当依法承担侵权责任。运输者、仓储者对此负有责任的，产品制造者、销售者有权要求赔偿损失。《产品质量法》第41条第1款规定，因产品存在缺陷造成人身、缺陷产品以外的其他财产损害的，生产者应当承担侵权责任。《产品质量法》第42条规定，由于销售者的过错使产品存在缺陷，造成人身、他人财产损害的，销售者应当承担赔偿责任。

侵权责任法制定过程中，产品责任应采用何种归责原则，有较大争议，无过错责任原则、过错责任原则、过错推定原则以及既适用无过错责任也适用过错责任，以无过错责任原则为主的观点都有。在广泛借鉴国际通行做法并充分调查研究国内实际情况下，《侵权责任法》第41条采用了无过错责任的归责原则。民法典侵权责任编本条规定继承了侵权责任法的归责原则及规定。

◆ **条文解读**

依据本条的规定，构成产品责任须具备三个要件：第一，产品具有缺陷；第二，须有缺陷产品造成受害人损害的事实；第三，缺陷产品与损害事实之间存在因果关系。

一、关于产品缺陷

产品缺陷是构成产品责任的首要条件。从境外立法例及相关公约看，关于产品缺陷的定义虽然表述不同，但其意思都与产品的“不安全性”或“危险性”相关，基本都将产品缺陷的定义建立在产品欠缺安全性的基础上。我国台湾地区“民法”第191－1条第3款规定，商品之生产、制造或加工、设计，与其说明书或广告内容不符者，视为有欠缺。

我国《产品质量法》第46条规定，本法所称缺陷，是指产品存在危及人身、他人财产安全的不合理的危险；产品有保障人体健康和人身、财产安全的国家标准、行业标准的，是指不符合该标准。侵权责任法起草及民法典编纂过程中，对是否将产品质量法关于缺陷产品的含义在民法中作出规定，存在不同意见。有的认为，民法典是基本法，不应再援引其他法律的规定。有的认为，民法不宜对某些概念作过细、过于具体的规定，否则会限制产品的更新与发展，随着科学技术的发展，对产品的缺陷会有不同的认识。此外，还会造成法律之间规定的重复。

侵权责任法没有对产品缺陷作出定义性的规定。实践中可以《产品质量法》第46条关于缺陷的规定为标准判断产品是否为缺陷产品。产品质量法的规定从法律上确立了判断产品是否存在缺陷的基本标准。具体如何运用这项标准判断产品是否存在缺陷，要根据每一案件、每种产品的情况具体分析，得出结论。一般来说，产品存在缺陷，即产品存在“不合理危险”。按照标准化法的规定，对在全国范围内需要统一技术要求的产品，由国务院标准化行政主管部门制定国家标准。对没有国家标准而又需要在全国某个行业范围内统一技术要求的产品，由国务院有关行政主管部门制定行业标准，并报国务院标准化行政主管部门备案。如果产品有上述保障人体健康，人身、财产安全的国家标准、行业标准的，产品缺陷“是指不符合该标准”的规定，这是从方便对缺陷产品认定的角度出发作出的规定。需要指出的是，如果产品的各项性能指标都符合该产品的强制性标准，是否可据此判定该产品不存在缺陷呢？某一产品的强制性标准，可能并未覆盖该产品的全部安全性能指标（特别对某些新产品更是如此），在这种情况下，如果因该产品中的某项属于国家强制性标准、行业标准中未作规定的性能指标不符合保障人身、财产安全的要求，可能造成他人损害的，仍可判定该产品存在缺陷。例如，某厂生产的农用地膜的有关性能指标都符合国家、行业关于农用地膜的强制性标准，但该地膜中含有一种国家和行业标准中都未作规定的对农作物生产不利的有害物质，结果导致使用该厂生产的地膜的农田减产，造成农民的财产损失，对该种地膜仍应认为是存在缺陷的产品。

民法典侵权责任编继承了侵权责任法的规定，也没有规定缺陷的含义。

二、关于缺陷产品造成受害人损害的事实

缺陷产品造成受害人损害的事实，是指缺陷产品的使用人或者第三人因缺陷产品造成损害的客观存在。损害事实包括人身损害、财产损害。财产损害是否包括缺陷产品本身的损失，在立法中存在争论。有的认为，多数国家产品责任中的财产损害仅指缺陷产品以外的其他财产的损失，不包括缺陷产品本身。缺陷产品本身的损害，属于合同责任问题，应当通过合同解决，缺陷产品以外的其他财产损害，才是本章所称的财产损害。有的认为，财产损害应当包括缺陷产品本身的损害。有的提出，立法应当从我国国情出发，从保护用户、消费者的角度出发，财产损害不应区分缺陷产品本身的损害及缺陷产品以外的其他财产的损害。我们认为本条的财产损害，既包括缺陷产品以外的其他财产的损害，也包括缺陷产品本身的损害，这样，有利于及时、便捷地保护用户、消费者的合法权益。

三、关于缺陷产品与损害事实之间的因果关系

产品责任中的因果关系，是指产品的缺陷与受害人损害事实之间存在引起与被引起的关系。在一般侵权案件中，原则上是谁主张谁举证。产品责任是一种特殊的侵权，考虑到用户、消费者与生产者之间存在信息上的不对称，特别是对于高科技产品致害原因不易证明等特点，通常要求生产者就缺陷不存在，或缺陷与损害之间不存在因果关系举证。如果生产者不能举证证明，则认定产品存在缺陷及缺陷与损害之间存在因果关系。

▶ **相关规定**

《中华人民共和国产品质量法》第41条

第一千二百零三条 因产品存在缺陷造成他人损害的，被侵权人可以向产品的生产者请求赔偿，也可以向产品的销售者请求赔偿。

产品缺陷由生产者造成的，销售者赔偿后，有权向生产者追偿。因销售者的过错使产品存在缺陷的，生产者赔偿后，有权向销售者追偿。

◆ **条文主旨**

本条是关于被侵权人要求损害赔偿的途径和先行赔偿人追偿权的规定。

◆ **立法背景**

被侵权人因产品存在缺陷造成损害后，往往不清楚这一缺陷究竟是谁造成的，因此也就不知道应当向谁请求赔偿。为解决实践中这一问题，使得被侵权人尽快得到赔偿，本条规定，因产品存在缺陷造成损害的，被侵权人可以向产品的生产者请求赔偿，也可以向产品的销售者请求赔偿。产品缺陷由生产者造成的，销售者赔偿后，有权向生产者追偿。因销售者的过错使产品存在缺陷的，生产者赔偿后，有权向销售者追偿。

《侵权责任法》第42条规定，因销售者的过错使产品存在缺陷，造成他人损害的，销售者应当承担侵权责任。销售者不能指明缺陷产品的生产者也不能指明缺陷产品的供货者的，销售者应当承担侵权责任。在民法典侵权责任编编纂过程中，有的提出，本条对销售者责任的归责原则表述模糊，“因销售者的过错”的表述易产生歧义，并且第42条的实际意义是解决销售者与生产者的内部最终责任承担问题。我们研究认为，侵权责任法对产品责任中生产者、销售者责任的归责原则是不同的，销售者承担产品责任采用过错责任原则。但是，该条第1款“因销售者的过错使产品存在缺陷，造成他人损害的，销售者应当承担侵权责任”的表述确实与第43条第3款“因销售者的过错使产品存在缺陷的，生产者赔偿后，有权向销售者追偿”的表述重复；第42条第2款“销售者不能指明缺陷产品的生产者也不能指明缺陷产品的供货者的，销售者应当承担侵权责任”也主要解决责任内部分配的问题，并且第43条第2款、第3款能够涵盖第42条的内容。由此看出，删除第42条并不影响侵权责任编关于产品责任的严密规定。为了使表述更加清晰简洁、上下文逻辑更加通顺，民法典侵权责任编编纂过程中，删除了《侵权责任法》第42条的规定。

◆ **条文解读**

本条所讲被侵权人，是指因产品存在缺陷造成人身、财产损害之后，有权要求获得赔偿的人。包括直接购买并使用缺陷产品的人，也包括非直接购买使用缺陷产品但受到缺陷产品损害的其他人。

本条从方便被侵权人维护自己合法权益的角度出发，规定了被侵权人请求赔偿的两个途径：一个是可以向产品的生产者请求赔偿；另一个是可以向产品的销售者请求赔偿。也就是说，只要是缺陷产品引起的损害，被侵权人可以向生产者和销售者中的任何一方提出赔偿请求。

根据本条规定，生产者、销售者中先行赔偿的一方有权向应当承担责任的一方追偿自己已经向被侵权人垫付的赔偿费用。预先垫付了赔偿费用的一方有权要求有责任的一方支付自己已经垫付的费用。需要明确的是，生产者和销售者承担产品责任的原则是不同的，生产者承担无过错责任，销售者承担过错责任，对此本条明确规定“产品缺陷由生产者造成的，销售者赔偿后，有权向生产者追偿。因销售者的过错使产品存在缺陷的，生产者赔偿后，有权向销售者追偿”。先行垫付赔偿费用的一方只有在另一方符合承担产品侵权责任条件的情形下，才可以向对方行使追偿权。

▶ 相关规定

《中华人民共和国产品质量法》第42条、第43条

第一千二百零四条 因运输者、仓储者等第三人的过错使产品存在缺陷，造成他人损害的，产品的生产者、销售者赔偿后，有权向第三人追偿。

◆ 条文主旨

本条是关于第三人过错致使产品存在缺陷造成他人损害的侵权责任及生产者、销售者先行赔偿后追偿权的规定。

◆ 立法背景

产品在运输流通过程中，运输者、仓储者等应当按照有关规定和产品包装上标明的储藏、运输等标准进行储存、运输。如果

运输者、仓储者等不按上述规定运输或者仓储，有可能造成产品缺陷。对此有过错的，行为人应当对因自己的过错产生的损害负赔偿责任，因此，因运输者、仓储者等第三人导致产品缺陷造成他人损害的，应当按照过错责任原则承担赔偿责任。

本条继承了《侵权责任法》第 44 条的规定，未作修改。

◆ **条文解读**

现实生活中，产品从生产到使用人手中，要经过生产、储存、运输、销售等许多环节，被侵权人往往不知道运输者、仓储者是谁，也不清楚产品缺陷究竟是谁造成的，损害发生后，找生产者或者销售者请求赔偿最简单、方便。因为产品使用人通常清楚从何处购买的产品，即使非直接购买者，也容易找到产品生产者。为了充分保护被侵权人的利益，方便被侵权人请求赔偿，根据本条的规定，即使是因运输者、仓储者等第三人的过错使产品存在缺陷造成损害，被侵权人仍然可以先找产品的生产者或者销售者请求赔偿。生产者、销售者承担赔偿责任后，可以依据本条的规定，向造成产品缺陷的有过错的运输者、仓储者等第三人行使追偿权，要求其支付赔偿费用。

第一千二百零五条　因产品缺陷危及他人人身、财产安全的，被侵权人有权请求生产者、销售者承担停止侵害、排除妨碍、消除危险等侵权责任。

◆ **条文主旨**

本条是关于因产品缺陷危及他人人身、财产安全的侵权责任的规定。

◆ 立法背景

产品存在缺陷对他人可能产生两种影响：一是造成他人损害，这种损害是已经发生的，是现实存在的，被侵权人有权请求生产者、销售者承担停止侵害、排除妨碍等侵权责任。二是对他人人身、财产安全产生一种危险，存在不安全因素。从某种角度说，这是一种尚未发生、非现实存在的损害，如果不采取相应措施，这种潜在的损害随时都有可能发生，造成受害人的实际损害。为了避免这种潜在损害实际发生，给受害人造成真正的损害，杜绝、减少或者减轻受害人的损失，也为了便利被侵权人请求损害赔偿，因产品缺陷危及他人人身、财产安全的，被侵权人有权要求生产者、销售者承担排除妨碍、消除危险等侵权责任。

◆ 条文解读

排除妨碍、消除危险是承担产品侵权责任的两种方式。妨碍是指侵权人实施的妨碍他人合法权益的行为或者造成的妨碍他人合法权益正常行使的某种有害状况。排除妨碍是指依据被侵权人的请求，侵权人以一定的积极行为除去妨碍，以使被侵权人正常行使合法权益的民事责任方式。被侵权人在请求排除妨碍时，应当注意以下几个问题：第一，妨碍必须是不法的。至于妨碍人主观是否预见妨碍后果，均不影响被侵权人提出请求。但如果妨碍是合法的，即正当行使权利的行为，则妨碍人可以拒绝当事人的请求。第二，妨碍既可以是已经发生的，也可以是可能出现的。被侵权人不仅可以对已经发生的妨碍要求排除，对尚未发生但又确有可能发生的也有请求排除的权利。第三，妨碍是权利人行使权利的障碍，只要不法行为妨碍他人行使物权、人身权等，被侵权人均可请求排除妨碍。

侵权人的侵权行为或者其他行为构成对他人人身、财产的现实威胁，为侵权责任法规定的危险。这里的危险是指现实威胁，即随时可能发生的、发生概率极大的危险而不是遥不可及的危险。消除危险，是指人身或者财产受到现实威胁的当事人请求造成危险或对危险负有责任的人消除危险状况，保障请求权人人身、财产安全的民事责任方式。适用这种责任方式，能有效地防止损害的发生，充分保护民事主体的民事权利。

需要明确的是，产品责任中，被侵权人承担排除妨碍、消除危险侵权责任有两个条件：一是产品存在缺陷，二是危及他人人身、财产安全。在这两个条件同时具备的情况下，被侵权人可以要求产品生产者或者销售者承担包括但不限于停止侵害、排除妨碍、消除危险的侵权责任。此外，还可以依据本法总则编的规定，要求生产者或者销售者以其他方式承担侵权责任，如恢复原状等。

▶ **相关规定**

《中华人民共和国消费者权益保护法》第50条、第52条

第一千二百零六条 产品投入流通后发现存在缺陷的，生产者、销售者应当及时采取停止销售、警示、召回等补救措施；未及时采取补救措施或者补救措施不力造成损害扩大的，对扩大的损害也应当承担侵权责任。

依据前款规定采取召回措施的，生产者、销售者应当负担被侵权人因此支出的必要费用。

◆ **条文主旨**

本条是关于生产者、销售者应当采取补救措施及费用承担的规定。

◆ 立法背景

产品投入流通时，生产者、销售者可能因某种原因或者技术水平等未能发现产品有缺陷，在产品售出已经进入流通后才发现产品存在缺陷。在这种情形下，生产者、销售者应当及时以合理、有效的方式向使用人发出警示，或者采取召回缺陷产品等补救措施，以防止损害的发生或者进一步扩大。对此本条规定，产品投入流通后发现存在缺陷的，生产者、销售者应当及时采取停止销售、警示、召回等补救措施。

◆ 条文解读

停止销售是对正在销售的产品采取下架、封存等不再出售的措施。停止销售可以避免侵权行为的扩大化，最大限度做到减少新产生损失。

警示是对产品有关的危险或产品的正确使用给予说明、提醒，提请使用者在使用该产品时注意已经存在的危险或者潜在可能发生的危险，避免危险的发生，防止或者减少对使用者的损害。警示的作用有两个：一是告知使用者产品有危险，明示产品的缺陷；二是让使用者知道在使用该产品时如何避免危险的发生，以保证人身、财产的安全。

召回是产品的生产者、销售者依法定程序，对其生产或者销售的缺陷产品以换货、退货、更换零配件等方式，及时消除或减少缺陷产品危害的行为。召回的意义在于防患于未然，就此而言，有些类似于消除危险的侵权责任方式，是生产者、销售者将缺陷产品从流通环节中撤回，阻断可能发生的危害，一般而言是停止销售的下一步措施。

《侵权责任法》第46条规定，对未及时采取补救措施或者补救措施不力造成损害的，应当承担侵权责任。民法典侵权责任编编纂过程中，有的提出，因产品存在缺陷造成他人损害的，生产者应当承担侵权责任；因销售者的过错使产品存在缺陷，造成他人损害的，销售者应当承担侵权责任，这些内容已经在本章其他条款中明确规定了。本条应当旨在解决生产者、销售者对产品跟踪服务的义务，要求生产者、销售者对投入流通后的产品不能撒手不管。因此，建议将《侵权责任法》第46条“未及时采取补救措施或者补救措施不力造成损害的，应当承担侵权责任”修改为“未及时采取补救措施或者补救措施不力造成损害扩大的，对扩大的损害也应当承担侵权责任”。经研究，我们采纳了这一建议，在2018年12月提请审议的侵权责任编草案二审稿时作了相应的修改。

此外，还有的意见提出，为更好地保护被侵权人的权益，建议借鉴消费者权益保护法的相关规定，明确被侵权人因相关产品被召回支出的必要费用由生产者、销售者负担。我们研究认为，《消费者权益保护法》第19条规定，经营者发现其提供的商品或者服务存在缺陷，有危及人身、财产安全危险的，应当立即向有关行政部门报告和告知消费者，并采取停止销售、警示、召回、无害化处理、销毁、停止生产或者服务等措施。采取召回措施的，经营者应当承担消费者因商品被召回支出的必要费用。消费者权益保护法规定了召回费用承担的内容，对维护产品生产经营秩序、救济被侵权人具有积极意义，可以吸收到基本法里。因此，我们采纳了这一意见，在本条中增加了召回费用承担的规定。

▶ 相关规定

《中华人民共和国消费者权益保护法》第19条；《中华人民共和国食品安全法》第63条

第一千二百零七条 明知产品存在缺陷仍然生产、销售，或者没有依据前条规定采取有效补救措施，造成他人死亡或者健康严重损害的，被侵权人有权请求相应的惩罚性赔偿。

◆ 条文主旨

本条是关于产品责任中惩罚性赔偿的规定。

◆ 条文解读

根据本条的规定，产品责任中适用惩罚性赔偿的条件是：

第一，侵权人具有主观故意。明知是缺陷产品仍然生产或者销售，这一点在《侵权责任法》第46条中已经明确规定。民法典侵权责任编编纂过程中，有的意见提出，《侵权责任法》第46条要求生产者、销售者采取补救措施。实践中，有些企业、销售者置他人的生命财产安全于不顾，置法律规定于不顾，主观恶性极大，这种行为应当予以严惩，建议规定惩罚性赔偿。我们采纳了这一建议，在本条增加规定，没有依照前条规定采取有效补救措施，造成他人死亡或者健康严重损害的，被侵权人有权请求相应的惩罚性赔偿。

第二，要有损害事实。这种损害事实不是一般的损害事实，而应当是造成严重损害的事实，即造成他人死亡或者健康受到严重损害。

第三，要有因果关系，即被侵权人的死亡或者健康严重受损害是因为侵权人生产或者销售的缺陷产品造成的，或者生产者、销售者没有依照前条规定采取有效补救措施。本条还规定了惩罚性赔偿的适用范围，即在被侵权人死亡或者健康受到严重损害的范围内适用，除此之外的其他损害不适用惩罚性赔偿，如被侵权人的财产损害。为防止滥用惩罚性赔偿，避免被侵权人要求的赔偿数额畸高，本条规定，被侵权人有权请求相应的惩罚性赔偿。这里的“相应”，主要指被侵权人要求的惩罚赔偿金的数额应当与侵权人的恶意相当，应当与侵权人造成的损害后果相当，与对侵权人威慑相当，具体赔偿数额由人民法院根据个案具体判定。

需要指出的是，惩罚性赔偿的主要目的不在于弥补被侵权人的损害，而在于惩罚有主观故意的侵权行为，并遏制这种侵权行为的发生。从赔偿功能上讲，其主要作用在于威慑，其次才是补偿。虽然从个案上看，被侵权人得到了高于实际损害的赔偿数额，但从侵权人角度来看，这种赔偿能够提高其注意义务，从而避免类似情况再次发生。

► **相关规定**

《中华人民共和国消费者权益保护法》第55条；《中华人民共和国食品安全法》第148条

第五章 机动车交通事故责任

本章共十条，主要规定了机动车发生交通事故造成损害承担赔偿责任的原则；因租赁、借用等情形机动车所有人、管理人与使用人不是同一人时，发生交通事故后如何承担赔偿责任；以买卖等方式转让并交付机动车但未办理登记，发生交通事故后如何承担赔偿责任；以挂靠形式从事道路运输经营活动的机动车发生交通事故造成损害如何承担赔偿责任；未经允许驾驶他人机动车发生交通事故造成损害如何承担赔偿责任；机动车发生交通事故造成损害的赔偿顺序；以买卖或者其他方式转让拼装或者已达到报废标准的机动车，发生交通事故造成损害如何承担责任；盗窃、抢劫或者抢夺的机动车发生交通事故造成损害的如何承担赔偿责任；强制保险责任限额范围内垫付抢救费用的追偿权；机动车驾驶人发生交通事故后逃逸的责任承担；好意同乘情形下的责任承担。

本章所称交通事故，是指车辆在道路上因过错或者意外造成的人身伤亡或者财产损失的事件。机动车，是指以动力装置驱动或者牵引，上道路行驶的供人员乘用或者用于运送物品以及进行工程专项作业的轮式车辆。民法典侵权责任编编纂过程中，有的建议本章明确规定电动车的侵权责任类型。根据我国道路交通安全法的规定，“非机动车”是指以人力或者畜力驱动，上道路行驶的交通工具，以及虽有动力装置驱动但设计最高时速、空车质量、外形尺寸符合有关国家标准的残疾人机动轮椅车、电动自行车等交通工具。结合《电动自行车通用技术条件》对于电动自行车以及摩托车的规定，时速20km/h以下且车重不大于40kg的判定为非机动车，而最高设计时速在20～50km/h之间且车重大于40kg的判定为轻便摩托车，最高设计时速大于50km/h的判定为摩托车。因此，判定电动车的责任，以及电动车是否属于机动车主要取决于驱动方式、最高时速以及车重。

第一千二百零八条　机动车发生交通事故造成损害的，依照道路交通安全法律和本法的有关规定承担赔偿责任。

◆ **条文主旨**

本条是关于机动车发生交通事故造成损害承担赔偿责任的原则规定。

◆ **立法背景**

本条在沿袭《侵权责任法》第48条规定的基础上进行了完善。本条规定的“依照道路交通安全法律”与侵权责任法该条规定“依照道路交通安全法”系同一含义，只是民法典编纂时根据立法技术规范进行了规范性表述。

◆ **条文解读**

一、依照道路交通安全法律有关规定承担赔偿责任

《道路交通安全法》第76条第1款规定：“机动车发生交通事故造成人身伤亡、财产损失的，由保险公司在机动车第三者责任强制保险责任限额范围内予以赔偿；不足的部分，按照下列规定承担赔偿责任：（一）机动车之间发生交通事故的，由有过错的一方承担赔偿责任；双方都有过错的，按照各自过错的比例分担责任。（二）机动车与非机动车驾驶人、行人之间发生交通事故，非机动车驾驶人、行人没有过错的，由机动车一方承担赔偿责任；有证据证明非机动车驾驶人、行人有过错的，根据过错程度适当减轻机动车一方的赔偿责任；机动车一方没有过错的，承担不超过百分之十的赔偿责任。”第 2 款规定：“交通事故的损失是由非机动车驾驶人、行人故意碰撞机动车造成的，机动车一方不承担赔偿责任。”

本条主要有以下几层含义：

（一）首先由保险公司在机动车第三者责任强制保险责任限额范围内予以赔偿

《道路交通安全法》第 17 条规定，国家实行机动车第三者责任强制保险制度。机动车第三者责任强制保险是解决道路交通事故赔偿问题的重要制度。机动车发生交通事故，包括机动车与机动车之间，机动车与非机动车驾驶人、行人之间，都是先由保险公司在机动车第三者责任强制保险责任限额内予以赔偿，不足的部分才由机动车一方承担赔偿责任。这对及时充分地使受害人获得赔偿，分散机动车驾驶人的风险，有重要意义。

机动车第三者责任强制保险，也称机动车交通事故责任强制保险，是指由保险公司对被保险机动车发生道路交通事故造成本车人员、被保险人以外的受害人的人身伤亡、财产损失，在责任限额内予以赔偿的强制性责任保险。根据《机动车交通事故责任强制保险条例》第 2 条的规定，在中华人民共和国境内道路上行驶的机动车的所有人或者管理人，应当依照《中华人民共和国道路交通安全法》的规定投保机动车交通事故责任强制保险。第 21 条规定，被保险机动车发生道路交通事故造成本车人员、被保险人以外的受害人人身伤亡、财产损失的，由保险公司依法在机动车交通事故责任强制保险责任限额范围内予以赔偿。第 23 条规定，机动车交通事故责任强制保险在全国范围内实行统一的责任限额。责任限额分为死亡伤残赔偿限额、医疗费用赔偿限额、财产损失赔偿限额以及被保险人在道路交通事故中无责任的赔偿限额。

2008 年 2 月 1 日起施行的机动车交通事故责任强制保险责任限额为：（1）机动车在道路交通事故中有责任的赔偿限额：死亡伤残赔偿限额 110000 元人民币；医疗费用赔偿限额 10000 元人民币；财产损失赔偿限额 2000 元人民币。（2）机动车在道路交通事故中无责任的赔偿限额：死亡伤残赔偿限额 11000 元人民币；医疗费用赔偿限额 1000 元人民币；财产损失赔偿限额 100 元人民币。

（二）在强制保险责任限额范围内赔偿后不足部分的责任承担

1. 机动车之间发生交通事故的赔偿责任。机动车之间发生交通事故的赔偿责任，由有过错的一方承担赔偿责任；双方都有过错的，按照各自过错的比例分担责任。这一规定表明，机动车之间发生交通事故的，适用过错责任原则。由于机动车之间没有强弱之分，发生交通事故的，应当适用侵权责任的一般归责原则，由有过错的一方承担赔偿责任；如果双方都有过错的，应当按照各自过错的比例分担责任。

2. 机动车与非机动车驾驶人、行人之间发生交通事故的赔偿责任。在归责原则上，机动车与非机动车驾驶人、行人之间发生交通事故，主要适用过错推定原则，同时，机动车一方还要承担一部分无过错责任。过错推定源于过错责任原则，但在适用上与一般的过错责任原则有所不同。发生损害后，首先推定行为人有过错，同时给予其举证证明自己没有过错以及对方有过错的机会，如果能够证明自己没有过错的，可以免除责任；不能证明自己没有过错的，就要承担损害赔偿责任。过错推定与一般过错责任的最大不同就是采用了举证责任倒置的方法。

根据《道路交通安全法》第 76 条第 1 款的规定，机动车一方没有过错的，承担不超过 10% 的赔偿责任。这是机动车在没有过错的情况下，也要承担一小部分的赔偿责任的规定。就此部分而言，机动车承担的是无过错责任。

（三）机动车一方不承担责任的情形

《道路交通安全法》第 76 条第 2 款规定，交通事故的损失是由非机动车驾驶人、行人故意碰撞机动车造成的，机动车一方不承担赔偿责任。这是关于机动车一方免责事由的规定。机动车与非机动车驾驶人、行人之间发生交通事故，如果交通事故的损失是因非机动车驾驶人、行人自杀、自伤、有意冲撞（碰瓷）等行为故意造成的，机动车一方不承担赔偿责任。

二、依照本法的有关规定承担赔偿责任

本法总则编“民事责任”规定了不可抗力、正当防卫、紧急避险等不承担责任的情形；侵权责任编“一般规定”规定了与有过错、受害人故意、第三人侵权等减轻或者免除责任的情形。这些责任承担的特殊情况，需要在确定机动车交通事故责任时，结合具体案件考虑和适用。因此，民法典侵权责任编增加了依照“本法”有关规定承担赔偿责任的规定。

▶ 相关规定

《中华人民共和国道路交通安全法》第 76 条

第一千二百零九条　因租赁、借用等情形机动车所有人、管理人与使用人不是同一人时，发生交通事故造成损害，属于该机动车一方责任的，由机动车使用人承担赔偿责任；机动车所有人、管理人对损害的发生有过错的，承担相应的赔偿责任。

◆ 条文主旨

本条是关于因租赁、借用等情形机动车所有人、管理人与使用人不是同一人时，发生交通事故后如何承担赔偿责任的规定。

◆ 立法背景

机动车租赁，是指机动车所有人将机动车在一定时间内交付承租人使用、收益，机动车所有人收取租赁费用，不提供驾驶劳务的行为。机动车管理，是指将机动车存放在某一场所，或者将机动车交付维修，机动车暂时脱离所有人占有时，保管、占有机动车的行为。机动车借用，是指机动车所有人将机动车在约定时间内交由借用人使用的行为。现实生活中，机动车租赁主要是出租人仅将机动车交付承租人使用，出租人收取租金，但不提供驾驶人员。例如，汽车租赁公司在一定期间内按约定的租金将机动车出租给其他单位或个人使用。

机动车发生交通事故，属于该机动车一方责任的，当机动车所有人、管理人与使用人是同一人时，损害赔偿责任由所有人承担，这是一种常态。在现实生活中，因出租、管理、出借等情形使机动车与其所有人、管理人分离，机动车承租人或者借用人为使用人、实际控制人的形态也是常见的。这就面临机动车发生交通事故后，是由机动车所有人、管理人还是使用人承担赔偿责任的问题。

◆ **条文解读**

根据本条规定，因租赁、借用等情形机动车所有人、管理人与使用人不是同一人时，发生交通事故后属于该机动车一方责任的，如何承担责任，需要把握以下几点：

第一，本法删除了《侵权责任法》第 49 条“由保险公司在机动车强制保险责任限额范围内予以赔偿”的规定。侵权责任法第六章“机动车交通事故责任”在第 49 条、第 50 条都规定了机动车强制保险责任限额范围内先行赔偿的内容。为了使条文表述简练、避免重复，同时系统规定机动车发生交通事故造成损害的赔偿顺序，本法将机动车强制保险责任限额范围内先行赔偿的内容单独写了一条。因此，本条不再规定相关内容，但在适用上不受影响，根据本法第 1213 条的规定，机动车发生交通事故造成损害，属于该机动车一方责任的，仍然先由承保机动车强制保险的保险人在强制保险责任限额范围内予以赔偿。不足部分，如果机动车一方购买了商业保险的，由承保机动车商业保险的保险人按照保险合同的约定予以赔偿；仍然不足或者没有投保机动车商业保险的，由机动车使用人赔偿。这是因为，租赁、借用后，机动车所有人、管理人丧失对机动车的控制，机动车使用人直接使用、支配、管理、占有机动车，成为承担责任的主体。

本条中的“使用人”不仅包括承租人、管理人、借用人，还包括机动车出质期间的质权人、维修期间的维修人、由他人保管期间的保管人等。在机动车出质、维修和由他人保管期间，机动车由质权人、维修人和保管人占有，他们对机动车享有运行支配力，而所有人、管理人则丧失了运行支配力。质权人、维修人、保管人擅自驾驶机动车发生交通事故的，应由质权人、维修人、保管人承担赔偿责任。

第二，机动车所有人、管理人对损害的发生有过错的，承担相应的赔偿责任。机动车所有人在将机动车出租、出借时应当对承租人、借用人进行必要的审查，比如承租人、借用人是否有驾驶资格。同时，还应当保障机动车性能符合安全的要求，比如车辆制动是否灵敏等。机动车管理人在保管、占有机动车过程中，负有妥善保管、管理的义务，不得擅自使用或者许可他人使用机动车。机动车所有人、管理人没有尽到上述应有的注意义务，便有过错，该过错可能成为该机动车造成他人损害的一个因素，机动车所有人、管理人应当对因自己的过错造成的损害负相应的赔偿责任。

第一千二百一十条 当事人之间已经以买卖或者其他方式转让并交付机动车但是未办理登记，发生交通事故造成损害，属于该机动车一方责任的，由受让人承担赔偿责任。

◆ 条文主旨

本条是关于已经转让并交付但未办理登记的机动车发生交通事故，承担责任主体的规定。

◆ 立法背景

根据《道路交通安全法》第12条的规定，机动车所有权发生转移的，应当办理登记。在现实生活中，存在机动车已经通过买卖、赠与等方式转让，也向买受人交付了机动车，但是没有办理登记手续，甚至还存在连环转让机动车但都没有办理登记的情形。本条正是针对这种情况，明确规定了承担赔偿责任的主体。

◆ **条文解读**

关于本条的理解和适用上需要把握以下几点：

第一，《侵权责任法》第 50 条规定了机动车强制保险责任限额范围内先行赔偿的内容。为了使条文表述简练、避免重复，同时系统规定机动车发生交通事故造成损害的赔偿顺序，本法将机动车强制保险责任限额范围内先行赔偿的内容单独写了一条。因此，本条不再规定相关内容，但在适用上不受影响，根据本法第 1213 条的规定，机动车发生交通事故造成损害，属于该机动车一方责任的，仍然先由承保机动车强制保险的保险人在强制保险责任限额范围内予以赔偿。不足部分，如果机动车一方购买了商业保险的，由承保机动车商业保险的保险人按照保险合同的约定予以赔偿；仍然不足或者没有投保机动车商业保险的，由机动车使用人赔偿。

第二，《侵权责任法》第 50 条规定的是“未办理所有权转移登记”。在编纂民法典的过程中，有的提出，根据本法物权编的有关规定，动产物权的设立和转让，自交付时发生效力，但是法律另有规定的除外。船舶、航空器和机动车等的物权的设立、变更、转让和消灭，未经登记，不得对抗善意第三人。这些规定表明，机动车所有权的转移在交付时发生效力，未经登记，只是缺少公示而不产生社会公信力，在交易过程中不能对抗善意第三人。本条立法目的规范的情形，不是物权是否发生变动，而是事实上机动车所有权已经发生转移。即使在附所有权保留特别约定的分期付款买卖机动车的情形下，如果机动车已交付购买人，虽然出卖人仍保留机动车所有权，但并不影响购买人取得机动车的实际支配力和使用收益。该所有权仅在购买人不依约定支付价金时才发生效力，即要求购买人返还出卖人享有所有权的机动车。因此，在发生道路交通事故后，应当由购买人承担赔偿责任，保留机动车所有权的出卖人不承担赔偿责任。本条的情形应当只是行政管理上的登记没有变更，这种管理性登记不影响侵权责任的承担。因此，建议将《侵权责任法》第50条“所有权转移”删除。经研究，我们采纳了这一建议。当事人之间已经以买卖、赠与等方式转让并交付机动车但未办理登记的，原机动车所有人已经不是真正的所有人，更不是机动车的占有人，他不具有机动车的实质所有权，丧失了对机动车运行支配的能力，不具有防范事故发生的控制力。在机动车发生事故后，仍然要求其承担赔偿责任，是不合理、不公平的。赔偿义务应当由买受人、受赠人等对机动车运行有实质影响力和支配力的机动车的实际所有人、占有人来承担。

第三，本条中的“交付”与物权编中的“交付”不应完全等同。物权理论中的拟制交付有简易交付、指示交付和占有改定等区分。简易交付可以适用本条的规则；指示交付中，第三人不将机动车交给受让人，受让人无法实际控制机动车；占有改定中，出让人仍然继续占有该机动车，受让人无法实际控制机动车。但是，我国法律中并未出现实际交付、简易交付、指示交付和占有改定这些学理术语。因此，本条的“交付”主要是指“实际交付”。

▶ 相关规定

《中华人民共和国道路交通安全法》第8条、第12条

第一千二百一十一条 以挂靠形式从事道路运输经营活动的机动车，发生交通事故造成损害，属于该机动车一方责任的，由挂靠人和被挂靠人承担连带责任。

◆ 条文主旨

本条是关于挂靠车辆引发交通事故时的责任主体的规定。

◆ 立法背景

机动车挂靠从事运输经营活动，是指为了交通营运过程中的方便，将车辆登记为某个具有运输经营权资质的经营主体名下，以该主体的名义进行运营，并由挂靠者向被挂靠主体支付一定的费用的形式。挂靠形式从事道路运输经营活动一般有三个特点：一是四证统一，即车辆行驶证、道路运输证、驾驶证、营业性道路运输驾驶员从业资格证上的车主、业户、单位、服务单位都统一为被挂靠主体的名称；二是挂靠机动车向被挂靠主体交纳费用；三是具有隐蔽性，虽然挂靠双方签订有关运输经营的合同或内部协议，但发生交通事故造成损害时，被侵权人无法从外观上区别挂靠机动车是否属于被挂靠主体。

实践中以挂靠方式从事道路运输经营活动屡见不鲜，正因为这种方式涉及多个主体且具有隐蔽性，发生交通事故后极易引发纠纷，目前在法律层面没有相应规定，最高人民法院司法解释有规定，但立场发生过变化。2001 年最高人民法院关于实际车主肇事后其挂靠单位应否承担责任的复函称，被挂靠公司从明确挂靠车辆的运营中取得了利益，因此应当承担适当的民事责任。到了 2012 年，《最高人民法院关于审理道路交通事故损害赔偿案件适用法律若干问题的解释》（法释〔2012〕19 号）第 3 条规定，以挂靠形式从事道路运输经营活动的机动车发生交通事故造成损害，属于该机动车一方责任，当事人请求由挂靠人和被挂靠人承担连带责任的，人民法院应予支持。这一规定从“承担适当的民事责任”变成了“承担连带责任”。对此有意见提出质疑，认为：一是车辆挂靠时，被挂靠人与机动车交通事故的发生并无因果关系；二是实践中，挂靠可能是被挂靠人收取费用的经营性挂靠，也可能是行政法规等规定的强制性挂靠。就后一情形的挂靠而言，被挂靠人与挂靠人承担连带责任，对于被挂靠人显失公平。

◆ **条文解读**

在吸收司法解释相关规定的基础上，本条作出规定，以挂靠形式从事道路运输经营活动的机动车，发生交通事故造成损害，属于该机动车一方责任的，由挂靠人和被挂靠人承担连带责任。第一，被挂靠主体接受车辆挂靠，应当对该车辆有没有从事运输活动的能力进行核查和负责，从而控制风险，并且与挂靠机动车明确约定机动车发生交通事故造成损害时责任如何承担。第二，在车辆挂靠时，有可能使乘客或者托运人因信赖被挂靠主体的管理能力及责任能力，而对挂靠机动车产生信赖，对这种信赖应当保护，被挂靠主体因为被信赖而有责任。第三，区分经营性挂靠与行政强制性挂靠作出不同规定，可能导致受害人举证不能，而被挂靠人事先采取各种措施以便在诉讼中提出各项证据证明自己未收取任何费用进而达到免责的目的。综上三点，最高人民法院 2012 年相关司法解释中关于“由挂靠人和被挂靠人承担连带责任”的规定，从解决实际赔偿问题的角度出发，有利于保护受害人，让受害人能够得到及时有效的赔偿，具有合理性。机动车交通事故责任的核心首先应当是明确责任主体的义务，然后确定如何承担责任。

第一千二百一十二条 未经允许驾驶他人机动车，发生交通事故造成损害，属于该机动车一方责任的，由机动车使用人承担赔偿责任；机动车所有人、管理人对损害的发生有过错的，承担相应的赔偿责任，但是本章另有规定的除外。

◆ **条文主旨**

本条是关于未经允许驾驶他人机动车，发生交通事故造成损害时责任主体的确定。

◆ **立法背景**

侵权责任法仅规定了盗窃、抢劫或者抢夺机动车发生交通事故造成损害时的责任规则。这些行为中，非法占有人均以取得机动车所有权为目的。实践中，尚存在非以取得所有权为目的而仅未经允许而驾驶他人机动车，发生交通事故导致损害的情形，例如，亲朋好友有车辆的钥匙，在没有告知机动车所有人的情况下驾车外出；机动车所有人将车辆送维修厂修理，修好后还没有取回时，维修厂工人擅自驾驶车辆。这些行为均不是犯罪行为，主观恶性显然较小，发生交通事故造成损害时，属于该机动车一方责任的，在承担赔偿责任方面应与盗抢机动车发生道路交通事故时有较大区别。

2012 年《最高人民法院关于审理道路交通事故损害赔偿案件适用法律若干问题的解释》（法释〔2012〕19 号）第 2 条规定，未经允许驾驶他人机动车发生交通事故造成损害，当事人依照侵权责任法第 49 条的规定，请求由机动车驾驶人承担赔偿责任的，人民法院应予支持。机动车所有人或者管理人有过错的，承担相应的赔偿责任，但具有侵权责任法第52条规定情形的除外。《侵权责任法》第49条即因租赁、借用等情形机动车所有人、管理人与使用人不是同一人时责任主体的确认，第52条即盗窃、抢劫或者抢夺的机动车发生交通事故造成损害是责任主体的确认。由此可见，最高人民法院的司法解释已经区分了未经允许而驾驶他人机动车发生交通事故导致损害与盗窃、抢劫或者抢夺机动车发生交通事故造成损害的责任承担，该规定具有合理性。在吸收借鉴司法解释的基础上，本条全面规定了未经允许驾驶他人机动车，发生交通事故造成损害，属于该机动车一方责任时的责任承担问题。

◆ 条文解读

第一，未经允许驾驶他人机动车，发生交通事故造成损害，属于该机动车一方责任的，由机动车使用人承担赔偿责任。未经允许驾驶他人车辆，车主对此不知情，因此一般不应承担侵权责任，由机动车使用人承担责任。

第二，机动车所有人、管理人对损害的发生有过错的，承担相应的赔偿责任。此处的“对损害的发生有过错”可理解为机动车所有人、管理人没有履行一般人应有的谨慎注意义务。例如，机动车所有人将车停在路边，为图方便没有熄火就下车买东西，车上同行人在等待时闲极无聊，坐在驾驶位上操作，导致发生交通事故。这种情形下，机动车所有人是有过错的，应当在过错范围内承担相应的责任。

第三，本条规定了但书，而且是仅限于“本章”另有规定的除外。该但书仅指一种情形，即本法第1215条第1款规定的“……盗窃人、抢劫人或者抢夺人与机动车使用人不是同一人，发生交通事故造成损害，属于该机动车一方责任的，由盗窃人、抢劫人或者抢夺人与机动车使用人承担连带责任”。

第一千二百一十三条 机动车发生交通事故造成损害，属于该机动车一方责任的，先由承保机动车强制保险的保险人在强制保险责任限额范围内予以赔偿；不足部分，由承保机动车商业保险的保险人按照保险合同的约定予以赔偿；仍然不足或者没有投保机动车商业保险的，由侵权人赔偿。

◆ 条文主旨

本条是关于机动车发生交通事故造成损害赔偿顺序的规定。

◆ 立法背景

实践中，不少机动车既投保了机动车强制保险又投保了商业保险，当发生交通事故造成损害时，如何确定机动车强制保险与商业保险的赔偿顺序是实践中急需解决的一个问题。《侵权责任法》第49条、第50条都规定了发生交通事故后属于该机动车一方责任的，由保险公司在机动车强制保险责任限额范围内予以赔偿。不足部分，由受让人承担赔偿责任的内容。虽然分散规定了机动车强制保险赔偿，但并未规定机动车商业保险，也没有规定强制保险与商业保险的赔偿顺序，实践中发生纠纷较多，适用法律存在空白。对此，有的意见建议民法典进行规定。

《最高人民法院关于审理道路交通事故损害赔偿案件适用法律若干问题的解释》第16条规定，同时投保机动车第三者责任强制保险和第三者责任商业保险的机动车发生交通事故造成损害，当事人同时起诉侵权人和保险公司的，人民法院应当按照下列规则确定赔偿责任：（1）先由承保交强险的保险公司在责任限额范围内予以赔偿；（2）不足部分，由承保商业三者险的保险公司根据保险合同予以赔偿；（3）仍有不足的，依照道路交通安全法和侵权责任法的相关规定由侵权人予以赔偿。

《机动车交通事故责任强制保险条例》第21条规定，被保险机动车发生道路交通事故造成本车人员、被保险人以外的受害人人身伤亡、财产损失的，由保险公司依法在机动车交通事故责任强制保险责任限额范围内予以赔偿。道路交通事故的损失是由受害人故意造成的，保险公司不予赔偿。第23条规定，机动车交通事故责任强制保险在全国范围内实行统一的责任限额。责任限额分为死亡伤残赔偿限额、医疗费用赔偿限额、财产损失赔偿限额以及被保险人在道路交通事故中无责任的赔偿限额。机动车交通事故责任强制保险责任限额由国务院保险监督管理机构会同国务院公安部门、国务院卫生主管部门、国务院农业主管部门规定。

◆ **条文解读**

在吸收司法解释和行政法规规定的基础上，本条区分三个层次作了规定：

1. 先由承保机动车强制保险的保险人在强制保险责任限额范围内予以赔偿。机动车强制保险是由保险人对被保险机动车发生道路交通事故造成受害人（不包括本车人员和被保险人）的人身伤亡、财产损失，在责任限额内予以赔偿的强制性责任保险，是我国首个由国家法律规定实行的强制保险制度。机动车强制保险具有一定的公共政策性质，赔偿的范围比较广、赔付较为及时，其主要目的是及时、有效地救助机动车交通事故中的受害人。

2. 机动车强制保险赔偿不足部分，由承保机动车商业保险的保险人根据保险合同的约定予以赔偿。目前，机动车交通事故责任强制保险责任限额分两大类，一是机动车在道路交通事故中有责任时，死亡伤残赔偿限额110000元人民币，医疗费用赔偿限额10000元人民币，财产损失赔偿限额2000元人民币。二是机动车在道路交通事故中无责任时，死亡伤残赔偿限额11000元人民币，医疗费用赔偿限额1000元人民币，财产损失赔偿限额100元人民币。机动车强制保险赔偿额度要与国民经济发展水平和消费者支付能力相适应，而且其公益性决定了赔偿额度不会太高，在一些较为严重的交通事故侵权案件中，机动车强制保险赔偿无法涵盖全部赔偿额。此时，如果机动车购买了商业保险，可根据保险合同的约定予以赔偿。目前，我国机动车商业保险种类繁多，赔付标准、范围、额度有很大不同。商业险合同往往约定了很多免责条款，列明了许多保险人不承担赔偿的情形。在被保险人无责任或者无过错的情况下，保险人不承担赔偿责任。因此，只能根据机动车购买的保险合同的约定进行赔偿。商业保险的成立基础在于契约自由，其主要目的在于分散机动车驾驶人的事故责任风险，由投保人自愿购买。因此，在赔偿的时候，由强制保险先行赔付，不足的部分再由商业保险赔付，是符合法理的。

3. 机动车商业保险赔偿仍然不足的，由侵权人赔偿。这种保险前置、侵权人托底的规定，充分体现了保险的作用和及时救济受害人，分散机动车使用人风险的目的，符合强制保险的赔偿替代性和商业保险的补充性的特点，也在最大程度上平衡了强制保险、商业保险和侵权人的责任与义务。

第一千二百一十四条 以买卖或者其他方式转让拼装或者已经达到报废标准的机动车，发生交通事故造成损害的，由转让人和受让人承担连带责任。

◆ **条文主旨**

本条是关于以买卖或者其他方式转让拼装的或者已经达到报废标准的机动车，发生交通事故造成损害如何承担责任的规定。

◆ **立法背景**

根据道路交通安全法的规定，任何单位或者个人不得拼装机动车。国家实行机动车强制报废制度。根据国务院《报废汽车回收管理办法》第 2 条的规定，拼装车是指使用报废汽车发动机、方向机、变速器、前后桥、车架（统称“五大总成”）以及其他零配件组装的机动车。报废机动车，是指达到国家报废标准，或者虽未达到国家报废标准，但发动机或者底盘严重损坏，经检验不符合国家机动车运行安全技术条件或者国家机动车污染物排放标准的机动车。

◆ **条文解读**

本条所称“已经达到报废标准的机动车”，包括国务院报废汽车回收管理办法中所指的两类报废机动车，主要是指“达到国家报废标准，或者虽未达到国家报废标准，但发动机或者底盘严重损坏，经检验不符合国家机动车运行安全技术条件”的机动车。

研制、生产机动车，需要有很高的技术水平。而拼装车辆很难达到机动车应有的安全技术标准，这样的车上路行驶，会构成很大的事故隐患。国家对报废机动车的回收、拆解和机动车的修理实行严格的监督管理。报废汽车回收企业必须拆解回收的报废汽车，其中，回收的报废营运客车，应当在公安机关的监督下解体。拆解的“五大总成”应当作为废金属，交售给钢铁企业作为冶炼原料；拆解的其他零配件能够继续使用的，可以出售，但必须标明“报废汽车回用件”。禁止任何单位或者个人利用报废汽车“五大总成”以及其他零配件拼装汽车。禁止报废汽车整车、

"五大总成"和拼装车进入市场交易或者以其他任何方式交易。禁止拼装车和报废汽车上路行驶。根据道路交通安全法的规定，生产、销售拼装的机动车的，没收非法生产、销售的拼装车，可以并处非法产品价值三倍以上五倍以下罚款；有营业执照的，由工商行政管理部门吊销营业执照，没有营业执照的，予以查封。构成犯罪的，依法追究刑事责任。出售已经达到报废标准的机动车的，没收违法所得，处销售金额等额的罚款，对该机动车予以收缴，强制报废。

根据《道路交通安全法》第100条的规定，驾驶拼装的机动车或者已经达到报废标准的机动车上道路行驶的，公安机关交通管理部门应当予以收缴，强制报废。对驾驶人处二百元以上二千元以下罚款，并吊销机动车驾驶证。

拼装和已经达到报废标准的机动车，由于其不能达到机动车上路行驶的安全标准，上路行驶后极易造成其他机动车、非机动车驾驶人和行人的损害。转让拼装的或者已经达到报废标准的机动车，本身即具有违法性，上路行驶则具有更大的危险性，因此，对以买卖、赠与等方式转让拼装的或者已经达到报废标准的机动车，由买卖、赠与等转让人和受让人、赠与人和受赠人承担连带责任。这样规定有利于预防并制裁转让、驾驶拼装的或者已经达到报废标准的机动车的行为，更好地保护人民群众的生命财产安全；在受害人有损害时，也可以根据本条获得较为充分的损害赔偿。

▶ 相关规定

《中华人民共和国道路交通安全法》第16条、第100条

第一千二百一十五条　盗窃、抢劫或者抢夺的机动车发生交通事故造成损害的，由盗窃人、抢劫人或者抢夺人承担赔偿责任。盗窃人、抢劫人或者抢夺人与机动车使用人不是同一人，发生交通事故造成损害，属于该机动车一方责任的，由盗窃人、抢劫人或者抢夺人与机动车使用人承担连带责任。

保险人在机动车强制保险责任限额范围内垫付抢救费用的，有权向交通事故责任人追偿。

◆ 条文主旨

本条是关于盗抢的机动车发生交通事故造成损害的赔偿责任主体，以及垫付抢救费用后追偿权的规定。

◆ 立法背景

机动车被盗窃、抢劫或者抢夺，是所有人与机动车相分离的形态之一。驾驶被盗窃、抢劫或者抢夺的机动车，是擅自驾驶中最极端的情形。

◆ 条文解读

盗窃、抢劫或者抢夺的机动车发生交通事故造成损害的，由盗抢人承担赔偿责任。最高人民法院关于被盗机动车辆肇事后由谁承担损害赔偿责任问题的批复指出："使用盗窃的机动车辆肇事，造成被害人物质损失的，肇事人应当依法承担损害赔偿责任，被盗机动车辆的所有人不承担损害赔偿责任。"

在吸收司法解释规定的基础上，《侵权责任法》第52条规定，盗窃、抢劫或者抢夺的机动车发生交通事故造成损害的，由盗窃人、抢劫人或者抢夺人承担赔偿责任，没有规定机动车所有人的赔偿责任。这样规定主要考虑：一是机动车被盗窃、抢劫或抢夺后，机动车所有人丧失了对机动车的运行支配力，而这种支配力的丧失是盗抢者的违法行为造成的，又是所有人不情愿的，有时还是所有人不知悉、未预想到的。二是在机动车被盗的情形下，即使所有人对机动车保管上的疏忽，导致机动车丢失，这也与机动车发生交通事故没有直接的因果关系。因此，应当由盗抢者承担发生交通事故后的损害赔偿责任，机动车所有人不承担赔偿责任。驾驶盗抢的机动车上道路行驶，通常会给他人的生命财产安全和公共安全带来极大的危害。由于盗抢人不是车辆的拥有者，自认为轻易可以逃脱法律的制裁，因此，常发生不遵守交通法规，任意违章，甚至漠视他人生命财产安全的情况。法律在对机动车盗抢人课以刑罚的同时，规定其民事责任，有利于保护受害人的权益，制裁此类侵权行为。

民法典侵权责任编在这方面继承了侵权责任法的规定，并且本法第 1212 条对未经允许驾驶他人机动车侵权责任中“机动车所有人、管理人对损害的发生有过错的，承担相应的赔偿责任”也明确作了排除规定：“本章另有规定的除外”，即指本条规定的情形。也就是说，在未经允许驾驶他人机动车发生交通事故造成损害，属于该机动车一方责任的，如果机动车所有人、管理人对损害的发生有过错的，需要承担相应的赔偿责任。但是本条下的机动车所有人、管理人不承担责任。

盗窃人、抢劫人或者抢夺人与机动车使用人不是同一人，发生交通事故造成损害，属于该机动车一方责任的，由盗窃人、抢劫人或者抢夺人与机动车使用人承担连带责任。这里规定的“机动车使用人”，指的是盗窃人、抢劫人或者抢夺人将机动车出售、出租、借用、赠送，从而实际使用该机动车的人。一般而言，驾驶机动车发生交通事故属于该机动车一方责任的，应当由机动车使用人承担赔偿责任。但是，为了惩罚盗窃人、抢劫人或者抢夺人的行为，使他们不能逃脱法律的制裁，本条规定他们需要承担连带赔偿责任。

机动车被盗抢后发生交通事故造成损害，保险人在机动车强制保险责任限额范围内垫付抢救费用的，有权向交通事故责任人追偿。《机动车交通事故责任强制保险条例》第22条第1款规定，有下列情形之一的，保险公司在机动车交通事故责任强制保险责任限额范围内垫付抢救费用，并有权向致害人追偿：（1）驾驶人未取得驾驶资格或者醉酒的；（2）被保险机动车被盗抢期间肇事的；（3）被保险人故意制造道路交通事故的。

一般而言，机动车发生交通事故后，应当依照本法第1213条规定的顺序，首先由保险人在强制保险限额范围内承担赔偿责任。但是，驾驶人无驾驶资格、醉酒、被盗期间肇事、故意制造交通事故等行为，严重漠视他人生命财产安全，属于明显且严重的过错，对道路交通安全构成了严重威胁。为了预防和惩罚这类行为的发生，加强对生命健康的保护，营造良好的社会氛围，及时救济受害人，驾驶人无驾驶资格、醉酒、被盗期间肇事、故意制造交通事故等情形下，应当允许强制保险的保险人在承担赔偿责任后向驾驶人追偿。在借鉴相关行政法规的基础上，本条明确规定了有上述情形的，保险人可行使追偿权。

第一千二百一十六条 机动车驾驶人发生交通事故后逃逸，该机动车参加强制保险的，由保险人在机动车强制保险责任限额范围内予以赔偿；机动车不明、该机动车未参加强制保险或者抢救费用超过机动车强制保险责任限额，需要支付被侵权人人身伤亡的抢救、丧葬等费用的，由道路交通事故社会救助基金垫付。道路交通事故社会救助基金垫付后，其管理机构有权向交通事故责任人追偿。

◆ 条文主旨

本条是关于机动车驾驶人发生交通事故后逃逸的，对受害人的救济、道路交通事故社会救助基金追偿权的规定。

◆ 条文解读

一、机动车驾驶人发生交通事故后逃逸情形下对受害人的救济

机动车肇事逃逸，是指发生道路交通事故后，道路交通事故当事人为逃避法律追究，驾驶车辆或者遗弃车辆逃离道路交通事故现场的行为。

行为人之所以在肇事后逃逸，通常是行为人对造成交通事故有过错，负有一定的责任。依照《道路交通安全法》第70条的规定，在道路上发生交通事故，车辆驾驶人应当立即停车，保护现场；造成人身伤亡的，车辆驾驶人应当立即抢救受伤人员，并迅速报告执勤的交通警察或者公安机关交通管理部门。因抢救受伤人员变动现场的，应当标明位置。该条规定要求机动车驾驶人在发生交通事故后，应当立即停车、保护现场、立即抢救受伤人员并及时报案。但在现实生活中，有的机动车驾驶人在肇事后，为了逃避法律追究，要么驾车逃逸，要么弃车逃逸，给受害人的生命、财产造成了不可弥补的损失，也对社会构成了严重的危害。我国刑法、道路交通安全法和道路交通安全法实施条例分别对发生交通事故后逃逸的行为规定了刑事处罚、行政处罚，并规定了逃逸的当事人应当承担事故的全部责任。

本条针对机动车驾驶人发生交通事故后逃逸的，在驾驶人应当承担赔偿责任的前提下，对如何通过机动车强制保险和道路交通事故社会救助基金救济受害人等问题作了如下规定：

第一，机动车驾驶人发生交通事故后逃逸，该机动车参加强制保险的，由保险人在机动车强制保险责任限额范围内予以赔偿。这一规定表明，发生交通事故的机动车参加了机动车强制保险，并且发生交通事故后能够确定机动车的，由保险公司在机动车强制保险责任限额范围内予以赔偿。

第二，机动车不明、该机动车未参加强制保险或者抢救费用超过机动车强制保险责任限额，需要支付被侵权人人身伤亡的抢救、丧葬等费用的，由道路交通事故社会救助基金垫付。

根据《道路交通安全法》第 17 条的规定，国家设立道路交通事故社会救助基金。道路交通事故社会救助基金，是指依法筹集用于垫付机动车道路交通事故中受害人人身伤亡的丧葬费用、部分或者全部抢救费用的社会专项基金。救助基金的来源包括：（1）按照机动车交通事故责任强制保险的保险费的一定比例提取的资金；（2）地方政府按照保险公司经营交强险缴纳营业税数额给予的财政补助；（3）对未按照规定投保交强险的机动车的所有人、管理人的罚款；（4）救助基金孳息；（5）救助基金管理机构依法向机动车道路交通事故责任人追偿的资金；（6）社会捐款；（7）其他资金。

机动车不明，如机动车驾驶人驾车逃逸，一时难以查明是哪一辆机动车肇事。需要明确的是，法律规定的是机动车不明，而不是驾驶人不明。因为本条规定的前提是“机动车驾驶人发生交通事故后逃逸”，驾驶人已经不明了，此时如果交通事故现场有机动车，可以通过机动车号牌、发动机编号的信息反查机动车驾驶人、所有人或者管理人，从而确定肇事者。但是，当机动车也不明的情况下，很难确定肇事者，这才需要道路交通事故社会救助基金垫付费用。

机动车未参加强制保险，因此无法通过强制保险赔偿被侵权的损失，只能由道路交通事故社会救助基金垫付费用。

抢救费用超过机动车强制责任保险责任限额。根据《机动车交通事故责任强制保险条例》第 24 条的规定，道路交通事故中，抢救费用超过机动车交通事故责任强制保险责任限额的、肇事机动车未参加机动车交通事故责任强制保险的、机动车肇事后逃逸的，受害人人身伤亡的丧葬费用、部分或者全部抢救费用，由救助基金先行垫付。这里的“抢救费用”是指机动车发生道路交通事故导致人员受伤时，医疗机构按照道路交通事故受伤人员临床诊疗指南，对生命体征不平稳和虽然生命体征平稳但如果不采取处理措施会产生生命危险，或者导致残疾、器官功能障碍，或者导致病程明显延长的受伤人员，采取必要的处理措施所发生的医疗费用。这种情形下，根据道路交通安全法的规定，由道路交通事故社会救助基金先行垫付超过限额部分的费用。

二、道路交通事故社会救助基金的追偿权

道路交通事故社会救助基金垫付后，其管理机构有权向交通事故责任人追偿。为体现公平原则，引导机动车参加强制保险，本条规定，道路交通事故社会救助基金垫付被侵权人人身伤亡的抢救、丧葬等费用后，其管理机构有权向逃逸的机动车驾驶人、应当购买而未购买强制责任保险的机动车所有人或者管理人等交通事故责任人追偿。道路交通安全法和机动车交通事故责任强制保险条例也作了同样的规定。

▶ **相关规定**

《中华人民共和国道路交通安全法》第75条

第一千二百一十七条　非营运机动车发生交通事故造成无偿搭乘人损害，属于该机动车一方责任的，应当减轻其赔偿责任，但是机动车使用人有故意或者重大过失的除外。

◆ **条文主旨**

本条是关于好意同乘情形下的责任承担的规定。

◆ **立法背景**

关于好意同乘的概念，学界主要存在三种观点：

第一种观点是"好意施惠行为"说，认为好意人是基于善意的愿望，同意同乘人免费乘车的请求。好意同乘关系中只有两方主体，一方是提供搭乘车辆的施惠人，另一方是接受施惠的搭乘人。并且好意同乘中的车辆必须是不具备营运资质的车辆，在经过施惠人的同意后，搭乘人才可免费搭乘，施惠人没有营利目的，完全出于好意，让搭乘人纯粹地收益而不需付出相应的对价。

第二种观点是"同乘致损"说，认为好意同乘中的车辆可以是营运车辆，也可以是非营运车辆，但是否构成好意同乘决定于搭乘行为本身是否具有无偿性，如果是有偿搭乘则不得认定好意同乘，而是属于一般的民事客运合同。如果是搭乘人仅仅是基于答谢而馈赠礼物或者是负担油费，仍然属于好意同乘。

第三种观点是“纯无偿搭乘”说，认为好意同乘中不能有给付行为的发生，即使是搭乘人出于谢意或者其他目的给予相应的对价，都不应被认定为好意同乘。

◆ **条文解读**

1. 是否适用于营运机动车。好意同乘主要是指非营运机动车的驾驶人基于亲情或者友情在上下班、出游途中无偿搭载自己的亲朋好友、邻居同事的情形，生活中，老百姓称之为“搭便车”。好意同乘可以缓解交通压力、实现资源最大化利用、节约资源等。但是，实践中，就好意同乘引发的损害赔偿问题，司法裁判结果不一，引发了较大争议。对于好意同乘过程中造成损害的责任承担的规定，既要保护受害者的权益，也要尊重我国助人为乐的传统美德，保护民事主体之间的信赖关系，为解决民事纠纷设定切实可行的规则。营运性车辆搭载乘客，双方之间形成客运合同关系，机动车使用人应当有较高的注意义务，按照客运合同的目的，将乘客安全运送至目的地。如果发生交通事故造成损害，属于该机动车一方责任的，乘客既可以依照合同请求机动车驾驶人承担违约责任，也可以依照侵权行为请求机动车驾驶人承担赔偿责任，不存在一般性免责或者减轻责任的需要。因此，好意同乘不适用于营运机动车。但是，出租汽车在上班前或者下班后等非营运的时间，免费搭乘邻居、朋友的，可以参照适用本条规定。民法典草案三审稿第1217条规定“非营运机动车发生交通事故造成无偿搭乘人损害”，对此有的意见提出，好意同乘与否并不体现在车辆本身，而是体现在车辆的运营状态。民法典草案三审稿的规定不易读出这一层意思。我们经过研究认为，“非营运机动车”包括“处于非营运状态的营运机动车”这一情形。

2. 减轻责任的理由。我们经过研究认为，首先，好意同乘既然属于好意，如果不减轻被搭乘人的责任，有违民事活动应尊重公序良俗、社会公德的原则。其次，出现交通事故后，往往驾驶人自己受伤、车辆受损，于此情况下还要求驾驶人对无偿搭乘乘客尽到严格的注意义务，完全赔偿无偿搭乘乘客损失，有些苛求。这样会导致机动车驾驶人拒绝无偿搭乘，亲戚、朋友、同事概不例外，造成社会的冷漠，世态炎凉。这不符合社会目的，也不符合公序良俗。为了维护社会公德，弘扬社会公平正义，为了环保，减少汽车数量，为了减少空气污染，好意同乘应当是我们社会赞许并值得提倡的互助行为。实践中，被搭乘人多数是出于好心而做错了事，如果让做好事的人反而得不到好的结果，这其实与“公序良俗”原则相违背。

3. 只能减轻而不能免除机动车一方的责任。好意同乘者无偿搭乘的行为并不意味着由其自甘冒险，机动车使用人对好意同乘者的注意义务不因为无偿而完全不存在，只是不同于无偿客运合同或者无偿委托合同中的注意义务。好意同乘中，机动车使用人的责任适用过错责任原则。同时，也应明确区分，好意同乘不同于网络顺风车，网络顺风车的合乘者分摊部分，合乘出行成本属于共享出行方式，是有偿的、营运性的。因此，好意同乘中发生交通事故造成无偿搭乘人损害，属于该机动车一方责任的，应当减轻其赔偿责任，却不可以完全免除，在鼓励人际友善利他与承担法律责任方面寻求平衡。

4. 对“无偿搭乘人”减轻赔偿责任。本章规定的侵权责任，除了本条以外均是对机动车外人员或者财产的责任，只有本条规定是对机动车内责任分配的规定。根据本条，减轻的是对“无偿搭乘人”的赔偿责任。至于对机动车外人员或者财产的赔偿责任的承担，适用本法和其他法律的一般规定。

5. 好意同乘中，如果机动车使用人有故意或者重大过失的，不减轻其对无偿搭乘人的赔偿责任。

第六章　医疗损害责任

本章共十一条，主要规定了医疗损害责任归责原则，医疗机构说明义务和患者知情同意权，紧急情况下实施医疗措施，医务人员过错造成损害由医疗机构赔偿，推定医疗机构有过错的情形，因药品、消毒产品、医疗器械的缺陷输入不合格的血液造成患者损害的损害赔偿请求权，医疗机构不承担赔偿责任的情形，医疗机构对病历的义务及患者对病历的权利，患者隐私和个人信息保护，医疗机构及其医务人员不得违反诊疗规范实施不必要检查，维护医疗机构及其医务人员合法权益等内容。

本章采用了“医疗损害责任”的章名，这里的“损害”指的是依照侵权责任编规定，医疗机构应当承担侵权责任的患者损害，不包括实施正常的医疗行为无法避免的患者肌体损伤或者功能障碍。

侵权责任法第七章规定了“医疗损害责任”，所遵循的指导原则是“要妥善处理医疗纠纷，界定医疗损害责任，切实保护患者的合法权益，也要保护医务人员的合法权益，促进医学科学的进步和医药卫生事业的发展”。

这次民法典侵权责任编编纂，对侵权责任法关于“医疗损害责任”一章的规定在继承的基础上没有作大幅度修改，主要考虑到：一是现有制度较为完备成熟，实践中没有太大问题；二是医疗损害责任涉及医患双方的权利义务关系，制度的修改需要极具谨慎。因此，在吸收部门、地方和社会公众意见的基础上，对其进行了微调。

第一千二百一十八条 患者在诊疗活动中受到损害，医疗机构或者其医务人员有过错的，由医疗机构承担赔偿责任。

◆ 条文主旨

本条是关于医疗损害责任归责原则的规定。

◆ 立法背景

境外立法例对医疗侵权的归责原则主要是过错责任原则。

从国内规定看，2001 年《最高人民法院关于民事诉讼证据的若干规定》第 4 条第 8 项规定："因医疗行为引起的侵权诉讼，由医疗机构就医疗行为与损害结果之间不存在因果关系及不存在医疗过错承担举证责任。"由举证责任倒置可知，最高人民法院的司法解释采用的是过错推定的归责原则。2002 年国务院颁布的《医疗事故处理条例》第 2 条规定："本条例所称医疗事故，是指医疗机构及其医务人员在医疗活动中，违反医疗卫生管理法律、行政法规、部门规章和诊疗护理规范、常规，过失造成患者人身损害的事故。"同时，该条例第五章规定了医疗事故的赔偿，可见该条例采用的是过错责任归责原则。

在侵权责任法的立法过程中，对医疗损害责任采用何种归责原则，大体有三种意见。有的意见认为，医疗侵权责任应当适用过错责任原则。医疗行为不同于一般的民事行为，其本身往往具有侵害性，即在治疗疾病的同时亦会给患者造成一定的损害后果。如果对医疗损害责任一般适用无过错责任或者过错推定责任，将会给医疗机构带来过重的负担，影响正常的医疗活动。有的意见认为，实行举证责任倒置更符合医疗侵权案件的特殊性。如果不规定举证责任倒置，对患者来说打医疗官司实在太难。医学文书基本掌握在医疗机构手中，只要医疗机构在证据上采取一些对患者不利的措施，患者将毫无办法。侵权责任法中应当吸收最高人民法院关于民事诉讼证据的若干规定中的举证责任倒置的规则。有的意见认为，医学是一门探索性、经验性的学科，并受到患者体质特异的局限，简单地采用过错推定，加重医务人员的责任，可能会阻碍医学的发展，最终是对患者不利。在举证责任分配方面，可采用“谁主张，谁举证”以及特定条件下的举证责任转移方式，即在一般情况下，应当由患者就医疗机构存在过错承担初步的举证责任。在实践中，该举证责任可以通过提交相关证据或者专业鉴定的方式完成。如果有医疗机构隐匿或者销毁患者病历资料等情形，则可以推定医疗机构有过错，举证责任转移至医疗机构。

合理规定医疗损害责任，必须充分考虑诊疗活动特点。诊疗活动的主要特点有：（1）未知性。医学是一门探索性、经验性的学科，直至今天，我们对许多疾病的发生原因还不了解，已知发病原因的，也有一半难以治愈，对许多药品副作用的认识非常有限。(2）特异性。人体的基因不同，体质不同，情绪不同，所处环境不同，因此患者疾病表现、治疗效果也不同。如大家熟知的青霉素，有人过敏，有人不过敏，即使青霉素皮试过关，也不排除有过敏反应的可能。（3）专业性。医务人员是救死扶伤的白衣天使，据了解，培养一名专科医师至少需要 15 年时间。原卫生部发布的医疗机构诊疗科目名录中，一级科目有 32 类，二级科目有 130 类。

疾病的发生有患者原因，疾病的治疗需要患者配合，在诊疗纠纷中不能适用无过错责任，一律实行过错推定，将助长保守医疗，不利于医学科学进步。因此，对诊疗活动引起的纠纷，宜适用一般过错责任。医疗机构及其医务人员有过错的，医疗机构才承担赔偿责任，原则上由原告承担过错的举证责任。只在特殊情况下，如医务人员有违规治疗行为或者隐匿、拒绝提供与纠纷有关的医学资料，才适用过错推定责任原则，发生举证责任倒置。患者和医院之间信息不对称的问题，应当通过信息交流和信息公开等办法解决。最终，侵权责任法对医疗损害责任采用了过错责任归责原则。民法典侵权责任编继承了这一规定。

◆ **条文解读**

“诊疗活动”，包括诊断、治疗、护理等环节，对此可以参考原国家卫生计生委 2017 年修改的《医疗机构管理条例实施细则》第 88 条的规定，诊疗活动是指通过各种检查，使用药物、器械及手术等方法，对疾病作出判断和消除疾病、缓解病情、减轻痛苦、改善功能、延长生命、帮助患者恢复健康的活动。

《侵权责任法》第 54 条规定，患者在诊疗活动中受到损害，医疗机构“及其”医务人员有过错的，由医疗机构承担赔偿责任。在民法典侵权责任编编纂过程中，有的意见提出，医务人员是医疗机构的工作人员，依照本法第 1191 条第 1 款“用人单位的工作人员因执行工作任务造成他人损害的，由用人单位承担侵权责任”的规定，医疗机构有过错的，由医疗机构承担赔偿责任自不待言；医务人员有过错的，也应当由医疗机构承担赔偿责任。因此，建议将《侵权责任法》第 54 条中的“及其”修改为“或者”。经研究，我们采纳了这一意见。

还有一点需要说明，患者在诊疗活动中受到损害，除了医疗机构及其医务人员有过错的条件外，医疗机构或者其医务人员的过错还要与患者的损害具有因果关系，医疗机构才承担赔偿责任。

第一千二百一十九条　医务人员在诊疗活动中应当向患者说明病情和医疗措施。需要实施手术、特殊检查、特殊治疗的，医务人员应当及时向患者具体说明医疗风险、替代医疗方案等情况，并取得其明确同意；不能或者不宜向患者说明的，应当向患者的近亲属说明，并取得其明确同意。

医务人员未尽到前款义务，造成患者损害的，医疗机构应当承担赔偿责任。

◆ 条文主旨

本条是关于医疗机构的说明义务和患者知情同意权的规定。

◆ 立法背景

现行法律、行政法规、规章中规定了有关医务人员告知说明义务和患者知情同意权的内容，这些规定普遍为医疗机构的诊疗活动所遵循，并取得了很好的实践效果。例如，《执业医师法》第26条规定，医师应当如实向患者或者其家属介绍病情，但应注意避免对患者产生不利后果。医师进行试验性临床医疗，应当经医院批准并征得患者本人或其家属同意。《医疗事故处理条例》第11条规定，在医疗活动中，医疗机构及其医务人员应当将患者的病情、医疗措施、医疗风险等如实告知患者，及时解答其咨询。但是，应当避免对患者产生不利后果。《医疗机构管理条例》第33条规定，医疗机构施行手术、特殊检查或者特殊治疗时，必须征得患者同意，并应当取得其家属或者关系人同意并签字；无法取得患者意见时，应当取得家属或者关系人同意并签字；无法取得患者意见又无家属或者关系人在场，或者遇到其他特殊情况时，经治医师应当提出医疗处置方案，在取得医疗机构负责人或者被授权负责人员的批准后实施。《医疗机构管理条例实施细则》第62条规定，医疗机构应当尊重患者对自己的病情、诊断、治疗的知情权利。在实施手术、特殊检查、特殊治疗时，应当向患者作必要的解释。因实施保护性医疗措施不宜向患者说明情况的，应当将有关情况通知患者家属。《医疗机构管理条例实施细则》第88条规定，特殊检查、特殊治疗是指“具有下列情形之一的诊断、治疗活动：（一）有一定危险性，可能产生不良后果的检查和治疗；（二）由于患者体质特殊或者病情危笃，可能对患者产生不良后果和危险的检查和治疗；（三）临床试验性检查和治疗；（四）收费可能对患者造成较大经济负担的检查和治疗”。本条规定借鉴、吸收了这些现有规定。

从境外有关立法例来看，医疗机构的说明义务和患者的知情同意权为各国相关法律普遍规定。医疗机构的说明义务主要是指医方为取得患者对医疗行为的同意，而对该医疗行为的有关事项进行说明的义务。一般医疗过程中惯常实施的不具有严重损伤后果的医疗行为，如常规注射、用药等，则不需向患者详尽说明。

◆ 条文解读

本条规定在《侵权责任法》第55条的基础上略作修改完善。《侵权责任法》第55条第1款规定，医务人员在诊疗活动中应当向患者说明病情和医疗措施。需要实施手术、特殊检查、特殊治疗的，医务人员应当及时向患者说明医疗风险、替代医疗方案等情况，并取得其书面同意；不宜向患者说明的，应当向患者的近亲属说明，并取得其书面同意。在民法典侵权责任编编纂过程中，有的意见提出，一是医务人员“说明病情和医疗措施”应当具体、清楚，以便患者能够作出决定。二是近年来发生的一些医患纠纷，很重要的矛盾点是医院机械要求患者或者其近亲属签署“书面”同意，一旦无法取得，往往不敢或者不愿意开展紧急措施，从而延误了最佳治疗时机。侵权责任法等法律、法规要求的“书面”同意，主要目的应当是要求医患双方对病情和医疗措施严肃对待、谨慎决策，对各自的行为负责。如果追求“书面”形式而延误治疗，实乃舍本逐末。因此，有的意见建议将“书面”同意修改为“明确”同意。至于同意的形式，可结合诊疗规范、操作经验等综合认定。三是“不宜向患者说明”是否包括“不能向患者说明”的情形不清楚，在实践中常常引发争议，应当予以明确。在患者昏迷或者由于生理、精神状态无法作出有效判断时，属于“不能”向患者说明的情形。因此，有的意见建议将“不宜向患者说明”修改为“不能或者不宜向患者说明”。我们研究后认为，这些建议均有道理，遂采纳。

本条第 1 款规定，医务人员在诊疗活动中应当向患者具体说明病情和医疗措施。这是医务人员在诊疗活动中一般应尽的义务。除此以外，如果需要实施手术、特殊检查、特殊治疗的，还应当及时向患者说明医疗风险、替代医疗方案等情况，并取得其明确同意；如果向患者说明将造成患者悲观、恐惧、心理负担沉重，不利于治疗的，就不能或者不宜向患者说明，这种情况下医务人员应当向患者的近亲属说明，并取得其明确同意。《侵权责任法》第 55 条即规定了“不宜向患者说明的，应当向患者的近亲属说明”的义务。民法典侵权责任编编纂过程中，一直有意见提出，如果患者没有近亲属的怎么办，建议将“不宜向患者说明的，应当向患者的近亲属说明”修改为“不宜向患者说明的，应当向患者的近亲属或者监护人说明”。对此应当明确，本条欲解决的问题，不是在法律逻辑上穷尽或者对应患者近亲属或者监护人，而是在于当出现“需要实施手术、特殊检查、特殊治疗的”情况时，医务人员应当揭示和说明这些情况，使得照顾患者有关的人员有相应的准备。一般而言，照顾患者的是其近亲属。对于没有近亲属的，例如居委会或者民政部门作监护人的情形，如何说明、如何征得其明确同意，往往与患者近亲属是不一样的。

本条第 2 款规定，医务人员未尽到前款义务，造成患者损害的，医疗机构应当承担赔偿责任。这里需要说明一点，不是说医务人员尽到了本条第 1 款规定的义务，在后续的诊疗活动中造成患者损害的，医疗机构就可以不承担赔偿责任了。本法第 1221 条规定，医务人员在诊疗活动中未尽到与当时的医疗水平相应的诊疗义务，造成患者损害的，医疗机构应当承担赔偿责任。

► **相关规定**

《中华人民共和国执业医师法》第 26 条

第一千二百二十条 因抢救生命垂危的患者等紧急情况，不能取得患者或者其近亲属意见的，经医疗机构负责人或者授权的负责人批准，可以立即实施相应的医疗措施。

◆ **条文主旨**

本条是关于紧急情况下实施医疗措施的规定。

◆ **条文解读**

本法第 1219 条规定了医疗机构的说明义务和患者的知情同意权，本条是针对抢救危急患者等紧急情况所作的特殊规定。《医疗机构管理条例》第 33 条规定，医疗机构施行手术、特殊检查或者特殊治疗时，必须征得患者同意，并应当取得其家属或者关系人同意并签字；无法取得患者意见时，应当取得家属或者关系人同意并签字；无法取得患者意见又无家属或者关系人在场，或者遇到其他特殊情况时，经治医师应当提出医疗处置方案，在取得医疗机构负责人或者被授权负责人员的批准后实施。本法与医疗机构管理条例的规定在本质上是一致的。

本条规定的“不能取得患者或者其近亲属意见”，主要是指患者不能表达意志，也无近亲属陪伴，又联系不到近亲属的情况。因此，不包括患者或者其近亲属明确表示拒绝采取医疗措施的情况。对患者或者其近亲属明确表示拒绝采取医疗措施的，如何处理，能否开展紧急医疗救治，侵权责任法立法过程中就有过争论，分歧较大。

从境外的情况看，各国规定不尽相同。有的国家要求，疾病已危及生命时，为了保护患者的生命健康，即使代理人或者监护人不同意也应当进行治疗。有的国家规定，医生不能无视患者家属不同意治疗的表示，但可以请求法院裁定治疗。同时，这个问题还涉及法定代理权、监护权等基本民事法律制度，情况较为复杂，因此侵权责任法立法时提出，应当总结实践经验作进一步研究，待今后条件成熟时再作明确规定。

在民法典侵权责任编编纂过程中，有的意见提出，对实践中，近亲属的意见明显不利于患者时，医疗机构是否有权采取相应医疗措施，法律没有规定。为了避免产生争议，建议在本条“不能取得患者或者其近亲属意见的”后增加规定“或者近亲属的意见明显不利于患者的”的表述。我们经过反复慎重研究后认为，在抢救生命垂危的患者等紧急情况下，“不能取得患者或者其近亲属意见的”情况是多种多样，比较复杂的。有的情况是近亲属的决策对患者不利；有的情况是患者病重，家庭负担较重，患者或者其近亲属不愿意继续治疗；还有的情况是，在患者意识清醒时曾经立下遗嘱或者对近亲属明确表示，生命临终要有尊严，不想遭受各种治疗上的痛苦；此外，肯定还有其他一些情形。因此，如果一概规定医疗机构可以实施强行治疗，不但违反了意思自治原则，同时对患者及其家庭也不一定有益。从国外立法例看，德国规定需要由法院作出判决，来判断什么情况下“近亲属的意见明显不利于患者”。我国法律中没有这一制度，并且人民法院是否能够作出这一判断、是否适宜作出这样的判断，也需要深入研究。故此，本法没有采纳这一建议。

第一千二百二十一条 医务人员在诊疗活动中未尽到与当时的医疗水平相应的诊疗义务，造成患者损害的，医疗机构应当承担赔偿责任。

◆ **条文主旨**

本条是关于医务人员过错造成损害由医疗机构赔偿的规定。

◆ **立法背景**

本法第1218条规定，患者在诊疗活动中受到损害，医疗机构或者其医务人员有过错的，由医疗机构承担赔偿责任。民法上的过错包括故意和过失，故意容易理解，如何界定过失是本条的主要着眼点。“尽到与当时的医疗水平相应的诊疗义务”体现了侵权责任法上的重要概念，即注意义务。无论是大陆法系还是英美法系，注意义务是现代侵权责任的核心要素，是界定过失的基准。各国侵权责任法中注意义务的内涵大同小异，英美法对注意义务一般解释为是一种为了避免造成损害而合理注意的法定责任。在大陆法系侵权法中，如果行为人造成损害的行为违反了应对受害人承担的注意义务，则应当承担侵权责任。如果一个人能够合理地预见到其行为可能对其他人造成人身或者财产损害，那么一般情况下他应对可能受其影响的人负有注意义务。

◆ **条文解读**

在我国侵权责任法律中，依照本条规定，医务人员的注意义务就是应当尽到与当时的医疗水平相应的诊疗义务。尽到诊疗义务的一个重要方面，是诊疗行为符合法律、行政法规、规章以及诊疗规范的有关要求。需要说明的是，医务人员的注意义务并非与诊疗行为合法合规完全等同，这是两个概念。医务人员应当具有的诊疗水平，并非完全能够被法律、行政法规、规章以及诊疗规范的有关要求所涵盖。医务人员完全遵守了具体的操作规程，仍然有可能作出事后证明是错误的判断。医疗行为具有未知性、特异性和专业性等特点，不能仅凭事后证明错误这一点来认定医务人员存在诊疗过错，不能唯结果论，关键要看是不是其他的医务人员一般都不会犯这种错误。因此，本条规定的诊疗义务可以理解为一般情况下医务人员可以尽到的，通过谨慎的作为或者不作为避免患者受到损害的义务。

民法典侵权责任编编纂过程中，对本条的意见主要集中在建议将“当时的医疗水平”修改为“当时、当地、不同资质的医疗水平”。类似的建议在侵权责任法立法时曾经讨论过。侵权责任法立法时，草案曾经规定：“判断医务人员注意义务时，应当适当考虑地区、医疗机构资质、医务人员资质等因素。”后来考虑到诊疗行为的实际情况很复杂，删去了这一规定。我们认为，社会公众对本条的立法目的可能存在一定的误读。诚然，我国幅员辽阔、各地区之间的医疗资源分布不平均，各地区之间的医疗水平存在差异，这一点应当承认。本条的立法目的，在于医务人员造成患者损害发生医患纠纷时，具体地认定侵权责任的问题。换言之，承担侵权责任需要满足四个要件：医务人员实施了未尽到诊疗义务的行为，医务人员有过错，患者有损害、行为与损害之间有因果关系，本条就是解决医务人员过错的。理解了这一点，就能理解本条的条旨：医务人员的诊疗行为有行政法规、规章和医疗行业的操作规程，这些应当普遍遵守，全国皆准。诊疗行为是否有过错，不因医疗机构处在何地、医疗机构资质如何而不同。同样的手术，不能在北京这样操作就没有过错，在西藏操作就有过错；不能在三级医院操作就没有过错，在二级医院操作就有过错。因此，在探究医务人员是否尽到诊疗义务时，不宜考虑地区、医疗机构资质的差异。同时，因为医疗纠纷解决的时间可能较长，特别是进入诉讼之后，历经一审、二审乃至再审，可能需要数年的时间。数年间诊疗水平肯定发生了进步，判断是否尽到诊疗义务，应当以诊疗行为发生时的诊疗水平为参照才公平合理。

医务人员有过错造成患者损害的，应当由医疗机构承担赔偿责任，这与本法第1219条的规定是一致的。

▶ 相关规定

《中华人民共和国执业医师法》第22条

第一千二百二十二条 患者在诊疗活动中受到损害，有下列情形之一的，推定医疗机构有过错：

（一）违反法律、行政法规、规章以及其他有关诊疗规范的规定；

（二）隐匿或者拒绝提供与纠纷有关的病历资料；

（三）遗失、伪造、篡改或者违法销毁病历资料。

◆ **条文主旨**

本条是关于推定医疗机构有过错的情形的规定。

◆ **立法背景**

本法第 1218 条规定，患者在诊疗活动中受到损害，医疗机构或者其医务人员有过错的，由医疗机构承担赔偿责任。这表明医疗损害一般适用过错责任归责原则。本条即规定了例外情形：在本条规定情况下，推定医疗机构有过错。

本条与侵权责任法相比，有三处变化：

一是《侵权责任法》第 58 条规定的帽子是“患者有损害，因下列情形之一的，推定医疗机构有过错”。考虑到《侵权责任法》第 54 条和本法第 1218 条均规定“患者在诊疗活动中受到损害”，为了明确本条的适用情形，经研究将《侵权责任法》第 58 条帽子的相关表述修改为“患者在诊疗活动中受到损害”，使得条文之间避免矛盾、衔接紧密。

二是《侵权责任法》第 58 条规定的是“因下列情形之一的……”侵权责任编编纂过程中，有的建议提出，不是“因”本条列举的三种情形，推定医疗机构有过错，应当是医疗机构“有”这三种情形之一的，推定其有过错。经研究，我们采纳这一建议，将“因”修改为“有”。

三是《侵权责任法》第 58 条第 3 项规定了“伪造、篡改或者销毁”病历资料三种行为。考虑到原卫生计生委、国家中医药管理局 2013 年颁布的《医疗机构病历管理规定》第 29 条规定，门（急）诊病历由医疗机构保管的，保存时间自患者最后一次就诊之日起不少于 15 年；住院病历保存时间自患者最后一次住院出院之日起不少于 30 年。也就是说，病例的保管有明确的时间要求。实践中医疗机构不按照规定保管病例，或者谎称病例已经遗失而拒不提供的，应当推定为医疗机构有过错。因此，本条第 3 款将“销毁病历资料”修改为“违法销毁病例资料”，并增加了“遗失”的情形。

◆ **条文解读**

本条规定，患者在诊疗活动中受到损害，有下列情形之一的，推定医疗机构有过错，并非当然认定医疗机构有过错。也就是说，医疗机构可以提出反证，证明自己没有过错。本条第 1 项规定的违反法律、行政法规、规章以及其他有关诊疗规范的规定，是医疗机构存在过错的表面证据，并且是一种很强的表面证据，因此，本条规定这种情形下推定存在过错。但医务人员有过错与违反法律、行政法规、规章以及诊疗规范的规定毕竟不是等同的概念。例如，遇有抢救危急患者等特殊情况，医务人员可能采取不太合规范的行为，但如果证明在当时情况下该行为是合理的，也达到了抢救的目的，就可以认定医疗机构没有过错。

本条第 2 项和第 3 项规定的情形，一方面反映了医疗机构的恶意，另一方面是患者难以取得与医疗纠纷有关的证据资料，这时再让患者举证已不合理。因此，推定医疗机构有过错。

▶ **相关规定**

《中华人民共和国执业医师法》第 23 条、第 37 条

第一千二百二十三条 因药品、消毒产品、医疗器械的缺陷，或者输入不合格的血液造成患者损害的，患者可以向药品上市许可持有人、生产者、血液提供机构请求赔偿，也可以向医疗机构请求赔偿。患者向医疗机构请求赔偿的，医疗机构赔偿后，有权向负有责任的药品上市许可持有人、生产者、血液提供机构追偿。

◆ 条文主旨

本条是关于因药品、消毒产品、医疗器械的缺陷输入不合格的血液造成患者损害的损害赔偿请求权的规定。

◆ 立法背景

对药品、消毒产品、医疗器械等概念，法律法规中均有定义。《药品管理法》第2条第2款规定，本法所称药品，是指用于预防、治疗、诊断人的疾病，有目的地调节人的生理机能并规定有适应症或者功能主治、用法和用量的物质，包括中药、化学药和生物制品等。原国家卫生计生委《消毒管理办法》第45条规定，消毒产品：包括消毒剂、消毒器械（含生物指示物、化学指示物和（灭菌物品包装物）、卫生用品和一次性使用医疗用品。国务院《医疗器械监督管理条例》第76条规定，本条例下列用语的含义：医疗器械，是指直接或者间接用于人体的仪器、设备、器具、体外诊断试剂及校准物、材料以及其他类似或者相关的物品，包括所需要的计算机软件；其效用主要通过物理等方式获得，不是通过药理学、免疫学或者代谢的方式获得，或者虽然有这些方式参与但是只起辅助作用；其目的是：（1）疾病的诊断、预防、监护、治疗或者缓解；（2）损伤的诊断、监护、治疗、缓解或者功能补偿；（3）生理结构或者生理过程的检验、替代、调节或者支持；（4）生命的支持或者维持；（5）妊娠控制；（6）通过对来自人体的样本进行检查，为医疗或者诊断目的提供信息。

2014年，国务院办公厅关于印发药品上市许可持有人制度试点方案的通知。2015年，第十二届全国人民代表大会常务委员会第十七次会议审议通过关于授权国务院在部分地方开展药品上市许可持有人制度试点和有关问题的决定，授权国务院开展药品上市许可持有人制度试点，允许药品研发机构和科研人员取得药品批准文号，对药品质量承担相应责任。2019 年修订的药品管理法正式规定了这一制度。《药品管理法》第 6 条规定，国家对药品管理实行药品上市许可持有人制度。药品上市许可持有人依法对药品研制、生产、经营、使用全过程中药品的安全性、有效性和质量可控性负责。第 30 条规定，药品上市许可持有人是指取得药品注册证书的企业或者药品研制机构等。药品上市许可持有人应当依照本法规定，对药品的非临床研究、临床试验、生产经营、上市后研究、不良反应监测及报告与处理等承担责任。其他从事药品研制、生产、经营、储存、运输、使用等活动的单位和个人依法承担相应责任。药品上市许可持有人的法定代表人、主要负责人对药品质量全面负责。

对药品上市许可持有人的责任，《药品管理法》第 144 条第 1 款明确规定，药品上市许可持有人、药品生产企业、药品经营企业或者医疗机构违反本法规定，给用药者造成损害的，依法承担赔偿责任。第 2 款规定，因药品质量问题受到损害的，受害人可以向药品上市许可持有人、药品生产企业请求赔偿损失，也可以向药品经营企业、医疗机构请求赔偿损失。接到受害人赔偿请求的，应当实行首负责任制，先行赔付；先行赔付后，可以依法追偿。因此，本法为了与药品管理法的最新规定相衔接，在侵权责任法的基础上增加了药品上市许可持有人责任的规定。

◆ 条文解读

药品、消毒产品、医疗器械、输入的血液都属于本法规定的产品。因产品存在缺陷造成损害的，可以依照“产品责任”一章的规定，向药品上市许可持有人，药品、消毒产品、医疗器械的生产者，血液提供机构请求赔偿。之所以规定医疗机构，系在侵权责任法立法过程中了解到，许多患者因药品、消毒产品、医疗器械的缺陷，或者输入不合格的血液受到损害后，都有被相互推诿，求偿困难的经历。当时由于法律缺乏明确的规定，患者在这方面寻求司法保护的效果也不理想。侵权责任法考虑到当时的医疗管理体系情况，患者使用药品、消毒产品、医疗器械或者输入的血液绝大多数都是在医院进行的。对输入不合格的血液，医疗机构因过错致使患者受到输血损害的，应当承担侵权责任；无过错输血造成患者损害的，因医疗机构与其他销售者相比，更具专业性，对于血液和血液制品，医疗机构都应负有最终的把关责任，这种责任关系着患者的生死存亡，作为专业机构和专业人员，医院和医生有能力与责任对血液和血液制品进行鉴别，而患者相较于一般消费者而言，在专业性方面更处于劣势，医疗机构的责任不应当比一般销售者的责任更低。因此，也应当承担赔偿责任。所以，为了更好地维护患者的权益，便利患者受到损害后主张权利，《侵权责任法》第59条明确规定，患者可以向生产者或者血液提供机构请求赔偿，也可以向医疗机构请求赔偿。同时规定，如果患者向医疗机构请求赔偿，医疗机构赔偿后，有权向负有责任的生产者或者血液提供机构追偿。也可以这么说，本条规定是产品责任在医疗损害责任领域的重申。本法继承了侵权责任法的规定，结合药品管理法对药品上市许可持有人的规定，作了必要的补充完善。

侵权责任编编纂过程中，有的意见提出，随着我国医药卫生体制改革，医疗机构仅是医疗用品的使用单位，而不应视为经营者。建议在“生产者”后增加“经营者”。有的建议将“患者可以向药品上市许可持有人、生产者、血液提供机构请求赔偿，也可以向医疗机构请求赔偿”修改为“患者可以向药品上市许可持有人、生产者、血液提供机构、医疗机构请求共同赔偿”，即列为共同被告，理由是实践中医疗机构承担的赔偿费用太高，追偿时有的生产者、经营者已经破产，只能自己承担相关费用。经反复研究后我们认为，第一，本条是产品责任在医疗损害责任领域的细化与强调，是为在患者遭受损失时给予明确的、直接的法律指引。医疗机构使用了缺陷医疗产品或者不合格血液制品，患者面对的是医疗机构，产品上写明的是生产者，并不能知道谁是经营者。因此，本条并没有规定经营者。当然，对经营者并不是不能追责。依照本法第1203条的规定，缺陷医疗产品或者不合格血液制品也属于产品，当然可以依据这一条的规定追究经营者的责任。第二，本条的法理基础是给予患者两种选择权，是给患者多一条救济的渠道，同时也赋予医疗机构的追偿权，向真正的责任人进行追偿。即使将药品上市许可持有人、生产者、血液提供机构和医疗机构作为共同被告进行审理，法院仍然可以判决由共同被告之一的医疗机构承担连带责任，并不能解决“有的医疗机构败诉后承担的赔偿金额过高”的问题。因此，对这两种建议，本法均没有采纳。

▶ 相关规定

《中华人民共和国药品管理法》第2条、第144条；《医疗器械监督管理条例》第76条；《消毒管理办法》第45条

第一千二百二十四条 患者在诊疗活动中受到损害，有下列情形之一的，医疗机构不承担赔偿责任：

（一）患者或者其近亲属不配合医疗机构进行符合诊疗规范的诊疗；

（二）医务人员在抢救生命垂危的患者等紧急情况下已经尽到合理诊疗义务；

（三）限于当时的医疗水平难以诊疗。

前款第一项情形中，医疗机构或者其医务人员也有过错的，应当承担相应的赔偿责任。

◆ **条文主旨**

本条是关于医疗机构不承担赔偿责任的情形的规定。

◆ **立法背景**

本条与侵权责任法相比，有三处变化：

一是《侵权责任法》第 60 条规定的帽子是“患者有损害，因下列情形之一的，医疗机构不承担赔偿责任”。考虑到《侵权责任法》第 54 条和本法第 1218 条、第 1222 条均规定“患者在诊疗活动中受到损害”，为了明确本条的适用情形，经研究将《侵权责任法》第 60 条的帽子的相关表述修改为“患者在诊疗活动中受到损害”，以使得条文之间避免矛盾、衔接紧密。

二是《侵权责任法》第 58 条规定的是“因下列情形之一的……”侵权责任编编纂过程中，有的意见提出，不是“因”本条列举的三种情形，医疗机构才不承担赔偿责任，应当是医疗机构“有”这三种情形之一的，不承担赔偿责任。经研究，我们采纳这一建议，将“因”修改为“有”。

三是与本法第 1218 条的表述保持一致，将“医疗机构及其医务人员”修改为“医疗机构或者其医务人员”。

◆ **条文解读**

侵权责任编第一章规定了一般情况下免责和减责的情形。例如，第1174条规定，损害是因受害人故意造成的，行为人不承担责任。第1175条规定，损害是因第三人造成的，第三人应当承担侵权责任。这些规定对于医疗损害责任也是适用的。除了上述规定，鉴于医疗损害责任的特殊性，本条规定了三种医疗机构不承担责任的情形。现就这三种情形分述如下：

一、患者或者其近亲属不配合医疗机构进行符合诊疗规范的诊疗

正确理解本项规定，需要同本条第2款的规定结合起来。本条第2款规定“前款第一项情形中，医疗机构或者其医务人员也有过错的，应当承担相应的赔偿责任”。立法过程中，有意见认为，如果规定患者或者其近亲属不配合医疗机构进行符合诊疗规范的诊疗，医疗机构就可完全免除责任，太过绝对。患者或者其近亲属不配合诊疗的情况比较复杂，有的仅仅是患者一方存在过错，如在医务人员尽到合理的说明告知义务和诊疗义务的前提下，患方仍拒不配合诊疗的情况；有的可能是混合过错，如既有患者一方不配合诊疗的行为，也有医务人员未尽相应诊疗义务的情况。因此，笼统地规定只要是因为患者或者其近亲属不配合医疗机构进行符合诊疗规范的诊疗，医疗机构就一概不承担赔偿责任的规定是不妥当的。在该种情况下，如果医疗机构或者其医务人员也有过错的，医疗机构还应当承担相应的赔偿责任。

具体而言，实践中患者一方不配合诊疗的行为可以分为两类：第一类比较常见，是患者囿于其医疗知识水平的局限而对医疗机构采取的诊疗措施难以建立正确的理解，从而导致其不遵医嘱、错误用药等与诊疗措施不相配合的现象。对于因患者上述行为导致损害后果的发生，并不能一概认为患者一方“不配合”而具有主观过错，从而医疗机构可以免除责任。判断患者一方是否存在过错，要看医务人员是否向患者一方履行了合理的说明告知义务，使一般的、理性的患者一方对于医疗机构采取的诊疗措施及其风险和后果具有合理的认识、理解与判断；告知义务的履行是否合理适当时，还要考虑医疗行业的特殊性、专业性，结合个案进行分析。第二类是患者一方主观上具有过错，该过错又可分为故意和过失。故意的情形一般比较少见，患者就医为了治疗疾病、康复身体，而非追求身体损害的结果。但现实情况是复杂的，也不能完全排除患者主观追求损害结果的可能。如医务人员再三嘱咐某糖尿病患者不可饮酒，否则易引发低血糖昏迷，重则有生命危险，但该患者或者出于得到高额保险的目的或者基于其他原因，在明知该行为后果的情况下，拒不遵医嘱，数次饮酒，结果导致低血糖昏迷。过失的情况比较常见，例如近视眼激光手术后，医务人员再三明确叮嘱患者应按时滴用眼药水，否则会产生眼部炎症等不良反应，但患者疏忽大意，不遵医嘱，在医务人员复查并告知其遵行医嘱后，仍未遵行，结果感染炎症。以上两种情况，医务人员已经合理尽到说明告知义务，且采取的诊疗措施并无不当，患者的行为即属于本条第1项规定的“不配合医疗机构进行符合诊疗规范的诊疗”，对此，医疗机构不承担赔偿责任。

综上可以看出，因患者一方不配合医疗机构进行符合诊疗规范的诊疗而导致患者损害的，是否可以完全免除医疗机构的赔偿责任，不能一概而论。医疗损害责任的归责原则是过错责任，医务人员是否合理地履行了说明义务及相应的诊疗义务，这是医疗机构最终是否承担责任的基础。因此，尽管有患者或者其近亲属不配合医疗机构进行符合诊疗规范的诊疗行为，如果医疗机构或者其医务人员也有过错的，医疗机构仍应对患者的损害承担相应的责任。反之，若医务人员已经尽到相应义务，患者的损害是因患者或者其近亲属不配合的行为所致，则医疗机构对此不应当承担赔偿责任。

二、医务人员在抢救生命垂危的患者等紧急情况下已经尽到合理诊疗义务

本项内容规定了两个要件，在两要件均符合的情况下，医疗机构对患者的损害不承担赔偿责任。这两个要件分别为：

（一）抢救生命垂危的患者等紧急情况

对患者的紧急救治是医疗机构及其医务人员的职责之一。“紧急情况”的界定是，患者因疾病发作、突然外伤受害及异物侵入体内，身体处于危险状态或非常痛苦的状态，在临床上表现为急性外伤、脑挫伤、意识消失、大出血、心绞痛、急性严重中毒、呼吸困难、各种原因所致的休克等。一般来讲，上述情况中的紧急性可以概括为两类：（1）时间上的紧急性，它是指医师的诊疗时间非常短暂，在技术上不可能作出十分全面的考虑及安排；（2）事项上的紧急性，它是指采取何种治疗措施直接关系到患者的生死存亡需要医师作出紧急性的决断。需要说明的是，判断是否构成紧急情况，除了依据法律、法规和规章的规定外，还需要考虑以下两个方面：（1）患者的生命健康受到伤病急剧恶化的威胁，这种威胁应当限定为对患者生命的威胁，而不能是对患者一般健康状况的威胁；（2）患者生命受到的威胁是正在发生和实际存在的，患者伤病的急剧恶化对其生命安全的威胁不能是假想的，而应当是正在发生和实际存在的，不立即采取紧急救治措施必然导致患者死亡的后果。如果医师主观想象或虚幻地认为存在需要采取紧急救治的危险，而实际上这种危险并不存在，由于假想危险认识错误所采取的救治措施导致了不必要损害后果的，医疗机构还是应当承担责任。

（二）已经尽到合理诊疗义务

在理解本条第 2 项的内容时，必须同医疗事故处理条例的规定区别开来。2002 年国务院颁布的《医疗事故处理条例》第 33

条第 1 项规定，在紧急情况下为抢救垂危患者生命而采取紧急医学措施造成不良后果的，不属于医疗事故，医疗机构不承担责任。立法过程中，有意见认为，只要是在紧急情况下为抢救危急患者而采取紧急医学措施导致的不良后果，医疗机构一概不负责任，太过绝对。医疗机构是否承担责任，还要看医务人员是否已经尽到了合理的诊疗义务。考虑在紧急情况下，患者生命危在旦夕，抢救时间紧迫，医务人员对患者的病情及病状无法作详细的检查、观察、诊断，难以要求医生具有与平常时一样的思考时间、判断能力和预见能力。对于这种情况，法律对医生在注意程度上的要求相对低于一般医疗时的情形。但是，由于医疗行为直接关系患者的生命健康权，在紧急情况下实施的紧急救治措施，医务人员仍应尽到合理诊疗的注意义务。具体而言，根据现行的诊疗规范，紧急情况下合理的诊疗义务包括如下四个方面：（1）对患者伤病的准确诊断。对患者伤病的准确诊断是正确实施治疗措施的前提。如情况紧急，应当采取控制患者伤病恶化的紧急措施后，再作进一步诊断和治疗。（2）治疗措施的合理、适当，包括治疗措施和治疗用药的适当、合理。（3）谨慎履行说明告知义务。紧急情况下，如果事前告知不可行，那么采取紧急救治措施后仍应履行该项义务。（4）将紧急救治措施对患者造成的损害控制在合理限度之内。结合上述情况，如果医务人员已经尽到在紧急救治情况下医务人员通常应尽到的诊疗义务，即合理诊疗义务的，医疗机构不承担赔偿责任。否则，即便是为抢救生命垂危的患者，但医务人员未尽到紧急救治情况下医务人员应尽到的合理诊疗义务，医疗机构仍难以完全免除其赔偿责任。因此，《医疗事故处理条例》第 33 条第 1 项解决是否构成医疗事故的问题；本项解决是否承担赔偿责任的问题。

三、限于当时的医疗水平难以诊疗的

医疗行为具有高技术性、高风险性、复杂性以及不可控因素，还有很多未知领域需要探索。有时，医疗结果具有不确定性和不可预见性。现代医学技术水平的发展具有局限性，目前还不能达到100%的治愈率。据统计，即使在发达国家，临床医疗确诊率也仅有70%左右。医学作为发展中的科学，人们至今还在实践中不断探索并寻找解除疾病的办法。此外，由于病人个体的差异性，就算是治疗常见病或者治疗同一种疾病，即便医生采取相同的诊疗措施，所达到的效果也未必一样。因此，法律对医务人员采取的诊疗行为是否存在过错的判断，只能基于当时的医学科学本身的发展，即是否尽到与当时的医疗水平相应的诊疗义务，尽到该项义务的，就视为医疗机构及其医务人员没有过错，对于患者的损害不承担赔偿责任。本法对于医疗损害责任的认定，坚持的标准是统一的，如本法第1221条规定，医务人员在诊疗活动中未尽到与当时的医疗水平相应的诊疗义务，造成患者损害的，医疗机构应当承担赔偿责任。该条也是以“当时”的医疗水平为判断标准。

四、需要特别说明的问题

第一，医疗机构及其医务人员对患者进行诊疗，并不负有保证治愈的义务。对于某些复杂的疾病，如果医疗机构及其医务人员已经尽到与当时的医疗水平相应的诊疗义务，但限于当时的医疗水平，对患者采取的医疗措施不仅未取得治愈的效果，反而带来新的损害，对此，医疗机构不承担赔偿责任。这一免责事由的规定也是出于鼓励和促进医学科学发展的需要。医学科学的发展必须以医务人员积极探索、大胆创新为前提，同时，由于医疗行业高技术性、高风险性和未知性的特点，医务人员在诊疗措施上的探索和创新可能会成功，例如，攻克顽疾为患者带来生的希望。

但也可能失败，例如，不仅未治愈疾病反而对患者肌体带来新的侵害后果。对此，并不能以是否治愈的结果来判断医疗机构及其医务人员在诊疗活动中是否具有过错，如果医务人员已经尽到与当时医疗水平相应的诊疗义务，而该疾病限于当时的医疗水平难以诊疗的，医疗机构对于患者的损害不承担赔偿责任。

第二，本条规定的几项免责事由，并不是单纯向医方利益倾斜的表现，而是考虑到广大患者利益以及整个医疗行业健康发展的需要而在法律制度上所作的平衡。对医疗机构的责任，如果法律规定得过于严格，可能会导致医务人员在诊疗活动中大量采取保守性甚至防御性治疗措施，对于存在风险的治疗方案畏首畏尾，最终牺牲的还是广大患者的利益。法律在制度上为医务人员在医学科学技术的探索和创新上提供保障，也是出自最终为广大患者利益服务的需要。

第一千二百二十五条 医疗机构及其医务人员应当按照规定填写并妥善保管住院志、医嘱单、检验报告、手术及麻醉记录、病理资料、护理记录等病历资料。

患者要求查阅、复制前款规定的病历资料的，医疗机构应当及时提供。

◆ 条文主旨

本条是关于医疗机构对病历的义务及患者对病历的权利的规定。

◆ 立法背景

医疗服务具有不公开的特点，无论是基于医学科学的考虑，还是从保护患者隐私的角度看，除医患双方外，与医疗行为无关者不得进入医疗现场。并且，即便对于患者本人，在采取手术等治疗措施时，通常被采取麻醉措施，对于整个手术过程也无从见证和记录。鉴于医疗行业的这一特点，由医务人员填写、制作的病历、住院志、检验报告、手术及麻醉记录、病理资料、护理资料等病历资料，在发生医患纠纷时，就成了医疗侵权诉讼中极为关键的证据。这类资料作为证据，往往直接导致医疗诉讼的成败。同时，考虑到这类资料的制作、保管均由医疗机构一方完成，从证据角度讲，医疗机构一方对于证据的掌握和控制是强势的，因此，必须在合理的限度内赋予患者查阅和复制这类资料的权利，以平衡双方在举证责任能力上的悬殊。因此，《侵权责任法》第61 条从两方面作了规定：一是医务人员应当按照规定填写并妥善保管住院志、医嘱单、检验报告、手术及麻醉记录、病理资料、护理记录、医疗费用等病历资料；二是在患者要求查阅、复制前款规定的病历资料的情况下，医疗机构有义务向患者提供。

在民法典侵权责任编编纂过程中，有的意见提出，实践中有些医疗机构以种种借口拖延向患者提供病例资料的时间，一是激化了医患双方的矛盾，二是导致患者提供证据不能，建议对医院向患者提供病历资料作时限方面的要求。我们研究认为，强调医疗机构履行提供病例资料义务的时限是必要的，但是究竟规定多长时间合适，还要考虑病例资料数量的多少、形成时间、病情等情况，以及相关诊疗规范、不同医疗机构习惯做法的差别。因此，民法典中较难作统一规定，可原则性提出要求和上位法依据，由有关行政法规规章、诊疗规范详细规定。因此，本条将《侵权责任法》第 61 条第 2 款“医疗机构应当提供”的规定修改为“医疗机构应当及时提供”。

◆ **条文解读**

一、"病历资料"的含义和范围

《医疗机构病历管理规定》第19条规定，医疗机构可以为申请人复制门（急）诊病历和住院病历中的体温单、医嘱单、住院志（入院记录)、手术同意书、麻醉同意书、麻醉记录、手术记录、病重（病危）患者护理记录、出院记录、输血治疗知情同意书、特殊检查（特殊治疗）同意书、病理报告、检验报告等辅助检查报告单、医学影像检查资料等病历资料。这一版本的医疗机构病历管理规定将"医疗费用"从病历资料中删除，因此本条在侵权责任法的基础上相应删除了"医疗费用"。

二、患者查阅、复制权利的保障和行使

（一）查阅、复制权利的保障

对诊疗活动进行记录的病历资料，是认定医疗机构或者其医务人员是否存在医疗过错的重要依据。实践中，很多医疗诉讼的成败往往取决于相关病历资料的证明效力。而医疗行业的高度专业性和闭锁性特点，决定了这类重要的证据资料从产生时起至争议发生时止，都处于医疗机构一方的控制之中，从证据学角度讲，患者的举证能力处于劣势。同时，本法所规定的医疗损害责任归责原则，其核心是过错责任。因此，对于在证据资料的掌握上地位相差悬殊的医患双方，如何公平合理地分配二者的举证责任，尤其是如何提升患者一方掌握相关证据资料的能力，这是法律必须要考虑的问题。

具体而言，对于诊疗活动中产生的病历资料，必须在公平、合理的限度内保障患者一方的查阅和复制权利。从境外立法例看，美国1974年就颁布了《联邦立法》，规定医疗机构必须向患者出示病历、化验结果等各种与病情有关的资料。1985年又颁布了

《统一医疗信息法》，赋予了患者及其家属请求医疗机构出示与病情有关的各种资料的请求权。如今美国已有半数以上的州在立法上规定了患者有请求医疗机构出示与病情有关各种资料的权利。我国关于患者该项权利的保障，相关行政法规也有明确规定。《医疗纠纷预防和处理条例》第16条第2款规定，患者要求复制病历资料的，医疗机构应当提供复制服务，并在复制的病历资料上加盖证明印记。复制病历资料时，应当有患者或者其近亲属在场。医疗机构应患者的要求为其复制病历资料，可以收取工本费，收费标准应当公开。可以看出，患者对相关病历资料的查阅和复制权利，我国现行法规中已经有承接性的具体规定。

（二）查阅、复制权利的行使主体

患者本人当然是行使这一权利的主体，这一点不存在争议。除患者本人外，《医疗纠纷预防和处理条例》第16条第3款规定，患者死亡的，其近亲属可以依照本条例的规定，查阅、复制病历资料。第17条规定，医疗机构应当受理下列人员和机构复制或者查阅病历资料的申请，并依规定提供病历复制或者查阅服务：（1）患者本人或者其委托代理人；（2）死亡患者法定继承人或者其代理人。可以看出，除患者本人外，委托代理人、死亡患者法定继承人或者其代理人均可依法对有关病历资料进行查阅和复制。对于患者本人未死亡的情况下，即使是患者的近亲属，如果未经患者本人的授权同意，也无权查阅、复制该患者的相关病历资料，在该类情况下，医疗机构可以拒绝提供，这涉及法律对患者隐私和个人信息的保护问题。

（三）医疗机构向患者提供查阅、复制病历资料的范围

2013年原国家卫生计生委、国家中医药管理局印发的《医疗机构病历管理规定》第10条规定，门（急）诊病历原则上由患者负责保管。医疗机构建有门（急）诊病历档案室或者已建立门

（急）诊电子病历的，经患者或者其法定代理人同意，其门（急）诊病历可以由医疗机构负责保管。住院病历由医疗机构负责保管。第 11 条规定，门（急）诊病历由患者保管的，医疗机构应当将检查检验结果及时交由患者保管。第 12 条规定，门（急）诊病历由医疗机构保管的，医疗机构应当在收到检查检验结果后 24 小时内，将检查检验结果归入或者录入门（急）诊病历，并在每次诊疗活动结束后首个工作日内将门（急）诊病历归档。第 13 条规定，患者住院期间，住院病历由所在病区统一保管。因医疗活动或者工作需要，须将住院病历带离病区时，应当由病区指定的专门人员负责携带和保管。医疗机构应当在收到住院患者检查检验结果和相关资料后 24 小时内归入或者录入住院病历。患者出院后，住院病历由病案管理部门或者专（兼）职人员统一保存、管理。由此可见，要求医疗机构提供查阅、复制的，主要是建有门（急）诊病历档案室或者已建立门（急）诊电子病历，以及由医疗机构保管的住院病历。

关于查阅、复制的病例资料的范围，《医疗机构病历管理规定》第 19 条作了明确和具体的规定，患者依照本条第 2 款的规定要求查阅、复制病历资料的，医疗机构应当在上述范围内及时提供。

（四）拒绝提供相关病历资料的法律后果

依照《医疗事故处理条例》第 56 条第 2 项的规定，没有正当理由，拒绝为患者提供复印或者复制病历资料服务的，由卫生行政部门责令改正；情节严重的，对负有责任的主管人员和其他直接责任人员依法给予行政处分或者纪律处分。这是对拒绝提供相关病历资料的行政责任的规定。在民事责任上，依照本法第 1222 条第 2 项的规定，患者在诊疗活动中受到损害，医疗机构隐匿或者拒绝提供与纠纷有关的病历资料的，推定医疗机构有过错。在推定过错的情况下，如果医疗机构没有相反证明，则“推定”的过错将被“认定”为过错，医疗机构将承担不利的法律后果。

第一千二百二十六条 医疗机构及其医务人员应当对患者的隐私和个人信息保密。泄露患者的隐私和个人信息，或者未经患者同意公开其病历资料的，应当承担侵权责任。

◆ 条文主旨

本条是关于患者隐私和个人信息保护的规定。

◆ 立法背景

民法典总则编第五章民事权利规定了隐私权和个人信息，人格权编第六章详细规定了隐私权和个人信息的保护的内容。基于医患关系的特殊性以及医患纠纷中的现实矛盾，本条对医疗领域的隐私和个人信息保护作了专门规定。

◆ 条文解读

正确理解本条的规定，需要从以下几个问题把握：

一、医疗机构及其医务人员侵害患者隐私和个人信息的表现形式

患者到医院就医，医务人员首先要知晓患者的病情与既往病史，要根据患者的陈述制作门诊或住院病历。在必要的情况下，还需对患者的身体进行接触和观察，以便对疾病进行正确的治疗。正是基于诊疗活动本身的特点，医务人员在其执业活动中极易掌握患者的隐私和个人信息。因此，对于其基于患者的信赖而在执业活动中知悉的患者的隐私和个人信息，医疗机构及其医务人员应负有保密的义务。实践中，医疗机构及其医务人员侵犯患者隐私权和个人信息的情况可大体分为如下两种。

（一）泄露患者的隐私和个人信息

泄露患者隐私，既包括医疗机构及其医务人员将其在诊疗活动中掌握的患者的隐私和个人信息对外公布、披露的行为，如对外散布患者患有性病、艾滋病的事实，导致患者隐私暴露，精神遭受巨大痛苦，也包括未经患者同意而将患者的身体暴露给与诊疗活动无关人员的行为。在医患关系中，医疗机构及其医务人员不得向无关人员泄露患者隐私和个人信息的权利。这里需要说明两点：第一，患者到医疗机构就医，相对于施治的医务人员来说，患者实际上放弃了自己的隐私权及部分个人信息。同时，根据生命健康权高于隐私权和个人信息这一基本的权利价值判断，在生命权健康权与隐私权和个人信息发生冲突时，后者应当让位于前者。因此，施治人员接触患者隐私无疑是合法的，但也应以其必要的治疗活动所应接触的范围为限。第二，医学院学生教学观摩问题，尽管医疗行政机关确定某些医院负有教学实习的义务，但有的专家认为，该义务仅及于教学医院一方，对患者来说，不具有法律约束力，即患者并不负有放弃自己的隐私和个人信息来满足教学医院进行教学的义务。教学医院与见习学生之间、教学医院与患者之间是两个不同的法律关系，受不同法律规范的约束。医疗机构即使是出于教学目的，侵犯患者隐私和个人信息，仍应承担相应的法律责任。

（二）未经患者同意公开其医学文书及有关资料

患者在就诊过程中，一般均会配合医务人员的问询，披露自己的病情、病史、症状等一系列个人信息，以配合医务人员的诊疗。同时，医务人员会根据患者的陈述，将该部分信息形成患者的病历资料等医学文书。在很多情况下，为了医学发展，还需要将患者信息汇集、整理，提供给医药研究机构或者企业。这部分记载有患者隐私内容的医学文书及相关资料一旦被披露，不但引起患者内心的精神痛苦，还往往会导致患者社会评价的降低，比如患者的某种身体缺陷、曾患有伤风化的疾病等。实践中，医疗机构及其医务人员未经患者同意公开其医学文书及有关资料的情况，也分为两种：第一，出于医学会诊、医学教学或者传染性疾病防治、医药研发等目的，公开或者提供患者的医学文书及有关资料；第二，医疗机构本身对医学文书及有关资料的管理不善，向未取得患者授权的人公开，造成患者损害的行为。对于第一种情况，在考虑患者隐私保护的同时，还要兼顾医学本身的特点以及医疗行业公益性的需要。在该种情况下，判断侵权责任是否成立的一个关键，就是看是否造成患者的损害。一般来说，如果医疗机构及其医务人员在为医学会诊、医学教学而公开或者提供患者医学文书及有关资料的过程中，如果能做到匿名化处理，防止定向识别出具体的患者，一般情况下对患者不至于造成损害，也不导致侵权责任的产生。对于第二种情况，则应当加强医疗机构对患者医学文书及有关资料的管理。

二、关于承担侵权责任的条件

《侵权责任法》第 62 条规定，无论是泄露患者隐私和个人信息，还是未经患者同意公开医学文书及有关资料，只有在造成患者损害的情况下，医疗机构才承担侵权责任。在民法典侵权责任编编纂过程中，有的提出，医疗机构及其医务人员泄露患者的隐私和个人信息，或者未经患者同意公开其病历资料是一种较为严重的侵权行为，有可能对患者的生活、工作和学习造成重大影响。为遏制这种行为，加强对诊疗活动中自然人隐私和个人信息的保护，法律应当明确规定，无论该行为对患者是否造成损害，医疗机构及其医务人员都应当承担侵权责任。经研究，我们采纳了该意见，删去《侵权责任法》第 62 条的“造成患者损害”才承担侵权责任的规定。

第一千二百二十七条　医疗机构及其医务人员不得违反诊疗规范实施不必要的检查。

◆ **条文主旨**

本条是关于医疗机构及其医务人员不得违反诊疗规范实施不必要检查的规定。

◆ **立法背景**

本条所针对的“不必要的检查行为”是社会上比较关注的“过度检查”问题。“过度检查”首次在规范性文件中出现，是卫生部和国家中医药管理局2006年联合制定的关于建立健全防控医药购销领域商业贿赂长效机制的工作方案。该方案提出，要实行院长问责制，“若发现医院存在乱收费、私设‘小金库’、严重的过度检查、过度医疗行为等严重违纪违法问题，将首先追究医院院长责任”。2009年中共中央国务院关于深化医药卫生体制改革的意见和国务院医药卫生体制改革近期重点实施方案（2009－2011年）中，并未直接对“过度检查”作出规范，而是从正面角度提倡使用“基本药物”“适宜技术”和“适宜检查”。

侵权责任法起草过程中，曾经使用了“过度检查”的表述。但是，有意见认为，“过度检查”非法律用语，并且何为“过度检查”，含义不明确，难以判断，建议删除。但也有意见认为，“过度检查”的现象当前确实存在，不仅给患者造成不必要的经济负担，有的过度检查甚至对患者身体带来不良影响。因此，为了维护患者的合法权益，对该问题作出禁止性规范是必要的。还有意见认为，不仅应当对“过度检查”作出禁止性规范，还应当规定其法律后果，如医疗机构应当退回不必要诊疗的费用，造成患者损害的，还应当承担赔偿责任。也有不同意见认为，在何为“过度检查”不明确的情况下，退费问题难以操作，同时，建议以“不必要的检查”代替“过度检查”的表述，并进一步明确“不必要的检查”的判断标准。在对各方意见进行综合考量的基础上，《侵权责任法》第63条规定，医疗机构及其医务人员不得违反诊疗规范实施不必要的检查。民法典侵权责任编继承了侵权责任法的规定，判断“检查”是否为“不必要”，标准是是否符合诊疗规范即诊疗需求。

◆ 条文解读

要正确理解本条的规定，需要从如下几个问题进行把握：

一、过度检查的特点和表现形式

过度检查一般是指由医疗机构提供的超出患者个体和社会保健实践需求的医疗检查服务，医学伦理学界把它称为“过度检查”。过度检查具有以下特征：（1）为诊疗疾病所采取的检查手段超出疾病诊疗的基本需求，不符合疾病的规律与特点。（2）采用非“金标准”的诊疗手段，所谓“金标准”，是指当前临床医学界公认的诊断疾病的最可靠方法。较为常用的“金标准”有活检、手术发现、微生物培养、特殊检查和影像诊断，以及长期随访的结果等。（3）费用超出与疾病对基本诊疗需求无关的过度消费。有的意见提出，近年来，公立医院公益性质淡化，有过分追求经济利益倾向。由于政府投入不足，不少公立医院运行主要靠向患者收费，出现过分依赖市场的导向。有人错误地认为医疗改革就是赚钱，把医疗引入商业化道路。与医院服务相关的药品和医疗器材生产流通秩序混乱，价格虚高，这些都成为诱发过度检查问题的社会因素。对于患者来说，过度检查导致医疗费用激增。过度检查不仅给患者造成过重经济负担，对其身体也带来不必要的风险和损害。

二、过度检查形成的原因

过度检查不仅仅是涉及医疗机构及其医务人员诊疗活动的问题，还是一个复杂的社会问题，它的成因主要有如下几个方面：一是现行医疗体制不健全。一方面是患者的医疗负担越来越重，看病贵的现象普遍存在；另一方面是医院的生存和发展依赖市场，强化了医院的求利倾向，催生了“以药养医”“以检养医”现象的出现，使医患关系进一步恶化。二是受司法实践中医疗举证责任倒置的影响。为应对司法实践中举证责任倒置而导致的举证压力，医疗机构采取了“防御性医疗”的对策，而过度检查就是“防御性医疗”的一种表现形式。有些医生为了在可能发生的医疗诉讼中能够举证和免责，而对患者进行了超出所患疾病本身的检查和治疗。由于人体生命科学的复杂性，决定了医疗行业具有极高的风险性，目前尚缺乏化解此类高风险的有效机制。

从宏观来看，过度检查最根本的成因在于制度层面，应从建立国家基本药物制度、推进公立医院试点改革方面解决这一问题，实现公立医院良性运行，避免医药体制改革过程中药品价格下降检查费用上升的情况。不必要检查不仅仅是医疗机构及其医务人员违反诊疗规范的问题，它更是一个复杂的社会问题，最终的解决要依靠改革我国的医药卫生体制以及建立健全医疗保障体系为基础。对于是过度检查还是适度检查，由于信息不对称等原因，医患常难以达成共识，因此加强沟通、解疑释惑、增进了解十分必要。

第一千二百二十八条 医疗机构及其医务人员的合法权益受法律保护。

干扰医疗秩序，妨碍医务人员工作、生活，侵害医务人员合法权益的，应当依法承担法律责任。

◆ 条文主旨

本条是关于维护医疗机构及其医务人员合法权益的规定。

◆ 立法背景

医患矛盾属于当前社会关注的焦点问题之一，近年来，医疗纠纷明显增多，有的认为主要有以下几方面的原因：（1）由于医保制度的普及，老百姓就医看病呈明显上升趋势，门诊及住院量大幅度上升，而医疗机构由于多年来投入不足，条件有限，一时难以满足患者的就医需求，出现各种医患矛盾和纠纷。（2）部分患者对医学科学期望值过高，认为进了医院如同进了保险箱，个别患者对有些疾病无法治愈不理解，将矛盾转嫁给医院和医务人员，以至于产生医疗纠纷，甚至发生伤害医务人员的恶性事件，严重损害医务人员生命健康，引起社会公愤。（3）长期以来医疗卫生事业投入不足，导致医院偏重经济效益，患者对看病难、看病贵意见很大，对医疗机构产生积怨，借以释放。（4）一些医院管理不到位，制度执行不严，一些医务人员医疗技术不高，业务素质及修养缺失，对患者人文关怀不够，医患沟通不足。

实践中解决医疗纠纷的难点主要表现为以下几个方面：（1）医患双方信息不对称，导致患者对医务人员不信任。医疗服务专业性很强，普通患者及其家属对出现医疗事故的原因无从分辨，不懂得如何取得对自己有利的证据，导致患方一开始就与医方处在完全不对等的位置，其举证和维权处于相对被动的地位。而部分医疗机构也存在为了维护自身利益，利用自身的强势地位，最大限度地减轻医疗责任，隐瞒部分医疗信息，使患方权利难以得到保证，引起患方对医疗机构的不信任，常常导致矛盾激化。（2）医疗纠纷取证难，导致责任认定难。由于医疗行为具有高度的技术性、专业性和复杂性，医疗行为未知数多，具有不可控因素，又因为患者个体差异等因素，除少数事实可以由双方当事人自行认定外，大多数需要经医学鉴定作出。然而，对医疗事故鉴定的公正性一直受到患者的质疑，认为是“老子为儿子鉴定”，导致患者宁肯“医闹”也不信任医疗鉴定的现象。（3）患者对公正解决纠纷缺乏信心，一些患者和家属不愿按法律程序解决问题。医疗事故处理有协商、调解和诉讼三种途径，但在实际操作中却遇到种种困难。由于医患双方缺乏信任，往往难以通过协商达成协议。由于患方认为卫生行政部门和医疗机构是“父子”关系，对卫生行政调解的公正性也存在顾虑，所以不愿去调解。由于诉讼时间长、诉讼代理和申请鉴定成本高等原因，无论是患者还是医疗机构，都不倾向用诉讼方式处理纠纷。纠纷发生后，一些患者和家属不愿按法律程序解决问题，而是采取动员亲属形成群体一味“闹医”“闹访”的办法，甚至存在威胁医疗机构和侮辱、殴打医护人员等过激行为。社会上还存在一种“职业医闹”，哪里出了患者死亡、伤残的事情，他们就去找家属谈，揽生意，然后纠集一些人找医院闹，闹来赔偿后与家属分成。

可以看出，当前医患双方的极度不信任导致医患关系的紧张，这种紧张状态又促使医疗纠纷不断升级。法律介入医疗活动的目的是实现医患双方权利的平衡和利益的协调，并非去解释或者解决本属于医学理论和医疗科学方面的问题。因此，在法律制度设计上，既要考虑患者作为医疗活动中弱势一方的利益保护，也应兼顾到医学行业本身的特点，如医学科学的局限性、医疗行业的高风险性。法律不仅仅为遭受医疗过错损害的患者提供保护，同样，对于医疗机构及其医务人员的合法权益，法律也要保护，医疗行业的健康、有序发展是整个社会公益的需要。因此，本法对医疗机构及其医务人员的合法权益的保护作了规范。立法过程中，不断有意见提出，本条规定属于行政法上的内容，与侵权责任法无关，建议本法不作规定。但是，也有意见认为，考虑到当前医患矛盾较为突出的现状，尤其是“医闹”“伤医”事件屡有发生，已经严重干扰了正常的医疗秩序，对医务人员的生命财产安全、工作和生活安宁造成很大影响。在这种情况下，民法典侵权责任编不仅要对正在发生的权利义务关系作出调整和平衡，还应对将来可能发生的冲突作出法律上的指引，这也符合侵权责任法“预防和制裁侵权行为”的立法目的。

◆ **条文解读**

本条在《侵权责任法》第 64 条的基础上，将“干扰医疗秩序，妨碍医务人员工作、生活，侵害医务人员合法权益的，应当依法承担法律责任”单做一款进行规定，以突出民法对医务人员人身财产安全的保护和重视。需要说明的是，干扰医疗秩序，妨碍医务人员工作、生活，侵害医务人员合法权益的，除了承担民事赔偿责任，还涉及行政责任和刑事责任。2015 年，刑法修正案（九）已正式将“医闹”入刑；2016 年，原国家卫生计生委、中央综治办、公安部和司法部印发了关于进一步做好维护医疗秩序工作的通知；2019 年年底，基本医疗卫生与健康促进法经全国人大常委会表决通过。暴力伤医是文明之耻，社会之伤，法律法规不断为医生撑起保护伞，但问题的关键在于，一是要采取必要措施防患于未然，例如，加强医生工作环境的安全防范系统建设，加强医院及周边巡逻防控，健全警医联动机制。二是要有法必依、执法必严，对各类伤医、闹医等行为依法果断处置，严厉打击伤害医务人员的违法犯罪行为。

第七章　环境污染和生态破坏责任

本章专章规定了环境污染和生态破坏责任。此次制定侵权责任编过程中，对本章进行了修改、补充和完善。本章共七条，主要包括两方面内容：一是私益损害，行为人因污染环境、破坏生态造成他人合法权益损害的，应当承担侵权责任。二是生态环境损害，行为人违反国家规定造成生态环境损害的，应当依法承担修复责任。

第一千二百二十九条　因污染环境、破坏生态造成他人损害的，侵权人应当承担侵权责任。

◆ 条文主旨

本条是关于环境污染和生态破坏侵权责任的一般规定。

◆ 立法背景

当前，我国面临环境污染严重、生态系统退化的严峻形势，对此，人民群众反映强烈，党中央高度关注。党的十八大以来，以习近平同志为核心的党中央高度重视生态文明建设，把生态文明建设作为统筹推进“五位一体”总体布局和协调推进“四个全面”战略布局的重要内容，加快推进生态文明顶层设计和制度体系建设，十八届三中、四中全会和十九大、十九届四中全会通过的决定，均强调“用严格的法律制度保护生态环境”，相继出台关于加快推进生态文明建设的意见、生态文明体制改革总体方案，制定了40多项涉及生态文明建设的改革方案，从总体目标、基本理念、主要原则、重点任务、制度保障等方面对生态文明建设进行全面系统部署安排。

2009年通过的《侵权责任法》第65条规定："因污染环境造成损害的，污染者应当承担侵权责任。"在侵权责任编草案征求意见过程中，一些单位和学者建议增加破坏生态侵权责任的内容。对此曾有不同意见，一种意见认为，《侵权责任法》第65条中的"环境"是广义上的环境，既包含狭义上的生活环境，也包括生态环境，没有必要作出修改。另一种意见认为，2013年党的十八届三中全会通过的中共中央关于全面深化改革若干重大问题的决定提出"完善环境治理和生态修复制度"，2014年修订的《环境保护法》第64条规定："因污染环境和破坏生态造成损害的，应当依照《中华人民共和国侵权责任法》的有关规定承担侵权责任。"2017年年底中央正式发布生态环境损害赔偿制度改革方案也作同样的表述。这几个文件都将"环境"与"生态"两个词并列使用，为保持法律规定以及与中央文件表述的一致性，作出修改为宜。经反复研究讨论，采纳后一种意见，将原"污染环境"修改为"污染环境、破坏生态"。污染环境，主要指向环境排放物质或能量超过了环境的自净能力，从而导致环境质量降低；生态破坏，大多是对自然资源的不合理开发利用行为，导致环境要素的数量减少或质量降低，破坏环境效能和生态平衡。

◆ **条文解读**

根据本条规定，因污染环境、破坏生态造成他人损害的，侵权人应当承担侵权责任。"污染环境"指对生活环境的污染，"破坏生态"指对生态环境的破坏。既包括对大气、水体、海洋、土地等生活环境的污染，也包括对生物多样性的破坏、破坏生态环境和自然资源造成水土流失等生态环境的破坏；既包括水污染、大气污染、噪声污染等传统的污染，也包括光污染、辐射污染等新型污染。总而言之，侵权人因污染环境、破坏生态造成他人损害的，应当承担侵权责任。

根据本条规定，环境侵权责任继续作为一种特殊类型的侵权责任，适用无过错责任归责原则。根据无过错责任原则，在侵权人有损害、污染的行为与损害有因果关系的情形下，不考虑侵权人是否存在过错，都应当对其污染行为造成的损害承担侵权责任。在起草侵权责任编过程中，对这一问题基本没有争议，学术界和实务界等各方面意见基本一致。主要考虑到，在环境侵权中，造成损害的污染物主要来源于现代工业生产排放的废水、废气、固体废物等污染物，受害人并不具有专业知识，很难证明加害人具有过错，只有实行无过错责任原则，才能有效保护受害人的合法权益。需要注意的是，本条主要规范因工业生产或者其他人为活动造成环境污染、生态破坏而对他人的人身、财产造成损害的行为，相邻关系人之间的生活污染行为不包括在内，相邻关系人的环境污染发生在相邻不动产所有人或者占有人之间，由物权法调整，造成损失主张赔偿的，适用侵权责任一般过错原则。

此外，对企业排污符合规定的标准但造成损害的情况是否应当承担侵权责任的问题，在 2009 年制定侵权责任法时有不同意见，这次编纂民法典侵权责任编过程中也有意见提出这个问题。有的意见认为，企业排污符合规定的标准时应减轻或者免除企业的侵权责任，如果符合规定的标准也应承担侵权责任，会削弱企业的环保意识，加重企业的负担，就有经营困难甚至破产的可能，如果符合排放标准仍造成损害，应由国家出台更高的标准，否则应由国家承担相应的责任。有的意见认为，即使排污符合规定的标准，造成损害也应当承担侵权责任。环境侵权责任采用无过错责任原则，侵权人承担责任的理由在于其从事的活动所具有的危险性，并不要求污染行为本身具有违法性；国家或者地方规定的污染物排放标准，是环境保护主管部门决定排污单位是否需要缴纳排污费和进行环境管理的依据，并不是确定排污者是否承担赔偿责任的界限；即使排污符合标准，给他人造成损害的，也应当根据有损害就要赔偿的原则，承担侵权责任。2015 年最高人民法院关于审理环境侵权责任纠纷案件适用法律若干问题的解释也坚持这一立场，其中第 1 条规定，污染者以排污符合国家或者地方污染物排放标准为由主张不承担责任的，人民法院不予支持。从侵权责任法到侵权责任编，对这一问题的看法是一致的，没有将违反国家排污规定作为侵权人承担侵权责任的构成要件，也就是说，合规排放造成他人损害的，仍然应当承担侵权责任。

► **相关规定**

《中华人民共和国环境保护法》第 2 条、第 64 条；《中华人民共和国海洋环境保护法》第 89 条；《中华人民共和国水污染防治法》第 96 条；《中华人民共和国大气污染防治法》第 125 条；《中华人民共和国固体废物污染环境防治法》第 84 条；《中华人民共和国环境噪声污染防治法》第 61 条；《中华人民共和国放射性污染防治法》第 59 条；《最高人民法院关于审理环境侵权责任纠纷案件适用法律若干问题的解释》第 1 条

第一千二百三十条 因污染环境、破坏生态发生纠纷，行为人应当就法律规定的不承担责任或者减轻责任的情形及其行为与损害之间不存在因果关系承担举证责任。

◆ **条文主旨**

本条是关于环境污染和生态破坏侵权举证责任的规定。

◆ **立法背景**

我国对环境侵权实行因果关系的举证责任倒置。所谓举证责任倒置，是指在法律规定的一些特殊情形下，将通常应由提出事实主张的当事人所负担的举证责任分配给对方，由对方对否定该事实承担举证责任，如果该方当事人不能就此举证证明，则推定事实主张成立的一种举证责任分配制度。它是举证责任分配的一种特殊表现形式，是相对于一般举证责任分配规则的正常分配结果而言的。其实质便是免除本应由原告承担的举证责任，而就待证事实的反面事实，由被告承担举证责任。将污染行为与损害之间的因果关系的举证义务加于污染者，有利于保护受害人的合法权益。

◆ **条文解读**

根据本条规定，行为人应当就两种情形承担举证责任：一是法律规定的不承担责任或者减轻责任的情形；二是其行为与损害之间不存在因果关系。

一、行为人应当就法律规定的不承担责任或者减轻责任的情形承担举证责任

在侵权责任编起草过程中，有的意见提出，根据民事诉讼举证责任的分配规则，“法律规定的不承担或者减轻责任的情形”的举证责任本来就在污染者一方，建议删除这句话。实际上，这句话是有其内在意义的，一般而言，不承担或者减轻责任的情形当然由被告方承担举证责任，这不需要法律特别强调，但是环境侵权广义上属于高度危险作业，适用无过错责任归责原则，每种高度危险作业的免责事由是不一样的，多数情形不可抗力可以免责，有的则不可以，如根据本法第 1237 条规定，民用核设施造成他人损害的，除战争、武装冲突、暴乱、受害人故意可以免责，因地震等不可抗力造成损害的，仍然应当承担侵权责任。所以，这句话实际上是明确了侵权人的免责事由。

二、行为人应当就其行为与损害之间不存在因果关系承担举证责任

侵权责任构成中的因果关系，是指违法行为作为原因，损害事实作为结果，在它们之间存在的前者引起后者，后者被前者所引起的客观联系。环境侵权适用无过错责任原则，过错不是构成环境侵权责任的要件，所以，因果关系是确定环境侵权能否成立的最重要的要件。

在一般侵权关系中，加害行为与损害结果之间是否存在法律上的因果关系，学界通说主张采用相当因果关系说，其关键在于，作为原因被考察的事件是否通常会增加损害后果出现的客观可能性。法官依据一般社会见解，按照当时社会所达到的知识和经验，只要一般人认为在同样情形有发生同样结果之可能性即可，存在这种因果关系的举证责任由受害人承担。但是，在环境侵权责任中，由受害人对行为人的行为与其损害之间存在因果关系进行举证非常困难，如果仍然按照民事诉讼中“谁主张，谁举证”原则，由受害人承担因果关系的举证义务，则受害人很难获得救济，这是由环境污染侵权的特殊性决定的。

第一，环境污染损害一般具有长期性、潜伏性、持续性、广泛性的特点，有的环境污染损害地域广泛，污染源与损害结果地距离很远，有的损害结果往往不是即时完成的，而是日积月累慢慢形成的，所以即使产生损害，往往时过境迁，证据灭失，很难判断损害事实是否由某侵权行为造成，使因果关系的证明非常困难。比如日本的哮喘病事件，从 1955 年开始排出废气，到 1961 年开始出现哮喘病人发作，1964 年才开始出现死亡病例，从开始排放到污染损害，历时近十年。

第二，环境污染造成损害的过程具有复杂性，损害并非总是由污染物直接作用人身和财产造成的，往往是污染物与各环境要素或者其他要素相互之间发生物理、化学、生物的反应，经过迁移、扩散、转化、代谢等一系列中间环节后才起作用。甚至有的时候，污染物本身是不会致害的，但和其他因素一起作用就产生了损害，使因果关系表现得十分隐蔽和不紧密，认定十分困难。

第三，有的环境污染侵权涉及一系列的物理、化学、生物、地理、医学等专业知识甚至一些高科技知识，要证明行为与损害事实之间的因果关系，必须具备相关的专门科学技术知识和仪器设备，这些知识、技术和仪器并非平常人所能具备。甚至在一些时候，在现在的科学技术条件下，一些环境污染损害的因果关系还无法认定。

第四，在确定因果关系时，多因一果的现象经常出现，如数家工厂向同一河流排污，河水被污染致使饮用该河水的居民感染疾病，在这种情况下，受害人很难或根本无法证明谁是致害人，证明因果关系更困难。

正因为环境污染侵权的这些特殊性，导致环境污染的因果关系链条十分复杂，所以要证明这些因果关系链条就更为复杂，由受害人承担因果关系的举证责任有非常大的难度。为了减轻环境侵权受害人的举证负担，更迅速地救济受害人，举证责任转移或倒置制度便应运而生。

需要注意的是，在环境侵权责任中适用因果关系举证责任倒置，并不意味着受害人就不用负担任何举证义务，在诉讼中，受害人应当首先证明污染行为与损害结果之间存在联系，即存在因果关系的可能性和初步证据，只是这种可能性并不需要如相当因果关系理论要求的那样达到高度盖然性。

▶ 相关规定

《中华人民共和国水污染防治法》第96条、第98条；《中华人民共和国固体废物污染环境防治法》第86条；《最高人民法院关于审理环境侵权责任纠纷案件适用法律若干问题的解释》第1条、第6条、第7条

第一千二百三十一条 两个以上侵权人污染环境、破坏生态的，承担责任的大小，根据污染物的种类、浓度、排放量，破坏生态的方式、范围、程度，以及行为对损害后果所起的作用等因素确定。

◆ 条文主旨

本条是关于两个以上侵权人造成损害的责任的规定。

◆ 立法背景

实践中，很多环境侵权往往不是由某一个企业排污造成的，而是多个企业排放污染共同造成的，这就是环境共同侵权行为。关于两个以上行为人污染环境、破坏生态造成损害，行为人对外是承担连带责任还是按份责任有不同意见。一种意见认为，应当规定污染者对外承担连带责任，再根据污染物排放量等因素确定排污者的内部责任，这样有利于救济受害人。另一种意见认为，应当规定污染者承担按份责任。经研究认为，环境共同侵权较为复杂，不能一概而论，本条主要规范两个以上侵权人造成他人损害时的内部责任划分，多个侵权人对外如何承担责任，应当根据侵权责任编一般规定确定。民法典侵权责任编一般规定对多人侵权分别不同情形作了规定，第1168条规定了共同侵权，第1171

条规定了分别实施侵权行为承担连带责任的情形，第 1172 条规定了分别侵权。

◆ **条文解读**

适用本条环境共同侵权需要满足以下要件：（1）多个侵权主体，有两个或者两个以上的行为人实施了污染环境、破坏生态行为。（2）行为人实施了污染环境、破坏生态的行为，因环境侵权采用无过错责任，不需要考虑行为人的主观过错，行为人之间是否存在意思联络，都不影响适用本条。当然，如果受害人能够证明多个行为人之间存在“故意”的意思联络，根据本法第 1168 条规定：“二人以上共同实施侵权行为，造成他人损害的，应当承担连带责任。”毫无疑问构成共同侵权，但实践中，“共同故意”的情形极为罕见。（3）数个侵权行为与损害有总体上的因果关系，并不是单个侵权行为与损害之间有因果关系。（4）造成了同一损害。多个侵权人分别排放污染，造成不同种类的损害，如一个企业排放污水，另一个企业排放有毒气体，造成的损害存在明显区别，不构成环境共同侵权，而是根据各自行为造成的损害后果承担侵权责任。

环境共同侵权不仅要解决多个侵权人的外部责任，也要解决多个侵权人内部如何划分责任。从理论上讲，每个侵权人承担责任大小的依据是侵权人的污染行为在导致损害的结果中所占的原因力的比例。但是，环境污染中原因力的确定比较复杂，要综合根据污染物的种类、浓度、排放量，破坏生态的方式、范围、程度，以及行为对损害后果所起的作用等因素确定。排放污染物的种类是指导致损害结果的污染物的种类，如一家企业既排放 A 有害物质又排放 B 有害物质，在确定致害污染物只是 A 有害物质的情况下，只考虑 A 有害物质的排放来确定。污染物浓度是指单位体积内所含污染物的量，排放量是排放污染物总量乘以排放浓度，如一家企业排放污水十吨，浓度是百分之零点一，另一家企业排放污水五吨，浓度是百分之零点二，排放量的计算是排放污水总量乘以排放浓度，并非单指排放污水总量。破坏生态的方式包括但不限于乱捕滥猎、乱砍滥伐、毁林造田，范围指受到损害的生态环境因素，如动物种群、植物种群、植物覆盖等，程度指与物种种群数量、密度、结构等与生态环境基线的差异。

当然，除了本条列举的外，排放物质的致害性、排放地与损害发生地的距离、排放时间、排放频率等多种因素也会对判断行为人的责任大小产生影响。《最高人民法院关于审理环境侵权责任纠纷案件适用法律若干问题的解释》第4条规定："两个以上污染者污染环境，对污染者承担责任的大小，人民法院应当根据污染物的种类、排放量、危害性以及有无排污许可证、是否超过污染物排放标准、是否超过重点污染物排放总量控制指标等因素确定。"

▶ 相关规定

《最高人民法院关于审理环境侵权责任纠纷案件适用法律若干问题的解释》第2－4条

第一千二百三十二条 侵权人违反法律规定故意污染环境、破坏生态造成严重后果的，被侵权人有权请求相应的惩罚性赔偿。

◆ 条文主旨

本条是关于侵权人承担惩罚性赔偿的规定。

◆ 立法背景

现代社会工业化快速发展，在创造大量社会财富的同时，也带来了巨大社会风险，环境污染和生态破坏就是这种发展带来的重大风险之一。从总体上看，当前我国环境污染形势严峻，雾霾天气多发、城市河道水体黑臭、垃圾围城、土壤污染、危废处置污染等问题突出，给社会公众的人身和财产权利造成了巨大损失，环境和生态也受到重创。如何充分保护环境侵权受害者，是摆在民法面前的一道课题。

填平原则，又称补偿性赔偿原则，一直是民法特别是侵权损害赔偿坚持的基本原则，是指在确定损害赔偿时应以受害人的实际损失为准，损失多少赔多少，受害人不能从中获取超过损失的利益。环境侵权同样遵从这一原则，但在司法实践中，受害人多处于弱势地位，经济实力不足；由于环境侵权诉讼专业性较强，即便实行因果关系举证责任倒置，受害人只需证明污染行为与损害后果之间存在关联性，由于信息不对称，也是困难重重；损害鉴定评估周期长、费用高，有些案件中鉴定费用甚至超过赔偿金额。所以，总体而言，环境损害赔偿数额较低，往往不足以弥补实际损害，更难以震慑企业排污行为。在这种背景下，有必要在环境侵权中探索和逐步建立惩罚性赔偿制度，有利于充分救济受害人，有利于惩罚恶意侵权人，有利于警示他人不得实施类似行为。

◆ 条文解读

根据本条规定，环境侵权惩罚性赔偿的构成要件主要有：

1. 侵权人实施了不法行为。根据本条规定，侵权人的环境污染和破坏生态行为应当违反了法律规定。在起草过程中，有的学者认为将“违反法律规定”作为惩罚性赔偿的构成要件不合理，加重了受害人的举证负担，不利于对受害人的全面救济。有的学者认为，只有行为人的行为违反了国家环境行政法律法规的规定，才有可能构成惩罚性赔偿，如果民法惩罚合法排污行为，则与环境行政法律发生冲突，法律对企业行为的指引功能会发生错乱，企业将无所适从。

经研究认为，惩罚性赔偿不同于普通环境侵权，其赔偿数额更高，具有普通环境侵权不具备的惩罚功能，构成要件应当更为严格。企业的排污行为只要符合国家环境行政法律法规的要求，从行政法的角度看，那就是合法的，企业的正常生产经营活动不仅是社会正常发展所必需的，也应当为法律所保护和鼓励，对企业的排污行为施以惩罚，必须以企业违反法律规定为前提，否则不具有正当性。

2. 侵权人主观具有故意。根据本条规定，侵权人的主观状态应当是故意。这是惩罚性赔偿与普通环境侵权的又一点显著不同，在本法的起草过程中，大家一致认为，惩罚性赔偿制度的设计初衷就是针对恶意侵权人，但对如何定义恶意，也有不同看法。有的建议规定为故意或者重大过失，若仅规定故意，不恰当地缩小了惩罚性赔偿的适用范围，降低受害人主张的积极性。

经研究认为，在环境侵权引入惩罚性赔偿制度之初，不宜将范围扩得过大。“故意”作为一种主观状态，难以直接证明，实践中一般通过侵权人的行为来认定，如侵权人多次非法排污并受到行政机关处罚，侵权人将未经处理的废水、废气、废渣直接排放或者倾倒，侵权人关闭环境在线监测系统或者故意干扰监测系统，侵权人在正常排污设施外留有偷排孔等，这些都能证明侵权人对其排污行为所可能造成的后果，绝对不是因为疏忽大意，而是故意为之，放任严重后果的发生。

3. 造成严重后果。根据本条，侵权人的行为造成严重后果的，才可能构成惩罚性赔偿。惩罚性赔偿具有惩罚功能，在适用上应当遵循谦抑原则，不能对侵权人动辄就处以惩罚性赔偿。惩罚性赔偿制度应当聚焦于损害后果严重的侵权行为，不仅对受害人的人身、财产造成严重损害，还可能对生态环境造成严重损害甚至不可逆转的损害。2009 年《侵权责任法》第 47 条规定："明知产品存在缺陷仍然生产、销售，造成他人死亡或者健康严重损害的，被侵权人有权请求相应的惩罚性赔偿。"第一次明确在民法中引入惩罚性赔偿概念，同样要求具备"严重损害"的后果。

第一千二百三十三条　因第三人的过错污染环境、破坏生态的，被侵权人可以向侵权人请求赔偿，也可以向第三人请求赔偿。侵权人赔偿后，有权向第三人追偿。

◆ 条文主旨

本条是关于因第三人的过错污染环境和破坏生态责任的规定。

◆ 立法背景

本条规定的是如果污染环境造成损害是由于第三人的过错引起的，责任如何承担的问题。多数意见认为属于不真正连带责任，不真正连带责任，是指多数行为人违反法定义务，对一个受害人实施加害行为，或者不同行为人基于不同的行为而致使受害人的权利受到损害，各个行为人对产生的同一内容的侵权责任，各负全部赔偿责任，并因行为人之一的履行而使全体责任人的责任归于消灭的侵权共同责任形态。

◆ 条文解读

本条规定的第三人，是指除污染者与被侵权人之外的第三人，对被侵权人损害的发生具有过错，包括故意和过失。符合本条规定的第三人需具备两个条件：首先，第三人是指被侵权人和污染者之外的第三人，即第三人不属于被侵权人和污染者一方，第三人与受害者和污染者之间不存在法律上的隶属关系，如雇佣关系等。其次，第三人和污染者之间不存在意思联络。如果第三人与污染者有意思联络，则第三人与污染者构成共同侵权，不属于本条规范。

一、被侵权人可以向侵权人请求赔偿

根据本编规定，环境侵权责任适用无过错责任归责原则，只要符合本法第1229条的构成要件，侵权人就要承担侵权责任，不考虑其主观是否存在过错。根据本法第1175条规定，损害是因第三人造成的，第三人应当承担侵权责任。一般而言，第三人就是真正的侵权人，被请求承担侵权责任的人可以因此而免责。但是，在环境侵权责任中，侵权人的环境侵权行为即便是因第三人行为介入引起的，如有人偷偷关闭污水、废气净化设施，企业采购的排污净化设备质量不合格等，导致排污严重超标，侵权人无法据此主张免责。此前，单行法对侵权人是否因第三人过错行为而免责，有着不同的规定，如《水污染防治法》第96条第4款规定："水污染损害是由第三人造成的，排污方承担赔偿责任后，有权向第三人追偿。"1999年《海洋环境保护法》第90条第1款规定："造成海洋环境污染损害的责任者，应当排除危害，并赔偿损失；完全由于第三者的故意或者过失，造成海洋环境污染损害的，由第三者排除危害，并承担赔偿责任。"但在2009年制定侵权责任法时，对此进行了研究，认为第三人过错行为不应当是侵权人的免责事由。《最高人民法院关于审理环境侵权责任纠纷案件适用法律若干问题的解释》第5条第3款也作出类似规定："污染者以第三人的过错污染环境造成损害为由主张不承担责任或者减轻责任的，人民法院不予支持。”

二、被侵权人也可以向第三人请求赔偿

侵权人承担环境侵权责任的同时，因第三人的过错行为与损害后果之间存在法律上的因果关系，被侵权人也可以直接请求第三人承担侵权责任。但需要注意的是，第三人承担责任与侵权人承担责任存在明显区别，侵权人承担的是无过错责任，被侵权人无需证明侵权人的主观过错，不存在因果关系的举证责任由侵权人承担；而请求第三人承担责任，适用过错责任，需要符合一般侵权的构成要件，即不法行为、主观过错、损害后果、不法行为与损害后果之间存在因果关系，都需要由被侵权人承担举证责任，不适用举证责任倒置的规定。

三、被侵权人可以选择请求对象

根据本条规定，被侵权人既可以向侵权人请求赔偿，也可以向第三人请求赔偿，还可以同时向侵权人和第三人请求赔偿。赋予被侵权人选择权，方便被侵权人主张权利，及时获得赔偿，有利于加强对被侵权人的保护，避免侵权人或者第三人其中一方没有赔偿能力而无法得到充分救济。但是，被侵权人对侵权人和第三人的赔偿请求权，只能择一行使，因其只有一个“损害后果”，向被侵权人主张权利或者向第三人主张权利，选择的一个请求权实现之后，另一个请求权消灭，不能分别行使两个请求权，获得双份赔偿。《最高人民法院关于审理环境侵权责任纠纷案件适用法律若干问题的解释》第 5 条第 1 款对此也有规定：“被侵权人根据侵权责任法第六十八条规定分别或者同时起诉污染者、第三人的，人民法院应予受理。”

四、侵权人有权向第三人追偿

根据本条规定，侵权人赔偿后，有权向第三人追偿。因第三人行为的介入发生环境侵权行为，第三人的行为与损害后果之间存在因果关系，基于“自己行为自己负责”的朴素道理，第三人应当对其不法行为承担相应的责任。通常情况下，被侵权人会首先向侵权人请求赔偿，侵权人赔偿后，有权请求第三人承担责任。但第三人行为介入的情形比较复杂，损害后果可能完全由第三人的故意或者过失行为引起，也可能是由第三人的故意或者过失行为与侵权人的过失行为共同引起，第三人行为对损害后果的原因力可能很大也可能很小。具体到个案，第三人最终应当承担多少份额的责任，需要结合具体案情具体分析，侵权人有权向第三人追偿。《最高人民法院关于审理环境侵权责任纠纷案件适用法律若干问题的解释》第5条第2款规定：“被侵权人请求第三人承担赔偿责任的，人民法院应当根据第三人的过错程度确定其相应赔偿责任。”

▶ **相关规定**

《中华人民共和国水污染防治法》第96条；《最高人民法院关于审理环境侵权责任纠纷案件适用法律若干问题的解释》第5条

第一千二百三十四条 违反国家规定造成生态环境损害，生态环境能够修复的，国家规定的机关或者法律规定的组织有权请求侵权人在合理期限内承担修复责任。侵权人在期限内未修复的，国家规定的机关或者法律规定的组织可以自行或者委托他人进行修复，所需费用由侵权人负担。

◆ **条文主旨**

本条是关于生态环境损害赔偿制度和民事生态环境修复制度的规定。

◆ **立法背景**

生态环境损害赔偿制度是生态文明制度体系的重要组成部分。2015 年年底，作为生态文明体制改革六大配套方案之一的生态环境损害赔偿制度改革试点方案出台，经过两年试点，2017 年年底中央正式发布生态环境损害赔偿制度改革方案，在全国试行生态环境损害赔偿制度，提出到 2020 年，力争在全国范围内初步构建责任明确、途径畅通、技术规范、保障有力、赔偿到位、修复有效的生态环境损害赔偿制度。

◆ **条文解读**

本条建立了生态环境损害赔偿制度，可以从以下两个方面解读：

一、本条构成要件

（一）违反国家规定

根据本条规定，违反国家规定是承担生态环境损害赔偿的要件之一。在起草过程中，对于是否将此作为构成要件，存在不同意见。有的意见认为，生态环境损害赔偿应当与环境侵权一样，只要有损害，就应当赔偿，不论其行为是否违反国家规定。有的意见认为，改革方案中规定，违反法律法规，造成生态环境损害的单位或个人，应当承担生态环境损害赔偿责任。

对此，经认真研究认为，生态环境损害赔偿与一般环境侵权不能等量齐观，两种制度的价值取向有所不同，一般环境侵权注重于私人权益的保护，国家规定的排污标准有可能滞后于社会经济发展，不能放任私人权益遭受侵害。而在生态环境侵权中，《环境保护法》第 45 条规定：“国家依照法律规定实行排污许可管理制度。实行排污许可管理的企业事业单位和其他生产经营者应当按照排污许可证的要求排放污染物；未取得排污许可证的，不得排放污染物。”根据这一规定，只要经营者依法申请排污许可证并实现达标排放，便不应当承担行政法上的责任，生态环境损害赔偿的权利主体主要是国家机关，国家机关不能一方面发放排污许可证，另一方面对排污行为主张损害赔偿，行政机关可以通过排污许可证制度实现污染物排放总量和生态环境标准控制，所以，不宜令其承担生态损害赔偿责任。从这个意义上讲，主流观点认为，生态环境侵权实行过错责任。

（二）生态环境损害

有损害才有赔偿，生态环境侵权依然要遵守民法的基本原则，但生态环境损害与一般环境侵权中的损害多有不同。长期以来，环境侵权主要关注个体权益的损害，生态环境因其具有公共属性而被忽视。生态环境损害与个人权益损害既有关联也存在区别，关联主要表现在，个体权益受到损害很多是以生态环境受到损害为前提的，侵权人污染环境、破坏生态的行为，首当其冲受到损害的就是生态环境，如污染了空气、地下水、土壤，破坏了植物或动物种群等，以这些被污染的空气、水、土壤和被破坏的生态系统为媒介，侵害了个体权益，具体表现为人畜生病、种植物减产等。两者的区别主要表现在，个体权益有明确的权利人，有动力主张损害赔偿，可以用金钱来计算，而生态环境具有明显的公共属性，是人们赖以生存的基础，但在民法中，公共产品缺乏明确的权利主体，难以主张损害赔偿，而且，生态环境损害的计算也并非易事，难以用金钱来补偿。

（三）因果关系

因果关系是构成侵权责任的必要条件，问题的关键在于由谁承担因果关系举证责任。有的意见提出，生态环境侵权本质上与环境侵权一样，因果关系举证责任应当由侵权人承担。对这一问题，改革方案没有明确规定，也没有现成的方案可循。主流意见认为由权利人承担更为合适，在环境侵权中，将因果关系举证责任分配给侵权人，主要是考虑到受害人在经济上和专业知识上的不足，侵权人更有举证能力，据此推论，在生态环境损害赔偿诉讼中，国家机关和有关组织作为原告，其实力与环境侵权人相比，显然更为强大，不仅有公共财政作为支撑，人员、技术能力也更为专业，完全有能力对因果关系进行举证。

二、民事生态环境修复制度

根据本条规定，生态环境能够修复的，应当予以修复。这里为何不用已有的“恢复原状”，而选择“生态环境修复”这个词？生态环境修复，是指将被污染或破坏的生态环境予以修复，恢复其内在功能。与恢复原状在理论上是相通的，都是通过修理等手段将受损害的客体予以复原。但恢复原状的内涵较窄，指恢复到利益受损害前的状态，不影响正常使用，而生态环境具有特殊性，一旦遭到污染或者破坏，不可能完全恢复到受损害前的状态，只能通过技术措施，尽可能地恢复其原有的生态功能、文化功能等，所以，生态环境修复概念的内涵更为宽泛，更有弹性。从这个意义上讲，生态环境修复实际上是传统恢复原状责任在生态环境侵权领域的具体表达。

根据本条规定，生态环境修复责任承担主要有两种方式：

一是请求侵权人在合理期限内承担修复责任。环境修复并不是简单修补了事，具有很强的专业性、技术性和复杂性，修复的目的是使受损的生态环境复原至基线水平，是一种技术目标，一般企业或者个人难以完成，多数侵权人不具备修复生态环境的能力。侵权人作为始作俑者，是修复责任的当然承担者，权利人有权请求侵权人在合理期限内承担修复责任。这句话的意思并不是说侵权人必须独立完成修复工程，如果侵权人有能力有资质，可以凭一己之力完成；如果侵权人没有修复能力，可以出资请他人完成修复工程。

二是自行或者委托他人进行修复。考虑到生态环境保护有及时性、有效性等特点，不能无限期等待侵权人履行修复责任，据此，本条规定，侵权人在期限内未修复的，权利人可以自行或者委托他人履行修复义务，所需费用由侵权人负担。这实际上借鉴了执行程序中代履行制度，从形式上看，完成生态环境修复工程的是权利人或者其委托的第三人，但修复责任仍然由侵权人承担。

▶ **相关规定**

《生态环境损害赔偿制度改革方案》；《最高人民法院关于审理环境民事公益诉讼案件适用法律若干问题的解释》第20条

第一千二百三十五条 违反国家规定造成生态环境损害的，国家规定的机关或者法律规定的组织有权请求侵权人赔偿下列损失和费用：

（一）生态环境受到损害至修复完成期间服务功能丧失导致的损失；

（二）生态环境功能永久性损害造成的损失；

（三）生态环境损害调查、鉴定评估等费用；

（四）清除污染、修复生态环境费用；

（五）防止损害的发生和扩大所支出的合理费用。

◆ **条文主旨**

本条是关于生态环境损害赔偿范围的规定。

◆ **立法背景**

根据中办国办生态环境损害赔偿制度改革方案，生态环境损害赔偿范围包括清除污染费用、生态环境修复费用、生态环境修复期间服务功能的损失、生态环境功能永久性损害造成的损失以及生态环境损害赔偿调查、鉴定评估等合理费用。赔偿义务人自行修复或委托修复的，赔偿权利人前期开展生态环境损害调查、鉴定评估、修复效果后评估等费用由赔偿义务人承担。赔偿义务人造成的生态环境损害无法修复的，其赔偿资金作为政府非税收入，全额上缴同级国库，纳入预算管理。赔偿权利人及其指定的部门或机构根据磋商或判决要求，结合本区域生态环境损害情况开展替代修复。

◆ **条文解读**

根据本条规定，国家规定的机关或者法律规定的组织有权请求侵权人赔偿下列损失和费用。

一、生态环境受到损害至修复完成期间服务功能丧失导致的损失

生态系统服务功能是指生态系统通过自身的作用循环提供给人类的效益或者对生态环境的效益，生态系统服务功能包括生态物质提供功能、生态控制功能、生命维持功能与文化欣赏功能等。生态环境修复需要经历较长一段时间，在此期间生态环境服务功能是不完整的，根据环境损害鉴定评估推荐方法（第Ⅱ版），期间损害界定为“生态环境损害发生至生态环境恢复到基线状态期间，生态环境因其物理、化学或生物特性改变而导致向公众或其他生态系统提供服务的丧失或减少，即受损生态环境从损害发生到其恢复至基线状态期间提供生态系统服务的损失量”。生态系统服务功能作为一项独立的价值也应当得到赔偿。

二、生态环境功能永久性损害造成的损失

并不是所有生态环境损害都是可以修复的，比如滥捕滥杀导致某些物种灭绝，这是不可逆转的，有些生态环境损害虽然可以修复，但无法修复到原来的状态。根据环境损害鉴定评估推荐方法（第Ⅱ版），永久性损害指受损生态环境及其服务难以恢复，其向公众或其他生态系统提供服务能力的完全丧失。生态环境损害赔偿制度改革方案也规定，生态环境损害无法修复的，其赔偿资金作为政府非税收入，全额上缴同级国库，纳入预算管理，权利人结合本区域生态环境损害情况开展替代修复。生态系统功能的永久性损害只能通过价值估算予以赔偿。

三、生态环境损害调查、鉴定评估等费用

生态环境损害调查是指生态环境损害发生后，权利人为了评估生态环境损害情况进行信息收集的过程。生态环境损害鉴定评估是指鉴定评估机构通过技术方法对生态环境损害情况、赔偿费用、修复行为、修复效果等进行分析评价的行为。调查、鉴定评估等费用也是由生态环境侵权行为而衍生的费用，应由侵权人赔偿。

四、清除污染、修复生态环境费用

污染行为发生后，清除污染是当务之急，一般来说，清除污染费用包括清污方案制定费用、清除污染操作费用。修复生态环境费用则复杂得多，包括修复方案制定费用、修复实施费用，司法实践对如何计算或确定作了大量探索，主要有环境违法利益计算法、以排污费一定比例计算法、危险消除计算法、鉴定机构确定法等，由于生态环境修复工作专业性强，有的时间跨度也比较长，法官很难作出精确计算，较为依赖司法鉴定，以鉴定机构评估的费用为基础，综合考虑若干因素计算而成。《最高人民法院关于审理环境民事公益诉讼案件适用法律若干问题的解释》第20条第3款规定："生态环境修复费用包括制定、实施修复方案的费用和监测、监管等费用。"第23条规定："生态环境修复费用难以确定或者确定具体数额所需鉴定费用明显过高的，人民法院可以结合污染环境、破坏生态的范围和程度、生态环境的稀缺性、生态环境恢复的难易程度、防治污染设备的运行成本、被告因侵害行为所获得的利益以及过错程度等因素，并可以参考负有环境保护监督管理职责的部门的意见、专家意见等，予以合理确定。”

五、防止损害的发生和扩大所支出的合理费用

生态环境损害发生后，必须及时采取合理预防、防止损害扩大的措施，将损害控制在最小范围内，也有利于后续治理与修复工作的开展。《最高人民法院关于审理环境民事公益诉讼案件适用法律若干问题的解释》第 19 条中也有这一规定：“原告为停止侵害、排除妨碍、消除危险采取合理预防、处置措施而发生的费用，请求被告承担的，人民法院可以依法予以支持。”

▶ 相关规定

《生态环境损害赔偿制度改革方案》；《最高人民法院关于审理环境民事公益诉讼案件适用法律若干问题的解释》第 19 – 24 条

第八章 高度危险责任

本章共九条，主要对高度危险责任的一般规定和几种典型的高度危险作业致害责任作出规定。其中，第 1236 条是关于高度危险责任的一般规定。第 1237 条至第 1240 条大致按照危险程度的高低，区分不同的高度危险作业类型，分别对民用核设施、民用航空器、高度危险物和从事高空、高压、地下挖掘活动、高速轨道运输工具的致害责任及其不承担或者减轻责任的情形作了规定。第 1241 条规定了对遗失、抛弃危险物致害责任。第 1242 条规定了非法占有高度危险物的致害责任。第 1243 条规定了未经许可进入高度危险作业区域受到损害作业人的责任减免情形。第 1244 条对赔偿限额作了规定。

第一千二百三十六条 从事高度危险作业造成他人损害的，应当承担侵权责任。

◆ 条文主旨

本条是关于高度危险责任的一般规定。

◆ 立法背景

19 世纪以来，随着工业革命带来的社会化大生产的迅速发展和科学技术的不断进步，铁路、机械、炸药等广泛应用于生产、生活中，但因此造成他人人身、财产损害的事件时有发生。一方面，人们为了提高社会生产力以发展经济和提高物质生活水平，追求高效、快捷，必然借助这些具有高度危险性的作业；另一方面，由于高度危险作业本身具有对人身和财产的巨大潜在危险性，即使作业者尽最大的注意和谨慎，也不能完全避免侵害的发生。通常认为普鲁士在1838年通过的《普鲁士铁路企业法》首次确立了高度危险作业的无过错赔偿责任原则。

对如何通过法律规定高度危险责任，各国和地区做法不一。有些国家和地区通过单行法或者民法典个别条款对某些特定高度危险行为进行规范，有些国家和地区则在其民法典中对危险责任作了一般性规定。

我国在制定侵权责任法之前，关于高度危险责任法律体系主要是由民法通则作一般规定，其后由铁路法、民用航空法、电力法等对相关的高度危险行为的民事责任作出规定。《民法通则》第123条规定，从事高空、高压、易燃、易爆、剧毒、放射性、高速运输工具等对周围环境有高度危险的作业造成他人损害的，应当承担民事责任；如果能够证明损害是由受害人故意造成的，不承担民事责任。这条规定，一是通过列举“高空、高压、易燃、易爆、剧毒、放射性、高速运输工具”这七种常见的高度危险作业形式，同时也在其后加上“等对周围环境有高度危险的作业”来界定高度危险作业的范围。二是规定了高度危险作业实行的是无过错原则，并规定损害是由受害人故意造成的，高度危险作业人可以不承担责任。《民法通则》第123条作为高度危险责任的一般规定，为其后制定有关涉及高度危险责任的单行法和司法实践发挥了积极的指导作用。本法继承了《侵权责任法》第69条的规定。

在起草本章时，首先考虑的一个问题是，需不需要规定高度危险责任的一般条款。对此，有的意见认为，我国目前已经有了一些关于高度危险作业的单行法，今后可以通过修改现行法律和制定新的法律，对具体的高度危险责任加以规定，对一时难以通过单行法规范的高度危险行为，可以在本章分别作出有针对性的规定，因此，不需要规定高度危险责任的一般规定。而有些人则认为，高度危险作业的范围和其本身的危险性，是随着科学技术的发展变化而不断发展变化的，通过单行法和侵权责任法对具体高度危险行为的侵权责任进行规定，难以适应社会的发展，因此，应当参考《民法通则》第 123 条的做法，对高度危险责任作一般性规定。我们研究认为，应当规定高度危险责任的一般条款。这样做的好处是，对目前已有法律规范的高度危险行为侵权责任的共性问题作出规定，可以为司法实践处理尚未有法律明确规范的高度危险行为提供一个指导性原则。因此，本条规定：从事高度危险作业造成他人损害的，应当承担侵权责任。这就明确了高度危险责任为无过错责任。

◆ 条文解读

一、关于调整的范围

这里讲的“高度危险作业”，既包括使用民用核设施、高速轨道运输工具和从事高压、高空、地下采掘等高度危险活动，也包括占有、使用易燃、易爆、剧毒和放射性等高度危险物的行为。“高度危险作业”的表述是个开放性的概念，包括一切对周围环境产生高度危险的作业形式。一般认为，具体行为构成高度危险作业应具备以下三个条件：

1. 作业本身具有高度的危险性。也就是说，危险性变为现实损害的概率很大，超过了一般人正常的防范意识，或者说超过了在一般条件下人们可以避免或者躲避的危险。

2. 高度危险作业即使采取安全措施并尽到了相当的注意也无法避免损害。日常生活中，任何一种活动都可能对周围人们的财产或人身产生一定的危险性，但高度危险作业则具有不完全受人控制或者难以控制的危害性。

3. 不考虑高度危险作业人对造成损害是否有过错。

二、关于归责原则

高度危险作业造成他人损害的，应当承担无过错责任，这也是大部分国家的普遍做法。

三、关于减免责任事由

作为高度危险责任的一般规定，本条没有写明哪些情形可以不承担责任或者减轻责任。这不是说高度危险责任没有任何的不承担责任或者减轻责任情形。如果针对具体的高度危险责任，法律规定不承担责任或者减轻责任的，应当依照其规定。如《铁路法》第 58 条规定，因铁路行车事故及其他铁路运营事故造成人员伤亡的，铁路运输企业应当承担赔偿责任；如果人身伤亡是因不可抗力或者受害人自身原因造成的，铁路运输企业不承担赔偿责任。违章通过平交道口或者人行过道，或者在铁路线路上行走、坐卧造成的人身伤亡，属于受害人自身的原因造成的人身伤亡。又如，《电力法》第 60 条规定，电力运行事故由下列原因之一造成的，电力企业不承担赔偿责任：（1）不可抗力；（2）用户自身的过错。《民用航空法》第 124 条规定，因发生在民用航空器上或者在旅客上、下民用航空器过程中的事件，造成旅客人身伤亡的，承运人应当承担责任；但是，旅客的人身伤亡完全是由于旅客本人的健康状况造成的，承运人不承担责任。

还有一点需要注意，侵权责任编第一章规定了一些不承担责任和减轻责任的情形，这些规定是否也适用于本章规定呢？我们认为，如果单行法、本章具体规定了不承担责任和减轻责任的情形，侵权责任编第一章的规定原则上不适用。如根据本法第1237条规定，民用核设施发生核事故造成他人损害的，民用核设施的经营者能够证明损害是因战争、武装冲突、暴乱等情形或者受害人故意造成的，不承担责任。根据这条规定，因自然灾害引起的核事故，民用核设施的经营者也不能免责。受害人有重大过失的，也不能减轻责任。如果单行法和本章对某个高度危险行为没有作出具体规定，侵权责任编第一章的规定原则上可以适用，如损害是因受害人故意造成的，行为人不承担责任。

四、关于责任方式

本条规定，从事高度危险作业造成他人损害的，应当承担侵权责任。这里的“侵权责任”不仅仅是损害赔偿责任。由于高度危险作业一旦造成损害，可能对周围环境带来很大的危害，因此，作业人不仅在事后应向受害人进行损害赔偿，而且在事发时就应当积极采取停止侵害、消除危险等措施并积极救助受害人，因此，我们在这里强调的是“侵权责任”而不是仅要求高度危险作业人承担赔偿责任。

第一千二百三十七条 民用核设施或者运入运出核设施的核材料发生核事故造成他人损害的，民用核设施的营运单位应当承担侵权责任；但是，能够证明损害是因战争、武装冲突、暴乱等情形或者受害人故意造成的，不承担责任。

◆ 条文主旨

本条是关于民用核设施致害责任的规定。

◆ 立法背景

核科学技术的发展和核能的和平利用是20世纪人类最伟大的成就之一。总的来说，核能是一种安全、经济、清洁的能源。然而，任何事物总有其两面性。我国一直十分重视核安全管理，不仅制定了放射性污染防治法、民用核设施安全监督管理条例、核电厂核事故应急管理条例等一系列法律、法规，还加入了《核安全公约》，全面履行公约所要求的核安全义务。总的说来，我国已经建立起一套比较完善的核安全管理法律体系，《侵权责任法》第70条对民用核设施的致害责任作出明确规定。我国核安全法于2017年9月进行了修改，自2018年1月1日起施行。本条在继承了《侵权责任法》第70条规定的基础上，结合核安全法的规定，作了必要的修改。

◆ 条文解读

一、调整主体

本条调整的主体是民用核设施或者运入运出核设施的核材料。依照《核安全法》第2条的规定，核设施是指：1. 核电厂、核热电厂、核供汽供热厂等核动力厂及装置；2. 核动力厂以外的研究堆、实验堆、临界装置等其他反应堆；3. 核燃料生产、加工、贮存和后处理设施等核燃料循环设施；4. 放射性废物的处理、贮存、处置设施。

核材料是指：1. 铀－235材料及其制品；2. 铀－233材料及其制品；3. 钚－239材料及其制品；4. 法律、行政法规规定的其他需要管制的核材料。放射性废物是指核设施运行、退役产生的，含有放射性核素或者被放射性核素污染，其浓度或者比活度大于国家确定的清洁解控水平，预期不再使用的废弃物。

二、调整内容

本条针对的是民用核设施或者运入运出核设施的核材料发生核事故造成的损害。依照《核安全法》第93条的规定，核事故是指核设施内的核燃料、放射性产物、放射性废物或者运入运出核设施的核材料所发生的放射性、毒害性、爆炸性或者其他危害性事故，或者一系列事故。

三、承担责任主体

承担责任的主体是民用核设施的营运单位。《核安全法》第93条规定，核设施营运单位是指在中华人民共和国境内，申请或者持有核设施安全许可证，可以经营和运行核设施的单位。第5条规定，核设施营运单位对核安全负全面责任。第90条第1款规定，因核事故造成他人人身伤亡、财产损失或者环境损害的，核设施营运单位应当按照国家核损害责任制度承担赔偿责任，但能够证明损害是因战争、武装冲突、暴乱等情形造成的除外。第2款规定，为核设施营运单位提供设备、工程以及服务等的单位不承担核损害赔偿责任。核设施营运单位与其有约定的，在承担赔偿责任后，可以按照约定追偿。

四、免责事由

民用核设施或者运入运出核设施的核材料发生核事故的致害责任，实行无过错原则，按照本条和《核安全法》第90条第1款的规定，只有在能够证明损害是因战争、武装冲突、暴乱等情形或者受害人故意造成的，才可以不承担责任。关于不可抗力是否免责的问题，在侵权责任法起草和本法编纂过程中有不同意见。我们研究认为，为了更好地保护受害人，本条将受害人故意之外的不承担责任情形限制在“战争、武装冲突、暴乱等情形”，而没有一般规定为“不可抗力”，这与国际上的通行做法也是一致的。

五、责任方式

本条规定，民用核设施的营运单位应当承担侵权责任，这里的“侵权责任”不仅仅是损害赔偿责任。由于发生核事故，可能对周围环境带来很大的危害，因此，民用核设施的经营者不仅应在事后向受害人进行损害赔偿，而且在事发时就应当积极采取停止侵害、消除危险等措施并积极救助受害人。在损害赔偿责任上，由于核事故造成的危害面比较广，为了兼顾核工业的正常发展和保护受害人的权益，国际通行做法是通过立法规定民用核设施的赔偿限额。本法也在第1244条对赔偿限额作了规定。

▶ **相关规定**

《中华人民共和国核安全法》第2条、第93条

第一千二百三十八条 民用航空器造成他人损害的，民用航空器的经营者应当承担侵权责任；但是，能够证明损害是因受害人故意造成的，不承担责任。

◆ **条文主旨**

本条是关于民用航空器致害责任的规定。

◆ **立法背景**

随着航空运输的迅速发展，客货航班不断增加，造成人员伤亡的空难也时有发生。由于航空运输具有特殊性，飞机一旦发生事故常常会造成较大规模的人员伤亡和巨大的财产损失，并造成很大的社会影响甚至政治影响，因此，如何处理民用航空器造成他人损害的民事责任是法律面临的重要问题。

我国最早处理民用航空器致害责任的法律依据是1986年《民

法通则》第 123 条，其中规定使用高速运输工具造成他人损害的，应当承担民事责任，如果能够证明损害是由受害人故意造成的，则不承担民事责任。根据该规定，民用航空器作为一种高速运输工具，如果造成他人损害的，除能够证明损害是受害人故意造成的外，民用航空器的经营者应当承担无过错责任。1995 年我国颁布了民用航空法，该法根据民法通则、国际公约，结合我国的实际情况和国际通行做法，对民用航空器造成乘客人身、财产损害和对地面第三人损害的民事责任作了具体规定。考虑到民用航空器高速、高空带来的高风险，《侵权责任法》第 71 条在民法通则和民用航空法的基础上，对民用航空器致害责任作出了规定，本条继承了侵权责任法的规定。

◆ 条文解读

一、本条调整范围限定在民用航空器

民用航空器是指除用于执行军事、海关、警察等飞行任务外的航空器。民用航空器主要用途有两个方面：一是专门从事运送旅客、行李、邮件或者货物的运输飞行。二是通用航空，包括从事工业、农业、林业、渔业和建筑业的作业飞行，以及医疗卫生、抢险救灾、气象探测、海洋监测、科学实验、教育训练、文化教育等方面的飞行活动。

二、责任主体是民用航空器的经营者

这里的“经营者”主要包括从事运输旅客、货物运输的承运人和从事通用航空的民用航空器使用人。从事旅客、货物运输的承运人主要是公共航空运输企业。公共运输企业运送旅客的，应当出具客票，客票是航空旅客运输合同订立和运输合同条件的初步证据。公共运输企业运送货物的，应当与托运人订立合同，接受托运人出具的航空货运单，航空货运单是航空货物运输合同订

立和运输条件以及承运人接收货物的初步证据。公共运输企业应当按照约定将旅客、货物及时送到目的地。从事通用航空的民用航空器的使用人，在组织实施作业飞行时，应当采取有效措施，保证飞行安全，保护环境和生态平衡，防止对环境、居民、作物或者牲畜等造成损害。

三、承担责任前提是民用航空器在使用中造成他人损害

民用航空器造成他人损害的，包括两种情形：一种情形是民用航空器在从事旅客、货物运输过程中，对所载运的旅客、货物造成的损害。按照民用航空法的规定，在从事公共运输航空中，因发生在民用航空器上或者在旅客上、下民用航空器过程中的事件，造成的旅客人身伤亡和其随身携带物品毁灭、遗失或者损坏的，承运人应当依法承担侵权责任。对托运的行李、货物而言，因发生在航空运输期间的事件，造成货物毁灭、遗失或者损坏的，承运人应当依法承担侵权责任。这里的“航空运输期间”，是指在机场内、民用航空器上或者机场外降落的任何地点，托运行李、货物处于承运人掌管之下的全部期间。另一种情形是，民用航空器对地面第三人的人身、财产造成的损害。具体说来，就是飞行中的民用航空器或者从飞行中的民用航空器上落下的人或者物，造成地面（包括水面）上的人身伤亡和财产损害。这里的“飞行中”，是指自民用航空器为实际起飞而使用动力时起至着陆冲程终了时止；就轻于空气的民用航空器而言，“飞行中”是指自其离开地面时起至其重新着地时止。

需要特别说明的是，在侵权责任法适用及民法典侵权责任编编纂过程中，对本条一直有错误的认识。在这里必须申明本条的立法原意：本条既适用于民用航空器在航空运输期间造成的损害，又适用于民用航空器在飞行中对地面、水面的损害。既适用于民用航空器机上的损害，也适用于民用航空器对机外的损害。

四、民用航空器的经营者承担无过错责任

民用航空器作为一种高速运输工具，民法通则和民用航空法都规定了民用航空器的经营者应当承担无过错责任，这与国际公约和世界上通行做法是一致的。本条也坚持这个原则：民用航空器造成他人损害的，民用航空器的经营者应当承担侵权责任。关于不承担责任的情形，根据本条规定，能够证明损害是因受害人故意造成的，民用航空器经营者不承担责任；即使是因为自然原因引起的不可抗力事件，造成他人损害的，民用航空器的经营者也要承担责任，这也与民法通则的规定是一致的。当然，民用航空法针对不同情况，规定了较为详细的不承担责任和减轻责任情形：如旅客的人身伤亡完全是由于其本人的健康状况造成的，承运人不承担责任。因货物本身的自然属性、质量或者缺陷造成的货物毁损，承运人不承担责任。在旅客、行李运输中，承运人能够证明损失是由旅客过错造成的，可以相应免除或者减轻承运人的赔偿责任。因武装冲突直接造成的飞行中民用航空器对地面第三人损害的，民用航空器经营者不承担责任。本条虽然没有如民用航空法，把所有的不承担责任情形一一写出来，是因为侵权责任法作为处理侵权纠纷的基本法，对民用航空器致害责任的基本原则作出规定，对民用航空法中关于不承担责任情形的具体规定，仍然适用。

▶ **相关规定**

《中华人民共和国民用航空法》第 124 条、第 125 条、第 157－172 条

第一千二百三十九条　占有或者使用易燃、易爆、剧毒、高放射性、强腐蚀性、高致病性等高度危险物造成他人损害的，占有人或者使用人应当承担侵权责任；但是，能够证明损害是因受害人故意或者不可抗力造成的，不承担责任。被侵权人对损害的发生有重大过失的，可以减轻占有人或者使用人的责任。

◆ **条文主旨**

本条是关于高度危险物致害责任的规定。

◆ **立法背景**

民法通则把高空、高压、高速运输工具与易燃、易爆、剧毒、放射性等高度危险物都作为典型的高度危险作业形式规定了高度危险责任的一般原则。实际上，不同的高度危险作业其危险程度是不同的，在具体不承担责任和减轻责任的情形上是有区别的。《侵权责任法》第72条在民法通则规定的基础上，结合实践经验，规定因易燃、易爆、剧毒、放射性等高度危险物造成他人损害责任应当承担无过错责任，并根据其危险性特点，明确限定了其不承担责任和减轻责任情形。本法在侵权责任法的基础上，加强高度危险物和生物安全管理，完善高度危险责任，将“放射性”修改为“高放射性”，并增加“强腐蚀性”“高致病性”的列举。

◆ **条文解读**

一、调整范围

本条调整的范围涉及的是易燃、易爆、剧毒、高放射性、强腐蚀性、高致病性等高度危险物。对易燃、易爆、剧毒、放射性物品的认定，一般根据国家颁布的三个标准：GB6944—2005《危险货物分类和品名编号》、GB12268—90《危险货物品名表》和GB13690—92《常用危险化学品分类及标志》。如《危险货物分类和品名编号》规定，危险货物是指具有爆炸、易燃、毒害、感染、腐蚀、放射性等危险特性，在运输、储存、生产、经营、使用和处置中，容易造成人身伤亡、财产损毁或环境污染而需要特别防护的物质和物品。

当然，本条调整的高度危险物，不仅仅涉及易燃、易爆、剧毒、高放射性、强腐蚀性、高致病性等这几类，其他因其自然属性极易危及人身、财产的物品也适用本条的规定。

二、规范行为和承担责任主体

本条规范的行为是对高度危险物的占有或者使用，承担责任的主体是占有人和使用人。在高度危险责任中，由于其归责的基础在于危险的存在，因此，责任的承担者原则上是控制或者应当控制该危险的人。高度危险物本身具有危及他人人身、财产的自然属性，但往往是因为在占有和使用当中造成他人损害。这里的“占有”和“使用”包括生产、储存、运输高度危险品以及将高度危险品作为原料或者工具进行生产等行为。因此，高度危险物的占有人和使用人必须采取可靠的安全措施，避免高度危险物造成他人损害。如放射性污染防治法明确规定，放射性同位素应当单独存放，不得与易燃、易爆、腐蚀性、致病性物品等一起存放，其贮存场所应当采取有效的防火、防盗、防射线泄漏的安全防护措施。化学危险品安全管理条例也明确要求，生产、储存、使用危险化学品的，应当根据危险化学品的种类、特性，在车间、库房等作业场所设置相应的监测、通风、防晒、调温、防火、灭火、防爆、泄压、防毒、消毒、中和、防潮、防雷、防静电、防腐、防渗漏、防护围堤或者隔离操作等安全设施、设备，并按照国家标准和国家有关规定进行维护、保养，保证符合安全运行要求。

三、占有人或者使用人承担无过错责任

这与民法通则的规定和实践做法是一致的。只要是易燃、易爆、剧毒、高放射性、强腐蚀性、高致病性等高度危险物造成他人人身、财产损害的，占有人或者使用人就应当承担侵权责任。这里的“侵权责任”并不限于赔偿损失，而且包括在事故发生后，占有人或者使用人应当迅速采取有效措施，如组织抢救、防止事故扩大、减少人员伤亡和财产损失等。

四、不承担责任和减轻责任情形

本条规定，能够证明损害是因受害人故意或者不可抗力造成的，占有人或者使用人不承担责任。本条规定这一免责事由主要考虑两点：（1）高度危险物虽然本身具有危险属性，但危险程度不及民用核设施和民用航空器，因此，在不承担和减轻责任上，应有所区别。（2）本条规定不可抗力作为不承担责任情形，符合实践中的实际情况。需要指出的是，不承担责任情形的举证责任在于占有人或者使用人，由其来证明损害是因为受害人故意或者不可抗力引起的，才能依法不承担责任。

此外，本条还明确规定了减轻责任的情形：被侵权人对损害的发生有重大过失的，可以减轻占有人或者使用人的责任。该规定也体现了高度危险物致害责任与民用核设施发生核事故致害责任的不同，民用核设施如果发生核事故损害，波及的范围广，损害后果非常严重，因此责任更为严格，不论受害人有无过失，过失程度如何，民用核设施的经营者都不能减轻责任。相比之下，高度危险物发生损害的危险程度一般逊于民用核设施，因此，在高度危险物占有人或者使用人已经尽到注意义务的前提下，在受害人有重大过失的情况下，可以减轻占有人或者使用人的赔偿责任，也是合理的。毕竟高度危险物的危险性很高，一旦造成损害，对其周围的环境和人民群众人身、财产安全影响也很大。因此，本条将减轻责任的情形，严格限定在受害人的“重大过失”，受害人有一般过失的，不能减轻占有人或者使用人的赔偿责任。至于什么是“重大过失”，可以在实践中根据占有人或者使用人是否已经尽到注意义务、受害人行为方式、因果关系等因素作具体判断。

第一千二百四十条 从事高空、高压、地下挖掘活动或者使用高速轨道运输工具造成他人损害的，经营者应当承担侵权责任；但是，能够证明损害是因受害人故意或者不可抗力造成的，不承担责任。被侵权人对损害的发生有重大过失的，可以减轻经营者的责任。

◆ 条文主旨

本条是关于从事高空、高压、地下挖掘活动或者使用高速轨道运输工具致害责任的规定。

◆ 立法背景

由于高空、高压活动的危险程度比高度危险物的危险程度低一些，因此，在本条中对高空、高压作业致人损害责任作出单独规定。同时，考虑到侵权责任编分别对机动车交通事故责任和民用航空器致害责任作出规定，因此，本条将运输工具限定在“高速轨道运输工具”。另外，针对现实中时常发生的因煤矿挖掘和地下施工建设造成地表坍塌造成他人伤害事故，有的意见提出，地下采矿、挖掘活动也是属于高度危险作业，应当在侵权责任编中作出明确规定，因此，在本条的调整范围中明确规定了“地下挖掘活动”。侵权责任法立法时，认为由于从事高空、高压、地下挖掘活动、使用高速轨道运输工具，同使用民用核设施、民用航空器和占有、使用易燃、易爆、剧毒、放射性等高度危险物相比，危险性稍低，因此，在不承担责任尤其是减轻责任的情形上，应当与本章规定的其他高度危险作业有所区别。因此规定，被侵权人对损害的发生有“过失”而不是“重大过失”的情况下，可以减轻责任人的赔偿责任。

在民法典侵权责任编编纂过程中，有的意见提出，本法第1239条规定的是高度危险物造成他人损害，本条规定的是高度危险活动造成他人损害，两者的危险程度应当差不多，建议两条在因被侵权过失免责上，规定一致。经研究，我们在本条将《侵权责任法》第73条规定的“被侵权人对损害的发生有过失的”修改为“被侵权人对损害的发生有重大过失的”。

◆ **条文解读**

本条调整的高度危险作业是从事高空、高压、地下挖掘活动和使用高速轨道运输工具。

一、高空作业及责任承担

高空作业又称为高处作业，根据高处作业分级规定，凡距坠落高度基准面2米及其以上，有可能坠落的在高处进行的作业，称为高处作业。坠落基准面是指从作业位置到最低坠落着落点的水平面，坠落高度（又称作业高度）是指从作业位置到坠落基准面的垂直距离。高处作业分为一级、二级、三级和特级高处作业。作业高度在2米以上低于5米时，为一级高处作业；作业高度在5米以上低于15米时，为二级高处作业；作业高度在15米以上低于30米时，为三级高处作业；作业高度在30米以上时，为特级高处作业。高空作业在实践中很常见，包括高层建筑施工、在建筑物顶部安装广告牌、对高层建筑物表面进行清洁工作等，都属于高空作业。根据这里的解释，民用航空运输不属于高空作业，在民用航空器飞行中因坠落物体造成地面人员损害的，应当适用民用航空法和本法关于民用航空器致人损害责任。如果是高空缆车造成他人损害的，则应属于高空作业，适用本条规定。

根据本条规定，从事高空活动造成他人损害的，应当承担无过错责任。如果能够证明损害是因受害人故意或者不可抗力造成的，作业人不承担责任。如果从事高空活动的经营者能够证明被侵权人对损害的发生有重大过失的，可以减轻经营者的责任。

二、高压作业及责任承担

“高压”指较高的压强，在工业、医学和地理上都有高压的概念，在本条里的“高压”则属于工业生产意义上的高压，包括高压电、高压容器等。在不同行业里认定高压的标准不同。例如，在压力容器中，高压容器的设计压力为 10 MPa 以上低于 100 MPa；100 MPa 以上为超高压容器。在电力行业，何谓高压，也有不同标准。根据有关技术标准的规定，设备对地高压高于 250 伏为高电压；输送电力线路 10 千伏以上为高压线路。在日常生活中，一般居民用电的电压单相是220 伏，三相是380 伏。对人体而言，无论是380 伏，还是220 伏，都不是安全电压，都可以致人伤亡。但是人体接触 220 伏或者 380 伏的电，都有自救的可能，而1 千伏及其以上的电压等级的电，对人体会有严重的伤害，人体没有自救的可能。因此，目前在司法实践中，一般认定高压电的标准是1 千伏以上的电压。

根据本条规定，从事高压活动造成他人损害的，经营者应当承担侵权责任。如果是高压电造成损害的，作为责任主体的经营者则依具体情况而定。因为电必须有一定的载体才能存在，高电压对周围环境的危害是以电的载体来衡量的。高电压的载体应当包括高电压变压器、高电压电力线路、高电压电力设备等。从过程上看，发电、输电、配电、用电等环节必须以一个网络联系起来，并且同时进行，而发电、输电、配电和用电一般情况下分属不同主体。如果是在发电企业内的高压设备造成损害的，作为责任主体的“经营者”就是发电企业。如果是高压输电线路造成损害的，责任主体就是输电企业，在我国主要是电网公司。如果是在工厂内高压电力生产设备造成损害的，责任主体就是该工厂的经营者。民法典侵权责任编编纂过程中，有的意见提出，本条“经营者”内涵不清，既然民法典合同编已经明确供电设施产权的概念，为保持前后内容一致，建议将“经营者”修改为“产权人”。我们研究认为，产权人的范围比经营者窄。有些设施不属于产权人，但在经营人管理之下的，仍然属于本条规定的承担责任的主体，因此没有对此进行修改。

在责任免除方面，从事高压作业的经营者能够证明损害是由受害人故意或者不可抗力造成的，不承担责任。受害人对损害的发生有重大过失的，可以减轻经营者的责任。

三、地下挖掘及责任承担

地下挖掘就是在地表下一定深度进行挖掘的行为。近年来，因地下采矿、地下施工造成的损害日益增多。特别是城市隧道（主要是地铁工程及各类市政地下工程）施工往往处于建筑物、道路和地下管线等设施的密集区，从而导致城市隧道建设中经常出现塌陷事件，造成他人伤害。因此，在本条中明确规定，地下挖掘活动造成他人损害的，由经营者承担侵权责任。这里的“经营者”就是从事挖掘活动的作业单位。如果能够证明损害是因受害人故意或者不可抗力造成的，经营者不承担责任；能够证明被侵权人对损害的发生有重大过失的，可以减轻经营者的责任。需要指出的是，现实中，因地下挖掘如采矿而造成人员伤亡的，受害人多属于作业企业的职工。对受害职工的赔偿，应当依据工伤保险有关规定处理。

四、高速轨道运输工具及责任承担

高速轨道运输工具就是沿着固定轨道行驶的车辆。通常包括铁路、地铁、轻轨、磁悬浮、有轨电车等。高速轨道运输工具的另一个主要特点就是不可避让性。因为高速轨道运输工具只能在固定的轨道上运行，如果在前方轨道上出现人员或者其他物体，列车无法避让，即使紧急制动，也会因为高速和本身的重量大，由于惯性向前滑行一段距离。正因为这种高速性和不可避让性，使用高速轨道运输工具便会产生高度危险性。

根据本条规定，责任主体是经营者，具体到高速轨道运输工具而言，经营者就是从事高速轨道运输的运输企业。如在铁路运输中，责任主体就是铁路运输企业。

根据本条规定，只有能够证明损害是因受害人故意或者不可抗力造成的，经营者才不承担责任。被侵权人对损害的发生有重大过失的，可以减轻经营者的责任。

第一千二百四十一条 遗失、抛弃高度危险物造成他人损害的，由所有人承担侵权责任。所有人将高度危险物交由他人管理的，由管理人承担侵权责任；所有人有过错的，与管理人承担连带责任。

◆ 条文主旨

本条是关于遗失、抛弃高度危险物造成他人损害的侵权责任的规定。

◆ 立法背景

高度危险物包括易燃、易爆、剧毒、放射性等危险物品，这些物品因为本身即具有对人身、财产极易造成损害的高度危险性，因此，国家对高度危险物品的生产和储存实行统一规划、合理布局和严格控制，并对高度危险物生产、储存和处理制定了严格的规范。高度危险物的所有人或者管理人应当严格按照有关安全生产规范，对其占有、使用的高度危险物进行储存或者处理：(1) 生产、储存、使用高度危险物的，应当根据高度危险物的种类、特性，在车间、库房等作业场所设置相应的监测、通风、防晒、调温、防火、灭火、防爆、泄压、防毒、消毒、中和、防潮、防雷、防静电、防腐、防渗漏、防护围堤或者隔离操作等安全设施、设备，并按照国家标准和国家有关规定进行维护、保养，保证符合安全运行要求。(2) 高度危险物必须储存在专用仓库、专用场地或者专用储存室内，储存方式、方法与储存数量必须符合国家标准，并由专人管理。高度危险物出入库，必须进行核查登记。库存高度危险物应当定期检查。剧毒化学品以及储存数量构成重大危险源的其他高度危险物必须在专用仓库内单独存放，实行双人收发、双人保管制度。(3) 剧毒化学品的生产、储存和使用单位，应当对剧毒化学品的产量、流向、储存量和用途如实记录，并采取必要的保安措施，防止剧毒化学品被盗、丢失或者误售、误用。(4) 生产、储存、使用剧毒化学品的单位，应当对本单位的生产、储存装置作定期的安全评价。但在现实中，有些储存、使用高度危险物的单位的安全措施不到位，随意处置高度危险物，对周围的人民群众的生命健康和财产产生巨大威胁，并造成人员伤亡事故。因此，应当对遗失、抛弃高度危险物造成损害的侵权责任作出明确规定，并加重责任人的责任。考虑到现实中，高度危险物有些情况下是由所有人占有的，有些是由所有人交由他人管理的，所以，本条区分不同情况，规定了所有人、管理人的责任承担。

◆ **条文解读**

1. 遗失、抛弃高度危险物造成他人损害的，由所有人承担侵权责任。按照有关高度危险物的生产、储存和处置的安全规范，所有人应当采取必要的安全措施保管或者处置其所有的高度危险物。如果违反有关规定抛弃或者遗失高度危险物造成他人损害的，就应当承担侵权责任。这里的“侵权责任”不仅包括对受害人的赔偿，也包括应当积极采取补救措施，立即将抛弃的高度危险物妥善回收，防止损害扩大。如果遗失高度危险物的，应当立即组织力量追查寻找遗失的高度危险物，采取一切可能的警示措施，同时还要立即报告公安、环保等有关主管部门并配合采取应急措施。由于高度危险物本身的危险特性，这里的“侵权责任”是无过错责任。同时，考虑到遗失、抛弃高度危险物，其所有人往往是违反有关安全规范，本身有过错，因此，这里的责任应当更严格。

2. 所有人将高度危险物交由他人管理的，由管理人承担侵权责任。现实中，所有人根据生产、经营需要，将其所有的高度危险物交由他人管理。如所有人可能不具备大量储存高度危险物的条件，将生产所需的高度危险物交由符合条件的储存单位保管。有的因生产、经营需要将高度危险物通过运输交由他人占有、使用。管理人在这里就是指根据所有人的委托，对高度危险物进行占有并进行管理的单位，如专业的危险化学品仓储公司、危险化学品运输公司等。高度危险物的管理人应当具有相应的资质，并应当按照国家有关安全规范，妥善管理他人所交付的高度危险物。

如果因为管理不善，遗失、抛弃高度危险物的，管理人应当承担侵权责任。

3. 所有人有过错的，与管理人承担连带责任。所有人将高度危险物交由他人管理的，应当选择有相应资质的管理单位，并如实说明高度危险物的名称、性质、数量、危害、应急措施等情况。如果所有人未选择符合资质的管理人，或者未如实说明有关情况，所有人即有过错。如果管理人抛弃、遗失高度危险物造成他人损害的，所有人与管理人承担连带责任。被侵权人可以要求所有人承担侵权责任，或者要求管理人承担侵权责任，也可以要求所有人和管理人共同承担侵权责任。在对内关系上，所有人和管理人根据各自的责任大小确定各自的赔偿数额；难以确定的，平均承担赔偿责任。支付超出自己赔偿数额的连带责任人，有权向其他连带责任人追偿。

第一千二百四十二条　非法占有高度危险物造成他人损害的，由非法占有人承担侵权责任。所有人、管理人不能证明对防止非法占有尽到高度注意义务的，与非法占有人承担连带责任。

◆ 条文主旨

本条是关于非法占有高度危险物造成他人损害的侵权责任的规定。

◆ 立法背景

高度危险物包括易燃、易爆、剧毒、放射性危险化学品，这些物品因为本身即具有对人身、财产极易造成损害的高度危险性，因此，高度危险物品的所有人和管理人应当严格按照有关安全生产规范，对其占有 、使用的高度危险物进行保管，将高度危险物储存在专用仓库、专用场地或者专用储存室内，并由专人管理。高度危险物出入库，必须进行核查登记并对库存高度危险物作定期检查。剧毒化学品以及储存数量构成重大危险源的其他高度危险物必须在专用仓库内单独存放，实行双人收发、双人保管制度，并采取必要的保安措施，防止高度危险物被盗、丢失。但在现实中，有些储存、使用高度危险物的所有人或者管理人的安全措施不到位，导致高度危险物被盗，对周围的人民群众的生命健康和财产产生巨大威胁，并造成人员伤亡事故。因此，本条对被非法占有的高度危险物造成损害的侵权责任作出明确规定，并区分非法占有人、所有人、管理人的责任，明确侵权责任的承担。

◆ **条文解读**

1. 非法占有高度危险物造成他人损害的，由非法占有人承担侵权责任。所谓非法占有，是指明知自己无权占有，而通过非法手段将他人的物品占为己有。现实中，盗窃、抢劫、抢夺都是非法占有的主要形式。按照高度危险物致害责任原理，一般由实际控制人承担侵权责任。在高度危险物被非法占有的情况下，高度危险物已经脱离所有人或者管理人的实际占有，由非法占有人实际控制。因此，应当由非法占有人承担侵权责任。为了加重非法占有人的责任，非法占有高度危险物造成他人损害的，非法占有人承担无过错责任。

2. 所有人、管理人与非法占有人的连带责任。按照有关高度危险物安全规范，所有人或者管理人对其占有的高度危险物要尽到高度注意义务，采取严格的安全措施，妥善保管高度危险物，将高度危险物放置在特定的区域，并由专人看管，防止高度危险物被盗或者非法流失。如果所有人或者管理人未尽到高度注意义务，一旦导致高度危险物被非法占有，将对社会产生巨大危害，严重威胁周围人民群众的人身财产和公共安全。因此，应当加重所有人、管理人的责任，使其对自己的过失行为负责。此外，考虑到非法占有人可能没有赔偿能力，如果仅让其承担侵权责任，受害人得不到合理的赔偿，对受害人保护不力，也不利于促使高度危险物的所有人或者管理人加强管理，采取有效的安全措施。所以，所有人、管理人不能证明对防止非法占有尽到高度注意义务的，与非法占有人承担连带责任。如果是所有人自己的原因导致他人非法占有高度危险物的，由所有人与非法占有人承担连带责任。如果所有人将高度危险物交由他人管理，管理人的原因造成他人非法占有高度危险物的，由管理人与非法占有人承担连带责任。如果所有人和管理人都有过错的，所有人、管理人和非法占有人一起承担连带责任。需要指出的是，是否尽到高度注意义务的举证责任在所有人、管理人，如果他们不能证明已尽到高度注意义务，就推定其有过错，应当与非法占有人承担连带责任，受害人可以要求所有人、管理人、非法占有人中任何人，部分或者全部承担侵权责任。

第一千二百四十三条 未经许可进入高度危险活动区域或者高度危险物存放区域受到损害，管理人能够证明已经采取足够安全措施并尽到充分警示义务的，可以减轻或者不承担责任。

◆ 条文主旨

本条是关于未经许可进入高度危险活动区域或者高度危险物存放区域致害责任承担的规定。

◆ 立法背景

高度危险责任是伴随现代化工业的发展而产生的，由于它对周围环境具有高度危险性，且常人即使对它给予合理的注意，有时也难以避免损害的发生。相对于高度危险源的控制者，例如高度危险物的所有人或者管理人，高度危险作业人或者高度危险活动区域的管理人等，受害人往往处于弱势地位。世界多数国家的法律为保护这些处于弱势地位的受害人的利益，通过不同的形式确立了高度危险致人损害适用无过错责任或者严格责任的原则。

◆ 条文解读

要正确理解本条的规定，需要看到高度危险责任的类型非常复杂，一般来说，对于高度危险作业活动，即高度危险作业人积极、主动地对周围环境实施具有高度危险的活动，作业人应当承担无过错责任。无过错责任非常重要的一个特点，就是它的免责或者减责事由仅限于法律规定，即只有在法律明文规定不承担责任或者减轻责任的情况下，作业人才可以提出抗辩。否则，即使存在本法规定的对于其他侵权责任一般适用的不承担责任或者减轻责任的情形，高度危险作业人仍然无法减轻或者免除责任。但是，高度危险责任中除了这一类对周围环境实施积极、主动危险活动的高度危险作业外，还包括另一类，它并非积极、主动实施对周围环境造成高度危险的活动，而是因其管理控制的场所、区域具有高度危险性，如果未经许可擅自进入该区域，则易导致损害的发生，即高度危险活动区域或者高度危险物存放区域责任。如果将对高度危险场所、区域的控制和管理也视为高度危险活动，这一类高度危险活动是静态的，不像高度危险作业活动一样对周围环境实施了积极、主动的危险。虽然二者都属于高度危险责任，但在免责和减责事由上，二者应有所区别。因此，本条规定，未经许可进入高度危险活动区域或者高度危险物存放区域受到损害，管理人能够证明已经采取足够安全措施并尽到充分警示义务的，可以减轻或者不承担责任。

本条是在《侵权责任法》第76条的基础上修改完善而来。有的意见提出，侵权责任法“管理人已经采取安全措施并尽到警示义务的”表述看不出举证责任是否应当由管理人负担。因此，本法将“管理人已经采取”修改为“管理人能够证明已经采取”，以明确举证责任，这并没有改变《侵权责任法》第76条的规定，只是更明确而已。有的意见提出，本章的高度危险责任，针对的是高度危险行为。应当提高高度危险活动区域或者高度危险物存放区域的管理人的义务。经研究，将《侵权责任法》第76条中“采取安全措施”修改为“采取足够安全措施”，将“尽到警示义务”修改为“尽到充分警示义务”。这一修改意在突出行为的高度危险性，也系采纳学界和司法实践各方意见。

一般来说，高度危险活动区域或者高度危险物存放区域都同社会大众的活动场所相隔绝。如果在管理人已经采取足够安全措施并且尽到充分警示义务的情况下，受害人未经许可进入该高度危险区域这一行为本身就说明受害人对于损害的发生具有过错。例如，出于自杀的故意积极追求损害的发生，或者出于过失，虽然看到警示标识但轻信自己能够避免。上述两种情况下，高度危险活动区域或者高度危险物存放区域的管理人可以减轻或者不承担责任。

第一千二百四十四条　承担高度危险责任，法律规定赔偿限额的，依照其规定，但是行为人有故意或者重大过失的除外。

◆ 条文主旨

本条是关于高度危险责任赔偿限额的规定。

◆ 立法背景

高度危险责任属于无过错责任，其重要特点之一就是不论行为人对损害的发生是否具有过错，高度危险责任人都必须对损害承担责任，除非法律另有规定。因此，法律对于高度危险责任人的要求非常严格。但是，从行业的发展和权利义务平衡的角度来看，法律必须考虑在这种严格责任的前提下，有相应责任限额的规定，这也是许多国家在高度危险责任立法上的一致态度。我国现行法律对于高度危险责任赔偿限额问题也有比较明确的规定，对此，如果法律对不同类型的高度危险责任有赔偿限额规定的，要依照其规定。目前，我国主要在航空、铁路和核事故中规定了高度危险责任赔偿限额。虽然海上运输损害赔偿有港口间海上旅客运输赔偿责任限额规定，但海上运输方式是否为高度危险作业，尚有争议。

◆ 条文解读

一、民用航空器致人损害的赔偿限额

《民用航空法》第 128 条第 1 款规定，国内航空运输承运人的赔偿责任限额由国务院民用航空主管部门制定，报国务院批准后公布执行。第 2 款规定，旅客或者托运人在交运托运行李或者货物时，特别声明在目的地点交付时的利益，并在必要时支付附加费的，除承运人证明旅客或者托运人声明的金额高于托运行李或者货物在目的地点交付时的实际利益外，承运人应当在声明金额范围内承担责任；本法第 129 条的其他规定，除赔偿责任限额外，适用于国内航空运输。第 129 条规定，国际航空运输承运人的赔偿责任限额按照下列规定执行：（1）对每名旅客的赔偿责任限额

为16600计算单位；但是，旅客可以同承运人书面约定高于本项规定的赔偿责任限额。（2）对托运行李或者货物的赔偿责任限额，每公斤为17计算单位。旅客或者托运人在交运托运行李或者货物时，特别声明在目的地点交付时的利益，并在必要时支付附加费的，除承运人证明旅客或者托运人声明的金额高于托运行李或者货物在目的地点交付时的实际利益外，承运人应当在声明金额范围内承担责任。托运行李或者货物的一部分或者托运行李、货物中的任何物件毁灭、遗失、损坏或者延误的，用以确定承运人赔偿责任限额的重量，仅为该一包件或者数包件的总重量；但是，因托运行李或者货物的一部分或者托运行李、货物中的任何物件的毁灭、遗失、损坏或者延误，影响同一份行李票或者同一份航空货运单所列其他包件的价值的，确定承运人的赔偿责任限额时，此种包件的总重量也应当考虑在内。（3）对每名旅客随身携带的物品的赔偿责任限额为332计算单位。第130条规定，任何旨在免除本法规定的承运人责任或者降低本法规定的赔偿责任限额的条款，均属无效；但是，此种条款的无效，不影响整个航空运输合同的效力。第132条规定，经证明，航空运输中的损失是由于承运人或者其受雇人、代理人的故意或者明知可能造成损失而轻率地作为或者不作为造成的，承运人无权援用本法第128条、第129条有关赔偿责任限制的规定；证明承运人的受雇人、代理人有此种作为或者不作为的，还应当证明该受雇人、代理人是在受雇、代理范围内行事。

关于民用航空器致人损害赔偿责任限额，相关的规范性文件还有《国内航空运输承运人赔偿责任限额规定》。该规定第3条明确规定了相关限额与例外情形，第4条明确，本规定第3条所确定的赔偿责任限额的调整，由国务院民用航空主管部门制定，报国务院批准后公布执行。第5条规定，旅客自行向保险公司投保航空旅客人身意外保险的，此项保险金额的给付，不免除或者减少承运人应当承担的赔偿责任。

二、民用核设施发生核事故致人损害的赔偿限额

《国务院关于核事故损害赔偿责任问题的批复》第7项规定，核电站的营运者和乏燃料贮存、运输、后处理的营运者，对一次核事故所造成的核事故损害的最高赔偿额为3亿元人民币；其他营运者对一次核事故所造成的核事故损害的最高赔偿额为1亿元人民币。核事故损害的应赔总额超过规定的最高赔偿额的，国家提供最高限额为8亿元人民币的财政补偿。对非常核事故造成的核事故损害赔偿，需要国家增加财政补偿金额的由国务院评估后决定。该批复第8项规定，营运者应当做出适当的财务保证安排，以确保发生核事故损害时能够及时、有效地履行核事故损害赔偿责任。在核电站运行之前或者乏燃料贮存、运输、后处理之前，营运者必须购买足以履行其责任限额的保险。

三、高度危险责任赔偿限额的例外

《侵权责任法》第79条并未规定高度危险责任赔偿限额的例外。侵权责任编编纂过程中，有的意见提出，高度危险责任是的无过错责任，承担这种责任无需考虑侵权人的过错。但是，如果受害人举证证明侵权人存在过错，那么在受害人损失明显大于赔偿标准时，仍然适用限额标准存在不公平。我们对此研究认为，《民用航空法》第132条规定："经证明，航空运输中的损失是由于承运人或者其受雇人、代理人的故意或者明知可能造成损失而轻率地作为或者不作为造成的，承运人无权援用本法第一百二十八条、第一百二十九条有关赔偿责任限制的规定；证明承运人的受雇人、代理人有此种作为或者不作为的，还应当证明该受雇人、代理人是在受雇、代理范围内行事。"该条已经以立法的形式明确了，承担高度危险责任的人有过错时，不适用责任限额的规定。

可以认为，此时受害人主张的是一般侵权责任，当适用无过错责任的责任限额会导致明显不公平时，应当允许对责任限额制度作出例外规定，即无过错责任与过错责任相互之间变通适用。如果被侵权人能够举证证明侵权人有过错，可以适用过错责任；而在被侵权人不能或者难以举证证明侵权人有过错时，可以适用严格责任要求依照赔偿限额标准获得赔偿。这种有限度的突破限额赔偿制度，使受害人权益之保护愈加完善，同时也能有效督促危险责任保有人尽安全注意义务，努力避免损害之发生。因此，本条在《侵权责任法》第76条的基础上增加了但书规定。

第九章 饲养动物损害责任

本章共七条，主要规定了饲养的动物致人损害的一般规定，未对动物采取安全措施的责任承担，禁止饲养的危险动物致害的责任，动物园的责任，遗弃、逃逸动物造成损害后的责任主体，第三人过错致使动物造成他人损害责任等问题。

第一千二百四十五条 饲养的动物造成他人损害的，动物饲养人或者管理人应当承担侵权责任；但是，能够证明损害是因被侵权人故意或者重大过失造成的，可以不承担或者减轻责任。

◆ 条文主旨

本条是关于饲养的动物致人损害的一般规定。

◆ 立法背景

在各类侵权行为中，饲养动物致人损害是一种特殊的形式，是一种间接侵权引发的直接责任，加害行为是人的行为与动物的行为的复合。人的行为是指人对动物的所有、占有、饲养或者管理。动物的行为是直接的加害行为。这两种行为相结合，才能构成侵权行为。

◆ 条文解读

一、饲养的动物致人损害的归责原则

动物致人损害的构成要件是：饲养的动物；动物的加害行为；造成他人损害的事实；动物加害行为与损害之间的因果关系。

《法国民法典》规定，动物的所有人或者使用人在使用期间，对动物所造成的损害，不问该动物是否在其管束下，或者在走失或者逃脱时所造成的损害，均应负赔偿责任。在具体适用上，法国民法对动物致害责任最初倾向于采取过错责任原则，后期才逐渐改为无过错责任原则。在英美法系国家，法律将动物致害责任作为无过错责任对待，即无论动物的占有人有无过失，只要其产生了损害后果，那么，动物的占有人或者管理人必须要承担责任。

我国民法通则实施以前，司法实践中是按照过错责任原则处理的。1984 年 8 月 30 日《最高人民法院关于贯彻执行民事政策法律若干问题的意见》（已失效）第 74 条明确动物致害责任的过错责任性质："动物因饲养人或管理人管理不善，而致他人人身或财物损害的，应由饲养人或管理人承担赔偿责任。"1986 年《民法通则》第 127 条规定："饲养的动物造成他人损害的，动物饲养人或者管理人应当承担民事责任；由于受害人的过错造成损害的，动物饲养人或者管理人不承担民事责任；由于第三人的过错造成损害的，第三人应当承担民事责任。"2001 年的《最高人民法院关于民事诉讼证据的若干规定》（已修改）第 4 条第 5 项规定，饲养动物致人损害的侵权诉讼，由动物饲养人或者管理人就受害人有过错或者第三人有过错承担举证责任。

《侵权责任法》第 78 条规定，饲养的动物造成他人损害的，动物饲养人或者管理人应当承担侵权责任，这一规定的目的就是要促使动物饲养人或者管理人能够认真、负责地担负起全面的注

意、防范义务，以保护公众的安全。任何动物，其本性决定了都不同程度地存在致人损害的危险。由于动物的饲养人或者管理人对动物负有管束的义务，因而也就必须对动物所具有的危险性负责，保证其动物不至于造成他人损害。而一旦这种危险性造成损害，动物的饲养人或者管理人就应承担民事责任，除具有法定的抗辩事由外，不能免责。《侵权责任法》第 78 条同时规定法定抗辩事由，即能够证明损害是因被侵权人故意或者重大过失造成的，可以不承担或者减轻责任。本条继承了《侵权责任法》第 78 条的规定。

二、“饲养的动物”范围

有人认为，不管是什么性质的动物，只要是人工饲养的动物都包括在内。例如，饲养的家畜家禽、饲养的野生动物，公园里饲养的猴子、老虎、豹子、毒蛇，等等。有人认为，饲养的动物既应包括以食用、牟利为目的的，也应包括以观赏为目的的。有人认为，只要属于在人的控制下，主要依靠人为供给食物生存的动物，都应包括在这个范围内。各国对此的规定也不尽一致，大陆法系的德国、法国、意大利、日本等国对“动物”的范围是宽泛的理解，而美国不仅包括“放牧牲畜”，也包括“家养动物”和野兽。

普遍认为，“饲养的动物”应同时具备：为特定的人所有或者占有；饲养人或者管理人对动物具有适当程度的控制力；依动物自身的特性，有可能对他人或者财产造成损害；该动物为家畜、家禽、宠物或者驯养的野兽、爬行类动物等。因此，饲养的动物必须是能够为人所占有或者控制的动物。那么，对于自然保护区或者野生动物保护区的野兽，虽然可能为人们在一定程度上所饲养或者管理，如定期投放食物，甚至为其生存和繁殖提供了适宜的条件和环境，但人们对它的控制力较低。因此，野生动物不能列人本法所说“饲养的动物”。

三、动物致害责任的赔偿主体

动物的饲养人或者管理人都是责任主体。动物的饲养人是指动物的所有人，即对动物享有占有、使用、收益、处分权的人。动物的管理人是指实际控制和管束动物的人，管理人对动物不享有所有权，而只是根据某种法律关系直接占有和控制动物。在实际生活中，动物的饲养人与管理人有时为同一人，有时则为不同人。动物的饲养人与管理人为同一人时，也就是由动物的所有人自己占有和管束动物，在这种情况下，赔偿主体是很清楚的。当动物的饲养人与管理人为不同人时，管束动物的义务由饲养人转移给管理人，这时的赔偿主体应为管理人。至于管理人是有偿管理还是无偿管理，是长期管理还是临时管理，在所不问。

有的意见提出，“动物的饲养人或者管理人”说明不了物权关系，建议修改为“所有人”“管理人”“占有人”或者“保有人”。有人认为，还是沿用民法通则“动物的饲养人或者管理人”为好。对于责任主体，德国是占有人或者管理人；法国是所有人或者使用人；意大利是所有人或者管理人；瑞士是动物的管理人。侵权责任法沿袭了民法通则的表述，本法沿袭了侵权责任法的表述，仍用“动物的饲养人或者管理人”。本条的目的是规定承担责任的主体，而不是规范物的归属关系。

四、抗辩事由

饲养动物致人损害的民事责任的抗辩事由，是指动物的饲养人或者管理人依法用以减轻或者免除其承担民事责任的事由或者理由。也就是说并非动物的饲养人或者管理人需要对其饲养或者管理的动物造成的一切损害都要承担赔偿责任。本条规定，因被侵权人自己故意或者重大过失造成损害的，动物的饲养人或者管理人可以不承担或者减轻责任。

在动物致害中，有时被侵权人故意或者重大过失应该是诱发动物致害的直接原因，是引起损害的全部或者主要原因。也就是说，被侵权人致害，是因自己挑逗、刺激等诱发动物的行为直接造成的，如果被侵权人的行为不足以诱发动物，其过失只是引起损害的部分原因或者次要原因，则不能认为被侵权人在该损害中存在故意或者重大过失。例如，甲明知乙有一条性情暴躁的狗且经常咬人，但甲必须从乙的家门路过，当甲路过乙的门口时，乙的狗突然蹿出来把甲咬伤。此案中就不得认定甲明知乙的狗有咬人的恶习、有危险的存在、疏于防范，因此而认为甲是有重大过失的。因为甲的行为本身不能直接诱发动物损害，与动物损害没有必然的因果关系，因此，动物饲养人或者管理人就不能认为被侵权人有重大过失而减轻或者不承担责任。

被侵权人是否存在故意或者重大过失，具体行为在不同的案件中是不相同的。在动物侵权案件中，对于被侵权人有故意或者重大过失的认定都是非常严格的，否则，任何主动接近动物的行为如果被认定为是故意或者重大过失的行为，那就会造成对动物饲养人或者管理人的偏袒，失去社会的公平。同时，被侵权人有故意或者重大过失的，动物饲养人或者管理人可以不承担或者减轻责任，这对饲养人或者管理人也是公平的。

五、举证责任倒置

本条规定，饲养的动物造成他人损害的，动物饲养人或者管理人应当承担侵权责任，但能够证明损害是因被侵权人故意或者重大过失造成的，动物饲养人或者管理人可以不承担或者减轻责任，表明了本条适用举证责任倒置。动物饲养人或者管理人如果想要减轻或者不承担责任，就必须证明被侵权人的损害是因为他自己行为的故意或者重大过失造成的。如果举证不足或者举证不能，动物饲养人或者管理人就应承担动物致害的赔偿责任。

六、动物饲养人或者管理人的义务

动物饲养人或者管理人既然占有或者控制着动物，就应该谨慎管束，肩负起对自己、对社会、对公众负责任的义务，而不能只图自己的喜好，只享受宠物带来的快乐，而疏于对动物的管理。否则，动物致他人损害的，就要承担无过错责任予以的赔偿。本条这样规定有利于切实保障广大人民群众的人身和财产安全，维护社会的稳定和正常秩序。

第一千二百四十六条　违反管理规定，未对动物采取安全措施造成他人损害的，动物饲养人或者管理人应当承担侵权责任；但是，能够证明损害是因被侵权人故意造成的，可以减轻责任。

◆ **条文主旨**

本条是关于未对动物采取安全措施造成他人损害的责任承担的规定。

◆ **立法背景**

随着饲养宠物人群的不断增多，社会上无序养宠物、违规养宠物的情况日益突出，动物伤人的事件逐年呈上升趋势。基于此问题的严重性，为维护百姓的人身和财产安全，《侵权责任法》第79条对动物致人损害的侵权责任作了严格的规定。未对动物采取安全措施造成他人损害的，动物饲养人或者管理人应当承担侵权责任。这一条并未规定免责事由，即使被侵权人对损害的发生有过失，动物饲养人或者管理人也不能减轻或者不承担责任。例如，狗的主人携狗乘电梯，没有给狗戴嘴套，一个小孩子拿出香肠去喂小狗，被狗咬伤。这时就不得以小孩子的监护人没有尽到监护职责而认定监护人有过错，全部责任应由狗的主人承担，因为狗的主人没有采取安全措施，即没有给狗戴嘴套。侵权责任编编纂过程中，有的意见提出，违反管理规定饲养动物，造成损害的，动物饲养人或者管理人承担的是无过错责任；但如果损害确系被侵权人的原因造成的，这种情况下动物饲养人或者管理人不能减免责任，会出现被侵权人因为没有责任，会主动挑逗、触摸动物，从而引发更多的损害情形发生。为了督促被侵权人正确认识自己的行为及可能产生的后果，应当规定责任减免条款。我们研究认为，在违反管理规定的情况下免除动物饲养人或者管理的责任显然是不合适的，但是可以适当减轻其责任。所以，在继承《侵权责任法》第 79 条的基础上，本条增加规定，但是，能够证明损害是因被侵权人故意造成的，可以减轻责任。该规定同样是举证责任倒置。

◆ 条文解读

一、国内的相关规定

动物饲养人或者管理人不仅要对动物本身负责，还要对社会负责，履行相关法律规定的义务。我们以养犬规定为例，全国不少有立法权的地方颁布了养犬管理的地方性法规和规章，对人们普遍关注的养犬收费、携犬乘梯、养犬遛犬范围、管理处罚等问题作了规定，最主要的对于饲养人的行为进行了规范，例如：（1）携犬出户时，应当对犬束犬链，由成年人牵领，并应当避让老年人、残疾人、孕妇和儿童；携犬乘坐电梯的，应当避开乘坐电梯的高峰时间，并为犬戴嘴套，或者将犬装入犬袋、犬笼。（2）在重点管理区内，禁止饲养烈性犬及成年体高超过 35 ~48 厘米的大型犬种，如獒犬、猎狐犬、澳洲牧羊犬、松狮犬、斑点狗等。（3）主要区域和道路禁止遛犬。饲养人不得携犬进入市场、商店、商业街区、饭店、公园、公共绿地、学校、医院、展览馆、影剧院、体育场馆、社区公共健身场所、游乐场、候车室等公共场所；不得携犬乘坐除小型出租汽车以外的公共交通工具；携犬乘坐小型出租汽车时，应征得驾驶员的同意，并为犬戴嘴套，或将犬装入犬袋、犬笼或者怀抱。

除此之外，养犬规定还对犬伤人后的救济措施作了规定：（1）犬伤害他人的，养犬人应当立即将被伤者送到医疗机构诊治，并先行垫付医疗费用。因养犬人或者第三人过错，致使犬伤害他人的，养犬人或者第三人应当负担被伤害人的全部医疗费用，并依法赔偿被伤害人其他损失。（2）对在禁养区内养犬的或者在重点管理区内饲养烈性犬、大型犬的，由公安机关没收其犬，并可对单位处 1 万元罚款，对个人处 5000 元罚款。对在禁遛区遛犬、携犬进入公共场所或者携犬乘坐交通工具的；违反规定携犬出户或者乘坐小型出租汽车、电梯等上述行为之一的，由公安机关予以警告，并可对单位处 2000 元以下罚款，对个人处 500 元以下罚款；情节严重的，没收其犬，吊销养犬登记证。

二、国外饲养动物管理情况介绍

（一）养狗必须办理证件上“户口”

美国、德国、日本和新加坡等国的大部分地区都要求狗主人为他们的宠物狗办理许可证，许可证章（狗牌）必须牢固地缚在狗的颈圈上。许可证主要有两方面的作用：第一，表示狗是健康的，已经注射过狂犬病疫苗，不会对周围的人造成健康上的威胁；第二，记录了主人的情况，当狗走失的时候，相关人员可以通过它顺利找到狗的主人。

（二）对狗进行培训及管理

在德国养狗是让狗主人提心吊胆的事。为了让狗有良好的行为，绝大多数的养狗人都把狗送进狗学校培训，然后才带狗到公共场合。狗在狗校里要学会与人礼貌相处，尤其不能对儿童有攻击行为。狗校还教狗有良好的卫生习惯，遵守交通规则。而且各州还对养狗人在公共场合的行为作了规定，狗不得破坏公共卫生，狗主人必须随时能控制狗。柏林市规定，在人多的公共场所，必须用不长于2米的绳子牵着狗。在室内、公共场合牵狗绳不得长于1米。狗不准进入儿童游戏场所，不能进入供人休闲、躺着的草坪，不能进入游泳场地和其他标明狗不得进入的场所。各州法律都对养危险性狗有特别限制，明确规定危险狗的范围。18岁以下的人禁养此类狗，不得将其交给没有这方面资格的人看管。有独立住宅的人才能养危险性狗，房周围要有保护措施，并悬挂警示标志。在多家居住的住宅房、楼房里严禁养这种狗。饲养危险狗必须有资格证明，对狗主人的身体、品行、精神状态、狗知识及具备控制这种狗的能力，都有规定。这种狗出门时必须佩戴审批标志、戴口套，用不超过2米的绳子牵着，狗主人要携带相关证明，以备查验。

美国的法律规定，不管是什么狗，只要长着嘴巴还有4条腿，就必须给它在脖子上套一个链子。美国人常说，买一只狗，就是买了很多责任。

新加坡规定，在公共场所，狗主人必须给宠物犬系上皮带，巨型犬除系上皮带外还要戴上口套。

（三）责任保险

德国很多城市和州都规定，养狗人必须为狗上类似于机动车的强制保险，用于赔付因狗造成的损失。一旦狗肇事，小至咬坏衣服，大到引发交通事故，甚至造成他人伤亡，保险公司应先行赔付。鉴于德国养狗人的责任越来越大，德国养狗人协会建议养狗人为狗上更高的保险，不低于500万欧元赔偿额。通常养狗人每年为狗缴75欧元至270欧元保险费。如柏林规定，养狗人要为狗上不低于100万欧元赔偿额的保险。具有危险性的狗还要多付30%以上的保费。另外，除了警用、导盲犬等服务功能的狗，养狗人要交狗税，在柏林养第一只狗每年交税为120欧元，第二只狗则要再交180欧元，不许再养更多的狗。

新加坡还对饲养巨型犬作了特别规定。巨型犬的主人除了必须为犬投保10万新元（约合50万元人民币）的第三方责任险外，还必须提供5000新元的保证金。在犬死亡或者离开新加坡后，保证金将会如数退还，但如果犬主人违反了相关规定，保证金就会被收缴。

美国每年发生约500万起狗咬人的事件，致使80万人到医疗机构治疗，其中又有6000人需要住院治疗。由此引发的损失每年约10亿美元，其中保险公司赔付3亿多美元，其余主要是由狗主人们承担。狗主人们每年赔出7个亿。美国很多州的法律规定，在没有过错、没有故意招惹狗的情况下被狗咬伤，狗的主人承担全部的责任。伊利诺伊州的法律还明确规定，受害者可以得到：第一时间紧急治疗的费用；未来消除或减少伤疤产生的医疗费用；心理治疗、误工补偿等一系列费用。

（四）处罚措施

在德国，违反“狗规”者可能被判罚数万欧元。勃兰登堡州规定，如上街不采取安全措施最高可判罚5万欧元；未经允许就饲养、训练、繁殖、出售危险狗的也可判罚5万欧元；在公共场所对狗看管不力的，可判罚1万欧元；养狗不及时申报的判罚1万欧元。

在新加坡，如果违反规定，农粮与兽医局有权扣押犬只，并对狗主人处以最高500新元的罚款或者吊销养狗许可证。此外，如果狗过度吠叫造成滋扰，或者导致他人受伤，或者狗主人唆使狗攻击他人，或者狗弄污了环境，狗主人都会依法受到罚款、吊销或者无法更新养狗许可证的惩处。此外，如果狗主人有遗弃狗等行为，狗主人也要依法受到惩处。

第一千二百四十七条 禁止饲养的烈性犬等危险动物造成他人损害的，动物饲养人或者管理人应当承担侵权责任。

◆ 条文主旨

本条是关于对禁止饲养的烈性犬等危险动物致人损害的责任规定。

◆ 立法背景

饲养烈性动物有较大的危害性。饲养动物对于周围人的人身和财产具有的危险性不仅存在，有时甚至是巨大的。首先，许多动物在野性发作时或者发情时具有难以控制的破坏力，从而具有伤害人和损害财产的危险性。其次，动物的流动性可能形成难以控制的破坏力。动物的危险性不仅在于具有攻击性和难以预见性的行为，即使是温顺的奶牛或者绵羊卧倒在道路、轨道上也会引发交通事故，其动物饲养人也应当承担侵权责任。

◆ 条文解读

我国很多的地方性法规对禁止饲养的烈性犬和大型犬作了明确的规定。各地对禁止饲养的烈性犬或者大型犬的品种规定不等，在 18 种至 40 种，如阿富汗猎犬、阿根廷杜高犬、阿根廷犬、比利时牧羊犬、藏獒犬、德国牧羊犬、俄罗斯高加索犬、雪达猎犬。除对烈性犬的品种有禁止饲养的规定外，对大型犬的体高也作了限制性规定。例如，北京市养犬条例规定，禁止饲养成年体高超过35厘米的大型犬种；苏州市养犬管理条例规定，大型犬的标准是成年犬肩高61厘米。还有地方规定限高48厘米。

为确保群众人身安全，本条对动物伤人的侵权行为作出了非常严格的规定，只要违反管理规定饲养了烈性犬等危险动物，并造成他人损害的，动物饲养人或者管理人就应当承担侵权责任，没有任何的免责事由可以援引。在烈性犬等危险动物潜伏种种危险的情况下，让它的饲养人或者管理人承担更加严格的责任是对社会、对公众负责的态度。本条规定了如此严格的责任就是引导饲养危险动物的人认识到自己的社会责任和法律责任，为动物、为自己、为他人着想，不要违反规定饲养危险动物。

另外，需要说明一下属于大型犬的导盲犬的问题。导盲犬作为一种特殊的工作犬，必须要具备非常严格的条件，不仅要性情温和，喜欢与人在一起，不具有攻击性，不会对他人安全产生威胁，更为重要的是对狗的品种和血统的要求极为苛刻，只有“黄金猎犬”和“拉布拉多犬”等少数犬种才适合作为选材来源，而且培训的成功率只有30%。导盲犬的训练费用非常高，国际上一只好的导盲犬其价值是6万美元。国外驯养导盲犬的经费一般是政府、企业和个人捐助各占1/3。在我国，训练一只导盲犬要花费10万至20万元人民币，一般使用期限为8年左右。

在许多国家和地区，免费使用导盲犬是盲人享有的一项社会福利。对盲人使用导盲犬的权利，至少有三十多个国家通过立法予以保障。盲人可以携带导盲犬出入所有公共场所和乘坐各种公共交通工具。拒绝盲人携带导盲犬出入者，要承担法律责任。

我国残疾人保障法强调对残疾人各项“自立生活”权利的保护。如第10条第1款规定：“国家鼓励残疾人自尊、自信、自强、自立，为社会主义建设贡献力量。”第58条专门规定：“盲人携带导盲犬出入公共场所，应当遵守国家有关规定。”北京市养犬条例规定“对盲人养导盲犬和肢体重残人养扶助犬的，免收管理服务费”。有的省市也作了规定，如济南市养犬管理条例规定，重点管理区内禁止个人饲养大型犬、烈性犬，但盲人饲养导盲犬、肢体重残的残疾人饲养扶助犬的除外。

第一千二百四十八条 动物园的动物造成他人损害的，动物园应当承担侵权责任；但是，能够证明尽到管理职责的，不承担侵权责任。

◆ 条文主旨

本条是关于动物园的动物致人损害责任承担的规定。

◆ 立法背景

本条继承了《侵权责任法》第81条的规定。在侵权责任法起草过程中，对动物园的动物造成他人损害，动物园应当承担什么责任，就有较大争论。有的意见认为，作为一个公共场所，动物园应承担比较严格的责任，其原因在于，既然动物园收取了门票，就有义务承担更重的责任。无论在建设规模上，还是在人力、物力的投入上，都应该比一般动物饲养人的要求高。有的认为，法律不能对动物园的要求太低。一般动物园年游客接待量五百余万人次，学龄前儿童占15%～20%，因此，从保护儿童的角度考虑，应当加重动物园的责任。有人提出，被侵权人的伤害，有些时候是因为自己不遵守动物园的规定，无视警示牌、不听工作人员的劝阻，擅自挑逗动物造成的，如果动物园已尽到管理责任的，应减轻或者不承担责任。有人提出，可以通过保险机制解决赔偿问题。据了解，有的动物园的门票已经包含了保险费，有的可以另行购买保额较高的保险，这完全是游客的自愿购买行为。

民法典侵权责任编编纂过程中，有建议提出，将本条修改为："动物园的动物造成他人损害的，动物园应当承担侵权责任。动物园能够证明尽到管理职责的，可以减轻其侵权责任。"理由是：现有表述应该理解为过错推定责任，但会造成动物园的动物致害责任与普通人饲养动物致害责任之间的评价矛盾。第一，动物园饲养的动物比普通人饲养的动物，可能更危险，能够证明尽到管理职责的，不承担侵权责任，根据本法第 1245 条的规定，普通动物饲养人能够证明损害是因被侵权人故意或者重大过失造成的，可以不承担或者减轻责任，这样不够合理。第二，动物园拥有专业的设施和人员，相对于普通动物饲养人来说，风险防范能力更强。

◆ **条文解读**

本条规定，动物园的动物造成他人损害的，动物园应当承担侵权责任，但能够证明尽到管理职责的，不承担责任。也就是说，本条适用过错推定责任，动物园负有高度注意义务，只有能够证明已经采取足够的安全措施，并尽到充分的警示义务，才能认定为没有过错。如果动物园能够证明设施、设备没有瑕疵、有明显的警示牌，管理人员对游客挑逗、投打动物或者擅自翻越栏杆靠近动物等行为进行了劝阻，该尽的管理职责已经做到了，那么动物园就可以不承担侵权责任。

还有一个问题需要说明，关于野生动物致人损害的问题。《野生动物保护法》第 14 条规定，各级野生动物保护主管部门应当监视、监测环境对野生动物的影响。由于环境影响对野生动物造成危害时，野生动物保护主管部门应当会同有关部门进行调查处理。第 19 条规定，因保护本法规定保护的野生动物，造成人员伤亡、农作物或者其他财产损失的，由当地人民政府给予补偿。具体办法由省、自治区、直辖市人民政府制定。有关地方人民政府可以推动保险机构开展野生动物致害赔偿保险业务。有关地方人民政府采取预防、控制国家重点保护野生动物造成危害的措施以及实行补偿所需经费，由中央财政按照国家有关规定予以补助。从上述规定可以看出，实践中对受到损害的单位和个人已经有了相关的救济措施。因此，民法典侵权责任编对野生动物致害问题就没有再作专门规定。

第一千二百四十九条 遗弃、逃逸的动物在遗弃、逃逸期间造成他人损害的，由动物原饲养人或者管理人承担侵权责任。

◆ 条文主旨

本条是关于遗弃、逃逸的动物在遗弃、逃逸期间造成他人损害的责任规定。

◆ 立法背景

一、动物流落街头的主要原因

随着饲养动物的人越来越多，一些饲养的动物或者被抛弃，或者不慎走失。流浪动物不断增多，对人民的生活、健康也产生了严重危害。导致饲养的动物流落街头的主要原因，一是因动物患病被饲养人抛弃；二是饲养人不愿承担办证费等费用或者不愿意饲养动物所生育的幼仔；三是饲养人的家庭生育了小孩，不再饲养动物；四是城乡拆迁、搬家流动等原因抛弃所饲养的动物；五是饲养的动物走失；六是流浪动物生育的大量幼仔。

二、流浪动物的危害

流浪动物多在垃圾桶周围觅食，在城乡的大街小巷里到处乱窜；身上携带各种病毒和寄生虫，成了流动的“生物武器”，遇上适当的时机很可能成为威胁市民健康的祸端；排泄物、呕吐物以及尸体可能带有病毒，很容易形成疾病的传染源，还可能污染水源，对公共卫生安全构成威胁。同时，流浪动物比较野性，容易对人产生仇视的情绪，攻击性强，危及人们的安全。

据有关部门统计，流浪动物伤人事件中，流浪狗占 82%，流浪猫约占 12%。在北京，每月到“狂犬病免疫预防门诊”就诊的人数就有近万人，其中大多是被流浪猫、狗抓伤、咬伤。至今，已知的人与猫、狗共患的疾病有 60 多种，其中危害较大的常见疾病有十多种，如狂犬病、弓形虫病、钩端螺旋体病、结核病、皮霉菌病等。在我国，狂犬病的发病率和致死率多年居各类传染病之首，狂犬病的死亡率几乎是 100%。

◆ 条文解读

对流浪动物的问题作出规定，明确饲养人和管理人的管理责任，有助于从源头遏制遗弃饲养的动物，看管好自己饲养的动物以防丢失的情况发生。鉴于流浪动物问题的严重性，《侵权责任法》第 83 条规定了遗弃、逃逸的动物在遗弃、逃逸期间造成他人损害的，由原动物饲养人或者管理人承担侵权责任。本条继承了《侵权责任法》第 83 条的规定。

动物的遗弃是指动物饲养人抛弃了动物。逃逸的动物是指饲养人暂时地丧失了对该动物的占有和控制。

对动物在失去饲养人或者管理人控制下造成他人损害的，法国、意大利等国民法典明确规定，动物的所有人或者使用人在使用期间，对走失或者逃脱的动物所造成的损害，应负赔偿责任。

《智利民法典》规定，动物即使在逃逸或者迷失后造成损害，其所有权人亦负责任。《阿根廷民法典》规定，造成损害的动物非因看管者的过失而逃逸或迷失的，其所有权人的责任停止。动物的主人不得提出抛弃该动物的所有权而规避其损害的赔偿义务。英国判例对于丧失占有的动物造成损害的，如果尚能认为丧失占有的动物为被告之物，虽然该动物已恢复其天然状态，被告仍应负责。

无论动物饲养人或者管理人遗弃动物，还是未尽到管理责任致使动物逃逸，其行为都是加剧了动物对人和社会的危险性，而损害的事实正是由于动物在失去人为的管理和控制下任意流动的危险性所导致。因此，为了社会公众利益，为了充分保护被侵权人利益，遗弃、逃逸动物的原饲养人或者管理人就应当对自己遗弃动物的行为，以及疏于管理没有尽到管理义务的行为承担责任。

第一千二百五十条 因第三人的过错致使动物造成他人损害的，被侵权人可以向动物饲养人或者管理人请求赔偿，也可以向第三人请求赔偿。动物饲养人或者管理人赔偿后，有权向第三人追偿。

◆ 条文主旨

本条是关于因第三人的过错致使动物造成他人损害责任承担的规定。

◆ 立法背景

现实中经常发生的动物伤人事件，并非被侵权人自己有过错，也非动物独立行为致人伤害，很多情形是由于第三人的原因致使动物伤及他人。如某甲故意在马身边按车喇叭，致使拴在木桩上的马受惊挣脱绳子，冲出去撞伤了行人。众所周知，很难要求动物具有识别行为后果的能力，像这种在人的强制或者驱使下损害他人权益的行为，表面看似乎是动物致人伤害，其实动物已成为人的工具。本条就是要解决因第三人的原因造成动物伤害他人的赔偿问题。

◆ 条文解读

一、第三人的过错

第三人的过错是指被侵权人和动物饲养人或者管理人以外的人对动物造成损害有过错。第三人的过错在大多数场合表现为：有意挑逗、投打、投喂、诱使动物，其后果致使他人受到人身或者财产的损害，其实质是实施了诱发动物致害的行为。对此问题，日本专家认为，某人唆使动物给他人造成损害只能解释为将动物当作道具，其行为本质仍是使用的人自身的加害行为，应适用《日本民法典》第709条“由于故意或者过失，侵害了他人权利或者法律上受保护的利益者，对由此产生的损害负有赔偿责任”的规定。鉴于第718条规定“动物占有人负赔偿其动物造成他人损害的责任。但是，按动物种类及性质，以相当注意进行保管者，不在此限”，在第三人唆使动物给他人造成损害的情形下，动物原占有人是否承担责任，还是需要根据其是否尽到了第718条规定的注意义务来判断。

二、对被侵权人救济的选择权

本条赋予了被侵权人的选择权。因第三人的过错致使动物造成被侵权人损害的，被侵权人既可以请求第三人承担赔偿责任，也可以请求动物饲养人或者管理人承担赔偿责任。这样规定，就可以使被侵权人根据具体情况要求赔偿。例如，甲饲养了一匹马，拴在自家的院内，乙路过此院看马很漂亮，便拿小棍子拍马，马受惊挣脱绳子冲出门，把正在路过的丙撞伤。这时被撞伤的丙既可以要求动物饲养人甲赔偿，也可以要求第三人乙赔偿。如果乙是个流浪汉，那么，作为第三人的乙与动物饲养人甲哪个更有赔偿能力就很明显了，被侵权人当然会选择经济实力强的动物饲养人甲进行赔偿。法律赋予被侵权人的选择权，一方面可使被侵权人获得法律救济、得到实际赔偿的可能性增大；另一方面也会使动物饲养人对动物的管理更加尽注意义务，从而减少动物伤人的机会。这样的设计可以让被侵权人受到更多的保护。

三、动物饲养人或者管理人的追偿权

本条还赋予了动物饲养人或者管理人的追偿权。动物饲养人或者管理人对被侵权人赔偿后，有权向第三人追偿。动物饲养人或者管理人之所以享有追偿权，是因为动物饲养人或者管理人实际上是代替第三人履行的赔偿义务，在动物饲养人或者管理人与第三人之间，第三人仍然是责任的最终承担者。法律规定，允许动物饲养人或者管理人在赔偿了被侵权人的损害后对第三人进行追偿，一方面有利于被侵权人及时获得救济，另一方面也是维护动物饲养人或者管理人自身权益的一项重要手段。我国《侵权责任法》第 83 条吸收借鉴了境外立法例，民法典侵权责任编继承了侵权责任法的规定。

第一千二百五十一条 饲养动物应当遵守法律法规，尊重社会公德，不得妨碍他人生活。

◆ 条文主旨

本条是关于饲养动物应当遵守法律的规定。

◆ 立法背景

按照规定饲养宠物本无可非议，但饲养的动物伤害别人、滋事扰民，污染环境，会对他人和社会造成侵扰。生活中，在居民小区，饲养的猫、狗很多，猫狗群吠，常常扰民。平日走在路上，居民们更是小心翼翼，不仅要防止踩上狗的排泄物，还要提防被冷不丁蹿出的猫狗吓着。有些狗不是虎视眈眈盯着路人，就是趴卧在路边，居民们经过时都是提心吊胆，放假期间也不敢让孩子们随意出门玩耍，生怕狗伤到孩子。

◆ 条文解读

动物的一切行为约束全部靠动物饲养人或者管理人的管制。本条规定，饲养动物应当遵守法律，尊重社会公德，不得妨碍他人生活。既然饲养了动物，饲养人就应该意识到自己担负着遵守社会公德和保护公共环境的双重社会责任，不能放任宠物侵扰他人的正常生活。动物饲养人应当自觉规范自己的行为，应该按照规定饲养动物：（1）动物饲养人或者管理人在携犬出户时，应当对犬束犬链，由成年人牵领，并应当避让老年人、残疾人、孕妇和儿童。（2）动物饲养人或者管理人不得让动物干扰他人正常生活。犬吠影响他人休息时，养犬人应当采取有效措施予以制止。（3）不得携宠物进入市场、商店、商业街区、饭店、公园、公共绿地、学校、医院、展览馆、影剧院、体育场馆、社区公共健身场所、游乐场、候车室等公共场所；不得携宠物乘坐除小型出租汽车以外的公共交通工具；携宠物乘坐小型出租汽车时，应征得驾驶员的同意，并作好防护安全措施。（4）饲养宠物要定期注射预防疾病疫苗、狂犬病疫苗和必要的医疗保健措施；不抛弃、不放弃饲养的宠物。（5）携宠物出户时，对在户外排泄的粪便应当立即清除，等等。

人与宠物和谐相处，是社会和谐、社会安定的一种体现。一个社区鸡飞狗跳，人与宠物、宠物与环境冲突不断，老百姓如何安居乐业？饲养动物的问题可以说涉及千家万户，涉及不同群体的利益。因此，对于动物饲养人或者管理人来讲，应当严格履行饲养动物的一些必要义务，规范自己的行为，不要给他人的生活带来不便，要充分考虑到不饲养动物人的利益，要依法、科学、文明地饲养动物。如果动物饲养人或者管理人都能遵守规范，能设身处地地处理因养犬所造成的邻里纠纷，对社会的和谐、安宁也是一份不小的贡献。希望动物饲养人或者管理人为和谐社会的文明建设作出努力，为创造良好的社会环境尽到应尽的义务。

第十章 建筑物和物件损害责任

本章共七条，主要规定了建筑物、构筑物或者其他设施倒塌、塌陷造成他人损害责任，建筑物、构筑物或者其他设施及其搁置物、悬挂物发生脱落、坠落造成他人损害责任，从建筑物中抛掷物品或者从建筑物上坠落的物品造成他人损害责任，堆放物造成他人损害责任，在公共道路上堆放、倾倒、遗撒妨碍通行的物品造成他人损害责任，林木造成他人损害责任，在公共场所或者道路上挖坑、修缮安装地下设施等造成他人损害责任，窨井等地下设施造成他人损害责任。

侵权责任法第十一章的章名为“物件损害责任”，民法典侵权责任编编纂过程中，有的意见提出，从语义上看，“物件”似乎无法涵盖有关“建筑物”等情形，可能使人造成误解。因此，本法将侵权责任编的“物件损害责任”修改为“建筑物和物件损害责任”。本章所指建筑物和物件包括建筑物、构筑物或者其他设施及其搁置物、悬挂物，堆放物，妨碍通行物和林木等。建筑物和物件损害责任，是指建筑物、构筑物或者其他设施及其搁置物、悬挂物，堆放物，妨碍通行物和林木等由于存在缺陷或者疏于管理、维护等，造成他人损害，侵权人应当承担的侵权责任。

建筑物和物件损害责任是侵权责任法律的重要组成部分，很多国家和地区都对物件损害责任作了规定。例如，《德国民法典》规定了土地、建筑物以及其他附着于土地上的工作物的占有人、维护义务人的责任；《法国民法典》和《意大利民法典》用一个概括性的条款规定了物的照管人的责任，另外又单独规定了建筑物所有人的责任；《荷兰民法典》规定了土地、建筑物、构筑物、道路和其他工作物致人损害责任；《日本民法典》和《韩国民法典》规定了土地工作物、竹木等致人损害责任；我国台湾地区“民法”规定了建筑物和其他工作物致人损害责任。

第一千二百五十二条 建筑物、构筑物或者其他设施倒塌、塌陷造成他人损害的，由建设单位与施工单位承担连带责任，但是建设单位与施工单位能够证明不存在质量缺陷的除外。建设单位、施工单位赔偿后，有其他责任人的，有权向其他责任人追偿。

因所有人、管理人、使用人或者第三人的原因，建筑物、构筑物或者其他设施倒塌、塌陷造成他人损害的，由所有人、管理人、使用人或者第三人承担侵权责任。

◆ 条文主旨

本条是关于建筑物、构筑物或者其他设施倒塌、塌陷造成他人损害责任的规定。

◆ 立法背景

由于近年来我国发生多起房屋、桥梁倒塌事故，对人民群众的生命、财产安全造成了较大危害，建筑物、构筑物等设施的质量问题引发了社会的广泛关注。建筑物倒塌、坍塌严重危害人民群众的人身、财产安全，应当对此作出严格规定，从而促使建设单位等提高建设工程质量，杜绝“豆腐渣”工程，保障人民群众的生命财产安全。《侵权责任法》第86条专门对建筑物、构筑物或者其他设施倒塌造成他人损害的情形作了规定。2020 年 5 月民法典草案提请十三届全国人大三次会议审议过程中，有的意见提出，实践中有的地方发生地面坍塌致人损害问题，严重危害人民群众的人身财产安全。经研究，本条在侵权责任法的基础上增加了“坍塌”这种情形。

本条所说的倒塌、塌陷，是指建筑物、构筑物或者其他设施坍塌、倒覆，造成该建筑物、构筑物或者其他设施丧失基本使用功能。例如，楼房倒塌、桥梁的桥墩坍塌、电视塔从中间折断、烟囱倾倒、地面塌陷等。

◆ 条文解读

一、建设单位与施工单位的责任承担

（一）连带责任

建筑物、构筑物或者其他设施倒塌、坍塌造成他人损害的，由建设单位与施工单位承担连带责任。我国一些法律和司法解释都对相关问题作了规定。根据《建筑法》第 55 条、第 56 条的规定，建筑工程实行总承包的，工程质量由工程总承包单位负责，总承包单位将建筑工程分包给其他单位的，应当对分包工程的质量与分包单位承担连带责任。分包单位应当接受总承包单位的质量管理。建筑工程的勘察、设计单位必须对其勘察、设计的质量负责。《刑法》第 137 条规定：“建设单位、设计单位、施工单位、工程监理单位违反国家规定，降低工程质量标准，造成重大安全事故的，对直接责任人员，处五年以下有期徒刑或者拘役，并处罚金；后果特别严重的，处五年以上十年以下有期徒刑，并处罚金。”《最高人民法院关于审理人身损害赔偿案件适用法律若干问题的解释》第 16 条规定，道路、桥梁、隧道等人工建造的构筑物因设计、施工缺陷造成损害的，由所有人、管理人与设计、

施工者承担连带责任。

侵权责任法立法过程中，对于建筑物、构筑物或者其他设施倒塌致人损害的责任承担，有不同意见：有的意见认为，为了更好地保护被侵权人，应当规定由建设单位、设计单位、施工单位、监理单位等承担连带责任。有的意见认为，在实践中，被侵权人一般都不去要求设计、施工单位等承担责任，有时甚至根本不知道设计、施工单位是谁，因此，通常是向建设单位求偿。所以没有必要将侵权责任主体的范围扩大至设计单位、施工单位等。建议规定由建设单位承担侵权责任，建设单位赔偿后，可以向有过错的勘察单位、设计单位、施工单位和监理单位等追偿。

经研究，《侵权责任法》第 86 条第 1 款规定，建筑物、构筑物或者其他设施倒塌造成他人损害的，由建设单位与施工单位承担连带责任。建设单位、施工单位赔偿后，有其他责任人的，有权向其他责任人追偿。也就是说，将勘察单位、设计单位和监理单位作为“其他责任人”处理。民法典侵权责任编继承了侵权责任法的规定，本款对建筑物、构筑物或者其他设施倒塌、坍塌造成他人损害规定了两个责任主体：

1. 建设单位

通常情况下，建设单位依法取得土地使用权，在该土地上建造建筑物、构筑物或者其他设施，是建设工程合同的总发包人。实践中，房地产开发企业、机关和工厂是比较常见的建设单位。建设单位是建设工程合同的发包人，通过选择、确定勘察单位、设计单位、施工单位和监理单位等，参与工程建设的很多环节，对建设工程的质量有很大的影响。因此，很多相关的法律、法规都对建设单位的义务进行了规定。根据合同法和建设工程质量管理条例的规定，建设单位对建设工程发包的，应当发包给具有相应资质等级的单位，建设单位可以与总承包人订立建设工程合同，也可以分别与勘察人、设计人、施工人订立勘察、设计、施工承包合同。但是，不得将应当由一个承包人完成的建设工程肢解成若干部分发包给几个承包人。建设单位依法对建设工程质量负责。建设单位违反建设工程质量管理条例的规定，对建设工程未组织竣工验收，擅自交付使用，或者验收不合格，擅自交付使用，或者对不合格的建设工程按照合格工程验收，造成损失的，依法承担赔偿责任。

2. 施工单位

施工单位与建设单位或者其他发包人签订建设工程合同，对建设工程进行施工。实践中，建筑公司是比较常见的施工单位。建设工程施工企业要符合法律、法规规定的条件。根据建筑法的规定，承包建筑工程的单位应当持有依法取得的资质证书，并在其资质等级许可的业务范围内承揽工程。建筑施工企业不能超越本企业资质等级许可的业务范围或者以任何形式用其他建筑施工企业的名义承揽工程，也不能以任何形式允许其他单位或者个人使用本企业的资质证书、营业执照，以本企业的名义承揽工程。施工单位负责建设工程的具体施工工作，对建设工程质量有比较直接的影响，应当对建设工程的质量负责。施工单位既包括总承包施工单位，也包括分包施工单位。我国相关的法律对施工单位的责任作了规定，《建筑法》第 55 条规定："建筑工程实行总承包的，工程质量由工程总承包单位负责，总承包单位将建筑工程分包给其他单位的，应当对分包工程的质量与分包单位承担连带责任。分包单位应当接受总承包单位的质量管理。"第 58 条规定："建筑施工企业对工程的施工质量负责。建筑施工企业必须按照工程设计图纸和施工技术标准施工，不得偷工减料。工程设计的修改由原设计单位负责，建筑施工企业不得擅自修改工程设计。"第 67 条规定："承包单位将承包的工程转包的，或者违反本法规定进行分包的……对因转包工程或者违法分包的工程不符合规定的质量标准造成的损失，与接受转包或者分包的单位承担连带赔偿责任。”

根据本条第1款第一句的规定，建筑物、构筑物或者其他设施倒塌、坍塌造成他人损害的，由建设单位与施工单位承担连带责任。建筑物倒塌、坍塌造成他人损害的，被侵权人既可以要求建设单位承担侵权责任，也可以要求施工单位承担侵权责任，还可以要求二者共同承担侵权责任。

（二）例外情形

针对建设单位与施工单位能够证明不存在质量缺陷的除外情形，民法典侵权责任编编纂过程中，有的意见提出，一律规定建设单位与施工单位承担连带责任，在不存在工程质量的情况下，是否有必要。经过综合考虑，在本条增加了但书规定，即建设单位与施工单位能够证明不存在质量缺陷的，不承担连带责任。

（三）追偿权

建设单位和施工单位赔偿后，有其他责任人的，有权向其他责任人追偿。建筑物、构筑物或者其他设施倒塌、坍塌的，除了建设单位、施工单位以外，可能还存在其他责任人。例如，如果设计人的设计存在缺陷，造成建筑物倒塌、坍塌，根据建筑法和建设工程质量管理条例的规定，设计单位应当对建筑物的倒塌、坍塌负责。根据本条第1款的规定，对被侵权人承担责任的直接主体是建设单位和施工单位，不包括设计单位。此时，设计单位属于本条第1款所说的其他责任人，建设单位、施工单位赔偿后，有权向设计单位追偿。一般来讲，本条第1款规定的“其他责任人”，主要包括以下范围：

1. 勘察单位、设计单位等

《建筑法》第56条规定：“建筑工程的勘察、设计单位必须对其勘察、设计的质量负责。勘察、设计文件应当符合有关法律、行政法规的规定和建筑工程质量、安全标准、建筑工程勘察、设计技术规范以及合同的约定。设计文件选用的建筑材料、建筑构配件和设备，应当注明其规格、型号、性能等技术指标，其质量要求必须符合国家规定的标准。”第 73 条规定，建筑设计单位不按照建筑工程质量、安全标准进行设计，造成损失的，承担赔偿责任。《建设工程质量管理条例》第 19 条规定：“勘察、设计单位必须按照工程建设强制性标准进行勘察、设计，并对其勘察、设计的质量负责。注册建筑师、注册结构工程师等注册执业人员应当在设计文件上签字，对设计文件负责。”

2. 监理单位

《建筑法》第 35 条规定，工程监理单位不按照委托监理合同的约定履行监理义务，对应当监督检查的项目不检查或者不按照规定检查，给建设单位造成损失的，应当承担相应的赔偿责任。工程监理单位与承包单位串通，为承包单位谋取非法利益，给建设单位造成损失的，应当与承包单位承担连带赔偿责任。《建设工程质量管理条例》第 36 条规定，工程监理单位代表建设单位对施工质量实施监理，并对施工质量承担监理责任。

3. 勘察、设计、监理单位以外的责任人

例如，根据《建筑法》第 79 条的规定，负责颁发建筑工程施工许可证的部门及其工作人员对不符合施工条件的建筑工程颁发施工许可证，负责工程质量监督检查或者竣工验收的部门及其工作人员对不合格的建筑工程出具质量合格文件或者按合格工程验收，造成损失的，由该部门承担相应的赔偿责任。

二、所有人、管理人、使用人或者第三人责任承担

因所有人、管理人、使用人或者第三人的原因，建筑物、构筑物或者其他设施倒塌、坍塌造成他人损害的，由所有人、管理人、使用人或者第三人承担侵权责任。建筑物、构筑物或者其他设施倒塌、坍塌有多种原因，有的是因质量不合格，有的是由于年久失修，有的是业主擅自改变承重结构，不宜都由建设单位、施工单位承担责任。因此，本条第2款规定，因所有人、管理人、使用人或者第三人的原因，建筑物、构筑物或者其他设施倒塌、坍塌造成他人损害的，由所有人、管理人、使用人或者第三人承担侵权责任。《侵权责任法》第86条规定的是因“其他责任人的原因”，民法典侵权责任编编纂过程中，有的提出，本条第1款、第2款均有“其他责任人”的表述，含义不同，容易引起误解。我们认为，第1款中的“其他责任人”主要是指与建筑物、构筑物或者其他设施的建设、施工相关的主体，如建设单位、施工单位、监理单位、勘查单位等。第2款中的“其他责任人”主要是指暴力装修的所有权人等房屋的使用人。为了避免误解与理解上出现混淆，我们将第2款中的“其他责任人”修改为“所有人、管理人、使用人或者第三人”。如果建筑物等设施倒塌、坍塌是因超过合理使用期限、业主擅自改变承重结构等特殊情形造成的，被侵权人可以根据本条第2款的规定，依法直接请求造成建筑物等设施倒塌、坍塌的所有人、管理人、使用人或者第三人承担侵权责任。《建设工程质量管理条例》第42条规定：“建设工程在超过合理使用年限后需要继续使用的，产权所有人应当委托具有相应资质等级的勘察、设计单位鉴定，并根据鉴定结果采取加固、维修等措施，重新界定使用期。”如果建筑物等设施已经超过合理的使用年限，所有人不采取必要的加固、维修等安全措施，导致建筑物等设施倒塌、坍塌造成他人损害的，所有人即属于本条第2款规定的承担责任的主体，被侵权人可以依照本条第2款的规定，要求所有人承担侵权责任。《建设工程质量管理条例》第69条规定，房屋建筑使用者在装修过程中擅自变动房屋建筑主体和承重结构，造成损失的，依法承担赔偿责任。如果业主或者其他房屋使用者在装修房屋的过程中，擅自拆改房屋的承重墙导致房屋倒塌、坍塌造成他人损害的，该业主或者其他使用人即属于本条第 2 款规定的责任主体，应当承担侵权责任。

第一千二百五十三条 建筑物、构筑物或者其他设施及其搁置物、悬挂物发生脱落、坠落造成他人损害，所有人、管理人或者使用人不能证明自己没有过错的，应当承担侵权责任。所有人、管理人或者使用人赔偿后，有其他责任人的，有权向其他责任人追偿。

◆ **条文主旨**

本条是关于建筑物、构筑物或者其他设施及其搁置物、悬挂物发生脱落、坠落造成他人损害责任的规定。

◆ **立法背景**

建筑物、构筑物或者其他设施及其搁置物、悬挂物脱落、坠落造成他人损害责任，是侵权责任法律中的重要制度。《民法通则》第 126 条规定："建筑物或者其他设施以及建筑物上的搁置物、悬挂物发生倒塌、脱落、坠落造成他人损害的，它的所有人或者管理人应当承担民事责任，但能够证明自己没有过错的除外。"《最高人民法院关于审理人身损害赔偿案件适用法律若干问题的解释》第 16 条规定，道路、桥梁、隧道等人工建造的构筑物因维护、管理瑕疵致人损害的，适用民法通则第一百二十六条的规定，由所有人或者管理人承担赔偿责任，但能够证明自己没有过错的除外。2001 年的《最高人民法院关于民事诉讼证据的若干规定》（已修改）第4条规定，建筑物或者其他设施以及建筑物上的搁置物、悬挂物发生倒塌、脱落、坠落致人损害的侵权诉讼，由所有人或者管理人对其无过错承担举证责任。在民法通则、司法解释和司法实践经验的基础上，《侵权责任法》第85条对建筑物、构筑物或者其他设施及其搁置物、悬挂物脱落、坠落造成他人损害责任作了规定。在编纂民法典侵权责任编时，在继承《侵权责任法》第85条、第86条规定的同时，将两条的顺序互换，使得本条与下一条关于“建筑物抛物坠物”责任的规定更为紧密。

◆ 条文解读

一、建筑物、构筑物或者其他设施及其搁置物、悬挂物发生脱落、坠落造成他人损害，所有人、管理人或者使用人的责任承担

（一）关于建筑物、构筑物或者其他设施及其搁置物、悬挂物

建筑物是指人工建造的、固定在土地上，其空间用于居住、生产或者存放物品的设施，如住宅、写字楼、车间、仓库等。

构筑物或者其他设施，是指人工建造的、固定在土地上、建筑物以外的某些设施，如道路、桥梁、隧道、城墙、堤坝等。

建筑物、构筑物或者其他设施上的搁置物、悬挂物，是指搁置、悬挂在建筑物、构筑物或者其他设施上，非建筑物、构筑物或者其他设施本身组成部分的物品。例如，搁置在阳台上的花盆、悬挂在房屋天花板上的吊扇、脚手架上悬挂的建筑工具等。

建筑物、构筑物或者其他设施及其搁置物、悬挂物脱落、坠落，是指建筑物、构筑物或者其他设施的某一个组成部分以及搁置物、悬挂物从建筑物、构筑物或者其他设施上脱落、坠落。例如，房屋墙壁上的瓷砖脱落、房屋天花板坠落、吊灯坠落、屋顶瓦片滑落、房屋窗户玻璃被风刮碎坠落、阳台上放置的花盆坠落等。

（二）所有人、管理人或者使用人不能证明自己没有过错的，应当承担侵权责任

建筑物、构筑物或者其他设施的所有人、管理人或者使用人应当对建筑物、构筑物或者其他设施及其搁置物、悬挂物进行合理的管理、维护，避免给他人造成损害。例如，要保证建筑物等设施及其搁置物、悬挂物的稳固；应当进行必要的检查，发现可能造成他人损害的，要及时采取相应的安全措施等。建筑物、构筑物或者其他设施及其搁置物、悬挂物脱落、坠落造成他人损害，本条规定了三个侵权责任主体：

一是所有人，指对建筑物等设施拥有所有权的人。建筑物、构筑物或者其他设施多为不动产。一般来讲，不动产的所有人是指不动产登记机构依法登记确定的人。在农村宅基地上自建的房屋和城市中一些依法新建的房屋，虽然没有来得及登记，仍然可以依法确定具体的所有人。

建筑物、构筑物等设施的所有人依法享有所有权，同时也承担维护、管理的义务，建筑物、构筑物或者其他设施及其搁置物、悬挂物脱落、坠落造成他人损害的，所有人应当依法承担侵权责任。许多国家和地区的法律都明确规定了建筑物等设施致人损害时所有人的责任。

二是管理人，指对建筑物等设施及其搁置物、悬挂物负有管理、维护义务的人。我国国有资产一般由特定的机关或者单位进行管理。

三是使用人，指因租赁、借用或者其他情形使用建筑物等设施的人。实践中，建筑物等设施的所有人将其出租或者出借，使用人的不当使用是导致建筑物等设施及其搁置物、悬挂物发生脱落、坠落的原因之一。因此，建筑物等设施及其搁置物、悬挂物脱落、坠落致人损害，使用人不能证明自己没有过错的，也应当

承担侵权责任。一般来讲，使用人承担责任有两种情形：第一，使用人依法对其使用的建筑物、构筑物或者其他设施负有管理、维护的义务时，因其管理、维护不当造成他人损害。当根据合同约定，房屋承租人对房屋有管理、维护义务时，房屋及其搁置物、悬挂物脱落、坠落造成他人损害，承租人不能证明自己没有过错的，要承担侵权责任。第二，使用人对建筑物、构筑物或者其他设施的搁置物、悬挂物管理、维护不当，造成他人损害。例如，承租人在阳台上放置的花盆或者晾晒的物品坠落造成他人损害，承租人不能证明自己没有过错的，要承担侵权责任。

（三）归责原则

本条采用过错推定原则。损害发生后，被侵权人证明自己的损害是因建筑物等设施或者其搁置物、悬挂物脱落、坠落造成的，所有人、管理人或者使用人对自己没有过错承担举证责任，其不能证明自己没有过错的，应当承担侵权责任。

所有人、管理人或者使用人控制着建筑物等设施及其搁置物、悬挂物，一般情况下，这些设施或者物体的脱落、坠落与所有人、管理人或者使用人在管理、维护时存在过错有很大关系。另外，被侵权人通常并不了解建筑物等设施及其搁置物、悬挂物的管理、维护情况，很难获得足够的证据。因此，让被侵权人来证明所有人、管理人或者使用人的过错，对被侵权人来说不公平。采用过错推定原则，既符合社会生活的实际情况，也有利于保护被侵权人的合法权益。多年的司法实践也证明，对建筑物等设施及其搁置物、悬挂物脱落、坠落致人损害责任采用过错推定原则，是科学合理的。

二、所有人、管理人或者使用人向其他责任人的追偿权

其他责任人是指所有人、管理人或者使用人之外的对损害的发生负有责任的人。建筑物、构筑物或者其他设施及其搁置物、悬挂物脱落、坠落造成他人损害，所有人、管理人或者使用人不能证明自己没有过错的，应当对被侵权人承担侵权责任。实践中，有时损害的发生除了与所有人、管理人或者使用人的过错有关外，还与其他人有关，只是该其他人不直接对被侵权人承担侵权责任。但是，所有人、管理人或者使用人向被侵权人赔偿后，有权向该其他责任人追偿。例如，房屋所有人与承揽人签订承揽合同，由承揽人为房屋安装防盗网。由于承揽人的过错，防盗网没有安装牢固，后来坠落将他人砸伤。房屋所有人不能证明自己没有过错的，应当对被侵权人承担侵权责任。另外，由于防盗网的坠落与承揽人的过错有关，根据本法第 1193 条的规定，承揽人应当向房屋所有人承担责任。因此，房屋所有人对被侵权人赔偿后，有权向承揽人追偿。

第一千二百五十四条　禁止从建筑物中抛掷物品。从建筑物中抛掷物品或者从建筑物上坠落的物品造成他人损害的，由侵权人依法承担侵权责任；经调查难以确定具体侵权人的，除能够证明自己不是侵权人的外，由可能加害的建筑物使用人给予补偿。可能加害的建筑物使用人补偿后，有权向侵权人追偿。

物业服务企业等建筑物管理人应当采取必要的安全保障措施防止前款规定情形的发生；未采取必要的安全保障措施的，应当依法承担未履行安全保障义务的侵权责任。

发生本条第一款规定的情形的，公安等机关应当依法及时调查，查清责任人。

◆ 条文主旨

本条是关于从建筑物中抛掷物品或者从建筑物上坠落的物品造成他人损害责任的规定。

◆ 立法背景

实践中，从建筑物上抛掷物、坠落物致人损害的情形时有发生，“头顶上的安全”引起社会的广泛关注。侵权责任法立法过程中，对于建筑物不明抛掷物、坠落物致人损害的责任承担，有不同意见，争议很大。最终，《侵权责任法》第 87 条规定，从建筑物中抛掷物品或者从建筑物上坠落的物品造成他人损害，难以确定具体侵权人的，除能够证明自己不是侵权人的外，由可能加害的建筑物使用人给予补偿。对侵权责任法的这一规定，各方面均有很大意见。有的意见认为，能够解决受害人最终救济问题，具有正面引导的作用；有的意见认为，依照本条判决的案例在实践中很难得到执行，法律效果差；有的意见认为，本条被社会舆论误解和社会公众误读，导致对我国法律的负面评价。

在民法典侵权责任编的编纂过程中，如何对本条修改，是否删除本条规定，是各方面关注的焦点之一。民法典侵权责任编草案一审稿、二审稿对《侵权责任法》第 87 条的规定没有修改。在二审稿修改情况的汇报中，专门进行了汇报，提出“高空抛物致人损害的责任问题是侵权责任立法中的一个突出问题，争议较大，各方也高度关注。对该规定是否修改，如何修改，还需要结合实际情况，综合考虑侵权法理、保护受害人、维护社会和谐稳定等因素后慎重决策。据此，建议对草案的规定暂不作修改，继续研究”。我们经过反复研究、慎重考虑、大量调研、听取意见和建议后认为，从建筑物中抛掷物品或者从建筑物上坠落的物品造成他人损害的民事责任主要涉及两种情况：一是责任人容易明确的情形。建筑物的构成部分或者建筑物上的搁置物、悬挂物发生脱落、坠落，这种情形下责任人较容易被发现。《侵权责任法》第 85 条规定：“建筑物、构筑物或者其他设施及其搁置物、悬挂物发生脱落、坠落造成他人损害，所有人、管理人或者使用人不能证明自己没有过错的，应当承担侵权责任。所有人、管理人或者使用人赔偿后，有其他责任人的，有权向其他责任人追偿。”二是责任人不容易明确的情形。对于这种情形，《侵权责任法》第 87 条规定：“从建筑物中抛掷物品或者从建筑物上坠落的物品造成他人损害，难以确定具体侵权人的，除能够证明自己不是侵权人的外，由可能加害的建筑物使用人给予补偿。”本条中的“可能加害的建筑物使用人”必须限定在一定的合理范围内，不能机械地无限扩大至建筑物中的所有人。因此，这就需要公安机关、法院等有关机关积极作为，通过调查、侦查确定侵权人，排除不可能实施抛掷行为的人。只有确实无法查找到具体侵权人的，才适用由“可能加害的建筑物使用人”承担补偿责任的规定。这样规定既可以及时对受害者进行救济和帮助，也可以让业主通过相互监督、积极举证等方式指认出真正的侵权人或者证明自己不是侵权人，使真正的侵权人承担法律责任。

综上，民法典侵权责任编草案三审稿对《侵权责任法》第 87 条作了如下修改：一是增加规定，禁止从建筑物中抛掷物品。二是增加规定，从建筑物中抛掷物品或者从建筑物上坠落的物品造成他人损害的，由侵权人依法承担侵权责任。三是增加规定，发生此类情形的，“有关机关应当依法及时调查、查清责任人”；明确“经调查难以确定具体侵权人”的，才适用由可能加害的建筑物使用人给予补偿的规定。四是增加规定，可能加害的建筑物使用人补偿后发现侵权人的，有权向侵权人追偿。五是增加规定，建筑物的管理人应当采取必要的安全保障措施；未采取必要措施的，依法承担相应的侵权责任。同时，在继承《侵权责任法》第85条、第86条的基础上，将两条的顺序作了对调，使建筑物中抛掷物品或者从建筑物上坠落的物品造成他人损害责任的规定衔接更为紧密。

对民法典侵权责任编草案三审稿的这一规定，有的意见提出，实践中建筑物管理人主要是物业服务企业。为了明确责任主体以便于实务操作，也在价值导向上引导和规范物业服务企业更加注重采取安全保障措施以更有利于发现直接侵权人，建议明确列举出物业服务企业。经研究，我们拟采纳这一意见，将该条第2款修改为：物业服务企业等建筑物管理人应当采取必要的安全保障措施防止前款规定情形的发生；未采取必要的安全保障措施的，应当依法承担未履行安全保障义务的侵权责任。2020年5月民法典提交十三届全国人大第三次会议审议过程中，有的意见提出，高空抛物或者坠物行为危害公共安全，公安机关有责任进行调查以查清责任人。经研究采纳了这一建议，将本条第3款中的“有关机关”明确为“公安等机关”。

◆ 条文解读

一、禁止从建筑物中抛掷物品

本条开宗明义，规定禁止从建筑物中抛掷物品。我国的民事法律规范极少使用“禁止”性的表述，盖因民事法律是调整平等主体之间权利义务的规范，以自由意志为导向。本条规定禁止性规定，是对从建筑物中抛掷物品行为的严厉谴责和禁止。

二、从建筑物中抛掷物品或者从建筑物上坠落的物品

如果物体并非从建筑物中抛掷或坠落，不适用该规定。例如，在群众性活动中被他人从人群中抛掷的物品砸伤而无法确定具体的侵权人时，被侵权人不能依据这一条主张由参加活动的所有可

能的侵权人承担赔偿责任。在道路上被机动车撞伤而无法确定具体的加害车辆时，被侵权人不能主张由当时所有经过的可能加害的车辆承担赔偿责任。

三、由侵权人依法承担侵权责任

《侵权责任法》第 87 条的规定，虽然没有明说，但从逻辑上可以推出，从建筑物中抛掷物品或者从建筑物上坠落的物品造成他人损害的，应当由侵权人依法承担侵权责任，这是过错责任的体现。只有难以确定具体侵权人的，才适用本条的补偿规定。

四、经调查难以确定具体侵权人

难以确定具体侵权人是指无法确定物品具体是从哪一个房间抛掷、坠落的，因此无法确定具体的侵权人。本条在《侵权责任法》第 87 条的基础上，增加了“经调查”的表述。我们认为，从建筑物中抛掷物品或者从建筑物上坠落的物品，造成他人损害的，小区物业管理企业、公安等机关均应及时、缜密地调查取证，尽量查明侵权人。

五、关于可能加害的建筑物使用人

在建筑物使用人是多人的情况下，从建筑物中抛掷物品或者从建筑物上坠落的物品造成他人损害，经调查难以确定具体侵权人的，要从这些使用人中确定可能的侵权人。本条规定的建筑物使用人，是指在侵权行为发生时建筑物的实际使用人。建筑物使用人在建筑物内进行活动，控制、管理着建筑物和建筑物内的物品，建筑物抛掷物、坠落物致人损害，经调查确实无法确定具体侵权人时，在他们中间确定可能的侵权人，符合社会生活实践经验。使用人包括使用建筑物的所有权人、承租人、借用人以及其他使用建筑物的人。物业服务公司是否属于建筑物使用人，要视具体情况而定，一般情况下，物业服务公司只是与业主签订合同，负责对物业的管理、服务，并不占有、控制建筑物本身，其不属于建筑物使用人。但是，如果物业服务公司实际占有、使用建筑物，则其也属于建筑物使用人。

如果按照社会生活实践经验、科学手段、监控手段、侦查措施等其他方法，可以推测认为抛掷物、坠落物有可能是从某人使用的建筑物中抛掷或坠落的，则该使用人就是本条所说的“可能加害的建筑物使用人”。当然，这种可能性必须在一定的合理范围内。例如，如果被侵权人在街上被建筑物上的抛掷物、坠落物砸伤，难以确定具体侵权人的，并非该条街上所有的建筑物的使用人均要承担责任，而是首先要将范围界定在侵权行为发生地周围合理范围内的建筑物的使用人。如果被侵权人在一座居民楼的北面被从该楼上抛掷或坠落的物品砸伤，一般认为，居住在该楼南面的居民不属于“可能加害的建筑物使用人”。

六、除能够证明自己不是侵权人的外，由可能加害的建筑物使用人给予补偿

本条采用举证责任倒置。根据本条规定，无法确定具体的侵权人的，由被侵权人证明自己是被建筑物上的抛掷物、坠落物伤害的，由建筑物使用人证明自己不是侵权人。建筑物使用人不能证明自己不是侵权人的，要对被侵权人受到的损害进行补偿。如果有证据能够确定具体的侵权人，则其他可能加害的建筑物使用人无须再举证证明自己不是侵权人。

七、发现真正侵权人后，承担了补偿的建筑物使用人具有追偿权

由可能加害的建筑物使用人对被侵权人给予补偿的，各个可能加害的建筑物使用人之间不承担连带责任，而是按份分别对被侵权人进行补偿。被侵权人不能要求某一个或一部分可能加害的建筑物使用人补偿其全部的损害，可能加害的建筑物使用人按照自己应承担的份额对被侵权人进行补偿后，也不能向其他可能加害的建筑物使用人追偿。但是，发现了真正侵权人的，可以向真正的侵权人进行追偿，以体现责任自负、社会公平。

八、物业服务企业等建筑物管理人的义务

物业服务企业与业主签订物业服务合同，应当履行合同约定的义务。本法第937条规定，物业服务合同是物业服务人在物业服务区域内，为业主提供建筑物及其附属设施的维修养护、环境卫生和相关秩序的管理维护等物业服务，业主支付物业费的合同。第942条规定，物业服务人应当按照约定和物业的使用性质，妥善维修、养护、清洁、绿化和经营管理物业服务区域内的业主共有部分，维护物业服务区域内的基本秩序，采取合理措施保护业主的人身、财产安全。对物业服务区域内违反有关治安、环保等法律法规的行为，物业服务人应当及时采取合理措施制止、向有关行政主管部门报告并协助处理。因此，物业服务企业具有一定的安全保障义务，依照本条第2款的规定，物业服务企业等建筑物管理人应当采取必要的安全保障措施防止前款规定情形的发生；未采取必要的安全保障措施的，应当依法承担未履行安全保障义务的侵权责任。

九、公安等机关的及时调查义务

本条第3款规定，从建筑物中抛掷物品或者从建筑物上坠落的物品造成他人损害的，公安等机关应当依法及时调查，查清责任人。公安等机关是具有侦查权的机关。因为从建筑物中抛掷物品或者从建筑物上坠落的物品，一般会造成被侵权人轻伤以上的伤害，甚至死亡。公安机关应当积极履职、为民服务，立案侦查，调查清楚具体的侵权人，尽可能减少难以确定具体侵权人的情形，不能推诿扯皮、以案多人少为由不予立案，否则便是渎职。在民法典侵权责任编编纂过程中，我们经过调研和收集有关案例，发现凡是公安机关立案侦查的从建筑物中抛掷物品或者从建筑物上坠落的物品造成他人损害的案件，基本上都能查到具体侵权人。

十、本条规定的意义

（一）填补被侵权人的损失，实现社会公平正义

随着我国城镇化进程的加快，高层建筑越来越多，从建筑物抛掷物品、坠落物品造成他人损害的情形时有发生，造成他人重伤、死亡。虽然，从理论上讲，受害人的损害可以通过保险和基金得到填补，但是，由于我国的保险制度和社会救助制度还不完善，实践中被侵权人往往无法通过这些渠道获得救济，这不利于保障被侵权人的权利，有损社会公平正义。民事责任一个重要的功能就是补偿被侵权人的损失，民法中的举证责任倒置制度是为了平衡当事人之间的利益，合理地保护被侵权人，最终实现实质意义上的公平。因此，从建筑物中抛掷物品或者从建筑物上坠落的物品造成他人损害的，首先应当有侵权人依法承担侵权责任。经调查难以确定具体加害人时，让可能加害的建筑物使用人举证证明自己不是真正的加害人，符合民法公平正义的精神。对此，其他国家也有立法例，《智利民法典》第2328条规定，自建筑物的高层部分坠落或投掷的物件引起的损害，应归责于一切居住于建筑物的该部分的人，赔偿金在所有这些人中分摊，但损害事实经证明仅可归因于某人的过失或恶意时，该人应单独承担责任。

（二）合理分散损失，促进社会和谐稳定

从建筑物中抛掷物品或者从建筑物上坠落的物品造成他人损害的，特别是造成他人重伤、残疾的，如果让被侵权人自己承担损害后果，可能会导致其陷入生活的困境。而让可能加害的建筑物使用人对被侵权人进行补偿，每一个可能加害的建筑物使用人只承担整个损失的一小部分。从总体上来讲，这一规定有利于合理分散损失，促进社会和谐稳定。

（三）有利于维护社会秩序

在现实生活中，由于物业管理水平、人们的生活习惯和安全意识等多种原因，出现了建筑物抛掷物、坠落物造成他人损害的情形，这给人们的安全生活秩序造成了不好的影响。本条的规定，可以促进人们对相关问题的关注，依法通过各种途径减少或者避免类似情形的发生，改善整体的生活环境，形成良好的生活秩序。物业服务企业等建筑物管理人应当安装监控设备、加强巡逻、张贴告示标语等加强管理，增强业主的意识，减少从建筑物中抛掷物体的行为。在发生从建筑物中抛掷物品或者从建筑物上坠落的物品造成他人损害的案件后，公安等有关机关应当及时立案调查，查明责任人，维护社会稳定和人民安全。

十一、从建筑物中抛掷物品或者从建筑物上坠落的物品造成他人损害与共同危险行为的区别

1. 通常情况下，从建筑物中抛掷物品或者从建筑物上坠落的物品造成他人损害，是某一个人抛掷物品或者其管理的物品坠落；共同危险行为是多个人同时实施危害他人安全的行为。

2. 从建筑物中抛掷物品或者从建筑物上坠落的物品造成他人损害，经调查难以确定具体侵权人的，由可能加害的建筑物使用人给予补偿，尽管这些建筑物使用人实际上并没有抛掷物品或者其物品并没有坠落；共同危险行为中，不能确定具体侵权人的，因为共同危险行为人都实施了危及他人安全的行为，因此由共同危险行为人承担责任。

3. 从建筑物中抛掷物品或者从建筑物上坠落的物品造成他人损害，难以确定具体侵权人的，由可能加害的建筑物使用人对受害人给予补偿；共同危险行为中，不能确定具体侵权人的，行为人承担连带责任。

十二、治理从建筑物中抛掷物品或者从建筑物上坠落的物品行为的思考

从建筑物中抛掷物品或者从建筑物上坠落的物品行为严重危及人民群众生命、财产安全，为了遏制这类行为的发生，保障人民群众的“头顶安全”，必须对此类行为予以从严处理。从近期频发的高空抛物坠物事件看，产生这个问题的原因是多方面的，治理这个问题需要综合施策。首先，要及时查清责任人。目前，解决高空抛物坠物问题面临的最大难题不是无法可依，而是事故发生后，难以查清责任人。要从根本上解决这个问题，在受害人不能举证或者难以举证的情况下，公安等机关应当及时立案调查，查清责任人。其次，要充分发挥法律的威慑作用。我国现行法律已对治理高空抛物坠物问题作了较为明确的规定，相关机关应当严格执法，依法明确各方责任，综合运用民事、行政和刑事手段，遏制此类事件的发生。对于造成损害后果的，责任人除了要依法承担民事责任外，应当依法给予其治安管理处罚；构成犯罪的，还应当依法追究其刑事责任。从民法典整体来看，关于民事、行政和刑事三种法律责任的关系，本法第 187 条中已经作了基本规定，民事主体因同一行为应当承担民事责任、行政责任和刑事责任的，承担行政责任或者刑事责任不影响承担民事责任。因此，关于高空抛物坠物行为应当承担的行政责任和刑事责任，在侵权责任编中不再作规定。最后，还需要明确建筑物管理人、施工者、作业者的责任，提高建筑物设计施工质量、提高公民道德素质，做到多管齐下，共同发力。

第一千二百五十五条 堆放物倒塌、滚落或者滑落造成他人损害，堆放人不能证明自己没有过错的，应当承担侵权责任。

◆ **条文主旨**

本条是关于堆放物造成他人损害责任的规定。

◆ **立法背景**

本条在继承《侵权责任法》第88条的基础上，根据实践的需要和有关建议，增加列举了“滚落或者滑落”两种情形。

◆ **条文解读**

堆放物是指堆放在土地上或者其他地方的物品。堆放物须是非固定在其他物体上，如建筑工地上堆放的砖块、木料场堆放的圆木等。

本条所说的倒塌、滚落或者滑落，包括堆放物整体或者部分的倒塌、脱落、坠落、滑落、滚落等。例如，码头堆放的集装箱倒塌、建筑工地上堆放的建筑材料倒塌、伐木场堆放的圆木滚落等。

堆放人是指将物体堆放在某处的人。堆放人可能是所有人，也可能是管理人。堆放人应当合理选择堆放地点、堆放高度，要堆放稳固并看管好堆放的物品，防止被他人随意挪动，防止他人特别是限制行为能力人和无行为能力人攀爬等。

本条采用过错推定原则。堆放人不能证明自己没有过错的，承担侵权责任。符合本法第1178条规定的，可以不承担或者减轻责任。例如，《最高人民法院关于处理涉及汶川地震相关案件适用法律问题的意见（二）》第 9 条规定，因地震灾害致使堆放物品倒塌、滚落、滑落的，所有人或者管理人不承担赔偿责任。需要说明的是，在这些情形下，仍然需要堆放人举证证明自己对堆放物倒塌致人损害没有过错，堆放人不能证明自己没有过错的，仍然要承担侵权责任。

第一千二百五十六条 在公共道路上堆放、倾倒、遗撒妨碍通行的物品造成他人损害的，由行为人承担侵权责任。公共道路管理人不能证明已经尽到清理、防护、警示等义务的，应当承担相应的责任。

◆ 条文主旨

本条是关于在公共道路上堆放、倾倒、遗撒妨碍通行的物品造成他人损害责任的规定。

◆ 立法背景

《侵权责任法》第 89 条使用了“有关单位或者个人”的表述。民法典侵权责任编编纂过程中，有的意见提出，本条应当对承担责任的主体作进一步细分。我们经过研究认为，在公共道路上堆放、倾倒、遗撒妨碍通行的物品的主体大致可分为两类，一类是具体实施该行为的侵权人。任何人都应当遵守道路管理规则，避免在道路上堆放、倾倒、遗撒妨碍通行物，在公共道路上堆放、倾倒、遗撒妨碍通行物造成他人损害的，应当由行为人承担责任。另一类是对公共道路具有养护、管理职责的主体。公共道路涉及公共安全，公共道路管理人对道路的管理职责中当然就包括了法定的防止因第三人的堆放、倾倒、遗撒等行为造成他人损害的义务。为了保障公共道路具有良好的使用状态，公共道路的管理、维护者要及时发现道路上出现的妨碍通行的情况并采取清理、防护、警示等合理的措施。如果没有尽到这种义务，应在未尽到职责的范围内承担相应的侵权责任。《最高人民法院关于审理道路交通事故损害赔偿案件适用法律若干问题的解释》第 10 条规定："因在道路上堆放、倾倒、遗撒物品等妨碍通行的行为，导致交通事故造成损害，当事人请求行为人承担赔偿责任的，人民法院应予支持。道路管理者不能证明已按照法律、法规、规章、国家标准、行业标准或者地方标准尽到清理、防护、警示等义务的，应当承担相应的赔偿责任。"因此，本条在《侵权责任法》第 89 条的基础上，区分了直接侵权人和公共道路管理人两种情况，作了进一步的细分和完善，公共道路管理人承担的是过错推定责任。

◆ **条文解读**

一、关于公共道路

公共道路是指公共通行的道路。根据公路法和公路管理条例的规定，公路是指经公路主管部门验收认定的城间、城乡间、乡间能行驶汽车的公共道路，公路包括公路渡口、公路路基、路面、桥梁、涵洞、隧道。根据道路交通安全法的规定，道路是指公路、城市道路和虽在单位管辖范围但允许社会机动车通行的地方，包括广场、公共停车场等用于公众通行的场所。本条所说的公共道路包括但不局限于公路法、公路管理条例中的公路以及道路交通安全法中的道路。公共道路既包括通行机动车的道路，也包括人行道路。另外，广场、停车场等可供公共通行的场地、建筑区划内属于业主共有但允许不特定的公众通行的道路都属于公共道路。

二、关于堆放、倾倒、遗撒妨碍通行物

本条规定的堆放、倾倒、遗撒妨碍通行物，是指在公共道路上堆放、倾倒、遗撒物品，影响他人对该公共道路正常、合理的使用。公共道路的使用关系到公众的利益，在道路上堆放、倾倒、遗撒妨碍通行物，会对他人的安全造成不合理的危险。《公路法》第 46 条规定，任何单位和个人不得在公路上及公路用地范围内摆摊设点、堆放物品、倾倒垃圾、设置障碍、挖沟引水、利用公路边沟排放污物或者进行其他损坏、污染公路和影响公路畅通的活动。《道路交通安全法》第 48 条规定，机动车载物的长、宽、高不得违反装载要求，不得遗撒、飘散载运物。

在公共道路上堆放、倾倒、遗撒妨碍通行物，既可以是堆放、倾倒、遗撒固体物，例如，在公共道路上非法设置路障、晾晒粮食、倾倒垃圾等，也可以是倾倒液体、排放气体，例如，运油车将石油泄漏到公路上、非法向道路排水、热力井向道路散发出大量蒸汽。

被侵权人被堆放、倾倒、遗撒的妨碍通行物损害有多种情形。例如，行人在公共道路上被妨碍通行物绊倒、滑倒；司机被公共道路上非法堆放的物体遮挡视线，驾驶机动车撞到路旁的建筑物上、发生交通事故，等等。

第一千二百五十七条 因林木折断、倾倒或者果实坠落等造成他人损害，林木的所有人或者管理人不能证明自己没有过错的，应当承担侵权责任。

◆ 条文主旨

本条是关于林木造成他人损害责任的规定。

◆ 条文解读

一、关于林木折断、倾倒或者果实坠落等情形

本条所说的林木，包括自然生长和人工种植的林木，并未限定林木生长的地域范围，林地中的林木、公共道路旁的林木以及院落周围零星生长的树木等折断、倾倒或者果实坠落造成他人损害，林木的所有人或者管理人不能证明自己没有过错的，均要承担侵权责任。当然，根据林木生长的具体情况，认定林木所有人或者管理人的过错应有所区别。

林木造成他人损害，不仅包括林木枝蔓等的掉落造成他人损害，还包括其他情形，如实践中出现的椰树果实坠落砸伤路人、树木倒伏压坏路旁汽车等。《侵权责任法》第 90 条规定了“林木折断”，没有规定“等”字。在民法典侵权责任编编纂过程中，有的意见提出，侵权责任法的规定不够全面，也没有“等”字兜底，林木倾倒、果实坠落等基于物件自身危险致人损害的情形无法囊括。《最高人民法院关于审理人身损害赔偿案件适用法律若干问题的解释》第 16 条第 1 款第 3 项规定了该三种情形，建议补充。因此，本条在继承《侵权责任法》第 90 条的基础上，根据实践的需要和有关建议，增加列举了“倾倒或者果实坠落等”的情形。

二、关于林木的所有人或者管理人

我国《森林法》第 20 条规定，国有企业事业单位、机关、团体、部队营造的林木，由营造单位管护并按照国家规定支配林木收益。农村居民在房前屋后、自留地、自留山种植的林木，归个人所有。城镇居民在自有房屋的庭院内种植的林木，归个人所有。集体或者个人承包国家所有和集体所有的宜林荒山荒地荒滩营造的林木，归承包的集体或者个人所有；合同另有约定的从其约定。

其他组织或者个人营造的林木，依法由营造者所有并享有林木收益；合同另有约定的从其约定。

林木的所有人或者管理人应当对林木进行合理的维护，防止林木出现危害他人安全的情形。例如，所有人或者管理人应当固定好新栽的树木，在林木可能危害他人的安全时，要设置明显标志并采取相应的安全措施，及时消除危险状态，例如，要及时修剪干枯的树枝、采伐干枯的树木，及时清理树上的积雪，及时采摘成熟的果实等。

三、本条的归责原则

对于折断、倾倒或者果实坠落等造成他人损害，适用过错推定的归责原则，林木的所有人或者管理人不能证明自己没有过错的，应当承担侵权责任。《最高人民法院关于审理人身损害赔偿案件适用法律若干问题的解释》第16条规定，树木倾倒、折断或者果实坠落致人损害的，适用民法通则第126条的规定，由所有人或者管理人承担赔偿责任，但能够证明自己没有过错的除外。该司法解释亦采取了过错推定的归责原则。

所有人或者管理人要证明自己没有过错，通常要证明其对林木已经尽到了管理、维护的义务。需要说明的是，很多时候，林木的折断表面上是由于自然原因或者第三人等原因造成的，但实质上与所有人或者管理人的过错有关。例如，大风将因虫害而枯死的大树刮倒，砸伤了过路的行人。大风和虫害是导致树木折断的因素，但由于虫害可能是因所有人或者管理人没有尽到管理、维护的义务造成的，因此，所有人或者管理人不能证明自己没有过错的，仍然要承担侵权责任。再如，他人驾驶机动车撞到树木上，造成树木倾斜，后来树木倾倒或者折断造成他人损害，所有人或者管理人不能证明在该树木被撞倾斜后，自己为了防止该树木倾倒或者折断而及时采取了合理措施的，仍然要承担责任。

如果林木的折断完全是因自然原因、第三人或者受害人的过错造成的，林木的所有人或者管理人能够证明自己没有过错的，不承担侵权责任。

第一千二百五十八条　在公共场所或者道路上挖掘、修缮安装地下设施等造成他人损害，施工人不能证明已经设置明显标志和采取安全措施的，应当承担侵权责任。

窨井等地下设施造成他人损害，管理人不能证明尽到管理职责的，应当承担侵权责任。

◆ **条文主旨**

本条是关于在公共场所或者道路上挖坑、修缮安装地下设施等造成他人损害责任，以及窨井等地下设施造成他人损害责任的规定。

◆ **条文解读**

一、关于第 1 款规定的理解和使用

《侵权责任法》第 91 条第 1 款规定："公共场所或者道路上挖坑、修缮安装地下设施等，没有设置明显标志和采取安全措施造成他人损害的，施工人应当承担侵权责任。"司法实践证明，侵权责任法的这一规定符合社会实践的需要，是科学合理的。民法典侵权责任编在继承侵权责任法的基础上，作了一定的完善：一是调整了语序，明确了"造成他人损害"是"在公共场所或者道路上挖坑、修缮安装地下设施等"的后果，使本条表述更加清晰。二是将"没有设置"修改为"施工人不能证明已经设置"，使得过错推定归责原则的表示与本章其他条文的表述保持一致。

（一）在公共场所或者道路施工

在公共场所或者道路上施工，是指在公共场所或者道路上挖坑、修路、修缮安装地下设施等，如架设电线、铺设管道、维修公路、修缮下水道等。

公共场所是不特定人聚集、通行的场所，在这些场所施工，很有可能对他人造成损害，因此，需要更加注意保护他人的安全。在公共场所或者道路上施工，应当取得有关管理部门的许可，必须设置明显的警示标志和采取有效的安全措施。依照《道路交通安全法》第32条、第104条的规定，因工程建设需要占用、挖掘道路，或者跨越、穿越道路架设、增设管线设施，应当事先征得道路主管部门的同意；影响交通安全的，还应当征得公安机关交通管理部门的同意。施工作业单位应当在经批准的路段和时间内施工作业，并在距离施工作业地点来车方向安全距离处设置明显的安全警示标志，采取防护措施；施工作业完毕，应当迅速清除道路上的障碍物，消除安全隐患，经道路主管部门和公安机关交通管理部门验收合格，符合通行要求后，方可恢复通行。未经批准，擅自挖掘道路、占用道路施工或者从事其他影响道路交通安全活动，致使通行的人员、车辆及其他财产遭受损失的，依法承担赔偿责任。依照《公路法》第32条的规定，改建公路时，施工单位应当在施工路段两端设置明显的施工标志、安全标志。需要车辆绕行的，应当在绕行路口设置标志；不能绕行的，必须修建临时道路，保证车辆和行人通行。根据《城市道路管理条例》第24条、第35条的规定，城市道路的养护、维修工程应当按照规定的期限修复竣工，并在养护、维修工程施工现场设置明显标志和安全防围设施，保障行人和交通车辆安全。经批准挖掘城市道路的，应当在施工现场设置明显标志和安全防围设施；竣工后，应当及时清理现场，通知市政工程行政主管部门检查验收。

在公共场所或者道路上施工，应当设置明显标志和采取安全措施，包括以下几个方面的内容：

第一，设置的警示标志必须具有明显性。施工人设置的警示标志要足以引起他人对施工现场的注意，从而使他人采取相应的安全应对措施，如减速、绕行等。例如，在高速公路上施工，必须在距离施工现场较远的地方就设置警示标志，而不能只在直接施工的地点设置警示标志；阴天或者夜间施工，应当设置必要的照明设备等。

第二，施工人要保证警示标志的稳固并负责对其进行维护，使警示标志持续地存在于施工期间。例如，应当保证警示标志牢固，防止被风刮走；在警示标志毁损时，应当及时修复等。

第三，仅设置明显的标志不足以保障他人的安全的，施工人还应当采取其他有效的安全措施。例如，在道路上挖坑，通常应当将施工现场用保护设施围起来，而不仅仅是提醒行人注意道路上的坑。施工人采取的措施，在正常情况下必须足以保证他人的安全。

（二）关于施工人

公共场所或者道路施工致人损害的责任人是施工人。施工人直接控制着施工场地，因此应当承担对施工场地的管理和维护义务，保障他人的安全。施工人是指组织施工的单位或者个人，而非施工单位的工作人员或者个体施工人的雇员。施工人一般是承包或者承揽他人的工程进行施工的单位或者个人，有时也可能是为自己的工程施工。

（三）在公共场所或者道路上施工与在公共道路上设置妨碍通行物

本条第 1 款与本法第 1256 条规定的情形，主要有如下区别：

一是发生的原因不同。公共场所或者道路上施工致人损害责任，是施工人在施工过程中没有设置明显标志和采取安全措施，造成他人损害时应当承担的侵权责任。在公共道路上设置妨碍通行物致人损害责任，是在公共道路上堆放、倾倒、遗撒妨碍通行的物品造成他人损害，有关的单位和个人应当承担的侵权责任。

二是责任主体不同。公共场所施工致人损害的责任主体是施工人，在公共道路上堆放、倾倒、遗撒妨碍通行的物品造成他人损害的责任主体是行为人和公共道路管理人。

（四）归责原则

关于施工人责任的归责原则，从20世纪80年代至今我国学界一直有争议，主要有过错认定说和过错推定说。本款采用过错推定归责原则，施工人不能证明已经设置明显标志和采取安全措施的，应当承担侵权责任，理由主要有：一是公共场所是人们经常聚集、活动和通行的地方，施工人必须采取严格的安全措施方能避免，采用过错推定与在公共场所施工的危险程度是相符合的。二是从救济受害人的角度考虑，施工人距离证据较近，有利于查明事实真相，采用过错推定更利于对受害人的救济。三是从体系解释的角度来看，本章规定的主要是过错推定责任，该条也应适用过错推定原则。

二、关于第2款规定的理解和使用

（一）窨井、地下设施及其管理人

窨井是指上下水道或者其他地下管线工程中，为便于检查或疏通而设置的井状构筑物。其他地下设施包括地窖、水井、下水道以及其他地下坑道等。

窨井等地下设施的管理人，是指负责对该地下设施进行管理、维护的单位或者个人。城市地下设施复杂，例如有输水、输油、输气、输电设施等，不同的地下设施可能属于不同的单位管理，在损害发生后要明确具体的管理人，由相关的管理人依法承担侵权责任。

（二）归责原则

实践中，经常出现地下设施缺乏防护措施而致人损害的情形。《城市道路管理条例》第23条规定："设在城市道路上的各类管线的检查井、箱盖或者城市道路附属设施，应当符合城市道路养护规范。因缺损影响交通和安全时，有关产权单位应当及时补缺或者修复。"《治安管理处罚法》第37条规定，在车辆、行人通行的地方施工，对沟井坎穴不设覆盖物、防围和警示标志的，或者故意损毁、移动覆盖物、防围和警示标志的；盗窃、损毁路面井盖、照明等公共设施的，处5日以下拘留或者500元以下罚款；情节严重的，处5日以上10日以下拘留，可以并处500元以下罚款。

本款继承了《侵权责任法》第91条第2款的规定，窨井等地下设施致人损害时，适用过错责任推定归责原则，有利于保护被侵权人的利益，也有利于促使地下设施的管理人认真履行职责，确保窨井等地下设施的安全，保护公众合法权益。

附 则

附则共二条，规定了民法有关术语的含义，民法典的施行日期和此前颁布的各单行民法的废止。

第一千二百五十九条 民法所称的“以上”、“以下”、“以内”、“届满”，包括本数；所称的“不满”、“超过”、“以外”，不包括本数。

◆ **条文主旨**

本条是关于法律术语含义的规定。

◆ **条文解读**

本条继承自《民法总则》第205条。在汉语词义的解释中，“以上”指的是位置或者数目等在某一点之上；“以下”指的是位置或者数目不高于某一点；“以内”指的是介于一定的时间、数量、范围之中；“届满”指的是规定的期限已满、到期。“不满”指的是不充满，量不足；“超过”指的是高出、超出；“以外”指的是一定的限制、界限或者范围之外。从上面的基本含义可以得知，“以上”“以下”“以内”“届满”，应当包括本数；“不满”“超过”“以外”，不包括本数。

在民法典编纂过程中，有的意见建议将本条中“民法”修改为“本法”“民法典”。我们研究认为，本条关于法律术语的含义，不仅仅是在民法典中适用，在民法典外的民商事单行法中均应适用，体现的是民商事法律基本准则。本法第2条规定的“民法调整平等主体的自然人、法人和非法人组织之间的人身关系和财产关系”使用的也是“民法”这一术语。因此，我们没有采纳上述意见。

第一千二百六十条 本法自2021年1月1日起施行。《中华人民共和国婚姻法》、《中华人民共和国继承法》、《中华人民共和国民法通则》、《中华人民共和国收养法》、《中华人民共和国担保法》、《中华人民共和国合同法》、《中华人民共和国物权法》、《中华人民共和国侵权责任法》、《中华人民共和国民法总则》同时废止。

◆ **条文主旨**

本条是关于民法典的施行日期和此前颁布的各单行民法废止的规定。

◆ **立法背景**

施行时间是一部法律的必备内容，是法律开始发生效力的时间。《立法法》第57条规定，法律应当明确规定施行日期。

◆ **条文解读**

由于民法典在中国特色社会主义法律体系中具有非常重要的地位，是民事生活领域的基本法，有些制度是对过去各个时期民事单行法的重大修改完善，有些制度是创设性的全新制度，关系平等主体的日常生活、生产，内容丰富，涉及面广，需要在通过后留出一定的时间供社会各界学习、准备。因此，反复研究后，全国人大宪法和法律委员会建议民法典在2020年5月通过后，预留约7个月的时间，自2021年1月1日起施行，对此前的民事关系，民法典没有溯及力。

民法典系统编纂整合了《婚姻法》等不同历史时期颁布的九部重要民事法律。自民法典施行之日，婚姻法、继承法、民法通则、收养法、担保法、合同法、物权法、侵权责任法和民法总则将被替代，不再适用。需要说明的是，2014年第十二届全国人大常委会第十一次会议通过的《全国人民代表大会常务委员会关于〈中华人民共和国民法通则〉第九十九条第一款、〈中华人民共和国婚姻法〉第二十二条的解释》，作为民法通则和婚姻法的立法解释，也同步废止。

附　录

关于《民法典各分编（草案）》的说明

——2018 年 8 月 27 日在第十三届全国人民代表大会常务委员会第五次会议上

全国人大常委会法制工作委员会主任　沈春耀

委员长、各位副委员长、秘书长、各位委员：

现在，我受委员长会议的委托，作关于《民法典各分编（草案）》的说明。

一、民法典各分编编纂工作情况

编纂民法典是党的十八届四中全会提出的重大立法任务，是以习近平同志为核心的党中央作出的重大法治建设部署。编纂民法典是通过对现行民事法律规范进行系统整合、修改完善，编纂一部适应中国特色社会主义发展要求，符合我国国情，体例科学、结构严谨、规范合理、内容协调一致的法典，是一项系统工程。2016 年 6 月，十二届全国人大常委会党组向党中央汇报了关于民法典编纂工作的指导思想、基本原则、工作安排等重大问题，习近平总书记主持会议，听取并原则同意该汇报，并就民法典编纂工作作了重要指示，为编纂民法典提供了重要指导和基本遵循。按照工作安排，编纂民法典采取“两步走”的工作思路进行：第一步先出台民法总则；第二步编纂民法典各分编，适时出台民法典。在党中央的坚强领导下，2017 年 3 月十二届全国人大五次会议审议通过民法总则，完成了民法典编纂工作的第一步，为编纂民法典奠定了坚实基础。

民法总则通过后，十二届全国人大常委会和十三届全国人大常委会抓紧开展“第二步”工作，全国人大常委会法制工作委员会立即与最高人民法院、最高人民检察院、司法部、中国社会科学院、中国法学会五家民法典编纂工作参加单位全力推进民法典各分编编纂工作。系统梳理、研究近年来全国人大代表、政协委员提出的修改完善相关民事法律的议案、建议和提案，开展立法调研、深入基层了解实践情况，开展比较研究、了解国外民事立法新发展，广泛听取地方人大、有关部门和单位、基层立法联系点、人大代表、专家学者等方面的意见和建议。在此基础上，以现行民事法律为基础，结合我国社会的发展实际，形成了民法典各分编草案（征求意见稿）。今年3月15日，法制工作委员会将民法典各分编草案（征求意见稿）印发地方人大、中央有关部门和部分全国人大代表、法学教学研究机构和一些社会组织征求意见，并召开协调小组会议，听取协调小组各参加单位意见建议。根据各方面的意见和建议，对民法典各分编草案（征求意见稿）作了反复修改。

党中央高度重视民法典各分编编纂工作。2018年8月16日，习近平总书记主持召开中央政治局常委会会议，听取了全国人大常委会党组关于《民法典各分编（草案）》几个主要问题的汇报，原则同意请示，并就做好民法典各分编编纂工作作了重要指示。会后，根据党中央的重要指示精神，对草案又作了进一步修改完善。经委员长会议讨论，决定将《民法典各分编（草案）》提请十三届全国人大常委会第五次会议审议。

二、关于民法典各分编的总体考虑

在民法典各分编编纂工作中，我们深入学习贯彻习近平新时代中国特色社会主义思想和党的十九大精神，紧紧围绕统筹推进

“五位一体”总体布局和协调推进“四个全面”战略布局，紧紧围绕建设中国特色社会主义法治体系、建设社会主义法治国家的全面依法治国总目标，遵循和贯彻民法典编纂工作指导思想、基本原则，总结实践经验，适应时代要求，对我国现行的、制定于不同时期的民法通则、物权法、合同法、担保法、婚姻法、收养法、继承法、侵权责任法和人格权方面的民事法律规范进行全面系统的编订纂修，进一步完善以公平为核心原则的产权保护制度，进一步完善促进财产和要素自由流动的公平交易制度，进一步完善增进家庭和睦的婚姻家庭和继承制度，进一步完善自然人和其他民事主体人身权、财产权、人格权的保护救济制度，连同之前已出台的民法总则，最后形成一部完整的具有中国特色、体现时代特点、反映人民意愿的民法典，为新时代坚持和发展中国特色社会主义、实现“两个一百年”奋斗目标和中华民族伟大复兴的中国梦提供完备的民事法治保障。

在民法典各分编编纂工作中，我们注意把握以下几点：一是坚持以人民为中心，以保护民事权利为出发点和落脚点，切实回应人民的法治需求，更好地满足人民日益增长的美好生活需要，努力让民法典成为新时代保护人民民事权利的权利法典。二是坚持立足国情和实际，坚持问题导向，适应中国特色社会主义步入新时代和我国社会主要矛盾变化的需要，总结改革开放 40 年来民事立法和实践经验，以法典化方式巩固、确认和发展民事法治建设成果，提高民事法律制度的针对性、有效性、适应性，努力发挥引领、推动、保障改革的积极作用。三是坚持依法治国和以德治国相结合，将社会主义核心价值观融入民事法律规范，大力弘扬社会公德、家庭美德，贯彻和体现新发展理念。四是增强民事法律规范的系统性，既保持民事法律制度的连续性、稳定性，又保持适度的前瞻性、开放性，同时处理好衔接好法典化民事法律制度体系下各类规范之间的关系。

三、关于民法典各分编的结构安排

2016年6月在向党中央汇报民法典编纂工作时，提出民法典各分编包括：物权编、合同编、侵权责任编、婚姻家庭编和继承编等。总体考虑和工作思路是，民法典各分编的内容经编纂进入民法典，再加上之前已出台的民法总则，形成一部完整的民法典；民法典出台后，我国现行的民法通则、物权法、合同法、担保法、婚姻法、收养法、继承法、侵权责任法将被替代，不再保留。各方面对民法典各分编包括上述五编的内容，意见是一致的。同时，还有一些意见建议在五编基础上增加人格权编、知识产权编、涉外民事关系法律适用编。经研究认为，在确定哪些内容纳入民法典各分编时，应当遵循以下原则：一是内容具有基础性，是民事法律制度的基本规则；二是内容具有普遍性，是社会生活普遍适用的通用规则；三是内容具有稳定性，是经过实践证明切实有效、可以长期适用的惯常规则；四是内容具有平等自愿性，是民事主体在民事活动中依法可采用、可约定的规则。对于涉及特定群体、领域的内容，原则上由民事特别法规定；对于民法典各分编的规定难以涵盖和替代的内容，不宜纳入；对于那些还处于发展变化中、经验还不成熟、拿不准的内容，暂不纳入。

一是关于是否设立人格权编。经研究认为，人格权是民事主体对其特定的人格利益享有的权利，关系到每个人的人格尊严，是民事主体最基本、最重要的权利。保护人格权、维护人格尊严，是我国法治建设的重要任务，近年来加强人格权保护的呼声和期待较多。为了贯彻党的十九大和十九届二中全会关于“保护人民人身权、财产权、人格权”的精神，落实宪法关于“公民的人格尊严不受侵犯”的要求，综合考虑各方面意见，总结我国现有人格权法律规范的实践经验，在民法典中增加人格权编是较为妥当、可取的。人格权编这一部分，主要是从民事法律规范的角度规定自然人和其他民事主体人格权的内容、边界和保护方式，不涉及公民政治、社会等方面权利。

二是关于是否设立知识产权编。经研究认为目前条件还不成熟：1. 我国知识产权立法一直采用民事特别法的立法方式，如专利法、商标法、著作权（版权）法，还涉及反不正当竞争法等法律和集成电路布图设计保护条例、植物新品种保护条例等行政法规。我国知识产权立法既规定民事权利等内容，也规定行政管理等内容，与相关国际条约保持总体一致和衔接。民法典是调整平等民事主体之间的民事法律关系的法律，难以纳入行政管理方面的内容，也难以抽象出不同类型知识产权的一般性规则。2. 知识产权制度仍处于快速发展变化之中，国内立法执法司法等需要不断调整适应。如现在就将知识产权法律规范纳入民法典，恐难以保持其连续性、稳定性。由于以上原因，我国知识产权立法仍适宜采用民事特别法的立法方式，针对不同需求，实行单项立法，已有知识产权单行法律仍将继续保留，通过知识产权单行法律健全知识产权相关制度，更有利于加强和完善知识产权保护。民法典中暂不宜设立知识产权编。

三是关于是否设立涉外民事关系法律适用编。经研究认为，涉外民事关系法律适用规则的概念体系、规范内容与民法典虽有一定联系，但二者性质不同，在法律的调整范围、立法目标、具体规则等方面存在较大差异，民法典不宜设立涉外民事关系法律适用编。涉外民事关系法律适用的问题，由现行涉外民事关系法律适用法调整。

基于上述考虑，《民法典各分编（草案）》包括六编。关于分编的顺序，原顺序为物权编、合同编、侵权责任编、婚姻家庭编、继承编。根据一些常委会组成人员和有关方面的意见，考虑到增加了人格权编，还需要把这一编放在适当的位置，经研究，将分编顺序修改为现在的物权编、合同编、人格权编、婚姻家庭编、继承编、侵权责任编，共1034条。

四、民法典各分编的主要内容

（一）关于物权编草案

物权是民事主体依法享有的重要财产权。2007年十届全国人大五次会议通过了物权法。实践证明物权法规定的中国特色社会主义物权制度是有活力的，在明晰权利归属、实现物权平等保护等方面发挥了重要作用。物权编草案在物权法的基础上，按照党中央提出的完善产权保护制度，健全归属清晰、权责明确、保护严格、流转顺畅的现代产权制度的要求，结合现实需要，进一步完善了物权法律制度。与现行物权法相比，主要修改内容有：

1. 加强对建筑物业主权利的保护。第一，强化业主对共有部分共同管理的权利。实践中，一些物业服务企业未征求业主意见擅自改变共有部分的用途或者利用外墙、电梯张贴广告等营利。对此，草案增加规定，改变共有部分的用途或者利用共有部分从事经营活动应当由业主共同决定（草案第七十三条第一款）。第二，为了解决物业管理活动中业主作出决议难的问题，适当降低业主作出决议的门槛（草案第七十三条第二款）。第三，明确共有部分产生的收益属于业主共有（草案第七十七条）。

2. 增加规定居住权。党的十九大报告提出，要加快建立多主体供给、多渠道保障、租购并举的住房制度，让全体人民住有所居。为落实党中央的要求，认可和保护民事主体对住房保障的灵活安排，满足特定人群的居住需求，草案在用益物权部分增加一章，专门规定居住权，居住权人有权按照合同约定并经登记占有、使用他人的住宅，以满足其稳定生活居住需要。这一制度安排有助于为公租房和老年人以房养老提供法律保障。（草案第十四章）

3. 完善动产抵押和权利质押的规则。第一，补充了有关清偿顺序的规定（草案第二百零五条第二款、第二百零六条）。第二，对于抵押物价款的债权担保赋予优先效力。针对交易实践中普遍存在的借款人借款购买货物，同时将该货物抵押给贷款人作为价款的担保的情形，草案赋予了该抵押权优先效力，以保护融资人的权利，促进融资（草案第二百零七条）。第三，删除具体登记机构的规定。目前动产抵押和权利质押的登记机构较为分散，不能完全适应现代市场经济发展的需要。建立统一的动产抵押和权利质押登记制度有助于进一步发挥其融资担保功能。考虑到统一登记的具体规则宜由国务院规定，草案删除了有关动产抵押和权利质押具体登记机构的内容，为建立统一的动产抵押和权利质押登记制度留下空间（草案第二百三十二条、第二百三十四条、第二百三十五条、第二百三十六条）。

物权编草案中有两个问题需要汇报：

1. 关于农村土地使用权改革相关问题。党的十八大以来，党中央提出要深化农村土地制度改革，健全农村产权保护法律制度，完善承包地“三权分置”制度；探索宅基地“三权分置”；赋予农民更多的财产权，允许承包土地的经营权和农民住房财产权抵押、担保；探索农民集体建设用地入市制度。为落实党中央的改革要求，2015 年全国人大常委会先后通过两个授权决定，授权开展“两权”抵押和集体建设用地入市试点。与此同时，全国人大常委会启动了农村土地承包法的修改工作，并于 2017 年 11 月进行了初次审议。在总结有关改革试点实践经验的基础上，结合农村土地承包法修改的审议情况、各方面提出的意见和基层调研情况，草案对物权法的用益物权制度、担保物权制度作了相应修改，规定实行家庭承包的土地承包经营权人有权出让土地经营权，并对土地经营权的内容作了规定，以体现“三权分置”改革精神

(草案第十一章);修改了土地承包经营权抵押的相关规定。关于宅基地“三权分置”问题和农民住房财产权抵押问题，考虑到这两个问题主要涉及土地管理法的修改（按今年全国人大常委会立法工作计划，应于下半年由国务院提请审议)，国务院有关部门正在抓紧推进起草工作。因此，物权编草案这一部分内容暂未修改，待国务院修改土地管理法的议案提请审议后，再作统筹研究和修改。

2. 关于住宅建设用地使用权期间届满续期问题。2016 年 11 月,《中共中央、国务院关于完善产权保护制度依法保护产权的意见》提出，要研究住宅建设用地等土地使用权到期后续期的法律安排，推动形成全社会对公民财产长久受保护的良好和稳定预期。根据党中央批准的有关工作安排，该项工作由国务院有关部门研究，提出方案后，国务院提出法律修改议案，修改城市房地产管理法或者物权法。目前，国务院有关部门尚未正式提出方案和修法议案。物权编草案根据现行物权法第一百四十九条、城市房地产管理法第二十二条规定，对此先作出一个原则性规定，即：住宅建设用地使用权期间届满的，自动续期。续期费用的缴纳或者减免，依照法律、行政法规的规定（草案第一百五十二条第一款)。国务院正式提出修改有关法律的议案后，再进一步做好衔接。

(二）关于合同编草案

合同制度是市场经济的基本法律制度。1999 年九届全国人大二次会议通过了合同法。合同法的实施对保护当事人合法权益、促进商品和要素自由流动、实现公平交易和维护经济秩序发挥了重要作用。贯彻全面深化改革的精神，使市场在资源配置中起决定性作用，必须坚持维护契约、平等交换、公平竞争，完善市场经济法律制度。为适应我国经济社会发展和全面深化改革的需要，落实党中央提出的完善市场经济法律制度的要求，解决合同法实施以来出现的新情况、新问题，借鉴国际立法经验，合同编草案进一步修改完善了合同制度。与现行合同法相比，主要修改内容有：

1. 完善电子合同的订立、履行规则。为适应电子商务和数字经济快速发展的需要，规范电子交易行为，草案对电子合同订立、履行的特殊规则作了规定。（草案第二百八十三条第二款、第三百零三条）

2. 强化对债权实现的保护力度。针对实践中一些合同当事人不信守合同，欠债不还等突出问题，为保障债权顺利实现，防范因违约可能导致的债务风险，构建诚信社会，草案完善了合同保全、借款合同、融资租赁合同的有关规则，并增设专章规定了保证合同。（草案第五章、第十二章、第十三章、第十五章）

3. 加大对弱势合同当事人一方的保护。草案规定了电、水、气、热力供应人以及公共承运人对社会公众的强制缔约义务，完善了格式条款制度（草案第二百八十六条第二款、第三款，第二百八十八条，第二百八十九条）。同时，为落实党中央提出的建立租购同权住房制度的要求，保护承租人利益，促进住房租赁市场健康发展，草案增加了住房承租人的优先承租权制度（草案第五百二十五条第二款）。

4. 促进生态文明建设。落实民法总则绿色原则的要求，草案规定，当事人在合同履行中应当遵循诚信原则，根据交易习惯负有节约资源、减少污染的义务，在合同终止后负有旧物回收义务（草案第三百条第二款、第三百四十八条）；还规定买卖合同的出卖人依法负有回收义务（草案第四百一十五条）。

5. 根据合同理论和实践的发展，修改了合同效力、合同履行、债权转让、合同解除和违约责任等一般规则（草案第二章至第八章）；完善了买卖合同、租赁合同、建设工程合同等典型合同的具体规则，增加了物业服务合同和合伙合同（草案第九章至第二十六章)。

6. 补充完善债法的一般规则。债法的一般规则是民法的重要内容，考虑到现行合同法总则已规定了大多数债的一般规则，这次编纂不再单设一编对此作出规定，为更好规范各类债权债务关系，草案在现行合同法的基础上，补充完善债法的一般规则：一是明确非合同之债的法律适用规则（草案第二百五十九条）。二是细化无因管理、不当得利之债的规则。在民法总则规定的基础上，草案进一步规定了无因管理、不当得利两种债的具体规则(草案第二十七章、第二十八章)。

（三）关于人格权编草案

人格权编草案坚持以人民为中心，顺应人民群众对人格权保护的迫切需求，在现行有关法律法规和司法解释基础上，对各种具体人格权作了较为详细的规定，为人格权保护奠定和提供了充分的民事请求权法律基础。这一编规定的主要内容有：

1. 人格权的一般规则。一是明确规定，民事主体的人格权受法律保护，人格权不得放弃、转让、继承，对人格权不得进行非法限制（草案第七百七十四条、第七百七十五条）。二是明确规定，民事主体可以许可他人使用姓名、名称、肖像等，但是依照法律规定或者根据其性质不得许可的除外（草案第七百七十六条）。三是明确规定人格权受到侵害后的救济方式（草案第七百七十八条至第七百八十二条）。

2. 生命权、身体权和健康权。草案规定了生命权、身体权和健康权的具体内容。同时，针对实践中反映较多的问题，草案还对法定救助义务、人体组织器官捐献、禁止性骚扰等问题作了规定。(草案第二章)

3. 姓名权和名称权。草案规定了姓名权、名称权的基本内容，并对民事主体尊重保护他人姓名权、名称权的基本义务作了

规定。(草案第三章)

4. 肖像权。草案规定了肖像权的权利内容及许可使用肖像的规则，并对可以合理使用他人肖像的情形作了规定。(草案第四章)

5. 名誉权和荣誉权。草案规定了名誉权和荣誉权的内容。同时，为了平衡好保护个人权益和发挥新闻报道、舆论监督作用之间的关系，草案还规定，行为人为维护公序良俗实施新闻报道、舆论监督等行为，影响他人名誉的，不承担民事责任。但是行为人捏造事实、歪曲事实、对他人提供的事实未尽到合理审查义务或者包含过度贬损他人名誉内容的除外。(草案第五章)

6. 隐私权和个人信息。针对隐私权和个人信息保护领域存在的突出问题，在现行法律规定基础上，草案进一步强化对隐私权和个人信息的保护，并为即将制定的个人信息保护法留下衔接空间。(草案第六章)

(四) 关于婚姻家庭编草案

婚姻家庭制度是规范夫妻关系和家庭关系的基本准则，关系到家家户户的利益。1980 年五届全国人大三次会议通过了婚姻法，2001 年作了修改。1991 年全国人大常委会通过了收养法，1998 年作了修改。婚姻法、收养法实施以来，对于建立和维护和谐的婚姻家庭关系发挥了重要作用。随着婚姻观念、家庭关系的变化，婚姻家庭领域出现了一些新情况。为进一步弘扬夫妻互敬、孝老爱亲、家庭和睦的中华民族传统家庭美德，体现社会主义核心价值观，促进家庭关系和谐稳定，婚姻家庭编草案以现行婚姻法、收养法为基础，在坚持婚姻自由、一夫一妻等基本原则的前提下，结合社会发展需要，修改了部分规定，并增加了一些新规定。与现行婚姻法、收养法相比，主要修改内容有：

1. 修改禁止结婚的条件。现行婚姻法规定，患有医学上认为不应当结婚的疾病者禁止结婚。这一规定在实践中很难操作，且在对方知情的情况下，是否患有疾病并不必然会影响当事人的结婚意愿。为尊重当事人的婚姻自主权，草案规定，一方患有严重疾病的应当在结婚登记前如实告知对方，不如实告知的，对方可以请求撤销该婚姻。（草案第八百三十条）

2. 增加婚姻无效的情形。为维护婚姻登记制度的权威性，保障婚姻当事人的合法权益，遏制利用伪造、变造或者冒用他人身份证件、户口簿、无配偶证明等方式骗取结婚登记的行为，草案增加了一项婚姻无效的情形，规定以伪造、变造、冒用证件等方式骗取结婚登记的婚姻无效。（草案第八百二十八条第四项）

3. 增加离婚冷静期的规定。实践中，由于离婚登记手续过于简便，轻率离婚的现象增多，不利于家庭稳定。为此，草案规定了一个月的离婚冷静期，在此期间，任何一方可以向登记机关撤回离婚申请。（草案第八百五十四条）

4. 完善离婚赔偿制度。现行婚姻法规定了四种适用离婚损害赔偿的情形，为更好地发挥离婚损害赔偿制度的预防、制裁作用，促进婚姻关系的稳定，草案增加了离婚损害赔偿的兜底条款，将其他一些确实给对方造成严重损害的情形纳入损害赔偿范围。（草案第八百六十九条第五项）

5. 不再保留计划生育的有关内容。现行婚姻法、收养法中都有关于计划生育的条款。为适应我国人口形势新变化，草案不再规定有关计划生育的内容。

关于夫妻债务问题，现行婚姻法没有具体规定夫妻关系存续期间个人债务、共同债务的认定和承担。2003 年最高人民法院出台的婚姻法司法解释（二）第 24 条，近年来引发了较大争议，一度成为社会关注的热点问题。2018 年 1 月，最高人民法院发布了《关于审理涉及夫妻债务纠纷案件适用法律有关问题的解释》，修改了此前司法解释关于夫妻债务认定的规定。目前看来，司法解释基本平息了争议和热点。因新司法解释刚出台实施不久，尚需要进一步观察实践效果，再研究如何在婚姻家庭编草案作出相关规定。草案目前对现行婚姻法的有关规定未作实质性修改。

（五）关于继承编草案

继承制度是关于自然人死亡后财富传承的基本制度。1985 年六届全国人大三次会议通过了继承法。继承法制定实施以来，随着人民群众生活水平不断提高，自然人的合法财产日益增多，因继承引发的纠纷也越来越多，情形也越来越复杂。根据我国社会家庭结构、继承观念等方面的发展变化，继承编草案在继承法的基础上，修改完善了继承制度，以满足人民群众处理遗产的现实需要，促进家庭和睦，推进老龄事业和产业发展。与现行继承法相比，主要修改内容有：

1. 增加遗产管理人制度。为确保遗产得到妥善管理、顺利分割，更好地维护继承人、债权人利益，避免和减少纠纷，草案规定了遗产管理人的产生方式、职责和权利等内容。（草案第九百二十四条至第九百二十八条）

2. 完善遗赠扶养协议制度，适当扩大了扶养人的范围，以满足养老形式多样化需求，促进老龄产业发展。（草案第九百三十七条）

3. 完善债务清偿规则。为保护债权人利益，保障国家税收应收尽收，草案规定遗产分割前，应当支付相关费用，清偿被继承人的债务，缴纳所欠税款，同时明确遗产已经分割时债务清偿、税款缴纳的具体规则。（草案第九百三十八条、第九百四十条至第九百四十二条）

4. 增加打印、录像等新的遗嘱形式，适应科学技术的发展需要（草案第九百一十五条、第九百一十六条）；修改遗嘱效力规则，删除了继承法中关于公证遗嘱效力优先的规定，切实尊重遗嘱人的真实意愿（草案第九百二十一条）。

（六）关于侵权责任编草案

侵权责任是民事主体侵害他人权益应当承担的法律后果。2009 年全国人大常委会通过了侵权责任法。侵权责任法实施以来，在保护民事主体合法权益、明确侵权责任、预防和制裁侵权行为方面发挥了重要作用。侵权责任编草案在总结侵权责任法实践经验的基础上，针对侵权领域出现的新情况，吸收借鉴司法解释的有益做法，对侵权责任制度作了必要的补充和完善。与现行侵权责任法相比，主要修改内容有：

1. 完善公平责任规则。侵权责任法规定，受害人和行为人对损害的发生都没有过错的，可以根据实际情况，由双方分担损失。实践中，该规定因裁判标准不明导致适用范围过宽，社会效果不是很好。为进一步明确该规则的适用范围，统一裁判尺度，草案将侵权责任法规定中的“根据实际情况”修改为“依照法律的规定”。（草案第九百六十二条）

2. 完善精神损害赔偿制度。根据审判实践需要，草案扩大了精神损害赔偿的适用范围，增加规定，故意侵害自然人具有人身意义的特定物品造成严重精神损害的，被侵权人有权请求精神损害赔偿。（草案第九百六十条第二款）

3. 完善网络侵权责任制度。随着互联网的快速发展，网络侵权行为越来越复杂，为了更好地保护权利人的利益，同时平衡好网络用户和网络服务提供者之间的利益，草案在侵权责任法的基础上细化了网络侵权责任的具体规则。（草案第九百七十条至第九百七十二条）

4. 完善机动车交通事故责任规则。一是明确挂靠车辆引发交通事故时的责任主体（草案第九百八十六条）。二是明确机动车强制保险和商业保险的赔偿顺序（草案第九百八十八条）。三是增加非营运机动车无偿搭乘造成损害的责任规则。实践中，无偿搭乘引发的损害赔偿问题争议较大，为了既保护受害者的权益，又鼓励大家助人为乐，草案规定，无偿搭乘人在交通事故中受到损害的，应当减轻或者免除机动车驾驶人赔偿责任（草案第九百九十二条）。

5. 完善生态环境损害责任。为了落实党的十八届三中全会提出的“对造成生态环境损害的责任者严格实行赔偿制度”要求，贯彻党的十九大报告提出的“要加大生态系统保护力度”的决策部署，结合2017年中共中央办公厅、国务院办公厅联合印发的《生态环境损害赔偿制度改革方案》，草案修改完善了生态环境损害责任制度：一是增加规定生态环境损害的惩罚性赔偿制度。草案规定，侵权人故意违反国家规定损害生态环境的，被侵权人有权请求相应的惩罚性赔偿（草案第一千零八条）。二是明确生态环境损害的修复和赔偿制度（草案第一千零一十条、第一千零一十一条）。

五、关于下一步的工作安排

民法典各分编草案条文数量较多，从提请初次审议到最后出台需要经过较长时间。为了便于民法典编纂过程中的审议和修改完善，在本次常委会初次审议时，将《民法典各分编（草案）》作为一个整体提出；之后，根据实际情况将草案各分编分拆几个单元分别进行若干次审议和修改完善；在拟提请全国人民代表大会审议时，将之前已出台的民法总则同经过常委会审议和修改完善的民法典各分编草案合并为一部完整的民法典，即《中华人民共和国民法典（草案）》，由全国人大常委会提请2020年3月十三届全国人大三次会议审议。

《民法典各分编（草案）》和以上说明是否妥当，请审议。

全国人民代表大会宪法和法律委员会关于《民法典合同编（草案）》修改情况的汇报

全国人民代表大会常务委员会：

常委会第五次会议对《民法典各分编（草案）》进行了初次审议。会后，法制工作委员会将草案印发地方人大、中央有关部门、法学教学研究机构和有关社会团体征求意见，并在中国人大网全文公布草案征求社会公众意见。根据党中央和常委会确定的民法典编纂工作计划和安排，在对《民法典各分编（草案）》初次审议后，拟将各分编草案分拆为几个单元进行若干次审议和修改完善。经研究，建议本次常委会会议审议《民法典合同编（草案）》。法制工作委员会就《民法典合同编（草案）》在北京召开多个座谈会，分别听取中央有关部门和部分专家学者的意见，到浙江、重庆、陕西等地进行调研，了解实际情况，听取地方意见。宪法和法律委员会于12月3日召开会议，根据常委会组成人员的审议意见和各方面意见，对草案进行了审议，最高人民法院、最高人民检察院、司法部、中国社会科学院、中国法学会等参加民法典编纂工作的单位有关负责同志列席了会议。12月17日，宪法和法律委员会召开会议，再次进行审议。现就民法典合同编（草案）主要问题的修改情况汇报如下：

一、关于体例结构。有的常委委员、法学教学研究机构和社会公众提出，为了便于法律适用，建议在合同编之下再设分编，这样也可以使“无因管理”和“不当得利”的法律规范内容与合同编名称相匹配。宪法和法律委员会经研究认为，合同编草案的内容比较多，包括合同的一般性规则和多种典型合同，其中“无因管理”和“不当得利”两部分内容，既与合同规则同属债法性质，又与合同规则有所区别。为便于理解和适用，有必要对草案的体例结构进行一定调整。据此，建议将合同编草案设置为三个分编，分别为第一分编“通则”、第二分编“典型合同”和第三分编“准合同”。第三分编“准合同”包括“无因管理”和“不当得利”两章。

二、关于依法成立的合同受法律保护。有的法学教学研究机构和社会公众提出，实践中，任意违反合同，干涉合同订立履行的情况时有发生，不利于构建诚信社会和维护市场经济秩序，建议对此作出有针对性的规定。宪法和法律委员会经研究认为，依法成立的合同具有法定效力。为了体现对合同的保护，强化有关规定是必要的。据此，建议在草案第二百五十六条增加规定：“依法成立的合同，受法律保护。”（草案二次审议稿第二百五十六条第一款）

三、关于格式条款提供方未履行提示或者说明义务的法律后果。草案第二百八十八条规定，提供格式条款的一方未履行提示或者说明义务，致使对方没有注意或者理解与其有重大利害关系的条款的，该条款不产生效力。有的部门、法学教学研究机构和社会公众提出，本条规定旨在保护处于弱势的格式条款相对方利益，在提供格式条款的一方未履行提示或者说明义务的情形下，应当由格式条款相对方决定该条款是否成为合同的组成部分。宪法和法律委员会经研究，赞同这一意见，建议将本条中的“该条款不产生效力”修改为“对方可以主张该条款不成为合同的组成部分”。（草案二次审议稿第二百八十八条第二款）

四、关于情势变更规则。草案第三百二十三条对情势变更规则作了规定，即合同成立后，订立合同的基础发生了当事人在订立合同时无法预见的、非不可抗力造成的不属于商业风险的重大变化，人民法院或者仲裁机构应当结合案件的实际情况，根据公平原则确定变更或者解除合同。草案第三百八十条第三款规定，当事人一方因不可抗力致使继续履行合同对其明显不公平的，可以请求人民法院或者仲裁机构变更或者解除合同。有的地方、法学教学研究机构和社会公众提出，实践中，因一般情势变更导致的合同履行显失公平与不可抗力导致的合同履行显失公平很难严格区分，情势变更规则的适用没有必要强调是因非不可抗力造成的重大变化，不可抗力导致的合同履行显失公平规则也无单独规定的必要，建议将草案第三百八十条第三款规定的内容并入情势变更规则。宪法和法律委员会经研究，建议删去草案第三百八十条第三款，将其内容并入草案第三百二十三条规定的情势变更规则中。（草案二次审议稿第三百二十三条第一款）

五、关于不可撤销的赠与合同。草案第四百四十八条第二款对不可撤销的赠与情形作了规定。有的常委委员提出，为了体现对残疾人权益的保护，解决实践中存在的虚假助残捐赠问题，有必要在不可撤销的赠与情形中增加“助残”。宪法和法律委员会经研究，建议在草案第四百四十八条第二款和草案第四百五十条第一款增加“助残”情形。（草案二次审议稿第四百四十八条第二款、第四百五十条第一款）

六、关于保证方式的推定。草案第四百七十六条第二款规定，当事人在保证合同中对保证方式没有约定或者约定不明确的，按照连带责任保证承担责任，但是自然人之间的保证合同除外。有的部门、法学教学研究机构和社会公众提出，连带责任保证是一种加重保证人责任的保证方式，原则上宜由当事人明确约定；没有约定或者约定不明的，一概推定为连带责任保证，会加重实践中因互相担保或者连环担保导致资不抵债或者破产的问题，影响正常的生活和经营秩序。宪法和法律委员会经研究认为，将当事人对保证方式没有约定或者约定不明确的推定为一般保证，有利于防止债务风险的扩散，维护经济社会稳定。据此，建议将草案第四百七十六条第二款修改为："当事人在保证合同中对保证方式没有约定或者约定不明确的，按照一般保证承担保证责任。"（草案二次审议稿第四百七十六条第二款）

七、关于保理合同。保理合同是应收账款的债权人将应收账款转让给保理人，保理人提供资金支持以及应收账款管理、催收等服务的合同。有的常委委员、部门和社会公众提出，保理业务可以为实体企业提供综合性金融服务，特别是可以为中小型企业拓宽融资渠道。当前我国保理业务发展迅猛、体量庞大，但也存在一些问题，时常发生纠纷，亟需立法加以规范。宪法和法律委员会经研究认为，保理业务作为企业融资的一种手段，在权利义务设置、对外效力等方面具有典型性。对保理合同作出明确规定，有利于促进保理业务的健康发展，缓解中小企业融资难、融资贵的问题，进而促进我国实体经济发展。据此，建议设专章规定保理合同。（草案二次审议稿第十六章）

八、关于客运合同。草案第十八章第二节专门规定了客运合同。一些意见提出，近年来客运合同领域出现不少新问题，一方面，不时发生旅客霸座、强抢方向盘、不配合承运人采取安全运输措施等严重干扰运输秩序和危害运输安全的恶劣行为；另一方面，也存在因承运人履行安全运输义务不到位导致时常发生安全事故，以及承运人通过收取高额挂失补办费的名义变相再次收取票款等损害旅客合法权益的情形。建议对这些问题作出有针对性的规定。宪法和法律委员会经研究认为，为了维护正常的运输秩序，保护旅客在运输过程中的人身、财产安全，建议对草案作如下修改：一是明确旅客应当按照有效客票记载的时间、班次和座位号乘运。承运人应当按照有效客票记载的时间、班次和条件运输旅客。二是明确实名制客运合同的旅客丢失客票的，可以要求承运人挂失补办，承运人不得再次收取票款和其他不合理费用。三是明确承运人应当严格履行安全运输义务，及时告知旅客安全运输应当注意的事项。旅客对承运人为安全运输所作的合理安排应当积极协助和配合。遇有不能正常运输的特殊情形和重要事由，承运人应当及时告知旅客并采取必要的安置措施。（草案二次审议稿第六百条、第六百零四条、第六百零五条）

九、关于技术合同。一是，适应加强知识产权保护的需要，宪法和法律委员会建议在草案第六百二十九条中增加规定“应当有利于知识产权的保护”（草案二次审议稿第六百二十九条）。二是，草案第十九章第三节对技术转让合同作了规定。有的部门提出，技术转让和技术许可具有不同的法律含义，建议区分技术转让合同和技术许可合同。宪法和法律委员会经研究，建议将草案第十九章第三节的名称修改为“技术转让合同和技术许可合同”，并在草案第六百四十七条中增加规定技术许可合同的定义，有关规定也作相应修改（草案二次审议稿第二十章第三节）。

十、关于物业服务合同。各方面普遍认为，物业服务合同是现实生活中普遍存在的一类合同，明确规定这类合同很有必要，建议针对物业服务合同领域存在的突出问题，对草案的规定作进一步完善。宪法和法律委员会经研究，建议对草案有关规定作如下修改：一是，为了更好保护业主的知情权，便于业主对物业服务事项予以监督，明确规定物业服务人应当定期公布服务信息。二是，为了进一步规范业主的单方解除权，将草案第七百二十八条中的“业主依法共同决定解聘物业服务人”修改为“业主依照法定程序共同决定解聘物业服务人”。三是，考虑到物业服务合同属于混合性合同，既具有委托合同的特性，也具有承揽合同的特性，不宜笼统规定物业服务合同参照适用委托合同，建议删去草案第七百三十四条的规定。（草案二次审议稿第七百二十五条、第七百二十八条）

还有一个问题需要汇报：草案第十二章对借款合同作了规定。有的常委委员、代表、地方和部门提出，民间借贷对金融经济秩序和社会生活带来了很多负面影响，为了解决民间借贷领域存在的突出问题，防范金融风险，建议草案将借款合同区分为金融借款合同和民间借贷合同，分别进行有针对性的规定。宪法和法律委员会经研究认为，民间借贷是一个较为复杂的问题，涉及我国的金融监管体制、社会信用体系和经济政策等诸多问题。对借款合同是否区分、如何规定，需作进一步调研论证。

此外，还对草案作了其他一些完善和文字修改。

草案二次审议稿已按上述意见作了修改，宪法和法律委员会建议提请本次常委会会议继续审议。

草案二次审议稿和以上汇报是否妥当，请审议。

全国人民代表大会宪法和法律委员会

2018 年 12 月 23 日

全国人民代表大会宪法和法律委员会关于《民法典侵权责任编（草案）》修改情况的汇报

全国人民代表大会常务委员会：

常委会第五次会议对《民法典各分编（草案）》进行了初次审议。会后，法制工作委员会将草案印发地方人大、中央有关部门、法学教学研究机构和有关社会团体征求意见，并在中国人大网全文公布草案征求社会公众意见。根据党中央和常委会确定的民法典编纂工作计划和安排，在对《民法典各分编（草案）》初次审议后，拟将各分编草案分拆为几个单元进行若干次审议和修改完善。经研究，建议本次常委会会议审议《民法典侵权责任编（草案）》。法制工作委员会就《民法典侵权责任编（草案）》在北京召开多个座谈会，分别听取中央有关部门和部分专家学者的意见，到浙江、重庆、陕西、云南等地进行调研，了解实际情况，听取地方意见。宪法和法律委员会于12月3日召开会议，根据常委会组成人员的审议意见和各方面意见，对草案进行了审议，最高人民法院、最高人民检察院、司法部、中国社会科学院、中国法学会等参加民法典编纂工作的单位有关负责同志列席了会议。12月17日，宪法和法律委员会召开会议，再次进行审议。现就民法典侵权责任编（草案）主要问题的修改情况汇报如下：

一、关于确立“自甘风险”规则。有的部门、法学教学研究机构和社会公众提出，参加对抗性较强的体育等活动容易发生受伤等情况，实践中，对伤害由谁承担责任经常产生纠纷，建议对这个问题作出明确规定。宪法和法律委员会经研究认为，参加者自愿参与这些活动应当充分认识到其危险性，由此产生的正常风险原则上应当由参加者自己承担。确立“自甘风险”规则，对于明确学校等机构正常开展此类活动的责任界限是有利的。据此，建议增加一条规定：“自愿参加具有危险性的活动受到损害的，受害人不得请求他人承担侵权责任，但是他人对损害的发生有故意或者重大过失的除外。”“活动组织者的责任适用本法第九百七十三条的规定”，即活动组织者就未尽到安全保障义务承担侵权责任。（草案二次审议稿第九百五十四条之一）

二、关于规定“自助行为”制度。一些地方、部门、法学教学研究机构和社会公众提出，自然人在自己的合法权益受到侵害，来不及请求国家机关保护的情况下，自己采取措施保护权益反被他人起诉侵权的案例时有发生，建议借鉴国外立法例，明确规定“自助行为”制度。宪法和法律委员会经研究认为，“自助行为”制度赋予了自然人在一定条件下的自我保护权利，是对国家机关保护的有益补充；明确规定“自助行为”制度，对保护自然人的人身、财产权益具有现实意义，也有利于对这种行为进行规范。据此，建议增加一条规定：“合法权益受到侵害，情况紧迫且不能及时获得国家机关保护的，受害人可以在必要范围内采取扣留侵权人的财物等合理措施。”“受害人实施前款行为后，应当立即请求有关国家机关处理。”“受害人采取的措施不当造成他人损害的，应当承担侵权责任。”（草案二次审议稿第九百五十四条之二）

三、关于完善精神损害赔偿制度。草案第九百六十条第二款规定，故意侵害自然人具有人身意义的特定物品造成严重精神损害的，被侵权人有权请求精神损害赔偿。有的法学教学研究机构和社会公众提出，将请求精神损害赔偿限于“故意”，条件过于严格。宪法和法律委员会经研究，建议将上述规定修改为：“因故意或者重大过失侵害自然人具有人身意义的特定物造成严重精神损害的，被侵权人有权请求精神损害赔偿。”（草案二次审议稿第九百六十条第二款）

四、关于规定侵犯知识产权的惩罚性赔偿。一些常委委员和社会公众提出，加强知识产权保护是完善产权保护制度最重要的内容，建议进一步加大对知识产权的保护力度。宪法和法律委员会经研究认为，为了切实加强对知识产权的保护，必须显著提高侵犯知识产权的违法成本，把法律的威慑作用充分发挥出来。据此，建议增加一条规定：“故意侵害知识产权，情节严重的，被侵权人有权请求相应的惩罚性赔偿。”（草案二次审议稿第九百六十

一条之一）

五、关于因劳务关系造成损害的责任承担。草案第九百六十八条规定，个人之间形成劳务关系，提供劳务一方因劳务自己受到损害的，根据双方各自的过错承担相应的责任。有的部门、法学教学研究机构和社会公众提出，实践中，保姆等家政服务人员提供劳务的，接受劳务一方获得了利益。提供劳务一方在劳务过程中因此受到损害的，为体现公平原则，原则上应当由接受劳务的一方承担侵权责任；提供劳务的一方对损害的发生有过错的，可以相应减免接受劳务一方承担的责任。宪法和法律委员会经研究，建议将上述规定中的“根据双方各自的过错承担相应的责任”修改为“由接受劳务一方承担侵权责任；提供劳务一方有过错的，可以减轻或者免除接受劳务一方的责任”。（草案二次审议稿第九百六十八条第一款）

六、关于网络侵权责任。草案第九百七十条第四款规定，权利人因错误通知造成网络用户损害的，应当承担侵权责任。有的提出，现实中滥用“通知—删除”程序进行不正当竞争的情形经常发生，不仅给网络用户造成损害，也造成网络服务提供者的流量损失和广告收入损失，对网络服务提供者的合法权益也应当加以保护。宪法和法律委员会经研究，建议将上述规定修改为：“因错误通知造成网络用户或者网络服务提供者损害的，应当承担侵权责任。”（草案二次审议稿第九百七十条第四款）

七、关于医疗损害责任

（一）关于医务人员的说明义务。草案第九百九十四条规定，医务人员在诊疗活动中应当向患者说明病情和医疗措施。需要实施手术、特殊检查、特殊治疗的，医务人员应当及时向患者具体说明医疗风险、替代医疗方案等情况，并取得其书面同意；不宜向患者说明的，应当向患者的近亲属说明，并取得其书面同意。

有的部门和社会公众提出，“不宜向患者说明”是否包括“不能向患者说明”的情形不清楚，在实践中常常引发争议，应当予以明确。宪法和法律委员会经研究认为，在患者昏迷或者由于生理、精神状态无法作出有效判断时，属于“不能”向患者说明的情形。据此，建议将规定中的“不宜向患者说明”修改为“不能或者不宜向患者说明”。（草案二次审议稿第九百九十四条第一款）

（二）关于患者隐私和个人信息的保护。草案第一千零一条规定，医疗机构及其医务人员泄露患者隐私和个人信息或者未经患者同意公开其病历资料，造成患者损害的，应当承担侵权责任。有的常委委员提出，医疗机构及其医务人员泄露患者隐私和个人信息，或者擅自公开患者病历资料，是一种较为严重的侵权行为，有可能对患者的生活、工作和学习造成重大影响。为遏制这种行为，法律应当明确规定，无论该行为对患者是否造成损害，医疗机构及其医务人员都应当承担侵权责任。宪法和法律委员会经研究，建议采纳上述意见，删去该条规定中的“造成患者损害”。（草案二次审议稿第一千零一条）

八、关于损害生态环境责任。草案第七章专章对生态环境损害责任作了规定。有的地方、部门、法学教学研究机构和社会公众提出，应当对破坏生态环境造成的社会公共利益、国家利益损害责任和造成的民事主体人身、财产损害责任进行分别规定。宪法和法律委员会经研究认为，破坏生态环境一般会造成两类损害后果，一类是对生态环境本身的损害，另一类是对民事主体的人身、财产损害。这两类损害后果在责任构成要件、请求权主体、赔偿范围等方面有所不同，中央有关文件对此作了区分。据此，建议对草案作如下修改：一是明确破坏生态环境造成他人损害的，侵权人应当承担侵权责任。二是明确违反国家规定造成生态环境损害，能够修复的，法律规定的机关或者组织有权请求侵权人承担修复责任。三是明确违反国家规定造成生态环境损害的，法律规定的机关或者组织有权请求侵权人赔偿生态环境功能永久性损害造成的损失、生态环境损害调查和鉴定评估费等损失和费用。（草案二次审议稿第一千零四条、第一千零一十条、第一千零一十一条）

还有一个问题需要汇报：草案第一千零三十条规定，从建筑物中抛掷物品或者从建筑物上坠落的物品造成他人损害，难以确定具体侵权人的，除能够证明自己不是侵权人的外，由可能加害的建筑物使用人给予补偿。该规定延续了侵权责任法第八十七条的规定，未作修改。有的常委委员、部门和社会公众提出，本条规定在实践中争议较大，执行难度也较大，建议删除或者修改该条规定。宪法和法律委员会经反复研究认为，高空抛物致人损害的责任问题是侵权责任立法中的一个突出问题，争议较大，各方也高度关注。对该规定是否修改，如何修改，还需要结合实际情况，综合考虑侵权法理、保护受害人、维护社会和谐稳定等因素后慎重决策。据此，建议对草案的规定暂不作修改，继续研究。

此外，还对草案作了其他一些完善和文字修改。

草案二次审议稿已按上述意见作了修改，宪法和法律委员会建议提请本次常委会会议继续审议。

草案二次审议稿和以上汇报是否妥当，请审议。

全国人民代表大会宪法和法律委员会

2018 年 12 月 23 日

全国人民代表大会宪法和法律委员会关于《民法典物权编（草案）》修改情况的汇报

全国人民代表大会常务委员会：

2018年8月，常委会第五次会议对民法典各分编（草案）进行了初次审议。会后，法制工作委员会将草案印发地方人大、中央有关单位、法学教学研究机构和有关社会团体征求意见，并在中国人大网全文公布草案征求社会公众意见。根据党中央和常委会确定的民法典编纂工作计划和安排，在对民法典各分编（草案）整体进行初次审议后，将各分编草案分拆为几个单元进行若干次审议和修改完善；到2019年12月，将之前已出台的民法总则同经过常委会审议和修改完善的民法典各分编草案，合并为一部完整的民法典草案。2018年12月，常委会第七次会议对民法典合同编（草案）、侵权责任编（草案）进行了二审。经研究，建议本次常委会会议对民法典物权编（草案）进行二审。法制工作委员会就民法典物权编（草案）召开多个座谈会，听取中央有关部门和部分专家学者的意见，到广西等地进行调研，了解实际情况，听取意见。宪法和法律委员会于3月29日召开会议，根据常委会组成人员的审议意见和各方面意见，对草案进行了逐条审议，最高人民法院、最高人民检察院、司法部、中国社会科学院、中国法学会等参加民法典编纂工作的单位有关负责同志列席了会议。4月12日，宪法和法律委员会召开会议，再次进行审议。现就民法典物权编（草案）主要问题的修改情况汇报如下：

一、有的常委委员、地方和法学教学研究机构提出，草案的条文较多，建议设置分编，以使条理更加清楚。宪法和法律委员会经研究，建议采纳这一意见，将物权编草案进一步分为五个分编，即：通则、所有权、用益物权、担保物权、占有。

二、有的常委委员、地方和部门提出，深入推进农村集体产权制度改革，是党中央作出的重大决策，草案应对农村集体所有土地的征地补偿、土地承包经营权等相关制度予以完善。据此，宪法和法律委员会建议对草案作出如下修改：一是完善征地补偿制度。在草案第三十九条第二款中增加规定：征收集体所有的土地，应当依法及时足额支付农村村民住宅的补偿费用。二是落实“三权分置”制度。根据党中央有关精神和修改后的农村土地承包法，对草案第十一章“土地承包经营权”的相关内容作了完善，明确承包期届满，由土地承包经营权人依照农村土地承包的法律规定继续承包；土地承包经营权人可以自主决定依法采取出租、入股或者其他方式向他人流转土地经营权；流转期限为五年以上的土地经营权，自流转合同生效时设立。当事人可以向登记机构申请土地经营权登记，未经登记，不得对抗善意第三人。同时，删去草案第十七章“抵押权”中关于耕地不得抵押的规定，以适应“三权分置”后土地经营权入市的需要。三是与正在常委会审议的土地管理法修正案草案相衔接，分别在有关条款中明确集体所有的土地作为建设用地的，应当依照土地管理的法律规定办理；宅基地使用权的取得、行使和转让，适用土地管理的法律和国家有关规定。（草案二次审议稿第三十九条第二款、第一百二十七条第二款、第一百三十四条之一、第一百三十四条之三、第一百九十条第二项、第一百五十四条、第一百五十六条）

三、有的常委委员、部门提出，海岛保护法明确规定，无居民海岛属于国家所有，建议草案增加规定相关内容。宪法和法律委员会经研究，建议采纳这一意见，在草案第五章“国家所有权和集体所有权、私人所有权”中增加一条规定：“无居民海岛属于国家所有，国务院代表国家行使无居民海岛所有权。”（草案二次审议稿第四十三条之一）

四、草案第六章规定了业主的建筑物区分所有权。有的常委委员、地方、部门、法学教学研究机构和社会公众提出，近年来，群众普遍反映业主大会、业主委员会成立难，公共维修资金使用难，以及物业管理不规范、业主维权难等问题，建议草案对此作出有针对性的规定。据此，宪法和法律委员会建议对该章草案作出如下修改：一是在草案第七十二条第二款中增加规定：居民委员会应当对设立业主大会和选举业主委员会给予指导和协助。二是完善公共维修资金使用的表决程序，降低通过这一事项的表决要求，将草案第七十三条规定的应当经参与表决的业主专有部分面积和人数占比“双过四分之三”同意，修改为“双过半数”同意。三是根据一些地方的实践，在草案第七十六条中增加一款规定：紧急情况下需要维修建筑物及其附属设施的，业主大会或者业主委员会可以依法申请使用维修资金。四是与合同编草案中“物业服务合同”的内容相呼应，在草案第八十条第一款中增加规定：物业服务企业或者其他管理人依照物业服务合同的规定管理建筑区划内的建筑物及其附属设施。五是加强对业主维权的保障，在草案第八十一条中增加一款规定：在建筑区划内违反规定饲养动物、违章搭建、侵占通道等的行为人拒不履行相关义务的，有关当事人可以向有关行政主管部门投诉，有关行政主管部门应当依法处理。（草案二次审议稿第七十二条第二款、第七十三条、第七十六条第二款、第八十条第一款、第八十一条第三款）

五、草案第十四章规定了居住权。有的地方、法学教学研究机构和社会公众建议进一步完善居住权制度的相关规定，明确居住权是无偿设立的用益物权，并对居住权合同的内容进行规范。据此，宪法和法律委员会建议对该章草案作出如下修改：一是将草案第一百五十九条修改为：居住权人有权按照合同约定，对他人的住宅享有占有、使用的用益物权，以满足生活居住的需要。

二是将草案第一百五十九条第二款单设一条，并增加一款规定：居住权合同的一般条款包括当事人的姓名和住所、住宅的位置、居住的条件和要求、解决争议的方法。三是在草案第一百六十条中增加规定：居住权无偿设立。（草案二次审议稿第一百五十九条、第一百五十九条之一第二款、第一百六十条）

六、有的常委委员、地方和部门提出，为进一步改善营商环境，赋予当事人更大的自主权，建议允许担保合同对担保财产只作概括性的描述。同时，建议对担保物权规定统一的优先受偿规则。据此，宪法和法律委员会建议对草案作出如下修改：一是简化规定抵押合同和质押合同的一般条款，将草案第一百九十一条规定的抵押合同包括“抵押财产的名称、数量、质量、状况、所在地、所有权归属或者使用权归属”修改为“抵押财产的名称、数量等情况”；将草案第二百一十八条规定的质押合同包括“质押财产的名称、数量、质量、状况”修改为“质押财产的名称、数量等情况”。二是进一步明确实现担保物权的统一受偿规则，将草案第二百零五条第二款修改为：“其他可以登记的担保物权，清偿顺序参照适用前款规定”，即已登记的，按照登记的时间先后确定清偿顺序，已登记的先于未登记的受偿，未登记的按照债权比例清偿。（草案二次审议稿第一百九十一条第二款第三项、第二百一十八条第二款第三项、第二百零五条第二款）

此外，还对草案作了一些文字修改。

草案二次审议稿已按上述意见作了修改，宪法和法律委员会建议提请本次常委会会议继续审议。

草案二次审议稿和以上汇报是否妥当，请审议。

全国人民代表大会宪法和法律委员会

2019 年 4 月 20 日

全国人民代表大会宪法和法律委员会关于《民法典人格权编（草案）》修改情况的汇报

全国人民代表大会常务委员会：

2018年8月，常委会第五次会议对民法典各分编（草案）进行了初次审议。会后，法制工作委员会将草案印发地方人大、中央有关单位、法学教学研究机构和有关社会团体征求意见，并在中国人大网全文公布草案征求社会公众意见。根据党中央和常委会确定的民法典编纂工作计划和安排，在对民法典各分编（草案）整体进行初次审议后，将各分编草案分拆为几个单元进行若干次审议和修改完善；到2019年12月，将之前已出台的民法总则同经过常委会审议和修改完善的民法典各分编草案，合并为一部完整的民法典草案。2018年12月，常委会第七次会议对民法典合同编（草案）、侵权责任编（草案）进行了二审。经研究，建议本次常委会会议对民法典人格权编（草案）进行二审。法制工作委员会就民法典人格权编（草案）召开多个座谈会，听取中央有关部门和部分企业、专家学者的意见，到广西等地进行调研，了解实际情况，听取意见。宪法和法律委员会于4月1日召开会议，根据常委会组成人员的审议意见和各方面意见，对草案进行了逐条审议，最高人民法院、最高人民检察院、司法部、中国社会科学院、中国法学会等参加民法典编纂工作的单位有关负责同志列席了会议。4月12日，宪法和法律委员会召开会议，再次进行审议。现就民法典人格权编（草案）主要问题的修改情况汇报如下：

一、有的法学教学研究机构和社会公众提出，自然人因婚姻家庭关系产生的身份权利，与人格权在保护上具有一定相似性。对这些身份权利的保护，除了适用婚姻家庭编的规定外，还应当参照适用人格权保护的相关规定。宪法和法律委员会经研究，建议采纳这一意见，在草案第一章“一般规定”中增加一条规定：自然人因婚姻、家庭关系等产生的身份权利的保护，参照适用本编人格权保护的有关规定。(草案二次审议稿第七百八十二条之一)

二、草案第七百八十九条规定了对有关科研机构等为开发新药或者发展新的治疗方法进行人体试验的要求。有的常委委员、地方、部门和社会公众提出，开展人体试验活动，涉及人格权保护，必须进行严格规范，保护受试者的生命安全和身体健康。宪法和法律委员会经研究，建议采纳上述意见，对草案作如下修改：一是将此类活动的规范范围扩大为“为研制新药、医疗器械或者发展新的预防和治疗方法”的所有活动。二是增加规定，开展此类活动，除经主管部门批准外，还应取得伦理委员会的审查同意。三是删除有关禁止向受试者支付任何形式的报酬、但可以给予必要补偿的规定。(草案二次审议稿第七百八十九条)

三、有的地方、法学教学研究机构和社会公众提出，开展与人体基因、人体胚胎等有关的医学和科学研究，可能带来人体生命健康安全和伦理道德方面的风险，必须有严格的法律规范。宪法和法律委员会经研究，建议采纳这一意见，在第二章“生命权、身体权和健康权”中增加一条规定：从事与人体基因、人体胚胎等有关的医学和科研活动的，应当遵守法律、行政法规和国家有关规定，不得危害人体健康，不得违背伦理道德。(草案二次审议稿第七百八十九条之一)

四、草案第七百九十五条规定，未成年人父母离婚的，与未成年人共同生活的一方可以将未成年人的姓氏变更为自己的姓氏，但是另一方有正当理由表示反对的除外。有的常委委员、地方和法学教学研究机构提出，该条规定的初衷是为了给实践中此类案件的解决提供法律依据，但是变更未成年人姓氏涉及的问题较为复杂，这一规定并不能完全解决现实中的这类问题，建议不作规定。宪法和法律委员会经研究，建议采纳这一意见，删除这一条。

五、有的部门提出，利用信息技术手段“深度伪造”他人的肖像、声音，不仅侵害自然人的人格权益，严重的还可能造成恶劣的社会影响，危害国家安全和社会公共利益，建议法律对深度伪造技术带来的“换脸”等问题予以回应。宪法和法律委员会经研究，建议采纳这一意见，在草案第七百九十九条第一款增加规定：任何组织或者个人不得以利用信息技术手段伪造的方式侵害他人的肖像权。同时，将草案第八百零三条修改为：其他人格权的许可使用和自然人声音的保护，参照适用本章的有关规定。（草案二次审议稿第七百九十九条第一款、第八百零三条）

六、有的部门和法学教学研究机构提出，为了及时制止侵害行为，减少对受害人权益的损害，建议借鉴《出版管理条例》的相关规定，对媒体报道内容失实而侵害他人名誉权的，明确受害人有权要求媒体及时更正、删除该不实报道。宪法和法律委员会经研究，建议采纳这一意见，在草案第五章“名誉权和荣誉权”中增加一条规定：报刊、网络等媒体报道的内容失实，侵害他人名誉权的，受害人有权请求该媒体及时更正或者删除。媒体不及时履行的，受害人有权请求人民法院责令该媒体限期更正或者删除。（草案二次审议稿第八百零七条之一）

七、草案第六章规定了个人信息保护。有的法学教学研究机构和社会公众提出，应当加强对未成年人个人信息的保护，未经监护人同意，不得收集和使用这类信息。同时，还应当明确规定国家机关及其工作人员对履职过程中知悉的个人信息等的保密义务。宪法和法律委员会经研究，建议采纳上述意见，在草案第八百一十四条第一项中，对收集使用未成年人等无民事行为能力人或者限制民事行为能力人的个人信息的，增加规定应当征得其监护人同意，但是法律、行政法规另有规定的除外。同时，在该章中增加一条规定：国家机关及其工作人员对于履行职责过程中知悉的自然人隐私、个人信息，应当予以保密，不得泄露或者非法向他人提供。（草案二次审议稿第八百一十四条、第八百一十七条之一）

此外，还对草案作了一些文字修改。

草案二次审议稿已按上述意见作了修改，宪法和法律委员会建议提请本次常委会会议继续审议。

草案二次审议稿和以上汇报是否妥当，请审议。

全国人民代表大会宪法和法律委员会

2019 年 4 月 20 日

全国人民代表大会宪法和法律委员会关于《民法典婚姻家庭编（草案）》修改情况的汇报

全国人民代表大会常务委员会：

2018 年 8 月，常委会第五次会议对民法典各分编（草案）进行了初次审议。会后，法制工作委员会将草案印发地方人大、中央有关单位、法学教学研究机构和有关社会团体征求意见，并在中国人大网全文公布草案征求社会公众意见。根据党中央和常委会确定的民法典编纂工作计划和安排，在对民法典各分编（草案）整体进行初次审议后，将各分编草案分拆为几个单元进行若干次审议和修改完善。2018 年 12 月，常委会第七次会议对民法典合同编（草案）、侵权责任编（草案）进行了二审。2019 年 4 月，常委会第十次会议对民法典物权编（草案）、人格权编（草案）进行了二审。经研究，建议本次常委会会议对民法典婚姻家庭编（草案）进行二审。法制工作委员会就民法典婚姻家庭编（草案）召开多个座谈会，听取中央有关部门和部分专家学者的意见，到吉林、黑龙江、广东、江苏、湖北等地进行调研，了解实际情况，听取意见。宪法和法律委员会于 5 月 28 日召开会议，根据常委会组成人员的审议意见和各方面意见，对草案进行了逐条审议，最高人民法院、最高人民检察院、司法部、中国社会科学院、中国法学会等参加民法典编纂工作的单位有关负责同志列席了会议。6 月 17 日，宪法和法律委员会召开会议，再次进行了审议。现就民法典婚姻家庭编（草案）主要问题的修改情况汇报如下：

一、现行婚姻法没有具体规定婚姻关系存续期间有关夫妻共同债务的认定。2003 年最高人民法院曾出台婚姻法司法解释（二），其中第 24 条对此问题作了规定。2018 年 1 月，最高人民法院根据各方面意见又出台了《关于审理涉及夫妻债务纠纷案件适用法律有关问题的解释》。有的常委委员和一些地方、部门、法学教学研究机构、社会公众提出，新司法解释的规定比较妥当，建议草案加以吸收，明确夫妻共同债务的范围。宪法和法律委员会经与有关方面认真研究，建议采纳这一意见，在草案第三章第一节“夫妻关系”中增加一条，规定：夫妻双方共同签字或者夫妻一方事后追认等共同意思表示所负的债务，以及夫妻一方在婚姻关系存续期间以个人名义为家庭日常生活需要所负的债务，属于夫妻共同债务；夫妻一方在婚姻关系存续期间以个人名义超出家庭日常生活需要所负的债务，不属于夫妻共同债务，但是债权人能够证明该债务用于夫妻共同生活、共同生产经营或者基于夫妻双方共同意思表示的除外。（草案二次审议稿第八百四十条之一）

二、草案第八百五十条规定，对亲子关系有异议的，父、母或者成年子女可以向人民法院提起诉讼，请求确认或者否认亲子关系。有的地方、专家学者和社会公众提出，亲子关系问题涉及家庭稳定和未成年人的保护，作为民事基本法律，草案对此类诉讼进行规范是必要的。同时，建议进一步提高此类诉讼的门槛，明确当事人需要有正当理由才能提起，以更好地维护家庭关系和亲子关系的和谐稳定。有的地方、部门和专家学者提出，允许成年子女提起亲子关系否认之诉，可能会导致其逃避对父母的赡养义务，建议对成年子女提起此种诉讼予以限制。宪法和法律委员会经研究，建议采纳上述意见，将这一条规定修改为：对亲子关系有异议且有正当理由的，父、母可以向人民法院提起诉讼，请求确认或者否认亲子关系；对亲子关系有异议且有正当理由的，成年子女可以向人民法院提起诉讼，请求确认亲子关系。（草案二次审议稿第八百五十条）

三、草案第八百六十四条规定，父母离婚后，祖父母、外祖父母探望孙子女、外孙子女的，参照适用父母探望子女的有关规定。有的地方、法学教学研究机构和社会公众提出，为保障未成年人和直接抚养子女一方生活的稳定，隔代探望权的范围不宜规定过大。通常情况下，祖父母、外祖父母可以随同孙子女、外孙子女的父母一方探望孙子女、外孙子女，只有在特殊情况下，如其对孙子女、外孙子女尽了抚养义务或者孙子女、外孙子女的父母一方死亡的，才有必要赋予其单独的探望权。宪法和法律委员会经研究，建议采纳这一意见，将这一条规定修改为：祖父母、外祖父母探望孙子女、外孙子女，如果其尽了抚养义务或者孙子女、外孙子女的父母一方死亡的，可以参照适用父母离婚后探望子女的有关规定。（草案二次审议稿第八百六十四条）

四、草案第八百七十七条规定了收养人应当具备的四项条件。

有的常委会组成人员、地方、部门和社会公众提出，为保障被收养人的健康成长，建议增加规定收养人无不利于被收养人健康成长的违法犯罪记录这一条件。宪法和法律委员会经研究，建议采纳这一意见，在这一条规定中增加一项条件，收养人应当无不利于被收养人健康成长的违法犯罪记录。（草案二次审议稿第八百七十七条第四项）

五、草案第八百八十条规定，无配偶者收养异性子女的，收养人与被收养人的年龄应当相差四十周岁以上；草案第八百八十一条第二款还规定，配偶一方为无民事行为能力人或者被宣告失踪的，可以单方收养。有的专家学者提出，有配偶者单方收养异性子女，应当与无配偶者收养异性子女的要求一致，年龄也应当相差四十周岁以上，以利于保护被收养人的合法权益。宪法和法律委员会经研究，建议采纳这一意见，将草案第八百八十条与第八百八十一条的顺序对调，并修改为：无配偶者收养异性子女或者有配偶者依据前条规定单方收养异性子女的，收养人与被收养人的年龄应当相差四十周岁以上。（草案二次审议稿第八百八十一条之一）

此外，还对草案作了一些文字修改。

草案二次审议稿已按上述意见作了修改，宪法和法律委员会建议提请本次常委会会议继续审议。

草案二次审议稿和以上汇报是否妥当，请审议。

全国人民代表大会宪法和法律委员会

2019 年 6 月 25 日

全国人民代表大会宪法和法律委员会关于《民法典继承编（草案）》修改情况的汇报

全国人民代表大会常务委员会：

2018 年 8 月，常委会第五次会议对民法典各分编（草案）进行了初次审议。会后，法制工作委员会将草案印发地方人大、中央有关单位、法学教学研究机构和有关社会团体征求意见，并在中国人大网全文公布草案征求社会公众意见。根据党中央和常委会确定的民法典编纂工作计划和安排，在对民法典各分编（草案）整体进行初次审议后，将各分编草案分拆为几个单元进行若干次审议和修改完善。2018 年 12 月，常委会第七次会议对民法典合同编（草案）、侵权责任编（草案）进行了二审。2019 年 4 月，常委会第十次会议对民法典物权编（草案）、人格权编（草案）进行了二审。经研究，建议本次常委会会议对民法典继承编（草案）进行二审。法制工作委员会就民法典继承编（草案）召开多个座谈会，听取中央有关部门和部分专家学者的意见，到云南、天津、湖北等地进行调研，了解实际情况，听取意见。宪法和法律委员会于 5 月 28 日召开会议，根据常委会组成人员的审议意见和各方面意见，对草案进行了逐条审议，最高人民法院、最高人民检察院、司法部、中国社会科学院、中国法学会等参加民法典编纂工作的单位有关负责同志列席了会议。6 月 17 日，宪法和法律委员会召开会议，再次进行了审议。现就民法典继承编（草案）主要问题的修改情况汇报如下：

一、草案第九百零四条第二款规定，对继承人遗弃被继承人、

全国人民代表大会宪法和法律委员会关于《民法典人格权编（草案)》修改情况的汇报

全国人民代表大会常务委员会：

2018年12月以来，常委会第七次会议、第十次会议、第十一次会议分别对民法典合同编、侵权责任编、物权编、人格权编、婚姻家庭编、继承编等各分编草案进行了二审。经研究，建议8月份常委会第十二次会议对民法典人格权编（草案）进行三审。法制工作委员会就民法典人格权编（草案二次审议稿）在北京召开多个座谈会，分别听取中央有关部门和部分专家学者的意见，到山东、河北等地进行调研，了解实际情况，听取地方意见。宪法和法律委员会于7月30日召开会议，根据常委会组成人员的审议意见和各方面意见，对草案进行了审议，最高人民法院、最高人民检察院、司法部、中国社会科学院、中国法学会等参加民法典编纂工作的单位有关负责同志列席了会议。8月16日，宪法和法律委员会召开会议，再次进行审议。现就民法典人格权编（草案二次审议稿）主要问题的修改情况汇报如下：

一、有的常委会组成人员和社会公众提出，人格权是人格权编中的核心概念，建议对这一概念的定义予以界定，明确哪些权利属于人格权。宪法和法律委员会经研究，建议采纳这一意见，在草案二次审议稿第七百七十四条中增加一款规定：人格权是民事主体享有的生命权、身体权、健康权、姓名权、名称权、肖像权、名誉权、荣誉权、隐私权等权利。同时，将该条第一款关于民事主体人格权受法律保护的规定单列一条。（草案三次审议稿第

七百七十四条第一款、第七百七十四条之一）

二、草案二次审议稿第七百八十七条对完全民事行为能力人生前决定无偿捐献其人体细胞、人体组织、人体器官、遗体作了规定。有的常委委员、地方、部门和专家学者提出，死后遗体捐献有利于医疗卫生事业的发展，有利于弘扬社会主义核心价值观，应当予以鼓励，建议吸收国务院《人体器官移植条例》的相关内容，明确公民生前未拒绝捐献的，其近亲属可以共同决定捐献。宪法和法律委员会经研究，建议采纳这一意见，在草案第七百八十七条中增加一款规定：自然人生前未表示不同意捐献的，该自然人死亡后，其配偶、成年子女、父母可以采用书面形式共同决定捐献。（草案三次审议稿第七百八十七条第三款）

三、草案二次审议稿第七百八十九条之一规定，从事与人体基因、人体胚胎等有关的医学和科研活动的，应当遵守法律、行政法规和国家有关规定，不得危害人体健康，不得违背伦理道德。有的常委委员、地方提出，从事这类活动，还应当强调不得损害公共利益。宪法和法律委员会经研究，建议采纳这一意见，在该条中增加规定：从事此类活动“不得损害公共利益”。（草案三次审议稿第七百八十九条之一）

四、草案二次审议稿第八百一十一条第二款规定：“本法所称隐私是具有私密性的私人空间、私人活动和私人信息等”。有的常委委员、地方、部门和专家学者建议对隐私的定义作进一步研究修改，突出“不愿意为他人知晓”这一特点。有的常委委员、专家学者和社会公众提出，应当对在宾馆房间私装摄像头进行偷拍，侵害公民隐私权的行为作出有针对性的规定。宪法和法律委员会经研究，建议采纳上述意见，将隐私的定义修改为“自然人不愿为他人知晓的私密空间、私密活动和私密信息等”；并增加规定，任何组织或者个人不得搜查、进入、窥视、拍摄他人的宾馆房间

等私密空间。（草案三次审议稿第八百一十一条第二款、第八百一十二条第一项）

五、草案二次审议稿第八百一十三条第二款规定了个人信息的范围包括自然人的姓名、出生日期、身份证件号码、个人生物识别信息、住址、电话号码等。有的常委委员、地方、部门、专家学者和企业提出，个人的电子邮箱地址和行踪信息同样具有识别特定自然人的功能，也属于重要的个人信息，建议纳入个人信息的范围。有的常委委员和专家学者提出，为了加强对个人信息的保护，除了对收集、使用个人信息的行为进行规范外，还应当对加工、传输、提供、公开个人信息等行为进行规范。宪法和法律委员会经研究，建议采纳上述意见，将自然人的“电子邮箱地址”和“行踪信息”纳入个人信息的范围；同时，将第六章相关条文中的“使用”个人信息修改为“处理”个人信息，并增加规定：个人信息的处理包括个人信息的使用、加工、传输、提供、公开等。（草案三次审议稿第八百一十三条第二款、第八百一十四条、第八百一十五条第二款、第八百一十六条）

此外，还对草案作了其他一些完善和文字修改。

草案三次审议稿已按上述意见作了修改，宪法和法律委员会建议提请本次常委会会议继续审议。

草案三次审议稿和以上汇报是否妥当，请审议。

全国人民代表大会宪法和法律委员会

2019 年 8 月 22 日

全国人民代表大会宪法和法律委员会关于《民法典侵权责任编（草案）》修改情况的汇报

全国人民代表大会常务委员会：

2018年12月以来，常委会第七次会议、第十次会议、第十一次会议分别对民法典合同编、侵权责任编、物权编、人格权编、婚姻家庭编、继承编等各分编草案进行了二审。经研究，建议8月份常委会第十二次会议对民法典侵权责任编（草案）进行三审。法制工作委员会就民法典侵权责任编（草案二次审议稿）在北京召开多个座谈会，分别听取中央有关部门、部分专家学者和有关企业的意见，到山东、河北等地进行调研，了解实际情况，听取地方意见。宪法和法律委员会于7月30日召开会议，根据常委会组成人员的审议意见和各方面意见，对草案进行了审议，最高人民法院、最高人民检察院、司法部、中国社会科学院、中国法学会等参加民法典编纂工作的单位有关负责同志列席了会议。8月16日，宪法和法律委员会召开会议，再次进行审议。现就民法典侵权责任编（草案二次审议稿）主要问题的修改情况汇报如下：

一、草案二次审议稿第九百五十四条之一规定了“自甘风险”规则：自愿参加具有危险性的活动受到损害的，受害人不得请求他人承担侵权责任，但是他人对损害的发生有故意或者重大过失的除外；活动组织者的责任适用安全保障责任的规定。有的常委会组成人员、专家学者和社会公众提出，“自甘风险”规则的适用范围不宜过宽，应限定为体育比赛等具有一定风险的文体活动。同时，建议明确教育机构在组织这类活动时应当如何承担责任。宪法和法律委员会经研究，建议采纳这一意见，对上述“自甘风险”的规定作如下修改：一是自愿参加具有一定风险的文体活动，因其他参加者的行为受到损害的，受害人不得请求其他参加者承担侵权责任，但是其他参加者对损害的发生有故意或者重大过失的除外。二是如果活动组织者为学校等教育机构，应当适用学校等教育机构在学生受到人身损害时的相关责任规定。（草案三次审议稿第九百五十四条之一）

二、草案二次审议稿第九百五十四条之二规定了“自助行为”规则：合法权益受到侵害，情况紧迫且不能及时获得国家机关保护的，受害人可以在必要范围内采取扣留侵权人财物等合理措施，并在事后立即请求有关国家机关处理。有的常委会组成人员、专家学者和社会公众提出，规定“自助行为”规则，赋予自然人一定的自我保护权利是必要的，但为防止该规则被滥用，建议进一步严格限定适用条件。宪法和法律委员会经研究，建议采纳这一意见，在上述“自助行为”规则适用条件的基础上，增加规定一个条件，即“不立即采取措施将使其权益受到难以弥补的损害的”，才可以实施自助行为。（草案三次审议稿第九百五十四条之二第一款）

三、草案二次审议稿第九百七十条第二款至第四款规定，网络用户利用网络服务实施侵权行为的，权利人有权通知网络服务提供者采取删除、屏蔽、断开链接等必要措施；网络服务提供者接到通知后，应当及时将该通知转送相关网络用户，并采取必要措施；因错误通知造成损害的，应当承担侵权责任。有的常委委员、部门、企业和社会公众提出，网络服务提供者的类型多样，对侵权信息的产生、储存、处理等行为的控制程度也不完全一样，情况较为复杂，宜根据提供服务类型的不同，采取不同措施，使之具有针对性。有的常委委员建议将上述三款关于网络服务提供者“避风港”原则的规定单列一条。宪法和法律委员会经研究，建议采纳这一意见，将上述三款规定单列一条，并将相关内容修改为：网络服务提供者接到通知后，应当及时将该通知转送相关网络用户，并根据服务类型的不同采取必要措施。（草案三次审议稿第九百七十条之一第二款）

四、草案二次审议稿第九百八十一条对生产者、销售者召回缺陷产品的责任作出了规定。有的专委会委员和社会公众提出，为更好地保护被侵权人的权益，建议借鉴消费者权益保护法的相关规定，明确被侵权人因相关产品被召回支出的必要费用由生产者、销售者负担。宪法和法律委员会经研究，建议采纳这一意见，在该条中增加一款规定：依照相关规定采取召回措施的，生产者、销售者应当负担被侵权人因此支出的必要费用。（草案三次审议稿第九百八十一条第二款）

五、草案二次审议稿第一千零三十条规定，从建筑物中抛掷物品或者从建筑物上坠落的物品造成他人损害，难以确定具体侵权人的，除能够证明自己不是侵权人的外，由可能加害的建筑物使用人给予补偿。该规定对现行侵权责任法的有关规定未作修改，常委会二审时作为一个问题进行了专门汇报，提出继续研究论证。近一段时间以来，“高空抛物坠物”造成他人损害的事件频发，“头顶上的安全”引发社会关注。有的常委委员、地方、部门、专家学者和社会公众提出，为保护公众安全，建议进一步明确各方责任。宪法和法律委员会经研究认为，要从根本上解决这一问题，需要综合施策。对于造成损害后果的，公安机关应当依法立案调查，对责任人依法给予治安管理处罚；构成犯罪的，应当依法追究刑事责任。同时，还需要明确建筑物管理人、施工者、作业者的责任，做到多管齐下，共同发力。从民法典编纂来看，关于民事、行政和刑事三种法律责任的关系，民法总则在第一百八十七条中已经作了规定：民事主体因同一行为应当承担民事责任、行政责任和刑事责任的，承担行政责任或者刑事责任不影响承担民事责任。这一规定将编入民法典总则编中。因此，关于“高空抛物坠物”行为应当承担行政责任和刑事责任问题，在侵权责任编中可不必再作规定。

据此，建议对草案二次审议稿第一千零三十条作如下修改：一是增加规定，禁止从建筑物中抛掷物品。二是增加规定，从建筑物中抛掷物品或者从建筑物上坠落的物品造成他人损害的，由侵权人依法承担侵权责任。三是增加规定，发生此类情形的，“有关机关应当依法及时调查，查清责任人”，并明确“经调查难以确定具体侵权人”的，才适用由可能加害的建筑物使用人给予补偿的规定。四是增加规定，可能加害的建筑物使用人补偿后发现侵权人的，有权向侵权人追偿。五是增加规定，建筑物管理人应当采取必要的安全保障措施防止此类情形的发生；未采取必要的安全保障措施的，应当依法承担未履行安全保障义务的侵权责任（草案三次审议稿第一千零三十条）。同时，将草案二次审议稿第一千零二十八条、第一千零二十九条的顺序对调，使有关高空抛物坠物侵权责任的规定衔接更为紧密。

此外，还对草案作了其他一些完善和文字修改。

草案三次审议稿已按上述意见作了修改，宪法和法律委员会建议提请本次常委会会议继续审议。

草案三次审议稿和以上汇报是否妥当，请审议。

全国人民代表大会宪法和法律委员会

2019年8月22日

全国人民代表大会宪法和法律委员会关于《民法典婚姻家庭编（草案）》修改情况的汇报

全国人民代表大会常务委员会：

2018 年 8 月，常委会第五次会议对民法典各分编草案进行了初次审议。2019 年 6 月，常委会第十一次会议对民法典婚姻家庭编草案进行了二审。经研究，建议 10 月份常委会第十四次会议对民法典婚姻家庭编（草案）进行三审。法制工作委员会就民法典婚姻家庭编（草案二次审议稿）在北京召开多个座谈会，分别听取中央有关部门和部分专家学者的意见，到北京、山东等地进行调研，了解实际情况，听取地方意见。宪法和法律委员会于 10 月 11 日召开会议，根据常委会组成人员的审议意见和各方面意见，对草案进行了审议，最高人民法院、最高人民检察院、司法部、中国社会科学院、中国法学会等参加民法典编纂工作的单位有关负责同志列席了会议。10 月 15 日，宪法和法律委员会召开会议，再次进行了审议。现就民法典婚姻家庭编（草案二次审议稿）主要问题的修改情况汇报如下：

一、草案二次审议稿第八百二十一条规定，应当维护平等、和睦、文明的婚姻家庭关系，明确夫妻应当互相忠实，互相尊重。有的常委委员、专家学者提出，为了更好地弘扬家庭美德，体现社会主义核心价值观，贯彻落实习近平总书记关于加强家庭文明建设的讲话精神，建议增加有关树立优良家风，弘扬家庭美德，重视家庭文明建设的规定。有的常委委员提出，夫妻之间除应互相忠实、互相尊重外，还应当互相关爱。宪法和法律委员会经研究，建议采纳上述意见，在这一条中增加一款规定：家庭应当树立优良家风，弘扬家庭美德，重视家庭文明建设。同时，在该条第二款中增加夫妻之间应当互相关爱的规定。（草案三次审议稿第八百二十一条）

二、草案二次审议稿第八百二十一条之一第一款规定，收养应当有利于被收养人的健康成长，保障被收养人和收养人的合法权益。有的部门、专家学者提出，为了更好地维护被收养的未成年人的合法权益，建议将我国已加入的联合国《儿童权利公约》中关于儿童利益最大化的原则落实到收养工作中，明确规定最有利于被收养人的原则。宪法和法律委员会经研究，建议采纳这一意见。（草案三次审议稿第八百二十一条之一第一款）

三、草案二次审议稿第八百三十一条规定了婚姻无效或者被撤销的法律后果。有的常委委员、地方、专家学者和社会公众提出，婚姻无效或者被撤销的，还应当赋予无过错方请求损害赔偿的权利，以有利于保护无过错方的权益。宪法和法律委员会经研究，建议采纳这一意见，在这一条中增加一款规定：婚姻无效或者被撤销的，无过错方有权请求损害赔偿。（草案三次审议稿第八百三十一条第二款）

四、草案二次审议稿第八百六十四条规定了隔代探望权，明确父母离婚后，祖父母、外祖父母在对孙子女、外孙子女尽了抚养义务，或者在孙子女、外孙子女的父母一方死亡的情形下，可以参照适用离婚父母探望子女的有关规定，探望孙子女、外孙子女。有的意见提出，这样规定对隔代探望的限制，没有必要。也有的意见提出，隔代探望权范围过大，容易引发矛盾，影响未成年人和直接抚养子女一方的正常生活。还有的意见提出，法律不宜赋予祖父母、外祖父母单独的探望权，建议删除这一规定。宪法和法律委员会经研究认为，鉴于目前各方面对此尚未形成共识，可以考虑暂不在民法典中规定，祖父母、外祖父母进行隔代探望，如与直接抚养子女的一方不能协商一致，可以通过诉讼由人民法院根据具体情况加以解决。

还有一个问题需要汇报。现行婚姻法规定，结婚年龄，男不得早于二十二周岁，女不得早于二十周岁。民法典婚姻家庭编草案维持了现行法定婚龄的规定。审议中，有的建议适当降低法定婚龄，但也有的意见认为应当维持现行规定。宪法和法律委员会经与国家卫健委、司法部等有关方面研究后认为，现行法定婚龄的规定已为广大社会公众所熟知和认可，如果进行修改，属于婚姻制度的重大调整，宜在进行充分的调查研究和科学的分析评估后再定。建议民法典婚姻家庭编草案对法定婚龄暂不作修改。

此外，还对草案作了其他一些完善和文字修改。

草案三次审议稿已按上述意见作了修改，宪法和法律委员会建议提请本次常委会会议继续审议。

草案三次审议稿和以上汇报是否妥当，请审议。

全国人民代表大会宪法和法律委员会

2019 年 10 月 21 日

全国人民代表大会宪法和法律委员会关于《民法典各分编（草案）》修改情况和《中华人民共和国民法典（草案）》编纂情况的汇报

全国人民代表大会常务委员会：

2018 年 8 月，十三届全国人大常委会第五次会议对《民法典各分编（草案)》进行了初次审议。之后，2018 年 12 月、2019 年 4 月、2019 年 6 月、2019 年 8 月、2019 年 10 月，十三届全国人大常委会第七次、第十次、第十一次、第十二次、第十四次会议对各分编草案进行拆分审议。目前，物权编、合同编、人格权编、婚姻家庭编、继承编、侵权责任编六个分编草案已经全部完成了二审，其中，人格权编、婚姻家庭编、侵权责任编三个分编草案完成了三审。根据民法典编纂工作计划，到 2019 年 12 月，将 2017 年 3 月出台的民法总则同经过常委会审议和修改完善的民法典各分编草案合并为一部完整的民法典，即《中华人民共和国民法典（草案)》。民法典各分编草案经常委会二审或三审后，法制工作委员会均通过中国人大网公开征求社会公众意见。同时，在北京召开多个座谈会，分别听取中央有关部门和部分专家学者的意见，并到北京、天津、山东、浙江等地进行调研，了解实际情况，听取意见。宪法和法律委员会于 11 月 27 日至 29 日召开会议，根据常委会组成人员的审议意见和各方面意见，对民法典各分编草案进行了审议，并将 2017 年已经出台施行的《中华人民共和国民法总则》编入草案，重新编排条文序号，形成《中华人民共和国民法典（草案)》，最高人民法院、最高人民检察院、司法部、中国社会科学院、中国法学会等民法典编纂工作参加单位的有关负责同志列席了会议。12 月 16 日，宪法和法律委员会召开会议，再次进行审议。

12 月 5 日，习近平总书记主持召开中央政治局常委会会议，听取全国人大常委会党组《关于〈中华人民共和国民法典（草案)〉的请示》的汇报，原则同意请示，并就做好民法典编纂工作作了重要指示。会后，根据党中央的重要指示精神，对草案又作了进一步修改完善。民法典（草案）共 7 编，依次为总则编、物权编、合同编、人格权编、婚姻家庭编、继承编、侵权责任编，以及附则，共 1260 条。现将民法典各分编草案修改情况和民法总则编入的有关情况汇报如下：

一、总则编

总则编草案共 10 章、204 条。总则编草案基本保持民法总则的结构和内容不变；同时，根据法典编纂体系化要求进行了适当调整，对个别条款作了文字修改，并把“附则”移至法典的最后部分规定。

二、物权编

物权编草案共 5 个分编、20 章、258 条。常委会第十次会议对民法典物权编草案进行了二审，对物权编草案二次审议稿的修改情况主要是：

（一）草案二次审议稿第十四章规定了居住权制度。有的常委委员、社会公众建议对居住权合同的内容、居住权的设立和期间等规定予以进一步完善，以使这一制度在实践中发挥更大的作用。宪法和法律委员会经研究，建议采纳这一意见，对该章草案作如下修改：一是完善居住权合同的内容，增加规定“居住权期间”（民法典草案第三百六十七条第二款）。二是完善居住权设立制度，将“居住权无偿设立”修改为“居住权无偿设立，但是当事人另有约定的除外”（民法典草案第三百六十八条）。三是进一步明确居住权期间的规定，规定居住权期间届满或者居住权人死亡的，居住权消灭。居住权消灭的，应当及时办理注销登记（民法典草案第三百七十条）。

（二）草案二次审议稿第一百九十二条、第二百一十九条规定，抵押权人或者质权人在债务履行期间届满前，不得事先与抵押人或者出质人约定不履行到期债务时抵押财产、质押财产归债权人所有。有的专家学者、单位提出，为进一步优化营商环境，建议完善上述规定，明确当事人事先作出此类约定的，仍享有担保权益，但只能依法就抵押财产或者质押财产优先受偿。宪法和法律委员会经研究，建议采纳这一意见。（民法典草案第四百零一条、第四百二十八条）

三、合同编

合同编草案共 3 个分编、29 章、526 条。常委会第七次会议对民法典合同编草案进行了二审，对合同编草案二次审议稿的修改情况主要是：

（一）草案二次审议稿第三百五十三条第三款规定，合同不能履行致使不能实现合同目的，有解除权的当事人不行使解除权，构成滥用权利对对方显失公平的，人民法院或者仲裁机构可以根据对方的请求解除合同，但是不影响违约责任的承担。有的专家学者提出，这一规定的出发点在于解决实践中存在的由于合同不能履行而导致的僵局问题，但规定违约方可以申请解除合同，与严守合同的要求不符，建议删去。对个别合同僵局问题，可以考虑通过适用情势变更规则或者其他途径解决。宪法和法律委员会经研究，建议采纳这一意见，删去该款规定。

（二）草案二次审议稿第四百七十条第一款规定，借款合同约定支付利息的，借款的利率不得违反国家有关规定。有的常委委员、社会公众提出，为解决民间借贷领域存在的突出问题，维护正常的金融秩序，建议明确规定禁止高利放贷。宪法和法律委员会经研究，建议采纳这一意见，将这一款规定修改为：禁止高利放贷，借款的利率不得违反国家有关规定。（民法典草案第六百八十条第一款）

（三）有的专家学者、企业和社会公众提出，草案二次审议稿在典型合同中增加“保理合同”一章，有利于促进保理行业健康发展、解决企业融资问题、优化营商环境，建议对该章内容予以进一步完善。宪法和法律委员会经研究，建议对该章草案作如下修改：一是增加规定保理合同的主要条款内容，规定：保理合同的内容一般包括业务类型、服务范围、服务期限、基础交易合同情况、应收账款信息、转让价款、服务报酬及其支付方式等条款。保理合同应当采用书面形式（民法典草案第七百六十二条）。二是规定应收账款债务人接到保理人发出的应收账款转让通知后，应收账款债权人和债务人无正当理由协商变更或者终止基础交易合同，对保理人产生不利影响的，对保理人不发生效力（民法典草案第七百六十五条）。三是完善同一应收账款有多个保理人时的受偿规则，规定：已登记的先于未登记的受偿；均已登记的，按照登记的先后顺序受偿；均未登记的，由最先到达应收账款债务人的转让通知中载明的保理人受偿；既未登记也未通知的，按照应收账款比例清偿（民法典草案第七百六十八条）。

（四）草案二次审议稿第五百八十三条规定，除存在违法情形外，建设工程未经竣工验收而发包人擅自使用的，视为工程质量验收合格。有的单位、专家学者和社会公众提出，在实践中，未经竣工验收而使用建设工程的情况复杂，不宜一概认定为工程质量验收合格，否则不利于建设工程质量的提高，也可能导致当事人之间的不公平。宪法和法律委员会经研究，建议采纳这一意见，删去该条规定。

四、人格权编

人格权编草案共6章、51条。常委会第十二次会议对民法典人格权编草案进行了三审，对人格权编草案三次审议稿的修改情况主要是：

（一）草案三次审议稿第七百九十条第二款规定，用人单位应当采取合理措施，防止和制止利用职权、从属关系等实施性骚扰。有的常委会组成人员、单位和社会公众建议明确“用人单位”包含哪些主体，以使这一规定在防止职场和校园性骚扰方面更有针对性。宪法和法律委员会经研究，建议采纳这一意见，将“用人单位”修改为“机关、企业、学校等单位”。（民法典草案第一千零一十条第二款）

（二）草案三次审议稿第八百一十一条第二款规定，隐私是自然人不愿为他人知晓的私密空间、私密活动和私密信息等。有的常委委员、单位和专家学者提出，维护私人生活安宁、排除他人非法侵扰是隐私权的一项重要内容，建议在隐私的定义中增加这一内容。宪法和法律委员会经研究，建议采纳这一意见，将隐私的定义修改为：隐私是自然人的私人生活安宁和不愿为他人知晓的私密空间、私密活动、私密信息。（民法典草案第一千零三十二条第二款）

五、婚姻家庭编

婚姻家庭编草案共5章、79条。常委会第十四次会议对民法典婚姻家庭编草案进行了三审，对婚姻家庭编草案三次审议稿的修改情况主要是：

（一）草案三次审议稿第八百二十二条第三款规定，共同生活的公婆、岳父母、儿媳、女婿，视为近亲属。有的全国人大代表提出，“共同生活”的认定较为困难，不宜以此界定是否为近亲属，建议删除这一规定。宪法和法律委员会经研究，建议采纳这一意见，删去该款规定。

（二）草案三次审议稿第八百二十八条第四项规定，以伪造、变造、冒用证件等方式骗取结婚登记的，婚姻无效。有的专家学者和地方提出，以伪造、变造、冒用证件等方式骗取结婚登记的情形较为复杂，其中既可能有重婚、未达到婚龄等问题，也可能仅是违反结婚登记的形式要件，不宜一律认定为无效，可在实践中根据具体情况确定婚姻效力。宪法和法律委员会经研究，建议采纳这一意见，删去该项规定。

（三）草案三次审议稿第八百三十条第一款规定，一方患有重大疾病的，应当在结婚登记前如实告知另一方；不如实告知的，另一方可以向婚姻登记机关或者人民法院请求撤销婚姻。有的常委会组成人员、部门提出，由婚姻登记机关对一方在结婚登记前是否如实告知对方患病情况进行认定较为困难，建议统一由人民法院行使撤销权。宪法和法律委员会经研究，建议采纳这一意见，删去此种情况下可以向婚姻登记机关请求撤销婚姻的规定，由人民法院统一行使撤销权。（民法典草案第一千零五十三条第一款）

六、继承编

继承编草案共4章，45条。常委会第十一次会议对民法典继承编草案进行了二审，此次对继承编草案进行了一些文字修改。

七、侵权责任编

侵权责任编草案共10章、95条。常委会第十二次会议对民法典侵权责任编草案进行了三审，对侵权责任编草案三次审议稿的修改情况主要是：

（一）草案三次审议稿第九百七十一条第二款规定，在网络用户不存在侵权行为的声明转送权利人后十五日内，网络服务提供者未收到权利人已经投诉或者提起诉讼通知的，应当及时终止所采取的措施。有的专家学者、企业提出，“十五日”的期限过于绝对，建议修改为“合理期限”，以便于司法实践中根据具体案件情况确定期限。宪法和法律委员会经研究，建议采纳上述意见，将该款中的“十五日”修改为“合理期限”。（民法典草案第一千一百九十六条第二款）

（二）草案三次审议稿第一千零三十条第二款规定，建筑物管理人应当采取必要的安全保障措施防止高空抛物坠物情形的发生。有的专家学者、单位提出，为了明确责任主体，建议规定

“建筑物管理人”主要是指物业服务企业。宪法和法律委员会经研究，建议采纳这一意见，将上述规定修改为：物业服务企业等建筑物管理人应当采取必要的安全保障措施防止高空抛物坠物情形的发生。(民法典草案第一千二百五十四条第二款)

此外，还对民法典各分编草案作了其他一些完善和文字修改。

民法典各分编草案和总则编草案已按上述意见作了修改，形成《中华人民共和国民法典（草案)》，宪法和法律委员会建议提请本次常委会会议审议。

按照民法典编纂工作计划，《中华人民共和国民法典（草案)》提请本次常委会会议审议后，由全国人大常委会作出决定，将草案提请2020年3月召开的十三届全国人大三次会议审议。为了做好大会审议工作，拟于2020年1月，将《中华人民共和国民法典（草案)》印发所有全国人大代表征求意见，组织代表研读草案，同时向地方人大、各有关部门和社会公众广泛征求意见。宪法和法律委员会根据各方面意见作进一步修改完善后，由全国人大常委会依照法定程序提出将《中华人民共和国民法典（草案)》提请2020年3月召开的十三届全国人大三次会议审议的议案。

《中华人民共和国民法典（草案)》和以上汇报是否妥当，请审议。

全国人民代表大会宪法和法律委员会

2019年12月23日

关于《中华人民共和国民法典（草案）》的说明

——2020 年 5 月 22 日在第十三届全国人民代表大会第三次会议上

全国人民代表大会常务委员会副委员长 王 晨

各位代表：

我受全国人大常委会委托，作关于《中华人民共和国民法典（草案）》的说明。

一、编纂民法典的重大意义

编纂民法典是党的十八届四中全会确定的一项重大政治任务和立法任务，是以习近平同志为核心的党中央作出的重大法治建设部署。编纂民法典，就是通过对我国现行的民事法律制度规范进行系统整合、编订纂修，形成一部适应新时代中国特色社会主义发展要求，符合我国国情和实际，体例科学、结构严谨、规范合理、内容完整并协调一致的法典。这是一项系统的、重大的立法工程。

编纂一部真正属于中国人民的民法典，是新中国几代人的夙愿。党和国家曾于 1954 年、1962 年、1979 年和 2001 年先后四次启动民法制定工作。第一次和第二次，由于多种原因而未能取得实际成果。1979 年第三次启动，由于刚刚进入改革开放新时期，制定一部完整民法典的条件尚不具备。因此，当时领导全国人大法制委员会立法工作的彭真、习仲勋等同志深入研究后，在八十年代初决定按照“成熟一个通过一个”的工作思路，确定先制定民事单行法律。现行的继承法、民法通则、担保法、合同法就是在这种工作思路下先后制定的。2001 年，九届全国人大常委会组织起草《中华人民共和国民法（草案）》，并于 2002 年 12 月进行了一次审议。经讨论和研究，仍确定继续采取分别制定单行法的办法推进我国民事法律制度建设。2003 年十届全国人大以来，又陆续制定了物权法、侵权责任法、涉外民事关系法律适用法等。总的看，经过多年来努力，我国民事立法是富有成效的，逐步形成了比较完备的民事法律规范体系，民事司法实践积累了丰富经验，民事法律服务取得显著进步，民法理论研究也达到较高水平，全社会民事法治观念普遍增强，为编纂民法典奠定了较好的制度基础、实践基础、理论基础和社会基础。随着我国社会主义现代化事业不断发展和全面依法治国深入推进，人民群众和社会各方面对编纂和出台民法典寄予很大的期盼。

党的十八大以来，以习近平同志为核心的党中央把全面依法治国摆在突出位置，推动党和国家事业发生历史性变革、取得历史性成就，中国特色社会主义已经进入新时代。在坚持和完善中国特色社会主义制度、推进国家治理体系和治理能力现代化的新征程中，编纂民法典具有重大而深远的意义。

（一）编纂民法典是坚持和完善中国特色社会主义制度的现实需要

回顾人类文明史，编纂法典是具有重要标志意义的法治建设工程，是一个国家、一个民族走向繁荣强盛的象征和标志。新中国成立 70 多年特别是改革开放 40 多年来，中国共产党团结带领中国人民不懈奋斗，成功开辟了中国特色社会主义道路，取得了举世瞩目的发展成就，中国特色社会主义制度展现出强大生命力和显著优越性。我国民事法律制度正是伴随着新时期改革开放和社会主义现代化建设的历史进程而形成并不断发展完善的，是中国特色社会主义法律制度的重要组成部分。在系统总结制度建设成果和实践经验的基础上，编纂一部具有中国特色、体现时代特点、反映人民意愿的民法典，不仅能充分彰显中国特色社会主义法律制度成果和制度自信，促进和保障中国特色社会主义事业不断发展，也能为人类法治文明的发展进步贡献中国智慧和中国方案。

（二）编纂民法典是推进全面依法治国、推进国家治理体系和治理能力现代化的重大举措

民法是中国特色社会主义法律体系的重要组成部分，是民事领域的基础性、综合性法律，它规范各类民事主体的各种人身关系和财产关系，涉及社会和经济生活的方方面面，被称为“社会生活的百科全书”。建立健全完备的法律规范体系，以良法保障善治，是全面依法治国的前提和基础。民法通过确立民事主体、民事权利、民事法律行为、民事责任等民事总则制度，确立物权、合同、人格权、婚姻家庭、继承、侵权责任等民事分则制度，来调整各类民事关系。民法与国家其他领域法律规范一起，支撑着国家制度和国家治理体系，是保证国家制度和国家治理体系正常有效运行的基础性法律规范。编纂民法典，就是全面总结我国的民事立法和司法的实践经验，对现行民事单行法律进行系统编订纂修，将相关民事法律规范编纂成一部综合性法典，不断健全完善中国特色社会主义法律体系。这对于以法治方式推进国家治理体系和治理能力现代化，更好地发挥法治固根本、稳预期、利长远的保障作用，具有重要意义。

（三）编纂民法典是坚持和完善社会主义基本经济制度、推动经济高质量发展的客观要求

公有制为主体、多种所有制经济共同发展，按劳分配为主体、多种分配方式并存，社会主义市场经济体制等社会主义基本经济

制度，是以法治为基础、在法治轨道上运行、受法治规则调整的经济制度，社会主义市场经济本质上是法治经济。我国民事主体制度中的法人制度，规范民事活动的民事法律行为制度、代理制度，调整各类财产关系的物权制度，调整各类交易关系的合同制度，保护和救济民事权益的侵权责任制度，都是坚持和完善社会主义基本经济制度不可或缺的法律制度规范和行为规则。同时，我国民事法律制度建设一直秉持“民商合一”的传统，把许多商事法律规范纳入民法之中。编纂民法典，进一步完善我国民商事领域基本法律制度和行为规则，为各类民商事活动提供基本遵循，有利于充分调动民事主体的积极性和创造性、维护交易安全、维护市场秩序，有利于营造各种所有制主体依法平等使用资源要素、公开公平公正参与竞争、同等受到法律保护的市场环境，推动经济高质量发展。

（四）编纂民法典是增进人民福祉、维护最广大人民根本利益的必然要求

中国特色社会主义法治建设的根本目的是保障人民权益。改革开放以来，我国民事法律制度逐步得到完善和发展，公民的民事权利也得到越来越充分的保护。中国特色社会主义进入新时代，随着我国社会主要矛盾的变化，随着经济发展和国民财富的不断积累，随着信息化和大数据时代的到来，人民群众在民主、法治、公平、正义、安全、环境等方面的要求日益增长，希望对权利的保护更加充分、更加有效。党的十九大明确提出，要保护人民人身权、财产权、人格权。而现行民事立法中的有些规范已经滞后，难以适应人民日益增长的美好生活需要。编纂民法典，健全和充实民事权利种类，形成更加完备的民事权利体系，完善权利保护和救济规则，形成规范有效的权利保护机制，对于更好地维护人民权益，不断增加人民群众获得感、幸福感和安全感，促进人的

全面发展，具有十分重要的意义。

二、编纂民法典的总体要求和基本原则

民法典是新中国第一部以法典命名的法律，开创了我国法典编纂立法的先河，具有里程碑意义。以习近平同志为核心的党中央高度重视民法典编纂工作，将编纂民法典列入党中央重要工作议程，并对编纂民法典工作任务作出总体部署、提出明确要求。十二届、十三届全国人大常委会都高度重视这一立法工作，将编纂民法典纳入全国人大常委会立法规划和年度立法工作计划，确定为全国人大常委会的立法工作重点项目，积极持续推进。为做好民法典编纂工作，全国人大常委会党组先后多次向党中央请示和报告，就民法典编纂工作的总体考虑、工作步骤、体例结构等重大问题进行汇报。2016 年 6 月、2018 年 8 月、2019 年 12 月，习近平总书记三次主持中央政治局常委会会议，听取并原则同意全国人大常委会党组就民法典编纂工作所作的请示汇报，对民法典编纂工作作出重要指示，为民法典编纂工作提供了重要指导和基本遵循。

编纂民法典的指导思想是：**高举中国特色社会主义伟大旗帜，以马克思列宁主义、毛泽东思想、邓小平理论、“三个代表”重要思想、科学发展观、习近平新时代中国特色社会主义思想为指导，增强“四个意识”，坚定“四个自信”，做到“两个维护”，全面贯彻党的十八大、十九大和有关中央全会精神，坚持党的领导、人民当家作主、依法治国有机统一，紧紧围绕统筹推进“五位一体”总体布局和协调推进“四个全面”战略布局，紧紧围绕建设中国特色社会主义法治体系、建设社会主义法治国家，总结实践经验，适应时代要求，对我国现行的、制定于不同时期的民法通则、物权法、合同法、担保法、婚姻法、收养法、继承法、侵权责任法和人格权方面的民事法律规范进行全面系统的编订纂**

修，形成一部具有中国特色、体现时代特点、反映人民意愿的民法典，为新时代坚持和完善中国特色社会主义制度、实现“两个一百年”奋斗目标、实现中华民族伟大复兴中国梦提供完备的民事法治保障。

贯彻上述指导思想，切实做好民法典编纂工作，必须遵循和体现以下基本原则：**一是**坚持正确政治方向，全面贯彻习近平总书记全面依法治国新理念新思想新战略，坚决贯彻党中央的决策部署，坚持服务党和国家工作大局，充分发挥民法典在坚持和完善中国特色社会主义制度、推进国家治理体系和治理能力现代化中的重要作用。**二是**坚持以人民为中心，以保护民事权利为出发点和落脚点，切实回应人民的法治需求，更好地满足人民日益增长的美好生活需要，充分实现好、维护好、发展好最广大人民的根本利益，使民法典成为新时代保护人民民事权利的好法典。**三是**坚持立足国情和实际，全面总结我国改革开放40多年来民事立法和实践经验，以法典化方式巩固、确认和发展民事法治建设成果，以实践需求指引立法方向，提高民事法律制度的针对性、有效性、适应性，发挥法治的引领、规范、保障作用。**四是**坚持依法治国与以德治国相结合，注重将社会主义核心价值观融入民事法律规范，大力弘扬传统美德和社会公德，强化规则意识，倡导契约精神，维护公序良俗。**五是**坚持科学立法、民主立法、依法立法，不断增强民事法律规范的系统性、完整性，既保持民事法律制度的连续性、稳定性，又保持适度的前瞻性、开放性，同时处理好、衔接好法典化民事法律制度下各类规范之间的关系。

三、民法典编纂工作情况

根据党中央的工作部署，编纂民法典的起草工作由全国人大常委会法制工作委员会牵头，最高人民法院、最高人民检察院、司法部、中国社会科学院、中国法学会为参加单位。为做好民法典编纂工作，全国人大常委会法制工作委员会与五家参加单位成立了民法典编纂工作协调小组，并成立了民法典编纂工作专班。

编纂民法典不是制定全新的民事法律，也不是简单的法律汇编，而是对现行的民事法律规范进行编订纂修，对已经不适应现实情况的规定进行修改完善，对经济社会生活中出现的新情况、新问题作出有针对性的新规定。编纂民法典采取“两步走”的工作思路进行：第一步，制定民法总则，作为民法典的总则编；第二步，编纂民法典各分编，经全国人大常委会审议和修改完善后，再与民法总则合并为一部完整的民法典草案。

2015 年 3 月，全国人大常委会法制工作委员会启动民法典编纂工作，着手第一步的民法总则制定工作，以 1986 年制定的民法通则为基础，系统梳理总结有关民事法律的实践经验，提炼民事法律制度中具有普遍适用性和引领性的规则，形成民法总则草案，2016 年由十二届全国人大常委会进行了三次审议，2017 年 3 月由第十二届全国人民代表大会第五次会议审议通过。制定民法总则，完成了民法典编纂工作的第一步，为民法典编纂奠定了坚实基础。

民法总则通过后，十二届、十三届全国人大常委会接续努力、抓紧开展作为民法典编纂第二步的各分编编纂工作。法制工作委员会与民法典编纂工作各参加单位全力推进民法典各分编编纂工作，系统梳理、研究历年来有关方面提出的意见，开展立法调研，广泛听取意见建议，以现行物权法、合同法、担保法、婚姻法、收养法、继承法、侵权责任法等为基础，结合我国经济社会发展对民事法律提出的新需求，形成了包括物权、合同、人格权、婚姻家庭、继承、侵权责任等 6 个分编在内的民法典各分编草案，提请 2018 年 8 月召开的第十三届全国人大常委会第五次会议审议。其后，2018 年 12 月、2019 年 4 月、6 月、8 月、10 月，第十三届全国人大常委会第七次、第十次、第十一次、第十二次、第十四次会议对民法典各分编草案进行了拆分审议，对全部 6 个分编草案进行了二审，对各方面比较关注的人格权、婚姻家庭、侵权责任 3 个分编草案进行了三审。在此基础上，将民法总则与经过常委会审议和修改完善的民法典各分编草案合并，形成《中华人民共和国民法典（草案)》，提请 2019 年 12 月召开的第十三届全国人大常委会第十五次会议审议。经审议，全国人大常委会作出决定，将民法典草案提请本次大会审议。

民法典草案经全国人大常委会审议后，全国人大常委会办公厅将草案印发十三届全国人大代表、部署组织全国人大代表研读讨论民法典草案工作，征求代表意见。同时，法制工作委员会还将草案印发地方人大、基层立法联系点、中央有关部门征求意见，并在中国人大网公布征求社会公众意见。法制工作委员会还在北京召开多个座谈会，听取有关部门、专家的意见。各方面普遍认为，编纂民法典，对于完善中国特色社会主义法律体系，以法治方式推进国家治理体系和治理能力现代化，切实维护最广大人民的根本利益，促进社会公平正义具有重要意义。

新冠肺炎疫情发生以来，全国人大常委会高度关注，栗战书委员长多次就贯彻落实习近平总书记对疫情防控工作的重要讲话精神和党中央决策部署，为疫情防控工作提供法治保障提出明确的工作要求。我们认真学习贯彻习近平总书记重要讲话精神和党中央决策部署，结合民法典编纂工作，对与疫情相关的民事法律制度进行梳理研究，对草案作了有针对性的修改完善。

2020 年 4 月 20 日、21 日，全国人大宪法和法律委员会召开会议，根据全国人大常委会的审议意见、代表研读讨论中提出的意见和各方面的意见，对民法典草案作了进一步修改完善；认为经过全国人大常委会多次审议和广泛征求意见，草案充分吸收各方面的意见建议，已经比较成熟，形成了提请本次会议审议的

《中华人民共和国民法典（草案）》。

为进一步做好会议审议民法典草案的准备工作，更充分听取全国人大代表的意见，4 月 29 日，法制工作委员会将修改后的民法典草案再次发送给各省、自治区、直辖市人大常委会，请各地方以适当方式组织有关全国人大代表研读讨论，听取意见。

四、民法典草案的主要内容

《中华人民共和国民法典（草案）》共 7 编、1260 条，各编依次为总则、物权、合同、人格权、婚姻家庭、继承、侵权责任，以及附则。

（一）总则编

第一编“总则”规定民事活动必须遵循的基本原则和一般性规则，统领民法典各分编。第一编基本保持现行民法总则的结构和内容不变，根据法典编纂体系化要求对个别条款作了文字修改，并将“附则”部分移到民法典草案的最后。第一编共 10 章、204 条，主要内容有：

1. 关于基本规定。第一编第一章规定了民法典的立法目的和依据。其中，将“弘扬社会主义核心价值观”作为一项重要的立法目的，体现坚持依法治国与以德治国相结合的鲜明中国特色。同时，规定了民事权利及其他合法权益受法律保护，确立了平等、自愿、公平、诚信、守法和公序良俗等民法基本原则。为贯彻习近平生态文明思想，将绿色原则确立为民法的基本原则，规定民事主体从事民事活动，应当有利于节约资源、保护生态环境。

2. 关于民事主体。民事主体是民事关系的参与者、民事权利的享有者、民事义务的履行者和民事责任的承担者，具体包括三类：**一是**自然人。自然人是最基本的民事主体。草案规定了自然人的民事权利能力和民事行为能力制度、监护制度、宣告失踪和宣告死亡制度，并对个体工商户和农村承包经营户作了规定。结合此次疫情防控工作，对监护制度作了进一步完善，规定因发生突发事件等紧急情况，监护人暂时无法履行监护职责，被监护人的生活处于无人照料状态的，被监护人住所地的居民委员会、村民委员会或者民政部门应当为被监护人安排必要的临时生活照料措施。**二是**法人。法人是依法成立的，具有民事权利能力和民事行为能力，依法独立享有民事权利和承担民事义务的组织。草案规定了法人的定义、成立原则和条件、住所等一般规定，并对营利法人、非营利法人、特别法人三类法人分别作了具体规定。**三是**非法人组织。非法人组织是不具有法人资格，但是能够依法以自己的名义从事民事活动的组织。草案对非法人组织的设立、责任承担、解散、清算等作了规定。

3. 关于民事权利。保护民事权利是民事立法的重要任务。第一编第五章规定了民事权利制度，包括各种人身权利和财产权利。为建设创新型国家，草案对知识产权作了概括性规定，以统领各个单行的知识产权法律。同时，对数据、网络虚拟财产的保护作了原则性规定。此外，还规定了民事权利的取得和行使规则等内容。

4. 关于民事法律行为和代理。民事法律行为是民事主体通过意思表示设立、变更、终止民事法律关系的行为，代理是民事主体通过代理人实施民事法律行为的制度。第一编第六章、第七章规定了民事法律行为制度、代理制度：**一是**规定民事法律行为的定义、成立、形式和生效时间等。**二是**对意思表示的生效、方式、撤回和解释等作了规定。**三是**规定民事法律行为的效力制度。**四是**规定了代理的适用范围、效力、类型等代理制度的内容。

5. 关于民事责任、诉讼时效和期间计算。民事责任是民事主体违反民事义务的法律后果，是保障和维护民事权利的重要制度。诉讼时效是权利人在法定期间内不行使权利，权利不受保护的法律制度，其功能主要是促使权利人及时行使权利、维护交易安全、稳定法律秩序。第一编第八章、第九章、第十章规定了民事责任、诉讼时效和期间计算制度：**一是**规定了民事责任的承担方式，并对不可抗力、正当防卫、紧急避险、自愿实施紧急救助等特殊的民事责任承担问题作了规定。**二是**规定了诉讼时效的期间及其起算、法律效果，诉讼时效的中止、中断等内容。**三是**规定了期间的计算单位、起算、结束和顺延等。

（二）物权编

物权是民事主体依法享有的重要财产权。物权法律制度调整因物的归属和利用而产生的民事关系，是最重要的民事基本制度之一。2007 年第十届全国人民代表大会第五次会议通过了物权法。草案第二编“物权”在现行物权法的基础上，按照党中央提出的完善产权保护制度，健全归属清晰、权责明确、保护严格、流转顺畅的现代产权制度的要求，结合现实需要，进一步完善了物权法律制度。第二编共 5 个分编、20 章、258 条，主要内容有：

1. 关于通则。第一分编为通则，规定了物权制度基础性规范，包括平等保护等物权基本原则，物权变动的具体规则，以及物权保护制度。党的十九届四中全会通过的《中共中央关于坚持和完善中国特色社会主义制度推进国家治理体系和治理能力现代化若干重大问题的决定》对社会主义基本经济制度有了新的表述，为贯彻会议精神，草案将有关基本经济制度的规定修改为：“国家坚持和完善公有制为主体、多种所有制经济共同发展，按劳分配为主体、多种分配方式并存，社会主义市场经济体制等社会主义基本经济制度。”

2. 关于所有权。所有权是物权的基础，是所有人对自己的不动产或者动产依法享有占有、使用、收益和处分的权利。第二分编规定了所有权制度，包括所有权人的权利，征收和征用规则，国家、集体和私人的所有权，相邻关系、共有等所有权基本制度。针对近年来群众普遍反映业主大会成立难、公共维修资金使用难等问题，并结合此次新冠肺炎疫情防控工作，在现行物权法规定的基础上，进一步完善了业主的建筑物区分所有权制度：**一是**明确地方政府有关部门、居民委员会应当对设立业主大会和选举业主委员会给予指导和协助。**二是**适当降低业主共同决定事项，特别是使用建筑物及其附属设施维修资金的表决门槛，并增加规定紧急情况下使用维修资金的特别程序。**三是**结合疫情防控工作，在征用组织、个人的不动产或者动产的事由中增加“疫情防控”；明确物业服务企业和业主的相关责任和义务，增加规定物业服务企业或者其他管理人应当执行政府依法实施的应急处置措施和其他管理措施，积极配合开展相关工作，业主应当依法予以配合。

3. 关于用益物权。用益物权是指权利人依法对他人的物享有占有、使用和收益的权利。第三分编规定了用益物权制度，明确了用益物权人的基本权利和义务，以及建设用地使用权、宅基地使用权、地役权等用益物权。草案还在现行物权法规定的基础上，作了进一步完善：**一是**落实党中央关于完善产权保护制度依法保护产权的要求，明确住宅建设用地使用权期限届满的，自动续期；续期费用的缴纳或者减免，依照法律、行政法规的规定办理。**二是**完善农村集体产权相关制度，落实农村承包地“三权分置”改革的要求，对土地承包经营权的相关规定作了完善，增加土地经营权的规定，并删除耕地使用权不得抵押的规定，以适应“三权分置”后土地经营权入市的需要。考虑到农村集体建设用地和宅基地制度改革正在推进过程中，草案与土地管理法等作了衔接性规定。**三是**为贯彻党的十九大提出的加快建立多主体供给、多渠道保障住房制度的要求，增加规定“居住权”这一新型用益物权，明确居住权原则上无偿设立，居住权人有权按照合同约定或者遗嘱，经登记占有、使用他人的住宅，以满足其稳定的生活居住需要。

4. 关于担保物权。担保物权是指为了确保债务履行而设立的物权，包括抵押权、质权和留置权。第四分编对担保物权作了规定，明确了担保物权的含义、适用范围、担保范围等共同规则，以及抵押权、质权和留置权的具体规则。草案在现行物权法规定的基础上，进一步完善了担保物权制度，为优化营商环境提供法治保障：**一是**扩大担保合同的范围，明确融资租赁、保理、所有权保留等非典型担保合同的担保功能，增加规定担保合同包括抵押合同、质押合同和其他具有担保功能的合同。**二是**删除有关担保物权具体登记机构的规定，为建立统一的动产抵押和权利质押登记制度留下空间。**三是**简化抵押合同和质押合同的一般条款。**四是**明确实现担保物权的统一受偿规则。

5. 关于占有。占有是指对不动产或者动产事实上的控制与支配。第五分编对占有的调整范围、无权占有情形下的损害赔偿责任、原物及孳息的返还以及占有保护等作了规定。

（三）合同编

合同制度是市场经济的基本法律制度。1999 年第九届全国人民代表大会第二次会议通过了合同法。草案第三编“合同”在现行合同法的基础上，贯彻全面深化改革的精神，坚持维护契约、平等交换、公平竞争，促进商品和要素自由流动，完善合同制度。第三编共 3 个分编、29 章、526 条，主要内容有：

1. 关于通则。第一分编为通则，规定了合同的订立、效力、履行、保全、转让、终止、违约责任等一般性规则，并在现行合同法的基础上，完善了合同总则制度：**一是**通过规定非合同之债的法律适用规则、多数人之债的履行规则等完善债法的一般性规则。**二是**完善了电子合同订立规则，增加了预约合同的具体规定，完善了格式条款制度等合同订立制度。**三是**结合新冠肺炎疫情防控工作，完善国家订货合同制度，规定国家根据抢险救灾、疫情防控或者其他需要下达国家订货任务、指令性计划的，有关民事主体之间应当依照有关法律、行政法规规定的权利和义务订立合同。**四是**针对实践中一方当事人违反义务不办理报批手续影响合同生效的问题，草案明确了当事人违反报批义务的法律后果，健全合同效力制度。**五是**完善合同履行制度，落实绿色原则，规定当事人在履行合同过程中应当避免浪费资源、污染环境和破坏生态。同时，在总结司法实践经验的基础上增加规定了情势变更制度。**六是**完善代位权、撤销权等合同保全制度，进一步强化对债权人的保护，细化了债权转让、债务移转制度，增加了债务清偿抵充规则、完善了合同解除等合同终止制度。**七是**通过吸收现行担保法有关定金规则的规定，完善违约责任制度。

2. 关于典型合同。典型合同在市场经济活动和社会生活中应用普遍。为适应现实需要，在现行合同法规定的买卖合同、赠与合同、借款合同、租赁合同等 15 种典型合同的基础上，第二分编增加了 4 种新的典型合同：**一是**吸收了担保法中关于保证的内容，增加了保证合同。**二是**适应我国保理行业发展和优化营商环境的需要，增加了保理合同。**三是**针对物业服务领域的突出问题，增加规定了物业服务合同。**四是**增加规定合伙合同，将民法通则中有关个人合伙的规定纳入其中。

第三编还在总结现行合同法实践经验的基础上，完善了其他典型合同：**一是**通过完善检验期限的规定和所有权保留规则等完善买卖合同。**二是**为维护正常的金融秩序，明确规定禁止高利放贷，借款的利率不得违反国家有关规定。**三是**落实党中央提出的建立租购同权住房制度的要求，保护承租人利益，增加规定房屋承租人的优先承租权。**四是**针对近年来客运合同领域出现的旅客霸座、不配合承运人采取安全运输措施等严重干扰运输秩序和危害运输安全的问题，维护正常的运输秩序，草案细化了客运合同当事人的权利义务。**五是**根据经济社会发展需要，修改完善了赠与合同、融资租赁合同、建设工程合同、技术合同等典型合同。

3. 关于准合同。无因管理和不当得利既与合同规则同属债法性质的内容，又与合同规则有所区别，第三分编“准合同”分别对无因管理和不当得利的一般性规则作了规定。

（四）人格权编

人格权是民事主体对其特定的人格利益享有的权利，关系到每个人的人格尊严，是民事主体最基本的权利。草案第四编“人格权”在现行有关法律法规和司法解释的基础上，从民事法律规范的角度规定自然人和其他民事主体人格权的内容、边界和保护方式，不涉及公民政治、社会等方面权利。第四编共6章、51条，主要内容有：

1. 关于一般规定。第四编第一章规定了人格权的一般性规则：**一是**明确人格权的定义。**二是**规定民事主体的人格权受法律保护，人格权不得放弃、转让或者继承。**三是**规定了对死者人格利益的保护。**四是**明确规定人格权受到侵害后的救济方式。

2. 关于生命权、身体权和健康权。第四编第二章规定了生命权、身体权和健康权的具体内容，并对实践中社会比较关注的有关问题作了有针对性的规定：**一是**为促进医疗卫生事业的发展，鼓励遗体捐献的善行义举，草案吸收行政法规的相关规定，确立器官捐献的基本规则。**二是**为规范与人体基因、人体胚胎等有关的医学和科研活动，明确从事此类活动应遵守的规则。**三是**近年来，性骚扰问题引起社会较大关注，草案在总结既有立法和司法实践经验的基础上，规定了性骚扰的认定标准，以及机关、企业、学校等单位防止和制止性骚扰的义务。

3. 关于姓名权和名称权。第四编第三章规定了姓名权、名称权的具体内容，并对民事主体尊重保护他人姓名权、名称权的基本义务作了规定：**一是**对自然人选取姓氏的规则作了规定。**二是**明确对具有一定社会知名度，被他人使用足以造成公众混淆的笔名、艺名、网名等，参照适用姓名权和名称权保护的有关规定。

4. 关于肖像权。第四编第四章规定了肖像权的权利内容及许可使用肖像的规则，明确禁止侵害他人的肖像权：**一是**针对利用信息技术手段“深度伪造”他人的肖像、声音，侵害他人人格权益，甚至危害社会公共利益等问题，规定禁止任何组织或者个人利用信息技术手段伪造等方式侵害他人的肖像权。并明确对自然人声音的保护，参照适用肖像权保护的有关规定。**二是**为了合理平衡保护肖像权与维护公共利益之间的关系，草案结合司法实践，规定肖像权的合理使用规则。**三是**从有利于保护肖像权人利益的角度，对肖像许可使用合同的解释、解除等作了规定。

5. 关于名誉权和荣誉权。第四编第五章规定了名誉权和荣誉权的内容：**一是**为了平衡个人名誉权保护与新闻报道、舆论监督之间的关系，草案对行为人实施新闻报道、舆论监督等行为涉及的民事责任承担，以及行为人是否尽到合理核实义务的认定等作了规定。**二是**规定民事主体有证据证明报刊、网络等媒体报道的内容失实，侵害其名誉权的，有权请求更正或者删除。

6. 关于隐私权和个人信息保护。第四编第六章在现行有关法律规定的基础上，进一步强化对隐私权和个人信息的保护，并为下一步制定个人信息保护法留下空间：**一是**规定了隐私的定义，列明禁止侵害他人隐私权的具体行为。**二是**界定了个人信息的定义，明确了处理个人信息应遵循的原则和条件。**三是**构建自然人与信息处理者之间的基本权利义务框架，明确处理个人信息不承担责任的特定情形，合理平衡保护个人信息与维护公共利益之间的关系。**四是**规定国家机关及其工作人员负有保护自然人的隐私和个人信息的义务。

（五）婚姻家庭编

婚姻家庭制度是规范夫妻关系和家庭关系的基本准则。1980年第五届全国人民代表大会第三次会议通过了新的婚姻法，2001年进行了修改。1991年第七届全国人大常委会第二十三次会议通过了收养法，1998年作了修改。草案第五编“婚姻家庭”以现行婚姻法、收养法为基础，在坚持婚姻自由、一夫一妻等基本原则的前提下，结合社会发展需要，修改完善了部分规定，并增加了新的规定。第五编共5章、79条，主要内容有：

1. 关于一般规定。第五编第一章在现行婚姻法规定的基础上，重申了婚姻自由、一夫一妻、男女平等等婚姻家庭领域的基本原则和规则，并在现行婚姻法的基础上，作了进一步完善：**一是**为贯彻落实习近平总书记有关加强家庭文明建设的重要讲话精神，更好地弘扬家庭美德，规定家庭应当树立优良家风，弘扬家庭美德，重视家庭文明建设。**二是**为了更好地维护被收养的未成年人的合法权益，将联合国《儿童权利公约》关于儿童利益最大化的原则落实到收养工作中，增加规定了最有利于被收养人的原则。**三是**界定了亲属、近亲属、家庭成员的范围。

2. 关于结婚。第五编第二章规定了结婚制度，并在现行婚姻法的基础上，对有关规定作了完善：**一是**将受胁迫一方请求撤销婚姻的期间起算点由“自结婚登记之日起”修改为“自胁迫行为终止之日起”。**二是**不再将“患有医学上认为不应当结婚的疾病”作为禁止结婚的情形，并相应增加规定一方隐瞒重大疾病的，另一方可以向人民法院请求撤销婚姻。**三是**增加规定婚姻无效或者被撤销的，无过错方有权请求损害赔偿。

3. 关于家庭关系。第五编第三章规定了夫妻关系、父母子女关系和其他近亲属关系，并根据社会发展需要，在现行婚姻法的基础上，完善了有关内容：**一是**明确了夫妻共同债务的范围。现行婚姻法没有对夫妻共同债务的范围作出规定。2003 年最高人民法院出台司法解释，对夫妻共同债务的认定作出规定，近年来成为社会关注的热点问题。2018 年 1 月，最高人民法院出台新的司法解释，修改了此前关于夫妻共同债务认定的规定。从新司法解释施行效果看，总体上能够有效平衡各方利益，各方面总体上赞同。因此，草案吸收新司法解释的规定，明确了夫妻共同债务的范围。**二是**规范亲子关系确认和否认之诉。亲子关系问题涉及家庭稳定和未成年人的保护，作为民事基本法律，草案对此类诉讼进行了规范。

4. 关于离婚。第五编第四章对离婚制度作出了规定，并在现行婚姻法的基础上，作了进一步完善：**一是**增加离婚冷静期制度。实践中，轻率离婚的现象增多，不利于婚姻家庭的稳定。为此，草案规定了提交离婚登记申请后三十日的离婚冷静期，在此期间，任何一方可以向登记机关撤回离婚申请。**二是**针对离婚诉讼中出现的“久调不判”问题，增加规定，经人民法院判决不准离婚后，双方又分居满一年，一方再次提起离婚诉讼的，应当准予离婚。**三是**关于离婚后子女的抚养，将现行婚姻法规定的“哺乳期内的子女，以随哺乳的母亲抚养为原则”修改为“不满两周岁的子女，以由母亲直接抚养为原则”，以增强可操作性。**四是**将夫妻采用法定共同财产制的，纳入适用离婚经济补偿的范围，以加强对家庭负担较多义务一方权益的保护。**五是**将“有其他重大过错”增加规定为离婚损害赔偿的适用情形。

5. 关于收养。第五编第五章对收养关系的成立、收养的效力、收养关系的解除作了规定，并在现行收养法的基础上，进一步完善了有关制度：**一是**扩大被收养人的范围，删除被收养的未成年人仅限于不满十四周岁的限制，修改为符合条件的未成年人均可被收养。**二是**与国家计划生育政策的调整相协调，将收养人须无子女的要求修改为收养人无子女或者只有一名子女。**三是**为进一步强化对被收养人利益的保护，在收养人的条件中增加规定“无不利于被收养人健康成长的违法犯罪记录”，并增加规定民政部门应当依法进行收养评估。

（六）继承编

继承制度是关于自然人死亡后财富传承的基本制度。1985 年第六届全国人民代表大会第三次会议通过了继承法。随着人民群众生活水平的不断提高，个人和家庭拥有的财产日益增多，因继承引发的纠纷也越来越多。根据我国社会家庭结构、继承观念等方面的发展变化，草案第六编“继承”在现行继承法的基础上，修改完善了继承制度，以满足人民群众处理遗产的现实需要。第六编共 4 章、45 条，主要内容有：

1. 关于一般规定。第六编第一章规定了继承制度的基本规则，重申了国家保护自然人的继承权，规定了继承的基本制度。并在现行继承法的基础上，作了进一步完善：**一是**增加规定相互有继承关系的数人在同一事件中死亡，且难以确定死亡时间的继承规则。**二是**增加规定对继承人的宽恕制度，对继承权法定丧失制度予以完善。

2. 关于法定继承。法定继承是在被继承人没有对其遗产的处理立有遗嘱的情况下，继承人的范围、继承顺序等均按照法律规定确定的继承方式。第六编第二章规定了法定继承制度，明确了继承权男女平等原则，规定了法定继承人的顺序和范围，以及遗产分配的基本制度。同时，在现行继承法的基础上，完善代位继承制度，增加规定被继承人的兄弟姐妹先于被继承人死亡的，由被继承人的兄弟姐妹的子女代位继承。

3. 关于遗嘱继承和遗赠。遗嘱继承是根据被继承人生前所立遗嘱处理遗产的继承方式。第六编第三章规定了遗嘱继承和遗赠制度，并在现行继承法的基础上，进一步修改完善了遗嘱继承制度：**一是**增加了打印、录像等新的遗嘱形式。**二是**修改了遗嘱效力规则，删除了现行继承法关于公证遗嘱效力优先的规定，切实尊重遗嘱人的真实意愿。

4. 关于遗产的处理。第六编第四章规定了遗产处理的程序和规则，并在现行继承法的基础上，进一步完善了有关遗产处理的制度：**一是**增加遗产管理人制度。为确保遗产得到妥善管理、顺利分割，更好地维护继承人、债权人利益，草案增加规定了遗产管理人制度，明确了遗产管理人的产生方式、职责和权利等内容。**二是**完善遗赠扶养协议制度，适当扩大扶养人的范围，明确继承人以外的组织或者个人均可以成为扶养人，以满足养老形式多样化需求。**三是**完善无人继承遗产的归属制度，明确归国家所有的无人继承遗产应当用于公益事业。

（七）侵权责任编

侵权责任是民事主体侵害他人权益应当承担的法律后果。2009 年第十一届全国人大常委会第十二次会议通过了侵权责任法。侵权责任法实施以来，在保护民事主体的合法权益、预防和制裁侵权行为方面发挥了重要作用。草案第七编“侵权责任”在总结实践经验的基础上，针对侵权领域出现的新情况，吸收借鉴司法解释的有关规定，对侵权责任制度作了必要的补充和完善。第七编共 10 章、95 条，主要内容有：

1. 关于一般规定。第七编第一章规定了侵权责任的归责原则、多数人侵权的责任承担、侵权责任的减轻或者免除等一般规则。并在现行侵权责任法的基础上作了进一步的完善：**一是**确立“自甘风险”规则，规定自愿参加具有一定风险的文体活动，因其他参加者的行为受到损害的，受害人不得请求没有故意或者重大过失的其他参加者承担侵权责任。**二是**规定“自助行为”制度，明确合法权益受到侵害，情况紧迫且不能及时获得国家机关保护，不立即采取措施将使其合法权益受到难以弥补的损害的，受害人可以在保护自己合法权益的必要范围内采取扣留侵权人的财物等合理措施，但是应当立即请求有关国家机关处理。受害人采取的措施不当造成他人损害的，应当承担侵权责任。

2. 关于损害赔偿。第七编第二章规定了侵害人身权益和财产权益的赔偿规则、精神损害赔偿规则等。同时，在现行侵权责任法的基础上，对有关规定作了进一步完善：**一是**完善精神损害赔偿制度，规定因故意或者重大过失侵害自然人具有人身意义的特定物造成严重精神损害的，被侵权人有权请求精神损害赔偿。**二是**为加强对知识产权的保护，提高侵权违法成本，草案增加规定，故意侵害他人知识产权，情节严重的，被侵权人有权请求相应的惩罚性赔偿。

3. 关于责任主体的特殊规定。第七编第三章规定了无民事行为能力人、限制民事行为能力人及其监护人的侵权责任，用人单位的侵权责任，网络侵权责任，以及公共场所的安全保障义务等。同时，草案在现行侵权责任法的基础上作了进一步完善：**一是**增加规定委托监护的侵权责任。**二是**完善网络侵权责任制度。为了更好地保护权利人的利益，平衡好网络用户和网络服务提供者之间的利益，草案细化了网络侵权责任的具体规定，完善了权利人通知规则和网络服务提供者的转通知规则。

4. 关于各种具体侵权责任。第七编的其他各章分别对产品生产销售、机动车交通事故、医疗、环境污染和生态破坏、高度危险、饲养动物、建筑物和物件等领域的侵权责任规则作出了具体规定。并在现行侵权责任法的基础上，对有关内容作了进一步完善：**一是**完善生产者、销售者召回缺陷产品的责任，增加规定，依照相关规定采取召回措施的，生产者、销售者应当负担被侵权人因此支出的必要费用。**二是**明确交通事故损害赔偿的顺序，即先由机动车强制保险理赔，不足部分由机动车商业保险理赔，仍不足的由侵权人赔偿。**三是**进一步保障患者的知情同意权，明确医务人员的相关说明义务，加强医疗机构及其医务人员对患者隐私和个人信息的保护。**四是**贯彻落实习近平生态文明思想，增加规定生态环境损害的惩罚性赔偿制度，并明确规定了生态环境损害的修复和赔偿规则。**五是**加强生物安全管理，完善高度危险责任，明确占有或者使用高致病性危险物造成他人损害的，应当承担侵权责任。**六是**完善高空抛物坠物治理规则。为保障好人民群众的生命财产安全，草案对高空抛物坠物治理规则作了进一步的完善，规定禁止从建筑物中抛掷物品，同时针对此类事件处理的主要困难是行为人难以确定的问题，强调有关机关应当依法及时调查，查清责任人，并规定物业服务企业等建筑物管理人应当采取必要的安全保障措施防止此类行为的发生。

（八）附则

草案最后部分“附则”明确了民法典与婚姻法、继承法、民法通则、收养法、担保法、合同法、物权法、侵权责任法、民法总则的关系。民法典施行后，上述民事单行法律将被替代。因此，草案规定在民法典施行之时，同步废止上述民事单行法律。需要说明的是，2014 年第十二届全国人大常委会第十一次会议通过的《全国人民代表大会常务委员会关于〈中华人民共和国民法通则〉第九十九条第一款、〈中华人民共和国婚姻法〉第二十二条的解释》，作为与民法通则、婚姻法相关的法律解释，也同步废止。

《中华人民共和国民法典（草案）》和以上说明，请审议。

第十三届全国人民代表大会宪法和法律委员会关于《中华人民共和国民法典（草案）》审议结果的报告

（2020 年 5 月 26 日第十三届全国人民代表大会第三次会议主席团第二次会议通过）

十三届全国人大三次会议主席团：

5 月 24 日下午、25 日上午，各代表团小组会议审议了民法典草案。代表们普遍认为，编纂民法典是党的十八届四中全会确立的重大立法任务，是以习近平同志为核心的党中央作出的重大法治建设部署，对于坚持和完善中国特色社会主义制度，推进全面依法治国、推进国家治理体系和治理能力现代化，坚持和完善社会主义基本经济制度、推动经济高质量发展，增进人民福祉、维护最广大人民根本利益，具有重大意义。代表们一致认为，草案以习近平新时代中国特色社会主义思想为指导，适应新时代中国特色社会主义发展要求，符合我国国情和实际，反映了人民意愿，体现了民法基本原理、基本精神和民商事活动的内在规律。民法典是新中国第一部以法典命名的法律，以法典化方式确认、巩固和发展了改革开放以来所取得的法治建设成果，开创了我国法典编纂立法的先河，是全面依法治国的标志性立法，为坚持和完善中国特色社会主义制度、推进国家治理体系和治理能力现代化提供了有力的法治保障。

代表们认为，在民法典编纂过程中，充分贯彻了科学立法、民主立法、依法立法的精神。全国人大常委会先后十次进行审议，多次向社会公开征求意见，三次组织全国人大代表研读讨论，采取多种方式征求各方面意见。经过全国人大常委会广泛调研、深入研究、反复修改，草案较好地吸收了各方面的意见，积极回应了社会各界的关切，对我国现行民事法律制度规范进行了系统整合，在坚持民事法律制度连续性、稳定性的基础上，保持了适度的前瞻性、开放性，体例科学、结构严谨、规范合理、内容协调一致，已经比较成熟，建议提请本次会议审议通过。同时，代表们也对草案提出了一些修改意见。宪法和法律委员会于5月25日上午召开会议，对草案进行了认真审议，对代表提出的修改意见，并结合近期收到的部分代表在第二次研读讨论民法典草案中所提出的修改意见进行了逐条研究。同时，就提出的修改意见听取了最高人民法院、最高人民检察院、司法部、中国社会科学院、中国法学会有关负责同志的意见。根据各代表团的审议意见和有关方面的意见，对草案共作了一百余处修改，其中实质性修改四十余处。主要是：

一、草案第一百一十条第二款规定，法人、非法人组织享有名称权、名誉权、荣誉权等权利。有的代表提出，对于法人、非法人组织来说，只享有名称权、名誉权、荣誉权这三项人格权，不存在“等权利”，建议修改。宪法和法律委员会经研究，建议采纳这一意见，将该款规定修改为：法人、非法人组织享有名称权、名誉权和荣誉权。

二、草案第二百八十一条第一款规定，建筑物及其附属设施的维修资金的筹集、使用情况应当公布。有的代表提出，应当强调维修资金的筹集、使用情况要定期公布，以更好地保障业主的知情权。宪法和法律委员会经研究，建议采纳这一意见，将上述规定修改为：建筑物及其附属设施的维修资金的筹集、使用情况应当定期公布。

三、草案第九条规定，民事主体从事民事活动，应当有利于节约资源、保护生态环境。一些代表提出，总则编确立的绿色原则，贯彻了习近平生态文明思想，对于加强生态环境保护意义重大，建议草案各分编进一步贯彻落实这一基本原则。宪法和法律委员会经研究，建议对草案作如下修改：一是在物权编中增加规定，业主的相关行为应当符合节约资源、保护生态环境的要求。二是与土壤污染防治法相衔接，在物权编中增加规定，不动产权利人不得违反国家规定排放土壤污染物。三是在物权编中增加规定，用益物权人行使权利应当遵守保护生态环境的规定。四是在合同编中增加规定，出卖人应当采取有利于节约资源、保护生态环境的包装方式。

四、草案第四百四十一条规定，以汇票、本票、支票等出质的，质权自权利凭证交付质权人时设立。有的代表提出，票据法等法律对汇票质押等有专门规定，建议与之相衔接。宪法和法律委员会经研究，建议采纳这一意见，在这一条中增加规定：法律另有规定的，依照其规定。

五、草案第四百九十五条第一款在预约合同的定义中列举了预约合同的常见形式，其中包括意向书。有的代表提出，实践中，意向书在大多数情况下只是表明当事人签订合同的初步意愿，还不能完全构成预约合同，建议删去。宪法和法律委员会经研究，建议采纳这一意见，删去这一款中的“意向书”。

六、有的代表提出，现行合同法第一百二十六条第二款规定，在中华人民共和国境内履行的中外合资经营企业合同、中外合作经营企业合同、中外合作勘探开发自然资源合同，适用中华人民共和国法律。同时，民事诉讼法还规定，因在中华人民共和国履行上述三类合同发生纠纷提起的诉讼，由中华人民共和国人民法院管辖。为了与民事诉讼法的规定相衔接，建议在民法典草案中保留现行合同法的上述规定。宪法和法律委员会经研究，建议采纳这一意见，在合同编中增加规定：在中华人民共和国境内履行的中外合资经营企业合同、中外合作经营企业合同、中外合作勘探开发自然资源合同，适用中华人民共和国法律。

七、草案第六百四十二条第三款规定，取回的标的物价值明显减少的，出卖人有权请求买受人赔偿损失。有的代表提出，草案合同编违约责任一章对当事人一方违反合同义务后的损失赔偿问题已有详细规定，该款可以不再规定损失赔偿的内容。宪法和法律委员会经研究，建议采纳这一意见，删除该款规定。

八、草案第七百二十六条第一款规定，出租人出卖租赁房屋的，承租人享有以同等条件优先购买的权利，但是房屋共有人行使优先购买权或者出租人将房屋出卖给近亲属的除外。有的代表提出，依照草案第三百零五条的规定，只有按份共有人才享有优先购买权，建议在这一条中对房屋共有人的范围作出限定。宪法和法律委员会经研究，建议采纳这一意见，将这一款中的“房屋共有人”修改为“房屋按份共有人”。

九、草案第九百四十二条第二款规定，对物业服务区域内违反有关治安、环保等法律法规的行为，物业服务人应当及时采取合理措施制止，报告有关行政主管部门处理。有的代表提出，在物业服务区域内，对于违反消防法律法规的行为，物业服务人也应当予以制止。宪法和法律委员会经研究，建议采纳这一意见，对这一款作相应的修改。

十、有的代表提出，实践中，有的物业服务人采取断水、断电等方式催交物业费，对业主的基本生活造成严重影响，建议予以规范。宪法和法律委员会经研究，建议采纳这一意见，在草案第九百四十四条增加一款规定：物业服务人不得采取停止供电、供水、供热、供燃气等方式催交物业费。

十一、草案第九百九十五条规定，受害人的停止侵害、排除妨碍、消除危险、消除影响、恢复名誉请求权不适用诉讼时效的规定。有的代表提出，要求侵害人赔礼道歉是保护人格权的一种重要方式，为了更好地保护自然人的人格权，建议将赔礼道歉请求权纳入这一规定之中。宪法和法律委员会经研究，建议采纳这一意见，增加相应的规定。

十二、草案第一千零一十条第一款对禁止以言语、行为等方式对他人实施性骚扰作了规定。有的代表建议将这一款修改为："违背他人意愿，以言语、文字、图像、肢体行为等方式对他人实施性骚扰的，受害人有权依法请求行为人承担民事责任"，使规定的针对性更明确。宪法和法律委员会经研究，建议采纳这一意见，作相应的修改。

十三、草案第一千零一十二条对自然人享有姓名权作了规定。有的代表提出，自然人有权依法决定、使用、变更或者许可他人使用自己的姓名，但不得违背公序良俗。宪法和法律委员会经研究，建议采纳这一意见，将这一条修改为：自然人享有姓名权，有权依法决定、使用、变更或者许可他人使用自己的姓名，但是不得违背公序良俗。

十四、草案第一千零三十九条规定了国家机关及其工作人员对隐私和个人信息的保密义务。有的代表提出，除国家机关及其工作人员外，承担行政职能的法定机构及其工作人员也应当承担这一保密义务。宪法和法律委员会经研究，建议采纳这一意见，将这一条修改为：国家机关、承担行政职能的法定机构及其工作人员对于履行职责过程中知悉的自然人的隐私和个人信息，应当予以保密，不得泄露或者向他人非法提供。

十五、有的代表提出，草案物权编、合同编、人格权编、继承编都在"一般规定"一章中规定了物权、合同、人格权、继承权受国家或者法律保护的内容，建议在婚姻家庭编的"一般规定"一章中也增加类似规定，既有利于体现国家对婚姻家庭的重视和保护，也有利于各编体例的统一。宪法和法律委员会经研究，建议采纳这一意见，依据宪法关于“婚姻、家庭、母亲和儿童受国家的保护”的规定，在婚姻家庭编第一章“一般规定”中增加规定：婚姻家庭受国家保护。

十六、草案第一千零八十四条第三款规定了离婚后未成年子女的抚养。有的代表提出，已满八周岁的子女已有一定的自主意识和认知能力，抚养权的确定与其权益密切相关，应当尊重他们的真实意愿，以更有利于未成年人的健康成长。宪法和法律委员会经研究，建议采纳这一意见，在该款中增加规定：子女已满八周岁的，应当尊重其真实意愿。

十七、草案第一千一百三十三条对自然人立遗嘱处分个人财产作了规定。有的代表提出，设立遗嘱信托是自然人生前对自己的财产进行安排和处理的一种重要制度，建议在这一条中增加规定遗嘱信托的内容。宪法和法律委员会经研究认为，信托法对遗嘱信托已经作了规定，遗嘱信托应主要适用信托法进行规范，民法典作为民事领域基本法，可以对此作衔接性规定。据此，建议增加规定，自然人可以依法设立遗嘱信托。

十八、草案第一千一百七十九条列举了人身损害赔偿的具体赔偿项目。有的代表提出，在人身损害赔偿中，“住院伙食补助费”是受害人治疗和康复中需要支出的合理费用，建议参照司法解释的相关规定，将“住院伙食补助费”明确列为人身损害赔偿项目。宪法和法律委员会经研究，建议采纳这一意见，在这一条中增加相关内容。

十九、草案第一千一百九十五条第三款规定，因错误通知造成网络用户或者网络服务提供者损害的，应当承担侵权责任。有的代表建议对“错误通知”行为的实施主体予以明确，以使这一规定更有针对性。宪法和法律委员会经研究，建议采纳这一意见，将上述规定修改为，权利人因错误通知造成网络用户或者网络服务提供者损害的，应当承担侵权责任。

二十、草案第一千二百二十五条第一款对医疗机构及其医务人员应当履行妥善保管住院志、医嘱单、检验报告、病理资料、医疗费用等病历资料的义务作了规定。有的代表提出，根据国家关于医疗机构病历管理的有关规定，医疗费用不属于病历资料的内容，建议删除。宪法和法律委员会经研究，建议采纳这一意见，删除这一款中的“医疗费用”。

二十一、草案第一千二百五十二条对建筑物、构筑物或者其他设施倒塌造成他人损害的侵权责任作了规定。有的代表提出，实践中，有的地方发生地面塌陷致人损害问题，严重危害人民群众的人身财产安全，建议对此作出规定。宪法和法律委员会经研究，建议在这一条中明确规定，建筑物、构筑物或者其他设施倒塌、塌陷造成他人损害的，由建设单位与施工单位承担连带责任，并对因他人原因导致倒塌、塌陷的侵权责任作出了规定。

二十二、草案第一千二百五十四条第三款规定，发生从建筑物中抛掷物品或者从建筑物上坠落物品造成他人损害的，有关机关应当依法及时调查，查清责任人。有的代表提出，高空抛物或者坠物行为危害公众安全，公安机关有责任进行调查以查清责任人，建议将“有关机关”明确为“公安等机关”。宪法和法律委员会经研究，建议采纳这一意见，将上述规定中的“有关机关”修改为“公安等机关”。

此外，一些代表还提出了一些其他意见。这些意见，有的涉及具体操作问题，可以通过制定配套法律法规和司法解释予以解决；有的涉及法律之间的协调问题，需要区分不同情况，通过对相关法律进行修改完善予以解决；有的涉及执法问题，可以通过有关部门加强执法予以落实；有的问题在编纂工作中作了反复研究，存在不同意见，可在实践中不断总结经验，逐步完善。有些代表提出，民法典与人民群众的利益息息相关，建议加大宣传力度，让民法典深入人心。宪法和法律委员会经研究认为，实施民法典是一项系统工程、长期工程，应当统筹协调、常抓不懈。民法典的实施，涉及国家和社会生活的方方面面，需要各方面共同努力。民法典出台后，建议各有关方面通过多种方式加大宣传和普法力度，让全社会广泛学习民法典，进一步增强全社会成员民法意识，使民法典的精神和内容融入人民群众的日常生活，成为指导民事主体从事民事活动的行为准则。

此外，根据代表们的审议意见，还对草案作了一些文字修改。

草案修改稿已按上述意见作了修改，宪法和法律委员会建议经主席团审议通过后，印发各代表团审议。

民法典草案修改稿和以上报告，请审议。

第十三届全国人民代表大会宪法和法律委员会

2020年5月26日

第十三届全国人民代表大会宪法和法律委员会关于《中华人民共和国民法典（草案修改稿）》修改意见的报告

（2020年5月27日第十三届全国人民代表大会第三次会议主席团第三次会议通过）

十三届全国人大三次会议主席团：

5月26日下午，各代表团对民法典草案修改稿进行了审议。

代表们一致赞成草案修改稿。普遍认为，草案修改稿在充分听取并认真研究代表意见的基础上，对代表意见予以充分吸收，作了许多重要修改，对未采纳的意见，也向代表们作了解释和说明，并在审议结果报告中作出积极回应；审议过程充分发扬了民主，广泛凝聚了共识，充分体现了对代表主体地位的尊重。草案内容已经成熟，一致赞成将草案提请本次大会表决通过。同时，一些代表还提出了一些修改意见。宪法和法律委员会于5月26日晚召开会议，对草案修改稿进行了认真审议，对代表们提出的意见逐条研究。同时，就提出的修改意见听取了最高人民法院、最高人民检察院、司法部、中国社会科学院、中国法学会有关负责同志的意见。宪法和法律委员会认为，草案修改稿是可行的。同时，根据各代表团的审议意见，提出以下修改意见：

一、草案修改稿第四百七十三条第一款将“债券募集说明书”规定为一种要约邀请形式。有的代表提出，公司法、证券法等法律采用的表述是“债券募集办法”，本款规定有必要与相关法律的用语保持一致。宪法和法律委员会经研究，建议采纳这一意见，将“债券募集说明书”修改为“债券募集办法”。

二、草案修改稿第七百八十一条规定，承揽人交付的工作成果不符合质量要求的，定作人可以请求承揽人承担修理、重作、减少报酬、赔偿损失等违约责任。有的代表提出，定作人在请求承揽人承担违约责任时，应当本着减少浪费、节约资源的目的，合理选择要求对方承担违约责任的方式，如能修理的尽量修理。宪法和法律委员会经研究，建议采纳这一意见，将上述规定修改为：承揽人交付的工作成果不符合质量要求的，定作人可以合理选择请求承揽人承担修理、重作、减少报酬、赔偿损失等违约责任。

三、草案修改稿第一千零三十四条第二款对个人信息的范围作了规定。有的代表提出，健康信息是一种重要的个人信息，直接关系着自然人的人格尊严，应明确纳入个人信息的范围予以保护。宪法和法律委员会经研究，建议采纳这一意见，在该款中增加规定“健康信息”属于个人信息。

此外，根据代表们的审议意见，还对草案修改稿作了一些文字修改。

宪法和法律委员会经研究后建议，本法自 2021 年 1 月 1 日起施行。

草案建议表决稿已按上述意见作了修改，建议经主席团审议通过后，提请本次会议表决。

民法典草案建议表决稿和以上报告，请审议。

第十三届全国人民代表大会宪法和法律委员会

2020 年 5 月 27 日

后　记

《中华人民共和国民法典》已由第十三届全国人民代表大会第三次会议通过，自 2021 年 1 月 1 日起施行。为了更好地配合民法典的宣传、学习和实施，我们编写了这本《中华人民共和国民法典解读》。本书对《中华人民共和国民法典》进行了详尽的解释和说明，便于读者准确理解和把握立法原意。

本书由全国人大常委会法制工作委员会民法室主任黄薇同志任主编，参加本书撰写工作的作者还有杨明仑、杜涛、石宏、段京连、庄晓泳、孙娜娜、李恩正、朱书龙、宋江涛、孙艺超、马吾叶、罗鑫煌、魏超杰、王灯、朱虎、龙俊、许灿等。

作者

2020 年 6 月

图书在版编目（CIP）数据

中华人民共和国民法典解读／黄薇主编．—北京：
中国法制出版社，2020（2020.12 重印）
ISBN 978 - 7 - 5216 - 0865 - 6

Ⅰ．①中… Ⅱ．①黄… Ⅲ．①民法 - 法律解释 - 中国
Ⅳ．①D923.05

中国版本图书馆 CIP 数据核字（2020）第 063807 号

责任编辑 戴 蕊 李璞娜　　封面设计 蒋 怡

中华人民共和国民法典解读

ZHONGHUA RENMIN GONGHEGUO MINFADIAN JIEDU

主编/黄薇
经销/新华书店
印刷/三河市紫恒印装有限公司
开本/880 毫米 ×1230 毫米 32 开　　总印张/130.25　总字数/2911 千
版次/2020 年 7 月第 1 版　　2020 年 12 月第 2 次印刷

中国法制出版社出版
书号 ISBN 978 - 7 - 5216 - 0865 - 6　　总定价：568.00 元

北京西单横二条 2 号
邮政编码 100031　　传真：010 - 66031119
网址：http://www.zgfzs.com　　**编辑部电话：010 - 66065921**
市场营销部电话：010 - 66033393　　**邮购部电话：010 - 66033288**

（如有印装质量问题，请与本社印务部联系调换。电话：010 - 66032926）